SUPPLÉMENT

6128 — PARIS. IMPRIMERIE A. L. GUILLOT
7, rue des Canettes, 7

DICTIONNAIRE

DE LA

LANGUE FRANÇAISE

PAR É. LITTRÉ

DE L'ACADÉMIE FRANÇAISE

SUPPLÉMENT

RENFERMANT UN GRAND NOMBRE DE TERMES D'ART, DE SCIENCE, D'AGRICULTURE, ETC.
ET DE NÉOLOGISMES DE TOUS GENRES APPUYÉS D'EXEMPLES

Et contenant

LA RECTIFICATION DE QUELQUES DÉFINITIONS DU DICTIONNAIRE, L'ADDITION DE NOUVEAUX SENS
DE NOUVEAUX EXEMPLES A L'HISTORIQUE
ENFIN LA CORRECTION DE QUELQUES ÉTYMOLOGIES ET L'INDICATION DE L'ORIGINE PRÉCÉDEMMENT INCONNUE DE CERTAINS MOTS

CE SUPPLÉMENT EST SUIVI

D'UN DICTIONNAIRE ÉTYMOLOGIQUE DE TOUS LES MOTS D'ORIGINE ORIENTALE

PAR MARCEL DEVIC

LIBRAIRIE HACHETTE ET CIE

PARIS, BOULEVARD SAINT-GERMAIN, 79

LONDRES, 18, KING WILLIAM STREET, STRAND (W. C.)

1886

PRÉFACE.

J'étais à peu près parvenu à l'impression de la moitié de ce supplément, lorsqu'une grave maladie, m'interrompant, rappela à ma mémoire le vers que Virgile met dans la bouche d'Énée qui, après quelques vains succes de résistance dans la dernière nuit de Troie, s'écrie :

Heu nihil invitis fas quemquam fidere divis.

N'était-ce pas en effet aller contre le gré des dieux que de commencer à soixante-seize ans un travail de quelque durée ? Mais ma théorie morale, quant à l'activité (je l'ai exprimée plusieurs fois), est qu'il faut travailler et entreprendre jusqu'au bout, laissant au destin le soin de décider si l'on terminera.

Après le vers de Virgile se présenta à mon esprit, dans l'oisiveté de la maladie, La Fontaine et son centenaire disputant contre la mort qui le presse et qui lui assure qu'il n'importe à la république qu'il fasse son testament, qu'il pourvoie son neveu et ajoute une aile à sa maison. Je ne suis pas centenaire; mais je suis fort vieux; moi aussi j'objectai à la mort. Elle ne trouvait pas non plus qu'il *importât beaucoup à la république* que je terminasse mon supplément; mais enfin, elle n'insista pas, la menace s'éloigna et un sursis me fut accordé. J'en profite sans retard pour écrire ces quelques mots de préface.

J'avais achevé depuis peu de temps mon Dictionnaire quand je me sentis tenté d'y ajouter quelques pages; mais le grand âge était venu, et il fallait se hâter; c'est pour cela que, ne voulant pas perdre le fruit de mes nouvelles lectures, de mes nouvelles réflexions, et aussi d'observations et de notes qui me vinrent de bien des côtés, je prolonge un travail qui m'a déjà occupé près de trente ans.

Le titre de Supplément que je donne à mon travail indique suffisamment quel a été mon objet en le composant. Ce ne sont pas des corrections, ce sont des additions. Non que mon livre n'ait besoin de corrections; mais le temps n'en est pas encore venu; car l'effet que, tel quel, il produit n'est pas encore épuisé.

Ces additions proviennent d'éléments divers; il faut donc les énumérer. Les travaux lexicographiques n'ont point de fin. De même qu'il fallut m'arrêter dans le dictionnaire et clore les recherches, de même il faut m'arrêter dans le supplément. La chose nécessaire est non pas d'être complet, ce qui est impossible, mais de fournir un fonds solide de renseignements sûrs et de textes qui sont des témoignages. Au premier rang de ces additions sont les néologismes; ils y occupent une place notable; et c'est leur droit. A tous les instants de la langue, il y a eu néologie; et plus d'une fois je me suis complu, en parcourant les historiques réunis à propos de chaque mot et qui ne l'avaient pas encore été, à considérer la quantité et la nature des accroissements qui arrivaient par cette voie. Le classique dix-septième siècle a obéi, malgré Vaugelas et Ménage, aux nécessités de pensée et de parole qui appellent les nouveautés; le dix-huitième, plein de scrupule à l'égard de la langue dont il héritait, a eu la main forcée; et le dix-neuvième siècle pousse jusqu'à la licence le droit qu'Horace accorde à tout écrivain de mettre dans la circulation un terme nouveau frappé au coin de l'actualité.

On verra dans ce supplément un cas singulier d'un antique néologisme (pardon de l'accouplement de ces deux mots), que je dois à une communication de M. Marty-Laveaux. C'est H. Estienne qui a introduit dans notre langue le mot *analogie;* et en l'introduisant il s'excusa d'offenser l'oreille si gravement. Heureuse offense : car le mot a fait une grande fortune, et il nous serait bien difficile de nous en passer. N'ayons donc à l'égard des néologismes aucun parti pris ni de répulsion absolue, ni d'engouement. Horace a dit, en parlant du poëte Lucilius :

Cum flueret lutulentus, erat quod tollere velles;

de même, dans ce flot mélangé d'incessantes créations de mots nouveaux, il est de bonnes acquisitions qu'il faut retenir.

La récolte que j'ai faite dans les écrits du jour, je l'ai soumise à la critique; j'ai rejeté les mots nouveaux qui étaient construits en violation des lois de la composition; j'en ai redressé quelques-uns qui étaient susceptibles de l'orthopédie grammaticale; en d'autres cas, j'ai discuté avec l'usage qu'on en fait; car l'usage, qui exerce une si forte pression, n'est pas toujours intelligent.

Cependant je dois dire que mes collaborateurs m'ont plus d'une fois arrêté en des indulgences trop grandes. Ma garantie auprès du lecteur est que je ne suis jamais intervenu pour rien imaginer, que tout ce que je lui donne a été écrit, et que presque toujours je cite le lieu et le temps. En ce recueil de néologismes, il est quelques malices à l'adresse du dix-septième siècle. Des mots nouveaux portent le nom de Bossuet, au compte duquel le supplément met *incensurable* et *inexaminable.* Et qui ne croirait, à première vue, que l'adjectif *inétonnable* est dû à quelqu'un de ces audacieux que le puriste déclare sans foi ni loi à l'égard de la langue? Eh bien, non, il est de Malherbe, sans parler d'*ineffrayable*, qui est aussi de lui.

Dans la révision que le supplément a nécessitée, quelques acceptions soit omises, soit nouvelles, ont été découvertes. Je les ai inscrites soigneusement; l'enchaînement et l'extension des acceptions est une des plus curieuses parties de l'histoire des langues.

En tous temps, des mots étrangers sont entrés en français. Nos auteurs du treizième siècle se servent souvent d'un terme qui n'est pas resté (sauf pourtant dans le dérivé *godailler*) : c'est *goudale*, qui signifiait la bière et n'était autre chose que l'anglais *good ale*. Aujourd'hui, avec les chemins de fer, les rapports commerciaux et industriels, les télégraphes et la croissante uniformité de civilisation et de gouvernement, les échanges internationaux de termes et de locutions sont plus fréquents que jamais. J'ai fait un choix, essayant de n'admettre que les mots dont l'usage commence à s'emparer. Mais la limite est arbitraire; et, comme je l'ai éprouvé dans mon long travail lexicographique, une part est laissée au jugement et à l'initiative du lexicographe.

A mesure que je me suis plus rendu maître de la langue française dans son état actuel, dans son développement, dans son histoire, j'ai senti davantage que des limites étroites ne convenaient pas à mon travail. Dès lors tout ce qui peut contribuer à étendre ce domaine, est pour moi le bienvenu. C'est sous l'influence de ces idées que dans le supplément j'ai notablement élargi le cercle des admissions provinciales.

J'ai d'abord voulu pourvoir au nécessaire. On rencontre maintenant dans les gazettes juridiques, dans les comptes rendus des sociétés régionales, dans le récit des exploitations agricoles une foule de mots qu'il s'agit d'inscrire et de faire comprendre. Les noms locaux d'engins, de plantes, d'animaux sont bons à enregistrer; ils tiennent leur place dans la langue et en méritent une dans le dictionnaire. Toute cette partie technique a une utilité manifeste pour quiconque s'est trouvé embarrassé devant un de ces mots provinciaux.

Un intérêt doctrinal s'attache aussi à ce genre de recherches. Un mot provincial fournit quelquefois des attaches, des intermédiaires, et complète quelque série. D'autres fois, c'est avec l'ancienne langue que se fait le raccord. Des termes du français des douzième et treizième siècles ont disparu, qui vivent encore sous des formes de patois; et certains ont un historique aussi assuré et d'aussi bon aloi que les vocables les plus authentiques. Aussi ne faut-il rien négliger et ne pas se montrer dédaigneux. Quand je rencontrai *fourdraine*, nom dans l'Oise du pommier sauvage, j'eus raison de ne pas l'omettre malgré son étrangeté; car, quelque temps après, un heureux hasard me le montra dans un texte du treizième siècle.

Enfin, une dernière considération m'a déterminé. Il y a là beaucoup de bon français qu'il ne faut pas craindre de reconnaître. On y trouve une foule de mots d'excellente frappe; justement parce que le plus souvent ils se rattachent à un archaïsme authentique. Dans ce temps où l'on se plaint des excès du néologisme, lequel, lui, a pour défaut essentiel d'être une menace perpétuelle pour l'analogie et la grammaire, il n'est pas inutile de rappeler les types conservés.

Tous les jours il se publie quelque texte inédit, quelque vieux poëme en langue d'oïl tiré des bibliothèques, quelques documents datés du moyen âge. J'ai bien des fois confessé mon faible pour la langue de nos aïeux; je les lis donc pour eux-mêmes; je les lis aussi pour enrichir mon supplément. Fixer l'âge des mots a été un de mes soins dans mon dictionnaire; mais, tout le monde le comprend, je ne me flattai pas d'avoir été complet. En effet on trouvera ici des séries prolongées d'un ou plusieurs siècles vers l'antiquité. Bien plus, des mots qui manquaient d'historique ont été pourvus de cet utile complément. De ces additions quelques-unes ont été très-bienvenues. Par exemple, il semblait impossible que *gaieté* ne remontât pas au delà du seizième siècle ; cette improbabilité a disparu, et, de fait, *gaieté* appartient aux anciens temps de la langue. D'autres, au contraire, semblaient devoir garder leur caractère de nouveauté; mais point ; quelques-uns ont retrouvé une généalogie que je ne leur soupçonnais pas. Ainsi *hospitalité*, qui n'avait pas le moindre historique, en montre dans le supplément un fort respectable.

La méthode scientifique inaugurée par les modernes pour la recherche des étymologies est toujours à l'œuvre; et de temps en temps parmi les romanistes il se produit quelque discussion sur l'origine de tel ou tel mot. J'ai consigné dans ce supplément les investigations qui ont pour objet des vocables de la langue française. Les langues romanes sont devenues l'objet d'une étude assidue ; le français tient parmi elles un rang honorable ; je me serais cru en faute à l'égard de mon dictionnaire et de mon public, si je n'avais pas relevé avec soin ce qui se faisait dans le domaine étymologique.

Quand on lit beaucoup, quand on a des amis connus et inconnus [1] qui vous transmettent avec un zèle tout spontané leurs notes, il se produit quelques petites trouvailles. Il est naturel de ne pas consentir facilement à les laisser se perdre. Un supplément en a été l'asile tout ouvert.

L'ancien supplément a été fondu dans celui-ci, afin de mettre sous un même coup d'œil tout ce qui est ajouté. Quand on y cherchera un mot, on fera bien de se référer au dictionnaire, si ce mot y est déjà [2]. Cette seule précaution fera comprendre sans difficulté la nature des additions.

J'ai commencé cette courte préface par un retour sur moi-même, sur ma témérité à m'engager en de longs travaux, sur le danger que j'ai couru et que je cours encore de n'en pas voir la fin. Je termine en faisant un retour sur mes collaborateurs, M. Beaujean, M. Jullien, M. Baudry, M. le capitaine d'artillerie André. Mon heureuse chance aurait été complète, si seul, M. Despois, enlevé aux lettres par une mort prématurée, ne manquait à mon nouvel appel. Mais, malgré ce malheur et ce regret, je m'estime privilégié par le sort d'avoir conservé mes quatre principaux collaborateurs, qui apportent à notre œuvre commune, comme par le passé, zèle, critique et expérience.

1. Je ne veux pas me borner à cette mention anonyme et collective, et je me ferais un reproche de ne pas nommer quelques-uns de ceux qui sont venus à mon secours d'une façon particulièrement systématique et prolongée : M. Peyronnet, chef de bureau au ministère des finances; M. Ch. Berthoud, de Gingins, canton de Vaud (Suisse); M. Hector Denis, avocat, à Bruxelles; M. Du Bois, avocat, à Gand; M. Eugène Ritter, professeur à l'Université de Genève, et M. Richard Hippe, son élève, qui a fait, à mon intention, le dépouillement de la Bible française de 1525.

2. On peut reconnaître du premier coup d'œil, par la présence de la prononciation figurée, les mots du supplément qui n'existent pas du tout au dictionnaire.

Juin 1877.

DICTIONNAIRE

DE LA

LANGUE FRANÇAISE.

SUPPLÉMENT.

A. || 29° *Ajoutez :* Pour l'emploi populaire et archaïque de *à* au sens possessif, on peut citer: épouvantail à chènevière, et cet exemple de La Fontaine : .... car le greffe tient bon, Quand une fois il est saisi des choses : C'est proprement la caverne au lion, *Oraison.* || Joinville disait comme nos paysans : La comtesse Marie qui fut sœur au roi de France, *édit. de la Bibl. nat.* p. 17.

† **ABACA** (a-ba-ka), *s. m.* Espèce de bananier (*musa textilis*), dont la matière textile consiste dans les filaments très-tenaces des pétioles. Le *phormium tenax* donne un filament solide et rude; l'abaca, ou chanvre de Manille, fournit une très-belle matière blanche, soyeuse et brillante; le filament de jute est difficile à travailler...., *Tarif des douanes*, en 1869, p. 141. Le bananier de notre colonie [l'Algérie] égalerait certainement le beau produit nommé abaca ou chanvre de Manille, *Journ. offic.* 18 mai 1856, p. 3391, 3° col.

† **ABAISSÉE** (a-bè-sée), *s. f.* Action de mettre, de tenir bas une chose. Dans la nature, une abaissée d'ailes [chez l'oiseau] correspond à une course quatre ou cinq fois plus longue que l'envergure, TATIN, *Acad. des sc. Compt. rend.* t. LXXXIII, p. 457.

ABANDONNEMENT. *Ajoutez :* || 6° En termes de partage de biens, attribution à une personne d'une ou plusieurs parties possédées indivisément.

ABAQUE. *Ajoutez :* || 3° Nom donné aujourd'hui à certains tableaux destinés à abréger les calculs. Il y a une table de ce genre intitulée *Abaque de Lalanne.* || On nomme aussi abaque le compteur à boules des Chinois.

† **ABAT.** *Ajoutez :* || 2° Abatis de volaille. Les tripiers, à Paris, ont ordinairement sur leur enseigne : marchand d'abats. || 3° Terme de boucherie. Synonyme d'abatis, c'est-à-dire la peau, la graisse et les tripes des bêtes tuées. Voici, d'après la *Halle aux cuirs*, les prix de vente à la tannerie des peaux en poil de l'abat de Paris, par 50 kil., et pour le courant de juin...., *Journ. offic.* 15 juin 1874, p. 4044, 3° col. || Les abats rouges, les parties qui sont encore rouges. Pour le cinquième quartier, composé des suif, cuir et abats rouges,... *ib.* 17 février 1874, p. 1319, 2° col.

ABATAGE. *Ajoutez :* || 6° Terme d'exploitation houillère. Action d'abattre la houille dégagée par le havage. || 7° À certains jeux de cartes, action d'abattre ses cartes. Dans le baccarat en banque, il y a à peu près la moitié des coups où il y a au moins un abatage, E. DORMOY, *Journ. des Actuaires franç.* t. II, p. 45. Le banquier n'éprouve aucune difficulté quand il y a un abatage à sa droite ou à sa gauche, parce qu'alors il n'a plus à tenir compte, pour décider sa manière de jouer, que du tableau qui n'a pas abattu, ID. *ib.* p. 39.

ABATIS. *Ajoutez :* || 6° Dans un langage très-bas, il se dit des mains et des pieds. Il a de gros abatis.

† **ABATTANT** (a-ba-tan), *s. m.* La partie mobile du dessus du siége, dans les latrines, LIGER, *Fosses d'aisance*, p. 5, Paris, 1875.

ABATTEUR. *Ajoutez :* || 2° Terme d'exploitation houillère. Ouvrier employé à l'abatage dans les mines.

† **ABATTIS** (a-ba-ti), *s. m.* Terme de fortification. Défense accessoire consistant en un amas d'arbres entrelacés, liés ensemble et arrêtés sur le sol.

— ÉTYM. Même mot qu'*abatis*, mais l'usage a prévalu, dans les traités spéciaux, de l'écrire avec deux *t*.

ABATTRE. *Ajoutez :* || 15° *V. n.* Faire effort sur l'extrémité d'un levier, en l'abaissant près de terre, de manière à faire tourner un treuil horizontal. Ce mot s'emploie principalement dans la manœuvre de la chèvre; on emploie, dans l'artillerie, pour déterminer ce mouvement, le commandement : Abattez !

† **ABATTU** (a-ba-tu), *s. m.* État de ce qui est abattu. Le chien d'une arme à feu à percussion est dit à l'abattu quand il repose sur la cheminée.

† **ABBATIAT** (a-ba-si-a), *s. m.* Dignité, fonction d'abbé d'un monastère. Il faut admettre une lacune entre les deux abbatiats [de Jean et de Guillaume, abbés du monastère de Fécamp], *Journ. offic.* 5 oct. 1875, p. 8511, 3° col.

ABBÉ. *Ajoutez :* || 3° Nom donné autrefois aux chefs de certaines confréries d'artisans dans le Midi. Le local de la confrérie se nommait abbaye, nom qui est encore usité en Suisse, notamment à Berne.

ABCÈS. *Ajoutez :* — HIST. XVI° s. Cure generale du phlegmon, lorsqu'il est degeneré en abcès, PARÉ, VII, 10.

† **ABDICATAIRE** (a-bdi-ka-tê-r'), *s. m.* Celui qui fait abdication. J'allai, sans façon, offrir l'hommage de mon respect au roi abdicataire de Sardaigne, CHATEAUBR. *Mém. d'outre-tombe* (éd. de Bruxelles), t. II, *Palais du card. Fesch*, etc.

ABECQUER. — ÉTYM. *Ajoutez :* On a dit *abecher*, D'AUB. *Tragiques*, I, et RACAN : Comme il abeche dans les airs Les corbeaux naissants... *Ps.* 146.

† **ABEILLÉ, ÉE** (a-bè-llé, llée, *ll* mouillées), *adj.* Garni d'abeilles, en termes d'armoiries. Le manteau impérial était abeillé.

† **ABEILLER** (a-bè-llé, *ll* mouillées), *s. m.* Rucher, endroit où sont les ruches d'abeilles. Que fait ma mère? est-elle encore Au jardin près de l'abeiller? JUSTE OLIVIER, *Chansons lointaines, la Visite.*

— ÉTYM. Patois du pays de Vaud, *avelli* (*ll* mouillées), d'*abeille*. M. Olivier a francisé le mot patois; *abeiller* est un joli mot.

† **ABEILLÈRE** (a-bè-llè-r', *ll* mouillées), *adj. f.* Qui est relatif aux abeilles. Il en est de même [dans le Chablais] de l'industrie abeillère, qui fournit le beau miel de Chamonix, HEUZÉ, *la France agricole*, p. 8.

† **ABÉLIEN** (a-be-liin), *s. m.* Membre d'une secte qui, prétendant se conformer à Abel, rejetait l'usage des vêtements. Est-il bien vrai que, chez des nations un peu plus policées, comme les Juifs et demi-Juifs, il y ait eu des sectes entières qui n'aient voulu adorer Dieu qu'en se dépouillant de tous leurs habits? Telles ont été, dit-on, les adamites et les abéliens, VOLT. *Dict. phil. Nudité.*

† **ABERGEAGE** (a-bèr-ja-j'), *s. m.* Ancien terme de jurisprudence. Contrat primitif et première concession, que le seigneur faisait de son fonds à son premier emphytéote, *Répertoire de jurisprudence de Merlin.*

† **ABERRANT, ANTE** (ab-èr-ran, ran-t'), *adj.* Terme didactique. Qui s'écarte d'un type. Les cas pathologiques ou aberrants ne font pas même exception; et on ne vit jamais sans un chef, au moins temporaire, ni une horde de brigands, ni une bande d'émeutiers, pas plus qu'un orchestre ou une troupe d'opéra, GUARIN DE VITRY, *la Philos. posit.* t. XVI, p. 400.

— ÉTYM. Lat. *aberrare*, s'écarter, de *ab*, marquant séparation, et *errare* (voy. ERRER).

AB HOC ET AB HAC. — ÉTYM. *Ajoutez :* Cette locution vient peut-être d'une chanson traditionnelle que chantent les étudiants allemands : Quando conveniunt Catharina, Sibylla, Camilla, Sermones faciunt Vel ab hoc, vel ab hac, vel ab illa.

† **ABHORRABLE** (a-bor-ra-bl'), *adj.* Qui mérite d'être abhorré.

— HIST. XVI° s. Pour celuy [nom] de Furstemberg, il estoit trop hay et abhorable aux François, BRANT. *Cap. estr. Furstemberg.*

† **ABIGAÏL** (a-bi-ga-il), *s. f.* Une des femmes du roi David. || Dans le langage familier, femme de chambre. On vit paraître une superbe berline, forme anglaise, à quatre chevaux, remarquable surtout par deux très-jolies abigaïls, qui étaient juchées sur le siége du cocher, BRILLAT-SAVARIN, *Physiol. du goût, Variétés (désappointement).*

— ÉTYM. Angl. *abigail*, suivante, soubrette. Le nom biblique d'*Abigaïl* est devenu en Angleterre synonyme de femme de chambre (*lady's maid*), depuis qu'*Abigaïl* Masham, une fille de condition inférieure, qui était au service de la duchesse de Marlborough, fut placée par elle auprès de la reine Anne, et supplanta bientôt sa première maîtresse dans la faveur de la souveraine (BERTHOUD).

† **ABÎMANT, ANTE** (a-bi-man, man-t'), *adj.* Qui abîme. Les eaux montrent la justice divine par cette vertu ravageante et abîmante, BOSS. *Élév.* 22° *sem.* III.

ABÎME. *Ajoutez :* || 10° En abîme, de haut en bas et à une grande profondeur. Un autre dessin déploie le panorama de Paris vu en abîme du plateau de la butte Montmartre, TH. GAUTIER, *Journ. offic.* 30 août 1871, p. 3083, 2° col.

ABÎMER. *Ajoutez :* || 4° En général, maltraiter. Saint Augustin et les deux lettres auxquelles on nous renvoie y sont abîmés, BAYLE, *La France toute catholique*, à la fin.

† **ABIOTIQUE** (a-bi-o-ti-k'), *adj.* Terme didactique. Où l'on ne peut vivre. Qu'au-dessous [de 500 à 600m] commençait un immense désert sans plantes, sans animaux, auquel il [Forbes] donnait le nom de zone abiotique, A. RECLUS, *Rev. mar. et col.*, juill. 1874, p. 150.

— ÉTYM. Ἀ privatif, et βιωτικὸς, où l'on peut vivre, de βίος, vie (voy. VIE).

ABJURER. — HIST. *Ajoutez :* XIV° s. Et Jesus, sollaux [soleil] de droiture, Le diable atrible et ajure, A cui com mortiex anemis Est por pechié toz [tout] hom sourpris, MACÉ, *Bible en vers*, f° 52, 2° col.

† **ABOLITIF, IVE** (a-bo-li-tif, ti-v'), *adj.* Qui a le pouvoir d'abolir. Remplacement militaire : désertion du remplaçant ; loi abolitive du remplacement ; obligation de l'assuré, *Gazette des Trib.* 1er-2 juin 1874, *sommaire.*

— ÉTYM. Voy. ABOLITION.

ABONDANT. *Ajoutez :* || 6° Terme d'arithmétique. Nombre abondant, celui dont les parties aliquotes prises ensemble forment un tout plus grand que le nombre ; exemple, 12, dont la somme des parties aliquotes 1, 2, 3, 4, 6 est 16.

† **ABONNATAIRE** (a-bo-na-tè-r'), *s. m.* Entrepreneur chargé d'un marché par abonnement. Art. 12.... Les réparations dont l'exécution ne sera pas reconnue satisfaisante seront refaites d'urgence par l'abonnataire.... Art. 3. L'abonnataire s'engage, en outre, à ajuster à la taille des hommes qui les reçoivent, les effets.... *Journ. milit. officiel*, part. régl. 1874, n° 77, p. 452 et 449.

† **ABORDEUR** (a-bor-deur), *adj. m.* Qui aborde, heurte en mer un autre bâtiment. L'équipage, composé de neuf hommes, a péri, sauf un seul, que le bâtiment abordeur a pu recueillir, *Journ. offic.* 21 avril 1875, p. 2884, 1re col.

† **ABOTEAU** (a-bo-tô), *s. m.* Barrage, obstacle mis au cours de l'eau, dans la Saintonge.

— ÉTYM. À, et *bot*, qui signifie une digue, *Gloss. aunisien*, p. 74.

ABOUCHÉ. *Ajoutez :* — REM. Lamartine a employé ce mot au sens propre : Leurs visages charmants à son corps abouchés, *Chute d'un ange*, 15° *vision.* Ce qui, d'après le contexte, signifie que les enfants avaient la bouche appliquée au sein de leur mère.

† **ABOUKORN** (a-bou-korn), *s. m.* Quadrupède du Soudan qui porte au front une protubérance osseuse, mince et droite, CORTAMBERT, *Cours de géographie*, 10° éd. 1873, p. 635.

— ÉTYM. Arabe, *abou*, père, et *korn* corne : le père de la corne.

† **ABOULER** (a-bou-lé), *v. n.* Terme populaire. || 1° Payer, s'acquitter d'une dette, non sans regret. Il faut abouler. || 2° Venir, entrer. Ils peuvent abouler quand ils voudront.

— ÉTYM. À, et un verbe fictif *bouler*, rouler comme une boule.

ABOUT. *Ajoutez :* || 4° Ouvrier d'abouts, classe de mineurs. Une classe spéciale de mineurs, les ouvriers d'abouts, choisis parmi les plus robustes et les plus intelligents, sont employés au creusement des fosses (avaleresses) pendant la traversée des terrains ébouleux et aquifères.... les ouvriers d'abouts sont chargés également de l'établissement des cuvelages et des picotages, travaux très-difficiles, destinés à empêcher l'envahissement des exploitations par les eaux, *Rev. scient.* 21 août 1875, p. 184.

† **ABOUTER.** *Ajoutez :* || 2° Dans la Saintonge, aller jusqu'au bout, terminer. Abouter un rang de vignes, un sillon.

ABOUTIR. *Ajoutez :* || 4° Arriver au bout. Si les chevalets dont on peut disposer ne sont pas suffisants pour aller d'une rive à l'autre, il faut bien y ajouter des bateaux pour aboutir, *Journ. offic.* 13 janv. 1875, p. 293, 3° col.

ABOYER. *Ajoutez :* — REM. Aboyer à la lune est une locution née de l'observation du chien qui, blessé par l'éclat de la lune, aboie contre elle.

ABRACADABRA. *Ajoutez :* — HIST. XVI° s. C'est un plaisir que d'entendre telle maniere de faire la medecine, mais entre autres ceste cy est gentille, qui est de mettre ce beau mot abracadabra en une certaine figure qu'escrit Serenus pour guarir de la fiebvre, PARÉ, XXV, 31.

ABRÉGÉ, *s. m. Ajoutez :* || 5° Se disait chez les protestants, sous le régime de l'édit de Nantes, d'un nombre restreint de membres de l'assemblée politique, délégués par elle avec le consentement du roi pour continuer à siéger après sa dissolution et veiller à l'exécution de ses décisions ou des promesses de la cour, ANQUEZ, *Hist. des assembl. polit. des réf. de Fr.* p. 78, 79, 173.

— HIST. XIV° s. Aubris Bernars a baillé son abregié de ses despens contre Aubin Chiffet (1348), VARIN, *Archives administr. de la ville de Reims*, t. II, 2° part. p. 1177.

ABREUVÉ. *Ajoutez :* || Il se dit aussi de la lumière. A cet instant, les objets sont comme abreuvés de lumière, DIDER. *Œuv. compl.* 1821, t. IX, p. 463.

† **ABRÉVIATIF.** *Ajoutez :* || 2° Qui abrége, qui rend plus court. Ainsi tous les moyens abréviatifs que découvre l'ouvrier dans l'exécution d'une tâche tournent contre lui, P. LEROY-BEAULIEU, *Rev. des Deux-Mondes*, 1er juill. 1875, p. 153. || 3° Qui rend un chemin plus court. Le concessionnaire de la ligne abréviative entre Cambrai et Douai, *Journ. offic.* 7 juill. 1875, p. 5032, 2° col.

ABRÉVIATION. *Ajoutez :* || 2° Action d'abréger, de rendre plus court. Les innombrables moyens d'abréviation employés dans ces derniers temps sont l'œuvre des travailleurs aux pièces qui les inventent, les perfectionnent, P. LEROY-BEAULIEU, *Rev. des Deux-Mondes*, 1er juill. 1875, p. 142.

† **ABRÉVIATURE** (a-bré-vi-a-tu-r'), *s. f.* Signe dont on se sert dans l'écriture pour abréger. M. Gale, dans l'édition de quelques auteurs grecs, en a banni toutes les abréviatures, LE CLERC, dans *Trévoux.*

ABRUPT. *Ajoutez :* || 3° *s. f.* L'abrupte, l'état abrupt d'un lieu. Il eût été bien difficile de les atteindre [des oiseaux nichés dans des rochers] à cause de l'abrupte des falaises qui les dominaient, *Journ. offic.* 9 mai 1876, p. 3165, 2° col. Montagnes à sommets rectangulaires, dont les gigantesques abruptes présentent des perspectives étranges [dans le Caucase], J. FRANÇOIS, *Acad. des sc. Compt. rend.* t. LXXXII, p. 1246.

† **ABRUPTION** (a-bru-psion), *s. f.* Terme de chirurgie. Fracture transversale d'un os avec des fragments rugueux.

— ÉTYM. Lat. *abruptionem*, de *ab*, et *ruptum*, supin de *rumpere* (voy. ROMPRE).

ABSENTER. — HIST. *Ajoutez :* || XV° s. Il a tenu et tient le party des dicts d'Orleans et leurs complices.... s'est absenté de nostre dite ville de Paris, *Lettres de confiscation de* 1411, VIRIVILLE, p. 74.

† **ABSIDAL, ALE** (ab-si-dal, da-l'), *adj.* Qui se rapporte aux absides. La décoration absidale de Sainte-Françoise-Romaine, *Revue critique*, août 1875, p. 110.

† **ABSIDIOLE** (ab-si-di-o-l'), *s. f.* Terme d'architecture. Petite abside. Celle [la mosaïque] des absidioles de Sainte-Constance date d'après les uns du temps de Constantin, d'après d'autres du temps de Charlemagne, *Revue critique*, août 1875, p. 105. Dans quelques édifices, comme à Yviron [en Grèce], des absidioles s'interposent entre les branches [de la croix], DE VOGÜÉ, *Rev. des Deux-Mondes*, 15 janvier 1876, p. 297.

ABSINTHE. || 3° *Ajoutez :* Avaler son absinthe, subir patiemment quelque chose de désagréable. Si je n'avais trouvé notre petit Livry tout à propos, j'aurais été malade ; j'avalai là tout doucement mon absinthe, SÉV. *Lett. à Guitaut*, 6 décembre 1679.

† **ABSINTHIQUE** (ab-sin-ti-k'), *adj.* Qui a rapport à la liqueur faite avec l'absinthe. Empoisonnement absinthique, TH. ROUSSEL, *Journ. offic.* 24 mars 1872, p. 2081, 2° col.

† **ABSINTHISME** (ab-sin-ti-sm'), *s. m.* Maladie causée par la liqueur faite avec l'absinthe. On doit aujourd'hui distinguer l'empoisonnement par l'absinthe pure ou absinthisme de l'empoisonnement par l'alcool ou alcoolisme, A. D'ASTRE, *Rev. des Deux-Mondes*, 15 mars 1874, p. 472. L'absinthe finit par conduire à l'épilepsie ; mais l'absinthisme est différent de l'alcoolisme, H. DE PARVILLE, *Journ. offic.* 1er juin 1876, p. 3781, 1re col.

ABSOLU. *Ajoutez :* || 11° En mécanique, le mouvement absolu d'un point est le mouvement de ce point rapporté à des points de repère fixes ; par opposition à mouvement relatif, qui est ce même mouvement rapporté à des points de repère mobiles. || 12° *Ajoutez :* || A l'absolu, en termes de commerce, complétement. Laine entièrement dégraissée et desséchée à l'absolu, *Journ. offic.* 7 février 1872, p. 926, 1re col. || 13° Terme de thermodynamique. Zéro absolu, voy. ZÉRO, n° 2. || Température absolue, température comptée à partir du zéro absolu, ou — 273 centigrades.

† **ABSOLUITÉ** (a-bso-lu-i-té), *s. f.* Néologisme. Caractère de ce qui n'a rien de relatif ni de contingent, en termes de philosophie. La véritable apologétique suit la voie interne : elle se propose de fonder l'absoluité du christianisme sur le fait qu'il répond parfaitement à tous les besoins de l'humanité, l'*Alliance libérale* (journal religieux qui paraît à Genève), 18 sept. 1875.

— ÉTYM. *Absoluité* est formé d'*absolu* comme *assiduité* d'*assidu*, *continuité* de *continu.*

† **ABSORBABLE** (ab-sor-ba-bl'), *adj.* Qui peut être absorbé. Nous regarderons comme substance toxique toute substance absorbable qui, introduite dans l'économie animale, peut amener la mort en modifiant le fonctionnement des organes, HENNEGUY, *Étude sur l'act. des pois.* p. 5, Montpellier, 1875.

ABSORBANT. *Ajoutez :* || 7° Terme de physique. Qui a la propriété d'absorber de la chaleur. Pouvoir absorbant d'un corps, le rapport de la quantité de chaleur qu'il absorbe à la quantité de chaleur qu'il reçoit.

† **ABSORBATION** (ab-sor-ba-sion), *s. f.* Néologisme. État d'un esprit absorbé. Ce que l'on a le plus de peine à supporter dans l'infortune, c'est l'absorbation, la fixation sur une seule idée, STAËL, *Influence des pass.* I, 6.

— REM. Absorption ne se prenant pas au figuré, Mme de Staël a été conduite à créer absorbation.

† **ABSORBEMENT** (ab-sor-be-man), *s. m.* État d'une âme occupée entièrement. Dès les premiers absorbements, l'âme n'a qu'une vue de foi confuse.... *Interpr. sur le cantique*, dans BOSS. *Ét. d'orais.* II, 4.

— REM. Entre les deux mots absorbation et absorbement, tous deux pris au figuré pour signifier l'état d'une âme préoccupée, absorbement vaut mieux, d'abord parce qu'il est plus ancien, puis parce qu'il est moins lourd et plus régulier.

ABSORBER. — HIST. XIII° s. *Ajoutez :* E la clarté, ke de vus vint Absorba tant mes oilz et tint.... *Édouard le Confesseur*, v. 2119.

† **ABSTENTIONNISTE** (ab-stan-sio-ni-st'), *s. m.* Celui qui s'abstient lors d'une votation, qui ne prend pas part à une affaire. Il y a à la bourse comme ailleurs un certain nombre d'abstentionnistes en ce moment, *la Semaine financière*, 7 mai 1870, p. 354.

† **ABSTRACTEUR.** *Ajoutez :* — HIST. XVI° s. Cet abstracteur d'idées ou essences.... vouloit à toutes forces ou extremités que je l'eusse accommodé de lieu pour faire la reduction des quatre elements, NOEL DUFAIL, *Contes d'Eutrapel* (*des bons larrecins*), f° 50, *verso.*

ABSTRACTIVEMENT. *Ajoutez :* || 2° Dans le langage général, abstraction faite, en ne tenant pas compte de. Cette épreuve faite a donné à mes sentiments la forme invariable qu'ils ont toujours observée, abstractivement de toute réflexion, J. B. ROUSS. *Lett. à Boutet*, 31 mai 1731.

ABSTRAIRE. *Ajoutez* : || 4° *V. réfl.* S'abstraire, s'isoler en esprit. Il est capable de s'abstraire même au milieu du tumulte, et de spéculer sur les questions philosophiques.

ABUSER. *V. n. Ajoutez* : || 5° Il se dit aussi des actes contre nature. Cet homme, condamné pour attentat aux mœurs, avait abusé d'un enfant confié à ses soins.

ABUSEUR. *Ajoutez* : La cause pour laquelle ces abuseurs défendaient.... BOSS. *Var.* XI, 202.

† **ABUTILON.** *Ajoutez* : — ÉTYM. Arabe *auboûtiloûn*, DEVIC, *Dict. étym.*

† **ABYSSAL, ALE** (a-bi-ssal, ssa-l'), *adj.* Sans fond, profond. L'amour abyssal, c'est-à-dire, selon leur langage [des mystiques], l'amour intime, infini, profond, BOSS. 5e *écrit*, 10.

† **ABYSSIN, INE** (a-bi-ssin, si-n'), *adj.* Qui appartient à l'Abyssinie. L'idiome abyssin.

† **ABYSSINIEN, ENNE** (a-bi-ssi-niin, niè-n'), *adj.* Qui est relatif à l'Abyssinie. Les voyageurs modernes sont unanimes pour reconnaître le type arabe de celles des populations abyssiniennes qui ne se rattachent pas à la souche africaine, F. LENORMANT, *Manuel d'hist. anc.* t. III, p. 279, 4e édit.

ACACIA. *Ajoutez* : || 3° Au Havre, sobriquet donné à certains hommes du port. Il y a aussi les acacias qui comblent les lacunes faites par les lamaneurs, lesquels sont quelquefois insuffisants pour le grand mouvement de navigation ou tout autre cas : ils halent les navires qui ne prennent pas de remorqueurs entre les jetées, *Journ. du Havre*, dans *Journ. offic.* 1er sept. 1873, p. 5673, 3e col.

† **ACADÉMISER** (a-ka-dé-mi-zé), *v. a.* Terme de peinture et de sculpture. Donner la manière académique. Qu'est-ce qui remplira votre attente? est-ce l'athlète que sa sensibilité décompose et que la douleur subjugue, ou l'athlète académisé qui pratique les leçons sévères de la gymnastique jusqu'au dernier soupir? DIDER. dans GRIMM, *Corresp. litt.* oct. 1770.

† **ACADÉMISME** (a-ka-dé-mi-sm'), *s. m.* Néologisme. Terme d'art. Attachement étroit aux formes académiques. Son sujet prêtait à l'académisme, et l'académisme est le pire des dangers, la mort de la peinture d'histoire, dont il dégoûte le public, V. CHERBULIEZ, *Rev. Deux-Mondes*, 15 juin 1876, p. 885.

ACAJOU. *Ajoutez* : || 3° Terme de commerce. Acajou en fourches, acajou en canons, état dans lequel le bois d'acajou est apporté. Au Havre, l'acajou en fourches, qui s'était élevé à 99 c. [le kil.], descend progressivement à 43 c., en 1847; et l'acajou en canons, qui s'était élevé à 60 c., descend à 30 c., en 1847, *Annales du comm. extérieur*, France, *Législ.* (mars 1864), p. 25.

— ÉTYM. *Ajoutez* : Espag. *acaju*; portug. *acaju, caju, acajueiro, cajueiro*; ital. *acagiù, cajiù*. Acaju se trouve dans le brésilien (GONÇALVES DIAZ, p. 8); mais, d'après M. Mahn, ce mot a été introduit du portugais dans la langue des Tupy. Le même M. Mahn, remarquant que l'indostani *kâju* est le nom de l'anacarde, pense que ce nom a passé à l'acajou et qu'il est d'origine dravidienne. Voici qui reporte vers l'Asie orientale l'origine du mot acajou : comme le terme malais *kâyou*, arbre, figure, sous la forme *caju*, dans le nom d'un grand nombre d'arbres originaires des Indes orientales, M. Devic, *Dict. étym.*, est porté à croire que notre mot *acajou*, qu'on trouve également écrit *cajou* et *cadjou*, est le même mot malais. Le bois d'acajou, il est vrai, vient d'Amérique; mais le véritable acajou croît dans les mêmes parages que tous les arbres dans la dénomination desquels entre *caju*. De la sorte le mot *acajou* proviendrait bien de l'Asie orientale, mais serait d'origine malaise, non dravidienne.

† **ACALÈPHE** (a-ka-lè-f'), *s. m.* Nom général donné par les naturalistes aux polypes non sédentaires, comme les méduses, les physalies, les béroés.

— ÉTYM. Ἀκαλήφη, ortie, nom que les Grecs donnaient aussi aux méduses ou orties de mer, en raison des démangeaisons qu'elles causent.

† **ACANTHOLOGIE** (a-kan-to-lo-jie), *s. f.* Nom qu'on a donné à un recueil d'épigrammes. L'Acanthologie ou dictionnaire épigrammatique de Fayolle.

— ÉTYM. Ἄκανθα, épine, et λόγος, discours, livre.

ACARIÂTRE. *Ajoutez* : Vous saurez cependant que votre cher époux S'informe à tout le monde incessamment de vous; Il me vint voir un soir d'un air acariâtre, *Mém. de Mme la duchesse de Mazarin*, dans *Mélange curieux contenant les meilleures pièces attribuées à M. de St-Évremond*, t. I, p. 230, Cologne, 1708.

† **ACARIDE** (a-ka-ri-d'), **ACARIEN** (a-ka-riin) ou **ACARIN** (a-ka-rin), *s. m.* Ordre de la classe des arachnides, comprenant plusieurs familles, dont l'acare est le type.

— ÉTYM. Voy. ACARE, au Dictionnaire.

† **ACCADIEN, IENNE** (a-ka-diin, diè-n'), *s. m.* et *f.* Nom donné à un peuple que des assyriologues pensent avoir précédé les Sémites dans la Chaldée; M. Oppert le nomme Sumériens, *Journ. offic.* 28 janv. 1873, p. 627, 1re col. || Langue accadienne, la langue de ce peuple.

ACCAPAREUR. *Ajoutez* : Ces accapareurs des emprunts viagers maîtrisaient le gouvernement, *Décret du 23 floréal*, an II, *Rapport Cambon*, p. 91.

ACCÉLÉRATEUR. *Ajoutez* : — REM. La pesanteur est une force accélératrice pour un corps qui tombe, et une force retardatrice pour un corps lancé de bas en haut, pendant tout le temps qu'il s'élève. L'expression de force accélératrice a comporté différentes acceptions, ainsi que le montrent les définitions suivantes : — Trabauld : Quand une puissance qui s'applique à un corps produit le mouvement par une seule impulsion, le mouvement est uniforme dans sa durée, et la puissance est appelée *simplement motrice* ou force instantanée; quand la puissance renouvelle son action, elle est appelée *force accélératrice*. — D'Alembert : On entend par le mot de force accélératrice la quantité à laquelle l'accroissement de la vitesse est proportionnel. — Laplace : Le rapport de la vitesse acquise au temps est constant pour une même force accélératrice; il augmente ou diminue, suivant qu'elles sont plus ou moins grandes; il peut donc servir à les exprimer. — Lagrange : La force accélératrice est représentée par l'élément de la vitesse divisé par l'élément du temps. Le produit de la masse et de la force accélératrice exprime la force élémentaire ou naissante. — La force accélératrice de Trabauld est ce qu'on nomme actuellement une force continue; celle de Laplace, une force constante; celle de Lagrange, c'est l'accélération.

ACCÉLÉRATION. *Ajoutez* : || 4° Terme de mécanique. Dans le mouvement d'un corps soumis à l'action d'une force constante, l'accélération est la quantité dont la vitesse du corps s'accroît par chaque unité de temps. L'accélération des graves est de 9m,809, c'est-à-dire qu'après chaque seconde la vitesse d'un corps qui tombe librement dans le vide est augmentée de 9m,809. || Dans un mouvement varié quelconque, l'accélération moyenne correspondant à un intervalle de temps déterminé est l'accélération du mouvement uniformément accéléré dans lequel le mobile recevrait le même accroissement de vitesse pendant le temps considéré. || L'accélération instantanée ou à un instant donné est celle que posséderait ce mobile, si, à cet instant, la force motrice dont il est animé restait constante. || Dans le mouvement curviligne, l'accélération normale, tangentielle, est l'accélération dirigée suivant la normale, la tangente. || En astronomie, accélération diurne des étoiles, quantité dont leurs levers et couchers avancent chaque jour, ainsi que leur passage au méridien.

ACCÉLÉRÉ. *Ajoutez* : || 4° Terme de mécanique. Un mouvement accéléré est celui dont la vitesse va en augmentant; si la vitesse croît de quantités égales en temps égaux, autrement dit si l'accélération est constante, le mouvement est dit uniformément accéléré.

† 2. **ACCENSE** (a-ksan-s'), *s. f.* Dans le département du Cher, nom donné à une contribution en argent plus ou moins élevée, que le colon donne au propriétaire dans les localités où la terre est productive, *les Primes d'honneur*, p. 360, Paris, 1874.

— ÉTYM. Bas-lat. *accensa*, action de donner à cens, de *ad*, à, et *census*, cens.

ACCENT. — HIST. XVIe s. *Ajoutez* : L'accent ou ton en prononciation est une loi ou regle certaine pour elever ou abaisser la prononciation d'une chacune syllabe, MEIGRET dans LIVET, *la Gramm. franç.* p. 104.

ACCENTUÉ. *Ajoutez* : || 2° Terme d'algèbre et de géométrie. Lettres accentuées, celles qui portent un ou plusieurs accents, comme *a'*, *a''*, *a'''*, *a''''*...., et qui sont destinées à représenter des grandeurs ou des points analogues aux grandeurs ou aux points désignés par la simple lettre *a*. On prononce *a* prime, *a* seconde, *a* tierce, *a* quarte, etc.

ACCENTUER. *Ajoutez* : || 4° Fig. Néologisme. Donner un caractère plus marqué, plus décidé. Il accentua son opposition.

† **ACCEPTABLEMENT** (a-ksè-pta-ble-man), *adv.* D'une manière acceptable.

— HIST. XIIe s. Samuel acceptablement el tabernacle serveit, et de vesture lunge fud aturnez, cume cil ki fud à Deu livrez, *Rois*, p. 8. Un sacrefice appareilla à la deesse Diana, à la troiene maniere, Molt simplement et o preiere; Molt le fist acceptablement En la presence de la gent, BENOIT, *Roman de Troie*, v. 4273.

† **ACCEPTATIF, IVE** (a-ksè-pta-tif, ti-v'), *adj.* Qui a le caractère de l'acceptation. Le texte de la réponse négative ou acceptative de Pie IX, le journal *le Temps*, 5 oct. 1874, 1re page, 6e col.

ACCESSOIRE. *Ajoutez* : || 5° Terme de fortification. Défenses accessoires, obstacles artificiels placés sur les abords d'un ouvrage de fortification, pour contraindre les assaillants à s'arrêter sous le feu des défenseurs.

ACCISE. *Ajoutez* : Que veut dire ce mot « accise? » cela veut dire droit intérieur, comme le mot « excise » veut dire droit de douane, *Journ. officiel*, 4 juillet 1872, p. 4533, 1re col.

— HIST. XIIe s. Il [le roi] ne doit faire à clerc n'a iglise defeis, Ne tolir rien de lur, mes mettre i pot acceis, *Th. le mart.* v. 58, édit. HIPPEAU.

† **ACCLIMATEUR** (a-kli-ma-teur), *s. m.* Celui qui acclimate des plantes, des animaux. Le souverain de l'Egypte a honoré de sa visite le Jardin d'acclimatation du bois de Boulogne.... le vice-roi est le premier agronome et le premier acclimateur de son royaume, *Monit. univ.* 22 juin 1867, p. 799, 1re col.

† **ACCOINTABLE** (a-koin-ta-bl'), *adj.* Susceptible d'être accointé, abordable.

— HIST. XIIIe s. A luy se tint ung jouvencel Accointable, très gent et bel, *Rose*, v. 1242. || XVe s. Les gentilshommes d'Angleterre sont peu courtois, traittables et accointables, FROISS. *Chr.* t. IV, c. 61. || XVIe s. Si estoient les capitaines d'Othon plus accointables et plus gracieux à traicter et parler aux villes et aux hommes privez et particuliers, que n'estoient pas ceulx de Vitellius, AMYOT, *Othon*, 10.

† **ACCOINTE** (a-koin-t'), *s. m.* Terme vieilli. Personne avec qui on a des accointances.

— HIST. XVe s. Cinq maris avoit eu, sans les acointes de costé, *les Évang. des Quenouilles*, p. 14.

† **ACCOMMODATION.** *Ajoutez* : || 4° Installation, disposition d'un local pour un objet quelconque. L'accommodation des écoles laisse à désirer, *Journ. offic.* 7 mars 1872, p. 1611, 3e col. || 5° Terme de linguistique. L'accommodation consiste en ce que le voisinage d'une lettre force la lettre voisine à changer d'une certaine façon, pour rendre la prononciation du mot plus facile, BAUDRY, *Gramm. comp. des langues classiques*, § 79. Ainsi dans *ac-tum* qui vient d'*ag-ere*, le changement du *g* sonore radical en sourde *c* a lieu pour en accommoder la prononciation à la sourde *t* qui suit. Quand l'accommodation assimile complétement la première consonne à la suivante, comme dans *ac-cipere* pour *ad-capere*, elle est dite assimilation.

† **ACCOMPLISSEUR** (a-kon-pli-seur), *s. m.* Celui qui accomplit.

— HIST. XVe s. Ne soies mie solement ensigniere de vertus, mes accomplissieres, *Miroir du chrestien*, dans POUGENS, *Archéol. franç.*

† **ACCONIER** (a-ko-nié), *s. m.* Celui qui dirige un accon, sorte de bateau. Un ouvrier acconier, Richard Viaud, demeurant rue Sainte-Françoise, *Journ. de Marseille*. || Maître d'alléges ou de gabarres, pour le chargement et le déchargement des navires dans le port ou la rade, *Pétition d'un marin marseillais*.

† **ACCONVENANCEMENT** (a-kon-ve-nan-se-man), *s. m.* Ancien terme de droit en Bretagne. Synonyme de bail à convenant (voy. BAIL, au Supplément), MÉHEUST, dans *Mém. de la Soc. centrale d'agric.* 1873, p. 300.

† **ACCOSTAGE** (a-ko-sta-j'), *s. m.* Terme de marine. Action d'accoster. Les ponts de débarquement s'avançaient à perte de vue presque au milieu de la rade, afin de permettre l'accostage des navires d'un grand tirant d'eau, R. LE ROY, *Rev. des Deux-Mondes*, 15 janv. 1872, p. 449.

ACCOSTÉ. *Ajoutez* : || 3° Qui a à côté de soi. La chambre d'entrée [du grand collecteur] est assez grande et accostée des cabinets nécessaires à la garde des instruments de travail, MAX. DU CAMP, *Rev. des Deux-Mondes*, 1er juill. 1873, p. 97.

† **ACCOUPLAGE** (a-kou-pla-j'), *s. m.* Action d'accoupler. Par accouplage clandestin, SCARR. *Virg.* VII. Je demande pardon de cet accouplage, J. DE MAISTRE, *De l'Église gall.* II, 9.

ACCOUTREMENT. *Ajoutez :* — REM. Dans la correspondance de Frédéric avec Voltaire, t. III, p. 17, édit. Beuchot, accoutrement est condamné comme vieilli et hors d'usage : « Pourquoi les Français ressusciteraient-ils de nos jours le langage antique de Marot?... quel plaisir une oreille bien née peut-elle trouver à des sons rudes, comme le sont ceux de ces vieux mots onques, prou, accoutrements? » Malgré cette proscription, accoutrement est en plein usage.

ACCRÉDITER. *Ajoutez :* || 6° Accréditer un négociant auprès d'un autre, lui donner une lettre de crédit, SCHIEBE et ODERMANN, *Corresp. comm.*

† **ACCROCHAGE** (a-kro-cha-j'), *s. m.* Terme d'exploitation houillère. Jonction des galeries de roulage avec les puits d'extraction, où l'on accroche les cuffats. || Chambre d'accrochage, même sens. || Chargeur à l'accrochage, ouvrier occupé à la manœuvre des berlines ou chariots au fond du puits.

† **ACCROCHE** (a-kro-ch'), *s. f.* Difficultés, retardements qui arrivent en quelque affaire. M. le chancelier peut venir à Lyon pour éviter toutes les accroches qui arriveront s'il n'y est point [dans le procès de Cinq-Mars], RICHELIEU, *Lettres*, etc. 1642, t. VII, p. 26. Les oppositions à ce décret sont des accroches qui retarderont longtemps notre payement, FURETIÈRE.

† **ACCROCHE-PLATS** (a-kro-che-pla), *s. m.* Suspension formée de petites bandes métalliques croisées et terminées en crochet, pour exposer les faïences et porcelaines à plat le long d'un mur.

ACCUEILLIR. *Ajoutez :* || 4° En Saintonge, accueillir un domestique, se dit pour louer un domestique, faire le marché de louage.

ACCUMULATEUR. *Ajoutez :* || 2° Engin propre à accumuler la force. Accumulateurs et presses hydrauliques, *Journ. offic.* 9 sept. 1876, p. 6855, 1re col.

ACCUMULER. *Ajoutez :* — HIST. XIVe s. Accumulant mals aus mals (1339), VARIN, *Arch. admin. de la ville de Reims*, t. II, 2e part. p. 817. || XVIe s. Grosses richesses ainsi accumulées de tant de diverses sortes et manieres (1534), *Archives de Besançon*, dans *Rev. histor.* t. I, p. 128.

† **ACCUSATOIRE** (a-ku-za-toi-r'), *adj.* Qui a le caractère de l'accusation devant un tribunal. Dans les formes de la procédure pénale, il y a deux systèmes : le système accusatoire et le système inquisitorial.... jusqu'au XIIe siècle, le système accusatoire a été seul pratiqué, *Journ. offic.* 11 mai 1870, p. 805, 2e col.

ACCUSER. — REM. *Ajoutez :* || 2. Accuser réception a été créé par Balzac, d'après GÉNIN, *Variat.* p. 315.

† **ACENSEUR** (a-san-seur), *s. m.* Terme d'anciennes coutumes. Celui qui a pris une chose à cens, un péage notamment, et qui en perçoit le denier au nom du seigneur péager.

— HIST. XVIe s. ....Seroit payé à mondit seigneur, à ses commis et acenseurs, MANTELLIER, *Gloss.* Paris, 1869, p. 3.

ACERBITÉ. *Ajoutez :* — HIST. XVIe s. L'acerbité d'icelle loy contre les esclaves, BODIN, *République*, I, 5.

† **ACÉTIFIER** (a-sé-ti-fi-é), *v. a.* Terme de chimie. Produire l'acétification, *Journ. offic.* 31 août 1872, p. 5786, 2e col.

† **ACÉTIMÈTRE** (a-sé-ti-mè-tr'), *s. m.* Terme de chimie. Instrument pour reconnaître les sophistications du vinaigre.

— ÉTYM. Lat. *acetum*, vinaigre, et *mètre*, mesure.

† **ACHAINE** ou **ACHÈNE** (a-kè-n'), *s. m.* Voy. AKÈNE.

† **ACHARS** (a-char), *s. m. pl.* Fruits, légumes, bourgeons confits dans le vinaigre, comme nos cornichons, ou dans d'autres préparations fortement épicées; condiment très-goûté dans l'Archipel Indien, à Maurice, à la Réunion, etc. || On écrit aussi achards. Les achards colorés par le safran, SIMONIN, *Voyage à l'île de la Réunion.*

— ÉTYM. Persan, *atchâr*, en malais *atchar*, DEVIC *Dict. étym.*

† **ACHÉE.** *Ajoutez :* — REM. Le saintongeois dit *achet*, ver de terre, et le normand *aque*.

† **ACHÉEN, ENNE** (a-ché-in, è-n'), *adj.* || 1° Qui est relatif aux Achéens, à l'Achaïe. La dynastie achéenne d'Inachus. || Ligue achéenne, confédération d'États dont Argos était le principal. || 2° Substantivement. Les Achéens, le peuple qui se nomma plus tard les Hellènes. || Particulièrement, les Achéens, les membres de la ligue achéenne.

† **ACHÉMÉNIDE** (a-ké-mé-ni-d'), *adj.* Terme d'antiquité. Qui est relatif à la dynastie perse dont Achéménès fut le fondateur. Les monarques achéménides. || *S. m.* Les Achéménides, les membres de cette famille.

ACHEMINEMENT. *Ajoutez :* — HIST. XVIe s. N'ayant sceu ni entendu que lesdicts soldats se fussent acheminés par mon commandement et ordonnance, et que par adventure l'on ne vous aura pas à la verité fait entendre la modestie de leur acheminement, *Lettres missives de Henri IV, à M. le marquis de Villars*, 1574, t. I, p. 26. Le bon acheminement que donnez aux affaires de par de là, *ib. au maréchal de Dampville*, 1576, t. I, p. 92.

ACHEMINER. *Ajoutez :* || 5° Terme de procédure. Mettre en voie de.... M. V.... soutenait qu'il les avait remis [des fonds], à titre de commission, aux personnes qui avaient traité avec la société, et cela dans l'intérêt de celle-ci.... le Tribunal de commerce ne trouva pas que la preuve de cette remise fût faite, et il achemina M. V.... à la faire; au lieu de cela, M. V.... appela du jugement devant la Cour d'appel, *Gaz. des Trib.* 10-11 janv. 1876, p. 35, 3e col.

† **ACHERNAR** (a-chèr-nar) ou **AKARNAR** (a-kar-nar), *s. m.* Étoile brillante à l'extrémité de la constellation d'Éridan; elle ne se lève jamais sur l'horizon de Paris.

— ÉTYM. Arabe, *âkhir-an-nahr*, l'extrémité du fleuve.

† **ACHEVAGE.** *Ajoutez :* || Il se dit aussi d'autres produits manufacturés, par exemple, des armes.

ACHEVÉ. *Ajoutez :* || 5° Achevé d'imprimer, dont l'impression est terminée. Vous aurez le grand Roman des chevaliers de la gloire, mais qu'il [pourvu qu'il] soit achevé d'imprimer, MALH. *Lexique*, éd. L. LALANNE. Je n'aurais pu faire arriver cette addition en Hollande avant que le livre y fût achevé d'imprimer, J. J. ROUSS. *Lett. à Vernet*, 29 nov. 1760.

ACHÈVEMENT. — HIST. XIIIe s. Se vous vouloie de tout dire coument Chascuns le fist, ce seroit pour noient, Fait n'en aroie jamais achevement, *Les Enfances Ogier*, publiées par Scheler, v. 6334.

ACHEVER. *Ajoutez :* || 8° *V. n.* Achever, prendre fin (emploi vieilli). Si le quatrième [acte] peut commencer chez cette princesse, il n'y peut achever, CORN. 3e *discours.*

— REM. Pour l'achever de peindre, locution familière qui signifie pour mettre le comble à sa mésaventure, à son désappointement. C'est une phrase toute faite, contre laquelle J. J. Rousseau a péché, disant : « Jugez, madame, comme me « voilà joli garçon : et pour achever de me pein- « dre...., *Lett. à Mme de Warens*, 23 octobre 1737. » Il fallait : pour m'achever de peindre. Cette locution est déjà dans Rabelais, comme on peut voir à l'historique.

† **ACHOPPER.** — HIST. || XVe s. *Ajoutez :* Ont de fait voulu assoper les aides et octroiz par nous fais ausdis exposens, MANTELLIER, *Gloss.* Paris, 1869, p. 7.

† **ACHOUR** (a-chour), *s. m.* Nom d'un impôt payé par les indigènes de l'Algérie au gouvernement français.

— ÉTYM. Arabe, *achoûr*, dîme, de *achar*, dix.

ACHROMATIQUE. *Ajoutez :* Achromatique, c'est le nom que j'ai cru devoir donner à des lunettes de nouvelle invention destinées à corriger les aberrations et les couleurs par le moyen de plusieurs substances différentes, J. DE LALANDE, *Encycl. méth. mathém.* art. *Achromatique.* || Instrument achromatique, un instrument d'optique dans la composition duquel entrent des substances de pouvoir dispersif différent, tellement combinées que les images produites ne présentent pas les irisations qui, sans cette combinaison, résulteraient de l'aberration de réfrangibilité. || Les objectifs achromatiques sont formés de la juxtaposition d'une lentille convergente de crown-glass et d'une lentille divergente de flint-glass.

† **ACHROMATOPSIE** (a-kro-ma-to-psie), *s. f.* Terme de médecine. Défaut de la vue, dit aussi daltonisme, qui empêche de discerner certaines couleurs.

— ÉTYM. 'A privatif, χρῶμα, couleur, et ὄψις, vue.

ACIER. *Ajoutez :* || 4° Acier fondu, acier naturel ou de cémentation dont on a augmenté l'homogénéité par la fusion. || Acier puddlé, acier qui s'obtient par la décarburation de la fonte; on distingue, parmi les aciers puddlés, l'acier de forge, qui s'obtient en coulant la fonte dans des fourneaux où réagissent l'air et les oxydes formés, et l'acier Bessemer, qu'on prépare en faisant traverser la fonte en fusion par un courant d'air dans des appareils spéciaux. || Acier de cémentation, celui qu'on obtient en chauffant le fer au contact du charbon; on dit qu'un acier de cémentation est à une, deux ou trois marques, quand, après la cémentation, il a été mis en trousses, soudé et corroyé une, deux ou trois fois. || Acier ferreux, celui qui conserve des veines de fer après la cémentation. || Acier naturel, celui qu'on extrait de minerais spéciaux dans les forges catalanes. || Acier poule, voy. POULE, n° 11.

† **ACIÉRAGE** (a-sié-ra-j'), *s. m.* Action de déposer une couche d'acier à la surface d'un autre métal. L'aciérage des cuivres, *Journ. offic.* 11 sept. 1872, p. 5955, 2e col.

† **ACINÉTIENS** (a-si-né-tiin), *s. m. pl.* Animaux qui, dans leur jeune âge, sont libres et pourvus d'organes de locomotion, mais qui, adultes, restent immobiles, fixés à des corps étrangers et sont munis de suçoirs.

— ÉTYM. Ἀκίνητος, immobile, de ἀ, privatif, et κινεῖν, mouvoir.

† **ACMÉ** (a-kmé), *s. f.* Terme de médecine. Le plus haut point d'une maladie. Une maladie en son acmé. Après avoir atteint son acmé à la fin de mai, elle [la peste en Mésopotamie] déclinera en juin et disparaîtra de la Mésopotamie en juillet, THOLOZAN, *Acad. des sc. Compt. rend.* t. LXXXII, p. 1421.

— ÉTYM. Ἀκμή, le plus haut point d'un développement.

† **ACNÉ** (a-kné), *s. f.* Terme de médecine. Pustules isolées, acuminées, qui se développent à la face, et aussi sur les régions sternale et scapulaire; cette maladie est dite aussi couperose.

— ÉTYM. Ἀκνή est une faute de copiste dans Aëtius, pour ἀκμή, efflorescence; cette faute de copiste a pris pied dans le langage médical. Il y a d'autres exemples de ces méprises (voy. COLLIMATION).

† **ACOMPARER** (a-kon-pa-ré), *v. a.* Terme vieilli. Comparer. Qu'est-ce que cette vie que l'Écriture acompare à un vent, à une nuée? MICHEL LE FAUCHEUR, *Sermons sur divers textes*, t. I, (1660).

† **ACOMPTE.** *Ajoutez :* — REM. L'Académie (voy. COMPTE, n° 1) écrit à-compte en deux mots, sans accord au pluriel : des à-compte; et c'est ainsi qu'écriront ceux qui se conforment scrupuleusement à son usage. Mais ceux qui, comme J. J. Rousseau, écriront *acompte* en un seul mot, mettront l's au pluriel : des acomptes.

† **ACOULURE** (a-kou-lu-r'), *s. f.* Dans l'exploitation du bois de flottage, nom donné à de petites mises ou portions de 0m,11 environ qui entrent dans un coupon, *Mém. de la Société centrale d'agriculture*, 1873, p. 266.

† **À-COUP.** *Ajoutez :* À propos, William, lui cria-t-elle, vous trottez mal, vous n'avez pas la main fine, et il en résulte des à-coup qui vous donnent mauvaise grâce, CHERBULIEZ, *Rev. des Deux-Mondes*, 15 janv. 1875, p. 282.

† **ACOUSTICIEN** (a-kou-sti-siin), *s. m.* Physicien qui s'occupe de l'acoustique. M. Böhmer regrette que son écrit n'ait pas subi le contrôle approfondi d'un acousticien, *Romania*, juill.-oct. 1875, p. 504.

ACQUÊT. — REM. *Ajoutez :* Le *Code civil* emploie *acquêt* au singulier en parlant d'immeubles acquis pendant le mariage : Tout immeuble est réputé acquêt de communauté, s'il n'est prouvé que l'un des époux en avait la propriété ou possession légale antérieurement au mariage, ou qu'il lui est échu depuis à titre de succession ou donation, art. 1402.

ACQUIESCER. *Ajoutez :* — REM. La Cour de cassation, dans plusieurs de ses arrêts, donne à acquiescer un emploi actif. Attendu que cette décision... n'avait pas été acquiescée, *Arrêt du 7 février* 1876 (présidence de M. Devienne). Cet emploi ne se justifie ni par l'historique, où acquiescer n'est jamais actif, ni par le latin, où *acquiescere* est absolument neutre.

† **ACQUISITIF, IVE** (a-ki-zi-tif, ti-v'), *adj.* Qui a la propriété d'acquérir. Quelle doit être la durée de la possession.... pour être véritablement acquisitive de la propriété du nom? D'HERBELOT, *avocat général*, dans *Gaz. des Trib.* 4 juin 1870. || En droit,

on divise la prescription en acquisitive ou usucapion et en libératrice.

ACQUIT. *Ajoutez :* || 4° Terme juridique. Sentence d'acquit, ordonnance d'acquit, sentence, ordonnance d'acquittement. Si l'accusé est déclaré non coupable, le président prononce qu'il est acquitté de l'accusation... cette ordonnance est appelée ordonnance d'acquit, BOURGUIGNON (1840), *Manuel d'instruction criminelle.*

† ACQUITTABLE (a-ki-ta-bl'), *adj.* Qui peut, qui doit être acquitté, payé. Payer une contribution de vingt-cinq millions acquittables en argent, ou en lettres de change, THIERS, *Hist. Cons. et Emp.* XXVI.

— HIST. XVI° s. Chalan menant denrées acquitables [tenues d'acquitter, de payer péage], MANTELLIER, *Glossaire*, Paris, 1869, p. 4.

ACQUITTÉ. *Ajoutez :* || 3° Qui a acquitté les droits de douane. Cafés acquittés, *la Patrie*, 25 mars 1872. || A l'acquitté, après avoir acquitté les droits de douane, par opposition à : à l'entrepôt.

† ACRAUX (a-krô), *s. m. pl.* Angles d'un harpon. On l'assaille [l'hippopotame] avec plusieurs harpons jointes ensemble, et on le frappe avec des harpons de fer, dont quelques-uns ont des angles ou des acraux, BUFF. *Hist. natur. Suppl.* t. VI, p. 189.

† ACRIDINE (a-kri-di-n'), *s. f.* Terme de chimie. Base azotée ($C^{12}H^{9}Az$) qu'on trouve dans les huiles lourdes de goudron, qui irrite les membranes muqueuses, et, respirée, provoque des éternuments violents.

† ACROBATIE (a-kro-ba-sie), *s. f.* Exercice de l'acrobate. Passer des tours de prestidigitation aux tours de gymnastique et d'acrobatie..., *Gaz. des Trib.* 22 janv. 1876, p. 75, 3° col.

† ACROBATIQUE. *Ajoutez :* || 2° Qui a rapport aux acrobates. Exercices acrobatiques.

† ACROCÉPHALE (a-kro-sé-fa-l'), *adj.* Terme d'anthropologie. Qui a la tête en pointe vers le sommet. Crâne acrocéphale.

— ÉTYM. Ἄκρος, en pointe, et κεφαλή, tête.

† ACROLOGIQUE (a-kro-lo-ji-k'), *adj.* Terme de grammaire générale. Qui appartient au commencement d'un mot. Presque chaque figure [dans l'écriture mexicaine] répondit phonétiquement au son initial ou dominant offert par le nom de cette figure ; c'est ce qu'on a qualifié de syllabisme acrologique, A. MAURY, *De l'origine de l'écriture*, *Journ. des savants*, août 1875, p. 472.

— ÉTYM. Ἄκρος, extrême, initial, et λόγος, discours.

† ACROMION. *Ajoutez :* — HIST. XVI° s. L'acromion, lequel ladite espine [de l'omoplate] constitue de son extrémité, PARÉ, VI, 19.

ACRONYQUE. Modifiez ainsi : Se dit du lever d'une étoile au-dessus de l'horizon ou de son coucher, quand le soleil se couche. Lever ou coucher acronyque est opposé à lever ou coucher cosmique, qui a lieu quand le soleil se lève. L'un est le lever ou le coucher du matin, l'autre le lever ou le coucher du soir.

† ACTER (a-kté), *v. a.* Prendre acte, en parlant de procédure, de protocole. M. le baron Jomini propose de ne consigner dans les protocoles que les points sur lesquels la conférence sera d'accord et de ne pas acter les divergences, *Confér. de Bruxelles*, 1874, *Protocole* n° 1, dans *Journ. offic.* 30 octobre 1874, p. 7275, 1re col. M. le général de Voigts-Rhetz demande qu'il soit acté au protocole que le bombardement étant un des moyens les plus efficaces...., *ib.* dans *Journ. offic.* 1er nov. 1874, p. 7340, 3° col.

ACTIF. || 11° *Ajoutez :* En un sens plus général, l'actif est l'ensemble de ce que l'on possède, le total de ce dont on est propriétaire, y compris les créances.

† ACTINIDIENS (a-kti-ni-diin), *s. m. pl.* Famille de polypes, à corps mou, à tentacules nombreux, se reproduisant presque tous par séparation; les actinies en sont le type.

— ÉTYM. Ἀκτίν, rayon.

† ACTINIQUE (a-kti-ni-k'), *adj.* Qui a rapport aux rayons de lumière.

† ACTINISME (a-kti-ni-sm'), *s. m.* || 1° Étude sur les rayons. || 2° Abusivement, action motrice attribuée aux rayons lumineux. Fresnel tenta de faire produire à un faisceau lumineux du mouvement d'ensemble ; le docteur Récamier reprit après lui, vers 1850, des essais sur l'actinisme de la lumière, LEDIEU, *Acad. des sc. Comptes rendus*, t. LXXXII, p. 1241.

— ÉTYM. Ἀκτίν, rayon.

† ACTINOMÈTRE (a-kti-no-mè-tr'), *s. m.* Terme de physique. Instrument inventé par M. Becquerel pour mesurer les intensités des effets photographiques des différents rayons du spectre.

— ÉTYM. Ἀκτίν, rayon, et μέτρον, mesure.

† ACTINOMÉTRIE (a-kti-no-mé-trie), *s. f.* Terme de physique. Emploi de l'actinomètre. || Mesure de l'intensité de la radiation lumineuse.

— ÉTYM. Voy. ACTINOMÈTRE.

† ACTINOMÉTRIQUE (a-kti-no-mé-tri-k'), *adj.* Qui a rapport à l'actinométrie. Mesures actinométriques au sommet du mont Blanc, J. VIOLLE, *Acad. des sc. Comptes rendus*, t. LXXXII, p. 662.

ACTION. || 11° *Ajoutez :* Les listes de signataires qui nous sont restées des différentes séances ou actions [du concile de Chalcédoine], AMÉDÉE THIERRY, *Rev. des Deux-Mondes*, 1er mars 1872, p. 68. La séance annoncée pour le lendemain 9 octobre n'eut pas lieu, mais il se tint le 10, dans la même église de Sainte-Euphémie, une seconde action, où les magistrats présidèrent, ID. *ib.* p. 78. || 15° *Ajoutez :* || En termes de mécanique, quantité d'action, le produit de la masse d'un corps par sa vitesse, se nomme actuellement de préférence quantité de mouvement. || Principe de la moindre action, principe découvert par Maupertuis, en vertu duquel les changements qui ont lieu dans l'état d'un corps se font avec la quantité d'action la moindre qu'il est possible. || 16° *Ajoutez :* || Cheval qui a de belles actions, celui dont les mouvements sont vigoureux en même temps que gracieux et relevés. || 17° Terme d'artillerie. En action, commandement qui détermine l'exécution des premiers mouvements de la charge d'une bouche à feu.

† ACTIONISTE (a-ksio-ni-st'), *s. m.* La personne que nous nommons aujourd'hui actionnaire. Je me trouve depuis trois ans, moi et mes confrères les actionistes [il avait des actions d'une compagnie qui finit par faire banqueroute], dans le cas de la définition que le merveilleux écuyer de don Quichotte faisait d'un chevalier errant, toujours prêt à être empereur, ou roué de coups de bâton, J. B. ROUSS. *Lett. à Boutet*, 26 déc. 1730.

† ACTIONNEL, ELLE (a-ksio-nèl, nè-l'), *adj.* Qui a rapport à l'action. Selon que les substantifs génériques servent à dénommer les êtres de ces trois genres [substance, mode, action], ils prennent l'un de ces trois noms, appellatifs, abstractifs, actionnels, GIRARD, *Princ. langue franç.* 5° *disc.*

ACTIONNER. *Ajoutez :* || 2° Mettre en mouvement. Dans les villes, elle [la vapeur] alimente les réservoirs d'eau, elle actionne des pompes à incendie, *Rev. des Deux-Mondes*, 1er août 1872, p. 518.

† ACTIVER. — HIST. XVI° s. Une parole active l'autre, OUDIN, *Dict.* Cet exemple prouve que activer n'est point un néologisme, comme on l'a dit.

† ACTUAIRE (a-ktu-è-r'), *s. m.* Néologisme. Mathématicien chargé de contrôler, d'après le calcul des probabilités, les bases des contrats viagers ou d'assurances. Il existe en Angleterre, depuis longtemps, une société appelée *Institute of Actuaries* dont le but est de favoriser le développement des sciences financières.... les travaux des actuaires anglais ont jeté une vive lumière sur les questions financières en général, et notamment sur les opérations viagères, *Journ. des actuaires français*, t. 1er, n° 1, janv. 1872, *Préface*.... qu'il ne pouvait se libérer, suivant les avis écrits de la compagnie [d'assurances sur la vie], que contre une traite tirée de Londres par l'actuaire, secrétaire gérant de la compagnie, qu'en... *Jugem. du trib. civ. de Rouen*, 2° ch., du 6 juin; *Gaz. des Trib.* 18 oct. 1872, p. 1022, 1re col. Les compagnies ont trop souvent à leur service des calculateurs ou actuaires très-ignorants et qui allongent à plaisir leur travail en faisant leurs calculs avec deux fois trop de chiffres, H. LAURENT, *la Réforme économique*, t. 1er, 2° livr. p. 121.

— ÉTYM. Mot formé d'après l'angl. *actuary*, du lat. du moyen âge *actuarius*, greffier, de *actum*, supin de *agere*, agir (voy. ce mot).

† ACTUALISER (a-ktu-a-li-zé), *v. a.* Rendre actuel, effectuer.

ADAPTATION. *Ajoutez :* La plupart des choses dont on se fait tant d'honneur, n'est souvent qu'un petit tour qu'on donne à la matière, un sens d'adaptation, un peu de couleur et de broderie, un style châtié, *Anti-menagiana*, p. 205. || 2° On entend par adaptation, en linguistique, une théorie nouvelle du philologue allemand Ludwig, suivant laquelle les démonstratifs qui ont fourni les suffixes auraient été dépourvus de sens à l'origine, si bien que les suffixes tant formatifs que personnels ou casuels n'auraient pris qu'après leur adjonction à la racine ou au thème et par une répartition successive des formes, les sens qu'ils ont dans les paradigmes de nos grammaires.

ADAPTER. — HIST. *Ajoutez :* XIV° s. L'odor de ta boche en tel guise Sera come l'odor de pomes; Et nous cete odor adaptomes Tot plainement à la doctrine, MACÉ, *Bible en vers*, f° 118, 1re col.

† ADDENDA (a-ddin-da), *s. m.* || 1° Il se dit des additions que l'on inscrit à la fin d'un livre. Un addenda, comme on dit un errata. || *Au plur.* Des addenda. || 2° Il se dit aussi d'un livre entier. Quicherat a publié sous le titre d'Addenda aux lexiques latins un recueil de plus de sept mille mots qui ne se trouvaient pas dans les dictionnaires antérieurs.

— ÉTYM. Lat. *addenda*, choses devant être ajoutées, de *addere*, ajouter.

ADDITION. *Ajoutez :* || 5° Chez les restaurateurs, on appelle addition, ce qu'on nommait autrefois la carte, la carte à payer; c'est une assez mauvaise locution.

ADDUCTION. *Ajoutez :* || 2° Action d'amener. La grande entreprise de l'adduction à Nîmes des eaux du Rhône, *Courrier du Gard*, dans *le Siècle*, 27 août 1871.

† ADÈNE (a-dè-n'), *s. f.* Arbrisseau grimpant d'Arabie, *adenia venenata.*

— ÉTYM. Arabe, *ăden*, DEVIC, *Dict. étym.*

† ADERNE (a-dèr-n'), *s. f.* Nom, dans la Loire-Inférieure, de l'espace où l'on soumet l'eau des marais salants à l'action du soleil et du vent, *les Primes d'honneur*, Paris, 1853, p. 138. || Partie d'un marais salant, compartiment qui termine la série des chauffoirs, *Enquête sur les sels*, 1868, t. I, p. 509.

ADHÉRENT. — HIST. *Ajoutez :* XIV° s. Les amis dudit Perressons.... et pluseurs autres leurs complices banniz, et autres leurs adherens (1346), VARIN, *Archives administr. de la ville de Reims*, t. II, 2° part. p. 1021.

ADHÉRER. — HIST. || XVI° s. *Ajoutez :* Le roy Henri, estant amoureux de Anne de Boulen qui ne vouloit adherer à luy sans estre sa femme, se fit croire que le pape n'avoit peu dispenser ce premier mariage [avec Catherine d'Aragon], et qu'estant le mariage nul, il pouvoit se marier autre part, GUY COQUILLE, *Dialogue sur les misères de la France*, *Œuvres*, éd. 1666, t. I, p. 273.

† ADHÉRITANCE (a-dé-ri-tan-s'), *s. f.* Ancien terme de droit. Action d'appeler à un héritage. Et déclarons nulles et de nul effet toutes les exécutions, main-assises, mises de fait, déhéritances, adhéritances.... *Édit*, avril 1675.

† AD HOMINEM. *Ajoutez :* || Cet argument consiste surtout à retourner contre l'adversaire ses propres assertions, concessions ou actions.

† ADIABATIQUE (a-di-a-ba-ti-k'), *adj.* Terme de thermodynamique. Qui a rapport à l'adiabatisme. Courbes adiabatiques, A. LEDIEU, *Acad. des sc. Compt. rend.* t. LXXXI, p. 931. || La détente adiabatique d'un gaz est la détente pendant laquelle il ne reçoit ni ne communique aux corps voisins aucune quantité de chaleur.

— ÉTYM. Voy. ADIABATISME.

† ADIABATIQUEMENT (a-di-a-ba-ti-ke-man), *adv.* D'une manière adiabatique. Dans la machine sans chemise, la vapeur se détend adiabatiquement, LEDIEU, *Acad. des sc. Compt. rend.* t. LXXXII, p. 599.

† ADIABATISME (a-di-a-ba-ti-sm'), *s. m.* Terme de thermodynamique. État d'un gaz qui ne communique ni ne reçoit aucune quantité de chaleur. Cette règle est fondée sur l'hypothèse de l'adiabatisme des parois du cylindre, A. LEDIEU, *Acad. des sc. Comptes rend.* t. LXXXI, p. 928.

— ÉTYM. Ἀδιάβατος, impénétrable, de ἀ privatif, et διαβαίνω, traverser (voy. DIABASE ou DIABÈTE).

† A DIEU-VA. *Ajoutez :* Au beau milieu d'un acte, il [Sardou] sait changer tout à coup sa voilure et virer de bord avec un art infini : « A Dieu-va ! » comme disent les matelots, ALPH. DAUDET, *Journ. offic.* 18 mai 1874, p. 3340, 2° col.

ADIRER. — ÉTYM. Ajoutons cet exemple-ci, qui paraît bien prouver que l'étymologie est *à dire* : [ils] Firent les aveirs amasser, Et ensemble tot ajoster; N'ot si hardiz en tot l'enpire, Qui riens en osast fere à dire, BENOIT DE STE-MORE, *Roman de Troie*, v. 26127.

ADJUDANT. *Ajoutez :* || 4° Un des noms de l'argilah ou cigogne à sac (voy. ARGILAH, au Supplément), *Journ. offic.* 18 mars 1874, p. 2094, 2e col.

ADJURER. — HIST. *Ajoutez :* XIVe s. *Contestari*, ajurer, ESCALLIER, *Vocabul. latin-franç.*

† ADJUVANT. *Ajoutez :* || 3e *S. m.* Adjuvant, le premier pâtre qui aide le chef de la vacherie ou vacher (dans le Puy-de-Dôme), *les Primes d'honneur*, p. 446, Paris, 1874.

† ADJUVAT (a-dju-va), *s. m.* Néologisme. Fonction d'aide, dans le langage de l'enseignement médical et de la clinique. Compétiteurs qui avaient tous passé par la forte école de l'internat, et le plus grand nombre par celle de l'adjuvat et du prosectorat, Dr RICHET, *Journ. offic.* 7 sept. 1875, p. 7634, 1re col.

— ÉTYM. Lat. *adjuvare*, aider (voy. AIDER).

ADMINISTRÉ, ÉE. *Ajoutez :* || 5e Terme juridique. Enquête administrée, enquête ordonnée par la justice. Attendu que les enquêtes administrées n'ont pas établi que la compagnie du chemin de fer pût être déclarée directement responsable de l'accident, *Gaz. des Trib.* 14-15 sept. 1874, p. 883, 1re col.

ADMIRATEUR. *Ajoutez :* — REM. Michaud a signé *l'Admireur* deux lettres, peu admiratives d'ailleurs, qu'il a adressées à Mme de Staël, dans le *Journal des Débats*, 4 et 9 janv. 1803. Ce néologisme n'a pas passé dans la langue.

ADMISSIBLE. *Ajoutez :* — HIST. XVIe s. Disant qu'il ne sçait lire ni escripre, au mains [moins] beaucoup, et que partant il n'est admissible audit estat d'eschevin, *Rec. des monum. inédits de l'hist. du tiers état*, t. IV, p. 382.

† ADMONITEUR. *Ajoutez :* — REM. Voltaire, avant Chateaubriand, s'est servi d'admoniteur : Il [Bertrand du Guesclin] fait à la fois le rôle de protecteur d'Henri, d'admoniteur de don Pèdre, d'ambassadeur de France et de général, *Lett. d'Argental*, 29 juin 1761.

† ADOBE (a-do-b'), *s. m.* Nom, au Mexique, d'une construction composée de lattes et de terre. Ces fils de vieux Castillans qui passaient mollement leurs jours à l'ombre des murs d'adobe du corps de garde où s'abritait leur sieste, TH. BENTZON, *Rev. des Deux-Mondes*, 1er sept. 1876, p. 163.

† ADON (a-don), *s. m.* S'est dit pour Adonis. Ce bel Adon était le nain du roi, LA FONT. *Joc.*

— HIST. XVIe s. En beauté c'est un Adon; En amour un Cupidon, DE BRACH, *Œuvr.* t. II, p. 46.

† ADONAÏ (a-do-na-i), *s. m.* Un des noms de Dieu dans la Bible.

† ADONIDE (a-do-ni-d'), *s. f.* Genre de plantes de la famille des renonculacées. L'adonide goutte de sang.... *Journ. offic.* 10 sept. 1875, p. 7735, 2e col.

— ÉTYM. Ainsi nommée par Linné en souvenir de la fleur couleur de sang que, selon Ovide (*Metam.* X, 735), Vénus fit naître du sang d'*Adonis*.

† ADONIE (a-do-nie), *s. f.* Terme d'antiquité. Fête d'Adonis. Là était le grand temple de la cité sainte [Byblos], le sanctuaire de Balaath et d'Adonis, que les pèlerins apercevaient de la mer et où se passaient les cérémonies et les spectacles des adonies, JULES SOURY, *la Phénicie*, *Rev. des Deux-Mondes*, 15 déc. 1875, p. 799.

ADOSSÉ. *Ajoutez :* || 4e En termes de banque, appuyé. La sécurité des billets de banque est adossée à d'autres garanties, WOLOWSKI, *Journ. offic.* 11 juill. 1874, p. 4828, 3e col.

ADOUCIR. — HIST. *Ajoutez :* || XIIe s. Ainceis [Guillaume le Conquérant] lor [aux seigneurs anglais] fait dire et semundre Qu'à lui viengent en bonne pais, Senz crieme nule et senz esmais : Eissi's [ainsi les] adoucist e apele, BENOIT, *Chronique*, t. III, p. 218, v. 37660.

ADOUÉ. *Ajoutez :* || 2e Se dit en Saintonge d'un homme et d'une femme qui vivent maritalement sans être mariés. Ils ne sont qu'adoués.

† ADSCRIT, ITE (ad-skri, skri-t'), *adj.* Terme de grammaire. Écrit à côté. L'η avec un iota adscrit.

— ÉTYM. Lat. *adscriptus*, de *ad*, à, et *scriptus*, écrit.

† ADULTÉRATEUR (a-dul-té-ra-teur), *s. m.* Celui qui adultère, falsifie, frelate les marchandises.

— HIST. XVIe s. Marchands usuriers, faulsaires, billonneurs, adulterateurs de marchandises, RAB. IV, 46.

ADULTÉRIN. *Ajoutez :* || 2e Qui a rapport à l'adultère. Les grandes différences entre des frères, des sœurs, peuvent quelquefois être attribuées à des causes adultérines.

† ADULTÉRINITÉ (a-dul-té-ri-ni-té), *s. f.* Caractère adultérin. La reconnaissance de l'adultérinité des enfants, *Arrêt de la Cour impériale de Paris*, 4e ch. 14 mai 1870, dans *Gaz. des Trib.* du 29.

ADVERBE. — HIST. *Ajoutez :* || XVIe s. L'adverbe c'est un mot sans nombre qui est adjoinct à un autre, RAMUS, dans LIVET, *Gramm. franç.* p. 232.

† ADVERS, ERSE (ad-vèr, vèr-s'), *adj.* Opposé. Une polémique engagée entre journaux défenseurs de candidats advers.... *Gaz. des Trib.* 6 mars 1875, p. 229, 4e col. Il y a en lui [C. Durand, peintre] un mélange de deux qualités adverses, la sincérité et le chic, E. BERGERAT, *Journ. offic.* 17 nov. 1874, p. 7671, 2e col.

— ÉTYM. Voy. ADVERSE. Il n'est pas mauvais de restituer la forme masculine *advers* et surtout de tirer *advers* ou *adverse* des emplois restreints où ils sont confinés.

† ADVERSATIVEMENT (ad-vèr-sa-ti-ve-man), *adv.* En qualité de partie adverse. Nous trouvons dans le *Droit*.... la femme mariée, qui entame, adversativement à son mari, une instance de référé, peut être autorisée à ester en justice par le juge du référé, *Avranchin*, 18 avr. 1875.

† ADVERTANCE (ad-vèr-tan-s'), *s. f.* Action de tourner l'esprit vers un objet. || S'est dit, dans les débats des casuistes, de l'attention que le pécheur, en péchant, porte à son péché. Vous [jésuites] prétendez qu'il faut distinguer si c'est sans sa faute ou par sa faute qu'il [le pécheur] n'a point eu cette advertance actuelle du mal qu'il faisait; et c'est ce que vous exprimez quelquefois en ces autres termes : si cette inadvertance a été l'effet d'une ignorance invincible et involontaire, ou d'une ignorance vincible et volontaire; — dans le second cas, c'est-à-dire si ce manquement d'advertance actuelle sur la malice de cette action est arrivée par sa faute.... ANT. ARNAULD, 5e *dénonciation*, X (*Œuvr.* Lausanne, 1780, p. 355) (Arnauld, qui a fait ce mot, l'écrit *advertence*).

— HIST. XVIe s. Tout soing curieux autour des richesses sent son avarice; leur dispensation mesme et la liberalité trop ordonnée et artificielle, elles ne valent pas une advertence et solicitude penible, MONT. IV, 79.

— ÉTYM. Voy. INADVERTANCE.

† AÈDE (a-è-d'), *s. m.* Terme d'antiquité grecque. Chantre, poëte. La lyre dorienne elle-même a des cordes que n'a point effleurées la main de l'aède épique, A. BOUCHÉ-LECLERQ, *Rev. polit. et litt.* 20 mars 1875.

— ÉTYM. Ἀοιδός, chantre, de ἀείδω, chanter.

† AÉRATEUR (a-é-ra-teur), *adj.* Grenier aérateur, voy. GRENIER.

† AERHYDRIQUE (a-èr-i-dri-k'), *adj.* Qui agit par l'air et l'eau. Peut-être trouverait-on un remède efficace au mal en maintenant les galeries sous pression normale, même un peu forte, par des injections d'air comprimé et des écluses aerhydriques comme dans certains travaux de tunnels ou de galeries formées sous l'eau, H. DE PARVILLE, *Journ. offic.* 13 fév. 1876, p. 1199, 3e col. Soufflerie aerhydrique, ventilation pour forges et hauts fourneaux, produite directement par la vapeur.... *Alm. Didot-Bottin*, 1875, p. 1465, 4e col.

— ÉTYM. Lat. *aer*, air, et ὕδωρ, eau.

AÉRIEN. — HIST. *Ajoutez :* XIIe s. Par tant ke des aeriens poesteiz [les démons] vient la flame d'envie encontre la netteit [netteté, pureté].... *li Dialoge Gregoire lo pape*, 1876, p. 352.

† AÉROBIE (a-é-ro-bie), *adj.* Se dit des infusoires qui ont besoin de l'air atmosphérique pour vivre. Oui, il existe des êtres vivant sans air, des anaérobies, en opposition avec les aérobies, PASTEUR, *Journ. offic.* 25 févr. 1875, p. 1456, 2e col.

— ÉTYM. Ἀήρ, air, et βίος, vie.

† AÉRONAVAL, ALE (a-é-ro-na-val, va-l'), *adj.* Destiné à la navigation dans l'air. Machine aéronavale.

— ÉTYM. Ἀήρ, air, et *naval*.

† AÉRONEF (a-é-ro-nèf), *s. f.* Machine destinée à la navigation aérienne. Une aéronef.

— ÉTYM. Ἀήρ, air, et *nef*.

† AÉROPHORE. *Ajoutez :* || *S. m.* Engin qui porte l'air dans les mines, dans les cloches à plongeur, etc.

† AÉROPHYTE (a-é-ro-fi-t'), *adj.* Qui vit dans l'air, par opposition à hydrophyte, en parlant des plantes. || Substantivement, une aérophyte.

— ÉTYM. Ἀήρ, air, et φυτὸν, plante.

† AÉROTHÉRAPIE (a-é-ro-té-ra-pie), *s. f.* Traitement par l'air. Un savant ingénieur qui s'est beaucoup occupé d'aérothérapie, ROCHARD, *Projet de création d'un hôpital sur l'eau.*

† ÆSTHÉSIOMÈTRE, voy. ESTHÉSIOMÈTRE, au Supplément.

† À-FAUX (a-fô), *s. m.* Nature de ce qui est à faux. Ces petites inventions d'intérêt médiocre, ces détournements, ces contorsions, cet à-faux de l'esprit et du cœur qui fait le fond des œuvres légères, K. STEEN, *Journ. offic.* 24 janv. 1875, p. 640, 1re col.

— ÉTYM. *À*, et *faux* (voy. FAUX, I, n° 26).

AFFAIRE. *Ajoutez :* || 25e Agent d'affaires, voy. AGENT, n° 2. || 26e Populairement. Avoir son affaire, être tué, et aussi être ivre mort.

— REM. *Ajoutez :* || 2. C'est affaire à vous, s'est dit quelquefois pour : c'est à faire à vous, voy. FAIRE, n° 68.

AFFAIRÉ. — *Ajoutez :* || Affairé de, occupé à, qui fait une affaire de.... Faites-moi la faveur de croire que je suis l'homme du monde le moins affairé d'argent et le plus ennemi de toutes sortes d'affaires, BALZAC, *Lettr. inédites*, CXXXIV, éd. Tamizey Larroque.

† AFFAIREMENT (a-fè-re-man), *s. m.* Néologisme. État d'une personne affairée. Cet impassible personnage allait et venait avec son affairement habituel, mais rien ne dénonçait en lui une préoccupation inaccoutumée, J. VERNE, *De la terre à la lune*, 26, dans *Journ. des Débats*, 14 oct. 1865.

AFFAMER. — HIST. *Ajoutez :* XIIe s.... Li castiaus ne puet Estre affamés en nule guise; Por nient ont la ville assise [assiégée], *Perceval le Gallois*, v. 3766.

AFFECTÉ. *Ajoutez :* || 6e Terme d'algèbre. Équation affectée, par opposition à équation pure, équation renfermant diverses puissances de l'inconnue; locution en usage au XVIIe siècle, introduite par Viète, et aujourd'hui inusitée.

AFFECTER. *Ajoutez :* || 11e Terme de finances. Affecter une somme à un payement, à un service, la destiner à ce payement, à ce service.

AFFECTIF. *Ajoutez :* || 3e Qui est disposé à l'affection. Comment se peut-il faire que je sente ces choses, moi qui suis le plus affectif du monde? ST FRANÇOIS DE SALES, *Introd. à la vie dévote.* Si elles [les filles] sont d'une humeur affective, elles doivent changer l'amour qu'elles ont pour elles-mêmes et pour les créatures, à aimer Dieu de tout leur cœur, JACQUELINE PASCAL, dans COUSIN, *Jacqueline Pascal*, p. 343, 1845.

† AFFECTIONNÉMENT. *Ajoutez :* La dévotion n'est autre chose qu'une agilité et vivacité spirituelle, par le moyen de laquelle la charité fait les actions en nous, ou nous par elle, promptement et affectionnément, ST FRANÇOIS DE SALES, *Introd. à la vie dévote*, I, 1 (1641).

AFFECTUEUSEMENT. *Ajoutez :* — REM. Vaugelas, dans la préface de ses *Remarques*, met *affectueusement* au nombre des mots qui ne sont pas encore absolument condamnés ni généralement approuvés. Dans ses *Nouvelles remarques*, éd. 1690, in-12, p. 504, il dit d'une manière plus affirmative : « *Affectueusement*, que tant de gens disent et écrivent, ne vaut rien, non plus qu'*affectionnément*, qui est pourtant moins mauvais que l'autre. » Qui pourrait dire pourquoi Vaugelas condamnait ce mot que tant de gens disaient et écrivaient? Le fait est que *affectueusement* est toujours du bon usage; *affectionnément* est bien moins usité.

† AFFECTUOSITÉ (a-fè-ktu-ô-zi-té), *s. f.* Caractère affectueux. Colombe, elle [une dame nommée Colombe] ne l'est guère ni par la douceur de la voix, ni par l'affectuosité..., ALPH. DAUDET, *Journ. offic.* 25 sept. 1876, p. 7171, 1re col.

† AFFENAGE. *Ajoutez :* || 2e Tenant un affenage, c'est à Narbonne, le logeur de chevaux et voitures marchand de fourrages.

† AFFENOIR (a-fe-noir), *s. m.* Ouverture par laquelle on fait passer le fourrage du grenier à foin dans l'écurie à travers la voûte ou le plafond de cette dernière (Drôme).

— ÉTYM. *À*, et lat. *fenum*, foin.

† AFFIDENT, AFFIDENTE (a-fi-dan, dan-t'), *s. m.* et *f.* Confident, confidente, familier, familière. Elle avait l'art de dissimuler si naturellement, qu'il était impossible de pénétrer ses pensées, et que ses plus secrètes affidentes ne surent rien de ses inclinations naissantes, FLÉCH. *Grands jours*, p. 15.

— ÉTYM. Mot fait avec la préposition *à* sur le modèle de *confident*.

AFFILÉ. *Ajoutez :* — HIST. XVe s. Sa langue n'est pas bien afilée, *Rev. crit.* 5e année, 2e sem. p. 405.

AFFILIATION. *Ajoutez :* || 4° Dans le moyen âge, espèce d'adoption dont l'effet principal était de donner à l'affilié le droit de succéder aux biens de l'affiliant.

† **AFFIN** (a-fin), *s. m.* Terme de droit. L'affinité proprement dite est le rapport qu'il y a entre l'un des conjoints par mariage et les parents de l'autre conjoint; selon cette définition, tous les parents du mari sont les affins de sa femme, et tous les parents de la femme sont les affins du mari; pareillement, j'ai pour affins les maris de mes parentes et les femmes de mes parents, POTHIER, *Contr. de mar.* n° 150. || On dit plus souvent aujourd'hui les alliés.

AFFINAGE. *Ajoutez :* || 7° Affinage du verre, opération qui a pour but de rendre le verre homogène et d'en expulser autant que possible les bulles de gaz qui se produisent en abondance au moment de sa formation et qui persistent dans la masse vitreuse, alors même que les réactions chimiques paraissent accomplies. || 8° Affinage de la fonte, opération par laquelle on transforme la fonte en fer.

AFFINITÉ. — HIST. *Ajoutez :* || XVI° s. Affin que la connaissance d'elles [voyelles] soit plus aisée, j'ay avizé de les peindre et leur bailler leurs noms selon leur puissance et de les ordonner selon leur affinité, MAIGRET, dans LIVET, *la Gramm. franç.* p. 66.

† **AFFION** (af-fi-on), *s. m.* Ancien terme de pharmacie. Électuaire à base d'opium.

— ÉTYM. Arabe, *afioûn*, qui représente le grec ὄπιον, opium.

AFFIQUET. — HIST. *Ajoutez :* XIII° s. *Monile*, afiquet, CHASSANT, *Petit vocab. latin-franç.* p. 44.

† **AFFIRMATEUR, TRICE** (a-fir-ma-teur, tri-s'), *adj.* Qui affirme. Un pouvoir spécialement affirmateur des droits individuels, *le Temps*, 15 avr. 1876, 2° p. 3° col.

AFFIRMATION. — HIST. *Ajoutez :* XII° s. En ceste chose, se je trove appareilhiet lo cuer de ta dilection, ge ne travailherai pas en l'affermation, *Li Dial. Grég. lo pape*, 1876, p. 203.

AFFIRMER. || 4° *V. réfl.* Néologisme. S'affirmer, se poser, se déclarer avec tel ou tel caractère. C'est un homme qui ne manque aucune occasion de s'affirmer.

† **AFFIXAL, ALE** (a-ffi-ksal, ksa-l'), *adj.* Terme de grammaire. Qui a rapport aux affixes.

AFFLUENCE. — HIST. XVI° s. *Ajoutez :* Et y estoit l'affluence du monde si grande, que le pape mesme cuida estre suffoqué en la presse, PARADIN, *Chron. de Savoye*, p. 254.

† **AFFOLANT, ANTE** (a-fo-lan, lan-t'), *adj.* Qui affole, qui rend fou. Comme fantaisie de coloriste, cette princesse est affolante, BÜRGER, *Salons de 1861 à 1868*, t. II, p. 201.

† **AFFOUILLABLE** (af-fou-lla-bl', *ll* mouillées), *adj.* Susceptible de subir l'affouillement, en parlant d'un terrain. Elle [la vallée de l'Ubaye, dans les Basses-Alpes] présente les conditions les plus désastreuses: sommets très-élevés, versants excessifs, sol affouillable et instable, climat rigoureux, A. VERNIER, *le Temps, feuilleton scientif.* 2° page, 5° col.

† **AFFOUILLEMENT.** *Ajoutez :* || 2° Terme d'artillerie. Dégradation des bouches à feu en bronze, qui se produit en arrière de l'emplacement du projectile, et qui résulte de la fusion d'une partie du métal déterminée par les gaz de la poudre.

† **AFFOUILLER** (af-fou-llé, *ll* mouillées), *v. a.* Produire l'affouillement en un terrain. || *V. réfl.* S'affouiller, subir l'affouillement. A la suite des grandes fontes de neige, ou des forts orages, les pierres et les blocs entraînés des hauteurs viennent heurter les berges schisteuses; elles s'affouillent et s'écroulent en laissant glisser les versants qu'elles soutenaient, A. VERNIER, *le Temps, feuilleton scientif.* 2° page, 6° col.

† **AFFOUIT** (a-fou-i), *s. m.* Dans le département de la Mayenne, nom donné aux bénéfices réalisés avec le bétail, *les Primes d'honneur*, p. 234, Paris, 1874.

AFFRANCHIR. *Ajoutez :* || 13° On dit au jeu qu'une carte est affranchie, lorsqu'elle n'est plus exposée à être prise. J'ai fait prendre mon roi pour affranchir ma dame. || 14° On dit en grammaire comparée qu'un suffixe s'est affranchi, quand le sens particulier primitif s'en est assez effacé pour que ce suffixe puisse devenir d'un usage général. Ainsi le suffixe *ment*, qui ne s'applique d'abord qu'aux adjectifs à sens spirituel, devient aussi, en s'affranchissant, applicable au sens matériel, comme *carrément*, *blanchement*. || Un suffixe se forme aussi par affranchissement de deux suffixes agglutinés; par ex. le suffixe *ā* primitivement long de *Romā*, joint au suffixe *no*, a fait *rom-ā-nu-s*; il s'en est affranchi un suffixe composé *āno*, qui apparaît dans *urb-anus*, où, autrement, l'*ā* n'aurait aucune raison d'être.

AFFRE *Ajoutez :* — REM. D'après le *Glossaire romand* du doyen Bridel, *affres* désignait, aux XIV° et XV° siècles, une espèce de torture usitée à Genève.

† **AFFRÉRISSEMENT** (a-fré-ri-se-man), *s. m.* Ancien terme de droit. Action de rendre frères, c'est-à-dire double adoption qui fait entrer les enfants d'un second lit dans la famille de l'époux décédé et ceux du premier lit dans la famille de l'époux ou de l'épouse de leur père ou mère survivant, *Répert. de jurisp. de Merlin.*

AFFRONTEUR. *Ajoutez :* — HIST. XVI° s. Par quoy nul homme de bon esprit ne doit croire tels affronteux, PARÉ, X, 32.

† **AFFROUER** (a-frou-é), *v. a.* Se dit, dans la Charente-Inférieure, de l'action, quand le charbon est fait, d'y jeter environ 120 litres d'eau, de le couvrir de 12 à 15 centimètres de terre, et de le laisser refroidir pendant 8 jours en hiver et 4 jours en été, *les Primes d'honn.* Paris, 1873, p. 275.

† **AFFRUITER.** *Ajoutez :* || 2° Dans le centre de la France, il s'emploie activement et signifie planter d'arbres à fruit. Affruiter un terrain. Ce jardin est bien affruité.

AFFÛTER. *Ajoutez :* || 4° *V. n.* Terme de chasse. Se tenir à l'affût. Attendu que le nommé H.... et un individu resté inconnu ont été.... surpris.... portant leurs fusils dans des sacs et épiant sur le lieu même de l'affût le moment du passage du gibier pour se mettre dans l'attitude du chasseur qui affûte, *Gaz. des Trib.* 24-25 août 1874, p. 813, 3° col.

† **AFFÛTEUR** (a-fu-teur), *s. m.* Chasseur à l'affût. Presque tous les matins, avant le jour, il sortait pour surveiller les colleteurs et affûteurs, *Gaz. des Trib.* 6 mars 1874, p. 225, 4° col. L'ours lève alors le gîte, et va donner en fuyant dans la ligne des affûteurs, *Journ. offic.* 21 oct. 1872, p. 6599, 3° col. Reconnaître si elles [les populations armées] sont ou non organisées, et si elles doivent être considérées comme des ennemis loyaux ou de simples affûteurs, *Confér. de Bruxelles*, 1874, protoc. n° 14, *Journ. offic.* 7 nov. 1874, p. 7437, 3° col.

† **AFGAN, ANE** (af-gan, ga-n'), *adj.* La langue afgane ou, substantivement, l'afgan, langue appartenant au groupe iranien et parlée par les Afgans, peuple de la haute Asie. || On écrit aussi afghan.

† **AFISTOLER** (a-fi-sto-lé), *v. a.* Terme populaire Arranger, accommoder. Il est mal afistolé.

— ÉTYM. Voy. RAFISTOLER. *Afistoleur* se trouve dans Coquillart. On a dit aussi *appistoler*: Et povez bien penser si le bon homme est bien aise de estre ainsi appistolé, *Les 15 joyes de mar.* p. 87.

† **AFRICAIN, AINE** (a-fri-kin, kè-n'), *adj.* Qui appartient à l'Afrique. Marchandises de provenance africaine. || *S. m.* Les Africains, les habitants de l'Afrique.

† **AFRICANISME** (a-fri-ka-ni-sm'), *s. m.* Terme d'antiquité. Idiotisme propre à l'Afrique romaine et transporté dans le latin. Je me plaisais à imiter les styles qu'au collége on appelle de décadence; j'étais souvent taxé de barbarie et d'africanisme, et j'en étais charmé comme d'un compliment, TH. GAUTIER, *Portr. contemp.* 1er *portr. celui de l'auteur.* M. Ebert affirme que les mots étranges, employés si souvent par Tertullien et qu'on croyait être des africanismes, c'est-à-dire des termes qu'il aurait pris au dialecte de son pays, ont été simplement empruntés par lui à la langue populaire, G. BOISSIER, *les Orig. de la poés. chrét. Rev. des Deux-Mondes*, 1er sept. 1875.

† **AFRITE** (a-fri-t'), *s. f.* Sorte de mauvais génie dont il est question dans les récits orientaux. Le roi légendaire Tahmouras soutint une lutte gigantesque contre les afrites, qu'il chassa dans les mers et au fond des déserts, DEVIC, *Dict. étymol.*

— ÉTYM. Arabe, *'ifriya* ou *'ifrît.*

† **AGA.** Interjection qui est dans Molière, *D. Juan*, II, 1, et qui signifie vois, regarde

† **AGACEUR** (a-ga-seur), *s. m.* || 1° Celui qui agace. || 2° Dans le langage hippique, synonyme de boute-en-train. Votre Grâce sait qu'il faut remplacer l'agaceur d'Hob-goblin; si milord y consent, ce barbe fera parfaitement l'affaire, E. SUE, *Godolphin-Arabian*, ch. IX.

AGAME. *Ajoutez :* || 2° Terme de zoologie. Qui n'a point d'accouplement, qui se fait sans accouplement. Génération agame.

† **AGATISER.** *Ajoutez :* || S'agatiser signifie aussi prendre l'apparence de l'agate. ....doré de légers tons d'ambre comme une peinture de maître qui s'agatise, TH. GAUTIER, *le Bien public*, 10 mars 1872. || 2° *V. a.* Donner l'apparence de l'agate. Une peinture agatisée.

AGE. *Ajoutez :* — ÉTYM. Age de charrue se dit aussi haie; cela suggère une étymologie différente de celle qui est indiquée; voy. HAIE 2.

ÂGE. *Ajoutez :* || 18° L'espace de temps qui s'étend d'une mue à l'autre, chez le ver à soie.

† **AGÉNÉSIQUE** (a-jé-né-zi-k'), *adj.* Terme de physiologie. Se dit de l'hybridité où les métis sont absolument inféconds, soit entre eux, soit avec des individus de l'une ou de l'autre race mère, *Rev. anthrop.* t. IV, p. 243.

— ÉTYM. Voy. AGÉNÉSIE.

AGENOUILLER (S'). *Ajoutez :* || Se dit d'un cheval qui tombe sur ses genoux.

AGENT. *Ajoutez :* — REM. L'agent de faillite n'existe plus depuis 1838. Depuis cette époque, il n'y a plus de faillite sans syndic.

† **AGGLOMÉRATIF, IVE** (a-glo-mé-ra-tif, ti-v'), *adj.* Qui a le pouvoir d'agglomérer. On peut prévoir que l'avenir tournera du côté des nominaux, en dégageant des catégories agglomératives et arbitraires les êtres réels, BÜRGER, *Salons de 1861 à 1868*, t. II, p. 190.

AGGLOMÉRÉ. *Ajoutez :* || 3° Verres agglomérés, sorte de peinture sur verre. La collection.... des verres vénitiens, émaillés et gravés, décorés d'ailes et de fleurs; celle des verres dits agglomérés, sorte de peinture sur verre qui fut introduite d'Orient à Rome, *Journ. offic.* 3 juill. 1876, p. 4790, 2° col. || 4° *S. m.* Briquette cylindrique ou cubique obtenue en comprimant, dans un moule, de la houille menue avec du goudron. Fabrication des agglomérés ou briquettes de houilles, 1° au brai gras, 2° au brai sec; odeur, danger d'incendie, *Tableau de classement des établiss. dangereux ou insalubres annexé au décret du 31 déc.* 1866.

AGGLUTINATION. *Ajoutez :* — REM. Il faut bien distinguer, en linguistique, l'agglutination de l'incorporation ou holophrase (voy. ce mot au Supplément). On entend par agglutination le procédé par lequel une racine principale, de caractère attributif, s'adjoint comme affixe des racines secondaires, de caractère ordinairement démonstratif, pour former les mots tels que les noms et les verbes. Les langues turques et les langues indo-européennes sont essentiellement agglutinantes, et la flexion, qui appartient en propre à ces dernières et aux langues sémitiques, n'est qu'un degré de plus dans lequel les soudures de l'agglutination se sont effacées par suite d'altérations phonétiques. L'incorporation ou holophrase agglutine ensemble, non-seulement les éléments principaux et accessoires du mot, mais tous les mots de la phrase. C'est, suivant l'expression d'Hovelacque (*Linguistique*, p. 111), une composition syncopée. Les langues de l'Amérique du Nord et du Sud sont toujours agglutinantes, souvent incorporantes; il faut corriger en ce sens ce qui est dit à AGGLUTINANT des langues d'Amérique.

AGGRAVANT. *Ajoutez :* Ce qui lui rend ses maux plus aggravants est qu'ils lui viennent d'une main si chère, J. J. ROUSS. *Lett. à M....* 11 sept. 1763.

† **AGGRAVEMENT.** *Ajoutez :* || 2° Action d'aggraver, de rendre plus grief.

— HIST. XV° s. La longue attente est recompensée par aggravement de peine, AL. CHARTIER, *Quadril. invectif.*

AGIR. — REM. 1. *Ajoutez : En agir*, condamné par Racine et Bouhours, l'est justement; car on ne peut pas dire *agir de*, tandis qu'on dit *user de*, ce qui justifie *en user*. Les exemples suivants sont donc des fautes. Les conjurés en agissent rondement les uns avec les autres, VOLT. *Lett. à d'Argental*, 16 juill. 1764. On s'en rapporta.... à la pluralité des voix, et on ne pouvait en agir autrement, ID. t. XLVI, p. 412, éd. Beuchot. C'est ainsi qu'en agiraient les royalistes, CHATEAUBR. t. XXIX, p. 71, éd. Pourrat. Il avait un second motif d'en agir ainsi, THIERS, *Hist. du Consulat et de l'Empire*, t. XIII, p. 306. Il faut voir comment, dans une lettre fermée, il [Boissonade] remit au pas Chateaubriand ou l'éditeur de Chateaubriand qui en avaient agi trop lestement avec lui, STE-BEUVE, *Constitutionnel* du 28 sept. 1863. M. Cousin se sert de cette forme, *Traduction de Platon*, t. III, p. 204 et 292. Dans toutes ces phrases, pour les rendre correctes, il suffit de supprimer *en*. Au reste la faute est ancienne. Voici le passage où Racine la relève : Petite critique sur un mot de votre dernière lettre. « *Il en a* agi avec toute la politesse du monde, » il faut dire : il *en a usé*. On ne dit point : *il en a bien agi*, et c'est une mauvaise façon de parler (*Lexique*, éd. Paul Mesnard).

† **AGISSEMENT** (a-ji-se-man), *s. m.* Terme de palais. Manière de faire. Attendu que l'administration de l'enregistrement, n'étant pas placée en dehors du droit commun, en ce qui concerne la preuve des agissements frauduleux commis à son préjudice, est autorisée à vérifier la nature des contraventions constatées, etc. *Jugement du Tribunal d'Orthez*, du 27 mai 1864.

— REM. Depuis, ce mot est passé dans le langage général.

AGITATEUR. || 2° *Ajoutez :* Il se dit aussi de tout instrument qui remue quelque substance. Des chaudières locomobiles munies d'un agitateur mécanique, où les ouvriers dalleurs puisent pour faire les dalles de trottoir, *Journ. offic.* 11 mars 1872, p. 1736, 1re col.

† **AGLAÉ** (a-gla-é), **AGLAIA** (a-gla-ia), *s. f.* La 47e planète télescopique, découverte par M. Luther.

† **AGNATHE** (agh-na-t'), *adj.* Terme d'histoire naturelle. Qui n'a pas de mâchoires. Les mollusques carnivores agnathes, P. FISCHER, *Acad. des sc. Comptes rendus*, t. LXXXI, p. 783.

— ÉTYM. 'A privatif, et γνάθος, mâchoire.

AGNEAU. *Ajoutez :* || 7° Couche de sel formant la base d'une gerbe, *Enquête sur les sels*, 1868, t. II, p. 509.

† **AGNELETTE** (a-gne-lè-t'), *s. f.* Nom, dans les Hautes-Alpes, des brebis à l'âge de deux ans, *les Primes d'honneur*, Paris, 1872, p. 440.

AGNELINE. *Ajoutez :* || 2° Il se dit aussi au masculin, substantivement, de la laine d'agneau. Elles [les flanelles] seront faites de bonnes laines du pays, sans plis, peignons ni agnelins, *Arrêt du Conseil*, 16 avril 1726.

† **AGNITION** (agh-ni-sion), *s. f.* Reconnaissance sur le théâtre. Je sais que l'agnition est un grand ornement dans les tragédies; Aristote le dit; mais il est certain qu'elle a ses incommodités, CORN. 2e *disc.*

— ÉTYM. Lat. *agnitionem*, reconnaissance, de *ad*, à, et *gnoscere* ou *noscere*, connaître (voy. NOTION).

† **AGONISTE** (a-go-ni-st'), *s. m.* Terme d'antiquité. Le combattant, le lutteur. Il y a une vieille édition du Samson agoniste de Milton, précédée d'un abrégé de l'histoire de ce héros, VOLT. *Dict. phil. Samson.*

— ÉTYM. Ἀγωνιστής, le lutteur, de ἀγών, lutte, combat.

AGONISTIQUE. *Ajoutez :* || 2° *Adj.* Qui a rapport aux combats des jeux. || Marbre agonistique, marbre concernant les jeux publics.

† **AGRAINER** (a-grè-né), *v. a.* Répandre du grain pour la nourriture des animaux qu'on élève dans les garennes. Le sieur M..., garde-chef de M. le baron G..., en allant agrainer des faisans dans le bois de la Grange, reçut, en traversant une allée, un coup de fusil.... *Gaz. des Trib.* 13-14 mars 1876, p. 257, 2e col.

— ÉTYM. *À*, et *grain*.

† **AGRAPE** (a-gra-p'), *s. f.* Terme d'exploitation houillère. Instrument servant à foncer les puits.

† **AGRAPHIE** (a-gra-fie), *s. f.* Terme de médecine. Impossibilité d'écrire, constituant, avec l'aphasie, deux symptômes importants des maladies mentales, des apoplexies et du ramollissement cérébral.

— ÉTYM. 'A privatif, et γράφειν, écrire.

AGRÉABLE. — HIST. *Ajoutez :* XIIe s. Et ne porquant de ç' [malgré ce, malgré cela] alot bien Que bele esteit [une dame] sor tote rien; Molt fu li solaz agreables, BENOIT, *Roman de Troie*, v. 28 677.

AGRÉABLEMENT. *Ajoutez :* — HIST. XIVe s. Lesdictes femmes auctorisiées et licenciées chascune de sondit marit, qui de faire, accorder et creanter les choses qui s'ensuient, leur donneront pooir, auctorité, congié et licence, et elles les recevrent en elles aggreablement (1346), VARIN, *Archives admin. de la ville de Reims*, t. II, 2e part. p. 1013. Rayer l'a [un apprenti] agreablement [de gré à gré] prinz audit temps pendant lequel il instruirra ledit aprentis, *Bibl. des ch.* 1874, XXXV, p. 485.

† **AGRÉATION** (a-gré-a-sion), *s. f.* Action d'agréer, de recevoir. La seconde question est relative à l'agréation par le gouvernement des inspecteurs ecclésiastiques, M. DELCOUR, min. de l'intér. à la Chambre belge, le 3 fév. dans *Journ. offic.* du 5 fév. 1874, p. 1015, 1re col. M. Wasseige : On veut faire dire à la loi ce qui ne s'y trouve point; le mot « agréation » n'est pas dans la loi; le droit d'agréer ou de ne pas agréer n'existe donc pas, *ib.* 2e col.

1. **AGRÉEUR.** *Ajoutez :* — REM. Agréeur reste usité, témoin cet exemple : L'agréeur est celui qui fournit des agrès pour les navires, *Patentes :* tab. A, 3e cl. droit proportion. au 20e, *Dict. des Contrib. dir.* 1861

† 2. **AGRÉEUR** (a-gré-eur), *s. m.* Agréeur, dégustateur ou inspecteur des eaux-de-vie, celui qui constate, à la requête et aux frais des parties intéressées, le poids et le goût des alcools ou leur identité avec les échantillons pris au moment des expéditions, *Tarif des patentes*, 1858.

— ÉTYM. Voy. AGRÉER 1.

† **AGRÉGATIF.** *Ajoutez :* || 2° Au sens passif, qui est agrégé, réuni. Jusqu'à ce que je voie résulter du tout un être non-seulement organisé, mais intelligent, c'est-à-dire un être non agrégatif, et qui soit rigoureusement un, J. J. ROUSS. *Lett. à M. de...* 15 janvier 1769.

AGRÉMENT. *Ajoutez :* || 8° Agrément de goutte, légère attaque de goutte. Il [M. de la Rochefoucauld] a un petit agrément de goutte à la main, qui l'empêche de vous écrire dans cette lettre, SÉV. 17 avr. 1671. || 9° *Au plur.* Se disait, au XVIIIe siècle, de cérémonies, d'accessoires soit de danse, soit de musique, joints à certaines pièces de théâtre, mais qu'on supprimait quelquefois. *Le Bourgeois gentilhomme*, avec tous ses agréments, *Annonce*, dans *Mercure de Fr.* fév. 1728.

† **AGRÉMENTER** (a-gré-man-té), *v. a.* Néologisme. Orner d'un agrément. Coiffés et poudrés, avec des boucles et des nœuds, en cravates et manchettes de dentelle, en habits et vestes de soie feuille-morte, rose tendre, bleu céleste, agrémentés de broderies et galonnés d'or, les hommes sont aussi parés que les femmes [dans les salons de Louis XIV, à Versailles], TAINE, *les Origines de la France contempor.* t. I, p. 133. || Par extension. Trois francs 75 centimes, dont le détenu a le droit chaque mois de disposer à la cantine pour agrémenter sa position, *Journ. offic.* 19 mai 1876, p. 3405, 3e col.

† **AGRESSIVITÉ** (a-grè-si-vi-té), *s. f.* Caractère agressif. On veut voir jusqu'où iront cette assurance imperturbable, cette agressivité pétulante..., *le Temps*, 28 nov. 1875, 1re page, 5e col.

AGRESTE. *Ajoutez :* || 3° *S. m.* Nom d'un papillon. Le petit agreste, en août, habite les clairières, les places à fourneaux et les sablières des bois montagneux, CARTERON, *Premières chasses, Papillons et oiseaux*, p. 61, Hetzel, 1866.

— HIST. *Ajoutez :* XIIIe s. Ces fous agrestes, ces senglers, Ces vilains à ces durs soulers Aime [Dieu] assez miex que roys ne dus, GAUTIER DE COINCY, *les Miracles de la sainte Vierge*, p. 622 (abbé Poquet).

† **AGRIMÉTRIQUE** (a-gri-mé-tri-k'), *adj.* Qui a rapport à la mesure des champs, à l'arpentage.

— ÉTYM. Mot hybride, du lat. *ager*, champ, et μέτρον, mesure.

† **AGUERRISSEMENT** (a-ghé-ri-se-man), *s. m.* Action d'aguerrir, état de qui est aguerri.

— HIST. XVIe s. L'aguerrissement universel auquel s'entretiennent toutes les nations d'Europe, SULLY, *Mém.* t. III, p. 431.

† **AGUEUR** (a-gheur), *s. m.* Dans le Puy-de-Dôme, distributeur d'eau chargé des arrosements suivant les droits des propriétaires, *les Primes d'honneur*, p. 442, Paris, 1874.

— ÉTYM. Ancien fr. *ague* ou *aigue* (voy. EAU).

† **AGUI** (a-ghi), *s. m.* Sorte de nœud fait à l'angui d'une galère.

AHURI. *Ajoutez :* Les Muses.... sont déjà furieusement ahuries, selon le terme très-expressif des habitants subalternes de la bonne ville de Paris, *Lett. inédite de Pingeron à Hennin*, 1780 (Bibliothèque de l'Institut).

† **AHURISSEMENT** (a-u-ri-se-man), *s. m.* Terme populaire. État de celui qui est ahuri.

† **AÏAUT.** *Ajoutez :* — REM. Ce nom de plante serait mieux écrit, d'après M. Baudry, aillaut, à cause de la ressemblance de port de ces plantes avec quelques alliacées. Notez aussi qu'il y a des noms propres *Aillaut, Aillaud*, et que Brébisson, dans sa Flore de Normandie, écrit *aillot* le nom normand de l'*allium vineola*, dont les feuilles sont analogues.

† **AICHE.** *Ajoutez :* — REM. Sur les côtes maritimes de la Seine-Inférieure, on dit *aque, aquer.*

† ....**AIE.** Finale des lieux plantés d'arbres : saussaie, cerisaie, oseraie, châtaigneraie, etc.; elle représente la finale latine *etum.*

AIGLE. || 8° *Ajoutez :* || La 96e planète télescopique.

— HIST. XIIIe s. Nos dist quand li aille est vieil, Que mult li empirent li œil, *Romania*, octobre 1872, p. 437, v. 831.

AIGREFIN. *Ajoutez :* — REM. On a dit aigrefine au féminin. On t'en a fait de rudes [expériences], et les aigrefins de nos régiments et les aigrefines de nos garnisons tiennent d'assez bonnes écoles pour vous autres enfants de Paris, DANCOURT, *le Prix de l'arquebuse*, sc. 14.

— ÉTYM. *Ajoutez :* Ce mot, dans ses trois acceptions, est jusqu'à présent inextricable. Ces trois acceptions sont dans l'ordre de leur histoire : pièce de monnaie (voy. AIGREFIN, à l'étymologie, dans le Dictionnaire); sorte de poisson; homme rusé. La plus ancienne est la monnaie; pour la seconde on a des exemples du XVe siècle : Il luy fault anguilles, barbeaux, Carpes et brochetz bons et fins, Aloses, lamproyes, daulphins, Esturgeons, macquereaulx, muletz, Congres, merluz et esgrefins, Rougetz, turbotz et quarreletz, *Rec. de farces*, etc. P. L. Jacob, Paris, 1859, p. 407. Pour la troisième, les exemples sont du XVIIe s. M. Devic, *Dict. étym.*, pense que peut-être c'est la monnaie qui a suscité le troisième sens. Mais la dénomination du poisson, comment la rattacher aux deux autres? À moins de quelques nouveaux textes, le mieux serait de faire trois articles séparés des trois acceptions, et de ne noter une étymologie que pour la monnaie, qui en a une assurée.

AIGRIR. *Ajoutez :* — HIST. XVe s.... Mais quant [Mathilde] plus longuement Eut regardé l'endroict de sa besongne, À tant s'esgrit en menasse et vergongne, RENÉ MACÉ, *Suyte de l'hist. de France*, p. 3, *verso.*

† **AIGRISSEMENT.** *Ajoutez :* — HIST. XVIe s. Aimoin, qui, dans son quatrieme livre, chapitre premier, prit un singulier plaisir au recit et aigrissement de cette accusation, ÉT. PASQ. *Rech.* v, 15.

AIGU. *Ajoutez :* || 9° Armes aiguës, armes de main, présentant une ou plusieurs pointes; elles comprennent les armes d'estoc, les armes d'estoc et de taille et les armes d'hast.

† **AIGUADIER** (è-ga-dié), *s. m.* Celui qui préside à la distribution des eaux. Il sera nommé un aiguadier qui sera administrateur des eaux [du canal], à l'effet de quoi il sera tenu de résider au Merle, où se trouve le bassin de division des eaux, CAPPEAU, *Compagn. des Alpines*, p. 128 (où le mot est écrit, à la façon méridionale, eygadier).

— ÉTYM. *Aiguade* (voy. ce mot au Dictionnaire).

† **AIGUEARDENTIER** (è-gar-dan-tié), *s. m.* S'est dit, au XVIe s., à Genève, pour fabricant d'eau-de-vie, *Registre du Consistoire*, dans E. RITTER, *les Noms de famille, Appendice.*

— ÉTYM. *Aigue*, eau, et *ardent :* eau ardente ou eau-de-vie.

† **AIGUILLAGE** (è-gui-lla-j', *ui* comme dans *huile, ll* mouillées), *s. m.* Terme d'administration de chemin de fer. Action de faire mouvoir les aiguilles. || Faux aiguillage, fausse manœuvre par laquelle l'aiguilleur fait prendre à un train une fausse direction.

AIGUILLE || 4° *Ajoutez :* || Sur la pointe d'une aiguille, sur des choses de rien, ou pour des choses de rien. Cette lettre du vendredi est sur la pointe d'une aiguille; car il n'y a point de réponse à faire, et pour moi je ne sais point de nouvelles, SÉV. 17 avril 1671. || 20° Fusil à aiguille, fusil se chargeant par la culasse, et dans lequel l'inflammation de la charge est déterminée par l'action d'une tige longue et mince, mue par un ressort, sur une substance fulminante renfermée dans la cartouche. || 21° Canal régnant le long des tables salantes et servant soit à les vider, soit à les remplir, *Enquête sur les sels*, t. II, p. 509, 1868. || 22° Aiguille-coin, engin qu'on emploie dans les mines pour percer et creuser, *Journ. offic.* 22 nov. 1876, p. 8528, 3e col.

— ÉTYM. *Ajoutez :* C'est à tort qu'*aiguille* a été tiré d'*acicula*; M. Mussafia (*Romania*, 2e année, 1873, p. 478) dit que cela ne peut être; il a raison, *acicula* aurait donné *aighille*. *Aiguille* vient d'*acucula*, forme fictive dérivée de *acula*, petite aiguille, *u* s'étant changé en *ui* comme dans *duire*, de *ducere*, *duit*, de *ductus*, *fruit*, de *fructus*.

AIGUILLÉ, ÉE. *Ajoutez :* || **2°** En forme d'aiguille. Une série de nuages composés de petits cristaux prismatiques aiguillés, d'environ 4 millimètres de longueur sur 1/4 de millimètre d'épaisseur, *Journ. offic.* 28 juin 1873, p. 4263, 3° col.

AIGUILLÉE. *Ajoutez :* || **2°** Dans les fabriques de fil, on nomme aiguillée le développement du fil dans une course de chariot; la longueur de l'aiguillée est généralement de 1m,250 pour les fins, et d'un mètre pour les extra-fins, *Enquête, Traité de comm. avec l'Anglet.* t. IV, p. 242.

AIGUILLER. *Ajoutez :* || **3°** Diriger un convoi de chemin de fer à l'aide de l'aiguille (voy. AIGUILLE, n° 15).

AIGUILLETTE. *Ajoutez :* || **11°** Nom, en Bretagne, d'un poisson de mer de forme allongée et très-long.

— REM. M. H. Lanti, de Tours, communique ce renseignement sur l'aiguillette en tant qu'ornement militaire : « L'origine des aiguillettes que porte, soit sur l'épaule droite, soit sur l'épaule gauche, l'élite de la cavalerie et de la gendarmerie française, est trop curieuse pour que nous ne saisissions pas l'occasion de la donner. Cette origine est espagnole. Le duc d'Albe, pour se venger de l'abandon d'un corps considérable de Belges, ordonna que les délits qui se commettraient fussent punis de la corde. Ces braves firent dire au duc que, pour faciliter l'exécution de cette mesure, ils porteraient sur le col une corde et un clou. Cette troupe s'étant distinguée, la corde et le clou devinrent des marques d'honneur, et furent transformés en aiguillette (DE LA MESANGÈRE, *Dict. des proverbes français*, Paris, 1823, 3° éd. p. 35).

† **AIGUILLONNEMENT.** — HIST. *Ajoutez :* XII° s. Se tu sens ancore les molestes, et es tochiez par les agulenemens et botez par la sugestion de char, BONNARDOT, *Texte lorrain*, dans *Romania*, t. V, p. 307.

† **AIGUILLONNIER** (è-güi-llo-nié, *ll* mouillées), *s. m.* Nom d'un insecte qui attaque les céréales, *Journ. offic.* 24 fév. 1874, p. 1477, 2° col.

— ÉTYM. *Aiguillon.*

† **AIGUISAGE.** *Ajoutez :* L'avantage du fil de fer fabriqué avec du fer de Suède, c'est de conserver longtemps l'aiguisage, *Enquête, Traité de comm. avec l'Anglet.*, t. Ier, p. 610.

† **AIGUISERIE** (è-güi-ze-rie, *ui* prononcé comme dans *huile*), *s. f.* Lieu où l'on aiguise les instruments tranchants. Une querelle s'éleva dans l'aiguiserie du sud [de la manufacture d'armes], entre deux ouvriers..., *Mémor. de la Loire*, dans *Gaz. des Trib.* 6-7 juill. 1874, p. 615, 2° col.

† **AIGUISOIR** (è-güi-zoir, *ui* prononcé comme dans *huile*), *s. m.* Los instruments autres que la meule, servant à aiguiser.

AIL. *Ajoutez :* || **4°** Arbre à l'ail, nom de plusieurs plantes dont certaines parties exhalent une odeur d'ail, par exemple, le *petiveria alliacea*. || 5° Nom donné à une espèce de corps étranger qui se trouve dans le grain. Le grain à nettoyer tombe, de haut en bas, dans un courant d'air vertical suffisant pour enlever toutes les matières plus légères que le bon grain : l'ail, le blé germé, le blé noir.... *Mém. Soc. centr. d'agric.* 1874, p. 477.

† **AILANTE** (è-lan-t'), *s. m.* Genre de plantes dicotylédones de la famille des simaroubées. On y distingue l'ailante glanduleux, *ailantus glandulosa*, Desf., ou vernis du Japon, bien qu'il ne donne pas de vernis; ses feuilles servent de nourriture au *bombyx cynthia*, dit vulgairement ver à soie de l'ailante.

— ÉTYM. Chinois, *ailanto*, arbre du ciel. C'est à tort que certains botanistes ont écrit *ailanthus* et *ailanthe* par un *h*, comme si le mot venait du grec ἄνθος.

AILE. *Ajoutez :* || **14°** Instrument servant à dévider. J'ai vu à Tarare des femmes qui bobinaient leur fil avec de petites ailes en osier; ces ailes sont à six pans; elles sont parfaitement réglées pour l'échevette anglaise, *Enquête, Traité de comm. avec l'Anglet.*, t. IV, p. 248. || **15°** Terme d'archéologie romaine. Nom d'une troupe de cavalerie.

† **AILETTE.** *Ajoutez :* || **3°** Appendice placé sur les épaulières dans les armures du commencement du XIV° siècle. || **4°** Terme d'artillerie. Sorte de petit tenon qui, dans certains systèmes d'artillerie rayée, se trouve fixé à la surface des projectiles oblongs pour les guider dans les rayures.

† **AIMABLEMENT.** *Ajoutez* à l'exemple de Mme de Sévigné : Vous me répondez trop aimablement : il faut que je fasse ce mot exprès pour l'article de votre lettre.... SÉV. 4 oct. 1679.

— HIST. XVI° s. Je te commande De tes freres et sœurs aymablement traiter, DE BRACH, *Œuv.* t. I, p. 218. (Comme on voit, cet adverbe est plus ancien que Mme de Sévigné ne pensait.)

AIMER. || **8°** *Ajoutez :* Aimer à, en parlant d'êtres irraisonnables ou inanimés. Le café aime à être bu chaud. || **12°** *S. m.* L'aimer, l'action d'aimer. Et toute notre vie était un seul aimer, LAMART. *Harm.* IV, 11.

— REM. *Ajoutez :* || **6.** Aimer mieux, locution indivisible, ne suit pas la règle d'aimer, c'est-à-dire ne prend ni *à* ni *de*. Mais, quand la locution est divisible, c'est-à-dire quand *mieux* reprend son sens propre, alors *aimer* reprend aussi sa construction. Exemple : Comme j'honore mieux mes parents que jadis, j'aime mieux aussi qu'autrefois à les écouter, à les soigner, à les servir.

†.... **AIN.** Suffixe qui représente les suffixes latins *anus* et *aneus*.

† **AINIÈRE** (è-niè-r'), *s. f.* Sorte de filet. Que la détention du filet dit ainière, trouvé chez G.... [à Mortagne, Orne], en supposant d'ailleurs qu'il ne puisse servir qu'à prendre de petits oiseaux, constitue un délit puni par l'art. 12 de la loi du 3 mai 1844 sur la chasse, *Gaz. des Trib.* 5 août 1874, p. 744, 2° col.

AINS. — REM. *Ajoutez :* Ains a été employé par Mirabeau. Les habitants des campagnes, sans lesquels nous ne pouvons consolider la révolution, et qui n'y prendront aucun intérêt, ains au contraire, s'ils n'y trouvent pas leur soulagement immédiat, MIRABEAU, *Lett. à M. de la Mark*, cité par JOHN LEMOINNE, *Études crit. et biogr.* Paris, 1852.

AINSI. — REM. *Ajoutez :* || **4.** *Tout ainsi* s'est dit dans le XVII° siècle; il a vieilli, mais pourrait encore être employé. O beauté, faites-en tout ainsi qu'il vous plaît, RÉGNIER, *Élég.* IV. || **5.** Dans le XVII° siècle, on disait *ainsi comme* à côté de *ainsi que*. Son cerveau.... Ainsi comme son sang, d'horreur se va troublant, RÉGNIER, *Ép.* I. Cette locution pourrait être encore employée.

1. **AIR.** *Ajoutez :* || **17°** Populairement. Se donner de l'air, prendre la fuite, pour échapper à des poursuites. Il aurait mieux valu rester et prouver son innocence; mais H.... et ses pareils aiment mieux se donner de l'air; dans leur jargon, c'est une ordonnance de non-lieu, Me LÉON DUVAL, *Gaz. des Trib.* 15 mars 1873, p. 253, 1re col.

— HIST. *Ajoutez :* XII° s. En près si tost come il enteise [la flèche], Flanbe li fers, l'ers et li venz, BENOIT DE STE-MORE, *Roman de Troie*, v. 12 282.

2. **AIR.** *Ajoutez :* || **13°** Donner de l'air à, ressembler (locution vieillie). Bayle, *note* 1 *de l'article Patin (Guy)*, cite un éloge de cet auteur où on lit : Feu M. Huguetan, avocat de Lyon, qui le connaissait particulièrement, trouvait qu'il donnait de l'air à Cicéron dont on voit la statue à Rome. Bayle ajoute en note : Cette phrase est fort en usage à Genève et dans ces quartiers-là.

† **AIRAGE.** *Ajoutez :* || **2°** Terme d'exploitation houillère. Fosse qui communique l'air.

AIRÉE. *Ajoutez :* || **2°** Terme de boulangerie. Une certaine quantité de pâte à pétrir. Opération très-lente qui, pour chaque airée de pâte, exigeait 16 ou 18 heures d'une gymnastique en place, horriblement fatigante, MAXIME DU CAMP, *Rev. des Deux-Mondes*, 15 juin, 1873, p. 783.

AISANCE. *Ajoutez :* || **6°** Se dit de l'ajustage, de l'assemblage de certaines pièces, lorsque cet ajustage, cet assemblage présente quelque jeu.

— HIST. *Ajoutez :* XIV° s. Que lidiz Henris devoit avoir tout ce que Aubert et sa femme avoient en ladite boucherie,... à tout les aisances, les appartenances et les appendices (1303), VARIN, *Archives admin. de la ville de Reims*, t. II, 1re partie, p. 38.

† **AISCEAU.** *Ajoutez :* — ÉTYM. *Aisceau*, écrit aussi *aiscette*, *aissette*, vient du lat. *ascia*, *acia*, hache.

AISE. — ÉTYM. *Ajoutez :* M. Bugge (*Romania*, juill.-oct. 1875, p. 349) propose pour étymologie de ce mot d'origine obscure le latin *ansa*, anse, poignée, prise : « *Asa*, latin vulgaire, voy. *Appendix Probi* dans KEIL, *Gramm. lat.* IV, 198, 9 : *ansa*, non *asa*.... Le mot latin a aussi la notion de facilité, d'occasion, par ex. Plaute, *Persa*, IV, 4, 121 : *quærere ansam ut infectum faciat*. Dans cette acception figurative, les langues romanes n'emploient pas le primitif *ansa*, mais un dérivé *asium*, féminin *asia*. *Asium*, *asia* est dérivé de *asa*, *ansa*, à l'aide du suffixe *io*, *ia*; comparez le lat. *præsepium*, de *præsepe*, *occipitium*, de *occiput*, etc.... Dans l'exemple : Jamais n'aurons tel *aise* de nos hontes vengier (XII° s.), le sens du vieux français *aise* correspond à l'acception figurative du lat. *ansa*; et de même le provençal *aisina* a la notion de facilité, d'occasion. M. Darmesteter a prouvé que le français *aise* avait signifié espace vide aux côtés de quelqu'un; d'où les expressions *être aux aises de quelqu'un*, c'est-à-dire à côté de lui; *être à son aise*, proprement avoir de la place pour remuer les bras (voy. *Romania*, I, 157). »

AISÉ. *Ajoutez :* || **10°** L'assemblage de quelques parties d'un appareil quelconque est dit aisé, lorsque ces pièces peuvent un peu jouer les unes sur les autres, entrer facilement les unes dans les autres.

† **AISSE** (è-s'), *s. f.* Terme de houillère. Local où les ouvriers se réunissent pour se chauffer, et pour que le maître ouvrier leur distribue la besogne, *Vocab. des houilleurs liégeois*.

— REM. Ce mot est imprimé *aise* dans le journal *la Meuse*, répété dans le *Journ. des Débats*, 2 mars 1868.

— ÉTYM. Vieux franç. *aistre* ou *estre*, mot d'origine controversée (voy. ÊTRES au Dictionnaire, historique et étymologie).

AISSELLE. — HIST. *Ajoutez :* XII° s.... entre le keuste [coude] et l'esiele, *Perceval le Gallois*, v. 5689.

† **AISY** (è-zi), *s. m.* Dans le Jura, résidu fermenté du lait cuit. ...les différentes températures auxquelles le lait doit être soumis dans la chaudière suivant les saisons, l'état plus ou moins crémeux du lait, suivant la présure, l'aisy employés; l'aisy est un résidu, fermenté pendant plusieurs jours, des cuissons antérieures, GAREAU, *Mém. de la Soc. gén. d'agric.* 1874, p. 94.

— ÉTYM. C'est l'anc. franç. *aisil*, vinaigre : XIII° s. L'aisil but et le fiel gousta, DU CANGE, *acceptabutum*. De l'aysil l'on i [à Lille] vendera à broke, ID. *ib.* *Aisil* est dérivé irrégulièrement du lat. *acetum*, vinaigre.

† **AÎTRE** (ê-tr'), *s. m.* || **1°** S'est dit pour porche d'église. Tout le monde sait ce que c'est que le porche d'une église; chacun connaît ce corps avancé qui précède le portail et qui, selon les temps, a pris le nom de porche, d'aître et de parvis, *Journ. offic.* 18 mars 1872, p. 1926, 2° col. || **2°** Se dit aussi d'une espèce de galerie couverte qui entourait les cimetières. Ainsi, à Rouen, l'aître Saint-Maclou, connu par les fragments d'une danse des morts, n'est pas du tout le porche de l'église; il est au nord, sur le côté et séparé par un certain espace; c'était une cour carrée entourée de galeries en forme de portiques.

— ÉTYM. Lat. *atrium*.

† **AJOUPA.** *Ajoutez :* — ÉTYM. Mot des anciens indigènes de la Guadeloupe. Du Tertre, *Hist. gén. des isles Saint-Christophe, de la Guadeloupe, de la Martinique et autres....* Paris, 1654, p. 140 (*Description de l'isle de la Guadeloupe*) : « Je m'avisai de faire un grand trou comme une barrique, sur une petite plate-forme, vis-à-vis de la grande fontaine bouillante. Nous n'eusmes pas creusé trois pieds que la terre fumait et était chaude comme du feu; nous fismes un petit *ajoupa*, en forme de cloche par dessus ce trou dans lequel on faisait suer les malades.... » p. 441 (*Des mœurs des sauvages*). « Ils n'ont ny boussole, ny aimant ny cadran : c'est pourquoi ils ne s'esloignent pas beaucoup de terre.... Quand ils prennent terre ailleurs que chez eux, ils font de petits toicts ou auvents qu'ils appellent *ajoupa*, les couvrent de feuilles de latanier ou de balizier, et pendent leurs licts dessous à couvert. »

† **AJOUR** (a-jour), *s. m.* Orifice, pertuis qui dans un objet laisse passer le jour. Plume de fer à deux, trois, quatre ou cinq ajours.

— ÉTYM. *À*, et *jour* (voy. JOUR, n° 30).

† **AKÈNE** (a-kè-n'), *s. m.* Terme de botanique. Nom donné à un fruit monosperme, ordinairement sec, dont le péricarpe est distinct du tégument propre de la graine.

— ÉTYM. Ἀ privatif, et χαίνειν, s'ouvrir. La vraie orthographe est *achène*.

† **ALACRITÉ** (a-la-kri-té), *s. f.* Latinisme et néologisme. État, disposition de celui qui est allègre, SARDOU, *Dict. abrégé de la langue franç.* Paris, 1862.

— ÉTYM. Lat. *alacritatem*, d'*alacer* (voy. ALLÈGRE).

† **ALAIRE** (a-lè-r'), *adj.* Terme de zoologie. Qui a rapport aux ailes. M. Marey a établi que le mouvement alaire de l'insecte dessinait dans l'espace

une courbe en forme de 8 de chiffre, H. DE PARVILLE, *Journ. offic.* 19 avril 1870, p. 699, 1re col.

— ÉTYM. Lat. *alaris*, de *ala*, aile (voy. ce mot).

† **ALAN GILAN** (a-lan-ji-lan), *s. m.* Sorte d'essence. Elle [l'essence dite alan gilan] revient à 2500 fr. le kilogramme .... les fleurs de certaines espèces d'anonacées répandent une odeur très-agréable ; l'*anona odoratissima*, en particulier, est dans ce cas.... on en retire aussi une essence, l'essence d'alan gilan, utilisée en quantités homœopathiques par les parfumeurs, en raison de son prix élevé, H. DE PARVILLE, *Journ. offic.* 25 juin 1873, p. 4186, 2e col.

† **ALANDIER.** *Ajoutez :* || Four à alandiers, four cylindrique à deux ou trois étages, dans lequel se fait la cuisson de la porcelaine.

ALBERGE. *Ajoutez :* — REM. Dans le Midi, on nomme alberge la pêche dont la pulpe est attachée au noyau, tandis que les fruits dont la chair se détache du noyau sont nommés pêches.

— ÉTYM. *Ajoutez :* M. Devic, *Dict. étym.*, voit dans l'esp. *albérchigo* une altération de l'arabe *albirqoûq*, abricot (voy. ce mot); ce qui paraît bien préférable à *albus* de Ménage.

† **ALBERGUE** (al-bèr-gh'), *adj. f.* Ancien terme de droit. Rentes albergues, rentes provenant d'une emphytéose. On a publié un arrêt du 14 mars [1721] qui ordonne que les possesseurs des rentes albergues et redevances aliénées du domaine payeront un supplément de finances.... *Journal de Mathieu Marais*, Paris, 1864, t. II, p. 140.

— ÉTYM. *Alberger*, qui est en usage en Dauphiné pour dire donner en emphytéose, et qui vient, non d'*alpage*, comme on a dit, mais du bas-lat. *alberga*, gîte, manoir (voy. AUBERGE).

† **ALBERTYPIE** (al-bèr-ti-pie), *s. f.* Photographie sur glace, dont les épreuves se tirent aux encres grasses, *Journ. offic.* 8 mai 1874, p. 3158, 1re col.

† **ALBIGEOIS** (al-bi-joi), *s. m.* Hérétiques ainsi nommés d'Albi (ils étaient nombreux dans le midi de la France); leurs doctrines étaient les mêmes que celles des vaudois.

† **ALBOTIN** (al-bo-tin), *s. m.* Ancien terme de pharmacie. Le térébinthe et sa résine, autrefois si employée en médecine, DEVIC, *Dict. étym.*

— ÉTYM. Arabe, *al-botoum*, térébinthe.

ALBUM. *Ajoutez :* — REM. Album se trouve dès le XVIIe siècle. Lorsque nos voyageurs [allemands] sont gens de lettres, ils se munissent, en partant de chez eux, d'un livre blanc, bien relié, qu'on nomme *album amicorum*, et ne manquent pas d'aller visiter les savants de tous les lieux où ils passent, et de le leur présenter afin qu'ils y mettent leur nom, ST-ÉVREM. *Sir Politick*, III, 2.

† **ALBUMINÉ.** *Ajoutez :* || 2° Enduit d'albumine. Le papier albuminé [pour photographie], VERNIER, *le Temps*, 20 juin 1876, *feuilleton*, 1re page, 2e col.

ALCHIMISTE. *Ajoutez :* || 2° *S. f.* L'alchimiste, espèce de papillon, *noctua alchimista*.

† **ALCMÈNE** (al-kmè-n'), *s. f.* La 82e planète télescopique, découverte par M. Luther.

— ÉTYM. Ἀλκμήνη, mère d'Hercule.

ALCOOLIQUE. *Ajoutez :* || 2° Qui a rapport à l'alcool. Excès alcooliques. Folie alcoolique. || 3° *S. m.* Un alcoolique, un homme qui se livre aux excès alcooliques. De là aussi la mobilité, la rapidité des idées et des actes de l'alcoolique, *Journ. offic.* 14 mars 1873, p. 1772, 3e col. En 1870, sur 1460 aliénés, 377 étaient alcooliques,... *ib.* p. 1873, 2e col. Les alcooliques chroniques ne sont pas exempts de délire mélancolique, *ib.* p. 1873, 2e col. || Le langage médical a pris l'habitude de dire un alcoolique pour une personne qui se livre aux excès alcooliques; mais cela n'est certainement pas bon; dites un alcoolisé. || 4° *S. m.* Un alcoolique, une substance alcoolique. L'alcoolique vulgairement appelé absinthe.... *Journ. offic.* 27 mars 1872, p. 2160, 1re col.

† **ALCOOLISATEUR** (al-ko-o-li-za-teur), *s. m.* Celui qui alcoolise les vins, qui en opère le vinage. Les petites quantités d'alcool ne pouvant faire l'objet de déclarations spéciales d'alcoolisation, ressortent, en manquant, aux comptes des marchands en gros alcoolisateurs, *Journ. offic.* 18 août 1875, p. 6919, 2e col.

† **ALCOOLISATION.** *Ajoutez :* || 2° Action d'alcooliser, de viner les vins, *Journ. offic.* 18 août 1875, p. 6919, 2e col.

ALCOOLISÉ. *Ajoutez :* || *S. m.* Un alcoolisé, un homme qui fait des excès alcooliques. Le vieil alcoolisé renouvelle ses excès pour porter remède à ses maux, *Journ. offic.* 14 mars 1873, p. 1773, 3e col. Les alcoolisés par la chartreuse sont des alcoolisés ordinaires, dont le mal doit être mis avant tout sur le compte de l'alcool, H. DE PARVILLE, *Journ. offic.* 1er juin 1876, p. 3751, 1re col.

† **ALCOOLISME.** *Ajoutez :* — REM. Le mot d'*alcoolisme* a été introduit dans la langue médicale vers 1852 par un médecin suédois, M. Magnus Huss, pour résumer l'ensemble des symptômes pathologiques qu'entraîne l'abus de l'alcool, A. DASTRE, *Rev. des Deux-Mondes*, 15 mars 1874, p. 471.

† **ALCOOLOMÈTRE.** — REM. Les chimistes disent *alcoomètre*, *alcoométrie*, sans doute par une suppression de syllabe analogue à celle qui fait dire *idolâtrie* pour *idololâtrie*, afin d'éviter une suite de sons désagréables et difficiles à prononcer.

† **ALCOOLOMÉTRIE** (al-ko-o-lo-mé-trie), *s. f.* Emploi de l'alcoolomètre, mesure de la quantité d'alcool que contient un liquide.

— REM. On trouve aussi alcoométrie : Nouvelle méthode d'alcoométrie, par distillation des spiritueux alcalinisés, MAUMENÉ, *Acad. des sc. Compt. rend.* t. LXXXIII, p. 67 ; et alcoomètre : Ces deux échantillons ne produiront pas la même poussée sur l'alcoomètre, ID. *ib.* p. 69.

ALCORAN. — REM. *Ajoutez :* || 2. On met une majuscule à *Alcoran* et à *Coran*, comme à *Bible*.

† **ALCORNOQUE** (al-kor-no-k'), *s. m.* Un des noms du chêne-liége, H. FLICHE, *Manuel de bot. forest.* p. 196, Nancy, 1873.

† **ALCOVISTE** (al-ko-vi-st'), *s. m.* Nom donné chez les précieuses à celui qui remplissait l'office de chevalier servant, et qui les aidait à faire les honneurs de leur maison et à diriger la conversation ; ainsi dit de l'alcôve contenant la ruelle où les précieuses recevaient.

ALCYONIENS. *Ajoutez :* || *S. m.* Les alcyoniens, famille de polypes fixés dans un manteau corné et spongieux, sur lequel on remarque des parcelles calcaires.

ALDÉBARAN. — ÉTYM. *Ajoutez : Al-debaran* veut dire en arabe celui qui vient derrière, et l'étoile est ainsi désignée sans doute comme venant après les Pléiades, que les Arabes appelaient les étoiles par excellence.

† **ALDÉHYDE** (al-dé-i-d'), *s. m.* Terme de chimie. Nom générique d'un ensemble de composés chimiques dont il existe autant d'espèces que d'alcools; ils en diffèrent par deux équivalents d'hydrogène en moins.

— ÉTYM. *Al* pour *alcool*, *de* indiquant absence, et *hyde* pour *hydrogène*.

† **ALÉA** (a-lé-a), *s. m.* Terme de banque. La chance de gain ou de perte courue dans une entreprise ou une spéculation. Un contrat à forfait a été fait avec des entrepreneurs responsables, pour l'établissement complet de la ligne, à raison de 150 000 fr. par kilomètre, y compris les intérêts et frais généraux pendant la construction, ce qui met la compagnie à l'abri de toute espèce d'aléa, *Circulaire-annonce insérée dans les journaux financiers par les administrateurs de la compagnie du chemin de fer d'Orléans à Rouen.*

— ÉTYM. Lat. *alea*, jeu de dés.

† **ALÉATOIREMENT** (a-lé-a-toi-re-man), *adv.* D'une manière aléatoire. Comment alors aurait-elle pu aléatoirement transiger sur un legs plus ou moins important, puisqu'il n'y avait ni testament ni legs? *Gaz. des Trib.* 1er-2 juin 1874, p. 523, 3e col.

† **ALENAS** (a-le-nâ), *s. m.* Ancienne épée fine et tranchante, un peu plus longue que la dague ordinaire.

— ÉTYM. Dérivé de *alène*.

ALEVINER. *Ajoutez :* || 2° *V. n.* Déposer son alevin, en parlant d'un poisson femelle. Ils [les saumons qui remontent la Seine] arrivent ainsi, par le plus court chemin, aux ruisseaux du granite dans lesquels ils alevinent, *Journ. offic.* 22 juill. 1874, p. 5124, 2e col.

† **ALEXANDRA** (a-lè-ksan-dra), *s. f.* La 54e planète télescopique, découverte par M. Goldschmidt.

ALEZAN. — REM. ALEZAN, BAI. Le cheval alezan a les crins et les extrémités de la même couleur que la robe, tandis que le cheval bai a les crins et les extrémités noirs.

— HIST. XVIe s. La pluspart du temps il alloit à cheval monté sur une grande haquenée alezanne qui avoit plus de vingt ans, BRANT. *d'Estrées.*

— ÉTYM. Arabe, *ahlas*, fém. *halsâ*, qui caractérise un cheval de couleur alezane, MARCEL DEVIC, *Dict. étym.*, qui tire le mot français du féminin arabe.

† **ALFA** (al-fa), *s. m.* Nom arabe de la stipe très-tenace, graminée dont les feuilles cylindriques, coriaces, longues de 50 à 60 centimètres, sont coupées ou arrachées, et servent à faire de la sparterie, des cordes, de la pâte à papier ; il croît en Espagne, en Grèce et dans tout le nord de l'Afrique. Ces prévisions sont justifiées par l'accroissement de l'exportation des alfas dont le chiffre, qui était de 45 000 tonnes en 1873, s'est élevé à 58 000 tonnes en 1874, *Exp. de la situation de l'Algérie par le gouverneur général*, dans *Journ. offic.* 6 fév. 1876, p. 1074, 2e col.

† **ALFÉNIDE** (al-fé-ni-d'), *s. f.* Alliage, dit aussi métal blanc, métal anglais, alliage de nickel et de cuivre. || *Adj.* Couverts alfénides.

— ÉTYM. *Halphen*, nom de l'inventeur de cet alliage.

ALGÈBRE. *Ajoutez :* || 3° Algèbre littérale, algèbre qui emploie les lettres de l'alphabet, ainsi nommée pour la distinguer de l'algèbre des Arabes et des écrivains de la Renaissance, qui n'employaient que des nombres. Viète est l'inventeur de l'algèbre littérale. L'algèbre, comme toutes les langues, a ses écrivains qui savent marquer leur sujet à l'empreinte de leur génie, BERTRAND, *Disc. aux funér. de Lamé.*

— ÉTYM. *Ajoutez :* Les Arabes ont désigné l'algèbre par les deux mots *algebra* et *almuchabala*, qui veulent dire restauration et opposition et se rapportent assez bien aux deux opérations les plus fréquentes dans l'emploi des équations, savoir l'addition d'une même quantité ou la soustraction d'une même quantité aux deux membres d'une équation, PROUHET. Dans l'étymologie, lisez *djebr* au lieu de *djabroun*.

† **ALGÉNIB.** — ÉTYM. Arabe, *al-djanb*, le côté; à cause de la position de cette étoile sur le côté, le flanc du cheval Pégase.

† **ALGÉRIEN, IENNE** (al-jé-riin, riè-n'), *adj.* Qui a rapport à l'Algérie. La Société générale algérienne, nom d'une société fondée en exécution d'une loi du 12 juillet 1865 et d'un décret du 18 septembre 1865. Les obligations algériennes, titres émis par cette société.

† **ALGOL.** — ÉTYM. Arabe, *al-goul;* les Arabes rendent par *goûl* Méduse, et même la déesse Vénus, *char el goul, capillus Veneris.*

† **ALGOLOGIE** (al-go-lo-jie), *s. f.* Étude, histoire des algues.

† **ALGOLOGIQUE** (al-go-lo-ji-k'), *adj.* Terme didactique. Qui a rapport aux algues. Notes algologiques ou recueil d'observations sur les algues, par MM. N. Thuret et Bornet, *Acad. des sc. Compt. rend.* t. LXXXIII, p. 580.

† **ALGOLOGUE** (al-go-lo-gh'), *s. m.* Botaniste qui s'occupe de l'étude des algues.

† **ALHAGI** (a-la-ji), *s. m.* Sainfoin alhagi, plante de la famille des légumineuses.

— ÉTYM. Arabe, *al-hâdj ;* Rauvolf, médecin d'Augsbourg, découvrit cette plante durant son voyage au Levant, en 1537, et la décrivit sous le nom de *alhagi Maurorum*, DEVIC, *Dict. étym.*

† **ALHAMBRA.** — ÉTYM. Arabe, *al-hambra*, la rouge; l'enceinte et les tours de ce monument sont en briques rouges.

† **ALHANDAL** (a-lan-dal), *s. m.* Ancien nom pharmaceutique de la coloquinte. Trochisques d'alhandal.

— ÉTYM. Esp. *alhandal*, de l'arabe *al-handal*, DEVIC, *Dict. étym.*

ALIBORON. — ÉTYM. *Ajoutez :* À côté des conjectures diverses dont l'origine de ce mot est l'objet, on peut placer celle de M. DEVIC, *Dict. étym.* Il conjecture que c'est le nom du savant arabe *Al-Birouni*, contemporain d'Avicenne et qui a joui d'une grande réputation durant le moyen âge ; or, un des sens principaux d'*aliboron* est celui de docteur, d'habile homme, jusqu'à ce que, l'appellation prenant une teinte d'ironie, un beau jour sous la plume de La Fontaine, maître *Aliboron* devint maître baudet. Dans le *Testament de maistre Pathelin*, l'apothicaire s'appelle maistre *Aliborum*.

† **ALICATE.** — ÉTYM. Espagn. *alicates*, petites tenailles, de l'arabe *al-lakhâth*, tenailles, DEFRÉMERY.

ALIDADE. — ÉTYM. *Ajoutez :* L'arabe *al-idâda* a le sens technique d'alidade dans les ouvrages d'astronomie ; dans le langage ordinaire il signifie poteau, DEVIC, *Dict. étym.*

ALIÉNER. — REM. J. J. Rousseau a dit : Aliéner la tête, pour rendre fou. Je ne suis ni jour ni nuit un seul instant sans souffrir, ce qui m'aliène tout à fait la tête.... *Lettre à Moultou*, 18 janv. 1761

ALIGNÉ, ÉE. *Ajoutez :* || 2° Pourvu jusqu'à une

certaine date. Les soldats étaient alignés en vivres jusqu'au 17 inclus, en moyenne; on pouvait donc continuer la marche sans courir le moindre risque, *Gaz. des Trib.* 6-7 oct. 1873, p. 963, 4ᵉ col.

ALIMENT. *Ajoutez :* ‖ 8ᵉ En termes d'assurances, estimation des marchandises ou objets qu'on fait assurer. Autre chose est la somme assurée, laquelle doit être exprimée dans la police, autre chose l'aliment de la police, c'est-à-dire la nature et la valeur ou l'estimation des marchandises ou objets que l'on fait assurer, *Gaz. des Trib.* 15 sept. 1875, p. 890, 2ᵉ col. .... que les 408 balles ne formaient qu'une seule nature d'aliment, qu'il n'en a point été perdu les 3/4; que, par conséquent, le délaissement ne peut être opéré, *ib.* 8 déc. 1874, p. 1173, 3ᵉ col.

— HIST. *Ajoutez :* XIIᵉ s. Il [les élus] tendent pur alemenz de cuer el faiteor de bealteit [Dieu], *Job*, p. 510.

ALIMENTER. — HIST. *Ajoutez :* ‖ XVIᵉ s. Ils [les moines mendiants] pratiquoyent et happoyent ce dont les poures souffreteux devoyent estre alimentez, SLEIDAN, *Hist. de l'estat de la religion et republique sous Charles V*, p. 83, verso. Desquelz [pauvres] il nourrissoit et alimentoit tous les jours un grand et inestimable nombre, PARADIN, *Chron. de Savoye*, p. 341.

ALINÉA. ‖ 2ᵉ *Ajoutez :* Je voudrais que la copie fût *ex vera recensione Capellani* [d'après la vraie révision de Chapelain], et qu'il prît la peine de la diviser en plusieurs sections, ou, pour parler Rocolet [c'était son imprimeur], en des alinéa, comme sont tous mes discours, qui est une chose qui aide extrêmement celui qui lit et démêle bien la confusion des espèces, BALZAC, *Lett. inédites*, LXI (éd. Tamizey Larroque).

† **ALIOS** (a-li-ôs'), *s. m.* Nom donné, dans les landes de Gascogne, à une couche imperméable, située à la profondeur moyenne d'un mètre environ, d'épaisseur variable, d'un brun rouge foncé, assez compacte, qui ne cède qu'à la pioche; c'est un sable cimenté par une sorte de matière organique légèrement ferrugineuse, H. DE PARVILLE, *Journ. offic.* 27 juill. 1870, p. 1337, 5ᵉ et 6ᵉ col.

— REM. L'adjectif *aliotique* fait penser que le mot devait s'écrire *aliot*, et que *alios* est un pluriel.

† **ALIOTIQUE** (a-li-o-ti-k'), *adj.* Qui a le caractère de l'alios. Il [le pin des Landes] rencontre un sous-sol aliotique imperméable à quarante ou quarante-cinq centimètres de profondeur, *Enquête sur les incendies des Landes*, p. 202.

† **ALISE** (a-li-z'), *s. f.* Dans l'Aunis, nom de la galette au beurre, *Glossaire aunisien*, la Rochelle, 1870, p. 62.

— ÉTYM. *Miche alise* se trouve souvent dans les anciens textes, de l'adjectif *alis*, qui signifiait compacte, serré.

† **ALITEMENT** (a-li-te-man), *s. m.* Action de mettre au lit un malade, ou action d'un malade qui prend le lit, *Dict. de médecine*, publié p. J. Baillière et fils.

ALITER. — HIST. ‖ XVᵉ s. *Ajoutez :* Il [Holopherne] s'enyvra par sa folie, Il se coucha, il s'alicta; Et Judich, la dame jolye, En dormant le decapita, *Rec. de farces, etc.* p. 351.

† **ALIZARI.** *Ajoutez :* — ÉTYM. Espagn. *alizari*, de l'arabe *asâra*, qui signifie le suc extrait d'un végétal par compression, DEVIC, *Dict. étym.*

† **ALIZARINE.** *Ajoutez :* ‖ Alizarine artificielle, substance tinctoriale qui imite l'alizarine et qui est tirée de la houille.

† **ALIZÉEN, ENNE** (ali-zé-in, è-n'), *adj.* Qui a rapport aux vents alizés. Phénomènes alizéens. ‖ Où règnent les vents alizés. Contrées alizéennes.

† **ALLAITERON** (a-lè-te-ron), *s. m.* Nom donné, dans le département de la Manche, aux juments nourrices, *les Primes d'honneur*, Paris, 1873, p. 23.

† **ALLÉGATEUR** (al-lé-ga-teur), *s. m.* Celui qui allègue, qui cite. Moi qui suis le plus superstitieux de tous les auteurs et de tous les allégateurs, BALZ. *Entret.* IX. Je n'ai guère meilleure opinion de la sagesse du philosophe Tubero [La Mothe Le Vayer], autrement la perpétuel allégateur, ID. *Lett. inédites*, LVII (éd. Tamizey Larroque).

† **ALLÉGEAGE** (a-lé-ja-j'), *s. m.* Action d'alléger un navire. Transbordements d'allégeage.

ALLÉGORIE. *Ajoutez :* — HIST. XIVᵉ s. Moralité puet ensi prendre, Ou bien allegorie entendre, MACÉ, *Bible en vers*, p. 117, verso, 2ᵉ col.

ALLÉGORISER. *Ajoutez :* ‖ 2ᵉ Donner à un portrait un caractère allégorique. Mrs Stanhope représente la *Contemplation*; Miss Gwatkin, la *Simplicité*; cette manière d'allégoriser les personnages motive les mouvements et les physionomies, et ajoute beaucoup de charmes à la peinture, BÜRGER, *Salons de 1861 à 1868*, t. I, p. 250. Reynolds n'est donc qu'un portraitiste, malgré cette tendance à allégoriser..., ID. *ib.* p. 344.

— REM. J. B. Rousseau a dit allégorier : Toute l'histoire fabuleuse n'est pas propre à être allégoriée, *Œuv. Préf.*

† **ALLÉGRER (S')** (al-lé-gré), *v. réfl.* Devenir allègre, se livrer à l'allégresse. Nos cœurs doivent prendre et choisir quelque place chaque jour.... pour y faire leur retraite à toutes sortes d'occasions, et là s'allégrer et récréer entre les affaires extérieures, ST FRANÇOIS DE SALES, *Introd. à la vie dévote*, II, 12.

— REM. Ce verbe a vieilli, mais il mérite d'être repris par l'usage.

ALLEMAND. *Ajoutez :* ‖ 2ᵉ L'allemand, nom générique de la langue parlée en Allemagne; on y distingue surtout deux dialectes : le bas-allemand et le haut-allemand. En traçant une ligne en partant de Cologne et aboutissant par Cassel et Magdebourg à la frontière orientale d'Allemagne près Lissa (grand-duché de Posen), il se trouve que tout ce qui est au sud de cette ligne appartient au haut-allemand; c'est de ce haut-allemand que s'est essentiellement formée, depuis le commencement du XVIᵉ siècle, la langue littéraire actuelle. La partie de l'Allemagne au nord de la ligne cidessus appartient au bas-allemand, qui y est encore aujourd'hui la langue populaire, bien que de plus en plus, nommément dans les villes, il cède la place au haut-allemand. Seule la petite colonie franque du Hartz (Goslar) forme un îlot isolé dans le territoire du bas-allemand. Celui-ci règne donc sur le Rhin inférieur, dans la Frise, Westphalie, Brunswick, Hanovre, Holstein et Schleswig, Mecklenbourg, Poméranie, Rugen, Marche de Brandebourg, et, à travers la Prusse, le long de la côte de la Baltique, jusqu'au territoire de la langue lithuanienne. Le hollandais et l'anglo-saxon, base essentielle de l'anglais d'aujourd'hui, appartiennent au domaine du bas-allemand. Dans un sens étendu, on peut encore compter les langues scandinaves parmi celles qui relèvent du bas-allemand.

ALLER. — REM. *Ajoutez :* ‖ 9. Encore un peu plus aille, locution aujourd'hui inusitée qui signifie : encore un peu. Hier au soir, il [le roi] a beaucoup mangé: encore un peu plus aille, et il placera tout à fait son repas au dîner, D'ARGENSON, *Mémoires*, 1860, in-8°, t. II, p. 373. ‖ 10. Quelquefois devant *irai* on supprimait *y* (voy. Y, Rem. n° 10). ‖ 11ᵉ Aller le bien, ancienne locution qui signifiait aller bien, réussir, tourner à bien. S'il se gouverne par ce conseil, il ne faut pas douter que tout n'aille le bien, MALH. *Lexique*, éd. L. Lalanne.

† **ALLIABLE.** *Ajoutez :* Il n'y a rien de moins alliable que les deux idées qui me tourmentaient, J. J. ROUSS. *Lett. à Julie*, 10 nov. 1761.

ALLIAGE. *Ajoutez :* ‖ 3ᵉ Action d'allier. Si le séjour de Paris, joint à l'emploi que vous remplissez, vous paraît d'un trop difficile alliage avec elle [la vertu].... J. J. ROUSS. *à un jeune homme*, édit. Musset-Pathay, 1824, t. XIX, p. 11.

— REM. Alliage, dans l'union intime de deux métaux, se dit de du quantité de métal commun qui est unie au métal précieux, dans un objet quelconque en métal précieux.

† **ALLIGATOR.** — ÉTYM. *Ajoutez :* Ce passage de Gomara : Fueron al rio de Chagre, que llamaron de *lagartos*, peces cocodrillos que comen hombres, *Hist. de las Indias*, ch. 6, montre bien que *lagarto* est l'origine d'alligator.

† **ALLOPHONE** (al-lo-fo-n'), *adj.* Terme d'assyriologie. Se dit de groupes de signes phonétiques empruntés par les Assyriens à la langue des inventeurs de l'écriture cunéiforme et qu'ils introduisaient dans leurs textes comme des idéogrammes; ces groupes avaient une prononciation bien établie dans cette langue, seulement les Assyriens les acceptaient comme expression écrite, mais ils les prononçaient autrement. ‖ Des groupes phonétiques assyriens sont également passés dans les textes de peuples qui ont pris l'écriture cunéiforme des mains des Assyriens, mais ces peuples les prononçaient suivant leur propre langue; c'étaient pour eux des allophones.

— ÉTYM. M. Ménant a créé ce mot, qui vient de ἄλλος, autre, et φωνή, voix.

† **ALLOPHYLE** (al-lo-fi-l'), *adj.* Terme d'anthropologie. Qui est d'une autre tribu, d'une autre race. Le mélange d'un élément allophyle dans une population.

— ÉTYM. Ἄλλος, autre, et φύλη, tribu.

† **ALLOPHYLIQUE** (al-lo-fi-li-k'), *adj.* Même sens que allophyle. Les langues des tribus touraniennes ou allophyliques, MAX MÜLLER, *Essais de mythol. compar.* trad. par G. Perrot, p. 297, Paris, 1873.

† **ALLOTER** (a-lo-té), *v. a.* Terme de jurisprudence. Répartir. La Cour [d'appel de Montpellier, 2ᵉ ch. 11 juin].... ordonne que les dépens de première instance et d'appel seront allotés et supportés, trois quarts par D..., un quart par la compagnie, *Gaz. des Trib.* 23-24 juin 1873, p. 596, 1ʳᵉ col. (qui a imprimé, par faute typographique, ablotter).

† **ALLOTIR.** *Ajoutez :* .... X décréter, à construire des villages, à allotir les terres et à y mettre.... des colons choisis par les soins du gouvernement, COMTE D'HARCOURT, *Journ. offic.* 2 juillet 1873, p. 4359, 1ʳᵉ col.

† **ALLOTROPIQUE** (al-lo-tro-pi-k'), *adj.* Qui a rapport à l'allotropie. Le diamant est un état allotropique du charbon.

† **ALLUMAGE.** *Ajoutez :* L'allumage des feux et charbonnières dans les forêts est soumis à un règlement préfectoral, FARÉ, *Enquête sur les incendies des Landes*, p. 54, 1873.

ALLUMETTE. *Ajoutez :* ‖ 4ᵉ Jeu des allumettes, petit jeu qui se joue, entre deux personnes, avec treize allumettes en général, mais aussi avec treize objets quelconques; la convention est que celui qui prendra la dernière perdra; chacun des deux joueurs en prend alternativement, à sa volonté, une, deux ou trois.

† **ALLUMOIR** (a-lu-moir), *s. m.* ‖ 1ᵉ Petit appareil à gaz installé dans les débits de tabac, et petite lampe mise sur les tables des cafés pour la commodité des fumeurs et l'économie des allumettes. ‖ 2ᵉ Appareil électrique qui allume. Il suffit de presser un bouton pour que le fil passe au rouge, et permette d'allumer du papier, etc.; on a ainsi tout un réseau d'allumoirs uniquement alimenté par un ou deux éléments de M. Leclanché, H. DE PARVILLE, *Journ. offic.* 30 juin 1876, p. 4688, 2ᵉ col. ‖ 3ᵉ Fête des allumoirs, nom, à Roubaix, d'une fête dans laquelle des milliers d'enfants portent de petites lanternes en papier de couleur fixées au haut d'un bâton, lanternes dites allumoirs; cette fête est une réjouissance locale pour ouvrir les grandes veillées d'hiver, *le Temps*, 29 sept. 1876, 3ᵉ page, 4ᵉ col.

ALLUSION. ‖ 3ᵉ *Ajoutez :* Denys lui dit un jour [à Platon] que tous ses discours étaient de vieillards qui radotent; et les vôtres, lui répliqua-t-il, sont de souverains qui tyrannisent; ce qui a beaucoup plus de grâce en grec que nous ne lui en donnons en français, parce que l'allusion des mots ne s'y trouve pas, LA MOTHE LE VAYER, *Vertu des païens*, II, *Platon*.

† **ALLUVIONNEMENT** (al-lu-vio-ne-man), *s. m.* Formation d'alluvions. Couches dues à des phénomènes d'alluvionnement, BELGRAND, *Acad. des sc. Comptes rend.* t. LXX, p. 1082.

ALMAGESTE. *Ajoutez :* — REM. L'Almageste est un vaste ouvrage de synthèse où toutes les connaissances astronomiques des anciens sont condensées et systématisées.

† **ALMAGRA** (al-ma-gra), *s. m.* Substance employée en peinture, plus connue sous le nom de rouge indien ou rouge de Perse, DEVIC, *Dict. étym.*

— ÉTYM. Espagn. *almagra*, *almagre*, de l'arabe *al-maghra*, ocre rouge.

ALMANACH. *Ajoutez :* — HIST. XIVᵉ s. Ex almanach plantarum, H. DE MONDEVILLE, *Ms lat.* n° 7139, f° 175, verso, Bibl. nat.

† **ALMÈNE** (al-mè-n'), *s. f.* Poids de deux livres (un peu moins d'un kilogramme) (Espagne), DEVIC, *Dict. étym.*

— ÉTYM. Espagn. *almena*, de l'arabe *al-menâ*, qui est le grec μνᾶ, mine, poids d'une livre.

† **ALMICANTARAT** (al-mi-kan-ta-ra), *s. m.* Terme d'astronomie. Petit cercle de la sphère céleste dont tous les points sont à la même hauteur au-dessus de l'horizon.

— ÉTYM. Arabe, *al-mouqantarat*, les cintrées, les voûtées, participe passé du verbe *qantar*, cambrer, arquer.

† **ALMOUDE** (al-mou-d'), ou **ALMUDE** (al-mud'), *s. f.* Mesure de liquides dans la péninsule hispanique, DEVIC. *Dict. étym.*

— ÉTYM. Espagn. *almud*; portug. *almude*, de l'arabe *al-moudd*.

ALOÈS. — ÉTYM. *Aloès* vient du lat. *aloe*, qui est le grec ἀλόη. Le reste est à effacer.

ALOSE. *Ajoutez :* || Alose feinte, nom, dans la Gironde, d'un poisson, *alosa finta* (Cuvier), dit aussi gato à l'île Oléron, et couvreau dans la Loire (voy. FEINTE 2 au Dictionnaire).

ALOYAU. — ÉTYM. *Ajoutez :* Il est possible de fortifier la conjecture de Ménage (il tire *aloyau* de *lumbus*) par quelques considérations plausibles. *Longe* ou *loigne*, en termes de boucherie, en anglais *loin*, *sirloin* (aloyau), qui est le français *surlonge*, viennent de *lumbus* par l'intermédiaire de *lumbeus*. Il est probable que *loyau* (a-loyau) est une forme masculine de *longe* ou *loigne*, faite avec *à*, comme *surlonge* avec *sur*.

ALPAGA. *Ajoutez :* Autres [marchandises] qui viennent des Indes.... coton en rame.... laine de vigogne, alpaca ou alpague, P. GIRAUDEAU, *la Banque rendue facile*, in-4°, Paris 1739, p. 388.

† **ALPAGE.** *Ajoutez :* || 2° Séjour des animaux dans la montagne, et lieu où ils séjournent. Chaque vache produirait environ 600 kil. de lait par saison, ou 5 kil. en moyenne par jour; ce calcul est confirmé par les pesages faits deux fois dans le cours de l'alpage, L. GUIOT, *Mém. Société cent. d'agric.* 1874, p. 250. Elles [les chèvres] produisent un litre de lait par jour en moyenne; elles remplacent avantageusement, en été, les vaches, qui sont dans les alpages éloignés, ID. *ib.* p. 265.

† **ALPAGER, ÈRE** (al-pa-jé, jè-r'), *s. m.* et *f.* Celui, celle qui vit dans les alpages.

ALPESTRE. *Ajoutez :* — SYN. ALPESTRE, ALPIN. Les quatre zones ou régions qui divisent les Alpes tout entières, savoir : la région méditerranéenne, la région moyenne, la région alpestre et la région alpine, L. GUIOT, *Mém. Soc. centr. d'agric.* 1874, p. 126. De 1200 à 1800 mètres, on se trouve dans la région alpestre, caractérisée par le hêtre, le sapin, l'épicéa et aussi par le pin silvestre.... Enfin de 1800 à 2300 mèt. on atteint la région alpine, au-dessus de laquelle la végétation forestière cesse, pour faire place à la région complétement pastorale.... ID. *ib.* p. 127. Notons, en passant, qu'en Suisse, et surtout dans la Suisse allemande, le mot d'alpe (alp) est souvent employé comme nom commun; il désigne alors un pâturage de montagne élevée, et c'est de là qu'est venu le nom de région alpine. Or, dans le comté de Nice, cette expression a exactement le même sens, ID. *ib.* p. 235.

ALPHABET. *Ajoutez :* || 5° Alphabet de nature, alphabet considéré et distribué d'après les mouvements des organes de la parole, glotte, voile du palais, langue, dents, lèvres. || 6° Émission par alphabet, mode d'émission des billets de banque, d'après lequel la Banque émet ses billets par 25 000, chaque mille correspondant à une lettre de l'alphabet, A, B, C, etc., qui est écrite sur le billet avec un chiffre indiquant combien d'alphabets ont été émis; chaque alphabet comprend, on le voit, 25 000 billets; et C 329 mis sur un billet de mille francs exprime que ce billet appartient au 3° millier du 329° alphabet.

† **ALPHABÉTAIRE** (al-fa-bé-tè-r'), *adj.* Qui est relatif à l'alphabet.

† **ALPHABÉTISME** (al-fa-bé-tis-m'), *s. m.* Système d'écriture qui décompose la syllabe, et en représente par des signes abstraits la consonne et la voyelle. Seuls les Égyptiens, peuple éminemment philosophe, avaient conçu le principe simplificateur et fécond de l'alphabétisme, qui décompose la syllabe et en représente par des signes distincts la consonne et la voyelle, FR. LENORMANT, *Manuel d'histoire anc. de l'Orient*, t. III, p. 108, 4° édition.

† **ALPHARD** (al-far), *s. m.* Étoile de deuxième grandeur, ou le cœur de l'Hydre, DEVIC, *Diction. étym.*

— ÉTYM. Arabe, *al-fard*, l'unique, parce qu'elle est la seule étoile brillante de la constellation.

† **ALPHÉNIC** (al-fé-nik), *s. m.* Ancien terme de pharmacie. Sucre candi, sucre d'orge, pâte faite d'amandes et de sucre, DEVIC, *Dict. étym.*

— ÉTYM. Arabe, *al-fânid*, qui vient du persan *fânîd* ou *pânîdh*, sucre purifié (voy. PÉNIDE au Supplément).

ALPIN. *Ajoutez :* || Club alpin, club qui a pour but de visiter les Alpes, de pratiquer des ascensions, et de faire l'histoire naturelle de ces montagnes.

† **ALPINISTE** (al-pi-ni-st'), *s. m.* Celui qui pratique l'ascension des montagnes des Alpes. Un alpiniste milanais a fait l'ascension du Kœnigspitz (3,874 m.), *Journal. offic.* 22 oct. 1875, p. 8795, 1re col.

† **ALPIOU.** *Ajoutez :* — REM. Ce mot est écrit alpion dans une lettre de Ch. de Sévigné, t. IX, p. 217, édit. Régnier, où une note de Perrin est rapportée : Alpion, terme de jeu de bassette, qui est le synonyme de paroli au jeu de pharaon. Mais alpiou, qui est dans le dict. de Bescherelle, paraît seul susceptible d'une explication étymologique.

† **ALQUIFOUX.** *Ajoutez :* — ÉTYM. Espagn. *alquifol*. M. Devic, *Dict. étym.* cite ce passage de Sonnini, *Commerce de l'Algérie*, p. 29 : « Dans le commerce du Levant, la mine de plomb; les femmes de l'Orient la réduisent en poudre subtile, qu'elles mêlent avec du noir de lampe, pour en faire une pommade dont elles se teignent les sourcils, les paupières, les cils et les angles des yeux. » M. Devic en conclut que l'*alquifoux* n'est pas autre chose que le *cohol*; or on sait d'ailleurs que le *cohol* est le sulfure de plomb. *Alquifoux* est donc une corruption de l'arabe *alcohl* (voy. ALCOOL); les intermédiaires sont les formes *alcofol*, *alquifol*, dites pour *alcohl*.

† **ALTAÏR** (al-ta-ir), *s. m.* Étoile de 1re grandeur, légèrement jaune, de la constellation de l'Aigle.

— ÉTYM. Arabe, *al-tâïr*, qui vole, DEVIC, *Dict. étym.*

ALTÉRATION. *Ajoutez :* || 7° Il se dit aussi des dérangements de la santé. Pour réparer.... dans un climat qui vous était salutaire l'altération que celui d'Édimbourg a faite à votre santé, J. J. ROUSSEAU, *Lett. à milord Maréchal*, 25 mars 1764. Puisque vous voilà rétablie, j'aime mieux qu'il y ait eu de l'altération dans votre corps que dans votre cœur, ID. *Lett. à Mme de Latour*, 10 févr. 1765.

† **ALTÉRITÉ** (al-té-ri-té), *s. f.* Terme de scolastique. Qualité d'être autre. Quoi ! l'ange saint qui est préposé à la conduite de cette âme, et les autres esprits bienheureux ne peuvent plus la distinguer de Dieu ? elle ne connaît pas elle-même sa distinction, ou, comme parle cet auteur [Rusbroc], son altérité? BOSS. *Ét. d'orais.* I, 1. La séité ou le soi, la quiddité ou le ce, l'identité, la diversité ou l'altérité.... DIDER. *Opin. des anc. phil.* (*éclectisme*).

— ÉTYM. Lat. *alter*, autre (voy. AUTRE).

ALTERNANT. *Ajoutez :* || 3° Terme de zoologie. Génération alternante (voy. GÉNÉRATION, au Supplément)

ALTERNAT. *Ajoutez :* || 2° Terme de diplomatie. Usage en vertu duquel chacune des deux parties contractantes d'un traité est alternativement nommée la première dans les différents exemplaires de ce traité. Pendant très-longtemps l'Autriche refusa d'accorder à la Russie l'alternat, DE MOLINARI, *Journ. des Débats*, 11 juin 1876, 3° page, 3° col. || 3° Emploi tour à tour. La première [race] issue.... du mélange et de l'alternat des deux sangs arabe et anglais.... *Rapp. Bocher à l'Assembl. nation.* n° 1910, p. 85.

† **ALTERNATION** (al-tèr-na-sion), *s. f.* Action d'alterner. L'ondulation, quoi qu'en dise M. Dodart, ne consiste pas dans un balancement très-léger du même son, mais dans l'alternation plus ou moins fréquente de deux sons très-voisins, J. J. ROUSS. *Dict. de mus. Voix.*

ALTERNATIVE. *Ajoutez :* — REM. On dit quelquefois choisir entre deux alternatives, prendre la première, la seconde alternative; cela est mauvais. Il n'y a jamais qu'une alternative composée de deux éléments entre lesquels il faut se décider. Poussés à bout, attaqués dans nos derniers retranchements, s'il ne reste qu'un parti à prendre, il n'y a pas d'alternative. Menacés de perdre l'honneur ou la vie, ou bien n'ayant que deux voies de salut toutes deux périlleuses, nous sommes dans une cruelle alternative. On propose une alternative à quelqu'un. On choisit dans une alternative; mais on ne se décide pas pour une alternative, puisque l'alternative elle-même est l'option entre deux issues, deux moyens.

ALTESSE. *Ajoutez :* || 3° Nom d'un cépage de la Savoie, dit aussi roussette, qui paraît être originaire de l'île de Chypre, *les Primes d'honn.* p. 650, Paris, 1874.

ALTIER. *Ajoutez :* || — REM. 2. Quand Corneille employait ce mot dans le Cid (nov. 1636), c'était une hardiesse; car, le 10 déc. de la même année, Balzac (livre XVII, lettre 30) écrivait à Chapelain : « De là viennent ces esprits altiers, pour parler italien en français. » Pourtant altier se trouve déjà dans Carloix, et aussi dans d'Aubigné : Plus dure que les rocs, les costes et la mer, Plus altiere que l'air, que les cieux et les anges, *le Printemps*, Paris, 1874, p. 18.

† **ALTISE** (al-ti-z'), *s. f.* Genre de petits insectes coléoptères. Les altises sont très-nuisibles, et dévorent les feuilles séminales des semailles qui lèvent, surtout du colza.

— ÉTYM. Ἅλτο, il sauta, de ἅλλομαι, sauter.

† **ALTITUDINAIRE** (al-ti-tu-di-nè-r'), *adj.* Qui appartient à l'altitude. En Laponie, elle [la limite des neiges éternelles] descend à 1200 mètres, et s'abaisse dans le Spitzberg de manière à atteindre presque le niveau de la mer; le froid polaire et le froid altitudinaire se confondent ainsi,... G. DE SAPORTA, *Rev. des Deux-Mondes*, 1er juill. 1870, p. 210.

ALUDEL. — ÉTYM. *Ajoutez :* Espagn. *aludel*; de l'arabe *al-outhel*, instrument pour sublimer (DOZY).

† **ALVARDE** (al-var-d'), *s. m.* Graminée assez semblable au sparte et s'employant aux mêmes usages, DEVIC, *Dict. étym.*

— ÉTYM. Espagn. *albardin*, de l'arabe *al-bardî*.

ALVÉOLE. *Ajoutez :* || 3° Terme d'artillerie. Encastrement dans lequel sont fixées les ailettes de certains projectiles oblongs.

AMABILITÉ. *Ajoutez :* || 2° Qualité de celui qui mérite d'être aimé. Regarder, en aimant, la propre amabilité de Dieu, BOSS. 5° *écrit*, 11.

AMADOU. *Ajoutez :* || 2° Terme d'argot. Nom de la substance particulière à l'aide de laquelle les truands se faisaient paraître jaunes et malades, *Jargon ou langage de l'argot réformé*, à Epinal, 1836.

† **AMADOUEUR.** *Ajoutez :* || 2° Celui qui fabrique de l'amadou, BELMONDI, *Code des contrib. direct.* Paris 1818, p. 114.

AMAIGRIR. *Ajoutez :* || 6° S'amaigrir, perdre de sa compacité, en parlant de la terre. L'art intervient pour diriger les eaux stagnantes ou pour empêcher, s'il y a une pente légère, que les terres ne s'amaigrissent par leur écoulement, *Journ. offic.* 11 fév. 1876, p. 1132, 2° col.

— REM. Dans la citation de Molière, la vraie leçon est emmaigrir.

AMAIGRISSEMENT. *Ajoutez :* || 2° Amaigrissement d'une chaussée, diminution de son épaisseur. L'ensemble des chaussées a subi un amoindrissement, un amaigrissement pour employer l'expression technique du rapport, qui donne les plus vives préoccupations.... L. FAYE, *Journ. offic.* 17 déc. 1873, p. 7859, 3° col.

— HIST. *Ajoutez :* XIV° s. : Et se li rois apertement Veoit vostre amesgrissement, MACÉ, *Bible en vers*, f° 92, verso, 1re col.

AMALGAME. — ÉTYM. *Ajoutez :* M. Devic, *Dict. étym.*, apporte ses conjectures sur ce mot, qui n'est pas encore éclairci. Il se demande si c'est l'arabe *âmal âl-djam'a*, l'œuvre de la conjonction, ou une altération de *al-modjâm'a*, l'acte de la consommation du mariage. *Amalgama* nous est venu par les alchimistes, M. Devic n'en connaît pas d'exemple avant le XIII° siècle.

† **AMALTHÉE** (a-mal-tée), *s. f.* La 113° planète télescopique, découverte par M. Luther.

— ÉTYM. Nom mythologique, *Amalthea*, nourrice de Jupiter.

† **AMAN** (a-man), *s. m.* Demander l'aman, demander grâce; locution qui se trouve souvent dans les récits relatifs à l'Orient ou à l'Algérie.

— ÉTYM. Arabe, *amân*, sécurité, protection.

AMANT. *Ajoutez :* — REM. Molière a dit faire des amants, en parlant d'une femme qui s'attire les hommages de plusieurs hommes : Des amants que je [Célimène] fais me rendez-vous coupable? Puisje empêcher les gens de me trouver aimable? *Mis.* II, 1. Cette locution ne se dirait plus aujourd'hui. Elle a été, comme plusieurs autres, gâtée par des emplois désagréables. Ainsi, en style de très-basse galanterie, faire un amant, c'est gagner les bonnes grâces d'un homme qui paie.

— SYN. *Ajoutez :* || 3° AMANT, AMOUREUX. Dans le langage ordinaire, la distinction entre amant et amoureux est inverse de celle que ces deux mots présentent dans le style élevé. On peut dire qu'une jeune fille a un amoureux, sans rien préjuger de défavorable; on ne peut pas dire qu'elle a un amant. Une femme peut avoir plusieurs amoureux sans inconvénient pour sa réputation, mais non plusieurs amants.

† **AMAPER.** *Ajoutez :* — ÉTYM. *À*, et *mappe*, au sens de nappe et de torchon.

† **AMARELLE** (a-ma-rè-l'), *s. f.* Plante, dite

aussi gentianelle, de la famille des gentianées, amère, tonique et fébrifuge.

— ÉTYM. Lat. *amarellus*, diminutif de *amarus*, amer.

† **AMARIVAUDÉ, ÉE** (a-ma-ri-vô-dé, dée), *adj.* Qui a reçu le caractère du marivaudage. Ce que nous appelions le crébillonage amarivaudé, *Souven. de la marquise de Créquy*, III, 3.

AMATEUR. *Ajoutez :* || 4° Homme s'occupant peu de son métier. Les avocats, les militaires traitent volontiers d'amateur celui qui s'occupe de quelque étude en dehors de son métier. || Clerc amateur dans une étude, rédacteur amateur dans un journal, clerc, rédacteur qui travaille sans émoluments.

† **AMATRICE.** *Ajoutez :* — REM. Saint François de Sales s'est servi de ce mot : J'adresse mes paroles à Philothée.... je l'appelle du nom commun à toutes celles qui veulent être dévotes ; car Philothée veut dire amatrice ou amoureuse de Dieu, *Introduction à la vie dévote, Préface*, 1641. Ce mot s'emploie difficilement, à cause du bas calembour qu'il suscite.

AMBASSADE. — HIST. *Ajoutez :* XIV° s. Ilz conterent au gentil conte et à son frere leur ambaxade, pourquoy ilz estoient expressement envoyez à eulx, J. LE BEL, *Vrayes Chroniques*, t. I, p. 121.

† **AMBATTAGE.** *Ajoutez :* — REM. C'est une fausse orthographe donnée par quelques livres techniques pour embatage.

AMBIGUMENT. *Ajoutez :* — HIST. XVI° s. Il a esté parlé de François Landry, qui preschoit à Paris [1543] ; lequel fut mis en prison quelques jours devant Pasques, pourtant qu'il avoit respondu ambiguement aux articles des theologiens, et ne desistoit de prescher, SLEIDAN, *Hist. de l'estat de la religion et de la republique sous Charles V*, 1557. Ils [les devins] parlent toujours ambiguement, BRANT. *Henri II.*

† **AMBLET** (am-blè), *s. m.* Nom, dans l'Aunis, d'un anneau fait d'une lanière de cuir tordue ou d'osier, qui réunit le joug à l'aiguille de la charrue, *Glossaire aunisien*, La Rochelle, p. 63.

† **AMBON** (an-bon), *s. m.* Nom des tribunes, des chaires, des stalles, dans les premières églises chrétiennes. A l'entrée du chœur était l'ambon, c'est-à-dire une tribune élevée où l'on montait des deux côtés, servant aux lectures publiques, nommée depuis pupitre, lutrin ou jubé, FLEURY, *Mœurs des chrét.* 35.

— ÉTYM. Ἄμβων, tribune, chaire, proprement rebord.

AMBRE. *Ajoutez :* || Variétés de l'ambre jaune : 1° l'ambre luisant, d'un jaune pâle ou verdâtre et mat, s'appelle ambre couleur de kumst (et non pas *kunsfarbig*, comme on le désigne souvent) ; 2° l'ambre dit bastert (et non bastard ou bâtard) est plus franchement jaune citron ou plus foncé, non transparent, *Journ. offic.* 10 janv. 1873, p. 167, 2° col.

† **AMBRESAILLES** (an-bre-za-ll', *ll* mouillées), *s. f. pl.* Nom du myrtil ou airelle en Suisse et, en particulier, chez Töpffer, qui fait grand usage de ce mot dans ses récits d'excursions pédestres.

AMBROISIE. — REM. *Ajoutez :* || 2. Chez quelques poëtes de l'antiquité, Sapho, Alcman et Anaxandride, l'ambroisie est, au contraire, la boisson des dieux. Il a donc été permis à M. Laurent-Pichat de dire : Les vins de nos coteaux valent bien l'ambroisie.

† **AMBULACRAIRE** (an-bu-la-krê-r'), *adj.* Terme d'histoire naturelle. Qui a rapport aux ambulacres. Les cinq canaux ambulacraires [des oursins], EDM. PERRIER, *Acad. des sc. Compt. rend.* t. LXXIX, p. 1128.

† **AMBULACRE.** *Ajoutez :* || 2° Terme de conchyliologie. Bandelette formée par les séries de petits trous qui se voient sur le test des oursins.

AMBULANCE. *Ajoutez :* || 4° Vendeur en ambulance, homme qui établit son échoppe, son lieu de vente, dans les passages, dans les marchés, etc. DELMONDI, *Code des contrib. direct.* Paris, 1818, p. 444. Sont exempts de patentes ceux qui vendent en ambulance dans les rues,... des fleurs, de l'amadou, *Loi du 25 avril 1844*, art. 13.

AMBULANT. *Ajoutez :* || 6° Bureau ambulant, bureau de poste qui fait partie d'un train de chemin de fer.

— REM. Au lieu d'hôpital ambulant, on disait, au commencement du XVII° siècle, hospital ambulatoire, *le Siége de Landrecy*, p. 19, Paris 1637.

AMBULATOIRE. *Ajoutez :* — HIST. XVI° s. [Arrêt portant] que quant à present l'assemblée ne sera ambulatoire de ville en autre, mais sera permanente, MANTELLIER, *Gloss.* Paris, 1869, p. 5.

ÂME. *Ajoutez :* || 11° Âme des bêtes, hypothèse qui attribue aux animaux une âme plus ou moins raisonnable. Si l'on voulait attribuer une âme aux animaux, on serait obligé de n'en faire qu'une pour chaque espèce, BUFF. *Morceaux choisis*, p. 105. || 12° Terme de télégraphie électrique. Âme du câble, le fil central ou conducteur électrique formé d'un certain nombre de brins de métal tordus. || 13° L'âme d'une pierre de construction, la partie intérieure. || 14° Dans quelques cordages, l'âme est un toron qui est placé longitudinalement dans l'axe.

† **AMÉLANCHE** (a-mé-lan-ch'), *s. f.* Fruit de l'amélanchier.

† **AMÉLANCHIER** (a-mé-lan-chié), *s. m.* Espèce de néflier, *mespilus amelanchier*, Linné, *Reboisement des montagnes, Compte rendu*, 1869-1874, 2° fasc. p. 49.

† **AMÉLIA** (a-mé-li-a), *s. f.* Sorte de chaussure en vogue depuis quelques années pour les bains de mer ; l'empeigne est en toile, et elle est garnie d'une semelle dont le milieu est enfoncé et formé d'une plaque de laiton percée de trous, pour donner issue à l'eau et au sable.

† **AMÉLIORATEUR, TRICE** (a-mé-li-o-ra-teur, tri-s'), *adj.* Qui améliore, qui a la propriété d'améliorer. Étalons améliorateurs, HOUEL, *la Question des haras*, p. 13, dans *Journal des haras*, 1874.

AMÉLIORER — REM. On a dit aussi ameliorir. Je me suis occupé, depuis que vous n'avez été ici, à de petits soins qui améliorissent la terre de Chaseu, BUSSY-RABUTIN, *Lett. à Mme de Sév.* 19 décembre 1686. On pourrait profiter de ces deux formes pour leur assigner un emploi particulier. *Améliorer* serait actif, et signifierait rendre meilleur ; *améliorir* serait neutre, et signifierait devenir meilleur, comme *grandir*, devenir grand.

— ÉTYM. *Ajoutez :* L'ancienne langue avait le simple : XII° s. Par une nuit, quant il estoit plus tost leveiz por meodreir les luminaires, *li Dialoge Gregoire lo pape*, 1876, p. 158. Dans cette vieille forme se montre le d qui est dans *mieudre*, représentant du lat. *melior.*

AMÉNAGER. — HIST. *Ajoutez :* XIV° s. Pour amenager des fols [soufflets], H. CAFFIAUX, *le Beffroi et la cloche des ouvriers*, p. 16.

— SYN. AMÉNAGER, EMMÉNAGER. C'est aux forestiers et à l'agriculture qu'appartient le mot aménager, qui, là, signifie : régler les coupes d'un bois, d'un pré. Depuis il s'est étendu au langage général, où il signifie : disposer un local pour un usage quelconque : aménager une maison pour en faire une auberge, une ambulance, etc. Emménager a le sens de mettre un ménage dans un logis ; c'est transporter les meubles et objets d'un appartement dans un autre.

† **AMENDEUR** (a-man-deur), *s. m.* Celui qui amende, corrige.

— HIST. XVI° s. A toi mon defendeur, Sauveur et amendeur De ma vie mauvaise, CL. MAROT, *Ps.* 21.

† **AMÈNE** (a-mè-n'), *adj.* Latinisme néologique. Agréable. Grâce à ses brises voluptueuses et à ses flots amènes, elle [Venise] garde un charme, CHATEAUBR. *Mém. d'outre-tombe* (éd. de Bruxelles), t. VI, *incidences, Venise*, etc. || Mme Sand a aussi employé amène.

— ÉTYM. Lat. *amœnus*, agréable.

AMENÉ. || 1° *Ajoutez :* || Fig. Préparé avec art. Vous serez bien content du *second Entretien des grenadiers* ; il a des faits bien amenés, *Corresp. du général Klinglin*, Paris, pluv. an VI, t. I, p. 274.

† **AMENÉE** (a-me-née), *s. f.* L'action d'amener ; état de ce qui est amené. Les travaux d'entretien d'une passerelle établie sur le canal d'amenée du moulin de Tostat, *Gaz. des Trib.* 23 mars 1876, p. 291, 1re col. L'achèvement des réservoirs [de Montsouris] n'est pas indispensable à la distribution des eaux [de la Vanne], l'aqueduc d'amenée pouvant se déverser directement dans les conduites, *Journ. offic.* 6 sept. 1873, p. 6307, 1re col.

— ÉTYM. *Amené.* En basse Normandie, *amenée*, grande quantité, grand arrivage : Ils sont venus avec une *amenée* de monde ; il y en a une *amenée.*

AMÉNITÉ. *Ajoutez :* — HIST. XVI° s. La fécondité et amenité de ceste terre, PARADIN, *Chron. de Savoye*, 1552, p. 9.

† **AMENTUM** (a-min-tom'), *s. m.* Terme d'antiquité romaine. Courroie repliée, fixée au milieu du javelot, et dans laquelle on engageait les deux premiers doigts de la main ; il servait à lancer l'arme.

— ÉTYM. Lat. *amentum*, pour *apmentum* ; comparez ἅμμα, lien, de ἅπτω.

† **AMENUISEMENT** (a-me-nui-ze-man), *s. m.* L'action d'amenuiser ; résultat de cette action.

— HIST. XII° s. Li siecles, sachiez voirement, Faura [manquera] par amenuisement, GUIOT DE PROVINS, *Bible*, v. 288.

AMER. *Ajoutez :* || 7° Synonyme de bitter, liqueur. Je n'étais pas ivre ; j'avais seulement bu deux verres d'amer, *Gaz. des Trib.* 28 mars 1875, p. 302, 2° col.

† **AMÉRICAIN, AINE** (a-mé-ri-kin, kè-n'), *adj.* Qui appartient à l'Amérique. || Chemin de fer américain, synonyme de tramway (voy. ce mot au Supplément). || *S. m. pl.* Les Américains, les habitants de l'Amérique. || *S. f.* Américaine, voiture légère et découverte.

† **AMÉRICANISER** (a-mé-ri-ka-ni-zé), *v. a.* Donner le caractère américain. || S'américaniser, *v. réfl.* L'art épistolaire n'a chance de revivre, que si la vie moderne, comme plusieurs symptômes nous portent à le croire, s'américanise à l'excès, CARO, *Rev. des Deux-Mondes*, 1er août 1872, p. 644.

† **AMÉRICANISME** (a-mé-ri-ka-ni-sm'), *s. m.* Étude de tout ce qui concerne l'Amérique. || Caractère des choses américaines.

† **AMÉRICANISTE** (a-mé-ri-ka-ni-st'), *s. m.* Celui qui s'occupe de l'américanisme, des études américaines. Un congrès des américanistes aura lieu à Nancy, le 19 juillet prochain ; la société des américanistes se propose pour objet l'étude de tout ce qui concerne l'histoire, les mœurs et les monuments des peuples du nouveau monde, A. MANGIN, *Journ. offic.* 17 fév. 1875, p. 1279, 3° vol.

† **AMÉTROPE** (a-mé-tro-p'), *adj.* Terme d'optique et de physiologie. Se dit de l'œil dans lequel le point de la vision distincte, ou foyer de l'appareil dioptrique de l'œil, est situé hors du plan de la rétine, c'est-à-dire ou en avant, myopie, ou en arrière, presbytie.

— ÉTYM. Ἀ privatif, μέτρον, mesure, et ὤψ, œil.

† **AMÉTROPIE** (a-mé-tro-pie), *s. f.* État de l'œil amétrope. L'amétropie comprend la myopie et la presbytie.

AMEUBLIR. *Ajoutez :* — REM. Ameublir, au sens juridique, est un terme de droit ancien, qui signifie : rendre les immeubles fictivement meubles pour les faire entrer dans la communauté. Le droit actuel permet de faire entrer les immeubles en communauté sans les ameublir.

AMIABLE. *Ajoutez :* || 4° En arithmétique, nombres amiables, nombre tels, que chacun d'eux est égal à la somme des parties aliquotes de l'autre ; exemple : 284 et 220, parce que 284 est égal à 1 + 2 + 4 + 5 + 10 + 11 + 20 + 22 + 44 + 55 + 110, somme des parties aliquotes de 220, et que 220 est égal à 1 + 2 + 4 + 71 + 142, somme des parties aliquotes de 284, PROUHET.

† **AMIANTACÉ, ÉE** (a-mi-an-ta-sé, sée), *adj.* Qui a l'apparence de l'amiante.

† **AMIBE** (a-mi-b'), *s. f.* Infusoire microscopique des eaux douces et salées, se mouvant à l'aide d'expansions plus ou moins fines qu'envoie çà et là la substance de son corps, et qui adhèrent aux corps voisins et puis rentrent dans la masse de l'animal.

— ÉTYM. Ἀμείβω, changer, à cause des formes changeantes de ces vivantes gélatines.

† **AMIBIFORME** (a-mi-bi-for-m') ou **AMIBOÏDE** (a-mi-bo-i-d'), *adj.* Qui ressemble aux amibes. Contractions, mouvements amiboïdes.

AMICAL. *Ajoutez :* — HIST. XII° s. A l'evesque de Lundres unes lettres itals Enveia saint Thomas tutes continuals ; El liu des saluz out paroles amials, *Th. le mart.* p. 116, éd. Hippeau.

† **AMIDONNAGE** (a-mi-do-na-j'), *s. m.* Action d'amidonner. Les calicots et les cretonnes reçoivent après le blanchiment un amidonnage qui revient, tout compris, de 4 à 5 c. le mètre, *Enquête, Traité de comm. avec l'Anglet.* t. IV, p. 570.

AMIDONNER. *Ajoutez :* || 2° S'amidonner, *v. réfl.* Se poudrer. Mais qu'un abbé tous les jours s'amidonne.... PANARD, *Œuvr.* t. III, p. 339.

† **AMINE** (a-mi-n'), *s. f.* Terme de chimie. Groupe de composés chimiques analogues aux amides, mais dans lesquels le caractère chimique de l'ammoniaque est conservé.

† **AMIRALE.** *Ajoutez :* || 2° Femme d'un amiral. On ne dit pas : Mme la générale ; mais on dit : Mme l'amirale, Mme la maréchale.

† **AMISSION.** *Ajoutez :* — HIST. XVe s. Contre lui à pugnicion De corps et toute amission De biens..., E. DESCHAMPS, *Poés. mss.* f° 414, col. 3.

AMITIÉ. — REM. *Ajoutez :* || 2. Amitiés est employé au pluriel à propos du sentiment même, lorsque ce sentiment a pour objet des personnes différentes. Adieu, mon cher cousin, adieu, ma chère nièce : conservez-nous vos amitiés, et nous vous répondons des nôtres, SÉV. *Lett. à Bussy,* 10 mars 1687.

AMMAN. *Ajoutez :* || 2° Titre donné aussi à des magistrats flamands. Un registre des comptes de l'amman de Bruxelles pour les années 1675 à 1699.... *Extr. de l'Indép. belge,* dans *Journ. offic.* 15 oct. 1872, p. 6501, 3e col.

† **AMMANIE** (a-mma-nie), *s. f.* District administré par un amman. Sa Majesté impériale et catholique cède aux États généraux l'ammanie de Montfort consistant dans les petites villes de Reistadt et d'Echt avec les villages de..., *Traité de la Barrière,* art. XVIII, 15 nov. 1715.

† **AMODIATAIRE** (a-mo-di-a-tê-r'), *s. m.* Celui qui donne en amodiation.

† **AMODIEUR** (a-mo-di-eur), *s. m.* Synonyme, dans la Suisse romande, dans la basse Bourgogne et ailleurs, d'amodiateur. Ils connaissent par le menu les pâturages et les amodieurs, et si le fromager a la main bonne, Mme DE GASPARIN, *Voyages, Bande du Jura,* I, *les Prouesses de la bande du Jura,* Paris, 1865.

† **AMOINDRISSANT, ANTE** (a-moin-dri-san, san-t'), *adj.* Qui amoindrit. Ces amours n'eurent rien de banal ni d'amoindrissant, H. RIVIÈRE, *Rev. des Deux-Mondes,* 15 juillet 1873, p. 387.

AMONCELLEMENT. *Ajoutez :* || HIST. XIIIe s. *Strues,* amoncelemens, ESCALLIER, *Vocab. lat.-franç.* 2396.

AMONT. *Ajoutez :* || 4° Terme d'exploitation houillère. Amont pendage, voy. PENDAGE. || 5° Terme rural. Labourer à mont et à contremont, labourer, dans les terrains en pente, en versant la terre en bas au premier tour de charrue, et en la versant en haut au second tour, de manière à éviter la descente progressive de la terre végétale.

AMORCER. — HIST. *Ajoutez :* XIVe s. Robin Qui-a-amorce; Jehanin Qui-a-amorce, MEUNIER, *les Composés qui contiennent un verbe à un mode personnel,* p. 60 (pris dans *un Scrutin au* XIVe *siècle,* publié par Bourquelot, t. XXI des *Mém. de la Soc. nationale des antiquaires de France,* p. 493).

† **AMORDANCER** (a-mor-dan-sé), *v. a.* J'amordançais, amordançons. Traiter par un mordant. Laines amordancées à l'oxychlorure d'étain (mordant d'étain des teinturiers), *Acad. des sc. Comptes rendus,* t. LXXVI, p. 586.

† **AMOUILLANTE** (a-mou-llan-t', *ll* mouillées), *adj. f.* Qui amouille, en parlant de la vache. 80 bêtes à cornes, dont 33 vaches et génisses pleines ou amouillantes, *Avranchin,* 22 fév. 1874, *annonces.*

AMOUR. *Ajoutez :* || 14° Arbre d'amour, le *cercis siliquastrum,* BAILLON, *Dict. de botanique,* p. 247.

— REM. Dans l'*École des maris,* III, 9, Léonor, pour exprimer qu'elle a quitté le bal à cause de l'ennui qu'elle ressentait des assiduités des jeunes gens à la mode, dit : Je me suis dérobée au bal pour l'amour d'eux. Pour l'amour de signifie ici simplement : à cause d'eux. De même Malherbe : Un homme m'ayant fait un plaisir et depuis une injure.... je dois être quitte du bienfait pour l'amour de l'injure, et lui de l'injure pour l'amour du bienfait, *Œuvres,* éd. Ad. Regnier, t. II, p. 173. M. A. Espagne (*Rev. des langues romanes,* 2e série, t. II, p. 80), qui cite ces exemples, dit que ce sont des provençalismes, le provençal disant *per amor* et, par contraction, *parmor, pramo,* à cause de : il cite aussi le patois messin où l'on trouve *pr' amou que,* vu que, attendu que.

† **AMOUREAUX** (a-mou-rô), *s. m. pl.* Petits Amours, MALH. *Lexique,* éd. L. Lalanne.

AMOUREUX. *Ajoutez :* || 8° Dans un style mystique, celui qui est épris de l'amour de Dieu. L'amour de Dieu, quand il est dans une âme, change tout en soi-même; il ne souffre ni douleur, ni crainte, ni espérance que celle qu'il donne; François de Paule, ô l'ardent amoureux ! il est blessé, il est transporté; on ne peut le tirer de sa chère cellule, parce qu'il y embrasse son Dieu en paix et en solitude, BOSS. 2e *panég. de saint François de Paule.* || 9° Terme d'imprimerie. Papier amoureux, papier qui boit l'encre. Les chiffons de coton fournissent un papier spongieux, qui boit aisément l'encre d'imprimerie, qui est amoureux, comme disent les ouvriers; les chiffons de toile donnent un papier moins amoureux, mais beaucoup plus résistant, *le Temps,* 24 août 1876.

— REM. Balzac emploie amoureux au sens d'amical, affectueux : Que ne doivent point faire [sur moi] vos lettres si honnêtes et si amoureuses ! BALZAC. *Lett. à Conrart,* 25 av. 1647, liv. XVI, dernière lettre.

AMOVIBLE. *Ajoutez :* || 2° Il se dit aussi au propre d'un objet qu'on peut déplacer. Une cheville amovible traversera chaque montant, LOUIS (le chirurgien), *Instruct. donnée pour la construction de la machine à décoller,* 1792, dans *Rev. des documents historiques,* 3e année, juill. 1875, n° 28, p. 51.

† **AMPÉLIDÉES** (an-pé-li-dée), *s. f. pl.* Terme de botanique. Famille de plantes dicotylédones à laquelle appartient la vigne.

— ÉTYM. Ἄμπελος, vigne.

† **AMPÉLITE** (an-pé-li-t'), *s. f.* Schiste argileux de carbone, dit pierre noire par les charpentiers, qui s'en servent pour leurs tracés.

— ÉTYM. Ἄμπελος, vigne, à cause qu'on mettait autrefois ce schiste au pied des vignes pour les préserver des insectes.

† **AMPÉLOPHAGE** (an-pé-lo-fa-j'), *adj.* Qui mange la vigne. Insectes ampélophages autres que le phylloxéra, moyens de les combattre, *Journ. offic.* 12 août 1874, p. 5804, 2e col.

— ÉTYM. Ἄμπελος, vigne, et φαγεῖν, manger.

AMPHIBIE. || 3° *Ajoutez :* Ce gentilhomme court risque d'être toute sa vie un amphibie, et d'aimer seulement les beaux discours de Dieu et les fréquentes communions, ST-CYRAN, dans STE-BEUVE, *Port-Royal,* t. I, p. 460.

— HIST. XVIe s. Entre les animaux terrestres et aquatiques sont les amphibies, PARÉ, II, 21.

† **AMPHICTYONAT** (an-fi-kti-o-na), *s. m.* Conseil de souverains, de gouvernements pour délibérer sur des affaires générales, dit par imitation du conseil des Amphictyons qui délibéraient sur les affaires générales de la Grèce. L'amphictyonat européen [à propos de l'entrevue des trois empereurs à Berlin], *l'Italie,* dans *le National,* 6 mai 1876, 3e page, 1re col.

AMPHIGOURI. *Ajoutez :* — REM. Le Dict. de l'Académie de 1778, édit. Duclos, le porte écrit amfigouri.

† **AMPHIOXUS** (an-fi-o-ksus'), *s. m.* Genre de vertébrés le plus voisin des invertébrés. Dans le monde actuel se trouvent l'amphioxus, l'animal vertébré dont l'organisme est le plus imparfait, et les lamproies, qui occupent le dernier rang parmi les poissons, E. BLANCHARD, *Rev. des Deux-Mondes,* 1er oct. 1874, p. 612.

AMPHITHÉÂTRE. *Ajoutez :* — HIST. XVIe s. Et quand l'amphitheatre de Diocletian fut dedié, PARÉ, XXI, 49.

† **AMPHITRITE.** *Ajoutez :* || 2° La 29e planète télescopique, découverte par M. Marth.

AMPHORE. *Ajoutez :* — REM. Mot introduit par Port-Royal, GÉNIN, *Variat.* p. 317.

AMPLITUDE. *Ajoutez :* || 5° Dans la théorie des fonctions elliptiques, l'amplitude d'une certaine intégrale est l'angle φ.

— REM. Amplitude ne s'emploie plus dans le tir; on dit portée maximum, plus grande portée.

— HIST. *Ajoutez :* XVe s. Nul mal n'y a, mais de vie amplitude; Car cité est sur toutes delectable, JEAN JORET, *le Jardin salutaire,* p. 112.

AMPOULE. *Ajoutez :* || 4° Sorte de petite fiole en verre, étirée et fermée à la lampe, qui sert, en chimie, à renfermer des liquides volatils destinés à l'analyse. || 5° Terme de métallurgie. Boursouflure qui se trouve sur l'acier de cémentation.

— ÉTYM. *Ajoutez :* L'étymologie donnée est mauvaise. *Ampulla* est le diminutif d'*amphora,* amphore; comp. *corolla,* diminutif de *corona.*

AMPOULÉ, ÉE. *Ajoutez :* || 2° Au sens propre, tuméfié; c'est un sens archaïque, comme on peut voir à l'historique, et, par conséquent, français, mais à peu près inusité. Il est vrai que la courtisane n'a pas de quoi être fière en montrant son torse mesquin et ses jambes ampoulées, BÜRGER, *Salons de 1861 à 1868,* t. I, p. 125.

AMUSETTE. *Ajoutez :* || 3° Nom donné à un fusil se chargeant par la culasse, que le maréchal de Saxe avait inventé.

AMUSOIRE. *Ajoutez :* — HIST. XVIe s. Je vous ferai voir une Sicile jouet de la ville de Rome, amusoir des princes estrangers..., PASQUIER, *Recherches,* VIII, 51. Ce sont amusoires de quoy on paist un peuple mal mené, MONT. IV, 66. On remarquera que Pasquier écrit amusoir, au masculin.

† **AMYOTROPHIE** (a-mi-o-tro-fie), *s. f.* Terme de médecine. Atrophie des muscles.

— ÉTYM. Ἀ privatif, μῦς, muscle, et τροφή, nourriture.

AN. — SYN. *Ajoutez :* An ne s'emploie pas en astronomie.

† **ANABAS** (a-na-bas'), *s. m.* Voy. SENNAL, au Supplément.

— ÉTYM. Ἀναβαίνω, aller en haut, de ἀνὰ, en haut, et βαίνω, aller.

† **ANABLEPS** (a-na-blèps'), *s. m.* Espèce de poisson. Avec une joie inexprimable, il [Agassiz] observe les ébats du singulier poisson connu des zoologistes sous le nom d'anableps à quatre yeux; les anableps ont la pupille divisée par un repli membraneux, et ainsi des yeux doubles qui permettent de voir à la fois dans l'air et dans l'eau, E. BLANCHARD, *Rev. des Deux-Mondes,* 1er août 1875, p. 562.

— ÉTYM. Ἀναβλέπειν, regarder en haut, de ἀνὰ, en haut, et βλέπειν, regarder.

† **ANACAMPTIQUE.** *Ajoutez :* — REM. Anacamptique n'est plus usité, dit M. Prouhet.

† **ANACLASTIQUE.** *Ajoutez :* — REM. Anaclastique n'est plus usité, dit M. Prouhet.

† **ANACRÉONTISME** (a-na-kré-on-ti-sm'), *s. m.* Caractère anacréontique. Je suis peut-être en partie cause que l'auteur [d'une tragédie d'*Édouard*] donne aujourd'hui dans un genre si opposé au génie qui l'a si heureusement distingué; je lui ai si fort prêché la nécessité de sortir de son anacréontisme,... J. B. ROUSS. *Lett. à Racine,* 1er mars 1740.

† **ANADYOMÈNE** (a-na-di-o-mè-n'), *adj. f.* Terme d'antiquité. Vénus anadyomène, voy. VÉNUS.

— ÉTYM. Ἀναδυομένη, celle qui sort de l'eau, de ἀνὰ, en haut, et δύομαι, aller.

† **ANAÉROBIE** (a-na-é-ro-bie), *adj.* Terme de biologie. Qui vit sans air atmosphérique. Oui, il existe des êtres vivant sans air, des anaérobies, en opposition avec les aérobies, PASTEUR, *Journ. offic.* 25 fév. 1875, p. 1456, 2e col.

— ÉTYM. Ἀ privatif, ἀήρ, air, et βίος, vie.

† **ANAÉROÏDE**, *à supprimer.* Voy. ci-dessous ANÉROÏDE.

† **ANAFIN.** *Ajoutez :* — ÉTYM. Port. *anafim, anafil, danafil,* espagn. *añafil,* de l'arabe *an-nafir,* sorte de trompette.

ANAGNOSTE. *Ajoutez :* — HIST. XIVe s. [François Ier ayant entendu la lecture de Gargantua] par la voix et la pronunciation du plus docte et fidele anagnoste de ce royaume, RAB. IV, *Ép. au card. de Chastillon.*

ANAGRAMMATISER, *v. n. Ajoutez :* || Il se dit activement aussi. Exemplaire avec la clef de tous les noms anagrammatisés qui paraissent dans cette curieuse satire (*les Amours de Zeokinizul*), [Louis XV], *le Bibliographe,* août et sept. 1875, p. 211.

† **ANAGRAMMÉ, ÉE** (a-na-gra-mmé, mmée), *adj.* Qui a été l'objet d'un anagramme. ...un sonnet acrostiche, Anagrammé par l'hémistiche, SAINT-AMANT, *le Poëte crotté.*

† **ANAGRAPHE** (an-na-gra-f'), *s. m.* Nom donné, dans l'administration égyptienne, sous les Ptolémées, à un contrôleur.

— ÉTYM. Ἀνάγραφος, de ἀνὰ, sur, et γράφειν, écrire.

ANALÈME. *Lisez :* Terme de gnomonique. Projection orthographique de la sphère sur le plan du méridien.

† **ANALEMMATIQUE** (a-na-lè-mma-ti-k'), *adj.* Terme de gnomonique. Cadran analemmatique, sorte de cadran horizontal, à style vertical, inventé par Vaulerard, qui a écrit : Traité de l'origine, démonstration, construction et usages du quadrant analemmatique, 1644 (PROUHET). Jean de Rojas, élève de Gemma et auteur d'astrolabes analemmatiques, D'AVEZAC, *Projection des cartes de géogr.*

ANALOGIE. *Ajoutez :* — HIST. XVIe s. L'analogie (si les oreilles françoyses peuvent porter ce mot), H. ESTIENNE, *Apologie pour Hérodote,* t. I, p. XLIV, *epistre.*

ANALOGUE. *Ajoutez :* — REM. Quand on donne un régime à analogue, c'est à l'aide de la préposition *à*. Un objet est analogue à un autre.

ANALYSE. *Ajoutez :* — REM. Le nom d'analyse donné à l'algèbre littérale vient de ce que c'est un puissant instrument d'analyse, ainsi que l'a entendu Viète, inventeur du nom, et qui a donné à son premier ouvrage le titre de *In Artem analyticam*.

† **ANALYSEUR.** *Ajoutez :* || 2° *Adj.* Qui analyse, qui produit l'analyse chimique. Le pouvoir rotatoire de certaines substances est analyseur.

ANALYSTE. *Ajoutez :* || 2° Chimiste qui fait des analyses. La rémunération allouée aux analystes chargés de constater la nature et la quantité des denrées et drogues, *Journ. offic.* 23 fév. 1875, p. 1371, 1re col.

† **ANAMARTÉSIE** (a-na-mar-té-zie), *s. f.* Terme de dogmatique. Absence de péché. L'anamartésie de Jésus.

— ÉTYM. Ἀναμαρτησία, de ἀν privatif, et ἁμαρτία, erreur, péché.

ANANAS. — ÉTYM. *Au lieu de* péruvien, *lisez* brésilien.

† **ANAPNOGRAPHE** (a-na-pno-gra-f'), *s. m.* Instrument qui sert à déterminer l'état et les variations de la respiration.

— ÉTYM. Ἀναπνοή, respiration (de ἀνὰ, re...., et πνεῖν, souffler), et γράφειν, décrire.

† **ANARYEN, ENNE** (a-na-riin, riè-n'), *adj.* Terme de linguistique. Qui n'est pas aryen. Les savants ont donné le nom d'anaryen au système cunéiforme des inscriptions de Ninive et de Babylone, par opposition avec le système cunéiforme aryen en usage chez les Perses, FR. LENORMANT, *Manuel d'hist. anc.* t. II, p. 156, 4e édit.

ANATOMISER. || 3° *Ajoutez :* Comme vous êtes bien plus en état que moi d'anatomiser ces sortes d'ouvrages [une harangue], pour en faire voir le fort et le faible, BAYLE, *Lett. à Minutoli*, 24 mars 1680. || 4° S'anatomiser, *v. réfl.* Être anatomisé, séparé. Ces sept rayons de lumière échappés du corps de ce rayon qui s'est anatomisé au sortir du prisme, VOLT. *Phil. Newt.* II, 8.

ANCÊTRE. *Ajoutez :* || 4° Il se dit figurément des choses pour signifier qu'elles ont précédé les autres de ce genre. En 1604 parut un édit que M. Dumont appelle l'ancêtre de toutes les caisses de secours des mines établies en France, *Journ. offic.* 12 mai 1872, p. 3186, 2e col.

† **ANCIENNAT** (an-siè-na), *s. m.* Institut des anciens dans l'Église protestante. On n'a osé ni reconnaître catégoriquement le caractère primitif de l'anciennat, ou, en d'autres termes, de la pluralité des ministères, ni dénier absolument aux ministres le caractère sacerdotal que l'Évangile leur dénie, ALEX. VINET, dans E. RAMBERT, *Alex. Vinet, histoire de sa vie et de ses ouvrages* (1875).

† **ANCON** (an-kon), *s. m.* Race anglaise de moutons. Dans le troupeau de cette ferme [Seth Wright, 1791], il naquit un agneau qui, sans cause connue, avait le corps plus long que tous les divers types de l'espèce ovine; de plus, ses jambes étaient très-courtes et celles de devant crochues; sa singularité le fit entourer de [soins particuliers, et ce seul individu anomal devint la souche de la race loutre ou ancon des Anglais, RAVERET-WATTEL, *les Trois règnes de la nature* (Recueil publié sous la direction du docteur Chenu), Paris, 1865, p. 355.

ANCRE. *Ajoutez :* — REM. Ancre est employé trois fois au masculin par Choisy, *Journal de son voyage de Siam* (le 14 août et les 25 et 26 sept. 1685). Le même auteur l'emploie aussi au féminin (22 septembre). Il est maintenant féminin. Ancre au masculin n'est point un solécisme; le genre a varié, et, comme on peut voir à l'historique, il a été fait, au XVIe siècle, masculin par quelques auteurs.

ANDAIN. *Ajoutez :* — REM. On dit dans le Dauphiné andaillée : Il fauchait à grandes andaillées.

† **ANDICOLE.** — ÉTYM. *Andes*, nom d'une chaîne de montagnes, du péruvien *anti*, nom d'une province et de la chaîne (GARCILASSO DE LA VEGA, *Hist. des Incas*, t. I, p. 158), et du lat. *colere*, habiter.

† **ANDRIENNE.** *Ajoutez :* Elle avait une andrienne de velours cramoisi, HAMILTON, *le Bélier*, p. 115, éd. in-18, Raynouard, 1820.

† **ANDRINOPLE** (an-dri-no-pl'), *s. f.* Usité dans cette locution : rouge d'Andrinople ou rouge Andrinople, sorte de rouge. Généralement les articles nouveaux en teinture et impressions sont créés en France; le rouge d'Andrinople a pris également naissance en France; .... la Suisse, pendant un temps, a pu faire, par an, pour 25 millions de tissus rouge Andrinople,... *Enquête, Traité de comm. avec l'Anglet.* t. IV, p. 121. || Il est dit aussi rouge turc.

† **ANDROGYNAT** (an-dro-ji-na), *s. m.* Qualité d'androgyne. Le temps était passé de ces frivoles mascarades, de ces androgynats artificiels, de ces jeux de théâtre et de roman que l'imagination libertine d'un temps de décadence avait applaudis dans Chérubin et goûtés plus secrètement dans Faublas, DE LESCURE, *le Chevalier d'Eon*, dans *Journ. offic.* 26 août 1875, p. 7247, 2e col.

ÂNE. *Ajoutez :* || 7° Âne salé, jeu de jardin d'origine anglaise, consistant en un javelot suspendu à une corde qu'on lance, en le faisant osciller, contre un but qui est une figure de vieille femme grimaçante et la bouche ouverte (ce nom est une singulière corruption du nom anglais de ce jeu : *aunt Sally*, la tante Sarah).

— ÉTYM. *Ajoutez :* On pense (Benfey, Pictet) que l'âne et son nom grec sont de provenance sémitique, hébr. *atana*, marcher lentement, à petits pas; d'où ὄτνος, ὄσνος, ὄνος, et *asinus* se rattachant à ὄσνος. Cependant Weber rapproche ὄνος du latin *onus*, fardeau, et du sanscr. *anas*, et *asinus* du sanscr. *asita*, gris cendré.

ANECDOTIER. *Ajoutez :* — REM. En voici un emploi très-bon dans un excellent auteur moderne : Anecdotier de l'univers, compilateur et dialecticien à la fois, le plus penseur des érudits [Bayle], VILLEMAIN, *Littérature au XVIIIe siècle*, 1re leçon.

† **ANECDOTISER** (a-nèk-do-ti-zé), *v. a.* Semer d'anecdotes. Si M. le comte d'Haussonville avait voulu anecdotiser son éloge académique de Viennet, il aurait pu raconter le trait piquant que voici.... A. DOLLFUS, *la Liberté*, 12 avril 1870.

† **ANÈME** (a-nè-m'), *adj.* Synonyme d'anémique. Maintenant, pas la moindre passion; l'atonie universelle; l'art est devenu anème ou anémique, BÜRGER, *Salons de* 1861 *à* 1868, t. II, p. 476.

† **ANÉMIQUE** (a-né-mi-k'), *adj.* Terme de médecine. Qui est affecté d'anémie.

— ÉTYM. Ἄναιμος, de ἀν privatif, et αἷμα, sang.

† **ANÉMOGRAPHE** (a-né-mo-gra-f'), *s. m.* Instrument qui indique la marche des vents. Cet anémographe spectral [de M. de Parville] nous semble avantageux, en ce que l'opérateur peut conserver la trace du vent, H. DE PARVILLE, *Journ. offic.* 26 févr. 1874, p. 1537, 2e col.

— ÉTYM. Voy. ANÉMOGRAPHIE.

ANÉMONE. *Ajoutez :* || 3° Arbre aux anémones, les *calycanthus*, BAILLON, *Dict. de bot.* p. 247.

† **ANÉPIGRAPHE.** *Ajoutez :* — REM. On trouve aussi anépigraphique : Bien que deux d'entre elles [des dalles tumulaires] fussent anépigraphiques, il n'hésita pas à supposer qu'elles représentaient des abbés de Jumiéges du siècle de saint Louis, Extrait du *Nouvelliste de Rouen*, dans *Journ. offic.* 13 déc. 1874, p. 8260, 1re col. Mais, en ce sens, anépigraphe est seul correct.

ÂNERIE. *Ajoutez :* — HIST. XVIe s. Chose miserable que, par ignorance et asnerie de tels coquins, tant de personnes sans occasion languissent, PARÉ, XIX, 12.

† **ANÉROÏDE** (a-né-ro-i-d'), *adj.* Baromètre anéroïde, baromètre dû à M. Vidi et fondé sur l'élasticité de flexion.

— ÉTYM. Ἀ privatif, et νηρὸς, humide, mouillé.

ANETH. *Ajoutez :* — HIST. XIVe s. Anethum, anois, ESCALLIER, *Vocab. lat. franç.* 170.

† **ANGARIER** (an-ga-ri-é), *v. a.* Terme vieilli. Vexer, tourmenter. L'homme qu'un officier de la Bastille voit et angarie tous les jours, LINGUET, *Mém. sur la Bastille*, art. III. L'angariant, le vexant, l'excédant En cent façons.... J. B. ROUSS. *Épith.*

— HIST. XVIe s. Angariant, ruinant, malversant et regissant avec verges de fer, RAB. III, 1.

— ÉTYM. Ital. *angariare*, du lat. *angariare*, tourmenter, proprement envoyer comme courrier, de ἀγγαρεύειν, envoyer comme courrier et aussi forcer à ce service, de ἄγγαρος, courrier.

ANGE. *Ajoutez :* || 9° Eau d'ange, voy. EAU, n° 22. || 10° Au féminin, une ange. Je vous avoue, mon divin ange [M. d'Argental], et vous aussi, ma divine ange [Mme d'Argental], que je trouve vos raisons pour ne pas venir à Genève, extrêmement mauvaises, VOLT. *Lett. à d'Argental*, 24 janv. 1766. || On peut voir à l'historique des féminins *angesse* et *angelette*. Le féminin de Voltaire vaut mieux.

— REM. M. Miller dit : « Sous Henri II, deux célèbres Grecs, Ange Vergèce et Constantin Palæocappa, rédigèrent deux catalogues des manuscrits grecs de Fontainebleau. L'écriture d'Ange Vergèce était si remarquablement belle, qu'elle servit de type pour les caractères grecs avec lesquels ont été imprimées au Louvre ces belles éditions du XVIe siècle. La fille du célèbre calligraphe ornait de charmantes miniatures quelques-uns des manuscrits copiés par son père. La réputation de celui-ci était telle, qu'on disait *écrire comme un Ange*. Ce nom, plus tard, ayant été détourné de son sens primitif, devint synonyme de perfection; et, l'origine de l'expression ayant été oubliée, on a fini par dire abusivement *Chanter, danser comme un ange, avoir de l'esprit comme un ange*, *Journ. des Savants*, nov. 1875, p. 707). » Cela est curieux; mais l'idée que les anges doivent tout faire en perfection, a pu suggérer la locution. Cependant il faut noter que l'historique ne contient aucun appel à cette habileté des anges; cela porte à croire qu'en effet la locution n'est pas ancienne.

† **ANGELINA** (an-je-li-na), *s. f.* La 64e planète télescopique, découverte par M. Tempel.

† 2. **ANGÉLIQUE** (an-jé-li-k'), *s. m.* Nom d'un arbre de la Guyane (*dicorenia paraensis*), dont le bois est excellent pour les quilles des navires. L'angélique est recherché pour les constructions navales, au prix de 200 à 220 fr. [le stère], selon la longueur et la largeur des pièces.... [il] se prête admirablement à la confection des boiseries et des parquets; il ne joue jamais et a une grande richesse de ton, *Journ. offic.* 3 avril 1876, p. 2384, 3e col.

† **ANGEMME.** *Au lieu de l'article, mettez :* Fleurs ou roses à quatre feuilles, faites de rubans, de broderies ou de perles, et servant d'atours, GRANDMAISON, *Dict. hérald.* col. 17.

— ÉTYM. Lat. *in*, en, et *gemma*, gemme.

† **ANGLAIS.** *Ajoutez :* || 3° On dit qu'un cheval a de l'anglais, lorsque sa conformation se rapproche de celle du cheval anglais de pur sang.

— HIST. XVIe s. Et Dieu scet s'elles font bon guet devers matin, pour corner Anglois de quinze lieues (il s'agit de femmes en débauche qui craignent d'être surprises par le mari), *Les 15 joyes de mariage*, p. 125.

ANGLAISE. *Ajoutez :* || 6° Monter, trotter à l'anglaise, se dit d'un mode particulier d'équitation dans lequel le cavalier s'élève sur ses étriers à chaque temps de trot de son cheval; par opposition à trotter à la française, mode dans lequel le cavalier se laisse soulever naturellement par la réaction de son cheval.

ANGLE. || 2° *Ajoutez :* Angle saillant ou angle flanqué, l'angle que forment les deux faces du bastion; angle d'épaule, l'angle que forment la face et le flanc; angle flanquant, ou rentrant, ou de flanc, l'angle que forment le flanc et la courtine. || 8° Angle dièdre, angle formé par deux plans qui se coupent. || Angle trièdre, tétraèdre.... polyèdre, angles formés par trois, quatre.... plusieurs plans qui passent par le même point. || 9° Angle de terre, petit coin de terre. Choisir quelque angle de terre, pour y finir mes tristes jours, BONAPARTE, *Proclamation à l'armée d'Italie*, dans LANFREY, t. I, p. 200, n° 4.

† **ANGLETERRE** (an-gle-tè-r'), *s. f.* || 1° Voy. POINT D'ANGLETERRE. || 2° Dans le XVIIe siècle, angleterre (avec un *a* minuscule), sorte d'étoffe anglaise. De bonne flanelle, vraie angleterre, RAC. *Lexique*, éd. P. Mesnard.

† **ANGLO-SAXON, ONNE** (an-glo-sa-kson, kso-n'), *adj.* Qui appartient au mélange d'Angles et de Saxons, peuples germains qui s'emparèrent de l'île de Bretagne, à la chute de l'empire romain. || La langue anglo-saxonne, ou, substantivement, l'anglo-saxon, la langue germanique qui fut parlée dans la Bretagne à la suite de cette conquête. L'anglais est de l'anglo-saxon modifié par son mélange avec le vieux français, mélange produit par la conquête des Normands. || En parlant de la race à laquelle appartiennent les Anglais et les Américains des États-Unis, on dit souvent que ce sont des Anglo-Saxons.

ANGOISSE. *Ajoutez :* — REM. La poire d'angoisse avait la forme d'une poire, s'introduisait dans la bouche; et, une fois introduite, on la faisait ouvrir à l'aide d'un mécanisme spécial, de manière à produire le plus grand écartement possible des mâchoires.

† **ANGOISSEUX, EUSE** (an-goi-seû, seû-z'), *adj.* Qui cause de l'angoisse. Ces ressources inespérées que la Providence m'a ménagées jusqu'ici dans les temps les plus angoisseux de ma vie, J. B. ROUSS. *Lett. à Boutet*, 29 juill. 1737.

— REM. Angoisseux est blâmé dans Desportes par Malherbe, *Lexique*, éd. L. Lalanne; mais ce blâme n'est pas juste.

— HIST. XIIe s. Ce vuel [je veux] qu'entendent li baron Qui sont angoissouz et vilain, GUIOT DE

PROVINS, *Bible*, v. 143. || XVI° s. L'accident est plus grief et plus angoisseux, quand il advient au rebours de l'esperance, AMYOT, *Plut. Œuv. mor.* t. II, p. 219.

— ÉTYM. *Angoisse*; ital. *angoscioso*.

ANGON. *Ajoutez :* — REM. L'angon était un long javelot portant, près de la pointe, deux fers recourbés. D'après le récit d'Agathias, le Franc lançait son arme contre le bouclier de son ennemi, elle y restait fixée par ses crocs; mettant alors le pied sur l'extrémité qui pendait à terre, le Franc forçait l'ennemi à abaisser son bouclier et à se découvrir. Cette arme paraît être une modification du pilum romain.

† **ANGREC** (an-grèk), *s. m.* Orchidée de Madagascar; l'angrec éburné, *angræcum eburneum*, Du Petit-Thouars.

— ÉTYM. Malais, *anggreq*, orchis, DEVIC, *Dict. étym.*

† **ANGROISE** (an-groi-z') ou **ANGROISSE** (an-groi-s'), *s. f.* Nom, dans plusieurs départements du sud-ouest, du lézard de muraille.

— ÉTYM. Dans l'Aunis, on dit *angroize*, *angrotte* et *langrotte*. Ce dernier porterait à croire que la forme complète a une *l*, et qu'on a là une dérivation irrégulière du lat. *lacerta*, lézard.

† **ANGUI** (an-ghi), *s. m.* Ancien terme de marine. Drosse de l'antenne de la galère.

ANGUILLES. *Ajoutez :* || 7° Anguilles, pièces de bois placées à l'avant et à l'arrière des radeaux, servant à maintenir leur écartement entre eux, lorsqu'on en forme des ponts.

— HIST. *Ajoutez :* || XV° s. Escorchez vos noysettes à jeun Ainsy qu'enguilles de Melun, *Poésies du duc de Nemours*, XXX.

† **ANGUILLIFORME** (an-ghil-li-for-m'), *adj.* Qui a forme d'anguille. Poissons anguilliformes, *Acad. des sc. Comptes rendus*, t. LXXXI, p. 160.

† **ANGULARITÉ** (an-gu-la-ri-té), *s. f.* Caractère angulaire, anguleux. Silex qui ont conservé leur angularité.

ANGULEUX. *Ajoutez :* — SYN. ANGULEUX, ANGULAIRE. Anguleux se dit surtout de ce qui présente des angles aigus.

† **ANHARMONIQUE.** *Ajoutez :* On appelle rapport anharmonique de quatre points le quotient des rapports des distances de deux de ces points aux deux autres. || Système, division anharmonique, système, division relative aux rapports anharmoniques.

† **ANHÉLATION.** *Ajoutez :* || 2° Sorte de souffle de prononciation. 'An-hoeï [ville de Chine] : cette apostrophe désigne une sorte d'anhélation qu'on rend quelquefois, mais moins exactement peut-être, par *ng*; ainsi quelques auteurs écrivent Nganhoeï, CORTAMBERT, *Cours de géographie*, Paris, 1873, p. 524.

ANICROCHE. *Ajoutez :* — HIST. XVI° s. Advisa [M. le connétable] d'en faire plusieurs retranchements sur les payes, les abaisser, gagner quelques jours sur les mois, bref y faire quelques petits anicrochements, BRANT. *Bonnivet.*

— ÉTYM. Voy. HANICROCHE, où une meilleure étymologie est donnée.

† **ANIDE** (a-ni-d'), *adj.* Terme de tératologie. Monstres anides, et, substantivement, les anides, monstres sans forme spécifique. Un veau anide.

— ÉTYM. Ἀν privatif, et εἶδος, forme.

† **ANIÉCER** (a-nié-sé; le *c* prend une cédille devant *a* et *o* : il aniéça, nous aniéçons), *v. a.* Adopter pour nièce. Chaque chanoinesse ayant fait des vœux avait le droit d'aniécer, c'est-à-dire d'adopter pour sa nièce une jeune chanoinesse étrangère, sous la condition que cette jeune personne prononcerait ses vœux quand elle en aurait l'âge, et qu'en attendant elle resterait toujours avec elle; Mme la comtesse de Cluny.... offrit de m'aniécer, GENLIS, *Mém.* t. I, p. 21.

ÂNIER. — HIST. *Ajoutez :* XIII° s. S'une chose li asnes pense, Une autre pense li asniers, GAUTIER DE COINCY, *les Miracles de la sainte Vierge*, p. 227 (abbé Poquet).

ANIL. *Ajoutez :* — ÉTYM. Espagn. *añil*, *añir*; portug. *anil*; de l'arabe *an-nîl*, qui vient du persan *nîl*, bleu, qui tient au sanscrit *nila*, bleu foncé.

† **ANILINE** (a-ni-li-n'), *s. f.* Terme de chimie. Liquide incolore, d'une odeur vineuse agréable; c'est un alcaloïde artificiel; on en tire différentes couleurs, particulièrement un beau bleu.

— ÉTYM. *Anil.*

† **ANILLE.** || Béquille. *Ajoutez :* Il est resté boiteux, et ne pouvant marcher qu'à l'aide d'une anille, *Anc. liquidation* n° 31, *bas*, 3° *carton*, *Admin. du Mâconnais*, *Régie des aides-Guilloux*, 1791. Anille se dit encore, dans la Loire-Inférieure, pour béquille.

ANIMADVERSION. *Ajoutez :* || 2° Il s'est dit anciennement au sens latin de correction, punition. Cette affaire [le refus d'un régiment de combattre] est de trop grande importance pour la laisser en l'état qu'elle est; une animadversion rendra tout le monde sage, RICHELIEU, *Lettres*, etc., t. VI, p. 482 (1639).

— HIST. *Ajoutez :* XII° s. [Au sens propre d'attention] Quant sodainement celo [une mourante] regardanz amont vit Jhesum venant, et par grande animadversion commenzat as estanz environ à crieir disanz : aleiz vos de ci, Jhesus vient, *li Dialoge Gregoire lo pape*, 1876, p. 216.

ANIMATION. || 1° *Ajoutez :* Sa métempsychose [de Platon], son animation du monde [dont il faisait un animal], LA MOTHE LE VAYER, *Vertu des païens*, II, *Platon.*

† **ANIMELLE** (ani-mè-l'), *s. f.* Ancienne sorte de manger délicat. Les rognons, les animelles, les gésiers, VOLT. *Dict. phil. Bulle.*

— ÉTYM. Bas-lat. *animella*, nom des parties délicates et molles qui se mangent, telles que les glandes, diminutif du lat. *anima*, âme. En Normandie, on appelle *âme* les poumons dans les poulets cuits.

† **ANIMEUSEMENT** (a-ni-meû-ze-man), *adv.* Terme vieilli. Avec animosité. Si mes façons de faire se trouveront aussi criminelles que vous me les avez animeusement reprochées, *Dialogue d'Oratius Tubero*, t. I, *Dial.* III.

† **ANISOTROPE** (a-ni-zo-tro-p'), *adj.* Terme de physique. Qui dévie en sens différents les rayons de la lumière blanche polarisée, soit par biréfringence, soit par interférence ou inégalité de réfraction de la lumière transmise ou réfléchie, par opposition à isotrope. Les milieux anisotropes sont ceux qui ne présentent pas la même élasticité dans tous les sens, par exemple les cristaux n'appartenant pas au système du cube ou de l'octaèdre régulier.

— ÉTYM. Ἀν privatif, et *isotrope*.

† **ANNALITÉ** (a-nna-li-té), *s. f.* Qualité de ce qui est annal. Conformément aux lois générales de la comptabilité, l'annalité de cette dotation [la dotation offerte au pape par le gouvernement italien] afférente à 1871 se trouve prescrite, *le Temps*, 21 juin 1876, 2° page, 1re col.

ANNEAU. *Ajoutez :* || 14° Terme de physique. Anneau oculaire d'une lunette, l'image que l'objectif forme au delà de l'oculaire; c'est dans cet anneau que l'observateur doit placer son œil pour recevoir le plus de lumière possible. || Anneaux colorés, cercles alternativement brillants et obscurs, ou diversement colorés, qui se produisent autour du point de contact d'une surface plane et d'un corps transparent de surface convexe. || 15° Terme d'artillerie. Anneau de calage, frette qui sert à maintenir les autres sur les canons frettés.

ANNÉE. *Ajoutez :* || 7° Année sidérale, intervalle de temps qui s'écoule entre deux retours successifs du soleil à une même étoile; elle comprend 365,256 jours moyens (365 jours 6 heures 9 minutes 11 secondes), ou 366,256 jours sidéraux. || 8° L'année sainte, voy. SAINT, n° 1.

† **ANNEXATION.** *Ajoutez :* — HIST. XVI° s. L'annexation qu'avoye faicte de mon benefice à leur hospital [des Génevois], BONIVARD, *Chron. de Gen.* t. II, p. 402.

ANNIHILER. — HIST. || XVI° s. *Ajoutez :* De *nichil* [forme barbare] nous avons le mot françois annichiler; au lieu duquel si nous voulions dire maintenant annihiler, Dieu sait comme on crieroit après nous, JACQUES PELLETIER, dans LIVET, *Gram. franç.* p. 170. On voit ce que peut la force de l'habitude dans le langage; aujourd'hui on ne crierait pas moins si quelqu'un, inversement, disait *annichiler*.

ANNIVERSAIRE. — HIST. *Ajoutez :* XII° s. Quant icil anz fu acompliz Qu'Ector fu mors et seveliz, Si vus puet l'en por veir retraire C'onques plus riche anniversaire Ne fu el siecle celebrez, Que li a fet ses parentez, BENOIT, *le Roman de Troie*, v. 17457.

† **ANNONCIATEUR.** || 1° *Ajoutez :* L'idée que les voyants [chez les Juifs] n'étaient autre chose que des annonciateurs, miraculeusement exacts, de l'avenir inconnu.... RÉVILLE, *Rev. des Deux-Mondes*, 15 juin 1867, p. 816.

ANNUITÉ. *Ajoutez :* Les annuités comprennent deux parties distinctes : l'une est l'intérêt du capital fourni dans l'emprunt; l'autre est la portion du capital que l'emprunteur rembourse chaque année au rentier, *Décret du 23 floréal an 3*, *Rapp. Cambon*, p. 89.

† **ANNULABILITÉ** (a-nnu-la-bi-li-té), *s. f.* Qualité de ce qui est annulable. Donation par contrat de mariage; révocabilité; annulabilité; moyen nouveau, *Gaz. des Trib.* 17 fév. 1875, p. 159, 1re col.

ANNULAIRE. *Ajoutez :* — REM. L'anneau était mis au quatrième doigt ou doigt annulaire, parce que l'on croyait qu'une veine de ce doigt communiquait avec le cœur, MICHELET, *Orig. du droit*, p. 35.

ANNULATION. *Ajoutez :* — HIST. XV° s. Lequel a esté à l'encontre du bien commun, l'honneur et la franchise de la noble cité de Rome, et adnullation des nobles hommes du pays, PERCEFOREST, t. V, f° 15.

† **ANODINEMENT** (a-no-di-ne-man), *adv.* Néologisme. D'une façon anodine. Je sens que je me modérantise, et il faudra que vous me proposiez anodinement une petite contre-révolution pour me remettre à la hauteur des principes, B. CONSTANT, *Lett. à Mme de Charrière*, 14 oct. 1794, dans STE-BEUVE, *Portraits littér. B. Constant et Mme de Charrière.*

† **ANODONTE** (a-no-don-t'), *adj.* Terme d'histoire naturelle. Qui n'a pas de dents. || *S. m. pl.* Genre de mollusques acéphales, testacés, fort communs dans les eaux douces. L'anodonte des oies ou petite moule d'étang.

— ÉTYM. Ἀν privatif, et ὀδούς, ὀδόντος, dent.

ANOMALIE. || 2° *Ajoutez :* Anomalie vraie, angle formé au foyer de l'ellipse par le rayon vecteur de la planète et l'axe des apsides. || Anomalie excentrique, angle formé au centre de l'ellipse par le grand axe et le rayon du cercle construit sur le grand axe et aboutissant à la perpendiculaire abaissée du lieu vrai sur cet axe. || Anomalie moyenne, distance à l'aphélie d'une planète fictive qui décrirait d'un mouvement uniforme le cercle circonscrit à l'ellipse.

ÂNON. — HIST. *Ajoutez :* XII° s. N'est drois que pas l'escoutent [*le Roman d'Alexandre*] li escars, li aver; Tout autresi est d'aus [eux], içou puis afremer, Com il est de l'asnon ki ascoute harper, *le Roman d'Alexandre*, p. 550.

† **ANONACÉES** (a-no-na-sée), *s. f. pl.* Famille de plantes dicotylédones, polypétales, arbres ou arbrisseaux des régions tropicales. Les fleurs de certaines espèces d'anonacées répandent une odeur très-agréable; l'*anona odoratissima*, en particulier est dans ce cas, H. DE PARVILLE, *Journ. offic.* 25 juin 1873, p. 4186, 2° col.

† **ANONE** (a-no-n'), *s. f.* Genre de plantes qui est le type des anonacées. Anone éthiopique. Anone aromatique.

† **ANONYMAT** (a-no-ni-ma), *s. m.* Qualité d'anonyme. L'anonymat est difficile à obtenir de l'administration pour les établissements de crédit, PATON, *Journ. des Débats*, 19 sept. 1864. C'est une faute de confier le privilège de l'anonymat à des sociétés de crédit mobilier, DE WARU, *Enquête sur la Banque*, 1867, p. 202. Les banquiers ne jouissent pas de l'immunité de l'anonymat, ils sont moralement et matériellement responsables, ID. *ib.* p. 204.

† **ANONYMEMENT** (a-no-ni-me-man), *adv.* D'une manière anonyme (mot employé par Bayle, par Bachaumont, par Beaumarchais). Pour augmenter le merveilleux, l'un des avocats qui conduisent l'interrogatoire a exhibé devant le jury une fiole à demi vide de poison, qui lui avait été envoyée anonymement par la poste, *le Temps*, 6 août 1876, 2° page, 3° col.

† **ANOPHTHALME** (a-no-ftal-m'), *adj.* Qui n'a pas d'yeux. De petits coléoptères carnassiers habitent des grottes obscures en quelques parties de l'Europe et de l'Amérique du Nord; ils sont aveugles; on les désigne sous le nom d'anophthalmes, E. BLANCHARD, *Rev. des Deux-Mondes*, 1er août 1874, p. 589.

— ÉTYM. Ἀν négatif, et ὀφθαλμός, œil.

† **ANORMALEMENT** (a-nor-ma-le-man), *adv.* D'une façon anormale. M. Janssen fait remarquer qu'il a vu la planète entrer sur le soleil sans aucun ligament; mais la durée de l'entrée a été anormalement longue, H. DE PARVILLE, *Journ. offic.* 11 fév. 1875, p. 1135, 3° col.

† **ANOTTE** (a-no-t'), *s. f.* Un des noms vulgaires de la gesse tubéreuse, *lathyrus tuberosus*, L.

† **ANOUART** (a-nou-ar), *s. m.* Autrefois, offi-

cier du grenier à sel, MALH. *Lexique*, éd. L. Lalanne.

† ANOUSVARA ou ANUSVARA (a-nou-sva-ra), *s. m.* Terme de grammaire sanscrite. Petite ligne ou point au-dessus de l'écriture et qui indique que le son de l'*n* est nasalisé. Cette casserole porte la signature de son fabricant : PVDES F, *Pudens* (avec l'anousvara sur l'E) *fecit*, FERD. DE LAUNAY, *Journ. offic.*, 23 juin 1874, p. 4274, 1re col.

— ÉTYM. Sanscr. *anusvâra*, de *anu*, après, et *svara*, son.

ANSE. *Ajoutez :* — REM. M. Éman Martin, *Courrier de Vaugelas*, 1er nov. 1876, a réuni plusieurs textes où l'*anse du panier* indique le profit fait par les servantes : Elle s'amusera à se faire brave aux dépens de *l'ance du panier* [aux dépens de ses économies], *la Response des servantes*, p. 10, Paris, 1636 ; Je m'accostois souvent de certaines servantes Que je voyois toujours propres, lestes, pimpantes ; Et qui, pour soutenir l'éclat de leurs atours, Sur l'*anse du panier* faisoient d'habiles tours, *la Maltôte des cuisinières* ; Depuis le commencement de caresme, je perds plus de dix escus, car ma maîtresse va tous les jours à la Halle, et moy après elle, avec un grand panier, je ne gaigne pas pour faire mettre des bouts à mes souliers, depuis que je ne gouverne plus *l'ance du panier*, *la Response des servantes*, p. 6.

† ANSÉATE (an-sé-a-t'), *adj.* Qui appartient aux villes anséatiques ou en dépend. Décret impérial du 24 juin 1865, 11e série, n° 13379 du Bulletin des lois, portant que les décrets des 1er octobre et 20 juillet 1862, relatifs à l'importation des marchandises d'origine anglaise ou belge y énumérées, sont applicables aux marchandises et produits similaires d'origine anséate.

† ANSELLE (an-sè-l'), *s. f.* Nom, dans la Suisse romande, d'une espèce de bardeaux ou échandoles, avec lesquels on recouvre quelquefois les toits ou les murs de maisons exposés au vent ou à la pluie. J'ai commencé par faire élever un grand toit couvert d'anselles, qui joindra la grange et la maison, DE SENANCOUR, *Obermann*, Lett. 66 (il écrit anscelle).

— ÉTYM. Ce paraît être une forme nasalisée et féminine de *aisseau*.

† **ANTAGONIQUE** (an-ta-go-ni-k'), *adj.* Néologisme. Qui est en antagonisme, en opposition. En définitive, on arme le travail contre le capital ; tant mieux, si ces deux puissances sont antagoniques ; mais, si elles sont harmoniques, la lutte est le plus grand des maux qu'on puisse infliger à la société, FR. BASTIAT, *Œuvr. compl.* Paris, 1873, t. II, p. 29. Des intérêts antagoniques concentrés en deux ou trois groupes hostiles et ayant pour porte-paroles, non des députés, mais des automates, voilà le portrait exact du parlement comme on voudrait l'organiser, *le Temps*, 9 oct. 1876, 2e page, 5e col.

ANTAGONISME. *Ajoutez :* — REM. On a dit antagonie au XVIe siècle : Discours de l'antagonie du chien et du lievre, ruses et propriétés d'iceux, l'un à bien assaillir, l'autre à se bien défendre, composé par maistre Jehan du Bec, abbé de Mortemer, 1593.

† **ANTÉCÉDENCE.** *Ajoutez :* — REM. On dit qu'une planète se meut en antécédence lorsqu'elle paraît aller vers l'occident contre l'ordre des signes. Le texte dit le contraire, parce que l'auteur de l'article a oublié que l'ordre direct des figures du zodiaque est d'occident en orient.

ANTÉCÉDENT. — REM. On dit antécédent à. Un acte antécédent à un autre.

† **ANTÉGRAMMATICAL, ALE** (an-té-gra-mma-ti-kal, ka-l'), *adj.* Terme de linguistique. Qui a précédé l'époque de la grammaire. Le mot indo-européen est à tort employé par les linguistes en deux sens différents, et il désigne tour à tour deux périodes fort éloignées l'une de l'autre, suivant que nous l'appliquons à l'époque précédant immédiatement la séparation des idiomes, ou aux temps antégrammaticaux, BRÉAL, *Journ. des sav.* oct. 1876, p. 645.

† **ANTÉHISTORIQUE** (an-té-i-sto-ri-k') *adj.* Synonyme de préhistorique.

† **ANTÉMORAL, ALE** (an-té-mo-ral, ra-l'), *adj.* Néologisme. Qui est avant la naissance de la morale dans l'âme humaine. Même avant l'âge où la liberté leur [aux actions] imprime le sceau de la moralité, pourvu que, dans cette période en quelque sorte antémorale de la vie, l'âme agisse déjà avec puissance et conformément au bien ou à l'ordre, CH. LÉVÊQUE, *la Science du beau*, t. II, p. 359, Paris, 1861.

† **ANTENNAL, ALE** (an-tè-nnal, nna-l'), *adj.* Qui a rapport aux antennes. || Langage antennal, manière de communiquer entre eux que certains entomologistes attribuent aux insectes, par le moyen des antennes, H. PELLETIER, *Petit dict. d'entomologie*, p. 17, Blois, 1868.

† **ANTENOIS.** *Ajoutez :* || Il se dit aussi des chevaux. L'espèce chevaline n'encombrait pas le champ de foire.... la plupart des bêtes exposées en vente et offrant quelque valeur pour l'avenir, consistaient dans vingt ou trente antenois amenés par des marchands des environs, *l'Avranchin*, 21 mars 1875.

— HIST. XIVe s. Treize vint et huit que brebis, que moutons, que antenoises (1336), VARIN, *Archives admin. de la ville de Reims*, t. II, 2e part. p. 745.

† **ANTÉNUPTIAL.** *Ajoutez :* — HIST. XVIe s. Et n'a telle veufve droict aux heritages cottiers acquis constant leur mariage, n'est que par convention antenuptiale fust autrement disposé, *Coust. génér.* t. II, p. 907.

ANTÉRIORITÉ. *Ajoutez :* || 2° Cas antérieur, précédent. Qu'aucune des prétendues antériorités signalées par B.... et consorts n'est justifiée ; qu'il est, au contraire, démontré par tous les documents de la cause que l'invention de M.... est nouvelle, *Gaz. des Trib.* 4 et 5 juil. 1870.

† **ANTHIVERNER** (an-ti-vèr-né), *v. a.* Dans l'Aunis, labourer, donner une façon, *Gloss. aunisien*, La Rochelle, 1870, p. 64. Anthiverner une vigne.

— ÉTYM. Lat. *ante*, avant, et *hibernus*, d'hiver.

† **ANTHRACITEUX, EUSE** (an-tra-si-teû, teû-z'), *adj.* Qui a le caractère de l'anthracite.

† **ANTHRAFLAVONE** (an-tra-fla-vo-n'), *s. f.* Substance tinctoriale jaune tirée du charbon, *Acad. des sc. Compt. rend.* t. LXXXII, p. 1395.

— ÉTYM. Ἄνθραξ, charbon, et lat. *flavus*, jaune.

† **ANTHRAPURPURINE** (an-tra-pur-pu-ri-n'), *s. f.* Substance tinctoriale rouge, tirée du charbon, *Acad. des sc. Compt. rend.* t. LXXXII, p. 1394.

— ÉTYM. Ἄνθραξ, charbon, et *purpurine*.

† **ANTHROPOCENTRIQUE** (an-tro-po-san-tri-k'), *adj.* Où l'homme est considéré comme centre des choses. L'erreur anthropocentrique : l'homme motif principal de la création ; tout a été fait pour lui, la terre pour le porter, le soleil pour éclairer ses jours, la lune pour éclairer ses nuits, LÉCUYER, *la Philosophie positive*, janv.-févr. 1876, p. 81. Le point de vue anthropocentrique, P. JANET, *Rev. philosophique*, janv. 1876, p. 37.

— ÉTYM. Ἄνθρωπος, homme, et *centre*.

† **ANTHROPOLITHES.** *Ajoutez :* Les anthropolithes de la Guadeloupe ont joui d'une certaine célébrité au commencement de ce siècle.... le Muséum d'histoire naturelle de Paris possède deux anthropolithes de la Guadeloupe, H. DE PARVILLE, 14 févr. 1873, p. 1089, 2e et 3e col.

ANTHROPOLOGIE. || 1° *Ajoutez :* || D'après Kant et les philosophes allemands, nom donné à toutes les sciences qui se rapportent à un point de vue quelconque de la nature humaine, à l'âme comme au corps, à l'individu comme à l'espèce, aux faits historiques et aux phénomènes de conscience, aux règles absolues de la morale comme aux intérêts les plus matériels et les plus variables. L'anthropologie médicale et philosophique de Platner. L'anthropologie pragmatique de Kant.

† **ANTHROPOLOGISTE** (an-tro-po-lo-ji-st'), *s. m.* Celui qui s'occupe d'anthropologie.

† **ANTHROPOMÉTRIE.** *Ajoutez :* || Mesure de la taille de l'homme, et, en général, mesure de ses différentes facultés. L'anthropométrie ou mesure des différentes facultés de l'homme, la loi de développement de la taille humaine.... *Journ. offic.* 23 févr. 1872, p. 1300, 3e col.

† **ANTHROPOMORPHISTE** (an-tro-po-mor-fi-st'), *adj.* Qui est relatif à l'anthropomorphisme, qui a une disposition particulière à donner à la divinité une forme humaine. La tournure essentiellement anthropomorphiste du génie de la race indo-européenne, FR. LENORMANT, *Manuel d'hist. anc.* t. II, p. 290, 4e édit.

† **ANTHROPONOMIE** (an-tro-po-no-mie), *s. f.* Loi, règle de l'humanité. Leur examen [de certains phénomènes] peut servir aux progrès de l'anthroponomie, BRILLAT-SAVARIN, *Phys. du goût, Méd.* XIX.

— ÉTYM. Ἄνθρωπος, homme, et νόμος, loi.

ANTHROPOPHAGE. || 1° *Ajoutez :* || Fig. Ce petit boudrillon [le duc de Saint-Simon] voulait qu'on fît le procès à M. le duc du Maine, et le duc de Saint-Simon devait avoir sa grande maîtrise de l'artillerie ; voyez un peu quel caractère odieux, injuste et anthropophage de ce petit dévot sans génie, plein d'amour-propre et ne servant d'ailleurs aucunement à la guerre, *Mém. du marquis d'Argenson*, t. I, p. 46.

ANTHROPOPHAGIE. *Ajoutez :* — REM. Voltaire a dit anthropophagerie : Encore un mot sur l'anthropophagerie, *Dict. phil. Anthropophages.* C'est un mot mal fait.

† **ANTHYLLIS** (an-til-lis'), *s. f.* Trèfle jaune des sables, *salsola fruticosa*, L. ; c'est un fourrage encore peu connu, *Bull. Soc. centr. d'agricult.* t. XXXVI, p. 508.

— ÉTYM. Ἀνθυλλίς, diminutif de ἄνθος, fleur.

ANTICHRÈSE. *Ajoutez :* Le nantissement d'une chose mobilière s'appelle gage ; celui d'une chose immobilière s'appelle antichrèse, *Code civ.* article 2072.

† **ANTICHRÉSISTE** (an-ti-kré-zi-st'), *s. m.* Terme de droit. Celui qui possède une antichrèse. Attendu que les créanciers hypothécaires qui, en cette qualité, n'ont aucun droit sur les revenus de l'immeuble hypothéqué jusqu'au jour de la saisie, ne sauraient considérer l'antichrésiste comme une sorte de séquestre responsable envers eux, *Gaz. des Trib.* 13 oct. 1875, p. 986.

† **ANTICIVISME** (an-ti-si-vi-sm'), *s. m.* Disposition anticivique. Quelques-uns de leurs chefs fameux par leur anticivisme, BABŒUF, *Pièces*, I, 22.

— ÉTYM. Voy. ANTICIVIQUE, qui est au Dictionnaire avec un exemple de Mirabeau.

† **ANTICLÉRICAL, ALE** (an-ti-klé-ri-kal, ka-l'), *adj.* Qui est opposé au parti clérical. La passion anticléricale, *Journ. offic.* 27 juin, 1876, p. 4560, 1re col.

† **ANTICOMANIE** (an-ti-ko-ma-nie), *s. f.* Manie des choses antiques. Tout cela me paraît aperçu avec les petites bésicles de l'anticomanie, DIDER. *Œuvr. compl.* 1821, t. X, p. 69.

† **ANTICOMBUSTIBLE** (an-ti-kon-bu-sti-bl'), *adj.* Qui s'oppose à la combustion. || Substantivement. Le sel marin lui-même est un anticombustible suffisant [pour préserver les étoffes, etc.], *Journ. offic.* 8 mai 1876, p. 3148, 2e col.

† **ANTICONCORDATAIRE** (an-ti-kon-kor-da-tè-r'), *s. m.* Nom donné à des catholiques, dits aussi petits chrétiens ou de la petite Église, qui n'ont pas reconnu le concordat de 1801, mais qui sont restés fidèles à l'Église, *Journ. offic.* 25 juin 1873, p. 4169, 3e col.

† **ANTIDÉPERDITEUR, TRICE** (an-ti-dé-pèr-di-teur, tri-s'), *adj.* Qui s'oppose à la déperdition, en parlant des corps organisés. Quelques savants, le considérant [l'alcool] comme boisson, y ont vu un agent antidéperditeur, un moyen d'épargne, DESJARDINS, *Rapp. du 7 sept. 1872 à l'Assemblée nationale*, n° 786, p. 13.

— ÉTYM. *Anti...*, et un mot fictif *déperditeur*, qui tient à *déperdition*.

† **ANTIDOGMATIQUE** (an-ti-dogh-ma-ti-k'), *adj.* Qui est opposé aux dogmes d'une théologie, d'une philosophie. Il [le P. Hyacinthe] n'espère pas satisfaire les exigences d'un siècle antidogmatique, *le Temps*, 30 juin 1876, 2e page, 3e col.

ANTIDOTE. *Ajoutez :* — HIST. XVIe s. Sçachons que c'est icy le principal antidote contre la peste, que la conversion et amendement de nos vies, PARÉ, XXII, 2.

† **ANTIDOTISME** (an-ti-do-ti-sm'), *s. m.* Qualité d'antidote. Il ne faut pas confondre l'antagonisme [des poisons] avec l'antidotisme : le premier se passe dans l'organisme, dans l'épaisseur même des tissus ; le second est une action purement chimique qui n'a guère lieu que dans le tube digestif, HENNEGUY, *Étude des poisons*, p. 158.

† **ANTIFERMENTESCIBLE** (an-ti-fèr-man-tè-ssi-bl'), *adj.* Qui s'oppose à la fermentation. Un travail sur les propriétés antifermentescibles du silicate de soude, H. DE PARVILLE, *Journ. offic.* 9 nov. 1872, p. 6888, 2e col. Les propriétés antifermentescibles de l'acide sulfureux se retrouvent dans les sulfites alcalins et terreux, *Acad. des sc. Compt. rend.* t. LXXXIII, p. 439.

† **ANTIFRICTION** (an-ti-fri-ksion), *s. f.* Nom d'une espèce d'alliage, *Journ. offic.* 11 août 1875, p. 6211, 3e col.

† **ANTIINFAILLIBILISTE** (an-ti-in-fa-lli-bi-li-st'), *s. m.* Celui qui est opposé au dogme de l'infaillibilité du pape, proclamé en 1870.

† **ANTILIBÉRALISME** (an-ti-li-bé-ra-lis-m'), *s. m.* Sentiment, esprit opposé au libéralisme. La foule [à Bologne] est allée crier sous les fenêtres de divers palais connus pour leur antilibéralisme, *le Temps*, 15 oct. 1876, 2e page, 1re col.

† **ANTILOGARITHME.** *Ajoutez :* || 2° Aujourd'hui, l'antilogarithme d'un nombre *a* est un nom-

bre b dont a est le logarithme. Dodron a publié le premier une table d'antilogarithmes, *The Antilogarithmic canon*, 1742.

† **ANTILOGOUMÈNES** (an-ti-lo-gou-mè-n'), *s. m. pl.* Se dit, depuis Eusèbe, dans son *Histoire de l'Église*, des livres bibliques qui ont été contestés.

— ÉTYM. Ἀντιλογούμενα βιβλία, livres contredits, participe passif pluriel de ἀντιλογέω, contredire, de ἀντίλογος, contredisant, de ἀντί, contre, et λέγω, dire.

† **ANTIMINISTÉRIEL, ELLE** (an-ti-mi-ni-sté-ri-èl, è-l'), *adj.* Terme de politique parlementaire. Qui n'est pas ministériel, qui s'oppose à la politique du ministère.

† **ANTIMONARCHIQUE.** *Ajoutez :* — REM. Ce mot n'est pas tout à fait aussi néologique qu'on le croirait. Voyez cet exemple : Il nous souffle un vent philosophique de gouvernement libre et antimonarchique, D'ARGENSON, *Mémoires*, dans le journal *le Soir*, 22 janv. 1873, 3e col.

ANTIMONIAL. *Ajoutez :* || 3° Lors du débat sur l'antimoine, au XVIIe siècle, les antimoniaux, les partisans de l'antimoine. M. Merlet dit que ce sont les antimoniaux de notre faculté [faculté de médecine] qui en ont payé l'impression [d'un pamphlet pour faire dépit à M. Riolan et à moi-même], GUI PATIN, *Lett.* t. II, p. 137.

† **ANTIMORAL, ALE** (an-ti-mo-ral, ra-l'), *adj.* Qui est opposé aux règles de la morale. Les doctrines sociales et antimorales, *le National*, 7 août 1876, 1re page, 3e col.

— SYN. ANTIMORAL, IMMORAL. Ces deux mots ne sont pas tout à fait synonymes. Immoral exprime une violation de la morale, et indique quelque chose digne de flétrissure. Antimoral exprime une opposition à la morale reçue, et indique une tendance à l'écarter comme chose vieillie.

† **ANTINOMIANISME** (an-ti-no-mi-a-ni-sm'), *s. m.* Nom donné, dans l'Église protestante, à la doctrine qui enseigne qu'il est resté dans l'homme assez de bonté morale pour saisir le bien par amour pour Jésus-Christ, sans la crainte de la loi et de l'enfer (BERTHOUD). L'antinomianisme, qui a été l'une des faiblesses de notre réveil, ALEX. VINET, *Liberté religieuse et questions ecclésiastiques.*

— ÉTYM. Le mot d'antinomianisme est devenu presque général chez les réformés de langue française d'après *antinomien*, et non pas d'après le mot latin qui aurait donné *antinomisme* (NITZSCH, *De antinomismo Agricolæ*). Agricola, professeur à Wittemberg et prédicateur à la cour de Berlin, est l'auteur de l'antinomianisme; mais il s'humilia volontairement devant les censures de Luther, qui l'accusait d'anéantir la loi morale (BERTHOUD.)

† **ANTI-OBÉSIQUE** (an-ti-o-bé-zi-k'), *adj.* Qui s'oppose à l'obésité. Le régime anti-obésique est indiqué par la cause la plus commune et la plus active de l'obésité, BRILLAT-SAVARIN, *Physiol. du goût*, *Méd.* XXII.

— ÉTYM. *Anti....*, et *obèse.*

† **ANTIOPE** (an-ti-o-p'), *s. f.* || 1° Dans la mythologie, nom de femme qui ne figure dans Homère que comme mère d'Amphion et de Zéthus. || 2° La 90e planète télescopique, découverte par M. Luther.

† **ANTIPODIQUE** ((an-ti-po-di-k'), *adj.* Qui a rapport aux antipodes. || Fig. Qui est opposé, contraire. Pour l'histoire des peintres, où les graveurs eurent à traduire Raphaël et Titien, Poussin et Velasquez, — des talents presque antipodiques — quelle variété de travail ne faut-il pas?... BÜRGER, *Salons de* 1861 à 1868, t. I, p. 82. Ce que Courbet représente dans l'école contemporaine, c'est un franc naturalisme, absolument antipodique aux manières prétentieuses et fausses des peintres récemment adoptés par un monde frivole, ID. *ib.* t. II, p. 279.

ANTIQUAIRE. *Ajoutez :* || 3° Recueil d'antiquités. Quelques livres ont été publiés sous ce titre au XVIIe siècle, notamment l'Antiquaire de la ville d'Alençon, 1685, in-12.

— REM. Antiquaire au sens de docte en antiquités est plus ancien que les exemples ne le feraient croire. C'est un homme docte et en réputation de grand antiquaire, CORN. *Lexique*, éd. Marty-Laveaux.

ANTIQUE. *Ajoutez :* || 8° *S. f.* Terme de lapidaire. Pierre composée de plusieurs couches, comme le sont ordinairement les onyx, représentant un sujet quelconque exécuté par un graveur d'un talent incontestable, soit grec, italien, allemand, anglais ou français, etc. CHRITEN, *Art du lapidaire*, p. 289.

ANTIQUITÉ. *Ajoutez :* || 5° Il s'est dit pour vieillesse. Mon âge, mon antiquité, la simplicité de mes sentiments.... me donnaient cette confiance, BOSS. *Relation sur le quiétisme.* On se cache de celui qui par son antiquité était à la tête, ID. *Remarque sur la réponse* [*de Fénelon*] *à la relation sur le quiétisme.* Mon antiquité ne me permet plus d'entretenir la compagnie au delà de neuf heures, Mme DE COULANGES, *Lett. à Mme de Grignan*, 3 mars 1704. || Cet emploi a cessé d'être en usage.

† **ANTIRÉGLEMENTAIRE** (an-ti-ré-gle-man-tè-r'), *adj.* Qui est opposé au règlement. Je ne dois pas laisser pousser plus loin cet incident antiréglementaire, *Journ. offic.* 30 juin 1876, p. 4665, 2e col.

† **ANTISOMNIFÈRE** (an-ti-so-mni-fè-r'), *adj.* Qui combat les somnifères. || *S. m.* Antidote contre les somnifères. Le sultan, frappé de l'observation de Mirzoza, se précautionna d'un antisomnifère des plus violents, DIDEROT, *Bijoux indiscrets*, II, 13.

† **ANTISYSTÈME** (an-ti-si-stè-m'), *s. m.* Système financier opposé au système de Law, dit par excellence le Système. Il [Boisguillebert] n'a pas même de système à lui, à une époque où tout le monde en confectionne, à la veille du jour où le Système et l'Antisystème viendront à tour de rôle bouleverser la France, HORN, *l'Écon. polit. avant les physiocrates*, ch. IV.

† **ANTITONNERRE.** *Ajoutez :* J'ai un antitonnerre à Ferney dans mon jardin, VOLT. *Lett. d'Argental*, 8 mars 1775.

† **ANTOISER.** — REM. *Antoiser* n'est sans doute qu'une orthographe incorrecte pour *entoiser*, qui est dans le Dictionnaire.

† **ANTRUSTIONNAT** (an-tru-sti-o-na), *s. m.* Qualité, fonction d'antrustion. Nous ne croyons pas qu'on doive assimiler l'antrustionnat à une institution, FÉLIX ROCQUAIN, *les Germains en Gaule*, *Rev. polit. et littér.* 27 mars 1875.

— ÉTYM. Voy. ANTRUSTIONS.

ANXIÉTÉ. *Ajoutez.* — REM. Ce mot semblait étrange à Balzac, qui écrit le 25 février 1624 (voy. p. 30 du t. I de l'édit. in-f° 1665) : Si, pour entendre une langue, il fallait en apprendre deux, et que l'anxiété, la décrépitude et les irritaments du désespoir me fussent des paroles familières.

† **ANXIEUX.** || Fig. Songez que nous chantions les fleurs et les amours Dans un âge plein d'ombre, au mortel bruit des armes, Pour des cœurs anxieux que ce bruit rendait sourds, SULLY-PRUDHOMME, *Aux poëtes futurs*, *Rev. des Deux-Mondes*, 1er avr. 1873, p. 735.

† **AOÛTAGE** (a-ou-ta-j'), *s. m.* Le temps de la moisson. Ah ! quand reviendra l'aoûtage, Je reverrai mon beau village, A. DE VIGNY.

† **APAPELARDIR.** *Ajoutez :* — HIST. XIIIe s. Li papelart le mont [monde] honissent ; Papelart s'apapelardissent, Por estre abbé, evesque ou pape, GAUTIER DE COINCY, *Hist. de sainte Léocade*, v. 1543.

† **APATELAGE** (a-pa-te-la-j'), *s. m.* Terme de jardinage usité dans le Nord. Application d'engrais liquide au pied de chaque plante, dans une rigole pratiquée autour de la racine.

† **APÉRITEUR** (a-pé-ri-teur), *s. m.* Mot dont le sens est expliqué dans cet exemple : Si.... le contrat [d'assurance] est souscrit par plusieurs sociétés, compagnies ou assureurs, le montant intégral de la taxe est perçu par le premier signataire, désigné sous le nom d'apériteur de la police, *Décret du* 25 nov. 1871, tit. 1er, art. 1er, p. 4, dans *Journ. offic.* 26 nov. 1871, p. 4637, 2e col.

— ÉTYM. Lat. *aperire*, ouvrir.

† **APETISSE** (a-pe-ti-s'), *s. f.* Terme de tricot. Synonyme de rapetisse (voy. ce mot, au Supplément).

APETISSER. || 2° *V. n. Ajoutez :* Pourquoi, toujours apetissant, De lune [un fromage] devient-il croissant? SAINT-AMANT, *Œuv.* t. I, p. 156, édit. JANET.

† **APHASIE** (a-fa-zie), *s. f.* Terme de médecine. Abolition du langage articulé malgré la persistance de la faculté d'expression, de la voix, de l'audition, des contractions volontaires des muscles du larynx et de la face.

— ÉTYM. Ἀφασία, de ἀ privatif, et φάσις, parole.

† **APHASIQUE** (a-fa-zi-k'), *adj.* Qui est affecté d'aphasie. Beaucoup d'entre eux [les idiots de Bicêtre] sont aphasiques, c'est-à-dire ne peuvent parler, MAXIME DU CAMP, *Rev. des Deux-Mondes*, 1er nov. 1872, p. 53.

† **APHÉRÉSÉ, ÉE** (a-fé-rè-zé, zée), *adj.* Terme de grammaire. Qui a subi une aphérèse. Les noms propres comme *Belin*, *Blin*, etc. sont des formes aphérésées de noms tels que Lembelin et Robelin, H. GAIDOZ, *Rev. des cours litt.* 1872, p. 331.

† **APHIS** (a-fis'), *s. m.* Nom scientifique du puceron. Les houblons ont été envahis par des myriades de pucerons, et il est à craindre qu'en raison de l'état maladif des plantes, causé par le froid et la gelée, l'aphis ne vienne à s'étendre, cette peste, d'après ce qu'on assure, ayant déjà fait son apparition dans divers districts, *Journ. offic.* 30 mai 1874, p. 3615, 2e col.

† **APHTHONGIE** (a-fton-jie), *s. f.* Perte de la faculté de produire des sons.

— ÉTYM. Ἀ privatif, et φθόγγος, son.

† **APICOLE** (a-pi-ko-l'), *adj.* Qui a rapport à l'apiculture. Produits des abeilles bruts et appliqués ; ruches et autres appareils apicoles, *Journ. offic.* 18 août 1874, p. 5949, 2e col.

— ÉTYM. Lat. *apis*, abeille, et *colere*, cultiver.

† **APIÉGER (S')** (a-pié-jé ; *pié* prend un accent grave quand la syllabe est muette, excepté au futur et au conditionnel : il s'apiégera), *v. réfl.* Se dit, dans l'arrondissement de Bayeux, des oiseaux qui reviennent habituellement à un endroit. Une hirondelle s'est apiégée à ma fenêtre.

— ÉTYM. *À*, et *piége.*

APITOYER. *Ajoutez :* — HIST. XVe s. Auxquelles paroles le duc se appitoya si que on luy veoit les larmes aux yeux, MONSTREL. *Chron.* t. III, f° 118, *verso.*

† **APLAIGNEUR** (a-plè-gneur), *s. m.* Ouvrier qui aplaigne.

† **APLANÉTIQUE** (a-pla-né-ti-k'), *adj.* Terme de géométrie. Surface aplanétique, surface qui limite un milieu réfringent, et telle que les rayons lumineux issus d'un même point vont rigoureusement concourir en un même foyer. || On trouve aussi aplanatique (ce qui est mauvais). Lister, en 1830 (*Philos. transactions*, Londres, in-4°, p. 187), montra que, pour chaque lentille composée de flint et de crown, il n'y a que deux points, qu'il nomma points locaux aplanatiques, où disparaît toute aberration quand on y place un objet.

— ÉTYM. Ἀπλάνητος, qui n'a pas d'aberration, de ἀ privatif, et πλάνη, aberration.

† **APLATISSEUR.** *Ajoutez :* || 2° Aplatisseur de cornes, profession qui consiste à amollir, fendre et aplatir les cornes de buffle ; c'est un des métiers de Paris.

APLOMB. *Ajoutez :* || 7° Terme d'équitation. Les aplombs d'un cheval, la juste répartition du poids du corps sur les quatre membres.

— HIST. XIIe s. Li mur sunt haut et fort, de quariaus à plon mis, *li Romans d'Alixandre*, p. 503.

† **APOCALE** (a-po-ka-l'), *s. m.* Sorte de squale Le côté réaliste de ce tableau poétique était dû à l'abominable odeur d'huile d'apocale, dont l'air était imprégné ; l'apocale est le requin des mers glaciales, on le prend avec des émérillons par des profondeurs de 500 à 600 mètres, G. ARAGON, *Un voyage en Islande*, dans *Rev. des Deux-Mondes*, 15 oct. 1875.

APOCRYPHE. *Ajoutez :* — REM. Chapelle (*Lettre III au duc de Nevers*) a écrit *apocrif :* Mais c'est ici, comme ailleurs, grand dommage Qu'un si beau conte on répute apocrif.

— HIST. *Ajoutez :* XIIIe s. Cil qui plain sont tout de tosique [poison], Adonc si dient qu'autentique Ne vrai ne sunt pas si miracle [de la sainte Vierge]; Pour mettre encontre aucun obstacle, Dient que tout sont apocrife, GAUTIER DE COINCY, *les Miracles de la sainte Vierge*, p. 176 (abbé POQUET).

† **APOCRYPHITÉ** (a-po-cri-fi-té), *s. f.* Qualité d'apocryphe, caractère apocryphe. Les divers partis, se démontrant réciproquement des contradictions, des invraisemblances, des apocryphités.... VOLNEY, *Ruines*, XXI.

APOGÉE. || 3° *Ajoutez :* C'étaient les fleurs de rhétorique de cet heureux siècle [XVIe].... le zénith de la vertu, le solstice de l'honneur et l'apogée de la gloire, BALZ. *Dissert. crit.* 8.

† **APOLAIRE** (a-po-lè-r'), *adj.* Terme didactique. Qui n'a pas de pôle. La moelle épinière a des cellules apolaires, unipolaires, bipolaires, multipolaires.

APOLLON. *Ajoutez :* || 2° Nom d'un papillon. L'apollon est facile à prendre; il vole surtout sur les croupes des escarpements, il se pose souvent dans les pierrailles, CARTERON, *Premières chasses*, *Papillons et oiseaux*, p. 61, Hetzel, 1866.

† **2. APOLLONIEN, IENNE** (a-po-lo-nien, niè-n'), *adj.* Néologisme. Qui a un caractère, une apparence d'Apollon. Raoul Spifame.... recommanda à Claude Vignet de voiler encore les rayons de sa

face apollonienne, GÉRARD DE NERVAL, *les Illuminés*, Lévy, 1868, p. 15.

† **APOLLONIQUE** (a-pol-lo-ni-k'), *adj.* Qui a rapport à Apollon. Chacun de ces mythes, intelligible en lui-même, devient embarrassant lorsqu'on veut les réunir tous dans une large trame de théologie apollonique, MAX. MÜLLER, *Essais de mythologie comparée*, trad. par G. Perrot, p. 180, Paris, 1873.

† **APOLTRONNIR.** *Ajoutez :* || 3° En général, rendre lâche, paresseux. Les délices de la Floride vous ont apoltronni, MALH. *Lexique*, éd. Lalanne.

† **APOPHONIE** (a-po-fo-nie), *s. f.* Terme de grammaire. Changement, dit *Ablaut* en allemand, de la voyelle du radical d'un verbe à certains temps, par exemple en allemand *singen*, *sang*, et, dans l'ancien français, *trover*, je *truis*. Apophonie ou transformation du son des voyelles, CHASSANG, *Dict. grec*, *Préf.* p. 32.

— ÉTYM. Ἀπὸ, indiquant changement, et φωνὴ, voix. Cela est très-fréquent en grec : τρέπω, ἔτραπον, τέτροφα. M. Bréal, qui a créé ce mot (*Gramm. comp. de Bopp*, trad. franç. t. I, p. 35 dans l'index, Registre détaillé, p. 23), y est revenu et a dit qu'il vaudrait mieux rendre l'*Ablaut* par *métaphonie*.

APOPLECTIQUE. *Ajoutez :* — HIST. XVI° s. Les apoplectiques ne meurent sinon que par faute de respirer, PARÉ, XXVIII, 2.

APOSTASIER. — HIST. *Ajoutez :* XII° s. Les apostateiz espirs de la gloire du ciel, quides les tu estre corporeiz u nient corporeiz? *Li Dialoge Gregoire lo Pape*, 1876, p. 233. || XVI° s. Après avoir apostatizé, PARADIN, *Chron. de Savoye*, p. 195.

APOSTÉ. *Ajoutez :* — REM. Corneille a dit aposté en parlant de choses. Je ne veux plus d'un cœur qu'un billet aposté Peut résoudre aussitôt à la déloyauté, *Lexique*, éd. Marty-Laveaux. Corneille, dès 1644, en changeant tout ce passage de *Mélite*, a remplacé *aposté* par *supposé*.

APOSTILLE. *Ajoutez :* — REM. Balzac faisait, comme Marot, apostille du masculin. Pourquoi ce très-officieux et très-obligeant laisse-t-il gronder contre moi à Rome? ne pourrait-il pas prévenir toutes ces plaintes par un petit apostille? BALZAC, *Lettr. inédites*, CLIII, éd. Tamizey Larroque.

† **APOSTILLEUR** (a-po-sti-lleur, *ll* mouillées), *s. m.* Celui qui met une apostille. Ne se pourrait-il point que ce cher Ménage, qui n'aime pas fort le patelin [Voiture], vous aurait débité pour histoire un de ses soupçons, aurait cru fait ce qu'il a jugé faisable, se serait imaginé que toutes les apostilles ne peuvent venir que du premier apostilleur? BALZAC, *Lett. inédites*, CXXX, éd. Tamizey Larroque.

† **APOSTOLICITÉ.** *Ajoutez :* || 2° Origine apostolique. Apostolicité de l'Église du Velay, par l'abbé Frugère.

† **APOSTOLISER** (a-po-sto-li-zé), *v. n.* Faire l'apôtre, exercer l'apostolat.

— HIST. XVI° s. Il eust trouvé que c'estoit non pas apostoliser, mais apostasier.... PASQUIER, *Rech.* III, 43.

† **APOTHÉOSER** (a-po-té-ô-zé), *v. a.* || 1° Mettre au rang des dieux, mettre dans le ciel. Si la mâchoire pesante [son imprimeur] dont vous me parlez opérait le miracle que vous voudriez, pourquoi ne serait-elle pas aussi apothéosée ou canonisée? BALZAC, *Lett. inédites*, LVI, édit. Tamizey Larroque. || 2° Fig. Accueillir comme une espèce de dieu. Qu'on examine avec quelle basse et universelle idolâtrie ce traître [Pichegru] était apothéosé dans tous les cercles, dans tous les journaux, GÉNÉRAL KLINGLIN, t. I, p. 484.

† **APOTHÉOTIQUE** (a-po-té-o-ti-k'), *adj.* Qui a rapport à une apothéose. Platon, en tunique rouge, pose le pied sur une des marches de son trône apothéotique [d'Homère, dans les peintures de Baudry pour l'Opéra], et Jason se dissimule derrière le philosophe, E. BERGERAT, *Journ. offic.* 22 sept. 1874, p. 6654, 2° col.

APOTHICAIRERIE. *Ajoutez :* — HIST. XIV° s. Un coffre de bois, couvert de cuivre, ferré et cloué ainsi qu'il appartient et fermant à clef, pour mettre certaines apoticarries pour ladicte dame [la reine] (1386), *Nouv. recueil de comptes de l'argenterie des rois*, par Douët-d'Arcq, p. 180. || XVI° s. Apoticaireries [les drogues et médicaments préparés ou vendus par les apothicaires], MANTELLIER, *Glossaire*, Paris, 1869, p. 5.

APPAREIL. *Ajoutez :* — REM. Morceaux d'appareil, morceaux de musique, de littérature où il y a de l'appareil, de la pompe. Outre que j'eus à faire plusieurs morceaux d'appareil et entre autres l'ouverture, J. J. ROUSS. *Confess.* VII. On dirait aujourd'hui morceaux d'apparat.

APPAREMMENT. — HIST. *Ajoutez :* XIII° s. Et se descovri lors aparantment la rancune, *Histor. occident. des croisades*, t. II, p. 348.

APPARENT. *Ajoutez :* || 5° Vraisemblable. Il n'est pas apparent [il n'y a pas d'apparence] que, venant tous les mercredis au marché, elle ne se fût pas avisée de venir chez moi demander son dû, J. J. ROUSS. *Lett. à Mlle Duchesne*, 16 janv. 1763.

APPARENTER. *Ajoutez :* || 3° Donner le titre de parent. Le feu roi [Louis XIV] n'apparentait personne sans exception que Monsieur et M. le duc d'Orléans; il les appelait mon frère et mon neveu, ST-SIM. t. XVII, p. 446, édit. de 1829.

APPARIER. *Ajoutez :* || 5° Fig. Mettre d'accord. Ce sont disparités qu'il n'est pas bien aisé d'apparier, MALH. *Lexique*, éd. L. Lalanne.

APPARITEUR. *Ajoutez :* — HIST. XIV° s. Colinès de S.-Hillier, apparitere de la court l'arcediacre de Reins (1348), VARIN, *Arch. administr. de la ville de Reims*, t. II, 2° part. p. 1197.

APPARTENIR. *Ajoutez :* || 8° S'appartenir, ne dépendre que de soi-même. Il s'appartient depuis qu'il a quitté les affaires. || Appartenir l'un à l'autre. M. de Valori conclut que les fragments du biceps et du reste du bras [de la Vénus de Milo] s'appartiennent évidemment, *l'Opin. nationale*, 25 juin 1875, 2° page, 4° col.

APPAS. *Ajoutez :* || 3° Dans le langage familier, appas se dit particulièrement de la gorge et de la poitrine des femmes.

APPÂTER. || 1° *Ajoutez :* || Fig. Les vains amusements.... se représenteront encore en votre cœur, pour l'appâter et faire retourner de leur côté, SAINT FRANÇOIS DE SALES, *Introd. à la vie dévote*, IV, 2.

† **APPATRONNER.** *Ajoutez :* || 2° Comparer à un patron, à un modèle. C'est aux dispositions de ce sénatus-consulte qu'il faut appatronner la proposition pour en déterminer le caractère légal et l'influence, DELANGLE, *au sénat*, *Journal officiel*, 4 sept. 1869, p. 1182, 2° col.

APPELÉ. *Ajoutez :* || 4° *S. m.* Terme d'administration militaire. Celui qui est désigné pour se rendre sous les drapeaux. Les substitutions de numéros sur la liste cantonale pourront avoir lieu, si celui qui se présente à la place de l'appelé est reconnu propre au service par le conseil de révision, *Loi du 21 mars 1832 sur le recrutement*, art. 18.

APPELER. || 4° *Ajoutez :* Il [saint Paul] montrera que, bien loin que les dignités soient capables de soustraire les hommes au jugement de Dieu, c'est cela même qui les y appelle et qui aggrave leur compte, SAURIN, *Disc. de saint Paul à Félix et à Drusille.* || 14° S'appeler, se donner un titre à soi-même. On n'eut égard aux sollicitations que pour exclure ceux qui étaient assez téméraires pour solliciter et s'appeler eux-mêmes, MASS. *Panégyr. saint Louis.*

— REM. Écrivez : appelé-je, et non appellé-je, par la même raison qui fait qu'on écrit appelai et non appellai. Cette remarque s'applique à tous les verbes en *eler* et en *eter* : *jeté-je* et non *jetté-je*.

APPENDICE. — HIST. *Ajoutez :* XIII° s. Un tenement avoeques tous les appendiches, si comme il se comporte et en lonc et en lé, *Bibl. des chartes*, 1875, 3° et 4° livraisons, p. 214, 1292.

† **APPÉTENT, ENTE** (a-ppé-tan, tan-t'), *adj.* Qui a de l'appétence. || Par extension, qui a de la convoitise. Cette race appétente et brutale, impie et superstitieuse, ABOUT, *la Question romaine*, *portrait d'Antonelli*.

— ÉTYM. Voy. APPÉTER.

APPLAUDISSEUR. *Ajoutez :* — HIST. XVI° s. Ceste opinion [de l'existence du purgatoire], qui, de son temps [de saint Augustin], avoit desjà beaucoup d'applaudisseurs, *le Bureau du concile de Trente*, p. 262.

† **APPLI** (a-pli), *s. m.* Nom générique des objets qui servent à l'attelage des animaux de trait et de labourage, et à les attacher soit ensemble, soit dans les écuries, etc. Le feu a consumé en peu d'instants trois grands corps de bâtiments et tout ce qu'ils contenaient : mobiliers, récoltes, fourrages, applis d'agriculture, etc. *Courrier de l'Ain*, 4 août 1864.

— ÉTYM. Lat. *applex*, ce qui s'applique (comparez APLET).

† **APPLICATEUR** (a-pli-ka-teur), *s. m.* Ouvrier qui applique. Applicateur d'enduit contre l'oxydation. Applicateur d'autres métaux que l'or et l'argent, *Tarif des patentes*, 1858.

APPLICATION. *Ajoutez :* || 9° Broderie en application : on place une étoffe sur une autre, ordinairement de la mousseline sur du tulle, puis on fait un cordonnet serré avec du coton fin autour d'un dessin quelconque en pressant les deux étoffes; ensuite on enlève la mousseline autour des fleurs, de façon que le dessin soit formé par la mousseline tenue sur le tulle par le cordonnet. Cette broderie imite l'application d'Angleterre. || Application d'Angleterre ou point d'Angleterre, voy. POINT, n° 4

APPLIQUE. *Ajoutez :* || 2° Autrefois, jours d'applique, appareils d'illumination. Ces belles nuits sans ombre avec leurs jours d'applique, CORN. *Lexique*, éd. Marty-Laveaux. || 3° Plaque de métal qu'on accroche au mur et qui porte des flambeaux; on dit aussi : bras. Ce commencement d'incendie, causé par une applique placée trop près d'un rideau de fond et dont un courant d'air agitait la flamme, a été éteint en moins d'une heure, *Gaz. des Trib.* 2-3 nov. 1876, p. 1069, 3° col.

† **APPLIQUEUSE** (a-pli-keû-s'), *s. f.* Synonyme de striqueuse.

APPOINTER. || 1° *Ajoutez :* || Dans l'ancienne jurisprudence, appointer un procès, d'après Furetière, décider qu'il sera jugé sur production de pièces et de mémoires sans plaidoiries orales. Un juge appointe un procès quand il veut favoriser une des parties, FURETIÈRE. Il était question [dans un procès plaidé à Sarlat] de donner du pain, par provision, à des enfants qui n'en avaient pas.... on appointa la cause, c'est-à-dire, en bonne chicane, qu'il fut ordonné à ces malheureux de plaider à jeun, et les juges se levèrent gravement du tribunal pour aller dîner, FÉNELON, *Lett. à Mme de Laval*, 16 juin 1681.

† **APPOINTI, IE** (a-poin-ti, tie), *part. passé* d'appointir. Qui est rendu pointu, à quoi on a fait une pointe. On y remarquera ces aiguilles en bois de renne, finement appointies par un bout et percées à l'autre extrémité d'un trou ou chas, LARTET et CHRISTY, *Acad. des sc. Compt. rend.* séance du 21 mars 1864.

† **APPOINTIR** (a-poin-tir), *v. a.* Rendre pointu, faire une pointe à un objet mousse.

† **APPOINTISSAGE** (a-poin-ti-sa-j'), *s. m.* Opération par laquelle on rend pointues les épingles.

APPORT. *Ajoutez :* || 5° Nom, dans l'Allier et le Nivernais, des fêtes ou assemblées locales, *les Primes d'honneur*, Paris, 1872, p. 247. À quelques jours de là eut lieu la fête du bourg, qu'on nomme indifféremment l'apport ou l'assemblée, TH. BENTZON, *Rev. des Deux-Mondes*, 15 juin 1876, p. 826.

APPORTER *Ajoutez :* — REM. J. J. Rousseau s'est servi de ce mot au sens d'emporter : Je ne saurais dire exactement combien de temps je demeurai à Lausanne; je n'apportai pas de cette ville des souvenirs bien rappelants, *Confess.* IV. Cet emploi est mauvais.

† **APPORTEUR** (a-por-teur), *adj.* Qui fournit une part du capital dans une société par actions. Les actionnaires apporteurs de 258 actions, *Jug. du trib. de la Seine du 3 mars 1865*, cité dans le *Répert. périodique de l'enregistrement*, n° 2005, cahier de juill. 1865.

† **APPRÉBENDER.** *Ajoutez :* Boispillé la conduira [une fille de M. de Chevreuse] et la ramènera aussitôt qu'elle aura pris l'habit et sera apprébendée, Mme DE CHEVREUSE, dans RICHELIEU, *Lett.* etc. t. VI, p. 248 (1638).

APPRÉHENSIF. *Ajoutez :* Piccolomini est puissamment retranché, et si appréhensif en sa faiblesse qu'il ne permet à personne de voir son retranchement, RICHELIEU, *Lett.* etc. t. VI, p. 457 (1639).

APPRÉHENSION. *Ajoutez :* || 4° Au propre, prise. La cupidité a bien d'autres formes moins ouvertement déhontées, et qui peuvent échapper aux appréhensions de la loi, mais infectées d'une pareille culpabilité morale, RENOUARD, procureur général, *Gaz. des Trib.* 4 nov. 1874, p. 1055, 1re col.

APPRENDRE. — REM. *Ajoutez :* || 5. L'emploi archaïque d'apprendre au sens d'enseigner, avec le régime direct de la personne, a été imité par Béranger : Vous que j'appris à pleurer sur la France, *la Bonne vieille*.

APPRENTISSAGE. — HIST. *Ajoutez :* XV° s. Pour le droit d'aprentage, ilz seront tenus de paier.... la somme de dix sols [pour le métier de tonnelier à Abbeville], *Rec. des monum. inédits de l'hist. du tiers état*, t. IV, p. 257.

APPRÊT. || 6° *Ajoutez :* Marchand d'apprêts pour les fleurs artificielles, *Tarif des patentes*, 1858.

† **APPRIVOISEUR** (a-pri-voi-zeur), *s. m.* Celui qui apprivoise. Vous voulez.... que je fasse telles ou semblables exclamations : ô l'ami des siècles héroïques ! ô le père des faveurs et des courtoisies ! ô l'apprivoiseur des lions et des lionnes ! BALZAC, *Lett. inédites*, LIX, éd. Tamizey Larroque.

† **APPROCHABLE.** *Ajoutez :* — HIST. XVI° s. De là est que le temple et le parc et verger de cest Eunostus est depuis demouré inaccessible et non approchable aux femmes, AMYOT, *Plut. Quest. grecques*, 4°.

APPROCHE. || 8° Terme d'imprimerie. Distance entre les lettres. *Ajoutez :* Lisez, si vos larmes de bibliophile ne vous troublent pas les yeux, lisez ce passage du rapport, p. 27 ; voyez ce tirage, cette approche, cet alignement, et dites si jamais texte a protesté plus glorieusement contre la catastrophe dont on le menace, E. MOUTON, *Rapp. au Min. de l'instruct. publique*, *Journ. offic.* 25 nov. 1874, p. 7799, 2° col.

† **APPROCHEMENT.** *Ajoutez :* Ce mot a été employé par Malherbe : Ne vous imaginez pas que l'approchement de ma fin me fasse peur, *Lexique*, éd. L. Lalanne ; Je crois que cet approchement [rapprochement] ne plaira guère à M. de Vendôme, *ib.*

APPROCHER. || 2° *Ajoutez :* Quelle douleur que nous passions notre vie si loin l'une de l'autre, quand notre amitié nous approche si tendrement ! SÉV. *Lett. à sa fille*, 17 mai 1676.

† **APPROCHEUR.** *Ajoutez :* Pendant le flottage en trains, les flotteurs, approcheurs et compagnons de rivière emportent chacun 11 bûches.... *Arr. du Min. de l'intér.* 28 mai 1816.

† **APPROFONDISSEMENT.** *Ajoutez :* || 3° Fig. Action de rabaisser. Ce leur fut [aux partisans des bâtards de Louis XIV] une très-vive irritation de douleur par l'approfondissement où cette distinction [en faveur du comte de Toulouse] plongeait le duc du Maine, ST-SIM. t. XVII, p. 116, ancienne édit. Inusité.

† **APPROPRIEUR** (a-pro-pri-eur), *s. m.* Approprieur de chapeaux, celui qui met les chapeaux en forme pour le compte des chapeliers, *Tarif des patentes*, 1858.

APPROVISIONNÉ, ÉE. *Ajoutez :* || 2° Amassé pour approvisionnement. Vin qui est approvisionné par les particuliers, L. SAY, *Journ. offic.* 4 mars 1874, p. 1685, 3° col. L'eau de Seine approvisionnée dans le bassin de Louveciennes et dans les réservoirs de la ville de Versailles, E. DECAISNE, *Journ. offic.* 16 mai 1873, p. 3143, 1re col. Les ouvrages exécutés, les matériaux approvisionnés appartiennent à l'Etat, *Journ. offic.* 31 janv. 1875, p. 840, 3° col.

APPUYER. || 1°.... || Fig. *Ajoutez :* Vous êtes trop distraits, vous autres gens du monde ; vous n'appuyez pas sur les plaisirs comme nous autres ermites, BUSSY RABUTIN, *Lett. à Mme de Sévigné*, 15 mai 1670. || 5° *Ajoutez :* || Appuyer la tête au mur, ou, simplement, appuyer, se dit du cheval qui se transporte parallèlement à lui-même en conservant une direction plus ou moins oblique. || 8° *Ajoutez :* || Appuyer une poursuite, la faire vigoureusement. Les corvettes *la Pomone, la Bayadère, la Victorieuse*,... appuyèrent une si vigoureuse poursuite aux pirates qu'en moins de dix-huit mois ils en eurent complétement purgé l'archipel, JURIEN DE LA GRAVIÈRE, *Rev. des Deux-Mondes*, 15 févr. 1874, p. 843

APRÈS-MIDI. *Ajoutez :* || *Au plur.* Des après-midi, sans *s*.

† **APRIORISME.** (a-pri-o-ri-sm'), *s. m.* Terme de philosophie. Emploi des notions à priori. Dans le *Contrat social* il [J. J. Rousseau] emploie une méthode opposée : il y est spéculatif à priori et applique à cet apriorisme hypothétique la méthode géométrique, P. JANET, *Rev. des cours litt.* 1872, p. 319. La classification des sciences, telle qu'elle a été établie par Comte..., est la meilleure des pierres de touche pour reconnaître un positivisme de bon aloi et le distinguer d'un positivisme à moitié métaphysique ; c'est le réactif le plus puissant pour déceler immédiatement l'apriorisme sous toutes ses formes et dans ses moindres vestiges, DE ROBERTY, *la Philosophie positive*, août-sept. 1876, p. 219.

† **APRIORISTIQUE** (a-pri-o-ri-sti-k'), *adj.* Terme de philosophie. Qui a le caractère de l'apriorisme. Cette essence et cette origine [de la théologie et de la métaphysique] sont également aprioristiques ou subjectives chez toutes deux, E. DE ROBERTY, *la Philos. pos.* juillet-août 1874, p. 36.

† **APTÉRYX** (a-pté-riks'), *s. m.* Nom d'un oiseau dont l'espèce est éteinte. Des oiseaux du même type que ces oiseaux gigantesques, les aptéryx de la Nouvelle-Zélande, par exception réduits aux proportions des gallinacés, sont également des coureurs, E. BLANCHARD, *Rev. des Deux-Mondes*, 1er août, 1874, p. 587.

— ÉTYM. 'A privatif, et πτέρυξ, aile.

† **APURE** (a-pu-r'), *s. m.* Acte qui apure, qui vérifie définitivement. Attendu que, faute de cet apure [l'affirmation sous serment d'un fait par le préfet], il y a doute sur la fausseté de la nouvelle publiée par..., *Ordonnance d'un juge d'instruction*, dans *Journ. offic.* 25 juin 1875, p. 4600, 2° col.

† **APY** (a-pi), *s. m.* L'ache. L'apy était la couronne des jeux isthmiques, RAC. *Lexique*, éd. P. Mesnard.

— ÉTYM. Lat. *apium*, ache.

† **AQUAFORTISTE** (a-koua-for-ti-st'), *s. m.* Artiste qui grave à l'eau-forte. L'œuvre des aquafortistes se poursuit malgré la mort du regretté M. Cadart, *Journ. offic.* 29 mai 1875, p. 3823.

— ÉTYM. Ital. *acquaforte*, eau-forte.

† **AQUAPUNCTURER** (a-koua-pon-ktu-ré), *v. a.* Terme de médecine. Se dit d'un mode de révulsion dans lequel on fait à la peau une piqûre capillaire permettant d'introduire, à l'aide d'un ajutage filiforme, une petite quantité d'eau ; ce moyen est employé contre les douleurs.

— ÉTYM. Lat. *aqua*, eau, et *punctura*, piqûre.

† **AQUARIUM.** *Ajoutez :* — REM. On trouve quelquefois au pluriel aquaria : Les aquaria sont une des nécessités de notre époque, *Journ. offic.* 15 déc. 1874, p. 8309, 3° col. Il vaut mieux dire au pluriel des *aquariums*.

† **AQUE** (a-k'), *s. f.* Terme provincial de pêche qui se dit sur les côtes de la Seine-Inférieure. Amorce pour les hameçons.

— ÉTYM. Forme normande de *aiche* (voy. ce mot au Dict.)

† **AQUICOLE** (a-kui-ko-l'), *adj.* Qui se rapporte à l'aquiculture. La Société d'acclimatation, qui accorde dans ses travaux une large part à l'industrie aquicole, attend en ce moment d'Amérique un envoi d'œufs de *salmo fontinalis*,... *Journ. offic.* 25 nov. 1874, p. 7795, 3° col.

† **AQUICULTEUR** (a-kui-kul-teur), *s. m.* Celui qui s'occupe d'aquiculture.

† **AQUICULTURE** (a-kui-kul-tu-r'), *s. f.* Aménagement des eaux pour la production du poisson. Traité de pisciculture pratique et d'aquiculture en France et dans les pays voisins, par M. BOUCHON-BRANDELY. Partout sont créées ou se fondent des sociétés d'aquiculture sur le modèle de nos sociétés d'agriculture, G. BOUCHON-BRANDELY, *Rapport*, *Journ. offic.* 25 oct. 1874, p. 7196, 2° col. .... pour se faire une idée des ressources que l'aquiculture maritime pourra offrir un jour à l'alimentation publique, *Journ. offic.* 28 sept. 1874, p. 6750, 1re col.

— SYN. AQUICULTURE, PISCICULTURE. On entend spécialement par pisciculture l'élevage artificiel de l'alevin, et par aquiculture l'empoissonnement des eaux.

— ÉTYM. Lat. *aqua*, eau, et *cultura*, culture.

AQUILIN. *Ajoutez :* — REM. Dans la comédie des Académiciens de Saint-Évremond, acte II, sc. 1, Chapelain dit, à propos d'une ode qu'il revoit et où il a placé le mot aquilin : Aquilin ne vient pas fort souvent en usage ; Mais il convient au nez du plus parfait visage. Dans la 1re éd. (de 1650), le second vers porte : Mais c'est un mot de l'art pour faire un beau visage.

† **AQUOSITÉ.** *Ajoutez :* — HIST. XVI° s. L'aiguosité que vous nommez urine, RAB. *Pant.* III, 4.

ARABE. *Ajoutez :* || 4° On dit d'un cheval qu'il a de l'arabe, lorsque sa conformation se rapproche de celle du cheval arabe.

† **ARABETTE** (a-ra-bè-t'), *s. f.* Plante crucifère (*arabis sagittata*, DC.) dont les graines contiennent une grande quantité d'huile et dont toutes les parties jouissent de propriétés stimulantes.

† **ARACHINE** (a-ra-chi-n'), *s. f.* Terme de chimie. Corps neutre extrait de l'arachide, et analogue à la stéarine.

† **ARACHIQUE** (a-ra-chi-k'), *adj.* Terme de chimie. Acide arachique, corps gras de l'huile d'arachide.

ARAIGNÉE *Ajoutez :* || 10° Filet pour prendre les truites, autrement dit étave, CARTERON, *Premières chasses, Papillons et oiseaux*, p. 85, Hetzel, 1866. || 11° Les liens pour suspendre les hamacs. Articles de marine : pavillons sans couture, hamacs d'une seule pièce compris les araignées, *Alm. Didot-Bottin*, 1873, p. 2706, 3° col. || 12° Nom d'une espèce de voiture, *Figaro*, 5 mars 1870. || 13° Avoir une araignée dans le plafond, voy. PLAFOND, n° 2. || 14° Araignée ou araigne, espèce de crabe ainsi nommé parce qu'il ressemble à une araignée, *maia squinado*, *Glossaire aunisien*, La Rochelle, 1870, p. 64.

† **ARAIRE.** — HIST. *Ajoutez :* XIV° s. Pour cinq chevaus ferrer, et pour crochès, crampons et arere (1336), VARIN, *Archives administr. de la ville de Reims*, t. II, 2° part. p. 749.

† **ARALIE** (a-ra-lie), *s. f.* Genre d'arbustes, voisin des lierres et des ombellifères. Aralie du Japon, arbuste à feuillage toujours vert, HEUZÉ, *la France agricole*, carte n° 6.

— ÉTYM. *Aralia* est le nom canadien sous lequel la première espèce de ces arbustes fut envoyée de Quebec à Fagon, directeur du Jardin du roi.

† **ARAMAÏSME** (a-ra-ma-i-sm'), *s. m.* Ensemble, caractère des langues araméennes, c'est-à-dire du chaldéen et du syriaque. Dans son Histoire des langues sémitiques, M. Renan traita successivement de l'aramaïsme païen et de l'aramaïsme chrétien, A. HOVELACQUE, *Linguistique*, p. 167, Paris, 1876.

† **ARAMÉEN.** *Ajoutez :* || L'araméen, parlé jadis en Syrie, formait plusieurs dialectes : l'araméen biblique, dans lequel ont été composés, au VI° siècle avant notre ère, quelques-uns des livres de la Bible ; l'araméen targumique, qu'on retrouve dans les targums ou paraphrases de la Bible qui remontent au commencement de notre ère, FR. LENORMANT, *Manuel d'hist. anc.* livre I, *les temps primitifs*.

— ÉTYM. *Aram*, qui, avant d'être le nom de la Syrie, a été celui de la région montagneuse qui se trouve dans le cours moyen de l'Euphrate.

† **ARAMON** (a-ra-mon), *s. m.* Nom d'un plant de vigne. La vigne de M. L.... [à Celleneuve, près de Montpellier], plantée principalement en aramons et carignans (on dit aussi carignane ; voy. ce mot), *Journ. offic.* 17 août 1873, p. 5434, 3° col. L'aramon est un cépage cultivé seulement dans le midi de la France ; synonyme : plant riche, aqué noir.

— ÉTYM. *Aramon*, petite ville du midi de la France.

† **ARAUCAN, ANE** (a-rô-kan, ka-n'), *adj.* Qui appartient à l'Araucanie, pays de l'Amérique du Sud. || L'araucan, la langue parlée en ce pays.

† **ARAUCARIA** (a-rô-ka-ri-a), *s. m.* Genre d'arbres verts de la famille des conifères. Les araucarias aux feuilles triangulaires et aux graines comestibles sont indigènes de l'Amérique méridionale, BROILLARD, *Rev. des Deux-Mondes*, 15 avr. 1876, p. 940.

— ÉTYM. *Araucanos*, nom chilien de l'arbre.

ARBALÈTE. || 1° *Ajoutez :* || On distingue : 1° l'arbalète simple, qui se bande avec les bras ou avec le pied ; 2° l'arbalète à pied de chèvre ou à pied de biche, dans laquelle l'arc est tendu à l'aide d'un levier terminé par une fourche qui embrasse la corde ; 3° l'arbalète à cric, où la tension est produite par un petit cric qu'on fixe à l'arbrier au moment du besoin ; 4° l'arbalète à tour ou de passot, bandée au moyen d'un tour ou d'une moufle que le soldat portait à sa ceinture et fixait à l'arbrier quand il voulait tendre l'arc ; 5° les arbalètes à cranequin, à vindas, à signolle, bandées avec des espèces de treuils. || Les arbalètes affectées à la chasse étaient : 1° l'arbalète à jalet, semblable à l'arbalète simple, mais dont la corde est redoublée de manière à former, en son milieu, une sorte de poche pour recevoir le projectile, qui est une balle de plomb ou de terre glaise ; 2° l'arbalète à baguette, dont l'arbrier porte une sorte de canon fendu, dans la fente duquel la corde peut glisser ; pour tendre l'arc, on employait une baguette ou enrayoir qu'on introduisait dans le canon, et sur laquelle on appuyait avec force.

† **ARBITRAGISTE** (ar-bi-tra-ji-st'), *adj.* || 1° Terme de bourse et de commerce. Qui est relatif aux opérations d'arbitrage. Syndicats arbitragistes. La spéculation arbitragiste. || 2° *S. m.* Terme de banque. Celui qui fait des arbitrages. Mécompte chez bon nombre d'arbitragistes qui avaient vendu leur 3 p. 100 pour souscrire à l'emprunt, mais qui se sont trouvés avoir fait leur arbitrage dans des proportions trop étroites, *la Semaine financière*, 24 juin et 1er juillet 1874.

ARBITRAIRE. *Ajoutez :* || 5° *S. f.* Terme de mathématique. Une arbitraire, une quantité que l'on détermine. L'astronomie, qui est maintenant un grand problème de mécanique dont les éléments du mouvement des astres, leurs figures et leurs masses sont les arbitraires, seules données indispensables que cette science doive tirer des observations, LA PLACE, *Expos.* IV, *Préface.*

ARBITRAL. *Ajoutez :* — HIST. XIV° s. Par nostre sentence arbitrale (1306), VARIN, *Archives admin. de la ville de Reims*, t. II, 1re partie, p. 56. Sachent tuit que comme Philippes Noel ayt esté condampnez par sentence arbitrele à aler, en non d'amende, à la mere ou cathedral eglise de la ville et cité de Toulouse la gaillarde (1370)...., ID. *ib.* p. 337.

† **ARBITRATIF, IVE** (ar-bi-tra-tif, ti-v'), *adj.* Qui a le caractère de l'arbitrage. On ne croyait pas encore que l'autorité arbitrative pût statuer sur le sort de chaque particulier individuellement, MALESHERBES, *Remontr. au roi*, 6 mai 1775.

ARBITRER. *Ajoutez :* || 2° Arbitrer des personnes, prononcer une sentence arbitrale entre elles. Qui pourrait oublier.... que vous [États de Hollande] avez plus d'une fois rétabli la liberté des mers, donné la paix à l'Europe, arbitré les rois? MIRABEAU, *Aux Bataves, sur le stathoudérat*, p. 3.

— HIST. *Ajoutez :* XIV° s. Pour une amende, laquelle lui fut arbitrée à VIII livres tournois (1378), VARIN, *Archives admin. de la ville de Reims*, t. III, p. 493.

† **ARBOIS** (ar-boî), *s. m.* Nom vulgaire du cytise des Alpes, BAILLON, *Dict. de botan.* p. 246.

† **ARBORISTE.** *Ajoutez :* — REM. Il est bien certain que *arboriste* a été pris pour *herboriste*, par une confusion regrettable; l'exemple de La Fontaine le montre. Mais rien ne prouve que, dans le titre de Robin (arboriste du roi Louis XIII), arboriste ait le sens d'herboriste; dans ce titre, arboriste a son sens propre de jardinier des arbres. *Arboriste*, dans le parler normand, signifie encore aujourd'hui pépiniériste, DELBOULLE, *Gloss. de la vallée d'Yères*, le Havre, 1876, p. 20.

ARBRE. *Ajoutez :* || 14° Arbre de vent, nom populaire des cirrus, qui annoncent presque toujours un changement de temps, *Journ. offic.* 20 sept. 1873, p. 5976, 2° col. || Arbre des Machabées, même sens. M. Taine m'apprend qu'en France, depuis les Ardennes jusqu'en Bourgogne, les paysans donnent au même phénomène le nom d'arbre des Machabées, à cause des sept branches qu'ils lui attribuent.... F. BAUDRY, *les Mythes du feu et du breuvage céleste*, dans *Rev germanique*, t. XIV, p. 376.

— HIST. *Ajoutez.* || XIV° s. La terre porte herbes vers Et les herbres de fruit couvers, MACÉ, *Traduction de la Bible*, f° 1, verso, 2° col. Une arbre bestournée [un arbre planté les racines en haut et les branches en bas], *Revue critique*, 5° année, 2° série, p. 328 (dans un texte anglo-normand).

† **ARBRIER** (ar-bri-é), *s. m.* Fût en bois de l'arbalète, qui porte une rainure destinée à recevoir et à diriger le trait.

— ÉTYM. *Arbre*, au sens de fût.

† **ARBUSCULE** (ar-bu-sku-l'), *s. m.* Petit arbre, CUVIER, *Anat. comp.* 27° leçon.

† **ARBUSTIF, IVE** (ar-bu-stif, sti-v'), *adj.* Qui se rapporte aux arbustes. La nécessité de débarrasser les forêts de leur sous-étage arbustif, composé en général de bruyères, arbousiers, alaternes, térébinthes, lentisques, cistes, H. FARÉ, *Enquête sur les incendies de forêts*, 1869, p. 18. La végétation arbustive ne tarde pas à se manifester de nouveau avec vigueur, ID. *ib.* p. 23. Les houblonnières, les arbres à fruits de plein vent, les pépinières et cultures arbustives, *Monit. univ.* 20 août 1868, p. 1211, 6° col.

ARC. — REM. *Ajoutez :* || 2. Avoir plusieurs cordes à son arc, est une expression figurée qui vient de ce que l'archer avait plusieurs cordes de rechange, de manière à remplacer facilement la corde montée en cas de rupture.

ARCEAU. — HIST. *Ajoutez :* XII° s. Mais alés là à cel arciel, Là troverés vous un tombiel Où il a [il y a] peint un chevalier, *Perceval le Gallois*, v. 22645.

† **ARCENANT** (ar-se-nan), *s. m.* Nom, en Bourgogne, d'un cépage dit aussi gamet commun, *les Primes d'honneur*, Paris, 1873, p. 378.

— ÉTYM. *Arcenant*, commune du canton de Nuits.

ARC-EN-CIEL. *Ajoutez :* || 3° Fig. Le régiment de l'arc-en-ciel, les laquais couverts de leurs livrées de diverses couleurs. Une troupe de gens, du régiment de l'arc-en-ciel.... agaçaient le singe, CYRAÑO DE BERGERAC, *Combat de Bergerac avec le singe de Brioché*, dans CH. NISARD, *Parisianismes*, p. 13. || 4° Espèce de poisson, que les naturalistes nomment *colisa*.... la nidification du poisson arc-en-ciel de l'Inde.... le poisson arc-en-ciel.... un des plus jolis poissons connus, H. DE PARVILLE, *Journ. offic.* 9 déc. 1875, p. 10160, 1re col.

ARCHAÏSME. *Ajoutez :* — REM. Ce mot appartient à Mercier, *Néologie*, t. I, p. 45

ARCHAL. — HIST. || XVI° s. *Ajoutez :* Archelaix, areschaus [fil d'archal], MANTELLIER, *Glossaire*, Paris, 1869, p. 6.

1. **ARCHE.** *Ajoutez :* || On donne aussi le nom d'arche aux parties cintrées d'un viaduc, d'un aqueduc. || V. Hugo a donc eu raison d'appeler arche l'arc de triomphe de l'Étoile : Arche aujourd'hui guerrière, un jour religieuse, *Voix intér.* IV.

† **ARCHÉISME** (ar-ché-i-sm'), *s. m.* Doctrine de l'archée, ou principe immatériel différent de l'âme intelligente. Différentes transformations de ce naturisme, qui fut l'origine du pneumatisme avec Athénée, de l'archéisme avec Van Helmont, Dr CORLIEU, *Journ offic.* 30 nov. 1874, p. 7882, 2° col.

— ÉTYM. Voy. ARCHÉE 1.

† **ARCHELET.** *Ajoutez :* — HIST. XVI° s. La charreté d'archelet [perche flexible], milliers de pieces d'archelet, grosse de grands cercles à faire cuves, MANTELLIER, *Glossaire*, Paris, 1869, p. 6.

† **ARCHÉOGRAPHIE** (ar-ké-o-gra-fie), *s. f.* Action de représenter, par la peinture ou la sculpture, des scènes antiques, BÜRGER, *Salons de 1861 à 1868*, t. II, p. 511.

— ÉTYM. Ἀρχαιογράφος, celui qui décrit les choses antiques, antiquaire, de ἀρχαῖος, antique, et γράφειν, décrire.

† **ARCHÉOGRAPHIQUE** (ar-ké-o-gra-fi-k'), *adj.* Qui a rapport à l'archéographie. M. Alma Tadema persiste dans ses fantaisies archéographiques, et, après nous avoir montré comment les Égyptiens s'amusaient.... il nous montre, cette année, comment on faisait la sieste en Grèce, BÜRGER, *Salons de 1861 à 1868*, t. II, p. 511.

† **ARCHÉOLITHIQUE** (ar-ké-o-li-ti-k'), *adj.* Qui a rapport à la partie la plus ancienne de l'époque où l'homme préhistorique faisait usage de la pierre comme outil.

— ÉTYM. Ἀρχαῖος, ancien, et λίθος, pierre.

ARCHER. *Ajoutez :* || 5°. Au féminin, archère. Istar l'archère, avec son arc, son carquois et ses flèches, la déesse guerrière d'Ascalon ou celle de Carthage, sont filles ou plutôt sœurs d'une antique déesse tellurique, qui, après avoir personnifié les forces génératrices de la terre, devint divinité lunaire et planétaire, SOURY, *le Temps*, 21 août 1876, 2° page, 6° col.

ARCHET. *Ajoutez :* || 5° Branche à fruit conservée plus ou moins longue sur la vigne quand on la courbe en demi-cercle. On donne à ces longs sarments, suivant les localités, les noms de courgée, vinée, pleyon, archet, aste, sautelle, flèche, tiret, etc. DUBREUIL, *Culture du vignoble*, Paris, 1863, p. 88.

— REM. *Ajoutez :* || 2. Ce que nous nommons archet dans les instruments à cordes se disait *arçon* au XIII° siècle. Quant s'oroison a dite et faite, Sa viele [il] a sachiée et traite, L'arçon as cordes fait sentir, Et la viele retentir, GAUTIER DE COINCY, *les Miracles de la sainte Vierge*, p. 345 (abbé Poquet).

— HIST. *Ajoutez :* XII° s. Mais alés là à cel arciel [arceau].... Lors [il] prent le brachet [petit bras], si s'en torne, De si [ci] à l'arket [arceau] ne sojorne, *Perceval le Gallois*, v. 22645.

† **ARCHIFAIT, AITE** (ar-chi-fè, fè-t'), *adj.* Terme familier. Qui est absolument fait, fini. Quoi! cela est fait, dit-elle? — Eh oui! répliquai-je, Madame, fait et archifait, ST-SIM. t. VIII, p. 52, éd. Chéruel.

— ÉTYM. *Archi*.... préfixe, et *fait* (voy. ARCHI..., au Dictionnaire).

† **ARCHILUTH.** *Ajoutez :* Quant à la musique instrumentale [dans une église de Rome], elle était composée d'un orgue, d'un grand clavecin, d'une lyre, de deux ou trois violons et de deux archiluths, MANGARS, *Lett. sur la musique* (1639), dans le journ. *le Temps*, 4 févr. 1868.

† 1. **ARCHINE.** *Ajoutez :* — REM. Contrairement au Complément du Dictionnaire de l'Académie, l'*Annuaire du Bureau des longitudes* écrit archinne; il évalue l'archinne russe à 0m,71119, et l'archinne turc à 0m,75774.

† **ARCHIPATELIN** (ar-chi-pa-te-lin), *s. m.* Mot forgé par la Fontaine. Celui qui est patelin au plus haut degré. C'étaient [le chat et le renard] deux vrais tartufs [sic], deux archipatelins, LA FONT. *Fabl.* IX, 14.

† **ARCHITECTURISTE** (ar-chi-tè-ktu-ri-st'), *s. m.* Peintre de vues de monuments. En peintres de fruits, nous avons M. Robin, avec ses *Raisins*, du musée de Belgique; en marinistes, M. Clays, trois tableaux; un architecturiste, M. Van Moer, dont les trois *Vues de Venise* sont remarquées.... BÜRGER, *Salons de 1861 à 1868*, t. I, p. 217.

† **ARCHIVAIRE** (ar-chi-vê-r'), *s. m.* S'est dit des employés à la garde des archives. J'avais réglé que, à l'égard des titres que le procureur du roi voudrait produire en forme probante, tant dans la confection du papier terrier que dans les diverses instances de réunions, ils seraient signés des archivaires et payés par le fermier, BOISLISLE, *Correspond. des contrôl. généraux*, 1687, p. 99.

† **ARCHIVER** (ar-chi-vé), *v. a.* Néologisme. Recueillir, classer dans des archives. À l'époque où la Guienne échappa à la domination des Anglais, ceux-ci emportèrent avec eux en Angleterre une foule de documents écrits qui furent dans la suite archivés dans une des salles de la fameuse Tour de Londres, *le Temps*, 27 janv. 1876, 3° page, 5° col.

† **ARCOSOLIUM** (ar-ko-so-li-om'), *s. m.* Terme d'antiquité chrétienne. Nom donné aux monuments arqués qui se rencontrent fréquemment dans les catacombes et, en général, dans tous les cimetières chrétiens.

— ÉTYM. Lat. *arcosolium*, de *arcus*, arc, et *solium*, châsse, reliquaire, sarcophage surmonté d'un arc.

† **ARCURE.** *Ajoutez :* || 2° Terme d'artillerie. Défaut de fabrication des bouches à feu en fonte; c'est l'inflexion que peuvent présenter, les uns par rapport aux autres, les axes des différentes parties de la surface extérieure.

† **ARDE** (ar-d'), *s. f.* Petite digue de séparation entre les partènements, *Enquête sur les sels*, 1868, t. II, p. 509.

† **ARDEB** (ar-dèb), *s. m.* Mesure de poids et de capacité en Égypte; d'après le grand ouvrage de la Commission de l'Institut de l'Égypte (*Hist. nat.* t. II, p. 14), la capacité en est de 185 litres, DEVIC, *Dict. étym.*

— ÉTYM. Arabe, *ardeb.*

ARDÉLION. *Ajoutez :* Grands prometteurs de soins et de services, Ardélions sous le masque d'amis, Sachez de moi que les meilleurs offices Sont toujours ceux qu'on a le moins promis, J. B. ROUSS. *Lett. à Racine*, 12 juill. 1730.

ARDEMMENT. — HIST. *Ajoutez :* XII° s. Si tu desires si ardanment.... ST BERN. p. 568. Li espous soi repunt [cache] cant l'om le quiert, par ke [afin que] l'om le queret plus ardanment quant l'om nel at troveit, *li Dialoge Gregoire lo pape*, p. 321.

ARDEUR. — HIST. *Ajoutez :* XII° s. Une ardor de droiture, *Job*, p. 445. || XIV° s. *Ajoutez :* Le saingler [à la cour du roi Noble] vit on escumer D'ardeur, de ce que il veoit Tel chose qui li desseoit, Dont il li sambla ce soit tors, J. DE CONDÉ, t. III, p. 78. || XVI° s. Le douziesme jour, ils sentent parfois grande ardeur et ponction par tout le corps, PARÉ, XX, 10.

ARDOISE. *Ajoutez :* || 4° Plaque d'ardoise sur laquelle on écrit avec un morceau d'ardoise taillé en crayon; on s'en sert dans les écoles et dans le commerce. || 5° Fig. Compte ouvert dans un restaurant, chez un marchand, ainsi dit parce que le compte s'écrit sur une ardoise. L'aspirant était un ancien acteur.... on prétendait qu'il avait une ardoise au café voisin, A. VILLEMOT, *le Temps, feuilleton*, 29 nov. 1868. || 6° Toile d'ardoise, toile grise enduite d'un vernis à l'huile dans lequel entre de l'ardoise moulue. Toile d'ardoise et tableaux en toile d'ardoise... en vertu d'un arrêté du conseil fédéral du 15 fév. 1876, la toile dite toile d'ardoise est assimilée à la toile cirée commune, non imprimée, pour emballage, *Journ. offic.* 2 mai 1876, p. 3044, 1re col.

† **AREIGNOL.** *Ajoutez :* — ÉTYM. Ce mot dérive très-probablement de l'ancien français *araigne*, araignée, par assimilation du filet avec une toile d'araignée.

† **AREIN** (a-rin), *s. m.* Nom, dans les Alpes, de grandes chutes générales de neiges ou d'avalanches d'hiver, E. RAMBERT, *Rev. des Deux-Mondes*, 15 nov. 1867, p. 379.

† **AREINE** (a-rè-n'), *s. f.* Terme d'exploitation houillère. Galerie d'écoulement ayant son orifice dans le fond d'une vallée et pratiquée pour assécher les travaux des mines; elle constitue une pro-

priété spéciale dans le pays de Liége. || Cens d'areine, redevance payée par l'exploitant au propriétaire de l'areine.

— ÉTYM. Allem. *Rinne*, rigole, de *rinnen*, couler (GRANDGAGNAGE).

† **ARÉNER.** *Ajoutez :* — ÉTYM. Mot fait comme *érener* des patois (voy. *éreinter*), de *rein :* baisser en forme de rein.

ARÉNEUX. *Ajoutez :* — REM. Il n'est pas aussi vieilli qu'il est dit dans le Dictionnaire. Épines maritimes, pins, sapins, mélèzes et autres plantes aréneuses conservatrices des dunes, *Décret du 14 déc.* 1810, art. 6.

† **ARENIER** (a-re-nié) ou **ARNIER** (ar-nié), *s. m.* Propriétaire d'une areine.

ARÉOMÈTRE. *Ajoutez :* — REM. Le premier texte où j'aie rencontré ce mot est le passage suivant de Musschenbroek, *Introd. ad phil. nat.* 1762, § 1384 : Baryllion antiquorum, nunc areometrum, vel hygrobaroscopium, vel hygrometrum dictum, THUROT.

ARÊTE. || 3° *Ajoutez :* || Voûte d'arête, voy. VOUTE, n° 1.

† **ARÉTHUSE** (a-ré-tu-z'), *s. f.* La 95° planète télescopique, découverte par M. Luther.

— ÉTYM. Ἀρέθουσα, nom d'une fontaine de Syracuse, dont la nymphe devint la muse de la poésie bucolique.

ARETIER. *Ajoutez :* || 4° En taille des pierres, intersection plane de deux berceaux qui ont même plan de naissance et même montée.

— REM. L'arêtier en charpente est mal défini : c'est une pièce de bois placée à l'intersection de deux combles de même hauteur formant un angle saillant.

† **ARGALI.** *Ajoutez :* — ÉTYM. Persan, *argali*, DEVIC, *Dict. étym.*

† **ARGAN** (ar-gan) ou **ARGANE** (ar-ga-n'), *s. m.* Végétal du Maroc et de l'Atlas (*sideroxylon spinosum*, L.), famille des sapotées; les argans sont au nombre des arbres qui fournissent les bois de charpente très-durs nommés bois de fer. Les forêts d'argans qu'on traverse en voyageant dans l'Atlas font grand plaisir à rencontrer, tant à cause de la variété des bois dont elles sont plantées, que parce qu'elles reposent l'œil fatigué de la stérilité du reste du pays, LEMPRIÈRE (1789), dans DEVIC, *Dict. étym.*

— ÉTYM. Arabe, *ardjān* ou *argān*.

ARGENT. || 3° *Ajoutez :* || En avoir pour son argent, payer bon marché une chose qui, en effet, n'a pas une grande valeur. Si on livre, en Angleterre, des produits à bon marché, l'acheteur en a, comme on dit vulgairement, pour son argent, *Enquête, Traité de comm. avec l'Anglet.* t. II, p. 4. || 7° Arbre d'argent, le *protea argentea*, du Cap de Bonne-Espérance, BAILLON, *Dict. de bot.* p. 247. || 8° Argent gris, sorte d'ivoire. L'ivoire qui vient d'Ambriz, de la rivière du Gabon et des postes situés au sud de l'Équateur est appelé argent gris; il conserve sa blancheur quand il est exposé à l'air, ce que ne font pas les autres ivoires.... c'est la qualité la plus recherchée.... *Journ. offic.* 23 juill. 1875, p. 5758, 2° col.

† **ARGENTAN** (ar-jan-tan), *s. m.* Sorte d'alliage, dit à tort argenton. Ouvrages en nickel allié au cuivre ou au zinc (argentan) : ce nickel contribue, dans des proportions qui varient beaucoup, à former, avec le cuivre et le zinc, des alliages désignés dans le commerce sous les noms d'argentan, melchior, maillechort, argent blanc, argent d'Allemagne; l'argentan de belle qualité contient de 35 à 40 parties de nickel, *Tarif des douanes*, 1869, p. 139.

† **ARGENTANE** (ar-jan-ta-n'), *adj. f.* Olives argentanes, sortes d'olives.

† **ARGENTATION** (ar-jan-ta-sion), *s. f.* || 1° Action d'argenter. || 2° En anatomie, injection d'un corps ou d'un tissu avec du mercure, ce qui lui donne une apparence argentée.

ARGENTIER. *Ajoutez :* || 3° Terme de bourse. Celui qui procure de l'argent aux spéculateurs. Comme je finissais d'ouïr cette lamentation d'un argentier [un reporteur], PATON, *Journ. des Débats*, 8 mai 1876, 4° page, 3° col. || 4° Dans le langage des socialistes, celui qui possède le capital, l'argent. Avant tout, il faut que l'exercice du travail soit libre, c'est-à-dire que le travail soit organisé de telle sorte, qu'il ne faille pas payer aux argentiers et aux patrons ou maîtres cette liberté du travail que mettent à si haut prix les exploiteurs d'hommes, *la Ruche populaire* (1849), dans FR. BASTIAT, *Œuvres compl.* Paris, 1873, t. II, p. 24.

† 2. **ARGENTIN, INE** (ar-jan-tin, ti-n'), *adj.* Qui est relatif à la République Argentine ou de Rio de la Plata (Amérique du Sud). Les fonds égyptiens, argentins et péruviens, surtout les deux derniers, sont en hausse, *la Semaine financ.* 26 mars 1870.

† **ARGILAH** (ar-ji-la), *s. f.* La cigogne à sac, de Calcutta. L'argilah, que la science a baptisée du nom vulgaire de cigogne à sac.... le public, frappé de la gravité de sa démarche et de l'air penseur de son crâne dénudé, lui a donné le nom plus pittoresque de philosophe ou d'adjudant, *Journ. offic.* 18 mars 1874, p. 2094, 2° col.

† **ARGILIÈRE** (ar-ji-liè-r'), *s. f.* Endroit, terrain d'où l'on tire l'argile, DELBOULLE, *Gloss. de la vallée d'Yères*, Le Havre, 1876, p. 21.

† **ARGOIGNE** (ar-goi-gn'), *s. m.* Nom, dans l'Aunis, d'un champignon comestible (*agaricus eryngii*), *Glossaire aunisien*, p. 65.

† **ARGOL** (ar-gol), *s. m.* Nom des fientes de bœufs, chevaux, chameaux, moutons, desséchées, avec lesquelles on fait du feu dans les steppes de la Tartarie et de la Mongolie.

ARGUER. — HIST. XVI° s. *Ajoutez :* Une vieille saiche [sèche], aigre et arguant [grondante], *Les 15 joyes de mariage*, p. 85.

— ÉTYM. *Ajoutez :* Le lat. *arguere*, d'après Fr. Meunier, est pour *ar-guere*, équivalant à *ad-guere*, comme *ar-cessere* pour *ad-cessere; guere* est le radical sanscr. *gu*, crier; comparez γοάω.

ARGUMENTER. — HIST. *Ajoutez :* XIII° s. Lai [là] ot un Sarazin qui ot non Jacobé, De la loi Maonmont fut si argumantez [instruit], Et si sout des estoiles et dou cours de la mer, *Floovant*, v. 739.

ARGUS. *Ajoutez :* || 4° Nom d'une famille assez nombreuse de papillons de jour, ainsi dits à cause de leurs ailes ocellées comme celles du paon. Argus bleu. Argus vert.

† **ARGUT, UTE** (ar-gu, gu-t'), *adj.* Latinisme. Qui est d'un esprit aigu. Je devins bientôt philosophe et théologien très-argut, MORELLET, *Mém.* t. I, p. 6.

— ÉTYM. Lat. *argutus*, bruyant, âcre, ingénieux (voy. ARGUTIE).

† **ARGUTIEUX, EUSE** (ar-gu-si-eû, eû-z'), *adj.* Qui a le caractère de l'argutie. Les lacets subtils de la dialectique argutieuse qu'avait tissée l'oisiveté d'Athènes, VILLEMAIN, *Génie de Pindare*, XV.

† **ARGYNNE** (ar-ji-n'), *s. f.* Espèce de papillon, CARTERON, *Premières chasses, Papillons et oiseaux*, p. 62, Hetzel, 1866.

† **ARGYRIQUE** (ar-ji-ri-k'), *adj.* Qui appartient au métal argent. Sels argyriques. L'intoxication argyrique, HENNEGUY, *Etude sur l'action des poisons*, p. 89, Montpellier, 1875.

— ÉTYM. Ἄργυρος, argent.

† **ARIANE** (a-ri-a-n'), *s. f.* || 1° Terme de mythologie. Fille de Minos que Thésée enleva et qu'il abandonna ensuite. || 2° Fig. Femme que son amant abandonne. C'est une Ariane abandonnée que l'on éconduit, l'administration ne se chargeant pas de retrouver les séducteurs fugitifs ou latitants, DE MOLINARI, *Journ. des Débats*, 3 août 1876, 3° page, 4° col. || 3° La 43° planète télescopique, découverte par M. Pogson. || 4° Nom d'un papillon, autrement dit argus jaune, CARTERON, *Premières chasses, Papillons et oiseaux*, p. 45, Hetzel, 1866.

— ÉTYM. Ἀριάδνη, fille de Minos.

† **ARIANISANT** (a-ri-a-ni-zan), *s. m.* Celui qui arianise, qui suit l'hérésie d'Arius. Ces prétendus arianisants, BOSS. 6° *avertissement*, 63.

ARIDE. *Ajoutez :* || 3° Fig. Aride de, privé de. Quoiqu'elle [la duchesse du Maine] eût soutenu sa captivité avec courage, et que, pour en supporter l'ennui, elle se fût prêtée à tous les amusements que pouvaient fournir des lieux si arides de plaisirs, STAAL, *Mém.* t. II, p. 265.

† **ARIOSTIN** (a-ri-o-stin), *adj. m.* forgé par Voltaire pour désigner ce qui a le caractère du poëme de l'Arioste. J'aimerais mieux vous envoyer cette espèce d'histoire générale, que mon petit poëme ariostin; c'est un ouvrage plus honnête, VOLT. *Lett. à Fromont*, 13 juin 1756.

ARISTOCRATIE. || 1° *Ajoutez :* Le roi fit, le 17 avril [1788], une réponse où il prononça cette parole tristement célèbre : « La monarchie ne doit pas être une aristocratie de magistrats ; » ce fut d'une bouche royale que sortit, employée pour la première fois dans un discours officiel, une qualification que le langage révolutionnaire allait s'approprier, MERVEILLEUX-DUVIGNAUX, *Disc. de rentrée à la cour impériale*, dans *Journ. offic.* 7 nov. 1869, p. 1436, 4° col.

† **ARISTOTÉLISER.** *Ajoutez :* — HIST. XVI° s. Icelle, aristotelisant en la caboche à tort et à travers, veut que son advis soit reçu; ce qu'elle pense, elle veut que ce soit evangile, MERLIN COCCAIE, t. I, p. 156.

† **ARITHMOMÈTRE** (a-ri-tmo-mè-tr'), *s. m.* Instrument servant à compter. [Dans une école primaire belge] un baromètre,... un boulier-compteur et un arithmomètre, *Journ. offic.* 22 janv. 1876, p. 648, 3° col.

— ÉTYM. Ἀριθμός, nombre, et μέτρον, mesure.

ARLEQUIN. *Ajoutez :* || 5° Sorte de bateau à une seule place, avec un affût à la proue, pour une lourde canardière. Ils s'adressèrent au sieur Charles Thiéry, possesseur d'un petit batelet, le priant de le mettre à leur disposition pour traverser la rivière [la Saône, en face de Châtenoy-en-Bresse].... il les fit bien installer dans l'arlequin, leur recommandant par-dessus tout de ne faire aucun mouvement, *Gaz. des Trib.* 23 juill. 1874, p. 701, 3° col.

— REM. On trouve harlequin avec *h* aspirée. Tandis que l'autre s'évertue À faire ici le harlequin, SAINT-AMANT, *Passage de Gibraltar*. Mme de Sévigné mettait aussi une *h* qu'elle aspirait : On contait hier au soir.... que harlequin.... (éd. Regnier, t. II, p. 323).

† **ARLINGUE** (ar-lin-gh'), *s. m.* Voy. ALLINGRE, au Dictionnaire. Le bois de flottage qui s'échappe, retenu avec des perches et des pieux, est retiré par de nouveaux ateliers situés en dessous et qu'on appelle allingres ou arlingues, *Mém. de la Soc. centr. d'agric.* 1873, p. 260.

† **ARMAILLADE** (ar-ma-lla-d', *ll* mouillées), *s. f.* Terme de pêche. Sorte de filet fixe, *Statistique des pêches maritimes*, 1874, p. 115.

† **ARMAILLI** (ar-ma-lli, *ll* mouillées), *s. m.* Nom, dans la Suisse romande, du conducteur ou berger des troupeaux de vaches. Deux armaillis précédaient la troupe [des contrebandiers], porteurs l'un d'une cloche de bétail qu'il avait ordre d'agiter tant que les chemins seraient libres, le second d'un cornet à bouquin, qui devait, le cas échéant, avertir de la présence de l'ennemi, TOUBIN, *les Contrebandiers du Noirmont, scène de la vie jurassienne*.

— REM. Armailli ouvre le premier couplet du ranz des vaches : Léz armaillis déi Colombette Dé bon matin sè sont lèha Ha! ha! (les vachers des Colombettes [montagnes de la Gruyère, Fribourg] de bon matin se sont levés).

— ÉTYM. Anc. franç. *armaille* ou *aumaille* (voy. AUMAILLE); comparez ERMAILLÉ.

ARME. || 4° *Ajoutez :* Les trois armes, l'infanterie, la cavalerie et l'artillerie. || Proverbe. Armes parlantes, toutes bonnes ou toutes méchantes.

ARMÉE. — HIST. XIV° s. *Ajoutez :* Ilz le vouloient servir [le roi d'Angleterre] à leurs propres despens, et ne vouloient prendre nulz gages... jusques à ce qu'ilz eussent paracompli l'année, se tant leur armée duroit, J. LE BEL, *Vrayes Chroniques*, t. I, p. 154.

ARMEMENT. || 2° *Ajoutez.* || Armement de sûreté, celui qui est réparti sur toute l'étendue de l'enceinte d'une place, pour la mettre à l'abri d'un coup de main. || Armement de défense, celui qui est restreint aux points d'attaque et aux ouvrages qui peuvent diriger leurs feux contre les travaux de l'assiégeant.

† **ARMÉNIAQUE** (ar-mé-ni-a-k'), *s. m.* Idiome aryen ou indo-européen dont se servaient les populations de l'Arménie, au IX° et au VII° siècle avant notre ère, et dans lequel sont conçues les nombreuses inscriptions cunéiformes gravées sur les rochers voisins de la ville de Van.

ARMET. *Ajoutez :* — REM. L'armet était particulièrement le casque des hommes d'armes de la fin du XV° siècle et de tout le XVI°. L'armet se compose d'un timbre arrondi surmonté d'une crête plus ou moins saillante, de pièces mobiles pour protéger le visage, mézail, nasal, ventail, mentonnière, et d'un gorgerin.

ARMILLAIRE. *Ajoutez :* || Sphère armillaire, globe terrestre garni des armilles.

ARMILLES. || 2° *Ajoutez :* C'est le nom général des cercles qui représentent l'équateur, le méridien, les colures, l'horizon, l'écliptique, les tropiques et les cercles polaires.

ARMISTICE. *Ajoutez :* || Armistice mobile, voy. MOBILE, n° 4.

— REM. C'est une faute populaire assez commune de dire *amnistie* pour *armistice*. Il paraît que le général Bonaparte faisait cette confusion. Voici du moins ce que le comte Miot de Melito raconte en note au tome Ier, p. 90, de ses *Mémoires*, en parlant d'un armistice conclu par le général Bonaparte à Brescia le 5 juin 1796 (19 prairial an IV) : « Il se servit du mot *amnistie*, et fit dans toute la conversation presque toujours cette faute. »

ARMURE. *Ajoutez :* || 6° Nom général donné aux projectiles d'une nature quelconque dont sont armées les fusées de guerre. || 7° Sorte de mécanisme dans les métiers à tisser. Nous n'avons pas de métiers à marche Jacquart ; seulement cinquante de nos métiers sont munis chacun d'une armure pour le mouvement des cartons, *Enquête, Traité de comm. avec l'Anglet.* t. III, p. 248. 1° Les métiers à la Jacquart, qui donnent aux ouvriers un gain de 3 à 4 fr. par jour ; 2° ceux dits à l'armure, dont les ouvriers sont payés de 2 fr. 50 à 3 fr. 50 par jour, *ib.* p. 233. || 8° Étoffe de soie ou de laine qui est façonnée avec une espèce de pointillé. Ses reps [de la Saxe], ses popelines, ses épinglines, ses armures, sont très-bien fabriqués, *Journal officiel*, 21 avril 1876, p. 2834, 2° col. Nous pouvons indiquer encore, comme d'excellents produits, les soieries unies, étoffes pour cols, armures et velours de la maison..., *ib.* 19 nov. 1872, p. 7119, 3° col.

ARMURIER. *Ajoutez :* || 2° *Adj.* L'industrie armurière, l'industrie qui fabrique des armes. L'industrie armurière est solidement établie dans la province de Liége, *Rev. britan.* juin 1876, p. 550.

† **AROLLE** (a-ro-l'), *s. m.* Nom romand, généralement employé dans le canton de Vaud et dans la Suisse française, du *pinus cembro*, L. Un vieil arolle cacochyme, Enfant perdu, qui sur l'abîme Étend ses bras, EUG. RAMBERT, *Poésies*, p. 207, Paris, 1874.

† **AROMPO** (a-ron-po'), *s. m.* Nom, chez les Ashantis, Afrique occidentale, d'un carnivore qui déterre et dévore les cadavres, *Journ. offic.* 27 sept. 1873, p. 6088, 3° col.

† **AROUTINÉ, ÉE** (a-rou-ti-né, née), *adj.* Qui a pris la routine d'une chose. De vieux radoteurs comme moi, accoutumés à dormir sur le duvet des préjugés, aroutinés aux vieilles méthodes.... *L. du P. Duchêne*, 221° lettre, p. 4.

ARPENT. *Ajoutez :* — REM. Cette ancienne mesure de superficie valait à Paris 900 toises carrées, ou 34 ares 19 ; on comptait aussi à Paris par arpents de 50 ares, ou grands arpents ; ces grands arpents sont ceux des Eaux et Forêts, qui valent un et demi ceux de Paris.

† **ARPENTEMENT** (ar-pan-te-man), *s. m.* Action d'arpenter ; résultat de cette action. Cela m'a engagé d'ordonner l'arpentement, et d'envoyer des arpenteurs dans cette vallée (21 oct. 1683), BOISLISLE, *Corresp. des contrôl. gén. des finances*, p. 4. Les répartiteurs pourront s'aider, dans cette opération, des cadastres et parcellaires, plans, arpentements, qu'ils se seront procurés, *Loi du 3 frimaire* an VII, art. 43. || On dit plutôt arpentage.

ARPENTER. — HIST. XIV° s. Et y a pluseurs bois qui oncques ne furent arpentez, et n'est memoire aucune que on en vendist oncques aucun d'iceulx (1384), VARIN, *Archives administr. de la ville de Reims*, t. III, p. 603.

ARQUEBUSE. *Ajoutez :* — REM. L'arquebuse à croc ou crochet date du milieu du quinzième siècle ; elle est intermédiaire entre les armes portatives et les bouches à feu ; elle porte sur le canon un croc qui servait à la maintenir sur un chevalet au moment du tir ; le feu était mis à l'aide d'une mèche. || L'arquebuse à mèche date du commencement du seizième siècle ; elle est souvent désignée sous le simple nom d'arquebuse ; elle est garnie d'un bassinet, dans lequel est la poudre d'amorce, d'un couvre-bassinet et d'un serpentin qui porte une mèche allumée, qu'un mécanisme particulier permet, à l'aide d'une détente, de faire tomber sur la poudre contenue dans le bassinet. || L'arquebuse à rouet, arquebuse garnie d'une platine à rouet (voy. PLATINE). || L'arquebuse butière, arquebuse à rouet employée pour le tir à la cible, même après l'adoption du fusil à silex.

— ÉTYM. *Ajoutez :* D'après M. Dozy, au mot *arcabux*, le français *arquebuse* vient directement non pas de l'allem. *Hackenbüchse*, mais de l'ancien flamand *haeckbuyse* (KILIAN, *Etymologicum teutonicæ linguæ*, I, 209, édit. van Hasselt).

ARQUEBUSIER. *Ajoutez :* — REM. L'Académie dit : Celui qui fabrique ou vend des armes à feu. Ce mot a vieilli dans le premier sens, mais s'emploie encore de concert avec armurier dans le second.

† **ARQUET.** *Ajoutez :* || 2° Dans le Puy-de-Dôme, branche à fruit conservée plus ou moins longue sur la vigne, quand on la courbe en demi-cercle, *les Primes d'honneur*, p. 464 (voy. ARCHET au Supplément. || 3° Dans l'Aunis, piége pour les petits oiseaux, formé d'une branche courbée en arc à l'aide d'une ficelle, *Gloss. aunisien*, p. 66.

† **ARRACHEMENT.** *Ajoutez :* || 4° Terme de géométrie descriptive. L'intersection de deux surfaces réglées présente un arrachement, quand chacune des deux surfaces a des génératrices qui n'ont aucun point commun avec l'autre ; chacune d'elles fait alors dans l'autre une entaille, un arrachement.

† **ARRACHIS.** *Ajoutez :* || 3° Terme de pépiniériste. Plant arraché d'une pépinière pour être planté ailleurs. Quelques soins que nous prenions à étiqueter nos variétés, quelque scrupuleuse que soit l'attention qui préside à nos arrachis et à nos emballages, *Prospectus d'un pépiniériste*, 1867. || Sur le marché aux fleurs, les arrachis sont les plantes vendues en bourriches, dont la racine est simplement enveloppée d'une motte de terre humide, *Journ. offic.* 31 mai 1875, p. 3869, 2° col.

† **ARRAISONNEMENT** (a-rrè-zo-ne-man), *s. m.* Terme du langage sanitaire. Examen soigneux d'un navire duquel on doute quant à la santé.

— SYN. ARRAISONNEMENT, RECONNAISSANCE. Dans le langage sanitaire d'autrefois, les mots reconnaissance et arraisonnement des navires étaient considérés comme synonymes.... Dans le langage adopté depuis lors [la conférence internationale de 1851], la reconnaissance proprement dite signifie une opération sommaire applicable dans l'immense majorité des cas qui se présentent, c'est-à-dire aux navires facilement reconnus comme exempts de suspicion ; tandis que l'arraisonnement suppose au moins des doutes, et, par conséquent, la nécessité d'un examen plus approfondi.... L'arraisonnement n'est donc, en définitive, qu'une reconnaissance renforcée, Dr FAUVEL, *Journ. offic.* 5 mars 1876, p. 1546, 1re col.

ARRANGEMENT. *Ajoutez :* — SYN. ARRANGEMENT, PERMUTATION. En algèbre, ces termes ne sont pas exactement synonymes. Arrangement se dit quand on groupe les objets à arranger selon un nombre moindre que le nombre des objets : arrangements de six lettres deux à deux, trois à trois, cinq à cinq. Permutation se dit quand on groupe les objets selon un nombre égal au nombre des objets : les six lettres *a b c d e f* rangées six à six.

† **ARRATEL** (a-rra-tèl), *s. m.* Mesure de poids portugaise, valant 0^k,4589.

— ÉTYM. Espagn. *arrelde, arrate, arrel* ; de l'arabe *ar-ratl*, une livre.

ARRENTEMENT. — HIST. *Ajoutez :* XIII° s. Li eskievin arenterent.... là fu à cest arentement com eskievins.... (1236), PHILIPPE MOUSKES, *Chronique*, t. III, Supplément, p. 25.

† **ARRESTOGRAPHE** (a-rè-sto-gra-f'), *s. m.* Synonyme d'arrêtiste. J'ai commencé par l'histoire du faux Martin Guerre, que l'un de nos arrestographes a renfermée dans l'espace de quelques lignes, GUYOT DE PITAVAL, *Caus. célèb.* t. I, *Préf.* p. XVI.

† **ARRÊTABLE** (a-rê-ta-bl'), *adj.* Qui peut être arrêté, détenu comme prisonnier. Marc de Fiennes, vicomte de Bruges, député des états d'Artois vers Son Altesse, ayant été arrêté au corps par un de ses créanciers, il fut jugé le 17 octobre 1648 qu'il n'était pas arrêtable pour ses dettes, *Arrêts du grand conseil de Sa Majesté.... résidant en la ville de Malines, recueillis* par M. Humayn, Lille, 1773, p. 15 (Note de M. Du Bois, avocat à Gand).

† **ARRÊTEMENT** (a-rê-te-man), *s. m.* Terme vieilli. Action d'arrêter, de mettre en prison. La nouvelle de l'arrêtement de M. de Vendôme, MALH. *Lexique*, éd. L. Lalanne.

ARRÊTER. *Ajoutez :* || 13° Anciennement, arrêter un corps mort, le retenir aux fins de forcer les héritiers du défunt à payer certaine dette. Au mois de juin 1617, le fait étant discuté en pleine assemblée du Conseil, il fut dit que, nonobstant usage contraire,... les corps morts ne peuvent être arrêtés pour dettes ; suivant ce, le corps du comte d'Egmont, qui était détenu à Bruges par son hôte pour les dépens de bouche du défunt, fut élargi avec ordonnance de le laisser suivre aux parents du défunt, nonobstant l'usage contraire de Bruges, *Arrêts du grand conseil de Sa Majesté, résidant en la ville de Malines*, recueillis par M. Humayn, Lille, 1773, p. 192. (Note communiquée par M. Du Bois, avocat à Gand.)

— HIST. || XVI° s. *Ajoutez :* Au devant de monseigneur le Daulphin qui ne artoit point en ladite ville, MANTELLIER, *Glossaire* Paris, 1869, p. 7.

† **ARRÊTEUR** (a-rê-teur), *s. m.* Celui qui arrête. Jupiter arrêteur (*Jupiter stator*), MALH. *Lexique*, éd. L. Lalanne.

† **ARRÊTOIR.** Au lieu de l'article, mettez : Petit tenon qui limite le mouvement d'une pièce mobile. Arrêtoir de baïonnette, arrêtoir de levier de pointage, etc.

ARRHES. — REM. Arrhes a été fait du masculin, SAURIN, fin du *Serm. sur le désespoir de Judas.*

ARRIÈRE-BAN. — ÉTYM *Ajoutez : Aribannum* dérive non de l'allem. *Herr*, armée (*Heer* est un substantif allemand moderne, ancien haut-allem. *heri*), mais de *ari* ou *hari* qui en est l'équivalent et qui appartient à la langue franque mérovingienne, D'ARBOIS DE JUBAINVILLE, *Romania*, n° 2, p. 141.

ARRIÈRE-BEC. *Ajoutez :* || 2° Partie postérieure d'un bateau.

† **ARRIÈRE-CHAMBRE** (a-riè-re-chan-br'), *s. f.* Chambre qui est derrière une autre. Ma salle, antichambre et arrière-chambre, *Mém. de Bellièvre et Sillery*, p. 433.

† **ARRIÈRE-FERMIER** (a-riè-re-fèr-mié), *s. m.* Celui qui tient une ferme d'un sous-fermier. Les fermiers, sous-fermiers et arrière-fermiers, *Conseil d'État*, 10 avr. 1658.

† **ARRIÈRE-MOLAIRE** (a-riè-re-mo-lê-r'), *s. f.* Molaire située en arrière des autres, GAUDRY, *Acad. des sc. Comptes rendus*, t. LXXXI, p. 1114.

ARRIÈRE-PENSÉE. *Ajoutez :* — HIST. XVI° s. Depuis il leur garda tousjours une arriere-pensée, LANOUE, *Disc.* p. 721.

ARRIÉRER. — HIST. *Ajoutez :* XIII° s. Lors dist à ceaus qui là estoient Cleomadès, pour riens qu'il voient, Ne se lievent ; car ce seroit Grans perils se nus [nul] s'en levoit ; Bien en porroient arrierer [mettre en arrière, empêcher] L'ouvrage dont il veut ouvrer, ADENES, *Cleomades*, v. 13 505, publié par Van Hasselt, Bruxelles, 1865.

† **ARRIÈRE-RADIER**, *s. m.* Voy. RADIER.

† **ARRIÈRE-SENS.** *Ajoutez :* — HIST. XVI° s. Je veois que chascun se mutine si on luy cache le fonds des affaires ausquels on l'emploie, et si on luy en a desrobbé quelque arriere sens, MONT. III, 242.

ARRIVÉ. || 1° *Ajoutez :* || Fig. Un homme arrivé, un homme qui est parvenu à la fortune, à la réputation, à un bon emploi. Trente ans plus tard, arrivé, glorieux, académicien, sénateur, ce sera toujours le même Sainte-Beuve, A. CLAVEAU, *Journ. offic.* 1er avr. 1875, p. 2398, 2° col. || 4° *Ajoutez :* Croire que c'est arrivé, s'imaginer si fortement une chose qu'on se persuade qu'elle a eu effectivement lieu. Ce qui faisait la force de Bouchardy, c'était son sérieux profond, sa conviction inébranlable ; il croyait que c'était arrivé, pour nous servir de la formule moderne, TH. GAUTIER, *Journ. offic. feuilleton*, 6 et 7 juin 1870. || 5° Terme de turf. L'arrivé, l'instant où le cheval vainqueur atteint le poteau gagnant.

ARRIVER. *Ajoutez :* || 9° Terme de turf. Se dit d'un cheval quand il atteint le poteau gagnant. Le vainqueur arrive premier ; le cheval qui suit immédiatement arrive deuxième, etc.

ARROBE. *Ajoutez :* — REM. La capacité n'en est pas la même partout : à Cadix, l'arrobe contient 16 litres environ ; en outre, l'arrobe d'huile n'est pas la même que celle de vin.

ARRONDISSEMENT. *Ajoutez :* || 5° Arrondissement de poids, méthode par laquelle on prend un poids rond au lieu du poids réel. Des entreprises de roulage.... pourraient.... faire le groupage des marchandises et s'approprier ainsi les bénéfices que les compagnies de chemins de fer peuvent réaliser par suite des arrondissements de poids, CAILLAUX, *Journ. offic.* 3 déc. 1875, p. 9965, 1re col.

ARSENAL. || 1° *Ajoutez :* || Établissement dans lequel on fabrique ou répare les affûts, les voitures, le matériel d'artillerie, dit, suivant le cas arsenal de construction ou de réparation.

— ÉTYM. *Ajoutez :* M. Devic, *Dict. étym.*, fait remarquer que dans les formes où il y a *dar*, le radical arabe *dar* se trouve, mais que, dans celles où *dar* manque, comme en français, on n'a affaire qu'à l'arabe *as-sinâ'a*, qui se dit très-bien d'un arsenal maritime, sans *dar*.

† **ARSIN.** *Ajoutez :* || 2° Arsin, dans le langage des coutumes de certaines communes du nord de la France (Saint-Omer), usage d'après lequel, quand une personne étrangère à la commune, coupable d'avoir maltraité un bourgeois, négligeait de faire amende honorable à l'échevinage, plusieurs officiers et sergents de ville se rendaient au domicile du contumace et procédaient à la destruction de

ses propriétés par le fer et le feu, *Revue critique*, 16 sept. 1876, p. 189.

† **ARSOUILLE** (ar-sou-ll' *ll* mouillées), *s. f.* Terme bas. Nom à Paris des mauvais sujets du plus bas étage. C'est une arsouille.

† **ARSOUILLER** (ar-sou-llé, *ll* mouillées), *v. n.* Se conduire en arsouille. Déjà j'en connais quelques-uns qui prétendent avoir arsouillé (vous savez toute la valeur de ce terme) dans la révolution, et sont tout prêts à se remettre à la besogne, pourvu que ce soit pour tuer les coquins de riches, d'accapareurs.... BABŒUF, *Pièces*, II, 106.

1. **ART.** || 5° *Ajoutez :* || Terme de l'université du moyen âge. Les sept arts, sorte d'enseignement encyclopédique comprenant le trivium et le quadrivium (voy. ces mots). || 8° Terme de pêche. Dans le quartier de Cette, le grand art, la pêche de toutes les espèces pendant toute l'année; le petit art, la pêche pendant la belle saison, *Statistique des pêches maritimes*, 1874, p. 115.

† **ARTABAN.** *Ajoutez :* — ÉTYM. *Fier comme Artaban* vient du *Cyrus* de Mlle de Scudéry, dans lequel un personnage de ce nom se montre d'une fierté remarquable.

† **ARTÉMISE** (ar-té-mi-z'), *s. f.* La 106° planète télescopique, découverte par M. Watson.

— ÉTYM. Ἀρτεμισία, reine de Carie, célèbre par son amour pour son mari Mausole.

ARTICHAUD. — ÉTYM. *Ajoutez :* L'étymologie de M. Pihan est fausse; *ardhichoki* signifierait terre de l'épine, et non épine de la terre; *ardhichoki*, *artichot*, termes employés dans le Levant, sont des corruptions du mot européen. Le nom arabe de l'artichaud est *al-harchof* ou *al-harchouf*; de là dérivent l'espagn. *alcachofa*, *alcarchofa*, et le port. *alcachofra*. L'ital. *articiocco*, et le français *artichaud* paraissent être des altérations ultérieures de la forme espagnole.

ARTICLE. *Ajoutez :* || 10° Bouhours prend article au sens de pronom personnel : Je dirai en latin *decipit et placet*; en italien, *inganna e piace*; en espagnol, *engaña y agrada*, parce que ces langues omettent leurs articles; mais en français je suis obligé de dire : il trompe et il plaît, *Entretiens d'Ariste et d'Eugène*, p. 411, 3° édit. 1671. || 11° Vaugelas l'emploie pour préposition : Premièrement, voyons les articles devant les verbes; ce que nous appelons ici articles, d'autres les appellent prépositions, mais la dispute du nom ne fait rien à la chose, *Remarques*, p. 236, édit. in-4°, 1704.

† **ARTICULAT** (ar-ti-ku-la), *s. m.* Terme de droit. Pièce dans laquelle on articule, on énonce par articles. M.... soutint pertinent et admissible un articulat de faits, desquels il résultait que.... *Gaz. des Trib.* 10 févr. 1876, p. 137, 4° col.

ARTICULATION. *Ajoutez :* || 5° Terme de géologie. Se dit des différences de configuration de la surface terrestre dans le plan vertical et le plan horizontal, dans le relief et la sinuosité des continents.

† **ARTICULÉMENT** (ar-ti-ku-lé-man), *adv.* D'une manière articulée, distincte. Il suffit que je veuille parler haut ou bas.... en un moment, je fais articulément et distinctement mille mouvements, dont je n'ai nulle connaissance distincte, BOSS. *Élévat. sur myst.* IV, 9.

ARTIFICIEL. *Ajoutez :* || Aujourd'hui, horizon artificiel, surface réfléchissante placée horizontalement, telle que la surface supérieure d'un bain de mercure, qui sert à déterminer la hauteur des astres au-dessus de l'horizon, à l'aide des instruments à réflexion.

ARTIFICIER. *Ajoutez :* || 2° Désignation et grade des soldats d'artillerie qui sont spécialement chargés de ce qui regarde les artifices de guerre. Un artificier, un sous-chef artificier, un chef artificier.

ARTIFICIEUSEMENT. *Ajoutez :* || 2° Avec une industrie trompeuse. Des parois.... diversifiées de croûtes de marbre coupées en rond.... artificieusement enduites en façon de peinture, MALH. *Lexique*, éd. L. Lalanne.

ARTIFICIEUX. *Ajoutez :* || 2° En un sens favorable, fait avec art. Ce même juge équitable ne se lassera point de rendre justice à l'artificieuse et fine contexture des tragédies de Racine, VOLT. *Dict. phil. Anciens et modernes* (ce sens latin d'*artificieux* se trouve à l'historique dans un exemple d'Ambroise Paré).

† **ARTILLER** (ar-ti-llé, *ll* mouillées), *v. a.* Munir d'artillerie un vaisseau (terme vieilli). De ma part, je fais toutes diligences pour artiller les six vaisseaux de Hollande.... *Corresp. de Colbert*, III, 84, 5 nov. 1666.

ARTISON. — ÉTYM. *Ajoutez :* M. Bugge (*Romania*, juill.-oct. 1875, p. 350) a étudié ce mot. Le primitif est la forme ancienne *arte* ou *artre* (en provenç. *arda* et *arno*). Suivant lui, *arte* représente une forme *tarmitam* équivalente au lat. *tarmitem* (de *tarmes*, ver qui ronge le bois), lequel d'ailleurs a donné l'italien *tarma*. Mais comment expliquer l'aphérèse du *t*? D'abord il pose que l'existence primitive d'un *t* est prouvée dans le français par le bas-breton *tartouz*, mite ou teigne; puis il cite comme exemples d'aphérèse d'un *t* dans le domaine roman : *avan* pour *tavan*, taon, patois de la Suisse romande; *asse*, du lat. *taxus*; tyrolien *rofa*, ital. *troja*, franç. *truie*; à Modène et à Reggio, *arnghér* pour *tarnghér*, du lat. *internecare*. Cette argumentation rend probable la dérivation que M. Bugge propose. Puis, comme le vocabulaire hébreu-français d'Oxford porte, selon la transcription de M. Bœhmer, *artoizon*, il se demande si *artison* n'est pas pour *arte-toison*, la mite de la toison. Cela demeure une conjecture peu assurée.

ARTISTE. *Ajoutez :* || 5° Artiste en cheveux, celui qui exécute en cheveux des portraits, chiffres, paysages et autres objets, *Tarif des patentes*, 1858.

— REM. *Ajoutez :* || 2. On trouve, par néologisme, *artiste* employé adjectivement, au sens d'*artistique*, qui est aussi un néologisme, mais plus usité. Le moindre éventail chinois est plus artiste que les cartons de notre fabrique occidentale, BÜRGER, *Salons de 1861 à 1868*, t. II, p. 448. *Artiste*, adjectif, est plus conforme que *artistique* à l'adverbe *artistement*, qui, lui, n'est pas un néologisme.

— HIST. *Ajoutez :* XV° s. Comment le roi Charles estoit droit artiste et appris es sciences, et des beaulx maçonnages qu'il fist faire, CHRIST. DE PISAN, *Charles V*, III, 11.

ARUSPICE. *Ajoutez :* — HIST. XVI° s. Par arrest des aruspices, PARÉ, XXV, 7.

† **ARYAQUE** (a-ri-a-k'), *adj.* Qui appartient au peuple, à la race dont on suppose l'existence comme souche des Aryens ou Indo-Européens ou tribus japhétiques et avant leur dispersion. Là [entre la mer Caspienne et les monts de l'Indou-Kousch] fut parlée, avant que les diverses tribus de Japhet se dispersassent, alors qu'elles vivaient encore réunies, la langue première qui fut la souche de toutes les autres [langues aryennes]; la science moderne l'appelle aryaque, et parvient à en reconstituer en partie les traits les plus essentiels, FR. LENORMANT, *Manuel de l'hist. anc.* t. I, p. 126, 4° édit.

† **ARYBALLE** (a-ri-ba-l'), *s. m.* Terme d'archéologie. Vase grec large à sa base, étroit vers le haut, ressemblant à une bourse serrée à son ouverture, *Journ. offic.* 6 juill. 1875, p. 5016, 1re col.

— ÉTYM. Ἀρύβαλος ou ἀρύβαλλος, de ἀρύειν, puiser.

† **ARZEGAYE** (ar-ze-ghè), *s. f.* Lance anciennement employée par la cavalerie; elle était courte et ferrée par les deux bouts.

— ÉTYM. Le même que *zagaie*, avec l'article préfixé.

† **ARZEL.** — ÉTYM. Espagn. et portug. *argel*, de l'arabe *ardjel*, qui qualifie un cheval marqué de blanc aux pieds de derrière, de *ridjl*, pied chez les quadrupèdes, DEVIC, *Dict. étym.*

† **ASACRAMENTAIRE** (a-sa-kra-man-tè-r'), *adj.* Qui ne participe pas aux sacrements Il [le P. Brisacier] les appelle [les religieuses de Port-Royal] des filles impénitentes, asacramentaires..., désespérées, et tout ce qu'il vous plaira, PASC. *Prov.* XI.

— ÉTYM. Mot hybride, de *à* privatif, et lat. *sacramentum*, sacrement.

† **ASCENDANCE.** *Ajoutez :* || 3° Progrès, augmentation. Il n'est pas inutile d'examiner un instant l'ascendance de la prospérité publique, ACHILLE MERCIER, *Le Projet de loi électorale et l'émigration intérieure*, Paris, 1875, p. 11.

† **ASCENSEUR** (a-ssan-seur), *s. m.* Engin servant à élever des fardeaux du fond d'une mine à la surface, du rez-de-chaussée à un étage supérieur, etc. || Il y a aussi des ascenseurs dans les hôtels et les maisons, pour monter les personnes aux étages supérieurs. || *Adj* Veut-on monter sur le plateau, un chemin de fer ascenseur, mû par la vapeur.... vous y transporte en deux minutes, *Journ. offic.* 8 nov. 1876, p. 8048, 3° col.

— ÉTYM. Voy. ASCENSION.

† **ASCENSIONNISTE** (a-ssan-sio-ni-st'), *s. m.* Celui qui fait une ascension au sommet d'une montagne, *Journ. de Genève*, dans *Journ. offic.* 5 oct. 1872, p. 6342, 3° col.

† **ASIA** (a-zi-a), *s. f.* La 67° planète télescopique, découverte par M. Pogson.

† 2. **ASILE** (a-zi-l'), *s. m.* Insecte de l'ordre des diptères.

— ÉTYM. Lat. *asilus*.

† **ASINAIRE** (a-zi-nè-r'), *adj.* Qui appartient à l'âne. || Meule asinaire, meule tournée par un âne. Il vaudrait mieux qu'on lui mît au cou une meule asinaire, VOLT. *Dict. philos. Enfer* (c'est le passage de l'Évangile : Bonum est ei magis si circumdaretur mola asinaria collo ejus, MARC, IX, 41).

— ÉTYM. Lat. *asinarius*, de *asinus*, âne.

† **ASINER** (a-zi-né), *v. n.* Faire l'âne. Je crois que je prends quelques-unes des inclinations de la bête dont le lait me restaure : j'asine à force, Mme ROLAND, *Lett. à Bosc*, dans STE-BEUVE, *Nouv. Lundis*, t. VIII, *Mme Roland*.

† **ASINIFIER** (S') (a-zi-ni-fi-é), *v. r.* Terme de plaisanterie. Prendre du lait d'ânesse. Ma langueur dure, et je cherche une nourrice, afin de m'asinifier comme l'année passée, BALZAC, *Lett. inédites*, CXXXIX (éd. Tamizey Larroque).

† **ASININE** (a-zi-ni-n'), *adj. f.* Qui appartient à un âne. Après cela je vous demande.... si ce n'est pas [son imprimeur] un âne sous la figure d'un homme; je souffre cependant cette dureté asinine, BALZAC, *Lett. inédites*, CXXIV (éd. Tamizey Larroque).

— HIST. XVI° s. La muletaille s'engendre de bestes chevalines et asinines accouplées ensemble, O. DE SERRES, 310.

— ÉTYM. Lat. *asininus*, de *asinus*, âne.

† **ASMODÉE.** — ÉTYM. Au lieu de ce qui est dit, mettez : C'est un démon du mazdéisme, *aeshma daeva*, génie des voluptés charnelles, qui s'introduit sous le nom d'*Asmodée* dans le livre de Tobie, A. RÉVILLE, *Rev. des Deux-Mondes*, 1er mars 1872, p. 135.

† **ASPE.** *Ajoutez :* — HIST. XV° s. Toutes apporterent leurs quenoilles, lin, fuiseaux, estandars, happles, et toutes agoubilles servant à leur art, *les Evang. des Quenouilles*, p. 13.

ASPERGER. — HIST. *Ajoutez :* XII° s. Tierce fois le saigna [signa] li clers de sa main destre, Puis i jeta de l'oile, du saint cresme l'esperge, *Mainet*, *Romania*, juillet-oct. 1875, p. 330. Vos, fontaines de larmes,... asperdeiz moi par plors, BONNARDOT, *Texte lorrain*, dans *Romania*, t. V, p. 297.

ASPERGÈS. *Ajoutez :* — HIST. XIV° s. Pour avoir fait et forgié un eaubenoistier et espergès d'argent doré pour la chapelle du roy nostre sire (1386), *Nouv. Rec. de comptes de l'argenterie des rois*, par Douët-d'Arcq, p. 190. || XVI° s. Il prit l'aspergès et de l'eau bénite et nous en donna, BRANT. *M. de Bourbon*.

ASPÉRITÉ. — HIST. *Ajoutez :* XII° s. Les plaies des deleiz [délectations] devons nos terdre [essuyer] par l'asperiteit de penitence, *li Dialoge Gregoire lo pape*, 1876, p. 306.

ASPERSOIR. *Ajoutez :* — HIST. XIV° s. Deux esparjouers dorés à gicter eaue rose (1328), *Nouv. Rec. de comptes de l'argenterie des rois*, par Douët-d'Arcq, p. 53.

† **ASPHALTAGE** (a-sfal-ta-j'), *s. m.* Travail par lequel on pave une rue avec l'asphalte, *Journ. offic.* 8 févr. 1872, p. 395, 2° col.

ASPHALTE. *Ajoutez :* || 2° Calcaire imprégné de bitume et employé au pavage, *Journ. offic.* 11 mars 1872, p. 1735, 3° col.

ASPHYXIER. || S'asphyxier. *Ajoutez :* || Il se dit du feu s'éteignant faute d'air. Enfermé ainsi, on peut espérer que le feu s'asphyxiera lui-même à la longue, *Journ. offic.* 10 févr. 1876, p. 1146, 1re col. || *Ajoutez :* || Neutralement. Éprouver l'asphyxie. A 7000 mètres, son oreille droite était devenue noire, il [Crocé-Spinelli] asphyxiait; l'oxygène fit disparaître ces symptômes redoutables, H. DE PARVILLE, *Journ. offic.* 22 avril 1875, p. 2918, 1re col.

† **ASPHYXIQUE.** *Ajoutez :* L'insensibilité produite [par le chloral injecté dans les veines] ne détermina aucun de ces phénomènes asphyxiques inquiétants qui s'observent si souvent à la suite du chloroforme, H. DE PARVILLE, *Journ. offic.* 26 févr. 1874, p. 1537, 3° col.

ASPIC. *Ajoutez :* || Proverbe (usité en Vendée). Aspic d'eau n'est pas dangereux; dicton venant de ce que la couleuvre vipérine, dont les mœurs sont aquatiques et que l'on confond souvent avec l'aspic, n'est pas dangereuse.

† **ASPIOLE** (a-spi-o-l'), *s. m.* Fée, sylphe, génie.

Venez, boucs méchants, Psylles aux corps grêles, Aspioles frêles, Comme un flot de grêles, Fondre dans ces champs, V. HUGO, *Odes et Ballades,Ronde du sabbat*. Balzac.... grommelait des injures à l'endroit de la vieille : strige, harpie, magicienne, empuse, larve, lamie, lémure, goule, psylle, aspiole, et tout ce que l'habitude des litanies de Rabelais pouvait lui suggérer de termes bizarres, TH. GAUTIER, *Portraits contemp.* (*Honoré de Balzac*).

† **ASPIRANCE** (a-spi-ran-s'), *s. f.* Néologisme. Qualité d'aspirant à une académie, à une fonction. .... portait la compagnie à les dispenser, lorsqu'ils désiraient s'incorporer à l'Académie, des devoirs ordinaires de l'aspirance et de la réception.... DE MONTAIGLON, *Hist. de l'Acad. de peinture* (Mém. attribués à H. Testelin), t. II, p. 116.

† **ASPIRATIF.** *Ajoutez :* || 2° Terme de mystique. Qui aspire à l'affection. Que l'oraison dominicale est entièrement aspirative, c'est-à-dire qu'elle appartient à l'affection, LE P. LACOMBE, dans BOSS. *Inst. sur les Ét. d'orais.* III, 18.

ASPIRATION. — HIST. *Ajoutez :* || XVI° s. Nous disons sans apostrophe le haren, la haulteur.... et si ces mots se proferent sans grande aspiration, la faulte est enorme, ÉT. DOLET, dans LIVET, *la Gramm. franç.* p. 112

ASPIRER. — HIST. || XIV° s. *Ajoutez :* Et que maintenant n'osoient il [les plébéiens] non pas encore aspirer à avoir partie du consulat, BERCHEURE, f° 87, *verso.*

† **ASSAGISSEMENT.** *Ajoutez :* — HIST. XVI° s. Outre ce que l'affinement des esprits n'en est pas l'assagissement, MONT. IV, 66. L'assagissement ou amendement qui vient par le chagrin, le desgoust et foiblesse, n'est pas vray ni consciencieux, CHARRON, *Sagesse*, II, 3.

† **ASSAILLEUR** (a-ssa-lleur, *ll* mouillées), *s. m.* Celui qui assaille. Assailleur de moulins à vent, D'ARGENS, *Lettres juives.*

ASSAINIR. *Ajoutez :* — REM. Ce mot appartient à Mercier, *Néologie*, t. I, p. 52, *assainir, assainissement.*

ASSAKI. — ÉTYM. Au lieu de l'étymologie donnée, lisez : La véritable orthographe est *khasséki*, mot arabe, avec une terminaison turque, qui n'a rien de commun avec l'arabe *as-saky*, échanson ; *khasséki* désigne, en général, toutes les personnes attachées au service particulier du sultan, et anciennement à celui des sultans mamelouks de l'Égypte. Ce titre se donne par excellence à la sultane favorite.

† **ASSASSINATEUR** (a-sa-si-na-teur), *s. m.* Synonyme inusité d'assassin. Je prends l'affaire de votre ami l'assassinateur [en italique] pour la mettre dans mon livre de *l'Ingratitude*, SÉV. 22 janvier 1674.

— HIST. XVI° s. Retraicte de voleurs, meurtriers et assassinateurs, *Sat. Mén. Har. de d'Aubray.*

ASSASSINER. *Ajoutez :* || 5° Tenter, avec préméditation, de donner la mort à quelqu'un, même lorsque le coup manque et que la personne assaillie ne reçoit aucun mal. On assassina Luc [le roi de Prusse Frédéric II], et on l'a manqué ; on prétend qu'on sera plus heureux une autre fois, VOLT. *Lett. à d'Alembert*, fév. 1762.

† **ASSASSINEUR, EUSE** (a-sa-si-neur, neû-z'), *s. m.* et *f.* Synonyme inusité d'assassin. On craignait tout pour Moncrif [de la part de Mme de Bouillon, qu'il avait offensée] ; car cette princesse du quai des Théatins était empoisonneuse et assassineuse, D'ARGENSON, *Journ. et Mém.* in-8°, 1860, t. II, p. 62.

† **ASSE** (a-s'), *s. m.* Dans l'Aunis, nom d'un outil de tonnelier, *Gloss. aunisien*, La Rochelle, 1870, p. 70 ; c'est le même que l'assette (voy. ce mot au Dictionnaire).

† **ASSÉCHER.** || 2° *Ajoutez :* || Il se dit aussi en dehors des termes de marine. Toutes les mares étaient asséchées, MALH. *Lexique*, éd. Lalanne. Dans la province d'Oran, on trouve la célèbre saline d'Arzem, constituée par un lac asséchant en été,... *Journ. offic.* 2 mai 1874, p. 3064, 1re col.

ASSEMBLAGE. *Ajoutez :* || 5° Terme de point d'Alençon (dentelle réseau). Réunion de tous les morceaux en bande, pour en faire les coutures, dans la dentelle réseau.

† **ASSEMBLE-NUAGES** (a-san-ble-nu-a-j'), *s. m.* Celui qui assemble les nuages. L'auteur ne conclut pas ; c'est la méthode des Allemands, ces assemble-nuages de l'érudition, H. HOUSSAYE, *Journ. des Débats*, 17 mars 1876, 3° page, 3° col.

— ÉTYM. C'est l'épithète qu'Homère applique à Jupiter, νεφεληγερέτα Ζεύς.

ASSEMBLEUR. *Ajoutez :* — HIST. XIV° s. *Compilator*, assambleres, ESCALLIER, *Vocabulaire latin-franç.* 399.

† **ASSENTEMENT.** *Ajoutez :* || 2° Il a été dit aussi pour assentiment. Signe d'assentement, BUFF. *Oiseaux, les kakatois.*

ASSEOIR. *Ajoutez :* || 10° S'asseoir signifie, dans les cours judiciaires, sortir du parquet, dit magistrature debout parce qu'il fonctionne debout et qu'il est amovible, pour se faire nommer juge ou conseiller, place inamovible et où l'on fonctionne toujours assis. Quand un magistrat [du parquet] a eu la précaution de s'asseoir, pour employer une expression familière et technique, alors il est définitivement acquis à la magistrature, *Journ. offic.* 12 mai 1872, p. 3169, 3° col. || 11° Populairement et fig. Envoyer quelqu'un s'asseoir, l'écarter, le renverser.

† **ASSERTIVEMENT** (a-sèr-ti-ve-man), *adv.* Avec assertion, d'une manière assertive. Ces paroles étant prises assertivement iraient à ruiner l'immortalité de l'âme, ARNAULD, *Logique.* Parler assertivement, DESFONTAINES, *Éloge de Pantalon-Phœbus.*

† **ASSESSORAL, ALE** (a-sè-so-ral, ra-l'), *adj.* Qui concerne l'assesseur et ses fonctions. Voy. ASSESSORIAL au Dictionnaire.

ASSEZ. *Ajoutez :* — REM. On trouve *assez que* avec le subjonctif du verbe suivant. Je ne serai jamais assez éloigné d'ici que, lorsque vous y viendrez, nous ne puissions pas nous joindre, J. J. ROUSS. *Lett. à d'Ivernois*, 30 mai 1765.

† **ASSIBILATION** (a-ssi-bi-la-sion), *s. f.* Terme de phonétique. Attribution d'un son sifflant à une lettre qui ne l'a pas d'ordinaire. L'assibilation du *t* dans *action*, *Revue de linguistique*, t. V, 4° fascicule, p. 409. || Influence d'une sifflante sur une autre lettre pour la changer en sifflante. En breton [*tredé*, troisième] comme en sanscrit [*tritiyas*] le *t* du suffixe échappe à l'assibilation, D'ARBOIS DE JUBAINVILLE, *Mém. de la société de linguistique de Paris*, t. II, p. 327.

† **ASSIBILER** (a-ssi-bi-lé), *v. a.* Terme de phonétique. Donner le son sifflant de l'*s*. || S'assibiler, *v. réfl.* Prendre un son sifflant. Le *k* qui s'assibile, HAVET, *Revue critique*, 7 mars 1874, p. 146.

— ÉTYM. Lat. *ad*, à, et *sibilare*, siffler.

ASSIDU. *Ajoutez :* || 5° Être assidu à quelqu'un, résider assidûment auprès de lui. Mon oncle est au lit, je lui suis fort assidu, RAC. *Lexique*, éd. P. Mesnard.

ASSIDUITÉ. — HIST. *Ajoutez :* XII° s. Assiduité de lire soit à toi, BONNARDOT, *Texte lorrain*, dans *Romania*, t. V, p. 311.

ASSIDÛMENT. — HIST. *Ajoutez :* XIV° s. *Jugiter*, assiduement, ESCALLIER, *Vocabulaire latin-franç.* 638 (*assiduement* représente *assiduelment*, *assiduel* étant la forme ancienne d'*assidu*).

† **ASSIÉGEUR** (a-sié-jeur), *s. m.* Celui qui assiége.

— HIST. XVI° s. Demetrius l'assiegeur, BODIN, *Rép.* I.

ASSIETTE. — HIST. || XV° s. *Ajoutez :* Car tout premier il vous payera D'assiette [sur-le-champ] de ce qu'il vous doit, *Rec. de farces*, etc. p. 150.

† **ASSIMILANT, ANTE** (a-ssi-mi-lan, lan-t'), *adj.* Terme de physiologie. Qui assimile, incorpore. L'action assimilante des plantes silicicoles, *Acad. des sc. Comptes rendus*, t. LXXXI, p. 212.

† **ASSIMILATIF.** — HIST. *Ajoutez :* XV° s. La puissance vegetative jamais ne repose avec ses filles nutritive, formative, assimilative et sensitive, AL. CHART. *Esp. œuvr.* p. 280.

ASSIMILATION. *Ajoutez :* || 4° Terme d'administration militaire. Correspondance de grande entre les officiers qui commandent le soldat et les fonctionnaires qui ne le commandent pas.

ASSIMILER. — HIST. *Ajoutez :* || XIV° s. Je vous mettrai en mon celier ; Puis penseray d'assemiller Si la besongne et tant feray Que jusques là t'envoyeray Aussi que pour querre du vin, *Théâtre franç. au moyen âge*, Paris, 1839, p. 333.

ASSISE. *Ajoutez :* || 6° Assise d'héritage, ou plus anciennement assise de la cour d'héritage, nom qui a remplacé à Jersey celui de chefs-plaids (voy. ce mot au Supplément).

ASSISTANCE. *Ajoutez :* || 5° L'assistance publique, l'ensemble de l'administration et des établissements qui viennent au secours des malades et des nécessiteux.

† **ASSOCIATIONISME** (a-sso-sia-sio-ni-sm'), *s. m.* Terme de psychologie. Mot emprunté aux psychologues anglais, et désignant la théorie qui attribue la formation des idées les plus complexes et les plus abstraites à l'association, à partir des plus simples et des plus concrètes.

† **ASSOCIATIONISTE** (a-sso-si-a-sio-ni-st'), *adj.* Terme de psychologie. Qui appartient à l'associationisme. L'école associationiste, CAZELLE, *Préface*, p. XVI, de sa traduction du livre de Bain *Sur les sens et l'intelligence*, Paris, 1874.

† **ASSOMBRISSEMENT** (a-son-bri-se-man), *s. m.* Action d'assombrir, état de ce qui est assombri. L'assombrissement du soir, MAX MÜLLER, *Essais sur la mythologie comparée*, traduit par G. Perrot, p. 129, Paris 1873.

† **ASSOMMEILLER (S')** (a-so-mè-llé, *ll* mouillées), *v. réfl.* Commencer à sommeiller. Quand les autres s'assommeillent, courir seuls dans le silence de la nuit, Mme DE GASPARIN, *Voyages, Bande du Jura, les Prouesses de la bande du Jura*, Paris, 1866.

ASSORTI, IE. *Ajoutez :* || 3° Terme juridique. Accompagné de, appuyé de. Que ces allégations..., ne sont assorties d'aucune justification,... *Jug. du Trib. de comm. de Bordeaux* du 4 avril 1872, dans *Gaz. des Trib.* du 22 août 1873, p. 807, 1re col.

† **ASSORTISSEUR** (a-sor-ti-seur), *s. m.* Marchand de petits coupons d'étoffes, ainsi nommé parce qu'on va chez lui pour assortir ou compléter des étoffes dont on n'a pas assez, *Tarif des patentes*, 1858.

ASSOURDI. *Ajoutez :* || 2° Dont on a étouffé le son. Cinq hommes masqués manœuvrant une petite embarcation dont les rames étaient assourdies, *Gaz. des Trib.* 16 sep. 1876, p. 917, 4° col.

ASSOUVISSEMENT. || 2° *Ajoutez :* Ils abhorrent l'assouvissement comme l'ennemi et le destructeur du corps et de l'âme, RAC. *Lexique*, éd. P. Mesnard.

ASSUJETTISSEMENT. *Ajoutez :* || 3° Synonyme d'apprentissage, à Genève. Il est certain.... qu'aucun maître ne m'eût reçu sans payer les frais d'un assujettissement, J. J. ROUSS. *Lett. à son père*, 1736 (sans autre date).

† **ASSURABLE** (a-su-ra-bl'), *adj.* Qui peut être assuré, admis à recevoir les avantages d'une compagnie d'assurances. Le nouveau client est-il reconnu assurable.... *Rev. des Deux-Mondes*, 1er fév. 1867, p. 669.

† **ASSYRIEN, ENNE** (a-ssi-riin, riè-n'), *adj.* Qui appartient à l'Assyrie. Botta, Mémoire sur l'écriture cunéiforme assyrienne, 1849. Oppert, Études assyriennes, Paris, 1860. Ménant, Exposé des éléments de la grammaire assyrienne, Paris, 1868. || L'assyrien, langue de la famille sémitique qui était parlée à Babylone et à Ninive.

† **ASSYRIOLOGIE** (a-ssi-ri-o-lo-jie), *s. f.* Étude des choses relatives à l'Assyrie. Grâces à leurs efforts [de trois savants], en quelques années la science de l'assyriologie s'est trouvée fondée, et le déchiffrement de l'antique système graphique de Ninive et de Babylone est devenu un fait acquis, FR. LENORMANT, *Manuel de l'hist. anc.* t. II, p. 155, 4° édit.

† **ASSYRIOLOGUE** (a-ssi-ri-o-lo-gh'), *s. m.* Celui qui s'occupe de l'histoire et des antiquités de l'Assyrie.

† **ASTE** (a-st'), *s. f.* Branche à fruit conservée plus ou moins longue sur la vigne, dite aussi courgée, vinée, pleyon, archet, sautelle, flèche, tiret, etc., DUBREUIL, *Culture du vignoble*, Paris, 1863, p. 88.

— ÉTYM. Lat. *hasta*, lance (voy. HASTE 1).

ASTÉRISQUE. *Ajoutez :* || 3° Instrument liturgique chez les Grecs ; c'est une espèce d'étoile d'or ou d'un autre métal précieux, composée de deux tiges pliées en arc, croisées et surmontées d'une petite croix ; on place cet ustensile sur la patène pour couvrir les hosties et tenir le voile soulevé, de sorte qu'il ne touche pas l'eucharistie.

† **ASTÉRONYME** (a-sté-ro-ni-m'), *s. m.* Nom propre désigné par des étoiles. Les supercheries littéraires dévoilées ; galeries des écrivains français qui se sont déguisés sous des anagrammes, des astéronymes.... *Titre d'un ouvrage de* QUÉRARD.

— ÉTYM. Ἀστήρ, étoile, et ὄνομα, ὄνυμα, nom.

† **ASTHÉNOPIE** (a-sté-no-pie), *s. f.* Vue bonne d'ailleurs, mais qui se trouble momentanément sous l'influence d'un travail minutieux et continu.

— ÉTYM. Ἀσθενής, faible, et ὤψ, œil.

† **ASTIGMATE** (a-sti-gma-t') ou **ASTIGMATIQUE** (a-sti-gma-ti-k'), *adj.* Qui est affecté d'astigmatisme. Vue astigmate. Je suis astigmate.

† **ASTIGMATISME** (a-sti-gma-ti-sm'), *s. m.* Lésion de la vue dans laquelle les rayons lumineux, partis d'un centre, ne se réunissent plus en un

seul point, et sont affectés d'aberration monochromatique; on le corrige par des lentilles cylindriques.

— ÉTYM. Ἀ privatif, et στίγμα, point.

† **ASTRACAN** (a-stra-kan), *s. m.* Peau d'agneau mort-né avec son poil frisé, servant de fourrure. L'astracan noir. L'astracan gris.

— ÉTYM. *Astracan*, ville d'où l'on tire cette fourrure.

† **ASTREINTE** (a-strin-t'), *s. f.* Terme juridique. Synonyme de contrainte, d'amende. Sinon le condamner dès à présent à payer aux demandeurs, à titre de dommages-intérêts, une astreinte de 25 francs par chaque contravention constatée après l'expiration du délai.... *Gaz. des Trib.* 28 janv. 1876, p. 89, 4e col.

— ÉTYM. *Astreindre.*

† **ASTROLOGIQUEMENT.** *Ajoutez :* Le vieillard nous parlait astrologiquement, TH. CORN. *Feint astrol.* II, 5.

— HIST. XVIe s. On sentira une particulière influence qui astrologiquement decoulera, CHOLIÈRES, *Contes, 6e après-disnée*, t. II, fo 312, *recto*.

ASYMPTOTE. *Ajoutez :* || *Adj.* Se dit d'une ligne ou d'une surface dont une autre ligne ou une autre surface s'approche indéfiniment, sans pouvoir jamais la toucher. Cône asymptote de l'hyperboloïde.

† **ASYNTACTIQUE** (a-sin-ta-kti-k'), *adj.* Contraire à la syntaxe. Composés asyntactiques, FR. MEUNIER, *Annuaire de l'assoc. pour l'encouragement des études grecques*, 6e année, 1872, p. 245.

— ÉTYM. Ἀ privatif, et *syntactique* (au Supplément).

† **ATAVIQUE** (a-ta-vi-k'), *adj.* Terme didactique. Qui tient aux aïeux, à l'atavisme. Circonstances ataviques, *le Progrès médical*, 8 avr. 1876, p. 272, 2e col. Rutimeyer de Bâle a été même conduit par ses études à considérer tous les systèmes de première dentition appelée dentition de lait comme ataviques ou héréditaires et les dentitions définitives comme acquises ultérieurement, CH. MARTINS, *Rev. des Deux-Mondes*, 15 fév. 1876, p. 759.

† **ATAVISME.** *Ajoutez :* || 2e Plus particulièrement, réapparition d'un caractère primitif, après un nombre indéterminé de générations.

† **ATÉ** (a-té), *s. f.* La 111e planète télescopique, découverte par M. Peters.

— ÉTYM. Ἄτη, la déesse mythologique qui préside aux actions violentes et inconsidérées.

† **ATÈLE** (a-tè-l'), *s. m.* Genre de singes de l'Amérique méridionale (forêts des bords de l'Amazone), très-grêles et à queue prenante; on les appelle singes-araignées.

† **ATÉLECTASIE** (a-té-lè-kta-zie), *s. f.* Terme de médecine. Défaut d'extension, de dilatation. L'atélectasie des poumons.

— ÉTYM. Ἀτελής, incomplet, et ἔκτασις, dilatation.

† **ATÉLECTATIQUE** (a-té-lè-kta-ti-k'), *adj.* Terme de médecine. Qui a rapport à l'atélectasie. L'état atélectatique des poumons.

ATELIER. *Ajoutez :* || 5e Dans l'exploitation du bois de flottage, nom donné à l'espace qu'occupe sur le port chaque ouvrier tireur, qui est également désigné par ce nom, *Mém. de la Soc. centrale d'agric.* 1873, p. 260. || 6e Nom donné, dans la Vienne, au haras où l'on élève les baudets pour la procréation des mules et mulets, *Les Primes d'honneur*, Paris, 1872, p. 302. || 7e Atelier de salaisons, entrepôt fictif de sel, à l'usage de saleurs de poisson.

— HIST. *Ajoutez :* XIVe s. Que chascuns ait son atelier en tel lieu que il ne nuise à le ville [Abbeville], *Rec. des monum. inédits de l'hist. du tiers état*, t. IV, p. 211.

ATELLANES. *Ajoutez :* || Ce nom a été transporté, dans la poésie moderne, à des pièces de vers de caractère satirique. En ce sens, on le dit aussi au singulier. Une atellane.

† **ATÊTER** (S') (a-tê-té), *v. réfl.* S'attaquer à. Il s'atêta au président de Mesme, RETZ, *Mém.* t. II, p. 249, édit. Hachette.

† **ATHANASIANISME** (a-ta-na-zi-a-ni-sm'), *s. m.* Doctrine d'Athanase opposée à l'arianisme, et qui en triompha. Arianisme et athanasianisme, VOLT. *Exam. important de milord Bolingbroke*, ch. XXXI.

† **ATHANASIEN** (a-ta-na-ziin), *s. m.* Partisan d'Athanase, par opposition à arien. Les princes francs furent athanasiens, VOLT. *Exam. important de milord Bolingbroke*, ch. XXXV.

† **ATHANOR** (a-ta-nor), *s. m.* Nom donné, dans le moyen âge, par les alchimistes au fourneau dont ils se servaient.

— ÉTYM. Espagn. *atanor*, tuyau de fontaine, de l'arabe *at-tanoûr*, hébreu *tannour*, fourneau, avec l'article arabe *al*; du chaldéen *tan*, fourneau, et *nour*, feu : fourneau du feu.

† **ATHÉNIEN, IENNE** (a-té-niin, niè-n'), *adj.* Qui appartient à la ville d'Athènes. || Les Athéniens, les habitants d'Athènes, de l'Attique. || *S. f.* Athénienne, ancien meuble servant de cassolette, de console, de vase à fleurs.

† **ATHERMAL, ALE** (a-tèr-mal, ma-l'), *adj.* Terme de physique. Qui est à la température de 9 à 10 degrés centigrades, en parlant d'eaux minérales.

— ÉTYM. Ἀ privatif, et *thermal.*

† **ATHERMOCHROÏQUE** (a-tèr-mo-kro-i-k'), *adj.* Terme de physique. Qui n'est pas thermochroïque. Les milieux athermochroïques, qui correspondent aux corps incolores, VERNIER, *le Temps*, 24 oct. 1876, *feuilleton*, 2e page, 6e col.

— ÉTYM. Ἀ privatif, et *thermochroïque.*

ATINTER. — ÉTYM. *Ajoutez :* M. F. Damé, de Bucarest, signale le roumain *atintare*, qui signifie fixer, attacher (prononcez *a-tsin-ta*). Le substantif *tinta* signifie clou, but, pointe.

† **ATLÉ** (a-tlé), *s. m.* Espèce de tamarix.

— ÉTYM. Arabe, *athla*, DEVIC, *Dict. étym.*

† **ATMIDOMÉTRIE** (a-tmi-do-mé-trie), *s. f.* Mesure des vapeurs, titre d'un mémoire de Collin, ingénieur des ponts et chaussées.

— ÉTYM. Ἀτμίς, vapeur, et μέτρον, mesure.

ATMOSPHÉRIQUE. *Ajoutez :* || Machine atmosphérique, une des premières machines à vapeur utilisées dans l'industrie.

† **ATOMICITÉ** (a-to-mi-si-té), *s. f.* Terme de chimie. Qualité qu'a un atome de posséder un ou plusieurs points d'attraction.

† **ATONE** (a-to-n'), *adj.* Terme de grammaire. Qui n'a pas d'accent tonique. Syllabe atone.

— ÉTYM. Ἀ privatif, et τόνος, ton, accent.

ATONIQUE. || *Ajoutez :* || 2e Terme de grammaire. Il se dit quelquefois comme atone.

† **ATOURNEUSE** (a-tour-neû-z'), *s. f.* Femme qui faisait métier de coiffer, de parer, de louer des pierreries. L'autre [sœur de Psyché] avait des réparations à faire de tous les côtés; le bain y fut employé, les chimistes, les atourneuses, LA FONT. *Psyché*, II, p. 151.

— ÉTYM. *Atours* : femme d'atours.

ÂTRE. — ÉTYM. *Ajoutez ;* Avant d'accepter l'étymologie par l'allem. *Estrich*, consultez ce qui est dit à l'étymologie de ÊTRES.

† **ATROPINISÉ, ÉE** (a-tro-pi-ni-zé, zée), *adj.* Terme de physiologie expérimentale. Soumis à l'action de l'atropine. Un chien atropinisé, VULPIAN, *le Progrès médical*, 10 avr. 1875, p. 186, 1re col.

ATTACHEMENT. *Ajoutez :* || 6e Travaux par attachement, travaux de construction dont les dépenses effectives sont payées d'après les rôles de journées, les états de fournitures et autres pièces justificatives, ordinairement réunies et attachées ensemble ; c'est aussi ce qu'on nomme travaux par économie ou en régie, TARBÉ DE VAUXCLAIRS, *Dict. des trav. publ.*

— HIST. XIIIe s. Nos faciens [que nous fassions] aliance et atachement de garder et de sauver li uns l'autre, *Hist. occident. des Croisades*, t. II, p. 292.

ATTAQUE. *Ajoutez :* || 6e Nom donné aux diverses opérations par lesquelles on entame le terrain dans un percement. Les diverses opérations que nous venons de décrire, depuis la perforation mécanique des trous jusqu'à l'enlèvement des déblais, constituent ce qu'on appelle une attaque ; la durée de chaque attaque est de 8 heures environ, *le Soleil*, 19 août 1875. || 7e Terme de chimie. Action d'une substance sur une autre. L'attaque de la matière suspecte par l'acide nitrique, GAUTIER, *Acad. des sc. Compt. rend.* t. LXXXI, p. 240.

† 1. **ATTE** (a-t'), *s. m.* Fruit du corossolier, *Rev. des Deux-Mondes*, 15 sept. 1866, p. 392.

† 2. **ATTE** (a-t'), *s. f.* Genre de fourmis. Deux espèces sont particulièrement communes : l'atte noire (*atta barbara*) et l'atte maçonne (*atta structor*), plus petite et d'un brun rougeâtre assez clair, E. BLANCHARD, *Rev. des Deux-Mondes*, 15 oct. 1875, p. 788.

† **ATTÉDIER** (a-té-dié), *v. a.* Ennuyer, importuner. Pour ne pas attédier inutilement la cour [de Prusse], il pensait qu'il était convenable de s'assurer préalablement le concours du magistrat de Neufchâtel [Suisse], *Lettre du gouverneur de Beville* (Neufchâtel, 1801). Ce mot, aujourd'hui vieilli, a été du bon usage à Neuchâtel jusqu'à notre siècle (BERTHOUD).

— ÉTYM. Bas-lat. *attædiare*, de *ad*, et *tædium*, ennui. Du Cange ajoute : Nous disons encore *attédier quelqu'un.*

† **ATTÉLABE** (a-tté-la-b'), *s. m.* Genre d'insectes coléoptères tétramères, famille des curculionides, tribu des attélabes.

— HIST. XVIe s. Pour tout ce jour d'hui seront en scureté de ma salive aspicz.... attelabes, viperes, RAB. *Pant.* IV, 64.

— ÉTYM. Ἀττέλαβος, insecte qui ronge les fruits.

ATTELAGE. *Ajoutez :* || 3e Manière dont les bêtes de somme sont réunies à une voiture. || Attelage à la française, ou à limonière : les chevaux sont sur une seule file, attelés traits sur traits. || Attelage à l'allemande, ou à timon : les chevaux sont sur deux files parallèles ; il y a une volée particulière pour chaque couple.

† **ATTELÉE.** *Ajoutez :* || 2e La moitié de la journée d'un ouvrier, en Normandie. Il a travaillé une attelée, c'est-à-dire depuis le matin jusqu'à midi, ou de midi jusqu'au soir, DELBOULLE, *Glossaire de la vallée d'Yères*, le Havre, 1876, p. 25.

ATTELER — HIST. *Ajoutez :* || XVe s. Les beufz de Pierre Caurin hatellés aux trahynes [charrettes] chargées dudit bois, DU CANGE, *trainare.*

† **ATTENDANT.** *Ajoutez :* || 4e Celui qui attend. Cette multitude infinie d'attendants [pour les faveurs de la fortune], MALH. *Lexique*, éd. L. Lalanne.

ATTENDRE — REM. *Ajoutez :* || 3. Dans *s'attendre*, au sens d'espérer, de compter, le participe passé aux temps composés s'accorde : elle s'est attendue, ils se sont attendus, elles se sont attendues à ce qui devait arriver. S'attendre est *tendre soi à*, d'où espérer, compter. Cette analyse montre que le participe doit s'accorder.

ATTENDU. *Ajoutez :* || 2e Substantivement, les attendus, les considérants d'un jugement. Un exemple remarquable de cette jurisprudence résulte d'un arrêt de la Cour de Paris du 5 juill. 1863, dont, à titre d'exemple, vous me permettrez de vous faire connaître les attendus, M. le substitut LEFEBVRE DE VIEFVILLE, *Gaz. des Trib.* 11 déc. 1875, p. 1195, 4e col.

ATTENTAT — HIST. *Ajoutez :* XIVe s. Et pour attemptat qui se face, ne sera la trieve reputée pour enfrainte, ainçois sera l'attemptat reparé, *Mandements de Charles V*, 1365, p. 110. Ledit Jehan avoit fait faire certain pas ou degré devant son dit hostel en ladicte voirie, de laquelle euvre lesditz complaignans s'estoient doluz en cas de novelleté et de attemptat (1384), VARIN, *Archives administr. de la ville de Reims*, t. III, p. 620. Sur certains attemptas que ilz maintenoient avoir esté faiz par les gens et officiers dudit sire d'Offemont.... *Bibl. des ch.* 1873, p. 231.

ATTENTE. *Ajoutez :* || 4e Attentes d'épaulettes, ou, simplement, attentes, les galons qui, placés sur l'épaule, sont destinés à recevoir l'épaulette. Toutes les fois que l'officier paraît avec ses attentes d'épaulettes et sans sabre dans l'après-midi, il n'est pas habillé, *le Gaulois*, 5 oct. 1871.

ATTERRIR. *Ajoutez :* || 2e Terme de navigation fluviale. Remplir, obstruer de terre. Il est défendu de jeter ou déposer, dans le canal ou sur les dépendances, des immondices, pierres, graviers, bois, paille ou fumiers, ni rien qui puisse en embarrasser et atterrir le lit, GRANGEZ, *Précis des voies navigables*, p. 766 (les dernières lignes sont tirées de l'art. 4 de l'*Arrêt du* 24 juin 1777). Ces barrages furent promptement atterris, et les dépôts retenus à leur amont furent plantés en feuillus de toute sorte, *Reboisement des montagnes, compte rendu*, 1869-74, 2e fasc. p. 20.

ATTESTATION. — HIST. *Ajoutez :* XIVe s. Voyr et oyr jurer lesdit tesmoins produits par les amis dudit Gaylbart et les atestacions de eux, *Bibl. des chartes*, 1874, 4e livraison, p. 380.

ATTIÉDIR. — ÉTYM. *Ajoutez :* On trouve *entiedir* : XIVe s. Ce sont bogre [hérétiques] qui le contraire De l'iglise vuellent tot fere, Et sa resplendor enlaidir, Et sa grant vigor entiedir, MACÉ, *Bible en vers*, fo 108, 1re col.

ATTIFER — ÉTYM. *Ajoutez :* Voici un exemple du simple tifer : XIVe s. Et li a paroles nuncées Et decevables et tiffées, MACÉ, *Bible en vers*, fo 90, verso, 1re col.

† **ATTIGNOLE** (a-ti-gno-l'), *s. f.* Boulettes de charcuterie, cuites dans la graisse sur un plat, et que l'on vend au détail un ou deux sous.

ATTIRAIL. *Ajoutez :* — HIST. XVIe s. La voile n'est pas une partie du navire, mais plutost une partie de ce qui appartient à l'equippage du navire, et qui est comme l'attiral, s'il est licite d'user de ce mot en telle chouse, H. EST. *Langue franç. ital.* 2e *dial.* p. 340, Paris, 1579.

ATTIRANT. *Ajoutez :* || 3° Au propre, qui tire à soi, qui exerce l'attraction physique. La distance à la masse attirante diminue la force attractive, H. DE PARVILLE, *Journ. des Débats,* 25 mai 1876 *feuilleton,* 1re p. 6e col.

† ATTISÉE (a-ti-zée), *s. f.* Quantité de bois que l'on met au feu. Il fait froid, mettez-nous une bonne attisée, DELBOULLE, *Gloss. de la vallée d'Yères,* Le Havre, 1876, p. 25.

† ATTISEUR. *Ajoutez :* — HIST. XIIIe s. Mieux font à croire li loial conseiller, et plus ont de pourveance que li fous atiseor losengier, dans POUGENS, *Archéol. franç.*

ATTITUDE. — *Ajoutez :* Remarquez cependant que l'espagnol dit *actitud,* ce qui conduirait non à *aptitudinem,* mais à *actitudinem.*

† ATTOL (a-ttol) ou ATTOLLE (a-tto-ll'), ou ATTOLON (a-tto-lon), *s. m.* Terme de géographie. Nom des cercles de coraux entourant une lagune, qui s'élèvent dans l'océan Pacifique et y sont l'origine d'îles basses. Les îles basses ou attolons paraissent reposer sur des roches de corail; les récifs qui les environnent et qui souvent s'étendent d'île en île, rendent la navigation de l'océan Pacifique très-dangereuse, *Extrait de la notice pour la carte de l'Océanie, jointe à l'atlas de MM. Dufour et Dyonnet, publié par MM. Paulin et le Chevalier.*

† ATTOURNANCE (a-tour-nan-s'), *s. f.* Ancien terme de droit. Cession. J'attends votre réponse sur l'attournance de ces six milles livres que La Montagne vous conseille de me faire attourner par La Jarie, SÉV. *Lett. à d'Herigoyen,* 30 juill. 1687.

† ATTOURNÉ (a-tour-né), *s. m.* Dans les îles normandes, procureur, fondé de pouvoir, *attorney.* Serment prêté par trois avocats reçus par la cour royale de Guernesey le 13 avril 1874 : « ....qu'en vos plaideries.... vous ne proposerez, ne controuverez aucuns faits que votre maître ou son attourné ne vous dit ou affirme être vrais, » *Gaz. de Guernsey,* 14 avril 1874.

† ATTOURNER (a-tour-né), *v. a.* Ancien terme de droit. Faire cession. Si cela est vrai, il faut l'obliger à nous attourner ces prétentions, SÉV. *Lett. à d'Herigoyen,* 20 août 1687.

— ÉTYM. À, et *tourner.* De là vient l'angl. *attorney,* procureur : Li atorné est cil qui par devant justice est atorné pour aucun en eschequier ou en assise, DU CANGE, *atturnatus.*

ATTRACTION. || 4° Dans le sens anglais, ce qui a de l'attrait; ce sens a commencé à paraître vers l'époque des grandes expositions internationales et est aujourd'hui d'un usage presque courant (1869). Dimanche et lundi de Pâques aura lieu l'inauguration de ces concerts qui étaient, l'on s'en souvient, une des grandes attractions du jardin l'an dernier, *Journ. offic.* 24 mars 1876, p. 2066, 2e col.

† ATTRACTIONISTE (a-tra-ksio-ni-st'), *s. m.* Synonyme d'attractionnaire (voy. ce mot au Dictionnaire). Enfin, lors même que l'évidence mathématique eut forcé les deux partis à tomber d'accord des faits et des lois, le débat continue pendant tout le siècle entre les impulsionistes et les attractionistes, P. JANET, *Rev. des Deux-Mondes,* 1er mai 1874, p. 90.

1. ATTRAIT. *Ajoutez.* || 2° Terme de procédure. Attiré. *Actor sequitur forum rei,* c'est-à-dire que le défendeur ne peut être attrait que devant le juge de sa nationalité, *Journ. offic.* 8 déc. 1875, p. 10113, 3e col.

† ATTRAPE-MINON. *Ajoutez :* — REM. On a dit aussi attrape-minette. On vous trompe, ne faites pas entrer ce mâtin de cheval [le cheval de Troie], c'est un attrape-minette, *Lett. du P. Duchêne,* 115e lettre, p. 4.

ATTRIBUER. || 2° *Ajoutez :* || Attribuer à négligence, regarder la négligence comme cause de. Je ne supporterais pas l'idée que vous attribuassiez à négligence ou à indifférence un silence que je compte parmi les malheurs de mon état, J.J. ROUSS. *Lett. à Julie,* 19 nov. 1761.

ATTRIBUT. *Ajoutez :* || 6° Terme de peintre-vitrier. L'attribut, le travail du vitrier qui peint sur les enseignes et les boutiques les attributs de la profession exercée. Un peintre-vitrier, connaissant au moins le faux bois et l'attribut.... *Journ. offic.* 4 mai 1876, p. 3076, 1re col.

† ATTRIBUTAIRE (a-tri-bu-tè-r'), *s. m.* Terme de droit. Celui à qui a été attribué un lot, un héritage, etc. Un acte de partage contient une clause aux termes de laquelle l'un des copartageants, attributaire d'un lot de terrain sur lequel existe un bâtiment à usage d'auberge, aura.... *Gaz. des Trib.* 1er août 1874, p. 731, 1re col.

2. AUBE. — HIST. *Ajoutez :* || XVe s. Mauldite soit l'eure que je fus oncques née, et que je ne mourus en mes aubes [langes], *Les 15 joies de mariage,* p. 15.

AUBÈRE. — ÉTYM. Espagn. *overo,* anciennement *hobero;* portug. *fouveiro;* de l'arabe *hoberi,* aubère, de *hobârâ,* outarde, à cause de la ressemblance de la couleur de l'aubère moins avec le plumage de l'outarde qu'avec la chair de cet oiseau quand elle est cuite (DOZY).

1. AUBERGE. — ÉTYM. *Ajoutez : Auberge* représente une forme franque archaïque *hariberga, chari-berga, chario-berga,* atténuée plus tard en *heriberga* (voy. HÉBERGER), D'ARBOIS DE JUBAINVILLE, *Romania,* n. 2, p. 140.

AUBERGINE. — ÉTYM. *Ajoutez :* L'étymologie n'est pas l'*auberge* ou *alberge.* L'aubergine est originaire de l'Orient; Dominique Chabre, dans son traité de botanique (1678), l'appelle *melongena Arabum.* Le nom arabe est *al-badindjan,* dont les Espagnols ont fait *berengena, alberengena,* portug. *bringela;* d'où le français *aubergine,* DEVIC, *Dict. étym.*

† AUBETTE. *Ajoutez :* || 2° Petite loge en bois ou en maçonnerie, *Journ. offic.* 22 sept. 1872, p. 6133, 1re col.

AUBIER. *Ajoutez :* — HIST. XIVe s. Condamné Thibaut de Tournisel, poure varlet charpentier, en l'amende..... pour ce qu'il a confessé avoir fait une fenestre de charpenterie en laquele a auber contre les status.... de leur mestier, *Bibl. des ch.* 1874, XXXV, p. 502. || XVe s. Ouvrer de boin bos, juste, loyel et marchant, chacun bos à par lui, c'est assavoir quesne à par lui et blanc bos à par lui, ainsy qu'il est accoustumé et sans ce qu'ilz puissent joindre bos où il y ait obel, *Rec. des monum. inédits de l'hist. du tiers état,* t. IV, p. 255.

AUBIFOIN. — HIST. *Ajoutez :* || XIIe s. Et sans doute li quars escu Fu yndes com flours d'aubefain, *Perceval le Gallois,* v. 44884.

† AUBRON (ô-bron), *adj.* Blé aubron, nom d'une sorte de froment dans Maine-et-Loire, *les Primes d'honneur,* Paris, 1872, p. 152.

† AUBURNIEN, IENNE (ô-bur-niin, niè-n'), *adj.* Qui appartient au régime pénitencier d'Auburn, localité des Etats-Unis d'Amérique. Les aliénations mentales sont très-considérables sous le régime auburnien, c'est-à-dire sous le régime du silence obligé de la vie en commun pendant la journée, *Journ. offic.* 20 mai 1875, p. 3547, 2e col.

† AUCHÉNIENS (ô-ké-niin), *s. m.* Genre de quadrupèdes (*auchenia*), qui comprend le lama, le guanaco, la vigogne, l'alpaca.

AUDACE. *Ajoutez :* || 3° *Au plur.* Actes d'audace. En la philosophie du cardinal [de Richelieu], les vertus étaient des vices, et les devoirs des audaces, s'ils choquaient ses intentions, MONTCHAL, *Mém.* t. I, p. 66.

AUDITEUR. *Ajoutez :* — REM. On dit au fém. auditrice. Ce mot se trouve dans *la Comédie des Proverbes* (comte de Cramail).

† AUFFE (ô-f'), *s. f.* Espèce de graminée, *stipa tenacissima,* dite à tort jonc, dont on se sert au Levant pour faire des cordages de navire, des nattes, des filets; l'auffe est ce qu'on appelle aujourd'hui alfa.

— ÉTYM. Arabe, *halfa.*

† 2. AUGE (ô-j'), *s. f.* Ancien terme d'astronomie. Nom qu'on donnait à ce qui est dit aujourd'hui apsides, c'est-à-dire les points où une planète se trouve à sa plus grande ou à sa plus petite distance du soleil, DEVIC, *Dict. étym.*

— ÉTYM. Espagn. *auge;* ital. *auge,* de l'arabe, *aoudj,* sommet, point culminant.

† AUGURAT (ô-gu-ra), *s. m.* Collége des augures de Rome, leur doctrine. Les détails curieux qui nous sont révélés [dans les tables Eugubines] confirment pleinement les renseignements sur les procédés de l'augurat, qu'on devait au commentaire de Servius sur l'Énéide, BAUDRY, *Journal des Débats,* 6 oct. 1876, 3e page, 3e col.

— ÉTYM. Lat. *auguratus,* fonction d'augure, de *augurem,* augure (voy. ce mot).

† AUGUSTAL, ALE (ô-gu-stal', sta-l'), *adj.* Qui appartient aux Augustes, titre des empereurs romains depuis Auguste. L'institution du flaminat augustal ou impérial, F. DELAUNAY, *Journ. offic.* 11 mars 1873, p. 1690, 2e col.

— ÉTYM. Lat. *augustalis,* de *Augustus* (voy. AUGUSTE 2).

† AUGUSTINIEN. *Ajoutez :* — REM. Voltaire a dit augustiniste. Ces margouillistes, dérivés des jansénistes, lesquels sont engendrés des augustinistes, ont-ils produit Pierre Damiens? *Lett. à d'Alembert,* 22 fév. 1757.

† AULARQUE (ô-lar-k'), *s. m.* Terme d'antiquité. Prince de la cour. Ils [les fils de David] sont nommés, dans les Septante, aularques, c'est-à-dire princes de la cour, pour la tenir toute unie aux intérêts de la royauté, BOSS. *Polit.* X, V, 1.

— ÉTYM. Αὐλή, cour, et ἄρχειν, commander.

† AULÈTRIDE (ô-lè-tri-d'), *s. f.* Terme d'antiquité. Joueuse de flûte. Les peintres ont vraisemblablement voulu représenter ces saltatrices, ces aulètrides, ces mimes, H. HOUSSAYE, *Rev. des Deux-Mondes,* 1er sept. 1874, p. 88.

— ÉTYM. Αὐλητρίς, de αὐλός, flûte.

2. AULIQUE. *Ajoutez :* || 2° Qui appartient à la cour des rois. Sa vie militaire et aulique [du duc de Montausier], *Huetiana,* p. 91.

AUMAILLES. *Ajoutez :* — REM. On le trouve au sing. dans la Fontaine : D'assez priser ni vendre telle aumaille.

AUMONIÈRE. *Ajoutez :* || 1° Sorte de ruche. *La Culture des abeilles* avec l'aumonière, ruche à cadres et greniers mobiles, petit traité spécial, *Catal. de la Libr. agric. de Dusacq.*

AUNAGE. *Ajoutez :* — HIST. XVIe s. Aulnaige, MANTELLIER, *Gloss.* Paris, 1869, p. 8.

† AUNETTE (ô-nè-t'), *s. f.* Toile dite petite aunette, sorte de toile. Les toiles de Flandre connues sous le nom de petite aunette, *Tarif des douanes,* 1869, p. 145.

† AURE (ô-r'), *s. f.* Archaïsme. Vent, souffle léger. On était caressé d'un petit souffle que notre ancienne langue appelait l'aure, sorte d'avant-brise du matin, CHATEAUBR. *Mém. d'outre-tombe,* éd. de Bruxelles, t. VI, *Journal de Paris à Venise.*

— HIST. XIIe s. L'aure sueve et quoie, BENOÎT DE SAINTE-MAURE, dans RAYNOUARD, *Lex. roman, aura.* || XVIe s. Je no me pais de l'aure populaire, FORCADEL, p. 142. La douce aure et faveur du vent, LA BODERIE, *Hymnes eccl.* p. 260.

— ÉTYM. Prov., espagn. et ital. *aura,* du lat. *aura,* vent, souffle.

† AURÉOLÉ, ÉE (ô-ré-o-lé, lée), *adj.* Néologisme. Pourvu d'une auréole. Ses portraits de femmes sont, pour ainsi dire, auréolés, C. BAUDELAIRE, *Hist. extraord. d'Edgar Poë,* I.

† AURIOLE (ô-ri-o-l'), *s. f.* Nom, en Provence, de la centaurée solstitiale.

— ÉTYM. Lat. *aureolus,* couleur d'or, de *aurum,* or, à cause de la couleur jaune clair des fleurs.

† AURORAL, ALE (o-ro-ral', ra-l'), *adj.* Qui appartient à l'aurore. La lumière aurorale. Les phénomènes auroraux, H. DE PARVILLE, *Journ. offic.* 8 avr. 1872, p. 2435, 1re col.

AURORE. *Ajoutez :* || 8° La 94e planète télescopique, découverte par M. Watson. || 9° *S. m.* Nom d'un papillon diurne, dont l'extrémité des ailes supérieures est d'un beau jaune orange. L'aurore de Provence, couleur jaune soufre, H. PELLETIER, *Petit dict. d'entomologie,* p. 20, Blois, 1868.

† AUSCULTATEUR (ô-skul-ta-teur), *s. m.* Terme de médecine. Celui qui pratique l'auscultation, BARTH et ROGER, *Traité d'auscultation,* 8e édit.

† AUSCULTATRICE (ô-skul-ta-tri-s'), *s. f.* Religieuse qui en accompagne une autre au parloir pour écouter l'entretien qui s'y fait. L'on n'y parlera [au parloir] point de choses qui puissent scandaliser les personnes séculières ni les auscultatrices, BOSS. *Exhort. sur le silence.*

† AUSCULTER. *Ajoutez :* || 2° Terme de chancellerie romaine. Écouter et accueillir. Lorenzi, qui a enregistré la supplique; Buoncompagni, qui l'a auscultée; celui qui a écrit la bulle, E. J. DELÉCLUZE, *Romans,* etc. p. 272. 1845, *Dona Olimpia,* ch. VI.

† AUSONIA (ô-zo-ni-a), *s. f.* La 63e planète télescopique, découverte par M. de Gasparis.

— ÉTYM. Lat. *Ausonia,* ancien nom de l'Italie.

AUSSI. — REM. *Ajoutez :* || 6. Aussi s'est dit pour le plus. Marie de Médicis écrit à Charles Ier à propos de sa fille Henriette : Je vous la recommande comme la créature du monde qui m'est aussi chère, et prie Dieu.... *Lettre citée par Lingard,* t. IX, p. 358 de la traduction française. Voyez pour un emploi semblable d'*autant,* le mot AUTANT au Supplément, REM. 5.

AUSTER. *Ajoutez :* — HIST. XIIIe s. Dieux tresporta oustre dou ciel; cel vent devea [défendit, interdit] Dieux à venter, *Psautier, Biblioth. Maz.* 258, f° 93.

AUSTÈRE. *Ajoutez :* — REM. On l'a dit autrefois au sens de sévère, griève, en parlant d'une punition. C'est chose certaine que la jalousie n'a pu le précipiter [le duc de la Vallette] en la faute qu'il a commise sans mériter une sévère punition, plus ou moins austère selon les divers préjudices que l'État peut recevoir de son envie, RICHELIEU, *Lettres*, etc. t. VI, p. 207 (1638).

† **AUSTRALIEN, ENNE** (ô-stra-liin, liè-n'), *adj.* Qui appartient à l'Australie. La chaîne principale [des montagnes de l'Australie] est celle des Alpes australiennes, dont les sommets s'élèvent à 5000 mètres, *Notice jointe à la carte de l'Océanie dans l'atlas publié par Paulin et le Chevalier.*

† **AUTAMBA** (ô-tan-ba), *s. m.* Espèce de léopard de Madagascar, CORTAMBERT, *Cours de géogr.* 10° éd. Paris, 1873, p. 646.

AUTAN. — HIST. XVI° s. Une sorte de vent meridional qu'ils [les Narbonnais] appellent aultan, qui leur fait l'air grossier et nebuleux, PARÉ, 2° *disc. sur les plaies d'arquebuse.*

AUTANT. — REM. *Ajoutez :* || 3. D'ordinaire, quand un membre de phrase commence par *autant que*, l'autre reprend par *autant*. Mme de Sévigné a supprimé le second *autant :* Coulanges nous joua cela si follement et si plaisamment, qu'autant que cette scène est plate sur le papier, elle était jolie à la voir représenter, 504. Tournure qui n'a rien d'incorrect, mais qui n'est pas usitée. Ce qui fait qu'elle n'est pas incorrecte, c'est qu'il n'y a qu'une inversion : cette scène était jolie.... autant qu'elle est plate sur le papier. La tournure ordinaire est figurée, car elle est fondée sur le contre-balancement des deux membres de phrase autant.... autant.... c'est-à-dire que c'est une période. || 4. Mme de Sévigné a pris *autant de fois* pour un substantif composé voulant le pluriel : Autant de fois qu'il serait mat, seraient autant de marques de sa passion, 29 déc. 1679. || 5° Autant s'est dit elliptiquement pour *le plus ;* emploi assez commun au XVII° siècle et conservé même au XVIII°. M. de Marillac est un des hommes de France que j'aime et que j'estime autant; le lieutenant civil est l'homme du monde que je hais et que je méprise le plus, BUSSY RABUTIN, *Lett. à Mme de Sévigné et à Corbinelli*, 6 août 1687. On croit qu'une des choses qui gâte autant Fouquet dans l'esprit du roi fut une querelle qu'il eut avec son frère, CHOISY, *Mémoires*. Un des plus grands secrets des oracles, et une des choses qui marque autant que des hommes s'en mêlaient, c'est l'ambiguïté des réponses, et l'art qu'on avait de les accommoder à tous les événements, FONTEN. *Oracles*, I, 17. || 6° *Il n'en faut plus qu'autant*, locution aujourd'hui inusitée qu'Auger (sur Molière, *hoc loco*) explique ainsi : « Dans plusieurs provinces, on dit encore d'une personne parfaitement remise d'une maladie : il ne lui en faut plus qu'autant; c'est comme si on disait : elle est absolument dans le même état qu'auparavant, elle n'a plus qu'à recommencer. Les femmes qui viennent d'accoucher et à qui on demande de leurs nouvelles, répondent comme les autres : il ne m'en faut plus qu'autant.... » On la croyait morte, et ce n'était rien; il n'en faut plus qu'autant, elle se porte bien, MOL. *Sganar.* 6.

AUTEUR. *Ajoutez :* || 6° Principe, origine, source. ...Pensers mélancoliques, Auteurs d'aventures tragiques, MALH. *Lexique*, éd. L. Lalanne.

† **AUTHENTE** (ô-tan-t'), *s. m.* Terme de plain-chant. Synonyme de mode authentique, voy. MODE 1.

2. **AUTHENTIQUE** (ô-tan-ti-k'), *adj.* Dans le plain-chant, mode authentique, voy. MODE 1.

— ÉTYM. Ainsi dit parce qu'il fut approuvé, rendu authentique, en 370 par saint Ambroise et saint Miroclet.

† **AUTOBIOGRAPHIQUE** (ô-to-bi-o-gra-fi-k'), *adj.* Qui a rapport à une autobiographie. Les nouvelles lettres de Balzac offrent, ce me semble, un vif intérêt; avec beaucoup de détails autobiographiques, on y trouvera de curieux renseignements sur une foule d'écrivains français ou étrangers, TAMIZEY LARROQUE, *Lettres inédites de Balzac*, Paris, 1873, *Avertissement*, p. 6.

AUTOCÉPHALE. *Ajoutez :* || 2° *Adj.* Terme de l'Église grecque. Qui a sa propre hiérarchie. Chacun de ces groupes [religieux] est distinct et indépendant des autres, ou, comme on dit dans le pays, ils sont autonomes et autocéphales, c'est-à-dire qu'ils ont chacun leur propre hiérarchie, *Journ. des Débats*, 7 août 1876, 4° page, 2° col.

† **AUTOCHTHONIE** (ô-to-kto-nie), *s. f.* Néologisme. Qualité d'autochthone. La preuve de l'autochthonie des habitants d'Ancon [ville du Pérou] se trouve dans leurs sépultures, qui contrastent avec les coutumes asiatiques des Incas, BER, *Rev. d'anthrop.* t. IV, p. 68. Entre les deux grandes écoles du XV° siècle et du XVII° dans le Nord, lesquelles durent leur puissance à leur autochthonie, l'Italie n'a-t-elle pas annulé tous les Hollandais et les Flamands qui, durant une grande partie du XVI° siècle, s'empressaient de passer les Alpes et d'imiter le style italien? BÜRGER, *Salons de 1861 à 1868*, t. II, p. 77.

† **AUTOCRATIQUEMENT** (ô-to-kra-ti-ko-man), *adv.* D'une façon autocratique. Ceux qui étaient les adversaires de l'État.... l'invitent aujourd'hui à agir autocratiquement, *Journ. offic.* 20 juill. 1876, p. 5339, 2° col.

AUTOGRAPHE. *Ajoutez :* — HIST. XVI° s. Ce livret part sans epigraphe, Sans procès de son vray autheur; Car à Jesus seul tout l'honneur En est deu son vray autographe, *Vers mis en tête de la Traduction de l'Imitation de Jésus-Christ, par* MICHEL DE MARILLAC.

AUTOMATE. — REM. Au XVII° siècle, quelques-uns prononçaient aftomate, les Grecs modernes prononçant *aftos*, pour αὐτός. C'est ce qui a produit la remarque suivante : « C'est sans raison et sans fondement qu'il y en a qui veulent prononcer en grec αυ comme *af*... de cette erreur néanmoins est venu que dans notre langue même nous prononçons un aftomate.... » *Grammaire latine de Port-Royal*, édit. 1819 (Delalain), p. 608.

† **AUTOMATISATION** (ô-to-ma-ti-za-sion), *s. f.* Action d'automatiser. La puissance de l'automatisation est telle que ses progrès mécaniques s'étendent aussi bien dans les contrées où la main-d'œuvre est encore à vil prix, que dans les pays où le prix du travail manuel s'élève constamment, MICHEL ALCAN, *la Réforme économique*, 1er novembre 1875, p. 22.

AUTOMNE. — HIST. *Ajoutez :* XIV° s. Athun, *Hist. litt. de la Fr.* t. XXV, p. 641.

† **AUTOMOBILE** (ô-to-mo-bi-l'), *adj.* Terme de mécanique. Qui se meut de soi-même, et sans l'aide du mécanicien. Barrages automobiles. Rien de si ingénieux, de si facile à conduire que la voiture automobile à air comprimé que l'on voit fonctionner sur le tramway de l'Arc-de-Triomphe à Neuilly, H. DE PARVILLE, *Journ. des Débats*, 30 mars 1876, *feuilleton*, 1re page, 1re col.

— ÉTYM. Mot hybride, de αὐτὸς, lui-même, et *mobile.*

† **AUTOMOTEUR, TRICE** (ô-to-mo-teur, tri-s'), *adj.* Terme de mécanique. Qui se meut de soi-même, sans mécanisme. || Plan incliné automoteur, chemin de fer à forte pente, sur lequel on se sert de la descente d'un certain nombre de wagons pleins pour faire remonter le même nombre de wagons vides.

— ÉTYM. Mot hybride, formé de αὐτὸς, lui-même, et *moteur.*

† **AUTONOMISTE** (ô-to-no-mi-st'), *adj.* Qui appartient à l'autonomie. Si le ministère du prince de Hohenlohe [en Bavière] est renversé par l'effort autonomiste des deux chambres et du pays, *Courrier de l'Ain*, 17 fév. 1870.

† **AUTOPSIER** (ô-to-psi-é), *v. a.* Faire l'autopsie d'un corps mort. || Fig. Examiner comme par une autopsie.

† **AUTOPTIQUEMENT** (ô-to-pti-ke-man), *adv.* D'une façon autoptique, par la seule inspection. Si nous traitons la question de la symétrie pentagonale à un point de vue exclusivement pratique et expérimental, sur un planisphère disposé comme le nôtre, on verra d'un seul coup d'œil, autoptiquement, si les émanations volcaniques sont ou ne sont point disposées suivant de grands cercles de la sphère, THOULET, *Acad. des sc. Comptes rendus*, t. LXXXI, p. 265.

† **AUTORITAIRE** (ô-to-ri-tê-r'), *adj.* Néologisme. Qui aime ou favorise l'autorité. Ce n'était pas la peine de prendre son vol avec tant de solennité pour nous dire que les différents peuples avaient des caractères différents, que l'Angleterre était aristocratique et libérale, et que la France était démocratique et autoritaire, JOHN LEMOINNE, *Journal des Débats*, 15 oct. 1865.

† **AUTORITAIREMENT** (ô-to-ri-tê-re-man), *adv.* Néologisme. D'une manière autoritaire. L'insuffisance des troupes régulières me contraignait à temporiser et à agir plus politiquement qu'autoritairement, *Journ. offic.* 1er mai 1875, p. 3138, 1re col.

† **AUTORITARISME** (ô-to-ri-ta-ri-sm'), *s. m.* Néologisme. Caractère autoritaire.

— REM. Il est bon d'observer qu'*autoritarisme* est juste, et qu'on fait un mot contraire à la loi de renforcement des voyelles sous le seul empire de l'accent, quand on écrit, comme quelquefois, *autoritairisme*. Il en est autrement d'*autoritairement*, qui est un composé.

† **AUTOTYPE** (ô-to-ti-p'), *adj.* Terme de photographie. Synonyme d'héliographie. *Série chronologique des monnaies de Syracuse*, 1874, in-8°, accompagné de 14 planches exécutées par le procédé autotype, FERD. DELAUNAY, *Journ. offic.* 31 août 1875, p. 7406, 1re col. || Substantivement. La modeste gravure sur bois elle-même... souffre de la concurrence des produits sortis de l'autotype, de l'héliotype : le rayon du soleil prend la place du burin, *Journ. offic.* 16 sept. 1873, p. 5909, 1re col.

† **AUTRICHIEN, IENNE** (ô-tri-chiin, chiè-n'), *adj.* Qui appartient à l'empire d'Autriche. Sujet autrichien. Chemins de fer autrichiens. || Substantivement. Les Autrichiens. || L'Autrichienne, qualification par laquelle on désignait souvent, d'une manière haineuse, la reine Marie-Antoinette, à l'époque de la révolution française.

† **AUTRUCHON** (ô-tru-chon), *s. m.* Petit de l'autruche. Un couple d'autruches a pondu jusqu'à 67 œufs en une saison; des autruchons sont nés au Hamma [jardin d'Alger], et y ont prospéré, *Journ. offic.* 31 mai 1875, p. 3873, 2° col.

AUVERNAT. *Ajoutez :* || 2° Nom d'un cépage des arrondissements de Chartres et de Dreux, *les Primes d'honneur*, Paris, 1872, p. 26.

† **AUXILIATRICE** (ô-ksi-li-a-tri-s'), *adj. f.* Dames auxiliatrices, dames qui vivent en communauté, veuves la plupart, et qui visitent et secourent les malades pauvres, *Journ. des Débats*, 30 oct. 1876, 3° page, 3° col.

AVAL. *Ajoutez :* || 5° Terme d'exploitation houillère. Aval pendage (voy. PENDAGE).

— ÉTYM. *Ajoutez :* On comprend comment le mot *val* a pu donner lieu à la locution *à val :* en descendant. Cependant, comme *vallis* n'est pas employé de cette façon en latin, il est bon de remarquer que dans les langues germaniques le mot qui signifie vallée entre dans des locutions analogues à la locution française : goth. *dalathrô*, d'en bas; *dalathrô* contient *dala*, vallée, angl. *dale*, allem. *Thal.*

AVALÉ, ÉE. *Ajoutez :* || 5° Supprimé dans la prononciation. Ce verbe est ATAHVS; le *t* final est tombé; dans cette forme, le savant philologue [M. Bréal] reconnaît une corruption de ATTAGVST; le *g*, comme dans *Aoustus* pour *Augustus*, a été avalé et remplacé par l'aspiration de l'*h*, FERD. DELAUNAY, *Journ. offic.* 20 juin 1876, p. 4336, 1re col.

AVALER. *Ajoutez :* || 11° Terme d'exploitation houillère. Foncer, creuser un puits.

† **AVALERESSE** (a-va-le-rè-s'), *s. f.* Nom, dans les mines de houille, des bures que l'on est occupé à creuser, tant que l'on n'a pas atteint la houille. Un fonçage ouvert dans les couches crétacées ne prend le nom de puits que lorsqu'il est arrivé au terrain houiller et qu'il a été cuvelé; tant que son existence n'a pas été assurée, il reste désigné sous le nom d'avaleresse, BURAT, *Traité des minéraux utiles*, p. 215. À la fin de 1871, les charbonnages du Hainaut comprenaient 101 puits d'exhaure, 192 puits d'extraction en activité et 82 puits d'extraction en réserve ou en avaleresse, c'est-à-dire en préparation, *Journ. offic.* 6 nov. 1872, p. 6842, 2° col.

— ÉTYM. *Avaler*, au sens de descendre.

† **AVALE-TOUT-CRU** (a-va-le-tou-kru), *s. m.* Terme populaire. Un homme qui fait le fierabras. Ce T.... est un avale-tout-cru qui fait métier de dénigrer les uns et les autres pour tirer les marrons du feu, *Gaz. des Trib.* 11 sept. 1873, p. 875, 1re col. || *Au plur.* Des avale-tout-cru.

AVALEUR. *Ajoutez :* || 2° Ouvrier qui travaille à l'avaleresse. Dans les mines de houille, ces primes sont distribuées aux hercheurs, aux bacheurs et aux avaleurs, *Journ. offic.* 25 févr. 1873, p. 1361, 1re col.

† **AVALIES** (a-va-lie), *s. f. pl.* Dans l'Aunis, jeunes vignes qu'on a ravalées, *Gloss. aunisien*, La Rochelle, 1870.

† **AVALISÉ, ÉE** (a-va-li-zé, zée), *part. passé* d'avaliser. Terme de banque. Qui est muni de l'aval. W.... a obtenu.... qu'elle [une dame] donnât son aval sur dix traites de 2000 francs chacune.... C.... a reçu les traites avalisées par la veuve A....

l'élevant à 20 000 francs, *Gaz. des Trib.* 28 févr. 1875, p. 208, 3e col.

† **AVALISER** (a-va-li-zé), *v. a.* Terme de banque. Donner un aval. M. et Mme C.... avaient avalisé des billets souscrits par les époux T..., au profit de Mme S..., *Gaz. des Trib.* 15 déc. 1875, p. 1204, 1re col.

AVANCE. — REM. *Ajoutez :* Mme de Sévigné se sert de la locution à l'avance, au lieu de d'avance; mais elle la signale comme un provincialisme : Je vous écris un peu à l'avance, comme on dit en Provence, SÉV. 7 oct. 1676.

AVANCÉ. *Ajoutez :* || 11° Terme de peinture. Blanc avancé, blanc qui a la nuance du lait. La qualité des eaux a une grande influence sur les blancs avancés, désignés dans le commerce sous le nom de blanc de lait.... *Enquête, Traité de comm. avec l'Anglet.* t. V, p. 299

AVANCÉE. *Ajoutez :* || 2° Marche en avant. Le retour [dans une mer glacée] étant aussi pénible que l'avancée, il fallut renoncer à l'entreprise, *Journ. offic.* 27 avril 1874, p. 2969, 3e col.

AVANIE. — ÉTYM. *Ajoutez :* M. Devic, *Dict. étym.* n'admet pas l'arabe *houân*, mépris, que Pihan a indiqué, le sens n'étant pas satisfaisant; ce qui lui paraît le plus plausible, c'est que *avanie* correspond à un terme du Levant, *awâni*, qui n'est pas dans les dictionnaires, et qui se rattache peut-être à l'habitude où étaient les courriers royaux de rançonner les populations, d'où ἀγγαρεύειν, *angariare* et *awâni* (voy. ANGARIER au Supplément).

AVANT. || 10° *Ajoutez :* || Pousser de l'avant, faire avancer. Une fois commencée, l'entreprise sera poussée de l'avant avec activité et menée à fin en 1874, *Journ. offic.* 3 déc. 1872, p. 7487, 3e col. || Pousser de l'avant est une locution fort équivoque, qui ne se comprend qu'à cause d'*aller de l'avant*, qui est très-clair. Si on pousse de l'avant, que fait-on, sinon arrêter le mouvement, comme on le hâterait si on poussait de l'arrière? Cela est donc mauvais.

AVANTAGE. || 1° *Ajoutez :* || Faire son propre avantage, tirer utilité, profit. Comme il est permis de faire en rechignant son propre avantage, je veux leur obéir [à mes vrais amis], les aimer et les gronder, J. J. ROUSS. *Lett. à Du Peyrou*, 6 avr. 1765.

† **AVANTAGER, ÈRE** (avan-ta-jé, jè-r'), *adj.* Terme de droit ancien. Qui a rapport à certains priviléges dont jouissaient les habitants en Bretagne, en Anjou et en Poitou.

† **AVANT-BRISE** (a-van-bri-z'), *s. f.* Brise matinale, brise du matin. On était caressé d'un petit souffle.... sorte d'avant-brise du matin, CHATEAUBR. *Mém. d'outre-tombe*, éd. de Bruxelles, t. VI, *Journ. de Paris à Venise.*

† **AVANT-CHEMIN-COUVERT** (a-van-che-min-kou-vèr), *s. m.* Terme de fortification. Chemin couvert placé en avant d'un autre.

† **AVANT-CREUSET** (a-van-kreu-zè), *s. m.* Construction qui, dans un haut fourneau, précède le creuset. Grâce à cette allure si chaude, il s'échappe de l'avant-creuset, à l'époque des coulées, une fumée extrêmement dense, GRUNER, *Acad. des sc. Comptes rendus*, t. LXXXII, p. 560

AVANT-HIER. *Ajoutez :* — REM. La prononciation avan-z-hier avait cours au XVIIe siècle. Voy. FRÉMONT D'ABLANCOURT, *Dialogue des lettres de l'alphabet où l'usage et la grammaire parlent :* il y représente le *t* accusant l'*s* de se glisser dans avan s hier.

† **AVANT-MUR.** *Ajoutez :* || 2° Terme d'anatomie. Voy. TONSILLE CÉRÉBRALE.

† **AVANT-PIED.** *Ajoutez :* — HIST. XVIe s. Dix [os] à l'avant pied, cinq en chacun, et vingt huict aux orteils, PARÉ, VI, 41.

† **AVANT-RADIER** (a-van-ra-dié) *s. m.* Voy. RADIER 1.

AVANT-RÈGNE (a-van-rè-gn'), *s. m.* Voy. RÈGNE, n° 2.

AVARIE. *Ajoutez :* || 3° Avarie de portefeuille, pertes que subit le portefeuille d'une banque. Son capital [à la Banque] n'a d'autre objet que de garantir les porteurs de ses billets contre les pertes qu'elle peut éprouver dans ses avances ou dans ses escomptes, en un mot, contre ce qu'on appelle les avaries du portefeuille, DE WARU, *Enquête sur la Banque*, 1867, p. 72.

— ÉTYM. *Ajoutez :* M. Dozy rejette l'origine allemande d'*avarie*; suivant lui, ce mot vient de l'arabe : espagn. *averia*; portug. et ital. *avaria*; de l'arabe *'awâr*, dommage subi par une marchandise. C'est par les Italiens que le mot est venu dans les langues romanes.

† **AVENAIRE** (a-ve-nê-r'), *s. m.* Se dit, dans la Suisse romande, avec un sens légèrement péjoratif, d'un habitant de la commune non bourgeois, d'un forain qui n'est pas, comme on dit, des nôtres.

— ÉTYM. Lat. *advena*, étranger, de *ad*, à, et *venire*, venir.

AVENANT. *Ajoutez :* || 5° Terme de pratique très-employé par les agents des compagnies d'assurances. Modification introduite par l'assuré dans les conditions de sa police d'assurance, quand les valeurs assurées ont changé. Lorsqu'il résulte des termes d'une police d'assurance qu'elle doit être nécessairement suivie et complétée par des avenants ou autres conventions et déclarations émanées des parties, *Projet de loi sur l'impôt de l'enregistrement*, art. 7. Attendu que par police et avenant en date des 18 sept. et 7 déc. 1872, enregistrés, les compagnies défenderesses ont assuré à L.... 319300 fr. sur 408 balles de laine..., *Gaz. des Trib.* 8 déc. 1874, p. 1173, 3e col.

2. **AVENIR.** *Ajoutez :* || 6° Avenir a été employé au *plur.* Ma mémoire, qui me retrace uniquement les objets agréables, est l'heureux contre-poids de mon imagination effarouchée, qui ne me fait prévoir que de cruels avenirs, J. J. ROUSS. *Confess.* VII

AVENTURIER. *Ajoutez :* — SYN. AVENTURIER, HOMME D'AVENTURE. Aventurier a deux sens : d'abord un homme qui cherche les aventures; puis un homme qui vit à l'aventure, sans règle et qui n'a point de consistance. Homme d'aventure peut être synonyme d'aventurier, au premier sens; mais il ne l'est pas d'aventurier au second sens; témoin cet exemple : M. P..., un israélite saxon, qui n'est pas un aventurier, mais qui est tout au moins un homme d'aventure, BÉRARD DES GLAJEUX, *Gaz. des Trib.* 14 mars 1873, p. 250, 2e col.

† 2. **AVÉRAGE** (a-vé-ra-j'), *s. m.* Nom, dans le comté de Nice, du menu bétail. Pâturage d'été des avérages : pour terminer l'étude du pâturage d'été, il nous reste à parler du menu bétail [chèvres et moutons], connu, dans le comté de Nice, sous le nom d'avérages, L. GUIOT, *Mém. Soc. centr. d'agric.* 1874, p. 261.

— ÉTYM. Bas-lat. *averagium*, dérivé d'*averia*, animaux de ferme. L'anc. franç. *aver* ou *aveir* avait, entre autres, aussi ce sens (voy. AVOIR 2).

† **AVERS** (a-vèr), *s. m.* Le côté de la face, dans une monnaie. En général, on distingue dans la monnaie sept caractères : la face appelée aussi avers, effigie ou droit, l'opposé ou revers.... *Journ. offic.* 18 fév. 1873, p. 1186, 3e col.

AVERTI. *Ajoutez :* — REM. M. Éman Martin, *Courrier de Vaugelas*, 1er déc. 1874, p. 132, observe que la 1re édition du Dict. de l'Académie, 1694, porte : *Un adverty en vaut deux;* que la seconde, 1718, a : *Un averti, un bon averti en vaut deux;* que cette double forme s'est maintenue dans les trois suivantes; mais que dans la sixième, 1835, il n'y avait plus que : *Un bon averti en vaut deux.* D'après cet historique, M. Martin conclut que la vraie forme est l'ancienne : Un averti en vaut deux; et que l'addition de *bon*, qui n'ajoute rien au sens, en gâte le caractère proverbial. Il a raison.

— HIST. XIIIe s. Il [Guillaume le Bâtard], k'avertiz [prudent] fu e vaillanz, Sa gent rappele e amoneste, *Édouard le Confesseur*, v. 4572.

AVERTIR. *Ajoutez :* || 8° *v. réfl.* S'avertir, se donner à soi-même un avertissement, un conseil. N'ayez pas peur que je m'émancipe davantage; il ne me faut qu'un demi-mot d'avertissement; et je ne sais pourquoi je ne me suis averti moi-même, BALZAC, *Lett. inédites*, CI (éd. Tamizey Larroque). Je m'avertissais de me tenir en garde contre une première impression, si puissante toujours sur moi, J. J. ROUSS. 2e *dial.*

† **AVERTISSEUR.** *Ajoutez :* || 3° *Adj.* Qui donne un signal. Faire usage du sifflet avertisseur, pour éviter les abordages [en mer], *Journ. offic.* 11 oct. 1873, p. 6309, 1re col.

— REM. J. J. Rousseau n'est pas le premier qui ait employé avertisseur au sens de : qui donne un avertissement. Quand cet accident [être lorgnée] m'est arrivé, il a toujours fallu m'en avertir [à cause de sa myopie]; et où serait ici l'avertisseur? STAAL, *Mém.* t. II, p. 142.

† **AVESTÉEN, ENNE** (a-vè-sté-in, è-n'), *adj.* Qui a rapport à l'Avesta. Sa méthode [du chanoine C. de Harlez] est la méthode comparative, la seule efficace en pareil cas, étendue non-seulement aux textes avestéens, mais à toute la littérature parsie, DARMESTETTER, *Revue critique*, 23 sept. 1876, p. 193.

† **AVIATION** (a-vi-a-sion), *s. f.* Procédé par lequel les oiseaux volent et qu'on cherche à imiter pour se diriger et se soutenir dans les airs. Laissons de côté, pour cette fois, le mode de locomotion des oiseaux, l'aviation, comme disent depuis quelque temps, — malheureusement pour nos oreilles — les gens qui voudraient nous inventer des ailes, EDMOND PERRIER, *National de 1869*, 8 mai 1869.

— ÉTYM. Lat. *avis*, oiseau.

† **AVICENNE** (a-vi-sè-n'), *s. f.* Genre de plantes de la famille des gattiliers, qui tire son nom du célèbre philosophe arabe *Ibn-Sina*, dont les Occidentaux ont fait *Avicenne.*

† **AVICOLE** (a-vi-ko-l'), *adj.* Terme d'histoire naturelle. Se dit des parasites qui vivent sur les oiseaux. Les sarcoptides avicoles.

— ÉTYM. Lat. *avis*, oiseau, et *colere*, habiter.

† **AVILISSEUR** (a-vi-li-seur), *s. m.* Celui qui avilit. Le premier voulait se venger du jeune audacieux, avilisseur, disait-il, de la représentation nationale, LOUVET DE COUVRAY, *Mém.* p. 396, dans POUGENS.

† **AVINAGE** (a-vi-na-j'), *s. m.* Sorte de teinture. Teindre cette espèce d'étoffe [une étamine mal tissue] avec une eau ou teinture de bois d'Inde qu'ils [les marchands] nomment avinage, et par cette voie frauduleuse ils trompent le public, *Arrêt du Conseil*, 10 janv. 1723.

— ÉTYM. *À*, et *vin :* la couleur vineuse communiquée par le bois d'Inde.

AVIRON. *Ajoutez :* || 5° Rameur. On a vu des matelots français, qui s'étaient engagés dans la pêche de la baleine comme simples avirons, devenir harponneurs avant la fin de la campagne, J. NOUGARET, *Monit. univ.* 16 sept. 1868, p. 1292, 5e col.

† **AVIRONNIER** (a-vi-ro-nié), *s. m.* Celui qui fait ou vend des avirons, *Tarif des patentes*, 1850.

AVIS. *Ajoutez :* || 8° Dénonciation lucrative en usage au XVIIe siècle. Un grand seigneur dénonçait au roi et à ses ministres une recherche oubliée, ou une malversation impunie.... le plus souvent l'objet dénoncé était concédé à l'auteur de l'avis, qui le recouvrait en son nom, à ses risques, et par les voies civiles ou criminelles, LEMONTEY, *Monarchie de Louis XIV*, vers la fin.

† **AVIVOIR.** *Ajoutez :* Quand on a bien gratteboësse l'endroit que l'on veut dorer, on pose l'or dessus à l'aide d'un avivoir; on appelle ainsi une verge en cuivre, munie d'un manche en bois, grosse et longue comme une fourchette ordinaire, *Œuv. de Benvenuto Cellini*, trad. L. Léclanché, *Traité de l'orfèvrerie*, ch. XIV, ou t. II, p. 340.

AVOCASSER. *Ajoutez :* || 2° Il se dit encore aujourd'hui dans les îles Normandes, sans aucun sens défavorable et au sens de plaider comme avocat. Serment prêté par trois avocats reçus par la cour royale de Guernesey, le 13 avril 1874.... que, s'il vient à votre connaissance par quelque manière que ce soit que la cause soit mauvaise, en quelque état qu'elle soit, plus n'y avocasserez et du tout la délaisserez.... *La Gaz. de Guernesey*, 14 avril 1874.

AVOCAT. *Ajoutez :* || 4° Dans le langage féodal, protecteur. Les rois d'Espagne se qualifiaient encore, il n'y a que quelques années, avocats d'une partie des villes que j'ai conquises en Flandre, *Mém. de Louis XIV*, édit. Dreyss, t. II, p. 450.

† 2. **AVOCAT** (a-vo-ka), *s. m.* Fruit de l'avocatier.

† **AVOCATIE** (a-vo-ka-sie), *s. f.* Dans le langage féodal, fonction d'avocat, de protecteur. Ce pays [la Flandre] étant presque tout divisé en différentes avocaties ou protections, *Mém. de Louis XIV*, édit. Dreyss, t. II, p. 450.

1. **AVOIR.** *Ajoutez :* || 18° Terme de turf. Avoir un cheval, parier pour un cheval. Quand un pouleur demande : quel cheval avez-vous? cela veut dire pour quel cheval pariez-vous?

— REM. *Ajoutez :* || 7. Auxiliaire, placé autrement dans le XVIIe siècle que nous ne faisons d'ordinaire aujourd'hui. Je devais par la royauté Avoir commencé cet ouvrage [j'aurais dû.... commencer], LA FONT. *Fabl.* III, 2. Et quand ce même prélat [Fénelon] veut qu'on croie sur sa parole.... la bonne foi lui devait avoir imposé silence, BOSS. *Remarques sur la réponse à la relation sur le quiétisme.* Au reste cette construction est parfaitement correcte. || 8. Des grammairiens ont dit que dans la locution : *il y a longtemps, dix ans*, etc.

que, et *il y a longtemps, dix ans*, etc., sans *que*, une différence devait être établie ; que la première convenait quand l'action dont il s'agissait durait encore : *il y a longtemps que je demeure dans cet appartement*, et : *il y a longtemps telle chose arriva*. La distinction serait valable, si, dans la locution, le *que* était un relatif signifiant *pendant lequel temps*; mais c'est une simple conjonction qui unit les deux membres. La seule remarque à faire, c'est que, quand *il y a longtemps, dix ans*, etc. commence la phrase, il est plus usuel de mettre le *que : il y a longtemps que je suis malade, que j'ai quitté cet appartement*. || 9. Molière a donné à *il y a* pour complément un relatif. Pensez-vous qu'on soit capable d'aimer de certains maris qu'il y a? *G. Dand.* III, 5. Rien ne s'oppose à cette construction.

† **AVOIRA** (a-voi-ra), *s. m.* Grand palmier d'Afrique, *elæis guineensis*, dont le fruit fournit deux huiles différentes, l'une par son sarcocarpe, l'autre par son amande. || On écrit aussi aouara.

† **AVOIR-DU-POIDS** (a-voir-du-poî), *s. m.* Terme de commerce. Nom que les Anglais donnent à la livre de 16 onces anglaises; elle vaut 453gr,60.

AVOISINER. *Ajoutez :* || 2° *V. réfl.* S'avoisiner, devenir plus près, plus voisin. Le rocher s'avoisine, vous en distinguez l'arête, le voilà, Mme DE GASPARIN, *Vesper*, 2e éd., Paris, 1862. || S'avoisiner est une expression génevoise que Mme de Gasparin affectionne et qui se trouve aussi dans R. Töpffer.

AVORTER. — HIST. XIIIe s. *Ajoutez :* Se la jument sent l'odour et la fumée de la chandeille esteinte, elle aorterat, BRUN. LATINI, *Trésor*, p. 242.

† **AVRILLÉE** (a-vri-llée, *ll* mouillées), *s. f.* Terme provincial. Pluie d'avril, douce et tiède.

AXE. *Ajoutez :* || Terme de géométrie. Diamètre rectiligne d'une courbe plane, qui est perpendiculaire sur les cordes qu'il divise en deux parties égales. || S'emploie quelquefois pour désigner une ligne remarquable d'une surface : axe d'un conoïde, ligne droite le long de laquelle glissent les génératrices. || Axe électrique, ligne qui, dans les cristaux où s'est développée la pyroélectricité, réunit les pôles électriques.

† **AXIAL, ALE** (a-ksi-al, a-l'), *adj.* Qui appartient à un axe, qui a le caractère d'axe. Plusieurs des observateurs modernes ont décrit et représenté la duplicité du vaisseau axial de la branchie [de certains annélides], CLAPARÈDE, *Annélides du golfe de Naples*, Genève, 1868, p. 22.

† **AXIN** (a-ksin), *s. m.* Produit graisseux et cireux employé comme onguent contre les douleurs, au Mexique; il est produit par la cochenille du *jatropha curcas* appelée *coccus axinus*.

† **AXINITE** (a-ksi-ni-t'), *s. f.* Substance minérale qui cristallise en forme de hache.

— ÉTYM. Ἀξίνη, hache.

† **AXIOMATIQUE.** *Ajoutez :* Un sixième caractère de cette loi [la loi fondamentale de la raison] est d'être axiomatique, MAGY, *Journ. offic.* 5 déc. 1872, p. 7545, 3e col.

AXIOME. *Ajoutez :* — HIST. XVIe s. N'est-ce pas une chose que toute l'eschole tient comme un axiome qu'il faut toujours commencer aux plus aisez remedes? PARÉ, *Apologie*.

† **AXOLOTL** (a-kso-lo-tl'), *s. m.* Nom mexicain d'une espèce de lézard.

† **AYE-AYE** (a-ye-a-ye), *s. m.* Mammifère singulier de Madagascar; le nom scientifique est chiromys; c'est une espèce de paresseux.

† **AYER** (a-ièr), *s. m.* Arbuste des Moluques, dont il découle, quand on fait des incisions à ses rameaux, un suc limpide propre à désaltérer.

— ÉTYM. Malais, *âyer*, eau, DEVIC, *Dict. étym.*

† **AZEL** (a-zèl), *s. m.* Nom, en Algérie, des terres domaniales. La première [catégorie des propriétés algériennes] est celle des azel ou beylick; ces terres appartiennent à l'État qui les loue aux tribus.... D'HARCOURT, *Journ. offic.* 2 juill. 1873, p. 4359, 2e col.

† **AZERAILLE** (a-ze-râ-ll', *ll* mouillées), *s. f.* Nom provincial de l'érable champêtre, H. FLICHE, *Man. de botan. forest.* p. 250, Nancy, 1873.

—ÉTYM. Bas-lat. *azerus*, dérivé du lat. *acer*, érable.

AZEROLE. — ÉTYM. Mettez : Esp. *acerola, azarolla*; portug. *azerolo*; ital. *ezzeruolo, lazzeruola, lazzarolo*; de l'arabe *az-zo'roûr*, même sens.

AZIMUT. *Ajoutez :* || 2° Azimut magnétique, angle que fait une direction horizontale quelconque avec le méridien magnétique d'un lieu.

† **AZOR** (a-zor), *s. m.* Nom fréquemment donné aux petits chiens, d'après l'opéra de Grétry *Zémire et Azor*. || Fig. Un Azor, une personne qui en suit une autre sans jamais la quitter. || Les soldats nomment leur sac Azor : son pelage lui a fait donner ce nom de chien, L. LARCHEY. || En style de coulisse, appeler Azor, siffler.

† **AZOTH.** *Ajoutez :* — ÉTYM. Arabe, *az-zaouq*, le mercure, DEVIC, *Dict. étym.*

† **AZURAGE** (a-zu-ra-j'), *s. m.* Action de teindre en bleu. M. Natalis Rondot : Pour les fils [de soie] azurés, l'opération de l'azurage ne renchérit en aucune façon le filé? — M. Holdforthe : De très-peu de chose; l'azurage se fait avec un morceau d'indigo, *Enquête, Traité de comm. avec l'Anglet.* t. V, p. 611.

† **AZURÉMENT** (a-zu-re-man), *s. m.* Néologisme. Action d'azurer, état de ce qui est azuré. Plus loin, dans l'azurement bleuâtre du lointain, on découvrait le coteau de Ménilmontant, TH. GAUTIER, *Portraits contemporains*, p. 190 (1874).

† **AZURINE** (a-zu-ri-n'), *s. f.* Nom d'un bleu. Un vert appelé éméraldine, un bleu azurine, et le noir intense d'aniline, ne se sont développés que sur les fibres végétales, *Mém. d'agric.* 1870-71, p. 338.

† **AZURITE** (a-zu-ri-t'), *s. f.* Un des noms de la lazulite, pierre bleue. Une pièce d'azurite enchâssée dans sa prunelle [de la statue de Minerve] rappelle l'épithète de *glaucopis* qu'Homère ne manque jamais d'appliquer à Pallas-Athéné, et prête à son regard une lueur étrange, TH. GAUTIER, *Portraits contemp.* (*Simart*).

B

† **BAB** (bab), *s. m.* Nom du chef d'une secte religieuse qui s'est élevée de nos jours en Perse et qui a été en butte à d'horribles persécutions. Le chef de la religion, le Bab, c'est-à-dire la porte ou le point, n'est qu'une émanation plus directe de la divinité, F. CHAULNES, *Journ. offic.* 30 janv. 1875, p. 816, 2e col.

BABA. *Ajoutez :* — ÉTYM. Russe, *baba*, ... vieille sorcière, gâteau de Pâques.

† **BABÉLIQUE** (ba-bé-li-k'), *adj.* Qui a rapport à la tour de Babel, et fig. qui est plein de confusion, de foule. Je crus voir de Paris se dessiner l'image.... Ses faubourgs fourmillants, ses halles babéliques, ANT. CAMPAUX, *Maisonnette*, p. 16. Pourtant, l'italien, l'allemand, l'anglais, ont eu leur part, accusant ainsi le caractère un peu babélique de ces réunions internationales [le congrès botanique de Florence], J. E. PLANCHON, *Rev. des Deux-Mondes*, 15 juill. 1874, p. 457.

— ÉTYM. *Babel*.

† **BABERI** (ba-be-ri), *adj.* Nom d'une écriture qui a été usitée en Perse. Il [le sultan Baber] rappelle surtout avec complaisance une écriture singulière, à laquelle il avait donné son nom,... c'était l'écriture baberi.... l'existence de l'alphabet baberi ne peut être révoquée en doute.... FERD. DELAUNAY, *Journ. offic.* 27 août 1872, p. 5721, 3e col.

† **BABLAH** (ba-bla), *s. m.* Substance végétale employée dans la teinture. Gousses tinctoriales, 4 fr. les 100 kilogrammes : on comprend sous cette dénomination, particulièrement le bablah des Indes et le libidibi ou dividivi d'Amérique, CORDIER, *Journ. offic.* 3 juill. 1872, p. 4517, 2e col.

† 1. **BABY** (ba-bi, *au plur.* babies, prononcé aussi ba-bi; la prononciation anglaise est be-bi, *au plur.* be-bis'), *s. m.* Mot anglais qui se dit quelquefois aujourd'hui pour bébé, petit enfant. Les babies britanniques ont des teints de crème et de fraise, TH. GAUTIER, *les Beaux-arts en Europe*, t. I, p. 44.

† 2. **BABY** (ba-bi), *s. m.* Partisan de la doctrine religieuse de Bab. Après quelques victoires, les babys furent défaits; le Bab prisonnier fut conduit à Tabriz, où on le supplicia, F. CHAULNES, *Journ. offic.* 30 janv. 1875, p. 816, 3e col.

— ÉTYM. Voy. BAB, au Supplément.

† **BABYSME** (ba-bi-sm'), *s. m.* Doctrine religieuse du Bab. Le babysme.... cette secte étrange [en Perse, 1847-1852] qui a eu ses dieux, ses martyrs, ses prophètes et qui, bien qu'étouffée en apparence, n'est peut-être pas bien morte encore.... cette doctrine.... peut se résumer ainsi : Dieu est en tout, donc tout est Dieu; le chef de la religion, le Bab, c'est-à-dire la porte ou le point, n'est qu'une émanation plus directe de la divinité, F. CHAULNES, *Journ. offic.* 30 janv. 1875, p. 816, 2e col.

BAC. *Ajoutez :* || 3° Bac oblique, bac réuni obliquement à un câble tendu d'une rive à l'autre, de manière à traverser la rivière par l'action même du courant.

— HIST. *Ajoutez :* XIIe s. Si s'en est jusqu'al port alés Et li notoniers avec lui; Si s'en entrent el bac andui [tous les deux], CHRESTIEN DE TROYES, *Perceval le Gallois*, v. 9736.

† **BACALIAU** (ba-ka-li-ô), *s. m.* La morue séchée.

† **BACBUC** (ba-kbuk), *s. f.* Dans Rabelais, la dive Bacbuc, la bienheureuse bouteille.

— ÉTYM. Hébreu, *baqboûq*, bouteille, flacon, DEVIC, *Dict. étym.*

BACHA. *Ajoutez :* — ÉTYM. *Bacha* est la forme arabe du mot turc *pacha*; les Arabes, n'ayant point de *p*, le remplacent par un *b*. Les Grecs ont altéré le mot arabe *bacha* en *bassa*.

† **BACHE** (ba-ch'), *s. m.* Terme de houillère en Belgique et dans le département du Nord. || 1° La cuve en bois servant à puiser les eaux des réservoirs. || 2° Réservoir dans lequel une pompe verse l'eau pour une pompe supérieure. || 3° Mesure de houille d'un hectolitre. || 4° Bache de hiercheur, petit panier ou traîneau dans lequel les hiercheurs traînent la houille ou les pierres.

— ÉTYM. Le même que *bac*.

BÂCHE. *Ajoutez :* || 7° Terme de houillère. Planche sciée de longueur pour revêtir les parois des bures. || Espèce de plancher que l'on établit pour faciliter le roulage.

BÂCHER. *Ajoutez :* || 2° Terme de houillère en Belgique. Poser les bâches sur madriers et les clouer sur les bois de la cloison qui coupe le puits selon son axe longitudinal. || Plancheier une voie descendante pour faciliter le roulage.

† **BÂCHEUR** (ba-cheur), *s. m.* Ouvrier chargé de bâcher, c'est-à-dire de poser les madriers dans les mines de houille. Primes distribuées aux hiercheurs, aux bâcheurs et aux avaleurs, *Journ. offic.* 25 févr. 1873, p. 1361, 1re col.

† **BÂCHIRE** (bâ-chi-r'), *s. f.* Terme de houillère en Belgique. Cloison de planches clouées dans une bure.

† **BACHLICK** (bach-lik) ou **BACHELICK** (ba-che-lik), *s. m.* On vend sous ce nom une espèce d'écharpe en filet de laine à larges mailles, formant capuchon pour la tête, avec des bouts pendants et munis de longues houpes; le mot et la chose sont d'origine russe. Enveloppé dans sa peau de mouton, la tête encapuchonnée dans son bachlick, son long usil lui battant le dos à chaque secousse, il [le cavalier tatare du Caucase] trottine silencieusement,... J. PATENÔTRE, *Rev. des Deux-Mondes*, 1er déc. 1874 p. 524.

† **BACHOLLE.** *Ajoutez :* || 2° Vase en bois dans lequel le fromager dépose la pelote de lait caillé, pour faire le fromage de Cantal, *les Primes d'honneur*, p. 448, Paris, 1874.

BACHOT. *Ajoutez :* || 2° Nom, dans les environs de Paris, du vase dans lequel on recueille le raisin. Il faut six bachots pour faire une barrique de vin.

BACINET. *Ajoutez :* || 2° Partie de l'armement de tête des hommes d'armes (voy. BASSINET).

BÂCLER. *Ajoutez :* — HIST. XIII° s. Renost Qui bacle, GÉRAUD, *Paris sous Philippe le Bel*, p. 43.

† **BACNEUR** (ba-kneur), *s. m.* Ouvrier qui creuse les bacnures.

† **BACNURE** (ba-knu-r') ou **BAQUENURE** (ba-ke-nu-r'), *s. f.* Terme du pays de Liége, qui désigne une galerie faite à travers les bancs de roches perpendiculairement au puits de la mine; c'est le synonyme de bouveau 2.

† **BACOLOGIQUE** (ba-ko-lo-ji-k'), *adj.* Qui a rapport aux vers à soie. La campagne bacologique — ceci regarde ceux qui s'occupent de la production de la soie — a été splendide au Japon, où on a eu des graines excellentes et en grande quantité en beaucoup d'endroits, *Journ. offic.* 7 oct. 1874, p. 6894, 3° col.

— ÉTYM. Mot hybride, de l'ital. *baco*, ver, ver à soie, et λόγος, rapport.

† **BACTÉRIE** (ba-kté-rie), *s. f.* Infusoire végétal, possédant une faculté de locomotion qui se retrouve dans beaucoup de conferves. Les bactéries jouent dans les tissus et les humeurs des êtres organisés le rôle destructeur des principes immédiats que jouent les champignons microscopiques appelés ferments. || Bactéries du sang de rate, bactéries qui se développent dans le sang des animaux morts de cette maladie et aussi dans le sang des individus atteints de pustule maligne.

† **BACTÉRIQUE** (ba-kté-ri-k'), *adj.* Qui a rapport aux bactéries. On peut comprendre [en considérant la diffusion, dans l'atmosphère, des corpuscules invisibles] la marche des épidémies qui ravagent un pays, épargnant certaines villes d'un même département; est-ce là un résultat de l'action de nuages bactériques s'abattant sur un point et ne touchant point les autres? BOUCHUT, *Journ. offic.* 8 juill. 1876, p. 4960, 1re col.

† **BACTRIEN, IENNE** (ba-ktri-in, iè-n'), *adj.* Qui est relatif à la Bactriane. Le législateur bactrien, Zoroastre.

† **BADAMIER.** — ÉTYM. *Ajoutez : Damier* n'est pour rien dans ce mot. L'origine en est le persan *bâdâm*, amande, DEVIC, *Dict. étym.*

BADAUDERIE. *Ajoutez :* — HIST. XVI° s. Quand les vieux soldats les surprenoient en telles badauderies, BRANT. *Duels*.

† **BADELAIRE.** *Ajoutez :* — REM. *Badelaire* est le même que *baudelaire* (voy. ce mot au Dictionnaire).

BADIANE. *Ajoutez :* — ÉTYM. Persan, *bâdiân*, anis, DEVIC, *Dict. étym.*

BADINAGE. *Ajoutez :* || 3° Chasse au badinage, celle qui consiste à attirer les canards sauvages à l'aide d'un chien que l'on fait courir sur le bord de l'eau. La chasse au badinage n'est pas une fable, comme le croient bien des chasseurs; si vous en doutez, faites-en l'expérience : promenez-vous le long d'une mare assez large où s'ébattent des canards domestiques; et, quel que soit votre chien, vous les verrez suivre tous ses mouvements, CARTERON, *Premières chasses, Papillons et oiseaux*, p. 96, Hetzel, 1866.

† **BADINGUE** (ba-din-gh'), *s. f.* Voy. BANDINGUE au Dictionnaire et au Supplément.

† **BADRÉE** (ba-drée), *s. f.* En Normandie, marmelade de pommes ou de poires qu'on étend sur les pâtisseries, sur les tartes, DELBOULLE, *Gloss. de la vallée d'Yères*, Le Havre, 1876, p. 30.

† **BADROUILLE.** *Ajoutez :* — REM. Le même que *vadrouille* (voy. ce mot au Dictionnaire).

† **BAGATELIER** (ba-ga-te-lié), *s. m.* Celui qui dit ou fait des bagatelles. Il n'y aurait point d'empêchement qui privât les quolibetiers du privilége du jubilé; ce que je puis dire des bagateliers, si toutes les bagatelles étaient aussi belles que les vôtres, RAC. *Lexique*, éd. P. Mesnard.

BAGATELLE — ÉTYM. *Ajoutez :* Comme l'origine de *bagatelle* est controversée, nous consignons ici un passage où ce mot est employé avec un sens particulier : Qui credit has dispositiones [hernias] curari per limaturam calibis interius et magnete exterius apposito cum sua *bagatella*, BARTHOLOMÆUS DE MONTAGNANA, *Consilia*. Le sens n'est pas très-assuré; pourtant il paraît être : avec son anneau, sa bague. Barthelemy de Montagnana est un chirurgien italien du XV° siècle.

† **BAGNOLE** (ba-gno-l'), *s. f.* Sorte de wagons pour les chevaux. Une compagnie de chemin de fer est-elle tenue d'avoir dans chacune de ses gares et stations, à la disposition des expéditeurs de chevaux, des wagons-écuries, des wagons dit bagnoles et autres, au choix des expéditeurs? *Gaz. des Trib.* 17-18 août 1874, p. 787, 1re col.

— ÉTYM. Une *bagnole* est, dit-on, dans les Ardennes, une mauvaise voiture. *Bagnole* se dit couramment en Normandie dans le même sens. C'est probablement un péjoratif de *banne*, *banneau*.

BAGUE. *Ajoutez :* || 7° Terme de mécanique. Bague d'excentrique, cercle métallique qui enveloppe l'excentrique circulaire. || 8° Moulure au goulot d'une bouteille. Litres, forme française à deux bagues, *Enquête, Traité de comm. avec l'Anglet.* t. VI, p. 510.

BAGUENAUDE. — HIST. XV° s. *Ajoutez :* Baguenaude [nom d'une combinaison de rimes], HENRI DE CROY, dans *Hist. litt. de la Fr.* t. XXIV, p. 451.

BAGUETTE. *Ajoutez :* || 13° Arbalète à baguette (voy. ARBALÈTE).

BAHUT. *Ajoutez :* || 4° Dans l'argot des écoles, pensionnat, logement.

BAHUTIER. *Ajoutez :* — REM. Le proverbe relatif aux bahutiers qui font plus de bruit que de besogne, a probablement donné origine au verbe populaire *bahuter*, faire tapage.

† **BAHUTTE** (ba-u-t'), *s. m.* Nom italien, inusité en français, du domino vêtement. J'ai un peu dérangé ma philosophie pour me mettre comme les autres [à Venise]; de sorte que je cours la place et les spectacles en masque et en bahutte, tout aussi fièrement que si j'avais passé toute ma vie dans cet équipage, J. J. ROUSS. *Lett. à Mme de Montaigu*, 23 nov. 1743.

† **BAÏANISME** (ba-ia-ni-sm'), *s. m.* Voy. plus loin BAYANISME. J. B. Duchesne : Histoire du baïanisme ou de l'hérésie de Michel Baïus, avec notes et pièces justificatives, Douai, 1721, in-4°.

† **BAIGNADE** (bè-gna-d'), *s. f.* Action de prendre des bains en rivière ou en mer. La préfecture de police vient de faire afficher dans le département de la Seine une ordonnance concernant les baignades en pleine rivière, *Journ. offic.* 2 juin 1876, p. 3787, 2° col.

† **BAIGNAGE** (bè-gna-j'), *s. m.* Nom donné, dans le Calvados, à l'irrigation des prés, *les Primes d'honneur*, Paris, 1870, p. 15.

† **BAIGNANT** (bè-gnan), *s. m.* Se dit, dans les lieux où l'on prend les bains de mer, de celui qui prend les bains, quand on veut le distinguer de celui qui les fait prendre. Le baignant et le baigneur.

† **BAIGNANTE** (bè-gnan-t'), *adj. f.* Prairies baignantes, nom, dans le Calvados, des prairies arrosées, *les Primes d'honneur*, Paris, 1870, p. 15.

BAIGNER || 4° *V. n. Ajoutez :* || Fig. Il se dit de la lune quand elle est entourée d'un cercle et que son contour est mal terminé. La couleur pâle de la lune, les cercles concentriques plus ou moins obscurs dont elle est entourée, ses cornes mal terminées, l'auréole lumineuse qui s'étend autour d'elle et qui fait dire que la lune baigne, sont autant de signes de pluie; les étoiles présentent des signes pareils : leur lumière perd de sa vivacité et elles baignent aux approches de la pluie, *Journ. offic.* 20 sept. 1873, p. 5976, 1re col.

BAIGNEUR. *Ajoutez :* || 5° Baigneur, nom donné, dans le Calvados, à ceux qui opèrent l'irrigation des prés, *les Primes d'honneur*, Paris, 1870, p. 15.

— REM. Au XVII° s. et même plus tard, les baigneurs étaient en même temps logeurs. J'avais logé au faubourg Saint-Germain chez un baigneur avec l'évêque de Limoges, TILLY (né en 1764), *Mém.* t. I, p. 201.

† **BAIGNOIR** (bè-gnoir), *s. m.* Lieu où l'on se baigne, établissement de bains. On doit établir un baignoir dans le lac de Nantua, à l'usage de la population de cette ville, *Courrier de l'Ain*, juin 1875.

— REM. Il n'est pas probable que ce néologisme, qui pourtant ne serait pas inutile, s'établisse, soit à cause de l'homophonie avec *baignoire*, soit parce que *bains* s'emploie déjà en un sens voisin.

BAIL. *Ajoutez :* || 2° Ancien terme de droit en Bretagne. Bail à convenant, bail en premier détachement, dit aussi acconvenancement, bail fait pour un temps convenu, au bout duquel le propriétaire foncier pouvait déposséder le tenancier, moyennant remboursement de ses dépenses à dire d'experts, MÉHEUST, dans *Mémoires de la Société centrale d'agriculture*, 1873, p. 300.

BAILLE. — ÉTYM. *Ajoutez :* Les paysans de l'Angoumois disent *un baille*.

† 2. **BAILLE** (ba-ll', *ll* mouillées), *s. f.* Nom donné, dans le nord de la France, aux perches dont on entoure les pâturages.

† 3. **BAILLE** (ba-ll', *ll* mouillées), *s. m.* Nom qu'on donne dans la Provence au chef des bergers qui conduisent leurs troupeaux sur les montagnes; c'est une autre forme de bayle (voy. ce mot au Supplément). Je suis Lombard le baille des troupeaux transhumants qui sont là-haut sur les montagnes pastorales, E. BERTHET, *la Directrice des postes*, ch. XX.

† **BAILLÉE** (ba-llée, *ll* mouillées), *s. f.* Ancien terme de droit en Bretagne. Baillée d'assurance, renouvellement du bail à convenant (voy. BAIL, au Supplément), MÉHEUST, dans *Mém. de la Soc. centrale d'agric.* 1873, p. 300.

BÂILLER. *Ajoutez :* || Activement. Bâiller sa vie, la passer en bâillant. Appauvri d'âme et de sang, le fils [de Henri IV] traîna, bâilla sa vie; et le plus grand service qu'il ait rendu à la France est d'avoir maintenu Richelieu au pouvoir, HENRI BLAZE DE BURY, *Rev. des Deux-Mondes*, 15 août 1876, p. 947.

† **BAILLETTE.** *Ajoutez :* || 2° La transaction elle-même qui donnait la baillette. ... dans diverses baillettes ou transactions plus anciennes,... et même en remontant à la baillette du 10 octobre 1468, qui est l'acte primordial et originaire dont se prévalent les usagers.... *Enquêtes sur les incendies des forêts*, p. 207, *Dépos. Flinoy*, directeur du *Phénix*, à Bordeaux, 1873.

BAILLEUL. *Ajoutez :* — REM. On a dit bailleur par confusion; c'est une faute. J'avais pris la résolution de m'abandonner entre les mains de M. de Cuvilliers, qui était bailleur du roi, Mme DE LA GUETTE, *Mémoires*, éd. Jannet, 1856, p. 189. Je craignais le bailleur comme la mort, p. 188.

BAILLEUR. *Ajoutez :* || 5° Bailleur de blé se disait, dans les anciens moulins, de l'auget distributeur.

BAILLI. *Ajoutez :* || 6° Le premier magistrat civil de chacune des deux îles de Jersey et de Guernesey, nommé par la couronne, président de la cour royale et des états. A Guernesey on écrit ordinairement baillif. || Lieutenant-bailli ou lieutenant-baillif, suppléant du bailli, nommé par lui, généralement parmi les membres de la cour royale.

† **BAILLIVAL, ALE** (ba-lli-val, va-l', *ll* mouillées), *adj.* Qui a rapport au bailli. Le secrétaire baillival d'Yverdun, J. J. ROUSS. *Lett. au comte de Tonnerre*, 18 sept. 1768. L'assemblée baillivale de Bourg en 1789, *Courrier de l'Ain*, 5 juillet 1864 (*Extraits des anecdotes sur le Bresse de l'astronome Lalande*).

BAIN. *Ajoutez :* || 11° Terme d'exploitation houillère. Bain d'eau, ou, simplement, bain, réservoir souterrain formé par l'infiltration des eaux dans les vides laissés par l'exploitation de la houille.

— ÉTYM. *Ajoutez :* D'autres disent que l'expression *bain-marie* provient de Marie, sœur de Moïse, à qui les alchimistes attribuaient un livre, contenant diverses recettes et préparations.

BAÏONNETTE, — ÉTYM. *Ajoutez :* « La *baïonnette*, selon quelques auteurs, aurait été inventée à Bayonne pendant le siége de cette ville, en 1523, et mise en usage dans l'armée par Martinet, en 1671; mais l'emploi en était évidemment antérieur à cette époque, puisqu'on voit, dans une lettre écrite, en 1571, par Hotmann à Jacques Capelle, à Sedan, que cette arme était usitée de son temps; et qu'en 1640 on en fabriqua à Bayonne. Le mot *baïonnette*, du reste, ne vient pas de *Bayonne*, mais bien du mot roman *bayoneta*, petite gaîne; dans tous les idiomes de l'Espagne, *bayona* veut dire gaîne. Le contenant aurait ainsi donné son nom au contenu » A. DE CHASNEL, *Dict. des armées de terre et de mer*, Paris, Armand le Chevalier, 1862, p. 63. Voici le passage de Hotman dont parle M. de Chasnel : Is [M. de Courlay] biennio supra ternis a me litteris petiit, ut illi pugionem inauratum mitterem, quem vos appellatis *bayonnette*.... pugionem duobus scutatis aureis et semisse confestim emi, *Fr. et Joh. Hotomanorum.... Epistolæ*, 1700, in-4°, p. 51 (*Epist.* XL *Jacobo Capello*, 20 avril 1575). Ainsi l'existence de la baïonnette et de son nom est constatée en 1575; et Voltaire est déchargé de l'accusation d'anachronisme portée contre lui au sujet des vers où il fait figurer la baïonnette à la bataille d'Ivry en 1590 : Cette arme que jadis, pour dépeupler la terre, Dans Bayonne inventa le démon de la guerre, *Henr.* VIII. Toutefois les observations de M. de Chasnel ne prouvent pas que l'arme n'ait pas été inventée à *Bayonne*, et surtout que *baïonnette* vienne de l'espagnol *vaina*, gaîne, prononcé il est vrai *baina*, mais qui n'a pu guère donner un diminutif avec intercalation d'un *o*.

1. **BAISER.** *Ajoutez :* — REM. 1. Figurément, baiser les mains signifie aussi dire adieu, renoncer. Elle va louer une maison pour cent ans, et baise très-humblement les mains à la pauvre Bretagne, SÉV. 236. S'il est ainsi, je vous baise les mains, Muses; gardez vos faveurs pour quelqu'autre, J. B. ROUSS. *Liv.* I, *Épître* I. ‖ 2. C'est à grand tort que plusieurs écrivains remplacent baiser par embrasser. On lit souvent: il lui embrasse les mains. Ainsi défigurée, la locution devient ridicule.

2. **BAISER.** *Ajoutez :* ‖ Baiser Lamourette, réconciliation peu durable, ainsi dit d'un embrassement général qui eut lieu entre les députés à l'Assemblée nationale, sur un appel chaleureux à la conciliation fait par M. Lamourette, en 1792; mais, le moment d'enthousiasme passé, chacun retourna à son parti.

BAISSE. *Ajoutez :* ‖ 4° À la baisse, à la descente, dans le langage des bateliers de la Saône et de la Loire, MANTELLIER, *Glossaire*, Paris, 1869, p. 10.

BAISSER. ‖ 9° *V. n. Ajoutez :* Baisser, descendre une rivière. Nous prîmes une cabane, et baissâmes jusqu'à Orléans, SCARR. *Roman com.* cité dans JAL.

— HIST. ‖ XVI° s. *Ajoutez :* Il n'y avoit lieu où un chalan peust monter ne baisser [descendre un cours d'eau]; monseigneur le Dauphin qui baissoit par eau.... MANTELLIER, *Glossaire*, Paris, 1869, p. 10.

† 2. **BAISSIER** (bè-sié), *s. m.* Nom donné, dans le cours de quelques rivières, à des atterrissements.

† **BAITE** (bè-t'), *s. f.* Nom, en haute Normandie, Seine-Inférieure, de l'amorce pour les hameçons.

— ÉTYM. Le même que *boitte*. À *boitte*, ce mot est rattaché au bas-breton *boued*, nourriture, et aussi appât, amorce; mais M. Baudry rattache *baite* à l'angl. *bait*, amorce, qui lui-même semble se rattacher à l'angl. *bit*, morceau, bouchée; comp. l'allem. *beissen*, mordre.

† **BAKCHICH** (ba-kchich), *s. m.* Cadeau, pourboire, en Turquie, en Égypte, en Perse. Nous prenons nos billets, et nous sommes poursuivis dans la gare par un employé arabe qui nous demande un bakchich pour nous avoir passé nos billets, GUILL. LEJEAN, *d'Alexandrie à Souakia*, dans *le Tour du Monde*, 2° sem. de 1860, p. 98. ‖ On le trouve écrit aussi bachich. Des Arabes demi-nus nous déposent sains et secs sur le quai moyennant un léger bachich, SPIELL, *Voy. au Liban*, dans *Tour du Monde*, 1er sem. 1861.

— ÉTYM. Persan, *bakchich*, du verbe *bakhchiden*, donner, DEVIC, *Dict. étym.*

BAL. *Ajoutez :* ‖ 3° Épée de bal, épée qui ne sert que pour la toilette. Si mon premier langage était scintillant et musqué comme l'épée de bal et la poudre, A. DE VIGNY, *Stello*, ch. 20. ‖ 4° Anciennement, bal réglé, bal ouvert par un branle. Le dimanche gras, il y eut grand bal réglé chez le roi, c'est-à-dire ouvert par un branle, suivant lequel chacun dansa après, ST-SIM. ch. II, p. 24 (t. I, éd. Chéruel et Ad. Regnier fils).

BALADINAGE. *Ajoutez :* ‖ 3° Baladinages, nom donné autrefois aux danses par haut, dans lesquelles on sautait plus ou moins, par opposition aux danses par bas ou danses nobles, comme le menuet, la courante, où le danseur ne quittait pas le parquet.

BALAI. *Ajoutez :* ‖ 4° Balai de sorcier, branche déformée par maladie en un sapin. Il [le chaudron, maladie du sapin] résulte d'un arrêt de sève qui se manifeste à l'origine par un rameau déformé qu'on appelle, dans les Vosges, balai de sorcier, H. FLICHE, *Man. de Botan. forest.* p. 281, Nancy, 1873. ‖ 5° Portion de la queue, chez les poissons. Les trieurs couperont aussi, deux fois par jour, la moitié du balai de la queue à cette qualité de poissons [morues plates] avant de la remettre dans la cale.... *Art.* 10 *de la direct. du Corps consulaire de Dieppe du 25 juill.* 1776, dans *Notice sur l'écorage, par J. Delahais*, p. 31. ‖ 6° Il se dit, en général, d'une pousse désordonnée de brindilles autour de la cicatrice d'une grosse branche coupée.

— ÉTYM. *Ajoutez :* Contre la dérivation qui tire *balai* de l'armoricain *balan*, genêt, M. d'Arbois de Jubainville (*Revue celtique*, t. II, p. 128) remarque que *balan* est une forme moderne employée pour *banazl*, en moyen gallois *banadil*; il ajoute qu'il faudrait s'assurer si le mot français n'est pas antérieur à l'introduction de la forme *balan* dans le breton armoricain.

BALANCE. ‖ 2° *Ajoutez :* Une bonne balance hydrostatique, qui penchait sensiblement à un quart de grain, BUFF. *Hist. nat. Part. exp. Œuvres*, t. VIII, p. 186. ‖ Balance de Roberval, balance dans laquelle les plateaux sont au-dessus du point de suspension, auquel ils sont reliés à l'aide d'un parallélogramme articulé. ‖ Balance de Quintenz, ou balance à bascule, ou bascule, balance employée pour peser les lourds fardeaux; les longueurs des bras de levier sont dans un rapport constant, en général égal à $\frac{1}{10}$; une articulation particulière permet au plateau qui reçoit le corps à peser, de se mouvoir horizontalement. ‖ Balance romaine, voy. ROMAINE 1. ‖ On donne encore le nom de balance à divers appareils destinés à mesurer des forces quelconques. Balance de torsion.

BALANCEMENT. ‖ 2° Disposition des marches d'un escalier dont une partie est droite et une partie circulaire, adoptée en vue de répartir progressivement la diminution de largeur des marches du côté de la rampe circulaire.

BALANCER. *Ajoutez :* ‖ 11° En termes de construction, balancer un escalier, établir le balancement des marches. ‖ 12° Populairement, tenir en suspens, amuser. Le fond de l'affaire, à ce que j'imagine, c'est que sa petite fierté veut avoir sa revanche et se donner le plaisir de te tenir le bec dans l'eau; tu l'as balancée, elle te balance.... ne prends pas cet air déconfit, V. CHERBULIEZ, *Rev. des Deux-Mondes*, 15 févr. 1876, p. 739.

BALANCIER. *Ajoutez :* ‖ 7° Terme de mécanique. Levier mobile autour d'un axe passant par son milieu, et servant à transformer un mouvement rectiligne alternatif en un mouvement circulaire. Balancier d'une machine à vapeur. ‖ Balancier à bouton, et balancier à coulisse, organes de machines servant à transformer un mouvement circulaire alternatif en un mouvement rectiligne alternatif. ‖ Balancier de Cartwright, qui transforme un mouvement circulaire continu en un mouvement rectiligne alternatif. ‖ Balancier d'Olivier Evans, organe qui sert à guider verticalement la tige du piston de certaines machines à vapeur.

BALANÇOIRE. *Ajoutez :* ‖ 3° Fig. et populairement. Actes ou propos qui ont pour but de tromper, d'amuser. Les spéculateurs avaient tout fait, la semaine dernière, pour semer des inquiétudes sur la récolte prochaine qui était partout couverte de neiges; mais, depuis que le soleil a fait fondre ces neiges et balançoires de bourse, on a vu que les céréales se portaient à merveille.... *le Rappel*, 23 fév. 1876.

† **BALANÇON.** *Ajoutez :* ‖ Nom de petits ais dont on couvre les maisons, *Tarif des patentes*, 1858.

† **BALANT.** *Ajoutez :* ‖ 2° En métallurgie, un forgeur chauffe une pièce au balant, lorsque, en tenant son feu bien couvert, il communique de légers mouvements à cette pièce, de manière à juger de l'état où elle est arrivée, par le degré de ramollissement qui tend à la faire plier sur la chaude.

† **BALANTINE** (ba-lan-ti-n'), *s. f.* Petit sac que les merveilleuses du Directoire portaient suspendu à la ceinture et ballant sur leurs genoux, comme la sabretache des hussards flotte sur leur mollet. Il est question de la balantine dans le *Spectateur du Nord*, 2° trimestre de 1799, cité par les frères GONCOURT, *Société française pendant la Révolution*. Les balantines battaient sur les genoux des merveilleuses; les oreilles de chien battaient sur la joue des incroyables, et sur leur culotte battaient les breloques de leurs montres, CH. BLANC, *l'Art dans la parure, Journ. offic.* 25 oct. 1872, p. 6711, 3° col.

† **BALATA** (ba-la-ta), *s. m.* Arbre de la Guyane. Le balata sert pour le charronnage et les roues de moulin, *Journ. offic.* 23 sept. 1872, p. 6153, 2° col.

† **BALAYETTE.** *Ajoutez :* ‖ 2° Petit balai de bruyères taillé en brosse, dont on se sert dans le filage des cocons.

BALCON. *Ajoutez :* — HIST. XVI° s. Vous mettrez sur les entablements et niveau des terrasses (au droict des fenestres qui seront au dessous) des petits balcons, ainsi qu'on les appelle en Italie, qui sont petites saillies qui se projectent hors des murs en terrasses accompagnées de baleustres et appuis, avec tel ornement que l'on veult, PH. DE L'ORME, *Architect.* VIII, 20.

† **BALCONIER** (bal-ko-nié), *s. m.* Néologisme. Celui qui pérore à un balcon, qui harangue la foule du haut d'un balcon. Il n'est pas extraordinaire que je cite les avocats comme connaissant la législation mieux que moi, qui ne suis ni avocat, ni orateur, ni balconier.... MARQUIS DE MORTEMART, *Journ. offic.* 29 mars 1847, p. 2429, 2° col. Il n'a pas le droit... de parler comme le premier révolutionnaire venu, de bafouer nos institutions nouvelles et les hommes qui les représentent, de ravaler sa parole jusqu'à ce rôle de vulgaire balconier, FR. CHARMES, *Journ. des Débats*, 1er janv. 1875, 1re p. 5° col.

† **BALÉNIDE** (ba-lé-ni-d'), *s. m.* Terme d'histoire naturelle. Genre de baleines. Remarques sur les balénides des mers du Japon, P. GERVAIS, *Acad. des sc. Comptes rendus*, t. LXXXI, p. 932.

† **BALERIT** (ba-le-ri), *s. m.* Nom, dans l'Aunis, d'un oiseau de proie, que les uns disent être l'émouchet et les autres la crecerelle, *Gloss. aunisien*, La Rochelle, 1870, p. 68.

† **BALÉRON** ou **BALÉRONG** (ba-lé-ron), *s. m.* Salle d'audience où le souverain malais rend la justice; c'est généralement une grande cour entourée par les bâtiments du palais.

— ÉTYM. Malais, *balérong* ou *bâlê-rouang*, DEVIC, *Dict. étym.*

BALÈVRE. — HIST. ‖ XVI° s. *Ajoutez :* Les Indes la peignent [la beauté] noire et basannée.... et chargent de gros anneaux d'or le cartilage d'entre les nazeaux.... comme aussi la balievre de gros cercles enrichis de pierreries, MONT. II, 201.

† **BALINE.** *Ajoutez :* .... Couché sur un fumier exhalant une odeur repoussante et n'ayant pour se couvrir qu'une mauvaise toile de baline [il s'agit d'un malheureux séquestré], *Gaz. des Trib.* 22 juin 1873, p. 592, 1re col.

† **BALIQUE** (ba-li-k'), *adj.* Langue balique, le pali. [À Siam] l'archiprêtre a récité devant la cour et le peuple, en langue balique, les cinq commandements de la religion, *Journ. offic.* 27 oct. 1876, p. 7768, 2° col.

— ÉTYM. *Bali*, qui s'est dit pour *pali* (voy. PALI, au Dictionnaire).

† **BALISEMENT.** *Ajoutez :* — HIST. XVI° s. Balisement, MANTELLIER, *Gloss.* Paris, 1869, p. 10.

BALISTE. *Ajoutez :* — REM. Dans la baliste, une pièce de bois est engagée par une de ses extrémités dans une réunion de cordages ou de nerfs d'animaux, qu'elle tord avec force lorsqu'on la rabat horizontalement; lorsqu'on la laisse échapper, elle pousse un trait, disposé en conséquence, contre lequel elle vient frapper.

BALISTIQUE. *Ajoutez :* ‖ 2° *Adj.* Qui a rapport à la balistique. Études balistiques. Propriétés balistiques.

BALIVERNE. — HIST. *Ajoutez :* XVI° s. Baliverneries ou contes nouveaux d'Eutrapel, Paris, 1548 titre d'un ouvrage de Noël du Fail. Une batelée de contes rustiques de mes ouvriers, desquels, sans faire semblant de rien, j'ay autrefois extrait et recueilli en mes tablettes le sujet et grace, et communiqué leurs propos et mes balivernes au peuple, NOËL DU FAIL, *Contes d'Eutrapel*, t. II, p. 352, édit. 1874, dans A. DE LA BORDERIE, *Bibl. des chartes*, 1875, 3° et 4° livr. p. 262. Il est couru un siecle jusques au nostre durant lequel ne se treuvoient autres histoires que de telles barniuelles [romans de chevalerie], BONIVARD, *Advis et devis*, p. 171.

— ÉTYM. *Ajoutez :* Tout en continuant à convenir que l'origine de ce mot est inconnue, il est toujours bon d'en signaler une autre forme avec un autre sens; c'est le vénitien *baliverna*, masure (*Romania*, avril 1875, p. 254).

† **BALLASTER** (ba-la-sté), *v. a.* Terme de construction de chemins de fer. Ensabler une voie ferrée.

1. **BALLE.** ‖ 1° *Ajoutez :* Garder les balles, s'est dit comme garder les manteaux. Et moi, durant ce temps, je garderai les balles? CORN. *Place Roy.* II, 7. ‖ 2° *Ajoutez :* Les balles ont été primitivement rondes, comme elles le sont encore dans la plupart des fusils de chasse; leur forme s'est modifiée, mais elles ont conservé leur nom, malgré l'étymologie. Balle oblongue. Balle évidée. ‖ Terme d'artillerie. Petites sphères en plomb, en fer, ou en fonte qu'on met dans les boîtes à mitraille et dans les obus à balles. ‖ Balle à feu, artifice d'éclairage; c'est un projectile contenant une composition éclairante. ‖ Balles ramées, deux ou trois balles de plomb jointes ensemble par un fil d'archal tortillé. ‖ 3° Moulage à la balle, sorte de moulage. Dans le moulage à la balle, on fait pénétrer avec le pouce dans toutes les cavités, aussi également que possible, de petites balles de

pâte que l'on juxtapose et que l'on comprime pour les souder ensemble, P. POIRÉ, *Notions de chimie*, p. 192. Paris, 1869. || 4° Terme de métallurgie. Synonyme de loupe. Les balles ou loupes peuvent être extraites pour être soumises au cinglage, si c'est du fer forgé qu'on se propose de produire, *Journ. offic.* 12 mai 1873, p. 3064, 2° col.

† 2. **BALLER** (ba-lé), *v. n.* Terme de métallurgie. Se former en balle ou loupe. Dans ces conditions de marche, le fer métallique est bientôt précipité du minerai fondu qui enveloppe la scorie; on donne alors un mouvement plus rapide au *rotator* pour faire baller le fer, *Journ. offic.* 12 mai 1873, p. 3064, 2° col.

† **BALLETANT** (ba-le-tan), *s. m.* Celui qui prend part à un ballet. Nous vîmes jeudi soir le ballet attendu si longtemps.... ce fut un désordre le plus grand du monde, de quoi toutefois les balletants ont occasion de remercier Dieu, MALH. *Lexique*, éd. L. Lalanne.

† **BALLIÈRE** (ba-llè-r', *ll* mouillées), *s. f.* Nom, à Saint-Brieuc, de paillasses faites de balle d'avoine (et aussi dans l'Aunis, *Gloss. aunisien*, La Rochelle, 1870, p. 68).

1. **BALLON.** *Ajoutez :* || 6° Globe en verre et en forme de ballon qu'on met aux lampes. Fabricant de ballons pour lampes, *Tarif des patentes*, 1858. || 7° On dit qu'une danseuse de l'Opéra a du ballon, lorsqu'elle danse en arrondissant gracieusement les bras, et en faisant ballonner ses jupes.

— HIST. XVI° s. *Ajoutez :* Ballon de drap [drap empaqueté]; ballon d'acier [s'entendait d'une certaine quantité d'acier, soit d'un seul morceau, soit en plusieurs morceaux réunis et mis en paquet arrondi], MANTELLIER, *Gloss.* Paris, 1869, p. 11.

3. **BALLON.** *Ajoutez :* || Chant des ballons, bruit qu'on entend parfois dans les montagnes. Il nous paraît plus probable que les bruits entendus étaient produits par ce phénomène bien connu des voyageurs sous le nom de chant des ballons, bruit de roche, H. DE PARVILLE, *Journ. offic.* 29 nov. 1871, p. 4695, 2° col.

† 4. **BALLON** (ba-lon), *s. m.* Nom, dans le département de la Somme, d'une voiture destinée au transport du poisson.

† **BALLONNER.** *Ajoutez :* || 2° *V. réfl.* Se ballonner, devenir bombé, en parlant d'un mur. A chaque agitation de la lame, la mer déferlait par-dessus le quai; d'énormes crevasses se sont produites, en même temps que la muraille en pierre de taille s'est ballonnée de la façon la plus inquiétante, Extr. du *Journ. du Havre*, dans *Journ. offic.* 11 déc. 1874, p. 8193, 3° col.

† **BALLONNET** (ba-lo-nè), *s. m.* Petit ballon, petit vase en verre. Il [M. Bert] a respiré un mélange artificiel d'oxygène et d'azote dans la proportion de 40 pour 100 contre 60 pour 100 renfermé dans de petits ballonnets, H. DE PARVILLE, *Journ. offic.* 3 avr. 1874, p. 2568, 3° col.

† **BALNÉAIRE** (bal-né-è-r'), *adj.* Qui concerne les bains. Température balnéaire. || Station balnéaire, lieu ou l'on prend des bains d'eau minérale ou des bains de mer.

— ÉTYM. Lat. *balnearis*, de *balneum*, bain.

† **BALNÉATION** (bal-né-a-sion), *s. f.* Administration des bains en général.

— ÉTYM. Lat. *balneum*, bain.

† **BALNÉATOIRE** (bal-né-a-toi-r'), *adj.* Qui a rapport aux bains. Appareils balnéatoires et hydrothérapiques, *Journ. offic.* 9 sept. 1876, p. 6852, 3° col.

BALOURD. *Ajoutez :* — REM. Voici un exemple plus ancien que ceux qui sont cités : Il est grand dommage que je ne sois imprimeur; je disputerais de gloire avec les Elzeviers et effacerais celle des Plantins; pour le moins ne ferais-je pas comme les balourds qui d'une ligne ne font qu'un mot, BALZAC, *Lettr. inéd.* XXXVIII, éd. Tamizey-Larroque.

† **BALSAMITE** (bal-sa-mi-t'), *s. m.* Sectateur de Cagliostro (Joseph Balsamo), *Mém. de la marq. de Créquy*, t. II, ch. XI.

† **BALSE** (bal-s'), *s. m.* Radeau du Chili, formé de deux outres, *Journ. offic.* 23 fév. 1874, p. 1457.

† **BALTADJI** (bal-ta-dji), *s. m.* Officier du sérail préposé à la garde des princes et du harem.

— ÉTYM. Turc, *bâltadji*, de *bâlta*, hache, et *dji*, terminaison qui indique les noms de métier; dénomination qui vient, dit-on, de ce que, les baltadjis étant chargés d'approvisionner de bois les appartements du Grand Seigneur, leur hache représentait la cognée du bûcheron, DEVIC, *Dict. étym.*

† **BALTHASAR** (bal-ta-zar), *s. m.* Festin de Balthasar, festin somptueux et abondant, ainsi dit du festin que donnait Balthasar, dernier roi de Babylone, au moment où les Perses de Cyrus prirent la ville et le tuèrent. || Familièrement. Un balthasar, un grand repas. Le logement de Marcel, qui lui servait d'atelier, étant le plus grand, fut choisi pour la salle du festin, et les amis y firent en commun les apprêts de leur balthasar intime, MÜRGER, *Sc. de la vie de Bohême*, ch. XXII.

BALUSTRÉ, ÉE (ba-lu-stré, strée), *part. passé.* Garni d'une balustrade. Le pont [de bateaux pour traverser un fleuve] a quatre petites guérites aux quatre coins, et le reste est balustré, PELLISSON, *Lett. hist.* t. I, p. 125.

† **BALYK** (ba-lik'), *s. m.* Dos d'esturgeons salés et séchés, *Journ. offic.* 23 juill. 1874, p. 5158, 3° col. Après 15 ou 20 jours de sel, on lave le balyk, on le met un peu au soleil, puis à l'ombre et dans un courant d'air, à l'abri d'un toit, *ib.* p. 5159, 1re col.

† **BALZAC** (bal-za), *s. m.* Balzac blanc, balzac noir, noms, dans l'Angoumois, d'un cépage blanc et d'un cépage noir, *les Primes d'honneur*, Paris, 1869, p. 319. || Le balzac noir, sorte de cépage du Limousin, *les Primes d'honneur*, p. 511, Paris, 1874.

BALZAN. — ÉTYM. *Ajoutez :* A côté de l'étymologie, consultez cette note remise par M. Marcel Devic : Anc. franç. *beaucent*, *beauceant*, *baucant* (*Les costés a beaucans et fauve le crespon*, Roman d'*Alex.* dans Lacurne); bas-lat. *baucennus*, *baucendus*, *bauchantus*, dans Du Cange, qui explique : *albo et nigro interstinctus vel bipartitus....* de equis quorum pelles *nigro et albo interstinctæ sunt*; de l'arabe *ablaq*, fém. *balqua'*, plur. *bolq*, que Freytag explique : *nigro alboque colore variegatus; usque ad femora albis præditus equus*; *faras balqa'*, jument balzane; ainsi cet adjectif arabe a à la fois le sens de marqué de blanc et de noir, et le sens de qui a une bande blanche aux pieds : de sorte que la forme et la signification font tout à fait préférer l'arabe à l'ital. *balza*, proposé par Diez.

BAMBOCHE. || 2° *Ajoutez :* En voyant ces bamboches titrées [des officiers de naissance], rien ne m'amusait davantage, *L. du P. Duchêne*, *l'Ami des soldats*, p. 7.

BAMBOU. *Ajoutez :* — ÉTYM. Malais, *bambou* ou *mambou*, DEVIC, *Dict. étym.*

† **BANALISER** (ba-na-li-zé), *v. a.* Néologisme. Rendre banal. Types tant de fois réalisés par toutes les écoles et un peu banalisés par l'abus de la mythologie dans la décoration, *Journ. offic.* 23 mars 1874, p. 2233, 3° col. .... époque terrible et grandiose que tant de livres, de tableaux, de lithographies, de romances, de mélodrames ne sont pas encore parvenus à banaliser, ALPH. DAUDET, *Journ. offic.* 1er mai 1876, p. 3034, 2° col.

BANALITÉ. *Ajoutez :* || 3° Caractère banal d'une chose. Une mode.... dénaturée par la bizarrerie ou la banalité de ses applications, GUIZOT, *Vies des poëtes français*, 1re édit. p. 103.

BANC. *Ajoutez :* || 8° Banc d'épreuve, banc sur lequel sont placés les canons des armes à feu portatives, lorsqu'on les éprouve. Il y a un banc d'épreuve à Saint-Étienne; il n'y en a pas à Paris.... ce n'est pas pour 2000 canons qu'on aurait pu établir un banc d'épreuve; il ne se serait pas soutenu, *Enquête, Traité de comm. avec l'Anglet.* t. II, p. 36. || Banc de forerie, table qui porte les couteaux et les forets nécessaires au tournage et au forage des bouches à feu.

† **BANCABLE** (ban-ka-bl'), *adj.* Se dit d'un effet de commerce qui a la condition nécessaire pour être escompté par la banque de France, ou même par des banques d'autres pays. || Ce mot, très-mauvais, s'introduit par le besoin d'abréger.

BANCAL. — ÉTYM. *Ajoutez :* A propos de *bancal*, on pense naturellement à cette expression populaire : *il a les jambes en pied de banc*, pour *il est bancal*, les pieds d'un banc étant rapprochés par le haut et éloignés par le bas (Note communiquée par M. B. M. Petilleau).

† **BANCELLE.** *Ajoutez :* Pour éviter la honte qu'on nous vît [les évêques] dans l'église même sur une méchante bancelle de bois, tandis que M. le baron de Léon et messieurs les commissaires des états avaient de grands et magnifiques fauteuils à s'asseoir, *Lett. de l'évêque de St-Malo*, dans SÉV. t. XI, p. XLI.

— HIST. XVI° s. Table garnie de bancelles, MANTELLIER, *Glossaire*, Paris, 1869, p. 11.

† **BANCOULE** (ban-kou-l'), *s. m.* Synonyme de bancoulier. || Noix de bancoule, noix oléagineuse. Les noix de bancoule ont été l'objet d'expériences qui permettent de leur faire jouer un rôle important dans l'éclairage et la parfumerie; les îles de la Société et la Nouvelle-Calédonie les fournissent avec assez d'abondance, *Journ. offic.* 27 juin 1874, p. 4400, 1re col.

1. **BANDE.** *Ajoutez :* || 9° Nom donné par quelques-uns au comma, papillon de jour, *papilio comma*, plus exactement *hesperia comma.*

2. **BANDE.** *Ajoutez :* || Bande noire s'est dit, pendant la période révolutionnaire, du parti contre-révolutionnaire, des robins, des prêtres. Quelques-uns de ces cavaliers.... s'avisèrent de boire à la santé de messire Condé et autres chefs de la bande noire, LE P. DUCHÊNE, 253° *lettre*, p. 2.

† **BANDINGUE.** *Ajoutez :* — REM. La bandingue qui sert à fixer le quart à poche sur le halin ou aussière, est un cordage de 16 millimètres de diamètre environ; ce cordage est plus souvent nommé martingale. A Fécamp on dit badingue.

† **BANDIOTE** (ban-di-o-t'), *s. m.* Nom, dans le comté de Nice, des propriétaires des terrains dits bandites. Durante a proposé le rachat de la vaine pâture et des droits de bandite.... mais il faudrait des sommes considérables pour rembourser aux propriétaires ou bandiotes la valeur capitalisée de ces droits abusifs...., L. GUIOT, *Mém. Société centrale d'agricult.* 1874, p. 287.

† **BANDITE** (ban-di-t'), *s. f.* Dans le comté de Nice, terrain réservé et grevé d'un droit d'usage spécial en pâturage, au profit d'un ou plusieurs particuliers, A. ROUSSET, *Dict. des forêts.* Un grand nombre de bois communaux [sur le littoral du comté de Nice] sont grevés de servitudes de pâturage connues dans le pays sous le nom de droit de bandite, L. GUIOT, *Mém. Société centrale d'agricult.* 1874, p. 282. L'usage s'est introduit.... de vendre par adjudication à des bergers étrangers, embarrassés, pendant l'hiver, de leurs nombreux troupeaux de menu bétail, ce droit de vaine pâture par grands lots ou bandites, mot qui vient de l'expression italienne *bandita*, laquelle veut dire : endroit clos, réservé, renfermé, expression juste, puisque le pâturage des bandites est réservé à un acquéreur déterminé.... ID. *ib.* p. 324. Le droit de bandite est un droit de copropriété créé du consentement des communes et des habitants, à prix d'argent, en faveur d'acquéreurs déterminés, de leurs héritiers.... ID. *ib.* p. 346.

— ÉTYM. Ital. *bandita*, de *bandire*, le même que notre mot *bannir*.

† **BANDITISME** (ban-di-ti-sm'), *s. m.* Néologisme. L'ensemble des bandits, leurs mœurs et leur organisation.

BANDOULIÈRE. *Ajoutez :* — HIST. XVI° s. Et n'avions point encore de charges de bandollieres, mais de nos fournimens seulement, BRANT. *M. de Strozze.*

BANG. *Ajoutez :* — ÉTYM. Portug. *bango*, de l'arabe *bendj*, ou plutôt du persan *beng*, prononcé *bang* par les Hindous, DEVIC, *Dict. étym.*

† **BANGARD** (ban-gar), *s. m.* Nom donné, dans le nord et l'est de la France, au territoire ou finage d'une commune quelconque.

BANIANS. *Ajoutez :* || Arbre des banians, le *ficus bengalensis* et plusieurs autres figuiers de l'Asie tropicale, BAILLON, *Dict. de bot.* p. 247. || On dit aussi arbre banian.

† **BANK** (bank), *adj.* Papier bank, sorte de papier parchemin pour actions, obligations, mandats, factures, etc. *Alm. Didot-Bottin*, 1871-1872, p. 1177, 2° col.

— ÉTYM. Angl. *bank*, banque.

† **BANKOUL** (ban-koul), *s. m.* Voy. BANCOULE au Supplément.

† **BANKOULIER** (ban-kou-lié), *s. m.* Voy. BANCOULIER au Dictionnaire.

† **BANKS** (bank'), *s. m.* Rosier banks, et, absolument, un banks, sorte de rosier. Au Japon, le rosier banks escalade la cime des plus grands arbres.... le troisième groupe se compose de rosiers multiflores, à la suite desquels il faut placer le rosier banks, *Journ. offic.* 13 janv. 1873, p. 233, 2° et 3° col.

BANLIEUE. *Ajoutez :* || 2° Se dit, dans le nord et l'est de la France, du territoire, ou finage, ou district d'une commune quelconque.

BANNEAU (ba-nô), *s. m.* En Normandie, tombereau.

— ÉTYM. *Banne* (voy. ce mot).

BANNERET. — HIST. *Ajoutez :* || XVI° s. Ung banneret [une bannière] paint aux armes de mondit seigneur duc, MANTELLIER, *Glossaire*, Paris, 1869, p. 11.

† BANNIE. *Ajoutez :* — HIST. XVIe s. Vignes qui sont sujettes à bannie ne peuvent estre vendangées avant l'ouverture du ban, laquelle ouverture doit estre par autorité de justice, GUY COQUILLE, *Int. au dr. françois*, p. 65, éd. 1666 de ses œuvres.

† BANNISSEUR (ba-ni-seur), *s. m.* Celui qui bannit.

— HIST. XVIe s. On verra defaillir.... Au soleil ses rayons bannisseurs de l'ombrage, DESPORTES, *Diane*, II, 68.

BANQUE. || 2° *Ajoutez :* || Banque d'émission, banque qui émet des billets. En principe, les billets d'une banque d'émission devraient être représentés par son stock métallique et par son portefeuille exclusivement composé de bonnes lettres de change, DE WARU, *Enquête sur la Banque*, p. 205. || 9° Autrefois, lieu public où se faisait le trafic d'argent, où s'assemblaient les banquiers, les marchands, et où il se débitait, comme maintenant à la bourse, force nouvelles. Je serai curieux de vous mander des nouvelles..., et je sais bien que je suis la meilleure banque d'où vous en sauriez avoir, MALH. *Lexique*, éd. L. Lalanne.

† BANQUEREAU. *Ajoutez :* Le grand banc de Terre-Neuve et les banquereaux environnants, HAUTEFEUILLE, *Code de la pêche maritime*, p. 28. Le trois-mâts *Rubens*, de Fécamp, est arrivé samedi à Bordeaux avec 100 000 morues du Grand-Banc et du banquereau, extr. du *Progrès de Fécamp*, dans *Journ. offic.* 21 sept. 1872, p. 6118, 3e col.

† BANQUETIÈRE (ban-ke-tiè-r'), *s. f.* Sorte d'ouvrière ovaliste. La semaine de l'ouvrière [ovaliste] sera payée 11 francs pour les banquetières et purgeuses, 11 fr. 50 pour les attacheuses, 12 fr. pour les doubleuses et plieuses, *le National de 1869*, 16 juill. 1869.

BANQUETTE. *Ajoutez :* || 8° Terme de turf. Banquette irlandaise, obstacle usité dans les courses de steeple-chase : c'est un talus gazonné dont le sommet présente une plate-forme destinée à servir de point d'appui au cheval sauteur ; cet obstacle se franchit en deux temps : du pied de la banquette au sommet d'abord, et de la plate-forme au champ de course ensuite.

† BANQUIÈRE (ban-kiè-r'), *adj. f.* Qui a rapport aux banques. La république de Gênes est commerçante et banquière, D'ARGENSON, *Consid. sur le gouvernem. de la France*, Amsterdam, 1784, p. 60. Maison banquière, maison de banque, *Journ. offic.* 28 déc. 1871, p. 5295, 1re col.

BANQUISE. *Ajoutez :* || Banquise flottante, masse de glace qui flotte en haute mer.

† BANSE. *Ajoutez :* — HIST. XVIe s. Banse de batterie [de cuisine], du poids d'un millier, MANTELLIER, *Glossaire*, Paris, 1869, p. 11.

† BANTAM (ban-tam'), *adj.* Poule bantam, et, substantivement, une bantam, sorte de poule. Nous avons les poules naines, très-agréables d'aspect ; la race bantam, que l'on attribue au goût et aux soins des Japonais,... E. BLANCHARD, *Rev. des Deux-Mondes*, 5 juin 1874, p. 859.

† BANTENG (ban-tingh'), *s. m.* Quadrupède appartenant à la famille des bovidés. Les grands quadrupèdes sauvages de la famille des taureaux sauvages de l'Inde et des contrées indo-chinoises et de Malacca ont été aussi plus minutieusement classés ; dans ce nombre, il faut citer le banteng, *Journ. offic.* 1er janv. 1873, p. 7, 2e col.

† BANZO (ban-zo), *s. m.* Espèce de taon, dans la Guinée, dont la piqûre passe pour mortelle, CORTAMBERT, *Cours de géogr.* 10e éd. 1873, p. 622.

† BAPHOMET (ba-fo-mè), *s. m.* || 1° Un des noms donnés par les écrivains du moyen âge et de la Renaissance à Mahomet. || 2° Idole qu'on prétendait adorée par les musulmans et surtout par les templiers. Le baphomet des templiers, dont le nom doit s'écrire cabalistiquement en sens inverse, se compose de trois abréviations : *tem ohp ab*, *templi omnium hominum pacis abbas*, le père du temple de paix de tous les hommes, ELIPHAS LEVI (l'abbé Constant), *Dogme et rit. de la haute magie*, t. II, p. 174.

— ÉTYM. Autre forme de *Mahomet*.

† BAPHOMÉTIQUE (ba-fo-mé-ti-k'), *adj.* Qui a rapport au baphomet des templiers. Les idoles des templiers, les figures baphométiques et les controverses qu'elles ont soulevées, HIPPEAU, *Journ. offic.* 6 avr. 1875, p. 2485, 2e col.

BAPTISER. — HIST. || XVIe s. *Ajoutez :* Ils [les anciens] baptisoient le vin [y mêlaient de l'eau], MONT. I, 374

† BAPTISME (ba-ti-sm'), *s. m.* Religion des baptêmes, où l'on baptise. Le sabisme qu'était-il ? ce que son étymologie indique : le baptisme lui-même, c'est-à-dire la religion des baptêmes multipliés, la souche de la secte encore existante qu'on appelle chrétiens de Saint-Jean, ou mendaïtes, et que les Arabes appellent *el mogtasila*, les baptistes, RENAN, *Vie de Jésus*, p. 98.

BAQUET. *Ajoutez :* || 4° Fig. Jeter dans le baquet, locution inusitée aujourd'hui, et qui paraît vouloir dire : faire rire à outrance. Il [M. du Coudray] me dit une chose qui me jeta dans mon baquet plus d'une heure ; il pâmait de rire, SÉV. *à Mme de Grignan*, 19 avril 1694.

— HIST. *Ajoutez :* || XVIe s. Les bœufs qui servoient aux jardins royaux de Suse, pour les arrouser et tourner certaines grandes roues à puiser de l'eau ausquelles il y a des baquets attachés..., MONT. II, 173.

† BAQUETAGE (ba-ke-ta-j'), *s. m.* Épuisement des eaux qui noient des travaux de terrassement. Les planches, fouilles de terre, baquetage des eaux, gros fer et autres ouvrages, le tout montant, pour chacune écluse, à 37 878 livres, *Lett. etc. de Colbert*, IV, 308.

† BAQUETEUSE (ba-ke-teû-z'), *s. f.* Ouvrière qui se sert des baquettes pour tirer le fil à la filière.

† 1. BAR (bar), *s. m.* Mot anglais, qui signifie lieu public où l'on donne à boire. Il n'y a pas [à New-York] de cafés comme en France ; mais les bars, les buvettes sont partout, L. SIMONIN, *Rev. des Deux-Mondes*, 1er janv. 1875, p. 69.

— ÉTYM. *Bar*, au sens de comptoir, est le français *barre*, les comptoirs ayant des barres pour tenir éloigné le public.

† BARACON (ba-ra-kon), *s. m.* Nom des baraques élevées par les négriers sur la côte d'Afrique.

— ÉTYM. Dérivé de *baraque*.

† BARADEAU (ba-ra-dô), *s. m.* Fossé pour l'écoulement des eaux. La présence d'un fossé ou baradeau, d'un sentier suffisait, dans les circonstances ordinaires, pour rendre efficaces les efforts des travailleurs accourus pour combattre le sinistre, *Enquête sur les incendies des Landes*, p. 54. || On dit aussi baradine, *s. f.*

— ÉTYM. Bas-lat. *baratum*, fossé : ce qui barre.

† BARAGNON (ba-ra-gnon), *s. m.* Fossé latéral d'un champ conduisant l'eau dans un bief. Les chaintres se jettent dans des baragnons ou fossés latéraux qui conduisent l'eau dans le bief voisin, MANGINI, *Rech. géolog.* Paris, 1876, p. 27.

BARAGOUIN. — HIST. || XVIe s. *Ajoutez :* En ce genre d'estude des histoires, il fault feuilleter sans distinction toutes sortes d'aucteurs et vieils et nouveaux, et barragouins et françois.... MONT. II, 109.

— ÉTYM. Même origine que *baradeau*.

— ÉTYM. *Ajoutez cette note de* M. ROULIN : Composé, non de *bara*, pain, et *guin*, vin, mais de *bara*, pain, et *gwenn*, blanc, les miliciens de la Basse-Bretagne, qui arrivaient à Rennes ou à Laval, et qui étaient logés et nourris chez les bourgeois, témoignant leur surprise et leur satisfaction à la vue du pain blanc et répétant *bara gwenn*.

BARAQUE. — ÉTYM. *Ajoutez cette note :* D'après M. Dozy, qui conteste l'étymologie de Diez (*barra*, barre), ce mot est africain ; et en preuve il apporte ce passage : « Ils [les Arabes] demeurent sous des tentes avec tout leur ménage, poules, chevaux, bœufs et autre bétail, ce qu'ils appellent en leur langue une *barraque* ; et toutes ces tentes ensemble un douar, » DAN, *Hist. de Barbarie*, p. 59. Il ajoute que l'ancienne forme espagnole était *barga*, et croit le mot berbère, trouvant dans cette langue non pas *barga* précisément, mais des formes qui s'en rapprochent.

† BARAT (ba-ra), *s. m.* Patente de drogman délivrée par les consuls européens à des sujets du Grand Seigneur.

— ÉTYM. Turc, *barat*, lettre, diplôme, de l'arabe *barâa*, immunité, DEVIC, *Dict. étym.*

† BARATHROMÈTRE (ba-ra-tro-mè-tr'), *s. m.* Instrument destiné à constater l'existence et la direction des courants sous-marins.

— ÉTYM. Βάραθρον, abîme, et μέτρον, mesure.

† BARATON (ba-ra-ton), *s. m.* Batte à beurre. Ce bâton, qu'on appelle baraton ou piston, P. POIRÉ, *Notions de chimie*, p. 298, Paris, 1869.

— ÉTYM. *Baratte*.

BARBACANE. — HIST. *Ajoutez :* || Xe s. Le fol : Et ne m'en sçauroye-je mesler : J'ai gouverné la cour bacane Et sçay trop bien les aulx peler, Quant je suis à ma barbacane, *Rec. de Farces* etc. P. L. Jacob, Paris, 1859, p. 41

† BARBANTANE (bar-ban-ta-n'), *s. m.* Grosse barrique contenant 563 litres.

† 2. BARBARINE (bar-ba-ri-n'), *adj. f.* Qui est de la Barbarie. La race barbarine [de moutons] a été importée d'Afrique.... elle est de forte taille ; ses oreilles sont grandes et pendantes ; la base de sa queue est développée et présente des plis nombreux, HEUZÉ, *la France agricole*, carte n° 32.

† BARBARISER. *Ajoutez :* || 2° *V. a.* Rendre barbare. Anéantir tous les monuments qui honorent le génie français.... en un mot nous barbariser.... GRÉGOIRE, *Rapport*, 14 fruct. an II. Barbariser les esprits, MICHELET, *Guerres de rel.* IV.

— HIST. XVIe s. Le proverbe grec, que aussy bien barbarisoit Solon entre les Scythes que Anacharsis entre les Grecs, BONIVARD, *Advis et devis des langues*, p. 51.

1. BARBE. || 4° *Ajoutez :* || Il se dit aussi de la toile ou dentelle qui occupe le bas d'un masque. La barbe d'un loup, d'un masque de femme.

2. BARBE. *Ajoutez :* — REM. On a dit aussi barba. Les chevaux barbas ou de Barbarie diffèrent des arabes non par la taille, qui est à peu près la même, mais par la croupe, qui est un peu plus longue.... on distingue facilement un cheval anglais d'un barba par les oreilles, qui sont plus longues, ADANSON, *Cours d'hist. nat.* 1772, éd. Payer, Paris, 1845, in-12, t. I, p. 233.

4. BARBE (bar-b'), *s. m.* Variété de pigeons. Les barbes ou pigeons polonais sont du même groupe ; un bec court et large les distingue, E. BLANCHARD, *Rev. des Deux-Mondes*, 15 juin 1874, p. 854.

† BARBELURE (bar-be-lu-r'), *s. f.* État de ce qui est barbelé. Les instruments en os les plus remarquables sont les pointes ou harpons à barbelures, *Journ. offic.* 31 oct. 1873, p. 6641, 3e col.

BARBERIE. *Ajoutez :* || 3° Boutique de barbier (espagn. *barberia*).

BARBET. *Ajoutez :* || 4° Barbet blanc, voyez HÉRISSON, n° 2.

† BARBETS. *Ajoutez :* — HIST. XVIe s. L'usage fit que les pasteurs de ce peuple [Vaudois des Alpes] furent communement appelés barbes, nom piedmontois, signifiant en françois oncle ; et leur donnoient ce tiltre, pour ne descouvrir leur qualités, temps et lieux dangereux ; et de ce nom est venu qu'en Piedmont les papistes appeloyent communement barbets ceux qui reconnoissoyent les barbes pour pasteurs, GILLES, *Hist. des églises vaudoises*, Genève, 1644, ch. II, p. 11.

BARBETTE. *Ajoutez :* || 4° En marine, on donne le nom de barbette à toute batterie qui n'est pas couverte. Le système des tours fixes à batterie barbette à plaque tournante semble aujourd'hui vouloir faire concurrence au système américain, A. DE KANSTRET, *Rev. des Deux-Mondes*, 1er déc. 1872, t. LXXII, p. 713.

† BARBILLONNER. *Ajoutez :* || 2° Se dit des faiseurs d'hameçons qui détachent la languette avec la plane.

† BARBIN (bar-bin), *s. m.* Nom d'un cépage de la Savoie, dit aussi roussanne de la Drôme, *les Primes d'honneur*, p. 660, Paris, 1874.

† BARBISTE (bar-bi-st'), *s. m.* Celui qui est ou qui a été élève de l'institution de Sainte-Barbe, à Paris. A l'occasion du 417e anniversaire de la fondation du collége Sainte-Barbe, les barbistes se réuniront.... *Journ. offic.* 1er déc. 1876, p. 8886, 1re col.

† BARBOCHE (bar-bo-ch'), *s. f.* Sorte de lime. Limes plates à main, à coulisse, fendantes, à arrondir, à égaliser, 3/4 et rondes cylindriques, plates pointues, côtés ronds, barboches, *Enquête*, *Traité de comm. avec l'Anglet.* t. I, p. 736.

BARBON. *Ajoutez :* || 3° Nom donné en Normandie au mulot. Le barbon est un animal très-préjudiciable aux récoltes en terre ; aussi les tubercules sont-ils, les pommes de terre surtout, ravagés pour un dixième de la récolte, *l'Avranchin*, 6 sept. 1868.

† BARBOT (bar-bo), *s. m.* Nom, dans l'Aunis, d'un scarabée noir bleuâtre, *Gloss. aunisien*, p. 69.

— ÉTYM. *Barbeau* 2, plante à fleurs bleues.

† BARBOTAGE. *Ajoutez :* || 3° Terme de chimie. Action d'un gaz qui agite un liquide et semble y barboter. Le barbotage ainsi produit est tellement énergique.... TH. SCHLŒSING, *Acad. des sc. Comptes rendus*, t. LXXX, p. 266.

BARBOTER. *Ajoutez :* || 3° Terme de chimie. Se dit d'un gaz qui en s'échappant agite un liquide. Je devais dépouiller l'air de toute trace d'ammoniaque, y introduire une quantité connue et très-petite de cet alcali, puis le faire barboter dans l'appareil, et voir ce que je trouverais d'ammoniaque dans mon liquide, TH. SCHLŒSING, *Acad. des* sc. Comptes rendus, t. LXXX, p. 267. || 4° Prendre le barbotage, sorte d'aliment pour les chevaux (Voy. BARBOTAGE au Dictionnaire). L'habitude de donner à barboter, une fois par semaine, aux chevaux échauffés et brûlés par l'avoine, l'Avranchin, 3 déc. 1876.

— HIST. Ajoutez : || XIII° s. Clers qui en tel borbier s'enborbe, Ou puis d'enfer en l'orde borbe Plungiez et emborbez sera, Toz jorz com boz [crapaud] borbetera, Chronique des ducs de Normandie, Appendice, III, t. III, p. 530.

† **BARBOTEUR** (bar-bo-teur), s. m. Terme de chimie. Vase où l'on fait barboter un gaz. La vapeur est lancée par un même tube.... dans un ajutage en verre qui est relié avec la douille du barboteur par un long boyau de caoutchouc, TH. SCHLŒSING, Acad. des sc. Comptes rendus, t. LXXX, p. 266.

BARBOTINE. || 1° Ajoutez : || Plus particulièrement, mélange de semen-contra avec les semences de tanaisie, d'aurone et de santoline à feuilles de cyprès, qu'on donne contre les vers.

† **BARBOTTE** (bar-bo-t'), s. f. Autre nom de la lote. La truite, le goujon, l'ombre-chevalier, le barbeau, la barbotte ou lote, la carpe.... A. HUSSON, les Consommations de Paris, p. 254.

BARBOUILLER. — HIST. Ajoutez : XIV° s. R. Berbouillé, couturiers de robe (1351), VARIN, Archives administ. de la ville de Reims, t. III, p. 17 (Barbouillé est ici nom propre). || XVI° s. Ajoutez : Si tout le papier que j'ay autresfois barbouillé pour les dames.... MONT. I, 293. Toute cette fricassée que je barbouille ici n'est qu'un registre des essais de ma vie, ID. IV, 252.

† **BARBOULER** (bar-bou-lé), v. a. Terme rural du Puy-de-Dôme. Donner un premier labour sur les terres non infestées de chiendent à la fourche et à très-grosses mottes, les Primes d'honneur, p. 441, Paris, 1874.

2. **BARBUE** (bar-bue), s. f. Dans le canton de Vaud, nom du chapon de vigne ou branche qu'on détache du cep pour en faire une bouture.

† **BARCELLE** (bar-sè-l'), s. f. Nom du tombereau, dans les plaines du Puy-de-Dôme, les Primes d'honneur, p. 436, Paris, 1874.

† 2. **BARD** (bar), s. m. Nom donné, dans les environs de Montpellier, aux pierres à daller. Scierie de bards (comparez BARDEAU).

1. **BARDE.** — HIST. XVI° s. Ajoutez : Si vous marchandez un cheval, vous lui ostez ses bardes, vous le voyez nud et à descouvert, MONT. I, 324.

† 2. **BARDEAU** (bar-dô), s. m. Terme d'imprimerie. Réserve de caractères, distribuée comme la casse, dans laquelle on survide les sortes surabondantes (voy. CASSEAU).

1. **BARDELLE.** Ajoutez : — HIST. XVI° s. Selon leur coustume [de certains Germains], il n'est rien si vilain et si lasche que d'user de selles et bardelles, et mesprisent ceulx qui en usent, MONT. I, 364.

† **BARDENNES** (bar-dè-n'), s. f. plur. Barres de bois qui garnissent le banc sur lequel travaille l'ouvrier verrier.

BARÉGE. Ajoutez : Les Français, déjà habiles à façonner des gazes légères en soie, furent les premiers à fabriquer des baréges en 1818, tissus où la trame est de laine et la chaîne de soie; aussitôt, les Anglais imitèrent l'étoffe; seulement, au lieu de soie, ils mirent du coton dans la chaîne, Mém. d'agric. 1870-71, p. 326. || Barége de Virginie, sorte de tissu. On connaît ces étoffes tellement fines que 2 mètres tiendraient dans la main et que l'on appelle barége de Virginie; la plus grande partie de ce barége est faite avec le duvet des plumes de ces oiseaux [albatros lutea], Journ. offic. 14 juill. 1876, p. 5156, 3° col.

† 3. **BARGE** (bar-j'), s. f. Nom, dans Maine-et-Loire, de meules oblongues de foin, les Primes d'honneur, Paris, 1872, p. 156.

BARGUIGNAGE. Ajoutez : — HIST. XVI° s. Il n'est rien que je haïsse comme à marchander; c'est un pur commerce de trichoterie et d'impudence; aprez une heure de debat et barguignage, l'un et l'aultre abandonne sa parole et ses serments pour cinq sous d'amendement, MONT. I, 313.

BARIL. Ajoutez : || 5° Baril de galère, nom, sur les côtes du Morbihan, d'un mollusque, muni d'une vessie de couleur bleue, servant de flotteur et de voile; il passe pour être très-venimeux, GOUZEEL, les Oiseaux de mer, Nantes, 1875, p. 21.

† **BARILLAGE.** Ajoutez : || 3° Approvisionnement en barils. Certains entrepôts devaient diriger leurs barillages [leurs barils vides] sur des poudreries, et les autres avaient à les expédier à des raffineries de salpêtre, Lett. comm. des contrib. indir. 26 juin 1874.

† **BARJELADE** (bar-je-la-d'), s. f. Nom, dans le Midi, d'une plante fourragère. Culture des plantes fourragères : luzerne, sainfoin, barjelade, etc. Progr. de l'École d'agric. de Montpellier, dans Journ. offic. 6 mai 1874, p. 3124, 1re col.

BARNACHE. Ajoutez : || 1° Nom, sur les côtes du Morbihan, d'une sorte de mollusque, l'anatife. Quelques-uns, comme le taret, se nourrissent au détriment de la pièce de bois à laquelle ils se fixent; d'autres, comme la barnache, se bornent à lui demander un point d'appui; bien des fois, j'ai vu des bouteilles chargées de barnaches, qui accusaient un long séjour dans l'eau, GOUEZEL, les Oiseaux de mer, Nantes, 1875, p. 20.

† **BAROGRAPHE** (ba-ro-gra-f'), s. m. Terme de physique. Appareil enregistreur à indications continues, qui note la pesanteur de l'air.

— ÉTYM. Βάρος, pesanteur, et γράφειν, noter.

BAROMÈTRE. || 2° || Fig. Ajoutez : Toutes les conditions ont des baromètres ou des pierres de touche de leur aisance ou de leur incommodité, BOISGUILLEBERT, Traité des grains, ch. VI. Le change ne fait rien aux monnaies; mais il est le véritable baromètre du commerce, DUTOT, Réfl. sur le comm. et les finances, Plan, etc.

† **BAROQUERIE** (ba-ro-ke-rie), s. f. Caractère de ce qui est baroque, goût du baroque, FROMENTIN, les Maîtres d'autrefois, p. 397.

† **BAROUCHE** (ba-rou-ch'), s. m. Sorte de voiture. Là sont les diverses voitures offertes en location.... d'imposantes calèches de famille à huit ressorts, barouches gracieux, lourds landaux, coupés coquets.... Rev. Britan. sept. 1874, p. 108.

† **BARPOUR** (bar-pour), s. m. Nom, chez les fabricants d'Amiens, d'une étoffe dont la chaîne est en soie et la trame en laine, Enquête, Traité de comm. avec l'Anglet. t. III, p. 615.

† **BARRABAS** (ba-ra-bâ), s. m. Nom d'homme dans l'Évangile. || Locution populaire. Connu comme Barrabas à la Passion, très-connu; par allusion au Barrabas qui figure dans la Passion.

BARRAGE. Ajoutez : || 4° Sous l'ancienne monarchie, droit que payaient les charrettes, même vides, les harnais et les chevaux, BOISLISLE, Corresp. contrôl. gén. des finances, p. 343, 1693. || 5° Terme de facteur de piano. Barrage métallique, disposition due à Érard, qui permet, par sa fixité, d'augmenter le nombre des cordes et de leur donner une grosseur plus considérable et une tension plus forte, LÉON PILLAUT, Journ. offic. 6 juin 1876, p. 3882, 2° col.

† **BARRAGISTE** (ba-ra-ji-st'), s. m. Préposé qui est chargé de régler un barrage sur une rivière. Dans l'état actuel des choses, le barragiste ne peut être prévenu ni de la crue qui va se produire dans son bief, ni de l'importance de cette crue, Navigation intérieure, Rép. au questionnaire, Paris, 1873, p. 20. Fr. .., barragiste, 227 fr. de pension, Décret 28 janv. 1874, Bullet. des Lois, partie suppl. XII° sér. 1er sem. 1874, p. 306.

† **BARRAL** (ba-ral), s. m. Nom d'un tonneau usité en Bourgogne, dans le Beaujolais, dans l'Isère, etc. variant de capacité, 66 litres, 57 litres, etc. || Au plur. Des barraux.

† **BARRAS.** || 1° Ajoutez : On appelle résine molle la partie fluide réunie dans les augets; galipot, la portion solidifiée le long des quarres et pure des débris d'écorce; barras, le galipot impur obtenu en raclant les quarres, H. FLICHE, Manuel de botan. forest. p. 308, Nancy, 1873.

BARRE. Ajoutez : || 16° Verge, insigne des alcades espagnols. En 1578, les officiers et alcades de Fontarabie vinrent avec leurs barres au bord de la rivière, du côté d'Hendaye; les habitants rompirent leurs barres et les chassèrent, Lett. etc. de Colbert, VI, 217. || 17° Jeter la barre entre deux corps d'armée, intercepter leurs communications. L'armée allemande, après avoir canonné très-vigoureusement, a jeté la barre entre le troisième corps et le mien, Mal CANROBERT, Gaz. des Trib. 22 oct. 1873, p. 1023, 3° col.

BARREAU. Ajoutez : || 4° Fig. Tribunal de la conscience, for intérieur. Il y a bien des mensonges de préface qui passent pour des péchés véniels non-seulement dans les barreaux de la république des lettres, mais aussi dans les barreaux de l'Église, BAYLE, art. d'Arnauld (le docteur), note 5.

BARRER. Ajoutez : || 10° Dans l'Aunis, barrer un champ, le planter en vigne, ainsi dit à cause que les trous destinés à recevoir le plant sont faits avec une barre, Gloss. aunisien, p 70.

† 2. **BARRETTE.** Ajoutez : || 2° Petite barre, en général. Barrettes à réunir diverses décorations. || 3° Partie d'une boucle. Une boucle est faite de deux joues et deux barrettes.

† **BARRICADEUR** (ba-ri-ka-deur), s. m. Celui qui fait des barricades. Il faut affamer ces ingrats, Ces barricadeurs scélérats, Courr. burl. de la guerre de Paris (XVII° s.).

† **BARRIQUAGE** (ba-ri-ka-j'), s. m. Nom, dans l'Indre, du merrain qu'on expédie pour le département de la Charente, les Primes d'honneur, Paris, 1873, p. 226.

† 3. **BARROT** (ba-ro), s. m. Nom du tombereau, dans les montagnes du Puy-de-Dôme, les Primes d'honneur, p. 436, Paris, 1874.

† **BARROTTAGE** (ba-ro-ta-j'), s. m. En Normandie, treillis pour empêcher de passer les plus petits animaux, DELBOULLE, Gloss. de la vallée d'Yères, Le Havre, 1876, p. 34.

BARTAVELLE. — ÉTYM. Ajoutez : Il est encore une espèce de perdrix rouge qu'on appelle bartavelle, parce que son chant est uniforme et monotone et qu'on l'a comparé au taquet d'un moulin, qui, en provençal, se nomme bartaveo, JOSEPH LA VALLÉE, la Chasse à tir en France, p. 290. D'après cette explication du nom de la bartavelle, la racine en serait le lat. vertere, tourner.

† **BARTHÉLEMY (SAINT-).** Ajoutez : — REM. Ce mot, pris figurément au sens de toute espèce de massacre, peut être dit au pluriel; on l'écrit sans s : Soixante artistes huguenots vivent avec des catholiques comme des frères; il serait impossible à un étranger de deviner qu'il y a deux religions dans ce petit canton-là...; en conscience, messieurs les moines, cela ne vaut-il pas mieux que vos Saint-Barthélemy? VOLT. Lett. à Schomberg, 28 mai 1770.

† **BARYCENTRE** (ba-ri-san-tr'), s. m. Terme de mathématique. Centre de gravité.

— ÉTYM. Βαρύς, pesant, et centre.

1. **BARYTON.** Ajoutez : || 2° Instrument à cordes de la famille de l'ancienne viole; il a sept cordes à boyau que l'on touche avec un archet.

1. **BAS.** Ajoutez : || 16° Bas de, pauvre de, manquant de. ... Je ne sais quels Scythes Bas de fortune et de mérites, MALH. Lexique, éd. L. Lalanne.

— REM. Ajoutez : || 2. Notre locution à bas, avec son sens de réprobation, se trouve dans l'ancienne langue sous la forme bas : XIII° s. Quar devant çou, savoir ne fal [je ne manque de le savoir], Crioit on : bas le kardenal! PHILIPPE MOUSKES, Chronique, v. 26155.

2. **BAS.** Ajoutez : || 2° Anciennement, bas attaché, bas qu'on attachait au haut-de-chausses avec des aiguillettes. Le roi, extrêmement paré de pierreries et plus de bonne mine, avec une cape, un bonnet et un bas attaché, menait la mariée, MALH. Lexique, éd. L. Lalanne.

— HIST. XVI° s. Ajoutez : J'ai volontiers imité cette desbauche qui se veoid en nostre jeunesse au port de leurs vestements : un manteau en escharpe, la cape sur une espaule, un bas mal tendu, qui represente une fierté desdaigneuse de ces parements, MONT. I, 192.

BASALTE. — Ajoutez : M. Félix Bovet, de Neuchâtel, Suisse, communique une conjecture sur l'origine de ce mot : « Pline (Hist. nat. XXXVI, II, 3) dit qu'il vient d'Égypte; il ne se trompe guère; car il vient d'un pays voisin de l'Égypte, la Palestine. On sait que la terre basaltique par excellence est la contrée connue sous le nom de Hauran, et, dans l'antiquité, sous celui de Basan, hébreu Baschan, grec Βασάνιτις, et comprise dans l'angle formé par le cours supérieur du Jourdain et son affluent le Yarmouk ou Hiéromax. Tout le plateau au sud du Hiéromax est calcaire, tandis que tout ce qui est au nord est basaltique. Le changement de βασάντις en βασάλτις n'a rien qui surprenne. Le nom de basalte serait donc, comme ceux de l'oxfordien, du néocomien, etc., tiré du lieu où on le trouve principalement. »

† **BASANER.** Ajoutez : || 2° Recouvrir de basane. Basaner une culotte.

† **BASCONETTE** ou **BASCOUETTE.** — ÉTYM. M. Meunier, dans Les composés qui contiennent un verbe à un mode personnel, p. 144, dit : « Volatile de laquelle bat (danse) la couette. Je crois que bascouette remonte à bat-couette, comme bascul à batcul. Quant à basconette, je ne crois pas qu'on doive séparer ce mot de bascouette; il peut en être une forme altérée. » Batte-queue, qui est un des noms de la bergeronette, donne une très-grande vraisemblance à l'étymologie par battre et couette

de cet autre nom du même oiseau. On sait que *couette* veut dire queue. Le poitevin dit *bascouette* et *biscouette*; dans l'Angoumois, *biscouette* signifie un détour, un crochet que l'on fait en courant pour échapper à celui qui poursuit.

† **BASCULER.** — HIST. *Ajoutez :* XIVe s. Vous devez estre vannez [berné] ou baculéz, DU CANGE, *vanna*.

BASE. *Ajoutez :* || 8° Terme de pharmacie. La partie essentielle d'une formule médicamenteuse.

BAS-FOND. *Ajoutez :* || 3° Fig. Les bas-fonds de la société, classes d'hommes dégradés par la misère ou par le vice.

† **BASILIDIEN.** *Ajoutez :* || *Adj.* Qui appartient aux basilidiens. Ces pierres gravées qu'on désigne habituellement par le titre de pierres gnostiques ou basilidiennes, CHAMPOLLION, *Précis du syst. hiér.* p. 140. Les pierres basilidiennes ont attaché les noms χνοῦβις, χνοῦφις et χνοῦμις à l'image d'un serpent, ID. *ib.* p. 145.

† **BASILIEN, IENNE** (ba-zi-liin, liè-n'), *s. m.* et *f.* Religieux, religieuse de l'ordre de Saint-Basile.

1. **BASILIQUE.** || 2° *Ajoutez :* || Basilique majeure, basilique mineure, titres honorifiques auxquels correspondent certains priviléges canoniques. || Basiliques majeures; il n'y en a qu'à Rome: ce sont les cinq principales églises qui correspondent aux cinq grands patriarcats de l'Eglise catholique; on les appelle aussi églises patriarcales. || Basiliques mineures, titre accordé, à Rome et hors de Rome, à d'autres églises célèbres par leur antiquité, ou par leurs souvenirs, ou par la dévotion des fidèles; ainsi la métropole de Paris a été érigée en basilique mineure par l'autorité du saint-siége, au commencement de ce siècle.

† **BASIPÈTE** (ba-zi-pè-t'), *adj.* Terme de botanique. Qui se porte vers la base. L'évolution basipète, TRÉCUL, *Acad. des sc. Compt. rend.* t. LXXXIII, p. 768.

— ÉTYM. *Base*, et lat. *petere*, se porter vers.

† **BASI-SPHÉNOÏDAL, ALE** (ba-zi-sfé-no-i-dal, da-l'), *adj.* Terme d'anatomie. Qui appartient à l'os basilaire et au sphénoïde. Suture basi-sphénoïdale.

† **BASQUETTE** (bas-kè-t'), *s. f.* Nom, en basse Normandie, des corbeilles dans lesquelles les pêcheurs débarquent le poisson.

— ÉTYM. Angl. *basket*, panier; ce paraît être un mot celtique: *basged* en gallois; le même radical est dans *bascauda*, qui est dit breton: *Barbara de pictis venit bascauda Britannis*, MARTIAL, XIV, 99.

† **BASSA** (ba-sa), *s. m.* Synonyme de pacha. Un marchand grec en certaine contrée Faisait trafic; un bassa l'appuyait; De quoi le Grec en bassa le payait, Non en marchand; tant c'est chère denrée Qu'un protecteur.... LA FONT. *Fabl.* VIII, 18.

— ÉTYM. *Bassa* est la forme que les Grecs donnent au *bacha* des Arabes, qui est lui-même une altération de *pacha* (voy. ce mot).

BASSESSE. || 1° *Ajoutez :* || Fig. La bassesse des biens corporels, RACINE, *Lexique*, éd. P. Mesnard.

2. **BASSE-TAILLE.** Voy. TAILLE, n° 18.

BASSETTE. *Ajoutez :* || 2° Lieu, maison où l'on joue à la bassette. Mme de Mazarin a quitté la France pour aller établir dans Londres une bassette, pour y faire de sa maison une académie de jeu et de tous les désordres que le jeu entraîne, *Plaidoyer pour M. de Mazarin contre Mme de Mazarin*, dans *Mélange curieux des meilleures pièces de St-Evremond*, t. I, p. 273, Cologne, 1708.

BASSIN. || 8° *Ajoutez :* || Bassin hydrographique d'un cours d'eau, la portion de la surface terrestre qui écoule ses eaux dans le cours d'eau. || Bassin maritime ou bassin lacustre, ensemble des bassins hydrographiques de tous les cours d'eau qui s'écoulent dans une même mer ou dans un même lac.

BASSINER. *Ajoutez :* || 3° Populairement, fatiguer, ennuyer. Le joli refrain de la diva: Tu me bassines avec ton amour.... ALPH. DAUDET, *Journ. offic.* 30 nov. 1874, p. 7879, 3° col.

— HIST. || XVIe s. *Ajoutez :* On ne bassine jamais mon lict; mais, depuis la vieillesse, on me donne, quand j'en ay besoing, des draps à eschauffer les pieds et l'estomac, MONT. IV, 277.

BASSINET. || 2° *Ajoutez :* || Grand bassinet, casque qui date du XIVe siècle, de forme ovoïde, et qui, à partir de la deuxième moitié de ce siècle, fut muni d'une visière mobile. || 8° Nom donné au résidu du cocon après que toute la soie du dessus en est tirée, c'est-à-dire l'enveloppe même de la chrysalide, enveloppe qui n'est plus bonne qu'à être cardée. J'emploie les frisons, les cocons percés, les bassinets et la bourre de soie, *Enquête, Traité de comm. avec l'Anglet.* t. V, p. 788.

— ÉTYM. *Ajoutez : Bassin* s'est dit pour casque: XIIIe s. Et [il] va ferir Robastre sus son bachin devant.... Le chief tourna Robastre, que le coup va doutant, *Gaufrey*, v. 4298. C'est de là que vient *bassinet* au sens d'armure de tête.

BASSINOIRE. *Ajoutez :* || 2° Nom de moquerie donné aux grosses montres. Il est un peu tard, dit-il en tirant de son gousset une de ces grosses montres que les générations suivantes ont qualifiées de bassinoires, *Rev. Britan.* sept. 1872, p. 148.

† **BASSOUIN** (ba-souin), *s. m.* Terme de pêche à la mer. Petit cordage de 14 millimètres de diamètre environ, servant à attacher les filets sur les halins ou aussières, et en même temps à relier les pièces de filets entre elles; il y a seulement un bassouin par pièce de filet. Il devra être mis à bord de chaque bateau : 1°.... 4° bandingues ou martingales, une de 5 mètres au moins par quart à poche; 5° bassouins, un de 5 mètres au moins par filet, *Décret* 7 juin 1852, *pêche du hareng*, art. 10.

† **BASTIDON** (ba-sti-don), *s. m.* Terme du midi de la France. Une petite bastide. Une voix que je n'ai pas reconnue a dit: on a tué C.... dans son bastidon, il y a peut-être une heure, allez-y, *Gaz. des Trib.* 12-13 juill. 1875, p. 670, 4° col.

† **BASTILLARD** (ba-sti-llar, *ll* mouillées), *s. m.* Nom qu'on donnait dans le temps aux prisonniers détenus dans la Bastille, J. ROU, *Mémoires inédits et opuscules*, dans *Journ. offic.* 9 déc. 1876, p. 9167, 2° col.

† **BASTING** (ba-stingh), *s. m.* Solive de sapin, de la dimension de 0m,065 sur 0m,17, qui n'entre pas dans la charpente, mais qui sert à porter les planchers.

BASTONNADE. *Ajoutez :* — HIST. XVe s. Pour aulcune correction de menaces et bastonnades, MONT. III, 153.

BASTRINGUE. *Ajoutez :* || 3° Nom d'un jeu semblable au billard anglais, mais moins compliqué; on se sert d'une queue et d'une boule qui doit abattre des quilles. Le 14 juillet, fête de Sainte-Claire, à Châteauneuf [Eure-et-Loir], il a passé une partie de la journée sur le Friche, et jouait au bastringue sur le billard d'un nommé R...., où il a gagné 16 fr. 50, *Gaz. des Trib.* 31 déc. 1875, p. 1263, 1re col. || 4° Terme d'argot. Étui dans lequel les prisonniers, surtout les galériens, renferment toute sorte d'instruments, scies et autres. || 5° Dans l'Aunis, l'établi qui sert aux tonneliers à ajuster les morceaux d'un fond de futaille, *Gloss. aunisien*, p. 70.

† **BASTRINGUER** (ba-strin-ghé), *v. n.* Terme populaire. Danser dans les bastringues. Ce qui les perd [les jeunes modistes], voyez-vous, ce sont les connaissances qu'on fait là-dedans.... elles sont là un tas de filles qui s'en vont bastringuer le dimanche.... et la semaine aussi, *Gaz. des Trib.* 1er janv. 1876, p. 3, 3° col.

BATAILLE. *Ajoutez :* || 7° Porter le chapeau à cornes en bataille, le porter en travers, de manière que les cornes tombent sur chaque oreille; cette expression vient de l'assimilation à une troupe en bataille. Les gens mariés [de Guérande] le portent [le tricorne] en bataille, comme les gendarmes; les veufs, les garçons en tournent les pointes d'une autre manière, ALPH. DAUDET, *Journ. offic.* 16-17 août 1875, p. 6923, 3° col.

BATAILLER. *Ajoutez :* || 4° Se batailler, disputer l'un contre l'autre. Ce n'est pas la peine de se batailler pour le reste, J. J. ROUSS. *Lett. à Moultou*, 7 mars 1768.

BATAILLON. 1° *Ajoutez :* || Bataillon de guerre, bataillon composé d'hommes exercés, et prêt à entrer en campagne, par opposition au bataillon de dépôt, qui renferme les conscrits. || Le bataillon actuellement est composé de quatre compagnies, et quatre bataillons forment un régiment. || Le bataillon est l'unité de l'infanterie chez tous les peuples de l'Europe. Pour estimer la force d'un corps d'armée, on dit tant de bataillons et non tant de régiments ou de brigades.

BÂTARD. || 4° En typographie, caractère imité de l'écriture bâtarde. On soumit plusieurs écritures aux procédés typographiques; ainsi nous avons eu.... vers 1640 une bâtarde brisée et en 1741 une bâtarde coulée, *Manuel de typographie, Imprimerie*, 1re part. p. 65, Encyclopédie Roret.

— HIST. || XVIe s. *Ajoutez :* Panurge luy donna.... une espée bastarde bien dorée, RAB. *Pant.* III, 25.

† 3. **BÂTARDEAU** (bâ-tar-dô), *s. m.* Petit couteau que l'on portait d'ordinaire dans la gaîne de la langue de bœuf, sorte de dague.

† **BÂTE.** *Ajoutez :* || 2° Dans les bijoux façonnés, lame d'or avec laquelle on leur donne cette épaisseur factice qui les rend apparents.

— REM. C'est une faute d'écrire bate ou batte.

BATEAU. *Ajoutez :* || 8° Bateau de loch, voy. LOCH. || 9° En batellerie, mémoire du bateau, nom du bail par lequel le propriétaire de bateaux loue son bateau à un tiers. Attendu.... que le sieur R.... a loué aux sieurs V.... frères, à un prix, durée et conditions déterminés, le bateau la *Stéphanie* dont il était propriétaire; attendu que, si ces accords n'ont pas été complétés et ratifiés par le bail connu, en matière de batellerie, sous la dénomination de mémoire du bateau, *Jug. du Trib. civ. de Lyon*, dans *Gaz. des Trib.* 23 mars 1876, p. 289, 4° col.

† **BATEAU-BOEUF** (ba-tô-beuf), *s. m.* Dans le quartier de Cette, bateau de pêche de 25 à 30 tonneaux, *Statist. de la pêche maritime*, 1874, p. 115.

† **BATÉE** (ba-tée), *s. f.* Voy. BATTÉE au Supplément.

† **BATEILLE** (ba-tè-ll', *ll* mouillées), *s. f.* Terme de métallurgie. Mur d'appui extérieur régnant autour de la bune, F. LIGER, *la Ferronnerie*, Paris, 1875, t. I, p. 41.

2. **BATELAGE.** — HIST. XVIe s. *Ajoutez :* Quelqu'un proposoit contre Cleanthes des finesses dialectiques; à qui Chrysippus dict: Joue toy de ces battelages avecques les enfants, et ne detourne à cela les pensées sérieuses d'un homme d'aage, MONT. I, 190.

BATELÉE. — HIST. XVe s. *Ajoutez :* Un conseiller de ma cognoissance, ayant desgorgé une battelée de paragraphes, d'une extreme contention et pareille ineptie.... MONT. IV, 174.

BATELET. *Ajoutez :* — HIST. XIVe s. Dame, pour vous de mort tenser, Entendez que nous vous ferons, En ce battelet vous mettrons, *Théâtre franç. au moyen âge*, Paris, 1839, p. 566.

† **BATHOMÈTRE** (ba-to-mè-tr'), *s. m.* Instrument inventé par le docteur Siemens pour indiquer la profondeur de la mer sans faire usage de la ligne de sonde, et à l'aide de la simple lecture des indications données par l'instrument, *Journ. offic.* 9 avr. 1876, p. 2573, 2° col. Le bathomètre a été mis à l'essai dans une double traversée de l'océan Atlantique à bord du bateau à vapeur le *Faraday*, qui avait pour mission la pose d'un câble sous-marin; on compara les indications de l'instrument avec les résultats fournis par des sondages directs obtenus à l'aide de la sonde à fil de corde de piano de M. William Thomson; chaque fois l'accord fut trouvé satisfaisant, H. DE PARVILLE, *Journ. des Débats*, 26 mai 1876, *Feuilleton*, 2° page, 3° col.

— ÉTYM. Βάθος, profondeur, et μέτρον, mesure.

† **BATHOMÉTRIE** (ba-to-mé-trie), *s. f.* Étude du fond des mers. L'exploration du fond des mers.... forme depuis quelques années une science spéciale, la bathométrie, qui s'enrichit tous les jours, *Journ. offic.* 29 avr. 1873, p. 2854, 1re col.

— REM. C'est là même chose que bathymétrie (voy. ce mot au Dictionnaire).

† **BATHYMÉTRIQUE** (ba-ti-mé-tri-k'), *adj.* Qui a rapport à la bathymétrie. Recherches bathymétriques, *Acad. des sc. Compt. rend.* t. LXXII, p. 862.

† **BÂTIÈRE** (bâ-tiè-r'), *s. f.* || 1° En Normandie, le bât. || 2° Par assimilation de forme, genre de couronnement d'un édifice, formé de deux gables à double égout, supportant un toit plus ou moins incliné, DE CAUMONT, *Abécédaire ou rudiment d'archéol.* 4° éd. p. 174. Quatre piliers massifs, supportant une bâtière à la naissance de la croix latine, divisent l'église en deux parties, *l'Avranchin*, 9 janv. 1876.

— ÉTYM. *Bât.*

BÂTIMENT. || 3° *Ajoutez :* || Proverbe parisien. Quand le bâtiment va, tout va. || Fig. Être du bâtiment, être du métier; les gens du bâtiment, les gens du métier. Si on les écoute, l'art devient une sorte de sanctuaire inaccessible à tous ceux qui ne sont point initiés; seuls les gens du bâtiment, comme on dit, sont capables de comprendre la valeur, la portée et les conséquences de certains tons, de certains glacis, de certains empâtements..., H. HAVARD, *Rev. Britann.* juin 1876, p. 480.

BÂTISSEUR. *Ajoutez :* Les esclaves du Nil, bâtisseurs de tombeaux, CHATEAUBR. *Moïse*, II, 5.

BÂTON. || 8° *Ajoutez :* || Anciennement, bâton de confrérie, bâton qui servait à porter aux processions l'image de quelque saint ou la représentation de quelque mystère; fête à bâton, celle où l'on célèbre la fête du saint qui est au bout de ces bâtons. || 21° Le bâton blanc, se disait pour exprimer la déchéance, la défaite, la pauvreté. Adieu, ville peu courtoise Où je crus être adoré; Aspar est désespéré: Le poulailler de Pontoise Me doit ramener demain Voir ma famille bourgeoise, Me doit ramener demain Un bâton blanc à la main, RAC. *Épigr. contre Fontenelle.* C'est qu'alors un père pourrait, Pour punir son libertinage, Sevrer de tout son héritage, Chasser son gars comme un coquin, Et, le bâton blanc à la main, L'envoyer jouer à la paume, Glaner ou ramasser du chaume (1740), 2e *Harangue des habitants de Sarcelles*, dans CH. NISARD, *Parisianismes*, p. 19. || On peut voir à l'historique le bâton blanc mis entre les mains d'une garnison qui se rend; l'exemple est de d'Aubigné. || Proverbe. Il ne fait pas bon aller à sa porte sans bâton, se dit à propos d'un homme irascible et prompt à l'offense.

— HIST. À la fin, *ajoutez :* Les confrairies, assemblées et banquets accoutumez pour bastons et autres choses semblables, *Ordonn. de Moulins sur la réforme de la justice*, févr. 1566, art. 74.

BÂTONNER. — HIST. *Ajoutez :* || XIIIe s. Garins tint le perquant qui fu gros et quarré, Vers Amandon s'en vint, qui si l'ot bastonné, *Gaufrey*, v. 919.

BÂTONNIER. || 3e Celui qui fait et vend des manches de brosses, de fouets, de parapluies, de balais, etc. *Tarif des patentes*, 1858. Bâtonnier par procédés mécaniques, *Journ. offic.* 23 nov. 1876, p. 8585.

2. BATTANT, *s. m. Ajoutez :* || 8e Planche de chêne constituant un des types adoptés dans le commerce de bois de Paris et dans la région qui alimente les chantiers de la capitale. Le grand battant a 0m,333 de largeur et 0m,11 d'épaisseur; le petit battant a 0,25 de largeur et 0,8 d'épaisseur, NANQUETTE, *Exploit. débit et estim. des bois*, Nancy, 1868, p. 74.

BATTE. *Ajoutez :* || 12e Pièce de la cuvette qui sert à maintenir un sabre dans le fourreau (voy. CUVETTE). || 13e Pièce qui, dans une machine à battre, frappe le coton. Il y a des batteurs à une, à deux, à trois et même à quatre battes, *Enquête, Traité de comm. avec l'Anglet.* t. IV, p. 290. || 14e Le bout mobile qui dans un fléau sert à battre. Battes à fléaux et manches non tournés, *Alm. Didot-Bottin*, 1876, p. 2306, 2e col.

† BATTÉE. || 3e Sorte de plat de bois, dans lequel on lave les sables ou détritus aurifères. || On écrit aussi batée, à tort. Arrivé sur le placer qu'on avait choisi, on travaillait seul; on campait près d'un ruisseau, armé d'un pic et d'une pelle pour fouiller le sol, et muni, pour laver les sables, d'une vaste sébile de bois, la batée des Mexicains, ou mieux d'un plat de fer battu rappelant ceux des ménagères, L. SIMONIN, *Rev. des Deux-Mondes*, 15 nov. 1875, p. 287.

† BATTENDIER (ba-tan-dié), *s. m.* Celui qui exploite un moulin à battre le chanvre, *Tarif des patentes*, 1858.

† BATTERESSE (ba-te-rè-s'), *s. f.* Dans l'Aunis, nuée de grêle qui bat, qui détruit les récoltes, *Gloss. aunisien*, La Rochelle, 1870, p. 70.

BATTERIE. || 2e Terme d'artillerie. Emplacement préparé pour recevoir des bouches à feu qui doivent faire feu sur les lieux mêmes. On les distingue : d'après la nature des bouches à feu dont elles sont armées, en batteries de canons, batteries d'obusiers, batteries de mortiers; d'après leur destination, en batteries de siége, batteries de place, batteries de côte, batteries d'ouvrages de campagne; d'après leur organisation, en batteries à embrasures, batteries à barbette, batteries blindées, batteries casematées; d'après la nature de leur tir, en batteries de plein fouet, batteries à ricochet; d'après la direction de leur tir, en batteries directes, qui battent perpendiculairement le flanc ou la face d'un ouvrage, ou le front d'une troupe, en batteries d'écharpe, dont la direction de tir fait un angle de 20° au plus avec la ligne à battre, en batteries à revers, qui sont établies en arrière du prolongement de la face ou de la ligne à battre, en batteries d'enfilade, dont les projectiles parcourent la longueur de la ligne à battre. || En général, une rangée de bouches à feu disposées sur un terrain quelconque et prêtes à faire feu. || Une pièce est dite en batterie, lorsqu'elle est disposée pour faire feu. Le ravage de cent pièces de canon en batterie, HAMILT. *Gramm.* 2. || En batterie, hors de batterie, commandements employés autrefois pour faire placer une pièce à la position d'où elle doit tirer, ou pour l'en éloigner afin d'en faciliter le chargement. || Réunion du personnel et du matériel qui constitue l'unité tactique de l'artillerie. Toutes les batteries de ce régiment sont sur le pied de guerre. Batterie à cheval, celle dans laquelle les servants des pièces sont montés. Batterie montée, celle dont les servants sont à pied, et dont les cadres et les conducteurs des pièces seulement sont à cheval. Batterie à pied, celle qui ne contient que des servants à pied. || Nombre déterminé de chaque espèce de pièces d'artillerie ou bouches à feu, qui sert au dénombrement de cette arme. La batterie française est actuellement de six pièces. La loi du 23 fructidor an VII constitua huit régiments d'artillerie à pied composés de compagnies qui finirent par prendre le nom de batteries qu'elles ont conservé jusqu'à ce jour, Gal CHARETON, *Journ. offic.* 13 nov. 1874, p. 7551, 2e col. || Batterie flottante, embarcation construite spécialement en vue du tir des canons qu'elle porte. || 8e *Ajoutez :* Lettres patentes portant règlement pour l'établissement des fonderies et batteries de cuivre et d'airain battu, dans les villes de Châlons et de Reims, *Ordonnances*, à Saint-Germain-en-Laye, 25 oct. 1666. || 13e Dans les moulins à poudre, batterie, la réunion d'un certain nombre de mortiers où se fait le battage de la poudre. || 14e À la campagne, batterie, la machine à battre le grain.

† BATTES (ba-t'), *s. f. plur.* Terme de sellier. Les portions rembourrées mises en avant et en arrière au-dessus des arçons.

BATTEUR. *Ajoutez :* || 6e Batteur de nerfs, celui qui réduit les nerfs de bœuf en filasse, *Tarif des patentes*, 1858. || 7e Batteur, instrument destiné à fouetter des œufs. || 8e Batteur, machine qui épluche le coton. « Quel est le prix d'une machine à battre? » — Le coton arrive, il faut l'ouvrir au moyen d'une machine qu'on appelle éplucheur-batteur; il y a des batteurs à 1, à 2, à 3 et même à 4 battes, *Enquête, Traité de comm. avec l'Anglet.* t. IV, p. 290.

† BATTITURE. *Ajoutez :* || 2e Terme de verrier. Parcelles de verre qui se détachent de la canne. Enverrage et rupture de creusets, battitures de cannes, fiel, écrémaisons, triage, brois et déchet de groisils, *Enquête, Traité de comm. avec l'Anglet.* t. VI, p. 587.

BATTRE. *Ajoutez :* || 19e Neutralement. Disputer. Après avoir quelque temps battu là-dessus.... ST-SIM. t. VIII, p. 259, édit. CHÉRUEL.

BATTU. *Ajoutez :* — REM. Pour la locution : Battu de l'oiseau, l'explication est tout autre : les fauconniers avaient, pour dresser le faucon, un mannequin qui représentait un oiseau; et, quand le faucon à dresser commettait quelque faute, on le battait avec ce mannequin, comme on corrige un chien avec un fouet; ce qui l'humiliait beaucoup (Note du comte D'HAUSSONVILLE).

† BATTUDE (ba-tu-d'), *s. f.* Dans le quartier de Cette, sorte de filet fixe pour la pêche, *Statistique des pêches maritimes*, 1874, p. 115.

BATTURE. *Ajoutez :* || 4e Volée de coups; c'est le sens propre encore gardé dans le langage du peuple. Lesquelles [femmes] ne reçoivent autre salaire de leur travail que des battures et des outrages, P. DU MOULIN, *Serm. 1re décade*, V (XVIIe s.).

† BAUCHALÈS (bô-cha-lè), *s. m.* Nom, dans Tarn-et-Garonne, d'un cépage noir, dit aussi mourastel, *les Primes d'honneur*, Paris, 1872, p. 466.

† 2. BAUCHE (bô-ch'), *s. f.* Nom, dans les Basses-Alpes, du *calamagrostis argentea*, *Reboisement des mont. Compte rendu*, 1869-1874, 2e fasc. p. 20.

† BAUDELAIRE. *Ajoutez.* — REM. *Baudelaire* est le même que *badelaire* (voy. ce mot au Dictionnaire).

† BAUDELIER (bô-de-lié), *s. m.* Celui qui transporte le bois à dos de bêtes de somme, *Tarif des patentes*, 1858.

BAUDIR. *Ajoutez :* || 2e *V. n.* Faire le galant, le joli (terme vieilli). Et quoiqu'il fût [le chevalier de Gramont] moins heureux auprès des dames, il n'était pourtant pas plus pressant; au contraire, pourvu qu'il pût baudir, faire dire dans le monde qu'il était amoureux.... il ne se mettait guère en peine de la conclusion, BUSSY RABUTIN, *Hist. am.* p. 47, édit. Amsterdam, 1671.

† BAUGEUR (bô-jeur), *s. m.* Celui qui fait des constructions en terre et en paille, *Tarif des patentes*, 1858.

— ÉTYM. *Bauge.*

BAUME. *Ajoutez :* || 4e Arbre baume ou du baume, nom des bursères, des *balsamodendron*, etc. BAILLON, *Dict. de bot.* p. 247.

† BAUXITE (bô-ksi-t'), *s. f.* Minéral composé surtout d'alumine. L'appareil Siemens consiste en un four portatif à gaz et à chaleur régénérée, dont le cylindre mobile, le *rotator*, est revêtu intérieurement de briques fabriquées d'une manière spéciale, en bauxite, *Journ. offic.* 12 mai 1873, p. 3064, 2e col.

† BAVANG ou BAWANG (ba-vangh), *s. m.* Grand arbre indéterminé de l'archipel indien. Les fruits du bawang ont tellement l'odeur d'ail qu'on s'en servait autrefois à Amboine pour assaisonner les aliments, BOSC, *Dict. d'hist. nat.* III.

— ÉTYM. Malais, *bâwang*, ail, oignon, DEVIC, *Dict. étym.*

BAVARD. — HIST. XVIe s. || *Ajoutez :* Si je parle diversement de moy, c'est que je me regarde diversement; toutes les contrariétés s'y treuvent selon quelque tour et en quelque façon : honteux, insolent, chaste, luxurieux, bavard, taciturne.... MONT. II, 7.

BAVARDER. *Ajoutez :* — REM. Montaigne a dit bavasser : Il semble que la coustume concede à cet aage [la vieillesse] plus de liberté de bavasser et d'indiscretion à parler de soy, III, 258.

— HIST. XVIe s. Quant est de ce qu'ils [les astrologues] begayent et bavardent de l'origine et cause des foudres, BAUDON, *Trois livres des charmes*, Paris, 1583, p. 391.

† BAVARDIN (EN) (an-ba-var-din), locution particulière à Mme de Sévigné et qui signifie dans la maison des Lavardin où l'on causait, bavardait beaucoup (la plaisanterie est facile à comprendre). J'ai dîné en Bavardin, SÉV. *Lett.* 10 avr. 1671. Il [Walter Scott] s'en va en Bavardin, comme parle Mme de Sévigné, CHATEAUBR. *Mém. d'outre-tombe*, éd. de Bruxelles, t. III, *Itinéraire de Napoléon à l'île d'Elbe* (dernière page du chapitre).

† BAVAROIS, OISE (ba-va-roi, roi-z'), *adj.* Qui appartient à la Bavière. Les chambres bavaroises.

BAVE. — HIST. *Ajoutez :* || XVIe s. Le peintre Protogenes.... ne pouvant representer à son gré l'escume et la bave [d'un chien], MONT. I, 254.

† BAVIÈRE (ba-viè-r'), *s. f.* || 1o Partie de l'armure destinée à protéger le cou et le menton. Quand l'armement de tête est la salade, comme au XVe siècle, la bavière est fixée à la partie supérieure de la cuirasse. Quand il s'agit de l'armet, la bavière fait partie du casque et est mobile autour des mêmes pivots que le mézail. On l'appelle aussi mentonnière. || 2e Être en bavière (ou Bavière, par jeu de mots), se disait autrefois de la période de salivation qu'amenait le traitement employé alors contre la syphilis.

— ÉTYM. *Baver*, à cause de la place que cette pièce occupe.

† BAVOLER. *Ajoutez :* — HIST. XVIe s. Un brave scadron l'accompagne D'autres freslons qui bavolant, Font en l'air comme un camp volant, DE BRACH, *Poëmes*, fo 36 de l'édit. originale.

BAVOLET. *Ajoutez :* — HIST. XVe s. Dame dont le chef estoit paré de ses cheveux beaux et blonds, ayant par dessus une tocque couverte d'un volet [en marge, al. bavolet] fort enrichi de pierreries, MATH. DE COUCY, *Hist. de Charles VII*, p. 665, édit. Denys Godefroy, Paris, 1661.

BAVURE. *Ajoutez :* || 2e Terme d'artillerie. Saillie de métal produite à la bouche d'une pièce d'artillerie en bronze par les chocs du projectile.

† BAYAD (ba-iad), *s. m.* Poisson du Nil, d'un blanc argenté, le *silurus bayad* (Sonnini écrit bayatte).

— ÉTYM. Arabe, *bayâd*, même sens (le mot signifie blancheur), DEVIC, *Dict. étym.*

BAYADÈRE. *Ajoutez :* || 2e Sorte de ceinture en corail, LACAZE-DUTHIERS, *Hist. natur. du corail*, Paris, 1864, p. 338.

† BAYANANISME ou BAÏANISME (ba-ia-ni-sm'), *s. m.* Hérésie de Baïus ou de Bay, né en 1513 à Melin, territoire d'Ath en Hainaut; il enseigna, sur la grâce, le libre arbitre, le péché originel, la charité, la mort de Jésus-Christ, soixante-seize propositions qui furent condamnées en 1567 par la pape Pie V.

† BAYASSE (ba-ia-s'), *s. f.* Nom, en Dauphiné, de la lavande coupée et recueillie pour distillation d'huile de spic.

BAYER. — ÉTYM. *Ajoutez :* Saintong. *bader*, ouvrir la bouche.

† BAYLE (bè-l'), *s. m.* Berger chef, en Provence. .... les confient à un bayle ou berger chef, qui, à ses risques et périls, conduit les troupeaux, loue les pâturages, en un mot se charge de l'estivage moyennant une redevance, *Rebois. des montagnes, Compte rendu*, 1869-1874, 7e fasc. p. 124. Le bayle de chez nous est remplacé par le *pastore* [pour les troupeaux des Alpes suisses, qui appartiennent généralement à des Italiens], *ib.* p. 138.

— ÉTYM. Autre orthographe de *baile* (voy. ce mot).

† BAYOT, OTTE (ba-io, io-t'), *adj.* Qui a la robe rouge et blanche, en Normandie. Veau bayot, va-

che bayotte, DELBOULLE, *Gloss. de la vallée d'Yères*, le Havre, 1876, p. 37.

— ÉTYM. Diminutif de l'adj. *bai*.

† **BAYOU** (ba-iou), *s. m.* Nom, dans la Louisiane, des bras des rivières côtières, *le Temps*, 22 mars 1876, 2e page, 1re col. Les bayous et rivières de Louisiane compris entre l'Atchafalaya, la Têche et le Mississipi, *Journ. offic.* 6 juin 1874, p. 3798, 2e col.

† **BEAGLE** (bi-gl'), *s. m.* Chien basset, en anglais. Il nous est encore venu d'Angleterre une autre espèce de chiens ; ce sont les beagles, JOS. LA VALLÉE, *la Chasse à courre*, t. II, p. 60, Paris, 1859.

† **BÉAL** (bé-al), *s. m.* Dans le Midi, nom d'un petit cours d'eau. A un certain moment, l'eau a manqué pour alimenter les pompes, et M. le maire de la ville [Toulon] a dû faire détourner le béal communal et l'amener jusque sous les murs de l'arsenal, *Gaz. des Trib.* 2 juill. 1873, p. 723, 3e col. Marie C.... se serait trouvée.... sur le fossé de la grand'route de Riols, pendant qu'on aurait transporté le cadavre de Françoise R.... vers le béal de Gargne, *Extr. de la Rev. de Saint-Pons*, Hérault, dans *Gaz. des Trib.* 2 oct. 1873, p. 946, 3e col.

— HIST. XVe s. Curer et nettoyer le bealaige de la riviere, DU CANGE, *beale*.

— ÉTYM. Bas-lat. *beale, bedale*, canal, de *bedum* (voy. BIEZ).

† **BÉANCE** (bé-an-s'), *s. f.* Terme didactique. État de ce qui est béant. La béance des voies respiratoires.

— ÉTYM. *Béant*.

† **BÉATIFIANT, ANTE** (bé-a-ti-fi-an, an-t'), *adj.* Qui béatifie, qui donne la béatitude céleste. M. de Meaux, qui s'est attaché à montrer que l'amour qu'on avait pour Dieu comme objet béatifiant.... BOSS. 2e *écrit*, 5.

BÉATIFIER. || 3° *Ajoutez* : Le bonhomme [le père de Balzac] à qui vous avez écrit et que vous avez béatifié par votre lettre, BALZAC, *Lettres inéd.* V, édit. Tamizey-Larroque. || 4° *V. réfl.* Se béatifier, se rendre heureux. C'est une absurdité de dire que par la vertu seule un homme se puisse béatifier, MALH. *Lexique*, éd. L. Lalanne.

BÉATILLES. 3° *Ajoutez* : || Fig. .... Enfin les béatilles De l'hyménée, ennuis, chagrins, dégoûts, LAMOTTE, *Fabl.* IV, 15.

† **BÉATRIX** (bé-a-triks), *s. f.* La 83e planète télescopique, découverte par M. de Gasparis.

BEAU. — REM. *Ajoutez* : || 3. Il est rare que *bel* se dise autrement que devant un substantif commençant par une voyelle ou une *h* muette : un bel arbre, un bel homme. Pourtant on en trouve quelques exemples dans un autre emploi, mais toujours devant une voyelle, bien entendu. S'il est vrai que l'homme laid de naissance soit plus bel encore que le plus beau des animaux, CH. LÉVÊQUE, *Science du beau*, t. II, p. 338, Paris, 1861. Cela n'est point une faute, mais maintenant c'est peu usité.

† **BEAUCE** (bô-s'), *s. f.* Campagne plate (inusité aujourd'hui ; écrit aussi beausse). L'affection qu'il avait pour la chasse l'emporta un peu trop.... d'où vient qu'il fut étonné quand il se vit dans les beausses et les plaines de la Champagne, qui, étant dépouillées de bois et de forêts, ne nourrissent point de bêtes rousses, J. BOUDONNET, *les Vies des évêques du Mans*, p. 411, Paris, 1651.

BEAUCOUP. — REM. *Ajoutez* : || 6. Au XIVe siècle on a dit *grant cop* : un grant boais [bois] où il y a grant cop des larrons, *Rev. critique*, 5e année, 2e sem. p. 386. || 7° Beaucoup pour beaucoup de gens a été employé par Corneille : Saint Polyeucte est un martyr dont, s'il m'est permis de parler ainsi, beaucoup ont plutôt appris le nom à la comédie qu'à l'église, *Abrégé du mart. de S. Poly.* Vaugelas dit que beaucoup ne doit pas être ainsi employé seul ; malgré cet arrêt, la tournure condamnée, qui est commode, est restée en usage.

— HIST. XIVe s. *Ajoutez* : Pluseurs princes et barons.... et biacop d'aultres que je ne sçai nommer, J. LE BEL, *Vrayes chroniques*, t. I, p. 154.

† **BEAUCUIT.** — ÉTYM. *Ajoutez*. Altération de l'anglais *buckwheat*, qu'on prononce *beukwit* ; il vient de l'allem. *Buchweizen*, blé sarrasin, littéralement, faine-froment, à cause de la ressemblance du grain de sarrasin avec une petite faine, TH. PAVIE, *Rev. des Deux-Mondes*, 15 juin 1864, p. 880.

BEAUTÉ. *Ajoutez* : — REM. Faire beauté est une expression recherchée qu'on employait et dont le Sage se moque dans ce passage : Je veux par un seul trait te faire sentir la différence qu'il y a de la gentillesse de notre diction à la platitude de la leur ; ils diraient, par exemple, tout uniment : les intermèdes embellissent une comédie ; et nous, nous disons plus joliment : les intermèdes font beauté dans une comédie ; remarque bien ce font beauté ; en sens-tu tout le brillant, toute la délicatesse, tout le mignon ? *Gil Blas*, VII, 13.

† **BÉBÉ.** *Ajoutez* : — REM. Il est probable que l'anglais *baby*, qui a le sens de petit enfant, et qui se prononce *bébé*, a influé sur l'extension du sens de petit enfant donné à *bébé* ; mais il ne faut pas oublier que ce mot est dans le français depuis plus d'un siècle. *Bébé* a été le nom du nain du roi de Pologne à une époque où les mots anglais ne pénétraient guère dans le français ; et il était entré dans l'usage, comme on le voit par cet exemple des premiers temps de la Révolution : Je vous avoue que j'avais l'intention de répondre à cet *Hercule-Bébé* : Et qui vous offrira du pain. *L. du P. Duchêne*, 189e lettre, p. 7.

BEC. *Ajoutez* : || 14° On dit aux petits enfants : Fais-moi un bec, c'est-à-dire donne-moi un baiser.

— HIST. *Ajoutez* : XIIe s. Mais [les oiseaux] forment se desfendent, moult les ont damagiés [les assaillants], Quatre cevaus ont mors que as biés que as piés, *li Romans d'Alixandre*, p. 389.

† **BÉCANDRE** (bé-kan-dr'), *s. f.* Bateau de Dunkerque, naviguant sur l'Escaut.

BÉCASSE. *Ajoutez* : || 6° Le lepte bécasse, espèce du genre lepte, insectes diptères. || 7° Fig. Une bécasse, une femme sotte.

— HIST. *Ajoutez* : XIIe s. Se or l'en lait mener, ne se prise une escace [échasse], Muet [meut, se meut, se met en mouvement] et si pries le tient, com li faus [le faucon] le [la] biecace, *li Roman d'Alixandre*, édit. MICHELANT, p. 171.

† **BECCADE** (bè-ka-d'), *s. f.* En termes de fauconnerie, becquée. Il est important qu'ils soient non-seulement accoutumés mais affriandés à ce leurre ; dès que l'oiseau a fondu dessus et qu'il a pris seulement une beccade.... LE ROY, *Encyclop.* art. *Fauconnerie*.

† **BEC-D'OISEAU.** *Ajoutez* : || 3° Nom normand de la poire qu'on appelle à Paris beurré d'Angleterre, ainsi nommée à cause de son sommet effilé en bec d'oiseau.

BECFIGUE. *Ajoutez* : — HIST. XVIe s. L'opinion de Favorinus.... que c'est un miserable souper, si on n'a saoulé les assistants de cropions de divers oyseaux, et que le seul becfigue merite qu'on le mange entier, MONT. IV, 282.

BÊCHE. *Ajoutez* : || 3° Nom des toues sur le Rhône. On se contentait, dans les points où le quai était le plus fréquenté, de se dérober aux regards au moyen de petits bateaux plats appelés toues, et qui supportaient une toile sur trois perches ; ces mêmes bateaux, appelés bêches, étaient en usage sur le Rhône, à Lyon, et les bateaux de bains, dans cette ville, en ont conservé le nom, extr. du *Journ. des Débats*, dans *Journ. offic.* 24 avril 1874, p. 2916, 2e col. || 4° Bêche de mer, sorte de coquillage. Les blâmables procédés dont étaient victimes, dans le détroit de Torrès, les Polynésiens qu'on y employait à pêcher les coquilles de nacre et la bêche de mer, *Journ. offic.* 12 mai 1874, p. 3221, 2e col. Cette île [Sydney Island] est au S. O. de l'île de Rotumah, à 200 ou 300 milles, et n'est visitée qu'accidentellement par des bâtiments à la recherche de la bêche de mer.... .... un schooner portant le nom de *Annie* y arriva, faisant la pêche de la bêche de mer, *ib.* 20 nov. 1874, p. 7715, 2e col.

† **BÉCHÉE** (bé-chée), *s. f.* Ancien synonyme de becquée. Les oiseaux partagent la béchée à leurs petits, MALH. *Lexique*, éd. L. Lalanne.

† **BÉCHET** (bé-chè), *s. m.* Nom, dans Maine-et-Loire, de l'orge d'hiver, *les Primes d'honneur*, Paris, 1872, p. 153.

† **BÊCHEVETER** (bé-che-ve-té), *v. a.* Terme de papeterie. Mettre tête-bêche les feuilles de papier (voy. TÊTE-BÊCHE).

† **BÉCLAN** (bé-klan), *s. m.* Nom, dans le Jura, d'un cépage noir, *les Primes d'honneur*, Paris, 1869, p. 284.

† **BECMARE** (bè-kma-r'), *s. m.* Genre d'insectes coléoptères connus aussi sous le nom d'attélabes. Pourquoi tuer le crapaud, qui mange des limaces, des becmares et des fourmis ? *le Triple Liégeois*, 1875, p. 216.

† **BÉCOT** (bé-ko), *s. m.* Dans le langage enfantin, un petit baiser.

— ÉTYM. *Bec*.

† **BEDEAUDE.** *Ajoutez* : || 2° Nom donné à quelques insectes dont le corps est de deux couleurs bien tranchées. Chenille bedeaude. Cigale bedeaude.

— ÉTYM. *Bedeau*, la *bédeaude* ou *bedaude* étant ainsi dite à cause qu'elle porte, comme le *bedeau*, un habit de deux couleurs, c'est à dire un rochet blanc sur une soutane noire.

BÉDÉGAR. *Ajoutez* : || 2° Chez les anciens botanistes, le bédégar est le chardon Notre-Dame, *silibus marianus*.

— ÉTYM. Arabe-persan, *bâdhâouard*, DEVIC, *Dict. étym.*

† **BEDOCHER** (be-do-ché), *v. a.* Dans l'Aunis, sarcler avec le bedochon.

† **BEDOCHON** (be-do-chon), *s. m.* Dans l'Aunis, serfouette, *Gloss. aunisien*, la Rochelle, 1870, p. 71.

BÉDOUIN. — ÉTYM. *Ajoutez* : Le mot arabe est *bedaoui* ou *bedoui*, qui demeure dans le désert, de *bedou*, désert, lieu sans habitations fixes, DEVIC, *Dict. étym.*

1. **BÉE.** *Ajoutez* : Voy. GUEULE, n° 4.

† **BÉFARIA** (bé-fa-ri-a), *s. f.* Genre de plantes de l'Amérique du Sud, famille des éricacées. Les béfarias, qui, dans le nouveau monde, représentent les rhododendrons de l'ancien, poussent sur les Andes de Quito, *Rev. britan.* fév. 1876, p. 282.

BEFFROI. *Ajoutez* : — REM. Bien distinct du clocher, qui appartient à l'église, le beffroi est le monument municipal par excellence ; il est le signe caractéristique de la liberté des villes.

† **BÉFLER** (bé-flé), *v. a.* Tromper, moquer (aujourd'hui inusité). Si on le trompe et béfle aujourd'hui, NAUDÉ, *Coups d'État*.

— ÉTYM. Ital. *beffare*, moquer.

† **BÉGUEULISME** (bé-gheu-li-sm'), *s. m.* Néologisme. Caractère de la bégueule, de ce qui est bégueule. Il faut que j'analyse bien, que je décrive dans ses moindres détails l'idée de bégueulisme, DE STENDHAL (H. BEYLE), *Corresp. inédite*, *Lettre du 4 déc.* 1822, 2e série. Le plus irritant ennemi de tout grand poëte dramatique au début, le bégueulisme bel-esprit, SAINTE-BEUVE, *Portraits littér.* t. II (art. *Molière*).

BÉGUIN. *Ajoutez* : — HIST. XIVe s. XXII aulnes de plus fine toille de Reins.... pour faire huit chemises, huit beguins et pleurouers pour ladicte dame [la reine] (1387), *Nouv. Rec. de comptes de l'argenterie des rois*, par Douët-d'Arcq, p. 155. || XVIe s. Ceulx icy [les Perses] portent leurs testes tousjours couvertes de beguins et puis de turbans, MONT. I, 260.

BEIGE. *Ajoutez* : || Il se dit aussi, elliptiquement, pour : en laine beige. Costume vigogne, beige ou cachemire, *Journ. offic.* 17 mars 1872, p. 1918, 1re col.

† **BÉJARDE** (bé-jar-d'), *s. f.* Nom, en Dauphiné, d'une galette aux fruits, de grande dimension.

BÊLEMENT. *Ajoutez* : — HIST. XIIe s. Si comenzat [un possédé] estre traveilhie de mult grans criemenz [cris] et balissemenz *li Dialoge Gregoire lo pape*, 1876, p. 154.

BÊLER. — HIST. XIIIe s. *Ajoutez* : Brebis recognoist son fil au baeler seulement, BRUN. LATINI, *Trésor*, p. 229.

BELETTE. *Ajoutez* : || 3° Terme de métallurgie. Sorte de lopin cinglé. Nous faisons dans nos usines [de Montataire] des massiaux que nous nommons belettes, pour être réduits en certains échantillons ; mais c'est exactement du fer affiné ; nous n'avons plus qu'à le passer dans une cannelure pour en faire la barre voulue, *Enquête*, *Traité de comm. avec l'Anglet.* t. I, p. 70.

† **BELIC.** *Ajoutez* : — HIST. XIIe s. Pitagoras, mon escient, Aveit unes armes d'argent, A une bende de beli, Sor un cheval sist arabi, BENOIT DE STE-MORE, *Roman de Troie*, v. 7689.

BÉLIER. *Ajoutez* : || 4° Coup de bélier, coup que donne le bélier, et, par extension, coup que donne une vague, une onde en mouvement.

BÉLIÈRE. || 3° *Ajoutez* : || Aujourd'hui on nomme bélières les courroies qui réunissent le sabre au ceinturon. La grande et la petite bélière. || 4° Anneau qui sert à attacher une montre à une chaîne. On a trouvé sur lui deux montres en or et une en argent, toutes trois dépourvues de l'anneau dit bélière, destiné à rattacher la montre à une chaîne ou à un cordon, *Gaz. des Trib.* 15 juin 1870.

BÉLÎTRE. *Ajoutez* : — REM. On trouve dans des textes officiels du commencement du XVIe siècle, le féminin *blitresse*, le substantif *bliterie*, et le diminutif *blitreau*. Ordonnons que nulz taverniers, cabaretiers, hospitaliers, quelz qu'ilz soyent, ne reçoivent ou logent lesdicts truans, truandes, blitres, blitresses, ou autres vivants de bliterie, ou allans vagabonds par le pays non affolez ni impotens de leurs membres.... Item que nulz censiers, laboureurs, n'autres ne donnent ausdictz truands, blitres ou blitreaulx non affolés de membres, aulcuns vivres ni aultres choses, *Ordonnance de Philippe le Bel* (père de Charles-Quint), du 22 sept. 1506, dans *Placcarts de Flandre*, t. I, p. 2. La forme *blitre*, *blitresse*, etc. semble montrer qu'autrefois l'*e* de *belître* était muet, et que c'est par corruption qu'il a été accentué.

BELLE-FILLE. *Ajoutez :* — HIST. XVI° s. Le pere sera divisé contre le filz, et le filz contre le pere, la mere contre la fille, et la fille contre la mere, la belle mere contre sa belle fille, et la belle fille contre sa belle mere, *Luc*, XII, 53, *Nouv. Testam.* éd. Lefebre d'Etaples, Paris, 1525.

BELLEMENT. — HIST. *Ajoutez :* || XV° s. Or me dictes : fault il courir, Ou se je irai tout bellement? *Rec. de farces*, etc. p. 259, P. L. JACOB. || XVI° s. En ceste vilaine battaille des deux freres Perses, Clearchus Lacedemonien, qui commandoit les Grecs du party de Cyrus, les mena tout bellement à la charge, sans soy haster, MONT. I, 355.

† **BELLÉRIC** (bèl-lé-rik) ou **BELLIRIC** (bèl-li-rik), *s. m.* Nom d'une espèce de myrobolan.

— ÉTYM. Arabe, *beliledj*, du persan *belileh*, DEVIC, *Dict. étym.*

† **BELLÉROPHON** (bèl-lé-ro-fon), *s. m.* Lettre de Bellérophon, voy. LETTRE, n° 1.

† **BELLIGÉRANCE** (bèl-li-jé-ran-s'), *s. f.* Néologisme. État de belligérant. Dans de telles conditions de belligérance, les emblèmes actuels, n'ayant plus de valeur, seront nécessairement remplacés par d'autres plus en harmonie avec le progrès des temps, *Rev. britannique*, déc. 1874, p. 340. A peine la révolte des États du sud venait-elle d'éclater, le gouvernement anglais se décidait à accorder aux rebelles tous les droits de la belligérance, A. LAUGEL, *Rev. des Deux-Mondes*, 15 août 1876, p. 895.

† **BELLIGÉRER** (bèl-li-jé-ré), *v. n.* Néologisme. Faire la guerre. Capable de belligérer, *Journ. offic.* 4 août 1870, p. 1368, 3° col.

— ÉTYM. Voy. BELLIGÉRANT.

† **BELLONE.** *Ajoutez :* || 2° La 28° planète télescopique, découverte par M. Luther.

† **BELLUAIRE** (bèl-lu-è-r'), *s. m.* Terme d'antiquité. Gladiateur combattant des bêtes féroces. Il ne manque pas d'esprits agréablement sceptiques qui, lorsqu'un belluaire fait de périlleux exercices, vantent paradoxalement la mansuétude des lions, TH. GAUTIER, dans *Courrier de Vaugelas*, 1er févr. 1876, p. 148. || Esclave attaché au service des animaux du cirque. Les belluaires ont levé les grilles des antres souterrains, TH. GAUTIER, dans *Courrier de Vaugelas*, 1er févr. 1876, p. 148.

— ÉTYM. Lat. *bellua*, animal féroce.

BELOCE. *Ajoutez :* — REM. Ce mot n'est pas particulier à la Normandie; il est usité, entre autres, dans la Suisse romande.

† **BÉLON** (bé-lon), *s. m.* Chariot de vendange, en Lorraine. Les routes sont tout le jour sillonnées de bélons chargés de raisins,... A. THEURIET, *Rev. des Deux-Mondes*, 1er juin 1874, p. 503.

† **BÉLOSTOME** (bé-lo-sto-m'), *s. m.* Terme d'entomologie. Genre de punaises aquatiques (hémiptères hétéroptères). Les bélostomes n'habitent que les parties chaudes du globe. Dans l'eau s'agitaient des dytiques analogues à ceux de nos mares,... ainsi que des bélostomes, sortes de punaises aquatiques, E. BLANCHARD, *Rev. des Deux-Mondes*, 1er oct. 1874, p. 606.

— ÉTYM. Βέλος, dard, et στόμα, bouche.

† **BELZÉBUTH.** *Ajoutez :* — HIST. XIV° s. Se çou estoit Bugibus le maufé [le diable], Sel devroit on lui repondre en non Dé, *Huon de Bordeaux*, v. 3417.

BÉNÉDICITÉ. *Ajoutez :* — HIST. XVI° s. Et me desplaist de veoir faire trois signes de croix au benedicite, autant à graces (et plus m'en desplaist de ce que c'est un signe que j'ay en reverence et continuel usage, mesmement au bailler), MONT. I, 396.

† **BÉNÉDICTINE** (bé-né-di-kti-n'), *s. f.* Édition savante. Ricarie l'avait traduit, et en avait donné une fort belle édition avec des notes, des scholies, des variantes et tous les embellissements d'une bénédictine, DIDEROT, *Bijoux indiscrets*, II, 6. || Inusité aujourd'hui.

— ÉTYM. *Bénédictin*, à cause du savoir de ces religieux et des éditions qu'ils ont publiées.

† **BÉNÉDICTINISME** (bé-né-di-kti-ni-sm'), *s. m.* Qualité de bénédictin, de moine de Saint-Benoît. Il se flatte d'avoir.... de quoi former une preuve démonstrative du bénédictinisme prétendu de saint Thomas d'Aquin, *Mém. de Trévoux*, 1725, t. I, p. 83.

† **BÉNÉFICENCE.** *Ajoutez :* — REM. Bien avant J. J. Rousseau, Malherbe s'était servi de ce mot : Par leur bénéficence, ils [les rois] accroissaient [ceux qui étaient sous leur charge] de commodités et de richesses, *Lexique*, éd. L. Lalanne.

† **BÉNÉFICIAIREMENT** (bé-né-fi-si-è-re-man), *adv.* Terme de droit. Sous bénéfice d'inventaire. Il y a quelques mois, décédait à Angoulême, un sieur M..., dont la succession ne fut acceptée que bénéficiairement par ses héritiers, *Gaz. des Trib.* 6 juin 1875, p. 543.

† **BÉNÉFICIEMENT** (bé-né-fi-si-man), *s. m.* || 1° Terme d'assurances maritimes. La valeur, le profit, le bénéfice que la compagnie assureur peut retirer des marchandises avariées par le sinistre prévu. Un chargement de bateau est assuré pour 40 000 fr; par suite d'accident, il y a une perte ou détérioration de 20 000 francs que la compagnie paye; mais elle parvient à obtenir par ses soins une valeur de 12 000 francs sur les marchandises avariées; ces 12 000 francs sont le bénéficiement. || 2° Il se dit aussi de l'opération qui est faite pour donner une valeur quelconque à une marchandise qui, après un sinistre, resterait sans valeur, ou pour augmenter la valeur que cette marchandise avariée peut encore avoir. Un chargement de grains est submergé; quand on le retire de l'eau, il vaut bien encore quelque chose, mais il a certainement perdu plus de 75 p. 100 de la valeur en état sain; si ces mêmes grains, au lieu d'être revendus à vil prix, sont étendus dans les greniers et séchés, ils prendront une plus-value très-sensible; les dépenses qui auront été faites pour donner cette plus-value sont des frais de bénéficiement.

† **BENGALE.** *Ajoutez :* || 2° Voy. FEU, n° 20.

BÉNIN. *Ajoutez :* — REM. Sainte-Beuve a dit bénigne au masculin : Ce serait se faire une bien fausse image, en effet, que de ne voir dans le bénigne prélat [saint François de Sales] qu'un adorable mystique, *Port-Royal*, I, 10. Il y a là une intention de l'écrivain, et bénin ne rendrait pas son idée. On peut voir à l'historique que benigne s'est dit jadis au masculin. D'ailleurs c'est un nom propre d'homme : Bénigne Bossuet.

BÉNIR. *Ajoutez :* || 6° Bénir de, accorder comme bénédiction. Jouissez en paix de la fortune dont la Providence a béni votre travail, J. J. ROUSS. *Lett. à Rey*, août 1766.

— HIST. || XVI° s. *Ajoutez :* Si les princes sont touchez de veoir le monde benir la memoire de Trajan et abominer celle de Neron, MONT. III, 26.

† **BENJAMINE** (bin-ja-mi-n'), *s. f.* Terme de marine. Grande voile goëlette de cape, et aussi le foc d'artimon. Je suis resté à les observer en cap sous la benjamine et le grand hunier, *Rapport du capitaine Touffet*, dans *Journ. offic.* 29 janv. 1874, p. 846, 2° col.

BENJOIN. — ÉTYM. Au lieu de ce qui y est, *lisez :* Espagn. *benjui*, *menjui*; portug. *benjoim*, *beijoim*, *beijuim*; ital. *belzuino*, *belguino*; de l'arabe *loubân djâwî*, encens javanais, d'après Valentijn, *Beschrijving van Groot Java*, p. 67, approuvé par Dozy.

† **BENNE.** *Ajoutez :* || 2° Se dit aussi du coffre dans lequel on monte et l'on descend les mineurs dans une mine. || 3° Nom, en Dauphiné, en Provence et dans le bas Languedoc, d'un grand vase en bois formé de douves et cerclé de fer; on s'en sert pour vendanger, afin que, si le fruit s'écrase, le jus ne se perde pas; elle a deux oreilles percées d'un trou et où l'on peut passer un bâton pour la porter à deux.

† **BENNIER** (bè-nié), *s. m.* Synonyme de boisselier, BELMONDI, *Code des contrib. directes*, Paris, 1818, p. 116.

BENOÎTE. *Ajoutez :* || 2° En alchimie, la benoîte s'est dit pour la bienheureuse opération de la pierre philosophale. Et croit autant qu'il le souhaite Que la benoîte s'en va faite, FURETIÈRE, *Voy. de Mercure.*

† **BENTURONG** (bin-tu-rongh'), *s. m.* Genre de mammifères, propres aux îles de la Sonde.

— ÉTYM. Malais, *bintoûrong*, DEVIC, *Dict. étym.*

† **BÉQUET.** *Ajoutez :* || 5° Fig. en termes de théâtre, raccord. Les auteurs du *Voyage dans la lune* n'ont pas échappé à la loi générale, et, depuis deux semaines environ, il ne s'est guère passé de jour sans qu'ils arrivassent à la répétition chargés de raccords, de petits bouts de papier, de béquets, comme on dit en argot de coulisses, *le Figaro*, 27 oct. 1875.

BÉQUILLER. || 1° *Ajoutez :* Et lors sortit avec grands cris Un béquillard d'une portière, Fort basané, sec et tout gris, Béquillant de même manière Que Boyer béquille à Paris, *Voy. de Bachaumont et Chapelle*, p. 8, La Haye, 1714.

BERCEAU. || 7° En termes d'architecture, voûte à intrados cylindrique. Berceau en plein ceintre, surbaissé, surhaussé, en anse de panier.

† **BERCEMENT.** *Ajoutez :* Sa faiblesse [du cardinal de Richelieu] augmentant, les médecins lui conseillaient de s'en retourner; il fit le voyage dans sa litière, dont le bercement endormait son mal, HENRI BLAZE DE BURY, *Rev. des Deux-Mondes*, 15 août 1876, p. 939.

BERCEUSE. *Ajoutez :* || 3° Sorte de siége qui communique un balancement. On a trouvé le corps d'une personne assise dans une berceuse et tenant son enfant étroitement serré dans ses bras, *Journ. offic.* 8 janv. 1875, p. 1030, 1re col.

† **BERCHE** (bèr-ch'), *s. f.* Terme de marine. Ancienne petite pièce de canon de fonte verte [bronze] qu'on nomme aussi espoir de fonte, *Dict. de Trévoux.*

— HIST. XVI° s. Pour amonitions de guerre.... six que berches et perriores de fonte de fer de maintes grosseurs et charges, *Déclaration du voyage du capitaine de Gonneville et ses compagnons*, Rouen, 19 juin 1505, ms.

1. **BERGE.** *Ajoutez :* || 3° Terme rural. Berge ou crinière, portion laissée en friche et située au delà de la raie qui termine un champ et à laquelle aboutissent les sillons.

BERLINE. *Ajoutez :* || 2° Dans les houillères, chariot sur lequel on charge la houille au fond du puits.

2. **BERNE.** — ÉTYM. *Ajoutez :* Les mariniers de la Loire appellent *berne* une petite voile.

3. **BERNE** (bèr-n'), *s. f.* Un des noms du ver macaque (voy. MACAQUE, n° 2).

† **BERNÈDE** (ber-nè-d'), *s. f.* Se dit, dans le sud-ouest de la France, d'un lieu planté de vernes. L'obligation pour les habitants de concourir à l'extinction des incendies pouvant se déclarer dans les forêts, montagnes, brandes et bernèdes du captalat de Buch, se retrouve dans diverses baillettes ou transactions plus anciennes, notamment des 25 janv. 1604, 14 nov. 1745 et 7 août 1746, *Enquête sur les incendies des Landes*, p. 207.

— ÉTYM. Prononciation gasconne de *vernede*, bas-lat. *verneda*, lieu planté de vernes (voy. VERNE).

† **BERNIQUET.** *Ajoutez :* — REM. On a dit aussi barniquet. La dîme est au barniquet, *L. du Père Duchêne*, 235° lettre, p. 6. Est au barniquet, signifie ici est perdue. C'est dans le même sens que la célèbre chanson : *Dans les gardes françaises*, emploie être au berniquet : Mon coulant, ma branlante [ma boucle de chignon, ma chaîne d'or], Tout est au berniquet.

† **BÉROÉ** (bé-ro-é), *s. m.* Nom donné par les naturalistes à une espèce de polypes non sédentaires (acalèphes).

† **BERQUINADE** (bèr-ki-na-d'), *s. f.* Composition littéraire où les réalités de la vie sont peintes à l'eau de rose; ce mot ne s'emploie guère qu'ironiquement, en parlant de pièces où l'on veut dire que l'auteur n'a pas su jeter l'intérêt dramatique nécessaire.

— ÉTYM. *Berquin*, auteur de contes, de petits drames et de narrations ou de conseils pour les enfants, qui ne sont pas sans mérite, mais où la vertu triomphe trop facilement.

† **BERS** (bèr), *s. m.* Terme provincial. Berceau.

— HIST. XVI° s. Le flot muable.... qui fut bers de Venus, DE BRACH, *Œuv.* t. I, p. 253.

— ÉTYM. *Bers*, radical de *berceau* (voy. ce mot).

† **BERSAILLER** (bèr-sâ-llé, *ll* mouillées), *s. m.* Nom des chasseurs dans l'infanterie italienne. La formation des régiments de bersaillers en quatre bataillons, *Journ. offic.* 16 mars 1872, p. 1865, 1re col.

— ÉTYM. Ital. *bersagliere*, de *bersagliare*, tirer au but, *bersaglio*, but, cible, anc. franç. *bersail*, de *bercer* ou *berser*, chasser à l'arc et à la flèche, que Diez tire du lat. *vervex*, au sens de bélier à rompre les murailles.

† **BERTAUCHE** (bèr-tô-ch'), *s. f.* Nom, en Champagne, d'une espèce de charrue de fer, *les Primes d'honneur*, Paris, 1869, p. 254.

† **BERTHE.** *Ajoutez :* || 4° Nom, dans le Rhône, d'un vase de fer-blanc dans lequel le lait est apporté

à la laiterie, après chaque traite, *les Primes d'honneur*, Paris, 1872, p. 378.

† **BERTHOLLER** (ber-to-lé), *v. a.* Son emploi [du chlore pour le blanchiment des étoffes] est devenu si universel et tellement populaire, qu'il a introduit de nouveaux mots dans le langage usuel : personne n'ignore aujourd'hui ce que c'est qu'une blanchisserie bertholienne; on dit de même dans les ateliers bertholler, berthollage; on y entretient des ouvriers que l'on y appelle des bertholleurs, CUVIER, *Élog. hist. de Berthollet.*

— ÉTYM. *Berthollet*, célèbre chimiste qui appliqua le chlore au blanchiment des toiles.

† **BERTOLET** (bèr-to-lè), *s. m.* Dans le quartier de Cette, sorte de filet fixe pour la pêche, *Statistique des pêches maritimes*, 1874, p. 115.

BESACE. *Ajoutez :* — HIST. XVI° s. Ne possedez or ne argent ne quelque pecune en voz ceinctures, ne besace pour la voye, *Matth.* X, 10, *Nouv. Testament*, éd. Lefebre d'Etaples, Paris, 1525.

† **BESAINE** (be-zè-n'), *s. f.* Nom donné, dans le XV° siècle, aux boulets en pierre lancés par la poudre à canon, *Journ. offic.* 11 juill. 1875, p. 5214, 1re col. (s'il ne faut pas lire bedaine).

† **BÉSEAU.** *Ajoutez :* — ÉTYM. Peut-être dérivé de *biez*, fossé.

† **BESIN** (be-zin), *s. m.* Nom, dans l'Yonne, de l'eumolpe ou écrivain, insecte nuisible à la vigne, *les Primes d'honneur*, Paris, 1873, p. 324.

BESOGNE. || 3° Sorte de grand bateau, dit aussi bateau normand, ou chaland besogne.

† **BESS** (bès'), *s. m.* Nom égyptien des nains mythologiques; ce sont des dieux nains, trapus, aux jambes courtes et à la barbe frisée, MARIETTE, *Acad. des sc. Comptes rendus*, t. LXXXII, p. 1213.

† **BESSI** (bè-si), *s. m.* Grand arbre de l'archipel indien, un de ceux auxquels on donne vulgairement le nom de bois de fer (c'est un mot malais).

† **BESSOIR** (bè-soir), *s. m.* Réservoir pour les eaux extraites des trous de sonde, *Enquête sur les sels*, 1868, t. II, p. 509.

BESTIALEMENT. — HIST. *Ajoutez :* XII° s. Il covient que cil sols [celui-là seul] vivet bestialement, ki par humaine raison ne soi atempret, *li Dialoge Gregoire lo pape*, 1876, p. 365.

BÊTE. *Ajoutez :* || 13° La bête, absolument, se dit quelquefois pour la fouine, le putois, la belette. Dans mon paillier rien ne m'était resté; Depuis deux jours la bête a tout mangé, LA FONT. *Faucon.* || 14° Nom donné par les protestants à Rome, à l'Église romaine, qu'ils comparent à la bête de l'Apocalypse. Les vaudois et les albigeois, et Jean Wiclef et Jean Huss et tous les autres de cette sorte reviennent partout dans les nouvelles interprétations [des protestants] comme de fidèles témoins de la vérité persécutée par la bête, BOSS. *Var.* XIII, 37.

— REM. Corneille a dit faire de la bête, au lieu de faire la bête : J'ai fait autrefois de la bête, J'avais des Philis à la tête, *Lexique*, éd. Marty-Laveaux.

† **BETEIGEUSE** (bé-tè-jeû-z') ou **BETELGEUSE** (bé-tèl-jeû-z'), ou **BETELGHEUSE** (bé-tèl-gheu-z'), *s. f.* Nom arabe de l'étoile alpha de la constellation d'Orion.

— ÉTYM. Arabe, *beit-el-djauzâ*, maison de *djauzâ*; *djauzâ* est le nom arabe de la constellation d'Orion. M. Devic, *Dict. étym.* dit que le nom de l'étoile dont il s'agit est en arabe *yed-el-djauzâ*, bras d'Orion; et qu'il y a une confusion avec l'expression astrologique *beit-el-djauzâ*, maison des Gémeaux.

† **BÉTOIRE** (bé-toi-r') ou **BÉTOURE** (bé-tou-r'), *s. f.* Nom, dans l'Avranchin et en général dans la Normandie, d'un puisard établi pour absorber les eaux d'un jardin, d'une cour, etc.

1. **BÉTON.** — ÉTYM. *Ajoutez :* D'après M. Roulin, les objections contre *bitumen* ne peuvent l'emporter; c'est le souvenir du *bitume* employé en guise de mortier à la construction des murs de Babylone qui a prévalu.

† 2. **BÉTON.** — ÉTYM. *Ajoutez :* M. Bugge, *Romania*, n° 10, p. 145, propose une autre étymologie que l'ancien verbe *beter*, cailler; c'est le vieux haut-allem. *piost*, moyen haut-allem. *biest*, qui signifie le colostrum, πρωτόγαλα; il aurait fait une ancienne forme *beston*, devenue *béton*, comme *bêtail* pour *bestail*.

† **BETTERAVIER, IÈRE** (bè-te-ra-vié, viè-r'), *adj.* Qui a rapport à la betterave. Il ne peut décidément se traiter à la chambre une question un peu importante, sans que MM. les avocats en profitent pour créer un barbarisme; on a, ce moisci, parlé pendant trois jours de l'industrie betteravière, ALPH. KARR, *les Guêpes*, juin 1840. Le mouvement betteravier n'est pas moindre en Belgique, en Autriche et en Allemagne qu'en France, *Journ. offic.* 25 mars 1872, p. 2118, 2° col.

† **BETUN** (be-tun), *s. m.* Liquide qui emplit une tonne dans laquelle les planteurs de tabac jettent les détritus des feuilles, les côtes et les résidus du balayage des ateliers; il dégage une odeur insupportable d'urate d'ammoniaque.

— ÉTYM. Ce n'est pas une corruption du vieux mot *petun*, tabac; *betun* signifie cirage, ce qui indique quelle est l'apparence du liquide employé pour provoquer la fermentation, MAXIME DU CAMP, *Rev. des Deux-Mondes*, 1868, 1er août, p. 731.

BÉTYLE. — ÉTYM. *Ajoutez :* Le nom n'est pas grec, il est sémitique : *beit el*, la demeure de Dieu, parce que les pierres tombées du ciel passaient pour divines.

† **BEUGLON** (beu-glon), *s. m.* Instrument produisant un grand bruit. On lit dans le *World* (de New-York] du 19 janvier : ....on a été dans la nécessité de faire jouer sans interruption les cloches à brouillard, les beuglons et les sifflets de vapeur pour guider les navires aussi bien que les piétons et les voitures, *Journ. offic.* 4 fév. 1876, p. 1040, 3° col.

BEURRE. *Ajoutez :* || 6° Arbre à beurre, nom de plusieurs sapotacées, et notamment du *bassia butyracea*, Roxb. dont les graines fournissent par expression le beurre de Galam, BAILLON, *Dict. de bot.* p. 247.

† **BEURRETTE** (beu-rè-t'), *s. f.* Dans la Limagne, aliment préparé avec la crème, et qui rappelle le fromage à la crème, *les Primes d'honneur*, p. 450, Paris, 1874.

† 3. **BEURRIER, IÈRE** (beu-rié, riè-r'), *adj.* Qui a rapport au beurre. La production beurrière, *Journ. offic.* 13 mars 1874, p. 1948, 1re col.

† 2. **BEURRIÈRE.** *Ajoutez :* || 1° Se dit pour baratte. La baratte ordinaire, qu'on nomme beurrière, baratte à pompe, serène, est un vase en bois que.... P. POIRÉ, *Notions de chimie*, p. 298, Paris, 1869.

† 3. **BEURRIÈRE** (beu-riè-r'), *s. f.* Nom donné, dans Seine-et-Marne, à une sorte de voiture. On requit la tapissière d'un fermier, une de ces voitures que dans le pays on appelle beurrières, *le National*, 2 juin 1876, 3° page, 6° col.

† **BEUVERIE** (beu-ve-rie), *s. f.* Action de boire. Sa beuverie [d'Horace] n'a point de ces débordements, H. BLAZE DE BURY, *Rev. des Deux-Mondes*, 1er janv. 1875.

— HIST. XVI° s. Qui fut premier, soif ou beuverie?... beuverie, car *privatio præsupponit habitum*, RAB. *Garg.* I, 5.

— ÉTYM. *Boire*, par les anciennes formes *boivre*, *je buvrai*, etc.

† **BÈYE** (bè-ye), *s. f.* Nom, en Provence et en Dauphiné, des troupeaux qui transhument, soit à l'aller, soit au retour. J'entends la bèye qui passe.

BEZESTAN (bé-zè-stan), *s. m.* Marché public, halle ouverte, dans le Levant.

— ÉTYM. Arabo-persan, *bezestân*, du persan *bez*, arabe *bezz*, lin, toile, hardes, et de la terminaison *stân*, qui marque le lieu où une chose se trouve, DEVIC, *Dict. étym.*

† **BHANG** (bangh'), *s. m.* Préparation qui se fait avec les feuilles et la tige du chanvre indien, *Journ. offic.* 5 janv. 1873, p. 68, 1re col. (voy. BANG au Dictionnaire et au Supplément).

† **BIACIDE** (bi-a-si-d'), *adj.* Terme de chimie. Base biacide, base qui, en combinaison, ne peut être neutralisée que par deux équivalents d'un acide.

BIAIS. || 6° *Ajoutez :* Appareil et construction des ponts biais, par Graeff, Paris, 1867. || 7° *S. m.* La ligne la plus longue d'un fichu formé par l'étoffe pliée le droit fil de la chaîne sur le droit fil de la trame. || Biais de robe, petites bandes coupées dans le sens de cette plus longue ligne pour faire des ornements aux jupes et aux corsages. Costumes garnis de biais, de volants et de plissés de toute dimension, *Journ. offic.* 9 mars 1872, p. 1695, 2° col.

BIAISER. *Ajoutez :* — REM. Biaiser s'est dit, dans le XVII° siècle, au sens de se rapprocher de. Cette pensée, dont la hardiesse biaisait à mon humeur, CYRANO DE BERGERAC, *Hist. comique des États et empires de la lune*, Paris, 1855, p. 98.

† **BIASSE.** *Ajoutez :* — REM. On trouve aussi *biaz* avec le sens de tissu écru. Tissus de coton dits biaz et autres, écrus, non blanchis.... *Extrait d'un ukase* dans *Journ. offic.* 14 mai 1870, 6° col.

— ÉTYM. Persan, *abicham*, cocon, DEVIC, *Dict. étym.*

† **BIAURICULAIRE** (bi-ô-ri-ku-lè-r'), *adj.* Qui va d'une oreille à l'autre. Diamètre biauriculaire

— ÉTYM. *Bi*, deux, et lat. *auricula*, oreille

† **BIBASIQUE.** *Ajoutez :* || Acide bibasique, acide qui, en combinaison, ne peut être neutralisé que par deux équivalents d'une base.

† **BIBASSE** (bi-ba-s'), *s. f.* Fruit du bibassier. Bibasses ou nèfles du Japon, fruit jaune, de la grosseur d'une prune, *Annonce d'un marchand de comestibles.*

† **BIBELOTER** (bi-be-lo-té), *v. n.* Néologisme. Marchander, acheter des bibelots. La première occupation du voyageur dans toutes les villes du Japon, c'est de bibeloter.... c'est qu'on est ici sur la terre du bibelot, je ne dis pas de l'art, G. BOUSQUET, *Rev. des Deux-Mondes*, 15 janv. 1874, p. 293.

† **BIBELOTS.** — ÉTYM. *Ajoutez :* Sans pouvoir rattacher les deux mots l'un à l'autre, il n'est pas inutile de noter, à côté de *bibelots*, le vieux *beubelez*, qui signifiait bijoux, objets d'ornement : XII° s. Dunc veïssiez entre els les beubelez doner, E les chiens enveier, e les oisels porter, *Th. le Mart.* v. 3729, éd. Hippeau.

† **BIBI** (bi-bi), *s. m.* || 1° Terme familier de tendresse. Mon bibi, mon chéri. || 2° Nom d'un chapeau de femme. Sous le règne de Louis-Philippe, les monstrueux chapeaux de dames furent remplacés par les bibis microscopiques, E. DE LA BÉDOLLIÈRE, *Hist. de la mode*, ch. XVI.

BIBLE. *Ajoutez :* || 2° Dans le moyen âge, nom donné à des poëmes moraux et satiriques. La Bible de Guyot de Provins.

† **BIBLICISME** (bi-bli-sis-m'), *s. m.* Doctrine biblique, caractère biblique. Il était donc constant qu'on pouvait dans l'Église d'Angleterre professer des doctrines rationalistes, et qu'à la seule condition de glisser avec quelque légèreté entre les angles saillants des articles formulés au temps d'Élisabeth sans aucune prévision des problèmes discutés de nos jours, il était licite de battre en brèche la forteresse du biblicisme, RÉVILLE, *Rev. des Deux-Mondes*, 15 août 1875, p. 890.

† **BIBLICISTE** (bi-bli-si-st'), *s. m.* Celui qui étudie la Bible, travaille sur les textes bibliques. Il [Rowland Williams, ecclésiastique anglais] employa les dernières années de sa vie à traduire les livres prophétiques de l'Ancien Testament.... s'il eût vécu, il eût sans doute eu à subir plus d'un assaut des biblicistes anglais, RÉVILLE, *Rev. des Deux-Mondes*, 15 août 1875, p. 891.

† **BIBLIOLÂTRE** (bi-bli-o-lâ-tr'), *s. m.* Celui qui a l'idolâtrie des livres. Ah! mon ami, pardonnez-moi ce mot, vous êtes vous-même un grand bibliolâtre, DE BROSSES, *Lettres sur l'Italie*, XLIX (ce mot est souligné dans l'original).

— ÉTYM. Βιβλίον, livre, et λατρεύειν, adorer

† **BIBLIOLÂTRIE** (bi-bli-o-lâ-trie), *s. f.* Se dit, chez les protestants, d'un attachement trop servile au texte de la Bible.

— ÉTYM. Τὰ Βιβλία, la Bible, et λατρεία, adoration.

BIBLIOMANIE. *Ajoutez :* La bibliomanie, comme disait feu M. Patin [Guy Patin], a été une des maladies de ce siècle [XVII°]; chacun, par un luxe curieux, a voulu avoir des livres, et former de grands corps de bibliothèques, VIGNEUL-MARVILLE, *Mél. d'hist. et de litt.* p. 46.

† **BIBLIOTAPHE** (bi-bli-o-ta-f'), *s. m.* Nom qu'on a quelquefois donné aux bibliomanes, à cause du soin qu'ils ont de renfermer leurs livres et de ne les prêter à personne.

— ÉTYM. Βιβλίον, livre, et τάφος, tombeau.

BIBLIOTHÈQUE. *Ajoutez :* — HIST. XVI° s. Mon frere, dict il [la Boetie].... je vous supplie, pour signal de mon affection envers vous, vouloir estre successeur de ma bibliotheque et de mes livres que je vous donne, MONT. *Lett.* V.

† **BIBLORHAPTE** (bi-blo-ra-pt'), *s. m.* Sorte de portefeuille où l'on peut insérer différents papiers. Biblorhaptes mécaniques sur tous formats, perfectionnement complet comme cartonnage et mécanisme, happeurs, pique-notes.... *Alm. Didot-Bottin*, 1870, p. 680, 4° col.

— ÉTYM. Βίβλος, papier, et ῥάπτω, coudre.

BICEPS. *Ajoutez :* || Fig. et familièrement, en termes d'artistes, avoir du biceps, être fort, vigoureux.

BICHE. *Ajoutez :* || 2° Arbalète à pied de biche (voy. ARBALÈTE).

† **BICHERÉE** (bi-che-rée), *s. f.* Nom d'une ancienne mesure agraire, dans le pays de Lyon. Il

serait nécessaire de fixer la contenue du clos à quatre ou six bicherées de terre, BOISLISLE, *Corresp. des contról. génér.* Paris, 1874, p. 273.

1. **BICHET.** *Ajoutez :* — HIST. XVIᵉ s. Pour chacun muid de quelque grain que ce soit, le muid contenant XLVIII bichets, MANTELLIER, *Glossaire*, Paris, 1869, p. 12.

— REM. C'est le même mot que *pichet*.

† 2. **BICHETTE.** *Ajoutez :* — ÉTYM. *Bichette* est pour *biquette*, petite bique ou chèvre, parce que les perches de ce filet sont armées, au bout qu'on pousse sur le fond, de véritables cornes.

BICOQUE. *Ajoutez :* — HIST. XVIᵉ s. Si on prend garde, on trouvera.... qu'aux guerres qui se sont passées de nostre temps, il s'est perdu plus de gents de bien aux occasions legieres et peu importantes et à la contestation de quelque bicoque, qu'ez lieux dignes et honorables, MONT. III, 16.

† **BICORPORÉITÉ** (bi-kor-po-ré-i-té), *s. f.* Chez les spirites, double corporéité, *Gaz. des Trib.* 18 juin 1875, p. 584, 2ᵉ col.

† **BIDAUCT.** *Ajoutez :* Lesdits teinturiers ne feront imprimer de bidauct aucunes toiles neuves ou vieilles.... qu'elles n'aient de bonnes galles, *Règlem. sur les manufact.* août 1669, *Teinturier en soie, laine et fil*, art. 74.

BIDON. *Ajoutez :* || 2ᵉ Chez les cloutiers, bout de la tringle devenu trop court pour être saisi avec la pince, *l'Opinion nationale*, 30 mai 1876, 3ᵉ page, 4ᵉ col.

— ÉTYM. *Ajoutez :* M. Bugge, *Romania*, nᵒ 10, p. 145, propose une autre conjecture que celle de Diez ; c'est l'island. *bidha*, vase serré en haut, norvégien *bid*, baratte, *bidne*, broc, vaisseau.

† **BIÉFEUX, EUSE** (bié-feû, feû-z'), *adj.* Sol biéfeux, nom, dans la Somme, d'une terre franche qui repose sur un sous-sol marneux ou crayeux, *les Primes d'honneur*, Paris, 1870, p. 74.

† **BIELLE.** *Ajoutez :* Tige rigide qui sert, dans les machines, à transformer un mouvement rectiligne ou circulaire alternatif en un mouvement circulaire continu, ou inversement.

2. **BIEN,** *adv.* — REM. *Ajoutez :* || 7. À la REM. 2, il est noté qu'on dit : bien de fertiles prairies, au pluriel. Mais au singulier comment faut-il dire? Mme de Sévigné a mis l'article défini : Mme de Guitaut a bien du bon esprit, *Lett.* 16 août 1677 Cela n'est pas fautif; mais on dirait aussi : a bien de bon esprit.

† **BIEN-DISANCE** (bien-di-zan-s'), *s. f.* Qualité du bien-disant (mot fait par rapport à bien-disant, comme bienfaisance par rapport à bienfaisant). Ce fut certainement un bel esprit, et qui pouvait mettre sa bien-disance entre les exemples, MALH. *Lexique*, éd. L. Lalanne. De quelles inventions et de quelle bien-disance combattrez-vous tous les peuples de la terre, qui, d'un consentement universel, croient le contraire de ce que vous leur voulez persuader? ID. *ib.*

— HIST. XVIᵉ s. Le desir de plaire, de faire monstre de leur biendisance, S. JULIEN, *Mesl. hist.* fᵒ 11, verso.

† 1. **BIEN-FAIRE.** — REM. *Ajoutez :* || 2. Aux exemples cités ajoutez ceux-ci de Malherbe : Celui-là sait très-mal comme la libéralité doit être exercée, qui choisit un méchant pour lui bien-faire, MALH. *Lexique*, éd. L. Lalanne; Puisque je suis si curieux de savoir à qui j'aurai bien-fait.... ID. *ib.*

† 2. **BIEN-FAIRE** (biin-fê-r'), *s. m.* L'action de bien-faire, de faire du bien. Vous ôtez ce qu'il y a de plus beau et de plus spécieux au bien-faire, qui est de donner, MALH. *Lexique*, éd. L. Lalanne. Le bien-faire est, de soi-même, une chose désirable, ID. *ib.*

BIENFAISANCE. *Ajoutez :* || Bienfaisance universelle, bienfaisance qui n'exclut personne. C'est lui [Voltaire] qui sur la scène a fait un sentiment religieux de la bienfaisance universelle, MARMONTEL, art. *Tragédie*.

BIENFAITEUR. — REM. Au XVIIᵉ siècle, on écrivait bienfacteur. Béni soit mon bienfacteur, puisque M. de Vaugelas le veut ainsi, et que pour si peu de chose, il ne faut pas se mettre mal avec ses amis, BALZ. *Lett. à Chapelain*, 4 janvier 1639, liv. XX, lett. 1. Celui [cardinal de Richelieu] qui, ayant trahi Sa Majesté bienfactrice.... MONTCHAL, *Mém.* t. I, p. 3. La Bruyère écrivait aussi bienfacteur et bienfactrice (voy. l'édit. Walckenaer, p. 741).

† **BIENHEUREUSEMENT** (biè-neu-reû-ze-man), *adv.* D'une manière bienheureuse.

— HIST. XIIᵉ s. Altre chose est ke nos vivons en Deu, altre chose est ce ke nos sumes fait u creeit; ce est, altre chose est vivre bieneürousement, et altre chose est vivre essentialment, *li Dialoge Gregoire lo pape*, 1876, p. 263.

BIENTÔT. — REM. *Ajoutez :* || 2. Quand *bien tôt* est opposé à *bien tard*, il doit s'écrire en deux mots : Vous arrivez bien tôt. Il n'en fait qu'un lorsqu'il signifie incessamment, promptement : Il n'est pas encore ici, mais il viendra bientôt.

BIENVEILLANT. *Ajoutez :* || 2ᵉ Substantivement. Moins je l'ai trouvé naturel, dans ma situation présente, de la part d'un bienveillant.... J. J. ROUSS. *Lett. à Dussaulx*, 16 février 1771.

2. **BIÈRE.** *Ajoutez :* || 2ᵉ Nom donné par la superstition populaire, en Normandie, à des spectres blancs, semblables à un cercueil, qu'on dit rencontrer la nuit couchés en travers des chemins, *Annuaire de la Manche*, 1832.

BIÈVRE. — ÉTYM. *Ajoutez :* D'après d'Arbois de Jubainville (*Revue celtique*, t. II, p. 127), *bièvre* est bien d'origine celtique; mais il provient non pas du cornique *befer*, qui est lui-même un dérivé, mais du gaulois *beber*. Au reste, ce mot se trouve dans plusieurs langues aryennes : russe, *bobr*, castor, loutre; persan, *bebr*, castor.

† 2. **BIFFE** (bi-f'), *s. f.* || 1ᵉ Instrument employé dans l'administration du timbre pour annuler les empreintes des timbres apposés par erreur ou supprimés. || 2ᵉ Empreinte de cet instrument. Des pièces d'ordre employées à l'atelier général du timbre portent ces mots : biffe du timbreur débiteur, biffe du timbreur créditeur, pour indiquer la place de l'empreinte de l'outil servant à chacun d'eux.

† **BIFFURE.** *Ajoutez :* || 2ᵉ Action de biffer. L'arrêt.... ordonne la rayure et biffure de la sentence.... BACHAUMONT, *Mém.* t. XXXV, p. 372.

† **BIFIDITÉ** (bi-fi-di-té), *s. f.* Qualité de ce qui est bifide. La bifidité de la colonne vertébrale.

† **BIGAILLE.** *Ajoutez :* — ÉTYM. *Bigaille* est, dans l'Aunis, le nom du menu fretin, du petit poisson, *Gloss. aunisien*, la Rochelle, 1870, p. 72.

† **BIGALET** (bi-ga-lè), *s. m.* Terme de marine. Sorte de ponton. Deux pontons ou bigalets, appartenant à l'État, *le Fort* et *la Julie*, venus de Cherbourg, avaient été mis à la disposition de l'ingénieur qui dirigeait le sauvetage [d'un navire coulé], *Journ. offic.* 19 avr. 1873, p. 2675, 3ᵉ col.

BIGAME. *Ajoutez :* || 2ᵉ Terme de chimie. Corps bigame, corps dont les combinaisons s'effectuent dans le rapport de deux équivalents des corps qui s'unissent.

BIGARRER. *Ajoutez :* || 3ᵉ *V. réfl.* Se bigarrer, prendre, recevoir des bigarrures. Il n'y a point de valet qui ne soit de race de rois, ni de roi qui ne soit de race de valets : tout se bigarre de cette façon avec le temps, MALH. *Lexique*, L. Lalanne.

† **BIGLESSE** (bi-glè-s'), *s. f.* Femme qui est bigle, qui louche. Mlle du Plessis est toujours à un pas de moi.... l'autre jour la biglesse joua Tartuffe au naturel, SÉV. 7 juill. 1671. Votre enfant [le fils de Mme de Grignan] était chez Mlles de Castelnau; il y a une cadette qui est toute jolie, toute charmante; votre fils la trouve à son gré et laisse la biglesse [c'était l'aînée] à Sanzei, ID. 10 janv. 1689.

† **BIGORRE** (bi-go-r'), *s. m.* Nom, dans le XVIIᵉ siècle, de nouvelles à la main que l'abbé Bigorre adressait à diverses personnes. Vous connaissez les petits Bigorres, SÉV. *Lett. inéd.* éd. Capmas, t. II, p. 356.

1. **BIGOT.** — ÉTYM. *Ajoutez :* Ce mot est d'origine assez douteuse pour qu'on en rapproche tout ce qui paraît y tenir. M. Ch. Nisard, *Parisianismes*, Paris, 1876, p. 22, rapporte le verbe *bigotter* au sens d'impatienter ou de s'impatienter : *là bigotte tout ton soûl*. *Bigotter* pourrait avoir des relations avec l'espagnol *hombre de bigote*, homme ferme, et *bigote*, moustache.

† **BIGOTELLE** (bi-go-tè-l') ou **BIGOTÈRE** (bi-go-tè-r'), *s. m.* Anciennement, pièce d'étoffe ou de cuir dont on se servait pour tenir la moustache relevée. Sa bigotelle et sa pincette [objets de toilette d'Énée], SCARRON, *Virg.* IV.

— ÉTYM. Espag. *bigote*, moustache.

† **BIGOURDAN, ANE** (bi-gour-dan, da-n'), *adj.* Qui appartient au Bigorre. Sans parcourir les fertiles et riantes vallées de Tarbes, de Bagnères, de Laruns, et sans admirer les chevaux de la race bigourdane qu'on y élève,.... HEUZÉ, *la France agricole*, p. 15.

† 1. **BIGRE.** *Ajoutez :* || 2ᵉ Bigre à l'huile, expression grossière par laquelle on désignait les minimes, parce que saint François de Paule, fondateur de l'ordre, leur avait prescrit de ne manger que de l'huile, c'est-à-dire de faire toute leur cuisine à l'huile, et cela, parce que les pauvres, en Calabre, faisaient de même, CH. NISARD, *Parisianismes*, p. 144. Tu te rengorges bien, reprit le moine altier, Et tu fais bien le bigre à l'huile, Apprends, mon grand ami, qu'ignorant cordelier Vaut un minime habile, *Recueil de nouvelles poésies galantes*, 2ᵉ part. p. 131, 1726.

† 2. **BIGRE.** — ÉTYM. *Ajoutez :* On l'a tiré du lat. *apiger*, celui qui gouverne les abeilles, par le retranchement de l'*a* (voy. LEBER, *Collect. des meilleures dissert.* t. XX, p. 307). Il vient plutôt du germanique : anglo-sax. *beo*; dan. *bie*; angl. *bee*, abeille, d'où le bas-lat. *bigarus*, bigre, gardien d'abeilles.

† **BI-HEBDOMADAIRE** (bi-è-bdo-ma-dê-r'), *adj.* Qui se fait, qui paraît toutes les deux semaines.

— REM. C'est à tort que l'on prend bi-hebdomadaire comme signifiant : qui se fait, se publie deux fois par semaine. Il faut dire en ce sens : semi-hebdomadaire.

BIJOU. *Ajoutez :* || 4ᵉ Bijou de la foire Saint-Ovide, un homme de rien, qui vaut peu, VADÉ, *les Racoleurs*, sc. II, 1756. (À la foire Saint-Ovide, qui se tint d'abord à la place Vendôme et qui fut transportée en 1773 à la place Louis XV, on vendait quantité de menues bijouteries de peu de valeur, CH. NISARD, *Parisianismes*, Paris, 1876, p. 27). || Bijou du parvis, se disait d'un individu condamné à une peine infamante et ayant fait amende honorable sur la place du parvis Notre-Dame, ID. *ib.* p. 28. Allons, tais-toi, diable de bijou du parvis, VADÉ, *Compliment de la clôture de la foire Saint-Laurent*, 1755. || 5ᵉ Chez les restaurateurs de Paris, nom donné par antiphrase à toutes les desserbes des plats et des assiettes; c'est le profit des laveurs de vaisselle, *Journ. des Débats*, 25 oct. 1876, 3ᵉ page, 1ʳᵉ col.

BIJOUTIER. || 2ᵉ L'homme qui vient prendre, pour les revendre, les restes des restaurants. Le bijoutier, acquéreur de ce tohu-bohu culinaire, y met de l'ordre et fait un tri intelligent; il sépare les éléments confus, nettoie et pare la marchandise avec coquetterie sur de petites assiettes, *Journ. des Débats*, 25 oct. 1876, 3ᵉ page, 2ᵉ col.

† **BILATTE** (bi-la-t'), *s. f.* Voy. VOLIGE.

BILBOQUET. || 2ᵉ *Ajoutez :* || Fig. On dit que la Mancini, femme du duc de Mercœur et nièce de Mazarin, est ici quelque part cachée dans un monastère ; et le petit Mancini, son frère, chez le comte de Harcourt; s'il est vrai, il faut avouer que ces petits bilboquets de la fortune sont bien malheureux, GUI PATIN, *Lettres*, p. 595.

— HIST. XVIᵉ s. *Ajoutez :* Bille boucquet, RAB. *Garg.* I, 22.

† **BILLAGE** (bi-lla-j', *ll* mouillées), *s. m.* Pilotage à la descente d'un cours d'eau, à l'endroit des ponts. Le service du pilotage [sur la haute Seine] consistait dans le chablage et le billage des bateaux aux ponts ci-dessus indiqués ; le chablage, c'est-à-dire le pilotage à la remonte, a pu être complétement supprimé, sauf à Valvin.... quant au billage, c'est-à-dire au pilotage à la descente, il a dû être maintenu encore, E. GRANGEZ, *Voies navigables de France*, p. 646.

BILLARD. *Ajoutez :* || 6ᵉ Billard anglais, table inclinée sur laquelle on chasse avec une queue la bille, qui retombe dans des cases numérotées; on en voit dans les jardins publics et dans les fêtes de village ; on y gagne des fleurs, des macarons. || Il y a aussi une sorte de billard anglais où il s'agit pour le joueur de déplacer neuf billes avec les siennes; il en a trois, et gagne trois lots, deux lots ou un seul lot, suivant qu'il réussit du premier coup, ou en deux coups, ou seulement en trois coups. || 7ᵉ *Adj.* Billard, billarde, boiteux, boiteuse (terme provincial). J'ai remarqué qu'ils [les pas] allaient tantôt à droite, tantôt à gauche, et qu'ils étaient les pas d'un homme un peu billard, *Gaz. des Trib.* 10 juin 1876, p. 567, 2ᵉ col. || Voy. l'étymologie, où ce sens est expliqué.

— HIST. || XVIᵉ s. *Ajoutez :* .... quelque beau jardin où, libre, on puisse aller Pour s'esbattre au billard ou s'esbattre à bouller, *Plaisirs des champs*, p. 71.

1. **BILLE.** — HIST. || XVᵉ s. *Ajoutez :* Allez veoir la solennité, mais revenez à tour de bille [à l'instant, sans retard], *Rec. de farces*, etc. p. 342, P. L. JACOB.

BILLEBARRER. *Ajoutez :* Opinions emmaillottées de toutes sortes de langes, et, comme les Suisses, revêtues et billebarrées de toutes les couleurs, NAUDÉ, *Rosecroix* VIII 2.

1. **BILLETTE**, *s. f.* Petit écriteau.—ÉTYM. *Ajoutez : Billette* a eu le sens de petit billot de bois que le seigneur péager était tenu de suspendre à une potence en signe de son droit et pour avertir le passant qu'il eût à payer péage : XVI° s. Dit a esté que ledit defendeur sera tenu commettre receveur sur ledit port de Marcigny, et y pendre et asseoir une billette pour voir de loing par lesdits marchands le lieu où ils devront acquitter ledit droit.... et sera tenu ledit receveur tenir sa recepte sur le grand chemin et pendre ladite billette es branchieres, MANTELLIER, *Glossaire*, Paris, 1869, p. 12. De même que *billette* petite pièce de bois a été dit pour écriteau, de même *billot* a été dit pour pancarte. Ces deux faits modifient l'opinion exprimée à *bill*, que *billette* est le même que *bullete*, rescrit, et *bill* le même que *bulle*, rescrit aussi. *Bill, billet, billette, billot* ont une origine commune, et cette origine n'est pas *bulle*. Le sens primitif de ce mot est une pièce de bois, puis pièce de bois sur laquelle on fichait un écriteau, et enfin écriteau, pancarte. C'est une série de sens curieuse. Tous ces mots se rattachent donc (l'anglais *bill* comme les autres) à *bille* 2, pièce de bois (voy. ce mot).

† **BILLEUR** (bi-lleur, *ll* mouillées), *s. m.* Marinier opérant le billage. À partir de cette hauteur [1 mètre 30 au-dessus de l'étiage], les mariniers sont obligés de se faire aider par les pilotes billeurs [sur la haute Seine]..., E. GRANGEZ, *Voies navigables de France*, p. 619.

2. **BILLON**. *Ajoutez :* || 4° Un des noms vulgaires de la vesce.

BILLONNEMENT. *Ajoutez :* À l'égard de ce que vous appelez billonnement, en cas que ce ne soit autre chose.... qu'un commerce d'espèces d'argent qui passe continuellement d'Espagne en France, par l'industrie des habitants des frontières.... *Lettres*, etc. *de Colbert*, t. VI, p. 65.

† **BILLONNETTE** (bi-llo-nè-t', *ll* mouillées), *s. f.* Nom, dans l'Oise, de branches de futaie de 98 centimètres de longueur, *les Primes d'honneur*, Paris, 1872, p. 70.

BILLOT. — HIST. *Ajoutez :* || XVI° s. Pour le debvoir d'impost de chacune pipe de vin, hors le creu nantois, doit XLV sols VIII deniers.... pour le debvoir de billot.... MANTELLIER, *Glossaire*, p. 13.

† **BIMASTOÏDIEN, IENNE** (bi-ma-sto-i-diin, diè-n'), *adj.* Qui va d'une apophyse mastoïde à l'autre. La largeur bimastoïdienne du crâne.

† **BIMENSUEL, ELLE** (bi-man-su-èl, è-l'), *adj.* Qui se fait, qui paraît tous les deux mois, par opposition à semi-mensuel, qui s'applique à ce qui se fait, qui paraît deux fois par mois.

— REM. C'est une erreur de prendre bimensuel pour exprimer deux fois par mois. Bisannuel signifie non pas deux fois par an, mais qui se fait tous les deux ans, qui dure deux ans. Bimensuel ne veut pas plus dire deux fois par mois que trimestriel ne veut dire trois fois par mois.

† **BIMÉTALLIQUE** (bi-mé-tal-li-k'), *adj.* Qui a rapport au bimétallisme. La Monnaie bimétallique, par Henri Cernuschi, Paris, 1876.

† **BIMÉTALLISME** (bi-mé-tal-li-sm'), *s. m.* Système de monnaie à double étalon, par opposition à monométallisme (ces mots sont dus à M. Cernuschi), *le Temps*, 26 nov. 1875, 2° page, 1re col.

— ÉTYM. *Bi...*, et *métal*.

† **BINAIREMENT** (bi-nè-re-man), *adv.* D'une façon binaire. Une première combinaison binaire combinée binairement avec une deuxième combinaison binaire.

† **BINAURICULAIRE** (bi-nô-ri-ku-lè-r'), *adj.* Qui appartient aux deux oreilles. Perception binauriculaire, LE ROUX, *Acad. des sc. Comptes rendus*, t. LXXX, p. 1073.

— ÉTYM. Lat. *bini*, deux, et *auriculaire*.

† 1. **BINETTE**. *Ajoutez :* || Proverbe rural. On peut rappeler ce proverbe du midi de la France : Une bonne binette (ou, autrement dit, un sarclage) vaut un arrosage, *Rebois. des montagnes*, compte rendu 1869-1874, 7° fasc. p. 98.

† **BINIOU** (bi-ni-ou), *s. m.* Nom breton d'une espèce de cornemuse dont on fait grand usage en Bretagne.

† **BIOGRAPHIQUEMENT** (bi-o-gra-fi-ke-man), *adv.* Au point de vue biographique. Sur le fond d'une existence terne [il s'agit de Rembrandt], neutre et biographiquement assez confuse, FROMENTIN, *les Maîtres d'autrefois*, p. 399.

† **BIOMÉTRIE** (bi-o-mé-trie), *s. f.* Connaissance des lois qui régissent la durée de la vie.

— ÉTYM. Βίος, vie, et μέτρον, mesure.

† **BIOMÉTRIQUE** (bi-o-mé-tri-k'), *adj.* Qui a rapport à la biométrie.

† **BIOSSON** (bi-o-son), *s. m.* Sorte de poire sauvage. Tristan.... fait une ample moisson de cornouilles et de biossons, dont il savoure la chair âpre et aigrelette, A. THEURIET, *Rev. des Deux-Mondes*, 1er nov. 1875, p. 101.

† 2. **BIPENNE** (bi-pè-n'), *s. f.* Terme d'antiquité. Hache à deux tranchants. Il [le Jupiter de la Carie] est représenté la bipenne sur l'épaule, FOUCARD, *Des Associations religieuses chez les Grecs*, p. 106. La bipenne caractérise particulièrement les Amazones dans l'art grec, F. DELAUNAY, *Journ. offic.* 11 juill. 1876, p. 5032, 1re col.

— ÉTYM. Lat. *bipennis*, hache à deux tranchants.

† **BIPYRAMIDAL, ALE** (bi-pi-ra-mi-dal, da-l'), *adj.* Terme de cristallographie. Qui offre deux pyramides. Cristaux très-nets, bipyramidaux, DAUBRÉE, *Acad. des sc. Compt. rend.* t. LXXX, p. 464.

† **BIQUOTIDIEN, IENNE** (bi-ko-ti-diin, diè-n'), *adj.* Qui se fait deux fois par jour. Que prescrire de mieux, en effet, sous le soleil ardent des tropiques, que les ablutions biquotidiennes, la circoncision, l'abstinence des liqueurs fortes, de la viande de porc, etc.? *Journ. officiel* 18 févr. 1876, p. 1278, 2° col.

† **BIRÉFRINGENCE** (bi-ré-frin-jan-s'), *s. f.* Propriété des substances biréfringentes.

† **BISAIGUË**. *Ajoutez :* || 2° Outil de charpentier (voy. BESAIGUË).

† **BISCUITÉ, ÉE** (bi-skui-té, tée), *adj.* Pain biscuité, pain préparé à la façon du biscuit. Le pain biscuité est en usage dans l'armée d'Afrique.

† **BISCUITERIE** (bi-skui-te-rie), *s. f.* Fabrication de biscuit. La meunerie, la boulangerie, la biscuiterie, la vermicellerie, l'amidonnerie, la féculerie, etc. *Catalogue de la librairie agricole Dusacq*.

† **BISCUTELLE** (bi-sku-tè-l'), *s. f.* Genre de la famille des crucifères, auquel appartient la lunetière.

— ÉTYM. Lat. *bi*, deux, et *scutum* bouclier. Ce nom est dû à deux silicules rondes, tangentes l'une à l'autre, qui constituent le fruit et que l'on compare à deux petits boucliers ou à deux verres de besicles

† **BISEAUTER**. *Ajoutez :* || 2° Faire le biseautage. Glace biseautée dans le couvercle, *Journ. offic.* 3 déc. 1876, p. 8984, 1re col.

† **BISEAUTEUR** (bi-zô-teur), *s. m.* Ouvrier qui fait le biseautage des verres de montre.

† **BISKRIT** (bi-skri), *s. m.* Nom de Berbères de l'oasis de Biskra, qui, dans la ville d'Alger, constituent une corporation de portefaix, de porteurs d'eau.

† **BISQUIÈRE** (bi-skiè-r'), *s. f.* Nom, en Bourgogne, des gardeuses de chèvres. Quand j'entendais de loin le rustique refrain de la chanson des bisquières, J. J. ROUSS. *Confes.* IX, 1re part. (J. J. Rousseau en parle à propos de son séjour à Montmorency, chez Mme d'Épinay.)

— ÉTYM. *Bisquière* est dans le *Supplément du Dict. de l'Acad. franç.* par Barré. Note de M. Gust. Revillioud, de Genève : « La chanson des bisquières se chante encore en Bourgogne aux fenaisons et aux moissons, surtout par les femmes. Ceci m'a fait penser qu'au temps de Mme d'Épinay il devait être de mode pour le beau monde de Paris d'aller prendre le lait de chèvre à Montmorency, que les troupeaux de ces animaux y étaient nombreux et venaient avec leurs bergères jusqu'aux portes de Paris. C'est de cette façon que J. J. Rousseau aura entendu la chanson des bisquières. Le nom de *la Chevrette* donné par Mme d'Épinay à sa campagne semble être une confirmation de cette conjecture. » On dit aussi *bisquier* ou *biquier*, au masculin, pour gardeur de chèvres. *Biquier, bisquier, bisquière* se rattachent à *bique*, nom familier de la chèvre. Toutefois l'épenthèse d'une *s* dans *bisquière* est singulière.

† **BISSECTEUR, TRICE** (bi-sè-kteur, ktri-s'), *adj.* Terme de géométrie. Qui divise en deux parties égales. Plan bissecteur. Ligne bissectrice. || *S. f.* Bissectrice d'un angle, ligne qui le partage en deux parties égales.

— ÉTYM. *Bis*, en deux, et *secteur* : qui coupe.

BISTOQUET. *Ajoutez :* || 3° Chez les cloutiers, instrument qui sert à couper à froid et au marteau les tringles, *l'Opinion nationale*, 30 mai 1876, 3° page, 4° col.

† **BIT** (bi), *s. m.* Terme de l'industrie diamantaire. Couronne à diamant pour inciser. Le bit peut être plein et user la roche sur toute la section du trou, *Journ. offic.* 7 déc. 1875, p. 10093, 1re col.

— ÉTYM. Ce mot, appartenant à l'industrie de la taille des diamants, doit être cherché dans le hollandais : *bit*, mors, morsure, *bijten*, mordre.

† **BITEMPORAL, ALE** (bi-tan-po-ral, ra-l'), *adj.* Qui va d'une tempe à l'autre. Diamètre bitemporal.

BITUME. *Ajoutez :* || Bitume solide, voy. CÉRÉSINE au Supplément.

† **BITUMIER** (bi-tu-mié), *s. m.* Celui qui prépare ou emploie le bitume. Spécialité de matériel de bitumiers, *Alm. Didot-Bottin*, 1871-1872, p. 703, 3° col.

BIVALVE. *Ajoutez :* — REM. D'autres font bivalve féminin : Une bivalve très-jolie. Le *Dict. de l'Académie* fait multivalve féminin, et univalve masculin. Bivalve, en soi, est un adjectif; et, suivant qu'on sous-entendra mollusque ou coquille, le substantif bivalve sera masculin ou féminin.

† **BIVEAU**. *Ajoutez :* — ÉTYM. Par analogie à *niveau*, et comme pour dire *double niveau*, instrument pour prendre le niveau de deux plans, le rapport de deux plans.

† **BIVOIE**. *Ajoutez :* || 2° Terme de chemin de fer. Double route, l'endroit où une route se bifurque.

† **BIVOLTAIN** ou **BIVOLTIN** (bi-vol-tin), *s. m.* Nom donné aux vers à soie fournissant deux générations par an. || *Adj.* Races bivoltines.

— ÉTYM. *Bi*, deux, et ital. *volta*, fois.

† **BIVOLTINITÉ** (bi-vol-ti-ni-té), *s. f.* Caractère bivoltin. Attendu que, si les échantillons de cocons.... peuvent, à première vue, être classés parmi les bivoltins, il n'en résulte pas cependant la certitude absolue de leur bivoltinité.... *Jugem. du Trib. de com.* du 8 nov. 1872, dans *Gaz. des Trib.* 1er-2 sept. 1873, p. 842, 1re col.

† **BIWITZ** (bi-vits'), *s. m.* Plante oléagineuse importée de la Bohême.

BIZARRE. *Ajoutez :* || 3° Terme de vénerie. Tête bizarre, celle d'un cerf dont les andouillers ne sont pas placés d'une manière régulière qui permette d'apprécier l'âge de la bête.

† **BIZARREMENT** (bi-za-re-man), *s. m.* Action de rendre bizarre, bigarré (inusité). On voit tout à l'entour du soleil un cercle, avec le même bizarrement de couleurs que nous voyons ordinairement en l'arc-en-ciel, MALH. *Lexique*, éd. L. Lalanne.

† **BIZINGUE (DE)** (bi-zin-gh'), *loc. adverb.* (très-usitée à Genève). De travers. Assis de bizingue sur le couvercle d'un bahut, R. TÖPFFER, *Nouv. Voyages en zigzag*.

† **BLACBOULER** (bla-kbou-lé), *v. a.* Néologisme tiré de l'anglais. Donner à quelqu'un une boule noire, le rejeter, infliger un échec à ses prétentions.

— ÉTYM. Angl. *to blackball*, rejeter un projet en mettant une boule noire dans l'urne, de *black*, noir, et *ball*, boule, refuser l'entrée dans un club à une personne (on vote avec des boules blanches ou noires).

† **BLACHE** (bla-ch'), *s. f.* || 1° Nom donné, dans l'Ain, aux herbes palustres qu'on utilise comme litière ou dans l'alimentation du bétail, *les Primes d'honneur*, Paris, 1870, p. 364. || 2° Synonyme de blachère.

— ÉTYM. Peut-être l'anglais *brake*, fougère, allem. *Brach*, friche.

† 1. **BLACHÈRE** (bla-chè-r'), *s. f.* Nom donné, dans l'Ain, aux marais qui fournissent de la blache, *les Primes d'honneur*, Paris, 1870, p. 364.

— ÉTYM. *Blache*.

† 2. **BLACHÈRE** (bla-chè-r'), *s. f.* Terre plantée de chênes ou de châtaigners assez distants les uns des autres pour qu'on y puisse labourer (Dauphiné, Franche-Comté).

† **BLACK-MAIL** (blak-mél), *s. m.* Mot anglais signifiant redevance forcée, et se disant particulièrement de celle que les gens des basses terres en Écosse payaient aux gens des hautes terres, pour être à l'abri de leurs déprédations. || Par extension. Quand le maître avait payé.... son black-mail aux industries voisines qui avaient le droit de lui refuser ou des clous, ou des tubes de cuivre, ou tout autre élément indispensable à sa production, J. SIMON, *la Liberté*, t. II, p. 34, Paris, 1859.

— ÉTYM. Angl. *black mail*, proprement maille noire (maille, pièce de monnaie). Voy. MAILLE 3.

† **BLADETTE** (bla-dè-t'), *s. f.* Sorte de blé. Les agriculteurs de la verdoyante plaine de Tarbes et de la vaste plaine de Toulouse.... cultivent le blé bladette, le blé du Roussillon, le maïs et la luzerne. HEUZÉ, *la France agricole*, p. 15,

BLAFARD. — ÉTYM. *Ajoutez :* Les orfévres, pour donner à l'ouvrage d'or plus de beauté et de fermeté et à moindres frais, font l'alliage de cuivre pur, quand ils peuvent; qui est beaucoup plus léger que l'argent, qui rend l'or blafe et pale de couleur; JEHAN BODIN, *Discours sur le rehaussement et diminution des monnoyes*, Paris, 1578, feuille 9 verso (il n'y a point de pagination). *Blafe* donne immédiatement le bas-latin *blavus*, qui signifie bleu et blond. Dans Du Cange, à *blavus*, on trouve : *blavus, blavius, blavidus, blawfarb. Blafard* est donc composé de *blavus*, qui est le *blau* des Allemands, et de l'all. *Farbe*, couleur. Diez avait bien vu *Farbe*, dans *blafard*, mais ce n'est pas *bleich*, c'est *blav* qui forme la première partie du mot.

† **BLAFFARD** (ba-flar), *s. m.* Nom donné par mépris, en Dauphiné, aux gros de vingt deniers tournois, mauvais de titre, que fit frapper Charles Dauphin (devenu roi sous le nom de Charles VII), jusqu'au moment, 21 octobre 1422, où son père Charles VI mourut et eut pour successeur, en vertu du traité de Troyes, Henri VI d'Angleterre, à peine âgé d'un an.

— ÉTYM. Bas-lat. *blaffardus*, nom d'une monnaie dans un texte du XIIIe s.

† **BLAGUEUR** — ÉTYM. *Ajoutez :* L'anglais *blackguard* (et non *blaggard*, comme le porte le Dictionnaire) n'a rien à faire ici; car il signifie proprement garde noir.

† **BLAIN** (blin), *s. m.* Nom donné, dans la Loire-Inférieure, à des bateaux plats très-allongés qui naviguent sur les tourbières et qui peuvent porter jusqu'à 15 000 mottes de tourbe.

BLAIREAU. — ÉTYM. Comme il est dit dans l'article, Diez voit dans *blaireau* le représentant d'une forme fictive *bladarellus*, le petit blatier; mais est-il vrai que le blaireau fasse provision de blé ou du moins qu'on croie populairement qu'il en fait provision? M. Hensleigh Wedgwood, *Transactions of the philological Society*, 1873-1874, 3e part. p. 329, cite à l'appui de la réalité de cette croyance populaire deux vers anglais : .... *Some thin Chippings filcht from the bin Of the gray farmer. Le fermier gris* est le blaireau (dit *gray* en anglais); et on n'aurait pas ainsi nommé cet animal si la croyance populaire n'avait pas été que le blaireau fait des provisions de blé. Dans les départements de l'Ouest, le blaireau se nomme *bédouaud*, et ce nom se trouve dans Cotgrave : *Bedouau*, a young brocke or badger. *Bedoue*, a gray, brocfie, badger. Remarquez que l'angl. *badger* signifie à la fois blaireau et revendeur de grains, regrattier.

† **BLAIREAUTÉ, ÉE** (blè-rô-té, tée), *adj.* Terme de peinture. Traité avec le pinceau de blaireau. Voilà, certes, une peinture bien léchée, bien lustrée, bien blairautée, mais qui n'a de hollandais que cette propreté, E. BERGERAT, *Journ. offic.* 24 juin 1874, p. 4304, 2e col. Le faire [du tableau] est rapide, la pâte un peu grasse et lisse, de premier jet, sans reliefs inutiles, coulante, abondante, plutôt écrasée et légèrement blaireautée par les bords, FROMENTIN, *les Maîtres d'autrefois*, p. 370.

BLÂMER. *Ajoutez :* || 4° Blâmer une chose, une personne à quelqu'un, la blâmer devant lui. Ne savez-vous pas que je brûle pour elle, Et que me la blâmer c'est me faire mourir? MALH. *Lexique*, éd. L. Lalanne. Il [M. de Barcos] me blâma fort ceux qui parlent ou font des conférences [des cinq propositions de Jansénius], Mme DE LIANCOURT, dans STE-BEUVE, *Port-Royal*, t. II, p. 218, 3e édit.

— REM. Corneille a donné deux régimes directs à blâmer. Tout ce qu'on le blâmait (mais c'étaient tours d'école), C'est qu'il faisait mal sûr de croire sa parole, *Ment.* IV, 1. Cela n'est pas correct.

1. **BLANC.** || 9° *Ajoutez :* || Au lieu de : Se faire blanc de son épée, on dit aussi elliptiquement : Se faire blanc de, se prévaloir. Vous vous êtes fait tout blanc d'Aristote et d'autres auteurs que vous ne lûtes ou n'entendîtes peut-être jamais, et qui vous manquent tous de garantie, P. CORNEILLE, *Lettre à Scudéri*, dans *Classiques français* de G. Merlet, 1868, p. 27. || 11° *Ajoutez :* || Petit blanc, se disait, dans les colonies à esclaves, d'hommes blancs mais de petite condition. Dans le Sud, au-dessous de la classe riche, mais fort au-dessus des noirs esclaves ou affranchis, existait une classe spéciale, les petits blancs ou blancs pauvres, qui avaient bien des points de ressemblance avec la *plebs* de l'ancienne Rome, EDM. VILLETARD, *Journ. offic.* 9 août 1874, p. 5728, 1re col.

2. **BLANC.** *Ajoutez :* || 17° Terme de commerce. Le blanc, l'ensemble des étoffes blanches en toile, en calicot, etc. Spécialité de blanc. || 18° Écrire en blanc, écrire avec de l'encre de sympathie. Elle trouve aussi que notre manière d'écrire en blanc est très-mauvaise, étant très-connue, KLINGLIN, *Corresp.* t. I, p. 485. || 19° Livre en blanc, livre non relié. .... ils se conserveraient beaucoup mieux reliés qu'en blanc.... .... les livres en blanc qui restent à relier.... *Lettre de Baluze*, du 14 avril 1671, dans *Lettres, etc. de Colbert*, t. VII, p. 376. || 20° Blanc et rouge, s'est dit pour argent et cuivre, en termes de monnaie. Les carats qui sont les degrés de la bonté [de l'or] diminuent à proportion de la quantité du blanc ou du rouge qui y sont incorporés : ce sont les noms qu'on donne d'ordinaire à l'argent et au cuivre, de sorte qu'un quart de blanc, un quart de rouge et deux quarts d'or alliés ensemble, feraient de l'or à douze carats, CH. PATIN, *Introduct. à la connaissance des médailles*, ch. VII. || 21° Terme de fortification. Blanc d'eau, inondation qui n'a que peu de hauteur au-dessus du sol. || Terrain dans lequel on rencontre l'eau à une petite profondeur. || Proverbe. Il n'a pas de blanc dans les yeux, il est impudent.

† **BLANCARD.** *Ajoutez :* || Adjectivement. Toiles blancardes : ces toiles sont ainsi appelées parce que le fil qui sert à les fabriquer a été à demi blanchi avant que d'être mis en œuvre; elles se fabriquent aux environs de Rouen, et sont propres pour les Indes espagnoles, P. GIRAUDEAU, *la Banque rendue facile*, p. 472.

1. **BLANCHET.** *Ajoutez :* || 4° Pièce de barnachement. || 5° Jupe tricotée de coton ou de laine (Dauphiné, Savoie, Piémont).

† 2. **BLANCHET.** *Ajoutez :* — HIST. XVIe s. Poitrines blanchettes, Plus claires et nettes Qu'en may les rosettes, J. MAROT, *Poés.* p. 185.

† **BLANCHETTE.** *Ajoutez :* || 2° Nom, dans le canton de Vaud, d'un cépage qui se couvre de grappes dans les premières années, mais vieillit rapidement et finit, selon l'expression des vignerons vaudois, par ruiner le fils après avoir enrichi le père, CH. VITTEL.

BLANCHIR. — HIST. *Ajoutez :* || XIIe s. Dunc il veïst le sanc el blanc cervel rogir, Le cervel ensement el vermeil sanc blanchir, *St Thomas mart.* p. 196, édit. HIPPEAU.

† **BLANC-RHASIS.** *Ajoutez :* — REM. M. Devic, *Dict. étym.*, montre que *rhasis* est une fausse orthographe, ce mot ne venant nullement du célèbre médecin arabe *Rhazès*; il faut écrire *blanc-rasis*; *rasis* de l'arabe *rasas, rasasa*, plomb.

† **BLANDICES.** — REM. Le passage de Chateaubriand cité d'après le Dictionnaire de Poitevin se trouve dans les *Mém. d'outre-tombe* (éd. de Bruxelles), t. I, *Dernières lignes écrites à la Vallée-aux-loups, Révélat. sur le mystère de ma vie.*

— HIST. || XVIe s. *Ajoutez :* A l'encontre des immoderées et charmeresses blandices de la volupté, MONT. IV, 300.

† **BLANDONNÉE** (blan-do-née), *s. f.* Nom, dans le Jura, du méteil, *les Primes d'honneur*, Paris, 1869, p. 277.

† **BLANMANSAIS** (blan-man-sè), *s. m.* Nom, dans la Vienne, d'un cépage blanc, dit aussi chenin, *les Primes d'honneur*, Paris, 1872, p. 304.

BLANQUETTE. *Ajoutez :* || 7° Sorte de vignoble du Midi produisant un vin blanc. Nous vîmes Montpellier se présenter à nous, environnée de ses plantades et de ses blanquettes que vous connaissez, *Voy. de Chapelle et Bach.* p. 45. || 8° Variété algérienne d'olives. L'olive dite blanquette, de petite dimension, mais remarquable par l'abondance de ses fruits, *Journ. offic.* 27 sept. 1875, p. 8370, 3e col.

† **BLANQUILLO** (blan-ki-llo, *ll* mouillées), *s. m.* Sorte de blé exotique. En blés exotiques, les blanquillos ne sont pas payés plus de 40 francs, *Journ. offic.* 3 nov. 1873, p. 6677, 3e col.

† **BLAPS** (blaps'), *s. m.* Terme d'entomologie. Genre de coléoptères fort nuisibles. L'espèce la plus commune dans nos contrées est le blaps porte-malheur, qui habite nos appartements, H. PELLETIER, *Petit dict. d'entomologie*, p. 22, Blois, 1868.

— ÉTYM. Βλάπτειν, nuire.

BLASÉ. Les Blasés, titre d'une comédie de Forcalquier, 1740.

— REM. Il paraîtrait, d'après la comédie de Forcalquier, que blasé commence seulement alors à être adopté avec la signification d'une maladie morale, DE LOMÉNIE, *sur Mme de Rochefort*, dans *Rev. des Deux-Mondes*, 1er févr. 1869, p. 689.

BLASON. *Ajoutez :* || 4° Anciennement, nom d'une pièce composée de petits vers à rimes plates et renfermant l'éloge ou le blâme de ce qu'on voulait blasonner. Le Blason des fausses amours, titre d'un poëme satirique (XVe siècle).

— HIST. *Ajoutez :* || XVe s. Que la rusée principalment Se mesloit d'aimer par amours, Et qu'elle sçavoit tant de tours, Tant de ruses, tant de blason [langage habile], Qu'elle entretenoit les plus gours, etc. COQUILLART, *l'Enqueste.*

BLASPHÉMATEUR. — HIST. XIIe s. *Ajoutez :* Cil ki longement avoit vescut blasphemeres par la soffrance de la diviniteit, *li Dialoge Gregoire lo pape*, 1876, p. 219.

† **BLASTOSPHÈRE** (bla-sto-sfè-r'), *s. f.* Terme d'embryogénie. Sphère de blastème, H. FOL, *Acad. des sc. Comptes rendus*, t. LXXXI, p. 523.

† **BLATIÈRE** (bla-tiè-r'), *s. f.* Nom d'une sorte de bât en Picardie.

— ÉTYM. Ainsi dit parce qu'il sert aux *blatiers.*

BLÉ. *Ajoutez :* || 5° Blé bleu ou de Noé, blé provenant de l'Orient. Les caractères orientaux du blé de Noé.... BELLA, *Bullet. Société centr. d'agric.* 1872, p. 600. || 6° Blé brouillé, nom, dans l'Oise, de la nielle, *les Primes d'honneur*, Paris, 1872, p. 64.

BLÊME. — ÉTYM. *Ajoutez :* La conjecture de Diez qui le tire de l'anc. scand. *blâmi*, couleur bleue, est assurée par le norois *blâman*, tache due à un coup; le sens propre de *blêmir* étant : faire des taches bleues, frapper, léser, BUGGE, *Roman.* n. 10, p. 145.

† **BLENHEIM** (blèn-aïm'), *s. m.* Lieu en Allemagne où Marlborough gagna une grande bataille sur les Français. || Château que le gouvernement anglais donna en récompense à Marlborough et qui reçut le nom de la bataille. || Chien de Blenheim, sorte d'épagneul. Elle tenait sous son bras gauche un de ces petits épagneuls à soies blanches et orangées, devenus la souche depuis d'une race si précieuse et si connue sous le nom de chien de Blenheim, E. SUE, *Godolphin-Arabian*, ch. VIII.

† **BLESQUET** (blè-skè), *s. m.* Nom donné, dans les Basses-Alpes, au pissement de sang, chez les bêtes à laine, *les Primes d'honneur*, Paris, 1870, p. 509.

BLESSÉ. *Ajoutez :* || 6° Bateau blessé, bateau endommagé. Les bateaux blessés qu'il importe de rendre à destination dans le plus bref délai, *Ordonn. de police*, 10 mai 1865.

† **BLESSEUR** (blè-seur), *s. m.* Celui qui blesse.

— HIST. XVIe s. Ayant tel sort qu'il faut que le blesseur Luy mesme soit de ce mal guerisseur, J. MAROT, *Poés.* p. 282.

† **BLESSON** (blè-son), *s. m.* Fruit du blessonnier.

— ÉTYM. *Blessir*, parce que les *blessons* ne sont mangeables que *blets.*

† **BLESSONNIER** (blè-so-nié), *s. m.* Nom, en Franche-Comté, du poirier sauvage.

BLESSURE. — HIST. *Ajoutez :* XIIe s. Car plaie ne sursaneüre [cicatrice] N'out el cors, ne ne blesceüre, WACE, *St Nicholas*, v. 1112.

BLET. — REM. *Ajoutez :* || 2. A Boulogne-sur-Mer et aux environs, les paysans et les ouvriers disent *blet* de ce qui offre peu de consistance : *des os blets*, de vieux ossements; *il ne faudrait guère de peine pour faire de tous ces os un excellent engrais, tant ils sont blets.* (Note transmise par M. Vaillant, de Boulogne-sur-Mer.)

BLETTE. — HIST. *Ajoutez :* XIIIe s. Mult fu cis rois beneürez, Ki ci [en terre] e là [en ciel] fu curunez, E tant vaut cele plus que ceste, Cume fait or plus k'une bleste, *Édouard le Confesseur*, v. 3943.

† 2. **BLETTE** (blè-t'), *s. f.* Terme de métallurgie. Petite lame en feuille de fonte, ainsi disposée afin qu'on en puisse opérer plus facilement l'affinage, F. LIGER, *la Ferronnerie*, Paris, 1875, t. I, p. 51.

† 3. **BLETTE** (blè-t'), *s. f.* Nom donné, dans le Var, à des rejetons de châtaigniers employés en tonnellerie. Les châtaigniers (forêts des Maures, Var) donnent les marrons de qualité supérieure connus sous le nom de marrons de Luc; et leurs rejetons, dits blettes, fournissent le bois de tonnellerie le plus généralement employé dans le pays, *Enquête sur les incendies de forêts*, p. 45.

BLEU. || 7° Colère bleue, violente colère, colère où le visage devient bleu. || 9° Locution populaire. Il m'en a fait voir de bleues, il m'a causé de grandes peines, de grandes contrariétés. || 10° Populairement. Du vin bleu, du petit bleu, du vin de cabaret. || 11° Bleu éléphant, sorte de bleu. Les prix probables [des soies de Chine], pour le bleu éléphant, *Journ. offic.* 31 mai 1876, p. 3869, 3° col.

† **BLEUISSANT, ANTE** (bleu-i-san, san-t'), *adj.* Qui bleuit, qui donne la couleur bleue. L'action bleuissante de l'iode sur l'amidon.

† **BLEUTÉ, ÉE** (bleu-té, tée), *adj.* Qui a une teinte bleue. Le drap des capotes de l'infanterie est dit drap gris-bleuté. Ses cheveux [d'une femme] sont noirs, bleutés comme l'aile des corbeaux, *le Temps*, 7 déc. 1875, 2° page, 1re col.

† **BLÉZIMARDER** (blé-zi-mar-dé), *v. n.* Terme d'argot de théâtre, signifie se couper mutuellement les répliques, empêcher le voisin de dire sa phrase, émonder le dialogue comme un jardinier émonde un arbre à grands coups de serpe, *Figaro* du 31 juillet 1876.

BLOC. *Ajoutez :* || 6° Planche de bois, sur laquelle se fait l'impression, pour les tissus, *Magasin pittoresque*, 1858, p. 174. || 7° Terme de papeterie. Paquet de feuillets, disposé comme les calendriers éphémérides dont on détache chaque jour une feuille. Bloc pour notes de bureau. || Il y a des blocs d'aquarellistes, feuilles préparées en bloc et qu'on détache une à une après s'en être servi. || 8° En termes militaires, mettre au bloc, mettre à la consigne, mettre en prison.

— HIST. || XIVe s. *Ajoutez :* Pour un blot d'estain, CAFFIAUX, *la Cloche des ouvriers*, p. 12.

BLOND. *Ajoutez :* — REM. Il est délicat et blond, se dit de quelqu'un qui est délicat, les blonds passant pour peu robustes. Mme de Sévigné a employé cette locution figurément au sens de peu solide, en parlant de la réputation : Je trouve la réputation des hommes bien plus délicate et blonde que celle des femmes, *Lett.* 28 juillet 1677.

BLONDIN. || 3° Toile blondine, sorte de toile. Quant aux toiles dites blondines, dont la nuance est sur la limite séparative des deux espèces..., *Tarif des douanes*, 1869, p. 145.

BLONDIR. *Ajoutez :* || 2° *V. a.* Rendre blond. [La mode] blanchit la peau, noircit les cheveux, à moins qu'elle ne les blondisse ou ne les poudre d'or et d'argent, garrotte les épaules, serre la taille..... BÜRGER, *Salons de* 1861 *à* 1868, t. I, p. 139.

† **BLOQUET** (blo-kè), *s. m.* Petite bobine à manche, à l'usage des dentellières normandes. Les dentellières occupées devant un nombreux public qui se renouvelle sans cesse, à faire courir les bloquets et à tracer les gracieuses arabesques qui forment le léger tissu envié par les visiteuses, *Lexovien*, 6 avril 1867.

— ÉTYM. Diminutif du vieux mot *bloc*, petit bâton, d'après M. H. MOISY, *Noms de famille normands.*

† **BLOSSE** (blo-s'), *s. f.* Nom, en Basse-Normandie, des prunelles, qui ne sont mangeables, qu'après que la gelée a passé dessus.

— ÉTYM. Autre forme de *blette*; comp. plus haut *blesson.*

† **BLOSSIR.** *Ajoutez :* Fruits devenant bruns en blossissant, comestibles : alisier torminal, A. FLICHE, *Man. de botan. forest.* p. 266, Nancy, 1873.

† **BLOSSISSEMENT.** *Ajoutez :* Sorbier domestique.... fruit en forme de poire, de trois centimètres environ de longueur, d'abord vert ou rougeâtre, puis brun, pulpeux, acidulé, vineux à l'état de blossissement, H. FLICHE, *Man. de botan. forest.* p. 271, Nancy, 1873.

BLOTTIR. — ÉTYM. *Ajoutez :* A *blotte*, motte de terre, cité par Ménage, on peut joindre le norm. *bliète*, motte de terre, *ébliéter*, émotter.

† **BLOUQUIER** (blou-kié), *s. m.* Ancien nom des fabricants de boucles. Lettres patentes portant confirmation des statuts des maîtres cloutiers, blouquiers et lormiers de la ville de Châlons, *à Paris au mois de juillet* 1670.

— ÉTYM. *Blouque* pour *boucle.*

1. **BLOUSE.** *Ajoutez :* || 3° Nom donné, dans les landes de Gascogne, à des cavités pleines d'eau recouvertes d'une voûte en sable que la moindre pression fait écrouler.

† **BLOUSIER** (blou-zié), *s. m.* Homme vêtu d'une blouse.

† **BLOUSSE** (blou-s'), *s. f.* Dans les filatures, partie grossière de la laine. Cylindres qui laissent la blousse dans le peigne. Nous n'avons pas de blousses.... les déchets de filature, les bourgeons gras se vendent trois francs le kilo, *Enquête, Traité de comm. avec l'Angleterre*, t. III, p. 305.

† **BLUARD** (blu-ar), *s. m.* Nom, en Provence, de l'échinope, qui offre un gros capitule de fleurs composées bleues.

† **BLUETTANT, ANTE** (blu-è-tan, tan-t'), *adj.* Qui lance des bluettes de feu. Je voyais les étoiles luire au ciel avec un feu bluettant, CYRANO, *Lett. div. pour les sorc.*

— HIST. XVIe s. Les louches qui ont les yeux verds, azurez, bluetans et espouvantables, ensorcelent tout ce qu'ils regardent d'un œil fixe et courroucé, BAUDON, *Trois livres des charmes, sorcelages ou enchantements*, Paris, 1583, p. 106.

BLUTEAU. *Ajoutez :* || 2° Sorte de seau de boissellerie qui servait à délayer les couleurs des cartiers, et qu'ils prenaient pour enseigne. Les cartiers se conformeront aux statuts de leur communauté : veut en conséquence Sa Majesté que les enveloppes dont ils se serviront portent leur nom, demeure, enseigne et bluteaux, *Arrêt du cons.* 9 nov. 1751. Ce *bluteau* des cartiers doit être rapproché du *bluteau* propre à contenir de la poudre pour mettre sur l'écriture, dans ce texte du quatorzième siècle : Jehan Remy, receveur de Champaigne, vouloit prendre sur le roy,... pour parchemins, papier, rigle.... chandeliers, aiguillettes, belutiaus.... DU CANGE, *bullellus.* || 3° Chez les corroyeurs, paquet de laine fait de vieux bas d'estame, dont on se sert pour essuyer les cuirs, quand on les a chargés de bière aigre, *Trévoux.*

BLUTER. *Ajoutez :* || Absolument. On dit que la femme aux bras tendus à le bras droit trop court, qu'elle blute, et qu'on ne sent pas le raccourci, DIDER. *Œuvr. compl.* 1821, t. IX, p. 50.

— HIST. || XVIe s. *Ajoutez :* Que l'aucteur.... se presente, par bestise ou par finesse, un peu obscurement et diversement, il ne luy chaille : nombre d'esprits, le belutant et secouant, en exprimeront quantité de formes, ou selon, ou à costé, ou au contraire de la sienne, qui luy feront toutes honneur, MONT. II, 353.

† 2. **BOA** (bo-a), *s. m.* Titre du souverain de la Birmanie, *Almanach de Paris*, 1867, p. 181.

† **BOBI** (bo-bi) ou **BOBIE** (bo-bie), *s. f.* Terme populaire, qui n'est plus usité. Vieille décrépite. Toute bobi qu'elle était [la vieille Constitution, personnifiant l'ancien régime], elle n'a pas laissé de faire des siennes, *Lett. du P. Duchêne*, 9e lettre, p. 2. || Je me fais habiller, selon mon âge, en mère bobie, DECOURCHAMP, *Souv. de la marq. de Créquy*, III, III.

— REM. Il y a eu un temps où l'on appelait les vieilles de l'hospice de la Salpêtrière, des *bobiches.*

† **BOBILLONNER** (bo-bi-llo-né, *ll* mouillées), *v. n.* Hésiter, tâtonner. La Puy du Fou ne fait pas ce qu'elle pourrait faire.... elle bobillonne et pleure et ne résout rien, SÉV. 19 août 1675. || Inusité.

† **BOBIN** (bo-bin), *s. m.* Métier pour tulle. Vers 1818 ou 1820, le métier Bobin fut inventé, en Angleterre, pour la fabrication des tulles unis en coton, vendus dans leur nouveauté à des prix exorbitants, *Enquête, Traité de comm. avec l'Angleterre*, t. V, p. 459. || 2° Sorte de tulle. Cette manière de procéder s'applique au tulle désigné sous le nom de bobin, c'est-à-dire au tulle en douze mouvements par maille ; pour le point de Bruxelles, c'est-à-dire fait en vingt mouvements par maille.... *ib.* t. IV, p. 650. Tulles bobin façonnés, *ib.* t. V, p. 573.

† **BOBINAGE** (bo-bi-na-j'), *s. m.* Action de placer le fil sur des bobines. Loi sur les moyens de constater les conventions entre patrons et ouvriers, en matière de tissage et de bobinage (du 7 mars 1850), *Bulletin des lois*, 10e série, n° 2004. Pour le bobinage de l'échevette, il y a une différence sensible en faveur de l'échevette courte, *Enquête, Traité de comm. avec l'Angleterre*, t. IV, p. 246.

BOBINE. *Ajoutez :* || 2° Terme de physique. Cylindre autour duquel est enroulé un fil métallique dans lequel peut passer un courant électrique.

† **BOBINEAU** (bo-bi-nô), *s. m.* Synonyme d'espole. Dépenses de premier établissement d'une filature de coton.... neuf cents bobineaux en gros avec plateaux à trente-deux francs par cent, et vingt-huit mille bobineaux pour bobinoirs, à sept francs, *Enquête, Traité de comm. avec l'Angleterre*, t. IV, p. 228.

BOBINER. *Ajoutez :* Le mari tisse la toile ; la femme fait ce qu'on appelle les épaules, les canettes ; elle bobine le fil, *Enquête, Traité de comm. avec l'Angleterre*, t. V, p. 322.

† **BOBINET** (bo-bi-nè), *s. m.* Treize métiers à filer de cent trente-deux broches.... pièces de rechange.... bobinets divers.... *Enquête, Traité de comm. avec l'Angleterre*, t. III, p. 756. Réparation et renouvellement des bobinets, paniers, brosses, burettes, lanières, etc. *ib.* t. III, p. 758.

† **BOBINIER** (bo-bi-nié), *s. m.* Synonyme de bobinoir. Un bobinier réunisseur de huit têtes, trois mille sept cents francs ; un bobinier de seize bobines, trois mille sept cents francs, *Enquête, Traité de comm. avec l'Angleterre*, t. III, p. 497.

† **BOBINOIR.** *Ajoutez :* || Machine à étirer la laine. La machine à étirer, dite bobinoir, qui revient à cent vingt francs la tête, produit par jour huit kil., *Enquête, Traité de comm. avec l'Angleterre*, t. III, p. 408.

BOCAGE — ÉTYM. *Ajoutez : Bocage*, comme les noms en *age*, a été employé comme adjectif au sens de sauvage : XIIe s. Unkes nulz home ne vit plus cuilvert, plus felon, Si musdre traïtor, si boscage larron, P. MEYER, *Rapports*, 1re partie, p. 189.

† **BOCAIN** (bo-kin), *s. m.* Nom donné, en Normandie, aux habitants du Bocage, *les Primes d'honneur*, Paris, 1873, p. 10.

† **BOCASSIN** (bo-ka-sin), *s. m.* Sorte de toile de coton. Le commerce des bocassins en toiles de coton teintes et gommées de Tokat, de Kastambol et d'Amasin est immense en Crimée, DE PEYSSONNEL, *Traité sur le commerce de la mer Noire*, I, 49. || On écrit aussi boucassin.

† **BOCK** (boc), *s. m.* Contenu d'un grand verre. Un bock de bière.

— ÉTYM. D'après le *Courrier de Vaugelas*, 15 mai 1876, *bock*, récemment importé d'Allemagne, provient d'une méprise : les Allemands nomment *Bockbier*, bierre de bouc, la bierre nouvelle et capiteuse ; nos compatriotes, entendant prononcer *Bockbier*, qu'ils retinrent et qu'ils rapportèrent chez eux, crurent pouvoir traduire ce mot par *bock de bierre.*

† **BOESSE.** — ÉTYM. Ce paraît être une autre forme de *brosse* ; en effet, l'historique de *brosse* montre qu'on a dit *broisse* et *brouesse* ; et l'étymologie très-probable qui tire *brosse* de l'allemand *Burst, Bürste*, montre que l'*r* n'est pas inhérente au *b.*

BOEUF. *Ajoutez :* || 7° Chez les tailleurs, l'ouvrier tailleur en général. || Petit bœuf, l'ouvrier qui n'est pas encore capable d'achever une pièce seul. || 8° Populairement. Être le bœuf d'une affaire, supporter les mauvaises conséquences de quelque chose.

† **BOEUVONNAGE** (beu-vo-na-j'), *s. m.* Opération par laquelle on enlève à une vache les ovaires ; cette opération ôte à la vache quelques-uns de ses caractères ordinaires pour lui en donner qui la rapprochent de ceux du bœuf ; il en résulte plus de lait et meilleur, plus de viande et meilleure.

† **BOEUVONNE** (beu-vo-n'), *s. f.* Vache qui a subi l'opération du bœuvonnage.

† **BOGHEAD** (bo-ghèd), *s. m.* Houille recherchée pour la fabrication du gaz. Résines d'Europe et d'Amérique.... boghead, bitume d'Europe, *Journ. offic.* 23 juillet 1872, p. 5019, 1re col.

— ÉTYM. Nom du village écossais où a lieu l'extraction : *Bogh-head*, tête du marais, de *bog*, marais, et *head*, tête.

BOGHEI. || On l'abrége quelquefois en *boc.*

— ÉTYM. Angl. *buggy*, tiré d'un mot indien.

2. **BOIRE.** *Ajoutez :* || 2° Opération par laquelle on remplit les viviers, au bord de la mer, en levant la vanne à marée montante, H. BOUT, *Rev. Britann.* avril 1871, p. 428.

BOIS. || 1° *Ajoutez :* || Bois tors, bois dont les fibres sont en spirale. || Bois tortillard, bois dont les fibres sont enchevêtrées. || Bois raffaux, bois tors et noueux. || 15° *Ajoutez :* || Bois d'absinthe, le *carissa xylopicron*, DUP. TH., de l'île de la Réunion. || Bois amer de Surinam, le *quassia amara.* || Bois d'anis, les *illicium* qui fournissent l'anis étoilé. || Bois d'anisette, le *piper umbellatum*, L. || Bois bénit, le *buxus sempervirens.* || Bois à boutons, les *cephalanthus*, notamment le *cephalanthus occidentalis*, L. || Bois bracelet, le *jacquinia armillaris*, L., des Antilles. || Bois de Chine, l'arbre aux sébestes, *cordia sebastena* ou *cordia myxa.* || Bois à la gale, en Champagne le *rhamnus frangula*, L. || Bois de lessive, dans les Alpes, le *cytisus laburnum.* || Bois manche-houe, le *xanthoxylum clava Herculis.* || Bois d'oreille, le bois gentil et le garou, parce qu'ils s'appliquaient en vésicatoires derrière les oreilles, dans les affections des yeux. || 16° Bois gris, nom donné, dans l'exploitation du bois de flottage, aux bûches de chêne, *Mém. de la Société centrale d'agricult.* 1873, p. 260. || 17° Bois gras, bois imprégné de résine. On ne résine pas le pin sylvestre, mais les délinquants extraient quelquefois, de la tige d'arbres encore sur pied, du bois exceptionnellement imprégné de résine, connu sous le nom de bois gras et servant à allumer le feu, H. FLICHE, *Man. de botan. forest.* p. 298, Nancy, 1873. || 18° Sous bois, *loc. adv.* Sous le couvert des arbres, d'un bois. C'est une fête que de marcher ainsi, sous bois, tout un matin, Mme DE GASPARIN, *Voyage à Constantinople*, 2e édit. Paris, 1867. || 19° Dans la taille de la vigne, le long bois, la branche à fruit. Au moment de tailler le long bois [de la vigne], vulgairement la branche à fruit, *Journ. offic.* 16 octobre 1874, p. 7054, 1re col. || 20° Synonyme de monture pour les armes à feu portatives. Bois de fusil, de pistolet. || 21° Bois, bons bois, fins bois, climats des Charentes produisant des eaux-de-vie qui portent les mêmes désignations. || 22° Bois veiné, nom donné par Geoffroy et Engramelle au papillon plus connu sous le nom de zigzag, *bombyx ziczac.* || 23° Bois et petit bois, nom donné à une sorte de coiffure, à la fin du dix-septième siècle. La souris est un petit nœud de nonpareille, qui se place dans le bois : on appelle petit bois un paquet de cheveux hérissés qui garnissent le pied de la futaie bouclée, REGNARD, *Attendez-moi sous l'orme*, sc. 6. || Proverbes. *Ajoutez :* Quand il n'y a pas de bois mort, on en fait, proverbe répandu dans les campagnes et qui se dit à propos des arbres charmés, c'est-à-dire mutilés par les usagers.

— REM. Bois d'œuvre, nom donné aux bois propres à tous les emplois autres que le chauffage. Les bois d'œuvre se divisent en bois de service et bois de travail. Les bois de service sont ceux qui servent aux constructions civiles et navales; les bois de travail ou d'industrie comprennent les bois employés par les différents métiers, tels que la menuiserie, l'ébénisterie, le charronnage, la tonnellerie, etc. NANQUETTE, *Exploitation, débit et estim. des bois*, Nancy, 1868, p. 49.

† BOISETTES (boi-zè-t'), *s. f. pl.* Menues branches que les pauvres gens vont ramasser dans la forêt (Normandie), DELBOULLE, *Gloss. de la vallée d'Yères*, le Havre, 1870, p. 46.

— ÉTYM. Diminutif fém. de *bois.*

† BOISSELAGE. *Ajoutez :* — HIST. XIVe s. Boisselage, MANTELLIER, *Glossaire*, Paris, 1869, p. 13.

BOISSON. — HIST. *Ajoutez :* XIVe s. Item, ensievent les boichons, *Rec. des monum. inédits de l'hist. du tiers état*, t. IV, p. 161.

— ÉTYM. *Ajoutez :* Boisson vient du lat. *bibitionem*, le *b* du milieu (la syllabe étant atone) se supprime : *biitionem*, d'où *boisson*.

† BOÎTAGE (boi-ta-j'), *s. m.* Action de mettre en boîte. Dans les ateliers suivants, savoir : tamisage et emballage.... boîtage des tabacs en poudre.... boîtage des cigares, *Instruct. sur le service des manufact. de tabac*, 30 juin 1832, art. 219.

† BOÎTARD (boi-tar), *s. m.* Boîte en fonte qui occupe le centre de la meule inférieure ou gisante.

BOÎTE. *Ajoutez :* || 10° Boîte à mitraille, cylindre en tôle ou en fer-blanc rempli de balles qui se séparent à la sortie de la bouche à feu; ce projectile a été pendant longtemps nommé boîte à balles. || Boîte de culasse, pièce dans laquelle est maintenu le cylindre obturateur des armes à feu se chargeant par la culasse.

— HIST. XIVe s. *Ajoutez :* Comme de tout temps soit accoustumée que les marchands frequentans nos monnoyes portants argent et billon pour ouvrer en icelles, ont, par bonnes, loyalles et anciennes coutumes, souffert pour leurs franchises et volontés, toutes fois qu'ils ont pesé et pesent leurs billons, qu'ils aient mis et mettent en une boëte à part de deniers à Dieu certaine quantité, dont à leurs requeste et accord l'on fesoit et soutenoit pons, chaussées, et plusieurs autres passages par tous les lieux où ils estoient et par où lesdits marchands aloient et venoient en nosdittes monnoies, *Ordonn.* du 14 octobre 1346.

† BOÎTÉ, ÉE (boi-té, tée), *adj.* Mis en boîte. Des tabacs et des cigarettes de modules analogues à ceux de M. Kœnig, paquetés et boîtés de même, *Journ. offic.* 29 nov. 1875, p. 9802, 2e col.

. BOITER (être boiteux). *Ajoutez :* — HIST. XVIe s. Luy, l'ayant un peu contemplée [une femme] et apperçue qu'elle boittoit, MONT. I, 296.

† 2. BOITER (boi-té), *v. n.* Voy. BOITTER, orthographe plus usitée, au Supplément.

BOITEUX. || 1° *Ajoutez :* || Fleurs boiteuses, fleurs qui, sur une même tige, ne sont pas pareilles. Des giroflées à fleurs boiteuses, dont une moitié est verte et l'autre jaune, *Journ. de Paris*, 1er mai 1811.

— REM. Il est seulement dit au n° 15 que attendre le boiteux est une locution qui se trouve dans Corneille. Elle remonte plus haut; Louis XIII s'en est servi dans une de ses lettres, *Rev. critique*, 2 sept. 1876, p. 152. À ce sujet, M. Tamizey-Laroque observe qu'on la rencontre dans Malherbe et, au XVIe siècle, dans Blaize de Montluc.

† BOÎTIER (boi-tié), *s. m.* Facteur de la poste. A.... facteur-boîtier (Postes), pension de trois cent dix-neuf francs, *Bull. des lois*, XIIe série, partie supplémentaire, n° 737, p. 18, 1er sem. 1875.

† BOITON (boi-ton), *s. m.* Étable à porcs (terme usité en Suisse). Un pourceau qui crie, pousse et finalement rebrousse au grand galop vers le boiton paternel, R. TÖPFFER, *Nouv. Voyages en zigzag.*

— ÉTYM. *Boîte.*

† BOITTER (boi-té), *v. n.* Terme de pêche. Jeter de la boitte. Nous avons boitté ce matin. || Activement, amorcer. Jean-Marie Perrotte, auquel on doit l'usage généralement adopté sur nos côtes, de boitter les lignes avec la chair d'un petit crustacé connu sous le nom de bernard-l'ermite, *l'Avranchin*, du 26 avril 1874, p. 3, 2e col.

† BOIT-TOUT. *Ajoutez :* || 2° Nom donné quelquefois aux puisards. Creuser au centre du marais un puits, un boit-tout, d'un large orifice.... *l'Avranchin*, 25 février 1872.

† BOLBEC (bol-bèk), *s. m.* Nom d'une ville de Normandie employé dans cette locution : Mouchoir Bolbec, sorte de mouchoir. On nomme, à l'étranger, mouchoir Bolbec, un produit qui n'est pas de Bolbec, *Enquête, Traité de commerce avec l'Angleterre*, t. IV, p. 401.

† BOLDO (bol-do), *s. m.* Plante d'Amérique, *boldea fragrans*, Jussieu. Une autre plante du nouveau monde, le boldo, a appelé, il y a longtemps déjà, l'attention.... on attribuait au boldo des propriétés thérapeutiques très-remarquables, *Revue Britann.* février 1874, p. 503.

† BOLDUC (bol-duk), *s. m.* Ficelle de couleur. Faveurs, bolducs, ficelles, *Alm. Didot-Bottin*, 1871-72, p. 837, 4e col.

† BOLIVAR. *Ajoutez :* || 2° Sorte de flanelle. Nous fabriquons de la draperie d'été, qui se divise en foulés [articles pour hommes], demi-foulés [articles pour femmes], et bolivars, fantaisie remplissant l'usage de flanelle de santé, *Enq. Traité de comm. avec l'Angleterre*, t. III, p. 232. M. J.... a reconnu positivement, parmi les bolivars écossais, qui faisaient partie d'une collection anglaise, deux ou trois échantillons qui venaient de sa maison, *ib.* t. III, p. 432.

† BOMBAGISTE (bon-ba-ji-st'), *s. m.* Celui qui fabrique et vend des couvre-plats, garde-manger, corbeilles, etc. en tissus métalliques, *Tarif des patentes*, 1858.

BOMBARDER. *Ajoutez :* — REM. Au sens de : élever précipitamment à un poste, à un service, bombarder n'est pas de l'invention de Saint-Simon; on le trouve avant lui. La princesse de Conti rendait compte à son mari d'une fille qu'elle avait prise fort promptement, de peur qu'on ne lui en bombardât une de Saint-Cyr, Mlle DE MONTPENSIER, *Mémoires*, t. IV, p. 518, édit. Charpentier.

BOMBASIN. *Ajoutez :* — HIST. XVIe s. Bombazin rez et à poil, MANTELLIER, *Gloss.* Paris, 1869, p. 13.

† BOMBASTIQUE (bon-ba-sti-k'), *adj.* Qui a un caractère d'enflure et de redondance, en parlant du style. La collection de ses œuvres [de Paracelse] plus ou moins authentique..., mélange de grossièreté et d'affectation, méritait pleinement par son style étrange de donner naissance à l'expression de style bombastique, *Galerie suisse*, t. I [art. *Paracelse*, par PH. BRIDEL], Lausanne, 1873.

— ÉTYM. Le nom du Suisse Paracelse n'est que la traduction latine du nom germanique qu'il se donnait le plus souvent, Théophraste von Hohenheim, auquel il a dû d'être pris pour un membre de la noble famille des *Bombast* de Hohenheim. De là le nom ou surnom de *Bombast* ou *Bombastes* qui lui est resté et a pris en allemand (et chez quelques écrivains français) la signification d'enflure et de redondance (Note communiquée par M. Berthoud, de Gingins).

† BOMBAZINE (bon-ba-zi-n'), *s. f.* Nom, chez les fabricants d'Amiens, d'une étoffe dont la chaîne est en soie et la trame en laine, *Enquête, Traité de comm. avec l'Angleterre*, t. III, p. 605.

BOMBE. || 1° *Ajoutez :* || On dit qu'un canon est tiré en bombe, lorsqu'il est pointé sous un angle de tir d'au moins trente-cinq degrés. || 4° Bombes volcaniques, *ajoutez :* Les pentes sont formées par un lapilli composé de bombes de la grosseur de la tête.... il faut supposer que le cratère a projeté de tous côtés une grêle de bombes de ce genre; je n'ai rencontré aucune très-grosse bombe; la plus grosse avait un pied de diamètre; la plupart variaient de la grosseur du poing à celle de la tête; c'étaient presque toutes de simples boules de lave poreuse; un certain nombre renfermaient un noyau irrégulier, exactement moulé dans une enveloppe de lave, mais sans adhérence, H. DE SAUSSURE, extrait du *Journ. de Genève*, dans *Journ. offic.* 29 août 1872, p. 5754, 1re col. || 5° Bombe glacée, sorte de fromage glacé en forme de bombe.

— REM. La bombe se distingue des obus sphériques, parce que le diamètre en est plus fort et qu'elle présente, en général, des anses et un culot.

† BOMBETTE (bon-bè-t'), *s. f.* Dans les feux d'artifice, petite bombe. Bombettes tricolores, *Monit. univ.* 16 et 17 août 1867, p. 1116, 3e col.

† BOMBYCINE (bon-bi-si-n'), *s. f.* Soie tirée de cocons percés, provenant des bombyx autres que le bombyx du mûrier.

† BOMBYLE (bon-bi-l'), *s. f.* Terme d'antiquité. Bouteille de forme ovoïde, avec un goulot étroit.

— ÉTYM. Βομβύλη, la bourdonnante.

† BOMMERANG (bo-me-rangh'), *s. m.* Nom d'une arme des sauvages de l'Australie; elle est formée d'un bâton tortueux qui, lancé par eux, se dirige d'abord en avant, et revient vers son point de départ frapper un but souvent situé en arrière du guerrier ou du chasseur.

BON, *s. m.* *Ajoutez :* || 10° Populairement et très-incorrectement. Pour de bon, sérieusement, véritablement. || V. Jacquemont a dit : pour le bon. Dites si ce n'est pas là de la couleur locale pour le bon, *Lettres*, t. I, p. 123, édit. in-12, 1841. || 11° Tout à bon, ancien synonyme de tout de bon. Tout à bon, je pense que..., Mlle DE SCUDÉRY [1644], p. 153, édit. Rathery et Boutron, Paris 1873.

2. BON. *Ajoutez :* || 3° Bons à trois cinq, à cinq dix, etc. bons non remboursables pendant trois ou cinq ans, et remboursables, à la volonté du gouvernement, pendant les deux années pour le bon trois cinq, ou les cinq années pour le bon cinq dix, restant à courir. Je ne suis point du tout l'inventeur ni l'importateur en France du système américain dont il a parlé, c'est-à-dire les bons à trois cinq et les bons à cinq dix.... il s'agissait d'emprunter cinq cent millions pour pourvoir aux premières nécessités de la guerre; ces mots un peu barbares de trois cinq et de cinq dix ne furent pas compris par le public, MAGNE, *Journ. offic.* 17 juin 1873, p. 3937, 3e col.

† BONBONNE. *Ajoutez :* — ÉTYM. Forme augmentative de *bombe*, sorte de vase, de fût; ital. *bombone*, *s. m.*

BON-CHRÉTIEN. *Ajoutez :* — ÉTYM. Ce nom, d'après Caseneuve, vient de saint François de Paule, dit *le bon chrétien*, qui apporta ces poires d'Italie en France. Cette étymologie est confirmée par deux pièces de vers qu'on lit dans le *Journal historique sur les matières du temps* (Journal de Verdun, 1730, février et mars). C'est une énigme avec son explication, de laquelle il ressort que c'est Louis XI lui-même qui aurait donné à ces poires le surnom du saint, DARMESTETER, *Traité de la formation des mots composés*, p. 25.

† BONDAX (bon-daks'), *s. m.* Outil d'ouvrier en bois, analogue à une demi-besaiguë.

† BONDEL (bon-dèl), *s. m.* Sorte de poisson alimentaire. Le bondel, qu'on ne retrouve ailleurs que dans le lac de Neuchâtel, est un des poissons les plus ordinaires qui servent à l'alimentation [en Bavière], *Journ. offic.* 29 oct. 1873, p. 6608, 3e col.

BONDER. *Ajoutez :* J'enlevai, dans trente jours, tous les effets de la Compagnie, à l'insu des employés, des gens du pays et des Portugais; j'en bondai mon petit navire, que je chargeai ensuite de noirs (1672).... *Revue maritime et coloniale*, t. XVIII, p. 443, octobre 1866.

BONDISSANT. *Ajoutez :* — REM. De rage et de douleur le monstre bondissant : citation incomplète. La citation complète est : De rage et de douleur le monstre bondissant Vint aux pieds des chevaux tomber en mugissant. Alors on voit que, dans ce texte, bondissant est participe et non adjectif. Mais bondissant est adjectif dans ce vers de Racine : Ces eaux bondissantes, *Lexique*, éd. P. Mesnard.

BONDON. — HIST. *Ajoutez :* XIVe s. Que li vessel de sa meson Sont trestuit plain jusqu'au bondon MACÉ, *Bible en vers*, f° 80, verso, 1re col.

BONDUC. *Ajoutez :* — ÉTYM. Arabe, *bondouq*, qui paraît d'origine indienne.

† **BONGARE** (bon-ga-r'), *s. m.* Serpent très-venimeux de l'Inde, CORTAMBERT, *Cours de géographie*, 10e éd. Paris, 1873, p. 557.

† **BONGO** (bon-go), *s. m.* Nom, dans la Guinée, de la plus belle espèce d'antilope, CORTAMBERT, *Cours de géographie*, 10e éd. Paris, 1873, p. 622.

BONHEUR. — HIST. || XVIe s. Ajoutez : M'egarant par les champs, du bon-heur adressé, Je decouvre à mes pieds un jouvenceau blessé, DESPORTES, *Roland furieux*.

BONHOMME. *Ajoutez :* || 10° Terme de théâtre. Entrer dans la peau du bonhomme, s'identifier avec son rôle. Il n'était plus Frédérick Lemaître; il était le comte de Saulles; l'acteur Bignon, dans son pittoresque langage, appelait cela : entrer dans la peau du bonhomme; l'expression curieuse est restée, J. CLARETIE, *l'Illustration*, 29 janv. 1876, p. 70, 3e col.

† **BONHOMMEAU** (bo-no-mô), *s. m.* Diminutif de bonhomme. Mais, le voyant si sage et si fidèle, Le bonhommeau des coups se consola, LA FONT. *Coc.*

† **BONIAU** (bo-niô), *s. m.* Terme d'exploitation houillère. Cavité pratiquée dans le fond de la bure, au-dessous de la dernière veine recoupée, pour y laisser écouler les eaux qui proviennent des travaux ou de la bure même. || On dit aussi bougnou.

BONIFIER. *Ajoutez :* — HIST. XVIe s. Aristote dict que bonifier quelqu'un c'est le tuer, en certaine phrase de son pais, MONT. III, 361.

† **BONNE-GRÂCE** (bo-ne-grâ-s'), *s. f.* Toile dans laquelle les tailleurs enveloppent les habits qu'ils portent en ville.

† **BONNE-MAIN** (bo-ne-min), *s. f.* Synonyme de pourboire. || *Au plur.* des bonnes-mains.

BONNET. *Ajoutez :* — REM. Avoir la tête près du bonnet est une locution fort singulière; car, toutes les fois qu'on a un bonnet sur la tête, la tête en est près. La première fois qu'on la rencontre est au XVIe siècle; les Picards sont dits avoir la teste près du bonnet; et un autre dicton assure qu'ils sont mauvaises têtes. Mais cela ne nous apprend rien sur l'origine de la locution. On ne peut faire que des conjectures. En voici une : le bonnet dont il s'agit est un bonnet fâcheux, par exemple le bonnet vert des banqueroutiers, ou le bonnet des maris trompés, comme dans ces vers du *Candaule* de la Fontaine : La sottise du prince était de tel mérite, Qu'il fut fait *in petto* confrère de Vulcan; De là jusqu'au *bonnet* la distance est petite. En ce sens, avoir la tête près du bonnet, serait être tout près de faire banqueroute, ou d'être trompé par sa femme. Pareille situation met un homme de mauvaise humeur, et on fera bien de ne pas l'agacer. Mais peut-être est-il plus simple d'expliquer cette locution ainsi : son bonnet est enfoncé, il lui échauffe les oreilles et lui rend la tête chaude; de là colère et emportement. En concordance avec cette explication est le passage suivant : XVIe s. Il n'y a ni bonnet quarré, ni bourlet [au parlement, à l'Université] que je ne fasse voler, s'ils m'eschauffent trop les oreilles, *Sat. Mén.* p. 100.

— HIST. *Ajoutez :* || XIIIe s. Il vit en cette vision le benoict saint Loys en tel abit come il l'avoit mainte foiz veu, c'est à dire en une chape à manches, un chapel de bonnet sus son chief, *Miracles st. Loys*, p. 174.

— ÉTYM. *Ajoutez :* Dans le haut-normand, c'est le diminutif de *bon* : ce cidre est *bonnet*.

† **BONNETEAU** (bo-ne-tô), *s. m.* Jeu de filou dans lequel il s'agit de deviner la place d'un as de cœur parmi trois cartes que le banquiste manie avec une maladresse affectée, mais après avoir eu soin d'escamoter et de remplacer par une autre carte l'as de cœur. Nous avons eu plusieurs fois l'occasion de faire connaître le jeu dit de bonneteau.... les victimes sont deux troupiers qui ont été alléchés par l'espoir de gagner au jeu du bonneteau, tenu par L..., des bijoux faux dont il avait une boîte pleine, *Gaz. des Trib.* 9 nov. 1874, p. 1072, 3e col.

BONNETEUR. *Ajoutez :* || 3° Filou qui pratique le jeu du bonneteau. Voyez comme la filouterie la plus aisée, la plus expliquée par les journaux, la plus traquée par la police, la plus connue des plus naïfs (le bonneteau, par exemple), peut encore être exploitée utilement.... le bonneteur pratique d'ordinaire à la banlieue, *Gaz. des Trib.* 7 fév. 1876, p. 127, 3e col.

BONNE-VOGLIE. *Ajoutez :* — REM. On a dit aussi bona-voglie. Tout beau, monsieur, ce bona-voglie [ce galérien] nous est plus nécessaire que vous ne pensez, BOINDIN, *le Port de mer*, sc. 3.

BONSOIR. *Ajoutez :* — REM. On écrivait le plus ordinairement bonsoir en deux mots. On dit bon soir, LA FONT. *Rem.* Lui donne le bon soir, PASC. *Prov.* IX.

† **BONZESSE** (bon-zè-s'), *s. f.* Religieuse, prêtresse de l'ordre des bonzes. Il est défendu aux bonzes et aux bonzesses de Fo de se marier, F. CHAULNES, *Journ. offic.* 4 déc. 1874, p. 7990, 2e col.

† **BOOK** (bouk), *s. m.* Terme de turf. Livre sur lequel les parieurs inscrivent leurs paris. || Avoir un excellent book, avoir combiné ses paris de manière à s'assurer de grandes chances de gain et peu de pertes relatives.

— ÉTYM. Angl. *book*, livre.

BORD. — REM. On le trouve au sens d'espèce de diamant. C'est une fausse orthographe pour bort (voy. ce mot au Supplément).

— HIST. XIIe s. L'escu qui plus est blans que neis [neige] O une boucle de fin or Orlé de pierres tuit li bor, BENOIT, *Roman de Troie*, v. 23378. || XIIIe s. *Ajoutez :* Charles s'en va, le cuer ot moult irié, Et outre bort [de l'autre côté du gué], de duel mesaisié : Las, que diront, fait-il, François prisié? ADENES LI ROIS, *les Enfances Ogiers*, v. 3005 (c'est la reproduction de ces vers : Moult dolans s'est enz ou gué embatus; Outre l'emporte li bons destriers crenus, v. 2972; ce qui prouve que *outre bort* signifie bien à l'autre bord). Cette remarque est nécessaire, parce que *bord* au sens de rive est très-rare; cet exemple d'Adenes est le seul que nous connaissions.

† 2. **BORDAGE.** *Ajoutez :* || Aujourd'hui, nom, dans le département d'Eure-et-Loir, des habitations agricoles, *les Primes d'honneur*, 1872, p. 6.

— ÉTYM. Même origine que *borde* (voy. ce mot au Dictionnaire).

1. **BORDÉ.** *Ajoutez :* || *S. m.* Terme de marine. Le bordé, l'ensemble des bordages. Ce navire a reçu un double bordé en bois d'une épaisseur totale de 0m,15, recouvert d'un doublage en cuivre.... deux morceaux de cette plaque ont pénétré dans le bordé en bois.... le bordé est entièrement détruit autour de la plaque qui a reçu le choc, *Journ. offic.* 1er janv. 1873, p. 6, 1re col.

BORDÉE. *Ajoutez :* || 4° Populairement. Courir des bordées, s'absenter sans permission, et, de là, s'amuser à courir cabarets et mauvais lieux.

BORDEL. *Ajoutez :* — REM. Ce mot grossier a été employé par Corneille : Paris entier, ayant lu son cartel, L'envoie au diable et sa muse au bordel (en 1637), *Lexique*, éd. Marty-Laveaux.

† **BORDELAISE** (bor-de-lè-z'), *adj. f.* || 1° Se dit d'une futaille ou barrique usitée à Bordeaux. La contenance de la futaille dite bordelaise est en minimum de 225 litres, *Tableau annexé à la loi du 13 juin 1866, concernant les usages commerciaux.* || 2° Se dit de la bouteille d'une forme et d'une capacité particulière dans laquelle on met le vin de Bordeaux.

† **BORDELIÈRE** (bor-de-liè-r'), *s. f.* Poisson du genre cyprin, ainsi dit parce qu'il se tient sur le bord des rivières.

† **BORDEMENT.** *Ajoutez :* || 2. Bois de bordement, bois de flottage que les ouvriers détachent des bords du ruisseau où il s'est arrêté. Ces bois de bordement, se trouvant mélangés avec toutes sortes de marques, arrivent tardivement et souvent détériorés aux ports de flottage, *Mém. de la Soc. centrale d'agric.* 1873, p. 259.

BORDER. || 7° *Ajoutez :* || En termes de marine, border de tant d'avirons, se dit aussi de l'embarcation qui reçoit tant d'avirons. Toutes les barques coralines sont construites sur le même modèle; elles bordent autant d'avirons qu'il y a d'hommes à bord, *Journ. offic.* 31 oct. 1876, p. 7811, 2e col.

BORDEREAU. *Ajoutez :* — HIST XVIe s. Il [Cyrus] eut envie de justifier sa liberalité; et, despeschant de toutes parts vers les grands de son estat qu'il avoit particulierement advancés, pria chascun de le secourir d'autant d'argent qu'il pourroit, à une sienne necessité, et le lui envoyer par declaration; quand tous ces bordereaux luy feurent apportez.... MONT. IV, 10.

† **BORDIER** (bor-dié), *adj. m.* Fossé bordier, fossé qui borde, qui sépare un terrain. Les pare-feu, surtout lorsqu'ils sont pourvus de fossés bordiers, agissent utilement comme solution de continuité, *Enquête sur les incendies des Landes*, 1873, p. 47.

BORDURE. *Ajoutez :* || 6° Bois de flottage qui séjourne sur les bords des ruisseaux. Pour prévenir les engagements, et en même temps pour que les bois ne séjournent pas sur les bords du ruisseau, la compagnie oblige les entrepreneurs à enlever tous les jours les bordures, *Mém. de la Soc. centrale d'agric.* 1863, p. 258.

† **BORER** (bo-rèr), *s. m.* Insecte très-nuisible des pays chauds. Le borer, ce terrible insecte qui a été introduit dans le pays [la Réunion] presque en même temps que la maladie faisait son apparition dans nos champs, et qui n'a aucun rapport avec elle [la maladie de la canne], ED. MORIN, *Mém. d'agric. etc.* 1870-71, p. 225. Le borer.... se transporte d'un endroit dans un autre par ses papillons, ID. *ib.* p. 227.

BORGNE. — HIST. XIIe s. *Ajoutez :* D'andous les ielz boirnes esteit, Mes point ne li mesaveneit, BENOIT, *Roman de Troie*, v. 5311. || XIIIe s. Il est moult pale et louche et borgne des deus ieuz, *Miracles st. Loys*, p. 145.

† **BORNAL** (bor-nal), *s. m.* Ancien nom des rayons d'une ruche. Puis, le portant [le miel] dans sa ruche, elle [l'abeille] l'accommode artistement, en séparant la cire, et d'icelle faisant le bornal, dans lequel elle réserve le miel pour l'hiver suivant, SAINT FRANÇOIS DE SALES, *Traité de l'amour de Dieu*, VI, 2.

BORNE. *Ajoutez :* — REM. Au fig. Sans bornes s'écrit avec un *s*; cela du moins est le plus usité; mais rien n'empêche d'écrire : sans borne.

BORNÉ. *Ajoutez :* — REM. On a dit borné en, au lieu de borné à. L'hostilité dont il menaçait l'Angleterre s'est bornée en une vaine démonstration, D'ARGENSON, *Mém.* 1860, t. II, p. 333.

BORNOYER. || 1° *Ajoutez :* Sa hauteur doit être telle, que, le globe posant dessus, le point de sa surface opposé à celui qui touche le cylindre, doit se trouver dans le plan de la bouche du mortier; ce que l'on reconnaîtra en bornoyant ou en posant une règle sur la bouche du mortier, *Rapp. et instr. concern. les poudres de guerre*, 17 germ. an VII, p. 17.

† **BORT** (bor), *s. m.* Diamant transparent que des défauts rendent impropre aux usages de la bijouterie, *Journ. offic.* 7 déc. 1875, p. 10093, 1re col.

— REM. On le trouve écrit bord. Bord ou diamant intaillable, M. LEGRAND, *l'Illustration*, 29 juin 1867, p. 414, 1re col.

† **BORUSSIEN** (bo-ru-ssiin), *s. m.* Nom d'une ancienne langue du nord de l'Allemagne, appartenant au rameau lettique. Borussien est la forme première de Prussien.

BOSAN. — ÉTYM. Arabe, *bouza*; persan, *bouzah* DEVIC, *Dict. étym.*

† **BOSCARESQUE** (bo-ska-rè-sk'), *adj.* Mauvais synonyme de bocager, forgé p. J. J. Rousseau et nullement usité : Je vis bientôt, aux plaisanteries de celui-ci sur mes courses boscaresques.... *Confess.* IX.

† **BOSCOT, OTTE** (bo-sko, sko-t'), *s. m.* et *f.* Petit bossu, petite bossue. Tiens-toi donc mieux, tu as l'air d'un boscot.

† **BOSSELLEMENT** (bo-sè-le-man), *s. m.* État de ce qui est bosselé. On peut dire que personne n'a examiné avec plus de sagacité et de rigueur ce qu'il [Élie de Beaumont] a nommé lui-même les bossellements généraux de l'enveloppe terrestre, DAUBRÉE, *Inaug. du monum. d'Élie de Beaumont*, dans *Bull. Soc. centr. d'agric.* t. XXXVI, p. 471.

† **BOSSES** (bo-s'), *s. f. pl.* ou **BOSSIS** (bo-si), *s. m. pl.* || 1° Terres cultivables entremêlées aux marais salants, *Enquête sur les sels*, 1868, t. I, p. 509. || 2° Languettes de terre qui partagent le cobier des salines en compartiments.

† **BOSSETIER.** *Ajoutez :* || 2° Celui qui fait des grelots et bossettes, *Tarifs des patentes*, 1858.

† **BOSSEYEUR** (bo-sè-ieur), *s. m.* Terme d'exploitation houillère. Ouvrier qui fait la voie dans les mines, la boise, et construit les murs latéraux, à l'aide de pierres; synonyme de coupeur de mur.

— ÉTYM. *Boiser*, par l'intermédiaire de l'ancienne forme *bos*, bois.

† **BOSSILLÉ, ÉE** (bo-si-llé, llée, *ll* mouillées), *adj.* Qui présente des inégalités de terrain en forme de bosse. L'inégalité des superficies bossillées qui diversifient la qualité des terres à l'infini, VAUBAN, *Dîme.*

BOSSU. *Ajoutez :* || Proverbe. Jamais lard ni cuit ni cru n'a fait le cimetière bossu.

— HIST. *Ajoutez :* || XVe s. Et le bonhomme trouve à l'oustel tout le mesnage bossu [en désordre], et met grand paine de mettre à point ce qui n'est pas bien, et briefment il a toute la peine, *Les 15 joyes de mariage*, p. 82.

† **BOSTRYCHE** (bos-tri-k'), *s. m.* Genre de coléoptères qui vit autour des arbres à demi morts,

sous l'écorce à demi pourrie des vieux arbres et sur le bois coupé depuis quelque temps. L'hylobe s'attaque aux jeunes pins atteints de la sèche, tandis que les bostryches se jettent sur les vieux bois, *Enquête sur les incendies des Landes*, p. 17.

— ÉTYM. Βόστρυχος, cheveux frisés, à cause que les poils qui recouvrent la partie antérieure du corselet ont paru frisés.

BOT. *Ajoutez :* || *Au fém.* Main bote, déformation congénitale ou acquise des mains, consistant en une déviation qui correspond à celle du pied bot. || Quelques-uns, à tort, disent main bot.

† **BOTANIQUEMENT** (bo-ta-ni-ke-man), *adv.* Au point de vue botanique. L'*agarista*, dont la chenille, autrefois polyphage, ne vit plus que sur la vigne, depuis l'introduction en Australie de ce végétal, botaniquement très-éloigné des plantes qui composaient primitivement le régime de l'insecte, *Journ. offic.* 10 déc. 1874, p. 8165, 1re col.

† **BOTANOMANCIE** (bo-ta-no-man-sie), *s. f.* Prétendue divination au moyen des plantes.

— HIST. XVIe s. Par botanomantie, j'ay icy des fouilles de saulge à propous, RAB. III, 25.

— ÉTYM. Βοτάνη, herbe, et μαντεία, divination.

1. BOTTE. || 2° *Ajoutez :* Après que lesdits droguets auront été foulés, l'envers sera paré par une seule tonte ; et l'endroit sera tondu deux fois, dont la seconde tonte se fera avec des forces appelées bottes, *Arrêt du Conseil*, 15 août 1724.

3. BOTTE. — HIST. *Ajoutez :* || XVe s.... Qui beuvront de vin autant comme l'en bouteroit en une bote [tonneau], *Les 15 joyes de mariage*, p. 22.

BOTTELAGE. *Ajoutez :* || 3° Fort bottelage ou bourbasse, nom donné aux matières solides qui descendent au fond de la fosse d'aisance, LIGER, *Fosses d'aisance*, p. 2, Paris, 1875.

BOTTER. *Ajoutez :* || 5° *V. n.* Se charger de boue, en parlant des roues d'une machine. Quand la terre est détrempée, quand les roues de la machine bottent, c'est-à-dire quand elles se chargent de terre, C. LAURENT, *la Liberté*, 17 sept. 1868.

† 2. **BOTTILLON** (bo-ti-llon, *ll* mouillées), *s. m.* Pièce de cuir que les boyaudiers s'attachent au cou-de-pied. Bottillons, vaches, tiges chagrin, *Prospectus d'une fabrique de chaussures.*

— ÉTYM. *Botte 2.*

† **BOUBIE** (bou-bie), *s. f.* Le fou, oiseau (voy. FOU, n° 18).

— ÉTYM. Angl. *booby*, nigaud, et nom de l'oiseau.

BOUC. *Ajoutez :* || 6° Nom, en Saintonge, de la crevette ou crangon commun. Un petit crustacé connu des naturalistes sous le nom de crangon commun, sous celui de cardon, de crevette sur nos côtes du nord-ouest, et qui porte en Saintonge le nom de bouc; ce crustacé, moins gros que la chevrette ou bouquet qui figure à l'étalage de Chevet et de ses confrères, n'en est pas moins très-bon à manger, DE QUATREFAGES, *Revue des Deux-Mondes*, 15 mai 1853, p. 779.

BOUCAN. || 1° *Ajoutez :* || Sorte de gril en bois, sur lequel les boucaniers faisaient cuire un animal entier; à cet effet on coupait quatre fourches de la grosseur du bras et d'environ quatre pieds de longueur; on les plantait en terre de manière qu'elles fissent un carré long d'environ quatre pieds sur trois pieds de large; on posait la traverse sur les fourches, et on arrangeait sur les traverses les gaulettes qui faisaient le grillage, P. LABAT, *Nouv. voy. aux îles franç. de l'Amérique*, t. IV, ch. IX. || Boucan de cochon, repas champêtre fait dans les bois à l'imitation des boucaniers, LE P. LABAT, *ib.*

— ÉTYM. *Ajoutez :* M. Roulin pense qu'il vient du mot caraïbe *boucacoui* ou *boucaboui*, blesser avec une flèche (RAYM. BRETON, *Dict. franç.-caraïbe*, p. 44); le mot a passé au sens du gibier tué à la chasse; puis de là au gril sur lequel on faisait cuire ce gibier.

† 2. **BOUCAN** (bou-kan), *s. m.* Terme populaire et très-bas. Vacarme, tapage.

— ÉTYM. Il est fort douteux que *boucan*, instrument de cuisine des boucaniers, soit le même que *boucan*, terme populaire, signifiant bruit, vacarme. En effet on trouve *bocan* et *boucan* dans des textes du XVe siècle : D'envoyer un bourlet à monseigneur le prince, pour mettre sur son armet, lequel vient de bonne main; je vous pri luy en faire le present de ma part; car je suis trop bocan pour porter telles chouses à l'apetit des filles (1499), MARCHEGAY, *Lett. missives originales du chartrier de Thouars*, p. 175. Je vous avois escrit que je vous manderois des nouvelles qui ne sont pas de boucan; je vous tiendrai promesse, *ib.* p. 176. Ce *bocan* ou *boucan* paraît signifier populaire, vulgaire; l'étymologie en est ignorée.

† **BOUCANER** (bou-ka-né), *v. n.* Terme populaire et bas. Faire du boucan, du tapage. || Activement. Gronder, tracasser. S'ils s'avisent de ne pas ramper, comme des lézards verts, devant les petits tyranneaux qui les boucanent à la journée, *L. du P. Duchêne, l'Ami du soldat*, p. 3.

— ÉTYM. Voy. BOUCAN 2 au Supplément.

† **BOUCHALÈS** (bou-cha-lès'), *s. m.* Nom d'un cépage noir dans l'Ariége, *les Primes d'honneur*, Paris, 1873, p. 505.

BOUCHE || 3° *Ajoutez :* || À demi-bouche, en s'exprimant avec réserve. Les gens de bien qui voyaient les violences de M. le premier président en conçurent de grandes amertumes, et néanmoins, comme il est tout puissant en toute la Normandie, n'osaient parler de son procédé qu'à demi-bouche, FR. GARASSE, *Mémoires*, publiés par Ch. Nisard, Paris, 1861, p. 34. || 14° Bouche de lièvre, *merellius cantarellus*, champignon.

— REM. *Ajoutez :* || 2. Molière a dit *dans ma bouche* pour : moi parlant : Enfin, ma chère, enfin, l'amour que j'eus pour lui Se voulut expliquer, mais sous le nom d'autrui; Dans ma bouche, une nuit, cet amant trop aimable Crut rencontrer Lucile à ses vœux favorable, *Dép. am.* II, 1. On dirait aujourd'hui *par ma bouche.*

BOUCHÉE. — ÉTYM. *Ajoutez :* Patois langued. *boucada*; ital. *boccata*; d'un latin fictif *buccata*, de *bucca*, bouche.

† **BOUCHEMENT.** *Ajoutez :* Art 2... Toute réfection d'enduits ou bouchement de crevasses nécessitera l'obtention préalable d'une permission de voirie, *Arrêté du préfet de la Seine*, dans *Journ. offic.* 12 mars, p. 1867, 2e col.

BOUCHERIE. — HIST. *Ajoutez :* || XVIe s. Estant environné de toutes parts par les Arcadiens, aprez en avoir faict une grande boucherie, luy et les siens feurent touts mis au fil de l'espée, MONT. I, 244.

† **BOUCHOTEUR** (bou-cho-teur), *s. m.* Celui qui dirige un bouchot ou parc à moules, c'est-à-dire un enclos fait de forts pieux enfoncés dans la vase, dont les intervalles sont clayonnés avec des fascines ou branchages, *Journ. offic.* 12 sept. 1876, p. 6918, 2e col.

† **BOUCHURE.** *Ajoutez :* Le chemin était devenu, grâce à la végétation luxuriante des bouchures [dans le Nivernais], une véritable charmille, la Parisienne s'enfonçait sous cette voûte de verdure, TH. BENTZON, *Rev. des Deux-Mond.* 1er juin 1876, p. 549.

BOUCLE. || 7° *Ajoutez :* || Chez les sélaciens ou placoïdes (raies, requins, etc.), boucles, grains volumineux, à pointe tournée en arrière; elles ont la structure de l'ivoire des dents et sont implantées dans la peau. || 8° *Ajoutez :* Élément des nœuds, forme que prend une corde qu'on courbe en la pliant, et dont on fait passer un des brins sur l'autre.

BOUCLER. *Ajoutez :* || 9° Chez les protestants, fermer, clore, en parlant du canon des livres saints. La tradition voulut même lui [à Esdras] attribuer l'honneur d'avoir bouclé, c'est l'expression technique, c'est-à-dire clôturé définitivement le canon ou la liste des livres sacrés de l'Ancien Testament, A. RÉVILLE, *Rev. des Deux-Mondes*, 1er mars 1872, p. 139. || *Boucler* se dit, à Genève, pour clore, terminer.

† **BOUCLETEAU** (bou-kle-tô), *s. m.* Lanière de cuir reployée sur elle-même, qui retient une boucle.

BOUCLIER. — HIST. *Ajoutez :* || XIVe s. À plusieurs compagnons jeuans de l'espée et dou boukeler alans à une fieste..., CAFFIAUX, *Régence d'Aubert de Bavière*, p. 64.

BOUCON. — ÉTYM. *Ajoutez :* Le sens propre de *boucon* est bouchée, morceau, sans aucune signification malfaisante. La signification malfaisante est venue par une spécialisation semblable à celle qui, de *poison*, boisson (lat. *potionem*), a fait *poison*, substance délétère. Aussi trouve-t-on *boucon* au sens de morceau et même de morceau préféré dans cet exemple de Brantôme : Il [François Ier] ne s'y arresta pas tant qu'il n'en aymast d'autres; mais celle là estoit son principal boucon, *Henri II.*

BOUDER. — ÉTYM. *Ajoutez :* Le radical *bod*, qui se trouve dans *bouder* et dans plusieurs mots, est congénère du radical *pot*, qui est dans *pote* (voy. POTE), et dans l'angl. *to pout*, bouder. Ce radical *bod* est aussi dans le roumain *bot*, museau, *botos*, effronté, qui met son museau où il n'a que faire.

BOUDIN. *Ajoutez :* || 8° Terme de l'industrie des laines. Engin qui sert au boudinage. Nous nous servons de machines continues et de machines à ploques ou boudins, *Enquête, Traité de comm. avec l'Anglet.* t. III, p. 170. Il y a la carde brisoir, la carde repasseuse et la carde à boudin, *ib.* p. 46.

— REM. Tourner en eau de boudin est une locution qui n'est pas d'aujourd'hui. Pour faire tourner en eau de boudin la constitution, 126e *Lettre du P. Duchêne*, p. 1. De plus, contrairement à ce qui est dit dans le Dictionnaire, l'eau de boudin est, non pas l'eau dans laquelle on lave les tripes à boudin, mais l'eau qui se produit quand le sang du boudin se décompose et se tourne en eau.

† **BOUDINEUSE** (bou-di-neû-z'), *adj. f.* Terme de l'industrie des laines. Carde boudineuse, carde servant à opérer le boudinage, *Enquête, Traité de comm. avec l'Anglet.* t. III, p. 149.

† **BOUDINIER** (bou-di-nié), *s. m.* Fabricant de boudins, BELMONDI, *Code des contributions directes*, Paris, 1818, p. 117.

† **BOUDRILLON** (bou-dri-llon, *ll* mouillées), *s. m.* Homme de petite taille; terme de plaisanterie appliqué au duc de Saint-Simon, qui était fort petit. L'orgueil insupportable Du petit Mirmidon, Boudrillon, Le rend impraticable Jusque dans sa maison, Boudrillon, *Chanson satirique du temps* (1715), voy. CHÉRUEL, *Saint-Simon, considéré comme historien de Louis XIV*, p. 103, 104, 113 et 116, 141.

— ÉTYM. Dérivé de *bout* (d'homme).

BOUE. *Ajoutez :* — REM. J. J. Rousseau dit : traîner par les boues, dans les boues; ce qui n'est pas conforme à l'usage. On fait circuler.... dans Genève une lettre avec laquelle on achève de me traîner par les boues, J. J. ROUSSEAU, *Lett. à Mme de Chenonceaux*, 6 février 1765. Le sexe dévot y [à Neuchâtel, où les dames s'étaient déclarées en sa faveur] traîne les ministres dans les boues, ID. *Lett. à d'Ivernois*, 8 avril 1765.

BOUEUX. *Ajoutez :* — REM. Pour ancre boueuse ou de toue, qui est une faute, voyez, pour la rectification, TOUEUSE au Supplément.

BOUFFANT, ANTE. || 1° *Ajoutez :* || Fig. Plus honoré de la qualité de simple académicien que de tout ce que la maîtrise pouvait offrir de grades plus relevés ou plus bouffants, DE MONTAIGLON, *Hist. de l'Acad. de peinture* (*Mém. attribués à H. Testelin*), t. II, p. 118.

BOUFFI. *Ajoutez :* || 4° Terme de pêche. Harengs bouffis, harengs qui restent quelque temps dans la saumure, par opposition à harengs saurs, ceux qui y restent longtemps. Suppression des distinctions établies par l'ordonnance de 1816 en ce qui concerne les harengs saurs, bouffis ou craquelots, J. DELAHAIS, *Notice historique sur l'écorage*, Dieppe, 1873, p. 74.

† **BOUFFISSAGE** (bou-fi-sa-j'), *s. m.* Se dit, par opposition à saurissage, des harengs qu'on ne sale pas profondément, qu'on n'expose à la fumée que pendant douze ou quinze heures, et qu'on place dans des cheminées, tandis que, pour les saurir, on les étend tout autour de l'appartement. Lecture est donnée d'un article additionnel au règlement, et ayant pour objet spécial la répression de la fraude qu'exerceraient des saleurs qui sont en même temps craquelotiers en donnant au hareng de trois nuits une autre préparation que celle du bouffissage prescrite par la loi, J. DELAHAIS, *Notice historique sur l'écorage*, Dieppe, 1873, p. 64.

† **BOUFFISSEUR** (bou-fi-seur), *s. m.* Celui qui pratique le bouffissage. Règlement arrêté, le 13 septembre 1821, par la chambre du commerce [de Dieppe] et par messieurs les saleurs, marayeurs et bouffisseurs réunis en assemblée générale de commerce, J. DELAHAIS, *Notice historique sur l'écorage*, Dieppe 1873, p. 61.

† **BOUFFONESQUE** (bou-fo-nè-sk'), *adj.* Qui a le caractère de la bouffonnerie. Humeur plaisante et bouffonesque, NAUDÉ, *le Mascurat.*

† **BOUFFONNEUR** (bou-fo-neur), *s. m.* Celui qui bouffonne. Je me suis aujourd'hui trouvé au spectacle du midi, pensant y voir quelque farce ou quelque bouffonneur, MALH. *Lexique*, éd. L. Lalanne.

BOUGER. *Ajoutez :* || 4° *V. a.* Mettre en mouvement. Elle [la matière] ne bougera, si personne ne la bouge, MALH. *Lexique*, éd. L. Lalanne. Vingt-deux chariots à quatre roues ne l'auraient jamais pu bouger de là, RAC. *Lexique*, éd. P. Mesnard. || Rapprochez cet emploi de se bouger cité de Molière.

— ÉTYM. *Ajoutez :* Saintong. *s'ébouger : Allons, mes amis, ébougez-vous donc un petit*, dira un maître à ses ouvriers. On remarquera que la plus ancienne forme, qui ne remonte pas au delà du XIVe siècle, est *se bouger*, v. réfléchi.

† **BOUGERIE** (bou-je-rie), *s. f.* Nom de la chambre, de la pièce où l'on resserre différents objets, dans le département de Meurthe-et-Moselle. Il se glissa rapidement dans la cave.... puis il passa dans la bougerie, où il savait que sa victime devait venir chercher des fruits et des liqueurs, *Gaz. des Trib.* 17 nov. 1875, p. 1105, 4e col.

† **BOUGNOU** (bou-gnou), *s. m.* Terme d'exploitation houillère. Synonyme de bouiau. La cage contenant les vingt et une victimes, fut précipitée au fond; elle brisa le plancher et plongea dans le bougnou, qui contient en ce moment plus de 50 mètres d'eau, *Extr. du journ. de Charleroi*, dans *Gaz. des Trib.* 8 oct. 1872, p. 1091, 4e col.

† **BOUGOR** (bou-gor), *s. m.* Nom, en Sibérie, de tertres artificiels, qui paraissent avoir été des sépultures.

† **BOUI BOUI**, *s. m.* || 1° Nom, dans le Jura, d'un misérable taudis. || 2° Nom donné à de chétifs théâtres. Tous ces théâtricules, qui, sous la dénomination non moins bizarre que caractéristique de boui boui, ont surgi sur tous les points de Paris, *l'Indépendance belge*, 5 oct. 1868. Meyerbeer, chose inouïe! descendant de son Olympe musical pour aller vider un bock dans un boui boui du passage Jouffroy, s'écriait.... PH. AUDEBRAND, *l'Illustration*, 15 nov. 1873, p. 315, 3e col.

— REM. M. Éman Martin, *Courrier de Vaugelas*, 1er mai 1876, p. 3, a réuni sur ce mot, dont l'orthographe a varié, quelques documents historiques : C'est en l'année 1854 que ce mot parut pour la première fois dans une œuvre littéraire, *Paris anecdote*, un petit volume écrit par Privat d'Anglemont, et voici les lignes de la page 34, où il se trouve : « Les impresarii des marionnettes y établissent leurs quartiers généraux. Ceux-ci ont importé toute une industrie dans la rue du Clos-Bruneau. Ils y font vivre toute une population qui rappelle de loin certains personnages des contes fantastiques d'Hoffmann. Elle est toute employée à la fabrication des fantoccini. Il y a d'abord le sculpteur en bois qui fait les têtes... Enfin, le véritable magicien de ce monde, celui qui *ensecrète* les bouisbouis. *Ensecrêter un bouisbouis* consiste à lui attacher tous les fils qui doivent servir à le faire mouvoir sur le théâtre : c'est ce qui doit compléter l'illusion. » Théophile Gautier, qui a été, sinon le premier, du moins un des premiers, je crois, à faire usage de *bouis bouis*, pour désigner un théâtre de bas étage, avait prédit la fortune du nouveau vocable dans ce passage cité par P. Larousse (*Gr. Dict. du XIXe siècle*) : « Aussi, chaque soir, des files de voitures entrent-elles devant ces tréteaux sans prétention, qu'on nomme *bouigs-bouigs*, un nom peu académique, mais qui finira par prendre sa place dans le dictionnaire. »

† **BOUILLARD** (bou-llar, *ll* mouillées), *s. m.* Un des noms populaires du peuplier noir, H. FLICHE, *Manuel de botan. forest.* p. 225, Nancy, 1873.

† 3. **BOUILLE** (bou-ll', *ll* mouillées), *s. f.* || 1° Nom, dans le Jura, de hottes de bois dans lesquelles on porte le raisin vendangé, *les Primes d'honneur*, Paris, 1869, p. 284. || 2° Dans la Suisse romande, vase qui sert aux laitiers à transporter leur lait.

† 2. **BOUILLEAU** (bou-llô, *ll* mouillées), *s. m.* Nom, dans l'Angoumois, d'un cépage blanc, *les Primes d'honneur*, 1869, p. 319.

† **BOUILLÉE** (bou-llée, *ll* mouillées), *s. f.* Action de faire bouillir une certaine quantité de liquide. On entend par distillation la bouillée des matières premières; par rectification, la bouillée des flegmes, *Loi belge* du 27 juin 1842, *sur les distilleries*, art. 1er, § 2.

1. **BOUILLER.** *Ajoutez :* .... les différents procédés de pêche qui devront être prohibés, tels que la pêche au feu, au harpon et à la fouanne, en bouillant avec bouilles et rabots, sous les chevrins et saules, en rompant la glace, *Circ. des forêts*, du 28 juin 1829, n° 221.

† **BOUILLET** (bou-llè, *ll* mouillées), *s. m.* En Normandie, espèce de bouleau avec des petites branches duquel on fait des balais, DELBOULLE, *Gloss. de la vallée d'Yères*, le Havre, 1876, p. 47.

— ÉTYM. Anc. franc. *boul* (voy. BOULEAU).

† **BOUILLEUR.** *Ajoutez :* || Bouilleur de cru, propriétaire qui fait bouillir les produits de son propre cru. Qu'est-ce qu'un bouilleur de cru? c'est un propriétaire qui distille chez lui son vin, son cidre, ses fruits quelconques, afin d'en faire de l'eau-de-vie, *le Temps*, 13 déc. 1875. M. Say, ministre : — Ce n'est pas nous qui avons inventé cette dénomination. — M. Mestreau : — Je vous demande pardon, avant la loi de 1872, j'ignorais que je fusse un bouilleur de cru, et il y a un ministre à côté de vous qui l'ignorait également. — M. Say : Vous auriez pu l'apprendre dans le rapport de M. Bocher, en 1851 ; il s'est servi de la même expression ; elle n'a donc pas été inventée pour la circonstance, *Journ. offic.* 11 déc. 1875, p. 10211, 1re col.

BOUILLIR. *Ajoutez :* — REM. Bouillir, qui n'est actif que dans la locution figurée : bouillir du lait à quelqu'un, est maintenant employé activement dans l'usage général. Ce lait nous arrive de la campagne plus ou moins falsifié, toujours étendu d'eau, représentant la traite du jour et de la nuit; il faut le bouillir pour le conserver, *Journ. offic.* 12 avril 1875, p. 2632, 1re col.

BOUILLON. *Ajoutez :* || 8° Sorte de restaurant dont le mets principal était d'abord la soupe et le bœuf. Nous avons dîné dans un bouillon.

— HIST. || XVIe s. *Ajoutez :* Boillon de poix, quantité de poix, de goudron, qu'on obtenait en faisant bouillir la poix, le goudron dans un vase de forme déterminée, MANTELLIER, *Gloss.* Paris, 1869, p. 13.

BOUILLON-BLANC. — ÉTYM. *Ajoutez :* On remarquera dans l'historique qu'Olivier de Serres dit qu'il y a plusieurs sortes de *bouillons*. *Bouillon* est donc un nom de plante; mais d'où vient un pareil nom? D'après M. Roulin, cette plante, qui a la fleur d'un beau jaune, est ainsi nommée du provençal *bojolh*, moyeu, jaune d'œuf.

† **BOUILLOTTER** (bou-llo-té, *ll* mouillées), *v. n.* Bouillir tout doucement. Farine de maïs bouillottant à petit feu dans la marmite, LAMARTINE, *Genev.* V.

† **BOUINE** (bou-i-n'), *adj. f.* Mouche bouine, le taon, dans l'Aunis, *Gloss. aunisien*, la Rochelle, 1870, p. 75.

— ÉTYM. *Bouine* est pour *bovine* (voy. ce mot).

† **BOULANGE** (bou-lan-j'), *s. f.* Terme de meunerie. || 1° Ce qui est moulu. L'échauffement de la boulange. || 2° L'action de cuire le pain. Le bois de boulange. || 3° Bois de boulange ou de boulanger, le bouleau.

† **BOULANGEABLE** (bou-lan-ja-bl'), *adj.* Qui peut être pétri et boulangé. Ladite garantie portait que les farines étaient des rondes de Lyon, de bonne qualité et boulangeables, *Journ. offic.* 25 janv. 1873, p. 553, 2e col.

† **BOULBÈNE** (boul-bè-n'), *s. f.* Nom, dans le sud-ouest de la France, des terres argilo-siliceuses, *les Primes d'honneur*, Paris, 1872, p. 459. L'anis, la coriandre, l'absinthe, qu'on cultive dans l'arrondissement de Gaillac sur les boulbènes légères, HEUZÉ, *la France agricole*, p. 16. Les boulbènes [de la Guyenne] de couleur cendrée sont argilo-siliceuses plus ou moins caillouteuses.... les boulbènes [du Languedoc] ne contiennent pas de calcaire; elles sont plus ou moins légères et caillouteuses, ID. *ib. Carte* n° 5.

— REM. Ce mot est écrit bolbène dans Gasparin, *Cours d'agriculture.*

1. **BOULE.** || 2° Tenir pied à boule.... *Ajoutez :* Quelques raisons qu'il ait de vous avoir mal reçu, tenez ici pied à boule; il n'empêchera pas que vous ne profitiez des bontés du prince, LESAGE, *Gil Blas*, XI, 3. || 8° Fig. et populairement. La tête. Perdre la boule, ne plus savoir ce qu'on fait.

HIST. XVIe s. *Ajoutez :* La boule [enclume] à un meignan [chaudronnier], MANTELLIER, *Glossaire*, Paris, 1869, p. 14.

† 2. **BOULE.** *Ajoutez :* — REM. On trouve quelquefois dans des livres récents : meubles en bois de boule; c'est un emploi vicieux; il n'y a pas de bois de boule. Dites : meubles de Boule.

BOULEAU. — ÉTYM. *Ajoutez :* D'après M. D'Arbois de Jubainville (*Revue celtique*, t. II p. 127), *boul*, qui est le primitif de *bouleau*, provient, non pas du latin *betula*, où l'*e* n'aurait pu donner *ou* en français, mais de *betùlla*, forme gauloise qui nous est fournie par Pline (*Hist. nat.* XVI, 30). Cette orthographe, que caractérise un suffixe fréquent en gaulois, *la*, *lo*, est indispensable pour expliquer le français *boule* pour *bedoulle*. *Betùlla* est dérivé d'un thème *betu*, qui explique aussi les diverses formes bretonnes : en gallois *bedu*, *bedwen*, en cornique *bedeven*, en armoricain *bezo*, *bezven*.

† **BOULEROT** (bou-le-ro), *s. m.* Voy. QUÉBOT.

BOULET. — HIST. *Ajoutez :* XIVe s. Pour deux cent de blos de pierre, de piet et demi d'esquarrie, pour faire boulés pour gester as engiens (1347), VARIN, *Archives administr. de la ville de Reims*, t. II, 2e part. p. 1136.

BOULETÉ. *Ajoutez :* || 2° Terme de numismatique. Lettres bouletées, lettres terminées en boule.

† **BOULEVARDER** (bou-le-var-dé), *v. n.* Néologisme. Fréquenter les boulevards de Paris. Il y a des gens à qui la science vient en boulevardant, CHERBULIEZ, *Rev. des Deux-Mondes*, 15 janv. 1876, p. 278.

† **BOULEVARDIER** (bou-le-var-dié), *s. m.* Néologisme. Celui qui fréquente les boulevards de Paris, qui y flâne. M. Veuillot fouaille leurs rédacteurs [de certains journaux] en masse et en particulier; il les coiffe du sobriquet de boulevardiers; ils sont ravis de cette coiffure, et essayent de faire entrer le nom dans la langue française, L. RATISBONNE, *Journ. des Débats*, 14 févr. 1867.

† 2. **BOULINAGE** (bou-li-na-j'), *s. m.* Nom donné à une mauvaise bière, dite aussi braquet, qui se faisait dans le Hainaut. Elle est composée de son ou du marc du grain qui a déjà servi à faire deux ou trois sortes de bières; on y ajoute quelquefois un peu de houblon, et on fait bouillir le tout pour en composer une liqueur qui est fort nuisible à la santé, BOISLISLE, *Corresp. des contrôl. génér.* 1686, p. 74.

BOULINGRIN. *Ajoutez :* — REM. L'exemple suivant mérite d'être inscrit dans le Dictionnaire. « Le jeu de la boule, qui n'est en France que l'occupation des artisans et des valets, est tout autre chose en Angleterre; c'est l'exercice des honnêtes gens; il y faut de l'art et de l'adresse; il n'est d'usage que dans les belles saisons, et les lieux où l'on joue sont des promenades délicieuses : on les appelle boulingrins; ce sont de petits prés en carré dont le gazon n'est guère moins uni que le tapis d'un billard, HAMILT. *Gramm.* XIII. » Cet exemple, qui explique très-bien l'origine du mot, n'est pourtant pas le plus ancien : *boulingrin* se trouve dans Mme de Sévigné.

† **BOULOCHE** (bou-lo-ch'), *s. f.* En Normandie, pâte qui renferme des pommes ou des poires cuites au four, DELBOULLE, *Gloss. de la vallée d'Yères*, le Havre, 1876, p. 48.

† **BOULOISE** (bou-loi-z'), *adj. f.* Terres bouloises, nom donné, dans le département du Cher, à des terres qui sont froides, *les Primes d'honneur*, p. 382, Paris, 1874. Les terres bouloises sont calcaires, et elles sont situées sur les collines et les plateaux du Sancerrois; le sol des brandes est argilo-siliceux, G. HEUZÉ, *la France agricole*, carte n° 5.

† **BOULONNERIE** (bou-lo-ne-rie), *s. f.* Objets pour boulonner. Visserie et boulonnerie, *Almanach Didot-Bottin*, 1871-1872, p. 642.

† **BOULONNIER** (bou-lo-nié), *s. m.* Se dit, parmi les cloutiers, des ouvriers qui fabriquent des boulons, *l'Opinion nationale*, 30 mai 1876, 3e page, 3e col.

† **BOULOTTER** (bou-lo-té), *v. n.* Terme populaire. Vivoter, vivre tant bien que mal.

— ÉTYM. *Boule :* proprement faire aller la petite boule.

1. **BOUQUET.** *Ajoutez :* || 10° Bouquet de pieux, réunion de plusieurs pieux. Art. 3 : Pour assurer le service de la navigation sous la passerelle, une passe-marinière de 12 mètres de largeur sera ménagée à 14m,50 du mur du bas port Henri IV; un bouquet de trois pieux sera battu en amont de la passe, de manière que les bateaux puissent s'y amarrer, en cas de besoin, *Ordonn. de police*, 25 mars 1870. || 11° En termes de chasse, la réunion de tout le gibier tué. À la fin de la chasse on a formé le bouquet sur une pelouse dite Prato-Campagna; il se composait de 400 faisans, de 41 chevreuils.... en tout 500 pièces environ, *le Figaro*, 26 oct. 1875. || 12° Terme d'hippologie. On dit d'un cheval élégant, qui porte la tête avec fierté et qui a de belles allures, qu'il a du bouquet.

— HIST. *Ajoutez :* XVe s. Auprès d'un jolys bouquet [petit bois], L'orée d'une rivière, Je trouvay le filz Marquet Qui pricit s'amye chere, *Chansons du XVe siècle*, publiées par G. Paris, p. 10. Je vous donray un bocquet De violecte jollie, *ib.* p. 11. Cuydez que pour ung bouquet Vous ayez m'amour entière? *ib.*

3. **BOUQUET.** *Ajoutez :* C'est le palemon à dents de scie, *palemon serratus*.

† **BOUQUETÉ, ÉE** (bou-ke-té, tée), *adj.* || 1° Néologisme. Garni de bouquets, et, en particulier, de bouquets d'arbres. Des pentes rases ou bouquetées de cépées de hêtres, CHATEAUBR. *Mém. d'outre-tombe* (éd. de Bruxelles), t. V, *Chemin du Saint-Gothard*. || 2° Qui a du bouquet, en parlant des vins. Le Bourgueil [vin rouge de la Touraine] est bouqueté comme les vins bourgeois du Bordelais; il a le mérite de se conserver longtemps, *Journ. offic.* 2 oct. 1873, p. 6165, 3e col.

BOUQUETIN. *Ajoutez :* — HIST. XVIe s. Des capricornes ou bouquetains vulgaires, qui est une beste de la grandeur d'un cerf.... PARADIN, *Chron. de Savoye*, 1552, p. 22.

BOUQUINERIE. *Ajoutez :* || 3° Ensemble, collection de bouquins, de vieux livres. Les dictionnaires de Bayle, de Moreri, de Trévoux, la vieille Encyclopédie, n'ont plus grand'chose à nous apprendre aujourd'hui ; il faudrait rajeunir cette bouquinerie surannée, MAXIME DU CAMP, *Rev. des Deux-Mondes*, 15 avril 1873, p. 827.

† **BOURANE** (bou-ra-n'), *s. m.* Le même que le mancône (voy. ce mot au Supplément).

† **BOURBASSE** (bour-ba-s'), *s. f.* Nom des matières solides qui descendent au fond de la fosse d'aisance ; on les nomme aussi fort bottelage, LIGER, *Fosses d'aisance*, p. 2, Paris, 1875.

— ÉTYM. *Bourbe*, avec la finale péjorative *asse*.

BOURBEUX. *Ajoutez :* — HIST. XVI° s. Elle [la loi divine] nous tend les bras et nous receoit en son giron, pour vilains, ords et bourbeux que nous soyons, MONT. I, 405.

BOURBIER. — HIST. *Ajoutez :* XIII° s. Clers qui en tel borbier s'enborbe, Ou puis d'enfer en l'orde borbe Plungiez et emborbés sera, *Chron. des ducs de Normandie, Appendice* III, t. III, p. 530.

† **BOURBONIEN.** *Ajoutez :* — REM. Chateaubriand dit bourboniste et jamais bourbonien : Les femmes, particulièrement, étaient bourbonistes, *Mém. d'outre-tombe* (éd. de Bruxelles), *Torpeur de la légitimité, article de B. Constant*, etc.

† **BOURBOUILLE** (bour-bou-l', *ll* mouillées), *s. f.* Nom donné par les marins à une maladie de la peau, lichen vésiculaire, qui est commune dans les pays chauds.

BOURDAINE. — HIST. XII° s. La borzaine e le genest, *Romania*, oct. 1872, p. 422.

1. **BOURDE.** — HIST. *Ajoutez :* || XVI° s. Que diray je d'une aultre belle bourde que les peuples anciens prinrent pour argent comptant? LA BOÉTIE, *Servitude volontaire.*

† 2. **BOURDE.** *Ajoutez :* || 2° Sorte de grande perche. Aller à la bourde, se dit d'une manière de naviguer, entre la Loire et la Vilaine, E. GRANGEZ, *Voies navigables de France*, p. 444.

† 4. **BOURDE**(bour-d'), *s. f.* **BOURDIN** (bour-din), *s. m.* **BOURDELOT** (bour-de-lo), *s. m.* Espèce de tourte aux pommes, gâteau dont il se fait une grande consommation dans plusieurs contrées de la Normandie et particulièrement dans l'arrondissement de Caen, H. MOISY, *Noms de famille normands*, p. 41.

† **BOURDONNASSE** (bour-do-na-s'), *s. f.* Ancien terme militaire. Lance italienne très-légère dont la hampe était creuse.

— ÉTYM. *Bourdon* 1.

BOURDONNEMENT. — HIST. XVI° s. *Ajoutez :* J'ay l'esprit tendre et facile à prendre l'essor : quant il est empesché à part soy, le moindre bourdonnement de mouche l'assassine, MONT. IV, 257.

† 2. **BOURG** (bour), *s. m.* Usité dans cette locution : pastel bourg, pastel bâtard, variété de pastel qui doit être soigneusement extirpée des terrains où l'on cultive le pastel tinctorial. Un pastel bâtard qu'on nomme pastel bourg ou bourdaigne a la feuille velue, *Instr. gén. pour la teinture*, 18 mars 1671, art. 265.

— ÉTYM. *Bourg* paraît être le radical de *bourgène* ou *bourdaine* (voy. du moins, ci-dessous, BOURG-ÉPINE à l'étymologie).

BOURGADE. — HIST. XVI° s. *Ajoutez :* Et s'en allerent en une autre bourgade, LUC, IX, 56, *Nouv. Testam.* éd. Lefebre d'Etaples, Paris, 1525.

† **BOURGAGE** (bour-ja-j'), *s. m.* Anciennement, faubourg. Coutume de la ville, du bourgage et de la banlieue de Boulogne-sur-Mer.

1. **BOURGEOIS.** *Ajoutez :* || 7° Bourgeois considéré à différents points de vue. Le bourgeois du troupier, c'est tout ce qui ne porte pas l'uniforme. Le bourgeois du campagnard, c'est l'habitant des villes qui porte un habit. L'ouvrier qui habite la ville n'en connaît qu'un : le bourgeois de l'atelier, c'est son bourgeois à lui, ou, si vous l'aimez mieux, son maître, son patron. Les grands seigneurs comprennent dans cette dédaigneuse qualification de bourgeois toutes ces petites gens qui portent des habits d'Elbeuf première qualité tout comme des comtes et des marquis, mais qui ne sont pas nés.... Le bourgeois du cocher de fiacre, c'est tout individu qui entre dans sa voiture.... Chez les artistes, le mot bourgeois n'est plus une qualification, c'est une injure, HENRY MONNIER, *les Bourgeois de Paris*, Paris, 1854, p. 311. || 8° Dans l'Aunis, bourgeois, un poisson, l'ange de mer, *squalus squatina*, *Gloss. aunisien*, la Rochelle, 1870, p. 76. || 9° Nom d'une monnaie d'argent qui fut frappée sous Philippe le Bel, *Bibl. des Ch.* année 1876, p. 168.

2. **BOURGEOIS**, *adj.* || 2° *Ajoutez :* Quoiqu'il [Boileau] pense que cet ouvrage [*la Satire sur les femmes*] est son chef-d'œuvre, le public n'est pas de son avis, et le trouve très-bourgeois et rempli de phrases très-barbares, *Mlle de Scudéry*, p. 371, Rathery et Boutron, Paris, 1873.

BOURGEON. *Ajoutez :* — REM. Beaucoup d'horticulteurs se servent du mot *bourgeon* dans un sens tout à fait différent de celui qui lui appartient réellement ; car ils l'appliquent à la branche déjà en partie développée, désignant sous le nom d'*yeux*, *gemmes*, *boutons*, les bourgeons véritables ; cet usage introduit dans certaines descriptions un élément de confusion, BAILLON, *Dict. de botanique, Bourgeon.*

† **BOURG-ÉPINE, BOURGUE-ÉPINE.** — ÉTYM. *Ajoutez :* M. Darmesteter, *Formation des mots composés en français*, p. 120, voit dans *bourg* ou *bourgue* le radical de *bourgène* ou *bourdaine*. Cette opinion est fortement appuyée par *pastel bourg* (voy. BOURG au Supplément).

† **BOURGOGNES** (bour-go-gn'), *s. f. pl.* Nom d'une espèce de coiffure, au XVII° siècle. Plus de coiffures élevées jusqu'aux nues, plus de casques, plus de rayons, plus de bourgognes, plus de jardinières, SÉV. *Lett. à M. de Chaulnes*, 15 mai 1691.

† **BOURGUIGNON, ONNE** (bour-ghi-gnon, gno-n'), *adj.* || 1° Qui est relatif à la Bourgogne, ancienne province de France. Nous avons quelques textes du moyen âge en dialecte bourguignon ; ce dialecte est aujourd'hui un patois considérable. || 2° *S. m.* Nom donné par les marins à des glaçons détachés, avant-coureurs de la débâcle de la banquise dans les mers du Nord. Deux heures après notre sortie du froid [en Islande], nous rencontrions les premiers bourguignons, comme les appellent nos pêcheurs ; ce sont les avant-coureurs de la banquise, glaçons détachés, de dimensions variables.... G. ARAGON, *Rev. des Deux-Mondes*, 15 oct. 1875, p. 767.

† **BOURGUIGNOTTE** (bour-ghi-gno-t'), *s. f.* Casque léger, laissant le visage à découvert, et employé par l'infanterie au XVI° siècle.

† **BOURJANOTTE.** — ÉTYM. On trouve ce mot écrit *bourjasotte* dans le *Nouv. voy. en Espagne*, en 1777 et 1778 par Peyron, Londres 1782, t. II, p. 99 ; cet auteur le tire de *Burjazot*, nom d'un petit village, à une lieue de Valence. Nunez de Taboada écrit le mot français *bourjaxotte*, et le mot espagnol *burjalazox* et *burjasazox* (sic).

† **BOURNEAU** (bour-nô), *s. m.* Tuyau de conduite pour des eaux souterraines (Drôme).

† **BOURRAGE.** *Ajoutez :* || 3° Terme de construction. Action de remplir des vides à l'aide de matériaux. Sous la voie [du chemin de fer de ceinture de Paris] on a dû combler les vides par des bourrages, *Journ. des Débats*, 2 oct. 1866.

† **BOURRAILLOUX** (bou-râ-llou, *ll* mouillées), *s. m.* Nom donné, dans la Vienne, au baudet, dit aussi guenilloux, à longues oreilles et longs poils, qui est employé à la procréation des mules et mulets, *les Primes d'honneur*, Paris, 1872, p. 302. || On écrit aussi bourrayoux. Son corps est ordinairement couvert de longs poils laineux et brunâtres qui l'ont fait appeler guenilloux, bourayoux, HEUZÉ, *la France agricole, carte* n° 34.

— ÉTYM. *Bourre*, à cause des longs poils.

† **BOURRASQUER** (bou-ra-ské), *v. n.* Néologisme. Se livrer à des emportements brusques. Pescator [un drogman d'humeur impatiente] va bourrasquant de l'aube à la nuit, Mme DE GASPARIN, *Voyages à Constantinople*, 2° éd. Paris, 1867.

1. **BOURRE.** *Ajoutez :* || 8° Arbre à bourre, l'*areca crinita*, BAILLON, *Dict. de bot.* p. 247. || 9° Terme rural. Geler en bourre, se dit d'une vigne atteinte de la gelée avant que les bourgeons soient sortis.

2. **BOURREAU** (bou-rô), *s. m.* Terme de salines. Sac garni de paille que met sur son épaule l'ouvrier qui porte un panier de sel.

— ÉTYM. *Bourre* ; *bourreau* a ici le sens de bourrelet. || *Effacez le n°* 8 de BOURREAU.

BOURRÉE. *Ajoutez :* || 4° Dans l'Aunis, sorte de jonc analogue à la rouche, qui pousse dans les terrains humides, et qui est employée comme litière, *Gloss. aunisien*, la Rochelle, 1870, p. 76.

BOURRELIER. — ÉTYM. *Ajoutez :* Il y a eu une forme picarde singulière, *gorrellier :* XV° s. Le mestier des gorrelliers, *Rec. des monum. inédits de l'hist. du tiers état*, t. IV, p. 261.

BOURRER. *Ajoutez :* || 6° Bien remplir. Bourrer une malle de linge.

† 1. **BOURRET, ETTE** (bou-rè, rè-t'), *s. m.* et *f.* Dans le Puy-de-Dôme, nom donné aux animaux de l'espèce bovine âgés d'un an, *les Primes d'honneur*, p. 446, Paris, 1874.

— ÉTYM. *Bourre.*

† 2. **BOURRET** (bou-rè) et **BOURROT** (bou-ro), *s. m.* Nom du caneton en patois normand, H. MOISY. *Noms de famille normands*, p. 41.

— HIST. XV° s. Chascun se pare Et veut aller à la tentare, Et semblent bouhoureaux en mare, A. CHARTIER, *Poésies*, p. 665.

† **BOURRETAIRE** (bou-re-tê-r'), *s. m.* Cardeur de filoselle.

— ÉTYM. *Bourrette.*

† **BOURRILLON** (bou-ri-llon, *ll* mouillées), *s. m.* Petit amas de bourre qui se forme dans la soie grège.

BOURRIQUE. *Ajoutez :* || 3° Populairement. Faire tourner quelqu'un en bourrique, l'abrutir, lui faire perdre la tête.

— REM. Le masculin *bourri*, âne, mâle de la bourrique, est usité dans le patois normand, H. MOISY, *Noms de famille normands*, p. 42.

† **BOURROICHE.** — ÉTYM. *Bourroiche* est le même que *bourriche* (voy. ce mot).

BOURRU. — REM. Bourru a eu le sens de bizarre, singulier, et s'est appliqué ainsi aux choses mêmes. Ce sonnet est bourru, si jamais il en fut, MALH. *Lexique*, éd. L. Lalanne. Imagination bourrue, ID. *ib.* C'est une comédie de votre part [persécution dirigée contre les protestants par des hommes sans religion], et une tragédie pour nous qui souffrons ; et il résulte de tout cela quelque chose de fort fâcheux, et en même temps de fort bourru, BAYLE, *La France toute catholique.*

BOURSE. *Ajoutez :* — REM. Le nom de bourse ne lui est pas venu [à l'édifice ainsi appelé], comme on pourrait le croire, de la nature des affaires qui s'y traitent, mais de ce que ces réunions de marchands, dont on attribue l'invention aux habitants de Bruges, eurent lieu d'abord dans cette ville devant la maison d'une famille dont le nom était *Van der Bourse*, BOUTARD, *Dict. des arts du dessin, Bourse.*

† **BOURSILLEMENT** (bour-si-lle-man, *ll* mouillées), *s. m.* Action de boursiller. Bientôt les assemblées, devenues onéreuses par ces boursillements, étaient devenues moins fréquentées, DE MONTAIGLON, *Hist. de l'Acad. de peinture* (*Mém. attribués à H. Testelin*), t. I, p. 72.

BOURSOUFLER. — ÉTYM. *Ajoutez :* M. Fr. Demme, de Bucarest, indique un rapprochement avec le roumain, qui a *buzumfla*, bouder, de *buze-umflate*, lèvres enflées ; le radical *buze* se trouve dans le languedocien *pout-ous*, baiser.

† **BOUS** (bou), *s. m. pl.* Des bous de sucre, du sucre qui a bouilli, DORMOY, *Rev. contemporaine*, 15 août 1870, p. 489.

— ÉTYM. *Bouillir.*

† **BOUSQUER.** *Ajoutez :* || 2° *v. n.* Faire le métier de bousqueur. Il est bon à bousquer.

† **BOUSQUEUR** (bou-skeur), *s. m.* Nom donné, à Nantes, à des ouvriers qu'on emploie à remuer des fardeaux, et qui ne sont pas occupés à un ouvrage ayant nécessité un apprentissage quelconque.

† **BOUSTIFAILLE** (bou-sti-fâ-ll', *ll* mouillées), *s. f.* Terme populaire. La bonne chère. Aimer la boustifaille.

BOUT. *Ajoutez :* || 11° Bouts de table, objets de service qui se mettent au bout de la table. || 14° A tout bout de champ, voy. CHAMP, n° 14.

BOUTARGUE. — ÉTYM. *Ajoutez :* Esp. *botagra* ; de l'arabe *boutarka*, même sens, lequel paraît formé, d'après Ét. Quatremère, de l'article copte *bou* et du grec τάριχος ou τάριχον, poisson salé, fumé, DEVIC, *Dict. étym.*

† **BOUTASSE** (bou-tas-s'), *s. f.* Nom, dans le Lyonnais, d'une pièce d'eau. Des empreintes de pas sur le sol détrempé par les pluies le conduisirent jusqu'à un pré appartenant au sieur G.... et au milieu duquel se trouve une de ces pièces d'eau appelées boutasses dans le pays, *Gaz. des Trib.* 27 août 1876, p. 837, 3° col.

BOUTE-FEU. *Ajoutez :* || 5° Terme d'exploitation houillère. Ouvrier de choix chargé de faire sauter les mines à la poudre. M.... surveillant boute-feu à la compagnie des mines de Béthune, *Journ. offic.* 14 sept. 1874, p. 6522, 3° col.

† **BOUTEILLAN** (bou-tè-llan, *ll* mouillées), *s. m.* Nom d'un cépage rouge, dans les Basses-Alpes, *les Primes d'honneur*, Paris, 1870, p. 491.

BOUTEILLE. *Ajoutez :* — REM. On lit dans J. J.

Rousseau : «e savais que.... malgré les manœuvres et les bouteilles de Montmollin, la plupart des anciens étaient bien disposés pour moi, *Confess.* XII, 2ᵉ partie. Comme *être dans la bouteille* est une locution qui signifie *être dans le complot*, on s'est quelquefois mépris sur le sens de ce passage. *Bouteilles* y est pris, non au figuré, mais au propre. Le pasteur et professeur de Montmollin, qui avait une cave bien garnie, était accusé par Rousseau d'avoir voulu gagner les membres de son consistoire en leur faisant boire ses meilleurs vins.

— HIST. *Ajoutez :* XIIᵉ s. La viez boteille, ST BERN. p. 534.

BOUTER. *Ajoutez :* || 8ᵉ Boutez dessus, mettez dessus, et, quand la situation restreint et particularise le sens, mettez votre chapeau, s'est dit dans le langage populaire du XVIIᵉ siècle. Valère à Sganarelle : Mais, monsieur, couvrez-vous, s'il vous plaît; le soleil pourrait vous incommoder. — Lucas à Sganarelle : Monsieu, boutez dessus, MOL. *Méd. malgré lui*, I, 6.

— ÉTYM. *Ajoutez* : D'après M. D'Arbois de Jubainville (*Revue celtique*, t. II, p. 126), *bouter* vient non pas du moyen-allemand *bôzen*, qui a subi la seconde substitution de la dentale, mais d'un mot franc *bautan* et par contraction *botan*, qui avait échappé à cette substitution, comme le vieux scandinave *bauta* et l'anglo-saxon *beátan*, dont l'*eá* égale *au*.

BOUTEROLLE. *Ajoutez :* || 4ᵉ En général, renfort de métal dans lequel est creusé un écrou.

† **BOUTEROUE.** *Ajoutez :* || 2ᵉ Borne qui empêche que les essieux des voitures ne brisent les gardefous ou les angles des bâtiments; c'est là le vrai nom et le vrai emploi des bornes dans les villes, qui n'y bornent rien.

— REM. Le Complément du Dictionnaire de l'Académie et le Dictionnaire de Bescherelle font ce mot du féminin, mais il est masculin dans les exemples suivants : Hommes, femmes et chevaux se débattaient dans la neige [sur la route du Gothard]; enfin chacun put sortir, on se comptait sur la route, lorsqu'on vit près d'un bouteroue le conducteur Renner couché sur la neige.... extr. *du Journ. de Genève*, dans *Journ. offic.* 30 nov. 1874, p. 7874, 3ᵉ col. Depuis que je vous ai vu prendre un petit monsieur par le milieu du corps et le poser délicatement sur un bouteroue, mes idées à votre égard ont changé, V. CHERBULIEZ, *Rev. des Deux-Mondes*, 1ᵉʳ déc. 1874, p. 485.

— HIST. XIIIᵉ s. Andri Boute-roe, GÉRAUD, *Paris sous Philippe le Bel*, p. 445.

BOUTE-SELLE. *Ajoutez :* — REM. Le boute-selle avertit les cavaliers non de monter à cheval, mais de bouter la selle, c'est-à-dire de seller le cheval. C'est à la sonnerie à cheval que l'on monte.

† **BOUTEUR** (bou-teur), *s. m.* Terme d'exploitation houillère. Ouvrier qui déblaye le charbon abattu, et le pousse le long des tailles.

BOUTON. *Ajoutez :* || 6ᵉ Nodosité qui se forme dans les fils. Les filés anglais ont une supériorité remarquable sur les nôtres; ils sont très-réguliers, bien nets, sans boutons, et d'une très-grande force, *Enquête, Traité de comm. avec l'Anglet.* t. IV, p. 503. || 7ᵉ Boutons du Nil, nom donné par les voyageurs à une maladie de la peau, lichen vésiculaire, commune dans les pays chauds. || 8ᵉ Bouton d'Alep, ou de Bagdad, ou de Biskara, maladie cutanée dont les habitants d'Alep, de Bagdad et d'autres villes en Syrie, et de Biskara en Afrique, sont affectés une fois en leur vie, et qui atteint les étrangers résidant momentanément en ces villes; c'est un tubercule qui s'accroît pendant quatre ou cinq mois, s'ulcère et finit par se fermer en laissant une cicatrice indélébile.

BOUTONNER. *Ajoutez :* || 4ᵉ Terme de salle d'armes. Toucher de coups de fleuret. *Fonblanche :* Ne faites pas attention! vieux jeu! (il le boutonne) touché, dix louis (à chaque coup de fleuret, une tache blanche sur l'habit).... voilà une garniture de boutons qui ne vous va pas mal, BAYARD et JAIME, *le Réveil du lion*, II, 7. (Cette locution vient de ce que le bouton du fleuret, étant frotté de craie, marque de ronds blancs comparés à des boutons celui qui est touché.)

† **BOUTRE** (bou-tr'), *s. m.* Sorte de petits navires arabes qui font le cabotage entre nos colonies de Mayotte, de Nossi-bé et Zanzibar .... Que la traite était encore pratiquée dans les parages de Zanzibar et qu'elle se faisait sur des bâtiments arabes qui sont autorisés à porter le pavillon français; ce sont de très-petits navires appelés boutres, et qui portent un assez grand nombre d'hommes, soit comme équipage, soit comme passagers, dans la navigation entre la Grande Terre, Mayotte et Zanzibar, AMIRAL POTHUAU, *Journ. offic.* 7 déc. 1872, p. 7597, 2ᵉ col.

† 2. **BOUVEAU** (bou-vô), *s. m.* Terme d'exploitation houillère. Galerie de traverse qui recoupe la couche de houille; et, spécialement, galerie percée à partir des puits d'extraction ou d'aérage et recoupant la veine.

† **BOUVELEUR** (bou-ve-leur), *s. m.* Terme de houillère. Ouvrier qui creuse les bouveaux ou galeries à travers bancs.

† **BOUVETÉ, ÉE** (bou-ve-té, tée), *adj.* Travaillé avec le bouvet. Jeudi soir on a trouvé sur la grève une certaine quantité de boîtes en fer-blanc, parfaitement bouvetées et portant l'étiquette d'un marchand de comestibles anglais, *Avranchin*, 29 oct. 1876.

BOUVREUIL. — ÉTYM. *Ajoutez :* D'après M. Gaston Paris, *Mém. de la Soc. de linguist.* t. I, p. 285, *bouvreuil* est pour *bouvereuil*, équivalant à *bouveret* ou *bouverou*, petit bouvier, ainsi dit parce que cet oiseau suit volontiers le laboureur qui conduit la charrue dans les champs.

† **BOUVRIL** (bou-vril), *s. m.* Lieu, dans les abattoirs, où on loge les bœufs.

† **BOX** (boks), *s. m.* Stalle d'écurie ou compartiment de wagon pour un cheval seul.

— ÉTYM. Angl. *box*, boîte.

BOYAU. || 3ᵉ *Ajoutez :* || Boyau de mine, petite galerie. || Boyau de tranchée, portion d'une tranchée comprise entre deux angles.

— REM. Le patois normand dit la boille, en parlant des viscères des animaux, H. MOISY, *Noms de famille normands*, p. 32. On rapprochera facilement cette forme de celle de plusieurs exemples de l'historique.

— HIST. *Ajoutez :* || XIVᵉ s. Heudous li orfevres avoit fait chever [caver, creuser] un bouel souz terre, contre un bouel que Pierre a en sa maison (1303), VARIN, *Archives admin. de la ville de Reims*, t. II, 1ʳᵉ partie, p. 28. || XVᵉ s. *Ajoutez :* Je n'ay mangé que tout à point : Encor y a-t-il ung boyau vuyde, *Rec. de farces*, p. 319.

† **BRABANT** (bra-ban), *s. m.* Petit araire à avant-train supporté ou non sur roues; ce qui le caractérise essentiellement, c'est qu'il n'a qu'un mancheron au lieu de deux, et qu'il est très-léger, fonctionnant dans les sols très-meubles du Brabant. M. L.... cultivateur à Chauny, faisait fonctionner un brabant attelé de deux chevaux, dans une pièce de terre à lui appartenant, *le Rappel* du 5 janvier 1876. || Brabant simple, et double brabant, noms, dans le Pas-de-Calais, de deux espèces de charrue, *les Primes d'honneur*, Paris, 1869, p. 87. La Picardie opère des labours profonds avec la charrue dite double brabant, HEUZÉ, *la France agricole*, p. 10.

† **BRACAGE** (bra-ka-j'), *s. m.* Nom donné, dans la Flandre française, au sarclage des blés et des avoines, *les Primes d'honneur*, p. 78, Paris, 1874.

— ÉTYM. L'origine probable est l'all. *Brache*, jachère, culture de jachère; on veut dire qu'on traite les blés comme une jachère en y détruisant les mauvaises herbes.

BRACELET. — HIST. *Ajoutez :* || XIIᵉ s. A tant à la tiere se met L'enfes, et de son bracelet [au propre : petit bras] Parmi les gambes embraça Son oncle et les piés li baisa, *Perceval le Gallois*, v. 17952.

† **BRACHYCÉPHALIE** (bra-ki-sé-fa-lie), *s. f.* État de brachycéphale. La brachycéphalie de certains crânes.

— ÉTYM. *Brachycéphale.*

† **BRACHYMÉTROPE** (bra-ki-mé-tro-p'), *adj.* Qui est affecté de brachymétropie.

† **BRACHYMÉTROPIE** (bra-ki-mé-tro-pie), *s. f.* Terme d'optique et de physiologie, synonyme de myopie.

— ÉTYM. Βραχὺς, court, μέτρον, mesure, et ὤψ, œil.

† **BRACHYNE** (bra-chi-n'), *s. m.* Coléoptère de la famille des carnassiers, qui, poursuivi, lance à son ennemi une vapeur caustique. Nous avons en France plusieurs espèces de brachyne, le brachyne escopette, le brachyne pétard, le brachyne bombardier, H. PELLETIER, *Petit dict. d'entomologie*, p. 28, Blois, 1868.

BRACONNER. *Ajoutez :* || 2ᵉ *V. a.* Prendre du gibier ou du poisson par braconnage. Cet instrument [la torpille] devient en usage pour braconner du poisson, *Journ. offic.* 29 sept. 1872, p. 6247, 1ʳᵉ col.

BRACONNIER. *Ajoutez :* || 3ᵉ Celui qui avait pour mission de faire lever le gibier. Ne pourront aussi aucuns braconniers, à raison de ladite prise [d'un loup], exiger ni prendre quelque profit... *Chartes du pays et du comté d'Hainaut*, 23 oct. 1717, *Magasin pittoresque*, 1859, p. 23. || 4ᵉ Braconnier de pêche, celui qui pêche en contravention. Ses habitudes de braconnier de pêche, signalé comme un incorrigible et audacieux destructeur de poisson, *Gaz. des Trib.* 28 oct. 1876, p. 1052, 4ᵉ col.

— HIST. XIVᵉ s. *Ajoutez :* Ilh avoit eu en ses jouenes jours falkenirs et brakenirs, chiens et sceaux, HEMRICOURT, dans *les Vrayes Chroniques de J. Lebel, préface*, p. X.

† **BRACONNIÈRE** (bra-ko-niè-r'), *s. f.* Lames articulées qui, dans les armures à plates, défendent le ventre et le haut des cuisses. Le tout était ordinairement en toile légèrement matelassée et garnie de mailles sous le plastron, aux emplacements des rotules et des creux des genoux et à la braconnière, A. DEMMIN, *Journ. offic.* 27 févr. 1869, p. 256, 5ᵉ col. La braconnière ou jupe de plates [de lames de fer plat] n'apparaît que sur les derniers sceaux équestres (1515), A. MAURY, *Rev. des Deux-Mondes*, 15 oct. 1874, p. 910.

— ÉTYM. Forme dérivée de *braca* (voy. BRAIES, et comparez BRAYETTE).

† **BRAGUE.** *Ajoutez :* — HIST. XVIᵉ s. Il [Eleus Hippias] feut si curieux d'apprendre encore à faire sa cuisine, et son poil, ses robbes, ses souliers, ses brages, pour se fonder en soy autant qu'il pourroit et soubstraire au secours estrangier, MONT. IV, 97.

† **BRAGUER** (bra-ghé), *v. n.* Terme vieilli. Se vanter, faire le fendant.

— HIST. XVIᵉ s. Et que peut-estre on voit mainte qui brague, Qui beaucoup près n'est point si bonne bague, CL. MAROT, I, 405.

— ÉTYM. Norm. *brague*, vif, emporté, proprement qui fait du bruit; wallon, *bragarz*, les jeunes gens qui, enrubannés, empanachés, l'épée au côté, font les honneurs d'une fête de paroisse (XVIᵉ s. L'autre sera querelleux avec ses voisins, et rude à ses sujets, et n'aprouvera autre vie que celle qui consiste à faire le braguard en la maison, LANOUE, 116); angl. *to brag*, se vanter, *braggart*, vantard, du norois *braka*, faire du bruit, faire de l'étalage, dont le radical se confond avec le gothique *brikan*, rompre. De la sorte, *braguer* et *brigue* remonteraient à une racine commune (voy. BRIGUE au Supplément).

1. **BRAI.** *Ajoutez :* || 2ᵉ Arbre à brai, un arbre de Manille dont le nom scientifique est inconnu, et qui fournit une résine employée dans les constructions navales, BAILLON, *Dict. de bot.* p. 247.

† **BRAIDISME** (brè-di-sm'), *s. m.* Synonyme d'hypnotisme, du nom de James Braid, médecin anglais, qui a publié en 1843 un livre sur ce sujet. M. J. P. Philips, ajoutant aux idées de J. Braid les siennes propres, a réuni.... dans son *Cours théorique et pratique de braidisme*, imprimé en 1860, des faits qui..., ALFRED MAURY, *la Magie et l'Astrologie*, 2ᵉ part. p. 434, 1864.

1. **BRAIES.** — HIST. *Ajoutez :* || XVIᵉ s. Platon dict que qui eschappe, brayes nettes, du maniement du monde, c'est par miracle qu'il en eschappe, MONT. IV, 132.

† **BRAILLÉ, ÉE** (bra-llé, llée, *ll* mouillées), *part. passé* de brailler 2. Se dit des harengs salés et remués avec la braille (voy. BRAILLE et BRAILLER 2 au Dictionnaire). Harengs braillés en vrac... harengs braillés en tonnes, *Monit. univ.* 30 sept. 1867, p. 1256, 5ᵉ col.

1. **BRAILLER.** — HIST. || XVIᵉ s. *Ajoutez :* Pour moy, je l'ay passée [la gravelle] jusques à cette heure avecques un peu meilleure contenance, et me contente de gemir sans brailler, MONT. III, 201.

† **BRAILLERIE** (brâ-lle-rie, *ll* mouillées), *s. f.* Action de brailler.

— HIST. XVIᵉ s. Ils [MM. de Guise] commancerent si modestement.... que, par deux ou trois doux mots qu'ils disoient, le monde se reculoit de soy mesmes.... plus cent fois que par une infinité de brailleries, poussemens et impatiences, BRANT. *Duels.*

BRAISE. *Ajoutez :* || 4ᵉ Dans l'argot des ateliers, de la braise, de l'argent, c'est-à-dire de quoi faire bouillir la marmite. Là, ce dernier, pour montrer qu'il n'entrait pas en ménage sans braise, exhiba à son pays deux billets de 100 fr., *Gaz. des Trib.* 30-31 oct. 1876, p. 1064, 1ʳᵉ col.

† 2. **BRAME** (bra-m'), *s. f.* Terme de métallurgie. Masse de fer préparée pour faire de la tôle. Pour la fabrication de nos grosses tôles de construction,

nous procédons ainsi : nous prenons des fers en barres;.... nous les mettons au four, nous les fondons pour obtenir une masse que nous appelons une brame, qui est destinée à passer sous le gros marteau-pilon pour y recevoir sa forme définitive, puis à être représentée au feu pour y être fortement chauffée de manière à pouvoir être, sous le laminoir, convertie en une feuille de tôle, *Enquête, Traité de comm. avec l'Anglet.* t. I, p. 37.

† **BRAMÉE** (bra-mée), *s. f.* Cri du cerf et de certains autres animaux. En nous voyant, elle [une vache] pousse une longue bramée, Mme DE GASPARIN, *Au bord de la mer.*

— REM. Bramer se dit du cerf; pourtant Marot l'a dit en parlant des bœufs ; Mme de Gasparin peut s'appuyer sur cette autorité.

BRAN. *Ajoutez :* || 5° Bran d'agace, nom, en Belgique, de la gomme du cerisier, du prunier et des autres arbres qui portent des fruits à noyaux, *Rev. critique,* 20 mars 1875, p. 186.

BRANCARD. *Ajoutez :* || 3° Nom qu'on donne dans les hôpitaux aux lits supplémentaires. Dans les cas urgents, elle [l'administration de l'assistance publique] n'hésite pas à faire dresser des couchettes supplémentaires, qu'en termes techniques on nomme des brancards, et qu'on installe momentanément dans le milieu des salles qui ne sont pas trop encombrées, MAXIME DU CAMP, *Rev. des Deux-Mondes,* 1er août 1870, p. 523.

† **BRANCARDER** (bran-kar-dé), *v. n.* Faire l'office de brancardier d'ambulance.

BRANCARDIER. *Ajoutez :* || 3° Homme qui va chercher les blessés sur des brancards.

BRANCHAGE. *Ajoutez :* — REM. On trouve quelquefois branchage pour branchement. On construit en ce moment, sous l'avenue de la Chapelle-Saint-Denis, un branchage d'égout collecteur d'une grande importance,... *Journ. offic.* 20 janvier 1875, p. 514, 3e col. C'est un emploi tout à fait impropre et abusif.

— HIST. XVIe s. *Ajoutez :* Escourter et esclaircir le branchage de ce tige foisonnant en trop de gaillardise, MONT. III, 98.

BRANCHE. *Ajoutez :* || 13° Petite succursale d'une banque, d'une compagnie. Ces banques d'Écosse ont de petites succursales, des délégations, des branches, comme on les appelle, dans chaque village, *Journ. offic.* 29 janv. 1873, p. 648, 2e col. Attendu que les articles 31 des statuts de la branche l'*Incendie* et 35 de ceux de la compagnie d'assurances sur la vie stipulent l'un et l'autre que le directeur peut être révoqué par l'assemblée générale, *Gaz. des Trib.* 23 août 1876, p. 820, 4e col. || 14° Dans l'exploitation du bois de flottage, portion d'un coupon. Un coupon prend quatre branches dans lesquelles il entre six mises ou portions de 0m,72, plus deux petites mises de 0m,11 environ appelées acoulures, *Mém. de la soc. centrale d'agric.* 1873, p. 266. || 15° Terme d'hippologie. On dit qu'un cheval a de la branche, quand il a le garrot bien sorti, la tête petite, et l'encolure longue et bien portée.

† **BRANCHELLIONS.** La définition est mauvaise; voici la véritable : Genre de petites sangsues ou hirudinées à respiration branchiale et non cutanée, parasites des poissons et des tortues.

— ÉTYM. *Branchellion* de Savigny, contraction de *branchiobdellion* de Rudolphi, de *branchiobdelle.*

† **BRANCHEMENT.** *Ajoutez :* Les branchements de plomb des services de prise d'eau pour usages divers, *Journ. offic.* 19 nov. 1873, p. 7057, 2e col.

† **BRANCHIOBDELLE** (bran-chi-o-bdè-l'), *s. f.* Genre de sangsues à respiration branchiale, parasites des crustacés et des mollusques.

— ÉTYM. *Branchie,* et βδέλλα, sangsue.

† **BRANCHIPE** (bran-chi-p'), *s. m.* Genre de crustacés branchiopodes d'eau douce et salée.

— ÉTYM. *Branchie,* et ποῦς, pied.

BRANDADE. — ÉTYM. L'étymologie véritable est le provenç. *brandar,* remuer, agiter, à cause que la morue en brandade doit être agitée pendant tout le temps de la cuisson ; le même que *brandir.*

1. **BRANDE.** || 1° *Ajoutez :* On coupe dans ma commune, les brandes à l'âge de huit ou dix ans, pour chauffer les fours ou les vendre à Casteljoux, et on n'arrache les troncs qu'après une période de quinze ou vingt ans, pour les carboniser, *Enquête sur les incendies des Landes,* p. 253. L'ajonc, le genêt, l'arbousier, la brande et le chêne sont six essences qui, réunies à l'aiguille du pin, forment un puissant aliment aux incendies, *ib.* p. 242.

† **BRANDIN** (bran-din), *s. m.* Nom donné aux chevaux de l'arrondissement de Saint-Amand (Cher); ils sont légers et excellents, *les Primes d'honneur,* p. 366, Paris, 1874.

† **BRANDISSEUR** (bran-di-seur), *s. m.* Néologisme. Celui qui brandit. Hérauts d'armes et brandisseurs des insignes royaux au sacre de Bonaparte, ils rempliront les mêmes fonctions au sacre de Charles X, CHATEAUBR. *Mém. d'outre-tombe* (éd. de Bruxelles), t. III, *Suite des Cent-Jours.*

1. **BRANDON.** — ÉTYM. *Ajoutez :* D'après M. d'Arbois de Jubainville (*Rev. celtique,* t. II, p. 126), *brandon* vient non pas de l'ancien haut-allemand *brant,* tison, encore moins de l'allemand moderne *Brand,* incendie, mais du franc *brand,* dont l'existence est prouvée par le nom propre *Childe-brandus,* et qui a le sens de brûler, d'incendier.

BRANLE-BAS. — ÉTYM. *Ajoutez :* En cas de combat, le capitaine fait arborer le pavillon, ôter les dunettes, les cloisons, les coffres, les branles, et fait tout porter à fond de cale, enfin fait mettre en ordre tout le vaisseau, *Corresp. de Colbert,* t. III, II, p. 343.

BRANLER. — HIST. || XVIe s. *Ajoutez :* Tous chalans sont tenus de bransler [suspendre la marche], arriver, venir à la chambre de ladite recepte, MANTELLIER, *Glossaire,* Paris, 1869, p. 14.

† **BRANTARD** (bran-tar), *s. m.* Dans le canton de Vaud, ouvrier qui porte la brante.

† **BRANTE** (bran-t'), *s. f.* Dans le canton de Vaud, hotte ou baquet en bois qui sert à transporter à dos d'homme le raisin.

† **BRANTÉE** (bran-tée), *s. f.* Dans le canton de Vaud, une pleine brante.

BRAQUEMART. *Ajoutez :* — REM. La définition précise de braquemart est : épée courte, large, plate, à deux tranchants très-aigus.

† **BRAQUER** (bra-ké), *v. a.* En Picardie, biner les pommes de terre (comp. BRACAGE, au Supplément).

† 2. **BRAQUET** (bra-kè), *s. m.* Voy. BOULINAGE 2.

BRAS. || 11° *Ajoutez :* || Bras ou genou de l'aviron, la partie depuis le point d'appui jusqu'à la main du rameur.

BRASIER. — HIST. *Ajoutez :* || XVIe s. [Scevola] pour montrer quel il estoit, s'estant faict apporter un brasier, veit et souffrit griller et rostir son bras, jusques à ce que l'ennemy mesme, en ayant horreur, commanda oster le brasier, MONT. I, 307.

† **BRASSEMENT** (bra-se-man), *s. m.* Action de brasser la bière.

— HIST. XIVe s. Le brassement de la cervoise et godale (1385), VARIN, *Archives admin. de la ville de Reims,* t. III, p. 650.

BRAVE. — ÉTYM. *Ajoutez :* Comme il n'y a, sur l'origine de ce mot, que des conjectures, il convient d'ajouter ici celle de M. J. Storm, *Romania,* avril 1876, p. 170 : *Brave* est récent dans le français; il appartient au provençal, à l'italien et à l'espagnol. Reprenant l'idée de Ménage, M. Storm le tire du latin *rabidus,* enragé, par l'épenthèse d'un *b* (*brabidus*), comme dans *b-ruire* et *b-raire.* De *brabidus* vient l'ancien ital. *braido,* homme leste, agile. *Braido* a donné *brado,* qui conserve le sens primitif : *bue brado,* taureau sauvage. D'autre part, *brabidus,* par l'intermédiaire fictif de *bravio,* est devenu *bravo.* En espagnol, on a *bravio* et *bravo : caballo bravo,* cheval sauvage, non dressé, *los Indios bravos,* les Indiens sauvages, *mares bravas,* mers agitées. En provençal, *cavalh braidiu,* cheval fougueux, hennissant. M. Storm rappelle des emplois latins de *rabidus* avec le sens roman de *bravo : rabidum Pelorum,* Lucain; *rabies cælique marisque,* Virgile; *rabidi canes,* Lucrèce ; *rabidi leones,* Horace. D'après cette théorie de M. Storm, le thème *brabidus* (*rabidus*) ne serait pas étranger à la langue d'oc, où il se trouverait sous la forme *braidir,* crier, hennir, *braidif,* criard, hennissant.

BRAVERIE. *Ajoutez :* || 2° De braverie, par bravade, en guise d'exploit. Une bande de femmes équipées en amazones lui firent, de braverie, une salve de mousquetades, MALH. *Lexique,* éd. L. Lalanne.

BRAVOURE. *Ajoutez :* — REM. Bouhours, *Doutes sur la langue française,* p. 54, dit que *disculper* et *bravoure* nous viennent peut-être de Mazarin. M. Allou, *Essai sur l'universalité de la langue française,* in-8°, 1828, cite, p. 126, un livre publié à Bruxelles en 1701, et dont l'auteur dit que « bravoure, venu avec Mazarin, parut d'abord très-bizarre, et causa un grand désordre dans la république des lettres. »

BRAYETTE. *Ajoutez :* || Anciennement, ce mot désignait une sorte d'étui qui se portait à la fente du haut-de-chausses et qui était d'une forme très-indécente. || Pantalon à brayette, pantalon fendu par devant.

† **BREAK** (brèk), *s. m.* Voiture ayant un siége sur le devant et deux autres derrière dans le sens de la longueur se faisant face ; c'est comme un petit omnibus découvert.

BREBIS. — ÉTYM. *Ajoutez : Vervecem,* au sens général de bête ovine : *arietem immaculatum de vervecibus,* se trouve dans un texte du VIe siècle (voy. *Rev. crit.* 28 mai 1870, p. 347).

BRÈCHE. *Ajoutez :* || 8° Nom donné par Engramelle à la noctuelle du bouillon-blanc, *noctua verbasci.*

† **BRÉCHÉ, ÉE** (bré-ché, chée), *adj.* Qui a des brèches; se dit, dans le Jura, d'une défectuosité dans les fromages. Suivant les circonstances, les fromages peuvent être bréchés, éraillés, chailleux, mille-yeux, gercés, GAREAU, *Mém. Soc. gén. d'agric.* 1874, p. 94.

BRÈCHE-DENT. *Ajoutez :* — HIST. XIIIe s. Guillelmus dictus brichedent, *Charte,* dans GUÉRARD, *Cartul. de Notre-Dame de Paris,* t. III, p. 97.

— ÉTYM. *Ajoutez :* M. Darmesteter, *Format. des noms composés en français,* p. 134, a discuté l'explication grammaticale de ce mot composé. « *Brèche-dent* est-il composé de *brèche, s. f.* et de *dent,* de sorte que le sens serait une *brèche de dent,* et, par synecdoque, un homme qui a une brèche aux dents? Cette composition serait tout à fait irrégulière; d'ailleurs le genre de *brèche-dent* s'y oppose. Il est plus simple d'y voir un composé verbal. *Brècher* a existé au sens de faire brèche. *Un brèche-dent* serait donc *celui qui brèche ses dents,* c'est-à-dire *qui a les dents bréchées.* On ne voit pas, il est vrai, d'autres exemples de composés de la sorte où le verbe, au lieu d'indiquer une action présente, indique une action passée. Mais ce changement de temps s'explique et par l'impossibilité d'exprimer la chose autrement et par la nécessité de suivre le procédé habituel de formation des composés verbaux. »

† **BREDALER.** — ÉTYM. *Ajoutez : Brédaler,* terme technique, est le même que le picard *berdaler,* gronder entre ses dents, qui est le même que l'anc. français *berdeler,* qui signifie marmotter entre ses dents, et qui est de même origine que bredouiller (voy. BREDOUILLER, au Dictionnaire et au Supplément).

BREDOUILLE. *Ajoutez :* || Fig. Qui paraît bredouillé, en parlant d'un écrit, d'une lettre. Parère m'a écrit une lettre toute bredouillée de compliments et de protestations, SÉV. *Lett. à Mme de Grignan,* 8 janv. 1676, dans *Lett. inédites,* éd. Capmas, t. I, p. 395.

BREDOUILLER. *Ajoutez :* — HIST. XIIIe s. Ainz c'on ait dit deus misereles [miserérés], Ont il dites et murmulées, Bauboiées et bredelées Et leur heures et leur matines, GAUTIER DE COINCY, *les Miracles de la sainte Vierge,* p. 485 (abbé Poquet). Que *bredeler* représente *bredouiller,* cela est prouvé par le picard, qui dit encore aujourd'hui *berdeler.*

† **BREHON** (bre-on), *s. m.* Terme d'histoire. || 1° Dans l'ancienne Irlande, sorte de fonctionnaires religieux. Les brehons ressemblent extrêmement aux druides, É. DE LAVELEYE, *Rev. des Deux-Mondes,* 15 avril 1875, p. 788. || 2° Recueils de lois, dans l'ancienne Irlande. Les brehons, qui ont donné leur nom à ces recueils de lois [*the brehon laws*], offrent la plus grande ressemblance avec les druides de la Gaule, tels que César nous les fait connaître, É. DE LAVELEYE, *les Lois des brehons,* p. 787.

† **BRÊLAGE** (brê-la-j') *s. m.* Terme de pontonnier. Disposition ayant pour but de fixer sur les corps de support les poutrelles destinées à porter le tablier d'un pont. || Action d'établir cette disposition.

— ÉTYM. Le même que *brellage.*

† **BRÊLER** (brê-lé), *v. a.* Faire le brêlage.

— ÉTYM. Le même que *breller.*

† **BRELINGUE** (bre-lin-gh'), *s. f.* Une brelingue, c'est-à-dire une voiture qui a de l'âge, du service, des antécédents de fatigue et d'épuisement, R. TÖPFFER, *Nouv. Voyages en zig-zag.*

— ÉTYM. Forme de *berlingot* (voy. ce mot), très-usitée à Genève et dans la Suisse romande.

† **BRELOQUET** (bre-lo-kè), *s. m.* Sorte de breloques. Spécialité de breloquets, fantaisie et armoiries, *Alm. Didot-Bottin,* 1876, p. 703, 4e col.

† **BRENAGE** (bre-na-j'), *s. m.* Terme de féodalité.

Obligation d'héberger les chiens du seigneur (proprement, obligation de fournir du son pour les nourrir). Brenage vaut quinze muids d'avoine par an, MICHELET, *Orig. du droit*, p. 254.

— ÉTYM. *Bran*, son.

† **BRENÉE** (bre-née), *s. f.* Dans l'Aunis, pâtée pour les bestiaux composée principalement de bran ou son, *Gloss. aunisien*, p. 77.

— ÉTYM. *Bren* ou *bran*, son.

† **BRENIER** (bre-nié), *s. m.* Anciennement, officier chargé de lever le droit de brenage. || On disait aussi bernier.

† **BRENTE** (bran-t'), *s. m.* Coléoptère de la famille des rhynchophores; ils sont la plupart exotiques, H. PELLETIER, *Petit dict. d'entomol.* p. 69, Blois, 1868.

BRÉSIL. — REM. Au lieu de la remarque, mettez ceci : L'Académie observe qu'on dit aussi bois de Brésil. Cette observation a besoin d'explication ; car, telle qu'elle est, elle ferait croire que le *brésil* tire son nom du *Brésil*, tandis qu'au contraire c'est le Brésil qui tire son nom du brésil. On peut écrire bois de brésil ou bois de Brésil. Dans le premier cas, ce sera du bois de l'arbre brésil; dans le second cas, le bois de Brésil ou de Fernambouc désignera particulièrement la *cæsalpinia echinata*, Lmk.

BRÉSILLÉ. *Ajoutez :* — REM. Mandez-moi si vous dormez, si vous n'êtes point brésillée, SÉV. 13 nov. 1675. M. Regnier dit en note : Brésillée, devenue rouge, c'est l'explication que M. Littré donne du mot; un des sens de brésiller est teindre avec le bois rouge appelé brésil. Nous devons toutefois ajouter que ce mot signifie aussi « rompre par petits morceaux, » et « réduire en poudre à force de sécheresse, » et qu'en comparant ce passage à quelques endroits des lettres suivantes, on pourrait être tenté de prendre ici brésiller dans cette seconde acception; voyez particulièrement : Parlez-moi de vous, ma chère enfant ; comment vous portez-vous? votre teint n'est-il point en poudre? êtes-vous belle quand vous voulez? SÉV. 4 déc. 1675; et : J'approuve vos bains, ils vous empêchent d'être pulvérisée, SÉV. 4 sept. 1676.

BRÉSILLER. — ÉTYM. *Ajoutez :* En Normandie, on dit d'un mets trop salé, qu'il est *brésillé de sel*.

† **BRESSAN, ANE** (brè-san, sa-n'), *adj.* Qui appartient à la Bresse, ancienne province de France. Le patois bressan.

† **BRESTE.** *Ajoutez :* — HIST. XVIe s. Le plaisir y est singulier de voir les oisillons.... le braver et se moquer de lui [le duc ou la chouette], et, au bout de tout cela, se sentir pris par les griffes avec le brei ou bien par le glu, dont ils se treuvent empestrés en leur pennage, O. DE SERRES, 996.

† **BRETÈCHE.** *Ajoutez :* — REM. La définition complète de la bretèche est : Ouvrage de charpente en saillie sur des faces de maçonnerie, s'ouvrant, à la partie inférieure, par de larges mâchicoulis, et latéralement aussi bien que de front, par des créneaux revêtus de volets.

† **BRETON** (bre-ton), *s. m.* Nom d'un idiome néo-celtique parlé en Basse-Bretagne.

† **BRETTER.** || 1° *Ajoutez :* En avril 1679, lorsque le Puget présenta son état de dépenses, l'intendant Arnoul écrivait à Colbert que le bas-relief n'était que dégrossi, et que la figure de Milon n'était pas entièrement finie, et qu'il y en avait une partie qui n'étoit encore que brettée, c'est-à-dire ébauchée, J. DUMESNIL, *Hist. des amat. français*, t. II, p. 369.

† **BREUILLES.** *Ajoutez :* || 2° *Au sing.* Breuille de filasse, partie grossière de la filasse. D. Avec quoi avez-vous mis le feu? — R. Avec des allumettes, de l'amadou, de la breuille de filasse et de la paille (interrogatoire d'un incendiaire en 1778), *Gaz. des Trib.* 11 juin 1876, p. 570, 4e col. Interrogé où il a acheté les allumettes, l'amadou, le briquet, la pierre à fusil et la filasse avec lesquels il a mis le feu, a dit qu'il les avait chez lui, qu'il les y a pris, qu'il ne s'est servi que de breuilles de filasse et de paille qu'il a prise dans le grenier de Pierre Hébert, *ib.* p. 571, 2e col.

† **BREULE** (breu-l'), *s. f.* Nom, dans le Calvados, d'une bricole que l'on met aux vaches et aux taureaux, pour les empêcher d'atteindre les branches des pommiers et de manger les fruits, *les Primes d'honneur*, Paris, 1870, p. 48.

BREVET. — HIST. *Ajoutez :* || XIVe s. Par dessus Dieudonné [un saint personnage].... Y avoit un brievet au Dieu commandement Qui devisoit son nom et sa vie ensement, *Hist. litt. de la Fr.* t. XXVI, p. 122.

† **BREVETABILITÉ** (bre-ve-ta-bi-li-té), *s. f.* Qualité de ce qui peut recevoir un brevet. M. B.... l'a frappé [un jugement] d'appel incident, en ce qu'il aurait reconnu à tort la brevetabilité et la contrefaçon, *Gaz. des Trib.* 4 et 5 juill. 1870. Attendu, sur le moyen subsidiaire de la non-brevetabilité de l'invention de T..., et sur la nullité du brevet, par suite d'une description insuffisante, *ib.* 31 janv. 1875, p. 102, 4e col.

† **BREVETABLE.** *Ajoutez :* Le tableau mécanique de M. L..., appliqué aux agences hippiques, constitue une invention brevetable, *Gaz. des Trib.* 12 avr. 1870.

1. **BREVETER.** *Ajoutez :* || 2° En un autre sens, garantir par l'obtention d'un brevet une invention, en parlant non de l'autorité qui accorde le brevet, mais de l'inventeur qui se le fait donner. Qu'il [Meyer] rappelle qu'il a déjà breveté l'application de ces propriétés aux perles factices, dont la fabrication fait l'objet de son brevet du 30 novembre 1866, *Gaz. des Trib.* 4 et 5 juill. 1870.

BRÉVIAIRE. — HIST. *Ajoutez :* || XVIe s. Nous aultres ignorants estions perdus, si ce livre [Plutarque] ne nous eust relevé du bourbier : sa mercy, nous osons à cett' heure et parler et escrire ; les dames en regentent les maistres d'eschole ; c'est notre breviaire, MONT. II, 41.

† **BRÉZEGAUD** (bré-ze-gô), *s. m.* Nom d'un fromage. Le fromage brézegaud a du rapport avec le fromage reblochon, mais il est plus délicat ; on le fabrique dans la vallée de Beaufort (Savoie), HEUZÉ, *la France agricole*, carte n° 44.

† **BRI** (bri), *s. m.* Voy. BRY au Supplément.

BRIBE. — HIST. || XVIe s. *Ajoutez :* En cette occasion de trousser mes bribes et de plier bagage [mourir], je prends plus particulièrement plaisir à ne faire gueres ny de plaisir ny de desplaisir à personne en mourant, MONT. IV, 122.

† **BRICHET** (bri-chè), *s. m.* Synon. populaire de bréchet; il se trouve dans MOL. *D. Juan*, II, 1.

BRICOLE. || 2° *Ajoutez :* || De bricole s'est aussi dit populairement pour faux, postiche. Tout ce qui sort de l'imprimerie d'un certain Duchêne de bricole, n'est pas de moi.... *L. du P. Duchêne, l'Ami des soldats*, p. 16. || 9° Tromperie, mauvais expédient. Tenir à demi sa parole C'est une méchante bricole, CORN. *Lexique*, Marty-Laveaux. || 10° Travail de hasard, mal rétribué. L'ouvrier dit qu'il fait des bricoles, de la bricole, en prenant du travail où il en trouve en attendant que son métier ordinaire reprenne. Cette expression est tirée de la bricole qu'on se met au cou pour traîner les petites voitures.

BRICOLER. *Ajoutez :* || 4° Agiter, jeter çà et là. Être impliqué dans le tumulte des affaires et bricolé de leur flux et reflux perpétuel, MALH. *Lexique*, éd. L. Lalanne. Il n'y a école de dialectique où ce sophisme n'ait été bricolé, ID. *ib.*

† **BRIDAGE** (bri-da-j'), *s. m.* Appareil de cordes pour retirer des fosses les ouvriers vidangeurs. Qu'ils avaient négligé de fournir des bridages et un flacon de chlorure de chaux pour prévenir l'asphyxie; enfin, qu'aucun ouvrier chargé de tenir la corde bridage n'avait été placé à l'extérieur de la fosse, *Gaz. des Trib.* 5 et 6 sept. 1870.

BRIDER. || 6° *Ajoutez :* || Fig. Brider la potence, voy. POTENCE au Supplément.

BRIEF. *Ajoutez* cet exemple de brief au masculin : Je vous ai écrit assez au long par le passé pour me dispenser [me permettre] d'être brief à cette heure, MALH. *Lexique*, éd. L. Lalanne.

† **BRIER.** *Ajoutez :* || 2° Passer le chanvre au brioir. || Dans l'Aunis, on dit brayer ou bréger, *Gloss. aunisien*, la Rochelle, 1870, p. 77.

† **BRIÈRE** (bri-è-r'), *s. f.* Nom donné, dans la Loire-Inférieure, aux tourbières, *les Primes d'honneur*, Paris, 1873, p. 138.

† **BRIÉRON** (bri-é-ron), *s. m.* Nom donné, dans la Loire-Inférieure, aux ouvriers qui taillent la tourbe en mottes, *les Primes d'honneur*, Paris, 1873, p. 138.

BRIÈVETÉ. — HIST. || XVIe s. *Ajoutez :* Clearchus, qui commandoit les Grecs du party de Cyrus, les mena tout bellement à la charge, sans soy haster; mais, à cinquante pas près, il les meit à la course, esperant, par la briefveté de l'espace, mesnager leur ordre et leur haleine, MONT. I, 355.

BRIGAND. *Ajoutez :* — REM. Brigande, employé comme adjectif par Mirabeau (et par Corneille ; Traître qui te fais fort d'une troupe brigande, *Lexique*, éd. Marty-Laveaux), l'a été comme substantif par Sainte-Beuve : Il [Léopold Robert] s'en était tenu à copier, en l'arrangeant pour ce rôle, une des belles brigandes de Sonnino, *Causeries du lundi*, t. X, *L. Robert*.

BRIGANDER. *Ajoutez :* || 2° *V. a.* Ravir, conquérir par brigandage. Qu'importe combien il [Alexandre] a brigandé de royaumes? MALH. *Lexique*, éd. L. Lalanne.

† **BRIGANDEUR** (bri-gan-deur), *s. m.* Celui qui brigande, spoliateur. Un père ne sera pas en son bon sens, qui par testament laissera pour tuteur à son fils un brigandeur ordinaire de pupilles, MALH. *Lexique*, éd. L. Lalanne.

BRIGANDINE. *Ajoutez :* — REM. Voici la description complète de la brigandine : armure composée de lames articulées, placées à recouvrement, liées entre elles par des rivets dont on voit les têtes ; cette armure, très-employée au XVe siècle, était celle de l'archer à cheval des compagnies d'ordonnance, et souvent celle du gentilhomme qui ne pouvait se procurer une armure de plates, PENGUILLY L'HARIDON, *Catal. du Musée d'artillerie*, p. 222.

† **BRIGNOLETTE** (bri-gno-lè-t'), *s. f.* Voy. BRIOLETTE au Supplément.

BRIGUE. — ÉTYM. *Ajoutez :* L'origine de ce mot était laissée à un radical *brik* qui demeurait indéterminé. M. J. Storm, *Romania*, avril 1876, p. 171, pense que ce radical est germanique : allem. *brechen*, rompre; bas-allem. *breken*; angl. *to break*; goth. *brikan*. Le thème *brikan* a formé d'abord *brigare*, *bregare*, rompre, faire du bruit, se quereller; en catal. *bregar*, broyer, quereller. L'ital. *briga* s'emploie surtout dans le sens d'ennui, querelle, affaire difficile et aussi tourbillon de vent : Ombre portate dalla detta *briga*, DANTE, *Inf.* V, 49.

BRIGUER. *Ajoutez :* || 3° Briguer quelqu'un, le solliciter. Qu'il sera glorieux que, sans briguer personne, Ils [vos hauts faits] fassent à vos pieds apporter la couronne, CORN. *Lexique*, éd. Marty-Laveaux.

BRILLANTER. *Ajoutez :* || 3° Donner du brillant au fil. Mécaniques à étirer et brillanter les fils de tout genre, *Alm. Didot-Bottin*, 1871-1872, p. 1134, 3e col.

† **BRILLANTINE** (bri-llan-ti-n', *ll* mouillées), *s. f.* || 1° Percale lustrée pour doublures. || 2° Espèce de pommade pour lustrer les cheveux.

† **BRILLEMENT.** *Ajoutez :* La vie où vous êtes, pour ce qu'elle est frappée d'un brillement extérieur, donne incontinent une ombre épaisse à ceux qui s'y arrêtent, MALH. *Lexique*, éd. L. Lalanne. Âme vraiment solide et bâtie sur la pierre; âme d'autant plus à estimer qu'il ne paraît rien en elle de ces brillements qui flattent les sens des hommes! SAINT-CYRAN, dans SAINTE-BEUVE, *Port-Royal*, t. I, p. 431, 3e édit.

1. **BRILLER.** — REM. Briller dans la conversation, très-reçu aujourd'hui, était nouveau dans le courant du XVIIe siècle. « Voici encore d'autres façons de parler assez nouvelles, briller dans la conversation : Il y a des gens qui ont beaucoup d'esprit et qui ne brillent point dans la conversation, » BOUHOURS, *Entret. d'Ariste et d'Eugène*, II.

2. **BRILLER** (en termes de chasse). — HIST. *Ajoutez :* || XVIe s. Les brillants epaigneuls se mettent en campagne, Qui de çà, qui de là, et en bien peu de temps Deffont, sans s'arrester, les environs des champs, GAUCHET, *Plaisir des champs*, p. 242.

† **BRILLOLETTE** (bri-llo-lè-t', *ll* mouillées), *s. f.* Diamant brut ayant la forme d'une poire, dans lequel on coupe des facettes dans tous les sens, CH. BLANC, *l'Art dans la parure*, p. 315.

† **BRIMADE** (bri-ma-d'), *s. f.* Dans l'argot des écoles et surtout des écoles militaires, vexations, épreuves que les anciens font subir aux nouveaux.

† **BRIMBALANT, ANTE** (brin-ba-lan, lan-t'), *adj.* Qui branle, qui oscille. Nos sots pourpoints, nos brimbalantes chausses, ST-AMANT, *Épît. divers.*

† **BRIMER** (bri-mé), *v. a.* Infliger une brimade.

BRINDE. *Ajoutez :* — REM. La brinde est, comme le toast anglais, une proposition de boire à quelqu'un, comme on voit dans cet exemple de Lesage : Pour mieux la célébrer, on les fit asseoir à table l'un auprès de l'autre; on leur porta des brindes; chacun leur fit fête, LESAGE, *Gil Blas*, X, 9. Nous avons abandonné notre ancien mot pour adopter le nouveau, venu d'Angleterre. Toutefois, chose singulière, brinde était une importation étrangère comme l'est *toast*.

— ÉTYM. *Ajoutez :* Le patois romand, à côté de *brinde*, dit *bringue*, ce qui confirme l'étymologie par *bringen*. L'ital. **brindisi** n'y contredit pas, et représente, comme Diez le dit, *bring dirs*, je te le porte. Cela met hors de cause l'étymologie fantaisiste de *Brundusium*, les Romains, selon Castellan, *Lett. sur l'Italie*, t. I, p. 27, accompagnant à *Brindes* (*Brundusium*) leurs amis partant pour la Grèce et leur portant la coupe de l'amitié, avec vœux de bonne traversée.

† **BRINDEZINGUES** (brin-de-zin-gh'), *s. f. pl.* Terme populaire. Ivresse, ivrognerie, état de l'homme qui ne peut pas se tenir sur ses jambes. Quand je vois un camarade dans les brindezingues, je l'accoste, je lui offre mon bras, *Figaro*, 13 oct. 1876.

† **BRINGÉ, ÉE** (brin-jé, jée), *adj.* Nom donné, dans le Calvados, à la robe d'une race bovine, robe d'un bai clair sillonné de raies brunes ou noires très-irrégulières et orné parfois de taches blanches, *les Primes d'honneur*, Paris, 1870, p. 17. Le poil bringé et les qualités laitières qui distinguent la race augeronne, MAGNE, *Bulletin de la Société d'Agric. de Fr.* 3e série, t. III, p. 580. La race normande est répandue dans la Normandie, la Beauce, etc.... sa robe est rougeâtre ou rouge noirâtre marquée de blanc; les animaux à robe un peu zébrée ou noire truitée sont appelés bringés, HEUZÉ, *la France agricole*, carte n° 32.

— ÉTYM. Les paysans disent aussi *brindlé*, variante de *bringé*. Rapprochez de *brindlé* l'anglais *brindle*, tavelure, *brindled*, tavelé.

† **BRINTIER** (brin-tié), *s. m.* Nom, dans le pays de l'Argonne, des fabricants de manches de fouet, faits avec des brins de houx, de néflier sauvage et d'aubépine, A. THEURIET, *Rev. des Deux-Mondes*, 15 nov. 1876, p. 319.

† **BRINVILLIERS** (brin-vi-llé, *ll* mouillées) ou **BRINVILLIÈRE** (brin-vi-llè-r'), *s. f.* Nom donné à la spigélie anthelmintique, plante du Brésil très-vénéneuse.

— ÉTYM. *La Brinvilliers*, célèbre empoisonneuse du temps de Louis XIV.

BRIOCHE. *Ajoutez :* — REM. Les musiciens de l'Opéra imposèrent une amende pour chaque faute commise; le produit de ces amendes fut employé à acheter une énorme brioche mangée en commun; d'où le sens de faute, de sottise attaché à brioche.

† **BRIOCHIN** (bri-o-chin), *s. m.* Nom, dans les Côtes-du-Nord, du brugnon.

— ÉTYM. Sans doute fruit de *Saint-Brieuc*, *briochin* étant l'ethnique de cette ville.

† **BRIOIR** (bri-oir), *s. m.* Sorte de tailloir en bois, à deux lames, qui s'emboîte sur un chevalet, et où l'on passe les tiges du chanvre roui et séché, pour en briser la chènevotte et dégager les fibres enveloppantes; il diffère tout à fait du sérançoir, qui est un assemblage de peignes d'acier; c'est au sortir du brioir que les peignées de fibres passent sous le sérançoir. || Dans l'Aunis, cet instrument se nomme brége, *Gloss. aunisien*, 1870, p. 77.

† **BRIOLETTE** (bri-o-lè-t'), *s. f.* Terme de joaillier. Diamant percé à l'une de ses extrémités, par laquelle on le suspend aux boucles d'oreille (voy. BRILLOLETTE, qui est le même mot). || On dit aussi brignolette.

† **BRIOLEUR** (bri-o-leur), *s. m.* Dit aussi baudelier, celui qui transporte du bois avec des bêtes de somme, *Tarif des patentes*, 1850. Dans ces bois escarpés [de l'Argonne].... les charrois se font pour la plupart à dos de mulet; de là l'industrie des brioleurs qui conduisent aux verreries le charbon, la fougère et le bois de chauffage, A. THEURIET, *Rev. des Deux-Mondes*, 15 nov. 1876, p. 311. || Pâtissier brioleur, celui qui ne fait que de petits gâteaux et autres pâtisseries communes, *Tarif des patentes*, 1858.

† 2. **BRION** (bri-on), *s. m.* Terme de construction navale. Pièce courbe, droite dans sa partie inférieure pour le prolongement de la quille et formant un coude dans sa partie supérieure pour ébaucher l'étrave, NANQUETTE, *Expl. débit et estim. des bois*, Nancy, 1868, p. 130.

† **BRIOU** (bri-ou), *s. m.* Débris de pierres écrasées, *Tarif des patentes*, 1850. Fabricant de briou.

BRIQUE. — HIST. *Ajoutez :* || XVIe s. Hautes montagnes fecondes en beaucoup de singularités et une infinité de pierres de briqué, dont ils font des coins à fendre le bois, *l'Histoire notable de la Floride, contenant les trois voyages décrits par le capitaine Laudonnière*, Paris, Janet, 1853, p. 90.

— ÉTYM. *Ajoutez : la pierre de brique* de l'exemple ci-dessus est sans doute un silex.

† 2. **BRIQUETER (SE)** (bri-ke-té), *v. réfl.* Se heurter en briquet. Deux nuages qui se briquettent ensemble, contre une montagne ou un clocher, arrachent cette grosse étincelle qui nous fait mourir de peur, GALIANI, *Lett. à Mme d'Épinay*, 24 août 1771.

— ÉTYM. *Briquet.*

BRIQUETTE. *Ajoutez :* — REM. La définition complète de la briquette est : Coke fabriqué avec des débris de houille agglutinés et moulés, avant leur conversion en coke, dans des moules de forme prismatique rectangulaire.

1. **BRISE.** *Ajoutez :* — REM. La brise légère a deux mètres de vitesse à la seconde; la forte brise, huit mètres; la très-forte brise, dix mètres.

BRISÉ. *Ajoutez :* || 10° À heures brisées, à des heures irrégulières. Pour garder l'intérieur, le jour, je plaçais deux gardiens : l'un pour la porte, et l'autre pour faire des rondes à des heures brisées, *Gaz. des Trib.* 18 sept. 1874, p. 895, 3e col.

† **BRISE-MUR** (bri-ze-mur), *s. m.* Ancien synonyme de canon.

† **BRISE-TOUT** (bri-ze-tou), *s. m.* Homme brusque et brutal, enfant qui casse et déchire tout. || *Au pl.* Des brise-tout.

BRISEUR. *Ajoutez.* || 2° *Adj. f.* Terme de l'industrie des laines. Carde briseuse, carde qui sert à rompre la matière première. La carde briseuse, la carde repasseuse, la carde boudineuse, *Enquête, Traité de comm. avec l'Anglet.* t. III, p. 149. || On dit aussi carde brisoir.

BRISIS. *Ajoutez :* || En brisis, en forme de brisis. Une immense cour est occupée sur chacun de ses quatre côtés par un bâtiment composé d'un rez-de-chaussée et d'un étage en brisis; en bas sont les écuries, en haut les greniers, MAXIME DU CAMP, *Rev. des Deux-Mondes*, 15 mai 1867, p. 328.

† **BRITANNIQUE** (bri-ta-nni-k'), *adj.* Qui appartient à la Grande-Bretagne. Les produits britanniques.

† **BROCANTE.** *Ajoutez :* || 2° Il se dit quelquefois pour brocantage. C'est aussi l'époque des galeries, des collections... la brocante attache sa poussière à tout ce qui possède une valeur, KARL STEEN, *Journ. officiel*, 11 avr. 1874, p. 2681, 2e col.

† 3. **BROCARD** (bro-kar), *s. m.* Terme de métallurgie. Atelier où on broie les minerais.

BROCHET. — HIST. *Ajoutez :* || XVIe s. Comme nous allons à la chasse des bestes, ainsi vont les tigres et les lions à la chasse des hommes; et ont un pareil exercice les unes sur les autres, les chiens sur les lievres, les brochets sur les tenches.... MONT. II, 170.

† **BROCHETEUSE** (bro-che-teû-z'), *s. f.* Ouvrière en dentelle chargée de fabriquer le vrai réseau.

† **BROCHURIER** (bro-chu-rié), *s. m.* Terme de dénigrement. Celui qui fait des brochures, politiques ou autres. Le publiciste brochurier de l'empire.... doit devenir la première plume [d'un journal bonapartiste en projet], *l'Opinion nationale*, 23 juin 1876, 1re page, 6e col.

† **BROCOTTE** (bro-ko-t'), *s. f.* Voy. SÉRACÉE.

BRODEQUIN. — ÉTYM. *Ajoutez :* D'après M. Dozy, ce mot représente l'arabe *cherqui*, cuir d'un certain mouton nommé *cherc*. L'ancien portugais ayant dit *moresquil* et *mosequin*, M. Dozy y voit *cherqui* avec l'addition portugaise de *mo*, qui se trouve aussi en d'autres mots; puis *mo* s'est changé, comme cela est facile, en *bo*.

† **BRODURE** (bro-du-r'), *s. f.* Ouvrage de broderie. || Fig. L'histoire de Marguerite de Valois.... imprimée à Amsterdam.... est une brodure de fictions et de chimères romanesques.... BAYLE, *Fin de l'article sur Marguerite, reine de Navarre.*

† **BROMHYDRATE** (bro-mi-dra-t'), *s. m.* Terme de chimie. Sel formé avec l'acide bromhydrique.

† **BROMHYDRIQUE** (bro-mi-dri-k'), *adj.* Terme de chimie. Acide bromhydrique, acide formé de brome et d'hydrogène.

† **BRONZAGE** (bron-za-j'), *s. m.* Action de bronzer. Les poudres à bronzer.... le frottement de la poudre dans un mortier lui donne l'état lamellaire qui la rend propre au bronzage, *Monit. univ.* 13 oct. 1868, p. 1378, 4e col.

BRONZE. *Ajoutez :* || 6° Bronze acier, bronze à huit pour cent d'étain, coulé dans une épaisse coquille en fonte et autour d'un noyau en cuivre rouge; il est dû au colonel autrichien Von Uchatius, *Journ. offic.* 1er janv. 1875, p. 13, 1re col. || 7° Le bronze moderne n'a pas la même composition que le bronze ancien; le zinc y remplace l'étain. Il faudrait remonter à Keller pour retrouver le bronze véritable; le mot générique de bronze a été conservé; mais, à partir de l'époque de Louis XIV inclusivement, il n'y a plus eu, en réalité, qu'un alliage se rapprochant du laiton, *Enquête, Traité de comm. avec l'Angl.* t. II, p. 142.

— ÉTYM. *Ajoutez :* M. Rossignol le tire de *brunum æs*, dit au lieu de *æs nigrum*, χάλκος μέλας, cuivre noir ou bronze; dans le bas-grec, πόρτας προύτζινες, portes de bronze.

† **BRONZIER** (bron-zié), *s. m.* Fabricant de bronzes. Les grands bronziers du boulevard Beaumarchais, *Journ. offic.* 25 déc. 1876, p. 9722, 2e col.

† **BROQUELIN** (bro-ke-lin), *s. m.* Débris de tabac, dans les manufactures de tabac. Les quantités proportionnelles de tabacs en feuilles de chaque espèce et qualité et celles de débris et broquelins qui doivent être employés dans chacune des fabrications.... *Instruction du 30 juin 1832 sur le service des manufactures de tabacs, art.* 145. Sont comptées comme matières exotiques.... les débris ou broquelins provenant des fabrications du scaferlati étranger, des carottes à râper, des rôles menu-filés et des cigares, *ib.* art. 148.

— ÉTYM. Allem. *Bröklein*, miette.

BROSSERIE. *Ajoutez :* || 2° Machine d'apprêt pour draps et nouveautés, *Enquête, Traité de comm. avec l'Anglet.* t. II, p. 359.

† **BROUETTAGE** (brou-è-ta-j'), *s. m.* Mode de transport dans les mines à l'aide de la brouette.

BROUETTEUR. *Ajoutez :* — HIST. XIVe s. À II brouweteurs pour les tourtiaus dessus dis amener en le [la] halle, CAFFIAUX, *Régence d'Aubert de Bavière*, p. 58.

BROUETTIER. *Ajoutez :* || 2° Fabricant de brouettes. Battage de grains à la mécanique, brouettiers, fabricants d'engins de toute espèce, *Journ. offic.* 10 mars, p. 1862, 1re col.

† **BROUGHAM** (broum'), *s. m.* Sorte de voiture. Il [lord Brougham, célèbre légiste et écrivain anglais] faisait usage d'une voiture petite et basse de son invention, qui fut appelée et qui s'appelle encore un brougham, MIGNET, *Journ. offic.* 1er janv. 1872, p. 10, 1re col.

BROUHAHA. *Ajoutez :* — REM. On trouve aussi brouha. Il [Errard] s'y était rendu [à l'Académie] un peu plus tard que M. Le Brun, et y entra au plus fort de ce brouha de ravissement qu'y causa la superbe production de ce grand homme, DE MONTAIGLON, *Hist. de l'Acad. de peint.* (*Mém. attribués à A. Testelin*), t. II, p. 34.

† **BROUILLADE** (brou-lla-d', *ll* mouillées), *s. f.* Brouillade aux anchois, à l'oignon, etc. (Provence), œufs brouillés avec anchois, oignons, etc.

† 2. **BROUILLAGE** (brou-lla-j', *ll* mouillées), *s. m.* Droit de brouillage, se dit, dans l'Ain, du droit de pâturage dans les étangs brouilleux, *les Primes d'honneur*, Paris, 1870, p. 364. Tout particulier avait le droit d'élever une chaussée sur son fonds et d'inonder les terrains supérieurs, à la charge de laisser aux possesseurs de ces fonds la jouissance du sol durant l'assec, les droits de brouillage et de champéage durant la culture en eau, et de leur payer en outre une indemnité réglée par arbitre, *Journ. offic.* 2 avr. 1874, p. 2550, 1re col.

— ÉTYM. Voy. BROUILLEUX au Supplément.

BROUILLAMINI. — ÉTYM. *Ajoutez :* Voici un exemple qui confirme l'origine donnée à ce mot : Ladite forêt [de Wassy].... contient quatre contrées : celle de.... et celle de brouillaminy, ainsi dite parce que de la terre de cette contrée se compose le bol armenie que l'on reduira en petits billets propres à la peinture et à faire des charges aux chevaux blessés, *Archives des finances, manuscr. Procès verbaux de réformation des forêts de Champagne* (1664), fol. 211, *verso*.

† **BROUILLANT, ANTE** (brou-llan, llan-t', *ll* mouillées), *adj.* Qui brouille. C'était [M. de Cerizay] un homme d'esprit, mais fort brouillant, GOURVILLE, *Mém.* 1651.

† 2. **BROUILLE.** *Ajoutez :* || 2° Brouille (différente de brouille blanche), la *festuca fluitans*, graminée dont les feuilles s'étalent à la surface de l'eau des parties peu profondes des étangs, MAGNIN, *Études géologiques*, Paris, 1876, p. 29.

† **BROUILLÉE** (brou-llé, *ll* mouillées), *s. f.* Néologisme. Ce qui brouille, trouble, obscurcit. Dans la nuit du 22 au 23, je traversai une masse épaisse de montagnes; elles continuèrent leur brouillée devant moi jusqu'à Salzbourg, CHATEAUBR. *Mém. d'outre-tombe* (éd. de Bruxelles), t. VI, *Journal de Padoue à Prague*.

BROUILLERIE. *Ajoutez :* || 4° Bagatelle, chose de peu d'importance (sens vieilli). Saint Grégoire, évêque de Naziance.... se promenant sur le rivage de la mer, considérait comme les ondes, s'avançant sur la grève, laissaient des coquilles et petits cornets, tiges d'herbes, petites huîtres et semblables brouilleries, SAINT FRANÇOIS DE SALES, *Introd. à la vie dévote*, II, 13.

† **BROUILLEUX, EUSE** (brou-lleû, lleû-z', *ll* mouillées), *adj.* Qui produit la brouille, qui est plein de brouille, graminée aquatique; se dit dans l'Ain, *les Primes d'honneur*, Paris, 1870, p. 364. Les étangs brouilleux offrent un danger plus grand [pour la production des fièvres] que les grandes masses d'eau, MAGNIN, *Études géolog.* Paris, 1876, p. 77.

— ÉTYM. *Brouille* 2.

† **BROUILLIS** (brou-lli, *ll* mouillées), *s. m.* Nom, dans la Charente-Inférieure, du premier jet de la distillation des vins pour faire l'eau-de-vie. La distillation se fait en deux fois : le premier jet donne un liquide de 20 degrés centésimaux environ (appelé, dans le pays, brouillis).... *Enquête, Traité de comm. avec l'Anglet.* t. VI, p. 113.

1. **BROUILLON.** — HIST. XVI° s. *Ajoutez :* Nostre esprit, instrument brouillon et inquiete, MONT. IV, 195.

† **BROUS** (brou), *s. m. pl.* Nom de la recuite du lait des fromages, dite aussi séracée. La forme, la grosseur, la manipulation des fromages et de la recuite salée, appelée brous dans le patois du pays [Nice], doivent être conformes aux anciens statuts communaux, L. GUIOT, *Mém. Soc. centrale d'agric.* 1874, p. 242.

† **BROUSSAILLEMENT** (brou-sâ-lle-man, *ll* mouillées), *s. m.* Terme forestier. Action de faire naître des broussailles sur un terrain qui en est privé. Mesures et méthodes propres à assurer le reboisement, le broussaillement et le regazonnement des Alpes, par Mathieu, 2° édit. Impr. nat. 1875.

† **BROUSSAILLER** (brou-sâ-llé, *ll* mouillées), *v. a.* || 1° Terme de forestier. Garnir de broussailles un terrain. S'il est utile de déterminer à l'avance quels seront les périmètres.... à reboiser, gazonner ou broussailler, *Rebois. des montagnes, compte rendu* 1869-74, 6° fasc. p. 21. || 2° *V. n.* Avoir le caractère du broussailleur (terme du Dauphiné).

— ÉTYM. *Broussailles.*

BROUSSAILLES. *Ajoutez :* || 2° Fig. Barbe en broussaille, barbe coupée de manière à présenter une sorte de broussaille. Vêtements négligés et flottants, barbe en broussaille, *le National* du 17 décembre 1874. || 3° Broussailles, nom donné par les bouchoteurs à des branches de quatre mètres environ de longueur qui leur servent à garnir les bouchots.

† **BROUSSAILLEUR, EUSE** (bro-sâ-lleur, lleu-z', *ll* mouillées), *s. m.* et *f.* Se dit, en Dauphiné, de celui ou celle qui cherche noise, s'accroche à tout, ne cède rien, avance peu.

† **BROUSSAILLEUX, EUSE** (brou-sâ-lleû, lleû-z', *ll* mouillées), *adj.* Embarrassé de broussailles. Le chemin que suivirent les colonnes du général Pavlof quand elles escaladèrent ces pentes broussailleuses pour surprendre les Anglais, A. RAMBAUD, *Rev. des Deux-Mondes*, 15 nov. 1874, p. 366.

† 2. **BROUSSE** (brou-s'), *s. f.* Nom, au Sénégal, des fourrés où se réfugient les insurgés et les gens hors la loi, *le Temps*, 20 avr. 1876, 2° page, 4° col.

— ÉTYM. Abrégé de *broussaille.*

† **BROUSSINÉ, ÉE** (brou-si-né, née), *adj.* Se dit d'un bois affecté de broussin.

— ÉTYM. *Broussin* 1.

† **BROUTE** (brou-t'), *s. f.* Nom, dans Lot-et-Garonne, de bouts de tiges qu'on broute. Elles durent avouer qu'elles avaient apporté, cachée sous des broutes de choux, une bouteille..., *Gaz. des Trib.* 15 sept. 1876, p. 902, 3° col.

BROUTÉ. *Ajoutez :* || 2° Terme de lapidaire. Roue broutée, roue rayée à l'aide de hachures, CHRITEN, *Art du lapidaire*, p. 58.

† **BROUTIER** (brou-tié), *adj. m.* Veau broutier, voy. VEAU. || Dans l'Aunis, on dit veau broutard, *Gloss. aunisien*, la Rochelle, 1870, p. 79. On dit aussi broutard en Normandie, DELBOULLE, *Gloss. de la vallée d'Yères*, le Havre, 1876, p. 53.

† **BROWNIE** (brô-nie), *s. f.* Nom, chez les Écossais, d'une espèce de génie, d'être surnaturel. En Écosse et en Irlande, ce sont les elfs, les brownies et bien d'autres génies, héritiers des anciens dieux celtes, qui, dans les traditions populaires, paraissent sur le premier plan, ALFRED MAURY, *la Magie et l'astrologie*, 1ʳᵉ part. p. 180, Paris, 1864.

† 1. **BROYE.** Doit être supprimé; c'est le même que *broie*, qui est à son rang.

BROYER. — ÉTYM. *Ajoutez :* L'origine de *broyer* ayant été laissée indécise, nous citons l'opinion de M. J. Storm, *Romania*, avr. 1876, p. 171. Il n'hésite pas à dériver *broyer* de l'all. *brechen* (*Hanf brechen*, broyer le chanvre), bas-all. *breken*, angl. *to break*, goth. *brikan*. Il en rapproche le provenç. *briga*, miette, *es-brigá*, émietter, briser, où l'*i* est conservé. Ajoutons que le patois du Berry dit *breyer*, et que l'anglais *to bray*, broyer, est rattaché à l'anglo-sax. *brakan*.

BROYEUR. *Ajoutez :* || 2° *S. f.* Broyeuse, machine propre à broyer les plantes textiles. A cette exposition seront admises les broyeuses, les teilleuses, les égraineuses, et, en général, toutes les machines agricoles spécialement adaptées aux besoins de l'industrie des plantes textiles, *Journ. offic.* 28 avr. 1874, p. 2978, 2° col.

† **BRUC** (bruk), *s. m.* Nom, dans les Landes, du produit du nettoiement des plantations de pins, produit employé comme litière. || On le nomme aussi soutrage (voy. ce mot au Supplément).

BRUCELLES. — ÉTYM. *Ajoutez :* Dans le limousin de Nontron, *bruci*, pincer. M. Boucherie demande si *brucelle* ne proviendrait pas de *vulsella*, petite pince. M. Camille Chabaneau, *Rev. des langues romanes*, 2° série, t. I, p. 363, cite le verbe *brucir*, pincer, qui existe actuellement dans le parler méridional, et qu'il tire d'une forme fictive *vulsire*, dérivée de *vulsum*, supin de *vellere*, pincer. Cela est probable; en tout cas *brucelles* appartient incontestablement au même radical que *brucir*.

† **BRUGNONIER** (bru-gno-nié), *s. m.* Variété du pêcher (*persica lævis*, DC.) qui produit le brugnon.

† **BRÛLAGE.** *Ajoutez :* || 2° Action de brûler du vin pour en faire de l'eau-de-vie. Dans le Midi, il est toujours question de grands brûlages, et, dans cette prévision, les acheteurs [de spiritueux du Nord] montrent de la réserve, *Journ. offic.* 28 déc. 1874, p. 8628, 2° col. || 3° Action de brûler un combustible pour se chauffer ou s'éclairer. On comptait, entre autres [aux États-Unis], plus de 362 000 hectolitres [d'alcool], le tiers de la consommation française, pour le brûlage et l'éclairage, *Journ. offic.* 8 fév. 1874, p. 1096, 2° col.

BRÛLANT. *Ajoutez :* || 6° Qui brûle, qui consume par le feu. Le 22 janvier on a brûlé mon livre à la Haye; on doit aujourd'hui le brûler à Genève; on le brûlera, j'espère, encore ailleurs; voilà, par le froid qu'il fait, des gens bien brûlants, J. J. ROUSS. *Lett. à Mme Guyenet*, 6 fév. 1765.

BRÛLÉ. *Ajoutez :* || 10° Enchère brûlée, enchère précipitée, hâtée dans des intentions plus ou moins frauduleuses. Le second des moyens employés pour frauder la ville et voler les expéditeurs, consistait dans les adjudications précipitées faites à bas prix, soit à un complice, soit à un acquéreur qui avait donné une gratification.... ces enchères brûlées, suivant l'expression consacrée, soulevaient peu de réclamations; car on se serait aliéné les crieurs, dont l'influence sur le marché était prépondérante, *Gaz. des Trib.* 26-27 mai 1876, p. 510, 1ʳᵉ col. || On dit aussi : C'est brûlé, c'est trop cher, on n'en peut approcher.

† **BRÛLE-MAISON** (brû-le-mè-zon), *s. m.* Celui qui met le feu aux maisons. [Les écrivains qui, sous l'empire, ont] caractérisé l'éloquence comme une espèce de brûle-maison, de désordre continuel, VILLEMAIN, *Cours de littérature*, XVIII° s. 3° partie, p. 332 de l'ancienne édition, in-8°. || *Au plur.* Des brûle-maisons.

† **BRÛLE-PARFUM** (brû-le-par-fun), *s. m.* Vase dans lequel on brûle des parfums. Un brûle-parfum, avec dragons et nuages en relief, le couvercle formé par un dragon tortueux, *Journ. offic.* 23 déc. 1875, p. 10584, 3° col. Le brûle-parfum de l'empereur était en or massif et du poids de cinquante à soixante livres, HERVEY DE ST-DENIS, *Mém. sur le pays connu des anciens Chinois sous le nom de Fou-Sang*, p. 11, Paris, 1876. Les Chinois en font [du nickel] des ustensiles de différentes formes, des cuillers, des coupes, des brûle-parfums, *le Temps*, 9 avr. 1876, 2° page, 2° col. || *Au plur.* Des brûle-parfums.

BRÛLER. || 9° *Ajoutez :* || Au trésor et ailleurs, ne pas rappeler, écarter, mettre à néant les numéros qui ne répondent pas à l'appel, les articles dont on ne veut pas, etc. Il réclame à la compagnie [d'assurances contre l'incendie] le payement d'une série d'articles qu'il avait présentés à un journal, et qui, n'ayant pas été jugés bons pour l'insertion, ont, selon la formule connue, été brûlés, P. VÉRON, *Journ. amusant*, du 18 mars 1876. || 10° *Ajoutez :* || On dit que le tabac brûle noir, quand la faculté combustible y est peu développée. Le tabac d'Algérie brûle noir.

— ÉTYM. *Ajoutez :* Ce n'est pas seulement l'anc. esp. qui a la forme *uslar*; elle est aussi dans l'anc. français : XII° s. Un grant brandon de fu [il] geta, Qui bien ot deux toises de let; Trestout a Piercheval urlet Et le sourcil et le grenon, *Perceval le Gallois*, v. 39838. *Urlet* est pour *uslet*.

BRÛLERIE. || 1° *Ajoutez :* || Exploitation où l'on brûle des vins, des cidres, des marcs, des fruits, pour en faire de l'eau-de-vie, à la différence des distilleries où l'on tire de l'alcool des mélasses, des betteraves, des grains, etc. || 2° Action de brûler, de consumer par le feu. Il y a dans toutes ces brûleries [les Lettres de la Montagne brûlées à Genève, à la Haye] quelque chose de si niais et de si bête, qu'il faut être plus qu'enfant pour s'en émouvoir, J. J. ROUSS. *Lett. à M. D.* 7 fév. 1765.

BRÛLEUR. *Ajoutez :* || 3° Se dit de l'endroit d'un fourneau où la combustion s'opère. Je place sur un fourneau à gaz, dont le brûleur est à petits trous.... BOBIERRE, *Acad. des sc. Comptes rendus*, t. LXXX, p. 473. || 4° Terme de gazier. Bec de gaz. Rampe et appareil d'illumination formant une saillie spéciale, composés de tubes droits ou recourbés et sur lesquels sont greffés de petits brûleurs avec ou sans globe, *Tarif annexé au décret* du 28 juill. 1874 sur les droits de voirie à Paris. M. L. s'assura, avant de commencer les opérations, que tous les brûleurs de l'hôtel du Louvre étaient éteints, *Gaz. des Trib.* 16 juin 1876, p. 583, 3° col.

† **BRÛLOIRE** (bru-loi-r'), *s. f.* Boîte cylindrique de tôle, qu'on tourne sur un réchaud et qui sert à brûler le café.

† 2. **BRUMAILLE** (bru-mâ-ll'), *s. f.* Dans le département du Cher, grande brumaille, la bruyère à balais, *erica scoparia*, *Les Primes d'honneur*, p. 365, Paris, 1874.

† **BRUNISSANT, ANTE** (bru-ni-san, san-t'), *adj.* Qui est de couleur brune. Il n'est pas nuit, mais il n'est plus jour, et déjà les eaux brunissantes de la Néva annoncent l'heure du repos, DE MAISTRE, *Soir. de St-Pétersb.* 3° *entret.*

† **BRUNISSEMENT** (bru-ni-se-man), *s. m.* Action de devenir brun. Le brunissement de la chevelure, GUST. LAGNEAU, *Celtes*, Paris, 1873, p. 775.

† **BRUTAGE** (bru-ta-j'), *s. m.* Travail, dit aussi ébauche, qui consiste à dégrossir le diamant.

— ÉTYM. *Brut.*

† **BRUTISTE** (bru-ti-st'), *adj.* Usité dans cette locution : ferblantier brutiste, ferblantier qui fabrique les ustensiles de ménage en fer-blanc brut, *Opinion nat.* 3 mars 1876, 3° page, 4° col.

† **BRUXELLES** (bru-sè-l'), *s. f.* La capitale de la Belgique. || Point de Bruxelles, tulle de Bruxelles, sorte de tulle fait en vingt mouvements par maille, *Enquête, Tr. de comm. avec l'Anglet.* t. IV, p. 650.

BRUYÈRE. *Ajoutez :* || 5° Nom donné à la litière, de quelque végétal qu'on emploie le feuillage, que l'on dispose pour les vers à soie, lorsqu'ils se disposent à former les cocons. || 6° Racines de bruyère, souches avec lesquelles on fait des pipes. Quand les racines de bruyère peuvent être utilisées pour la confection des pipes, on obtient ainsi un certain rendement qui favorise les débroussaillements, *Enquête sur les incendies des forêts*, 1869, p. 78.

† **BRY** (bri), *s. m.* Nom, dans la Charente-Inférieure, de l'argile employée à la construction des digues; c'est une argile gris bleuâtre très-compacte, *Acad. des sc. Compt. rend.* t. LXXIII, p. 1224. || On écrit aussi bri. Saintonge : les terres des marais ou bri sont très-argileuses, noirâtres et fertiles, HEUZÉ, *La France agricole*, carte n° 5.

† **BUAILLE** (bu-â-ll', *ll* mouillées), *s. f.* Nom, dans l'Oise, de branchages, dits aussi faguette, servant au chauffage des fours, *les Primes d'honneur*, Paris, 1872, p. 70.

BUBE. *Ajoutez :* Il n'est point d'homme si bien composé, ni si sain, à qui quelquefois il ne sorte quelque pustule ou quelque bube, MALH. *Lexique*, éd. L. Lalanne.

2. **BÛCHER.** || 3° *Ajoutez :* Il arrive grand nombre de Lyonnais démocrates que.... l'espoir de bûcher bientôt le Directoire et la clique des d'Anglas attire à Paris, BABŒUF, *Pièces*, II, 107.

† **BÛCHERESSE** (bû-che-rè-s'), *adj. f.* Serpe bûcheresse, serpe qui sert aux bûcherons, *Gaz. des Trib.* 8 mars 1871.

† **BUCHETRON** (bu-che-tron), *s. m.* Nom, dans l'Indre, d'un vase en bois pour mettre le lait. Dans les petits ménages de l'Indre, on se sert encore du buchetron, employé indistinctement pour traire et pour baratter, *Journ. offic.* 3 fév. 1875, p. 915, 2° col.

† **BÛCHEUR** (bû-cheur), *s. m.* Terme populaire d'atelier. Celui qui travaille fort et ferme. || Il se

dit aussi, dans les colléges, d'un élève qui travaille assidûment.

BUDGET. *Ajoutez :* — REM. Budget est un peu plus ancien en français que les premières années du XIXe siècle, témoin cet exemple : Dans le nombre des écrits qu'ils produisirent (en 1764), on en distingue deux, dont l'un était intitulé le budget, et l'autre l'état de la nation, *Mém. sur l'administration des finances de l'Angleterre*, traduit de l'anglais, *Introduction*, p. III, Mayence, 1768. Quant à son application aux recettes et dépenses de l'État, on le trouve pour la première fois dans la loi du 25 avril 1806, qui est intitulée : Loi relative au budget de l'État pour l'an 14 et 1806. La définition officielle du budget est : Acte par lequel sont prévues et autorisées les recettes et les dépenses annuelles de l'État, ou des autres services que les lois assujettissent aux mêmes règles, *Décret du 31 mai 1862*, art. 5.

† **BUDGÉTAIREMENT** (bu-djé-tê-re-man), *adv.* Au point de vue du budget. Il était impossible, budgétairement.... qu'une masse aussi considérable d'hommes restât sous les drapeaux, *Journ. offic.* 27 juill. 1872, p. 5141, 3e col.

† **BUDGÉTER** (bu-djé-té), *v. a.* Porter, inscrire au budget. Les dépenses sont budgétées à 25 645 482 fr., Extr. du *Journ. de Genève*, dans *Journ. offic.* 3 fév. 1872, p. 780.

† **BUE** (bue), *s. f.* Nom, dans la Loire-Inférieure, d'une petite cruche à large ventre, employée surtout à mettre de l'eau.

— ÉTYM. Voy. BUIE.

BUFFET. — HIST. *Ajoutez :* XIIe s. Deus vassialx ont appareilliez D'esmeraldes bien entailliez, Toz pleins de basme et d'aloès ; Sor un bufet de gargatès Les ont assis en tel endreit, Que ses deus piez [du corps d'Hector] dedanz teneit, BENOIT DE SAINTE-MORE, *Roman de Troie*, v. 16723.

† 1. **BUFFETER.** *Ajoutez :* — REM. On a dit aussi buveter : Pour empêcher que les vins soient buvetés, défense aux déchargeurs de vins de percer les vaisseaux qu'ils déchargent, *Ordonn. de Louis XIV concernant la jurispr. des prév. des march.* XIII, 5. Buffeter et buveter ont le même sens, mais ne sont pas le même mot. Le premier se rattache à *buffet*, le second à *buveur*.

† **BUFFETIER** (bu-fe-tié), *s. m.* Celui qui tient un buffet dans une gare de chemin de fer. Il y a quinze ans, R..., buffetier à la gare de Saint-Rambert,... s'apercevait que des vols fréquents étaient commis à son préjudice, *Gaz. des Trib.* 16 août 1874, p. 784, 2e col.

BUFFLE. *Ajoutez :* — REM. Il faut supprimer la citation de M. Maury. Le buffle est originaire d'Asie, et n'a jamais été introduit en Amérique. C'est par erreur que l'on traduit par buffle le *buffalo* des Anglais ; il signifie le bison.

† **BUFFLÉ, ÉE** (bu-flé, flée), *adj.* Garni de buffle, à semelle de buffle. Chaussons de Strasbourg bufflés et non bufflés, *Etiquette chez un marchand*, juill. 1876.

† **BUFFLETIER** (bu-fle-tié), *s. m.* Celui qui fait de la buffleterie, BELMONDI, *Code des contrib. dir.* Paris, 1818, p. 118.

† **BUFFLONE** (bu-flo-n'), *s. f.* Femelle du buffle. La bufflone a pour principal rôle de produire le buffle ; accessoirement, elle donne quelques revenus par son lait et par les produits qui en dérivent ; la bufflone est beaucoup plus laitière que la vache, *Bulletin de la Soc. centrale d'agric.* mars 1873, p. 469.

BUGRANE. *Ajoutez :* || Bugrane, arbrisseau, *ononis fruticosa*. L., arbrisseau à grandes fleurs purpurines, MATHIEU, *Reboisement des Alpes*, Paris, 1875, p. 82.

† **BUHOT.** || 1e *Ajoutez :* Les étamines virées simples, autrement dites jaspées, auront la chaîne de 35 à 36 portées de 28 fils ou buhots chacune, *Arrêt du Conseil portant règlement pour les manufactures d'Amiens*, 17 mars 1717. || 3e En Normandie, buhot ou buhet, qui signifie sac ou étui, a pris le sens particulier de la corne, contenant de l'eau, que les faucheurs suspendent à leur ceinture, pour y placer leur pierre à aiguiser, H. MOISY, *Noms de famille normands*, p. 48.

† **BUHOTTE** (bu-o-t'), *s. f.* Nom, en Normandie, de la petite limace, H. MOISY, *Noms de famille normands*, p. 48.

† **BUISSONNANT, ANTE** (bui-so-nan, nan-t'), *adj.* Qui pousse en buisson. L'arbuste [brouté] n'en continue pas moins à vivre, il prend seulement l'aspect buissonnant, H. FARÉ, *Enquête sur les incendies de forêts*, p. 21.

† **BUISSONNEMENT** (bui-so-ne-man), *s. m.* Action de buissonner, de produire des buissons. Les prédilections des populations pour les mises en défends temporaires, les barrages, les digues, le gazonnement et le buissonnement, de préférence au reboisement proprement dit,... CHEVANDIER, *Journ. offic.* 18 janv. 1875, p. 453, 3e col.

† **BUISSONNER.** *Ajoutez :* || 3e Il se dit aussi des papillons et des oiseaux qui se retirent dans les buissons. Elle [une variété de papillons] ne buissonne pas, elle reste à l'extrémité des branches de moyenne hauteur, CARTERON, *Premières chasses, Papillons et oiseaux*, p. 55, Hetzel, 1866. C'est [le gorge-bleu] un oiseau solitaire à chant plaintif qui buissonne tout seul, ID. *ib.* p. 80.

† **BUISSONNET.** *Ajoutez :* — HIST. XVIe s. Ou pas à pas, le long des buissonetz, Allois cherchant les nids des chardonnetz, MAROT, *Œuvr.* t. I, p. 176. Une gaye bergere, à l'ombre d'un buissonnet, ses brebiettes gardoit, RAB. V, 7.

BUISSONNEUX. *Ajoutez :* || 2e Qui est en forme de buisson. C'est [le *pseudo-styrax hispidum*] un arbrisseau très-ramifié, buissonneux, à branches nombreuses.... *Rev. horticole*, 16 août 1875, n° 16, p. 307. Sous cette terre nue et rocailleuse de la truffière, au pied de ces chênes buissonneux qui forment à peine les rudiments d'un taillis,... J. E. PLANCHON, *Rev. des Deux-Mondes*, 15 avril 1875, p. 921. Quel que soit le prix d'une eau qui remue, d'un nuage qui vole, d'un arbre buissonneux que le vent tourmente, FROMENTIN, *les Maîtres d'autrefois*, p. 245.

— HIST. XVIe s. Traversant un long boys buissonneux et mal aysé à suivre les sentiers, *Don Flores de Grece*, f° CXLV, recto.

BUISSONNIER. — HIST. XVIe s. *Ajoutez :* Une putain buissonniere, MONT. II, 14.

† **BULBUL** (bul-bul), *s. m.* Nom du rossignol dans l'Orient.

— ÉTYM. Persan, *boulboul*, rossignol.

† **BULGARE** (bul-ga-r'), *s. m.* Idiome parlé en Bulgarie, et appartenant au rameau slave ; il a subi des altérations profondes. || Ancien bulgare, nom donné par Schleicher au slavon ecclésiastique.

† **BULLETINIER** (bu-le-ti-nié), *s. m.* Celui qui fait un bulletin dans un journal, *le National*, 24 nov. 1873.

— REM. On a dit autrefois bulletiniste. Voici ce qui peut avoir fourni le prétexte d'un aussi plat mensonge aux bulletinistes parisiens, BEAUMARCH. dans L. DE LOMÉNIE, *Beaumarchais et son temps*, t. II, p. 575.

† **BULL-TERRIER** (boul-tè-rié), *s. m.* Chien qui chasse le rat. Une grande battue dans laquelle ont été engagés dix bull-terriers du Jardin, a été immédiatement organisée,... le Jardin entretient pour cette chasse une véritable meute de ratiers pur sang,... *Journ. offic.* 22 oct. 1874, p. 7146, 3e col.

† **BULOT** (bu-lo), *s. m.* || 1e Nom du buccin sur les côtes picardes et normandes. || 2e Bulot à pattes, coquille de bulot habitée par un bernard-l'ermite.

† **BULU** (bou-lou), *s. m.* Sorte de bambou à bois si dur qu'il donne des étincelles sous la hache qui le coupe.

— ÉTYM. Malais, *boûlouh*, DEVIC, *Dict. étym.*

BURALISTE. *Ajoutez :* || 2e Recette buraliste, voy. RECETTE au Supplément.

2. **BURE.** *Ajoutez :* || Maître bure, puits d'extraction. || Bure aux pompes, puits d'épuisement. || Bure aux échelles, puits de descente. || Bure d'aérage, puits d'appel.

— REM. Dans le pays wallon, on fait aussi ce mot du masculin, et alors on l'écrit bur.

2. **BUREAU.** *Ajoutez :* — REM. J. J. Rousseau a nommé bureau à tabac ce que nous nommons aujourd'hui bureau de tabac (*Confess.* VIII et IX, t. XV, p. 172 et 232, édit. DUPONT, 1824).

BUREAUCRATIE. *Ajoutez :* — REM. Ce mot date de la moitié du XVIIIe siècle. Il [Gournay] en faisait [des bureaux] une quatrième ou cinquième forme de gouvernement sous le titre de bureaucratie, GRIMM, *Correspondance*, t. IV, p. 11 (1764). Le véritable esprit des lois en France est cette bureaucratie dont feu M. de Gournay se plaignait tant, ID. *ib.*

† **BUREAUCRATISER** (bu-rô-kra-ti-zé), *v. a.* Soumettre au régime bureaucratique. Si grave que fût cette dernière innovation au point de vue financier, je ne m'y arrêterais pas, si les dispositions de la loi de 1869 n'avaient eu pour résultat de bureaucratiser le service des enfants assistés, suivant une expression très-juste de M. Husson, l'ancien directeur de l'Assistance publique, O. D'HAUSSONVILLE, *Rev. des Deux-Mond.*, 1er oct. 1876, p. 488.

† **BUREAUMANIE** (bu-rô-ma-nie), *s. f.* Manie de tout faire par les bureaux. Feu M. de Gournay [Gournay est mort en 1795], excellent citoyen, disait quelquefois : « Nous avons en France une maladie qui fait bien du ravage ; cette maladie s'appelle la bureaumanie, » GRIMM, *Correspondance*, t. IV, p. 11 (1764).

† **BURET** (bu-rè), *s. m.* Nom, en Normandie, du toit à porc ou porcherie, H. MOISY, *Noms de famille normands*, p. 60.

— ÉTYM. Le même que *buron* (voy. ce mot).

† **BURGUET** (bur-ghè), *s. m.* Ancien nom, dans le département du Nord, d'un puisard. Attendu qu'il conste qu'Anthoine-Guillaume a par requête remonstré et supplié le magistrat [de Lille] qu'il lui soit accordé de pouvoir faire une voussure sous le flégard au-devant de sa maison, et qu'il lui soit permis en outre de faire faire un burguet joignant à sa dite maison pour prendre en ladite voussure, *Gaz. des Trib.* 6 sept. 1876, p. 869, 4e col. Leurs burguets, puisoirs, *ib.* Que cependant et jusqu'en 1794 notamment, la ville n'a pas moins continué comme par le passé à accorder des permissions d'établir un certain nombre de burguets, *ib.* p. 870, 1re col.

— ÉTYM. Bas-lat. *burca*, *burga*, cloaque (voy. aussi DU CANGE au mot *burgum*).

† **BURINEUR** (bu-ri-neur), *s. m.* || 1e Ouvrier qui burine, qui emploie le burin. || 2e Instrument qui remplit l'office de burin. Ces mêmes outils glissants dont nous avons déjà parlé, les uns limeurs et burineurs dans divers sens, les autres mortaiseurs, coupeurs et perceurs dans la direction verticale, etc. PONCELET, *Travaux de la commission française sur l'industrie des nations*, t. III, p. 64.

† **BURLE** (bur-l') *s. f.* Terme vieilli. Plaisanterie, moquerie. Je crains, s'il trouve la fenêtre fermée, contre la parole qu'il a reçue d'elle, qu'il ne s'en aille, pensant que ce soit une burle, CYRANO, *Péd. joué*, III, 5.

— ÉTYM. Ital. *burla*, bourde.

BURLESQUE. *Ajoutez :* — REM. Bouhours, *Doutes sur la langue française*, p. 51, dit : « Burlesque, dont M. Sarasin se vantait d'avoir usé le premier. » Sarasin se trompait, mais peut-être avait-il raison pour la vogue assurée au mot *burlesque* dans la première moitié du XVIIe siècle.

† **BURONIER** (bu-ro-nié), *s. m.* Se dit, en Auvergne, du berger qui habite un buron, *Les Primes d'honneur*, Paris, 1870, p. 533. C'est à cette heure [le matin] que les buroniers et les bergers s'appellent et se saluent de montagne en montagne [en Auvergne], HEUZÉ, *la France agric.* p. 17

† **BURSAIRE.** *Ajoutez :* À Pondichéry, les vases à conserver l'eau prennent une forme bursaire qui n'est pas sans élégance.... *Journ. offic.* 24 août 1873, p. 5546, 1re col.

† 2. **BUSE.** *Ajoutez :* || 2e Canal en bois. Pour ne pas dessécher complétement le bief [de la Bièvre], situé entre la rue Geoffroy-Saint-Hilaire et le bureau de l'hôpital, les ingénieurs établirent sous la voûte de l'égout collecteur une buse en bois dont le débit peut être réglé à volonté et au moyen de laquelle on effectue le remplissage du bief, *Gaz. des trib.* du 17 sept. 1873, p. 894, 4e co.. L'égout Montmartre, qui traversait le fossé dans une de ces auges de bois que l'on nomme techniquement une buse, MAXIME DU CAMP, *Rev. des Deux-Mondes*, 1er juil. 1873, p. 8. || 3e Terme de génie militaire. Buse de gabions, réunion d'un certain nombre de gabions placés bout à bout, et traversés par une perche. On construit des ponts militaires avec des gabions ainsi disposés.

2. **BUSQUER** (bu-ské), *v. a.* Busquer fortune, voy. FORTUNE, n° 2.

— ÉTYM. Esp. *buscar*, chercher.

† **BUSSE.** *Ajoutez :* || Busse d'Anjou, contenant 269 litres.

— HIST. XVIe s. Pour pippe ou bus, MANTELLIER, *Glossaire*, Paris, 1869, p. 15.

† **BUSSERIE** (bu-se-rie), *s. f.* Nom donné, dans l'Indre, au merrain destiné à Issoudun, *les Primes d'honneur*, Paris, 1873, p. 226.

BUT. || 4e *Ajoutez :* || Être à but, se dit de personnes qui n'ont aucun avantage l'une sur l'autre. Pour qu'un homme pût se plaindre avec raison de l'infidélité de sa femme, il faudrait qu'il n'y eût que trois personnes dans le monde ; ils seront toujours à but, quand il y en aura quatre, MONTESQ. *Lett. pers.* 38.

BUTTÉE. *Ajoutez :* || 2e Buttée des terres, résistance qu'oppose un massif de terre à une force qui tend à le refouler.

† 2. **BUTTOIR.** || 2e Obstacle mis pour arrêter,

La locomotive alla donner avec violence contre le buttoir [dans la gare de Gand], qui fut, malgré sa force énorme, culbuté sous le choc, *Journ. offic.* 3 mai 1876, p. 3060, 1re col.

† BUVANTE (bu-van-t'), *s. f.* Nom donné, dans la Gironde, à la piquette, *les Primes d'honneur*, Paris, 1870, p. 432.

† BUVERIE (bu-ve-rie), *s. f.* Réunion, partie où l'on boit. La brasserie Lang fut une des premières où l'on vit s'organiser les longues buveries, s'installer les buveries fourmillantes, où, à certaines heures, il n'y avait plus place pour un coude sur la table de chêne, MAXIME RUDE, *l'Opinion nationale*, 14 juillet 1876, p. 3, 4e col.

— ÉTYM. *Buveur. Buverie* est un demi-néologisme; l'ancienne forme est *beuverie* (voy. au Supplément).

† BUVETER (bu-ve-té), *v. n.* Voy. BUFFETER.

BUVETTE. *Ajoutez :* || 4° Nom, dans l'Oise, d'une boisson faite avec le marc de raisin, *les Primes d'honneur*, Paris, 1872, p. 68. || 5° Sorte de casier dont les compartiments reçoivent des flacons, et qu'on place sur les comptoirs des cafés, des liquoristes, etc.

BUVEUR. *Ajoutez :* || 6° Le buveur, la buveuse, sorte de papillon, *bombyx potatoria*.

† BYZANTINISME (bi-zan-ti-ni-sm'), *s. m.* Néologisme. État d'un peuple, d'une assemblée où les querelles sur des objets futiles occupent ou divisent les esprits, pendant que les dangers extérieurs sont menaçants.

— ÉTYM. Empire *byzantin*, où l'on se livrait à de futiles querelles religieuses, tandis que les Ottomans attaquaient victorieusement l'empire et la ville de Byzance, ancien nom de Constantinople.

C

C. *Ajoutez :* || 4° Le C doré, *noctua* C *aureum*, le C blanc, *papilio* C *album*, espèces de papillons.

ÇÀ. *Ajoutez :* || 7° Çà bas, sur la terre où nous sommes; locution vieillie. Amoureux Jupiter, que ne viens-tu çà bas? RÉGNIER, *Élég.* IV. Dans le ciel autant de biens que vous en faites çà bas, *id. Ép. dédic.*

† CABALISME (ka-ba-li-sm'), *s. m.* Sentiment de celui qui suit la cabale des juifs. Marque certaine de mon cabalisme, que je m'étonne qui lui soit échappée, BAYLE, *la Cabale chim.* p. 138.

† CABAN. *Ajoutez :* || 3° Demi-caban, caban sans manches. Trois à quatre mille demi-cabans, sans manches.... DE PEYSSONNEL, *Traité sur le commerce de la mer Noire*, II, 134, Paris, 1767.

CABANE. *Ajoutez :* || 6° Une ferme, dans l'Aunis, et la Vendée, *Gloss. aunisien*, la Rochelle, 1870, p. 80.

† CABANIER (ka-ba-nié), *s. m.* Dans l'Aunis et la Vendée, fermier.

† CABARER. *Ajoutez :* Sous la cuve matière, il y en a une autre plus petite que l'on nomme reverdoir, et dans laquelle est équipée une pompe à chapelet, qu'on appelle pompe à cabarer, *Dict. des arts et mét.* Amsterdam, 1767, *Brasseur*.

CABARETIER. — HIST. XIVe s. *Ajoutez :* A Lambin Coupliel, cabareteur.... CAFFIAUX, *Régence d'Aubert de Bavière*, p. 57.

CABAS. — HIST. XVe s. *Ajoutez :* Ainsi comme on bat le cabas [fait danser l'anse du panier] A ceulx qui ne scevent le prix Du marché.... E. DESCH. *Miroir de mariage*, p. 68.

— ÉTYM. *Ajoutez :* M. Defrémery, *Revue crit.* 18 déc. 1868, p. 408, a indiqué l'arabe *gafas*, cage, panier; cela met à néant les conjectures.

CABASSET. *Ajoutez :* — REM. Le cabasset était proprement un casque à bords larges et très-abaissés qui, au XVIe siècle, était porté par les piquiers.

CABINET. *Ajoutez :* || 10° Cabinet d'eau, dans l'établissement de certaines roues hydrauliques, conduit fermé par lequel passe l'eau de la chute avant d'arriver sur la roue.

† CABIRES (ka-bi-r'), *s. m. pl.* Primitivement, dieux inférieurs adorés à Lemnos, à Imbros, en Samothrace, comme fils de Vulcain, identifiés plus tard avec les divinités supérieures dont ils étaient les acolytes dans les mystères de la Samothrace.

— ÉTYM. Κάβειροι. D'après M. Albert Réville, ce nom est sémitique, *kebirim*, les êtres grands de taille, les robustes ou les héros, *Rev. des Deux-Mondes*, 15 mai 1873, p. 385.

† CABIRIES (ka-bi-rie), *s. f. pl.* Fêtes instituées en l'honneur des Cabires.

† CÂBLAGE (kâ-bla-j'), *s. m.* Opération par laquelle on réunit à six brins les fils, *Enquête, Traité de comm. avec l'Anglet.* t. IV, p. 335.

1. CÂBLÉ. *Ajoutez :* || 4° Se dit de fils réunis à six brins. Le métier continu est préféré pour les retors deux brins destinés à être câblés, c'est-à-dire réunis à six brins, *Enquête, Traité de comm. avec l'Anglet.* t. IV, p. 327. La conversion d'un fil simple en fil câblé propre à la couture, *ib.* t. IV, p. 344. || Cotons câblés. Nous appelons cotons retors les cotons qui, assemblés en deux, trois ou un plus grand nombre de fils, n'auront subi qu'une seule opération de retordage; et câblés ceux qui, après cette première opération de retordage, sont de nouveau réunis en deux ou un plus grand nombre de fils et retordus à nouveau, *ib.* t. IV, p. 772.

CABOCHE || 4° Nom donné, dans l'administration des tabacs, aux têtes des feuilles de tabac réunies en bouquets ou manoques. Les côtes et caboches indigènes, les caboches exotiques et les poussières et robuts peuvent être détruits sans autorisation spéciale, *Arrêté du direct. gén. des tabacs*, 9 août 1862, art. 244.

— HIST. XVIe s. *Ajoutez :* Pour millier de caboches [clous à grosses têtes], MANTELLIER, *Gloss.* Paris, 1869, p. 15.

CABOCHON. *Ajoutez :* || 3° Clous à cabochon, ou, simplement, cabochons, sorte de clous. Clous de cuivre à cabochon, dont nos tapissiers se servent, et que les Tartares emploient pour mettre à l'entour de leurs selles, DE PEYSSONNEL, *Comm. de la mer Noire*, I, 329. Quatre à cinq caisses de vitres à cabochons de Constantinople pour les bains, ID. *ib.* II, 108.

† CABOT (ka-bo), *s. m.* Variété de chien. Dernièrement, le docteur trouva dans la rue un malheureux chien, de l'espèce dite cabot, qui avait une patte écrasée, *le Rappel*, 11 janv. 1875.

CABOTER. — ÉTYM. *Ajoutez :* M. Ch. Berthoud, *Journ. de Genève*, 3 déc. 1874, dit : « J'ai rencontré un Américain du Nord, appartenant à la famille des grands navigateurs du XVIe siècle, Jean et Sébastien Cabot.... il m'apprit que, d'après une tradition de famille, le mot de *caboter* se rattachait au nom de ses ancêtres. » Cette tradition couperait court à toute conjecture.

CABOTIER. *Ajoutez :* || 2° Adjectivement, cabotier, cabotière. Barque cabotière et, substantivement, une cabotière. Un certain nombre de barques cabotières chargées de blé séjournent sur la rivière d'Eure.... ce que je crois nécessaire, c'est de ne point laisser séjourner les cabotières ni à Nogent ni à aucun autre endroit sur la rivière, BOISLISLE, *Corresp. contrôl. gén. des finances*, p. 324, 1693.

CABOTIN. — ÉTYM. *Ajoutez :* M. Éman Martin (*Courrier de Vaugelas*, 15 juillet 1875, p. 42) conteste l'étymologie par *caboter*; il a raison, d'autant plus qu'il indique la vraie étymologie : elle est dans ce passage, qu'il emprunte à M. Édouard Fournier, *Chansons de Gaultier Garguille*, Préface, LXXVI. « Les farceurs au nom roturier ont survécu davantage.... les comédiens de bas étage qui s'en vont, comme on dit, rôtir le balai dans les provinces, avaient déjà un patron tout baptisé, le sieur Cabotin, célèbre opérateur nomade, qui, en même temps que tous les gens de son métier, était tout ensemble *impresario* et charlatan, vendait des drogues, et jouait des farces. » On voit que *Cabotin* est un nom propre qui est devenu générique. M. Éman Martin ajoute que, comme cette préface est consacrée à l'histoire de notre théâtre avant 1660, *cabotin*, dans le sens de mauvais acteur, quoique ne se trouvant pas dans Trévoux (1771), pourrait très-bien dater de la seconde moitié du XVIIe siècle.

† CABOULOT (ka-bou-lo), *s. m.* Terme d'argot. Débit de prunes à l'eau-de-vie et de liqueurs. Une nouvelle ordonnance de police interdit aux propriétaires de caboulots de recevoir, à quelque heure de jour et de nuit que ce soit, aucun jeune homme portant un uniforme de lycée ou de pension, *Patrie*, 5 déc. 1872.

† CABREMENT (ka-bre-man), *s. m.* Néologisme. Action de se cabrer. C'est avec un hennissement de colère et un cabrement subit qu'ils [les chevaux sauvages de l'*Agro romano*] éloignent les téméraires, ROLLER, *Rev. des Deux-Mondes*, 15 janvier 1872, p. 380.

CABRIOLE. *Ajoutez :* — REM. On remarquera dans l'exemple de la Bruyère capriole au lieu de cabriole; mais ce n'est pas le seul archaïsme de ce passage. La Bruyère a dit : Qui passe la capriole Tel est du moins le texte des anciennes éditions ce sont les éditions modernes qui *ont* mis : Qu'fasse la cabriole.

CABRIOLET. || 6° Petit chariot employé dans les fonderies pour transporter les bouches à feu d'un point à un autre. || 7° Corde à nœuds terminée par deux morceaux de bois que les agents de police emploient pour lier les mains des détenus. Le garde qui devait l'accompagner lui a passé autour du poignet une sorte d'instrument qui porte le nom de cabriolet et qui consiste en une corde à nœuds terminée par deux morceaux de bois, *Journ. offic.* 24 juin 1876, p. 4477, 3e col.

† CABROUET. *Ajoutez :* Plusieurs personnes dévouées s'étaient saisies du mortier porte-amarre de la société humaine et l'avaient transporté dans un cabrouet vers la tête de la jetée, *l'Opinion nationale*, 4 janv. 1869.

† CABUSSIÈRE (ka-bu-siè-r'), *s. f.* Dans les étangs de Cette, filet à prendre les canards sauvages et les macreuses, *Statistique des pêches maritimes*, 1874, p. 115.

† CACAHUET (ka-ka-ou-è), *s. m.* Arachide ou pistache de terre. Cacahuets grillés à dix sous le cornet, *Étiquette placée dans la boutique d'un marchand de produits d'Espagne.*

— ÉTYM. Ce doit être un mot espagnol, car, en cette langue, *cacáhual* signifie cacaoyère, et *cacahuete*, cacaotier.

1. CACATOIS. *Ajoutez :* — ÉTYM. Malais, *kakatoua*, nom qui n'est d'ailleurs que la figuration ou l'onomatopée du cri ordinaire de l'oiseau, DEVIC, *Dict. étym.* || Voy. KAKATOÈS.

† CACHALOTIER (ka-cha-lo-tié), *adj. m.* Qui est relatif à la pêche du cachalot. Tout capitaine de navire cachalotier ... *Ordonnance du 10 août 1841, art.* 5.

† CACHE-FOLIE (ka-che-fo-lie), *s. m.* Toupet destiné à cacher la première calvitie. Marchandises en cheveux : nattes, berthes, repentirs, cache-folies, postiches, chignons nattés, coques, crêpés pour rouleaux, *Gaz. des Trib.* 27 fév. 1876, p. 198, 3e col.

† CACHEMIRIEN (ka-che-mi-riin), *s. m.* Langue parlée dans le Cachemir, et dérivée du sanscrit.

† CACHE-POT. || 1° *Ajoutez :* || Il y a aussi des cache-pots de faïence, de porcelaine, de bois, etc. || 2° *Ajoutez :* || Fig. A cache-pot, en cachette.

† CACHE-POUSSIÈRE (ka-che-pou-siè-r'), *s. m.* Pardessus d'étoffe légère, pour garantir les habits. Cache-poussière, vêtements pour bains de mer et voyages, *Gaz. des Trib.* 1er juil. 1876, p. 646.

CACHER. — ÉTYM. *Ajoutez :* Il faut noter qu'en limousin *cachá* signifie cacher et aussi écraser, écacher; ce qui rattache les deux mots *cacher* et *é-cacher*.

† CACHEUR. *Ajoutez :* || 3° Ouvrier fendeur ou

scieur de corne, qui débite la corne en plaques pour la tabletterie, la coutellerie.

† CACHOLONG. *Ajoutez :* — ÉTYM. *Cach*, fleuve voisin des Calmucks de Bukarie, et *cholon*, pierre dans la langue des Calmucks, BRONGNIART, *Minéral.* 1807, t. I, p. 303.

CACHOTTERIE. *Ajoutez :* Quelle faiblesse de mettre votre confiance (il faut dire le mot) dans de petites cachotteries plus propres à nouer une intrigue de cour.... BOSS. *Rem. réponse*, VIII, 5, 17.

CACHOU. *Ajoutez :* || 2° Adjectivement. Qui est de couleur de cachou. Un lot de bas de laine pour femmes, gris et cachou, *Journ. offic.* 10 janv. 1875, p. 240.

CACIQUE. *Ajoutez :* || Fig. et par plaisanterie. Il se retrouva [en rêvant] à sa sortie de l'École normale, dans un restaurant du Palais-Royal, où ses camarades de promotion fêtaient leur ancien cacique, reçu le premier à l'agrégation; et ce cacique triomphant, c'était lui, A. THEURIET, *Revue des Deux-Mondes*, 15 avr. 1876, p. 723.

† CACODÉMON (ka-ko-dé-mon), *s. m.* Terme d'antiquité. Un mauvais démon, un mauvais esprit. Si personne n'a vu ni farfadets ni démons.... ni cacodémons, on a vu souvent des prédictions d'astrologues réussir, VOLT. *Dict. phil. Astrologie.*

— ÉTYM. Κακοδαίμων, de κακὸς, mauvais, et δαίμων, démon.

CACOGRAPHIE. — HIST. XVI° s. *Ajoutez :* Blamez en [de ce que l'orthographe de Meigret n'est pas suivie dans un livre de Meigret] l'imprimeur qui a preferé son gain à la raison, esperant le faire beaucoup plus grand et avoir plus prompte despesche de sa cacographie que de mon orthographie, MEIGRET, dans LIVET, *la Gramm. franç.* p. 141.

† CACOLET. *Ajoutez :* || 2° Appareil semblable aux cacolets des Pyrénées, qui est employé aux armées pour le transport des malades et des blessés.

† CACOMITE (ka-ko-mi-t'), *s. f.* Plante mexicaine dont l'oignon donne une farine nourrissante, CORTAMBERT, *Cours de géographie*, 10° éd. Paris, 1873, p. 688.

† CACOUAC (ka-kouak), *s. m.* Nom de dérision donné aux encyclopédistes et aux philosophes du XVIII° siècle par leurs adversaires. Moreau publia en 1757 un pamphlet contre les philosophes intitulé : Mémoires pour servir à l'histoire des cacouacs. En 1758 parut le Catéchisme des cacouacs, que l'on attribua à l'abbé Giry de Saint-Cyr, de l'Académie française. Voltaire et d'Alembert acceptèrent ce sobriquet, qui se retrouve souvent dans leurs lettres.

† CADASTRATION (ka-da-stra-sion), *s. f.* Action de cadastrer. On ne saurait éviter des dépenses énormes, dépenses dont vous pouvez juger par ce qu'ont coûté les travaux faits pour la cadastration d'un seul canton, *Journ. offic.* 9 janv. 1875, p. 190, 1re col.

CADAVRE. *Ajoutez :* || 3° Dans l'ancien droit criminel, procès au cadavre, procès que l'on faisait en certains cas au corps d'un homme décédé. Le procès ne pourra être fait au cadavre ou à la mémoire du défunt, si ce n'est pour crime de lèse-majesté divine ou humaine.... duel, homicide de soi-même, ou rébellion à justice avec force ouverte dans le rencontre de laquelle il [le défunt] aura été tué, *Ordonnance criminelle de* 1670, titre 22, art. 1. || Curateur au cadavre, personne chargée de la défense dans le procès au cadavre. Pour cet effet [le procès au cadavre], le juge... ordonne que le cadavre sera rapporté à la prison, en fait faire la reconnaissance et le fait saler ou embaumer pour le conserver; après quoi il nomme d'office un curateur au cadavre du défunt, POTHIER, *Traité de procéd. crim.* (Note communiquée par M. Du Bois, avocat à Gand.) || 4° Fig. Arbres morts. Arbres dépouillés de verdure, Malheureux cadavres des bois, J. B. ROUSSEAU, *Cantate contre l'hiver*. Tandis que le courant du milieu entraîne vers la mer les cadavres des pins et des chênes, CHATEAUBR. *Atala, prologue.*

CADEAU. *Ajoutez :* — REM. Au XVII° siècle, cadeau était si loin d'avoir pris le sens de petit présent, que, dans une même phrase, Molière oppose l'un à l'autre : Les visites fréquentes ont commencé; les déclarations sont venues ensuite, qui, après elles, ont traîné les sérénades et les cadeaux, que les présents ont suivis, *Bourg. gent.* III, 18.

† CADÉDIS (ka-dé-dis'), *s. m.* Jurement qu'on met habituellement dans la bouche des Gascons. || On dit aussi cadédiou.

— ÉTYM. *Cap*, tête, *de Dis*, de Dieu.

CADET. *Ajoutez :* || 5° Fusil cadet, fusil ainsi nommé à cause de sa valeur médiocre. Fusils simples dits cadets, pour exportation, ordinaires pour hommes, *Enquête, Traité de comm. avec l'Anglet.* t. II, p. 42.

† 1. CADETTE. *Ajoutez :* || 2° A Lyon, dalle étroite qui, avant l'installation des trottoirs des rues, longeait la maison et abritait des eaux sales de la rue les soupiraux des caves.

† CADIE (ka-die), *s. f.* Arbrisseau (famille des cæsalpiniées) originaire d'Arabie qu'on cultive chez nous en serre chaude.

— ÉTYM. Arabe, *qadi*, nom de cet arbuste.

† CADRILLAGE, *s. m.* Voy. QUADRILLAGE.

CAFARD. — ÉTYM. *Ajoutez :* M. Félix Bovet, qui combat à la fois l'étymologie par l'arabe *kâfir*, et par le bas lat. *caphardum*, tire *cafard* de *cathare*, nom d'hérétiques du moyen âge (*cathares* voulait dire les purs, du grec καθαροί). « C'est, dit-il, un sobriquet populaire, qui aura été dans la bouche du peuple longtemps avant d'être écrit et dont par conséquent l'orthographe aura suivi la prononciation. Or le θ (dans καθαρός) se prononce chez les Grecs d'une manière qui ressemble à s'y méprendre, non pas au *th* anglais comme on le dit souvent, mais bien plutôt à notre *f*. En russe *Théodore* est devenu *Féodor* et *Fédor*, et j'ai été frappé en Grèce d'entendre des Français illettrés prononcer le *Thèbes* comme s'il était écrit *Fiva*. » Il est difficile d'admettre l'opinion de M. Bovet; ce qui la réduit toujours à être une conjecture, c'est qu'elle ne rend compte ni de l'interruption qu'aurait subie *cathare* (*cafard* ne paraissant qu'au XVI° siècle), ni de la présence du *d*. D'un autre côté M. G. d'Eichthal suggère que le *cafard* bigot pourrait bien dériver, pour la couleur et les mœurs cachées, du *cafard* grillon, de l'allem. *Käfer*, même sens. Ce rapprochement est inadmissible; mais il se pourrait en effet que l'emploi ancien de *cafard* appartînt à l'insecte, et que, au XVI° siècle, les réformés en eussent fait une application haineuse aux religieux catholiques. Dans cette hypothèse, le cafard grillon aurait été ainsi nommé, à cause de sa couleur noire, du bas-lat. *caphardum*, sorte de vêtement universitaire.

† CAFARDAGE (ka-far-da-j'), *s. m.* Langage de cafard. Ils [les Neuchâtelois] remplirent leur Mercure d'inepties et du plus plat cafardage, qui, tout en faisant rire les gens sensés, ne laissaient pas d'échauffer le peuple, J. J. ROUSS. *Confess.* XII, 2° part.

CAFÉ. *Ajoutez :* || 6° Populairement, un café, une demi-tasse de café. Intrépide, et soutenu d'ailleurs par trois cafés pris avant de venir, il se débattait au milieu des autres, G. FLAUBERT, *l'Éduc. sentimentale*, t. II, p. 110. || 7° Café de figues, figues torréfiées et moulues. Monsieur, vous m'avez référé des doutes qui se sont élevés dans l'esprit du service au sujet du régime applicable à un produit importé de Suisse sous la dénomination de café de figues et qui consiste en figues torréfiées et moulues, sans mélange de sucre ou de mélasse, *Lett. commune, Douanes*, 1er mars 1876, n° 203. || 8° Arbre à café (*coffee-tree* des Américains), le *gymnocladus dioica*, BAILLON, *Dict. de bot.* p. 247. || 9° Café chantant, café où l'on fait entendre des chanteurs. || Café-concert, café où l'on fait entendre des concerts. Le café-concert a sur le théâtre l'immense avantage du cigare, de la bière, du coude sur la table, E. TEXIER, *Siècle*, 7 avril 1867. || 10° Populairement et fig. Monsieur prend son café, c'est-à-dire vous vous amusez à mes dépens.

Ajoutez : — REM. 1. Le premier café établi à Marseille date de 1671; en 1672 fut fondé le premier café parisien, au quai de l'École; en 1716, il y avait déjà dans la capitale trois cents établissements de ce genre, M. DE LESCURE, *Journ. offic.* 17 nov. 1875, p. 9405, 3° col. Huet parle des cafés comme très répandus : Une étude assidue les obligerait à sortir de leur crasse, à quitter leur vie molle, les douceurs de leur fainéantise, le verbiage et les fadaises de leurs cafés..., *Huetiana*, p. 2. || 2. Avant de dire *café* tout court en parlant d'un établissement public où l'on prend du café, on a dit *maison de café*, comme on disait aussi maison de chocolat. La première boutique de librairie, ou la première maison de café qui se présente, BAYLE, *Avis aux réfugiés*. || 3. Vers la fin du XVII° s. l'orthographe des mots café et chocolat n'était pas encore fixée. Du Guet écrivait à Mme des Rieux : Ni le caphé ni le chocolate ne sont propres à votre estomac, SAINTE-BEUVE, t. V, livre VI, 8. || 4. La locution : fort de café, vient de ce que les personnes qui prennent du café au lait, disent, lorsque c'est le cas, qu'il est trop fort, trop chargé de café.

— ÉTYM. Arabe, *kahoua* (prononcé à la turque *kahvé*), qui désigne la liqueur et non le fruit, DEVIC, *Dict. étym. Kahoua* a été longtemps un des noms du vin, d'après M. Dozy, qui ajoute : Quand on considère que le vrai moka est une liqueur enivrante, on s'explique pourquoi on lui a donné ce nom.

† CAFOTIN (ka-fo-tin), *s. m.* Nom de petits pots de terre renfermant de la braise allumée sur laquelle brûle de la résine; ces petits pots, portés par des enfants, sont balancés à la manière d'un encensoir, dans la fête des allumoirs, à Roubaix (voy. ALLUMOIR au Supplément), *le Temps*, 29 sept. 1876, 3° page, 4° col.

CAGE. *Ajoutez :* || 7° Terme d'artillerie. Verser en cage, voy. VERSER, n° 13. Les chevaux, effrayés par les projectiles, se dérobent, et le canon verse en cage, *Campagnes de l'armée d'Afrique par le duc d'Orléans, publiées par ses fils*, 1870, p. 337. Une autre pièce fut versée en cage, obstrua le passage et arrêta quelque temps le mouvement de retraite, H. GAIDOZ, *Rev. des Deux-Mondes*, 1er août 1874, p. 506.

† CAGER (ka-jé), *s. m.* Nom, dans l'Aveyron, de cages en bois où l'on fait les expéditions de fromages de Roquefort, *les Primes d'honneur*, Paris, 1869, p. 398.

CAGNARD. *Ajoutez :* || 3° Nom, en Normandie, du réchaud, H. MOISY, *Noms de famille normands*, p. 52. || 4° Jeter aux cagnards, locution qui n'est plus usitée et qui signifie abandonner avec mépris. Je ne me rappelle pas bien les preuves; mais il s'ensuivrait que les gens de génie sont détestables, et que, si un enfant apportait en naissant, sur son front, la caractérisque de ce dangereux présent, il faudrait ou l'étouffer ou le jeter aux cagnards, DIDER. *Neveu de Rameau*, éd. Assézat, t. V, p. 393. || Jeter aux cagnards et, mieux, jeter au cagnard, c'est jeter dans le lieu, sous les ponts de Paris, où les fainéants, les vagabonds se réunissaient (voy. CAGNARD à l'historique).

† CAGNE (ka-gn'), *s. f.* Mauvais chien. Dans la bonté des chiens il y a des bizarreries inouïes; les disgraciés sont quelquefois les intelligents; et, dans la même portée, il y a trois cagnes pour un bon chien, CARTERON, *Premières chasses, Papillons et oiseaux*, p. 39, Hetzel, 1866. Un chasseur exposa un griffon; qu'était ce griffon? il passait les perdrix disséminées.... la moindre chaleur le mettait sur les dents! ce n'était plus qu'une belle cagne, ID. *ib.* p. 38.

— ÉTYM. Lat. *canis*, chien. *Cagne* est masculin dans la basse Bourgogne.

† CAGNER (ka-gné), *v. n.* Terme populaire. Faire la cagne, reculer devant une besogne difficile ou dangereuse.

† CAGNOTTE (ka-gno-t'), *s. f.* || 1° Petite cuve ou cuvier propre à fouler la vendange; usité dans le département de Lot-et-Garonne. || 2° Vase ou corbeille où des joueurs jettent de l'argent qu'ils sont convenus de payer à certains coups. || Nom donné à la somme ainsi recueillie.

CAGOT. *Ajoutez :* — REM. Scarron, *Virg.* IV, a dit cagous en parlant des cagots des Pyrénées : Sales magasins de vermine, Enfin véritables cagous.

† CAGOTEMENT (ka-go-te-man), *adv.* D'une manière cagote. Nous ne sommes pas assez cagotement imbéciles pour.... *Lett. du P. Duchêne*, 15° *lettre*, p. 7.

† CAGOU (ka-gou), *s. m.* Nom d'un oiseau de la Nouvelle-Calédonie, de la famille des échassiers; il ne vole pas, ses ailes ne lui servant qu'à accélérer sa course. M. le comte Vignes a fait don au Muséum de vingt-six couples d'oiseaux des plus rares, et entre autres d'une paire de cagoux; c'est la première fois que ces oiseaux, qui appartiennent à la famille des échassiers, ont pu être rapportés vivants de la Nouvelle-Calédonie; haut de trente centimètres environ, le cagou est gris cendre, *Journ. offic.* 2 février 1875, p. 884, 1re col.

CAGOUILLE. *Rédiger ainsi l'article:* || 1° Nom, dans l'Angoumois et la Saintonge, du colimaçon. || 2° Fig. Ancien terme de marine. Volute ornant le haut de l'éperon d'un vaisseau.

— ÉTYM. Provenç. moderne, *cacalauda*; languedocien, *cagaraula*.

CAHIER. — HIST. *Ajoutez :* XII° s. Se vousisse [si je voulais] lor faiz escrire, Trop lunge chose fust à dire; En treis quaers de parchemin N'en veulsse je pas à fin, BENOIT, *Chronique*, t. III, p. 240, v. 37542.

— ÉTYM. *Ajoutez :* D'après M. Gaston Paris, *Mém. de la Soc. de linguist.* t. I, p. 285, *cahier*, dont l'orthographe devrait être *quaier*, est pour *quaiern*, comme *enfer* pour *enfern*, et répond au provenç. *caern*, catal. *cuern*, espagn. *cuaderno*, ital. *quaderno*, du lat. *quaternum :* réunion de quatre feuilles. Cela doit être adopté et donne plus de précision à la discussion qui est dans le Dictionnaire sur l'origine de ce mot.

† **CAICHE.** — ÉTYM. Allem. *Kitze*, navire et chevreau (voy. CHEBEC au Supplément).

† **CAÏDAT** (ka-i-da), *s. m.* Gouvernement d'un caïd. Voulez-vous que je vous fasse comprendre par une fable ce qui se passe dans mon caïdat.... *Gaz. des Trib.* 22-23 mars 1875, p. 286, 4ᵉ col.

† **CAILLEBOTTER.** *Ajoutez :* || 3° *V. n.* Caillebotter se dit, en Normandie, des pommiers, lorsqu'ils fleurissent lentement, sans vigueur, et que leurs feuilles sont attaquées par les chenilles, DELBOULLE, *Gloss. de la vallée d'Yères*, 1876, p. 58.

† **CAILLÈRE** (ka-llè-r', *ll* mouillées), *s. f.* En Auvergne, vase cylindrique de bois où on verse la présure et le lait écrémé et tiédi (pour le fromage de Roche), *les Primes d'honn.* p. 449, Paris, 1874.

1. **CAILLETTE.** *Ajoutez :* || 2° Chose caillée qui sert à la confection des fromages, *Tableau annexé au décret du 31 déc. 1866, concernant les établissements insalubres.*

2. **CAILLETTE.** — ÉTYM. *Ajoutez :* Dans le commencement du XVIᵉ siècle, il y avait un personnage fictif, très-populaire; c'était l'innocent Caillette, sur lequel on trouve beaucoup de renseignements dans *la Vie et Trespassement de Caillette*, 1514 (*Recueil des poésies françoises des XVᵉ et XVIᵉ siècles*, par A. de Montaiglon et James Rothschild, t. X, 1875). Ce personnage explique fort bien l'emploi que la Satire Ménippée, d'Aubigné et d'autres font du mot *caillette* (voy. l'historique).

† **CAILLEU-TASSART** (ka-lleu-ta-sar, *ll* mouillées), *s. m.* Le *clupea thrissa*, L., poisson qui est vénéneux à certaines époques.

† 1. **CAILLON** (ka-llon, *ll* mouillées), *s. m.* Chose caillée servant à la fabrication des fromages. Caillons pour la confection des fromages, chairs, débris et issues provenant de l'abatage des animaux, *Tableau annexé au décret du 31 déc. 1866, concernant les établissements insalubres.*

† 2. **CAILLON** (ka-llon, *ll* mouillées), *s. m.* Bonnet, dans l'Indre-et-Loire. Les magistrats, en faisant une perquisition dans votre maison, ont trouvé caché dans le lit de la boulangerie le caillon, coiffure que votre femme portait le jour de sa mort, *Gaz. des Trib.* 9 sept. 1875, p. 870, 1ʳᵉ col.

— ÉTYM. Dérivé de *cale* 3.

CAILLOU. — HIST. *Ajoutez :* || XVIᵉ s. Cinq cents de caillots achetés rendus sur ledit pont [d'Orléans], pour payer l'arche d'oultre la croix, MANTELLIER, *Glossaire*, Paris, 1869, p. 16.

† **CAÏMACANAT** (ka-i-ma-ka-na), *s. m.* Territoire régi par un caïmacan. Elle [la peste] éclata au milieu d'une petite population d'Arabes campés dans le caïmacanat d'Azizie, à quinze heures au nord-ouest de Bagdad, sur la rive orientale de l'Euphrate, *Journ. offic.* 18 juin 1876, p. 4293, 3ᵉ col.

† **CAÏMACANIE** (ka-i-ma-ka-nie), *s. f.* Fonction de caïmacan. La caïmacanie du Gharb el Beka a été replacée sous l'administration directe et exclusive du vilayet de Syrie, *Journ. offic.* 19 avr. 1870, p. 693, 3ᵉ col.

† **CAÏORNE** (ka-ior-n'), *s. m.* Voy. CALIORNE. Un ponton... avec les poulies et tous autres accessoires en rapport avec la force des navires à abattre, mâts et caïornes de redressement.... *Décret du 21 déc. 1867.*

† **CAIRE.** *Ajoutez :* Un nègre qui.... ramassa par terre un de ses cocos, et se mit à faire un lampion avec sa coque, une mèche avec son caire, BERNARDIN DE ST-PIERRE, *le Café de Surate.*

† **CAIRON.** *Ajoutez :* || 2° Pierre molle qui sert à bâtir, et que l'on peut acheter toute taillée en petits cubes.

— ÉTYM. Provenç. moderne, *caire*, coin, angle.

CAISSE. || 3° *Ajoutez :* || Ironiquement, sauver la caisse, s'enfuir avec les fonds dont on est dépositaire. || 4° *Ajoutez :* || Fig. Battre la grosse caisse, faire beaucoup de réclames.

† **CAISSERIE** (kè-se-rie), *s. f.* Industrie de la fabrication des caisses. Les bois de pin sont employés à la menuiserie, à la confection des barriques de ciment, à la caisserie pour le transport des savons de Marseille, *Enquête sur les incendies de forêts*, 1869, p. 70.

† **CAISSETTE** (kè-sè-t'), *s. f.* Petite caisse. Articles de bimbeloterie renfermés dans des boîtes en carton ou des caissettes en bois, *Tarif des douanes*, 1869, p. 120.

CAISSON. || 1° *Ajoutez :* || Actuellement, voiture qui transporte les coffres dans lesquels sont contenues les munitions; le caisson n'est plus une caisse, c'est une voiture.

† **CAJEPUT.** *Ajoutez :* — ÉTYM. Malais, *kâyoupoûtih*, de *kâyou*, arbre, et *poûtih*, blanc, DEVIC, *Dict. étym.*

† **CAJEPUTIER** (ka-je-pu-tié), *s. m.* L'arbre qui fournit le cajeput (*melaleuca cajeput*, famille des myrtacées). À l'ombre des cajeputiers, arbres reconnaissables à la blancheur de leur écorce, RIENZI, *Océanie*, t. I, p. 211.

† **CAKILE** (ka-ki-l'), *s. m.* Genre de plantes de la famille des crucifères. Le cakile maritime abonde sur toutes nos côtes de la Manche, de l'Océan et de la Méditerranée; on le brûle pour en retirer de la soude.

— ÉTYM. Arabe, *qâquoulla*, espèce de plante salée, DEVIC, *Dict. étym.*

CAL. *Ajoutez :* || 4° Incrustation des chaudières à vesou. La formation d'une croûte calcaire dans les chaudières d'évaporation, désignée [à la Réunion] sous le nom de cal, qui empêche ou retarde l'ébullition.... ED. MORIN, *Mém. d'agric.* etc. 1870-71, p. 195.

— HIST. *Ajoutez :* XIIIᵉ s. Tant sovent s'agenoilloit, qu'il avoit es mains et es genolz unes duretés que l'on clame chauz, *Hist. litt. de la France*, t. XXV, p. 538.

† **CAL...**, **CALI...**, particule péjorative que M. Darmesteter, *Formation des mots composés en français*, p. 112, a mise en lumière (voy. CA.... au Dictionnaire). En voici un exemple curieux : *Camirau*, louche, *Gloss. aunisien*, la Rochelle, p. 82; il est composé de *ca...*, et *mirer*, regarder. L'origine de cette particule péjorative est inconnue.

† **CALABARISER** (ka-la-ba-ri-zé), *v. a.* Terme de toxicologie. Introduire dans le corps d'un être vivant du suc de la semence du *phytostigma venenosum*, ou fève du Calabar. Grenouilles calabarisées, HENNEGUY, *Études sur l'action des poisons*, p. 78, Montpellier, 1875.

† **CALADION** (ka-la-di-on) ou **CALADIUM** (ka-la-di-om'), *s. m.* Plante voisine du gouet cultivée en serre. En entrant dans la serre, il vit, sous les larges feuilles d'un caladium, près le jet d'eau..., G. FLAUBERT, *l'Éduc. sentimentale*, t. I, p. 215.

— ÉTYM. Malais, *kalâdi*, sorte d'arum à racine comestible, DEVIC, *Dict. étym.*

† **CALAGANE** (ka-la-ga-n'), *adj. f.* Terme d'injure adressé par les jésuites aux religieuses de Port-Royal. Il [le P. Brisacier] les appelle des *filles impénitentes, asacramentaires, incommuniantes, des vierges folles, fantastiques, calaganes, désespérées, et tout ce qu'il vous plaira* [c'est Pascal qui souligne], PASC. *Prov.* XI.

— ÉTYM. Dom Clémencet, t. III, p. 176, de son *Histoire générale de Port-Royal*, dit que M. de Callaghan était un gentilhomme irlandais, ordonné prêtre en France et fort attaché « à la doctrine de l'Église et à la maison de Port-Royal. » — Il dit aussi, à propos du P. Brisacier (*le Jansénisme confondu*) : « Cet ouvrage était rempli des plus horribles calomnies contre les personnes les plus innocentes, *spécialement contre M. de Callaghan*, et contre les religieuses de P. R. dont M. de Callaghan était l'ami. Le P. Brisacier portait dans ce libelle diffamatoire la calomnie et la folie jusqu'à traiter les religieuses de P. R. de « vierges folles, d'impénitentes, d'asacramentaires, etc. » — On comprend que Nicole, dans sa traduction latine des Provinciales (Wendrock), ait traduit *calaganes* par *virgines Calaganicas*; ce C majuscule se voit aussi dans plusieurs éditions françaises des Provinciales; et M. F. Bovet, qui a retrouvé par un heureux hasard le passage de dom Clémencet, ne se trompait pas en supposant à l'avance qu'il y avait un nom propre au fond de ce mystérieux adjectif *calagane*, désormais parfaitement clair (note de M. Berthoud).

† **CALAIS.** *Ajoutez :* — ÉTYM. M. Bugge (*Romania*, juillet-octobre, 1875, p. 352) le tire, avec vraisemblance, du lat. *calathus*, panier, par l'intermédiaire d'une forme *calathium*; comp. *palatium*, palais

† **CALAMAGROSTIS** (ka-la-ma-gro-stis'), *s. f.* La calamagrostis argentée (*calamagrostis argentea*, DC.), belle graminée, MATHIEU, *le Reboisement des Alpes*, Paris, 1875, p. 31.

— ÉTYM. Κάλαμος, roseau, et ἄγρωστις, espèce de graminée.

CALAMBAC, CALAMBOU, CALAMBOUR. *Ajoutez :* .... Vous allez partir de Madrid tout à l'heure, Pour porter cette boîte en bois de calembour À mon père, monsieur l'électeur de Neubourg, V. HUGO, *Ruy Blas*, II, 5.

— ÉTYM. Malais, *kalambaq*, le bois d'aloès, DEVIC, *Dict. étym.*

CALAMISTRER. *Ajoutez :* — REM. Ce mot n'est point hors d'usage, comme le dit le Dictionnaire; témoin cet exemple : Le masque de Méduse, ou celui du Bacchus indien, aux oreilles de taureau et aux cheveux calamistrés, CH. BLANC, *l'Art dans la parure*, p. 343.

CALAMITEUX. *Ajoutez :* || En Belgique, polder calamiteux, polder en danger d'être inondé. Les polders compris dans un même arrondissement concourront à la défense commune en venant au secours de celui ou de ceux qui seront déclarés calamiteux, *Décret impérial* du 28 déc. 1811, art. 2. (Note communiquée par M. Du Bois, avocat à Gand, qui ajoute que ce mot est si bien resté dans le langage usuel qu'il a passé du français dans le néerlandais, en Zélande, avec le sens qu'y attache le décret impérial).

† **CALAPITE.** *Ajoutez :* — ÉTYM. *Kalâpa*, nom malais et javanais du coco, DEVIC, *Dict. étym*

† **CALCICOLE** (kal-si-ko-l'), *adj.* Qui habite les terrains calcaires. Plantes calcicoles, CONTEJEAN, *Acad. des sc. Comptes rend.* t. LXXXI, p. 51. L'existence d'une flore calcicole sur certains grès de Fontainebleau, DUCHARTRE, *Acad. des sc Comptes rendus*, t. LXXXII, p. 1168.

— ÉTYM. Lat. *calx*, chaux, et *colere*, habiter.

† **CALCIFUGE** (kal-si-fu-j'), *adj.* Qui fuit les terrains calcaires. Plantes calcifuges, CONTEJEAN, *Acad. des sc. Comptes rendus*, t. LXXXI, p. 51.

— ÉTYM. Lat. *calx*, chaux, et *fugere*, fuir.

† **CALCIN.** *Ajoutez :* || 2° Sorte de croûte qui se forme à la surface de certaines pierres de taille exposées à l'air. || 3° Se dit aussi du conglomérat calcaire qui se forme autour des objets qui ont séjourné plusieurs siècles dans le lit de la Seine, *Bulletins de la Soc. d'anthropologie*, t. VIII, 11ᵉ série, p. 203.

CALCINATION. *Ajoutez :* — REM. L'exemple de Voltaire où il s'agit de la calcination du plomb se rapporte au sens ancien (transformation en ce qu'on nommait les chaux) et non au sens moderne de calcination.

† **CALCOSPHÉRITE** (kal-ko-sfé-ri-t'), *s. f.* Petite cristallisation sphéroïdale à base calcaire (carbonate, phosphate, etc.) qui se trouve dans un grand nombre de parties animales, la coquille de l'œuf, la coquille des mollusques, etc.

— ÉTYM. Lat. *calx*, chaux, et *sphère*.

† **CALCULATIF, IVE** (kal-ku-la-tif, ti-v'), *adj.* Qui sert au calcul. Les nombres calculatifs, GIRARD, *Princ. de la langue franç.* 10ᵉ *disc.* Quotité calculative, ID. *ib.*

† **CALCULIFORME** (kal-ku-li-for-m'), *adj.* Qui est en forme de petits cailloux. || Se dit d'une écriture qui fut usitée dans l'Amérique du Sud avant l'arrivée des Européens, *Journ. offic.* 26 avr. 1875, p. 3005, 2ᵉ col.

CALEBASSE. *Ajoutez :* || 4° Populairement et fig. Vendre la calebasse, révéler le secret.

† **CALEBAYE** (ka-le-bè), *s. m.* Sorte de chou. On sèmera également les choux d'York, cœur de bœuf, en pain de sucre, celui de la Poméranie, le petit calebaye hâtif, ainsi que les gros choux quintal, de Saint-Denis, de Bonneuil, *Journ. offic.* 18 août 1872, p. 5577, 1ʳᵉ col.

CALÈCHE. *Ajoutez :* — REM. 1. Il est écrit galeche dans une pièce officielle, datée du 8 janvier 1661. La permission d'établir, dans notre bonne ville, faubourgs et banlieues de Paris, des galeches, carioles ou petits carrosses à deux roues, tirées par un seul cheval, *Lettre patente*, qui révoque cette permission. || 2. « Ce qui s'appelait l'été dernier une calèche (chapeau de femme), cet hiver une capote, a repris le nom de calèche depuis que nos dames se promènent en voiture découverte; une calèche a de la blonde ou du tulle au bord, comme l'année dernière, mais en plus grande quantité. Quelles fleurs? me direz-vous. Des lilas, vous répondrai-je, des jacinthes, des roses, des bluets, » *Journal de Paris*, du 1ᵉʳ mai 1811.

† **CALÉCHIER** (ka-lé-chié), *s. m.* Loueur de calèches, de voitures de place. Cassation, sur le pourvoi du sieur S..., caléchier à Oran, du jugement de ce tribunal.... *Gaz. des Trib.* 1er-2 mars 1875, p. 214, 2e col.

† **CALÉIDOSCOPIQUE** (ka-lé-i-do-sko-pi-k'), *adj.* Qui a le jeu, l'apparence d'un caléidoscope.

† **CALEMANDE** (ka-le-man-d'), *s. f.* Nom, dans le XVIIIe siècle, d'une étoffe commune. Maudit soit le précieux vêtement que je révère ! où est mon ancien, mon humble, mon commode lambeau de calemande? DIDEROT, *Regrets sur ma vieille robe de chambre*, édit. de J. Assezat, t. IV, p. 7.

CALEMBOUR. *Ajoutez :* — REM. Une note que nous communique M. Félix Bovet, a le mérite de fixer à peu près l'époque où le mot s'est introduit, il y a tout juste un siècle : Vous ne savez peut-être pas ce que c'est que des calembours, espèce de jeux de mots, sans mérite, selon moi, et que l'on se permet pourtant très-fréquemment dans nos sociétés ; le marquis de Bièvre est surtout fameux pour sa facilité prodigieuse en ce genre, *Lettre du 18 février 1775*, dans *Correspond. secrète, polit. et litt. ou Mémoires pour servir à l'histoire des cours, des sociétés de la littérature en France depuis la mort de Louis XIV*, t. I, p. 200.

— ÉTYM. *Ajoutez :* M. Sardou rattache ce mot au bois de calambour; voici comment : il a trouvé dans des papiers provenant de Favart un manuscrit de Fuzelier contenant les Montgenettes, recueil de chansons composées à Montgent par de bons vivants de la société d'autrefois. On improvisait, sauf l'abbé Chérier, censeur royal, qui restait court au milieu de ces improvisateurs intrépides. Un jour l'abbé accourt, criant qu'il venait d'enfanter une jolie chanson, et il chanta d'abord sur l'air, *Plaignons le malheur de Lulli*, etc.... Pleurons tous en ce jour.... Après ce beau vers, sa muse, fatiguée de cet effort spirituel, fit une pause prudente et nécessaire. La compagnie, charmée d'un si heureux début, le presse d'achever. Le poëte léger recommença : Pleurons tous en ce jour.... et s'arrêta là une seconde fois.... On le conjura de continuer un ouvrage qui promettait tant. Enfin, après avoir invoqué Apollon et remonté sa lyre, il entonna pour la troisième fois avec une emphase digne du sujet: Pleurons tous en ce jour... Du bois de calambour.... Son Pégase essoufflé ne peut faire un pas de plus, il s'arrête court. — Ce poëme ébauché risquait d'avoir le sort de l'*Énéide* et de n'être pas achevé, si Mareuil, osant suivre ce nouveau Virgile, n'avait pas sur-le-champ terminé cette importante affaire comme il suit : Pleurons tous en ce jour Du bois de calambour.... Crioit d'une voix emphatique Un abbé qui n'est pas éthique ; Aussitôt en chœur on lui dit : Il a mal à l'esprit. Et, après avoir reproduit ces vers de fermier général, Fuzelier ajoute : « Ce mot de *calambour* fut tant répété ce jour-là et depuis par la société de Montgent, pour signifier comiquement et allégoriquement fadaise, baliverne, pauvreté, qu'il a fait fortune et est devenu proverbe. » Mareuil d'ailleurs fit incontinent la chanson suivante : Sur l'air : *Tout cela m'est indifférent :* Pour ne jamais demeurer court, Prenez gaule de calambour; Touchez avec cette baguette Le stupide ou l'homme d'esprit, Vous verrez que d'une sornette Ainsi que d'un bon mot il rit. M. Sardou conclut de là que, franchissant les limites de Montgent, et propagée au dehors par les gens de tout rang auxquels Fuzelier fait allusion, la locution nouvelle s'est insensiblement transformée sur la route ; et que, s'écartant de plus en plus de sa signification première, elle en est venue tout doucement à ne plus désigner seulement une *sottise*, mais aussi, et par la ressemblance des deux mots, une *calembredaine*, puis le *coq-à-l'âne*, l'*équivoque*, et enfin *le jeu de mots* tout spécial qu'elle caractérise aujourd'hui, et qui, depuis longtemps, attendait une expression qui lui fût propre. — De telle sorte qu'ayant enfin vers 1760 son droit de bourgeoisie, le *calembour* n'attendait plus que M. de Bièvre pour obtenir de lui ses titres de noblesse (*le Temps*, 2 fév. 1876). D'un autre côté, M. Darmesteter, *Formation des mots composés en français*, p. 114, pense que *calembourdaine*, autre forme de *calembredaine*, donne l'étymologie de *calembour*, qui se trouve être ainsi la forme masculine de *calembredaine* (*calembour*, aux environs de Châteaudun, se dit au sens de *calembredaine*). Cette conjecture a l'avantage de rattacher *calembour* à un mot déjà connu. Toutefois nous inclinons à croire que c'est M. Chasles qui a raison, et que *Calemberg* est bien l'origine de ce mot. On a objecté que, pour l'autoriser, il faudrait que ce personnage de contes allemands eût été connu en France; ce dont on n'a pas de trace. Or des traces de ce genre existent. En effet on trouve, dans un auteur du XVIe siècle, mention de *Calemberg* à côté d'*Eulenspiegel :* Un filz qui n'estoit si habille que un Ulyspiegel ou un curé de Kallenberg, BONIVARD, *de Noblesse*, p. 252. Ce document est important dans les discussions que *calembour* soulève.

CALEMBREDAINE. — ÉTYM. *Ajoutez :* M. Darmesteter, *Formation des mots composés en français*, p. 115, trouvant en picard *bredaine*, bourde, voit dans *calembredaine* un composé de *calem* et *berdaine*. *Berdaine* équivaut à *bourdaine*, et est un dérivé de *bourde*, et *calem* est la particule péjorative *cali*, avec la nasalisation devant la labiale, fait qui n'est pas rare dans la phonétique française.

† **CALENCE** (ka-lan-s'), *s. f.* Terme des ouvriers de Paris. Manque d'ouvrage. Être en calence.

— ÉTYM. Il est possible que *calence* soit une corruption de *carence*, manque; *carence*, qui est ancien dans la langue, et qui n'est plus usité qu'en termes de pratique, serait resté sous une forme altérée dans le langage populaire.

CALEPIN. *Ajoutez :* || 2° Morceau de peau ou d'étoffe qu'on met sous la balle de la carabine.

1. **CALER.** *Ajoutez :* || 4° Populairement, reculer, lâcher pied (ce sens était fort usité au XVIe siècle, voy. l'historique).

CALFAT. *Ajoutez :* — HIST. XIVe s. Asselin Grille, maistre des euvres de nostre navire [flotte] et clerc de nostre armée de la mer, lequel nous avons commis et ordonné pour nous faire venir certain nombre de calefas et de remolas, pour les reparacions de nostre dit navire, *Mandements de Charles V*, 1371, p. 436.

† **CALIBORGNE** (ka-li-bor-gn') ou **CALIBORGNON** (ka-li-bor-gnon), *adj.* Qui y voit mal. Il [le fils du régent].... brèche-dent, caliborgnon, punais, DECOURCHAMP, *Souven. de la marquise de Créquy*, t. III, ch. 5.

— ÉTYM. Berry, *caliborgne;* Haut-Maine, *calorgne*; picard, *caliborgnon*; norm. *caliborgnettes*, des lunettes ; de la préposition péjorative *ca* ou *cal*, ou *cali*, et *borgne*. Pour cette préposition (voy. le Dictionnaire à CA..., et CAL..., CALI..., au Supplément).

CALIBRE. || 2° *Ajoutez :* || Au XVIe siècle, sous Henri II, les six calibres de France, nom donné aux six bouches à feu qui suivent : 1° le canon, dont le projectile pesait de 33 livres 4 onces à 34 livres ; 2° la grande coulevrine, dont le projectile ordinaire de 15 livres 2 onces ne dépassait pas 15 livres 4 onces; 3° la coulevrine bâtarde, avec un projectile, en moyenne, de 7 livres 2 ou 3 onces ; 4° la coulevrine moyenne, avec un projectile de 2 livres; 5° le faucon, avec un projectile de 1 livre 1 once; 6° le fauconneau, avec un projectile de 14 onces.

CALIBRÉ. *Ajoutez :* || Un tube est dit bien calibré quand le diamètre intérieur en est partout le même.

2. **CALICE.** *Ajoutez :* || 2° Terme de zoologie. Nom donné à la capsule qui contient l'ovule dans l'ovaire de la poule.

† **CALICHE.** *Ajoutez :* || 2° Nom d'une espèce de terre à salpêtre. L'analyse de la terre à salpêtre ou caliche [découverte à Arica, Pérou] a donné des résultats favorables, *Journ. offic.* 29 oct. 1872, p. 6712, 3e col.

† **CALIFORNIE** (ka-li-for-nie), *s. f.* Contrée de l'Amérique du Nord où l'on a trouvé de riches mines d'or. || Fig. C'est une Californie, se dit pour exprimer la richesse d'un lieu, d'une maison, d'une entreprise.

CALIFOURCHON. — ÉTYM. M. Fr. Damé, de Bucarest, suggère, pour expliquer la première partie du mot, de prendre en considération le roumain *cal*, cheval, *calul*, le cheval, *calare*, monter à cheval. Il est certain que ce *cal*, qui vient sans doute de *caballus*, offre une interprétation de *califourchon*. Mais est-il permis d'introduire cette forme néo-latine orientale dans nos langues néolatines occidentales, qui ne la connaissent pas? Le mieux est de considérer *califourchon* comme composé de *fourchon* et de la particule péjorative *cali* ou *ca* (on a dit *cafourchon*, voy. l'historique).

† **CALIGINEUX.** *Ajoutez :* || 2° Envahi par le brouillard. Le fondement à l'existence de toutes les choses ne vous apparaît plus que dans une noire impasse ou un calígineux abîme, tant que vous ne faites pas intervenir.... l'idée de Dieu, GILARDIN, *Disc. sur le surnaturel*, cité dans *Gaz. des Trib.* du 4 nov. 1876, p. 1033, 3e col.

† **CALIN.** *Ajoutez :* || 2° Dans l'Aunis, vase ordinairement de tôle, muni d'un couvercle sur lequel on met de la braise, tandis qu'il est placé sur le feu; sert à la cuisine, *Gloss. aunisien*, p. 82.

— ÉTYM. Portug. *calaim ;* de l'arabe *cala'i*, qui à son tour vient du malais *kelang*, étain, ou bien de *Cala'a*, nom d'une ville dans l'Inde d'où l'on tirait l'étain (DOZY).

† **CALINAGE** (ka-li-na-j'), *s. m.* Boîte de calinage, petite boîte de hêtre fermant à crochet. P... fabricant de boîtes en hêtre dites de calinage, *Alm. Didot-Bottin*, 1870. Calinage en gros, ID. *ib.*

† **CALINO** (ka-li-no), *s. m.* Nom moderne de l'ancien jocrisse. || Ce nom est emprunté à une pièce de MM. Barrière et Fauchery, qui eux-mêmes avaient pris ce personnage à une *Voiture de masques*, de MM. Edmond et Jules de Goncourt. Ceux-ci ont écrit Calinot ; mais toute la presse actuelle écrit Calino.

† **CALIOUN** (ka-li-oun'), *s. m.* Pipe à eau; c'est le nom persan du narguilé. Quelques coussins peut-être, un calioun incrusté de rubis et de turquoises pour fumer le blond tabac de Cachan, F. CHAULNES, *Journ. offic.* 10 oct. 1873, p. 6294, 2e col. || On trouve aussi calian.

— ÉTYM. Persan, *qalioûn* ou *qualiân*, DEVIC, *Dict. étym.*

† **CALLAÏDE** (kal-la-i-d') ou **CALLAÏS** (kal-la-is), *s. f.* Sorte de pierre précieuse, d'un vert pâle ou d'un bleu pâle. On a trouvé [dans une crypte des plaines d'Arles] une certaine quantité de grains percés de turquoise qui rappellent les perles en callaïs des dolmens du Morbihan, et dont le gisement est inconnu en Europe, *Journ. offic.* 11 oct. 1876, p. 7428, 3e col.

— ÉTYM. Κάλλαϊς ou κάλαϊς.

† **CALLIGRAPHIQUEMENT** (kal-li-gra-fi-ke-man), *adv.* D'une manière calligraphique. Ce n'est pas seulement l'invention de Gutenberg qui entraîna la décadence de l'art d'écrire calligraphiquement, A. MAURY, *Hist. de l'écriture, Rev. des Deux-Mondes*, 1er sept. 1875, p. 153.

† **CALLUNE** (kal-lu-n'), *s. f.* Sous-genre détaché du genre *erica*, et dont la bruyère vulgaire (*erica vulgaris*, etc. *calluna vulgaris*, Salisb.) est la principale espèce.

— ÉTYM. Καλλύνειν, embellir, nettoyer, parce qu'on fait des balais avec cette plante.

† **CALMEMENT** (kal-me-man), *adv.* D'une manière calme. Personne, en considérant les choses calmement et sans passion, ne dira qu'il a le droit.... *le Temps*, 7 mai 1876, p. 2, 2e col.

† **CALOGE** (ka-lo-j'), *s. f.* || 1° Nom, à Étretat, d'anciens bateaux côtiers que la mer a mis hors d'usage et que les pêcheurs, les installant sur la plage, ont recouverts d'un toit de chaume, après avoir percé, dans l'épaisseur de leurs bords, des portes, des fenêtres. Les caloges servent de magasins pour les engins de pêche, *le Temps*, 18 août 1876, 2e page, 3e col. || 2° En Normandie, cabane de berger, niche à chiens, à lapins, DELBOULLE, *Gloss. de la vallée d'Yères*, p. 60.

— ÉTYM. *Ca*, préfixe péjoratif, et *loge*.

CALOMNIE. — HIST. XVIe s. *Ajoutez :* ....Que, au prealable.... tu ne sois deuement et canoniquement purgé de calomnie et conseil [purgé de l'imputation d'avoir calomnié et d'avoir besoin d'un conseil judiciaire], *Œuvres facétieuses de Noël du Fail*, Paris, 1874, t. II, p. 214.

CALOMNIEUX. *Ajoutez :* — REM. Malherbe a employé ce mot au sens de répréhensible : Un nombre infini de calomnieuses subtilités, *Lexique*, éd. L. Lalanne. On le trouve dans Charron, XVIe siècle, en un sens analogue : L'homme, la plus calomnieuse et misérable chose du monde, *Sagesse*, I, 2.

† **CALORIFIANT, ANTE** (ka-lo-ri-fi-an, an-t'), *adj.* Qui échauffe. L'action calorifiante du soleil, HUMBOLDT, *Mém. de la Soc. d'Arcueil*, t. III, p. 473.

† 3. **CALOT** (ka-lo), *s. m.* Bille de grosse dimension qui sert à certains jeux d'enfants.

CALOTTE. *Ajoutez :* || 10° Espèce de pâtisserie à confiture. Vous vous imaginez peut-être qu'il est question de quelques petites friandises dont on nous donnait de nombreuses indigestions durant notre jeunesse, et qui portaient ce nom si joli, si gracieux, si adorable de petites calottes, il y avait là dedans des confitures, *Gaz. des Trib.* 13-14 avr. 1874, p. 359, 1re col. || 11° Pot de confiture, ayant la forme d'une grande calotte, sans anses ni oreilles. Les calottes dont nous nous entretenons sont des pots de confitures, *Gaz. des Trib.* 13-14 avr. 1874, p. 359, 1re col. Confitures de toute espèce logées en calottes ou en boîtes, *Alm. Didot-Bottin*, 1876, p. 880, 1re col.

† **CALOU.** *Ajoutez :* || 2° Nom du vin de palme fait avec la séve du cocotier (voy. PALME 1, n° 2).

CALQUE. *Ajoutez :* — REM. Chateaubriand l'a fait féminin, à tort : Peut-être aujourd'hui met-on trop de prix à la ressemblance et, pour ainsi dire, à la calque de la physionomie de chaque époque, *Préface des Études historiques.*

CALVAIRE. *Ajoutez :* — REM. Calvaire, quand il désigne le lieu où Jésus fut crucifié, prend un grand C, mais un petit *c* quand il est employé figurément comme un lieu de douleur.

† **CALVANIER** (kal-va-nié), *s. m.* Terme d'agriculture. Homme de journée qui engrange les gerbes, charge les voitures pendant la moisson, etc. || En Normandie on dit calvènier.

† **CALYPSO** (ka-li-pso), *s. f.* La 53e planète télescopique, découverte par Luther.

— ÉTYM. Καλυψώ, nymphe, fille d'Atlas.

† **CAMAGE** (ka-ma-j'), *s. m.* Ensemble des cames. Arbre de camage.

CAMAÏEU. *Ajoutez :* || 4° Vêtement qui, comme la peinture en camaïeu, a deux tons. Dans ce costume, qui est ce qu'on appelle proprement un costume camaïeu, l'un des deux tons se distingue de l'autre, et chacun a son écho dans la toilette, CH. BLANC, *Journ. offic.* 28 oct. 1872, p. 6710, 3e col. La dignité du vêtement, le luxe voilé, la sévérité de l'uni ou des camaïeux sont quelquefois des raffinements, ID. *ib.* p. 6711, 2e col.

CAMARADE. *Ajoutez :* — REM. Malherbe disait camerade : Lundi furent amenés sept des camerades de Montchrestien, *Lexique*, éd. Lalanne. Cette forme est plus voisine de l'étymologie.

† 2. **CAMARADE** (ka-ma-ra-d'), *s. m.* Nom d'un fromage. Le fromage de camarade [de chèvre] est assez recherché; on le fabrique dans les montagnes du département de l'Ariége, HEUZÉ, *la France agricole*, carte n° 44.

† **CAMBIAL, ALE** (kan-bi-al, a-l'), *adj.* Qui a rapport au change. La première section s'occupe du droit privé.... la seconde du droit commercial, cambial et maritime.... *Journ. offic.* 7 sept. 1872, p. 5896, 1re col.

— ÉTYM. Voy. CAMBISTE.

† **CAMBIATURE** (kan-bi-a-tu-r'), *s. f.* Terme italien. Voiture dans laquelle on voyage en changeant de chevaux à chaque poste. Il lui offre une place dans sa cambiature, VOLT. *Dict. phil. Évêque.*

— ÉTYM. *Cambiatura*, de *cambiare* (voy. CHANGER).

† **CAMBRELAGE** (kan-bre-la-j'), *s. m.* Le même que le chambellage, DENISART, *Collection des décisions nouvelles*, 1775, *hoc verbo.*

— ÉTYM. Cambrelage se trouve dans la *Coutume du Cambrésis*, titre I, art. 46 ; c'est une autre forme de *chambellage.*

† **CAMBRIOLEUR** (kan-bri-o-leur), *s. m.* Terme d'argot. Voleur par effraction dans les chambres, dites en argot *cambrioles.*

† 3. **CAME** (ka-m'), *s. f.* Nom donné, dans le département de la Manche, à des pots de cuivre jaune, mais étamés intérieurement, dans lesquels on transporte le lait de l'herbage à la ferme, *les Primes d'honneur*, Paris, 1873, p. 21.

† **CAMÉLIDES** (ka-mé-li-d'), *s. m. pl.* Nom donné au groupe des animaux appartenant au genre chameau.

— ÉTYM. Lat. *camelus*, chameau.

CAMELIN, INE (ka-me-lin, li-n'), *adj.* Qui appartient au chameau. Les produits de la population caprine et cameline de l'Algérie.... la population cameline de l'Algérie est d'environ 180 000 têtes, *Journ. offic.* 12 mai 1874, p. 3220, 1re et 2e col.

— ÉTYM. Lat. *camelus*, chameau.

CAMELOT. — ÉTYM. *Ajoutez :* Il n'est pas sûr, malgré l'apparence, que *camelot* vienne de *camelus*, chameau. En effet, d'un côté, Olivier de Serres (voy. l'historique) dit que le *camelot* est fait de poil de chèvre ; et, d'un autre côté, le *Journal officiel* (12 mai 1874, p. 3220, 1re col.), énumérant « différentes sortes de duvets de qualité supérieure, dont on fait des tapis ou des tissus brillants appelés *camelots*, » dit que ce nom dérive de *seil el kemel*, nom de la chèvre d'Angora, d'après M. Texier. Il est de fait que le *camelot* ou, comme on disait plus anciennement, le *camelin*, était une belle étoffe (voy. l'historique).

† 2. **CAMELOT** (ka-me-lo), *s. m.* Terme populaire. Vendeur de camelotte. Ils transportaient les marchandises envoyées dans des domiciles différents, ou les écoulaient immédiatement à bas prix, en les vendant aux camelots de la rue, à des colporteurs des environs de Paris, et même en province, *Gaz. des Trib.* 15 févr. 1874, p. 161, 2e col. Après l'insurrection, il disparut ; il s'était fait camelot et vendait de la lingerie dans les marchés, *ib.* 31 janv. 1875, p. 102, 4e col.

† **CAMELOTIER.** *Ajoutez :* || 2° Celui qui vend de la camelote, de mauvaise marchandise, de la marchandise de peu de valeur.

† **CAMÉRAL, ALE** (ka-mé-ral, ra-l'), *adj.* Qui a rapport aux finances publiques (mot usité en Allemagne). L'économie politique y a été rangée [en Allemagne] parmi les sciences camérales, c'est-à-dire qui ont l'État pour objet, E. DE LAVELEYE, *Rev. des Deux-Mondes*, 15 juill. 1875, p. 451. Les étudiants se répartissaient comme suit d'après les diverses facultés : théologie, sciences camérales.... *Journ. offic.* 8 sept. 1872, p. 5911, 2e col.

— ÉTYM. Bas-lat. *cameralis*, de *camera*, chambre, au sens d'institution financière.

† **CAMIN** (ka-min), *s. m.* Nom, au Havre, du canot de pêche.

† **CAMIONNAGE.** *Ajoutez :* — REM. Sous la dénomination de camionnages on entend tous les transports dans les villes, y compris leurs faubourgs, *Circulaire des contributions indirectes*, 15 déc. 1820, n° 33.

† **CAMIONNER.** *Ajoutez :* Le contrat par lequel une compagnie de chemin de fer s'engage à camionner, au domicile du destinataire, des marchandises adressées en gare, *Gaz. des Trib.* 20 avril 1873, p. 379, 1re col.

CAMIONNEUR. *Ajoutez :* || 2° Cheval de camion. La première [race] est composée des chevaux de gros trait.... le charretier, le camionneur y dominent, BOCHER, *Rapp. à l'Assemb. nat.* n° 1910, p. 65.

† **CAMISOLER** (ka-mi-zo-lé), *v. a.* Maintenir par une camisole un fou, un furieux, *le Progrès médical*, 17 avr. 1875, p. 208, 1re col.

† **CAMOCAN** (ka-mo-kan), *s. m.* Sorte d'étoffe précieuse usitée dans le moyen âge.

— ÉTYM. Espagn. *camocan, camucan ;* M. Dozy tire *camocan* d'un mot arabe, venu lui-même d'un mot chinois, *kincha* ou *kimcha*, signifiant brocart.

CAMOMILLE. *Ajoutez :* — REM. On a dit camamille. Navettes, camamilles, olivettes et lins, GIRAUDEAU, *la Banque rendue facile*, 1769, p. 118.

CAMOUFLET. *Ajoutez :* — SYN. CAMOUFLET, FOUGASSE Le camouflet diffère de la fougasse en ce sens que le camouflet est un fourneau souschargé.

CAMP. || 1° *Ajoutez :* || Camp retranché, camp destiné à protéger une place forte, ou à être occupé par une armée chargée de la défense d'une position importante. || 9° Néologisme. Un camp-volant, un homme qui est comme en camp volant, sans demeure fixe, un coureur, un vagabond. Je vous assure qu'on a heurté à la porte, reprit le jeune homme, qui s'était levé. — Sans doute quelque camp-volant qui prend ma maison pour une auberge.... sois tranquille, je vais l'expédier, A. THEURIET, *Rev. des Deux-Mond.* 15 mai 1876, p. 259.

— REM. Le titre de maréchal de camp n'est plus usité. Il est d'après le texte des lois et règlements remplacé par celui de général de brigade. Le maréchal de camp (de même que le général de brigade qui lui a succédé) ne commandait pas toujours une brigade ou un département, par exemple dans les armes spéciales (état-major, artillerie, génie). C'était, comme est le général de brigade, un officier général dont le grade est supérieur à celui de colonel et inférieur à celui de général de division.

† **CAMPANAIRE** (kan-pa-nè-r'), *adj.* Qui a rapport aux cloches. Échelle campanaire.

— ÉTYM. Lat. *campana*, cloche (voy. CAMPANE au Dictionnaire, à l'étymologie).

† **CAMPANNE** (kan-pa-n'), *s. f.* Sorte de dentelle. La bisette, la gueuse, la mignonnette, la campanne, formaient primitivement des dentelles en fil de lin pur ou plus ou moins fin, Extr. de l'*Économiste français*, dans *Journ. offic.* 7 janv. 1876, p. 172, 2e col.

† **CAMPAS** (kan-pâ), *s. m.* Nom, dans le Sud-Ouest, de terrains non cultivés. Les campas ne sont que ce qu'on appelle en français des landes, ou de petites portions de terrain qui ne sont pas cultivées, CAPPEAU, *De la compagnie des Alpines*, etc. 1817, p. 346.

— ÉTYM. Dérivé du lat. *campus*, champ.

CAMPEMENT. *Ajoutez :* || 4° Hache de campement, hache qui fait partie de l'équipement des troupes à cheval, pour certains travaux de campement.

† **CAMPÈNE** (kan-pè-n'), *s. f.* Nom, dans la Suisse romande, de la clochette qu'on met au cou du bétail. Deux armaillis [bergers] précédaient la troupe [des contrebandiers], porteurs l'un d'une campène ou clochette de bétail.... TOUBIN, *les Contrebandiers du Noirmont, scène de la vie jurassienne.*

— ÉTYM. Lat. *campana*, cloche (voy. CAMPANE au Dictionnaire, à l'étymologie).

CAMPINE. *Ajoutez :* Prix moyen de la volaille et du gibier vendus au détail, pendant le carême de 1771 et 1772 : Espèces : Poulet gras, 2 l. 15 s. en 1771, 3 l. 5 s. en 1772; Pluvier doré, 1 l. 10 s. en 1771, 1 l. 15 s. en 1772; Campines, 5 l. en 1771, 2 l. en 1772; Dindonneau, 7 l. en 1771, 7 l. en 1772, A. HUSSON, *les Consommations de Paris*, p. 250 (le texte porte fautivement *compine*).

† **CANAC** (ka-nak), *s. m.* Nom, à Belle-Ile, Morbihan, du fou, oiseau de mer, dit aussi sergent goulu, GOUËZEL, *les Oiseaux de mer*, Nantes, 1875 p. 12.

† **CANAILLERIE** (ka-nâ-lle-rie, *ll* mouillées), *s. f.* Terme populaire. Acte de canaille, acte grossièrement malhonnête. C'est une canaillerie.

† **CANAILLOCRATIE** (ka-na-llo-kra-cie, *ll* mouillées), *s. f.* Domination de la canaille. Du temps de la canaillocratie, je pouvais, à mes risques et périls, dire leurs vérités à ces inconcevables souverains, JOSEPH DE MAISTRE, dans SAINTE-BEUVE, *Portraits littéraires*, t. II, article *Joseph de Maistre.*

— ÉTYM. Mot hybride, de *canaille*, et κρατεῖν, commander.

CANAL. *Ajoutez :* || 13° Terme de géométrie. Canal, surface canal, enveloppe de toutes les positions d'une sphère de rayon constant dont le centre se meut sur une courbe donnée.

† **CANALET** (ka-na-lè), *s. m.* Branche du canal du Midi. Le passage de l'Orb aura lieu sur un pont-aqueduc se raccordant avec l'écluse de Fouserannes et le canalet dit du Pont-Rouge, à Saulclières, E. GRANGEZ, *Voies navigables de la France*, p. 408, Paris, 1855. La navigation [de l'Hérault].... se trouve interceptée.... par d'autres moulins qui ne permettent de communication entre la partie supérieure et la partie inférieure qu'au moyen de deux branches du canal du Midi, dites canalet bas et canalet haut, ID. *ib.* p. 270.

— ÉTYM. Diminutif de *canal.*

† **CANALISATEUR** (ka-na-li-za-teur), *s. m.* Celui qui canalise, qui fait des canaux. M. Ferdinand de Lesseps, le hardi canalisateur de l'isthme de Suez, *Rev. Britann.* févr. 1875, p. 506.

† 1. **CANARI** (ka-na-ri), *s. m.* Nom d'un caractère dont les Indiens se servent. Inscriptions en canari, *Journ. offic.* 29 févr. 1876, p. 1450, 3e col.

† 2. **CANARI** (ka-na-ri), *s. m.* Arbre de l'Archipel indien. Le canari oléifère produit une huile résineuse, BOSC, *Dict. d'hist. nat.* t. V, p. 185.

— ÉTYM. Malais, *kanâri*, DEVIC, *Dict. étym.*

† **CANASTELLE** (ka-na-stè-l'), *s. f.* Grande corbeille plate, faite en lames de gaulis entrelacées comme les bourriches d'huîtres, servant au même usage que les pantènes.

— ÉTYM. Dérivé du lat. *canistrum*, corbeille (voy. CANASSE au Dictionnaire).

† 2. **CANCAN** (kan-kan), *s. m.* Nom que les enfants et les gens du peuple donnent aux fruits du sycomore formés de deux samares soudées par la base, qui tournoient longtemps en l'air avant de tomber.

CANCEL. *Ajoutez :* || 3° Dans les anciennes basiliques chrétiennes, barrière à jour qui était placée au devant du sanctuaire. Les cancels étaient impénétrables aux laïques.

† **CANCELLATION.** *Ajoutez :* M'ayant ledit sieur président.... déclaré qu'il était prêt de faire faire ladite cancellation, MALH. *Lexique*, éd. L. Lalanne.

CANCER. — HIST. *Ajoutez :* XIIe s. [Elle] fut ferue en la mammele del malen del cancre, *li Dialoge Gregoire lo pape*, 1876, p. 211.

† **CANCHE.** *Ajoutez :* || Canche gazonnante, canche qui forme gazon (*aira cespitosa*, L., graminées). ... l'ajonc, la brande et la bruyère ; au milieu d'elles se trouve une herbe vivace connue sous le nom de canche gazonnante, dont la feuille se dessèche l'hiver, FARÉ, *Enquête sur les incendies des Landes*, p. 116.

† **CANCOUËLE** (kan-kou-è-l'), *s. f.* Nom du hanneton, dans la Haute-Marne. J'attrape des papillons, des bêtes à bon Dieu, des cancouëles et toute sorte de bêtes que j'enferme dans une boîte, A.

THEURIET, *Rev. des Deux-Mondes*, 1er nov. 1875, p. 91.

— REM. Au XVIe siècle, Rabelais nomme le hanneton caquerolle.

† **CANDACE** (kan-da-s') ou **CANDAOCE** (kan-da-o-s'), *s. f.* Terme d'antiquité. Titre de la royauté féminine d'Éthiopie. Le voyageur était un puissant personnage; c'était un eunuque de la candace d'Éthiopie, son ministre des finances et le gardien de ses trésors, RENAN, *les Apôtres*, ch. IX.

† **CANELO** (ka-ne-lo), *s. m.* Arbre de la Colombie, qui fournit du bois de construction. Dans le nombre des bois de construction, on distingue le canelo, dont on fabrique des embarcations; ce bois peut rester dans l'eau plus de trente ans sans se pourrir, OCT. SACHOT, *Rev. Britann.* sept. 1874, p. 266.

† 4. **CANETTE** (ka-nè-t'), *s. f.* Pièce de bois supportant la ventrière d'un navire qu'on veut lancer à l'eau, et glissant dans un coulisseau parallèle au grand axe du navire.

† 5. **CANETTE** (ka-nè-t'), *s. f.* Coiffure de femme, dans la Nièvre. Pas un cheveu ne dépassait la canette qui s'élargissait en auréole au-dessus de sa tête, TH. BENTZON, *Rev. des Deux-Mondes*, 1er juin 1876, p. 536.

CANEVAS. — HIST. *Ajoutez :* XIIe s. Et si l'aparelle et atourne De kanevas grosse cemise, *Perceval le Gallois*, v. 1692.

† **CANEVETTE.** *Ajoutez :* Il vient de Venise des canevettes de plusieurs bouteilles de verre peintes, DE PEYSSONNEL, *Traité sur le comm. de la mer Noire*, I, 109.

CANIF. *Ajoutez :* — REM. La locution : donner un coup de canif dans le contrat, est très-bien expliquée par cet exemple : Il [le garde des sceaux Châteauneuf] y passa le canif [dans le privilége surpris par les maîtres peintres], et en arracha le sceau en présence de la compagnie [l'Académie], l'assurant que jamais elle n'entendrait plus parler de cette affaire, DE MONTAIGLON, *Hist. de l'Acad. de peinture* (*Mém. attribués à H. Testelin*), t. I, p. 82.

† **CANILLON** (ka-ni-llon, *ll* mouillées), *s. m.* Clef d'un robinet. Le gaz qui s'était échappé du branchement de l'hôtel du Louvre, à la suite de l'enlèvement du canillon, s'était répandu dans la cave, *Gaz. des Trib.* 16 juin 1876, p. 583, 3e col.

† **CANIVET** (ka-ni-vè), *s. m.* Ancien synonyme de canif. La pointe d'un canivet vous fera l'ouverture d'une liberté perpétuelle [par la mort], MALH. *Lexique*, éd. L. Lalanne.

† **CANNABINÉES** (ka-nna-bi-née), *s. f. pl.* Famille de plantes, dont le chanvre est le type.

— ÉTYM. Lat. *cannabis*, chanvre.

CANNAGE. *Ajoutez :* || 2° Action de tresser des cannes, des roseaux. Les rotins servant au cannage des siéges, *Journ. offic.* 2 juill. 1872, p. 4494, 1re col. Fabricants et marchands en gros de joncs et cannages, *Journ. offic.* 1er mars, p. 1435, 2e col.

† **CANNAMÉLISTE** (ka-na-mè-li-st'), *s. m.* Ancien terme d'office. Celui qui s'occupe des fruits confits, des ouvrages de sucre, des liqueurs rafraîchissantes, des pastilles, etc. Le Cannaméliste français, par Gillers, chef d'office et distillateur de S. M. le roi de Pologne, Nancy, 1751.

— ÉTYM. Voy. CANNAMELLE ou CANAMELLE.

CANNE. *Ajoutez :* || 5° Canne armée, canne dans laquelle est cachée une arme. .... Le bambou carré, dont chacun de nous a pu voir l'emploi dans les cannes à pêche, cannes armées, manches de parapluies, etc. ED. RENARD, *Journ. offic.* 6 fév. 1876, p. 1077, 1re col. || 6° Nom, en Algérie, d'une férule, plante ombellifère, dont les bergers se servent pour frapper leurs troupeaux à grand bruit, comme avec une batte d'Arlequin, sans leur faire le moindre mal, *Journ. offic.* 7 oct. 1873, p. 6224, 2e col.

† **CANNÉ, ÉE** (ka-né, née), *adj.* Qui est fait avec la canne. Châssis cannés pour chaises, *Alm. Didot-Bottin*, 1871-72, p. 750, 2e col. || Chaise cannée, chaise dont le siége est formé de petites languettes de cannes découpées et tressées en carré ou en losange, etc.

CANNELÉ. *Ajoutez :* || 2° Dans la philosophie de Descartes, matière cannelée (voy. aussi STRIÉ, au Dictionnaire), forme en cannelures que la matière était supposée prendre par le mouvement des tourbillons. Nous avions la matière cannelée et la matière rameuse de Descartes, VOLT. *Dict. phil. Newton et Descartes.*

† **CANNELET** (ka-ne-lè), *s. m.* Petit tuyau servant à la filature. Fabricants de cannelets [pour filature, *Nomencl. génér. des professions sujettes à patentes.*

† **CANNEUR** (ka-neur), *s. m.* Ouvrier qui tresse les cannes pour chaises. Canneur de chaises.

CANNIBALE. — ÉTYM. *Ajoutez :* D'après M. Roulin, *cannibale* est une altération du mot *callinago*, pour les hommes, *callipona*, pour les femmes, par lequel les Caraïbes se désignaient.

1. **CANON.** || 1° *Ajoutez :* || Canon lisse, celui dont la surface intérieure de l'âme est unie; il lance des boulets sphériques et des boîtes à mitraille; il se désigne par le poids de son boulet exprimé en livres, canon de 24, de 12, de 8.... dont le boulet pèse 24 livres, 12, 8.... || Canon rayé, celui dont l'âme porte des rayures inclinées qui donnent au projectile un mouvement de rotation autour de son axe, de manière à régulariser l'action de la résistance de l'air; pour engager le boulet dans les rayures il y a différentes dispositions : enveloppe d'un métal mou qui pénètre dans les rayures par compression; boulet, entièrement en fonte, coulé avec des surfaces gauches qui s'appliquent directement sur l'âme, laquelle présente la forme d'un prisme qui aurait été tordu; double rang d'ailettes en zinc qui garnissent le projectile et qui s'introduisent dans les rayures, etc. Le canon rayé est rarement employé à lancer des boulets; il lance le plus souvent des obus oblongs cylindro-ogivaux; il lance aussi des obus oblongs à balles et des boîtes à mitraille. Les canons rayés se désignent par le poids de leur obus oblong exprimé en nombre rond de kilogrammes : canons de 24, de 12, de 7, de 4, rayés, dont l'obus pèse environ : 24 k. 12 k. 7 k. 4 k. Ils se désignent aussi par le calibre de l'âme mesuré en millimètres : canons de 95, de 90, ceux dont l'âme a 95, 90 millimètres de diamètre. || Canon-obusier, bouche à feu pouvant tirer des boulets et des obus; elle se désigne par le poids de son boulet en livres. || Canon de France, canon supprimé en 1732; le projectile en pesait 33 livres; demi-canon de France, boulet de 16 livres; quart de canon de France, boulet de 8 livres; demi-canon d'Espagne, boulet de 24 livres. || Double canon, nom donné anciennement à de gros canons. || En termes de marine, vaisseau de cent canons, vaisseau qui est armé de cent pièces d'artillerie. || Pendule à canon, canon-pendule (voy. PENDULE 1, n° 2). || 7° Nom du brassard de l'avant-bras (le brassard était une pièce cylindrique des armures à plate).

3. **CANON.** || 6° *Supprimez* l'exemple de Chateaubriand qui contient une erreur, et *substituez :* Les canons étaient autrefois fort à la mode dans la société.... tout le monde connaît celui qui commence par ces mots : Frère Jacques, dormez-vous? Ils étaient tous faits sur ce modèle, FÉTIS, *Musique mise à la portée de tout le monde.* || *Ajoutez :* || 11° Terme d'antiquité. Le canon, une statue de Polyclète qui était reconnue comme règle des belles proportions du corps humain, PLINE, *Hist. nat.* XXXIV, 8, 19. || 12° Nom donné à un ensemble de dates chronologiques qui fixaient le rapport des temps. Il [M. de Saulcy] a montré tout le profit qu'on pouvait tirer des découvertes modernes, des dates fournies par les inscriptions cunéiformes, du canon de Ptolémée, etc. FERD. DELAUNAY, *Journ. offic.* 20 oct. 1874, p. 7119, 2e col.

† **CANONNERIE.** *Ajoutez :* — HIST. XVIe s. Les septentrionaux, comme les Allemands.... s'appliquent plus aux choses sensibles et aux arts mechaniques.... jusques à avoir inventé la canonnerie et l'imprimerie, PARÉ, I, 10.

CANONNIER. *Ajoutez :* || 3° Nom donné, dans les mines, à l'ouvrier qui se glissait avec précaution en rampant vers le fond des souterrains et, muni d'une perche de 10 à 12 mètres terminée par une torche, déterminait l'inflammation du peu de grisou qui pouvait se trouver dans la galerie, *Journ. offic.* 26 fév. 1876, p. 1408, 1re col. || 4° *Au plur.* Terme de vétérinaire. Les canonniers, les deux muscles lombricaux supérieurs, chez le cheval.

† **CANOPE** (ka-no-p'), *s. f.* Sorte de vase usité chez les anciens Égyptiens et servant surtout à recevoir les entrailles des momies. Un magnifique vase d'albâtre oriental.... ce vase a conservé les viscères intestinaux du Ramsès de la 20e dynastie.... or, une canope n'a pas dû être affectée dans l'origine à un service de mesurage.... on est donc conduit à penser que la canope en question a été retirée de la tombe royale à la suite d'une de ces spoliations.... FERD. DELAUNAY, *Journ. offic.* 13 sept. 1876, p. 6943, 3e col.

CANOT. *Ajoutez :* || Le canot major porte une petite pièce de trente et est monté par soixante-dix hommes. Les petites embarcations du bord sont la baleinière et la yole.

† **CANOTER** (ka-no-té), *v. n.* Faire une partie de canot, se promener en canot.

† **CANQUE** (kan-k'), *s. f.* Toile de coton de la Chine.

† **CANTALÈS** (kan-ta-lès), *s. m.* Berger chef, dans la montagne d'Aubrac, Cantal. Le buron, qui représente le chalet des Alpes, se compose d'un rez-de-chaussée où loge le cantalès, et d'un grenier où les employés couchent dans le foin.... E. MOUTON, *Journ. offic.* 24 mars 1876, p. 2670, 1re col.

— ÉTYM. *Cantalès* paraît être un dérivé de *Cantal*, nom du département.

† 2. **CANTER** (kan-tèr), *s. m.* Terme de turf. Galop d'essai qui précède la course. On dit d'un cheval qu'il prend son canter.

— ÉTYM. Angl. *canter*, petit galop, qui est pour *canterbury*, allure des chevaux sur lesquels on faisait le pèlerinage de Cantorbéry.

CANTHARIDE. *Ajoutez :* — HIST. XIIIe s. Par le conseil dudit Pierre [de la Broce, chirurgien de saint Louis], ele mist sous son menton candorilles; car il entendoit que ces choses atresissent [attirassent] les humeurs, *Miracles saint Loys*, p. 146.

CANTINE. *Ajoutez :* || 3° Tabac de cantine. Il sera fabriqué une espèce de tabac dit de cantine, dont le prix ne pourra excéder 4 francs le kilo, *Loi du 28 avril 1816, art. 176.* || 4° Petite caisse employée par les officiers pour transporter en campagne leurs bagages personnels.

CANTON. *Ajoutez :* || 6° A Guernesey, division territoriale de la paroisse de Saint-Pierre-Port, capitale de l'île. Constitution des États de Guernesey, confirmée par ordre de Sa Majesté en conseil, en date du 13 décembre 1844, art. 7 : La paroisse de Saint-Pierre-Port sera divisée, au dire de ses propres autorités, en quatre cantons égaux, autant que possible, par rapport au nombre des contribuables et au montant de leurs contributions; chaque canton aura une douzaine, *Second report of the commissioners appointed to inquire into the state of the criminal Law in the Channel island*, London, 1848, gr. in-4°, p. 117. || A Jersey, division territoriale de certaines vingtaines. || 7° Nom donné à une certaine étendue de route ou de chemin, qu'un journalier dit cantonnier est chargé d'entretenir, *Dict. de l'adm. franç.* p. 297.

† **CANTONALISME** (kan-to-na-li-sm'), *s. m.* Esprit de canton, en Suisse. Le cantonalisme vainqueur y trouvera-t-il [dans le refus de reviser la constitution] un nouvel affermissement de son droit de souveraineté? *Proclamation du Conseil de la Suisse*, dans le *Journ. offic.* 23 juil. 1872, p. 2699, 2e col.

CANTONNIER. *Ajoutez :* On lui doit l'établissement des cantonniers sur les grandes routes, qu'il fit voter par les états de Languedoc, dont il était l'un des barons, *Petite biographie universelle* (1833), art. NISAS (marquis de), né vers 1660, mort en 1754. || 2° Cantonnier, cantonnière, qui est relatif aux cantonniers. Un malfaiteur qui connaissait les cantonniers et leurs habitudes, a pris, sous des pierres où ils la déposaient lorsqu'ils sortaient, la clef de la maison cantonnière, *Gaz. des Trib.* 19 mars 1876, p. 276, 2e col.

CAOUTCHOUC. *Ajoutez :* || Fig. Clown qui semble en caoutchouc, tant il est souple. Travail extraordinaire de M. Sthlan, l'homme serpent, premier caoutchouc et gymnaste du monde, *l'Indépendance belge*, 11 sept. 1868.

† **CAOUTCHOUTER.** *Ajoutez :* — REM. On trouve aussi caoutchouquer. Les tiges étaient en baleine et les membranes qui les réunissaient en soie caoutchouquée, *Journ. offic.* 12 juil. 1874, p. 4863, 3e col. La forme la plus usitée est la forme par *t*; la voici dans le *Journ. offic.* 1er mars 1873, p. 1436, 3e col. : Tuyaux caoutchoutés, bitumés.

CAP. *Ajoutez :* || 5° Cap de More ou cap de Maure, se dit d'un cheval dont la tête est noire et le reste du corps d'une autre couleur; cette particularité se rencontre ordinairement chez les chevaux gris ardoisé, souris, rouan, louvet, isabelle.

† **CAPACE** (ka-pa-s'), *adj.* Terme technique. Qui peut contenir. Le crâne masculin est, en général, plus volumineux, plus capace, plus lourd que le crâne féminin, BROCA, *Mém. de la Soc. d'anthrop.* 2e série, t. II, p. 137.

— ÉTYM. Lat. *capacem*, qui vient de *capere*, prendre, contenir.

† **CAPACITAIRE** (ka-pa-si-tè-r'), *s. m.* Néologisme. Celui à qui appartient une certaine capacité légale, *le Temps*, le 14 janv. 1873, 1re page.

† **CAPARAÇONNIER** (ka-pa-ra-so-nié), *s. m.* Fabricant de caparaçons, *Tarif des patentes*, 1858.

CAPE. *Ajoutez :* || 4° Dans les manufactures de tabac, synonyme de robe, n° 13.

— HIST. *Ajoutez :* XIII° s. Volans tous, non mie sos cape, Fist decoper. Gerbiers li pappe Trestous ses membres un et un, PHILIPPES MOUSKES, *Chronique*, v. 15572.

† **CAPELER.** *Ajoutez :* Il n'est pas un marin qui ignore la peine qu'éprouve un homme dans l'eau, soit à capeler la bouée circulaire, soit à se laisser supporter par les autres bouées à traîne, *Journ. offic.* 11 déc. 1874, p. 8195, 1re col.

† **CAPELLADE** (ka-pè-la-d'), *s. f.* Coup de chapeau. Grands saluts, révérences, capellades, air de cour, R. TÖPFFER, *Voyages en zigzag*.

— ÉTYM. Ital. *cappellata*, de *cappello*, chapeau. Ce mot serait utile pour remplacer celui de *bonnetade*, si souvent employé par Montaigne, et qui n'est plus de mise, puisqu'on ne sort plus en bonnet. Töpffer, s'il voulait franciser le mot italien, aurait mieux fait de dire *chapelade*, très-usité dans la Suisse romande et surtout à Neuchâtel; s'il voulait simplement transporter en français le mot italien, il aurait dû écrire *cappellade*, et non *capellade* (BERTHOUD). *Chapelade*, qui a pour lui l'usage actuel de tout un pays, serait à prendre et à introduire dans la langue.

† **CAPHARNAÜM.** — ÉTYM. *Ajoutez :* Il n'est pas besoin de conjecture pour expliquer l'emploi de *capharnaüm*. En effet on lit dans les Évangiles : Jésus entra à Capharnaüm, et il se fit dans la maison où il était un rassemblement si nombreux qu'il n'y avait plus de place dans la chambre, *St Marc*, II, 2. C'est là que l'usage vulgaire a pris *capharnaüm* pour désigner un entassement confus.

† **CAPIER** (ca-pi-é), *v. a.* Faire descendre l'écheveau de soie le long des lames de guindres pour faire place à de nouveaux écheveaux.

† **CAPIGI** (ka-pi-ji), *s. m.* Portier du sérail.

— REM. De là vient le personnage nommé Calpigi par Beaumarchais dans son opéra de Tarare.

— ÉTYM. Turc, *qapoudjî* ou *qapîdjî*, portier, venant de *qapoû*, porte, DEVIC, *Dict. étym.*

CAPILLAIRE. *Ajoutez :* || 3° Qui est relatif aux cheveux. Disons, à la gloire de nos artistes capillaires, qu'ils ont le privilége de la fourniture du monde entier, *Monit. univ.* 15 sept. 1868, p. 1189, 2° col.

CAPITAL. || 9° *S. f. Ajoutez :* Cette zone [la zone de 250 mètres des servitudes militaires] doit être mesurée sur les capitales des bastions et à partir de la crête de leurs glacis, GAUDRY, *Traité du domaine*, t. II, p. 13.

† **CAPITALEMENT.** — HIST. *Ajoutez :* || XV° s. Condamnés et exécutés pour leurs demerites capitalement et par justice (1422), *Rev. des docum. hist.* 2° année, n° 24, p. 185.

CAPITOLE. — HIST. *Ajoutez :* XIII° s. Al capitoire, ce sachiez sans cuidier, S'en ala Charles li bons rois au vis fier ; Car là endroit se vorra [voudra] herbergier, *les Enfances Ogier*, publiées par Scheler, Bruxelles, 1874, v. 7425.

CAPITON. *Ajoutez :* || 2° La partie d'un siége qui est rembourrée de capiton. On a conduit, hier, devant le commissaire de police de la gare Saint-Lazare, un individu qui avait été surpris, lacérant à coups de canif les capitons d'une voiture de première classe, *le Rappel*, 17 oct. 1874. Enfin, il arrivait dans son boudoir discret comme un tombeau, tiède comme une alcôve, où l'on se heurtait aux capitons des meubles parmi toute sorte d'objets çà et là, G. FLAUBERT, *l'Éduc. sentim.* t. II, p. 217.

† **CAPITONNAGE** (ka-pi-to-na-j'), *s. m.* Action de capitonner, de garnir de capitons. L'algue marine apposée contre les parois des baraquements comme un mince capitonnage, TH. DE LANGEAC, *l'Univers illustré*, 14 oct. 1871. Les profanes ont peine à comprendre le lien qui existe entre les différentes phases de cette fabrication [de wagons], du point de départ à la peinture du véhicule et au capitonnage de ses coussins, *Rev. Brit.* juil. 1875, p. 115.

† **CAPITONNER.** *Ajoutez :* — HIST. XVI° s. Se capitonner, s'envelopper, s'emmaillotter la tête, *Œuvres de Rabelais*, éd. Janet, 1823, *Glossaire*, v° *capitonner*.

† **CAPITULÉ.** *Ajoutez :* || 2° Se dit présentement, des militaires compris dans les diverses capitulations advenues pendant la guerre de 1870 et 1871. Le gouvernement eut la pensée d'employer en Afrique les officiers capitulés.... la position de capitulé du général F.... soulève ici l'opinion contre lui, *Journ. offic.* 14 avr. 1875, p. 2676, 1re col.

† **CAPOC.** *Ajoutez :* Le capoc est une espèce de coton soyeux des Indes orientales, qu'on ne file pas, mais qu'on emploie à la manière de la ouate.

— ÉTYM. Malais, *kâpoq*, nom de cette espèce de ouate, DEVIC, *Dict. étym.*

CAPONNIÈRE. *Rédiger ainsi l'article :* || 1° Terme de fortification. Passage à ciel ouvert, servant à traverser les fossés des fronts bastionnés. Les caponnières sont simples ou doubles suivant qu'elles sont abritées par un seul épaulement, ou qu'elles en ont un de chaque côté.

CAPORAL. *Ajoutez :* || 2° Nom du tabac à fumer ordinaire, ainsi dit, d'après M. Larchey, par opposition à un tabac haché plus gros, dit de soldat, et vendu à un prix moindre.

— ÉTYM. *Ajoutez :* Le mot italien est ancien. Il résulte d'un acte officiel du gouvernement de Florence, daté du 28 nov. 1503, que Machiavel fut chargé à cette époque de choisir et de reviser les caporaux des troupes de la République, ARTH. MANGIN, *Journ. offic.* 20 fév. 1873, p. 1242, 1re col.

† **CAPORALISER** (ka-po-ra-li-zé), *v. a.* Néologisme. Faire caporal. Il y avait des caporaux qui disaient qu'on les avait caporalisés malgré eux, et qui demandaient à résigner leurs galons, TROCHU, *Journ. offic.* 6 juin 1872, p. 3811, 3° col. || 2° Fig. Établir un régime de caporalisme.

† **CAPORALISME** (ka-po-ra-lis-m'), *s. m.* Néologisme. Régime de caporal, dans lequel la vie civile est asservie aux idées et aux habitudes militaires. Ils [les habitants du sud de l'Allemagne] n'ignorent point la différence qu'il y a entre une armée citoyenne et une nation de soldats; rien de plus contraire que le caporalisme à leurs habitudes et à leurs goûts, CHERBULIEZ, *Rev. des Deux-Mondes*, 1er mars 1870, p. 62.

† 2. **CAPOTAGE** (ka-po-ta-j'), *s. m.* Disposition de la capote d'une voiture. Deux coureurs destinés à lui venir en aide [au cocher], postés debout sur le marchepied de derrière de la voiture, dont le capotage relevé forme une espèce de lucarne, l'œil constamment fixé sur les chevaux, se jettent à leur tête au moindre incident.... *Journ. offic.* 31 août 1875, p. 7405, 2° col.

CAPRICE. *Ajoutez :* || 5° Pièce littéraire où l'on n'a pas observé les règles de l'art. Je dirai peu de chose de cette pièce ; c'est une galanterie extravagante qui a tant d'irrégularités qu'elle ne vaut pas la peine de la considérer, bien que la nouveauté de ce caprice en ait rendu le succès assez favorable pour ne me repentir pas d'y avoir perdu quelque temps, CORN. *Ex. de l'Illusion.* || Saint-Amand a, dans ses Œuvres, plusieurs pièces intitulées caprices.

† **CAPRIOLE** (ka-pri-o-l'), *s. f.* Forme ancienne de cabriole (voy. ce mot).

† **CAPSAGE** (ka-psa-j'), *s. m.* Préparation qu'on fait subir aux feuilles de tabac. Une fois mouillés, les tabacs sont mis en masse jusqu'au moment où ils sont livrés au capsage ; on appelle ainsi l'opération qui, pour le scaferlati ordinaire, a été substituée à l'ancien écotage conservé seulement pour le scaferlati supérieur ; au capsage, les feuilles alignées à la main de façon que toutes les côtes soient bien parallèles, et réunies en ballotins, sont, en cet état, portées au hachage, *Journ. offic.* 29 nov. 1875, p. 9801, 2° col.

† **CAPSULATION** (ka-psu-la-sion), *s. f.* Terme de pharmacie. Action de mettre en des capsules ou petits tubes faits de gélatine certains médicaments de goût désagréable. Capsulation du valérianate d'ammoniaque.

† **CAPSULERIE** (ka-psu-le-rie), *s. f.* Usine où l'on fabrique des capsules explosives.

† **CAPTALAT** (ka-pta-la), *s. m.* Juridiction d'un captal. || Territoire régi par un captal. Les forêts, montagnes, brandes et bernedes du captalat de Buch, *Enquête sur les incend. des Landes*, p. 207, 1873.

CAPTER. *Ajoutez :* || 3° Capter quelque chose à quelqu'un, le lui faire obtenir. Vous m'avouerez, monsieur, que c'était là une étrange façon de me capter la bienveillance de M. Pennech, J. J. ROUSS. *Lettre à Hume*, 10 juillet 1766. L'effet des faveurs du prince n'est guère, en Angleterre, de capter à ceux qui les reçoivent celles du public, ID. *Lettre à Duttens*, 26 mars 1767. Ces formes de langage ne sont pas bonnes.

† **CAPTIVANT, ANTE** (ka-pti-van, van-t'), *adj.* Qui captive. Loi tyrannique et captivante, FÉN. La question du travail des femmes est l'une des plus captivantes et des plus attristantes qui se puissent rencontrer, PAUL LEROY-BEAULIEU, *Journ. des Débats*, 16 oct. 1876, 1re page, 6° col.

CAPTURE. *Ajoutez :* || 2° Dans le langage technique, action de se rendre maître d'une vapeur, d'un gaz, etc. La capture initiale de la vapeur [pour le chauffage des wagons, système Love] est opérée sur la chaudière même de la locomotive, où elle est réglée par un robinet, *Journ. offic.* 11 mai 1873, p. 3048, 2° col.

† **CAPTUREUR** (ka-ptu-reur), *s. m.* Celui qui capture. Et le sieur Dagout, ancien captureur du petit conseiller, et Foucaut le braillard, *Lett. du P. Duchêne*, 51° lettre, p. 4.

† **CAPUCHONNEMENT** (ka-pu-cho-ne-man), *s. m.* Action de capuchonner une locomotive.

† **CAPUCHONNER** (ka-pu-cho-né), *v. a.* Disposer une locomotive de telle façon que la production de la vapeur y cesse, et que la pression de la machine aille s'affaiblissant à mesure que le train avance ; cela se fait dans les souterrains, afin d'y éviter la fumée.

CAQUE. *Ajoutez :* Caque de Champagne, synonyme de tierçon de Champagne.

† **CAQUETOIRE.** *Ajoutez :* — REM. Scarron, *Virg.* IV, a dit *caquetoi*; [Didon] Qui jamais en bonne foi Ne fit du temple un caquetoi.

† **CAQÛRE** (ka-ku-r'), *s. f.* Débris de harengs. Dans la zone maritime [du Nord-Ouest], on utilise avec succès les caqûres ou débris de harengs, HEUZÉ, *la France agricole*, carte n° 7.

— ÉTYM. *Caquer.*

† 2. **CAR** (kar), *s. m.* Compartiment d'une voiture de tramway. Le mari, qui, paraît-il, était légèrement échauffé, sauta dans un car des tramways, laissant sa femme seule sur la route, *Gaz. des Trib.* 7 oct. 1875, p. 967, 3° col.

— ÉTYM. Angl. *car*, carriole, qui est le français *char*, anciennement *car*, dans certains dialectes.

† **CARABAS.** *Ajoutez :* || 4° Anciennement, voiture publique allant de Paris à Versailles. Le carabas était une voiture publique ayant la forme d'une longue cage et pouvant contenir vingt personnes.... les carabas mettaient quatre heures et demie pour aller à Versailles ; les places coûtaient vingt-cinq sous, *Journ. offic.* 29 avril 1875, p. 3081, 3° col. (le journal écrit carrabat). Ils [les tableaux de Lancret, Watteau, etc.] vous promènent partout, à la cour comme à la ville.... dans les carrosses du roi et dans les misérables carabas qui font le service de Paris à Versailles, *Rev. illustrée des Deux-Mondes*, 26 déc. 1874.

— REM. Carabas, au sens de vieille voiture, s'écrit sans majuscule.

2. **CARABIN.** — ÉTYM. *Ajoutez :* Bien que *carabin* paraisse se rattacher au *carabin*, soldat de cavalerie légère, cependant il faut noter *escarrabi*. « A l'époque des pestes qui ont sévi à Montélimart en 1543 et en 1583, dans les délibérations du conseil municipal et dans les actes de notaires de 1543 et 1583, on rencontre souvent *escarrabi*, *escarrabine* dans le sens d'infirmier, infirmière ; certains documents disent aussi que les *escarrabis* étaient chargés d'ensevelir les morts (note de M. de Coston, de Montélimart). *Escarrabi* aurait-il influé sur l'application de *carabin* aux étudiants en chirurgie?

CARABINE. *Ajoutez :* || Nom donné autrefois aux petites armes à feu à rouet employées jadis par la cavalerie. || Carabine rayée, carabine ayant à peu près les mêmes dimensions que la carabine de la cavalerie ; elle présentait, à la surface intérieure de l'âme du canon, des rayures parallèles à l'axe, dont l'objet était de faciliter l'introduction de la balle, que l'on forçait en la chassant avec une baguette à coups de maillet ; les rayures ont été ensuite tordues en hélice, de manière à forcer la balle à prendre, dans l'air, un mouvement de rotation. || Nom donné en dernier lieu à des armes plus longues que la carabine de cavalerie, rayées, de précision et destinées à l'armement de corps spéciaux ; elles sont à percussion. Ces armes ont été successivement les suivantes : 1° carabine à chambre : le canon présente, à la culasse, un rétrécissement ou chambre dans lequel se place la poudre ; la balle entre librement dans le canon, prend appui sur l'entrée de la chambre, et on la force en l'aplatissant à coups de baguette ; la balle est sphérique; 2° carabine à tige : la chambre est remplacée par un espace annulaire ménagé entre le canon et une tige fixée à la culasse; c'est sur l'extrémité de cette tige que la balle prend appui quand on la force; la balle est cylindro-conique; 3° carabine à balle évidée : il n'y a ni chambre, ni tige; la balle, cylindro-ogivale, est conduite librement avec la baguette jusque sur la poudre; elle n'est pas forcée pendant le chargement, mais elle présente un évidement intérieur d'une forme quelconque, qui s'élargit sous l'expansion des gaz de la poudre, et force la surface extérieure de la balle dans les rayures. || Grosse carabine, nom donné quelquefois au fusil de rempart rayé.

— ÉTYM. *Ajoutez* : M. Sayous rappelle les tentatives faites pour expliquer *carabine* et signale l'opinion de Hammer qui le rapproche de *karavinas*, nom d'un peuple mongol, *Rev. crit.* 21 mars 1874, p. 192.

CARABINÉ. || 1° *Ajoutez* : Les fusils de Crimée sont extrêmement recherchés.... les canons sont simples ou carabinés, DE PEYSONNEL, *Commerce de la mer Noire*, I, 147.

CARACO. *Ajoutez* : HIST. XVI° s. Caracon, COTGRAVE.

— ÉTYM. *Caraco* vient de *caraque*, prononciation parisienne de *casaque* au XVI° siècle, LIVET, *Gram. franç.* p. 368.

CARACOLE. — REM. *Ajoutez* : || 2. Richelieu, qui dit aussi *caracol* comme Corneille, s'en sert au sens figuré de courses, voyages : Comme je demeurerais cent ans en un lieu s'il était besoin, aussi avoué-je que des caracols inutiles ne sont plus bons pour un homme de mon âge, qui va droit à ses fins, *Lettres*, etc. t. VI, p. 730 (1640).

CARACOLER. || 1° *Ajoutez* : Il [Louis XIV] leur montre [à ses soldats], à doubler leurs files et leurs rangs, A changer tôt de face aux ordres différents, Tourner à droite, à gauche, attaquer et défendre, Enfoncer, soutenir, caracoler, surprendre, CORN. *Lexique*, éd. Marty-Laveaux.

† **CARACORE.** *Ajoutez* : — ÉTYM. Malais, *korakōra*, grande embarcation en usage parmi les habitants de l'archipel Indien, DEVIC, *Dict. étym.*

CARACTÈRE. *Ajoutez* : || 8° Il s'est dit pour portrait, description, au XVII° siècle. Qu'il me soit permis de copier ici tout au long ce que dit Homère du pouvoir et de l'efficacité des prières sur l'esprit des dieux et de l'admirable caractère qu'il en fait, ROLLIN, *Traité des Ét.* II, *De la lecture d'Homère*, II, III, 4. Ulysse parla le premier; on sait le caractère qu'en fait Homère ailleurs, ID. *ib.* I, II, 4.

CARAFE. — ÉTYM. *Ajoutez* : *Carafe*, d'après M. Mohl, vient du persan *karābet*, bouteille en verre à gros ventre, destinée à laisser reposer le vin pendant quarante jours. Au contraire, d'après M. Dozy, il vient de l'arabe *garafa*, puiser.

† **CARAGUEUSE** (ka-ra-gheu-z'), *s. m.* Personnage des marionnettes en Turquie. Le héros de la pièce est un infâme nommé Caragueuse qui paraît sur la scène avec tout l'équipage du fameux dieu de Lampsaque, POUQUEVILLE, *Voy. en Grèce*, dans la collection Smith, t. XII, p. 345 (voy. KARAGOUZ au Supplément).

† **CARAMBOLEUR** (ka-ran-bo-leur), *s. m.* Celui qui fait des carambolages au billard, qui est habile à caramboler.

† **CARAMÉLÉ, ÉE** (ka-ra-mé-lé, lée), *adj.* Qui a le goût ou l'apparence du caramel. Sauce d'un goût caramélé.

† **CARAMÉLIQUE** (ka-ra-mé-li-k'), *adj.* Qui a rapport au caramel. Un produit caramélique insoluble, BERTHELOT, *Acad. des sc. Comptes rendus*, t. LXXXII, p. 1360.

† **CARAMÉLISATION.** *Ajoutez* : Le vesou.... était envoyé dans de grandes chaudières en fonte, chauffées à feu nu.... à une température.... qui produisait toujours une caramélisation plus ou moins grande, MORIN, *Mém. d'agricult.* etc. 1870-71, p. 208.

† **CARAPA.** *Ajoutez* : Les graines de carapa, si abondantes dans la Guyane qu'elles pourraient seules alimenter les savonneries de Marseille, *Journ. offic.* 2 juin 1874, p. 3683, 3° col.

1. **CARAQUE.** — ÉTYM. Espagn. et portug. *carraca*; ital. *caracca*; on trouve aussi bas-lat. *caracora*; portug. *coracora*, sorte de grand vaisseau. M. Dozy et M. Defrémery voient dans ces deux formes l'arabe *corcor*, au pluriel *cardquir*, sorte de grand vaisseau marchand. M. Devic, *Dict. étym.*, ajoute que ce mot arabe *corcor* est le malais *korakōra* (voy. CARACORE au Dictionnaire et au Supplément).

CARAT. *Ajoutez* : — REM. 1. Carat s'est dit figurément pour exprimer un certain degré de qualité, de pureté. La vérité jette, lorsqu'elle est à un certain carat, une manière d'éclat auquel l'on ne peut résister, RETZ, *Œuvres*, t. III, p. 49, éd. Feillet et Gourdault. || 2. Sot à trente-six carats, n'a pas en effet de sens, puisque un carat est un vingt-quatrième; mais par cela même, cette locution est une exagération plaisante et, à ce titre, disant ce qu'elle veut dire.

† **CARATURE.** *Ajoutez* : voy. KARATURE.

CARAVANE. — HIST. XIII° s. *Ajoutez* : Li rois Ricars apriès suï, Ki le karavane consui De Sarrasins.... PH. MOUSKES, *Chronique*, v. 19548 (il faut probablement lire *karvane*, comme dans Du Cange; car *consui* doit être lu *consuï*, de trois syllabes).

† **CARBO-AZOTINE** (kar-bo-a-zo-ti-n'), *s. f.* Terme de chimie. Substance explosive. Des produits à base de nitro-glycérine et une espèce de poudre de mine lente, désignée sous le nom de carbo-azotine, sont colportés en fraude.... *Lett. commune des contrib. indir.* 10 août 1874.

† **CARBOGÈNE** (kar-bo-jè-n'), *s. m.* Poudre propre à préparer l'eau de seltz. Les poudres employées pendant longtemps ont été l'acide tartrique et le bicarbonate de soude; on vend depuis quelques années une poudre unique appelée carbogène, qui est d'un prix moins élevé et produit une eau de seltz aussi bonne, P. POIRÉ, *Notions de chimie*, p. 135, Paris, 1869.

— ÉTYM. *Carbo* pour *carbonique* (acide), et *gène*, qui engendre.

† **CARBON** (kar-bon), *s. m.* Nom donné par les Anglais aux diamants noirs du Brésil, *Journ. offic.* 7 déc. 1875, p. 10093, 1re col.

† **CARBONATATION** (kar-bo-na-ta-sion), *s. f.* Terme de chimie. Action de soumettre à l'action des carbonates. Fabrique de sucre de betteraves : chaudières à défécation ou bacs de première carbonatation, *Journ. offic.* 8 janv. 1874, p. 209, 1re col.

CARCAN. — ÉTYM. *Ajoutez* : M. Bugge, *Romania*, n° 10, p. 146, complète l'étymologie donnée par Diez, en expliquant la finale *an, ant* : *querk*, cou, gosier, et *band*, lien; *kverkband*, jugulaire, mentonnière, se trouve dans la littérature ancienne de l'Islande; *carquebant* ou *carcbant* a passé à *carcant*.

† 2. **CARCAN** (kar-kan), *s. m.* Terme d'écurie. Mauvais cheval. Cette rosse-là a été, comme une demi-douzaine d'autres carcans de son espèce, envoyée au roi l'an passé par je ne sais pas quel mamamouchi d'un pays du côté des Turcs, E. SUE, *Godolphin-Arabian*, ch. 2°.

CARCASSE. || 6° *Ajoutez* : Fabricant de carcasses ou montures de parapluies. Fabricant de carcasses pour modes, celui qui couvre en soie, en fil ou en papier les branches de fil de fer ou de laiton qui servent aux modistes et aux fabricants de fleurs artificielles, *Tarif des patentes*, 1858.

CARDE. — HIST. XV° s. *Ajoutez* : Les maistres et ouvriers dudit mestier seront tenus ouvrer de tous outils à usage de aumusserie, c'est à sçavoir de charbon, de chisaille, sans mousle, sans guerde et sans forces à tondre drap, excepté que de ladite guerde l'on pourra brosser tout l'ouvrage après ce qu'il sera teint, pour le demesler tant seulement, *Ordonnance*, mars 1450.

CARDER. — HIST. XV° s. *Ajoutez* : Guerder, *Ordonnance*, mars 1450.

† **CARDEUSE** (kar-deû-z'), *s. f.* Machine à carder, *Journ. offic.* 24 févr. 1876, p. 1371, 3° col.

1. **CARDINAL.** *Ajoutez* : || 5° Terme d'optique. On appelle points cardinaux d'un système dioptrique formé d'un nombre quelconque de milieux réfringents séparés les uns des autres par des surfaces sphériques centrées, six points dont la détermination suffit pour calculer ou construire très-aisément toutes les circonstances relatives à la marche de la lumière à travers le système, telles que la grandeur et la position des images, etc. Les six points cardinaux sont : deux points principaux; deux points nodaux; deux points focaux ou foyers principaux.

2. **CARDINAL.** *Ajoutez* : || Cardinal-prêtre, celui dont le titre cardinalice est une des églises de Rome qui était autrefois administrée par un prêtre; cardinal-diacre, celui dont le titre est un des diaconats de Rome, ou une des églises autrefois administrées par des diacres; cardinal-évêque, celui dont le titre est un des sept évêchés suburbicaires. Ces titres peuvent être portés par des évêques, ou par des prêtres, ou par des diacres; ils ont même été quelquefois conférés à de simples laïques.

† **CARÉSIS** (ka-ré-zi), *s. m.* En Normandie, poires communes qui servent à faire le poiré, DELBOULLE, *Gloss. de la vallée d'Yères*, le Havre, 1876, p. 64. || Dicton : Ce sont des poires de carésis, Si elles sont bonnes, mordez-y. || On dit aussi carisis.

CARESSÉ. || Fig. *Ajoutez* : Le tour en [d'ouvrages de sculpture] est heureux et le travail savant, fin, caressé, DE CAYLUS, dans *Mém. inéd. sur l'Acad. de peinture publiés par Dussieux*, etc. t. I, p. 458.

1. **CARET.** *Ajoutez* : — ÉTYM. M. Devic, *Dict. étym.*, remarque que la tortue *caret* se dit en malais *kārah*; c'est sans doute l'origine de notre mot.

† **CARÉTILLE** (ka-ré-ti-ll', *ll* mouillées), *s. f.* Graine d'une plante légumineuse des campagnes de Buenos-Ayres. Les magnifiques prairies [de Buenos-Ayres] produisent en grande quantité une espèce de légumineuse excellente pour la nourriture du bétail, mais dont la graine, plate, hérissée de petits crochets, nommée dans le pays carétille, se cramponne, pour ainsi dire, à la toison, d'où il est très-difficile de l'arracher, *Mém. d'agricult.* etc. 1870-71, p. 497 et 498.

CARIBOU. *Ajoutez* : || 2° Nom d'une espèce de mousse dans le nord de l'Amérique. Là où la végétation n'est pas complétement brûlée [dans le Labrador], on ne rencontre qu'une espèce de mousse dite mousse caribou, qui couvre les rochers.... *Journ. offic.* 20 oct. 1874, p. 7114, 3° col.

† **CARICATURAL, ALE** (ka-ri-ka-tu-ral, ra-l'), *adj.* Néologisme. Qui a le caractère de la caricature. Toutes ces figures [peintes dans une maison de Pompéi] ont des jambes grêles; le col est mince, la tête grosse, le nez fort, en sorte que l'intention caricaturale est évidente, *Journ. offic.* 15 janv. 1876, p. 430, 2° col.

CARICATURE. || 1° *Ajoutez* : || A l'école une fois la semaine, les élèves s'assemblent; un d'eux sert de modèle; son camarade le pose et l'enveloppe ensuite d'une pièce d'étoffe blanche, le drapant le mieux qu'il peut; et c'est là ce qu'on appelle faire la caricature, DIDER. *Œuvres compl.* 1821, t. IX, p. 16.

† **CARICATURIER** (ka-ri-ka-tu-rié), *s. m.* Écrivain qui fait des caricatures, des charges, à la différence du caricaturiste, qui est un artiste s'adonnant au genre de la caricature. Lui [Tallemand des Réaux], le caricaturier du XVII° siècle, COUSIN, *Journ. des sav.* déc. 1857.

1. **CARLIN.** — ÉTYM. *Ajoutez* : L'ital. *carlino* vient de Charles Ier d'Anjou : Fa Carlo I coniare [frapper] in Napoli, in luogo degli antichi agostali [sorte de monnaie], carlini e mezzi carlini d'oro, con vocabolo preso dal suo nome, AMARI, *la Guerra del Vespro siciliano*, in-12, p. 50.

CARLINGUE. *Ajoutez* : — ÉTYM. Angl. *carling*.

† **CARLOCK.** *Ajoutez* : Le carlock, qui est, en réalité, de la colle de vessie d'esturgeon, se récolte abondamment à Archangel.

— ÉTYM. Russe, *karlouk*.

CARMAGNOLE. — ÉTYM. *Ajoutez* : Dans une communication, M. le capitaine d'artillerie Meininger dit que *carmagnole* était originairement le nom des petits Savoyards qui venaient à Paris comme ramoneurs et décrotteurs. Malheureusement, il ne donne pas ses autorités.

† **CARMALINE** (kar-ma-li-n'), *s. f.* Terme de chimie. Principe que contient le chanvre indien et auquel il doit son influence, *Journ. offic.* 5 janv 1873, p. 56, 1re col.

† **CARMANTINE** (kar-man-ti-n'), *s. f.* Genre de plantes de l'Asie tropicale.

— ÉTYM. Malais, *caramounting*, DEVIC, *Dict. étym.*

CARMIN. *Ajoutez* : || 2° Carmin de safranum, voy. SAFRANUM au Dictionnaire et au Suppl.

† **CARNABOT** (kar-na-bo), *s. m.* Nom, dans les Ardennes, d'un éteignoir de grande taille, muni d'un long manche, pour le service des églises.

† 2. **CARNE.** *Ajoutez* : || 2° Terme grossier d'injure. Charogne. Alors, près du lit où était couché votre mari mourant, vous avez dit : Tu es bien là, carne, tiens-t'y [Cour d'assises de l'Aube], *Gaz. des Trib.* 17 sept. 1873, p. 893, 3° col.

† 3. **CARNE** (kar-n'), *s. m.* Celui des quatre côtés de l'osselet qui est un peu concave et qui forme une figure comme une S.

— ÉTYM. Arabe, *carn*, corne, d'après la ressemblance de figure, DOZY.

† **CAROLIN.** *Ajoutez* : || 2° *S. m.* Nom donné, dans Tarn-et-Garonne, au peuplier de la Caroline, *les Primes d'honneur*, Paris, 1872, p. 479.

† 3. **CARON** (ka-ron), *s. m.* Vieux papiers sales. Les fabricants de carton et de papier achètent [aux chiffonniers] pour leur usage les carons, vieux papiers sales, *l'Illustr.* 9 mars 1872, p. 158, 3° col.

CARONADE. — ÉTYM. *Ajoutez* : *Carron*, propriétaire de forges considérables en Écosse; [illegible] premières fonderies établies en Ecosse furent celles de *Carron*.... c'est de Carron que dérive le nom de *caronade* donné à une pièce d'artillerie autrefois en usage et fabriquée en ce lieu, *Journ. offic.* 8 mars, 1873, p. 1621, 2e col.

† **CARONCULEUX.** *Ajoutez :* || 2° Terme d'histoire naturelle. Qui présente des caroncules. Peau nue et caronculeuse.

CAROTTE. *Ajoutez :* — REM. On a dit que la locution populaire tirer une carotte vient de ceci : à Carmagnole, le gouverneur savoyard avait frappé chaque botte de carottes, mise en vente au marché, d'un impôt équivalent à un demi-liard de notre ancienne monnaie; mais il admettait qu'on le payât en nature, c'est-à-dire que les estafiers tiraient à son profit deux carottes par botte, *Extrait de la Chronique du Derby*, dans la *Patrie*, 11 avr. 1868. On ne donne aucun texte à l'appui de ce dire.

† **CAROUBLEUR** (ka-rou-bleur), *s. m.* Terme d'argot. Voleur à l'aide de fausses clefs.

1. **CARPE.** *Ajoutez :* || Familièrement. Ignorant comme une carpe, très-ignorant.

† **CARRAIRE** (ka-rè-r'), *s. f.* Nom, dans les Alpes, des chemins de troupeaux. Les troupeaux suivent généralement les routes, et font d'énormes dégâts sur leur passage; ils se rendent sur les pâturages en suivant les chemins de troupeaux appelés drayes ou carraires, *Reboisement des forêts, Compte rendu*, 1869-1874, 2e fasc. p. 131.

— ÉTYM. Le même que *carrière* ou *charrière*.

1. **CARRÉ.** *Ajoutez :* || 13° Fer carré, celui dont la largeur est égale à l'épaisseur et qui porte au moins 0^m,022, PERNOT.

2. **CARRÉ.** || 18° Carré de montre, le tuyau que porte la clef et qui, recevant la petite tige carrée que présente la montre, sert à la monter. Fabricant de carrés de montre, *Tarif des patentes*, 1858. || Simplement, un carré, une clef d'acier qui sert à remonter les pendules. || 19° Carré, terme en usage dans toutes les écoles de peinture, pour signifier le trait des parties plates ou qui ne sont pas absolument arrondies dans les contours du corps humain, PERNETY, 1757. || 20° Dans la filature, un quart de pouce carré. Il était nécessaire de désigner le nombre de fils au carré, *Enquête, Traité de comm. avec l'Anglet.* t. IV, p. 404.

1. **CARREAU.** *Ajoutez:* || 18° Carreau ou coussin, nom, suivant les pays, du métier de la dentelle à fuseaux, lequel est une boîte carrée, garnie et rembourrée extérieurement, CH. BLANC, *l'Art dans la parure*, p. 290. || 19° Sorte de tapis. Les carreaux dits de Hollande sans envers, *Enquête, Traité de comm. avec l'Anglet.* t. III, p. 697. || 20° Pierre de taille, granit. Il y a une petite cave, dans laquelle cave il y a une auge en carreau, *Avranchin*, 1er déc. 1872, aux annonces. || 21° Populairement. Monocle qu'on fait tenir en contractant le sourcil, par comparaison avec un carreau de vitre.

† **CARREAUDAGE** (ka-rô-da-j'), *s. m.* Sorte de treillis à mailles serrées employé dans les métiers à tisser les étoffes de soie.

— ÉTYM. *Carreau* 1.

CARREFOUR. *Ajoutez :* — REM. Corneille écrit carfour. Comment? — De ce carfour j'ai vu venir Philinte, *Lexique*, éd. Marty-Laveaux. Théante approche-t-il? — Il est en ce carfour, *ib.*

— ÉTYM. *Ajoutez :* L'orthographe par *re* se trouve aussi dans les textes français; le Dict. de la conversation de Wahlen, édité en Belgique, cite, dans un glossaire latin-français du XIIIe siècle, *theatrum* traduit par *carrefourc ;* au XVe s. : Illec dessus a un quarre fcurc, dans *Lancelot du Lac*; au XVIe s. : À l'entour des villages, bourgs et carrefourcs, dans une traduction de Polydore Virgile, imprimée en 1521.

3. **CARRELET.** *Ajoutez :* || 4° Règle à section carrée.

CARRÉMENT. || Fig. *Ajoutez :* Demain je me présenterai chez M. de Mauserre votre lettre à la main, et je lui dirai carrément ou rondement, comme il vous plaira.... V. CHERBULIEZ, *Rev. des Deux-Mondes*, 15 fév. 1873, p. 743.

CARRER. || 3° *Ajoutez :* Je sais mieux ranger les soldats que les paroles, et mieux carrer les bataillons que les périodes, SCUDÉRY, *Ligdamon, préface.*

† **CARREUR** (ka-reur), *s. m.* Terme de verrerie. Ouvrier verrier qui rassemble et arrondit le verre qui a été roulé sur le marbre.

† **CARRICATURE** (ka-ri-ka-tu-r'), *s. f.* Charge, chargement (inusité). Blé acheté en Sicile.... pour droits de carricature, port jusqu'au bâtiment et autres menus frais, jusques à l'embarquement.... P. GIRAUDEAU, *la Banque rendue facile*, p. 160.

— ÉTYM. Ital. *caricatura* (voy. CARICATURE).

CARRICK. — ÉTYM. Nom d'un homme d'État anglais, d'après M. le capitaine d'artillerie Meininger, qui malheureusement ne donne pas ses autorités.

2. **CARRIÈRE.** *Ajoutez :* || 3° Eau de carrière, humidité que contiennent les pierres récemment extraites de la carrière pour la bâtisse, et qui les rend plus tendres et plus faciles à tailler que lorsqu'elles ont séché à l'air.

† **CARRIOLEUR** (ka-ri-o-leur), *s. m.* Conducteur de voitures, BELMONDI, *Code des contributions directes*, Paris, 1818, p. 119.

† **CARROSSAGE** (ka-ro-sa-j'), *s. m.* Inclinaison des fusées d'essieu sur l'essieu, qui a pour but de faire appuyer les roues contre les épaulements des essieux.

CARROSSE. *Ajoutez :* || 4° Anciennement, avoir de quoi faire rouler un carrosse, être riche, *Dict. de l'Acad.* éd. 1694. || Un homme à carrosse, une dame à carrosse, ceux qui se distinguent du peuple par l'équipage d'un carrosse, ceux qui font rouler le carrosse, FURETIÈRE, 1690.

CARROSSÉE. *Ajoutez :* — REM. Carrossée s'est dit avant Mme de Sévigné. On n'emprisonne point ici seulement les hommes, mais les femmes aussi; la reine en a envoyé plusieurs carrossées dans la Bastille, GUI PATIN, *Lett.* t. II, p. 124.

CARROSSIER. *Ajoutez :* — REM. Carrossier au sens de cocher est dans Malherbe : Il monta en carrosse, et dit à son carrossier qu'il allât au Louvre, *Lexique*, éd. L. Lalanne. Pour cet emploi, voy. l'historique.

† **CARROSSIN** (ka-ro-sin), *s. m.* S'est dit d'une espèce de voiture. Il me faudrait un bon carrossin qui pût charger avec nous cinq ou six malles.... il me faudrait un bon voiturier, J. J. ROUSS. *Lett. à Moultou*, 21 nov. 1768.

CARROUSEL. || 3° Manége de chevaux de bois. Un immense carrousel de chevaux de bois, *Journ. offic.* 5 mai 1870, p. 770, 6e col. || Se dit aussi de jouets d'enfant qui représentent ces carrousels.

CARRURE. *Ajoutez :* || 2° Terme de musique. Carrure de phrase, voy. PHRASÉOLOGIQUE.

† **CARTABLE** (kar-ta-bl'), *s. m.* || 1° Sorte de portefeuille ou de carton servant aux écoliers à porter leurs papiers et leurs livres. Spécialité de carnets souples, reliure anglaise et ordinaire, cartables d'écoliers.... *Alm. Didot-Bottin*, 1871-1872, p. 1260, 2e col. || 2° Se dit aussi de deux planches de carton, sans endos les réunissant, que les botanistes emportent en herborisation pour y préparer sur-le-champ les plantes délicates.

CARTE. *Ajoutez :* || 8° Dans certains jeux de cartes, carte forcée, carte qu'un joueur place de manière à forcer en quelque sorte de la prendre, tout en ayant soin de laisser le choix. || Fig. Il y a là une carte forcée, je le reconnais; mais j'aime encore mieux celle de l'impôt, qui améliore nos finances, que celle du déficit, qui les compromet, MAGNE, *Journ. offic.* 10 mars 1874, p. 1851, 1re col. || 9° Aux XVIe et XVIIe siècle, carte de visite, pièce officielle représentant les comptes rendus et les conseils donnés, lors d'une visite dans un couvent par un supérieur, STE-BEUVE, *Port-Royal*, t. 1 p. 51, 1re éd. || 10° Cartes, dites aussi correspondances-cartes, cartes préparées par la poste et sur lesquelles on écrit à écriture découverte, *Journ. offic.* 12 fév. 1872, p. 1033, 3e col. (voy. CARTE-POSTE au Supplément). || 11° Carte géographique fauve, carte géographique brune, papillons de jour, *vanessa levana, vanessa prorsa*. De son nom vulgaire, inspiré des fines rayures de ses ailes, l'espèce s'appelle la carte géographique (*vanessa prorsa* de son nom scientifique), E. BLANCHARD, *Rev. des Deux-Mondes*, 15 juin 1874, p. 850.

— HIST. *Ajoutez :* || XVe s. Par la quarte qu'ils ont marine, Scet chascuns d'eulx où il chemine, E. DESCH. *Poésies mss.* f° 470.

— ÉTYM. *Ajoutez :* Malgré la certitude apparente que *carte* vient de *charta*, des doutes sont survenus. Ils ont été suggérés par ce texte-ci : XVIe s. Millier poisant de quartes de papier, MANTELLIER, *Glossaire*, Paris, 1869, p. 53. M. Mantellier remarque que *quarte* peut signifier quart de feuille, feuille de papier coupée ou pliée en quatre, et il renvoie à Du Cange, *quarta*. Du Cange a, en effet, *quarta* au sens de papier, charte, dans des textes latins dont l'un est de l'an 1078, et *quartula*, petit papier, petite charte, dans un texte de 1268. Une telle orthographe est donc ancienne. De plus *charta* a donné, dans l'ancien français, non pas *carte* (qui serait picard), mais *charte* et, par l'épenthèse indue d'une *r*, *chartre*. À ce point de vue, la *carte* serait spécialement une feuille de papier, *charta*, pliée ou coupée en quatre. Cela faciliterait peut-être l'étymologie d'*écarter ;* et, à son tour, *écarter* recommanderait l'étymologie par *quarta*.

† **CARTELAGE** (kar-te-la-j'), *s. m.* Terme de féodalité. Le cartelage, droit du seigneur au quart de la récolte, *Journ. offic.* 25 juin 1875, p. 4605, 1re col.

† **CARTELLE.** *Ajoutez :* || 3° Cartelle d'échantillons, tableau montrant les échantillons de fil. Reproduction de la cartelle d'échantillons destinée à faire ressortir la nécessité d'une classification selon le nombre de brins, *Enquête, Traité de comm. avec l'Anglet.* t. IV, p. 345.

† **CARTELLO** (kar-tèl-lo), *s. m.* Mot italien qu'on emploie aujourd'hui en parlant des musiciens et des chanteurs. Artistes de cartello, de primo cartello, artistes d'éminence, de première éminence Tous les autres artistes de cartello de Ventadour se trouvaient dans les rangs modestes du chœur, *Monit.* 23 nov. 1868, p. 1502, 6e col. La troupe de Pasdeloup n'est pas composée encore d'artistes di primo cartello; il n'a pas de diva en titre ni de ténor avec un ut exceptionnel, TH. GAUTIER, *Feuilleton du Moniteur*, 30 nov. 1868.

— ÉTYM. Ital. *cartello*, affiche, inscription, dérivé masculin de *carta*, papier.

† **CARTE-POSTE** (kar-te-po-st'), *s. f.* Carte vendue par l'administration de la poste, ayant un côté où l'on met l'adresse du destinataire et un autre où l'on écrit ce qu'on veut lui mander. || *Au plur.* Des cartes-poste. Les cartes-poste sont en carton, *Décret du 26-28 sept.* 1870. || On dit aussi carte postale.

† **CARTÈRE** (kar-tè-r'), *s. f.* Sorte d'étui ou de petit portefeuille, dans lequel on met des lettres et des papiers, et que l'on porte dans la poche, DE FRÉMERY, *Rev. crit.* 6 janv. 1876, p. 19. Votre cartère est-elle toujours une caverne de larrons? pour moi, j'en ai une plus précieuse que celle de feu Céladon; car c'était une cartère qu'on a nommée une panetière, SÉV. *Lett. inéd.* éd. Capmas, t. I, p. 248.

— ÉTYM. Ital. *carterio*, de *carta*, papier.

† **CARTHAGINOIS, OISE** (kar-ta-ji-noi, noi-z'), *adj.* Terme d'antiquité. Qui est relatif à Carthage et à son peuple. Vous aurez de la peine à donner pour les couches de Mme la Dauphine un spectacle aussi noble et aussi galant que celui qu'on prépare à Berlin : un carrousel composé de quatre quadrilles nombreuses, carthaginoises, persanes, grecques et romaines, conduites par quatre princes, VOLT. *Lett. à d'Argental*, 7 août 1750.

† **CARTHAMINE** (kar-ta-mi-n'), *s. f.* Extrait de carthame, à l'état solide.

† **CARTOGRAPHIE** *Ajoutez :* Les sphères.... sont la base nécessaire de tout le système de cartographie, C. DELAMARRE, *Monit. univers.* 6 sept. 1867, p. 1481, 5e col.

† **CARTOGRAPHIQUE.** *Ajoutez :* La création de la sphère amena une révolution véritable dans l'industrie cartographique, C. DELAMARRE, *Monit. univers.* 6 sept. 1867, p. 1491, 4e col.

CARTON. || 11° *Ajoutez :* C'est la chose du monde la plus facile.... quand on a une certaine habitude du carton.... de tourner en moyenne le roi trois fois sur cinq à l'écarté, G. MAYRAND, dans *les Jeux en France*, IIe série, p. 167.

CARTONNER. *Ajoutez :* || 4° Faire des cartons dans un livre. Malheureusement, l'auteur [J. J. Rousseau] fait des cartons, et c'est ce qui retarde la publication de ce modeste ouvrage [la *Lettre à Christophe de Beaumont*].... enfin il cartonne, et moi je cartonne aussi l'histoire générale, VOLT. *Lett. d'Argental*, 13 avril 1763. || 5° *V. n.* Présenter un aspect, une rigidité de carton. Le taffetas et le florence le moins apprêtés ont un tout autre aspect [que le foulard], et l'on ne saurait les froisser sans dommage; car une qualité inhérente à tous les tissus de soie unis autres que les foulards, c'est de cartonner toujours un peu, *Tarif des douanes* de 1844, note 579. || 6° Jouer habituellement aux cartes. Il passe son temps à cartonner.

† **CARTONNEUX, EUSE** (kar-to-neû, neû-z'), *adj.* Ayant l'aspect du carton. Ce panorama profond, avec ses pentes gazonnées, où les ombres des arbres se dessinent en silhouettes arrêtées, où les massifs d'arbres eux-mêmes se découpent sur le ciel, nets et secs, comme taillés à l'emporte-pièce, semble d'abord trop cartonneux, E. BERGERAT, *Journ. offic.* 25 juin 1876, p 4527, 3e col.

CARTONNIER. *Ajoutez :* || 2° Sorte de bureau ou de commode, ayant des cartons au lieu de tiroirs ordinaires.

2. **CARTOUCHE.** *Ajoutez :* || 4° Terme d'artillerie. Partie cylindrique des fusées de signaux ou des fusées de guerre, qui renferme la composition fusante.

3. **CARTOUCHE.** *Ajoutez :* 30 000 soldats renvoyés avec des cartouches infamantes, *L. du P. Duchêne*, 15° lettre, p. 6.

† **CARTOUCHERIE** (kar-tou-che-rie), *s. f.* Lieu où l'on fabrique des cartouches.

† **CARUE** (ka-rue), *s. f.* Nom, à Rouen, de l'entreprise des déchargements. L'entreprise de déchargement connue au port de Rouen sous le nom de la carue.... en l'état actuel des règlements du port, la carue n'a qu'une obligation, celle de décharger; .... les demandeurs ont appelé dans la cause H..., directeur de la grande carue,... attendu pourtant qu'une lacune paraît exister dans l'organisation de la carue de Rouen, *Gaz. des Trib.* 10 nov. 1874, p. 1076, 1re col.

— ÉTYM. Autre forme de *charrue* (voy. ce mot).

CARVI. — ÉTYM. *Ajoutez :* Espagn. *carvi, alcaravia;* portug. *cherivia, alcaravia, alquirivia;* ital. *carvi;* de l'arabe *karawiâ* ou *karwiâ;* l'arabe serait la transcription d'une forme grecque καρυΐα ou καρεΐα, qui manque dans les dictionnaires, et qui provient du grec κάρον, κάρεον, lat. *carum, careum,* DEVIC, *Dict. étym.*

CAS. — REM. *Ajoutez :* || 3. J. J. Rousseau a dit: dans le cas, pour: dans ce cas-là; cela est correct, mais moins usité. Rien n'est plus commun que de tout gâter en pensant bien faire; l'assurance que vous me donnez que je ne suis pas dans le cas, m'ôte un grand poids de dessus le cœur, J. J. ROUSS. *Lett. à M. Jacob Vernet,* 18 sept. 1758. Si vous êtes dans le cas, m. *Lett. à Du Peyrou,* 22 juin 1766. || 4. J. J. Rousseau écrit *en tous cas* au pluriel, *Lett. à Du Peyrou,* 7 mars 1765. || 5. Si le cas pouvait être, si la chose était possible. Outre qu'il n'est pas possible qu'il ne vous en soit parvenu quelqu'une [de mes lettres], si le cas pouvait être.... J. J. ROUSS. *Lettre à milord Maréchal,* 29 oct. 1764. Locution peu usitée.

CAS, CASSE. — HIST. XVI° s. *Ajoutez :* Banquet: Helas ! que dit-on de mon fait?— Clistere : Vostre cas sonne fort le cas, *Rec. de farces,* p. 412.

CASAQUE. *Ajoutez :* || 4° Terme de turf. Veste de soie à manches, de couleur voyante et aux couleurs de l'écurie, dont se revêtent les jockeys ou les gentlemen-riders pour courir, de façon qu'on les distingue de loin et qu'on puisse les discerner entre eux.

— ÉTYM. *Ajoutez :* A côté de la dérivation par *casa,* qui n'est pas tout à fait sûre, faut-il prendre en considération le persan *kazaguend, kazaghend, kazaghendisch,* jaquette de coton ou de soie piquée et bourrée, que l'on portait à la guerre en guise de cuirasse? Le mot paraît être turc, d'après M. Mohl, qui n'en connaît pas de mention plus ancienne que celle qui est dans Firdousi, *Livre des Rois,* t. VII, p. 206, c'est-à-dire au X° siècle; ce qui exclut l'idée que le mot et la chose eussent été portés en Orient par les croisés. D'un autre côté, les langues slaves ont *cosaque* et *casaque;* cette étymologie donnée, au XVII° siècle, par Guyet, paraît très-vraisemblable à M. Gaston Paris, qui y compare *polonaise, cravate, palatine, limousine,* etc. Au XVI° siècle, en France, *casaque* désigne spécialement le manteau des cavaliers.

CASCADE. || 2° *Ajoutez :* Depuis lors je n'ai travaillé qu'à bâtons rompus et par cascades, BABŒUF, *Pièces,* I, 230. Le Directoire exécutif, jaloux d'activer toutes parties du service public et d'éviter tous les détours et toutes les cascades qui peuvent y porter obstacle, vous charge de faire connaître à toutes les autorités.... que c'est avec vous qu'ils doivent correspondre immédiatement, *Lettre du Directoire,* 24 brumaire an IV, citée dans la *Circ. de l'enregistrement* du 26 frimaire, n° 839. || 5° En termes de coulisses, charge, mystification pratiquée par un acteur. Ces improvisations où nos acteurs bouffes se lancent si volontiers aujourd'hui, et qu'on a baptisées du nom de cascades, A. AZÉVEDO, *Feuilleton de l'Opinion* du 12 juin 1867.

† **CASCADEUR** (ka-ska-deur), *s. m.* En termes de coulisses, celui dont la principale occupation consiste à inventer des charges, à mystifier ses camarades et même le public. || On dit aussi au féminin cascadeuse.

† **CASCO** (ka-sko), *s. m.* Pirogue de Manille. Pirogue ou casco de la lagune de Manille, servant de bateau de passage, faite d'après les plans du vice-amiral Pâris, *Journ. offic.* 23 févr. 1874, p. 1457, 2° col.

CASEMATE. — ÉTYM. *Ajoutez :* M. Devic, *Dict. étym.,* demande si ce mot ne serait pas une altération de l'arabe *qasaba* (voy. CASAUBA), l'*m* et et le *b* étant deux lettres sujettes à se substituer l'une à l'autre.

CASERNE. — ÉTYM. *Ajoutez :* D'après M. Gaston Paris, *Mém. de la Soc. de linguist.* t. I, p. 287, *cazerna* est un mot provençal, attesté par le composé *descazernar;* cela établi, *cazerna* représente le lat. *quaterna,* comme *cazern* représente *quaternus.* Mais le sens? La *caserne* est effectivement une chambre destinée à un petit nombre de soldats, quatre sans doute primitivement. Furetière dit : *Cazernes,* ce sont de petites chambres bâties sur le rempart des villes de guerre pour loger les soldats de la garnison ; on y loge ordinairement six soldats qui montent la garde alternativement. Pomey, en 1664, écrit *caserne,* et définit le mot ainsi : « Petite chambre pour loger les soldats qui sont en garnison. » Quand Louis XIV construisit dans les villes de guerre des logis affectés aux soldats, ces logis prirent naturellement le nom de ce qui jusque-là leur avait servi de logement, et s'appelèrent des *casernes* ou *casernes.*

† **CASERNIER, IÈRE** (ka-zèr-nié, niè-r'), *adj.* Qui tient de la caserne. Le tutoiement populaire disparut des salons, et on y fit aussi la guerre à ces façons casernières qui s'étaient développées avec les goûts militaires, jusque dans la jeunesse, DE LESCURE, *Montrond,* dans *Journ. offic.* 22 janv. 1876, p. 652, 3° col.

CASIER. *Ajoutez :* || 4° Casier judiciaire, ensemble de notes prises par la justice sur un individu.

CASIMIR. — ÉTYM. *Ajoutez :* D'après Legoux de Flaix, *Essai historique, géographique, etc. sur l'Indoustan,* t. II, p. 320, casimir est une altération de cachemire (DEFRÉMERY).

† **CASIN** (ka-zin), *s. m.* || 1° Cabane, petite maison. Chaque fois qu'un vallon s'entr'ouvre, qu'un torrent glisse à la mer, quelque village assied des deux côtés ses casins, Mme DE GASPARIN, *Premier voyage.* || 2° Au billard, nom des boules numérotées qu'on tire dans une bouteille d'osier pour marquer le rang des joueurs à la poule, etc. || Jouer le casin, frapper avec sa bille l'autre bille blanche, de manière qu'elle aille à son tour frapper la rouge, tandis que, dans le carambolage il s'agit de frapper avec sa bille les deux autres dans un ordre quelconque.

— ÉTYM. Ital. *casino,* petite maison, de *casa* (voy. CASE).

† **CASINO.** *Ajoutez :* — REM. Dans le XVIII° siècle, casino n'était pas encore reçu, et on le francisait sous la forme de *casin.* On me présenta aux assemblées les plus distinguées; je fus admis aux parties des nobles dans leurs casins, CAZOTTE, *le Diable amoureux,* ch. VII.

CASOAR. — ÉTYM. *Ajoutez :* Le deuxième [tableau] représente un *cazuel* ou *cazuer,* ainsi nommé par les Hollandais; cet oiseau est extrêmement rare, L. GOUGENOT, *Mém. inéd. sur l'Acad. de peinture,* t. II, p. 369.

CASQUE. *Ajoutez :* || 7° Nom d'une coiffure au XVII° siècle. Plus de coiffures élevées jusqu'aux nues, plus de casques, plus de rayons, plus de bourgognes, plus de jardinières, SÉV. 15 mai 1691.

† **CASQUES** (ka-sk'), *s. m. pl.* Chiens marrons. Les chasseurs ont laissé par mégarde plusieurs chiens dans les bois, qui ont beaucoup peuplé et vont toujours en meute; on les appelle casques : je ne sais pas l'origine de ce mot, P. LABAT, *Nouv. voy. aux îles françaises de l'Amérique (St-Domingue),* 1722, t. V, p. 305.

— ÉTYM. Espagn. *gosque,* espèce de chien.

CASSADE. || 1° *Ajoutez :* Que c'était un remède spécifique qui lui coûtait beaucoup, qu'un certain prieur lui en avait donné deux mille livres, et autres belles cassades, GUI PATIN, *Lettres,* t. II, p. 327.

† 3. **CASSANDRE** (ka-san-dr'), *s. f.* La 114° planète télescopique, découverte en 1871 par M. Péters.

† 2. **CASSE.** *Ajoutez :* || 3° Nom, en Dauphiné, d'une grande cuiller de fer battu ou de cuivre étamé, dont on se sert pour puiser un liquide dans un seau.

† **CASSE-MUSEAU.** *Ajoutez :* — HIST. XVI° s. Au patissier pour avoir fourni de galettes, de cassemuseaulx (de *casser* et *museau,* ainsi nommé de ce que, dans les jours de réjouissances publiques, on le distribuait en le jetant au nez de la foule), MANTELLIER, *Glossaire,* Paris, 1869, p. 16.

CASSER. *Ajoutez :* || 8° En Normandie, casser un tonneau de cidre, le mettre en vidange pour en vendre une partie seulement. Ce n'est pas la peine de casser un tonneau de 800 pots pour en vendre 200. Cette expression n'est pas sans analogie avec celle de rompre charge. || Semblablement, en Bourgogne, on casse une pièce de vin, quand on en tire une partie, soit pour la vendre, soit pour tout autre usage.

† **CASSERIE** (ka-se-rie), *s. f.* L'ensemble des ustensiles de ménage en fer battu étamé. La fabrication de la casserie de fer battu et d'un grand nombre d'articles de Paris, *Enquête, Traité de comm. avec l'Anglet.* t. I, p. 176.

— ÉTYM. *Casse* 2.

† **CASSIDE** (ka-ssi-d'), *s. f.* Coléoptères qui ont reçu le nom vulgaire de scarabées-tortues, à cause de leur forme arrondie et semblable à la carapace des tortues, H. PELLETIER, *Petit dict. d'entom.* p. 37, Blois, 1868. Des espèces de forme hémisphérique, des cassides, offrent l'éclat de l'or, E. BLANCHARD, *Rev. des Deux-Mondes,* 1er août 1874, p. 595.

† 2. **CASSIS.** *Ajoutez :* L'on baissera l'ancien quai, et l'on formera un ruisseau en forme de cassis en baissant le pavé des deux côtés d'aussi loin qu'il sera nécessaire pour en rendre la pente douce et aisée.... en attendant que le quai et ledit aqueduc soient construits, il sera fait un ruisseau ou cassis pour l'écoulement des eaux de ladite rue de Poitiers à la rivière, *Arrêt du conseil d'État,* du 17 mai 1701.

† **CASSOTTE** (ka-so-t'), *s. f.* Dans la Saintonge, sorte de sébile emmanchée ou de cuiller à pot dont le manche est creux; elle est constamment posée sur la seille à l'eau pour y puiser, et sert à boire ou à laver les mains par le petit filet d'eau qui coule par le manche quand on a rempli la sébile. || On dit aussi coussotte.

— ÉTYM. *Casse* 2.

† **CASTELLAN.** *Ajoutez :* || Chef d'une castellanie. Un sénat composé des évêques, des palatins et des castellans, RULHIÈRES.

† **CASTELLANIE** (ka-stèl-la-nie), *s. f.* Nom, dans l'ancienne Pologne, des commandements de châteaux et de villes, RULHIÈRES, *Révolut. de Pol.* I, 6.

† **CASTELLISER** (ka-stèl-li-zé), *v. n.* Néologisme. Mener la vie de château. Castelliser avec votre famille serait pour moi un état extrêmement doux.... mais, hélas ! il n'y a plus de château pour moi, JOSEPH DE MAISTRE, dans SAINTE-BEUVE, *Portraits littéraires,* t. II, *Joseph de Maistre.*

1. **CASTOR.** *Ajoutez :* || 2° Arbre du castor, le *magnolia glauca,* de l'Amérique septentrionale, BAILLON, *Dict. de bot.* p. 247.

— REM. 1. Castor pour chapeau de castor est dans le *Dict. de l'Acad.* édit. de 1694, et dans FURETIÈRE, 1690, qui donne aussi demi-castor. || 2. M. Eug. Rolland, *Faune pop.* p. 68, pense que la locution: c'est un demi-castor, c'est un homme ambigu, suspect, vient de ce que, dans les prescriptions du gras et du maigre, le train de derrière du castor était considéré comme maigre, et le train de devant comme gras.

† **CASTREUR** (ka-streur), *s. m.* Châtreur. A. M.... castreur est un de ceux qui ont été à la recherche de B.... après son crime, *Gaz. des Trib.* 29 août 1873, p. 830, 3° col.

— REM. Il est inutile de forger le latinisme castreur quand on a châtreur.

CASUEL. *Ajoutez :* || 4° Terme de grammaire. Qui se rapporte aux cas des déclinaisons. Une langue qui marche vers l'appauvrissement des désinences casuelles depuis les premiers textes où nous pouvons l'étudier, BRÉAL, *Journ. des sav.* oct. 1876, p. 639. Les éléments employés dans les flexions casuelles sont loin d'être tous du même temps, ID. *ib.* p. 641.

CASUELLEMENT. *Ajoutez :* Ils estiment que cet univers.... soit porté casuellement, MALH. *Lexique,* éd. L. Lalanne.

† **CATALAN.** *Ajoutez :* || 3° Couteau catalan, sorte de couteau. Couteaux catalans, de 42 francs à 230 la douzaine, *Enquête, Traité de comm. avec l'Anglet.* t. I, p. 723. Une espèce particulière de couteaux fermants, de forme catalane, à une ou plusieurs pièces, *ib.* p. 722.

† **CATALOGOGRAPHE** (ka-ta-lo-go-gra-f'), *s. m.* Celui qui rédige un catalogue, *Bibliographie de la France,* n° 15, 19 avr. 1870, p. 63.

— ÉTYM. *Catalogue,* et γράφειν, écrire.

CATAPULTE. *Ajoutez :* || 2° Nom, dans le moyen âge, d'une pièce de vers disposée en flèche. Les curieux y trouveront [dans le ms. de la Vie de saint Bertin] l'espèce de vers rimés appelée catapulte, à cause de la disposition en flèche que les règles de sa prosodie donnaient à l'écriture, DELAUNAY, *Journal offic.* 20 mars 1872, p. 1983, 2ᵉ col.

— REM. Dans l'ancienne machine de guerre, les projectiles étaient lancés par des bras horizontaux, qu'on avait préalablement fait tourner de manière à tordre un ensemble de cordages ou de nerfs d'animaux.

† **CATASTÉRISME** (ka-ta-sté-ri-sm'), *s. m.* || 1° Les Catastérismes, titre d'un ouvrage d'Ératosthène, savant d'Alexandrie, où il expliquait les figures des constellations et les fables des étoiles. || 2° Il se dit quelquefois pour constellation. Le zodiaque, dont les figures ou catastérismes...., FR. LENORMANT, *Manuel d'hist. anc.* t. II, p. 176, 4ᵉ édit.

— ÉTYM. Καταστερισμός, action de mettre parmi les astres, de κατὰ, en, et ἀστήρ, astre.

† **CATASTROPHISME** (ka-ta-stro-fi-sm'), *s. m.* Terme de géologie. Théorie dans laquelle on admet que les changements survenus à la surface de la terre sont dus à des catastrophes soudaines. Certains géologues novateurs, la plupart Anglais d'origine, ont répudié ces vieilles doctrines en ces dernières années : à la théorie du catastrophisme, seule admise jusqu'alors, ils ont substitué la doctrine de l'uniformisme, qui consiste en ceci, que les phénomènes sont dus, sauf des variations d'intensité, aux forces encore actives de nos jours, H. BLERZY, *Rev. des Deux-Mond.* 1ᵉʳ juin 1872, p. 648.

† **CATÉCHUMÉNAT.** *Ajoutez :* || Dans la primitive Église, qualité de ceux qui, du judaïsme ou de la gentilité, passaient à la société chrétienne.

† **CATEL.** *Ajoutez :* || On écrit aussi cattel. Plaids de cattel, à Jersey, audiences tenues par la cour royale pour le jugement de certaines affaires mobilières ou criminelles. || Cour de cattel, la cour royale siégeant en plaids de cattel. || Les plaids de cattel ont été abolis en 1862.

† **CATÉGORISER.** *Ajoutez :* || 2° Dans le langage général, séparer en classes, en sections. La féodalité, c'était l'inégalité civile inscrite dans les lois, et catégorisant le peuple dans les trois ordres du clergé, de la noblesse et du tiers état, E. DAIRE, *Économistes financiers du* XVIIIᵉ *siècle*, p. 11.

† **CATÈRE** (ka-tè-r'), *s. m.* Nom, dans quelques parties de la Normandie, d'une maladie nerveuse. L'accusé lui-même a été atteint, dans son jeune âge, d'une affection nerveuse connue au pays [Savigny-le-Vieux, arrondissement de Mortain, Manche] sous le nom de catère, et celle-ci conduit à l'épilepsie d'abord, à la folie ensuite, *Gaz. des Trib.* 14 avr. 1876, p. 367, 2ᵉ col.

— ÉTYM. C'est le mot *catarrhe*, avec un sens particulier, prononcé *catère* ou *caterre*, dans plusieurs patois. Bouhours, *Doutes sur la langue française*, p. 69, édit. de 1691, recommande *caterrhe*, en s'appuyant sur l'autorité de Ménage.

† **CATHOLICISANT, ANTE** (ka-to-li-si-zan, zan-t'), *adj.* Néologisme. Qui tourne au catholicisme. Le mouvement d'Oxford, auquel le docteur Pusey donna son nom, fut l'exposant de cette tendance catholicisante qui, sans être romaine, regardait pourtant l'Église de Rome avec une indulgence qu'elle refusait aux Églises protestantes, dépourvues de sacrements surnaturels et de pouvoirs sacerdotaux, RÉVILLE, *Rev. des Deux-Mondes*, 15 mars 1875, p. 286.

CATHOLIQUEMENT. — HIST. *Ajoutez :* XVᵉ S. Katoliquement [lisez : katolicment] ce donequcs je crus lors [que j'aurais un bénéfice du roi], JEAN JORET, *le Jardin salutaire*, p. 119.

† **CATHOLISATION** (ka-to-li-za-si-on), *s. f.* Conversion au catholicisme. On parle de sa catholisation, MALH. *Lexique*, éd. L. Lalanne.

1. **CATIN.** *Ajoutez :* || 3° Dans plusieurs provinces, nom que les petites filles donnent à leurs poupées.

2. **CATIN.** *Ajoutez :* || 2° Forme dans laquelle on fixe le moule. Il faut encore avoir soin que le moule soit bien chaud ; enfin on le fixe dans un catin de cendre éteinte ou entre quatre briques en terre.... *Œuvres de Benvenuto Cellini*, trad. de L. Léclanché, *Tr. de l'orfévr.* ch. XI, ou t. II, p. 319.

† **CATINISME** (ka-ti-ni-sm'), *s. m.* Mœurs, habitudes d'une catin. Dans le fait qui donne de la publicité à une passion quelquefois très-intéressante d'une femme honnête et d'un homme digne d'être aimé, il [le public] ne voit que du catinisme ou du libertinage, CHAMFORT, *Maximes et pensées*, ch. IV.

† **CAUCASIQUE** (kô-ka-zi-k'), *adj.* Terme de géographie. Qui a rapport à la chaîne du mont Caucase. Le système caucasique se compose de deux groupes distincts : celui du Caucase au nord, et celui du Taurus au sud, *Notice sur la carte de l'Asie jointe à l'Atlas de MM. Dufour et Dyonnet, publié par Paulin et le Chevalier.* || Race caucasique, la race indo-européenne, celle qui parle des dialectes de la langue aryenne, dont on suppose l'origine dans les régions caucasiques.

† **CAULOBULBE** (kô-lo-bul-b') ou **CAULOSARQUE** (kô-lo-sar-k'), *s. m.* Terme de botanique. Tige feuillée ou florifère renflée à sa base, exemple : renoncule bulbeuse.

— ÉTYM. De ces deux mots, le premier est mal fait, étant hybride, de καυλὸς, tige, et lat. *bulbus*, bulbe, il faudrait dire *caulibulbe*, du lat. *caulis*, tige, et *bulbus*, bulbe ; le second est correct, de καυλὸς, tige, et σάρξ, chair.

† **CAUNE** (kô-n'), *s. f.* Nom, en Normandie, de grands vases de cuivre jaune, étamés à l'intérieur, dans lesquels on reçoit le lait destiné à la fabrication du beurre, ALBERT ROUSSILLE, *le Phare de la Loire*, 16 sept. 1876, 3ᵉ page, 1ʳᵉ col.

CAUSÉ. *Ajoutez :* || 5° Avocat causé, avocat qui a des causes à plaider. Jeune homme, voulez-vous devenir un avocat causé...? lisez, lisez les savants commentaires de Barthole.... *De l'usage et de l'abus de l'esprit philosophique, par Portalis, Vie de l'auteur*, p. 5, cité dans le discours de M. Chopin d'Arnouville, *Gaz. des Trib.* 5 nov. 1875, p. 1065, 1ʳᵉ col.

† **CAUSEFINALIER** (kô-ze-fi-na-lié), *s. m.* Philosophe qui admet les causes finales. Si une horloge n'est pas faite pour montrer l'heure, j'avouerai alors que les causes finales sont des chimères ; et je trouverai fort bon qu'on m'appelle causefinalier, c'est-à-dire un imbécile, VOLT. *Dict. phil. Causes finales*, 2. Un astronome trop causefinalier, ce qui est rare.... PAUL JANET, *Rev. philos. de Th. Ribot*, 1ʳᵉ année, nº 1, p. 35.

1. **CAUSER.** *Ajoutez :* || 2° Donner pour motif (sens inusité). Cela insinue beaucoup en causant comme petit-fils de Sa Majesté [en donnant pour motif de la décision le titre de petit-fils], ST-SIM. t. VIII, p. 194, éd. Chéruel.

2. **CAUSER.** — REM. *Ajoutez :* Corneille a dit me causer pour causer avec moi : Lysis m'aborde, et tu veux me causer, *Lexique*, éd. Marty-Laveaux.

CAUSEUR, EUSE. || 2° *Ajoutez :* || Fig. La renommée est une grande causeuse ; elle aime souvent à passer les limites de la vérité, Mᵐᵉ DE MOTTEVILLE, *Mém.* p. 105.

† **CAUSSE** (kô-s'), *s. f.* Nom donné, dans la France centrale et méridionale, à des plateaux ondulés généralement très-élevés, nus, couverts de traînées rocheuses, blanchâtres, sans sources, sans ruisseaux. Le froment n'est cultivé que sur les causses ou terrains argilo-calcaires rougeâtres.... en général les causses du Gévaudan sont peu habitées, HEUZÉ, *La France agricole*, p. 16. Les plateaux calcaires [en Guyenne] sont appelés causses, ID. *Carte* nº 5. On écrit de Florac.... on dit que sur nos causses il y a 1ᵐ,50 [de neige], *Journ. offic.* 28 janv. 1876, p. 840, 2ᵉ col.

— ÉTYM. Lat. *calx*, chaux.

CAUTÉRISER. — HIST. XVIᵉ S. *Ajoutez :* Certes l'esperit dit manifestement qu'aus derniers temps aulcuns delaisseront la foy.... par l'hypocrisie de ceulx qui parlent mensonges et ont leur conscience cauterizée, I *Timoth.* IV, 2, *Nouv. Testam.* éd. Lefebre d'Etaples, Paris, 1525.

CAUTIONNER. *Ajoutez :* — HIST. XIVᵉ S. Colars li Picars fruitiers, Maresson sa femme, d'une part, Robins li fruitiers, Colins li Marnois fruitiers.... se sont caucionnez bonne pais (1334), VARIN, *Arch. administr. de la ville de Reims*, t. II, 2ᵉ part. p. 685.

† **CAVAGE.** *Ajoutez :* || 2° Excavation, endroit creusé. Le tracé [du chemin de fer de ceinture de Paris] franchit le chemin de fer de l'Ouest, sous lequel il passe au moyen d'un pont établi sur des cavages, *Journ. des Débats*, 2 oct. 1868.

CAVALERIE. *Ajoutez :* || 2° Se dit, dans le langage moderne administratif, de l'ensemble des chevaux d'une entreprise. Pour conduire tant de voitures, les mettre toujours à même de sortir et de ne pas laisser en souffrance les besoins qu'elles ont mission de servir, il faut une cavalerie considérable ; celle de la Compagnie générale [des voitures de Paris] se composait en 1866 de 10 741 chevaux, MAXIME DU CAMP, *Rev. des Deux-Mondes*, 15 mai 1867, p. 325.

1. **CAVALIER.** || 8° *Ajoutez :* || Cavalier de tranchée, sorte de terrasse élevée en avant de la troisième parallèle, pour plonger dans les places d'armes et en chasser les défenseurs.

2. **CAVALIER.** *Ajoutez :* || 2° Qui est sans apprêt. Il fallut se résoudre à manger sur l'herbe, où les perdreaux et le pain tendre de M. de Jonsac furent d'un grand secours ; ensuite d'un repas si cavalier, continuant notre chemin.... *Voy. de Bach. et Chapelle*, p. 14, la Haye, 1714.

CAVALIÈREMENT. *Ajoutez :* || 3° À la cavalière, en se promenant. Il n'est pas si difficile de lever cavalièrement un plan au baromètre et à la boussole.... H. DE PARVILLE, *Journ. offic.* 18 avril 1872, p. 2625, 2ᵉ col.

† **CAVALQUET.** *Ajoutez :* L'on use seulement de six ou sept manières de tons à la guerre : la première s'appelle le cavalquet, dont on se sert quand l'armée ou l'un des régiments approche des villes par où l'on passe en allant aux siéges ou aux lieux de combats, afin d'avertir les habitants et de les faire participants de l'allégresse et de l'espérance que l'on a de remporter la victoire, MERSENNE, *Harmonie univers. Traité des instruments*, V, *Propos.* XIX. La plus belle des sonneries de trompette, la marche de la cavalerie, est celle dont on retrouve la trace la plus ancienne ; le Père Mersenne, dans son ouvrage de *l'Harmonie universelle*, la cite comme étant jouée de son temps, en 1637, sous Louis XIII ; elle s'appelait alors le cavalquet simple, *Journ. offic.* 19 déc. 1874, p. 8413, 3ᵉ col.

† **CAVASS** (ka-vas'), *s. m.* Cavass ou zaptieh, nom des gendarmes chez les Turcs, *Journ. offic.* 10 juin 1876, p. 4053, 2ᵉ col.

1. **CAVE.** *Ajoutez :* — SYN. CAVE, CELLIER. Le cellier diffère de la cave en ce qu'il n'est pas aussi enfoncé au-dessous du sol, et que d'ordinaire il n'est pas voûté, BOUTARD, *Dict. des arts du dessin, Cellier.*

† **CAVERNICOLE** (ka-vèr-ni-ko-l'), *adj.* Terme d'histoire naturelle. Qui habite les cavernes. Les animaux cavernicoles, *Acad. des sc. Comptes rendus*, t. LXXIX, p. 1036.

— ÉTYM. Lat. *caverna*, caverne, et *colere*, habiter.

CAVIAR. *Ajoutez :* || Caviar à la serviette, nom commercial du caviar conservé dans des tonnes dont l'intérieur est garni de linge, *Journ. offic.* 23 juill. 1874, p. 5158, 3ᵉ col. || 2° En Russie, tache noire dont l'autorité se sert pour dérober à l'œil du lecteur certaines lignes d'un journal.

† **CAVIER** (ka-vié), *s. m.* Cave servant de magasin. La plupart de nos marchands de vins [en Belgique] ont leur cavier à Reims, et introduisent, en même temps que des bouteilles françaises, de véritable vin de Champagne, *Enquête, Traité de comm. avec l'Anglet.* t. VI, p. 511.

† **CAVITAIRE** (ka-vi-tè-r'), *adj.* Terme de zoologie. Liquide cavitaire, liquide renfermé dans la cavité générale du *sipunculus*.

† **CAZASKIER** (ka-za-skièr), *s. m.* Nom, en Turquie, d'hommes qui occupent le premier rang après le cheik de l'islam dans la hiérarchie religieuse, et qui remplissent les fonctions de juges, *le Temps*, 1ᵉʳ nov. 1876, 2ᵉ page, 3ᵉ col.

1. **CE, CET.** *Ajoutez :* — REM. 1. Ces fêtes, les fêtes prochaines. Il y a une édition contrefaite de mon livre, laquelle doit paraître ces fêtes, J. J. ROUSS. *Lettre à Mme de Luxembourg*, 28 mai 1762. || 2. D'Alembert a dit : « Voici le nouveau thème que Raton pourrait essayer et que Bertrand lui propose en toute humilité : première partie du thème : cette, qu'on nomme aujourd'hui théologie, est ennemie des rois ; Raton le prouvera.... en rappelant les histoires de Grégoire VII, d'Alexandre III, d'Innocent IV..., *Lett. à Volt.* 9 fév. 1773. » Cette tournure est un latinisme dont Voltaire s'est servi le premier en traduisant une thèse de ses adversaires : *Illa, quam dicunt philosophiam*, cette, qu'on nomme philosophie.

2. **CE.** — REM. *Ajoutez :* || 5. M. Terzuolo, *Études sur le Dict. de l'Acad. franç. Prospectus*, p. 20, discutant les phrases telles que celle-ci : Ce fut le 4 juin que Gustave-Adolphe jeta l'ancre sur la petite île de Rugen, assure que *ce fut* est illogique et veut qu'on dise exclusivement *c'est* ; dans cette locution, *c'est* équivaut à *je dis, j'énonce*, et c'est pour cela que le présent est requis. Une pareille règle est trop étroite ; en analysant les deux tournures, on trouve : *ce, que Gustave-Adolphe jeta l'ancre, est*, et *ce, que Gustave-Adolphe jeta l'ancre, fut.* Cette analyse montre qu'elles sont aussi exactes l'une que l'autre. Dans le courant de sa discussion, M. Terzuolo assure qu'on ne di-

rait pas : *Fut-ce le 4 juin que Gustave-Adolphe jeta l'ancre?* et qu'il faut de toute nécessité *est-ce le 4 juin....* Cette exclusion ne peut être acceptée, et l'on dirait certainement *fut-ce*. Dans le choix de ces tournures équivalentes c'est l'oreille qui doit être consultée. || 6. Le temps du verbe *être* précédé de *ce* est généralement déterminé par le temps du verbe suivant; ou, quand on n'admet pas cette détermination comme dans le cas qui vient d'être discuté, on met *c'est* au présent, et le verbe suivant au temps exigé par le sens. Molière a manqué à cet usage : Armande : Ainsi donc à leurs vœux vous me sacrifiez? — Philaminte : Ce ne sera point vous que je leur sacrifie, *Fem. sav.* v, 5. On dirait plutôt : *Ce ne sera point vous que je leur sacrifierai*, ou *Ce n'est point vous que je leur sacrifierai*. Mais comme ce n'est qu'un usage, la construction adoptée par Molière ne doit pas être condamnée. || 7. *C'est* suivi d'un infinitif veut d'ordinaire un *de* intercalaire; voy. les exemples au n° 5. Mais autrefois ce *de* pouvait être supprimé. Ah! que c'est chose belle et fort bien ordonnée, Dormir dedans un lit! RÉGNIER, *Sat.* VI. Cela est bon et pourrait se dire. || 8. Voltaire a écrit : Ce qu'étant fait, elle [la femme] courut.... *Philosophie*, *Relation du gouverneur Pilate*. Il faudrait *ce qui*. Rien ne peut expliquer grammaticalement cette phrase. || 9. Régnier a dit : Mon embrasement, qui croîtra, ç'ai-je peur, jusqu'à tant que je meure, *Dial.* Cette tournure est pour : ce ai-je peur, c'est-à-dire : de ce ai-je peur. Ce crains-je serait correct, mais non usité; ce ai-je peur n'est pas correct. || 10. C'eût été fait alors de ce bel établissement, DE MONTAIGLON, *Hist. de l'Acad. de peinture.*(*Mém. attribués à H. Testelin*), t. I, p. 74. Pour l'emploi de : c'est fait de, c'en est fait, c'en est fait de, voy. FAIT 1, n° 16.

CECI. — REM. *Ajoutez* : || 3. *Ceci* avec le verbe *être* et un substantif au pluriel se construit avec le pluriel du verbe. Ceci sont les données que je peux supposer, J. J. ROUSS. *Lett. au prince de Wirtemberg*, 10 nov. 1763. Mais ceci sont plutôt des souhaits vagues que des projets d'une prochaine exécution, ID. *Lett. à M.* 2 janv 1767. On pourrait dire aussi : Ceci est des données, des souhaits.

CÉCITÉ. — HIST. *Ajoutez* : XV° s. Souventes foiz nous ne congnoissons pas nostre ignorance ou cecité, *Intern. consol.* I, 5. || XVI° s. *Ajoutez* : Et luy les regardant tout à l'environ avecques indignation, contristé pour la cecité de leurs cueurs.... *Marc*, III, 5, *Nouv. Testam.* éd. Lefebre d'Etaples, Paris, 1525.

† **CÉDILLER** (sé-di-llé, *ll* mouillées), *v. a.* Terme de grammaire. Munir d'une cédille. On pourrait aussi cédiller le *c* dans *chuchoter*, *charité*, *chérir*, *chicorée*, etc. dans les autres mots où *ch* a le même son, DE WAILLY, *Principes généraux et particuliers de la langue franç.* 10° éd. Barbou, 1786.

† **CÉDRATERIE** (sé-dra-te-rie), *s. f.* Terrain planté de cédratiers. En mars 1874, la cédraterie de Porto, une des plus importantes de la Corse, renfermait 1650 arbres.... pour une cédraterie en plein rapport, on peut évaluer à 50 francs par année le produit brut d'un arbre.... on ne connaît en Corse qu'une espèce de cédratier, le *citrus medica*, *Journ. offic.* 9 août 1875, p. 6572. 2° col.

† **CEINSE** (sin-s'), *s. f.* Dans la Charente-Inférieure, torchon de laine servant de faubert. || On l'écrit, à tort, sainse ou seinse.

— ÉTYM. C'est l'ancien franç. *chince*, guenille, chiffon.

† **CEINTURAGE** (sin-tu-ra-j'), *s. m.* Terme de forestier. Action de marquer par une ceinture les arbres destinés à certains usages. Avant l'époque du balivage des coupes, les agents de la marine désignent, au moyen d'un ceinturage à l'huile, tous les arbres.... qu'ils jugent propres aux constructions navales, NANQUETTE, *Expl. débit et estim. des bois*, Nancy, 1868, p. 107. || Action de faire près de la racine d'un arbre une entaille circulaire de nature à déterminer la mort du végétal, JULES CLAVÉ, *l'Exploitation des forêts de l'Inde*, *Rev. des Deux-Mondes* du 15 avr. 1867, p. 862.

† **CEINTURETTE.** *Ajoutez* : — HIST. XIII° s. Sire, par cheste chainturette Est entendu que vo car [chair] nette, Vos rains, vos cors entirement Devez tenir tout fermement, HUES DE TABARIE, *Ordene de chevalerie*.

† **CEINTURONNIER** (sin-tu-ro-nié), *s. m.* Celui qui fait des ceinturons, *Tarif des patentes*, 1858.

CE JOURD'HUI (se-jour-dui), *s. m.* Voy. JOUR, n° 32.

CELA. — REM. *Ajoutez* : || 2. *Cela* avec le verbe *être* et un nom au pluriel se construit avec le pluriel du verbe. Les auteurs, les décrets, les livres, cette âcre fumée de gloire qui fait pleurer, tout cela sont des folies de l'autre monde, auxquelles je ne prends plus de part, J. J. ROUSS. *Lett. à Coindet*, 29 mars 1766. Mais enfin tout cela ne sont pas des preuves, ID. *Lett. au comte de Tonnerre*, 18 sept. 1768. On pourra mettre aussi le singulier : Tout cela n'est pas des preuves.

† **CÉLAN.** *Ajoutez* : — REM. Le célan est le même que le pilchard (voy. ce mot au Dictionnaire). La pêche [en Irlande] du pilchard ou célan a été beaucoup moins fructueuse.... *Journ. offic.* 25 juin 1873, p. 4195, 3° col.

† **CÉLÉBRABLE.** *Ajoutez* : Vœux plus célébrables par adoration que par applaudissement, MALH. *Lexique*, éd. L. Lalanne.

— HIST. *Ajoutez* : XII° s. [Ses faits] Resplandissent partot loables, Sor trestoz autres celebrables, BENOIT, *Chronique*, t. II, p. 369, v. 26128. ... Des reis humains Est sur trestoz li soverains.... Sor tos poiez [élevé] et celebrables, BENOIT DE STE-MORE, *Roman de Troie*, v. 7910.

CÉLÉBRER. *Ajoutez* : || 4° Rendre public (sens vieilli). Je ne veux point vous en parler davantage, ni célébrer, comme vous dites, toutes les pensées qui me pressent le cœur, SÉV. 27 mai 1675.

† **CELEBRET** (sé-lè-brèt'), *s. m.* Autorisation ecclésiastique de célébrer la messe. M. l'évêque de Vannes.... dit d'abord qu'il a fermé la porte de l'évêché à M. l'abbé C...; qu'en second lieu il lui a refusé le celebret que celui-ci lui demandait, ce qui est une peine extrêmement grave dans l'ordre ecclésiastique, *Journ. offic.* 25 mars 1876, p. 2087, 2° col.

— ÉTYM. Lat. *celebret*, qu'il célèbre; c'est le premier mot de la formule latine de cette autorisation.

CÉLÉBRITÉ. || 1° *Ajoutez* : Les nations ont vu la célébrité de nos fêtes pour le mariage de Madame, D'ARGENSON, *Mémoires*, in-8, 1860, t. II, p. 504.

CÉLÉRITÉ. — HIST. *Ajoutez* : XIV° s. Pour la celerité et avancement desdis ouvrages [de fortification] (1358), VARIN, *Archives administr. de la ville de Reims*, t. III, p. 112.

† **CÉLESTEMENT** (sé-lè-ste-man), *adv.* Néologisme. D'une façon céleste, par grâce du ciel. C'était.... l'épouse vertueuse tournant le dos à un paganisme usé et cherchant le culte pur, qui était célestement attiré, RENAN, *Saint Paul*, VI.

† **CELLULARISME** (sèl-lu-la-ri-sm'), *s. m.* Doctrine de la formation et de la vie de la cellule, dans les tissus vivants. M. Bouchut consacre une quarantaine de pages à l'appréciation critique du cellularisme ou de la pathologie cellulaire, *Journ. offic.* 30 nov. 1874, p. 7893, 2° col.

† **CELLULOSIQUE** (sèl-lu-lô-zi-k'), *adj.* Terme de chimie. Qui est de la nature de la cellulose, qui contient de la cellulose. L'enveloppe cellulosique externe de la tunique de quelques espèces [d'ascidies], LACAZE-DUTHIERS, *Acad. des sc. Comptes rendus*, t. LXXX, p. 600. Fermentation cellulosique, DURIN, *ib.* t. LXXXIII, p. 129.

† **CELLULOSIQUEMENT** (sèl-lu-lô-zi-ke-man), *adv.* À la façon de la cellulose. Le sucre de canne seul fermente cellulosiquement, DURIN, *Acad. des sc. Compt. rend.* t. LXXXIII, p. 129.

† **CELTISANT** (sèl-ti-zan), *s. m.* Celui qui s'occupe de la langue et de l'histoire celtiques. M. Nigra s'est fait une place honorable parmi les celtisants les plus distingués de notre époque, *Journ. offic.* 3 nov. 1874, p. 7343, 2° col.

† **CELTISTE** (sèl-ti-st'), *s. m.* Même sens que celtisant.

CELUI. *Ajoutez* : || 3° *Celui* séparé du pronom relatif qui lui appartient. Celui vraiment les a perdus [les dons], qui les a estimés perdus incontinent après les avoir donnés, MALH. *Lexique*, éd. L. Lalanne. C'est une bonne tournure. || 4° Celui que je vous suis, l'homme tel que je suis pour vous. Ce n'est pas vivre avec moi comme veut celui que je vous suis, ID. *ib.*

— REM. *Ajoutez* : || 5. *Celui*, *celle*, etc. dans le langage ancien, pouvait se supprimer devant un substantif. D'autres secrets plus fins que de philosophie [que ceux de philosophie], RÉGNIER, *Sat.* III. Cet archaïsme ne doit pas être absolument rejeté; et peut-être y a-t-il des cas où il serait reçu.

CELUI-CI, CELUI-LÀ. || Celui-là, celle-là, pris absolument. *Ajoutez* : || Ne me dites pas celle-là, ne me dites pas une pareille chose, *Gaz. des Trib.* 6 nov. 1872, p. 1068.

— REM. *Ajoutez* : || 4. Autrefois on pouvait faire suivre *celui-ci*, *celui-là* d'un substantif joint par *de*. Mais j'aime bien ceux-là [vers] de Bèze, RÉGNIER, *Épig.* Cette tournure peut encore être employée. Nous dirions, par exemple, très-bien en parlant de vers : J'aime bien ceux-ci de Voltaire; et, en parlant de deux auteurs : À ceux-ci de Voltaire je préfère ceux-là de Racine.

CÉNACLE. *Ajoutez* : — HIST. XVI° s. Et quant ilz furent entrez, ilz monterent au cenacle où demouroit Pierre et Jehan, *Actes*, I, 13, *Nouv. Testament*, éd. Lefebre d'Etaples, Paris, 1525.

† **CENDRAILLE** (san-drâ-ll', *ll* mouillées), *s. f.* Débris cendreux. De la poudre de chaux vive ou des cendrailles de chaux nouvelles, *Acad. des sc. Comptes rendus*, t. LXXVI, p. 211.

† **CENDREUSE** (san-dreû-z'), *s. f.* S'est dit dans le sens de cendrillon, femme qui ne quitte pas les cendres, le foyer, la maison. C'est une femme qui est toujours dans une chaise, qui ne fait pas un pas, et qui est une vraie cendreuse, Mlle DE MONTPENSIER, *Mém.*

CENDREUX. *Ajoutez* : — REM. Le fer cendreux, l'acier cendreux est le fer, l'acier qui a de petites piqûres noirâtres provenant de substances étrangères. Sous l'action du laminoir,... il pénètre dans l'intérieur du bon fer des scories qui y sont incrustées par la pression et qui font des canons que nous appelons malsains, des canons terreux, cendreux, *Enquête, Traité de comm. avec l'Anglet.* t. II, p. 28.

† **CENDRURE.** *Ajoutez* : On leur [aux fers, aux aciers] a en effet reproché le dernier défaut dont vous avez parlé, c'est-à-dire les cendrures, qui en rendraient l'aspect peu agréable à l'œil, *Enquête, Traité de comm. avec l'Anglet.* t. II, p. 29.

† **CÉNOBITISME** (sé-no-bi-ti-sm'), *s. m.* Vie, régime de vie des cénobites. M. Revillout montre par quelles phases le cénobitisme a passé, et comment l'idée s'était développée librement, quand on a songé à la réglementer, *Journ. des Débats*, 4 oct. 1874, 3° page, 1re col.

† **CENSAL.** *Ajoutez* : Nous devons informer Votre Grandeur [le contrôleur général] de ce que tous les censaux, courtiers, mesureurs, étalonneurs, arpenteurs et géomètres n'ont d'autres provisions que celles que les consuls et échevins leur fournissent, BOISLISLE, *Corresp. des contrôleurs généraux* (Aix, 1868), p. 160. || Voy. SANSAL au Dictionnaire, qui est une autre orthographe et qui fait double emploi.

— ÉTYM. Ital. *sensale*, de l'arabe *simsâr*, même sens, DEVIC, *Dict. étym.*

† **CENSUELLEMENT** (san-su-è-le-man), *adv.* Avec le caractère censuel. Saisir censuellement un héritage, POTHIER.

CENT. *Ajoutez* : || En termes de grande pêche, le grand cent, cent-vingt. Les prix ont été cotés sur place pendant la pêche [en Norvége], comme suit : Poissons frais, le grand cent, prix moyen... *Journ. offic.* 17 déc. 1872, p. 7859, 2° col.

CENTENAIRE. *Ajoutez* : || 2° *S. m.* Anniversaire au bout de cent ans; fête célébrée pour un tel anniversaire. L'université de Leyde a célébré en 1871 son troisième centenaire. Le 6 mars de l'année prochaine, aura lieu le quatrième centenaire de Michel-Ange Buonarotti; Florence et l'Italie se proposent de célébrer dignement cet anniversaire, *Journ. offic.* 6 mai 1874, p. 3127, 3° col. || 3° Terme d'antiquité. Les centenaires, ceux qui, à Rome, recevaient cent mille sesterces par an, F. DELAUNAY, *Journ. offic.* 18 nov. 1874, p. 7688, 1re col.

† **CENTENARISME** (san-te-na-ri-sm'), *s. m.* Longévité prolongée jusqu'à cent ans et au delà. Eastron, dès 1799, avait rassemblé 1712 cas de centenarisme, *Rev. anthropol.* t. IV, p. 376.

CENTENIER. *Ajoutez* : || 4° À Jersey, officier paroissial électif d'administration et de police, subordonné au connétable et chargé au besoin de le remplacer; chaque paroisse de l'île a deux ou plusieurs centeniers.

† **CENTENNAL, ALE** (san-tè-nnal, nna-l'), *adj.* Qui se fait, revient tous les cent ans. Cette voiture est destinée à servir d'hôtel pendant l'exposition centennale [à Philadelphie], *Journ. offic.* 3 mai 1874, p. 3877, 3° col.

— ÉTYM. Lat. *centum*, cent, et *annus*, année.

CENTIÈME. *Ajoutez* : — HIST. XVI° s. Et l'autre [grain] cheut en bonne terre, et donnoit fruict montant et croissant; et rendit l'ung trentiesme, l'autre soixantiesme, et l'autre centiesme, *Marc*, IV, 8, *Nouv. Testam.* éd. Lefebre d'Etaples, Paris, 1525.

CENTIGRADE. *Ajoutez* : — REM. Dans le thermomètre centigrade, la graduation marque zéro à la température de la glace fondante, et cent degrés à la température de l'ébullition de l'eau.

CENTIMÈTRE. *Ajoutez :* || 2° Nom donné parmi les ouvrières en couture à un ruban qui est divisé en centimètres; la longueur, variable, est souvent de plus d'un mètre. Un centimètre de 1m,50.

† **CENTRAGE** (san-tra-j'), *s. m.* Opération qui consiste à placer, dans un microscope, dans une lunette, etc., suivant une même ligne, les axes de toutes les pièces optiques, miroir, objectif et oculaire.

† **CENTRALISTE** (san-tra-li-st'), *adj.* Qui est favorable à la centralisation, à l'autorité centrale. À Vienne, un nouveau ministère est constitué, il a un caractère tout centraliste; voilà donc les idées centralistes au pouvoir, *le Courrier de l'Ain*, du 3 fév. 1870. || *S. m.* Les centralistes, les partisans de la centralisation. Les centralistes autrichiens.

† **CENTRALITÉ.** *Ajoutez :* || 2° Position centrale. Elle [votre commission] a reconnu, la carte sous les yeux, la parfaite centralité de Bourbon-Vendée, *Rapp. à la Chambre des députés*, du 28 décembre 1814.

† **CENTRATION** (san-tra-sion), *s. f.* Action d'opérer le centrage dans un instrument d'optique; état qui en résulte. L'importance du maintien d'une centration parfaite se fait sentir surtout lorsque quelque accident cause le moindre décentrage, CH. ROBIN, *Traité du microscope*, Paris, 1876, p. 56.

† **CENTRIFUGER** (san-tri-fu-jé), *v. a.* Le *g* prend un *e* devant *a* et *o* : centrifugeait. Terme de fabrique. Exposer à une action centrifuge. En sortant de cette cuisson, les sucres sont mis dans des récipients pour être centrifugés, ou pour y être blanchis par le procédé usité à Java, c'est-à-dire le lavage à l'eau, dit terrage, Extrait des *Annales du comm. extér.* dans *Journ. offic.* 17 nov. 1871, p. 4497, 2e col.

† **CENTROTE** (san-tro-t'), *s. m.* Genre d'insectes hémiptères, de la famille des cicadaires; une espèce est dite diable, à cause de ses formes bizarres.

— ÉTYM. Κεντρωτὸς, armé d'aiguillon, de κέντρον, pointe (voy. CENTRE).

CEP. || 14° *Ajoutez :* Vous avez mis mes pieds dans les ceps, SACI, *Bible, Job*, XIII, 27.

— HIST. *Ajoutez :* || XIVe s. Au [aux] ses [d'une vigne miraculeuse] ert li argens souzmis, Et au [aux] rains estoit li ors mis, MACÉ, *Bible en vers*, f° 89, verso, 1re col.

CEPENDANT. *Ajoutez :* — REM. Non-seulement Régnier a séparé *ce* de *pendant*, mais encore il a mis entre les deux le mot *temps* : Jeanne, ce temps pendant, me faisait un sermon, *Sat.* XI. Cela n'est plus usité.

† **CÉRAME.** *Ajoutez :* || 2° *Adj.* Grès cérame, grès servant à faire des vases. C'est aussi de Sarreguemines que sortent ces élégants vases en grès cérame d'un grain si fin, de tons si doux, F. DE LASTEYRIE, *Opinion nationale* du 25 juin 1867.

† **CÉRAMISTE** (sé-ra-mi-st'), *s. m.* Celui qui fabrique des vases de faïence ou de porcelaine, celui qui s'occupe des arts céramiques. Non moins habiles céramistes que verriers, les Phéniciens furent ceux qui enseignèrent aux Grecs l'industrie des vases peints, FR. LENORMANT, *Manuel d'histoire ancienne*, t. III, p. 119, 4e éd.

† **CÉRASIFÈRE** (sé-ra-si-fè-r'), *adj.* Qui porte des cerises. Prunier cérasifère (voy. PRUNIER).

— ÉTYM. Lat. *cerasus*, cerise, et *ferre*, porter.

CÉRASTE. *Ajoutez :* || Le céraste se trouve aussi dans toute l'Afrique du Nord. Le céraste est le serpent du désert par excellence; il le caractérise en quelque sorte parmi les ophidiens, comme l'autruche parmi les oiseaux, et la gazelle parmi les mammifères, GUYON, *Voy. au Liban*, p. 225.

† **CERCE.** — HIST. *Ajoutez :* || XVIe s. La chartée de bois et serches, servans à faire boisseaux, seaux, seilles et tabours, *Arrêt du parlement*, 15 sept. 1577.

CERCLE. *Ajoutez :* || 14° Cercle des fées ou cercle des sorciers, cercle vert qu'on rencontre dans les lieux où croissent les champignons; il est tracé par un gazon épais dont la couleur verte tranche vigoureusement sur celle des végétaux voisins; il s'explique par ce fait qu'une spore de mousseron en germant émet un mycélium qui s'étend suivant de nombreux rayons en formant un cercle bien défini, GÉRARDIN, *Journ. offic.* p. 3629, 3e col.

† **CERCLIÈRE** (sèr-kli-è-r'), *s. f.* Terrain planté de châtaigniers en taillis pour le cercle des futailles, *les Primes d'honneur*, Paris, 1873, p. 137.

CERCUEIL. — ÉTYM. *Ajoutez :* Il faut abandonner l'étymologie allemande qu'a donnée Diez, rejetant *sarcophagus*. C'est au contraire *sarcophagus* qui doit être admis; cela est démontré par plusieurs noms de lieux qui représentent les formes anciennes de *cercueil*, et qui se nomment en latin *sarcophagus*; voyez, entre autres, *Sarcus*, nom d'une localité du département de l'Oise, en latin *de Sarcophagis*.

CÉRÉALE. || 1° *Ajoutez :* || Lois céréales, lois relatives au commerce des grains. Si ses lois céréales font moins d'honneur à Colbert que ses mesures financières.... L. DE CARNÉ, *Rev. des Deux-Mondes*, 1er juillet 1857, p. 61.

CÉRÉBRAL. *Ajoutez :* || 3° Lettres cérébrales, certaines consonnes de l'alphabet sanscrit. On les appelle aussi linguales. Ce sont les dentales prononcées d'une certaine façon.

† **CÉRÉBRATION** (cé-ré-bra-sion), *s. f.* Action propre du cerveau sur les matériaux fournis par les sens; ce terme, qui appartient à G. Lewes, est opposé à sensation. Les sensations de l'idiot sont aussi vives et aussi variées que celles de l'homme raisonnable; les différences naissent de la cérébration des deux, RIBOT, *Psychol. angl.* p. 345.

— ÉTYM. Lat. *cerebrum*, cerveau.

† 1. **CÉRÉBRINE.** || Il s'est dit aussi au masculin. Se peut-il rien concevoir de plus visionnaire et de plus cérébrin? LA MOTHE LE VAYER, *Hom. acad.*

† **CÉRÉBROÏDE** (sé-ré-bro-i-d'), *adj.* Terme d'anatomie. Qui ressemble au cerveau. Le centre cérébroïde ou postérieur, chez les gastéropodes.

— ÉTYM. Lat. *cerebrum*, cerveau, et εἶδος, forme.

† **CÉRÉBROSCOPIE** (sé-ré-bro-sko-pie), *s. f.* Terme de médecine. Examen du cerveau. L'ophthalmoscope,... qui devient pour le médecin un instrument de cérébroscopie, E. BOUCHUT, *Journ. offic.* 14 nov. 1874, p. 7690, 3e col.

— ÉTYM. Mot hybride, lat. *cerebrum*, cerveau, et σκοπεῖν, examiner.

CÉRÉMONIE. *Ajoutez :* || 7° Familièrement. Soins, préparatifs. On a appris depuis, qu'il fallait bien des cérémonies pour rendre les olives douces, RAC. *Lexique*, éd. P. Mesnard.

— HIST. *Ajoutez :* || XIVe s. Et vouloient aucuns maintenir par leur sotie que leurs chansons [des flagellants] et leurs serymonies estoient plus dignes que celles de l'Eglise, J. LE BEL, *Vrayes Chroniques*, t. I, p. 204.

† **CÉRÉMONIEL, ELLE** (sé-ré-mo-ni-èl, è-l'), *adj.* Qui concerne les cérémonies, qui y a rapport. Le temple détruit [à Jérusalem], le culte cérémoniel, les sacrifices étaient devenus impossibles, A. RÉVILLE, *Rev. des Deux-Mondes*, 1er mars 1872, p. 131.

— REM. Au XVIIe siècle, on disait en ce sens cérémonial (voy. CÉRÉMONIAL 1).

† **CÉRÉSINE** (sé-ré-zi-n'), *s. f.* Produit purifié obtenu de l'ozokérite, espèce de résine analogue à la paraffine, qu'on trouve surtout dans le voisinage de certaines couches de houille. On importe depuis quelque temps, sous les dénominations de bitume solide, de cire minérale, de paraffine native et de cérésine, une substance minérale que les commissaires experts du gouvernement ont reconnue consister en ozokérite ou cire minérale de Moldavie,... la paraffine jaune extraite de l'ozokérite a quelque ressemblance d'aspect avec la cire vierge; souvent on augmente cette ressemblance [par divers procédés] : on la vend alors sous le nom de cérésine pour cirer les parquets, *Lett. commune des douanes*, n° 274, 5 oct. 1875.

† **CÉRIFIABLE** (sé-ri-fi-a-bl'), *adj.* Qui peut être transformé en cire. Les unes [huiles] sont cérifiables, les autres siccatives.... FOURCROY, *Conn. chim.* t. VII, p. 328.

CERISE. || 4° À Paris, marchand de cerises, ouvrier maçon des environs. Messieurs, ce n'est pas là une appellation insultante; nous appelons marchands de cerises les ouvriers de la banlieue de Paris, ceux qui nous environnent, NADAUD, *Journ. offic.* 21 juin 1876, p. 4365, 1re col. || 5° Fig. Faire deux morceaux d'une cerise, distinguer trop subtilement. Il fait ici deux morceaux d'une cerise; quelle subtile distinction peut-il alléguer entre le sort et le destin? MALH. *Lexique*, éd. L. Lalanne.

CERISIER. *Ajoutez :* || 2° Petits chevaux de louage, ainsi nommés parce qu'ils portent ordinairement les cerises de Montmorency aux marchés de Paris. Sterny, sur un cerisier, Sterny en compagnie d'une grosse dame à âne, FRÉD. SOULIÉ, *le Lion amoureux*, ch. VI. Les cerisiers de Montmorency sont les petits chevaux pacifiques qu'on loue pour se promener dans les environs; autrefois ils transportaient des cerises : de là leur nom, *le Rappel* du 13 ou du 14 juin 1874.

† **CERQUEMANNAGE** (sèr-ke-ma-na-j'), *s. m.* Bornage, dans le langage des communes des Flandres, Lille, Cambrai, Valenciennes, etc.

— ÉTYM. Anc. franç. *cerquer*, chercher, et *manoir*, c'est-à-dire limitation d'une maison ou de tout autre héritage, MERLIN, *Répert. de jurisprudence*.

† **CERQUEMANNEUR** (cer-ke-ma-neur), *s. m.* Ancien terme signifiant arpenteur juré qu'on appelait pour planter des bornes d'héritage et pour les rasseoir.

CERTAIN. — REM. *Ajoutez :* || 2. Cela m'est certain, je suis sûr de cela. Encore ma mémoire trompeuse et vacillante peut-elle souvent m'abuser sur les faits; les seuls ici qui me sont certains c'est de n'avoir jamais connu ni Thévenin ni Janin, J. J. ROUSS. *Lett. à Du Peyrou*, 9 septembre 1768. || 3. On peut voir au n° 5 comment *certain* en quelques cas sert à atténuer, à restreindre. Ceci est très-manifeste dans l'exemple suivant : Qu'entendez-vous par un certain nombre? — J'entends, par un certain nombre, un nombre incertain.... qu'il ne serait ni respectueux ni prudent peut-être de vouloir déterminer et préciser.... ALPH. KARR, *le Figaro*, 5 févr. 1873.

† **CERTIFICATIF.** — HIST. *Ajoutez :* XVe s. Faire apparoir par lettres certificatives qu'ilz ont fait leurs aprentages [du métier de tonnelier], *Rec. des monum. inéd. de l'hist. du tiers état*, t. IV, p. 258.

CERTIFICATION. || 1° *Ajoutez en exemple :* Item... à Mme de Motteville, trente mille livres; pour laquelle somme Sa Majesté a fait expédier la certification du comptant, *Testament d'Anne d'Autriche*, dans Mme de MOTTEVILLE, *Mém.* p. 571.

† **CÉRULÉ.** *Ajoutez :* — HIST. XVIe s. J'apperceu d'advantaige deux tables d'aimant indique, amples et espoisses en demie paulme, à couleur cerulée, RAB. V, 37.

† **CÉRULÉEN, ENNE** (sé-ru-lé-in, è-n'), *adj.* Néologisme. Qui est de couleur azurée. Eurydice, enveloppée d'une draperie céruléenne et couronnée de blanches asphodèles, donne la main à Orphée, H. HOUSSAYE, *Rev. des Deux-Mondes*, 1er févr. 1875.

† **CÉRULESCENT, ENTE** (sé-ru-lè-ssan, ssan-t'), *adj.* Terme d'histoire naturelle. Qui tourne au bleu azuré. Couche cérulescente, *Acad. des sc. Comptes rendus*, t. LXXXI, p. 938.

† **CESSIBILITÉ.** *Ajoutez :* M. G..., d'après le plan parcellaire, l'arrêté de cessibilité et le jugement, était exproprié d'une superficie de 94 centiares de terre, VALLÉE, *Examen de la situation des chemins de fer*, 1876, 2.

CÉSURE. *Ajoutez :* || 3° La syllabe accentuée ou mieux la dernière syllabe sonore de la première partie d'un vers alexandrin ou d'un vers décasyllabe.

CÉTÉRAC. — ÉTYM. *Ajoutez :* C'est l'arabe *chetrak*, DEVIC, *Dict. étym.*

† **CÉTOLOGIQUE** (sé-to-lo-ji-k'), *adj.* Qui a rapport à la cétologie, à l'étude des cétacés. La collection cétologique du Muséum.

† **CHABANNAGE** (cha-ba-na-j'), *s. m.* Nom donné, dans le Puy-de-Dôme, à l'opération par laquelle on contourne ou tord les extrémités des pampres, *les Primes d'honneur*, p. 455, Paris, 1874.

† **CHABICHOU** (cha-bi-chou), *s. m.* Nom d'un fromage. C'est dans les cantons de Couhé et de Poitiers qu'on fabrique les fromages de lait de chèvre appelés chabichous, HEUZÉ, *la France agricole*, p. 13.

— ÉTYM. Le même que *chabrillou*, qui est au Dictionnaire, et même origine.

† **CHABIN** (cha-bin), *s. m.* Nom vulgaire des hybrides du bouc et de la brebis.

† **CHABLAGE.** *Ajoutez :* Le service du pilotage [sur la haute Seine] consistait dans le chablage et le billage (voy. ce mot au Supplément) des bateaux aux ponts ci-dessus indiqués; le chablage, c'est-à-dire le pilotage à la remonte, a pu être complétement supprimé, sauf à Valvin, E. GRANGEZ, *Voies navigables de France*, p. 616.

† **CHABLEUR.** *Ajoutez :* || Celui qui opère le chablage. .... Moyennant ce salaire, le chableur doit faire en outre le service du ponton mobile de la gare de Samois, E. GRANGEZ, *Voies navigables de France*, p. 619.

† **CHABOISSEAU** (cha-boi-sô), *s. m.* Dans l'Aunis, espèce de petit jonc qui vient dans les prairies humides, particulièrement au bord de la mer, *Gloss. aunisien*, p. 34.

† **CHABROL** (cha-brol) et **CHABROT** (cha-bro), *s. m.* Mélange de bouillon et de vin. Pierre

Rh.... : ... Un jour, au moment des noix, j'ai déjeuné aux Missials (Dordogne); nous n'avions pas de vin pour faire le chabrot. — M. le président : Le chabrot, c'est un mélange de bouillon et de vin, *Gaz. des Trib.* 10 mars 1876, p. 241, 4e col.

† **CHACHAS** (cha-chá), *s. m.* En Normandie, espèce de grive à tête cendrée, la litorne, DELBOULLE, *Gloss. de la vallée d'Yères*, p. 72.

† **CHACRELAS** (cha-kre-lâ), *s. m.* Voy. KAKERLAC.

CHACUN. — ÉTYM. *Ajoutez : Chacun* vient du lat. *quisque unus*; mais, comme on peut voir à CHAQUE, la transformation de *quisque* en *cha* fait une certaine difficulté. Il est bon dès lors de noter la forme *cheun* : XIIe s. Samuel fud juges sur le pople tute sa vie, et alad cheun an envirun Bethel, e Galgala, e Masphat, *Rois*, p. 26. *Cheun*, où d'ailleurs on remarquera la chute du *c* suivant la règle antique, est une transition de l'*i* latin vers l'*a* qui a prévalu.

† **CHADAN** (cha-dan), *s. m.* En limousin, sole de terre, partie de l'assolement. Le cultivateur limousin divise ordinairement ses terres en deux chadans, l'un de céréales, l'autre de sarrasin et de pommes de terre.

† **CHADEC** (cha-dek), *s. m.* Nom donné à la pamplemousse, aux Antilles.

† **CHAGRINEMENT.** *Ajoutez :* — HIST. XVIe s. A divers jours, Saturne, plein d'emoi, Chagrinement nos esprits tyrannise, DE BRACH, *Œuv* t. I, p. 46.

† **CHAILLANT** (chè-llan, *ll* mouillées), *s. m.* Nom d'un cépage, dans les Hautes-Alpes, *les Primes d'honneur*, Paris, 1872, p. 441.

† **CHAILLE** (châ-ll', *ll* mouillées), *s. f.* || 1° Terme provincial. Pierre cassée en menus morceaux pour couvrir les routes. || 2° Terme de géognosie. Rognons arrondis de calcaire siliceux, coupant, de distance en distance, des assises inférieures de marnes qui se trouvent à la base de l'étage supérieur du terrain jurassique, au-dessous du rallien. || 3° Terrain calcaire pierreux. Franche-Comté : les chailles sont des terrains calcaires pierreux qui sont de bonne qualité, quand ils ne sont ni trop siliceux ni trop calcaires, HEUZÉ, *la France agricole*, carte n° 6.

— ÉTYM. Anc. franç. *chaille*, caillou, du lat. *calculus* (voy. CAILLOU).

† **CHAILLEUX, EUSE** (cha-lleû, lleû-z', *ll* mouillées), *adj.* Se dit, dans le Jura, d'une défectuosité des fromages présentant des nodosités. Suivant les circonstances, les fromages peuvent être bréchés, éraillés, chailleux, mille-yeux, gercés, GAREAU, *Mém. Soc. centr. d'Agric.* 1874, p. 94.

— ÉTYM. Anc. franç. *chaille*, caillou (voy. CAILLOU).

† **CHAILLOT** (cha-llo, *ll* mouillées) ou **CHAILLOU** (cha-llou, *ll* mouillées), *s. m.* Nom donné, dans l'Aisne, à des terres fortes, mêlées de roches et de cailloux, *les Primes d'honneur*, Paris, 1873, p. 68.

— ÉTYM. Dérivé de *chaille*.

CHAÎNE. || 2° *Ajoutez :* || La chaîne avec laquelle on attachait une bande de galériens pour la marche. Le commissaire qui doit aller prendre les révoltés qui ont été condamnés aux galères pour les conduire à Toulon, part demain de Paris avec une chaîne qu'il a fait faire, ayant ordre de presser son voyage le plus qu'il pourra, *Lett. de Colbert*, t. IV, p. 2, note. || 9° Touage par chaîne noyée, appareil consistant en une chaîne en maillons de fer étendue tout le long de la rivière et sur laquelle se hale le bateau toueur, pourvu d'une machine, traînant derrière lui tout un convoi de bateaux, *Rev. des Deux-Mondes*, 1er mars 1875, p. 72. || Nom donné, par abréviation, aux toueurs à chaîne noyée. Un des toueurs, vulgairement appelés chaînes, arrêté par la crue, fait escale en aval du pont du Petit-Andely, avec cinq ou six péniches qu'il remorquait, *Journ. offic.* 8 mars 1876, p. 1613, 1re col. || 10° Terme de zoologie. Nom donné à des groupes d'individus agrégés, qui forment un second degré dans certaines générations alternantes.

† **CHAÎNIER** (chê-nié) ou **CHAÎNISTE** (chê-ni-st'), *s. m.* Bijoutier qui fabrique des chaînes. En 1847, il existait à Paris 515 bijoutiers, joailliers et chaîniers, qui faisaient pour 60 688 000 fr. d'affaires, TEISSERENC DE BORT, *Journ. offic.* 14 juin 1874, p. 4009, 2e col. Le nommé M... travaillait, depuis 1871, dans les ateliers de M. Ch... bijoutier chaîniste.... *Gaz. des Trib.* 25-26 janvier 1875, p. 83, 1re et 2e col.

† **CHAINTRE.** || Lieu mis en réserve pour le pâturage. *Ajoutez :* Vous avez beau dire, mademoiselle, vous savez très-bien maintenant ce que c'est que les chaintres [en Nivernais], TH. BENTZON, *Rev. des Deux-Mondes*, 1er juin 1876, p. 552. || Chaintre se dit aussi d'une certaine manière de disposer les vignes traînantes dans l'Ouest. Culture de la vigne en chaintres. || Dans l'Aunis, le chaintre est le bord d'un champ, les sillons qui en forment la ceinture.

CHAIR. *Ajoutez :* || 13° En chair et en âme, la personne elle-même, avec son corps et son âme. Je crois rêver quand je pense que je vous embrasserai dans un moment en chair et en âme, SÉV. *à Mme de Grignan*, 16 août 1690, dans *Lettres inédites*, éd. Capmas, t. II, p. 451. C'est une modification merveilleuse de la locution : en chair et en os.

CHAISE. *Ajoutez :* || 6° Nom populaire de la constellation de Cassiopée. La Chaise.

— HIST. XVe s. *Ajoutez :* Une vieille chaeze de laiton à quatre testes de lieppart, *Hist. litt. de la France*, t. XXIV, p. 613.

† **CHALAINE** (cha-lè-n'), *s. f.* Nom, en Lorraine, de terres calcaires. Lorraine : les chalaines sont des terres calcaires, HEUZÉ, *la France agricole*, carte n° 6.

1. **CHALAND, ANDE.** — ÉTYM. *Ajoutez :* Quelque difficile, à cause du sens, qu'il soit d'assimiler *chaland*, *chalande* à *chaland*, sorte de navire, néanmoins cette étymologie reste la plus plausible. M. Bovet, dans un article de M. Berthoud, *Journal de Genève*, 3 déc. 1874, propose *chalant*, participe de *chaloir* : le *chaland*, celui qui désire, qui est amateur de tel ou tel objet; mais *chaloir* est impersonnel, du moins dans tous les exemples connus, et ne se construit qu'avec la négation ou l'interrogation : *Ne vous chaut, que vous chaut? Il me chaut* d'une chose, et non *je chau* d'une chose. Cet obstacle grammatical paraît difficile à surmonter.

2. **CHALAND.** — ÉTYM. *Ajoutez :* On a aussi proposé l'arabe *chalandî*, bateau plat; mais M. Devic, *Dict. étym.*, objecte que *chaland* se disait en normand *calant*, et qu'un *ch* arabe peut difficilement devenir un *c* dur.

† 1. **CHALCIDE** (kal-si-d'), *s. m.* || 1° Genre de sauriens. Dans les reptiles, les lézards ont quatre pattes, les bimanes les deux antérieures seulement, les bipèdes et les chalcides les deux postérieures..., CH. MARTINS, *Rev. des Deux-Mondes*, 15 fév. 1876, p. 762. || 2° *S. f.* Genre d'insectes hyménoptères. Ce savant observateur a dernièrement présenté à la commission la petite chalcide (*chalcis minuta*) de Linné; il n'y aurait qu'à aider à la multiplication de la petite chalcide pour ajouter un moyen puissant à ceux de... [contre le phylloxéra], *Trav. de la comm. départ. contre le phylloxéra*, Perpignan, 1874, p. 152.

— ÉTYM. Χαλκός, cuivre, à cause de la couleur cuivrée de ces sauriens et de ces insectes.

† **CHALCIDIQUE.** *Ajoutez :* M. Mowat conclut que le chalcidique était une annexe complémentaire, une partie accessoire de la basilique ou de la curie, c'est-à-dire qu'il n'y avait point de chalcidique sans basilique et sans curie, FERD. DELAUNAY, *Journ. offic.* 11 mars 1873, p. 1690, 2e col.

CHÂLE. — ÉTYM. *Ajoutez :* M. Devic, *Dict. étym.*, dit : « Bien que le mot se trouve dans la langue arabe moderne, ce n'est pas là que nous l'avons pris; d'introduction peu ancienne en Europe, il a été apporté d'Orient par le commerce anglais; c'est le persan *châl*, sorte de drap grossier en poil de chèvre ou de brebis que les derviches jettent sur leurs épaules en guise de manteau; le mot s'est ensuite spécialement appliqué au tissu de cachemire. » L'exemple suivant prouve qu'en effet, au commencement de ce siècle, l'usage du *châle* était récent, puisque le mot en était encore incertain : Vous me tendriez la main, ou bien un bout de votre châle (est-ce le mot?), sachant que je suis et serai toute ma vie, madame, P. L. COURIER, *Lettre* du 15 avril 1806, à Madame ***.

CHALET. *Ajoutez :* — REM. J. J. Rousseau, *Héloïse*, I, 36, dit : « Autour de l'habitation principale sont épars assez loin quelques chalets. » Et en note : « Chalet, sorte de maisons de bois où se font les fromages et diverses espèces de laitage, dans la montagne. » Cette note montre que J. J. Rousseau est le premier qui ait introduit ce mot suisse dans le français.

— ÉTYM. *Ajoutez :* Contre la dérivation par *casa* ou *castelletum*, M. Berthoud écrit : « L'étymologie latine aurait donné *châlet*; cette faute de prononciation était insupportable à Rousseau; jamais on ne dit *chalet* en pays romand; il n'y a des *chalets* proprement dits que dans les Alpes. » Cette observation écarte les conjectures latines sur l'origine de *chalet*; et l'on ignore d'où vient ce mot.

CHALEUR. *Ajoutez :* || 7° A la chaleur des enchères et à l'extinction des feux, même sens que à l'extinction des feux (voy. EXTINCTION).

† **CHALIN** (cha-lin), *s. m.* Dans l'Aunis, éclairs sans tonnerre, *Gloss. aunisien*, p. 85.

— ÉTYM. Anc. franç. *chaline*, le fort de la chaleur, du lat. *calere*, être chaud.

† **CHALINOPTÈRE** (ka-li-no-ptè-r'), *s. m.* Nom d'une espèce de papillons. Chez les [lépidoptères] nocturnes, elles [les ailes] sont maintenues horizontalement par un frein qui a fait donner à ces papillons le nom de chalinoptères, A. MANGIN, *Journ. offic.* 19 sept. 1872, p. 6087, 2e col.

— ÉTYM. Χαλινός, frein, et πτερόν, aile.

† **CHALLIS** (cha-li), *s. m.* Voy. CHALY au Supplément.

† **CHALON** (cha-lon), *s. m.* Dans l'Aunis, banc d'argile, terrain argileux, *Gloss. aunisien*, p. 85.

† **CHALOSSE** (cha-lo-s'), *s. f.* Nom, dans Tarn-et-Garonne, d'un cépage blanc, *les Primes d'honneur*, Paris, 1872, p. 466. || Même nom dans l'Ariége, *ib.* Paris, 1873, p. 506.

— ÉTYM. *Chalosse*, petit pays, dont la capitale est Saint-Sever; il est aujourd'hui compris dans le département des Landes.

† **CHALOT** (cha-lo), *s. m.* Nom d'un poisson du Danube. Les espèces de poissons les plus communes sont l'esturgeon, le brochet, la truite, le chalot... *Journ. offic.* 5 juil. 1874, p. 4671, 2e col.

† **CHALOUPIER.** *Ajoutez :* || 2° Ouvrier chaloupier, ouvrier qui travaille aux chaloupes, *Bullet. des Lois*, part. suppl. 2e sem. n° 721, p. 1008.

† **CHALUC** (cha-luk), *s. m.* Nom d'un poisson, le gade merlus.

† **CHALUTIER** (cha-lu-tié), *s. m.* || 1° Pêcheur au chalut. 25 ou 30 chalutiers du port de Trouville se sont déterminés à remonter au nord et à chaluter entre Calais, Dunkerque et Ostende pendant la saison du hareng.... *Journ. offic.* 8 févr. 1875, p. 1048, 3e col. || 2° *Adj.* Chalutier, chalutière, qui appartient au chalut. Les calmes ont empêché les bateaux chalutiers, qui ne peuvent pêcher qu'à la voile, de sortir aussi souvent qu'en 1873, *Statistique des pêches marit.* 1874, p. 47. || Pêche chalutière, pêche au chalut, *Journ. offic.* 9 avr. 1872, p. 2449.

† **CHALY** (cha-li), *s. m.* Étoffe de poil de chèvre. || On dit aussi chalys. Étoffes légères : chalys nouveauté, garanti indéchirable, *Journal officiel*, 9 mars 1872, p. 1694, 1re col. || Et encore challis. En 1838, le même fabricant [M. Jourdain, de Trois-Villes] créa le challis à chaîne de soie organsin et à trame de fine laine, JOHN L. HAYES, dans *Mém. d'Agric.* 1870-71, p. 326.

† **CHAMÆDORÉE** (ka-mè-do-rée), *s. f.* Genre de palmiers. Les chamædorées sont dioïques, *Revue horticole*, 16 sept. 1876, p. 351.

— ÉTYM. Χαμαί, à terre, et δόρυ, lance.

† **CHAMAILLERIE** (cha-mâ-lle-rie, *ll* mouillées), *s. f.* Querelle de gens qui se chamaillent. Ce prince [le duc d'Orléans] dit à la reine sa sœur [Anne d'Autriche], en riant, que le prince [Condé] et le coadjuteur [Retz] étaient fort mal ensemble, et qu'il allait avoir bien du plaisir de leur chamaillerie; voilà ses propres mots, Mme DE MOTTEVILLE, *Mém.* p. 405.

† **CHAMBONNAGE** (chan-bo-na-j'), *s. m.* Les terres sablonneuses dites chambonnages des environs de Moulins, HEUZÉ, *la France agricole*, p. 19.

† **CHAMBONNIN** (chan-bo-nin), *s. m.* Nom, dans l'Indre, d'un cépage rouge, *les Primes d'honneur*, Paris, 1873, p. 224.

CHAMBRE. *Ajoutez :* || 14° Chambre d'emprunt, tranchée que l'on pratique dans un champ pour en retirer la partie sous-jacente à la terre végétale, et faire quelque remblai. Des concavités dites chambres d'emprunt, d'où ont été extraites les terres employées à la construction des chaussées du chemin de fer, *Gaz. des Trib.* 11 avr. 1874, p. 350, 1re col. Que les fièvres d'accès dont.... le requérant a subi les atteintes ont été en partie causées par les eaux stagnantes réunies dans les chambres d'emprunt creusées à peu de distance de son habitation pour y prendre les terres destinées aux remblais du chemin de fer de Lyon à la Méditerranée, *ib.* 3e col. || 15° Terme d'artillerie. Chambre du projectile, partie de l'âme d'un canon dans laquelle se place le projectile au moment du chargement ; chambre de culasse, partie dans laquelle est engagée la culasse.

CHAMBRÉE. *Ajoutez :* || 4° Tout ce que contient de vers à soie une pièce où on les élève. Voilà une bonne chambrée.

CHAMBRER. *Ajoutez :* || 3° Chambrer une arme à feu, y former une chambre. On a pris le parti de chambrer ces fusils [chassepot] de façon qu'ils puissent utiliser la cartouche Mauser, *Journ. offic.* 5 sept. 1873, p. 5734, 1re col. || 8° À Neuchâtel (Suisse), chambrer le vin, le garder dans la chambre, pendant quelques heures, pour le mettre à une bonne température, avant de le servir à table. || 9° Se chambrer, se confiner dans une chambre. Mlle de Varandeuil se chambra avec elle tous les jours, de midi à six heures, pendant quatre ans, MM. DE GONCOURT, *Germinie Lacerteux*, ch. II.

CHAMBRIÈRE. *Ajoutez :* || 6° Dans l'Aunis, morceau de bois avec une entaille qui sert à maintenir la première douvelle sur le moule d'une futaille, *Gloss. aunisien*, p. 85.

CHAMEAU. *Ajoutez :* || 4° Sorte de papillon, *bombyx camelina*.

† **CHAMELET** (cha-me-lè), *s. m.* Jeune chameau, LARGEAU, *le Sahara*, 1er *voyage*.

† **CHAMERON** (cha-me-ron), *s. m.* Nom, dans l'Allier, de l'oxyde de fer, qui s'y trouve par bancs, *les Primes d'honneur*, Paris, 1872, p. 262.

† **CHAMIARD** (cha-mi-ar), *s. m.* Nom de l'hydromel, en Bretagne (Côtes-du-Nord), où la plupart des enseignes de cabaret portent : cidre, chamiard.

† **CHAMITIQUE** (ka-mi-ti-k'), *adj.* Qui a rapport à la descendance de Cham, aux Chamites. Les nations chamitiques. || Langues chamitiques, langues comprenant le groupe égyptien, le groupe libyen et le groupe éthiopien. Il est à peine besoin de dire que ce terme de langues chamitiques est tout aussi défectueux que celui de langues sémitiques ; l'usage pourtant paraît le consacrer.... les langues chamitiques ont couvert la plus grande partie de l'Égypte et toute la rive africaine de la Méditerranée, A. HOVELACQUE, *Linguist.* p. 199, Paris, 1876.

— ÉTYM. *Cham*, fils de Noé.

CHAMOIS. *Ajoutez :* — HIST. XIIe s. Chevax [ils] poignent et lances beissent, Un petit les ont aloigniées, Tant que par les quamois [feutres en peau de chamois] les tiennent, CRESTIEN DE TROIES, *Chev. au lion*, v. 2246. || XIIIe s. Dusqu'el chamois brise sa lance, GILLES DE CHIN, v. 224.

† **CHAMOISER.** *Ajoutez :* — HIST. XIVe s. Que nulz ne puist camoisser basane (1390), *Ord. des rois de France*, t. VII, p. 566.

† **CHAMOISITE** (cha-moi-zi-t'), *s. f.* Sorte de minerai. Parmi les séries de minerais variés de la région pyrénéenne se trouve la chamoisite de Rabat (Ariége), etc., l'hématite rouge, qui l'accompagne au mur du gîte, *Journ. offic.* 11 août 1876, p. 6212, 1re col.

1. **CHAMP.** *Ajoutez :* || 15° Terme de turf. L'ensemble des chevaux qui se présentent pour figurer dans la même épreuve. Parier pour un cheval contre le champ, c'est parier pour un cheval contre tous ses concurrents.

† **CHAMPAC** (chan-pak), *s. m.* Arbre des Indes orientales, cultivé dans les jardins pour ses fleurs odoriférantes (*michelia champaca, L.*). || On dit aussi sampac.

— ÉTYM. Malais, *tchampâka*.

† 1. **CHAMPAGNE** (cham-pa-gn'), *s. f.* Usité dans cette locution : fine champagne, eau-de-vie fine de Cognac.

— ÉTYM. *Champagne*, nom d'un village de la Charente-Inférieure.

† **CHAMPAGNISÉ, ÉE** (chan-pa-gni-zé, zée), *adj.* Se dit des vins auxquels on donne quelques-uns des caractères du vin de Champagne. La fabrication de ce qu'on appelle les vins champagnisés, *Monit. univ.* 22 juil. 1868, p. 1098, 2 col. || On dit aussi champanisé. On fabrique à Saumur, à Angers et à Chalonnes, depuis 1834, des vins champanisés, *les Primes d'honneur*, Paris, 1872, p. 165.

† **CHAMPANA** (chan-pa-na), *s. f.* Sorte de navire chinois. Nous prîmes le parti de retourner à Macao dans les embarcations dont nous disposions et dans une champana que les Chinois purent nous louer, *Journ. offic.* 28 déc. 1874, p. 8624, 3e col.

CHAMPART. *Ajoutez :* || 2° Nom, dans le département d'Eure-et-Loir, d'un mélange de froment et de seigle ou d'orge, *les Primes d'honneur*, Paris, 1872, p. 29.

† **CHAMPAYE** (chan-pé), *s. f.* Nom donné, en Dombes, à des bois ruinés par le pâturage du bétail, ou à des champs qui, par suite d'inculture, se couvrent de bouleaux, d'aulnes, de genêts ou de bruyères, *Chronique agricole*, févr. 1869.

— ÉTYM. Dérivé de *champ*.

† **CHAMPIGNONNEUX, EUSE** (chan-pi-gno-neû, neû-z'), *adj.* || 1° Garni de champignons, de moisissures. Ah ! cette auberge, quelle tanière ! enfumée, humide, champignonneuse ! *l'Opinion nationale*, 18 mai 1876, p. 2, 1re col. || 2° Qui appartient au champignon. La matière champignonneuse [de la teigne], LALLIER, *le Progrès médical*, 20 janv. 1877, p. 45.

† **CHAMPIGNONNISTE** (chan-pi-gno-ni-st'), *s. m.* Celui qui cultive, exploite une champignonnière. Un champignonniste doit être considéré comme un jardinier ou cultivateur, *Gaz. des Trib.* 30 nov. 1871.

† **CHAMPLEVÉE** (chan-le-vée), *s. f.* Dans les émaux, action de creuser les intervalles laissés par les traits, et de remplir les cavités de matière vitrifiable, *Journ. offic.* 2 juill. 1872, p. 4498, 1re col.

† **CHAMPTOURNE** (chan-tour-n'), *s. f.* Nom, dans l'Isère, d'un canal d'assèchement. Attendu que le syndicat [de Saint-Ismier, à Grenoble] a fait exécuter un large canal, appelé champtourne.... en ce qui touche seulement les dépenses d'exécution et d'entretien de la champtourne construite par ledit syndicat.... *Arr. du cons. d'État*, 8 août 1873.

† **CHANANÉEN, ENNE** (ka-na-né-in, è-n'), *adj.* Qui appartient au pays de Chanaan. Les tribus chananéennes. Les habitants de Sodome et de Gomorrhe étaient de sang chananéen.

† **CHANCELARIAT** (chan-se-la-ri-a), *s. m.* Fonction de chancelier. Il [Le Brun] abdiqua en bonne forme les fonctions du chancelariat, et en remit les marques entre les mains de M. Ratabon, DE MONTAIGLON, *Hist. de l'Acad. de peint.* (*Mém. attribués à H. Testelin*), t. II, p. 37.

CHANCELLEMENT. — HIST. *Ajoutez :* XIVe s. *Titubatio*, cancellemens, ESCALLIER, *Vocab. lat.-franç.* 2499.

† **CHANDELAGE** (chan-de-la-j'), *s. m.* Se dit, dans le département de la Manche, de l'action de mirer à la chandelle les œufs un à un, pour s'assurer de leur fraîcheur, *les Primes d'honneur*, Paris, 1873, p. 25.

2. **CHANDELIER** || 10° Chandelier d'eau. *Ajoutez :* Il ne resta plus qu'un chandelier à rétablir dans la grotte et quelque chose aux corniches de rocaille, *Lett. etc. à Colbert*, t. V, p. 329. || 11° Dans les chablis, la partie de l'arbre brisé restée debout ; on dit aussi quille ou tronc, BAGNERIS, *Manuel de sylviculture*, p. 6, Nancy, 1873. || 12° Nom donné, dans la Loire-Inférieure, à des tas pyramidaux de mottes de tourbe, ainsi dits parce que, vus à distance, ils ressemblent à d'énormes candélabres d'église.

CHANDELLE. *Ajoutez :* || 7° Terme d'ébénisterie. Pied cannelé. Une corbeille que soutiennent des chandelles ou pieds cannelés, E. BERGERAT, *Journ. offic.* 29 déc. 1874, p. 8640, 2e col.

Ajoutez : — REM. Les Mémoires de Miraulmont citent cette fameuse ordonnance royale qui obligeait le chancelier de France à rendre au trésorier *les tronchons de la cire* qui avait servi à son éclairage. L'ordonnance, comme toutes les autres, passa sans remédier au mal, mais elle eut l'honneur de créer un proverbe. C'est de là que date le mot si célèbre : les économies de bouts de chandelle, ED. TEXIER, *le Siècle* du 31 janvier 1864.

CHANFREIN. *Ajoutez :* || 6° Nom, dans l'Aunis, de l'extrémité des douvelles taillées en biseau, *Gloss. aunisien*, p. 85.

CHANGÉ. *Ajoutez :* — REM. Changé de, comme on disait en latin *mutatus ab* (quantum mutatus ab illo Hectore). Les choses sont bien changées de ce que vous les avez vues, VOLT. *Lett. à Collini*, 29 déc. 1760. (Voy. au n° 5 un exemple analogue de Molière.)

† **CHANGEABLE.** — HIST. *Ajoutez :* XIIe s. Une li suens quers ne fu chanjable ; Ce qu'il diseit esteit estable, BENOIT, *Chronique*, t. II, p. 369, v. 26134.

CHANGEANT. *Ajoutez :* || 2° *S. m.* Nom de deux papillons de jour, dont les ailes jettent une lueur bleue, suivant qu'elles occupent telle ou telle position.

CHANGER. — ÉTYM. *Ajoutez :* M. d'Arbois de Jubainville (*Revue celtique*, t. II, p. 128) remarque qu'il pourrait être à propos de dire que, suivant le glossaire gaulois publié par Endlicher, *cambiare* est gaulois, et que cette assertion du glossateur inconnu paraît justifiée par le verbe breton armoricain *kemma*, qui équivaut à *cambiam*.

† **CHANQUE** (chan-k'), *s. f.* Nom, dans la Gironde, d'une échelle à un seul montant que le résinier appuie contre l'arbre, quand il est gêné dans son travail, *les Primes d'honneur*, Paris, 1870, p. 434.

CHANSON. || Proverbe. *Ajoutez :* || C'est le ton qui fait la chanson, c'est ainsi qu'on dit à Genève, au lieu de : c'est le ton qui fait la musique, voy. 2 TON, n° 8.

CHANTANT. *Ajoutez :* || 5° Flammes chantantes, becs de gaz enfermés dans des tubes de verre de longueur différente, qui produisent, par leurs vibrations, des sons distincts.

† **CHANTERIE** (chan-te-rie), *s. f.* Terme de dénigrement. Mauvais chants, chants ennuyeux.

— HIST. XVIe s. On peut bien faire doute, si leurs chanteries et prieres [des prêtres catholiques] sont plaisantes à Dieu, SLEIDAN, *Hist. de l'estat de la religion et republique sous Charles V*, p. 57.

2. **CHANTIER.** *Ajoutez :* || 5° Nom donné, dans les parcs d'huîtres, à une levée de terre sur laquelle les amareilleurs circulent.

CHANTRERIE. *Ajoutez :* — HIST. XIVe s. La chantrerie en juridicion et autres choses temporelles peut valoir XX livres (1384), VARIN, *Archives administr. de Reims*, t. III, p. 596.

CHANVRE. *Ajoutez :* || 3° Chanvre de Manille ou abaca (voy. ABACA au Supplément). Sur les pentes basses des collines et des montagnes [à Zébou, une des Philippines] croît le *musa textilis*, qui donne le chanvre de Manille, *Journ. offic.* 23 sept. 1875, p. 8259, 3e col.

† **CHANVREUX.** *Ajoutez :* || 2° Tourbe chanvreuse, tourbe formée de racines entrelacées, extrêmement poreuse et de qualité très-inférieure (dép. de l'Oise), *Acad. des sc. Comptes rendus*, t. LXXVII, p. 1328.

† **CHANVRIER.** *Ajoutez :* || 2° *Adj.* Chanvrier, chanvrière, qui est relatif au chanvre. L'industrie de la filature et du tissage du jute se rattache à l'industrie linière et chanvrière, *Enquête, Traité de comm. avec l'Anglet.* t. V, p. 100.

CHAOS. *Ajoutez :* || 4° Chaos végétal, ancien nom du protococcus ou matière verte de Priestley.

† **CHAOUCH.** — ÉTYM. *Ajoutez :* C'est le mot turc *tchâouch*, huissier, conducteur de caravane.

† **CHAPARDAGE** (cha-par-da-j'), *s. m.* Action de chaparder. Le chapardage est une des habitudes les plus détestables pour la discipline ; on riait des exploits du troupier en ce genre ; on avait grand tort, le vol est toujours le vol, *l'Opinion nationale*, 17 sept. 1875, p. 2, 6e col.

† **CHAPARDER** (cha-par-dé), *v. n.* Terme de bivouac. Aller au fourrage, en maraude.

— ÉTYM. On pense que c'est un mot formé de *chat-pard*.

† **CHAPARDEUR** (cha-par-deur), *s. m.* Terme de bivouac. Celui qui va au fourrage, en maraude.

CHAPE. *Ajoutez :* || 9° Matière textile faite avec les frisons et la bourre de soie, dite aussi fleuret.

CHAPEAU. *Ajoutez :* || 16° Chapeau ferré, nom du chapeau à cornes des officiers généraux, garni d'un galon d'or. || 17° Fig. Homme de paille, remplaçant sans titre sérieux. Ce ne sont pas des chapeaux que j'ai laissés sur mon siége d'administrateur [de compagnies financières], mais bien des titulaires réels : j'ai bien, je crois, droit au repos, et ce repos j'y aspire, MALOU, minist. des fin. à la chambre belge, dans *Journ. offic.* du 30 mars 1874, p. 2450, 2e col. (Cet emploi vient de l'habitude, dans les bals, de marquer sa place en y laissant son chapeau.)

— HIST. XVIe s. *Ajoutez :* Elle a commencé de si bonne heure d'imiter les deux savantes reines de Navarre.... ses aieule et mere.... à produire les fleurs et le fruit tout ensemble dont les Muses donnent la semence, qu'elle en a composé des chapeaux aux couleurs de bien dire qui y sauroient estre les plus acquises ayant à peine attaint l'age de douze ans, DU VERDIER, cité par BAYLE, *article Jeanne d'Albret*, au mot NAVARRE.

CHAPE-CHUTE. *Ajoutez :* On parle ici de la mort du pape ; si elle arrive, ce sera une bonne chape-chute pour son successeur, qui n'en sera point marri, GUI PATIN, *Lettres*, t. II, p. 591.

Ajoutez : — HIST. XIIIe s. Ains a trouvé kape keüe Pinchedé, jel sai par mes iex, *Théâtre au moyen âge*, Paris, 1834, p. 184.

CHAPELET. *Ajoutez :* || 11° Nom donné à des liens en bois tordus, qui servent dans le flottage des bois.

— HIST. XIVe s. *Ajoutez :* Tous ceulx de vostre compaignie s'y acordent [à vous louer de votre prouesse], et vous en donnent le prix et le chappellet, se vous le voulez porter, J. LE BEL, *les Vrayes Chroniques*, t. II, p. 201.

CHAPELLE. || 5° Jouer à la chapelle. *Ajoutez :* Cette confédération où vous avez fait serment d'affermir votre liberté.... a presque l'air maintenant d'une farce où vous êtes tous accourus pour jouer à la chapelle, *L. du P. Duchêne*, 86e lettre, p. 2. || 10° Fig. Faire petite chapelle, se mettre à part. Le jeune peintre [Fortuny].... n'a pas voulu se hasarder dans ce grand tumulte de peintures [l'exposition], non par orgueil et, comme on dit, pour faire petite chapelle, mais par vraie modestie et susceptibilité nerveuse d'artiste, TH. GAUTIER, *Journ. offic. feuilleton*, 19 mai 1870. || 11° En typographie, chapelle, exemplaires de livres imprimés retenus par le typographe.

CHAPITEAU. — HIST. *Ajoutez :* XIIe s. N'i ot bretesche ne danjon, Ne tors de marbre granz et lées, Forz, espesses, et bien ovrées, Tot de gros marbre à or listé ; Ne so home de mere né Qui en bstast un des quarrials, Ne le menor des capitials, BENOIT DE SAINTE-MORE, *Roman de Troie*, v. 7648.

CHAPITRE. *Ajoutez :* || 6° Fig. Réprimande, à cause que c'est en plein chapitre qu'on réprimande les religieux. Je serais plus sévère et tiens qu'à juste titre Vous lui pouvez tantôt en faire un bon chapitre, CORN. *Lexique*, éd. Marty-Laveaux. Je veux avoir le chapitre, Si j'en dispute avec toi, ID. *ib.*

— REM. Bouhours (*Entretiens d'Ariste et d'Eugène, 2e entretien*) signale comme nouvelle la signification de sujet donnée à chapitre : Il m'a parlé longtemps sur votre chapitre ; il est savant sur le chapitre de la guerre ; je ne vous dis rien sur ce chapitre. Barbier d'Aucour lui reproche durement de l'avoir employé (*Sentiments de Cléante*, p. 352, édit. de 1738) : « On a tort de nous reprocher notre inconstance sur le chapitre du langage : à quoi sert là ce chapitre, si ce n'est à brouiller une expression et la rendre très-basse ? Être inconstant sur un chapitre ! y a-t-il là du sens ? point du tout, mais c'est assez pour le P. Bouhours qu'il y ait de la nouveauté. »

CHAPONNER. — HIST. *Ajoutez :* XIVe s. Bien savez, li cox chaponez Est as gelines mal venus, J. DE CONDÉ, t. III, p. 302.

† **CHAPUT.** *Ajoutez :* || 2° Dans l'Aunis, billot des tonneliers, *Gloss. aunisien*, p. 85.

CHAQUE. — HIST. *Ajoutez :* XIIIe s. Chasqu'an l'amie au roi de gloire, Au haut jor de l'Ascension, Portons à grant procession Par le chastel et par la ville, GAUTIER DE COINCY, *les Miracles de la sainte Vierge*, p. 100 (l'abbé Poquet).

CHAR. *Ajoutez :* || 6° Char de côté, char franc-comtois, char suisse, voiture à quatre roues, portant une seule banquette placée dans le sens de la longueur de la voiture ; on y est assis, même le conducteur, de côté.

† **CHARABIA.** — ÉTYM. Espagn. *algarabia, algaravia*, baragouin, galimatias ; portug. *algravia, arabia*, même sens ; de l'arabe *al-arabiya*, la langue arabe, qui semblait à ceux qui ne la comprenaient pas un galimatias, un bruit confus (DOZY).

CHARADE. — ÉTYM. *Ajoutez :* Le provençal *charrada* est mal interprété. M. Emile Durand fait remarquer que *charrada* signifie aussi longue causerie, et a une tout autre origine : le verbe *charrà*, causer, jaser.

CHARBON. || 8° *Ajoutez :* Au pays de Liége, on fait une distinction entre la houille et le charbon : la houille, ce sont les gros morceaux ; le charbon, c'est le tout venant, *Enquête, Traité de commerce avec l'Anglet.* t. I, p. 640.

— REM. Les textes suivants expliquent la dénomination de charbon de Paris. Attendu qu'il appert des débats, qu'en 1845, le sieur Popelin Ducarre a inventé un combustible qui avait pour principe l'agglomération de diverses matières ; qu'il a donné à ce produit le nom de charbon de Paris, *Gaz. des Trib.* 28 oct. 1874, p. 1031, 1re col. Ces industriels, respectant la dénomination de son inventeur, ont pris soin de présenter leurs produits à la consommation sous les titres distinctifs de : charbon des ménages ; charbon de Montreuil ; charbon de la ville ; charbon de Bordeaux ; charbon économique ; charbon nouveau, *ib.* 3e col.

— HIST. || XVIe s. *Ajoutez :* Tonneau de charbon de pierre [houille], MANTELLIER, *Glossaire*, Paris, 1869, p. 18.

† **CHARBONNETTE** (char-bo-nè-t'), *s. f.* Terme de forestier. Nom donné au bois débité pour faire du charbon, aux résidus de la bûche marchande susceptibles d'être transformés en charbon, NANQUETTE, *Exploit. débit et estim. des bois*, Nancy, 1868, p. 22.

CHARBONNIER. *Ajoutez :* || 7° Nom, dans la Haute-Marne, du cep, ainsi dit à cause de son grand chapeau, par comparaison au grand chapeau des charbonniers. Ainsi le cep, ce délicieux bolet qu'on nomme chez nous le charbonnier, a pour cousin germain le bolet meurtrier.... A. THEURIET, *Rev. des Deux-Mondes*, 1er oct. 1874, p. 679.

† **CHARDENAI** ou **CHARDENET** (char-de-nè), *s. m.* Nom, dans le Rhône, d'un cépage qui donne un vin blanc, *les Primes d'honneur*, Paris, 1872, p. 380.

CHARDONNERET. *Ajoutez :* || 2° Nom que quelques-uns donnent au papillon du chardon, la belle dame, *vanessa cardui*.

† **CHARDONNERETTE** (char-do-ne-rè-t'), *s. f.* Nom, dans l'Aunis, d'une plante dont les graines servent à faire cailler le lait, *cynara cardoncellus*, *Gloss. aunisien*, p. 86.

CHARGE. || 15° *Ajoutez :* Restait-il [J. Duvivier] rêveur auprès du feu, sa vue se fixant sur un charbon y apercevoit des traces de figures qui frappaient son imagination ; aussitôt, prenant le crayon, il les dessinait ; il en faisait autant d'après des morceaux de pain, des fruits à moitié mangés, des plis de serviette et des bois veinés ; rien ne lui plaisait tant que de découvrir dans ces objets des caractères que l'on inventerait difficilement et qui, rendus sur le papier, paraissaient naturels ou possibles ; il est inconcevable combien il a laissé de ces charges, sans celles qu'il a dessinées sur les murailles de son logement, L. GOUGENOT, dans *Mém. inéd. sur l'Acad. de peint.* publ. par Dussieux, etc. t. II, p. 324. || 20° Parler sans charge, s'est dit pour parler sans en être chargé, sans y être autorisé. Vous dites des merveilles de mon mariage avecques la gloire.... mais j'ai peur que vous parliez sans charge ; êtes-vous bien avoué de la dame de la part de qui vous parlez ? il y a apparence que non, BALZAC, *Lett. inéd.* CLIII (édit. Tamizey-Larroque).

CHARGÉ. || 12° *Ajoutez :* Il [Callot] y avait trouvé [à Florence] une manière dominante qui était trop chargée, mais qui convenait pour des sujets burlesques, P. J. MARIETTE, dans J. DUMESNIL, *Hist. des amateurs franç.* t. I, p. 277.

† **CHARGEAGE** (char-ja-j'), *s. m.* || 1° Action de charger. || 2° Terme d'exploitation houillère. Excavation servant à recevoir les produits des tailles et à les expédier à la surface. Plusieurs ouvriers ont été blessés à l'intérieur du puits, près du chargeage, par le choc de l'air, Extr. de *la Meuse*, dans *Journ. offic.* 15 nov. 1875, f. 9343, 2e col.

— HIST. XIVe s. Pour autres menus frais, comme tonlieus, kerkage et colctage (courtage) (1358), *la Cloche des ouvriers* (communiqué par M. Caffiaux).

CHARGER. || 14° *Ajoutez :* Il fallait, pour avoir de la réputation, outrer les caractères, charger inconsidérément les muscles, donner à ses figures des contorsions et des attitudes aussi fausses que bizarres, P. J. MARIETTE, dans J. DUMESNIL, *Hist. des amateurs franç.* t. I, p. 267.

† **CHARGETTE** (char-jè-t'), *s. f.* Instrument servant à charger les armes à feu portatives, lorsqu'on les éprouve. L'éprouveur mesure la poudre avec une chargette et la verse lui-même dans le canon, *Décret du 19 juin 1865, portant règlement sur l'épreuve des armes à feu portatives.* sect. IV, art. 22.

CHARGEUR. *Ajoutez :* — HIST. XIVe s. Manouvriers de bras, fossieurs, cargueurs, *Rec. des monum. inéd. de l'hist. du tiers état*, t. IV, p. 160.

CHARIOT. *Ajoutez :* || 8° Pièce du métier à tisser, dite aussi charivari (voy. ce mot au Supplément). || 9° Dans les chemins de fer, appareil en forme de chariot circulant dans une fosse en contre-bas de la voie, et destiné à tenir lieu de la plaque tournante.

† **CHARIOTÉE** (cha-ri-o-tée), *s. f.* Plein un chariot. Une chariotée de blé, de bois, DELBOULLE, *Gloss. de la vallée d'Yères*, le Havre, 1876, p. 73.

CHARITABLE. *Ajoutez :* — REM. J. J. Rousseau a dit charitable à : Dieu vous donne un mari : vous lui serez charitable, *Lett. à Mlle Galley*, 14 mai 1764. Rien ne s'oppose à cet emploi.

CHARITÉ. *Ajoutez :* || 6° Nom, en Normandie, de confréries établies pour rendre les derniers devoirs aux morts. Les charités, d'origine fort ancienne, sont encore en plein exercice dans tout le Lieuvin, H. MOISY, *Noms de famille normands*, p. 145.

CHARIVARI. *Ajoutez :* || 7° En Picardie, pièce du métier à tisser que fait aller la main gauche de l'ouvrier par un va-et-vient continuel, et dans le bas de laquelle il lance, de la main droite et dans une coulisse, la navette qui marche avec fracas sur deux petites roulettes comme un petit char. || 8° Terme de costume. Pantalon de grosse toile bleue rayée, garni de boutons de haut en bas à la couture longitudinale ; on le mettait, au besoin, comme la cotte, par-dessus le pantalon ordinaire. Les palefreniers [des haras] porteront :...... pantalon, forme de charivari, en drap gris, avec une bande écarlate en dehors, et ouvert, par le bas, jusqu'au mollet, *Arrêté du ministre de l'intér.* 15 mars 1856.

† **CHARIVARIEUR.** *Ajoutez :* — REM. Dans le Dauphiné, charivarieur se dit d'un homme d'humeur taquine, avec tendance à la plaisanterie et au rire.

† **CHARIVARIQUE.** *Ajoutez :* — REM. On dit aussi charivaresque. C'est drôle, c'est charivaresque, c'est digne des légèretés écrites par le même auteur pour amuser des coulisses, cité d'après la *Rev. de l'enseign. chrét.* d'oct. 1872 par Laboulaye, *Journ. offic.* 16 juin 1875, p. 4329, 3e col.

CHARLATAN. — HIST. XVIe s. : *Ajoutez :* Comment est-ce que ce sarlatan d'Eleazar pouvoit dire cela sans rire ? LE LOYER, *Discours et histoire des spectres*, Paris, 1605, p. 821.

† **CHARLATANE.** *Ajoutez :* Ces charlatanes nouvellement arrivées à Paris, *Anti-menagiana*, p. 230.

† **CHARLOT.** *Ajoutez :* || 2° Nom anciennement donné au bourreau par le peuple de Paris.

CHARMANT. *Ajoutez :* — REM. 1. On a dit charmant à : Tout cela, sans me plaire en soi, m'amusait pourtant, parce qu'il faisait partie d'une manière d'être qui m'était charmante, J. J. ROUSS. *Confess.* III.

1\. **CHARME.** *Ajoutez :* || 5° Aimer comme un charme, s'est dit pour aimer beaucoup, être ensorcelé par la passion, VADÉ, *Œuvr. compl.* t. II, p. 303, dans CH. NISARD, *Parisianismes*, Paris, 1876, p. 45. || On dit se porter comme un charme, pour se porter bien, par une fausse analogie avec aimer comme un charme, CH. NISARD, *ib.*

— REM. *Ajoutez :* || 3. Charmes, au pluriel, ne se dit qu'en parlant des femmes. Cependant Racine l'a dit, non malheureusement, d'un homme. Je plaignis Bajazet, je lui vantai ses charmes, Qui, par un soin jaloux dans l'ombre retenus, Si voisins de ses yeux, leur étaient inconnus, *Baj.* I, 1.

† **CHARME-HOUBLON** (char-me-hou-blon), *s. m.* Arbre dit aussi charme d'Italie, *ostrya carpinifolia*, Scop., répandu sur la partie littorale des Alpes Maritimes, MATHIEU, *Reboisement des Alpes*, Paris, 1875, p. 77.

† **CHARMEUR.** — REM. On l'a employé adjectivement : une grâce charmeresse. Ce n'est point un néologisme, car ce féminin se trouve dans Montaigne : A l'encontre des immoderées et charmeresses blandices de la volupté, IV, 300.

† **CHARNALITÉ.** *Ajoutez :* Pour tant plus l'émouvoir [Catherine de Sienne], venant avec ses compagnons en forme d'hommes et de femmes, il [Satan] faisait mille et mille sortes de charnalités et lubricités à sa vue, SAINT FRANÇOIS DE SALES, *Introd. à la vie dévote*, IV, 4.

CHARNEL. *Ajoutez :* — REM. Avant Pascal, Corneille avait employé *charnel* substantivement pour homme dont le cœur est attaché à la chair. Que je vois de charnels porter haut leurs desseins ! *Imit.* V. 3607.

CHARNELLEMENT. — HIST. *Ajoutez :* XIIe s. Quant la pense [la pensée] est charneilment ravie en alcun delit [délectation], *li Dialoge Gregoire lo pape*, 1876, p. 315.

† 3\. **CHARNIER** (char-nié), *s. m.* Nom, dans quelques provinces, de l'échalas. L'accusé nie ce fait, et prétend que c'est au contraire M.... [un vigneron qui voulait empêcher l'accusé de chasser dans sa vigne] qui l'a frappé d'un coup de charnier, *Gaz. des Trib.* (cour d'assises du Loiret), 1er nov. 1874, p. 1048, 4e col.

— ÉTYM. Le bas-lat. a *carratium*, d'où vient échalas (voy. ce mot). Mais *charnier* en vient-il aussi ? *Carratium* n'explique pas l'*n*. Peut-être faut-il recourir au bas-lat. *quarnellus*, objet taillé en carré (voy. CRENEAU).

† **CHARNIOT** (char-ni-o), *s. m.* Nom, dans le Loiret, des échalas, *les Primes d'honneur*, Paris, 1869, p. 196.

— ÉTYM. Le même que *charnier* 3.

† **CHAROGNIER, IÈRE** (cha-ro-gnié, gniè-r'), *adj.* Qui vit de charogne (mot forgé par Restif de la Bretonne). Je suis un animal multiple, quelquefois rusé comme le renard.... parfois fugace et charognier comme le loup, RESTIF DE LA BRETONNE, dans *Journ. des Debats*, 28 févr. 1875, p. 3, 4e col.

† **CHARPAGNE** (char-pa-gn'), *s. f.* Nom d'une

sorte de panier, dans le département de la Meuse. Au dos lui bat une charpagne d'où s'échappent des herbages et les glanes des champs, MM. DE GONCOURT, *Gavarni, l'Homme et l'Œuvre*, p. 354, cités par E. BERGERAT, *Journ. offic.* 23 déc. 1875, p. 10687, 1re col.

CHARPENTERIE. *Ajoutez :* || 4° Dans l'artillerie des XIVe et XVe siècles, affût taillé grossièrement, en forme d'auge en bois, portant à la partie antérieure un encastrement circulaire recevant la bombarde, dont la culasse s'appuyait sur le madrier formant la partie postérieure de l'auge.

† **CHARPENTEUR** (char-pan-teur), *s. m.* Celui qui charpente, dispose les parties d'un drame, d'un roman, etc. Ce charpenteur du drame si émouvant.... *le National*, 29 janv. 1873, 3e col. || On dit aussi en ce sens charpentier.

1. **CHARRÉE.** — ÉTYM. *Ajoutez :* Comme la dérivation par *cendre* n'est pas tout à fait sûre, il convient de rapprocher à tout hasard l'anglais *to char*, réduire en charbon, bien qu'on ne voie pas comment ce mot anglais se serait introduit.

1. **CHARRETIER.** *Ajoutez :* || 3° Cheval de charrette. La première [race] est composée des chevaux de gros trait.... le charretier, le camionneur y dominent, BOCHER, *Rapp. à l'Assembl. nat.* n° 1910, p. 65.

2. **CHARRETIER.** *Ajoutez :* || Population charretière, hommes occupés à conduire les charrois. Les chemins [en Pensylvanie, pour l'exploitation du pétrole], mal entretenus, fatigués par un parcours incessant, étaient presque impraticables en hiver; et la population charretière était la plus mauvaise, la plus ignoble, la plus dangereuse qu'on pût voir, *Journ. offic.* 26 sept. 1876, p. 7170, 1re col.

† **CHARRIÈRE.** — HIST. *Ajoutez :* || XVIe s. La charriere [bac] du travers de Loire, MANTELLIER, *Glossaire*, Paris, 1869, p. 18.

CHARRONNAGE. *Ajoutez :* — HIST. XVIe s. Droit de peage dit charonnage [transport par eau], à prendre en la riviere de Loire, à l'endroit du chasteau dudit Saint-Florentin-le-Vieil, sur chacun bateau ou chalan chargé de diz muids de sel, MANTELLIER, *Glossaire*, Paris, 1869, p. 18.

† **CHARRONNERIE** (cha-ro-ne-rie), *s. f.* Nom de l'industrie qui fabrique les chariots, les voitures, les roues, etc. Le charronnage est l'œuvre, le produit de la charronnerie.

CHARTE. *Ajoutez :* || 4° Charte lapidaire, titre inscrit sur la pierre. *Bibl. des ch.* 2e série, t. III, p. 31.

2. **CHARTRE.** *Ajoutez :* — REM. Bien que *chartre* soit féminin même dans de très-anciens textes, cependant on le trouve masculin aussi à l'origine de la langue conformément à l'étymologie (lat. *carcer*) : XIIe siècle. Et quant il encore ensi ne pot pas amolir la vertut de sa pense, dunkes enclost celui en un estroit chartre, et si loiat de fer lo col et les mains de celui, *li Dialoge Gregoire lo pape*, 1876, p. 168.

† **CHARTRERIE** (char-tre-rie), *s. f.* Nom, dans le moyen âge, d'un corps d'administrateurs qui gouvernaient les biens et revenus appartenant aux pauvres dans une ville, VARIN, *Archiv. administr. de la ville de Reims*, t. II, 2e part. p. 937.

† **CHARTRIER.** *Ajoutez :* || 4° Dans le moyen âge, nom donné à des administrateurs qui géraient les biens des chartreries ou fondations pieuses, VARIN, *Archives administr. de la ville de Reims*, t. II, 2e part. p. 937.

† 3. **CHAS**, *s. m.* En Franche-Comté, nom donné, dans une grange ou un hangar, à la portion qui s'étend d'une poutre à l'autre.

— HIST. XIVe s. A Jehan Cossart donnons un chas de maison avec la place derrieres, DU CANGE, *chassum*. Et après se ala coucher.... en une petite chambre tenant audit chas ou cuisine, ID. *ib.*

— ÉTYM. Les exemples de l'historique ont été mis à *chas*, trou d'aiguille; mais ils n'y ont aucun rapport, il faut les rapprocher de *chai* et de l'essai d'étymologie qui est donné à ce mot.

† **CHASMA** (ka-sma), *s. m.* Terme d'antiquité grecque. Le trou sacré par lequel les émanations fatidiques parvenaient à la pythie, *Journ. offic.* 3 janv. 1877, p. 32, 1re col.

— ÉTYM. Voy. CHASME.

† **CHASME** (ka-sm'), *s. m.* Néologisme. Entr'ouverture béante, gouffre. Il y a des auberges sur la rive américaine et sur la rive anglaise, des moulins et des manufactures au-dessous du chasme, CHATEAUBR. *Mém. d'outre-tombe* (édit. de Bruxelles), t. I, *Cataracte de Niagara*, etc. Je me serais bien arrangé de finir mes jours dans le castel qui domine le chasme, ID. *ib.* t. V, *Bords du Rhin*.

— ÉTYM. Angl. *chasm*, du lat. *chasma*, qui est le grec χάσμα, ouverture béante, de χαίνω, être béant.

† **CHASSAGE** (cha-sa-j'), *s. m.* Terme d'exploitation houillère. Galerie d'allongement tracée suivant la direction des couches.

CHASSE. *Ajoutez :* || 15° Ancienne locution : faire chasse, se sauver, s'en aller. Le pauvre gars.... puis après il fit chasse, LA FONT. *Mazet.* || Les marins disent prendre chasse, pour fuir. Malherbe a dit, en ce sens, prendre la chasse. Quand nous sommes suivis, le moyen de nous garantir c'est de faire ferme; ceux qui prennent la chasse ne faillent jamais d'estre abattus, MALH. *Lexique*, édit. L. Lalanne. Aujourd'hui il ne faudrait pas modifier la phrase des marins, et dire prendre la chasse, comme on faisait au XVIIe siècle. || 16° On dit d'un cheval qu'il a de la chasse, lorsque les membres postérieurs sont vigoureux. || 17° Dans l'Aunis, chasse, bout de douvelle sur lequel les tonneliers frappent pour chasser les cercles, c'est-à-dire les mettre en place, *Gloss. aunisien*, 1870, p. 86.

† **CHASSE-BOSSE.** *Ajoutez :* — REM. Le Dictionnaire de Trévoux fait ce mot du masculin.

— HIST. XVIe s. La chasse-bosse esteint la fiere inimitié Des acharnez genets, si leur provoyant maistre Durant leur chaud combat l'attache à leur chevestre, DU BARTAS, *Œuvres*, I, 136 (éd. de 1611, la page par erreur porte 122).

† **CHASSE-DERRIÈRE** (cha-se-dè-riè-r'), *s. m.* Homme qui pousse par derrière. Il leur faut un aide, ou, par manière de dire, un chasse-derrière, MALH. *Lexique*, éd. L. Lalanne.

† **CHASSE-GUEUX** (cha-se-gheû), *s. m.* Officier établi, dans quelques villes, durant le XVIIe siècle, en temps de peste, pour empêcher les vagabonds d'entrer.

† **CHASSEMENT** (cha-se-man), *s. m.* Action de chasser, d'expulser. Aussitôt qu'il [le roi] aura la nouvelle qu'il espère du chassement des ennemis de la ville de Turin, RICHELIEU, *Lettres*, etc. t. VI, p. 466 (1639).

† **CHASSE-NEIGE** (cha-se-nè-j'), *s. m.* Nom, dans le Nord, de vents impétueux qui soulèvent des tourbillons de neige. Des gelées, des chasse-neige, des vents violents, voire même des tempêtes qui duraient quelquefois trois jours sans interruption, me mettaient dans l'impossibilité d'avancer rapidement, *Journ. offic.* 4 fév. 1873, p. 820, 3e col.

CHASSER. *Ajoutez :* || 14° Chasser au poids, chasser de manière à rapporter un poids considérable de gibier. Le chasseur qui chasse au poids pour faire bouillir la marmite et couvrir tout doucement ses dépenses, CARTERON, *Premières chasses, Papillons et oiseaux*, p. 34, Hetzel, 1866. || 15° Se chasser, être chassé, expulsé. La pauvreté est un méchant diable qui ne se chasse que malaisément, GUI PATIN, *Lett.* t. II, p. 191.

† **CHASSE-ROUE.** *Ajoutez :* || 2° Pièces de fer qui empêchent que les roues ne dégradent les murailles. D..., camionneur, pour réparation d'un dommage occasionné aux chasse-roues et à la voûte et porte cochère par une voiture qui, sous la conduite de D..., a introduit dans la maison des marchandises destinées à F..., *Gaz. des Trib.* 26 juin 1874, p. 607, 4e col.

CHASSEUR. *Ajoutez :* || 9° Morceaux du chasseur, morceaux que le chasseur préfère dans le gibier. Dans le lièvre, le levraut et le lapin, les morceaux les plus estimés, et que l'on appelle, par rareté, morceaux du chasseur, se prennent aux côtés de la queue; le rable, les cuisses et les épaules vont après, DE COURTIN, *la Civilité françoise*, p. 109, Paris, 1695.

† **CHASSE-VASE** (cha-se-va-z'), *s. m.* Appareil destiné à faire sortir des ports la vase qui les encombre. Le chasse-vase automoteur, GUÉRAUD, *Acad. des sc. Comptes rendus*, t. LXXXI, p. 755.

CHÂSSIS. *Ajoutez :* || 12° Terme d'artillerie. Grand châssis, ensemble des pièces sur lesquelles recule l'affût de place et de côte. Petit châssis, celui qui porte en son milieu une cheville ouvrière, et sur lequel repose la partie antérieure du grand châssis.

† **CHÂSSISSIER** (châ-si-sié), *s. m.* Ancien terme qui désignait les faiseurs de châssis. L'Encyclopédie nous apprend qu'il y a moins d'un siècle, il existait encore en province et à Paris même une corporation des châssissiers, dont la profession consistait à garnir les fenêtres, non de verre, mais seulement de morceaux de papier huilé, *Journ. offic.* 9 août 1875, p. 6571, 2e col.

CHASTE. *Ajoutez :* || 4° Il se dit aussi de la pureté morale. La question est si.... on peut s'empêcher de nourrir dans son cœur le chaste amour de la récompense, BOSS. *Rem. sur la réponse* (de Fénelon) *à la Relation sur le quiétisme*.

† **CHASTRE** (cha-str'), *s. m.* Nom, dans la Provence, du merle à plastron. Le merle à plastron... c'est le fameux chastre d'Alexandre Dumas et des Marseillais, CARTERON, *Premières chasses, Papillons et oiseaux*, p. 79, Hetzel 1866.

CHAT. *Ajoutez :* || 13° Familièrement. Fait comme les quatre chats, avec une toilette toute en désordre. J'aimé mieux être dans ces bois faite comme les quatre chats (hélas ! vous en souvient-il ?), que d'être à Vitré avec l'air d'une madame, SÉV. 25 déc. 1675. || Il n'y avait que le chat, il n'y avait aucun témoin. J'ai dans la tête que s'ils [le duc de la Rochefoucault et Mme de Longueville] s'étaient rencontrés tous deux dans ces premiers moments [à la mort du jeune duc de Longueville tué au passage du Rhin] et qu'il n'y eût eu que le chat avec eux, je crois que tous les autres sentiments auraient fait place à des cris et à des larmes, SÉV. 20 juin 1672.

— REM. Aujourd'hui on dit : éveiller le chat qui dort; et, à l'historique, on en peut voir un exemple du XVe siècle. Mais, au XIIIe s., on disait éveiller le chien qui dort. Il y en a un exemple à *chien*; en voici un autre du XIIIe aussi : Sire vallet, vos avez tort, Qui esveilliez le chien qui dort, *Théâtre franç. au moyen âge*, Paris, 1834, p. 35. Le *chat* mis en place du *chien* doit être une méprise; car c'est le chien qui est le gardien et qu'il ne faut pas éveiller.

† **CHATAIGNAL** (cha-tè-gnal), *s. m.* Nom, en Guyenne, de terres granitiques. Guyenne : les ségalas sont des terres granitiques graveleuses, et les chataignals des terres granitiques, HEUZÉ, *la France agricole*, carte n° 5.

— ÉTYM. *Châtaignier*.

† **CHAT-CERVIER**, voy. LYNX.

† **CHÂTE** (châ-t'), *s. f.* Nom, à Marseille, des chalands, sorte de grands bateaux. Les châtes sont de grands bateaux impropres d'ordinaire à une vraie navigation, et que l'on conserve dans le port, à l'état de docks flottants, pour remiser des marchandises, *Journ. offic.* 17 juill. 1875, p. 5472, 3e col.

† **CHAT-EN-JAMBES** (cha-tan-jan-b'), *s. m.* Embarras que l'on suscite à quelqu'un. On l'a accusé [Benjamin Constant] d'avoir rédigé la proclamation du duc de Brunswick; ce sont là de ces inventions de parti comme celle de l'assassinat d'André Chénier contre Marie-Joseph; c'est ce qu'on appelle jeter à son adversaire un chat-en-jambes, SAINTE-BEUVE, *Portraits littéraires*, 1864, t. III, p. 267. L'expression est de Michaud l'académicien, très-bon journaliste, mais qui aussi, comme tel, savait employer au besoin contre l'adversaire l'arme de la calomnie; il appliqua un jour ce mot de chat-en-jambes, précisément à propos de l'accusation forgée par lui et par les autres écrivains royalistes sous le Directoire contre Marie-Joseph : Ah ! disait-il en souriant et s'applaudissant, nous lui avions lâché là un fameux chat-en-jambes, ID. *ib.* en note. || Voy. à CHAT, n° 1, la locution : jeter le chat aux jambes.

CHATIÈRE. *Ajoutez :* || 4° Il s'est dit, par plaisanterie, pour refuge, demeure d'un chat. Raton [Voltaire travaillant à une réponse à Guénée] joue actuellement avec la souris nommée Guénée; mais ses pattes sont bien faibles; je ne sais si ce combat du chat et du rat d'église pourra amuser les spectateurs; le parti du rat est bien fort, il est toujours prêt à étrangler Raton; et on voudrait le prendre dans sa chatière, si on ne disait pas quelquefois que ce n'est pas la peine, et que Raton est mort ou autant vaut, VOLT. *Lett. à d'Alembert*, 18 nov. 1776.

† **CHÂTIEUR.** *Ajoutez :* — REM. Le Dictionnaire n'a de châtieur qu'un exemple de Saint-Simon. Longtemps auparavant, Balzac s'était servi de ce mot : Vous êtes le plus galant châtieur qui fut jamais, *Lett. inédites*, XXXVII éd. Tamizey-Larroque.

† **CHATIRONNER** (cha-ti-ro-né), *v. a.* Terme de céramique. Cerner d'un trait foncé ou noir une figure quelconque, un ornement par exemple, afin d'en prononcer le contour lorsqu'il est vague ou baveux.

† **CHATOUILLE.** *Ajoutez :* — ÉTYM. Corruption de *sept-œil* (voy. ce mot au Dictionnaire).

CHATOUILLER. — ÉTYM. *Ajoutez :* M. Ascoli, *Archivio*, t. II, p. 322, pense que le français *chatouiller* et autres formes romanes (elles sont nombreuses) qui commencent par *cat* ou *gat*, peuvent provenir du lat. *catus*, chat, mais par l'intermédiaire de termes dérivés, *catrulus*, *catriculus*, *catuculus*, *catruccius*, etc.

† **CHATOUILLEUSE** (cha-tou-lleû-z'), *s. f.* Un des noms vulgaires de la chique. Sous l'influence des pluies venait de naître un nouvel ennemi dont les attaques étaient invisibles, une sorte de chiron que les indigènes ont nommé chique ou chatouilleuse, A. DE BRIMONT, *Une colonie française* [la Guyane] *sous Louis XV*, p. 18. Une seule chatouilleuse peut ainsi produire des désordres incalculables, et comme conséquence la gangrène et la mort, ID. *ib.*

CHATOUILLEUX. *Ajoutez :* XIVe s. Ne me touchez point, car je sui bien chatoilleus, *Rev. critique*, 5e année, 2e semestre, p. 403.

CHÂTRÉ. *Ajoutez :* || 3° Fig. Privé de, manquant de. Certes, ces femmes-là, pour mener cette vie, Portent un cœur châtré de toute noble envie, A. DE MUSSET, *Don Paez.*

† **CHATTE.** *Ajoutez :* || 3° Espèce de grappin sans empattement qui, attaché à l'extrémité du filet, sert à en fixer la tête en se piquant au fond de la mer. Souvent il arrivait que des bateaux de seine, pour avoir un droit de priorité sur leurs rivaux, jetaient à la mer la chatte de leur filet et prétendaient avoir commencé à déborder la seine, bien qu'ils stationnassent longtemps dans cette position; le § 3 déclare que le fait de stationner sur la chatte ne constitue à un bateau aucun droit de priorité, HAUTEFEUILLE, *Code de la pêche maritime*, p. 351.

† **CHATTEPELOUSE** (cha-te-pe-lou-z'), *s. f.* Nom de la chenille en Normandie. || Dans certaines parties de la Normandie, on prononce cattepeleuse.

— ÉTYM. *Chatte poilue.* C'est de ce mot normand que l'anglais a fait son *caterpillar.*

† **CHAUCHÉ.** *Ajoutez :* || 2° Nom d'un cépage de l'Aunis. Il y a le chauché noir et le chauché gris. Le vin d'Aunis, célèbre au moyen âge, se faisait avec le chauché, *Gloss. aunisien*, p. 86.

CHAUD. || 1° Fig. Avoir les pieds chauds (voy. PIED, n° 1). *Ajoutez :* || 11° Populairement. Il fera chaud, se dit ironiquement pour exprimer qu'on ne sera pas repris à faire quelque chose. Quand je reviendrai ici, il fera chaud.

— REM. *Ajoutez :* || 2. La remarque 1 condamne *il fait plus de chaud* comme populaire; cependant Malherbe a dit : Le muletier est nu-pieds, et si, ce n'est point qu'il ait trop de chaud, *Lexique*, édit. L. Lalanne; et Mme de Sévigné écrit à sa fille le 8 avril 1671 : Je reviens, après m'être promenée aux Tuileries, avec une chaleur à mourir et dont je suis triste, parce qu'il me semble que vous avez encore plus de chaud....

† **CHAUDE-PISSE.** — HIST. *Ajoutez :* XIIIe s. Si un chival eut beu de celle eave par aventure [une eau noire ou jaune ou vermeille], si averoit la chaude pisse, *Bibl. des ch.* 4e série, t. II, p. 373.

† **CHAUD-FROID** (chô-froi), *s. m.* Mayonnaise. || On écrit aussi chaufroix.

CHAUDIÈRE. *Ajoutez :* || 6° Terme de géologie. Chaudières des géants, cavités plus ou moins larges, creusées dans le roc vif, et dont la coupe intérieure rappelle plus ou moins celle d'un chaudron. L'exploration d'une chaudière de géant, que l'auteur [professeur Sexe] a découverte, en 1865.... cette chaudière a 123 pieds norvégiens de hauteur totale au-dessus du niveau de la mer, EUG. MOUTON, *Journ. offic.* 11 mai 1874, p. 3213, 2e col.

† **CHAUDRÉE** (chô-drée), *s. f.* Dans l'Aunis, portion de la pêche prélevée pour la consommation des marins ou du patron d'un bateau, par suite, menu frétin, *Gloss. aunisien*, 1870, p. 87

CHAUDRON. *Ajoutez :* || 6° Maladie du sapin qui consiste en un renflement de la tige, très-souvent en partie dépouillée de son écorce, siége d'un écoulement séveux, H. FLICHE, *Manuel de bot. forest.* p. 280, Nancy, 1873.

CHAUDRONNÉE. *Ajoutez :* — HIST. XVIe s. Chauderonnée, MANTELLIER, *Glossaire*, Paris, 1869, p. 19.

CHAUDRONNIER. — ÉTYM. *Ajoutez :* L'ancienne forme picarde était *caudrelier :* XVe s. Le fait du mestier et marchandise des caudreliers et fondeurs, *Rec. des monum. inédits de l'hist. du tiers état*, t. IV, p. 305.

† **CHAUFAUD** (chô-fô), *s. m.* Terme de pêche maritime. Espèce de plate-forme couverte, construite sur le bord de la mer, et s'avançant assez pour que les embarcations puissent y venir décharger le poisson, HAUTEFEUILLE, *Code de la pêche maritime*, p. 248.

— ÉTYM. Le même que *échafaud*. Le mot *chaufaud* est nouveau, il a été adopté par l'assemblée des armateurs réunis à Saint-Servan, le 5 janvier 1842. Les anciennes ordonnances désignaient cette espèce de construction sous le nom d'*échafaud.*

1. **CHAUFFÉ.** *Ajoutez :* || Plantes chauffées, celles qui sont produites par les cultures forcées, *Journ. offic.* 31 mai 1875, p. 3869, 2e col.

CHAUFFER. *Ajoutez :* || 5° Chauffer des plantes, en hâter la végétation par la chaleur artificielle. || Fig. Chauffer des élèves, leur appliquer des moyens d'instruction qui hâtent leurs acquisitions aux dépens du développement total. Dans une classe composée en moyenne de 50 élèves, le professeur en soigne attentivement, en chauffe sept ou huit qui ont chance de réussir dans les compositions solennelles, MAXIME DU CAMP, *Rev. des Deux-Mondes*, 15 fév. 1873, p. 809.

CHAUFFERIE. *Ajoutez :* || 3° Lieu, dans un navire à vapeur, où se produit la chaleur. L'eau entrait dans la machine avec une rapidité telle, qu'on n'eut pas le temps de fermer la porte de la cloison étanche qui séparait la machine des chaufferies; d'ailleurs la cloison de la soute au charbon ayant été enfoncée dans la machine, l'eau entrait en masse par là dans la chaufferie, *Journ. offic.* 6 déc. 1873, p. 7512, 1re col.

† **CHAUFFEUSE** (chô-feû-z'), *s. f.* Chaise basse pour s'approcher du feu et se chauffer.

† **CHAUFOURAGE** (chô-fou-ra-j'), *s. m.* Nom, dans l'Oise, du chaulage, *les Primes d'honneur*, Paris, 1872, p. 64.

CHAULAGE. *Ajoutez :* || 4° Opération qui consiste à marquer à la chaux les wagons chargés de houille, pour empêcher ou constater les détournements en cours de transport. Un arrêté royal de Belgique, du 9 juin 1874, dispose que les indications de la lettre de voiture, en ce qui concerne certaines expéditions de charbons, « ne sont acceptées que comme base de perception des taxes, et que les transporteurs n'ont pas à répondre du poids si les wagons arrivent à destination avec leur chaulage intact, » *Gaz. des Trib.* 30 nov. 1876, p. 1159, 2e col.

† **CHAUMAT** (chô-ma), *adj. m.* Dans le département du Cher, prés chaumats, prés situés sur les collines, *les Primes d'honneur*, p. 363, Paris, 1874.

— ÉTYM. *Chaume* 2.

† 2. **CHAUME** (chô-m'), *s. m.* || 1° Nom, dans la Charente et la Saintonge, de terres calcaires pierreuses, presque infécondes, *les Primes d'honneur*, Paris, 1869, p. 312. Saintonge : les terres calcaires pierreuses, appelées chaumes, sont peu productives, HEUZÉ, *La France agricole*, carte n° 5. || 2° Nom donné, dans la Basse-Bourgogne, au sommet dénudé et pierreux des collines (on l'y fait féminin).

† **CHAUMERET.** *Ajoutez :* — ÉTYM. Le nom de cet oiseau est formé de *chaume*, comme *chardonneret* de *chardon.*

† **CHAUMIS** (chô-mi), *s. m.* Dans l'Aunis, champ couvert de chaume, *Gloss. aunisien*, 1870, p. 87.

† **CHAUSSAGE** (chô-sa-j'), *s. m.* || 1° Mise à neuf des bassins d'un marais salant, *Enquête sur les sels*, 1868, t. I, p. 509. || 2° Action de chausser, d'entourer de terre le pied d'une plante. On coaltare.... la tige.... à partir des racines, jusqu'à plusieurs centimètres au-dessus du point où le chaussage devra ramener la terre...., H. DE PARVILLE, *Journ. offic.* 7 avril 1876, p. 2510, 2e col.

CHAUSSÉE. || 5° Ponts et chaussées.... *Ajoutez :* C'est à mes dépens qu'elle [la terrasse de Fontainebleau] a été faite et sur les fonds des ponts et chaussées de ces pays-là, ST-SIM. 399, 205.

CHAUSSER. — HIST. || XVIe s. *Ajoutez :* Estant né dans une autre ville.... les manieres de ce pays ne me chaussent [conviennent] pas trop, *Lettre de Lionne*, 23 *mars* 1541, *à l'Arétin*, dans J. DUMESNIL, *Hist. des amateurs ital.* p. 259.

CHAUSSETTE. — HIST. *Ajoutez :* XIIe s. Et por l'amor de cel meisme honorable Honoreit, ù ke il unkes aloit, avoit il acoustumeit à porteir toz tens en son sain une chalcette de son maistre Honoreit, *li Dialoge Gregoire lo pape*, 1876, p. 12.

CHAUSSON. — HIST. *Ajoutez :* || XIVe s. Pour six paires de chauçons que il [un chapelier] a livrées pour nous, six francs huit soulz parisis, *Mandements de Charles V*, 1376, Paris, 1874, p. 678.

CHAUVE-SOURIS. — ÉTYM. *Ajoutez :* Comme cet animal est dit dans la langue d'oïl *chauve souris* ou *souris chauve* et dans le wallon *souris-chouette*, notons qu'en Bretagne il est nommé *souris-chaude.* Cette dernière altération est inintelligible. On voit que deux considérations ont déterminé le nom de cet animal. Suivant l'une, on l'a dit *chauve*, parce qu'il n'a ni poils ni plumes; suivant l'autre, on l'a assimilé à la chouette, probablement à cause de ses habitudes nocturnes

† **CHAUVINISTE** (chô-vi-ni-st'), *adj.* Qui a rapport au chauvinisme. Les Américains qui n'ont pas encore visité l'Europe, seront bien forcés, après une promenade dans les sections étrangères [de l'exposition de Philadelphie], de revenir de leur idée chauviniste, à savoir que le Yankee est un être universel, supérieur à tous les autres, *Journ. offic.* 2 juin 1876, p. 3788, 2e col.

CHAUVIR. *Ajoutez :* — REM. Le Dictionnaire de l'Académie définit *chauvir des oreilles* par *dresser les oreilles.* Pourtant dans le vers de Régnier : D'un fardeau si pesant ayant l'âme grevée, Je chauvis de l'oreille, *chauvir de l'oreille* paraît bien représenter le *demitto auriculas* d'Horace (Sat. I, 9); et en effet Oudin, dans son Dictionnaire français-italien, interprète *chauvir* par *chinare dimenando le orecchie.* D'un autre côté, si on examine l'historique, on voit des exemples où *chauvir* a le sens de dresser. Ces contradictions sont tranchées par l'étymologie qui, montrant d'une façon très-probable que ce mot dérive de *chowe*, chouette, indique que le sens propre est agiter les oreilles et par conséquent tantôt les dresser, tantôt les abaisser.

† **CHAVIRAGE** (cha-vi-ra-j'), *s. m.* Action de faire chavirer. Le canot de sauvetage de la société de Brême a été soumis à l'épreuve du chavirage, et s'est relevé avec rapidité, *Monit. univ.* du 16 juin 1867, p. 753, 5e col.

† **CHAYOTE** (cha-io-t'), *s. f.* Plante cucurbitacée (voy. SÉCHION).

† **CHAZAL** (cha-zal), *s. m.* Petite grange (Dauphiné), *Inventaire de* 1717.

— ÉTYM. Bas-lat. *casale*, du lat. *casa*, maison.

CHEBEC. — ÉTYM. *Ajoutez :* Jal, montrant que c'était autrefois une barque de pêcheur, pense que *chebec* vient de l'arabe *chabeka*, filet. M. Devic, *Diction. étym.*, remarque que *chebec* existe dans l'arabe moderne sous la forme *chabbâk* ou *chobbâk*, mais qu'on en a une forme plus ancienne dans la première édition du *Thesaurus* de Meninski, 1680, *sounbeki*, espèce de navire, et que la nasale de *sounbeki* se retrouve dans l'italien *zambecco.* C'est en effet cette forme *zambecco* et surtout celle de *stambecco*, encore plus inexplicable par l'arabe, qui a suggéré une tout autre étymologie. Selon M. Émile Durand, « l'origine de *stambecco* (et par conséquent de *chebec*) est l'allemand *Steinbeck*, bouquetin; dans le Tyrol, on dit *Steinbok*; d'où l'italien *stambecco*, *sciabecco*, bouquetin, puis chebec, le nom de l'animal passant à un vaisseau; c'est ensuite de l'italien que toutes les formes sont venues, en espagnol, en portugais, en français. »

† **CHEBLI** (che-bli), *s. m.* Sorte de tabac. La production du tabac existait autrefois chez les indigènes d'Algérie, pour laquelle quelques tribus avaient acquis un grand renom, comme, par exemple, dans la Metidja, les Krachena et les Ouled Chebel, qui ont donné leur nom à des qualités aujourd'hui très-estimées (le krachena et le chebli), *Journ. offic.* 1er mai 1874, p. 3031, 3e col. Ces derniers [les colons] se livrant exclusivement à la production des tabacs fins, chebli, krachena, etc. *ib.* p. 3032, 1re col.

† **CHÉBULE** (ché-bu-l'), *s. m.* Terme de pharmacie. Fruit desséché qui ressemble à une prune et qui provient du *terminalia chebula*, arbre de l'Inde; c'est une substance astringente.

— ÉTYM. M. Devic, *Dict. étym.*, pense qu'il vient de l'arabe-persan *kâbouli*, du pays de Kaboul, attendu qu'un auteur asiatique dit que *Kaboul* est une province et ville de la Perse qui produit le coco, le safran et le myrobolan. Le *chebule* est en effet une espèce de myrobolan.

† **CHÉCHER** (ché-ché), *s. m.* En Normandie, mérisier des bois; la chèche, fruit de cet arbre, DELBOULLE, *Gloss. de la vallée d'Yères*, 1876, p. 74.

† **CHÉCHIA** (ché-chi-a), *s. f.* Bonnet rouge fabriqué dans la Tunisie. Quant à l'industrie [de la Tunisie], elle ne fournit guère à l'exportation d'autre article digne d'être cité que les chéchias, dont la qualité est renommée, *Journ. offic.* 22 sept. 1875, p. 8240, 3e col.

CHEF. *Ajoutez :* || 5° Le commandant d'un escadron est un capitaine en premier; le chef d'escadrons commande deux escadrons.

† **CHÉFESSE** (ché-fè-s'), *s. f.* Nom formé de *chef* pour indiquer la dignité de certaines femmes aux îles Marquises. La grande chéfesse ou reine de Nuhiva, *Journ. offic.* 26 janv. 1877, p. 564, 3e col.

† **CHEF-MAGISTRAT** (chèf-ma-ji-stra), *s. m.* A Jersey et à Guernesey, le bailli, lieutenant-bailli ou juge délégué, président de la cour royale et des états.

† **CHEFS-PLAIDS** (chèf-plè), *s. m. pl.* A Guernesey, Aurigny et Serk, et autrefois à Jersey, nom de certaines audiences solennelles des cours de justice, tenues deux ou trois fois par an. || A Jersey, les chefs-plaids ont pris au lieu de ce nom celui d'assise d'héritage (voy. ASSISE au Supplément).

† **CHEIK-UL-ISLAM** (cheyk-oul-i-slam'), *s. m.* Chez les mahométans, le chef de la religion.

— ÉTYM. *Cheik*, et *islam* (voy. ces mots).

† **CHEINTRE** (chin-tr'), *s. m.* Nom donné, dans la Loire-Inférieure, aux parties des champs sur lesquelles les charrues et les attelages opèrent les tournées, *les Primes d'honneur*, Paris, 1873, p. 129.

—ÉTYM. C'est le même que *chaintre* (voy. ce mot au Supplément).

† **CHEMICAGE** (che-mi-ka-j'), *s. m.* Action de chemiquer.

† 2. **CHEMINEAU** (che-mi-nô), *s. m.* Nom, à Rouen, d'un petit pain lourd en forme de turban que l'on mange dans le carême avec du beurre salé, *Rev. crit.* 1er janv. 1876, p. 12.

— HIST. XIIIe s. L'autres crie : Gastiaus rastes, Je les aporte toz fetis ; Chaudes tartes et siminiaus, GUILL. DE LA VILLENEUVE, *les Crieries de Paris*, dans les *Fabliaux* de Barbazan, t. II, p. 276. (Méon dit en note que *siminel* est encore le nom d'un gâteau en Picardie.)

— ÉTYM. C'est une autre forme de l'anc. franç. *seminel*, sorte de gâteau, bas-lat. *simenellus*, du lat. *simila*, fleur de farine.

CHEMINÉE. || 5e Au théâtre, la cheminée, sorte de tuyau, de puits, où passent les cordages supportant les contre-poids nécessaires aux manœuvres des décors.

† **CHEMIQUER** (che-mi-ké), *v. a.* Dans la fabrication des allumettes chimiques, appliquer au bout des allumettes la pâte phosphorée, par opposition à la taille du bois et autres manipulations.

— ÉTYM. C'est faire l'opération *chimique*, avec altération populaire du mot.

CHEMISE. || 3e *Ajoutez :* Petite estampe sans inscription. Grdaneur d'un volume in-8 pour chemise à la tête des œuvres du sieur Prior, *Mém. inédits sur l'Acad. de peinture*, publ. par Dussieux, t. II, p. 181. || 15e Chemise de vapeur, couche de vapeur qu'on interpose autour du cylindre des machines. L'éminent académicien [M. Resal] s'est proposé de se rendre compte de l'économie unanimement accordée aujourd'hui à l'emploi des chemises de vapeur.... il a comparé deux machines fonctionnant à même pression, même degré d'humidité de la vapeur admise et égale détente, mais n'ayant l'une qu'une enveloppe sèche, tandis que la seconde possède en outre une chemise de vapeur, LEDIEU, *Acad. des sc. Comptes rendus*, t. LXXXII, p. 599. || Proverbes. *Ajoutez :* || Il est dans sa chemise, et la tête et les pieds lui passent, se dit ironiquement quand on refuse de répondre à la demande : où est un tel?

CHÊNAIE. — HIST. *Ajoutez :* XIVe s. *Quercetum*, kaisnois, ESCALLIER, *Vocab. lat.-franç.* 2129.

CHÊNE. *Ajoutez :* Chêne liége, *quercus suber*, L.

— ÉTYM. *Ajoutez :* A côté de la forme provençale *casser*, mettez la forme béarnaise *quasso :* qui abaterà lô frunt de *quasso*.... *Fors et coutumes de Béarn*, Pau, 1715, p. 103, et la forme de l'Armagnac *casse*, BLADÉ, *Contes recueillis en Armagnac.*

CHENET. *Ajoutez :* — REM. Un chenet se dit dans le patois normand un *quenot*, qui signifie aussi un petit chien, H. MOISY, *Noms de famille normands*, p. 383.

— HIST. *Ajoutez :* || XIIe s. Si vit que on li ot fortrait, La damoisele, son ciennet [petit chien, au propre], *Perceval le Gallois*, v. 23172. || XVe s. *Ajoutez :* Deux chiennes de fer, l'une à croche, et l'autre à pommeaux, *Bullet. du Biblioph.* mai 1863, p. 233.

† **CHENETTE** (che-nè-t'), *s. f.* En Normandie, fruit de l'aubépine, DELBOULLE, *Gloss. de la vallée d'Yères*, le Havre, 1876, p. 74.

† **CHÊNIÈRE** (chê-niè-r'), *adj. f.* Toue chênière, ou, substantivement, une chênière, sorte de bateau.

CHENILLE. *Ajoutez :* || Fausse chenille, larve des hyménoptères.

† **CHENIN** (che nin), *s. m.* Nom donné, dans la Vienne, à un cépage blanc, dit aussi blanmansais, *les Primes d'honneur*, Paris, 1872, p. 304.

CHEPTEL. *Ajoutez :* || 3e Cheptel mort, les bâtiments et les instruments de culture. On mentionne souvent dans les baux le cheptel vif et mort.

† **CHÉQUAGE** (ché-ka-j'), *s. m.* Aux États-Unis, sur les chemins de fer, action de mettre un jeton ou chèque aux colis (voy. CHÈQUE, n° 2, au Supplément). Ce jeton, ou chèque, est percé d'un trou dans lequel on passe une lanière de cuir [pour l'attacher à l'une des poignées ou courroies des colis].... la formalité du chéquage une fois remplie, on passe par le pesage.... dans celle [la gare] de l'Ouest, à Philadelphie, deux chéqueurs et quatre facteurs expédient soixante et quelquefois deux cents colis par train dans l'espace de dix minutes, *Journ. offic.* 3 mars 1873, p. 1498, 1re col.

† **CHÈQUE.** *Ajoutez :* Le chèque est un reçu ou un ordre de payement de tout ou partie d'une somme déposée en compte courant dans la caisse d'un établissement de banque. Que le dépositaire se présente lui-même et souscrive une quittance, qu'il donne son récépissé en payement à un tiers ou qu'il adopte la forme du mandat payable soit au porteur, soit à une personne déterminée, les titres qu'il émet dans ces diverses hypothèses constituent toujours des chèques, *Rapport O'Quin sur le budget de* 1865, p. 165. || 2e Aux États-Unis, sur les chemins de fer, jeton que l'on attache aux colis, *Journ. offic.* 3 mars 1873, p. 1498, 1re col. Un chèque ou jeton semblable est remis au voyageur et c'est son bulletin de bagage.

† **CHÉQUEUR** (ché-keur), *s. m.* Aux États-Unis, sur les chemins de fer, celui qui opère le chéquage, *Journ. offic.* 3 mars 1873, p. 1498, 1re col.

CHER. *Ajoutez :* || 8e Une chère, une précieuse, jeune femme au temps de l'hôtel de Rambouillet, et aussi une petite femme sur le retour; ce terme d'amitié que les précieuses se prodiguaient entre elles, avait bientôt servi à les désigner elles-mêmes, *Note de l'édit.* Regnier, t. II, p. 145, *Lett. de Sévigné.* Je meurs de peur que vous ne mettiez une coiffe jaune comme une petite chère, SÉV. 4 avril 1671.

† **CHERCHE.** *Ajoutez :* || 3e Dans les jeux où l'on marque des points, à cherche se dit de celui qui n'a encore rien marqué, tandis que l'adversaire a des points. Cinq à cherche, c'est-à-dire cinq points à l'un et rien à l'autre.

CHÈRE. — ÉTYM. *Ajoutez :* A Lamballe, Côtes-du-Nord, on dit *faire des chères*, pour dire : faire une mine gracieuse, faire des caresses.

† 2. **CHÉRI** (ché-ri), *s. m.* Loi civile et religieuse des musulmans, préexistante à toutes les autres; il se compose du Koran, de la Sunna et de quelques autres recueils, *Journ. des Débats*, 19 juin 1876, 2e p. 1re col.

† **CHÉRIMOLIER** (ché-ri-mo-lié), *s. m.* Arbre du Pérou, *anona cherimolia*, Lmk. Entretenus avec soin [dans le jardin du Hamma, près d'Alger], les goyaviers des Antilles et les chérimoliers du Pérou donnent des fruits savoureux, *Journ. offic.* 8 sept. 1873, p. 5783, 1re col. || On trouve aussi chérimolia. [En Algérie] le chérimolia se montre un peu plus délicat, il donne un fruit exquis, sorte de crème fondante très-parfumée, *Journ. offic.* 26 nov. 1874, p. 7813, 2e col.

† **CHERIN** (che-rin), *s. m.* Nom, dans l'Oise, du séran, *les Primes d'honneur*, Paris, 1872, p. 65.

† **CHÉRIR.** — ÉTYM. *Ajoutez :* Sarthe, *chérissant*, caressant : *un chien chérissant*, de là l'anglais *to cherish*, caresser.

† **CHERMOTTE** (chèr-mo-t'), *s. f.* Nom, dans la Haute-Saône, d'un panier profond dans lequel on recueille les merises, *les Primes d'honneur*, Paris, 1872, p. 213.

† **CHERON** (che-ron), *s. m.* Nom, dans l'Oise, du vesceron, *ervum hirsutum*, L., *les Primes d'honneur*, Paris, 1872, p. 64.

† **CHÉRUB** (ché-rub), *s. m.* Terme d'antiquité. Mot sémitique désignant des figures d'animaux et d'où provient chérubin. On connaît désormais la forme particulière que ces animaux fantastiques, désignés sous le nom de chérub, avaient prise en Phénicie, J. SOURY, *Rev. des Deux-Mondes*, 15 déc. 1875, p. 806.

— ÉTYM. Hébreu, *keroûb.* D'après M. A. Kuenen (*la Religion d'Israël*, traduct. anglaise, t. I, p. 234), les *chérubins* ont été empruntés par les Israélites aux Phéniciens, qui eux-mêmes les tenaient des Babyloniens et des Assyriens; ce mot indique une origine étrangère, car il est dérivé d'un verbe qui signifie saisir, et correspond à un thème aryen : sanscr. *grah*; goth. *greipan*; all. *greifen.*

† **CHÈTE** (chê-t'), *s. f.* Dans le pays de Vaud, compagnie en grand costume qui se promène dans les airs, pendant les nuits, selon les croyances populaires; les esprits, les farfadets. A mesure que passe la file par les rues du village.... les paysans s'enfoncent dans leurs *coitres* [coite, couette]; il leur vient des idées de chète, Mme DE GASPARIN, *Voyages, Bande du Jura*, I, *les Prouesses de la bande du Jura*, Paris, 1865.

— ÉTYM. Origine inconnue.

CHÉTIF. — ÉTYM. *Ajoutez :* Dès le IVe siècle, *captivus* a eu le sens de chétif : Homines nanos, gibbosos, deformes, captivos ridiculosque, J. FIRMICUS, *Math.* VIII, 27.

† **CHÉTUAN** (ché-tu-an), *s. m.* Nom d'un cépage rouge, dans l'Ain, *les Primes d'honneur*, Paris, 1870, p. 379.

CHEVAL. *Ajoutez :* || 13e Cheval de cheville, cheval attelé en cheville; c'est le cheval de tête dans un attelage à deux chevaux; quelquefois les traits de ce cheval sont simplement passés sur des chevilles fixées à l'extrémité des brancards ou limons. Un charretier, monté sur un cheval de cheville attelé à un tombereau, tomba, en traversant la plaine d'Ivry submergée, dans une fondrière.... *Journ. offic.* 21 mars 1876, p. 1968, 3e col. || 14e Cheval de retour, se dit, dans l'argot des prisons, du criminel qui, enclin aux récidives, revient toujours à la prison, au bagne, etc., P. SARRAZIN, *l'Opin. nationale, Supplément* au n° du 28 avr. 1876, *Feuilleton.* || 5e Petit cheval, petite machine à vapeur auxiliaire. Un petit cheval de la force de 12 chevaux nominaux.... à bord du *Porcupine* le petit cheval permettait de rentrer les dragues à raison de un pied par seconde, A. RECLUS, *Rev. maritime et coloniale*, juill. 1874 p. 160.

— REM. 1. Cheval fondu s'est dit, dans l'ancienne langue, du cheval qui s'est abattu : Le cheval.... joignit les quatre piedz et saillit bien quinze piedz ainsi comme pour saillir en l'eaue; et quant le cheval trouva de ses piedz la terre dure, qui cuydoit trouver l'eaue, il va cheoir sur ses piedz de coup de meschef et fondit jusques à terre; et quant le roy vit son cheval fondu, il regarde bas, et lui fut advis qu'il estoit en une rivière, *Perceforest*, f° 28, *recto.* Cette locution donne la clé du jeu des enfants dit cheval fondu. || 2. Parler à cheval, s'est dit, dans le XIVe siècle, pour parler orgueilleusement, rudement : Il a trop esté à repos; El gar comme il parle à cheval, S'Artus estoit ou Parceval; S'a il grant cuer, *Théâtre franç. au moyen âge*, Paris, 1839, p. 290. On peut voir, à l'historique, des exemples de cette locution, mais du XVIe siècle.

CHEVALER. *Ajoutez :* || 6e Activement et fig. Presser pour obtenir quelque chose (inusité présentement). Les autres demandent la fin de leurs meilleurs amis, et, si celui qu'ils chevalent [pour hériter de lui] ne meurt bientôt, il les épuise, MALH. *Lexique*, éd. L. Lalanne.

CHEVALET. *Ajoutez :* || 12e Pont de chevalets, pont militaire établi sur des chevalets. Chevalet à la Birago, chevalet dont les pièces s'assemblent à volonté, et qui est employé dans la construction des ponts militaires. || 13e Chevalet de couteau, synonyme de porte-couteau.

— REM. Le chevalet de fusée n'est point une armature, c'est un appareil employé pour lancer la fusée. Un effectif de 12 compagnies d'infanterie et de 4 sotnias de cosaques, avec 16 pièces d'artillerie et quelques chevalets de fusées, *Journ offic.* 14 mai 1873, p. 3091, 2e col.

CHEVALIER. *Ajoutez :* || 15e Chevalier était un titre qui se donnait souvent aux cadets de bonne maison. C'est un homme de vingt-huit ans, intime ami de Monsieur de Tulle, qui s'en va avec lui; nous le voulions nommer le chevalier Mascaron; mais je crois qu'il surpassera son aîné, SÉV. 6 mai 1672. || 16e Nom donné aux cloutiers. Les chevaliers sont tenus de rendre un certain nombre de clous par kilogramme de fer employé, *l'Opin. nationale*, 30 mai 1876, 3e p. 4e col.

CHEVALINE. *Ajoutez :* || Boucherie chevaline, boucherie où l'on vend de la viande de cheval. La première boucherie chevaline a été ouverte à Paris en 1866.... au premier janvier 1875, il y avait à Paris cinquante boucheries chevalines et cinq dans la banlieue, *Journ. offic.* 6 mar 1875, p. 1717, 2e col.

† CHEVANNE. *Ajoutez :* — HIST. XVe s. Chevenne, MANTELLIER, *Glossaire*, Paris, 1869, p. 20.

† CHEVÉ, ÉE (che-vé, vée), *adj.* Verres chevés, verres de montre bombés, que par un façonnage on a transformés en verres plats.

† CHEVELAGE (che-ve-la-j'), *s. m.* Opération qui a pour but d'ouvrir et d'entretenir, à l'étiage, des passes dans les hauts-fonds, E. GRANGEZ, *Voies navigables de France*, p. 345.

CHEVET. *Ajoutez :* || 8e Bout de tringle que le cloutier emprunte pour y souder le bout de sa propre tringle, quand ce bout est devenu trop court pour être saisi facilement avec la pince, *l'Opinion nationale*, 30 mai 1876, 3e p. 4e col.

CHEVEU. *Ajoutez :* || 5e Cheveu d'or, terme de décoration de la porcelaine. Services à thé ou à café, formes Sèvres, petite bande couleur et cheveu d'or, *Prospectus.*

† CHEVEUR (che-veur), *s. m.* Ouvrier qui pratique le chevage des verres de montre.

† CHEVILLAGE. *Ajoutez :* || 3e Action de cheviller, de tordre la soie pour qu'elle se décolle. Après la torsion, la soie est disposée en écheveaux, puis soumise à l'opération de la cuite, qui a pour objet de dissoudre la matière gélatineuse qu'elle renferme, et ensuite lavée, teinte et chevillée, c'est-à-dire rendue aussi brillante que possible au moyen de la traction ; le chevillage se fait généralement à la mécanique, mais il se fait aussi à la main, *Journ. offic.* 21 nov. 1876, p. 8486, 1re col.

CHEVILLE. *Ajoutez :* || 11e Nom donné à une apophyse osseuse du frontal, qui supporte la corne, chez les animaux cornus.

CHEVILLÉ. || 5e *Ajoutez :* Les derniers sonnets que j'ai vus de notre très-cher [le président Mainard], ne me semblent pas extrêmement bons ; ils sont chevillés en plusieurs endroits, BALZAC, *Lett. inédites*, CXVIII (éd. Tamizey-Larroque).

CHEVILLER. *Ajoutez :* — REM. Bien avant A. de Musset, Malherbe a employé *cheviller* au sens de faire entrer des chevilles, des mots inutiles dans les vers : Quelle subtile distinction peut-il alléguer entre le sort et le destin ? les poëtes n'y en font point, s'ils ne veulent cheviller, *Lexique*, éd. L. Lalanne.

† CHEVILLEUR. *Ajoutez :* || 2e Celui qui apprête les soies écrues pour les fabricants et marchands, *Tarif des patentes*, 1858.

† CHEVIOT (che-vi-o), *s. m.* || 1e Mouton des monts Cheviots en Écosse. On a fait de même pour les southdowns, moutons de plateau, et pour les cheviots, moutons de montagne, bien que le croisement se fasse mieux parmi les moutons de plaine ; le cheviot est la race de montagne la plus estimée, *Journ. offic.* 21 fév. 1876, p. 1323, 1re col. || 2e Se dit aussi de la laine du mouton cheviot. Jupes en cachemire toutes nuances, ou en cheviot pure laine, *Journ. offic.* 9 nov. 1876, p. 8584, 2e col.

† CHEVIOTE (che-vi-o-t'), *s. f.* || 1e Laine d'agneau d'Écosse ou cheviot. Nous faisons entrer dans nos étoffes de la soie, du cachemire, de l'alpaga, de la cheviote et du poil de chèvre, *Enquête, Traité de comm. avec l'Anglet.* t. III, p. 97. || 2e Étoffe faite avec la cheviote. Nous citerons comme exemple, occasion unique, 2000 pièces cheviote croisée, mélange vigogne, nouveauté de la saison.... *Journ. offic.* 2 oct. 1872, f. 6304, *Annonces.*

CHÈVRE. *Ajoutez :* || 7e Arbalète à pied de chèvre, voy. ARBALÈTE.

† CHEVRELLE (che-vrè-l'), *s. f.* Jeune chèvre ; c'est le féminin de chevreau ; ce mot se trouve dans la traduction en vers de Théocrite par Firmin Didot. Il n'est pas en usage.

CHEVRETTE. *Ajoutez :* || 7e Nom, dans la Haute-Marne, de la chanterelle. Ce champignon d'un jaune d'or, au chapeau coquettement retroussé et frisé, est la chanterelle, connue vulgairement sous le nom de chevrette, A. THEURIET, *Rev. des Deux-Mondes*, 1er oct. 1874, p. 580.

— SYN. CHEVRETTE, POT À CANON (en pharmacie). On nomme pots à canon ceux qui servent à conserver les électuaires. On nomme chevrettes ceux qui ont un bec au-dessus du ventre ; ils servaient autrefois, chez les apothicaires, à conserver les sirops et les huiles, mais aujourd'hui il n'y a que certains épiciers qui s'en servent, *Dict. des arts et métiers*, Amsterdam, 1767, *Apothicaire.*

† CHEVRETTIÈRE (che-vrè-tiè-r'), *s. f.* Femme employée à piler la chevrette ou crevette grise, pour en faire un appât.

† CHEVRIN. *Ajoutez :* Les différents procédés de pêche qui devront être prohibés, tels que la pêche au feu, au harpon et à la fouanne, en bouillant avec bouilles et rabots, sous les chevrins et saules, en rompant la glace.... *Circ. des forêts*, 28 juin 1829, n° 221.

1. CHEVRON. *Ajoutez :* — REM. 1. Dans le commerce de bois de sciage de Paris et dans la région qui alimente les chantiers de la capitale, le chevron a d'épaisseur 0m,08 et autant de largeur. || 2. Dans les Vosges, le chevron a de diamètre au gros bout 0m,16 à 0m,22 ; au milieu 0m,18 ; de longueur, 9 mètres, *Annuaire des eaux et forêts*, 1873, p. 23.

— HIST. XIIIe s. *Ajoutez :* Car repren garde à ta maison ; Ke li postel, li kieviron Falent à poi de mesestanche, GUI DE CAMBRAI, *Barl. et Jos.* p. 264.

— ÉTYM. *Ajoutez :* Bas-lat. *capro*, *Gloses de Cassel.*

3. CHEVRON (che-vron), *s. m.* Terme de commerce pour désigner les poils de chevreaux. Poils d'animaux : 1° poils ou laines de chevreaux, dits chevrons, *Tableau annexé à la loi du 13 juin 1866 concernant les usages commerciaux.* Fils de poils de chèvre, de chevron et de chameau, *Journ. offic.* 7 févr. 1872, p. 928, 3e col.

— ÉTYM. *Chevron*, chevreau (voy. CHEVRON 1).

CHEVROTIN. *Ajoutez :* || 4e Nom d'un fromage de chèvre. Le fromage chevrotin est assez estimé ; on le fabrique dans la Savoie, HEUZÉ, *la France agricole*, carte n° 44.

† CHEVRUE (che-vrue), *adj. f.* Terme de marchand de laine. Laine chevrue, laine ayant quelque rapport avec le poil de la chèvre.

CHEZ. — REM. *Ajoutez :* || 3. Vaugelas note et condamne la prononciation cheuz vous, cheuz moi, cheuz lui, dont la cour usait.

† CHI (chi), *s. m.* Nom, dans le Soudan, de l'arbre à beurre, CORTAMBERT, *Cours de géographie*, 10e éd. Paris, 1873, p. 635.

† CHIC. || 2e Terme d'atelier. *Ajoutez :* || Dessiner ou peindre de chic, dessiner ou peindre de mémoire. Voilà un cheval au galop, une draperie flottante que j'ai été obligé de faire de chic. || Faire de chic se prend toujours en mauvaise part, signifiant : dessiner ou peindre d'une manière fausse ou conventionnelle. Lorsqu'un peintre dit d'une œuvre d'art, c'est du chic, cela équivaut toujours à : c'est faux, c'est mauvais. || Chic ne signifie beauté élégante et rapidité que dans le langage familier des gens du monde, et jamais dans celui de l'atelier.

— ÉTYM. *Ajoutez :* On assure que *chic* est le nom d'un jeune élève de David, pour lequel le maître avait beaucoup d'affection, et qu'il citait à tout propos à ses autres élèves ; le nom de ce jeune homme mort à dix-huit ans s'écrivait *Chicque.* Il faut toujours se défier des étymologies anecdotiques, et, jusqu'à preuve contraire, l'étymologie allemande, qui est au Dictionnaire, reste la plus vraisemblable.

† CHICA (chi-ka), *s. f.* Sorte de breuvage usité au Chili, que les femmes de l'Araucanie préparent en mâchant du maïs, R. RADAU, *Rev. des Deux-Mondes*, 15 nov. 1876, p. 433.

CHICANE. || 7e *Ajoutez :* Nous y arrivâmes à travers mille boules de mail ; car on joue là, le long des chemins, à la chicane, *Voy. de Bachaumont et Chapelle*, p. 41, La Haye, 1714.

CHICANERIE. — HIST. *Ajoutez :* || XVIe s. Plaidans en cour laye, ils [les ecclésiastiques] ne sont subjets à infinité de chicaneries qui sont un style de cour d'eglise, GUY COQUILLE, *Œuvres*, édit. de 1660, t. II, p. 111.

CHICORÉE. *Ajoutez :* || 3e Pièce de toilette, ruche faite avec une bande à dents qui ressemble un peu aux bords de la chicorée (voy. RUCHE, n° 8).

† 2. CHICOT (chi-ko), *s. m.* Le chicot du Canada, arbre à café, *gymnocladus dioica*, le *coffeetree* des Américains, BAILLON, *Dict. de bot.* p. 247.

CHIEN. *Ajoutez :* || 11e Chiens verts, chiens ainsi nommés, parce que les piqueurs étaient habillés de vert ; ils formaient un équipage pour la chasse du daim, qui était payé sur la cassette du roi et que commandaient M. de Dampierre et le valet de chambre Lebel, LUYNES, VI, 153. || 12e Populairement, chien de commissaire, secrétaire. Une table couverte d'un tapis vert où écrivait le chien du commissaire, un grand diable à tête de pion, à redingote râpée, ALPH. DAUDET, *Fromont jeune et Risler aîné*, III, 5. || 13e À la chien, se dit d'une coiffure de femme dans laquelle les cheveux semblent ébouriffés et en désordre sur le front. À force de voyager en wagon avec des filles bizarrement accoutrées, les cheveux sur les yeux à la chien, ou flottants dans le dos à la Geneviève de Brabant, elle finit par leur ressembler, ALPH. DAUDET, *Fromont jeune et Risler aîné*, III, 2. || 14e Fig. et populairement. Avoir du chien, avoir de la verve (dégénérescence de la locution avoir une colère de chien, une peur de chien). || 15e Fig. À tuer chiens, locution qui n'est plus usitée et qui désigne des prétextes comme quand on veut tuer son chien. Quand j'ai dû aller en Portugal, j'ai trouvé des objections à tuer chiens, mais que j'ai enfin vaincues pour ce même arrangement si convenable, D'ARGENSON, *Mémoires*, 1860, t. II, p. 299. || 16e Chien de mine, nom donné à un petit chariot à quatre roues qui sert dans les mines. || 17e Chien de Blenheim, voy. BLENHEIM au Supplément.

Ajoutez : — REM. 1. Mme de Sévigné a dit par une singulière ellipse : On soupe pendant le chien et le loup, *Lett.* 29 juin 1680 ; c'est-à-dire pendant le temps dit entre chien et loup. || Mme de Sévigné connaissait le proverbe du chien du jardinier : Jamais il n'y eut un véritable chien de jardinier comme lui, *Lett.* 13 sept. 1677.

† CHIEN-LOUP (chiin-lou), *s. m.* Variété de chiens très-commune, qui est de bonne garde. || Au plur. Des chiens-loups.

CHIFFE. || 1e *Ajoutez :* Manuscrit du Vatican en papier de chiffes, HALMA, *Almageste de Ptolémée, Préface*, p. LII.

— ÉTYM. *Ajoutez :* M. Defrémery, *Mém. d'hist. orient.* 2e part. p. 334, appuyé par M. Devic, *Dict. étym.*, propose l'arabe *chiff*, vêtement mince. Sans doute ce mot est, par sa forme et par son sens, très-plausible. Pourtant il faut noter que ni l'espagnol ni l'italien n'ont l'équivalent de *chiffe* ; qu'on ne voit pas dès lors comment le mot arabe aurait passé dans le français ; enfin, que la forme la plus ancienne est *chipe.* Des doutes restent donc attachés à cette étymologie.

† CHIFFLE (chi-fl'), *s. f.* Sifflet. Patenôtres de bois, moules de boutons, chiffles, peignes, cuillers et ouvrages de bois, *Décl. du roi*, nov. 1640, *Tarif.* || On disait autrefois chiffler.

† CHIFFLER, voy. SIFFLER.

CHIFFON. || 4e *Ajoutez :* On dit aussi rameau chiffon, *Rev. horticole*, 16 fév. 1875, p. 79. || 5e Tissu chiffon, tissu sans apprêt. On devra ajouter trois catégories : les tissus écrus, les tissus blancs chiffon, les tissus apprêtés, *Enquête, Traité de comm. avec l'Anglet.* t. IV, p. 607.

† CHIFFONNAGE. *Ajoutez :* || 3e État d'une personne enchiffrenée. Un violent mal de tête, mon cher Persée [Klinglin], et tout le chiffonnage d'un gros rhume m'obligera malgré moi d'être laconique aujourd'hui, KLINGLIN, *Corresp.* I, p. 28.

CHIFFONNER. || 4e *Ajoutez :* Le voyage de Poinsinet [Pichegru] me chiffonne.... à l'excès, KLINGLIN, *Corresp.* Paris, pluv. an VI, t. I, p. 245. || 5e Exercer la profession de chiffonnier. Considérant qu'un certain nombre d'individus chiffonnent sans autorisation, *Ordonn. de police*, 15 août 1872.

CHIFFONNIER. *Ajoutez :* || 3e Nom donné à des colporteurs qui vont dans les campagnes acheter des chiffons et des peaux. Les chasseurs et les colporteurs dits chiffonniers mettent aussi le feu dans les bois, *Enquête sur les incendies des Landes*, p. 95, 1873. Les chiffonniers colporteurs achètent les peaux dans les campagnes ; ils ont donc intérêt à ce que l'élève du bétail soit prospère, *ib.* p. 96.

† CHIFFRABLE (chi-fra-bl'), *adj.* Qui peut être chiffré, calculé. Le droit éventuel réservé à vos héritiers [par les compagnies d'assurances sur la vie] est une valeur chiffrable, grâce aux tables de mortalité, ACHILLE MERCIER, *Reconstruction du patrimoine nation. et de la famille*, Paris, 1875, p. 27.

† CHIFFRAGE (chi-fra-j'), *s. m.* Action de chiffrer, de fixer un chiffre, un nombre, d'évaluer. Je vous faisais observer qu'il existait des lois sur les retraites ; qu'il y avait lieu d'en examiner l'ensemble, qu'en cette matière la difficulté consistait dans le chiffrage de la loi, qu'il y avait des charges dont on devait bien se rendre compte, LÉON SAY, *Journ. offic.* 9 déc. 1876, p. 9152, 3e col.

CHIFFRE. — HIST. || XVIe s. *Ajoutez :* Le prince ne serait plus qu'un chifre [zéro] ; et le subject commanderoit au seigneur, BODIN, *République*, I, 8.

† CHIFFRE-TAXE (chi-fre-ta-ks'), *s. m.* Terme de l'administration des postes. Petites étiquettes imprimées représentant chacune une valeur de 25 centimes à percevoir. Toute lettre non affran-

chie, née et distribuable dans la circonscription d'un bureau de poste, doit être revêtue d'un nombre de chiffres-taxes équivalent à la taxe exigible; les chiffres-taxes sont toujours apposés d'avance par les agents des postes, *Instructions imprimées à la suite de l'Almanach des Postes.* || *Au plur.* Des chiffres-taxes.

† **CHIGNARD** (chi-gnar), *s. m.* Terme populaire. Celui qui chigne, qui grogne constamment. Tais-toi, petit chignard.

† **CHIGNER** (chi-gné), *v. n.* Terme populaire. Avoir constamment l'humeur et la parole grogneuses. Et toi, toujours grognant, toujours chignant, quelle source de pleurs et de jérémiades pour ton génie larmoyant! *L. du P. Duchêne,* 73e lettre, p. 3.

— ÉTYM. C'est le simple, avec une signification un peu différente, du composé *rechigner.*

† **CHILIARCHIE** (ki-li-ar-chie), *s. f.* Division de la phalange grecque; elle était composée de 1024 hommes et commandée par un chiliarque. Quatre chiliarchies formaient la petite phalange, huit la demi-phalange, et seize la phalange entière.

— ÉTYM. Voy. CHILIARQUE.

† **CHILIASME** (ki-li-a-sm'), *s. m.* Nom grec du millénium, ou doctrine de ceux qui pensaient qu'après le jugement universel, les prédestinés demeureraient mille ans sur la terre et y jouiraient de toutes sortes de plaisirs.

— ÉTYM. Χιλιασμός, de χίλιοι, mille.

† **CHILIASTIQUE** (ki-li-a-sti-k'), *adj.* Qui a rapport au chiliasme.

† **CHIMER** (chi-mé), *v. n.* Terme populaire vieilli. Avoir du dépit et l'exhaler; c'est ce qu'on rend aujourd'hui par fumer (voy. FUMER, n° 3). Il est bien étonnant de voir tous ces gens-là se plaindre et chimer, clabauder et calomnier, *L. du P. Duchêne, 2e lettre,* p. 2. Tout change de face et l'on s'arrache les cheveux qu'on avait ornés de fleurs, et l'on pleura et l'on chima et l'on chime encore jusqu'à ce que Bouillé ramène toutes ces âmes abîmées de désespoir et de rage, *ib. 126e lettre,* p. 6.

— ÉTYM. Normand, *himer,* pleurer, crier; angl. *to chime,* carillonner.

† **CHIMÉRISER.** *Ajoutez :* Ceux qui, après avoir longtemps chimérisé sur l'impossibilité de leurs promesses [des rosecroix].... NAUDÉ, *Rosecroix,* VIII, 3. Il ne faut pas tant chimériser, et encore moins faire consister la piété dans ces chimères, BOSS. *Réponse à quatre lettres,* 8.

† **CHIMICO-LÉGAL, ALE** (chi-mi-ko-lé-gal, ga-l'), *adj.* Qui a rapport aux opérations chimiques ordonnées par la justice. La recherche chimico-légale de l'arsenic, BRAME, *Acad. des sc. Comptes rendus,* t. LXXXII, p. 986.

CHIMIE. — ÉTYM. *Ajoutez :* Cham, Kem, Kemi est un nom qui se lit plusieurs fois sur les monuments hiéroglyphiques; il signifie proprement la terre noire, et est le nom de l'Égypte.

† **CHIMIFICATION** (chi-mi-fi-ka-sion), *s. f.* Action de faire au moyen de la chimie. Les fines et dispendieuses chimifications culinaires, LEGOYT, *Article sur l'Auvergnat,* dans *les Français peints par eux-mêmes,* t. II, p. 221. (Il ne faudrait pas confondre ce mot avec *chymification.*)

CHIMISTE. *Ajoutez :* || 2° S'est dit pour vendeur de drogues. L'autre [sœur de Psyché] avait des réparations à faire de tous les côtés; le bain y fut employé, les chimistes, les atourneuses, LA FONT. *Psyché,* II, p. 151.

† 2. **CHINAGE** (chi-na-j'), *s. m.* Terme d'argot. Action de faire la chine (voy. CHINEUR au Supplément).

† **CHINA-GRASS** (chi-na-gras'), *s. m.* Voy. RAMIE. On a amené ces eaux [d'égout] sur des prairies, sur des cultures de china-grass, et les effets ont été remarquables, H. DE PARVILLE, *Journ. offic.* 20 nov. 1874, p. 7718, 3e col.

— ÉTYM. *China,* Chine, et angl. *grass,* gazon : gazon de Chine.

† **CHINCHARD** (chin-char), *s. m.* Nom, sur les côtes du Morbihan, d'un poisson de mer, GOUEZEL, *les Oiseaux de mer,* Nantes, 1875, p. 14.

† **CHINE** (chi-n'), *s. f.* Terme d'argot. Voy. CHINEUR au Supplément.

† **CHINÉ.** *Ajoutez :* Contrairement à ce qui a été dit en Europe, il est à peu près certain que les Chinois sont les inventeurs des soieries dites chinées, et si appréciées de nos dames, Extr. des *Annales du commerce extér.* dans *Journ. offic.* 19 nov. 1871, p. 4054, 2e col. || 2° *S. f.* La chinée, espèce de papillon, CARTERON, *Premières chasses, Papillons et oiseaux,* p. 61, Hetzel, 1866.

† 2. **CHINER** (chi-né), *v. a.* Terme d'argot. Voy. CHINEUR 2 au Supplément.

1. **CHINEUR** (chi-neur), *s. m.* Celui qui applique la couleur sur la chaîne des étoffes.

† 2. **CHINEUR** (chi-neur), *s. m.* Terme d'argot. Filou qui vole en augmentant frauduleusement la valeur apparente des objets. Le Mont-de-Piété n'a guère à se défendre que contre deux variétés de filous parfaitement catégorisées : les chineurs et les piqueurs d'once.... faire la chine consiste à augmenter frauduleusement la valeur apparente des objets.... on a gardé le souvenir d'un coup de chinage sur de faux galons d'or qui coûta aux commissaires-priseurs plus de 30 000 francs, MAXIME DU CAMP, *Rev. des Deux-Mondes,* 15 janv. 1873, p. 332. Il ne faut pas croire que cette fraude s'arrête aux objets précieux, on chine tout, ID. *ib.* p. 333.

† **CHINT.** — ÉTYM. *Ajoutez :* Angl. *chints, chintz,* du persan *chinz,* hindoustani *chhint,* toile de coton bigarrée, PETILLEAUX.

† 1. **CHIPER.** *Ajoutez :* Treize sols sur la douzaine de moutons, bouc et chevre chipés, *Déclar. du roi,* 16 fév. 1635.

— ÉTYM. *Ajoutez :* M. Devic, *Dict. étym.,* demande si notre mot *chiper* ne provient pas du turc *sep,* tan, réservoir où se fait le tannage, *sepnik,* tanner. Il faudrait au moins quelque intermédiaire montrant comment ce mot turc a pu s'introduire en français.

† **CHIQUÉ, ÉE** (chi-ké-kée), *adj.* Terme d'atelier. Fait avec chic.

† **CHIRAS** (chi-râ), *s. m.* Nom donné à des entassements de grosses pierres, au sommet du Pilat, non loin de Saint-Étienne, MICHALOWSKI, *Vestiges des invasions orientales,* p. 11, 1876. || Dans l'Aunis, chiron ou chirat, tas de pierres accumulées dans les champs, *Gloss. aunisien,* p. 88.

† **CHIROGRAPHAIREMENT** (ki-ro-gra-fè-re-man), *adv.* En qualité chirographaire. Que les héritiers F... seront admis.... au passif de la faillite N... 1° par privilége.... 2° chirographairement, pour les sommes de..., *Gaz. des Trib.* 21 oct. 1875, p. 1015, 1re col.

† **CHIROMYS** (ki-ro-mis'), *s. m.* Terme de zoologie. Espèce de paresseux. Le chiromys ou aye-aye de Madagascar, avec l'ongle long qu'il porte à chacun de ses pieds de devant, va chercher jusqu'au fond des crevasses des arbres les insectes dont il se nourrit, A. MANGIN, *Journ. offic.* 10 oct. 1872, p. 6424, 3e col. || On écrit à tort cheiromys.

— ÉTYM. Χεὶρ, main, et μῦς, rat.

† **CHIRON.** *Ajoutez :* || 2° Nom des larves xylophages, en Dauphiné.

† **CHIRONNAGE** (chi-ro-na-j'), *s. m.* Nom, dans le Dauphiné, d'une sorte de sciure laissée dans le bois par les larves xylophages dites chirons. Les femmes de la campagne font usage, pour leurs enfants, de la poudre de chironnage au lieu de lycopode.

† **CHIRONNÉ, ÉE** (chi-ro-né, née), *adj.* Attaqué par les chirons (Dauphiné). Ce bois est tout chironné.

† **CHIRONOME** (ki-ro-no-m'), *s. m.* Terme d'entomologie. Petit diptère, appartenant aux tipules, très-abondant dans les eaux stagnantes, E. BLANCHARD, *Rev. des Deux-Mondes,* 1er oct. 1874, p. 606.

CHIRURGIEN. *Ajoutez :* || Chirurgien-major, voy. MAJOR, n° 5. || 3° Au féminin, chirurgienne, femme qui connaît la chirurgie. Je ne sais que la mort de la pauvre chirurgienne qui s'est tuée parce qu'on lui avait ôté son amant, *Lettre du chevalier de Grignan,* 1674, dans *Lett. inéd. de Mme de Sévigné,* éd. Capmas, t. I, p. 329.

† **CHITE.** *Ajoutez :* — ÉTYM. Chite vient du malais *tschit* (voy. CANNEMAN, *Dissertatio.... de Batavorum mercatura levantica, Hagæ comitis,* 1839, p. 20) ou plutôt du persan *tchyt.*

† **CHITINE** (ki-ti-n'), *s. f.* Terme d'histoire naturelle. Matière analogue à la cellulose, constituant les téguments des insectes.

— ÉTYM. Χιτών, tunique.

† **CHITINEUX, EUSE** (ki-ti-neû, neû-z'), *adj.* Qui appartient à la chitine. Lorsqu'on examine au microscope la patte d'une araignée, on voit très-bien, à travers la carapace chitineuse, la contraction des fibres musculaires se montrer sous forme d'un gonflement local, KÜSS et DUVAL, *Cours de physiologie,* 3e édit. 1876, p. 407.

† **CHITON** (ki-ton), *s. m.* Terme d'antiquité. Chez les Grecs, proprement le vêtement qui se portait en dessous, pour les hommes et pour les femmes. De l'autre côté, sur un piédestal, se trouve une statue de bronze représentant Bacchus chaussé de bottines et revêtu du chiton et de la nébride, *Journ. offic.* 19 sept. 1872, p. 6084, 3e col. || Plus tard, le chiton fut une chemise de laine, ordinairement sans manches, avec des boucles pour la fixer aux épaules.

— ÉTYM. Χιτών.

† **CHIYTE** (chi-i-t'), *s. m.* Voy. SCHIITE au Dictionnaire.

† **CHIZEROTS** (chi-ze-ro), *s. m. pl.* Habitants du département de l'Ain semblables aux cagots des Pyrénées.

† **CHLAMYS** (kla-mis'), *s. m.* Terme d'entomologie. Sorte de coléoptère. Certains coléoptères, les chlamys, se font remarquer par des ciselures et des sculptures d'un caractère singulier, E. BLANCHARD, *Rev. des Deux-Mondes,* 1er août 1874, p. 595.

— ÉTYM. Χλαμύς, chlamyde.

† **CHLOREUX.** *Ajoutez :* || 2° Qui appartient au chlore. Le mélange de peroxyde de manganèse et d'acide sulfurique ne peut donner lieu au développement de vapeurs chloreuses, *Journ. offic.* 9 fév. 1874, p. 1123, 3e col.

† **CHLORITEUX, EUSE** (klo-ri-teû, teû-z'), *adj.* Qui appartient aux chlorites, qui contient des chlorites. A Konsberg, il [l'argent] existe à l'état métallique, au milieu de schistes micacés, chloriteux, quartzeux, qui sont superposés, *Journ. offic.* 4 déc. 1874, p. 7489, 3e col.

† **CHLOROIODURE** (klo-ro-i-o-du-r'), *s. m.* Terme de chimie. Substance composée de chlore et d'iode. M. Daubrée présente des échantillons d'un nouveau minéral formé de l'association des quatre corps suivants : le chlore, l'iode, l'argent et le mercure; le chloroiodure d'argent et de mercure n'avait pas encore été rencontré, H. DE PARVILLE, *Journ. offic.* 18 août 1876, p. 6464, 2e col.

† **CHLOROMÉTRIQUE** (klo-ro-mé-tri-k'), *adj.* Qui a rapport à la chlorométrie. Les recherches chlorométriques, *Journ. offic.* 23 déc. 1875, p. 10 668, 3e col.

† **CHLOROPHYLLIEN, IENNE** (klo-ro-fi-liin, liè-n'), *adj.* Qui a rapport à la chlorophylle. Amidon chlorophyllien, CL. BERNARD, *Acad. des sc. Comptes rendus,* t. LXXXI, p. 1234. C'est dans le parenchyme [du *limodorum abortivum*] que, contrairement à ce que l'on savait, M. Chatin a découvert les globules chlorophylliens, H. DE PARVILLE, *Journ. offic.* 17 déc. 1874, p. 8367, 2e col.

— REM. Comme *chlorophylle* est d'origine grecque, il vaudrait mieux dire *chlorophyllique.* La finale *ien* est latine.

† **CHLOROPHYLLIFÈRE** (klo-ro-fil-li-fè-r'), *adj.* Terme de botanique. Qui contient de la chlorophylle. Plantes chlorophyllifères.

† **CHLORURATION** (klo-ru-ra-sion), *s. f.* Terme de chimie. || 1° Quantité de chlorure dans un liquide. Vingt-quatre essais faits pendant la traversée du canal de Suez ont permis de tracer sur une autre partie de la carte la courbe de la chloruration, *Journ. offic.* 23 déc. 1875, p. 10 688, 1re col. || 2° Action de transformer en chlorure. Dans le four de Bückner, la chloruration suit le grillage du minerai, L. SIMONIN, *Rev. des Deux Mondes,* 15 nov. 1875, p. 302.

CHOC. *Ajoutez :* || Armes de choc, armes de main qui agissent par leur masse et leur vitesse.

† **CHOGOUN** (cho-goun'), *s. m.* Nom japonais du prince que les Européens nommaient taïcoun. Le chogoun, que nous appelons généralement le taïkoun, résidait dans la citadelle.... depuis que le chogoun est devenu un simple daïmio, en l'an 1868, le mikado s'est installé dans la partie méridionale de la citadelle.... c'est en 1593 que Jyesasou, le premier chogoun de la dynastie de Tokou Gawa, choisit Yédo pour sa capitale, *Journ. offic.* 10 janv. 1875, p. 230, 2e col. || On écrit plus souvent siogoun.

† 1. **CHOIN** (choin), *s. m.* Nom vulgaire du genre *schœnus,* famille des cypéracées.

— ÉTYM. Lat. *schœnus,* du grec σχοῖνος, jonc.

† 2. **CHOIN** (choin), *s. m.* Nom, dans le Lyonnais, d'une sorte de pierre de nature calcaire.

CHOIR. — REM. *Ajoutez :* || 2. On trouve *chet* au lieu de *choit :* Mme de Mazarin chet en pauvreté, D'ARGENSON, *Mém.* in-8, 1860, t. II, p. 393. || 3. L'exemple où Bossuet a employé le prétérit *chut* est ainsi conçu : Cet insolent [le démon], qui avait osé attenter sur le trône de son créateur, frappé d'un coup de foudre, chut du ciel en terre, plein de rage et de désespoir, 1er *sermon, Démons,* 2.

† **CHOISEL** (choi-zèl), *s. m.* Terme ancien. Se

dit d'un moulin qui est mû par un cours d'eau à réservoir.

— HIST. XIVe s. Et y a ung petit molin à choisel (1380), VARIN, *Archives admin. de la ville de Reims*, t. III, p. 580.

— ÉTYM. Origine inconnue. Du Cange, au mot *molendinum*, donne, dans des textes du XIVe siècle, *molendinum choiseullum, molendina chostella, molinellum quod volvitur ad coisellum*.

CHOISIR. || Proverbe. *Ajoutez* : On dit aussi : Qui choisit a le pis.

† **CHOISISSABLE.** *Ajoutez* : — HIST. XVIe s. Et quelle contrarieté peult estre plus grande que celle-cy, quant aux choses choisissables ou refusables? AMYOT, *Plut. Œuvr. mor.* t. XX, p. 287. Tout ce qui est bon est choisissable, CHOLIÈRES, *Contes*, 4e *après-disnée*, t. II, fo 136, *recto*.

† **CHOISISSEUR** (choi-zi-seur), *s. m.* Celui qui choisit, élit. La plupart des choisisseurs, ABBÉ DE ST-PIERRE, *Nouv. plan de gouv.* p. 140, 2e édit. Rotterdam, 1738.

CHOIX. *Ajoutez* : || 5e A choix, en ayant le choix. J'aurais fait mon bonheur d'avoir pour maîtresse Mlle de Graffenried; mais, à choix, je crois que je l'aurais mieux aimée pour confidente, J. J. ROUSS. *Confess.* IV.

CHOLÉRA-MORBUS. *Ajoutez* : || 3e Choléra des volailles, maladie meurtrière, caractérisée par d'abondantes déjections, qui sévit parfois sur les basses-cours.

† **CHOM** ou **CHON** (chon), *s. m.* Nom donné aux planches que l'on retire immédiatement après les dosseaux, et dont les côtés sont encore flacheux ou en biseau; les chons ont une largeur moyenne de six à sept pouces, NANQUETTE, *Exploit. débit et estim. des bois*, Nancy, 1868, p. 93.

CHÔMAGE. — HIST. *Ajoutez* : XIVe s. Condempnons Copin Corderoide.... pour ce qu'il s'est parti du service de Michelet senz achever son service.... et oultre prinz le serment dudit Michelet, ou serment duquel il s'est rapporté pour toutes preuves sur sa demande de III sepmaines de service pour les chomages que lui a fait le dit Copin pendant le temps qu'il le devoit servir.... pour XXIII blans la sepmaine, lequel a affirmé XV jours desdis chomages, *Bibl. des ch.* 1874, XXXV, p. 513.

† **CHÔMEUR** (chô-meur), *s. m.* Ouvrier qui chôme. Quand un chômeur [dans la clouterie] se présente dans un atelier, on lui fait le bien, c'est-à-dire qu'il trouve à boire et à manger, *l'Opinion nationale*, 30 mai 1876, 3e page, 4e col.

† **CHON** (chon), *s. m.* Voy. CHOM au Supplément.

† **CHOPE** (cho-p'), *adj.* Trop mûr, blet, en parlant des fruits, dans l'Aunis, *Gloss. aunisien*, 1870, p. 88.

† **CHOPÉE** (cho-pée), *adj. f.* Monnaie chopée, monnaie altérée, par défaut de poids. Il existe un grand abus en Chine, surtout sur la monnaie chopée, c'est-à-dire martelée à coups de poinçons, d'où il manque souvent jusqu'à un quart de poids, Extr. des *Annales du comm. extér.* dans *Journ. offic.* 16 oct. 1871, p. 4008, 3e col.

CHOPINE. *Ajoutez* : || 4e Au jeu de piquet, n'avoir ni tierce ni chopine, n'avoir rien qui compte. || Cette ancienne locution, qu'on entend quelquefois dire en province, était un jeu de mots justifié, quand au lieu de quatrième on disait quarte; la tierce et la quarte étaient des mesures qui amenaient facilement la chopine.

— HIST. || XIVe s. *Ajoutez* : La chopine de Paris, ce est ainsi comme trois voirres moiens plains, H. DE MONDEVILLE, fo 45.

CHOQUER. *Ajoutez* : || 6e Se choquer de, être offensé par. Notre vanité aura beau se choquer des souvenirs, gratter les fleurs de lis.... CHATEAUBRIAND, *Mém. d'outre-tombe*, t. X, p. 16, 1850.

CHORÉGE. *Ajoutez* : || Par extension. On dirait ces paroles écrites d'hier, tant elles vont à l'adresse de certains chorèges d'aujourd'hui, qui se flattent de remplacer au théâtre la poésie et la musique par le vestiaire, CH. LÉVÊQUE, *Science du beau*, t. II, p. 429, Paris, 1861.

CHOSE. || 9e Quelque chose, une chose de quelque valeur. Quoi! lorsque vous voyez périr votre patrie, Pour quelque chose, Esther, vous comptez votre vie? RAC. *Esth.* II, 1. Tavernier.... interrogé par Louis XIV pourquoi il avait choisi une terre en Suisse, répondit : Sire, j'ai été bien aise d'avoir quelque chose qui ne fût qu'à moi, VOLT. *Lett. Moncrif*, 27 mars 1757. || Quelque chose, une chose indéterminée. Les Français ont, dans leur caractère et trop souvent dans leur gouvernement, quelque chose qui ne leur permet pas de former de grandes associations heureuses, VOLT. *Pol. et lég. Fragm. sur l'Inde*, 20.

— REM. A côté de : dire bien des choses, on emploie aussi dans le langage familier : tout plein de choses. Que te dit-elle alors? — Eh! mais tout plein de choses, COLLIN D'HARLEV. *Artistes*, I, 1.

† **CHOSETTE.** *Ajoutez* : J'ai ajouté beaucoup de petites chosettes, selon les désirs que plusieurs dignes juges m'ont témoigné d'en avoir, et toujours regardant les gens qui vivent en la presse du monde, SAINT FRANÇOIS DE SALES, *Introd. à la vie dévote*.

† **CHOTT** (chot'), *s. m.* Nom de vastes dépressions du sol en Algérie, qui renferment des lacs salés. ... Dans la région des chotts.... les stations de l'Aurès ont permis de relier le chott Mel Rhir à la mer, *Journ. offic.* 17 juill. 1873, p. 4790, 2e col. La Société de géographie.... a pensé.... que l'exploration des lacs intermittents ou chotts n'aboutit pas à la création d'une mer saharienne, *ib.* 22 janv. 1874, p. 580, 1re col. On sait que les dépôts d'atterrissement auxquels on doit attribuer une date récente ne contiennent pas de coquilles réellement marines, mais contiennent des coquilles du genre de celles qui habitent encore actuellement les chotts africains, E. J. *la Mer saharienne*, dans *Philos. posit.* juillet-août 1875, p. 84. || On trouve aussi quelquefois l'orthographe chotte, au féminin. Une exploration qui a pour but de reconnaître le bassin de la chotte au sud de l'Algérie et de la Tunisie, *Journ. offic.* 22 déc. 1874, p. 8493, 2e col.

— ÉTYM. Arabe, *chatt*, bord, rive d'un fleuve.

CHOU. *Ajoutez* : — REM. 1. Feuille de chou se dit quelquefois pour chose sans valeur, sans efficacité. Des traités qui, d'après les principes de la constitution, sont une feuille de chou, *le Père Duchêne, lettre* 297, p. 7. || 2. Bête comme un chou.... Cette locution viendrait-elle, par plaisanterie, de ce que le chou a une tête et ne pense pas?

† 2. **CHOUAN** (chou-an), *s. m.* Nom pharmaceutique des sommités de l'*anabasis tamariscifolia*, L.; elles étaient employées à la préparation du carmin.

† **CHOUANISME** (chou-a-ni-sm'), *s. m.* L'ensemble des chouans. Le chouanisme dissimule, BABŒUF, *Pièces*, II, 42.

† **CHOUANNERIE.** *Ajoutez* : ... 31 mai! nouveau dont il plaît à la chouannerie seule de créer le projet, BABŒUF, *Pièces*, p. 43.

† **CHOU-CHOU** (chou-chou), *s. m.* Nom vulgaire du séchion dit aussi chayote.

CHOUCROUTE. *Ajoutez* : — REM. Le chou avec lequel on fait la choucroute est non pas haché, mais coupé régulièrement au rabot.

CHOUETTE. *Ajoutez* : || 6e Sorte de coiffure au XVIIe siècle. Vous avez donc eu peur de ces pauvres petites diablesses de chouettes noires.... elles font la beauté.... de la coiffure, SÉV. 2 fév. 1689.

— HIST. *Ajoutez* : XIVe s. Aus eaux [yeux] de la cuete nuit Li jors, et si voit clier par nuit, MACÉ, *Bible en vers*, fo 33, 2e col.

† **CHOULER** (chou-lé), *v. a.* Terme normand qui signifie pousser, remuer, choquer, DELBOULLE, *Gloss. de la vallée d'Yères*, p. 78. L'équipage poussait des clameurs désespérées; car, à chaque instant, le bateau, choulé le long des forts, pouvait se briser et s'engloutir, *Journ. offic.* 19 fév. 1874, p. 1365, 2e col.

— ÉTYM. Ce verbe est intéressant, parce qu'il se rattache à l'anc. français *choule*, boule de bois au jeu de mail (voy. DU CANGE, *chola* et *choleare*).

CHOYER. — ÉTYM. *Ajoutez* : Un de mes correspondants, M. Petilleau, me fait remarquer que l'anglais *to sue*, même à titre de rapprochement, ne doit pas figurer auprès de *choyer*; *to sue* est le français *suivre*, anc. français *sieut*, il suit, *suent*, suivent, etc. Cela est péremptoire; mais, cette erreur écartée, les conjectures restent ouvertes pour l'origine de *choyer*. M. L. Havet, *Romania*, t. III, p. 330, pense que *choyer* n'a rien de commun avec *chuer*, *chouer* et l'ital. *soiare*. Le rapprochant du guernesiais *couayer*, ménager, économiser, épargner : *couayer le feu*, prendre garde au danger du feu, il le dérive d'une forme *caucat*, il choie, pour *caveat*, dérivé de *cavere*, prendre garde, comme *pendicare* de *pendere*. Sa raison est que la diphthongue *oi* ne peut venir que d'un *au* (ou encore *o* et *u*). Au contraire, d'après M. Bugge, *Romania*, no 10, p. 146, l'origine de ce mot est germanique : goth. *sûthjôn*, chatouiller; dans l'ital. *soiare*, le *th* germanique a été traité comme le *d* du lat. *gaudium*, *gaudia*, dans l'ital. *gioia*. Quant à la mutation de l'*s* en *ch*, il l'explique par des exemples : *chucre* et *sucre*, *chiffler* et *siffler*. Quant à mon opinion, elle incline plus du côté de M. Bugge que de M. L. Havet. M. Havet est obligé de séparer l'ital. *soiare* du français *choyer*; et cela paraît bien difficile. Or *soiare* ne s'accommode que de la dérivation allemande.

CHRÉTIENTÉ. *Ajoutez* : || 2e Communauté chrétienne, en un pays qui n'est pas chrétien. Les chrétientés de Sze-Chuen ont résisté à tous les efforts des lettrés et du gouvernement de la Chine, J. DE FLAIX, *Journ. offic.* 4 oct. 1875, p. 8493, 2e col. Les missions-chrétientés, ID. *ib.* p. 8494, 2e col. Les chrétientés sont établies dans toutes les provinces de l'empire; elles forment de petits centres dans lesquels on trouve une église, une chapelle, quelquefois une mission, un séminaire, des écoles et un hospice, ID. *ib.*

— REM. L'ancienne locution : Dieu bénisse la chrétienté, répond assez bien à : sauf votre respect, d'aujourd'hui. En voici un exemple de 1649 : N'en criy haro su ly [le chancelier Séguier]; fallu qui se cachi, Dieu béni la chrétianté, reverance, dans le privé, et que tous lé seigneux du rouay le vinssien requéri tou breneux, *Agreable conference de deux paysans*, p. 5, dans CH. NISARD, *Parisianismes*, 1876, p. 88.

CHRIST. *Ajoutez* : — REM. Jé-zu Krist' est une mauvaise prononciation très-usitée chez les protestants français à cause de leurs relations fréquentes avec les Anglais et les Allemands. Mais on ne peut dire d'une manière générale que cette prononciation soit celle des ministres protestants, comme si elle était consacrée chez eux par l'usage (FÉLIX BOVET).

CHRISTIANISME. *Ajoutez* : || 3e La chrétienté, l'ensemble des nations chrétiennes. Je ne songe point à vous parler de la levée du siége de Bude; cette petite nouvelle dans l'Europe et dans le christianisme ne vaut pas la peine d'en parler, SÉV. 26 nov. 1684.

† **CHRISTOLOGIQUE** (kri-sto-lo-ji-k'), *adj.* Qui a rapport à la christologie. La question christologique, c'est-à-dire la manière dont la pensée contemporaine essaye de justifier la combinaison de l'humanité et de la divinité en la personne de Jésus-Christ après le rejet du dogme orthodoxe des deux natures, MAURICE VERNES, *Revue philosophique*, juillet 1876, p. 93.

† **CHROMATEUR** (kro-ma-teur), *s. m.* Ouvrier travaillant dans les fabriques où l'on emploie les chromates.

† **CHROMATISER** (kro-ma-ti-zé), *v. a.* Donner une teinte irisée. || Se chromatiser, *v. réfl.* Prendre une teinte irisée.

† 2. **CHROMATISER** (kro-ma-ti-zé), *v. a.* Terme de musique. Rendre chromatique. Chromatiser une gamme.

† **CHROMATOPHORE** (kro-ma-to-fo-r'), *adj.* Terme d'anatomie. Qui porte la couleur, la coloration. La dilatation des canaux chromatophores, H. DE PARVILLE, *Journ. offic.* 25 nov. 1875, p. 9664, 2e col. || On dit aussi chromophore (voy. ce mot).

† **CHROMATOSCOPIE** (kro-ma-to-sko-pie), *s. f.* La vision, la vue des couleurs. La chromatoscopie rétinienne.

— ÉTYM. Χρῶμα, couleur, et σκοπεῖν, voir.

† **CHROMATROPE** (kro-ma-tro-p'), *s. m.* Tourniquet, sorte de toton rayonné de diverses couleurs qui ne produisent que la sensation d'une surface blanche quand il est en mouvement. On terminera par quelques jeux d'optique, chromatrope, etc. *Salles du progrès*, Direct. l'abbé Moigno, séance du 15 oct. 1872.

— ÉTYM. Χρῶμα, couleur, et τρέπω, tourner.

† **CHROMIFÈRE** (kro-mi-fè-r'), *adj.* Qui contient du chrome, *Journ. offic.* 14 août 1876, p. 6212, 2e col.

— ÉTYM. *Chrome*, et lat. *ferre*, porter.

† **CHROMO** (kro-mo), *s. m.* Abréviation de chromolithographie. Actuellement, sur la plupart de nos produits céramiques, à l'aide d'impressions et de procédés de chromo, on arrive à supprimer les décorateurs, TOLAIN, *Journ. offic.* 5 mars 1872, p. 1571, 2e col. Les chromos et autres gravures sont envoyés d'Allemagne à Philadelphie par cinquante établissements, *Journ. offic.* 26 avr. 1876, p. 2947, 3e col. Un volume illustré de quatorze chromos, FIRMIN DIDOT, *Catalogue de* 1877.

— ÉTYM. *Chromo* est une abréviation de *chromolithographie*, comme *kilo* l'est de *kilogramme*. Cette abréviation est adoptée. Par souvenir du mot primitif, quelques-uns font *chromo* du féminin :

Que ces chromos soient portées devant la chambre des imprimeurs. Mais la finale ne permet guère ce genre, que l'usage ne paraît pas avoir accepté.

† **CHROMO-LITHOGRAPHE** (kro-mo-li-to-gra-f'), *s. m.* Celui qui pratique la chromo-lithographie. Imprimeur chromo-lithographe, *Gaz. des Trib.* 17 déc. 1876, p. 1220, 1re col.

† **CHROMO-LITHOGRAPHIE.** *Ajoutez :* Un spécimen de gravure en couleurs (chromo-lithographie), d'après un système nouvellement adopté par le dépôt de la guerre, *Journ. offic.* 8 mai 1873, p. 2999, 1re col.

† **CHROMO-LITHOGRAPHIQUE.** *Ajoutez :* On a entrepris depuis peu des cartes chromo-lithographiques, *Journ. offic.* 8 mai 1873, p. 2998, 3e col.

† **CHROMOSPHÈRE** (kro-mo-sfè-r'), *s. f.* Nom donné par M. Lockyear à l'atmosphère hydrogénée du soleil, qui est la couche la plus externe de la photosphère; ainsi dite parce que le spectre de cette atmosphère ne se compose que de quelques raies colorées.

— ÉTYM. Χρῶμα, couleur, et *sphère.*

† **CHROMOSPHÉRIQUE** (kro-mo-sfé-ri-k'), *adj.* Qui a rapport à la chromosphère. L'hydrogène chromosphérique, FAYE, *Acad. des sc. Comptes rend.* t. LXXVI, p. 305.

† **CHROMO-TYPOGRAPHIE** (kro-mo-ti-po-gra-fie), *s. f.* Typographie en couleurs, *Catalogue Hetzel,* 1877.

— ÉTYM. Χρῶμα, couleur, et *typographie.*

† **CHRONOGRAPHE.** *Ajoutez :* ‖ 4° Terme de physique. Appareil qui enregistre le temps. Le pendule était installé dans une armoire vitrée, devant le balancier du chronographe électrique, qui inscrivait ses propres oscillations sur une bande de papier, CAZIN, *Acad. des sc. Comptes rend.* t. LXXXII, p. 1249. Dans l'Inde, le colonel Tennant dirigera l'expédition principale, possédant un photohéliographe,... un instrument des passages, un chronographe et des pendules, *Journ. offic.* 12 mai 1874, p. 3219, 3e col.

† **CHRYSALIDAIRE** (kri-za-li-dè-r'), *adj.* Terme d'histoire naturelle. Qui a rapport aux chrysalides. Téguments chrysalidaires.

† **CHRYSALIDER (SE).** *Ajoutez :* S'il [le ver à soie] a pu se chrysalider et se transformer en papillon, PASTEUR, *Acad. des sc. Comptes rend.* t. LXIII, p. 127.

† **CHRYSANILINE** (kri-za-ni-li-n'), *s. f.* Sorte de couleur orange. A ces couleurs on peut ajouter la couleur orange, chrysaniline, etc. *Mém. d'Agric.* etc. 1870-71, p. 338.

— ÉTYM. Χρυσός, or, et *aniline.*

† **CHRYSARGYRE** (kri-zar-ji-r'), *s. m.* Taxe établie par l'empereur Constantin sur le commerce et l'industrie; elle fut abolie par l'empereur Anastase.

— ÉTYM. Χρυσάργυρον, de χρυσός, or, et ἄργυρον, argent.

† **CHRYSIDE.** *Ajoutez :* ‖ 2° La noctuelle chryside, ou vert doré, *noctua chrysitis.*

† **CHRYSOGÈNE** (kri-zo-jè-n'), *adj.* Néologisme. Né dans l'or, dans la richesse. Une aristocratie chrysogène est prête à paraître avec l'amour des distinctions et la passion des titres, CHATEAUB. *Mém. d'outre-tombe* (éd. de Bruxelles), t. I, *Dangers pour les États-Unis.*

— ÉTYM. Χρυσογένης, de χρυσός, or, et γένης, engendré.

CHUCHOTER. — HIST. *Ajoutez :* XIVe s. De quoy fut ce que vous riés Entre vous deux et chuchetiés? *Miracles de Nostre Dame par personnages,* t. I, p. 64.

† **CHUINTEMENT** (chuin-te-man), *s. m.* Son, qualité d'une consonne chuintante. ‖ Fig. Les métiers sans nombre y ont des cliquetis, des sifflements, des chuintements sans fin, DE COLLEVILLE, *Journ. des Économistes,* févr. 1873, p. 277.

† **CHURRUS** (chu-rus'), *s. m.* Préparation qui se fait avec l'exsudation résineuse du chanvre indien, *Journ. offic.* 5 janv. 1873, p. 58, 1re col.

CHUT. *Ajoutez :* ‖ 2° Substantivement. Au bruit de la claque on opposa des chut répétés.

CHUTE. *Ajoutez :* ‖ 15° L'angle de chute d'un projectile est l'angle que la tangente à la trajectoire forme au point de chute avec le plan horizontal. ‖ 6° Terme d'ébénisterie. Motif sculpté ou de cuivre qui se trouve en haut d'un pilastre, d'un montant ou d'un pied de meuble ou de siége, plus communément dans les styles Louis XV ou Louis XVI. ‖ Les lits à chute sont spécialement des lits modernes de palissandre avec montants ou pilastres à pans coupés, dont les pans coupés de la façade sont ornés d'un motif sculpté.

† **CIBARRE** (si-ba-r'), *s. m.* Terme suisse. L'homme qui indique les coups qui, dans un tir à la carabine, atteignent la cible; il est ordinairement placé dans un fossé et vêtu de rouge. Puis, à trois heures [à la suite du tir], le drapeau fédéral est solennellement conduit par le cortége des cibarres et des tireurs à la demeure du président central, Extr. du *Journ. de Genève,* dans *Journ. offic.* du 31 juill. 1874, p. 5415, 2e col.

CIBLE. *Ajoutez :* ‖ 2° Terme de verrerie. Nom donné à des pièces rondes en verre, LEBER, *Collect. des meilleures dissert.* t. XVI, p. 420, 430.

— ÉTYM. *Ajoutez :* De l'allem. *Scheibe,* sans doute, mais par l'intermédiaire de l'alsacien *schib.*

† **CIDARIS** (si-da-ris), *s. f.* Terme d'antiquité. Sorte de turban persan, que les rois particulièrement portaient, distinct de la tiare en ce que la cidaris avait de la hauteur et se terminait en pointe.

† **CIDRERIE** (si-dre-rie), *s. f.* Établissement où l'on fait du cidre.

CIEL. *Ajoutez :* ‖ 9° En termes de marin, le vieux ciel, le ciel tel qu'il était avant qu'il se couvrît de nuages. Dès qu'ils [les nuages] sont coupés, et que l'on aperçoit entre eux l'azur du ciel, ou, comme s'expriment les marins, le vieux ciel, on est assuré que le coup de vent touche à sa fin, LA COUDRAYE, *Théorie des vents et des ondes,* p. 45. ‖ 10° Au théâtre, ciel ouvert, sorte de toiture au-dessus de la scène. On nous écrit de Lyon : A sept heures et demie environ le ciel ouvert, formant toiture au-dessus de la scène, s'est effondré, et dès lors on put considérer l'incendie comme terminé, *Gaz. des Trib.* 6 nov. 1875, p. 1071, 4e col. ‖ 11° Arbre du ciel, le *gingko biloba,* du Japon, BAILLON, *Dict. de bot.* p. 247.

CIERGE. *Ajoutez :* ‖ 4° Cierge dormant, gros cierge qu'on porte aux enterrements, et que l'on place à l'église auprès du banc du défunt, DELBOULLE, *Gloss. de la vallée d'Yères,* 1876, p. 78.

† **CIGALOU** (si-ga-lou), *s. m.* Nom de la cigale de l'orme, H. PELLETIER, *Petit dict. d'entom.* p. 45, Blois, 1868.

† **CIGARETTEUSE** (si-ga-rè-teû-z'), *s. f.* Ouvrière faisant les cigarettes dans les manufactures de tabac, *Réponses aux questions de l'enquête sur le monopole des tabacs et des poudres,* p. 175, Paris, 1874. Pour les cigarettes spécialement, le travail est facile à apprendre, il est d'ailleurs peu fatigant et bien rémunéré; aussi les places de cigaretteuses sont-elles, en général, fort recherchées, *Journ. offic.* 29 nov. 1875, p. 9804, 3e col. ‖ Il serait plus correct de dire cigarettière.

† **CIGARIÈRE** (si-ga-riè-r'), *s. f.* Femme qui façonne le tabac en cigares.

† **CIGARITOS** (si-ga-ri-tos'), *s. m.* Cigarette recouverte d'une feuille de tabac et ayant l'aspect des cigares, *Réponses aux questions de l'enquête sur le monopole des tabacs et des poudres,* p. 200, Paris, 1874.

CILLER. — HIST. *Ajoutez :* XIIe s. Oilz ne clot pas si tost ne cille, Com chevaliers i chient [tombent] morz, BENOIT DE STE-MORE, *Roman de Troie,* v. 19137.

† **CIMEAU** (si-mô), *s. m.* Le haut d'un arbre. Ces beaux sapins, les plus grands arbres de France.... avant de les abattre, on les élague pour éviter autant que possible de les briser par la chute et de dégrader les jeunes arbres qui les entourent; l'élagueur en coupe même le cimeau, BROILLALD, *Rev. des Deux-Mondes,* 15 avr. 1876, p. 921.

— ÉTYM. *Cime.*

† **CIMENTAGE** (si-man-ta-j'), *s. m.* Terme de lapidaire. Opération qui consiste à fixer la pierre qui doit être travaillée sur un petit bâton de la longueur de 13 à 14 centimètres, et de la grosseur de 10 à 15 millièmes dans la partie la plus forte.

† **CIMENTAIRE** (si-man-tè-r'), *adj.* Qui appartient aux ciments. Mélanges cimentaires.

2. **CIMIER.** Terme de boucherie et de venaison. *Ajoutez :* — HIST. XIIe s. Son cerf [il] ataint, puis l'escorça, La droiture as ciens en dona; Ains point ne vot o soi porter Fors les costes et l'escimer, *Perceval le Gallois,* v. 18717.

† **CINÉMATIQUE** (si-né-ma-ti-k'), *adj.* Qui a rapport à la cinématique.

— ÉTYM. Voy. CINÉMATIQUE au Dictionnaire.

† **CINÉMATIQUEMENT** (si-né-ma-ti-ke-man), *adv.* Au point de vue de la cinématique. J'en déduis cinématiquement.... coussé, *Acad. des sc. Comptes rendus,* t. LXXIX, p. 1369.

2. **CINÉRAIRE.** *Ajoutez :* ‖ Cinéraire des marais, *cineraria palustris,* L., plante qu'on trouve dans les marais tourbeux de Bretel (Oise), *les Primes d'honneur,* Paris, 1872, p. 84.

† **CINÉTIQUE** (ci-né-ti-k'), *adj.* ‖ 1° Terme didactique. Qui appartient au mouvement. ‖ Énergie cinétique, quantité de travail que peut produire un corps, par suite du mouvement dont il est animé. ‖ 2° *S. f.* La cinétique, science ayant pour objet l'étendue des forces considérées dans les mouvements variés qu'elles produisent; c'est un équivalent de cinématique (voy. ce mot au Dictionnaire).

— ÉTYM. Κινητικός, moteur, de κινεῖν, mouvoir.

† **CINGALAIS, AISE** (cin-ga-lè, lè-z'), *adj.* Voy. CYNGALAIS au Dictionnaire.

† 2. **CINGLAGE.** *Ajoutez :* Les balles ou loupes peuvent être extraites pour être soumises au cinglage, si c'est du fer forgé que l'on se propose de produire, *Journ. offic.* 12 mai 1873, p. 3064, 2e col.

† **CINGLEUR** (sin-gleur), *s. m.* Terme de forge. Appareil pour cingler le fer. Le nombre des cingleurs et des cylindres lamineurs, *Congr. intern. de stat.* 8e session, 1re part. 3e sect. p. 40.

† **CINQ-SIX** (sin-sis'), *s. m.* Terme de commerce. Alcool de vin distillé à 60 degrés de Gay-Lussac, comme les eaux-de-vie de Cognac, *Enquête, Traité de commerce avec l'Angleterre,* t. VI, p. 116.

† **CINQUANTAIN, AINE** (sin-kan-tin, tè-n'), *adj.* Qui vient en cinquante jours environ. Maïs cinquantain.

CINQUANTAINE. *Ajoutez :* — HIST. XVIe s. Et ilz se assirent par rengées, par centaines et cinquantaines, *Marc,* VI, 40, *Nouv. Testam.* éd. Lefebre d'Étaples, Paris, 1525.

† **CINQUANTENAIRE** (sin-kan-te-nè-r'), *s. m.* Anniversaire au bout de cinquante ans. Aujourd'hui a eu lieu, dans la résidence royale, la célébration du cinquantenaire du mariage du roi et de la reine de Saxe, *Journ. offic.* 12 nov. 1872, p. 6930, 1re col. ‖ 2° Homme qui a atteint l'âge de cinquante ans, ou qui a rempli pendant cinquante ans une fonction dans un service, une place à une académie, par analogie avec centenaire. Notre compagnie est heureuse de lui offrir [à M. Bouillaud], ainsi qu'à nos autres glorieux cinquantenaires, une médaille commémorative, ROGER, *Rapport à l'Académie de médecine,* 1877.

CINQUIÈME. *Ajoutez :* — HIST. XIIIe s. Quand i venistes vos? dist Naimes li floris. — Cis jors est li cinquimes, por voir le vos afi, *Gui de Bourgogne,* v. 925.

† **CIRCONFÉRENTIEL, ELLE** (sir-kon-fé-ran-sièl, siè-l'), *adj.* Qui appartient à la circonférence. La vitesse circonférentielle des tourbillons de bielles, DUPUY DE LÔME, *Acad. des sc. Comptes rend.* t. LXV, p. 99.

CIRCONSTANCE. *Ajoutez :* — REM. On a dit *circonstances de* avec un verbe à l'infinitif : Trouver des circonstances d'étendre le domaine du saint-père, NAPOLÉON, dans LANFREY, *Hist. de Nap.* t. III, p. 242. Cette locution est inacceptable.

CIRCONSTANCIÉ. *Ajoutez :* ‖ 2° Circonstancié de, entouré de.... comme circonstances. L'ordonnance [de lui payer une pension], circonstanciée de tant et tant de difficultés, m'afflige, au lieu de me réjouir, BALZ. *Lettres inédites,* LXIII, éd. Tamizey-Larroque.

CIRCONVALLATION. *Ajoutez :* — REM. En langage technique, la circonvallation est dirigée contre une armée de secours, et la contrevallation contre les assiégés.

† **CIRCONVOLUTIF, IVE** (sir-kon-vo-lu-tif, ti-v'), *adj.* Terme d'anatomie. Qui a rapport aux circonvolutions du cerveau. La couche circonvolutive de substance grise.

CIRCONVOLUTION. *Ajoutez :* — REM. La phrase de Bossuet est incomplète; la voici entière : La roue agitée par le cours d'une rivière va toujours; mais elle n'emporte que les eaux qu'elle trouve en son chemin.... ainsi, si notre mémoire se remplit de pures idées, la circonvolution, pour ainsi dire, de notre imagination agitée ne puisera dans ce fonds et ne nous ramènera que des pensées saintes, BOSS. *Élév. sur myst.* IV, 8.

† **CIRCUIR.** *Ajoutez :* C'est chose qu'il ne saurait faire que premièrement il n'ait circuit le monde, MALH. *Lexique,* éd. L. Lalanne.

CIRCULAIRE. ‖ 6° *Ajoutez :* ‖ Circulaire, au masculin, bandes de fer qui cerclent un objet. Cette pièce est montée sur un affût à châssis dont le poste de mer est dans le plan longitudinal, et qui, par un croisement de circulaires en cuivre fixés sur le pont, peut être porté en batterie à chacun des sabords de chasse tribord et bâbord, *Journ. offic.* 26 fév. 1873, 1re col.

CIRCULAIREMENT *Ajoutez :* || 2° Par lettre circulaire. Je vous invite, M. le préfet, à prévenir circulairement les percepteurs de votre département, qu'à l'avenir.... ROY, ministre des finances, *Circul. du 4 mars* 1828.

† **CIRCUMMÉRIDIEN, IENNE** (sir-kon-mé-ri-diin, diè-n'), *adj.* Terme d'astronomie. Qui est auprès du méridien. Déterminer la latitude.... 1° à l'aide d'une hauteur méridienne ; 2° à l'aide de hauteurs circumméridiennes.... *Journ. offic.* 18 nov. 1872, p. 7089, 1re col.

† **CIRCUMNAVIGATEUR.** *Ajoutez :*.... L'inauguration du monument de l'amiral de Krusenstern, le premier circumnavigateur russe, *Journ. offic.* 13 déc. 1873, p. 7736, 1re col.

† **CIRCUMNAVIGUER** (sir-kon-na-vi-ghé), *v. a.* Naviguer autour, faire une circumnavigation. Journal ou description du merveilleux voyage de Guillaume Schouten, fait ès années 1615, 1616 et 1617 ; comme en circumnaviguant le globe terrestre, il a découvert vers le sud du détroit de Magellan un nouveau passage jusques à la grande mer du Sud, Amsterdam, 1618.

CIRE. — HIST. || XVIe s. *Ajoutez :* Il en œuvre comme de cyre, P. GRINGOIRE, *Farce*, à la suite du *Jeu du prince des sots*. L'on dict en ung commun langaige que le bien venant de cire s'en va et font comme cire, FROMMENT, *Actes et gestes de Geneve, Epistre*, p. XXV.

† **CIREUX, EUSE** (si-reû, reû-z'), *adj.* Qui appartient à la cire. La préparation artificielle des acides gras ou des matières cireuses, *Journ. offic.* 30 nov. 1876, p. 8837, 2e col.

† **CISAILLEMENT** (si-zâ-lle-man, *ll* mouillées), *s. m.* Action de cisailler ; état de ce qui est cisaillé. Constante spécifique, qui, pour chaque matière, mesure sa résistance au cisaillement, SAINT-VENANT, *Acad. des sc. Comptes rend.* t. LXXXI, p. 118.

CISEAU. || 2° *Ajoutez :* Le ciseau à froid est un ciseau en acier supérieur et d'une trempe excellente, pour attaquer le fer à froid. Un instrument de cette nature est très-propre aussi à soulever une planche clouée, à forcer une porte, etc.

† **CISELANT, ANTE** (si-ze-lan, lan-t'), *adj.* Qui cisèle. L'action ciselante produite sur différents métaux par des acides, DE PARVILLE, *Journ. offic.* 27 oct. 1876, p. 7741, 2e col.

CISELÉ. *Ajoutez :* || 2° Terme de jardinage. Les grappes de raisin de treilles une fois ciselées, c'est-à-dire éclaircies de manière à empêcher les grains de se serrer, sont mises à l'abri des oiseaux.... *Journ. offic.* 10 sept. 1875, p. 7735, 3e col.

CISELER. *Ajoutez :* || 5° Enlever, à l'aide de ciseaux effilés, les grains de raisin avortés, ceux qui se trouvent dans l'intérieur de la grappe et qui ne pourraient ni grossir ni mûrir, et ceux qui, tout en étant placés à l'extérieur, sont trop serrés, *Rev. horticole*, 16 mars 1876, n° 6, p. 107. || 6° Terme de cuisine. Faire des entailles à un poisson.

† **CISELLEMENT** (si-zè-le-man), *s. m.* Action de ciseler les grappes de raisin, c'est-à-dire d'en ôter les grains qui nuiraient au grossissement et à la maturité du reste, *Rev. horticole*, 16 mars 1876, n° 6, p. 107.

† **CISELLERIE** (si-zè-le-rie), *s. f.* Travail, produit du fabricant de ciseaux. Coutellerie de poche et ciselleries fines, *Alm. Didot-Bottin*, 1871-72, p. 860, 1re col. La ciselierie de toutes dimensions, depuis les ciseaux à découper la broderie jusqu'aux ciseaux de tailleur, *Enquête, Traité de comm. avec l'Anglet.* t. I, p. 722.

† **CIS-GANGÉTIQUE** (si-sgan-jé-ti-k'), *adj.* Qui est en deçà du Gange. L'Inde cis-gangétique.

† **CISLEITHAN, ANE** (si-slè-tan, ta-ne), *adj.* Qui est en deçà de la Leitha. Se dit de l'Autriche proprement dite par opposition à la Hongrie.

— ÉTYM. *Cis*, et *Leitha*, rivière d'Autriche qui se jette dans le Danube.

† 3. **CISTE** (si-st'), *s. f.* Terme d'archéologie. Sorte de construction sépulcrale de l'âge mégalithique, faite en forme de coffre. Les monuments mégalithiques sépulcraux.... peuvent se diviser en trois groupes : les dolmens, les allées couvertes et les cistes, AL. BERTRAND, *Archéologie celtique et gauloise*, p. 25.

— ÉTYM. Lat. *cista* ; grec, κίστη, coffre.

† **CITABLE.** *Ajoutez :* || 2° Qui peut être cité devant un tribunal. On ne comprend pas bien comment Jérôme de Prague ne vint pas à Constance en même temps que Jean Huss.... si Jean Huss était citable, Jérôme l'était pour le moins autant que lui, LENFANT, *Hist. du Concile de Constance.* p. 110.

CITADIN. — HIST. XVIe s. *Ajoutez :* Citadines, des monts de Phocis, apportez L'espaule audacieuse à ma fiere entreprise, D'AUB. *le Printemps*, Paris, 1874, p. 23.

† **CITERNÉ, ÉE** (si-tèr-né, née), *adj.* Qui est en forme de citerne. Elle [la région du nord-est] utilise les déjections humaines en les transformant en engrais flamand ou courte graisse, engrais liquide qu'elle fabrique dans des fosses citernées, HEUZÉ, *la France agricole*, carte n° 7.

CITOYEN. *Ajoutez :* || 4° Il s'est dit pour concitoyen. Couvert du sang de leurs citoyens, MALH. *Lexique*, éd. L. Lalanne. Sylla, étant méchant, rendit ses citoyens bons ; et Lysandre rendit ses citoyens pires que lui, RAC. *Lexique*, éd. P. Mesnard.

— HIST. || XIIIe s. *Ajoutez :* Ne fuissez citoien [si vous n'étiez citoyen] de parenté majur, Jà fuissiez vus à mort livrez e à dulur, *Vie de seint Auban*, publ. par Atkinson, Londres, 1876, v. 547.

† **CITOYENNETÉ** (si-to-iè-ne-té), *s. f.* Néologisme. Qualité de citoyen. Comme peuple, nous ne sommes pas préparés pour la citoyenneté américaine, E. MONTÉGUT, *Rev. des Deux-Mondes*, 15 juin 1876, p. 815.

CITRIN. *Ajoutez :* || 2° Aloès citrin, s'est dit d'un aloès jaune d'or. Aloès citrin, aloès chicotin, et autres, *Déclaration du roi*, nov. 1640, *Tarif*.

CITRON. *Ajoutez :* || 5° Nom d'un papillon diurne, *rhodocera rhamni*, H. PELLETIER, *Petit dict. d'entomologie*, p. 20, Blois, 1868.

† **CIVELET** (si-ve-lè), *s. m.* Nom donné, dans la Gironde, aux boutures de l'osier, *les Primes d'honneur*, Paris, 1870, p. 433.

† **CIVELLE** (si-vè-l'), *s. f.* Le lamproyon.

2. **CIVETTE.** || *Ajoutez :* || 2° Tabac de la civette, tabac qui se vend dans un célèbre débit de Paris. La fameuse boutique où se vendait le tabac de la civette, ED. FOURNIER, *Rues de Paris*, ch. X. Il faut être un croquant pour ne pas avoir dans sa tabatière du tabac de la civette, ID. *ib.*

CIVILEMENT. — HIST. *Ajoutez :* || XVe s. L'avons restitué et restituons à ses bone fame et renommée. ... satisfaction faicte à partie civilement tant seulement, se faicte n'est, *Lettres de remission*, dans *Romania*, avril 1873, p. 234.

† **CIVILISATEUR.** *Ajoutez :* Une foule d'autres prescriptions [judaïques] venaient d'un temps où l'une des préoccupations des civilisateurs fut d'empêcher leurs subordonnés de manger des choses immondes, RENAN, *Saint Paul*, III.

CIVILITÉ. *Ajoutez :* || 3° Terme d'imprimerie. Caractères de civilité, caractères reproduisant à peu près l'écriture ronde cursive avec lesquels on a imprimé la Civilité puérile. On trouve souvent dans les catalogues : tel livre est imprimé en caractères de civilité. Pour varier accidentellement le caractère romain, on employa d'abord l'italique, qui est penché, et dont le type original est de 1502.... on soumit ensuite diverses écritures aux procédés typographiques ; ainsi nous avons eu en 1556 une cursive française connue depuis sous le nom de civilité, *Manuel de typographie, Imprimerie*, 1re part. p. 65, Encyclopédie Roret.

† **CLADODE** (kla-do-d'), *s. m.* Terme de botanique. Organe qui a l'apparence d'une branche.

— ÉTYM. Κλαδώδης, qui est en forme de branche, de κλάδος, branche.

— *À substituer à* CLADOLE, qui est une faute.

† 1. **CLAIN.** || 2° Terme de marine. Construction à clain, construction avec imbrication. L'hôtel est tout entier construit en madriers et en planches, suivant le mode usité dans l'architecture navale, connu sous le nom de construction à clain : c'est une sorte de juxtaposition avec imbrication légère qui a pour objet de s'opposer à la pénétration de l'humidité, R. LE ROY, *Rev. des Deux-Mondes*, 15 janv. 1872, p. 469.

CLAIR. *Ajoutez :* || 17° Terme rural. En labour clair, dans une terre labourable qui n'est pas plantée. Ma terre de la Riverie [basse Normandie],... consistant en bâtiments d'habitation et d'exploitation, cours, jardins légumiers, terre en labour clair, labour planté et pré, *Gaz. des Trib.* 7-8 sept. 1874, p. 859, 3e col. || 19° En clair, se dit d'une dépêche écrite en caractères ordinaires, par opposition à dépêche chiffrée. Quelle peut donc être cette dépêche en clair que le colonel L.... déclare vous avoir entendu lire à la date du 23? *Gaz. des Trib.* 8 oct. 1873, p. 968, 2e col. || 19° Le sabre au clair, le sabre tiré hors du fourreau. Les gendarmes à cheval, le sabre au clair, faisaient évacuer les rues voisines en les parcourant au grand trot, *Indépendance belge*, dans *Gaz. des Trib.* 20-21 avril 1874, p. 383, 4e col.

1. **CLAIRE.** *Ajoutez :* || 5° Claire ou parc à eau, bassin de peu de profondeur disposé de manière à retenir l'eau à marée basse, afin de protéger les huîtres qu'on y parque, *Journ. offic.* 19 avr. 1875, p. 2823, 1re col.

CLAIRET. *Ajoutez :* || 5° Locution proverbiale. Être entre le blanc et le clairet, être entre deux vins, être gris, légèrement ivre.

† **CLAIRETTE.** *Ajoutez :* || Nom d'un cépage de la Drôme, *les Primes d'honneur*, p. 706, Paris, 1874.

CLAIRE-VOIE. || 1° *Ajoutez :* || En Normandie, ce mot s'entend de balustrades à jour en pierre de taille.

† **CLAIRIÉRÉ, ÉE** (klè-rié-ré, rée), *adj.* Terme de forestier. Disposé en clairière. Le peuplement qui renferme des clairières est dit clairiéré ou entrecoupé, G. BAGNERIS, *Manuel de sylvic.* p. 5, Nancy, 1873. Les peuplements de cette essence [du chêne-liége] sont d'ordinaire fort clairiérés, H. FARÉ, *Enquête sur les incendies de forêts*, p. 36.

CLAIR-OBSCUR. *Ajoutez :* || 3° Anciennement, synonyme de grisaille, manière noire. La gravure exécutée au clair-obscur [à la manière noire], N. GABURRI, *Lett. du 4 oct. 1732 à P. Mariette*, dans J. DUMESNIL, *Hist. des amateurs franç.* t. I, p. 324. Les copies de ces mosaïques exécutées en clair-obscur ou grisaille, J. DUMESNIL, *Hist. des amateurs ital.* p. 129. || 4° Aujourd'hui, parmi certains artistes et critiques d'art, on nomme clair-obscur les parties d'ombre pénétrées de lumière.

† **CLAIR-OBSCURISTE** (klè-rob-sku-ri-st'), *s. m.* Peintre qui traite ses sujets en clair-obscur. M. Israëls, qui est un maître des écoles du Nord, reste fidèle aux traditions néerlandaises : il est clair-obscuriste, E. BERGERAT, *Journ. offic.* 28 juin 1876, p. 4613, 2e col.

1. **CLAIRON.** *Ajoutez :* || 4° Nom du second registre de la clarinette, entre le chalumeau et les sons aigus. Arrivée à ce point, la clarinette était déjà un instrument assez parfait, et l'étendue de ses trois registres, le chalumeau, le clairon et les sons aigus, était presque complète, L. PILLAUT, *Journ. offic.* 5 janv. 1876, p. 109, 2e col. || 5° Nom d'un coléoptère. Le clairon des abeilles dépose dans les ruches sa larve, qui y fait beaucoup de dommage en dévorant les larves des abeilles, H. PELLETIER, *Petit dict. d'entom.* p. 46, Blois, 1868.

† **CLAIRONNER** (klè-ro-né), *v. n.* En Normandie, reluire, étinceler, resplendir. Tout claironne dans cette maison. Ses yeux claironnent de joie, DELBOULLE, *Gloss. de la vallée d'Yères*, le Havre, 1876, p. 79.

— ÉTYM. *Clairon* 2.

† **CLAMEAUX.** *Ajoutez :* — REM. Ce mot a un singulier. Le clameau est une petite barre de fer dont les deux extrémités sont relevées perpendiculairement ; si elles sont dans un même plan, le clameau est dit plat, simple ou à une face ; si elles sont dans deux plans différents, le clameau est dit à deux faces.

CLAMEUR. *Ajoutez :* — REM. Clameur est noté par Malherbe comme hors d'usage : Je vous conseille de ne parler point de clameurs, MALH. *Comment. sur Desportes*, t. IV, p. 384, édit. Lalanne. Clameur avant et depuis Malherbe a toujours été usité.

— ÉTYM. *Ajoutez :* Le lat. *clamare*, d'où *clamor*, représente un ancien thème *clama* ou *clamo*, venant de *calare*, appeler, par syncope de l'*a* ; comparez *nomenclator* (voy. CALENDES) : *cla-mor*, de *cla-re*, comme *fa-ma* de *fa-ri*.

CLANDESTINEMENT. — HIST. *Ajoutez :* XIVe s. Se lesdis complaignans ou aucuns d'eulx maintenoient que aucuns eussent aucunes fois peschiet, si averoit ce esté clandestinement (1354), VARIN, *Archives administr. de la ville de Reims*, t. III, p. 55.

† **CLAPÉE** (kla-pée), *s. f.* Terme de maçon. Action d'appliquer, par jets, du mortier. Effacer par des clapées de ciment clair les joints d'une muraille ou d'un rocher artificiel.

CLAPET. *Ajoutez :* || 3° Planche de 33 centimètres sur 16, traversée au milieu par un morceau de bois, qui d'un bout sert de manche, et de l'autre laisse jouer sur une cheville un petit maillet destiné à frapper sur la planche ; c'est l'instrument avec lequel, dans les derniers jours de la semaine sainte, lorsque les cloches ne sonnent plus, les enfants de chœur, parcourant les villages, annoncent aux fidèles l'heure des offices, DELBOULLE, *Gloss. de la vallée d'Yères*, p. 79.

1. CLAQUE. *Ajoutez* : ‖ 4° Populairement, emporter ses cliques et ses claques, emporter ce qu'on a, ustensiles, malles, hardes. Il a emporté ses cliques et ses claques et on ne l'a pas revu, DELBOULLE, *Gloss. de la vallée d'Yères*, p. 81.

CLAQUÉ. *Ajoutez* : ‖ 4° Terme de turf. Cheval claqué, cheval dont les tendons des canons sont en mauvais état, froissés ou distendus.

† CLARENCE (kla-ran-s'), *s. f.* Terme de cordonnier. Sorte de chaussure sans derrière. Peaux de veaux pour articles de corroierie, tels que tiges, bottines, clarences, avant-pieds, guêtres pour l'armée, *Enquête, Traité de comm. avec l'Anglet.* t. VI, p. 746.

† CLARIFICATEUR, TRICE (kla-ri-fi-ka-teur, tri-s'), *adj.* Qui a la propriété de clarifier. On pourrait livrer le sulfate d'alumine clarificateur au prix de 80 à 100 francs la tonne rendu à Paris, DE PARVILLE, *Journ. offic.* 16 mars 1876, p. 1855, 2° col.

CLARINETTE. *Ajoutez* : — REM. La clarinette a été inventée par Denner, facteur d'instruments à Nuremberg, en 1690, *Journ. offic.* 5 janv. 1876, p. 109, 2° col.

CLASSÉ. *Ajoutez* : ‖ Terme de turf. Prix classés, prix qui figurent au règlement, par opposition à prix non classés qui n'y figurent pas, et dont le ministre détermine, chaque année, la répartition et les conditions. Les prix classés sont de 1re, de 2°, de 3° ou de 4° classe. ‖ Un cheval est classé ou non, suivant qu'il a ou n'a pas encore gagné un prix de 1re, de 2°, de 3° ou de 4° classe.

† CLASSIFICATOIRE (kla-si-fi-ka-toi-r'), *adj.* Néologisme. Qui se rapporte à la classification. M. Morgan a réuni en tableaux les systèmes de parenté de cent trente-neuf races ou tribus; ces systèmes se divisent, selon lui, en deux catégories : le système descriptif,.... et le système par classification.... le système descriptif est le terme final du système classificatoire, *Rev. des Deux-Mondes*, 1er nov. 1874, p. 235.

† CLASSIFIER. *Ajoutez* : ‖ 2° Ranger suivant un ordre de valeur ou de temps. Sans recourir aux formalités de notre projet, qui classifie le droit des créanciers suivant l'ordre des inscriptions, *Journ. offic.* 23 juin 1874, p. 4422, 2° col.

CLASSIQUE. *Ajoutez* : ‖ 5° Se dit aujourd'hui, dans le commerce, d'une sorte de soie. Les organsins et trame filature de France ont eu quelques demandes, ainsi que les grèges classiques.... les organsins et trames classiques, titres fins, se soutiennent mieux que les sortes courantes, spécialement les trames, sur les marchés italiens, *Journ. offic.* 18 mars 1872, p. 1931, 3° col.

† CLASSIQUEMENT (kla-si-ke-man), *adv.* D'une façon classique. Les Ossétiennes qui sont belles le sont absolument, sans défaut, sans tache, classiquement, comme les plus parfaites des statues antiques, *le Tour du monde*, dans *Journ. offic.* 23 avr. 1876, p. 2884, 2° col

† CLAUDICANT, ANTE (klô-di-kan, kan-t'), *adj.* Latinisme. Qui boite, qui est affecté de claudication. Deux petites quilles vives, claudicantes, mais allant toujours, R. TÖPFFER, *Voyages en zigzag*

— ÉTYM. Voy. CLAUDICATION

† CLAUSULE. *Ajoutez* : Je serai bien aise de la clausule de la diatribe [dissertation], mais je le suis beaucoup plus de cette clausule de votre lettre.... BALZAC, *Lett. inédites*, XXI, éd. Tamizey-Larroque.

† CLAVAI (kla-vè), *s. m.* Terme d'exploitation houillère. Psammite de l'étage houiller dont les grains siliceux sont réunis par de la sidérose en masse dure et tenace, DEWALQUE, *Prodrome de géologie*, p. 94.

† CLAVANDIER (kla-van-dié), *s. m.* Nom, au monastère du mont Saint-Bernard, de l'économe.

— ÉTYM. Lat. *clavis*, clef

† CLAVECINISTE. *Ajoutez* : ‖ Il se dit aussi de ceux qui ont écrit de la musique pour le clavecin. M. Heugel... dans la grande édition des clavecinistes qu'il a exposée, *Monit. univ.* 18 juin 1867, p. 760, 2° col.

† CLAVÉLISATEUR (kla-vé-li-za-teur), *s. m.* Celui qui pratique l'inoculation de la clavelée, CHAUVEAU, *Acad. des sc. Comptes rendus*, t. LXVII, p. 747.

† CLAVETÉ, ÉE (kla-ve-té, tée), *adj.* Muni de clavettes. Arbres en fer forgé de ferraille, tournés et clavetés avec leurs boîtes de jonction, *Enquête, Traité de comm. avec l'Anglet.* t. II, p. 431.

† CLAVICORNE. *Ajoutez* : ‖ *S. m. pl.* Les clavicornes, famille de coléoptères, à laquelle appartient l'escarbot.

† CLAYONNER (klè-io-né), *v. a.* Garnir d'un clayonnage. De forts pieux de dix à douze pieds de hauteur, qu'il enfonça à moitié dans la voie, et dont il clayonna les intervalles avec des fascines ou branchages, afin d'en former de solides palissades capables de résister à l'effort des flots, *Journ. offic.* 12 sept. 1876, p. 6918, 2° col.

— ÉTYM. *Clayon.*

† CLÉDAL (klé-dal), ou CLÉDARD, CLÉDART (klé-dar), *s. m.* Terme suisse. Clôture de pré ou de verger, ordinairement à claire-voie et très-rustique. Toutefois je m'étais maintenu, lorsque du bas du pré de la cure, apercevant la fenêtre de la petite, et tout à l'entour les arbres, les clédals, les vergers dont chacun me ramenait en mémoire des spectacles d'agrestes amusements et de joies journalières, j'ai eu le cœur gonflé, TÖPFFER, *le Presbytère*, *Lettre* CLXXVI.

— ÉTYM. Dérivé du bas-lat. *clida* (voy. CLAIE).

CLEF. *Ajoutez* : ‖ 15° Jeu de clefs ou d'esse, voy. ESSE 2, n° 7.

— REM. On trouve mettre la clef sur la porte, en parlant d'un négociant, d'une compagnie qui est au-dessous de ses affaires et qui les quitte. Ses affaires n'en vont pas mieux, elle [une certaine compagnie] est sur le point de mettre la clé sur la porte.... MAXIME DU CAMP, *Rev. des Deux-Mondes*, 15 juin 1873, p. 780. Cette locution, soit au propre, soit au figuré, est inadmissible. C'est mettre la clef sous la porte qu'il faut (voy. CLEF n° 1, au Dictionnaire). Mettre la clef sur la porte, en ce sens, ne se dit ni ne se comprend.

CLÉMENT. *Ajoutez* : — HIST. XV° s. Ho! clement roy, tant de maux et perilz Sont en passant par ce bois dangereux! JEAN JORET, *le Jardin salutaire*, p. 116.

† CLÉONIEN (klé-o-niin), *adj. m.* Le Lion cléonien, le Lion du zodiaque.

— ÉTYM. Lat. *cleonium sidus*, de Κλεωναί, ville de l'Argolide.

† CLEPTOMANIE (klè-pto-ma-nie), *s. f.* Terme de médecine. Genre de folie qui consiste en un penchant irrésistible au vol. Le fou atteint de monomanie homicide, de cleptomanie, de pyromanie, qui, ayant tué un de ses semblables, volé, allumé un incendie, revient à la raison, n'est jamais rendu à la liberté [en Angleterre], MAXIME DU CAMP, *Rev. des Deux-Mondes*, 1er nov. 1872, p. 58. Atteint de cleptomanie [un savant, sous l'influence du haschich], il volait les montres, les bijoux, avec une habileté que lui auraient enviée les pensionnaires de La Roquette et de Clairvaux, ID. *ib.* ‖ On dit aussi clopémanie (voy. ce mot).

— ÉTYM. Κλέπτειν, voler, et *manie*.

CLERC. *Ajoutez* : ‖ 6° Clerc d'à bas, dans l'Anjou, nom du contre-maître, dans les travaux de mine. On écrit d'Angers : avant-hier matin, à sept heures et demie, le contre-maître ou clerc d'à bas de la Grande-Maison de Trélazé, après s'être fait descendre dans le puits, vint prévenir M. M.... directeur de cette exploitation, que des craquements s'étaient fait entendre dans la voûte, et que des fissures avaient été aperçues, *Journ. offic.* 13 avr. 1876, p. 2676, 2° col.

— REM. Il est singulier qu'en anglais la locution qui répond à notre *pas de clerc* soit *clerical oversight*. Ici le sens est certainement manquement d'homme du clergé ; au lieu que dans le français c'est manquement d'un clerc de notaire ou d'avoué.

† CLERGEON. *Ajoutez* : ‖ 2° En Normandie, enfant de chœur, DELBOULLE, *Gloss. de la vallée d'Yères*, p. 80

† CLÉRICALISATION (klé-ri-ka-li-za-sion), *s. f.* Action de cléricaliser, d'inspirer l'esprit clérical. La cléricalisation chaque jour plus grande du bonapartisme, *l'Opinion*, 31 juillet 1876, 2° page, 3° col.

† CLÉRICALISER (klé-ri-ka-li-zé), *v. a.* Inspirer l'esprit de cléricalisme. Le prince Gortchakof l'a dit, il regarde avec curiosité si la France sera définitivement cléricalisée ;.... si à droite il y a de naïfs fanatiques qui veulent absolument cléricaliser la France malgré elle.... CH. DE MAZADE, *Rev. des Deux-Mondes*, 15 juill. 1875, p. 473. A cette date aussi [en 1827], on voulut cléricaliser l'armée, *le Bien public*, 25 nov. 1875, 3° page, 2° col. Disons le mot, vous avez tenté de cléricaliser la Belgique (M. Bara, à la Chambre belge), *Journ. offic.* 25 janv. 1873, p. 539, 1re col.

† CLÉRICALISME (klé-ri-ka-li-sm'), *s. m.* Néologisme. Terme par lequel les adversaires des doctrines ultramontaines caractérisent l'esprit de l'Église catholique tendant à subordonner l'autorité temporelle à l'autorité ecclésiastique.

† CLICHERIE (kli-che-rie), *s. f.* Lieu où sont fabriqués les clichés; nom de cette industrie. Son Excellence s'est arrêtée dans la clicherie et s'est fait expliquer les procédés de clichage, aujourd'hui si perfectionnés, *Journ. offic.* 15 juill. 1873, p. 4720, 1re col.

† CLIGNOT (kli-gno), *s. m.* Voy. SAXICOLE.

† CLIMACTÈRE (kli-ma-ktè-r'), *s. m.* Âge de la vie considéré comme époque critique. Le nombre des générations [dans la généalogie de J. Christ] est 63, nombre mystérieux, et le premier des climactères, comme composé de 7 et de 9, *Œuvres de Rabelais*, Paris, 1837, p. 429, Table des matières, v° *Généalogie*.

— ÉTYM. Κλιμακτήρ, âge critique, proprement échelon, de κλῖμαξ, échelle.

CLIMAT. *Ajoutez* : ‖ 4° Terme forestier. Canton de bois. Dans la nuit du 14 au 15 avril dernier, le feu éclatait dans les bois de la Corbillière, aux climats de Bougy, de Sainte-Marie et d'Annecy, sur 14 points différents [dans le Loiret], *Gaz. des Trib.* 5 sept. 1875, p. 858, 3° col. Il était dans les bois, à proximité des climats incendiés, *ibid.* ‖ 5° Nom, dans les Charentes, des localités par rapport à la qualité des eaux-de-vie produites.

† CLIMATORIAL, ALE (kli-ma-to-ri-al, a-l'), *adj.* Qui a rapport aux climats. Sur les caractères divers des variétés de plantes importées de diverses régions climatoriales, *Bull. Soc. centr. d'Agric.* 1872, p. 596.

— REM. Ce mot est un barbarisme; il n'y a rien dans *climat* qui puisse amener la terminaison *orial*, mise ici par imitation d'*équatorial*. Si l'on veut former un adjectif, il faut le tirer de *climature* qui existe, et dire *climatural*, comme *conjectural* de *conjecture*.

† CLINFOC. *Ajoutez* : — ÉTYM. Allem. *klein*, petit, et *Fock*, foc.

† CLINORHOMBIQUE (kli-no-ron-bi-k'), *adj.* Terme de minéralogie. Prisme clinorhombique, prisme oblique à base rhombe. ‖ On écrit aussi klinorhombique.

— ÉTYM. Κλίνη, inclinaison, et *rhombe*.

† CLIO. *Ajoutez* : ‖ La 84° planète télescopique, découverte en 1865 par M. Luther.

CLIQUE. *Ajoutez* : ‖ Emporter ses cliques et ses claques (voy. CLAQUE au Supplément).

† CLIQUER (kli-ké), *v. a.* Cliquer, claquer, verbes dénominatifs, avec allitération plaisante, de clic, clac, distribuer des clic et des clac. Il [Cousin] traite ces femmes [les grandes dames du XVII° siècle] comme il ferait des élèves dans un concours de philosophie ; toi d'abord, toi ensuite ; Jaqueline par-ci, Palatine par-là ; il les classe, il les clique, il les claque, STE-BEUVE, *Préface* à l'édition Janet des *Maximes de la Rochefoucault*, p. XX.

CLIQUETTE. ‖ 2° *Ajoutez* : Indépendamment des filets, il est des engins et instruments de pêche dont l'usage est quelquefois nuisible, tels sont les appareils en bois appelés soles, bacs, cliquettes, bouraques, cages, paniers, et certaines sortes de nasses, *Circ. des Forêts* du 28 juin 1829, n° 221.

CLOCHE. *Ajoutez* : ‖ 13° Fig. et populairement. Déménager à la cloche de bois, déménager sans tambour ni trompette. Les logeurs parisiens, sans cesse exposés aux déménagements furtifs, à la cloche de bois, comme on dit dans le peuple, ne se gênent pas pour.... *le Figaro* du 21 mars 1876. ‖ 14° Anciennement, cloche de carrière, l'ouverture d'une carrière. Que le nommé Maimbré, carrier à Charonne, sera tenu, dans le jour, de faire mettre des barrières suffisantes autour de la cloche de sa carrière, et que les piliers qui sont à l'entrée seront renversés, *Ordonn. de police*, 15 avril 1782. ‖ 15° Dans le commerce du houblon, la cloche désigne une certaine quantité. On a payé de 34 à 35 francs au dernier marché d'Alost ; 100 francs la balle à celui de Poperinghe ;... de 80 à 90 francs à Bischwiller, et les grosses cloches de 55 à 60 fr., *Journ. offic.* 30 sept. 1872, p. 6268, 3° col. ‖ 16° Sifflet à cloche (voy. SIFFLET au Supplément).

— REM. Plus étonné qu'un fondeur de cloches, locution qui trouve son explication dans cette phrase-ci : Le cavalier crotesque arrive en son logis à beau pied sans lance, plus penaut qu'un fondeur de cloches qui a manqué de métail, ODDIN DE PRÉFONTAINE, *Les maistres d'hostels aux halles, le cavalier crotesque et l'apothicaire empoisonné, nouvelles comiques*, Paris, 1670, p. 216 (cité par M. Defrémery, dans *Rev. critique*, 20 mars 1875, p. 180).

— HIST. || XIVe s. *Ajoutez* : pour pourfiller la cloche [la chape d'une robe], *Mandements de Charles V*, 1376, Paris, 1874, p. 680.

— ÉTYM. *Ajoutez* : Bas-lat. *gloggæ*, dans *Vita sancti Sturmi*, an 779.

CLOPORTE. *Ajoutez* : || 2° Populairement, un portier (par un jeu de mots : clôt-porte).

— ÉTYM. *Ajoutez* : M. Bugge (*Romania*, juill.-oct. 1875, p. 353), ayant remarqué dans le prov. moderne *porquet-de-crota* (Honnorat), cloporte, a été conduit à une nouvelle interprétation de *cloporte* (*porte* restant toujours l'équivalent de *porque* ou *porc*). Suivant lui, *clo* représente le prov. *crota*, ou l'anc. franç. *crote*, *crute*, grotte, cave souterraine; le *cloporte* serait le *porc* de la *cave*. Le *porquet-de-crota* provençal appuie beaucoup cette interprétation. Dans certaines parties de la Bourgogne, le *cloporte* est nommé *cochon de cave*.

CLOQUE. || 1° *Ajoutez* : Il me paraît bien difficile d'hésiter à voir dans le *taphrina deformans* la cause véritable de la cloque [du pêcher], PRILLIEUX, *Bullet. Soc. centr. d'Agric.* 1872, p. 611. || 3° Ordure dont on débarrasse le blé par le nettoyage, *Mém. Soc. centr. d'Agric.* 1874, p. 477.

† **CLOQUÉ, ÉE.** *Ajoutez* : Il faut, dit M. Tulasne, laisser sur les arbres les feuilles cloquées, elles tombent d'elles-mêmes, PRILLIEUX, *Bullet. Soc. centr. d'Agric.* 1872, p. 611.

† **CLOQUET** (klo-kè), *s. m.* Dans l'Aunis, morceau de jonc qu'on place entre deux douvelles, pour rendre une futaille étanche, *Gloss. aunisien*, 1870, p. 89.

CLORE. — HIST. XVIe s. *Ajoutez* : Vray est que la rigueur de l'inquisition les fait tenir [les Espagnols] clos et couverts [peu communicatifs], GUY COQUILLE, *Dialogue sur les causes des misères de la France*, Œuvres, éd. de 1666, t. I, p. 259 (voy. à CLOS 1, n° 2, un emploi semblable de clos et couvert en des auteurs plus récents).

† **CLOSAGE** (klô-za-j'), *s. m.* En Normandie, petit verger entouré de haies, avec ou sans habitation, H. MOISY, *Noms de famille normands*, p. 100. Un bœuf piqué du taon, qui, brisant nos closages, Hier, sur le chaud du jour, s'enfuit des pâturages, CORN. *Lexique*, éd. Marty-Laveaux. L'emmenèrent à bord de leur barque, nus pieds et nues jambes, à travers closages, haies et buissons, S. DE CARTERET, *Chr. de Jersey*, XVIII, p. 52.

— ÉTYM. *Closant*, part. présent du verbe *clore*, par le participe passé *clos*.

† **CLOTHO.** *Ajoutez* : || 2° La 97e planète télescopique, découverte en 1868 par M. Tempel.

CLÔTURE || 6° Terme de lapidaire. Clôtures, facettes triangulaires qui forment le dernier rang et se trouvent reliées aux plats ou losanges, CHRITEN, *Art du lapidaire*, p. 28. || Doubles clôtures, celles qui sont coupées en deux.

† **CLÔTURER.** *Ajoutez* : || 2° Fermer d'une clôture. La prévenue, qui prétend n'être pas propriétaire d'une impasse qu'un arrêté municipal l'oblige de clôturer comme en étant propriétaire.... *Gaz. des Trib.* 17 juillet 1870.

CLOU. *Ajoutez* : || 7° Exemplaire avant les clous, se dit des exemplaires d'une certaine Bible (la Bible de Mortier, Amsterdam, 1700, 2 vol. in-f°) antérieurs à l'accident qui brisa une des planches (les planches sont très-nombreuses dans cet ouvrage); la planche fut reclouée avec soin; mais la trace des clous se voit dans les tirages postérieurs à l'accident. || 8° Ne tenir ni à clou, ni à cheville, ne pouvoir se maintenir, ni résister. || Cette locution ne s'expliquerait-elle pas par le texte suivant, en un sens qui ne se présente pas tout d'abord : Il [le pin maritime] la doit [sa ténacité] peut-être à la lutte constante qu'il a dû soutenir contre le vent violent de la mer, et, comme cela arrive pour l'homme, l'adversité l'a rendu fort; le clou ou la cheville ne résiste pas aux vibrations dans le pin du Nord [il ne tient donc ni à clou ni à cheville]; le pin maritime a la fibre solide et retient le clou et la cheville, *Enquête sur les incendies des Landes*, p. 404, 1873. || 9° Sorte de taille du diamant. Après que la pointe supérieure et la pointe inférieure d'un diamant ont été plus ou moins abattues à la meule, on a le diamant à la table; si les pointes n'ont été que légèrement abattues, on l'appelle table profonde, ou clou, suivant l'expression française plus exacte, *Revue Britannique*, juill. 1876, p. 116.

— HIST. || XIVe s. *Ajoutez* : *Furunculus*, gallice clou, H. DE MONDEVILLE, ms. latin, 7139, f° 184.

CLOUÉ. *Ajoutez* : || 2° *S. m.* Le cloué, genre de chaussure clouée au lieu d'être cousue. L'industrie parisienne de la cordonnerie, si supérieure pour la chaussure d'enfants, pour la chaussure de luxe et pour un certain genre qu'on appelle le cloué, *Journ. offic.* 17 mai 1876, p. 3347.

CLOUER. || 2° Fig. *Ajoutez* : Je me porte très-bien; je ne sais que souhaiter de mieux, sinon de clouer ce bienheureux état, SÉV. *Lett.* 4 sept. 1677.

† **CLOUURE** (klou-u-r'), *s. f.* Endroit où un clou est enfoncé. Des clouures qui se touchent. || Emploi de clous. Appareil à clouures.

† **CLOVISSE** (klo-vi-s'), *s. f.* Sorte de coquillage alimentaire, la Vénus verruqueuse (voy. GOBELIN). Le coquillage dit clovisse est très-apprécié pour la finesse et la saveur de sa chair; mais il ne peut malheureusement, croyons-nous, subir le retard du transport sans être altéré, *Phare du Littoral*, dans *Journ. offic.* 4 juin 1873, p. 3551, 3e col.

† **CLYMÈNE** (kli-mè-n'), *s. f.* La 104e planète télescopique, découverte en 1868 par M. Watson.

— ÉTYM. Κλυμένη, une des Néréides.

† **CLYTIE** (kli-tie), *s. f.* La 73e planète télescopique, découverte en 1862 par M. Tuttle.

— ÉTYM. Κλυτία, une Océanide.

† **COACHER** (ko-a-ché), *s. m.* Outil du batteur d'or. Les premiers outils nommés coachers, qui étaient autrefois en parchemin, sont faits aujourd'hui avec du papier inventé par Montgolfier, *Enquête, Traité de comm. avec l'Anglet.* t. II, p. 261.

† **COAGULABILITÉ** (ko-a-gu-la-bi-li-té), *s. f.* Qualité d'un liquide coagulable. M. Bernard communique, au nom de M. Glénard, de Lyon, une expérience extrêmement intéressante sur la coagulabilité du sang, H. DE PARVILLE, *Journ. offic.* 18 nov. 1875, p. 9440, 2e col.

† **COALTAREMENT** (kôl-ta-re-man), *s. m.* Action de répandre du coaltar. Plusieurs délégués de l'Académie des sciences ont reconnu et affirmé les bons effets obtenus du coaltarement de grands vignobles, COMTE DE LA VERGNE, *Bullet. de la Soc. centr. d'Agric.* 1875, p. 120.

† **COALTARER** (kôl-ta-ré), *v. a.* Enduire de coaltar. En mars et avril, la vigne étant taillée et profondément déchaussée, on coaltare au gros pinceau la tige dépouillée de ses vieilles écorces,... H. DE PARVILLE, *Journ. offic.* 7 avril 1876, p. 2510, 2e col. Le sable fin pur, le sable coaltaré, le coaltar seul ou en mélange avec le plâtre, N. LLOUBES, dans *Trav. de la Comp. départ. contre le phylloxéra*, Perpignan, 1874, p. 118.

† **COASSURANCE** (ko-a-su-ran-s'), *s. f.* Assurance dans laquelle les assurés s'assurent mutuellement. Il résolut de fonder une nouvelle société qu'on appelle *le Héron*, compagnie d'assurances et de coassurances dont il arrêta, après un premier essai, les statuts définitifs au mois de mai 1876, *Journ. des Débats*, 30 août 1876, 4e page, 1re col.

COATI. *Ajoutez* : — ÉTYM. Mot galibi, qui est donné dans l'ouvrage posthume de Margrav, publié par Laet, en 1648 (ROULIN).

COBALT. — ÉTYM. *Ajoutez* : *Kobolt*, nom, dans le Nord, d'un génie des mines, d'une sorte de gnome. Les mineurs suédois, ayant pris ce minerai pour un minerai précieux et le voyant se comporter mal à la fusion, lui donnèrent ce nom pour exprimer la sorte de tromperie qu'ils avaient subie.

† **COBIER** (ko-bié), *s. m.* Premier réservoir de la série des chauffoirs, faisant suite à la vasière et partagé en compartiments, *Enquête sur les sels*, 1868, t. I, p. 509.

† **COBOURG** (ko-bour), *s. m.* Nom d'un tissu. Si les manufactures saxonnes ne produisaient un tissu dit cobourg, qui, quoique fort inférieur, pourrait, à cause de la modicité de son prix, remplacer les mérinos dans la consommation, *Enquête, Traité de comm. avec l'Anglet.* t. VII, p. XXXVIII. La fabrique de Bradford produit des quantités considérables du tissu dit cobourg ou cachemire d'Écosse, chaîne coton, à des prix extrêmement bas, depuis 75 centimes le mètre tout teint, ayant 95 centimètres de large, *ib.* t. III, p. 420.

† **COCA** (ko-ka), *s. f.* Nom indigène (Pérou) de l'*erythroxylum coca*, Lamarck, dont les feuilles, mâchées par les courriers, les voyageurs, les mineurs, leur permettent de rester un jour ou deux sans prendre d'aliments solides ou liquides.

COCAGNE. — HIST. *Ajoutez* : || XIVe s. Tuit li baron de sa compaigne [compagnie] En sont dolent et esperdu; Lor homme sont là descendu, Où il n'ont pas trouveit coquaigne, *la Guerre de Metz* en 1324, p. 186.

† 2. **COCASSE** (ko-ka-s'), *s. f.* Nom, dans la Suisse française, d'une sorte de bouilloire. La cocasse pansue chante sur les braises; le coquemar, le chapeau sur l'oreille, l'accompagne d'un second dessus plein de crânerie, Mme DE GASPARIN, *Voyages, Bande du Jura*, I, *les Prouesses de la bande du Jura*, Paris, 1865.

— ÉTYM. M. Berthoud, qui nous transmet ce mot suisse, dit : « La *cocasse* a une forme quasi grotesque, de sorte que, si le mot *cocasse*, dans le sens de plaisant, ridicule, était né en Suisse, l'étymologie de ce mot paraîtrait peu embarrassante, et l'on dirait que la vue de l'un a éveillé l'idée de l'autre. » On pensera au lat. *coquere*, cuire; mais, dans l'historique de *cocasse*, adjectif, on voit que ce mot a signifié coquille; il est probable que *cocasse*, ustensile de cuisine, vient de là, par une assimilation de forme, et doit être rapporté à *coque*.

† **COCCÉIENS** (ko-ksé-iin), *s. m. pl.* Sectateurs de Jean Cox ou Cocceius (né à Brême en 1603, professeur de théologie à Leyde), qui prétendit que toute l'histoire de l'Ancien Testament est la figure et comme le tableau de celle de Jésus-Christ. Souvent, pour abîmer l'auteur, on emploie plus d'intrigues que les whigs n'en ont tramé contre les torys, les Guelfes contre les Gibelins, les molinistes contre les jansénistes, les coccéiens contre les voétiens, VOLT. *Lett. à Albergati Capelli*, 23 déc. 1760. || Au féminin. Il m'ajouta qu'il y avait encore quatre coccéiennes en Hollande, et que c'était dommage que l'espèce pérît, ID. *Dict. phil. Sottises des deux parts.*

— ÉTYM. *Cocceius*, théologien cartésien hollandais du XVIIe siècle.

† **COCCOLITHE** (ko-kko-li-t'), *s. f.* Calcosphérites rondes ou elliptiques du fond de la mer prises pour des êtres organisés (voy. CALCOSPHÉRITE au Supplément).

— ÉTYM. Κόκκος, grain, et λίθος, pierre.

1. **COCHE.** || 3° *Ajoutez* : || La voile est en coche, quand une vergue qui porte une voile a atteint la plus grande hauteur à laquelle elle puisse s'élever.

† 6. **COCHE** (ko-ch'), *s. m.* Cour, dite aussi voirie, placée dans les abattoirs et spécialement destinée à recevoir les déjections provenant de la vidange des estomacs et des intestins des animaux. Le concessionnaire sera tenu de faire enlever des cours de travail les panses de bestiaux dont la préparation lui sera confiée, au fur et à mesure de l'abatage, de les porter et de les vider dans les coches; le matériel employé au transport des panses devra être en bon état et ne pas laisser répandre les vidanges dans le trajet des cours de travail aux coches, MATHÉ, *Rap. au Conseil municipal de Paris*, séance du 9 mars 1876.

COCHENILLE. *Ajoutez* : ... Et ensuite cochenillés avec la petite cochenille, *Instruction générale pour la teinture*, 18 mars 1671, art. 213.

† **COCHERELLE** (ko-che-rè-l'), *s. f.* Espèce de champignon comestible. La cocherelle et la morille sont très-distinctes et très-saines, mais elles sont rares, Mme ADANSON, *la Maison de campagne*, t. I, p. 302, Paris, 1852.

COCHEVIS. — ÉTYM. *Ajoutez* : M. Sequelin, de Nîmes, voit dans *cochevis* une onomatopée, le cri clair et perçant de cet oiseau étant représenté par *coklivi*, qui en est le nom en wallon; le *cochevis* se nomme à Nîmes *coquillade* (fém.).

† **COCHINCHINOIS, OISE** (ko-chin-chi-noi, noi-z'), *adj.* Qui est de la Cochinchine. || Poule cochinchinoise, poule de grande taille. Regardons ces coqs et ces poules de la race dite cochinchinoise; bêtes disgracieuses, recherchées parce qu'elles sont de forte taille; elles ne peuvent plus du tout voler, les pattes sont affreusement massives et les ailes raccourcies, BLANCHARD, *Rev. des Deux-Mondes*, 15 juin 1874, p. 858.

COCHON. *Ajoutez* : — REM. Tout le monde connaît la locution : camarades, amis comme cochons. Est-ce bien le cochon dont il s'agit ici? M. Ch. Nisard, *Parisianismes*, p. 55, ne le pense pas. Il y avait dans l'ancien français un mot *soçon*, *sochon*, qui signifiait compagnon, associé, et qui vient du latin *socius*. De là il a été naturel de dire : amis, camarades comme soçons ou sochons. Puis, comme *soçon* ou *sochon* ne se comprenait plus, le langage populaire le transforma en un mot connu, *cochon*. Remarquez que *chouchonner*, faire ensemble, existe dans le patois normand ; *chochonner*, posséder, utiliser un cheval en commun, dans le patois du pays de Bray ; *chochonner*, réunir leurs chevaux pour cultiver leurs terres, en parlant de petits cultivateurs, dans le patois picard. Cette discussion de M. Ch. Nisard rend très-vraisemblable que *cochon* a été pris pour *sochon*.

COCHONNET. *Ajoutez :* || 4° Nom, en horticulture, des dards que présente une branche d'arbre fruitier. Quelques dards dits cochonnets ont été enlevés et portés sur un pêcher d'une autre sorte, *Revue horticole*, 16 sept. 1875, n° 18, p. 350.

† **COCKNEY** (ko-knè), *s. m.* Mot anglais employé quelquefois en français. Proprement, quelqu'un qui est né dans le voisinage des *cloches de Bow*, c'est-à-dire de *Bowchurch* dans la Cité de Londres. Le cockney, qu'on rencontre si souvent dans les caricatures du *Punch*, parle mal, et ne sait rien en dehors de la vie de Londres ; il a plusieurs des traits du badaud de Paris. Les nombreux Anglais qui partagent les anxiétés de sir Henry Rawlinson, ne craignent pas, comme les cockneys de Londres, que la Russie mette la main sur les Indes, *Rev. des Deux-Mondes*, 1er août 1875, p. 679.

† 2. **COCO.** *Ajoutez :* || 5° Gros haricot rond très-farineux. On cote : haricots flageolets, l'hectolitre et demi, de 70 à 80 francs ; nains étrangers, de 36 à 38 francs ;... cocos blancs, de 43 à 45 francs ; cocos roses, de 46 à 48 francs, *Journ. offic.* 28 oct. 1872, p. 6716, 1re col.

† **COCONNIER, IÈRE** (ko-ko-nié, niè-r'), *adj.* Qui a rapport aux cocons de soie. Les claies coconnières.

† **COCONNIÈRE.** *Ajoutez :* || 2° Bruyères, dans une magnanerie, disposées pour les cocons. Montée, coconnière, décoconnage, traitement des cocons, *Programme de l'école d'agric. de Montpellier*, dans *Journ. offic.* 6 mai 1874, p. 3124, 2e col.

† **COCORLI** (ko-kor-li), *s. m.* Voy. TRINGA.

† 1. **COCOTE.** *Ajoutez :* || 4° Fille galante. Une certaine Adeline qui représente aux Italiens [y est figurante], et plusieurs autres cocotes de même espèce, *Cahier des plaintes et doléances*, etc. p. 16, 1789, dans CH. NISARD, *Parisianismes*, p. 67. S'il a le moyen d'avoir des laquais et d'entretenir une cocote? *Lett. du P. Duchêne*, 164e *lettre*, p. 4. J'étais à côté d'une très-jolie cocote qu'on m'a dit être actrice au théâtre de la Nation, *ib. Lettre* 177, p. 2.

† 2. **COCOTE.** — ÉTYM. *Ajoutez :* L'emploi de la fonte pour ustensiles de cuisine n'étant pas fort ancien, il est possible que *cocote* soit un mot de fantaisie, suggéré d'ailleurs par *coquemar*.

† **COCOTERIE** (ko-ko-te-rie), *s. f.* Manières, langage des cocotes ou femmes légères. C'est la justification de *Froufrou*, ce père sans dignité, affamé de gandinerie, de cocoterie, protecteur de petites débutantes, ALPH. DAUDET, *Journ. offic.* 30 août 1875, p. 7384, 1re col.

— ÉTYM. *Cocote* 1.

CODE. *Ajoutez :* || 6° Code de signaux, ensemble de signaux à la mer convenus entre les nations maritimes. Que le Brésil avait adhéré aux propositions du gouvernement impérial pour l'adoption d'un code de signaux maritimes international, *Monit. univ.* 22 juill. 1868, p. 1092, 1re col.

CODÉBITEUR. *Ajoutez :* || Au féminin, codébitrice. Si la dame G.... n'est codébitrice, ni solidaire, ni conjointe avec son mari... *Gaz. des Trib.* 27 oct. 1875, p. 1034, 2e col.

† **CODRILLOT** (ko-dri-llo, *ll* mouillées), *s. m.* Nom, dans l'Oise, du pois gris, *les Primes d'honneur*, Paris, 1872, p. 65.

† **COÉCHANGISTE** (ko-é-chan-ji-st'), *s. m.* Celui qui fait un échange avec un autre. Une convention intervenue pour un échange de bœufs.... qu'évidemment, avant toute réponse de son coéchangiste, il était désarmé quant à la preuve,... *Gaz. des Trib.* 2 janv. 1875, p. 6, 3e col.

† **COÉDUCATION** (ko-é-du-ka-sion), *s. f.* Néologisme. Éducation en commun. La coéducation des sexes aux États-Unis.

† **COËF** (ko-èf), *s. m.* Voy. CUY.

† **COERCER** (ko-èr-sé), *v. a.* Le *c* prend une cédille devant *a* et *o* : coerçant, coerçons. || 1° Terme didactique. Retenir entre des parois, entre des tissus. Les uns ayant la propriété chimique de tempérer le mouvement, en en coerçant le principe ; les autres, donnant à nos organes un ressort dont le principe est le même que celui de la chaleur, PELLETAN, *Clinique chirurg.* art. *Physiologie*, t. II, p. 356. || 2° Exercer une coercition.

— HIST. XVIe s. Nature, pour cohercer la petulance de la langue, nous a donné les dents et les gencives comme pour rempars, *Amant ressuscité*, p. 146.

— ÉTYM. Lat. *coercere* (voy. COERCIBLE).

† **COÉTENDU, UE** (ko-é-tan-du, due), *adj.* Terme de philosophie. Qui a une égale extension. Tous les docteurs qui ne sont pas cartésiens.... supposent que l'âme est localement présente dans les organes du corps humain, et qu'elle y est coétendue à la matière qu'elle anime, BAYLE, *Note L de son article sur Marguerite de Navarre, sous François Ier* (voy. au mot NAVARRE).

CŒUR. *Ajoutez :* || 23° Une personne objet de tendresse. Je craignais encore Mme de Caylus, sa nièce [de Mme de Maintenon], son goût et son cœur, qui la connaissait parfaitement, ST-SIM. t. VIII, p. 225, édit. Chéruel. || 24° Terme de turf. On dit qu'un cheval manque de cœur, quand il ne fait pas son possible pour triompher. || 25° Cœur vert, espèce d'arbre. Le mora (*mora excelsa*) et le cœur vert (*hectandra Rodeii*) de la Guyane anglaise, *Rev. Britann.* fév. 1876, p. 283.

† **COFERMIER** (ko-fèr-mié), *s. m.* Celui qui a pris à bail une ferme conjointement avec un ou plusieurs autres.

† **COFFRAGE.** *Ajoutez :* || 2° Pose, dans les fouilles, de coffres de bois. Pour creuser un puits les moyens de coffrage sont des plus sûrs, *Journ. offic.* 22 nov. 1875, p. 8528, 2e col.

COFFRE. *Ajoutez :* || 6° Coffre d'une batterie, masse de terre qui lui sert d'épaulement. || 7° Fig. Être sur les coffres de Malte, être sans argent, ancienne locution aujourd'hui inusitée tirée de ce que les chevaliers de Malte faisaient vœu de pauvreté. Monsieur le chevalier [le frère de M. de Grignan] voulait que vous allassiez sans officiers à Marseille, déclarant que vous êtes sur les coffres de Malte, SÉV. *à Mme de Grignan*, 25 fév. 1689, dans *Lett. inédites*, éd. Capmas, t. II, p. 239.

COFFRETIER. *Ajoutez :* — HIST. XIVe s. Pierre le Fou, nostre coffrier, pour neuf coffres, *Mandements de Charles V*, 1376, Paris 1874, p. 672.

† **COFICHE** (ko-fi-ch') ou **COTFICHE** (kot'-fi-ch'), *s. f.* Nom, à Granville, de l'haliotide ou oreille de mer.

— ÉTYM. Angl. *codfish*, morue.

† **COFONDATEUR** (ko-fon-da-teur), *s. m.* Celui qui est fondateur avec d'autres. P.... forma, avec le concours de plusieurs cofondateurs, une société d'assurances à primes fixes contre l'incendie, *Gaz. des Trib.* 10-11 avril 1876, p. 354, 2e col.

† **COGITATION.** *Ajoutez :* Je vous renonce, pensées vaines et cogitations inutiles, ST FRANÇOIS DE SALES, *Introd. à la vie dévote*, I, 10. Tout ce que je vous désire, c'est que vous soyez.... délivré de toutes les cogitations vagues et fluctuantes, MALH. *Lexique*, éd. L. Lalanne.

COGNASSE. *Ajoutez :* — HIST. XVIe s. Coignasse, MANTELLIER, *Glossaire*, Paris, 1869, p. 20.

COGNER. — HIST. *Ajoutez :* || XIVe s. Bois congné [fendu avec un coin], MANTELLIER, *Glossaire*, Paris, 1869, p. 20.

† **COHER** (ko-èr), *s. m.* Nom, à Belle-Ile, Morbihan, d'un goëland roux, GOUÉZEL, *les Oiseaux de mer*, Nantes, 1875, p. 12.

COHÉRITIER. *Ajoutez :* — HIST. XVIe s. Et se nous sommes filz, nous sommes aussi heritiers : heritiers certes de Dieu et coheritiers de Christ, *Rom.* VIII, 17, *Nouv. Testam.* éd. Lefebre d'Étaples, Paris, 1525.

† **COHIBANT.** *Ajoutez :* || Substantivement. Il [le comte de Rumford] arriva à ce résultat général que le principal cohibant de la chaleur est l'air retenu entre les fibres des substances, CUVIER, *Éloges de Parmentier et de Rumford*, II.

COHOBER. — ÉTYM. Arabe, *cohbet* ou *cohbé*, couleur brune ou noirâtre [M. le chanoine Bertrand).

COI. *Ajoutez :* || 3° De pied coi, sans bouger, en silence. Attends là de pied coi que je t'en avertisse, CORN. *Lexique*, éd. Marty-Laveaux. || Corneille, dans les éditions suivantes, a supprimé de pied coi, et a mis : Attends, sans faire bruit, que je t'en avertisse.

COIFFER. *Ajoutez :* || 16° Prendre pour coiffure, mettre sur sa tête. À peine Proterius avait-il reçu l'imposition des mains et coiffé cette tiare adoptée depuis Cyrille.... AM. THIERRY, *Rev. des Deux-Mondes*, 1er avr. 1872, p. 522.

COIFFEUR. *Ajoutez :* — HIST. XIVe s. Dame Tifaigne la coifiere [celle qui coiffe, qui fait des coiffes], *Dits de Watriquet*, p. 382.

† **COIGNE** (koi-gn'), *s. f.* Dans l'Aunis, cépage rouge à feuilles découpées, à grains gros et séparés, *Gloss. aunisien*, 1870, p. 90.

COIN. *Ajoutez :* || 7° Coin de feu, sorte de vêtement. 1500 vestons dits coins de feu, molleton couleur, bordures de toutes nuances, à 5 fr. 50, *Prospectus*, 23 déc. 1875. || 8° Coin du feu, petit siége pour s'asseoir auprès du feu.

† **COINCER.** *Ajoutez :* || 2° *V. réfl.* Se coincer, se dit de deux parties d'un mécanisme qui s'arc-boutent et se forcent l'une contre l'autre, de manière à empêcher le mouvement.

† **COÏNCULPÉ, ÉE** (ko-in-kul-pé, pée), *s. m.* et *f.* Celui, celle qui est inculpée avec d'autres. Dès les premiers interrogatoires, C.... se mit en contradiction avec ses coïnculpés et notamment avec D..., *Gaz. des Trib.* 18-19 mai 1874, p. 476, 2e col.

† **COIREAU** (koi-rô), *s. m.* Nom, dans l'Aunis, d'une espèce de gâteau, *Gloss. aunisien*, 1870, p. 90.

† **COISTRESSE** (koi-strè-s') ou **COSTRESSE** (ko-strè-s'), *s. f.* Terme d'exploitation houillère. Galerie de direction dans les mines, servant à conduire le charbon des tailles à la descenderie.

† **COJURATEUR** (ko-ju-ra-teur), *s. m.* Celui qui jure avec le défendeur, d'après les lois barbares. La plupart des législations barbares règlent avec un soin minutieux le nombre des cojurateurs.

COL. *Ajoutez :* || 5° Col de cygne, pièce recourbée qui sert à conduire un liquide, la fumée, etc. Cols de cygne pour bains, et fourneaux de grands établissements, *Alm. Didot-Bottin*, 1871-72, p. 1272, 3e col.

— REM. Le col d'une montagne est insuffisamment défini. C'est le point d'une chaîne de montagne où le faîte, faisant une inflexion, offre un passage d'un versant à l'autre, entre les points d'attache de deux contre-forts.

† **COLA** (ko-la), *s. m.* Cola, ou noix de cola, ou noix du Soudan ou de Gourou, graines du sterculier, qui, mâchées, font paraître bonnes les eaux saumâtres (voy. STERCULIER). Les produits fournis par la rivière de Sierra-Leone et ses affluents sont : les arachides, les amandes de palme, le sésame, les noix de colas, le gingembre, l'huile de palme et le café, *Journ. offic.* 26 fév. 1876, p. 1402, 3e col. [En Afrique] Les noix de colas symbolisent, suivant leur couleur, la paix ou la guerre ; les blanches sont le gage de l'amitié, les rouges équivalent à une déclaration de guerre, *ib.* 9 mai 1876, p. 3164, 3e col.

† **COLATEUR** (ko-la-teur), *s. m.* En termes d'irrigation, fossé d'assainissement.

COLBACK. — ÉTYM. Voy. KALPACK, qui est le même mot.

COLCOTAR. — ÉTYM. *Ajoutez :* C'est l'arabe *golgotâr*, qui est probablement une altération de χάλκανθος, χαλκάνθη, car une autre espèce de cette substance porte en arabe le nom de *calcant* (DOZY, p. 257), qui, de la sorte, met à néant la supposition que *colcotar* soit un mot forgé par Paracelse).

† **COLÉRER.** *Ajoutez :* — REM. Corneille avait employé *se colérer* : Ne te colère point contre mon insolence, *Mélite*, IV, 6. Mais, le mot lui ayant été signalé comme suranné, il mit dans les éditions suivantes : N'entre point en courroux contre mon insolence. Pourtant il l'a laissé dans *Clitandre*, I, 4 : Modère ces bouillons d'une âme colérée.

† **COLETTE.** — REM. On écrit aussi collette (voy. SŒUR, n° 5).

† **COLICHEMARDE** (ko-li-che-mar-d'), *s. f.* Sorte de rapière, dont la partie antérieure de la lame est effilée et taillée en carrelet, tandis que le talon est très-large ; c'est une arme de duel (corruption de Kœnigsmark, nom de l'inventeur).

COLIFICHET. *Ajoutez :* || 8° Ustensile qui sert dans la poterie.

COLIN-TAMPON. *Ajoutez :* — REM. Il faut effacer la marque †, Colin-Tampon étant à TAMPON dans le Dictionnaire de l'Académie ; l'Académie écrit Colin-Tampon avec un T majuscule.

— HIST. XVIe s. *Ajoutez :* Sur le midy ils [les Rochelois] firent sortie par la porte de Coigne, et combattirent plus de deux heures, où y en eut force de blessez de costé et d'autre ; estanz retirez crioyent par dessus la muraille, que l'on fist aller les Colintampon [les Suisses de l'armée assiégeante] à l'assaut, et qu'ils avoient bon coutelas et espées pour découper leurs grandes piques, *Estat de France sous Charles IX*, 2e éd. t. II, fo 289, recto (cité dans *Courrier de Vaugelas*, 15 juil. 1875, p. 42), qui pense que la locution : S'en moquer comme de colintampon, vient d'un dicton militaire né après la bataille de Marignan qui diminua le renom des Suisses; il est plus probable que cette locution signifie seulement s'en moquer comme d'un vain bruit de tambour).

† COLIQUIDATEUR (ko-li-ki-da-teur), *s. m.* Celui qui est liquidateur d'une faillite avec d'autres. G..., comme n'ayant été mis en cause qu'en qualité de coliquidateur, demande à être mis hors de cause, *Gaz. des Trib.* 27 oct. 1875, p. 1033, 3e col.

† COLISA (ko-li-za) ou COLISE (ko-li-z'), *s. m.* Nom savant du poisson dit vulgairement arc-en-ciel (voy. ce mot au Supplément). Quand la température s'est un peu élevée, le colise mâle étale ses belles nageoires avec plus de coquetterie encore, H. DE PARVILLE, *Journ. des Débats*, 11 mai 1876, *Feuilleton*, 6e col. Ces derniers [poissons] viennent de l'Inde, de cet extrême Orient, le pays par excellence de la couleur.... les Anglais les appellent *rainbow-fish*, ce qui signifie exactement poissons arc-en-ciel; les naturalistes de profession leur ont donné le nom de colisas.... OCT. SACHOT, *Rev. Britann.* janv. 1876, p. 260.

† COLLAGÈNE (kol-la-jè-n'), *adj.* Qui produit de la colle, de la gélatine. Recherches sur la constitution des substances collagènes, *Acad. des sc. Comptes rend.* t. LXXXI, p. 262.

— ÉTYM. Κόλλα, colle, et *gène* (voy. ce suffixe dans le Dictionnaire).

COLLANT. *Ajoutez* : || *S. m.* Un collant, un pantalon collant. Les hommes portent l'habit bleu barbeau ou feuille morte, les collants de couleur claire, la cravate de mousseline blanche, A. DAUDET, *Journ. offic.* 21 déc. 1874, p. 8466, 1re col.

COLLATÉRAL. *Ajoutez* : || 4° *S. m.* Nef collatérale, dans une église. En parcourant la grande nef et le collatéral de droite, puis encore la nef et le collatéral de gauche, le visiteur distrait songeait à la grande résolution qu'il allait prendre, *Rev. Britannique*, juill. 1876, p. 138.

† COLLATÉRALITÉ. *Ajoutez* : || 2° Qualité de ce qui est collatéral, parallèle. La filiation ou la collatéralité de deux manuscrits.

† COLLATIONNEMENT (ko-la-sio-ne-man), *s. m.* Action de collationner. Les dispositions de l'art. 5 de la loi du 3 juillet 1861, relatives au collationnement des dépêches, sont abrogées, *Loi du 13 juin 1866 sur la correspond. télégraph. privée*, art. 1er.

1. COLLATIONNER. *Ajoutez* : — HIST. XIVe s. Jeter les comptes de ladite ville [Abbeville] en pappier et grosser par deux fois en parquemin et yoheus collater et verefier, *Rec. des monum. inédits de l'hist. du tiers-état*, t. IV, p. 159.

† COLLECTANÉES (kol-lèk-ta-née), *s. m. pl.* Latinisme. Recueil de différentes pièces.

— ÉTYM. Lat. *collectanea, orum*, de *cum*, avec, et *legere*, choisir.

COLLECTEUR. *Ajoutez* : || 4° Nom des engins, fascines, tuiles, etc. qui servent à recueillir et à nourrir le naissain des huîtres, *Journ. offic.* 26 janv. 1877, p. 580, 2e col. || 5° Nom, dans les Indes anglaises, d'un haut fonctionnaire des finances.

— HIST. *Ajoutez* : XIVe s. Lesdis trois esleuz deputeront collecteurs ou receveurs et sergens par villes, ou par parties.... lesquels receveurs ou collecteurs porteront ou envoieront au general receveur ce qu'il auront receu et levé (1348), VARIN, *Archives admin. de la ville de Reims*, t. II, 2e part. p. 1172.

† COLLECTIONNEMENT (ko-lè-ksio-ne-man), *s. m.* Action de collectionner, de mettre en collection. Il [le format du *Journal Officiel*] est extrêmement commode, facile pour la lecture, facile pour le transport et le collectionnement, P. MORIN, *Journ. offic.*, 30 juin 1874, p. 4481, 1re col.

† COLLECTIVISME (kol-lè-kti-vi-sm'), *s. m.* Théorie sociale qui, supprimant la propriété individuelle, la remet tout entière entre les mains de l'État, de la société. Quand chacun connaîtra la part qui lui appartient dans le patrimoine commun, il se rencontrera bientôt quelque individualité peu satisfaite du collectivisme, *Journ. offic.* 19 nov. 1876, p. 8423, 3e col.

† COLLECTIVISTE (kol-lè-kti-vi-st'), *s. m.* Celui qui est partisan de la possession collective de la propriété. Nous savons ce que pensent les mutuellistes et les collectivistes de la propriété; nous ne pouvons pas ignorer que la liquidation sociale serait à l'ordre du jour.... *Journ. des Débats*, 27 octobre 1869. On peut très-bien être un communiste, ou, permettez-moi l'expression à la mode aujourd'hui, un collectiviste, par rapport à la terre, et ne pas l'être du tout pour le reste, LANGLOIS, *Journ. offic.* 8 mars 1872 p. 1646, 1re col.

† COLLECTIVITÉ (kol-lè-kti-vi-té), *s. f.* || 1° Néologisme. Qualité, caractère de ce qui est collectif. Individus, ils [les pétitionnaires] ne peuvent s'approprier les privilèges de la collectivité nationale, *Journ. offic.* 14 oct. 1871, p. 3970, 2e col. [La commune de Montmorency objectait] que la collectivité des habitants n'avait tiré aucun profit de la perte subie par le demandeur.... *Gaz. des Trib.* 24 juin 1874, p. 600, 1re col. || 2° Formation collective, union collective. Beaucoup de bons esprits pensèrent que l'heure était venue d'emprunter aux pays voisins le régime des collectivités, destinées à protéger les ouvriers désormais trop isolés, trop faibles pour défendre eux-mêmes leurs intérêts, *Journ. offic.* 18 nov. 1875, p. 9438, 1re col. || 3° Dans le langage socialiste, possession en commun. La collectivité, car il semble qu'il y ait dans ce mot de communisme quelque chose qui effraye si naturellement nos populations, que ceux-là qui sont communistes cherchent à se déguiser sous un autre nom; ils se disent collectivistes.... *Journ. offic.* 1872, p. 1618, 3e col. Il y a des sociétés qui vivent sans être en communauté et dans lesquelles vous avez, permettez-moi de vous le dire, la collectivité de la terre, *Journ. offic.* 8 mars 1872, p. 1646, 1re col.

— REM. Ce mot, qui, à son origine, a été critiqué, est devenu d'un usage fort commun; il est, du reste, formé régulièrement de *collectif*.

† COLLECTORAT (ko-lè-kto-ra), *s. m.* Fonction de collecteur dans les Indes anglaises. || District sur lequel ces fonctions s'étendent.

COLLÉGIAL. *Ajoutez* : || 3° Tribunaux collégiaux, tribunaux composés de plusieurs membres. Dans tous les pays allemands et scandinaves, il existe des tribunaux à juge unique, immédiatement inférieurs aux cours d'appel; ces tribunaux unitaires fonctionnent, dans la plupart des contrées, à côté des tribunaux collégiaux, *Journ. offic.* 20 août 1876, p. 6512, 1re col.

COLLER. *Ajoutez* : || 6° Fig. Se coller, être tenu par un fort sentiment. Les femmes, les enfants, les lieux de notre naissance, et autres objets auxquels notre esprit se colle et s'attache avec tant de passion, MALH. *Lexique*, éd. L. Lalanne.

COLLET. *Ajoutez* : || 12° Fig. La main au collet, de force, impérieusement. Quand l'intention de faire plaisir est pure et nette..., elle nous fait oublier nos intérêts, et, la main au collet, nous traîne au dommage tout évident, MALH. *Lexique*, éd. L. Lalanne.

— HIST. || XVe s. *Ajoutez* : Quand je regarde vos colletz [des dames], Qui touchent jusque à la chainture, Si grans par derriere et si letz [larges], *Le mirouer aux dames*, dans *Jahrb. für roman. liter.* t. IX, p. 289.

COLLET (ko-lè) DE BUFFLE, *s. m.* Sorte de pourpoint fait de peau de buffle, qui était à grandes basques et sans manches. Je vois bien que, si les Muses vous ont fait passer pour un rêveur, Mars ne vous donnera pas un meilleur bruit; vous n'en êtes encore qu'au collet de buffle, et déjà vous ne vous souvenez plus de vos amis, MALH. *Lexique*, éd. L. Lalanne.

— HIST. XIVe s. Cullet, *panni vel pellis species*, DU CANGE, *cullicolum*. Une panne de cullet, ID. *ib.* || XVe s. Un culot, nommé bourse boutonnée de fraisetes dorées, ID. *ib.* Deux bourses à usaige d'homme ou de femme, nommées culoz, ID. *ib.*

— ÉTYM. Au mot *collet*, n° 5, est *collet de buffle*, avec la définition. Mais M. le docteur Roulin dit que *collet de buffle* avec sa signification ne peut être rattaché de près ou de loin au *collet*, venant du lat. *collum*; il y voit un dérivé du lat. *culeus*, sac; avec toute raison, comme le montre l'historique emprunté à Du Cange.

COLLETÉ. *Ajoutez* : || 2° Terme de vétérinaire. Dents colletées, dents incisives qui, chez le cheval de deux ans à deux ans et demi, prennent un collet, deviennent branlantes et se déchaussent.

† COLLETTE (ko-lè-t'), *s. f.* || 1° Espèce de colle employée dans les brasseries. Fabricant de gélatine et collette, colle forte, huile de pieds de bœuf et de mouton, *Alm. Didot-Bottin*, 1874, p. 1044, 1re col. || 2° Espèce de petit seau, dont le fond est plus large que la partie supérieure, et qui, dans les brasseries, contient la colle employée pour coller la bière.

— ÉTYM. *Colle.*

† COLLIBERTS (kol-li-bèr), *s. m. pl.* || 1° Au moyen âge, espèce de serfs. || 2° Actuellement, misérables habitants d'une partie de l'Aunis et du Poitou.

— ÉTYM. Bas-lat. *collibertus*, signifiant franc ou affranchi ensemble. Mais, comme les affranchissements ne donnaient pas toujours la pleine liberté, les *colliberts* furent de bonne heure des espèces de serfs d'une condition mitigée, et ils finirent, dans la Coutume d'Anjou, par être simplement le nom des serfs. C'est de *collibertus* que vient *culvert* ou *cuivert*, terme d'injure si souvent usité dans les poëmes du moyen âge.

COLLIER. *Ajoutez* : || 11° Collier argenté ou grand collier argenté, sorte de papillon, *papilio euphrosyne*, plus exactement *argynnis euphrosyne*, le petit collier argenté, *argynnis selene*.

COLLIGER. *Ajoutez* : — REM. Richelieu a dit *colliger* dans le sens de conclure, induire. Ce que je vous dis, je le collige de la conférence que j'eus le soir à mon arrivée, *Lettres*, etc. 1616, t. VII, p. 325. On le trouve aussi auparavant dans le XVIe siècle : Laquelle estimation de la monnoye par sols et livres est imaginaire et incertaine, comme on peut colliger des escripts de ces deux doctes personnages, Budée et Senalis, FR. GARRAULT, *Discours des principaux advis sur le compte par escux*, Paris, 1578, feuille Bjj (il n'y a pas de pagination).

† COLLIMATEUR (kol-li-ma-teur), *s. m.* Instrument employé dans les observatoires et servant à la collimation. || Disposition dont on se sert en optique pour obtenir un mince filet lumineux.

— ÉTYM. Voyez COLLIMATION et la remarque dont ce mot est l'objet.

† COLLOCUTEUR (kol-lo-ku-teur), *s. m.* Celui qui prend part à un colloque.

— HIST. XVIe s. Les articles accordez entre les collocuteurs [au colloque de Ratisbone, 1541], SLEIDAN, *Hist. de l'estat de la religion et republique sous Charles V*, p. 214, *verso*.

† 2. COLLOQUER (kol-lo-ké), *v. n.* Causer ensemble, s'entretenir. Des douzaines de Valaisans et autres colloquent bruyamment dans le vestibule, R. TÖPFFER, *Voyages en zigzag*, Paris, 1850.

— ÉTYM. Lat. *colloqui* (voy. COLLOQUE).

† COLLUCTANT, ANTE (kol-lu-ktan, ktan-t'), *adj.* Latinisme. Qui lutte avec, qui est en conflit. Partout Jésus-Christ y apparaît comme le médiateur des pensées désunies et colluctantes, ALEX. VINET, dans E. RAMBERT, *A. Vinet, Histoire de sa vie et de ses ouvrages*.

— ÉTYM. Lat. *colluctari*, de *cum*, avec, et *luctari* (voy. LUTTER).

† COLMELLE (kol-mè-l'), *s. f.* Nom, dans la Haute-Marne, de l'agaric élevé. L'agaric élevé ou colmelle, avec sa bague et son parasol, A. THEURIET, *Rev. des Deux-Mondes*, p. 580.

† COLOCATAIRE (ko-lo-ka-tê-r'), *s. m.* Celui qui est locataire conjointement avec un autre. Attendu que, de son côté, B.... soutient qu'à l'égard de L.... il n'est pas un colocataire, mais un véritable locataire, L.... jouant vis-à-vis de lui le rôle de propriétaire.... *Gaz. des Trib.* 19 nov. 1875, p. 1113, 4e col. || Il se dit également des divers locataires d'un immeuble, bien qu'ils soient engagés par des actes distincts.

† COLOMBARD (ko-lon-bar), *s. m.* Nom, dans la Charente-Inférieure, d'un cépage blanc, *les Primes d'honneur*, Paris, 1873, p. 269.

† COLOMBAT (ko-lon-ba), *s. m.* Nom donné à de petits almanachs ainsi désignés d'après le nom du libraire qui les vendait, GRIMM, *Corresp.* t. V, p. 396. Son Excellence vous prie, madame, de vouloir bien lui envoyer.... une demi-douzaine de colombats proprement reliés, J. J. ROUSS. *Lett. à Mme de Montaigu*, 23 nov. 1743.

† COLOMBAUD (ko-lon-bô), *s. m.* Nom d'un cépage de Provence, *Rev. des Deux-Mondes*, 15 janv. 1877, p. 269.

COLOMBE. *Ajoutez* : || 4° Dans l'Aunis, outil de tonnelier, sorte de grand rabot dont une extrémité repose sur deux pieds et l'autre sur le sol, de manière à représenter grossièrement la forme d'un oiseau, *Gloss. aunisien*, 1870, p. 90.

— HIST. *Ajoutez* : || XIIe s. Ains que les os [les armées] se fuscent de l'estanc remuées, Lor vient mult grans compagne [compagnie] de coulombes bendées [rayées], *li Romans d'Alexandre*, p. 294.

† 1. COLOMBELLE. — HIST. *Ajoutez* : XIVe s. Quant Debonnairetez la bele, La douce simple coulombele, Ot dit à moi tout son plaisir, *Dits de Watriquet de Couvin*, p. 13.

† 2. COLOMBIER (ko-lon-bié), *s. m.* Nom, dans l'Angoumois, d'un cépage blanc, *les Primes d'honneur*, Paris, 1869, p. 319.

† COLOMBOPHILE (ko-lon-bo-fi-l'), *adj.* Qui aime, élève des pigeons, surtout des pigeons voya-

geurs. La Revue colombophile, moniteur des sociétés pigeonnières du nord de la France, *Rev. Britann.* mars 1876, n° 3, p. 262. Le nombre des sociétés colombophiles est considérable [en Belgique].... les journaux colombophiles belges, *Journ. offic.* 8 sept. 1874, p. 6427, 1re col.

— ÉTYM. *Colombe*, et φίλος, qui aime.

1. **COLON.** *Ajoutez :* ‖ 4° Laine de colon, sorte de laine. Dans la subdivision d'Oran, on trouve une laine connue dans le commerce sous le nom de colon, qui rivalise avec celle des Harrar ; ce résultat est dû à des essais d'amélioration tentés, il y a quelques années, par des colons de la province et quelques indigènes, *Journ. offic.* 8 septembre 1872, p. 5908, 2e col.

† **COLONAGE.** *Ajoutez :* Le bail à colonage partiaire ou métayage.... c'est le louage d'un héritage rural que le preneur s'engage à cultiver à condition d'en partager les produits avec le propriétaire, BAYLE-MOUILLARD, *Projet du Code rural, Session* 1868 *du Corps législatif*, p. 65.

† **COLONGE** (ko-lon-j'), *s. f.* Terme de droit féodal. Exploitation agricole reposant sur un contrat d'après lequel le propriétaire du sol répartissait entre plusieurs personnes un corps de biens plus ou moins considérable, à la condition d'une redevance annuelle.

— ÉTYM. Bas-lat. *colonica*, pour *colonia* (voy. COLON).

† **COLONGER, ÈRE** (ko-lon-jé, jè-r'), *adj.* Qui est relatif à une colonge. Cour colongère. Institutions colongères. ‖ *S. m.* Celui qui tenait une colonge.

COLONISÉ. *Ajoutez :* ‖ 2° Établi comme colon. Les frères moraves colonisés à Sarepta, *Journ. offic.* 16 mai 1872, p. 3287, 2e col.

COLONNE. *Ajoutez :* ‖ 8° Instrument de distillerie. Il s'en tiendra à la première partie de la distillerie, c'est-à-dire qu'il n'aura que des cuves de fermentation, pour produire ce qu'on appelle des flegmes donnant des alcools de 35 à 40 degrés, et non pas des colonnes pour obtenir par une seconde opération, à savoir la rectification, des alcools marchands de 90 à 95 degrés.... *Moniteur universel*, 22 juillet 1868, p. 1098, 5e col. ‖ 9° Machine à colonne d'eau, machine dans laquelle une chute d'eau d'une grande hauteur est employée pour communiquer un mouvement alternatif à un piston ; elle est dite à simple effet, lorsque l'eau n'agit que sur une des faces du piston ; à double effet, lorsqu'elle agit successivement sur les deux faces. ‖ 10° Au barreau de Paris, assemblées formées suivant les colonnes du tableau des avocats. Le zèle et la conscience qu'on apportera à remplir les devoirs du stage, on les mettra naturellement à assister aux assemblées de colonnes où s'apprennent les règles de la profession, LACAN, bâtonnier des avocats, *Gaz. des Trib.* 19 juill. 1874, p. 688, 3e col. ‖ 11° Porter le chapeau à cornes en colonne, le porter une pointe en avant, l'autre en arrière, par opposition à : porter le chapeau en bataille (voy. BATAILLE au Supplément). Cette expression vient de l'assimilation à une troupe en colonne. ‖ 12° Contrat de colonne, arrangement par lequel un capitaine de navire, voulant négocier sur les marchandises qu'il portera de port en port, demande à des négociants soit de l'argent, soit des effets évalués en argent, à condition de leur donner telle quotité sur le produit qui sera obtenu, le surplus appartenant à l'armateur, au capitaine et à l'équipage dans des proportions déterminées. Le contrat de colonne est surtout usité sur la côte d'Italie. Le professeur [Cresp] s'étendait avec complaisance sur toutes les formes d'association usitées dans les divers pays maritimes, depuis le contrat de colonne, les armements pour la pêche de la morue ou de la baleine, jusqu'aux grandes compagnies.... *Gaz. des Trib.* 23-24 oct. 1876, p. 1037, 2e col.

† **COLORABLE** (ko-lo-ra-bl'), *adj.* Qui peut être coloré. L'oxychlorure de zinc [pour l'obturation des caries dentaires] est absolument blanc, ou colorable légèrement en gris ou en jaune.

† **COLORATEUR, TRICE** (ko-lo-ra-teur, tri-s'), *adj.* Qui produit la coloration. Les expériences de M. Bert sur le caméléon prouvent que les nerfs colorateurs ont beaucoup d'analogie avec les nerfs vaso-moteurs, H. DE PARVILLE, *Journ. offic.* 25 nov. 1875, p. 9664, 2e col.

† **COLORIEUR** (ko-lo-ri-eur), *adj. m.* Dans la fabrication des étoffes, rouleau distributeur ou colorieur, celui qui est chargé de la couleur empruntée au rouleau fournisseur, qui baigne dans la cuve contenant la couleur à l'état liquide.

† **COLORIGÈNE** (ko-lo-ri-jè-n'), *adj.* Qui produit les couleurs. Vibrations colorigènes.

— ÉTYM. Lat. *color, coloris*, couleur, et le suffixe *gène* (voy. ce mot).

† **COLORIMÉTRIQUE** (ko-lo-ri-mé-tri-k'), *adj.* Qui a rapport à la mesure de l'intensité des couleurs. Le précipité étant trop faible pour être pesé, sa teneur en cuivre a été déterminée à l'aide d'une méthode colorimétrique, H. DE PARVILLE, *Journal offic.* 28 janv. 1875, p. 752, 2e col.

COLOSSAL. *Ajoutez :* — REM. L'Académie dit qu'au pluriel *colossal* n'est usité qu'au féminin. Cet arrêt n'est pas valable, et il n'y a aucune raison pour interdire *colossaux*.

COLPORTEUR. *Ajoutez :* — REM. Malherbe, *Lexique*, éd. L. Lalanne, a écrit colleporteur.

† **COLTAR**, *s. m.* Voy. COALTAR.

† **COLTARISATION** (kol-ta-ri-za-sion), *s. f.* Action de coltariser.

† **COLTARISER** (kol-ta-ri-zé), *v. a.* Enduire de coltar (autre forme de coaltarer).

† **COLTINEUR** (kol-ti-neur), *s. m.* À Paris, ouvrier qui, la nuque garantie par un capuchon de forte toile ou de sparterie, porte sur la tête ou plutôt sur le cou les fardeaux d'un navire qu'on charge ou qu'on décharge, *Rev. des Deux-Mondes*, 1er nov. 1867, p. 183.

— ÉTYM. Mot singulier ; la véritable orthographe serait-elle *colletineur* : qui porte sur le collet?

COMBIEN. ‖ 1° *Ajoutez :* Combien avec ellipse du verbe. Attendre à la mort, combien dangereux ! BOSS. *Panég. de saint Sulpice.*

† **COMBINABLE.** *Ajoutez :* L'expérience de plus d'un siècle.... a convaincu spécialement l'Autriche que rien n'était plus combinable avec la sûreté complète et durable de ses propres États épars et entourés d'ennemis puissants, qu'un relâchement et une complication des ressorts internes de cette formidable monarchie [la France], qui détourneraient à l'avenir son énergie des entreprises étrangères, *Dépêche autrichienne de* 1791, dans *Revue critique*, n° 28, 10 juillet 1875, p. 27.

† **COMBINATION** (kon-bi-na-sion), *s. f.* Action de combiner. La diverse combination de ces deux manières d'agir forme quatre sortes de tragédies, à qui notre philosophe attribue divers degrés de perfection, CORN. *Disc. sur la tragédie.*

— ÉTYM. *Combiner. Combination*, aujourd'hui inusité, se trouve en d'autres auteurs (voy. COMBINAISON à l'historique).

1. **COMBLE.** — HIST. *Ajoutez :* XIIe s. En laqueile conissance [des bienheureux] croist li combles del reguerredon, *li Dialoge Gregoire lo pape*, 1876, p. 238.

COMBUSTIBLE. *Ajoutez :* ‖ Fig. ...Un bâtiment de bois et de paille ; je parle avec l'apôtre, qui nous représente par là les péchés, matière vraiment combustible et propre à exciter et entretenir le feu de la vengeance divine, BOSS. *Panég. de ste Catherine*, 1.

COMÉDIE. *Ajoutez :* — REM. 1. Au XVIIe siècle, comédie s'est dit au sens de pièce, tragédie ou autre. Voilà Bajazet ; si je pouvais vous envoyer la Champmeslé, vous trouveriez cette comédie belle, SÉV. 9 mars 1672. J'ai vu Ariane pour elle seule [la Champmeslé] : cette comédie est fade, ID. 1er avr. 1672. Ses premières comédies [de Corneille] sont sèches, languissantes, et ne laissaient pas espérer qu'il dût ensuite aller si loin, comme ses dernières font qu'on s'étonne qu'il ait pu tomber de si haut, LA BRUY. I. ‖ 2. Le Théâtre Français, le seul où l'on joue régulièrement la tragédie, s'appelle absolument la Comédie Française.

— ÉTYM. *Ajoutez :* D'après l'étymologie par κῶμος, la *comédie* aurait été proprement le chant, dans les fêtes de Bacchus ; d'autres y voient κώμη, village ; chant des villageois durant la vendange.

COMÉDIEN ‖ 4° Auteur comique. Poquelin (Jean-Baptiste), comédien fameux, connu sous le nom de Molière, BAYLE, *Commencement de l'article Poquelin.* ‖ 5° Fig. À la comédienne, en décevant comme par une sorte de comédie. C'est ainsi qu'il [le cardinal de Richelieu] jouait une continuelle comédie avec MM. du Conseil et le clergé, comme en toutes ses autres actions ; car il avait l'esprit à la comédienne ; aussi a-t-il autorisé la comédie, l'introduisant dans son palais Cardinal par un esprit bien contraire à celui de tous les anciens Pères de l'Église MONTCHAL, *Mémoires*, t. II, p. 59.

† **COMESSATION** (ko-mè-sa-sion), *s. f.* Latinisme. Repas, festin. On a donné des thés, genre de comessation tout à fait extraordinaire, BRILLAT-SAVARIN, *Physiol. du goût, Méd.* XXVII.

— ÉTYM. Lat. *comessationem, comissationem*, de *comissari*, se livrer au plaisir de la table, de κῶμος, repas de fête.

COMIQUE. ‖ 3° *Ajoutez :* ‖ Le haut comique, voy. HAUT, n° 13, à la fin.

COMMA. *Ajoutez :* ‖ 4° Papillon de jour, appelé aussi la bande noire, *papilio comma* ; le comma blanc, papillon de nuit, *noctua comma*.

COMMANDE. *Ajoutez :* ‖ 5° Ancien synonyme de cheptel de fer. Le cheptel connu, dans les anciens usages de la Bresse, sous la dénomination de commande, et d'après lequel, l'estimation étant faite à l'exègue, soit à prix réduit, l'excédant du bétail se partageait par moitié entre le bailleur et le preneur, *Gaz. des Trib.* 18 oct. 1874, p. 990, 1re col. Et, subsidiairement, que la convention intervenue est celle que d'anciens usages ont établie en Bresse, sous la dénomination de commande, *ib.* 2e col.

COMME. ‖ 1° Comme il faut. *Ajoutez :* Comme il convient. En de si calmes provinces Saurait-on excuser le crime De ne régner pas comme il faut? MALH. *Lexique*, éd. L. Lalanne. Énée.... ne le porta pas seulement [son père], mais... l'emporta comme il faut, et le mit au nombre de ceux que Rome a depuis adorés, ID. *ib.* Donner comme il faut [donner à quelqu'un qui le mérite], ID. *ib.*

— REM. *Ajoutez :* ‖ 7. Avec *comme si* Régnier a mis l'imparfait du subjonctif : Comme si leurs désirs dépendissent de nous, *Sat.* VI ; Comme si notre jeu fût au roi dépouillé, *Sat.* XI. ‖ 8. *Comme*, signifiant de même que, peut être remplacé par *que* au second membre de phrase. Comme nous avons déjà dit, et que nous le verrons plus clairement ailleurs, BOSS. *Connaiss.* I, 17.

COMMENCER. *Ajoutez :* ‖ 8° Se commencer, avoir un commencement. Quand le mot qui suit se commence par une consonne, CORN. *Lexique*, éd. Marty-Laveaux.

COMMENDATAIRE. *Ajoutez :* — HIST. XVIe s. Et si, elle ne vaut pas trois mille livres de revenu, dont il en faut donner beaucoup plus de la moitié pour l'entretien de l'abbé commendataire, BRANT. *François Ier*.

† **COMMENSALISME** (ko-mman-sa-li-sm'), *s. m.* Terme de zoologie. Condition d'êtres vivants qui habitent et se nourrissent ensemble. Y avait-il là simple cohabitation, simple commensalisme, pour employer le mot appliqué à certaines associations d'animaux, celle par exemple de l'huître et des petits crustacés déjà connus d'Aristote sous le nom de pinnothères? PLANCHON, *Rev. des Deux-Mondes*, 15 juillet 1874, p. 459.

— ÉTYM. *Commensal.*

COMMENTAIRE. — HIST. XVIe s. *Ajoutez :* Et en iceulx [souspirs] peult on obtenir plus de grace, d'intelligence et de congnoissance de Dieu et de ses sainctes escriptures, que en lisant les commentaires et escriptures des hommes sur icelles, *Epistre exhortatoire aux Epistres, Nouv. Testam.* éd. Lefebre d'Étaples, Paris, 1525.

COMMENTATEUR. *Ajoutez :* ‖ 2° Celui qui explique, qui donne une instruction sur un objet Nous remarquons au banc des savants étrangers M. Hilgard, commentateur des poids et mesures, un des géodésistes les plus éminents des États-Unis, H. DE PARVILLE, *Journ. offic.* 26 mai 1872, p. 3522, 2e col. ‖ 3° *Adj.* Titre commentateur, titre d'une pièce qui la commente, en indique le sujet. Pour revenir aux titres commentateurs, que dites-vous de celui-ci de notre ami Cerisantes...? BALZAC, *Lett. inédites*, IX, éd. Tamizey-Larroque.

COMMERÇABLE. *Ajoutez :* ‖ Valeur commerçable, valeur marchande. Les bois trop jeunes pour avoir une valeur actuellement commerçable, seront estimés d'après leur produit présumé à l'âge où ils commenceront à remplir cette condition, *Décret du* 19 *mai* 1857, art. 13.

COMMERCE. *Ajoutez :* ‖ Commerce général, spécial, voy. ces mots.

† **COMMERCIALISER** (ko-mèr-si-a-li-zé), *v. a.* Néologisme. Rendre commercial. Le progrès de la richesse et le développement des institutions de crédit ont tendu à commercialiser l'intérêt, même dans le gros des transactions civiles, COURNOT, *Consid. sur la marche des idées*, t. II, p. 330.

† **COMMERCIALITÉ** (ko-mèr-si-a-li-té), *s. f.* ‖ 1° Caractère commercial de valeurs, d'effets. Que la commercialité des titres [chèques] falsifiés ne pouvait résulter de la fausse signature d'un commerçant ; qu'il fallait encore la preuve que l'acte falsifié se rapportait à un acte de commerce, *Gaz. des Trib.* 4 oct. 1873, p. 954, 4e col. ‖ 2° Situation de commerçant. Sur le moyen tiré de la non-com-

mercialité du défendeur, qui prétendait n'avoir pas agi en qualité de commerçant, *Gaz. des Trib.* 2 avril 1874, p. 317, 3e col. Dans aucune de ces causes de gain [d'un chef de claque] on ne surprend la spéculation, c'est-à-dire la commercialité elle-même, *ib.* 16 avril 1874, p. 365, 3e col.

1. **COMMIS**, *part. passé. Ajoutez :* || 5° Qui a subi l'opération du commettage. Un cordage est dit commis au tiers, au quart, selon qu'il est plus court de 1/3, de 1/4, que les torons qui le composent.

COMMISSION. *Ajoutez :* || Commission départementale, commission qui est chargée de statuer sur les cas de réforme des militaires, pour infirmités contractées hors des armées ou blessures reçues hors du service.

† **COMMISSURANT, ANTE** (co-mi-su-ran, ran-t'), *adj.* Terme d'anatomie. Qui procure l'union par commissures. Les fibres commissurantes du cerveau.

COMMUN. *Ajoutez :* — REM. Deniers communs, s'est dit de l'argent appartenant à une commune. Il semble qu'on a pu aussi peu ordonner sur les deniers communs d'une ville que sur les deniers appartenant à un particulier, BOISLISLE, *Corresp. contrôl. génér.* 1689, p. 171.

† **COMMUNARD, ARDE** (ko-mu-nar, nar-d'), *s. m.* et *f.* Celui, celle qui a les opinions de la commune de Paris en 1871. (Nom donné par les adversaires.)

† **COMMUNAUTAIRE** (ko-mu-nô-tè-r'), *adj.* Qui est relatif au communisme. Il s'est fait plus tard.... un travail de réaction contre la tendance communautaire, CORBON, *Journ. offic.* 8 mars 1872, p. 1642, 3e col. Le socialisme communautaire, ID. *ib.* p. 1643, 1re col.

† **COMMUNEUX** (ko-mu-neû), *s. m.* Partisan de la commune de Paris pendant l'insurrection de 1871, et, par extension, partisan d'un régime où l'État est une association de communes se gouvernant elles-mêmes. (Nom donné par les adversaires.)

† **COMMUNICABILITÉ.** *Ajoutez :* La quantité des marchandises sujettes à communicabilité [de la peste] est si grande, que la seule dénomination.... *Traité des causes, des accidents et de la cure de la peste*, 2e part. p. 227, Paris, 1744.

† **COMMUNICATEUR.** *Ajoutez :* La voilà déjà [Mme Guyon], dans son opinion, communicatrice des grâces, BOSS. *Relat. sur le quiétisme*, II, 8.

COMMUNICATIF. || 3° Qui communique, qui est joint par des communications. Les cabaretiers ayant des caves chez les bourgeois, les bourgeois chez les cabaretiers, communicatives les unes aux autres, *Règlement du 9 avril 1650.*

COMMUNICATION. || 5° *Ajoutez :* Dans les sièges, communications, boyaux de tranchée en zigzag, qui réunissent les parallèles les unes aux autres, et qui avancent sur les capitales des ouvrages attaqués en étant défilés des assaillants.

1. **COMMUNIER.** || 2° *V. a. Ajoutez :* || Fig. Ton zèle autant de fois saura mystiquement D'une invisible main communier ton âme, CORN. *Imit.* IV, 1296. || 4° Se communier, *v. réfl.* Administrer à soi-même le sacrement de l'eucharistie. Qu'il n'est pas permis au prêtre qui célèbre de se communier soi-même, *Hist. du concile de Trente, traduct. de le Courayer*, Amst. 1736, t. I, p. 625.

2. **COMMUNIER.** *Ajoutez :* || 2° Propriétaire en commun. L'eau ne peut exister sans le vase qui la contient; de là cette conclusion que le propriétaire de l'eau est copropriétaire du vase; l'arrêt l'exprime, et, comme conséquence du principe qu'il pose, concède l'action en partage à chacun des communiers, *Gaz. des Trib.* 21 juin 1876, p. 608, 2e col.

† **COMMUTATEUR** (ko-mmu-ta-teur), *s. m.* Terme de physique. Appareil qui sert à changer le sens d'un courant électrique.

COMPAGNE. — HIST. *Ajoutez :* XIIe s. La femme cui tu moi donas à compangne, m'en donat [du fruit de l'arbre du paradis], si en manjai, *li Dialoge Gregoire lo pape*, 1876, p. 317.

† **COMPARABILITÉ.** *Ajoutez :* La discussion des observations météorologiques, qui, depuis ces dernières années, prennent un caractère de précision et de comparabilité qu'elles ne présentaient pas autrefois, SAINTE-CLAIRE DEVILLE, *Acad. des sc. Comptes rend.* t. LXXX, p. 715.

† **COMPARENCE** (kon-pa-ran-s'), *s. f.* Action de comparaître, de se montrer. La cour est à Saint-Germain...., je m'en irai faire huit ou dix jours de comparence, MALH. *Lexique*, éd. L. Lalanne.

† **COMPASSAGE.** *Ajoutez :* || 2° Terme d'artillerie. Action de compasser un canon d'arme à feu.

COMPASSER. *Ajoutez :* || 5° Terme d'artillerie. Compasser un canon d'arme à feu portative, en vérifier l'épaisseur au moyen d'une espèce de compas à grandes branches.

COMPASSION. *Ajoutez :* || 2° État de celui qui est à plaindre. Quand vous verrez tous ces cajoleurs qui vous diront qu'il y a bien de la compassion en votre fait, pensez plutôt à ce que vous sentez qu'à ce que vous voyez, MALH. *Lexique*, édit. L. Lalanne.

† **COMPATISSANCE** (kon-pa-ti-san-s'), *s. f.* Néologisme. Caractère, qualité de celui qui est compatissant. La première femme qui m'aperçut, sortit de sa boutique, me donna le bras avec un air de compatissance, et m'aida à me traîner, CHATEAUB. *Mém. d'outre-tombe* (édit. de Bruxelles), t. I, *Fourgons du prince de Ligne, femmes de Namur*, etc. Ce que nous aimons dans le livre de Mme d'Haussonville [les Dernières Années de lord Byron], c'est cette sympathie chaleureuse, cette compatissance, cette vraie charité dont l'auteur enveloppe, pour ainsi dire, la nature maladive et endolorie de son poëte, JOHN LEMOINNE, *Journ. des Débats*, 13 févr. 1875. Une vive affection unissait les deux jeunes filles; la gratitude d'une part, de l'autre la compatissance et l'estime formaient entre elles un lien qui se resserrait chaque jour, *Revue Britann.* oct. 1875, p. 413.

† **COMPATRIOTIQUE** (kon-pa-tri-o-ti-k'), *adj.* Qui appartient à un compatriote, aux compatriotes. Le portrait de P.-J. Proudhon, par G. Courbet, restera comme un témoignage compatriotique d'un maître peintre à un maître philosophe, BÜRGER, *Salons de 1861 à 1868*, t. II, p. 270.

† **COMPÉNÉTRATION** (kon-pé-né-tra-sion), *s. f.* Pénétration mutuelle. La compénétration de deux substances. La compénétration de l'âme et du corps.

† **COMPENSATIF, IVE** (kon-pan-sa-tif, ti-v'), *adj.* Qui compense, qui a le caractère de la compensation. En faut-il conclure que les vers renfermant des *e* muets à la fin des mots, par suite de la suppression de l'*e* muet, deviennent faux? non, parce que la prononciation répare la perte d'une syllabe par des allongements ou des silences compensatifs, DARMESTETER, *Rev. critique*, 3 juin 1876, p. 374.

† **COMPENSATIONNISTE** (kon-pan-sa-sio-ni-st'), *s. m.* Celui qui est partisan des compensations en matière de droits de douane. Dans ces débats [sur les traités de commerce], les uns s'appellent protectionnistes, les autres libre-échangistes; on a même parlé de compensationnistes, *Compte rendu analytique de la séance du 22 janvier 1870 au Corps législatif, Discours de M. Thiers.*

† **COMPENSATIVEMENT** (kon-pan-sa-ti-ve-man), *adv.* D'une manière qui compense. M. le ministre des finances dit dans cette même note à laquelle j'ai déjà fait allusion,... que c'était la maxime favorite de Napoléon Ier : Que, toutes les fois qu'il était nécessaire de créer une dépense nouvelle, il fallait compensativement réduire une dépense ancienne, BUFFET, *au Corps législatif*, *Monit. univ.* 7 juillet 1868, p. 889, 4e col.

COMPÉRAGE. *Ajoutez :* || 3° Dans l'Aunis, fête à l'occasion d'un baptême, *Gloss. aunisien*, 1870, p. 90.

COMPÉTEMMENT. — ÉTYM. *Ajoutez :* Rabelais a dit *competentement :* S'ils [chapons, poulets] ne sont competentement cuits, *Garg.* I, 39.

COMPÉTENT. *Ajoutez :* || 4° Substantivement. Les compétents, le troisième ordre des catéchumènes, le plus avancé.

COMPILER. — HIST. XIVe s. *Ajoutez :* Jou Nicholes.... ai compilet che livret, *Hist. littér. de la France*, t. XXV, p. 52.

COMPLÉTIF. *Ajoutez :* || 2° Qui complète (dans le langage général). Rien de plus périlleux qu'une loi de niveau inflexible qui renverserait cet édifice d'activités complétives les unes des autres et harmonisées entre elles, E. CARO, *Rev. des Deux-Mondes*, 1er nov. 1875, p. 21.

COMPLICE. *Ajoutez :* || 3° Fig. et en bonne part. Le sentiment de la justice est le complice ordinaire et nécessaire du sentiment de la charité, V. LEFRANC, *Journ. offic.* 25 mai 1872, p. 3488, 1re col.

COMPLIMENT. *Ajoutez :* || 6° Compliment de roi, compliment qui, comme les jeux de prince, ne plaît qu'à celui qui le fait (locution aujourd'hui hors d'usage). Ne m'obligez pas à faire à ses appas Un compliment de roi qui ne lui plairait pas, CORN. *Lexique*, édit. Marty-Laveaux.

COMPLOT. — HIST. XIIe s. *Ajoutez :* Ambedoi li glouton estoient d'un comploit; En la fin tuent Daire pour çou qu'il manecoit; L'uns le fiert d'un coutiel, li autres d'un espoit, *le Roman d'Alexandre*, p. 256.

† **COMPLOTEUR.** *Ajoutez :* Ce n'est pas le compte des comploteurs, qui, ayant une réputation d'honnête homme à détruire.... J. J. ROUSS. *Lett. à Hume*, 10 juillet 1766.

† **COMPOIDS.** *Ajoutez :* Les anciennes désignations et dénombrements faits par les propriétaires desdites terres, en roulleaux, ou enregistrées dans les vieux cadastres et compoids des hôtels de ville, dans lesquels lesdits droits seigneuriaux se trouvent spécifiés, *Édit*, février 1657.

† **COMPORTE** (kon-por-t'), *s. f.* Espèce de cuveau, quelquefois de la contenance d'une demi-barrique, servant, dans le Midi, au transport de la vendange qui se fait ailleurs dans des hottes; les poignées sont formées ordinairement des branches mêmes du bois employé; les comportes sont cerclées de fer. Le Gers charriait des arbres, des bois de lit, des comportes, des barriques et divers meubles, *Journ. offic.* 27 juin 1875, p. 4676, 2e col. Après quoi, je recouvris complétement de terre le corps [d'un homme assassiné], et je mis une comporte d'eau sur cette terre, *Gaz. des Trib.* 29 juill. 1876, p. 740, 3e col.

— ÉTYM. Voy. COMPORTER à l'historique et à l'étymologie.

COMPOSANT. || 2° Terme de mécanique. On aura une meilleure définition en mettant ceci : Forces composantes, se dit de plusieurs forces qui agissent simultanément sur un même point, et qui peuvent être remplacées par une force unique nommée résultante. || *S. f.* Une composante, chacune des forces, des accélérations, dans lesquelles une force, une accélération résultantes peuvent être décomposées. || Mouvements composants, se dit du mouvement relatif d'un corps par rapport à des axes mobiles et du mouvement de ces axes par rapport à des points de repère fixes ou mobiles. || Vitesses composantes, vitesses des mouvements composants. || 3° Dans le langage général, une action, une influence qui entre dans la composition d'un résultat. À côté de ces composantes [latitude, altitude, direction générale des vents] immuables du climat, il existe plusieurs composantes secondaires qui peuvent modifier très-sensiblement la résultante, *Journ. offic.* 15 août 1872, p. 5544, 2e col.

1. **COMPOSÉ.** *Ajoutez :* || 4° S'est dit, en anciens termes d'impôts, des individus qui avaient une composition, un abonnement pour certains droits. Ils [les fermiers des aides] donnaient à chaque marchand composé la permission de sortir une mine de sel sans payer aucun droit d'issue, BOISLISLE, *Corresp. des contrôl. génér.* 1686, p. 62.

COMPOSITEUR. — HIST. *Ajoutez :* XIVe s. À le [la] fin que il soit dit et sentencié par vous, seigneur arbitre et amiavle compositeur..., *Bibl. des chartes*, 1875, 3e et 4e livraison, p. 220, 1310.

COMPRENDRE. *Ajoutez :* || 7° Comprendre quelqu'un, entrer dans ses pensées et dans ses sentiments. Au nom de Dieu, monsieur, aidez-moi de vos lumières, vous l'avez connu [M. de Lamoignon qui venait de mourir] et vous l'avez compris, BUSSY RABUTIN, *Lettre au P. Rapin*, 12 déc. 1677, citée par M. Regnier, SÉV. t. V, p. 405. || 8° Se comprendre, avoir l'intelligence de soi-même. Vaincue, elle [notre âme] ne peut se rendre, Et ne saurait ni se comprendre, Ni consentir à s'ignorer, LAMOTTE, *Odes, l'Homme.* || 9° Se comprendre, comprendre exactement ce que l'on veut dire et ce que l'on dit.

— HIST. XIIe s. *Ajoutez :* [comprendre au sens de saisir par la pensée, *intelligere*] La pense [pensée] ki.... soi travailhet, anz ke [avant que] ele alcune chose en [de Dieu] puist compenre, *Job*, p. 473.

COMPRESSION. *Ajoutez :* || 4° Terme de mineur. Globe de compression, synonyme de fourneau surchargé.

COMPROMETTRE. *Ajoutez :* — REM. Compromettre de, neutralement, s'est dit au même sens que nous disons compromettre activement. Il me serait honteux qu'il [mon nom] y passât [à la postérité] avec cette tache, et qu'on pût à jamais me reprocher d'avoir compromis de ma réputation, CORN. *Lexique*, édit. Marty-Laveaux.

† **COMPROTECTEUR** (kon-pro-tè-kteur), *s. m.* Celui qui exerce la comprotection. Si on ne pouvait gagner ce point que le pape proposât tous les

bénéfices de France, l'on se pourrait relâcher à ce que M. le cardinal Bichi les proposât comme son protecteur, quand il serait à Rome, le pape les proposant cependant, RICHELIEU, *Lettres*, etc. t. VI, p. 62 (1638).

† **COMPROTECTION** (kon-pro-tè-ksion), *s. f.* Protection exercée de concert par plusieurs. Le principal point est celui de la protection dont on ne permet pas à M. le cardinal Antoine de faire la fonction; sur quoi, tout le procédé que l'on a tenu, depuis que la comprotection lui fut donnée, ne peut être que très-sensible à Sa Majesté, RICHELIEU, *Lettres*, etc. t. VI, p. 53 (1638).

† **COMPROVINCIAL.** *Ajoutez :* Nous avons des vies de saint Basien et de saint Gaudence, comprovinciaux et contemporains de saint Ambroise, BOSS. *Déf. tradit. comm.* II, 29.

† **COMPTAGE.** *Ajoutez :* || 2° En général, action de compter. Le sens de la tonalité n'est pour le physicien, comme le flair et la dégustation pour le chimiste, qu'un réactif susceptible, à la rigueur, d'être remplacé par des appareils ingénieux de mesure et de comptage, COURNOT, *Matérialisme, vitalisme, rationalisme*, Paris, 1875, p. 49. || 3° En termes d'imprimerie, l'opération par laquelle l'imprimerie s'assure du nombre imprimé de chaque feuille d'un ouvrage avant la remise de cette feuille à l'assembleur.

COMPTANT. *Ajoutez :* || 4° A l'octroi de Paris, le petit comptant, recette qui, ne dépassant pas un franc, n'exige pas l'emploi du timbre d'acquit; grand comptant, recette qui dépasse un franc. Tout article, faut-il le dire? est muni d'un numéro d'ordre, qu'il soit au petit comptant ou au grand comptant, MAXIME DU CAMP, *Rev. des Deux-Mondes*, 1er fév. 1874, p. 523.

— REM. *Ajoutez :* || 2. Avoir de l'esprit argent comptant; Marivaux paraît être le premier qui ait introduit cette forme dans le français. Il [Panard] n'avait de l'esprit que quand il écrivait, il ne l'avait point en argent comptant, comme disait M. de Marivaux, COLLÉ, *Journ.* t. III, p. 197. Avoir de l'esprit argent comptant, est une forme imitée du latin : *ingenium eum in numerato habere*, a dit Quintilien d'un avocat qui parlait facilement sans préparation, *Inst. orat.* VI, 3, n° III.

COMPTE. *Ajoutez :* — REM. J. J. Rousseau a dit: Tourner à compte, pour : être avantageux. Ils aimeront mieux me faire une rente viagère, ce qui, vu mon âge et l'état de ma santé, leur doit probablement tourner plus à compte, *Lettre à du Peyrou*, 13 déc. 1764.

COMPTÉ. *Ajoutez :* — REM. On pourrait croire que *à pas comptés* veut dire simplement *à pas dont on fait compte un à un*. Ce n'est pas la vraie interprétation; il y a quelque chose de plus, et *à pas comptés* veut dire *à pas que l'on paye, dont on tient compte*. Cela se voit par cet exemple : S'il faut instruire quarante procès l'année, aller chercher les témoins dans des lieux éloignés, prendre les coupables, les mener aux juges de la compétence, les ramener pour les juger définitivement, et que tout cela se passe à pas comptés [en payant pour les allées et venues], le chapitre de dépense sera gros (7 mars 1684), BOISLISLE, *Corresp. contrôl. gén. des finances*, p. 15.

† **COMPTE-GOUTTES** (kon-te-gou-t'), *s. m.* Nom, en pharmacie, d'un instrument destiné à doser les gouttes médicamenteuses, de manière qu'elles pèsent toutes un poids uniforme de cinq centigrammes.

† **COMPTEREAU** (kon-te-rô), *s. m.* Nom d'une pièce de comptabilité fournie par quelques agents des administrations financières. Si le ciel en mon choix eût mis ma destinée, Je n'irais point courir de bureaux en bureaux, Vérifiant journaux, bordereaux, comptereaux, L. RAC. *Lettre à J. B. Rousseau*, 29 nov. 1731, *Œuvr.* édit. 1808. Il est également nécessaire qu'ils [les inspecteurs] rédigent deux comptereaux pour le timbre, l'un d'après les restants en nature portés au comptereau du précédent trimestre, l'autre.... *Circulaire du 26 prairial an* VII. Comptereau des recettes et dépenses opérées pendant l'exercice 18, tant sur les consignations que sur les avances provisoires pour frais judiciaires et autres, *Circ. des contr. indir.* 18 déc. 1819, n° 44. Les comptereaux des amendes, des consignations, des avances à régulariser..., qui font partie intégrante du compte, seront, comme par le passé, produits en double expédition, *Circ. de la compt. publ. du* 11 juill. 1874, n° 974.

† **CONAQ** (ko-nak'), *s. m.* Sorte d'embarcation du Bosphore. Les femmes, les agas, les effendis et les pachas retournent dans les conaqs,... *Journ. offic.* 8 janv. 1876, p. 208, 2e col.

† **CONASSIÈRE.** *Ajoutez :* — REM. C'est un synonyme grossier de femelots; un matelot n'oserait pas prononcer ce mot devant un officier.

† **CONCASSAGE** (kon-ka-sa-j'), *s. m.* Action de concasser. Séparation des fourrages, ensilage, concassage, coupage, *École forestière, Programme*, 1876, p. 104.

CONCÉDER. — HIST. *Ajoutez :* XVe s. A Dieu doncques duquel tout bien procede, Humble à genoux de bon cœur je suplie, Qu'à moy pecheur de sa grace il concede Que mon œuvre soit par lui accomplie, JEAN JORET, *le Jardrin salutaire*, p. 110.

CONCEPT. *Ajoutez :* — REM. Il s'est dit en parlant d'œuvres d'art; aujourd'hui on dirait conception. Il [Le Brun] en avait disposé les parties auxiliaires et accessoires avec tant d'art.... que chacune semblait ajouter à l'unité et à l'harmonie du tout ensemble de ce merveilleux concept, DE MONTAIGLON, *Hist. de l'Acad. de peinture* (Mém. attribués à H. Testelin), t. II, p. 33

† **CONCEPTIONNEL, ELLE** (kon-sè-psio-nèl, nè-l'), *adj.* Qui a rapport aux conceptions, aux idées, aux créations de l'esprit. On a dit que les hérésies n'étaient que des nuances conceptionnelles d'un même fait ou d'une même idée.

† 2. **CONCERTANT, ANTE** (kon-sèr-tan, tan-t'), *adj.* Qui concerte, combine. Une tête théologique coordonnante et concertante, STE-BEUVE, *Port-Royal*, t. IV, p. 435, 3e éd.

† **CONCESSIBLE** (kon-sè-ssi-bl'), *adj.* Qui peut être concédé, accordé. La contenance des terrains miniers exploitables par galeries et concessibles est plus grande qu'on ne l'avait cru d'abord, tandis que, au contraire, les terrains miniers exploitables à ciel ouvert et non concessibles sont d'une étendue moindre, Extr. du *Monit. belge*, dans *Journ. offic.* 31 oct. 1873, p. 6638, 1re col.

† **CONCEVABILITÉ** (kon-se-va-bi-li-té), *s. f.* Néologisme. Qualité de ce qui est concevable. Pour les anciennes philosophies, l'univers est un tout infini où l'intelligence humaine se promène sans trouble et sans terreur, donnant aux principes qu'elle suppose une égale infinité, n'y laissant aucune place où elle L'introduise sa raison, le droit de concevabilité et celui d'inconcevabilité.... É. LITTRÉ, *Auguste Comte et Stuart Mill*, p. 18, 1866.

CONCEVOIR. *Ajoutez :* || 8° Se concevoir, avoir la conception, l'intelligence de soi-même. Sans cesse il [l'esprit] s'efforce, il s'anime, Pour sonder ce profond abîme, Il épuise tout son pouvoir; C'est vainement qu'il s'inquiète; Il sent qu'une force secrète Lui défend de se concevoir, LAMOTTE, *Odes, l'Homme*.

— ÉTYM. *Ajoutez* . La forme fictive *conceputus* se trouve réalisée dans le roumain *conceput* au masculin, *conceputa* au féminin, de *concepere*.

† **CONCILIABILITÉ** (con-si-li-a-bi-li-té), *s. f.* Qualité de celui qui est apte à concilier. Un contemporain et un ami de Turgot a écrit avec justesse que ce ministre était tombé par défaut de conciliabilité, *Journ. offic.* 20 janv. 1877, p. 432, 1re col.

† **CONCILIAIRE.** *Ajoutez :* L'aversion que saint Grégoire de Nazianze avait conçue contre toute assemblée conciliaire, *Mém. de Trévoux*, 1725, t. I, p. 423.

† **CONCION** (kon-si-on), *s. f.* Terme vieilli. Discours en public. Il [Pasquier] voudrait bien que les sermons s'appelassent le prêche; car ce mot lui revient mieux que celui de sermon ou de concion, GARASSE, *Rech. des recherch.* p. 722, dans LACURNE, au mot *prêche*.

— HIST. XVIe s. La concion que fit Gargantua es vaincus, RAB. *Garg.* 50.

— ÉTYM. Lat. *concionem*, proprement assemblée convoquée, puis discours dans cette assemblée, de *cum*, avec, et *ciere*, appeler.

CONCITOYENNETÉ. *Ajoutez :* || 2° Qualité de concitoyen. La concitoyenneté [entre les provinces de ce qui est aujourd'hui les États-Unis] s'arrêtait pratiquement aux limites des provinces; chacune d'elles, pour faire cause commune avec ses voisines, n'en conservait pas moins la disposition exclusive de ses ressources financières et de ses contingents, MASSERAS, *Journ. offic.* 27 juin 1876, p. 4583, 2e col.

† **CONCOMITAMMENT** (kon-ko-mi-ta-man), *adv.* D'une manière concomitante. L'article a été publié récemment et pour ainsi dire concomitamment avec un numéro de journal, *Journ. offic.* 7 mars 1874, p. 1778, 1re col.

CONCOMITANT. *Ajoutez :* — REM. On dit concomitant de. Les circonstances concomitantes de l'accomplissement d'un phénomène.

† **CONCORDATAIRE.** *Ajoutez :* || 2° Qui a rapport au concordat de 1801. Il y a un corps de doctrines qui s'appelle les lois concordataires, *Journ. offic.* 26 nov. 1876, p. 8701, 3e col. A part les dimanches et les quatre fêtes concordataires et quelques autres fêtes qui ont été ajoutées, mais sur lesquelles on obtient facilement un indult du saint-père, toutes les autres messes sont rétribuées, *ib.* 28 nov. 1876, p. 8752, 1re col.

CONCORDER. *Ajoutez :* || 3° Dans les faillites, entrer en concordat. F...; qui était lui-même un ancien contre-maître de la maison L.... et qui, après avoir été réduit à concorder avec ses créanciers, n'avait pas hésité à prendre sa part des dépouilles de la veuve de son patron.... *Gaz. des Trib.* 1er mars 1876, p. 206, 2e col.

† **CONCORDIA** (kon-kor-dia), *s. f.* La 58e planète télescopique, découverte en 1860 par M. Luther.

† **CONCRAIRE** (kon-krè-r'), *v. a.* Terme de grammaire et de logique. Donner le caractère concret, par opposition à abstraire. L'opération de concraire nous sert à nous former l'idée des êtres qui existent, et celle d'abstraire à composer des groupes d'idées dont le modèle n'existe pas dans la nature et qui néanmoins nous sont très-commodes pour faire de nouvelles comparaisons et apercevoir de nouveaux rapports entre les résultats de rapports que nous connaissons déjà, DESTUTT DE TRACY, *Idéologie*, p. 86, éd. de 1817. Remarquez que ces deux opérations opposées, concraire et abstraire, se trouvent toujours réunies, et sont nécessaires toutes les deux dans la formation de toute idée composée quelconque, ID. *ib.* p. 89.

— REM. Mot très-mal fait, pour lequel il vaut beaucoup mieux dire concréter (voy. ci-dessous CONCRÉTER, et la remarque sur *concréter* au Dictionnaire). *Concraire* n'a de bon que sa finale qui rappelle *abstraire*.

† **CONCRÉER (SE)** (kon-kré-é), *v. réfl.* Se former, être formé. En Inde il se trouve du miel, soit qu'il vienne de la rosée, soit qu'il se concrée d'une humeur douce, MALH. *Lexique*, éd. L. Lalanne.

— ÉTYM. Lat. *concreare*, former, produire, de *cum*, avec, et *creare*, créer.

† 2. **CONCRET** (kon-krè), *s. m.* Terme anglais. Espèce de béton. Les murs.... ont deux pieds d'épaisseur et sont formés de concret dont les éléments sont : une partie de ciment de Louisville et trois parties de sable, de cendre et des meilleurs résidus extraits des débris de l'incendie, traduit du *Tribun de Chicago*, dans *Journ. offic.* 23 juin 1872, p. 4241, 2e col. D'immenses blocs du concret [de la jetée du port de Jersey] du poids de plusieurs tonnes ont été déplacés et jetés épars çà et là sur le quai, Extr. du *Pall Mall Gazette*, dans *Journ. offic.* 12 déc. 1874, p. 8229, 1re col.

— ÉTYM. Angl. *concrete*, béton, concrétion, concret; c'est notre mot *concret, adj.*

† **CONCRÉTER.** *Ajoutez :* || *V. a.* En termes de philosophie, donner un sens concret, un caractère concret. Qu'ils soient simples ou cultivés, les hommes sont plus ou moins réalistes; ils ont un besoin continuel de tout concréter, CLAVEL, *la Philosophie positive*, janvier-février 1872, p. 93.

† **CONCUBIN.** *Ajoutez :* — REM. Concubin, au masculin, est dit appartenir à l'ancien langage de la jurisprudence. En voici un exemple dans la jurisprudence contemporaine : Elle est chiffonnière; elle avait vécu jusqu'à ces derniers temps avec un concubin qui l'a abandonnée, *Gaz. des Trib.* 6 décembre 1874, p. 1170, 1re col.

CONCUBINAIRE. *Ajoutez :* || 2° *Adj.* Qui a rapport au concubinage. Tous les jurisconsultes opinent pour la nullité des billets dits concubinaires, *Gaz. des Trib.* 14 juillet 1870.

— ÉTYM. *Ajoutez :* Du Cange à *concubinarius*.

CONCURRENCE. *Ajoutez :* || 6° Il s'est dit pour rencontre d'idées, d'expressions. Que si l'on remarque des concurrences dans mes vers, qu'on ne les prenne pas pour des larcins, CORN. *Clit. Préface*.

† **CONCURRENCER** (kon-ku-rran-sé), *v. a.* Le *c* prend une cédille devant *a* et *o* : je concurrençais, nous concurrençons. Néologisme. Combattre par la concurrence. Alors.... votre navigation augmentera, et vous pourrez concurrencer les marines

étrangères, ARMAN, au *Corps législat. Monit. univ.* 13 mai 1868, p. 649, 5e col. Le chemin de fer du Nord, qui est le plus concurrencé par les canaux, *Disc. au Corps législatif par M. de Mackau, Compte rendu analytique de la séance du 5 février* 1870.

† **CONCURRENTIEL, ELLE** (kon-ku-rran-si-el, è-l'), *adj.* Qui fait concurrence. Il existe réellement des compagnies concurrentielles pour les lignes à concéder, *Journ. offic.* 16 juin 1872, p. 4036, 3e col.

† **CONCURRER** (kon-kur-ré), *v. n.* Concourir. Cette maxime est nouvelle et assez sévère, et je ne l'ai pas toujours gardée; mais j'estime qu'elle sert beaucoup à fonder une véritable unité d'action, par la liaison de toutes celles qui concurrent dans le poëme, CORN. *Disc. du poëme dram.* Je souhaiterais qu'on l'observât invariablement [la règle qui veut que le premier acte contienne le fondement de toutes les actions], quand on fait concurrer deux actions différentes, ID. *ib.*

— ÉTYM. Lat. *concurrere.* C'est le même que *concourir*, qui est seul usité aujourd'hui.

CONDAMNABLE. *Ajoutez :* — REM. Malherbe a écrit condemnable : Il est des choses répréhensibles qui ne sont pas condemnables, *Lexique*, éd. L. Lalanne.

† **CONDAMNATEUR** (kon-da-na-teur), *s. m.* Celui qui condamne. Ces innocentes et respectables créatures [les époux Montbailli, condamnés au bûcher par le tribunal d'Arras] avaient été accusées de parricide, et jugées sur des allégations qui auraient paru ridicules aux condamnateurs mêmes des Calas, VOLT. *Comm. hist. sur les Œuv. de l'aut. de la Henr.*

— ÉTYM. Lat. *condemnatorem*, de *condemnare*, condamner.

CONDAMNATION. *Ajoutez :* — REM. Malherbe a écrit condemnation : La condemnation de la malice universelle du monde, *Lexique*, éd. L. Lalanne.

— HIST. XVIe s. *Ajoutez :* En verité, en verité, je vous dis que qui oit ma parolle et croit à celluy qui m'a envoyé, il a vie eternelle et ne vient point en condemnation, *Évang. selon saint Jean*, v, 24, *Nouv. Testam.* éd. Lefebre d'Étaples, Paris, 1525. Il [l'evesque] ne soit point novice, affin que par elevation d'orgueil ne cheie en la condemnation du diable, I *Tim.* III, 6.

CONDENSATION. *Ajoutez :* || On a étendu la signification de ce mot aux modifications physiques qui ne comportent, proprement, ni idée de densité, ni idée de masse. Condensation de la chaleur, de l'électricité, etc.

† **CONDENSEUSE** (kon-dan-seû-z'), *s. f.* Machine à condenser, *Journ. offic.* 24 fév. 1876, p. 1371, 3e col.

CONDESCENDANCE. — HIST. *Ajoutez :* XIIe s. Quant il soi, por lo condescendement des pluisors, az deforienes [extérieures choses] espart [disperse], *li Dialoge de Gregoire lo pape*, 1876, p. 6. Alsi com par condescendement, *ib.* p. 141.

CONDITION. *Ajoutez :* || Terme de turf. Un cheval est en condition lorsque, au moment de l'épreuve, il réunit toutes les qualités de forme et de vigueur qu'on est en droit d'exiger de lui.

CONDITIONNÉ. *Ajoutez :* || 5e Terme de commerce. Se dit de la qualité, de l'état d'un objet. Ces rapports diffèrent, suivant que la soie est plus ou moins conditionnée, P. GIRAUDEAU, *la Banque rendue facile*, in-4°, Paris, 1769, p. 684.

CONDOULOIR. *Ajoutez :* — REM. Se condouloir est dit ne s'employer qu'à l'infinitif. Pourtant M. Louis Ratisbonne, dans sa traduction de Dante, l'a employé au futur : Bien plus, en regardant, tu te condouleras, *Purg.* XXXI. Il a eu raison. Il faut autant que possible rendre à ces verbes mutilés l'usage de leurs membres. Mais comment conjuguer ce verbe? L'imparfait est assuré; c'est *je me condoulais.* Le futur l'est moins; si l'on remonte à l'ancienne conjugaison, on voit qu'il est : *je me doulrai* ou *me dourrai.* Par conséquent la forme moderne pourra être : *je me doulerai, je me condoulerai.*

† **CONDUCIBILITÉ** (kon-du-si-bi-li-té), *s. f.* Terme de physique. Synonyme de conductibilité, dans FOURIER, *Théorie de la chaleur.*

CONDUITE. *Ajoutez :* || 9e Manière dont se comportent des instruments, des machines. Sur la conduite des chronomètres, ROUYAUX, *Acad. des sc. Comptes rendus*, t. LXXXII, p. 679. || 10e Conduite de, avec un verbe à l'infinitif, pour conduite qui consiste à. Cette conduite va bien plus à.... que celle de suivre ..., FÉN. *Lett. spirit.* CXXXVI. || 11e Conduite de Grenoble, ancienne locution qui signifiait mauvais accueil, mauvais traitement. Si vous aviez été l'autre jour au Marché des Innocents, vous auriez pu jouer votre petit rôle dans la conduite de Grenoble qu'on a faite à M. l'abbé [Terray], *Rev. Britan.* sept. 1872, p. 132.

† **CONDURANGO** (kon-du-ran-go), *s. m.* Plante de la famille des asclépiadées. Le condurango croît dans la province de Lova [la patrie du quinquina], entre l'Équateur et le Pérou; depuis des années l'écorce en est employée, sous forme de décoction ou de pilules, contre le rhumatisme et d'autres maladies; mais c'est seulement dans ces derniers temps qu'on l'a appliquée comme remède contre le cancer, *Journ. offic.* 27 nov. 1871, p. 4660, 1re col.

— ÉTYM. *Condurango*, remède du *condor*, dans la langue du Pérou.

CONFECTION. || 3e *Ajoutez en exemples :* Ce sont toujours des confections de la première utilité, de petits bonnets, des jupons tricotés, des chemises, des camisoles, *Monit. univ.* 4 avril 1868, p. 479, 5e col. Elle [l'industrie des châles] a à lutter contre l'introduction toujours en progrès des confections dans le costume des femmes, *Enquête, Traité de comm. avec l'Anglet.* t. III, p. 738. || 5e Arrangement pour la vente (voy. CONFECTIONNER ci-dessous). Le blanchiment, l'apprêt et la confection [du tulle] revenaient à.... *Enquête, Traité de comm. avec l'Anglet.* t. III, p. 653.

CONFECTIONNER. *Ajoutez :* || 2e Arranger, parer pour la vente. Nous employons des femmes et des enfants pour raccommoder et confectionner le tulle, c'est-à-dire pour l'apprêter, le plier, de façon qu'il soit prêt à être mis en vente, *Enquête, Traité de comm. avec l'Anglet.* t. IV, p. 651.

CONFÉRENCE. — SYN. CONFÉRENCE, CONGRÈS. Le congrès est une réunion de souverains ou de leurs plénipotentiaires, dans un lieu choisi, qui est d'ordinaire un terrain neutre. On peut citer : les congrès de Troppau et de Laybach, en 1820 et 1821; le congrès de Vérone, en 1822; le congrès de Paris, qui termina la guerre de Crimée par le traité du 30 avril 1856. À la différence du congrès, la conférence a lieu entre les ministres et les ambassadeurs accrédités, sans qu'il soit besoin pour eux de nouvelles lettres de créance. La présence du souverain ou de son plénipotentiaire n'y est pas nécessaire; l'ambassadeur ordinaire suffit. Les plus remarquables de ces conférences ont été celles de Londres de 1831-39 sur les affaires belges, et celles qui ont été tenues à Vienne en 1853 et 1854 pour prévenir la guerre entre la Russie et la Turquie.

† **CONFÉRENCIER.** || 2e Néologisme. Celui qui fait des conférences sur quelque objet de littérature ou de science. Ne mettez pas un bâillon sur les lèvres de vos conférenciers, DE PRESSENSÉ, *Journ. offic.* du 9 juin 1875, p. 4122, 2e col.

† **CONFÉRENT** (kon-fé-ran), *s. m.* Nom donné dans l'ancienne république de Venise à un dignitaire choisi par le sénat pour conférer en certains cas avec les ambassadeurs, J. J. ROUSS. *Lett. à M. Dupont*, 25 juill. 1743.

CONFESSION. *Ajoutez :* || 5e Terme d'architecture. Petite construction destinée dans une église à supporter les châsses. Au moyen âge, on plaçait fréquemment la confession derrière le maître-autel, *Monit. univ.* 12 oct. 1868, p. 1375, 3e col.

† **CONFESSIONALISME** (kon-fè-sio-na-li-sm'), *s. m.* Attachement à une confession religieuse. Un étroit confessionalisme.

CONFIANCE. *Ajoutez :* || 4e *Au plur.* Pourvu que nous n'ayons que Mme de Guitaut pour témoin de nos confiances, SÉV. *Lett. à Guitaut*, 2 nov. 1671. Il est impossible de rien ajouter aux honnêtetés, aux confiances et aux extrêmes considérations de M. de Lavardin pour moi, ID. 24 sept. 1675. || 5e Avoir confiance que, compter que. J'ai confiance que cela n'arrivera pas, J. J. ROUSS. *Lett. à d'Ivernois*, 26 avril 1768. || 6e Avoir confiance de soi-même, se fier en soi-même. Il n'y a qu'un petit nombre de courtisans qui, par grandeur ou par une confiance qu'ils ont d'eux-mêmes.... LA BRUY. VIII. || 7e Terme de droit. Faire confiance, se fier en. Le commerçant qui, sur la demande d'un domestique, consent à livrer à crédit sans s'assurer auparavant si c'est le maître lui-même qui sollicite ce crédit, fait confiance au domestique et non à son maître, *Gaz. des Trib.* 9 août 1874, p. 759, 1re col. Il est constant que L.... n'a reçu d'ordre que de la Société des Dépôts et Comptes courants; qu'il n'a fait confiance qu'à cette société, *ib.* 13 nov. 1874, p. 1090, 1re col. Il faut reconnaître d'après tout ce qui précède qu'en faisant confiance à la pièce incriminée et en délivrant les marchandises au sieur M.., la compagnie n'a commis aucune faute lourde.... *ib.* 25 janv. 1875, p. 78, 2e col. Il y a lieu à priori de présumer que B.... a fait confiance à B.... [de ses valeurs] et traité sous la garantie de la charge [de cet agent de change].... (Jugement du Trib. civ. de la Seine du 12 janv. 1872), *Gaz. des Trib.* 1er oct. 1873, p. 941, 2e col.

† **CONFIDENTER** (kon-fi-dan-té), *v. n.* Être en confidence (inusité). Le cardinal [de Reims] confidentait de très-près avec lui, MARQUIS DE MIRABEAU, dans L. DE LOMÉNIE, *La comtesse de Rochefort et ses amis* (la lettre du marquis de Mirabeau est de 1758).

CONFIER. || 4e *Ajoutez :* || Se confier de. Je n'ai rien de plus nécessaire que la lecture premièrement pour me confier trop de ma suffisance, secondement.... MALH. *Lexique*, éd. L. Lalanne. Voyez combien j'espère de vous, ou plutôt combien je m'en confie, ID. *ib.* Sous l'appui du Très-Haut quiconque se retire, Et de tout se confie en lui, CORN. *Lexique*, éd. Marty-Laveaux. Je me fie enfin et me confie en vous de ma destinée, SÉV. 27 avril 1685.

CONFIRE. — ÉTYM. *Ajoutez :* Bas-lat. *confectas in oleo*, dans un texte du VIe siècle, voy. *Rev. crit.* 28 mai 1868, p. 347.

† **CONFISCATEUR** (kon-fi-ska-teur), *s. m.* Celui qui confisque. Franchement, puisqu'elle a des attentions pour le confiscateur [Napoléon III], Mᵉ LÉON DUVAL, *Gaz. des Trib.* 9 déc. 1876, p. 1192, 2e col.

† **CONFISERIE.** *Ajoutez :* || 2e Usine où l'on prépare les sardines pour les confire et conserver.

CONFITURE. *Ajoutez :* || Fig. Nous mangeons du sucre et des confitures quand nous nous ramentevons nos amis qui se portent bien, MALH. *Lexique*, éd. L. Lalanne. || Homme à confitures, homme qui a besoin de reprendre des forces, de se réconforter. Nous avons le cœur bon, et, dans nos aventures, Nous ne fûmes jamais hommes à confitures, CORN. *Lexique*, éd. Marty-Laveaux.

CONFLIT. *Ajoutez :* || 4e Le conflit d'une maladie, l'attaque d'une maladie. Veux-tu savoir que fit mon père au conflit de cette maladie? MALH. *Lexique*, éd. L. Lalanne.

CONFLUER. *Ajoutez :* La Paglia ne tarde pas à confluer avec le Tibre, qui porte à Rome ses eaux jaunies, SIMONIN, *l'Étrurie et les Étrusques*, p. 19.

† **CONFONDANT, ANTE** (kon-fon-dan, dan-t'), *adj.* Qui confond, trouble profondément. Humiliation confondante, STE-BEUVE, *Port-Royal*, t. II, p. 236, 3e éd.

CONFORMER. *Ajoutez :* || 5e Se conformer, être conforme. Les jugements des hommes, qui en tant d'autres choses sont contraires l'un à l'autre, se conforment en celle-ci, MALH. *Lexique*, éd. L. Lalanne.

† **CONFORTABILITÉ** (kon-for-ta-bi-li-té), *s. f.* Qualité de ce qui est confortable. Des fatigues inaccoutumées de trois jours de route, dans un équipage dont la confortabilité n'était pas le principal mérite.... LOUIS ÉNAULT, *Feuilleton du Journ. offic.* du 30 sept. 1869.

† **CONFORTABLEMENT.** *Ajoutez :* Nous faisons le tour de la galerie [au Capitole, à Washington] où règnent six ou sept rangées de banquettes à dossiers garnies d'étoffe grise et confortablement espacées, DE MOLINARI, *Journ. des Débats*, 10 août 1876, 3e page, 5e col.

CONFORTATIF. *Ajoutez :* || 2e Terme de bâtiment. Qui consolide une construction. Lorsqu'une construction n'empiète pas sur la voie publique, il n'y a pas lieu d'en ordonner la démolition, à raison de ce qu'elle a été l'objet de travaux confortatifs, exécutés sans autorisation, *Gaz. des Trib.* 29 août 1874, p. 828, 3e col.

CONFRONTATION. — HIST. *Ajoutez :* XIVe s. Sur la confrontation de une certaine place vuide, laquelle estoit partie maçonnée et partie à maçonner, *Bib. des ch.* 1872, p. 356.

† **CONFUCIANISME** (kon-fu-si-a-ni-sm'), *s. m.* Doctrine de Confucius, philosophe chinois du VIe siècle avant notre ère; elle a un caractère religieux. Le confucianisme ne sort pas des écoles; en réalité, la religion dominante au Japon est sans contestation le bouddhisme, G. BOUSQUET, *Rev. des Deux-Mondes*, 15 mars 1876, p. 336.

† **CONG** (kongh'), *s. m.* Nom, en Chine, de grands vases de porcelaine grossière. L'alose qui est forte et excellente en goût, est produite presque exclusivement par des moyens artificiels et transportée

dans toutes les parties de l'empire dans des congs, *Journ. offic.* 18 nov. 1874, p. 7687, 1re col.

† CONGÉDIEMENT. || Il se dit, en général, de toute personne que l'on congédie. Dans le cas de congédiement d'un employé de commerce, *Gaz. des Trib.* 6 janv. 1876, p. 16, 2e col.

† CONGÉNIALITÉ (kon-jé-ni-a-li-té), *s. f.* Néologisme. Caractère de ce qui est congénial. En gagnant par rapport à l'exécution, elles [les images pour les écoles japonaises] ont perdu ce qui les rendait charmantes, la naïveté, l'originalité, la vie, la congénialité, *Journ. offic.* 11 juill. 1876, p. 5029, 3e col., d'après une lettre du docteur Saffrey, au *Manuel gén. de l'Instr. prim.*

† CONGESTIONNEL, ELLE (kon-jè-stio-nèl, nè-l'), *adj.* Terme de médecine. Qui a le caractère de la congestion. Symptômes congestionnels.

† CONGO (kon-go), *s. m.* Nom d'une danse, dans la Dordogne. D. Peu de jours après, vous avez dansé le congo ; je ne sais si c'est encore l'usage aux Missials de danser le congo après la mort d'un mari ? — R. Je n'ai pas dansé le congo, *Gaz. des Trib.* 7 mars 1876, p. 230, 1re col.

† CONGRÉGATIONALISME (kon-gré-ga-sio-na-li-sm'), *s. m.* Système d'organisation ecclésiastique, dans lequel l'autorité appartient à la congrégation ou réunion des fidèles.

† CONGRESSIONNEL, ELLE (kon-grè-ssio-nèl, nè-l'), *adj.* Se dit, aux États-Unis, de ce qui se rapporte au congrès. L'association italienne de New-York a chargé un comité de remettre au congrès une copie des résolutions requérant l'aide congressionnelle pour la suppression du trafic des enfants italiens, Extr. du *Courrier des États-Unis*, dans *Journ. offic.* 23 oct. 1873, p. 6510, 1re col.

CONIQUE. *Ajoutez :* || L'usage a prévalu de donner le nom de pendule conique à un pendule quelconque qui, n'oscillant pas dans un plan vertical, décrit une courbe fermée. En effet, la tige du pendule décrit un cône circulaire ou elliptique.

CONJECTURE. — HIST. *Ajoutez :* XIVe s. *Conjetura*, conjeture, ESCALLIER, *Vocab. lat.-franç.* 439.

CONJONCTURE. *Ajoutez :* || 2° Accord, concours. Quand il se rencontre qu'une mutuelle volonté rend aussi mutuels les désirs, dans la conjoncture des choses honnêtes, MALH. *Lexique*, éd. L. Lalanne.

CONJUGUÉ. *Ajoutez :* || 3° Uni avec, joint avec (peu usité en ce sens). Que.... 110,000 métiers sont disséminés dans tous les villages des six départements qui entourent Lyon, et qu'ils apportent là le travail industriel conjugué avec le travail agricole, *Journ. offic.* 26 juin 1874.

CONJURATEUR. — HIST. *Ajoutez :* XIVe s. Thierris de Maisieres se presenta lui septieme.... Lidis lieutenans proposa que laditte presentacion ne valoit... car il convenoit, tant de droit comme de la coustume, que li six conjurateurs [faisant serment ensemble] fussent bourgois [1344], VARIN, *Archives administr. de la ville de Reims*, t. II, 2e part. p. 905.

CONJURATION. — HIST. *Ajoutez :* || XIIIe s. Lorsque Cateline fist à Rome la grant conjuroison, BRUN. LATINI, *Trésor*, p. 505.

CONJURER. *Ajoutez :* || 7° Conjurer de, s'entendre par conjuration pour. Quand tout ce qu'il y a d'hommes au monde auraient conjuré de vous servir, il n'y en aura jamais un qui le fasse avec plus d'affection, MALH. *Lexique*, éd. L. Lalanne. || 8° Conjurer à, former une conjuration contre (peu usité). Assassiner sa patrie et conjurer à sa ruine sont les marques de grandeur et d'autorité, ID. *ib.*

† CONNAISSABLE. *Ajoutez :* || 2° Qu'on peut reconnaître. Son visage n'était plus connaissable, SÉV. 8 déc. 1673. Sa personne est changée à n'être pas connaissable, Mme DE LA FAYETTE, *Lett. à Mme de Sévigné*, du 30 déc. 1672.

CONNAÎTRE. — REM. *Ajoutez :* || 2. Au XVIe s. *cognoistre* se prononçait *conoistre*, le *g* ne se faisant pas sentir (voy. LIVET, *la Gramm. franç.* p. 168).

CONNÉTABLE. *Ajoutez :* || 5° Dans les îles Normandes, nom de certains officiers paroissiaux électifs, chefs de l'administration et de la police dans leur paroisse ; il y en a un pour chaque paroisse de Jersey, deux pour chaque paroisse de Guernesey, deux pour l'île d'Aurigny et un pour l'île de Serk.

CONOÏDE. || 2° *Ajoutez :* || Ce mot est réservé aujourd'hui aux surfaces engendrées par une droite qui se meut parallèlement à un plan, en s'appuyant sur une autre droite et sur une directrice quelconque. On dit dans le même sens adjectivement surface conoïde.

CONQUE. *Ajoutez :* || 8° Sorte de vase de verre. Le dépècement du *Magenta* a eu lieu à l'aide de torpilles chargées de 20 à 50 kilos de poudre enfermés dans des conques ou dame-jeannes en verre, Extr. de *la Sentinelle du Midi*, dans *Journ. offic.* 25 mars 1876, p. 2099, 1re col.

† CONROY (kon-roi), *s. m.* Nom donné en limousin aux terrains imperméables.

— ÉTYM. Voy. CORROI.

CONSACRANT. *Ajoutez :* || *Au féminin.* Les paroles consacrantes, BOSS. *Déf. trad. comm.* I, 4.

CONSCRIT. *Ajoutez :* || 3° *S. m.* Dans le Dijonnais, nom des grappes de la vigne sorties des bourgeons adventices qui poussent après la gelée. Ceux [les raisins] qui ont échappé aux atteintes des gelées du printemps, sont gros comme des pois, tandis que les conscrits, ou grappes sorties des bourgeons adventices après la gelée, sont presque microscopiques, Extr. du *Bien public de Dijon*, dans *Journ. offic.* 2 août 1873, p. 5208, 2e col.

CONSÉCRATEUR. *Ajoutez :* Au lieu que les évêques ont accoutumé de se tenir honorés par le ministère d'un consécrateur [celui qui fait leur sacre], BOSS. *Rem. Rép. quiétisme, avant-propos.* || Par extension. Jean [saint Jean Baptiste] s'humilie ; et un Dieu l'exalte en le faisant, pour ainsi dire, son consécrateur pour se dévouer sous sa main à la pénitence, BOSS. *Élévat. sur myst.* XXII, 4.

CONSEIL. *Ajoutez :* || 11° Arbre des conseils, le figuier des pagodes, *ficus religiosa, L.*, BAILLON, *Dict. de bot.* t. I, p. 247.

— REM. *Ajoutez :* A propos de ce vers de Philippe Mouskes : Mais or n'iert mais qui me consaut, *Chronique*, v. 9374, M. de Reiffenberg remarque en note : « On disait encore sous le gouvernement autrichien [en Belgique] les consaux pour les conseils de l'État. »

† CONSEILLABLE. *Ajoutez :* Les deux alliances naturelles [des Provinces-Unies], les seules conseillables, et dont on pût espérer un secours efficace, D. STERN, *Hist. des commenc. de la rép. aux Pays-Bas*, p. 149.

1. CONSEILLER. || 3° Conseiller que. *Ajoutez :* Je conseille à ces pauvres gens qu'ils aillent plus vite en besogne, MALH. *Lexique*, éd. L. Lalanne.

CONSENTEMENT. *Ajoutez :* || 3° Accord, concordance. Admirant le consentement de sa vie et de sa doctrine, BOSS. *Cornet.*

CONSENTIR. *Ajoutez :* || 5° Être d'accord avec. Tous les biens ont même but, qui est de consentir à nature, MALH. *Lexique*, éd. L. Lalanne. || 6° *S. m.* Le consentir. Ce n'est pas le sentir, mais le consentir qui nous rend coupables, FÉN. *Lett. spirit.* 136.

CONSÉQUENCE. || 3° *Ajoutez :* || Par opposition à inconséquence. M. Buffet l'autre jour en appelait à votre conséquence, il vous disait : Il faut que ce qui a été décidé soit décidé, — je ferai le même appel à la conséquence de l'assemblée, THIERS, dans l'*Assembl. nation. Journ. offic.* 26 juin 1872, p. 4319, 3e col.

† CONSÉQUENTIEL, ELLE (kon-se-kan-si-el', è-l'), *adj.* Qui est la conséquence. Les nouvelles créances indirectes ou conséquentielles, s'il est permis de s'exprimer ainsi, ne seront en aucune façon soumises à l'arbitrage [de Genève], *Journ. offic.* 16 mai 1872, p. 3266, 1re col. (trad. du disc. du comte de Derby à la chambre des lords).

— ÉTYM. Angl. *consequential*, du lat. *consequentia* (voy. *conséquence*). Cet anglicisme n'est pas inacceptable.

† CONSERVATAIRE (kon-sèr-va-tè-r'), *adj.* Terme de droit. Se dit, en parlant de personnes qui conservent, gardent un droit de possession. Cette institution avait pris en Algérie un développement considérable (soit parce qu'elle permettait de modifier la loi des successions, d'exclure les filles, les sœurs, la mère, à qui le Koran aurait attribué des droits d'héritières conservataires, et par suite de conserver les biens dans la famille), soit.... A. DEROSTE (juge au Trib. de Paris, anc. président au Trib. d'Alger), *Gaz. des Trib.* 26 août 1874, p. 81-, 4e col.

† CONSERVATISME (kon-sèr-va-ti-sm'), *s. m.* Néologisme. Opinion des personnes qui appartiennent au parti conservateur. Le *Herald* et le *Standard*, ces frères siamois du conservatisme, *l'Indépendance belge*, 24 nov. 1868. La science sociale, fondée sur les lois naturelles, est à la fois radicale et conservatrice, radicale au delà de tout ce que conçoit le radicalisme actuel, conservatrice au delà de tout ce que conçoit le conservatisme d'à présent...., E. CARO, *Rev. des Deux-Mondes*, 1er nov. 1875, p. 31.

† CONSERVATISTE (kon-sèr-va-ti-st'), *s. m.* Terme de politique. Celui qui est partisan du conservatisme. || *Adj.* Former une majorité conservatiste au sénat, *Journ. de Genève*, 23 nov. 1876.

† CONSERVATOIREMENT (kon-sèr-va-toi-re-man), *adv.* De manière à empêcher qu'il ne soit porté préjudice à un droit. Nous maintenons l'ordonnance du 3 décembre dernier, qui a permis de saisir conservatoirement, sur le vu d'un billet impayé, le mobilier des époux B...., *Gaz. des Trib.* 25 fév. 1876, p. 189, 1re col.

CONSERVES. *Ajoutez :* — REM. Le mot conserves s'applique à toutes sortes de verres, lorsqu'ils s'adaptent bien à la vue. Cependant on réserve ordinairement le mot de conserves aux verres colorés plans, c'est-à-dire sans numéro.

CONSIDÉRATION. || 4° *Ajoutez* à l'exemple de Vauban, où considération est dit au pluriel dans le sens d'égards, celui-ci de Mme de Sévigné : Il est impossible de rien ajouter aux honnêtetés, aux confiances et aux extrêmes considérations de M. de Lavardin pour moi, *Lett. à Mme de Grignan*, 24 sept. 1675.

— REM. Bouhours condamne avoir de la considération dans le monde, pour : s'attirer de la considération : « Avoir de la considération signifie proprement considérer les choses, et non pas être considéré des autres ; un homme qui a de la considération, c'est un homme qui prend garde à ce qu'il fait, » *Entretiens d'Ariste et d'Eugène*, éd. 1671, p. 119. Malgré cette condamnation, la locution a prévalu.

CONSIDÉRER. *Ajoutez :* || Se considérer, suivi d'un adjectif, se regarder comme. [Gens] qui ont dû se considérer définitivement libérés du service, CHATEAUBR. t. XXX, p. 164, éd. Furne, grand in-8°

1. CONSIGNE. *Ajoutez :* || 3° Populairement, le tisonnier d'un corps de garde. Après la dernière ronde de 10 heures, M.... s'est servi d'un crochet, dit consigne, avec lequel se lève la cloche du poêle, l'a fait rougir au feu de ce poêle, *Gaz. des Trib.* 21 janv. 1875, p. 67, 2e col.

CONSISTORIAL. || 2° *Ajoutez :* || *S. m. pl.* Les consistoriaux, les députés des consistoires protestants. Les consistoriaux qui avaient plus d'opiniâtreté que de connaissance, eurent peine à y consentir [au maintien de la paix de 1577], MÉZERAY, *Abrégé chronol.* 1577.

CONSOMMATEUR. *Ajoutez :* — HIST. XVIe s. Et pourtant nous aussi que avons si grande nuée de tesmoings mise au devant,... courons par patience à la bataille qui nous est proposée, regardans à l'auteur de la foy et consommateur Jesus, *Hebr.* XII, *Nouv. Testam.* éd. Lefebre d'Étaples, Paris, 1525.

CONSOMMATION. *Ajoutez :* || 6° Farine de consommation, farine que l'on consomme chez soi, par opposition à farine de commerce, celle que l'on vend, *Journ. offic.* 18 déc. 1876, p. 9491, 2e col.

† CONSONNANTIQUE (kon-so-nan-ti-k'), *adj.* Qui a le caractère de consonne.

† CONSONNANTISME (kon-so-nan-ti-sm'), *s. m.* Terme de grammaire. Système des consonnes d'une langue.

† CONSORTIAL, ALE (kon-sor-si-al', a-l'), *adj.* Qui appartient à une société de commerce. Deux motions ont été présentées [au parlement prussien], l'une réclamant la suppression de cet institut [une banque], l'autre demandant que toute participation à des entreprises consortiales lui fût désormais interdite, *le Temps*, 13 mars 1876, 2e page, 1re col. || *Au plur. masc.* Consortiaux.

— ÉTYM. Voy. CONSORTS.

CONSPIRATEUR. — HIST. *Ajoutez :* || XVIe s. Si une femme a conspiré avec autres la mort de son mari.... la conspiratrice fera pénitence, sans espoir de se pouvoir remarier, *le Bureau du concile de Trente*, p. 248.

† CONSTABULAIRE (kon-sta-bu-lè-r'), *adj.* Qui est relatif aux constables. La force constabulaire.

† CONSTERNANT, ANTE (kon-stèr-nan, nan-t'), *adj.* Qui consterne. Deux fils de M. de Feuquières apportèrent la consternante nouvelle de la mort de leur père, STE-BEUVE, *Port-Royal*, t. II, p. 9, 3e éd.

† CONSTITUTEUR. *Ajoutez :* Aucun nuage n'obscurcit à mes yeux le droit d'Auguste Comte à

se dire le constituteur de la sociologie, É. LITTRÉ, *Auguste Comte et Stuart Mill*, p. 23, 1866.

CONSTITUTION. *Ajoutez :* || 9° Constitution s'est dit, pendant la révolution, à propos des débats sur la constitution, de gourdins. On vend au Palais-Royal de petits gourdins, qu'on appelle des constitutions ; j'invite tous les patriotes à n'en pas faire usage, *Lett. du P. Duchêne*, 26e lettre, p. 7.

† **CONSTRUCTIF.** *Ajoutez :* Jusqu'à présent nous n'avons été saisis que de la partie purement négative de la critique du philosophe anglais [M. Herbert Spencer] ; il nous reste à considérer le côté positif ou constructif de ses efforts, DE ROBERTY, *la Philosophie positive*, août-sept. 1876, p. 197.

CONSTRUCTION. || 3° Terme de grammaire. Construction louche. *Ajoutez :* On appelle cela une construction louche, parce qu'elle semble regarder d'un côté, et elle regarde de l'autre ; plusieurs écrivains ne sont pas exempts de cette faute, VAUGELAS, *Rem.* t. I, p. 181, dans POUGENS.

† **CONSUBSTANTIALISTE** (kon-sub-stan-si-a-list'), *s. m.* Celui qui soutient la consubstantialité, c'est-à-dire l'unité de substance des trois personnes de la Trinité. Quelques mots de plus [dans les Epîtres de saint Paul], et Jésus sera le logos créateur ; les formules les plus exagérées des consubstantialistes du IVe siècle peuvent déjà être pressenties, RENAN, *Saint Paul*, ch. IX.

CONSULAIREMENT. *Ajoutez :* || 2° En qualité de consul de Rome. Telasinus aime mieux être exilé comme philosophe que de vivre consulairement sous Domitien, LA MOTHE LE VAYER, *Dialog. d'Orat. Tubero*, t. II, p. 230.

CONSULTER. *Ajoutez :* — REM. 1. J. J. Rousseau a dit : consulter quelqu'un si, pour : consulter quelqu'un sur la question de savoir si. Quand je consultai Milord Maréchal si je les accepterais [les grâces du roi].... *Lett. à Davenport*, fév. 1767. Cette tournure abrégée est bonne. || 2. On peut voir à consulter, verbe neutre, des phrases d'auteurs déjà anciens où l'on dit consulter de. En voici un exemple plus récent : Je ne prendrai nul parti définitif sans en bien consulter avec vous, J. J. ROUSS. *Lett. à Milord Maréchal*, 8 avril 1765.

CONSUMANT. *Ajoutez :* [Dans l'eucharistie] une présence en figure, et une manducation en esprit, c'est-à-dire la présence la moins divisante et la manducation la moins consumante qu'on puisse jamais imaginer, BOSS. *Explic. de la messe*, 40.

CONSUMER. — HIST. *Ajoutez :* XIIe s. Wa à moi ; car je sui consummez, et m'anime [mon âme] defaillie [l'original latin porte *consumptus sum*], BONNARDOT, *Texte lorrain*, dans *Romania*, t. V, p. 299.

† **CONTADIN.** *Ajoutez :* — REM. Mme de Gasparin a employé au féminin ce mot presque inusité. Elles descendent, les contadines, de roche en roche, bondissantes, Mme DE GASPARIN, *Voyages à Florence*, t. IV, 2e éd. Paris, 1866.

CONTAGION. — HIST. XVIe s. *Ajoutez :* J'ay le cœur si comblé d'amertume et d'oppresse, Que, par contagion, je rens pleins de tristesse Ceux qui parlent à moy, DESPORTES, *Épitaphes, complainte pour Henri III.*

† **CONTAGIONNER** (kon-ta-jio-né), *v. a.* || 1° Néologisme. Infecter par contagion. Pour qu'il [le typhus] puisse s'y propager [en France], il faut deux choses : il faut d'abord l'introduction de la graine qui est un animal contagionné ; et autour de lui, il faut ensuite des animaux susceptibles de recevoir la graine, TESTELIN (à l'Assemblée nationale), *Journ. offic.* 17 décembre 1873, p. 7858, 3e col. || 2° *V. réfl.* Se contagionner, gagner la contagion, en parlant de vers à soie. Prenez garde que vos vers à soie ne se contagionnent.

† **CONTASSERIE** (kon-ta-se-rie), *s. f.* Petites nouvelles, ragots. J'avais compté sur le bon effet de mes contasseries, DECOURCHAMP, *Souv. de la marquise de Créquy*, t. I, XVII.

— ÉTYM. *Conter.* Le mot est très-mauvais, mais il ne l'est pas plus que *racontar*, qui se dit aujourd'hui en tant de journaux et dont il est synonyme.

CONTEMPLATEUR. — HIST. *Ajoutez :* XIIe s. La diviniteiz ne soi demostret mie teile come ele est à ses contemplors en ceste vie, *li Dialoge Gregoire lo pape*, 1876, p. 340.

CONTEMPTIBLE. *Ajoutez :* Le cardinal de Richelieu.... les employant [certains personnages] à des ministères vils et contemptibles, MONTCHAL, *Mém.* t. I, p. 27.

CONTENTIEUX. *Ajoutez :* || 5° Un contentieux, un bureau de contentieux. Un contentieux fortement organisé *Journ. offic.* 25 avril 1872, p. 2752, 1re col.

† **CONTENUE** (kon-te-nue), *s. f.* S'est dit pour contenance, étendue d'un terrain. Il serait nécessaire de fixer la contenue du clos, BOISLISLE, *Corresp. contrôl. génér.* Paris, 1874, p. 273.

† **CONTERIE.** *Ajoutez :* On comprend sous la dénomination de conteries, ou celle de verroteries, toutes sortes de perles en verre de différentes formes et nuances, imitant les unes des œufs de pigeon couleur blanc de lait ; les autres, des grains de corail de toutes grosseurs ; les autres, des perles formant un parallélogramme allongé.... on vend ces verroteries au poids ; on les achète pour le Soudan et le Darfour, contrées où il n'existe aucune sorte de monnaie ; les marchands, tant arabes qu'européens, s'en servent comme moyen d'échange pour l'achat des dents d'éléphant, des cornes de rhinocéros, des plumes d'autruche, etc. *Monit. univ.* 17 sept. 1860, p. 1116, 1re col.

CONTESTE. *Ajoutez :* — REM. Chateaubriand rajeunit l'emploi de ce mot, mais il le fait masculin, à tort : Je l'ajourne [Lamennais] à mon lit de mort pour agiter nos grands contestes à ces portes qu'on ne repasse plus, *Mém. d'outre-tombe*, éd. de Bruxelles, t. VI, *Conclusion : saint-simoniens, phalanstériens*, etc. Nos grandes contestes serait fort bon.

CONTINGENCE. *Ajoutez :* || 2° Aujourd'hui, angle de contingence, celui que forment deux tangentes à une courbe en des points infiniment voisins.

CONTINU. *Ajoutez :* || 5° Terme de fortification. Lignes continues, par opposition à lignes à intervalles, lignes de fortification composées d'obstacles reliés entre eux, sans aucune solution de continuité. || 6° Terme de filature. Fil continu, ou, substantivement, le continu, fil qui est produit sans discontinuité. Il y avait des continus en France, il y a 40 ans ; nous avons été obligés d'y renoncer ; le prix du continu, en Angleterre, est seulement de 5 centimes par kil., plus élevé que celui de la mulle-jenny, *Enquête, Traité de commerce avec l'Anglet.* t. IV, p. 407. || Métier continu, ou, substantivement, un continu, métier qui file du fil continu. Depuis quelques années seulement, les métiers dits continus ont été importés à Roubaix ; ils sont de construction anglaise, *ib.* t. III, p. 617, etc.

CONTINUEL. — HIST. *Ajoutez :* || XVe s. Icelluy Gossouyn joyra des privileges.... comme vrai et continuel escolier d'icelle université, *Romania*, avril 1873, p. 209.

CONTINUELLEMENT. — HIST. *Ajoutez :* XIIe s. A tenir ai la dreite vie En ordre continueument, BENOÎT, *Chronique*, t. III, p. 299, v. 39824.

CONTINUER. — HIST. *Ajoutez :* XIIe s. En sorquetot [il] n'aveit leisir De totes lor façons escrire ; Trop aveit à fere et à dire Del siege et de la mortel guerre, Et de continuer l'afere, BENOÎT DE STE-MORE, *Roman de Troie*, v. 5564.

† **CONTOURNAGE** (kon-tour-na-j'), *s. m.* Action de donner des contours recherchés ou forcés ; résultat de cette action. Le style Louis XV, avec ses baroques contournages, MAZAROS, *Hist. des corporations françaises d'arts et métiers*, Paris, 1874, t. I, p. 272.

† **CONTRADETTE** (kon-tra-dè-t'), *s. f.* Terme de chancellerie romaine. Opposition, contradiction. Lorenzi, qui a enregistré la supplique..., Corrozzino, scripteur apostolique, et Gofredi, officier des contradettes, E. J. DELÉCLUZE *Romans*, etc. p. 272 (1 vol. Charpentier, 1845), *Dona Olympia*, ch. VI.

— ÉTYM. Ital. *contradetta*, contradiction, de *contra*, contre, et *detto*, dit (voy. DIRE).

CONTRADICTOIRE. *Ajoutez :* — REM. On dit contradictoire à. Cette proposition est contradictoire à telle autre.

† **CONTRA-LATÉRAL, ALE** (kon-tra-la-té-ral, ra-l'), *adj.* Terme d'anatomie et de pathologie. Qui est du côté opposé à une lésion. La destruction de certaines régions corticales antérieures du cerveau est suivie d'une augmentation de température très-considérable dans les extrémités contra-latérales, EULEMBURG et LANDOIS, *Acad. des sc. Comptes rend.* t. LXXXII, p. 565.

— ÉTYM. Lat. *contra*, à l'opposite, et *latéral*.

CONTRALTO. *Ajoutez :* Que tu me plais, ô timbre étrange, Son double, homme et femme à la fois, Contralto, bizarre mélange, Hermaphrodite de la voix, TH. GAUTIER, *Emaux et camées, Contralto.*

CONTRARIER. *Ajoutez :* || 5° Deux cheminées sont dites se contrarier, quand on ne peut allumer du feu en même temps dans toutes les deux.

CONTRASTÉ. *Ajoutez :* — REM. J. J. Rousseau a dit contrasté pour : combattu ; ce qui est un italianisme. Il est vrai que cette impression était singulièrement contrastée par le souvenir, *Confessions*, II. Inusité en ce sens.

† **CONTRAVENTIONNEL, ELLE** (kon-tra-van-sio-nèl, nè-l'), *adj.* Qui a le caractère de la contravention. Faut-il admettre le cumul parce qu'il s'agit d'un délit contraventionnel ?... distinguer les délits contraventionnels des autres délits, *Gaz. des Trib.* 5 fév. 1876, p. 121, 3e col.

CONTRE. || 7° *Ajoutez :* || Tout contre, se dit de deux objets qui sont très-près l'un de l'autre. Les témoins D.... et G.... accourus pour éteindre le feu, ont constaté que cette porte n'était pas fermée et que, suivant leur expression, les deux battants étaient tout contre, *Gaz. des Trib.* 20 mars 1874, p. 272, 2e col.

† **CONTRE-AMOUR** (kon-tra-mour), *s. m.* Amour opposé à un amour. Ce que disait une divinité chez Porphyre, que, pour donner vigueur à l'amour, il faut lui donner un contre-amour.... MONTCHAL, *Mém.* t. I, p. 58.

† **CONTRE-APPEL.** *Ajoutez :* — HIST. XIIe s. Tel cop li a doné de l'espée à noiel, Que mort l'a abatu, ains n'i ot contrapel, *li Romans d'Alixandre*, p. 308.

† **CONTRE-ARCHET (À)** (kon-trar-chè), *loc. adv.* Être à contre-archet, jouer à contre-archet, tirer l'archet quand il faudrait le pousser, ou le pousser quand il faudrait le tirer.

CONTRE-BASSE. — REM. *Ajoutez :* || 2. Les contre-basses descendent à une sixte et non à une quarte au-dessous du violoncelle, puisque leur son le plus grave est un contre-mi. Les contre-basses modernes sont accordées par quartes et non par quintes, comme les anciennes contre-basses à trois cordes. La contre-basse ne renforce pas seulement les parties de basse, dans beaucoup de cas elle exécute une partie qui lui est propre. La contre-basse fut introduite en 1714 à l'Opéra par Montéclair ; elle n'y servit d'abord que pour accompagner les chœurs.... et le vendredi seulement, CASTIL-BLAZE, *Hist. de l'Opéra italien.*

† **CONTRE-BOURGEON** (kon-tre-bour-jon), *s. m.* Terme de viticulture. Bourgeon supplémentaire qui se développe quand le premier bourgeon a été détruit par la gelée ou autre cause. En Bourgogne, dans les vignes non endommagées par la gelée, les raisins sortent bien ; dans celles qui ont souffert, le contre-bourgeon montre de nouveaux raisins, *Journal des Débats*, 25 juin 1876, *feuilleton*, 1re page, 2e col.

† **CONTRE-CHANGER.** *Ajoutez :* Est-ce ainsi [par de mauvaises actions] que je devois contre-changer les bénéfices de mon créateur et le sang de mon rédempteur ? ST FRANÇOIS DE SALES, *Introd. à la vie dévote*, I, 12.

† **CONTRE-CRITIQUE.** *Ajoutez :* J'étais bien pressé avant-hier en vous [illegible]ant toutes mes contre-critiques, VOLT. *Lett. Thiriot*, 1er déc. 1738.

† **CONTRE-ÉCORAGE** (kon-tré-ko-ra-j'), *s. m.* Vérification d'une opération d'écorage (voy. ÉCORAGE au Supplément). Les feuilles d'écore pour le hareng, outre la signature prescrite par l'article 16, porteront l'approbation et la signature de la personne chargée du contre-écorage à bord du bateau, DELAHAIS, *Notice hist. sur l'écorage*, Dieppe, 1873, p. 51.

† **CONTRE-EXTENSION.** *Ajoutez :* — HIST. XVIe s. Un autre serviteur tirera l'espaule vers soi à l'opposite, et ainsi se fera la contre-extension, PARÉ, XIII, 8.

† **CONTRE-FIN (À).** *Ajoutez :* Une tentative pour exploiter au profit d'ambitions personnelles les sentiments philanthropiques de la nation irait à contre-fin en révoltant la conscience publique, *le Temps*, 14 sept. 1876.

† **CONTRE-GAGER.** *Ajoutez cet exemple :* Est-elle seule ? — Oui. — Bon, je risque l'abordage ; Faites le guet, pendant que je la contre-gage, DUFRESNY, *Mariage fait et rompu*, II, 5.

† **CONTRE-GATTE** (kon-tre-ga-t'), *s. f.* Terme de marine. Retranchement qui renforce la gatte (voy. GATTE au Dictionnaire). Tous les haubans sont perdus, la gatte et contre-gatte sont éventrées, *Journ. offic.* 20 juill. 1873, p. 4881, 3e col.

† **CONTRE-HUS** (kon-trû), *s. m.* En Normandie, partie d'une porte coupée en deux, le haut pouvant s'ouvrir, tandis que le bas reste fermé ; le

contre-hus se rencontre à l'entrée des boutiques, et le hec (voy. ce mot au Supplément) à celle des maisons de fermier, H. MOISY, *Noms de famille normands*, p. 206. || Petite porte, quelquefois à perpétuelle demeure, quelquefois susceptible d'être enlevée à volonté, qui est au devant de la porte entière, et qui atteint à moitié environ de la hauteur de celle-ci, ID. *ib.*

— ÉTYM. *Contre*, et *huis*.

† **CONTRE-INVECTIVE.** — HIST. XVIe s. *Ajoutez :* Mon intention n'est pas d'user icy de contr'invectives, et de leur rendre [à mes détracteurs] injures pour injures, DU BARTAS, *Œuv.* 1611, *advertissement.*

CONTREMONT. *Ajoutez :* || 2° Labourer amont et à contremont (voy AMONT, n° 6, au Supplément).

† **CONTRE-PASSEMENT** (kon-tre-pâ-se-man), *s. m.* Terme de commerce. Action de contre-passer. Que.... l'opération.... était passée sur les livres de la société du Crédit mobilier français au crédit de la société du Crédit mobilier espagnol; que, s'il est vrai que cette opération ait été contre-passée à la date du 12 mai, il est justifié que ce contre-passement n'a pas été ordonné par le sieur P..., *Gaz. des Trib.* 5 juill. 1876, p. 15, 1re col.

† **CONTRE-PASSER.** *Ajoutez :* || 2° Passer une somme, une valeur des livres d'un négociant, d'une société, sur les livres d'un autre négociant, d'une autre société. || 3° *V. réfl.* Se contre-passer, se croiser, passer l'un devant l'autre. Le second témoin est l'ancienne maîtresse de B...; ils échangent un regard furtif en se contre-passant, *Gaz. des Trib.* 7 fév. 1875, p. 126, 3° col.

† **CONTRE-PÉTITION** (kon-tre-pé-ti-sion), *s. f.* Pétition opposée à une autre.

† **CONTRE-PÉTITIONNAIRE** (kon-tre-pé-ti-sio-nè-r'), *s. m.* Celui qui fait une contre-pétition.

† **CONTRE-PÉTITIONNEMENT** (kon-tre-pé-ti-sio-ne-man), *s. m.* Action de contre-pétitionner.

† **CONTRE-PÉTITIONNER** (kon-tre-pé-ti-sio-né), *v. n.* Faire une contre-pétition.

CONTRE-POINTÉ. || Fig. Opposé l'un à l'autre. Par cette ruse qu'il savait très-bien pratiquer, il [le cardinal de Richelieu] tenait ces deux prélats contre-pointés, MONTCHAL, *Mémoires*, t. I, p. 58.

† **CONTRE-POUSSER (SE)** (kon-tre-pou-sé), *v. réfl.* Se pousser en sens inverse. Toutes les pierres [d'une voûte] se soutiennent en se contre-poussant, FÉN. *Exam. de consc. sur les devoirs de la royauté.*

† **CONTRE-PROGRAMME** (kon-tre-pro-gra-m'), *s. m.* Programme opposé à un programme. Le programme de la Russie et le contre-programme de l'Angleterre [au sujet des affaires d'Orient] sont encore inconnus, *Journ. des Débats*, 10 déc. 1876, 2° page, 4° col.

† **CONTRE-PROMESSE.** *Ajoutez :* — HIST. XVIe s. M'ayant fait prier de lui donner une promesse de mariage pour apaiser sa mere, elle m'offrit toutes les contre-promesses que je desirerois d'elle, BASSOMPIERRE, *Mém.* t. I, p. 318, Amsterd. 1721.

† **CONTRE-REMONTRANT** (kon-tre-re-mon-tran), *s. m.* Voy. REMONTRANT.

CONTRE-RUSE. *Ajoutez :* Par cette contre-ruse je trompai les friponnes, qui levèrent enfin le masque, LESAGE, *Gil Blas*, IV, 7.

CONTRE-SIGNER. *Ajoutez :* || 3° Contre-signer, signer son nom de ses initiales sur l'enveloppe d'une lettre pour en indiquer la provenance. On contre-signe ses lettres à un grand personnage, quand on est connu de lui et qu'on désire qu'il les ouvre lui-même.

† **CONTRE-SIGNIFIER** (kon-tre-si-gni-fi-é), *v. a.* Terme de droit. Opposer une signification à une signification. Bien que l'avoué de cette partie n'eût pas levé la grosse de l'arrêt ordonnant la vente, et n'eût d'ailleurs pas fait contre-signifier la copie à lui notifiée par l'autre avoué, *Gaz. des Trib.* 6 janv. 1875, p. 13, 2° col.

† **CONTRE-TENANT.** || Fig. Le cardinal [de Richelieu], qui n'admettait personne auprès de soi sans lui donner un contre-tenant, formait des jalousies entre eux [l'archevêque de Bordeaux et l'évêque de Chartres], MONTCHAL, *Mémoires*, t. I, p. 57.

† **CONTRE-TIMBRAGE** (kon-tre-tin-bra-j'), *s. m.* Opération consistant à apposer l'empreinte du contre-timbre. Une circulaire du 25 juin dernier a fait connaître aux directeurs les mesures à prendre pour le contre-timbrage, et les a invités à envoyer le plus tôt possible des papiers contre-timbrés dans les bureaux, *Instruction du* 6 juill. 1862.

† **CONTRE-TIMBRE** (kon-tre-tin-br'), *s. m.* || 1° L'empreinte apposée sur les papiers timbrés, afin d'indiquer une modification dans leur valeur. L'administration de l'enregistrement et des domaines continuera à faire débiter les papiers frappés des timbres actuellement en usage, après y avoir fait apposer un contre-timbre qui indiquera l'augmentation des droits, *Ordonnance royale du* 1er mai 1816. || 2° Opération consistant à apposer cette empreinte. Les inventaires qui seront arrêtés le 10 pluviôse en conformité du décret, comprendront, par un article séparé, les papiers qui auront été renvoyés pour le contre-timbre, *Circul. des régisseurs de l'enregistrement du* 16 *nivôse an* IV. Ceux [les papiers] qui auraient été imprimés ne pourront être admis qu'au contre-timbre, *Introduction du* 3 mai 1816.

† **CONTRE-TIMBRER** (kon-tre-tin-bré), *v. a.* Marquer d'un contre-timbre. Si un receveur n'avait pas encore à sa disposition le papier contre-timbré dont l'envoi a dû lui être fait.... *Ordonnance royale du* 1er mai 1816.

CONTRE-TIRER. || 2° *Ajoutez :* Je lui avais prêté six médailles qu'il avait fait contre-tirer, GUI PATIN, *Lett.* t. II, p. 212.

† **CONTRE-TITRÉ, ÉE** (kon-tre-ti-tré, trée), *adj.* Où le titre a été indiqué contrairement à la loi, en parlant d'ouvrages d'or ou d'argent. Seront saisis et confisqués tous les ouvrages d'or et d'argent sur lesquels les marques des poinçons se trouveront entées, soudées ou contre-titrées en quelque manière que ce soit, *Loi du* 19 *brumaire an* VI, art. 109.

† **CONTRE-VALEUR.** *Ajoutez :* Une denrée quelconque, pour être apte à devenir marchandise tierce, contre-valeur générale, doit commencer par être valeur générale, HORN, *l'Économ. polit. avant les physiocrates*, ch. VI.

† **CONTRE-VAPEUR** (kon-tre-va-peur), *s. f.* Mécanisme à l'aide duquel, sur les locomotives, on use de la vapeur à contre-sens, pour diminuer la rapidité des trains. Un autre perfectionnement de date récente est le renversement de la vapeur comme moyen d'arrêter rapidement un train lancé à grande vitesse.... cette manœuvre de la contre-vapeur est connue depuis longtemps.... un ingénieur français, M. Lechatelier, sut corriger par des moyens simples les imperfections que l'on reprochait au renversement de la vapeur, H. BLERZY, *Rev. des Deux-Mondes*, 1er août 1872, p. 560.

† **CONTREVENTEMENT** (kon-tre-van-te-man), *s. m.* || 1° Terme de construction. Pièces qui, dans un appareil de construction quelconque, servent à établir la solidarité entre les différentes parties, à empêcher les déformations et à garantir le système contre les actions latérales. || 2° Action d'établir ces pièces.

— ÉTYM. Autre forme de *contrevent*.

† **CONTRIBUANT,** *s. m.* — HIST. *Ajoutez :* XIVe s. Pour une journée que les contribuanz au sacre avoient contre les religieux de Foyni (1353), VARIN, *Archives administr. de la ville de Reims*, t. III, p. 38.

† **CONTRIBULE** (kon-tri-bu-l'), *s. m.* Se dit de ceux qui appartiennent à une même tribu. Les marabouts les plus influents de la tribu étaient allés de douar en douar prêcher la guerre sainte, annonçant à leurs contribules que le marabout Sid Mohamet-ben-Hamza les attendait, *Rev. africaine*, juillet-août 1876, p. 280.

— ÉTYM. Lat. *contribulis*, qui est de la même tribu, de *cum*, avec, et *tribus*, tribu.

CONTRÔLE. *Ajoutez :* || 5° Contrôle de la reine, ou, avant le règne actuel, contrôle du roi, nom d'un fonctionnaire de l'île de Guernesey et d'un fonctionnaire de l'île d'Aurigny, qui sont adjoints et subordonnés aux procureurs de la reine dans ces deux îles, et qui exercent respectivement près la cour royale de Guernesey et près la cour d'Aurigny les fonctions d'avocat général.

— HIST. XVIe s. *Ajoutez :* Au temps que les papes se sont attribué une puissance souveraine, absolue, sans contreroole, et ont estimé avoir pouvoir souverain, GUY COQUILLE, *Dialogue des misères de la France*, *Œuvres*, éd. de 1666, t. II, p. 261.

CONTROUVER. *Ajoutez :* — REM. J. J. Rousseau a dit controuver pour démentir; ce qui n'est pas français : Mon prétendu jugement contre vous a été controuvé par le premier, ainsi que mon prétendu voyage à Paris par l'autre, J. J. ROUSS. *Lett. à Mme Latour*, 23 mai 1762.

† **CONTUMÉLIEUSEMENT** (kon-tu-mé-li-eû-se-man), *adv.* D'une façon méprisante. Il sera prouvé que l'accusée [la duchesse de Berry] a été six heures à la géhenne du feu dans un espace trop étroit où quatre personnes pouvaient à peine respirer; ce qui a fait dire contumélieusement à la torturée qu'on lui faisait la guerre à la saint Laurent, CHATEAUBR. *Mém. d'outre-tombe*, éd. de Bruxelles, t. V, *Extr. du mém. sur la captivité de la duchesse de Berry.*

— ÉTYM. *Contumélieuse*, et le suffixe *ment. Contumélieux* est dans Malherbe (voy. ci-dessous).

† **CONTUMÉLIEUX, EUSE** (kon-tu-mé-li-eû, eû-z'), *adj.* Latinisme. Qui offense, qui outrage. Je ne veux pas disputer de l'usage des serviteurs, à qui nous sommes si superbes, si cruels, si contumélieux, MALH. *Lexique*, éd. L. Lalanne.

— ÉTYM. Lat. *contumeliosus*, outrageant.

† **CONVECTION** (kon-vè-ksion), *s. f.* Terme de physique. Mode de propagation dans lequel la chaleur se transmet d'un point à un autre par suite d'un déplacement des molécules échauffées. Dans les liquides et dans les gaz chauffés par le bas, la chaleur se propage par convection.

— ÉTYM. Lat. *convectionem*, de *cum*, avec, et *vehere*, charrier (voy. VÉHICULE).

† **CONVENANCIER, IÈRE** (kon-ve-nan-sié, siè-r'), *adj.* Ancien terme de droit en Bretagne. Qui est relatif au bail à convenant ou congéable. Droits convenanciers, tenue convenancière, MÉHEUST, dans *Mém. de la Soc. centr. d'Agric.* 1873, p. 300. || Rente convenancière, en Bretagne, rente qui se paye pour les baux à convenant, *les Primes d'honneur*, Paris, 1869, p. 146.

† 2. **CONVENANT.** *Ajoutez :* || 3° Ancien terme de droit, en Bretagne. Bail à convenant, voy. BAIL au Supplément. || Bail à convenant, ou, simplement, *convenant*, ou tenue convenancière, en Bretagne, bail d'après lequel le bailleur peut congédier le preneur, quand il veut, sauf à lui rembourser les améliorations, *les Primes d'honneur*, Paris, 1869, p. 146.

CONVENIR. *Ajoutez :* — REM. J. J. Rousseau a conjugué convenir, dans le sens de reconnaître la vérité, avec *avoir* : Ne reparlons plus de cela, je vous prie; j'ai convenu de mon tort de trop bonne grâce, pour que vous deviez vous en souvenir, *Lett. à Duchesne*, 21 nov. 1771. Cela n'est pas correct.

† **CONVENT** (kon-van), *s. m.* || 1° Ancienne forme pour couvent. Quelques femmes galantes donnent aux convents et à leurs amants, galantes et bienfaitrices, LA BRUY. III (Walckenaer remarque en note que les éditions modernes ont corrigé en *couvent*). Il lui expliqua fort au long ce que c'était qu'un couvent ou un convent; que ce mot venait du latin *conventus*, qui signifie assemblée, VOLT. *l'Ingénu*, ch. VI || 2° En franc-maçonnerie, réunion de délégués de toutes les loges du pays. || Ce convent-ci a été tiré directement de l'anglais *convent* (par les loges du rite écossais), qui signifie réunion, et qui d'ailleurs est le mot français.

† **CONVERTISSABLE.** || 2° *Ajoutez :* Le pédagogue est le moins convertissable des hommes, RENAN, *Saint Paul*, VII.

CONVERTISSEMENT. *Ajoutez cet exemple :* Il s'était présenté une difficulté touchant cette affaire du huitième denier, au sujet du convertissement des récépissés en quittances comptables, que les commis ont donnés à ceux qui ont payé des taxes (20 sept. 1683), BOISLISLE, *Corresp. contrôl. gén. des finances*, p. 2.

CONVERTISSEUR. *Ajoutez :* || 3° Terme de métallurgie. Le convertisseur-poire, de Bessemer, sorte de vase pour la conversion de la fonte en fer malléable ou en acier. M. Bessemer est arrivé à trouver ce qu'il appelle le vase à conversion, sorte de cubilot perfectionné, et que, dans le débat, on a constamment appelé le convertisseur-poire, *Gaz. des Trib.* 5-6 juin 1876, p. 543, 3° col.

† **CONVI** (kon-vi), *s. m.* Terme aujourd'hui inusité. Invitation. Maisons pria d'Antin de passer chez lui; je n'ai point pénétré le projet de ce convi, ST-SIM. 376, 92 (écrit dans le texte *convy*).

— HIST. XVe s. Pour lesquels convis et assemblées ainsi faites.... les ambassadeurs d'Angleterre n'estoient point bien contents, MONSTREL. II, 182. || XVIe s. Respondez-moy, quel estophe Est le grand aise? à vostre avis Où le prenez-vous? en convis, A boire et dormir tant qu'on peult, MAROT, IV, 167.

— ÉTYM. Ce mot paraît venir plutôt de *convier*

que du lat. *convivium*; mais, comme il a aussi le sens de repas, *convier* et *convivium* ont dû influer sur *convis*.

CONVIVE. *Ajoutez* : — REM. Convive a été employé au sens de repas, dans le XVII° siècle (*convivium*). La plus notable personne du convive, *Dial. d'Orat. Tubero*, t. II, p. 236. Cela n'est plus usité. C'est un mot très-ancien : XII° s. Dont sont li jor del convive entor passeit.... quant li convive furent fineit, si offrit Job sacrifices por ses filz, *li Dialoge Gregoire lo pape*, 1876, p. 344.

† **CONVIVRE** (kon-vi-vr'), *v. n.* Se conjugue comme vivre. Vivre avec, vieux verbe qui se comprend sans peine, et qui pourrait encore trouver son emploi.

— HIST. XIV° s. Il ne peult pas convivre, demourer ou converser avecques chescun autre, ORESME, *Éth.* 124.

— ÉTYM. Lat. *convivere*, de *cum*, avec, et *vivere*, vivre.

CONVOI. *Ajoutez* : || 6° Convoi de prisonniers, de condamnés, nombre de prisonniers, de condamnés qu'on mène ensemble.

† **CONVOLUTION** (kon-vo-lu-sion), *s. f.* Action de se rouler autour, enroulement. Allez voir le Laocoon.... trois figures isolées, liées par les seules convolutions d'un serpent, DIDER. *Œuv. compl.* 1821, t. X, p. 57.

† **CONVREAU** (kon-vrau), *s. m.* Nom, dans la Loire, d'un poisson, dit aussi couvreau, *alosa finta*, Cuvier.

† **CONVULSIONNARISME** (kon-vul-sio-na-ri-sm'), *s. m.* Caractère, état des convulsionnaires. C'est lui [Enfantin] qui, en forçant les ressorts, en soulevant des problèmes inutiles et dangereux, en poussant à la mysticité sensuelle et à une sorte de convulsionnarisme, contribua le plus à la dissolution de l'Église qu'il prétendait fonder, JANET, *Rev. des Deux-Mondes*, 1er oct. 1876, p. 587.

† **CONVULSIVANT, ANTE** (kon-vul-si-van, van-t'), *adj.* Terme de médecine. Qui cause des convulsions. Action convulsivante. La noix vomique doit être considérée comme le type des poisons convulsivants, HENNEGUY, *Étude sur l'action des poisons*, p. 38, Montpellier, 1875.

† **COOLIS.** *Ajoutez* : || 2° Il se dit aussi des Chinois engagés comme travailleurs. M. Garcin de Tassy demande avec instance qu'on songe à supprimer celui [le commerce] des coolies : on donne ce nom à de pauvres Hindous et Chinois, qui sont censés accepter librement l'esclavage pendant un certain nombre d'années, F. DELAUNAY, *Journ. offic.* 13 janvier 1874, p. 362, 1re et 2° col.

— REM. L'orthographe *coolis* au singulier est mauvaise; il faut écrire *cooli*. Quant au pluriel, on le formera régulièrement : *coolis*. Cependant quelques-uns le forment à l'anglaise : *coolies*.

— ÉTYM. La dérivation de l'anglais *coolee* par l'indoustani *culi*, laboureur qu'on loue à la journée, du turc *coli*, esclave, serviteur, paraît fausse. En effet, M. L. Rousselet, *Rev. anthrop.* t. II, p. 268, dit que *Coolee* est le nom d'une peuplade, dite aussi *Kôle* ou *Khole*, qui fournit des hommes robustes et d'une force remarquable, employés dans les villes de la côte aux rudes travaux.

† **COOPÉRATIVEMENT** (ko-o-pé-ra-ti-ve-man), *adv.* D'une façon coopérative. Le prolétariat parisien a le premier conçu l'idée de former coopérativement le capital des ateliers coopératifs, DENIS, *la Philosophie positive*, t. XIV, p. 101.

COOPÉRER. — HIST. XVI° s. *Ajoutez* : La saincte Bible fut entierement mise en langue vulgaire.... cooperant à son sainct et fructueux desir ung sçavant docteur en theologie, son confesseur, qui avoit nom Jehan de Rely, *Epistre exhortatoire aux Epistres, Nouv. Testam.* ed. Lefebre d'Étaples, Paris, 1525.

† **COORDONNANT.** *Ajoutez* : || 2° Qui coordonne, dispose. Une tête théologique, coordonnante et concertante, STE-BEUVE, *Port-Royal*, t. IV, p. 435, 3° édit.

COORDONNÉ. *Ajoutez* : || 1° Dans le système des coordonnées rectilignes, la position d'un point est déterminée par les distances de ce point à des axes, distances mesurées parallèlement à ces axes. Dans le système des coordonnées polaires, la position d'un point est déterminée par sa distance à un point nommé pôle et par l'angle que forme le rayon vecteur avec des axes. || Axes des coordonnées, ce sont les axes des coordonnées rectilignes. || Plans coordonnés, plans dont les intersections forment ces axes. || Origine des coordonnées, point où les axes se coupent. || 2° Coordonnées géographiques, coordonnées sphériques fixant la position d'un point sur la terre; ce sont la latitude et la longitude. || Coordonnées horaires, coordonnées sphériques qui sont l'angle horaire et la distance polaire. || Coordonnées uranographiques; il y en a de deux espèces : les coordonnées équatoriales, qui sont la déclinaison et l'ascension droite ; et les coordonnées écliptiques, qui sont la latitude et la longitude. || Coordonnées azimutales, coordonnées sphériques qui se composent de la distance zénithale et de l'azimut.

† **COPARTICIPANT** (ko-par-ti-si-pan), *s. m.* Membre d'une société en participation. Le gérant ne peut être condamné à verser, même à titre provisoire, à un coparticipant, la moitié de cette somme, *Gaz. des Trib.* 21 mai 1874, p. 483, 3° col. Association en participation constituée pour la mise en valeur d'un brevet, demande en nullité et résolution ou, subsidiairement, en dissolution d'association, formée par M. H., inventeur de l'hélice H., contre ses coparticipants, *ib.* 11 février 1876, p. 131, 3° col.

† **COPRAH** (co-pra), *s. f.* Synonyme de copre (voy. ce mot au Dictionnaire).

† **COPTISANT** (ko-pti-zan), *s. m.* Érudit qui s'occupe de la langue et de l'histoire des Coptes. Une découverte toute récente, faite à Paris par un coptisant de mérite, M. Eugène Révillout, F. DELAUNAY, *Journ. offic.* 4 déc. 1876, p. 9701, 2° col.

† **COPULATEUR, TRICE** (ko-pu-la-teur, tri-s'), *adj.* Terme de physiologie. Qui sert à la copulation. Organe copulateur. || Poche copulatrice, réservoir que le liquide fécondant traverse chez les lépidoptères mâles, *Acad. des sc. Comptes rendus*, t. LXVIII, p. 873.

— ÉTYM. Voy. COPULATION.

† **COQUELEUX** (ko-ke-leû), *s. m.* Nom, dans le département du Nord, des gens qui font combattre des coqs, *Journ. des Débats*, 30 sept. 1876, 3° page 1re col.

† **COQUELINEUX, EUSE** (ko-ke-li-neû, neû-z'), *adj.* Qui fait le coq, qui s'irrite comme un coq. Le bonhomme Ceton [qui gardait Cinq-Mars] est fort coquelineux; le premier président de Grenoble m'a dit qu'en lui parlant de M. le Grand [Cinq-Mars], il lui a vu les larmes aux yeux; il se rend aisément mécontent, RICHELIEU, *Lettres*, etc. 1642, t. VII, p. 60.

— HIST. XVI° s. Quand ces trois bonnes qualités sont en un personnage, on ne se doit pas esmerveiller s'il est un petit coquelineux, DESPER. *Contes*, IV.

— ÉTYM. Voy. COQUELINER.

† **COQUÊNE** (ko-kê-n'), *s. m.* Nom normand de l'érable des haies, DELBOULLE, *Gloss. de la vallée d'Yères*, 1876, p. 85.

† **COQUERIE.** *Ajoutez* : C'est la spéculation privée, et non l'État, qui doit pourvoir aux nécessités culinaires des bâtiments de commerce, dans des coqueries ou *cookery-houses*, comme on voit sur les quais de nos ports de commerce de France et d'Angleterre, BOUËT-WILLAUMEZ, *Rapport au Sénat*, séance du 3 janv. 1868.

† 2. **COQUERON** (ko-ke-ron), *s. m.* Nom, en Normandie, de petites meules. Mettre de la vesce, du foin, du trèfle en coquerons, DELBOULLE, *Gloss. de la vallée d'Yères*, le Havre, 1876, p. 232.

COQUILLE. — HIST. || XIV° s. *Ajoutez* : Pour deus hanas de kokilles de pierles à piet d'argent, CAFFIAUX, *Régence d'Aubert de Bavière*, p. 73.

† **COQUILLÉ, ÉE** (ko-ki-llé, llée, *ll* mouillées), *part. passé.* Formé en façon de coquille. Une fois que la dentelle.... sera coquillée en volants, froncée en manchettes.... CH. BLANC, *l'Art dans la parure*, p. 285. || 2° Rempli de coquilles. Le fond [de l'étang de Berre] en est de bonne tenue, vase grise et coquillée, *Journ. offic.* 6 sept. 1874, p. 6400, 1re col.

† **COQUILLEUX.** *Ajoutez* : || 2° Fig. Difficultueux. Il n'y a pas de l'apparence qu'ils veuillent vous détourner de cet exercice [la fréquente communion], qui ne leur apportera aucune incommodité, sinon qu'ils fussent d'un esprit extrêmement coquilleux et déraisonnable, SAINT FRANÇOIS DE SALES, *Intr. à la vie dévote*, II, 20.

COQUIN. — HIST. XII° s. *Ajoutez* : Ils sont coquin et jongleor Et trop hardi demandeor, GUIOT DE PROVINS, *Bible*, v. 2488. || XVI° s. *Ajoutez* : [coquin au sens de séduisant] Rien n'est tant si coquin, ni doux, ni attrayant qu'un butin quel qu'il soit, soit de mer, soit de terre, BRANT. t. IV, p. 332, édit. Monmerqué.

† **CORAH** (ko-ra), *s. m.* Foulard écru ou imprimé de l'Inde, qui est un tissu de pure soie. Elle [l'Angleterre] a le monopole du tissu de soie dit corah de l'Inde, *Enquête, Traité de comm. avec l'Anglet.* t. V, p. 583. Dans ces derniers temps, le corah est devenu de plus en plus rare, les Indous trouvant avantage à vendre la soie en grége; même en Angleterre, le corah se retire chaque jour de la consommation, qui lui préfère le foulard tramé fantaisie, *ib.*

CORAIL. *Ajoutez* : || 3° 1° Le corail en caisse, c'est le corail vivant, rouge ou rose.... les nuances.... sont distinguées sous les dénominations d'écume de sang, 1er, 2° et 3° sang, etc. 2° Le corail noir, c'est le corail qui a été détaché du rocher.... est tombé dans la vase et s'y est modifié par des émanations sulfuriques. 3° Le corail mort ou corail pourri, c'est le nom que l'on donne aux racines de polypiers qui se sont couvertes de dépôts pierreux et d'une végétation vivante de microzoaires imperceptibles. 4° Le corail blanc, très-rare; il doit sa couleur à une maladie spéciale, *Journ. offic.* 24 nov. 1976, p. 8635, 2° col.

† **CORALINE.** *Ajoutez* : Pendant cette période de 1805 à 1815 on compte annuellement jusqu'à 400 coralines dans les eaux de l'ancienne pêcherie française, HAUTEFEUILLE, *Code de la pêche marit.* p. 48, Paris, 1844.

† **CORAM POPULO** (ko-ram'-po-pu-lo), *loc. adv.* En présence du peuple, publiquement.

— ÉTYM. Lat. *coram*, en présence, *populo*, du peuple.

† **CORANIQUE** (ko-ra-ni-k'), *adj.* Qui a rapport au Coran. Le fade poëme biblique, ou plutôt coranique, de Joseph et Zuleikha, RENAN, *Journ. des Débats*, 7 février 1877, 3° p. 6° col.

† **CORAULE** (ko-rô-l'), *s. f.* Dans la Suisse romande, danse, branle, ronde. || Musique de cette danse.

— HIST. XIII° s. Dances, baus et caroles veïssiez commencer, *Berte*, XI.

— ÉTYM. Anc. franç. *carole*; ital. *carola*. Origine inconnue.

† **CORBAN** (kor-ban), *s. m.* Terme de la liturgie hébraïque. Offrande. Il faudra, dit Ornik, qu'il envoie fouiller dans la gueule d'un poisson pour payer son corban, VOLT. *Dict. phil. Évêque.*

— ÉTYM. Hébreu, *korban*, offrande.

CORBEAU. *Ajoutez* : || 8° Cépage de la Savoie, *les Primes d'honneur*, p. 660, Paris, 1874.

† **CORBIÈRE** (kor-biè-r'), *s. f.* Nom donné à certaines parties du littoral des îles Normandes de la Manche et de la baie du Mont-Saint-Michel, H. MOISY, *Noms de famille normands*, p. 79. En ce temps il y eut quelque grand navire d'Espagne, chargé de vins doux, qui se perdit auprès de la corbière, S. DE CARTERET, *Chron. de Jersey*, XII, p. 35. Si nos corbières, ainsi qu'on l'a pensé, n'étaient que les juchoirs favoris du cormoran, rien ne serait plus naturel que de dériver corbière de *corp*, d'où la forme *corb*, corbeau de mer, MÉTIVIER, *Dict. franco-norm.* p. 338.

— HIST. XIV° s. Bertran le chosi bien en mi une corbiere, *Chron. de Du Guesclin*, dans DU CANGE, *corbitaria*.

CORBILLARD. || 1° *Ajoutez* : Est-il possible, dit-elle [la Seine], qu'on me doive toujours parler de cette Sapho et de ce Cléodamas? il n'y a point de corbillard qui ne me rompe la tête de leur vertu et de leur mérite, *Mlle de Scudéry*, p. 260, Rathery et Boutron, Paris, 1873.

CORBIN. *Ajoutez* : || 3° Bec-de-corbin, ustensile servant au transport du sirop dans les formes, *Circul.* 136 *des contrib. indir. du* 18 *août* 1838, *Mémoire annexé*, p. 20.

† **CORBLET** (kor-blè), *s. m.* Nom du pavot cornu (*chelidonium glaucium*, L.), depuis Dunkerque jusqu'au Havre.

† **CORCIER** (kor-sié), *s. m.* Un des noms vulgaires d'un chêne qui fournit du liége. Les essences dominantes sont le pin maritime et le chêne liége, vulgairement appelé corcier, *Enquête sur les incendies des Landes*, p. 40. Le soutrage, composé de bruyères et de mousse, qui entoure le pied des arbres pins et des chênes liéges ou corciers, est un repaire de vers et d'insectes, *ib.* p. 218. || On écrit aussi corsier. Chêne occidental, connu sous le nom de corsier... fournit du liége complétement semblable à celui du chêne liége, H. FLICHE, *Manuel de bot. forestière*, p. 200, Nancy, 1873.

CORDE. *Ajoutez* : || 15° Terme de turf. La corde qui entoure la piste du côté intérieur. Le côté de la corde est un avantage pour le jockey qui s'en trouve rapproché, à cause de la forme circulaire de la piste; aussi les places se tirent au sort. Tenir la corde, être du côté de la corde. || 16° Dans le commerce, corde d'éponges, une certaine quantité d'éponges liées ensemble, *Journ. offic.* 31 mai 1872, p. 3646, 1re col. || 17° Arbre à cordes, plusieurs figuiers des îles Mascareignes, dont l'écorce sert à faire des liens, BAILLON, *Dict. de bot.* p. 247.

CORDELER. — HIST. XVIe s. *Ajoutez :* Fardeau cordelé ou non cordelé [serré avec une corde], MANTELLIER, *Glossaire*, Paris, 1869, p. 23.

CORDIER. *Ajoutez :* || 3° Terme de luthier. Point d'attache des cordes du violon. L'autre partie [des cordes du violon], beaucoup plus courte ou partie accessoire, va du chevalet au cordier, qui lui sert de point d'attache, H. DE PARVILLE, *Journ. offic.* 18 févr. 1875, p. 1296, 3e col.

† **CORDIÈRE** (kor-diè-r'), *adj. f.* Vache cordière, espèce de vache grasse. Les vaches grasses, désignées sous le nom de vaches cordières, entrent presque toutes dans la consommation parisienne, A. HUSSON, *les Consommations de Paris*, p. 137.

† **CORDILLE.** *Ajoutez :* — REM. M. Roulin pense que ce mot doit être rayé des dictionnaires, que ce n'est ni un terme de pêche, ni un terme des zoologistes, mais que c'est le latin *cordyla*, PLINE, *Hist. nat.* IX, 8, 1, jeune thon qui vient de naître, francisé par quelque érudit et pris pour un mot français usité.

CORDON. *Ajoutez :* || 18° Petit cordon, nom donné à l'ichthyocolle en lyre, qui est la plus estimée; gros cordon, l'ichthyocolle en cœur. || 19° Nom de plusieurs papillons de nuit : cordon rouge, quatre variétés principales, *noctua promissa, n. sponsa, n. nupta, n. quercus*; cordon bleu, *noctua fraxini*; cordon noir, *noctua maura*; cordon jaune, *noctua paranympha*.

CORDONNET. *Ajoutez :* || 4° Espèce de broderie qui consiste à prendre avec l'aiguille quelques fils d'étoffe du contour du dessin, de façon que le coton à broder ou la soie forme presque un petit cercle en relief et que chaque point se touche.

† **CORÉ** (ko-ré), *s. f.* Terme de la religion hellénique. Nom sous lequel les Athéniens adoraient Perséphone. Coré n'était autre que Perséphone et Proserpine, FOUCART, *Journ. offic.* 9 mai 1876, p. 3168, 1re col.

— ÉTYM. Κόρη, jeune fille.

† **CORÉEN** (ko-ré-in), *s. m.* Langue parlée dans la Corée et appartenant à la souche touranienne.

† **CORÉGONE** (ko-ré-go-n'), *s. m.* Espèce de poisson. Au lac Supérieur, on observe.... des espèces.... du genre des corégones, dont on cite, comme types bien connus, la féra du lac de Genève et le lavaret du lac du Bourget,... E. BLANCHARD, *Rev. des Deux-Mondes*, 1er août 1875, p. 545. || Le corégone lavaret, le lavaret, *Journ. offic.* 18 janv. 1877, p. 397, 3e col.

† **CORÉOPSIS** (ko-ré-o-psis'), *s. m.* Sorte de plante. Nous ne citerons que quelques-unes de celles qui peuvent passer l'hiver en pleine terre; ce sont : le coquelicot, la coquelourde, le coréopsis, *Journ. offic.* 10 sept. 1875, p. 7735, 3e col.

— ÉTYM. Κόρις, punaise, et ὄψις, apparence, à cause de la vague ressemblance des achaines avec la punaise; c'est Linné qui a forgé ce mot.

† **CORGE.** — ÉTYM. *Ajoutez :* M. Devic, *Dict. étym.*, incline à croire que c'est l'arabe *khordj*, besace, sac de voyage, porte-manteau.

† **CORGÉE** (kor-jée), *s. f.* Synonyme vieilli et provincial d'escourgée. Il faut traiter le diable selon ses ruses et ses métamorphoses : si le malin fait mine d'agneau et patte de velours, il suffit, en guise de corgée, d'un ruban pour lui donner la chasse, PROUDHON, *Avertiss. aux propriétaires sur une défense de la propriété*, Paris, 1868, p. 66.

— ÉTYM. Voy. ESCOURGÉE.

† **CORIAMYRTINE** (ko-ri-a-mir-ti-n'), *s. f.* Terme de chimie. Principe cristallisable et vénéneux extrait de la *coriaria myrtifolia*, L., ou redoul corroyère à feuille de myrte.

† 2. **CORNAGE.** *Ajoutez :* || 2° Ensemble des cornes d'un animal. Ces grands bœufs gris au cornage immense appartiennent à une race osseuse introduite par les Huns, exactement semblable aux animaux dits hongrois, que l'invasion a promenés à travers nos provinces de France, TH. ROLLER, *Rev. des Deux-Mondes*, 15 sept. 1872, p. 382.

CORNALINE. || XVIe s. *Ajoutez :* Et mettoit une condition presque impossible [que le monarque soit un bon et vertueux prince], selon le dict commun, que l'on pourroit graver toutes les armes des bons princes en une corneline, BONIVARD, *De noblesse*, p. 290

† **CORNARIEN, IENNE** (kor-na-riin, riè-n'), *adj.* Qui observe le régime recommandé par Cornaro, qui réduisait notablement la quantité quotidienne d'aliments. Le marquis de Sillery pria sa mère de le recevoir de son mieux [M. de Chavigny]; elle lui fit une chère admirable, quoiqu'il fût cornarien, TALLEM. DES RÉAUX, *Histor.* t. II, p. 96, éd. de 1840.

— ÉTYM. *Cornaro*, Vénitien, qui mourut à Pavie, en 1566, à l'âge de cent ans.

† **CORNAS** (kor-nâ), *s. m.* Vin estimé d'un cru entre Saint-Peray et Tournon. Ce vin possède toutes les qualités qui ont fait la célébrité de l'Ermitage; le saint-joseph et le cornas sont bus aujourd'hui sous ce nom.... le cornas est haut en couleur, plein, moelleux, d'une digestion aisée et sans le plus petit goût de terroir; il se conserve longtemps et n'est parfait qu'après vingt ans de cave, P. BONNAUD, *Rev. Britann.* nov. 1874, p. 55.

CORNE. *Ajoutez :* || 15° Synonyme de croissant, petit pain ou gâteau ainsi nommé pour sa forme. || 16° Nom donné dans le Midi aux bras principaux de la vigne, sur lesquels naissent les sarments fructifères. || 3° La Corne (avec un grand C) se dit de certains caps. Constantin qui rendit si célèbre par tout l'univers le golfe de la Corne d'or, *Journ. offic.* 13 oct. 1874, p. 7001, 2e col.

1. **CORNEILLE.** — HIST. XIIe S. *Ajoutez :* Del ainsnet [de l'aîné] avinrent novelles Que li corbel et les cornelles Ambesdeus les ex [yeux] li creverent, *Perceval le Gallois*, v. 1671.

CORNEMUSE. *Ajoutez :* — REM. M. Meunier, *les Composés qui contiennent un verbe à un mode personnel*, p. 138, fait observer que, dans *cornemuse*, à la vérité, en français, *corne* pourrait être le premier composant; mais que l'italien *cornamusa* montre que ce composant est le verbe *cornar, corner*; en effet, le substantif italien est non pas *corna*, mais *corno*, qui ferait *cornemuse*.

CORNETTE. *Ajoutez :* — REM. L'exemple de Mme de Sévigné : Ce qu'il avait à faire n'était autre chose que de lui laver la cornette, est cité d'après l'édition de 1735. Mais M. Regnier donne l'adjectif possessif : lui laver sa cornette. Cette forme explétive était latine et du temps; Mme de Sévigné écrit : Je vous baise vos belles joues.

1. **CORNICHE.** *Ajoutez :* || 2° En corniche, se dit d'un chemin situé au-dessus d'escarpements. La route exécutée par nos troupes, il y a longues années, est taillée en corniche au-dessus du lit du Roumel, *Journ. offic.* 9 janv. 1874, p. 247, 2e col. || 3° La Corniche, nom de la route du littoral de Nice à Gênes.

1. **CORNIER.** *Ajoutez :* || Pied cornier, voy. PIED, n° 16.

2. **CORNIÈRE.** *Ajoutez :* || 2° Fer cornière, se dit de toute espèce de barre de fer dont la section est recourbée en équerre, quelle qu'en soit la destination.

† 1. **CORNILLON.** *Ajoutez :* Les os bruts que j'emploie se composent de cornillons et de crânes de bœufs et de vaches, *Enquête, Traité de comm. avec l'Anglet.* t. VI, p. 331.

† **CORNIQUE** (kor-ni-k'), *s. m.* Nom d'un idiome néo-celtique qui était parlé dans le comté de Cornouailles en Angleterre.

† **CORNOUELLE** (kor-nou-è-l') ou **CORNUELLE** (kor-nu-è-l'), *s. f.* Nom, dans la Nièvre, de la châtaigne d'eau. L'étang reflétait comme un miroir le ciel sans nuage, sauf sur un seul point où les châtaignes d'eau, qu'on nomme cornouelles dans le pays, étalaient leur réseau rougeâtre, TH. BENTZON, *Rev. des Deux-Mondes*, 1er juin 1876, p. 551.

— ÉTYM. *Corne*, à cause des épines ou cornes du fruit qui l'ont fait comparer à une châtaigne en son enveloppe.

† **COROCORE** (ko-ro-ko-r'), *s. m.* Embarcation à balanciers et à deux rangs de rames (Nouvelle-Guinée), *Journ. offic.* 13 avr. 1876, p. 2669, 2e col.

† **COROCORO** (ko-ro-ko-ro), *s. m.* Il existe en Australie, aux États-Unis et au Pérou les cuivres qu'on appelle corocoro, lesquels sont très-convenables pour cette fabrication [le laminage], *Enquête, Traité de comm. avec l'Anglet.* t. II, p. 259. Le cuivre corocoro est plus pur que le cuivre noir des usines; c'est une espèce de cuivre natif, *ib.* p. 260.

† 1. **CORON** (ko-ron), *s. m.* Nom donné, dans le département du Nord, à des maisons que les compagnies houillères construisent pour leurs ouvriers.

— HIST. XIVe S. La cloture d'icelle [maison] se comporte de ancienneté jusques au quoron [coin] du jardin, DU CANGE, *coronnus* (qui se trouve dans un texte de 1220).

— ÉTYM. L'origine est douteuse. *Coron* ne peut venir de *corne*, on aurait dit *cornon*. Diez pense que *coron* est pour *caron*, coin, dérivé de l'anc. franç. *quar*, qui provient du lat. *quadrum*, carré.

† 2. **CORON** (ko-ron), *s. m.* Terme de l'industrie lainière. Déchets de cardes. Les corons ou déchets de cardes sont repassés dans les laines, comme les déchets des fils ou bouts tors, *Enquête, Traité de comm. avec l'Anglet.*, t. III, p. 132.

— HIST. XIVe S. Aux quatre corons [coins] de la couverture, DU CANGE, *coronnus*.

— ÉTYM. Le *coron* des fabricants de lainages est un bout, un coin de laine (voy. ci-dessus CORON).

CORONAL. *Ajoutez :* || 3° Terme d'astronomie. Atmosphère coronale, atmosphère extrême du soleil, laquelle est au delà de la chromosphère. De ce que la planète [Vénus] a été vue dans l'atmosphère coronale, il faut bien naturellement en déduire que cette atmosphère existe, H. DE PARVILLE, *Journ. offic.* 17 déc. 1874, p. 8366, 3e col. M. Janssen recommande aux explorateurs du ciel d'examiner les régions qui entourent le disque solaire jusqu'à deux ou quatre minutes de distance angulaire; l'atmosphère coronale, à cette distance, donne encore une lumière assez vive pour qu'un objet interposé produise une éclipse visible, *Journ. offic.* 13 oct. 1876, p. 7479, 1re col.

† **CORONATEUR** (ko-ro-na-teur), *s. m.* Celui qui couronne, mot de M. de Saci dans ses traductions (reproché par Bouhours).

— ÉTYM. Lat. *coronare*, couronner.

† 1. **CORONELLE**, *s. f.* *Ajoutez :* — REM. Le genre est faussement désigné; *coronelle* est masculin; c'est l'italien *coronello*. La définition est : Petite pièce de bois arrondie en guise de chapeau qui surmonte la bobine, dans les moulins à dévider la soie.

† 2. **CORONELLE** (ko-ro-nè-l'), *s. f.* Coronelle bordelaise, ou coronelle lisse, sorte de couleuvre, *coluber girundicus*, Latreille.

† **COROPLASTE** (ko-ro-pla-st'), *s. m.* Chez les Grecs, artiste en terres cuites, fabricant de figurines.

— ÉTYM. Κοροπλάστης, de κόρη, jeune fille, poupée, figurine, et πλάσσειν, former.

† **CORPORALISER** (kor-po-ra-li-zé), *v. a.* Donner un corps aux choses spirituelles. Tertullien lui-même, qui, à parler franchement, corporalise trop les choses divines, BOSS. 6e *avert.* 1, 45.

† **CORPORATIF.** *Ajoutez :* || Fondation corporative, fondation qui a pour but d'établir une corporation. Certaines fondations corporatives, telles que : le Collége des enfants de propriétaires de biens nobles, la Caisse qui fournit l'équipement des jeunes officiers, et celle qui assure une dot aux jeunes filles des propriétaires peu fortunés, *Journ. offic.* 15 juin 1872, p. 4027, 1re col. || Organisation corporative, organisation en corporation. Les travailleurs ne pouvaient parvenir à modifier la condition la plus générale de la production, qu'en s'appuyant sur une organisation corporative, H. DENIS, *la Philosophie positive*, 1er mai 1872, p. 398. || Esprit corporatif, esprit de corps. L'esprit corporatif sur ce point perd du terrain, Extr. du *Journ. des Débats*, dans *Journal officiel*, 5 sept. 1873, p. 5733, 3e col.

† **CORPORATIVEMENT** (kor-po-ra-ti-ve-man), *adv.* En corporation. Fabricants organisés corporativement, DEGREEF, *l'Ouvrière dentellière en Belgique*, p. 6.

CORPS. *Ajoutez :* || 25° Terme de fortification. Corps de place ou enceinte, ligne continue de fortification qui entoure une ville forte.

CORPUSCULE. *Ajoutez :* || Corpuscules vibrants, voy. VIBRANT au Dictionnaire.

† **CORPUSCULEUX, EUSE** (kor-pu-sku-leû, leû-z'), *adj.* Ver à soie corpusculeux, celui qui contient des corpuscules vibrants.

† **CORRAL** (kor-ral), *s. m.* Nom, dans l'Inde, des opérations de la chasse des éléphants sauvages. [A Ceylan] le corral, terme dont on se sert pour l'ensemble des opérations, est par lui-même un immense amphithéâtre destiné à emprisonner les éléphants sauvages.... *Rev. Britan.* sept. 1874, p. 124. || On dit aussi kraal.

CORRECT. *Ajoutez :* || 4° Fig. Il se dit des personnes. Si le cœur était faux et l'âme peu correcte, le jugement était nul, ST-SIM. t. V, p. 94 éd. Chéruel. || 5° On le dit aussi des actions au sens moral. Conduite correcte.

CORRECTION. *Ajoutez :* || 9° Redressement. La correction des eaux du Jura [de leur cours], *Journ. offic.* 1872, p. 3165, 1re col. || 10° Fig. Justice exacte, respect de ce qui est bien. Les grands se gouvernent par sentiment, âmes oisives sur lesquelles tout fait d'abord une vive impression.... ne leur demandez ni correction, ni prévoyance, ni réflexion, ni reconnaissance, ni récompense, LA BRUY. IX.

† **CORRECTIONNAIRE** (ko-rè-ksio-nê-r'), *s. m.* Celui qui a été frappé d'une peine correctionnelle. Le corps de discipline et de correction se compose d'environ 1,400 détenus répartis entre 4 compagnies; les deux premières sont composées de correctionnaires subissant une première détention, la troisième et la quatrième de correctionnaires récidivistes.... Extr. de l'*Indépendance belge*, dans *Gaz. des Trib.* 13-14 juill. 1874, p. 669, 3e col.

† **CORRECTIONNALISATION** (ko-rè-ksio-na-li-za-sion), *s. f.* Terme de pratique. Action de correctionnaliser. Pratique.... qui consiste à négliger, lorsqu'il s'agit de faits peu importants, les circonstances de nature à en aggraver le caractère, et à les faire passer ainsi de la catégorie des crimes dans celle des délits; ce que, par un néologisme que l'Académie n'a pas encore légitimé, on appelle les correctionnaliser.... c'est [une pratique autrichienne], avec un autre mécanisme, un régime analogue à celui de la correctionnalisation.... *Journ. offic.* 6 sept. 1875, p. 7608, 2e col. Les deux [causes] qui.... ont le plus contribué à sa perte [de l'empire], c'est la candidature officielle et la correctionnalisation des délits politiques, *Journ. offic.* 29 déc. 1875, p. 10871, 2e col.

† **CORRECTIONNALISER.** *Ajoutez :* Le parquet, ému de pitié pour ce malheureux de vingt-trois ans qui avoue tout avec une navrante sincérité, a correctionnalisé l'affaire, *Gaz. des Trib.* 30 oct. 1872, p. 1063, 3e col.

CORRIDOR. *Ajoutez :* — REM. On trouve la forme singulière *curritoire :* Comme il fut sur l'entrée d'un petit curritoire qui conduit à sa chambre, FR. GARASSE, *Mémoires* publiés par Ch. Nisard, Paris, 1861, p. 51.

† **CORROBORIE** (kor-ro-bo-rie), *s. f.* Nom, en Australie, des lieux de réunion dont les chants et les danses forment le fond, *Journ. offic.* 19 juill. 1872, p. 4935 3e col.

CORROMPU. || 5° *S. m.* Un corrompu. *Ajoutez :* C'est le trait d'un corrompu.... de faire bonne mine, et tâcher de gratifier en paroles ceux qu'il ne peut contenter en effet, MALH. *Lexique*, éd. L. Lalanne.

† **CORRUPTIBLE.** *Ajoutez :* || 3° Corruptible à, qui peut être corrompu par. Il n'est point corruptible à l'utilité, MALH. *Lexique*, éd. L. Lalanne. || 4° Le corruptible, ce qui est corruptible. Défais-toi, mon fils, de tout le corruptible, CORN. *Imit.* III, v. 5534.

† **CORSE** (kor-s'), *s. m.* Qui est relatif à l'île de Corse. || Le Corse se dit quelquefois pour l'empereur Napoléon Ier. Ô Corse à cheveux plats ! que ta France était belle Au grand soleil de messidor ! AUG. BARBIER, *Iambes, l'Idole.*

† **CORSESQUE** (kor-sè-sk'), *s. f.* Ancienne arme d'hast, dont le fer long et large présente une pointe et deux oreillons.

· **CORSET.** *Ajoutez :* || 4° Corset tuteur, voy. TUTEUR, n° 3, au Dictionnaire. Frais de pose piquets. etc.; corset avec peinture; prix de l'arbre; main-d'œuvre et plantation, *Journ. offic.* 6 juill. 1876, p. 4885, 2e col. || 5° Pendant la révolution, nom vulgaire des assignats, ainsi dits du nom d'un de ceux qui les imprimaient. De quoi t'avises-tu de garder un poëte ? Un corset, chaque jour, est le prix de tes soins, DARU, *Épître à mon sans-culotte.* M. Desmaret tira de son portefeuille une liasse de petits billets de la banque de Prusse; ils étaient grands comme une carte à jouer, et ressemblaient un peu aux corsets de la république, *Extr. du Journal du graveur Lale*, dans *Papiers et corresp. de la famille impériale*, Paris, 1870, p. 305.

— HIST. *Ajoutez :* XIVe s. Ce furent celles [les dames anglaises] qui premierement admenerent cest estat en Bretaigne des grans pourfilz et des corsès fendus es costez, *le Livre du chevalier de la Tour Landry*, p. 47.

† **CORSIER** (kor-sié), *s. m.* voy. CORCIER au Supplément.

† **CORTAIL** (kor-tall, *ll* mouillées), *s. m.* Nom, dans les Pyrénées, du chalet. La ville de Bagnères.... entretenait au col de Sencours, au pied du cône, un cortail ou chalet à l'usage des pasteurs auxquels elle afferme ses pâturages.... R. RADAU, *Rev. des Deux-Mondes*, 15 fév. 1876, p. 920.

— ÉTYM. Le même que *courtil* (voy. ce mot).

† **CORTÉGEANT** (kor-té-jan), *s. m.* Celui qui fait cortége. Au bout d'une demi-heure, les cortégeants reviennent, moins le cortégé, CHATEAUBR. *Mém. d'outre-tombe* (éd. de Bruxelles), t. v. *Chapelle, ma chambre d'auberge, description de Waldmünchen.* || Le Dictionnaire a le verbe cortéger et remarque que ce verbe vieilli pourrait être rajeuni. Chateaubriand avait anticipé sur ce désir.

† **CORTON** (kor-ton), *s. m.* Nom donné, dans la Flandre française, aux valets de ferme, *les Primes d'honneur*, p. 69, Paris, 1874.

— ÉTYM. Dérivé du bas-lat. *cors, cortis*, demeure (voy. COUR).

† **CORYPHA** (ko-ri-fa), *s. m.* Arbre qui ombrage surtout les côtes du Malabar, et dont les Indiens emploient les feuilles immenses pour faire des tentes et des parapluies, CORTAMBERT, *Cours de géographie*, Paris, 1873, p. 555.

† **COSCOSSONS.** *Ajoutez :* — ÉTYM. Ce paraît être une altération de *couscoussou* (Defrémery). Voy. COUSCOUS.

— HIST. XVIe s. Force coscossons, et renfort de potages, RAB. I, 37. M. Burgaud Des Marets met en note sur ce mot : « Ce mets que Rabelais mentionne est le *couscous*, bien connu en France depuis notre conquête de l'Algérie. »

† **COSIGNATAIRE** (ko-si-gna-tè-r'), *s. m.* Celui qui a signé avec d'autres un document. Mes cosignataires et moi, nous retirons la demande de scrutin, *Journ. offic.* 29 mars 1876, p. 2218, 1re col.

† **COSINELLE** (ko-si-nè-l'), *s. f.* Terme de mathématique. Nom donné à toute expression imaginaire, à cause de la transformation des relations imaginaires en équations ordinaires entre des sinus et des cosinus contenant une arbitraire (mot proposé par M. Clayeux), *Acad. des sc. Comptes rendus*, t. LVI, p. 790.

† **COSIQUE** (ko-zi-k'), *adj.* Ancien terme d'algèbre. Le même que cossique. || Nombres cosiques, les diverses puissances d'un nombre.

† **COSMÉTIQUÉ, ÉE** (ko-smé-ti-ké, kée), *adj.* Néologisme. Qui fait usage de cosmétiques. Un homme entre deux âges, grisonnant et déplumé, sanglé, cosmétiqué, le regard trouble, les cils brûlés par les veilles..., ALPH. DAUDET, *Journ. offic.* 7 fév. 1876, p. 1095, 1re col.

† **COSMOGNOSE** (ko-smo-ghnô-z'), *s. f.* Connaissance du monde, des lieux. Ces animaux [les bœufs qui estivent], dit M. Girou de Buzareingues, sont doués de cosmognose : ainsi s'appelle l'instinct qui leur fait reconnaître les lieux et les époques marqués par la nature ou par des déplacements périodiques, E. MOUTON, *Journ. offic.* 24 mars 1876, p. 2070, 2e col.

— ÉTYM. Κόσμος, monde, et γνῶσις, connaissance.

† **COSMOGONISTE** (ko-smo-go-ni-st'), *s. m.* Celui qui s'occupe de l'étude des questions cosmogoniques.

† **COSSETTE** (ko-sè-t'), *s. f.* Botillon de racines de chicorée. Art. 7.... 1° Les quantités de cossettes soumises à la torréfaction...; 2° les quantités de cossettes passées aux moulins, *Décret du 18 janvier* 1873. || Il se dit aussi des betteraves. Cossettes de betteraves ou de chicorée, *Assembl. nation. projet* n° 1782, p. 97.

† **COSSIN.** *Ajoutez :* || Chaque art a son jargon impropre plus ou moins : Ce qu'on nomme à bon droit le coussin, les clavettes, Se dit vulgairement cossin et chevillettes ; On serait ridicule en disant autrement, LESNÉ, *la Reliure*, p. 65.

† **COSTRESSE** (ko-strè-s'), *s. f.* Voy. COISTRESSE au Supplément.

COSTUME. *Ajoutez :* || 4° Particulièrement. Un ensemble de toilette. Les femmes ont inventé ce qu'elles nomment proprement le costume, c'est-à-dire un ensemble de toilette combiné d'avance sur une seule couleur, ou jouant sur deux teintes voisines, CH. BLANC, *Journ. offic.* 28 oct. 1872, p. 6710, 3e col.

— REM. *Ajoutez :* || 2. J. J. Rousseau l'a employé au sens italien d'usage, coutume : Tout, dans ces délicieux concerts [les chants des *scuole* de Venise], concourt à produire une impression qui n'est assurément pas du bon costume, mais dont je doute qu'aucun cœur d'homme soit à l'abri, *Confess.* VII. Cet italianisme est inusité.

† **COSYNDIC** (ko-sin-dik), *s. m.* Celui qui fait partie d'un syndicat. Attendu.... qu'il avait intérêt à garder un silence prudent sur les agissements de son cosyndic, *Gaz. des Trib.* 2 déc. 1874, p. 1151, 1re col. Un cosyndic nommé dans le cours d'une faillite doit-il se faire rendre compte de la gestion antérieure du syndic auquel il est adjoint ? *ib.* p. 1150, 4e col.

† **COT** (ko), *s. m.* Cot à queue rouge, cot à queue verte, sortes de cépages, *les Primes d'honneur*, p. 407, 410, Paris, 1874.

CÔTE || 9° Fig. Échoué à la côte, qui n'a pas réussi dans ses projets. Un gentilhomme français, vieilli plutôt que vieux, usé, dévasté, ruiné, triste épave du monde parisien échouée à la côte, comme dit l'énergique expression populaire, ALPH. DAUDET, *Journ. offic.* 3 mai 1875, p. 3183, 1re col.

— HIST. XIIe s. *Ajoutez :* Uns tertre avanturous.... Qui estoit grans et lons, plus que je n'en devis; Grans vaus ot et grans costes, parfundes et soutis, *li Romans d'Alexandre*, p. 70.

COTÉ. *Ajoutez :* || Terme de turf. Lorsqu'on demande : comment est coté tel cheval? on veut dire : quelles sont les chances de réussite que ce cheval représente contre le champ ?

CÔTÉ. *Ajoutez :* || 16° Terme de fortification. Le côté extérieur d'un polygone fortifié, ligne droite qui réunit deux angles flanqués.

† **CÔTELER** (kô-te-lé), *v. a.* Établir des sortes de côtes dans une route. Les rations étaient épuisées ou perdues, il fallut employer tous les hommes à côteler les routes, c'est-à-dire à jeter en travers de gros troncs d'arbres pour en faire une sorte de passage solide, *Rev. des Deux-Mondes*, 1er juin 1873, p. 517.

COTERIE. *Ajoutez :* || 3° Société d'ouvriers, espèce de compagnonnage.

† **COTIDAL, ALE** (ko-ti-dal, da-l'), *adj.* Courbes cotidales, courbes qui passent par tous les points où la marée a lieu à la même heure.

— ÉTYM. *Co...*, et angl. *tide*, marée.

† **CÔTIL** (ko-ti), *s. m.* Nom, en Normandie, d'un penchant de colline, d'une petite colline. À bailler à fin d'héritage la propriété appelée les Mouriers, en la paroisse Saint-Jean, avec environ 100 vergées de terre, dont 60 labourables, 8 en prairies et le reste en côtil, *Chr. de Jersey*, 5 sept. 1868, *Annonces.*

— ÉTYM. Bas-lat. *costillum*, de *costa*, côte (comp. COTEAU).

COTILLON. || 1° *Ajoutez :* Pourquoi, lui dis-je [à l'archevêque de Paris, Noailles], ne manquent-elles de rien [les religieuses de Port-Royal] ? Parce que des personnes comme moi vendent leur cotillon plutôt que de les laisser manquer de quelque chose, *Mlle de Joncoux*, dans STE-BEUVE, *Port-Royal*, t. VI, p. 270, 3e éd.

† 2. **COTILLON** (ko-ti-llon, *ll* mouillées), *s. m.* Petit sabot (Haute-Marne). Les dernières billes sont réservées pour les cotillons, c'est-à-dire pour les sabots des petits enfants, A. THEURIET, *Rev. des Deux-Mondes*, 1er oct. 1874, p. 577.

† **COTIN** (ko-tin), *s. m.* En patois normand de Guernesey, la logette d'un veau. || Proverbe. Il ne faut pas faire le cotin avant que le veau soit né [i n'faut pas faire le cotin d'vant que l'viau soit nai], MÉTIVIER, *Dict. franco-norm.* p. 143.

— ÉTYM. La même que pour *cottage* (voy. ce mot); anc. franç. *cottin*, cabane.

† **COTISABLE** (ko-ti-za-bl'), *adj.* Qui peut être soumis à une cotisation. Ceux qui viendraient s'établir dans les villes franches [de la taille] étant cotisables, pendant dix années, à la taille, BOILISLE, *Corresp. contrôl. génér.* 1687, p. 94.

COTON. *Ajoutez :* || 5° Coton soluble, synonyme de coton-poudre ou pyroxyle, *Lettre commune des douanes*, 20 déc. 1876, n° 334. || 6° Coton de verre, verre étiré en fils si ténus qu'ils ressemblent à de la soie ou à du coton, *Journ. offic.* 10 janv. 1877, p. 235, 3e col.

† **COTONISER (SE)** (ko-to-ni-zé), *v. réfl.* Néologisme. Devenir semblable à du coton, devenir mou, sans ressort. Oh ! le XIXe siècle ! plus il avance en âge, plus il se cotonise et s'affadit, STE-BEUVE, *Nouv. Lundis*, XI, *Orthographe française.*

† **COTONNAGE** (ko-to-na-j'), *s. m.* Vice de la soie grége qui fait qu'elle se cotonne, dans l'opération du décreusement.

† **COTONNETTE.** *Ajoutez :* M. E. Baroche : On fait aussi beaucoup de cotonnettes à Rouen. — M. Henry-Gillet : Oui, et c'est même à Rouen que cette industrie a pris naissance; on dit cotonnettes ou rouenneries, *Enquête, Traité de comm. avec l'Anglet.* t. IV, p. 257.

COTONNEUX. || 2° || Fig. Il se dit aussi des œuvres d'art. L'amoureux Stéphane est bien encore un peu cotonneux, mais ce défaut de l'amant est destiné à mieux faire valoir le mari, ALPH. DAUDET, *Journ. offic.* 3 mai 1875, p. 3184, 2e col. || Adverbialement et fig. Cela est plat, jaunâtre, d'une teinte égale et monotone; et point cotonneux; ce mot n'a peut-être pas encore été dit, mais il rend bien, DIDER. *Œuvr. compl.* 1821, t. IX, p. 479.

COTRET. || **1°** *Ajoutez:* Cotrets de taillis, cotrets faits avec du bois taillis; cotrets de quartiers, cotrets faits de rondins refendus, J. SAVARY, *Dict. univ. du commerce.* || **2°** *Ajoutez :* || Sous le cotret, sous les coups de bâton. Nous verrons ce soir, si je le tiens, Danser sous le cotret sa noblesse et ses biens, CORN. *Illus.* II, 9.

— ÉTYM. *Ajoutez :* Savary, dans son *Dict. de commerce*, dit que cette espèce de bois a été ainsi nommée, parce qu'il en a été envoyé en premier lieu de la forêt de *Villers-Cotterets.*

1. **COTTE.** *Ajoutez :* — REM. Il ne faut pas confondre la cotte d'armes et la cotte de mailles, confusion qui se trouve dans l'article. La cotte d'armes était une tunique de peau renforcée par des bandes de cuir, des anneaux ou des chaînes métalliques cousues sur l'étoffe. La cotte de mailles était une armure défensive faite en forme de chemise et composée d'anneaux ou de mailles de fer engagées les unes dans les autres (la cotte de mailles n'était pas connue des Romains; elle est tout au plus un peu antérieure aux croisades). Par conséquent, en parlant des Romains, on dira cotte d'armes; et on réservera la cotte de mailles pour les chevaliers du moyen âge.

COU. *Ajoutez :* || **6°** Dans l'Aunis, casser le cou à un fût, le faire tourner sur lui-même, de manière que chaque fond occupe la place de celui qui lui est opposé, *Gloss. aunisien*, p. 91.

COUARD. || **1°** *Ajoutez :* Couard est proprement celui qui tremble au moindre bruit qu'il oit, et appréhende toute chose sans occasion, MALH. *le Traité des bienfaits de Sénèque*, IV, 26.

† **COUBLE-SOIFFIÈRE** (kou-ble-soi-fiè-r'), *s. m.* Le couble-soiffière est un filet sans tramail au moyen duquel on barre ou on enveloppe une portion de rivière, et que l'on tire à terre en le traînant; il ne séjourne pas plus ou moins de temps dans l'eau; il se manœuvre par coups alternativement jetés tantôt dans une partie de la rivière, tantôt dans une autre; les mailles sont de 11 millimètres seulement.

COUCHE. — HIST. *Ajoutez :* || XIV° s. [Au sens de lit de terre ou de pierre.] Les gemmes qui lor nessance ont Es couches dom el tretes sont, MACÉ, *Bible en vers*, f° 141, 1re col. *verso.*

1. **COUCHER.** *Ajoutez :* || **15°** Fig. Se coucher auprès, se passer de (métaphore tirée du chien qui se couche auprès de la nourriture qu'il dédaigne). Il [d'Hacqueville] fera valoir vos raisons à M. de Pompone, et, après cela, s'ils ne sont contents, vous leur permettrez de se coucher auprès, SÉV. 29 déc. 1675.

— REM. || **2.** *Ajoutez :* L. Racine dit dans ses Remarques que *il y serait couché* est une faute d'impression; mais rien ne justifie cette allégation.

† **COUCHURE.** *Ajoutez :* || **2°** Nom donné, dans la Vienne, aux provins de la vigne, *les Primes d'honneur*, Paris, 1872, p. 304.

COUCOU. *Ajoutez :* || **9°** En Normandie, bran de coucou, espèce de gomme que distillent certains arbres, DELBOULLE, *Gloss. de la vallée d'Yères*, p. 86.

† **COU-COUPÉ** (kou-kou-pé), *s. m.* Voy. COU, n° 1. Viennent ensuite d'autres oiseaux : le cardinal de l'Amérique du Sud; le cou-coupé, ainsi nommé à cause d'une ligne de plumes rouges qu'il porte autour du cou, *Journ. offic.* 10 févr. 1873, p. 1211, 1re col.

COUDE. *Ajoutez :* || **4°** Fig. Mettre l'oreille sous le coude à quelqu'un, le rassurer. Vous me mandez que les bravades de votre partie vous font douter que vous n'ayez quelque arrêt à votre préjudice; c'est peut-être afin que je vous mette l'oreille sous le coude, MALH. *Lexique*, éd. L. Lalanne. || Cette locution, aujourd'hui inusitée, représente un homme couché de façon que le coude appuie sur l'oreille.

2. **COUDRE.** — ÉTYM. *Ajoutez :* Bas-lat. *cum aco et filo cosis*, cousu avec aiguille et fil, *Ms. lat. d'Oribase*, Suppl. latin, VII° siècle.

† 1. **COUET** (kou-è), *s. m.* Voy. CUY au Suppl.

† 2. **COUET** (kou-è), *s. m.* Nom donné, dans Maine-et-Loire, à un rameau de vigne, dit aussi vinée, courbé en arc de cercle et attaché au cep au moyen d'un lien d'osier, *les Primes d'honneur*, Paris, 1872, p. 162.

† 3. **COUET** (kouè), *s. m.* Nom d'une sorte de vase, dans le département du Nord. Tout à coup le vieillard s'était réveillé, et, sautant de son lit, l'avait saisi par le corps; il s'était alors emparé d'un vase dit couet, et d'une main en avait asséné deux coups sur la tête de M.... pendant que de l'autre il lui comprimait la gorge, *Gaz. des Trib.* 15 août 1874, p. 780, 4° col.

† **COUGNADE** (kou-gna-d'), *s. f.* Nom, dans la Haute-Saône, d'une confiture ou marmelade qu'on a faite, à l'aide d'une cuisson lente, avec les merises débarrassées de leurs noyaux, *les Primes d'honneur*, Paris, 1872, p. 214.

COULAGE. || **3°** *Ajoutez :* || Terme d'artillerie. Coulage plein, action de couler une bouche à feu massive, en se réservant de la forer ensuite. Coulage à noyau : on place dans le moule un noyau qui occupe la capacité de l'âme, et ne laisse de vide à remplir que celui qui correspond à la forme de la bouche à feu. Coulage à siphon, analogue au coulage à noyau, avec cette différence que l'on fait arriver le métal en fusion par le bas du moule au lieu de le faire arriver par le haut.

† **COULARD, ARDE** (kou-lar, lar-d'), *adj.* Ceps coulards, ceps de vigne sujets à la coulure.

† **COULAUD** (kou-lô), *s. m.* Nom, dans le Rouergue, d'un poisson propre à cette contrée, dit aussi poisson du pauvre, parce que la chair en est peu estimée; c'est un chondrostome.

† **COULE.** *Ajoutez :* — REM. La coule est le nom du strict habit monacal, par opposition au froc, ce dernier genre étant considéré comme trop relâché, STE-BEUVE, *Port-Royal*, t. V, p. 242, 3° édit. La coule de Saint-Bernard.

† **COULEMENT.** || **1°** *Ajoutez :* Ce ne sont point gouttes qui tombent l'une après l'autre; le coulement est perpétuel, MALH. *Lexique*, éd. L. Lalanne.

COULER. || **12°** *Ajoutez :* || Couler bas d'eau, se dit d'un navire qui coule bas par l'effet d'une voie d'eau. On écrit du Tréport : ... quelques minutes après, le navire en perdition coulait bas d'eau.... il se trouvait dans cette situation critique depuis la veille au soir, à neuf heures, par suite d'une voie d'eau résultant de.... *Journ. offic.* 21 nov. 1874, p. 7733, 3° col. || **15°** || Fig. Couler une question à fond.... *Ajoutez :* J'ai été interrompu dans la séance que j'ai eue avec lui, et je n'ai pas coulé à fond les accessoires et le principal, dont nous avons parlé, *Corresp. du gén. Klinglin*, Paris, pluviôse an VI, t. I, p. 223.

COULEUR. *Ajoutez :* || **14°** Terme de turf. Les couleurs, couleur de l'ensemble du costume porté par le jockey d'une écurie. Chaque écurie de course a ses couleurs particulières. || **15°** Terme de mine. La couleur, la teinte des résidus de lavage qui indique qu'un minerai contient de l'or. Ces essais, opérés grossièrement dans une calebasse, donnèrent la couleur, c'est-à-dire que le résidu des lavages contenait quelques parcelles d'or, *Journ. offic.* 28 fév. 1875, p. 1532, 2° col.

† 2. **COULEUR** (kou-leur), *s. m.* Ouvrier, dans une fabrique de sucre de betterave, qui fait couler le jus produit par les décanteurs, *les Primes d'honneur*, p. 123, Paris, 1874.

COULEVRINE. *Ajoutez en tête de l'article :* || Coulevrine à main, la plus ancienne des armes à feu portatives, commencement du XV° siècle, se composant d'un canon relié à un fût; un homme la porte et la met en joue, et un autre met le feu à l'aide d'une mèche. || Coulevrine emmanchée, nom donné d'abord (1430) aux armes à feu portatives, HENRARD, *Annales de l'Acad. d'arch. de Belgique*, 2° série, t. I, p. 135.

— REM. La coulevrine, espèce de canon, lançait un projectile de 16 à 20 livres; elle disparaît en 1732 à la réorganisation de Vallière. Il y a eu des coulevrines extraordinaires : coulevrine d'Ehrenbreitstein, dont le boulet pesait 141 livres. On donnait à la coulevrine de grandes longueurs d'âme, afin de remédier à la lenteur de combustion de la poudre.

† **COULINE** (kou-li-n'), *s. f.* Nom, en Normandie, de torches de paille qu'on enflamme et avec lesquelles on échaude rapidement les arbres fruitiers pour les débarrasser des insectes et des lichens, *l'Avranchin*, 22 mars 1868.

COULISSE. || **4°** *Ajoutez :* La bourse est une galerie longue et étroite : on y arrive par une seule porte placée à une extrémité; une barrière de fer à hauteur d'appui sépare les agents de change du public répandu dans la galerie; à la vérité, depuis la porte d'entrée jusqu'à la barrière, on entretient une avenue que les gardes appellent coulisse, *Étrennes financières*, 1789, p. 65. || **8°** Terme de bâtiment. Coulisse, étui carré en bois qui, partant du faîte de l'édifice, va porter les déblais jusqu'en bas. || **9°** Coulisse de Stephenson, organe des locomotives qui sert à faire varier la détente ou à renverser la marche (*Stephenson*, ingénieur anglais).

† **COULMELLE** (koul-mè-l'), *s. f.* Nom d'un champignon, dans la Haute-Marne. Cette coulmelle qui ouvre son parasol, A. THEURIET, *Rev. des Deux-Mondes*, 15 avril 1876, p. 722.

COUP. || **10°** *Ajoutez :* || Terme d'exploitation houillère. Coup d'eau, accident que cause la rencontre fortuite, dans les travaux de mines, d'une source ou bain d'eau auquel on donne issue. La section a entendu le rapport de M. Habets, ingénieur, sur les moyens de prévenir les explosions et les coups d'eau dans les mines, *Journ. offic.* 22 nov. 1876, p. 8528, 2° col. Une meilleure organisation des travaux de sondage dans les mines où il existe des travaux antérieurs prémunira les mineurs contre les coups d'eau, *ib.* 3° col. || Coup de feu, nom d'un des actes d'un feu d'artifice. Ce coup de feu (c'est le terme technique) était accompagné de douze pyramides, de chacune desquelles jaillissait un bouquet de chandelles romaines, *Monit. univ.* 16 et 17 août 1867, p. 1116, 3° col. || **18°** Aux exemples de *à coup*, ajoutez celui-ci : Tel fut le coup de foudre qui tomba sur Mme la duchesse, si à coup au premier voyage de ses filles à Marly, ST-SIMON, t. VIII, p. 285, éd. Chéruel. || **25°** Donner un coup de télégraphe, expédier une dépêche télégraphique. Maintenant, si la chambre insiste pour qu'on recule la révision des chevaux, un coup de télégraphe sera donné ce soir, et demain la revue sera ajournée, *Journ. offic.* 30 mars 1876, p. 2283, 2° col. || **26°** Les trois coups, les trois coups que l'on frappe dans une salle de spectacle pour annoncer que la pièce ou qu'un acte va commencer. Dans Racine Eurybate, Ergaste dans Molière, De la location il porte le fardeau, Et frappe les trois coups au lever du rideau, C. DELAV. *Coméd.* I, 5. || **27°** Familièrement. Être aux cent coups, être fort embarrassé. || **28°** À coup près, ancienne locution qui signifie à peu de chose près, peu s'en faut. Parmentier.... m'assura qu'il disposerait à coup près de Brigalier, conseiller de la cour des aides, capitaine de son quartier et très-puissant dans le peuple, RETZ, *Mém.* t. I, p. 165, éd. Feillet. Je vous demande excuse, monsieur, dit Sancho; mais comment voulez-vous que je trouve à coup près la maison de notre maîtresse? *Don Quichotte*, trad. par Filleau Saint-Martin, t. III, ch. IX, de l'édit. de 1678, p. 134 et 135. Harcourt manque à coup près d'entrer au conseil, ST-SIMON, t. VII, p. 98, éd. Chéruel.

† **COUPAGE.** *Ajoutez :* || **2°** Action de couper, de rogner les feuilles de tabac. On procède ensuite à l'écabochage ou au coupage des tabacs exotiques et des tabacs indigènes qui n'auraient pas reçu cette main-d'œuvre au magasin, *Journ. offic.* 29 nov. 1875, p. 9800, 2° col. || **3°** Nom donné, dans le département de la Mayenne, aux vesces, jarosses, maïs, etc. fauchés en vert, *les Primes d'honneur*, p. 228, Paris, 1874. Le meilleur moyen de les administrer [les touraillons, germes d'escourgeon malté] consiste à les mêler avec la pulpe, la drèche, le coupage, le son ou tout autre aliment analogue, REYNAL, *Mém. d'agric.* etc. 1870-71, p. 127. || **4°** Terme des halles. Action de diviser un chargement de marée. Considérant que cette pratique [la répartition d'un seul chargement de marée en plusieurs voitures afin de multiplier abusivement les tours de vente], connue sous le nom de coupage, s'étant généralisée, a donné naissance à des inconvénients graves.... *Ordonn. de police*, 23 fév. 1867.

† **COUPANGES** (kou-pan-j'), *s. f. pl.* Céréales ou autres grains semés en vert, pour servir de fourrage, *Gloss. aunisien*, p. 92.

— ÉTYM. *Couper.*

† **COUP DE POING** (kou-de-poin), *s. m.* || **1°** Sorte de poignée de fer qu'on tient à main fermée, les doigts passés dans des anneaux, et qui est armée de grosses pointes (voy. COUP, n° 1). Les conjurés décidèrent qu'ils ne porteraient ni revolvers, ni poignards, afin de ne se point mettre dans leur tort par l'usage d'armes meurtrières; les gourdins et les coups de poing, à l'usage de la police, furent adoptés d'un commun accord, *Rev. Britan.* sept. 1874, p. 184. || **2°** Pistolet de poche.

2. **COUPE.** *Ajoutez :* || **7°** Terme de turf. Prix décerné dans les courses anglaises.

COUPÉ. *Ajoutez :* || **10°** Spectacle coupé, spectacle où l'on joue des parties de différentes pièces.

† **COUPE-BALLOT** (kou-pe-ba-lo), *s. m.* Sorte de couteau anglais. Est-ce qu'il n'y a pas en Angleterre un couteau qu'on appelle coupe-ballot?... C'est un couteau fermant qui a toujours existé probablement en Angleterre.... *Enquête, Traité de comm. avec l'Anglet.* t. I, p. 746. Couteau, coupe-ballot, manches cerf, ivoire, écaille, etc. *ib.* t. I, p. 728.

† **COUPE-CHOUX.** *Ajoutez :* — REM. Richelieu appelait Mazarin son frère coupe-choux. Vous saurez par M. de Sevigni que, si nous n'eussions envoyé la montre d'ici, l'armée d'Italie était perdue; à cela je vous dirai que la présence du cardinal de Richelieu et de son frère coupechou (*sic*) Mazarin n'ont pas été inutiles, RICHELIEU, *Lett.* etc. 1642, t. VII, p. 119.

— HIST. XIV° s. Jehan Cope-cho, boucher, BOURQUELOT, *Un scrutin au* XIV° *siècle*, dans *Mém. de la Soc. nationale des antiquaires de France*, t. XXI, p. 481.

† 2. **COUPELLE** (kou-pè-l'), *s. f.* Terme provincial. Tête d'un arbre. La coupelle et les racines sont souvent abandonnées aux ouvriers chargés de débiter du bois de travail. Désignation des arbres à vendre : sur les deux petits champs du Rosier, une coupelle de chêne, un chêne et un châtaignier, *Avranchin*, 28 sept. 1873.

— ÉTYM. Forme féminine de *coupeau* 1.

† **COUPEMENT.** *Ajoutez :* || 2° Il se dit aussi de toute action de couper. La bande d'ardoises, fouillée par les exploitations, ou reconnue par des coupements perpendiculaires à la direction des veines, BLAVIER, *Presse scientif.* 1864, t. I, p. 115. || 3° Action de couper un chemin, un pont. Il faut continuer tous les travaux nécessaires, tant par abatis de bois, lignes nécessaires en certains lieux que coupement de chemins, RICHELIEU, *Lettres*, etc. t. VI, p. 394 (1639).

1. **COUPEROSE.** — ÉTYM. *Ajoutez :* Diefenbach (*Glossarium latino-germanicum mediæ et infimæ ætatis*) rapporte trois formes germaniques, *coperock, kupfferrauch, copperrait*, et l'anc. angl. *coporouse*. Diez, au mot *copparosa*, le dérive de *cupri rosa*. Néanmoins le mot reste obscur; car, sans parler des formes germaniques citées par Diefenbach, on ne voit pas jusqu'à présent comment *rosa* aurait été appliqué à une substance qui n'est ni rouge ni rose.

COUPEUR. *Ajoutez :* || 7° En termes d'imprimerie, celui qui coupe les feuilles, *Journ. offic.* 22 déc. 1872, p. 8024, 2° col. || 8° Terme d'exploitation houillère. Coupeur de mur, synonyme de bosseyeur (voy. ce mot).

† **COUPLAGE.** *Ajoutez :* || Il se dit aussi de deux trains de bois accouplés. Pour chaque train de 18 coupons.... pour chaque couplage halé par chevaux de la Roche à Sens, *Décret* 28 *mai* 1873, *art.* 1er.

COUPLÉ. || Terme de turf. Chevaux couplés contre le champ, se dit de deux ou trois chevaux que le parieur oppose au champ, et *vice versâ*, afin d'égaliser les chances.

COUPOLE. *Ajoutez :* || 2° Petite tasse servant aux dégustateurs de vins. [A Bercy] On ne voit que des gens armés d'un poinçon et d'une tasse d'argent; ils font un trou à la pièce, reçoivent le vin dans leur coupole, le hument en pinçant les lèvres ... *Journ. offic.* 9 nov. 1875, p. 9142, 1re col. || 3° Coupole tournante, sorte de tourelle dont on arme les vaisseaux cuirassés. Nous avons déjà parlé des coupoles tournantes des monitors américains.... *Rev des Deux-Mondes*, 1er déc. 1867, p. 712.

COUPON. *Ajoutez :* || 5° Terme forestier. Partie d'une coupe de bois. Commune de Saulnot : réserve, vingt hectares treize ares, à exploiter en deux coupons égaux, l'un pour l'exercice 1871, l'autre pour l'exercice 1873, *Décret du* 12 *sept.* 1871, *Bullet. des Lois*, n° 72, p. 142. Décret du 13 avril 1875, autorisant des coupes extraordinaires dans les bois communaux de la Meuse : ... commune d'Ancerville, quart en réserve (coupon n° 5), 4 hectares 37 ares, *Bullet.* 793, p. 749, *partie supplémentaire.*

COUPURE. *Ajoutez :* || 6° Rognure. Les matières provenant de la fabrication des cigares ou du tabac à fumer, côtes, coupures et débris.... *Journ. offic.* 29 nov. 1875, p. 9800, 2° col. Les coupures sont expédiées directement des magasins où elles sont produites sur les deux manufactures de Nancy et de Lille dans lesquelles se trouve concentrée la fabrication des tabacs de zone, *ib.* 1re col.

COUR. *Ajoutez :* || 11° En termes de théâtre, cour et jardin, la droite et la gauche, en souvenir du théâtre de Versailles qui se trouvait entre cour et jardin.

COURAGE. — REM. J. J. Rousseau a dit : Faire bon courage, pour : garder bon courage. Cependant je fais bon courage autant que je le puis, J. J. ROUSS. *Lett. à Mme Warens*, 1737, *Correspondance*, t. XVIII, p. 39, de l'édit. Mussay-Pathay, 1824. C'est un italianisme : *far coraggio*.

COURANT. — SYN. LE COURANT DE LA JOURNÉE, DE LA SEMAINE, DE L'ANNÉE. LE COURS DE LA JOURNÉE, DE LA SEMAINE, DE L'ANNÉE. Il n'est pas tout à fait indifférent de dire, en cet emploi, le courant ou le cours. D'abord cours est d'un style plus relevé que courant. Puis on dira : il est survenu de grands événements dans le cours de cette année, et non dans le courant. Le courant se rapporte plus à l'espace de temps considéré comme s'écoulant; et le cours à l'espace de temps considéré comme un tout.

† 2. **COURBE** (kour-b'), *s. f.* Ustensile à l'aide duquel le porteur d'eau porte ses deux seaux. Qu'on pense au nombre de voyages que ces pauvres diables sont obligés de faire à travers les escaliers obscurs ou glissants, en soutenant à l'aide de la courbe deux seaux pleins en équilibre sur leur épaule, et l'on ne trouvera pas que leur gain soit excessif, MAXIME DU CAMP, *Rev. des Deux-Mondes*, 15 mai 1873, p. 306.

† **COURBEMENT.** *Ajoutez :* Si le pli, courbement et remuement du corps, la tête touchant quelquefois la plante des pieds.... sont un bon signe de possession? *Hist. des Diables de Loudun*, p. 247, Amsterdam, 1737.

† **COURCE.** *Ajoutez :* — ÉTYM. *Court* (voy. COURSON).

† **COURCIN** (kour-sin), *s. m.* Bois courcin, bûche au-dessous de 1m,137 de longueur, et qui, considérée comme bois de rebut, est proscrite du commerce, *Mém. de la Soc. centr. d'Agric.* 1873, p. 254.

— REM. *Courcin* est le même que *courson* 1.

COUREUR. || 4° *Ajoutez :* || Fig. Il n'y a point de douleur qui n'ait des intervalles; car elles ont toutes quelque progrès, comme coureurs qui nous avertissent que nous allons avoir le gros sur les bras, MALH. *Lexique*, éd. L. Lalanne.

COURIR. *Ajoutez :* || 33° Se courir, *v. réfl.* En termes de turf, se dit du prix disputé dans une course. Le prix du Jockey-club se court à Chantilly sur une piste de 2400 mètres.

COURONNE. *Ajoutez :* || 24° Sorte d'anneau formé avec un cordage dont les brins sont passés alternativement en dedans et en dehors d'une boucle. || 25° Nom d'un pain, dit aussi percé, en forme de couronne. || 26° Couronne d'or, monnaie de Suède valant 1 franc 39 centimes, *Journ. offic.* 6 janv. 1877, p. 124, 1re col.

— REM. L'ouvrage à couronne est un ouvrage avancé formé de deux branches réunies par deux fronts bastionnés. La double couronne est un ouvrage avancé formé de deux branches réunies par trois fronts bastionnés.

† **COURROIR** (kou-roir), *s. m.* Canal d'alimentation des tables salantes venant déboucher dans les aiguilles, *Enquête sur les sels*, 1868, t. II, p. 509.

COURS. *Ajoutez :* — REM. J. J. Rousseau écrit couper cours au lieu de couper court, qui est la véritable orthographe. Un avis très-important et propre à couper cours au mal qu'on aura pu prévenir, J. J. ROUSS. *Lett. au prince de Wirtemberg*, 10 nov. 1763. Ce n'est pas *couper le cours*, c'est *couper court*, c'est-à-dire couper très-court.

† **COURSABLE.** *Ajoutez :* — HIST. XIV° s. Mais seur toute rienz me plaisoit A esgarder une maniere Que g'i vi coursable et planiere, Que tuit li grant seigneur faisoient, *Dits de Watriquet*, p. 345.

† **COURSIE** (kour-sie), *s. f.* S'est dit pour coursier, passage qui est entre les bancs des forçats sur une galère, RETZ, t. IV, p. 230, édit. Charpentier.

† **COURSIÈRE.** *Ajoutez :* || 2° Terme de fondeur. Nom donné à une rigole destinée à conduire le métal fondu dans le moule.

COURT. || 13° En termes de marin, temps court, temps qui ne permet pas de voir au loin.

— HIST. *Ajoutez :* || XIV° s. Il faudra qu'avec moy veigniez Pour les mener [des prisonniers] jusqu'à la court, Et que nous les tenions de court Et près de nous, *Théâtre français au moyen âge*, Paris, 1839, p. 317.

COURTISAN. *Ajoutez :* || 4° Usité à la cour. Fallace, employé par Desportes, mot peu courtisan, MALH. *Lexique*, éd. L. Lalanne.

† **COURTISANESQUE.** *Ajoutez :* — HIST. XVI° s. Deux dialogues du nouveau langage françois italianizé.... de quelques courtisanismes modernes et de quelques singularitez courtisanesques, H. EST. Paris, 1579.

† **COURTISANISME** (kour-ti-za-ni-sm'), *s. m* Façon de parler propre aux courtisans.

— HIST. XVI° s. Voy. ci-dessus COURTISANESQUE.

† **COUSCOUS.** — ÉTYM. *Ajoutez : Couscoussou* se rencontre deux fois dans les Lettres du renégat Thomas d'Arcos : Je n'ai pu vous envoyer du *cuscuso*, *Lett.* du 15 mars 1633, *à M. Aycard*, p. 30, DEFRÉMERY. On trouve aussi *couscoussi* : On m'apporta d'excellent *couscoussi*, LARGEAU, 1er voy. p. 44.

COUSINER. *Ajoutez :* — HIST. XII° s. Reis Thelamon de Salamine O les filz Prianz s'acosine, BENOIT DE STE-MORE, *Roman de Troie*, v. 18575.

COUSSIN. *Ajoutez :* || 6° Coussin ou carreau, nom, suivant les pays, du métier de la dentelle à fuseaux, lequel est une boîte carrée, garnie et rembourrée extérieurement, CH. BLANC, *l'Art dans la parure*, p. 290. || 7° Sel de coussin, nom, dans la Seine-Inférieure, du sel qui provient de morues pêchées à Terre-Neuve, et qui est employé comme engrais; on le nomme ainsi parce qu'il a servi de coussin aux lits de morues, *Primes d'honneur*, Paris, 1869, p. 40.

† **COUSSOU** (kou-sou), *s. m.* Grand pâturage inculte en Provence consacré à la nourriture des troupeaux. Les coussous, campas et autres terres incultes, CAPPEAU, *De la Comp. des Alpines*, 1817, p. 314.

† **COUSTANGE** (kou-tan-j'), *s. f.* Voy. COÛTANGE au Supplément.

† **COUSTIÈRE** (kou-stiè-r'), *s. f.* Nom, dans les Bouches-du-Rhône, des intervalles qui, dans la Camargue, séparent les marais des pâturages, *les Primes d'honneur*, Paris, 1872, p. 493.

— ÉTYM. Dérivé du lat. *costa*, côte.

† **COUSTIL** (kou-stil), *s. m.* Coustil à croix, épée analogue à l'épée de passot (voy. PASSOT).

— ÉTYM. Le même que *coutille* 2.

† **COUSSOTTE** (kou-so-t'), *s. f.* Voy. CASSOTTE au Supplément.

COUSU. *Ajoutez :* || 8° Terme militaire. Se dit de soldats qui, en quelque péril que ce soit, ne se disjoignent pas ni ne rompent leurs rangs. En 1809.... le maréchal Macdonald.... vous avertit que vos soldats ne sont plus cousus ensemble.... oui, messieurs, cousus ensemble; c'est le mot, DUC D'AUMALE, *Journ. offic.* 29 mai 1872, p. 3578, 3° col.

† **COÛTANGE** (kou-tan-j'), *s. f.* Mot vieilli. Coût, dépense. C'est chose contraire à la nature de mépriser les commodités qui sont de peu de coûtange, MALH. *Lexique*, éd. L. Lalanne (écrit coustange).

† **COUTARD** (kou-tar), *s. m.* Sorte de colimaçon de Provence. Paris irait au-devant d'une cherté excessive, comme celle de l'huître, en faisant venir de la Provence le coutard, variété de colimaçon qui mérite d'être connue en deçà du département des Bouches-du-Rhône, *Rev. Britann.* nov. 1874, p. 556.

† **COUTE** (kou-t') ou **COUTET** (kou-tè), *s. m.* Dans le Puy-de-Dôme, courson taillé à trois yeux, *les Primes d'honneur*, p. 454, Paris, 1874.

— ÉTYM. C'est l'anc. français *coute*, qui s'est dit pour *coude* (voy. COUDE).

COUTEAU. *Ajoutez :* || 13° Couteau à pied, sorte d'instrument du sellier. Les couteaux à pied pour sellier, et tous les gros instruments tranchants fabriqués dans les ateliers de taillanderie..., *Tarif des douanes*, 1869, p. 139. || 14° Couteau de brèche, engin qui était analogue au vouge, employé particulièrement dans les siéges, pendant le moyen âge.

— ÉTYM. *Ajoutez :* Le latin *culter* se rattache au zend *keret*, couper; sanscr. *kartari*, couteau, rac. *krt*, couper.

COUTELAS. — HIST. *Ajoutez :* XIII° s. Balle moi çà ton coutelait, Et mon talon trencier me lait, PHILIPPE MOUSKES, *Chronique*, v. 20189.

† 2. **COUTELET** (kou-te-lè), *s. m.* Petit couteau. On écrit de Barr au *Journal d'Alsace* : .... une hachette en pierre, un poignard aiguisé, une belle urne en verre bleu et enfin un coutelet, l'instrument du sacrifice, qu'on avait cassé pour indiquer qu'il ne devait plus servir, *Journ. offic.* 7 oct. 1874, p. 6893, 3° col.

— ÉTYM. Dimin. de l'ancien franç. *coutel* (voy. COUTEAU).

COUTIL. — HIST. *Ajoutez :* || XVI° s. Comme s'il eust vendu autant de drogues en gros, que les Pepoli de Raguse ou les Pibiers de couetils, *Œu-*

vres facétieuses de Noël du Fail, Paris, 1874, t. II, p. 179. Dans le haut Maine on dit encore *coetil*, et Robert Estienne donne la forme *coiti*, qui se retrouve dans le patois normand, *Rev. critique*, 20 mars 1875, p. 188.

† **COUTON.** — ÉTYM. *Couton* est probablement pour *côton*, *coston*, dérivé de *côte* d'une plume.

† **COUTRILLON** (kou-tri-llon, *ll* mouillées), *s. m.* Sorte de bateau sur le canal du Midi.

COUTURIER. *Ajoutez :* || 3° Un couturier, un tailleur pour dames.

† **COUVADE** (kou-va-d'), *s. f.* || 1° Action de couver. || 2° Fig. La couvade se dit encore, dans quelques parties de la France, de la coutume bizarre en vertu de laquelle, quand une femme est accouchée, le mari se met au lit, prend l'enfant, et reçoit les compliments de ses voisins. Du pays basque, dans les Pyrénées espagnoles, cette absurde coutume semble s'être propagée jusqu'en France, où elle a reçu le nom de faire la couvade, MAX MÜLLER, *Essais sur la mythologie comparée*, trad. par G. Perrot, p. 325, Paris, 1873.

† **COUVE** (kou-v'), *s. f.* Nom, en Dauphiné, de la poule qui couve. || Dans les vallées vaudoises, on dit une clousse, à cause du cri qui est alors particulier aux poules et qui est dit clousser, autre forme de glousser.

COUVENT. — REM. *Ajoutez :* La Bruyère, qui aimait l'archaïsme, dit *convent :* Quelques femmes galantes donnent aux convents et à leurs amants, LA BRUY. *des Femmes*. (Voy. CONVENT au Supplém.)

† **COUVREAU** (kou-vrô), *s. m.* Nom, dans la Loire, d'un poisson, dit aussi convreau, *alosa finta*, Cuvier.

COUVREUR. *Ajoutez :* || 2° Couvreur de table, celui qui met la table, dans une grande maison: Puis venaient six couvreurs de table, un contrôleur, un chef de café, *l'Office du roi de Pologne et les mets nationaux lorrains*, p. 6, Nancy, 1875.

COUVRIR. *Ajoutez :* || 18° Semer. Quel grain veux-tu répandre dans ces lieux? Le manant dit : Monseigneur, pour le mieux, Je crois qu'il faut les couvrir de touselle, Car c'est un grain qui vient fort aisément, LA FONT. *Papefig*.

† **COUZE** (kou-z'), *s. f.* Nom générique des cours d'eau dans le Puy-de-Dôme, J. VERNE, *Géogr. de la France*, p. 596.

† **COVARIANT** (ko-va-ri-an), *s. m.* Terme de mathématique. Fonction des coefficients et des variables d'une forme telle que, si on effectue dans la forme une substitution linéaire, la nouvelle fonction semblable des coefficients et des variables de la transformée soit égale à la fonction primitive multipliée par une puissance du module de la transformation.

† **CRACOVIE.** *Ajoutez :* || Il a ses lettres de Cracovie, c'est un homme qui débite des bourdes. M. Éman Martin, *Courrier de Vaugelas*, 15 déc. 1876, p. 106, rattache cette locution à ce que raconte M. Francisque Michel, *Dict. d'Argot*, p. 123, d'une hôtellerie de Moncrabeau, Lot-et-Garonne, nommée l'*Hôtel de Cracovie*, dont le maître délivrait, moyennant quelques sous, des brevets de hâbleur que les mauvais plaisants envoyaient, par la poste, aux menteurs de leur connaissance.

— ÉTYM. M. Éman Martin pense que le nom de la ville polonaise a été choisi par jeu de mots avec *craque*, hâblerie, *craquer*, hâbler.

CRAIE. — ÉTYM. *Ajoutez :* D'après M. Roulin, *crēta* signifie proprement la terre passée au sas, de *cernere*, cribler, la *crēta*, comme l'a montré M. A. Brongniart, désignant non la craie, mais une argile smectique, mêlée de parties siliceuses, que l'on criblait pour certains usages.

† **CRAILLEMENT.** — HIST. XVI° s. *Ajoutez :* Le chant des rossignols se fera entendre parmy l'importun craillement des corbeaux, DU BARTAS, *Œuv.* 1611, *Advertissement*.

CRAINDRE. *Ajoutez :* || 6° Conjecturer, juger, en craignant. La voie que vous avez prise et que vous craignez n'être pas la meilleure, ne le sera pas toujours sans doute, J. J. ROUSS. *Lett. à l'abbé M.* 9 février 1770. || 7° Se craindre, être craint, en parlant de choses. Qu'il [Charles-Quint] était instruit de tout ce qui se disait et se craignait, et qu'il ne négligerait rien pour avoir partout des gens qui lui donnassent avis de tout, *Hist. du concile de Trente*, trad. de le Courayer, t. I, p. 670.

— REM. 1. *Ajoutez :* Cependant Corneille a dit craindre à : Si du sang d'une fille il craint à se rougir, *Théod.* Mais Corneille a corrigé plus tard craindre à en : craindre de.

CRAINTE. *Ajoutez :* || 5° On trouve un exemple de *crainte que*, dans Mme de Sévigné. Toutes les bonnes têtes la voudraient, cette suspension, crainte que vous ne soyez trompés, 4 nov. 1673.

† **CRAMAIL** (kra-mall, *ll* mouillées), *s. m.* Terme provincial. Crémaillère, en Normandie. Le saisi se jeta sur M. S..., cherchant à le mordre ou à l'étrangler, car il voulait le pendre au cramail suivant son expression, *Gaz. des Trib.* 7 nov. 1875, p. 1076, 3° col.

— ÉTYM. Voy. CRÉMAILLÈRE; bas-lat. *cramaculus crammale, cremale*.

† **CRAMIGNON** (kra-mi-gnon), *s. m.* Nom, en Belgique, de certaines chansons populaires. Jusqu'à présent tout s'était borné à des charivaris, cramignons et cavalcades, à l'arrivée dans la commune des pasteurs protestants cherchant à faire des prosélytes, Extrait de l'*Indépendance belge*, dans *Gaz. des Trib.* 24 sept. 1873, p. 919, 2° col. Mardi soir, vers six heures, une troupe joyeuse de jeunes filles, parées de leurs plus belles toilettes, quittaient Argenteau en dansant et chantant des cramignons populaires, Extrait de l'*Indépendance belge*, dans *Journ. offic.* 4 oct. 1874, p. 6844, 1re col.

CRAMPON. *Ajoutez :* || 10° Fig. et populairement. C'est un crampon, se dit d'un homme, d'une femme dont on ne peut se défaire, de celui qui se maintient malgré tout dans une position usurpée, d'un importun assommant, etc.

— HIST. *Ajoutez :* || XIV° s. Crampons de fier que on fery en pluiseurs marescauchies [écuries] et granges, CAFFIAUX, *Abattis de maisons*, p. 19.

1. **CRAN.** *Ajoutez :* || 7° Cran de mire, entaille pratiquée sur les bouches à feu pour déterminer la ligne de mire ou de visée. || 8° Terme d'exploitation houillère. Crevasse par où se perdent les eaux. || Par extension, dérangement, cassure ou mouvement de la couche; en ce sens, on dit aussi crain, qui pourtant indique des rejettements de couches moins considérables.

† 3. **CRAN** (kran), *s. m.* Terme de la pêche du hareng. Un lot de 120 harengs. Le rendement [de la pêche du hareng sur les côtes d'Écosse] en est évalué à 714 256 crans, *Journ. offic.* 30 oct. 1873, p. 6622, 3° col.

CRÂNERIE. *Ajoutez :* Il veut qu'on vous chasse au-delà du Rhin, applaudissez à cette crânerie; c'est, à mon avis, le coup décisif, KLINGLIN, *Corresp.* Paris, pluv. an VI, I, 37.

† **CRANNOGE** (kra-no-j'), *s. m.* Nom irlandais des antiques habitations lacustres, E. GOUBERT, dans CHENU, *les Trois règnes de la nat.* 1875, p. 458.

† **CRAPAUDÉ, ÉE** (kra-pô-dé, dée), *adj.* Ridé comme une peau de crapaud. Un cercle est crapaudé quand l'écorce en est ridée, *Gloss. aunisien*, p. 92.

† **CRAPAUDEAU** (kra-po-dô), *s. m.* Au XV° siècle, bouche à feu se chargeant par la culasse, de petite dimension, se tirant de plein fouet.

CRAPAUDIÈRE. *Ajoutez :* || 3° Demeure entourée de fossés. S'ils entreprenaient de la conduire malgré elle à la crapaudière de son vieux oncle, LETOURNEUR, *Trad. de Clarisse Harlowe*, lett. 103.

CRAPAUDINE. || 3° *Ajoutez* . La définition générale de la crapaudine est : Petite boîte de fer ou de cuivre dans laquelle tourne un axe de cuivre ou de fer, qui ne la traverse pas entièrement.

CRAPOUSSIN. *Ajoutez :* Il insulte encore les électeurs du département de la Nièvre, lui, petit crapoussin, neveu d'un barbier de village, en disant qu'ils ont choisi le curé de Vandeuvre, fils d'un savetier, *Lett. du P. Duchêne*, 55° *lettre*, p. 7.

† 1. **CRAQUE.** — ÉTYM. *Ajoutez : M.* de Crac est connu aussi en Allemagne, témoin ces vers : Ich befolge stets die Lehre Des berühmten Herrn von Krak, Weil ich beide stets verehre Schöne Mädchen und Tabak (je suis toujours la doctrine du célèbre *M. de Krak*, honorant les jolies filles et le tabac). L'anglais a aussi *crake*, vanterie; mais les dictionnaires le donnent comme venu du français.

† **CRAQUELÉ** (kra-ke-lé), *s. m.* Porcelaine qui a reçu un émail fendillé. Les verres et cristaux ornés de décors non prévus dans les catégories qui précèdent, tels que peintures, gravures à sujets, dessins en craquelé, dorures, *Enquête, Traité de commerce avec l'Anglet.* t. VI, p. 573.

† **CRAQUELER.** *Ajoutez :* — ÉTYM. *Craqueler* vient très-probablement de *craquer;* pourtant le suffixe *el* n'appartient guère qu'aux verbes qui proviennent d'un substantif en *el :* comme *marteler* de *martel*, etc.

† **CRAQUELOTIÈRE.** *Ajoutez :* || Il y a aussi des craquelotiers. La fraude qu'exerceraient des saleurs qui sont en même temps craquelotiers, DELAHAIS, *Not. hist. sur l'écorage*, Dieppe, 1873, p. 64.

† **CRAQUENELLE** (kra-ke-nè-l'), *s. f.* Nom, dans les Côtes-du-Nord, d'un petit crabe bon à manger, dont les pattes sont plates (la petite étrille, *portunus corrugatus*, Penn.).

† **CRAQUEROLLE** (kra-ke-ro-l'), *s. f.* Fleur de la digitale que les enfants gonflent d'air pour la faire craquer (Normandie), DELBOULLE, *Gloss. de la vallée d'Yères*. p. 92.

† **CRASILLES** (kra-zi-ll', *ll* mouillées), *s. f. pl.* Terme normand. Débris de coquillages. À Genêts [localité près d'Avranches], les crasilles de coques se vendent le demi-prix des coques vivantes : elles sont achetées pour faire pondre les poules, *Avranchin*, 13 oct. 1872.

CRASSANE. — ÉTYM. *Ajoutez :* Il paraît probable que l'Académie a tort et que le mot juste est *cresane*. Le premier qui en parle est Merlet, *l'Abrégé des fruits*, éd. de 1690; il l'appelle, p. 22, *bergamote cresane*. Dom Gentil, *le Jardinier solitaire*, éd. de 1723, la nomme *bergamote de Cresane*, ce qui est encore mieux. L'on peut ainsi la supposer simplement originaire de *Cresane*, village de la Nièvre. La Quintinye, *Instruct. pour les jardins fruitiers*, éd. de 1739, la nomme simplement *cresane. Crassane* est moderne et vient de la fausse étymologie. Ces renseignements sont tirés de Leroy, *Dict. de pomologie*, au mot CRESANE.

† **CRASSAT** (kra-sa), *s. m.* Nom donné, sur les bords du bassin d'Arcachon, à de vastes mamelons couverts de végétations sous-marines et découvrant à marée basse, dans lesquels on élève les huîtres. Organisés sur des points où il existait déjà des huîtres, mais en très-petit nombre, comme à Crostorbe et Grand-Cès, ou sur des crassats entièrement ruinés, comme à Lahillon, les parcs impériaux ont commencé à produire en 1862, *Journ. offic.* 12 mai 1869, p. 700, 5° col. Les parcs d'Arcachon sont établis sur des territoires émergents appelés crassats, qui découvrent à chaque marée; une herbe fine recouvre ces crassats et leur donne l'aspect de prairies maritimes, *ib.* 19 av. 1875, p. 2823, 2° col.

CRASSE. || 1° *Ajoutez :* || Fig. C'est ainsi que les anciens ont quelquefois donné au Fils de Dieu et au Saint-Esprit le nom de ministre du Père, et non pas pour leur attribuer une opération inégale; car cela est de la crasse du langage humain, BOSS. 6° *avert.* 37.

† **CRASSIER** (kra-sié), *s. m.* Lieu, dans une usine métallurgique, où l'on dépose les déchets du minerai.

† **CRASSITUDE** (kra-ssi-tu-d'), *s. f.* Latinisme. Épaisseur. La crassitude des paupières, MALH. *Lexique*, éd. L. Lalanne.

— ÉTYM. Lat. *crassitudinem*, épaisseur.

† **CRATTE** (kra-t'), *s. f.* Nom, dans le pays romand, d'une corbeille qui sert de cueilloir.

— ÉTYM. Lat. *crates*, claie.

CRAVACHE. *Ajoutez :* || Terme de turf. Être à la cravache, être à distance de cravache. Au dernier tournant, *Gladius* et *Revigny* apparaissaient de front; au puits, *Gladius* était à la cravache, *Journ. offic.* 30 mai 1872, p. 3564, 1re col.

CRAVAN. *Ajoutez :* — ÉTYM. Ital. *cravana*. Origine inconnue.

† **CRAVATER.** *Ajoutez :* || Absolument. Servir de cravate. Rien de tel pour bien cravater qu'un tissu de foulard souple et léger, *Style de prospectus*, décembre 1875.

† **CRAYÈRE** (krè-iè-r'), *s. f.* Nom, en Champagne, des lieux où l'on exploite la craie, *les Primes d'honneur*, Paris, 1869, p. 235.

CRAYON. *Ajoutez :* — REM. J. J. Rousseau, *Confess.* VIII, a dit : « Je lui lus la prosopopée de Fabius écrite en crayon sous un chêne. » On dit plutôt aujourd'hui : au crayon.

† **CRÉATIF, IVE** (kré-a-tif, ti-v'), *adj.* Qui a la vertu de créer. Si les chemins de fer étaient, comme on l'a dit si souvent, doués d'une force impérieusement créative de trafic, P. BOITEAU, *Journ. des Débats*, 19 janv. 1877, 1re page, 5° col.

— ÉTYM. Lat. *creare*, créer.

† **CRÉBILLONNAGE** (kré-bi-llo-na-j', *ll* mouillées), *s. m.* Manière de composer et d'écrire de Crébillon fils. Monsieur [le comte de Provence] n'a jamais rien écrit qui vaille cette lettre; et je vais la faire copier pour vous donner une idée de la manière de ces dames et de ce que nous appelions le crébillonage amarivaudé, DECOURCHAMP, *Souvenirs de la marquise de Créquy*, III, 3.

† **CRÉDIRENTIER** (kré-di-ran-tié), *s. m.* Celui qui a des rentes à son crédit

CRÉDITEUR. *Ajoutez :* || Il se dit aussi au féminin. Le vieux Mahomed-Zebdi est envoyé par son souverain [l'empereur de Maroc] pour édifier l'Angleterre créditrice [qui a prêté de l'argent à l'empereur], et la France, en passant, sur cette question [la créance de l'Espagne sur le Maroc], *l'Opinion nationale*, 24 juin 1876, 1re p. 4e col.

— ÉTYM. *Ajoutez : Créditeur* au sens de créancier n'est pas seulement dans Montaigne; on le trouve aussi dans Malherbe : Le ventre ne veut point de remontrance; et pourtant ce n'est point un fâcheux créditeur, nous le renvoyons pour peu de chose, *Lexique*, éd. L. Lalanne.

CREDO. *Ajoutez :* — REM. Le Dictionnaire de l'Académie met un grand C à Credo, au sens de Symbole des apôtres. Mais, quand credo est pris figurément, il faut un petit c, par exemple : Il prend son credo dans son journal.

CRÉDULE. — REM. On dit crédule à, pour crédule en. Ah! quand j'avais vingt ans, crédule à mon génie, V. HUGO, *Ruy Blas*, 1er acte.

CRÉDULITÉ. *Ajoutez :* || Terme juridique. Serment de crédulité, serment qu'on défère en justice à une personne sur le point de savoir si elle a eu connaissance ou non des faits imputés à son auteur. Si le serment dit de crédulité peut être déféré dans des hypothèses autres que celles prévues par l'article 2275 du Code civil.... *Gaz. des Trib.* 7 août 1875, 1re p. 2e col.

— HIST. *Ajoutez :* || XVIe s. Le comte de Savoye, qui pour la confidence et trop grande credulité qu'il avoit de sa force, se promettoit que ses ennemis ne l'oseroient venir voir en barbe, PARADIN, *Chron. de Savoye*, p. 269.

† **CRÉMAGE** (kré-ma-j'), *s. m.* Terme de filature et de tissage. Opération par laquelle on opère le blanchiment des fils et des tissus. Pour les toiles destinées au mi-blanc, au trois-quarts blanc et au beau blanc, il y a plusieurs systèmes de crémage des fils; des blanchisseurs font des lessives à grande vapeur, à air libre ou par pression, titrant de 2 à 3e représentant en sel de soude 7 à 10 p. 100 du poids du fil; d'autres font les lessives par coulage, système des lessives de ménage, *Enquête, Traité de comm. avec l'Anglet.* t. v, p. 260.

CRÈME. *Ajoutez :* || 7° Crème de tête, nom donné, dans la Gironde, aux vins de première qualité qu'on obtient à Yquem, *les Primes d'honneur*, Paris, 1870, p. 427.

† **CRÉMÉ, ÉE** (kré-mé, mée), *adj.* Terme de filature et de tissage. Soumis à l'opération du crémage. Tissus de lin et de chanvre écrus ou teints, crémés ou à fils de couleur, entièrement blanchis ou imprimés, *Journ. offic.* 7 fév. 1872, p. 928, 2e col. Fils de lin et de chanvre retors, écrus ou teints, crémés ou blanchis, entièrement blanchis, *ib.* Fils de lin et de chanvre : simples écrus, crémés, lessivés ou teints, entièrement blanchis, *ib.* 25 juillet 1872, p. 5077, 3e col.

† **CRÉMIER.** *Ajoutez :* || Crémier-glacier, celui qui tient une crèmerie et une glacerie réunies.

† **CRÉMIÈRE** (kré-miè-r'), *s. f.* Nom, dans le Calvados et dans la Bretagne, de pots en grès où l'on dépose la crème enlevée à l'aide de l'écrémoir, *les Primes d'honneur*, Paris, 1870, p. 53.

† 2. **CRÉMONE** (kré-mo-n'), *s. f.* Sorte d'espagnolette. Crémones perfectionnées et espagnolettes à poignées verticales, *Alm. Didot-Bottin*, 1871-72, p. 868, 2e col. Crémone espagnolette, réunissant à la facilité de pose de la crémone la solidité de l'ancienne espagnolette.... crémones à bouton à double mouvement et à crochet de rappel, pour croisées, persiennes, portes.... crémones montées en gâches et demi-gâches de répétition; toutes espèces de crémones, à clef, à serrures, pour portes cochères, grilles, portes bâtardes, *ib.* 3e col.

† **CRÉNAU** (kré-nô), *s. m.* Nom, en Dauphiné, d'une cage à poulets ronde et bombée.

CRÉNELAGE. *Ajoutez :* || 2° Ensemble des créneaux d'une fortification. L'édifice est flanqué de contre-forts couronnés de mâchicoulis et d'un crénelage continu, ÉD. DE BARTHÉLEMY, *Journ. offic.* 25 fév. 1876, p. 1391, 1re col.

CRÉOLE. — ÉTYM. *Ajoutez :* Les enfants des Espagnols qui sont nés aux Indes sont appelés *criollo* ou *criolla*; les nègres donnaient ce nom aux enfants qui leur étaient nés aux Indes, pour les distinguer de ceux qui étaient nés dans la Guinée, leur patrie.... les Espagnols ont emprunté d'eux ce nom, GARCILASO DE LA VEGA, *Hist. des Yncas*, t. II, p. 460, trad. française par J. Baudoin, 2 vol. in-12, Amsterdam, 1704

† **CRÉOSOTER** (kré-o-zo-té), *v. a.* Combiner avec la créosote. La solution de sucre de canne, bouillie pendant quelques minutes, était créosotée bouillante, J. BÉCHAMP, *Acad. des sc. Comptes rend.* t. LXXXI, p. 228.

† **CRÊPELAGE** (krê-pe-la-j'), *s. m.* Action du moissonneur qui coupe les tiges de blé avec la faucille dite volant, les soutient presque verticalement avec le bras gauche, les dépose sur le sol quand elles ont atteint la grosseur d'une petite gerbe, et les y étend.

† **CRÊPELEUR** (kré-pe-leur), *s. m.* Moissonneur qui fait le crêpelage.

† **CRÊPELINE** (krê-pe-li-n'), *s. f.* Nom d'une étoffe légère pour la toilette des dames. Chapeau garni en crêpeline.

— ÉTYM. Dimin. de *crêpe*.

† **CRÊPEUR** (krê-peur), *s. m.* Crêpeur d'étoffes, celui qui, après le tissage, crêpe les étoffes pour en faire ressortir le duvet, *Tarif des patentes*, 1858.

† **CRÉPIDE** (kré-pi-d'), *s. f.* Plante de jardin; famille des composées. On sème encore un certain nombre de plantes bisannuelles, par exemple la crépide rose ou blanche, *Journ. offic.* 2 oct. 1875, p. 8460, 3e col.

— REM. On dit aussi crépis, *s. m.* : le crépis rose et blanc, *Journ. offic. ib.*

— ÉTYM. Lat. *crepis*, sorte de chaussure, allusion à la forme de l'achaine.

CRÉPINE. *Ajoutez :* || 3° Pièce sphérique ordinairement de cuivre et percée de trous, qu'on adapte à l'extrémité d'un tuyau de pompe ou de conduite en fonte, et qui est baignée dans le cabinet d'eau ou dans le puits.

† **CRÉPINÉ, ÉE** (kré-pi-né, ée), *adj.* Garni de crépines. Les draperies rouges crépinées d'or fin..., E. GAUTIER, *Journ. offic.* 17 févr. 1875, p. 1278, 1re col.

† **CRÉPITEMENT** (kré-pi-te-man), *s. m.* Action de crépiter, de produire une crépitation. Au milieu de tout ce bruit, de cette fusillade incessante, des crépitements des feux de peloton et des roulements du canon, *le Temps*, 20 sept. 1876, 2e page, 6e col.

† **CRESSICULTEUR** (krè-si-kul-teur), *s. m.* Celui qui cultive le cresson, qui entretient des cressonnières, *le National* de 1869, 27 mai 1869.

— ÉTYM. *Cresse*, nom du cresson alénois, et *cultiver*

CRÊTE. || 8° *Ajoutez :* Crête intérieure, la ligne la plus élevée d'un épaulement, celle derrière laquelle se placent les défenseurs pour faire feu; c'est l'intersection du talus intérieur et de la plongée. || Crête extérieure, intersection de la plongée et du talus extérieur. || 15° Crête de coq, sorte de papillon, appelé le chameau par Lucas, *bombyx camelina*.

CRÊTÉ. *Ajoutez :* || Fig. Qui est comme un coq dont la crête est dressée. Elle arriva toute crêtée, crispée, voulut repartir; et moi, voyant cela, je la laissai faire, *Lettre du marquis de Mirabeau à la comtesse de Rochefort*, dans *la Comtesse de Rochefort et ses amis*, par L. DE LOMÉNIE, 1870.

— HIST. *Ajoutez :* || XIIe s. Cil dist que il avoit veü Hui matin un serpent crestu, *Perceval le Gallois*, v. 24 165.

† **CRÉTIFICATION** (kré-ti-fi-ka-sion), *s. f.* Passage d'un corps à l'état crayeux. || Terme de médecine. Formation de concrétions de carbonate de chaux dans l'épaisseur de quelque tissu.

— ÉTYM. Lat. *creta*, craie, et *facere*, faire.

CRÉTIN. — ÉTYM. *Ajoutez :* M. Sclafer m'écrit que, dans le patois de la Gironde, *crétin* se dit *crestin*, au féminin *crestine*. Si le mot est ancien dans ce patois, l'*s* serait fort à considérer; car elle donnerait raison à Génin, qui tire *crétin* de *christianus*, innocent.

† **CRÉTINE** (kré-ti-n'), *s. f.* || 1° Anciennement, alluvion, accroissement formé peu à peu. || 2° Se dit, à Caen et aux environs, pour crue d'eau.

— HIST. XIVe s. Et se cretine d'yaue y venoit en cas perillous, DU CANGE, *cretina*. En celle année fu si grant crestines en Bourgoigne que les yaues des flueves issirent hors des chanes, ID. *ib.*

— ÉTYM. Lat. *cretum*, supin de *crescere*, croître.

† 2. **CREUSEMENT** (kreû-ze-man), *adv.* Néologisme. D'une façon creuse, en chimères. Je m'en irais au glacier du Rhône.... je rêverais creusement la liberté germanique, CHATEAUBR. *Mém. d'outre-tombe* (éd. de Bruxelles), t. v, *Billet de Mme la duch. de Berry, Lettre à Béranger*, etc.

— ÉTYM. *Creuse*, et le suffixe *ment*.

1. **CREUX.** *Ajoutez :* || 8° Creux s'est dit d'une imperfection dans le tissage des draps. ... Ni aussi mêler ensemble les laines de différentes qualités, attendu que, les unes foulant moins que les autres, tel mélange rend le drap creux et imparfait en sa fabrique, *Règlement sur les manufactures*, art. 41, août 1669. ... Ce qui rend la marchandise creuse et ouverte, *Procès verbal de police d'Amiens*, 16 janvier 1671.

2. **CREUX.** *Ajoutez :* || 7° Terme de céramique. Se dit des pièces creuses, par opposition à platerie. La marchandise creuse, qui n'est ni plats ni assiettes, le creux enfin, c'est le terme technique, se vend à la douzaine, *Enquête, Traité de comm. avec l'Anglet.* t. VI, p. 650. Assiettes imprimées, moyen creux,... grand creux,... *ib.* p. 687. Quant aux catégories ou classifications à établir, vous divisez en creux et en plat?... il y aurait peut-être une distinction à faire entre les petits et les grands creux, *ib.* p. 690. || 8° Creux de route, perte qu'éprouvent les liquides durant le transport. Il y a des liquides qui s'évaporent en voyageant : on doit alors tenir compte du déchet qui, dans les usages du commerce, s'appelle creux de route, *Gaz. des Trib.* 7 févr. 1873, p. 127, 2e col. Il a été constaté un manquant de 238 litres, déduction faite du creux de route, *ib.* 25-26 mai 1874, p. 500, 1re col. || 9° Fig. Le fonds d'où l'on tire quelque chose. Sortons de cette matière, qui elle-même est trop solide, et mêlons-y un peu de notre creux, RAC. *Lexique*, éd. P. Mesnard.

† **CREVAILLE.** — HIST. XVIe s. Estimant qu'en iceluy pays festin on nommast crevailles, RAB. V, 17.

CREVASSE. *Ajoutez :* || Terme d'artillerie. Dégradation des bouches à feu en bronze, résultant de l'arrachement d'une partie du métal, en arrière de l'emplacement du projectile.

CREVÉ. *Ajoutez :* || 6° Dans le langage du jour, les petits crevés, les jeunes gens livrés à toutes les futilités de la mode. On plaisante sur la génération issue de 1852; un mot cruel, sorti des colonnes du *Constitutionnel*, a qualifié cette jeunesse de petits crevés! CH. GONET, dans *la Liberté* du 10 juin 1867.

† **CREVÉE** (kre-vée), *s. f.* Dans le parler genevois, troupe nombreuse, rassemblement d'oiseaux, de bêtes qu'on chasse et qu'on peut tuer.

CREVETTE. *Ajoutez :* — REM. Dans l'exemple suivant, on distingue la crevette de la chevrette : Les crustacés comprennent le homard, la langouste, le crabe, la crevette, la chevrette ou salicoque, l'écrevisse, A. HUSSON, *les Consommations de Paris*, p. 254. La crevette représente sans doute ici le bouquet. Mais ce dédoublement n'est pas heureux. Il y a deux espèces de salicoques : la petite ou grise dite crevette ou chevrette, et la grosse dite bouquet.

† **CREVETTIÈRE** (kre-vè-tiè-r'), *s. f.* Filet qui sert à prendre les crevettes, dit ailleurs haveneau.

CRIARD. || 1° *Ajoutez :* || *S. m.* Un criard, un homme qui crie beaucoup. || Fig. Sans se soucier des criards de la presse, J. VINET, *l'Opinion nationale*, 1er déc. 1868.

CRIBLE. || Crible d'Ératosthène, nom donné à une méthode arithmétique par laquelle on parvient à exclure tous les nombres divisibles respectivement par 2, 3, 5, 7, 11, etc. de sorte qu'il ne reste que les nombres premiers.

CRIBLER. — HIST. XVIe s. *Ajoutez :* Et le Seigneur dist à Simon : Simon, voicy Satan a demandé de vous cribler comme le forment, *Luc*, XXII, 31, *Nouv. Testam.* éd. Lefebvre d'Étaples, Paris, 1525.

1. **CRIC.** *Ajoutez :* || Arbalète à cric, voy. ARBALÈTE.

† **CRICKET** (kri-kèt'), *s. m.* Nom du jeu national de l'Angleterre moderne; il a de la ressemblance avec notre ancien jeu du mail. Le jeu de cricket qui excite un si grand enthousiasme, non-seulement chez les gens de la campagne, mais aussi chez ceux de la ville, *la Vie de village en Angleterre*, par l'auteur de la *Vie de Channing*, 3e éd. Paris, 1863.

CRIERIE. *Ajoutez :* || 2° Les Crieries de Paris (pièce de vers du XIIIe siècle), par G. de la Villeneuve, dans les *Fabliaux* de Barbazan, t. II, p. 276.

CRIME. — HIST. *Ajoutez :* XIIe s. De tanz crimnes [un archevêque] fu acusez E de tanz lais vizes provez Que la croce ne pout tenir, BENOIT, *Chronique des ducs de Normandie*, v. 35 109, t. III, p. 116. || XIIIe s. Cis rois Clotaires fu douzimes, Et moult haï, felons et crismes, PH. MOUSKES, *Chronique*, v. 1564.

† **CRIMÉENNE** (kri-mé-è-n'), *s. f.* Capote grossière qui est pourvue d'un long collet et couvre

les épaules. S'il fait froid ou s'il pleut, il [l'employé d'octroi] revêt une sorte de longue capote en très-mauvais drap que l'on nomme une criméenne, MAXIME DU CAMP, *Rev. des Deux-Mondes*, 1er févr. 1874, p. 524.

— ÉTYM. Cette capote est ainsi nommée depuis la guerre de *Crimée*.

† **CRIMINATION** (kri-mi-na-sion), *s. f.* Néologisme et latinisme. Inculpation, attaque. Dans ce dévergondage de colères, réelles ou factices, d'invectives, de calomnies, de criminations et de récriminations, on ne sait plus qui croire ni que croire, *Rev. Britann.* 8 oct. 1872, p. 485.

— ÉTYM. Lat. *criminationem*, accusation, calomnie, de *crimen*, crime (voy. ce mot). *Crimination* n'a rien de barbare ; il est fait comme *incrimination* et *récrimination*.

CRINCRIN. *Ajoutez :* — REM. *Crincrin* n'est dans aucune des anciennes éditions du Dictionnaire de l'Académie ; il n'y apparaît que dans celle de 1835. Le *Journal de Genève* du 22 mars 1876, 3e page, 5e col., reproche à Génin et à moi d'avoir donné le sens de mauvais violon aux *crincrins* de Molière dans les *Fâcheux* ; il y voit l'instrument d'écoliers dit grenouille (voy. ce mot au Supplément), formé d'une coquille de noix, d'un morceau de parchemin et d'un crin de cheval, le tout tournant au bout d'un petit bâton et imitant le croassement de la grenouille. Que *crincrin* signifie présentement et d'après le Dictionnaire de l'Académie mauvais violon, cela est incontestable ; qu'il l'ait signifié pour Molière, cela reste objet de contestation. La question n'est pas tranchée, puisque les anciennes éditions du Dictionnaire de l'Académie n'ont pas admis ce mot ; il faudrait maintenant la trouvaille de quelque texte du XVIIe siècle qui nous le précisât. En tout cas, contre l'interprétation du *Journal de Genève*, il faut observer qu'on ne peut guère danser (et il s'agit d'une danse dans Molière) avec ces grenouilles qui n'ont aucune cadence.

CRINIÈRE. *Ajoutez :* || 6° Terme rural. Crinière ou berge, portion laissée en friche et située au delà de la raie qui termine un champ et à laquelle aboutissent les sillons.

† **CRINMINCHON** (krin-min-chon), *s. m.* Nom, en Normandie, de la prune sauvage.

† **CRINMINCHONNIER** (krin-min-cho-nié), *s. m.* Nom, en Normandie, du prunier sauvage, DELBOULLE, *Gloss. de la vallée d'Yères*, 1876, p. 93.

† **CRIOPHORE** (kri-o-fo-r'), *adj.* Terme d'antiquité. Qui porte un bélier. Un hermès criophore, *Rev. Brit.* oct. 1876.

— ÉTYM. Κριοφόρος, de κριός, bélier, et φέρειν, porter.

† **CRIOT** (kri-o), *s. m.* Nom, dans l'Yonne, des terrains des coteaux, *les Primes d'honneur*, Paris, 1873, p. 316. || On dit aussi creat.

CRIQUE. *Ajoutez :* || 3° Terme de métallurgie. Fissure qui survient dans le fer ou l'acier. Pour le forger [le fer] convenablement et sans criques, il faut lui donner une première chaude suante, *Journ. offic.* 14 juin 1870, p. 1002, 6e col. La trempe sèche [de l'acier], comme on la pratique ordinairement, c'est-à-dire la trempe du métal rouge dans l'eau froide, a l'inconvénient grave de développer fréquemment des fentes et des criques nuisibles à la résistance de la matière, H. CARON, *Acad. des sc. Comptes rend.* t. LXXVII, p. 836.

† **CRIQÛRE** (kri-kû-r'), *s. f.* Terme de métallurgie. Synonyme de crique ou fissure dans le fer ou l'acier. Les tôles ne doivent présenter aucune trace de rupture ni de criqûre, *Rev. maritime et commerc.* mai 1873, p. 675.

† **CRISPIN.** *Ajoutez :* || 2° Gant à Crispin, sorte de gant. Deux mots en hâte pour vous demander si vous ne pourriez pas me procurer un gant d'escrime ayant servi à M. F.... il faudrait que ce fût un gant à grand Crispin, *Gaz. des Trib.* 4 août 1876, p. 760, 2e col.

† **CRISS.** *Ajoutez :* — ÉTYM. Malais, *kris* ou *kris* (il se porte à un ceinturon nommé *tâli kris*, cordon du criss), DEVIC, *Dict. étym.*

† **CRISTALLINITÉ** (kri-stal-li-ni-té), *s. f.* Qualité qui fait un cristal. Les éléments qui, autour du carbone et du silicium, jouent les rôles dominants dans les phénomènes fondamentaux de la cristallinité et de la vitrosité, CHANCOURTOIS, *Acad. des sc. Comptes rendus*, t. LVI, p. 255.

† **CRISTALLISOIR.** *Ajoutez :* || 2° Bassins dans lesquels les eaux saturées laissent déposer le sel, *Enquête sur les sels*, 1868, t. I, p. 509.

† **CRISTALLOGRAPHIQUEMENT** (kri-stal-lo-gra-fi-ke-man), *adv.* Suivant les lois de la cristallographie. Un groupe de minéraux déterminé atomiquement et cristallographiquement, CH. STE-CLAIRE DEVILLE, *Acad. des sc. Comptes rend.* t. LXXXII, p. 709.

CRITERIUM. *Ajoutez :* || 2° Terme de turf. Course réservée aux poulains et aux pouliches de deux ans, afin de se procurer quelques indices sur leur valeur future.

† **CRITIQUEMENT** (kri-ti-ke-man), *adv.* D'une façon critique. Si la science des antiquités chinoises est faite et critiquement établie, il en sera de ces produits commerciaux comme des fausses stèles et des faux papyrus qui viennent échouer contre les saines notions d'égyptologie, DE LONGPÉRIER, *Journ. offic.* 22 sept. 1874, p. 6655, 2e col.

† **CROBYLE** (kro-bi-l'), *s. m.* Terme d'antiquité grecque. Dans une statue, nœud central de la chevelure. Ce qui ajoute encore à l'impression, ce sont les cheveux, rassemblés au-dessus du front, où ils forment une très-forte saillie ; le crobyle ou nœud central de la chevelure est bien plus haut et se projette plus en avant que dans l'Apollon du Belvédère, G. PERROT, *Rev. des Deux-Mondes*, 15 déc. 1875, p. 901.

— ÉTYM. Κρωϐύλος.

† **CROCHE.** *Ajoutez :* || 2° *S. f.* En Normandie, espèce de perche ou grappin de bois qui sert à maintenir les claies d'un parc à bestiaux, DELBOULLE, *Gloss. de la vallée d'Yères*, 1876, p. 94.

† 1. **CROCHER.** *Ajoutez :* || 3° *V. réfl.* Se crocher, devenir crochu.

† **CROCHON** (cro-chon), *s. m.* Terme d'exploitation houillère. Retour d'une couche de charbon, qui revient sur elle-même. Il y a les crochons de tête et les crochons de pied.

— ÉTYM. Dérivé de *croc*.

† **CROCINE.** — ÉTYM. *Ajoutez :* grec, χρόκος, qui a probablement la même origine que *curcuma* ; arabe, *courcoum* ; sanscr. *kunkuma*, safran.

CROCODILE. *Ajoutez :* — REM. Gesner, dans son *Histoire des animaux*, t. II, p. 16, Francfort, 1617, in-folio, dit que, selon quelques auteurs, le crocodile, quand il voit de loin un homme, se met à pleurer (pour l'attirer sans doute), puis bientôt après le dévore. C'est ce conte qui a donné lieu à l'expression : *larmes de crocodile*. Ce conte se trouve dans un livre du XIVe siècle : Ces animaux féroces sont pourvus d'une sensibilité exquise, à ce point que souventes fois les ai moi mesme ouys geignants ou se lamentants es rozeaux, poussants des sanglots qui semblent mugissement de bœufs, et versants, ainsi qu'il m'a esté assuré, larmes qui jaillissent du pertuis de leurs yeux, comme de pommes d'arrosoirs, *Livre des merveilles* (Mandeville), cité dans le *Courrier de Vaugelas*, 15 nov. 1874.

† **CROIE.** *Ajoutez :* — ÉTYM. *Craie*, dont une des formes parallèles est *croie*. Voy. d'ailleurs CRAIE, au n° 3, en termes de fauconnerie.

CROIRE. — REM. || 6. Racine a dit : Vous croyez qu'un amant vienne vous insulter, *Andr.* II, 1. Laharpe trouve là une faute évidente qu'il faut corriger en lisant : croyez-vous ? On ne peut être de l'avis de Laharpe ; les exemples cités à la Remarque 1 rendent sa correction tout à fait inutile. || 7. Croyez-moi que, reconnaissez avec moi. Croyez-moi qu'Alcidon n'en sait guère en amour, CORN. *Veuve*, III, 4. Si tes feux en son cœur produisaient même effet, Crois-moi que ton bonheur serait bientôt parfait, ID. *Mélite*, I, 2. Cela [à propos de paroles flatteuses du roi sur les Grignan] fut charmant, et l'on doit être comblé ; mais croyez-moi que les temps changent, SÉV. 28 févr. 1680. || 8. Je l'ai cru s'éteindre, a été dit pour : J'ai cru qu'il s'éteignait. Hélas ! qu'il était grand quand je l'ai cru s'éteindre, Votre amour, et qu'à tort ma flamme osait s'en plaindre ! CORN. *Androm. Lexique*, éd. Marty-Laveaux.

— ÉTYM. *Ajoutez :* M. Darmesteter, *Mém. de la Soc. de linguistique*, t. III, p. 52, a décomposé le verbe *credo*, en *do*, je donne, et *çrad*, cœur (le même que *kard*, voy. CŒUR) : je donne mon cœur, ma foi ; sanscr. *çraddadhâmi*.

1. **CROISÉ.** *Ajoutez :* || 12° *S. m.* Un croisé, un entrelacement en croix de ficelle, de corde. Les boîtes [chargées] doivent être présentées closes d'avance. ... elles doivent être entourées d'un croisé de ficelle solide, scellé sur les quatre faces latérales.... *Avis au public*, dans *Journ. offic.* 27 déc. 1875, p. 10794, 3e col.

† **CROISETÉ.** *Ajoutez :* — HIST. XVe s. Une piece de ruban croisetée d'or et de soie, *Bibl. des ch.* 1874, XXXV, p. 549.

CROISILLON. *Ajoutez :* || 5° Sorte de garde d'une ancienne épée.

CROISURE. *Ajoutez :* — REM. La croisure dans le tissage, se dit d'autre chose que de la serge. La croisure, dans les mérinos, est la manière habituelle de les classer, et les prix varient par chaque croisure [appréciée au 1/4 de pouce ou au centimètre], à conditions égales de bonne fabrication, *Enquête, Traité de comm. avec l'Anglet.* t. III, p. 421. Dans les mousselines [de laine] la façon augmente d'un centime par chaque duite de plus, et dans les mérinos, de cinq centimes par croisure, *ib.* p. 609.

CROIX. || 13° *Ajoutez :* || La Croix ou le Cygne, constellation de l'hémisphère boréal. || 19° Barre de fer transversale, portée par la douille de l'ancien épieu ; elle lui est réunie par une chaînette.

† **CROMLECH** (kro-mlèk'), *s. m.* Le même que cromlek (voy. ce mot au Dictionnaire).

† **CROMWELLISME** (kro-mouè-li-sm'), *s. m.* Manière d'agir de Cromwell. Attenter sur la personne du prince et tremper ses mains dans son sang ; ce qui est si abominable, que nos adversaires n'ont encore osé l'approuver, puisqu'ils font encore semblant de détester Cromwell et le cromwellisme, BOSS. *Déf. Hist. variat.* 5.

† **CRONQUELET** (kron-ke-lè), *s. m.* Monticule élévation, en patois bas-picard ; cime d'un arbre, en Normandie.

— ÉTYM. Origine inconnue. Le normand a *décronquer*, jeter en bas, *encronquer*, monter dessus, DELBOULLE, *Gloss. de la vallée d'Yères*, p. 94.

† **CROQUAILLON** (kros-kâ-llon, *ll* mouillées), *s. m.* Croquis informe. Le témoin [L...., éditeur statuaire] : C'est dans la conversation, en quelque sorte, et d'après les renseignements des tiers, que j'ai exécuté ce croquis ou plutôt ce croquaillon, *Gaz. des Trib.* 12 juill. 1876, p. 680, 3e col.

† **CROQUANTERIE** (kro-kan-te-rie), *s. f.* Boutique où l'on vend des pâtisseries croquantes.

† **CROQUE-MITAINE.** — ÉTYM. *Ajoutez :* Notre *croque-mitaine* se dit en languedocien *croquetaco*, *crocotaco*. Un correspondant du *Courrier de Vaugelas*, 15 juin 1876, p. 9, lui apprend que *crocotaco* est usité dans le Tarn, et qu'un philologue du pays, M. Paul Barbe, décompose ce mot en deux mots gascons : *croco*, diable, et *taquan*, traître, comme qui dirait le diable traître.

† 2. **CROQUET** (kro-kè), *s. m.* Jeu anglais qui se joue avec un marteau, des boules et de petites arcades que l'on plante sur le terrain ; il a de l'analogie avec notre ancien jeu de mail.

— ÉTYM. Angl. *croquet* (to play at *croquet* with the Andersons in the teagardens, *the Trial*, t. II, p. 117, éd. Tauchnitz), du normand *croquet*, crochet (voy. CROCHET).

CROQUIS. || 1° *Ajoutez :* Indication abrégée qui, bien qu'incomplète, résume en quelques traits caractéristiques la forme des objets que l'on veut représenter. Un croquis, à cause de sa nature et de sa destination, ne peut jamais s'achever davantage.

† **CROSKILLAGE** (kro-ski-lla-j', *ll* mouillées), *s. m.* Roulage opéré à l'aide du rouleau Croskill ; il raffermit le sol, *les Primes d'honneur*, p. 77, Paris, 1874.

CROSSE. *Ajoutez :* || 8° Synonyme de marcote. Le sieur G...., demeurant à Thonon, était occupé à planter une crosse dans un champ qu'il possède au clos des Tissotes, *Journ. offic.* 26 nov. 1875, p. 9690, 1re col. || 9° La partie de l'affût d'un canon qui repose à terre.

† **CROT** (kro), *s. m.* Récipient dans lequel on recueille la résine au pied des arbres (Landes). La résine a été ramassée de temps immémorial dans un récipient formé au pied de l'arbre avec des copeaux ; ce récipient, nommé crot, ne devient étanche qu'après avoir absorbé une première récolte.... remplacer le crot par un petit pot de terre qui se suspend à l'arbre par un clou.... malgré l'évidence, la routine résiste encore, et la cueillette au crot se continue dans près de la moitié des forêts landaises, *Enquête sur les incend. des Landes*, p. 405.

CROTTE. *Ajoutez :* || 4° Crotte du diable, nom vulgaire des nodules de phosphate de chaux, lequel est un bon engrais, *les Primes d'honneur*, p. 169, Paris, 1874.

† **CROUILLET** (krou-llè, *ll* mouillées), *s. m.* Nom du verrou, en patois de la Sarthe. Dans le hangar, M. D.... a poussé le crouillet du milieu de la porte, *Gaz. des Trib.* 7 sept. 1873, p. 871, 4e col.

CROULER. *Ajoutez :* || 4° Se crouler, s'écrouler (inusité). Les choses qui ne sont pas achevées ne sont jamais fermes : tantôt elles s'entr'ouvrent, tantôt elles penchent, tantôt elles se croulent, MALH. *Lexique*, éd. L. Lalanne. || C'est de la même manière que Corneille a dit : Quand nous verrions partout les roches ébranlées, Et jusqu'au fond des mers les montagnes croulées, Nous n'aurions point lieu de trembler, *Lexique*, éd. Marty-Laveaux.

CROUPE. || 4° *Ajoutez* : || Terme de charpente. Partie du comble d'un bâtiment, qui a une forme triangulaire ; la croupe est droite si le mur qui lui correspond est perpendiculaire aux deux murs adjacents ; elle est dite croupe biaise dans le cas contraire. || Demi-croupe, la partie formant le retour d'un toit en appentis. || 5° *Ajoutez en exemple* : Il y a des grâces auxquelles on a cru pouvoir se prêter plus aisément, parce qu'elles ne portent pas immédiatement sur le trésor royal ; de ce genre sont les intérêts, les croupes, les priviléges ; elles sont de toutes les plus dangereuses et les plus abusives, *Lettre de Turgot au roi*, dans *Rev. des Deux-Mondes*, 15 sept. 1874, p. 287. || Pot de vin que donnaient les fermiers généraux au renouvellement de leur bail.

CROUPIÈRE. — HIST. *Ajoutez* : XII° s. Ces tros de lance et ces testieres Et ces armes et ces crupieres, *Perceval le Gallois*, v. 6501.

CROÛTE. *Ajoutez* : || 11° Terme de porcelainier. L'assiette ébauchée par l'ouvrier qui a travaillé sur le tour une masse de pâte. Une machine à faire les croûtes ; une machine à cintrer ; une machine à mouler et calibrer.... l'opération du façonnage de la croûte se fait d'une manière constante, *Journ. offic.* 31 mai 1876, p. 3733, 1re col. || Moulage à la croûte. Le moulage à la croûte s'exécute en appliquant la pâte contre le moule, sous la forme d'une feuille plus ou moins épaisse, et en l'y comprimant avec une éponge, de manière à lui faire épouser toutes les cavités et saillies de ce moule, P. POIRÉ, *Notions de chimie*, p. 192, Paris, 1869.

† **CROWN** (krôn'), *s. m.* Se dit quelquefois, par abréviation, au lieu de crown-glass (voy. ce mot au Dictionnaire). L'Observatoire de Paris possède depuis 1855 un disque de flint et un disque de crown, dont les dimensions sont suffisantes pour faire un objectif de 75 centimètres (près de 30 pouces) de diamètre, R. RADAU, *Rev. des Deux-Mondes*, 15 sept. 1875, p. 458.

CRUCHE. — HIST. *Ajoutez* : XIV° s. Guillaume le potier.... pour un millier de cruches (1322), VARIN, *Archives administr. de la ville de Reims*, t. II, 1re partie, p. 301.

CRUCIFIX. *Ajoutez* : || Fig. A l'ombre d'un crucifix, dans l'état ecclésiastique. Attraper pensions et bénéfices pour vivre à l'ombre d'un crucifix, sans rien faire, GUI PATIN, *Lett.* t. II. p. 194.

CRUE. *Ajoutez* : || 4° Levée de troupes (inusité). Quintius fut continué au gouvernement de la Grèce avec deux légions ; s'il avait besoin de quelque crue, les consuls eurent commandement de la faire et de la lui envoyer, MALH. *Lexique*, éd. L. Lalanne.

CRYPTE. || *Ajoutez* : || 1° Terme d'antiquité chrétienne. Nom donné à de petites églises munies d'un arcosolium, et offrant des cubiculums ; elles étaient dans les catacombes.

— REM. Crypte n'était connu que comme terme d'antiquité ; c'est Boerhaave qui en fit, pour Ruysch, un terme d'anatomie.

† **CRYPTOGAMISTE** (kri-pto-ga-mi-st'), *s. m.* Celui qui se livre à l'étude de la cryptogamie.

† **CUBICULUM** (ku-bi-ku-lom'), *s. m.* Terme d'antiquité chrétienne. Nom donné à des chambres sépulcrales dans les catacombes, faisant souvent partie des cryptes.

— ÉTYM. Lat. *cubiculum*, chambre à coucher.

† **CUBITIÈRE** (ku-bi-tiè-r'), *s. f.* Partie de l'armure à plates qui protége le coude ; on la nomme aussi garde-bras.

— ÉTYM. Lat. *cubitus*, coude.

† **CUCENDRON** (ku-san-dron), *s. m.* et *f.* Enfant, personne malpropre. Lorsqu'elle avait fait son ouvrage, elle s'allait mettre en un coin de la cheminée et s'asseoir dans les cendres ; ce qui faisait qu'on l'appelait communément cucendron, PERRAULT, *Cendrillon.*

— ÉTYM. *Cul*, et *cendre.*

† **CUCULLE.** *Ajoutez* : || 2° Nom d'un habit des bernardins ; l'autre était la tunique ; elles se portaient l'une sur l'autre et ne se quittaient ni jour ni nuit. Les religieux sont vêtus, selon la règle, d'une tunique et d'une cuculle qui ont de grands capuces, et sont d'une grosse étoffe blanche ; elles sont fort serrées ; les manches de la cuculle passent peu le bout des doigts, et elles ont à leur extrémité dix pouces seulement de largeur.... la cuculle descend jusqu'aux talons, ou à deux pouces de terre par derrière, et à quatre en devant, *Règle de l'abbaye de Sept-Fonts*, dans STE-BEUVE, *Port-Royal*, t. V, p. 242 3° édit.

† **CUCUMELLE** (ku-ku-mè-l'), *s. f.* Sorte de champignon. Une famille entière composée de sept personnes a été victime, à Préty (Saône-et-Loire), d'un empoisonnement causé par des champignons appartenant à l'espèce dite cucumelle, *le Temps*, 29 sept. 1876, 3° page, 4° col.

† **CUDBEAR** (kud-bér), *s. m.* Nom anglais de l'orseille préparée d'une manière particulière. L'orseille en herbes, soit à l'état humide, soit à l'état de cudbear, c'est-à-dire l'orseille d'herbes colorée, mais desséchée et mise en poudre, *Enquête, Traité de comm. avec l'Anglet.* t. VI, p. 387. Orseille violette ou cudbear, *ib.* p. 462.

— ÉTYM. Altération du nom du docteur *Cuthbert*, breveté pour cette préparation.

† 1. **CUEILLE.** *Ajoutez* : Cette méthode bien simple donne une grande facilité aux enfants et aux femmes pour la cueille des feuilles, *Journ. offic.* 19 oct. 1871, p. 4064, 2° col. Tant que son froment, son seigle, son avoine ne furent pas rentrés et battus, son chanvre broyé, la cueille des fruits faite, Jacques ne put guère penser à autre chose, TH. BENTZON, *Rev. des Deux-Mondes*, 15 juin 1875, p. 856.

† **CUEILLE-FRUITS** (keu-lle-frui, *ll* mouillées), *s. m.* Instrument de jardinage qui sert à cueillir les fruits sans les endommager et sans endommager l'arbre, *Rev. horticole*, 16 nov. 1874, p. 434.

CUEILLETTE. *Ajoutez* : || 5° Cueillette, à Jersey, synonyme de vingtaine (voy. VINGTAINE au Supplément), usité seulement en parlant des vingtaines de la paroisse de Saint-Ouen.

† **CUEILLIR.** *Ajoutez* : — REM. Le futur a été, chez quelques auteurs, cueillirai. Cependant qu'un ami, par tes lâches menées, Cueillira les faveurs qu'elle t'a destinées, CORN. *Place royale*, variantes. Cette forme de futur était préférée par Vaugelas, mais rejetée par Ménage.

† **CUEILLISSAGE.** *Ajoutez* : — REM. On dit aussi : cueillage, *s. m.* et cueille, *s. f.* *Cueillissage* est barbare, il faut adopter *cueillage* ou *cueille.*

† **CUIGNE** (kui-gn'), *s. m.* Sorte de gâteau breton. Avant leur départ, ils avaient préparé un cuigne, sorte de gâteau de ménage, très-goûté dans nos campagnes bretonnes.... *Gaz. des Trib.* 12-13 oct. 1874, p. 980, 4° col. Chemin faisant, la femme B..., qui avait partagé avec L.... le cuigne empoisonné au moyen du sulfate de cuivre, en faisait manger à son mari, *ib.* 24 janv. 1875, p. 78, 4° col.

CUILLER. *Ajoutez* : || 8° Cuiller liturgique, petite cuiller d'or ou d'argent dont les Grecs se servent pour distribuer la communion.

† **CUILLÉRISTE** (ku-llé-ri-st', *ll* mouillées), *s. m.* Ouvrier qui fabrique des cuillers. La même manufacture [Christofle] occupe à l'extérieur 300 cuilléristes, polisseurs, estampeurs, F. CHAULNES, *Journ. offic.* 14 juill. 1873, p. 4700, 1re col.

† **CUINE.** — ÉTYM. *Ajoutez* : M. Devic, *Dict. étym.*, conjecture (la *cuine* devant être de verre pour un agent tel que l'eau-forte) que ce mot représente l'arabe *qanina*, bouteille de verre.

CUIRASSE. *Ajoutez* : || 5° Terme de toilette des dames. Espèce de corsage collant qui descend sur les hanches.

† **CUIRASSEMENT** (ku-ra-se-man), *s. m.* Action de revêtir d'une cuirasse une surface, et particulièrement les vaisseaux de guerre. Le duel entre la cuirasse et le canon paraît sur le point de prendre fin ; la cuirasse est battue et le canon triomphe ; aussi plus que jamais l'opinion est-elle partagée sur le rôle de chaque navire et sur la portée du cuirassement, DE PARVILLE, *Journ. des Débats*, 16 nov. 1876, *feuilleton*, 1re col.

† **CUIRASSINE** (kui-ra-si-n'), *s. f.* Petite cuirasse qui se portait sous le vêtement sans qu'on la vît.

— HIST. XVI° s. La cour est la plus estrange que vous l'ayez jamais veue ; nous sommes presque tousjours prestz à nous couper la gorge les uns aux aultres ; nous portons dagues, jaques de mailles et bien souvent la cuirassine soubz la cape, *Lettres missives de Henri IV, à M. de Miossens*, 1576, t. I, p. 81.

† **CUISAMMENT** (kui-za-man), *adv.* D'une manière cuisante.

— HIST. XIII° s. Tu leur cuiras encor les doiz Si cuisamment, si com je cuit, Qu'ou feu d'enfer seront tout cuit, GAUTIER DE COINCY, *les Miracles de la Sainte Vierge*, p. 97 (l'abbé Poquet).

CUISANT. *Ajoutez* : — REM. Saint-Simon a dit cuisant en parlant des personnes, au sens de : qui cause une vive peine morale. Sa belle-sœur deviendrait un espion dangereux.... une rivale cuisante et dominante, t. VIII, p. 224, édit. Chéruel.

CUISINE. || 5° Fig. *Ajoutez* : || La cuisine d'un journal, opérations qui consistent surtout à disposer matériellement les articles déjà composés typographiquement ; on a un double décimètre divisé en millimètres, afin de mesurer exactement la place à remplir et le nombre de lignes convenable. || Cuisine d'un journal, se dit aussi de la récolte des faits divers et des petits entre-filets. Ses occupations se bornaient à surveiller ce qu'on appelle la cuisine du journal, *Gaz. des Trib.* 31 mai 1876, p. 522, 2° col.

† **CUISSARDE.** *Ajoutez* : Ces trente mille hommes casqués, cuirassés, brassardés, cuissardés, qui, sur de grands chevaux bardés de fer, foulaient aux pieds huit ou neuf millions d'hommes nus, CHAMFORT, *Maximes et pensées*, ch. VIII.

CUISTRE. — HIST. || XIII° s. *Ajoutez* : Que il se tenroient.... à l'ordenanche de Louis, cousteur de Saint-Quentin ; et jou Loeis, coutres de Saint-Quentin.... *Charte du Vermandois*, dans *Bibl. des ch.* 1874, XXXV, p. 457.

— ÉTYM. *Ajoutez* : Les formes *coustre* au sujet et *cousteur* au régime montrent que le bas-latin ou latin populaire disait non pas *custos*, *custodem*, mais *custor*, *custorem.*

CUIT. *Ajoutez* : || 5° Cuit de jeudi, ancienne locution qui signifie une chose sur laquelle il est trop tard pour revenir, une faute qu'il n'est plus temps de réparer ; c'est une allusion à l'ancienne coutume des boulangers de ne cuire qu'à certains jours ; pour les uns, c'était le jeudi ; pour les autres, le samedi ou tout autre jour, CH. NISARD, *Parisianismes*, 1876, p. 79.

CUITE. *Ajoutez* : || 5° Eaux de cuite, dans les raffineries de salpêtre, eaux de lessivage qui sont assez chargées de salpêtre pour être évaporées.

CUIVRE. *Ajoutez* : || 5° Eau de cuivre, composition contenant de l'acide oxalique, de l'esprit-de-vin et de l'essence de térébenthine, qu'on emploie pour nettoyer le cuivre.

— ÉTYM. *Ajoutez* : Pline n'a que *æs cyprium* et *cyprium* seul. *Cuprum* se trouve au III° siècle, dans Spartien.

1. **CUIVRÉ.** *Ajoutez* : || 3° *S. f.* La cuivrée ou la noctuelle cuivrée, *noctua cuprea*, Fabricius (espèce de papillon).

† **CUIVRER.** *Ajoutez* : || 2° Cuivrer un son, lui donner un timbre cuivré. Celle [l'embouchure] de la trompe de chasse communique avec l'instrument par un trou plus étroit que le tube, ce qui force et cuivre le son, *Journ. offic.* 15 févr. 1876, p. 1229, 1re col.

† **CUIVRERIE** (kui-vre-rie), *s. f.* Fabrique, magasin d'ustensiles de cuivre.

CUL. || 1° *Ajoutez* aux locutions vulgaires et basses où ce mot figure : || Prendre la mesure du cul avec le pied, donner un coup de pied au derrière. S'il me regarde de travers, je lui prends la mesure de son cul avec mon pied, *Dialogue pas mal raisonnable*, 1790, p. 7, dans CH. NISARD, *Parisianismes*, p. 75. || C'est bien cacher à qui le cul voit, on ne peut cacher une chose à celui à qui rien n'échappe et qui a des yeux même derrière lui, CH. NISARD, *ib.* Ah ! oui, ma foi ; c'est bien cacher à qui le cul voit ; allons de franc jeu, Margot, comme à ton ordinaire ; qu'est-ce que c'est que ça ? *le Porteur d'eau*, comédie, sc. IV, 1734. || Faire beau cul, prendre son parti philosophiquement d'un malheur qu'on ne peut empêcher, céder de bonne grâce à la nécessité, CH. NISARD, *ib.* Je sais bien que vous avez de bonnes raisons pour refuser cet arrangement ; mais vous n'êtes pas le plus fort ; ainsi, croyez-moi, faites beau cul. — Et le prince a fait beau cul, reprit froidement M. de Talleyrand. — Oui, sans barguigner, dit Beurnonville, et ma foi, je ne croyais pas en finir si tôt, *Mém. du comte Beugnot*, t. I, p. 298. Cette locution se trouve aussi dans *le P. Duchêne*, 67° *lettre*, p. 2. En Normandie, les enfants disent faire beau cul, en parlant de la toupie qui est exposée aux coups des autres toupies. || 3° *Ajoutez* : || Cul-de-jatte, sorte de jatte servant aux gens qui n'ont plus l'usage de leurs jambes. Moi qui suis dans un cul-de-jatte, Qui ne remue ni pied, ni patte, SCARRON, *Testament.* || 20° Cul doré, nom d'un papillon de nuit très-commun, *bombyx auriflua*. || Le cul brun, papillon, *bombyx chrysorrhea*. || 21° Cul-de-cheval, un des noms vulgaires de l'ortie de mer.

— REM. Au n° 1, le Dictionnaire met : Arrêter sur le cul, arrêter tout court. C'est une faute; il faut, sans article : arrêter sur cul. C'est ainsi qu'on lit dans le Dictionnaire de l'Académie. Retz dit aussi : arrêter sur cul, *Œuvres*, éd. Feillet et Gourdault, t. IV, p. 176 (les anciennes éditions portaient *sur eux*).

— HIST. || XV° s. *Ajoutez* : Il n'y a point de cul froter [à tergiverser]; Vous en viendrez à l'audience, *Rec. de farces*, etc. *P. L. Jacob*, p. 389.

CULASSE. *Ajoutez* : || La partie inférieure du tronc d'un arbre. Deux peupliers énormes ayant une culasse commune cubant avec la terre environ huit mètres cubes ont été renversés [par une trombe], FAYE, *Acad. des sc. Comptes rend.* t. LXXX, p. 1559.

† **CULATTE.** *Ajoutez* : Culatte ne se trouve dans aucun dictionnaire; il a absolument le même sens que culasse; la citation d'Oudin est une variété de forme ou une faute d'impression. Culatte est donc à effacer.

† **CULBUTAGE** (kul-bu-ta-j'), *s. m.* Action de culbuter, brusque déménagement. Ce même culbutage fit perdre à l'Académie beaucoup de bons matériaux.... A. DE MONTAIGLON, *Hist. de l'Acad. de peinture* [*Mém. attribués à H. Testelin*], t. II, p. 60.

CULBUTE. 1° || Faire la culbute. *Ajoutez* : Je ne me soucierais pas d'être disgracié et de faire la culbute, pourvu que Port-Royal fût remis sur pied et fleurît de nouveau, *Parole de Racine*, dans STE-BEUVE, *Port-Royal*, t. VI, p. 260, 3° éd.

CULBUTER. *Ajoutez* : || Terme de turf. Retomber en arrière, en voulant franchir une barrière.

CULÉE. *Ajoutez* : || 4° Nom donné, dans les environs de Paris, à la partie de la souche d'arbres abattus qui est en dehors du sol, distincte de la partie qui est en terre et porte les racines.

† 2. **CULOT** (ku-lo), *s. m.* Nom donné, en Bourgogne, à une petite retraite, partie creusée en terre, dont les parois et le toit sont formés de gazon et qui sert d'abri aux charbonniers, aux gens des bois et aux pêcheurs.

— ÉTYM. Danois, *kule*; suéd. *kula*; holl. *kuyl*, qui tous ont le sens de cavité, fosse, caverne, BEAUVOIS, *Rev. crit.* 27 mai 1876, p. 352.

CULOTTER. *Ajoutez* : || 4° En termes d'atelier, donner une teinte noire. Les médaillons des camarades, passés à l'huile grasse pour leur ôter la crudité du plâtre et les culotter, pardon du mot, les statuaires et les fumeurs l'emploient dans la même acception, étaient.... TH. GAUTIER, *le Bien public*, 10 mars 1872.

† **CUL-ROUGE** (ku-rou-j'), *s. m.* Nom normand du rouge-queue, DELBOULLE, *Gloss. de la vallée d'Yères*, p. 97.

† **CULTUEL, ELLE** (kul-tu-èl, è-l'), *adj.* Qui a rapport au culte. Les sauvages nous offrent un spectacle mélancolique de superstitions grossières et de formes cultuelles féroces, *Rev. anthropol.* t. I, p. 713.

— ÉTYM. Lat. *cultus*, culte.

† **CUNETTE.** *Ajoutez* : || 2° Petit canal destiné à évacuer l'eau des marais salants, *Gloss. aunisien*, la Rochelle, 1870, p. 93.

† **CURADE** (ku-ra-d'), *s. f.* Entre-deux des sillons.

2. **CURAGE.** — ÉTYM. *Ajoutez* : La forme ancienne est *culraige* (Gallis *culraige*, Lobel), *culrage* (J. Liebault, *Agriculture*, Lyon, 1591, p. 109), et *curage* (P. Borel, *Hortus*, quod podici incutiat pruritum), Dr CLOS, de Toulouse, *Bull. de la Soc. bot. de France*, 1875, p. 81 (qui indique comme noms de cette plante le languedocien *quioul coït*, c'est-à-dire *podex urens*, et le landais *culas raouyo*). L'étymologie est donc *cul* et *rage*.

† **CURAIN** (ku-rin), *s. m.* Incrustation, dite aussi schlot, qui se forme au fond des poêles, *Enquête sur les sels*, 1868, t. II, p. 509. || On écrit aussi curin. Les présentes dispositions devront être appliquées également, à l'avenir, aux sels de toute nature (sels neufs, curins, résidus de salpêtrerie), expédiés des établissements placés sous la surveillance des contributions indirectes, à destination des agriculteurs ou des dépositaires dûment autorisés, *Lett. comm. des contrib. indir.* 4 sept. 1874.

† **CURANCHE** (ku-ran-ch'), *s. m.* Le curanche noir, sorte de cépage du Limousin, *les Primes d'honneur*, p. 511, Paris, 1874.

† **CURARISER** (ku-ra-ri-zé), *v. a.* Terme de toxicologie. Introduire du curare dans un corps vivant. Des individus curarisés éprouvent, une demi-heure après l'injection, un besoin irrésistible de dormir, HENNEGUY, *Étude sur l'action des poisons*, p. 58, Montpellier, 1875. Il curarisa un chien, jusqu'à ce qu'il n'eût plus de mouvement volontaire, ID. *ib.* p. 60.

† **CUREMENT.** *Ajoutez* : || La publication des curements des rivières, BOISLISLE, *Corresp. contrôl. génér.* 1687, p. 93.

† **CURIN** (ku-rin), *s. m.* Voy. CURAIN au Supplément.

CURIOSITÉ. || 5° *Ajoutez* : La haute curiosité, objets d'art et d'antiquité rares et précieux.

† **CURRILLON** (ku-ri-llon, *ll* mouillées), *s. m.* Terme de forgeron. Barres de fer double (all. *Doppel-eisen*).

† **CURVATION** (kur-va-sion), *s. f.* Action de courber.

— HIST. XIV° s. L'utilité de la curvation fu que il peust miex embrachier les choses, H. DE MONDEVILLE, f° 20, *verso*.

† **CURVIMÈTRE** (kur-vi-mè-tr'), *s. m* Petit instrument servant à mesurer sur la carte la longueur d'une route entre deux points. Le point important dans le maniement du curvimètre est de le tenir toujours bien perpendiculaire, Extr. du *Bull. de la Réunion des officiers*, dans *Journ. offic.* 10 nov. 1874, p. 7485, 1re col.

— ÉTYM. Lat. *curvus*, courbe, et μέτρον, mesure.

† **CUSCUS** (ku-skus'), *s. m.* Sorte d'animal. Les animaux domestiques [de la Nouvelle-Guinée] sont un chien de race brune qui n'aboie pas, mais qui pousse des hurlements effrayants, le cochon et un animal plantigrade connu des naturalistes sous le nom de cuscus, *Journ. offic.* 15 avril 1876, p. 2743, 1re col.

CUSCUTE. — ÉTYM. *Ajoutez* : D'après M. Devic, *Dict. étym.*, le mot arabe *cachoûť* dérive du grec χασύτα, nom d'une plante de Syrie dans Hésychius. Mais χασύτας probablement vient du syriaque et est sémitique.

CUVE. *Ajoutez* : || 6° Chez les teinturiers, la cuve, le vaisseau où l'on fait la teinture, à la différence de la chaudière. Les teinturiers du petit teint n'auront des cuves en leurs maisons ou boutiques, mais seulement des chaudières de cuivre, suivant leur ancien usage, à peine de 150 francs d'amende, et d'interdiction de la maîtrise, *Règlement sur les manufactures*, août 1669, *Teinturiers en laine*, art. 2. || Ce passage explique les expressions suivantes : Les bleus pâles et bleus beaux seront teints de pure cuve d'inde, *ib. Teinturiers en soie, laine et fil*, art. 10. Tous les fils de lin.... ne seront teints en bleu commun, mais seulement en bleu de cuve, *ib.* art. 73.

† **CUVELLE** (ku-vè-l'), *s. f.* Petite cuve dans les fabriques à savon. Les barils et les cuves ou cuvelles devront demeurer revêtus de l'étiquette apposée en fabrique, *Circ. des contrib. ind.* 13 fév. 1874, n° 114, p. 3.

CUVETTE. *Ajoutez* : || 11° Pièce placée à l'entrée des fourreaux de sabre, et portant de petites lames nommées battes, destinées à maintenir la lame dans le fourreau, en faisant ressort. || 12° Phénomène observé par les personnes qui s'élèvent en ballon; les aéronautes voient la terre non pas convexe, mais concave, lorsqu'ils examinent l'horizon d'une certaine hauteur, *Journ. offic.* 24 nov. 1873, p. 7152, 2° col.

CUVIER. *Ajoutez* : || 11° Nom, dans le Rhône, du local où sont placés les cuves et les pressoirs, *les Primes d'honneur*, Paris, 1872, p. 372.

† **CUVISTE** (ku-vi-st'), *s. m.* Terme d'œnologie. L'homme chargé de diriger la cuve où fermente le jus du raisin. Le cuviste le plus habile de la contrée.

† **CUY** (kui), *s. m.* Tronc d'arbre, dit coëf dans la Vendée et couët dans la Charente-Inférieure, percé longitudinalement et faisant communiquer deux bassins séparés par une digue, *Enquête sur les sels*, 1868, t. I, p. 509.

† **CYBÉLIEN** (si-bé-liin), *s. m.* Adorateur de Cybèle. Les peuples de Syrie n'avaient point le nom de cybéliens, VOLT. *Dict. philos. Pourquoi* (*les*).

† **CYBISTIQUE** (si-bi-sti-k'), *s. f.* Terme d'antiquité. L'art du plongeur. Le théatin [Paciaudi] composa le traité de la cybistique chez les Grecs; on rendit compte de cet opuscule dans les *Mémoires de Trévoux*, févr. 1757, CH. NISARD, *Journ. offic.* 30 janv. 1877, p. 720, 2° col

— ÉTYM. Κυβιστάω, plonger.

CYCLE. *Ajoutez* : || 8° Terme de thermodynamique. Série des états successifs d'un corps. Le cycle est dit fermé lorsque le corps revient à son état initial, la série de transformations par lesquelles il passe pouvant alors être représentée par une courbe fermée. Le cycle est réversible lorsqu'il peut être parcouru dans les deux sens. || Cycle de Carnot, cycle formé de deux lignes adiabatiques et de deux lignes isothermes.

CYCLIQUE. *Ajoutez* : || 5° *S. m. pl.* Les cycliques, famille de coléoptères.

CYCLOÏDE. *Ajoutez* : — REM. Le point décrivant appartient à une circonférence qui roule dans son plan sur une droite fixe. S'il est intérieur à la circonférence, la courbe est dite une cycloïde raccourcie; s'il est extérieur, elle est dite une cycloïde allongée.

† **CYCLONE.** *Ajoutez* : — REM. Au moment où s'imprimait le C de ce Dictionnaire, *cyclone* était généralement fait féminin dans les livres scientifiques; on était sans doute déterminé par la finale qui semble féminine; je lui donnai donc ce genre. Depuis, l'usage a varié, les météorologistes l'ont fait masculin, j'ai suivi la variation et changé sur les clichés, en masculin, le féminin; de là la discordance entre les différents tirages. Je me suis contenté d'enregistrer l'usage dans un mot où il n'y a aucune raison étymologique pour donner un genre plutôt que l'autre. En effet, malgré l'apparence, *cyclone* n'est pas grec; il provient bien de κύκλος, cercle; mais aucun dérivé de cette forme n'est issu de κύκλος. C'est *cyclome*, de κύκλωμα, qu'il aurait fallu dire, si l'on avait voulu être correct; *cyclome* aurait été masculin. Si on l'avait formé comme πυλών, de πύλη, qui veut dire grande porte, *cyclone* signifierait grand cercle; mais ce n'est pas le sens, le mot signifiant un mouvement de giration. Il reste donc que *cyclone* est incorrectement fait et que le genre est abandonné aux variations de l'usage.

† **CYCLONIQUE** (si-klo-ni-k'), *adj.* Qui appartient au cyclone. Le vent cyclonique, FAYE, *Acad. des sc. Comptes rend.* t. LXXXII, p. 438. Les plus importants phénomènes de la météorologie revêtent la forme cyclonique, ID. *ib.* t. LXXVI, p. 510.

† **CYCLONOMIE** (si-klo-no-mie), *s. f.* Théorie des cyclones. M. Bridet, auteur d'un traité de cyclonomie justement estimé, FAYE, *Acad. des sc. Comptes rend.* t. LXXXI, p. 65.

— REM. *Cyclone*, et νόμος, loi.

† **CYCLONOMIQUE** (si-klo-no-mi-k'), *adj.* Qui est relatif aux cyclones et aux théories dont ils sont l'objet. Les prescriptions cyclonomiques de M. Keller ou de M. Bridet, FAYE, *Ann. du Bur des longit. pour* 1877, p. 601.

† **CYCLONOMISTE** (si-klo-no-mi-st'), *s. m.* Partisan des théories cyclonomiques. Les prescriptions nautiques des cyclonomistes, FAYE, *Ann. du Bur. des longit. pour* 1877, p. 601.

CYCLOPE. *Ajoutez* : — REM. Racine a employé Cyclope sans article : La personne de Cyclope, *Lexique*, éd. P. Mesnard.

CYLINDRE. || 1° Terme de géométrie. *Ajoutez* : Solide terminé à une surface cylindrique et à deux plans. Cylindre droit, celui dont les génératrices sont perpendiculaires au plan de la base.

† **CYLINDRE-AXE.** *Ajoutez* : — REM. *Au plur.* Des cylindres-axes, c'est-à-dire des cylindres qui servent d'axe.

† **CYLINDREUR** (si-lin-dreur), *s. m.* Ouvrier qui fait passer au rouleau, au cylindre. Cylindreur d'étoffes, *Tarif des patentes*.

CYLINDRIQUE. || *Ajoutez* : Qui est relatif au cylindre. Surface cylindrique.

† **CYLINDRO-CONIQUE** (si-lin-dro-ko-ni-k'), *adj.* Qui est en forme de cylindre et de cône. Une balle cylindro-conique. La forme cylindro-conique a été substituée à celle de la pyramide dans les constructions [phéniciennes] si multipliées en Sardaigne sous le nom de nuraghes, et dans les îles Baléares sous celui de talayots, deux pays colonisés par les Phéniciens et les Carthaginois, FR. LENORMANT, *Manuel d'hist. anc.* t. III, p. 144.

† **CYLINDROÏDE.** || 2° *S. m.* Terme de géométrie. Surface engendrée par une droite mobile qui glisse sur deux courbes fixes en demeurant toujours parallèle à un plan donné.

† **CYRÈNE** (si-rè-n'), *s. f.* Terme de zoologie. Coquille d'eau douce (mollusques) que l'on rencontre en abondance dans les rivières ou ruisseaux des pays chauds. Ce type [le terrain garumnien] est incontestablement crétacé; car il offre à la base, avec des cyrènes..., des hippurites d'espèces

nouvelles et d'autres fossiles marins, *Journ. offic.* 11 avril 1876, p. 2836, 1re col.

— ÉTYM. *Cyrena*, nom mythologique.

† CYTHÈRE. *Ajoutez :* || 2° Arbre de Cythère, le *spondias dulcis*, Forst., BAILLON, *Dict. de bot.* p. 247.

CZAR. *Ajoutez :* — REM. Ce mot se trouve écrit de quatre manières en français : *czar*, *csar*, *tzar* et *tsar* (voy. TSAR). Les deux premières reposent sur une étymologie fausse qui tire *tsar* du latin *Cæsar*. Cette erreur est si bien établie dans notre langue, que Voltaire a écrit toujours *czar*, bien qu'il connût la faute et l'eût ainsi signalée dans le livre II de *Charles XII* : « Ce titre de czarafis signifie prince ou fils du czar, chez tous les Tartares comme en Moscovie, car le mot de czar ou tzar voulait dire roi chez les anciens Scythes, dont tous ces peuples sont descendus, et ne vient pas des Césars de Rome, si longtemps inconnus à ces barbares. »

D

† DACTYLIOGRAPHIE. *Ajoutez :* || Étude des anneaux qui servaient à sceller. Les sujets qu'offrent les intailles ainsi employées [en anneau] sont assez variés pour que la dactyliographie doive ne pas les négliger, A. MAURY, *Rev. des Deux-Mondes*, 15 oct. 1874, p. 894.

† DACTYLOLOGIE (da-kti-lo-lo-jie), *s. f.* Synonyme de dactylolalie. Le sourd-muet dont l'instruction a été faite par la mimique, ne peut communiquer que par l'écriture, ou par signes s'il est en présence de quelqu'un sachant la dactylologie, Dr E. BOUCHUT, *Journ. offic.* 30 avril 1876, p. 3016, 2e col. || Il vaut mieux se servir de dactylolalie ; car, d'après l'emploi ordinaire de l'affixe *logie*, dactylologie signifie plutôt discours concernant les doigts que discours par le moyen des doigts.

— ÉTYM. Δάκτυλος, doigt et λόγος, discours.

† DÆODACTYLE. Voy. DÉODACTYLE.

DAGUE. *Ajoutez :* — REM. La dague est une arme dont la longueur est environ le tiers de l'épée ordinaire.

DAGUER. *Ajoutez :* || 5° Terme de filature. Battre ou fouetter la filasse suspendue à des pinces mobiles.

† DAGUERRÉOTYPE. *Ajoutez :* || 2° Reproduction obtenue par ce procédé.

— REM. Daguerréotype et daguerréotypie ne sont pas synonymes de photographie. Dans la daguerréotypie, l'épreuve est obtenue directement sur une surface métallique; dans la photographie, on obtient sur une plaque de verre une première épreuve négative transparente.

DAGUET. *Ajoutez :* || 1° Nom, dans la Loire-Inférieure, d'un sarment à sept ou huit yeux, *les Primes d'honneur*, Paris, 1873, p. 134.

† DAÏ-CO (da-i-ko), *s. m.* Sorte de légume dit aussi navet du Japon. M. Vavin a reçu de Lyon les graines encore rares en décembre 1874 du daï-co ou navet du Japon.... le daï-co peut prendre place entre la carotte à collet vert et la betterave.... l'espèce botanique dans laquelle rentrent les variétés connues du daï-co a été nommée *raphanus acanthiformis*, *Journ. offic.* 16 janv. 1876, p. 461, 2e et 3e col.

† DAIL. *Ajoutez :* || 3° Ancien nom d'une pierre qui sert à aiguiser (voy. DALLE 3 au Supplément).

† DAILLE (da-ll', *ll* mouillées), *s. f.* Sorte de faux. Le nettoyage devait consister dans un pelage complet de la surface, au moyen de l'outil employé par les agriculteurs landais pour la coupe du soutrage, et qui, connu sous le nom de dail ou daille dans l'idiome local, présente la forme d'une faux à manche court et remplit l'office d'une pioche à tranchant d'acier, pour enlever la couche superficielle du sol et la végétation qui la couvre, en coupant entre deux terres les racines pénétrantes, *Enquête sur les incendies des Landes*, p. 168. Des haches, des serpes, des dailles d'essartage, sont indispensables lorsqu'on se rend sur le lieu du sinistre, *ib.* p. 116. || Voy. DAIL au Dictionnaire.

† DAÏMIAT (da-i-mi-a), *s. m.* Nom d'une subdivision territoriale, au Japon. La transformation de quelques-uns des daïmiats en *kens* (préfectures), décrétée l'année dernière, *Journ. offic.* 9 mars 1872, p. 1669, 2e col.

† DAÏMIO (da-i-mi-o), *s. m.* Nom du gouverneur d'un daïmiat.

† 3. DALLE. *Ajoutez :* Les meilleures dalles viennent du Lyonnais, de l'Auvergne et du Piémont; les dalles ou dails, comme les appelle le Tarif de Lyon, payent à la douane de cette ville 27 sous du cent pesant pour l'ancienne taxation, et 6 sous pour la nouvelle réappréciation, J. SAVARY DES BRUSLONS, *Dictionnaire de commerce*, 1760. || Les mots *dalle*, *daille* et *dail* sont les mêmes et se confondent.

† DALLEUR (da-leur), *s. m.* Celui qui pose des dalles. Chaudières locomobiles munies d'un agitateur mécanique, où les ouvriers dalleurs puisent pour faire les dalles du trottoir, *Journ. offic.* 11 mars 1872, p. 1736, 1re col.

† DAMAR (da-mar), *s. m.* Nom, dans l'archipel indien, d'un très-bel arbre résineux, qui fournit d'excellent bois pour la marine. || Gomme damar, sorte de gomme. [A Sumatra] le camphre, le benjoin, la gomme damar, la gutta-percha, se recueillent en faisant des incisions dans l'arbre et ne nécessitent aucun entretien préparatoire, *Journ. offic.* 16 oct. 1875, p. 8690, 2e col.

† DAMARINE (da-ma-ri-n'), *s. f.* Résine fournie par le damar.

DAMAS. || 5° *Ajoutez :* On appelle damas en général des mélanges plus ou moins intimes de fer et d'acier disposés de manière à obtenir des dessins variés par l'effet des teintes différentes que prennent les deux métaux ; on distingue deux genres principaux de damas : les damas de fusion et les damas de corroie ; le damas de fusion s'obtient par la fusion d'un mélange de fer et d'acier et quelques autres métaux; le damas de corroie s'obtient par corroyage et torsion du fer et de l'acier, RONCHARD-SIAUVE, *De la fabrication des canons de fusils*, Saint-Étienne, 1864.

— ÉTYM. *Ajoutez :* M. Devic, *Dict. étym.*, fait remarquer que le nom de la ville syrienne est *Dimachq*, dont le *q* final fait comprendre la forme des dérivés *damasquiné*, *damasquette*, à côté des mots plus modernes *damassade*, *damassé*, composés directement sur le nom français de *Damas*.

† DAMAS (da-mas'), *s. m.* Cigares de la Havane, très-petits, très-doux et destinés aux dames ; ils figurent pour la première fois dans l'arrêté présidentiel du 14 mai 1849.

— ÉTYM. Esp. *dama*, dame, au plur. *damas*.

† DAMASIENNE (da-ma-ziè-n'), *adj. f.* Voy. LETTRE.

† DAMASQUETTE. *Ajoutez :* C'est une étoffe de soie chargée de riches dorures.

† DAMASQUIN (da-ma-skin), *adj. m.* Qui est fait d'acier de Damas. Tirant son glaive damasquin, SCARRON, *Virg.* IV.

DAMASQUINÉ. *Ajoutez :* || 2° Il se dit aussi du linge. Le linge de table damassé et damasquiné se répand avec les fabriques de la Flandre, de la Normandie, de la Guienne et d'autres provinces, H. BAUDRILLART, *Journ. offic.* 7 juin 1876, p. 3926, 1re col.

1. DAME. || 1° *Ajoutez :* Notre-Dame, voy. NOTRE-DAME.

— REM. 1. Une locution de mauvais usage est de dire sa dame pour sa femme : Il est venu avec sa dame. || 2. Dans les chemins de fer, aux arrêts, on lit : Côté des dames, Côté des hommes. Il faudrait côté des femmes, ou, si l'on dit côté des dames, il faudrait dire côté des messieurs.

DAME-JEANNE. — ÉTYM. *Ajoutez :* *Dame-jeanne* paraît être un mot arabe introduit par le commerce avec le Levant. Notre vin était dans de grands flacons de verre, *damajanes*, dont chacun tenait vingt bouteilles, NIEBUHR, *Voy. en Arabie*, t. I, p. 171 (édit. de 1776). Le Dict. arabe-français de Kasimirski a *damajan*, dame-jeanne, bocal.

† 2. DAMERET (da-me-rè), *s. m.* Sorte de cépage du Limousin, *les Primes d'honneur*, p. 511, Paris, 1874.

† DAMIÉNISTE (da-mi-é-ni-st'), *s. f.* Le même que damiane (voy. ce mot au Dictionnaire). Il en vint d'abord quatre de Metz, puis beaucoup d'autres; c'étaient celles des filles de Sainte-Claire qui observaient la réforme la plus dure; on les appelait damiénistes pour les distinguer des simples cordelières, qui étaient beaucoup moins rigides, *Journ. offic.* 30 juin 1874, p. 4496, 2e col.

DAMIER. *Ajoutez :* || 2° Damier, le *fritillaria meleagris*, L., du genre des fritillaires.

DAMNATION. *Ajoutez :* || 3° Damnations, nom donné par les ouvriers aux amendes, défenses, interdictions, qu'ils prononcent soit les uns contre les autres, soit contre les chefs d'atelier et entrepreneurs, *Code pénal*, art. 416.

DAMNÉ. || 2° Damné comme la poule à Simon, locution vulgaire qui se dit de personnes que leur mauvaise conduite menace de la damnation. ...Et qui seront damnés comme la poule à Simon, pour avoir plus songé aux revenus de l'Église et aux petites vierges folles qu'aux béatitudes célestes, *Lett. du P. Duchêne*, 34e lettre, p. 6.

† DANAÉ (da-na-é), *s. f.* La 60e planète télescopique, découverte en 1860 par M. Goldschmidt.

— ÉTYM. Δανάη, fille d'Acrisius, aimée de Jupiter et mère de Persée.

DANDINER. *Ajoutez :* || 3° Activement. Remuer çà et là, bercer. Il [un enfant] aurait été moins bébé, moins pressé, moins dandiné, mais il n'aurait pas été étouffé, au grand regret de sa famille, *Lett. du P. Duchêne*, 74e lettre, p. 5.

† DANDY. — ÉTYM. M. Petilleau, qui est fixé à Édimbourg, m'écrit que l'anglais *dandy* est le français *dandin* (voy. ce mot). En effet on lit dans le dictionnaire de Johnson : *Dandiprat* (*dandin*, french), a little fellow, an urchin, a word used sometimes in contempt. Johnson n'a pas *dandy ;* mais *dandy* est dans le dictionnaire de Worcester, qui dit : contracted from *dandiprat* or *jack-a-dandy*. Il est curieux de voir que c'est le mot français *dandin* qui a changé de sens pour devenir l'anglais *dandy*.

DANGER. — HIST. XVe s. *Ajoutez :* Et encore est en danger [dépendance] de touz ses serviteurs pour le service qu'il luy fault, qui est bien grand, *les Quinze Joyes de mariage*, p. 85. || XVIe s. Permettons à noz sujets chasser de leurs terres et dangers, à cris et jets de pierres, toutes bestes rousses et noires qu'ils trouveront en dommages, sans toutesfois les offenser, *Ordonn.* janv. 1560.

DANGEREUX. *Ajoutez :* — REM. Dangereux à n'est pas seulement dans Voltaire; en voici un exemple dans Malherbe : La fortune en tous lieux à l'homme est dangereuse, *Lexique*, éd. L. Lalanne.

— HIST. || XVe s. *Ajoutez :* Si est dangereuse [difficile, capricieuse], et a envie des choses estranges et nouvelles, *les Quinze Joyes de mariage*, p. 21.

DANOIS. *Ajoutez :* || 3° Qui est relatif au Danemark. || *S. m.* Le danois, la langue du Danemark. Le danois est une langue scandinave.

DANS. *Ajoutez :* || 7° *Dans* se dit aussi avec un nom de personne pour régime; la personne est alors considérée comme une sorte de lieu. Tous ces objets utiles adoucirent dans eux [les protestants] la fureur épidémique des controverses, VOLT. t. XX, p. 376, édit. Beuchot. Je ne relève pas dans eux les pointes.... ID. t. XXIX, p. 214. Combien de fois, entrant dans une assemblée, je me suis applaudi de voir étinceler la fureur dans les yeux des fripons, et l'œil de la bienveillance m'accueillir dans les gens de bien! J. J. ROUSS. *Lett. à Beauchâteau*, le 26 février 1763. Je me suis dit : Je gagne un jeune ami, je me survivrai dans lui, ID. *Lett. à Vernes*, 4 avr. 1757. A l'âge de trente ans, une pareille coiffure [la coiffure en cheveux] devient indécente et ridicule dans une femme, ID. *Lett. à Mme Roguin*, 31 mars 1764.

† 2. **DAPHNÉ** (da-fné), *s. f.* La 41e planète télescopique, découverte en 1866 par M. Goldschmidt.

— ÉTYM. Δάφνη, fille du fleuve Pénée.

† **DARBO** (dar-bo), *s. m.* Chez les cloutiers, vase où ils jettent les clous finis, *l'Opinion nationale*, 30 mai 1876, 3e page, 4e col.

† **DARBON** (dar-bon) ou **DERBON** (dèr-bon), *s. m.* Nom de la taupe dans le Doubs et le Jura.

— ÉTYM. Lat. fictif *talponem*, dérivé de *talpa*, taupe, d'après Eug. Rolland, *Faune populaire de la France*, Paris, 1877, p. 9.

† **DARDEMENT** (dar-de-man), *s. m.* Action de darder.

— HIST. XVIe s. Nous avons prouvé que la veue ne se fait par le dardement des esprits visuels, mais par la reception des especes visibles, BAUDON, *Trois livres des charmes, sorcelage ou enchantements*, Paris, 1583, p. 229.

† **DARI** (da-ri), *s. m.* Nom d'un sorgho ou grand millet des Indes. Graine de dari, *Recueil général des tarifs des chemins de fer*, p. 102, 1re col.

DARIOLE. || 2° Nom, à Paris, de la petite pâtisserie : petites brioches, gâteaux de Nanterre, pains au lait, pains au beurre, galettes, chaussons, échaudés, croquets, etc.

† **DARIOLEUR** (da-ri-o-leur), *s. m.* Pâtissier qui fait la petite pâtisserie, dite dariole.

† **DARNETTE** (dar-nè-t'), *s. f.* Nom, dans le département des Ardennes, de l'ivraie, *les Primes d'honneur*, p. 174, Paris, 1874.

† **DARON.** — HIST. XIIIe s. *Ajoutez :* Ce n'est pas un manoir seigneurial en général, c'est la transcription du mot *daroum*, désignant une localité bien connue, située à une petite distance au midi de Gaza (voy. QUATREMÈRE, *Hist. des sultans mamlouks*, I, 2e part. p. 238).

† **DARWINIEN, IENNE** (dar-oui-niin, niè-n'), *adj.* Qui a rapport au darwinisme. L'hypothèse darwinienne du transformisme et de la pangenèse, J. SOURY, *Rev. des Deux-Mondes*, 15 janv. 1876, p. 464.

† **DARWINISME** (dar-oui-ni-sm'), *s. m.* Système de Darwin ou modification du transformisme (voy. ce mot au Dictionnaire), dans laquelle la sélection joue un rôle.

† **DARWINISTE** (dar-oui-ni-st'), *s. m.* Partisan du darwinisme. C'est la loi de la nature et de la sélection, diront les darwinistes, ÉM. DE LAVELEYE, *Rev. des Deux-Mondes*, 15 juillet 1875, p. 464.

DATE. || 2° *Ajoutez :* || Grande date, seconde date qu'une supplique reçoit dans la daterie. Le premier réviseur envoie la supplique aux dates, pour prendre date en effet, afin que le suppliant puisse faire valoir son droit selon son ordre, quand il se présente quelque vacance de bénéfices.... des componendes la supplique retourne au sous-dataire pour y mettre la grande date.... la grande date apposée, la supplique est enregistrée et sort de la daterie, E. J. DELÉCLUZE, *Romans*, etc. p. 272, 1 vol. Charpentier, 1845, *Dona Olimpia*, ch. VI. || 3° Date se dit, parmi les juristes, du lieu où un écrit est rédigé. Cette loi qui prescrit la date du lieu en même temps que celle du jour, du mois et de l'an..., MERLIN, *Répert. de jurispr.* t. XXXIII, p. 382, 5e éd. Le Code civil est muet, par rapport aux testaments notariés, sur la date tant du jour, du mois, de l'année, que du lieu de leur passation, ID. *ib.*

— HIST. *Ajoutez :* || XIVe s. Le daute à chu [ce] afferante, JEAN D'OUTREMEUSE, dans *les Vrayes Chroniques de Jehan le Bel*, *Préface*, p. VIII.

DATER. *Ajoutez :* || 5° Dater se dit, parmi les juristes, du lieu où un écrit est rédigé. Faut-il qu'un testament soit daté du lieu où il a été fait? MERLIN, *Répert. de jurispr.* t. XXXIII, p. 382, 5e éd.

2. **DATIF.** *Ajoutez :* La couronne y est [en Chine] dative par l'empereur régnant à celui de ses enfants qu'il en croit le plus digne, D'ARGENSON, *Consid. sur le gouver. de la France*, Amsterdam, 1784, p. 104.

† **DAUBEUR.** *Ajoutez :* || 2° Terme de métallurgie. L'aide qui bat le fer que lui présente le forgeur. || On le trouve aussi écrit *dobeur*, à tort. Prix payé au forgeur, à son dobeur, charbon employé, *Enquête, Traité de commerce avec l'Anglet.* t. II, p. 19.

† **DAUMONT** (dô-mon), *s. m.* Nom d'une sorte d'attelage de voiture, et de la voiture même. Voiture attelée à la daumont, conduite à la daumont.

DAUPHIN. *Ajoutez :* || 10° Nom d'un fromage. Le fromage dauphin est un fromage de Maroilles très-fin ; il a la forme de l'animal marin qui lui donne son nom, HEUZÉ, *la France agricole*, carte n° 44.

† 2. **DAUPHINE.** *Ajoutez :* Règlement pour les étoffes lisses appelées dauphines.... *Arrêt du conseil*, 8 avr. 1718.

DAVANTAGE. — HIST. *Ajoutez :* XIIIe s. Et s'iert en l'ost li quens de Fois, Ki nos ot grevés maintes fois ; Al roi s'en vint, et d'avantage Li dona sen fil en ostage, PHILIPPE MOUSKES, *Chronique*, v. 26679.

† **DAVID** (da-vid) ou **DAVIS** (da-vi), *s. m.* Nom, dans le département de l'Ain, d'un instrument de tonnellerie ; il se compose d'un cylindre de bois dur long d'un mètre environ, vers le milieu duquel s'articule une branche en acier coudée à son extrémité libre, de manière à pouvoir saisir les douelles entre elles et le bout correspondant du cylindre de bois, pendant que l'autre bout saisi par l'ouvrier forme bras de levier. Au moment où le malheureux vieillard se baissait devant un tonneau près de la porte d'entrée, M.... saisit un instrument de fer dit davis et lui en assena de toutes ses forces un violent coup sur la tête.... saisissant alors le même davis, M.... en porte un dernier coup sur la tête de l'agonisant, *Gaz. des Trib.* 16 juillet 1876, p. 695, 4e col.

— ÉTYM. *David*, nom propre donné, comme en d'autres cas, à un instrument. L'anglais, de son côté, dit *davit* et, anciennement, *davyd*, pour le *davier* de la marine. Cela fortifie et l'étymologie du *david* et la conjecture énoncée au Dictionnaire que *davier* a pour origine le nom propre *David*.

† **DAVIDIQUE.** *Ajoutez :* || 2° Qui appartient, qui se rapporte à David, roi des Hébreux. Il faut en tout cas diminuer notablement le nombre des psaumes davidiques, A. RÉVILLE, *Rev. des Deux-Mondes*, 1er nov. 1874. Cette considération suffirait à beaucoup d'esprits de nos jours pour révoquer en doute l'origine davidique du Psautier, ID. *ib.*

† **DAVIER.** *Ajoutez :* || 2° Terme de marine. Rouleau de bois mobile placé horizontalement sur le bord d'une grande embarcation à la poupe ou à la proue, JAL, *Dict. nautique*. Dans le choc la *Germania* eut son bordage en fer de tribord enfoncé, plusieurs de ses chaloupes écrasées et mises en pièces, son davier enlevé et une partie de la paroi de son sabord entr'ouverte, *Journ. offic.* 1er sept. 1876, p. 6717, 3e col. || On a dit davias : La pièce de bois sur bout, sur laquelle se hale le câble, ÉT. CLEIRAC, *Termes de marine*, 1643.

DE. || 3° *Ajoutez :* || C'est par une construction où *de* ne sert qu'à déterminer, qu'il faut interpréter ce vers de Molière : C'est un étrange fait du soin que vous prenez, A me venir toujours jeter mon âge au nez [le fait du soin, le fait qui est le soin], *Éc. des maris*, I, 1.

— REM. *Ajoutez :* || 17. A la règle qui veut qu'on dise, par exemple, *de bons* soldats, et non *des bons* soldats (voy. la Rem. 2), citons comme exception difficile à imiter, mais qui du moins doit être notée, ce vers de Racine : Qui sait si.... Ce roi [Mithridate].... N'accuse point le ciel qui le laisse outrager, Et des indignes fils qui n'osent le venger? *Mithr.* I, 3. Notez encore et n'imitez pas : Ces sages Qui dans un noble exil sur des lointains rivages.... DELILLE, *Jardins*, IV. || 18. Il faut appeler l'attention sur l'emploi de *de* dans les exemples suivants : Je ne regarde pas tout ce qui me paraît de poli et de régulier, MÉRÉ, t. II, p. 229. Rien ne me paraît de plus inhumain que de.... ID. *Œuvr. posthumes*, p. 82. Laissant tout ce qui est de vrai, et chassant tout qu'il y a de faux, PASC. *Pensées*, t. I, p. 364, édit. Faugère. Ce qui est de merveilleux est qu'il n'y en a point de laides [de femmes] dans toute l'île [Majorque], RETZ, *Mém.* t. IV, p. 557, éd. Feillet et Gourdault. Ce qui est de plus admirable, c'est qu'au milieu de tant de faiblesse.... BOSS. *Panég. de saint Paul*. Rapprochez ces exemples des exemples analogues qui sont cités à la fin du n° 7. Cet emploi de *de*, plus restreint aujourd'hui, est un véritable emploi partitif. *Laissant tout ce qui est de vrai*, de Pascal, est équivalent à : laissant tout ce qui est parmi le vrai. Nous dirions de préférence aujourd'hui : *laissant tout ce qui est vrai* ; mais la phrase ancienne est plus expressive ; aussi cette tournure ne doit-elle pas être abandonnée. || 19. Il est dit au n° 19 que *de* entre deux verbes a un sens équivalent à : de ce que, vu que, etc. Mais il est bien entendu qu'il en est de même avec les locutions composées qui remplacent un verbe. J'ai bonne opinion de lui de vous aimer, SÉV. 3 juillet 1675. C'est-à-dire : de ce qu'il vous aime. || 20. *De*, précédé de *celui* ou *celle* remplaçant un substantif, a quelquefois le sens de : qui consiste à. Cette conduite va bien plus à.... que celle de suivre.... FÉN. *Lett. spirit.* CXXXVI. De tous mes châteaux en Espagne, il ne me reste que celui de chercher une occupation, J. J. ROUSS. *Confess.* III. || 21. J. J. Rousseau a dit : Il y a quelque chose de dur et d'injuste de compter pour rien ce que j'ai fait, *Lett. à M. H. D. P.* 15 juill. 1764. On dit plus ordinairement : *à compter*. Mais *de compter* est bon aussi. || 22. Régnier a dit : On a prétention.... Me rendre.... Le ventre creux, *Ép.* III. De coup ou de poison il est permis changer, ID. *Ép.* II. La suppression de *de* est un archaïsme, qui est tombé en désuétude. || 23. On sait que, dans l'ancienne langue, le complément du comparatif se rendait non par *que*, mais par *de*. En voici un exemple dans un texte latin du IXe siècle : Accentus est anima verborum sive vox syllabæ, quæ in sermone plus sonat de ceteris syllabis, *Revue critique*, 8 février 1873, p. 87. || 24. Voy. pour l'emploi de *de* comme particule nobiliaire, le mot NOBILIAIRE.

† **DEBAB** (de-bab'), *s. m.* Nom arabe du taon. D'après les Arabes, c'est la piqûre de la mouche que nous nommons taon, et qu'ils appellent debab, qui occasionne toutes les maladies mortelles du dromadaire, CARBUCCIA, *du Dromadaire*, Paris, 1853, p. 84. || Le temps du debab, locution couramment employée dans les récits algériens, le temps de la chaleur pendant lequel le taon pique avec le plus d'acharnement.

DÉBAGOULER. — HIST. XVIe s. *Ajoutez :* Dieu sçait come [un prédicant] se desbagoloit contre ce paouvre prebstre, BONIVARD, *Advis et devis*, p. 144.

† **DÉBALLE** (dé-ba-l'), *s. f.* Terme de forestier. Nom donné à deux planches irrégulières, qu'on enlève à la scie sur une pièce de bois après un équarrissage grossier, et qui sont d'une épaisseur assez forte pour emporter une bonne partie d'aubier sur leurs bords en laissant à la pièce deux belles faces planes, NANQUETTE, *Exploit. débit et estim. des bois*, Nancy, 1868, p. 71.

DÉBALLER. *Ajoutez :* || Fig. Déballer sa marchandise, montrer ce qu'on peut, ce qu'on sait, ce dont on est capable. Je m'en irai sans avoir déballé ma marchandise, *Mot du marquis de Lassay* (né en 1652, mort en 1738), *à propos de l'inutilité où on l'avait laissé*.

† **DÉBALLEUR** (dé-ba-leur), *s. m.* Marchand de passage qui fait des déballages de marchandises dans les villes qu'il parcourt. Le nommé G.... ancien marchand déballeur.... *Gaz. des Trib.* 12 sept. 1875, p. 883, 4e col.

† **DÉBARAQUEMENT** (dé-ba-ra-ke-man), *s. m.* Action d'ôter les planches qui entourent provisoirement un objet, une statue, etc. Le débaraquement du piédestal achevé, *le Temps*, 19 mars 1873, 4e col.

† **DÉBARQUAGE** (dé-bar-ka-j'), *s. m.* Action de débarquer, de tirer d'une barque. Nous brûlons du charbon de Charleroi ; il nous coûte : 13 fr. 50 la tonne sur bateau à Charleroi ; 14 fr. pour le transport et droit d'entrée ; 50 cent. de débarquage.... *Enquête, Traité de comm. avec l'Anglet.* t. III, p. 171.

† **DÉBARREUR** (dé-ba-reur), *s. m.* Débarreur d'étoffes, celui qui, opérant à la main, fait disparaître avec un pinceau les défauts de teinture existant dans les étoffes, *Journ. offic.* 8 janv. 1874, p. 200, 3e col.

† **DÉBASTILLEMENT** (dé-ba-sti-lle-man, *ll* mouillées), *s. m.* Sortie, mise hors de la Bastille, d'une prison. Il retomba dans les mêmes filets après son débastillement à l'époque de vendémiaire, BABEUF, *Pièces*, II, 27.

† **DÉBATTEMENT** (dé-ba-te-man), *s. m.* Action de se débattre. Le débattement d'une âme perplexe et travaillée, MALH. *Lexique*, éd. L. Lalanne.

DÉBAUCHE. *Ajoutez :* || 5° Au propre, action de se déranger du travail. L'horloge, se vantant qu'elle était admirable, Disait : on ne voit rien qui me soit comparable.... Je marche sans débauche, afin d'apprendre aux gens Ce qu'ils ont d'heures, de moments, Pour employer à leur affaire, LA FONT. *Œuvres inédites*, Paul Lacroix, édit. de 1863, p. 17.

— ÉTYM. *Ajoutez :* Saintonge, *bauche*, une tâche : Un tel a commencé une bauche de tant de mètres, de sorte que *débaucher* est bien faire cesser une *bauche*, une tâche, un travail, et *embaucher*, commencer une tâche.

† **DÉBAVER** (dé-ba-vé), *v. a.* Enlever des cocons les réseaux diffus de folle soie dont ils sont entourés et qui les tenaient suspendus aux bruyères.

† **DÉBAVURE** (dé-ba-vu-r'), *s. f.* Le produit de l'action de débaver. Les débavures des frisons.

DÉBILE. *Ajoutez :* || Par extension. Dessin débile, dessin qui manque de vigueur. Celui qu'il a fait [un tableau] ne colore pas mal ; le dessin en est fort débile, *Lettre de Mignard*, dans *Revue des documents historiques*, 3e année, n° 25, avril 1875, p. 2.

DÉBILITER. *Ajoutez :* || 2° Fig. Crois-tu qu'aimant Daphnis, le titre de son père Débilite ma force, ou rompe ma colère ? CORN. *Suiv.* IV, 10. Il [Tibère] crut véritablement que ce deuil ralentirait l'ardeur des soldats, et qu'un souvenir si funeste leur débiliterait le courage, PERROT D'ABLANCOURT, *Tacite, Annales*, I, 62.

† **DÉBIRENTIER** (dé-bi-ran-tié), *s. m.* Celui qui a une rente à son débit. L'encaissement de divers capitaux remboursés par des débirentiers, *Gaz. des Trib.* 24 sept. 1870.

DÉBIT. *Ajoutez :* — REM. Au XVIIe siècle, on disait débite au féminin : Il y a en ce pays [Besançon] une si grande abondance de blé, que ce qui valait l'année dernière 6 livres 5 sols, ne vaut à présent que 22 sols, parce qu'il n'y a point de débite, BOISLISLE, *Corresp. contrôl. gén. des finances*, p. 390, 1695.

† **DÉBITE** (dé-bi-t'), *s. f.* Terme d'administration des finances. Vente des papiers timbrés. Si quelque bureau présentait une débite excédant celle des trimestres précédents, *Circulaire*, 17 messidor, an III. Les papiers sujets au timbre et destinés à la débite, *Décret du 7 avril* 1853, art. 1.

2. **DÉBITEUR.** || 1° *Ajoutez :* || Rester débiteur à quelqu'un. Il faut ou que je tire de ma poche ces cent louis pour vous les rendre, ou que je vous en reste débiteur, J. J. ROUSS. *Lettre à Du Peyrou*, 29 avril 1768.

— HIST. *Ajoutez :* XIIe s. Bons estoie, de gré sui chaüz ; frans estoie, de mon gré sui faiz datres de mort, BONNARDOT, *Texte lorrain*, dans *Romania*, t. V, p. 291 (*datre* est au nominatif, très-correctement formé du lat. *debitor*, accent sur *de*).

† **DEBITIS** (dé-bi-tis'). Terme de droit ancien. Lettres de debitis, lettres de chancellerie, usitées dans certaines provinces, notamment en Franche-Comté, qui donnaient force exécutoire à des actes qui, bien que authentiques, n'emportaient pas exécution forcée (DALLOZ).

DÉBOIRE. *Ajoutez :* || 3° Opération par laquelle on vide les viviers, au bord de la mer ; on lève la vanne à marée descendante, H. BOUT, *Rev. britannique*, avril 1875, p. 428.

† **DÉBOÎTAGE** (dé-boi-ta-j'), *s. m.* Terme de relieur. Action de retirer un livre de la reliure, *Journ. offic.* 20 avril 1876, p. 2824, 3e col.

† **DÉBONDANT, ANTE** (dé-bon-dan, dan-t'), *adj.* De qui débonde, coule en abondance ceci ou cela. Il était tout débondant d'histoires réjouissantes et de bouffonneries,... MM. DE GONCOURT, *Germinie Lacerteux*, ch. XLIX.

DÉBONNAIRETÉ. *Ajoutez :* Ma mémoire remplira tous les jours de ma vie de la grandeur de votre débonnaireté [ô Dieu], si doucement exercée en mon endroit, ST FRANÇOIS DE SALES, *Introduction à la vie dévote*, I, 10.

† **DÉBORDANT, ANTE** (dé-bor-dan, dan-t'), *adj.* Qui déborde, qui passe les limites. Il se peut que le prince Nicolas [du Montenegro] et le prince Milan [de la Serbie] soient impuissants à contenir l'ardeur débordante de leurs sujets, et que ces deux États prennent part à la lutte, DE MOLINARI, *Journ. des Débats*, 13 juin 1876, 1re page, 6e col. Si son érudition [de Martin Despois, avocat à Bordeaux, en 1600] est trop débordante et polyglotte, REINHOLD DEZEIMERIS, *Note complémentaire sur Martin Despois*, p. 148.

† **DÉBORDÉMENT.** *Ajoutez :* — HIST. XVIe s. Si bien qu'on disoit qu'il lui avoit appris à jurer aussi debordément qu'il faisoit, BRANT. *Cap. fr.* t. IV, p. 6.

DÉBORDER. *Ajoutez :* || 17° Écarter du bord les bois de flottage qui s'y sont arrêtés. On déborde, à l'aide des mêmes instruments [crocs], les derniers bois restés le long du ruisseau, en commençant par le haut, *Mém. de la Soc. centr. d'Agric.* 1873, p. 259.

† **DÉBOSQUAGE** (dé-bo-ska-j'), *s. m.* Sortie du bois. Voilà donc douze traverses dont le débosquage coûte 8 francs, *Enquête sur les incendies des Landes*, p. 69, 1873. Ces calculs sont toujours établis sur un trajet de 15 kilomètres que la paire de mules fera dans sa journée, à charge dans le sens du débosquage et à vide au retour, *ib.* p. 70.

— ÉTYM. *Dé*.... préfixe, et *bosc*, ancienne forme de *bois* (voy. BOIS et BOSQUET).

† **DÉBOUCHOIR.** *Ajoutez :* || 2° Sorte de bâton de bois terminé en pointe, qui sert à dégager le soc de la charrue quand il est recouvert de terre. L'accusé aurait reçu sur le bras droit un coup de débouchoir, *Gaz. des Trib.* (cour d'assises du Loiret), 1er nov. 1874, p. 1048, 1re col. || 3° Nom, en général, de tout instrument qui sert à déboucher. Débouchoir pour déboucher les évents des fusées de projectiles.

† **DÉBOUCHURE** (dé-bou-chu-r'), *s. f.* Noyau de forme cylindrique expulsé par un trou percé en une plaque, dans l'opération du poinçonnage.

2. **DÉBOUILLI.** *Ajoutez :* Et afin de connaître si le noir est par trop engallé et surchargé de galle, limaille de fer, ou moullée de taillandier, le débouilli s'en fera dans de l'eau claire avec du savon,... et après avoir bouilli un bouillon, si elle a été surchargée, elle deviendra rougeâtre, *Règlement sur les manufactures*, août 1669, *teinturiers en soie, laine et fil*, art. 82.

DÉBOUILLIR. *Ajoutez :* Les soies qui seront saisies comme prétendues de fausse teinture, seront débouillies par les gardes ou jurés teinturiers en présence de...., *Règlement sur les manufactures*, août 1669, *teinturiers en soie, laine et fil*, art. 81. Les draps ou serges qui seront soupçonnés de fausses teintures seront débouillis suivant l'article 37, *Instruction aux jurés drapiers*, août 1669.

† **DÉBOUILLISSAGE.** *Ajoutez :* Les hommes sont employés au peignage et au tissage des toiles à voiles dans tous les travaux exigeant de la fatigue, tels que la préparation des fils, le débouillissage, le crémage, etc. *Enquête, Traité de comm. avec l'Anglet.* t. V, p. 61.

† **DÉBOULER** (dé-bou-lé), *v. n.* Terme populaire. Fuir précipitamment et, pour ainsi dire, en roulant. [Le magistrat de Worms] assure avoir notifié à M. Condé et compagnie de débouler grand train sans trompettes, *le Père Duchêne*, 272e *lettre*, p. 5. || Familièrement. Elle a déboulé, elle vient d'accoucher.

† **DÉBOURRAGE.** *Ajoutez :* || 2° Opération par laquelle le moût destiné à devenir vin de Champagne, sortant du pressoir et reçu dans des pipes de 5 à 6 hectolitres, laisse tomber un dépôt d'enveloppes du grain, pépins, débris de rafle, parcelles ligneuses, terre, etc.

DÉBOURRÉ. *Ajoutez :* || Terme de maquignon. Cheval débourré, cheval qui a perdu l'embonpoint factice qu'on lui avait donné pour le vendre. Au bout de quelque temps, les fraudes se découvrent, l'embonpoint factice s'affaisse, les côtes reparaissent, et la bête est ce qu'on appelle débourrée, *le Siècle, feuilleton*, 22 mai 1867.

DÉBOURRER. *Ajoutez :* || 4° Fig. Se débourrer le cœur, donner issue aux sentiments qui nous pressent. On a impérieusement besoin de *sfogarsi*, comme disent les Italiens ; on veut se débourrer le cœur, disons-nous avec moins d'élégance, sans doute, mais avec autant d'énergie, E. J. DELÉCLUZE, *Romans, etc.* p. 565, 1 vol. Charpentier, 1845, *Syligaïtha*. || 5° *V. n.* Sortir de la bourre, en parlant des bourgeons et particulièrement de ceux de la vigne. Les travaux de la vigne sont bien en retard ; car la plante débourre largement sous l'influence des chauds rayons du soleil, et les façons qui restent à lui donner sont de nature à compromettre une foule de ses précieux bourgeons, *le Médocain*, dans *Journ. des Débats*, 12 avril 1876, 2e page, 6e col.

DEBOUT. *Ajoutez :* || 9° Sape debout, voy. SAPE. || 10° *S. m.* Terme d'ancienne coutume, en Bretagne. Debouts à éteinte de chandelle, vente qui se faisait à l'aide de bougie ou à extinction de feu.

DÉBOUTÉ. *Ajoutez :* || 2° *S. m.* Terme de pratique. Rejet d'une demande au fond. Le débouté d'opposition est le jugement ou l'arrêt qui rejette une opposition à une décision rendue par défaut. || Un débouté, un plaideur dont la demande est rejetée.

DÉBRAILLER. — ÉTYM. *Ajoutez : Braiel*, ceinture qu'on mettait au-dessus des braies, est le *brachile* ou *bracile* de DU CANGE.

† **DÉBRAYAGE.** *Ajoutez :* || Autre forme de désembrayage.

† **DÉBRAYER** (dé-brè-ié), *v. a.* Autre forme de désembrayer.

† **DÉBRICOLER** (dé-bri-ko-lé), *v. a.* Ôter la bricole, DELBOULLE, *Gloss. de la vallée d'Yères*, p. 102.

† **DÉBROCHAGE.** *Ajoutez :* || 2° Action d'enlever la couverture d'un livre broché. § 1er débrochage, § 2e collationnement, *Manuel du relieur*, p. 13 et 14, Roret, 1827.

† **DÉBROCHER.** *Ajoutez :* || Défaire un livre broché. Un morceau de papier qu'on a arraché de la couverture d'une brochure en la débrochant pour la relier, *Manuel du relieur*, p. 128, Roret, 1827.

† **DÉBROUILLARD** (dé-brou-llar, *ll* mouillées), *s. m.* Celui qui facilement se débrouille, se tire d'embarras. Il [le voyageur français] se résigne aux mauvais gîtes, aux mauvais repas ; il se tire aisément des mauvais pas, et il est, comme l'on dit en l'argot des ateliers, débrouillard, CH. BIGOT, *Journ. offic.* 8 déc. 1876, p. 9133, 2e col.

† **DÉBROUSSAILLEMENT** (dé-brou-sâ-lle-man, *ll* mouillées), *s. m.* Arrachage des morts-bois. La dépense moyenne à laquelle donne lieu le débroussaillement d'un hectare, varie entre 80 et 100 francs, H. FARÉ, *Enquêtes sur les incendies des forêts*, p. 18.

† **DÉBROUSSAILLER** (dé-brou-sâ-llé, *ll* mouillées), *v. a.* Arracher les morts-bois, les broussailles. Les chênes-liéges malades se rencontrent surtout dans les terrains les plus fertiles et les mieux débroussaillés, H. FARÉ, *Enquête sur les incendies des forêts*, p. 36. || Fig. En professeur habile et expérimenté qui connaît le fort et le faible des débutants [dans l'étude de l'arabe], M. Cherbonneau s'est fait un devoir de leur aplanir la route ; il l'a débroussaillée, pour ainsi dire, et débarrassée de ses épines, *Journ. offic.* 18 mars 1876, p. 1909, 3e col.

— ÉTYM. *Dé*..., préfixe, et *broussailles*.

† **DÉBROUSSAILLEUR** (dé-brou-sâ-lleur, *ll* mouillées), *s. m.* Ouvrier qui débroussaille. Après avoir été utilisés comme gardes débroussailleurs, ils exerçaient dans la saison sèche une surveillance effective, FARÉ, *Enquête sur les incendies des forêts*, p. 71.

† **DÉCADENT, ENTE** (dé-ka-dan, dan-t'), *adj.* Néologisme par latinisme individuel. Qui est en décadence. Entre un peuple décadent et, paraît-il, épuisé, qui enfante encore de tels œuvrages, et des nations toutes neuves, E. BERGERAT, *Journ. offic.* 25 août 1874, p. 6158, 2e col.

— ÉTYM. Voy. DÉCADENCE.

DÉCAISSÉ. *Ajoutez :* || 2° Tiré de la caisse d'une entreprise financière. Nous voyons une attribution d'intérêt fixe de 3 p. 100 sur le capital nominal, et un intérêt beaucoup plus élevé sur le montant des sommes décaissées par le public, *Consultation d'avocats*, citée dans la *Liberté*, 13 mars 1870.

† **DÉCAISSEMENT** (dé-kè-se-man), *s. m.* Action de décaisser.

† **DÉCALCOMANIE** (dé-kal-ko-ma-nie), *s. f.* Mode, manie de décalquer. Telle fut au XVIIIe siècle la mode du parfilage et des découpures, qui s'est reproduite de nos jours sous le nom de décalcomanie.... *Journ. offic.* 8 janv. 1876, p. 205, 3e col.

† **DÉCANILLER.** — ÉTYM. *Ajoutez :* M. Petilleau suggère une autre étymologie. Il pense bien que *décaniller* est une forme de *décheniller*, mais que ce *décheniller* renferme non pas *chenille*, mais *chenil*, de sorte que *décaniller* serait faire sortir du chenil. Il remarque que l'anglais, qui de *chenil* a fait *kennel*, a *unkennel* pour dire faire sortir du chenil.

† **DÉCANONISER.** *Ajoutez :* — HIST. XVIe s. Le troisième exemple est des miracles d'un moine qui fut quasi aussitost decanonizé que canonizé en la ville de Venise, H. ESTIENNE, *Apol. d'Hérod.* t. II, c. 39.

† **DÉCANTEUR** (dé-kan-teur), *s. m.* Appareil propre à opérer la décantation.

† **DÉCAPITALISATION** (dé-ka-pi-ta-li-za-sion), *s. f.* Action de décapitaliser. Vous pouvez en être certains, la décapitalisation de Paris, c'est évidemment une diminution du pays, *Journ. offic.* 8 sept. 1871, p. 3294, 1re col.

† **DÉCAPITALISER** (dé-ka-pi-ta-li-zé), *v. a.* Ôter à une ville la qualité de capitale. Nous ne voulons point, comme on nous le reproche par une expression, permettez-moi de le dire, barbare, nous ne voulons point décapiter la France en décapitalisant Paris, *Journ. offic.* 8 sept. 1871, p. 3294, 1re col.

DÉCAPITÉ. *Ajoutez :* || 4° *S. m.* Chez les escamoteurs, le décapité parlant, tête qui est censée coupée et qui répond aux questions des spectateurs.

† **DÉCARBURATEUR, TRICE** (dé-kar-bu-ra-teur, tri-s'), *adj.* Qui produit la décarburation. Arrêter les courants décarburateurs d'air, de vapeur, ou, pour mieux dire, d'oxygène, *Acad. des sc. Comptes rendus*, t. LXII, p. 88.

† **DÉCARDINALISER.** *Ajoutez :* On croit qu'il [Mazarin] ne fait cela que par la peur qu'il a d'être décardinalisé du pape et même excommunié, GUI PATIN, *Lettres*, t. II, p. 386.

† **DÉCASEMENT** (dé-ka-ze-man), *s. m.* Action d'ôter des cases. En 1868, le nombre d'accostages s'éleva à 16, on passa 10 heures sur la roche pour percer 40 trous et s'occuper du décasement, la dépense fut de 21 000 francs, *le Moniteur de la flotte*, 7 sept. 1873, p. 285, 2e col. (il s'agit d'une construction sur un rocher isolé en mer).

† **DÉCASER.** *Ajoutez :* — HIST. XIIIe s. Mors set mout tost fol acoisier; Mors a mout tost de son arcier Descasée l'ame dolente, *Miserere du reclus*, 225.

† **DÉCASQUER** (dé-ka-ské), *v. a.* Enlever le casque de quelqu'un, VOLT.

† **DÉCAVAILLONNER** (dé-ka-va-llo-né, *ll* mouillées), *v. a.* Déchausser la vigne, se dit dans la Vienne, *les Primes d'honneur*, Paris, 1872, p. 304.

† **DÉCEMBRISADE** (dé-san-bri-za-d'), *s. f.* Mot formé à l'imitation de septembrisade et qui se dit de la tuerie qui eut lieu à Paris, lors du coup d'État de décembre 1851. Je n'entends pas et je ne veux pas entendre ces interruptions de mauvais goût qui nous entraîneraient à parler, après les septembrisades, des décembrisades, LAUSSEDAT, *Journ. offic.* 7 juin 1876, f. 3909, 1re col.

† **DÉCEMDIURNE** (dé-sèm'-di-ur-n'), *adj.* Qui revient, se produit tous les dix jours. Les perturbations périodiques et décemdiurnes de la température sont liées à l'apparition périodique de matières cosmiques dans le milieu interplanétaire, CH. SAINTE-CLAIRE DEVILLE, *Acad. des sc. Comptes rend.* t. LXXXI, p. 711.

— ÉTYM. Lat. *decem*, dix, et *diurnus*, quotidien (voy. JOUR).

DÉCEMMENT. *Ajoutez :* || 3° Agréablement, avec grâce. Mais vous avez Dracon, le joueur de flûte : nul autre de son métier n'enfle plus décemment ses joues en soufflant dans le hautbois ou le flageolet, LA BRUY. III. C'est un latinisme : junctæque nymphis Gratiæ decentes, HOR. *Od.* I, 4.

DÉCENCE. *Ajoutez :* || Au pluriel : Elles [les mœurs] exigent des décences et pardonnent des vices, DUCLOS, *Mœurs*, 4.

† **DÉCENTRAGE** (dé-san-tra-j'), *s. m.* Action de décentrer un instrument d'optique, synonyme de décentration, CH. ROBIN, *Traité du microscope*, Paris, 1876, p. 55.

† **DÉCHANOINISER** (dé-cha-noi-ni-zé), *v. a.* Faire sortir de l'ordre des chanoinesses. Heureux celui dont la tendresse.... nous la déchanoiniserai DECOURCHAMP, *Souv. de la marq. de Créquy*, II, 6.

DÉCHARGE. *Ajoutez :* || 12° Terme de contributions directes. Action de retirer à un contribuable une imposition, quand il a été imposé pour un bien qu'il n'a pas. || 13° Terme de turf. Allégement, en faveur d'un cheval, d'une partie du poids exigé des autres chevaux.

† **DÉCHARMER** (dé-char-mé), *v. a.* Faire cesser un charme, le charme.

— HIST. XVIe s. ...Jouyssance Qui vous deust decharmer de la feinte apparance De ces ombres d'honneur qui vous vont decevant, DESPORTES, *Diverses amours*, *Sonnet* V.

— ÉTYM. *Dé....* préfixe, et *charmer*.

† **DÉCHATONNER** (dé-cha-to-né), *v. a.* Terme de vétérinaire. Détacher, en introduisant la main dans l'utérus des femelles des ruminants domestiques, le placenta des cotylédons ou chatons, quand il tarde à sortir.

† **DÈCHE** (dè-ch'), *s. f.* Terme populaire. Misère. Tomber dans la dèche, PRIVAT D'ANGLEMONT, *Article sur Laloue*.

DÉCHET. || 1° *Ajoutez :* || Fig. Sans elle [la retraite], vous ne trouverez jamais que du déchet en votre âme, du désordre dans votre conscience, et du trouble dans votre cœur, BOSS. *Sermons*, 3e *exhort. pour une visite*.

— HIST. *Ajoutez :* XIIIe s. Il [les orfèvres] dient; tant pesant reçui; Veez en ci autant; quites sui; Paiez la peine et le dechiet, *le Dit des mestiers*, dans TARBÉ, *Poëtes de Champagne*, p. 56.

† **DÉCHETEUX, EUSE** (dé-che-teû, teû-z'), *adj.* Qui offre du déchet, en parlant des fils de soie qu'on dévide.

† **DÉCHEVILLER.** — HIST. *Ajoutez :* XIIIe s. ...Liquel estal tiennent et doient tenir asdites maisons à mortaises et à chevilles; et que cele Rose avoit un des estaus ostet, disjoint et deschevilliet de l'une des dites maisons (1289), VARIN, *Archives admin. de la ville de Reims*, t. I, 2e partie, p. 1041.

DÉCHIQUETER. — HIST. *Ajoutez :* XIIIe s. A ceaus dou chastel enquis a Com faites armes cil portoient Qui à lui combatre devoient; Et on li dist d'un escu noir A un eschiketé sautoir De blanc et de gueules portoit Cil qui dou chastel sire estoit, ADENES, *Cleomades*, publié par van Hasselt, v. 9874.

DÉCHIRÉ. *Ajoutez :* || 7° Fig. Conceptions déchirées, idées sans suite, décousues. Je laisserais cela pour les orateurs et vous laisserais voir mes conceptions ni trop bien en point, ni trop déchirées, MALH. *Lexique*, éd. L. Lalanne.

† **DÉCHIREUR.** *Ajoutez :* || Déchireur de chiffons et vieilles étoffes de laine par procédés mécaniques, *Tarif des patentes*, 1858.

† **DÉCHRISTIANISATION** (dé-kri-sti-a-ni-za-sion), *s. f.* Action de déchristianiser. Sous le nom de cléricalisme, c'est le christianisme qu'ils attaquent, c'est à l'Église qu'ils en veulent, c'est la religion qu'ils outragent, c'est la déchristianisation de la France qu'ils poursuivent, DUPANLOUP, *Où allons-nous?* Paris, 1876, p. 33.

— REM. Le mot paraît être de Michelet : la déchristianisation des races latines. Mais j'ignore où est le passage.

† **DÉCHRISTIANISER.** *Ajoutez :* On ne saurait nier que la franc-maçonnerie, le positivisme et le radicalisme font en ce moment les derniers efforts pour déchristianiser la France, DUPANLOUP, *Où allons-nous?* Paris, 1876, p. 34.

† **DÉCIATINE** (dé-si-a-ti-n'), *s. f.* Mesure agraire russe, correspondant à 5121 ou 6821 mètres carrés, suivant les localités.

— ÉTYM. Russe, *deciat*, dix, parce que, primitivement, elle était partagée en dix parties égales.

DÉCIDER. *Ajoutez :* — REM. J. J. Rousseau l'a dit pour : attester, constater décidément. Je vous remercie, monsieur, de votre dernière pièce et du plaisir que m'a fait sa lecture : elle décide le talent qu'annonçait la première, *Lettre à Chamfort*, 6 octobre 1764. Cela n'est pas bon.

† **DÉCIMALITÉ** (dé-si-ma-li-té), *s. f.* Caractère décimal. Ce système [le système métrique] a une qualité essentielle que personne ne conteste, dont tout le monde reconnaît les avantages : c'est la décimalité, c'est la facilité qu'il présente de diviser et de multiplier par 10 toutes les mesures à l'infini, BONNET, *Rev. des Deux-Mondes*, décembre 1869, p. 643. Le maintien de la décimalité dans le poids [de la monnaie d'or], *Journ. des Déb.* 13 sept. 1873, 2e p. 4e col.

1. **DÉCIME.** *Ajoutez :* || 3° Décime de guerre, impôt établi par une loi de l'an XII pour faire face aux frais de guerre, et que depuis lors tous les budgets ont maintenue.

2. **DÉCIME.** *Ajoutez :* || *Adj.* Dans le titrage des métaux précieux, liqueur décime, solution de sel marin, dont il faut un litre pour précipiter un gramme d'argent, et liqueur décime d'argent, solution de sel marin qui renferme un gramme d'argent dans un litre, *Fonderie des métaux précieux*, *Quinquandon fils*, Paris, 1872, p. 35.

† **DÉCIRER.** *Ajoutez :* Au logis il fut retiré, Débotté, frotté, déciré, *Voy. de Bachaumont et La Chapelle*, p. 7, La Haye, 1714.

DÉCISION. — HIST. *Ajoutez :* XIVe s. Attendu que à nous ou à nostre court de parlement, et non à autre, appartient la congnoissance, decision, interpretacion ou declaracion de nos chartres et privileges, *Mandements de Charles V*, 1377, Paris, 1874, p. 816.

DÉCLAMATEUR. *Ajoutez :* || 4° *Au fém.* Déclamatrice, celle qui déclame, qui sait déclamer. Comme chanteuse et comme déclamatrice, l'éducation de Mlle E. paraît presque entièrement terminée, E. GAUTIER, *Journ. offic.* 7 nov. 1876, p. 8006, 3e col.

† **DÉCLAMATIF, IVE** (dé-kla-ma-tif, ti-v'), *adj.* Qui se rapporte à la déclamation, à la récitation. Dans le second acte de l'*Obéron*.... les formes déclamatives plutôt que mélodiques de l'opéra moderne sont absolument trouvées, les accents, comme on dit aujourd'hui, ont remplacé le motif, E. GAUTIER, *Journ. offic.* 13 juin 1876 p. 4134, 2e col.

DÉCLAMATOIRE. || 2° *Ajoutez :* Le ministre en cet endroit sur mon esprit déclamatoire [expression de Jurieu].... BOSS. 6e *avert.* 114. || 3° *S. m.* Le déclamatoire, morceau écrit en style déclamatoire. Je ferai un feu de joie, lorsque Diderot sera nommé [à l'Académie française], et je l'allumerai avec le réquisitoire de Joly de Fleury et le déclamatoire de Lefranc de Pompignan, VOLT. *Lett. à d'Alembert*, 9 juill. 1760.

† **DÉCLAMATOIREMENT** (dé-kla-ma-toi-re-man), *adv.* Néologisme. D'une façon déclamatoire. Fidèle, du moins dans la pratique, aux principes qu'il étalait un peu déclamatoirement, Baculard d'Arnaud se montrait doux aux faibles et secourable aux débutants, M. DE LESCURE, *Journ. offic.* 17 juin 1875, p. 4375, 2e col.

† **DÉCLARABLE.** *Ajoutez :* Les mutations par décès n'y sont pas [en Corse] déclarables obligatoirement dans un délai déterminé, *Journ. des Débats*, 25 sept. 1876, 2e page, 2e col.

† **DÉCLASSIFIER** (dé-kla-si-fi-é), *v. a.* || 1° Néologisme. Défaire une classification. || 2° *V. réfl.* Se déclassifier, sortir des classifications. Non content d'épurer jusqu'au raffinement son esthétique et sa pratique, l'art se déclassifie et s'universalise; il franchit des limites arbitraires [à propos des peintures de sculpteurs], E. BERGERAT, *Journ. offic.* 9 juin 1876, p. 4005, 3e col.

† **DÉCLENCHEMENT.** *Ajoutez :* || 2° Tout dispositif qui, par sa position, arrête ou laisse se produire le mouvement d'une machine. || 3° Action de le mettre dans la position qui permet à la machine de marcher.

† **DÉCLENCHER.** *Ajoutez :* Tous les kilomètres, le train [de la poste atmosphérique] déclenchera lui-même un butoir qui ouvrira une communication entre la conduite et un réservoir sous pression, H. DE PARVILLE, *Journ. offic.* 3 juin 1875, p. 3960, 2e col. *Ajoutez :* || 2° Opérer le déclenchement.

— REM. On le trouve écrit *déclancher*; mais c'est une erreur, puisqu'il vient de *clenche*. En basse Normandie, il se dit populairement pour : parler. Il est resté là une heure sans déclencher [sans desserrer les dents].

† **DÉCLÉRICALISER** (dé-klé-ri-ka-li-zé), *v. a.* Ôter le caractère clérical, la tendance cléricale. Il [le duc de B....] suppliait tous les publicistes qu'il avait l'occasion de voir, de décléricaliser le gouvernement du maréchal devant l'opinion de l'Europe, *Journ. de Genève*, 23 sept. 1873.

† **DÉCLIC.** *Ajoutez :* — HIST. XIVe s. Pour un déclichement refaire à espringale (1347), VARIN, *Archives administratives de la ville de Reims*, t. II, 2e part. p. 1139.

DÉCLINER. *Ajoutez :* — REM. La *Grammaire des grammaires* dit que l'Académie prononça le 3 juin 1679 : « La règle est faite; on ne déclinera plus les participes présents. » Autrefois, où l'on assimilait la langue française à la langue latine, on parlait de déclinaisons pour les substantifs et les adjectifs. Aujourd'hui l'on ne dit plus décliner, en parlant des mots français que l'on met au pluriel; et l'on exprimerait la pensée de l'Académie ainsi : on n'accordera plus les participes présents.

† **DÉCLIQUETIS** (dé-kli-ke-ti), *s. m.* Synonyme de déclic. On peut adapter aux métiers un décliquetis qui débraye le métier par le fait même de la rupture du fil, *Enquête, Traité de comm. avec l'Angl.* t. III, p. 717.

DÉCLOUER. — HIST. *Ajoutez :* XIIe s. Il a [il y a] un fevre chi devant Qui le descloera [un cheval encloué] si bien Qu'il ne s'en sentira de rien, *Perceval le Gallois*, v. 41496.

† **DÉCOCONNAGE** (dé-ko-ko-na-j'), *s. m.* Action de décoconner, de détacher des bruyères le cocon. Montée, coconnière, décoconnage, traitement des cocons, *Progr. de l'École d'agric. de Montpellier*, *Journ. offic.* 6 mai 1874, p. 3124, 2e col.

† **DÉCOINCER.** *Ajoutez :* || 2° Retirer les coins qui maintiennent un objet.

† **DÉCOLLETAGE.** *Ajoutez :* || 2° Néologisme. Action de couper un vêtement de manière qu'il dégage le cou, de se décolleter. Le modèle est en pied, vêtu selon la mode de 1840, d'une robe de velours noir courte de jupe, la ceinture placée très-bas, et le corsage échancré en pointe, selon le décolletage dit à l'américaine, *le Figaro*, 9 juin 1876. Rappelez-vous les caprices de ces sculpteurs italiens qui habillent d'un fin tissu de beaux corps antiques, et dites-moi si ces formes à demi voilées ne luttent pas en hypocrisie provocatrice avec les décolletages les plus franchement professés, *le Temps*, 10 janv. 1877, 2e page, 5e col.

DÉCOLLETER. *Ajoutez :* || Terme de monnayage. Décolleter un coin, en dégager la partie supérieure de manière à lui donner les dimensions exactement exigées.

† **DÉCOLLEUR.** *Ajoutez :* — REM. Un écrivain définit autrement le décolleur : Dès qu'il [le poisson] arrive à bord, les trancheurs enlèvent la tête, les décolleurs l'arête médiane.... *Rev. des Deux-Mondes*, 1er nov. 1874, p. 116.

† **DÉCOMBINAISON** (dé-kon-bi-nè-zon), *s. f.* Terme de chimie. Action par laquelle des particules sortent de leur combinaison.

† **DÉCOMBLEMENT** (dé-kon-ble-man), *s. m.* Action de décombler, d'ôter ce qui comble. Loi relative au décomblement du chenal du port d'Ostende, *Décret du 29 floréal an X*, dans *Bullet. des lois*, n° 193, p. 333.

DÉCOMBRER. *Ajoutez :* Quand toutes les cheminées avec les entre-sols seront dans la rivière, il faudra bien d'autres travaux pour décombrer le lit de la Seine, MERCIER, cité par MAXIME DU CAMP, *Rev. des Deux-Mondes*, 1er nov. 1867, t. LXXII, p. 169.

DÉCOMBRES. || Fig. *Ajoutez :* L'esprit des temps passés, errant sur leurs décombres, Jette au gouffre éternel tes anges mutilés, A. DE MUSSET, *Rolla*.

† **DÉCOMMETTAGE** (dé-ko-mè-ta-j'), *s. m.* Terme de corderie. Action de décommettre. Le décommettage des torons.

† **DÉCOMPOTER** (dé-kon-po-té), *v. a.* En Normandie, changer le mode des semences et le temps des engrais pour la terre, DELBOULLE, *Gloss. de la vallée d'Yères*, p. 103.

— ÉTYM. *Dé...*, préfixe, et *compost*.

† **DÉCOMPRESSION** (dé-kon-pré-sion), *s. f.* Action de décomprimer. || Dans les travaux à air comprimé et ailleurs, nom donné à la diminution de la compression, à la rentrée dans l'air libre. Il a pu se produire ici le phénomène étudié par M. Bert sous le nom de décompression.... il nous semble probable que Sivel et Crocé-Spinelli seront morts des suites d'une décompression trop brusque, H. DE PARVILLE, *Journ. offic.* 22 avril 1875, p. 2918, 2e col.

† **DÉCOMPRIMER** (dé-kon-pri-mé), *v. a.* Dans les travaux à air comprimé, opérer la décompression. || Se décomprimer, *v. réfl.* Éprouver une décompression, sortir de l'air comprimé.

DÉCOMPTER. — HIST. *Ajoutez :* XIVe s. Se il se sont chargé et rendu en receptes aucunes debtes dont ils n'aient esté payé, ce leur sera descompté de ce qu'ilz devront par fin de leurs comptes (1333), VARIN, *Archives administrat. de la ville de Reims*, t. II, 2e part. p. 706.

† **DÉCONCERT.** *Ajoutez :* Il [ce malheur] a donné lieu à un grand déconcert entre toutes les personnes qui composaient cette flotte et devaient concourir à l'avantage de ce grand établissement, *Lettres de Colbert*, III, 2, p. 439.

† **DÉCONCERTEMENT.** || 1° *Ajoutez :* Depuis qu'on a juré la perte de Port-Royal, il n'y a plus que déconcertement dans nos conseils, que lâcheté dans nos généraux.... *Pièce janséniste*, dans SAINTE-BEUVE, *Port-Royal*, t. VI, p. 205, 3e édit. || 2° *Ajoutez :* M. de Staal chagrin du désagrément de ma réception ; moi tout étonnée de me trouver mariée ; le déconcertement se répandit dans la maison, STAAL, *Mém.* t. III, p. 178.

DÉCONFIT. *Ajoutez :* || 4° Terme de droit. Qui est en déconfiture. La taxe.... ne saurait être exigée de cette société après sa déconfiture.... cette dette n'est pas davantage exigible de la société déconfite et judiciairement mise en état de liquidation, *Gaz. des Trib.* 1er-2 fév. 1875, p. 105, 2e col.

DÉCONFORTER. || 1° *Ajoutez :* Le bruit de cette nouvelle, qu'on faisait courre, déconforta la Fronde à un point qui n'était pas imaginable, *Mém. du P. Berthod*, p. 585.

† **DÉCONSOLÉ.** — HIST. XVIe s. *Ajoutez :* Et mon ame déconsolée Se nourrit en l'obscurité, DESPORTES, *Diane*, II, 28.

† **DÉCONTENANCE.** *Ajoutez :* Un obstacle, ou même un écueil certain de la civilité, est la décontenance, s'il m'est permis d'employer ce terme, ou le déconcert de la personne ou de l'intérieur à l'égard de l'extérieur, A. COURTIN, *la Civilité française*, p. 249, Paris, 1695.

DÉCOR. *Ajoutez :* — REM. Il a d'abord été écrit décore. Mot que n'ont point encore adopté les lexicographes, bien qu'il soit d'un usage fort commun et d'une grande utilité, ce semble, pour signifier l'espèce d'ornements plus ou moins fragiles, et le genre de peinture et de sculpture plus ou moins grossières, mais à l'effet, qu'on applique aux édifices éphémères et postiches destinés aux fêtes et aux cérémonies publiques, ou dans les lieux de réunions populaires où l'on veut, à peu de frais, éblouir les yeux, BOULARD, *Dictionn. des arts du dessin*, *Décore*, 1826.

† **DÉCORATIF.** *Ajoutez :* || Musique décorative, musique purement orchestrale qui se fait entendre, sans chant, dans certaines situations du drame musical, pour ajouter accessoirement à l'impression de la musique et du décor (GOUNOD).

DÉCORATION. — HIST. *Ajoutez :* XVe s. Pour la fortification, decoration et bonne police d'icelle [ville de Paris], *Ordonn. du 12 août 1405*, dans *Ordonn. des rois de France*, t. IX, p. 703.

† **DÉCORATIVEMENT** (dé-ko-ra-ti-ve-man), *adv.* D'une façon décorative. Ces figures [des danseuses d'Herculanum], traitées décorativement, ne posent pas à terre, H. HOUSSAYE, *Rev. des Deux-Mondes*, 1er sept. 1874, p. 89.

DÉCORDER. — HIST. XVIe s. *Ajoutez :* Pourra faire desballer et descorder lesdites balles ou pacquès, MANTELLIER, *Gloss.* Paris, 1869, p. 25.

† **DÉCORTICAGE** (dé-kor-ti-ka-j'), *s. m.* Synonyme de décortication. Les expériences du décorticage [sur la vigne, pour la destruction du phylloxéra], *Acad. des sc. Comptes rendus*, t. LXXXIII, p. 1086.

DÉCORUM. *Ajoutez :* — REM. Le Poussin a employé ce mot dans le sens de décoration. Puis viennent l'ornement, le décorum, la beauté, la grâce, la vivacité, le costume, la vraisemblance et le jugement partout, *Lett. du Poussin*, 7 mars 1665, dans J. DUMESNIL, *Hist. des amat. ital.* p. 542.

† **DÉCOSTUMER (SE)** (dé-ko-stu-mé), *v. réfl.* Quitter un costume. Deux masques, deux artistes, en rentrant du bal dans leur modeste logis, se sont mis à faire de la musique, sans prendre le temps de se décostumer, BÜRGER, *Salons de 1861 à 1868*, t. I, p. 387.

DÉCOUCHER. *Ajoutez :* || 4° *S. m.* Le découcher, la nuit passée hors de chez soi. || Frais de découcher, allocation que certaines administrations payent à leurs agents, employés ou ouvriers, lorsqu'ils sont obligés de découcher pour les besoins de leur service.

DÉCOULER. — REM. *Ajoutez :* || 2. Racine l'a employé au sens d'être issu. Un sang digne des rois dont il est découlé, RAC. *Théb.* III, 3. Critiqué, avec raison, par L. Racine.

† **DÉCOUPE** (dé-kou-p'), *s. f.* Terme de forestier. Action de couper le bois pour les usages auxquels on l'emploie. Découpe et dressage des bois de corde, NANQUETTE, *Exploit. débit et estim. des bois*, Nancy, 1868, p. 22. La découpe des fortes pièces, *ib.* p. 23. Autrefois [dans le comté de Nice] on employait trois systèmes principaux de vidange : 1° le petit flottage pour les billots ; 2° la découpe sur place et le transport à dos de mulet pour les planches et chevrons ; 3° le traînage et le grand flottage pour les poutres, L. GUIOT, *Mém. Soc. centr. d'Agr.* 1874, p. 173. Découpe et dressage de la charbonnette, *École forestière*, *Programme*, 1876, p. 14.

† **DÉCOURONNER.** *Ajoutez :* — HIST. XIIIe s. Theoderis fut remandés, K'il orent congeé de France, Et descouronné par viltance, PH. MOUSKES, *Chronique*, v. 1613.

DÉCOUVERT. || 1° *Ajoutez :* || Planche découverte, gravure dans laquelle on a ôté leurs vêtements aux personnages. Et parmi ces planches, il y en a huit découvertes, ce qui veut dire qu'on a déshabillé les personnages ou tout au moins singulièrement écourté les costumes, CLÉRY, *Gaz. des Trib.* 16 mai 1875, p. 474, 4e col. || 6° *Ajoutez :* || Terme d'assurances. Le découvert, la partie non assurée d'une chose.

† **DÉCOUVREUR.** — REM. *Ajoutez :* || 2. On se trouve à l'entrée de la Terre promise ; et ce sont précisément ceux qui ne voulaient pas d'abord y pénétrer qui en deviennent pour ainsi dire les observateurs et les découvreurs. — *Un membre à droite.* Les découvreurs ! c'est un mot nouveau ! — *M. Gambetta.* Les inventeurs, si vous voulez, *Journ. offic.* 28 févr. 1873, p. 1442, 1re col. On peut voir à l'historique que découvreur n'est point un mot nouveau. Employé par Voltaire, on le trouve dans des textes du XVIe et du XVe siècle.

DÉCOUVRIR. *Ajoutez :* || 18° Neutralement. On dit que l'acier découvre, lorsque, dans la trempe, il se débarrasse de la pellicule noirâtre dont il s'enveloppe quand on le fait rougir entre les charbons.

† **DÉCRAYONNAGE** (dé-krè-io-na-j'), *s. m.* Action d'ôter ce qui encrasse. Cet appareil [fumivore Thierry] permet, dans un moment d'urgence, de marcher avec une grille très-encrassée, et il ranime vivement les feux après le décrayonnage, *Journ. offic.* 3 mars 1873, p. 1502, 3e col.

— ÉTYM. *Dé....* préfixe, et *crayon*, au sens de marne mêlée d'argile et de sable (voy. CRAYON, n° 7).

† **DÉCRÉMAGE** (dé-kré-ma-j'), *s. m.* Opération qu'on fait subir à la soie. Le savon jaune suif d'or, à résine et huile de palme, base de soude, employé dans le dégraissage du linge de couleur des artisans, et dans le décrémage de la soie en bottes, *Enquête, Traité de comm. avec l'Anglet.* t. VI, p. 372.

† **DÉCRÉPI, IE** (dé-kré-pi, pie), *part. passé* de décrépir. Qui est privé de son crépissage. Plus, une maison dont les murs sont en partie décrépis, *Affiches de ventes judiciaires*, 1862.

† **DÉCRÉPIR** (dé-kré-pir), *v. a.* Enlever le crépissage. Au besoin, MM. les architectes-voyers feront décrépir les murs lézardés, *Ordonnance de police*, 1857.

† **DÉCRÉPISSAGE** (dé-kré-pi-sa-j'), *s. m.* Action de décrépir ; état de ce qui est décrépi. Le décrépissage des murs pourra alors être exigé, *Ordonn. de police*, 1857.

DÉCRÉPITUDE. *Ajoutez :* — REM. Ce mot semblait étrange à Balzac : Si, pour entendre une langue, il en fallait apprendre deux, et que l'anxiété, la décrépitude et les irritaments du désespoir me fussent des paroles familières, *Lett. du 25 fév. 1624.* Il est cependant bien antérieur à l'époque de Balzac.

DÉCRET. *Ajoutez :* || 6° Dans les universités du moyen âge, la faculté de décret, la faculté du droit canonique, HAURÉAU, *Journ. des Débats*, 1er juin 1876, 3e page, 3e col.

† **DÉCREUSER** ou **DÉCRUER.** *Ajoutez :* Tous les maîtres teinturiers en soie seront tenus de bien et dûement faire cuire et décreuser toutes sortes de soies.... avec bon savon blanc, *Règlement sur les manufact.* août 1669, *Teinturiers en soie, laine et fil*, art. 5. C'est donc par le moyen des sels alcalis qu'on parvient à débarrasser la soie de son vernis ; ce qui s'appelle la décreuser ou décruer ; le décreusement ou décrûment de la soie, qu'on nomme aussi la cuite, se fait en général par de l'eau chaude chargée d'une certaine quantité de savon, *Dict. des arts et métiers*, Amst. 1767, *Teinturier*.

1. **DÉCROIRE.** *Ajoutez :* Bien souvent un témoin, pour se parjurer trop manifestement, a fait décroire les dépositions véritables de tous ses compagnons, MALH. *Lexique*, éd. L. Lalanne.

† **DÉCROÛTAGE** (dé-krou-ta-j'), *s. m.* Opération pratiquée sur le diamant brut, et qui fait partie du brutage.

DÉCRUER. *Ajoutez :* Le fil sera décrué ou lessivé avec bonne cendre, *Règlem. sur les manufac.* août 1669, *Teinturiers en soie, laine et fil*, article 58.

† **DÉCRUEUR** (dé-kru-eur), *s. m.* Celui qui blanchit en partie le fil écru de chanvre, lin, etc. *Tarif des patentes*, 1858.

† **DÉÇU.** *Ajoutez :* — REM. La locution *au déçu* est mal placée à DÉÇU ; ce n'est pas le participe passé de *décevoir* ; c'est celui du verbe *savoir*, et elle doit être écrite *desçu*, comme on écrivait anciennement (voy. DESÇU au Supplément). L'orthographe *au déçu* se trouvait aussi ; et c'est ce qui a induit en erreur.

† **DÉCUIRASSÉ, ÉE** (dé-kui-ra-sé, sée), *part. passé.* Dégarni de cuirasse. La carène, décuirassée à l'avant et à l'arrière, est protégée par une profondeur d'eau de 2 mètres 26 centimètres, DE PARVILLE, *Journ. des Débats*, 16 nov. 1876, *feuilleton*, 2e page, 1re col.

† **DÉCUIRASSEMENT** (dé-kui-ra-se-man), *s. m.* Action d'ôter la cuirasse à un navire. Quand il n'y aura plus de bâtiments cuirassés qu'en Angleterre, je voterai le décuirassement ; jusque-là, attendons, E. JURIEN DE LA GRAVIÈRE, *Rev. des Deux-Mondes*, 1er sept. 1874, p. 126.

† **DÉCULOTTER.** *Ajoutez :* || En Normandie, un homme déculotté, un homme qui, pour éviter la poursuite de ses créanciers, se sépare de biens d'avec sa femme, qui dès lors porte, comme on dit, les culottes, DELBOULLE, *Gloss. de la vallée d'Yères*, p. 104.

DÉDAIGNEUSEMENT. *Ajoutez :* — HIST. XIVe s.

Et l'autre luy respont tout dedeignousement, *Rev. critique*, 5e année, 2e sem. p. 388.

DÉDAIGNEUX. *Ajoutez :* || 6° Qui mérite, qui excite le dédain. C'est chose contraire à la nature de se nourrir de viandes sales, grossières et dédaigneuses, MALH. *Lexique*, éd. L. Lalanne. Inusité en ce sens.

DEDANS. || 2° *Ajoutez :* Je n'entre pas là dedans, je n'y prends point part, je ne m'y intéresse pas (voy. LÀ).

DÉDIRE. *Ajoutez :* || Proverbes. Il vaut mieux se dédire que se détruire, il vaut mieux renoncer à une mauvaise opération, reconnaître une faute, que d'y persévérer et de s'y perdre. || Un bon Picard ne se dédit pas, il se ravise.

† DÉDITE (dé-di-t'), *s. f.* Renonciation à quelque engagement. L'État peut redevenir propriétaire de cette exploitation [monopole des allumettes chimiques] à l'époque de la dédite quinquennale, *Journ. offic.* 29 juillet 1875, p. 6049, 2e col.

— ÉTYM. Autre forme de *dédit*. *Dedicte* est dans Montaigne, III, 261.

† DÉDOREUR (dé-do-reur), *s. m.* Celui qui enlève la dorure. Jurés titulaires : M.... dédoreur, rue de la Roquette, *Gaz. des Trib.* 12 juin 1875, p. 565, 2e col.

† DÉDOUBLABLE (dé-dou-bla-bl'), *adj* Qui peut être dédoublé. Acide racémique dédoublable en acides tartriques droit et gauche, *Acad. des sc. Comptes rend.* t. LXXVI, p. 287.

DÉDOUBLER. *Ajoutez :* || 6° Couper d'eau des vins préalablement vinés. On vine les vins, et, quand ils sont rendus dans les grandes villes, on les dédouble, *Journ. offic.* 2 août 1872, p. 5310, 2e col. || 7° Terme de lapidaire. Couper la pierre sur champ, dans la partie la plus faible, absolument comme si on voulait dédoubler une pièce de monnaie pour en avoir la face et la pile séparément, CHRITEN, *Art du lapidaire*, p. 179.

DÉESSE — HIST. *Ajoutez :* XIIe s. Gie sé très bien que la deesse M'aïdera, gie n'en dot rien, BENOIT DE SAINTE-MORE, *Roman de Troie*, v. 3902. Puis dit : Paris, à moi entent ; Treis deesses vienent à tei, Por lo jugement, d'un otrei, ID. *ib.* v. 3860.

† DÉFAÇONNER. *Ajoutez :* || Activement, déformer, défigurer. Ainsi défaçonnée par trois intermédiaires, l'inscription était indéchiffrable ;... RENAN, *Rev. des Deux-Mondes*, 15 nov. 1875, p. 254.

DÉFAILLIR. *Ajoutez :* — REM. On placera à côté des exemples du futur cette phrase de Bossuet : Pierre, j'ai prié pour toi, ta foi ne défaudra pas, *Méd. sur l'Év. la Cène*, 70e jour.

DÉFAIRE. || 2° *Ajoutez :* || Diminuer la bonne mine, la bonne apparence du visage. Celles [manières de se coiffer] qui défont toutes les autres femmes la parent, et celles qui ne conviennent jamais à une même tête sont également bien sur la sienne, *Lettre sur Mme la duchesse de Mazarin*, dans *Mélange curieux des meilleures pièces attribuées à M. de St-Évremond*, t. I, p. 247, Cologne, 1708. || 17° *V. n.* Se détacher. Attache-le d'un nœud qui jamais ne défait, CORN. *Lexique*, éd. Marty-Laveaux (emploi qui n'est plus usité).

DÉFALQUER. — HIST. XIVe s. *Ajoutez :* De laquelle somme fault deffalquer XXX livres par an pour la fondacion d'une messe perpetuelle (1384), VARIN, *Archives administr. de la ville de Reims*, t. III, p. 584. || XVe s. Maistre Nicolle Ballue.... deffalqué du roole de la dite chambre [des comptes] et mis hors d'icelle sans cause, *Procès-verbaux du conseil de régence de Charles VIII*, p. 154.

† DÉFAUTE (dé-fô-t'), *s. f.* Terme de féodalité. Défaute de droit, action de différer, dans la cour d'un seigneur, un jugement pour un motif quelconque.

† DÉFÉCATEUR (dé-fé-ka-teur), *s. m.* Appareil propre à opérer la défécation ou dépuration.

— ÉTYM. Voy. DÉFÉCATION.

† DÉFECTIBILITÉ. *Ajoutez :* — HIST. XVIe s. Mais procedoit du deffault ou de la deffectibilité qui estoit un franc arbitre de Semey, *Hist. de la Toison d'or*, t. II, f° 178, *verso*.

DÉFECTIF. — HIST. *Ajoutez :* || XVe s. Que si la mectrificature Se trouvoit defective ou non, GUILLOCHE, *la Prophecie du roy Charles VIII*, p. 2, Paris, 1869.

DÉFECTUOSITÉ. — HIST. *Ajoutez :* XVe s. Vices ou deffectueusitez qui pourroient estre intervenues, *Procès-verbaux du conseil de régence de Charles VIII*, p. 133.

DÉFENDRE. — REM. *Ajoutez :* || 4. On a dû dire d'abord : en son corps défendant. Cette forme se trouve dans le Portrait de Mme Cornue par Mme de Vineuil, ancienne édit. des Œuv. de Mlle de Montpensier, t. VIII, p. 257.

DÉFENDS. *Ajoutez :* — REM. On le trouve au singulier. En 1808, le sieur Sauge possédait, dans la commune d'Allauch (Bouches-du-Rhône), un domaine d'origine nationale, qui confrontait, du levant, au défend de la commune ; mais les limites n'étaient pas certaines, LEBON, *Arr. du Conseil d'État*, 1839, p. 358, *affaire Cogordan*.

DÉFENDU. *Ajoutez :* || 2° Démenti, combattu. Mme d'Heudicourt est partie avec un désespoir inconcevable, ayant perdu toutes ses amies, convaincue de tout ce que Mme Scarron avait toujours défendu, et de toutes les trahisons du monde, SÉV. 9 fév. 1671.

† DÉFENESTRATION. *Ajoutez :* || Il se dit aussi de l'acte de Ziska jetant en 1419 le bourgmestre et les sénateurs de Prague par la fenêtre. Ce fut le commencement de la guerre des hussites.

DÉFENSE. || 3° *Ajoutez :* || Terme de fortification. Ligne de défense d'un front bastionné, ligne qui joint l'angle saillant d'un bastion à l'angle de flanc du bastion opposé.

DÉFENSIF. *Ajoutez :* — REM. J. J. Rousseau a dit : défensif pour. Comment pouvais-je supprimer un écrit défensif pour mon honneur, pour celui de mes compatriotes ? *Lettre à du Peyrou*, 8 août 1765.

DÉFERLER. *Ajoutez :* || 4° Substantivement, le déferler, le mouvement des vagues qui déferlent. Elle contempla le déferler monotone des vagues brisant sur le rivage, VICT. CHERBULIEZ, *Rev. des Deux-Mondes*, 15 janvier 1876, p. 267.

† DÉFERVESCENCE (dé-fèr-vès-san-s'), *s. f.* Diminution de la chaleur fébrile. Elle [la chaleur] se maintient [dans les fièvres éruptives] à un maximum (qui atteint 42 degrés 1/2 dans la scarlatine) jusqu'à ce que l'éruption soit complète, puis elle entre en défervescence, variable avec les phases de l'éruption, qui finit soit par une desquamation (scarlatine), soit par une suppuration (variole), PAPILLON, *Rev. des Deux-Mondes*, 15 janv. 1872, t. XCVII, p. 441.

— ÉTYM. Lat. *defervescere*, cesser de bouillir ; de *de*, indiquant cessation, et *fervere*, être chaud.

† DÉFEUILLER. *Ajoutez :* || 2° *V. n.* Perdre ses feuilles, en parlant d'un végétal. C'est [le reby] un cépage très-vigoureux, fertile, qu'on doit planter à bonne exposition ; il défeuille tardivement et végète encore quand toutes les autres variétés ont déjà perdu leurs feuilles, *Revue horticole*, 16 sept. 1876, p. 342

† DÉFEUTREUR (dé-feu-treur), *s. m.* Terme de filature. Engin qui défait le feutrage. Pour la filature, je me sers des métiers mule-jenny, avec le système de preparations généralement adopté sous les noms de défeutreur, réunions et bobinoirs.... *Enquête, Traité de comm. avec l'Anglet.* t. III, p. 606.

† DÉFIBRAGE (dé-fi-bra-j'), *s. m.* || 1° Action de défibrer. Le défibrage de la canne [à sucre], en atteignant les parties les plus dures qui en forment l'enveloppe, désorganise les cellules considérées comme contenant les jus les plus concentrés et qui sont ceux qui échappent le plus facilement à la fabrication actuelle, MIGNON et ROUART, *Acad. des sc. Comptes rendus*, t. LXXXIII, p. 32. || 2° Défibrage du bois, opération qui permet d'employer le bois à la fabrication du papier. F. G. Heller, ancien ouvrier tisseur, est l'inventeur du défibrage du bois.

† DÉFIBRER (dé-fi-bré), *v. a.* || 1° Ôter les fibres d'une substance, *Acad. des sc. Comptes rendus*, t. LXXXIII, p. 532. || 2° Défibrer le bois, en séparer les fibres pour la fabrication du papier.

† DÉFIBREUR (dé-fi-breur), *s. m.* Engin propre à ôter les fibres d'une substance. Nous avons pensé que le défibreur imaginé par MM. Labrousse frères pour la fabrication du papier avec la paille pouvait, convenablement modifié et agrandi, défibrer la canne à sucre, MIGNON et ROUART, *Acad. des sc. Comptes rend.* t. LXXXIII, p. 582. || 2° Ouvrier qui défibre le bois.

DÉFIER. — REM. *Ajoutez :* || 2. Corneille a supprimé le pronom personnel dans cette phrase : Annibal, qu'elle vient de lui sacrifier, L'engage en sa querelle et m'en fait défier, *Nicom.* I, 1. J. J. Rousseau aussi : Malgré ma prévention pour le talent des autres, qui m'a toujours fait défier des miens, *Confess.* VII. Cette tournure est correcte, mais peu usitée ; on dit plutôt : m'a fait me défier. || 3. Le même a dit : Tous les plaisirs ont beau être pour les méchants, en voilà pourtant un que je leur de fie de goûter, *Lettre à Milord Maréchal*, 31 mars 1764. C'est une faute ; il faut : je les défie.

† DÉFIGURANT, ANTE (dé-fi-gu-ran, ran-t'), *adj.* Qui défigure. Vous avez pour vous-même une délicatesse d'amour-propre contre ce que l'apparence du péché a de laid et de défigurant, FÉN. *Lettres spirit.* 451.

† DÉFIGURATION (dé-fi-gu-ra-sion), *s. f.* Action de défigurer ; état de ce qui est défiguré. La défiguration des corps et des visages, aggravée encore, depuis l'accident, par le travail de la décomposition..., ne permettait d'obtenir que des images informes,.., Extr. du *Mémorial de la Loire*, dans *Journ. offic.* 11 fév. 1876, p. 1162, 3e col. || Fig. Le scandale qui résultait pour les faibles d'une semblable défiguration de la religion, ALEX. VINET, dans EUG. RAMBERT, *Alex. Vinet, Hist. de sa vie et de ses ouvrages*, 2e éd. Lausanne, 1875.

— HIST. XVIe s. Les chirurgiens ayant veues les playes ou blessures de tel navré, afferment et declarent le peril où il est constitué, soit de mort, deffiguration, affoleure ou autre debilitation, *Coust. gener.* t. II, p. 1944.

— ÉTYM. *Défigurer*. Ce néologisme est le pendant du *défigurement* de Mme de Sévigné, autre néologisme, vieux de deux cents ans.

† DÉFIGUREMENT. *Ajoutez :* || Fig. À travers les obscurités et les défigurements du langage, VILLEMAIN, *Essai sur le génie de Pindare*, p. 70.

† DÉFILATEUR (dé-fi-la-teur), *s. m.* Terme de fortification. Instrument qui sert à déterminer le plan de défilement d'un ouvrage.

1. DÉFILEMENT. *Ajoutez :* || Plan de défilement, celui qui, passant par une ou plusieurs crêtes d'un ouvrage, laisse au-dessous de lui tous les établissements possibles de l'ennemi, à la distance de la portée des armes.

2. DÉFILER. *Ajoutez :* Pour qu'un ouvrage soit défilé, il faut que les défenseurs debout sur le terre-plein soient couverts contre les coups de plein fouet, et que, lorsqu'ils sont montés sur les banquettes, ils ne soient découverts que de la partie de leur corps qui dépasse la crête intérieure.

† DÉFILOCHAGE (dé-fi-lo-cha-j'), *s. m.* Se dit de la laine, de la soie qui s'en va en filoches. Déchets de laine et défilochages, *Journ. des Débats*, 19 sept. 1865.

DÉFINITEUR. *Ajoutez :* || Nom donné, dans les couvents, à des moines qui, élus par une assemblée des frères de chaque province, étaient députés aux chapitres généraux avec pouvoir d'y définir, sous la présidence du supérieur de l'ordre, ce qui devait être fait pour le maintien de la discipline monastique, *Hist. litt. de la Fr.* t. XXV, p. 150.

DÉFINITION. || 1° *Ajoutez :* || Fig. Être au-dessus de la définition, ne pas pouvoir être compris, expliqué. Ninon dit que votre frère est au-dessus de la définition ; il est vrai qu'il ne se connaît pas lui-même, et que les autres le connaissent encore moins, SÉV. à *Mme de Grignan*, 1er mai 1671. *Ajoutez :* || 3° Terme d'optique. Action de rendre la vision nette. Une puissance d'éclairement et de définition optique aussi grande que possible, Extr. de la *Rev. scientifique*, dans *Journ. offic.* 4 juill. 1874, p. 4642, 2e col. Le pouvoir de définition de ce dernier objectif [de 26 pouces pour l'observatoire naval de Washington] est très-grand et surpasse, à la vérité, son pouvoir éclairant, *ib.* 1er juill. 1874, p. 4558, 2e col.

† DÉFLAGRER (dé-fla-gré), *v. n.* Terme de physique. Éprouver le phénomène de la déflagration. On sait que la poudre placée dans le vide et portée au rouge à la surface par un courant voltaïque s'y décompose avec incandescence, sans déflagrer. DAUBRÉE, *Acad. des sc. Compt. rend.* t. LXXXII, p. 952.

— ÉTYM. Voy. DÉFLAGRATION.

† DÉFOLIATION. *Ajoutez :* Dans ces conditions [semis artificiel], ils [les pins sylvestres] n'ont pas de vigueur et sont souvent victimes de la défoliation, maladie qui apparaît vers l'âge de trois à six ans, G. BAGNERIS, *Man. de sylvicul.* p. 100, Nancy, 1873.

† DEFORESTATION (dé-fo-rè-sta-sion), *s. f.* Action de détruire les forêts. Quelles sont les causes principales de ce terrible fléau de l'ensablement en Boukharie ? la déforestation d'abord.... *Journ. offic.* 5 juill. 1874, p. 4672, 1re col.

† DÉFORMABLE (dé-for-ma-bl'), *adj.* Qui peut être déformé. Les ventricules du cœur, déformables pendant qu'ils sont relâchés, MAREY, *Acad. des sc. Comptes rend.* t. LXXX, p. 186.

† DÉFORMEMENT (dé-for-me-man) *s. m.* Action

de déformer. Le texte des deux manuscrits [des lettres de Mme de Sévigné] se distingue par ce caractère bien marqué, qu'on n'y rencontre aucune des altérations, aucun des déformements qui se trouvent déjà dans les premières éditions, CH. CAPMAS, *Lett. inédites de Mme de Sévigné*, t. I, *Introd.* p. 48.

† **DÉFORMEUR** (dé-for-meur), *s. m.* Ouvrier qui donne à la chaussure sa dernière façon, avant d'être livrée au commerce, *le Temps*, 24 sept. 1876, 3e page, 2e col.

† **DÉFORMITÉ** (dé-for-mi-té), *s. f.* Synonyme vieilli de difformité (voy. la Remarque à ce mot). La déformité des esprits se fera connaître par le soin qu'on aura de l'embellissement du corps, MALH. *Lexique*, éd. L. Lalanne.

† **DÉFOUIR.** *Ajoutez :* Pourquoi lui voulez-vous défouir son trésor? MALH. *Lexique*, éd. L. Lalanne. || En Normandie, il a l'air d'un défoui de terre, il a l'air d'un déterré, DELBOULLE, *Gloss. de la vallée d'Yères*, p. 105.

† **DÉFOUL** (dé-foul), *s. m.* Nom, dans le pays d'Avranches, des vergers plantés de pommiers. Vente : 1° un verger ou défoul, planté de pommiers..., *l'Avranchin*, 17 oct. 1875. Dans les vergers ou défouls on plante toujours trop épais, *l'Avranchin*, 14 nov. 1875.

† **DÉFOURNAGE** (dé-four-na-j'), *s. m.* Synonyme de défournement, c'est-à-dire action de défourner. Considérant.... que R.... a été employé par M.... en qualité de marcheur, pour la préparation de la terre et le défournage des briques, *Gaz. des Trib.* 6 mars 1876, p. 227, 2e col.

† **DÉFOURNIS,** *s. m. pl. Ajoutez :* — REM. On dit aussi défourni au singulier : Défourni, diminution sur l'équarrissage, NANQUETTE, *Exploit. débit et estim. des bois*, Nancy, 1868, p. 131. Le défourni ou l'aubier se mesurera sur les faces des pièces et non diagonalement, ID. *ib.* p. 135.

DÉFRAYER. — HIST. *Ajoutez :* XIVe s. Cent frans d'or à Robert de Heugueville, escuier,... pour lui aidier à soy deffroyer et ses compaingnons de Paris, *Mandements de Charles V*, 1373, p. 506.

† **DÉFRUITER.** *Ajoutez :* — HIST. XIIIe s. C'est l'arbre qui tost se defruite, J. DE MEUNG, *Testament.*

† **DÉFUBLER.** — ÉTYM. *Ajoutez :* Norm. *défuler*, décoiffer; l'historique montre qu'on disait également *defubler* et *defuler*.

DÉGAGER. — HIST. || XIIIe s. *Ajoutez :* Mais puisqu'il est ainsi Qu'ele [une dame] à tort me degage [de son service], Je li rend son homage, Et si me part de li, SCHELER, *Trouvères belges*, *Chansons d'amor*, 1876, p. 28.

† **DÉGAINEMENT** (dé-ghè-ne-man), *s. m.* Action de dégainer. || Action de sortir d'une gaîne. Ce travail.... est favorisé par la sécrétion d'une matière gélatineuse entre les deux carapaces [de l'écrevisse], qui facilite leur dégainement, H. DE PARVILLE, *Journ. offic.* 24 juill. 1871, p. 2206.

† **DÉGARNISSAGE** (dé-gar-ni-sa-j'), *s. m.* Action de défaire le jointoiement d'une muraille. Puis on dégarnit avec soin tous les joints jusqu'à la demi-épaisseur des murs.... enfin ce travail de dégarnissage, de séchage, de nettoyage, ayant été fait avec le plus grand soin.... *Journ. offic.* 16 juin 1876, p. 4229, 2e col.

† **DÉGAZONNER.** *Ajoutez :* ||*V. réfl.* Se dégazonner, perdre son gazon. Partout où le mouton pose son pied pointu [dans les Alpes], le sol s'appauvrit, se dégazonne, les pâturages sont ruinés, *Journ. des Débats*, 25 juin 1876, *feuilleton*, 1re page, 5e col.

DÉGELER. *Ajoutez :* || 5° En parlant d'une personne, se réchauffer. Mon âge a de la froideur assez sans en chercher ailleurs; à grand'peine puis-je dégeler au mois de juillet, MALH. *Lexique*, éd. L. Lalanne.

† **DÉGÉNÉRANT.** *Ajoutez :* || Qui n'a pas la qualité de l'être dont il s'agit. Vous ne songez pas que toute comparaison, surtout lorsqu'il s'agit de Dieu, est d'une nature imparfaite et dégénérante, BOSS. 5e *avert.* 40.

† **DÉGÉNÉRATIF, VE** (dé-jé-né-ra-tif, ti-v'), *adj.* Qui a le caractère de la dégénération. Les modifications histologiques dites dégénératives, *Acad. des sc. Comptes rend.* t. LXXV, p. 1831.

DÉGÉNÉRATION. *Ajoutez :* — REM. Au commencement du XVIIIe siècle, dégénération était peu en usage, à en juger du moins par ce passage : Cette dégénération, s'il est permis de parler ainsi, est fort rare chez les animaux, MORIN, *Mém. Acad. inscr. et belles-lettres*, 1718-1725, p. 209.

† **DÉGERMER** (dé-jèr-mé), *v. a.* Ôter le germe de l'orge pour la fabrication de la bière. En sortant de la touraille le malt doit être dégermé et emmagasiné à l'abri de l'air et des poussières, *Journ. offic.* 4 nov. 1874, p. 7368, 3e col. Quant aux machines à dégermer, elles sont nombreuses, *ib.*

† **DÉGINGANDEMENT.** *Ajoutez :* — REM. Le texte de Retz cité dans le Dictionnaire n'est point conforme à la nouvelle édition : Vu la division du parti.... et le *deshingandement* (si l'on peut se servir de ce mot) passé, présent et à venir de toutes ses parties, *Mém.* t. IV, p. 113, éd. Feillet et Gourdault.

† **DÉGINGANDER.** — ÉTYM. Au lieu de *gigue*, proposée comme conjecture, M. Bugge, *Romania*, n° 10, p. 146, remarquant que le suffixe *and* n'est pas suffisamment expliqué, met en avant un radical *gingand*, *gengand* (le normand dit *déguingander*), qui lui semble identique avec l'ital. *gànghero*, prov. *ganguil*, gond. Le sens primitif serait : faire sortir des gonds; et *dégingander* serait précisément l'ital. *sgangherare*, *sgangherato*, qui se dit souvent avec le sens du mot français. L'*n* au lieu de l'*r* se trouve dans le milanais *canchen*, qui représente *ganghero*. Cette supposition, fort ingénieuse, ne lève cependant pas tous les doutes; car il reste toujours à savoir comment le thème *gingand* ou *guengand*, avec le sens de gond, serait arrivé dans le français sans laisser aucune trace ailleurs et pour y prendre place avec un sens figuré. Malheureusement *dégingander* n'a pas d'historique qui aille au delà du XVIe siècle.

DÉGLUTITION. — ÉTYM. *Ajoutez :* Le verbe était usité : XIIIe s. Les berbiz qui se pestent en celle pasture et degloutent à la foitz de l'esche de celle eawe, *Bibl. des ch.* 4e série, t. II, p. 373.

† **DÉGOMMAGE.** *Ajoutez :* On appelle la première cuite que l'on donne à la soie destinée à être mise en blanc, le dégommage, parce qu'en effet, par cette opération, on ôte à la soie la plus grande partie de sa gomme, *Dict. des arts et mét.* Amsterd. 1767, *Soie.*

† **DÉGORGEAGE.** *Ajoutez :* || 2° Pratique par laquelle on obtient qu'un tissu, qu'un animal se dégorgent. Les opérations qui précèdent l'expédition des huîtres, le lavage, le dégorgeage.... BOUCHON-BRANDELY, *Journ. offic.* 22 janvier 1877, p. 460, 3e col. || 3° Opération par laquelle on débarrasse le vin de Champagne mousseux de son dépôt. Le fatal dépôt qui se forme de nos jours [dans les bouteilles] et qui oblige à les dépoter ou à faire le dégorgeage, *Journ. offic.* 15 janv. 1877, p. 352, 1re col.

DÉGORGEMENT. *Ajoutez :* || 5° Terme d'artillerie. Dégorgement d'une embrasure, action d'enlever le masque en terre ou en gabions qui protégeait les travailleurs pendant la construction.

† **DÉGORGEOIR.** *Ajoutez :* || 4° Tige en fer pointue qu'on introduit dans le canal de la lumière de certains canons pour le nettoyer et pour percer le sachet qui renferme la charge de poudre.

DÉGORGER. *Ajoutez :* || 11° Terme d'artillerie. Percer à l'aide du dégorgeoir le sachet qui renferme la charge de poudre d'un canon.

DÉGOTER. — ÉTYM. *Ajoutez :* Le normand (Valognes) a *degotter* au sens de faire fondre et tomber goutte à goutte, LE HÉRICHER, *Hist. et Gloss.* t. II, p. 385.

† **DÉGOUDRONNAGE** (dé-gou-dro-na-j'), *s. m.* Action d'enlever un goudronnage. Le dégoudronnage des fûts, opération fort importante pour les bières d'Allemagne, donne lieu à la production d'un appareil ingénieux et élégant; le dégoudronneur à vapeur de M. Galland fournit un résultat rapide et parfait, *Journ. offic.* 4 nov. 1874, p. 7369, 1re col.

† **DÉGOUDRONNEUR** (dé-gou-dro-neur), *s. m* Engin qui opère le dégoudronnage, *Journ. offic.* 4 nov. 1874, p. 7369, 1re col.

† **2. DÉGOURDI.** *Ajoutez :* || Cuire en dégourdi. Les poteries communes sont toutes fabriquées avec des terres qui n'ont pas été lavées : on les cuit soit en dégourdi, c'est-à-dire à un feu peu ardent, soit en grès, en les exposant à une température plus élevée, *Tarif des douanes*, 1869, p. 165.

DÉGOURDIR. *Ajoutez :* || 6° Terme de poterie. Cuire au dégourdi. Après avoir dégourdi la pièce [de poterie], on la couvre de ce vernis.... d'après cette nouvelle méthode, le vernis coûterait, frais de cuisson, de dégourdi et de cuisson définitive..., *Journ. offic.* 7 mars 1874, p. 1792, 2e col.

DÉGOUTTANT. *Ajoutez :* — REM. Talma prononçait degouttant, par un *e* muet, pour le distinguer de dégoûtant.

DÉGRAISSER. — HIST. *Ajoutez :* XIIIe s. Si ami, à lance sor fautre, Sor le conte de Juler traisent Et sa tiere moult li degraisent [ravagent], PHILIPPE MOUSKES, *Chronique*, v. 30 808. Et li boins rois tot otria, Quanque cascuns d'aus [eux] li pria, Que tout se devoient croisier Pour Aubigois [Albigeois] à desgraisier [rançonner], ID. *ib.* v. 23 549.

†**DÉGRAS.** *Ajoutez :* Le dégras, c'est-à-dire le résidu de l'huile que les chamoiseurs emploient dans leurs opérations, ne sera pas soumis au droit, parce qu'il n'est consommé que par les corroyeurs, *Circul. Contrib. indir.* 17 mars 1817, n° 17.

† **DÉGRAT.** *Ajoutez :* || 2° Synonyme de débarcadère. C'étaient eux [les Arabes transportés pour crimes à Cayenne] qu'il [un surveillant] employait à porter ses dépêches, à aller chercher les provisions au dégrat de la rivière, *l'Opinion nationale*, 16 avr. 1876, *Supplément*, 2e page, 1re col.

DEGRÉ. || 15° Terme de lapidaire. Degrés, facettes longues et étroites de forme carrée allongée en biseau, superposées les unes sur les autres, dans la taille des pierres fines, CHRITEN, *Art du lapidaire*, p. 36.

† **DÉGROSSISSEUR.** *Ajoutez :* || 2° Engin formé de cinq cases de bois, où l'eau que l'on filtre se débarrasse des parties les plus grossières.

DÉGUISEMENT. — REM. Richelieu, *Lettres*, etc. t. VI, p. 26 (en 1638), a donné un régime à *déguisement*, qu'il prend au sens actif : « Le déguisement des résolutions que vous prendrez est si important qu'il n'y a rien que vous ne deviez faire pour surprendre les ennemis. »

DEHORS. *Ajoutez :* — REM. Racine l'a employé comme préposition : Je voyais et dehors et dedans nos murailles, RAC. *Théb.* II, 1. Cela n'est plus usité.

DÉIFIER. *Ajoutez :* || 4° Se déifier, prendre un caractère digne de Dieu. En sorte que nos désirs purifient nos cœurs, et que nos cœurs se déifient par la familiarité que nous contractons avec Dieu dans cette aimable privauté, BOSS. *Union de J. C. avec son épouse.*

† **DÉIFORME** (dé-i-for-m'), *adj.* Qui a la ressemblance avec Dieu. || Substantivement. Le déiforme, le transformé, le dieu par grâce, l'homme initié par tous les progrès mystiques à l'heureuse vision de la face, BOSS. *Nouv. myst.* X, 4.

† **DEIPNOSOPHISTES** (déi-pno-so-fi-st'), *s. m. pl.* Titre d'un ouvrage d'Athénée. Il s'amusait à traduire Athénée, traduction.... maintenant déposée.... au South-Kensington, où peut-être quelque jour un enthousiaste des Deipnosophistes trouvera bon d'aller la déterrer, *Journ. offic.* 29 fév. 1876, p. 1453, 1re col.

— ÉTYM. Δειπνοσοφιστής, celui qui tient des discours savants pendant le repas, de δεῖπνον, dîner, et σοφιστής, homme savant. Athénée a ainsi nommé son grand ouvrage d'érudition, parce que les divers objets y sont traités sous forme de conversations à propos de la cuisine grecque et des repas.

DÉISME. *Ajoutez :* Le déisme, presque aussi éloigné de la religion chrétienne que l'athéisme, qui y est tout à fait contraire, PASC. *Pens.* part. II, art. 4.

DÉISTE. *Ajoutez :* — HIST. XVIe s. En 1564, dans une instruction chrétienne citée par M. Sayous, *Études littér. sur les réform. du* XVIe *siècle*, t. II, p. 203, Viret signalait ce mot comme nouveau.

† **DÉJANIRE** (dé-ja-ni-r'), *s. f.* La 157e planète télescopique découverte en décembre 1875 par M. Borrelly.

— ÉTYM. Δηϊάνειρα, Déjanire, fille d'Œnée et femme d'Hercule.

DÉJECTION. — HIST. XVIe s. *Ajoutez :* Lesquelles [les doctrines des hommes] certes sont apparentes avoir sapience en superstition et dejection, *Coloss.* II, 23, *Nouv. Testam.* éd. Lefebvre d'Étaples, Paris, 1525.

† **DÉJEUNEUR** (dé-jeu-neur), *s. m.* Celui qui déjeune, qui prend part à un déjeuner. Quelques furets ont prétendu que certains déjeuneurs s'étaient laissé séduire, que certaines promotions étaient issues de certains pâtés, BRILLAT-SAVARIN, *Physiol. du goût*, *Méd.* XII.

DÉJOUER. — REM. *Ajoutez :* || 2. Mme de Staël emploie ce mot au sens de railler, tourner en ridicule. Les hommes ne veulent pas qu'on renonce totalement à ses intérêts personnels, et ce qui est à un certain point contre leur nature, est déjoué par eux, *De l'influence des passions*, I, 1. [À propos des distinctions de l'esprit] une jolie personne, en déjouant ces distinctions, se flatte de signaler ses propres avantages, ID. *ib.* 3. Ce sens n'est pas naturel et ne peut guère être admis.

† **DÉJUDAÏSÉ, ÉE** (dé-ju-da-i-zé, zée), *adj.* Qui a cessé d'appartenir au judaïsme. Un pauvre juif déjudaïsé [Spinoza], vivant avec trois cents florins de rente dans l'obscurité la plus profonde, VOLT. *Dict. phil. Dieu, dieux.*

† **DÉJUGER.** *Ajoutez :* || **2°** On le trouve aussi employé au passif avec le sens de : cassé, rapporté, en parlant d'un jugement. Nous en sommes arrivés à nous méfier prodigieusement de ces impressions du premier soir, capricieuses, nerveuses, souvent déjugées par le vrai public et par ce juge souverain en matière de succès qu'on appelle la feuille de location, ALPH. DAUDET, *Journ. offic.* 30 août 1875, p. 7383, 4° col.

† **DEKKELÉ** (dè-ke-lé), *s. m.* Graminée, *penicillaria spicata*, dite aussi couscou et maïs noir, dont la graine est féculente, alimentaire, mais sans gluten. Un rapport intéressant vient d'être présenté à la Société d'agriculture des Bouches-du-Rhône sur les essais de culture en Provence du dekkelé; propagés dans les Landes et les Pyrénées, ces essais ont partout obtenu une réussite complète, *Journ. offic.* 27 fév. 1876, p. 1422, 3° col.

† **DELAINE** (de-lè-n'), *s. m.* Mousseline de laine. Des delaines imprimés.

— ÉTYM. Abréviation de *mousseline de laine.*

DÉLAISSEMENT. — HIST. *Ajoutez :* XIV° s. Et est fais cils des delaissemens, ou transpors.... (1344), VARIN, *Arch. administr. de la ville de Reims*, t. II, 2° part. p. 1046.

DÉLAISSER. *Ajoutez :* || **4°** Substantivement. Le délaisser, action de délaisser. La saison des chaleurs augmente le délaisser de la cité, CHATEAUBR. *Mém. d'outre-tombe* (éd. de Bruxelles), t. VI, *Promenade, mon neveu Christian de Chateaubriand.*

† **DÉLAMPOURDAGE** (dé-lan-pour-da-j'), *s. m.* Action d'ôter les lampourdes des laines. Battage, délampourdage et triage, à 24 francs les 100 kilos, *Enquête, Traité de comm. avec l'Angleterre*, t. III, p. 321.

† 2. **DÉLAYER** (dé-lé-ié), *v. a.* Retarder, ajourner (sens vieilli). Ces pensées qui m'ont occupée m'ont éloigné et délayé celles que j'avais apportées de Provence, SÉV. *Lettre au comte et à la comtesse de Guitaut*, 27 oct. 1673

— ÉTYM. Voy. DÉLAI.

† **DÉLECTABILITÉ** (dé-lè-kta-bi-li-té), *s. f.* Qualité de ce qui est délectable.

— HIST. XIII° s. Pour la grant delectableté Que j'euz de la novelleté, *la Rose*, v. 700. || XV° s. Le veoir fait de la beauté Concevoir delectableté, E. DESCH. *Poés. mss.* f° 544, col. 1.

3. **DÉLIBÉRÉ.** — ÉTYM. *Ajoutez :* Norm. *délibérer*, débarrasser, délivrer : *délibère-té* ou *délibère*, dépêche-toi; *délibérant*, expéditif.

DÉLICIEUX. || **2°** *Ajoutez :* C'était [Magalotti] un homme délicieux et magnifique, ST-SIM. t. IV, p. 435, éd. in-8°, 1829.

DÉLIER. *Ajoutez :* || **5°** Ôter l'enchaînement. Il serait plus à propos qu'il se plaignît dans sa maison où le met l'Espagnol; mais, en ce cas, il faudrait délier les scènes comme il a fait, CORN. *Cid, Exam.*

† **DÉLIES** (dé-lie), *s. f. plur.* Terme d'antiquité. Fêtes d'Apollon que les Athéniens célébraient à Délos, tous les quatre ans.

— ÉTYM. Τὰ Δήλια, de Δῆλος, l'île de Délos.

DÉLIMITATION. *Ajoutez :* Délimiter et délimitation sont, à la vérité, deux termes énergiques, mais ils sont de votre création, et vous n'avez pas encore acquis assez de crédit pour les faire passer, DOM CLÉMENT, *à dom Berthod*, 1773.

† **DÉLINÉAMENT** (dé-li-né-a-man), *s. m.* Latinisme. Trait qui indique le contour, la forme d'un objet. Des êtres organisés ayant les mêmes délinéaments internes et externes, STE-BEUVE, *Port-Royal*, t. V, p. 394, 3° éd.

— ÉTYM. Lat. *delineamentum*, de *delineare* (voy. DÉLINÉATION).

DÉLIRER. *Ajoutez :* — HIST. XVI° s. A l'imitation du peuple judaïc, si de Lyra ne delire, RAB. III, 1.

† **DÉLISSER.** || **2°** *Ajoutez :* On a soin de faire sécher les chiffons avant de les employer; ensuite on les délisse; et ce sont des femmes qui sont chargées de cette opération.... elles s'occupent à découdre avec un grand couteau les ourlets, à nettoyer les ordures, enfin à séparer les différentes qualités, *Dict. des arts et mét.* Amsterd. 1767, *Papetier.*

† **DÉLISSOIR** (dé-li-soir), *s. m.* Atelier où se fait le délissage.

1. **DÉLIT.** *Ajoutez :* || **4°** Délit successif, délit qui se continue sans interruption. || Délit politique, infraction aux lois politiques. || Délit forestier, délit relatif à la police des forêts. || Délit maritime, délit déféré aux tribunaux maritimes. || Délit militaire, délit commis par des militaires sous les drapeaux. || Délit d'audience, délit commis à l'audience publique ou non.

† 2. **DÉLITÉ, ÉE** (dé-li-té, tée), *adj.* Néologisme. Sorti de son lit. Délité le 22 à sept heures; un bain emporta le reste de ma fatigue, CHATEAUBR. *Mém. d'outre-tombe* (éd. de Bruxelles), t. V, *Chapelle, ma chambre d'auberge, description de Waldmünchen.*

† **DÉLITEUR, EUSE** (dé-li-teur, teû-z'), *s. m.* et *f.* Celui, celle qui délite les vers à soie.

† **DÉLITOIR** (dé-li-toir), *s. m.* Châssis pour déliter les vers à soie.

† 3. **DÉLIVRE** (dé-li-vr'), *s. m.* Canal d'alimentation des œillets, dans les marais salants, *Enquête sur les sels*, 1868, t. I, p. 509.

† **DÉLIVREUR.** *Ajoutez :* — REM. Le passage de Voiture qui est cité seulement d'après Richelet se trouve dans la pièce intitulée : *Vers à la mode de Neufgermain à M. d'Avaux.*

† **DÉLOCALISER** (dé-lo-ka-li-sé), *v. a.* Ôter le caractère local. L'expédient monarchique, nationalisant le clergé et délocalisant le grand vasselage [les grands vassaux], après avoir eu, au début de la crise, qualité pour.... H. STUPUY, *la Phil. pos.* sept.-oct. 1874, p. 196.

† **DELTA.** *Ajoutez :* || **4°** Le Delta, constellation boréale nommée aussi Triangle boréal.

† **DELTAÏQUE** (dèl-ta-i-k'), *adj.* Qui appartient aux deltas des fleuves. Au lieu de recevoir des affluents, le fleuve [le Mahanadi] donne naissance à des bras qui lui impriment le caractère deltaïque, inconnu à l'Europe, J. CLAVÉ, *Rev. des Deux-Mondes*, 15 fév. 1873, p. 894.

DÉLUGE. *Ajoutez :* — REM. Après moi le déluge! On attribue ce mot à Louis XV, qui aurait dit : « Les choses comme elles sont dureront autant que moi. Berry [le Dauphin] s'en tirera comme il pourra. Après moi le déluge! » Ce mot paraît appartenir non au roi, mais à Mme de Pompadour. Ernest Leroux, rendant compte du reliquaire de M. Q. de la Tour, peintre du roi Louis XV (*Revue bibliogr.* n° 6, p. 103) : « Tout est curieux, tout est à lire dans ce volume, on y trouve une note de Mlle Fel, qui cite ce mot cynique de Mme de Pompadour : Il [la Tour] m'a raconté que peignant Mme de Pompadour, le roi, après l'affaire de Rosbach, arriva fort triste; elle lui dit : qu'il ne fallait point qu'il s'affligeât, qu'il tomberait malade, qu'au reste après eux le déluge (ÉMAN MARTIN, *le Courrier de Vaugelas*, 15 sept. 1874, p. 89). »

DÉLUSTRER. || Fig. Ôter du lustre, du mérite. Elle [Anne d'Autriche] était paresseuse, elle n'a point lu; cela toutefois ne la délustre point, parce que le grand commerce que la reine a eu avec les premiers de son siècle.... Mme DE MOTTEVILLE, *Mémoires, Portrait de la reine*, p. 12.

† **DÉLUTEUR** (dé-lu-teur), *s. m.* Ouvrier qui, dans la fabrication du gaz, retire le coke des cornues. Chaque demi-batterie de 8 fours est servie par 8 hommes : 1 chauffeur, 2 chargeurs, 1 tamponneur, 4 déluteurs, MAXIME DU CAMP, *Rev. des Deux-Mondes*, p. 784. A l'aide d'un crochet de fer les déluteurs le [le coke] retirent de la cornue,... ID. *ib.* p. 786.

— ÉTYM. *Dé...*, préfixe, et *lut* : qui défait le lut.

† **DÉMACADAMISER** (dé-ma-ka-da-mi-zé), *v. a.* Ôter le macadam. || *V. r.* Se démacadamiser, perdre la qualité de macadam. Des boulevards sans macadam, ou du macadam qui ne se démacadamisât pas, L. PLÉE, *le Siècle*, 3 avr. 1867.

DÉMAILLOTER. — HIST. *Ajoutez :* XIII° s. Là le print [un enfant] Gloriande, qui fu suer Ansenis, Et le desmaillota et lui baisa le vis, *les Enfances Ogier*, dans BRUN DE LA MONTAIGNE, éd. P. Meyer, Paris, 1875, p. XI.

DEMAIN. — HIST. || XVI° s. *Ajoutez :* Bien disent : « Je payerai demain. » Mais ce demain ne vient jamais, *Rec. de farces*, etc. Paris, 1859, p. 136.

† **DEMANDANT.** *Ajoutez :* Jamais l'âme, selon lui [Cassien], n'est plus demandante que lorsqu'elle est devenue plus simple, BOSS. *Int. d'orais.* V, 25.

DEMANDE. *Ajoutez :* || **8°** Terme de technologie. On dit qu'une pièce est percée, est entaillée à la demande d'une autre, quand celle-ci peut entrer, s'ajuster exactement dans la première. || **9°** Mémoire en demande, voy. MÉMOIRE 2, n° 3.

DEMANDER. *Ajoutez :* || **14°** Substantivement. Le demander, l'action de demander. La belle fait bien de garder Ce qui vaut bien le demander, RÉGNIER, *Am.* || **15°** Populairement. Demander après quelqu'un, chercher quelqu'un pour le voir, pour lui parler. || **16°** Il s'est demandé, on a demandé. Il s'est demandé trois ou quatre combats [il y a eu trois ou quatre provocations en duel]; mais tout s'est appointé, MALH. *Lexique*, éd. L. Lalanne.

— REM. *Ajoutez :* || 3. Comme dans *demander* le verbe *dire* est implicitement contenu, on l'a quelquefois sous-entendu pour joindre à *demander* un second membre de phrase. Ils ont demandé avec instance que, s'il y avait quelque docteur qui les y eût vues [les cinq propositions, dans Jansenius], il voulût les montrer; que c'était une chose si facile, qu'elle ne pouvait être refusée, PASC. *Prov.* I.

† **DÉMARGUER.** — ÉTYM. Patois langued. *desmargá*, arracher avec effort un objet de l'entaille ou de l'ouverture où il est enfoncé; *enmargá*, enfoncer avec effort, engager dans.

DÉMARIER. || **1°** *Ajoutez :* Il fut démarié d'avec cette première femme, et en épousa une autre... GUI PATIN, *Lettres*, t. II, p. 419. || **3°** Terme rural qui se dit pour éclaircir un plant. Quand les betteraves ont été démariées ou éclaircies, *les Primes d'honneur*, p. 79, Paris, 1874. Démarier les betteraves avec précaution, c'est-à-dire ne pas déchausser celle qui est destinée à rester en terre, *Journ. offic.* 17 mars 1873, p. 1859, 1re col.

† **DÉMARQUEUR** (dé-mar-keur), *s. m.* Celui qui ôte les marques d'un objet, dans une intention de tromperie ou de vol. || Fig. Le vicomte.... était-il lui-même le démarqueur de cette pièce d'érudition, ou quelque secrétaire à bon marché lui avait-il glissé cette copie facile? RUDE, *Opinion nationale*, 6 fév. 1876, supplément, 1re page, 5° col.

† **DÉMASCLAGE.** *Ajoutez :* — ÉTYM. *Dé....* préfixe, et *mâle*, écrit autrefois *masle*, du lat. *masculus*. Cette dérivation est prouvée par le passage suivant : L'enlèvement de ce premier liége qu'on appelle dans la pratique le liége *mâle*, d'où le nom de *démasclage* donné à l'opération elle-même, est nécessaire pour obtenir des produits utiles, H. FLICHE, *Manuel de botan. forest.* Nancy, 1873, p. 198.

† **DÉMASCLER** (dé-ma-sklé), *v. a.* Opérer le démasclage. Déjà, assure-t-il [le conservateur des forêts de l'Algérie], 558 000 chênes-liéges ont été démasclés pendant ces trois dernières années, *Journ. offic.* 23 nov. 1876, p. 8578, 1re col.

DÉMÉNAGER. *Ajoutez :* || **4°** *V. réfl.* Se déménager, faire ses paquets, enlever les objets de ménage. En vérité, c'est une chose étrange, que de partir et de se déménager comme nous faisons; on se fait pitié à soi-même, on n'a plus rien, SÉV. *à Mme de Grignan*, 10 mai 1694, dans *Lettres inédites*, éd. Capmas, t. II, p. 521.

† **DÉMERGER.** *Ajoutez :* || **2°** Tirer d'une eau venue par inondation. Nul espoir ne reste de démerger l'exploitation, *Journal de Liége*, dans *Journ. offic.* 16 sept. 1872, p. 6308, 3° col.

† **DÉMESURE.** — HIST. *Ajoutez :* || XV° s. Aussi ne seroit-elle pas contente, s'il [le mari] n'avoit paine et meschief à desmesure, *les Quinze Joyes de mariage*, p. 80

DÉMETTRE. *Ajoutez :* || **6°** Se démettre, s'humilier, s'abaisser. Si nous nous parons, il [le monde] l'interprétera à quelque dessein; si nous nous démettons, ce sera pour lui vilité de cœur, SAINT FRANÇOIS DE SALES, *Introd. à la vie dévote*, IV, 1.

† **DEMEURABLE** (de-meu-ra-bl'), *adj.* Habitable, en langage normand. Une bonne maison demeurable, tous les bâtiments nécessaires.... *le Nouv. de l'arr. d'Avranches*, 18 juin 1876. || Ordinairement les annonces du pays mettent manable (voy. ce mot au Supplément).

DEMEURE. || **2°** *Ajoutez :* Et que ceux qui seraient en demeure [retard] de payer dans lesdits délais, demeureraient déchus de ladite diminution et contraints au payement total.... *Arch. des financ. Arrêts du Cons. d'État du 9 mai* 1702. || **8°** Fig. La dernière demeure, la sépulture. Conduire quelqu'un à sa dernière demeure.

DEMEURER. *Ajoutez :* || **13°** Y demeurer, se dit

pour périr dans une bataille, dans un accident. En voici un exemple du XVIe siècle : Posons le cas que l'armée des catholiques, avec l'aide des Espagnols, soit victorieuse et l'hérétique abattu, cela ne peut estre sans qu'un grand nombre y demeurent.... après telles victoires sanglantes, le tiers spectateur de la tragédie, qui est frais, a belle occasion de se rendre supérieur des deux partis, GUY COQUILLE, *Œuvres*, éd. de 1666, t. II, p. 259.

DEMI. || 3° *S. m. Ajoutez :* || On le trouve dans le langage général. Paresseux s'il en fut, et souvent endormi, Du revenu qu'il faut je n'ai pas le demi, PANARD, dans TERZUOLO, *Étud. sur le Dict. de l'Acad. franç. Prospectus*, p. 17. || 4° *Ajoutez :* || Demie, substantif féminin, prend le pluriel. Cette horloge sonne les quarts et les demies.

— REM. *Ajoutez :* || 4. M. Terzuolo, *Études sur le Dict. de l'Acad. franç. Prospectus*, p. 17, remarque que, si on suit les prescriptions de l'Académie, il faudra écrire : « Il a été frappé des *demi* et des quarts de sequins ; ce qui choque le bon sens. » Rien n'oblige à écrire *demi*, puisque, dans le langage de l'arithmétique, *demi* est substantif masculin ; et l'on écrira des *demis*, comme on écrit des *quarts*. || 5. Pour se rendre raison des anomalies que *demi* présente, il faut remonter à l'usage ancien. Dans la langue d'oïl, *demi* est un adjectif représentant le latin *dimidius* et s'accordant toujours avec son substantif. Mais, avec le temps, la langue moderne prit l'habitude de rendre *demi* invariable pour le genre et le nombre, toutes les fois qu'il précédait son substantif. Cela fait, il s'en est suivi inévitablement que *demi* n'a plus eu d'emploi au féminin que placé après le nom. || 6 J. J. Rousseau a dit : On est allé jusqu'à près de demi-lieue, *Lett. au maréchal de Luxembourg*, 28 janv. 1763 ; et : À demi-lieue de la ville, *Lett. à Moultou*, 30 déc. 1768. On dit plus ordinairement : près d'une demi-lieue, à une demi-lieue. Mais la suppression de l'article n'a rien d'incorrect. || 7. Une pomme et demie me suffit, et non pas me suffisent. La pomme et demie que j'ai mangée, et non que j'ai mangées.

† **DEMIARD** (de-mi-ar), *s. m.* En Normandie, le quart de litre, DELBOULLE, *Gloss. de la vallée d'Yères*, p. 108.

DEMI-CERCLE. *Ajoutez :* Voy. MANIABLE.

† **DEMI-DAME** (de-mi-da-m'), *s. f.* Personne qui n'appartient pas à la haute société, sans appartenir pourtant aux classes populaires.

† **DEMI-DOUBLE.** *Ajoutez :* || Sape demi-double, voy. SAPE au Dictionnaire.

DEMI-FRÈRE (de-mi-frè-r'), *s. m.* Voy. FRÈRE, n° 1.

† **DEMI-LIT** (de-mi-li), *s. m.* Voy. LIT, n° 11.

† **DÉMILITARISER** (dé-mi-li-ta-ri-zé), *v. a.* Ôter le caractère militaire. M. de Molinari entreprend de démontrer que.... Paris ne peut être ni le siége du gouvernement, ni une place de guerre ; qu'il faut à la fois le décapitaliser et le démilitariser, A. MANGIN, *Journ. offic.* 7 déc. 1871, p. 4821, 1re col. À la députation civile du banat serbe démilitarisé, l'empereur [d'Autriche] a dit que les réformes récentes avaient pour but le bien du peuple, *Journ. offic.* 12 mai 1872, p. 3162, 2e col.

DEMI-LUNE. *Ajoutez :* — REM. Cet ouvrage de fortification qui couvre la courtine et les flancs des bastions adjacents, était autrefois en forme de demi-cercle et n'était destiné qu'à couvrir le débouché d'un pont ou d'une porte.

†.**DEMI-MONDE** (de-mi-mon-d'), *s. m.* Voy. MONDE 1, n° 20.

† **DEMION** (de-mi-on), *s. m.* En Normandie, demilitre, DELBOULLE, *Gloss. de la vallée d'Yères*, p. 109.

DÉMIS. *Ajoutez :* || 5° *S. m.* Terme de pratique. Action de mettre à néant. Les intimés ont conclu de leur côté, par l'organe de leur avocat, au démis de l'appel, *Gaz. des Trib.* 4-5 août 1873, p. 750, 1re col.

† **DEMI-SŒUR** (de-mi-seur), *s. f.* Celle qui n'est sœur que de père ou de mère, et non de père et de mère. || *Au plur.* Des demi-sœurs.

† **DEMI-SOLDIER** (de-mi-sol-dié), *s. m.* Celui qui touche une demi-solde. Les demi-soldiers et leurs veuves.... *Décret du 13 févr. 1872*, XIIe *série du Bull. des Lois, part. suppl.* n° 130, p. 362.

DÉMISSION. *Ajoutez :* || 3° Abnégation. Ne vous jugez point, mais laissez vous juger avec une entière démission d'esprit par celui que vous avez choisi pour vous conduire, FÉN. *Lett. spirit.* 86. C'est un latinisme.

† **DÉMISSIONNER** (dé-mi-sio-né), *v. n.* Donner sa démission. Et ce n'est que pour les servir que je résiste au désir qui me presse de démissionner et de me retirer paisiblement dans une obscurité qui m'est bien chère, BABŒUF, *Pièces*, I, 244. Le conseil municipal actuel, au lieu de démissionner, gardera-t-il la position ? *Journ. offic.* 1er avr. 1873, p. 2274, 2e col.

† **DÉMOBILISATION** (dé-mo-bi-li-za-sion), *s. f.* Action de renvoyer chez eux des hommes qu'on a mobilisés. À partir du jour de la mobilisation jusqu'au jour de la démobilisation, *Journ. offic.* 13 nov. 1872, p. 6969, 3e col.

† **DÉMOBILISER** (dé-mo-bi-li-zé), *v. a.* Faire cesser l'état de mobilisation de corps militaires. Que l'armée roumaine sera démobilisée, et qu'on rendra à l'agriculture les bras qui lui ont été enlevés, *le Temps*, 29 janv. 1877, 1re page, 3e col.

† **DÉMOCRATISATION** (dé-mo-kra-ti-za-sion), *s. f.* Action de démocratiser, de rendre démocratique. L'épargne, recueillie et concentrée, alimente aussitôt de nouvelles fournitures de travail dont tous les ateliers successivement profitent à leur tour ; cette démocratisation des capitaux est la bonne, PAUL BOITEAU, *Journ. des Débats*, 14 oct. 1876, 1re page, 5e col.

† **DÉMOGORGON** (dé-mo-gor-gon), *s. m.* Être symbolique, créateur du ciel et de la terre ; il habite le centre du monde avec l'Éternité et le Chaos. Dans le fossé couvert je vis apparaître un personnage mythologique qui m'avait fait une grande impression dans ma première enfance ; c'était l'antique Démogorgon, le génie du sein de la terre, ce petit vieillard crasseux, couvert de mousse, pâle et défiguré, qui habitait les entrailles du globe ; ainsi le décrivait mon vieux livre de mythologie, G. SAND, *Hist. de ma vie*, t. VI, ch. 8.

— ÉTYM. *Démogorgon* est un personnage du *Prométhée* de Shelley, qui est sans doute aussi l'inventeur de ce nom ; *démogorgon* semble signifier qui fait peur au peuple : de δῆμος, peuple, et *Gorgone*, SCHURÉ, *Rev. des Deux-Mondes*, 15 fév. 1877, p. 773. *Démogorgon* ne se trouve pas dans les dictionnaires grecs ou latins.

DEMOISELLE. *Ajoutez :* || 13° Nom, dans l'Aunis, du raisin dont les graines ont mûri sans grossir, *Gloss. aunisien*, p. 95. || 14° Nom, en Normandie, d'un tas de céréales que font les moissonneurs en mettant debout les unes contre les autres des gerbes et recouvrant le tout d'une gerbe en éventail. Mettre du blé, du seigle en demoiselle, DELBOULLE, *Gloss. de la vallée d'Yères*, p. 107.

— REM. *Ajoutez :* De l'emploi de demoiselle (avec un pronom possessif), au sens de fille, on trouve un exemple dans J. J. Rousseau : Je savais que Mme de Verdelier avait fait inoculer ses demoiselles, *Lett. à Mlle Ducluseu*, 16 janv. 1763. Mais le blâme dont cet emploi est l'objet n'en persiste pas moins.

DÉMOLIR. — HIST. *Ajoutez :* XIVe s. Lesquelz trois estaulx tous ensemble pourront muer et faire muer aillieurs en leur dicte terre pour deux fois seulement, et tous ensemble comme dict est, en demoliant ceulz qui à present sont ou seront en ladicte court Nostre-Dame (1383), VARIN, *Archiv. admin. de la ville de Reims*, t. III, p. 526.

† **DÉMOLISSEMENT** (dé-mo-li-se-man), *s. m.* Action de démolir ; état de ce qui est démoli. D'où est-il provenu ce démolissement ? Qui peut avoir causé contre nous cette perte ? Quel artisan subtil a fait si promptement D'une riche cité une ville déserte ? ANONYME, en 1622 (au sujet des églises détruites par les protestants), dans *Revue des langues romanes*, t. V, p. 517. Ce serait quelque consolation à notre imbécillité, si les réparations se faisaient aussitôt que les démolissements, MALH. *Lexique*, éd. L. Lalanne.

— HIST. XIVe s. Demolissement des diz chasteaux et forteresses, *Mandements de Charles V*, 1378, Paris, 1874, p. 892.

† **DÉMOLISSEUR.** *Ajoutez :* || 3° Adjectivement. Ouvrier démolisseur, celui qui travaille aux démolitions. Les ouvriers démolisseurs se mirent à l'œuvre, et le terrain se trouva promptement dégagé de tous les bâtiments qui le couvraient, *Mémoires pour M. H. Bamberger, appelant*, p. 2, 26 févr. 1876.

DÉMOLITION. *Ajoutez :* || 3° Démolition des cartouches, opération par laquelle on les défait. Un accident est arrivé hier, à une heure et quart, à l'arsenal de Bayonne, dans l'atelier de démolition des cartouches, *Journ. offic.* 13 oct. 1872, p. 6465, 3e col. || Poudre de démolition, poudre qui provient de la démolition de cartouches ou de munitions quelconques.

DÉMON. *Ajoutez :* — REM. Chateaubriand a donné à ce mot un féminin : Que faisait à cela mon élégante démone ? — Ma démone, comme un mauvais génie, se replongea dans l'abîme, *Mém. d'outre-tombe* (éd. de Bruxelles), t. I, *Dernières lignes écrites à la Vallée-aux-Loups*, etc.

— HIST. XVIe s. *Ajoutez : Demonium*, demon, LESCALLIER, *Vocab. latin-franç.* 695.

† **DÉMONARCHISER.** *Ajoutez :* Il [Mirabeau] dit hautement qu'il ne souffrira qu'on démonarchise la France, et en même temps il est l'ami des coryphées du tiers, *Lett. de Mirabeau le père*, dans *Journ. offic.* 6 nov. 1874, p. 7418, 1re col.

† **DÉMONIALITÉ** (dé-mo-ni-a-li-té), *s. f.* Terme de théologie. Nature, caractère du démon. *De la Démonialité et des animaux incubes et succubes*, par le R. P. SINISTRARI, traduit du latin par IS. LISEUX, Paris, 1875 (réimpression d'un ouvrage du XVIIe siècle).

— ÉTYM. *Démonial*, forme fictive, venant de *démon*.

† **DÉMONTABLE** (dé-mon-ta-bl'), *adj.* Que l'on peut démonter, défaire. La division se compose de canonnières démontables.... *Gaz. des Trib.* 30 août 1870. Les navires marchands devraient avoir pour leurs embarcations de sauvetage des caissons à air démontables, *Journ. offic.* 5 janvier 1873, p. 56, 1re col.

† **DÉMONTEUSE** (dé-mon-teû-z'), *s. f.* Ouvrière employée dans les machines qui tirent le fil à la filière.

† **DÉMONTREUR** (dé-mon-treur), *s. m.* Celui qui démontre. Huet le démontreur vous démontre que Minos est visiblement Moïse, puisqu'un de ces noms est visiblement l'anagramme de l'autre en retranchant les lettres *n* et *e*, VOLT. *Dict. phil. Térélas*.

DÉMORDRE. *Ajoutez :* || 3° *V. a.* Cesser de mordre, et, figurément, abandonner. La constance jamais ne démord ce qu'elle a résolu, MALH. *Lexique*, éd. L. Lalanne. Je ne suis pas bien prompt à me promettre du bien ; voilà pourquoi je démords fort aisément l'opinion des bons succès, ID. *ib.*

† **DÉMOUCHETAGE** (dé-mou-che-ta-j'), *s. m.* Opération par laquelle le meunier, avant de moudre, réunit les grains. Nettoyage meunier du bled, démouchetage, etc. ; mouture proprement dite ; élévation, transports divers de farine, sacs, etc. ; blutage, *Mém. de la Soc. centr. d'Agric.* 1874, p. 501.

† **DÉMOULAGE.** *Ajoutez :* Le démoulage [des bougies de paraffine] offre quelques difficultés, par suite du peu de retrait que présente cette substance, *Monit. univ.* 25 juin 1867, p. 828, 6e col.

DÉMOUVOIR. *Ajoutez :* Est-il possible que ni le point d'honneur, ni.... ne vous puissent démouvoir de cette oisiveté casanière ? LA MOTHE LE VAYER, *Dial. d'Oratius Tubero*, t. I, *Dial.* III.

† **DENAB** (dé-nab) ou **DENEB** (dé-nèb), *s. m.* Étoile de première grandeur, α du Cygne.

— ÉTYM. Arabe, *dhenab* ou *dheneb*, queue ; les astronomes arabes nomment en effet cette étoile *dhenab ed-dadjâdja*, la queue de la poule, à cause de sa situation sur la queue de l'oiseau qui figure la constellation, DEVIC, *Dict. étym.*

† **DÉNATURANT, ANTE** (dé-na-tu-ran, ran-t'), *adj.* Qui dénature. Ces alcools dénaturés ne peuvent être utilisés sans en extraire préalablement tout ou partie de l'huile dénaturante qu'ils contiennent, *Gaz. des Trib.* 4 janv. 1873, p. 10, 3e col.

† **DENDROLOGIQUE** (din-dro-lo-ji-k'), *adj.* Qui a rapport à la dendrologie. Jardin botanique, dendrologique, *Journ. offic.* 21 déc. 1876, p. 9568, 3e col.

† **DENDROMÉTRIE** (din-dro-mé-trie), *s. f.* Emploi du dendromètre, procédé d'évaluation du cubage des bois. Les procédés de la dendrométrie, NANQUETTE, *Expl. débit et estim. des bois*, Nancy, 1868, p. 254. Dendrométrie et estimation des forêts ; débit, vente et conservation des bois, *Progr. de l'École d'agric. de Montpellier*, dans *Journ. offic.* 6 mai 1874, p. 3124, 2e col.

† **DENDROPHIDE** (din-dro-fi-d'), *s. m.* Espèce de serpent. Des serpents peuvent être confondus avec des branches ; d'autres, les dendrophides de l'Inde, des îles de la Sonde ou des Moluques, ont des teintes vertes d'une ravissante fraîcheur, rehaussées par des marques blanches ou noires : une imitation de végétal, E. BLANCHARD, *Rev. des Deux-Mondes*, 1er août 1874, p. 594.

— ÉTYM. Δένδρον, arbre et ὄφις, serpent.

† **DÉNÉBOLA** (dé-né-bo-la), *s. m.* Deuxième étoile de la constellation du Lion.

† **DENGUE** (dan-gh'), *s. f.* Fièvre épidémique ayant plusieurs des symptômes de la fièvre rhumatismale, qui apparut dans les Indes occidentales et dans quelques-uns des États du Sud (États-Unis), en 1827 et 1828 ; elle a reparu à Savannah

(Amérique) dans l'été et l'automne de 1850. || On dit aussi fièvre dengue ; cette maladie a été observée aussi dans l'Orient. Presque tous gravement atteints par une épidémie de fièvre dengue qui sévissait alors dans la province [l'ancien Cambodge], DELAPORTE, *Rapp. au ministre de la marine, Journ. offic.* 2 avr. 1874, p. 2546, 2e col.

† **DÉNICHEMENT** (dé-ni-che-man), *s. m.* Action de dénicher.

— HIST. XVIe s. Un denigement de heronneaulx, RAB. IV, 30.

DÉNICHEUR. *Ajoutez :* || 3° À d'autres, dénicheur de merles, locution proverbiale qui se dit à quelqu'un qui croit nous avoir trompé à notre insu, pour lui donner à entendre qu'on n'ignore pas ce qu'il a fait et qu'on ne veut pas être de nouveau sa dupe. || La locution vient d'une anecdote racontée par Boursault, *Lettres nouvelles*, t. II, p. 153, 2e édit. Un jeune paysan se confessa d'avoir rompu la haie du voisin pour guetter un nid de merles qu'il se promettait de dénicher plus tard. Le curé, ainsi averti, alla lui-même les dénicher et les fit fricasser. Plus tard, le même se confessant de courtiser une jeune fille, le curé demanda des renseignements ; mais le garçon, devenu avisé, lui répondit : à d'autres, dénicheur de merles. Voy. le *Courrier de Vaugelas*, 1er oct. 1866.

DENIER. *Ajoutez :* || 11° Évaluation du poids des fils de soie. Filer en neuf, en dix deniers, *Journ. offic.* 24 juill. 1872, p. 5048, 1re col.

† **DÉNIVELLATION.** *Ajoutez :* || Fig. Oui, c'est par le Nord de la France que les importations sont le plus considérables ; mais qu'ont-elles produit ? y a-t-il eu, comme conséquence, une grande dénivellation de prix ? DUPUY DE LÔME, *au Corps législ. Journ. offic.* 1er fév. 1870, p. 215, 4e col.

DÉNOMBREMENT. — HIST. *Ajoutez :* XIVe s. Et ce present denombrement baillons par protestacion ; se il plaist au roy nostre sire ou à ses deputez, que nous facions plus especial designation.... (1384), VARIN, *Archives adm. de la ville de Reims*, t. III, p. 575.

DÉNOMINATIF. *Ajoutez :* || Verbes dénominatifs, verbes formés avec des noms, c'est-à-dire ayant pour radical un thème qui est nom, ou adjectif ou participe, ou même démonstratif. *Fleurir* est dénominatif de *fleur ; grandir*, de *grand ; tutoyer*, de *tu-toi.* || Substantivement. Un dénominatif.

† **DÉNOMMEMENT** (dé-no-me-man), *s. m.* Action de dénommer, d'énoncer.

— HIST. XIVe s. Lequel procureur, ou nom pour ledit seigneur [l'archevêque de Reims].... presenta et bailla ausdis seigneurs du chapitre denommement de la terre et revenues que ledit seigneur tient en foy et hommage d'iceuls de chapitre (1384), VARIN, *Archives admin. de la ville de Reims*, t. III, p. 517.

DÉNONCIATEUR. *Ajoutez :* || 4° À Jersey, nom de deux officiers de justice, qui sont subordonnés au vicomte (voy. VICOMTE au Supplément), et qui exercent à peu près les mêmes fonctions. || Commis-dénonciateurs, fonctionnaires nommés par les dénonciateurs, et qui exercent les fonctions de dénonciateurs auprès des tribunaux inférieurs créés à Jersey en 1852 (la cour pour le recouvrement de dettes n'excédant pas dix livres sterling, et la cour pour la répression des délits).

† **DENSEMENT** (dan-se-man), *adv.* D'une manière dense. Les districts les plus densement habités, *Journ. offic.* 12 nov. 1876, p. 8197, 3e col.

† **DENSIMÈTRE** (dan-si-mè-tr'), *s. m.* Appareil servant à mesurer les densités.

— ÉTYM. *Dense*, et μέτρον, mesure.

DENSITÉ. || 4° *Ajoutez :* || Densité relative d'un corps, ou, le plus souvent, densité simplement, le rapport de sa densité à celle de l'eau distillée prise à 4° au-dessus de zéro ; on l'obtient en prenant le rapport du poids du corps à celui d'un égal volume d'eau prise dans ces conditions. On nomme poids spécifique le rapport du poids d'un corps à son volume, et poids spécifique relatif, ou simplement poids spécifique, le rapport du poids spécifique d'un corps à celui de l'eau distillée à 4° ; il en résulte que l'expression numérique de la densité relative est la même que celle du poids spécifique relatif. || La densité d'un gaz, d'une vapeur, est le rapport de son poids à celui d'un égal volume d'air pris dans les mêmes circonstances de température et de pression.

DENT. *Ajoutez :* || 15° Dent à brunir, instrument de relieur. Alors avec une dent à brunir d'agate ou de caillou très-dur, en forme de dent-de-loup, et d'une grosseur proportionnée à la tranche, il brunit avec soin de la manière suivante.... *Manuel du relieur*, p. 185, Roret, 1827. || 16° Dent-de-chien, instrument dit aussi double pointe (voy. POINTE n° 7). || 17° Maïs dent de cheval, sorte de maïs. La variété qui est généralement cultivée est la variété dent de cheval, remarquable par sa tardiveté et par l'accroissement qu'elle prend en France et en Amérique, *Bulletin de la Soc. centr. d'Agric.* 1875, p. 638. || 18° Donner par les dents, donner un coup sur les dents, sur la bouche. Il [Caligula] n'eût pas pensé avoir bien foulé aux pieds la république, s'il ne lui eût encore donné du pied par les dents, MALH. *Lexique*, éd. L. Lalanne.

— REM. 1. On lit dans Régnier : L'une se plaint des reins.... L'autre du mal des dents, *Sat.* XI. On dit plus ordinairement mal de dents. || 2. La *Grammaire générale et raisonnée*, p. 11 (4e édit. Paris, 1780) dit que *malgré ses dents* est pour *malgré ses aidants.* Rien ne prouve cette assertion, contre laquelle l'historique est décisif.

† **DENTELER.** *Ajoutez :* Nous allions chercher cette fois, non plus un de ces magnifiques ports naturels qui dentellent au nord, à l'est et à l'ouest les côtes de l'île,... G. ARAGON, *Rev. des Deux-Mondes*, 15 oct. 1875, p. 775.

† **DENTELEUR** (dan-te-leur), *s. m.* Denteleur de scies, celui qui fait des dents de scie, *Tarif des patentes*, 1858.

DENTELLE. *Ajoutez :* || 6° Terme de lapidaire. Nom donné aux huit facettes de forme triangulaire qu'on coupe sur les arêtes des plats ou pans d'une pierre fine, CHRITEN, *Art du lapidaire*, p. 28.

† **DENTELLIER, IÈRE** (dan-te-lié, liè-r'), *adj.* || 1° Qui a rapport à la dentelle. Les plus anciens documents sur l'industrie dentellière remontent, paraît-il, au XVe siècle ; c'est le Velay, petit pays du Languedoc, qui est généralement regardé comme le berceau de la dentelle, DEGREEF, *l'Ouvrière dentellière en Belgique*, p. 5. || 2° *S. m.* Dentellier, fabricant de dentelle. Charles VII, en quittant le Languedoc, s'arrêta au Puy-en-Velay, où la puissante corporation des dentelliers, en le complimentant, lui offrit un superbe pourpoint orné des plus magnifiques dentelles, DEGREEF, *ib.* p. 6. || 3° *S. f.* Dentellière, ouvrière en dentelle. || Particulièrement, celle qui fait l'engrelure formant la lisière de la dentelle.

— REM. On écrit *dentellier* par deux *ll* ; mais la prononciation usuelle est dan-te-lié ; comme *batelier* en regard de *batellerie.*

DENTURE. *Ajoutez :* — REM. 1. Denture n'est ni dans l'Académie, 1694, ni dans Furetière, 1690. Il est dans Furetière, édit. de 1701 revue par Basnage. Richelet complété, 1759, dit : « Denture, l'ordre dont les dents sont rangées ; rang de dents. Ce mot est bas et populaire. » L'Académie de 1762 a : « Ordre dans lequel les dents sont rangées. Une belle denture. » || 2. Ce mot est dans Florian : Celui-ci [le lion] montra sa denture Pour prouver qu'il avait raison, *Fables*, III, 22.

† **DÉNUTRITION** (dé-nu-tri-sion), *s. f.* Terme de physiologie. Se dit quelquefois pour désassimilation. Contrairement à l'opinion répandue, le café et le thé n'empêcheraient pas la dénutrition des tissus, H. DE PARVILLE, *Journ. offic.* 15 août 1873, p. 5417, 3e col.

— ÉTYM. *Dé....* préfixe, et *nutrition.*

† **DÉODACTYLE** (dé-o-da-kti-l'), *adj.* Terme d'ornithologie. Qui a les doigts fendus. Passereaux déodactyles.

— ÉTYM. Δαίω, diviser, et δάκτυλος, doigt.

† **DÉONTOLOGIQUE.** *Ajoutez :* Si la morale doit continuer à être déontologique, comme nous le pensons, n'est-il pas évident qu'il faut connaître nos devoirs avant de les pratiquer ? P. JANET, *Rev. des Deux-Mondes*, 1er nov. 1874, p. 105.

† **DÉONTOLOGISME** (dé-on-to-lo-ji-sm'), *s. m.* La morale du devoir, dans le langage des utilitaires, P. JANET, *Rev. des Deux-Mondes*, 1er nov. 1874, p. 105.

— ÉTYM. Voy. DÉONTOLOGIE.

† **DÉPAISSELAGE** (dé-pè-se-la-j'), *s. m.* Action de dépaisseler.

† **DÉPAISSELER** (dé-pè-se-lé. L'*l* se double devant une syllabe muette : je dépaisselle, je dépaissellerai), *v. a.* Enlever les paisseaux ou échalas des vignes, opposé à paisseler.

† **DÉPAPERASSEMENT** (dé-pa-pe-ra-se-man), *s. m.* Action d'emporter des papiers, de se débarrasser de paperasses. Il restera.... l'armoire, avec les brochures et paperasses qu'elle contient, et pour le transport desquelles j'enverrai d'ici une malle, avec une lettre pour prier M. Deleyre de présider à ce dépaperassement, J. J. ROUSS. *Lett. à Mme d'Épinay*, mai 1756, dans *Mém. de Mme d'Épinay*, t. II, p. 138.

† **DÉPARQUER.** *Ajoutez :* || 2° Terme militaire. Faire sortir du parc le matériel.

DÉPART. *Ajoutez :* || 4° Terme de turf. L'instant où le starter donne le signal du départ en abaissant le drapeau qu'il tient à la main. || Faux départ, se dit quand un ou plusieurs chevaux devancent le signal.

DÉPARTEMENT. || 1° *Ajoutez :* Ayant fait déclarer par le roi qu'il [le cardinal de Richelieu] réduisait ses prétentions pour le droit d'amortissement à trois millions six cent mille livres, il fallut travailler à en faire le département, MONTCHAL, *Mémoires*, t. I, p. 62.

DÉPARTIR. *Ajoutez :* || 4° Synonyme d'affiner, en parlant de métaux précieux. L'affinage national est conservé à Paris pour le service des monnaies ; le public a la faculté d'y faire affiner ou départir des matières d'or et d'argent contenant or, *Loi du 19 brumaire an* IV, art. 126.

† **DÉPARTITEUR** (dé-par-ti-teur), *s. m.* Celui qui départit, qui départage. Partage d'opinion, président appelé comme départiteur.... le partage aurait été vidé par l'appel du président d'une autre chambre, et non du conseiller ou des conseillers les plus anciens.... l'appel du président comme départiteur avait été ordonné par l'arrêt même de partage, *Gaz. des Trib.* 11 juin 1870. Le garde des sceaux était le président de cette juridiction mixte.... il intervenait comme un véritable médiateur.... mais, au lieu de prendre le garde des sceaux pour départiteur, on prend trois grandes personnalités qui seront choisies pour une période de trois ans par l'assemblée législative, BERTAULD, *Journ. offic.* 1er mai 1872, p. 3899, 3e col.

† **DÉPASSIONNÉ, ÉE** (dé-pa-sio-né, née), *part. passé* de dépassionner. Qui n'a plus de passions, qui les a perdues ou rejetées. Il ne faut pas perdre de vue que le peuple américain est un peuple dépassionné, TALLEYRAND, *Mém. sur les relat. comm. des États-Unis avec l'Anglet.* (Institut, an III).

† **DÉPATRIÉ, ÉE** (dé-pa-tri-é, ée), *adj.* Qui a perdu sa patrie. || Substantivement. C'était un grand contentement pour ces deux dépatriés de trouver en ces pauvres ménages.... un coin de tendresse et de vie familiale, ALPH. DAUDET, *Fromont jeune et Risler aîné*, I, 2.

† **DÉPAYSEMENT.** *Ajoutez :* — HIST. XVIe s. Quelque depaysement que fist l'esclave, il ne se pouvoit affranchir au prejudice de son maistre, EST. PASQUIER, *Recherches*, IV, 5.

DÉPAYSER. *Ajoutez :* || 5° Fig. Dépayser le sujet d'une œuvre dramatique, le transporter dans un autre pays. Comme j'ai entièrement dépaysé les sujets pour les habiller à la française, CORN. *le Menteur, au lecteur.*

DÉPÊCHE. || 2° *Ajoutez :* || Dépêche simple, celle qui est passible du minimum de la taxe (télégraphique). || Dépêche recommandée, celle pour laquelle le bureau de destination transmet, par la voie télégraphique, à l'expéditeur même, la reproduction intégrale de la copie envoyée au destinataire, suivie de la double indication de l'heure précise de la remise et de la personne entre les mains de laquelle cette remise a eu lieu, *Instruction à l'usage des bureaux municipaux*, Paris, 1873, p. 26 || 3° Hâte, action de se dépêcher. Avec la vive dépêche d'une faim très-réelle, VOLT. *Dict. philos. Epopée (de Milton).*

— HIST. *Ajoutez :* XVe s. Ils [les marchands] les [les marchandises] pourroient tirer, mener et conduire ...qui seroit un très-grant bien et proffit pour la depesche de toute la marchandise de ce royaume, *Procès-verbaux du Conseil de régence de Charles VIII*, p. 22.

† **DÉPENSABLE** (dé-pan-sa-bl'), *adj.* Qui peut être dépensé. L'équivalence entre les quantités de force dépensable, COURNOT, *Traité de l'enchaînement des idées fondam.* t. I, p. 152.

DÉPÉRIR. — HIST. *Ajoutez :* XVe s. Marchandises aventurées, afondrées ou deperies en la riviere, MANTELLIER, *Glossaire*, Paris, 1869, p. 25.

† **DÉPÉRISSANT, ANTE** (dé-pé-ri-san, san-t'), *adj.* Qui dépérit. On exploite ordinairement [dans un bois de sapins] un nombre correspondant à un arbre, un arbre et demi, ou deux arbres par hectare, non compris les perches mortes et dépéris-

santes, BROILLIARD, *Rev. des Deux-Mondes*, 15 avr. 1876, p. 924.

† **DÉPIAUTER** (dé-pio-té), *v. a.* Terme populaire. Ôter la peau. Son Apollon, écorchant Marsyas, dépiaute les jambes du satyre vaincu avec l'aplomb d'un boucher troussant un bœuf, PH. BURTY, *la Liberté* du 30 mai 1867.

DÉPISTER. *Ajoutez :* || 3° En un sens opposé et néologique, faire perdre la piste. Le *Courrier de Vaugelas*, 1er déc. 1875, p. 115, cite ces exemples : Le renard venait de traverser un étang, afin de dépister les chiens, EUG. SUE; Ils sont dans leur rôle, comme l'individu qui vient de faire un mauvais coup, et qui détale à toutes jambes pour dépister les gendarmes, *le XIXe siècle*, 27 sept. 1875.

— HIST. Le *Courrier de Vaugelas*, 1er déc. 1875, p. 114, remarque que dépister n'est pas dans Furetière (1727), et qu'il se trouve dans une phrase du *Journal de Trévoux* : On y dépiste [découvre] les premières traces du territoire liégeois, août 1737, p. 1354, et que dès lors ce mot paraît dater de la première moitié du XVIIIe siècle.

1. **DÉPIT.** — REM. *Ajoutez :* || 3. On a dit : en dépit que, pour : par dépit de ce que. Sa mère m'a autrefois dit pis que pendre de lui, en dépit qu'il traitait si mal sa jeune femme, GUI PATIN, *Lettres*, t. II, p. 291.

DÉPITER. — REM. *Ajoutez :* || 2. Au sens de défier, indiqué dans la remarque 1, dépiter prenait *de* avec l'infinitif. Cloriste dépite De les ravoir jamais, CORN. *Lexique*, éd. Marty-Laveaux.

† **DÉPIVOTER** (dé-pi-vo-té), *v. a.* Couper le pivot d'une racine. On se sert généralement de plants de basse tige repiqués en pépinière et qu'on a dépivotés, G. BAGNERIS, *Man. de sylvic.* p. 264, Nancy, 1873.

DÉPLACEMENT. *Ajoutez :* || 3° Par emploi néologique, visite avec résidence chez quelqu'un, en quelque lieu. Le duc*** est actuellement en déplacement de chasse à.... Il est en Italie pour sa santé, il se trouve très-bien de ce déplacement. On annonce que Lord*** viendra bientôt en déplacement à Paris. Ce qui m'étonne de mon gendre, disait-elle confidentiellement à la marquise de La Veyle, qui était elle-même en déplacement à Trouville, OCT. FEUILLET, *Rev. des Deux-Mondes*, 1er octobre 1875, p. 482. || Voilà le mot passé des petits journaux dans les revues et dans le monde.

† **DÉPLIANT** (dé-pli-an), *s. m.* Album d'images qui se déploie. Une de ces aventures qui se déroulent comme ces albums d'images fort à la mode dans notre enfance et qu'on appelait des dépliants, ALPH. DAUDET, *Journ. offic.* 10 janv. 1876, p. 272, 2e col.

DÉPLORER. *Ajoutez :* || 2° Se déplorer, *v. réfl.* Pleurer sur soi-même. Mme de Pompadour [femme du conspirateur impliqué dans l'affaire de Cellamare] disait toujours en se déplorant.... STAAL, *Mémoires*, t. I, p. 157, in-8°, 1821.

† **DÉPOINTEMENT** (dé-poin-te-man), *s. m.* Action de prendre la place d'un fermier, au mépris du droit de marché dans le Santerre et ailleurs. Il [le propriétaire qui rentre dans son bien] s'expose en ce cas aux violences des gens du pays, qui voient dans ce fait un dépointement et une atteinte portée à leurs prérogatives, *Journ. offic.* 16-17 août 1876, p. 6440, 2e col.

† 1. **DÉPOINTER.** *Ajoutez :* || 2° Dépointer une bouche à feu, la déplacer de sa position de pointage.

† 2. **DÉPOINTER** (dé-poin-té), *v. a.* Exercer un dépointement.

— ÉTYM. *Dé...*, préfixe, et *point* : faire quitter le point où l'on est.

† **DÉPOINTEUR** (dé-poin-teur), *s. m.* Celui qui exerce un dépointement. De 1679 à 1747, les édits et les arrêts contre les fauteurs du droit de marché, contre les auteurs et complices des actes de vengeance commis sur les propriétaires et sur les dépointeurs, se succèdent de plus en plus rigoureux, sans rien changer à l'état des choses, *Journ. offic.* 16-17 août 1876, p. 6440, 2e col.

† **DÉPOLARISANT, ANTE** (dé-po-la-ri-zan, zan-t'), *adj.* Qui dépolarise. Substance dépolarisante, LECLANCHÉ, *Acad. des sc. Compt. rend.* t. LXXXIII, p. 55.

† **DÉPOLISSEUR** (dé-po-li-seur), *s. m.* Celui qui dépolit. Dépolisseur de verres, *Tarif des patentes*, 1858.

† **DÉPONTILLAGE** (dé-pon-ti-lla-j', *ll* mouillées), *s. m.* Terme de verrier. Action de polir une glace avec le pontil. Nous avons remarqué, en traitant du cristal uni, que le dépontillage ou le flettage fait perdre à la pièce brute une partie de son poids, *Enquête, Traité de comm. avec l'Anglet.* t. VI, p. 564.

† **DÉPONTILLER** (dé-pon-ti-llé, *ll* mouillées), *v. a.* Terme de verrier. Pratiquer le dépontillage. Pour dépontiller ou fletter le cristal uni, et l'amener à l'état convenable pour la vente, on lui enlève environ 6 p. 100 de son poids, et il ne nous reste de ces 144 kil. de composition que 100 kil. de cristal uni dépontillé, *Enquête, Traité de comm. avec l'Anglet.* t. VI, p. 560.

† **DÉPOPULARISATION.** *Ajoutez :* || 2° Action de dépopulariser. Dépopularisation des acquéreurs de biens nationaux, *Papiers saisis à Bareuth*, p. 230.

DÉPOPULARISER. || 1° *Ajoutez :* Moyen bien sûr de dépopulariser ces acquéreurs de biens nationaux, *Papiers saisis à Bareuth*, p. 229.

† **DÉPOPULATEUR.** *Ajoutez :* — HIST. XVIe s. Sacrileges, desrobeurs.... depopulateurs de champs, *Coust. gener.* t. II, p. 65.

DÉPORT. *Ajoutez :* || 6° Action de se démettre d'une fonction occupée; expression usitée particulièrement en ce qui concerne les arbitres.

DÉPOSER. *Ajoutez :* || 12° Fig. Déposer son cœur, confier tous ses sentiments. Enfin j'ai déposé mon cœur à M. d'Uzès, SÉV. 6 avr. 1672.

— REM. *Ajoutez :* En résultat de la discussion qui établit qu'on dit déposer un témoignage, mais qu'on ne peut pas dire déposer un fait (il faut déposer d'un fait), ce vers de Florian est incorrect : Mille témoins pour un déposent l'attentat, *Fabl.* V, 19.

DÉPOSITION. — HIST. *Ajoutez :* XIVe s. Eschevins amenerent gens dignes de foi à faire ceste information; et meneit furent par devant II tabellions estauliz à eus oyr, et mirent en escrit la deposicion de eus (1304), VARIN, *Archives administ. de la ville de Reims*, t. II, 1re part. p. 14.

DÉPÔT. *Ajoutez :* || 11° Dépôt-séquestre, dépôt d'une chose litigieuse, fait soit par les parties, soit par ordre de justice.

† 1. **DÉPOTAYER** (dé-po-té-ié), *v. a.* Terme normand. Vendre au pot, en détail, des boissons en barriques. Sur les cabarets normands, on voit très-fréquemment cette enseigne : Cidre à dépotayer.

— REM. On écrit aussi *dépoteyer*.

— ÉTYM. *Dé*,... préfixe, et *pot*.

2. **DÉPOTAYER** (dé-po-té-ié), *s. m.* Débit de boissons au pot. Il tient un dépotayer. || Escalier dépotayer, à Rouen, petit escalier pour descendre à la cave, et par où les boissons ne peuvent être remontées que dépotées, par opposition au grand escalier par lequel on descend et on remonte les fûts.

DÉPOTER. *Ajoutez :* || 3° Terme d'artillerie. On dit qu'une fusée dépote, lorsqu'elle lance les artifices contenus dans le pot, avant que toute la composition fusante soit brûlée.

† **DÉPOTOIR.** *Ajoutez :* || 4° Vaisseau destiné au mesurage des liquides. Décret [du 16 nov. 1875] relatif à la vérification et au poinçonnage des dépotoirs destinés à mesurer les liquides, *Journ. offic.* 17 nov. 1875, *sommaire*. Art. 2 : La taxe de vérification première et de vérification périodique des dépotoirs destinés à mesurer les liquides est fixée ainsi qu'il suit : 1° dépotoirs d'un demi-hectolitre, d'un hectolitre et d'un double hectolitre, chacun 2 francs, *ib.* p. 9385, 3e col.

DÉPOUILLE. || 6° *Ajoutez :* || Au sens actif, action de récolter. Jusqu'au 1er septembre prochain, pour les terres qui seront alors dépouillées, et pour les autres terres, jusqu'après la dépouille entière des fruits.... *Loi du 30 avril* 1790, art. 1er. || Une terre en dépouille d'avoine, une terre où l'on vient de récolter de l'avoine. || 7° *Ajoutez :* || Un modèle est ou n'est pas de dépouille, suivant qu'on peut ou non le mouler en bloc. Puis on les coule en plomb [les morceaux du modèle], lorsqu'on a obtenu la meilleure empreinte possible en terre; et, si je m'exprime ainsi, ce n'est pas sans intention, car ils sont souvent d'une dépouille difficile [c'est-à-dire difficiles à retirer entiers du moule], *Œuvr. de Benvenuto Cellini*, trad. de L. Léclanché, *Traité de l'orfévrerie*, ch. XII, ou t. II, p. 331. || 8° Droit de dépouille, droit en vertu duquel l'évêque ou l'archidiacre s'emparait de la succession des curés décédés.

— ÉTYM. *Ajoutez :* La basse latinité avait fait avec le latin *spolium* deux composés qui avaient le même sens : *exspolia*, dans Isidore, XVIII, 2, et *dispolia*, dans Du Cange, an 834.

DÉPOUILLEMENT. *Ajoutez :* || 5° Opération par laquelle un ver à soie se débarrasse de son enveloppe. Nous avons aidé ainsi au dépouillement complet de seize insectes, J. SANTY, *Mém. d'Agriculture*, etc. 1870-71, p. 261.

— HIST. XVIe s. *Ajoutez :* Et estes remplis en luy [Jésus-Christ] qui est le chief de toute principaulté et puissance; auquel aussi estes circoncis de circoncision non point faicte de la main par despouillement du corps de la chair, mais en circoncision de Christ, *Coloss.* II, 11, *Nouv. Test.* éd. Lefebvre d'Étaples, Paris, 1525.

DÉPOUILLER. *Ajoutez :* || 11° Terme de magnanerie. Se dit du ver à soie qui se débarrasse de son enveloppe. Elle remarqua, un jour, qu'un beau ver, à la quatrième mue, n'avait pas pu se dépouiller complétement, et que partie de ce dépouillement étranglé à l'avant-dernier anneau de l'insecte formait un sac assez plein, J. SANTY, *Mém. d'Agriculture*, etc. 1870-71, p. 261.

DÉPRÉDER. *Ajoutez :* À Caen, m'a été fait plainte que vers Cherbourg il y a des pirates français qui ont commission du roi d'Espagne, qui déprèdent leurs vaisseaux des marchandises, et sont soutenus par ceux dudit Cherbourg et gentilshommes voisins, *Rapport de Leroux d'Infreville à Richelieu*, en 1629, ch. 3, cité dans J. CAILLET, *l'Administration en France sous Richelieu*, II, 30, Paris, 1860.

† **DÉPRESSAGE** (dé-prè-sa-j'), *s. m.* Action de rendre, dans un plant de pins, les arbres moins pressés. De huit à dix-huit ans [des pins], on obtient, par le dépressage, une grande quantité de bourrées, sur lesquelles se jettent tous les villages de la contrée [Sologne] et tous les boulangers des villes, JOHANET, *Journ. des Débats*, 28 mars 1876, *Feuilleton*, 1re page 6e col.

† **DÉPRESSER.** *Ajoutez :* || Terme de mécanique. Faire cesser la pression.

DÉPRIER. — HIST. XVIe s. *Ajoutez :* Jamais le magistrat ne doit estre prié pour faire son devoir, ny desprié pour ne faire chose qui soit inique et deshonneste, BODIN, *Republique*, III, 4.

† **DÉPULPER** (dé-pul-pé), *v. a.* Écraser une pulpe. Dépulper des racines, *les Primes d'honneur*, Paris, 1869, p. 52.

2. **DÉPUTÉ.** *Ajoutez :* || 3° Dans les îles Normandes, suppléant d'un fonctionnaire, généralement nommé par lui; il s'accole au titre de la fonction : député-gouverneur ; député-vicomte, à Jersey (voyez VICOMTE); député-prévôt, à Guernesey et à Aurigny, le député du prévôt de la reine; député-greffier, à Guernesey; député-sénéchal, à Serk.

DÉPUTER. *Ajoutez :* || 3° Députer à, destiner à (emploi vieilli). Ces petites bêtes [les abeilles] que la nature a députées à faire ce métier [le miel], MALH. *Lexique*, éd. L. Lalanne.

† **DÉRAGER** (dé-ra-jé), *v. n.* Il se conjugue comme rager. Terme populaire. Cesser d'être en rage, de rager. Depuis ce matin je ne dérage pas.... comprenez-vous cela, ce coiffeur qui n'avait qu'un quart d'heure à lui et qui consacre une heure un quart à me coiffer, et ensuite se met à me raconter un tas d'histoires, J. M. COURNIER, *Une famille en* 1870-71, p. 62.

† **DÉRAILABLE** (dé-rè-la-bl'), *adj.* Se dit de locomotives qu'on peut faire dérailer à volonté, sur les chemins de fer américains.

DÉRAISONNABLEMENT. *Ajoutez :* — HIST. XIVe s. Pour la delivrance douquel, comme pris deraisonnablement, nous aions escript... (1353), VARIN, *Archives administrat. de la ville de Reims*, t. III, p. 41.

† **DÉRANGEUR** (dé-ran-jeur), *s. m.* Celui qui dérange. Il est impossible d'admettre que, le lendemain même de la mort d'un écrivain, il y ait un arrangeur ou plutôt un dérangeur qui se soit fait un jeu de détruire l'économie régulière d'un ouvrage..., BOISSIER, *Rev. des Deux-Mondes*, 1er mai 1870, p. 143.

† **DÉRASEMENT** (dé-ra-ze-man), *s. m.* Action de déraser. Le dérasement d'un mur pour la conversion en mur bahut, orné d'une grille, donne lieu à la perception du droit complet d'alignement, *Décret du 28 juillet* 1874, *Bullet. partie principale*, 2e sem. 1874, p. 61.

† **DÉRASER** (dé-ra-zé), *v. a.* Terme de travaux d'art. Abattre le sommet d'un terrain, d'une couche, d'un mur, etc. Ce banc sous-marin a été abattu par les lames et presque entièrement dérasé, *Journ. offic.* 15 oct. 1875, p. 8670, 3e col.

† **DERBY** (dèr-bi), *s. m.* Course qui se fait à Epsom dans le mois de mai, la plus illustre et la plus considérable des réunions hippiques de l'Angleterre, ainsi dite d'après lord Derby, qui l'a fondée; c'est une poule pour pouliches et poulains de trois ans. || En France, prix qui se court à Chantilly sur une piste de 2400 mètres, le dimanche qui suit l'Ascension.

DÉRÈGLEMENT. *Ajoutez :* || 4° Infraction aux règles de la poétique. Cet horrible dérèglement qui mettait Paris, Rome et Constantinople sur le même théâtre, CORN. *Mél. Examen.*

DÉRÉGLER. — HIST. *Ajoutez :* XIII° s. Car trop est grans necessités Qu'en bienfais vous exercités, Se vostre voloirs [lisez voloir] ne desrieulle Dissimuler qui vous avugle ; Car tout faites en yex de juge...., *Bibl. des ch.* 1873, p. 14 (si la dissimulation qui vous aveugle ne dérègle votre vouloir).

† **DÉRELIÉ, ÉE** (dé-re-li-é, ée), *adj.* Terme de libraire. Se dit d'un livre ôté de la reliure. Les fourberies de Scapin, comédie par J. B. P. Molière; et se vend pour l'auteur, à Paris, chez Pierre Le Monnier, 1671, in-12.... dérelié, *Librairie Morgand et Fatout, Bullet. mensuel,* n° 1, janvier 1876, p. 102.

† **DÉRISEUR.** *Ajoutez :* Tu ne t'aperçois pas, dériseur subtil, qu'il n'est pas un de tes arguments qui ne se retourne contre toi, MARIO UCHARD, *Rev. des Deux-Mondes,* 1er sept. 1876, p. 92.

DÉRIVATIF. *Ajoutez :* — HIST. XVI° s. Il y a deux especes de verbes, l'une primitive comme aymer, l'autre derivative comme de melancholie melancholier, MEIGRET, dans LIVET, *la Gramm. franç.* p. 84.

1. **DÉRIVATION.** — HIST. *Ajoutez :* XIV° s. Trop grant multitude de humeurs par voye d'assemblement ou dérivation, LANFRANC, f° 48.

2. **DÉRIVATION.** || 2° *Ajoutez :* || Terme d'artillerie. Nom donné à la quantité dont les points de chute des projectiles oblongs s'écartent de la trace du plan de tir; le sens de la dérivation dépend de celui des rayures et du tracé des projectiles. Les angles de tir, les hausses, les dérivations, les angles de chute, les vitesses restantes,.. H. DE PARVILLE, *Journ. offic.* 8 janv. 1875, p. 166, 3° col. Si l'on change beaucoup de latitude, l'influence de la rotation de la terre sur la dérivation peut devenir très-appréciable, ID. *ib.* p 167, 1re col.

— SYN. DÉRIVATION, DÉVIATION. En artillerie, déviation est un écart irrégulier, qui varie d'un coup à l'autre et qui entraîne les inexactitudes du tir; dérivation est un écart régulier, constant à chaque distance, qu'on connaît à l'avance et dont on peut tenir compte, de sorte que la justesse du tir ne s'en trouve pas altérée.

DÉRIVE. *Ajoutez :* || 2° Sorte de quille qui s'adapte à une embarcation. Tout a été prévu d'avance pour faire de la dunette un bateau naviguant : mâture en place, voilure, ancre et grelin, canot de sauvetage, quille ou plutôt dérive qui, cachée dans une coulisse, se développe une fois le navire à flot [le *Buss* hollandais], qu'une simple dérive placée sur le côté rend parfaitement navigable, Extr. du *Journ. du Havre,* dans *Journ. offic.* 13 fév. 1873, p. 1056, 2° et 3° col. || 3° Terme d'artillerie. Quantité dont il faut porter la hausse en dehors du plan de tir pour tenir compte de la dérivation en pointant un canon rayé. || 4° Sardine de dérive (voy. SARDINE au Supplément).

† **DÉRIVEMENT** (dé-ri-ve-man), *s. m.* Action, état d'une eau courante qui sort de son canal.

— HIST. XVI° s. Gens assiegez en leurs maisons au moyen de la grande crue, desryvement et inondation des eaux de la riviere de Loire, MANTELLIER, *Glossaire,* Paris, 1869, p. 26.

3. **DÉRIVER.** *Ajoutez :* || 3° Terme d'artillerie. Se dit de l'action d'un projectile qui s'écarte du plan de tir en cédant aux causes qui produisent la dérivation.

4. **DÉRIVER.** *Ajoutez :* — HIST. XIII° s. Les dens [une femme défigurée par le feu ardent] avoit si desrivez, Les gencives si decharnées Et les narines si chevées [creusées], Que tant par est espoantable Qu'ele sembloit un vif deable, GAUTIER DE COINCY, *les Miracles de la Sainte Vierge,* p. 165, publiés par l'abbé Poquet.

† **DÉROBEMENT.** *Ajoutez :* || 2° Au propre, action de dérober, d'enlever par larcin.

— HIST. XII° s. Suranus, ki donat az prisons à soi venans et à ceaz [ceux] ki fuirent del derrobement des Lumbars totes les choses lesqueiz il semblevet avoir el monstier, *li Dialoge Gregoire lo pape,* 1876, p. 222.

DÉROBER. *Ajoutez :* || 14° Terme de turf. Un cheval se dérobe, quand il s'écarte de la piste.

DÉROGER. *Ajoutez :* || 6° Activement, ôter par dérogation. Le Fils de Dieu lui donnait toujours [à l'Église judaïque] la même autorité qu'elle avait pour soutenir et instruire les enfants de Dieu, ne lui dérogeant la créance que dans le point que Dieu avait révélé par tant de miracles; car la croyance qu'il donnait par ces miracles à l'Église chrétienne ne dérogeait qu'à cet égard à la foi de l'Église judaïque, BOSS. *Médit. Évang. Serm. de N. S.* 55° journée.

† **DÉROLEMENT** (dé-rô-le-man), *s. m.* Terme administratif. Action d'effacer quelqu'un d'un rôle.

† **DÉROQUER** (dé-ro-ké), *v. a.* Terme d'agriculture. Extirper. L'ajonc se mêle-t-il à la bruyère, la valeur du sol se relève ; si cet ajonc y croît seul, on peut en le déroquant obtenir une terre à blé, G. DE CHERVILLE, *le Temps,* 14 avril 1873, 3° p. 6° col.

† **DÉROUTEMENT** (dé-rou-te-man), *s. m.* Terme d'assurances maritimes. Changement de route. Que le tarif de toutes les compagnies était indistinctement pour chacun d'eux [les ports des Philippines], et que Manille, point central, était considéré comme les résumant tous en raison même de l'égalité des risques courus et de l'absence de déroutement, *Gaz. des Trib.* 22 avril 1876, p. 393, 3° col.

† **DÉROYALISER** (dé-ro-ia-li-zé), *v. a.* Ôter les sentiments royalistes. Nous déroyalisâmes aussi le peuple, BABŒUF, *Pièces,* I, 64.

DERRIÈRE. *Ajoutez :* || 10° Fig. Être derrière, se dit d'une personne qui ne se montre pas, mais qui exerce une action réelle dans une affaire.

DES. — REM. *Ajoutez :* || 2° Racine a dit, *Mithr.* I, 3 : Qui sait si.... Ce roi.... N'accuse point le ciel qui le laisse outrager, Et des indignes fils qui n'osent le venger. À ce sujet Racine le fils remarque : « Il faut nécessairement *d'indignes*, je crois que c'est une faute d'imprimeur qui s'est conservée dans toutes les éditions. L'auteur avait mis, selon les apparences, et *deux indignes fils.* » D'autres éditeurs ont mis *et ses indignes fils.* Il paraît bien que la vraie leçon est *des indignes fils* (voy. au Supplément DE, Remarque 7).

† **DÉSACCLIMATÉ, ÉE** (dé-za-kli-ma-té, tée), *adj.* Qui est sorti de son climat. Tous ces peintres plus ou moins désacclimatés, EUG. FROMENTIN, *les Maîtres d'autrefois,* 1876, p. 23.

† **DÉSACCLIMATEMENT** (dé-za-kli-ma-te-man), *s. m.* Perte des conditions qui avaient procuré l'acclimatement. Le jour où, comme en Islande, par suite d'une modification imprévue dans les rapports acquis entre le climat et les habitants, il y aura désacclimatement, *Rev. d'anthrop.* t. IV, p. 298.

DÉSACCOUTUMER. — HIST. *Ajoutez :* XII° s. En dous manieres desaconstumet li irors blecie lo corage à posseir : la promiere.... *li Dialoge Gregoire lo pape,* 1876, p. 366.

† **DÉSACIDIFICATION.** *Ajoutez :* Par la désacidification, la tourbe perd ses qualités nuisibles, *Journ. offic.* 14 oct. 1873, p. 6366, 3° col.

† **DÉSAFFECTATION** (dé-za-fè-kta-sion), *s. f.* Terme de finances. Action d'effacer une affectation. Désaffectation d'un crédit. On n'a pas eu besoin de recourir à cette avance ; aussi vous venez, par une loi spéciale, d'en voter la désaffectation, COCHERY, *Rapp.* n° 328 du 20 juill. 1876, à la Chambre des députés.

— ÉTYM. *Dés...*, préfixe, et *affectation.*

† **DÉSAFFECTER** (dé-za-fè-kté), *v. a.* Terme administratif. Cesser d'affecter une somme, un objet à un emploi déterminé. Il a fallu désaffecter 97 millions de l'emprunt de 1869 qui, primitivement, étaient destinés à rembourser le Crédit foncier, *Journ. offic.* 21 juin 1876, p. 4361, 3° col.

† **DÉSAFFILIER** (dé-za-fi-li-é), *v. a.* Néologisme. Faire cesser une affiliation. || *V. réfl.* Se désaffilier, se retirer d'une affiliation. Les ouvriers affiliés à l'Internationale.... seulement vous ne dites pas comment ils pourront se désaffilier, et c'est là le point grave, *Journ. offic.* 8 mars 1872, p. 1641, 3° col.

1. **DÉSAGRÉER.** *Ajoutez :* || 2° *V. a.* Ne pas agréer, ne pas accepter quelque chose. La reine, qui d'abord avait voulu par prudence maintenir les tabourets, parut aussitôt ne point désagréer ce qui se faisait, Mme DE MOTTEVILLE, *Mém.* p. 306.

† **DÉSAGRÉGEABLE** (dé-za-gré-ja-bl'), *adj.* Qui peut être désagrégé. Roche facilement désagrégeable, CH. MARTINS, *Acad. des sc. Comptes rend.* t. LXVII, p. 934.

† **DÉSAILER** (dé-zè-lé), *v. a.* Ôter les ailes. || Particulièrement, ôter les ailes d'une graine. Parmi les graines résineuses, celles du sapin demandent beaucoup de ménagement; il faut les manipuler le moins possible, éviter de les désailer et les récolter à proximité des endroits à ensemencer, G. BAGNERIS, *Man. de sylvic.* p. 237, Nancy, 1873. Le kilo [de graines d'épicéa] en renferme 160 000 fraîches et désailées, H. FLICHE, *Man. de bot. forestière,* p. 296, Nancy, 1873.

† **DÉSAIMANTATION** (dé-zè-man-ta-sion), *s. f.* Action de désaimanter. M. Bertrand communique, au nom de M. Marcel Depretz, un travail sur la rapidité de l'aimantation et de la désaimantation, H. DE PARVILLE, *Journ. offic.* 3 juin 1875, p. 3959, 3° col.

† **DÉSALTÉRANT.** *Ajoutez :* || Arbre désaltérant, le *phytocrene gigantea* de l'Inde, BAILLON, *Dict. de bot.* p. 247.

DÉSAPPRENDRE. — HIST. *Ajoutez :* XIII° s. *Dediscere,* desaprendre, CHASSANT, *Petit vocabul. lat.-français,* p. 5.

† **DÉSAPPROVISIONNEMENT** (dé-za-pro-vi-zione-man), *s. m.* Action d'enlever un approvisionnement; résultat de cette action. Art. 1er : Le stationnement des voitures, bêtes de trait et de somme employées au service d'approvisionnement et de désapprovisionnement des halles et marchés de Paris.... Art. 4 : Pendant la durée des marchés, les voitures de désapprovisionnement ne pourront être amenées.... aux places de vente, *Ordonn. de police,* 14 juin 1873.

DÉSARÇONNER. — HIST. *Ajoutez :* XIII° s. À l'encontrer fut grantz li frois [le froissement] Des lances, dont il s'entredonent Tiels cops, qu'il s'entredesarçonnent, *Meraugis,* p. 175.

† **DÉSARGENTAGE** (dé-zar-jan-ta-j'), *s. m.* || 1° Action d'enlever l'argent sur les objets argentés. Sont rangés dans la première classe des établissements insalubres, dangereux ou incommodes, les ateliers de désargentage du cuivre par le mélange de l'acide sulfurique et de l'acide nitrique, *Ordonn. roy.* 27 mai 1838, art. 1. || Il se dit aussi de l'effet de l'usure. Le désargentage de flambeaux anciens. || 2° Action de retirer l'argent contenu dans le plomb.

† **DÉSARGENTATION** (dé-zar-jan-ta-sion), *s. f.* Action de retirer l'argent d'un minerai. Une des branches importantes de notre industrie est la fonte et la désargentation des minerais de plomb argentifère, cendres d'orfèvres, etc., *Enquête, Traité de comm. avec l'Anglet.* t. II, p. 171.

DÉSARGENTER. *Ajoutez :* || 4° Retirer l'argent contenu dans un métal. Désargenter du plomb, de l'or. || 5° Selon un vieux dicton, encore en usage dans les campagnes, être désargenté comme le crucifix de Saint-Gervais, être sans argent.

† **DÉSARGENTEUR** (dé-zar-jan-teur), *s. m.* Celui qui retire l'argent contenu en un métal. Fondeurs en métaux.... désargenteurs de plomb, lamineurs, mécaniciens, *Journ. offic.* 10 mars 1875, p. 1801, 3° col.

† **DÉSARNIR** (dé-zar-nir), *v. a.* Ancien terme de marine. Démarrer, dégager des amarres. Le lieutenant descend entre les deux ponts avec le maître canonnier; il a soin de faire désarnir et déboucher tous les canons, de les faire amorcer et mettre en état de tirer quand il est besoin, *Corresp. de Colbert,* III, 2, p. 313.

† **DÉSASSERVIR** (dé-za-sèr-vir), *v. a.* Tirer d'asservissement.

— HIST. XV° s. Tous est fait pour homme servir, Et homme est fait pour servir dame, Et ne s'en peut desasservir, AL. CHARTIER, *Poés.* p. 751.

DÉSASSORTIR. *Ajoutez :* || *V. n.* N'être pas assorti à, n'être pas en conformité avec. Une qualité subordonnée [le protectorat] semblait y désassortir trop [à la haute faveur de Fouquet] pour que l'offre n'en dût déplaire plutôt qu'agréer, DE MONTAIGLON, *Hist. de l'Acad. de peinture* [*Mém.* attribués à H. Testelin], t. II, p. 45.

† 1. **DÉSAUBER.** — HIST. *Ajoutez :* || XV° s. Pour avoir l'enfant ses cheveuls crespés, quant il sera desobé, lui soit rué du vin blanc sur son chef, *les Évang. des quenouilles,* p. 109.

DÉSAVEUGLÉ. *Ajoutez :* La France elle-même, quand elle sera désaveuglée, aura honte d'avoir puni un sujet du roi [M. de Lambesc], parce qu'il l'a servi fidèlement, *Lett. de Marie-Antoinette, Rev. des Deux-Mondes,* 1er juin 1866, p. 672.

† **DÉSAVOUABLE.** *Ajoutez :* — HIST. XVI° s. O Phaeton, enfant très recevable De moy ton pere et non desavouable, CL. MAROT, *Œuvr.* t. III, p. 66.

† **DESCELLEMENT.** *Ajoutez :* Je présume qu'à une époque quelconque on détacha du groupe la figure de Mars, qu'alors le bras gauche fut cassé dans le descellement qu'on en fit, que la statue de Vénus [de Milo] resta mutilée jusqu'à ce que quelque circonstance ait donné lieu de la restaurer,

QUATREMÈRE DE QUINCY, dans *l'Opin. nation.* 25 juin 1875, 2ᵉ page, 4ᵉ col.

† **DESCENDERIE.** *Ajoutez :* Mardi matin, vers 7 heures, 15 ouvriers.... descendirent dans le puits des Malécots, par la descenderie (c'est le mot sacramentel) située au nord dudit puits, *Journ. offic.* 25 oct. 1869, p. 1388, 3ᵉ col.

DESCENDRE. *Ajoutez :* || 21ᵉ Terme de turf. Quand un cheval appelé à courir acquiert une plus-value, on dit qu'il descend, parce qu'en effet la proportion dans laquelle on pariait contre lui tombe. Ainsi, un cheval qui hier était coté à 7 contre 1, et qui est aujourd'hui à 5 contre 1, est un cheval qui descend.

— REM. *Ajoutez :* || 3. Il avait froid; il est descendu se chauffer chez son directeur. Locution populaire, affectée d'une ellipse forte, mais non incorrecte.

DESCENDU. *Ajoutez :* || 5ᵉ Au descendu, au moment où l'on descend. Au descendu des carrosses, je présentai mon billet aux piqueurs, CHATEAUBR. *Mém. d'outre-tombe* (éd. de Bruxelles), t. I, *Présentation à Versailles, chasse avec le roi.*

† **DESCENSEUR** (dé-san-seur), *s. m.* Engin propre à descendre des objets ou des personnes, par analogie avec ascenseur. Un ingénieux appareil désigné sous le nom de descenseur à spirale ou sauveteur en cas d'incendie.... *l'Illustration,* 7 octobre 1876.

† **DESCENSION.** *Ajoutez :* || 3ᵉ Action de descendre. Quel serait son effet [d'une lame] sur la surface de ces talus dans son mouvement d'ascension et de descension, si je puis me servir de ce terme? BREMONTIER, *Rech. sur le mouvement des ondes,* p. 102.

DESCRIPTION. — HIST. *Ajoutez :* XIIᵉ s. Qui direit les descriptions, En quels leus, n'en quels regions..., BENOIT DE STE-MORE, *Roman de Troie,* v. 23 179.

† **DESÇU (AU)** (ô-dè-su), *loc. adv.* A l'insu de. L'une au desçu des siens te montre son ardeur, CORN. *Mélite,* II, 7 (corrigé plus tard en : à l'insu). Au desçu des autres, RETZ, *Œuvr.* éd. Feillet et Gourdault, t. IV, p. 433. Celui-là se trompe qui croit faire quelque chose au desçu des dieux, RAC. *Rem. sur Pindare,* t. VI, éd. Paul Mesnard, p. 12. || Cette locution vieillit, cependant elle est bonne.

— REM. On trouve aussi l'orthographe *au déçu.* On crut que l'accusation avait été intentée au déçu du prince, PERROT D'ABLANCOURT, *Tacite, Annales,* VI, 47. C'est une mauvaise orthographe qui induit en erreur en faisant croire que c'est le verbe *décevoir.*

† **DÉSÉCHOUAGE** (dé-zé-chou-a-j'), *s. m.* Action de remettre à flot un navire échoué. Il a été remarqué que la plus grande partie du temps que prend le déséchouage est employée à mouiller les ancres, à se procurer des points d'amarrage solides, *Rapport fait par M. de Lesseps à l'assemblée générale des actionnaires du canal de Suez,* le 30 mars 1870.

† **DÉSÉCLUSEMENT** (dé-zé-clu-ze-man), *s. m.* Dans les travaux à air comprimé, manœuvre pour sortir, quand l'ouvrier, quittant les travaux rentre dans l'air libre.

— ÉTYM. *Dés...,* et *écluse.*

† **DÉSEMMARQUISER** (dé-zan-mar-ki-zé), *v. a.* Ôter le titre de marquis. Lieuthraud, désemmarquisé, fut condamné, comme faussaire, à quatre ans de fers, à l'exposition et à la marque, ÉD. FOURNIER, *Rues de Paris,* ch. VII.

— REM. Ce mot n'est pas bien fait; il signifie proprement tirer de la compagnie des marquis, comme désencanailler signifie tirer de la compagnie de la canaille. C'est démarquiser qu'il fallait, mot qui est d'ailleurs au Dictionnaire avec l'autorité de Regnard.

† **DÉSENCLAVER** (dé-zan-kla-vé), *v. a.* Supprimer une enclave. Cette ligne [chemin de fer de Collonges à Annemasse] est la seule qui puisse désenclaver les populations françaises de la Haute-Savoie, et leur permettre de communiquer avec la France sans avoir à subir les exigences douanières de la Confédération suisse, *Lettre de M. Girod (de l'Ain) député,* dans le *Courrier de l'Ain* du 23 avril 1870.

† **DÉSENFOUIR** (dé-zan-fou-ir), *v. a.* Tirer d'un enfouissement.

— HIST. XIIIᵉ s. Il fist desenfuir le cors Harould, e si engetter hors, E tout decolez de l'iglise Chef e cors gette en la Tamise, *Édouard le Confesseur,* v. 496.

† **DÉSENGAGER.** *Ajoutez :* || 2ᵉ Fig. Se désengager, se dégager, se détacher des choses extérieures. Désengagez-vous et rendez-vous à vous-même, MALH. *Lexique,* éd. L. Lalanne.

† **DÉSENGOUER** (dé-zan-gou-é), *v. a.* || 1ᵉ Ôter l'engouement. || 2ᵉ *V. réfl.* Se désengouer, perdre son engouement. Il n'aurait pas tardé à se désengouer du premier consul, *Papiers saisis à Bareuth,* p. 370.

† **DÉSENGRÈNEMENT** (dé-zan-grè-ne-man), *s. m.* Terme de vétérinaire. Décollement de la corne du cheval par suppuration, dans la fourbure.

† **DÉSENIVREMENT.** *Ajoutez :* Alexandre entre les verres tua Clitus, et puis se voulut tuer lui-même, quand le désenivrement lui eut fait connaître le vilain acte qu'il avait commis, MALH. *Lexique,* éd. L. Lalanne.

† **DÉSENTERRER.** *Ajoutez :* || Fig. En grâce ne désenterrez point des questions mortes, ne remuez pas les matières odieuses, ne touchez point aux vieilles pierres de scandale de la sainte Ligue, BALZAC, *Lett. inédites,* XXXIII (éd. Tamizey-Larroque).

† **DÉSENVENIMER.** *Ajoutez :* Assoupir sans secousses leurs maux cachés [des sociétés malades], désenvenimer leurs plaies, dompter surtout leurs crises, ANATOLE CLAVEAU, *Journ. offic.* 1ᵉʳ avril 1875, p. 2398, 2ᵉ col.

† **DÉSÉQUILIBRER** (dé-zé-ki-li-bré), *v. a.* Faire perdre l'équilibre. Avec un geste presque faux.... qui déséquilibre le corps et montre à merveille le trouble de son être, E. BERGERAT, *Journ. offic.* 2 mai 1875, p. 3168, 1ʳᵉ col. Qu'attendre de conférences, si la Turquie est assez affolée, assez peu maîtresse d'elle-même, assez déséquilibrée pour rester en insoumission permanente avec les volontés, les décisions diplomatiques de l'Europe? *l'Opinion,* 9 août 1876, 2ᵉ p. 2ᵉ col.

† **DÉSÉQUIPER.** *Ajoutez :* || Terme d'artillerie. Enlever les équipements. Déséquiper la chèvre. || *Au réfl.* Se déséquiper se dit des desservants d'une pièce qui déposent les armements.

DÉSERTION. — HIST. *Ajoutez :* XVᵉ s. Veans la desercion du pont de ladite ville, MANTELLIER, *Glossaire,* Paris, 1869, p. 25.

† **DÉSERTIQUE** (dé-zèr-ti-k'), *adj.* Terme de géographie. Qui appartient aux déserts. Celle [la faune] des pays désertiques qui s'étendent à travers l'Égypte, la Palestine, la Syrie, jusqu'au milieu de l'Asie Mineure..., celle [la flore] des oasis, où les arbres désertiques sont mêlés aux cultures importées, A. J. *la Philos. posit.* juill.-août 1875, p. 92.

DÉSESPÉRADE. *Ajoutez :* || Une désespérade de..., s'est dit de choses qui se font par désespoir. Ce qui contribua à cette désespérade universelle de protestations fut l'empressement fixe avec lequel il se fit [le choix de Mme de Saint-Simon comme dame d'honneur], ST-SIM. t. VIII, p. 328, éd. Chéruel.

† **DÉSESSENCIER** (dé-zè-ssan-si-é), *v. a.* Terme de métier. Retirer l'essence qu'une substance contient. Appareil à désessencier les pétroles, *Alm. Didot-Bottin,* 1871-72, p. 782, 2ᵉ col.

† **DÉSESTIMER.** *Ajoutez :* Il le hait et le désestime, MALH. *Lexique,* édit. L. Lalanne.

† **DÉSÉTABLIR** (dé-zé-ta-blir), *v. a.* || 1ᵉ Faire cesser un établissement, une institution. || 2ᵉ Particulièrement, ôter à l'Église anglicane les droits et priviléges dont elle jouit en tant qu'Eglise nationale. Les partis qui s'y entre-choquent [dans l'Église nationale d'Angleterre] s'habituent à la désétablir, J. MILSAND, *Rev. des Deux-Mondes,* 15 sept. 1874, p. 379.

† **DÉSÉTABLISSEMENT** (dé-zé-ta-bli-se-man), *s. m.* || 1ᵉ Action de désétablir. || 2ᵉ Action d'ôter ses priviléges légaux à l'Église anglicane. Le sacerdotalisme s'habitue à l'idée du désétablissement, qui le délivrerait de l'opposition des latitudinaires et des évangéliques, J. MILSAND, *Rev. des Deux-Mondes,* 15 sept. 1874, p. 382.

† **DÉSHARMONIE.** *Ajoutez :* Voilà, encore une fois, la laideur, se manifestant par le désordre, la désharmonie, la disproportion, la disconvenance qui la constituent essentiellement, CH. LÉVÊQUE, *la Science du beau,* t. II, p. 215, Paris, 1861.

† **DÉSHARMONIEUSEMENT** (dé-zar-mo-ni-eû-ze-man), *adv.* Néologisme. D'une façon qui a le caractère de la désharmonie. La robe, très-décolletée, en velours violet, heurte désharmonieusement un fond de tenture jaunâtre, BÜRGER, *Salons de 1861 à 1868,* t. II, p. 168.

† **DÉSHARMONIEUX, EUSE** (dé-zar-mo-ni-eû, eû-z'), *adj.* Néologisme. Qui a le caractère de la désharmonie. Il [Wilkie] ne songea plus désormais qu'à *titianiser* [imiter le Titien], à jeter des flots lumineux sur ses toiles; ce n'était pas son affaire : quand il veut peindre largement, il est mou et vide; quand il veut être extra-brillant, il est faux et désharmonieux, BÜRGER, *Salons de 1861 à 1868,* t. I, p. 338.

† **DÉSHERBER** (dé-zèr-bé), *v. a.* Ôter les mauvaises herbes, sarcler. L'enfant était heureuse cependant, et rêvait mille choses charmantes tout en désherbant ses plates-bandes, OUIDA, *Deux petits sabots, Rev. des Deux-Mondes,* 15 mars 1874, p. 244.

† **DÉSHONORABLEMENT.** *Ajoutez :* — HIST. XVᵉ s. Tout homme qui prent guerre et querelle par envie est deshonorablement diffamé en la fin, *le Jouvencel,* fᵒ 39, *verso.*

† **DÉSHUMANISER.** *Ajoutez :* L'homme corrompu et perverti et, pour ainsi dire, déshumanisé, *Huetiana,* p. 250.

† **DESIDERATUM.** *Ajoutez :* Ce qui manque à l'exposition, le desideratum que je recommande aux chercheurs, c'est un pétrin mécanique à bon marché, ABOUT, *Monit. univ.* 13 oct. 1867, p. 1303, 4ᵉ col.

† **DÉSIGNATEUR** (dé-zi-gna-teur), *s. m.* Celui qui désigne. || Terme d'antiquité. Ordonnateur des funérailles, MALH. *Lexique,* éd. L. Lalanne.

— ÉTYM. Lat. *designatorem,* de *designare,* désigner.

† **DÉSILLUSIONNANT, ANTE** (dé-zil-lu-zio-nan, nan-t'), *adj.* Qui désillusionne. J'échappais ainsi à son influence [d'une sœur aînée], qui eût peut-être contrebalancé l'effet de leçons désillusionnantes, TH. BENTZON, *Journal des Débats,* 28 sept. 1876, *feuilleton,* 2ᵉ p. 4ᵉ col.

† **DÉSILLUSIONNEMENT.** *Ajoutez :* Et dans un temps où il y a tant de désillusionnement et tant d'incrédulité, croyez que c'est un grand bonheur pour nous que les populations s'attachent à l'idée républicaine, *Journ. offic.* 12 sept. 1871, p. 3405, 3ᵉ col.

† **DÉSINCRUSTANT** (dé-zin-kru-stan), *s. m.* Substance servant à la désincrustation des chaudières.

† **DÉSINCRUSTATION** (dé-zin-kru-sta-sion), *s. f.* Action d'ôter les incrustations. Désincrustation des générateurs à vapeur, *Alman. Didot-Bottin,* 1871-1872, p. 1321, 3ᵉ col.

† **DÉSINFECTOIRE** (dé-zin-fè-ktoi-r'), *s. m.* Lieu, établissement où l'on désinfecte. En sortant de la ville, il faut entrer un moment dans un désinfectoire bâti en planches, *Journal de Lyon,* 12 sept. 1871.

† **DÉSINTÉGRATION** (dé-zin-té-gra-sion), *s. f.* Néologisme. Action qui détruit l'intégrité d'un tout. Les tourmentes de neige, les crues de torrent, les avalanches, les éboulements, cet effrayant travail de désintégration qui se poursuit au sein des Alpes depuis leur soulèvement était attribué à des causes surnaturelles, CH. DURIER, *Journ. offic.* 4 déc. 1871, p. 4771, 2ᵉ col. Les lésions spinales trouvées à l'autopsie et constituées surtout par des foyers de désintégration, *Leçons sur les maladies du système nerveux, faites par M. Charcot et recueillies par Bourneville,* Paris, 1874, p. 261. Les théoriciens politiques qui, depuis plusieurs années, annoncent comme imminente la désintégration de l'empire turc, *Revue britannique,* sept. 1875, p. 247.

— ÉTYM. *Dés...,* et lat. *integer,* entier.

† **DÉSINVESTIR.** *Ajoutez :* — HIST. XVIᵉ s. Sans autrement se desinvestir.... ni depestrer de sa prise, BRANT. *Dames gal.* t. II, p. 299.

† **DÉSIRANT.** *Ajoutez :* Ils [les nouveaux mystiques] la trouvent [l'espérance] trop intéressée et trop désirante pour leur pureté, BOSS. *Nouv. myst.* X, 12.

DÉSIRER. *Ajoutez :* || 6ᵉ Se désirer suivi d'un adjectif, désirer d'être dans la situation que l'adjectif indique. Je vous laisse mon corps afin de reposer mort au lieu même où je me désire vivant, pour vous servir en servant Dieu, ainsi que j'y suis obligé, RICHELIEU, *Lettres,* etc. 1619, t. VII, p. 425.

† **DÉSISTAT** (dé-zi-sta), *s. m.* Terme de palais. Synonyme de désistement; il était jadis employé dans le ressort de l'ancien parlement de Toulouse (DALLOZ).

DÉSOBLIGEAMMENT. *Ajoutez :* Il [Errard] lui suscita [à Le Brun] M. Ratabon, qui lui chercha querelle et entreprit de le traiter fort désobligeamment, DE MONTAIGLON, *Hist. de l'Acad. de peinture* (*Mém. attribués à H. Testelin*), t. II, p. 41.

DÉSOBLIGER. *Ajoutez :* || 4° Se désobliger, se rendre un mauvais service à soi-même. Trouvez bon que, pour vous satisfaire, je ne me désoblige pas moi-même, LA MOTHE LE VAYER, *Dial. d'Oratius Tubero*, t. I, *Lettre de l'autheur*.

DÉSOLATION. — HIST. *Ajoutez :* XII° s. Nos plorons la desolation de cest liu [lieu]; quar uns freres cui vie nos detenoit en cest monstier, hui est li quarz jors ke il fut sostraiz de ceste lumiere, *li Dialoge Gregoire lo pape*, 1876, p. 241.

† **DÉSORCELER** (dé-sor-se-lé), *v. a.* Ancien synonyme de désensorceler (voy. ce mot à l'historique).

DÉSORDRE. — HIST. *Ajoutez :* XIV° s. La plaincte que firent les seigneurs haulx justiciers et les eschevins de ladicte ville sur les desordres et entreprises que faisoient les elleus audict conseil (1377), VARIN, *Archives administr. de la ville de Reims*, t. III, p. 461.

† **DÉSORIENTATION** (dé-zo-ri-an-ta-sion), *s. f.* Néologisme. Action de désorienter, de faire perdre la direction physique ou morale. Quand on appelle le bien mal, et le mal bien, et qu'on prend le poison pour le remède; quand de plus, par une désorientation inconcevable des esprits et des consciences, l'ennemi trouve des dupes et des auxiliaires dans ceux-là même qu'il menace..., DUPANLOUP, *Où allons-nous?* Paris, 1876, p. 43.

DÉSORIENTER. || 3° Fig. *Ajoutez :* Vous me permettrez de vous dire que voilà deux ordinaires passés sans que j'aie reçu aucune réponse du roi en réponse des miennes.... ce qui désoriente et met en peine les ministres qui servent au dehors, M. DE LÉON, dans RICHELIEU, *Lettres*, etc. 1617, t. VII, p. 343.

† **DÉSOUCI.** *Ajoutez :* Du courage que donne la vertu et du désouci de l'avenir, DIDER. *Cl. et Nér.* II, 2.

† **DESPECT** (dè-spè), *s. m.* Perte du respect. On a érigé en maxime que c'était une sorte de despect et de félonie de décliner par la fuite la juridiction de son seigneur, et que, par conséquent, celui-ci ne pouvant s'en prendre à la personne de son vassal, pouvait toujours s'en prendre à ses biens, DUPIN, *Observ. sur plusieurs points importants de notre législ. crimin.* Paris, 1821, p. 209. Cet usage [la cour célébrant les grandes fêtes de l'Église successivement dans des localités différentes, en Allemagne, au XI° siècle], qui avait pour mobile la pensée de propager le respect et l'amour du souverain, n'aboutissait qu'à la désaffection du prince et au despect de ses conseillers, GIRAUD, *Rev. des Deux-Mondes*, 1er avr. 1873, p. 632.

— REM. *Despect* est un mot latin tout pur, mais qui vient en face de *respect*.

— ÉTYM. Lat. *despectus*, manque de respect, action de regarder de haut en bas, de *despicere*, de *de*, de, et *spicere*, regarder (voy. DESPECTUEUX au Dictionnaire).

1. **DESPOTE.** *Ajoutez :* || 3° *Adj.* Le gouvernement de France a été constamment arbitraire, et souvent despote, Mme DE STAEL, *Consid. sur la Révol. franç.* I, 2.

DESSAISIR. *Ajoutez :* || 2° *V. a.* Terme de marine. Détacher. L'autre partie s'occupait à dessaisir les embarcations, *Rapport du capitaine Simon, Journ. offic.* 5 juillet 1869, p. 922, 2° col.

DESSAISISSEMENT. *Ajoutez :* || 2° Action d'un tribunal qui se dessaisit d'une affaire. La procédure commencée par le juge d'instruction nous est arrivée par voie de dessaisissement, *Gaz. des Trib.* 26 oct. 1872, p. 1050, 4° col. M. Dufaure craint que le dessaisissement des conseils de guerre [pour les accusés de l'insurrection de Paris en 1871] ne soit considéré comme un acte de suspicion envers la juridiction militaire, *le Temps*, 2 nov. 1876, 2° page, 6° col.

† **DESSAUTEMENT** (dé-sô-te-man), *s. m.* Nom donné à des seuils dans les canaux.

DESSELLER. *Ajoutez :* || Neutralement. Être dessellé, en parlant d'un cheval. Cela n'empêche pas leurs pareils de faire dans les Pampas, avec un cavalier sur le dos, 30 lieues en 12 heures, sans desseller, *Journ. offic.* 6 janv. 1875, p. 92, 3° col.

† **DESSEMELER.** *Ajoutez :* — HIST. XVI° s. Il esmouchoyt une bougie sans l'extaindre, frappoyt les pies par l'œil, dessemeloyt les bottes sans les endommager, RAB. IV, 34.

† **DESSERRAGE** (dé-sè-ra-j'), *s. m.* Action de desserrer. Il n'en faut pas davantage pour opérer le serrage des patins-freins [des omnibus]; le desserrage n'est pas moins ingénieux.... *Journ. offic.* 23 nov. 1874, p. 7749, 2° col.

† **DESSERTISSAGE** (dé-sèr-ti-sa-j'), *s. m.* Action de dessertir. Il fallut bien alors passer par le dessertissage; les pierres démontées furent envoyées à Paris, H. DE PARVILLE, *Journ. offic.* 3 mai 1870, p. 763, 2° col.

† **DESSERVICE.** *Ajoutez :* Le mal que Madame [la duchesse de Savoie] a reçu pour laisser beaucoup de services sans récompense, et tout desservice sans punition, RICHELIEU, *Lettres*, etc. t. VI, p. 557 (1639).

† **DESSERVITUDE** (dé-sèr-vi-tû-d'), *s. f.* Terme normand. Manière dont une localité, une ferme est desservie, par rapport aux voitures, aux transports. Quoique aujourd'hui la desservitude de cette terre soit bonne, le chemin.... devant être complétement réparé.... l'accès en sera dès lors amélioré,... *Avranchin*, 1er déc. 1872, *aux Annonces*.

† **DESSIGNER** (dé-si-gné), *v. n.* Retirer, rétracter une signature qu'on avait donnée. C'est ce qui est arrivé à tous les docteurs que vous avez obligés de dessigner; aucun ne change de sentiment, et le pauvre abbé des Hayettes est mort dans le regret d'avoir dessigné, *Pièce janséniste*, dans STE-BEUVE, *Port-royal*, t. VI, p. 278, 3° éd.

† **DESSOUCHEMENT** (dé-sou-che-man), *s. m.* Action de dessoucher. On pourrait donc, après avoir extirpé les morts-bois, semer, sur le sol ameubli par le dessouchement, du brome de Schrader, de manière à constituer des sortes de prés-bois, *Enquête sur les incendies des forêts*, p. 71.

† 2. **DESSOUILLER** (dè-sou-llé, *ll* mouillées), *v. a.* Se dit, en quelques provinces, pour tirer un oreiller de sa souille ou taie (voy. SOUILLE 2 au Dictionnaire).

DESSOUS. *Ajoutez :* || 11° Le dessous, en termes de peinture, épaisseur donnée aux couleurs. La musique de M. Mermet nous a paru, comme disent les peintres, manquer de dessous; c'est de la musique un peu mince et pas assez empâtée, E. GAUTIER, *Journ. offic.* 19 avr. 1876, p. 2807, 1re col.

† **DESSUINTER.** *Ajoutez :* Les laines d'Australie.... sont avant l'embarquement soigneusement nettoyées, dessuintées, triées et emballées, *Journ. offic.* 15 févr. 1874, p. 1300, 1re col.

DESSUS. || 13° Par-dessus, *loc. prép.* ...*Ajoutez :* || Passer par-dessus soi-même, ne pas tenir compte de soi. D'où vient donc que vous passez par-dessus vous-même, et que vous ne voyez dans un avenir lointain que le petit marquis? SÉV. *Lett.* 13 mars 1680. || Par-dessus, plus que. Je devais t'estimer par-dessus toutes choses, TRISTAN, *Mariane*, I, 3. C'est le privilége de la loi évangélique par-dessus la judaïque, PASC. *Prov.* X. Je sais quel est mon crime, et je connais mon père; Et j'ai par-dessus vous le crime de ma mère, RAC. *Mithr.* I, 5. Q'avais-je par-dessus tant d'âmes que vous laissez périr à mes yeux? MASS. *Avent, Conc.* || *Ajoutez :* || Proverbe. Il les sait toutes et une par-dessus, se dit d'un homme adroit, rusé, et qui se tire toujours d'affaire dans les circonstances les plus difficiles.

DESTINATION. — HIST. *Ajoutez :* XII° s. Car meïsmes la devant destinations [prédestination] del parmanable regne, ele est ensi ordineie del tot poissant Deu, *li Dialoge Gregoire lo pape*, 1876, p. 32.

DESTITUTION. *Ajoutez :* — HIST. XIV° s. Accordé est que tout seulement ausdiz eschevins appartient l'institution et destitution des freres et suers, la garde et administration desdictes maisons de Saint Ladre, soit qu'il y ait mesiaus [lépreux], soit que non (1342), VARIN, *Archives administr. de la ville de Reims*, t. II, 2° part, p. 868. || XV° s. Il sera paié de ses gages au feur de ce qu'il avoit du feu roy Lois, et ses sergens aussi jusques, *pro rata temporis*, au jour de sa destitution, *Procès-verbaux du conseil de régence de Charles VIII*, p. 7.

† **DÉSULTOIRE** (dé-sul-toi-r'), *adj.* Qui passe d'un sujet à un autre. Pardonnez-moi le style désultoire de ma lettre, BENJAMIN CONSTANT, à *Mme de Charrière*, dans STE-BEUVE, *Portraits litt.* t. III (*Benjamin Constant et Mme de Charrière*).

— ÉTYM. Lat. *desultorius*, cheval qui sert à la voltige, de *desultor*, celui qui passe d'un objet à un autre, proprement cavalier qui saute à bas de son cheval (voy. DESULTEUR). Rabelais a dit : Et nommoit on ces chevaus desultoires, *Garg.* I, 13.

† **DÉSUNISSANT.** *Ajoutez :* — REM. La citation de Bossuet prise au Dictionnaire de Dochez est dans les *États d'oraison*, IX, 5.

† **DESURE** (de-zu-re), *s. f.* Sorte de filet à mailles serrées. Mesures qui ont été prises dans l'intérêt de la conservation du poisson par suite de l'interdiction des desures à crevettes, qui, par leur usage pernicieux et extrêmement répandu, détruisaient fatalement une énorme quantité de frai et d'alevin, *l'Avranchin*, 21 nov. 1875. La destruction de la salicoque par l'emploi des filets à mailles serrées, dits desures, se trouve ainsi arrêtée sur tous les points de notre baie, *ib.* 12 déc. 1875.

† **DÉTACHANT, ANTE** (dé-ta-chan, chan-t'), *adj.* Qui enlève les taches. Ajoutons que, comme savon, un composé presque isomère, le pétrole solidifié, atteint les qualités détachantes de la benzine elle-même, *Journ. offic.* 11 déc. 1876, p. 7428, 3° col.

2. **DÉTACHÉ.** *Ajoutez :* || 8° Terme de turf. Qui est en avant des autres chevaux. Tel cheval est arrivé second, mais il était complétement détaché du reste du champ, c'est-à-dire qu'à l'exception du vainqueur, tous ses rivaux étaient loin derrière lui.

DÉTACHEMENT. *Ajoutez :* || 4° Ancien terme de droit. Bail en premier détachement, synonyme de bail à convenant (voy. BAIL au Supplément), MÉHEUST, dans *Mém. de la Soc. centr. d'Agricult.* 1873, p. 300.

2. **DÉTACHER.** *Ajoutez :* || 16° Neutralement et populairement. En détacher, en faire, en produire, etc. J'ai lu et relu tout le bataclan de livres sortis de son cerveau fécond; dame, comme il en détache et comme il est touchant! *Lett. du P. Duchêne*, 110° *lettre*, p. 2.

† **DÉTASSER.** — HIST. *Ajoutez :* XIV° s. Car qui vertuz en lui assemble Sanz humilité, il ressemble A celui qui la pouldre amasse Au vent, et le vent la detasse, *Théâtre français au moyen âge*, Paris, 1839, p. 278.

† **DÉTECTIVE** (dé-tè-kti-v'), *s. m.* Mot anglais qui signifie un agent de police employé surtout à suivre et à découvrir les affaires obscures et compliquées. Nous insistâmes et finîmes par obtenir deux détectives, SIMONIN, *Rev. des Deux-Mondes*, 1er mars 1876, p. 74.

— ÉTYM. Angl. *to detect*, découvrir, du lat. *detectum*, supin de *detegere*, de *de*, et *tegere*, couvrir (voy. TOIT).

DÉTENTE. *Ajoutez :* || 4° Terme de mécanique. Augmentation de volume d'un gaz ou d'une vapeur, d'où résulte une diminution de pression. || Nom donné aux différentes dispositions employées pour produire la détente dans les machines à vapeur.

DÉTENTEUR. — HIST. *Ajoutez :* XIV° s. Comme Guillaumes Gorgier eust fait demande à Hannequin Roberel, comme detenteur d'une maison, de certain sorsens.... (1344), VARIN, *Archives admin. de la ville de Reims*, t. II, 2° part. p. 916.

† **DÉTERMINABLE.** *Ajoutez :* Chaque propriétaire par indivis d'un patrimoine n'a sur les divers biens qu'un droit déterminable par le partage à venir, COLMET DE SANTERRE, *Cours du Code civil*, IV, p. 352, Paris, 1858.

DÉTERMINANT. *Ajoutez :* || 2° *S. m.* Terme d'algèbre. Expression qui résulte de l'agrégat de 1, 2, 3....*n* produits que l'on obtient en permutant les indices de toutes les manières possibles dans le produit $a^1, s, a^1{}_2s_2, a^1{}_3s_3,...a^1{}_ns_n$ et en appliquant à ces produits des signes déterminés. Le calcul des déterminants est une des branches les plus importantes et les plus fécondes de l'algèbre supérieure. || 3° *Adj.* Terme de grammaire comparative. Qui détermine, modifie un mot, et, substantivement, un déterminant. On a pensé que, dans cette langue [le sanscrit], l'accent se fixait de préférence sur les éléments déterminants ou modificateurs du mot; pour bien comprendre cette théorie, il faut se représenter les mots sanscrits comme des composés où les affixes et les flexions jouent le rôle des déterminants et les radicaux le rôle du déterminé.... dans une savante thèse publiée en 1847, M. Benloew créa la théorie du dernier déterminant; il prétendit que, lorsqu'un mot compte plusieurs déterminants, l'accent se serait surtout et de préférence attaché à celui de ces éléments qui avait apparu le dernier pour se joindre au mot déjà formé; ainsi l'augment et le redoublement, s'adjoignant à des verbes déjà formés, sont appelés à juste titre les derniers déterminants, F. BAUDRY, *Grammaire comparée des langues classiques*, § 16.

† **DÉTERMINATEUR** (dé-tèr-mi-na-teur), *s. m.* Terme d'histoire naturelle. Celui qui détermine une espèce, un caractère naturel. Une impression végétale qui, soumise à un déterminateur très-compétent, M. de Saporta, LEYMERIE, *Acad. des sc. Comptes rendus*, t. LXXIX, p. 1119.

DÉTERMINER. *Ajoutez :* || 8° Se déterminer, prendre plus de force, de précision. L'eau-forte n'est pas encore prisée en France aussi haut qu'en

Angleterre, mais son succès se détermine, *Journal offic.* 24 déc. 1874, p. 8556, 3° col.

† **DÉTERMINISME.** *Ajoutez :* ‖ 2° Conditions inhérentes à la nature des êtres qui les font se développer comme ils se développent. Le déterminisme physiologique.

† **DÉTERRAGE** (dé-tè-ra-j'), *s. m.* Terme rural. Action de retirer de la terre. L'époque de l'opération en 1874 a été : 1° l'enterrage, le 20 février ; 2° le déterrage, le 20 mai.... le déchaussage ou le déterrage [suivant qu'on aura butté ou enterré le cep] sera préférable par un temps doux, Extr. du *Journ. d'Agr. prat.* dans *Journ. offic.* 16 oct. 1874, p. 7051, 2° col.

DÉTESTABLEMENT. *Ajoutez :* — HIST. XVI° s. Ils [des dénonciateurs d'hérésies] ne tomberoient tant detestablement es lacs de l'esperit calumniateur, RAB. *Pant.* IV, *Épître.*

† **DÉTIÉDIR** (dé-tié-dir), *v. n.* Devenir tiède (terme normand). Faites détiédir cette eau, DELBOULLE, *Gloss. de la vallée d'Yères*, p. 113.

DÉTISSER. *Ajoutez :* — HIST XVI° s. Qu'elle [Pénélope] toutes les nuits detissoit ses journées, Tandis qu'elle attendit un homme vingt années, BAÏF, *Œuvr.* f° 62, *recto.*

† **DÉTONATEUR** (dé-to-na-teur), *s. m.* Terme de physique. Agent qui produit une détonation, ROUX et SARRAU, *Acad. des sc. Comptes rendus*, t. LXXIX, p. 757. La poudre à tirer.... ne détone pas par le fulminate de mercure ; mais, en employant la nitroglycérine comme détonateur auxiliaire excité lui-même par le fulminate, on obtient l'explosion de premier ordre de la poudre, très-différente de l'explosion simple.... H. DE PARVILLE, *Journ. offic.* 22 oct. 1874, p. 7149, 3° col. Faire éclater des boulets creux ordinaires remplis d'eau au moyen d'un détonateur formé de poudre-coton sèche et comprimée enveloppant une petite capsule de fulminate de mercure, *Journ. offic.* 16 nov. 1874, p. 7656, 1re col.

† **DÉTONEMENT** (dé-to-ne-man), *s. m.* Néologisme. Action de détoner, de produire des détonations. À travers le mugissement, le beuglement et le détonement de l'océan, G. BAUDELAIRE, *Hist. extraord.* d'Edgar Poe.

† **DÉTORSION** (dé-tor-sion), *s. f.* Action de détordre. La détorsion du boyau dans une corde d'instrument de musique.

† **DÉTOURNE.** *Ajoutez :* ‖ 2° Terme d'argot. Vol à la détourne, espèce de vol qui se pratique dans l'intérieur des magasins, M. DU CAMP, *Paris, ses organes*, etc. t. III, p. 26.

DÉTRACTION. *Ajoutez :* ‖ 3° Dans le langage général, action d'ôter, de retrancher. Partout où ils ont pu agir, non par voie de perception directe, mais par voie de détraction, partout où ils ont pu faire payer le débiteur, au lieu de s'adresser au créancier, ils l'ont fait.... *Journ. offic.* 24 déc. 1871, p. 5223, 1re col.

DÉTRAQUER ‖ 4° *Ajoutez :* ‖ Fig. Pour fournir entièrement ma carrière, et ne me point détraquer de l'écliptique de cette instruction, que je n'aie rencontré le tropique de la vérité, NAUDÉ, *Rosecroix*, VI, 2.

— REM. Il a été employé absolument pour dire : faire sortir d'une voie, d'une trace. Je vous ai dit plusieurs fois qu'il se peut bien rencontrer des occasions qui ne plaisent pas à la reine [Marie de Médicis], mais que rien ne peut détraquer du bon chemin, RICHELIEU, *Lett.* etc. 1619, t. VII, p. 474.

1. **DÉTREMPÉ, ÉE.** *Ajoutez :* ‖ Fig. Il est en proie à toutes les obsessions qui assiégent les cœurs faibles et les âmes détrempées, E. GAUTIER, *Journ. offic.* 18 juill. 1876, p. 5278, 1re col.

DÉTRIMENT. ‖ 2° *Ajoutez :* La pouzzolane n'est que le détriment des matières volcaniques, BUFF. *Min.* t. III, p. 139.

— HIST. *Ajoutez :* XIV° Aucuns seigneurs nobles hommes dudit païs ou autres ne puent [peuvent] ne ne doivent mettre ou recevoir en leur bourgeoisies, garde ou sauvemens, les subgés desdictes eglises, qui seroit en detriment de nosditte garde, juridition et ressort (1383), VARIN, *Archives administr. de la ville de Reims*, t. III, p. 528.

† **DÉTROMPEMENT.** *Ajoutez :* Il [La Feuillade] mourut chrétiennement, en prononçant souvent ces mots qui marquaient son détrompement de la vanité des hommes : eh ! après quoi courais-je ? Mme DE MOTTEVILLE, *Mém.* p. 136. Il [l'abbé de la Rivière, favori du duc d'Orléans] aurait été heureux, si, par un sage détrompement de toutes ces choses [crédit et faveur à la cour], il eût appris à connaître ce qu'elles sont en effet, ID. *ib.* p. 323. Il [le duc d'Orléans, frère de Louis XIII] fut se reposer de ses fâcheuses et inutiles sollicitudes en son château de Blois, où le détrompement des vaines fantaisies de la grandeur et de l'ambition produisit en lui le désir des véritables et solides biens qui durent éternellement, ID. *Mém.* t. IV, p 34 et 35.

DÉTROMPER. *Ajoutez :* ‖ 3° Substantivement. Le détromper, état de celui qui est détrompé. Il ne m'est resté qu'un détromper complet de toutes les choses que poursuit le monde, CHATEAUB. *Mém. d'outre-tombe* (éd. de Bruxelles), t. VI, *Conclusion*, *l'idée chrétienne et l'avenir du monde.*

† **DÉTRONQUÉ, ÉE** (dé-tron-ké, kée), *adj.* Terme de la Suisse romande. Se dit des membres d'une famille qui ont quitté la maison paternelle, et dont les biens ne sont plus indivis avec ceux de leurs parents, BONHÔTE, *Glossaire neuchâtelois*, 1867. Sont envisagés comme ressources et soumis à l'impôt, la subsistance et l'entretien qu'un individu majeur et détronqué reçoit d'autrui, à moins qu'il ne les reçoive à titre d'aumône et d'assistance, *Loi sur l'impôt direct*, 2 juillet 1867, art. 9 (Neuchâtel).

— ÉTYM. Lat. *detruncare*, séparer du tronc, de *de*, et *truncus*, tronc (voy. ce mot).

† **DÉTROQUAGE** (dé-tro-ka-j'), *s. m.* Action de détacher les huîtres du support où elles sont fixées.

† **DÉTROQUER** (dé-tro-ké), *v. a.* Détacher l'huître du collecteur, pour la parquer et lui permettre ainsi de grandir plus à l'aise. Quant aux huîtres qui sont venues naturellement sur le sol du parc, sur les coquilles qui y sont semées, on les détroque également en les détachant les unes des autres, ou du collecteur auquel elles ont adhéré, *Journ. offic.* 19 avr. 1875, p. 2824, 1re col.

— ÉTYM. *Dé....* préfixe, et bas-lat. *trocha*, anc. franç. *troche*, faisceau.

DÉTRUIRE. *Ajoutez :* ‖ 8° Se détruire dans l'esprit de quelqu'un, s'ôter soi-même la bonne opinion de quelqu'un. Il vaut mieux vous dérober un quart d'heure que de me détruire pour toute ma vie dans votre esprit, en vous laissant lieu de croire.... *Mlle de Scudéry*, p. 183, par Rathery et Boutron, Paris, 1873.

† **DÉTRUISANT.** *Ajoutez :* Venez, ô unité, avec votre simplicité plus souveraine et plus détruisante que tous les foudres et tous les tourments dont votre puissance s'arme, BOSS. 2° *sermon, Assompt. de la Vierge*, 2.

† **DEUTÉROSE** (deu-té-rô-z'), *s. f.* Répétition, reproduction une seconde fois. Il faut une deutérose de l'idée révolutionnaire, une nouvelle manifestation du socialisme, PROUDHON, *Confess. d'un révolutionnaire*, p. 141.

— ÉTYM. Δευτέρωσις, répétition, de δεύτερος, deuxième.

DEUX. — REM. ‖ 3° La locution *tous deux* n'est pas aussi récente que le ferait croire le n° 1. Voy. TOUT, à l'HIST. XVI° s. où se trouve la locution *tous deux.*

DEUXIÈME. *Ajoutez :* — REM. Voyez la remarque à SECOND, où il est dit que deuxième a été peu usité jadis. Voici des exemples qui prouvent qu'il était usité, moins peut-être que second ; c'est tout ce qu'on peut dire. La deuxième objection n'est qu'une supposition manifestement fausse, DESC. *Réponse aux instances de Gassendi*, 4. [Le malheureux] Prend le plus gros [ail], en pitié le regarde, Mange et rechigne.... Le premier passe, aussi fait le deuxième, LA FONT. *Paysan.* Il faut que nous mourions au péché, c'est notre première partie [du sermon]... il faut que nous passions à une nouvelle vie, qui est toute céleste, voilà la deuxième, BOSS. 1er *sermon, Pâques, préambule.*

— HIST. XIV° s. Et vez ci coment li deusimes [sergent] Est nommez, qui moult est parfais Par diz, par œvres et par fais, *Dits de Watriquet*, p. 406. Il advint que Bertrand à l'aduré talent Chevauchoit lui deuxieme, sans plus mener de gent, *Guescl.* 680.

DÉVALISER. *Ajoutez :* — REM. On lit dans la *Gazette des Tribunaux :* Inutile d'ajouter que la famille L.... et compagnie avait soigneusement engagé les objets dévalisés au Mont-de-piété, et vendu toutes les reconnaissances à réméré, 10 juin 1876, p. 566, 3° col. On dit bien dévaliser quelqu'un, parce qu'on lui enlève sa valise et par extension tout ce qu'on peut comparer à une valise et à ce qu'elle renferme. Mais il est impossible de dire : dévaliser des objets, dévaliser des meubles. C'est un barbarisme de locution.

† **DEVANCEMENT** (de-van-se-man), *s. m.* Action de devancer. Aux termes d'une décision que vient de prendre M. le ministre de la guerre, les devancements d'appel à l'activité, pour les jeunes soldats de la classe de 1875, seront ouverts à partir du 1er juillet prochain, *le Temps*, 27 juin 1876, 3° p. 2° col.

DEVANT. ‖ 17°. *Ajoutez :* ‖ Par-devant, en traversant ce qui est en face. En passant par-devant la chambre d'Angélique, MOL. *Mal. imag.* II, 10. ‖ 19° De devant, hors de la présence. Il y en a [des plaisirs, des bienfaits] qui peu à peu se sont disparus de devant nous, MALH. *Lexique*, éd. L. Lalanne. ‖ 20° Faire le pas devant, marcher le premier. C'est à elle [la vertu] de faire le pas devant, de conduire, de commander, MALH. *ib.*

— REM. *Ajoutez :* ‖ 4. Par-devant, qui est un terme de palais signifiant en présence de, a été détourné de cet emploi d'une manière heureuse par La Fontaine : Un citoyen du Mans, chapon de son métier, Était sommé de comparaître Par-devant les lares du maître, *Fabl.* VIII, 21. ‖ 5. Au devant de, s'est dit pour devant. C'est ce qu'il faut que vous ayez au devant des yeux, MALH. *Lexique*, éd. L. Lalanne.

† **DÉVASEMENT** (dé-va-ze-man), *s. m.* Action de dévaser. Les ingénieurs espèrent que le dévasement ayant lieu [à Granville] dans un bassin à niveau constant et parfaitement abrité, se fera avec beaucoup plus de célérité qu'à Cherbourg, *le Nouvelliste d'Avranches*, 13 août 1876.

† **DÉVASER** (dé-va-zé), *v. a.* Débarrasser de la vase. Dévasée jusqu'au niveau du sol, cette construction se compose de gros blocs régulièrement taillés et appareillés avec soin, *Journ. offic.* 22 juin 1874, p. 4240, 3° col.

— ÉTYM. *Dé....* préfixe, et *vase* 1.

DÉVELOPPER. ‖ 13° *Ajoutez :* La foi véritable, qui, d'un côté, ne se lasse pas de souffrir.... et, de l'autre, ne cherche plus qu'à se développer de ses ténèbres, BOSS. *Letellier.*

† **DÉVELOPPOÏDE** (dé-ve-lo-po-i-d'), *s. f.* Terme de mathématique. Enveloppe des droites qui coupent une courbe donnée sous un angle constant ; on la nomme ordinairement développoïde de Lancret, du nom du géomètre qui l'a introduite.

— ÉTYM. Mot hybride, de *développée*, et εἶδος, forme.

† **DÉVELOUTÉ, ÉE** (dé-ve-lou-té, tée), *adj.* Néologisme. Qui a perdu son velouté. ‖ Fig. Maintenant, avec ma pauvre âme développée de cinquante ans, cette impression dure encore, E. RENAN, *Rev. des Deux-Mondes*, 15 mars 1876, p. 246.

DEVENIR. *Ajoutez :* ‖ 6° Terme scientifique. Le devenir d'un objet, ce qu'il devient. Le second point, tout aussi important que le premier, consiste dans la recherche du devenir des eaux pluviales ; une partie de ces eaux ruisselle à la surface du sol..., MARIÉ-DAVY, *Bull. de l'observatoire de Montsouris*, fév. 1873 (n° 14), p. 43.

† **DÉVERROUILLER.** — HIST. *Ajoutez :* ‖ XII° s. Cil passerent as gués n'i ot regne sacie [rêne tirée], La porte de Defur truevent desvierillie, *Roman d'Alixandre*, p. 477.

DÉVERSÉ. *Ajoutez :* — REM. Aubert, déversé socinien, ennemi implacable de Jurieu, et qui écrit, en effet, tous les jours en Hollande contre lui, FÉN. *Lett. à Seignelay*, juillet 1687, dans *Rev. politique et litt.* 31 oct. 1874. Le conventionnel Grégoire, qui avait fait faire sous ses yeux une copie de cette pièce, explique en note que le mot *déversé* voulait dire réfugié. Depuis, on a reconnu que c'était une mauvaise lecture, et qu'il y avait là un nom propre.

DÉVERSOIR. *Ajoutez :* ‖ 4° Terme de chemins de fer. Ce qui, pour les grandes compagnies, excède le revenu réservé dans les produits de l'ancien réseau et est déversé sur le nouveau ; le revenu réservé à l'ancien réseau se compose : 1° du dividende normal des actionnaires ; 2° de l'intérêt et de l'amortissement des obligations de l'ancien réseau ; 3° d'une partie (le cinquième environ) de l'intérêt et de l'amortissement des obligations du nouveau réseau. Le vulgaire a quelque peine à se reconnaître dans ces arcanes du budget et à se rendre compte de ce que signifient l'ancien réseau, le nouveau réseau, le revenu réservé, le déversoir, la garantie d'intérêt, le partage des bénéfices, CH. LAVOLLÉE, *Rev. des Deux-Mond.* 15 sept. 1875, p. 348.

† **DÉVERTIR** (dé-vèr-tir), *v. n.* Terme de droit. Se détourner à. Que la faute n'a pas été commise pour raison des fonctions, si le préposé, en les exerçant, dévertit à des actes en dehors de ces mêmes fonctions, et dans cette interruption de sa mission occasionne un préjudice à des tiers, *Jugement du*

trib. civ. de Rouen, 1re chambre, 24 mars 1874, dans *Gaz. des Trib.* du 3 avril, p. 322, 2e col.

— ÉTYM. Lat. *devertere*, détourner, de *de*, hors, et *vertere*, tourner.

† **DÉVÊTEMENT.** *Ajoutez :* — HIST. XVe s. Elles avoient donnez leurs joyaulx et leurs habits de si grant cuer aux chevaliers, qu'elles ne se appercevoient de leur desnuement et devestement, *Perceforest*, t. I, fo 155, *verso*.

† **DÉVEUVER** (dé-veu-vé), *v. n.* Cesser d'être veuve, se remarier. La baronne d'Orthez, parlant de sa fille : A moins d'un autre miracle en sens contraire, elle ne déveuvera de sa vie, OCTAVE FEUILLET, *l'Ermitage*, sc. 1.

DÉVIATION. *Ajoutez :* || 4o Action de changer la direction d'une rue, d'une voie de chemin de fer, etc. Une enquête sera ouverte.... sur le projet de déviation de la rue Péclet et de prolongement de cette rue jusqu'à la place de Vaugirard, *Avis de la préfecture de la Seine*, dans *Journ. offic.* 19 déc. 1874, p. 8421, 3e col. Des ouvriers terrassiers employés à la déviation des lignes de Dunkerque, ont trouvé, en détournant le chemin de Lille à Marquette, cinq haches en pierre polie contenues dans un vase, *Journ. offic.* 11 fév. 1875, p. 1132, 1re col. || 5o Terme d'assurances maritimes. Changement de route. Tous risques généralement quelconques de terre, de vol, d'escales, de déviations, de transbordements, etc. sont à la charge des assureurs, sans surprimes, *Gaz. des Trib.* 8 déc. 1874, p. 1173, 3e col.

— REM. En balistique, la déviation est l'écart irrégulier d'un projectile relativement à sa trajectoire normale. Aujourd'hui le sens de déviation par rapport à dérivation est fixé (voy. DÉRIVATION au Supplément).

DÉVIDOIR. — HIST. *Ajoutez :* XIIIe s. *Alabrum*, desvuidoir, troil ou hapse, *Glos. de Philotas*, Bibl. de Montpellier. || XIVe s. Unes desvidoueres d'yvoire (1317), *Nouv. rec. des comptes de l'argenterie des rois*, par Douët-d'Arcq, p. 7.

† **DEVINETTE** (de-vi-nè-t'), *s. f.* Variété de questions malicieusement posées pour exciter la curiosité. Les énigmes, charades, rébus, logogriphes, etc. sont des devinettes. C'est une devinette quand on demande pourquoi le meunier a un chapeau blanc et le charbonnier un chapeau noir, et qu'à la personne embarrassée on répond que c'est pour se couvrir la tête.

† **DÉVIRGINEUR.** *Ajoutez :* — REM. Le vers cité d'après Bescherelle est de Dorat, dans le *Conte des trois frères* (Œuvres mêlées en vers et en prose, Paris, 1767, t. II, p. 124).

DEVISE. — ÉTYM. *Ajoutez :* « L'origine du mot *devise* est trop curieuse pour n'être pas indiquée. Le sens de ce mot est purement héraldique : une fasce *divisée*, c'est-à-dire réduite à la moitié de sa largeur (une fasce *en devise*). Comme c'est sur une fasce de ce genre que se place la légende qui se joint quelquefois à une armoirie, le nom de *devise* a passé à la légende elle-même. Et les bandes de papier sur lesquelles sont imprimées les devises des confiseurs, ont encore exactement la forme de fasces divisées, » BERTHOUD, *Journ. de Genève*, 3 déc. 1874.

† **DEVISÉE.** *Ajoutez :* Cette longue et triste devisée a eu cela de bon de me convaincre qu'il ne rend pas à son père haine pour haine, CHERBULIEZ, *le Comte Kostia*, *Rev. des Deux-Mondes*, 15 juill. 1862, p. 314.

† **DÉVITRIFIER.** *Ajoutez :* || Se dévitrifier, *v. réfl.* Perdre les qualités du verre.

DÉVOLUTION. || 1o *Ajoutez :* || Coutume de Brabant, en vertu de laquelle les meubles d'un homme remarié passaient par héritage aux enfants qu'il pouvait avoir eus du premier lit, à l'exclusion de ceux du deuxième ; Marie-Thérèse était fille de Philippe IV d'un premier lit, tandis que Charles II était fils d'un deuxième lit.

† **DÉVON** (dé-von), *s. m.* Race de bœufs du Devonshire. La faveur dont il [le durham] jouit se reporte également sur les dévons et surtout sur les bœufs écossais, BARRAL, *Bull. de la Soc. centrale d'agric.* t. XXXVI, p. 441.

† **DÉVONIEN, IENNE** (dé-vo-niin, niè-n'), *adj.* Terme de géologie. Système dévonien, formation supérieure des terrains de transition (de *Devonshire*, comté d'Angleterre où ce terrain a été étudié).

† **DÉVORATION** (dé-vo-ra-sion), *s. f.* Action de dévorer. C'est, permettez-moi cette expression un peu vulgaire mais énergique, cette dévoration du capital qui se manifeste de tous côtés, ROULAND, *Enquête sur la Banque*, 1867, p. 45.

† **DÉVOREMENT** (dé-vo-re-man), *s. m.* Action de dévorer.

— HIST. XIIe s. Cele temptacions ne fut mie devoremenz de visces, mais guarde de vertuz, *li Dialoge Gregoire lo pape*, 1876, p. 360.

† **DÉVULGARISER.** *Ajoutez :* || Se dévulgariser, *v. réfl.* Perdre le caractère vulgaire. Cette espèce de maternité dans la passion [qui a quelque chose de dégradant chez Mme de Warens], ici au contraire se dévulgarise, prend couleur d'humaine et douce charité..., BLAZE DE BURY, *Rev. des Deux-Mondes*, 1er nov. 1873, p. 22.

DEY. — ÉTYM. *Ajoutez :* M. Defrémery conteste l'étymologie arabe *dâ'i*, celui qui appelle, disant que ce mot ne s'emploie pas sans complément comme *dâ'y ila 'lhakki*, qui appelle à la vérité, *dâ 'i ila 'ldjihâdi*, celui qui appelle à la guerre sainte ; l'étymologie est, suivant lui, le turc *day* ou *dey*, oncle maternel ; les deys d'Alger, dès la fin du XVIIe siècle, s'intitulaient *dâi* ou *dhâi* dans les lettres écrites en arabe, et *dâi* dans les lettres en turc, toujours sans le *aïn* qui appartient au mot arabe.

DIA. — ÉTYM. *Ajoutez :* En passant en France, le mot *dia* a changé de signification : à gauche, au lieu de à droite. Pictet note qu'en Suisse il signifie à droite. Les charretiers de la compagnie anglaise qui ont travaillé au chemin de fer à Montélimar, disaient à leurs chevaux *di* ou *dji* pour aller à droite.

DIABLE. *Ajoutez :* || 24o Diable, nom d'une espèce de cicadelle, du genre des centrotes, ainsi dite à cause de ses formes bizarres, H. PELLETIER, *Petit dict. d'entom.* p. 42, Blois, 1868. || 25o Arbre du diable ou pet du diable, l'*hura crepitans*, L., et le *morisonia capparis*, BAILLON, *Dict. de bot.* p. 247.

DIABLESSE. — HIST. *Ajoutez :* XIIIe s. Et quant om u feme moroit, Trestout çou que pour Dieu dounoit Avoit la diablaise [une sorcière] en main, PHILIPPE MOUSKES, *Chronique*, v. 28 935.

DIABLEZOT. — ÉTYM. *Ajoutez :* On pourrait y voir une corruption de *diable y soit ; Patelin* a : *Diable y ait part*, v. 563 ; *le diable y avienne*, v. 548 ; *le diable y soit*, v. 556.

† **DIACÉTYLÈNE** (di-a-sé-ti-lè-n'), *s. m.* Terme de chimie. Corps gazeux qui résulte de la réunion de deux molécules d'acétylène ; c'est un carbure d'hydrogène.

DIACONAT. *Ajoutez :* || 2o État des femmes diaconesses dans l'ancienne Église.

DIACONESSE. || 2o *Ajoutez :* || Chez les protestants d'Allemagne et de langue française, nom de dames appartenant à des corporations libres et se vouant à l'instruction des jeunes filles et surtout au soin des malades.

DIACRE. *Ajoutez :* || 3o Dans l'Église protestante, laïque remplissant certaines fonctions, d'ordinaire non rétribuées, se rattachant au culte et surtout au soin des indigents. || En certaines Églises protestantes, ecclésiastique suppléant temporairement, dans une circonscription déterminée, les pasteurs empêchés de faire leurs fonctions.

† **DIACRITIQUE.** *Ajoutez :* || 3o Terme d'antiquité. Nom diacritique, voy. NOM.

† **DIALECTAL, ALE** (dia-lè-ktal, kta-l'), *adj.* Qui a rapport aux dialectes. Ce que M. Max Müller appelle la corruption dialectale.... F. BAUDRY, *De la science du langage et de son état actuel*, p. 19.

— REM. M. Ad. Regnier a reproché à ce mot d'être hybride, à racine grecque et suffixe latin. Mais *dialectus* est devenu latin ; et *dialectal* évite l'équivoque avec *dialectique*.

† **DIALECTIQUER** (di-a-lè-kti-ké), *v. a.* Néologisme. Mettre sous forme dialectique. G. Planche.... avait une théorie très-juste qu'il dialectiquait dans tous ses articles, BÜRGER, *Salons de 1861 à 1868*, t. II, p. 93. || *V. n.* User de la dialectique.

— REM. Ce verbe est fait comme métaphysiquer, politiquer.

DIALOGUE. *Ajoutez :* || 5o Demi-dialogue, une lettre dans une correspondance. Réjouissons-nous d'avoir trouvé le moyen de nous parler à trois sous le demi-dialogue, GALIANI, *Correspond.* 9 mai 1772.

† **DIALOSE** (di-a-lô-z'), *s. f.* Substance gélatiniforme extraite du *dialium*, plante dont les gousses servent en Chine au savonnage.

DIAMANT. *Ajoutez :* || 9o Fig. Il s'est dit, au XVIIe siècle, dans le sens de cadeau rémunératoire et honorifique. Cette vision qu'on avait voulu donner au coadjuteur, qu'il y aurait un diamant pour celui qui ferait les noces de sa cousine..., SÉV. *Lettres inédites*, publiées par Capmas, Paris, 1876, t. I, p. 244.

1. **DIAMANTAIRE.** *Ajoutez :* Il n'y a à Paris que très-peu de diamantaires : la taille des diamants se fait en Hollande, *Statistique de l'industrie à Paris* (Guillaumin, 1851), 2e part. p. 689. Lapidaires et diamantaires, *Alm. Didot-Bottin*, 1871-72, p. 1064, 3e col.

† **DIAMANTÉ.** *Ajoutez :* || 2o Plumes diamantées, plumes métalliques à écrire, garnies d'une pointe de diamant, et, plus souvent, d'une pointe d'iridium. M. Mallat a trouvé moyen de mettre au bout de ses plumes, non du diamant, mais du rubis ; c'était un tour de force que d'attacher un rubis à une pointe, et ce tour de force, il l'a accompli ; mais, en réalité, les plumes dont on se sert sous le nom de plumes diamantées sont tout simplement des plumes ayant une pointe d'iridium, *Enquête, Traité de comm. avec l'Anglet.* t. I, p. 861. Plumes inaltérables à tuteur, à pointes diamantées et à pointes de rubis, *Alm. Didot-Bottin*, 1871-72, p. 1234, 3e col.

† **DIAMANTIFÈRE.** *Ajoutez :* Les deux chambres du parlement de la ville du Cap ont voté l'annexion des régions diamantifères, *Journ. offic.* 13 sept. 1871, p. 3418, 2e col.

DIAMÉTRAL. *Ajoutez :* || Surface diamétrale, lieu des milieux des cordes menées dans une surface quelconque, parallèlement à une direction donnée (plan diamétral, dans le cas où la surface diamétrale est plane). || Plan diamétral principal, celui qui est perpendiculaire sur les cordes qu'il divise en parties égales.

DIAMÈTRE. || 1o *Ajoutez :* || On nomme diamètre, dans une courbe plane, le lieu des milieux des cordes menées parallèlement à une direction donnée. || Diamètres conjugués, diamètres rectilignes tels que chacun d'eux divise en deux parties égales les cordes parallèles à l'autre. || Lorsque le lieu des centres des sections planes parallèles faites dans une surface est une ligne droite, on le nomme diamètre de ces sections, de cette surface.

† **DIANE.** *Ajoutez :* || 4o La 78e planète télescopique, découverte en 1863 par M. Luther.

DIANTRE. *Ajoutez :* || 4o Aller au diantre, aller fort loin. Ma fille vous fait mille compliments et mille adieux ; elle s'en va au diantre en Provence, SÉV. *à Bussy*, 23 janvier 1671.

DIAPASON. *Ajoutez :* || On appelle aussi diapason le degré d'acuité ou de gravité de tout le système de notes d'un instrument, degré d'ailleurs réglé par l'instrument étalon appelé diapason. On dit par exemple : Je ne puis m'accompagner sur ce piano dont le diapason est trop élevé. || Fig. Diapason s'applique aux couleurs et à leurs nuances, comme il s'applique aux sons.

† **DIAPHANOGRAPHIE** (di-a-fa-no-gra-fie), *s. f.* Sorte d'opération de décalque. C'est [le mica] le réel verre incassable et dont le dernier mot n'est pas dit en diaphanographie, photographie, etc., *Journ. offic.* 6 fév. 1876, p. 1077, 1re col.

— ÉTYM. *Diaphane*, et γραφὴ, dessin.

† **DIAPHONIE** (di-a-fo-nie), *s. f.* Système de musique du moyen âge qui a précédé le déchant ou contre-point ; il consistait en un chant composé de deux parties se correspondant exactement note pour note et valeur pour valeur à l'octave et le plus souvent à la quinte.

— ÉTYM. Lat. *diaphonia*, du grec διαφωνία, de διὰ, indiquant dispersion, et φωνὴ, voix.

† **DIAPHRAGMER** (di-a-fra-gmé), *v. a.* Munir d'un diaphragme. Diaphragmer un télescope, *Acad. des sc. Comptes rendus*, t. LXVII, p. 921.

† **DIAPRERIE** (di-a-pre-rie), *s. f.* Synonyme de diaprure. Dans ces études magnifiques, il [Diaz] ne se borne plus à nous éblouir par des tours de force d'exécution, des diaprerics et des fusées de tons et le déploiement de sa prestidigitation picturale, *Journ. offic.* 9 janv. 1870, p. 206, 2e col.

— REM. Pourquoi diaprerie, quand on a diaprure ?

† **DIASPOROMÈTRE.** *Ajoutez :* — REM. On le trouve écrit aussi diasporamètre.

† **DIASTASIQUE** (di-a-sta-zi-k'), *adj.* Qui a rapport à la diastase. Le ferment [de la fermentation cellulosique] a une nature diastasique, DURIN, *Acad. des sc. Comptes rendus*, t. LXXXIII, p. 130.

† **DIASTIMÈTRE** (di-a-sti-mè-tr'), *s. m.* Instrument à échelle micrométrique destiné à l'évaluation des distances.

— ÉTYM. Il est impossible d'imaginer comment ce mot est fait ; *diasti* n'existe point. Le mot *da-*

vrait être *diastasimètre*, de διάστασις, distance, et μέτρον, mesure.

† **DIATOMÉES** (di-a-to-mée), *s. f.* Tribu d'algues microscopiques.

— ÉTYM. Διά, en travers, et τομαῖος, coupé.

† **DIATRIBEUR** (di-a-tri-beur), *s. m.* Auteur d'une dissertation critique, d'une diatribe. Sollicitez la diatribe [dissertation critique], puisque le diatribeur s'en souvient encore, et qu'il ne lui faut que quinze jours pour s'acquitter de sa lettre, BALZAC, *Lett. inédites*, IV (éd. Tamizey-Larroque).

— REM. N'en déplaise à Balzac, *diatribeur* est un barbarisme; il n'y a point de verbe *diatriber*; si on avait voulu tirer de *diatribe* un substantif, il fallait dire *diatribier*, comme *portier* de *porte*, mais *porteur* de *porter*.

† **DICACITÉ.** *Ajoutez :* — HIST. XVIe s. Epistre de jeu se faict par joieulx langaige, risible, faisant plaisant babil ou dicacité, FABRY, *Art de rhetor.* I, f° 109, *verso*.

† **DICASTÈRE** (di-ka-stè-r'), *s. m.* Terme d'antiquité. Lieu où l'on rendait la justice.

— ÉTYM. Δικαστήριον, de δικαστήρ, juge, de δίκη, justice.

† **DICHON** (di-chon), *s. m.* Nom, dans le parler de Saint-Lô (Manche), d'une soupière. Dès le matin, L.... apporta un dichon plus grand pour sa belle-mère, *Gaz. des Trib.* 18 sept. 1873, p. 898, 3e col.

† **DICHROÏSME.** *Ajoutez :* || 2° En botanique, déviation qui affecte la couleur des fleurs d'un végétal, *Revue horticole*, 1er sept. 1875, n° 17, p. 327.

DICTATEUR. *Ajoutez :* — REM. On le trouve au féminin. La duchesse [du Maine], la spirituelle et ambitieuse dictatrice de l'ordre de la Mouche-à-Miel, M. DE LESCURE, *Journ. offic.* 3 mars 1875, p. 1613, 1re col.

† **DICTATORIALEMENT** (di-kta-to-ri-a-le-man), *adv.* D'une manière dictatoriale, avec l'autorité d'un dictateur. Quelle que soit la décision, vous n'êtes pas en présence d'un gouvernement qui agit dictatorialement, et qui vient réclamer de vous la modification de ses propres décisions, *Disc. du ministre de la justice, séance du 29 janv. 1870 au Corps législatif.*

DICTIONNAIRE. *Ajoutez :* || 3° Ensemble des mots dont se sert un écrivain. Le dictionnaire de Corneille. Le dictionnaire de Bossuet est très-étendu.

† **DICTIONNARISTE** (di-ksio-na-ri-st'), *s. m.* Celui qui compose un dictionnaire. La fin que se doivent proposer les glossographes ou dictionnaristes, est de donner l'intelligence des auteurs qu'ils allèguent, à quoi ils ne peuvent parvenir qu'en expliquant exactement leurs paroles, *Valesiana*.

† **DIDACTICIEN** (di-da-kti-siin), *s. m.* Auteur qui écrit un ouvrage didactique.

† **DIDYMION** (di-di-mi-on), *s. m.* Terme d'antiquité grecque. Le Didymion, le temple d'Apollon didymien, à Milet, *Journ. offic.* 3 janv. 1877, 3e page, 3e col.

DIÈDRE. *Ajoutez :* || Substantivement, un dièdre, un angle dièdre.

DIEU. || 2° *Ajoutez :* || Faire Dieu, dans le langage des adversaires du catholicisme, changer l'hostie au corps et au sang de Jésus-Christ. || 15° Arbre de Dieu, le *ficus religiosa*, BAILLON, *Dict. de bot.* p. 247.

† **DIFFAMARI** (dif-fa-ma-ri), *s. m.* Terme de droit romain. Nom d'une loi du code, loi V, livre 7, tit. 14, qui conférait une action à l'homme libre ou ingénu qui était attaqué par des bruits populaires.

— ÉTYM. Lat. *diffamari*, être diffamé.

DIFFAMATEUR. *Ajoutez :* — HIST. XVe s. Encontre gens diffamateurs, *Myst. du siége d'Orléans*, p. 704.

DIFFAMATION. *Ajoutez :* Ils [les chrétiens] crurent que l'intérêt de la religion les obligeait de le jeter [l'empereur Julien] dans la plus grande diffamation qui se pourrait, LA MOTHE LE VAYER, *Vertu des païens*, II, *Julien*.

DIFFAMER. — REM. *Ajoutez :* La remarque sur la prononciation de diffamer n'est pas juste (voy. FAMÉ à l'étymologie). Pourtant il faut noter que l'*a* bref dans diffamer redevient long dans : tu diffames, c'est-à-dire quand l'*f* est suivie d'un *e* muet.

DIFFÉRENCE. — HIST. *Ajoutez :* XIIe s. Entr'els difference n'avoit De cors, de forme, fors d'aage, BENOÎT, *Roman de Troie*, v. 5364.

DIFFÉRENT. || 3° *Ajoutez :* || Le différent porte aussi le nom du directeur de la monnaie. M. B.... voyant qu'il ne pouvait plus entraver le travail [de la Commune], alla trouver C.... pour s'opposer formellement à ce qu'on se servît des coins de monnaies, placés dans les armoires et portant tous le différent de M. de Bussière [directeur de la fabrication], *Gaz. des Trib.* 15-16 juillet 1872, p. 688, 2e col. || Différent, en termes de monnaie, paraît être une altération de déférent (voy. DÉFÉRENT, n° 3, au Dictionnaire).

— REM. On a dit différent à. Continuer la même conduite avec l'Espagne comme avec un frère d'humeur différente à la sienne, D'ARGENSON, *Mémoires*, in-8°, 1860, t. II, p. 306.

DIFFICILE. — REM. *Ajoutez :* || 2. J. J. Rousseau a dit : Je suis obligé de vous écrire tout ceci; car il est difficile d'avoir de conversation tranquille dans les courts intervalles que j'ai à passer près de vous, *Lett. à Mme d'Épinay*, août 1756. Traiter *difficile* comme s'il impliquait une négation, et, pour cela, construire le substantif suivant partitivement est une construction forcée; et il aurait mieux valu mettre : aucune conversation.

DIFFICILEMENT. *Ajoutez :* — HIST. XVIe s. Et si certes le juste difficilement sera delivré, l'infidele et le pecheur où compareront ilz? I *Pierre*, IV, 10, *Nouv. Testam.* éd. Lefebvre d'Étaples, Paris, 1525.

DIFFICULTÉ. *Ajoutez :* || 7° Terme de turf. Être en difficulté, se dit d'un cheval qui a de la peine à garder son avance. Au dernier tournant, *Gladius* était en difficulté pour conserver son rang à côté de *Bivouac*, qui prenait le dessus dans la ligne droite et gagnait de deux longueurs, *Journ. offic.* 14 mai 1872, p. 3235, 3e col.

— REM. Difficulté se dit avec *de* et un verbe à l'infinitif : La difficulté de pénétrer en cette contrée. Je sentirais bientôt les difficultés de concilier tout cela, J. J. ROUSS. *Lettre au Prince de Wirtemberg*, 10 nov. 1763.

† **DIFFLUER.** *Ajoutez :* — HIST. XVIe s. Si on les sent [des odeurs] d'un peu de loin, ce qu'il y a d'evaporation se perd et difflue à l'environ, AMYOT, *Plut. Propos de table*, I, 8.

DIFFUS. || 1° *Ajoutez :* Plus lors sa connaissance est diffuse et certaine, CORN. *Imit.* I, 191. Plus cette faveur sur la terre est diffuse, Plus elle y fait briller ta grâce et ton amour, ID. *ib.* IV, 271. Le bonheur qu'il [Dieu] diffère en devient plus diffus, ID. *ib.* IV, 1858.

— HIST. *Ajoutez :* XVe s. Et sur terre [la Sainte Vierge] nul homme ne refuse, Qui la requiert d'umble cueur et fidelle; Car sa grace par le monde est diffuse, JEAN JORET, *le Jardrin salutaire*, p. 123.

† **DIGENÈSE** (di-je-nè-z'), *s. f.* || 1° Fait de physiologie générale qui consiste en ce que certains animaux et végétaux se reproduisent par deux modes divers de naissance, l'un par œufs et sperme, l'autre sans sexe, ou par germes, par bourgeons. || 2° *Adj.* Terme de physiologie. Qui se reproduit par deux modes divers de naissance. Parasites digenèses.

— ÉTYM. *Di*, deux, et *genèse*.

† **DIGENÉTIQUE** (di-je-né-ti-k'), *adj.* Qui est relatif à la digenèse. Vers digenétiques, ceux qui se reproduisent par digenèse.

† **DIGÉNISME** (di-jè-ni-sm'), *s. m.* Synonyme de digénie.

† **DIGITALISATION** (di-ji-ta-li-za-sion), *s. f.* Terme de médecine. Action d'introduire dans le corps vivant de la digitale, de la digitaline, FELTZ et RITTER, *Acad. des sc. Comptes rendus*, t. LXXXII, p. 1344.

† **DIGITALISER** (di-ji-ta-li-zé), *v. a.* Terme de médecine. Soumettre à l'action de la digitale ou de la digitaline. Les animaux mis sous l'influence des sels biliaires perdent moins de poids que ceux que l'on digitalise, FELTZ et RITTER, *Acad. des sc. Comptes. rend.* t. LXXXII, p. 1343.

† **DIGITIFÈRE** (di-ji-ti-fè-r'), *adj.* Terme d'histoire naturelle. Qui porte un doigt. L'extrémité digitifère de ce métatarsien, GERVAIS, *Acad. des sc. Comptes rendus*, t. LXXXIII, p. 1073.

— ÉTYM. Lat. *digitus*, doigt, et *ferre*, porter.

DIGNE. — REM. *Ajoutez :* || 2. Au XVIe siècle, digne se prononçait dine (voy. LIVET, *la Gramm. franc*, p. 168). Voy. aussi ces vers de Marot à François Ier : Tant pour le bien de la ronde machine Que pour autant que sur tous en es digne.

† **DIGNIFIER.** *Ajoutez :* Pour que le Christ ait lieu de dignifier et d'ennoblir l'ouvrage de son Père en se faisant homme, STE-BEUVE, *Port-Royal*, t. V, p. 422, 3e édit.

† **DIGRAPHE** (di-gra-f'), *adj.* Qui est écrit en deux écritures différentes. L'existence [à Chypre] d'inscriptions, non pas bilingues, mais digraphes, répétitions littérales les unes des autres, *Rev. critique*, 21 oct. 1876, p. 257.

— ÉTYM. Δὶ, deux fois, et γράφειν, écrire.

† **DIGRESSEUR** (di-grè-sseur), *s. m.* Celui qui fait des digressions.

— HIST. XVIe s. On pourroit me reprocher que je suis un grand digresseur, BRANT. *Dames gal.* t. II, p. 93.

— ÉTYM. Voy. DIGRESSION. *Digresseur* est fait comme *agresseur* et *transgresseur*. À ces mots on suppose un verbe radical *gresser* (du lat. *gressum*), qui existe en effet dans *pro-gresser* et *transgresser*, et qui forme naturellement *gresseur* dans les composés.

† **DIGUET** (di-ghè), *s. m.* || 1° En Normandie, petit morceau de bois dur, taillé en pointe, destiné à aiguillonner les ânes, H. MOISY, *Noms de famille normands*, p. 111. || Proverbe. Petit diguet fait avancer grand âne (P'tit diguet fait avanchi grand âne). || 2° Sorte d'engin de pêche, le même que digon, n° 2 (voy. ce mot au Dictionnaire). Il y restera bien encore [dans la *carnassière*, carnier] une petite place pour quelques bouquets ou pour une sole prise au diguet, *le Nouvelliste de l'arrond. d'Avranches*, 10 sept. 1876.

— ÉTYM. Au même radical appartiennent *diguer* 2, *digon*, *digot*, qui sont dans le Dictionnaire, *digard*, fabricant d'éperons, à Guernesey (METIVIER, *Dict. franco-norm.* p. 177), et *digonner*, qui est dans Cotgrave, comme mot normand. Le radical est ignoré. Pourtant ce mot paraît tenir à l'angl. *to dig*, creuser, en piquant avec la pioche. Rapprocher de *diguet* le verbe DIGUER 2, qui est au Dictionnaire, et qui sans doute est de même origine.

† **DIKÉ** (di-ké), *s. f.* La 99e planète télescopique, découverte en 1868 par M. Borrelly.

— ÉTYM. Δίκη, la justice.

DILAPIDER. — HIST. XIVe s. *Ajoutez :* Voiez les.... Les cors noirs et delapidés; C'est d'eles veoir grant pitez, *Dits de Watriquet*, p. 390.

† **DILATATION.** *Ajoutez :* || 5° Action d'élargir, de rendre plus large. La souplesse des reins, la dilatation des épaules et l'affermissement des reins, MALH. *Lexique*, éd. L. Lalanne.

† **DILATION.** Après PASC. *Ajoutez : Comparaison des chrétiens.*

† **DILATOMÈTRE** (di-la-to-mè-tr'), *s. m.* Terme de physique. Dilatomètre alcoolique, instrument inventé par M. Silbermann, et fondé sur la remarque que l'alcool et l'eau se dilatent de façon très-différente, quand ils sont exposés à la même élévation de température, VERNIER, *le Temps*, 24 oct. 1876, *feuilleton*.

— ÉTYM. *Dilater*, et μέτρον, mesure.

† **DILATOMÉTRIQUE** (di-la-to-mé-tri-k'), *adj.* Terme de physique. Qui sert à mesurer les dilatations. En employant la méthode dilatométrique, M. Bouquet de Grie a recherché quelle était pour chacun des 17 échantillons [d'eau de mer] la loi de sa dilatation propre, H. DE PARVILLE, *Journ. offic.* 23 déc. 1875, p. 10688, 1re col.

DILIGENCE. *Ajoutez :* — REM. Sous Louis XV, ce n'était plus en carrosse, mais en coche qu'on voyageait.... 5 jours en été, 6 jours en hiver suffisaient désormais pour arriver de Paris à Lyon (125 lieues); cela faisait, dans la belle saison, 25 lieues par jour; et on trouvait cela si beau que le nom flatteur de diligence fut inventé précisément pour cette voiture, DE FOVILLE, *l'Économiste français*, dans *Journ. offic.* 8 oct. 1876, p. 7381, 3e col.

DILIGENTÉ, ÉE. *Ajoutez :* || Terme de procédure. Hâté, pressé. Attendu qu'il résulte des documents produits, et notammnt de l'enquête diligentée le 22 février 1851, que.... *Gaz. des Trib.* 23 oct. 1875, p. 1021, 1re col.

DÎME. *Ajoutez :* || 4° Nom d'une petite monnaie. Cette nouvelle pièce [valant un franc] est surtout destinée aux États de la côte du Pacifique où circule la dîme d'argent [valant 50 centimes], *Journ. officiel*, 16 mai 1875, p. 3476, 3e col.

DIMENSION. || 1° *Ajoutez :* || Avoir toutes les dimensions, être complet. Afin que votre courtoisie ait toutes les dimensions, vous ne voulez point être remercié, MALH. *Lexique*, éd. L. Lalanne.

† **DIMENSIONNEL, ELLE** (di-man-sio-nèl, nè-l'), *adj.* Néologisme. Qui appartient aux dimensions. L'obscurité diminue l'importance visuelle et dimensionnelle des objets qu'elle couvre, CH. BLANC, *l'Art dans la parure*, p. 261.

† **DIMIER** (di-mié), *s. m.* Dans la Drôme, nom donné aux tâcherons qui opèrent la moisson ; ils reçoivent le septième ou le huitième de la récolte, *les Primes d'honneur*, p. 689, Paris, 1874.

† **DIMINUANT, ANTE** (di-mi-nu-an, an-t'), *adj.* Qui diminue. Il y avait alors très-peu de personnes d'entre les juifs (*paucissimi*, dit saint Augustin, qui n'a pu user d'un nom plus diminuant), à qui Dieu donnât les biens spirituels, SAINT-CYRAN, dans SAINTE-BEUVE, *Port-Royal*, t. I, p. 358, 3ᵉ éd.

DIMINUÉ. *Ajoutez :* ‖ 2° Terme de fortification. Dans un front bastionné, on nomme angle diminué l'angle compris entre le côté extérieur et la face du bastion.

DIMINUER. *Ajoutez :* ‖ 4° Dans le tricot, dans la bonneterie, faire des diminutions. Ce sont des métiers qui diminuent, c'est-à-dire qui font les diminutions, *Enquête, Traité de comm. avec l'Angl.* t. III, p. 718. ‖ 5° Diminuer de, rendre moindre en. Ses voyages sur mer et les fortunes qu'il avait courues avaient beaucoup diminué de sa vigueur, MALH. *Lexique*, éd. L. Lalanne. Diminué de sang et de force, ID. *ib.* Ce serait me diminuer de la bonne opinion que vous me voulez donner de vous, ID. *ib.* ‖ *V. réfl.* Se diminuer de. Tout ce que nous voyons se promener sur nos têtes, et ce que nous foulons sous nos pieds, se diminue chaque jour de quelque chose, ID. *ib.*

†**DIMORPHIE, DIMORPHISME.** *Ajoutez :* ‖ 2° En botanique, dimorphisme, déviation qui porte sur la forme d'un végétal, *Rev. horticole*, 1ᵉʳ sept. 1875, n° 17, p. 327.

DINANDERIE. — ÉTYM. *Ajoutez :* Le Commines cité porte *dynandene ;* mais l'édition de la Société de l'Histoire de France a *dinanderie*, et remplace *qu'ils faisoient* par *qui s'y faisoit*.

† **DINAR** (di-nar), *s. f.* Pièce d'or valant environ 12 francs, autrefois en usage dans l'Orient.

— ÉTYM. Arabe, *dinâr*, du grec δηνάριον, qui est le lat. *denarius*, denier.

DINDE. — ÉTYM. *Ajoutez :* Buffon dit : *Histoire natur. Dindon :* « Nous ne voyons pas qu'il en soit fait mention dans aucun ouvrage moderne écrit avant la découverte de l'Amérique. Une tradition populaire fixa dès le XVIᵉ siècle, sous François Iᵉʳ, l'époque de leur première apparition en France. » Cette opinion, que j'ai suivie dans le Dictionnaire, est combattue par ce texte-ci : A v varlets qui ont apporté à Dijon du païs d'Artois *gelines d'Inde*, pour doy (sic) à eulx fait par Madame, par mandement de madite dame senz quictance, donné XII de novembre MCCCC IIIIˣˣ et V, X francs, *Compte du receveur général Amiot Arnaud, conservé aux archives départementales de la Côte-d'Or, sous le n°* B 1462. Le président Bouhier, *Souvenirs*, p. 88, qui cite ce texte, met 1385 ; mais il y a 1485 dans la copie que M. l'archiviste de la Côte-d'Or a bien voulu m'envoyer. L'année 1485 est antérieure à la découverte de l'Amérique ; et dès lors il y avait en Artois des *gelines d'Inde*. Toutefois on peut penser que le dindon, qui abonde en Amérique à l'état sauvage, fut apporté en Europe ; et alors on oublia que des *gelines d'Inde* étaient venues longtemps avant le XVIᵉ siècle en Occident, de l'Asie sans doute.

†**DINDONNER.** *Ajoutez :* Il est clair qu'à vouloir interdire le jeu, les gouvernements qui se sont imposé ces allures de prudes et de collets montés, n'ont réussi, au point de vue administratif, qu'à se faire dindonner, *les Jeux en France*, Paris, 1871, p. 9.

† **DINGLIE** (din-glie), *s. m.* Sorte de bateau indien. Dinglie du Bengale, fait d'après les plans du vice-amiral Pâris (1838), *Journ. offic.* 23 fév. 1874, p. 1457, 1ʳᵉ col.

† **DINGO** (din-go), *s. m.* Nom du chien sauvage de l'Australie. On y reconnaît [sur un tombeau égyptien] le chien sauvage d'Australie (le dingo), et c'est le chien que l'on voit le plus anciennement sur les monuments égyptiens, à l'époque de Chéops.... *Journ. offic.* 4 oct. 1875, p. 8491, 2ᵉ col.

† **DINGUER** (din-ghé), *v. n.* Terme populaire. Frapper. Le marin.... saisit un verre et le jette à la tête de M. R.... : il l'a même attrapé, Dieu merci ! monsieur le juge ; je dis : Dieu merci ! car, s'il ne l'avait pas attrapé, il aurait été dinguer contre mon épouse qui était au comptoir, occupée à compter des morceaux de sucre, *Gaz. des Trib.* du 5 avril 1874, p. 330, 4ᵉ col. ‖ Envoyer dinguer, envoyer promener, envoyer paître.

† **DINKARD** (din-kar), *s. m.* Vaste recueil de fragments relatifs aux doctrines, aux coutumes, à l'histoire, aux traditions et à la littérature du mazdéisme. Le dinkard est écrit en langue pehlvie.

† **DIOECÈTE** (di-è-sè-t'), *s. m.* Nom, sous les Ptolémées, en Égypte, du ministre du trésor.

— ÉTYM. Διοικητής, économe, de διοικέω, administrer, de διὰ, par, et οἶκος, maison.

† **DIOMATE** (di-o-ma-t'), *s. m.* Arbre de la Colombie qui fournit du bois d'ébénisterie, SACHOT, *Rev. brit.* sept. 1874, p. 265.

† **DIONÉ** (di-o-né), *s. f.* La 106ᵉ planète télescopique, découverte en 1868 par Watson. ‖ Nom d'un des satellites de Saturne.

— ÉTYM. Διώνη, la mère de Vénus.

† **DIPHALANGARCHIE** (di-fa-lan-gar-chie), *s. f.* Corps formant exactement la moitié de la phalange macédonienne.

— ÉTYM. Δί, deux, *phalange*, et ἄρχειν, commander.

† **DIPHÉNYLE** (di-fé-ni-l'), *s. m.* Composé chimique engendré par la réunion de deux molécules de benzine.

† **DIPLÔMÉ, ÉE** (di-plô-mé, mée), *adj.* Qui a obtenu un diplôme. Le pétitionnaire demande que les nouveaux diplômés soient soumis à un stage de trois ans auprès de praticiens comptant au moins dix ans d'exercice, REVEIL, *Rapport au sénat, Monit. du* 23 *mai* 1867, p. 608, 2ᵉ col.

† **DIPLOMÈTRE** (di-plo-mè-tr'), *s. m.* Instrument qui sert à mesurer le diamètre d'un objet, à distance et indépendamment de ses mouvements, LANDOL, *Acad. des sc. Comptes rend.* t. LXXXII, p. 424.

— ÉTYM. Διπλόος, double, et μέτρον, mesure.

† **DIPPEL** (dip-pèl). En chimie, huile de Dippel, produit pyrogéné qu'on obtient en distillant les matières animales.

† **DIRAMATION** (di-ra-ma-sion), *s. f.* Terme de géographie. Partage en branches, bifurcation, ÉLISÉE RECLUS, *Nouv. géogr. univ.* t. II, p. 238.

— ÉTYM. *Di....* préfixe, et lat. *ramus*, rameau.

1. **DIRE.** *Ajoutez :* ‖ 32° Terme de jurisprudence. Dire droit d'un appel, admettre l'appel, synonyme de faire droit sur l'appel. La cour déclare mal fondé l'appel interjeté par M.... contre le jugement.... disant droit, au contraire, de l'appel de C.... et D...., réforme ledit jugement, *Gaz. des Trib.* 29 janv. 1875, p. 94, 1ʳᵉ col.

— REM. *Ajoutez :* ‖ 4. Corneille ne dit pas : Cela va sans dire, mais : cela s'en va sans dire. Cela s'en va sans dire, *Mélite*, III, 6. Mme de Sévigné non plus : Ils ne viendront point à l'assemblée, cela s'en va sans dire, *Lett.* 21 oct. 1676. (Dans le texte du Dictionnaire, au n° 23, il faut dans l'exemple de Mme de Sévigné corriger *va* en *s'en va.*) De même, Bussy à Mme de Sévigné, *le 5 janvier* 1678 : Je ne vous dis pas que je vous aime ; cela s'en va sans dire. ‖ 5. Mme de Sévigné a écrit : de ce qu'il dit, pour à ce qu'il dit. Il est ravi, de ce qu'il dit, de l'amitié que vous avez pour moi, 15 *avril* 1671.

— HIST. ‖ XVᵉ s. *Ajoutez :* Qui chiet [choit] de l'asne il dist [signifie] crieve ; et qui chiet du cheval il dist lieve, *les Evangiles des quenouilles*, p. 34.

— ÉTYM. *Ajoutez :* M. Boucherie (*Revue des langues romanes*, t. III, p. 71-77) a jeté du jour sur la locution *à dire* au sens de manquer. Elle représente le bas-latin *habere* ou *esse diger, digere, dicere*, qui se trouve avec le même sens dès les textes mérovingiens : Quantum de compositione diger est, *Loi salique ;* Quasi animalia per sua menata dicere habuissit (comme si par ses menées il avait eu à dire les animaux), *Formules angevines* (ailleurs, digere habuisset) ; Quod ante dicta terra de annos triginta et uno semper tenuissint nec eis diger numquam fuissit, LETRONNE, p. 28, anno 680. Ce dernier exemple semble le modèle du vers de *St Alexis*, cité dans l'historique : Dis et set ans, n'en fut nient à dire. M. Boucherie pense que *dicere*, qui a eu le sens de plaider, a passé à celui de réclamer, et, comme on réclame ce qui manque, au sens de manquer.

DIRECTEMENT. *Ajoutez :* ‖ 4° En tout état de cause, absolument. Ces premiers biens, nous les souhaitons directement, les seconds en cas de nécessité, MALH. *Lexique*, éd. L. Lalanne.

DIRECTEUR. ‖ 1° *Ajoutez :* Les choses que les hommes désirent sont d'une nature neutre ; l'esprit de celui qui possède en est le directeur, et leur donne la forme qu'il lui plaît, MALH. *Lexique*, éd. L. Lalanne.

DIRECTION. ‖ 4° *Ajoutez :* ‖ Direction d'artillerie, circonscription territoriale qui comprend les établissements chargés de la conservation, des mouvements et des réparations des approvisionnements d'artillerie, etc. ‖ Direction du génie, circonscription analogue chargée de l'entretien et des réparations des fortifications et des bâtiments militaires.

— REM. En termes de géologie, la direction est mieux définie : Prolongement ou extension des couches de roches suivant une ligne perpendiculaire au plongement.

DIRECTRICE. *Ajoutez :* ‖ 6° Terme d'artillerie. La directrice d'une plate-forme, d'une embrasure, est la ligne qui se projette suivant la trace du plan de tir. ‖ La directrice du châssis d'un affût de place, ou d'un affût de côte, est une grande pièce longitudinale, placée suivant l'axe du châssis et sur laquelle appuie la crosse de l'affût dans le recul.

† **DIREMPTION** (di-ran-psion), *s. f.* Mot emprunté à l'anglais et signifiant, en termes de droit, dissolution. Des cas de dirемption du mariage, PROUDHON, *Confess. d'un révolutionnaire*, 1868, p. 60.

— ÉTYM. Lat. *diremptionem*, de *dirimere*, séparer, de *dis*, indiquant séparation, et *emere*, prendre.

† **DIRHEM** (di-rèm'), *s. m.* Nom d'une monnaie d'argent chez les Arabes, qui valait un peu moins d'un franc.

— ÉTYM. Arabe, *dirhem*, du grec δραχμή, drachme.

† **DIRIGEABLE** (di-ri-ja-bl'), *adj.* Qui peut être dirigé. Aérostat dirigeable, *Journ. offic.* 28 fév. 1873, p. 1423, 1ʳᵉ col.

DIRIGER. *Ajoutez :* ‖ 7° Envoyer, faire aller. Diriger un condamné vers le lieu où il doit subir sa peine.

† 2. **DIS** (dis'), *s. m.* Grande graminée d'Afrique (*arundo festucoides* ou *tenax*), dont le chaume est utilisé comme fourrage.

† **DISCÉDER** (di-ssé-dé), *v. n.* Terme de jurisprudence. S'écarter. Puisque la mitoyenneté suppose, à l'origine, une convention dont l'une des parties ne peut discéder à son gré, *Gaz. des Trib.* 22 mai 1875, p. 488, 1ʳᵉ col.

— ÉTYM. Lat. *discedere*, s'éloigner, de *dis*, et *cedere*, aller.

† **DISCERNABLE.** *Ajoutez :* La tendance à puiser des principes dans les mots et les termes de la langue est discernable de très-bonne heure [chez les Grecs], DE ROBERTY, *la Philosophie positive*, août-septembre 1876, p. 201.

DISCERNER. *Ajoutez :* ‖ 5° Se discerner, se distinguer, se faire remarquer. Ces anciens évêques, qui ne se discernaient que par le zèle et la charité avec laquelle ils conduisaient leurs troupeaux, ARNAULD, dans STE-BEUVE, *Port-Royal*, t. V, p. 302, 3ᵉ édit.

DISCIPLINAIRE. *Ajoutez :* ‖ 2° *S. m.* Lieu où l'on soumet à une discipline particulière. On les retenait [les jeunes filles assistées qui se conduisaient mal] pendant un ou plusieurs mois, suivant les circonstances, dans une sorte de disciplinaire situé dans un quartier à part de la maison [l'hospice des Enfants assistés], O. D'HAUSSONVILLE, *Rev. des Deux-Mondes*, 1ᵉʳ oct. 1876, p. 500.

DISCIPLINE. ‖ 5° En un autre sens, conseil de discipline, conseil nommé dans les corps pour opiner sur l'opportunité de l'envoi d'un soldat dans une compagnie de discipline.

DISCORDANCE. *Ajoutez :* ‖ 3° Terme de géologie. Discordance de stratification, état des couches de terrain qui se rencontrent sous des inclinaisons différentes.

DISCORDER. *Ajoutez :* — REM. L'abbé du Laurens l'a fait actif, au sens de désaccorder. Ne touche plus aux fleurs de l'Hélicon ; Ta voix terrible épouvante Apollon ; Tes doigts sanglants discorderaient sa lyre, *la Chandelle d'Arras*, XIV. Cet exemple n'est point à imiter.

DISCOURS. *Ajoutez :* ‖ 8° Dans le langage parlementaire, discours-ministre, discours où un homme d'État, en passe de devenir ministre, expose ses vues politiques. L'honorable M. Bethmont, s'élevant plus haut que moi, vient de faire un discours qu'on aurait appelé, dans un autre temps, un discours-ministre, *Journ. offic.* 31 mai 1874, p. 3531, 2ᵉ col.

† **DISCOURU, UE** (di-skou-ru, rue), *adj.* Où l'on discourt, où l'on s'étend. Je suis toujours pour les préfaces discourues et solides, CHAPELAIN *à Lancelot*, dans STE-BEUVE, *Port-Royal*, t. III, p. 561, 3ᵉ édit.

DISCRÉTION. ‖ 4° *Ajoutez :* Des paris gagnés ou perdus qui, le plus souvent, prennent la forme compromettante et le titre étrange de discrétions, *Feuillet. de l'Indépendance belge*, du 24 oct. 1868.

† **DISCRÉTIONNAIREMENT** (di-skré-sio-nè-re-man), *adv.* D'une manière discrétionnaire. Cet arbitraire qui régnait partout et frappait discrétionnairement, *Journ. offic.* 7 févr. 1876, p. 1046, 3e col. Lorsqu'ils [les empereurs du Nord] sont à demi d'accord ou à demi en désaccord, ils choisissent presque discrétionnairement l'instant qui convient.... *l'Opinion*, 12 juillet 1876, 2e p. 2e col.

† **DISCRIMINANT, ANTE** (di-skri-mi-nan, nan-t'), *adj.* Terme didactique. Qui établit une séparation entre deux termes. || *S. m.* Terme de mathématique. Si on différentie une forme à *k* variables, le résultant de ces *k* dérivées prend le nom de discriminant de la forme *x* (fonctions homogènes à un nombre quelconque d'inconnues). Il n'est pas nécessaire d'avoir l'expression du discriminant pour construire la solutive, L. LALANNE, *Travaux scientifiques*, p. 25, Paris, 1876, in-4°.

— ÉTYM. Lat. *discriminare*, de *discrimen*, séparation, qui lui-même vient de *discernere* (voy. DISCERNER).

† **DISCRIMINATION** (di-skri-mi-na-sion), *s. f.* Terme de psychologie employé par Bain. Faculté de discerner, de distinguer. Ce changement d'état [par lequel la conscience passe d'une modification à une autre], c'est la discrimination, et c'est le fondement de notre intelligence, RIBOT, *Psychol. angl.* p. 258.

— ÉTYM. Lat. *discriminationem*, distinction, de *discrimen*.

† **DISCULPATION.** *Ajoutez :* Je suis ravi que ce soit à M. Puget que je doive ma disculpation, BOIL. *Lett. à Brossette*, 37.

DISCULPER. *Ajoutez :* — REM. Bouhours, *Doutes sur la langue française*, p. 64, dit que disculper et bravoure nous viennent peut-être de Mazarin. Le mot est beaucoup plus ancien sous la forme *descouper*.

DISCUSSIF. *Ajoutez :* || 2° Qui appartient à la controverse, à la discussion. La question est entrée dans la phase discussive.

DISETTEUX. || 2° *Ajoutez :* || Fig. Cela [que la naissance d'un mot est pour l'ordinaire la mort d'un autre] est vrai principalement en France, et ainsi l'on ne peut pas espérer que notre langue cesse jamais d'être disetteuse, BAYLE, *Dict. Poquelin*, note D.

DISGRÂCE. *Ajoutez :* — REM. Bussy Rabutin a dit faire des disgrâces, par opposition à faire des fortunes : Le même caprice qui fait faire des fortunes prodigieuses à de certaines gens, fait faire à d'autres de grandes disgrâces sans fondement, *Lett. à Mme de Sévigné*, 23 déc. 1670. Cela est peu correct, ce semble.

† **DISHLEY** (dich-lè), *s. m.* Sorte de mouton. Quant à la race des moutons leicester ou dishley, elle doit son origine au célèbre éleveur Bakewell, de Dishley, dans le Yorkshire, qui, à la suite d'expériences nombreuses commencées en 1755, parvint à la former par divers croisements, *Journal offic.* 29 juin 1873, p. 4287, 2e col.

DISLOCATION. *Ajoutez :* || 4° Terme de saltimbanque. Exercices dans lesquels on se disloque les membres. Tout individu qui fera exécuter par des enfants de moins de seize ans des tours de force périlleux ou des exercices de dislocation, *Journal offic.* 24 juin 1874, p. 4283, 2e col.

DISOMOSE (di-zo-mô-z'), *s. f.* Minéral d'un gris d'acier, nommé aussi nickel gris ; c'est un sulfo-arséniure de nickel.

DISPARAÎTRE. — REM. *Ajoutez :* La règle actuelle qui veut qu'on se serve de l'auxiliaire *avoir*, quand on entend exprimer l'action, n'était pas observée jadis, comme on voit dans cet exemple : Ce matin ils sont disparus tous deux, SÉV. 534. || 2. On a dit se disparaître. Il y en a [des plaisirs] qui peu à peu se sont disparus de devant nous, MALH. *Lexique*, édition L. Lalanne (inusité aujourd'hui).

2. **DISPARATE.** *Ajoutez :* — REM. C'est une faute de le faire masculin, comme dans ces vers : Alors s'effacera le honteux disparate Entre l'humble commis et le chef bureaucrate, BARTHÉLEMY, *Némésis*, p. 20 de l'édition in-8°, 1833.

DISPERSION. *Ajoutez :* — HIST. XVIe s. Les Juifz dirent entre eulx : Où s'en ira icelluy, que nous ne le trouverons point? S'en ira il en la dispertion des gens, et enseignera les gens? *Év. selon St Jean*, XII, 35, *Nouv. Testam.* éd. Lefebvre d'Étaples, Paris, 1525.

DISPONIBILITÉ. *Ajoutez :* || 5° État des hommes qui, sans cesser d'appartenir à l'armée active, sont dispensés d'être présents sous les drapeaux et restent à la disposition du ministre de la guerre ; ensemble des hommes qui sont dans ces conditions. Les hommes appartenant à la disponibilité ou à la réserve de l'armée active, à l'armée territoriale ou à sa réserve, *Lettre de L. Say, ministre des finances, aux directeurs généraux*, 4 avr. 1876.

DISPOSER. — HIST. *Ajoutez :* XIIIe s. Et lor dit lidiz Warnes que li tesmoing n'avoient mie disposet de leur tesmongnage à celc fin que cis Jessont eut prouvée s'entencion (1298), VARIN, *Archives administr. de la ville de Reims*, t. I, 2e part. p. 1120.

† **DISPOSEUR** (di-spô-zeur), *s. m.* Celui qui dispose. Elle [la Banque] aurait de nombreux concurrents dans les disposeurs de capital qui escompteraient à un taux inférieur au sien, DE WARU, *Enquête sur la Banque*, p. 105.

2. **DISPOSITIF.** || 2° *Ajoutez :* || Des dispositifs de mines, des opérations exécutées pour établir des mines. En prévision des événements qui se déroulaient, des dispositifs de mine avaient été ménagés dans les ponts de...; mais un seul de ces dispositifs, celui du pont-barrage d'Ars, avait été chargé, *Gaz. des Trib.* 6-7 oct. 1873, p. 963, 2e col.

DISPOSITION. || 15° *Ajoutez :* || Agilité. C'est [les bourrées à Vichy] la plus surprenante chose du monde, des paysans, des paysannes, une oreille plus fine que vous, une légèreté, une disposition ; enfin j'en suis folle, SÉV. 8 juin 1676. || 16° À dispositions, se dit de robes, de jupons, dont la garniture est imprimée dans la robe, le jupon mêmes. Le comptoir des articles d'Alsace imprimés.... a fait imprimer à Mulhouse dix-sept mille pièces et soixante-huit mille robes à dispositions dans ces mêmes tissus, *Journ. offic.* 7 mars 1872, p. 1631. Ces volants sont d'ordinaire à dispositions, c'est-à-dire qu'ils offrent sur la jupe unie des dessins variés et des nuances différentes, E. DE LA BÉDOLLIÈRE, *Hist. de la mode*, ch. XVII, Paris, 1858.

† **DISPROPORTIONNER.** *Ajoutez :* La défection de nos goums, qui tournent aussitôt leurs armes contre son petit détachement [du colonel Beauprêtre], disproportionne à un tel point les conditions de la lutte, qu'il ne reste plus au colonel et à ses cent fantassins qu'à succomber glorieusement, *Rev. africaine*, 20e année, n° 117, mai-juin 1876, p. 191.

† **DISPUTAILLERIE.** *Ajoutez :* Ils avaient l'art de tout rétrécir : ils faisaient de la morale une casuistique, de l'apologétique une disputaillerie.... *Journ. des Débats*, 22 mars 1876, 2e p. 1re col.

DISPUTER. *Ajoutez :* || 6° Débattre par la discussion. Une note à la suite de la troisième série nous apprend que ces questions quodlibétiques furent disputées par maître Pierre d'Auvergne en 1298, avant noël, *Hist. litt. de la France*, t. XXV, p. 112. || 7° Disputer que, soutenir que. Ceux qui disputent qu'il n'y en a pas [d'ingratitude] voudraient être juges et parties, SÉV. 10 avril 1671.

— REM. *Ajoutez :* || 3. Dans le *Clitandre* de Corneille, un commentateur de Corneille (Joly) a voulu faire remonter l'origine de la locution *disputer sur la pointe d'une aiguille*, à la scène 1 de l'acte IV, où un amant à qui sa maîtresse a crevé l'œil avec une aiguille se met à faire la leçon à l'instrument de son malheur. Cette étymologie, comme la plupart des étymologies anecdotiques, est sans valeur.

† **DISQUALIFIÉ, ÉE** (di-ska-li-fi-é, ée), *adj.* Terme de turf. Cheval disqualifié, cheval mis hors concours, par suite d'une infraction au règlement commise par son propriétaire ou par son jockey.

† **DISQUISITION.** *Ajoutez :* — REM. Le passage de Chateaubriand cité d'après le Dictionnaire de Poitevin se trouve dans les *Mém. d'outre-tombe* éd. de Bruxelles, t. III, *de Bonaparte*.

† **DISS** (dis'), *s. m.* Le même que dis (voy. DIS 2 au Supplément). Le sparte et le diss des Arabes, l'un et l'autre croissent à l'état sauvage en Espagne et en Algérie.... l'emploi du sparte et du diss comme matière première pour la fabrication du papier n'est point une tentative industrielle d'un résultat douteux, *l'École des communes*, mars 1872, 2e partie, p. 19 et 20. J'attendis [le lion] caché derrière une touffe de diss touchant au sentier, *Journ. offic.* 29 déc. 1874, p. 8638, 2e col. Les matières textiles végétales, coton, lin, chanvre, alfa, crin végétal, ramie, diss [envoyées d'Algérie à l'Exposition de Vienne], *ib.* 4 mars 1875, p. 1644, 2e col.

† **DISSATISFACTION** (di-ssa-ti-sfa-ksion), *s. f.* Néologisme. Absence de satisfaction. Un mode de sentir.... impliquant une sanction qui gît dans la satisfaction ou la dissatisfaction, É. LITTRÉ, *Philos. positive*, t. VI, p. 17.

† **DISSÉCABLE** (di-sé-ka-bl'), *adj.* Qui peut être disséqué. Le ptérygion est mobile, dissécable, de forme triangulaire.

† **DISSEMBLABLEMENT.** *Ajoutez :* — HIST. XIIe s. Cil miracles, alsi com ge cuide, d'alcune partie fut faiz dissemblanment [d'un autre miracle], *li Dialoge Gregoire lo pape*, 1876, p. 150.

† **DISSEMBLANT.** *Ajoutez :* — HIST. XIIe s. Lo queil miracle ge dis voirement nient avoir esteit dissemblant al ancien miracle de fou [feu] ci devant dit, *li Dialoge Gregoire lo pape*, 1876, p. 152.

† **DISSÉMINATEUR, TRICE** (di-ssé-mi-na-teur, tri-s'), *adj.* Qui dissémine. || Substantivement. Son extension vraiment foudroyante [du phylloxéra] dans les régions chaudes de la vallée du Rhône, où le mistral doit agir comme un puissant disséminateur de l'insecte, PLANCHON, *Rev. des Deux-Mondes*, 15 janv. 1877, p. 248.

† **DISSENT** (dis-sint'), *s. m.* Ensemble des sectes qui se séparent d'une Église établie. Il faut descendre dans l'étage inférieur du dissent russe, ANAT. LEROY-BEAULIEU, *Rev. des Deux-Mondes*, 1er mai 1875, p. 79. L'évangélisme puritain baisse, du moins comme puissance, à l'intérieur de l'Église établie, mais il se refait dans le dissent, il se retrempe dans les revivals, RÉVILLE, *Rev. des Deux-Mondes*, 15 août 1875, p. 891.

— ÉTYM. Angl. *dissent*, dissentiment, qui vient du lat. *dissentire* (voy. DISSENTIR).

DISSÉQUEUR. *Ajoutez :* || 2° *Adj. m.* Fig. Qui dissèque, qui analyse. Ce n'est pas à dire que M. Dumas ne possède aussi un style bien à lui, mais sec, disséqueur, en dedans, impropre à exprimer la couleur de la surface des choses, ALPH. DAUDET, *Journ. offic.* 27 sept. 1875, p. 8385, 2e col.

† **DISSIMILATION** (di-ssi-mi-la-sion), *s. f.* Action de rendre dissemblable, par opposition à assimilation. L'assimilation a pour corrélatif, plus rare qu'elle, la dissimilation, où, parmi deux consonnes semblables, surtout en deux syllabes voisines, l'une se modifie pour éviter la répétition d'une même articulation, F. BAUDRY, *Gramm. comp. des langues classiques*, § 79.

DISSIMULATEUR. — HIST. XVIe s. *Ajoutez :* Et lors ce dissimulateur [Henri III] feit contenance d'estre en une cholere telle.... *Particularités notables concernantes l'assassinat de monseigneur le duc de Guise*, p. 14, Chalons, 1589.

† **DISSIPANT, ANTE** (di-si-pan, pant-t'), *adj.* Qui dissipe, qui cause de la dissipation. La vie d'ici [Paris] est toute dissipante, STE-BEUVE, dans *Journ. des Débats*, 22 sept. 1875, 4e page, 3e col.

† **DISSOCIATION.** *Ajoutez :* || 2° Terme de chimie. État où les corps sont sous leur forme élémentaire et simple, mais où ils ne se combinent pas, parce qu'ils en sont empêchés par leur température élevée.

DISSOLU. — HIST. *Ajoutez :* XIIe s. Maintes foiz vult [veut] malvoisouse cremors [crainte] sembleir justice, et dissolue remissions pieteit, *li Dialoge Gregoire lo pape*, 1876, p. 340. || XIIIe s. Il n'est nus hons tant dissoluz, Tant trenchant ne tant esmouluz, S'ot [s'il entend] volentiers la Dieu parole, Ne le retraie d'uevre fole, GAUTIER DE COINCY, *les Miracles de la sainte Vierge*, p. 379 (éd. l'abbé Poquet).

† **DISSOLUBILITÉ.** *Ajoutez :* — REM. On trouve dans des textes du XVIIIe siècle *dissolvibilité*. Dans le *Journal de physique* de juin 1775, Changeux inséra un article relatif à une loi générale de la nature, de la fusibilité et de la dissolvibilité des corps relativement à leur masse ;... on n'avait pas d'idées bien nettes sur la fusibilité, la dissolvibilité, H. DE PARVILLE, *Journ. offic.* 11 fév. 1875, p. 1136, 1re col. *Dissolubilité* est bon, venant de *dissoluble*, qui lui-même représente le lat. *dissolubilis* ; mais *dissolvibilité* est fait directement du lat. *dissolvere*, comme l'est *solvable*.

DISSOLUTION. || 4° *Ajoutez :* Quand il se fait une douce dissolution, telle que peuvent avoir éprouvé ceux qui se sont quelquefois évanouis, MALH. *Lexique*, éd. L. Lalanne.

— HIST. || XIVe s. *Ajoutez :* Puis après sont venues grandes guerres et dissolutions au royaume de France, J. LE BEL, *Vrayes chroniques*, t. I, p. 89.

† **DISSYLLABISME** (di-sil-la-bi-sm'), *s. m.* État des langues qui ont des dissyllabes pour racines. Les radicaux y sont [dans les langues tartaro-finnoises] généralement dissyllabiques, avec l'accent sur la première ; mais sous ce dissyllabisme on re-

trouve la trace incontestable d'un monosyllabisme primitif, FR. LENORMANT, *Manuel d'hist. anc.* liv. I, *les Temps primitifs.*

— ÉTYM. *Dis....* préfixe, et *syllabe.*

† **DISSYMÉTRIE** (dis-si-mé-trie), *s. f.* Absence de symétrie, perte de symétrie, *Acad. des sc. Comptes rend.* t. LXXIV, p. 970.

— ÉTYM. *Dis....* préfixe, et *symétrie.*

† **DISTANCÉ.** *Ajoutez :* || Terme de turf. Un cheval est distancé, c'est-à-dire considéré comme ayant été dépassé, lorsque dans la course il pousse un autre cheval, le croise ou l'empêche, par un moyen quelconque, d'avancer; lorsque, en courant, il passe en dedans des poteaux; lorsqu'il n'a pas porté le poids fixé par les conditions de la course; ou enfin si les jockeys descendent de cheval avant d'arriver à l'endroit où ils sont pesés.

† **DISTANCER.** *Ajoutez :* || 2° Espacer. Il [le mosaïste] s'est toujours laissé guider par son tempérament d'artiste; il a taillé ses cubes et les a distancés selon la position que l'œuvre devait occuper, F. DELAUNAY, *Journ. offic.* 28 juin 1876, p. 4615, 2° col.

DISTILLER. *Ajoutez :* || 6° Être distillé, avoir un flux d'humeur, un catarrhe (inusité aujourd'hui). L'âge se rebellait contre les maladies; mais, enfin, il me fallut rendre et être distillé moi-même, MALH. *Lexique*, éd. L. Lalanne.

† **DISTINGUABLE** (di-stin-ga-bl'), *adj.* Qui peut être distingué. Toute précieuse que soit Mlle de La Trousse, elle a de l'esprit, par là je suis assurée qu'elle vous distingue, comme elle le doit, du reste de messieurs de Caen, que je ne crois pas tous aussi distinguables que vous l'êtes, Mme DE LA FAYETTE, *Lettre à Huet*, 14 nov. 1662, dans *le Correspondant*, 25 déc. 1876, p. 1095.

DISTINGUER. — HIST. *Ajoutez :* || XIVe s. De se grande proesche vont lez fais destinter, *Hugues Capet*, v. 1732.

DISTRAIRE. *Ajoutez :* || 6° En termes de fabrication des glaces, se distraire se dit du mercure qui disparaît dans l'amalgame. Quand on étame avec une feuille coulée, le mercure se distrait mieux, et l'amalgame est plus complet, *Enquête, Traité de comm. avec l'Anglet.* t. II, p. 359.

DISTRAIT. *Ajoutez :* || 6° En termes de fabrication de glaces, glace distraite du mercure, glace où le mercure a disparu, s'étant bien amalgamé. Pour qu'une glace soit bien étamée, il faut qu'elle soit tout à fait distraite du mercure, *Enquête, Traité de comm. avec l'Anglet.* t. II, p. 359.

† **DISTRAITEMENT** (di-strè-te-man), *adv.* D'une manière distraite. Le garde lui dit quelque chose à l'oreille, d'un air qui n'est pas effrayant; elle regarde sa serpe qu'elle balance distraitement entre ses doigts; l'affaire peut s'arranger, BÜRGER, *Salons de 1861 à 1868*, t. I, p. 155. Le volume entr'ouvert distraitement, il le savait, et il gardait dans sa mémoire une photographie ineffaçable d'une ville ou d'un site traversés au galop, TH. GAUTIER, *Portraits contemp. L. de Cormenin.* Quoique sa tête fût inclinée, elle regardait fixement et distraitement devant elle, H. RIVIÈRE, *Edmée de Merteuil, Rev. des Deux-Mondes*, 15 oct. 1875.

— ÉTYM. *Distraite*, et le suffixe *ment.*

† **DISTRIBUANT** (di-stri-bu-an), *s. m.* Celui qui distribue la communion chez les protestants. Les paroles du distribuant, BOSS. *Déf. trad. comm.* I, 4.

DISTRIBUTION. *Ajoutez :* || 9° Terme de mécanique. Distribution de vapeur, ou, simplement, distribution, mécanisme à l'aide duquel les deux faces du piston d'une machine à vapeur sont alternativement mises en communication avec la boîte à vapeur et avec le condenseur.

1. **DIURNAL.** *Ajoutez :* || 2° Récit de ce qui se fait jour par jour. Le Diurnal de la Révolution de France pour l'année 1797, titre d'un livre fait par Beaulieu.

† **DIVA.** *Ajoutez :* || Il se dit aussi substantivement. Le joli refrain de la diva, ALPH. DAUDET, *Journ. offic.* 30 nov. 1874, p. 7879, 3° col.

DIVAGUER. || 2° *Ajoutez :* Afin de donner aux eaux un cours régulier au lieu de les laisser divaguer au hasard parmi les champs cultivés..., H. BLERZY, *Rev. des Deux-Mondes*, 1er juin 1872, p. 558. Au moment des crues il [un torrent] sort de ce lit instable et se promène sur l'un ou l'autre bord de ses déjections; on dit alors qu'il divague..., ID. *ib.* p. 552. || 4° *V. réfl.* Se divaguer, laisser aller sa pensée au hasard (inusité aujourd'hui). Voyez comment On se divague doucement, Et comme notre esprit agrée De s'entretenir près et loin Avec l'objet qui le recrée, MALH. *Lexique*, éd. L. Lalanne.

2. **DIVE.** *Ajoutez :* — REM. Dive ou div, en persan *div*, *dew*, comprend les génies mâles de la mythologie persane; les péris sont les génies femelles. Au pluriel le mot dive comprend les deux sexes.

DIVERGENT. *Ajoutez :* — REM. La définition exacte de la série divergente est : Série dont la somme des termes ne tend pas vers une limite fixe. Il n'est pas nécessaire que les termes d'une série croissent continuellement pour qu'elle soit divergente; ainsi la série $1 + 1/2 + 1/3 + 1/4 + 1/5 + ...$ dont les termes décroissent continuellement est divergente.

DIVERGER. — REM. *Ajoutez :* || 2. J. J. Rousseau l'a employé au sens de divaguer; ce qui n'est pas bon. Pardonnez, monsieur, tout ce radotage à une pauvre tête qui diverge, bat la campagne et se perd à la suite de la moindre idée, *Lettre à l'abbé M.* 9 fév. 1770.

† **DIVERSIFICATION.** — HIST. *Ajoutez :* XIIIe s. En quantes menieres estaublie Est la chose de chevalerie; Quex diversifications Ai [a] entre aides et legions, PRIORAT, *Végèce*, dans *Bibl. des chart.* année 1875, p. 134.

DIVERSITÉ. *Ajoutez :* || 2° *Au plur.* Choses diverses. Que tant de diversités ne soient plus qu'une chose, MALH. *Lexique*, éd. L. Lalanne. Je n'ai jamais connu d'homme qui lui ressemble, Ni qui mêle en discours tant de diversités, CORN. *Veuve*, I, 4.

† **DIVERTISSEUR** (di-vèr-ti-seur), *s. m.* Celui qui divertit, amuse. Vous avez bien raison de vous rengorger d'avoir découvert si finement que vous étiez mon divertisseur, *Lettre de Mme de Rochefort au marquis de Mirabeau* (1757), dans *la Comtesse de Rochefort et ses amis*, par M. L. de Loménie, Paris, 1870.

— HIST. XVIe s. Les dieux sauveurs et divertisseurs des maulx, AMYOT, *Plut. Œuvr. mêl.* t. XIX, p. 385.

† **DIVEST** (di-vè), *s. m.* Terme d'ancien droit. Action de dépouiller quelqu'un d'une possession. Décret du 19 septembre 1790 : art. 3 : À dater du jour où les tribunaux de districts seront installés dans les pays de nantissement, les formalités de saisine, dessaisine, vest, divest, etc. demeureront abolies, *Gaz. des Trib.* 13 janv. 1876, p. 42, 2° col.

— ÉTYM. Bas-lat. *divestire*, dépouiller, de *di...*, préfixe, et *vestire*, vêtir.

DIVIDENDE. *Ajoutez :* — REM. On a dit devident. Devident, c'est la répartition des profits que les grandes compagnies de commerce font à leurs actionnaires, P. GIRAUDEAU, *la Banque rendue facile*, p. 112.

† **DIVINATEUR.** *Ajoutez :* — HIST. XVIe s. C'estoient divinateurs, enchanteurs et abuseurs de simple peuple, RAB. IV, 58. Laisse-moi l'astrologie divinatrice et l'art de Tullius comme abus et vanitez, ID. II, 8. Jugeant que c'estoit le soleil qui imprimoit ceste temperature et ceste disposition en la terre, de laquelle sourdoit ceste exhalation divinatrice, AMYOT, *Plut. Œuvr. mor.* t. V, p. 411.

DIVINEMENT. — HIST. XVIe s. *Ajoutez :* Toute escripture divinement inspirée est utile à endoctriner [enseigner], *II Tim.* III, 16, *Nouv. Testam.* éd. Lefebvre d'Étaples, Paris, 1525.

† **DIVINIS (A)** (a-di-vi-nis'). *Loc. latine* employée dans l'Église catholique. Suspendu *a divinis*, à qui l'autorité ecclésiastique a interdit la célébration des choses divines. La commune de Grotte, province de Girgenti, où quelques prêtres, suspendus *a divinis*, ont inauguré le culte des vieux-catholiques, *Journ. offic.* 21 mars 1875, p. 2147, 3° col.

— ÉTYM. Lat. *a*, hors de, et *divina*, les choses divines.

DIVIS. *Ajoutez :* || 2° *Adj.* Divis, divise, qui se partage. Propriétés divises provenant d'un même immeuble, *Gaz. des Trib.* 13-14 sept. 1875, p. 884, 1re col. 2 064 fr. 60 c. pour intérêts de ces 35 000 fr. courus depuis le jour du décès de la dame F.... jusqu'au jour choisi pour la jouissance divise, *ib.* 25-26 janv. 1875, p. 82, 2° col.

† **DIVISANT.** *Ajoutez :* Une présence en figure [dans l'eucharistie] et une manducation en esprit, c'est-à-dire la présence la moins divisante et la manducation la moins consumante qu'on puisse jamais imaginer, BOSS. *Explic. de la messe*, 40.

† **DIVISÉMENT.** *Ajoutez :* || 2° En termes de droit, il se dit par opposition à solidairement. Qu'en effet cette solidarité prétendue ne résulte ni de la loi, ni des conventions, et qu'il est constant, au contraire, que chacune des compagnies ne s'est engagée envers l'assuré que divisément, et pour une part déterminée d'avance..., *Gaz. des Trib.* 18 fév. 1876, p. 166, 2° col.

DIVISIBILITÉ. *Ajoutez :* || 2° Divisibilité de la lumière, propriété à l'aide de laquelle on distribue en lumières moindres une source de lumière éclatante.

† **DIVISOIRE** (di-vi-zoi-r'), *adj.* Qui sépare. La ligne divisoire des eaux de l'Arno et du Tibre. Elle [la frontière] passera le rio Avaro, et continuera par le tracé que Puycerda et Enveigt reconnaissent pour leur ligne divisoire depuis ce rio jusqu'au canal de dérivation qui en conduit les eaux à Puycerda, *Traité de délimitation conclu le 26 mai 1866, entre la France et l'Espagne*, art. 4. Doit-on attendre que les propriétaires soucieux de préserver leurs bois, les aient découpés en parcelles par des lignes divisoires? FARÉ, *Enquête sur les incendies des Landes*, p. XXIV, 1873. || 2° Terme de droit. Qui sépare. Que si l'on considère l'exiguïté de l'espace dans lequel sont ménagées les deux cours de l'héritage, il demeure évident que les parties se sont proposé pour but d'assurer aux deux fonds les avantages qui résultent de l'air et de la lumière, et que, pour obtenir ce résultat, elles ont dû s'interdire le droit d'exhausser le mur divisoire..., *Jugement rendu le 6 janvier 1876*, dans *Mémoire pour M. H. Bamberger, appelant*, p. 8. 26 fév. 1876.

— ÉTYM. Tiré du lat. *divisor* (voy. DIVISEUR).

† **DIVITIAIRE** (di-vi-si-è-r'), *adj.* Néologisme. Qui est propre à la richesse. Le système oligarchique, divitiaire, *Journ. offic.* 19 juin 1872, p. 4114, 2° col.

— ÉTYM. Lat. *divitiæ*, richesses.

† **DIVOLTAIN** ou **DIVOLTIN** (di-vol-tin), *adj.* Vers à soie divoltains, vers de race japonaise qui produisent de la graine deux fois dans l'année.

— ÉTYM. *Di*, deux, et ital. *volta*, fois.

† **DIVONNE** (di-vo-n'), *s. f.* Terme d'antiquité gauloise. Nom gaulois des fontaines. Vis-à-vis, de l'autre côté de la rivière, était la charmante vallée du Tromeur, arrosée par une ancienne divonne ou fontaine sacrée, que le christianisme sanctifia en y rattachant le culte de la Vierge, E. RENAN, *Rev. des Deux-Mondes*, 15 mars 1876, p. 244.

— ÉTYM. *Divona*, qui, dans Ausone, *Cl. urb.* 14, est le nom gaulois d'une fontaine.

DIVULGUER. — HIST. XVIe s. *Ajoutez :* Et quant il fu party, il commencea à publier et divulguer ceste parolle, *Marc*, I, 45, *Nouv. Testam.* éd. Lefebvre d'Étaples, Paris, 1525.

DIX-HUIT. *Ajoutez :* || 2° *S. m.* Un dix-huit, un soulier remonté ou ressemelé, ou plutôt redevenu neuf; d'où son nom grotesque de dix-huit ou deux fois neuf, FR. MICHEL, *Dict. d'argot*, p. 138. || 3° Un dix-huit, nom donné par les tailleurs à un habit retourné; c'est incontestablement le deux fois neuf. || Populairement, se mettre sur son dix-huit, mettre ses plus beaux habits. Tu es belle aujourd'hui, Marie-Jeanne, d'où vient que tu t'es mise sur ton dix-huit?

† **DIX-HUITAIN.** *Ajoutez :* — REM. Dix-huitain est une fausse orthographe pour dix-huit ains; voyez, ce qui le prouve, au Dictionnaire le mot AIN, qui est un terme de manufacture et qui signifie un certain nombre des fils de la chaîne.

† **DJAÏNA** (dja-i-na), *s. m.* Voy. JAÏNA au Supplément.

† **DJAÏNISME** (dja-i-ni-sm'), *s. m.* Voy. JAÏNISME au Supplément.

† **DJEMÂA** (djé-mâ-a), *s. f.* Mot arabe qui, en Algérie, désigne les districts ou communes des Kabyles. Il [le gouverneur général civil de l'Algérie] a, dans ses entretiens avec les présidents des djemâas kabyles, arrêté les bases des transactions à passer avec les tribus frappées du séquestre..., *Journ. offic.* 18 juill. 1872, p. 4890, 1re col.

† **DJÉRID.** — ÉTYM. *Ajoutez :* *Djerid* signifie proprement tige de palmier dépouillée de ses feuilles, d'où javelot.

† **DOBEUR** (do-beur), *s. m.* Terme de métallurgie. Voy. DAUBEUR au Supplément.

† **DOCTISSIME.** *Ajoutez :* Vous êtes doctissime dans les passions, les dégoûts, les instances et les fourberies du monde, *la mère Angélique à Mme de Sablé*, dans STE-BEUVE, *Port-Royal*, t. III, p. 428, 3° éd.

† **DOCTORESSE.** *Ajoutez :* || Femme qui a reçu le doctorat en médecine. Sur la demande d'une dame médecin, Mme la doctoresse Anderson..., *Journ. offic.* 23 déc. 1871, p. 5205, 3° col.

DOCTRINAIRE. *Ajoutez :* — REM. On regarde d'ordinaire l'emploi de doctrinaire, au sens politique, comme datant de la restauration. En voici un exemple plus ancien : Messieurs les doctrinaires, pieusement attachés au divin Maury, ont été de dedans un beau cadre une estampe magnifique de l'Assomption, pour y placer le saint abbé qui est allé à Rome pour rougir [devenir cardinal], *Lett. du P. Duchêne*, 195e lettre, p. 5. Ce n'est point précisément le sens du temps de la restauration; mais c'est un sens approchant.

† **DOCUMENTAIRE** (do-ku-man-tè-r'), *adj.* || 1° Qui a un caractère de document. Au point de vue documentaire, signalons le premier projet du Pont-Neuf, peinture du XVIe siècle très-originale, qui nous révèle un des nombreux projets du Pont-Neuf qui se partagèrent la faveur publique au moment où fut décidée la construction du nouveau pont, DRUMONT, *Journ. offic.* 25 oct. 1876, p. 7678, 2e col. Fromentin seul a peint la vie arabe avec une exactitude documentaire et une finesse de pénétration ethnographique qui n'a d'égale que celle de son pinceau, E. BERGERAT, *Journ. offic.* 14 oct. 1876, p. 7496, 3e col. || 2° Terme de commerce. Traite documentaire, traite accompagnée de documents, tels que connaissements endossés en blanc, polices d'assurances et lettres de gage qui en sont la garantie. On ne peut négocier en Chine, aux banques anglaises, de traites françaises, et je parle de traites documentaires, qu'autant qu'elles sont énoncées en livres sterling et payables à Londres, *Enquête, Traité de comm. avec l'Angleterre*.

† **DOCUMENTATION** (do-ku-man-ta-sion), *s. f.* Néologisme. Travail par lequel on appuie de documents une histoire, un récit, un débat. La documentation de cette histoire est insuffisante.

— ÉTYM. Bas-lat. *documentatio*, action d'instruire, de *documentum*, document (voy. DOCUMENT).

† **DOCUMENTER** (do-ku-man-té), *v. a.* || 1° Instruire (inusité). Pour satisfaire le goût dominant que j'avais dès mon enfance, d'instruire et de documenter quelqu'un, STAAL, *Mém.* t. I, p. 155. || 2° Appuyer par des documents. Il y a en histoire une moyenne de vérité acquise avec laquelle il faut compter; tout le monde ne se trompe pas pendant deux siècles; et, lorsque les mémoires du temps et les récits des historiens tombent tous d'accord, je me demande s'il suffira de quelques lettres fort habilement documentées pour changer l'aspect du débat, HENRI BLAZE DE BURY, *Rev. des Deux-Mondes*, 15 août 1876, p. 943. Peu d'écrits sont aussi bien documentés [que la 1re *Épître* de Clément Romain]; Denys de Corinthe, Hégésippe, Irénée, Clément d'Alexandrie, Origène la connurent et la citèrent, RENAN, *Journ. des Savants*, janv. 1877, p. 12.

† **DODÉCARCHIE** (do-dé-kar-chie), *s. f.* Commandement de douze personnes, de douze rois. La basse Égypte au temps de la dodécarchie.

— ÉTYM. Δωδεκάρχος, de δώδεκα, douze, et ἄρχειν, commander.

† **DODÉCUPLE** (do-dé-ku-pl'), *adj.* Forme incorrecte (*Acad. des sc. Comptes rend.* t. LXXX, p. 720) pour duodécuple; c'est en grec que douze est exprimé par δώδεκα.

† 2. **DODO** (do-do), *s. m.* Nom d'un oiseau de la Nouvelle-Zélande qui ne s'y trouve plus qu'à l'état fossile. L'on doit prévoir, dit un sportsman désolé, une époque où la grouse sera aussi rare en Angleterre que le dodo dans la Nouvelle-Zélande, AM. PICHOT, *Rev. Britann.* 15 sept. 1874, p. 238.

DOGMATISEUR. *Ajoutez :* || *Adj.* Les hérétiques dogmatiseurs, *Mém. de Trévoux*, t. I, p. 10, 1725. L'auteur ne parle que de l'hérétique notoire, soit qu'il soit dogmatiseur, ou qu'il ne le soit pas, *ib.* t. I, p. 8. || *Au fém.* Il est certain que votre esprit vous perd; vous êtes une dogmatiseuse, une théologienne, une philosophe, L'ARCHEVÊQUE DE PARIS PÉRÉFIXE, *à la sœur Christine*, dans STE-BEUVE, *Port-Royal*, t. IV, p. 274, 3e édit.

DOGMATISTE. *Ajoutez :* || 2° Celui qui examine, soutient les dogmes d'une théologie, d'une Église. Comment, en présence de ces résultats indubitables [de la critique de la Bible], conserver l'ancienne théorie de l'infaillibilité biblique, ou plutôt comment accorder les desiderata du critique avec les exigences du dogmatiste qui a besoin de conserver au recueil sacré une autorité divine? MAURICE VERNES, *Revue philosophique*, juill. 1876, p. 95. || 3° Chez les anciens, nom d'une secte de médecins ainsi appelés parce qu'ils s'occupaient à rechercher par le raisonnement l'essence même des maladies et leurs causes occultes, mais qui, par compensation et en vertu même de leurs idées, recommandaient l'étude de l'anatomie.

DOGUIN. *Ajoutez :* || 2° Nom, en Normandie, d'un cochon court, trapu, à oreilles droites, DELBOULLE, *Gloss. de la vallée d'Yères*, p. 117.

DOIGT. *Ajoutez :* — REM. Bien que un doigt de rouge signifie d'ordinaire une couche épaisse de rouge, en quelques cas il n'exprime qu'une couche légère. Une fois les joues enfarinées, on ne peut pas rester.... comme un pierrot; il faut un doigt de rouge, c'est fatal, G. DROZ, *M. Mme et Bébé*, *Bal d'ambassade*.

— HIST. XVIe s. *Ajoutez :* De quante espesseur sont les ais de ceste nauf? — Elles sont, respondit le pilot, de deux bons doigts espesses, n'ayez paour. — Vertus Dieu, dit Panurge, nous sommes donques continuellement à deux doigts près de la mort, RAB. *Pant.* IV, 23.

1. **DOIGTER.** *Ajoutez :* || 3° Se doigter, *v. réfl.* Être doigté. Les cordes qui se doigtent sur le manche du téorbe FÉTIS, *Diction. de mus. Téorbe.*

† **DOLBEAU** (dol-bô), *s. m.* Voy. au Dictionnaire DOLEAU, qui est la forme régulière. Une fois aminci, l'ardoise est équarrie par un instrument tranchant nommé dolbeau, *Petit bulletin du soldat et du marin*, dans *Journ. offic.* 21 sept. 1874, p. 6636, 2e col.

† **DOLÉRITIQUE** (do-lé-ri-ti-k'), *adj.* Terme de minéralogie. Qui appartient à la dolérite ou dolérine. La formation doléritique dominait essentiellement; dans le lointain on découvrait des montagnes ayant jusqu'à 5 000 pieds de hauteur, *Journ. offic.* 27 sept. 1874, p. 6733, 1re col.

† **DOLETTES** (do-lè-t'), *s. f. pl.* Menus éclats de bois qu'on détache en dolant. Allumer le feu avec des dolettes, DELBOULLE, *Gloss. de la vallée d'Yères*, p. 117.

† **DOLICHOCÉPHALIE** (do-li-ko-sé-fa-lie), *s. f.* Forme de la tête chez le dolichocéphale. La dolichocéphalie, trait constant chez le nègre d'Afrique, ne se retrouve pas chez le nègre pélagien, A. MAURY, *la Terre et l'Homme*, 3e éd. Paris, 1869, p. 392.

† **DOLIQUE** (do-li-k'), *s. m.* Voy. DOLIC au Dictionnaire. Le maïs, les légumes, pois, fèves, lentilles, haricots et doliques d'espèces variées, *Journ. officiel*, 14 oct. 1872, p. 6487, 3e col.

DOLLAR. *Ajoutez :* — REM. D'après la loi du 12 février 1873, la valeur du dollar américain est, au pair, 5 fr. 18 c.

† **DOLMEN.** *Ajoutez :* || Demi-dolmen, pierre inclinée dont une extrémité porte à terre.

† **DOLMÉNIQUE** (dol-mé-ni-k'), *adj.* Qui a rapport aux dolmens. Les peuples précités eurent le temps d'approprier la grotte, par des arrangements dolméniques remarquables, aux usages d'une nécropole, VOULOT, *Acad. des sc. Comptes. rend.* t. LXXXII, p. 1002. || La race dolménique, la race qui a élevé les dolmens, *Revue d'anthropol.* t. IV, p. 267.

† **DÔM** (dôm'), *s. m.* Sorte de navire de l'Inde. Dôm, caboteur indien mesuré en 1830, fait d'après les plans de l'amiral Pâris.... dôm à balancier, caboteur indien.... *Journ. offic.* 23 fév. 1874, p. 1457, 3e col.

† **DOMAL, ALE** (do-mal, ma-l'), *adj.* Terme d'architecture. Se terminant en forme de dôme. On y trouve [dans un jubé du XVe siècle] des motifs architecturaux très-sérieux, des terminaisons domales et en accolades très-rares, *Le jubé du cardinal Philippe de Luxembourg*, par EUGÈNE HUCHER, *prospectus.*

† **DOMANISTE** (do-ma-ni-st'), *s. m.* || 1° Celui qui administre le domaine de l'État, qui s'occupe de la législation et de la jurisprudence domaniales. Un savant domaniste. || 2° Ce nom est quelquefois donné aux agents de l'administration de l'enregistrement et des domaines.

DOMESTIQUE. || 8° *Ajoutez :* Il est vrai que j'ai été domestique de M. de Montaigu, ambassadeur de France à Venise, et que j'ai mangé son pain, comme les gentilshommes étaient ses domestiques et mangeaient son pain.... mais, bien qu'eux et moi fussions ses domestiques, il ne s'ensuit point que nous fussions ses valets, J. J. ROUSS. *Réponses aux questions de M. de Chauvel*, dans *Corresp.* 5 janv. 1767. || 11° Les domestiques de la foi, les fidèles. Ne vous persuadez pas qu'il n'ait converti que les hérétiques : cette science ardente et luisante agissait encore bien plus fortement sur les domestiques de la foi, BOSS. *Panég. saint François de Sales.* Qu'une princesse ou qu'une autre femme fasse du bien à ceux qu'elle prend pour les domestiques de la foi, ce n'est point une chose extraordinaire, BAYLE, *Marguerite, sœur de François Ier, au mot Navarre*, note P.

† **DOMESTIQUER.** *Ajoutez :* || 2° Fig. Adoucir. Il ne faut autre chose que savoir d'où l'esprit est venu, quelle est cette raison qui domestiquera la rage de ses convoitises, MALH. *Lexique*, éd. L. Lalanne. || *V. réfl.* Se domestiquer, être adouci, rendu familier. La douleur, la pauvreté se domestiquent, aussitôt qu'elles sont arrivées entre ses mains, ID. *ib.*

DOMICILIÉ, ÉE. *Ajoutez :* || 2° Terme de banque. Se dit d'un domicile choisi pour une acceptation. Traite domiciliée.

DOMICILIER. *Ajoutez :* || 2° *V. a.* Terme de banque. Élire domicile pour le payement d'une traite. Nous cherchons à faire participer notre clientèle à ses avantages [d'une chambre de compensation] en l'autorisant à domicilier à nos caisses ses acceptations, *Compte rendu de la Société de crédit industriel et commerc.* 20 avr. 1872 (dans *Semaine financière*, n° 17, 27 avr. 1872). La Société [générale du Crédit industriel et commercial].... effectue sans commission, à ses guichets, tous payements pour le compte de ses déposants; elle les autorise notamment à domicilier leurs acceptations à ses caisses, *Journ. offic.* 9 fév. 1874, p. 1128, 2e col. Domicilier une traite, SCHIEBE et ODERMANN, *Corresp. commerc.*

DOMINATEUR. — HIST. XVIe s. *Ajoutez :* Aucuns hommes sans piété sont couvertement entrez.... denyans le seul dominateur nostre seigneur Jesuchrist, *Jude*, 4, *Nouv. Test.* éd. Lefebvre d'Etaples, Paris, 1525.

† 2. **DOMINICAIN, AINE** (do-mi-ni-kin, kè-n'), *adj.* Qui est relatif à l'île et à la république de Saint-Domingue. La république dominicaine.

† **DOMINION** (do-mi-ni-on), *s. m.* Nom donné par les Anglais aux pays qui constituent le Canada. La population de la confédération canadienne appelée par les natifs du nom de Dominion ou Puissance, s'élève donc à 3 507 475 habitants, *Journ. offic.* 8 sept. 1872, p. 5910, 3e col.

DOMINO. — ÉTYM. *Ajoutez :* D'après l'*Annuaire de l'Eure*, 32e année, le jeu de *domino* vient de ceci : Des moines appartenant au monastère du Mont-Cassin, ayant été mis dans la cellule de pénitence, taillèrent des carrés de bois, y marquèrent des points et en firent un jeu. Sortis de cellule, ils communiquèrent le jeu aux autres moines, et, toutes les fois qu'un des joueurs réussissait à placer tous les dés, il s'écriait *benedicamus domino*, formule ordinaire aux moines. Ce *domino* souvent répété devint le nom du jeu. *L'Annuaire* s'appuie sur *une vieille chronique*; mais quelle chronique? Tant qu'on n'aura cité ni la chronique ni les termes dont elle se sert, l'étymologie susdite reste une simple allégation, suspecte comme toute étymologie anecdotique; cependant elle a pour elle d'expliquer l'expression *faire domino*; car c'est de là qu'il faut partir.

† **DOMITIQUE** (do-mi-ti-k'), *adj.* Terme de géologie. Qui appartient à la domite. D'immenses dômes qui se sont formés et écroulés successivement [dans les montagnes de la lune], de sorte cependant que les dômes postérieurs ont eu un diamètre décroissant; on trouverait ici une grande analogie avec les montagnes domitiques du Puy-de-Dôme, *Revue des sociétés savantes*, 1864, p. 164.

† **DOMOÏDE** (do-mo-i-d'), *s. m.* Terme de géométrie. Figure polygonale dérivant de la pyramide (Léopold Hugo), *Journ. offic.* 4 sept. 1873, p. 5720, 3e col.

DOMPTABLE. *Ajoutez :* — HIST. XIVe s. *Domitabilis*, dontaules, ESCALLIER, *Vocab. latin-franç.* 824.

† **DOMPTAGE** (don-ta-j'), *s. m.* Action de dompter. Les rois eux-mêmes ne se permettent pas de s'asseoir sur lui [l'éléphant blanc], et vous voulez qu'il s'abaisse à vous aider au domptage? G. SAND, *Rev. des Deux-Mondes*, 1er nov. 1875, p. 158. Le domptage de l'éléphant sauvage par deux monstres dressés à cet exercice, qui le pressent si fort qu'il finit par se soumettre, *Rev. Britann.* juill. 1876, p. 126.

DOMPTER. — ÉTYM. *Ajoutez :* Dans l'Aunis, on dit *danzer*, pour dompter, dresser les animaux (*Gloss. aunisien*, p. 94); cette forme est un remarquable archaïsme, témoin de l'antique substitution de l'*a* à l'*o* : anc. franç. *danter*, à côté de *donter*.

DONATAIRE. *Ajoutez :* || Vierge au donataire, tableau de Raphaël où saint François, saint Jean-

Baptiste et saint Jérôme présentent à la Vierge un camérier du pape Jules II, Sigismond Conti. Ce tableau fut fait à la prière de Conti, qui y est représenté à genoux ; il est sans doute ainsi appelé, parce que Conti est *donataire*, c'est-à-dire reçoit la protection de la sainte Vierge.

DONATION. — HIST. XIVe s. *Ajoutez :* Je luy merci grandement de sa très noble et vaillant donoison, *Rev. critique*, 5e année, 2e sem. p. 401.

1. **DONNÉ.** || 6° *Ajoutez :* || On appelle aussi donné ce qui, sans être immédiatement connu, peut néanmoins être censé déterminé d'après certaines conditions ; c'est en ce sens qu'on dit qu'un point est donné sur un plan, lorsqu'on en connaît les distances à deux points donnés à priori dans ce plan.

DONNER. || 7° *Ajoutez :* Il a donné [sacrifié] tous ses ressentiments à M. de Turenne, SÉV. *Lett.* août 1671. || 41° *Ajoutez :* || Donner sur les nerfs, agacer, irriter, *Journ. offic.* 13 déc. 1872, p. 7748, 3e col.

— REM. *Ajoutez :* || 4° Ce vers de V. Hugo : Qui donne aux pauvres prête à Dieu, cité au n° 1, se trouve dans la *Bible*, *Proverbes*, XX, 17. Cette remarque n'a pas pour but d'ôter un vers au grand poëte ; mais, dans un dictionnaire historique, il faut toujours essayer de remonter aux origines.

DONT. — REM. *Ajoutez :* || 9. La construction dure (L'objet de votre amour, *lui dont à la maison* Votre imposture enlève un brillant héritage), signalée dans Molière comme ne devant pas être imitée, est fréquente dans Saint-Simon : Profitez d'un intervalle de temps dont l'incertitude de la durée ne sert pas peu à lui laisser voir les hommes tels qu'ils sont, t. VIII, p. 178, éd. Chéruel ; Avec le titre de gouvernante, dont elle ne s'embarrasse plus des fonctions, *ib.* p. 337 ; Il se mit sur la croissance des charges de secrétaire d'État dont la ténuité de l'origine le surprit, *ib.* t. IX, p. 365 ; Polastron, fils du lieutenant-général, dont j'ai parlé de la mort, *ib.* t. V, p. 227. Avec la construction dure dont il est ici question, on ne confondra pas cette phrase de J. J. Rousseau : Une édition, dont je ne me soucie point de devenir peut-être un jour responsable au gouvernement de France de ce qu'il peut y déplaire à quelque ministre de mauvaise humeur, *Corresp.* éd. Dupont, 1824, t. XIX, p. 258. Ceci est une véritable faute, *dont* ne pouvant se rapporter grammaticalement à *responsable*, qui a son régime *de ce qui*. Au lieu de *dont* il fallait mettre *pour laquelle*. || 10. On lit dans Chamfort : Ces conseils ont été suivis par presque tous les souverains de l'Europe, presque partout, hors en France ; dont il suit que la prospérité des étrangers..., *Maximes et pensées*, ch. VII. Vaugelas ne veut pas qu'on dise *dont* pour *d'où*, en parlant d'un lieu, au propre ou métaphoriquement (voy. REM. 4). Cette prescription, qui n'a pas même l'usage pour soi et qui est contre l'étymologie, puisque *dont* est *de unde*, ne doit pas prévaloir non plus ici ; et il faut accepter la phrase de Chamfort.

DORADE. — HIST. *Ajoutez :* XIIIe s.... Peissons trop grans que l'en apele orates blanches, *Hist. occid. des croisades*, t. II, 305.

DORÉNAVANT. — REM. *Ajoutez :* || 2. On a dit dorénavant que. Dorénavant que ses sentiments [du roi Louis XIII] ne seront point traversés, j'aurai l'honneur de me rencontrer toujours dans ses pensées, RICHELIEU, *Lettres, etc.* t. VI, p. 936 (1642). On ne voit pas pourquoi cet archaïsme ne serait pas encore employé.

† **DORI** (do-ri), *s. f.* Nom d'une embarcation américaine pour la pêche de la morue. Embarcations à la fois légères et solides qu'on voit à bord de leurs goëlettes [des Américains], et qui sont connues sous le nom de doris ; ces doris remplacent avantageusement les chaloupes sur les navires de la colonie ; on les construit aujourd'hui sur les chantiers de l'île, *Rev. des Deux-Mondes*, 1er nov. 1874, p. 122.

† 1. **DORIS** (do-ris), *s. f.* La 48e planète télescopique, découverte en 1857 par M. Goldschmidt.

— ÉTYM. Δωρίς, nom d'une Néréide.

† 2 **DORIS** (do-ris), *s. m.* Nom d'une espèce de mollusque, E. BLANCHARD, *Rev. des Deux-Mondes*, 1er août 1874, p. 605.

† **DORKING** (dor-king), *adj. indécl.* Se dit d'une race de poules. D'autres [coqs et poules] se recommandent par une laide monstruosité : la présence d'un doigt supplémentaire ; c'est la race dorking, E. BLANCHARD, *Rev. des Deux-Mondes*, 15 juin 1874, p. 858.

DORMEUR. *Ajoutez :* || 2° Nom, dans les Côtes-du-Nord, d'un petit crabe, ainsi dit parce qu'il se tient immobile dans les trous où l'on cherche à le prendre.

DORMEUSE. *Ajoutez :* || 2° Nom donné, chez les joailliers, à des boucles d'oreilles formées d'une perle ou d'un diamant, montés sur un pivot et serrés sur le côté extérieur de l'oreille par un écrou. Parures, demi-parures, bracelets, broches, dormeuses, pendants, bagues, *Almanach Didot-Bottin*, 1871-1872, p. 695, 1re col. Il y a, en outre, la fameuse croix d'émeraudes, suspendue à un collier de perles, qui figure dans le portrait de Winterhalter ; d'énormes dormeuses, composées chacune d'un brillant ; un bracelet avec un gros saphir entouré de brillants, Traduit du *Daily News*.

DORMIR. *Ajoutez :* || 11° Il se dit d'un végétal pendant le temps où la séve n'a pas de mouvement. Je conseille aussi l'échaudage, pratiqué lorsque la vigne dort, comme complément de l'épontage, PELLET, dans *Travaux de la Comm. départem. contre le phylloxéra*, Perpignan, 1874, p. 91.

† **DORMOIR** (dor-moir), *s. m.* Lieu de repos, avec de l'ombre et de l'eau, pour les troupeaux. On voyait, il y a quelques années, à l'exposition, un Dormoir du peintre Bonheur. Nous lui préférons, pour notre part, le Dormoir vendomois du même peintre.... un dormoir est une sorte de flaque d'eau à la fois courante et dormante, formée du trop-plein débordant d'une rivière : les paysans y mènent leurs vaches boire, paître et reposer, E. BERGERAT, *Journ. offic.* 20 juin 1876, p. 4334, 3e col. || On trouve aussi dortoir. Elles [les vaches de Barbison] passent là tout le jour [dans la forêt de Fontainebleau], tantôt paissant dans les clairières, tantôt se reposant, sous les chênes, dans le dortoir, portion de la forêt ainsi nommée comme étant leur station favorite pour la sieste de midi, *Rev. Brit.* déc. 1876, p. 340.

† **DORNE** (dor-n'), *s. f.* Nom, dans l'Aunis, du tablier, *Gloss. aunisien*, p. 96. J'étais accouchée d'un enfant ; je l'ai tenu une demi-heure au moins dans ma dorne (départ. de la Vienne), *Gaz. des Trib.* 3 déc. 1876, p. 472, 3e col.

— ÉTYM. Origine ignorée ; ce mot est mis ici d'autant plus volontiers qu'il se trouve dans les *Tragiques* de d'Aubigné : Ton giron est la dorne De la vierge à qui rend ses armes la licorne. On sait que d'Aubigné était originaire des contrées voisines de l'Aunis.

DORONIC. ÉTYM. — *Ajoutez :* Espag. *doronica*, portug. *doronico* ; de l'arabe *darânedj*, *daranedj*, *daroûnedj*, DEVIC, *Dict. étym.*

† **DORSAY** (dor-sè), *s. m.* || 1° Nom d'une espèce de voiture anglaise. Là sont les diverses voitures offertes en location.... d'imposantes calèches de famille à huit ressorts, barouches gracieux, lourds landaus, coupés coquets, dorsays élégants, légers phaétons,... *Rev. Britann.* sept. 1874, p. 108. || 2° Sorte de vêtement.

DORTOIR. *Ajoutez :* || 2° Voy. ci-dessus DORMOIR.

† **DORYPHORE.** *Ajoutez :* || Le *doryphora decem-lineata*, nom scientifique d'une des espèces du genre doryphore. Ce destructeur, de petite taille, connu sous le nom d'insecte du Colorado, s'attaque, comme on le sait, aux pommes de terre..., *Journ. offic.* 30 oct. 1875, p. 8926, 1re col. Le *doryphora* n'attaque pas seulement les pommes de terre, il dévore également les feuilles de tomates, d'aubergines, etc. en un mot, les fanes de la plupart des plantes de la famille des solanées, *ib.* 2e col. || On dit aussi le colorado, du nom du pays d'où il provient.

DOS. *Ajoutez :* || 9° Sorte de mesure pour le merrain. Champagne : la treille (voy. TREILLE au Supplément) se compose de 65 dos de douves, de 50 poignées d'enfoncières, et de 50 poignées de chanteaux ; le dos contient 16 douves ; la poignée est de 4 pièces, *Annuaire des Eaux et Forêts*, 1873, p. 24.

† **DOSSEAU** (do-sô), *s. m.* La première planche détachée de chaque tronce ; l'une de ses faces est plane, tandis que l'autre conserve la forme extérieure et convexe de l'arbre, NANQUETTE, *Exploit. débit et estim. des bois*, Nancy, 1868, p. 83.

DOSSIER. — HIST. *Ajoutez :* XIIe s. Le major [le maire] [il] trova apoié Par desor le dossel d'un lit, *Perceval le Gallois*, v. 980.

DOT. — REM. *Ajoutez :* Il faut aussi compter Mme de Sévigné parmi ceux qui ont fait dot du masculin : Son esprit est son dot, 15 juin 1680.

DOTER. *Ajoutez :* || 4° Se doter, *v. réfl.* Se donner à soi-même. La Russie et la Hollande se sont dotées de publications semblables, *Journ. offic.* 22 août 1872, p. 5641, 3e col.

† **DOTERELLE** (do-te-rè-l'), *s. f.* Nom vulgaire d'un oiseau, le *charadrius morinellus*, dit pluvier guignard, *Journ. offic.* 15 mars 1876, p. 1820, 1re col.

DOUANE. — ÉTYM. *Ajoutez :* M. Dozy tranche la question en montrant que *ad-diwân* a eu en arabe la signification de bureau de douane.

DOUBLAGE. *Ajoutez :* || 5° Terme de filature. Enroulement d'un fil de soie avec un autre qui s'est rompu, dans le dévidage, *Enquête*, *Traité de comm. avec l'Anglet.* t. IV, p. 335. De ces 340 ouvriers 160 sont employés au bobinage, au doublage, au retordage, au gazage de l'écru, *ib.* p. 328.

DOUBLE. || 14° *Ajoutez :* || Mettre en double, confier un rôle, une pièce à des doublures. Quoique j'eusse.... exigé que les quatre premières représentations seraient faites par les bons acteurs, il [*le Devin du Village*] fut mis en double dès la troisième, J. J. ROUSS. *Mém. inséré dans sa lettre à M. de St-Florentin*, 11 fév. 1759. || 22° Un double, saut à la corde où la corde passe deux fois sous les pieds, avant que le sauteur retombe à terre. || 23° Cocons doubles, ou, substantivement, des doubles, cocons où se trouvent deux chrysalides et qui ont été filés par deux ou quelquefois trois vers agissant et tissant ensemble. || 24° Terme de la musique du moyen âge. Le double, nom donné à des morceaux à deux parties ; nous dirions duo.

— REM. J. J. Rousseau a dit *à double* pour *en double*. Je serais bien aise d'avoir le tout à double, excepté les microscopes, *Lettre à d'Ivernois*, 20 juillet 1765. Faites-moi écrire un mot, faites-le écrire à double, l'un où je suis, ID. *Lettre à Du Peyrou*, 22 juill. 1767.

DOUBLÉ. *Ajoutez :* || 7° *S. m.* Doublé ou doublet, tour double de la corde à sauter. Il a fait trente doublés de suite.

1. **DOUBLEMENT**, *adv.* — HIST. *Ajoutez :* XIIIe s. Et çou leur greva doblement, PHILIPPE MOUSKES, *Chronique*, 26397.

DOUBLER. *Ajoutez :* || 11° Terme de filature. Mettre le fil en double. Nous nous servons, pour le retordage, du métier continu ; ce qu'il faut en machines à bobiner, à doubler, à gazer, est peu de chose à côté de cela.... *Enquête*, *Traité de comm. avec l'Anglet.* t. IV, p. 323.

DOUBLET. *Ajoutez :* || 6° Doublet ou doublé, tour double de la corde à sauter. || 7° Nom du bissac dans l'Aunis, *Gloss. aunisien*, p. 96.

† 2. **DOUBLETTE** (dou-blè-t'), *s. f.* Planche de chêne constituant un des types adoptés dans le commerce de bois de Paris et dans la région qui alimente les chantiers de la capitale. La doublette a 0m 333 de largeur, et 0m 06 d'épaisseur, NANQUETTE, *Exploit. débit et estim. des bois*, Nancy, 1868, p. 74.

DOUBLON. *Ajoutez :* || 6° Doublon, doublonne, nom, dans le département du Cher, des moutons ayant plus de deux ans, *les Primes d'honneur*, p. 368, Paris, 1874. Une bête doublonne, *Gloss. aunisien*, p. 96.

— REM. L'*Annuaire du Bureau des longitudes* signale actuellement (depuis la loi du 26 juin 1864) le doublon espagnol de 26 fr. au pair, et le doublon des îles Philippines de 20 fr. 39. Antérieurement, il y avait le doublon d'Isabelle qui valait 25 fr. 84, et la pièce de 81 fr. 52 était nommée quadruple.

DOUBLURE. *Ajoutez :* || 3° Terme de métallurgie. Doublure ou crique, fente verticale ou longitudinale dans le fer ; c'est un défaut, F. LIGER, *la Ferronnerie*, Paris, 1875, t. I, p. 73.

Ajoutez : — HIST. XIVe s. VIII aulnes d'escarlatte fine de Broisselle [Bruxelles] pour doubleures à chaperons, *Mandements de Charles V*, 1376, Paris, 1874, p. 676.

† **DOUCE** (dou-sé), *s. m.* Sorte d'émeri. Au bout de quelque temps [dans le polissage des lentilles], on remplace le premier émeri par un plus fin, en descendant toute la gamme de ceux-ci pour arriver à un émeri presque impalpable appelé doucé.... il faut ensuite rendre brillante la surface que le doucé le plus fin laisse encore mate, NACHET, dans ROBIN, *Du microscope*, 2e éd. Paris, 1876, p. 18.

— ÉTYM. *Doux.*

DOUCEUR. *Ajoutez :* || 9° Au billard, de douceur, en poussant la bille avec ménagement. Vous n'avez pas votre égal au billard pour le bloc fumant et le carambolage de douceur, ALPH. KARR, *les Guêpes*, oct. 1842.

† 2. DOUCIN. *Ajoutez* : || 2° Nom, dans l'Aunis, des terres douces, par opposition aux terrains pierreux, *Gloss. aunisien*, p. 96. Ces terrains argilo-siliceux très-caillouteux sont assez favorables à la vie des végétaux, *les Primes d'honneur*, Paris, 1869, p. 312. || 3° Nom, en Bourgogne, d'un défaut des vins qui leur ôte en partie leur saveur. Goût de doucin, *Acad. des sc. Comptes rend.* t. LXXX, p. 1125.

† DOUELLIÈRE (douè-llè-r', *ll* mouillées), *s. f.* Plantation de châtaigniers exploités pour la fabrication des douelles ou douves de tonneaux, *les Primes d'honneur*, p. 796, Paris, 1874.

DOUILLE. *Ajoutez* : || Douille se dit proprement du cylindre de cuivre, de toile ou de carton fermé d'un bout par un disque, qui reçoit la charge. Une douille vide. Une douille chargée. || 2° Au XVIIIe siècle, enveloppe des traversins, des matelas. 32 aunes 1/4 de toile demi-hollande pour 8 douilles de traversin, 120 aunes pour 8 douilles de matelas, *Journ. offic.* 10 fév. 1877, p. 1064, 3e col.

DOUILLET. *Ajoutez* : || 3° Familièrement, un père douillet, un homme qui a peur du moindre mal. Il ne peut.... et ne doit jamais s'imaginer un Christ, en quelque action que ce soit, avec un visage de torticolis ou d'un père douillet, vu qu'étant sur la terre parmi les hommes, il était même difficile de le considérer en face, *Lett. Poussin*, dans J. DU MESNIL, *Hist. des amat. ital.* p. 494.

DOULOIR. — HIST. || XIIIe s. *Ajoutez* : Main ù dout, oil ù vout, proverbe, la main va où l'on souffre, l'œil où l'on veut, *Romania*, t. III, p. 123.

DOULOUREUX. *Ajoutez* : || 5° Qui ressent de la douleur. On sent vivement les choses, et on succombe à ce sentiment si vif; il y a des hommes qui sont douloureux partout, NICOLE, dans STE-BEUVE, *Port-Royal*, t. I, p. 461, 3e éd.

† DOUM. *Ajoutez* : — REM. Le doum, qui s'écrit aussi doume, est un palmier. M. Devic, *Dict. étym.*, remarque que, dans les anciens ouvrages de botanique, le nom de cet arbre est *cucifera thebaica*, donnant à *cuci*, qui est dans Pline, le sens de fruit de palmier; et que, par une singulière inadvertance, ce terme a été transformé dans le Dictionnaire en *crucifère thébaïque*. Il faut donc rectifier l'article suivant cette indication.

† DOUPION. *Ajoutez* : || 2° Cocon renfermant deux chrysalides à la fois (voy. ci-dessus DOUBLE COCON).

— ÉTYM. Ital. *doppione*, augmentatif de *doppio*, double.

† DOURAH. *Ajoutez* : — REM. M. Devic, *Dict. étym.*, dit qu'il vaut mieux écrire *doura*, sans *h*, l'arabe étant *dora* ou *dhora*.

† DOURIAN (dou-ri-an), *s. m.* Voy. DURION au Supplément.

† DOURO. *Ajoutez* : — REM. Le douro, qui valait 5 fr. 40, est aujourd'hui, depuis la loi de 1864, d'une valeur de 5 fr. 19, au pair.

DOUTE. — REM. *Ajoutez* : || 3. J. J. Rousseau a employé doute au sens de crainte; c'est un archaïsme. Je suis ainsi toujours dans le doute de manquer à vous ou à moi, d'être familier ou rampant, *Lettre au maréchal de Luxembourg*, 30 avril 1759. || 4. On trouve aussi dans des textes anciens : doute que, pour : de peur que. Mais doute qu'autres le voulussent faire imprimer.... *Privilège en* 1636, dans BAYLE, article *Neufgermain*, note A.

DOUTEUX. *Ajoutez* : — REM. J. J. Rousseau a dit : Il serait douteux si. Quoique votre précédente lettre me soit parvenue, il serait fort douteux si j'aurais ce bonheur une seconde fois, *Lettre à M.... curé d'Ambérieux*, 25 août 1763. Très-admissible.

† DOUVERRET (dou-vè-rè), *s. m.* Nom d'une pomme à cidre, DELBOULLE, *Gloss. de la vallée d'Yères*, p. 119.

DOUZAINE. *Ajoutez* : || 4° Dans les îles de Guernesey et Aurigny, conseil administratif de douze membres, ou plus, élus à vie; il y en a une pour chaque paroisse de Guernesey et pour chacun des cantons ou subdivisions territoriales de la paroisse capitale de cette île, et une pour l'île d'Aurigny.

— REM. Pour l'accord du verbe dont douzaine est le sujet, voy. MOITIÉ.

† DOUZENIER (dou-ze-nié), *s. m.* Dans les îles de Guernesey et Aurigny, membre d'une douzaine ou conseil administratif.

† DOXOLOGIE. *Ajoutez* : || 2° Manifestation glorieuse de Jésus-Christ.

— ÉTYM. Δόξα, gloire et λόγος, discours.

† DOXOLOGIQUE (do-kso-lo-ji-k'), *adj.* Qui a rapport à la doxologie ou manifestation glorieuse de Jésus-Christ.

DOYENNÉ. *Ajoutez* : — HIST. XIVe s. La doyenné, quant au temporel de present, ne vault pas plus de XVI livres (1384), VARIN, *Archives administr. de Reims*, t. III, p. 596. Il tient pour cause de son doyné les rentes qui s'ensuient, ID. *ib.*

† DOYOUSSA (do-iou-ssa), *s. m* Sorte de graminée de l'Abyssinie. Les principales productions sont le doma, le doyoussa, deux graminées, CORTAMBERT, *Cours de géographie*, Paris, 1873, p. 593.

DRACHME. *Ajoutez* : || 3° La drachme grecque actuelle se divise en cent *lepta* (centimes), et vaut un franc (la Grèce a adopté notre système décimal pour les monnaies).

† DRAGEONNEMENT (dra-jo-ne-man), *s. m.* Action de drageonner. On sait qu'il [l'ailante] croît dans les sols les plus arides et que le drageonnement de ses racines le rend éminemment propre à la retenue des terres, *Enquête sur les incendies des forêts*, p. 98.

DRAGON. *Ajoutez* : || 12° Terme de monnayage. Dragon, banc à tirer dans lequel le métal, entraîné par une chaîne sans fin à travers une ouverture oblongue ménagée entre deux surfaces d'acier, acquiert une égalité d'épaisseur irréprochable. || 13° Arbre du dragon, *dracæna draco*, L., BAILLON, *Dict. de botan.* p. 247. || 14° Sorte de papillon, *bombyx terrifica* ou *bombyx Milhauseri*, ainsi appelé à cause de la chenille.

DRAGONNADE. *Ajoutez* : — REM. Bayle, dans l'*Avis aux réfugiés*, a employé dragonnerie pour dragonnade ou mission dragonne.

DRAGUER. || 3° *Ajoutez* : || Draguer à mort, draguer jusqu'à épuisement total d'un banc d'huîtres ou de moules. Les grands bancs naturels de ce mollusque [l'huître] ont été, suivant l'expression française, dragués à mort, *Journ. offic.* 25 juin 1873, p. 4185, 3e col.

† DRAIN. *Ajoutez* : — REM. La définition du drain est défectueuse; ce n'est pas nécessairement un tuyau ouvert en dessus. La définition est : Tuyau de terre cuite servant à recevoir l'eau dans l'opération du drainage; les tuyaux, de 30 centimètres de longueur environ, sont placés bout à bout; et les interstices des jointures suffisent pour laisser filtrer l'eau.

† DRAINE. *Ajoutez* : — ÉTYM. Provenç. *trage*, *truye*, *treiche*; ital. *dressano*, *dressa*; de même radical que l'allem. *Drossel*, grive; angl. *thrush*, grive.

† DRAINER. *Ajoutez* : — REM. Ce qui draine les plantes en caisse ou en pot, c'est le trou du pot de fleur, mais le gravier ou les pierrailles ainsi placés concourent à cet effet.

† DRAISIENNE (drè-ziè-n'), *s. f.* Sorte de voiture vélocipède, ainsi nommée de l'inventeur, Baron de Drais, *Complément de l'Académie*. || On trouve aussi draisine. L'appareil [pour déterminer l'écartement des rails] est mis en mouvement par un ouvrier au moyen d'une sorte de brancard, mais il peut aussi être appliqué à une draisine ou bien à un vagonnet, *Journ. offic.* 10 juin 1873, p. 3727, 2e col.

† DRAMATURGIE. *Ajoutez* : || 2° Recherche, en peinture, de l'effet dramatique. En pendant à la Pauvresse est la Visite du médecin; deux peintures fermes et sobres, sans dramaturgie; la vraie misère ne fait ni grands gestes, ni grand bruit, BÜRGER, *Salons de* 1861 *à* 1868, t. II, p. 385. A M. E.... on peut reprocher également un coloris rouge et faux et une dramaturgie qui tourne au burlesque, ID. *ib.* p. 409.

DRAME. || 1° *Ajoutez* : Les régents de collége y faisaient représenter par leurs écoliers des drames, des pièces de théâtre fades.... LESAGE, *Diable boit.* VII.

† DRAPEMENT (dra-pe-man), *s. m.* Terme de beaux-arts. Action de draper. La chasteté des formes et du drapement, E. BERGERAT, *Journ. offic.* 7 mai 1876, p. 3135, 3e col.

DRASTIQUE. *Ajoutez* : || 2° Qui agit énergiquement, qui produit beaucoup d'effet. Ce qu'il y a de pire dans le *Faust* de M. Gounod, c'est de se substituer dans la mémoire du public au *Faust* de Gœthe, et de vulgariser des notions fausses sur les personnages et sur quelques scènes drastiques de la tragédie, H. BLAZE DE BURY, *Rev. des Deux-Mondes*, 15 oct. 1875, p. 828. || Cet emploi de δραστικός, emprunté aux Allemands, n'est pas à encourager.

† DRAVIDIEN, IENNE (dra-vi-diin, diè-n'), *adj.* Synonyme de dravidique. On regarde la race dravidienne comme appartenant aux populations qu'on désigne quelquefois sous le nom de touraniennes.

† DRAVIDISME (dra-vi-di-sm'), *s. m.* Étude des langues dravidiennes.

† DRAVIDISTE (dra-vi-di-st'), *s. m.* Philologue qui s'adonne à l'étude des langues dravidiennes.

† DRAVIÈRE (dra-viè-r'), *s. f.* Nom, dans le Pas-de-Calais, d'un mélange de vesce et de pois, *les Primes d'honneur*, Paris, 1869, p. 62. La dravière est dite aussi hivernage.

† DRAYE (dra-ye), *s. m.* Nom, dans les Alpes, des chemins de troupeaux. Un autre statut, du 14 mars 1542 [de l'évêque de Carpentras].... et de détruire les drayes ou chemins des troupeaux, *Reboisem. des forêts, Compte rendu*, 1869-1874, 2e fasc. p. 88. Les troupeaux se rendent sur les pâturages en suivant des chemins de troupeaux appelés drayes ou carraires, *ib.* 7e fasc. p. 131.

DRÈCHE. — ÉTYM. M. Bugge, *Romania*, n° 10, p. 147, rejette l'étymologie donnée par Diez : *dreschen*, battre le blé, attendu qu'en allemand on ne rencontre aucun dérivé de *dreschen* qui ait le sens de *drèche*. Il y voit l'anglo-saxon *dærste*, lie, vieil anglais *drastes*, résidu des grappes pressurées, vieux haut-allem. *trestir*, allem. mod. *trester*, même sens, suisse *trâst*, *träsch*. Suivant lui, la forme française répond régulièrement à une forme allemande *drastja*, *drestja*.

† DRESSANT (drè-san), *s. m.* Terme de houillère de Belgique. Couche redressée de telle façon que le toit, sorte de terrain qui recouvre le combustible, est en dessous du combustible, et le mur, autre terrain sur lequel le combustible repose, est en dessus. Une même couche se forme en plateure et en dressant. Une seconde brigade a rencontré cinq morts fort brûlés dans le dressant de Malgarnie, *Journ. offic.* 15 nov. 1875, p. 9343, 2e col. || On dit aussi droiteure.

† DRESSEMENT. *Ajoutez* : || 2° Action de dresser, de mettre par écrit. Sur les questions 2 et 3, relatives au mode de dressement des listes d'indigents admis aux secours.... *Journ. offic.* 29 juin 1874, p. 4463, 2e col.

DRESSER. || 7° *Ajoutez* : || Dresser un cheval en guerre. Les chevaux étaient ce qu'on appelle [en Algérie] dressés en guerre, c'est-à-dire mis à l'orge, *Journ offic.* 27 avril 1875, p. 3023, 1re col.

† DRESSEUR. *Ajoutez* : || Gantier dresseur, celui qui examine la couture et la qualité des gants reçus de fabrique, les lustre et leur donne le dernier apprêt, *Dict. des contrib. directes*, 1861.

† DRIFT (drift'), *s. m.* Nom anglais du terrain glaciaire. Le terrain glaciaire qui couvre l'Écosse, les deux tiers septentrionaux de l'Angleterre et l'Irlande tout entière, ils [les géologues anglais] le désignent sous le nom de drift, CH. MARTINS, *Rev. des Deux-Mondes*, 15 avr. 1875, p. 857.

— ÉTYM. Angl. *drift*, proprement amas, de *to drive*, pousser, chasser.

† DRILLARD (dri-llar, *ll* mouillées) ou DRILLE (dri-ll', *ll* mouillées), *s. m.* Nom donné par les ouvriers de certaines localités au chêne rouvre, NANQUETTE, *Expl. débit et estim. des bois*, Nancy, 1868, p. 73.

† DRIN (drin), *s. m.* Grande graminée (*aristida pungens*, Desf.) de la section des stipacées croissant dans les déserts de l'Afrique et que mangent les chameaux.

2. DROGUE. — ÉTYM. *Ajoutez* : M. Ludovic Lalanne rattache ce mot au celtique : on trouve en effet dans saint Épiphane, *adv. Hæres.* II, t. I, p. 416, éd. Petau, Paris, 1622, δροῦγγος, mot gaulois signifiant nez ou bec. Ce mot n'est pas sans analogue dans les langues néo-celtiques : kymri, *trwyn*, cornw. *trein*, *tron*, nez; comparez *trogne*.

† 3. DROGUE (dro-gh'), *s. f.* Hareng de drogue, hareng mis pêle-mêle dans les barils (non par lits), du reste apprêté comme les autres, SAVARY, *Dict. de comm.* t. II, p. 326 (1723).

— ÉTYM. Voy. DROGUEUR 2 au Dictionnaire.

1. DROGUER. || Se droguer. *Ajoutez* : C'est à vous [Chavigny, qui était malade], pendant que vous vous droguerez, d'ajuster si bien vos heures avec M. l'ambassadeur de Suède.... RICHELIEU, *Lettres*, etc. t. VII, p. 28 (en 1638).

† DROGUETIER. *Ajoutez* : La réception des maîtres drapiers, sergers, tisserands, droguetiers, *Lett. pat.* 21 août 1718.

† 3. DROGUEUR. *Ajoutez* : Le comédien ruiné par l'incendie du théâtre, l'ecclésiastique modeste qui a fait vœu de se rendre à pied jusqu'à Rome, l'homme de lettres fatalement entraîné dans la faillite de son éditeur, le négociant qui a eu des

malheurs, l'ancien instituteur que des infortunes de famille et sa vertu ont réduit à la misère, sont des drogueurs de la haute, M. DU CAMP, *Paris, ses organes, etc.* 5e éd. t III, p. 23.

1. **DROIT, TE.** *Ajoutez :* || 7° *S. f.* Terme de marine. Droite de hauteur, droite qui, géométriquement, peut être tracée sur une carte marine, et qui offre cette particularité d'être normale à la direction azimutale de l'astre observé, *Acad. des sc. Comptes rend.* t. LXXXII, p. 534. || 8° Terme de numismatique. Au droit, à la face d'une médaille qui porte la figure. Au droit est opposé à : au revers.

2. **DROIT.** — HIST. *Ajoutez :* XVe s. Si la femme enchainte marche au mouvoir plus tost du pied droit que du senestre, *Évang. des quenouilles.*

3. **DROIT.** *Ajoutez :* || 10° Terme juridique. S'en rapporter à droit, s'en rapporter à ce que le tribunal décidera. Attendu que les autres cohéritiers de R.... appelés en cause par D.... s'en rapportent à droit; par ces motifs, le tribunal donne acte aux cohéritiers de ce qu'ils déclarent s'en rapporter à droit, *Gaz. des Trib.* 4 sept. 1874, p. 848, 3e col. || 11° Payer le droit à la nature, mourir. Avant que de payer le droit à la nature, CORN. *Lexique*, éd. Marty-Laveaux.

† **DROITEURE** (droi-teu-r'), *s. f.* Terme de houillère de Belgique. Synonyme de dressant (voy. ce mot au Supplément).

— ÉTYM. *Droiteure* est l'ancienne forme de *droiture.*

† 2. **DROITIER** (droi-tié), *s. m.* Néologisme. Membre du côté droit dans une assemblée.

DROITURE. *Ajoutez :* — REM. Au sens d'état d'une âme droite et loyale, Mme de Sévigné a dit droitures, au pluriel : Les ruses de ceux-ci [les Fourbin], les droitures des autres [les Grignan], *à Guitaut*, avril ou mai 1674.

DRÔLERIE. — ÉTYM. *Ajoutez :* Angl. *drollery. Drollery* signifiait, au temps de Shakespeare, une farce jouée par des acteurs de bois, une troupe de marionnettes : *a living drollery, la Tempête*, acte III.

† **DRÔLETTE** (dro-lè-t'), *adj. f.* Diminutif de *drôle* au féminin, comme quand on dit une drôle de femme. Tes enfants, surtout Charlotte, si drôlette et si gaillarde..., *Lett. du P. Duchêne*, 100e *lettre*, p. 2.

† **DROMADAIRERIE** (dro-ma-dè-re-rie), *s. f.* Service par dromadaires. Dans l'expédition d'Égypte, le général Bonaparte eut l'idée d'organiser un corps de dromadairerie, afin de poursuivre jusque dans le désert les Arabes insoumis.... plus tard, en Algérie, il fut question d'organiser d'une façon permanente un corps de dromadairerie..., H. GAIDOZ, *Rev. des Deux-Mondes*, 1er août 1874, p. 511 et 512.

† **DROP** (drop'), *s. m.* Machine employée pour le chargement des navires, dans laquelle l'action de la pesanteur sur un wagon chargé est utilisée pour le remonter lorsqu'il est vide.

— ÉTYM. Angl. *to drop*, laisser tomber.

† **DROSÉRA** (dro-sé-ra), *s. f.* Genre de plantes de la famille des droséracées, en français rossolis. Des plantes sensibles comme les mimosas ou les droséras.... la plante connue sous le nom de droséra, n'est sensible qu'au toucher, H. DE PARVILLE, *Journ. offic.* 30 oct. 1873, p. 6625, 1re col.

† **DROSÉRACÉES** (dro-sé-ra-sée), *s. f. pl.* Famille de plantes dont le genre rossolis est le type.

— ÉTYM. Δροσερός, humide de rosée, à cause que le suc sécrété par les cils glanduleux des feuilles et formant autour de leur limbe une couronne de gouttelettes était précieusement recueilli par les alchimistes, qui le nommaient rosée du soleil, *ros solis*, LEMAOUT et DECAISNE, *Flore des jardins et des champs*, p. 569.

1. **DÛ.** || 2° Fig. *Ajoutez :* Si l'on peut se résoudre à une démarche si décente et si convenable, si due, il faudra..., J. J. ROUSS. *Lett. à M.... (Motiers)*, 1763, t. IX, p. 498, éd. Musset-Pathay.

† **DUALINE** (du-a-li-n'), *s. f.* Terme de chimie. Substance explosive. Ces explosifs sont nombreux :.. la nitroglycérine, la dynamite noire, les dynamites grises, la dualine des Allemands, la poudre ternaire, la dynamite ou coton-poudre, la vigorite, etc. et, avant tout, la nitroglycérine elle-même qui est leur base à tous, S. CARNOT, *Journ. offic.* 5 fév. 1875, p. 960, 1re col.

† **DUALITÉ.** *Ajoutez :* || 3° État de ce qui est double. La dualité primitive du cœur.

† **DUB** (dub'), *s. m.* Espèce de lézard d'Afrique.

— ÉTYM. Arabe, *dabb*; le changement de *a* en *u* est dû à l'influence des pluriels *adoubb, doubban*, DEVIC, *Dict. étym.*

1. **DUC.** *Ajoutez :* || 5° Terme de carrosserie. Voiture du plus grand luxe, sorte de grande victoria à deux places seulement, avec un siége par derrière et un par devant pour deux domestiques sur chaque.

† **DUCASSE** (du-ka-s'), *s. f.* Nom, en Artois et dans la Flandre française, des fêtes de village. C'était encore fête mardi à Wissant; M. X.... et ses deux sœurs en profitèrent pour louer une voiture et se faire conduire à la ducasse, Extr. du *Propagateur du Nord*, dans *Gaz. des Trib.* 8 nov. 1872, p. 1091, 4e col.

— HIST. XVIe s. Comme, le jour de la feste Nostre Dame my aoust, l'exposant feust alez esbatre en la ville d'Enquery à une feste que l'en appelle au pays [Boulennois] ququermesse ou dedicasse, DU CANGE, *dedicatio.* L'exposant, qui demouroit lors en la ville de Valenciennes, s'aloit esbattre ou moustier où estoit la ducasse ou feste appelée saint Vast, ID. *ib.*

— ÉTYM. *Ducasse*, abrégé de *dédicace* (voy. ce mot).

† **DUCASSIER** (du-ka-sié), *s. m.* Celui qui prend part à une ducasse. Au retour, nos ducassiers (qui revenaient de la ducasse) furent attaqués par trois individus, Extr. du *Propagateur du Nord*, dans *Gaz. des Trib.* 8 nov. 1872, p. 1091, 4e col.

† **DUCÉNAIRE.** *Ajoutez :* || 2° Terme d'antiquité. Ceux qui, à Rome, recevaient deux cent mille sesterces par an, P. DELAUNAY, *Journ. offic.* 18 nov. 1874, p. 7688, 1re col.

† **DUCROIRE.** *Ajoutez :* Ces prix de vente laissent une très-petite marge pour les frais de vente et de ducroire, qui sont infiniment plus considérables pour l'imprimeur français..., *Enquête, Traité de comm. avec l'Anglet.* t. IV, p. 455.

DUEL. *Ajoutez :* || 4° Faire un duel à quelqu'un, le contraindre à se battre. Tu crains que pour elle on te fasse un duel, CORN. *Suiv.* V, 1.

2. **DUEL.** *Ajoutez :* — REM. Chateaubriand ayant dit personnes plurielles et duelles, le Dictionnaire observe que cet emploi est inusité. Cela n'est pas exact; car en voici un exemple contemporain : Le nombre *deux* semble emprunter sa signification à la désinence duelle, BRÉAL, *Journ. des sav.* oct. 1876, p. 637.

† **DUGAZON** (du-ga-zon), *s. f.* Terme de théâtre. Nom d'une actrice qui jouait parfaitement les rôles d'amoureuse, et qui a été donné aux chanteuses légères d'opéra-comique imitant le genre créé par celle qui les a précédées. Mme M..., piquante dugazon, sachant imperturbablement ses rôles... toujours bien en scène, *Courrier de l'Ain*, du 31 mai 1870. Tenir l'emploi des dugazons, L. COUAILHAC, *l'Élève du Conservatoire*, dans *les Français peints par eux-mêmes*, t. I, p. 281.

† **DUGONG.** *Ajoutez :* — ÉTYM. Malais, *doûyoung*, DEVIC, *Dict. étym.*

† **DUITAGE** (dui-ta-j'), *s. m.* Terme de filature. Disposition des duites. Ils [les tissus anglais et les nôtres] diffèrent notablement, autant comme numéros de filés que comme proportion de duitage, *Enquête, Traité de comm. avec l'Anglet.* t. IV, p. 186. Le nombre de fils ou de duites n'est pas une condition stipulée à la vente des indiennes; cependant le poids et le duitage sont pris en considération sérieuse.... les mêmes avec un plus grand nombre de couleurs ou un duitage plus nombreux, *ib.* t. IV, p. 413.

† **DUITÉ, ÉE** (dui-té, tée), *adj.* Se dit des tissus faits par duites, par opposition aux tissus foulés. Je ne fabrique que les calicots de qualité courante, plus ou moins empeignés, plus ou moins duités, de 90 cent. de largeur principalement, *Enquête, Traité de comm. avec l'Anglet.* t. IV, p. 441. Costumes complets en drap foulé.... jaquettes en drap duité garnies de tresses mohair et bordées de fourrures, *Annonces*, dans *Gaz. des Trib.* 1er nov. 1873.

† **DULCITE** (dul-si-t'), *s. f.* Terme de chimie. Matière sucrée dite aussi dulcose. La dulcite avait été extraite de la manne de Madagascar par Laurent, H. DE PARVILLE, *Journ. offic.* 24 juill. 1874, p. 2205, 3e col.

— ÉTYM. Lat. *dulcis*, doux.

† **DULCOSE** (dul-kô-s'), *s. f.* Terme de chimie. Voy. DULCITE au Supplément.

DUNE. *Ajoutez :* || Dunes blanches, nom, dans le département de la Gironde, des dunes qui sont nues, G. BAGNERIS, *Manuel de sylvic.* p. 288, Nancy, 1873.

† **DUNKERQUE** (don-kèr-k'), *s. m.* Nom donné aux cabinets, étagères, collections de curiosités. Depuis un an, c'est à qui se séparera de ses petits dunkerques; les chinoiseries émaillent les faubourgs, PH. AUDEBRAND, *l'Illustration*, p. 83, 1re col.

— ÉTYM. À *Dunkerque* il y avait un quartier affecté à la vente des objets en ivoire et autres curiosités. À Paris existait, à l'angle des rues Menars et Richelieu, une boutique de bibelots à l'enseigne du *Petit Dunkerque.*

† **DUOBUS** (du-o-bus'). Terme de pharmacie. Sel de duobus, sulfate de potasse (*de duobus*, composé de deux corps; on nommait la pierre philosophale *opus ex duobus*).

† **DUOC** (du-ok), *s. m.* Nom d'un arbre de la Cochinchine. Dès qu'un nid [d'abeilles] est trouvé, un des hommes, muni d'une torche en écorce odorante de duoc.... *Journ. offic.* 21 nov. 1874, p. 4561, 1re col.

† **DUODÉCENNAL, ALE** (du-o-dè-sè-nnal, na-l'), *adj.* Qui embrasse douze ans. Dans la période duodécennale de 1848 à 1859, le déficit s'était élevé à 1 232 524 590 florins, J. E. HORN, *Annuaire international du crédit public pour* 1861, p. 80.

— ÉTYM. Lat. *duo*, deux, et *décennal.*

† **DUODÉCENNIE** (du-o-dé-sè-nnie), *s. f.* Intervalle de douze ans. La forêt.... sera traitée en futaie par la méthode jardinatoire et soumise à une révolution de 144 ans, divisée en 12 duodécennies, *Décret du* 10 *fév.* 1874, *Bull. des Lois*, XIIe série, part. supplém. 1er sem. 1874, p. 1068.

— ÉTYM. Voy. DUODÉCENNAL au Supplément.

DUPLICATA. *Ajoutez :* || 2° On dit aussi au singulier un duplicatum. Il [Leys] travaille assidûment, on le sait, à une œuvre qui sera peut-être sa principale et dont les Anglais se sont assuré déjà un duplicatum en proportion réduite, BÜRGER, *Salons de* 1861 *à* 1868, t. II, p 134.

DURABLE. *Ajoutez :* || Durable à, qui dure jusqu'à. Louis.... Se promet de vous rendre à toute votre gloire, De rétablir chez vous l'entière liberté, Mais ferme, mais durable à la postérité, CORN. *Lexique*, éd. Marty-Laveaux.

DURCI. *Ajoutez :* || Fig. Mon cœur usé par les maux, et déjà durci par les ans, est fermé désormais à ce nouvel attachement, J. J. ROUSS. *Lett. à la comtesse de Boufflers*, 26 août 1764.

DURER. *Ajoutez :* — REM. Dans *durer deux heures*, durer n'est actif qu'en apparence; il est neutre en réalité : Les deux heures que le dîner a *duré*, et non *durées*; même remarque que pour *coûter.*

DURETÉ. || 1° *Ajoutez :* || En minéralogie, la résistance d'un corps à l'action qui tend à le rayer avec une pointe.

† **DURION** (du-ri-on), *s. m.* Fruit d'un arbre des Indes, *durio zibetinus*, L., famille des bombacées; fruit qui est une baie solide, hérissée de fortes pointes pyramidales et grosse comme un melon, dont il a presque la forme; ce fruit est à la fois fétide et délicieux. || On dit aussi dourion ou dourian.

— ÉTYM. Malais, *dourian*, dérivé de *doûri* épine.

DYNAMIQUE. *Ajoutez :* || Cheval dynamique, synonyme de cheval-vapeur.

† **DYNAMISER (SE)** (di-na-mi-zé), *v. réfl.* Néologisme. Prendre un caractère dynamique, se concentrer. Lord Byron fut le produit caractéristique d'une suite de générations; en lui se dynamise l'esprit de révolte d'une race.... BLAZE DE BURY, *Rev. des Deux-Mondes*, 1er oct. 1872, p. 516.

† **DYNAMISTE.** *Ajoutez :* || 2° *Adj.* Qui a le caractère du dynamisme. Il [M. Papillon] soutient.... que la puissance, la fécondité et le progrès réel des sciences dépendent d'une métaphysique à la fois mécaniste et dynamiste, CH. LÉVÊQUE, dans *Journ. offic.* 16 fév. 1876, p. 1247, 3e col.

† **DYNAMITE** (di-na-mi-t'), *s. f.* Terme de chimie. Substance explosive qui est de la nitroglycérine mélangée à du sable quartzeux, en général dans la proportion de 35 à 60 pour 100.

† **DYNAMITERIE** (di-na-mi-te-rie), *s. f.* Fabrique de dynamite. Quand l'État aura établi, avec 6 ou 700 000 fr. au plus, deux dynamiteries; quand il aura mis à la tête de ces deux usines des chimistes distingués... *Journ. offic.* 5 mars 1875, p. 1667, 2e col.

† **DYNAMITEUR** (di-na-mi-teur), *s. m.* Fabricant de dynamite. On ne devient un bon dynamiteur qu'avec l'expérience, *Journ. offic.* 5 mars 1875, p. 1667, 1re col. || Celui qui emploie la dynamite. Canonniers dynamiteurs, *Journ. offic.* 31 oct. 1874, p. 4240, 3e col.

† **DYNAMOMAGNÉTIQUE** (di-na-mo-ma-gné-

ti-k'), *adj.* Qui a rapport à la dynamique du magnétisme. Sur un nouveau phénomène dynamo-magnétique, TRÈVE et DURASSIER, *Acad. des sc. Comptes rend.* t. LXXXIII, p. 857.

† **DYNAMOMÉTRIQUE** (di-na-mo-mé-tri-k'), *adj.* Qui a rapport à la mesure des forces. || Frein dynamométrique, appareil pour mesurer le travail des moteurs.

† **DYNAMOMÉTRIQUEMENT** (di-na-mo-mé-tri-ke-man), *adv.* Suivant la dynamométrie, d'après le dynamomètre. Si cette action [de la lumière] se faisait sentir à la manière des forces mesurables dynamométriquement, LEDIEU, *Acad. des sc. Comptes rend.* t. LXXXII, p. 1295.

DYNASTIE. *Ajoutez :* || 2° Fig. Succession d'hommes illustres dans une même famille. On se plaît avec cette dynastie des Jussieu, qui a si doucement régné sur les plantes, MIGNET, *Disc. à l'Académie franç. Réponse à M. Flourens reçu à l'Académie.*

† **DYSGÉNÉSIQUE** (dis'-jé-né-zi-k'), *adj.* Terme de physiologie. Hybridité dysgénésique, hybridité où les métis, stériles entre eux, sont féconds avec l'une ou l'autre race mère; mais les métis qui en résultent et qu'on appelle de second sang sont stériles.

— ÉTYM. Δὺς, difficilement, et γένεσις, génération.

† **DYSS** (dis'), *s. m.* Le même que le dis, *Journ. offic.* 30 nov. 1873, p. 7334, 1re col. Voy. DIS 2 au Supplément.

E

E. *Ajoutez :* || En mathématique, *e* est la représentation de la limite de $(1+\frac{1}{m})^m$, quand *m* croît indéfiniment; c'est le nombre 2,71828...; il sert de base aux logarithmes népériens.

EAU. || 1° *Ajoutez :* || Pêcher en eau trouble, voy. TROUBLE 2, n° 1. Et voilà mon Marin [avocat de la partie adverse], les bras retroussés jusqu'au coude et pêchant le mal en eau trouble, BEAUMARCHAIS, *4e mémoire.* || 4° Pleine eau. *Ajoutez :* || *Au plur.* Des pleine-eau (avec un trait d'union). L'ordonnance du 15 mai 1867 interdit absolument les pleine-eau, que le nombre des bateaux à vapeur mis en circulation pour les besoins de l'exposition universelle aurait certainement rendues dangereuses, MAXIME DU CAMP, *Rev. des Deux-Mondes,* 1er nov. 1867, p. 208. || 18° *Ajoutez :* || Fig. et souvent ironiquement. De la plus belle eau, ce qu'il y a de mieux en fait de personnes ou de choses. Quant à l'homme de Missey, il ne faut pas y compter, c'est un réactionnaire de la plus belle eau, *Gaz. des Trib.* 20 nov. 1874, p. 1116, 1re col. || 19° *Ajoutez :* || Eau-de-vie de bois, nom d'une certaine qualité d'eau-de-vie, dans les Charentes. Le pays de bois s'étend jusqu'à la Rochelle; il produit les eaux-de-vie de bois, qui sont les moins recherchées, HEUZÉ, *la France agricole,* p. 11. || Eau-de-vie premier bois, deuxième bois, noms de certaines qualités d'eaux-de-vie (voy. BOIS, n° 21, au Supplément). || 21° Prendre de l'eau, se dit d'une rivière, d'un torrent qui, à sec, reçoit un afflux d'eau. Une rivière appelée l'Alligator, qui ne prend d'eau que dans la saison des pluies, *Journ. offic.* 14 oct. 1873, p. 6366, 1re col. || 22° Dans le raffineries de salpêtre, eaux fortes (voy. FORT au Supplément).

— REM. *Ajoutez :* || 2. Une eau-forte, une estampe à l'eau-forte. || *Au plur.* Des eaux-fortes.

— HIST. *Ajoutez :* VIIe ou VIIIe s. Lapis tunc in ævis [in aquas] fluvio [fluvii] ruit, BOUCHERIE, *Revue des langues romanes,* t. V, p. 114. La forme *ævis* montre dans le bas-latin le passage à la forme de la langue d'oïl *eve.*

ÉBAHISSEMENT. *Ajoutez :* Je regarde le monde tous les jours avec autant d'ébahissement que si jamais je ne l'avais vu, MALH. *Lexique,* éd. L. Lalanne.

— HIST. *Ajoutez :* XIVe s. *Stupor,* esbahissemens, ESCALLIER, *Vocab. lat.-franç.* 2399. || XVIe s. Moult grand esbahyssement les print tous, *Luc,* V, 26, *Nouv. Testam.* éd. Lefebvre d'Étaples, Paris, 1525.

† **ÉBARBEUSE** (é-bar-beû-z'), *s. m.* Nom d'une machine à ébarber, *Journ. offic.* 24 févr. 1876, p. 1371, 3e col.

† **ÉBAROUIR.** *Ajoutez :* — ÉTYM. *Ébaroui,* disjoint : Un fût *ébaroui ; s'ébarouir,* se disjoindre, *Gloss. aunisien,* p. 97.

† **ÉBLOSSES** (é-blo-s'), *s. f. pl.* Nom des ciseaux à couper l'étoffe, dans le pays de Bugey.

ÉBLOUIR. — HIST. *Ajoutez :* XIIe s. Puis le font [un chalumeau], par dehors tout de fin or brunir; Quant li solaus reluist, tous le fait esclarcir, Que tos cex qui l'esgardent fait les ex [yeux] esbleuir, *Roman d'Alix.* p. 446. Mais, ains que il venist as tantes, Voloit une route de gantes [oies sauvages] Que la nois [neige] avoit esbleuies, *Perceval le Gallois,* v. 5549.

† **ÉBONITE** (é-bo-ni-t'), *s. f.* Nom donné par quelques maisons anglaises au caoutchouc durci, qui sert dans les appareils télégraphiques et qu'on obtient en augmentant notablement la proportion de soufre dans la vulcanisation du caoutchouc : on en fait des peignes; on fait aussi beaucoup de bijouterie en caoutchouc durci.

— ÉTYM. Angl. *ebon,* ébène, à cause de l'apparence de ce produit.

† **ÉBOUAGE** (é-bou-a-j'), *s. m.* Action d'enlever les boues des rues. Les tombereaux d'ébouage circulèrent dans la matinée; leur approche fut signalée par le son d'une clochette, *Journ. offic.* 28 février 1871, p. 126, 2e col.

† **ÉBOUER** (é-bou-é), *v. a.* Débarrasser de la boue. Machine à ébouer par M. Tailfer, *Presse scientifique,* 1864, t. I, p. 564.

— ÉTYM. *É....* pour *es...,* et *boue.*

† **ÉBOUILLANTAGE** (é-bou-llan-ta-j', *ll* mouillées), *s. m.* Action d'ébouillanter, de traiter par l'eau bouillante ou par la vapeur. L'ébouillantage par le procédé Raclet, l'enfumage avec les appareils tels que celui de M. Victor Joseph, devront être essayés [contre le phylloxéra], BARRAL, *l'Opinion nation.* 29 mars 1876, *feuilleton,* 1re p. 5e col. Elle [la commission] voit dans les sulfocarbonates un agent de destruction éprouvé contre les familles établies du phylloxéra des racines, et dans l'ébouillantage ou le badigeonnage des ceps, des moyens qu'on peut considérer comme efficaces pour la destruction des œufs d'hiver.... DUMAS, *Journ. offic.* 29 janv. 1876, p. 875, 3e col.

† **ÉBOULÉE** (é-bou-lée), *s. f.* Amas de terre qui s'éboule, DELBOULLE, *Gloss. de la vallée d'Yères,* p. 124.

† **ÉBOULEUX.** *Ajoutez :* — REM. Ce mot n'est pas aussi récent que pourrait le faire croire l'exemple cité dans l'article. Il se trouve dans Al. Brongniart : Pour percer le sol, on emploie, selon sa dureté, différents moyens; si c'est une terre meuble et ébouleuse, la pioche ordinaire et la pelle suffisent, *Traité de minér.* t. II, p. 288.

ÉBOULIS. *Ajoutez :* Les avalanches et les éboulis de la montagne qui s'étendent jusque-là, TH. GAUTIER, *Feuilleton du Monit. univ.* 7 sept. 1868.

ÉBRANLEMENT. *Ajoutez :* — REM. La provocation [au dire de l'avocat général] résultait de l'ébranlement produit sur le lecteur par l'écrit incriminé. Dupin, qui n'aimait pas les néologismes, accabla de ses sarcasmes cet ébranlement qui de la langue de l'ingénieur et de l'architecte venait faire irruption dans celle du jurisconsulte. L'avocat général, pour se couvrir, déclara que le mot était de l'honorable duc de Broglie, *Éloge de Dupin aîné* dans *Gaz. des Trib.* 6-7 juill. 1874, 3e col. Feu Dupin ne s'est pas montré ici juge compétent en fait de langue, et l'avocat général n'avait pas à s'excuser d'un néologisme. Ébranlement au sens figuré et moral est dans Corneille et dans Fénelon.

† **ÉBRIEUX, EUSE.** *Ajoutez :* Il est prudent d'agir ainsi pour ne pas les voir succomber à leurs penchants ébrieux, DE COLLEVILLE, *Journ. des économistes,* févr. 1873, p. 257.

2. **ÉBROUER (S').** — ÉTYM. Comme, malgré d'ingénieuses conjectures, l'étymologie reste douteuse, il faut noter qu'en Normandie on appelle *broue* ou *broë* ou *brouée* l'écume de la bouche des animaux, la mousse de savon, etc. : *avoir la broë à la bouche.*

† **ÉCABOCHAGE** (é-ka-bo-cha-j'), *s. m.* Action d'écabocher le tabac. Ecabochages des feuilles, *Instruction du 30 juin* 1832, art. 219.

† **ÉCABOCHER** (é-ka-bo-ché), *v. a.* Terme de la manufacture des tabacs. Couper les caboches des feuilles de tabac. Dépôt des côtes exotiques écabochées, *Instruction du 30 juin* 1832, art. 220.

— ÉTYM. *É* pour *es...,* préfixe, et *caboche.*

ÉCAILLE. *Ajoutez :* || 13° Sorte de papillon. J'abandonne les autres bombyx, les écailles si jolies dans une collection et dont les ailes supérieures rappellent les plus jolis manches de couteaux, CARTERON, *Premières chasses, Papillons et oiseaux* p. 56, Hetzel, 1866.

ÉCAILLÉ. *Ajoutez :* || 4° Disposé en forme d'écailles, imbriqué. Une couverture en bandes de bois écaillées, même sans doublure en toile, offre un abri suffisant contre la pluie, *Journ. offic.* 25 oct. 1873, p. 6543, 2e col.

† **ÉCAILLURE.** *Ajoutez :* || 2° Terme de zoologie. Ensemble des écailles d'un reptile, d'un poisson.

† **ÉCAMET** (é-ka-mè), *s. m.* Nom donné, dans le département de la Manche, aux barrières par lesquelles les pièces de terre sont closes, *les Primes d'honneur,* Paris, 1873, p. 10.

† **ÉCANGUE** (é-kan-gh'), *s. f.* Le même que écang (voy. ce mot au Dictionnaire). Au maillage succède l'écangage ou teillage, qui a pour objet de séparer la chènevotte des brins de filasse; on se sert pour cela, d'abord, d'une écangue, espèce de couperet mince, plat, muni d'une sorte de tête destinée à lui donner plus de poids ou de volée.... l'échancrure pratiquée dans la planche à écanguer est taillée en bizeau, afin que l'écangue, en tombant, ne coupe pas la filasse.... l'écangueur frappe donc verticalement le lin en le retournant, jusqu'à ce que.... F. CHAULNES, *Journ. offic.* 11 août 1873, p. 5355, 3e col.

† 2. **ÉCARNER** (é-kar-né), *v. a.* Terme de tanneur. Se dit pour écharner (voy. ÉCHARNER au Dictionnaire). Après avoir débourré, écarné et gonflé les cuirs, nous les couchons dans des fosses.... *Enquête, Traité de comm. avec l'Anglet.* t. VI, p. 777.

1. **ÉCART.** *Ajoutez :* || 11° Se dit de la quantité plus ou moins grande dont le résultat de toute observation et de toute expérience diffère d'un résultat moyen que l'on considère comme celui qu'on devait obtenir; cette considération s'applique aux mesures de toute espèce, angulaires, linéaires, etc.; dans l'ordre des phénomènes physiques, elle s'applique, en particulier, au tir des armes à feu. L'écart moyen est la moyenne des écarts mesurés à partir du résultat moyen obtenu. L'écart probable est celui qui n'est dépassé qu'une fois sur deux. || 12° Ce qu'on rejette des chambres des vers à soie. Des brocanteurs parcourent les villes et les campagnes, recherchant avec avidité les écarts des graisseurs..... les écarts sont les toiles, pontes ou cellules reconnues, après examen microscopique ou autre, malades dans de fortes proportions, *Messager du Midi,* 3 mars 1877.

† **ÉCARTABLE.** *Ajoutez :* — ÉTYM. *Écarter. Ce chemin n'est pas écartable,* on ne peut s'en écarter, s'égarer, *Gloss. aunisien,* p. 98.

† **ÉCARTE** (é-kar-t'), *s. f.* Dans la Drôme, gerçures de la peau des mains. Il est des femmes à qui le contact de l'eau produit des écartes sur les mains, et qui ne peuvent laver leur vaisselle.

— ÉTYM. Autre forme d'*écart* 1.

ÉCARTÉ. *Ajoutez :* || 5° Histoire écartée, histoire d'un temps ou d'un pays fort éloigné de nous. Quand nous traitons quelque histoire écartée, dont ils ne trouvent rien dans leur souvenir, CORN. *Lexique,* éd. Marty-Laveaux.

ÉCARTER. *Ajoutez :* || 8° S'écarter, prendre un caractère de digression. [A propos de la cour passionnée que faisait à Mademoiselle de Blois le prince de Conti] Cette fin s'écarte un peu dans le roman; mais en vérité il n'y en eut jamais de si joli, SÉV. 27 déc. 1679.

— ÉTYM. *Ajoutez :* La physionomie du verbe *écarter* est changée par la rencontre de textes historiques qu'il faut d'abord citer : XIIIe s. Li Bedouins et li Sarasins qui aloient espians entour l'ost, quant il trouvoient qui avoient escarté l'ost, il leur couroient sus, et li nostres à eus, *Lettre de Jean Pierre Sarrasin*, p. 262. A *escarter* il faut, bien que le sens ne soit pas très-clair, joindre sans doute *escard :* XIIe s. Par force et par vif estoveir M'estot à mun uncle aler; Nul autre escard n'i sai trover, BENOIT, *Chr. de Norm.* v. 9281. Quoi qu'il en soit d'*escard*, *escarter* reste, et il est du XIIIe siècle. Cela change toute l'économie de l'article *écarter*. Dans l'historique, tel qu'il se comportait lors de la rédaction du Dictionnaire, il n'y a pas d'exemple plus ancien que ceux du XVIe siècle. Force fut de se laisser guider par l'italien *scartare*, et de ne voir dans *écarter* que l'*écart aux cartes*. Mais, maintenant qu'il y a un exemple du XIIIe siècle, c'est-à-dire antérieur à l'introduction des *cartes*, il faut renoncer à une étymologie exclusive. L'article *écarter* soumis à une révision, se décompose en deux verbes tout à fait distincts : l'un vient de *carte* (ital. *scartare*, angl. *to discard*) et comprend tout ce qui est relatif au jeu de cartes; l'autre vient de *quart* (ital. *squartare*, mettre en pièces), et comprend tous les sens qui n'appartiennent pas à *carte*. *Escarter* (l'orthographe *esquarter* se trouve aussi) veut dire mettre au quart, *quart* pris au sens que *quartier* a quelquefois (*à quartier*, à part). *Escarter l'ost*, dans J. P. Sarrasin, c'est mettre l'ost au quart, à quartier, comme *éloigner la ville* (pour : s'éloigner de la ville), c'est la mettre au loin.

† **ÉCARTEUR.** *Ajoutez :* ‖ 2° Adjectivement. Leviers écarteurs, deux tiges qui longent les deux bords de la gouttière du spéculum et que l'on peut développer à volonté.

† **ÉCARVER.** — ÉTYM. *Ajoutez :* Espagn. *escarba*, jonction de deux pièces de bois. « L'origine de ce mot est germanique. M. Scheler le rattache justement à l'angl. *to scarf*, assembler en écharpe des pièces de bois; allem. *scharben*; suéd. *skarfva*. L'*f* ou le *b* est un élément secondaire du radical. Cet élément n'est pas entré dans l'isl. *skara, asseres reciproce coaptare* (BUGGE, *Romania*, juillet-octobre 1875, p. 367). »

† **ÉCAUSSINE** (é-kô-si-n'), *s. f.* Sorte de pierre à construire. Articles divers....... Écaussines et autres pierres de construction, y compris les pierres d'ardoises : brutes, taillées ou sciées, sculptées ou polies, *Tarif A annexé au Traité de comm. avec l'Italie, du 17 janv.* 1863, *ratifications du 19 janvier* 1864, *décret du* 20.

† **ECBOLADE** (èk-bo-la-d'), *s. f.* Terme grec signifiant détritus, scorie. Elle [la chambre grecque] a terminé la discussion relative aux ecbolades des mines du Laurium, et a décidé que ces ecbolades appartiendraient désormais aux concessionnaires des mines, *Journ. offic.* 12 janv. 1877, p. 278, 3e col.

— ÉTYM. Ἐκϐολάς, chose de rebut, de ἐκϐάλλειν, rejeter, de ἐκ, hors, et βάλλειν, jeter.

† **ÉCERVELER** (é-sèr-ve-lé. L'*l* se double devant *e* muet), *v. a.* Fatiguer l'esprit, casser la tête. M. de Mirabeau [l'ami des hommes] dit sans doute de belles choses; mais, quant à moi, il m'écervelle, L. DE LOMÉNIE, *la Comtesse de Rochefort et ses amis.*

— ÉTYM. Voy. ÉCERVELÉ.

ÉCHAFAUD. — HIST. *Ajoutez :* XIIe s. En plosors leus et forteresces, Buens eschaiphals, bones bretesches, BENOIT, *Roman de Troie*, v. 3003.

ÉCHAILLON (é-cha-llon, *ll* mouillées), *s. m.* Pierre, roche fine de l'Isère, de trois couleurs, blanche, ou jaune, ou rosée, recevant le poli comme le marbre.

— ÉTYM. *Échaillon*, localité où l'on extrait cette pierre.

† **ÉCHALASSAGE** (é-cha-la-sa-j'), *s. m.* Synonyme d'échalassement, action d'échalasser. Le *Journal d'agriculture pratique* indique un nouveau mode d'échalassage de vignes qui aurait été employé avec succès, *Journ. offic.* 21 mai 1874, p. 3420, 2e col.

ÉCHALOTE. — HIST. ‖ XVIe s. *Ajoutez :* Le cent de porées ou d'oignons, d'archeloy, MANTELLIER, *Glossaire*, p. 6 (il donne aussi eschaleine).

† **ÉCHAMPLURE** (é-chan-plu-r'), *s. f.* Nom donné, en Bourgogne, à une maladie de la vigne qui empêche les bourgeons de se former, par l'effet des grands froids, dans les sols humides, *les Primes d'honneur*, p. 273, Paris, 1874.

ÉCHANCRER. — ÉTYM. *Ajoutez :* L'étymologie par *es* et *chancre* devient douteuse en présence de cet exemple-ci : XIIe s. La kule [il] out sus les dras; cel ordre volt celer; Mes de pans et de maunches l'aveit fet ecrancer, *Thomas le martyr*, p. 23, édit. Hippeau. *Écrancer* a évidemment le sens de *échancrer*. Quant à la forme (comp. *écrancher* au Dictionnaire), on n'est plus disposé à y voir une simple métathèse de l'*r*, déterminée par *chancre*; l'étymologie est autre (voy. ÉCRANCHER au Supplément).

† **ÉCHANGISTE.** *Ajoutez :* ‖ 2° *S. m.* et *f.* Celui, celle qui contracte un échange.

ÉCHANTILLON. *Ajoutez :* ‖ 9° Planche de chêne constituant un des types adoptés dans le commerce de bois de Paris et dans la région qui alimente les chantiers de la capitale. L'échantillon a $0^m,25$ de largeur, et $0^m,04$ d'épaisseur, NANQUETTE, *Exploit. débit et estim. des bois*, Nancy, 1868, p. 74.

ÉCHAPPER. — REM. *Ajoutez :* ‖ 5. L'emploi d'échapper à l'actif est dans le Dictionnaire de l'Académie et dans plusieurs bons auteurs. J'ai échappé la mort à telle et telle rencontre; c'est mal parler : j'ai échappé la mort; j'ai évité ce péril, mais non pas la mort, BOSS. *Fragment sur la brièveté de la vie.* Ceux qui s'étaient appuyés sur des conseils accommodants et sur des condescendances flatteuses, qui pensaient avoir échappé la honte, ID. *Sermons, Jugement dernier*, 2. Nul n'échappera cette honte, ID. *ib.* ‖ Il ne faut pas laisser tomber cet emploi en désuétude.

ÉCHARDONNER. *Ajoutez :* ‖ 2° Faire passer par une machine munie de chardons la laine ou le drap. Le drap doit être encore lainé, c'est-à-dire étendu dans toute sa longueur, échardonné au moyen d'une machine, cylindre tournant, dont la surface est formée de cadres garnis de chardons.... *Journ. offic.* 24 fév. 1870, p. 1370, 3e col. La laine doit être lavée, séchée, échardonnée, cardée ou peignée avant d'être transformée en matière textile, *ib.* p. 1371, 1re col.

ÉCHARPE. *Ajoutez :* ‖ 11° Moufle ou réunion de plusieurs poulies sur une même chape, ces poulies ayant le même axe, à la différence du palan, où elles ont des axes différents.

— REM. En termes d'artillerie, tirer, battre, prendre d'écharpe, en écharpe, c'est tirer sur la face d'un ouvrage, sur une ligne de troupes, suivant une direction très-rapprochée de celle de la face, du front de la troupe. Une batterie d'écharpe, en écharpe, est celle qui est placée de manière à tirer d'écharpe.

† **ÉCHAUDEMENT.** *Ajoutez :* ‖ 2° État d'un œillet qui, ayant longtemps donné du sel, cesse de pouvoir en produire, *Enq. sur les sels*, 1868, t. I, p. 609.

ÉCHAUDOIR. *Ajoutez :* ‖ 3° Ancien nom, à Paris, d'un lieu où l'on cuisait les abatis, *Journ. offic.* 3 déc. 1876, p. 8976, 1re col.

ÉCHAUFFEMENT. — HIST. *Ajoutez :* XIIe s. Quant el tens de la juvente par aegre bataihe lassevent [lassoient] li eschalfement de la char, *li Dialoge Gregoire lo pape*, 1876, p. 17.

† **ÉCHAUPRE** (é-chô-pr'), *s. m.* Nom, dans le canton de Neuchâtel (Suisse), du ciseau de maçon.

— ÉTYM. Lat. *scalpere*, d'après M. A. Godet, de Neuchâtel (voy. SCALPER).

† **ÉCHÉE.** *Ajoutez :* Le produit annuel d'un établissement de 4000 broches et de 8 assortiments peut être évalué à 225 000 échées de 22000 mètres pour un assortiment, et à 400 échées de 22000 mètres par broche, soit environ 1 800 000 échées de 22000 mètres, *Enquête, Traité de comm. avec l'Anglet.* t. III, p. 218. Nos broches produisent, par jour, quatre échées de sept cents mètres, soit deux mille huit cents mètres, *ib.* t. III, p. 592. ‖ Dans la filature de la soie, l'échée est la 10e partie de l'écheveau.

ÉCHELETTE. *Ajoutez :* ‖ 7° Compte par échelette, compte dans lequel les à-compte sont imputés sur les intérêts avant de l'être sur le capital.

1. **ÉCHELLE.** *Ajoutez :* ‖ 14° Fig. et populairement. Monter à l'échelle, s'emporter vivement et pour peu de chose.

— REM. La locution proverbiale : après lui il faut tirer l'échelle, a été modifiée de manière à prendre un sens plus général et à signifier : considérer comme fini. C'est la prétention de tous les gouvernements de vouloir, comme on dit vulgairement, tirer l'échelle, et d'écrire à tout propos le mot fin, ED. TEXIER, *le Siècle*, 27 mars 1870. Il ne faut pas toujours tout recommencer : marchons en avant, mais ne tirons pas l'échelle, P. JANET, *Rev. des Deux-Mondes*, 15 nov. 1873, p. 374.

ÉCHELON. *Ajoutez :* ‖ 5° Échelon de charrette, même sens que hayon (voy. ce mot au Supplément). Le voleur, après avoir escaladé la fenêtre, élevée de 3 mètres au-dessus du sol en se servant d'un échelon de charrette adossé au mur, avait enlevé une vitre, *Gaz. des Trib.* 19 janv. 1877, p. 62, 3e col.

† **ÉCHEVETTAGE** (é-che-vè-ta-j'), *s. m.* Terme de filature. Opération par laquelle on met le fil en échevettes. L'introduction des filés anglais ne devrait pouvoir se faire que par un échevettage métrique, *Enquête, Traité de commerce avec l'Anglet.* t. IV, p. 246.

† **ÉCHEVETTE.** *Ajoutez :* L'échevette anglaise est faite sur un dévidoir ou périmètre de $1^m,37$ faisant 660 tours, ce qui donne un total de $767^m,20$ pour l'échevette anglaise.... 1000 m. pour l'échevette française, *Enquête, Traité de comm. avec l'Anglet.* t. IV, p. 246. Quand le lin est filé, les jeunes filles l'envident en échevette de 274^m.... le rapport entre l'échevette anglaise et l'échevau français est d'environ 1 à 10, DE COLLEVILLE, *Journ. des Économistes*, fév. 1873, p. 276.

ÉCHEVINAGE. *Ajoutez :* — REM. Échevinage signifiait aussi une circonscription ou territoire, témoin ces exemples : XIIIe s. Li eschievin connoisteront et jugeront des cateus [biens] et des héritages qui sont dedens l'eschievenage de Bruges (1281), *Coutume de Bruges* (publiée par M. M. Gilliodt), p. 16. ‖ XIVe s. Nous Robiers, cuens de Flandres, faisons savoir à tous.... ke.... masures ne plaches de terres gisans dedens l'eschievinage de Bruges.... (1306), *ib.*

† **ÉCHINOMÈTRE** (é-ki-no-mè-tr'), *s. m.* Genre d'oursins.

— ÉTYM. Ἐχῖνος, hérisson, et μέτρον, mesure, terme de comparaison.

ÉCHIQUIER. *Ajoutez :* — REM. Il y a à Londres un grand et un petit échiquier; le Grand Échiquier est ce qu'on appelle en France Chambre des Comptes; le Petit Échiquier est le Trésor royal.... P. GIRAUDEAU, *la Banque rendue facile*, in-4°, Paris, 1769, p. 173. Actuellement, la Cour de l'Échiquier, qui est divisée en deux tribunaux, connaît des droits et des revenus de la couronne. La Chambre de l'Échiquier est un haut tribunal qui reçoit les appels contre les décisions de la Cour de l'Échiquier.

ÉCHO. *Ajoutez :* ‖ 5° *S. f.* La 61e planète télescopique, découverte en 1860, par M. Fergusson.

† **ÉCHOUX** (é-chou), *s. m.* Endroit d'une côte où les bateaux peuvent s'échouer. Il sera établi dans chaque port et échoux du royaume, où Sa Majesté le jugera convenable, un commissaire aux ventes et livraisons de poisson, *Projet de pétition*, 1820, dans DELAHAIS, *Notice hist. sur l'écorage*, Dieppe, 1873, p. 45.

† **ÉCIR** (é-sir), *s. m.* Nom donné, dans les montagnes du Puy-de-Dôme, aux rafales. Les écirs de neige sont très-dangereux pour les voyageurs; car ils amoncellent presque subitement des masses énormes de neige, *les Primes d'honneur*, p. 127, Paris, 1874. Les montagnes du Centre ne renferment pas de glaciers, mais elles sont exposées à des vents très-violents, à des écirs ou rafales terribles, HEUZÉ, *la France agricole*, p. 18.

— ÉTYM. Est-ce une corruption de l'anc. franç. *essil*, qui signifiait ravage, destruction?

† **ÉCLAIRCISSAGE.** *Ajoutez :* ‖ 2° Action d'éclaircir un bois, un plant, et aussi d'enlever une partie du fruit d'un arbre trop chargé. Ils [certains insectes] sont plutôt utiles que nuisibles, parce qu'ils opèrent l'éclaircissage, auquel les jardiniers devraient procéder eux-mêmes, *Rev. horticole*, 16 fév. 1875, p. 74. Les éclaircissages produisent des échalas et du faissonnat, *Enquête sur les incendies des Landes*, p. 253.

ÉCLAIRCISSEMENT. *Ajoutez :* ‖ 4° Il s'est dit, au XVIIe siècle, pour proposition de duel. Il n'est pas question de savoir de combien vous [Scudéry] êtes plus vaillant que moi, pour juger de combien le *Cid* est meilleur que l'*Amant libéral*.... je ne suis point homme d'éclaircissement; ainsi vous êtes en sûreté de ce côté-là, CORN. *Lettre apologétique.*

ÉCLAIRER. ‖ 1° ‖ Fig. *Ajoutez :* La princesse [de Tarente] éclaire ces bois comme la nymphe Galatée, SÉV. *Lett.* 29 sept. 1680. Comp. à ÉCLAIRÉ éclairé par les yeux de la Fontaine.

ÉCLAT. *Ajoutez :* ‖ 10° Dans les phares et signaux, un éclat, un jet vif de lumière. Quand le feu blanc sera varié par deux éclats rouges suivis d'un éclat vert, la profondeur d'eau sera de 4m,25, *Journ. offic.* 26 nov. 1876, p. 8660, 2e col.

ÉCLATER. — HIST. *Ajoutez :* XVe s. Pour ce que les manches de chesne estoient trop esclatans, MANTELLIER, *Glossaire*, Paris 1869, p. 29.

† ÉCLIMÈTRE (é-kli-mè-tr'), *s. m.* Boussole munie d'un niveau et d'une lunette mobile dans un plan vertical, de manière à permettre de mesurer les azimuts magnétiques et les pentes.

ÉCLISSÉ. *Ajoutez :* || Garni d'éclisses, de petits ais. Les rails seront du système Vignole et éclissés, *Bullet. des lois*, XIIe *série, partie principale*, 2e *sem.* 1875, p. 102.

† ÉCLOPPEMENT (é-klo-pe-man), *s. m.* Néologisme. État de qui est éclopé. Boiteux de fatigue et risible d'écloppement, R. TÖPFFER, *Nouv. Voyages en zigzag.*

ÉCLORE. *Ajoutez :* || 4° *V. a.* Mettre au jour, au monde. Ce n'est pas à dire que la nature ne soit capable d'éclore, quand il lui plaira, quelque animal qui n'ait encore été vu, MALH. *Lexique*, éd. L. Lalanne. || 5° *V. réfl.* S'éclore, venir au monde, au jour. Enfin s'écleront des guerres civiles où toutes choses seront violées, MALH. *Lexique*, éd. L. Lalanne. Pour ce qui est de la conception et de ces entrailles d'où le Verbe se doit éclore, BOSS. 6e *avert.* 23. C'est un archaïsme.

ÉCLUSE. *Ajoutez :* || 3° Nom donné, dans les travaux à air comprimé, au compartiment qui sert, suivant la manœuvre des robinets, pour entrer dans les travaux, ou pour en sortir. || 4° Plaque de fer forgé qui sert, dans une fonderie, à diriger le métal du fourneau, coulant dans le canal, au gré du chef fondeur, GASSENDI, *Aide-mémoire d'artillerie*, Paris, 1819.

† ÉCLUSEMENT (é-klu-ze-man), *s. m.* Nom donné, dans les travaux à air comprimé, à la manœuvre par laquelle, après avoir coupé la communication avec l'air extérieur, on fait arriver l'air comprimé dans le compartiment qui sert d'entrée aux travaux. || Éclusement pour sortir ou déséclusement, manœuvre inverse, quand l'ouvrier, quittant les travaux, veut rentrer dans l'air libre.

† ÉCLUSER. *Ajoutez :* || 2° Dans les travaux à air comprimé, entrer dans le compartiment dit écluse, et opérer la manœuvre dite éclusement.

— HIST. XIVe s. Pour escluser le fossé de Porte-Chacre, XIX journées de fossiers et d'espuseurs [escluser paraît signifier ici vider d'eau] (1347), VARIN, *Archives administr. de la ville de Reims*, t. II, 2e part. p. 1138.

† ÉCOBUEUR (é-ko-bu-eur), *s. m.* Celui qui fait l'écobuage. Les incendies doivent être attribués à l'imprudence des chasseurs, des passants et des écobueurs, *Enquête sur les incen. de forêts*, p. 77.

† ÉCOEURANT, ANTE (é-keu-ran, ran-t'), *adj.* Qui écœure. Il était allé trouver le P. G..., et lui avait conté ce miracle, en l'assurant qu'il était décidé à renoncer aux vanités écœurantes du monde et à la gloire de la poésie, MAXIME RUDE, *l'Opinion nat.* 14 juillet 1876, 3e page, 5e col.

† ÉCOEUREMENT (é-keu-re-man), *s. m.* État de celui qui est écœuré. Je ne dirai pas tout ce que l'on réserve d'écœurement aux pauvres consultants que l'on parque dans des salles d'attente [aux consultations gratuites des hôpitaux], *le Progrès médical*, 16 déc. 1876, p. 882.

† ÉCOIN (é-koin), *s. m.* Sorte d'instrument de bois. P.... [ouvrier mineur à Saint-Étienne] chercha alors à se défendre, et, avec un écoin en bois qu'il tenait à la main, frappa son adversaire à la tête, *Gaz. des Trib.* 29 juill. 1776, p. 740, 3e col.

† ÉCOINE (é-koi-n'), *s. f.* Rabot pour faire le logement de la baguette du fusil. || Outil en forme de rabot, taillé à grosses dents, pour unir le canal du canon du fusil, GASSENDI, *Aide-mémoire d'artillerie*, Paris, 1819. || Le général Gassendi a donné à ce mot une fausse orthographe ; c'est écouane qu'il faut lire (voy. ce mot au Dictionnaire).

† ÉCOLAGE. *Ajoutez :* En Suède, de même que dans la plupart des pays protestants, l'écolage ne se termine qu'après un examen que les enfants ne passent pas avant l'âge de douze ans, A. MANGIN, *Journ. offic.* 15 nov. 1873, p. 6961, 2e col.

† ÉCOLÂTRIE. *Ajoutez :* — HIST. XIVe s. L'escollaterie, en temporel, ne vault pas plus de XX livres (1384), VARIN, *Archives administr. de la ville de Reims*, t. III, p. 596.

ÉCOLE. *Ajoutez :* || 15° École d'artillerie, école qui comprend les établissements, le matériel et le personnel nécessaires à l'instruction des officiers et des troupes de l'artillerie. || 16° Terme de pêche. Rassemblement des morues pour frayer. La saison de la pêche [de la morue] est ordinairement en janvier et mai ; une immense école se réunit au mois de janvier à George-Bank sur un fond vaseux pour frayer.... une autre école se forme dans la même intention au mois d'avril au cap Breton, et une troisième dans la baie de Fundy, *Journ. offic.* 11 juill. 1876, p. 5028, 3e col.

ÉCOLIER. *Ajoutez :* || 5° *S. m.* Un savant, un scholar (voy. SCHOLAR au Supplément). Si je me suis tiré une fois d'un bourbier où je suis, je m'en vais devenir un grand écolier, MALH. *Lexique*, éd. L. Lalanne. || 6° *Adj.* Écolier, écolière, qui a le caractère de l'écolier, qui sent l'école. Feu M. du Maurier était un très-habile homme.... et j'ai vu des lettres de lui pleines d'esprit et de jugement ; je ne sais si on peut dire la même chose de celles de M. du Maurier d'aujourd'hui, ni si sa conversation est moins écolière ou moins pédante qu'elle n'était, BALZAC, *Lett. inédites*, LXII, éd. Tamizey-Larroque. || Ces exemples de Balzac et de Malherbe permettent de constater une remarquable bifurcation de sens, *scholarius* donnant d'un côté *scholar, écolier*, érudit, pédant, et de l'autre notre *écolier*, enfant à l'école, novice, étourdi.

ÉCONDUIRE. *Ajoutez :* || 3° Conduire hors, en parlant de l'eau. L'eau qui aura servi dans la turbine [servant à épuiser les caves inondées] sera éconduite, bien entendu, par l'égout, H. DE PARVILLE, *Journ. offic.* 11 mai 1876, p. 3208, 1re col.

† ÉCONDUISEUR. *Ajoutez :* — HIST. XVe s. On dit qu'à ung bon demandeur Qui est hardy de demander, Ne faut qu'ung bon esconduiseur Qui le sache bien reffuser, AL. CHARTIER, *Poésies*, p. 783.

ÉCONOME. *Ajoutez :* || 4° Terme d'antiquité chrétienne. Économe ecclésiastique, personnage chargé d'administrer, sous la surveillance de l'évêque, les biens de l'église ; il devait aussi pourvoir à la subsistance des clercs, des pauvres et des veuves.

† ÉCORAGE (é-ko-ra-j'), *s. m.* Terme de pêche. Fonction de l'écoreur, à Dieppe. Il est juste de faire remarquer que les procès entre vendeurs et acheteurs [de poissons] sont, pour ainsi dire, impossibles par le fait de l'intervention loyale et désintéressée de l'écorage, DELAHAIS, *Notice historique sur l'écorage*, 1873, p. 10. On interrogea un sieur Vernier, âgé de 29 ans, commis comptable au bureau de l'écorage [à Dieppe], *Gaz. des Trib.* 1er août 1873, p. 739, 1re col. Le produit des différentes pêches apportées à Dieppe pendant le mois de mai et enregistrées par l'administration de l'écorage, se décompose ainsi.... *Journ. offic.* 16 juin 1876, p. 4227, 2e col.

— ÉTYM. Voy. ÉCORE ci-dessous.

ÉCORCHÉ. *Ajoutez :* || 5° Fig. Amodiations à l'écorché, amodiations à court terme, ainsi dites parce que l'amodiateur écorche l'amodiataire.

ÉCORCHERIE. — HIST. *Ajoutez :* XIVe s. Et disoient encore lidit Herbers et Aubers, que cis Jehans tient une maison en l'escorcherie, à roie des escorcheries lesdiz Herbert et Aubert (1302), VARIN, *Archives administr. de la ville de Reims*, t. II, 1re part. p. 23.

† ÉCORE (é-ko-r'), *s. f.* Feuille d'écore, feuille qui contient le résultat d'un écorage. Les feuilles d'écore pour le hareng, outre la signature prescrite par l'article 16, porteront l'approbation et la signature de la personne chargée du contre-écorage à bord du bateau, DELAHAIS, *Notice historique sur l'écorage*, Dieppe, 1873, p. 51.

— ÉTYM. Angl. *score*, entaille, taille, compte, vingtaine ; *to score*, compter. Il n'est pas étonnant qu'un mot des pêcheurs anglais ait passé la mer pour se fixer à Dieppe ; mais la forme avec *é* prosthétique prouve que le mot n'est pas nouveau.

† ÉCOREUR. *Ajoutez :* || 2° À Dieppe, agent dont la fonction consiste à inscrire toutes les ventes de poisson faites au port, d'en opérer et garantir la livraison, de délivrer les notes quotidiennes de ces livraisons, d'inscrire chaque jour les achats chez les mareyeurs et saleurs, DELAHAIS, *Notice historique sur l'écorage*, 1873, p. 9. Défenses à tous maîtres de bateaux d'apporter aucun hareng de quatre nuits, mais de le jeter à la mer avant que d'entrer dans ce port [Dieppe], à peine de 300 livres d'amende contre eux et autres contrevenants, en cas qu'il soit exposé en vente et livré, parce que les écoreurs seront tenus d'en donner avis, sous peine de cent livres d'amende, *Police de l'amirauté concernant la pêche*, 16 nov. 1708.

ÉCORNER. — HIST. || XIIIe s. *Ajoutez :*... est ce noient De ta court, que soit mesdoutée? Non, car ta court est escornée Du meilleur chevalier du monde, *Méraugis*, p. 56.

† ÉCOSSETTE (é-ko-sè-t'), *s. f.* Botillon de betteraves. Jus de betterave obtenu par lavage d'écossettes fraîches, *Projet de loi en Belgique*, dans *Journ. offic.* 12 juill. 1873, p. 4642, 2e col. || Voy. COSSETTE au Supplément.

† ÉCOSSINE (é-ko-si-n'), *s. f.* Autre orthographe d'écaussine (voy. ce mot au Supplément).

† ÉCOUAILLES. *Ajoutez :* La plus grande partie des laines que l'on nous donne à dégraisser et à teindre sont connues dans le commerce sous la désignation de laines d'agneaux, écouailles, pelures, provenant de la Champagne, du Berry, de la Beauce et de la Picardie, *Enquête, Traité de commerce avec l'Anglet.* t. III, p. 435.

† ÉCOUANE. *Ajoutez :* — REM. Les menuisiers, les ébénistes, les arquebusiers emploient l'écouane, qui sert pour adoucir des rainures cylindriques.

† ÉCOUCHURES (é-kou-chu-r'), *s. f. pl.* Brins de lin, tiges de chanvre dépouillés de leur écorce à l'aide de l'écouche, DELBOULLE, *Gloss. de la vallée d'Yères*, le Havre, 1876, p. 182 (voy. ÉCOUCHE au Dictionnaire).

† ÉCOUFLE. — ÉTYM. *Ajoutez :* Bas-breton, *escoul*, milan, d'après Chevallet, *Orig. et form.* t. I, p. 227. Il faut ajouter qu'on trouve *skoul*, milan, dans un dictionnaire cornique du XIIe s. publié par Pryce et par Zeuss.

† ÉCOULAGE (é-kou-la-j'), *s. m.* || 1° Opération par laquelle on fait couler le jus du raisin. Les vendanges bordelaises sont terminées ; la cueillette et les écoulages ont duré six semaines, *Journ. des Débats*, 1er nov. 1874, 2e page, 4e col. On lit dans le *Médocain :* La récolte du raisin est terminée en Médoc ; les écoulages vont commencer, *Journ. offic.* 14 oct. 1873, p. 6367, 1re col. || 2° Action de faire marcher le long des cours d'eau le bois de flottage. Le jetage et l'écoulage des bois situés sur les ruisseaux affluant à la rivière de la haute Yonne sont confiés à la diligence de l'agent général, *Mémoire de la Société centrale d'Agric.* 1873, p. 258.

† ÉCOULARD (é-kou-lar), *s. m.* Nom, dans l'Aunis, d'un cep de vigne dont la fleur coule, *Gloss. aunisien*, p. 99 (voy. COULARD au Supplément).

ÉCOULER. *Ajoutez :* || 7° *V. a.* Faire couler, passer (emploi archaïque). Que m'est-il demeuré pour conseil et pour armes, Que d'écouler ma vie en un fleuve de larmes? MALH. *Lex.* éd. L. Lalanne.

† ÉCOURS (é-kour), *s. m.* Dans les salines, canal amenant l'eau de mer à la vasière, *Enquête sur les sels*, 1868, t. I, p. 509.

— ÉTYM. *E* pour *es*..., préfixe, et *cours*.

† ÉCOURUE (é-kou-rue), *s. f.* Le temps de l'écourue se dit, dans les départements qu'arrose la Mayenne, des basses eaux produites par l'enlèvement momentané des barrages qui relèvent le niveau de cette rivière.

— ÉTYM. *Es*.... préfixe, et *courir*.

ÉCOUTANT. *Ajoutez :* || 3° Le premier ordre des catéchumènes, le moins avancé.

ÉCOUTEUR. *Ajoutez :* — HIST. XVe s. Vraiment, dit le sire de Roqueton, nous vous avons ouy de bien loing cliqueter ; escouteurs ne doivent avoir rien qui cliquette, *le Jouvencel*, fo 62, *recto*.

ÉCOUVILLON. *Ajoutez :* — REM. L'écouvillon de l'artilleur était autrefois couvert d'une peau de mouton, la laine en dehors ; il est actuellement garni de crins disposés en brosse cylindrique.

† ÉCRANCHER. *Ajoutez :* — HIST. XIIe s. La kule [il] out sur les dras ; cel ordre volt celer, Mes de pans et de maunches l'aveit fet ecrancer, *Thomas le martyr*, p. 23, éd. Hippeau.

— ÉTYM. *Écrancer* dans l'historique paraît bien signifier *échancrer ;* mais, d'autre part, il est difficile de séparer *écrancer* et *échancrer*. L'étymologie qui se présente est *cran ;* dans le terme de métier *écrancher*, qui signifie effacer les faux plis d'une étoffe, *cran* représente les faux plis, les espèces de *crans* qu'ils forment. Dans le terme ancien *écrancer*, *cran* représente une entaille.

† ÉCRASÉE (é-kra-zée), *s. f.* Terme de mineur. Effondrement qui se produit souvent au-dessus des anciennes fouilles non boisées ni remplies. Un jeune homme de dix-sept ans, passant près d'une écrasée des anciens travaux des mines de Blanzy, profonde de quatre mètres environ, tomba dans ce bas-fond et se mit à appeler au secours, *le Temps*, 14 août 1876, 3e page, 3e col.

† ÉCRELET. *Ajoutez :* — ÉTYM. Le même que *lécrelet* (voy. ce mot pour l'étymologie).

† ÉCRÉMAISON (é-kré-mè-zon), *s. f.* Terme de

verrier. Action d'écrémer le verre, c'est-à-dire de retirer les ordures de la surface du verre fondu ; synonyme d'écrémage. Enverrage et rupture de creusets, battitures de cannes, fiel, écrémaisons, *Enquête, Traité de commerce avec l'Anglet.* t. VI, p. 587. || Le même que escramure (voy. ce mot au Supplément).

† **ÉCRÉMILLON** (é-kré-mi-llon, *ll* mouillées), *s. m.* Nom, dans le Calvados, du lait écrémé qu'on donne aux veaux qu'on engraisse, *les Primes d'honneur*, Paris, 1870, p. 54.

† **ÉCRÉMOIR** (é-kré-moir), *s. m.* || **1°** Nom, dans le Calvados, d'un instrument à l'aide duquel on enlève la crème, quand elle est montée, *les Primes d'honneur*, Paris, 1870, p. 53. || **2°** Morceau de cuivre ou de corne qui sert à ramasser les compositions dans les manipulations d'artifices.

† **ÉCRÉMURE** (é-kré-mu-r'), *s. f.* Le même que écrémaison ou escramure.

ÉCREVISSE. || **4°** *Ajoutez* : || On emploie aussi une écrevisse pour retirer les bouches à feu du fond des cours d'eau.

ÉCRITURE. *Ajoutez* : || **7°** *Au plur.* Les écritures, nom que, dans l'Aunis, les vignerons donnent aux bourgeons à fruit des vignes. On commence à voir les écritures, *Gloss. aunisien*, p. 99.

ÉCROUIR. *Ajoutez* : — REM. Comme l'écrouissage, en durcissant le métal, le rend aussi plus cassant, écrouir se prend le plus souvent en mauvaise part. Lorsqu'un métal a été écroui par une des opérations indiquées, on a soin de le chauffer pour faire disparaître l'écrouissage.

† **ECTÉNIE** (è-kté-nie), *s. f.* Nom, dans la liturgie grecque, d'une sorte de litanie. C'est moins le chef civil de l'État que le protecteur de l'Église, le défenseur de l'orthodoxie, qui semble mentionné dans les ecténies de la liturgie russe, A. LEROY-BEAULIEU, *Rev. des Deux-Mondes*, 1er mai 1875.

— ÉTYM. Ἐκτένεια, extension, durée, de ἐκ, hors, et τείνειν, tendre.

† **ECTODERME** (è-kto-dèr-m'), *s. m.* Terme d'histoire naturelle. Se dit, chez les mollusques, les polypiers, les hydres d'eau, de la peau extérieure. La partie centrale de l'ectoderme, H. FOL, *Acad. des sc. Comptes rend.* t. LXXXI, p. 474.

— ÉTYM. Ἐκτὸς, en dehors, et δέρμα, peau.

† **ECTODERMIQUE** (è-kto-dèr-mi-k'), *adj.* Qui a rapport à l'ectoderme.

† **ECTOPARASITE** (è-kto-pa-ra-zi-t'), *s. m.* Parasite habitant l'extérieur d'un corps sur lequel il vit.

— ÉTYM. Ἐκτὸς, en dehors, et *parasite.*

ÉCU. *Ajoutez* : || **9°** L'arbre aux quarante écus, arbre du Japon, de la famille des conifères (*gingko biloba*, L.), ainsi nommé, parce que, dit-on, le premier qui entra en France au XVIe siècle, coûta quarante écus. Deux espèces d'érables, le hêtre,... l'arbre aux quarante écus, existaient déjà pendant l'époque tertiaire, CH. MARTINS, *Rev. des Deux-Mondes*, 15 fév. 1876, p. 753.

† **ÉCUANTEUR.** — ÉTYM. Le pays du Maine dit : *Equantage*, inclinaison des rais d'une roue sur le moyeu ; *équanter*, donner aux rais d'une roue l'inclinaison convenable ; ce qui indique l'étymologie : *é*..., et *cant*, côté. Le Maine prononce *ékanter*, *ékantage* ; ce qui montre que la prononciation *é-ku-an-teur* est vicieuse. *Écuanteur* est un nom en *eur* indiquant une manière d'être ; il doit donc être féminin, et non, comme portent plusieurs dictionnaires, masculin.

ÉCUELLE. || *Ajoutez* : **6°** Nom donné aux intervalles qui séparent les filets d'un pas de vis, *Manuel du tourneur*, Roret.

ÉCUMER. || *Ajoutez* : **6°** Écumer sa rage, s'y livrer, la manifester (emploi vieilli), MALH. *Lexique*, éd. L. Lalanne.

— HIST. XIIe s. *Ajoutez* : Undes reversent et escument [dans une tempête], BENOIT, *le Roman de Troie*, v. 27569.

ÉCUMEUX. *Ajoutez* : — HIST. XIVe s. Urine.... ki a ensement cum lie u niule escumeuse, BOUCHERIE, *Petit traité de méd.* Montpellier, 1875, p. 6.

ÉCUREUIL. *Ajoutez* : || **4°** Mettre les écureils à pied, couper les arbres, EUG. ROLLAND, *Faune populaire*, Paris, 1877, p. 66.

ÉCURIE. *Ajoutez* : || **4°** Terme de turf. Ensemble des chevaux de course d'un propriétaire ou de plusieurs propriétaires associés.

† **ÉDELFOSE** (é-dèl-fo-z'), *s. f.* Minéral qui est un silicate calcaire.

† **ÉDÉNIQUE** (é-dé-ni-k',) *adj.* Synonyme d'édénien. La vie édénique de nos premiers pères, FR. LENORMANT, *Manuel d'hist. anc.* liv. I, *temps primitifs.* Le crime symbolisé par la pomme édénique, BÜRGER, *Salons de 1861 à 1868*, t. II, p. 25.

† **ÉDICULE** (é-di-ku-l'), *s. m.* Petit édifice élevé sur des boulevards, dans les places, etc. et servant à différents usages. Il existe déjà aujourd'hui.... 300 kiosques à journaux.... soit, au total, 1445 édicules de toutes formes et de toutes dimensions.... les compagnies de voitures publiques ont une tendance marquée à remplacer par des édicules établis sur la voie publique des bureaux qui pourraient souvent être installés dans des maisons particulières, MAUBLANC, *Conseil municipal de Paris, Procès-verbaux*, 1876, n° 3.

— ÉTYM. Voy. ÆDICULE au Dictionnaire.

† **ÉDILITAIRE** (é-di-li-tè-r'), *adj.* Qui a rapport à l'édilité, aux édiles. Le conseil municipal prend de nombreuses délibérations autorisant des travaux édilitaires, *le Temps*, 5 mars 1875, 3e page, 4e col. L'œuvre édilitaire, *l'Opinion nationale*, 8 juin 1876, 3e page, 1re col.

2. ÉDIT, ITE (é-di, di-t'), *adj.* Publié par voie d'impression. Le décret de germinal an XIII dit que le publicateur des œuvres posthumes ne pourra publier en même temps des œuvres édites déjà tombées dans le domaine public, sous peine de faire tomber sa publication dans le domaine public.... en tête de l'édition de 1872 se trouvent deux fragments d'œuvres édites, et l'on voudrait trouver là contre nous une déchéance au droit de M. C..., *Gaz. des Trib.* 15 juil. 1876, p. 693, 2e col. || Ce mot appartient à l'avocat, qui l'emploie par opposition à inédit, car il n'est pas dans le décret cité du 1er germinal an XIII.

— ÉTYM. Voy. INÉDIT ; *édit* et *inédit* sont de formation savante.

ÉDITEUR. *Ajoutez* : || *Au féminin*, éditrice. En 1841 [à Florence], sous le patronage du grand-duc Léopold II, on fonda une société éditrice des œuvres complètes de Galilée, *Revue de l'Instruction publique*, 16 juillet 1865.

† **ÉDUCABILITÉ.** *Ajoutez* : Cette confiance dans l'éducabilité de l'homme, G. SAND, *la Mare au diable*, II.

† **ÉDUCATIF, IVE** (é-du-ka-tif, ti-v'), *adj.* Néologisme. Qui procure l'éducation. Ce sera une fête réelle, au sens antique, d'excellente influence sur les générations nouvelles, et puissamment éducative, MICHELET, cité dans *Gaz. des Trib.* 5 août 1875, p. 760, 3e col. Le caractère éducatif de la caisse d'épargne, le rôle qu'elle remplit pour l'éducation économique des ouvriers, *Journ. des Débats*, 14 nov. 1876, 2e page, 1re col.

ÉDUCATION. — SYN. ÉDUCATION, INSTRUCTION. *Ajoutez* : « M. H. Martin rappelle que la substitution du terme « d'instruction publique » à celui « d'éducation nationale » est toute récente. Le second était seul employé en 89, et on le trouve dans tous les cahiers des États généraux.... M. Vacherot voudrait qu'on s'attachât à considérer l'instruction dans son vrai sens, en ne la séparant point de l'éducation ; car elle n'est, en réalité, autre chose que l'éducation de l'esprit, ARTH. MANGIN, *Journ. offic.* 24 fév. 1872, p. 1330, 3e col. Mais il faut remarquer que l'instruction s'enseigne, et que l'éducation s'apprend par un autre mode d'action du maître, quel qu'il soit.

† **ÉDUCATIONNEL, ELLE** (é-du-ka-sio-nèl, nè-l'), *adj.* Qui a rapport à l'éducation. Ces grands problèmes économiques et éducationnels qui s'imposent au monde moderne, *Lettres d'Angleterre*, dans *le Temps*, 16 oct. 1873.

† **ÉDUQUER.** — REM. *Ajoutez* : || **2.** Éduquer n'est ni dans Furetière, ni dans Richelet, ni dans le Dictionnaire de l'Académie.

† **EFFAÇAGE** (è-fa-sa-j'), *s. m.* Action d'effacer. Art. 3.... le prix de l'effaçage [du n°], pour chaque voiture, est fixé à 25 centimes à la fourrière, et à 1 franc à domicile.... Art. 8. Aucun effaçage ou numérotage ne pourra être effectué.... *Ordonn. de police*, 31 mai 1866.

† **EFFANURES.** *Ajoutez* : || **2°** Nom, dans l'Ain, de la rétribution due aux moissonneurs et aux batteurs ; elle représente le cinquième du produit du froment et du seigle, *les Primes d'honneur*, Paris, 1870, p. 366.

EFFARÉ. *Ajoutez* : || Effaré se dit, en certaines provinces, d'animaux errants, sans guides.

EFFARER. — HIST. XIVe s. *Ajoutez* : Sire roi Guiteclin, n'aiés chiere effarée, *Tristan de Nanteuil*, ms. v. 18823.

EFFAROUCHÉ. *Ajoutez* : || **3°** Fig. Goutte effarouchée, goutte troublée par quelque accident. Il est à présumer que ce n'est qu'une queue de cette goutte effarouchée, J. J. ROUSS. *Lett. à Du Peyrou*, 3 mars 1768.

† **EFFAROUCHEMENT.** *Ajoutez* : Le fruit de son plaidoyer [d'Omer Talon, dans le parlement] fut un grand et général effarouchement de la cour contre nous [jésuites] (1627), GARASSE, *Mémoires* publiés par Ch. Nisard, Paris, 1861, p. 197.

† **EFFECTUATION** (è-fè-ktu-a-sion), *s. f.* Action d'effectuer. L'effectuation de l'unité allemande sous le sceptre d'un Hohenzollern, *l'Opinion nationale*, 12 janvier 1869.

EFFERVESCENCE. — REM. Effervescence, qui frappe Mme de Sévigné comme terme inconnu, se trouve dans Sylvain Régis (1690) : Il est évident qu'il y a des fermentations qui se doivent faire avec effervescence.... d'autres qui se font sans effervescence, *Système de philosophie*, IV, V, 3.

EFFET. — HIST. *Ajoutez* : XIIIe s. Ne querrai art ou engieng, voie ou maniere que li effect des coses presentes puist estre destourbés, *Rec. des monum. inédits de l'hist. du tiers état*, t. IV, p. 58.

† **EFFEUILLEUR.** *Ajoutez* : || **2°** Dans le canton de Vaud, effeuilleuses, ouvrières qui retranchent les sarments inutiles de la vigne et rattachent les autres à l'échalas.

† **EFFICACIEN** (è-fi-ka-siin), *s. m.* Terme de théologie. Partisan de la grâce efficace. Ah ! supralapsaires, infralapsaires, gratuits, suffisants, efficaciens, jansénistes, molinistes, devenez enfin hommes et ne troublez plus la terre, VOLT. *Dict. phil. De la grâce.*

EFFIGIE. *Ajoutez* : || **3°** Fig. Le corps d'une personne dont l'intelligence est éteinte. Nous avons enterré depuis quelques jours une personne qui ne vivait plus il y a longtemps ; mais, quoique ce ne fût que son effigie qui nous restât, je n'ai pas laissé d'être touché de sa perte, BALZAC, *Lett. à Conrart*, 28 avril 1653.

EFFILER. *Ajoutez* : || **4°** Terme de filature. S'effiler, se dit des fils de laine qui n'ont pas reçu une torsion suffisante. Si le fil n'a pas reçu une torsion suffisante, ou s'il n'a reçu qu'un tordage trop rapidement fait, s'il s'effile, — c'est le terme employé en filature, — on a du fil très-mauvais qui ne permet pas d'obtenir un tissage régulier, *Enquête, Traité de comm. avec l'Anglet.* t. III, p. 76.

† **EFFILEUR** (è-fi-leur), *s. m.* Ouvrier qui met en morceaux menus, fins. Un sieur M..., effileur de bois de teinture, *Gaz. des Trib.* 8 juill. 1870.

— ÉTYM. *Effiler* 2.

† **EFFILOCHAGE** (è-fi-lo-cha-j'), *s. m.* Action de tirer brin à brin les brins d'un tissu de fil, de coton ou de laine. Le mot effilochage s'applique strictement à la fibre provenant de chiffons doux.... plus tard intervint un autre genre d'effilochage, appelé mungo (voy. MUNGO au Dictionnaire et au Supplément), provenant des chiffons de drap, des rognures sortant des ateliers des tailleurs, J. LAVERRIÈRE, dans *Mém. d'Agric. etc.* 1870, p. 442.

† **EFFILOCHE.** — ÉTYM. *Ajoutez* : On donne dans le parler normand le nom de *filoques* aux fils pendants d'un tissu déchiré ou usé, H. MOISY, *Noms de famille normands*, p. 354.

† **EFFILOQUEMENT** (è-fi-lo-ke-man), *s. m.* Action d'effiloquer ; état de ce qui est effiloqué. Sa face osseuse et carrée sort de cheveux et de barbe en broussaille, d'un effiloquement de poils hérissés.... MM. DE GONCOURT, *Gavarni*, *l'Homme et l'Œuvre*, p. 354.

† **EFFLORAISON** (èf-flo-rè-son), *s. f.* Action d'entrer en fleur. L'effloraison produirait une action inverse ; partout où l'on s'est opposé au développement des fleurs, la proportion du sucre de canne [dans l'agavé] s'est toujours accrue, tandis que le sucre interverti n'a presque pas varié, H. DE PARVILLE, *Journ. offic.* 23 nov. 1876, p. 8608, 3e col.

— ÉTYM. *Ef* pour *es*..., et *floraison.*

† **EFFRANGER** (é-fran-jé), *v. a.* Former des franges, en parlant de la lumière. Quand les lauriers sont épanouis, et que le jet d'eau effrange sur leurs fleurs roses ses dentelles d'argent..., CLÉMENT DE RIS, *Hist. de l'art en France*, I, 199.

— ÉTYM. *Ef* pour *es*..., et *frange.*

EFFRÉNÉ. — HIST. *Ajoutez* : XIIe s. Maintes fois vult [veut] malvoisouse cremors [crainte] sembleir humiliteit, et effreneiz orguez [orgueil] franchise, *li Dialoge Gregoire lo pape*, 1876, p. 310.

† **ÉGAILLER** (é-gâ-llé), *v. a.* Disperser, dans le langage des départements de l'Ouest. Égaillez-vous, cri des Vendéens entre eux, quand ils se dispersaient en tirailleurs.

— ÉTYM. Norm. *égailler*, écarter, DELBOU...

Gloss. de la vallée d'Yères, p. 130. Origine d'ailleurs inconnue.

2. ÉGALEMENT, *adv.* — HIST. *Ajoutez :* XII° s. N'ala pas li gius [le jeu] ingaument; Car mesire Gauwains li prous Ot les las de son elme rous [rompus], *Perceval le Gallois*, v. 17858. Puez que [puisque] li cuers est ewalment corrumpus.... ST BERN. p. 568.

† ÉGALISAGE (é-ga-li-za-j'), *s. m.* Opération par laquelle les préposés de l'administration du pesage à Marseille donnent un poids égal à un certain nombre de sacs remplis de grains : opération qu'ils effectuent en enlevant ou en ajoutant une certaine quantité de grains avec une pelle creuse dite sasse. C'est en vertu d'une délibération du conseil municipal du 12 septembre 1873 et d'un arrêté du 26 février 1874 que l'égalisation des sacs de blé au lieu du pesage a été décrétée, et le terme d'égalisage adopté. Note communiquée par OCTAVE TEISSIER, archiviste de Marseille.

† ÉGALISEUR (é-ga-li-zeur), *s. m.* Nom, à Marseille, des préposés qui opèrent l'égalisage des sacs de blé, après avoir placé ces sacs sur une bascule qui marque le poids voulu : opération qui a été substituée soit au mesurage par le double décalitre, soit au pesage par la romaine; les négociants ayant trouvé plus simple pour la comptabilité d'avoir des sacs d'une contenance uniforme qu'il n'y a plus qu'à égaliser.

† ÉGALISSAGE. *Ajoutez :* || 2° Action d'égaliser la poudre.

ÉGALITÉ. *Ajoutez :* || 8° Mettre en égalité, mettre sur le même pied, ne pas faire de différence. La preuve, madame, que je n'ai point voulu mettre en égalité votre amie et vous, est que.... J. J. ROUSS. *Lett. à Mme Latour*, éd. Musset-Pathay, t. XIX, p. 291. || 9° Terme de turf. Un cheval est coté égalité, quand ses adversaires n'osent pas engager contre lui une somme supérieure à celle qui est pariée par ses partisans.

— HIST. *Ajoutez :* XII° s. Li anrme [l'âme] ki doit eissir reconoist alsiment ceaz [ceux] avec lesqueiz por l'engueileteit des culpes u encor por l'engueileteit des lowiers en une manandie [demeure] doit estre astaleie [installée], *li Dialoge Gregoire lo pape*, 1876, p. 240.

ÉGAREMENT. *Ajoutez :* || 3° Action d'égarer, de perdre un objet. L'égarement à la poste de deux lettres contenant l'une 10 000 francs, l'autre 20 000 fr. de billets.... *Arrêt de la Cour d'appel de Paris*, 1re ch. dans *Gaz. des Trib.* 3-4 août 1874, p. 740, 2° col.

— HIST. *Ajoutez :* XII° s. En son plus grant esgarement S'est enbatus, ne sout comment, Fors l'espeisse d'uns granz coudreiz, En une place, en uns erbeiz, BENOIT, *Chronique*, t. II, p. 342, v. 25 332. Guillaumes en fu eissiliez E de la terre fors chaciez; Od dol [deuil], od ire e o pesance Ala au roi Henri de France; Son essil, son esgarement Li mostra dolerosement, ID. *ib.* v. 34 965, t. III, p. 109.

† ÉGAUD (À L') (é-gô), *loc. adv.* de patois. Pour se mettre à l'abri. Et, comme ils passaient devant un vaste hangar qui contenait des bourrées : — « Si nous nous mettions dessous, à l'égaud? » Il feignit de ne pas comprendre ce mot de patois, et même la taquina sur son accent [à Nogent-sur-Seine], G. FLAUBERT, *l'Éducation sentimentale*, II, p. 15.

— ÉTYM. Bourguig. *à l'écaud, à l'écau, à l'éco*, à l'abri. Origine du reste inconnue.

† ÉGAULER (é-gô-lé), *v. a.* Ébrancher, élaguer les gaules, *Gloss. aunisien*, p. 99.

† ÉGERMAGE (é-jèr-ma-j'), *s. m.* Terme de culture. Action d'ôter les germes. L'égermage des pommes de terre.

— ÉTYM. *É*.... préfixe, pour *es*, et *germe*.

ÉGIDE. *Ajoutez :* — REM. L'égide n'est pas, à proprement parler, un bouclier; c'était une pièce défensive fixée en haut de l'épaule gauche, et retombant sur le bras qui pouvait la soulever pour en protéger le corps.

† ÉGINE (é-ji-n'), *s. f.* La 91° planète télescopique, découverte en 1866 par M. Borrelly.

— ÉTYM. Αἴγινα, nom d'une île située entre l'Attique et le Péloponnèse.

† ÉGLANT (é-glan), *s. m.* Nom, en Dauphiné, du fruit de l'églantier.

† ÉGLÉ (é-glé), *s. f.* La 96° planète télescopique, découverte en 1868 par M. Coggia.

— ÉTYM. Αἴγλη, nom de femme, proprement éclat de lumière.

ÉGLISE. — REM. *Ajoutez :* || 2. Le XV° siècle avait un singulier proverbe sur les biens que les ecclésiastiques laissaient après leur mort : Avoir d'homme d'église et fromage fondu, S'il n'est pas chaud, il est perdu (1474) (c'est-à-dire : si on ne se hâte de se mettre en possession d'un tel héritage, il disparaît rapidement), MARCHEGAY, *Lettres-missives originales du chartier de Touars*, p. 44.

† ÉGLISIER (é-gli-zié), *s. m.* Terme de dénigrement. Homme d'église. La plupart de vous n'étaient ni églisiers, ni citoyens, c'étaient de vrais amphibies, *Lett. du P. Duchêne*, 18° lettre, p. 2.

† ÉGOMISTE (é-go-mi-st'), *s. m.* Nom, dans le XVIII° siècle, de gens qui pensaient qu'il n'y avait de réel que l'individu. Il ne lui manquait plus [au chevalier de Ramsay] que de devenir égomiste, c'est-à-dire de se croire le seul être existant dans le monde; il y avait des égomistes à Amsterdam, comme il y avait des athées et des panthéistes, H. BABOU, *Journ. offic.* 28 janv. 1876, p. 750, 2° col.

— ÉTYM. Dérivation irrégulière du lat. *ego*, moi, peut-être par l'intervention de *me* : *ego-me*.

ÉGORGER. *Ajoutez :* || 7° S'égorger, être égorgé. Les victimes s'égorgent dans le parvis; mais il n'y a que l'arche où l'on conserve la manne, FLÉCH. *Sermons, Samaritaine.*

ÉGOUTTURE. *Ajoutez :* || Fig. Ce nouveau recueil [de Dorat] est précisément l'égoutture de son portefeuille, LAHARPE, *Correspond. littér. Lettre* 38.

† ÉGRAINEUSE (é-gré-neû-z'), *s. f.* Machine propre à égrainer les plantes textiles. À cette exposition seront admises les broyeuses, les teilleuses, les égraineuses et, en général, toutes les machines agricoles spécialement adaptées aux besoins de l'industrie des plantes textiles, *Journ. offic.* 28 avr. 1874, p. 2978, 2° col. || On écrit aussi égreneuse. Machines pour la préparation des produits : batteuses, égreneuses, hache-paille, coupe-racines.... (Programme de l'École de Grignon), *Journ. offic.* 5 mai 1874, p. 3109, 1re col.

† ÉGRATERONNAGE (é-gra-te-ro-na-j'), *s. m.* Terme de tissage. Synonyme d'échardonnage. Battage, égrateronnage, louvage, *Enquête, Traité de comm. avec l'Anglet.* t. III, p. 248.

— ÉTYM. *É*.... préfixe, pour *es*, et *grateron*.

† ÉGRATTONNAGE (é-gra-to-na-j'), *s. m.* Action d'éplucher la laine à la main.

— ÉTYM. *É*.... préfixe, pour *es*, et *gratter*.

† ÉGRENAGE. *Ajoutez :* || 2° Terme de peinture en bâtiment. Action d'égrener, d'enlever les grains du plâtre.

ÉGRENÉ. *Ajoutez :* || 2° Fig. Terme de droit. Biens égrenés, biens détachés d'un ensemble de biens. Attendu que, par suite de la ruine des époux C..., leurs biens furent mis en vente, et que la vente des biens égrenés de la ferme de Saint-Denisconrt produisit, en déc. 1869, janv. et févr. 1870, une somme de 95 119 fr. 45 c. ....qu'il avait à leur distribuer 95 119 fr. 95 c., produit de la vente des biens égrenés, *Gaz. des Trib.* 31 oct. 1874, p. 1044, 1re col.

† ÉGRÈNEMENT (é-grè-ne-man), *s. m.* Terme d'artillerie. Dégradation produite dans les bouches à feu en bronze, par la fusion de l'étain, à hauteur de l'emplacement de la charge.

ÉGRENER. *Ajoutez :* || 6° Terme de peintre en bâtiment. Enlever les grains du plâtre, les aspérités pour appliquer la peinture.

† ÉGRENEUR (é-gre-neur), *s. m.* Celui qui égrène. || Fig. Égreneur de chapelet, celui qui affecte la dévotion. Ils ont entendu M. P..., vicaire, dîner dans son sermon : Votez pour l'égreneur de chapelet, comme disent certains journaux, pour celui qui fréquente les églises.... *Journal offic.* 12 avril, 1876, p. 2637, 2° col.

† ÉGRENEUSE (é-gre-neû-z'), *s. f.* Voy. ÉGRAINEUSE au Supplément.

ÉGRUGER. *Ajoutez :* || 2° User, rogner par le frottement ou autre opération. C'est [une épître scabreuse] un carré rond; mais, en égrugeant les angles, on peut l'arrondir, VOLT. *Lett. d'Argental*, 6 déc. 1738.

† ÉGYPTIAQUES. *Ajoutez :* || 2° *Adj.* Qui appartient à l'Égypte. Cette cérémonie fut sanctifiée chez les Juifs nos pères, qui prirent tant de rites égyptiaques, VOLT. *Dict phil. Expiation.*

† ÉGYPTOLOGIE (é-ji-pto-lo-jie), *s. f.* Étude des choses relatives à l'ancienne Égypte.

† ÉGYPTOLOGIQUE (é-ji-pto-lo-ji-k'), *adj.* Qui a rapport à l'égyptologie. Mélanges égyptologiques, titre d'un ouvrage de M. Chabas.

† ÉGYPTOLOGUE (é-ji-pto-lo-gh'), *s. m.* Celui qui s'occupe de l'histoire et des antiquités de l'Égypte.

† ÉHONTÉMENT (é-hon-té-man), *adv.* D'une manière éhontée.

— HIST. XVI° s. Vit-on jamais tant d'incestes ehontément debordez? EST. PASQUIER, *Recherches*, v, 3.

† EIDER. — ÉTYM. *Ajoutez :* L'allemand *Eider* vient du suéd. *eider*.

† EIDOTROPE (éi-do-tro-p'), *s. m.* Instrument qui fait voir, comme jeu d'optique, des formes diverses On terminera par quelques jeux d'optique, fantascope, chromatrope, eidotrope, etc. *Salles du progrès* (direct. l'abbé Moigno), séance du 15 oct. 1872.

— ÉTYM. Εἶδος, forme, et τρέπειν, tourner. L'orthographe *eidotrope* est mauvaise; la syllabe grecque ει se rend par *i*; mais *caléidoscope*, déjà ancien dans la langue, conduit à *eidotrope*.

† ÉJECTEUR (é-jè-kteur), *s. m.* || 1° Engin propre à rejeter l'eau au dehors d'un navire. Si le trou se faisait dans les œuvres vives, ni les cloisons étanches de la *Galissonnière*, ni ses deux éjecteurs pouvant expulser 600 tonneaux d'eau à l'heure, ne sauraient l'empêcher de couler à pic, *Journ. offic.* 26 sept. 1874, p. 6718, 1re col. || 2° Tuyau d'évacuation de la vapeur, H. DE PARVILLE, *Journ. des Débats*, 3 nov. 1876, *Feuilleton*, 1re page, 4° col.

— ÉTYM. Voy. ÉJECTION.

† ÉJOINTAGE (é-join-ta-j'), *s. m.* Amputation de l'aileron à un centimètre environ de l'articulation de l'avant-bras et de l'os du pouce. L'éjointage consiste à retrancher la partie extrême de l'aile où sont placées les grandes plumes, E. GARNOT, *l'Avranchin*, 4 fév. 1877.

† ÉJOINTER. *Ajoutez :* J'ai éjointé bien des oiseaux et je n'ai jamais eu un seul accident à la suite de cette opération, E. GARNOT, *l'Avranchin*, 4 fév. 1857.

† ÉLAÏS (é-la-is'), *s. m.* Nom scientifique de l'avoira (voy. ce mot au Supplément). L'élaïs, dont on extrait une huile qui remplace le beurre, et dont la séve produit, par sa fermentation, la liqueur aimée des nègres, X. MARMIER, *Rev. Britann.* juill. 1874, p. 118.

— ÉTYM. Ἐλαία, olive.

† ÉLAPS (é-laps'), *s. m.* Nom d'un serpent. En quelques parties de l'Amérique, il existe des serpents venimeux, des élaps, très-élégamment colorés, E. BLANCHARD, *Rev. des Deux-Mondes*, 1er août 1876, p. 600.

ÉLARGIR. || 1° *Ajoutez :* || Élargir des règles, les rendre moins rigoureuses. Ils élargiraient peut-être les règles plus que je ne fais, CORN. *Lexique*, éd. Marty-Laveaux. || 7° Fig. S'étendre, devenir plus large. Tout le soin du grammairien est en l'agencement des paroles; il s'élargit bien quelquefois jusqu'à l'histoire, MALH. *Lexique*, éd. L. Lalanne. C'est par lui que la foi plus fortement agit, Que l'espérance a de quoi croître, Et que la charité s'enflamme et s'élargit, CORN. *Imit.* IV, 620.

— HIST. || XIV° s. *Ajoutez :* Maquars qui trait l'iaue as pisseniers de douce yaue, Robin c'on dit Argent et Henris li parmentiers sont eslargit de leur prison (1333), VARIN, *Archives administr. de la ville de Reims*, t. II, 2° part. p. 672.

ÉLARGISSEMENT. || 1° *Ajoutez :* Il faut de nécessité trouver quelque élargissement pour le lieu comme pour le temps, CORN. *Discours des trois unités.*

— HIST. XIV° s. *Ajoutez :* Ycius [icelui] Jehans requit que eslargissement de prison li fut fait (1333), VARIN, *Archives administrat. de la ville de Reims*, t. II, 2° part. p. 673. [Les côtes] obeissent par devant à l'eslargissement et à la constriction du ventre, LANFRANC, f° 31.

† 2. ÉLATÈRE (é-la-tè-r') ou ÉLATÉRIDE (é-la-té-ri-d'), *s. m.* Famille d'insectes coléoptères, à ressort élastique, à ocellations lumineuses dans quelques espèces étrangères.

— ÉTYM. Voy. ÉLATÉRITE au Dictionnaire.

† ÉLÉATES (é-lé-a-t'), *s. m. pl.* Philosophes grecs qui professaient les principes de l'école éléatique (voy. ce mot).

† ÉLECTIONNER (é-lè-ksio-né), *v. n.* Néologisme. Agir à l'effet de préparer les élections. Nous demandons des préfets qui administrent leurs départements, au lieu d'y électionner tous les jours à échéance de six ans, ST-MARC GIRARDIN, *Journ. des Débats*, 1er jours d'août 1869.

† ÉLECTIVEMENT (é-lè-kti-ve-man), *adv.* En forme élective. La royauté, soit qu'elle soit l'hé-

ritage d'un seul, soit qu'elle se partage électivement entre cinq, BABŒUF, *Pièces*, I, 122.

† **ÉLECTORALEMENT** (é-lè-kto-ra-le-man), *adv.* En forme d'élection. Le jour où l'on a voulu que cette grande commune [Paris] fût représentée électoralement, on lui a donné des règles et des lois particulières, *Journ. offic.* 24 déc. 1875, p. 10709, 1re col.

† **ÉLECTRE** (é-lè-k-tr'), *s. f.* La 130e planète télescopique, découverte en 1873 par M. Peters.

— ÉTYM. Ἠλέκτρα, fille d'Agamemnon.

† **ÉLECTRIFICATION** (é-lè-ktri-fi-ka-sion), *s. f.* Terme de physique. Production d'électricité. L'influence de l'électrification, TH. DU MONCEL, *Acad. des sc. Comptes rendus*, t. LXXXI, p. 653.

† **ÉLECTRIQUEMENT** (é-lè-ktri-ke-man), *adv.* Par voie électrique. M. de Joly, architecte de l'Assemblée, a eu l'idée de faire allumer les becs électriquement au moment utile, *Journ. offic.* 29 oct. 1873, p. 6610, 1re col. M. Cazaux adresse la description d'un système destiné à révéler électriquement un commencement d'incendie, H. DE PARVILLE, *Journ. offic.* 17 déc. 1874, p. 8366, 2e col.

† **ÉLECTRISEUR.** *Ajoutez :* || 2° Physicien qui s'occupe de l'étude de l'électricité. L'éminent électriseur [M. du Moncel], H. DE PARVILLE, *Journ. offic.* 15 juin 1876, p. 4199, 2e col. || En ce sens, électriseur est un barbarisme, c'est électricien qu'il faut dire.

† **ÉLECTRO-CAPILLAIRE** (é-lè-ktro-ka-pil-lè-r'), *adj.* Terme de physique. Qui se rapporte à l'électricité développée dans les tubes capillaires. Les appareils électro-capillaires, BECQUEREL, *Acad. des sc. Comptes rendus*, t. LXXXI, p. 355.

† **ÉLECTRO-CAPILLARITÉ** (é-lè-ktro-ka-pil-la-ri-té), *s. f.* Terme de physique. Propriété que possède la couche de liquide adhérant à la surface des corps par affinité capillaire de conduire les courants électriques à la manière des corps solides conducteurs.

† **ÉLECTROLYSE.** *Ajoutez :* || 2° Électrolyse chirurgicale, emploi des alcalis et acides engendrés par les courants électriques au sein des tissus organiques, pour la cautérisation des parties, et aussi pour la coagulation de l'albumine du sang dans les sacs anévrysmaux.

† **ÉLECTRON** (é-lè-ktron), *s. m.* On dit plus souvent électrum (voy. ce mot au Dictionnaire). Le talent que le graveur grec a montré sur les pièces asiatiques d'électron de la largeur d'une pièce de six pence est véritablement merveilleux, Extr. du *Times*, dans *Journ. offic.* 4 oct. 1873, p 6197, 2e col. C'est le mot grec rétabli.

† **ÉLÉDONE** (é-lé-do-n'), *s. f.* || 1° Genre de mollusques céphalopodes. || 2° Genre d'insectes coléoptères.

† **ÉLÉGI.** *Ajoutez :* || Il se dit aussi de pièces de fer. On a posé dans le square des Arts-et-Métiers de ces grillages d'une forme gracieuse, en fer élégi.... *Monit. univ.* 12 févr. 1866, p. 159, 4e col.

† **ÉLÉIDE** (é-lé-i-d'), *s. f.* Le même que l'élaïs (voy. ci-dessus).

† **ÉLÈME** (é-lè-m'), *adj.* Raisin élème, raisin trié pour faire du raisin sec. Les raisins élèmes sont, comme leur nom l'indique en langue turque, les raisins triés, et ils sont destinés spécialement à l'exportation pour les colonies lointaines, Extr. des *Ann. du comm. ext.* dans *Journ. offic.* 28 oct. 1874, p. 7246, 3e col.

ÉLÉMENTAIRE. *Ajoutez :* || 3° Classes élémentaires, la septième et la huitième dans les lycées. || 4° Terme de jurisprudence. Entrant comme élément dans, constituant un des éléments essentiels de. Il n'est pas démontré qu'ils aient eu l'intention criminelle, qui est élémentaire de tout délit, *Arrêt de la Cour d'appel de Paris*, 1re chambre, dans *Gaz. des Trib.* du 3 déc. 1873, p. 1167, 3e col.

† **ÉLÉMI.** *Ajoutez :* — ÉTYM. Portug. *gumileme*; de l'arabe *lâmi* ou *lemi*.

† **ÉLÉODENDRON** (é-lé-o-din-dron), *s. m.* Arbre (*elæodendron officinale*) qui fournit le bois dit, à l'île de la Réunion, bois rouge, bois d'olive, bois de cadoque.

— ÉTYM. Ἔλαιον, huile, et δένδρον, arbre.

† **ÉLÉPHANTEAU** (é-lé-fan-tô), *s. m.* Petit d'éléphant. Quand on les [les mères] eut prises pour les attacher aux arbres, nos deux éléphanteaux, pareils à de gros agneaux bondissants, se mirent à gambader autour d'elles, *Rev. Britann.* sept. 1874, p. 133.

† **ÉLEUTHÉRIES** (é-leu-té-rie), *s. f plur.* Terme d'antiquité. Fêtes de l'ancienne Grèce en l'honneur de la liberté; elles se célébraient en mémoire de la victoire remportée sur les troupes de Xercès dans les plaines de Platées.

— ÉTYM. Τὰ Ἐλευθέρια, de ἐλεύθερος, libre.

† **ÉLEVAGE.** *Ajoutez :* || 2° L'élevage des vins, l'ensemble des différents soins que l'on prend pour amener les vins, par le progrès de l'âge, à leur plus grande qualité.

ÉLÉVATEUR. *Ajoutez :* || 2° Nom donné, en Amérique, à des engins qui montent le grain dans les greniers, et, par suite, aux greniers eux-mêmes. Les grains.... sont reçus dans d'immenses édifices en briques rouges, dont l'un peut contenir jusqu'à 500 000 hectolitres de blé, et s'emplir ou se vider en trois ou quatre jours.... on les appelle, dans la langue du pays, des *elevators*, parce que le grain y est reçu, élevé, vanné, nettoyé dans des monte-charge ou élévateurs mus par la vapeur, L. SIMONIN, *Revue des Deux-Mondes*, 1er nov. 1871, p. 239.

ÉLÉVATION. *Ajoutez :* || 11° Genre de composition littéraire inspiré par le mouvement d'élévation vers Dieu. Les Élévations sur les mystères, de Bossuet.

Ajoutez : — REM. On trouve élévation dans le sens d'action d'élever des animaux. Une littérature nombreuse dans laquelle on compte plusieurs journaux, le *Monde ailé*, feuille pour l'élévation des oiseaux, *Journ. offic.* 12 déc. 1872, p. 7728, 1re col. Cet emploi d'élévation est barbare; il faut dire élevage.

† **ÉLÉVATOIRE.** *Ajoutez :* || 2° *Adj.* Qui sert à élever, à porter en haut. La cinquième partie [du *Traité de mécanique générale* de M. Resal] a pour titre : Des moteurs animés; de l'eau et du vent comme moteurs; des machines hydrauliques et élévatoires, H. DE PARVILLE, *Journ. offic.* 8 juin 1876, p. 3968, 2e col.

— HIST. *Ajoutez :* XIVe s. Ces instruments [pour les plaies de tête] sont le touret, le lenticulaire, l'elevatoire, H. DE MONDEVILLE, f° 65.

† **ÉLIMINATEUR.** *Ajoutez :* || Terme de médecine. Qui élimine, qui chasse hors du sein des parties vivantes. Inflammation éliminatrice.

† **ÉLIMINATOIRE** (é-li-mi-na-toi-r'), *adj.* Qui élimine. Après cet examen éliminatoire, qui écarte plus de la moitié des demandes, il ne reste que celles qui sont dignes de fixer l'attention, *Journ. offic.* 3 mars 1876, p. 1599, 2e col.

ÉLIMINER. *Ajoutez :* || 4° Terme de médecine. Chasser hors du sein des parties vivantes. Éliminer un poison, une eschare, un séquestre.

ÉLIRE. *Ajoutez :* || 4° S'élire, *v. réfl.* Être élu. Nous n'avons qu'un doyen; c'est celui qui s'élit tous les deux ans, le premier samedi après la Toussaint, GUI PATIN, *Lett.* t. II, p. 565.

ÉLITE. *Ajoutez :* — REM. Dans l'armée, les compagnies d'élite, grenadiers et voltigeurs des bataillons d'infanterie, ont été supprimées.

ÉLIXIR. — ÉTYM. *Ajoutez :* D'après Fleischer, suivi par Defrémery, le mot arabe vient du mot grec ξηρὸς, proprement médicament sec, mais dont la signification a pris ensuite une plus grande extension.

ELLIPSOÏDE. || 1° Terme de géométrie. *Ajoutez :* Surface du deuxième degré dont toutes les sections planes sont des ellipses ou des cercles; l'ellipsoïde le plus général a trois axes inégaux. || Ellipsoïde de révolution, surface engendrée par la révolution d'une demi-ellipse autour d'un de ses axes; l'ellipsoïde de révolution a deux axes égaux; la sphère est un ellipsoïde dont les trois axes sont égaux. || Solide terminé à la surface d'un ellipsoïde.

ELLIPTIQUEMENT. *Ajoutez :* — REM. Dans tous les dérivés d'ellipse, la signification grammaticale a été placée la première, excepté dans ELLIPTIQUEMENT; elle doit être la première ici aussi.

† **ÉLODITES,** *s. f. plur.* Fausse orthographe pour hélodites (voy. ce mot au Supplément).

† **ÉLOHIM** (é-lo-im'), *s. m.* Nom donné à Dieu dans les premiers chapitres de la Genèse, que la critique croit les plus anciens, tandis que dans les autres Dieu est appelé Jéhovah; Elohim est un mot au pluriel signifiant les Dieux ou Dieu. Le singulier est éloha (voy. ÉLOHISTE au Dictionnaire).

† **ÉLOI** (é-loi), *s. m.* Nom d'un saint, en latin *Eligius*, qui fut un orfévre célèbre et le trésorier de Dagobert; il mourut en 663. || Populairement, froid comme le marteau de saint Eloi, se dit d'un homme calme, que rien n'émeut, DELBOULLE, *Gloss. de la vallée d'Yères*, p. 132.

ÉLOQUEMMENT. *Ajoutez.* — HIST. XVIe s. Là, attendants, recitoient clerement et eloquentement quelcques sentences retenues de la leçon, RAB. *Garg.* I, 23.

† **ELTACH** (èl-tach), *s. f.* Gomme d'eltach ou eltach, sorte de résine, *Tarif des douanes*, 1870, note 185.

† **ELVAN** (èl-van), *s. m.* Terme de minéralogie. Sorte de roche porphyrique.

ÉLYTRE. *Ajoutez :* — REM. Latreille est, sinon le premier, du moins un des premiers qui aient employé le mot *élytre*; il le fait féminin : Élytres ou très-courtes ou très-étroites et pointues au bout, *Consid. gén. sur l'ordre naturel des crustacés, des arachnides et des insectes*, p. 149, Paris, 1810. Les entomologistes ont suivi son exemple Mais les lexicographes font ce mot du masculin; ils ont raison, vu l'étymologie.

† **ÉMA** (é-ma), *s. f.* Autruche d'Amérique, J. GOURDAULT, *Rev. des Deux-Mondes*, 1er mai 1875, p. 87.

† **ÉMAILLAGE** (é-ma-lla-j', *ll* mouillées), *s. m.* Action d'émailler; travail d'émaux. La gravure en pierres fines, l'émaillage et la ciselure se rencontrent, se marient et se prêtent de mutuels effets dans l'ensemble de ce curieux ouvrage [un buste de M. Soldi], O. LACROIX, *Journ. offic.* 15 nov. 1873, p. 6960, 2e col.

† **ÉMAILLERIE.** *Ajoutez :* L'art de l'émaillerie est ancien en France : depuis le moyen âge, la ville de Limoges a été renommée pour ses émaux sur métaux...; au XVIe siècle, les maîtres de Limoges poussèrent l'émaillerie jusqu'à la perfection, J. DUMESNIL, *Hist. des amateurs français*, t. II, p. 198.

ÉMAILLEUR. *Ajoutez :* || 2° Celui qui travaille les tubes et les tiges de verre.

† **ÉMANDRONAGE** (é-man-dro-na-j'), *s. f.* Dans le Puy-de-Dôme, l'ébourgeonnage de la vigne, *les Primes d'honneur*, p. 455, Paris, 1874.

† **ÉMASCULATEUR** (é-ma-sku-la-teur), *s. m.* Synonyme scientifique de châtreur. La très-grande majorité des animaux mâles des steppes sont des bœufs, et conséquemment chacun, individuellement, a passé par les mains de l'émasculateur, BOULEY, *Acad. des sc. Compt. rend.* t. LXXIV, p. 1157.

— ÉTYM. Voy. ÉMASCULER.

EMBALLER. *Ajoutez :* || 4° Populairement, mettre en prison. Le prévenu l'a accostée, se disant agent des mœurs; il lui a demandé 10 fr., sous peine, si elle refusait, de la faire emballer, *Gaz. des Trib.* 27 fév. 1873, p. 127, 3e col. || 5° *V. réfl.* On dit d'un cheval qui prend le mors aux dents, qu'il s'emballe. || Fig. et populairement. S'emballer, se laisser entraîner à quelque bévue, et aussi s'emporter, ou même se passionner vivement pour quelque chose.

EMBALLEUR. *Ajoutez :* || 3° Préposé emballeur, agent des douanes préposé aux emballages, qu'il ne fait pas, mais dont il surveille l'exécution par les employés du commerce. || 4° *Adj.* Un cheval emballeur, un cheval qui s'emballe volontiers.

† **EMBARQUANT, ANTE** (an-bar-kan, kan-t'), *adj.* Se dit de celui, ou de celle qui est embarquée à bord d'un navire, à titre quelconque. Mathiot (Philippe-Célestin), coq embarquant, pension de 600 fr., *Décret du 25 avril 1874, bull. supplément.* 747, p. 868.

EMBARQUER. || 1° *Ajoutez :* || Embarquer se dit non-seulement du navire dans lequel les vagues entrent, mais aussi de la vague qui entre dans le navire. L'eau embarquait dans les plus grands navires et venait presque sur la promenade, Extr. du *Phare de la Loire*, dans *Journ. offic.* du 13 janv. 1877, p. 318, 1re col.

† **EMBARRASSEMENT.** *Ajoutez :* Sans icelui [l'exercice de la retraite spirituelle], le repos n'est qu'oisiveté, et le travail qu'embarrassement, SAINT FRANÇOIS DE SALES, *Introd. à la vie dévote*, II, 13.

† **EMBARRIQUER** (an-ba-ri-ké), *v. a.* Mettre en barrique. On met tremper des quartiers de viande, de vingt-quatre à trente-six heures, dans une solution renfermant, pour 100 parties, 8 de biborate de soude, 2 d'acide borique, 3 de salpêtre et 1 de sel; on embarrique en ajoutant un peu de ce liquide, H. DE PARVILLE, *Journ. des Débats*, 11 nov. 1875, 2e page, 6e col.

† **EMBASTILLER.** || 1° *Ajoutez :* La représentation nationale, que vous avez avilie, tronquée, embastillée, guillotinée, BABŒUF, *Pièces*, I, 122.

† **EMBAUCHE** (an-bô-ch'), *s. f.* Terme rural. Prairie propre à engraisser le bétail (ce paraît être une faute pour embouche; voy. ce mot au Dictionnaire). Pourvu qu'on y sache préparer des mares où l'eau séjourne, on y peut amener bien-

tôt la prairie à l'état d'embauche, BELGRAND, l'*Écon. franç.* dans *Journ. offic.*, 11 fév. 1876, p. 1133, 1re col. Les gras pâturages du Nivernais, qui reposent sur l'argile, servent à engraisser des bœufs, sous le nom de prés d'embauche, *ib.* p. 1132, 2e col.

EMBELLIR. *Ajoutez :* || 6° Terme de féodalité. Embellir sa terre, voy. PAROISSE.

— HIST. *Ajoutez :* XIIe s. Il [les anges] sont enbelit de tote bealteit, *li Dialoge Gregoire lo pape*, 1876, p. 290.

EMBELLISSANT. *Ajoutez :* Il est beau et embellissant, il est éclatant et éblouissant, BOSS. *Élév. sur myst.* III, 7.

EMBERLUCOQUER. — REM. *Ajoutez :* || 2. Enfin une troisième variante de ce mot est emberlicoquer. Son discours emberlicoqua beaucoup de gens, JOSEPH DE MAISTRE, dans STE-BEUVE, *Portraits littéraires*, t. II, *Joseph de Maistre*. || 3. Le passage de Chateaubriand cité dans la Rem. et emprunté au Dictionnaire de Poitevin se trouve dans les *Mém. d'outre-tombe* (éd. de Bruxelles), t. I, *Berlin, Potsdam, Frédéric*.

EMBLÉE. — HIST. XIIe s. *Ajoutez :* Ne viuc [je ne veux] mie faire en emblée [à la dérobée, en secret] Nostre bataille, ains le [la] veront Tuit cil ki veoir le [la] vorront, *Perceval le Gallois*, v. 10 227.

EMBLÈME. *Ajoutez :* — REM. Ce mot est employé au féminin par Mme Cornuel dans la seule lettre d'elle qu'on ait conservée : Il fait des devises.... lesquelles mon ignorance ne conçut que pour emblèmes très-chétives, TALLEMANT DES RÉAUX, t. V, p. 139, éd. Paris.

† 1. EMBLER. — ÉTYM. *Ajoutez :* Servius distingue *involare*, se jeter sur, de *involare*, embler, et dérive celui-ci de *in*, en, et *vola*, la paume de la main. Cette distinction, qui n'est peut-être pas bien sûre, doit pourtant être notée et tenue en grande considération comme opinion des étymologistes latins.

† EMBLIQUE. *Ajoutez :* — ÉTYM. Arabe, *amledj*, qui est le persan *amleh*, venant du sanscrit *âmla*, tamarin, venant lui-même de *amla*, acide.

† EMBOBINER. *Ajoutez :* || 2° Au propre, enrouler autour d'une bobine, former en bobine. Si on embobine cet acier à la façon d'un électro-aimant ordinaire, de manière à lui communiquer le maximum de puissance..., H. DE PARVILLE, *Journ. offic.* 16 nov. 1876, p. 8320, 2e col. Lorsqu'elle [la soie] revient de la teinture, elle est de nouveau embobinée pour servir soit à des organsins, soit à des trames, *Journ. offic.* 21 nov. 1876, p. 8485, 1re col.

† EMBOÎTAGE (an-boi-ta-j'), *s. m.* Mise en boîte. Triage, emboîtage, empaquetage [des plumes métalliques], *Journ. offic.* 18 août 1875, p. 6925, 1re col. Adjudication de 3 751 530 boîtes avec accessoires, pour l'emboîtage des poudres de chasse en 1875, *ib.* 20 sept. 1874, p. 6628, 2e col.

EMBOÎTER. *Ajoutez :* || 4° Terme de relieur. Emboîter un livre, mettre dans sa reliure primitive un livre qui en a été ôté. Qu'à la vérité le défendeur prétend avoir acheté un livre non emboîté et qui devait lui être livré avec le texte et la reliure primitifs, *Journ. offic.* 20 avril 1876, p. 2824, 3e col.

† EMBOLIQUE (an-bo-li-k'), *adj.* Terme de médecine. Qui a le caractère de l'embolie. Lésions emboliques.

EMBORDURER. *Ajoutez :* Les linéaments à l'encre de Chine; les traits d'or embordurant les rinceaux, CH. BLANC, *Journ. offic.* 27 oct. 1873, p. 6573, 2e col.

EMBOURBER. — HIST. *Ajoutez :* XIIIe s. Clers qui en tel borbier s'enborbe, Ou puis d'enfer en l'orde borbe Plungiez et emborbez sera, *Chronique des ducs de Normandie*, *Appendice* III, t. III, p. 530.

† EMBOURGEOISER (an-bour-joi-zé), *v. a.* || 1° Donner le caractère bourgeois, vulgaire. Embourgeoiser le drame biblique [Judith et Holopherne, du peintre Delaroche], en essayant de le renouveler et de l'habiller en costume moderne, PLANCHE, *Salon de 1834, tableau de Delaroche*. || 2° *V. réfl.* S'embourgeoiser, prendre un caractère bourgeois, vulgaire. Mme Geoffrin devait hériter de cette sollicitude [de Mme de Tencin, pour les habitués de son salon] en la prosaïsant; et avec elle la littérature devait s'embourgeoiser tout à fait, DE LESCURE, *Journ. offic.* 28 oct. 1875, p. 8894, 3e col.

† EMBOUTEILLAGE (an-bou-tè-lla-j', *ll* mouillées), *s. m.* L'action d'embouteiller, de mettre en bouteille.

† EMBOUTEILLEMENT (an-bou-tè-lle-man, *ll* mouillées), *s. m.* Action d'embouteiller, de mettre un liquide en bouteilles. L'observation a fait voir qu'elles [les eaux de Condillac] étaient plus savoureuses six mois après leur embouteillement, *Notice sur l'eau de Condillac*, p. 9.

EMBRANCHEMENT. *Ajoutez :* — HIST. XVe s. L'embranchement par mer de la riviere de Somme, *Rec. des monum. inédits de l'hist. du tiers état*, t. IV, p. 722.

† EMBRASEUR (an-brâ-zeur), *s. m.* Celui qui embrase, qui met le feu.

— HIST. XVIe s. Noie les yeux, mignonne, embrazeurs de mon ame, D'AUB. *le Printemps*, Paris, 1874, p. 43.

† EMBRASSOIRES (an-bra-soi-r'), *s. f. pl.* Sorte de tenailles. On le saisit [le creuset] avec une paire de tenailles, que l'on appelle embrassoires, parce qu'elles le soutiennent sans danger de le rompre, bien qu'il soit en terre, *Œuvres de Benvenuto Cellini*, trad. L. Léclanché, *Traité de l'orfévrerie*, ch. XI, ou t. II, p. 319.

† EMBREVADE (an-bre-va-d'), *s. f.* Sorte de plante légumineuse. Ile de la Réunion, désignation des cultures : embrevades.... *Marine et colonies, Tableaux de population et de culture pour 1865*, p. 40. Nous avions reçu [en Égypte] de l'île Maurice une légumineuse alimentaire, l'embrevade, qui, essayée au jardin de Kobbeh, puis à la campagne, donne aujourd'hui un légume meilleur que la fève et cinq ou six fois plus productif, *Journ. offic.* 2 déc. 1872, p. 7468, 3e col.

EMBROCHER. — HIST. *Ajoutez :* || XVIe s. Un sien escuyer portant son pennon, de la lance duquel il embrocha un Turc à travers le corps, PARADIN, *Chron. de Savoye*, p. 301.

† EMBROCHEUR (an-bro-cheur), *s. m.* Terme populaire. Celui qui embroche, qui passe son épée au travers du corps des gens. Enfin ces embrocheurs de patriotes, que je regarde comme des roquets qu'on voudrait lancer contre un dogue qui n'en ferait qu'une bouchée, *Lett. du P. Duchêne*, 44e lettre, p. 5.

† EMBROQUEMENT (an-bro-ke-man), *s. m.* Ancien terme de manufacture. Action de brocher une étoffe. Seront les drapiers et sergers tenus exécuter les présents règlements, tant pour la qualité de lainages, que pour la forme prescrite pour les lisières et embroquements, à peine de dix livres d'amende, *Statuts et règlements des drapiers et sergers de Beauvais*, 18 août 1670, art. 10.

— HIST. XVe s. Se l'on treuve sain blanc, ou noir suif, ou vieux oingt, ou il y ait embroqueure dont l'un vaille pis que l'autre, icelles denrées seront forfaites, *Ordonn.* déc. 1487.

— ÉTYM. *En 1*, et *brocher*.

† EMBROUILLEUR. *Ajoutez :* Tout ne serait-il pas fini depuis longtemps [dans les provinces insurgées de la Turquie], si d'habiles embrouilleurs n'avaient pris plaisir à embrouiller les fils, à multiplier les incidents? VALBERT, *Rev. des Deux-Mondes*, 1er août 1876, p. 702.

† EMBROUSSAILLÉ, ÉE (an-brou-sâ-llé, llée, *ll* mouillées), *adj.* || 1° Embarrassé par des broussailles. Des massifs forestiers [en Algérie] qui, embroussaillés, privés de routes, offrent au feu une prise..., *le Bien public*, 4 mars 1875, 2e page, 2e col. || Fig. Un de ces inextricables romans de Frédéric Soulié, ténébreux, embroussaillé, A. DAUDET, *Journ. offic.* 26 févr. 1877, p. 1474, 2e col. || 2° Fait avec des broussailles. La plainte des grands peupliers, qui s'abaissaient l'un vers l'autre, en secouant les nids de pies embroussaillés dans leur faîte, ALPH. DAUDET, *Fromont jeune et Risler aîné*, IV, 2.

† EMBRUMER (S'). *Ajoutez :* L'horizon s'étant de nouveau embrumé, j'ai dû mettre la machine à petite vitesse et faire fonctionner le sifflet, *Rapport, Journ. offic.* 11 oct. 1873, p. 6309, 1re col. || 2. Activement. Couvrir d'une brume. || Fig. La langue italienne, disait Gioberti, sculpte les objets; la langue française les peint, en les montrant rapprochés, avec des traits délicats et fins, mais nets, polis et distincts; on peut dire que la langue allemande les ébauche et les embrume en les traçant d'une façon perplexe, comme les lointains des peintures, MARC MONNIER, *Journ. des Débats*, 25 janv. 1876, 3e page, 4e col.

† EMBRUN. *Ajoutez :* || 2° Nom d'un vent dans les Pyrénées. Malheureusement l'embrun ou le vent de l'avalanche, dont la plus grande partie alla s'engouffrer dans le petit lac d'Oncet [au pic du Midi] et le fit déborder, brisa et tordit l'abri météorologique, *Acad. des sc. Comptes rend.* t. LXXXII, p. 141.

† EMBRUYER (an-bru-ié), *v. a.* Mettre les vers à soie sur la bruyère.

— ÉTYM. *En 1*, et *bruyère*.

† EMBRYONNÉ. *Ajoutez :* || Il se dit aussi des œufs des animaux où l'embryon a commencé à se former. Fournir à l'administration prussienne d'Huningue des millions d'œufs embryonnés, qui de là sont expédiés dans les divers pays d'Europe, *Journ. offic.* 28 oct. 1873, p. 6539, 3e col. Les grands personnages de ce pays.... en épuisent rapidement la provision [des œufs du *salmo fontinalis*] dès qu'ils sont suffisamment embryonnés, et les font éclore dans les laboratoires placés sur les rivières dont ils ont la protection et la surveillance, *ib.* p. 7181, 1re col.

† ÉMÉRALDINE (é-mé-ral-di-n'), *s. f.* Nom d'une sorte de bleu.

— ÉTYM. *Émeraude*.

ÉMERAUDE. *Ajoutez :* || 4° Espèce d'oiseau de paradis. C'est [la Nouvelle-Guinée] la résidence favorite de toutes les plus belles variétés d'oiseaux de paradis : l'émeraude, dont deux plumes se détachent de la queue pour s'enrouler en volutes harmonieuses, le magnifique.... *Journ. offic.* 14 mai 1875, 3e col.

ÉMERI. *Ajoutez :* — REM. On le trouve écrit aussi émeril dans la table du *Cours de minéralogie* de Beudant, Paris, 1858, et dans la table de l'*Aide-mémoire d'artillerie* de Gassendi, Paris, 1819, 3e col.

— HIST. *Ajoutez :* XVe s. Ne porront lesdits wainiers fourbir ne prendre à fourbir à l'emmery espées ne aultre baston, *Rec. des monum. inédits de l'hist. du tiers état*, t. IV, p. 318.

† ÉMETTEUR (é-mè-teur), *s. m.* Celui qui émet, qui met en circulation. L'État émetteur de monnaie de papier, DUPONT WHITE, dans le *Correspondant*, 25 sept. 1866, p. 184. C'est l'émetteur, c'est le publiciste déjà condamné deux fois pour diffamation, *Gaz. des Trib.* 14 mars 1873, p. 250, 3e col.

† ÉMEULER. *Ajoutez :* || 2° Polir à la meule. On fait à Solingen des sabres pour la cavalerie, ayant une garde en fer, à une branche, la lame en étoffe polie, ordinaire, avec fourreau en fer émeulé, *Enquête, Traité de comm. avec l'Anglet.* t. II, p. 52. || En ce sens, il vaudrait mieux dire émoudre, qui est le terme technique et usuel.

ÉMEUTE. *Ajoutez :* — RÉM. On aura de l'émeute une définition plus précise, en disant : Trouble qui se forme dans la rue, commence par un rassemblement, et n'a d'abord ni chef, ni dessein concerté.

— HIST. XIVe s. Mais puet estre qu'il se doubtoit de l'esmuete qui estoit des bonnes gens du plat païs contre les nobles (1362), VARIN, *Archives administr. de la ville de Reims*, t. III, p. 216. En li prometttant que jamais telle esmuete ne seroit faite contre li [l'archevêque de Reims], ID. *ib.*

† ÉMEUTER (é-meu-té), *v. a.* Mettre en émeute. La caserne de la Courtille est toujours émeutée, BABEUF, *Pièces*, I, 37. || Fig. On s'explique de sa peine avec des amis, on en fait part à des parents, on émeute toute une famille, BOURDAL. *Instr. paix avec le prochain, Exhort.* t. II, p. 339.

† ÉMEUTIR. *Ajoutez :* || 2° Il s'est dit pour se décharger d'une excrétion en général. Après avoir trois fois craché, Emeuti et deux fois mouché, *Suite de la révélation*, Paris, 1649, dans CH. NISARD, *Parisianismes*, p. 131 (Le texte porte fautivement *Et meuti*; voy. à l'historique un exemple tout semblable de Cl. Marot).

ÉMIGRANT. *Ajoutez :* || 3° Il s'est dit pour émigrette, sorte de jeu (voy. ÉMIGRETTE au Dictionnaire). Comme des enfants qui s'amuseraient aujourd'hui à jouer à la guerre avec le fusil, et qui demain joueraient bêtement aux émigrants, *Lett. du P. Duchêne*, 234e lettre, p. 2.

— REM. Émigrant vint en usage dans le courant du XVIIIe siècle, et parut alors un néologisme singulier (voy. dans le Dictionnaire la Remarque 2, à ÉMIGRER). Vous ressouvenez-vous d'un jour où le mot émigrant me surprit si fort? vous prîtes la peine de me l'expliquer, et c'est une connaissance que je vous dois, Mme DU DEFFANT, *Lettres*, dans le journal *le Temps*, 28 oct. 1868.

ÉMIGRÉ. || 1° *Ajoutez :* || Se dit des espèces d'animaux qui ont été chassés d'une contrée par les modifications survenues dans le climat, par opposition à ceux qui ont disparu, ne trouvant plus nulle part les conditions nécessaires à leur existence. Parmi les animaux qui vivaient sur notre sol au commencement de l'époque quaternaire,...

d'autres, comme le renne, ont disparu de nos climats, mais vivent encore en d'autres lieux ; ce sont les animaux émigrés, *Conférence* de M. Broca à Bordeaux, dans *l'Homme préhistorique de Lubbock*, traduit par M. Ed. Barbier, p. 563.

† **ÉMINE** (é-mi-n'), **ÉMINÉE** (é-mi-née), *s. f.* Mauvaise orthographe pour hémine, héminée (voy. ces mots au Dictionnaire et au Supplément).

† **EMISSIF.** *Ajoutez :* || Pouvoir émissif d'un corps, quantité de chaleur perdue par un corps dans l'unité de temps, par l'unité de surface, dans une direction normale, quand l'excès de température sur le milieu est égal à l'unité.

† **ÉMISSIONNAIRE** (é-mi-ssio-nè-r'), *adj.* Terme de banque. Qui se rapporte à l'émission de titres, de valeurs. Les banquiers émissionnaires.

EMMAGASINATEUR, TRICE (an-ma-ga-zi-na-teur, tri-s'), *adj.* || 1° Qui recueille, emmagasine. Récolte des rayons solaires et projection sur le récipient emmagasinateur à l'aide d'un réflecteur présentant la forme d'un abat-jour, H. DE PARVILLE, *Journ. offic.* 17 oct. 1875, p. 8719, 3° col. || 2° Substantivement. Corps qui emmagasine une force, chaleur, électricité. La quantité de chaleur que peut emmagasiner du gaz en communication libre avec l'atmosphère est limitée ; ce sera toujours un mauvais emmagasinateur, H. DE PARVILLE, *Journ. offic.* 19 nov. 1876, p. 8456, 2° col.

EMMAGASINER. *Ajoutez :* || 3° Neutralement. Mettre en magasin. Enjoignant d'avoir à lui livrer les grains des Oulad-Yâkoub-ez-Zerara, tribu qui emmagasine dans ces ksour, *Rev. africaine*, juil.-août 1876, p. 263.

† **EMMAGASINEUR** (an-ma-ga-zi-neur), *s. m.* Celui qui emmagasine. Sid-El-Ala.... leur enjoignant d'avoir à lui livrer les graines des Oulad-Yâkoub-ez-Zerara, tribu qui emmagasine dans ces ksour ; il se dirigeait bientôt lui-même avec ses contingents pour donner plus d'efficacité à son injonction, et couper court aux hésitations qui auraient pu se produire chez les emmagasineurs, *Rev. africaine*, juill.-août 1876, p. 273.

† **EMMAILLOTEUR** (an-ma-llo-teur, *ll* mouillées), *s. m.* Celui qui met dans un maillot. || Fig. Messieurs, vous n'êtes point des guérisseurs d'amour-propre en souffrance, des emmailloteurs de vanité blessée, des Pères de la Merci, des Frères de la Miséricorde ; vous êtes des législateurs, CHATEAUBR. *De la Liberté de la presse*, 1827.

† **EMMANCHAGE** (an-man-cha-j'), *s. m.* Synonyme d'emmanchement. L'invention de M. Garaboux, consistant en un système particulier de montage et d'emmanchage de bêches et de douilles, *Gaz. des Trib.* 13 août 1874, p. 774, 4° col.

— REM. Emmanchage, à côté d'emmanchement, aura le sens d'action d'emmancher, tandis que l'autre signifiera l'état de ce qui est emmanché.

† **EMMARCHEMENT.** *Ajoutez :* || 2° Il se dit des gradins d'une contrée montueuse. Après avoir fait quelques milles dans cette contrée sauvage, un spectacle inattendu se présente aux regards : on est sur la crête de rochers abrupts qui forment le dernier contre-fort ou emmarchement du plateau de la Perse, TEXIER, *Revue ethnogr.* 2° série, t. I, p. 289.

† **EMMARGER** (an-mar-jé. Le *g* prend un *e* devant *a* et *o*), *v. a.* Mettre dans les marges. Le seul inconvénient auquel on n'a pu jusqu'ici remédier consiste dans la nécessité où l'on est d'emmarger de nouveau les épreuves [de la photoglyptie Woodburg] dont le tirage a sali les marges, *Journ. offic.* 30 mai 1873, p. 3457, 3° col.

† **EMMASCARADÉ, ÉE** (an-ma-ska-ra-dé, dée), *adj.* Néologisme. Qui est en mascarade. La comédie de Hogarth — vraie comédie ! — se joue sur les planches d'un théâtre, par des acteurs grimés et emmascaradés, BÜRGER, *Salons de* 1861 *à* 1868, t. I, p. 333.

† **EMMASQUER** (an-ma-ské), *v. a.* Se dit, en Provence, d'une opération magique analogue à l'envoûtement. S'il y a des gens qui emmasquent, il y en a d'autres qui démasquent, et l'on doit penser si leur clientèle est nombreuse, *Gaz. des Trib.* 3 juin 1875, p. 533, 2° col.

— ÉTYM. *En* 1, et *masque*.

† **EMMÊLAGE** (an-mê-la-j'), *s. m.* Vice de la soie grège qui fait qu'elle s'emmêle, dans l'opération du décreusement.

EMMENER. *Ajoutez :* — REM. Emmener a été construit avec un infinitif sans préposition intermédiaire. Je n'ai pu emmener Mlle Levasseur errer avec moi dans cette saison, J. J. ROUSS. *Lett. à d'Ivernois*, 2 déc. 1765.

† **EMMÉTROPE** (an-mé-tro-p'), *adj.* Terme d'optique et de physiologie. Se dit de l'œil dont la rétine se trouve au foyer principal de son système dioptrique, ce qui fait que les rayons parallèles se réunissent sur elle.

— ÉTYM. Ἔμμετρος, conforme à la mesure (de ἐν, en, et μέτρον, mesure), et ὤψ, œil.

† **EMMÉTROPIE** (an-mé-tro-pie), *s. f.* Qualité de l'œil emmétrope.

† **EMMI** (an-mi), *adv.* Au milieu de (terme vieilli). Emmi les champs, MALH. *le XXXIII° livre de Tite Live*, ch. 19. Se promener emmi les rues, ID. *Lexique*, éd. L. Lalanne. || Emmi les champs, se dit encore couramment par les paysans normands. Ce mot, bien employé, trouverait sa place dans le style actuel.

— ÉTYM. *En* 1, et l'anc. franç. *mi*, milieu, du lat. *medius* (*en mi* représente *in medio*).

† **ÉMMINÉ, ÉE** (an-mi-né, née), *adj.* Qui a telle ou telle mine. Il a les yeux gros et fort enfoncés en la tête, les narines fort ouvertes ; et, à le prendre tout ensemble, il est extrêmement mal emminé, MALH. *Lexique*, éd. L. Lalanne.

— ÉTYM. *En* 1, et *mine* 1.

† **EMMURÉ.** *Ajoutez :* || Couvent des Emmurées, nom d'un couvent à Rouen.

† **EMMURER.** — HIST. *Ajoutez :* || XIV° s. Les pauvres religieuses emmurées de l'eglise de Saint-Mahieu près de Rouen, *Mandements de Charles V*, 1376, Paris 1874, p. 656.

EMMUSELER. — HIST. *Ajoutez :* XII° s. Atournée ert moult ricement, Et si n'ot pas sa guimple ostée, Ains ert moult bien enmuselée, Si k'à paines veoir pooit, *Perceval le Gallois*, v. 29826.

ÉMOLUMENTER. *Ajoutez :* — REM. Émolumenter, indiqué comme vieux dans le Dictionnaire, n'en est pas moins encore employé dans le style juridique. Qu'il n'a obéi en dénaturant les valeurs dont il disposait, à vrai dire sans contrôle, qu'à une pensée d'émolumenter sur les honoraires des contrats ou d'alimenter son propre crédit, *Arrêt de la Cour d'appel de Paris*, 22 avril 1875, dans *Gaz. des Trib.* 17 mars 1876, p. 267, 4° col.

† **ÉMONDATION.** *Ajoutez :* — HIST. XVI° s. Monstre toy au prestre, et offre pour ton emundation les choses que Moyse a commandé en tesmoignage à iceulx, *Marc*, I, 44, *Nouv. Testam.* éd. Lefebvre d'Étaples, Paris, 1525.

† **ÉMONDES.** *Ajoutez :* || 2° *Au sing.* Nom, dans l'Avranchin, des têtards qu'on exploite en les émondant, pour en tirer des perches, des cercles, etc.

† **ÉMONDOIR** (é-mon-doir), *s. m.* Instrument servant à émonder les arbres. C'est pour éviter l'emploi des crampons qu'on se sert avantageusement d'un émondoir emmanché au bout d'une perche de 3 ou 4 mètres, G. BAGNERIS, *Man. de sylvicult.* p. 181, Nancy, 1873.

† **ÉMOTIF, IVE** (é-mo-tif, ti-v'), *adj.* Terme de physiologie cérébrale. Qui est relatif aux émotions ; qui suscite les émotions.

ÉMOTION. *Ajoutez :* || 4° Petit mouvement fébrile. Monseigneur le Dauphin eut hier un second accès [de fièvre], qu'on pourrait compter pour le troisième, à cause d'une émotion qui marqua un peu jeudi dernier, BOSS. *Lett. à Huet*, 21 oct. 1670, dans *Correspond.* 25 déc. 1876, p. 1080.

† **ÉMOTIVITÉ** (é-mo-ti-vi-té), *s. f.* Terme de physiologie psychique. Degré suivant lequel chaque personne est sujette à s'émouvoir de quelque impression perçue. Les régions cérébrales qui sont douées de sensibilité, d'émotivité.... LUYS, *Études de physiologie et de pathologie cérébrales*, p. 113.

— ÉTYM. Voy. ÉMOTION.

ÉMOUDRE. *Ajoutez :* || 2° User sur la meule une surface métallique qu'on veut rendre unie. Émoudre des canons de fusil.

† **ÉMOUSSE** (é-mou-s'), *s. f.* Nom, en Vendée, d'un vieil arbre creux. Camarades, un gros vieux arbre creux et mort où un homme peut se fourrer comme dans une gaîne, ces sauvages [en Vendée] appellent çà une émousse, V. HUGO, *Quatre-Vingt-Treize*, t. I°r, 1°re partie, liv. 4°r.

† **ÉMOUSSEMENT** (é-mou-se-man), *s. m.* || 1° Action d'émousser. M. Bourrel, ex-vétérinaire militaire, prétend avoir trouvé le moyen d'empêcher la transmission de la maladie [la rage] en pratiquant ce qu'il appelle l'émoussement des dents chez les chiens ;... l'émoussement rend-il réellement les morsures des chiens enragés inoffensives ? *Journ. offic.* 28 juin 1874, p. 4432, 2° et 3° col. || 2° État de ce qui est émoussé, de ce qui est mousse. L'émoussement du bord antérieur du canal lacrymal [sur un crâne], QUATREFAGES et HAMY, *Acad. des sc. Comptes rendus*, t. LXXXIV, p. 140.

† **ÉMOUVER** (é-mou-vé), *v. a.* Terme du langage populaire et qui représente émouvoir. Le jeune, un peu émouvé sans doute par les ardeurs de l'été, par le parfum des herbes et le voisinage des fillettes occupées aux champs, BÜRGER, *Salons de* 1861 *à* 1868, t. I, p. 214. Au premier plan, un lac encore émouvé par la tempête passagère, ID. *ib.* p. 492.

— REM. Émouver ne peut s'employer que dans le langage populaire. Partout ailleurs c'est d'émouvoir qu'il faut se servir.

— ÉTYM. *É*.... pour *es*, préfixe, et *mouver*, qui est employé comme terme de métier (voy. MOUVER au Dictionnaire) ; dans l'Aunis, *emouver*, secouer, *Gloss. aunisien*, p. 100.

† **EMPAFFER** (S') (an-pa-fé), *v. réfl.* Terme populaire. Se griser, devenir paf. Empaffez-vous honnêtement pour avoir un petit grain de goguette dans la tête, mais ne vous soûlez pas.... *Lett. du P. Duchêne*, 75° lettre, page 4.

— ÉTYM. *En* 1, et *paff*.

EMPALER. *Ajoutez :* || 2° Traverser par un pieu un objet quelconque. Un trou, ménagé au centre [des pains de seigle de Suède], permet d'en empaler une quantité prodigieuse au moyen de perches fixées sous les plafonds, *Journ. offic.* 20 mars 1873, p. 1949, 2° col. || 3° S'empaler, s'infliger à soi-même le supplice du pal. Les Hindous sont très-superstitieux ; on en voit qui, pour apaiser la colère de leurs divinités, s'empalent, ou se précipitent dans les fleuves, ou s'enterrent tout vivants, CORTAMBERT, *Cours de géographie*, Paris, 1873, p. 566.

† **EMPANSEMENT** (an-pan-se-man), *s. m.* Nom vulgaire de la météorisation chez les bestiaux.

— ÉTYM. *En* 1, et *panse*.

† **EMPAPILLOTER** (an-pa-pi-llo-té, *ll* mouillées), *v. a.* Garnir de papillotes. || Fig. Des conseils empapillotés dans des épigrammes, *le National*, 12 janvier 1877, 3° page, 1°re col.

† **EMPAREMENT** (an-pa-re-man), *s. m.* Néologisme. Action de s'emparer. C'était un emparement violent de la personne [arrestation et meurtre du duc d'Enghien], comparable aux captures que font les pirates de Tunis et d'Alger, CHATEAUBR. *Mém. d'outre-tombe* (éd. de Bruxelles), t. II, *Année de ma vie* 1804.

† **EMPARESSER** (an-pa-rè-sé), *v. n.* Devenir paresseux.

— HIST. XIV° s. *Torpere*, emperecier, ESCALLIER, *Vocab. lat.-franç.*

ÉTYM. — *En* 1, et *paresser*.

EMPÊCHER. || 4° S'empêcher, *v. réfl. Ajoutez :* C'est cela qui a été cause que vous n'avez pas eu plus souvent de ses lettres ; et elle s'en est empêchée pour ne vous pas mentir plus d'une fois, VOIT. *Lett.* 135. || 5° Neutralement, empêcher à quelqu'un, le gêner, lui créer des obstacles (emploi vieilli). Il croyait que l'archiduc était de ses amis, et qu'il ne lui empêcherait pas, MALH. *Lexique*, éd. L. Lalanne.

— REM. *Ajoutez :* || 5. Vaugelas dans ses *Remarques* note ceci : « Un de nos meilleurs auteurs a dit que quelqu'un avait fait rompre un pont, pour s'empêcher d'être suivi. A la prendre au pied de la lettre, cette expression *s'empêcher d'être suivi*, ne peut guère se concevoir ; cependant beaucoup l'approuvent. » Rien dans la grammaire ne fait obstacle à cette tournure, peu usitée sans doute. On dit : s'empêcher de faire ; et il faudra la prendre, si l'on veut après *s'empêcher* mettre un infinitif passif. *Il s'empêcha d'être aimé*, vaut certainement mieux que *il empêcha qu'on l'aimât*. Au Dictionnaire, voyez l'exemple de Mairet : Je m'empêcherais bien de servir de matière à la sévérité.... Servir de matière est l'équivalent d'un verbe passif, et on pourrait le remplacer par être traité sévèrement. S'empêcher de signifiant se défendre peut être suivi d'un infinitif passif.

† **EMPEIGNÉ, ÉE** (an-pè-gné, gnée), *adj.* Terme de tissage. Se dit de la disposition des fils dans la chaîne. Ce serait le duitage qu'il faudrait considérer plutôt que le poids, surtout pour les tissus qui sont empeignés clair, c'est-à-dire qui ont peu de fils en chaîne, et qui néanmoins sont fortement duités, *Enquête, Traité de comm. avec l'Anglet.* t. IV, p. 443. Je ne fabrique que les calicots de qualité courante, plus ou moins empeignés, plus ou moins duités, *ib.* p. 441.

† **EMPEIGNEMENT** (an-pè-gne-man), *s. m.* Terme de tissage. Disposition des fils dans la chaîne. On pourrait prendre pour base d'apprécia-

tion, soit le poids, soit le nombre de fils au centimètre carré, puisque, les fils employés dans les diverses laizes, empeignements et duitages étant toujours les mêmes, le poids des différentes sortes est toujours en rapport avec le nombre de fils, *Enq. Traité de comm. avec l'Anglet.* t. IV, p. 443.

† **EMPENOIR.** *Ajoutez :* — ÉTYM. *En* 1, et *pêne* (d'une serrure).

EMPESÉ. *Ajoutez :* || 3° Un empesé, une personne à l'air empesé. Et qu'est-ce que ça me fait à moi, qu'un empesé crie contre moi, fasse la mine et rechigne? *Lett. du P. Duchêne*, 2° lettre, p. 1.

EMPESEUR. *Ajoutez :* || Fig. Il [l'abbé de la Chambre] appelait le P. Bouhours l'empeseur des Muses, à cause qu'il paraît plus d'art et de contrainte dans ce qu'il écrit, que de facilité et de naturel, VIGNEUL-MARVILLE, *Mél. d'hist. et de litt.* p. 78.

† **EMPÉTRÉES** (an-pé-trée) ou **EMPÉTRACÉES** (an-pé-tra-sée), *s. f.* Terme de botanique. Famille de plantes dont l'*empetrum* est le type.

— ÉTYM. Lat. *empetros*, perce-pierre, du grec ἔμπετρον, de ἐν, en, et πέτρα, pierre.

† **EMPÊTREMENT** (an-pê-tre-man), *s. m.* Ce qui empêtre, obstacle, empêchement.

— HIST. XIII° s. Promettons audit Ebbles enterin et durable guariment, et defendre le contre toutes personnes qui riens i demanderoient ou empestrement i mettroient, CH. POUGENS, *Archéologie franç.* t. I, p. 163.

† **EMPEURÉ, ÉE** (an-peu-ré, rée), *adj.* Néologisme. Plein de peur, saisi de peur.

† **EMPHASISTE** (an-fa-zi-st'), *s. m.* Celui qui parle, écrit avec emphase. Si vous ne trouvez point de termes assez forts, dites avec l'emphasiste Brébeuf.... RAC. *Lett. à l'abbé Levasseur*, 24 nov. 1661.

† **EMPIÉGER** (an-pié-jé. Le *g* prend un *e* devant *a* et *o*; l'*é* reste aigu même quand la voyelle qui suit est muette), *v. a.* Prendre à un piége, retenir en un piége. Et le rat coupa un jour la maille qui empiégeait le lion, DIDEROT, *Œuvres complètes*, éd. Assezat, Paris, 1875, t. IV, p. 18.

— ÉTYM. *En* 1, et *piége*.

† **EMPIREMENT.** *Ajoutez :* On ne peut nier que ce qui nous peut faire vivre heureusement ne soit bon; car il n'est point susceptible d'empirement, MALH. *Lexique*, éd. L. Lalanne.

† **EMPLACÉ, ÉE** (an-pla-sé, sée), *adj.* Qui occupe un certain emplacement. C'est la situation des ouvrages du système de défense restreinte, lesquels sont emplacés au milieu de parcs, de villas opulentes et de forêts qu'il faudra acquérir à grand prix.... G°l CHARETON, *Journ. offic.* 28 mars 1874, p. 2376, 3° col. Les sieurs D.... et M.... habitent à Jarcieu deux maisons contiguës, qui ont chacune une cour, séparée par un petit mur mitoyen, dans lequel se trouve emplacé, à un mètre seulement de distance de leur maison respective, un puits qui leur est commun, *Gaz. des Trib.* 23 août 1876, p. 820 4° col.

EMPLÂTRE *Ajoutez :* || Emplâtre brûlé, emplâtre pour lequel la fusion des corps gras, au lieu d'être faite au bain-marie ou en ajoutant un peu d'eau au mélange, est faite à feu nu; le corps gras se trouve en partie décomposé, et le carbone colore l'emplâtre.

† **EMPLECTON** (an-plè-kton), *s. m.* Terme d'antiquité et d'architecture, désignant un des procédés employés par les Grecs pour construire les murs : les surfaces extérieures sont formées de blocs réguliers, dont l'intervalle est rempli de moellons; des parpaings s'étendent d'une surface à l'autre.

— ÉTYM. Ἔμπλεκτον, de ἐν, en, et πλέκω, enlacer.

EMPLI. *Ajoutez :* || 3° Il se dit aussi dans la savonnerie. Indication du numéro des récipients employés, déclaration de l'heure des emplis et des extractions, *Circulaire des contrib. indirectes*, 13 fév. 1874, n° 111, p. 3.

† **EMPLISSAGE** (an-pli-sa-j'), *s. m.* || 1° Terme technique. Action d'emplir, VERNIER, *Causerie scientifique*, dans le *Temps*, 22 juin 1875. || 2° Manière dont est empli un baril, une mesure quelconque. Les syndics auront le droit de surveiller la qualité et la livraison du hareng, tant frais que salé en grenier, venant de la mer; de vérifier le poids des barils des harengs braillés ou salés en mer, et d'en faire l'ouverture à l'effet d'en examiner l'emplissage, ainsi que la qualité et l'apprêt du poisson, *Ordonnance du roi*, 14 août 1816, titre IV, art. 32.

EMPLOYÉ. || 3° *S. m. Ajoutez :* || Il se dit aussi au féminin. Il y a les femmes dont on ne saurait dire au juste si elles sont ouvrières, servantes ou employées, P. LEROY-BEAULIEU, *Rev. des Deux-Mondes*, 15 mai 1872, p. 337.

† **EMPLOYEUR.** *Ajoutez :* Les ligues des employeurs, comme on dit en Angleterre, et celles des travailleurs sont affranchies de toute entrave, E. D'EICHTHAL, *Rev. des Deux-Mondes*, 1°r mars 1872, p. 190.

† **EMPOIGNANT, ANTE** (an-po-gnan, gnan-t'), *adj.* Terme d'atelier. Qui saisit, qui cause une forte émotion. Une réalité empoignante, *Journ. offic.* 24 juin 1872, p. 4259, 2° col.

† **EMPOIGNE** (an-po-gn'), *s. f.* Action de saisir avec la poigne. Et, de temps en temps, dans des embrassades à pleine empoigne, résonnaient des baisers goulus, MM. DE GONCOURT, *Germinie Lacerteux*, ch. XLVIII. || Populairement. Il a acheté cela à la foire d'empoigne, il l'a volé.

EMPOIGNER. *Ajoutez :* || 4° Empoigner quelqu'un, s'emparer de lui, ne pas le quitter. À peine un grand est-il débarqué, qu'il [Théophile] l'empoigne et s'en saisit, LA BRUY. IX.

— REM. St-Simon a dit empoigner en parlant d'arguments, de raisons : Besons voulait répondre; mais, ne pouvant trouver sous la main rien, pour ainsi dire, susceptible d'être empoigné.... t. V, p. 101, éd. Chéruel, année 1710.

EMPOISONNEUR. — HIST. XVI° s. *Ajoutez :* Aux craintifs et incredules, et mauldis et homicides et fornicateurs et empoisonneurs et idolatres.... leur part sera en l'esteng ardent de feu et de souffre, *Apoc.* XXI, 8, *Nouv. Testam.* éd. Lefebvre d'Étaples, Paris, 1525.

† **EMPOMMAGE** (an-po-ma-j'), *s. m.* Terme normand. Accident par lequel une vache, un bœuf s'étouffent en avalant une pomme qui s'arrête dans le gosier. L'abondance des pommes, cette année, peut rendre fréquent l'accident dit empommage.... *Avranchin*, 26 oct. 1873.

† **EMPOMMER (S')** (an-po-mé), *v. réfl.* Terme normand. S'étouffer en avalant une pomme, en parlant de vaches, de bœufs. Vaches empommées.

† **EMPORT.** *Ajoutez :* || Il se dit aussi, en dehors des termes de droit, de l'action d'emporter. Le ministre de l'intérieur : Considérant que l'emport de faix par les ouvriers travaillant à la construction des trains et autres travaux relatifs aux flottages des bois,.... a cessé d'être uniforme,... que sur les ports de l'Yonne supérieure, le faix se compose de sept bûches,... *Arrêté* du 28 mai 1816. || 2° On l'a pris dans le sens d'action de l'emporter, d'avoir l'avantage. La réforme avait marqué l'instant où, dans l'ordre religieux, le libre examen a pris l'emport sur la foi, PROUDHON, *du Principe fédératif*, p. 42. || 3° À l'emport de, *loc. adv.* D'une étendue égale à. Une maison.... composée au rez-de-chaussée d'une cuisine et d'une boutique, au premier de deux chambres, et d'un grenier sur le tout à l'emport de ces deux chambres, *l'Avranchin*, 17 nov. 1872, *aux annonces*.

† **EMPOSIEU** (an-po-zieu), *s. m.* Nom donné, dans le Jura, à des cavités en forme d'entonnoir où les eaux s'engouffrent pour reparaître, sous forme de sources abondantes, dans les vallées inférieures. || *Au plur.* Des emposieux.

— ÉTYM. *En* 1, et le provenç. *pots*, puits.

† **EMPOTEMENT** (an-po-te-man), *s. m.* Action de mettre dans des pots, de mesurer un liquide par pot. La contenance des vaisseaux servant à la fabrication des liqueurs sera reconnue par l'empotement, et marquée sur chacun d'eux en présence des employés de la régie, *Loi du 24 juin 1824, sur l'exercice des fabriques de liqueurs*, art. 6.

† **EMPOUTAGE** (an-pou-ta-j'), *s. m.* Distribution systématique des fils de suspension des maillons de lisse, dans les métiers à tisser les étoffes de soie.

EMPREINTE. *Ajoutez :* || 4° Cabestan à empreinte, sorte de cabestan. En deux heures et demie à peine, au moyen de 16 cabestans à empreinte, mis en action par 608 hommes, le halage du *Majestueux* fut effectué, *Journ. offic.* 27 fév. 1873, p. 1392, 1°e col.

† **EMPRESSANT, ANTE** (an-prè-san, san-t'), *adj.* Qui cause de l'empressement. Vous séparez votre cœur de l'empressante multiplicité des désirs du siècle, BOSS. *Pour une véture, jour de la Nat. de la sainte Vierge*, 2.

EMPRESSÉ. || Empressé de.... *Ajoutez :* Je n'irai pas sottement m'imaginer que ni vous ni personne soit empressé de ma mince figure, J. J. ROUSS. *Lett. à M. Roguin*, mars 1763. (Cette locution est absolument inadmissible.) || Substantivement.... Faire l'empressé de. Un chevalier de Malte est venu me voir il y a quinze jours de la part du général Paoli, faisant beaucoup l'empressé des commissions dont il se disait chargé près de moi, J. J. ROUSS. *Lett. à M. Le Nieps*, 8 fév. 1765.

† 2 **EMPRISE** (an-pri-z'), *s. f.* Terme de construction. Action de prendre une portion de terrain pour l'approprier à un objet quelconque. Aucun projet de vue nécessitant une emprise quelconque sur l'hôtel de l'ambassade russe n'a jamais été adopté par l'administration municipale de Paris, *Monit. univ.* 6 juin 1868, p. 782, 2° col. Largeur d'emprise ou partie de terrain enlevée par le projet [du percement de l'avenue de l'Opéra, à Paris], *Revue géographique*, 30 oct. 1876, p. 218. Lorsque l'exproprié requiert l'expropriation totale d'un bâtiment atteint en partie par l'expropriation, il y a nécessité d'offrir une indemnité afférente à l'emprise de tout le bâtiment, et faute de cette offre la décision est nulle, *Gaz. des Trib.* 27 août 1873, p. 821, 1°e col.

— ÉTYM. *En* 1, et *prise*.

† **EMPRISONNEUR** (an-pri-zo-neur), *s. m.* Néologisme. Celui qui met en prison. Les emprisonnés mettent les emprisonneurs en prison, M°me DE GASPARIN, *Voyages, Bande du Jura*, I, *les Prouesses de la Bande du Jura*, Paris, 1865.

EMPRUNT. *Ajoutez :* || 5° Terres d'emprunt, terres qu'on enlève dans le voisinage pour faire un remblai ou autre travail, etc.

† **EMPUSE** (an-pou-z'), *s. f.* Terme d'antiquité. Spectre nocturne, qui prenait diverses formes. Strige, harpie, magicienne, empouse (*sic*), TH. GAUTIER, *Portraits contemp.* (*Honoré de Balzac*).

— ÉTYM. Ἔμπουσα. Th. Gautier dit *empouse*; mais l'ου grec devient *u* en latin, et de là *u* en français.

ÉMULATEUR. *Ajoutez :* Si le prédicateur religieux pouvait offrir dans ce prince si catholique et si dévot [Jacques II] le plus édifiant émulateur des héros monastiques, D'ALEMBERT, *Éloges, Roquelle*.

1. **EN.** — REM. *Ajoutez :* || 7. En rue, pour dans la rue. J. J. Rousseau écrit de Lyon : Je suis logé chez la veuve Petit, en rue Genti, J. J. ROUSS. *Lett. à Mlle Serre*, 1736. Chez M. Barcellon, huissier de la Bourse, en rue Basse, ID. *Lett. à Mme de Warens*, 23 oct. 1737. || 8. Mme de Sévigné emploie *en* avec un nom de personne pour signifier : avec, chez. J'allais me promener à Vincennes, en famille et en Troche [avec Mme de la Troche], 10 avril, 1671. J'ai été cette nuit aux Minimes; je m'en vais en Bourdaloue, 25 déc. 1671. || Ce sont des tournures plaisantes. || 9. Régnier a dit : Qui vit naître et mourir les Muses en la France, *Sonnet* I. *En la France*, moins usité que *en France*, est bon néanmoins. || 10. J. J. Rousseau a dit en Deux-Cents pour : dans le conseil des Deux-Cents, à Genève. Je ne doute pas que le discours tenu par le procureur général en Deux-Cents ne soit sincère, *Lett. à d'Ivernois*, 24 mars 1768.

† **ENAIGRIR** (an-nè-grir; *an* prononcé comme dans l'an), *v. a.* Rendre plus aigre, plus cuisant. Ta douleur, Cléophon, sera donc incurable, Et les sages discours Qu'apporte à l'adoucir un ami secourable, L'enaigrissent toujours, MALH *Lexique*, éd. L. Lalanne.

† **ÉNARGITE** (é-nar-ji-t'), *s. m.* Minéral qui est un sulfo-arséniure de cuivre.

† **ÉNARMES** (é-nar-m'), *s. f. pl.* Courroies fixées au bouclier, qui servaient à l'embrasser

— ÉTYM. *En* 1, et *arme*.

† **ÉNARRER.** *Ajoutez :* — HIST. XVI° s. Lequel [le salut] comme ainsi soit qu'il ayt commencé d'estre enarré par nostre Seigneur, il a esté confermé en nous par ceulx qui l'ont ouy, *Hebr.* II, 3, *Nouv. Testam.* éd. Lefebvre d'Étaples, Paris, 1525 (cet exemple de 1525 ôte au mot le titre de néologisme qui lui est donné dans le Dictionnaire).

† **ENARRHEUR** (an-na-reur), *s. m.* S'est dit de celui qui donnait des arrhes pour quelque opération. À Grenoble où le blé dépassait déjà 4 fr. le quartal [de 27 livres], la crainte des poursuites annoncées contre les enarrheurs a fait faire quelques ventes précipitées à un cours inférieur, BOISLISLE, *Corr. contrôl. gén. des fin.* p. 338, 1693.

† **ÉNASER.** *Ajoutez :* — REM. Le passage de Chateaubriand cité d'après le Dictionnaire de Dochez se trouve dans *Mém. d'outre-tombe* (éd. de Bruxelles), t. I, *Rivière du nord, Chant de la passagère*, etc.

† **ENCADASTRER** (an-ka-da-stré), *v. n.* Faire le cadastre, faire entrer dans un cadastre. Forbonnais, devenu privilégié par l'acquisition de sa charge, mais fidèle à ses principes, proposa aux habitants de la commune de Champaissant, dans

laquelle est située sa terre, de secouer le régime de l'arbitraire de la taille et d'encadastrer ses valeurs, LEPRINCE D'ARDENAY, *Éloge histor. de Forbonnais*, p. 11.

ENCADREMENT. *Ajoutez :* || 2° Terme militaire. Files d'encadrement, sous-officiers et soldats désignés pour tracer une ligne de bataille, dans les manœuvres, et entre lesquels doit venir s'encadrer le front de la troupe

† ENCADREUR (an-ka-dreur), *s. m.* Celui qui encadre des dessins. Doreur encadreur.

ENCAGÉ. *Ajoutez :* || 2° Se dit de la position d'une pièce d'artillerie versée en cage. Ces animaux [les éléphants] auraient avec leurs trompes retourné les pièces encagées, comme ils font dans les marches de l'armée anglaise aux Indes, H. GAIDOZ, *Rev. des Deux-Mondes*, 1er août 1874, p. 606.

† ENCAISSABLE (an-kè-sa-bl'), *adj.* Terme de banque et de jurisprudence. Qui a la qualité de pouvoir être encaissé. Considérant que cette somme représentait bien la différence des prix de revient des terrains avec les prix de vente obtenus, mais que ces prix de vente n'étaient pas encaissables pendant l'exercice...., *Arrêt de la Cour impériale de Paris, du 16 avril 1870, rendu entre les actionnaires de la Compagnie immobilière et cette Société.*

† ENCAISSEUR (an-kè-seur), *s. m.* Terme de banque. Celui qui encaisse. Loi belge, du 12 mai 1876, art. 2 : Comme elle [l'administration des postes] doit être un simple encaisseur, il faut qu'elle ait dans la signature de l'établissement qui lui remet les effets, la garantie qu'ils ont une cause réelle, *Exposé des motifs du gouv.* Art. 3 : C'est au tireur ou au banquier de faire accepter avant l'escompte et de protester faute d'acceptation : ce n'est pas la fonction de l'encaisseur, *ib.*

† ENCANTEUR (an-kan-teur), *s. m.* Celui qui vend à l'encan. Il se fit alors encanteur à la Nouvelle-Orléans, et vendit bon nombre de nègres sous l'ancien régime, *le National*, 19 avril 1869.

ENCAPUCHONNÉ. *Ajoutez :* — REM. Racine, *Lett. à M. Vitart*, 15 nov. 1661, dit : « Des villageois pieds nus ou ensabotés, ce mot doit bien passer, puisque encapuchonné a passé. » Ce passage montre qu'alors encapuchonné était récent; en effet, le plus ancien exemple qu'il y ait dans le Dictionnaire est de Pascal.

ENCAPUCHONNER. *Ajoutez :* || 4° Faire moine d'un ordre où l'on porte capuchon, tel que l'ordre de Saint-Benoît. Il [un auteur qui a prétendu que saint Thomas avait d'abord appartenu à l'ordre de Saint-Benoît] n'a rien oublié de tout ce qui pouvait servir à encapuchonner saint Thomas, *Mém. de Trévoux*, 1726, t. I, p. 132.

† ENCARRASSER (an-ka-ra-sé), *v. a.* Terme du Bordelais. Mettre dans un chai les fûts les uns sur les autres, pour qu'ils tiennent moins d'espace.

— ÉTYM. *En* 1, et bas-lat. *carratium*, échalas (voy. ÉCHALAS).

† ENCARTAGE (an-kar-ta-j'), *s. m.* Action de mettre des étoffes dans des enveloppes. Il fit alors des recherches dans son logement et trouva, sur une armoire à glace, dix encartages qui.... furent reconnus.... pour avoir enveloppé autant de coupons des soieries;... qu'il y a classé plusieurs échantillons provenant des coupons dont les encartages ont été retrouvés chez la fille M...., *Gaz. des Trib.* 25 oct. 1876, p. 1041, 2e col.

ENCARTER. *Ajoutez :* || 3° Brocher un catalogue ou autre pièce dans une livraison, dans une brochure. Nous n'avons pas besoin de recommander le catalogue de la maison Hetzel, qui est encarté dans cette livraison, *Rev. Brit.* nov. 1874, p. 278.

† ENCARTOUCHAGE (an-kar-tou-cha-j'), *s. m.* Action de mettre dans des cartouches une poudre explosive. Ces prix comprennent l'encartouchage [de la dynamite] et une partie du transport, *Convention du 11 déc. 1874, entre le ministre des Finances et le sieur Barbe*, art. 1.

† ENCARTOUCHER (an-kar-tou-ché), *v. a.* Mettre dans des cartouches une poudre explosive. Ces dynamites fournies comme échantillons seront encartouchées et emballées suivant le mode que..., *Convention du 11 déc. 1874 entre le ministre des finances et le sieur Barbe*, art. 1er.

† ENCASTER. *Ajoutez :* — REM. Encaster est un terme de potier. Le Dictionnaire dit : mauvaise prononciation d'encastrer. Sur quoi, M. A. Chazaud, archiviste de l'Allier, objecta que, fils de porcelainier et élevé dans une fabrique de porcelaine à l'Isle-Adam près Pontoise, il a toujours entendu dire encaster, encastage, encasteur, et non encastrer, encastrage, encastreur; que, encastrer signifiant joindre deux choses par une entaille, cette signification ne convient pas à l'opération du potier, qui arrange ses pièces dans des étuis; et que encaster est pour encassoter, c'est-à-dire mettre en casette (voy. ce mot). Ces remarques de M. Chazaud paraissent décisives.

† ENCATALOGUER (an-ka-ta-lo-ghé), *v. a.* Mettre en catalogue. M. Argelander a encatalogué 3256 étoiles visibles à l'œil nu.... entre le pôle boréal et le 36e degré de déclinaison australe, J. PICHOT, *Cosmogr. élém.* Hachette, 1875, p. 40.

ENCAVER. *Ajoutez :* — REM. Dans plusieurs provinces, cave se dit pour fosse, trou. De là le sens que certaines provinces donnent à encaver, c'est-à-dire mettre dans un trou, dans une fosse. M.... [Côtes-du-Nord, arrondissement de Loudéac] exhorta les électeurs à voter pour un candidat conservateur, ami de l'ordre et de la religion, et non pour un encaveur; il ajouta : Nous ne voulons pas être encavés comme des chiens, *Journ. offic.* 12 avril 1876, p. 2637, 3e col.

1. ENCEINTE. *Ajoutez :* || 6° Terme de turf. Enceinte de pesage, endroit réservé aux opérations du pesage, au sellage et à la promenade des chevaux avant la course.

† ENCÉLADE (an-sé-la-d'), *s. m.* L'un des satellites de Saturne, découvert par Herschel en 1789.

— ÉTYM. Ἐγκέλαδος, nom d'un géant, proprement le bruyant.

† ENCELLULER. *Ajoutez :* Il n'y a maintenant d'encellulés que ceux qui peuvent nuire aux autres et à eux-mêmes, *Rapport au sénat, Moniteur univ.* 3 juill. 1867, p. 857, 3e col.

ENCENS. *Ajoutez :* || 5° Arbre d'encens, plusieurs arbres produisant des résines, tels que les *amyris*, les *bursera*, les *icica*, etc. BAILLON, *Dict. de bot.* p. 247.

† ENCERCLER (an-sèr-klé), *v. a.* Entourer d'un cercle. Des narcisses! voilà bien leur petite couronne d'or qu'encercle un anneau de rubis, Mme DE GASPARIN, *Voyages, Bande du Jura, I, les Prouesses de la Bande du Jura*, Paris, 1865. Quelques-uns ont des accès si fréquents et tombent si brutalement du haut mal, qu'on est obligé de leur encercler la tête dans un bourrelet de caoutchouc, M. DU CAMP, *Rev. des Deux-Mon.* 1er nov. 1872, p. 54.

† ENCHAÎNEUR (an-chè-neur), *s. m.* Terme d'exploitation houillère. Ouvrier qui charge les bennes sur les cages, *le Temps*, 7 févr. 1876, 3e page, 4e col. Il a trouvé près de la recette inférieure les corps des deux enchaîneurs, *Journ. offic.* 7 fév. 1876, p. 1092, 1re col.

ENCHAÎNURE. — REM. *Ajoutez :* Voici encore un exemple de l'emploi figuré d'enchaînure : Grand philosophe, sachant démêler le vrai d'avec le faux, voir l'enchaînure d'un principe, JACQUES SAURIN, *Sermon* prêché en 1709, après la bataille de Malplaquet.

† ENCHAMBRER (an-chan-bré), *v. a.* Mettre les vers à soie sur la bruyère.

ENCHANTELER. — ÉTYM. *Ajoutez :* La forme ne permet pas, quelque favorable que soit le sens, de donner *chantier* pour origine à *enchanteler*; elle indique *chantel*. A *chantel* appartient *chanteau*. La signification usuelle de ce mot ne convient pas à *enchanteler*. Mais *chanteau* signifie aussi une des pièces du fond du tonneau, dans Du Cange *chantelum*; d'où *chantelage*, droit sur les tonneaux de vin. C'est de ce *chanteau* ou *chantel* que provient *enchanteler*.

† ENCHARRON (an-cha-ron), *s. m.* Nom, en Normandie, de la grande toile remplie de cendre et mise sur le linge dans la cuve de lessive.

— ÉTYM. *En* 1, et *charrée*.

† ENCHÂSSEMENT (en-châ-se-man), *s. m.* État de ce qui est enchâssé. Cette tête est belle pourtant, beaux enchâssements d'yeux, belle forme, belle bouche, DIDER. *Œuvr. compl.* 1821, t. X, p. 75.

† ENCHATONNER. — HIST. XIIIe s. *Ajoutez :* N'i ont acastonée ne gemme ne cristal, *Vie de saint Auban*, publiée par Atkinson, Londres, 1876, v. 4.

† ENCHAULAGE (an-chô-la-j'), *s. m.* Nom, dans l'Oise, du chaulage, *les Primes d'honneur*, Paris, 1872, p. 64.

ENCHÈRE. *Ajoutez :* || 3° Au feu des enchères, se dit d'une vente à l'encan. Après sa mort, les tableaux et les objets d'art amassés avec tant de soins, d'amour et de passion devront s'éparpiller au feu des enchères, TH. GAUTIER, *Journ. offic.* 2 mai 1870, *feuilleton*.

ENCHÉRISSEUR. — HIST. *Ajoutez :* XIVe s. Et pour ce l'eussent vendu [un impôt sur le vin] et octroyé à certains fermiers derreniers encherrisseurs (1363), VARIN, *Archiv. administr. de la ville de Reims*, t. III, p. 200.

† ENCLAVURE (an-kla-vu-r'), *s. f.* Synonyme d'enclavement, au sens de portion de terrain enclavée. La ligne séparative, au lieu de fermer complétement le champ de L..., comme sur le plan cadastral non altéré, ou de s'arrêter aux environs du chemin, comme sur le plan soumis au grattage, suit une direction très-nette et dévie de façon à supprimer l'enclavure, *Gaz. des Trib.* 19 décembre 1874, p. 1214, 3e col.

† ENCLÔTURE (an-klô-tu-r'), *s. f.* Ce qui sert de clôture, ce qui enclôt. Les enclôtures des magasins de la Giudecca sont peintes d'une lumière titienne [digne du peintre Titien], CHATEAUBR. *Mém. d'outre-tombe* (édit. de Bruxelles), t. VI, *Incidences, Venise, Hôtel de l'Europe*, 10 sept. 1833. La compagnie des Polders de l'Ouest continue ses travaux d'enclôture, *le Nouvelliste d'Avranches*, 13 août 1876.

† ENCLOUEUR (an-klou-eur), *s. m.* Soldat muni de clous, et spécialement chargé, au moment d'une action offensive, d'enclouer les pièces ennemies. Détachement d'encloueurs.

ENCOCHER. *Ajoutez :* || 2° Dans l'exploitation du bois de flottage, faire la coche pour assembler les chantiers, *Mémoire de la Société centr. d'Agricult.* 1873, p. 265.

† ENCOCONNER (an-ko-ko-né), *v. a.* Mettre les vers à soie sur la bruyère.

† ENCOLLETER (an-ko-le-té), *v. a.* Prendre dans un collet. || S'encolleter, *v. réfl.* Se prendre dans un collet. Cette assertion [que le hareng meurt aussitôt qu'il est tiré de l'eau] n'est répandue que par les rapports des pêcheurs de harengs aux grands filets, qui retirent ces poissons étranglés dans les mailles où ils se sont encolletés, D'ORBIGNY, *Dict. hist. nat. Hareng.*

† ENCOLLEUSE (an-ko-leû-z'), *s. f.* Machine à encoller, *Enquête, Traité de comm. avec l'Anglet.* t. IV, p. 577.

ENCOMBRER. *Ajoutez .* || 3° S'encombrer, se dit aussi des marchandises qui s'accumulent les unes sur les autres. || Par extension. On ne voit pas, dans le trafic des capitaux, se produire cette baisse dans les prix qui affecte le trafic des marchandises, les capitaux ne s'encombrent pas, SACASE *Rapp.* n° 2487 *à l'Assemblée nationale*, p. 30.

† ENCOMIASTE. *Ajoutez :* Un encomiaste très-impertinent et très-menteur, BALZAC, *Lett. inéd.* VIII (édit. Tamizey-Larroque). Pour conclusion, il me suffit d'avoir été la dupe de cettui-ci [le duc de Montausier], et d'être encore encomiaste dans mes écrits, ID. *ib.* CI.

† ENCORNEILLER (an-kor-nè-llé, *ll* mouillées), *v. a.* Mot fabriqué par Voltaire. Occuper de Corneille, de ses tragédies, pour les commenter. Connaissez-vous un Lebrun, un secrétaire du prince de Conti? c'est lui qui m'a encorneillé, VOLT. *Lett. à Mme d'Argental*, 26 nov. 1760.

† ENCORNET. *Ajoutez :* — REM. L'encornet est dit encornat dans l'*Histoire naturelle* de Denys de Montfort.

† ENCORNURE (an-kor-nu-r'), *s. f.* Les cornes des bœufs, des vaches, G. SAND, *les Maîtres sonneurs*, 149.

† ENCOUDER (an-kou-dé), *v. a.* Se dit, dans l'Yonne, de l'action de couder les sarments dans les jeunes vignes rampantes, *les Primes d'honneur*, Paris, 1873, p. 324.

† ENCRATIQUE (an-kra-ti-k'), *s. m.* Terme d'histoire ecclésiastique. Sectaires qui condamnaient le mariage, et qui disaient qu'il n'est pas bon de manger de la chair et de boire du vin. On emploie contre les encratiques un argument qui donnerait gain de cause aux carpocratiens, VOLT. *Dict. phil. Économie de paroles.*

— ÉTYM. Lat. *encraticus*, de ἐγκρατής, qui s'abstient, de ἐν, en, et κρατεῖν, être fort.

ENCRE. *Ajoutez :* || 4° Plante à encre, *coriaria thymifolia* (Nouvelle-Grenade), plante dont le suc est excellent pour l'écriture.

ENCRER. *Ajoutez :* || 2° S'encrer, *v. réfl.* S'enduire d'encre. Numéroteurs mécaniques s'encrant seuls, *Alman. Didot-Bottin*, 1871-1872, p. 1160, 2e col.

† ENCREUR. *Ajoutez :* || Rouleau encreur, rouleau qui met l'encre dans une presse lithographique.

† ENCRIVORE (an-kri-vo-r'), *adj.* Qui dévore l'encre. Le bon était, à l'origine, de 105 francs;

un faussaire, en effaçant la mention à l'aide d'une substance que l'on nomme encrivore, l'a transformé en un bon de 6000 francs, dont il a fait la négociation, H. DE PARVILLE, *Journ. des Débats, feuilleton*, 2ᵉ page, 3ᵉ col.

† **ENCROTTER** (an-kro-té), *v. a.* Remplir de crotte. Les piétons s'enfoncent dans la bourbe jusqu'à mi-jambe [à Fez, Maroc]; les maisons sont encrottées jusqu'au-dessus des portes, VILLETARD, *Journ. offic.* 1ᵉʳ fév. 1877, p. 790, 2ᵉ col.

— ÉTYM. *En* 1, et *crotter*.

ENCROUÉ. *Ajoutez :* — REM. Ici arbre encroué est défini : Arbre qui, étant tombé sur un autre par une cause quelconque, y demeure embarrassé. D'un autre côté, à BOIS nᵒ 7, bois encroué est défini : Arbre sur lequel un autre est tombé. Les deux définitions sont acceptables, suivant que l'on considère l'arbre tombé ou l'arbre sur lequel un autre est tombé : tous les deux sont encroués.

† **ENCYCLOPÈDE** (an-si-klo-pè-d'), *s. m.* Mot forgé par Voltaire pour désigner les auteurs de l'Encyclopédie. J'attends l'encyclopède d'Alembert, avec son imagination et sa philosophie, VOLT. *Lett. à Thiriot*, 9 août 1756.

ENCYCLOPÉDIE. *Ajoutez :* — HIST. XVIᵉ s. En quoy je vous peux asseurer qu'il m'ha ouvert le vray puits et abysme de l'encyclopedie, RAB. II, 20. Encyclopedie ou la suite et liaison de tous les arts et sciences, CHRISTOFLE DE SAVIGNY, *Tableaux accomplis de tous les arts libéraux*, Paris, 1587, 1ᵉʳ *tableau*.

† **ENDÉANS** (an-dé-an), *prép.* Dans l'intervalle de, dans la limite de, dans le délai de (ancienne locution, qui aujourd'hui paraît surtout usitée en Belgique). L'article 4 du traité de Washington permet à chacune des parties intéressées de livrer endéans les quatre mois après la remise du mémoire un contre-mémoire et des documents additionnels, *Extr. du Contre-mémoire américain au trib. arbit. de Genève*, dans *Journ. offic.* 28 avr. 1872, p. 2820, 1ʳᵉ col. Il [Strossmayer] a reçu en conséquence une missive de la Curie romaine qui l'invite à lui envoyer endéans les six semaines une déclaration d'adhésion aux décisions du concile, E. DE LA BÉDOLLIÈRE, *le National*, 11 avril 1872. M. Malou [ministre belge] a ajouté qu'il comptait présenter, endéans les deux mois, un projet de loi pour mieux garantir la sincérité des élections, *le Temps*, 27 déc. 1876, 2ᵉ page, 2ᵉ col.

— ÉTYM. Abréviation d'*en dedans*.

† **ENDIAMANTÉ, ÉE** (an-di-a-man-té, tée), *adj.* Garni de diamants. Des pelotons de belles endiamantées, fardées, falbalatées, *Lett. du P. Duchêne*, 7ᵉ *lettre*, p. 7. Me voilà sans brillants ni perles.... au milieu de cette foule enrubannée et même endiamantée, DECOURCHAMP, *Souv. de la marquise de Créquy*, III, III. || Par extension. La nuit qui brillait endiamantée, *Rev. des Deux-Mondes*, 1ᵉʳ avril 1872, p. 691. || Fig. Réminiscences du paradis de Béatrix, ressouvenirs de Dante et de Guido Cavalcanti, mysticisme endiamanté de toutes les pierreries transmises par les Arabes aux troubadours, H. BLAZE DE BURY, *Rev. des Deux-Mondes*, 15 juillet 1874, p. 253. En nous retournant, nous apercevons au-dessous de nous, à l'issue des gorges [de l'Athos] qui vont en s'évasant vers la côte, de grands triangles de mer endiamantés de soleil, DE VOGÜÉ, *Rev. des Deux-Mondes*, 15 janv. 1876 p. 288.

† **ENDIMANCHEMENT** (an-di-man-che-man), *s. m.* Néologisme. Action d'endimancher, de s'endimancher, état de celui qui est endimanché. Grands saluts, révérences, air de cour, endimanchement à nouveau, R. TÖPFFER, *Voy. en zigzag*. Les cloches qui sonnaient, les bruits de Paris montant déjà du pavé des rues, l'endimanchement, cette fête du pauvre, qui éclaircit jusqu'aux petits charbonniers, toute l'aurore de ce matin exceptionnel fut savourée par elle longuement et délicieusement, ALPH. DAUDET, *Fromont jeune et Risler aîné*, III, 3. Tout l'intérieur bourgeois du beau soldat est illuminé par l'éclat de cet endimanchement militaire, E. BERGERAT, *Journ. offic.* 15 fév. 1876, p. 1230, 3ᵉ col.

† **ENDIVISIONNEMENT.** *Ajoutez :* || 2ᵒ Formation des régiments en divisions. L'endivisionnement permanent des régiments et leur formation en corps d'armée, *Journ. offic.* 7 août 1871, p. 2497.

† **ENDIVISIONNER** (an-di-vi-zio-né), *v. a.* Terme militaire. Former les régiments en divisions. Les troupes de l'armée territoriale, qui, aux termes de la loi organique, peuvent être embrigadées et endivisionnées, *Journ. offic.* 11 nov. 1874, p. 7590, 3ᵉ col.

† **ENDO-ARTÉRITE** (an-do-ar-té-ri-t'), *s. f.* Terme de médecine. Inflammation de la membrane interne des artères.

— ÉTYM. Ἔνδον, en dedans, et *artérite*.

† **ENDOCRÂNE** (an-do-krâ-n'), *s. m.* Terme d'anthropologie. Surface interne de la cavité crânienne, *Rev. d'anthrop.* t. V, p. 520.

— ÉTYM. Ἔνδον, en dedans, et *crâne*.

† **ENDOCTORER** (an-do-kto-ré), *v. a.* Faire docteur. Il [Molière] sortit du collége âne comme devant; Mais son père ayant su que, moyennant finance, Dans Orléans un âne obtenait sa licence, Il y mena le sien, c'est-à-dire ce fieux Que vous voyez ici, ce rogue audacieux; Il l'endoctora donc moyennant sa pécune, BOULANGER DE CHALUSSAY, *le Divorce comique*, dans *Élomire* [Molière] *hypochondre* (1670).

† **ENDODERME** (an-do-dèr-m'), *s. m.* Couche interne muqueuse, chez les polypiers, les hydres d'eau, etc.; elle est séparée de l'ectoderme par le mésoderme.

— ÉTYM. Ἔνδον, dedans, et δέρμα, derme.

ENDOMMAGER. — HIST. XIVᵉ s. Le lion et l'ors Qui acorient à grans cors Por ses bestes prendre et manger Et por son cors endommager, MACÉ, *Bible en vers*, fᵒ 57, 2ᵉ col.

† **ENDOPARASITE** (an-do-pa-ra-zi-t'), *s. m.* Parasite habitant l'intérieur du corps où il vit.

— ÉTYM. Ἔνδον, en dedans, et *parasite*.

† **ENDORMEMENT** (an-dor-me-man), *s. m.* Action d'endormir, de s'endormir. C'étaient de longs repas où ces bourgeois riches s'attardaient avec des lenteurs, des lassitudes, des endormements de paysans, ALPH. DAUDET, *Fromont jeune et Risler aîné*, I, 5.

— ÉTYM. *Endormir*. C'est un néologisme peu agréable et peu utile; car on a assoupissement.

† **ENDORMISSEMENT** (an-dor-mi-se-man), *s. m.* Assoupissement. Votre lettre m'a fait plaisir, parce qu'elle m'a réveillé d'un endormissement où j'étais, et m'a donné sujet de faire travailler ma mémoire, MALH. *Lexique*, éd. L. Lalanne.

— ÉTYM. *Endormir*. Mot qui, bien que de Malherbe, ne vaut pas mieux que *endormement*.

† **ENDOS.** *Ajoutez :* — REM. Dans l'usage, endos et endossement paraissent synonymes. Du moins les voici employés l'un pour l'autre dans le même arrêt : Endossement en blanc : aux termes de l'article 38 du Code de commerce, l'endossement irrégulier ne vaut que comme procuration;... malgré l'irrégularité de l'endos,... *Arrêt de la Cour d'appel de Bordeaux*, 2ᵉ ch. 14 mai 1872, dans *Gaz. des Trib.* 31 oct. 1872, p. 1066, 2ᵉ col.

† **ENDOSCOPE** (an-do-sko-p'), *s. m.* Instrument à l'aide duquel, faisant arriver et concentrant la lumière sur des parties inaccessibles à l'œil nu, on examine l'intérieur de l'urèthre et de la vessie.

— ÉTYM. Ἔνδον, en dedans, et σκοπεῖν, examiner.

† **ENDOSSAGE** (an-dô-sa-j'), *s. m.* Terme de relieur. Synonyme d'endossure. L'endossage, c'est-à-dire la mise dans les cartons et la préparation du dos, est une affaire de main, *Librairie Morgand et Fatout, Bulletin mensuel*, nᵒ 5, mai 1876, p. 300.

ENDOSSEUR. *Ajoutez :* || 2ᵒ Terme de relieur. Ouvrier qui fait l'endossage. C'est l'endosseur qui donne au volume son caractère et la véritable physionomie qu'il doit conserver sous le maroquin, *Librairie Morgand et Fatout, Bulletin mensuel*, nᵒ 5, mai 1876, p. 300.

† **ENDOTHERMIQUE** (an-do-tèr-mi-k'), *adj.* Terme de chimie. Des combinaisons endothermiques sont celles qui se forment avec absorption de chaleur; cette chaleur devient libre au moment de la décomposition des corps.

— ÉTYM. Ἔνδον, en dedans, et θερμὸς, chaud.

† **ENDOUILLETTER** (an-dou-llè-té, *ll* mouillées), *v. a.* Revêtir d'une douillette. || *V. réfl.* S'endouilletter, se revêtir d'une douillette. Le thermomètre monte à des degrés aussi invraisemblables qu'humiliants pour les classiques, qui, sur la foi de vieux préjugés, se croient condamnés à s'endouilletter de fourrures, DE CHERVILLE, *le Temps*, 17 janvier 1877, 3ᵉ page, 3ᵉ col.

† **ENDROGUER (S')** (an-dro-ghé), *v. réfl.* Néologisme. Se gâter le corps, l'esprit par des drogues, par de mauvaises choses. La classe d'amateurs qui admirent la mauvaise peinture et s'endroguent de Mieris, de Denner.... BÜRGER, *Salons de 1861 à 1868*, t. I, p. 216.

† **ENDURANCE.** *Ajoutez :* — REM. J'ai dit à propos de ce mot si français de forme qu'il méritait de passer dans la langue littéraire. Postérieurement à mon conseil, mais non sans doute par mon conseil, car rien de plus naturel que de former avec *endurant*, *endurance*, j'en trouve des exemples. Ils [les Prussiens] ont mis du sang dans toutes leurs races d'artillerie [chevaux], et ont obtenu, de la sorte, la rapidité et l'endurance que le sang seul peut donner, *Journ. offic.* 23 mars 1872, p. 2051, 1ʳᵉ col. Il [l'évêque de Paderborn] avait reçu une lettre de Pie IX, qui le comparait à Jésus-Christ pour son endurance et ses souffrances, *le Temps*, 20 août 1875.

† **ENDYALITE** (an-di-a-li-t'), *s. f.* Terme de minéralogie. Minéral complexe rosé.

ÉNERGIE. *Ajoutez :* || 4ᵒ Terme de physique mathématique. Énergie dynamique, élément indestructible dans sa valeur numérique, mais capable de transmutations qui le font apparaître sous ses trois formes, travail, demi-force et calorie, HATON, *Cours de mécanique de l'École des mines*.

— REM. Énergie, au sens de force d'âme, ne vint en usage que dans le cours du XVIIIᵉ siècle. C'est à cet emploi que se rapportent ces réflexions de Mme du Deffant : Vous me demandez si je connais le mot énergie? Assurément, je le connais, et je peux même fixer l'époque de sa naissance : c'est depuis qu'on a des convulsions en entendant la musique, Mᵐᵉ DU DEFFANT, *Lettres*, dans le *Temps*, 28 oct. 1868. Je me souviens que l'abbé [Barthélemy] me tourna en ridicule une fois que, par hasard, je prononçai ce mot énergie; eh bien! qu'il sache qu'aujourd'hui il est devenu à la mode, et qu'on n'écrit plus rien qu'on ne le place, ID. *Lett. à la duchesse de Choiseul*, en 1779.

ÉNERGUMÈNE. *Ajoutez :* — REM. Du temps de Mme de Sévigné, énergumène était un mot peu répandu dans l'usage. Je connais le mot d'énergumène, pour l'avoir lu en bon lieu; c'est dans le Nouveau Testament : quand notre Seigneur fait sortir les démons de ces possédés, on les appelle énergumènes, *à Mme de Grignan*, 9 juill. 1690, dans *Lett. inédites*, éd. Capmas, t. II, p. 426.

ÉNERVÉ. *Ajoutez :* || L'histoire a donné le nom d'Énervés de Jumiéges aux deux fils de Clovis II, qui eurent les tendons des bras et des jambes coupés et furent abandonnés dans un bateau sur la Seine. Ils furent recueillis par les moines de Jumiéges.

ENFAÎTER. *Ajoutez :* || 2ᵒ Mettre des objets dans une mesure, de manière qu'ils en dépassent un peu le bord.

ENFANT. *Ajoutez :* || 13ᵒ Enfant de la balle, voy. BALLE 1, nᵒ 1.

— REM. Ploetz, auteur d'une grammaire française populaire en Allemagne, prétend que, au féminin, *enfant* ne se dit qu'au singulier, et qu'au pluriel ce mot est masculin, même quand il s'agit d'une fille. Mais, s'il est correct de dire : Rose est une jolie enfant, Marguerite est une jolie enfant, il le sera aussi de dire : Rose et Marguerite sont de jolies enfants.

† **ENFANTELETTE** (an-fan-te-lè-t'), *s. f.* Petit enfant du sexe féminin. Ce sont de pareils lions sans mâchoires, de pareilles lionnes sans ongles, de pareilles enfantelettes tetant ou fiançant, que doivent suivre des hommes faits dans cette heure d'incrédulité! CHATEAUBR. *Mém. d'outre-tombe*, (éd. de Bruxelles), t. VI, *Conclusion* [*suite*], *inégalité des fortunes*, etc.

— ÉTYM. Féminin de l'anc. franç. *enfantelet*, diminutif de *enfant*. *Enfantelet* se trouve dans les poésies de la prétendue Clotilde Surville : Ô cher enfantelet, vrai pourtrait de ton père.

ENFANTILLAGE. — ÉTYM. *Ajoutez :* On trouve *fantillage*. Vus teneit à sage home, ne mie en fantilage, JORDAN FANTOSME, *Chronique*, v. 368, dans BENOÎT, *Chronique de Normandie*, t. V, p. 545. Du moins, c'est de la sorte qu'il faut probablement lire le vers qui est imprimé ainsi : Il vus teneit à sages hum, ne mie d'enfantil age.

ENFANTIN. — REM. *Ajoutez :* XIIᵉ s. Si lo sonons [le prononçons] [le nom de Dieu] coment que soit, solunc la maniere de nostre humaniteit barbotant et encombreit d'enfantine floibeteit [faiblesse], *li Dialoge Gregoire lo pape*, 1876, p. 340. || XIVᵉ s. La premere hore dou matin Senefie aage enfentin, MACÉ, *Bible en vers*, fᵒ 144, 2ᵉ col.

† **ENFASCIÉ, ÉE** (an-fa-ssi-é, ée), *adj.* Terme de botanique. Affecté de fasciation. Bon nombre de racines avaient été attaquées par le phylloxéra; leur aspect brunâtre, leur épiderme crevassé, enfascié, cédant à la moindre pression des doigts, ne pouvait laisser de doute, *Journ. offic.* 17 août 1872, p. 5432, 1ʳᵉ col.

† ENFÉRONNER (an-fé-ro-né), *v. a.* Terme normand. Passer un fil de fer dans le nez des porcs pour les empêcher de fouiller la terre avec leur groin, DELBOULLE, *Gloss. de la vallée d'Yères*, p. 137.

— ÉTYM. En 1, et *féron*, mot normand qui signifie fil de fer.

† ENFIÈVREMENT (an-fiè-vre-man), *s. m.* Action d'enfiévrer; état de celui qui est enfiévré. Une maison dont le maître, dans l'enfièvrement de ses haines patriotiques.... CHERVILLE, *le Temps*, 30 oct. 1876, 3e page, 4e col.

† ENFILE-AIGUILLES (an-fi-lè-gui-ll', *ll* mouillées), *s. m.* Instrument servant à enfiler une aiguille, *Alm. Didot-Bottin*, 1871-1872, p. 1129, 1re col.

ENFILER. ‖ 9° *Ajoutez* : ‖ S'enfiler, s'engager à tort dans quelque entreprise. Que lui prend-il à Ribot de s'enfiler dans les sujets sacrés? BÜRGER, *Salons de* 1861 *à* 1868, t. II p. 191. ‖ 10° Enfiler, faire suivre, rattacher, composer de choses qui se suivent. Il se trouvera toujours quelque origine de l'origine, qui nous enfilera de sorte les uns aux autres que jamais il ne s'y trouvera de fin, MALH. *Lexique*, éd. L. Lalanne. La suite de nos cupidités est comme celle des causes, de qui les stoïciens tiennent que les destins sont enfilés, ID. *ib.* ‖ *V. réfl.* Il ne peut ni prévoir les choses futures, ni se ramentevoir les passées, et partant il n'en peut savoir les conséquences; or c'est de cela que s'enfile l'ordre et l'entresuite des choses, ID. *ib.*

† ENFILURE. ‖ 2° *Ajoutez* : Le destin n'est qu'une enfilure de causes accrochées l'une à l'autre, MALH. *Lexique*, éd. L. Lalanne.

ENFIN. *Ajoutez* : — REM. On dit : finir enfin. Et, pour finir enfin par un trait de satire, Un sot trouve toujours un plus sot qui l'admire, BOIL. *Art p.* I. Elle finit enfin sa narration, et je commençai la mienne, LESAGE, *Gil Blas*, X, 2. C'est un pléonasme qui n'est guère à imiter.

† ENFLEURI, IE (an-fleu-ri, rie), *adj.* Garni de fleurs. Un verger, une forêt d'arbres tout enfleuris de blanc et de rose, BÜRGER, *Salons de* 1861 *à* 1868, I, p. 280. Au coin d'un pré, à l'ombre d'un buisson tout enfleuri, ou près d'une touffe de dictames, ID. *ib.* II, p. 30.

ENFONÇURE. *Ajoutez* : ‖ 4° Pièces qui composent le fond d'une futaille. Enfonçures, longueur, 0m,696 (22 pouces), *Annuaire des Eaux et Forêts*, 1873, p. 24.

† ENFOURNEMENT. ‖ 1° *Ajoutez* : ‖ Fig. M. d'Estrades n'a point de temps à perdre; car à peine arrivera-t-il à temps pour solliciter que M. le prince d'Orange soit à la campagne [en campagne] au temps qu'il l'a promis; ce qui est de telle importance que de là dépend le bon enfournement de notre campagne, RICHELIEU, *Lettres, etc.* t. VI, p. 772 (1641).

† ENFUMAGE (an-fu-ma-j'), *s. m.* Action d'enfumer. L'ébouillantage par le procédé Raclet, l'enfumage avec des appareils tels que celui de M. Victor Joseph, devront être essayés [contre le phylloxéra], BARRAL, *l'Opin. nationale*, 29 mars 1876, *feuilleton*, 1re page, 6e col.

† ENFUNESTER (an-fu-nè-sté), *v. a.* Rendre funeste. Quelques personnes profèrent des paroles indiscrètes et violentes; un domestique les répète, il les amplifie, il les enfuneste encore, comme disent les Italiens, VOLT. *Dict. phil. Ana, anecdotes.*

— ÉTYM. *En* 1, et *funester* (voy. ce mot au Dictionnaire). Les Italiens ont *funestare*; mais, malgré le dire de Voltaire, ils ne paraissent pas avoir le verbe *infunestare*. Le mot, d'ailleurs, est très-bon.

† ENFÛTAGE (an-fû-ta-j'), *s. m.* Action de mettre le vin dans des fûts.

— ÉTYM. *En* 1, et *fût*.

ENGAGER. *Ajoutez* : ‖ 20° Terme de turf. Prendre inscription pour faire participer à une course publique un cheval dont on est propriétaire. ‖ 21° Neutralement, en termes de marine, être couché sur le flanc par une forte rafale, en parlant d'un navire (c'est à peu près le même sens que le s'engager du n° 18). A peine cette manœuvre est-elle achevée, qu'une rafale épouvantable du S.-S.-O. tombe à bord; l'*Hoogly* se couche et engage, l'inclinaison est énorme :... le navire se redresse un peu, mais reste toujours engagé, la mer arrivant jusqu'au milieu du pont, *Journ. offic.* 11 mai 1873, p. 3048, 3e col.

† ENGANTER. — ÉTYM. *Ajoutez* : J'ai indiqué *gant* comme radical d'*enganter*. Cela reste sans doute probable. Cependant il faut noter l'anc. prov. *aganda*, prise, saisie, et le languedocien *agantá*, atteindre en poursuivant, dont la forme et même le sens sont bien tentants pour en dériver *enganter*. Du reste l'étymologie d'*aganda* et d'*agantá* est inconnue. Comparez le norm. *engancer*, mettre, revêtir : Mon habit est si étroit, que je ne puis l'engancer, DELBOULLE, *Gloss. de la vallée d'Yères*, p. 137.

† ENGARDE. *Ajoutez* : ‖ Nom, dans le Rhône, d'un petit échalas fiché en terre, auquel on attache une branche de la vigne en arrière de la souche, *les Primes d'honneur*, Paris, 1872, p. 381.

† ENGASTRIMYTHE. *Ajoutez* : — HIST. XVIe s. Les engastrimythes soi disoient estre descendus de l'antique race d'Euriclès, et sur ce alleguoient le tesmoingnaige d'Aristophanes en la comedie intitulée les tahons ou mouches guespes, RAB. IV, 58.

ENGER. — HIST. ‖ XVIe s. *Ajoutez* : Partout leurs demandes [de révoltés] estoyent pareilles; dont les Suaubes estoyent premiers auteurs, et en avoyent engé les autres, SLEIDAN, *Hist. de l'estat de la religion et republ. sous Charles V*, p. 65, *verso*.

† ENGLOUTISSEMENT. *Ajoutez* : Moi que sans mon aveu l'aveugle destinée Embarqua sur l'étrange et frêle bâtiment, Je ne veux pas non plus, muette et résignée, Subir mon engloutissement, Mme ACKERMANN, *Poésies, le Cri.*

— HIST. XVIe s. Ilz usoient de adjutoires ceindans [ceignant] la navire, craignans que ne cheussent en ung engloutissement, *Actes*, XXVII, 17, *Nouv. Testam.* éd. Lefebvre d'Étaples, Paris, 1525 (cet exemple de 1525 ôte au mot le titre de néologisme qui lui est donné dans le Dictionnaire).

† ENGLOUTISSEUR. — HIST. XVIe s. *Ajoutez* : Le chien engloutisseur [Cerbère], DESPORTES, *Rodomont.*

† ENGLUEMENT. *Ajoutez* : ‖ 2° Liniment employé pour mettre les greffes à l'abri de l'air, de l'humidité et du froid.

— HIST. *Ajoutez* : XIVe s. *Conglutinatio*, engluemens, ESCALLIER, *Vocab. lat.-franç.* 434.

† 3. ENGRAIN (an-grin), *s. m.* Tabac qui, ayant déjà subi une première trituration, a besoin d'une deuxième, avant de passer au tamis, *Instr. sur le service des manuf. roy. de tabacs*, 30 juin 1832, art. 219

† ENGRAINAGE (an-gré-na-j'), *s. m.* Action d'engrener, de faire mettre du grain pour attirer le gibier. Le sieur J.... lui avait causé un préjudice en tirant une poule faisane dans un sentier d'engrainage, et en dérangeant une chasse qui devait avoir lieu le lendemain, *Gaz. des Trib.* 4 mars 1876, p. 2184e col.

ENGRAIS. *Ajoutez* : — SYN. ENGRAIS, AMENDEMENT. L'amendement est l'action physique exercée par une matière solide sur un sol pour le rendre favorable à la culture. L'engrais est une matière pénétrant en tout ou en partie dans une plante pour contribuer à son développement. L'amendement modifie l'état mécanique du sol, en le rendant plus meuble ou plus tenace; l'engrais est un aliment pour les plantes. Dans le langage pratique on confond souvent les amendements avec les engrais minéraux.

ENGRENAGE. *Ajoutez* : ‖ Engrenage de Lahire, qui sert à transformer un mouvement circulaire continu en un mouvement rectiligne alternatif. ‖ Engrenage d'Huygens, engrenage d'angle, dans lequel le rapport des vitesses des deux arbres est variable. ‖ Engrenage différentiel, engrenage disposé de manière à donner à un arbre un mouvement qui soit la différence de deux autres. ‖ Engrenage elliptique, celui qui transmet un mouvement de rotation variable à un axe parallèle.

ENGROSSÉ, ÉE (an-grô-sé, sée), *part. passé* d'engrosser. Mettre sur la scène des filles engrossées par leurs amants, CORN. *Lexique*, éd. Marty-Laveaux.

ENGROSSER. *Ajoutez* : — REM. Racine dit engrossir : Phéacie que Neptune engrossit; Apollon l'avait engrossie, *Lexique*, éd. P. Mesnard. Ce lexique ajoute que Cotgrave et Nicot ne donnent pas d'autre forme que engrossir.

† ENGUEULEMENT. *Ajoutez* : L'esprit n'avait pas encore fait place à l'engueulement, triste expression, hélas! consacrée, A. BELOT, *Mlle Giraud ma femme*, ch. 1er.

† ENGUIGNONNÉ, ÉE (an-ghi-gno-né, née), *adj.* Néologisme. Qui a du guignon. Même avec cette conviction paralysante qu'il est enguignonné, tout ce qu'il entreprend lui réussit à merveille, ALPH. DAUDET, *Journ. offic.* 6 sept. 1875, p. 7609 1re col.

† ÉNIF (é-nif), *s. m.* Étoile ε de la constellation de Pégase.

— ÉTYM. Arabe, *anf*, nez, *anf al-faras*, le nez du cheval, l'étoile étant en effet placée sur la bouche de Pégase, DEVIC, *Dict. étym.*

† ÉNIMBAS (é-nin-bâ), *s. m.* Palmier d'Afrique. Les tissus d'écorces sont surtout tirés des feuilles du palmier : c'est l'énimbas du Gabon, le raffia de Madagascar, qui fournit cette matière précieuse, dans *Journ. offic.* 9 mai 1876, p. 3164, 1re col.

ENIVRANT. ‖ 1° *Ajoutez* : Le commerce, avec les sauvages, des boissons que l'on appelle en ce pays-là [Canada] enivrantes, ne cause point les grands et effroyables maux sur lesquels M. de Québec fait un cas réservé, *Lett. etc. de Colbert*, III, 2, p. 619.

ENIVRER. *Ajoutez* : ‖ 4° Arbre à enivrer, la coque du Levant, quelques *phyllanthus*, BAILLON, *Dict. de bot.* p. 247.

ENJOLIVEUR. *Ajoutez* : ‖ 2° Marchand enjoliveur, celui qui vend des guirlandes, festons, etc. *Tarif des patentes*, 1858.

† ENJUGERAIE (an-ju-je-rè), *s. m.* Marbre rose de Grez-en-Bouère (Mayenne), connu aussi sous le nom de sarrancolin de l'Ouest, *les Primes d'honneur*, p. 238, Paris, 1874.

ENLACEMENT. — HIST. *Ajoutez* : XIIIe s. *Illecebra*, enlachemens, CHASSANT, *Vocab. lat.-franç.* p. 16. ‖ XIVe s. *Illecebra*, enlacemens, ESCALLIER, *Petit Vocab. lat.-franç.* 1321.

† ENLEVÉE (an-le-vée), *s. f.* Quantité enlevée en une fois. La disette des grains et les enlevées qui s'en font par ordre du roi pour les magasins, les font enchérir jusques à un prix excessif, BOISLISLE, *Corresp. contrôl. gén. des finances*, p. 350, 1694.

† ENLEVEUR. *Ajoutez* : ‖ En termes d'imprimerie, l'ouvrier qui enlève les feuilles et débarrasse les tables, *Journ. offic.* 22 déc. 1872, p. 8024, 2e col.

† ENNEIGÉ, ÉE (an-nè-jé, jée, *an* prononcé comme dans *antérieur*), *adj.* Couvert de neige.

— HIST. XIIIe s. Son afaire [il] a trop agregié [aggravé], Qui por un fumier enneigié [une femme fardée] Et qui por un buisson flouri Pert paradis et champ flori, GAUTIER DE COINCY, *les Miracles de la sainte Vierge*, p. 172 (abbé Poquet).

— ÉTYM. *En* 1, et *neige*.

ENNEMI. *Ajoutez* : — REM. La Fontaine a dit ennemi à : ... Notre étourdie Aveuglément se va fourrer Chez une autre belette aux oiseaux ennemie, *Fabl.* II, 5. C'est une bonne tournure, employée aussi par Pascal (voy. ENNEMI, au n° 9).

ENNUI. — ÉTYM. *Ajoutez* : A l'appui de l'étymologie *in odio*, remarquez qu'on dit en provençal moderne : *mé vènes en odi*, tu m'ennuies.

ENNUYANT. *Ajoutez* : ‖ 2° Qui cause du tourment, de la gêne. Ayant laissé là les Variations, trop ennuyantes pour lui [Jurieu], BOSS. *Avert. repr. de l'idol.* I.

ÉNONCIATIF, IVE. *Ajoutez* : ‖ 2° Terme de droit. Qui énonce, expose. Il a développé des conclusions additionnelles énonciatives de faits propres à établir cette prétention, *Gaz. des Trib.* 2 mars 1875, p. 210, 1re col.

ENQUÉRIR. *Ajoutez* : ‖ 3° S'enquérir à quelqu'un, demander à quelqu'un. Je m'en suis enquis à M. l'avocat, RAC. *Lexique*, éd. P. Mesnard.

† ENQUÊTÉ, ÉE (an-kè-té, tée), *adj.* Qui est l'objet d'une enquête. Nos collègues enquêtés sont anxieux de connaître le résultat, en ce qui les concerne [du travail des commissions d'enquête], *Journ. offic.* 27 mai 1876, p. 3618, 3e col.

† ENRACINATION (an-ra-si-na-sion), *s. f.* Néologisme. Terme d'horticulture. Action de s'enraciner, de prendre racine. L'eau qui séjourne longtemps dans les pots est nuisible à l'enracination, *Rev. horticole*, 1868, 1er août, p. 286.

ENRACINÉ. *Ajoutez* : ‖ 3° Terme de construction. Qui a un enracinement. La jetée enracinée au fort Abd-el-Kader, *Journ. offic.* 17 juill. 1872, p. 4859, 3e col.

† ENRAGEAT (an-ra-ja), *s. m.* Enrageat noir, sorte de cépage hâtif du Médoc, de Lot-et-Garonne, etc. *les Primes d'honneur*, p. 600, Paris, 1874. Les cépages hâtifs, les chasselas, les merlots, les enrageats sont presque aux trois quarts grillés, *Journ. offic.* 19 avr. 1876, p. 2803, 3e col.

† ENRAGÉMENT (an-ra-jé-man), *adv.* D'une manière enragée. J'ai choisi cent maximes de M. de la Rochefoucauld, sur lesquelles je fais des remarques pour les bien faire entendre; je définis enragément, peut-être bien, peut-être mal; mais enfin, je veux fixer mes idées, CORBINELLI, *Lett.*

à Bussy, 27 fév. 1679, dans SEV. t. V, p. 526, éd. Regnier.

— HIST. XVI° s. Enragéement, NICOT.

ENRAGER. *Ajoutez* : || 5° Enrager après, éprouver une violente passion pour. L'un enrage après les femmes, l'autre veut toujours avoir le ventre à table, MALH. *Lexique*, éd. L. Lalanne.

† **ENRAGERIE.** *Ajoutez* : Il s'est fait ici une penderie d'un prêtre sorcier qui avait fait des enrageries plus que diaboliques, MALH. *Lexique*, éd. L. Lalanne.

† **ENRAMER** (an-ra-mé), *v. a.* Mettre les vers à soie sur la bruyère.

— ÉTYM. *En* 1..., et *rameau*.

† **ENRAYAGE** (an-rè-ia-j'), *s. m.* Action d'enrayer. Sabot d'enrayage.

ENRAYOIR. *Ajoutez* : || 2° Baguette qu'on introduisait dans le canon de l'arbalète de chasse pour la bander (voy. ARBALÈTE).

† **ENRÉGIMENTATION** (an-ré-ji-man-ta-sion), *s. f.* Néologisme. Action d'enrégimenter. || Fig. L'auteur des *Idées napoléoniennes* avait rêvé une vaste enrégimentation des classes ouvrières sous la tutelle de l'État césarien, MOLINARI, *Rev. des Deux-Mondes*, 15 sept. 1875, p. 429.

† **ENRÉGIMENTEMENT** (an-ré-ji-man-te-man), *s. m.* Néologisme. Action de former en régiment, d'enrégimenter. Ces haines formidables [des peuples contre lui], ou il [Napoléon Ier] les a ignorées, ce qui est un misérable aveuglement, ou, s'il ne les a pas ignorées, il n'en a tenu nul compte, comme de forces qui, n'étant pas sujettes à la conscription et à l'enrégimentement, n'étaient dignes d'aucune considération, É. LITTRÉ, *Fragm. de philos. positive*, 1876, p. 360.

† **ENREGISTRABLE.** *Ajoutez* : — HIST. XVI° s. Si une pleine recognoissance acquiert la faveur divine, elle me durera jusqu'au bout; sinon, j'ai tousjours assez duré pour rendre ma durée remarquable et enregistrable, MONT. cité dans *Journ. offic.* 11 oct. 1876, p. 7432, 3° col.

† **ENREGISTREUR.** *Ajoutez* : — HIST. XIV° s. Un vallet Perrin, qui estoit clerc d'un enregistreur de l'arcevesque (1333), VARIN, *Arch. administr. de la ville de Reims*, t. II, 2° part. p. 652.

† **ENRICHISSEUR** (an-ri-chi-seur), *s. m.* Celui qui enrichit.

— HIST. XIII° s. Devoz enrichissieres et fonderes d'abaies, *Chron. de St-Denis*, V, 17.

† **ENROBAGE** (an-ro-ba-j'), *s. m.* || 1° Action d'enrober. || 2° Opération par laquelle on revêt les bougies composées d'acides gras à point de fusion un peu bas, d'une enveloppe très-mince d'acide stéarique à point de fusion plus élevé, *Monit. univers.* 18 juin 1867, p. 760, 3° col. || 3° Action d'enduire de gélatine, de sucre, etc. Les divers procédés appliqués à la conservation des viandes, tels que.... l'enrobage à l'aide de la gélatine, du sucre, de la glycérine, le vide, les atmosphères artificielles..., *Journ. offic.* 12 juin 1874, p. 3960, 2° col. L'enrobage par les graisses nécessite des lavages qui détruisent le goût de la viande, *ib.* 25 août 1876, p. 6597, 2° col.

† **ENROBER.** *Ajoutez* : || 2° Café enrobé, café brûlé avec du sucre, qui le renfle et le rend luisant, le caramélise, en un mot.

ENROUEMENT. *Ajoutez* : — HIST. XIV° s. Frere, ce dist Guillaumes qui parla bassement, En faignant son langaige, com par esruement..., *Ciperis*, dans *Hist. litt. de la France*, t. XXVI, p. 23.

† **ENRUBANNER.** *Ajoutez* : ... Veulent faire une vraie pagode d'un roi; veulent qu'il soit enchâssé, enrubanné comme un petit saint..., *Lett. du P. Duchêne*, 160° *lett.* p. 1.

† **ENSABOTAGE** (an-sa-bo-ta-j'), *s. m.* Synonyme d'ensabotement, avec cette différence qu'ensabotage s'applique plus particulièrement à l'action d'ensaboter, et ensabotement au résultat de cette action. Ainsi on dira : l'ensabotement de ces projectiles est mal fait, parce que l'ensabotage n'a pas été surveillé.

† **ENSABOTÉ.** *Ajoutez* : Je suis épouvanté de voir des villageois, pieds nus ou ensabotés [ce mot doit bien passer, puisque encapuchonné a passé] qui font la révérence comme s'ils avaient appris à danser toute leur vie, RAC. *Lett. à M. Vitart*, 15 nov. 1661. || 2° Terme d'artillerie. Garni d'un sabot. Des obus ensabotés, ANDRÉOSSY, *Instit. Mém. scienc.* t. VII, p. 190.

† **ENSABOTEUR** (an-sa-bo-teur), *s. m.* Ouvrier qui ensabote des projectiles, *Manuel de l'artificier*, Encyclopédie Roret, p. 455.

† **ENSAUVAGER** (an-sô-va-jé), *v. a.* Le *g* prend un *e* devant *a* et *o* : ensauvageant. || 1° Rendre sauvage. Il ne faut pas dénaturer le caractère national, il ne faut pas ensauvager les mœurs d'un peuple, DAUNOU, dans STE-BEUVE, *Portraits contemp.* art. *Daunou.* || 2° S'ensauvager, *v. réfl.* Devenir sauvage. La rapidité avec laquelle les mœurs se sont ensauvagées et les intelligences obscurcies, du V° au VI° siècle [par l'invasion des barbares], MONOD, *Rev. critique*, 1er avr. 1876, n° 14, p. 224. Tout devient jungle [dans l'Inde, en la saison des pluies]; même les jardins s'ensauvagent et prennent des airs menaçants, *le Temps*, 27 déc. 1876, 3° page, 3° col.

— HIST. XIII° s. Kar [les païens] raisun plus n'orreient ke tigre ensauvagi, *Vie de seint Auban*, publ. par Atkinson, Londres, 1876, v. 470. Oisel te devurent [dévorent] e lu [loups] ensauvagi, *ib.* v. 1507.

† **ENSCEPTRER** (an-sè-ptré), *v. a.* Donner le sceptre, faire roi. C'est Dieu qui ensceptre et désceptre les rois, RENÉ DE LUSINGE, *Manière de lire l'histoire*, XVII° siècle.

— ÉTYM. *En* 1, et *sceptre*. *Ensceptrer* est le pendant de *désceptrer*, qui est dans le Dictionnaire.

ENSEIGNER. *Ajoutez* : || 6° Enseigner de, avec un infinitif. Vous avez de quoi remercier les dieux de ce que vous enseignez d'être cruel à un qui ne le peut apprendre, MALH. *Lexique*, éd. L. Lalanne. || Cette construction, plus rare que enseigner à, n'a rien de fautif.

— REM. Enseigner a été dit dans le XVI° siècle pour infliger la peine de la marque : Sur paine, les femmes d'estre enseignées d'ung peron en visaige à une joinbe [joue], *Ordonn. contre les vagabonds, du 5 janvier* 1539, dans *Rec. des ordonn. de la principauté de Liége*, publié par M. Polain. Enseigner est ici pris au sens de : imprimer un signe; quant au *peron* ou *perron* (voy. ce mot au Dict.), c'était la marque de puissance des hôtels de ville.

† **ENSEIGNEUR.** — HIST. *Ajoutez* : || XVI° s. Il estoit plus souvent enseigneur qu'auditeur, BÈZE, *Vie de Calvin*, p. 13.

† **ENSEMBLEMENT** (an-san-ble-man), *adv.* Terme vieilli. En même temps, de la même façon. Je veux bien examiner avec vous le cours de ma vie, et considérer ensemblement si mes façons de faire..., LA MOTHE LE VAYER, *Dial. d'Oratius Tubero*, t. I, dial. III.

— HIST. XII° s. Nabal, en hebreu, ço est fol; e folie est ensemblement od lui, *Rois*, 99. || XVI° s. Il avoit dedans la gueulle sept langues, et de toutes sept ensemblement parloyt languaiges divers, RAB. V, 31. Et ainsi confessions ensemblement que..., CALVIN, *Instit.* 247. Les alliez de Sparte despescherent ensemblement une ambassade à Sparte, AMYOT, *Lys.* 11.

— ÉTYM. *Ensemble*, et le suffixe *ment*.

ENSEMENCER. *Ajoutez* : — REM. On trouve quelquefois ensemencer des graines dans. Il prend des spores..., il les ensemence dans du moût.... naturellement, en ensemençant le *penicillium*, vous avez ensemencé à côté les spores de levûre, PASTEUR, dans le *Compte rendu* de H. DE PARVILLE, *Journ. offic.* 18 déc. 1873, p. 7898, 1re col. La locution n'est pas correcte. On *sème* des graines dans un champ; mais on *ensemence* le champ avec des graines.

† **ENSÈQUE** (an-sè-k'), *s. f.* Terme, dans le département des Landes, par lequel on désigne une certaine maladie des bœufs. Les bœufs et les vaches [dans l'intérieur des Landes] sont pris d'une maladie d'épuisement attribuée à la nature des eaux et que les paysans désignent sous le nom d'ensèque ou séquaye, *Enquête sur les incendies des Landes*, p. 23, 1863.

— ÉTYM. *En* 1..., et *sécher*.

† **ENSILER** (an-si-lé), *v. a.* Mettre, conserver dans des silos. La pratique de l'ensilage du maïs n'a encore dit que son premier mot.... vaut-il mieux ensiler sans hacher menu, ou bien ensiler à l'état brut, en branches? GASPARIN, *Journ. offic.* 8 janv. 1875, p. 163, 3° col. Je me propose, l'an prochain, d'ajouter de l'avoine au maïs ensilé, *ib.* p. 164, 1re col.

† **ENSILEUR** (an-si-leur), *s. m.* Celui qui met et conserve dans des silos. Pour les ensileurs débutants, le mieux c'est de s'en tenir aux silos en terre, GASPARIN, *Journ. offic.* 8 janv. 1875, p. 164, 1re col. Au domaine de Burtin, en Sologne, M. Goffart, le célèbre ensileur de maïs, *le Nouvelliste d'Avranches*, 11 mars 1877.

† **ENSILOTAGE** (an-si-lo-ta-j'), *s. m.* Synonyme d'ensilage. La rentrée des betteraves est d'ailleurs fort avancée, ainsi que leur ensilotage en vue du travail d'hiver..., Extr. du *Journ. des fabricants de sucre*, dans *Journ. offic.* 3 nov. 1873, p. 6678 2° col.

— REM. Cette forme n'est pas correcte. *Silo* n'a pas de *t*; il faut dire *ensilage*.

† **ENSOLEILLÉ, ÉE** (an-so-lè-llé, llée, *ll* mouillées), *adj.* Qui reçoit les rayons du soleil. Cheret, le peintre des bois ombreux, des clairières ensoleillées, TH. GAUTIER, *Portr. contemporains*, Paris, 1874. Ils s'assirent sur la lisière des bois.... la plaine ensoleillée s'étendait à perte de vue, *Rev. des Deux-Mondes*, 15 sept. 1875, p. 359.

— ÉTYM. *En* 1..., et *soleil*.

† **ENSOUTANÉ, ÉE** (an-sou-ta-né, née), *adj.* Couvert d'une soutane. Ah! le fin personnage, tonsuré et ensoutané, qui attend sur une banquette de bois le moment d'une audience secrète! BÜRGER, *Salons de 1861 à 1868*, t. II, p. 302.

† **ENSOUTER** (an-sou-té), *v. a.* Mettre dans la soute d'un navire. Le fulmi-coton humide est ensouté dans la cale à eau, *Journ. des Débats*, 26 déc. 1875.

† **ENSTATITE** (an-sta-ti-t'), *s. f.* Terme de minéralogie. Silicate anhydre de magnésie.

† **ENSUAIRER** (an-su-è-ré), *v. a.* Envelopper dans un suaire.

— ÉTYM. *En* 1, et *suaire*. Si on avait davantage le sentiment de la langue, on devrait dire *suarer* et *suareuse*; car l'*i* de renforcement sur la syllabe accentuée se perd, quand cette syllabe n'est plus accentuée; c'est pourquoi l'on dit, avec raison, *militariser* de *militaire*. Les fautes de ce genre deviennent, il est vrai, communes; il faudrait pourtant les éviter autant que l'on pourrait.

† **ENSUAIREUSE** (an-su-è-reû-z'), *s. f.* Femme qui ensuaire. Elle s'était faite ensuaireuse, état répugnant, que la nécessité seule décide à accepter et qui consiste à plier les morts, à les ensuairer et à les veiller, DE CURZON, *Une vie de Paysan*, dans *Bull. de la Société académ. de Poitiers*, du 4 juin 1873, p. 99.

† **ENTACAGE.** *Ajoutez* : — ÉTYM. *En* 1, et le radical *tac*, qui est dans *taquet*.

† **ENTAGE** (an-ta-j'), *s. m.* Action de forer un bijou de prix, tout en laissant subsister intactes les marques des poinçons, et de remplacer l'or enlevé par du cuivre ou une autre substance de peu de valeur; c'est une escroquerie, *le Temps*, 26 oct. 1876, 3° page, 1re col.

— ÉTYM. *Enter*; c'est une sorte d'*ente* que l'on pratique.

ENTAILLE. *Ajoutez* : || 6° Portion d'exploitation d'une forêt. Il venait, leur disait-il, de ces entailles où travaillait d'ordinaire le nommé R.... il reçoit du sieur L. R..., qu'il prétend avoir visité dans son entaille, dans le temps où éclatait le feu aux Trassillons [département du Loiret], le démenti le plus formel, *Gaz. des Trib.* 5 sept. 1875 p. 858, 3° col.

† **ENTALE** (an-ta-l'), *s. m.* || 1° Ancien nom de l'alun de plume. || 2° Nom donné plus tard par Linné à des tubes produits par des animaux vivants et fossiles. Les entales sont les enveloppes calcaires des *ditrupa*, annélides sédentaires.

— ÉTYM. Bas-lat. *entalum*, alun; c'est un mot du langage spagirique.

ENTASSEMENT. *Ajoutez* : — HIST. XIII° s. Mais il leur fust avenu malement, Quant les secourt quens Guillaume o sa gent; Lors ot au pont un tel entassement, Nul n'i regarde ne frere ne parent, *Foulque de Candie*, p. 27, Reims, 1860.

† **ENTENANT (DE)** (an-te-nan), *loc. prépos.* Tout auprès de. Entenant de cette grotte était bâtie une espèce de grande salle, RAC. *Lexique*, éd. P. Mesnard.

— ÉTYM. *En* 1, et *tenant*.

ENTENDRE. *Ajoutez* : || 15° Entendre haut, locution provinciale signifiant avoir l'oreille dure.

— ÉTYM. *Ajoutez* : || 6. On a dit : à double entendre, pour : à double entente. On a ordonné aux comédiens italiens de retrancher de leurs pièces tous les mots à double entendre qui sont trop libres, DANGEAU, t. II, p. 101, janv. 1688.

ENTÉRINEMENT. *Ajoutez* : — HIST. XV° s. L'enterinement et congnoissance d'une remission obtenue par ung nommé Yvonnet du Tertre, d'un murtre par lui commis, *Procès-verbaux du conseil de régence de Charles VIII*, p. 216.

ENTÊTÉ. *Ajoutez* : || 4° Entêté que..., ayant dans la tête que.... La Mère Angélique de Saint-Jean était entêtée qu'elles ne devaient signer en aucune sorte RAC. *Lexique*, éd. P. Mesnard. Entêtés systématiquement que leur ancienneté les dispensait de l'observation des ordonnances et des règlements, DE MONTAIGLON, *Hist. de l'Acad. de peinture (Mém. attribués à H. Testelin)*, t. I, p. 149.

ENTHOUSIASME. *Ajoutez :* || 6° *Au plur.* Transports poétiques. Ma dernière saison, oragée de tant d'afflictions qui ont désolé ma Calliope, ressent aussi mes enthousiasmes grandement refroidis, MALH. *Lexique*, éd. L. Lalanne.

† **ENTHOUSIASTEMENT** (an-tou-zi-a-ste-man), *adv.* Néologisme. D'une manière enthousiaste. Lorsque la vie d'un peuple trouve la plus haute expression et son épanouissement dans une monarchie universellement, enthousiastement acceptée, il est temps de parler de la royauté et de ses bienfaits, *Lettres d'Angleterre*, dans *le Temps*, 16 déc. 1873.

† **ENTODERME** (an-to-dèr-m'), *s. m.* Terme d'histoire naturelle. Se dit, chez les mollusques, de la peau intérieure. La partie ventrale de l'entoderme, H. FOL, *Acad. des sc. Comptes rend.* t. LXXXI, p. 474.

— ÉTYM. Ἐντὸς, au dedans, et δέρμα, peau.

† **ENTODERMIQUE** (an-to-dèr-mi-k'), *adj.* Qui a rapport à l'entoderme. Les éléments entodermiques, A. DE KOROTNEFF, *Acad. des sc. Comptes rend.* t. LXXXI, p. 827.

† **ENTOMBER** (an-ton-bé), *v. a.* Néologisme. Mettre dans la tombe. Cette famille [les Chateaubriand], qui avait semé l'or selon sa devise, voyait de sa gentilhommière les riches abbayes qu'elle avait fondées et qui entombaient ses aïeux, CHATEAUBR. *Mém. d'outre-tombe* (éd. de Bruxelles), t. I, *Sicut nubes.... quasi naves*, etc.

† **ENTON** (an-ton), *s. m.* Dans l'Aunis, morceau rapporté à une douvelle pour remédier à un défaut du bois. L'enton se fixe avec des chevilles ou goujons, *Gloss. aunisien*, p. 104.

— ÉTYM. *Enter*, au sens de fixer dans.

ENTONNOIR. — HIST. *Ajoutez : XIVe s.* Deux mauvais entonneurs, deux tonneliés à verjus (1328), *Nouv. Rec. des comptes de l'argenterie des rois*, par Douët-d'Arcq, p. 97.

† **ENTOPÉRIPHÉRIQUE** (an-to-pé-ri-fé-ri-k'), *adj.* Terme de psychologie employé par Herbert Spencer. Qui a rapport au groupe de sensations causées par la périphérie interne, RIBOT, *Psychol. anglaise*, p. 194.

— ÉTYM. Ἐντὸς, en dedans, et *périphérique*.

† **ENTORSÉ, ÉE** (an-tor-sé, sée), *adj.* Terme de chirurgie. Qui a éprouvé une entorse. Pied entorsé.

† **ENTRAISON** (an-trè-zon), *s. f.* Expression usitée parmi les marins pêcheurs des côtes de la Méditerranée, et qui s'applique à la période durant laquelle le poisson se rend de la mer dans les étangs salés ou dans les cours d'eau aboutissant à la mer; cette migration a lieu au printemps. Le réservoir à poissons, dit vivier de la Peyrade, ne reçoit pas l'entraison, *Statist. des pêches marit.* 1874, p. 115.

— ÉTYM. *Entrer.*

† **ENTR'APERCEVOIR** (an-tra-pèr-se-voir), *v. a.* Apercevoir à peine, fugitivement. Nous avons eu l'occasion, il y a quelques jours, de faire entr'apercevoir une rue de Paris fort vilaine et horriblement fréquentée, la rue Sainte-Marguerite, *Gaz. des Trib.* 10 mars 1876, p. 243, 2e col.

† **ENTRAVERSER.** *Ajoutez :* || 2° S'entraverser, *v. réfl.* Se dit d'un navire qui présente son travers. La frégate s'entraverse devant le monastère, et ses soixante canons rasent presque complétement cet édifice, JURIEN DE LA GRAVIÈRE, *les Philhellènes*, *Rev. des Deux-Mondes*, 15 oct. 1873, p. 785.

† **ENTRE-BÂILLEMENT.** *Ajoutez :* || 2° Hiatus, MALH. *Lexique*, éd. L. Lalanne.

† **ENTREBÂILLURE** (an-tre-bâ-llu-r', *ll* mouillées), *s. f.* État d'une chose entrebâillée. Par l'entrebâillure du rideau, l'on aperçoit Samson que les Philistins entraînent, BÜRGER, *Salons de 1861 à 1868*, t. I, p. 210.

† **ENTRE-CENT** (an-tre-san), *s. m.* Droit dû, d'après la coutume de Hainaut, au seigneur haut justicier sur les mines que l'on fouillait dans l'étendue de sa justice.

— ÉTYM. Lat. *inter centum*, entre cent, parce que ce droit approchait ordinairement du centième denier, MERLIN, *Répert. de jurispr. Entrecent.*

† **ENTRE-CHÉRIR** (S') (an-tre-ché-rir), *v. réfl.* Se chérir l'un l'autre. O qu'il fait bon aimer en terre comme l'on aime au ciel, et apprendre à s'entre-chérir en ce monde, comme nous ferons éternellement en l'autre! SAINT FRANÇOIS DE SALES, *Introd. à la vie dévote*, III, 19.

† **ENTRE-CHOQUEMENT.** *Ajoutez :* || 2° Choc réciproque de sons qui se heurtent. L'entre-choquement des tierces et des sixtes sur les notes graves de ces instruments [les bassons] donne l'impression d'un cliquetis d'ossements et de têtes de morts, *Journ. offic.* 21 déc. 1875, p. 10620, 2e col.

ENTRE-CHOQUER. *Ajoutez :* || 2° *V. a.* Choquer des objets l'un contre l'autre. Guerrier, il [le Germain] ne quitte jamais ses armes, et il les entre-choque lorsqu'une grave résolution est prise, DE LAVELEYE, *Rev. des Deux-Mond.* 1er août 1872, p. 516.

† **ENTRE-CLORE.** *Ajoutez :* — HIST. XIVe s. Duquel hostel le suppliant trouva l'uis entre-cloz, et n'y avoit personne dedans (1394), *Lett. de remission*, dans POUGENS, *Archéologie franç.* t. I, p. 175.

† **ENTRE-CONTREDIRE** (S') (an-tre-kon-tre-di-r'), *v. réfl.* Se contredire l'un l'autre. Tandis que les médecins s'entre-contredisent, les malades meurent, GUI PATIN, *Lettres*, t. II, p. 273.

† **ENTRE-CONTREFAIRE** (S') (an-tre-kon-tre-fè-r'), *v. réfl.* Se contrefaire l'un l'autre. [À la récréation dans un couvent de femmes], il fallait se moquer les unes des autres, s'entre-contrefaire, et on appelait cela se déniaiser, LA MÈRE ANGÉLIQUE, dans SAINTE-BEUVE, *Port-Royal*, t. I, p. 328, 3e édit.

† **ENTR'ÉCORCE** (an-tré-kor-s'), *s. m.* Terme de forestier. Défaut qui résulte ordinairement de la soudure de deux branches entre elles; il n'a d'autre effet que de diminuer la force de la pièce, par suite de la séparation des fibres du tronc et de la branche, NANQUETTE, *Exploit. débit et estim. des bois*, Nancy, 1868, p. 205.

ENTRECOUPÉ. *Ajoutez :* || 3° Terme de forestier. Qui est coupé par des clairières. Le peuplement qui renferme des clairières est dit clairiéré ou entrecoupé, G. BAGNERIS, *Manuel de sylvic.* page 5, Nancy, 1873.

† **ENTRE-CROISEMENT.** *Ajoutez :* || 2° Terme de physiologie. Action, état, résultat du croisement de races par unions sexuelles. Si Prichard a eu raison de dire que cet entre-croisement de caractères [cheveux presque laineux avec le teint clair, chez les Abyssins] ne s'observe pas chez les métis de premier sang, BROCA, *Mém. d'anthrop.* t. II, p. 537.

† **ENTRE-CUEILLIR** (an-tre-keu-llir, *ll* mouillées), *v. a.* || 1° Terme de jardinage. Cueillir en plusieurs fois les fruits d'un arbre en tenant compte des degrés différents de maturité. Entre-cueillir les fruits d'un poirier. Il ne faut pas oublier que les poires d'été et d'automne demandent à être entre-cueillies, c'est-à-dire qu'il faut opérer la cueillette en plusieurs fois à quelques jours d'intervalle; sans cette précaution, tous les fruits du même arbre arrivent à maturité presque au même jour, *Journ. offic.* 10 sept. 1875, p. 7735, 3e col. || 2° Il se dit aussi de l'arbre lui-même. Entre-cueillir un poirier.

† **ENTRE-DÉFAIRE.** *Ajoutez :* — HIST. XVIe s. On peut dire que l'art et l'experience de nous entre-desfaire, entre-tuer, de ruiner et perdre nostre propre espece semble venir d'alienation de sens, CHARRON, *Sagesse*, I, 53.

† **ENTRE-DEVOIR.** *Ajoutez :* — HIST. XVIe s. De moy, je ne cognois non plus Venus sans Cupidon, qu'une maternité sans engeance; ce sont choses qui s'entreprestent et s'entredoibvent leur essence, MONT. III, 285.

† **ENTRE-DIFFÉRER** (an-tre-di-fé-ré), *v. n.* Différer l'un de l'autre.

— HIST. XIVe s. Morphée et albaras [sortes de lèpres] s'entredifferent et s'accordent; car ils s'accordent pour ce que.... ilz s'entredifferent pour ce que... LANFRANC, f° 43, *verso*.

— ÉTYM. *Entre*, et *différer*.

† **ENTRE-DISPUTER** (S') (an-tre-di-spu-té), *v. réfl.* Se disputer quelque chose l'un à l'autre. Il n'avait pas dix-huit ans, que toutes les filles s'entredisputèrent son cœur, DIDEROT, *Bijoux indiscr.* II, 20.

ENTRÉE. *Ajoutez :* || 20° Nom, dans le langage administratif, de petits tableaux indiquant les objets à discuter dans un conseil municipal ou départemental. || 21° Terme de turf. Entrées, somme versée par le propriétaire qui engage un cheval pour une course. || 22° Terme de comptabilité. Table à double entrée, table dans laquelle une signification est donnée aux colonnes verticales, et une aux colonnes horizontales. La table de Pythagore est une table à double entrée, ainsi nommée parce qu'on y peut entrer dans les deux sens.

— REM. Joyeuse entrée signifiait aussi, dans l'ancienne Flandre, la charte qui assurait les libertés des habitants. À son avénement, le prince était inauguré solennellement dans chaque province en qualité de duc, comte ou seigneur, et s'engageait par serment à observer lui-même et à maintenir envers et contre tous les priviléges de la nation; la charte qui consacrait ces obligations et qu'on ne séparait pas du fait de l'avénement était connue sous le nom de joyeuse entrée, DEFACQZ, *Ancien droit belgique*, t. I, p. 6. Il est constamment question de joyeuse entrée dans les plaintes et représentations des adversaires de Joseph II; et l'on disait alors violer la joyeuse entrée ou les joyeuses entrées, comme on dit aujourd'hui violer la constitution, la loi fondamentale. (Note communiquée par M. Du Bois, avocat à Gand.)

† **ENTREFEND** (an-tre-fan), *s. m.* Synonyme de mur de refend. Des bancs de bois, ... formaient tout le mobilier du salon [dans un fort]; mais la muraille d'entrefend, à travers laquelle une étroite porte à un seul battant donnait accès dans la chambre voisine, était ornée d'une façon pittoresque, J. VERNE, *le Pays des fourrures*, p. 2.

† **ENTRE-FILETS** (an-tre-fi-lè), *s. m.* Terme de journal. Nom donné aux lignes des paragraphes que l'on met entre deux filets, pour les séparer de tout le reste et y appeler le regard. || Même au singulier on écrit entre-filets, parce que les lignes dont il s'agit sont entre deux filets. Il y a encore [dans un journal de Paris du 1er mai 1844] un petit entre-filets intitulé : Modes, *Journ. offic.* 6 avr. 1876, p. 2477, 1re col.

† **ENTRE-FUIR** (S') (an-tre-fuir), *v. réfl.* Se fuir l'un l'autre. Les choses du monde sont enfilées d'une sorte qu'en s'entre-fuyant elles se suivent, MALH. *Lexique*, éd. L. Lalanne.

† **ENTRE-GLOSER** (S') (an-tre-glô-zé), *v. réfl.* Se gloser, s'interpréter l'un l'autre.

— HIST. XVIe s. Il y a plus affaire à interpreter les interpretations qu'à interpreter les choses, et plus de livres sur les livres que sur aultre subject; nous ne faisons que nous entre-gloser, MONT. IV, 237.

† **ENTR'ÉGORGEMENT** (an-tré-gor-ge-man), *s. m.* Action de s'entr'égorger. Toute la population de l'Espagne et de la presqu'île des Balkans n'aurait pas suffi à l'effrayante consommation d'hommes à laquelle se sont livrées les dépêches contradictoires des gouvernements belligérants; nous avons d'abord été émus, comme tout le monde, de ces carnages sans cesse renouvelés; mais à la longue, pourquoi ne pas l'avouer? nous nous sommes blasés sur cet entr'égorgement universel, *Journ. des Débats*, 30 août 1876, 1re page, 2e col.

† **ENTRE-HEURTEMENT** (an-tre-heur-te-man), *s. m.* Action de s'entre-heurter.

— HIST. XIVe s. *Complosum*, entrehurtement, ESCALLIER, *Vocab. latin-franç.* 404.

† **ENTRE-JETER** (an-tre-je-té), *v. a.* Jeter de l'un à l'autre.

— HIST. XVIe s. Ils s'entrejetterent force œillades, AMYOT, *Sylla*, 72.

† **ENTREMAIL** (an-tre-mal', *l* mouillée), *s. m. Au plur.* Entremaux. Le même que l'entremaillade (voy. ce mot au Dictionnaire), *Statistique des pêches maritimes*, 1874, p. 115.

† **ENTRE-MANGERIE.** *Ajoutez :* — REM. On trouve aussi entre-mangement. La loi de nature que la société ait le mieux conservée, c'est l'entre mangement; seulement elle en a adouci les formes, E. GÉRUZEZ, *Mélanges et pensées*, 1866, p. 374.

† **ENTRE-PARLEUR** (an-tre-par-leur), *s. m.* S'est dit pour personnage en langage dramatique. En tête d'une tragédie de Boisrobert, la vraie Didon ou la Didon chaste, imprimée en 1643, chez Toussaint Quinet, on lit : Entre-parleurs, Hyarbas, roi de Gétulie, etc.

† **ENTRE-PICOTER** (S') (an-tre-pi-ko-té), *v. réfl.* Se picoter réciproquement, se harceler l'un l'autre.

— HIST. XVIe s. Là-dessus vous estant mis à vous entrepicotter, chascun essayant de mettre en avant ce qu'il estimoit le plus valoir en soy et le moins en autruy, SULLY, *Mém.* t. I, ch. 2.

† **ENTRE-PORTER** (S'). *Ajoutez :* || 2° Se porter, se pousser l'un l'autre à. Il leur est nécessaire de s'allier les uns aux autres par une sainte et sacrée amitié; car par le moyen d'icelle ils s'animent, ils s'aident, ils s'entre-portent au bien, ST FRANÇOIS DE SALES, *Introd. à la vie dévote*, III, 19.

† **ENTREPOSAGE** (an-tre-pô-za-j'), *s. m.* Action d'entreposer, de mettre en entrepôt. L'acte du parlement de 1803 n'autorisait l'entreposage que des produits les plus importants des Indes occidentales, dans les docks de ce nom.... *Journ. offic.* 7 sept. 1875, p. 7640, 1re col.

† **ENTRE-POUSSÉ, ÉE** (an-tre-pou-sé, sée), *part. passé* d'entre-pousser. Déjà ses flots entre-poussés Roulent cent monceaux empressés De perles ondoyantes, RAC. *Lexique*, éd. P. Mesnard.

† **ENTRE-PRÊTER.** *Ajoutez :* — HIST. XVI° s. Telz exercites [armées] sont desormais dons reciproques que s'entredonnent et s'entreprestent noz particuliers citoyens à nos despens, AMYOT, *Caton d'Utique*, 61.

ENTRER. || 7° *Ajoutez :* || Je n'entre pas là-dedans, ce sont des raisons, des considérations qui ne me touchent pas.

† **ENTRE-RAIL** (an-tre-rèl), *s. m.* Espace entre les rails d'un chemin de fer. Toute l'étendue des passages à niveau sera pavée; et le pavage sera entretenu tant dans chaque entre-rail que dans la zone de un mètre de largeur formant accotement extérieur au rail, *Décret* 13 *juin* 1874, *Bull. des lois*, XII° série, n° 231, p. 567.

† **ENTRE-RÉGALER** (S') (an-tre-ré-ga-lé), *v. réfl.* Se régaler l'un l'autre. Comme, dans de semblables rencontres, les grands princes s'entre-régalent.... *les Aventures de M. d'Assoucy*, t. I, p. 259, 2 vol. Paris, 1677.

† **ENTRE-REPROCHER** (S') (an-tre-re-pro-ché), *v. a.* Se reprocher l'un à l'autre certaines choses.

— HIST. XVI° s. Que, pour telle separation d'amitié, convienne après manifester et s'entreeprocher les choses secrettes qu'on s'est au paravant communiquées, cela, à mon advis, ne se fait point qu'entre personnes miserables et deplorées, *Arrest memorable du parlement de Tholose, contenant une histoire prodigieuse d'un supposé mary*, Paris, 1572, p. 11.

† **ENTRE-SOLER** (an-tre-so-lé), *v. a.* Terme de bâtiment. Pratiquer des entre-sols dans les étages hauts de plafond.

† **ENTRE-SUITE** (an-tre-sui-t'), *s. f.* Qualité de ce qui s'entre-suit. Afin que le tout fût plus utile et agréable, je l'ai revu, et y ai mis quelque sorte d'entre-suite, ajoutant plusieurs avis et enseignements propres à mon intention, ST FRANÇOIS DE SALES, *Introduction à la vie dévote, Préface*, 1641. L'ordre et l'entre-suite des choses, MALH. *Lexique*, éd. L. Lalanne.

† **ENTRE-SUPPORTER** (S') (an-tre-su-por-té), *v. réfl.* Se donner un support mutuel. C'est ainsi que le spirituel et le temporel s'entre-supportent et s'entr'aident mutuellement, F. GARASSE, *Mém.* publiés par Ch. Nisard, Paris, 1861, p. 271.

ENTRETOISE. *Ajoutez :* Entretoises, sommiers, colonnes, soliveaux, CORN. *Illus.* III, 4. || 2° Dans les locomotives, virole de bronze placée entre la balance et le levier de la soupape; elle met le mécanicien dans l'impossibilité d'obtenir un surcroît de pression au delà du timbre fixé par les ingénieurs du contrôle.

— HIST. XIV° s. Au cherpentier pour rapperillier l'ozelerie, et mettre entretoises (1336), VARIN, *Archives administr. de la ville de Reims*, t. II, 2° part. p. 749.

† **ENTR'ÉTOUFFER** (S') (an-tré-tou-fé), *v. réfl.* S'étouffer l'un l'autre, être étouffés l'un par l'autre. Le jour est proche où les livres, à force de foisonner et de pulluler, s'entr'étoufferont les uns les autres, *Journ. offic.* 1er sept. 1875, p. 7430, 3° col.

† **ENTRE-TRAVE** (an-tre-tra-v'), *s. f.* Ensemble des poutrelles qui s'appuient sur les poutres maîtresses. L'entrepreneur des démolitions a fait enlever avec le plus grand soin ce plafond et le plancher placé au-dessus, et l'on a alors reconnu que l'entre-trave tout entière, c'est-à-dire les poutrelles qui s'appuient sur les poutres maîtresses, était formée d'autant de morceaux de bois pareils.... *Journ. offic.* 4 sept. 1875, p. 7529, 1re col.

† **ENTRE-TROMPER.** *Ajoutez :* — HIST. XVI° s. Pendant que ces autres forçats, pour toute consolation, s'amuseront de s'entretromper de bayes, et donner la mocque l'un à l'autre, PASQUIER, *Pourparler de la loy*.

† **ENTRE-VENDRE** (S'). *Ajoutez :* || 2° Se vendre une chose l'un à l'autre.

— HIST. XVI° s. Là les causeurs les causes s'entre-vendent, CL. MAROT, *Œuvr.* t. I, p. 202.

† **ENTRE-VENIR** (an-tre-ve-nir), *v. n.* Ancien synonyme d'intervenir. La félicité lui est domestique [au sage]; il ne se peut faire que quelquefois il n'entrevienne quelque chose; mais ce n'est qu'une égratignure, MALH. *Lexique*, éd. L. Lalanne.

ENTREVOIR. *Ajoutez :* || 5° Entrevoir, suivi d'un infinitif comme avec voir. Que me veulent ces deux ombres Qu'à travers le faux jour de ces demeures sombres J'entrevois s'avancer vers moi, CORN. *Psyché*, V, 4. || Emploi excellent; car il exprime une nuance significative qu'on n'aurait pas avec le simple *voir*.

ENTR'OEIL. *Ajoutez :* — REM. On trouve encore ce mot dans Caseneuve (1694) et dans Ménage avec la remarque qu'il n'est plus en usage. Il n'y a pas de raison pour ne pas le reprendre; car il est utile et bon.

— HIST. XII° s. Sorcius [sourcil] bien fais et large entruel, *Perceval le Gallois*, v. 3011.

† **ENTROPIE** (an-tro-pie), *s. f.* Terme de thermodynamique. Quantité dont la valeur dépend, pour chaque corps, de l'état actuel de ce corps, et qui reste constante lorsque le corps passe par une série de transformations pendant lesquelles il ne reçoit ni ne perd de chaleur; elle représente la valeur de l'intégrale du rapport de l'accroissement infiniment petit de la quantité de chaleur communiquée à un corps, à la température absolue de ce corps; cette expression est toujours intégrable.

— ÉTYM. Ἐντροπία, retour, de ἐν, en, et τρέπω, tourner.

ENTURE. *Ajoutez :* || 5° Terme de charpente. Assemblage par lequel on réunit deux pièces de bois bout à bout : enture par quartier, à mi-bois; enture à queue d'aronde. || 6° Petite pièce de bois par laquelle un armurier remplace une partie gâtée dans le bois d'une arme portative.

† **ENVAGONNER** (an-va-go-né), *v. a.* Mettre en vagons. La gare de Pantin, grâce à son quai disposé pour l'embarquement des bestiaux, offre des commodités particulières pour envagonner l'artillerie, *Paris-Journal*, 19 juill. 1870.

† **ENVASER.** || S'envaser.... *Ajoutez :* || S'envaser, se cacher dans la vase, en parlant de certains animaux. Les indigènes croient que ce poisson [le *bolti*, fleuve Orange, Afrique] s'envase à la manière des tortues, et qu'il attend ainsi que les excavations du sol dans lesquelles il se tient pendant la sécheresse soient inondées de nouveau, GERVAIS, *Acad. des sc. Comptes rendus*, t. LXIII, p. 1054.

ENVELOPPE. *Ajoutez:* || 6° En géométrie, enveloppe, lieu géométrique des points de rencontre, ou des courbes d'intersection, d'une série de courbes ou de surfaces infiniment voisines se suivant d'après une loi déterminée; ces courbes ou ces surfaces sont dites les enveloppées. L'enveloppe est tangente à toutes les enveloppées.

† **ENVELOPPEMENT.** *Ajoutez :* — HIST. XIV° s. *Involucrum*, envelopemens, ESCALLIER, *Vocab. latin-franç.* 1525.

ENVELOPPER. || 7° *V. n. Ajoutez :* || On dit aussi, en termes de chasse, activement : envelopper un défaut.

† **ENVELOPPEUR.** || Fig. *Ajoutez :* Il est vrai qu'il [La Fontaine] en a fait quelques-uns [contes] où il y a des endroits un peu trop gaillards; et, quelque admirable enveloppeur qu'il soit, j'avoue que ces endroits-là sont trop marqués, FURETIÈRE, *Factums*, t. II, p. 195 (*Lettre de Bussy-Rabutin à Furetière*, 4 mai 1686).

ENVERGUER. *Ajoutez :* Ils enverguent les voiles et les hissent au haut de ces grands mâts après qu'elles sont cousues, afin de voir si elles sont bien taillées et si elles jouent bien au vent, *Corresp. de Colbert*, t. III, 2, p. 342 (*Voy. de Seignelay en Angleterre*).

† **ENVERRAGE** (an-vè-ra-j'), *s. m.* || 1° Terme de verrerie. Action d'enverrer, c'est-à-dire de mettre dans un vase neuf une petite quantité de verre en fusion, pour enlever la crasse ou la poussière du vase. || 2° Portion de cristal qui reste dans les creusets. Une portion [du cristal fondu] reste adhérente aux creusets, dont elle constitue ce qu'on appelle l'enverrage, *Enquête, Traité de comm. avec l'Anglet.* t. VI, p. 559. [Pertes par] enverrage et rupture de creusets, battitures de cannes, fiel, écrémaisons, tirage, bris et déchet de groisils, *ib.* p. 587.

ENVI. — ÉTYM. *Ajoutez* : provenç. *invit*, invitation, défi, *envidar*, *envier*, renvier, prouve que c'est le lat. *invitare* qui est le radical (voy. RENVI, RENVIER). Ce rapprochement avec le provençal écarte l'étymologie de Génin, qui voyait dans *envi* une extension du sens de la locution *à l'envi*. Quant à l'argument tiré de l'exemple d'Amyot en faveur de *à l'envi : un envy entre elles*, s'expliquant par une métaphore tirée du terme de jeu, il n'est pas un obstacle à recevoir l'étymologie indiquée par le provençal.

† **ENVIDER.** *Ajoutez :* Quand le lin est filé, les jeunes filles l'envident en écheveltes de 274 mètres, DE COLLEVILLE, *Journ. des Économistes*, fév. 1873, p. 276.

† **ENVIDEUR** (an-vi-deur), *s. m.* Ouvrier qui envide, qui tourne le fil autour du fuseau. Un envideur surveillant, *Journ. offic.* 18 avril 1876, p. 2786, 2° col.

ENVIRON. — ÉTYM. *Ajoutez :* On dit dans le Maine : *il est environ faire telle chose*, c'est-à-dire : il y est occupé. *Avez-vous dîné? Non, je suis environ.*

ENVIRONNER. *Ajoutez :* || 4° Environner quelqu'un, s'emparer de quelqu'un. Je fus surpris de voir Mme la Dauphine, avec qui je n'avais aucune privance, m'environner, me rencoigner en riant avec cinq ou six dames de sa cour, ST-SIM. t. IX, p. 274, éd. Chéruel. || 5° Faire le tour. On voulait lui bailler autant de terre qu'en labourant il en pourrait environner en un jour, MALH. *Lexique*, éd. L. Lalanne.

† **ENVISAGEMENT.** *Ajoutez :* Il y eut des personnes à qui leur dureté et l'envisagement de leurs espérances firent dire qu'il [Louis XIII] était trop long à mourir, Mme DE MOTTEVILLE, *Mém.* 1re partie, p. 44.

ENVOI. *Ajoutez :* — REM. J. J. Rousseau a dit d'envoi de, au sens de envoyé par : J'ai reçu, monsieur, avec la lettre dont vous m'avez honoré le 16 du mois dernier, celle que vous avez eu la bonté de me faire parvenir d'envoi de M. de T..., *Lett. à M. de Saint-Germain*, 19 avril 1770. Cette forme est peu française.

— HIST. XII° s. Eissi ert pere à totes gens, Eissi chascun an une feiz Faiseit ses dons et ses enveiz, BENOIT, *Chronique*, t. III, p. 385, v. 42034.

† **ENVOLÉE** (an-vo-lée), *s. f.* Néologisme. Action de s'envoler plusieurs ensemble. Une prose où des vers entiers prennent leur envolée tout à coup, ALPH. DAUDET, *Journ. offic.* 14 juin 1875, p. 4282, 3° col.

† **ENVOLEMENT** (an-vo-le-man), *s. m.* Néologisme. Action de s'envoler. Surpris par ce brusque passage de l'obscurité du panier à la lumière du jour, ils [les pigeons] restent indécis pendant quelques secondes; puis, tout à coup, c'est un envolement immense, unanime, *Journ. offic.* 23 oct. 1874, p. 7164, 1re col.

ENVOLER. *Ajoutez :* — REM. Au commencement du XVII° s. on pouvait encore séparer de *voler* la particule *en*. La justice et la paix au ciel s'en sont volées, RÉGNIER, *Ép.* I. Et même, Malherbe ne voulait pas qu'on dît : S'est envolé, mais : S'en est envolé, *Lexique*, éd. L. Lalanne.

† **ENVOLUMÉ, ÉE** (an-vo-lu-mé, mée), *adj.* Ancien terme de marine, qui se disait, par opposition à frégaté, d'un vaisseau ayant de grandes œuvres mortes. Un vaisseau qui a moins d'œuvres mortes et qui présente plus de voile au vent en est beaucoup plus vite, outre que, quand il est envolumé, il est beaucoup plus pesant, et cette pesanteur le retarde considérablement, *Corresp. de Colbert*, III, 2, p. 327.

† **ENVOYAGE** (an-vo-ia-j'), *s. m.* Terme d'exploitation houillère. Synonyme d'accrochage. On écrit de Piéton au *Journal de Charleroi* : ... Il y avait 36 mètres de corde entremêlée sur la cuve et sur la cage; le sauvetage était des plus difficiles, car la cage était arrêtée entre deux envoyages, *Journ. offic.* 18 mai 1873, p. 3175, 3° col.

ENVOYER. — REM. *Ajoutez :* || 4. Despréaux a été avec Gourville voir Monsieur le Prince; Monsieur le Prince lui envoya voir son armée, SÉV. 2 nov. 1673. Cette forme est évidemment incorrecte; il faut l'envoya voir.

† **ÉOLIDE** (é-o-li-d'), *s. f.* Sorte de mollusque. Il y a pourtant des mollusques sans coquille, par exemple les doris et les éolides, délicieuses créatures du monde de la mer; la doris et l'éolide, pendant la période embryonnaire, ont une coquille, E. BLANCHARD, *Rev. des Deux-Mondes*, 1er août 1874, p. 605.

† **ÉOPHYTON** (é-o-fi-ton), *s. m.* Terme de paléontologie. Plante qu'on trouve dans le terrain cambrien, le plus ancien de tous, *Rev. hortic.* 16 fév. 1875, p. 66.

— ÉTYM. Ἑως, aurore, et φυτόν, plante.

† **ÉOSINE** (é-o-zi-n'), *s. f.* Substance colorée introduite par M. E. Fischer dans l'étude des tissus organiques pour colorer les préparations microscopiques, *Acad. des sc. Comptes rendus*, t. LXXXIII, p. 1112.

† **ÉPAILLAGE.** *Ajoutez :* || 2° Action de débarrasser le drap de toutes les matières végétales, sans que la matière animale perde aucune de ses qualités essentielles; il est synonyme d'épincetage. La diminution dans les poids et les déchets qui ne sont propres qu'à refondre, résultant du tréfilage, des recuits, du décapage et de l'épaillage, sont évalués en moyenne à 12 p. 100, *Enquête, Traité de comm. avec l'Anglet.* t. I, p. 512. Que le bre-

vet est valable, parce qu'il est pris pour l'obtention d'un nouveau résultat industriel, l'épaillage chimique des tissus en pièces.... *Gaz. des Trib.* 26 mars 1875, p. 297, 1re col.

† **ÉPAILLER.** *Ajoutez :* || **2°** Purger le drap de toutes matières végétales.

† **ÉPALEMENT.** *Ajoutez :* — REM. L'emploi du mot épalement en langage administratif est bien antérieur à la loi belge citée dans l'article. Les lois et règlements donnant aux préposés le droit de vérification, les instructions de la régie ont déterminé le mode d'épalement à employer ; l'épalement d'une chaudière ou alambic a pour objet d'en mesurer la capacité ; on pourrait le faire de trois manières, par l'empotement, par le dépotement et par le jaugeage, *Manuel des poids et mesures*, Paris, 1813, p. 519.

— HIST. XVIe s. Suivant l'espallement qui en a esté aujourd'hui à la gauge de ce pays, *Nouv. Coust. gen.* t. I, p. 310, col. 1.

† **ÉPALER.** *Ajoutez :* — HIST. XIIIe s. Du boestel faire espaeler au moelin (1262), POUGENS, *Archéol. franç.* t. I, p. 178. || XIVe s. Et auront le droit.... d'espaaler et de justifier lesdites mesures, toutesfois et quantes li cas s'i offerront (1314), ID. *ib.*

— ÉTYM. D'après la forme du mot telle que la donne l'historique, il semble venir du lat. *e*, hors, et *patella*, sorte de vase (voy. PALETTE, n° 3) : jauger en transvasant.

† **ÉPANCHOIR.** *Ajoutez :* Lorsqu'il [le bassin de Saint-Ferréol] est plein, ses eaux s'épanchent en cascades ; mais, dans les temps de sécheresse, ces épanchoirs n'en versent plus, et alors c'est du fond du réservoir qu'on les tire, MARMONTEL, *Mém.* VII. La Compagnie [du canal de Briare] a multiplié les épanchoirs et déversoirs, les ports de chargement et de déchargement, GRANGEZ, *Voies navigables de la France*, 1855, p. 118.

† **ÉPARCHIE.** *Ajoutez :* || **2°** Ancienne division territoriale qui s'est conservée en certaines contrées jusqu'à nos jours. L'éparchie correspond en Russie au diocèse, et en Grèce à l'arrondissement.

ÉPARGNANT. *Ajoutez :* || **2°** *S. m.* Celui qui épargne, fait des économies. Il est permis d'espérer que, dans dix ans, plus d'un million de livrets [de caisse d'épargne scolaire] ainsi distribués auront pu recruter à l'armée des épargnants un million d'ouvriers adultes, *Journ. des Débats*, 14 nov. 1876, 2e page, 1re col.

† **ÉPARS** (é-par), *s. m.* Pièce de bois transversale qui sert à maintenir l'écartement de deux autres pièces plus longues. Dans les charrettes, les chariots, les camions, les tombereaux, les brouettes, les épars supportent les planches du fond, en même temps qu'ils maintiennent les brancards, les limons ou les bras. Dans une chèvre, les épars maintiennent l'écartement des hanches. Dans les civières, les épars maintiennent l'écartement des bras.

— ÉTYM. Le même que *espar*.

† **ÉPARSER** (é-par-sé), *v. a.* Rendre épars. Cette grande blonde.... renverse sa tête arrière pour éparser sa chevelure sur ses reins cambrés,... BÜRGER, *Salons de 1861 à 1868*, t. II, p. 534.

— HIST. XIIIe s. Il se misent au fuir sans plus attendre, et s'esparsent li uns çà et li autres là, H. DE VALENCIENNES, IX.

— ÉTYM. L'ancienne forme régulière est *espardre*, du lat. *spargere* (voy. ÉPARS 1). *Esparsent* de l'historique est non le présent, mais le prétérit d'*espardre*, *sparserunt*. Acceptera-t-on le néologisme *esparser*, puisqu'il n'est pas possible de faire rentrer *espardre* dans l'usage ?

† **ÉPARTIR.** *Ajoutez :* — HIST. XIVe s. Lesquels compaignons se mistrent et espartirent en pluseurs lieux, pour danser et esbattre en ladite feste (1387), POUGENS, *Archéol. franç.* t. I, p. 179.

† **ÉPATEMENT.** *Ajoutez :* || **3°** Filaments en forme de patte. Les spores germent en émettant des filaments qui, dès qu'ils rencontrent les globules verts des protococcus, s'y fixent à la manière de tout parasite végétal au moyen de suçoirs ou d'épatements spéciaux, H. DE PARVILLE, *Journ. offic.* 23 mars 1872, p. 2066, 3e col.

ÉPAULARD. — ÉTYM. *Ajoutez :* On a dit que c'était une corruption de *poisson au lard* ; M. Roulin pense que c'est *epois-lard*, *spissum lardum*, parce qu'on peut détacher ce lard, comme celui de la baleine, pour en faire de l'huile.

ÉPAULE. *Ajoutez :* || **7°** Terme de tisserand, en Belgique. Synonyme de canette, c'est-à-dire petit tuyau de bois ou de roseau qu'on charge de fil pour faire la trame d'une étoffe. En Belgique, il n'y a pas d'ouvriers en ateliers ; tout le travail se fait dans les chaumières ; le mari tisse la toile ; la femme fait ce qu'on appelle les épaules, les canettes ; elle bobine le fil, *Enquête, Traité de comm. avec l'Anglet.* t. V, p. 322.

— REM. 1. Outre : pousser le temps à l'épaule, qui est dans le Dictionnaire, on dit aussi : pousser le temps par l'épaule, avec l'épaule. Elle [la reine Élisabeth d'Angleterre] poussait le temps avec l'épaule, LA PISE, *Hist. des princes de la maison de Nassau*, IVe part. p. 426. Écrivez-moi souvent ; vos lettres me donnent courage, et m'aident à pousser le temps par l'épaule, comme on dit dans ce pays-ci, RAC. *Lett.* 26, à *Vitart*. || 2. Cette locution a aussi le sens de : hâter dans son impatience la marche du temps. Voici un temps, ma chère enfant, où je n'entends plus rien : quand il me déplaît, comme à présent, et que j'en désire un meilleur, et que je l'espère, je le pousse à l'épaule comme vous ; et puis, quand je pense à ce que je pousse, et à ce qu'il m'en coûte quand il passe, et sur quoi cela roule, et où cela me pousse moi-même, je n'en puis plus, et je n'ose plus rien pousser, SÉV. 28 mars 1689. || Dans le même sens que Mme de Sévigné, Beaumarchais a dit pousser de l'épaule : « Souvent aux pièces qui m'attachent le plus, je me surprends à pousser de l'épaule, à dire tout bas avec humeur : Eh ! va donc, musique ; pourquoi toujours répéter ? n'es-tu pas assez lente ? » *Lettre sur la critique du Barbier de Séville.*

ÉPAULÉE. *Ajoutez :* || **4°** Charge qu'on porte sur l'épaule. Il est revenu du bois avec une bonne épaulée, DELBOULLE, *Gloss. de la vallée d'Yères*, p. 142.

ÉPAULER. — HIST. XIIIe s. *Ajoutez :* Et s'il i a aucun qui cheval ait tués Qu'il n'ait sur quoi monter, ou cheval espaulés, *Brun de la Montaigne*, v. 2614, éd. P. Meyer, Paris, 1875.

† **ÉPAULETIER.** *Ajoutez :* || Il se dit aussi d'officiers qui veulent trop militariser le régime d'une institution.

ÉPAULU. *Ajoutez :* — HIST. XIIe s. Aïax fu gros et quarrez De piz, de braz et de costez : Molt par iert biaz et espalluz, BENOIT, *Rom. de Troie*, v. 5161.

ÉPAVE. — ÉTYM. *Ajoutez :* La similitude de son entre *épave* et *Pave* avait suffi pour donner lieu à une pratique superstitieuse que Guy Coquille expose ainsi : Ce mot a donné occasion à auscuns chrestiens de facile creance de s'adresser par priere à saint Antoine de Padoue de l'ordre de Saint-François pour recouvrer les choses égarées, parce que en ancien langage italien on appelle *Pava* ce qu'aujourd'hui on appelle *Padoüa*, en laquelle ville repose et est grandement veneré le corps de saint Antoine dit de *Padoue* ou de *Pade*, que d'ancienneté on appelloit saint Antoine de *Pave*, *Instr. au droit françois*, p. 14, éd. 1666 de ses œuvres

ÉPÉE. *Ajoutez :* — REM. Voici le nom et la définition de différentes sortes d'épées. || L'épée des monuments grecs affecte la forme d'une feuille de sauge ; elle a deux tranchants ; la pointe en est aiguë. || L'épée romaine a une lame courte et droite ; elle est à deux tranchants ; la pointe en est à deux biseaux, dont l'angle est plus ou moins ouvert. || Grande épée d'armes, arme des XIIe et XIIIe siècles ; lame lourde, sans évidement. || Épée fourrée ou à deux mains, grande et lourde épée, à deux tranchants, agissant surtout de taille, à longue poignée pour être maniée à deux mains. || Épée bâtarde, épée dont la lame était large et plus courte que celle de l'épée ordinaire des hommes d'armes. || Épées jumelles, épées symétriques, disposées de manière à pouvoir être placées deux à la fois dans le même fourreau. || L'épée moderne est une arme aiguë et longue, caractérisée par la forme symétrique de la lame ; elle n'a pas de dos comme en ont les armes d'estoc et de taille ; elle n'a pas de tranchant, ou en a deux ou trois.

† **ÉPENDYTE** (épan-di-t'), *s. m.* Terme d'antiquité chrétienne. Vêtement usité surtout chez les moines.

— ÉTYM. Ἐπενδύτης, vêtement de dessus, de ἐπενδύω, vêtir par dessus, de ἐπὶ, sur, et ἐνδύω, vêtir, de ἐν, en, et δύω, entrer.

ÉPERDUMENT. *Ajoutez :* || **2°** Crier éperdument, crier de toutes ses forces. L'on n'entendait presque rien à l'intérieur de la salle, à moins que l'orateur ne criât éperdument, *Monit. univ.* 13 nov. 1868, p. 1471, 5e col.

ÉPERON. *Ajoutez :* || **13°** La veine de l'éperon, veine qui est voisine du lieu où l'éperon pique d'ordinaire. Le barbe avait probablement été malade ; car plusieurs épingles entourées d'un nœud de crin, et fixées, soit au cou de Scham, soit sur le trajet de la veine de l'éperon (les Anglais la saignent quelquefois), témoignaient que le barbe avait dû perdre beaucoup de sang, E. SUE, *Godolphin Arabian*, ch. VI. || Dicton normand : Il faut le saigner à la veine de l'éperon, se dit en parlant de quelqu'un qu'on soupçonne de faire le malade. || **14°** Terme de chirurgie. Éperon, saillie résultant, dans l'anus contre nature, de l'adossement des deux portions de l'intestin accolées l'une à l'autre derrière l'ouverture fistuleuse. Mémoire sur les anus contre nature dépourvus d'éperons, VELPEAU, Paris, 1836.

† **ÉPEUILLAGE** (é-peu-lla-j', *ll* mouillées), *s. m.* Terme de fabricant de drap. Synonyme d'épaillage (voy. ÉPAILLAGE, n° 2, au Supplément). Un procédé chimique d'épeuillage des draps.... la description jointe à un brevet d'invention pour l'épeuillage chimique du drap en pièces, *Gaz. des Trib.* 17 avril 1874, p. 369, 2e col.

— ÉTYM. *É*..., pour *es*..., préfixe, et l'anc. franç. *peul*, brin, paille, du lat. *pilus*, poil.

† **ÉPHÉBIE** (é-fé-bie), *s. f.* Terme d'antiquité grecque. École où les jeunes gens recevaient l'éducation. L'ouvrage de M. Albert Dumont intitulé : Essai sur l'éphébie attique ; recueil formé pour la première fois de toutes les inscriptions relatives à cette école de la jeunesse athénienne, F. DELAUNAY, *Journ. offic.* 16 nov. 1875, p. 9376, 3e col.

— ÉTYM. Ἐφηβία, de ἔφηβος (voy. ÉPHÈBE).

† **ÉPHÉBIQUE** (é-fé-bi-k'), *adj.* Terme d'antiquité grecque. Qui a rapport à l'éphébie. Le recueil d'inscriptions éphébiques formé par M. Wescher, RENAN, *Saint-Paul*, VII.

ÉPI. *Ajoutez :* || **9°** Couronnement de métal, de plomb, de faïence, de terre cuite ; c'était une pointe plus ou moins ornée qui surmontait les extrémités de la ligne supérieure d'un toit.

† **ÉPIANGIOTIQUE** (é-pi-an-ji-o-ti-k'), *adj.* Terme de botanique. Corps épiangiotiques, nom donné à cette partie des rayons médullaires qui ne se dissout pas dans l'acide sulfurique concentré, par opposition au reste de ces rayons qui s'y dissout à la façon de la cellulose, FREMY, *Acad. des sc. Comptes rend.* t. LXXIV, p. 116.

— ÉTYM. Ἐπὶ, sur, et ἀγγεῖον, vaisseau.

† **ÉPIATION.** *Ajoutez :* L'épiation des seigles se fait régulièrement, la paille est forte et haute, *Journ. offic.* 27 avril 1874, p. 2968, 1re col.

† **ÉPIBATE** (é-pi-ba-t'), *s. m.* Nom, à Athènes, des soldats qui faisaient le service à bord des navires de guerre.

— ÉTYM. Ἐπιβάτης, de ἐπιβαίνω, entrer dans, monter sur, de ἐπὶ, sur, et βαίνω, aller.

ÉPICE. *Ajoutez :* || **4°** Arbre aux quatre épices, le *ravansara aromatica*, Sonner, BAILLON, *Dict. de botan.* p. 248.

ÉPICER. || **2°** *Ajoutez :* Lorsqu'il s'agit de juger de leurs contestations, ils les épicent à leur caprice et d'une manière toute exorbitante, *Arrêt du Conseil*, 5 déc. 1719.

† **ÉPICHORIAL, ALE** (é-pi-ko-ri-al, a-l'), *adj.* Terme d'anatomie. Qui a rapport à l'épichorion. Membrane épichoriale.

† **ÉPIDÉMIOLOGIQUE** (é-pi-dé-mi-o-lo-ji-k'), *adj.* Qui a rapport à l'épidémiologie, aux épidémies. Un mémoire de cet homme de l'art [le chirurgien major Colvill, Anglais], lequel n'est pas moins intéressant au point de vue topographique qu'au point de vue de la maladie objet de sa visite [la peste], a été récemment communiqué à la Société épidémiologique de Londres, *Journ. offic.* 18 juin 1876, p. 4293, 2e col.

† **ÉPIDERMÉ.** *Ajoutez :* || **2°** Terme de beaux-arts. Se dit d'un tableau qui s'écaille. Ce qui a dû vraisemblablement égarer le jugement des savants administrateurs préposés à la classification des tableaux du Musée, c'est que certaines parties (la tête de l'ange, par exemple) ont été très-épidermées, *Opinion nation.* 3 août 1875, 2e page, 6e col

ÉPIEU. *Ajoutez :* || **2°** Au moyen âge, arme à hampe, dont le fer large et épais avait la forme d'une feuille de sauge ; la douille portait une barre de fer transversale, nommée la croix, qui lui était réunie par une chaînette.

† 2. **ÉPIGONE.** *Ajoutez :* || **2°** Fig. Ceux qui forment la seconde génération dans un parti, dans une opinion, etc. Il faut se garder de confondre Tocqueville avec les doctrinaires et surtout avec les épigones du doctrinarisme, les conservateurs de notre temps, SCHERER, *le Temps*, 17 août 1876, 3e page, 4e col.

ÉPIGRAMME. || **4°** *Ajoutez :* François Ier était à

table, quand on lui présenta une épigramme qui lui plut fort, et, en mangeant, il disait sans cesse : Ah ! la bonne épigramme ! Un bon gentilhomme qui ouït cela dit après au maître d'hôtel : Est-ce quelque viande nouvelle? Hé ! je vous en prie, faites-nous en goûter, TALLEMANT DES RÉAUX, *Hist.* t. VI, p. 148, éd. 1835. Cette historiette est empruntée à BOUCHET, *Serées*, III, 35.

† **ÉPILOGAGE** (é-pi-lo-ga-j'), *s. m.* Néologisme. Action d'épiloguer, de chercher à redire. La discussion, la délimitation, l'épluchage et l'épilogage sont devenus, surtout en ce temps-ci, de véritables maladies, G. SAND, *Hist. de ma vie*, 5ᵉ part. ch. V.

ÉPILOGUE. *Ajoutez :* ‖ 2° Esprit d'épilogue, disposition à épiloguer, à trouver à redire. Ce qui n'est point changé, c'est la défiance de la gauche, son opposition systématique, son esprit d'épilogue et de chicane, *le Peuple français*, 13 avril 1870. ‖ Cet emploi fort douteux d'épilogue a pourtant une raison dans le verbe épiloguer.

ÉPILOGUER. *Ajoutez :* ‖ 4° Récapituler, remémorer (emploi inusité). J'avais des Phyllis à la tête; J'épiais les occasions; J'épiloguais mes passions, CORN. *Lexique*, éd. Marty-Laveaux.

† **ÉPILOIR** (é-pi-loir), *s. m.* Petit instrument servant à épiler; on en trouve parmi les objets préhistoriques, *le Temps*, 25 août 1874, 3ᵉ page, 1ʳᵉ col.

† **ÉPIMÉLÈTE** (ép-i-mé-lè-t'), *s. m.* Nom, sous les Ptolémées, en Égypte, d'intendants des finances.

— ÉTYM. Ἐπιμελητής, celui qui a soin de, qui surveille, de ἐπί, sur, et μελέομαι, prendre soin.

† 2. **ÉPINAGE** (é-pi-na-j'), *s. m.* Épines qu'on lie autour d'un jeune arbre pour le protéger dans sa première croissance.

ÉPINARD. *Ajoutez :* ‖ 3° Épinard de muraille, un des noms vulgaires de la pariétaire, GUY, *l'Algérie*, 1876, p. 101. ‖ 4° Un des noms de l'épinoche, poisson.

— ÉTYM. *Ajoutez :* M. Devic, *Dict. étym.*, donne à *épinard* une tout autre origine que *épine*. Suivant lui, le mot est arabe-persan, *isfinâdj*, *isfânâdj*, *aspanâkh*; toutes les langues romanes n'ont pu s'entendre, le mot n'existant pas en latin, pour dénommer *l'épinard* d'après un de ses caractères qui n'a rien de frappant, à savoir deux ou quatre petites pointes épineuses placées à la surface du calice; mais il leur a été facile de s'entendre pour donner à cette plante des noms dérivés de celui qu'elle porte en son pays natal; car cette plante, jadis inconnue en Europe, croît spontanément en Perse. L'argumentation de M. Devic paraît certaine; et il n'est guère possible de tirer le portugais *espinafre* de *espinha*, épine. Mais il est visible aussi que, dès que ce mot s'est introduit en français, la langue l'a aussitôt confondu avec les dérivés d'*espine*; témoin *espinar*, qui est le nom du hérisson dans le *Renard*.

ÉPINE. *Ajoutez :* ‖ 8° Terme de savonnerie. Robinet situé à la partie inférieure de la cuve, P. POIRÉ, *Notions de chimie*, p. 291, Paris, 1869.

† **ÉPINGLAGE** (é-pin-gla-j'), *s. m.* ‖ 1° Action d'enlever avec une épingle. Les vendeurs font aisément disparaître les grains de ladrerie au moyen de ce qu'ils appellent l'épinglage ou le raclage, *Journ. offic.* 1ᵉʳ nov. 1876, p. 7834, 1ʳᵉ col. ‖ 2° Dans l'industrie des appareils à gaz, action d'épingler, c'est-à-dire de nettoyer avec une épingle les petits trous par où sort le gaz qu'on allume, lorsque ces trous sont bouchés par l'espèce de suie que le gaz produit à la longue.

ÉPINGLE. — HIST. XVIᵉ s. *Ajoutez :* Le crieur est tenu avant la feste de monseigneur saint Jacques, d'aller par la ville, avec sa clochette et vestu de son corset, crier la confrerie; item, doit à chasque pelerin et pelerine quatre epingles pour attacher les quatre cornets des mantelets des hommes et les chapeaux de fleurs des femmes, *Réglement de la paroisse de Saint-Jacques de l'Hôpital de Paris*, dans *Courrier de Vaugelas*, 1ᵉʳ janv. 1877, p. 116.

ÉPINGLÉ, ÉE. *Ajoutez :* ‖ 2° Fig. Terme d'atelier. Tiré à l'épingle. Son pinceau [de Willems] est plus mince que celui de M. Alfred Stevens, et même un peu épinglé, BÜRGER, *Salons de 1861 à 1868*, t. II, p. 384.

ÉPINGLIER. *Ajoutez :* ‖ Épinglier-grillageur, celui qui fait toute espèce de grillage de fil de fer ou de laiton, *Tarif des patentes*, 1858.

† **ÉPINGLINE** (é-pin-gli-n'), *s. f.* Étoffe de laine formant des côtes d'une lisière à l'autre, dans le genre des velours épinglés. À Roubaix, fabricant de popelines, épinglines, chaînes-soie et fantaisies, *Alm. Didot-Bottin*, 1875, p. 2793, 4ᵉ col.

† **ÉPIPÉRIPHÉRIQUE** (é-pi-pé-ri-fé-ri-k') *adj.* Terme de psychologie employé par Herbert Spencer. Se dit du groupe de sensations causées par la périphérie externe, RIBOT, *Psychol. anglaise*, p. 194.

— ÉTYM. Ἐπί, sur, et *périphérique*.

ÉPISCOPAL. *Ajoutez :* — HIST. XVIᵉ s. Ung sçavant docteur en theologie, son confesseur [de Charles VIII], qui avoit nom Jehan de Rely, constitué en dignité episcopale [coopéra à la traduction en langue vulgaire de la Bible, qui fut faite sous ce prince], *Épistre exhortatoire aux Épistres*, *Nouv. Testam.* éd. Lefebvre d'Etaples, Paris, 1525.

† **ÉPISCOPISANT** (é-pi-sko-pi-zan), *adj. m.* Abbé épiscopisant, abbé aspirant à l'épiscopat, FURETIÈRE.

† **ÉPISÈME.** *Ajoutez :* ‖ 2° Terme d'archéologie grecque. Signe distinctif. Le bras gauche couvert d'un bouclier qui a pour épisème un grand astre, DE WITTE, *Journ. offic.* 21 mars 1876, p. 1975, 1ʳᵉ col.

ÉPISODE. *Ajoutez :* ‖ 4° Terme de l'art dramatique ancien. Partie de la tragédie qui est entre deux chants du chœur. Le prologue est ce qui se récite avant le premier chant du chœur; l'épisode, ce qui se récite entre les chants du chœur; et l'exode, ce qui se récite après le dernier chant du chœur, CORN. *Disc. du poëme dramat.*

† **ÉPISTATE** (é-pi-sta-t'), *s. m.* Épistate des bourgs, nom, sous les Ptolémées, en Egypte, d'espèces de juges de paix.

— ÉTYM. Ἐπιστάτης, préposé, de ἐφίσταμαι (voy. ÉPISTASE).

† **ÉPISTILBITE** (é-pi-stil-bit-t'), *s. f.* Terme de minéralogie. Silicate double de chaux et d'alumine cristallisée.

† **ÉPISTRATÉGE** (é-pi-stra-tè-j'), *s. m.* Nom donné, sous les Ptolémées, aux gouverneurs généraux de l'Égypte supérieure.

— ÉTYM. Ἐπιστράτηγος, général en sous-ordre, de ἐπί, à, et στρατηγός (voy. STRATÉGE).

† **ÉPITAPHIER** (é-pi-ta-fié), *s. m.* Collection d'épitaphes. Les inscriptions conservées dans les épitaphiers de Paris, *Annuaire, Bulletin de la Société de l'histoire de France*, année 1874, p. 199. (Article de M. A. de Boislisle sur Colbert.)

† **ÉPITE.** *Ajoutez :* — ÉTYM. C'est peut-être l'angl. *spit*, broche.

ÉPITHALAME. *Ajoutez :* — REM. Selon Vaugelas, p. 37 de l'édit. in-4°, 1704, ce mot est des deux genres, mais plutôt masculin que féminin. Aujourd'hui, il est toujours masculin.

ÉPÎTRE. ‖ 4° *Ajoutez :* ‖ Épître farcie, s'est dit autrefois des couplets satiriques qui se chantaient dans les fêtes de l'Âne, des Fous, etc. C'était une imitation burlesque des épîtres qui se disent à la messe.

ÉPLORÉ. *Ajoutez :* — REM. Éploré est mieux dit qu'éploré, quoique tous deux soient bons, VAUGEL. *Remarques*, édit. in-12, 1690, p. 583. Aujourd'hui, on ne dit que éploré.

† **ÉPLOREMENT** (é-plo-re-man), *s. m.* Action de se mettre en pleurs; état de celui qui est éploré. Malgré les roucoulements, les éplorements d'Adoua et de sa sœur, A. DAUDET, *Journ. offic.* 16 novemb. 1874, p. 7658, 2ᵉ col.

ÉPLUCHEMENT. *Ajoutez :* — HIST. XVIᵉ s. Il vaut mieux descendre à l'examen et esplucheme nt de ce qui reste; ce que nous allons, Dieu aidant, pratiquer au traicté suivant, BAUDON, *Trois livres des charmes, sorcelages ou enchantements*, 1583, p. 409.

ÉPONGE. *Ajoutez :* ‖ 7° Éponge liturgique, éponge dont, chez les Grecs, le diacre se sert pour purifier le disque ou la patène, et faire tomber dans le calice ce qui pouvait y être resté du pain sacré.

ÉPONGER. *Ajoutez :* — HIST. XIIIᵉ s. Confessez s'est sans nul delai; Et si s'espunge et si s'espure, Que conscience a nete et pure, GAUTIER DE COINCY, *les Miracles de la sainte Vierge*, p. 600 (abbé Poquet).

† **ÉPONTAGE** (é-pon-ta-j'), *s. m.* Action de débarrasser un végétal des pontes d'insectes nuisibles. L'épontage ramène la pyrale à son état normal; les pontes étaient, tout simplement, écrasées entre les doigts.... l'épontage devra être appliqué quelques jours après la naissance du papillon, PELLET, dans *Trav. de la comm. dép. contre le phylloxéra*, Perpignan, 1874, p. 89 et 90. Je conseille l'échaudage, pratiqué lorsque la vigne dort, comme complément de l'épontage, ID. *ib.* p. 91. L'épontage, préconisé par M. V. Audouin, en 1837, et par M. Vautrin de Lamotte, en 1857, ID. *ib.* p. 89. Il n'y aurait qu'à aider à la multiplication de la petite chalcide pour ajouter un moyen puissant contre le phylloxéra à ceux de la sulfuration et de l'épontage, *ib.* p. 152.

— ÉTYM. *É....* pour *es....* préfixe, et *ponte*.

† **ÉPONTER** (é-pon-té), *v. a.* Pratiquer l'épontage.

† **ÉPONTEUR** (é-pon-teur), *s. m.* Celui qui pratique l'épontage. Celles-là [feuilles] renferment la chrysalide de la pyrale; elles doivent être coupées, placées dans le sac que l'éponteur devra porter sur lui, et brûlées, PELLET, *Trav. de la comm. départ. contre le phylloxéra*, Perpignan, 1874, p. 197.

† **ÉPONTILLE.** — ÉTYM. *Ajoutez :* Il y a une origine bien plus probable que celle qui est donnée au Dictionnaire; c'est l'ital. *puntello*, étai (comparez *esponton*, de l'ital. *spontone*, *pontone*).

† **ÉPONYMIE** (é-po-ni-mie), *s. f.* Fonction de l'éponyme; durée de cette fonction.

— ÉTYM. Ἐπωνυμία, de ἐπώνυμος, éponyme.

† **ÉPONYMIQUE** (é-po-ni-mi-k'), *adj.* Qui appartient à l'éponymie. Pontificat annuel et éponymique.

† **ÉPOQUÉ, ÉE** (é-po-ké, kée), *adj.* Terme de droit. Dont l'époque, dont la date est donnée. Les autres faits, négligemment époqués, semblent se rapporter à la fin de 1869 et au commencement de 1870, *Gaz. des Trib.* 27 juill. 1873, p. 722, 3ᵉ col.

— REM. *Époqué* est un pur néologisme et bien peu utile, puisqu'on a *daté*.

† **ÉPOULARDAGE.** *Ajoutez :* Au fur et à mesure que les tabacs en feuilles exotiques sont mis en œuvre dans l'atelier de l'époulardage, *Instruction du 30 juin 1832, sur le service des manufact. de tabacs*, art. 48.

ÉPOUSÉ. *Ajoutez :* ‖ 3° Être épousés, se marier, en parlant des deux conjoints. Il y a douze ou quinze jours qu'ils se sont épousés, MALH. *Lexique*, éd. L. Lalanne.

† **ÉPOUSSÈTEMENT** (é-pou-sè-te-man), *s. m.* Synonyme d'époussetage. Un simple époussètement suffit quelquefois à les troubler [les coloristes], E. BERGERAT, *Journ. offic.* 9 janv. 1877, p. 206, 1ʳᵉ col.

ÉPOUSSETTE. — HIST. *Ajoutez :* XIVᵉ s. Couvretures, ventrieres, espousetes pour chevaux, *Compt. de Valenciennes* (comm. par M. Caffiaux).

ÉPOUVANTABLE. *Ajoutez :* — REM. Épouvantable signifie capable de causer une épouvante. Par conséquent on ne doit pas dire : Une frayeur épouvantable. À la vérité, épouvantable se dit, par exagération, de ce qui est excessif, monstrueux, mais c'est toujours d'objets qui peuvent causer l'épouvante.

ÉPOUVANTAIL. *Ajoutez :* — REM. Malherbe, *Lexique*, éd. L. Lalanne, a dit épouvantaux au pluriel, comme travaux de travail.

— HIST. *Ajoutez :* XIIᵉ s. Quant li espoenteus doit oisiaus esmaier, *li Romans d'Alixandre*, p. 265.

ÉPREUVE. *Ajoutez :* ‖ 10° Liqueur d'épreuve, nom donné à des préparations toxiques que les nègres de l'Afrique tropicale emploient pour connaître si un accusé est coupable; s'il résiste à l'empoisonnement, il est absous. L'écorce de mancône fournit une de ces liqueurs d'épreuve. ‖ Arbre d'épreuve, au Gabon (Afrique), la fève de Calabar, *physostigma venenosum*, BAILLON, *Dict. de bot.* p. 247. ‖ 11° Terme de turf. Une des manches de la course en parties liées.

— REM. 1. On a dit : à toutes épreuves. Avec un esprit sublime, une doctrine universelle, une probité à toutes épreuves, LA BRUY. VIII. ‖ 2. En photographie, l'épreuve négative est proprement la première image dans laquelle toutes les positions sont inverses de la réalité.

ÉPROUVETTE. *Ajoutez :* ‖ Éprouvette à ressort, appareil employé pour éprouver les poudres de chasse; c'est une sorte de peson, sur l'une des branches duquel est monté un petit mortier, dans lequel on introduit environ un gramme de poudre.

† **ÉPROUVEUR** (é-prou-veur), *s. m.* Celui qui est chargé de faire l'épreuve des armes à feu. L'éprouveur verse la charge de plomb mesurée avec une chargette, ou introduit la balle, *Décret du 19 juin 1865, portant règlement sur l'épreuve des armes à feu portatives*, section IV, art. 22.

† **EPSOMITE** (è-pso-mi-t'), *s. f.* Sulfate de magnésie qui se rencontre en veines ou en efflorescences, et aussi en dissolution dans certaines eaux minérales.

ÉPUISABLE. *Ajoutez :* Et la colère en moi n'est pas plus épuisable Que le flot dans la mer immense et que le sable Dans l'orageux désert remué par les vents, V. HUGO, *la Libération du territoire.*

ÉPUISEMENT. *Ajoutez :* ‖ 6° Terme de chimie. Traiter une substance jusqu'à épuisement, la soumettre à différents traitements, jusqu'à ce qu'elle ne contienne plus rien du principe qu'on veut en extraire.

— HIST. XIV° s. Épuisemens d'iaue (1347), VARIN, *Archiv. adminis. de la ville de Reims*, t. II, 2° part. p. 1134.

† **ÉPUISEUR** (é-pui-zeur), *s. m.* Celui qui épuise.

— HIST. XIV° s. XIX journées de fossiers et d'espuseurs (1347), VARIN, *Arch. admin. de Reims*, t. II, 2° part. p. 1138.

† **ÉPULAIRE** (é-pu-lè-r'), *adj.* Qui a rapport aux repas, à la table. L'office du roi de Pologne et les mets nationaux lorrains, fragments d'une étude sur les mœurs épulaires de la Lorraine, par Jules Renaud, Nancy, 1875.

— ÉTYM. Lat. *epularis*, de *epulæ*, aliments, mets.

† **ÉPURATEUR** (é-pu-ra-teur), *s. m.* Partie des machines à papier continu destinée à l'épuration de la pâte.

† **ÉQUANIMITÉ.** *Ajoutez :* La constance, équanimité, persévérance, sont égales entre elles, MALH. *Lexique*, éd. L. Lalanne.

ÉQUARRISSEUR. *Ajoutez :* ‖ 2° Celui qui équarrit le bois. Équarrisseur de bois, *Tarif des patentes*, 1858.

† **ÉQUASILLEMENT** (é-ka-zi-lle-man, *ll* mouillées), *s. m.* Terme de boucherie. État du bœuf qui s'équasille. Le bœuf tombant sur lui-même, l'équasillement n'est plus à craindre.... *Journ. offic.* 21 mai 1873, p. 3230, 1re col.

† **ÉQUASILLER** (S') (é-ka-zi-llé, *ll* mouillées), *v. réfl.* Terme de boucherie. Se dit du bœuf dont les muscles et tendons se déchirent, quand il tombe sous le coup du marteau. Il arrive très-souvent que le bœuf, violemment étourdi, tombe les jambes de derrière écartées, et alors, suivant l'expression consacrée dans la boucherie, il s'équasille, c'est-à-dire que les tendons et les muscles se déchirent par la violence de la chute et causent dans l'intérieur des cuisses de graves désordres qui font que la viande est moins bonne, *Journ. offic.* 21 mai 1873, p. 3229, 3° col.

— ÉTYM. *Quasi* 2. Le *quasi* est un morceau de la cuisse.

ÉQUATEUR. *Ajoutez :* ‖ 4° Équateur d'un aérostat, le cercle qui en marque le milieu. De la partie supérieure de la soupape jusqu'à l'équateur, un filet soutient par des cordes nombreuses une nacelle en forme de barque, *Journ. offic.* 29 janv. 1877, p. 688, 2° col.

† **ÉQUATORIALEMENT** (é-koua-to-ri-a-le-man), *adv.* D'une manière équatoriale, c'est-à-dire perpendiculairement à la ligne qui joint les pôles. On nomme diamagnétiques les corps qui se placent équatorialement.

ÉQUESTRE. *Ajoutez :* ‖ 4° Biens équestres, en Prusse, biens qui appartiennent aux chevaliers, aux nobles, *Journ. offic.* 16 nov. 1872, p. 7045, 1re col. ‖ 5° Propre à la cavalerie. L'état de ruine de la population équestre, BOCHER, *Rapport à l'Assembl. nation.* n° 1910, p. 31. La création et le perfectionnement des races équestres, ID. *ib.* p. 43.

† **ÉQUIDÉS** (é-kui-dé), *s. m. pl.* Nom donné à l'ensemble des animaux de la famille du cheval.

† **ÉQUIDOMOÏDE** (é-kui-do-mo-i-d'), *s. m.* Figure polygonale, dérivée de la pyramide. La célèbre coupole de Brunelleschi, qui couronne le dôme de Florence, est un équidomoïde, *Journ. offic.* 4 sept. 1873, p. 5720, 3° col.

† **ÉQUILIBRATION** (é-ki-li-bra-sion), *s. f.* Mise, maintien en équilibre. ‖ Particulièrement. Maintien en équilibre du corps de l'homme. Ce sont les expériences de M. Flourens sur les canaux semi-circulaires qui ont fait connaître les troubles de l'équilibration, VULPIAN, *le Progrès médical*, 6 mai 1876, p. 316.

ÉQUILIBRE. *Ajoutez :* ‖ 6° Terme de physique moléculaire. Équilibre chimique, l'état relatif des molécules chimiques des corps. Il y a là [dans la formation et la décomposition des éthers] toute une statique relative aux équilibres chimiques, BERTHOLET, *la Synthèse chimique*, p. 174, Paris, 1876.

† **ÉQUILUNE** (é-ki-lu-n'), *s. m.* Terme d'astronomie. Moment où la lune traverse l'équateur, soit en passant de la déclinaison boréale à la déclinaison australe, soit en passant de la déclinaison australe à la déclinaison boréale, ainsi dit par comparaison à l'équinoxe du soleil. Le jour de l'équilune, la lune, sur toute la surface de la terre, demeure à peu près douze heures sur l'horizon et douze heures sous l'horizon. Entre deux équilunes consécutifs se trouve toujours un lunistice, et entre deux lunistices consécutifs se trouve toujours un équilune (voy. LUNISTICE au Supplément). Ces phénomènes coïncident avec nos points astronomiques critiques, tels que apogée, périgée lunaire, lunistice, équilune, coïncidence de déclinaison lunaire et solaire, H. DE PARVILLE, *Journ. offic.* 17 mars 1872, p. 1910, 3° col.

— ÉTYM. Lat. *æquus*, égal, et *luna*, lune.

† **ÉQUIN.** *Ajoutez :* ‖ 2° Équine, au féminin, se dit quelquefois pour chevaline (qui vaut mieux). Y a-t-il présentement en France une population équine capable de répondre à l'appel qui lui serait fait, le jour de la guerre? BOCHER, *Rapport*, n° 1910, *à l'Assemblée nationale*, p. 7.

ÉQUINOXE. *Ajoutez :* — HIST. XIII° s. Car li livres fait mention Qu'il iert li equinoction Qui est à l'issue d'iver, GAUTIER DE COINCY, *les Miracles de la sainte Vierge*, p. 170, publiés par l'abbé Poquet.

ÉQUIPAGE. *Ajoutez :* ‖ 10° Terme d'astronomie. Sorte d'oculaire. Les astronomes ne font point usage de cet oculaire, qu'on appelle équipage terrestre; ils ne se servent que de l'équipage céleste, qui renverse les objets, et n'est composé que d'un oculaire à un ou quelquefois à deux verres, parce que le simple verre, quand il est d'un court foyer, rend les objets un peu courbes, DELAMBRE, *Abrégé d'astr.* p. 19, dans POUGENS.

† **ÉQUIPE.** *Ajoutez :* — HIST. XV° s. Fut frappée [la quintaine, dans une joute nautique] sans sejour par quatre equippes, c'est assavoir..., MANTELLIER, *Glossaire*, Paris, 1869, p. 28.

ÉQUIPEMENT. ‖ 3° En administration militaire, le petit équipement, le linge et les chaussures. À côté de ses habits, le soldat reçoit ce qu'on appelle le petit équipement, c'est-à-dire les effets de linge et chaussure, *Journ. offic.* 19 déc. 1873, p. 7910, 2° col.

ÉQUIPER. *Ajoutez :* ‖ 5° Équiper une machine, un appareil mécanique, les garnir de tous les agrès nécessaires, et les mettre en état de fonctionner. Équiper une chèvre, équiper une chèvre à deux brins.

† **ÉQUIPIER** (é-ki-pié), *s. m.* Homme d'équipe, *Gaz. des Trib.* 25 sept. 1870. Le sieur Charles S..., cordonnier, est tombé accidentellement dans une bouche d'égoût qu'un équipier venait d'ouvrir en enlevant la plaque, *ib.* 31 mai 1873, p. 517, 3° col.

ÉQUIPOLLENCE. *Ajoutez :* ‖ 3° Terme de mathématique. Méthode des équipollences, méthode dans laquelle on considère les droites tracées sur un plan dans des directions quelconques; puis, les représentant par des notations qui impliquent à la fois la grandeur et la direction, et cherchant à exprimer les relations géométriques qui lient entre elles les diverses parties des figures planes, on arrive à établir un calcul dont les règles sont les mêmes que celles du calcul algébrique ordinaire, *Exposition de la méthode des équipollences*, par G. Bellavitis, traduit de l'italien par Laisant, capitaine du génie.

† **ÉQUISÉTIQUE** (é-kui-sé-ti-k'), *adj.* Terme de chimie. Acide équisétique, acide naturel identique à l'acide maléique.

— ÉTYM. Lat. *equisetum*, nom botanique de la prêle.

† **ÉQUITER** (é-kui-té), *v. a.* Néologisme. Chevaucher. Il ne lui en coûtait pas de parler le patois, d'équiter pour la montre des chevaux nus, de manger au cabaret, G. SAND, *Rev. des Deux-Mondes*, 15 mars 1875.

— REM. Ce latinisme, sollicité sans doute par *équitation*, est inutile; car on a *chevaucher*. En tout cas, équiter, contenant *equus*, comme chevaucher contient *cheval*, ne convenait pas ici. Le mot propre était monter.

— ÉTYM. Lat. *equitare* (voy. ÉQUITATION).

† **ÉQUIVALEMMENT.** *Ajoutez :* Ces clubs en plein air eussent facilement et équivalemment suppléé le Panthéon, BABEUF, *Pièces*, II, 159.

— REM. La citation de Bossuet, au Dictionnaire, se comprendra mieux donnée intégralement. Se soumettre aux Pères de Bâle, c'était, au fond, et, comme on parle, équivalemment recevoir le concile de Constance, BOSS. *Projet de réunion, Réflexions sur Molanus*, 2° part. ch. V, 3.

ÉQUIVALENT. *Ajoutez :* ‖ 4° À l'équivalent, d'une manière équivalente. La masse des profits et des salaires de nos usines, que les admissions libres [d'objets importés] alimentent, est de beaucoup supérieure aux pertes qu'elles peuvent faire subir à quelques producteurs que la force des choses combat bien plus dangereusement encore que la liberté de l'admission à l'équivalent, P. BOITEAU, *Journ. des Débats*, 2 mai 1876, 3° page, 5° col.

† **ÉRAIGNIE** (é-rè-gnie), *s. f.* Nom vulgaire, en Normandie, de la nigelle, DELBOULLE, *Gloss. de la vallée d'Yères*, p. 149.

ÉRAILLER. — HIST. *Ajoutez :* XIII° s. [Le diable] Mautalentis, chaus et boulans, Erraailliez et reboulans, Noirs et cornus, lais et couez [muni d'une queue], GAUTIER DE COINCY, *les Miracles de la sainte Vierge*, p. 113 (l'abbé Poquet).

— ÉTYM. *Ajoutez :* M. Boucherie, *Rev. des langues romanes*, oct. 1873, p. 542, développant la conjecture de M. Scheler, le tire de *exradiculare*, formé de *radere*, comme *fodiculare*, lequel a donné *fouiller*, est formé de *fodere*. À cette conjecture, on est en droit d'opposer l'exemple nouvellement trouvé et cité ci-dessus, où *érailler* est écrit *erraailler*, en quatre syllabes. C'est le plus ancien texte qu'on ait pour ce mot. Mais peut-être l'autorité de Gautier de Coincy n'est-elle pas assez grande pour écarter une étymologie qui, rendant compte de ce mot composé, est très-plausible. En tout cas, on remarquera que *érailler* et *railler* sont un même mot, et que l'étymologie *radiculare* convient aussi à ce dernier.

† **ÉRALLOIR** (é-ra-loir), *s. m.* Nom, dans l'Yonne, d'un bâton armé de quatre ou cinq fourchons, qui sert à fouler les raisins dans un tonneau, *les Primes d'honneur*, Paris, 1873, p. 325.

† **ÉRANE** (é-ra-n'), *s. m.* Terme d'antiquité. Nom d'associations religieuses chez les Grecs, qui finirent par ne plus se distinguer des thiases, FOUCART, *Des associations religieuses chez les Grecs*, p. 2.

— ÉTYM. Ἔρανος.

† **ÉRANIEN, ENNE** (é-ra-niin, niè-n'), *adj.* Synonyme d'iranien (voy. ce mot au Dictionnaire); on le préfère présentement. Le nom d'éranien, de langues éraniennes est incontestablement plus correct que celui d'iranien, de langues iraniennes qu'emploient un grand nombre d'auteurs, A. HOVELACQUE, *Linguistique*, p. 248, Paris, 1876.

† **ÉRANISTE** (é-ra-ni-st'), *s. m.* Membre d'un érane. Les éranistes du Pirée, FOUCART, *Des associations religieuses chez les Grecs*, p. 104.

— ÉTYM. Ἐρανιστής.

† **ÉRATO.** *Ajoutez :* ‖ 2° La 62° planète télescopique, découverte en 1860 par MM. Fœrster et Lesser.

† **ERBIUM** (èr-bi-om'), *s. m.* Métal découvert avec le terbium, dans l'yttria, par M. Mosander.

ÉRÉMITIQUE. *Ajoutez :* — HIST. XVI° s. [Célestin] ne voulant laisser pour la dignité papale sa façon de vivre heremitique, PARADIN, *Chron. de Savoye*, p. 252.

† **ERGERON** (èr-je-ron), *s. m.* Nom, en Belgique, d'un limon jaunâtre, sableux et calcaire qui recouvre le dépôt caillouteux, *Rev. anthropol.* t. II, p. 109.

† **ERGOTERIE.** *Ajoutez :* — HIST. XVI° s. Ny plus ny moins que nos bons et premiers peres pussent convaincre les nouvelles ergoteries de ceux qui sous une vaine fiance de leurs esprits nous voudroient faire accroire le contraire, EST. PASQUIER, *Recherche*, IX, 10.

† **ERGOTISTE** (èr-go-ti-st'), *s. m.* Celui qui a l'habitude, la manie d'ergoter.

— HIST. XVI° s. Cicero disoit que, quand il vivroit la vie de deux hommes, il ne prendroit pas le loisir d'estudier les poëtes lyriques; et je treuve ces ergotistes [en philosophie] plus tristement encores inutiles, MONT. I, 179.

† **ÉRICÉ** (é-ri-sé), *s. m.* Nom d'un cépage, dans le département de la Meurthe, *les Primes d'honneur*, Paris, 1872, p. 114.

† **ÉRICHTHON** (é-ri-kton), *s. m.* Nom donné par quelques auteurs à la constellation du Cocher.

— ÉTYM. Lat. *Erichthonius*, roi d'Athènes, changé, d'après le poëme de Germanicus, en une constellation nommée aussi *Auriga*, Cocher.

† **ÉRIGONE** (é-ri-go-n'), *s. f.* La 163° planète télescopique, découverte en 1876 par M. Perrotin.

— ÉTYM. Ἠριγόνη, fille d'Icare.

† **ÉRINÉE** (é-ri-née) ou **ÉRINOSE** (é-ri-nô-z'), *s. f.* Nom d'un cryptogame qui attaque la vigne. Il parle du coupe-bourgeon, signalé par Ridel en 1752, du ver de vigne ou teigne de la grappe, de

l'érinée ou érinose, cryptogame étudié depuis par M. Dunol, *Journ. offic.* 23 oct. 1874, p. 7165, 3e col.

† **ÉRINITE** (é-ri-ni-t'), *s. f.* Terme de minéralogie. Arséniate de cuivre cristallisé.

† **ÉRISTALE** (é-ri-sta-l'), *s. m.* Genre d'insectes diptères. La vase noire y est peuplée des larves blanches de l'éristale gluant, appelées communément vers à queue de rat, qui affectionnent les mares putrides, R. RADAU, *Rev. des Deux-Mondes,* 1er juin 1874, p. 718.

† **ERMAILLÉ.** *Ajoutez :* — REM. *Ermaillé* ou *ermailli* signifie proprement vacher, et est le même que *armaillé* (voy. ce mot au Supplément).

ERMINETTE. *Ajoutez :* — REM. L'erminette est un instrument de charpentier qui a, du marteau, la tête plate et grosse, et, de la hache, la lame large et coupante; seulement cette lame n'est pas dans le plan du manche de l'instrument, mais dans un plan perpendiculaire à celui du manche.

ERMITE. *Ajoutez :* || 3° Nom d'un papillon, *papilio briseis,* CARTERON, *Premières chasses, Papillons et oiseaux,* p. 60, Hetzel, 1866.

† **ÉRODER.** — HIST. XVIe s. *Ajoutez :* Il tomba en un crachement de sang par une defluxion erodente et pour s'estre trop efforcé, BÈZE, *Vie de Calvin,* p. 137.

ERRATIQUE. — HIST. || XVIe s. *Ajoutez :* A faire mal gist son entendement, Peu de cervelle et moins de jugement La font [une dame] superbe, erratique, inconstante, DESPORTES, *Diverses amours,* XXXI.

ERRE. *Ajoutez :* — REM. Malherbe, *Lexique,* éd. L. Lalanne, a fait masculin ce mot au sens d'errement : Il y a ici un autre livre nouveau fait par Bandole.... on m'a dit qu'il continue toujours ses premiers erres de parler contre un homme qu'il ne nomme point. C'est un archaïsme ; erre était masculin dans l'ancienne langue.

† **ERRÉPHORE** (è-rré-fo-r'), *s. f.* Terme d'antiquité. Femme portant les choses saintes dans une cérémonie religieuse. Il [le péplum de Minerve] était l'ouvrage des erréphores qui le brodaient de leurs mains virginales, L. DE RONCHAUD, *Journ. offic.* 25 août 1872, p. 5689, 1re col. Des figures debout, lesquelles auraient toute la rectitude de cariatides ou d'erréphores, H. HOUSSAYE, *Rev. des Deux-Mondes,* 1er fév. 1875.

— ÉTYM. Ἐρρηφόρος ou ἀῤῥηφόρος, origine incertaine (à part φορός, qui porte), les uns voyant, dans la première partie du mot, une syncope d'ἄῤῥητος, secret : portant les choses secrètes ; les autres, à cause de la forme ἐρσηφόρος, le mettant en rapport avec Ἕρση, fille de Cécrops, ou bien interprétant ἕρση, au sens de prémices : portant les prémices.

† **ERRONÉMENT.** *Ajoutez :* Les journaux de Vienne, ignorant ou ayant oublié que le comte de Montemolin est mort depuis plusieurs années, ont fait erronément partir ce prince pour l'Espagne, *le Mémorial diplomatique,* dans *Journ. des Débats,* 9 oct. 1868, 2e page, 4e col.

† **ÉRUSSAGE** (é-ru-sa-j'), *s. m.* Action d'érusser.

† **ÉRUSSER** (é-ru-sé), *v. a.* Se dit, dans Maine-et-Loire, pour effeuiller les pousses des ormes et des frênes dirigés en têtards, *les Primes d'honneur,* Paris, 1872, p. 168.

† **ERVALENTA** (èr-va-lin-ta), *s. f.* Substance alimentaire qui est à peu près la revalenta déguisée sous un autre nom.

— ÉTYM. Composé barbare du lat. *ervum,* ers, et *lens,* lentille.

† **ÉRYTHRINE.** *Ajoutez :* || 2° Terme de minéralogie. Arséniate de cobalt cristallisé, qui présente une belle couleur violette.

† **ÉRYTHRISME** (é-ri-tri-sm'), *s. m.* Terme d'anthropologie. Il se dit lorsqu'un individu aux cheveux d'un rouge vif se rencontre dans une population aux cheveux noirs ou très-foncés, et lorsqu'on ne trouve dans cette population aucune autre couleur intermédiaire pouvant faire croire à l'existence d'un mélange de races.

— ÉTYM. Ἐρυθρός, rouge.

† **ÉRYTHRITE** (é-ri-tri-t'), *s. f.* Terme de chimie. Principe sucré naturel, analogue à la glycérine.

† **ESBIGNER (S')** (è-sbi-gné) ou **EXBIGNER** (èks-bi-gné), *v. réfl.* Terme populaire que Génin reproche à l'Académie de n'avoir pas mis dans son Dictionnaire. S'échapper. L'amant s'esbigne en disant.... DÉSAUGIERS, *Parodie de l'opéra de la Vestale.* Ce mot se trouve aussi dans les vers écrits par Jérôme Paturot, avant de s'asphyxier.

— ÉTYM. Génin le dérive de *bigne,* pioche, et, trouvant dans le dialecte napolitain *sbignare* dans le même sens que le mot français, veut qu'il ait été introduit à Naples par les soldats de Charles VIII. Erreur; le mot est d'origine italienne, et se trouve dans les *Donne curiose* de Goldoni (II, 23) ; Arlequin s'y sert de cette expression qui, par conséquent, n'appartenait pas seulement au dialecte de Naples, mais aussi à celui de Bergame (ou peut-être de Bologne, où la scène se passe). L'auteur (ou l'éditeur) l'explique par *svigno,* que le dictionnaire de Buttura traduit ainsi : décamper, sortir de la vigne (probablement comme un maraudeur). Buttura donne un exemple tiré du *Malmantile.* Le mot est donc originairement italien, et l'origine pleinement éclaircie (FÉLIX BOVET).

† **ESBROUFE.** *Ajoutez :* || Vol à l'esbroufe, vol qui consiste en ce que des compères bousculent une personne qui vient de toucher de l'argent et la volent.

† **ESBROUFEUR.** *Ajoutez :* || 2° Celui qui fait le vol à l'esbroufe. Celui des deux esbroufeurs qui est resté entre les mains de la police a refusé de faire connaître son nom et son domicile, *Gaz. des Trib.* 4 mai 1870.

† **ESBROUSSER.** — HIST. *Ajoutez :* XIIe s. Jereboam un serf Salomon se esbrucat, e felenessement revelat encuntre sun seigneur, *Rois,* p. 298.

ESCABELLE. *Ajoutez :* || 2° Piqueur d'escabelle, s'est dit pour parasite, piqueur d'assiette (FURETIÈRE).

ESCADRE. *Ajoutez :* — REM. En tant que divisions d'une flotte, on distingue les escadres par la couleur du pavillon : l'escadre blanche, l'escadre rouge, l'escadre bleue, l'escadre bleue et blanche.

ESCADRON. *Ajoutez :* — REM. 1. Dans la cavalerie, le chef d'escadrons commande à deux escadrons. || 2. L'escadron est l'unité de la cavalerie, comme le bataillon l'est dans l'infanterie. || 3. On trouve scadron, aujourd'hui inusité. De leurs vaillans scadrons et de leur conducteur, CHRESTIEN DES CROIX, *Rosemonde,* acte II.

† **ESCAFE.** *Ajoutez :* || 2° Soulier, chaussure. Repas qui eut lieu dans une chambre pleine de vingt laquais dont l'escafe et le gousset servaient de cassolette, *Lett. à la duchesse de Bouillon sur un repas fait à la Conciergerie,* dans *Corresp. litt.* 10 mai 1861.

— ÉTYM. *Ajoutez :* M. Devic, *Dict. étym.,* dit que, pour ce mot et *escarpin,* il est difficile de ne pas songer à l'arabe *askaf, iskâf, ouskouf, sakkaf,* tous mots signifiant cordonnier. Cela est vrai ; mais, comme on ne peut guère détacher *escafe* d'*escafignon,* et que *escafignon* ou *escafilon,* qui est le même, a des sens dont on ne pourrait rendre compte par l'étymologie arabe, il convient de chercher ailleurs (voy. ESCAFIGNON au Dictionnaire).

† **ESCAFILOTE.** — HIST. *Ajoutez :* XIVe s. Prendre garde à l'escafilote [enveloppe de la noix], Qui grans biens senefie et notte, *Dits de Watriquet de Couvin,* p. 58.

† **ESCAFIGNON.** — ÉTYM. *Ajoutez : Escafillon* a eu le sens d'écale, de brou de noix : XIVe s. La nois que nature desnue De s'escorche, tant qu'elle est nue, Et l'eschafillons nès [net] et nus, Nous est examples contenus, Puis c'on est d'enfance mués, C'on doit nès estre et desnués De vilanie et d'autre vice, *Dits de Watriquet de Couvin,* p. 58. Le brou de noix se dit à Valenciennes *écafion,* à Mons *scafion.* D'autre part, Du Cange, à *scafones,* a : XVe s. Trois paires d'escaffignons de cuir — Escafignons ou chaussons. Ces exemples montrent que *escafignon* est le même que *escafilon,* au sens de chaussure, dans Froissart cité au Dictionnaire. Mais *escafillon,* on vient de le voir, signifie aussi cosse, écale, brou de noix. La forme la plus simple est donnée par le parler de Valenciennes et de Mons : *écafion, scafion,* qui ont été développés en *escafignon* ou *escafilion.* Cette forme exclut l'étymologie que M. Scheler (*Dits de Watriquet,* p. 427) donne de *escafillon,* au sens d'écale, à savoir : le flamand *schelve,* cosse. Il faut trouver un radical qui puisse suffire aux diverses significations. Or on trouve : bas-lat. *scafa,* cuiller à pot, dans Fortunatus, Du Cange ; *scaffa,* gousse, mot italien suivant Du Cange ; nous avons ici en *scafion, escafillon,* le sens de gousse ; en *escafignon,* celui de chaussure. C'est le lat. *scapha,* barque, qui se prête le mieux, en raison de la forme de la barque, à prendre ces diverses acceptions.

† **ESCALADEUR** (è-ska-la-deur), *s. m.* Celui qui escalade. Voilà pourtant ces escaladeurs de murailles, ces preneurs de villes,... *Lett. du P. Duchêne,* 68e *lettre,* p. 4. Escaladeur de cerisiers, R. TÖPFFER, *Nouv. Voyages en zigzag.*

† **ESCALOPE.** *Ajoutez :* || 2° Nom, chez les épiciers, de fèves sans robe et à cotylédons séparés.

† **ESCAMPATIVOS.** *Ajoutez :* — REM. Chateaubriand a dit escampative : Il était évident que l'on méditait une escampative, *Mém. d'outre-tombe,* (éd. de Bruxelles), t. III, *Fuite du roi, je pars avec Mme de Chateaubriand.*

ESCAPADE. — HIST. XVIe s. *Ajoutez :* J'ay fait ceste escapade [digression] pour la memoire de Vuillon [Villon], un de noz meilleurs poetes satyriques, FAUCHET, *Œuvres,* 1610, f° 509, recto.

† **ESCARBOUILLER.** — HIST. *Ajoutez :* XIIe s. Ains aureie par carbonées Trestout escarbellié le mort, Que nule des armes emport, *Perceval le Gallois,* v. 2328.

— ÉTYM. *Ajoutez :* L'exemple du XIIe siècle où *escarbellier* a le sens de détruire par le feu, montre bien que *escarbouiller* ou *escarbiller* tient à *escarbille* et à *charbon.*

ESCARCELLE. *Ajoutez :* — REM. Scarron a dit *escarcine :* Un beau baudrier de chamois, Auquel pendille une escarcine, *Virg.* IV.

† **ESCARGASSAGE** (è-skar-ga-sa-j'), *s. m.* Dégraissage des déchets de laine destinés à être ensuite filés et tissés ; se dit de l'opération et de l'établissement où elle se fait. Un violent incendie vient de dévorer l'établissement d'escargassage occupé par le sieur Lingre, rue des Fabricants, à Roubaix.... ce bâtiment, rempli de déchets gras, est complétement anéanti, *Journ. offic.* 21 fév. 1876, p. 1324, 1re col.

† **ESCARGASSE** (è-skar-ga-s'), *s. f.* Machine à ouvrir les toisons feutrées et les déchets de laine et de coton ; c'est un démêloir ; elle est le résultat des améliorations successives apportées aux batteurs qui ont reçu les noms d'abord de diable, puis de loup. L'escargasse, qui a été inventée vers 1842-1845, est composée de deux cylindres à aiguilles recourbées, très-solides, en forme de dents de sanglier.

— ÉTYM. *Escargot,* à cause de la forme des cylindres de la machine ; ce nom ne paraît usité qu'à Tourcoing et à Roubaix.

† **ESCARGASSER** (è-skar-ga-sé), *v. a.* Traiter par l'escargasse les toisons feutrées et les déchets de laine et de coton.

ESCARGOT. || 2° *Ajoutez :* || Nom d'un organe de certaines machines-outils, entre autres de la machine à raboter. || 4° S'est dit pour lampion, parce qu'on se servait quelquefois, à cet effet, de coquilles d'escargot. Ils ont été portés en triomphe,... cinq cent mille escargots ont brûlé en leur honneur et gloire dans beaucoup de villes [de Lorraine], *Lett. du P. Duchêne,* 104e *lettre,* p. 5. || 5° Sorte de voiture. Thérèse Bachelu, avec son air de vierge gothique, emplissait de ses douze falbalas l'intérieur d'un escargot qui avait, à la place du tablier, une jardinière pleine de roses, G. FLAUBERT, *l'Éducation sentimentale,* t. I, p. 361.

† **ESCARGOTAGE** (è-skar-go-ta-j'), *s. m.* Action de détruire les escargots. Dans le célèbre Clos-de-Vougeot, l'opération de l'escargotage a eu pour conséquence heureuse la capture de soixante-dix doubles décalitres d'escargots, *Moniteur univ.* 30 mai 1868, p. 754, 2e col.

ESCARMOUCHE. || Attacher l'escarmouche.... *Ajoutez :* Je prétends attaquer mon adversaire [Jurieu], et, pour attacher l'escarmouche, je produis six propositions impies, scandaleuses, etc. tirées de ses écrits, BAYLE, *Lett. à Minutoli,* 27 août 1691.

— HIST. || XVIe s. *Ajoutez :* Quelqu'un de ces pensers contre moy conjuré Me dresse l'escarmouche et va pressant mon ame, DESPORTES, *Élégies,* I, 6.

ESCARMOUCHER. — HIST. *Ajoutez :* XIVe s. Si fist on aucuns compaignons monter sur courchiers pour escarmucher, J. LE BEL, *Vrayes Chroniques,* t. I, p. 63.

ESCARPIN. — ÉTYM. *Ajoutez :* M. Devic, *Dict. étym.,* fait remarquer l'analogie de ce mot avec l'arabe *askaf,* cordonnier (voy. ESCAFE au Supplément), et demande si l'arabe ne devrait pas être pris en considération. Mais la forme ancienne du mot est *eschapin,* l'*r* y est épenthétique, et il faut le rapprocher plutôt de *escape* et de *escafignon* (voy. ces mots au Supplément) que de l'arabe.

† **ESCARPINER.** *Ajoutez :* S'il fût ici demeuré jusqu'à la fin de nos leçons, il eût pu y apprendre quelque chose de bon, qu'il ne trouvera pas à

Londres; tous ces étrangers aiment trop à escarpiner et battre la semelle, GUI PATIN, *Lett.* t. II, p. 404.

2. ESCARRE. *Ajoutez :* || 2° Éclat, fragment, esquille. Ce marbre est le plus dur à travailler, et l'on y taille difficilement des choses fines sans que le fer y produise des escarres, *Œuvres de Benvenuto Cellini*, trad. L. Léclanché, *Traité de la sculpture*, ch. IV, ou t. II, p. 384.

† ESCART. — ÉTYM. *Ajoutez :* Bien qu'il soit fort difficile de rechercher sans historique l'étymologie d'un mot embarrassant, néanmoins on peut citer ici, ne fût-ce que pour mémoire et exemple : XII° s. A mun uncle m'estot aler, Nul autre escard n'i sai trover, BENOIT, *Chron. de Norm.* v. 9282. *Escard* a dans ce passage une signification qui n'est pas sans quelque rapport avec notre *escart*. Les écoliers disent aussi *escor*.

ESCLANDRE. *Ajoutez :* || 3° Désastre, destruction (sens vieilli). Gravelines a reçu un horrible esclandre du feu qui a pris aux poudres; plus de la moitié de la ville a été renversée, GUI PATIN, *Lett.* t. II, p. 139.

ESCLAVAGE. — REM. *Ajoutez :* || 2° Vaugelas n'aimait pas beaucoup mieux esclavage qu'esclavitude; car il terminait sa note par ces mots : « Il faut éviter l'un et l'autre, tant qu'il est possible, et je ne suis pas seul de cet avis (*Rem.* p. 399, de l'éd. in-4° de 1704). » Le puriste s'est trompé sur le sort d'un de ces mots; esclavage est entré pleinement dans l'usage.

† ESCLOT (è-sklo), *s. m.* Nom, en Dauphiné, d'une espèce de sabot tout en bois d'une seule pièce.

— ÉTYM. Anc. franç. *esclo*, trace, vestige des pas, prov. *esclau*, qui viennent, d'après Diez, de l'anc. haut-allem. *slag*, corrompu en *sclag*, allem. moderne *Schlag*, coup.

† ESCLOTIER (è-sklo-tié), *s. m.* Fabricant d'esclots.

† ESCOMPTABLE (è-skon-ta-bl'), *adj.* Qui peut être escompté. Rentes françaises, 3 p. 100, escomptables, jouissance 1870, *la Semaine financière*, 19 fév. 1870. La matière escomptable est très-réduite pendant les périodes de stagnation, DE WARU, *Enquête sur la banque*, 1867, p. 173. La Banque de France escompte aujourd'hui toute la matière escomptable, BÉHIC, *Enquête sur la Banque*, 1867, p. 275.

† ESCOMPTEUR. *Ajoutez :* — HIST. XVI° s. Je moy François Rabeles medecin de monseigneur du Bellay, confesse avoir receu de M° Benvenute Olivier, escompteur de Rome, la somme de trente deulx escus d'ore en ore (1548), *ita est*, RABELAIS, *manu propria*, dans *Rev. des docum. hist.* par CHARAVAY, sept.-oct. 1876, p. 35.

† 2. ESCOPETTE (è-sko-pè-t'), *s. f.* Diminutif de escope ou écope, instrument dont on se sert pour évacuer l'eau ou les matières demi-liquides. Une grille retient au passage les immondices les plus grosses, que l'on enlève à l'escopette, pour aller les porter dans une toue rangée le long du chemin de halage, MAXIME DU CAMP, *Rev. des Deux-Mondes*, 1er juill. 1873, p. 25.

† ESCOR (è-skor), *s. m.* Terme des enfants dans les jeux à courir. Espace, avance qui appartient au poursuivi et que doit accorder le poursuivant. Donne-moi de l'escor (voy. ESCART au Dictionnaire et au Supplément).

† ESCRAMURE (è-skra-mu-r'), *s. f.* Terme de verrier. Nom donné aux scories du verre fondu. On extrait une autre portion [du cristal fondu]... sous la forme d'escramures ou écrémures, pour enlever les parties impures qui sont remontées à la surface... les escramures, le verre détaché des outils, les rognures, les pièces manquées et le verre gaspillé pèsent beaucoup plus que le cristal converti en objets vendables, *Enquête, Traité de comm. avec l'Anglet.* t. VI, p. 550.

ESCRIMER. *Ajoutez :* || 7° S'escrimer d'un mot, en user à tort et à travers. Or pour maintenant ne se dit point; ce mot est la cheville ordinaire des vieux poëtes français; surtout du Bellay s'en est fort escrimé, MALH. *Lexique*, éd. L. Lalanne.

ESCROC. *Ajoutez :* — REM. Mme de Sévigné a employé, comme Ménage, escroc au sens de parasite, d'écornifleur. La princesse de Tarente me mena.... chez une fort jolie femme de Vitré, qui m'en avait priée aussi (car il me semble que vous me prenez pour un escroc), SÉVIGNÉ, 4 août 1680.

† ESCUBAC (è-sku-bak), *s. m.* voy. USQUEBAC au Dictionnaire.

† ESCUDO (è-sku-do), *s. m.* Nom de différentes pièces de monnaie étrangères. L'escudo espagnol est, d'après la loi du 26 juin 1864, une pièce d'argent de 10 réaux, valant, au pair, 2 fr. 60. L'escudo de oro des îles Philippines vaut, au pair, 10 fr. 20. L'escudo du Chili vaut 9 fr. 45.

— ÉTYM. Espagn. *escudo*, écu (voy. ÉCU).

† ESCULENCE (è-sku-lan-s'), *s. f.* Latinisme. Qualité savoureuse. C'est la gastronomie qui fixe le point d'esculence de chaque substance alimentaire, BRILLAT-SAVARIN, *Physiol. du goût, Méditation* III.

— ÉTYM. Lat. *esculentia*, de *esculentus*, bon à manger, de *escula*, diminutif de *esca*, chose à manger, avec le suffixe *ento*, signifiant pourvu de.

† ESCURIEU (è-sku-rieu), *s. m.* Ancienne forme d'écureuil. Les escurieux ne dansèrent point au Louvre [dans le ballet], MALH. *Lexique*, éd. L. Lalanne (voy. ÉCUREUIL).

† ÉSÉRINE (é-zé-ri-n'), *s. f.* Terme de chimie. Alcaloïde retiré de la fève de Calabar, semence du *phytostigma venenosum*, HENNEGUY, *Étude sur l'action des poisons*, p. 75, Montpellier, 1875.

— ÉTYM. *Ésèré*, nom donné par les indigènes à la fève de Calabar.

† ESHERBER. *Ajoutez :* — HIST. XIV° s. Pour esserber le curtil, les blez et les aveinnes (1336), VARIN, *Archives administr. de la ville de Reims*, t. II, 2° part. p. 750.

† ÉSO-NARTHEX (é-zo-nar-tèks'), *s. m.* Narthex intérieur. A l'intérieur, les trois divisions sont fidèlement respectées : le chœur, le narthex, l'éso-narthex; cette dernière n'est généralement qu'un cloître à arcades : pourtant dans quelques cas.... l'éso-narthex est fermé et surmonté d'une sixième coupole, DE VOGÜÉ, *Rev. des Deux-Mondes*, 15 janv. 1876, p. 297.

— ÉTYM. Ἔσω, en dedans, et *narthex*.

ESPACE. *Ajoutez :* || 2° Espacé de, en quoi on a mis, par intervalles, ceci ou cela. Des pyramides de chocolat de la compagnie coloniale, des bols de café à fleurs, espacés de petits verres à liqueur, garnissaient les planches de l'étalage, DE GONCOURT, *Germinie Lacerteux*, ch. VII. Ils descendaient, suivaient.... des lignes de maisons brisées, espacées de jardins, ID. *ib.* ch. XII.

ESPACER. *Ajoutez :* — REM. La locution de Saint-Simon : s'espacer au sens de parler en détail, a été reprise; et en effet elle peut l'être. On s'étonnera peut-être que nous fassions autant de bruit et que nous nous espacions autant, comme dit Saint-Simon, à propos d'un objet si insignifiant en apparence, à propos d'une pipe, Extr. du *Journ. de Bolbec*, dans *Journ. offic.* 17 fév. 1874, p. 1319, 2° col.

† ESPAGNEN (è-spa-gnin), *s. m.* Plant d'une espèce d'olivier. Les colons ont adopté pour cette production spéciale [olives en saumure] les plants de picholin et l'olive de Séville ou l'espagnen, *Journ. offic.* 15 nov. 1874, p. 7630, 2° col.

ESPAGNOL. *Ajoutez :* || *Adj.* Qui est relatif à l'Espagne. Chemins de fer espagnols. L'Amérique espagnole.

ESPAGNOLETTE. *Ajoutez :* — REM. C'est vers 1784 que l'usage de l'étoffe dite espagnolette s'introduisit en France. Vers cette époque [1784] parurent les robes à la turque, à la musulmane; les étoffes espagnolettes, musulmanes, circassiennes, E. DE LA BÉDOLLIÈRE, *Hist. de la mode*, ch. XIII.

† ESPAGNOLISME (è-spa-gno-li-sm'), *s m.* Patriotisme espagnol étroit. L'espagnolisme et la bigoterie stupide, ces deux plaies de tous les petits centres en Esgagne, MOREL-FATIO, *Rev. histor.* t. III, p. 408.

ESPALMÉ. *Ajoutez :* Un vaisseau espalmé de frais va beaucoup mieux à la mer que quand il a été un mois ou six semaines à la rade, *Correspondance de Colbert*, III, 2, p. 333, *Voyage de Seignelay en Angleterre*.

† 2. ESPAR (è-spar), *s. m.* Nom d'un cépage de l'Hérault, *Journ. offic.* 10 août 1874, p. 5742, 1re col.

† ESPARNINE (è-spar-ni-n'), *s. f.* Nom d'un cépage dans les Hautes-Alpes, *les Primes d'honneur*, Paris, 1872, p. 441.

ESPÉRANCE. *Ajoutez :* || 5° Terme du calcul des probabilités. Espérance mathématique, produit qu'on obtient en multipliant la valeur d'une chose en unités monétaires par la fraction qui exprime la probabilité mathématique du gain de cette chose.

† ESPÈRE (À L') (a-lè-spè-r'), *loc. adv.* En attendant. Il passe ainsi plusieurs nuits à l'affût, à l'espère comme on dit dans le Midi, *Monit. univ.* 4 avr. 1868, p. 470, 2° col.

— ÉTYM. *Espérer* (voy. ce mot, au sens d'attendre).

† ESPINE (è-pi-n'), *s. f.* Nom vulgaire donné aux gros tournois de Louis IX et de ses successeurs.

† ESPINGARD (è-pin-gar), *s. m.* Le même que épingard (voy. ce mot au Dictionnaire).

ESPINGOLE. *Ajoutez :* — REM. Le recul considérable de l'espingole est dû, non pas à l'évasement de la bouche, comme il est dit dans le Dictionnaire d'après Legoarant, mais au poids des balles qu'elle lance (voy. RECUL).

† ESPOLETTE. *Ajoutez :* || Nom particulier de celle des fusées de projectiles creux qui se fixe sur les projectiles dont sont armées les fusées de guerre.

† ESPONTE (è-spon-t'), *s. f.* Terme d'exploitation houillère. Partie de houille qu'il n'est pas permis d'exploiter à la limite de la concession, afin d'éviter le passage des eaux d'une houillère dans une autre.

— ÉTYM. C'est l'ancien français *esponde*, bord, bord du lit, provenç. *esponda*, ital. *sponda*, du lat. *sponda*, bord de lit.

† ESPOULINE (è-spou-li-n'), *s. f.* Sorte d'étoffe. Les châles de l'Inde sont bien les plus merveilleux monuments du travail textile; ils nous montrent dans leurs motifs à palmes un dessin probablement conservé depuis des milliers d'années, et des étoffes appelées espoulines dont on peut voir des échantillons qui datent de l'an 835, J. LAVERRIÈRE, *Trad. de Mudge*, commiss. des États-Unis à l'Exposition de 1867, dans *Mém. d'agriculture*, etc. 1870-1871, p. 297.

ESPRIT. 4° *Ajoutez :* || Un Saint-Esprit, voy. SAINT, n° 4. || 20° Esprit fort. *Ajoutez :* || Esprit fort, s'est dit de ceux qui faisaient opposition au roi. Ces gens qu'on appelle esprits forts, parce qu'ils sont toujours contre le roi, Mme DE MOTTEVILLE, *Mém.* p. 239.

† ESPRITÉ, ÉE. *Ajoutez :* L'épouse est bien apparentée, Et bien apparenté l'époux; Elle est jeune, riche, espritée; Il est jeune, riche, esprit doux, *Voy. de Bach. et Chapelle*, p. 34, La Haye, 1714.

† ESPRITER (è-spri-té), *v. a.* Donner de l'esprit. Avez-vous tout dit sur les moyens que vous emploieriez pour espriter vos princes? Mme DE CHARRIÈRE, *Dialogue sur l'éducation des princes*, à la suite d'*Honorine d'Uzerche*.

— REM. Cet exemple complète celui d'*esprité*, qu'on trouve dans le *Voy. de Chapelle* et dans Saint-Simon, et que le Dictionnaire a recueilli.

† ESQUERME (è-sker-m'), *s. f.* Sorte de plante potagère. Vers le milieu du mois on commencera à semer les épinards ronds et la bonne variété d'esquerme à très-larges feuilles et montant moins vite que le premier; ces deux plantes potagères doivent être mises en terre entre les deux Notre-Dame, Extr. du *Journ. de l'Agric.* dans *Journ. offic.* 18 août 1872, p. 5577, 1re col.

† ESQUICHADO (è-ski-cha-do), *s. m.* Cigare pressé. Une seule variété, les esquichados, reçoit une préparation spéciale qui consiste en un trempage dans des jus aromatiques, suivi d'une pression qui donne au cigare une forme carrée; cette variété est appréciée de certains consommateurs, *Journ. offic.* 29 nov. 1875, p. 9802, 1re col.

† ESQUILLOSITÉ (è-ski-llô-zi-té, *ll* mouillées), *s. f.* Caractère de ce qui est esquilleux. Le caractère le moins difficile à définir [d'une certaine roche] est une esquillosité *sui generis*, ÉLIE DE BEAUMONT, *Acad. des sc. Comptes rend.* t. LXX, p. 586.

ESQUISSE. *Ajoutez :* || 4° Terme de l'École des beaux-arts. Composition peinte à la grosse, devant servir de projet à un tableau. L'École des beaux-arts publie tous les ans le sujet de l'esquisse peinte mise au concours; si, dans ce cas spécial, on ajoute *peinte*, c'est pour ôter aux concurrents tout prétexte de faire une composition dessinée.

† ESQUIVELAGE (è-ski-ve-la-j'), *s. m.* Terme rural. Dans le département du Nord, nom donné au premier des trois labours par lesquels on prépare la terre pour les cultures printanières, *les Primes d'honneur*, p. 77, Paris, 1874.

ESQUIVER. *Ajoutez :* — REM. Esquiver a été employé neutralement avec *de*. Nous espérons de notre bonheur ou de notre adresse d'esquiver à sa malice, DIDER. *Lettre* LX *à Mlle Voland*, t. XIX, p. 65, éd. Assézat. Cela n'est plus usité.

† ESSANDOLE (è-san-do l'), *s. f.* Nom donné à de petits ais pour couvrir les maisons.

† **ESSARDER.** — ÉTYM. *Ajoutez : Es....* préfixe, et *sart*, varech : frotter avec du sart (voy. SART).

† **ESSARTIS** (è-sar-ti), *s. m.* Terrain où l'on a fait l'essartage. Des ouvriers occupés à extraire de la pierre dans un essartis du château de Bellozane, près Gournay, *Rev. d'anthrop.* t. III, p. 677.

† **ESSAYAGE** (é-sè-ia-j'), *s. m.* Action d'essayer. Quand on songe au mal que donne l'essayage d'une pauvre petite paire de gants, *le Temps*, 10 janv. 1877, 2e page, 5e col.

ESSAYER. *Ajoutez :* || 9° Mettre à l'épreuve, et, par extension, fatiguer. Les critiques ne manquent jamais ces sortes de réflexions, parce qu'on les peut faire sans essayer beaucoup son esprit, MONTESQ. *Lett. pers. Introduction.*

2. **ESSE.** *Ajoutez :* || 8° Esses pour boutons de chemises, pour chaînes.

† 1. **ESSEAU.** *Ajoutez :* || Nom, dans le département d'Eure-et-Loir, des prises d'eau sur les rivières. Dans la vallée de la Blaise, sur une longueur de trente kilomètres, toutes les prises d'eau, ou esseaux, sont ouvertes à la même heure, *les Primes d'honneur*, Paris, 1872, p. 20.

— HIST. *Esseau* est le même que *aisseau* (voy. ce mot), et signifie par conséquent planchette.

† 2. **ESSEAU.** — ÉTYM. *Ajoutez :* Esseau et esselle ne sont qu'une forme l'un de l'autre. Le premier désigne un appareil pour mesurer le fumier, le second un appareil qu'on met sur le dos des chevaux et des ânes pour le transport du fumier, du bois, etc. et tous deux représentent le latin *axiculus*, petite planche (voy. AIS), qu'on retrouve dans *aisseau*, et, en un autre sens, dans *essieu*.

† **ESSÉE** (è-ssée), *s. f.* Nom, dans l'Aunis, d'une large pioche, *Gloss. aunisien*, p. 103.

— ÉTYM. Bas-lat. *assiata*, du lat. *ascia*, hache.

† **ESSELLE.** *Ajoutez :* — ÉTYM. Voy. ESSEAU 2 au Supplément.

† **ESSÉNISME** (è-ssé-ni-sm'), *s. f.* Caractère des Esséniens et de leur institut.

† **ESSENTER** (è-san-té), *v. a.* Se dit beaucoup en Normandie pour garnir de bardeaux ou d'ardoise les pièces de charpente qui sont à découvert dans la construction des maisons et dont les intervalles sont remplis en galandage.

— ÉTYM. *Essente* ou *aissante* (on écrit aussi *aissanter*) (voy. AISSANTE au Dictionnaire).

ESSENTIELLEMENT. — HIST. *Ajoutez :* XIIe s. Cil ki par l'espir et par la char pechierent, toz tens essentialment vivant, muirent [meurent] senz fin et en la char et en l'espir, *li Dialoge Gregoire lo pape*, 1876, p. 196. Altre chose est vivre bieneürousement, et altre chose est vivre essentialment, *ib.* p. 263.

† **ESSÉVÉ** (è-ssé-vé), *adj. m.* Lait essévé, nom, dans le Calvados, du lait écrémé, ainsi dit parce qu'on y nomme séve du lait la crème, *les Primes d'honneur*, Paris, 1870, p. 64.

— ÉTYM. *Es....* préfixe, et *séve.*

† **ESSOMMAGE** (è-so-ma-j'), *s. m.* Nom, dans l'Yonne, de l'ébourgeonnement de la vigne, *les Primes d'honneur*, Paris, 1873, p. 324.

— ÉTYM. *Es....* préfixe, et, sans doute, l'anc. franç. *som*, le haut, du lat. *summus* (voy. SOMMET).

ESSOR. *Ajoutez :* || 6° Terme de fauconnerie. Plumes d'essor, dites aussi vanneaux, plumes allongées, roides et fortes de l'aile des oiseaux, et surtout des oiseaux de proie.

† **ESSORANT.** *Ajoutez :* || Par extension. Ce homard, avec sa broussaille de pattes, de cornes et ses yeux essorants, fait presque peur, F. CHAULNES, *Journ. offic.* 7 nov. 1874, p. 7342, 1re col.

ESSORER. || S'essorer. || Au fig. Notre esprit rampe bien plus facilement qu'il ne s'essore, GABRIEL NAUDÉ, *Apologie*, VIII, cité par SAINTE-BEUVE, article sur Naudé, *Portr. littéraires*, II.

† **ESSOREUSE** (è-sso-reû-z'), *s. f.* || 1° Femme qui essore le linge. || 2° Machine à sécher le linge; c'est un cylindre tournant à la vapeur, à claire-voie, et faisant sortir par force centrifuge l'humidité du linge mouillé qu'on y introduit.

ESSOUFFLER. — HIST. *Ajoutez :* || XIIIe s. Bien soies tu venus, Robin ; C'as tu qui ies si essouflés? — Quo j'ai? Las? je sui si lassés Que je ne puis m'alaine avoir, *Théâtre franç. au moyen âge*, Paris, 1834, p. 110.

ESTACADE. *Ajoutez :* || Dispositif employé pour garantir les ponts contre les corps flottants et les brûlots. || Estacade flottante, estacade composée de pièces de bois réunies bout à bout par des anneaux et des chaînes; cette estacade est placée obliquement en travers de la rivière. || Estacade fixe, estacade composée de pilots réunis ensemble par des moises. || 3° Dans les chemins de fer, plate-forme supportée sur un bâti en bois ou en maçonnerie, et destinée à faciliter le chargement du combustible sur les locomotives.

ESTAME. *Ajoutez :* || 2° Laine peignée. Serges, cadis et autres étoffes dont la chaîne est de laine peignée appelée estame..., dont la chaîne est de laine peignée d'estame, *Arr. du Conseil*, 19 janv. 1723.

ESTAMPE. *Ajoutez :* || 6° Expressions de nouvelle estampe, s'est dit pour expressions d'un caractère nouveau. Ce style consiste en certaines expressions de nouvelle estampe, auxquelles ces orateurs de ruelle ont voulu comme clouer l'éloquence, pour parler comme eux, DE COURTIN, *la Civilité française*, p. 169, Paris, 1695.

— SYN. ESTAMPE, GRAVURE. Estampe, empreinte de la planche gravée : c'est le mot propre pour désigner l'image, l'espèce de tableau que l'on obtient par le moyen de la gravure en taille-douce. Il est plus correct et plus exact, en ce sens, de dire estampe que gravure; c'est à tort que l'usage de cette dernière locution a prévalu depuis quelques années, BOUTARD, *Dict. des arts du dessin, Estampe*, 1826.

† **ESTANCE.** *Ajoutez :* — ÉTYM. L'ancien français *estant*, debout, du lat. *stare* (voy. ESTER).

† **ESTAVELLE** (è-sta-vè-l'), *s. f.* Nom languedocien de certaines fontaines temporaires. On a peine à comprendre, au premier abord, qu'une fontaine temporaire, coulant à un ou deux kilomètres en amont d'une source pérenne, se trouve cependant située sur le même cours d'eau souterrain, et n'est pour l'orifice inférieur qu'une espèce de soupape de dégagement; ces fontaines supplémentaires sont désignées en Languedoc par le nom d'estavelles, récemment introduit par M. Fournet dans le langage scientifique, É. RECLUS, *la Terre*, I, p. 318.

† **ESTERPE** (è-stè-rp'), *s. f.* Nom, en Dauphiné, d'une large pioche.

— ÉTYM. Lat. *extirpare*, extirper (voy. ce mot). Comp. au Supplément ÉTRÈPE et EXTERPE.

† **ESTHE** (è-st'), *adj.* La langue esthe, ou, substantivement et au masculin, l'esthe, la langue de l'Esthonie. M. Wiedemann a présenté à la séance du 13 novembre de l'Académie impériale des sciences de Saint-Pétersbourg la première partie de son grand ouvrage sur la grammaire de la langue esthe, *Journ. offic.* 22 déc. 1873, p. 8026, 3e col.

† **ESTHÉSIE** (è-sté-zie), *s. f.* || 1° Terme de physiologie. L'ensemble des sensations. || 2° Le sentiment esthétique, PROUDHON, *du Principe de l'art*, p. 223.

— ÉTYM. Αἴσθησις, sensation.

† **ESTHÉSIOMÈTRE** (è-sté-zi-o-mè-tr'), *s. m.* Terme de médecine. Instrument destiné à déterminer l'état de la sensibilité tactile, soit normale, soit altérée.

— ÉTYM. Αἴσθησις, sensation, et μέτρον, mesure.

† **ESTHÉTICIEN** (è-sté-ti-siin), *s. m.* Celui qui étudie l'esthétique, qui s'occupe de l'esthétique. C'était un esthéticien de première force, un très-grand poëte, d'un art très-raffiné et très-compliqué, TH. GAUTIER, *Portr. contemp. Ch. Baudelaire.*

1. **ESTHÉTIQUE.** *Ajoutez :* Cette science [la théorie des beaux-arts] en général pourrait être appelée métaphysique du beau, et le nom d'esthétique me semble bien exprimer cette idée; elle peut se subdiviser en poésie, en éloquence, en peinture, en sculpture, en gravure, etc. qui ne sont des arts que par rapport à l'exécution, mais qui sont de véritables sciences par rapport à la théorie, BEAUSOBRE, *Dissertations philosoph.* p. 163, 1753. Cette science du beau, ou, si l'on veut, cette philosophie du sentiment que Baumgarten appela l'esthétique, est enseignée avec beaucoup d'importance et d'éclat dans les universités allemandes, CH. BLANC, *Grammaire des arts du dessin, Préface.*

ESTIMATIF. *Ajoutez :* || 2° Un estimatif, un état, un devis estimatif. Aussi accordons-nous la plus grande confiance à l'estimatif établi par M. le ministre, à la page 7 de son rapport, et qui se résume comme suit, KRANTZ, *Journ. offic.* 26 juill. 1876, p. 5545, 3e col.

ESTIMÉ. *Ajoutez :* || 3° Terme de marine. Point estimé, point qu'on déduit à l'aide des renseignements fournis par l'estime, *Acad. des sc. Comptes rendus*, t. LXXXII, p. 534. || On dit de même : hauteur estimée, latitude estimée.

† **ESTIVANDIER** (è-sti-van-dié), *s. m.* Nom, dans Tarn-et-Garonne, des ouvriers ruraux, dits aussi solatiers, qui font les travaux de la moisson et du battage des grains, *les Primes d'honneur*, Paris, 1872, p. 460.

— ÉTYM. Dérivé de *estivant*, part. présent de *estiver* 2 (voy. ce mot au Dictionnaire).

† 3. **ESTIVE** (è-sti-v'), *s. f.* Dans l'Aubrac, unité exprimant la valeur de la consommation d'une tête de bétail pendant une saison, et sur le pied de laquelle on paye la dépaissance de chaque tête, du 20 mai au 13 octobre, E. MOUTON, *Journ. offic.* 24 mars 1876, p. 2070, 1re col. L'estive d'une vache à lait ou d'un bœuf à l'engrais se paye de 20 à 25 francs, ID. *ib.*

— ÉTYM. Lat. *æstivus*, d'été (voy. ESTIVER 2 au Dictionnaire).

ESTOC. *Ajoutez :* || 8° Armes d'estoc, armes qui agissent spécialement par la pointe; armes d'estoc et de taille, armes qui peuvent agir par le tranchant et par la pointe.

ESTOCADE. *Ajoutez :* — REM. L'estocade était une épée de longueur; elle avait une coquille qui couvrait la main.

ESTOMPER. *Ajoutez :* || Fig. Chandelier de fer, que la brume estompe, V. HUGO, *les Rayons et les Ombres.*

ESTRAGON. — ÉTYM. *Ajoutez :* M. Devic, *Dict. étym.*, n'admet pas que le lat. *draconem* soit l'origine d'estragon. Il met d'abord en avant les difficultés phonétiques; puis, rapprochant les formes *taragona*, *targone* et l'anc. franç. *targon* (*targon*, que les jardiniers nomment *estragon*, RAB. V, 29), il s'adresse au nom arabe-persan de la plante, *tarkhoûn*. Cette étymologie paraît la véritable; mais M. Devic ajoute qu'il n'est pas impossible que les Arabes aient emprunté leur *tarkhoûn* au grec δράκων.

ESTRAPASSER. *Ajoutez :* [Dans une conversation que Mme des Ursins eut avec le marquis de Louville, elle dit à son interlocuteur] qu'il l'avait estrapassée de toute manière, *Mémoires secrets du marquis de Louville*, Paris, 1818, in-8°, t. II, p. 43 (voy. au Dictionnaire STRAPASSER, qui n'est qu'une autre forme de ce mot).

† **ESTRASSE.** *Ajoutez :* C'est le même que strasse (voy. ce mot au Dictionnaire).

— ÉTYM. Patois langued. *estrassá*, gaspiller, laisser perdre; provenç. *estrassar*; espagn. *estraza*, lambeaux; ital. *straccio*, lambeau, loque, *stracciare*, lacérer; d'une forme latine fictive *extractiare*, dérivé du lat. *extractus* (voy. EXTRAIT) (note communiquée par M. Émile Durand).

† **ESTURIE** (è-stu-rie), *s. f.* Dans le quartier de Cette, nom d'un filet fixe pour la pêche, *Statistique des pêches maritimes*, 1874, p. 115.

— ÉTYM. Ce paraît être un dérivé du lat. *stare*, être à demeure; il y a en effet un bas-lat. *estus*, qui veut dire état.

ET. *Ajoutez :* || 7° *Et cela*, se dit pour ajouter quelque chose sur quoi on insiste. Il a rendu ce service, et cela sans espoir de retour. || *Et* a été employé seul en ce sens-là. Il [Dieu] ne s'est point contenté de nous apprendre à dire avec un chalumeau quelque vaudeville, et de mauvaise grâce, MALH. *Lexique*, éd. L. Lalanne. Il n'a point fallu détourner la Meuse, comme vous m'écrivez qu'on le disait à Paris, et ce qui serait une étrange entreprise, RAC. *Lexique*, éd. P. Mesnard. || 8° *Et moi aussi, et toi aussi*, etc. représentant au positif un membre de phrase qui précède et qui est au dubitatif. Quand ils payeront tous, et moi aussi, MALH. *Lexique*, éd. Lalanne.

— REM. *Ajoutez :* || 7. Quand deux membres de phrase sont joints par *et* et que le premier n'a pas d'inversion, on ne fait point d'inversion dans le second. Voici dans Régnier un exemple d'inversion en ce cas : On apporta la nappe, et met-on le couvert, *Sat.* X. En voici un second : S'il y avait des dieux, ils se vengeraient d'elle, Et ne la verrait-on si fière ou si belle, RÉGNIER, *Élég.* III. Cette tournure, qui a un caractère archaïque, pourrait très-bien être employée. || 8. Ce ne sont pas seulement les substantifs joints par *et* que l'on peut séparer (voy. le n° 1), ce sont aussi les adjectifs. Après une si belle action et si utile, SÉV. 9 août 1675. || 9. Vaugelas, dans ses *Remarques*, citant cette phrase : En votre absence et de madame votre mère, croit qu'il est bon d'éviter cette tournure, qui n'est pas régulière; que mettre *en celle* avant *de madame votre mère* serait trop lourd, et qu'il faut chercher une autre manière de dire. Ajouter *en celle* rend la phrase régulière; mais je ne puis m'empêcher de regretter une ellipse aussi simple et aussi claire, et je ne voudrais pas la condamner absolument. Je regrette aussi la liberté de construction dans des phrases telles que celle-ci que cite le même Vaugelas : « Un de nos plus célèbres auteurs a écrit : *L'aventure du lion et de celui qui voulait tuer le tyran sont semblables.* Comment se construit cela? *l'aventure sont?* C'est qu'il y a deux nominatifs, l'un exprès et l'autre tacite ou sous-entendu, qui régissent le pluriel. » On rangera dans la même catégorie des ellipses autrefois permises cette phrase citée par Vaugelas : Il s'est brûlé, et tous ceux qui étaient auprès de lui.

† .... ET, ... ETTE, suffixe diminutif, qui, d'après Chevallet, *Origines de la langue franç.* t. II, p. 393, serait la représentation du participe passif *atus : pauperatus*, pauvret ; mais ces participes ont partout ailleurs une autre forme et un autre sens.

2. **ÉTABLE.** *Ajoutez :* — REM. Étable, en termes de marine, est le même que étrave, lequel a reçu l'épenthèse d'une *r* (voy. ÉTRAVE au Dictionnaire).

ÉTABLISSEMENT. *Ajoutez :* || 15° Nom donné aux droits et privilèges dont jouit l'Église anglicane en qualité d'Église nationale. Il [lord Russell] considère l'établissement comme une partie essentielle de cet admirable ensemble de conventions, de contrats, de devoirs et de droits qui est le piédestal de la statue anglaise, A. LAUGEL, *Rev. des Deux-Mondes*, 15 avr. 1875, p. 894.

† **ÉTABLISSEUR** (é-ta-bli-seur), *s. m.* Celui qui établit.

— HIST. XIII° s. Veritez est provée ke au commenchement de toutes choses, quant li establissiere devisa les quatre elemens..., *Roman du saint Graal*, dans POUGENS, *Archéol. franç.* t. I, p. 182. || XVI° s. Encores est il pardonnable aux autres establisseurs des loyx, s'ils ont obmis quelque chose, AMYOT, *Compar. de Lycurgue et de Numa.*

ÉTAGER. *Ajoutez :* Après avoir baissé son voile et étagé le nœud de son chapeau, elle..., G. DROZ, *M. Mme et Bébé, Souv. de carême, un rêve.* || S'étager, *v. réfl. Ajoutez :* Dans une autre galerie, des armures, des casques, des armets.... s'étagent en brillantes panoplies, ALBERT PETIT, *Journ. des Débats*, 24 oct. 1865. À gauche de l'Hudson [fleuve des États-Unis] s'étagent, au milieu de bois épais d'un vert intense, la multitude des villas de tous les styles et de toutes les couleurs des riches négociants de New-York, DE MOLINARI, *Journ. des Débats*, 10 août 1876, 3° page, 6° col.

† **ÉTAIE.** *Ajoutez :* || 2° On le trouve au sens général d'étai. La salle était toute tendue de tapisserie, et ses grandes étaies de bois que vous y avez vues étaient couvertes de drap d'or, MALH. *Lexique*, éd. L. Lalanne. Je me doute qu'avec tout mon soin et toutes mes étaies, le bâtiment ne saurait pas être longtemps sans aller par terre, ID. *ib.*

ÉTALAGE. *Ajoutez :* || 6° Nom donné à des parcs spéciaux ne découvrant que rarement, et recevant les huîtres qui n'ont pas atteint leur développement. Les parcs et les étalages qui avaient été abandonnés pendant les années de stérilité de la baie [de Cancale] sont repris peu à peu, à mesure que les fonds huîtriers reprennent leur prospérité, *Statistique des pêches maritimes*, 1874, p. 41. Ces coquillages [les petites huîtres] peuvent être conservés dans les parcs et étalages jusqu'au moment où ils ont atteint la taille voulue pour être mis en vente.... on détache alors les huîtres pour les placer dans des bassins peu profonds, appelés claires, où elles restent étalées jusqu'à ce qu'elles soient marchandes, *Journ. offic.* 7 déc. 1876, p. 9080, 2° col.

ÉTALER. *Ajoutez :* — REM. Dans le moyen âge, étaler a eu un sens singulier ; il a signifié cracher ; XIV° s. Faites le malade estaler en un bacin [cracher, par euphémisme étaler le crachat], *Mss.* 503, Bibl. de Montpellier. Li malades ki poi ad de salive e ne pot estaler, ço est mal signe, *ib.*

† 2. **ÉTALER.** *Ajoutez :* || 2° Étaler une voie d'eau, l'empêcher de faire des progrès. Pompes assez puissantes pour étaler la voie d'eau, *Rev. des Deux-Mondes*, 1ᵉʳ déc. 1867, p. 699.

† **ÉTALOIR** (é-ta-loir), *s. m.* Planche sur laquelle on étend les papillons, pour les conserver. Mettre un papillon sur l'étaloir.

1. **ÉTALON.** || Fig. *Ajoutez :* Si quelqu'un n'entreprend la recherche de quelque femme d'importance, ce sera un homme sans courage, un étalon de chambrières, MALH. *Lexique*, éd. L. Lalanne.

— SYN. ÉTALON APPROUVÉ, ÉTALON AUTORISÉ. L'étalon approuvé est celui qui a été jugé capable d'améliorer l'espèce ; l'étalon autorisé n'a pas les qualités nécessaires pour contribuer à son perfectionnement, il est seulement propre à maintenir l'amélioration.... BOCHER, *Rapport à l'Assemblée nationale*, n° 1910, p. 102.

2. **ÉTALON.** — HIST. *Ajoutez :* || XIV° s. Que toutes poises, aunes et mesures.... soient boines, justes et loyaux, selon l'estalon de ladicte ville [Abbeville], *Rec. des monum. inédits de l'hist. du tiers état*, t. IV, p. 204. Et pueent [peuvent] cauper tout bos, soient estalon anchien ou autre, *Bibl. des chartes*, 1875, 3° et 4° livraisons, p. 237, 1322.

† 2. **ÉTALONNAGE** (é-ta-lo-na-j'), *s. m.* Industrie des propriétaires d'étalons dont les services sont loués au public. Enfin, si, par cas fortuit, l'industrie de l'étalonnage particulier se récrie contre l'intervention de quelques étalons de trait que conservent encore nos dépôts, BOCHER, *Rapport à l'Assemblée nationale*, n° 1910, p. 19. Ils [les patrons du turf] voudraient être les seuls pourvoyeurs de l'étalonnage privé, ID. *ib.* p. 20.

— ÉTYM. *Étalon* 1.

† **ÉTALONNERIE** (é-ta-lo-ne-rie), *s. f.* Écurie pour les étalons. De magnifiques logements ruraux, se composant de cave, vaste et belle écurie divisée en quatre boxes, écurie-étalonnerie, remise, bûcher et grange, *Avranchin*, 1ᵉʳ déc. 1872, *aux annonces.*

— ÉTYM. *Étalon* 1.

† **ÉTALONNIER, IÈRE** (é-ta-lo-nié, niè-r'), *adj.* || 1° Qui est relatif aux étalons, aux chevaux entiers. Cette réunion [d'étalons anglo-normands], qui sera de près de quatre cents chevaux, n'intéresse pas seulement la remonte des établissements de l'État ; elle offre aux sociétés étalonnières, aux délégués des conseils généraux et aux particuliers une occasion commode de trouver réunie sur un seul point l'élite de la production normande des chevaux entiers, *Courrier de l'Ain*, 12 oct. 1871, 3° page, 4° col. L'administration des haras applique son talent.... à soutenir l'industrie française étalonnière, *Journ. offic.* 17 déc. 1873, p. 7855, 1ʳᵉ col. L'élevage de luxe en Normandie a eu besoin, pour se soutenir, du secours de la production étalonnière, BOCHER, *Rapport à l'Assemblée nationale*, n° 1910, p. 82. La force étalonnière du pays, qui est de 15000 têtes, ID. *ib.* p. 97. || 2° *S. m.* Celui qui possède un étalon pour la monte. Les étalonniers ne sont généralement que des spéculateurs qui n'emploient que des reproducteurs médiocres, DE POMPERY, *Journ. offic.* 5 déc. 1872, p. 7531, 3° col. Il y a deux sortes d'étalonniers : ceux qui font naître ou qui élèvent des chevaux entiers pour les vendre ; ceux qui les possèdent pour en tirer profit en les livrant à la monte, BOCHER, *Rapport à l'Assemblée nationale*, n° 1910, p. 96.

† **ÉTAMERIE** (é-ta-me-rie), *s. f.* Synonyme d'étamage. Il y a [pour le fer-blanc] le laminage et l'étamage ; l'étamerie va plus vite que le laminoir, *Enquête, Traité de comm. avec l'Anglet.* t. I, p. 528.

† **ÉTAMPE.** *Ajoutez :* Si la proportion d'iridium est convenablement fixée, la malléabilité, la ductilité de l'alliage [d'iridium et de platine] deviennent telles, que l'on peut par le laminoir, le marteau, les étampes, transformer les plus gros lingots en autant de verges ou règles de forme quelconque qu'on le désire, H. DE PARVILLE, *Journ. offic.* 20 oct. 1872, p. 6585, 1ʳᵉ col.

† **ÉTANCHE.** *Ajoutez :* || 2° Il se dit d'un terrain trop mouillé pour pouvoir absorber l'eau. Une féculerie de Colombes dirige ses eaux sur une prairie où elles s'infiltrent dans un sol sableux ; elles y brûlent le gazon et font périr les arbres qu'elles atteignent par accident ; de plus le sol est bientôt étanche, et il faut souvent changer le lieu d'absorption, R. RADAU, *Rev. des Deux-Mondes*, 1ᵉʳ juin 1874, p. 719.

† **ÉTANCHÉITÉ** (é-tan-ché-i-té), *s. f.* Qualité de ce qui est étanche. Le tribunal.... a commis MM.... à l'effet de remédier à l'état de choses actuel, ou de déclarer s'il était impossible d'assurer l'étanchéité des caves, *Gaz. des Trib.* 5 avril 1876, p. 335, 1ʳᵉ col.

ÉTANCHER. — HIST. || XIV° s. *Ajoutez :* Qu'il [le roi d'Angleterre] feroit et establiroit une pareille [table] à celle table ronde pour plus estanchier l'onnour de ses chevaliers, qui si bien l'avoient servi, J. LE BEL, *Vrayes Chroniques*, t. II, p. 25.

ÉTANÇONNER. — ÉTYM. *Ajoutez :* De étançonner, il faut rapprocher l'ancien verbe *estancener*, *stancener*, qui veut dire soutenir : XII° s. Et ne valt riens la force, se ele n'est stanceneie par conseil, *Job*, p. 497.

ÉTAT. || 8° Raison d'État. *Ajoutez* aux exemples cités, ceux-ci : Ce lion ayant été contraint, pour quelques raisons d'État, de sortir de Libye avec toute sa famille, VOIT. *Lettre* 41. Que la raison d'État ne souffrait point qu'on rendît compte à personne des commandements du souverain, PERROT D'ABLANCOURT, *Tac.* 7. La raison d'État se donne de beaux privilèges ; ce qui lui paraît utile devient permis ; et tout ce qui est nécessaire est honnête en fait de politique, HAMILT. *Gramm.* 6. || 12° Conditions d'administration et de service où se trouvent les places de guerre et les villes de garnison. État de paix. État de guerre. L'autorité civile est tenue de se concerter avec l'autorité militaire au sujet de toutes les mesures à prendre en vue de la mise éventuelle en état de guerre. L'état de guerre existe, en temps de guerre, pour les places de première ligne, celles qui sont à moins de cinq journées de l'ennemi ; en temps de paix, pour les places de première ligne qui sont ouvertes par suite de travaux. || État de siége, condition d'une ville, d'un territoire par laquelle les pouvoirs de l'autorité civile passent tout entiers à l'autorité militaire. L'état de siége est déclaré par une loi ou par un décret ; il résulte de l'investissement, d'une attaque, d'une sédition. || 13° *Au pl.* Les États, dans les îles Normandes, conseil administratif, législatif et financier d'une île, composé de la justice et des principaux habitants ; on distingue les États de Jersey, les États de Guernesey, les États d'Aurigny. || États de Jersey, corps composé des baillis, jurés, recteurs des paroisses, connétables des paroisses, et (depuis 1857) d'un ou plusieurs députés de chaque paroisse de l'île. || À Guernesey, États de délibération, assemblée ordinaire des États, composée des baillis, jurés, procureur de S. M., recteurs et députés des douzaines ; États d'élection, états assemblés pour l'élection des jurés ou du prévôt de S. M. ou pour certaines affaires spéciales, composés des bailli, jurés, procureur de S. M., recteurs, et de tous les douzeniers et connétables des paroisses. || États d'Aurigny, assemblée publique des juge et jurés avec les procureur et contrôle de S. M. et les douzeniers ; les membres de la cour seuls y ont voix délibérative. || 14° État matrice, état matriciel, état qui sert de matrice, dans les comptes, dans les impositions, etc.

— REM. *Ajoutez :* || 2. J. J. Rousseau a dit mettre dans l'état de, au lieu de mettre en état de : Avec le zèle que vous me marquez pour les devoirs attachés à ce lien [la maternité], c'eût été grand dommage que M. Roguin ne vous eût pas mise dans l'état de les remplir, *Lett. à Mme Roguin*, 31 mars 1764. Cela est très-incorrect. || 3. Il est dit au numéro 3° que *se mettre en état* pour signifier qu'une personne décrétée de prise de corps, ou condamnée par contumace, ou ayant des lettres de grâce, se constituait prisonnière afin de se justifier ou de faire entériner la grâce, est un ancien terme de jurisprudence. Le voici employé de nos jours pour un condamné qui veut faire juger son pourvoi en cassation : Abrogation complète de l'art. 421 du Code d'instruction criminelle qui veut qu'avant de faire juger son pourvoi en cassation, le condamné se mette en état, c'est-à-dire se constitue prisonnier ou obtienne sa mise en liberté provisoire, *Gaz. des Trib.* 20 juill. 1876, p. 707, 3° col. Un escroc du grand monde avait obtenu, pour remplacer sa mise en état, sa mise en liberté provisoire, *ib.* p. 708, 1ʳᵉ col.

ÉTAT-MAJOR. *Ajoutez :* || 3° Chef d'état-major, voy. MAJOR au Dictionnaire.

† **ÉTAVE** (é-ta-v'), *s. f.* Filet pour prendre des truites, autrement appelé araignée, CARTERON, *Premières chasses, Papillons et oiseaux*, p. 85, Hetzel, 1866.

† **ÉTEIGNEUR.** — HIST. *Ajoutez :* XIII° s. Le premier cop [de feu grégeois] que il [les Sarrasins] jeterent vint entre nos deux chas-chasteiz, et chaï en la place devant nous que l'ost avoit fait pour boucher le fleuve ; nos esteigneurs furent appareillés pour estaindre le feu, JOINV. p. 136 éd. de Wailly, Paris, 1867.

ÉTEINDRE. *Ajoutez :* || 21° Éteindre un torrent, mettre obstacle à ce que les eaux entraînent, dans leur cours impétueux, de la boue, des graviers et des rochers, SURELL, dans *Rev. des Deux-Mondes*, 1ᵉʳ juin 1872, p. 459. || 22° S'éteindre soi-même, procurer sa propre extinction. Radamante : Que la lampe parle. — La lampe : Celles [saletés] qu'il [un tyran] a faites de jour me sont inconnues ; mais, la nuit, j'ai voulu quelquefois m'éteindre pour ne les point voir, D'ABLANCOURT, *Lucien, le Passage de la barque.*

† 2. **ÉTELLE** (é-tè-l'), *s. f.* Terme usité en Lorraine, en Bourgogne, en Savoie. Morceau de bois plus gros que le copeau, produit par les charpentiers et les scieurs de long en équarrissant les pièces de bois, etc.

— ÉTYM. Le même que l'ancien *astele* (voy. ATTELLE).

† **ÉTENTIER** (é-tan-tié), *adj. m.* Qui pêche à l'étente. Une trentaine de canots étentiers de Dieppe ont inauguré, dans la nuit d'avant-hier, la pêche du hareng le long de nos côtes, *Monit. univ.* 6 oct. 1868, p. 1354, 5e col.

ÉTERNEL.— ÉTYM. *Ajoutez* : *Æternalis* se trouve comme nom propre dans une inscription chrétienne du IVe siècle, LEBLANT, *Inscr. chrét. de la Gaule, Préface*, p. XXXIII.

† **ÉTERNISATION** (é-tèr-ni-za-sion), *s. f.* || 1° Action d'éterniser, de faire durer perpétuellement. Ah! vous recélez en vous une épouvantable semence de maladies.... et nous vous laisserons tranquillement la répandre! vous irez en liberté à la légale reproduction, à la paisible éternisation de toute cette misère! *la Phil. pos.* janv.-fév. 1876, p. 73. || 2° Action de prolonger sans fin. La jurisprudence algérienne avait à se plaindre de l'éternisation de ce chaos, *Gaz. des Trib.* 26 mars 1876, p. 299, 3e col.

ÉTERNITÉ. *Ajoutez* : || 8° L'immortalité, une gloire immortelle. J'en tirerai de la gloire [d'un livre de Chapelain] et non pas vous, qui êtes un vrai moqueur de me mander si souvent que vous me devrez votre éternité, et que je vous donne ce que je pense plutôt recevoir de vous, BALZAC, *Lett. inédites*, LXXXIII (éd. Tamizey-Larroque). L'éternité que promet La montagne au double sommet, MALH. *Lexique*, éd. L. Lalanne. Tout ce qu'à tes vertus il reste à désirer, C'est que les beaux esprits les veuillent honorer, Et qu'en l'éternité la Muse les imprime, ID. *ib.*

† **ÉTÊTAGE** (é-tê-ta-j') *s. m.* Synonyme d'étêtement. La pratique de l'étêtage [des arbres fruitiers], en vue du rajeunissement des vieilles plantations, est assez répandue [dans le Wurtemberg], *Journ. offic.* 15 mars 1876, p. 1820, 2e col.

† **ÉTEULIÈRE** (é-teu-liè-r'), *s. f.* Nom, dans le département des Ardennes, du chaume, *les Primes d'honneur*, p. 174, Paris, 1874.

— ÉTYM. *Éteule* 1.

† **ÉTHALÈNE** (é-ta-lè-n'), *s. m.* Terme de chimie. Carbure d'hydrogène, analogue au gaz oléifiant, qui dérive de l'éthal.

† **ÉTHALIQUE** (é-ta-li-k'), *adj.* Terme de chimie. Acide éthalique, dit aussi acide palmitique, acide qui se rencontre à l'état libre dans l'huile de palme exposée à l'air.

ÉTHER. *Ajoutez* : — REM. L'éther, en tant que fluide subtil et universel, est mentionné dès 1753. Le fluide le plus subtil qu'ait produit la nature, celui qui se trouve répandu partout, et que l'on nomme éther, BEAUSOBRE, *Dissertat. philos.* p. 3.

† **ÉTHIOPIEN** (é-ti-o-piin), *s. m.* Langue parlée par les habitants de l'Éthiopie, et appartenant au groupe sémitique.

ETHNIQUE. || 1° *Ajoutez* : || En un sens défavorable. Si vous en faites une terrible réprimande à Rocolet [son imprimeur], je ferai quelque chose de pis, et il ne me sera plus qu'ethnique et publicain, tant j'ai sujet de me plaindre de ses continuelles bévues et de son insupportable négligence, BALZAC, *Lett. inédites*, XII (éd. Tamizey-Larroque).

† **ETHNOLOGIQUEMENT** (é-tno-lo-ji-ke-man), *adv.* Au point de vue ethnologique. Géologiquement et ethnologiquement parlant, cette contrée [le Nouveau-Mexique] est intéressante, *Journ. offic.* 19 déc. 1874, p 8443, 2e col.

† **ÉTHYLAMINE** ou **ÉTHYLAMMINE** (é-ti-la-mi-n'), *s. f.* Terme de chimie. Nom d'un gaz contenant 1 équivalent d'alcool et 1 équivalent d'ammoniaque.

† **ÉTHYLÈNE** (é-ti-lè-n'), *s. m.* Terme de chimie. Un des noms du gaz oléifiant.

† **ÉTIQUETAGE** (é-ti-ke-ta-j'), *s. m.* Action d'étiqueter. M. Girard-Col, dont les produits pour l'étiquetage des plantes sont aujourd'hui bien connus et justement appréciés en horticulture, *Revue horticole*, 16 août 1876, p. 304.

ÉTOFFE. *Ajoutez* : || 7° *Au plur.* Dans l'exploitation du bois de flottage, les étoffes, l'ensemble des perches, rouettes, chantiers, etc. nécessaires pour former les trains, *Mémoires de la Société centrale d'Agriculture*, 1873, p. 264.

— REM. Au sens de valeur et qualités des personnes et des choses, J. J. Rousseau a employé étoffe au pluriel : Comme si, commençant cette étude [celle de l'histoire grecque et romaine], vous y eussiez cherché d'autres êtres que les hommes, et que ce ne fût pas assez d'y en trouver de meilleurs dans leurs étoffes que ne sont nos contemporains, *Lett. à Deleyre*, 3 juin 1764.

† **ÉTOFFEMENT** (é-to-fe-man), *s. m.* Néologisme. Terme de beaux-arts. Action d'étoffer, de donner de l'ampleur aux draperies. Les draperies nous ont paru admirables dans leur étoffement opulent où le corps vit et s'atteste, E. BERGERAT, *Journ. offic.* 11 juill. 1876, p. 530, 1re col.

ÉTOFFER. *Ajoutez* : || Se disait en parlant des étoffes figurées sur les statues. Ils s'occupaient à dorer et à étoffer les images sculptées de la Vierge et des saints; c'était une pratique de ce temps qui consistait à couvrir les draperies ou vêtements de ces images de feuilles d'or ou d'argent, à glacer ce fond de diverses couleurs transparentes, et à les damasquiner pour imiter la broderie ou le brocart, DE MONTAIGLON, *Hist. de l'Acad. de peinture* (*Mém. attribués à H. Testelin*), t. I, p. 5.

† **ÉTOFFEUR** (é-to-feur), *s. m.* S'est dit des ouvriers qui étoffaient les images sculptées de la Vierge et des saints, DE MONTAIGLON, *Hist. de l'Acad. de peinture* (*Mém. attribués à H. Testelin*), t. I, p. 7.

ÉTOILE. *Ajoutez* : — REM. Dans la locution *loger, coucher à la belle étoile*, il ne faut pas croire que le sens soit : coucher aux rayons des belles étoiles, ou du moins la locution a commencé par : coucher à une auberge dont l'enseigne est la belle étoile. Cela résulte de la phrase citée à l'historique : Estoient logez à l'enseigne de l'estoile [en plein air]. On comprend très-bien la façon de cette plaisanterie : c'est un jeu de mots entre une prétendue enseigne d'auberge portant des étoiles, et les étoiles du ciel sous lesquelles couche celui qui n'a pas de logis.

ÉTOILÉ. *Ajoutez* : || 7° Terme de fortification. Fort étoilé, ouvrage fermé, dont le tracé se compose de saillants et de rentrants, disposés de manière à donner des feux sur les capitales et dans les fossés.

— REM. L'expression de *chambre étoilée* est d'ordinaire expliquée ainsi par les dictionnaires historiques : la haute cour de justice des lords siégeait dans une salle sur les murs de laquelle on avait peint des étoiles. Mais un écrivain contemporain, Greene, dans son Histoire du peuple anglais, dit à cette occasion : « Au temps de Guillaume le Conquérant, c'est-à-dire vers 1070, les Juifs, qui étaient hors de la protection des lois et ne pouvaient demander du secours qu'au roi lui-même, eurent la permission de déposer leurs cédules de sûreté dans une chambre du palais royal à Westminster, laquelle reçut le nom de *star chamber*, du nom hébreu des cédules, *starrs.* » Sur quoi, M. Berthoud, qui me transmet ce renseignement, remarque : « Il se trouve en effet que cette dérivation, au moins quant au mot *star* ou plutôt *shtar*, est exacte, le mot étant fort usité de nos jours encore chez les Juifs et se trouvant déjà au dire des hébraïsants dans les anciens targums. Ils appellent ainsi toute stipulation par écrit, contrats, cédules, etc.; la racine est *shtar*, écrire, qui existe aussi dans l'arabe. » Le mot hébreu *starr* ou *shtar* a été confondu avec le mot anglais *star*, étoile, d'où *chambre étoilée*.

† **ÉTOILEMENT.** *Ajoutez* : || 2° Disposition en étoile. Comme les sources de lumière très-restreintes faussent les mesures, soit par la diffraction, soit par scintillation, soit par des déformations de l'image, soit par l'étoilement qui se produit dans l'œil, MATTHIESSEN, *De la dispers. de l'œil*, dans *Suppl. à la Bibl. univ. de Genève*, t. V, p. 221.

ÉTOILER. — HIST. *Ajoutez* : || XIIe s. Une porpre noire, estelée D'or.... *Perceval le Gallois*, v. 2991.

ÉTONNEMENT. *Ajoutez* : — REM. L'étonnement d'une chose, l'étonnement que cause une chose. Dans le pays, tout le monde est d'un étonnement sans égal de cette belle expédition, J. J. ROUSS. *Lettre à Moultou*, 7 fév. 1765.

ÉTONNER. *Ajoutez* : — REM. Étonner a été employé impersonnellement. Ah! voilà.... il vous étonne que j'aie pu découvrir cela? c'est toute une histoire, ... *Revue des Deux-Mondes*, 1er avril 1872, p. 679. Il vous étonne, c'est-à-dire vous vous étonnez. Cet emploi est peu usité; mais il n'a rien d'incorrect; il est même élégant; comparez : il vous ennuie que....

ÉTOUFFER. *Ajoutez* : || 1° S'étouffer, être étouffé, supprimé, ne pas suivre son cours. Enfin le procès s'est étouffé petit à petit, GUI PATIN, *Lettres*, t. II, p. 292.

— REM. Étouffer, verbe neutre, se conjugue d'ordinaire avec l'auxiliaire *avoir*. Cependant J. J. Rousseau s'est servi de l'auxiliaire *être* : A l'égard de Mme d'Épinay, je lui ai envoyé vos lettres et les miennes; je serais étouffé de douleur sans cette communication, J. J. ROUSS. *Lett. à Diderot*, janv. 1757. *J'aurais étouffé* conviendrait seul ici.

† **ÉTOUFFEUR.** *Ajoutez* : Ces génies [dans le musée assyrien] étouffeurs de lions sculptés en ronde bosse, *Journ. offic.* 17 sept. 1876, p. 7023, 3e col.

ÉTOUPILLON. *Ajoutez* : — REM. Au XVIIe s. étoupillon a été dit pour bourre de canon. Il m'en montre un [coup de canon] entre les autres qui avait été tiré de si près que l'étoupillon avait mis le feu au bordage, *Corresp. de Colbert*, t. III, p. 318 (*Voy. de Seignelay en Angleterre*).

† **ÉTOUPIN.** *Ajoutez* : .... et que tous les gardes-feux, cuillères, tire-bourres, refouloirs, écouvillons et estoupins soient prêts et en état de servir, *Corresp. de Colbert*, t. III, 2, p. 343 (*Voy. de Seignelay en Angleterre*).

ÉTOURDIR. *Ajoutez* : || 8° S'étourdir, perdre le sentiment, la sensibilité. Quand le mal est aux nerfs, aux jointures, c'est là qu'il nous traite cruellement; mais ce sont parties qui s'étourdissent bientôt, MALH. *Lexique*, éd. L. Lalanne.

† **ÉTOUTEAU.** *Ajoutez* : || 2° Dans les baïonnettes à douille, un étouteau fixé sur la douille sert à limiter le mouvement de la virole.

2. **ÉTRANGER.** *Ajoutez* : — REM. J'ai regretté que ce verbe, sauf pour l'usage technique dans la chasse, ait vieilli; je constate que, même de notre temps, il n'est pas tout à fait hors d'emploi : vous connaissez le mot des couturiers : Madame, cette robe vous étrange. — Dès qu'un vêtement m'étrange, il n'est pas fait pour moi, Mme DE GASPARIN, *Voyages*, t. IV, *à Florence*, 2e édit. Paris, 1866. Ce mot signifie ici donner un caractère étranger. Il faut encourager les efforts contre la désuétude des mots dignes d'être conservés. Comment, en effet, remplacerait-on *étranger* dans cette phrase de Malherbe : Une petite somme étrange celui qui l'emprunte; une grande le rend ennemi, *Lexique*, éd. Lalanne.

† **ÉTRANGLANT.** *Ajoutez* : || Qui serre comme le nœud passé autour de la gorge. Toutes vos dépenses sont nécessaires, pressantes, étranglantes, et toujours sur peine de la vie ou de l'honneur, SÉV. *à Mme de Grignan*, 9 juillet 1690, dans *Lett. inéd.* éd. Capmas, t. II, p. 422.

† **ÉTRANGLE** (é-tran-gl'), *s. f.* Nom, dans l'Aunis, d'une sorte d'huître d'un goût très-âcre; c'est une anomie, *Gloss. aunisien*, p. 104.

† **ÉTRANGLEUR** (é-tran-gleur), *s. m.* || 1° Celui qui étrangle. || 2° Nom d'une secte religieuse russe, dont les adhérents croient qu'on n'entre au paradis qu'après une mort violente, *Journ. des Débats*, 15 déc. 1876, 2e p. 6e col.

1. **ÊTRE.** *Ajoutez* : || 20° Être, avoir été, à l'infinitif, pris substantivement. Le seoir est aussi naturel que l'être debout ou le marcher, MALH. *Lexique*, éd. L. Lalanne. Ce qui est plus assuré, c'est l'avoir été, ID. *ib.*

— REM. || 5. Vous n'étiez pas encore quand.... se dit pour signifier : Vous n'étiez pas encore né quand.... (voy. au Dictionnaire ÊTRE 1, au num. 2). || J. J. Rousseau a étendu cette locution au présent avec emploi affirmatif. L'envie et la haine sont maintenant contre moi à leur comble; elles diminueront.... alors, si je suis encore, vous me servirez et l'on vous écoutera, *Lett. à Moultou*, 22 juin 1762. Cela est moins conforme à l'usage, mais se comprend et est correct.

— ÉTYM. *Ajoutez* : L'imparfait *j'estois* est dit provenir du latin *stabam*; c'est une erreur qu'il faut corriger, d'après ce qui est dit dans l'*Hist. de la langue franç.* t. II, p. 201 : « *J'estois, tu estois, il estoit* a été tiré, sans contestation aucune, de *stabam, stabas, stabat*; en effet la dérivation est correcte, et il ne serait possible d'élever aucun doute, sans le dialecte normand, qui offre, si je puis user de ce terme, un réactif plus délicat et qui fait apparaître le véritable élément. Le verbe *stare* est de la première conjugaison; par conséquent, son imparfait, que l'on suppose être devenu celui du verbe *être*, confondu, il est vrai, dans les autres dialectes sous une forme commune, s'en dégagerait dans le dialecte normand, et ferait *je estoe, tu estoes, il estot.* Or il n'en est rien, et cet imparfait du verbe *être* y est toujours *je es-*

teie, tu esteies, il esteit, désinences caractéristiques des autres conjugaisons et ici, en particulier, de la troisième. *Je esteie* ou *je estoie*, suivant les dialectes, est imparfait régulier de l'infinitif *étre*, verbe de la troisième conjugaison et dérivé d'un bas-latin *estere*, qui prévalut dans les Gaules, au lieu de *essere* (pour le changement de *ss* en *st* comp. l'anc. franç. *tistre*, de *tessere*, dit pour *texere*). Le verbe *stare* a son représentant qui fait à l'infinitif *ester* et à l'imparfait, dans les autres dialectes, *je estoies, tu estoies, il estoit*, mais dans le normand *je estoe, tu estoes, il estot*, aussi distinct ici, par la forme que par le sens, de l'imparfait du verbe substantif. »

2\. **ÊTRE.** *Ajoutez :* — REM. J. J. Rousseau a dit : encore en être, pour : encore existant. Si ces lettres sont encore en être, et qu'un jour elles soient vues, on connaîtra comment j'ai aimé, *Confess.* IX. Si jamais, retournant dans ces beaux lieux [Lhéris], j'y retrouvais mon cher noyer encore en être, je l'arroserais de mes pleurs, ID. *ib.* X.

† **ÉTRÉCISSURE.** *Ajoutez :* Cela [les démonstrations de joie] choque la personne avec qui on joue, et fait en même temps paraître l'étrécissure de l'esprit, DE COURTIN, *la Civilité française*, p. 138, Paris, 1695.

† **ÉTREINDELLE** (é-trin-dè-l'), *s. f.* Claie en osier garnie de grosse toile, serge, sparterie, crin, etc. qu'on place entre les sacs dits malfils dans lesquels on enferme les matières destinées à être soumises à l'action de la presse. C'est surtout dans les fabriques de bougie stéarique qu'on emploie les étreindelles, pour exprimer des gâteaux de stéarine brute l'acide oléique qui s'y trouve incorporé. Fabrique d'étreindelles en coco et en crin pour huileries et stéarineries, à la Briche-Saint-Denis, *Alm. Didot-Bottin*, 1873, p. 951, 2e col.

— ÉTYM. *Étreindre.*

ÉTREINTE. *Ajoutez :* || 6° Terme d'exploitation houillère. Amincissement plus ou moins considérable du gîte de charbon.

† **ÉTRÊPE** (é-trè-p'), *s. f.* Nom, dans Ille-et-Vilaine, d'une sorte de pioche qui sert à enlever les racines. Il le fit coucher à terre et lui appliqua sur le cou le tranchant d'une étrèpe, en disant qu'il allait lui couper le cou, *Gaz. des Trib.* 19 nov. 1875, p. 1114, 3e col.

— ÉTYM. Anc. franç. *estreper*, arracher les racines, du lat. *exstirpare* (voy. EXSTIRPER). Comp. au Supplément ESTERPE et EXTERPE.

ÉTRIER. || 1° || Fig. Avoir le pied à l'étrier. *Ajoutez :* Je suis charmé, dit-il à mes protecteurs, que vous vous soyez intéressés pour ce jeune homme, il fera quelque chose : enfin le voilà le pied à l'étrier, MARIVAUX, *Pays. parv.* t. IV, p. 73, dans POUGENS. || 7° Fig. Plateaux, dans les montagnes, considérés comme des étriers pour l'ascension. Déjà nous découvrons les premiers étriers des Alpes Juliennes.... l'endroit choisi par le Barbaro pour asseoir sa villa est un des premiers étriers de la montagne, CH. YRIARTE, *Rev. des Deux-Mondes*, 1er sept. 1873, p. 186 et 187.

ÉTRILLE. *Ajoutez :* — REM. Le nom scientifique de l'étrille, espèce de crabe, est *portunus corrugatus*, Penn.

ÉTRILLER. — HIST. *Ajoutez :* XIIIe s. Car li redois [rendu] roncin soi lait [laisse] bien estrilhier, P. MEYER, *Rapports*, 1re part. p. 190.

† **ÉTRIPAGE** (é-tri-pa-j'), *s. m.* Nom donné, dans les sardineries, à l'opération par laquelle on vide les sardines.

— ÉTYM. *É*.... pour *es*.... préfixe, et *tripe*.

† **ÉTRIQUEMENT** (é-tri-ke-man), *s. m.* Action de rendre étriqué. Sa pensée [d'un peintre], vouée au bleu, se suffisait à s'exprimer par un moyen limité jusqu'à l'étriquement, E. BERGERAT, *Journ. offic.* 14 sept. 1875, p. 7880, 1re col.

ÉTROIT. *Ajoutez :* || 7° Se mettre à l'étroit, se gêner, en parlant de ressources pécuniaires. Ce que je dois sur toute chose est de ne pas vous laisser mettre à l'étroit pour l'amour de moi, J. J. ROUSS. *Lett. à Du Peyrou*, 11 juin 1766.

† **ÉTRUSCOLOGUE** (é-tru-sko-lo-gh'), *s. m.* Erudit qui étudie la langue et l'archéologie des Étrusques. L'éminent étruscologue [M. le comte Conestabile], AL. BERTRAND, *Archéologie celtique et gauloise*, Paris, 1876, p. 201.

† **ÉTUVAGE** (é-tu-va-j'), *s. m.* Action de soumettre une substance à la chaleur d'une étuve, *Réponses aux questions de l'enquête sur le monopole des tabacs et des poudres*, p. 236, Paris, 1874.

ÉTUVE. — ÉTYM. *Ajoutez :* L'origine germanique de ce mot est généralement admise · il remonte au bas-lat. *stufa* qui est dans la loi des Allemands. Mais M. Bugge (*Romania*, juill.-oct. 1875, p. 345) la conteste, disant que *stufa, stuba* n'a en germanique aucune racine. À la vérité, Grimm, *Deutsche gramm.* I, 465, a identifié *stufa* avec le norrois *sto*, place, station, anglo-sax. *stôw;* mais cela est impossible au point de vue de la phonétique. Selon M. Bugge, *estuver* provient d'un latin vulgaire *extufare*, dont le primitif est le grec τῦφος, vapeur. De la sorte c'est du roman que *estuver, estuve* auraient passé dans le germanique. J'ajoute que, s'il en est ainsi, *estuver* est le même mot qu'*étouffer* (voy. ce mot à l'étymologie), et que le radical *tupare* existe dans le substantif français *touffeur*, exhalaison (voy. ce mot).

ÉTUVER. *Ajoutez :* || 5° S'étuver, prendre un bain de vapeur, MALH. *Lexique*, éd. L. Lalanne.

† **EU.... EV....** Préfixe qui signifie bien et qui est le grec εὖ.

† **EUCALYPTUS** (eu-ka-li-ptus'), *s. m.* Nom d'un grand et bel arbre de l'Australie, qui a, dit-on, la propriété d'assainir les terrains (famille des myrtacées). L'*eucalyptus globulus*, l'arbre géant de l'Australie, *blue gum* de son nom vulgaire, *Journ. offic.* 3 fév. 1873, p. 792, 2e col. L'eucalyptus, notre nouvelle acquisition forestière, à bon droit qualifié par les Anglais de diamant des forêts, *ib.* 3e col.

— ÉTYM. Εὖ, bien, et καλύπτω, cacher, à cause du limbe calicinal qui reste clos jusqu'après la floraison.

† **EUCHAIRITE** ou **EUKAIRITE** (eu-kè-ri-t'), *s. f.* Terme de minéralogie. Séléniure double de cuivre et d'argent, qui est ductile et gris de plomb.

EUCHARISTIQUE. *Ajoutez :* || 2° Dans la primitive Église, colombe eucharistique, vase en forme de colombe où l'on mettait en réserve l'eucharistie pour les malades (sans doute parce que la colombe est un des symboles du christianisme).

† **EUCHROÏTE** (eu-kro-i-t'), *s. f.* Terme de minéralogie. Arséniate de cuivre cristallisé.

† **EUDÉMONISME** (eu-dé-mo-ni-sm'), *s. m.* Terme de philosophie ancienne. Doctrine philosophique du bonheur. Intellectualisme et monisme dans l'ordre théorique, et aussi, par là même, peut-être eudémonisme dans l'ordre pratique; en somme, retour à l'esprit d'antiquité, tels sont les traits dominants de la métaphysique leibnitzienne, *Revue critique*, 23 sept. 1876, p. 202.

— ÉTYM. Εὐδαιμονισμός, de εὐδαίμων, heureux, de εὖ, bien, et δαίμων, démon.

† **EUGÉNÉSIQUE** (eu-jé-né-zi-k'), *adj.* || 1° Qui améliore la race. Croisements eugénésiques. || 2° Hybridité eugénésique, hybridité où les deux ordres de métis sont chacun indéfiniment féconds entre eux, *Rev. d'Anthrop.* t. IV, p. 243.

— ÉTYM. Εὖ, bien, et γένεσις, génération.

† **EUGÉNIE** (eu-jé-nie), *s. f.* La 45e planète télescopique, découverte en 1857 par M. Goldschmidt.

EUPHONIE. *Ajoutez :* — HIST. XVIe s. Une euphonie, c'est à dire ung son plaisant à l'oreille, RAMUS, dans LIVET, *Gramm. franç.*

† **EUPHORBIER** (eu-for-bié), *s. m.* Arbre de la famille des euphorbiacées. Dans le fond des vallées [dans l'Inde], la végétation est tout à fait tropicale; d'énormes euphorbiers y dressent leurs candélabres au milieu d'un chaos d'arbres et d'arbustes à grandes feuilles chargées de lianes, *le Temps*, 31 déc. 1876, 3e page, 1re col.

† **EUPLÈRE** (eu-plè-r'), *s. m.* Carnivore particulier à la faune de Madagascar, GERVAIS, *Acad. des sc. Comptes rendus*, t. LXXXII, p. 963.

† **EUPODES** (eu-po-d'), *s. m. pl.* Famille de coléoptères, à laquelle appartiennent les criocères.

— ÉTYM. Εὖ, bien, et πούς, pied.

† **EURITE** (eu-ri-t'), *s. f.* Terme de minéralogie. Feldspath compacte, nommé aussi pétrosilex.

† **EUROPE** (eu-ro-p'), *s. f.* La 25e planète télescopique, découverte en 1858 par M. Goldschmidt. || Nom d'un des satellites de Jupiter découvert par Galilée.

— ÉTYM. Εὐρώπη, Europe, fille de Phénix et mère de Minos.

† **EUROPÉANISER** (eu-ro-pé-a-ni-zé), *v. a.* Donner le caractère européen. Ceux [les établissements d'instruction] où on veut les européaniser [les jeunes Indous], *Journ. offic.* 29 janv. 1872, p. 650, 1re col. On ne peut se dissimuler que les fondateurs et les instigateurs de ces *muschd'ara* [conférences dans l'Inde] voudraient européaniser peu à peu la littérature moderne de l'Indoustan, GARCIN DE TASSY, *la Langue et la littérature indoustanies en* 1875, p. 20. Il existe dans l'hindouisme une secte progressiste, le *Brahma samâj*, dont le but est d'européaniser en la réformant la religion hindoue, DELAUNAY, *Journ. offic.* 9 janv. 1877, p. 208, 3e col.

† **EURYALE** (eu-ri-a-l'), *s. m.* Nom d'un papillon, CARTERON, *Premières chasses, Papillons et oiseaux*, p. 60, Hetzel, 1866.

† **EURYCÉPHALE** (eu-ri-sé-fa-l'), *adj.* Terme d'anthropologie. Qui a le crâne ample.

— ÉTYM. Εὐρύς, large, et κεφαλή, tête.

† **EURYCÉPHALIE** (eu-ri-sé-fa-lie), *s. f.* Caractère de l'eurycéphale.

† **EURYDICE** (eu-ri-di-s'), *s. f.* La 75e planète télescopique, découverte en 1862 par M. Peters.

— ÉTYM. Εὐρυδίκη, Eurydice, épouse d'Orphée.

† **EURYNOME** (eu-ri-no-m'), *s. f.* La 79e planète télescopique, découverte en 1863 par M. Watson.

— ÉTYM. Εὐρυνόμη, fille de l'Océan et de Téthys.

EUSTACHE. — ÉTYM. *Ajoutez :* Ce qui n'était qu'une conjecture de ma part (qu'*eustache* dérive d'un nom propre) est maintenant une certitude. En effet le *Courrier de Vaugelas*, 1er fév. 1876, p. 149, cite ce passage du *Manuel du coutelier* (collection Roret) : « Ces couteaux [les jambettes] sont connus dans une certaine partie de la France sous le nom d'*Eustache Dubois;* c'est le nom d'un coutelier de Saint-Étienne qui avait acquis une grande célébrité dans cette fabrication. »

† **ÉVA** (é-va), *s. f.* La 164e planète télescopique, découverte en 1876 par M. Paul Henry.

† **ÉVACUATEUR** (é-va-ku-a-teur), *s. m.* Système de vannes procurant l'évacuation des eaux, quand on en a besoin. Quand on a parcouru la plate-forme du barrage dans toute la longueur et monté sur l'un des massifs qui supportent les mécanismes des évacuateurs établis au niveau de l'arête supérieure du parapet, *Journ. offic.* 1er juill. 1876, p. 4747, 1re col.

† **ÉVAGINATION** (é-va-ji-na-sion), *s. f.* Sortie d'une gaîne. Les glandes salivaires sont des évaginations de la paroi de l'œsophage, H. FOL, *Acad. des sc. Comptes rend.* t. LXXXI, p. 524.

— ÉTYM. *É*..., préfixe, et latin *vagina*, gaîne.

† **ÉVALUATEUR** (é-va-lu-a-teur), *s. m.* Ce qui sert à évaluer. La monnaie fiduciaire appelée forcément à jouer avec la monnaie métallique le rôle d'évaluateur commun de tout ce qui s'échange, WOLOWSKI, *Rev. des Deux-Mondes*, 15 août 1866, p. 949.

ÉVALUER. *Ajoutez :* — HIST. XVIe s. Le denier romain, lequel Budée estime du poids d'une drachme, qui est, à raison de huict en l'once, évalué à trois sols six deniers tournoys, FR. GARRAULT, *Recueil des principaux advis du compte par escux*, 1578, feuille cjjj (il n'y a point de pagination).

† **ÉVANESCENCE** (é-va-nè-ssan-s'), *s. f.* Terme didactique. Qualité de ce qui est évanescent, de ce qui s'évanouit, s'efface.

— ÉTYM. Voy. ÉVANESCENT.

ÉVANGÉLIQUE. — HIST. *Ajoutez :* XVe s. Par les arbres de ce vergier j'entends En general tous les bons katoliques De l'eglise saincte, qui en tous temps Sont vertueux, fleuriz de fleurs celiques, Et qui gardent les lois evangeliques, Ainsi qu'ils ont en baptesme promis, J. JORET, *le Jardrin salutaire*, p. 124.

† **ÉVANGÉLISATEUR** (é-van-jé-li-za-teur), *s. m.* Celui qui prêche l'Évangile parmi les populations non chrétiennes. Innocent III, quand il avertissait les premiers évangélisateurs de la Prusse.... *Rev. Britann.* janv. 1877, p. 84.

† **ÉVANGÉLISATION.** *Ajoutez :* || L'évangélisation de..., l'Évangile prêché à.... L'évangélisation des Slaves pannoniens par SS. Cyrille et Méthode, *Rev. critique*, 27 mars 1875, p. 199.

† **ÉVANIDE** (é-va-ni-d'), *adj.* Terme de paléographie. Qui est presque effacé. Le palimpseste ambrosien est dans le plus triste état; il est mutilé, d'une écriture souvent évanide, EGGER, *Journ. des sav.* janvier 1877, p. 47.

— ÉTYM. Lat. *evanidus*, qui se dissipe (voy. ÉVANOUIR).

† **ÉVAPOROMÈTRE** (é-va-po-ro-mè-tr'), *s. m.* Terme de météorologie. Instrument employé pour mesurer la tranche d'eau évaporée chaque jour. Marche de l'évaporomètre au sulfure de carbone, comparée à celle de l'évaporomètre à eau, par C. DECHARME, Angers (*Acad. des sc. Comptes rend.* t. LXXXI, p. 908).

† **ÉVEILLEUR.** *Ajoutez :* — HIST. XVIe s. Et l'eveilleur du rustique sejour Jà par son chant avoit predict le jour, J. DU BELLAY, VIII, 3, *recto*.

† **ÉVENTAILLÉ, ÉE** (é-van-ta-llé, llée, *ll* mouillées), *adj.* Disposé en éventail. || Corset éventaillé, corset où des brides arrêtent les coulisses des baleines; ces brides sont disposées en éventail, *Journ. offic.* 17 mars 1872, p. 1920, 3ᵉ col.

ÉVENTER. *Ajoutez* : || 12° S'éventer, se purifier à l'air. On avait peur que, lui étant mort une fille de la petite vérole, il n'apportât le mal au Louvre; aussi il s'en est allé, ou s'éventer, ou digérer sa douleur, MALH. *Lexique*, éd. L. Lalanne.

† **ÉVENTION** (é-van-sion), *s. f.* Engin qui sert au lapidaire à fixer le bâton à cimentage; des lapidaires, par corruption, disent invention.

† **ÉVENTIONNER** (é-van-sio-né), *v. a.* Monter et descendre l'évention pour arriver à poser sur la facette que l'on veut atteindre, CHRITEN, *Art du lapidaire*, p. 479.

ÉVÊQUE. || Proverbes. *Ajoutez* : || « Nous étions tout je ne sais quoi, tout évêque d'Avranches, comme dit un vieux proverbe normand. Un de nos lecteurs a eu l'obligeance de nous en donner l'explication : Un des derniers évêques d'Avranches se nommait M. de *Malfootu*; or, suivant la chronique, le Normand, peu respectueux, avait modifié à la façon anglaise la prononciation de ce nom et en usait à tout propos. Mais les ouailles de M. de *Malfootu* étaient tenues à plus d'égards; et, quand elles se sentaient mal en train, indisposées, peu contentes de leur sort, elles croyaient faire preuve d'euphémisme, en disant : je suis tout évêque d'Avranches, » *le Temps*, 12 janv. 1876, 3ᵉ page, 1ʳᵉ col. Cette origine, comme presque toutes les origines anecdotiques, est fausse. Vérification faite dans le *Dictionnaire historique* de Lalanne, nul évêque d'Avranches n'a porté ce nom ridicule. Il ne doit donc plus être question d'une telle explication. Il paraît qu'on avait inventé cette expression pour le docte Huet, évêque d'Avranches, à qui la préoccupation de ses études donnait un air étrange et ahuri; explication que Sainte-Beuve (*Causeries du lundi*, t. II, p. 186, éd. de 1850) met, on peut dire, hors de doute.

† **ÉVIAS** (é-vi-as'), *s. m.* Nom d'un papillon, CARTERON, *Premières chasses, Papillons et oiseaux*, p. 61, Hetzel, 1866.

† **ÉVIDEMENT.** *Ajoutez* : || Rainure longitudinale pratiquée sur la lame d'une arme blanche, pour l'alléger en nuisant le moins possible à sa solidité.

ÉVIDEMMENT. — ÉTYM. *Ajoutez* : On trouve *evidentement* : XIVᵉ s. Aussi fut la trahison tantost aprez evidentement ouverte, J. LE BEL, *Vrayes Chroniques*, t. I, p. 191. || XVIᵉ s. Vous me semblez evidentement errer, RAB. *Pant.* III, 11. Cette forme est venue en usage quand on a donné aux adjectifs en *ent* un féminin en *ente*, et non, comme faisait l'ancienne langue, en *ent*.

ÉVIDENCE. *Ajoutez* : — REM. On a dit à l'évidence, d'une façon adverbiale pour signifier évidemment. L'événement dont nous parlons montre à l'évidence que c'est.... *le National*, 26 déc. 1872. Cette locution ne paraît pas bonne. On dit bien : à la satisfaction de tous, à mon grand étonnement, etc. Mais à l'évidence ne peut pas se dire absolument, pas plus que à l'éloquence, etc.

ÉVIDENT. — HIST. *Ajoutez* : XIVᵉ s. Tiex [telles] et si evidens necessités.... (1345), VARIN, *Archives administr. de la ville de Reims*, t. II, 2ᵉ part. p. 963. Pour le très grant prouffit, seurté, deffense et evident utilité de tout le royaume (1359), ID. *ib.* t. III, p. 160.

ÉVIDER. — HIST. *Ajoutez* : || XIIᵉ s. La sale est de gens eswydie [vidée], *Perceval le Gallois*, 20017.

† **ÉVINCEMENT** (é-vin-se-man), *s. m.* Néologisme. Action d'évincer. L'évincement de tous ceux qui ne peuvent pas se parer de ce titre de constitutionnels, *le National*, 26 déc. 1875, 1ʳᵉ page, 3ᵉ col.

ÉVITABLE. *Ajoutez* : || Evitable à, qui doit être évité par. Il est des contrées évitables au sage, MALH. *Lexique*, éd. L. Lalanne.

ÉVITER. *Ajoutez* : || 6° S'éviter, se dit quelquefois pour éviter, neutre, en termes de marine. Pour s'orienter dans l'axe de la grande écluse, il faut que ces steamers s'évitent à l'aide d'une garde montante frappée sur le quai, en face de la tente des transatlantiques allemands, *Journ. offic.* 11 déc. 1873, p. 7991, 2ᵉ col. Le *Colorado*, qui était entré le premier, était resté mouillé sur son ancre, sur laquelle il s'évitait pour entrer au bassin, lorsque l'*Assomption* arriva à son tour, *ib.* 19 déc. 1873, p. 7926, 3ᵉ col.

— REM. *Ajoutez* : Il est dit à la fin de la Remarque que la locution vicieuse : éviter quelque chose à quelqu'un, paraît avoir pris naissance au commencement du XVIIIᵉ siècle. En voici des exemples plus anciens : S'il avait vu qu'elle eût eu quelque aversion pour lui, il se serait évité la honte d'un refus si solennel, FURETIÈRE, *Roman bourg.* 1. Je voudrais vous pouvoir éviter cet embarras (1693), BOISLISLE, *Corresp. contrôl. génér.* p. 345.

† **ÉVOCATEUR, TRICE** (é-vo-ka-teur, tri-s'), *adj.* Qui a la propriété d'évoquer, de rappeler. Cette aptitude [des cellules cérébrales] à conserver en dépôt les impressions extérieures peut.... se perdre à la longue et ne se révéler de nouveau que sous l'influence évocatrice de la première impression, LUYS, *Recherches sur le système nerveux cérébro-spinal*, p. 270.

— ÉTYM. Lat. *evocatorem*, de *evocare*, évoquer.

ÉVOCATION. — HIST. *Ajoutez* : XIVᵉ s. Les autres qui autresfois ont esté appelez, et à qui li baillis avoit fait assigner jour à hui, sur IIIᵉ evocation (1348), VARIN, *Archives administr. de la ville de Reims*, t. II, 2ᵉ part. p. 1182. || XVᵉ s. En matieres d'evocation ou autrement, *Procès-verbaux du conseil de régence de Charles VIII*, p. 16.

† **ÉVOLAGISTE** (é-vo-la-ji-st'), *s. m.* Celui qui jouit d'un évolage.

ÉVOLUTION. || 2° *Ajoutez cet exemple* : J'en ai trouvé [du mot évolution] l'origine inattendue et comme l'annonce prophétique au chap. 161ᵉ de *Tristram Shandy*; ce mot naquit d'un hasard, un jour que le père de Shandy était particulièrement en veine d'éloquence : « Les royaumes et les nations, disait-il, n'ont-ils pas leurs périodes et ne viennent-ils pas eux-mêmes à décliner, quand les principes et les pouvoirs qui au commencement les formèrent ont achevé leur évolution? — Frère Shandy, s'écria mon oncle Tobie, quittant sa pipe, évolution, qu'est-ce ce mot? — Révolution, j'ai voulu dire, reprit mon père, par le ciel! j'ai voulu dire révolution; évolution n'a pas de sens. — Il a plus de sens que vous ne croyez, repartit mon oncle Tobie.... » Cette fois encore l'oncle Tobie eut raison contre son frère; il avait deviné le mot magique et l'idée maîtresse de la philosophie de ses compatriotes au siècle suivant, CARO, *le Progrès social*, *Rev. des Deux-Mondes*, 15 oct. 1873, p. 761. || 6° Synonyme de transformisme (voy. ce mot). Valeur et concordance des preuves sur lesquelles repose la théorie de l'évolution en histoire naturelle, par M. CH. MARTINS.

† **ÉVOLUTIONNAIRE.** *Ajoutez* : || 2° Qui a rapport à la doctrine de l'évolution ou transformisme. || *S. m.* Celui qui est partisan de cette doctrine. M. Janet montre que Leibniz et autres jusqu'à Hegel étaient des évolutionnaires, précisément parce qu'ils admettaient la cause finale, *Journ. des Débats*, 12 avril 1876, 3ᵉ page, 6ᵉ col.

† **ÉVOLUTIONNISTE** (é-vo-lu-sio-ni-st'), *adj.* Qui appartient à l'évolution ou transformisme. Grâce aux doctrines évolutionnistes, il est clair que l'embryon seul pouvait fournir ces caractères [généraux des grandes divisions]...., CH. MARTINS, *Rev. des Deux-Mondes*, 15 fév. 1876, p. 766. || *S. m.* Partisan du système de l'évolution, synonyme de transformiste (voy. ce mot).

EX. *Ajoutez* : — SYN. EX, ANCIEN. Ces deux mots indiquent la cessation d'une fonction, d'un titre. Ex est un latinisme qui n'était guère en usage que dans les communautés (*Dict. de Trévoux*). Puis il passa dans le langage commun : ex-commis, ex-laquais furent les premiers employés; c'est à Mézeray qu'on doit ex-laquais. Aujourd'hui, cet ex s'étend à tout, et l'on dit l'ex-cour, l'ex-rue de l'Ouest. Mais quand faut-il employer ex ou ancien? Le *Courrier de Vaugelas*, 15 janv. 1872, pense que la particule ex, grâce à son rôle révolutionnaire, doit surtout être mise dans les cas où il s'agit de quelque mutation ou rapide ou violente, ou peu heureuse; et que dans les autres cas ancien est préférable.

† **EXACERBÉ, ÉE** (è-gza-sèr-bé, bée), *adj.* Latinisme et néologisme. Qui a le caractère de l'acerbité. Quant aux acteurs, M. Deschamps, chargé du rôle de Parisiane, nous a paru un peu froid, un peu mou pour la prose fiévreuse et exacerbée de l'auteur des *Filles de marbre* [M. Al. Dumas fils], AL. DAUDET, *Journ. offic.* 23 nov 1874, p. 7771, 2ᵉ col.

— ÉTYM. Lat. *exacerbatus* (voy. EXACERBATION).

EXACTEUR. — HIST. || XVIᵉ s. *Ajoutez* : Si le tyran est par trop exacteur ou cruel...., BODIN, *République*, IV, 1.

† **EX-ÆQUO** (è-gzé-ko), *loc. adv.* En même rang. Ces deux élèves sont ex-æquo.

— ÉTYM. Lat. *ex*, par, et *æquus*, égal.

EXAGÉRER. *Ajoutez* : || 4° S'exagérer, *v. réfl.* Devenir exagéré l'un par l'autre, en parlant de deux ou de plusieurs objets. Par leur voisinage immédiat [dans une composition de Delaroche] ces deux styles [le style antique et le style pittoresque] s'exagèrent l'un l'autre, et font outre mesure ressortir leurs différences, VITET, *Rev. des Deux-Mondes*, déc. 1841.

EXALTER. *Ajoutez* : — REM. Chateaubriand a employé exalter au sens propre de hausser, exhausser : Des espèces de roues alignées sur lesquelles s'exalte le reste de l'édifice, *Mém. d'outre-tombe* (éd. de Bruxelles), t. VI, *Architecture vénitienne, Antonio*, etc. Cela n'est pas à recommander; et la locution toute spéciale d'exaltation de la croix ne suffit pas pour autoriser Chateaubriand, parce que le mot est tout crûment traduit du latin.

EXAMINATEUR. — HIST. *Ajoutez* : || XVᵉ s. Lequel Phelippe interrogué par ledit examinateur.... *Lettres de rémission*, dans *Romania*, avril 1874, p. 235.

† **EXANTHALOSE** (è-gzan-ta-lô-z'), *s. f.* Terme de minéralogie. Sulfure de sodium cristallisé.

† **EXASPÉRANT, ANTE** (è-gza-spé-ran, ran-t'), *adj.* Qui exaspère, irrite. Ce fut surtout la curiosité des femmes qui devint exaspérante, RADAU, *Rev. des Deux-Mondes*, 1ᵉʳ mars 1875, p. 211.

EXASPÉRER. — HIST. XVIᵉ s. *Ajoutez* : Il advient de la leur [pratique des novateurs en religion] comme des aultres medecines foibles et mal appliquées; les humeurs qu'elle vouloit purger en nous, elle les a eschauffées, exasperées et aigries par le conflict, et si nous est demeurée dans le corps, MONT. I, 125.

† **EXCAVATEUR.** *Ajoutez* : La première [machine] dont on se servit [à Suez], et qui est reproduite au Musée, fut l'excavateur ou machine à extraire le sable, *Journ. offic.* 24 fév. 1875, p. 1420, 2ᵉ col.

EXCELLENCE. *Ajoutez* : — REM. Depuis la chute du deuxième empire français (1870), les ministres ont renoncé à se faire donner le titre d'Excellence.

EXCELLENTISSIME. || 2° *Ajoutez* : Phrase excellentissime (ironiquement), MALH. *Lexique*, éd. L. Lalanne.

† **EXCENTRATION** (è-ksan-tra-sion), *s. f.* Terme de mécanique. Disposition qui déplace un centre, qui éloigne d'un centre, qui fait varier un centre. On note le temps d'emplissage, puis on sépare le lanceur du récepteur, et l'on examine les effets de l'éloignement et de l'excentration à toute distance, VERNIER, *Causerie scientifique*, dans *le Temps*, 22 juin 1875. Le gazomètre qui mesure la quantité d'air qui passe par le récepteur s'emplit de plus en plus lentement, à mesure que l'on dépasse le bord par excentration, ROMILLY, *Étude sur l'entraînement de l'air par un jet d'air ou de vapeur*, Paris, 1875, p. 12.

EXCENTRICITÉ. *Ajoutez* : — REM. 1. Au sens de bizarrerie ce mot n'est ni un néologisme, ni un anglicisme, comme cela est dit dans l'article au nᵒ 6. Le voici dans un livre publié en 1736 : Quelques plaisants dirent qu'il n'était pas étonnant qu'à l'exemple des astrologues, qui, pour cacher l'ignorance où ils étaient des véritables causes des mouvements célestes, avaient inventé les épicycles et les excentriques, le concile [de Trente] eût donné dans l'excentricité des opinions pour sauver les apparences des mouvements surnaturels, *Hist. du concile de Trente, de Fra Paolo, trad. de le Courayer*, t. I, p. 414. Cet exemple donne de plus l'origine de l'acception particulière dont il s'agit ici; elle est prise aux excentriques astronomiques. || 2. En termes d'artillerie, l'excentricité est un défaut de fabrication des bouches à feu en fonte; c'est la divergence qui peut exister entre l'axe de l'âme et celui de la surface extérieure de la pièce.

EXCEPTER. — HIST. XIIIᵉ s. *Ajoutez* : En rentes, en dismes.... en toutes autres values entierement, sans riens essienter, *Bibl. des chartes*, 1875, 3ᵉ et 4ᵉ livraisons, p. 201 (1280).

EXCEPTION. — HIST. || XIVᵉ s. *Ajoutez* : Li exception verefie la riule (1322), VARIN, *Archiv. administ. de la ville de Reims*, t. II, 1ʳᵉ part. p. 324.

EXCESSIVEMENT. — HIST. *Ajoutez* : || XIVᵉ s. Comme aucuns forains se sont dolus par devers nous, sur ce que yl se dient estre trop excessivement taillié ou temps passé (1350), VARIN, *Archiv. administ. de la ville de Reims*, t. III, p. 142. S'il veulent dire et maintenir que trop excessivement aient esté imposez (1386), ID. *ib.* p. 677.

EXCITATIF. || 1° *Ajoutez* : Les motifs excitatifs de l'amour de Dieu, BOSS. 1ᵉʳ *écrit*, I, 3.

EXCLAMATION. — HIST. *Ajoutez :* XIVe s. Comme aucunes exclamations et criées fussent en le [la] dite vile d'Abbevile d'aucunes personnes [contre le maire].... *Recueil des monuments inédits de l'hist. du tiers état*, t. IV, p. 85.

EXCLURE. — HIST. *Ajoutez :* XIIIe s. O tu, hom.... debote et esclou dolor de ton corage, *Archiv. des miss. scient.* 3e série, t. I, p. 279 (texte d'Épinal).

EXCLUSIF. *Ajoutez :* || 5° En langage de prospectus, articles exclusifs, articles que l'on ne trouve que dans la maison qui fait l'annonce. Nous perdons, quand nous revendons en solde les marchandises que nous avons achetées en fabrique, articles exclusifs, qui sont notre propriété comme dessin, toujours faits selon le goût de Paris, *Enquête, Traité de comm. avec l'Anglet.* t. III, p. 394.

† **EXCLUSIVISME.** *Ajoutez :* — REM. Des journaux protestants, en parlant de l'esprit d'exclusion entre coreligionnaires, disent exclusisme.

† **EXCRU, UE** (èk-scru, scrue), *adj.* Qui a poussé en forme d'excroissance. Tiges isolées, excrues à l'extrémité et sur le corps des racines de la souche mère, *Mém. de la Soc. cent. d'Agric.* 1873, p. 281.

— ÉTYM. Lat. *excrescere*, faire excroissance, de *ex*, hors, et *crescere*, croître.

† **EXCURSIONNISTE.** *Ajoutez :* La petite ville de Choisy-le-Roi est du nombre de celles qui, chaque printemps, ont le privilége d'attirer les excursionnistes de la capitale, *le National de 1869*, 12 fév. 1869.

† **EXCUSABILITÉ** (èk-sku-za-bi-li-té), *s. f.* Terme de droit. Qualité de celui qui est excusable. Sont invités à se rendre.... au tribunal de commerce.... pour.... donner leur avis sur l'excusabilité du failli, MM. les créanciers composant l'union de la faillite, *Gaz. des Trib.* 21 oct. 1874, p. 1022, 5e col. des annonces. Ce dernier [un failli] a répondu qu'ayant obtenu un concordat et un jugement d'excusabilité, il était éligible, *le XIXe siècle*, 17 mai 1873, 3e page, 5e col.

† **EXCUSATEUR** (èk-sku-za-teur), *s. m.* Celui qui excuse. Il ne fut pas en notre pouvoir [de nous Génevois] de désabuser la cour [de Louis XIV], auprès de laquelle nous n'avions pas autant d'excusateurs que d'accusateurs [dans un différend avec le résident français], *Lett. de 1695*, dans *la Conspiration de Compesières*, p. 18.

— HIST. XVIe s. Je demande à vous, monsieur qui estes son excusateur [du français italianisé], si, pour ce que les forussits d'Italie ont des privileges que n'ont pas les bannis.... H. EST. *Lang. franç. ital. Dial.* I, p. 127.

— ÉTYM. Lat. *excusatorem*, de *excusare* (voy. EXCUSER).

EXCUSE. *Ajoutez :* || 5° Fausse épée. Et frappait tous les meubles avec son épée d'acier, au lieu de porter une excuse à lame de baleine, A. DE VIGNY, *Stello*, ch. IV.

— REM. *Ajoutez :* Aux exemples de *demander excuse* cités dans la Remarque, joignez celui-ci : Je vous demande excuse de vous l'avoir remise ouverte.... J. J. ROUSS. *Lett. à Mme d'Épinay*, 1 mai 1757.

† **EX-DONO** (èks-do-no), *s. m.* Inscription indiquant qu'un objet, un livre, etc. a été donné à celui chez qui on le trouve. Ce qui distingue sa bibliothèque [de M. Guizot], c'est qu'elle comprend surtout, et pour près des deux tiers, des ouvrages offerts, portant l'ex-dono, juste hommage des auteurs, M. DE LESCURE, *Journ. offic.* 3 mars 1875, p. 1612, 3e col.

— ÉTYM. Lat. *ex*, et *dono*, don; mot formé sur le modèle d'*ex-voto*.

† **EXÉCRABILITÉ.** *Ajoutez en exemple :* Le tombeau de Canova est à la fois le tombeau de la sculpture; l'exécrabilité des statues prouve que cet art est mort avec ce grand homme, H. BEYLE, *Lett. inédite*, dans *Rev. des documents historiques*, n° 21, déc. 1874, p. 132.

EXÉCRABLE. — HIST. XVIe s. *Ajoutez :* Les anges, comme ainsi soit qu'ilz soient plus grans en force et en puissance, ne pevent porter l'execrable condemnation qui est contre eulx, *II Pierre*, II, 11, *Nouv. Test.* éd. Lefebvre d'Étaples, Paris, 1525.

EXÉCUTER. — HIST. *Ajoutez :* || XVe s. A Aignan Le Vassor, pour vingt deux journées qu'il a vacqué en ung voyaige par luy faict es lieux de.... et de là à Nantes, pour executer [poursuivre un débiteur] Jehan Ceron, pour la ferme de la Boete de la Charité, MANTELLIER, *Glossaire*, Paris, 1869, p. 30.

EXÉCUTIF. *Ajoutez :* || 2° Qui a rapport à l'exécution d'une œuvre d'art. Les premiers de ses peintres [de l'école anglaise] ont été des humoristes, assez indifférents aux procédés exécutifs.... BÜRGER, *Salons de 1864 à 1868*, t. II, p. 400.

EXÉCUTOIRE. — HIST. *Ajoutez :* XIVe s. Aler querre un exequtoire d'une lettre du roy, pour contraindre ceuls qui estoient esleus pour taillier les frais de la fermeté [fortification] (1340), VARIN, *Archiv. admin. de Reims*, t. II, 2e part. p. 838.

† **EXÉCUTORIAL, ALE** (è-gzé-ku-to-ri-al, a-l'), *adj.* Ancien terme de procédure. Qui a rapport à une exécution de justice. Dépens exécutoriaux, MALH. *Lexique*, éd. L. Lalanne.

† **EXÈDRE** (è-gzè-dr'), *s. f.* Terme d'antiquité. Emplacement couvert pour s'asseoir. Elle [une avenue] est bordée de cippes, de pots à feu, de statues, rompue de distance en distance par de petites fontaines, des exèdres, des bosquets, des corbeilles de fleurs en marbre, CH. YRIARTE, *Revue des Deux-Mondes*, 1er sept. 1873, p. 187.

— ÉTYM. Ἐξέδρα, de ἐξ, hors, et ἕδρα, siége.

† **EXÈGUE** (è-gzè-gh'), *s. m.* Ancien terme de droit. Évaluation à prix réduit (proprement, à prix équitable). Que l'estimation de 1850 a été faite à prix considérablement réduit ou d'exègue,... il acceptait cet état comme représentant, non la valeur réelle, à prix de foire, du cheptel, mais sa valeur à prix d'exègue, *Gaz. des Trib.* 18 oct. 1874, p. 999, 2e col. || 2° A l'exègue, à prix réduit. Le cheptel connu, dans les anciens usages de la Bresse, sous la dénomination de commande, et d'après lequel, l'estimation étant faite à l'exègue, soit à prix réduit, l'excédant du bétail se partageait par moitié entre le bailleur et le preneur, *Gaz. des Trib.* 18 oct. 1874, p. 999, 1re col.

— ÉTYM. Bas-lat. *ad exaquiam*, en prenant la moitié (*ad medias*, est-il dit dans Du Cange); de *ex*, par, et *æquus*, juste. C'est la forme française de *ex-æquo*.

† **EXEMPLARITÉ.** *Ajoutez :* Elle [la loi de 1832] a conservé un barbare et inutile appareil [voile noir pour le parricide] qui prolonge et redouble l'agonie du supplicié, sans rien ajouter à l'exemplarité de la peine, CHAUVEAU et HÉLIE, *Théorie du Code pénal*, t. I, p. 249, 2e édit.

EXEMPLE. — REM. *Ajoutez :* || 2. Exemple que.... qui est dans Voltaire (voy. dans l'article, le n° 4), est aussi dans J. J. Rousseau : Il y a des exemples, et même assez récents, que la république a refusé de.... *Lett. à Dupont*, 25 juill. 1743. Cette locution est bonne.

EXERCER. *Ajoutez :* || 13° S'exercer, prendre de l'exercice. C'est votre plaisir de vous engraisser et, par indigestions, empirer le mauvais teint que vous avez faute de vous exercer, MALH. *Lexique*, éd. L. Lalanne.

EXERCICE. — HIST. *Ajoutez :* || XVe s. Et, oultre ce, tout l'exercice D'icelle [prophétie], comme j'aparçoys, Qui est moult bel, aussi propice, Qu'a fait le noble roy françoys, GUILLOCHE, *la Prophecie du roy Charles VIII*, p. 2, Paris, 1869.

† **EXERTION** (è-gzèr-sion), *s. f.* Action de déployer, de mettre en jeu (c'est un mot anglais qui commence à s'introduire en français). Les produits de l'activité humaine sont tous, au fond, de même nature et de qualité égale, consistant en une exertion de force et une manifestation d'idée, PROUDHON, *les Majorats littéraires*, p. 17 (Paris 1868).

— ÉTYM. Angl. *exertion*, du latin *exserere*, mettre hors de, de *ex*, hors, et *serere*, semer, disposer en lignes (voy. SÉRIE).

† **EXFODIATION** (èk-sfo-di-a-sion), *s. f.* Néologisme. Action de faire une fouille, de creuser le sol. Le *Vœu national* de Metz apprend que les travaux d'exfodiation entrepris à la rencontre de la rue de Neufbourg et de la place St-Thiébaut,... ont amené la découverte de plusieurs tombes.... *Journ. offic.* 25 nov. 1876, p. 8685, 2e col.

— ÉTYM. Lat. *ex*, hors, et *fodere*, fouiller (voy. FOUILLER).

† **EXHAURE** (è-gzô-r'), *s. f.* Action d'épuiser les eaux dans une mine. L'insuffisance des moyens d'exhaure, *Journal de Liége*, dans *Journ. offic.* 16 sept. 1872, p. 6038, 3e col.

— ÉTYM. Lat. *exhaurire*, épuiser.

EXHAUSSEMENT. — HIST. *Ajoutez :* XIVe s. *Elevatio*, essausements, ESCALLIER, *Vocab. lat.-franç.* 871.

† **EXHAUSTEUR** (è-gzô-steur), *s. m.* Appareil destiné à épuiser un liquide ou un gaz. Accumuler les gaz par l'intermédiaire d'un exhausteur dans un gazomètre, *Acad. des sc. Comptes rendus*, t. LXVI, p. 233.

— ÉTYM. Lat. *exhaustum*, supin de *exhaurire*, épuiser.

† **EXHAUSTIF, IVE** (è-gzô-stif, sti-v'), *adj.* Néologisme. Qui épuise, qui enlève à un terrain les éléments productifs. Introduire dans les terrains épuisés les éléments phosphatés et alcalins qui peuvent leur manquer après certaines cultures exhaustives, *Journ. offic.* 14 mars 1873, p. 1771, 3e col.

— ÉTYM. Lat. *exhaustum*, supin de *exhaurire*, épuiser. Ce néologisme n'est pas fort nécessaire; car on a : cultures épuisantes.

† **EXHIBITEUR** (è-gzi-bi-teur), *s. m.* Néologisme. Celui qui fait une exhibition. Il existe, en France, une population de 22 000 saltimbanques, charlatans, exhibiteurs de tours de force périlleux ou non périlleux, *Journ. offic.* 24 juin 1874, p. 4285, 1re col.

— ÉTYM. Lat. *exhibitorem* (voy. EXHIBITION).

EXHIBITION. — HIST. *Ajoutez :* XIIe s. Dunkes por l'exibition de cariteit retint il son executor, *li Dialoge Gregoire lo pape*, 1876, p. 23.

† **EXHORTATOIRE.** *Ajoutez :* — HIST. XVIe s. Epistre exhortatoire aux epistres, *Nouv. Testam.* éd. Lefebvre d'Etaples, Paris, 1525.

EXIGER. — HIST. *Ajoutez :* XIVe s. Despense faicte.... pour faire exigier et lever certains restes qui encores estoient deuz, *Mandements de Charles V*, 1373, p. 620.

EXIGUÏTÉ. *Ajoutez :* — REM. Mme de Souza croit s'être servie la première du mot exiguïté. Je le prie [M. Fabre] d'aimer Paris.... et d'y revenir avec la moitié autant de plaisir que j'aurai à lui donner ces petits dîners qu'il paraissait aimer, malgré leur exiguïté; voilà un mot, je crois, de ma façon, Mme DE SOUZA, 19 mai 1812, dans *Lett. inédites de Sismondi*, p. 381.

EXIL. *Ajoutez :* || XVe s. Rigueur le transmit en exil Et luy frappa au cul la pelle, Nonobstant qu'il dist : j'en appelle, VILLON, dans *Romania*, avril 1873, p. 218.

† **EXILEUR** (è-gzi-leur), *s. m.* Néologisme. Celui qui envoie en exil, qui condamne à l'exil.

— REM. On a dit exilateur. M. le procureur général, si je reçois l'ordre de repartir, j'obéirai; vous avez de votre côté les bonnes raisons : les gendarmes; mais j'ajouterai que, quelque pénible que soit ce rôle, j'aime mieux encore être dans les exilés que dans les exilateurs, CRUGY, *Requête au sujet du coup d'Etat de 1851*, dans *le Temps* 26 août 1876, 3e page, 2e col. Exilateur n'est pas bon; il n'y a point de verbe latin *exsilare*; il faut dire exileur.

† **EXIMER** (è-gzi-mé), *v. a.* Terme de droit Décharger, racheter. Attendu qu'il y a lieu, dan l'application de la peine, de pondérer à la fois un répression légitime et suffisante.... avec les diverses circonstances malheureuses et fortuites qui, certainement, ne sont pas de nature à eximer de la responsabilité pénale, mais tendent néanmoins à l'atténuer dans une certaine mesure, *Trib. correct. de Chambéry*, *Gaz. des Trib.* 19-21 fév. 1877, p. 173, 2e col.

— ÉTYM. Lat. *eximere*, tirer, retirer, de *ex*, hors, et *emo*, acheter.

† **EXINSCRIT, ITE** (è-gzin-skri, skri-t'), *adj.* Terme de géométrie. On dit qu'un cercle est exinscrit à un triangle, quand il est tangent à deux côtés prolongés de ce triangle, son centre étant en dehors du triangle.

— ÉTYM. Lat. *ex*, hors, et *inscrit*.

† **EX-LIBRIS** (èks-li-bris'), *s. m.* Inscription qu'un possesseur de bibliothèque met sur les livres qui lui appartiennent. Il va sans dire que M. Guizot n'avait garde de se dérober au premier devoir des bibliophiles d'autrefois : il avait son ex-libris; cet ex-libris est grave, simple et fier; il se compose du nom de M. Guizot et du blason qu'il s'était attribué, M. DE LESCURE, *Journ. offic.* 3 mars 1875, p. 1612, 3e col.

— ÉTYM. Lat. *ex*, de, et *libris*, livres.

† **EXOCHORION** (è-gzo-ko-ri-on), *s. m.* Terme d'embryogénie. Chorion extérieur.

† **EXODERME** (è-gzo-dèr-m'), *s. m.* Synonyme d'ectoderme (voy. ce mot au Supplément).

— ÉTYM. Ἔξω, en dehors, et δέρμα, derme.

† **EXODERMIQUE** (è-gzo-dèr-mi-k'), *adj.* Qui a rapport à l'exoderme. Les petits appareils exodermiques [des plantes carnivores] qu'on a appelés glandes et auxquels on a attribué cette fonction [l'absorption], ne se trouvent pas seulement à la face interne de l'organe piége,... *Journ. offic.* 21 avril 1876, p. 2836, 2e col.

† **EXOGAME** (è-gzo-ga-m'), *adj.* Qui se marie en dehors de la famille, de la tribu. Chez les peuples exogames, aucun homme ne peut épouser

une femme portant le même nom de famille, *Rev. des Deux-Mondes*, 1er oct. 1874, p. 238.

† **EXOGAMIE** (è-gzo-ga-mie), *s. f.* Habitude de se marier en dehors de la famille, de la tribu, et avec des étrangers. L'exogamie, le mariage en dehors de la tribu, devenait une conséquence naturelle de la nécessité de voler la femme que l'on voulait posséder tout seul, *Rev. des Deux-Mondes*, 1er oct. 1874, p. 238.

— ÉTYM. Ἔξω, au dehors, et γάμος, mariage.

† **EXOMOLOGÈSE** (è-gzo-mo-lo-jè-z'), *s. f.* Nom attribué le plus communément, dans l'antiquité chrétienne, à la confession sacramentelle.

— ÉTYM. Ἐξομολόγησις, confession, de ἐξ, et ὁμολογέω (voy. HOMOLOGUER).

† **EXONDANCE** (è-gzon-dan-s'), *s. f.* Se dit de ce qui déborde, comme fait une eau qui passe par-dessus les bords du vase. Les médecins théoriciens traitaient la chimie avec cette licence de raisonnement, cette exondance d'explications qu'on leur a tant reprochées et à si juste titre, VENEL, article *Chimie*, dans l'*Encyclopédie*, cité par BORDEU, *Analyse médicinale du sang*, 1775, XII.

— ÉTYM. Lat. *exundare*, déborder, de *ex*, hors, et *unda*, onde.

† **EXONDATION** (è-gzon-da-sion), *s. f.* Terme de géologie. Sortie, hors de l'eau, d'une terre inondée. L'exhaussement du sol et son exondation définitive, *Acad. des sc. Compt. rend.* t. LXXIX, p. 255.

— ÉTYM. Lat. *ex*, hors, et *unda*, onde.

† **EXONDÉ, ÉE** (è-gzon-dé, dée), *adj.* Terme de géologie. Sorti hors des eaux. Terre exondée.

— ÉTYM. Lat. *ex*, hors, et *unda*, onde.

† **EXONDEMENT** (è-gzon-de-man), *s. m.* Terme de géologie. Synonyme d'exondation, c'est-à-dire sortie hors des eaux. Nous ne savons sans doute rien de positif sur l'époque à laquelle l'exondement des grandes plaines sibériennes a eu lieu, *Journ. offic.* 31 mai 1873, p. 3489, 1re col.

EXORABLE. — HIST. XVIe s. *Ajoutez :* Car plus il [l'Amour] est prié, moins il est exorable, DESPORTES, *Imit. de la compl. de Bradamant.*

† **EXORATION** (è-gzo-ra-si-on), *s. f.* Prière ayant pour but de rendre quelqu'un exorable.

— HIST. XVe s. Exoration au roy nostre sire, JEAN JORET, *le Jardrin salutaire*, p. 105.

— ÉTYM. Lat. *exorationem*, de *ex*, et *orare*, prier (voy. ORAISON).

EXORBITANT. *Ajoutez :* — REM. Voici un autre exemple de *exorbitant de :* Le seigneur justicier, en exigeant des redevances ou des services exorbitants de la coutume légitime, abusait non-seulement, comme le féodal, de sa puissance de fait, mais encore.... CHAMPIONNIÈRE, *De la propriété des eaux courantes*, p. 520.

† **EXOTHERME** (è-gzo-tèr-m'), *adj.* Terme de chimie. Corps exothermes, corps composés dont la ségrégation chimique entraîne un dégagement de chaleur. || On dit aussi exothermique.

— ÉTYM. Ἔξω, en dehors, et θερμός, chaud.

† **EXOTIQUEMENT** (è-gzo-ti-ke-man), *adv.* D'une façon exotique. La femme de l'accusé est une Anglaise blonde, de carnation délicate, assez vulgaire d'ailleurs et vêtue exotiquement, *Gaz. des Trib.* 25 déc. 1875, p. 1240, 1re col.

† **EXOTISME** (è-gzo-ti-sm'), *s. m.* Caractère de ce qui est exotique, étrange. Ce nom de Sakountala aura effrayé la masse liseuse comme une menace d'exotisme et d'érudition, ASSELINEAU, *Mélang. tirés d'une petite biblioth. romantique*, Paris, 1866, p. 122. Depuis ce moment la nostalgie des patries inconnues est en elle ; un désir d'exotisme la gouverne en tyran ; porter des babouches ne suffit plus à son amour de la couleur orientale, F. CHAULNES, *Journ. offic.* 10 juillet 1873, p. 4599, 2e col.

† **EXPANSIVITÉ** (èk-span-si-vi-té), *s. f.* Caractère expansif. L'expansivité de sa nature gasconne [de Rivarol], M. DE LESCURE, *Journ. offic.* 16 avril 1875, p. 2750, 2e col.

† **EXPECTATEUR** (èk-spè-kta-teur), *s. m.* Celui qui est en expectation.

— HIST. XVIe s. Les plus modestes et patients d'entre ces espectateurs [de bénéfices] souhaitoyent tous les jours la mort des possesseurs, *le Bureau du concile de Trente*, p. 371.

EXPECTATIVE. *Ajoutez :* — HIST. XVIe s. Les François.... ne cuidans point combatre pour ce jour pour l'expectative de venir à l'obeissance [que les Flamands viendraient à l'obéissance]..., PARADIN, *Chron. de Savoye*, p. 224.

EXPECTORER. *Ajoutez :* || 3° S'expectorer, *v. réfl.* Parler sans réserve (vieilli en ce sens). Il [Jacques Paumier] me reçut non-seulement dans son amitié, mais encore dans sa confidence ; et, dès la première visite que je lui rendis, il s'expectora avec moi, et me communiqua tous les ouvrages qu'il tenait en réserve dans son cabinet, *Hueliana*, p. 254.

2. **EXPÉDIENT.** *Ajoutez :* — REM. On a dit *l'expédient de....* avec un infinitif. Les courtisans n'emploient pas ce qu'ils ont d'esprit, d'adresse et de finesse, pour trouver les expédients d'obliger ceux de leurs amis qui implorent leur secours, LA BRUY. VIII. La locution est bonne et commode.

EXPÉDIER. || 8° S'expédier.... *Ajoutez :* || Être expédié, envoyé. Les bénéfices, qui s'expédient ordinairement pour les Français sur simples signatures, et desquels l'on veut dorénavant les obliger de prendre bulles, RICHELIEU, *Lettres*, etc. t. VI, p. 53 (1638).

EXPÉDITION. *Ajoutez :* — REM. Vaugelas (*Remarques*, p. 364, éd. in-4°) déconseille d'employer, au sens d'opération de guerre le mot *expédition*, seul et sans y joindre *militaire*, au moins dans les ouvrages qui doivent voir la cour. Sa raison est que les dames et les courtisans qui n'auront point étudié ne l'entendront pas et prendront toujours expédition au sens ordinaire. Vaugelas n'avait sans doute pas tort de consulter le parler de la cour ; mais il avait tort de lui accorder une autorité prépondérante.

† **EXPÉRIMENTABLE** (èk-spé-ri-man-ta-bl'), *adj.* Néologisme. Qui peut être expérimenté. || Substantivement. Vous vous posez là en dehors, non-seulement de l'expérimentable, mais du concevable, RENAN, *Dialogues philosophiques*, Paris, 1876, p. 63.

† **EXPÉRIMENTALISTE** (èk-spé-ri-man-ta-li-st'), *adj.* Terme de philosophie. Qui appartient à la doctrine expérimentale, *Mes mémoires*, par John Stuart Mill, trad. par Cazelles, Paris, 1874, p. 293.

EXPÉRIMENTER. *Ajoutez :* || 4° Expérimenter une personne, s'assurer de ce qu'elle est. Bien expérimenter ceux qu'on veut prendre pour amis, RAC. *Lexique*, éd. P. Mesnard.

† **EXPIABLE.** *Ajoutez :* Il n'est guère de méchancetés si désespérées que celle de quoi nous parlons ; c'est un prodige non moins expiable qu'une ouverture de la terre ou que des flammes sorties de dessous les abîmes de la mer, MALH. *Lexique*, éd. L. Lalanne.

† **EXPIATS** (èk-spi-a), *s. m. pl.* Synonyme de cagots.

EXPIRATION. *Ajoutez :* || 3° Action d'expirer, de mourir, moment où l'on expire. Il me disait qu'il se persuadait qu'en cette expiration dernière on ne sentait point de mal, MALH. *Lexique*, éd. L. Lalanne.

EXPIRER. — HIST. XIVe s. *Ajoutez :* Que li termes.... fu espirés.... CAFFIAUX, *Régence d'Aubert de Bavière*, p. 83.

EXPLICITE. *Ajoutez :* || Terme d'algèbre. Fonction explicite, se dit d'une grandeur qui dépend d'une autre par une équation résolue relativement à la première.

† **EXPLOITABILITÉ.** *Ajoutez :* Il faut près de deux siècles, et souvent plus, pour conduire à leur exploitabilité les forêts que l'on crée dans les pays de montagnes, NANQUETTE, *Exploitation, débit et estimation des bois*, Nancy, 1868, *Introduction*, p. XIV. Pour fixer le terme de l'exploitabilité commerciale d'un bois à exploiter périodiquement, ID. *ib.* p. 291.

EXPLOITATION. *Ajoutez :* — HIST. XIVe s. En contraignant ou faisant contraindre les debteurs des diz arrerages par prise, vendue et explectation de leurs biens, *Mandements de Charles V*, 1370, p. 370.

EXPLOITER. — ÉTYM. *Ajoutez :* Normand, *épléter*, hâter, expédier.

EXPLORATEUR. — HIST. *Ajoutez :* || XVIe s. Deux chevaucheurs qui estoient embusquez comme explorateurs pour advertir.... PARADIN, *Chron. de Savoye*, p. 244.

† **EXPLOSEUR** (èk-splo-zeur), *s. m.* Substance ou appareil propre à procurer une explosion. Note sur le magnétisme et un nouvel exploseur, TRÈVE, *Acad. des sc. Comptes rendus*, t. LXXIX, p. 1125. Nous avons mis sur le quai trois mortiers chargés, reliés à l'exploseur et au rhéotome, *Rev. marit. et comm.* sept. 1873, p. 839. Cet instrument [l'appareil dynamo-électrique de Siemens et Halske], destiné à enflammer les torpilles dormantes, a été reçu en octobre 1867.... en Prusse, dans ces derniers temps, on avait remplacé l'appareil Wheatstone par l'exploseur Siemens.... *ib.* p. 830.

— ÉTYM. Voy. EXPLOSION.

† **EXPLOSIF.** *Ajoutez :* || Substantivement. Un explosif, une substance explosive. Chaque explosif paraît avoir son amorce excitatrice, DE PARVILLE, *Journ. des Débats*, 22 oct. 1874, *feuilleton*, 1re page, 2e col. Convention relative à l'exploitation du monopole des explosifs à base de nitroglycérine ou dynamite.... Art. 19. L'importation en France et la fabrication en France des explosifs à base de nitroglycérine sont prohibées, *Convention du 11 déc.* 1874. Tous les explosifs ne conviennent pas à toutes les roches, *Journ. offic.* 5 fév. 1875, p. 960, 1re col. || 2° Terme de grammaire. Consonnes explosives ou momentanées, celles dont le son se fait entendre d'un seul coup, par une sorte d'explosion de la voix qui ne peut durer qu'un instant, et à condition de tomber immédiatement sur une voyelle. *k*, *g* dur, *t*, *d*, *p*, *b*, sont les consonnes explosives.

EXPLOSION. *Ajoutez :* || 4° Rayon d'explosion d'une mine, la ligne qui joint le centre des poudres à un point quelconque de la ligne circulaire qui forme le bord de l'entonnoir.

† **EXPLOSIONNER** (èk-splo-zio-né), *v. n.* Néologisme. Faire explosion. Après avoir constaté la composition de la substance trouvée chez Roussel, ils [les experts] expliquent qu'elle explosionne avec la plus grande facilité, soit par le choc, soit... *Gaz. des Trib.* 18-19 juill. 1870.

† **EXPONCTUER** (èk-spon-ktu-é), *v. a.* Terme de paléographie. Indiquer par des points qu'une lettre doit être effacée. Il y avait *los fils* ; les deux *s* ont été exponctuées, G. PARIS, *Romania*, t. I, p. 232. Dans le texte des *Serments*, le premier *d* de *adiudha* a été exponctué par le copiste, ID. *ib.* p. 317.

— ÉTYM. Lat. *ex*, indiquant suppression, et *ponctuer*.

EXPOSER. — HIST. *Ajoutez :* XIIe s. *Alcuns estieut cui viaire ge ne conissoi ;* alcuns ne disons nos se de celui non cui nos ne volons u ne poons expresseir ; mais ci exposet il par queile entention il dist alcuns : *cui viaire ge ne conissoi*, *Li Dialoge Gregoire lo pape*, 1876, p. 337.

† **EXPOSITIF, IVE** (èk-spô-zi-tif, ti-v'), *adj.* Qui expose, explique. Mémoire expositif d'une demande. || Poésie expositive, synonyme de poésie didactique. La poésie expositive, plus communément et moins exactement nommée didactique, B. JULLIEN, *Hist. de la poés. franç. à l'époque impériale*, Paris, 1844, t. II, p. 1.

— ÉTYM. Voy. EXPOSITION.

EXPRIMER. — HIST. XIVe s. *Ajoutez :* Comme il est en ses dittes lettres contenut et exprimet de mot à mot, CAFFIAUX, *Régence d'Aubert de Bavière*, p. 84.

† **EXPROPRIATEUR, TRICE** (èk-spro-pri-a-teur, tri-s'), *adj.* Qui exproprie. Protéger les classes ouvrières contre les conséquences des expropriations forcées, en obligeant les compagnies expropriatrices à donner avis dans un délai déterminé de l'époque à laquelle elles comptent abattre pour rebâtir, *Journ. offic.* 1er août 1874, p. 5427, 2e col.

† **EXPUGNABLE.** *Ajoutez :* Toutes difficultés sont expugnables à l'assiduité du soin et à la pertinacité du labeur, MALH. *Lexique*, éd. L. Lalanne.

† **EXQUISITÉ** (èk-ski-zi-té), *s. f.* Néologisme. Caractère de ce qui est exquis. Sous cet accoutrement on apercevait une chemise fine, toujours blanche et fraîche, qui trahissait la secrète exquisité de ce paysan du Danube [Michel de Bourges], G. SAND, *Hist. de ma vie*, 5e part. ch. VIII.

† **EXSERTILE** (èk-sèr-ti-l'), *adj.* Terme d'histoire naturelle. Se dit d'un organe qui est susceptible de faire saillie hors du corps d'un animal, hors d'une fleur, d'un bourgeon.

— ÉTYM. Dérivé de *exsert* (voy. ce mot).

† **EXTEMPORANÉ.** *Ajoutez :* || 3° Hôpitaux extemporanés, se dit d'hôpitaux en bâtisses légères, établis pour quelque temps seulement, *Journ. offic.* 31 mai 1870, p. 908, 5e col.

† **EXTEMPORANÉITÉ.** *Ajoutez :* — REM. Ce mot est beaucoup plus vieux que l'exemple de Diderot, rapporté par le Dictionnaire. Soit que je dise vrai de votre héros, soit que je blasphème contre sa mémoire, n'admirez-vous point aussi bien que moi cette belle extemporanéité ? BALZAC, *Lettres inédites*, LXXVI (éd. Tamizey-Larroque). Je m'assure que ma liberté vous plaira et que vous ne trouverez pas mauvaise l'extemporanéité de ma muse, ID. *ib.* XC.

† **EXTENTE** (èk-stan-t'), *s. f.* Dans les îles de Jersey et de Guernesey, état des revenus du domaine royal et autres droits appartenant à la cou-

ronne, dresse au moyen des dépositions d'un certain nombre d'hommes pris dans chaque localité et interrogés sous serment, *Bibl. des chartes*, année 1876, p. 283.

— ÉTYM. Angl. *extent*, évaluation, de *to extend*, évaluer, qui est le lat. *extendere* (voy. ÉTENDRE), et qui, outre le sens primitif, avait en droit le sens d'évaluer les terres saisies par autorité de justice.

† **EXTÉRIORATION** (èk-sté-ri-o-ra-sion), *s. f.* Acte physiologique par lequel est reportée au dehors l'image qui se peint sur la rétine, quand nous regardons un corps ou son image réelle, CH. ROBIN, *Traité du microscope*, 1871, p. 199.

— ÉTYM. Lat. *exterior*, extérieur.

† **EXTÉRIORISER** (èk-sté-ri-o-ri-zé), *v. a.* Terme de philosophie. Mettre en dehors de soi-même. Ainsi se produit en moi l'idée d'un objet distinct de moi-même ; et, comme les autres hommes en font autant de leur côté, nous nous habituons tous en même temps à extérioriser ce qu'il y a de fixe et de commun dans toutes nos sensations, et à séparer de notre conscience comme des choses réelles de pures possibilités, P. JANET, *Rev. des Deux-Mondes*, 15 oct. 1869, p. 956.

† **EXTERMINANT, ANTE** (èk-stèr-mi-nan, nan-t'), *adj.* Qui extermine. Il [un mannequin représentant Bouillé] tenait d'une main un poignard qui tuait sans toucher, et de l'autre son brevet de folie, sa lettre exterminante, *Lett. du P. Duchêne*, 120e *lettre*, p. 6.

EXTERMINATEUR. *Ajoutez :* — HIST. XVIe s. Ne murmurez point ainsi que aucuns d'eulx murmurerent et perirent par l'exterminateur, *I Cor.* X, 10, *Nouv. Testam.* éd. Lefebvre d'Étaples, Paris, 1525.

† **EXTERMINEMENT** (èk-ster-mi-ne-man), *s. m.* Action d'exterminer. Nous devons désirer l'exterminement de l'un et de l'autre [du péché qui se trouve en nous, et du péché qui se trouve chez les autres], SAINT FRANÇOIS DE SALES, *Introd. à la vie dévote*, V, 7.

† **EXTERPE** (èk-stèr-p'), *s. f.* Dans la Drôme, nom d'une sorte de pioche qui sert au déchaussage de la vigne dans les terrains à cailloux roulés, *les Primes d'honneur*, p. 706, Paris, 1874.

— ÉTYM. Lat. *exstirpare* (voy. EXTIRPER).

† **EXTERRITORIALITÉ.** *Ajoutez :* Le tribunal, après avoir proclamé les principes généraux en matière d'exterritorialité, terminait son jugement par ces mots : « qu'on ne s'explique même pas qu'un exploit ait pu être porté à son hôtel [du ministre de Honduras] et délivré ainsi en territoire étranger, » *Gaz. des Trib.* 19 fév. 1875, p. 174, 1re col.

— REM. On trouve aussi extraterritorialité. Les plus anciennes capitulations françaises ont posé le principe qui, dans la langue juridique moderne, a pris le nom d'extraterritorialité, c'est-à-dire qu'elles ont stipulé au profit des Français, des chrétiens, je pourrais dire.... *Journ. offic.* 7 déc. 1875, p. 10077, 2e col.

† **EXTINCTEUR.** *Ajoutez :* || 2° Appareil propre à éteindre le feu. Vous aurez un pompier alerte qui fera sa ronde à chaque seconde, et un extincteur toujours prêt à fonctionner et à étouffer l'incendie naissant, H. DE PARVILLE, *Journ. offic.* 10 janv. 1875, p. 230, 1re col. || *Adj.* Mélange extincteur. Composition extinctrice.

† **EXTINCTIF, IVE** (èk-stin-ktif, ti-v'), *adj.* Terme de droit. Qui éteint, qui annule. Actions extinctives d'obligations.

† 2. **EXTRA.** *Ajoutez :* || 3° Service accidentel, le dimanche ou dans un moment de presse. C'est le maître d'hôtel qui vous renvoya ; vous n'avez plus eu à faire que des extra, *Gaz. des Trib.* 12 juillet 1871. || On appelle extra les garçons qui font ce service casuel. Il nous faudra au moins trois extra dimanche prochain.

† **EXTRA-COURANT** (èk-stra-kou-ran), *s. m.* Courant électrique, dit aussi courant inducteur, allant le long du fil qui, dans les appareils électriques destinés à la thérapeutique, communique avec le pôle positif de la pile.

† **EXTRACTIBLE** (èk-stra-kti-bl'), *adj.* Qui peut être extrait. Les matières grasses extractibles par l'éther.

— ÉTYM. Lat. *extractum*, supin de *extrahere*, extraire (voy. ce mot).

† **EXTRADÉ** (èk-stra-dé), *s. m.* Néologisme. Celui qui est soumis à la mesure de l'extradition. Les frais occasionnés par l'arrestation, la garde, la nourriture des prévenus.... seront supportés par celui des deux Etats sur le territoire duquel les extradés auront été saisis, *Convention du 29 avril 1869 entre la France et la Belgique*, art. 12.

† **EXTRA-LÉGALEMENT** (èk-stra-lé-ga-le-man), *adv.* D'une manière extra-légale. Les meubles, si je paye, je les enlève légalement ; et, si cela était possible, je les enlèverais même extra-légalement, MÜRGER, *Hist. de la vie de Bohême*, ch. 1er.

† **EXTRA-LIBÉRIEN, IENNE** (èk-stra-li-bé-riin, riè-n'), *adj.* Terme de botanique. Qui est placé en dehors du liber. Des productions extra-libériennes.

† **EXTRANÉITÉ** (èk-stra-né-i-té), *s. f.* Terme de droit. Qualité d'étranger. L'extranéité du comparant.

— ÉTYM. Lat. *extraneus* (voy. ÉTRANGE).

EXTRAORDINAIRE. *Ajoutez :* || 10° Ancien terme de théâtre. Jouer à l'extraordinaire, doubler le prix de certaines places. Une ordonnance de police de l'an 1609 avait défendu aux comédiens de prendre plus de cinq sous au parterre et dix sous aux loges et galeries, sauf les cas où, ayant à représenter des pièces pour lesquelles il conviendrait de faire plus de frais, il y serait pourvu exceptionnellement sur leur requête ; les comédiens ne se faisaient pas faute de profiter de cette latitude, et, dès qu'une pièce était supposée devoir attirer la foule, ils jouaient à l'extraordinaire, J. LOISELEUR, *le Temps*, 31 oct. 1876, 3e page, 4e col.

† **EXTRA-ORGANIQUE** (èk-stra-or-ga-ni-k'), *adj.* Qui est en dehors des organes. La doctrine de l'organicisme, qui rejette tout agent extra-organique dans la production des phénomènes vitaux et mentaux, G. H. LEWES, *Revue philos.* juin 1876, n° 6, p. 585.

† **EXTRAPOLATION** (èk-stra-po-la-sion), *s. f.* Terme de mathématique. Action d'introduire des termes non en dedans mais en dehors d'une série. Reste un dernier moyen, qui consiste à étudier, avec le temps, la corde commune à Vénus et au soleil [dans le passage], et à en déduire par extrapolation le moment où cette corde est nulle, c'est-à-dire le contact, *Acad. des sc. Comptes rendus*, t. LXXXIV, p. 296.

— ÉTYM. Mot fait avec *extra*, comme *interpolation* avec *inter*.

† **EXTRA-TERRESTRE** (èk-stra-tèr-rè-str'), *adj.* Qui est en dehors de la terre. Les météorites sont des roches extra-terrestres. Ce qui fait l'originalité de ses conclusions [de M. G. Tissandier], c'est que jusqu'ici on avait attribué à ces poussières de fer [trouvées dans l'atmosphère] une origine terrestre ; l'auteur leur donne, au contraire, une origine extra-terrestre, DE PARVILLE, *Journ. offic.* 10 fév. 1876, p. 1151, 2e col.

EXTRAVAGUER. *Ajoutez :* || 3° Au propre, vaguer loin du chemin. Un boiteux arrive plus tôt au but par le droit chemin, que le meilleur coureur du monde qui extravague, et s'égare d'autant plus qu'il va vite, LA MOTHE LE VAYER, *Dial. d'Oratiu-Tubero*, t. II, p. 53. || Cet emploi est archaïque.

† **EXTRAYÉ** (èk-strè-ié), *adj. m.* Avoir en terre non extrayé, terme usité dans le Hainaut ; il désignait, dans l'ancien droit, la matière minérale non encore exploitée.

— REM. *Extrayé* est une forme incorrecte du participe passé *extrait*.

EXTRÊME. || 1° *Ajoutez :* || Terme de mathématique. Moyenne et extrême raison, voy. RAISON, n° 13. || 8 Dernier, qui accompagne la fin d'une chose. Comme le fils d'Alcmène en me brûlant moi-même ; Il suffit qu'en mourant dans cette flamme extrême, Une gloire éternelle accompagne mon nom, MALH. *Lexique*, éd. L. Lalanne. Je vois mon heure extrême qui se prépare.... J. J. ROUSS. *Lett. au général Conway*, Douvres, 1767.

— REM. *Ajoutez :* || 2. J. J. Rousseau l'a employé, à tort, au sens d'excessif, en parlant de choses : M. Lambercier était un homme fort raisonnable qui, sans négliger notre instruction, ne nous chargeait point de devoirs extrêmes, J. J. ROUSS. *Confess.* I.

— HIST. *Ajoutez :* XIIIe s. Si li a dit : mes ciers amis, L'estreme desir que vos aie.... *Li biaus desconneus*, v. 2354. || XVIe s. *Ajoutez :* O Dieu, toujours vivant, j'ay ferme confiance, Qu'en l'extreme des jours, par ta toute-puissance, Ce corps.... prendra nouvelle vie.... DESPORTES, *Œuv. chrest.* XVIII, *Plainte*.

EXTRÊMEMENT. — REM. *Ajoutez :* || 2. Mme de Sévigné l'a construit avec *si :* Nous la trouvons si extrêmement bas que.... 23 mai 1672.

† **EXUBÉRATION** (è-gzu-bé-ra-sion), *s. f.* Néologisme peu nécessaire à côté d'exubérance. Action d'exubérer. L'exubération de la population, *Monit. univ.* 9 nov. 1868, p. 1362, 2e col.

† **EXULTATION.** *Ajoutez :* Elles seront apportées avec joie et exultation, CORN. *Lexique*, édit. Marty-Laveaux.

EX-VOTO. — ÉTYM. *Ajoutez :* La formule latine entière est *ex voto suscepto*, d'après un vœu par lequel on s'est engagé. On la trouve dans les inscriptions sous cette forme : E. V. S.

† **EYALET** (è-ia-lèt), *s. m.* Nom des gouvernements de la Turquie appelés aussi pachaliks.

— ÉTYM. Prononciation turque de l'arabe *iyâla*, gouvernement, nom d'action du verbe *âl*, être à la tête, DEVIC, *Dict. étym.*

† **ÉZOUR-VEIDAM** (é-zour-vé-dam'), *s. m.* Nom incorrect forgé d'après l'Yadjurvéda (voy. VÉDA) L'Ézour-Veidam, sur lequel Voltaire s'extasie (*Essai sur les mœurs, Introd.* § 10, et 1re part. ch. 4), était une contrefaçon védique, un Véda apocryphe écrit par le P. Nobili dans une intention de propagande catholique.

F

† **FABRÈGUE** (fa-brè-gh'), *s. f.* Plante dont les feuilles ressemblent à celles du serpolet.

— ÉTYM. Espagn. *albahaca, alfabega, alhabega, alabega ;* portug. *alfabaca*, de l'arabe *al-habac*, *mentha pulegium*.

† 2. **FABRICIEN, ENNE** (fa-bri-siin, siè-n'), *adj.* Qui est relatif aux fabriques des paroisses. L'administration fabricienne, *Lett. du ministre de la justice et des cultes au préfet de la Gironde*, du 27 avr. 1839.

FABRIQUER. — HIST. *Ajoutez :* XIIe s. Uns fevre de la vile qui voloit favrekier [forger] Sajattes et quarriaus, por vo gent damagier, *li Romans d'Alixandre*, p. 77. || XIVe s. *Cudere*, faurechier, ESCALLIER, *Vocab. lat.-franç.* 582.

† **FABULETTE** (fa-bu-lè-t'), *s. m.* Conte, historiette, mensonge, DELBOULLE, *Gloss. de la vallée d'Yères*, p. 149.

FABULEUX. || 4° *Ajoutez :* Le fabuleux a dans cette matière tous les droits de la vérité, LAMOTTE, *Disc. sur la fable.*

† **FABULOSITÉ.** — HIST. XVIe s. *Ajoutez :* Quelques-uns interpretans un peu plus gracieusement la fabulosité de ce conte..., AMYOT, *Plut. Œuvres mor.* t. XVI, p. 151.

FACE. || 6° *Ajoutez :* Cet homme, grand et maigre, encore vigoureux, était vêtu d'un habit noir à la française, portait des faces poudrées, une queue, et une espèce de petite bourse autrefois appelée crapaud, E. SUE, *le Colonel de Surville*, ch. 1er.

† **FACIENDAIRE** (fa-si-an-dè-r'), *s. m.* Terme vieilli. Agent. Je supplie le roi de trouver bon que M. de Noyers envoie, dès à présent, de l'argent et un

de ses faciendaires à Ardres, pour faire travailler aux dehors tout l'hiver, RICHELIEU, *Lettres*, etc. 1642, t. VII, p. 119.

FACIENDE. *Ajoutez :* — REM. Voici un emploi moderne de ce mot vieilli : Les gens de lettres me paraissent ce qu'il y avait de mieux à prendre [pour la reconstitution de l'Académie française] ; et, entre nous, je m'applaudis de n'y pas voir des gens de la faciende d'Auteuil, dont on nous menaçait fort, *Lett. de l'historien Gaillard à Morellet* [1 juill. 1800], dans CH. NISARD, *Mém. et corresp. hist. et litt.*

† **FACILITATION** (fa-si-li-ta-sion), *s. f.* Néologisme. Action de faciliter. La transcription [du sanscrit en caractères latins] est elle-même une facilitation, un procédé par lequel l'éditeur débarrasse le lecteur d'une partie de son travail, LOUIS HAVET, *Mém. de la Soc. de linguist. de Paris*, t. III, p. 77.

FACONDE. — HIST. *Ajoutez :* XIIe s. Faconde [il] out bone pur parler, Pur grant afere en curt monstrer Renablement [raisonnablement], *Vie de saint Thomas*, dans BENOIT, *Chronique des ducs de Normandie*, t. III, p. 468.

FAÇONNIER. *Ajoutez :* || 4° Ouvrier, dit aussi ouvrier à façon, qui travaille chez lui, seul ou avec des compagnons, pour un patron qui fournit les matières et lui paye la façon de l'ouvrage livré.

† **FAC-SIMILER.** *Ajoutez :* || *V. réfl.* Se fac-similer, se reproduire soi-même. A ceux [graveurs] qui sont obligés d'interpréter une image dont l'auteur n'est plus là pour se fac-similer lui-même.... BÜRGER, *Salons de* 1861 *à* 1868, t. I, p. 83.

† **FACTICEMENT.** *Ajoutez :* L'abîme facticement creusé entre le présent et le passé, ODYSSE BARROT, *la Liberté*, 10 fév. 1869.

† **FACTORAT.** *Ajoutez :* Les services que rend le factorat, pour l'alimentation des grands centres de population et particulièrement de la ville de Paris, *Observ. des facteurs aux Halles de Paris*, novembre 1872, p. 1.

1. **FACTURE.** *Ajoutez :* || 3° Action de fabriquer les instruments de musique. Sur 45 000 exposants, il y en a 186 pour les instruments de musique, et la facture de pianos en compte 187, A. MÉREAUX, *Monit. univ.* 6 sept. 1867, p. 1181, 5e col.

FACULTÉ. *Ajoutez :* || 9° En termes d'assurances, assurance qui n'est pas bornée à une seule sorte de marchandises. Attendu que l'assurance était faite sur facultés, c'est-à-dire portant sur toute espèce de marchandises, *Gaz. des Trib.* 29 déc. 1876, p. 1259, 3e col. || 10° D'après la nouvelle loi sur l'enseignement, faculté libre, un établissement qui ne dépend pas de l'État et où l'enseignement est du même ordre que celui qu'on donne dans les facultés de droit, de médecine, des sciences ou des lettres.

† **FADEMENT.** *Ajoutez :* A peine, dans ce délire universel, ai-je trouvé dans tout Paris quelqu'un qui ne s'avilît pas à cajoler fadement un homme qu'ils voulaient tromper, J. J. ROUSS. *Lett. à Madame....* 14 août 1772.

† **FAFETONE** (fa-fe-to-n'), *s. m.* Plante du Sénégal (*calotropis* ou *asclepias gigantea*), famille des asclépiadées, dont les graines sont surmontées d'une aigrette soyeuse qui a pu être utilisée dans la fabrication de tissus remarquables par leur brillant et leur légèreté, *Journ. offic.* 7 fév. 1877, p. 980, 3e col.

† **FAGARIER** (fa-ga-rié), *s. m.* Genre de plantes de la famille des xanthoxylées.

— ÉTYM. Arabe, *faghara*, certain fruit dont le nom se trouve dans Avicenne, DEVIC, *Dict. étym.*

† **FAGNE** (fa-gn'), *s. f.* Nom, en Belgique et dans les Ardennes, de certains marais tourbeux. C'est dans l'Ardenne qu'on trouve ces immenses forêts et ces vastes landes formant des marécages incultes connus sous le nom de hautes fagnes, *Journ. offic.* 11 juill. 1873, p. 4630, 2e col.

— ÉTYM. Voy., pour l'explication de ce mot, FANGE au Supplément.

FAGOT. *Ajoutez :* — REM. M. Eman Martin, *Courrier de Vaugelas*, 1er juillet 1875, p. 34, a très-vraisemblablement trouvé l'origine de la locution *conter des fagots*. Dans la *Querelle de Gaultier Garguille et de Perrine sa femme*, on lit : « Le premier jour de nos nopces, quand je te demanday conseil comment je me devois gouverner, tu me dis : à ma volonté ; et maintenant tu me renvoyes de Cayphe à Pilate, *tu me contes des fagots pour des cotrets*. » Compter des fagots pour des cotrets, c'est compter des choses grandes pour des petites, et figurément c'est avoir des exigences. Gaultier Garguille mourut en 1623. La locution qu'il n'avait peut-être pas créée et qui en tout cas reçut la consécration d'une de ses farces populaires, se raccourcit et prit le sens particulier que Mme de Sévigné lui donnait déjà.

FAGOTEUR. *Ajoutez :* || 3° Le Fagoteux [fagoteur], le Fagotier, titres d'une farce de Molière qui est devenue le Médecin malgré lui.

FAGUENAS. — ÉTYM. *Ajoutez :* D'après M. Bugge, *Romania*, n° 10, p. 147, *faguenas* serait pour *fagenas* (comp. *talevas* pour *tavelas*, et *étincelle* de *scintilla*), et viendrait du vieux haut-allem. *fnehan*, moyen haut-allem. *phnehen*, respirer, bavarois *pfnechen*, d'où *pfnäckelen*, puer, *pfnäckt*, odeur rebutante. Les Français, ne pouvant prononcer l'initiale germanique *fn*, y inséraient un *a* ; comp. *hanap*, haut-allem. *hnapf*, *canif*, allem. mod. *Kneif*, etc.

FAIBLESSE. *Ajoutez :* — REM. On a dit être en faiblesse, par opposition à être en force. Sur tous les points où l'action centrale est en faiblesse et devient impuissante, *Journ. offic.* 15 juin 1875, p. 4307, 1re col.

† **FAIDIT** (fè-di), *s. m.* Nom donné, dans le XIIIe siècle, aux Albigeois bannis (du bas-lat. *faiditus*, banni, de *faida*, haine).

† **FAILLANCE** (fa-llan-s', *ll* mouillées), *s. f.* Archaïsme. État de celui de qui le courage fait défaut. Par faillance de cœur et défaut de génie, Louis-Philippe a reconnu des traités qui ne sont point de la nature de la révolution, CHATEAUBR. *Mém. d'outre-tombe*, éd. de Bruxelles, t. V, *Lett. à la duchesse de Berry*.

— HIST. XIIe s. Parjure sunt vers tei, si veintras sans faillance, WACE, *Rou*, v. 1432. Mais ma dame est de si très grant vaillance, Que son ami faillance ne doit faire [qu'elle ne doit faire faillance à son ami], *Couci*, XXIV. || XIIIe s. Or entent donc à la provance, Si apareille ta faillance, *Ren.* 21226.

— ÉTYM. *Faillir*. C'est le simple de *défaillance* ; il mérite d'être repris à l'exemple de Chateaubriand.

FAIM-VALLE. — ÉTYM. *Ajoutez :* Dans la Sarthe, *faimvallier*, homme qui a un fort appétit.

1. **FAIRE.** || 65° *Ajoutez :* || Faire à la chose, contribuer à ce qu'une chose soit mieux. Il m'a semblé que ces morceaux faisaient à la chose, ne marquaient point d'humeur.... J. J. ROUSS. *Lett. à d'Alemb.* 26 juin 1754. || 83° En termes d'argot, se livrer à un genre particulier de vol. M. le président : Cette femme faisait les mariages, c'est-à-dire qu'elle suivait les mariages pour faire les porte-monnaie, *Gaz. des Trib.* 30 déc. 1874, p. 1247, 1re col.

— REM. *Ajoutez :* || 15. Régnier a dit : Selon le vent qui fait l'homme doit naviguer, *Sat.* VI. Cet emploi est archaïque et maintenant inusité ; nous dirions *qu'il fait* ; mais il n'est point incorrect. Dans cet emploi, *faire* est un verbe neutre ; *il*, un sujet indéterminé, qui peut très-bien être remplacé par le sujet déterminé ; il le pouvait du temps de Régnier ; il ne le peut plus aujourd'hui, de par l'usage. Pourtant une difficulté reste, celle d'expliquer le rôle grammatical du *que*, dans *qu'il fait*. Il semble être un régime direct, et cependant il ne l'est pas, puisqu'on dit : *la chaleur qu'il a fait*, et non *qu'il a faite*. La locution régulière serait *le vent qui il fait, la chaleur qui il a fait*, puisque dans *il fait beau temps*, l'explication grammaticale est : *il*, c'est-à-dire *beau temps, fait*, et ici : *il*, c'est-à-dire, *le vent qui, fait* ; *il*, c'est-à-dire, *la chaleur qui, a fait*. Mais la prononciation n'a pas admis *qui il*, et, au risque d'un solécisme, a dit *qu'il*. Ou, si l'on veut, le *que* est devenu régime direct par fausse analogie, à mesure que le sens clair de *faire* pour *exister* devenait obscur et se perdait. || 16. Bossuet a dit *ne faire que de*, dans le sens de, ne faire que : Ne vous étonnez pas, chrétiens, si je ne fais plus, faible orateur, que de répéter les paroles de la pieuse Palatine, *Anne de Gonz*. Il faudrait *que répéter*. Sans doute ces deux locutions *ne faire que* et *ne faire que de* sont très-voisines, et à l'origine elles ont pu être équivalentes. Mais, depuis que l'usage leur a assigné un sens spécial, leur voisinage même commande qu'on fasse bien attention à ne pas les confondre. || 17. Faire beauté : Le Sage, dans *Gil Blas*, VII, 13, se moque de cette expression en la mettant dans la bouche de Fabrice, célébrant le gongorisme : « Je veux, par un seul trait, te faire sentir la différence qu'il y a de la gentillesse de notre diction à la platitude de la leur. Ils diraient par exemple, tout uniment : Les intermèdes embellissent une comédie ; et nous, nous disons plus joliment : Les intermèdes font beauté dans une comédie. Remarque bien ce font beauté. En sens-tu tout le brillant, toute la délicatesse, tout le mignon ? »

† **FAIRE-VALOIR** (fè-re-va-loir), *s. m.* Terme de banque. Action de faire produire un revenu à des capitaux, à une entreprise. Un abaissement du loyer de l'argent, nuisible au faire-valoir des ressources confiées aux sociétés de crédit, PATON, *Journ. des Débats*, 9 avr. 1877, 3e page, 5e col.

† **FAISANDAGE** (fè-zan-da-j'), *s. m.* Action de faisander. Comme elle [la bécasse] a besoin pour développer toutes ses qualités d'être soumise au faisandage, le médecin doit l'exclure du régime des convalescents, Dr E. DECAISNE, *l'Univers illustré*, 20 nov. 1875, p. 743, 1re col.

1. **FAISANDIER.** *Ajoutez :* || 2° *Adj.* Faisandier, faisandière, qui appartient au faisan. Au nord de la Loire, il est aujourd'hui bien peu de départements où l'on ne puisse citer des parcs dotés d'une population faisandière, *Journ. offic.* 27 oct. 1876, p. 7707, 3e col.

FAISCEAU. — ÉTYM. *Ajoutez :* L'Aunis a le simple *faisces*, branchages de 6 à 7 mètres de longueur qui sont employés pour entrelacer les pieux des bouchots, *Gloss. aunisien*, p. 105.

FAISEUR. *Ajoutez :* || 5° Faiseuse d'anges, nourrice qui laisse mourir de propos délibéré les nourrissons qu'on lui confie ; cette expression a souvent retenti dans les discussions à propos de la mortalité des enfants mis en nourrice. Il y a surtout la nourrice à emporter ; alors l'enfant peut mourir pendant le voyage ; s'il échappe à ce danger, il est transplanté dans un milieu souvent misérable, parfois immoral, en butte aux brutalités d'une mégère qui peut être une faiseuse d'anges, L. NARVAL, *la Phil. posit.* sept.-oct. 1875, p. 199.

† **FAISONNAT** (fè-zo-na) ou **FAISSONNAT** (fè-so-na), *s. m.* Sorte de fagot. Les éclaircies donnent des faissonnats de pins qui sont demandés, *Enquête sur les incendies des Landes*, p. 44. Valeur sur place des divers produits ligneux :.... faissonnats de pins.... 11 fr. le cent.... faissonnats de chêne.... 16 fr. le mille, *ib.* p. 257. Bois à brûler dit de corde, échalas, fagots, faisonnats (bois à brûler), lattes, madriers.... *Avis du préfet de la Seine* du 6 sept. 1876, dans *Gaz. des Trib.* du 9, p. 871, 4e col.

— REM. *Faisonnat* est un mot bordelais, et désigne à Bordeaux un fagot composé de gros et de petit bois. C'est un dérivé irrégulier du lat. *fascis*, faisceau ; le bas-latin a *fassinerium*.

† **FALAQUE** (fa-la-k'), *s. m.* Instrument de supplice usité au Maghreb.

— ÉTYM. Portug. *falaca*, de l'arabe *falaga*, DOZY, *Gloss.* p. 262.

† **FALBALASSER.** *Ajoutez :* — REM. On trouve aussi falbalater. Des pelotons de belles endiamantées, fardées, falbalatées, *Lett. du P. Duchêne*, 7e *lettre*, p. 7.

† **FALÈRE** (fa-lè-r'), *s. f.* Nom, dans le Roussillon, de la météorisation des bêtes ovines, *les Primes d'honneur*, p. 772, Paris, 1874.

FALLACIEUX. *Ajoutez :* — REM. Fallacieux ne vaut rien ni en prose ni en vers, VAUGEL. *Nouv. Remarques*, édit. 1690, in-12, p. 90. Cette injuste condamnation n'a pas été ratifiée.

— HIST. XVIe s. *Ajoutez :* Loin, loin, bien loin de moy, pensers fallacieux, Espoirs faux et trompeurs.... DESPORTES, *Diane*, II, 57.

FALLOIR. || 7° *Ajoutez :* || Absolument. Tout le mal vient d'avoir pris la plume quand il ne fallait pas, J. J. ROUSS. *Lett. à M. D....* 6 mars 1763.

† **FALLOPE** (fal-lo-p'), *s. m.* Anatomiste, né à Modène en 1523. || Terme d'anatomie. Trompe de Fallope (voy. TROMPE, n° 9, au Dictionnaire).

† **FALLUE** (fa-lue), *s. f.* Nom, dans le département de la Manche, d'une sorte de brioche. Dès le 25 septembre, la petite fille de H...., enfant de neuf ans, lui racontait que Marie avait, la veille, régalé de fallue et de pêches un galant du voisinage, *Avranchin*, 22 déc. 1872.

1 **FALOT.** — ÉTYM. *Ajoutez :* M. Mantellier, *Glossaire*, Paris, 1869, p. 31, cite une forme *feullet* du XVIe siècle. *Feulet* doit être rapproché du bourg. *foilô*, et ils dérivent tous les deux de l'ancien franç. *faille*, torche.

2. **FALOT, OTTE.** — ÉTYM. *Ajoutez :* On peut mettre aussi en regard le bas-breton *fal*, fou, *falgoet*, bois du fou.

† 1. **FALQUE.** — ÉTYM. *Ajoutez :* D'après Dozy, *Gloss.* p. 263, l'esp. *falca* est un dérivé de la racine arabe *halaq*, entourer, d'où *halq*, clôture.

FALUN. — ÉTYM. *Ajoutez :* M. Roulin approuve l'allem. *fahl*, angl. *fallow*, gris-cendré, la couche de *falun* formant un dépôt meuble qui se distingue de la couche qui la recouvre, par sa couleur.

FAMÉ. — REM. On l'a dit sans adverbe au sens de : très-connu.... Se saisiraient de quelques-uns de leurs chefs *famés* par leur anticivisme, BABŒUF, *Pièces*, I, 22.

FAMILIÈREMENT. — HIST. *Ajoutez :* XII° s. Lo vesque de Spolice, ki ja diz à moi en amistiez familiarement fut joinz, *li Dialoge Gregoire lo pape*, 1876, p. 168. || XIV° s. Après commansarent à parleir ensamble familiarement, *Arch. des miss. scient.* 3° série, t. I, p. 282 (texte de Metz).

† **FAMILISTÈRE** (fa-mi-li-stè-r'), *s. m.* Dans le langage des fourriéristes, établissement où plusieurs familles réunies vivent et trouvent ce qui leur est nécessaire. Le familistère de Guise (Aisne).

— ÉTYM. Ce mot est de l'invention de M. Godin, créateur du *familistère*, et qui l'a formé à l'imitation de *phalanstère*.

FAMINE. *Ajoutez :* || 3° Nom, dans la Seine-Inférieure, d'une plante qui envahit les blés d'hiver, surtout dans les années humides (*alopecurus agrestis*), *les Primes d'honneur*, Paris, 1869, p. 12.

† **FAMOSITÉ.** *Ajoutez :* N'a-t-il pas suffi, à l'un de ces hommes qui ont acquis le plus de famosité, d'avoir passé quelques heures dans le cabinet de M. Thiers pour y puiser une inviolabilité.... *Journ. offic.* 26 fév. 1875, p. 1442, 1re col.

FANAL. — HIST. *Ajoutez :* XIV° s. Phanars prins pour faire feu de nuit, *Mandements de Charles V*, 1369, p. 322.

† **FANÈGUE.** — ÉTYM. *Ajoutez :* Port. *fanga*, de l'arabe *fanêga*, grand sac, DOZY, *Gloss.* p. 265.

† **FANFARISTE** (fan-fa-ri-st'), *s. m.* Musicien appartenant à une fanfare. Les fanfaristes de cavalerie existent comme trompettes dans le tableau, *Journ. offic.* 14 mars 1875, p. 1938, 2° col.

FANGE. *Ajoutez :* || Fange ou fagne, nom sous lequel on désigne, en Belgique et ailleurs, les marais tourbeux. || Hautes fanges ou hautes fagnes, marais tourbeux situés sur une colline ou une montagne, *Bullet. de la Société botanique de France*, 1873, *Compte rendu de la session extraordinaire tenue à Bruxelles en* 1873. D'après les renseignements que nous recevons du département des Ardennes,... on voit aussi des vols nombreux de grues; une bande de ces oiseaux, qui s'était arrêtée sur les hautes fanges en pleine nuit, avait attiré quelques tireurs, *Journ. offic.* 5 nov. 1874, p. 7393, 2° col.

— ÉTYM. *Ajoutez :* M. Ch. Grandgagnage, *Dictionnaire wallon*, I, p. 201, et II, p. 23, avait expliqué *fange* par *fagne*, dérivé *fagne* de *fania*, mot germanique latinisé, et en même temps identifié le terme allemand *hohe Vehen* avec celui des *hautes fagnes*. Il avait raison. M. Gaidoz (*Mém. de la Soc. de linguistique de Paris*, t. II, 2° fasc. p. 171) a confirmé cette étymologie, en remarquant que diverses localités dites *fania* dans les textes latins portent en français le nom de *fange*; cela est péremptoire. Il faut encore ajouter, en renfort de cette étymologie, que l'Aunis a *fagne*, boue, et *fagnou*, boueux, *Gloss. aunisien*, p. 104.

FANTAISIE. — HIST. *Ajoutez :* XII° s. Quant li corages ki acoustumeiz est es corporeiz choses penset de cele substance [de Dieu], si soffret les fantasies de diverses ymagenes, *Job*, p. 485. || XIII° s. Pour la legiereté de la teste de ladite Clemence et pour les fantaisies que ele disoit à la foiz [parfois], *Miracles St Loys*, p. 147.

† **FANTAISISTE.** *Ajoutez :* || 2° Imaginaire, qui se produit suivant la fantaisie. Qu'on ne saurait reconnaître ce caractère à ceux [des cours de Bourse] que l'on invoque aujourd'hui, et qu'il convient avant tout de les écarter du débat, comme fantaisistes et arbitraires,... *Gaz. des Trib.* 14 avril 1875, p. 361, 4° col.

† **FANTASCOPE** (fan-ta-sko-p'), *s. m.* Forme abrégée de fantasmascope. On terminera par quelques jeux d'optique, fantascope..., *Salle du progrès*, direct. l'abbé Moigno, séance du 15 oct. 1872.

† **FANTASMATIQUE.** *Ajoutez :* || *S. m.* Les fantasmatiques, sectaires chrétiens qui pensaient que Jésus-Christ n'avait passé qu'en apparence par les épreuves de la vie humaine. Une telle doctrine fit donner à ce sectaire [Theodosius] et à ses partisans le nom de fantasmatiques, puisqu'elle réduisait le corps de Jésus-Christ à n'être qu'une illusion ou un simple fantôme, AM. THIERRY, *Rev. des Deux-Mondes*, 1er avril 1872, t. XCVIII, p. 526.

FANTASQUEMENT. — HIST. *Ajoutez :* || XVI° s. ... une fievre ardente.... qui dans le cerveau Nous peint fantasquement d'un inconstant pinceau Tout autant de pourtraits qu'en forme la nature, DU BARTAS, *Œuvres*, 1611, p. 47.

FANTÔME. *Ajoutez :* || 12° Il s'est dit pour effigie d'un homme condamné à mort. Lorsque Théophile fut pris au Châtelet, se sauvant en Angleterre, après l'exécution de son fantôme, FR. GARASSE, *Mémoires*, publiés par Ch. Nisard, Paris, 1861, p. 78.

FAON. *Ajoutez :* — REM. D'après Nicot, faon ne doit se dire que des petits des bêtes sauvages qui rongent : « Faon signifie, quant aux bestes de ronge sauvages, comme bisches et daims, le petit dont les femelles delivrent.... mais on ne peut dire faon d'une beste mordant, comme laye, ourse, lyonne, elephante, ains ont autres noms particuliers. » Le mot *faon* est, d'origine, un terme générique qui s'appliquait aux petits de tous les animaux, et Robert Estienne a encore dit dans son Dictionnaire : « le petit faon des elephans, *vitulus elephantorum*, (1539). » Mais il est certain que peu à peu l'usage a resserré l'emploi de ce mot; aujourd'hui il ne s'applique plus qu'aux petits des animaux sauvages, et encore ceux qui ne sont pas très-petits; car on ne dirait plus, comme Eustache Deschamps, un faon de lièvre. Ce sont des bizarreries de l'usage, et l'ancienne langue était plus conséquente.

† **FARADIQUE** (fa-ra-di-k'), *adj.* Terme de physique. Qui a rapport à la faradisation, à l'électricité d'induction. L'excitation galvanique ou faradique de certains points de l'écorce grise cérébrale provoque des mouvements dans diverses parties du corps et particulièrement dans les membres, ROCHEFONTAINE, *Acad. des sc. Comptes rendus*, t. LXXXIII, p. 233.

— ÉTYM. Voy. FARADISATION au Dictionnaire.

† **FARASSA** (fa-ra-sa), *s. m.* Animal de Madagascar qui ressemble au cheval, CORTAMBERT, *Cours de géographie*, 10° éd. Paris, 1873, p. 646.

† **FARAUDER** (fa-rô-dé), *v. n.* Faire le faraud, *Gloss. aunisien*, p. 105.

† **FARCER.** — HIST. *Ajoutez :* XIII° s. Ne il ne rest à enseignier, De tout se farsoit de legier, *Li chevaliers as deus espées*, v. 11189.

FARCI. *Ajoutez :* || Gabion farci, voy. GABION.

FARCIN. — HIST. *Ajoutez :* || XII° s. Deus vus ad komandé son berbil à guarder; Et si est vostre oeille, vus le devez mener; Li pastur deit tus dis le farcin returner, Et l'oeille malade sur sun col deit porter; Ne la deit pas leisseir al farcin estranger, *Thom. le mart.* p. 44, éd. Hippeau.

† 1. **FARDE.** *Ajoutez :* || 2° Il y a une autre farde d'environ 700 kilogrammes. Au Caire, le stock [de cire à blanchir] s'élevait, à la fin de décembre, à une cinquantaine de fardes, quelque chose comme 35 à 40 000 kilogr., *Journ. offic.* 9 fév. 1874, p. 1127, 3° col. || 3° Liasse de papiers. Farde du fonds de Ram, de la bibliothèque royale [de Bruxelles], ARMAND STÉVART, *Procès de Martin Étienne von Velden*, Bruxelles, 1871, p. 66.

† 2. **FARDE** (far-d'), *s. f.* Synonyme de falque, terme de marine (voy. ce mot au Dictionnaire).

FARDEAU. *Ajoutez :* || 8° Réunion de plusieurs colis en un seul. L'article 16 [de la loi de douanes du 27 juillet 1822] défend de réunir par une même ligature plusieurs colis, soit ballots, caisses ou surons fermés, pour en former un fardeau qu'on déclare comme unité, *Circulaire des douanes*, 28 juill. 1822, 20 740. || En fardeau, expression consacrée en parlant de colis réunis en un seul par un moyen quelconque. Sur quelques points, les fabricants ou marchands qui emportent ou font des livraisons à des établissements industriels de l'intérieur sont dans l'usage de réunir diverses caisses en fardeau sous un seul lien; pourvu que la réunion des caisses soit formée de manière à rendre toute substitution impossible, il ne sera, dans ce cas, apposé qu'un seul plomb, *Circul. des contrib. indir.* 13 fév. 1871, n° 114, p. 4.

— ÉTYM. *Ajoutez :* M. Devic, *Dict. étym.*, reconnaît l'origine arabe de *fardeau*, mais non pas telle que Diez l'indique. Il le tire de l'arabe *farda*, ballot, qu'il rattache à la racine *fard*. *Fard* signifie chacune des deux parties d'un objet unique. Or *farda*, outre ballot, marque de plus : chacun des deux battants d'une porte, chacune des deux étrivières d'une selle, chacun des deux arbalétriers d'une ferme. Facilement, il a pris le sens de chacun des deux ballots formant la charge d'un chameau. En effet la *farde* est la demi-charge du chameau. C'est de là qu'il a passé dans les langues de l'Occident.

1. **FARDER.** *Ajoutez :* — REM. Se farder a été dit des chats qui, à l'approche du mauvais temps, se passent les pattes sur les oreilles. A l'approche de la pluie, les hirondelles se tiennent près des habitations et rasent la terre dans leur vol, les lézards se cachent, les chats se fardent, les oiseaux lustrent leurs plumes, *Journ. offic.* 20 sept. 1873, p. 5976, 1re col.

† 2. **FARE** (fa-r'), *s. m.* Dans les marais salants, compartiment de la série des chauffoirs, *Enquête sur les sels*, 1868, t. I, p. 510.

FARINE. *Ajoutez :* || 5° Farine ronde, voy. ROND 4 au Supplément.

FARRAGO. — HIST. XVI° s. *Ajoutez :* Homenaz tira d'ung coffre près le grand autel ung gros faratz de clefs, RAB. IV, 50. Autre recueil ou ferraille de toutes pieces commancé par ledit sieur de Quantilly [Thiboust, sieur de Quantilly] le premier jour de septembre l'an 1545, *Bibl. nat.* Ms fonds franç. 4677 (note communiquée par M. Ducas, membre de la Société asiatique). On remarquera les formes singulières de *farratz* et *ferraille*; M. Ducas pense qu'elles proviennent de *farrago*; cela est très-probable; du moins *ferraille*, au sens qu'il a ici, ne peut venir de *fer*.

† **FARSANGE** (far-san-j'), *s. f.* Le même mot que parasange (voy. ce mot au Dictionnaire). En persan *ferseng*.

† **FAR-WEST** (far-ouèst'), *s. m.* Mot anglais par lequel on désigne les contrées lointaines qui sont à l'ouest des États-Unis. Tout le Far-West jusqu'au Pacifique vient s'alimenter là [à Chicago], L. SIMONIN, *Rev. des Deux-Mond.* 1er avril 1875, p. 569.

— ÉTYM. Angl. *far*, au loin, et *west*, ouest.

† **FASCICULAIRE.** *Ajoutez :* || 2° Qui a rapport aux faisceaux musculaires. Convulsion fasciculaire.

FASCINE. *Ajoutez :* || Fascine à revêtir, pour soutenir les talus d'un épaulement, d'une batterie; fascine à farcir, dont on remplit les gabions farcis; fascine à tracer, qui sert à faire le tracé des tranchées; fascine de couronnement; fascine de blindage; fascine goudronnée, fagot de bois sec enduit d'une composition incendiaire.

† **FASSAITE** (fa-sè-t'), *s. f.* Terme de minéralogie. Variété de pyroxène qui se rencontre dans le Tyrol.

FASTES. *Ajoutez :* — REM. Fastes ne s'emploie pas au singulier, qui a contre lui l'étymologie et l'usage. C'est une faute de dire : un des fastes. Le but du concours, le siége de Pise par les Florentins, la consécration d'un des fastes de l'histoire de Florence, H. HOUSSAYE, *Rev. des Deux-Mondes*, 15 fév. 1875, p. 866.

FASTIDIEUX. *Ajoutez :* || 2° Dégoûté, difficile à satisfaire (c'est un latinisme). La critique la plus fastidieuse fut obligée de reconnaître que..., ED. SCHERER, *Études critiques sur la littér. contemp.* p. 22.

† **FASTIQUE** (fa-sti-k'), *adj.* Néologisme. Qui a du faste. Sachons montrer que je sais me taire dans un moment où la parole serait si regardée et si fastique, *Lett. du P. Lacordaire à Mme Swetchine*, 12 nov. 1843.

FAT. *Ajoutez :* — REM. L'Académie dit que fat n'est usité qu'au masculin. Voici un exemple du féminin : Cette émigration fate [les émigrés à Bruxelles, en 1792] m'était odieuse, CHATEAUB. *Mém. d'outre-tombe*, éd. Deros, 1852, t. I, p. 192. Rien n'empêche d'imiter Chateaubriand.

FATAL. *Ajoutez :* — HIST. XIV° s. La discipline etrusque ainsi est et a esté baillée en leur livres fataux, que..., BERCHEURE, f° 102, *verso*.

† **FATALISER** (fa-ta-li-zé), *v. a.* Néologisme. Marquer par le destin. Ampère, nourri de René, d'Oberman, de Werther, a trouvé le tourment de sa vie, l'idole aux pieds de laquelle brûleront les aspirations vagues, les inquiétudes, les doutes qu'un temps fatalisé mettait entre l'inspiration des jeunes âmes et la réalité de leurs œuvres, KARL STEEN, *Journ. offic.* 18 août 1875, p. 6926, 2° col. Mlle Sarah Bernhardt use son charme et sa puissance poétique sur ce raide personnage de Missis [missis est la prononciation vulgaire de mistress] Clarkson.... qu'elle assombrit, qu'elle fatalise, qu'elle mélodramatise encore, ALPH. DAUDET, *Journ. offic.* 21 fév. 1876, p. 1330, 1re col.

FATALITÉ. *Ajoutez :* — HIST. XVI° s. Le vouloir toutefois ou la necessité Changent souvent le cours de la fatalité, DU BELLAY, IV, 72, *recto*.

† **FATIDIQUEMENT** (fa-ti-di-ke-man), *adv.* D'une manière fatidique. Certes, les deux charpentiers que je voyais hier préparer leurs échafaudages, n'avaient guère conscience du caractère fatidique-

ment grave de leur besogne, *Gaz. des Trib.* 2-3 nov. 1874, p. 1053, 2e col.

† **FATIGABLE** (fa-ti-ga-bl'), *adj.* Qui peut être fatigué, qui peut se fatiguer. Le dictionnaire de MM. Böthlingk et Roth.... comprend sept volumes grand in-4°, à deux colonnes, et en petits caractères très-bien imprimés, mais un peu fins pour les yeux fatigables des travailleurs, F. BAUDRY, *Journ. des Débats*, 9 janv. 1876, 3e page, 4e col.

FATRAS. — HIST. *Ajoutez :* XIVe s. Il vint à Mahommet qui tournoit à compas, Et ly a dit : faus dieux, tu ies plains de fastras; Mais ly dieux qui perdus fu delès Gorgatas Aide ses crestyens et acroist leur estas, *Godefroid de Bouillon*, t. II, p. 506, v. 17 808. D'un fastras ou d'une frivole Cent mille tans font plus grant feste Et plus tost leur entre en la teste C'uns contes de bien et d'onneur, *Dits de Watriquet*, p. 284. Ahy! dist il en lui, or n'y vault mes baras [ma tromperie]; Aujourd'hui bien paray [payerai] les fais et les fastras [mensonges] Que Matabrune a fait sans conseil d'avoicas, *le Chevalier au cygne*, v. 1868. || XVe s. *Ajoutez :* Fault il tant faire de fattras de ce mouton [pièce de monnaie]? DU CANGE, *fatuare.* || XVIe s. *Ajoutez :* Fatras, sorte de vers anciens où on repete souvent un vers, comme aux chants royaux; et fatriser, c'est faire de ces vers, BOREL, *Trésor*, 1655, in-4°, p. 192-193.

— ÉTYM. *Ajoutez :* La dérivation par le lat. *fartus* ou le bas-lat. *farsatus*, farci, reste toujours sujette à des doutes. Il ne faut donc pas négliger de rapprocher de *fatras* l'anc. franç. *fatroulle* et *fastroulle* qui a à peu près le même sens. *Fastroulle* aurait l'avantage de présenter un analogue à l'*s* de *fastras* et de *fastrasie.*

FATUITÉ. *Ajoutez :* — REM. Bouhours, *Doutes sur la langue française*, p. 7, demande si ce mot est français. Il l'était bien avant Bouhours.

FAUBOURG. *Ajoutez :* || 3° Fig. Préliminaire, préparation. Ceux qui ne sont pas encore arrivés à la sagesse, mais sont logés aux faubourgs, MALH. *Lexique*, éd. L. Lalanne.

FAUBOURIEN. *Ajoutez :* — REM. On a dit, pendant la Révolution, faubourgeois. Les faubourgeois de Marceau se répandraient, avec les casernes des rues Mouffetard et de l'Ourcine, vers et dans la caverne directoriale, BABŒUF, *Pièces*, I, 22.

† **FAUCARD.** *Ajoutez :* — HIST. XIVe s. *Falcastrum*, faucars, ESCALLIER, *Vocab. lat.-franç.* 1059.

† **FAUCHABLE** (fô-cha-bl'), *adj.* Bon à être fauché. Dès les premiers jours d'octobre, les vaches quittent les alpages; elles descendent sur les prés fauchables, où elles mangent le regain sur pied, *Reboisement des montagnes, Comptes rendus*, 1869-1874, 7e fasc. p. 114.

— HIST. XIIIe s. XXX jornex de prés faucaules, *Rec. des monum. inédits de l'hist. du tiers état*, t. IV, p. 768.

† **FAUCHAILLES** (fô-chá-ll', *ll* mouillées), *s. f.* Temps de la fauchaison. C'était l'époque de l'année où les bœufs ne labourent plus, et ne vont pas encore au pâturage; les fauchailles n'étaient pas commencées, G. SAND, *Rev. des Deux-Mondes*, 1er août 1875.

FAUCHAISON. — HIST. *Ajoutez :* XIIe s. Clamer se vindrent li vilain Al duc de lor prez l'endemain, Que tuit [sic] lor falcheison à tire E sie [coupe] e maumet et empire, BENOIT, *Chr. de Norm.* v. 17607.

† **FAUCHARD.** *Ajoutez :* || 2° Fauchard ou fauchon, ancienne arme à hampe, dont le tranchant présente une forme analogue à celle d'une serpe; le fer porte une pointe à la partie supérieure et une autre vers son milieu dans une direction perpendiculaire.

† **FAUCHURE** (fô-chu-r'), *s. f.* Le produit du fauchage. Le pré valait-il la fauchure? PIRON, *Misères de l'amour.*

— ÉTYM. *Faucher. Fauchure* se trouve dans le *Dict. nouv. franç.-lat.* par le P. Pajot, Rouen, 1687.

FAUCILLE. *Ajoutez :* || 5° Sorte de papillon, *bombyx falcataria* ou *falcula.* || Faucilles se dit aussi d'une petite classe de bombyx semblables à des arpenteuses, dont les ailes supérieures se terminent en forme de faucille. || 6° Nom, aux Antilles, de la phocène commune.

† **FAUCILLER.** — HIST. *Ajoutez :* || XIVe s. Booth, qui mont granz blez avoit, Les suens blez fausillier fesoit, MACÉ, *Bible en vers*, fo 32, 1re col.

† **FAUCILLEUR** (fô-si-lleur, *ll* mouillées), *s. m.* Ouvrier qui coupe avec la faucille. Les faucilleurs, les rateleurs, les faucheurs et les botteurs, *Lett. de Romme*, dans *le P. Duchêne*, 122e lettre, p. 8.

† **FAUCRE** ou **FAULCRE.** *Ajoutez :* — REM. On a aussi écrit *fautre* ou *feltre*; on en trouve des exemples à l'historique de *feutre.* Plus tard le faucre s'est appelé arrêt ferme, arrêt de la lance.

† **FAUDE** (fô-d'), *s. m.* Nom, en Normandie, du bûcher qu'on allume pour faire du charbon, DELBOULLE, *Gloss. de la vallée d'Yères*, p. 151.

— HIST. XIIIe s. D'un lairon cunte qui alla Berbiz embler, qu'il espia Dedans la faude [étable] à un vilain, MARIE, *Fabl.* 28. || XVe s. Une faude de charbon, DU CANGE, *falda.*

— ÉTYM. Bas-lat. *falda*, claie, enclos, de l'anglo-sax. *fald*; angl. *fold.*

FAUFILÉ. *Ajoutez :* — REM. On a dit *faufilé* en parlant de pays qui ont des enclaves les uns dans les autres. Ce que le roi possède dans le Hainaut est tout frontière et faufilé avec Beaumont, Chimay, le pays de Liége et des bois (7 mars 1684), BOISLISLE, *Corresp. contrôl. gén. des finances*, p. 15.

† **FAUSSANT, ANTE** (fô-san, san-t'), *adj.* Terme de technologie. Se dit d'une pièce d'acier qui se fausse facilement. Toutes les fois qu'une lame est en mauvais acier, elle est faussante, inégale; au contraire, quand elle réunit les conditions d'une bonne fabrication, elle est bien tendue, bien élastique, *Enquête, Traité de comm. avec l'Anglet.* t. II, p. 55.

† **FAUSSART** (fô-sar), *s. m.* Ancienne épée fine et tranchante.

1. **FAUSSET.** — ÉTYM. *Ajoutez :* Il y a eu, en effet, dans l'ancien français, un *fausset* dérivant de l'adj. *faux, fausse :* XIVe s. Ha, dist le renart, il n'est rien que on ne face par comperes et par commeres; nous sommes tous de la frarie saint Faulsset [nous sommes tous des trompeurs], *Modus*, ms. fo 96, dans LACURNE, au mot *frarie.*

2. **FAUSSET.** — HIST. *Ajoutez :* XIVe s. Thiebaut le boutier, faussés et broches (1322), VARIN, *Archives admin. de la ville de Reims*, t. II, 1re partie, p. 304.

† **FAUSSETIER** (fô-se-tié), *s. m.* Lapidaire qui ne fait que la pierre fausse, CHRITEN, *Art du lapidaire*, p. 22.

— ÉTYM. *Faux, fausse.*

† **FAUVÉ** (fô-vé), *s. m.* Nom, donné dans le Calvados, à un sol jaune, peu épais, renfermant quelques pierres, *les Primes d'honn.* Paris, 1870, p. 7.

— ÉTYM. *Fauve.*

2. **FAUX.** *Ajoutez :* || 5° Faux de guerre ou faux à revers, arme obtenue en emmanchant, sur une hampe, une faux dont le tranchant est relevé dans le prolongement de la hampe. || 6° Canon en fer de faux, s'est dit d'un canon de fusil tordu, dans la composition duquel il entrait de vieux fers, des faux usées; cette expression a été étendue, par analogie, mais abusivement, aux canons à ruban en fer et acier.

† **FAVASSE** (fa-va-s'), *s. f.* Gesse tubéreuse. Il avait avisé à quelque distance du gros chêne une touffe de favasse en fleur; la favasse ou féverole, c'est cette jolie papilionacée à grappes roses que vous connaissez, la gesse tubéreuse,... G. SAND, *Rev. des Deux-Mondes*, 15 oct. 1875, p. 722.

— ÉTYM. Dérivé du lat. *faba*, fève.

FAVORABLE. — HIST. XIVe s. *Ajoutez :* Li cas dez eschevins est favorables, et li cas de leur adverse partie haineux (1345), VARIN, *Archives administr. de la ville de Reims*, t. II, 2e part. p. 970. Pour tant qu'il [un ministre anglais] estoit favorable au roy d'Escoce, J. LE BEL, *Vrayes chroniques*, t. I, p. 8.

FAVORI. *Ajoutez :* || 7° *S. f.* Favorite, nom, au XVIIe siècle, d'un ajustement de femme. Lorsqu'elle sait artistement Pencher le corps et tortiller la tête, Ou de son éventail ouvert nonchalamment Ranger sa favorite, et redresser sa crête, DU FRESNY, *le Négligent, Prologue*, 3. || 8° Terme de turf. Favori, cheval sur lequel se réunit la plus grande somme des paris, et qui est coté le plus favorablement.

† **FAYALITE** (fa-ia-li-t'), *s. f.* Péridot d'un noir de fer, à éclat métallique, dont la magnésie a été remplacée presque entièrement par l'oxyde ferreux, PISANI, *Minéralogie*, 1875.

† **FAYAN** (fa-ian), *s. m.* Nom du hêtre dans l'Aunis, *Gloss. aunisien*, p. 105.

— ÉTYM. Voy. FAYARD au Dictionnaire.

† **FAYOL.** — ÉTYM. *Ajoutez :* C'est le provenç. *faisol*, ital. *fagiolo*, qui tous viennent du lat. *faseolus* (voy. FASÉOLE).

FÉBRICITANT. — ÉTYM. *Ajoutez :* L'ancienne langue avait le lat. *febricitare* sous la forme *fievrier :* XIIe s. Une d'eles [religieuses] ki solunc la purreture de ceste char semblevet estre bele, comenzat à fievrier, *li Dialoge Gregoire lo pape*, 1876, p. 18.

† **FÉBRIGÈNE** (fé-bri-jè-n'), *adj.* Qui engendre la fièvre. La visite des étangs marécageux de la Dombes et l'examen de leurs agents fébrigènes, *Journ. offic.* 26 sept. 1872, p. 6199, 3e col.

— ÉTYM. Mot hybride, du lat. *febris*, fièvre, et le suffixe .... *gène.*

† **FÉCULOMÈTRE** (fé-ku-lo-mè-tr'), *s. m.* Instrument qui sert à mesurer la proportion de fécule sèche contenue dans les fécules du commerce. Le féculomètre de Bloch.

— ÉTYM. *Fécule*, et lat. *metrum*, mesure.

† **FEDDAN** (fèd-dan), *s. m.* Mesure agraire en Égypte, qui vaut 333 *kasabah* carrées et 1/3; la *kasabah* a de longueur 3m,55 (*le Système métrique d'Égypte comparé au système français*, Mahmoud-Bey, 1872). Ce prince [Méhémet-Ali] créa le jardin de Choubrah, d'une superficie de 60 feddans et y fit planter une quantité considérable d'arbres fruitiers,... *Journ. offic.* 2 déc. 1872, p. 7468, 2e col.

† **FEDERERZ** (fé-dèr-èrts'), *s. m.* Terme de minéralogie. Sulfure double d'antimoine et de plomb.

— ÉTYM. Allem. *Feder*, plume, et *Erz*, bronze.

† **FEDON** (fe-don), *s. m.* Nom, dans la Vienne, des jeunes baudets, *les Primes d'honneur*, Paris, 1872, p. 302. Beaucoup de fedons (c'est l'expression locale qui désigne les jeunes baudets) périssent dans les premiers jours de leur existence, *Bulletin de la Soc. d'agric. etc. de Poitiers*, déc. 1874, p. 214.

— ÉTYM. Du Cange a *feda*, qui signifie brebis. Le *fedon* du Poitou a le même radical, c'est un dérivé du lat. *fetare*, rendre fécond; de la sorte *fedon* se trouve être le même mot que *faon.*

FÉE. — ÉTYM. *Ajoutez :* Dans le Chablais, *fighe, fie;* dans le Jura français, *fau* ou *fé;* dans le canton de Vaud, *fatha* ou *fada.*

† **FELBOL** (fèl-bol), *s. m.* Terme de minéralogie. Silicate ferrique hydraté.

FÊLER. — HIST. *Ajoutez :* XVe s. Une coupe de cristal follée, à ung pié d'or.... non extimée pour ce qu'elle est follée, *Bibl. des ch.* 6e série, t. I, p. 428.

† **FÉLIBRE** (fé-li-br'), *s. m.* Proprement, poëte en langue d'oc, de l'école de Roumanille et de Mistral. || En général, tout homme contribuant par ses œuvres, soit en vers, soit en prose, au succès de la renaissance provençale.

— ÉTYM. On raconte que Mistral, récitant une poésie populaire où *félibre* se trouve au sens de docteur, ce mot plut aux convives, qui l'adoptèrent.

† **FÉLIBRIGE** (fé-li-bri-j'), *s. m.* Association des félibres. La réunion avait principalement pour but l'adoption des statuts du félibrige; divers articles en ont été votés par acclamation, après un discours d'ouverture prononcé par l'auteur de *Mirèio, l'Union de Vaucluse*, dans *Journ. offic.* 27 mai 1876, p. 3626, 1re col. En souvenir des sept troubadours de Toulouse, le félibrige a pour symbole une étoile à sept rayons; ses jeux floraux ont lieu tous les sept ans; son bureau est composé de sept personnes, le président restant hors de compte, *Rev. des langues romanes*, 2e série, t. I, p. 365.

1. **FÉLICITÉ.** *Ajoutez :* || 5° La 109e planète télescopique, découverte par M. Peters, en 1869.

† **FÉLINITÉ** (fé-li-ni-té), *s. f.* Néologisme. Caractère félin, caractère qui a la souplesse et la perfidie du chat. Nous connaissons maintenant le principal adversaire de J. B. Rousseau [Joseph Saurin], nature inquiète, vaine, superbe, perfide, et d'une félinité beaucoup plus féroce, beaucoup moins souriante et apprivoisée que celle de La Motte, M. DE LESCURE, *le Procès de J. B. Rousseau*, *Journ. offic.* 25 nov. 1875, p. 9662, 2e col.

— ÉTYM. *Félin* 1.

FELOUQUE. — ÉTYM. *Ajoutez :* Il y a dans certains lexiques arabes *faluka* ou *falouka*, d'où les étymologistes ont tiré *felouque*, et qu'ils rattachent à l'ancien arabe *foulk*, navire. Mais M. Dozy repousse cette étymologie; il assure que *foulk* n'appartient pas à la langue arabe qu'on parlait au moyen âge, que c'est un vieux mot qu'on ne rencontre que chez les poëtes qui recherchent les termes archaïques, et que, n'étant point dans la bouche du peuple et des marins, il n'a pu passer dans les langues romanes. Conséquemment, en place il propose l'arabe *harrâca*, primitivement barque de dessus laquelle on pouvait lancer le naphte sur les vaisseaux ennemis, et par suite toute barque ou petit vaisseau; *harrâca*, qui vient de *haraca*, brûler, a donné en ancien espagn. *haloque*, puis les autres formes romanes. Mais M. Devic, *Dict. étym.*, ne pense pas que les étymologistes se laissent convaincre, et il croit qu'ils persisteront dans leur opinion première. Jal nous apprend qu'au XVII° s. en français on disait aussi *falouque*.

† **FÉMELINE** (fé-me-li-n'), *adj. f.* Race fémeline, race de bœufs des plaines de la Haute-Saône et du Doubs. Race fémeline : les bœufs travaillent médiocrement ; les vaches sont bonnes laitières, *Dict. gén. de méd. vétérin.* 1850, p. 301.

— ÉTYM. *Fémelin*, dérivé de *femelle*, et dit en raison de la délicatesse des formes de cette sous-race, qui la rapproche de la forme des femelles.

FEMELLE. || 4° *Ajoutez :* || Bavardages femelles, bavardages de femmes. Je suis surpris.... qu'un homme d'autant d'esprit daigne faire attention à ces petits bavardages femelles, J. J. ROUSSEAU, *Lett. à du Peyrou*, 19 juill. 1766.

† **FEMELOTS.** *Ajoutez :* || 2° Femelot, petit cylindre de bois fixé sur la ligne de loch et destiné à recevoir à frottement un aiguillot relié par deux bouts de ligne aux angles inférieurs du bateau de loch.

FÉMININ. || 2° *Ajoutez :* || *S. m.* Le féminin, ce qui est propre aux femmes. C'est un visage exquis, très-régulier, du plus pur ovale, avec des yeux d'un brun foncé et respirant toutes les suavités de l'éternel féminin, H. BLAZE DE BURY, *Rev. des Deux-Mondes*, 15 mars 1877, p. 249.

† **FÉMINISATION** (fé-mi-ni-za-sion), *s. f.* Terme de grammaire. Action de féminiser, de rendre féminin un mot. La féminisation porte sur la totalité du mot composé : la franc-maçonnerie, une fille mort-née, une jument court-jointée, ÉMILE NEGRIN, *Traité rationnel des majuscules*, 1868, p. 13.

FÉMUR. *Ajoutez :* || 3° Terme d'architecture antique. Parties d'un triglyphe qui se trouvent entre les cannelures.

† **FENASSE.** *Ajoutez :* || 2° Nom donné dans les Alpes à des graines de prairies fournies par les herbes les plus élevées, dont on coupe les panicules avant la fenaison ; ce sont en général des graminées précoces et tout particulièrement l'avoine élevée ou fromental, MATHIEU, *le Reboisement des Alpes*, Paris, 1875, p. 35.

† 3. **FENDANT** (fan-dan), *s. m.* Fendant vert, nom d'un cépage dans le pays de Vaud ; c'est celui que les vignerons éclairés préfèrent, CH. VITTEL.

FENDEUR. *Ajoutez :* || 4° Ouvrier qui est chargé de dégrossir le diamant, et qui ne s'occupe après ce dégrossissement que des pierres trop plates pour être taillées en brillant, ou dont un défaut troublerait l'éclat.

† **FENDILLEMENT.** *Ajoutez :* || 2° Il se dit en général de tout ce qui se fendille. Secousses qui ont produit de grands fendillements dans le sol, *Acad. des sc. Comptes rendus*, t. LXII, p. 774.

† **FENDUE.** *Ajoutez :* || 2° Terme d'arts et métiers. Le dévidage du coton et la corderie à la fendue sont compris parmi les industries dans lesquelles les enfants de dix à douze ans peuvent être employés, *Décret du 1er mars* 1877.

† **FENDULE** (fan-du-l'), *s. m.* Sorte de poisson. M. Carbonnier a lu [à la Société d'acclimatation] un mémoire sur la reproduction d'un poisson très-utile, le fendule, *le National* du 5 déc. 1874.

† **FÉNELONISTE** (fé-ne-lo-ni-st'), *s. m.* Partisan de Fénelon et de ses doctrines. L'auteur [Ramsay], ayant été quaker, anabaptiste, anglican, presbytérien, était venu se faire féneloniste à Cambrai, VOLT. *Dict. phil. Cyrus.*

† **FENESTRELLE** (fe-nè-strè-l'), *s. f.* Terme d'architecture. Petite ouverture. Et ce campanile, qui sort de terre, dans son coin, sans broderies sauf les fenestrelles du dernier étage, quel élan vers les cieux ! Mme DE GASPARIN, *Voyages à Florence*, t. IV, 2° éd. Paris, 1865.

— ÉTYM. Ital. *fenestrella*, et plus souvent *finestrella*, dimin. de *finestra*, fenêtre (voy. ce mot).

FENÊTRE. || 1° *Ajoutez :* || Fig. Entrer par la fenêtre, entrer dans une corporation par une voie irrégulière. Qu'il [un médecin qui plaidait contre les médecins de Lyon] aurait bonne grâce d'entrer dans votre collége avec la bienveillance de tous ses confrères, plutôt que par la fenêtre, à quoi il ne gagnerait que leur indignation particulière et la haine publique, GUI PATIN, *Lett.* t. II, p. 343.

† **FENIAN** (fé-ni-an), *adj. m.* Feu fenian, sulfure de carbone tenant en dissolution du phosphore ; c'est une composition inflammable.

† **FENNEC.** *Ajoutez :* Le chamelier nous apporte.... deux petits renards lilliputiens appelés fennecs, de la grosseur d'un chat, qu'il a pris dans leur terrier de sable [non loin de Ghadamès], GASTON LEMAY, *le Rappel*, 1er mars 1876.

— ÉTYM. Bas-lat. *alfanegue, alfanez* ; espagn. *alfaneque*, de l'arabe *fanek*. M. Devic, *Dict. étym.*, remarque que la double *n* de *fennec*, qui n'est pas dans l'arabe, est du fait du célèbre voyageur Bruce.

FENTE. || 2° *Ajoutez :* || Fente de Bichat, sillon qui sépare le cerveau du cervelet.

— REM. Fente est encore usité dans le langage de la jurisprudence, et sans qu'on y joigne refente, pour exprimer la division de la succession entre la ligne paternelle et la ligne maternelle. Pour admettre la refente d'après la loi du 17 nivôse an II, il faudrait trouver dans cette loi une disposition qui l'eût autorisée entre les branches de la même ligne, comme elle a autorisé expressément la fente entre les deux lignes paternelle et maternelle, *Arrêt de la Cour de cassation*, du 12 brumaire an IX, dans MERLIN, *Répert. de jurispr.* au mot *succession*, VIII.

FÉODALEMENT. *Ajoutez :* — HIST. XVI° s. Les vassaux et tenant feodalement du dit seigneur doivent aider aux besognes.... *Rec. des monum. inédits de l'hist. du tiers état*, t. IV, p. 776.

† **FÉODALISATION** (fé-o-da-li-za-sion), *s. f.* Action de soumettre au régime féodal. La féodalisation de la terre, DE LAVELEYE, *Rev. des Deux-Mondes*, 1er août 1872, p. 534.

† **FÉODALISER.** *Ajoutez :* || 2° Se féodaliser, *v. réfl.* Prendre le caractère féodal. Comment les démocraties primitives se sont-elles féodalisées? DE LAVELEYE, *Rev. des Deux-Mondes*, 1er août 1872, p. 525.

† **FÉODISTE** (fé-o-di-st'), *s. m.* S'est dit pour feudiste (voy. ce mot). [Une petite nièce de Racine épousa en 1733] André Aubry, ingénieur féodiste, directeur de la poste aux lettres de la Ferté-Milon, *Lettres inédites de Jean Racine et de Louis Racine*, Paris, 1862, p. 254.

1. **FER.** *Ajoutez :* || 25° Armoire de fer, armoire de fer fabriquée en 1790 par ordre de l'Assemblée constituante, et qui, placée aux Archives, contient les objets et pièces les plus importantes, *Journ. offic.* 4 mars 1877, p. 1680, 1re col. || Armoire de fer, armoire fabriquée par Louis XVI avec l'aide de son serrurier, et où il enferma des papiers secrets. || 26° Arbre de fer, dans l'Inde le *mesuea ferrea*, à Maurice le *stadmannia ferrea*, BAILLON, *Dict. de botan.* p. 247. || 27° Fer brûlé, barre de fer qui, ayant été portée au blanc soudant et refroidie à l'air sans qu'on l'ait martelée, devient fragile à chaud comme à froid, et présente dans la cassure une cristallisation en lames. || 28° Mettre au vieux fer, se dit d'ustensiles en fer usés qu'on met au rebut. || Fig. Les hommes spéciaux affirment que la mulle-jenny, pour la filature de la laine longue, sera complétement mise au vieux fer avant peu d'années, *Enquête, Traité de comm. avec l'Anglet.* t. III, p. 617.

— REM. || 1. *Ajoutez :* Au n° 7, on aura remarqué, de Saint-Simon, la locution : c'est le fer chaud du pont Neuf. J'en dois l'explication à M. A. Chéruel, qui a trouvé dans Tallemant, au chapitre intitulé *Visionnaires extravagants, etc.* ceci : « Il y a eu ici un certain fou qui allait l'hiver sur le pont Neuf, avec un réchaud plein de feu, où il chauffait toujours un fer comme les fers de plombiers, et, s'approchant des passants, il leur disait : *Voulez-vous que je vous mette ce fer chaud dans le c..? — Coquin! — Monsieur, répliquait-il naïvement, je ne force personne, je ne l'y mettrai pas, s'il ne vous plaît pas.* On riait de cela, et puis il demandait quelque chose pour le charbon. » M. Chéruel remarque que *le fer chaud du pont Neuf* était devenu une expression proverbiale pour indiquer une demande absurde, impossible ; et c'est dans ce sens que Saint-Simon l'emploie. || 2. Au n° 43, on lit : Marchand de fer en meubles, celui qui vend des objets de literie, tels que matelas, plume, duvet, etc. *Tarif des patentes*, 1850, p. 114 ; et il est dit que fer en meubles est une mauvaise orthographe, et on renvoie au verbe FAIRE, n° 63 ; mais voici une explication différente : Ces industriels, anciennement connus sous la désignation de marchands de fer en meubles, ont, depuis quelques années, donné une grande extension à la fabrication des articles de literie, *Statistique de l'industrie de Paris par la Chambre de commerce*, 1851, 2° part. p. 167. (En note : Le nom de marchand de fer appliqué aux marchands d'articles de literie vient d'un vieux mot *feurre*, paille, paillasse). || 3. Au n° 21, revenir entre deux fers, se dit d'une pièce de monnaie qui ne trébuche pas. || Fig. Entre deux fers, se dit de quelque chose d'insuffisant. On trouvait [à propos de Mme de Vibraye] la qualité entre deux fers pour entrer dans le carrosse de la reine, SÉV. 26 janv. 1680. || En un autre sens, revenir entre deux fers, se dit d'une affaire qui recommence. Ce que j'en crus après.... c'est que la chose était revenue entre deux fers, ST-SIM t. VIII, p. 151, éd. Chéruel.

† **FÉRA** (fé-ra), *s. f.* Sorte de poisson d'eau douce. La féra, qui se multiplie dans le lac de Genève, traversé par le Rhône, pourrait s'acclimater dans les eaux du Bourget.... BOUCHON-BRANDELY, *Rapport au ministre de l'intér. Journ. offic.* 29 oct. 1873, p. 6608, 3° col.

†.... **FÈRE**, suffixe signifiant qui porte, et représentant le suffixe latin *fer*, de *fero*, porter ; grec, φέρω ; goth. *bairan* ; sansc. *bhar*.

† **FÉRIER** (fé-ri-é), *v. a.* Célébrer comme fête. La vieille université fériait amplement ce grand jour [la Saint-Charlemagne], *la Liberté*, 30 janvier 1869.

1. **FERME.** || 9° *Ajoutez :* || Vendeur ferme, celui qui vend effectivement, par opposition à celui qui vend la marchandise sans l'avoir, et qui n'est que commissionnaire. || Fig. et par application du terme de bourse à la politique. Il y en a deux [propositions] : l'une, celle de la commission, qui consent à la prorogation des pouvoirs, avec une condition suspensive ; l'autre, qui vous demande la prorogation ferme, toujours avec la perspective des lois constitutionnelles ; mais cette condition n'altérera pas le caractère définitif de la prorogation des pouvoirs, *Journ. offic.* 19 nov. 1873, p. 7040, 2° col. .... et qu'il vous demande de le proroger dès à présent, d'une manière ferme, qu'il advienne ou qu'il n'advienne pas de constitution, J. GRÉVY, *Journ. offic.* 20 nov. 1873, p. 7082, 2° col. || *Ajoutez :* || 11° Commandement pour déterminer un mouvement dans certaines manœuvres d'artillerie qui nécessitent le concours des efforts simultanés de plusieurs hommes. Dressez la pièce . ferme ! || 12° *S. m.* Le ferme, le sol ferme, consistant. Les fouilles faites à l'extérieur de la première tour furent poussées à quatre mètres de profondeur pour atteindre le ferme, *Rev. d'anthr.* t. IV, p. 507.

† **FERME-CIRCUIT** (fèr-me-sir-kui), *s. m.* Terme de physique. Mécanisme destiné à fermer à volonté un circuit électrique. Le ferme-circuit employé par le professeur Abel, *Revue maritime*, t. XLIV avril 1875, p. 278. || *Au plur.* Des ferme-circuits.

† **FERMENTABLE** (fèr-man-ta-bl'), *adj.* Susceptible de fermenter. Il ne faut voir dans cet état que l'effet d'une fermentation avancée produite par la chaleur considérable développée au milieu d'une matière fermentable et humide, *Gaz. des Trib.* 1er sept. 1875, p. 841, 3° col.

— REM. On dit aussi et plutôt fermentescible.

FERMENTATION. *Ajoutez :* || 5° Dans les brasseries, fermentation haute, celle où la levûre sort par le haut des tonneaux ; fermentation basse, celle qui se dépose au fond des tonneaux, où on la recueille après le soutirage de la bière, R. RADAU, *Rev. des Deux-Mondes*, 15 nov. 1876, p. 436.

FERMETÉ. — HIST XII° s. *Ajoutez :* Com plus [la pensée] voit haltes choses des celestes secreiz, plus tremblet tote la fermeteiz des humaines forces, *li Dialoge Gregoire lo pape*, 1876, p. 336.

† **FERMETTE.** *Ajoutez :* || Se dit aussi des petites fermes qui soutiennent un barrage. Un barrage mobile, dont les fermettes, une fois couchées, permettent aux bateaux de passer à toute hauteur d'eau, GRANGEZ, *Voies navig. de France*, p. 629. Dès 1834, on avait essayé avec succès à Basseville sur l'Yonne l'invention du barrage à fermettes mobiles de M. Poirée, *Journ. offic.* 28 août 1873, p. 5609, 1re col.

FERMETURE *Ajoutez :* — REM. On a dit fermature : Lorsque l'échéance des lettres arrive pendant la fermature de la banque, GIRAUDEAU, *la Banque rendue facile*, 1769, p. 160.

FERMIER. *Ajoutez :* || 5° *Adj.* Fermier, fermière, qui appartient aux fermes. Pompe fermière.

† **FÉROCEMENT** (fé-ro-se-man), *adv.* D'une manière féroce. De leurs fleurs férocement bariolées et tigrées.... s'exhalent des parfums âcres, pénétrants, vertigineux, TH. GAUTIER, *Portraits contemp. Baudelaire.*

FÉROCITÉ. *Ajoutez :* || 4° Il s'est dit pour fierté. Il garde au milieu de son amour la férocité de sa nation, RAC. *Baj.* 2° *Préface.* C'est un latinisme

— HIST. XIVe s. Il y a difference entre ferocité et cruaulté; car la ferocité ne considere point la coulpe, mais cruaulté considere la coulpe et sans mesure, *le Songe du Vergier*, I, 160. || XVe s. Angou [Anjou] naguiere estoit d'assez hardie Ferocité [caractère belliqueux].... RENÉ MACÉ, *Suyte de l'hist. de France*, fo 9.

† FÉROLES (fé-ro-l'). Bois de féroles, très-beau bois marbré [des Indes]; on s'en sert pour sculpter des meubles, *The art journal*, extr. dans *Journ. offic.* 7 oct. 1875, p. 8539, 2e col.

† FÉRONIA (fé-ro-ni-a), *s. f.* La 72e planète télescopique, découverte par MM. Peters et Saffort.

— ÉTYM. Voy. ci-dessous FÉRONIE.

† FÉRONIE (fé-ro-nie), *s. f.* Coléoptère de la famille des carnassiers.

— ÉTYM. Lat. *Feronia*, déesse de la mort, nom donné à un genre nombreux d'insectes à couleurs sombres et peu attrayantes.

† FERRADE (fè-ra-d'), *s. f.* Nom, dans le Midi, des courses de taureaux. Nos méridionaux se contentent de leurs ferrades.... en somme les ferrades sont de véritables courses de taureaux, moins la pompe, le clinquant, le *brio* des fêtes espagnoles, ALPH. DAUDET, *Journ. offic.* 3 août 1874, p. 5513, 1re col. Pour un taureau qui manque, la ferrade ne chôme pas, ID. *ib.* 2e col. Le moment de la ferrade est enfin venu.... il ne s'agit plus d'écarter le taureau à la landaise, ou de le raser à la provençale; il faut le renverser.... l'animal terrassé bougie en sentant la brûlure du fer chaud qui le marque, ID. *ib.* 1re col.

— ÉTYM. *Ferrer*, parce qu'on marque d'un fer chaud l'animal terrassé.

† FERRAGE. *Ajoutez* : || 7e Opération par laquelle on garnit de cuivre les lacets.

FERRAILLE. — HIST. *Ajoutez* : XVe s. Boite à canon, ou aultre habillement de guerre, ou aultres ferales y servans, *Rec. des monum. inédits de l'hist. du tiers état*, t. IV, p. 288.

† FERRANDAISE (fè-ran-dè-z'), *adj. fém.* Nom d'une race de bœufs. La race ferrandaise ou race du Puy-de-Dôme, et la race forézienne dont le lait sert à fabriquer le fromage de Roche, sont inférieures à la belle race de la haute Auvergne, de laquelle elles dérivent, HEUZÉ, *la France agricole*, p. 18.

— ÉTYM. *Clermont-Ferrand*, siége principal de la race. *Ferrand* est l'ancienne forme de *Ferdinand*.

† FERRANDINE. — ÉTYM. *Ajoutez* : En 1630, apparaissent [à Lyon] les ferrandines qui doivent leur nom à Ferrand, leur inventeur, Extr. de l'*Economiste français*, dans *Journ. offic.* 31 juillet 1873, p. 5176, 1re col.

FERRÉ. *Ajoutez* : || 5e Kilomètre ferré, kilomètre de terrain pourvu d'un chemin de fer. On trouve les rapports suivants entre le kilomètre ferré et le kilomètre superficiel : Europe, 1 kil. ferré par 74 kil. superficiels.... *Journ. offic.* 21 oct. 1876, p. 7613, 1re col. || Voie ferrée, chemin de fer. Soit, pour les 132,000,000 de kil. carrés du globe, 1 kil. de voie ferrée par 440 kil. superficiels, *ib.* 2e col. || 6e *S. m.* Un ferré, un seau en fer, dans le Dauphiné.

FERRER. || 2e Ferrer la mule. *Ajoutez ces exemples* : Il avait l'argent en maniement, et ne ferrait point la mule; je crois que seulement il rognait notre portion, et nous l'appelions les ciseaux d'Hortensius, *Francion*, liv. III, p. 132. Il était aussi maître d'hôtel, et faisait la dépense, c'est-à-dire ferrait peut-être la mule, SCARR. *Rom. com.* ch. 13. J'ai ferré la mule pour un louis; et voici ma raison.... je suis trop misérable pour traiter gratuitement de plus riches que moi; je me suis donc approprié cette guinée, *Corresp. du gén. Klinglin*, Paris, pluviôse an VI, t. I, p. 211. || 6e Ferrer un cochon, lui fixer au bout du groin un fer qui s'enfonce dans la chair, au moyen de crampons, et qui est destiné à empêcher cet animal de fouir. || 7e Ferrer les lacets, les garnir de cuivre.

FERREUR. *Ajoutez* : || Ouvrier qui garnit de cuivre les lacets. || Ferreur en blanc, l'officier qui plombait les étoffes avant la teinture. Les règlements généraux de la manufacture de la ville d'Amiens, qui ont été homologués par lettres patentes du mois d'août 1666. .... à l'exécution desquels.... les égards-ferreurs en blanc étaient chargés de veiller, *Arrêt du Conseil*, 19 nov. 1722 (pour égard, voy. ÉGARD 2 au Dictionnaire).

† FERRY (fé-ri), *s. m.* Nom anglais des bateaux à vapeur. On sait que le fleuve Mississipi.... est sillonné de nombreux steamers ou ferries dont les dimensions sont vraiment colossales.... ce ferry gigantesque peut transporter un chargement de 5000 tonnes, loger 15 000 balles.... *Journ. offic.* 4 oct. 1876, p. 7308, 3e col. || *Au plur.* Des ferries, suivant la règle anglaise. C'est ainsi que s'introduisent les mots étrangers.

— ÉTYM. Angl. *ferry*, bac.

FERTILITÉ. *Ajoutez* : — REM. Il a été dit pour fécondité, en parlant de personnes. J'espérais n'avoir aujourd'hui qu'à vous rendre mille très-humbles grâces.... et je me trouve obligée de vous faire un triste compliment sur la mort du petit marquis de Simiane; la jeunesse et la fertilité du père et de la mère doivent donner de grandes espérances de voir bientôt cette perte réparée, Mme DE COULANGES, *à Mme de Grignan*, 10 mai 1703, dans SÉV. t. X, p. 461, éd. Regnier.

FÉRU. || 2e Fig. *Ajoutez cet exemple de Racine* : Le cœur féru de nouvelles amours, *Lexique*, éd. P. Mesnard.

† FESTIER (fè-sti-é), *v. a.* Le même que festoyer, seul usité aujourd'hui. Alexandre festia les ambassadeurs, MALH. *Lexique*, éd. L. Lalanne. Mesdames les princesses doivent être aujourd'hui à Cadillac, où M. d'Espernon les festie, ID. *ib.*

FESTIN. *Ajoutez* : || 2e Nom donné, dans le comté de Nice, aux fêtes locales de chaque village, L. GUIOT, *Mém. Soc. centr. d'Agric.* 1875, p. 244.

† FESTIVITÉ (fè-sti-vi-té), *s. f.* Latinisme. Caractère de fête. Une teinte plus ou moins marquée de luxe et de festivité, BRILLAT-SAVARIN, *Phys. du goût*, *Méd.* XXVII. Le grand cataclysme qui noya nos grands oncles vers le XVIIIe siècle de la création du monde ne fut pour les poissons qu'un temps de joie, de conquête, de festivité, ID. *ib. Méd.* VI, 42.

— ÉTYM. Lat. *festivitatem*, joie de jour de fête, de *festivus* (voy. FESTIVAL).

† FESTOIEMENT. — HIST. *Ajoutez* : || XVIe s. Pour le festoyement d'un si grand prince, PARADIN, *Chron. de Savoye*, p. 207.

FÊTE. || 6e *Ajoutez* : || Faire fête à quelqu'un de quelque chose, l'en régaler. Il y a une belle dame à qui on a fait fête de l'aigre de cèdre, MALH. *Lexique*, éd. L. Lalanne.

— HIST. *Ajoutez* : || XIIe s. Mais il n'est sains qui n'ait sa feste, *Perceval le Gallois*, v. 3673.

† FETFA (fè-tfa) ou FETVA (fè-tva), *s. m.* Décision d'un jurisconsulte ou d'un mufti, chez les Arabes et chez les Turcs.

— ÉTYM. Arabe, *fetwâ*.

FÉTICHE. *Ajoutez* : || 3e En Afrique, cérémonie religieuse pour rendre favorable un voyage. Le 9, nos hommes font un grand fétiche, et nous ne partons qu'à midi, *Journ. offic.* 9 fév. 1877, p. 1027, 2e col.

— ÉTYM. *Ajoutez* : M. Monro (*la Philosophie positive*, t. VI, p. 221) a critiqué la dérivation par laquelle le Dictionnaire a rattaché le port. *feitiço* à *fée*. Avec raison; le port. *feitiço*, espagn. *hechizo*, conduisent non à *fada*, fée, mais à *factum*, *factitium*, représentent l'anc. franç. *faitis*, *faitisse*, et signifient proprement factice. Mais, en portugais, *feitiço* a pris, substantivement, le sens de charme, sortilége, *feiticero*, sorcier. C'est de là que provient la dénomination de *feitiço*, fétiche, pour les objets qu'adorent les nègres.

FÉTU. *Ajoutez* : || 4e Ancienne cérémonie où l'on jetait loin de soi un fétu pour signifier qu'on renonçait à une foi promise. Les grands de la France, réunis selon l'usage pour traiter de l'utilité du royaume, ont, par conseil unanime, jeté le fétu et rejeté le roi [Charles le Simple], pour qu'il ne fût plus leur seigneur.... l'hommage et foi, nous les condamnons, repoussons, rejetons par le fétu : cette réponse faite, ils prirent des fétus et dépouillèrent leur foi, MICHELET, *Orig. du droit*, p. 121, 122.

FEU. *Ajoutez* : || 45e Terme d'exploitation houillère. Feu de monastère, voy. TOQUE-FEU. || 46e Petit feu, feu qu'on met aux sous-bois pour les détruire. Un propriétaire de la contrée, M. de More, a imaginé d'employer le feu comme moyen de destruction des sous-bois.... dans son application, le petit feu exige certaines précautions, H. FARÉ, *Enquête sur les incendies de forêts*, p. 22. || 47e En costume de feu, se dit des pompiers équipés pour aller à un incendie. Les pompiers veillent tout prêts pour l'action, la veste au dos, la ceinture aux reins, le casque en tête, en costume de feu, comme on dit, MAXIME DU CAMP, cité dans *Journ. offic.* 27 fév. 1875, p. 1512, 2e col. || 48e Feu de Bengale, voy. FLAMME, no 1.

— REM. Les armes à feu sont des armes de jet construites pour l'emploi de la force explosive de la poudre; ce sont les armes portatives, les bouches à feu, les fusées de guerre. La bouche à feu est une arme à feu, en général de fort calibre, disposée de manière que le recul se fasse sur le sol ou sur un bâti quelconque.

1. FEUILLANTINE. *Ajoutez* : || 2e Durant la Fronde, chansons injurieuses à la reine, ainsi dites par analogie à des chansons satiriques faites contre une certaine dame enfermée au couvent des feuillantines, *Revue histor.* t. IV, p. 106.

FEUILLE. *Ajoutez* : || 18e Terme de forestier. Feuille, la pousse des feuilles. Dans un taillis, quand même toute une feuille serait mangée [par les insectes], la feuille d'août réparera une partie du mal, VERNIER, *le Temps*, 4 juill. 1876, *feuilleton*, 1re page, 4e col. || 19e Nom des lames de scie. La feuille de boucher, non emmanchée : je la vends au prix de 150 fr. les 100 kil. nets, *Enquête, Traité de comm. avec l'Angleterre*, t. I, p. 688.

FEUILLÉ. || 2e *S. m. Ajoutez* : || Cahier de feuillé, cahier représentant des feuillages et qu'on met entre les mains de ceux qui apprennent à dessiner. Nous nous prenons à regretter ces cahiers de feuillé qu'on nous faisait copier dans notre enfance et qui détaillaient avec précision des branches de marronnier, de chêne, de hêtre, etc. TH. GAUTIER, *Feuilleton du Monit. univ.* 27 juin 1868.

FEUILLE-MORTE. *Ajoutez* : || 2e *S. m.* Terme d'entomologie. Nom d'un papillon. L'apparence d'une feuille morte se retrouve chez plusieurs espèces, et feuille-morte est devenu le nom vulgaire d'un gros papillon aux ailes dentelées, assez commun en France (*lasiocampa quercifolia*), E. BLANCHARD, *Rev. des Deux-Mond.* 1er août 1874, p. 596.

FEUILLER. || 2e *S. m. Ajoutez* : Son feuiller est léger et de bon goût, ses lointains sont merveilleux pour leur richesse, P. J. MARIETTE, dans DUMESNIL, *Hist. des amat. franç.* I, 260. || 5e *Ajoutez* : L'observation de M. Heer, que des arbres d'Europe ou des États-Unis, comme le hêtre et le tulipier, plantés à Madère, se feuillent sous des moyennes de température bien plus élevées que dans leurs pays d'origine, DE CANDOLLE, *Acad. des sc. Comptes rend.* t. LXXX, p. 1370.

FEUILLET. || 1e *Ajoutez* : || Fig. Ma mémoire a les feuillets collés, comme ces livres qui n'ont été maniés de longtemps, MALH. *Lexique*, éd. L. Lalanne.

— REM. À Paris et dans le rayon, le feuillet est un bois de sciage ayant la largeur de 0m,216 à 0m,243, d'épaisseur 0m,031 à 0m,033, et de longueur 2m,50 à 4m, *Annuaire des Eaux et Forêts*, 1873, p. 23.

† FEUILLETIS. *Ajoutez* : || On dit aussi feuilletil, CHRITEN, *Art du lapidaire*, p. 27.

† FEUILLETISER (feu-lle-ti-zé, *ll* mouillées), *v. a.* Terme de lapidaire. Faire un feuilletis, ou l'épaissir en l'élargissant sur la roue, CHRITEN, *Art du lapidaire*, p. 481.

FEUILLETON. *Ajoutez* : || 4e Petite feuille collée par une de ses arêtes sur une partie d'une carte ou d'un plan, principalement d'un plan de bataille; on peut, en l'abaissant ou la relevant, avoir la représentation de l'état des lieux, de la position des troupes, à deux moments différents.

† FEUILLETONISER (feu-lle-to-ni-zé), *v. n.* Faire le feuilleton dans un journal. || Activement. Baisse la tête, fier Sicambre, et, sous prétexte de discours, fais-nous un de ces jolis feuilletons que tu feuilletonises si bien, *le National*, 9 nov. 1871.

† 3. FEUILLETTE (feu-llè-t', *ll* mouillées), *s. f.* Petite feuille. On ne voit plus que fleurettes, feuillettes et herbettes, dont on perçoit toutes les nuances et dont on compte toutes les fibres à une lieue de distance, BÜRGER, *Salons de* 1861 *à* 1868, t. I, p. 282.

— ÉTYM. Diminutif de *feuille*.

† FEUILLIR (feu-llir, *ll* mouillées), *v. n.* Se couvrir de feuilles, en parlant d'arbres. N'on attendez [de ces arbres] ni abri, ni ombrage, ni fleurs; ils feuillissent tard, se dépouillent tôt, et vivent longtemps à demi dépouillés, STE-BEUVE, *Portraits littér.* t. I (art. *P. Corneille*).

— REM. Ce verbe, qui correspond exactement à *fleurir*, devrait être remis en usage.

— HIST. XIIIe s. Si verra l'en les bois foillir, *les Trois bossus*, v. 268, dans POUGENS, *Archéol. franç.* t. I, p. 204.

— ÉTYM. *Feuille*. *Feuillir* est une autre forme de *feuiller*, et jadis plus usité.

FEUILLU. *Ajoutez* : || 2e *S. m.* Le feuillu, l'ensemble des bois feuillus. Ces barrages furent promptement atterris, et les dépôts retenus à leur amont furent plantés en feuillus de toute espèce, *Rebois. des montagnes, Compte rendu*, 1869-74, 2e fasc. p. 20. || 3° Fig. Style feuillu, style redondant. Nous en lûmes un cahier [de la *Julie*] ensemble [avec Diderot]; il trouva tout cela feuillu, ce fut son terme, c'est-à-dire chargé de paroles et redondant; je l'avais déjà bien senti moi-même; J. J. ROUSS. *Conf.* IX. À la 4e partie [de l'*Héloïse*] vous trouvez que le style n'est pas feuillu; tant mieux, ID. *Lett. à Duclos*, 19 nov. 1760. || Certaines éditions ont *style feuillet*, qui ne se comprend pas. Il faut assurer le texte de J. J. Rousseau. « Ce mot *feuillet* vient de la copie du manuscrit des *Confessions* faite par le notaire Jeannin à Neuchâtel, sous les yeux et par les ordres de Dupeyrou; Jeannin, ne comprenant pas *feuillu*, avait écrit *feuillet*. C'est d'après cette copie que fut publiée la première édition des *Confessions*. De même pour la lettre à Duclos. La minute originale de cette lettre se trouve à la bibliothèque de Neuchâtel, et porte *feuillu*, comme je m'en suis convaincu moi-même » (Note communiquée par M. Ch. Berthoud, de Gingins, Vaud).

† **FEUTRANT, ANTE** (feu-tran, tran-t'), *adj.* Qui opère le feutrage. Laine douée de propriétés feutrantes. Pour l'industrie du papier, l'alfa d'Algérie se recommande par ses qualités feutrantes, son rendement et sa production illimitée, *Journ. offic.* 18 mai 1876, p. 3391, 3e col.

FEUTRE. *Ajoutez :* || 7° Dans les marais salants, tapis végétal qui revêt le fond des tables, *Enquête sur les sels*, t. II, p. 509.

FÈVE. || 4° *Ajoutez :* || On donne aussi le nom de fève d'Égyte à un légume dit escalope (voy. ce mot au Supplément), qui depuis quelque temps se vend à Paris.

† **FIABLE** (fi-a-ble), *adj.* Archaïsme. Digne de foi, à qui l'on peut se fier. Prenez bien garde ! il y a un nommé Saint-Laurent qui part y [en France] faire des offres, c'est un homme peu fiable, *Journ. offic.* 30 juill. 1872, p. 5218, 3e col.

— REM. Cet archaïsme survit en Normandie, où il est très-employé : Ne comptez pas sur cet homme, il n'est pas fiable, DELBOULLE, *Gloss. de la vallée d'Yères*, p. 153.

— HIST. XVe s. Hestor de Saveuse, luy accompaigné de aucuns de ses prouchains parens et avecques ce de aucunes de ses gens les plus fiables, P. DE FENIN, 1417.

— ÉTYM. *Fier* 1. On avait l'adv. *fiablement*, qui supposé *fiable* : XIIIe s. Por ce es tu mere Dieu que de nous pitié aies; Dont plus fiablement te pri que tu nous oies, J. DE MEUNG, *Test.* 2138.

FIACRE. — ÉTYM. *Ajoutez :* C'est aux cochers et aux carrosses de louage que Sarrazin a voulu faire allusion dans la *Pompe funèbre de Voiture*, quand il dit que Lyonelle suivit la reine de Sarmatie dans le char de l'enchanteur Fiacrou, *Œuvres de M. Sarrazin*, Paris, 1656, p. 295.

FIANCÉ. *Ajoutez :* || La fiancée, sorte de papillon, *noctua sponsc.*

— REM. La Fontaine l'a fait de deux syllabes : Elle n'en plut pas moins aux yeux de son fiancé, *Fianc.* Cela n'est plus reçu.

† **FIASCO.** — ÉTYM. *Ajoutez :* Un journal américain, *the Home journal*, de New-York, 22 sept. 1875, explique ainsi comment *faire fiasco*, c'est-à-dire faire bouteille, a pris le sens d'échouer, ne pas réussir : « Nous avons emprunté cette locution aux souffleurs de verre de Venise, qui essayent de faire un verre; s'ils manquent leur coup, ils jettent le même paquet de sable dans un *fiasco*, et leur impatiente répétition de *fiasco* donna un nouveau sens à ce mot. »

FICELLE. || 1° Une ficelle, un escroq, un filou. *Ajoutez :* Cadet Rousselle a trois garçons; L'un est voleur, l'autre est fripon, Le troisième est un peu ficelle, Il ressemble à Cadet Rousselle, *Chanson populaire.* || 4° Populairement. Rôti à la ficelle, se dit d'une pièce qu'on a fait rôtir sans rien de ce qu'il faut pour faire un rôti; locution prise sans doute des chasseurs qui, effectivement, font souvent rôtir une pièce en la suspendant à une ficelle. || 5° Populairement. Déménager à la ficelle, déménager en descendant ses meubles par les fenêtres à l'aide de cordes, pour frustrer le propriétaire. || 6° Populairement. Dormir à la ficelle, se dit des garnis où l'on loge à la nuit, et où le logeur entasse ses hôtes, qui dorment sur des espèces de lits de camp séparés entre eux par une ficelle tendue à un mètre environ au-dessus du sol, et à laquelle on suspend soit un mauvais rideau, soit les hardes des dormeurs. || 7° Terme de sport ou de maquignon. Mauvais cheval. Il est toujours très-dangereux de chercher à atteindre d'un seul coup la perfection : c'est ainsi que l'on arrive à produire des élèves décousus, des ficelles; au lieu d'aller en avant, on marche à reculons, *Journ. offic.* 25 janv. 1874, p. 742

† **FICELLERIE** (fi-sè-le-rie), *s. f.* Fabrication de ficelles. || Magasin de ficelles. Fils de lin retors écrus, blanchis et teints, ficellerie de couleurs, lisse et écrue.... *Almanach Didot-Bottin*, 1871-72, p. 1128, 1re col.

† 2. **FICHER.** — ÉTYM. *Ajoutez :* Ce paraît être le même mot que fichtre (voy. ci-dessous).

† **FICHTRE.** — REM. Fichtre paraît être un infinitif dit pour un mot grossier et qui s'est transformé, par une seconde atténuation, en ficher.

1. **FICHU.** — ÉTYM. *Ajoutez :* D'après les remarques ci-dessus sur *ficher* 2 et *fichtre*, c'est le mot grossier qu'il faut voir dans *fichu*, mais avec effacement complet du mauvais sens.

FICTIVEMENT. *Ajoutez :* — HIST. XVe s. Arguments que j'ai faits et produits fictivement en autrui personnage, G. CHASTELLAIN, *Chronique*, V, 133.

† **FIDÉICOMMISSER** (fi-dé-i-ko-mi-sé), *v. n.* Terme de droit. Faire un fidéicommis. Dans le dernier état du droit romain, on ne pouvait fidéicommisser par une lettre missive qu'autant qu'elle était écrite en présence de cinq témoins, MERLIN, *Répert. de jurispr.* au mot *Testament*, sect. II, § 1, art. 5, t. XXXIII, p. 346, 5e éd.

FIDÈLE. *Ajoutez :* || 10° Très-Fidèle, titre donné au roi de Portugal. || Fidélissime, titre donné jadis aux rois de Navarre. Henri II, Très-Chrétien de France, et Antoine Ier, Fidélissime de Navarre.... CAYET dans BAYLE, *Note N de l'art. IV de Jeanne d'Albret.*

† **FIE** (fie), *s. f.* Nom suisse de l'épicéa; on dit aussi fuve, BROILLARD, *Rev. des Deux-Mondes*, 15 avr. 1876, p. 915.

— ÉTYM. Corruption de l'allemand *Fichte*, épicéa.

FIEF. || 2° *Ajoutez :* || Fig. Le théâtre est un fief dont les rentes sont bonnes, CORN. *Illus.* V, 5. || 3° Plain fief, s'est dit pour fief direct. Quant au fief de la Motteprevoy, dont ledit sieur de la Chesnaux vous a parlé.... il est sans doute consolidé à sa dite terre et est devenu un plain-fief au lieu d'un arrière-fief, *Lettres, etc. de Colbert*, VII, p. 7.

3. **FIER, ÈRE.** || 6° *Ajoutez :* || Il se dit aussi des artistes eux-mêmes, peintres ou sculpteurs. Si l'un [Raphaël] est dans son dessin d'une sagesse et d'une simplicité qui gagne le cœur, l'autre [Michel-Ange] est fier, et montre un fond de science où Raphaël lui-même n'a pas eu honte de puiser, P. J. MARIETTE, dans DUMESNIL, *Hist. des amat. franç.* I, 242. La Fage est un fier dessinateur, *ib.* I, 281.

1. **FIERTÉ.** || 5° *Ajoutez :* || Il se dit aussi au pluriel. La fresque, dont la grâce, à l'autre [peinture à l'huile] préférée, Se conserve un éclat d'éternelle durée, Mais dont la promptitude et les brusques fiertés Veulent un grand génie à toucher ses beautés, MOLIÈRE, *le Val-de-Grâce.*

† **FIESTAUX** (fi-è-stô), *s. m. pl.* Dégagement spontané de grisou, *Lettre du directeur du charbonnage à l'Indépendance belge.*

FIÈVRE. *Ajoutez :* || 4° Arbre à la fièvre, un *vismia*, BAILLON, *Dict. de bot.* p. 247. || 5° Fièvre des bois, fièvre intermittente ou rémittente que, dans les Indes, on contracte en parcourant les bois. Là [à Monay, en Birmanie], le capitaine Fau, atteint par une affection que les indigènes appellent fièvre des bois, avait succombé en peu de jours, *Journ. offic.* 27 oct. 1874, p. 7228, 3e col.

† **FIÉVREUSEMENT** (fié-vreû-ze-man), *adv.* D'une manière fiévreuse. L'inquiétude hautaine de cette organisation fiévreusement active [Napoléon Ier], GUIBERT, *Journ. offic.* 4 mars 1875, p. 1646, 3e col.

† 1. **FIFI.** *Ajoutez :* — REM. Une ordonnance de 1350, titre 54, appelle déjà ainsi les vidangeurs.

† **FIFOTE** (fi-fo-t'), *s. f.* Nom, en Normandie, sur les côtes du Calvados et sur celles de la Seine-Inférieure, de l'étoile de mer.

FIGÉ. *Ajoutez :* || Fig. Qui n'a ni mouvement ni vivacité. Je suis ravie que vous aimiez mes lettres; je ne pense point qu'elles soient aussi agréables que vous le dites; mais il est vrai que, pour figées, elles ne le sont pas, SÉV. 28 juin 1675.

† **FIGÈRE** (fi-jè-r'), *s. f.* Maladie des dindonneaux, *Maison rustique*, t. I, p. 147.

† **FIGNOLAGE** (fi-gno-la-j'), *s. m.* || 1° Terme populaire. Action de fignoler. || 2° Terme d'atelier. Recherche dans la manière. Dans le portrait de M. E. T. [par Cot], quoiqu'il soit remarquable encore, nous avons constaté déjà quelque tendance au fignolage, E. BERGERAT, *Journ. offic.* 8 juillet 1874, p. 4748, 1re col.

FIGUE. *Ajoutez :* || 4° Dans les marais salants, fragment de feutre souillant le sel, *Enquête sur les sels*, t. II, p. 509.

— REM. 1. Douce, *Illustrations of Shakspeare and of ancient manners*, Londres, 1839, p. 302-307, pense que l'origine de la locution *faire la figue*, n'est pas dans la vengeance prise par Frédéric Barberousse du Milanais, et qu'il faut y voir non *figue*, mais *fic*, sorte d'ulcère. La forme du mot s'oppose à cette dérivation : c'est en français *figue* et non pas *fi*, *fica* en italien et non pas *fico*, *higa* en espagnol et non pas *higo*. Mais une autre difficulté s'élève : est-ce bien la *figue* qui est dans la locution. J'ignore si le récit relatif à la figue, à Frédéric Barberousse et aux Milanais est authentique; en tout cas, dès le XIIIe siècle, les figues et les Milanais étaient réunis dans l'opinion commune, témoin ces vers d'un troubadour, Raimond de Miraval, cité par Raynouard : Preno'l sordeis c'avian soanat, Aissi com fes lo Lombart de la figuas (Prennent la souillure qu'ils avaient méprisée, ainsi comme le Lombard fit des figues). Le français aussi, dans le XIIIe siècle, voit une *figue* dans la locution : « Cil prince nous ont fet la figue. » De ce côté-ci des Alpes, la *figue* est en jeu. Mais la chose devient douteuse en Italie, en Espagne et en Portugal. L'italien dit *fica* : *far le fiche, le castagne*, faire la figue, la nique; et le sens propre de *fica* est la nature de la femme; le plus ancien exemple italien de la locution est du maître de Dante, Brunetto Latini, qui, dans son *Tesoretto*, p. 84, dit : Credes i far la croce, Ma el ti fa la fica. Dans un texte de pays italien, Du Cange a *ficham facere*; on remarquera que le mot est écrit par une *h*, *ficha*. L'espagnol dit : *hacer la higa*; *higa*, en cette langue, signifie amulette. Le portugais a *dar figas*, faire la figue; *figa*, ici aussi, signifie amulette. En regard de ces formes, il devient douteux que *fica, higa, figa* soient le même mot que l'ital. *fico*, *s. m.* figue, l'espagn. *higo*, *s. m.* et le portug. *figo*, masculin aussi. Il semble donc que *fica, higa, figa* sont les mêmes que le franç. *fiche*, et le prov. *fica*, piqûre, appui, se rattachant au lat. *figere*; de là on déduit sans peine le sens d'amulette, chose fichée, appendue; avec plus de difficulté le sens italien de nature de la femme. De la sorte, *far la fica, ficham facere* serait un geste de maléfice. Mais alors que reste-t-il de la *figue* et de l'histoire de Frédéric Barberousse et des Milanais? || 2. Le fruit du cactier, que nous appelons figue de Barbarie, est appelé par les Arabes figue du chrétien. C'est qu'en effet ce cactier a été apporté d'Andalousie (il venait primitivement d'Amérique) en la province d'Oran par les Espagnols, L. CHAUVEAU, *Monit. universel*, 10 déc. 1868, p. 1557, 1re col.

FIGUIER. || 2° *Ajoutez :* || Figuier des pagodes, dit aussi figuier des conseils, *ficus religiosa*, L. BAILLON, *Dict. de bot.* p. 247.

† **FIGULIN** (fi-gu-lin), *adj. m.* Terme d'archéologie. Qui est relatif aux potiers, à la poterie. Sigles figulins, DESJARDINS, *Notice sur les monuments épigraphiques de Bavai*, p. 121.

— ÉTYM. Voy. FIGULINE au Dictionnaire.

2. **FIGURANT.** *Ajoutez :* || 3° Celui qui figure dans un acte judiciaire ou commercial, qui y participe. Les formalités de protêt et de dénomination de protêt d'une lettre de change tirée de France sur l'étranger doivent être accomplies à l'étranger suivant la loi étrangère, vis-à-vis des figurants qui y sont domiciliés, *Gaz. des Trib.* 22 mai 1875, p. 488, 4e col. Dans la forme prescrite par la loi de ce pays à l'égard des figurants au titre, qui y résident, *ib.* p. 489, 1re col.

† **FIGURATION.** *Ajoutez :* || 3° Dans le langage du théâtre, on dit figuration pour l'ensemble des figurants; ainsi le personnel de l'Opéra se divise en trois groupes : le chant, la danse et la figuration. Une pièce montée avec un grand luxe de décoration et de figuration, ALPH. DAUDET, *Journ. offic.* 4 janv. 1875, p. 51, 2e col. || Plus généralement, tout ce qui figure sur un théâtre. Un jeune éléphant vivant, qui vient du Jardin zoologique d'Anvers, produit une grande impression sur les spectateurs par ses rugissements féroces, et indique tout le parti qu'il y aurait à tirer de l'emploi d'animaux réels dans la figuration dramatique, *Rev. Britan.* nov. 1874, p. 284.

FIGURE. *Ajoutez :* || 17° Figure d'accident, figure triste, effarée et rendue telle comme à la nouvelle de quelque fâcheux accident, CH. NISARD, *Parisia-*

nismes, 1876, p. 112. Pour vous, avec votre figure d'accident et votre tête à croquignolles, *Les sept en font deux*, comédie par Guillemain, sc. 7, 1786. || 18° Terme de physique. Figures de Widmanstætten, dessins qui apparaissent sur certaines surfaces cristallisées. .... Couper [les fers météoriques], polir la surface coupée, et l'attaquer avec un acide, il doit y apparaître alors des dessins géométriques provenant de la cristallisation du métal et appelés figures de Widmanstætten, nom du naturaliste qui le premier les a remarquées, *Acad. des sc. Comptes rend.* t. LXXXIV, p. 178.

FIL. *Ajoutez :* || **20°** Fil d'Alsace, sorte de cordonnet. Le principal de nos articles est le cordonnet 6 brins [de coton], blanchi, dit fil d'Alsace, *Enquête, Traité de comm. avec l'Anglet.* t. IV, p. 331. || **21°** Fil-couteau, chez les joailliers, lame à peine visible sur laquelle on monte les pierres dites illusion, CH. BLANC, *l'Art de la parure*, p. 348. || **22°** Populairement. Du fil en quatre, de l'eau-de-vie très-forte, et, en général, tout ce qu'il y a de plus fort. || **23°** Populairement et fig. Le fil à couper le beurre, ce qui est difficile à imaginer, ce qui indique un esprit dégourdi. Le fils Mayer est appelé; c'est un grand garçon qui porte bien, en effet, dix-neuf ans, mais qui ne paraît pas avoir inventé le fil à couper le beurre, *Gaz. des Trib.* 29-30 sept. 1873, p. 938, 3° col. (c'est une phrase analogue à : N'avoir pas inventé la poudre). || **24°** *Loc. adv.* À fil, d'une manière continue, expression usitée à Genève. Du reste il bouge sans fin et jase à fil, R. TÖPFFER, *Nouv. Voy. en zigzag.*

— REM. On a contesté l'explication donnée de la locution *de fil en aiguille* (de propos en propos, en passant d'une chose à une autre), et on l'a interprétée par : tout d'un trait, tout d'une haleine, sans interrompre la série commencée. Mais l'interprétation admise est celle du Dictionnaire de l'Académie française et par conséquent elle a la tradition pour elle; ce qui est beaucoup en fait de locution. Puis ceux qui la rejettent pensent que *de fil en aiguille* signifie avec le fil qui est en l'aiguille, par conséquent avec la même aiguille, et, figurément, sans s'y reprendre à plusieurs fois. Mais l'analyse grammaticale de la locution se prête mieux à signifier : en quittant le fil pour prendre l'aiguille; ce qui donne, figurément, le sens admis.

— HIST. || XVI° s. *Ajoutez :* Pour le mercier qui porte ceintures ferrées, de laitons, de soye ou de fil d'Inde, MANTELLIER, *Glossaire*, Paris, 1869, p. 32.

1. **FILAGE.** *Ajoutez :* || **2°** Se dit des rôles de tabac dans les manufactures de tabac. Écôtage et filage des rôles menu-filés, *Instruction sur le service des manufactures des tabacs*, 30 juin 1832, art. 219. || **3°** Terme de tonnelier. Action de descendre un tonneau dans une cave (parce qu'on le fait filer avec des cordes). MM.... préviennent les habitants d'Avranches qu'ils se chargent du filage des tonneaux de cidre, *Avranchin* du 25 oct. 1874, aux *Annonces.* || **4°** Terme de peintre en bâtiments. Action de tirer, de tracer des filets.

† **FILALI** (fi-la-li), *s. m.* Industrie particulière de la côte méditerranéenne de l'Afrique, qui a pour objet la préparation des cuirs et maroquins, la fabrication des chaussures, brides, selles, etc. Leurs importations [des caravanes marocaines] consistent surtout en tissus, peaux de chèvre et de mouton, cuir rouge et jaune dit filali, dattes, henné, noix de galle.... *Journ. offic.* 10 août 1872, p. 5458, 3° col. Elle [Tafilalet].... possède.... des tanneries où se prépare le filali, *ib.* 11 sept. 1873, p. 5829, 2° col. *Le président :* Et vous venez étaler à cette audience votre tenue de marabout : fin burnous, riche turban, bottes rouges de filali et chapelet au cou, *Gaz. des Trib.* 21 juin 1874, p. 593, 3° col.

— ÉTYM. Arabe, *filâli*, de Tafilet ou Tafilalet, DEFRÉMERY, *Journ. asiatique*, janv. 1881, p. 90.

FILASSE. *Ajoutez :* || **3°** Filasse de nerfs, sorte de filasse obtenue par le battage des tendons de bœuf. Fabricant de filasse de nerfs.

2. **FILÉ.** *Ajoutez :* || **3°** État du tabac avant d'être mis en rôles, *Réponses aux questions de l'enquête sur le monopole des tabacs et des poudres*, p. 233, Paris, 1874.

FILER. *Ajoutez :* || **20°** Terme de police. Filer quelqu'un, le suivre à distance. L'agent de police fila le voleur. || Suivre, par allusion aux agents de police qui suivent un malfaiteur. Plusieurs diplomates sont en campagne pour filer cette affaire, *l'Indépendance belge*, 29 sept. 1868. || **21°** Neutralement, il se dit d'une lampe dont la flamme passe par-dessus le verre et répand de la fumée. La lampe file.

— HIST. || XIII° s. *Ajoutez :* Que vent on chaiens [céans]? — C'on i vent? Amis, un vin qui point ne file, *Théâtre du moyen âge*, Paris, 1834, p. 166.

† **FILETIER** (fi-le-tié), *s. m.* Fabricant de filets. Les fabricateurs de filets, qu'on nomme en quelques endroits les filetiers, VOLT. *Dict. phil. Carême*, I. Un métier suivi [aux Jeunes Aveugles] est celui de filetier, qui cependant exige parfois des combinaisons multiples et très-compliquées, MAXIME DU CAMP, *Rev. des Deux-Mondes*, 15 avr. 1873, p. 822.

† **FILETOUPIER** (fi-le-tou-pié), *s. m.* Batteur de chanvre. Le père Labbe, qui regarde le mot *ahan* comme une onomatopée, cite la naïveté plaisante d'un petit garçon qui disait à son père, filetoupier ou batteur de chanvre, dans l'idée de le soulager d'une partie de son travail : Mon père, contentez-vous de battre, je vais faire ahan pour vous, P. M. QUITARD, *Dict. des proverbes*, v° *ahan*, 1842.

FILIAL. *Ajoutez :* || **2°** *S. f.* La filiale d'une maison de commerce, maison fondée par une maison mère; il n'est pas synonyme de succursale : succursale a le même but que l'établissement principal; filiale peut avoir un objet différent.

— HIST. XVI° s. Plusieurs vertus ne peuvent demeurer ensemble, comme la continence filiale et viduale [de fille et de veuve], qui sont entierement differentes, CHARRON, *Sagesse*, I, 4.

† **FILIALITÉ** (fi-li-a-li-té), *s. f.* Qualité de fils. Il [Jésus] avait [dit un critique allemand] commencé son œuvre de prédication et d'enseignement, quand il se reconnut pour le Messie; et ce ne fut que plus tard, presque à la fin de son ministère, qu'il eut conscience de sa filialité divine, MICHEL NICOLAS, *Revue critique*, t. II, p. 99.

— ÉTYM. Bas-lat. *filialitatem*, DU CANGE, du lat. *filialis*, filial.

FILIATION. — HIST. *Ajoutez :* XIII° s. *Filialitas*, filiacion, DU CANGE.

† **FILICORNE** (fi-li-kor-n'), *adj.* Qui a les antennes ou cornes comme des fils.

— ÉTYM. Lat. *filum*, fil, et *cornu*, antenne.

† **FILIOLE.** *Ajoutez :* Les parcelles n°° 490 et 500.... devaient être arrosées au moyen d'une filiole de dérivation portant le n° 19 [sur le plan], *Arrêt du Conseil d'État*, 24 nov. 1869, dép. de Vaucluse.

† **FILLE-MÈRE** (fi-lle-mè-r', *ll* mouillées), *s. f.* Femme qui, sans être mariée, a des enfants. L.... a toujours appartenu au même bureau, celui des enfants assistés, qui comprend spécialement le service des orphelins placés tant à Paris qu'en province, et les secours accordés aux filles-mères, *Gaz. des Trib.* 24-25 janv. 1876, p. 81, 2° col.

FILLETTE. — HIST. *Ajoutez :* XIII° s. Feme al conte Florent de Frisse, Ki del conte, ki mors estoit, Une biele fillaite avoit, PHILIPPE MOUSKES, *Chronique*, v. 17933. Sa fillette [il] fait baptiser, En fons lever et pressignier, *Richars li biaus*, v. 123.

† **FILLON** (fi-llon, *ll* mouillées), *s. m.* Nom, sur les côtes du Calvados, d'un petit coquillage comestible, appartenant au genre telline.

FILOCHE. — ÉTYM. *Ajoutez :* On donne dans le parler normand le nom de *filoques* aux fils pendants d'un tissu déchiré ou usé, H. MOISY, *Noms de famille normands*, p. 354.

† **FILOCHER** (fi-lo-ché), *v. a.* Faire le tissu de filoche. Navettes à filocher, passe-lacets, porte-crayons à la grosse, *Tarif des douanes de* 1869, p. 138.

† **FILONIEN, IENNE** (fi-lo-niin, niè-n'), *adj.* Terme de géologie. Terrains filoniens, terrains éruptifs réduits à de très-petites dimensions, et tirant leur nom de ce qu'ils comprennent toutes les roches ou filons, pierreuses et métallifères.

— ÉTYM. *Filon.*

† **FILTREUR** (fil-treur), *s. m.* Ouvrier qui, dans une fabrique de sucre de betterave, filtre le jus, *les Primes d'honneur*, p. 123, Paris, 1874. La première des deux victimes est un filtreur, *Journ. offic.* 30 nov. 1875, p. 9853, 2° col.

† **FIMPI** (fin-pi), *s. m.* Nom indigène d'un arbre de Madagascar qui fournit la résine alouchine.

2. **FIN.** || *Ajoutez :* || **22°** Les fins, nom d'une secte à dévotion exagérée, en Hollande. Vous avez en France les convulsionnaires; en Hollande on connaît les fins; ici [en Prusse] les piétistes, VOLT. *Lett. du roi de Pr.* 13 sept. 1766.

— REM. *Au fin moins* se trouve dans saint François de Sales : Tout cela n'est qu'artifice et une sorte d'humilité non-seulement fausse, mais maligne, par laquelle on veut tacitement et subtilement blâmer les choses de Dieu, ou au fin moins couvrir d'un prétexte d'humilité l'amour-propre de son opinion, de son humeur et de sa paresse, *Introd. à la vie dévote*, III, 5. *Au fin moins* est l'équivalent de ce que nous disons aujourd'hui *tout au moins*. *Fin*, dans cette locution, a un emploi analogue à celui de la locution *fin premier* (voy. FIN 2, n° 5).

FINAL. *Ajoutez :* — REM. À la fin de l'article FINAL, il est dit que le pluriel masculin est *finals*. Cependant on trouve aussi *finaux* : Les phénomènes finaux, S. DE LUCA, *Acad. des sc. Comptes rend.* t. LXXXIII, p. 513.

† **FINALIER** (fi-na-lié), *s. m.* Voy. CAUSE-FINALIER au Supplément.

FINANCE. *Ajoutez :* || **8°** Vert finance, sorte de vert. Un pardessus confectionné en vert finance, *Circul. des forêts*, 10 mai 1875, n° 175.

† **FINCELLE** (fin-sè-l'), *s. f.* Nom donné au côté supérieur du filet de pêche, *Décret du* 7 *juin* 1852, *Pêche du hareng*, art. 10.

FINET. *Ajoutez :* — HIST. XVI° s. Le finet qui estoit avec luy [un ambassadeur] partoit la marchandise daliée [était chargé de partager, départir à qui de droit le contenu des inscriptions secrètes], *Œuvres facétieuses de Noël Du Fail*, dans *Rev. critique*, 20 mars 1875, p. 185.

† **FINETIER** (fi-ne-tié), *s. m.* Lapidaire qui ne travaille que la pierre fine, CHRITEN, *Art du lapidaire*, p. 21.

† **FINFIN** (fin-fin), *adj.* Dans les marais salants, sel finfin, sel le plus fin, *Enq. sur les sels*, t. II, p. 509.

— ÉTYM. Réduplication de l'adj. *fin.*

FINI. *Ajoutez :* || **8°** En termes de turf, être fini, se dit d'un cheval à bout de force. En bas de la côte, Bar-le-Duc était fini, *Journ. offic.* 30 mai 1872, p. 3564, 1re col.

† **FINISSAGE.** *Ajoutez :* || Nom que dans la confection du tulle on donne à l'apprêt, *Enquête, Traité de comm. avec l'Anglet.* t. VI, p. 641.

† **FINISSEUR.** *Ajoutez :* || **3°** Terme d'atelier de peinture ou de sculpture. Artiste qui s'attache à finir son œuvre dans les derniers détails. M. Hennings.... pousse à l'extrême cette manie des finisseurs, BÜRGER, *Salons de* 1861 *à* 1868, t. II, p. 516.

† **FIONNER.** *Ajoutez :* || **3°** Dans la verrerie, enlever à la pince et par écailles, sur une des surfaces, une certaine quantité d'un verre dont l'épaisseur est trop grande pour l'objet auquel il est destiné; c'est afin d'abréger le travail.

† **FIORD** (fi-or), *s. m.* Nom, en Suède et en Norvége, de criques qui s'enfoncent dans la côte. Elle [la côte orientale du Groënland] offre à cette latitude une infinité de promontoires hardis, de fiords profonds et sinueux, bizarrement encaissés.... les voyageurs explorèrent, tour à tour en traîneau et en chaloupe, les baies profondes et des fiords aux vastes estuaires qui sont à l'ouest et au sud des îles du Pendule, J. GOURDAULT, *Rev. des Deux-Mondes*, 1er fév. 1875, p. 714.

† **FIRME** (fir-m'), *s. f.* Se dit, en Belgique, comme synonyme de raison sociale et même indiquant le nom propre sous lequel les affaires d'une maison commerciale se continuent, lorsque le chef est mort.

— ÉTYM. Angl. *firm*, maison de commerce; du bas-lat. *firma*, convention, du lat. *firmus*, ferme. La *firme* est le même mot que la *ferme* (voy. FERME 2).

† **FIRMIEN** (fir-miin), *s. m.* Nom donné aux donatistes à cause de Firmus, Africain, qui fit adopter le donatisme aux peuplades du pays, dit aujourd'hui Kabylie (en 372).

† **FISCALIN** (fi-ska-lin), *s. m.* Dans les Capitulaires de Charlemagne et autres, celui qui dépendait d'un domaine appartenant au fisc ou trésor du souverain.

— ÉTYM. Bas-lat. *fiscalinus*, de *fiscus*, propriété du souverain, fisc.

† **FISTON** (fi-ston), *s. m.* Terme populaire et d'amitié. Fils. Mon fiston.

— ÉTYM. Dérivé irrégulier de *fils.*

† **FIXATEUR.** *Ajoutez :* || **2°** *Adj.* Fixateur, fixatrice, qui a la propriété de fixer. Les globules du sang sont les organes fixateurs de l'oxygène.

FIXATION. || **1°** *Ajoutez :* || Fig. Ce qu'on a le plus de peine à supporter dans l'infortune, c'est.... la fixation sur une seule idée, STAEL, *Influence des pass.* I, 6.

FIXÉ *Ajoutez :* || **7°** Fixé à, qui ne cesse pas de. Je vous promets de demeurer fixée dans l'opinion que j'en ai [de votre tendresse]; mais, pour plus grande sûreté, soyez fixée aussi à m'en donner des marques, comme vous faites, SÉV. *à Mme de Grignan*, 25 oct. 1671.

FIXER. — HIST. *Ajoutez :* || XIVe s. Porter unes lettres closes à Th. Ergo et P. de Ecry, que il fixassent d'une somme d'argent, en lieu de la male taute que li roys demandoit (1340), VARIN, *Archives admin. de la ville de Reims*, t. II, 2e part. p. 840.

† FIXIBILITÉ (fi-ksi-bi-li-té), *s. f.* Propriété qu'ont certaines choses d'être fixées. La fixibilité des couleurs, *Journ. offic.* 9 août 1871, p. 2556, 1re col.

† FIXISTE (fi-ksi-st'), *s. m.* Apiculteur qui n'emploie pas les cadres mobiles. Plusieurs [ruches] de formes diverses sont à housses ou à cadres mobiles; de là deux grandes divisions parmi les apiculteurs : les fixistes et les mobilistes, HEUZÉ, *la France agricole*, carte n° 41.

† FLABELLIFÈRE (fla-bèl-li-fè-r'), *s. m.* Terme d'antiquité. Porte-éventail. On y lit encore sa légende : « le flabellifère à la gauche du roi, scribe royal..., » J. SOURY, *Rev. des Deux-Mondes*, 15 fév. 1875.

— ÉTYM. Lat. *flabellum*, éventail, et *ferre*, porter.

† FLABELLUM (fla-bèl-lom'), *s. f.* Terme d'antiquité chrétienne. Nom donné à des éventails que deux diacres agitaient pendant la célébration des saints mystères.

— ÉTYM. Lat. *flabellum*, de *flare*, souffler, respirer, avec le diminutif du suffixe *bro :* ce qui porte, donne la respiration.

† FLACHERIE (fla-che-rie), *s. f.* Maladie parasitaire des vers à soie, dite aussi morts-flats, due à un ferment ou levûre qui se multiplie à l'infini dans le tissu de l'animal et le fait périr.

FLAGELLANT. *Ajoutez :* — HIST. XIVe s. Celles gens, lesquelles s'appelloient flagelleurs et conffreres par maniere d'aliance.... J. LEBEL, *Vrayes chroniques*, t. I, p. 204.

† FLAGRAMMENT (fla-gra-man), *adv.* Néologisme. D'une manière flagrante. L'expérience précédente [avec le radiomètre] condamne flagramment la doctrine de l'émission [de la lumière] pour expliquer la rotation du tourniquet, LEDIEU, *Acad. des sc. Comptes rend.* t. LXXXII, p. 1373.

† FLAMAND (fla-man), *s. m.* Dialecte germanique parlé dans les Flandres et appartenant au bas-allemand.

FLAMBEAU. *Ajoutez :* || 11° Artifice d'éclairage composé d'un faisceau de brins de fil mal tordu, enduits d'une composition éclairante.

— REM. L'exemple suivant montre la différence entre lumière au sens de bougie, chandelle, lampe et le flambeau proprement dit. Les lumières mesmes ne peuvent pas résister à l'humide fraischeur qui y domine; on ne peut y aller qu'avec des flambeaux, *Mém. de* G. MARINIER, dans *Lettres, etc. de Colbert*, t. V, p. 577.

FLAMBER. *Ajoutez :* — REM. Flamber une bouche à feu, un fusil, des pistolets, c'est les tirer à poudre à faible charge. Cela se fait non comme épreuve, mais pour enlever l'humidité.

† FLAMBOIEMENT (flan-boi-man), *s. m.* Néologisme. Action de flamboyer; état de ce qui flamboie. Comme le flamboiement d'amour de l'infini, V. HUGO. D'un coin de l'infini formidable incendie, Rayonnement sublime ou flamboiement hideux, ID. *Contempl.* III, 30, 2. Le flamboiement du soleil couchant à travers les vagues, H. GREVILLE, *le Roman d'un père*, dans *le Temps*, 24 déc. 1876, 1re page, 2e col.

† FLAMINAT (fla-mi-na), *s. m.* Terme d'antiquité romaine. Dignité de flamine. L'institution du flaminat augustal ou impérial, F. DELAUNAY, *Journ. offic.* 11 mars 1873, p. 1690, 2e col.

— ÉTYM. Lat. *flaminatus* (voy. FLAMINE).

† FLAMINIQUE (fla-mi-ni-k'), *s. f.* Terme d'antiquité romaine. Femme exerçant la prêtrise de flamine. La découverte d'une inscription relative à une flaminique n'est, dans aucun cas, chose indifférente.... le recrutement et la nomination des flamines et des flaminiques appartenaient au sénat local, F. DELAUNAY, *Journ. offic.* 11 mars 1873, p. 1690, 2e col.

— ÉTYM. Lat. *flaminica*, de *flamen*, flamine (voy. FLAMINE).

FLAMME. *Ajoutez :* || 9° À flamme renversée, se dit d'une disposition où la flamme, au lieu de monter, descend. La rampe est à flamme renversée, c'est-à-dire que la flamme des becs, au lieu de monter, descend et est attirée en bas par une cheminée d'appel, *Journ. offic.* 12 janv. 1875, p. 274, 1re col || 10° Flamme d'ogive, la partie la plus élevée d'une ogive, à condition que les meneaux figurent des flammes, car, dans les ogives en trèfle (XIIIe s.), le haut de l'ogive n'est pas une flamme. La présence des flammes constitue le gothique flamboyant, qui est celui de la dernière époque (XIVe et surtout XVe siècle). La partie du haut, qui est enclose dans la flamme de l'ogive, représente l'exaltation, ou, si l'on veut, l'apothéose de saint Marcel, E. BERGERAT, *Journ. offic.* 12 janv. 1875, p. 279, 1re col. || 11° Sorte de pièce d'artifice. Le feu qui a pris naissance, on ne sait par quelle cause, dans des pièces d'artifices déposées dans la cour, a consumé en quelques minutes près de 800 flammes du poids de deux kil. chacune, *Gaz. des Trib.* 12 juill. 1873, p. 661, 3e col.

† FLAMMÉ, ÉE (fla-mé, mée), *adj.* Terme technique. Qui est d'une teinte assez vive pour donner une idée de flamme. Toiles unies, rayées, à carreaux, flammées ou glacées, *Tabl. annexé aux lett. pat. du* 30 sept. 1780, *Tours*. Le rouge et le bleu flammé de Chine, autrement, rouge de cuivre au grand feu, *Journ. offic.* 11 mai 1875, p. 3340, 2e col. Des teintes toutes particulières,... flammées, parfois, de tons violacés et bleus, mais avec une vigueur et une profondeur admirables, *ib.* Rechercher le rouge flammé de Chine, *ib.* 3e col.

† FLAMMIGÈRE (fla-mmi-jè-r'), *s. m.* Sorte d'engin incendiaire. Il avait rempli l'église de tonneaux de poudre et de pétrole, ainsi que de bombes Orsini et de flammigères; on appelait ainsi des espèces de trépieds à quatre branches dont l'une était toujours en l'air; le corps était en carton et rempli d'une poudre ou matière phosphorée, *le National*, 26 déc. 1872.

— ÉTYM. Lat. *flamma*, flamme, et *gerere*, porter.

† FLAMMIVOME. *Ajoutez :* — HIST. XVIe s. Vous debviez paour avoir de Pyroeis, Heous, Aethon, Phlegon, celebres chevaulx du soleil, flammivomes, qui rendent feu par les narines, RAB. IV, 33.

FLANC. *Ajoutez :* || 7° Terme de fortification. Angle de flanc, angle formé par un flanc avec la courtine voisine. || 8° Terme d'artillerie. Dans un canon rayé, flancs d'une rayure, les deux surfaces obliques qui la limitent de chaque côté. || Flanc de chargement, le flanc contre lequel appuient les ailettes du projectile lorsqu'on le pousse au fond de l'âme; flanc de tir, celui contre lequel appuient ces ailettes, lorsque le projectile est lancé par la poudre.

FLANELLE. *Ajoutez :* Les flanelles étroites auront au moins 36 portées, 3/4 et 1/2 de large, et 27 aulnes de long sur le métier.... elles seront faites de bonnes laines du pays, sans plis, peignons ni agnelins (voy. AGNELIN au Supplément); et il sera mis un fil bleu dans les lisières des dites flanelles, *Arrêt du Conseil*, 16 avril 1726.

1. FLANQUÉ. *Ajoutez :* || 3° Terme de fortification. L'angle flanqué ou l'angle saillant d'un bastion est l'angle formé par ses deux faces.

2. FLASQUE. — REM. *Ajoutez :* || 2. Les flasques ne sont pas toujours en bois; ils peuvent aussi être en métal. C'est sur les flasques que reposent les tourillons des bouches à feu.

† 4. FLASQUE. *Ajoutez :* || 2° Bouteille de fer pour le mercure. La production mensuelle à New-Almaden est de deux mille bouteilles (la bouteille ou flasque étant de soixante-seize livres et demie).... le métal liquide est versé dans des bouteilles en fer dont le bouchon est à vis.... des 50 000 flasques par an que fournit la Californie, 12 000 sont expédiées en Chine, *Journ. offic.* 20 avril 1874, p. 2580, 1re col

† 5. FLASQUE (fla-sk'), *s. m.* Dans l'Aunis, fer à repasser d'une forme particulière qui reçoit des charbons allumés, *Gloss. aunisien*, p. 106. Ce genre de fer à repasser est usité aussi dans les Côtes-du-Nord.

† FLASQUER (fla-ské), *v. a.* Repasser avec le flasque.

† FLASQUEUSE (fla-skeû-z'), *s. f.* Repasseuse.

FLATTEUSEMENT. *Ajoutez :* — HIST. XVIe s. ...sans que, flatteusement, Il loue une beauté sous un faux jugement, DE BRACH, *Œuv.* t. I, p. 166.

† FLAVOPURPURINE (fla-vo-pur-pu-ri-n'), *s. f.* Substance tinctoriale d'un jaune rouge, tirée du charbon, *Acad. des sc. Comptes rendus*, t. LXXXII, p. 1394.

— ÉTYM. Lat. *flavus*, jaune, et *purpurin*.

FLÉAU. *Ajoutez :* || 12° Fléau d'armes, masse métallique d'une forme variable, sphérique ou allongée, armée ou non de pointes, et réunie par une chaîne à l'extrémité d'un manche

— REM. Fléau, qui était monosyllabe au XVIe siècle, l'était encore au commencement du XVIIe siècle : Quoi! filles de la nuit, monstres espouvantables, Dont les fers, dont les fouets et les fleaux effroyables Estonnent l'univers.... *Histoire recueillie, la Magicienne estrangere, tragedie*, Lyon, 1718, p. 10. Fléau est un des rares exemples où la langue moderne n'a pas accepté la coalescence en une seule syllabe des deux voyelles que la chute de la consonne intermédiaire avait mises en présence. *Seür* est devenu *sûr*, *paor* est devenu *peur*, et ainsi en très-grand nombre.

1. FLÈCHE. *Ajoutez :* || 21° Terme d'artillerie. Dans certains affûts, pièce ou réunion de pièces, placée suivant l'axe de l'affût, dans laquelle est engagée la vis de pointage et qui porte, à une de ses extrémités, la lunette qui reçoit la cheville ouvrière de l'avant-train. || Pièce occupant une position analogue et portant aussi une lunette pour la cheville ouvrière, dans les arrière-trains de certaines voitures : caisson, forge, chariot de batterie. || 22° Barre qui fait mouvoir le bocard. Une usine d'amalgamation établie sur le type australien, avec 15 flèches de bocard, *Journal offic.* 4 oct. 1873, p. 6194, 2e col. || 23° Terme militaire. En flèche, en une position avancée qui fait comme une pointe sur le terrain de l'ennemi. Le général Frossard, justement inquiet de la situation avancée qu'il occupait à Sarrebruck, télégraphiait, le 5 août, à l'empereur : « qu'il se trouvait un peu en flèche, que le deuxième corps serait beaucoup mieux sur les plateaux de Forbach à Sarreguemines, *Gaz. des Trib.* 6-7 oct. 1873, p. 962, 1re col. Le maréchal s'exprimant sur la position en flèche si dangereuse du général Frossard, *ib.* || 24° Arbre à la flèche, l'*aloe dichotoma*, L., BAILLON, *Dict. de bot.* p. 247. || 25° Branche à fruit conservée plus ou moins longue sur la vigne, dite aussi courgée, vinée, pleyon, archet, aste, sautelle, tiret, etc. DUBREUIL, *Culture du vignoble*, Paris, 1863, p. 88.

— REM. La flèche, en fortification, a, comme le redan, deux faces qui se coupent en formant un angle saillant. Elle est plus petite; la longueur de ses faces ne dépasse pas trente mètres.

† 3. FLÉCHER (flé-ché). La syllabe *flé* prend un accent grave quand la syllabe qui suit est muette : je flèche, excepté au futur et au conditionnel : je flécherai, je flècherais), *v. a.* Atteindre d'un coup de flèche. Ils [les sauvages de la Guyane] sont d'une adresse surprenante pour flécher les gros poissons dans les criques, *Journ. offic.* 21 juin 1874 p. 4227, 1re col.

† FLÉCHILLE (flé-chi-ll', *ll* mouillées), *s. f.* Nom, dans la république Argentine, des pailles qui s'attachent à la toison des moutons. On put la débarrasser [la toison] non-seulement de la carétille, mais encore des autres graines et des pailles dites fléchilles, qu'elle prend dans certaines contrées, *Mém. d'Agric.* etc. 1870-1871, p. 497 et 498.

† FLÉGARD (flé-gar), *s. m.* Anciennement, en Flandre, place commune, grand chemin, marché, trottoir le long des rues. Attendu qu'il constate qu'A.-G. a par requête remontré et supplié le magistrat [de Lille] qu'il lui soit accordé de pouvoir faire une voussure sous le flégard au devant de sa maison, *Gaz. des Trib.* 6 sept. 1876, p. 869, 4e col.

2. FLÉTRIR. — HIST. *Ajoutez :* || XVIe s. Lacedemone, où les jeunes enfans estoyent flaistris [battus] si rigoureusement par le grand maistre de la jeunesse, qu'ils rendoyent quelquefois l'esprit sur l'autel de Diane, pendant qu'on les fessoit, BODIN, *Republique*, III, 7.

† FLETTAGE (fle-ta-j'), *s. m.* Terme de verrier Synonyme de dépontillage, *Enquête, Traité de comm. avec l'Angl.* t. VI, p. 569 (voy. DÉPONTILLAGE au Supplément). Nous avons remarqué, en traitant du cristal uni, que le dépontillage ou le flettage fait perdre à la pièce brute une partie de son poids, *ib.*

† FLETTE (flè-t'), *s. f.* Terme de verrier. Synonyme de pontil (voy. ce mot au Dictionnaire). Cristaux blancs, de force ordinaire, unis, n'ayant pas d'autre taille que la flette ou le pontil destinés à enlever la trace de l'instrument du verrier, *Enquête, Traité de comm. avec l'Anglet.* t. VI, p. 568.

† FLETTER (flè-té), *v. a.* Terme de verrier. Synonyme de dépontiller. Enfin, pour dépontiller ou fletter le cristal uni, et l'amener à l'état convenable pour la vente, on lui enlève environ 6 p. 100 de son poids, *Enquête, Traité de comm. avec l'An-*

glet t. VI, p. 560 (voy. DÉPONTILLER au Supplément).

FLEUR. *Ajoutez :* || **27°** Fleurs coupées, fleurs qui se vend dent en bouquets. Il se vend pour plusieurs millions par an de fleurs coupées, comme on appelle l'article en termes du métier.... il y a généralement beaucoup de déchet sur la fleur coupée; mais le bénéfice rachète la perte, *Journ. offic.* 31 mai 1875.

† **FLEURAGE.** *Ajoutez :* || **3°** Fleurage de pommes de terre, farine de pommes de terre. Falsification de poivre, par addition de fleurage de pommes de terre, 15 jours de prison, 50 fr. d'amende, confiscation du poivre, *Gaz. des Trib.* 24 mars 1876, p. 295, 4° col. || **4°** Action de saupoudrer avec de la farine de seigle. La farine de seigle introduite dans Paris sert surtout à la fabrication du pain d'épices et au fleurage, c'est-à-dire à un saupoudrage des panetons où l'on met la pâte en forme; cette opération a pour but de prévenir l'adhérence de la pâte, *Journ. offic.* 11 mai 1874, p. 3210, 1re col.

FLEURAISON. *Ajoutez :* — REM. Sainte-Beuve, *Tableau de la poés. franç. au XVIe siècle*, cite ce passage d'une lettre d'un compatriote de Malherbe, Mosaut de Brieux : « Entre autres mots, Malherbe en avait fait un qui était ses plus chères délices, qu'il avait perpétuellement en la bouche, ainsi que M. Grentemesnil me l'a dit, et qui, en effet, est doux à l'oreille et ne se présente pas mal. Ce fils de sa dilection, ce favori, c'est le mot de fleuraison, par lequel il voulait qu'on désignât le temps qu'on voit fleurir les arbres, de même que par celui de moisson l'on désigne le temps qu'on voit mûrir les blés. » Ainsi fleuraison, qui n'a aucun historique, est de la création de Malherbe.

† **FLEUR-DE-MAI** (fleur-de-mè), *s. f.* En Normandie, petite pomme blanche à couteau; elle est précoce, DELBOULLE, *Gloss. de la vallée d'Yères*, p. 155.

FLEURER.— ÉTYM. *Ajoutez :* Il est dit que *fleurer* est une autre forme de *flairer*. Il est certain que le changement de *ai* en *eu* est difficile. Aussi M. Ascoli, *Zeitschr. für vergl. Sprachforsch.* t. XVII, p. 318, rattache *fleurer* à l'anc. franç. *flaveur*, qui est devenu en anglais *flavour*. Mais, à son tour, quelle est l'origine de *flaveur?* On ne peut y voir qu'un dérivé d'un lat. fictif *fragrorem* (de *fragrare*), qui a donné *flaeur*, *fleur*, d'où *fleurer* (voy. FLAIRER).

FLEURETTE. *Ajoutez :* || **4°** En Normandie, crème excellente qu'on recueille lorsque le lait a séjourné douze heures dans la jatte, DELBOULLE, *Gloss. de la vallée d'Yères*, p. 156.

— ÉTYM. *Ajoutez :* Beaumarchais donne une tout autre étymologie : La petite sait bien que, dans l'original, le mot *fleurette* signifiait une jolie petite monnaie, et que *compter fleurettes* aux femmes était leur bailler de l'or; ce qui a tant plu à ce sexe pompant, qu'il a voulu que le mot entrât, au figuré, dans le galant dictionnaire, *Mém.* t. III, p. 64 (éd. de la Société des amis des lettres, Paris, 1830). Il y avait en effet une petite monnaie nommée *fleurete* ou *florete* (voy. FLORETTE au Supplément); mais cette étymologie amusante et fantastique n'est appuyée sur aucun texte. Celle-ci paraît de meilleur aloi : « On nomme *flouretas*, fleurettes, de petits compliments d'amour dont les fleurs sont à la fois le prétexte et les termes de comparaison. L'usage en est très-ancien dans notre Midi. Baluze, dans son *Histoire d'Auvergne* (p. 222, preuves), en cite un exemple remarquable de l'an 1484, » *Revue des langues romanes*, t. IV, p. 461.

† **FLEUR-FEUILLE** (fleur-feu-ll', *ll* mouillées), *s. f.* Un des noms vulgaires de l'hormin, *salvia horminum*, L.

FLEURIR. *Ajoutez :* || **5°** Terme de tanneur. S'emploie en parlant du tan, pour désigner, à la surface du tan, des fructifications d'un champignon, l'*æthalium septicum*, du groupe des myxomycètes, *Annales des sciences naturelles, Botanique*, 1859, t. XI, p. 154.

† **FLEXIONNEL, ELLE** (flè-ksio-nèl, nè-l'), *adj.* Terme de grammaire. Qui a rapport aux flexions. Les éléments flexionnels, *Mém. de la Société de linguistique de Paris*, t. II, p. 359. || Qui a des flexions, qui est caractérisé par des flexions. Les langues flexionnelles forment la troisième partie de la grande division des langues en monosyllabiques, agglutinantes et flexionnelles. Les théories de Max Müller sur le processus des langues, d'abord monosyllabiques, puis agglutinantes, et enfin flexionnelles, *Rev. critique*, 25 déc. 1875, p. 403.

† **FLEXUEUSEMENT** (flè-ksu-eû-ze-man), *adv.* Néologisme. D'une manière flexueuse. Jamais ruban soyeux fut-il plus flexueusement dévidé? STE-BEUVE, *Portraits litt.* t. II (art. *Ch. Nodier*).

† **FLIBUSTE** (fli-bu-st'), *s. f.* Le corps des flibustiers. J'ai détruit ici la flibuste, parce que la cour l'a voulu, et je n'en suis venu à bout qu'avec bien de la peine, CUSSY, *à Seignelay*, dans *Journ. des Débats*, 29 sep. 1868.

† **FLIC-FLAQUER** (flik-fla-ké), *v. n.* Néologisme. Faire flic-flac. La main droite sur la hanche, et les pieds nus dans de lourds souliers luisants qui flic-flacquent sur le sable, elle arpente la grève à grandes enjambées, E. BERGERAT, *Journ. offic.* 5 mai 1876, p. 3101, 2° col.

† **FLINQUER.** *Ajoutez :* Si on entoure d'un cercle d'or bruni et mis en couleur une plaque d'émail bleu de roi flinqué sur argent.... *le Siècle*, 30 août 1867.

† **FLIRTATION** (flir-ta-sion), *s. f.* Mot anglais que les romans anglais ont acclimaté en France, et qui signifie le petit manége des jeunes filles auprès des hommes, et des hommes auprès des jeunes filles. La flirtation devient entre les mains de cette fille avisée un puissant auxiliaire de la politique, TH. BENTZON, *Rev. des Deux-Mondes*, 15 mars 1875, p. 337.

— ÉTYM. Angl. *flirtation*, de *to flirt* (voy. FLIRTER).

† **FLIRTER** (flir-té), *v. n.* User de la flirtation. Elles [les misses de New-York] vont avec des amies, ou accompagnées de celui qui a l'honneur de les courtiser et de flirter ouvertement avec elles, cavalcader au Parc Central, L. SIMONIN, *Rev. des Deux-Mondes*, 1er déc. 1875, p. 585. Les plus avenantes, les seules promenades souvent des grandes villes [en Syrie] sont leurs champs des morts; on y cause, on y mange, on y fume, on y flirte, E. MELCHIOR DE VOGÜÉ, *ib.* 1er fév. 1875, p. 507.

— ÉTYM. Angl. *to flirt*, coqueter, proprement jeter, lancer. Toutefois M. Baudry est enclin à croire que *to flirt*, coqueter, n'a de commun qu'une homonymie avec *to flirt*, lancer. Le premier, à ses yeux, n'est qu'une corruption anglaise (comme il y en a tant) d'un vieux français *fleureter*, conter fleurettes; l'angl. *flirt* se prononce *fleurt*.

† **FLOCONNEMENT** (flo-ko-ne-man), *s. m.* État de ce qui fait comme des flocons. Frantz, sans oser la regarder elle-même, suivait les mouvements de son ombrelle doublée de bleu, le floconnement de sa robe..., ALPH. DAUDET, *Fromont jeune et Risler aîné*, III, 2.

† **FLOQUETÉ, ÉE** (flo-ke-té, tée), *part. passé* de floqueter. Garni d'ornements, de rubans, en forme de flocons. Nous avons vu en scène Richelieu en robe de chambre, tout floqueté de rubans. — Il [Richelieu] se tenait à merveille sous ses vêtements floquetés de dentelles, CAPEFIGUE, *sur Richelieu*.

† **FLOQUETER (SE)** (flo-ke-té), *v. réfl.* Mettre sur ses habits des ornements imitant des flocons. Les fêtes champêtres de Choisy, où Mme de Pompadour se floquetait en bergère, CAPEFIGUE, *sur Richelieu*.

† **FLORALIE** (flo-ra-lie), *s. f.* Solennité florale, exposition horticole. Splendide! aucune description ne pourrait mieux que ce mot peindre l'aspect de cette floralie [exposition horticole de Versailles], *Revue horticole*, 1er nov. 1875, p. 410.

† **FLORENTIN, INE** (flo-ran-tin, ti-n'), *adj.* Qui appartient à la ville de Florence, et particulièrement à ses beaux-arts. Bronzes florentins. École florentine.

FLORÈS. *Ajoutez :* Nous avons fait florès pour la naissance de M. le Dauphin; et nos feux de joie ont été tels que six maisons de cette ville [Saint-Quentin] en ont brûlé, RICHELIEU, *Lett.* etc. t. VI, p. 152 (1638).

† **FLORETTE** (flo-rè-t'), *s. f.* Nom donné par le peuple aux gros de vingt deniers tournois frappés par Charles VI, par Henri V et Henri VI en Normandie, et par le Dauphin, depuis Charles VII, après sa fuite de Paris dans la nuit du 19 mai 1419.

— HIST. XVe s. Il couroit lors une monnoie qu'on nommoit flourettes, qui valloit dix huit deniers; mais enfin elles furent remises à deux deniers, puis on les deffendit tout à fait, tellement qu'elles n'eurent plus de cours, MONSTRELET, dans DU CANGE, *floretus*. Fut ordonné que les florettes, c'est assavoir la monnoie du roy, qui avoit cours pour seize deniers, seroient mises et rabaissées à trois deniers, ID. *ib.*

— ÉTYM. Bas-lat. *floretus*, de *flos*, fleur, parce que ces pièces étaient marquées de trois fleurs de lys (comp. FLORIN).

† **FLORIBOND, ONDE** (flo-ri-bon, bon-d'), *adj.* Terme d'horticulture. Qui porte beaucoup de fleurs. Peu de plantes sont aussi floribondes que le *clerodendron angustifolium*, *Revue horticole*, 1er avril 1871, p. 379. Cette espèce (*raphiolepis ovata*), originaire du Japon, est très-rustique et très-floribonde, et devrait se trouver dans tous les jardins, *ib.* 15 août 1875, n° 16, p. 320.

— ÉTYM. Lat. *floribundus*, de *flos*, fleur.

† **FLORIBONDITÉ** (flo-ri-bon-di-té), *s. f.* Néologisme. Terme d'horticulture. Qualité d'une plante floribonde. L'extrême vigueur, la remarquable floribondité, le beau feuillage [du *passiflora arc-en-ciel*], *Revue horticole*, 15 août 1875, n° 16, p. 310. Naine et buissonneuse comme toutes les azalées dites de l'Inde, dont elle a l'aspect et la végétation, elle [l'*azalea indica*] en a aussi la beauté et la floribondité, *ib.* 1er sept. 1876, p. 339.

† **FLORICULTURE** (flo-ri-kul-tu-r'), *s. f.* Culture des fleurs. La floriculture de plein air et de serre, *Journ. offic.* 10 mai 1874, p. 3189, 3° col.

† **FLORIMANE** (flo-ri-ma-n'), *s. m.* Amateur qui a la manie des fleurs. Être antiquaire et ne l'être que pour soi, ce serait ressembler à ce florimane qui écrasa un oignon d'hyacinthe du plus grand prix, pour que celui qui lui restait fût seul dans le monde, LE COMTE DE CAYLUS, dans *Hist. de l'art en France*, I, 54. La *Pandore*.... rapporte un rosier qui occupe l'attention des florimanes, *Journ. offic.* 5 janv. 1877, p. 92, 1re col.

— ÉTYM. Lat. *flos, floris*, fleur, et μαίνεσθαι, être fou (voy. MANIE).

FLORIN. *Ajoutez :* Le florin autrichien est une pièce d'argent, valant 100 kreutzers, soit, au pair, 2 fr. 47. Le florin des Pays-Bas vaut 100 cents, soit, au pair, 2 fr. 10. Le florin polonais, qui a cours en Russie, vaut 15 kopecks, soit, au pair, 0 fr. 33.

— ÉTYM. *Ajoutez : Florin* se trouve dans l'ancienne langue au sens propre de petite fleur : XIVe s. L'autr'ier, par une matinée, Ou temps que rose est matin née, Qui s'orgueille à l'issir d'yver, Après [après que] de maint florin divers Sont vestus bois et recouvers, *Dits de Watriquet de Couvin*, p. 101.

2. **FLOT.** *Ajoutez :* || **2°** Quantité de bois d'une expédition de flottage. Sur l'Armançon et les ports de l'Yonne inférieure, le faix se compose de sept bûches, pendant le tirage et la mise en état des flots, *Arrêté du ministre de l'intérieur*, 28 mai 1816. || Flot particulier, quantité de bois expédiée par un particulier; flot de communauté, le bois expédié par la communauté des marchands. Les marchands ou propriétaires peuvent faire couler leurs bois en flot particulier.... mais ces flots particuliers ne peuvent avoir lieu qu'autant qu'ils ne nuisent pas aux flots de communauté, *Mém. de la Soc. centr. d'Agric.* 1873, p. 262.

FLOTTANT. *Ajoutez :* || **5°** Qui flotte encore, qui est sur mer, qui n'est pas débarqué. Un armateur qui possède une grande fortune flottante est réputé solvable, *Journ. offic.* 1874, p. 4413, 3° col.

FLOTTÉ. *Ajoutez :* || **3°** Prés flottés, nom, dans le Pas-de-Calais, de prairies occupant les terrains bas et sujets aux inondations, *les Primes d'honneur*, Paris, 1869, p. 63.

FLOU. || **1°** *Ajoutez :* Celui qui n'est point parfaitement instruit du lieu où il faut arrêter le contour, et de la forme déterminée des objets, les laisse indécis et les noie dans le flou pour pallier son incertitude, L. GOUGENOT, *Mém. inéd. sur l'Acad. de peint.* publiés par Dussieux, etc. t. II, p. 330.

— REM. On l'emploie aussi comme adjectif invariable. Il faut.... rebuter les poinçons dont les traits sont affaissés ou altérés, et même ceux qui donnent des marques flou, *Manuel de la garantie*, 1822, p. 59.

† **FLOUET, ETTE** (flou-è, è-t'), *adj.* Forme archaïque de fluet. Je ne pense pas que vous aimassiez mieux un homme de bien fort et nerveux, que grêle et flouet, MALH. *Lexique*, éd. L. Lalanne. Damoiselle belette au corps long et flouet, LA FONT. *Fabl.* III, 17.

† **FLOUNDRE** (flon-dr'), *s. m.* Sorte de carrelet, poisson. Des poissons tels que les soles, les floundres, les plies, affectent la teinte du gravier, E. BLANCHARD, *Rev. des Deux-Mondes*, 1er août 1874, p. 594.

— ÉTYM. Angl. *flounder*, carrelet, flétan.

† FLUCÉRINE (flu-sé-ri-n'), *s. f.* Terme de minéralogie. Fluoride de cérium.

† FLUCTUANT. *Ajoutez :* || 3° Fig. Indécis, indéterminé. Les cogitations vagues et fluctuantes qui vous mettent l'âme en désordre, MALH. *Lexique*, éd. L. Lalanne.

FLUER. — HIST. *Ajoutez :* || XIII° s. ...Com li mers Flue, doit sur les boins fluer Li siens [le bien de l'homme généreux], et largement douner, *Renard le nouvel*, p. 83, Paris, 1874, éd. Jules Houdoy.

† FLUGACARU (flu-ga-ka-ru), *s. m.* Un des noms du ver macaque (voy. MACAQUE, n° 2).

FLUIDE. || 2° Fig. *Ajoutez :* L'homme est une matière fluide, caduque et sujette à toute sorte d'inconvédients, MALH. *Lexique*, éd. L. Lalanne.

† FLUIDIFIANT, ANTE (flu-i-di-fi-an, an-t'), *adj.* Qui fluidifie, qui rend fluide. L'ammoniaque, dont l'action fluidifiante sur le sang est bien connue, HARO, *Acad. des sc. Comptes rend.* t. LXXXIII, p. 697.

† FLUORIDE (flu-o-ri-d'), *s. m.* Terme de minéralogie. Composé résultant de la combinaison d'un métal avec le fluor.

† FLUSTRE. *Ajoutez :* — ÉTYM. Lat. *flustra, flustrorum*, le calme de la mer.

1. FLÛTE. *Ajoutez :* — REM. La petite flûte, dont il est question au n° 3, est une flûte qui sonne à l'octave de la flûte ordinaire.

2. FLÛTE. *Ajoutez :* || 2° C'est aussi le nom d'une sorte de bouteille. Bouteilles, demi-bouteilles, quarts de bouteille, bordelaises, flûtes, litres, *Enquête, Traité de comm. avec l'Anglet.* t. VI, p. 540.

3. FLÛTE. — ÉTYM. *Ajoutez :* D'après M. Roulin, le nom de ce navire de guerre ne vient pas du holl. *fluit*; c'est au contraire le hollandais qui vient du français. *Flûte*, ou anciennement *fluste*, est pour *fiste*, de l'espagn. *fusta*, sorte de navire, qui vient de *fust*, bois (voy. FÛT).

† FLYS (flis') ou FLYSCH (flich'), *s. m.* Terme de géologie. Nom, en Suisse, de schistes marneux arénacés qui se délitent facilement et qui renferment des fucoïdes, *Rev. Britann.* mars 1875, p. 44.

— ÉTYM. Allem. *fliessen*, couler.

† FOCAL. *Ajoutez :* || Terme d'optique. Plans focaux, plans menés par les foyers principaux perpendiculairement à l'axe optique.

† FOCALISATION (fo-ka-li-za-sion), *s. f.* Action de mettre au foyer d'un instrument optique les objets qu'on examine. Dans le cas où des objets à observer seraient directement plongés dans un liquide, on pourrait, à la rigueur, faire servir ce liquide même à la focalisation de leurs images, GOVI, *Acad des sc. Comptes rend.* t. LXXXIV, p. 343.

† FOCOMÈTRE (fo-ko-mè-tr'), *s. m.* Instrument imaginé par M. Silbermann et destiné à mesurer la distance focale des lentilles.

— ÉTYM. Lat. *focus*, foyer, et *metrum*, mesure.

† FÖHN (feûn'), *s. m.* Nom donné, dans la Suisse romande, à un vent chaud du sud-est.

— ÉTYM. Lat. *favonius*, vent d'ouest.

FOI. || 10° Ligne de foi, voy. LIGNE, n° 15, où ce qu'est la ligne de foi est mieux expliqué. || 11° En termes juridiques, faire foi à, accorder pleine confiance à. Attendu qu'A.... et C°, banquiers à Boulogne, attestent ces faits, et ajoutent que les titres appliqués à D.... sont toujours restés depuis dans leur caisse; qu'il y a lieu de faire foi à cette déclaration et d'admettre la continuité de possession à D...., *Gaz. des Trib.* 25-26 janv. 1875, p. 81, 4° col.

1. FOIN. *Ajoutez :* || 7° Foin de Bourgogne, un des noms de la luzerne (en Normandie, bourgogne est un des noms de la luzerne).

FOIN. *Interj.* — ÉTYM. *Ajoutez : Fouin*, au sens de putois, est une autre forme de *fouine*, et a la même origine, *faginus* au lieu de *fagina* (voy. FOUINE).

† FOIRADE (foi-ra-d'), *s. f.* Terme très-bas. Action de foirer, résultat de cette action. || Fig. Il nous faut un grand exemple et non pas des grimaces, ni des foirades, *Lett. du P. Duchêne*, 99° *lettre*, p. 8.

† FOIRAIL (foi-rall', *ll* mouillées), et FOIRAL (foi-ral), *s. m.* Terme provincial. Le champ de foire. Effrayés, ils [les bestiaux] prirent la fuite dans la direction du pont; F.... et D.... les poursuivirent, traversèrent le foirail [à Cournon, Puy-de-Dôme] pour leur couper la retraite, *Gaz. des Trib.* 7 mars 1874, p. 229, 1re col. On écrit de Marvéjols au *Progrès de la Lozère*.... une panique s'est tout à coup déclarée parmi les bestiaux qui remplissaient le foiral, *Journ. offic.* 9 mars 1874, p. 1831, 3° col.

— ÉTYM. *Foire* 1.

† FOIREAU (foi-rô), *s. m.* Nom, dans la Vienne, d'un cépage blanc, *les Primes d'honneur*, Paris, 1872, p. 304.

— ÉTYM. *Foirer*.

FOIREUX. *Ajoutez :* || 3° *S. f.* Foireuse, nom, à Nancy, de la mercuriale annuelle, plante dite ailleurs foirande.

† FOISSELLE (foi-sè-l'), *s. f.* Nom vulgaire d'une petite monnaie de billon noir qui courait à Tournai du temps de Charles V.

FOLIE. *Ajoutez :* || 12° Nom donné à des touffes d'une herbe légère et garnie de fleurettes blanches par milliers, qu'on voit dans des vases à l'étalage des charcutiers, des restaurateurs, etc. || 13° Arbre de la folie, *amyris carana*, BAILLON, *Dict. de bot.* p. 247.

† FOLIICOLE (fo-li-i-ko-l'), *adj.* Qui habite les feuilles des végétaux, en parlant d'insectes, de parasites. L'observation de générations nombreuses obtenues par le transport direct des individus foliicoles [phylloxéra] sur les racines, CORNU, *Acad. des sc. Comptes rendus*, t. LXXXI, p. 328.

— ÉTYM. Lat. *folium*, feuille, et *colere*, habiter.

† FOLIOTOCOLE (fo-li-o-to-ko-l'), *s. m.* Oiseau d'Afrique (*chrysococcyx smaragdineus*) qui se tient à la cime des arbres les plus élevés, dont la taille ne dépasse pas celle de l'alouette, et dont le dos, la queue et la gorge sont d'un vert d'émeraude à reflets éclatants, MARQUIS DE COMPIÈGNE, *l'Afrique équatoriale*, Paris, 1875, t. I, p. 100.

† FOLLETAGE (fo-le-ta-j'), *s. m.* Maladie des vignes folletées.

† FOLLETÉ, ÉE (fo-le-té, tée), *adj.* Se dit, dans le Midi, des vignes qu'atteint, aux mois de juin et de juillet, un mal subit frappant les sarments et laissant intacts le plus souvent le tronc et les racines; ce mal, suivant un préjugé populaire, est causé par un tourbillon de vent chaud.

1. FOLLICULE. *Ajoutez :* — REM. Follicule, en termes d'anatomie, a été inventé par Boerhaave pour Ruysch.

† FOMALHAUT (fo-mal-ôt'), *s. m.* Nom arabe de l'étoile alpha de la constellation du Poisson Austral.

— ÉTYM. Arabe, *fom-al-haut*, bouche du poisson.

† FONÇAGE. *Ajoutez :* || 2° Action de creuser. Le fonçage des puits à la poudre ne donna par jour qu'un avancement de 8 centimètres; il fut de 30 centimètres au contraire avec la dynamite, H. DE PARVILLE, *Journ. offic.* 6 nov. 1874, p. 4310, 2° col.

† FONCIALITÉ (fon-si-a-li-té), *s. f.* Ancien terme de droit en Bretagne. Le fonds possédé par le propriétaire, par opposition à ce même fonds possédé par le domanier ou tenancier par bail congéable, MÉHEUST, dans *Mém. de la Soc. cent. d'Agric.* 1873, p. 300.

† FONCTIONNARISME (fon-ksio-na-ri-sm'), *s. m.* Système de la prépondérance des fonctionnaires. Nous sommes avec vous quand vous demandez la diminution du budget, la réforme administrative, la destruction de ce fonctionarisme qui est une plaie de notre époque, pire que l'ancienne aristocratie d'avant 89, *Compte rendu analytique de la séance du Corps législatif, le* 21 *janvier* 1870. Nous ne voulons pas du moins créer un fonctionnaire nouveau dans un pays où le fonctionarisme existe à l'état de maladie, *Journ. offic.* 16 déc. 1873, p. 7811, 2° col.

FOND. || 1° *Ajoutez :* || Terme de marine. Petit fond, partie distincte de la cale et dans laquelle on peut mettre des marchandises de petit volume. || 11° *Ajoutez :* || Fond de cinq trous, dit en Auvergne mariage, réseau fait soit en croisant trois fils de façon à produire une suite d'hexagones séparés par de petits triangles, soit en formant des mailles rondes assez larges, entourées d'un menu treillage, CH. BLANC, *l'Art dans la parure*, p. 277. || Fond chant, ainsi nommé sans doute par abréviation pour Chantilly, qui est le lieu où l'on commença d'en faire; c'est le point de Paris, ID. *ib.*

FONDANT. *Ajoutez :* || 5° Tableau fondant, tableau de diorama qui s'efface sous l'œil du spectateur. La moindre humidité dans l'atmosphère fait évanouir cette vision, comme ces tableaux de diorama que l'on nomme fondants, G. D'ORCET, *Rev. Brit.* sept. 1874, p. 15.

FONDÉ. *Ajoutez :* — REM. On dit : fondé à. On trouve pourtant aussi : fondé de. On fut fondé de regarder.... CONDILLAC, *Gramm.* II, 10.

FONDRE. || 8° *Ajoutez :* || Fondre d'amour, maigrir rapidement sous l'impression de l'amour. Près d'elle [la génisse] il [le taureau] fond d'amour, il erre triste et sombre, DELILLE, *Géorg.* III.

FONDRIÈRE. *Ajoutez :* || 2° Minière exploitée à ciel ouvert, sans galeries, par opposition à mine. Dans le cours de l'année ont été extraits [en Suède] 638 983 tonneaux de fer de mine et 15 450 tonneaux de fer de fondrière, *Journ. offic.* 22 mars 1873, p. 2004, 3° col.

FONDU. *Ajoutez :* || 6° *S. m.* Tout composé ferreux malléable comprenant les éléments ordinaires de ce métal, qui aura été obtenu et coulé à l'état fondu, mais qui ne durcit pas sensiblement sous l'action de la trempe, sera appelé fer fondu; tout composé pareil qui, pour une cause quelconque, durcit sous l'action de la trempe, sera appelé acier fondu, *Rapport de la commission internationale nommée par la Société des ingénieurs des mines américaines*.

— REM. Pour l'explication de cheval fondu, voy. CHEVAL au Supplément.

† FONGIQUE. *Ajoutez :* || 2° Qui appartient aux champignons. Ainsi rentrait sous la loi commune des productions fongiques un organisme qui jusque-là semblait s'y être dérobé, la truffe.... J. E. PLANCHON, *Rev. des Deux-Mondes*, 1er avr. 1875, p. 645.

† FONNEUSE (fo-neû-z'), *s. f.* Ouvrière en dentelle qui a pour spécialité de faire les jours dans les fleurs en plat.

— ÉTYM. *Fonds* (en flamand, *grondwerken*).

† FONTAINERIE (fon-tè-ne-rie), *s. f.* Fabrique et commerce de fontaines.

1. FONTE. *Ajoutez :* || 11° Action de réduire en pâte le vieux papier. Achat de vieux papiers, rognures et chiffons pour la fonte, *Enseigne d'un marchand de vieux papiers*.

FONTS. || Fig. Tenir quelqu'un sur les fonts... *Ajoutez :* On tient sur les fonts notre confrère Marinberg; huit des quarante examinateurs examinent son procédé que l'on tient avoir été très-mauvais, *Journ. et Mém. de Mathieu Marais*, t. IV, p. 196, 1868. On a tenu hier et avant-hier [au parlement] l'évêque de Langres sur les fonts; le résultat nous fournira de la besogne pour la semaine prochaine, *Corresp. inéd. du comte de Caylus avec le P. Paciaudi, Lett.* LXXXIV, 4 mars 1764.

† 2. FONTURE (fon-tu-r'), *s. f.* Terme de bonneterie. Partie du métier à tricoter. L'ouvrière la plus habile fait à la main [par minute], au maximum, de.... 150 à 200 mailles; le métier circulaire à aiguilles articulées à double fonture...... 480,000, *Journ. offic.* 7 janvier 1876, p. 173, 2° col.

1. FORAGE. *Ajoutez :* || 2° Action d'enlever une certaine quantité d'or aux bijoux en laissant intactes les marques des poinçons (voy. ENTAGE au Supplément).

† FORAL, ALE (fo-ral, ra-l'), *adj.* Qui a rapport aux droits et privilèges (dits *fueros*) des provinces basques, en Espagne. La députation forale du Guipuzcoa, *Journ. offic.* 7 août 1872, p. 5412, 1re col. La discussion de la question forale [à Saint-Sébastien], *Journ. des Débats*, 22 avril 1876, 1re page, 2° col.

— ÉTYM. *For*, qui représente le *fueros* des Espagnols; c'est le lat. *forum*.

† FORCADE ou FOURCADE (for-ka-d' ou four-ka-d'), *s. f.* Nom, dans le quartier d'Agde, d'une manière de pêcher l'huître à l'aide d'une fourche. La pêche aux huîtres a été assez bonne et promet d'être meilleure en 1875; elle se pratique en pleine mer par les bateaux-bœufs séparés, c'est-à-dire à la forcade..... sur l'étang de Thau on fait usage de la fourcade, *Statist. des pêches maritimes*, p. 115.

— ÉTYM. Lat. *furca*, fourche.

FORÇAGE. *Ajoutez :* || 2° Terme d'horticulture. Opération par laquelle on force les végétaux à donner des fruits avant le temps, *Revue hortic.* 1er fév. 1873, n° 3, p. 60.

FORCE. || 24° *Ajoutez :* || En force, se dit d'une figure où la vigueur se manifeste. Il [l'Amour, de Bouchardon] allonge sa main gauche, autant qu'il est possible à une figure debout, en force, et qui n'est, par conséquent, que médiocrement inclinée, J. DUMESNIL, *Hist. des amat. français*, I, 283. || 33° Force employé pour unité de force, cheval de vapeur. On lit dans le *Messager de Cronstadt*.... Cette machine, qui est de 1400 forces nominales, est le moteur le plus puissant.... *Journ. offic.* 10 oct. 1874, p. 6938, 2° col. On lit dans l'*Invalide russe* : ....Par le peu de puissance de la machine du *Pérovsky* (40 forces seulement), qui rend ce vapeur peu propre à remonter un fleuve aussi rapide que l'Amou-Daria, *ib.* 11 oct. 1874, p. 6956, 1re col.

FORCÉ. *Ajoutez :* || 12° Terme de marine. Temps forcé, très-mauvais temps. Il est rare qu'un banquier se résigne à ne pas expédier ses chaloupes; on est souvent confondu de les voir tenir la mer par grande brise et temps forcé, *Rev. des Deux-Mondes*, 1er nov. 1874, p. 116.

† **FORCÈNEMENT.** *Ajoutez :* Quelque jugement que je fasse du forcènement des hommes, je ne veux pas que vous alliez vous mettre au fond d'une caverne, MALH. *Lexique*, éd. L. Lalanne.

FORCLUSION. *Ajoutez :* || 2° Clause qui, dans certaines tontines, établit la part du capital pour les héritiers des membres prédécédés.

FORÊT. — ÉTYM. Ajoutez, en confirmation de l'étymologie qui est donnée, que, dans les Hautes-Alpes, *forest*, qu'on y rencontre à chaque pas comme nom de localité, y a le sens d'habitation isolée, DE ROCHAS, *De l'utilité d'un glossaire topographique*, p. 20.

† **FORÊTAIN** (fo-rê-tin), *s. m.* Nom donné, dans le département du Cher, aux hommes qui cultivent les pommiers, les poiriers, les arbres à noyau, *les Primes d'honneur*, p. 373, Paris, 1874.

3. **FORFAIT.** *Ajoutez :* || 2° Terme de turf. Indemnité que paye le propriétaire qui, ayant engagé un cheval, déclare avant la course ne pas vouloir ou ne pas pouvoir faire courir.

† **FORFAITEUR** (for-fê-teur), *s. m.* Celui qui commet une forfaiture.

— HIST. XIIIe s. Li maires.... jugera le forfait et levera l'amende del forfaiseur selonc les usages, *Charte du Vermandois*, dans *Bibl. des ch.* 1874, t. XXXV, p. 473. ...et fust pris li forfaisieres..., *ib.* p. 476. || XVIe s. Et davantage ayant forfait contre les saincts mysteres, et en estant appelé en justice, il en fut absouls, à la charge de donner à cognoistre et declarer les forfaicteurs, AMYOT, *Plut. Œuv. mél.* t. XXI, p. 16.

† **FORFANTIER** (for-fan-tié), *s. m.* Celui dont le caractère est la forfanterie. Je me suis longtemps inquiété pour savoir au vrai si Jean-Jacques était devenu enthousiaste de la vertu, ou s'il n'était qu'un forfantier, BEAUMARCHAIS, *Note inédite sur J. J. Rousseau*, dans LOMÉNIE, *Beaumarchais et son temps*, t. II, p. 587.

FORGE. *Ajoutez :* || 6° Fig. Création, fabrique. Cet argument n'est pas avoué des stoïques, il est de la forge des péripatétiques, MALH. *Lexique*, éd. L. Lalanne. Que sont-ce ces contrats, ces papiers de compte, sinon des maux volontaires partis de notre forge? ID. *ib.* Il n'y a point de meilleure forge de nouveaux mots que la comédie, BAYLE, *Dict. Poquelin*, note D.

† **FORGERIE.** *Ajoutez :* || 2° Fig. Document littéraire ou autre forgé soit par un faussaire, soit par un écrivain qui fait un pastiche. Les forgeries des Macpherson ou des Garay, Écossais ou Basques, *Revue critique*, 19 mars 1870, p. 177.

† **FORJET.** *Ajoutez :* En ce qui concerne le forjet [écrit à tort forget] ou saillie, attendu que l'expert constate qu'en fait, il existe bien une saillie ou avancement de la toiture..., *Gaz. des Trib.* 11 fév. 1874.

† **FORLANE** (for-la-n'), *s. f.* Sorte de danse. Voilà comment nous avons revu la sarabande avec la musique de Lulli (1676); le rigodon avec la musique de Desmarets (1694); la gavotte, musique de Lulli (1650); le passe-pied, musique de Destouches (1693); la forlane (danse de Forli), musique d'Aubert et de Mouret (1725 et 1727); ces pas charmants défient toute description..., *Rev. Britannique*, juin 1876, p. 555.

† **FORMAGE** (for-ma-j'), *s. m.* Action de former, en parlant des plumes métalliques. Les dernières opérations nécessaires pour arriver à parfaire une plume métallique, s'accomplissent dans l'ordre suivant : 1° découpage; 2° perçage; 3° marquage; 4° recuit; 5° formage; 6° trempe.... *Journ. offic.* 18 août 1875, p. 6925, 1re col.

FORMALISÉ. *Ajoutez :* || 2° Terme de droit. Revêtu des formes voulues. On ne saurait prétendre qu'il a été omis de statuer sur une récusation de magistrat, lorsque cette récusation n'a été formalisée au greffe que dans le cours du débat et alors que le débat était contradictoirement lié entre toutes les parties, *Gaz. des Trib.* 10 fév. 1876, p. 138, 2e col. Attendu que l'éventualité du versement au nom des tiers signalés ne s'étant pas produite, J.... V.... der Z.... sollicita de D.... des pouvoirs spéciaux, formalisés en Belgique..., et que ce fut seulement à cause du retard exigé par ces formalités..., *ib.* 28-29 fév. 1876, p. 202, 4e col.

FORMAT. *Ajoutez :* || 2° Nom donné aux formes des paquets de soie importés. Les soies sont importées [en Angleterre] sous divers formats qui varient suivant le lieu de provenance : *books* ou gros paquets si elles viennent de Chine, grappes si elles viennent du Japon, flottes si elles sont apportées du Bengale, de France ou d'Italie, *Journ. offic.* 21 nov. 1876, p. 8484, 2e col.

FORMATION. — HIST. *Ajoutez :* || XVIe s. Je ne m'amuse pas fort aux formaisons des derivatifs, MEIGRET, dans LIVET, *la Gramm. franç.* p. 72. (*Formation*, bien que très-ancien, est la forme latine; *formaison* est la forme française, *atio* devenant régulièrement *aison* ou *oison*.)

FORME. || 16° *Ajoutez :* || Formes élégantes, manières élégantes de se comporter à l'égard des autres. On ne parlait que des grâces de son accueil [de Calonne, arrivé depuis peu au ministère] et des charmes de son langage; ce fut pour peindre son caractère qu'on emprunta des arts l'expression de formes élégantes, MARMONTEL, *Mém.* XII. || 26° Nom donné, en viticulture, à la grappe avant la floraison. Les vignes sont chargées de formes de raisin, *Journ. offic.* 19 mai 1875, p. 3526, 2e col. || 27° Mettre un papillon en forme, le disposer tel qu'il doit être dans la collection, avant d'y appliquer des drogues pour le conserver. Ne mettez pas en forme les papillons, avant qu'ils soient parfaitement morts; c'est en essayant de dégager leurs ailes qu'ils s'abîment le plus souvent, CARTERON, *Premières chasses, Papillons et oiseaux*, p. 60, Hetzel, 1866. || 28° Anciennement, deuil en forme, deuil porté comme il est requis. Monsieur le grand écuyer, à cheval, vêtu de deuil en forme et sa queue portée, MALH. *Lexique*, éd. L. Lalanne.

FORMÉ. *Ajoutez :* — REM. Vaugelas, p. 412, éd. in-4°, 1704, dit que quelques personnes affectent de placer des vers dans la prose : « Mais cela, ajoute-t-il, est un vice formé et des plus grands, et non pas une simple négligence. » *Formé*, pour complet, caractérisé, comme on dit : un acte en bonne forme, est un emploi singulier, tout à fait hors d'usage; c'est à peu près le sens de *formel*.

† **FORMÈNE** (for-mè-n'), *s. m.* Terme de chimie. Quadrihydrure de carbone, dit aussi gaz des marais.

† **FORMENTIÈRE.** *Ajoutez :* — ÉTYM. C'est un dérivé de *forment* ou *froment*, exprimant une sorte de blé.

† **FORMERET.** *Ajoutez :* — HIST. XVe s. Il faudra voulter ladite tour [tour d'Aubette à Rouen], laquelle a quinze piez de creux, et en sont les carches [grands cercles du cintre] et fourmeres dejà assizes (1406), J. QUICHERAT, *Rev. archéol.* t. VII, p. 68.

† **FORMIDABLEMENT** (for-mi-da-ble-man), *adv.* D'une manière formidable. Le tonnerre gronde formidablement, TH. GAUTIER, *Feuilleton du Moniteur univ.* 27 avr. 1868. Il [le lion] dort sur le pavé de l'antre, Formidablement allongé, V. HUGO, *Chansons des rues et des bois, la Méridienne du lion.*

† **FORMISTE** (for-mi-st'), *s. m.* Néologisme. Dans les beaux-arts, artiste qui s'attache à l'étude des formes. Des qualités éminentes de formiste distinguent le bas-relief de M. Idrac, *le bon Samaritain*, E. BERGERAT, *Journ. offic.* 10 juill. 1876, p. 5174, 3e col. La peinture de M. Baudry est à la fois légère et solide; la science du formiste y soutient et en quelque sorte corrobore les grâces d'un coloris toujours fin, blond et transparent, ID. *ib.* 5 mai 1876, p. 3100, 2e col.

FORNICATEUR. — HIST. *Ajoutez :* XIIe s. Les fornicators et les awoltres [adultères] jugerat Deus, *li Dialoge Gregoire lo pape*, 1876, p. 295.

FORT. *Ajoutez :* || 37° Dans les raffineries de salpêtre, eaux fortes, celles qui n'ont plus qu'à passer une fois sur des terres neuves pour devenir eaux de cuite. || 38° De plus fort, plus fortement, avec plus de force. L'ordonnance du 20 juillet 1825, voulant assurer de plus fort l'exécution complète de la loi du 1er mai 1822, *Gaz. des Trib.* 4 janv. 1873, p. 10, 3e col.

FORTE-PIANO. — ÉTYM. *Ajoutez :* Cristofali, en 1711, à Florence, avait inventé l'emploi de marteaux dans un instrument qu'il appelait *gravi cembalo*, ou *clavi cembalo con piano e forte*. N'est-ce pas là notre *piano* trouvé, avec son nom qui indique la facilité qu'il offre à l'exécutant de jouer *doux* ou *fort*, à volonté? A. MÉREAUX, *Monit. univ.* 26 avr. 1868, p. 557, 5e et 6e col.

† **FORTIFIABLE.** — HIST. XVIe s. *Ajoutez :* Avoir vaqué à fortifier les murailles et autres places fortifiables de la ville d'Athenes, BODIN, *Republique*, III, 2.

† **FORTUITÉ** (for-tui-té), *s. f.* Néologisme. Qualité de ce qui est fortuit. Les caractères habituels de la fortuité, COURNOT, *Matérialisme, vitalisme, rationalisme*, Paris, 1875, p. 313.

— REM. On trouve aussi fortuitisme. La philosophie du fortuitisme, E. BOUCHUT, *Journ. offic.* 22 avr. 1876, p. 2917, 3e col.

— HIST. XVe s. Plus tost et hastivement doit l'amy courre à l'adversité et fortuitez de son amy, pour lui faire aide et secours, que à la felicité ou prosperité pour le conjouir, *Hist. de la Toison d'or*, t. II, f° 19.

FORTUITEMENT. *Ajoutez :* La philosophie est utile à l'homme, soit qu'une providence éternelle gouverne le monde, ou que les choses arrivent fortuitement, MALH. *Lexique*, éd. L. Lalanne.

FORTUNE. || 3° *Ajoutez :* || Faire la bonne fortune de quelqu'un, d'un ouvrage, assurer son succès (locution vieillie). *Rodogune* se présente à Votre Altesse avec quelque sorte de confiance, et ne peut croire qu'après avoir fait sa bonne fortune, vous dédaigniez de la prendre en votre protection, CORN. *Rod. Épître.*

FOSSE. *Ajoutez :* || 14° Dans les chemins de fer, fosse à piquer, fosse au-dessus de laquelle on amène les locomotives, pour piquer dans le foyer avec un ringard, afin de faire tomber les escarbilles.

FOSSÉ. *Ajoutez :* || 4° Espace vide ménagé dans la mécanique à tulle.

— REM. Dans le proverbe : au bout du fossé la culbute, nous avons remarqué qu'il était difficile de comprendre le sens physique de la locution. Dans l'exemple suivant, l'écrivain l'a conçue, comme représentant une pente au bout de laquelle on rencontre le fossé et la culbute. Arrêter une administration qui a pris le mors aux dents et qui court sur une pente au bout de laquelle peut être le fossé, est une bonne et utile besogne, *le Courrier du dimanche*, 9 juillet 1865, p. 3, 4e col. Cet exemple est trop récent pour rien prouver au sujet de l'origine de la locution. Pourtant il est possible qu'elle ait été d'abord : au bout le fossé et la culbute. Cela se comprend et aurait été altéré d'une manière peu intelligible. De telles altérations surviennent parfois dans les locutions proverbiales.

† **FOSSILISATEUR, TRICE** (fo-ssi-li-za-teur, tri-s'), *adj.* Qui sert à la fossilisation; se dit des sels minéraux qui prennent la place des matières organiques dans les tissus des plantes et des animaux fossilisés.

† **FOSSILISATION.** *Ajoutez :* Dans les fossiles, la forme et la structure persistent indéfiniment, quoique les principes immédiats qui les constituaient aient été détruits et remplacés molécule à molécule par la fossilisation, P. JANET, *Rev. des Deux-Mondes*, 15 fév. 1873, p. 866.

† **FOSSILISER (SE).** *Ajoutez :* || 2° Activement. Rendre fossile. On dirait que la nature s'est plu à fossiliser tous ces produits, qui ont jadis, pour la plupart, participé de la vie animale, L. SIMONIN, *Monit. univ.* du 7 août 1867, p. 1083, 1re col.

FOSSOYEUR. — HIST. *Ajoutez :* || XIVe s. Pour faire paiement à pluseurs fosseurs et charpentiers, ausquieux nous avons fait faire certains fossez..., *Mandements de Charles V*, Paris, 1874, p. 3.

† **FOSTÉRITE** (fo-sté-ri-t'), *s. f.* Terme de minéralogie. Espèce de péridot presque incolore, dit aussi bostonite.

1. **FOU.** *Ajoutez :* || 20° Fous criminels, fous dont les médecins classent la maladie sous le nom de folie héréditaire, de folie lucide, et qui, tout en gardant un jugement sain en apparence et une grande habileté de raisonnement, accomplissent des actes bizarres et nuisibles, s'abandonnent à leurs passions, se livrent, pour la moindre résistance, à des emportements souvent très-graves, et qui, dans des temps de troubles civils, deviennent particulièrement excessifs et dangereux. Que doit-on faire de ceux qu'on appelle fort improprement des fous criminels? s'ils sont fous, ils ne sont point criminels, et, s'ils sont criminels, ils ne sont point fous, MAXIME DU CAMP, *Rev. des Deux-Mondes*, 1er nov. 1872, p. 57.

— REM. *Ajoutez :* || 7. On dit qu'une balance est folle lorsque, le centre de gravité se trouvant au-dessus du point de suspension, le fléau est en équilibre instable et bascule sous l'influence du moindre excès de poids placé dans l'un des plateaux.

FOUAILLE. *Ajoutez :* || **2°** Sorte de bourrée. ... suspend l'effet de la délibération du conseil général d'Indre-et-Loire, du 30 août 1876, relative à l'octroi de Chinon, mais seulement en tant.... qu'elle a frappé les.... bois durs, cotrets, badignolles, bourrées, charbon de bois et de terre, cokes, bourrées dites fouailles, bourrées de bruyère, javelles et fagots de sarment.... de taxes excédant les maxima du tarif général, *Décret du 24 nov.* 1876, Bulletin, part. suppl. n° 911, p. 358.

† **FOUAILLÉE** (fou-â-llée, *ll* mouillées), *s. f.* Action de fouailler; fessée. Qu'il leur sera également défendu, sous peine d'une fouaillée diabolique..., *Lett. du P. Duchêne*, 14° *lettre*, p. 3.

— ÉTYM. *Fouailler. Fouaillée* est très-usité en Normandie.

† **FOUANE** (foi-n'), *s. f.* Voy. FOUINE 2.

1. **FOUDRE.** *Ajoutez :* || **13°** Terme de marine. Souffler en foudre, se dit du vent soufflant par coups d'une extrême violence. Toute la nuit, le vent a soufflé en foudre, la mer était très-menaçante..., *Journ. offic.* 31 août 1875, p. 7402, 3° col. Les rafales tombaient avec une telle violence que, par moments, on eût cru entendre le tonnerre; le vent, qui n'a pas cessé depuis ce matin de souffler en foudre, a déjà causé de nombreux dégâts, *ib.* 19 déc. 1874, p. 8463, 3° col.

† **FOUDRERIE** (fou-dre-rie), *s. f.* Fabrique des tonneaux nommés foudres. Des fabriques de crin végétal, des ateliers de tonnellerie, de foudrerie; l'exploitation de l'alfa, des essences, de la résine, GUY, *l'Algérie*, 1876, p. 110.

† **FOUDRIER** (fou-dri-é), *s. m.* Ouvrier qui fait les tonneaux ou foudres à renfermer les produits alcooliques.

FOUÉE. *Ajoutez :* || **4°** Nom, en Touraine, d'un petit gâteau cuit au four en faisant le pain (fouée en ce sens est une autre forme de fouace).

† **FOUENNER** (fouè-né) ou **FOUINER** (foui-né), *v. n.* Dans le pays romand, fureter.

— ÉTYM. Mot emprunté à la *fouine* 1, qui est très-commune en Suisse, tandis que le furet, qui a donné fureter, y est inconnu.

FOUET. *Ajoutez :* || **11°** Terme de turf. Cheval qui arrive au fouet, cheval que son jockey est obligé de stimuler de la cravache, du fouet, pour l'enlever dans les foulées finales. || **12°** Terme de marine. Coup de fouet, agitation subite et violente de la mer. Un orage se formait à l'horizon; et les ondulations du large faisaient présager quelque coup de fouet, *l'Indépendance belge*, 20 et 21 juill. 1868.

— REM. Dans l'artillerie, le tir de plein fouet est un tir à trajectoire tendue contre un but sur lequel on peut pointer directement.

FOUGASSE. || **1°** *Ajoutez :* || La fougasse à bombes consiste dans la réunion de plusieurs bombes enterrées qui éclatent à la fois. || La fougasse pierrier consiste en un entonnoir conique dont l'axe est incliné de 45°; la poudre est recouverte d'un plateau en bois chargé de cailloux.

† **FOUGUISTE** (fou-ghi-st'), *s. m.* Ouvrier qui travaille aux poudres explosives pour les mines. La petite poudrière servant à faire dégeler la dynamite.... a sauté.... on n'a retrouvé aucune trace du fouguiste, ouvrier attaché à la confection des cartouches, *Journ. de Genève*, dans *Journ. offic.* 27 nov. 1873, p. 7239, 1re col.

FOUILLE. *Ajoutez :* || **2°** Terme d'administration douanière. Fouille à corps ou, simplement, fouille, action de fouiller une personne que l'on soupçonne d'être porteuse d'objets prohibés.

† **FOUILLEUR.** *Ajoutez :* || **3°** Fig. Celui qui fait des recherches assidues et approfondies. Sainte-Beuve, avec sa nature de critique fouilleur et ciseleur, MARC-MONNIER, *Journ. des Débats*, 19 sept. 1876, 3° page, 4° col. || **4°** Fouilleurs d'emblaves, les sangliers. Une battue dans les bois de Vitry, qui sont le refuge ordinaire de ces fouilleurs d'emblaves, *Gaz. des Trib.* 11-12 mai 1874, p. 457, 3° col.

† **FOUILLEUSE** (fou-lleû-z', *ll* mouillées), *s. f.* || **1°** Terme de police et de douane. Femme chargée de fouiller les femmes. Elle cachait bien le tabac qu'elle emportait, à en juger par l'endroit où une fouilleuse lui a saisi quatre paquets de 500 grammes chaque, qu'elle s'apprêtait à emporter, *Gaz. des Trib.* 11-12 mai 1874, p. 457, 2° col. Le soir, la fouilleuse du dépôt explore les poches et les vêtements de la femme H...., et ne trouve rien, *ib.* 16 juill. 1875, p. 682, 4° col. || Fouilleuse à corps, femme qui, dans les bureaux de douane, visite les femmes soupçonnées de porter la contrebande. || **2°** Terme d'argot. Celle où l'on fouille, c'est-à-dire la bourse. Mettez la main à la fouilleuse, c'est-à-dire payez. Le terme d'argot se dit souvent fouillouse. || **3°** Espèce de charrue avec laquelle on fouille le fond des sillons, sans en rapporter la terre à la surface. La fouilleuse Guibal.

FOULAGE. *Ajoutez :* || **2°** Synonyme de massage méthodique.

FOULE. *Ajoutez :* || **10°** Vignes en foule, par opposition à vignes en ligne. Médaille d'argent.... à M. de Cissey, à Cissey, commune de Merceuil, Côte-d'Or, pour sa transformation de vignes en foule en vignes en lignes, *Journ. offic.* 11 juin 1870, p. 978, 4° col.

FOULÉ. *Ajoutez :* || **5°** *S. m.* Terme de draperie. Sorte de drap d'été. Nous fabriquons de la draperie d'été, qui se divise en foulés [articles pour hommes], demi-foulés [articles pour femmes]..., *Enquête, Traité de comm. avec l'Anglet.* t. III, p. 232.

FOULÉE. *Ajoutez :* || **5°** Terme de turf. Les foulées, les enjambées du cheval. Tel cheval dans ses dernières foulées a pris la tête de la course.

FOULERIE. *Ajoutez :* || **2°** Nom, en Lorraine, du bâtiment où l'on foule le raisin, où sont les cuves et les pressoirs. Les routes sont tout le jour sillonnées de bélons chargés de raisins; les fouleries ouvrent leurs grandes portes charretières et laissent voir dans leur profondeur obscure les ventres énormes des cuves et les bedaines plus rondelettes des tonneaux rangés le long des murs, A. THEURIET, *Rev. des Deux-Mondes*, 1er juin 1874, p. 503.

FOULON. *Ajoutez :* — REM. Foulon s'est dit autrefois pour cauchemar : Ce qu'un foulon ou coquemare on nomme, Surprend les yeux au milieu de leur somme, PASSERAT, *Élégie d'amour coquemar.*

† **FOURBAUDAGE** (four-bô-da-j'), *s. m.* Action de fourbauder, sophistication. Attendu que, dans ces conditions, il y a lieu de prononcer la résolution de la vente contre G..., pour cause de fourbaudage des marchandises livrées. ...Attendu que cette huile, à l'analyse, n'a révélé aucune trace de fourbaudage, *Tribunal de commerce de Rouen, audience du 17 mai 1876.*

† **FOURBAUDER** (four-bô-dé), *v. a.* Terme usité en Normandie et qui signifie falsifier. L'homme qui a vendu pour vingt-cinq francs d'engrais fourbaudé, POUYER-QUERTIER, *Monit. univ.* 4 juin 1867, p. 665, 4° col.

— ÉTYM. *Fourbaud*, adj. fictif dérivé de *fourbe.*

FOURBI. *Ajoutez :* || **2°** *S. m.* Terme d'argot militaire. Un petit fourbi, une petite fourberie. On commence par voler une épingle, on maraude une salade, un œuf, une poule; on est sur une pente glissante; les soldats, pour me servir d'une expression militaire que je vous prie d'excuser, disent : c'est un petit fourbi; eh bien, les petits fourbis c'est le commencement de la désorganisation de l'armée, *Journ. offic.* 4 mars 1875, p. 1630, 2° col.

† **FOURBISSEMENT** (four-bi-se-man), *s. m.* Action de fourbir.

— HIST. XIII° s. Li eglise de Saint Bavon pora regeter et refourbir et parfondir et ewuider le viese Lis [la vieille Lys].... et le porra faire si avant ke li viese Lis s'estent; et pora li devant dite eglise faire geter le [la] terre dou fourbissement de la viese Lis, auquel leis [côté] k'ele vora et porra mieux à son aaise (1270), *Recueil des lois et arrêtés.... concernant l'administration des eaux et polders de la Flandre orientale.*

— ÉTYM. *Fourbir. Fourbissement*, signifiant ici action de nettoyer, fortifie l'étymologie de *fourbir :* anc. haut-allem. *furban*, nettoyer.

FOURCHETTE. *Ajoutez :* || **18°** Pièce de bois fourchue qui, dans les avant-trains de certaines voitures, relie la volée à l'essieu, et reçoit le têtard du timon entre ses deux branches.

† **FOURCHEUR** (four-cheur), *s. m.* Ouvrier rural qui travaille, avec la fourche. Les faucilleurs et les râteleurs, les fourcheurs et les batteurs, *Lettre de G. Romme*, dans *le P. Duchêne*, 122° *lettre*, p. 8.

FOURCHON. — HIST. *Ajoutez :* XIII° s. Et quant li uns estoit aparceüz d'anbler, Donques li façoit l'en les grenons à ouster, Et trestoz les forcons de la barbe coper, *Floovant*, v. 66.

FOURCHU. *Ajoutez :* || **6°** *S. f.* La fourchue, la queue fourchue, sorte de papillon.

† **FOURDRAINE** (four-drè-n'), *s. f.* || **1°** Nom, dans l'Oise, du fruit du pommier sauvage, *les Primes d'honneur*, Paris, 1872, p. 69. || **2°** Ailleurs, la prunelle, la prune sauvage.

— HIST. XIII° s. En une espesse [un fourré] mout très grant Plaine de ronses et d'espines, Cargies [chargées] de noires fourdines, *Li chevaliers as deus espées*, publié par Förster, v. 652.

— ÉTYM. Origine inconnue. *Fourdrignier*, nom propre, dans le département de la Marne, *Journ. offic.* 6 avr. 1877, p. 2684, 1re col., en dérive.

2. **FOURGON.** *Ajoutez :* || **2°** Terme de chemin de fer. Fourgon de tête, fourgon à bagages qui est placé immédiatement après le tender.

† **FOURME** (four-m'), *s. f.* Nom, dans l'Auvergne, d'un fromage. Le fromage d'Auvergne, ou fourme ou tomme du Cantal, est fabriqué dans les montagnes cantaliennes; il est sec, HEUZÉ, *la France agricole, carte* n° 44.

— ÉTYM. Autre prononciation de *forme.*

FOURMI. — REM. *Ajoutez :* Vaugelas aussi, *Rem.* p. 283, éd. in-4, 1704, dit que *fourmi* est des deux genres; il préfère le féminin. Malherbe fait fourmi du masculin : S'il était possible que les fourmis eussent l'entendement tel que les hommes, ne feraient-ils pas la même division d'une aire en plusieurs provinces? *Lexique*, éd. L. Lalanne.

† **FOURNACHE** (four-na-ch'), *s. f.* Terme agricole. Amas d'herbes, de racines et de feuilles sèches provenant du sarclage, de l'écobuage, etc. qu'on brûle dans les champs pour en utiliser les cendres comme amendement.

— ÉTYM. Lat. *fornacula*, fourneau, foyer, diminutif de *fornax* (voy. FOURNAISE).

† **FOURNALISTE.** *Ajoutez :* Poêliers fournalistes, poêles et fourneaux en faïence et terre cuite, *Journ. offic.* 15 mai 1875, p. 3427, 2° col.

FOURNEAU. || **7°** *Ajoutez :* || Fourneau simple ou ordinaire, si le rayon de l'entonnoir est égal à la ligne de moindre résistance; fourneau surchargé ou globe de compression, s'il est plus grand; fourneau sous-chargé, lorsqu'il est plus petit.

FOURNIR. *Ajoutez :* || **14°** Se fournir, se munir. Voulez-vous que votre esprit se fournisse de belles conceptions? soyez pauvre, ou vivez en pauvre, MALH. *Lexique*, éd. L. Lalanne.

† **FOURNOYER** (four-no-ié), *v. a.* Fournoyer des cocons, les exposer, pour étouffer la chrysalide, à la chaleur d'un four ou de la vapeur d'eau surchauffée.

— ÉTYM. *Four*, du lat. *furnus.*

† **FOURQUINE** (four-ki-n'), *s. f.* Fourche d'appui destinée à supporter dans le tir le mousquet, qui était alors fort lourd (XVI° siècle).

— ÉTYM. Diminutif de *fourche.*

FOURRAGER. *Ajoutez :* || **3°** Fournir de fourrage, nourrir avec du fourrage. L'eau et le bois manquent [au Gothard]; le bétail en divers endroits n'a pu être fourragé, *Journ. de Genève*, dans *Journ. offic.* 15 déc. 1874, p. 8309, 3° col. On mande de Berne... : La pénurie [de foins] de ces dernières années a obligé le cultivateur à fourrager le bétail avec la paille, *Journ. offic.* 5 juill. 1876, p. 4860, 1re col.

FOURRAGÈRE. *Ajoutez :* || **3°** *S. f.* Cordon qui se portait dans les troupes à cheval. Nous avons réduit les galons, les épaulettes et les fourragères en or dans la plus large proportion, *Journ. offic.* 4 déc. 1872, p. 7502, 2° col.

1. **FOURRÉ.** *Ajoutez :* || **7°** Épée fourrée, voy. ÉPÉE au Supplément.

† **FOUTRIQUET** (fou-tri-kè), *s. m.* Terme de dénigrement populaire et bas. Petit homme. Messieurs les foutriquets aristocrates à culottes serrées, à grosses cravates, à petites cocardes,... n'agacez pas le dogue patriote, *Lett. du P. Duchêne*, 26° *lettre*, p. 1 et 2.

† **FOXÉ, ÉE** (fo-ksé, ksée), *adj.* Qui a le goût de cassis, en parlant du raisin de certaines vignes américaines. Quant aux autres types, *labrusca* à gros grains et à goût de cassis (*foxy*), *æstivalis* à petits grains et sans goût foxé, *cordifolia* à grains moyens et de parfum varié, tournant parfois au foxé, PLANCHON, *Rev. des Deux-Mondes*, 15 janv. 1877, p. 271.

— ÉTYM. Angl. *fox*, renard. C'est ainsi que l'on dit en France de certains raisins au goût musqué, que le renard a pissé dessus.

FOYER. || **9°** Terme de physique. *Ajoutez :* || Le foyer est dit foyer principal, lorsqu'il s'agit de rayons primitivement parallèles. Lorsque le foyer est déterminé par l'intersection des rayons qui viennent effectivement s'entre-croiser, il est dit foyer réel; si les rayons sont devenus divergents et que le foyer soit déterminé par leurs prolongements géométriques, il est dit foyer virtuel. || **13°** En langage d'archéologie préhistorique, nom donné à des traînées noirâtres qui tranchent -nte lement sur la couleur du terrain, et qui sont formées d'un mélange de charbon, de terre calcinée et de limon.

† **FRACASSEMENT** (fra-ka-se-man), *s. m.* Action de fracasser. La prairie ne craint point la gelée blanche, ni la coulure, ni le fracassement qui se fait par la grêle, P. DU MOULIN, *Serm.* II° décade (XVII° s.).

† **FRACTIONNEMENT.** *Ajoutez :* || 2° Action de briser en petites parties. Il est avantageux pour l'État d'employer la dynamite au fractionnement des pièces hors de service..., H. DE PARVILLE, *Journ. offic.* 27 nov. 1874, p. 7832, 1ʳᵉ col.

† **FRACTIONNER.** *Ajoutez :* || 2° Briser en petites parties. Expériences exécutées à Brest pour fractionner les bouches à feu en fonte hors de service à l'aide de la dynamite, H. DE PARVILLE, *Journ. offic.* 27 nov. 1874, p. 7831, 3° col. Les directions d'artillerie de Rennes et de Brest furent chargées de voir si l'on ne pourrait pas fractionner économiquement ces vieux canons, ID. *ib.* 27 nov. 1874, p. 7832, 1ʳᵉ col.

FRAGILITÉ. — HIST. *Ajoutez :* XII° s. Ensivons [suivons] ses faiz [de Jésus] en tant que nostre fragiliteiz en puet soffrir, *li Dialoge Gregoire lo pape*, 1876, p. 286.

† **FRAGRANCE** (fra-gran-s'), *s. f.* Latinisme. Bonne odeur. On peut éprouver successivement une seconde et même une troisième sensation, qui vont en s'affaiblissant graduellement, et qu'on désigne par les mots arrière-goût, parfum ou fragrance, BRILLAT-SAVARIN, *Physiol. du goût*, *Méd.* II.

— ÉTYM. Lat. *fragrantia*, de *fragrans* (voy. FRAGRANT).

FRAÎCHEUR. *Ajoutez :* || 7° Qualité de ce qui est récent. Il me souvient des sages propos que vous me tîntes dans la fraîcheur de la blessure qui vous cuisait, BALZ. liv. XI, *lett.* 4.

FRAIRIE. *Ajoutez :* || 3° Frairie ou charité, nom, en Normandie, de confréries établies pour rendre les derniers devoirs aux morts, H. MOISY, *Noms de famille normands*, p. 145. || 4° Fig. Bonne aubaine. L'évêque d'Oléron est mort; voilà frairie pour celui qui tire profit de telles collations, GUI PATIN, *Lettres*, t. II, p. 377.

2. **FRAIS.** *Ajoutez :* || 5° Terme de pratique. Exposer les frais, en faire l'avance. Considérant que le document sur lequel les appelants fondent leur demande est un mémoire de frais rédigé dans la langue du pays où les frais ont été exposés, dûment certifié et légalisé, *Gaz. des Trib.* 2-3 janv. 1875, p. 5, 3° col.

† **FRAISAGE** (frè-za-j'), *s. m.* Action de fraiser (voy. FRAISER 3).

1. **FRAISE.** *Ajoutez :* || 3° Arbre à fraises, l'*arbutus unedo*, L., BAILLON, *Dict. de botan.* p. 247. C'est l'arbousier.

† **FRAISEUSE** (frè-zeû-z'), *s. f.* Machine-outil portant un arbre sur lequel on peut monter des outils de formes très-variées, dont la surface est entaillée comme celle de la fraise (voy. FRAISE 2).

† **FRAISIÉRISTE** (frè-zié-ri-st'), *s. m.* Celui qui s'adonne particulièrement à la culture des fraisiers. Je n'ai jamais eu la prétention de réformer les usages de nos fraisiéristes, *Revue horticole*, 16 juin 1875, p. 234.

† **FRAISURE** (frè-zu-r'), *s. f.* || 1° Évidement pratiqué à l'aide d'une fraise. || 2° En particulier, dans les armes à percussion, l'évidement qui se trouve à la partie inférieure de la tête du chien et qui embrasse la capsule. || Dans les armes à silex, cavité demi-cylindrique pratiquée dans le bassinet, dans laquelle on plaçait la poudre d'amorce.

— ÉTYM. *Fraise* 2.

† **FRAMBOISEMENT** (fran-boi-ze-man), *s. m.* Terme d'anatomie. Disposition de tissus en framboises, c'est-à-dire en saillies mamelonnées. Ainsi s'expliquent, d'après M. Owen, le framboisement de l'œuf et sa transformation totale en une masse de cellules germinatives, A. DE QUATREFAGES, *Rev. des Deux-Mondes*, 1ᵉʳ juillet 1856, p. 62

2. **FRANC.** *Ajoutez :* — REM. Le franc, unité fondamentale du système monétaire décimal, correspond à un alliage de 4 grammes 5 décigrammes d'argent et 5 décigrammes de cuivre, ou de 200 milligrammes d'or et 32 milligrammes de cuivre. Le franc, pièce d'argent n'est, comme les pièces divisionnaires de la pièce de 5 francs, composé que de 4 grammes 175 milligrammes d'argent alliés à 825 milligrammes de cuivre; titre de 835 mill èmes.

FRANCHIR. || 4° Terme de marine. *Ajoutez :* || On dit aussi, activement, franchir les pompes, au lieu de les affranchir. Dans l'après-midi, le temps s'améliore de plus en plus, on franchit les pompes, on sauve les débris du bout-dehors du grand foc, *Rapport du capitaine Veillet*, dans *Journ. offic.* 11 mai 1873, p. 3049, 1ʳᵉ col.

— ÉTYM. *Ajoutez :* À l'appui du passage, dans *franchir*, du sens moral au sens physique, M. Ph. Roget, de Genève, dit que, en latin, *liberare* a subi la même extension, et que, venant de *liber*, il a pris le sens de franchir, traverser, dans Frontin, dans Pétrone et dans Hygin, *Fabl.* XXV, 7.

† **FRANCHISSABLE.** *Ajoutez :* L'approvisionnement de charbon assure [à un vaisseau de guerre] une distance franchissable de 3400 milles, DE PARVILLE, *Journ. des Débats*, 16 nov. 1876, *Feuilleton*, 2° page, 1ʳᵉ col.

† **FRANCHISSEMENT.** *Ajoutez :* || 2° Terme de fortification. Gradins de franchissement, gradins pratiqués dans un épaulement pour permettre aux troupes qui sont derrière de le franchir facilement afin de se porter en avant.

FRANCISER. || 3° Se franciser. *Ajoutez :* Genève.... On te voit.... Travailler jour et nuit au faste et vanité, Et faire tout ton Dieu des modes de la France.... Mais, te francisant tant, même jusqu'au saint lieu, As-tu point peur qu'un jour, par ordre du vrai Dieu, Pour mieux te franciser la France ne t'étrille? DE LA CHANA, 1698, dans *la Conspiration de Compesières*, Genève, 1870, p. 95.

FRANCISQUE. — REM. *Ajoutez :* La hache de guerre des Francs ne présente qu'un tranchant (et non deux, comme l'ont dit quelques auteurs trompés par *bipennis*, employé abusivement quelquefois pour désigner la francisque); le Franc la lançait contre le bouclier de son ennemi, ou s'en servait en la conservant à la main.

† **FRANC-SAURE** (fran-so-r'), *s. m.* Voy. SAURE au Supplément.

FRANGE. *Ajoutez :* || 4° Terme de physique. Lignes alternativement brillantes et obscures qui se manifestent dans le phénomène des interférences. || 5° Frange ou noctuelle frange, sorte de papillon, *noctua fimbria* ou, plus particulièrement, *triphæna fimbria*. || 6° Arbre à franges, le *chionanthus virginiana*, L., BAILLON, *Dict. de bot.* p. 247.

— HIST. XII° s. *Ajoutez :* Uns noirs enfeons [petit enfant] lo traoit [un moine] fors par la fringe de son vestiment, *li Dialoge Gregoire lo pape*, 1876, p. 65. || XV° s. Le mestier de franges et rubans, *Bibl. des ch.* 1874, t. XXXV, p. 549.

† **FRANGIBLE.** — HIST. XVI° s. *Ajoutez :* Afin que les epistyles ou architraves ne soient frangibles et en danger de rompre, PH. DELORME, *Architecture*, t. II, p. 223.

† **FRANKLINITE** (fran-kli-ni-t'), *s. f.* Terme de minéralogie. Minéral contenant du fer, du zinc et du manganèse.

FRAPPE. *Ajoutez :* || 3° Action de frapper des monnaies. Une vaste association de faux-monnayeurs, pourvus de tout le nécessaire pour la fusion et la frappe des monnaies, *Monit. univ.* 9 sept. 1868, p. 1271, 4° col.

† **FRAPPE-DEVANT** (fra-pe-de-van), *s. m.* Outil de forgeron. L'aliéné respecte l'outil avec lequel il exerce son métier, que ce soit une hache, un frappe-devant ou une faux, MAXIME DU CAMP, *Rev. des Deux-Mondes*, 1ᵉʳ nov. 1872, p. 47.

FRAPPER. — HIST. *Ajoutez :* XIII° s. Se Rainouars nes [ne les] vet del fust fraper, Ne mangera de pein à son disner, *Aliscamps*, v. 3858, éd. Guessard.

FRAPPEUR. *Ajoutez :* || 4° Frappeur de gaze, celui qui donne l'apprêt à la gaze, et y fait des dessins à jour au moyen d'un emporte-pièce, *Tarif des patentes*, 1858.

† **FRAS** (frâ), *s. m.* Terme de boucherie. Région, dite aussi hampe, grasset, les œillères, la lampe, qui s'étend de la partie postérieure et latérale du ventre vers l'extrémité inférieure et antérieure de la cuisse.

† **FRASIER** (fra-zié), *s. m.* Synonyme de fraisil, qui est bien plus souvent employé.

— ÉTYM. *Frasier* a le même radical que *fraisil*.

† **FRASSINELLE** (fra-ssi-nè-l'), *s. f.* Sorte de pierre dont on se sert pour donner le fil à certains outils et pour polir l'émail. Ces pierres, que l'on nomme frassinelles, s'emploient avec un peu de ponce pulvérisée, et on polit avec leurs pointes les nus des figurines, *Œuvres de Benvenuto Cellini*, Trad. L. Léclanché, *Traité de l'orfévrerie*, ch. V, ou t. II, p. 286.

— ÉTYM. Ital. *frassinella*.

† **FRATERNE** (fra-tèr-n'), *s. f.* Semonce. Arpajolet est ici, à qui j'ai fait la petite exhortation. Praslin y est aussi pour lui donner une fraterne; mais tout aboutira en belles paroles de part et d'autre, RICHELIEU, *Lettres*, etc. t. VI, p. 156 (1638). Mot ancien et présentement inusité.

— ÉTYM. *Fraterne* est un adjectif pris substantivement : semonce, exhortation *fraterne*.

† **FRATERNISATION.** *Ajoutez :* Les barbarismes indiquent la barbarie des mœurs et la perversion des sentiments; lorsqu'on parle de modérantisme, c'est qu'on ne connaît plus la modération; et, lorsqu'on invente le mot de fraternisation, la fraternité est bien loin, E. GÉRUZEZ, *Mélanges et pensées*, 1866, p. 394.

† **FRATERNITAIRE** (fra-tèr-ni-tê-r'), *adj.* Qui a rapport à la fraternité. Passons par-dessus les modernes axiomes fraternitaires découverts par messieurs les socialistes, FR. BASTIAT, *Œuv. compl.* Paris, 1873, t. II, p. 45.

FRATERNITÉ. — HIST. *Ajoutez :* XII° s. Car n'a nule ordre en tot le mont Où ait mainz de fraternité [que l'ordre de Clairvaux], GUIOT DE PROVINS, *Bible*, v. 1211. || XIII° s. *Ajoutez :* Ainz fustes maintenant sorpris de la doçor et de la fraternité qui doit estre entre ceux qui en sont compaignon, *Galaad*, de GAUTHIER MAP (ms. de la Bibl. de Bourgogne, n° 9472, f° 21), cité dans *Perceval le Gallois*, t. VI, p. XLI, éd. Potvin.

FRAUDEUR. *Ajoutez :* — HIST. XIV° s. Se les maistres du mestier treuvent drap ou piece en une laine mauvaise ou fraudeuse.... (1340), VARIN, *Arch. administr. de la ville de Reims*, t. II, 2° part. p. 845.

† **FRAXINIFOLIÉ, ÉE** (fra-ksi-ni-fo-li-é, ée), *adj.* Terme de botanique. Qui est à feuille de frêne.

— ÉTYM. Lat. *fraxinus*, frêne, et *folium*, feuille.

† **FRÉGATAIRE.** *Ajoutez :* — ÉTYM. Ital. *fregatario*, de *fregata*, frégate. Le *frégataire* était un homme de peine de la côte barbaresque qui conduisait, dans des barques, à bord des navires les marchandises que la Compagnie française exportait.

FRÉGATE. — ÉTYM. *Ajoutez :* Feu M. le docteur Roulin ne pense pas que la *frégate* oiseau (*pelecanus aquilus*, L.) soit le même que la *fregate* navire. À cet égard, du Tertre est plus réservé que Buffon : « L'oyseau que les habitants des Indes nomment fregate (je crois à cause de la vitesse de son vol) n'a pas le corps plus gros qu'une poule (p. 305). » Le P. Raymond Breton, dans le Dictionnaire caraïbe-français, le nomme, il est vrai, *fregate*, mais, dans le Dictionnaire français-caraïbe, *fregade*. La *frégate* est mentionnée par Colomb dans son premier voyage en Amérique, où il la nomme *rabo forcado*, queue fourchue, dénomination qui lui convient fort bien. Dans un passage il la nomme seulement *forcado*, ce qui rappelle la *fregade* du P. Raymond Breton. Par ces raisons M. Roulin est porté à penser que *fregade*, *fregate* est une altération de *forcado*.

† **FREIA** (fré-ia), *s. f.* || 1° Terme de la mythologie scandinave. Déesse de l'amour et du mariage, fille de Niord ou de Fiorgun, et fille d'Odin. || On écrit aussi Freya. || 2° La 76° planète télescopique, découverte en 1862 par M. Darrest.

— ÉTYM. Goth. *frijon*, aimer; suéd. *fria*, aimer; allem. *freien*, rechercher en mariage.

† **FREINTE** (frin-t'), *s. f.* || 1° Terme de filature de coton. Déchet qui se produit dans toutes les opérations nécessaires pour la transformation du coton en fil. Pour faire 15 600 paquets de 907 gr., il faut 22 640 kil. de coton de Georgie longue soie; la freinte, ou déchet, pendant toutes les opérations de la fabrication, est estimée à 37 1/2 p. 100, *Enquête, Traité de comm. avec l'Anglet.* t. IV, p. 201. || 2° Fuite et perte du sucre en cours de transport.

— HIST. XIII° s. Li escuiers oï la freinte [le bruit, le fracas], *Ren.* v. 25911.

— ÉTYM. L'anc. verbe *freindre*, briser, rompre, du lat. *frangere*.

† **FRELATATION** (fre-la-ta-sion), *s. f.* Action de frelater. La frelatation des drogues est la seule science dont les marchands se piquent; les drogues les plus chères sont les plus maltraitées, GILIBERT, *de l'Anarchie médicale*, Neuchâtel, 1772.

† **FRÉNATEUR, TRICE** (fré-na-teur, tri-s'), *adj.* Terme de physiologie. Qui met un frein à l'action de certains organes. Les nerfs modérateurs ou frénateurs du cœur et des glandes, VULPIAN, *le Progrès médical*, 10 avr. 1875, p. 185, 2° col.

FRÈRE. *Ajoutez :* || 13° En Normandie, membre d'une frairie ou charité, c'est-à-dire d'une confrérie établie pour rendre les derniers devoirs aux morts, H. MOISY, *Noms de famille normands*, p. 144.

— HIST. || XIIIe s. *Ajoutez :* Si les freres [testicules] ol malade enfreidissent, *Ms.* 503, Bibl. de Montpellier.

† **FRÉRONAILLE** (fré-ro-nâ-ll', *ll* mouillées), *s. f.* Terme de dénigrement forgé par Voltaire pour désigner ceux qui soutenaient Fréron contre lui. Je ne puis pas répondre que la fréronaille ne me calomnie quelquefois, mais je vous réponds bien que j'aurai toujours un bouclier contre ses armes, VOLT. *Lett. à d'Argental*, 17 janv. 1766.

FRESAIE. — ÉTYM. *Ajoutez :* En gascon, cet oiseau est nommé *bresago*, ce qui appuie l'étymologie *præsaga*. Dans l'Aunis, aux jeux de cartes, le neuf de pique est surnommé la *fresaie*, parce qu'il est supposé porter malheur, *Gloss. aunisien*, p. 109.

FRESQUE. *Ajoutez :* Mais la fresque est pressante, et veut sans complaisance Qu'un peintre s'accommode à son impatience, La traite à sa manière, et, d'un travail soudain, Saisisse le moment qu'elle donne à sa main; La sévère rigueur de ce moment qui passe Aux erreurs d'un pinceau ne fait aucune grâce; Avec elle il n'est point de retour à tenter; Et tout, au premier coup, se doit exécuter, MOLIÈRE, *le Val-de-Grâce.*

FRET. || 5° *Ajoutez :* Fret, c'est précisément sur mer ce qu'on appelle voiture ou port des marchandises sur terre; sur le ponant on dit fret, et sur la mer Méditerranée nolis, P. GIRAUDEAU, *la Banque rendue facile*, Paris, 1769, p. U.

† **FRÊTE** (frê-t'), *s. f.* || 1° Nom, dans la Suisse française, du faîtage d'une maison, proprement de la panne ou poutre horizontale la plus élevée d'une toiture, qui reçoit l'extrémité supérieure des chevrons et est recouverte de zinc ou de tuiles rondes. || 2° Se dit aussi du faîte d'un arbre, d'une montagne. En suivant la frête de la montagne, DE SAUSSURE, cité dans HUMBERT, *Glossaire.* || 3° Se dit enfin de la maison elle-même. Quarante frêtes, tant habitations domestiques que granges et raccards, avaient disparu avec tout ce qu'elles contenaient [dans un incendie, à Saxon, village du Valais], *Petit Moniteur*, 7 mai 1873.

— ÉTYM. On dit *le fraite*, masculin, dans l'Évêché de Bâle. Il est possible que *la frête* ou *le fraite* soit le même mot que *faîte* avec l'intercalation d'une *r* (voy. FAÎTE).

FRÉTÉ. *Ajoutez :* || 3° Embarqué, en parlant de marchandises. Le quai dominait le bateau de 8 à 10 pieds, et la planche du débarcadère formait une pente inclinée au moyen de laquelle des montagnes de marchandises de toute nature devaient être frétées, TH. BENTZON, *Rev. des Deux-Mondes*, 15 août 1873, p. 987.

1. **FRETTE.** *Ajoutez :* — REM. Dans l'artillerie, les frettes sont non pas des spires, mais des cercles.

† **FREYA** (fré-ia), *s. f.* Voy. ci-dessus FREIA.

† **FRÉZONNAGE** (fré-zo-na-j'), *s. m.* Épaillage des draps à l'aide d'un procédé chimique inventé par M. Frézon, *Gaz. des Trib.* 24 juin 1875, p. 605, 1re col.

FRIAND. *Ajoutez :* || 3° Friand de la lame, qui aime à se battre en duel; c'est un terme de raffinés. Il était ce qu'on appelle friand de la lame, *l'Événement*, 26 mars 1877.

FRICASSÉE. *Ajoutez :* || 6° Fricassée ou friture, nom que l'on donne quelquefois aux sardineries.

† **FRICATIF, IVE** (fri-ka-tif, ti-v'), *adj.* Qui exerce un frottement. Les grammairiens ont appelé consonnes continues ou fricatives celles dont le son peut être prolongé par une sorte de frottement de l'air sortant de la bouche : *s, v, j, ch, m, n, r, l*, sont des consonnes fricatives.

— ÉTYM. Lat. *fricare*, frotter.

FRICHE. *Ajoutez :* || 3° Une friche, un emplacement où se tiennent les foires, où se font les fêtes des saints patrons d'une localité, etc. Mais Gautier, s'ennuyant de se voir inutile, Dit qu'il voulait montrer comme il était habile, Si tôt qu'il aurait su les agréables lieux Où les comédiens font admirer leurs jeux; Alors, sans différer, il courut sur les friches Pour voir en toutes parts s'il verrait des affiches, *l'Entrée de Gautier Garguille en l'autre monde*, poëme satirique, 1635, réimprimé dans *Chansons de Gautier Garguille*, Paris, 1858, p. 235. Le 14 juillet, fête de sainte Claire, à Châteauneuf (Eure-et-Loir), il a passé une partie de la journée sur la friche, *Gaz. des Trib.* 31 déc. 1875, p. 1263, 1re col.

† **FRIGGA** (fri-ga), *s. f.* || 1° Terme de la mythologie scandinave. La déesse de la terre. || 2° La 77e planète télescopique, découverte en 1862 par M. Peters.

† **FRIGORIQUE** (fri-go-ri-k'), *adj.* Terme didactique. Qui se rapporte au froid, qui concerne la froidure, le frisson. || Substantivement, il s'est dit, dans l'ancienne physique, d'un fluide impondérable qu'on croyait être la cause de la production du froid.

† **FRIGOUSSE** (fri-gou-s'), *s. f.* Terme populaire. Bon repas, bonne chère. Faire la frigousse.

— ÉTYM. Dérivé irrégulier de *frire.*

FRILEUX, EUSE. *Ajoutez :* || *S. f.* Frileuse, sorte de coiffure de femme, en laine, en tricot, pour l'hiver. Chaussons de Strasbourg, de laine et de feutre, bas, chaussettes, lainages, tricots, frileuses, capelines, tours de cou, fourrures, boas et manchettes..., *le Nouvelliste d'Avranches*, 30 janv. 1876.

— HIST. *Ajoutez :* XIIe s. Qu'à tous esgarés iert castiaus et closteüre, Et à trestous fruileus buisons et couverture, *le Roman d'Alexandre*, p. 542.

† 2. **FRILLER** (fri-llé, *ll* mouillées), *v. a.* Geler légèrement; se dit en Bourgogne. Une gelée tardive a frillé la vigne.

FRIME. — ÉTYM. *Ajoutez :* M. Bugge, *Romania*, n° 10, p. 148, propose pour étymologie de *frime*, anciennement *frume*, le latin *forma* au sens de visage; *frume* et *forme* seraient des doublets. Il est certain que l'on trouve dans Du Cange *forma* avec l'acception de visage, et que *frimousse*, qui vient de *frime*, a bien ce sens. Mais, plus tard, des scrupules de phonétique ont changé l'opinion de M. Bugge, et, présentement, il rattache *frime* au lombard *frignare*, pleurer, pleurnicher, faire la grimace, se moquer; Come, *frigna*, pleurnicheuse. Ces mots sont, selon Diez, d'origine germanique; ils tiennent à l'allem. *flennen* (pour *flannjan*), faire la grimace, et de plus près au suéd. *flina*, faire la grimace, se tordre la bouche en riant, pleurnicher; norv. *flina*; patois danois, *fline*; patois angl. *to frine*. *Frime* est donc pour *frine*, comme *venimeux* pour *venineux*, *charme* de *carpinus*, *étamer* de *étain*, l'anc. *latimier* pour *latinier*, etc. Le piémontais *flina*, colère, rage, est problablement identique au franç. *frime*; également, peut-être *frenna* dans le patois de la Suisse romande, *fare la frenna*, se démener, s'impatienter. Dans la forme française vieillie *frume*, *u* est dû à l'influence de la labiale (*Romania*, juill.-oct. 1875, p. 356).

† **FRIMOUSSE.** — ÉTYM. *Ajoutez :* M. Bugge, qui avait pensé que *frime* vient de *forma* (voy. FRIME au Supplément), a tiré *frimousse* du lat. *formosa* (*Romania*, n° 10, p. 148); mais, depuis, comme il est revenu sur son opinion, *formosa* tombe avec *forma*. Il faut remarquer que *frimousse* ne paraît pas ancien dans la langue; les deux formes notées dans Cotgrave, *phlymouse*, *phryllclimouse*, indiqueraient plutôt un mot de fantaisie suggéré peut-être par l'ancien français *mouse*, museau, qu'un dérivé de *frime.*

2. **FRINGUER.** Au sens de rincer.

— ÉTYM. *Ajoutez :* M. Bugge, qui repousse l'étymologie proposée par M. Gaston Paris (un anc. haut-allem. hypothétique *hreingan*, nettoyer), parce que les formes primordiales sont *hreinian*, *hreinôn*, propose l'espagn. *fregar*, frotter (du lat. *fricare*), *Romania*, juill.-oct. p. 357. Phonétiquement, cette étymologie ne ferait pas difficulté, l'intercalation d'une *n* étant fort possible; mais le sens de *fringuer* n'est pas nettoyer en frottant, mais jeter de l'eau pour nettoyer. Il semble donc que dans *fringuer* est l'idée de lancer.

† **FRIOULAN** (fri-ou-lan), *s. m.* Nom d'un des groupes de la langue ladine, qui est une langue romane.

FRIPER. — HIST. *Ajoutez :* || XIIIe s. Sez avoirs fu tous despendus, Et ses robes defelipprées, *Richars li biaus*, v. 1906 (*Defelipprées* est composé de la préposition *de*, et d'un verbe *felipprer*, comme le témoigne *feleprie*, friperie. *Felipprer* est équivalent à *friper*).

— ÉTYM. L'islandais *hripa*, agir tumultuairement, déjà contesté dans le Dictionnaire à cause du sens, est rejeté par M. Bugge, *Romania*, n° 10, p. 148, pour une raison décisive, c'est que *hripa* est un mot non ancien, mais nouveau dans l'islandais, où il signifie écrire avec grande hâte, proprement avoir des trous par où l'eau coule abondamment, du primitif *hrip*, sorte de corbeille. Il n'y a donc rien de commun entre *hripa* et *friper*. Dans mon Dictionnaire, j'incline à tirer *friper* du vieux franç. *frepe*, *ferpe*, *felpe*, qui veut dire chiffon, mais non avec assez de décision. M. Bugge a cette décision et il a raison.

FRIPERIE. — ÉTYM. *Friperie* vient de *fripe* ou *frepe*, mais non, comme le pensent Diez et Scheler, de l'islandais *hripa* (voy. ci-dessus FRIPER). M. Bugge, *Romania*, n° 10, p. 148, est d'avis que *fripe* ou *frepe* représente le latin *fibra*, lambeau, extrémité, fibre. Pour la métathèse de l'*r*, il rappelle *frange*, de *fimbria*, *tremper* de *temperare.*

FRIPON. *Ajoutez :* — REM. Au XVIIe siècle, friponnes était le nom de petites boîtes rondes dans lesquelles on vendait le cotignac.

FRIPONNERIE. *Ajoutez :* || 2° Anciennement, friandise. Elle [Mme de Puisieux] endetta le couvent des Dix-Vertus d'une somme considérable, et cela pour des friponneries; car le pâtissier seul demande beaucoup, TALLEMANT DES RÉAUX, *Histor.* éd. P. Paris, t. I, p. 470. La mère avait conservé son humeur friande; il lui faisait des présents de friponneries, ID. *ib.* t. VI, p. 525.

† **FRISANT, TE** (fri-zan, zan-t'), *adj.* Qui frise, qui rase. Un vieux monsieur à qui ses lunettes, brillantées par une lumière frisante, donnent l'aspect d'un hibou, TH. GAUTIER, *Journ. offic.* 19 mai 1870, *feuilleton.* Un sourire paisible éclairait ses traits amaigris dont un rayon de soleil frisant découpait sur l'oreiller la ligne presque transparente, TH. BENTZON, *Journ. des Débats*, 29 mars 1877, *feuilleton*, 1re page, 3e col.

1. **FRISE.** *Ajoutez :* || 8° Frise ou planche à parquet, planche de chêne constituant un des types adoptés dans le commerce de bois de Paris et dans la région qui alimente les chantiers de la capitale. La frise a de largeur 0^m^,12 à 0^m^,13, et d'épaisseur 0^m^,03, NANQUETTE, *Exploit. débit et estim. des bois*, Nancy, 1868, p. 74.

— ÉTYM. *Ajoutez :* Esp. *friso*; de l'arabe *ifriz*, rebord d'une muraille pour écarter la pluie, d'après M. Dozy, qui croit que le mot arabe est d'origine grecque et représente le grec ζωφόρος.

† 3. **FRISON** (fri-zon), *s. m.* Dialecte allemand parlé en Frise et appartenant au bas-allemand.

FRIT. *Ajoutez :* || Proverbe. À d'autres, ceux-là sont frits, donnez-nous d'autres raisons, celles-là ne valent rien, locution tirée de la manière dont on fait la friture de poisson; quand les premiers poissons qu'on a jetés dans la poêle sont frits, on les retire et on en jette d'autres, CH. NISARD, *Quelques parisianismes*, 1876, p. 2.

FRITURE. *Ajoutez :* || 4° Friture blonde, friture que l'on n'a pas fait trop roussir; ce qui la rend plus agréable et meilleure. Nous avons un peu essayé le cuisinier; la fricassée était bonne, la tourte excellente.... la friture est blonde, SÉV. *à Mme de Grignan*, 18 oct. 1679, dans *Lett. inédites*, édit. Capmas, t. II, p. 37. || 5° Nom donné à l'établissement, dit plus souvent sardinerie, où l'on prépare la sardine à l'huile.

† **FRITURERIE** (fri-tu-re-rie), *s. f.* Synonyme de sardinerie. Les 1200 habitants de Morgat vivent tous de la pêche de la sardine, et depuis quelques années une importante friturerie s'y est établie, *Journ. illustré*, 2 juillet 1876, p. 211, 2e col.

1. **FROID.** *Ajoutez :* || 14° Marché froid, marché où il se fait peu d'affaires. Les arrivages de l'Inde.... et la belle apparence de la récolte de betteraves laissent le marché froid, *Journ. offic.* 19 août 1872, p. 5596, 3e col. || 15 En Normandie, chambre froide, chambre où il n'y a pas de cheminée, par opposition à chambre à feu. Une maison.... composée.... au premier d'une chambre à feu, d'une chambre froide, et d'une autre chambre à feu donnant sur le jardin, *l'Avranchin*, 18 mai 1873, *aux Annonces.*

2. **FROID.** — REM. La locution : cela ne lui fait ni chaud ni froid, se trouve dès le XIVe siècle : Sire, de vous ay eü maint Tel parler, dont petit me chaut; Il ne me font ne froit ne chaut, *Miracles de nostre Dame par personnages*, Paris, 1876, p. 320. Voy. aussi la même locution dans le XVe siècle à l'historique de FROID 1.

FROIDEMENT. — HIST. *Ajoutez :* XIVe s. Qu'il [le roi d'Angleterre] feist tant au duc de Brabant qu'il s'aprestast, et froidement toutes fois il s'aprestoit, J. LE BEL, *Vrayes Chroniques*, t. I, p. 138.

FROIDEUR. *Ajoutez :* || 8° Sang-froid. C'est un péril où il faut une froideur et une assurance de qui peu de personnes sont capables, MALH. *Lexique*, éd. L. Lalanne.

FROMAGE. *Ajoutez :* || 6° Fromage végétal, substance alimentaire qui se prépare en Chine avec la pulpe du dolic pourpre du Japon; on broie les graines de cette plante, on tamise, et on humecte avec le jus de la tige, qui ne tarde pas à fermenter et à cailler à la façon du lait.

† **FROMAGÉE** (fro-ma-jée), *s. f.* Nom, dans le

Loiret, du déjeuner des domestiques, où entre le fromage, *les Primes d'honneur*, Paris, 1869, p. 190.

FROMAGER. *Ajoutez* : || 3° *Adj.* Fromager, fromagère, qui a rapport aux fromages. Le système des associations fromagères connues sous le nom de fruitières ou fruiteries.... *Journ. offic.* 17 nov. 1875, p. 9406, 2° col.

† **FROMAGÈRE** (fro-ma-jè-r'), *s. f.* En Auvergne, petite table ronde sur laquelle on pétrit le caillé, pour faire le fromage, *les Primes d'honneur*, p. 460, Paris, 1874.

† 1. **FROMENTAL.** *Ajoutez* : Les autres graines [fourragères] se cotent comme ci-après : minette nouvelle, de 40 à 46 fr.... fromental, de 70 à 75 fr.; dactyle, de 100 à 110 fr., *Journ. offic.* 10 nov. 1873, p. 6836, 3° col.

† **FRONDAISON.** *Ajoutez* : Les luxuriantes frondaisons du Nord, SCHURÉ, *Rev. des Deux-Mondes*, 1er fév. 1877, p. 538.

1. **FRONDE.** — ÉTYM. *Ajoutez* : L'r épenthétique, si tardive en français, est venue d'abord en provençal, probablement d'après l'italien, où *fromba*, la fronde, se rattache à *frombolo*, bruit semblable à celui que font les pigeons en s'envolant.

† 2. **FRONDE.** *Ajoutez* : || 2° Terme de forestier. Fronde, la pousse des feuilles au printemps, VERNIER, *le Temps*, 4 juillet 1876, *feuilleton*, 1re page, 4° col. || 3° Dans le langage général, branche garnie de feuilles. Un arbre la voilait presque de ses frondes qui touchaient la terre, Mme DE GASPARIN, *Vesper*, 2° éd. Paris, 1862. Les haies poussaient des frondes, ID. *ib.* Autour de nous, rien n'a changé; les hommes restent les mêmes; les mêmes habitudes vont béquillant du même pas; la jeune séve pousse les mêmes frondes; aujourd'hui ressemble à hier, ID. *Camille.*

† **FRONDIBALE** (fron-di-ba-l'), *s. f.* Ancienne machine de guerre, composée spécialement d'une longue poutre mobile dans un plan vertical autour d'un axe qui la partageait en deux bras de levier inégaux. La chute brusque d'un contre-poids placé à l'extrémité du bras le plus long déterminait un mouvement de rotation par suite duquel les projectiles portés par le petit bras étaient lancés comme par une fronde.

— ÉTYM. Bas-lat. *fundibula, fundibala*, dérivé du lat. *funda*, fronde.

FRONT. *Ajoutez* : || 15° De front, de face, sans présenter le corps de côté. On m'a conduit au second par un escalier à demi rompu et si étroit qu'à peine y pouvais-je passer de front, LETOURNEUR, *Trad. de Clarisse Harlowe*, t. VII, p. 608. || 16° En termes de travaux d'art, front de taille, la face du terrain, là où s'arrête le foncement. L'aération s'obtiendra, comme au Saint-Gothard, par l'injection d'air comprimé jusqu'au front de taille.... [en cas d'irruption des eaux] on séparera ce front de taille du reste de la galerie par une sorte de carapace à cloisons hermétiques, H. DE PARVILLE, *Journ. offic.* 17 août 1875, p. 6891. || Front d'attaque, la face par laquelle on commence le creusement d'un tunnel, d'un puits, etc. Le front d'attaque, dans chacun de ces chantiers, présente une section de 6 à 7 mètres carrés, *le Soleil*, 18 août 1875. || 17° Front large, nom d'une espèce de phascolome, dont la chair est excellente. Deux espèces [de phascolomes] au moins vivent aussi bien l'une que l'autre dans notre pays, le wombat et le front large, *Journ. offic.* 29 oct. 1876, p. 7764, 3° col.

† **FRONTALIER** (fron-ta-lié), *s. m.* Celui dont la propriété est contiguë à la frontière d'un État. Les communes limitrophes qui auront la jouissance exclusive et légitime des pâturages dans le pays voisin, pourront nommer à elles seules les gardes pour la surveillance de ces pâturages; quand la jouissance sera commune entre frontaliers respectifs, chaque municipalité intéressée pourra avoir ses propres gardes, ou en nommer de concert avec les autres usagers, *Acte du 26 mai 1866, additionnel aux traités de délimitation conclus entre la France et l'Espagne*, art. 6.

FRONTEAU. || 5° Terme d'artillerie. *Ajoutez* : Aujourd'hui, masse en métal, portant un guidon à sa partie supérieure, et fixée sur certaines pièces, un peu en avant des tourillons. || 6° Nom, dans quelques provinces, du bourrelet qu'on met sur la tête des petits enfants pour les garantir dans leurs chutes, *Gloss. aunisien*, p. 109.

FRONTIÈRE. *Ajoutez* : || 4° Ligne de frontière, ensemble des obstacles qui résultent de la configuration du sol et de la combinaison des places fortes et des ouvrages de fortification passagère.

† **FRONTJONCOUSSE** (fron-jon-kou-s'), *s. m.* Sorte de fromage (voy. JONC au Supplément).

† **FRONTO-INIAQUE** (fron-to-i-ni-a-k'), *adj.* Terme d'anatomie. Qui va du front à la nuque. Diamètre fronto-iniaque.

— ÉTYM. *Front*, et *iniaque*.

† **FROTTURE** (fro-tu-r'), *s. f.* Terme de forestier. Couche de bois mort qui se forme à un endroit meurtri, qui se recouvre d'une nouvelle écorce et que rien ne décèle à l'extérieur, NANQUETTE, *Expl. débit et estim. des bois*, Nancy, 1868, p. 204.

† **FROUÉE** (frou-ée), *s. f.* Sifflement de l'oiseleur pour attirer les oiseaux. À la fin nous tombâmes sur un grand diable de charbonnier, agenouillé derrière un hêtre et en train de frouer une feuille de lierre entre les dents, pour attirer les oiseaux à la pipée; c'était la frouée de cet habile homme que nous avions prise pour la chanson de l'oiseau bleu.... A. THEURIET, *Rev. des Deux-Mondes*, 1er nov. 1876, p. 96.

† **FRUCTIFIANT, ANTE.** *Ajoutez* : L'école académique, cette fructifiante pépinière des beaux-arts, *Hist. de l'Acad. de peinture* [*Mém. attribués à H. Testelin*], t. II, p. 77.

FRUCTUEUX. — HIST. *Ajoutez* : XIIe s. Il proient [prient] por lur anemis en icel tens, quant il puent [peuvent] lur cuers convertir à fructuouse penitence, *li Dialoge Gregoire lo pape*, 1876, p. 261.

1. **FRUIT.** *Ajoutez* : || 11° Fruits en grains, fruits chargés sans emballage dans les bateaux. Ces fruits vont arriver [au Mail à Paris] dans quelques jours, les uns jetés pêle-mêle et sans aucun emballage dans des bateaux qui en contiennent chacun de six à dix mille kilogrammes; c'est ce qu'on appelle les fruits en grains; les autres, soigneusement empaquetés dans des paniers que se disputeront tous les restaurateurs de Paris, *Journ. offic.* 20 oct. 1875, p. 8764, 1re col. || 12° Fruits de mer (de l'ital. *frutti di mare*), nom donné aux oursins, moules et autres coquillages que l'on vend au tas, à Naples et ailleurs. Puis nous allions déjeuner à l'île Saint-Georges avec des rougets de l'Adriatique, des fruits de mer, du raisin et un pot de vin de Chypre, TH. GAUTIER, *Monit. univ.* 22 juin 1868.

2. **FRUIT.** — ÉTYM. En faveur de l'assimilation du *fruit* de la maçonnerie avec *frit*, on peut rappeler que *laichefruitte* a été dit pour ce que nous nommons aujourd'hui *lèchefrite* (voy. ce mot à l'historique).

† **FRUITIÈRE** (frui-tiè-r'), *s. f.* Société, association pour la confection des fromages, dans le Jura.

— ÉTYM. J'ai placé *fruitière* dans *fruitier* 2, par conséquent je l'ai rapporté à *fruit*; mais M. le capitaine de Rochas, *De l'utilité d'un glossaire topographique*, p. 17, fait remarquer que *fret* dans le patois de Fribourg signifiant un fromage, *fruitière* doit être une corruption de *frétière*. Cette étymologie est, en effet, bien préférable à celle de *fruit*.

† **FRULEUX** (fru-leû), *s. m.* Nom, dans l'Oise, d'un cépage, *les Primes d'honneur*, Paris, 1872, p. 68.

† **FRUMENTAIRE.** *Ajoutez* : || 2° *Adj.* Terme d'antiquité romaine. Qui appartient aux céréales. Loi frumentaire. || *S. m.* Homme classé parmi ceux qui participaient aux distributions de blé dans Rome.

† **FRUSQUES** (fru-sk'), *s. f. pl.* Terme populaire. Nippes. Il avait alors échangé ses frusques pour d'autres plus décentes et avait disparu, *Gaz. des Trib.* 15-17 fév. 1875, p. 158, 3° col.

— ÉTYM. Voy. FRUSQUIN au Dictionnaire.

† **FRUSTRABLE** (fru-stra-bl'), *adj.* Qui peut être frustré.

— HIST. XVIe s. ...En memoire Du fondateur non frustrable de gloire, RENÉ MACÉ, *Suyte de l'histoire de France*, f° 2.

1. **FRUSTRATOIRE.** *Ajoutez* : || Frais frustratoires, ceux qui sont faits soit pour enfler la note à payer par le client, soit témérairement et par suite en pure perte.

† **FUCHSINÉ, ÉE** (fu-ksi-né, née), *adj.* Coloré avec de la fuchsine. 350 pièces de vin fuchsiné viennent d'être saisies à leur arrivée à Paris, *Journ. offic.* 30 oct. 1876, p. 7784, 3° col. Le danger que présente l'ingestion répétée des vins fuchsinés, H. DE PARVILLE, *Journ. offic.* 8 fév. 1877, p. 1008, 3° col.

FUGUE. — ÉTYM. *Ajoutez* : Les Allemands n'admettent pas l'étymologie italienne de *fugue*, terme de musique. Suivant eux, *fugue*, en allemand *Fuge*, vient du verbe *fügen*, ajuster, adapter; et en effet la *fugue* est une adaptation de parties selon le contre-point le plus compliqué. Cependant il faut dire en faveur de l'origine italienne que les imitations dont la *fugue* se compose ont l'air de se poursuivre et de se *fuir* entre elles.

FUITE. *Ajoutez* : || 10° Rigole de fuite, rigole pour déverser un trop-plein. Le creusement de la rigole de fuite du déversoir de Pantin dont l'exécution se trouve encore ajournée, H. GRANGEZ, *Voies navigables de France*, p. 497.

† **FULGURANT.** *Ajoutez* : || 2° Terme de médecine. Douleurs fulgurantes, certaines douleurs très-intenses et très-rapides, qui dépendent de lésions particulières de la moelle épinière.

† **FULMINABILITÉ** (ful-mi-na-bi-li-té), *s. f.* Terme technique. Disposition à être frappé de la foudre. On dit que la fulminabilité n'est pas la même pour le hêtre que pour les autres arbres.

† 2. **FUMADE** (fu-ma-d'), *s. f.* Signal que l'on donne, d'une côte, en brûlant de la poudre à l'air libre, pour avertir les embarcations de ne pas approcher. Il vit le bâtiment dériver jusque dans le voisinage des forts [d'Alger], et les fumades s'élever de plusieurs batteries, *Revue africaine*, janvier-février 1876, p. 33.

— ÉTYM. *Fumer* 1.

† **FUMATURE** (fu-ma-tu-r'), *s. f.* Action de fumer un terrain par le parcage. Le parcage des bêtes à laine ou fumature est en usage dans les causses du Gévaudan et du Rouergue, HEUZÉ, *la France agricole, carte* n° 8.

— ÉTYM. *Fumer* 2.

1. **FUMER.** || 7° *Ajoutez* : On dit aussi fumer pour se fumer, être fumé. Il ne suffit pas que les feuilles soient de bonne qualité et bien préparées, pour qu'un cigare fume bien.... le cigare fume mal et devient mauvais, *Monit. univ.* 11 août 1867, p. 1099, 1re col.

— REM. De fumer, au sens populaire d'avoir du dépit, de l'impatience, voici un exemple qui n'est pas du jour; seulement alors on disait fumer une pipe. Ce qui a le plus fâché nos pitoyables et très-comiques chevaliers, c'est qu'aucune de leurs belles n'ait été invitée; ils ont fumé chacun une pipe plus longue que la pipe du père Duchêne, *L. du P. Duchêne*, 203e *lettre*, p. 2. De la sorte, fumer, en ce sens, est une abréviation. On peut, de ce sens de fumer, rapprocher cet ancien couplet de vaudeville : Deux vieux époux sont deux tisons, Qui ne brûlent pas, mais qui fument.

2. **FUMER.** *Ajoutez* : || Fumer en couvertures, étendre le fumier sur le sol, au lieu de l'enterrer, *Rev. agricole*, 1er avril 1876, p. 138.

— HIST. *Ajoutez* : || XIVe s. Il avoit cette terre fiembrée II fois dedens III ans; s'en demandoit toutes les coustanges des II fiembreures (1303), VARIN, *Archives admin. de la ville de Reims*, t. II, 2e part. p. 39.

† 2. **FUMEROLE** (fu-me-ro-l'), *s. f.* Nom, dans l'Aunis, de la courtilière ou taupe-grillon, *Gloss. aunisien*, p. 109.

† **FUMEUSE** (fu-meû-z'), *s. f.* Sorte de siége, où l'on s'assied pour fumer commodément. M. Mosselman est assis sur une fumeuse et vu de face, BURGER, *Salons de 1861 à 1868*, t. II, p. 528. Il s'installa dans une fumeuse, j'avançai un fauteuil à Mme d'Arci, je m'assis à ses pieds sur un tabouret, et la séance fut ouverte, CHERBULIEZ, *Rev. des Deux-Mondes*, 1er fév. 1873, p. 481.

† **FUMIÈRE** (fu-miè-r'), *s. f.* Nom, dans la Seine-Inférieure, des tas de fumier dans les exploitations rurales, *les Primes d'honneur*, Paris, 1869, p. 10.

FUMISTE. *Ajoutez* : || Farce de fumiste, farce grossière. Il y a farce et farce, notamment celle de la grosse espèce, à laquelle les fumistes ont donné leur nom, *Gaz. des Trib.* 5 sept. 1873, p. 855, 1re col. Dans l'armée, quand une charge ne réussit pas au mess ni à la caserne, on dit, en haussant les épaules : Voilà une farce de fumiste, PH. AUDEBRAND, *l'Illustration*, 10 janv. 1874, p. 18, 3° col.

† **FUMIVORITÉ.** *Ajoutez* : De hautes cheminées en briques laissent, de temps à autre, échapper des flots de fumée noire, pour répondre sans doute aux ordonnances concernant la fumivorité, *le Temps*, 16 juin 1867. La fumivorité paraissait constante [dans les essais du fumivore Thierry], *Journ. offic.* 3 mars 1873, p. 1502, 2° col.

† **FUNAMBULESQUE** (fu-nan-bu-lè-sk'), *adj.* Néologisme. Qui a rapport aux funambules. La danse guerrière n'est pas la danse guerrière; c'est la danse funambulesque, H. HOUSSAYE, *Rev. des Deux-Mondes*, 1er fév. 1876.

† **FUNAMBULISER** (fu-nan-bu-li-zé), *v. n.* Néologisme. Faire le funambule. Plusieurs, qui n'ont pas la tête forte, funambulisent à regret, R. TÖPFFER, *Nouv. voyages en zigzag.*

† **FUNÉRAL, ALE** (fu-né-ral', ra-l'), *adj.* Qui a rapport aux funérailles. À la fin de cette saison funérale, tout ce qui vit ou végète aura péri, BRILLAT-SAVARIN, *Phys. du goût, Méd.* X, 54 (voy. au Dictionnaire, au mot FUNÉRAIRE, un emploi de ce mot par Amyot).

— ÉTYM. Lat. *funeralis* (voy. FUNÉRAILLES).

† **FUNINGUE** (fu-nin-gh'), *adj.* Pigeon funingue, sorte de pigeon de Madagascar, *Monit. univ.* 17 nov. 1868, p. 1485, 4° col.

FUR. — ÉTYM. *Ajoutez :* Dans la Mayenne, on dit encore : *Le fur de la contribution foncière*, pour le centime le franc, c'est-à-dire la proportion entre l'impôt et le revenu imposable.

FURET. — HIST. XIII° s. *Ajoutez :* Par devant font au nain porter Un fuiret et quatre roisieus [réseaux], RAOUL, *Meraugis*, p. 121.

FURETER. *Ajoutez :* || 4° Terme forestier. Pratiquer le furetage dans une forêt. Le peuplement d'un taillis fureté se compose constamment de bois d'âges divers, depuis le brin du premier âge jusqu'à la lance exploitable, *Mém. de la Soc. centr. d'Agric.* 1873, p. 278.

— HIST. XIV° s. *Ajoutez :* Que nulz ne cache [chasse] ne furrette audit bos, *Rec. des monum. inédits de l'hist. du tiers état*, t. IV, p. 210.

FURIE. — HIST. *Ajoutez :* XII° s. Et enprès si [Calchas] lor anoncia Que jà li venz n'abessereit, Ne la mers ne s'apesereit, Desi [de ci] que les infernax fures Eüssent eü lor dreitures, BENOIT DE STE-MORE, *Roman de Troie*, v. 26286 (on remarquera que *fure* est la forme française, le lat. *fúria* ayant l'accent sur *fu*; *furie* a été refait au XIV° siècle sur le latin).

† **FUSAINISTE** (fu-zè-ni-st') ou **FUSINISTE** (fu-zi-ni-st'), *s. m.* Artiste qui emploie le fusain. Doit-on écrire fusainistes ou fusinistes?... la plupart se sont prononcés pour la première orthographe, celle de fusainiste; mais nul d'entre eux n'a su nous dire pourquoi, BERGERAT, *Journ. offic.* 28 fév. 1877, p. 1541.

— ÉTYM. *Fusain.* Il vaut mieux dire *fusiniste*, malgré l'orthographe de *fusain* et à cause de la prononciation.

† **FUSAÏOLE** (fu-za-io-l'), *s. m.* Terme d'archéologie. Petit peson conique, que l'on trouve en des sépultures fort antiques, et dont l'usage n'est pas encore connu. [Objets rapportés de la Troade par Schliemann] plusieurs milliers de ces doubles cônes percés d'un trou et connus sous le nom de fusaïoles..., *le Temps*, dans *Journ. offic.* 4 oct. 1873, p. 6198, 1ʳᵉ col.

— ÉTYM. Ital. *fusaiuolo*, peson, dérivé de *fuso* (voy. FUSEAU).

FUSÉE. || 4° Terme d'artillerie. *Ajoutez :* || Fusée volante, fusée à baguette, fusée de signal, cylindre de carton rempli de poudre, attaché à une baguette, qui s'élève de lui-même en l'air quand on y a mis le feu. || Fusée de guerre, autrefois fusée à la Congrève, fusée composée d'une baguette directrice, d'une cartouche qui contient la poudre et d'un chapiteau incendiaire ou éclairant, ou d'un obus oblong ou d'une bombe; elles sont désignées par le diamètre de la cartouche en centimètres et par la nature de leur service. || Fusée d'amorce, artifice employé autrefois pour communiquer le feu à la charge des bouches à feu. || Fusée fusante de projectiles creux, tube en bois ou en métal, chargé d'une composition fusante, qu'on fixe sur les projectiles creux, bombes, obus, grenades, pour en déterminer l'éclatement au moment voulu. || Fusée percutante, fusée disposée de manière à s'enflammer par le choc du projectile sur le but. || 14° Fusée de maïs, la râpe, la partie de la tige des épis qui soutient les graines. M. Cuffin-Lefebvre pense avec raison que, dans le Nord, on ne doit pas semer du maïs pour graine, car la fusée aurait bien de la peine à mûrir.... d'un côté, la formation de la fusée et du grain use le sol, *Journ. offic.* 17 novemb. 1873, p. 7011, 3° col. || 16° Fusée d'épée, partie de l'épée qui est engagée dans la poignée et s'y fixe. On remarque [dit M. Penguilly L'Haridon] la petitesse de la fusée, caractère général de la plus grande partie des épées de bronze, ce qui indique qu'elles étaient fabriquées pour une race d'hommes dont les mains étaient très-petites, comme on le voit chez les Orientaux, *Journ. offic.* 24 nov. 1873, p. 7155, 3° col.

FUSER. || 3° *Ajoutez :* || Fuser se dit aussi des substances autres que les sels. Leurs tiges desséchées [du tabac, du grand soleil, de la pariétaire] fusent, quand on y met le feu, comme si on les eût fortement imprégnées de salpêtre, *Instruction sur la fabrication du salpêtre*, 1820, p. 20.

FUSIL. || 3° *Ajoutez :* || Fusil se chargeant par la culasse, fusil dans lequel la culasse présente une partie mobile dont le jeu permet de mettre immédiatement la cartouche en place, sans avoir à l'introduire par la bouche. Il y en a un très-grand nombre de systèmes : le fusil ou l'amusette du maréchal de Saxe, le fusil de Chaumette, le fusil de Montalembert, etc. || Fusil à aiguille, voy. AIGUILLE au Supplément. || Fusil de rempart, arme portative de gros calibre, destinée à être tirée en prenant appui sur la plongée des ouvrages de fortification; elle se charge par la culasse. Le fusil de rempart rayé a reçu aussi le nom de grosse carabine. || Fusil double, fusil portant deux canons brasés ensemble. || Fusil brisé, fusil composé de deux parties qui se réunissent au tonnerre en se vissant l'une dans l'autre; on les dévisse pour charger. || Fusil tournant, voy. TOURNANT. || Fusil revolver, fusil présentant une disposition analogue à celle des revolvers. || Fusil à magasin, voy. MAGASIN. || Fusil à percussion, voy. PERCUSSION. || Fusil à silex, fusil qui parut pour la première fois dans l'armée française en 1670; on y met le feu à l'aide d'une platine dite à la miquelet (voy. MIQUELET). || Fusil-pendule, voy. PENDULE. || Pierre à fusil, voy. PIERRE, n° 4. || 5° Par plaisanterie et fig. Fusil de toile, un filet pour la chasse, et aussi tout ce qui sert à prendre, à recevoir, besace. Il ne fallait pas embellir sa triste chaumière pour ne pas se voir réduit quelque jour à aller à la chasse au pain avec un fusil de toile, *Lett. du P. Duchêne*, 151° *lettre*, p. 3.

FUSILIER. *Ajoutez :* — REM. Au XVII° siècle, Ménage et Richelet prétendaient que l'usage condamnait fusilier et imposait fuselier.

† **FUSILLEMENT** (fu-zi-lle-man, *ll* mouillées), *s. m.* Action de fusiller. Si la désobéissance [de la part de la population envahie dans la guerre de 1870] était de nature à compromettre la sécurité de l'ennemi, il n'y avait qu'une peine, le fusillement; ce mot nouveau a été créé par les envahisseurs pour les besoins quotidiens de leur conversation avec les vaincus, *Rev. des Deux-Mondes*, 1ᵉʳ sept. 1871, p. 51.

† **FUSTANELLE** (fu-sta-nè-l'), *s. f.* Sorte de jaquette qui fait partie du costume des Grecs modernes.

— ÉTYM. Ce mot est dérivé du bas-lat. *fustana*, qui est notre mot *futaine*.

† **FUSTERIE** (fu-ste-rie), *s. f.* Métier du fustier (il y a à Genève une place de la Fusterie).

FUSTET. *Ajoutez :* — HIST. XIV° s. *Ajoutez :* L'en ne pourra mettre seul feustel, glaioleure, balocie, ne noir de chaudiere (1340), VARIN, *Archives administr. de la ville de Reims*, t. II, 2° part. p. 845.

† **FUSTIBALE** (fu-sti-ba-l'), *s. m.* Terme d'antiquité. Machine de guerre servant à lancer des pierres.

— ÉTYM. Lat. *fustibalus*, de *fustis*, bâton, et βάλλω, lancer, parce que le mécanisme consistait en un bâton long de quatre pieds, auquel était attachée par le milieu une fronde de cuir.

† **FUSTIER** (fu-stié), *s. m.* Nom donné dans plusieurs provinces aux charpentiers, et spécialement aux charpentiers en bateaux, ou constructeurs de bateaux.

— ÉTYM. *Fût*, écrit autrefois *fust.*

† **FUSTIGEUR** (fu-sti-jeur), *s. m.* Celui qui fustige. Nos enfants, sous ces fustigeurs sempiternels et fanatiques, sont élevés en esclaves, *Lett. du P. Duchêne*, 67° *lettre*, p. 3.

† **FUTILEMENT** (fu-ti-le-man), *adv.* D'une manière futile. Tout continua d'abord comme par le passé [dans un couvent assez mal réglé], très-futilement et assez innocemment, SAINTE-BEUVE, *Port-Royal*, t. I, p. 84, 3° éd.

FUTUR. *Ajoutez :* || 6° À futur, dans le temps futur, à l'avenir. Ce que je conteste, c'est le droit de supprimer, à futur, des associations qui ne seraient pas établies en fraude, *Journ. offic.* 9 mars 1872, p. 1670, 3° col.

† **FUVE** (fu-v'), *s. f.* Nom suisse de l'épicéa; on dit aussi fie, BROILLARD, *Rev. des Deux-Mondes*, 15 avr. 1876, p. 915.

— ÉTYM. Voy. FIE au Supplément.

† **FUVELLE** (fu-vè-l'), *s. f.* Nom suisse d'une forêt de fuves ou épicéas, BROILLARD, *Rev. des Deux-Mondes*, 15 avr. 1876, p. 915.

FUYANT. || 1° *Ajoutez cet exemple de Bossuet :* Si le pasteur ne trouvait sa brebis fuyante, *Sermons, Ferv. de la pénit.* 1.

G

G. *Ajoutez :* || G est la marque des monnaies françaises frappées à Genève, de l'an VI à l'an XIII. || 2° Dans les études de notaire, la cote G se dit des objets insignifiants qu'un clerc s'approprie pendant les inventaires : il classe aux cotes A, B, etc. suivant leur nature les objets de valeur inventoriés, et ceux qu'il prend passent, comme on dit, à la cote G. C'est un calembour, *g* pour *j'ai.*

† **GABAÏ** (ga-baï), *s. m.* Nom donné par les Gascons à un patois d'oïl qui se parle dans certaines parties de la Gascogne, TOURTOULON et BRINGUIER, *Étude sur la limite géographique de la langue d'oc*, Paris, 1876, p. 25.

GABARE. *Ajoutez :* || 5° Nom, dans les Côtes-du-Nord, d'une grande barre de bois avec laquelle on serre le pressoir du cidre.

GABARIT. *Ajoutez :* — REM. Ce mot n'est pas seulement un terme de marine; il s'applique d'une manière générale à toute pièce mince en bois ou en métal découpée ou façonnée suivant un profil qu'on doit reproduire. Ainsi, il y a des gabarits en tôle qui sont employés dans la fabrication des armes. Il y a des gabarits en bois qui servent à construire les gabions. Il y a même des gabarits en bois mince, en carton ou en papier qui servent de guides aux dessinateurs pour tracer des courbes.

† **GABATTAGE** (ga-ba-ta-j'), *s. m.* Terme de jeux de cartes qui paraît signifier action d'abattre les cartes. On a saisi les enjeux, les jetons, les cartes, et l'on a trouvé dans un des recoins de la salle une portée contenant une série de gabattages successifs; on jouait le baccarat, Extr. de *la Liberté*, dans *les Jeux en France*, I, p. 21.

— REM. M. Bérillon, commissaire chargé de la répression des tripots, ne connaît pas ce mot, et il pense qu'en place il faut lire abatage, qui se dit quand des portées sont préparées et qu'il n'y a plus qu'à les abattre.

† **GABBRO** (gab-bro), *s. m.* Terme de minéralogie. Nom italien de l'euphotide, roche composée de feldspath et de diallage, HUOT, *Manuel de géologie*, éd. Roret; de labrador et de smaragdite, JANNETTAS *les Roches*, 1874, chez Rothschild.

GABELÉ. *Ajoutez :* — HIST. XV° s. Sur chascun muid de sel gabellé ou non gabellé, MANTELLIER, *Glossaire*, Paris, 1869, p. 34.

GABELLE. — ÉTYM. *Ajoutez :* D'après Dozy, c'est l'étymologie arabe qui doit prévaloir : à côté de *gabella*, l'italien avait aussi *caballa* et *cabella*, cité dans Du Cange; le *k* initial arabe devient quelquefois *g* dans les langues romanes; et il est bien plus probable que les peuples du Midi ont emprunté aux Arabes cette dénomination qu'aux Germains; en conséquence, il assimile *gabelle, gabella* à l'esp. *alcabala, alcavala*, impôt, qui est l'arabe *al-kabâla*, sorte de taxe.

† 2. **GABET** (ga-bè), *s. m.* Terme de marine. Pinnule qu'on adapte à certains instruments propres à déterminer en mer la hauteur des astres.

† **GABEUR** (ga-beur), *s. m.* Celui qui gabe, se moque (vieux mot qu'il n'est pas mauvais de remettre en usage). Paladins invincibles, célébrés par des chantres gabeurs, BRILLAT-SAVARIN, *Physiol. du goût*, II.

GABION. *Ajoutez :* — REM. Le gabion n'est pas toujours un panier; c'est souvent un cylindre en clayonnage.

† **GABLE** (ga-bl'), *s. m.* Nom, en Normandie, du pignon ou partie des murs qui s'élève en triangle et sur laquelle porte l'extrémité de la couverture. M. Victor Petit a dessiné le gable donnant sur la cour; on y voit la grande porte charretière et la petite porte, DE CAUMONT, *Description de la grange de Perrières*, XII*e* *siècle*, dans *Statistique monumentale de l'arrondissement de Falaise*, p. 159. Gable, terme de charpenterie appliqué à la maçonnerie; le gable est originairement la réunion, à leur sommet, de deux pièces de bois inclinées, VIOLLET-LE-DUC, *Dictionnaire raisonné de l'architecture française, Gable*. Les yeux s'étaient habitués à voir ces gables de bois surmontant les formerets des voûtes, interrompant les lignes horizontales des corniches et bahuts; lorsqu'on les enlevait, souvent les couronnements des édifices achevés devaient paraître froids et pauvres; les architectes eurent donc l'idée de substituer à ces constructions provisoires, dont l'effet était agréable, des gables en pierre; c'est ce que Pierre de Montereau fit à la Sainte-Chapelle de Paris dès 1245, ID. *ib.*

— REM. M. Viollet-le-Duc, dans son *Dictionnaire*, écrit *gâble*; on ne voit pas pourquoi.

— ÉTYM. bas-lat. *gabulum*; angl. *gable*, de l'allem. *Giebel*, faîte, sommet.

† 1. **GÂCHE.** — ÉTYM. *Ajoutez :* Les mariniers de la Loire disent encore aujourd'hui *gâche* pour rame, et *gâcher* pour ramer.

2. **GÂCHE.** — ÉTYM. *Ajoutez :* Il y avait en Picardie une forme particulière *glache* : XV*e* s. Que nul ne porra faire sorrure à pene et à glache, qu'elle n'ait pertuis et rouet, *Rec. des monum. inédits de l'hist. du tiers état*, t. IV, p. 309. Cette forme, qui n'éclaircit pas l'étymologie de *gâche*, mérite pourtant d'être notée. M. Devic, *Dict. étym.*, rapproche *gâche* de l'espagn. *alguaza*, penture, gond, que M. Dozy avait identifié avec l'arabe *arrazza*, gond, gâche. Cette étymologie d'un mot d'ailleurs isolé est très-vraisemblable.

† **GACHENET** (ga-che-nè), *s. m.* Jeune gars, dans la Haute-Marne. Tu n'auras que ce que tu mérites, mon gachenet; où demeures-tu? A. THEURIET, *Rev. des Deux-Mondes*, 15 avr. 1876, p. 727.

— ÉTYM. Ce semble une autre forme de *garçonnet*.

† **GACHETTE** (ga-chè-t'), *s. f.* Fillette, dans le parler de la Haute-Marne. Voilà une gachette troussée comme un moine qui va au cresson, A. THEURIET, *Rev. des Deux-Mond.* 1*er* oct. 1874, p. 555.

— ÉTYM. Voy. GACHENET.

GAGÉ. *Ajoutez :* || 4° Garanti par un gage. Rechercher si les emprunteurs sont en situation de remplir les engagements qu'ils vont prendre envers le public, c'est-à-dire si leur emprunt est réellement gagé, *Journ. offic.* 18 juin 1876, p. 4278, 1*re* col.

GAGER. *Ajoutez :* || 4° Servir de gage à, garantir. Voilà les ressources de la ville de Paris, ces ressources gagent l'emprunt, elles donnent toute sécurité aux prêteurs, *Journ. offic.* 21 juin 1876, p. 4366, 2*e* col.

GAGNAGE. *Ajoutez :* || 2° Nom du prélèvement, en Picardie, de la 10*e* botte, en Artois de la 11*e*, auquel ont droit les moissonneurs, après avoir coupé et lié les céréales, VÉRET, *Agronomie pratique*, Amiens, 1875, p. 337.

† **GAGNE** (ga-gn'), *s. f.* Action de gagner. || À la gagne, en gagnant et économisant le gain. Dans les villes telles que Calais, Lille, Saint-Quentin et Lyon particulièrement, les métiers sont la propriété des ouvriers, qui, ordinairement, les ont achetés à la gagne, c'est-à-dire en s'acquittant à mesure du travail, *Enquête, Traité de comm. avec l'Anglet.* t. V, p. 784.

GAGNE-DENIER. || 1° Terme d'ancienne administration. *Ajoutez :* Il est défendu à tous gagne-deniers de se mêler de procurer des voitures au public sans en être requis, *Arrêt du parlement*, 17 juill. 1787.

GAGNER. || 15° *Ajoutez :* || Gagner pays, s'enfuir. La comtesse de Soissons gagne pays et fait fort bien; il n'est rien tel que de mettre son crime ou son innocence au grand air, SÉV. 2 fév. 1680. || 29° Se gagner soi-même, être le propre objet de son gain. La belle conquête, mon cher frère, que de se gagner soi-même pour se donner à Dieu tout entier, BOSS. *Lett. sur l'ador. de la croix.*

† **GAGNERIE** (ga-gne-rie), *s. f.* Nom des métairies, dans certaines parties de la Bretagne.

— ÉTYM. *Gagner*, au sens archaïque de faire paître.

† **GAGNEUR.** || 1° Celui qui gagne, qui fait un profit. *Ajoutez :* Ne pouvant sauver l'État qu'aux dépens de la capitale qui l'a perdu, vous avez bravé les cris des gagneurs d'argent, J. J. ROUSS. *Lett. à Silhouette*, 2 déc. 1759.

GAIEMENT. — HIST. *Ajoutez :* XIII*e* s. De riches dras de soie [les dames] estoient aournées, Et d'autres paremens si gaiement parées, *Brun de la Montaigne*, v. 2374, éd. P. Meyer, 1875.

GAIETÉ. — HIST. *Ajoutez :* || XII*e* s. Chevels ot blons, molt avenant, lelz [yeux] vers et pleins de gaieté, BENOIT, *Roman de Troie*, v. 5377. (On voit par là que ce mot, qui, dans l'historique, n'a des exemples que du XVI*e* siècle, remonte aux plus anciens temps de la langue.) || XIII*e* s. Les dames vont devant plaines de gaieté, *Brun de la Montaigne*, v. 1394, éd. P. Meyer, Paris, 1875.

† **GAILLETERIE** (ga-llè-te-rie, *ll* mouillées), *s. f.* Masse de gaillette ou menus morceaux de houille.

† **GAILLETEUX, EUSE** (ga-lle-teû, teû-z', *ll* mouillées), *adj.* Terme de marchand de houille. Qui contient de la gaillette. Les tout-venants sont plus ou moins gailleteux, selon la quantité de gros morceaux ou gaillette qui s'y trouve. ....des charbons gailleteux, dont le prix d'acquisition est presque double [du charbon menu], *Enquête, Traité de comm. avec l'Anglet.* t. VI, p. 588. Nous tirons de Belgique les qualités gailleteuses, *ib.* || Substantivement, le gailleteux, le charbon gailleteux. Les tout-venants, avec 50 pour 100 de gailleteux, se vendent aujourd'hui à Liége à raison de 15 à 16 fr. les 1000 kil., *Journ. offic.* 6 mai 1874, p. 3128, 1*re* col.

† **GAILLETIN** (ga-lle-tin, *ll* mouillées), *s. m.* Terme de marchand de houille. Nom donné à de petits morceaux de charbon gros comme le poing, un peu plus un peu moins; ils servent pour les foyers domestiques; étant tout cassés, ils ne font pas une pelle de menu. || On les appelle aussi têtes de moineau.

GAÎNE. *Ajoutez :* || 7° La mère aux gaînes, surnom d'une magicienne, dont Hamilton, dans son conte du *Bélier*, place la résidence près de Moulins: le pays de la mère aux gaînes, Moulins. Il faut encore qu'un arrière-petit-fils de tous ces gens-là [les héros des tragédies de Corneille] vienne du pays de la mère aux gaînes me relancer aux Délices, VOLT. *Lett. d'Argental*, 9 mars 1763.

† **GAIZE** (ghè-z'), *s. f.* || 1° Nom local d'une certaine roche du département des Ardennes, dite aussi pierre morte, composée surtout de silice, *Acad. des sc. Comptes rendus*, t. LXX, p. 681. || 2° Nom d'une couche excessivement dure qu'on rencontre en creusant les mines ou les puits artésiens. Le percement [d'un puits artésien à la butte aux Cailles, à Paris] est devenu presque impossible, par suite de la rencontre de couches excessivement dures que les mineurs, dans leur langage à eux, appellent gaize, *le Bien public*, 16 fév. 1876, 2*e* page, 6*e* col. || 3° Nom, dans la Marne, d'un terrain analogue au gault, *les Primes d'honneur*, Paris, 1869, p. 233.

† **GALACTIQUE** (ga-la-kti-k'), *adj.* Qui a rapport à la voie lactée. La zone galactique.

— ÉTYM. Γαλακτικός, laiteux, de γάλα, lait.

† **GALACTOSE.** *Ajoutez :* || Terme de chimie. Glycose lactique qui résulte de l'oxydation de la dulcite.

† **GALANGA.** — ÉTYM. D'après M. Dozy, galanga vient de l'arabe *khalandjân*.

GALANT. || 4° *Ajoutez :* || De galant homme, en galant homme. Je voudrais que, sans rebattre les lanterneries du passé, cela [la réconciliation de Bussy avec Guitaut] se fît de galant homme, avec cette grâce que vous avez quand il vous plaît, SÉV. *à Bussy-Rabutin*, 23 août 1678. (C'est l'italien : *da galant'uomo.*)

GALANTERIE. *Ajoutez :* — REM. Galanterie s'est dit pour objet de toilette, modes, etc. Un présent de galanterie de senteurs qui devait être offert à la comtesse de Castlemaine, *Lett. etc. de Colbert*, VI, 276. On y fait [à Berlin] beaucoup d'ouvrages d'acier, des glaces de miroir, plusieurs sortes de galanteries, P. GIRAUDEAU, *la Banque rendue facile*, p. 391. Elle [la ville de Paris] a cependant plusieurs manufactures et fabriques : telles sont.... celle des chapeaux de castor et autres, la galanterie ou les modes, la bijouterie.... ID. *ib.* p. 391.

† **GALANTHINE** ou **GALANTINE** (ga-lan-ti-n'), *s. f.* Voy. GALANTHE au Dictionnaire. La galantine et la primevère parent nos bois, et les violettes se baignent dans l'humidité du matin, A. THEURIET, *Rev. des Deux-Mondes*, 1*er* fév. 1877, p. 681.

† **GALAPIAT** (ga-la-pia), *s. m.* Terme populaire. Homme grossier et sans valeur.

— REM. On trouve galipiat. On eût, ma foi, dit que les galipiats voulaient avaler toute la grappe et le terrein, *Lett. du P. Duchêne*, 49*e* *lettre*, p. 2. || Aujourd'hui, on entend toujours dire galapiat.

— ÉTYM. Ce paraît être une forme péjorative de *galopin*.

† **GALATÉE.** *Ajoutez :* || La 74*e* planète télescopique, découverte en 1862 par M. Tempel.

— ÉTYM. Γαλάτεια, une des Néréides.

GALE. *Ajoutez :* || 6° Gale bédouine, nom donné vulgairement à une maladie de la peau (lichen vésiculaire), qui est commune dans les pays chauds. || 7° Arbre à la gale, le *rhus toxicodendron*, L., BAILLON, *Dict. de bot.* p. 247.

† **GALEFRETIER.** *Ajoutez :* — HIST. XVI*e* s. Deux galefretiers qui n'avoient de moyne que l'habit, PARADIN, *Chron. de Savoye*, p. 236.

GALÈRE. *Ajoutez :* || 10° Baril de galère, sorte de baril, d'une contenance de 15 à 20 litres, *Gaz des Trib.* 1*er* juill. 1875, p. 628, 4*e* col.

GALERIE. || 12° *Ajoutez :* Nous avons des maisons qui font des chatons à la mécanique, des galeries découpées pour l'ornementation, des tubes creux sans soudure, *Journ. offic.* 14 juin 1874, p. 4012, 2*e* col. || 15° Terme de fabricant de châles. Galerie de châle, bordure haute qui règne tout le long du châle, *Journ. offic.* 11 mars 1872, p. 1743, 1*re* col. Châle à galerie, à riche galerie.

GALETAS. — ÉTYM. *Ajoutez :* À Boulogne-sur-Mer et à Calais, on prononce *galata*; ce qui est conforme à l'étymologie.

† 2. **GALETIÈRE** (ga-le-tiè-r'), *s. f.* Machine servant à broyer la galette ou pâte de charbon et de salpêtre qui sert à la préparation de la poudre, *Journ. offic.* 23 nov. 1876, p. 8583.

† 2. **GALETTE.** *Ajoutez :* On en tire [de Milan] beaucoup de soies et galette, du lin.... P. GIRAUDEAU, *la Banque rendue facile*, in-4, Paris, 1769, p. 391. Des popelines et toute sorte d'étoffes de galette et mi-soie, ID. *ib.* p. 392.

GALEUX. *Ajoutez :* || 4° Verre galeux, verre à vitre ou à bouteille, qui, dans le cours du travail, éprouve un commencement de dévitrification.

† **GALGALE** (gal-ga-l'), *s. f.* Composition de chaux, d'huile et de goudron dont on forme une espèce de mastic dans les Indes pour enduire la carène des vaisseaux avant de leur appliquer un doublage.

† **GALIBI.** *Ajoutez :* || 2° Le galibi, langue parlée par les Galibis, branche de la race caraïbe. Le chinois, le sanscrit, le galibi ou langue des Caraïbes, et l'idiome de l'île de Taïti, A. GEFFROY, *Rev. des Deux-Mondes*, 1*er* août 1874, p. 693.

— ÉTYM. Les anthropolithes appelés galibis ont été ainsi nommés des *Galibis*. On ne sait qui a le premier employé le mot en ce sens. Quant au nom de *Galibis*, il appartient à une branche de la race caribe ou caraïbe établie dans la Guyane française. Le P. Raymond Breton, dans son Dictionnaire français-caraïbe, l'écrit *Gallibi*, mais lui donne la même signification. Dictionnaire français-caraïbe: « *Gallibi*, caraïbe de terre ferme. » Biet, dans son *Voyage de la France équinoxiale en l'isle de Cayenne*, Paris, 1664, in-4°, a donné à la fin un « Petit dictionnaire de la langue des sauvages galibis.... »

† **GALIBOT** (ga-li-bo), *s. m.* Dans les houillères, le manœuvre qui porte au fond de la mine. Les enfants trop jeunes et trop faibles pour hercher sont employés, de douze à quatorze ans, comme galibots au fond, et gagnent 1 fr. 10 c. par journée, *Revue scientifique*, 21 août 1875, p. 185. || On dit dans le même sens aide-galibot. Aux vieux des tâches faciles, aux jeunes des tâches secondaires qu'ils exécutent sous les yeux d'hommes-faits, par exemple les aides-galibots, aides-hercheurs qui rou-

lent les charbons dans les galeries,... L. REYBAUD, *Revue des Deux-Mondes*, 1er nov. 1871, p. 157.

† **GALIETTE.** — ÉTYM. Il se pourrait que *galiette* ou *gailliette* provinssent de *galet*, caillou, par assimilation de forme.

GALIMAFRÉE. — ÉTYM. *Ajoutez :* J'ai dans le Dictionnaire laissé inconnue l'origine de ce mot. M. Darmesteter, *Formation des mots composés en français*, p. 113, y voit (la forme primordiale étant *calimafrée*) un composé d'une préposition péjorative *cal, car, cali, cari* (comp. *califourchon, caliborgne*), et un radical *mafl* ou *mafr* qui se retrouve dans le picard *maflia* ou *mafia*, gourmand, *maflier* ou *mafier*, ronger entre ses dents, et qui se rattache à l'ancien flamand *maffelen, moffelen*, agiter les joues; *mofel*, dans le dialecte d'Aix-la-Chapelle, grosse bouchée; *mofele*, manger à pleine bouche (comp. *mufle*). Cette conjecture est probable à cause de l'ancienne forme *calimafrée*. J'ai moi-même, au Dictionnaire, indiqué CA.... comme préposition péjorative.

GALIMATIAS. — ÉTYM. *Ajoutez :* M. Darmesteter, *Formation des mots composés en français*, p. 113, donne une explication qui semble plus plausible que ce qu'on a proposé. Suivant lui, la forme picarde *carimafliache* ou *carimafiache*, qui, traduisant le français *galimafrée*, a le sens propre de *galimafrée* et le sens figuré de ramassis de sottises, discours incohérents, sans suite, suppose une forme française correspondante *carimafias* ou *galimafias*; *galimatias* ne serait autre chose que le figuré de *galimafrée*. Cependant cela n'est pas démonstratif.

† **GALIPE** (ga-li-p'), *s. f.* Nom, dans les Landes, des copeaux de pin. Ces sinistres doivent être attribués à la malveillance et étaient allumés au moyen de mèches de bouse de vache très-sèche et de galipes ou copeaux provenant du gemmage des pins, *Enquête sur les incendies des Landes*, p. 214.

— ÉTYM. Origine inconnue. Il semble que c'est de *galipe* que provient *galipot* (voy. ce mot ci-dessous).

GALIPOT. — ÉTYM. *Ajoutez :* D'après M. Bugge, *Romania*, n° 10, p. 149, *galipot* est issu de l'allem. *Klibe, gummi, lacrima arborum*, qui se lit dans un glossaire, imprimé en 1517, de mots recueillis en Anhalt et à Leipzig. On trouve avec le même sens *kliber*, bas-allem. *kliwer* dans la Poméranie, néerland. *klibber*. La source de ces mots est le moyen haut-allem. *kliben*, être adhérent. Pour l'insertion de l'*a* dans *galipot*, comparez *canif* de *knife*. Le *p* se rapporte à une forme du haut-allem.; comparez le bavar. *klepig, kleppig*, le même que *klebig*. Quant aux consonnes, l'autrichien *gleppe* pour *klebe*, glouteron, est analogue au français *galipot*. D'autres disent que *galipot* est le hollandais *gleypot, urceolus fictilis* (Kilian), HENSLEIGH WEDGWOOD, *Transactions of the philological society*, 1873-1874, part. I, p. 65. Le *galipot*, sorte de térébenthine, serait dit du vase contenant. Mais, comme les copeaux des pins qui fournissent le *galipot* se nomment *galipes* (voy. ce mot au Supplément), il est vraisemblable que *galipot* en provient; on ignore l'origine de *galipe*; peut-être est-ce à *galipe* qu'il faut appliquer l'étymologie proposée par M. Bugge.

1. **GALLE.** *Ajoutez :* || 3° Arbre à galles, de l'Inde, l'*acacia bambolah*, Roxb., BAILLON, *Dict. de botanique*, p. 247.

† **GALLEC** (ga-lek) ou **GALLO** (gal-lo), *s. m.* Nom donné au patois français qui se parle dans le département des Côtes-du-Nord, patois assez semblable à celui de la basse Normandie.

— ÉTYM. *Gal*, nom, en bas-breton, des Français.

† **GALLIA** (gal-li-a), *s. f.* La 148e planète télescopique, découverte par M. Prosper Henry en 1875.

— ÉTYM. *Gallia*, nom latin de la Gaule.

GALLICAN. *Ajoutez :* — HIST. XVIe s. Et affin que chascun qui a congnoissance de la langue gallicane et non point du latin..., *Epistre exhortatoire aux epistres, Nouv. Testam.* éd. Lefebvre d'Étaples, Paris, 1525.

† **GALLIUM** (gal-li-om'), *s. m.* Corps simple découvert par M. Lecoq de Boisbaudran, en 1875.

1. **GALLON.** — HIST. *Ajoutez :* XIIIe s. Galon, dans TOUGARD, *Une page d'hist. locale*, p. 12.

† **GALLUCHE** (ga-lu-ch'), *s. f.* Nom, dans le département de la Vienne, de terres rocailleuses, J. E. PLANCHON, *Rev. des Deux-Mondes*, 1er avril 1875, p. 649.

† **GALVANO-CAUTÈRE** (gal-va-no-kô-tè-r'), *s. m.* Terme de chirurgie. Instrument à l'aide duquel on pratique la galvano-caustique.

† **GALVANOPLASTE** (gal-va-no-pla-st'), *s. m.* Celui qui pratique la galvanoplastie. La pratique journalière du galvanoplaste, qui les emploie [les cyanures] depuis plus de trente ans en solutions bien plus concentrées que M. Lenoir, n'a révélé, à cet égard, aucun inconvénient sérieux, *Journ. offic.* 26 janv. 1876, p. 779, 2e col.

† **GALVANOPLASTIQUE** (gal-va-no-pla-sti-k'), *adj.* Qui a rapport à la galvanoplastie.

† **GALVANOSCOPIQUE** (gal-va-no-sko-pi-k'), *adj.* Qui a rapport au galvanoscope, à la manifestation des effets galvaniques. || Patte galvanoscopique, patte de grenouille préparée pour l'inspection galvanoscopique. Variations de l'état électrique des muscles dans la contraction volontaire et le tétanos artificiel, étudiées à l'aide de la patte galvanoscopique, MORAT et TOUSSAINT, *Acad. des sc. Comptes rend.* t. LXXXII, p. 1269. || On dit dans le même sens : Grenouille galvanoscopique, grenouille préparée pour manifester les effets du galvanisme.

— ÉTYM. *Galvanisme*, et σκοπεῖν, examiner.

† **GALVAUDAGE** (gal-vô-da-j'), *s. m.* Action de galvauder, de gâcher. Il faut laisser aux théâtres de province ces galvaudages de distribution [de rôles]; mais le Vaudeville se doit à lui-même de conserver intactes quelques physionomies d'artistes, ALPH. DAUDET, *Journ. offic.* 24 avril 1876, p. 2005, 2e col.

† **GALVAUDEUX** (gal-vô-deû), *s. m.* || 1° Homme de peine. Les camionneurs prennent ordinairement pour décharger les pièces de vin des hommes de peine connus sous le nom de galvaudeux, *le Peuple français* du 11 nov. 1869. || 2° Vagabond, homme qui n'est propre à rien. Le prévenu : Ce n'est pas moi qui injurie; tout le monde m'appelle propre à rien et galvaudeux, *Gaz. des Trib.* 2 avr. 1875, p. 319, 3e col.

† **GALVETTE** (gal-vè-t'), *s. f.* Nom d'un petit bâtiment en usage sur la côte du Malabar et portant un ou deux canons à ses extrémités.

† **GAMA** (ga-ma). Herbe de gama, sorte de fourrage dans l'Amérique du Nord. On y remarque [dans le Nouveau-Mexique] ce qu'on appelle l'herbe de gama, qui croît rapidement pendant la saison pluvieuse de juillet et août, mûrit au soleil d'automne, sèche sur sa tige et fournit un excellent fourrage pour l'hiver, *Journ. offic.* 8 juin 1874, p. 3843, 3e col.

† 1. **GAMACHE.** *Ajoutez :* — REM. Gamache, qui est dit vieilli, se trouve encore. Un vieux groom à cheveux gris portant des gamaches de peau et une veste écarlate,... E. SUE, *Godolphin-Arabian*, ch. VI. Le damné vieillard en gamaches de cuir et en veste écarlate se trouvait toujours là, ID. *ib.*

— ÉTYM. *Ajoutez :* D'après M. Devic, *Dict. étym.*, *gamache* est l'espagn. *guadamaci*, portug. *guadamecin*, sorte de cuir, d'où *garamaches* qui se dit, dans le Rouergue et dans le Quercy, des grandes guêtres de cuir des cavaliers; *guadamaci, guadamecin*, proviennent de *Gadamès*, nom d'une ville de l'État de Tripoli célèbre par ses cuirs.

† **GAMBER** (gan-bé), *v. a.* Terme très-usité dans la Suisse française. Traverser d'une enjambée. Un de ces forts qui chassent le chamois et gambent les crevasses, Mme DE GASPARIN, *Voyages*, t. III, *Chez les Allemands, chez nous*, Paris, 1866.

— ÉTYM. Anc. franç. *gambe*, qui se disait à côté de *jambe* (voy. ce mot).

† 1. **GAMBIER** (gan-bié) ou **GAMBIR** (gan-bir), *s. m.* Produit analogue, et assimilé, en douane, au cachou; il vient de Singapore, de Sumatra, des côtes du Bengale et de la Malaisie; c'est le produit desséché d'une infusion ou d'un extrait des feuilles et des jeunes rameaux du *nauclea gambir*. Le paquebot *le Djemnah*, apportant les malles de l'Inde, de la Chine et du Japon, est arrivé.... avec 800 balles de soie.... étain, 700 tonnes; gambier, 500 sacs, *Journ. offic.* du 11 janv. 1877, p. 261, 3e col.

† 2. **GAMBIER** (gan-bié), *s. m.* Nom, en Normandie, d'une traverse de bois où le boucher suspend par les pattes les bêtes qu'il a tuées, et le chasseur son gibier, DELBOULLE, *Gloss. de la vallée d'Yères*, p. 154.

— ÉTYM. *Jambe*.

† **GAMBRA** (gan-bra), *s. f.* L'importation [à la Nouvelle-Calédonie] de la perdrix gambra ou perdrix de roche de l'Algérie (*perdrix petrosa*) pourrait être essayée avec succès, *Journ. offic.* 9 sept. 1875, p. 7704, 1re col.

GAMELLE. *Ajoutez :* — REM. Aujourd'hui, la gamelle est un vase en fer-blanc dans lequel chaque soldat reçoit sa ration.

† **GAMELON** (ga-me-lon), *s. m.* Petite gamelle, petit vase employé dans les hôpitaux militaires On ne trouva pas d'avantage dans cet aménagement de petits gamelons pour prendre l'eau nécessaire à l'arrosage des blessures, *Journ. offic.* 15 nov. 1876, p. 8305, 2e col.

† 1. **GAMERY** (ga-me-ri), *s. m.* Nom d'un cépage dans l'Aube, *les Primes d'honneur*, Paris, 1870, p. 323.

GAMIN. — ÉTYM. *Ajoutez :* D'après Schmidt-Göbel, *Archiv. für das Studium der neueren Sprachen*, t. XLI, p. 229, *gamin* est l'allemand *Gemeiner*, un simple soldat; il dit qu'en Allemagne on se servait de ce mot dans l'armée française : *un caporal et quatre gamins*. *Gamin* a passé de son sens primitif à celui d'aide, ouvrier en second, puis d'enfant. Le mot n'est pas ancien; il remonte sans doute aux guerres allemandes du XVIIIe siècle (*Herrig's Archiv.* t. XL, p. 228).

† 2. **GAMME** (ga-m'), *s. m.* Terme de relations de voyages. Habitation souterraine des Lapons norvégiens, AL. BERTRAND, *Archéologie celtique et gauloise*, Paris, 1876, p. 28.

† **GAMMÉE** (ga-mmée), *adj. f.* Croix gammée, croix à quatre branches, dont les bouts sont recourbés à angle droit, *Journ. offic.* 6 mars 1872, p. 1603, 1re col.

— ÉTYM. Γάμμα.

GANACHE. *Ajoutez :* || 5° Sorte de fauteuil. Frankland mit la lettre dans sa poche, alluma un cigare et s'étendit dans une ganache, le véritable siége pour rêver ou dormir, *Rev. Britann.* mars 1875, p. 144.

— ÉTYM. *Ajoutez :* Il se pourrait, comme le remarque M. P. Paris, *Journ. des sav.* juin 1874, p. 424, que *ganache*, au sens d'imbécile, provînt d'un bouffon italien populaire en France dans le XVIe siècle; ce que montrent ces vers de J. Vauquelin : Depuis la mort du chantre Espinevaux Sans pleurs n'ont point esté les bons frelaus.... Le bon Ganasse et les comédiens De Tabarin et tous Italiens L'ont regretté. Ce Ganasse était venu en France, précédé d'une grande réputation conquise en Espagne dans les rôles de docteur et de Zani. Mais ce Ganasse était Italien; et son nom, qui était sans doute *Ganasso*, provient de *ganascia*, mâchoire.

† **GANDASULI** (gan-da-su-li), *s. m.* Nom malais d'une plante des Indes orientales que l'on cultive dans les serres pour ses fleurs et son parfum.

† **GANDIN.** *Ajoutez :* — ÉTYM. Cette silhouette de parasite qui s'appelle Paul Gandin. — Gandin! je crois bien que le nom, devenu populaire et passé dans la langue courante, vient de là [*Les Parisiens de la décadence*], et M. Littré, s'il lui donne asile en son Dictionnaire, doit en faire honneur à Théodore Barrière. C'est la seule chose qui ait vieilli dans les *Parisiens*. Gandin? cela date de treize ans, — autant de siècles, J. CLARETIE, *Feuilleton de l'Opin. nat.* 22 mars 1868.

† **GANDINERIE** (gan-di-ne-rie), *s. f.* Manières, tenue du gandin. C'est la justification de *Froufrou*, ce père sans dignité, affamé de gandinerie, de coterie, protecteur de petites débutantes.... ALPH. DAUDET, *Journ. offic.* 30 août 1875, p. 7384, 1re col.

† **GANDJOUR** (gan-djour), *s. m.* Recueil thibétain de livres sacrés. Une copie du fameux ouvrage thibétain Gandjour, formant 108 volumes grand in-f°.... quant au Gandjour, c'est un ouvrage qui se compose exclusivement de livres exposant les doctrines mêmes de Bouddha, par opposition au Tandjour, qui est un recueil de divers ouvrages de savants bouddhistes sur différentes matières, *Journ. offic.* 29 août 1872, p. 5751, 1re col.

† **GANGÉTIQUE** (gan-jé-ti-k'), *adj.* Qui a rapport au Gange. La partie gangétique de l'Inde.

† **GANIVELLE** (ga-ni-vè-l'), *s. f.* Douve pour tonneau, dite aussi rebut, dont la largeur est réduite, NANQUETTE, *Exploit. débit et estim. des bois*, Nancy, 1868, p. 93. Blois : Fonds rebuts ou ganivelles, longueur », largeur 0,055, *Annuaire des Eaux et Forêts*, 1873, p. 24. Allier : Ganivelles grandes.... longueur 0,83, largeur, 0,055. Ganivelles petites, longueur 0,67, largeur 0,070, *ib.* p. 25. || Nom, dans l'Indre, du merrain pour les petits tonneaux, *les Primes d'honneur*, Paris, 1873, p. 227.

† **GANJA** (gan-ja), *s. m.* Préparation qui se fait avec les fleurs séchées du chanvre indien, *Journ. offic.* 5 janv. 1873, p. 58, 1re col.

† **GANOÏDE** (ga-no-i-d'), *s. m.* Nom d'un ordre de poissons qui ont cinq branchies libres avec un seul orifice operculé, la colonne vertébrale cartilagineuse et des écailles tapissées d'un émail éclatant comme celui des dents.

— ÉTYM. Γάνος, éclat de ce qui brille.

GANSE. *Ajoutez* : ‖ 4° Premier élément des nœuds. ‖ Ganse simple, forme que prend un cordage qu'on ploie et dont on rapproche les deux brins.

† **GANSÉ, ÉE** (gan-sé, sée), *adj*. Se dit des nœuds dans lesquels on a fait une ganse avec un des brins avant de le terminer. Nœud simple gansé, nœud droit gansé. ‖ Broderies gansées, broderies figurées avec de la ganse.

GANT. *Ajoutez* : ‖ 8° Les gants jaunes, les hommes qui portent des gants jaunes, les muscadins. Les gants jaunes, selon l'expression d'un journaliste du temps, applaudissaient à la résistance, E. TÉNOT, *Paris en décembre* 1851, p. 220. ‖ 9° Fig. Les gants en la main, mollement, sans force ni énergie. L'entreprise n'est point petite ; il y faut aller d'autre façon que les gants en la main, MALH. *Lexique*, éd. L. Lalanne.

GANTIER. — HIST. *Ajoutez* : XIV° s. Perrenelle de Foulloy, nostre gantiere, *Mandements de Charles V*, 1376, Paris, 1874, p. 682.

† **GÂPERON** (gâ-pe-ron), *s. m*. Fromage qu'on fait en extrayant du petit lait le caillé qu'il contient encore ; on assaisonne fortement ce caillé de sel et de poivre ; le gâperon est consommé par les habitants des campagnes, *les Primes d'honneur*, p. 450, Paris, 1874.

GARANCÉ. *Ajoutez* : ‖ Il se dit aussi de la teinte de certaines couleurs. Des violets et des roses garancés, supérieurs en vivacité aux violets et roses anglais, *Enquête, Traité de comm. avec l'Anglet*. t. IV, p. 459.

† **GARANCINE.** *Ajoutez* : Depuis cette époque [1828], on est arrivé à concentrer le principe colorant de la garance sous la forme de garancine ou fleur de garance, *Mém. d'agric*. 1870-71, p. 334.

† **GARANCINIER** (ga-ran-si-nié), *s. m*. Celui qui produit la garancine. Les marchandises supérieures ont seules quelque faveur auprès des garanciniers, *Journ. offic*. 25 mars 1872, p. 2118, 3° col.

† **GARANTISSEMENT** (ga-ran-ti-se-man), *s. m*. Action de garantir.

— HIST. XIII° s. Rendre cous et damages, se par nous ou par defaute de no garandissement, li dessus dit nostre sires li rois, la roine ou lor hoir les i avoient, *Bibl. des chartes*, 1875, 3° et 4° livraisons, p. 207 (1281).

† **GARAUDE** (ga-rô-d'), *s. f*. Sorte de guêtre non ouverte sur le côté, que portent les paysans et paysannes de la Bresse.

† **GARCONNE** (gar-ko-n'), *s. f*. Sorte de peau de mouton, *Journ. offic*. 26 avril 1875, p. 3012, 3° col.

† **GARÇONNIÈRE.** *Ajoutez* : ‖ 2° Familièrement. Une garçonnière, un logement de garçon.

1. **GARDE.** ‖ 15° *Ajoutez* : ‖ Garde meurtrière, voy. MEURTRIER. ‖ 24° Terme juridique. Garde à vue de bétail, action de celui qui fait paître, en les gardant, ses propres bestiaux dans le champ d'autrui. Le garçon boucher a déjà été condamné autrefois pour garde à vue de bestiaux, *Gaz. des Trib*. 11 juin 1874, p. 557, 1re col.

— REM. *Ajoutez* : ‖ 2. Au n° 5, deux emplois de *prendre garde de* et un infinitif sont inscrits : prendre garde de ne pas..., avoir soin de ne pas ; et prendre garde de, sans négation à l'infinitif suivant, s'efforcer d'éviter. Il y a lieu d'ajouter un troisième emploi : Il faut prendre garde d'éviter l'équivoque, BOSSUET, *Projet*. Ici, prendre garde signifie veiller à. En présence de ces variétés d'emplois, quand on se servira de prendre garde de, il faudra bien vérifier si le contexte détermine exactement le sens. ‖ 3. On trouve avoir garde de, dans le sens de n'avoir garde de (voy. GARDE, n° 7). Quand nous le rencontrions ainsi absorbé [Gérard de Nerval], nous avions garde de l'aborder brusquement, de peur de le faire tomber du haut de son rêve comme un somnambule qu'on réveillerait en sursaut,... TH. GAUTIER, *le Bien public*, 21 avril 1872. Cette locution, peu usitée, n'est pas incorrecte ; car garde y a le sens qu'il a dans certains emplois de prendre garde.

† **GARDE-COLLET** (gar-de-ko-lè), *s. m*. Synonyme de passe-garde (voy. ce mot au Dictionnaire).

GARDE-FEU. ‖ 1° *Ajoutez en exemple* : Peut-être qu'on n'aura pas mis le garde-feu, et puis la souche roulera sur le parquet, DIDEROT, *Lett*. XLVII, *à Mlle Volland*. ‖ 4° Employé qui veille dans un établissement à prévenir le feu. Le canot a été brisé ; toutefois, le nommé C..., garde-feu, accouru à la détonation, a eu le temps de sauver.... la seconde caisse qui a été réintégrée à la poudrière, *Journ. offic*. 21 mars 1877, p. 2229 à 2° col.

† **GARDE-FRASIER** (gar-de-fra-zié), *s. m*. Dans la nomenclature des forges, nom donné à la plaque de fer qui entoure l'âtre, et qui retient les menus morceaux de charbon.

— ÉTYM. *Garde*, et *frasier* (voy. ce mot au Supplément).

† **GARDE-GRÈVE** (gar-de-grè-v'), *s. f*. Synonyme de chasse-roue. Art. 3 : Il est interdit à tous cochers.... de faire stationner leurs voitures sur le pont.... et de se servir des chasse-roues ou garde-grève, bordant les trottoirs, comme moyen d'arrêt à leurs mouvements, *Ordonnance de police*, 3 déc. 1863.

GARDER. *Ajoutez* : ‖ 21° Terme juridique. Garder à vue, se dit de celui qui fait paître ses bestiaux en les gardant dans le champ d'autrui. Quiconque sera trouvé gardant à vue ses bestiaux dans les récoltes d'autrui, sera condamné, en outre du payement du dommage, à une amende égale à la somme du dédommagement, *Loi du* 28 *sept*.-6 *oct*. 1791, art. 16, dans BACQUA, *Code de la législation française*, Paris, 1843, p. 933.

† **GARDE-REINS** (gar-de-rin), *s. m*. Lames de métal qui couvrent les reins, dans les armures du XV° siècle.

† **GARDERIE.** *Ajoutez* : ‖ 2° Lieu où l'on garde les jeunes enfants dont les parents ne peuvent s'occuper. Il y a plusieurs garderies dans cette ville.

† **GARDE-ROBIER** (gar-de-ro-bié), *s. m*. Anciennement, officier chargé, chez les princes, du soin de la garde-robe. Pierre Landais, qui fut successivement garde-robier, favori et ministre d'un puissant prince, TH. BENTZON, *Journ. des Débats*, 23 mars 1877, *feuilleton*, 1re page, 4° col.

† **GARDE-VERGES** (gar-de-vèr-j'), *s. m*. Celui qui dans un collége gardait les verges pour fouetter les écoliers. Les offices des correcteurs et garde-verges des colléges de Paris, FR. GARASSE, *Mém*. publiés par Ch. Nisard, Paris, 1861, p. 118.

† **GARDIENNAGE.** *Ajoutez* : ‖ La garde des enfants en bas âge. Se séparer de son enfant en le mettant en nourrice, le plus souvent dans de mauvaises conditions, ou en le plaçant dans un gardiennage où il est élevé au biberon, *Réponses aux questions de l'enquête sur le monopole des tabacs et des poudres*, p. 185, Paris, 1874. Quelques-unes de ces femmes font ou laissent mourir les enfants de façon à toucher le salaire d'un trimestre entier, pour un gardiennage de quelques jours, A. MANGIN, *Journ. offic*. 29 déc. 1876, p. 10 888, 1re col.

† **GARDOIR** (gar-doir), *s. m*. Lieu où l'on garde, l'on conserve.

— HIST. XVI° s. J'ai veus des gardoirs assez, où les poissons accourent pour manger, à certain cri de ceulx qui les traictent, MONT. II, 179. Le gardoir et le magazin où demoure et se garde ceste grande provision, l'estuy de la science et des biens acquis est la memoire, CHARRON, *Sagesse*, III, 14.

GARENNE. *Ajoutez* : ‖ 5° Tabacs en garenne, tabacs en tonneaux. Il faut distinguer les excédants et les déchets sur le tabac expédié en garenne, d'avec les excédants et déchets sur le tabac que l'entreposeur reçoit et délivre en boîtes et en paquets, ou par nombre de rôles et de cigares, *Circulaire des contrib. indirectes*, 26 sept. 1820, n° 31.

† **GARGOT** (gar-go), *s. m*. Entrepreneur d'abatage. [Bien des charcutiers de Paris s'approvisionnent] par l'intermédiaire des charcutiers de Nanterre et de plusieurs entrepreneurs d'abatage qu'on appelle gargots ; ceux-ci apportent sur ce marché des porcs fendus en deux parties, et qu'ils vendent en gros à l'amiable ; c'est l'équivalent de la vente à la cheville, qui a lieu dans les abattoirs de la boucherie, A. HUSSON, *les Consommations de Paris*, p. 188.

— ÉTYM. Voy. GARGOTE.

GARGOUILLER. *Ajoutez* : ‖ 5° Gargouiller l'eau, y barboter. Ce sont les oiseaux d'eau qui m'ont captivé ; ce sont eux qui ont pris mes plus jolis souvenirs, c'est leur chasse qui m'a donné le plus d'émotions et d'imprévu ; et puis je dois être un peu de leur famille, j'ai toujours aimé à gargouiller l'eau et me mouiller les pieds, CARTERON, *Premières chasses, Papillons et oiseaux*, p. 117, 1866.

† **GARIÈS.** — HIST. *Ajoutez* : ‖ XII° s. Un baston reont de garis [chêne], Court et pesant [ii] tint en sa main, *Perceval le Gallois*, v. 17690.

† **GARNISSEUR.** *Ajoutez* : ‖ 2° Dans l'exploitation du bois de flottage, ouvrier, ordinairement un enfant, qui a soin, lorsqu'une mise en état est chevée, d'introduire, au moyen d'un gros maillet dit pidance ou mailloche, des bois menus pour donner plus de solidité et remplir les vides, *Mém. de la Société centr. d'Agric*. 1873, p. 265. Pendant le flottage en trains, les flotteurs, approcheurs et compagnons de rivière emportent chacun onze bûches, et les tordeurs et garnisseurs chacun neuf, *Arrêté du ministre de l'intérieur*, 28 mai 1816. ‖ 3° Garnisseuse de carde, ouvrière qui garnit les cardes. A la suite des réclamations des garnisseuses de cardes qui demandaient à avoir une heure pour manger, *le Petit Lyonnais*, dans *le Temps*, 24 oct. 1876, 3° page, 4° col. ‖ 4° Terme de marine. Garnisseur, ouvrier qui travaille à la garniture, c'est-à-dire à la confection des agrès, *Décret du* 27 *juin* 1876, *Bull. des lois*, part. suppl. n° 889, p. 786.

GARNITURE. *Ajoutez* : ‖ 14° On nomme garnitures d'une arme à feu portative l'ensemble des pièces de métal qui relient le canon au bois, qui renforcent ce dernier, ou qui font jouer la platine et la fixent sur le bois.

† **GARNITURIER** (gar-ni-tu-rié), *s. m*. Terme de marine. Ouvrier qui travaille à la garniture, c'est-à-dire à la confection des agrès, *Décret du* 27 *juin* 1876, *Bull. des lois*, part. suppl. n° 889,786. C'est un synonyme de garnisseur.

† **GARO.** *Ajoutez* : — ÉTYM. Malais, *gahârou* ou *gârou*, DEVIC, *Dict. étym*.

2. **GAROU.** — ÉTYM. *Ajoutez* : M. Devic, *Dict. étym*., demande si *garou*, plante, ne viendrait pas du malais *gahârou* ou *gârou*, qui a donné le mot *garo*, bois d'aigle (voy. GARO au Dictionnaire et au Supplément).

† 2. **GAROUILLE** (ga-rou-ll', *ll* mouillées), *s. f*. Nom d'une mesure de capacité, usitée en Algérie, pour les grains et les fruits ; on en distingue deux : la grande garouille ou double décalitre, et la petite garouille ou décalitre ; cette mesure, ordinairement faite de bois d'olivier, a la forme d'un cône tronqué reposant sur sa petite base.

— ÉTYM. Arabe, *karouia*, qui est un adjectif féminin tiré du mot *karw*, coupe, augette.

1. **GARROT.** *Ajoutez* : — REM. On a dit que le garrot était un projectile de bouche à feu, à la différence du carreau qui se tirait avec l'arbalète. Mais les textes ne justifient pas cette distinction. Il y avait cependant une différence entre le garrot et le carreau : il semble qu'elle consistait en ce que le garrot était muni d'ailettes d'airain, et le carreau d'ailettes de plume (voy. DU CANGE).

† 2. **GARROTTÉ.** *Ajoutez* : — REM. Garrotté n'est pas seulement adjectif ; il y a aussi le verbe : garrotter un cheval, le blesser au garrot.

† **GARRULITÉ.** *Ajoutez* : On pourrait bien me reprocher que je tombe un peu dans la garrulité, BRILLAT-SAVARIN, *Phys. du goût, Préface*.

† **GARUMNIEN, IENNE** (ga-ru-mniin, mniè-n'), *adj*. Terme de géologie. Terrain garumnien, type pyrénéen qui est intercalé entre la craie de Maestricht et l'éocène nummulitique, LEYMERIE, *Journ. offic*. 21 avr. 1876, p. 2836, 1re col.

— ÉTYM. Lat. *Garumna*, la Garonne.

† 2. **GÂT** (gâ), *adj. m*. Marais gât, marais salant abandonné ou en cours de transformation en prairie, *Enquête sur les sels*, t. I, p. 510.

— ÉTYM. C'est l'ancien adjectif *gast*, qui est dans *gâter* (voy. ce mot).

† **GATE** ou **GATTE** (ga-t'), *s. m*. Poisson, ainsi nommé à l'île d'Oléron, dit convreau et couvreau dans la Loire ; c'est la feinte, *alosa finta*, Cuvier. Statistique des pêches maritimes, quartier de Libourne ; cette diminution porte principalement sur les espèces suivantes : saumons, aloses, gates, anguilles, *Rev. marit. et colon*. juill. 1874, p. 261.

† **GÂTEUSE** (gâ-teû-z'), *s. f*. Néologisme. Redingote très-ample, sorte de capote d'hôpital que les dandys portent par genre (on l'appelle aussi ulster, de son nom en Angleterre). Il y avait, à la dernière exposition, un portrait en pied d'un jeune homme en gâteuse. M. Parade, qui joue le rôle épisodique de Laviolette, beau-frère de Ribeaudet, est superbe dans sa gâteuse, ALPH. DAUDET, *Journ. offic*. 27 nov. 1876, p. 8739, 2° col.

— ÉTYM. *Gâteux* : vêtement de *gâteux*.

GATTILIER. — ÉTYM. *Ajoutez* : Ce mot est emprunté à l'espagn. *sauz* (*salix*) *gatillo*, *agnus castus*. *Gatillo* est le diminutif de *gato*, chat ; mais, comme nom de l'arbrisseau, il semble une altération populaire de *agno castil*, laquelle forme se trouve en portug. à côté de *agno casto* (BUGGE, *Romania*, juill.-oct. 1876, p. 357).

† 2. **GAU...**, préfixe péjoratif, qui, suivant M. Lehéricher, signifie faux, mauvais, et se rattache au breton *gwal*, lequel est un terme péjoratif, *Journ. offic.* 5 avr. 1877, p. 2661, 3e col. On peut ajouter à l'intéressante communication de M. Lehéricher que *gau* mérite d'être rapproché du préfixe péjoratif *ca* ou *cal*.

GAUCHE. || 12° || Passer l'arme à gauche, mourir. *Ajoutez :* Les crânes sont les six maîtres d'armes à qui j'ai fait passer l'arme à gauche. — Cela veut dire tuer, n'est-ce pas? — Nous disons ça comme ça, reprit-il avec la même innocence, A. DE VIGNY, *Stello*, ch. XXIII. || 15° Fig. Mettre à gauche, mettre du froid entre des personnes. La vie si recluse et si resserrée de son petit-fils [le duc de Bourgogne; c'est du roi qu'il s'agit] qui l'avait dès lors mis fort à gauche avec Monseigneur, ST-SIM. t. IX, p. 355, éd. Chéruel.

— REM. Au n° 2 de gauche se trouve la locution pied gauche. Elle est mieux expliquée à PIED, n° 1.

† **GAUCHÊNE** (gô-chê-n') ou **GAUQUÊNE** (gô-kê-n'), *s. m.* Nom, en Normandie, de l'érable, *Journ. offic.* 5 avr. 1877, p. 2661, 3e col.

— ÉTYM. Mot qui signifie, suivant M. Lehéricher, faux chêne; de *gau...*, préfixe (voy. ci-dessus), et *chêne*.

† **GAUCHO** (gô-cho), *s. m.* Nom donné aux hommes d'origine espagnole qui habitent les vastes plaines de l'Amérique du Sud, autour de Buenos-Ayres. || *Au plur.* Des gauchos.

— ÉTYM. Araucan, *gachu*, camarade, ami, MASPERO, *Mém. de la Soc. de linguistique*, II, 51.

† **GAUDEBILLAUX** (gô-de-bi-llô, *ll* mouillées), *s. m. pl.* Nom, à Chinon et dans les campagnes environnantes, des tripes à la mode de Caen.

— HIST. XVIe s. Gaudebillaux sont grasses tripes de coiraux; coiraux sont bœufz à la creche, RAB. *Garg.* I, 4.

† **GAUFRÊNE** (gô-frê-n'), *s. m.* Nom, en Normandie, de l'aubier ou obier, *Journ. offic.* 5 avr. 1877, p. 2661, 3e col.

— ÉTYM. Mot qui signifie, suivant M. Lehéricher, faux frêne : de *gau...*, préfixe (voy. ci-dessus), et *frêne*.

† **GAUGE** (gô-j'), *s. f.* Terme de marine emprunté à l'anglais. Échelle du tirant d'eau. La quantité d'hélices, d'ancres, de chaudières, de gauges hydrauliques, de voiles, d'appareils mécaniques pour mettre des embarcations à la mer, et d'objets spéciaux propres au service à bord, est vraiment innombrable, *Journ. offic.* 23 oct. 1875, p. 8816, 3e col.

— ÉTYM. Angl. *gauge*, qui est le français *jauge*.

† **GAUJARD** (gô-jar), *s. m.* Nom, dans le Loiret, de l'instrument tranchant dit croissant. Saisissant alors un gaujard ou croissant, il sortit, *Journ. du Loiret*, dans *Gaz. des Trib.* 23 avr. 1875, p. 397, 2e col.

— ÉTYM. C'est un dérivé de *gouge*, outil de fer (voy. GOUGE 1 au Dictionnaire).

† **GAULÉE** (gô-lée), *s. f.* Action de gauler un arbre pour en avoir les fruits. Il serait aussi très-urgent de réformer le procédé de cueillette des indigènes à la gaulée, qui détruit les organes foliacés [des oliviers], *Journ. offic.* 15 nov. 1874, p. 7630, 2e col.

† **GAULOISEMENT** (gô-loi-ze-man), *adv.* À la vieille et simple manière. Au bon monsieur Franchard vous direz librement, Comme nous parlons tous à lui gauloisement..., DU FRESNY, *le Faux sincère*, I, 1.

† **GAULOISERIE** (gô-loi-ze-rie), *s. f.* Néologisme. Acte, langage dont la liberté plaisante n'observe pas toutes les convenances. Il [Sainte-Beuve] cherchait, dans la compagnie des seconds [les représentants de la littérature légère], le délassement, la gauloiserie, OTHENIN D'HAUSSONVILLE, *Rev. des Deux-Mondes*, 1er fév. 1875.

† **GAUMINE.** *Ajoutez :* Nous répondrons, d'après une foule d'autorités..., que ceux qu'on appelait mariages à la gaumine, c'est-à-dire les mariages contractés en présence du curé, à la vérité, mais malgré lui et sans aucune bénédiction, ni de lui, ni d'un autre, étaient réputés valides comme les autres, *Mémoire théologique et politique au sujet des mariages clandestins des protestants de France*, p. 82. Je ne sais comment ceux-là [les protestants] se sont mariés; ils ont peut-être contracté de ces unions que les lois ont déclarées illicites, qu'on nommait mariages par paroles de présent, ou mariages à la gaumine, MALESHERBES, *Second mémoire sur le mariage des protestants*, p. 138.

— ÉTYM. Quelques-uns [parmi les protestants] se marièrent sans la bénédiction nuptiale, par un simple contrat civil, usage très-ancien dans le royaume, que les ordonnances rendues à la fin du siècle précédent n'avaient point encore aboli; usage fréquent parmi les catholiques eux-mêmes, et dont le doyen des maîtres des requêtes et des intendants des provinces avait donné si hautement l'exemple que, du nom de cet homme fort connu par ses emplois, par ses écrits, par le rôle qu'il avait joué un moment pendant la Fronde, et qui s'appelait *Michel Gaumin*, ces sortes de mariages s'appelaient des *mariages à la gaumine*, RULHIÈRES, *Éclaircissements hist.* 2e *partie*, 1788, p. 174.

GAUPE. — ÉTYM. *Ajoutez :* M. Devic, *Dict. étym.*, signale *guappa*, qui, dans le patois napolitain, signifie une femme hardie; et il demande si *gaupe* ne viendrait pas de l'arabe *gahba*, vieille femme. Mais on ne voit pas comment ce mot se serait introduit chez nous dès le XVe siècle.

GAUSSER. *Ajoutez :* || 3° Gausser quelqu'un de quelque chose, se moquer de lui en raison de quelque chose. Tu [Molière] briguas chez Bary le quatrième emploi; Bary t'en refusa, tu t'en plaignis à moi; Et je m'en souviens bien, qu'en ce temps-là mes frères T'en gaussoient, t'appelant le mangeur de vipères, *Élomire*.

GAUSSEUR. *Ajoutez :* Tout beau, gausseur, Ne t'imagine point de contraindre une sœur, CORN. *Mél. variantes*.

† **GAUVESCE** (gô-vè-s'), *s. f.* Nom, en Normandie, de la fausse vesce, *Journ. offic.* 5 avril 1877, p. 2661, 3e col.

— ÉTYM. Mot qui, suivant M. Lehéricher, signifie fausse vesce : de *gau...*, préfixe (voy. ci-dessus), et *vesce*.

† **GAVÉE** (ga-vée), *s. f.* Terme populaire. Action de se remplir la gave, de manger beaucoup. Se donner une gavée.

— ÉTYM. *Gaver*.

† **GAVELKIND** (ga-vèl-kinnd'), *s. m.* Loi qui réglait la succession chez les Celtes irlandais. Le système en usage parmi les Celtes irlandais et que les juristes anglais ont appelé gavelkind ressemble à celui qu'on rencontre dans les communautés de famille chez les Serbes, E. DE LAVELEYE, *Rev. des Deux-Mondes*, 15 avril 1875, p. 795.

† **GAVEUR** (ga-veur), *s. m.* Celui qui gave. Les gaveurs de pigeons, qui ont 25 centimes par douzaine de pigeons gavés, c'est-à-dire bourrés de grain insufflé de la bouche du gaveur dans le bec de l'animal, *la Liberté*, 23 avril 1870.

† **GAVOT** (ga-vo), *s. m.* Sorte de fromage. Le fromage gavot, qu'on fabrique dans les Hautes-Alpes, a une grande analogie avec le fromage du Mont-Cenis, persillé, de 6 à 7 kilogrammes, HEUZÉ, *la France agricole*, *carte* n° 44.

— ÉTYM. *Gavot*, qui signifie habitant du pays de Gap : J. Rudel estoit ung home rude, un gavot des montagnes, J. DE NOSTRE DAME, dans PAUL MEYER, *les Derniers troubadours de la Provence*, Paris, 1871, p. 135.

† **GAYAL** (ga-ial), *s. m.* Espèce de bœuf de l'Inde et du Thibet (*bos gavæus* ou *frontalis*). Les grands quadrupèdes sauvages de la famille des taureaux de l'Inde et des contrées indo-chinoises et de Malacca ont été plus minutieusement classés; dans le nombre, il faut citer le gayal ou gyall, *Journ. offic.* 1er janv. 1873, p. 7, 2e col.

† **GAZAGE** (ga-za-j'), *s. m.* Action de griller au gaz. Le bobinage, le gazage, le laminage, pour les fils gazés, constituent des frais en sus, *Enquête, Traité de comm. avec l'Anglet.* t. IV, p. 244.

GAZE. *Ajoutez :* || 3° Nom, dans l'Oise, du vesceron, *ervum hirsutum*, L., *les Primes d'honneur*, Paris, 1872, p. 64.

† 2. **GAZÉ, ÉE** (ga-zé, zée), *part. passé* de gazer 2. Grillé au gaz. Je fabrique des cotons filés retors gazés, nos 120 à 211, en quatre sortes, *Enquête, Traité de comm. avec l'Anglet.* t. IV, p. 242. Des fils de laine retors, lissés et gazés, *Circul. lith. des douanes du ... nov.* 1872.

† **GAZEL** (ga-zèl), *s. m.* Voy. GHAZEL au Supplément.

† 2. **GAZER** (ga-zé), *v. a.* Terme d'industrie. Gazer le coton, le passer à la flamme du gaz d'éclairage pour le débarrasser des brins de coton qui n'ont pas subi la torsion. 24 métiers à retordre.... 5 métiers à gazer, de 40 broches chacun.... 2 métiers à cylindrer le coton pour tulle..., *Enquête, Traité de comm. avec l'Anglet.* t. IV, p. 229

— ÉTYM. *Gaz*.

† **GAZETÉ, ÉE** (ga-ze-té, tée), *adj.* Néologisme. Qui a le caractère de la gazette, emprunté à la gazette. La phrase gazetée et le parler de table d'hôte, R. TÖPFFER, *Nouv. voyages en zigzag*.

† **GAZETTILLE** (ga-zè-ti-ll', *ll* mouillées), *s. f.* Petite gazette. Vous ferez part de cette gazettille à M. le premier président, si vous croyez qu'il y ait chose qu'il n'ait point sue d'ailleurs, MAIN *Lexique*, éd. L. Lalanne.

† 2. **GAZIER.** *Ajoutez :* || *Adj.* Gazier, gazière, qui a rapport à l'éclairage par le gaz. L'industrie gazière.

† **GAZONNANT.** *Ajoutez :* Il y aurait un grand intérêt cultural à substituer des plantes gazonnantes aux arbustes nuisibles, H. FARÉ, *Enquête sur les incendies des forêts*, 1869, p. 36.

† **GAZONNÉE** (ga-zo-née), *s. f.* Terrain couvert de gazon. Le sol du premier plan est sablonneux, jonché de brindilles sèches et de feuilles jaunies, et par place un bout de gazonnée jette sa note verte sur le tapis d'ocre, E. BERGERAT, *Journ. offic.* 20 juin 1876, p. 4334, 1re col.

GAZONNER. *Ajoutez :* || 2° *V. n.* Pousser en gazon..... Semis de plantes gazonnantes.... l'herbe gazonne peu à peu.... *Reboisement des montagnes, Compte rendu*, 1869-74, 2e fasc. p. 80. C'est un pré qui gazonne et que son propriétaire mettra en luzerne l'année prochaine, *Journ. offic.* 18 déc. 1874, p. 8379, 3e col. || 3° *V. réfl.* Se gazonner, se couvrir de gazon. Des clairières déjà improductives et qui, privées d'ombrages, ne tarderaient pas à se gazonner, *Mémoires de la Société centrale d'Agriculture*, 1873, p. 281.

† **GAZOPHYLACIUM** (ga-zo-fi-la-si-om'), *s. m.* Terme d'antiquité chrétienne. Dans les anciennes basiliques, lieu où l'on déposait celles des offrandes des fidèles que les canons défendaient de placer sur l'autel et qui étaient portées directement dans la maison de l'évêque.

— ÉTYM. Γαζοφυλάκιον, de γάζα, trésor, et φυλάσσειν, garder.

† **GÉCARCIN** (jé-kar-sin), *s. m.* Crabe de terre ou tourlourou.

— ÉTYM. Γῆ, terre, et καρκίνος, crabe.

† **GÈDE** ou **GEDDE** (jè-d'), *s. f.* Nom de larges jattes de bois, employées au transport du sel dans les marais salants de la rive droite de la Loire, et pouvant contenir 25 ou 30 kilogrammes.

— ÉTYM. C'est une forme du mot *jatte*.

† **GÉLATINÉ, ÉE** (jé-la-ti-né, née), *adj.* Enduit de gélatine. Photoglyptie, invention de Woodbury, dont les épreuves, rivalisant avec les plus belles photographies, s'impriment aux encres de Chine gélatinées et sont inaltérables, *Journ. offic.* 8 mai 1874, p. 3158, 1re col.

† **GÉLATINEUR** (jé-la-ti-neur), *s. m.* Fabricant de gélatine. Jugement de déclaration de faillite.... du sieur.... gélatineur, demeurant à Paris, *Gaz. des Trib.* 18 nov. 1874, p. 1106, 2e col.

† **GELINIER** (je-li-nié), *s. m.* Synonyme provincial de poulailler. Un vol de poules dans le gelinier de M. Niermont, *le Courrier de l'Ain*, du 26 juin 1868.

— ÉTYM. *Geline*.

GÉLIVURE. *Ajoutez :* || Gélivure entrelardée, défaut provenant d'une portion d'écorce qui a été enfermée dans le bois.

† **GÉLOSE** (jé-lô-z'), *s. f.* Substance (*haï-thao* de Cochinchine) employée dans l'industrie pour la préparation de la baudruche anglaise, pour l'apprêt des soieries et étoffes légères, etc. *Revue maritime et coloniale*, t. XLV, mai 1875, p. 590. La gélose est un produit végétal que l'on retire de la partie gélatineuse de certaines algues employées dans divers pays de l'extrême Orient, *Journ. offic.* 3 avr. 1876, p. 2385, 1re col.

— ÉTYM. *Gelée*, *gélatine*, avec la terminaison chimique *ose*, comme dans *cellulose*.

† **GÉMARA.** *Ajoutez :* — ÉTYM. Hébreu, *gemarah*, de *gemar*, achever, la *gémara* complétant la mischna.

† **GÉMELLAIRE** (jé-mèl-lè-r'), *adj.* Terme d'obstétrique. De jumeaux. Grossesse gémellaire.

— ÉTYM. Lat. *gemellus* (voy. GÉMEAUX).

GÉMISSEMENT. — HIST. *Ajoutez :* || XIVe s. Donc convient il doner à home Deux gemissemens qui je nome.... MACÉ, *Bible en vers*, f° 32, 1re col.

† **GÉMISSEUR** (jé-mi-seur), *s. m.* Celui qui gémit. || Terme de médecine. Il se dit des aliénés mélancoliques qui gémissent continuellement. Délire des gémisseurs, MOREL.

† **GEMMAGE** (jè-mma-j'), *s. m.* Action de gemmer. Il y a deux manières de gemmer : le gem-

mage à vie et le gemmage à mort, G. BAGNERIS, *Manuel de sylvic.* p. 298, Nancy, 1873.

† 3. **GEMME** (jè-m'), *s. f.* Résine que l'on produit en gemmant les pins. Dans les Basses-Pyrénées, à Bayonne, la gemme s'est payée à raison de 95 fr. la barrique de 340 litres, *Journ. offic.* 21 nov. 1871, p. 4562, 1re col. Quand on vient d'ouvrir ou de rafraîchir une quarre [entaille], on voit la gemme perler sous forme de gouttelettes sur le bois mis à nu, BAGNERIS, *Man. de sylvic.* p. 300, 1873.

— ÉTYM. Lat. *gemma*, perle, parce que la gemme perle sur le bois.

† **GEMMER.** *Ajoutez :* || Gemmer à vie, exécuter le gemmage en laissant vivre l'arbre; gemmer à mort, l'exécuter en tuant l'arbre. Un pin gemmé à vie donne environ trois litres de gemme quand il est en plein rapport, G. BAGNERIS, *Man. de sylvic.* p. 302, Nancy, 1873.

— ÉTYM. *Gemme* 3 (voy. ce mot au Supplément).

† **GEMMEUR** (jè-mmeur), *s. m.* Celui qui gemme. Un bon ouvrier gemmeur.... *Enquête sur les incendies des forêts*, p. 57.

† **GÉNAPPE** (jé-na-p'), *s. m.* Nom donné à des fils de laine retors, lissés et grillés au gaz. Les génappes..... sont des fils n'ayant reçu d'autre main-d'œuvre que le retordage, le lissage et le grillage au gaz, et constituant une matière première pour le tissage de certaines étoffes ou pour la fabrication de la passementerie, *Circul. lith. des douanes du.... novembre* 1872 (au sujet du classement des fils dits génappes, produit d'origine anglaise). Les Anglais expédient en France :... des fils de laine de mouton, lavés, grillés, teints ou non; ces fils sont désignés sous le nom de fils de génappe, et, dans le tarif des douanes françaises, ils sont dénommés fils de laine lisse, *Enquête, Traité de comm. avec l'Anglet.* t. III, p. 274.

GENDRE. *Ajoutez :* — REM. *Aller gendre* est une locution génevoise qui signifie se marier pour avoir une position. Ce monsieur que vous voyez, dans les beaux jours de février, entre deux dames à la promenade, retenant un petit chien lorsqu'on a quelque crainte de la rage, c'est son état, il le sait bien, il est allé gendre, *Revue suisse*, t. XIII, p. 329.

† **GÉNÉAGÉNÉTIQUE** (jé-né-a-jé-né-ti-k'), *adj.* Terme de physiologie. Qui est le résultat d'une genèse sans génération. Tous ces robiniers sans épines ont été obtenus par des procédés généagénétiques artificiels, marcotte, greffe ou bouture, QUATREFAGES, *Journ. des sav.* fév. 1877, p. 99.

— ÉTYM. *Genèse*, *à* privatif, et *génétique* (voy. ce mot au Dictionnaire).

GÉNÉALOGIE. *Ajoutez :* || 3° Filiation des chevaux de course; elle est inscrite au stud-book anglais ou au stud-book français.

† **GÉNÉPI.** *Ajoutez :* Ce pauvre garçon [Anet] s'échauffa tellement qu'il gagna une pleurésie, dont le génépi ne put le sauver, quoiqu'il y soit, dit-on, spécifique, J. J. ROUSS. *Confes.* V.

GÉNÉRAL. || 4° *Ajoutez :* || En France, général est un terme qui désigne les grades au-dessus du colonel, et qui embrasse deux degrés hiérarchiques : les maréchaux de camp ou généraux de brigade et les lieutenants généraux ou généraux de division.

GÉNÉRALE. *Ajoutez :* || 4° Sonnerie de trompette pour rassembler tout le monde; on sonne la générale, outre qu'on la bat.

GÉNÉRALITÉ. || 1° *Ajoutez :* On voit dans quelle généralité il faut prendre l'écriture, BOSS. *Avert.* 6.

GÉNÉRATION. *Ajoutez :* || 10° Terme de zoologie. Génération alternante, phénomène qui consiste en ce qu'un animal, au lieu de donner naissance à un animal semblable à lui, en produit un, appelé nourrice, qui ne lui ressemble pas, mais qui produira par génération agame une progéniture semblable au premier parent et mourra sans prendre le caractère de ce dernier.

† **GÉNÉRER** (jé-né-ré), *v. a.* Néologisme scientifique. Produire. Le système ordinaire de M. Toselli consiste à générer le froid par la dissolution du nitrate d'ammoniaque dans l'eau.... la basse température générée par la dissolution du sel de nitrate d'ammoniaque est de courte durée, H. DE PARVILLE, *Journ. offic.* 7 sept. 1875, p. 7642, 2e et 3e col. || *V. réfl.* Se générer, être produit. Les cellules [de l'épiderme du lapin] se sont modifiées en se générant et apparaissent avec l'aspect des cellules épidermiques de l'homme, H. DE PARVILLE, *Journ. offic.* 29 nov. 1871, p. 4696, 1re col.

— ÉTYM. Lat. *generare*, engendrer.

GÉNÉROSITÉ. *Ajoutez :* || 3° Qualité d'un vin généreux. Certains vins.... ne pouvant souffrir le transport sans perdre leur principale saveur et générosité, LA MOTHE LE VAYER, *Dial. d'Orat. Tubero*, t. II, *Lettre.*

† **GÉNÉSIQUE.** *Ajoutez :* || 2° Qui a rapport à la genèse d'un corps, d'une substance, d'un être. L'ensemble de ces sources [eaux minérales du Caucase] se rapporte aux mêmes causes génésiques [que celles qui ont engendré les différentes assises de la montagne], *Journ. offic.* 1er juin 1876, p. 3751, 3e col.

† **GÉNÉSIQUEMENT** (jé-né-zi-ke-man), *adv.* Au point de vue de la genèse, de la formation par génération. Que ce soit chez l'adulte, que ce soit chez l'embryon [d'une ascidie], toujours la couche palléole est distincte de la couche de la tunique, histologiquement et génésiquement parlant, LACAZE-DUTHIERS, *Acad. des sc. Compt. rend.* t. LXXX, p. 603.

GENET. — ÉTYM. *Ajoutez :* D'après M. Dozy, l'esp. *ginete* vient de *zeneta*, nom d'une grande tribu berbère, qui, au XIIIe siècle, fournit aux Maures d'Espagne des cavaliers renommés.

† 2. **GENET** (je-nè), *s. m.* Nom, dans l'Aunis, du naissin ou substance prolifique de certains coquillages, particulièrement des pétoncles, *Gloss. de l'Aunis*, p. 111.

† **GÊNEUR** (jê-neur), *s. m.* Néologisme. Celui qui gêne. C'est une vague rumeur que je me borne à constater, au risque de passer moi-même pour un fâcheux; vous savez qu'aujourd'hui les boulevardiers disent un gêneur, *l'Indépendance belge*, du 6 sept. 1868.

† **GÉNEVOIS, OISE** (jé-ne-voi, voi-z'), *adj.* Qui appartient à Genève, ville de Suisse. Le parler génevois.

— REM. *Le Complément du Dictionnaire de l'Académie française*, Paris, 1842, met un accent aigu sur la syllabe *gé*. Mais à Genève l'habitude est de ne jamais accentuer cette syllabe dans les livres ni dans les journaux.

† **GENGELI.** *Ajoutez :* — ÉTYM. Voy. JUGEOLINE au Supplément.

† **GÉNIAL, ALE** (jé-ni-al, a-l'), *adj.* Qui a un caractère de fête, gai, abondant, fécond. || On pourrait dire au pluriel géniaux.

— REM. Dans les exemples suivants, génial est pris dans un tout autre sens et signifie : qui est de génie. Il faut quelque travail pour se rendre compte de cette transparence de l'idée, de cette simplicité géniale de l'exécution, Mme DE GASPARIN, *Bande du Jura*, II, *Premier voyage*, 2e éd. Paris, 1865. Voici peut-être le trait le plus génial du tableau : c'est la figure du fils aîné, ID. *Voyages, À travers les Espagnes*, 2e éd. Paris, 1869. Il faut au peintre qui se consacre à la reproduction fidèle des faits contemporains un courage tout particulier, une prédisposition géniale; car il n'a pas de précédents ni de modèles autres que ceux qui sont offerts par la réalité, TH. GAUTIER, *Portraits contemporains*, Paris, 1874, *Horace Vernet.* Cet emploi provient d'une confusion. Le latin *genialis*, d'où génial, vient de *genius*, dont le sens est bien établi par la locution *indulgere genio*, se livrer à ce qui plaît. Par conséquent *génial* ne peut avoir le sens qu'on lui donne dans ces exemples. La confusion vient de ce qu'on a cru que *génial* se rattache à *ingenium*, esprit, génie, tandis qu'il n'en est rien. Il est important de signaler cette déviation; car, le mot étant un néologisme purement latin, on ne sait vraiment ce qu'il signifie entre son origine et son emploi.

— ÉTYM. Lat. *genialis*, de réjouissance, de fête, nuptial, abondant, fécond, de *genius*, génie, le démon. L'anglais a aussi *genial*, et là il signifie générateur, bienfaisant, gai, animé; c'est le sens vrai.

† **GÉNIALEMENT** (jé-ni-a-le-man), *adv.* D'une manière géniale.

— REM. Génialement est pris dans les exemples suivants au sens de : de génie, originalement. *Al Hernani !* qui peut lire ces lettres-là, sans que le lyrisme, sans que la passion espagnole, si génialement restitués par le poëte, ne reviennent à la mémoire? Mme DE GASPARIN, *Voyages, À travers les Espagnes*, 2e éd. Paris, 1869. Cette peinture si génialement anglaise, TH. GAUTIER, *les Beaux-arts en Europe*, t. I, II, 13. Mais voyez la remarque ci-dessus; cet emploi trouble l'étymologie et le sens véritable.

† **GÉNIALITÉ** (jé-ni-a-li té), *s. f.* Néologisme. Caractère de ce qui est génial.

— REM. Génialité est pris dans l'exemple suivant au sens de caractère de génie, originalité. Il [Baudelaire] manquait d'esprit autant que d'âme; aucune génialité, SCHERER, *Ét. de litt. contemp.* 4e série, *Paris*, 1873. Mais cet emploi n'est pas conciliable avec l'origine et le sens propre du mot génial.

† **GÉNIEUX** (jé-ni-eû), *s. m.* Sorte de petite casserole en faïence ou poterie, avec couvercle, à queue longue et à fond concave, propre à faire chauffer du bouillon, de la tisane.

† **GENISSON** (je-ni-son), *s. m.* En Normandie, jeune taureau, H. MOISY, *Noms de famille normands*, p. 159. Dans la nuit du 3 novembre, un genisson de dix-huit mois est sorti d'un herbage appartenant à...., *Lexovien*, 11 déc. 1872. || Genisson se dit dit aussi dans la Haute-Savoie.

— ÉTYM. *Génisse.*

† **GÉNITEUR.** *Ajoutez :* — HIST. XIVe s. Jupiter est mon geniteur et pere, CL. MAROT, *Œuv.* . III, p. 46.

† **GENOILLERÉ** (je-no-lle-ré, *ll* mouillées), *s. m.* Nom, dans l'Indre, d'un cépage rouge, *les Primes d'honneur*, Paris, 1873, p. 224.

GENOU. — REM. *Ajoutez :* || 2. Au lieu de fléchir le genou ou les genoux, Bossuet a dit courber : Ils n'avaient point courbé le genou devant Baal, *Instr.* 2.

GENS. — REM. || 4. *Ajoutez : Quels* est traité comme *tous :* Quels honnêtes gens ! et : quelles sottes gens ! || 5. Ces messieurs tous honnêtes gens, et non toutes.

† **GENTILHOMMAILLE** (jan-ti-llo-mâ-ll', *ll* mouillées), *s. f.* Terme péjoratif. La noblesse, les gentilshommes. Suffit d'être enrôlé dans la gentilhommaille Pour être convaincu de n'avoir pas de maille [monnaie], BOURSAULT, *Mots à la mode*, sc. 12.

† **GENTILHOMMESQUE** (jan-ti-llo-mè-sk', *ll* mouillées), *adj.* Qui appartient aux gentilshommes, avec une idée de dénigrement. Elle est emportée par ses préjugés gentilhommesques, F. SARCEY, *Opinion nationale*, 8 avril 1867.

† **GENTILICE** (jan-ti-li-s'), *s. m.* Terme d'antiquité romaine. Dans les noms d'homme, celui qui désignait la gens.

— ÉTYM. Lat. *gentilicius*, de *gentilis* (voy. GENTIL 1).

† **GENTILISME** (jan-ti-li-sm'), *s. m.* La religion des gentils. Afin que, son corps ne se trouvant plus, il fût sans difficulté pris pour un dieu, comme assez d'autres que le gentilisme a souvent consacrés après être ainsi disparus, LA MOTHE LE VAYER, *Vertu des païens*, II, *Julien*. Ceux qui ont vécu dans le gentilisme, ID. *ib.* I, *Etat de la loi.*

† **GENTLEMAN-RIDER** (djen-tle-man'-raïe-dèr), *s. m.* Mot anglais signifiant homme du monde qui monte dans les courses. || *Au plur.* Gentlemen-riders. Les jockeys et les entraîneurs ne peuvent monter dans les courses courues par les gentlemen-riders.

† **GENTOU** (jan-tou), *s. m.* Nom donné, dans des relations de voyages, aux habitants de l'Indoustan. || *Au plur.* Les gentous.

— ÉTYM. Ce mot, que les Anglais écrivent *gentoo*, est dérivé, suivant Wilson, du portugais *gentio*, qui signifie gentil, païen.

GÉOCENTRIQUE. *Ajoutez :* || 2° Qui prend la terre pour centre. La première [erreur], c'est l'erreur géocentrique, la terre centre de l'univers; elle dura jusqu'à ce que le système de Copernic fût adopté, LÉCUYER, *la Phil. pos.* janv.-fév. 1876, p. 81.

† **GÉODÉSISTE** (jé-o-dé-zi-st'), *s. m.* Celui qui s'occupe de géodésie. Les géodésistes proposent de diriger les triangles en partant de la base de Tachdounare, par Braïlow, le long de la rive gauche du Danube, sur Silistria.... *Monit. univ.* du 29 août 1868, p. 1239, 1re col.

† **GÉOKRONITE** (jé-o-kro-ni-t'), *s. m.* Terme de minéralogie. Sulfure double d'antimoine et de plomb.

GEÔLIER. — HIST. *Ajoutez :* || XIVe s. Livrer les [des prisonniers] nous fault, ce me semble, A Vuide-Bource le jolier, *Théât. franç. au moyen âge*, Paris, 1839, p. 315.

GEÔLIÈRE. *Ajoutez :* — HIST. XIVe s. Requis où il just la nuyt que l'en dit que ledit Perrart fu tuez, dit par son serement, que il just celle nuyt en la chambre de la geoliere de chiez l'official (1333), VARIN, *Archives admin. de la ville de Reims*, t. II, 2e part. p. 651.

† **GÉOMÉTRISER.** || 2°. *V. a.* Donner le caractère géométrique. || 3° Se géométriser, prendre le caractère géométrique. Pascal.... refait Euclide avec des barres et des ronds, se géométrisant, et géométrisant toutes les murailles et les planchers

de la maison, SAINTE-BEUVE, *Port-Royal*, t. II, p. 457, 3e éd.

† **GÉOTRYPES** (jé-o-tri-p') et non **GÉOTRUPES**, *s. m. pl.* Coléoptères de la famille des lamellicornes ; ils ont les goûts du bousier, s'attachent aux bouses de vache desséchées qu'ils rencontrent dans les prairies, et creusent la terre en dessous.

— ÉTYM. Γῆ, terre, et τρύπειν, percer.

GERBE. || 4° *Ajoutez :* || Particulièrement, gerbe, jet dont l'âme est fort étroite. || 5° Dans les marais salants, petit tas de sable obtenu par l'opération du battage, *Enquête sur les sels*, t. II, p. 509.

GERBÉE. *Ajoutez :* || 3° Il se dit de ce qui peut se mettre en forme de gerbe de blé. Des gerbées de sarments, MOUILLEFERT, *Acad. des sc. Comptes rendus*, t. LXXXIII, p. 729.

† **GERBO.** *Ajoutez :* — ÉTYM. C'est l'arabe *yerbo'*, gerboise.

GERBOISE. *Ajoutez :* — ÉTYM. Esp. *gerbasia*, de l'arabe *yerbo'*, DEVIC, *Dict. étym.*

GERÇURE. *Ajoutez :* || 7° Terme d'artillerie. Fente produite à la surface extérieure d'une bouche à feu en bronze, par suite d'une forte pression intérieure.

† **GERÇURÉ, ÉE** (jèr-su-ré, rée), *adj.* Terme forestier. Se dit des arbres qui sont affectés de gerçures. Orme diffus.... grand arbre à écorce d'abord lisse, puis écailleuse, caduque, d'un brun jaunâtre, enfin gerçurée, H. FLICHE, *Man. de bot. forest.* p. 245, Nancy, 1873.

† **GERDA** (jèr-da), *s. f.* La 122e planète télescopique, découverte en 1872 par M. Peters.

GÉRER. *Ajoutez :* || 2° Terme de droit. Se gérer créancier, se porter créancier. Cette nullité, la dame veuve D.... ne l'invoque point ni contre son mari.... ni contre la succession paternelle dont elle pourrait se gérer créancière de ce chef, *Gaz. des Trib.* 24 avr. 1875, p. 399, 4e col.

GERFAUT. — HIST. || XVIe s. *Ajoutez :* Ung gerfault [crochet à l'usage des baliseurs] pour prendre les boys en l'eau, MANTELLIER, *Glossaire*, Paris, 1869, p. 25.

† **GERLE** (jèr-l'), *s. f.* En Savoie et dans la Suisse romande, sorte d'ustensile de bois où l'on foule les raisins dans la vigne même, pour les verser ensuite dans les cuves; on dit aussi gearle, *les Primes d'honneur*, p. 650, Paris, 1874.

— ÉTYM. Lat. *gerulus*, porteur, *gerula*, porteuse, d'après M. A. Godet, de Neuchâtel, qui fait remarquer que c'est ainsi que *merula* a donné *merle*.

† **GERMANISANT** (jèr-ma-ni-zan), *s. m.* Celui qui s'occupe de l'histoire des langues germaniques, *Rev. crit.* 3 juillet 1875, n° 27, p. 9. || On le dit aussi de celui qui sait l'allemand.

† **GERMANISATION** (jèr-ma-ni-za-sion), *s. f.* Action de germaniser, de rendre allemand. Je n'ai aucune appréhension au sujet de la prétendue germanisation des États-Unis, *le Temps*, 16 oct. 1876, 2e page, 3e col.

† **GERMEMENT** (jèr-me-man), *s. m.* Terme technique. Nom des jeunes sangsues au sortir de la coque, ÉBRARD, *Monogr. des sangsues*, 1857, p. 56.

† **GERMON.** — *Ajoutez :* REM. D'après le *Glossaire aunisien*, p. 111, le germon est non pas, comme le dit le Dictionnaire, d'après Legoarant, un nom du dauphin commun, mais une variété de thon propre à l'Océan, *thynnus alalonga*, Cuv.

† **GERNOTTE** (jèr-no-t'), *s. f.* Voy. TERRE-NOIX.

† **GÉRONTERIE** (jé-ron-te-rie), *s. f.* Caractère de géronte. Il est vraiment d'une géronterie sans pareille, DECOURCHAMP, *Souv. de la marq. de Créquy*, II, 6.

1. **GESTE.** *Ajoutez :* || 3° *Au plur.* Faux semblants, prétentions ridicules. Sa mère, en haussant les épaules, prétendait que tout cela [une attaque de nerfs de Mme Bovary] c'était des gestes, G. FLAUBERT, *Mme Bovary*, II, 387.

— ÉTYM. Cet emploi paraît être particulier à la Normandie. Du moins on y dit *guestes* ou *gestes* en ce sens : Dame, les vilaines gestes qu'a fait F'raient tournair le cidre dans l'émet, *Rém. guern.* p. 75. Voy. H. MOISY, *Noms de famille normands*, p. 181, qui en rapproche l'anglais *jest*, plaisanterie. Mais, sans noter que le mot anglais lui-même, qui n'a point de racine germanique, peut être la reproduction du mot normand, *geste* en ce sens est, évidemment, une spécialisation du sens de *gestes*, mouvements de la personne. C'est grimaces, dans le sens de faire des minauderies, des embarras. On dit en Normandie *un gestier, une gestière*, celui, celle qui fait des gestes.

† **GESTICULAIRE** (jè-sti-ku-lè-r'), *adj.* Qui a rapport aux gestes. Il est parlé, dans les anciens auteurs, d'une éloquence gesticulaire et de solécismes en fait de gestes, VIGNEUL-MARVILLE, *Mél. d'hist. et de littér.* p. 100.

† **GESTIONNAIRE** (jè-sti-o-nê-r'), *adj.* || 1° Terme d'administration. Qui a rapport à une gestion. Utilité de constituer un conseil d'administration gestionnaire, *Projet sur l'admin. de l'armée, Journ. offic.* 11 août 1874, p. 5767, 2e col. || 2° *S. m.* Celui qui est chargé d'une gestion. On ne peut pas être gestionnaire et contrôleur de sa gestion, *Journ. offic.* 7 nov. 1876, p. 7982, 1re col.

† **GEUCHE** (jeu-ch'), *s. m.* Nom, dans le Jura, d'un cépage blanc et d'un cépage noir, *les Primes d'honneur*, Paris, 1869, p. 284

† **GEYSER.** *Ajoutez :* — ÉTYM. Islandais, *geysa* ou *giosa*, être en fureur, sortir impétueusement.

† **GEYSÉRITE** (ghey-sé-ri-t'), *s. f.* Terme de minéralogie. Espèce d'opale.

† **GHASEL** (ga-zèl), *s. m.* Sorte de poésie arabe dont le nom a été souvent employé par les poëtes de l'école romantique. C'est une petite pièce de vers amoureux. || On le trouve aussi écrit gazel. Doucement bercés aux rhythmes inoubliables des gazels, H. BLAZE DE BURY, *Rev. des Deux-Mondes*, 15 juillet 1874, p. 249.

— ÉTYM. Arabe, *ghazal*.

† **GHETTO** (ghè-tto), *s. m.* Nom, dans certaines villes de l'Italie, du quartier où les Juifs étaient obligés de résider.

— ÉTYM. Hébr. rabbinique, *ghet*, lettre de divorce, divorce. *Dict. ital. de Buttura : ghetto*, libello di ripudio; quartiere dove abitano gli Ebrei.

† **GHEZ** (ghèz'), *s. m.* Nom de la langue parlée en Abyssinie. Le ghez ou idiome abyssin est un reste vivant de l'antique langue de l'Yémen, FR. LENORMANT, *Man. d'hist. anc.* VII, *les Arabes*, p. 279.

† **GHILDE** (ghil-d'), *s. f.* Nom, dans le moyen âge, d'associations, de confréries. || Compagnie urbaine et homme qui en faisait partie; infanterie, fantassin.

— HIST. XIIe s. Ses baruns [Rou] apela, sis [si les] fist tuz arester : Detries nus vei [sic], ne sai quels genz haster; Ne sai se par bataille nus volent desturber; Nostre gelde e nos humes faites avant aler, WACE, *Rou*, v. 770. Prist de ses chevaliers mil e set cenz e vint milie de gelde, *Rois*, p. 147. Car chevaliers et citaains, Comunes, geudes et vilains M'i unt fait tele envaïe, BENOIT, *Chron. de Norm.* t. I, p. 535, v. 13145. || XIIIe s. Touz tel qui ont leur gilde et à ycelle appartiennent, DU CANGE, *gilda*. || XIVe s. Et ne puet nuls ne nulle faire boulengherie, s'il n'est en le [la] gheude; et ne puet nuls entrer en le [la] gheude pour faire le mestier, s'il n'a esté varlez, ID. *ghilda*.

— ÉTYM. Provenç. *gelda*; ital. *geldra*, racaille; du bas-lat. *gilda, ghilda*, du germanique : anglosax. *gild*, confrérie.

† **GIAOUR.** — ÉTYM. *Ajoutez :* D'après M. Devic, *Dict. étym.*, le *giaour* turc représente le persan *ghebr*, guèbre (voy. ce mot au Dictionnaire).

† **GIBBAR.** *Ajoutez :* — ÉTYM. D'après Rondelet (1554), *gibbar* vient de *gibber*, bosse dorsale, *De piscibus*, XVI, 12.

GIBELET. — ÉTYM. *Ajoutez :* M. Bugge, *Romania*, III, p. 149, tire *gibelet* (avec toutes les formes analogues en différentes langues) de *vimbrat* ou *vibrat* qui se trouve dans un glossaire du XIe siècle avec le sens de percer. Aucune difficulté phonétique ne s'oppose à cette dérivation. Quant à *vimbrat* ou *vibrat*, M. Bugge y voit le représentant du latin *vibrare*, dont le sens vibrer, branler, tourner, a passé à *forer*.

GIBERNE. — ÉTYM. *Ajoutez :* On a dans l'ancienne langue *gibe* ou *gibbe*, ballot d'étoffes : Pour balle ou fardeau cordé de drap, de chanvre.... et pour gibbe.... MANTELLIER, *Glossaire*, Paris, 1868, p. 35. D'un autre côté, en confirmation de l'origine arabe, on cite *djebira*, petit sac que l'on porte au côté, de la racine *djib*, porter. Malheureusement, on n'a point d'historique pour expliquer d'où provient dans ce mot la finale *erne*.

GIBIER. — HIST. XIIIe s. *Ajoutez :* Esperviers [ils] portent et faucons, Ostoirs, tercets, esmerilions; Car ils vivoient de jebiers; Quant il les vit, moult en fu liés, *Li biaus desconneus*, v. 3906. || XVe s. *Ajoutez :* Puisque nous volons nestoyer Le pays de ces Anglois ci, Et que les voyons en gibier, Pourquoy demoront il ainsi? *Myst. du siége d'Orléans*, p. 764.

† **GICLER** (ji-klé), *v. n.* Terme populaire. Rejaillir en éclaboussant. Un maçon prenant de la chaux dans sa truelle et la faisant rejaillir de tous côtés en l'appliquant sur le mur, la chaux a giclé. On dit aussi, quand une roue de voiture fait rejaillir de la boue en entrant dans une ornière, que la boue a giclé.

— REM. On le trouve aussi écrit jicler. F.... 1.... Le sang avait jiclé contre le mur, au-dessus du lit. — *M. le Président :* Qu'entendez-vous par ce mot de jicler? — *Le témoin :* Je veux dire que le sang avait jailli violemment; c'étaient des gouttes rondes et des gouttes en long, *Gaz. des Trib.* 17-18 mars 1873, p. 264, 3e col.

— ÉTYM. Provenç. *giscle*, pousse, jet; *gisclament*, retentissement. Origine inconnue. Le *giclet*, nom d'une plante (voy. ce mot au Dictionnaire) y appartient. En basse Bourgogne on dit *gigler*.

† **GIFFARD** (ji-far), *s. m.* Nom donné à un siphon destiné à amener l'injection d'eau dans le cylindre où jouent les pistons des machines à vapeur; on l'appelle aussi injecteur Giffard, du nom de l'inventeur.

† **GIFLE.** *Ajoutez :* — HIST. XIIIe s. Craissins qui dort sur les roiroles, Qui borse a dure et gifles [joues] moles, GAUTIER DE COINCY, *Sainte Léocadie*, v. 1093.

— ÉTYM. *Ajoutez :* M. Bugge, *Romania*, n° 10, p. 150, fortifie la dérivation par *Kiefer*, mâchoire, proposée par M. Grandgagnage; des formes avec *l* se trouvant aussi en allemand : *kiefel, kifel, kiffel*, joue, mâchoire. Les formes des patois français sans *l* dans la désinence tiennent à la forme haut-allem. mod. *kiefe*, mâchoire, bas-allem. *kiffe*.

† **GIG** (jigh), *s. m.* Sorte de cabriolet; c'est un mot anglais. Miss Rovel.... venait d'arriver au sommet de la colline dans un gig qu'elle conduisait elle-même, V. CHERBULIEZ, *Rev. des Deux-Mondes*, 15 déc. 1874, p. 723.

† **GIGANTOLITE** (ji-gan-to-li-t'), *s. f.* Terme de minéralogie. Silicate double d'alumine et de magnésie.

1. **GIGUE.** *Ajoutez :* || 2° Anciennement, jeune fille grandelette qui saute, qui gambade, *Dict. de l'Académie*, 1re éd. || Cette signification, hors d'usage aujourd'hui, est conservée dans le parler de Genève.

† 3. **GIGUE** (ji-gh'), *s. m.* Nom, dans le Jura, d'un homme qui aide le fruitier dans la direction de la fromagerie, *les Primes d'honneur*, Paris, 1869, p. 304.

† **GILER** (ji-lé), *v. a.* Forme normande du verbe populaire gicler (voy. ce mot au Supplément).

† **GILETIER.** *Ajoutez :* || 2° *Adj. fém.* Chaîne giletière, chaîne de montre qu'on fixe dans une des boutonnières du gilet. Il avait une légère contusion à la racine du nez, et, à un bouton de son gilet, le crochet d'une chaîne giletière, *Gaz. des Trib.* 17 juillet 1870. || On dit aussi substantivement giletière pour chaîne giletière. Il arracha violemment à M. A...., capitaine marin, sa montre et sa giletière, *Gaz. des Trib.* 7 janv. 1875, p. 19, 3e col. [A Marseille] la montre de la femme, ses boucles d'oreilles, une giletière en or et une bague que le mari portait au doigt ont également disparu, *ib.* 13 sept. 1876, p. 895, 3e col. || Cette expression est inconnue dans le commerce parisien ; l'*Almanach Didot-Bottin* n'emploie jamais que les mots chaîne de gilet ou cordon de gilet.

† **GILIA** (ji-li-a), *s. m.* Genre de polémoniacées, dont deux espèces, *gilia capitata* et *gilia tricolor*, sont cultivées dans les jardins. Nous ne citerons que quelques-unes de celles qui peuvent passer l'hiver en pleine terre; ce sont : l'adonide goutte de sang,... le gilia, plusieurs variétés d'immortelles,... *Journ. offic.* 10 sept. 1875, p. 7735, 3e col.

— ÉTYM. Salvador *Gil*, botaniste espagnol du siècle dernier.

† **GILOIRE** (ji-loi-r'), *s. f.* Nom, dans l'Avranchin, de la seringue de sureau dont se servent les enfants.

— ÉTYM. *Giler*. En basse Bourgogne on dit *gigloire* et *gicloire*.

† **GINGÉLY** (jin-jé-li), *s. m.* Végétal qui produit une huile employée dans le commerce, *Marine et colonies, Tableaux de population, de culture*, etc. p. 42. || C'est le même que gengeli (voy. ce mot au Dictionnaire et au Supplément).

† **GINGKO** (jin-ko) ou **GINKGO** (jin-go), *s. m.* Sorte d'arbre vert, dit aussi arbre aux quarante écus (famille des conifères). Le gingko biloba ou *salisburya adiantifolia* est regardé comme sacré en Chine et au Japon, et planté autour des temples.... son amande a la saveur de la noisette, unie à une légère âpreté; elle passe pour digestive au Japon, et on l'y sert toujours dans les grands repas, LEMAOUT et DECAISNE, *Traité général*

de botan. p. 539, Paris, 1868. Introduit en France en 1788, le ginkgo vit très-bien dans le Midi de la France, HŒFER, *Dict. de botan.* p. 319, 320. La Chine nous a livré le ginkgo, à la feuille étalée en éventail et fendue en son milieu, BROILLARD, *Rev. des Deux-Mondes*, 15 avr. 1876, p. 911.

1. **GINGUET.** — HIST. XVIe s. *Ajoutez :* Vins verds.... et furent pour ce appellez guinguetz, PHIL. DE L'ORME, *Architect.* I, 15.

— ÉTYM. *Ajoutez :* M. Bugge, *Romania*, III, p. 150, pense que *ginguet* n'est qu'une forme de *gringalet*. Mais, en présence de l'affirmation de Pasquier qui dit que *ginguet* est venu en usage de son temps, il ne paraît pas possible de se ranger à l'opinion de M. Bugge.

† **GIOBERTITE** (ji-o-bèr-ti-t'), *s. f.* Terme de minéralogie. Carbonate de magnésie cristallisé en rhomboèdres.

GIRAFE. *Ajoutez :* || 4° Nom, au Havre, d'un engin de pêche, *Statistique des pêches maritimes*, 1874, p. 27.

† **GIRAFEAU** (ji-ra-fô), *s. m.* Petit de la girafe. Il faut attendre à l'affût une mère et son petit, et s'élancer à leur poursuite; après de grands efforts, quand on s'est rendu maître du girafeau, on le lie au pied d'un arbre, *Journ. offic.* 1er sept. 1874, p. 6314, 2e col.

† **GIRIE.** *Ajoutez :* || 2° Action de tourner. D'abord on les enferme [les puces] dans des boîtes de papier qui tournent au moindre mouvement; ces giries étonnent la bête, qui apprend à marcher posément, le reste s'ensuit, *Extrait de l'International*, dans l'*Universel* du 21 sept. 1869. || Cet emploi de girie au sens d'action de tourner, appuie la conjecture de M. Jaubert, qui le tire du lat. *gyrus*, cercle, tour.

† **GIROINDE** (gi-roin-d'), *s. f.* Nom, dans la Haute-Marne, du dévidoir. Un ou deux ustensiles groupés sur un bout de toile, la fontaine de cuivre rouge, les assiettes de faïence, la giroinde avec son écheveau de fil, nous introduisent discrètement dans la vie bourgeoise du XVIIIe siècle, A. THEURIET, *Rev. des Deux-Mondes*, 1er nov. 1875, p. 98.

— ÉTYM. Dérivé du lat. *gyrare*, tourner (voy. GIROUETTE).

† **GIROLINE** (ji-ro-li-n'), *s. f.* Passementerie en forme de crête pour rideaux. Girolines, franges et embrasses, *Alm. Didot-Bottin*, 1871-72, p. 1195, 4e col.

† 2. **GIRON** (ji-ron), *s. m.* Nom, dans l'Aunis, du pied de veau, *arum vulgare*, *Gloss. aunisien*, p. 111.

GIROUETTE. — HIST. XVIe s. *Ajoutez :* Vous qui n aimez que par coustume, Caressiez un nouvel amant.... Jamais legere girouette Au vent si tost ne se vira, DESPORTES, *Bergeries*, VI, *Villanelle*.

† **GISELLE** (gi-zè-l'), *s. f.* Mousseline imitant la guipure. Mousseline claire, épaisse, brochée, crêpe, giselle pour grands rideaux, dentelles .., *Avranchin*, 2 août 1874, aux Annonces.

† **GITANERIE** (ji-ta-ne-rie), *s. f.* L'ensemble des gitanos ou bohémiens. Certains Andalous, grands amateurs de gitanerie, PAUL BATAILLARD, *Revue crit.* 9 sept. 1876, p. 168.

GÎTE. || 6° *Ajoutez :* || Gîte se dit aussi, en général, d'une poutre de grenier. Les agents.... arrivant jusqu'au grenier, trouvèrent l'assassin pendu à un gîte, les pieds touchant encore le sol [la scène se passe à Carvin, arrondissement de Béthune], *Courrier du Pas-de-Calais*, dans *Gaz. des Trib.* 16 juin 1876, p. 585, 4e col. || 9° En basse Bourgogne, le gîte, la table du pressoir sur laquelle on place le raisin à pressurer.

GÎTER. *Ajoutez :* || 6° Placer, mettre. À Thiaucourt [Meurthe], souvent on gîte le raisin écrasé dans la cuve à l'aide d'une pelle en fer, *les Primes d'honneur*, Paris, 1872, p. 116.

† **GITH** (jit'), *s. m.* Nielle, *lychnis githago*, L.

— ÉTYM. Portug. *gith*; M. Dozy pense que ce pourrait être une altération portugaise de l'arabe *chemith* ou *chetmiz*, noms de la nielle.

† **GITONNE** (ji-to-n'), *s. f.* Nom, dans la Vienne, de la mule qui n'a pas encore un an, dite aussi jetonne, *les Primes d'honneur*, Paris, 1872, p. 302.

— ÉTYM. La forme *jetonne* donne l'origine de ce mot; c'est le féminin de l'anc. franç. *jeton*, rejeton, qui dérive de *jet*.

† 1. **GIVRÉ, ÉE.** *Ajoutez :* || Vanille givrée, vanille portant aux gousses des efflorescences blanches d'acide benzoïque. L'acide benzoïque qu'il [le fruit de la vanille] renferme est en quantité quelquefois si considérable, que cette substance s'effleurit à la surface des gousses et les blanchit, ce qui forme la vanille givrée du commerce, la plus estimée de toutes, *Journ. offic.* 26 juin 1874, p. 4369, 3e col.

— HIST. XIIIe s. Or entendeiz, beaz sire, la nostre male vie; Car adès pluet sor nos, et givlet, et gresilhet, P. MEYER, *Rapports*, 1re part. p. 207.

† **GLABELLO-INIAQUE** (gla-bel-lo-i-ni-a-k'), *adj.* Terme d'anatomie. Qui va de la glabelle à la nuque. Diamètre glabello-iniaque.

— ÉTYM. *Glabelle*, et *iniaque*.

GLABRE. *Ajoutez :* — HIST. XVIe s. Ceux qui ont esté faits ennuques estants petits garçons, n'engendrent point de poil au menton, et sont glabres et sans poil par tout le corps, DU VERDIER, *Biblioth.* p. 475.

† **GLAÇAGE** (gla-sa-j'), *s. m.* Action de glacer, d'appliquer sur un objet un enduit qui lui donne l'apparence du vernis.

GLACE. — HIST. || XIVe s. *Ajoutez :* Le glas du [de la] gellée, *Rev. critique* 5e année, 2e semestre, p. 388.

† **GLACIAIRISTE.** *Ajoutez :* — REM. On trouve aussi écrit glaciériste. Les études entreprises ces dernières années par les glaciéristes, MAGNIN, *Rech. géolog.* Paris, 1876, p. 21.

GLACIÈRE. *Ajoutez :* || 4° Glacière artificielle, appareil à l'aide duquel on fait de la glace en utilisant le refroidissement produit par certaines réactions chimiques.

GLADIATEUR. *Ajoutez :* || 4° Nom donné, au XVIIIe siècle, à Valenciennes, aux anciens compagnons de l'épée à deux mains, ou joueurs d'armes, CAFFIAUX, *Régence d'Aubert de Bavière*, p. 64.

† **GLADIATORIAL, ALE** (gla-di-a-to-ri-al, a-l'), *adj.* Qui a rapport aux gladiateurs. Quelques balles de frondes, d'humbles figulines, des tessères gladiatoriales, *Journ. offic.* 12 juillet 1876, p. 5071, 1re col.

† **GLAGOL** (gla-gol), *s. m.* Nom d'un ancien alphabet slavon. Le glagol, comme le dit expressément une mention rapportée par M. d'Avril, était une écriture hiératique, sacrée, remplissant dans les livres saints et liturgiques, à l'égard du gréco-slave, le même rôle que chez nous le latin à l'égard du français, *Journ. offic.* 23 mai 1876, p. 3543, 3e col.

† **GLAGOLITIQUE** (gla-go-li-ti-k'), *adj.* Qui a rapport au glagol. Caractère glagolitique, ancien caractère dans lequel sont écrites de vieilles traductions slaves des deux Testaments, MAX MÜLLER, *la Science du langage*, trad. par Harris et Perrot, 2e éd. p. 248. Elles [les dames, au congrès archéologique de Kief] voyaient sans frémir s'aligner sur le tableau noir les signes cabalistiques de l'écriture glagolitique, A. RAMBAUD, *Rev. des Deux-Mondes*, 15 déc. 1874, p. 787. On distingue deux sortes d'écritures glagolitiques, la ronde à crochets, dite bulgare, parce qu'on la rencontre plus particulièrement dans l'ancienne Bulgarie, en Macédoine et dans le voisinage du mont Athos; la carrée, dite croate; on ne sait laquelle est la plus ancienne, *Journ. offic.* 23 mai 1876, p. 3543, 1re col.

GLAISE. — HIST. *Ajoutez :* || XIIe s. Mes li mur ne sont pas de glise, BENOIT DE STE-MORE, *Roman de Troie*, v. 23022.

† **GLANDER (SE)** (glan-dé), *v. réfl.* Devenir glandé, en parlant d'un cheval.

† **GLASÉRITE** (gla-zé-ri-t'), *s. f.* Terme de minéralogie. Sulfate de potasse cristallisé.

† **GLÉBÉ, ÉE** (glé-bé, bée), *adj.* Ancien terme de droit féodal. Qui appartient à la glèbe. Pour invoquer cet usage [l'usage féodal de prendre les titres de dignité attachés aux terres qu'on possédait], il faudrait prouver qu'il y avait dans le diocèse de Saint-Pons une terre de Pardaihan érigée en baronie réelle; or ce titre glébé n'a jamais existé, *Gaz. des Trib.* 26 mai 1870.

† 2. **GLÈNE.** *Ajoutez :* — HIST. XVe s. Pour une glenne [paquet roulé] de verdon [sorte de cordage], MANTELLIER, *Glossaire*, Paris, 1869, p. 35.

— ÉTYM. *Glène*, au sens de paquet de corde, est le même que *glane* (voy. ce mot). On disait aussi *glenon* pour paquet : XVIe s. Des aus le glenon, MANTELLIER, *ib.* p. 35.

GLISSADE. *Ajoutez :* || 6° Glissade de terre, mouvement par lequel un terrain glisse et se déplace. Dans le Valais et sur les coteaux plantés de vignes, il s'est produit des glissades de terre qui ont emporté les souches et les ceps, *Journ. offic.* 24 mars 1876, p. 2067, 1re col.

† **GLOBAL, ALE** (glo-bal, ba-l'), *adj.* En bloc. Si le tribunal [arbitral de Genève] accordait une somme globale, cette somme doit être en rapport avec l'étendue de la responsabilité qui, dans l'opinion du tribunal, aurait été encourue par la Grande-Bretagne, *Journ. offic.* 20 avril 1872, p. 2653, 3e col. Un chiffre global de cent millions, *ib.* 12 fév. 1873, p. 1042, 3e col. Nous considérons comme exacts les chiffres globaux des recettes et des dépenses [du budget russe], P. LEROY-BEAULIEU, *Journ. des Débats*, 19 nov. 1876, 1re page, 3e col.

† **GLOBALEMENT** (glo-ba-le-man), *adv.* D'une façon globale, en bloc. Vous savez que l'Union du crédit [établissement financier, en Belgique] n'avait point de capital nominal; c'était une mutualité où quatre mille associés solidaires les uns des autres, et tous ensemble responsables à l'égard des autres, représentaient globalement une surface de soixante millions, *le Temps*, 17 déc. 1876, 2e page, 4e col.

GLOBE. *Ajoutez :* || 8° Globe a été employé dans le sens de ballon, lors de la découverte de Montgolfier. Ce fut le 27 du mois d'août que se fit au Champ-de-Mars la première expérience d'un globe aérostatique.... le globe, impatient de s'élancer, tendait fortement la corde qui le retenait, et, comme disait le peuple, était pendu à rebours, lorsqu'enfin on l'a lâché, RIVAROL, *Lett. à M. le président de ****, *Œuvres*, 1808, t. II, p. 213. || Dans le rapport fait à l'Académie des sciences sur la découverte de Montgolfier, on trouve l'expression de globe creux. || 9° Nom du projectile à l'aide duquel on éprouve, dans le mortier éprouvette, la force de la poudre. || Terme d'artificier. Globe fumant, artifice qui brûle avec une fumée épaisse et suffocante. || 10° Dans le quartier de Cette, nom d'un filet fixe pour la pêche, *Statistique des pêches maritimes*, 1874, p. 116.

† **GLOBOÏDE** (glo-bo-i-d'), *s. m.* Terme de botanique. Partie de l'albumen des graines des plantes, laquelle est la forme de réserve du phosphore, VAN TIEGHEM, *Acad. des sc. Comptes rend.* t. LXXXIV, p. 581.

GLOBULAIRE. *Ajoutez :* || 3° Foudre globulaire, foudre qui se manifeste sous la forme d'un gros globe de feu se mouvant lentement et finissant par éclater avec un bruit épouvantable. M. Gaston Planté envoie une note intéressante sur la foudre globulaire, H. DE PARVILLE, *Journ. offic.* 3 août 1876, p. 5870, 3e col.

GLOBULE. *Ajoutez :* || 6° Il se dit pour bouton de mandarin. Les mandarins [pendant le deuil de l'empereur] ne peuvent ni revêtir leurs costumes de cérémonie, ni porter leurs globules officiels, *Journ. offic.* 30 janv. 1875, p. 814, 3e col.

† **GLOSSÉINE** (glo-ssé-i-n'), *s. f.* Terme de chimie. Un des noms de la nitroglycérine, *Journ. offic.* 19 oct. 1873, p. 6446, 1re col.

† **GLOSSOLALE** (glo-sso-la-l'), *s. m.* Celui qui possède la glossolalie. Le style de saint Paul, qu'est-il, à sa manière, si ce n'est l'improvisation étouffée, haletante, informe du glossolale? RENAN, *Apôtres*, IV.

† **GLOSSOLALIE** (glo-sso-la-lie), *s. f.* Don surnaturel de parler les langues, par exemple chez les apôtres après la mort de Jésus.

— ÉTYM. Γλῶσσα, langue, et λαλιά, parole.

† 2. **GLOTTIQUE** (glo-tti-k'), *adj.* Qui a rapport aux langues, à la linguistique. Le système glottique celtique connaît deux branches distinctes, le kymrique et le gaélique, HOVELACQUE, *Revue d'anthrop.* t. II, p. 499.

— ÉTYM. Γλῶττα ou γλῶσσα, langue.

† **GLYCÉMIE** (gli-sé-mie), *s. f.* Terme de physiologie. Existence du sucre dans le sang. Le sang de l'homme et des animaux est invariablement sucré; j'ai montré que cette glycémie constante dépend d'une fonction normale du foie, CL. BERNARD, *Acad. des sc. Comptes rend.* t. LXXXII, p. 115. L'étude expérimentale de la glycémie, ID. *ib* t. LXXXII, p. 1352.

— ÉTYM. Γλυκύς, doux, et αἷμα, sang.

† **GLYCÉRINER** (gli-sé-ri-né), *v. a.* Enduire de glycérine. M. Tyndall a trouvé dans l'emploi de ses caisses glycérinées un procédé très-commode pour faire de l'air pur et pouvant recevoir des liquides organiques et les conserver, VERNIER, *le Temps*, 3 août 1876, *feuilleton*, 2e page, 5e col.

† **GLYCOGENÈSE** (gli-ko-je-nè-z'), *s. f.* Terme de physiologie. Synonyme de glycogénie, ou production du sucre dans les êtres organisés. Les faits fondamentaux sur lesquels repose la démonstration de la glycogenèse animale sont loin d'être suffisamment connus, CL. BERNARD, *Acad. des sc. Comptes rend.* t. LXXXII, p. 114.

† **GLYCOLIQUE** (gli-ko-li-k'), *adj.* Terme de chi-

mie. Acide glycolique, produit analogue à l'acide lactique qui s'obtient en faisant passer un courant d'acide nitreux dans une dissolution de glycocolle.

† **GLYCOSIDE** (gli-ko-zi-d'), *s. f.* Terme de chimie. Produit naturel pouvant donner de la glycose sous l'influence des agents d'hydratation.

† **GNAVELLE** (ghna-vè-l'), *s. f.* Plante du genre *scleranthus* (*scleranthus perennis*, L.).

† **GNEISSEUX, EUSE** (ghnè-seû, seû-z'), *adj.* Qui appartient au gneiss, qui a le caractère du gneiss. On a traversé un gneiss d'abord à schistosité distincte, puis indistinctement filandreux et dans lequel se trouvaient des intercalations de micaschiste gneisseux avec des filons d'eurite, *Journ. offic.* 10 janv. 1875, p. 229, 2e col.

† **GNIOLE.** || On dit populairement aussi un gnon, au lieu de gniole. Il s'en est tiré sans un gnon. Il a reçu un fameux gnon.

† **GNOLE** (gno-l'), *s. m.* Populairement, mais aujourd'hui inusité, veste. Il [le cardinal *collier*] s'embarrasse du ciel comme de la plus vieille de mes gnoles,... *Lett. du P. Duchêne*, 41e *lettre*, page 6.

— ÉTYM. Serait-ce *carmagnole*, avec aphérèse?

† **GNOU.** *Ajoutez :* — ÉTYM. Hottentot, *gnu* ou *nju.*

GOBE-MOUCHES. — REM. *Ajoutez :* || 2. On trouve Gobe-mouche comme nom propre, désignant les gens qui n'ont point d'avis à eux. On veut convoquer un chapitre général, faire une élection, et il y a, comme dit Gobe-mouche, bien des choses à dire là-dessus, *Papiers saisis à Bayreuth*, p. 144.

GOBERGE. *Ajoutez :* || 3e Nom d'un ancien navire. Il [Gourgues, capitaine protestant, dans le XVIe siècle] vendit son bien, emprunta à ses amis et obtint de son frère des avances qui lui permirent d'armer deux petits navires en forme de goberges et une patache assez semblable aux frégates du Levant, FRÉD. RICHARD, *Journ. offic.* 1er déc. 1876, p. 8886, 3e col.

† **GOBIER** (go-bié), *s. m.* Nom, dans la Loire-Inférieure, du canal qui sert à faire entrer l'eau dans la saline, *les Primes d'honneur*, Paris, 1873, p. 138.

— ÉTYM. Il est probable que c'est un dérivé de *gober.*

† **GODARD** (go-dar), *s. m.* Nom propre usité dans cette locution proverbiale : Servez Godard, sa femme est en couches. Oudin, qui la rapporte, *Curios. franç.* p. 142 et 251, l'explique : Façon de parler pour refuser quelque chose à un impertinent qui se veut faire servir en maître, ou bien à un impatient. Cette locution se rattache à une vieille et bizarre coutume, trouvée en beaucoup de pays, d'après laquelle le mari d'une femme en couches se mettait au lit pour recevoir les visites de ses parents et prenait ainsi ses aises pendant plusieurs jours.

† 2. **GODE** (go-d'), *s. f.* Nom, sur les côtes de basse Normandie, d'un petit poisson de mer, alimentaire, dont le goût rappelle celui du merlan ; la gode est plus petite que le merlan.

† 3. **GODE** (go-d'), *s. f.* Nom, en Bretagne, d'un oiseau de mer, GOUEZEL, *les Oiseaux de mer*, Nantes, 1875, p. 10.

† **GODEBERT** (go-de-bèr), *s. m.* Espèce de camail qui faisait partie de l'armure au XIIIe siècle.

— HIST. XIVe s. Pour une fourrure de dos de lievre de Norvoie [Norvége] à fourrer un godebert à maistre Jean le Fol, DU CANGE, *godebertus.*

— ÉTYM. Bas-lat. *godebertus, godbertus*, mot qui paraît formé, comme *haubert*, avec la finale germanique *berc*, protection, et peut-être le germanique *god*, dieu, ou *good*, bon.

† **GODELLE** (go-dè-l'), *s. f.* Nom qu'on donne, dans les environs de Lyon, à une variété barbue de froment renflé.

† **GODELON** (go-de-lon), *s. m.* Nom, dans l'Aunis, d'une grande scie sans monture que deux hommes font mouvoir, *Gloss. aunisien*, p. 112.

— ÉTYM. Poitevin et saintongeois, *godelle*, couteau, croc d'animaux : *Ce sanglier avait une longue godelle, Gloss. du Poitou*, par Favre, Niort, 1868, p. 175. L'origine de ce mot est inconnue ; mais il faut y rattacher *godelle* qui est ci-dessus et qui signifie un blé barbu. Le nom propre *Godelier* (un médecin de la Rochelle a porté ce nom) est évidemment un dérivé de *godelle.*

† **GODENDAC** (go-dan-dak) ou **GODENDART** (go-dan-dar), *s. m.* Arme à hampe, dont le fer porte une pointe, un croc et un tranchant. Les couteaux de brèche, les godendards, les corsesques, les épieux, les espontons, *Journ. offic.* 24 nov. 1873, p. 7157, 1re col.

— HIST. XIIIe s. Les godendaz et les coignies, Mettent à mors es herberjages Chevaliers, escuiers et pages, GUIART, dans DU CANGE, *godendac.* || XIVe s. En soy defendant fery ledit Cannaux d'un godandart ou pique de Flandres un cop seulement dont mort s'ensuy, DU CANGE, *godandardus.* || XVe s. Un baston que l'on appelle goudendart, qui est à la façon d'une pique de Flandres, combien que le fer est un pou plus longuet, ID. *ib.*

— ÉTYM. Bas-lat. *godandardus*, formé du flamand *gooden*, bon, et de *dac*, jour : bonjour, nom soldatesque de cette arme avec laquelle les Flamands donnaient le *bonjour* à l'ennemi (voy. BOUTARIC, *Hist. militaire*).

† **GODILLE.** *Ajoutez :* || 4e. Une godille, un bateau à godille. Godille japonaise, mesurée en 1867, faite d'après les plans de M. Armand Paris, lieutenant de vaisseau, *Journ. offic.* 23 fév. 1874, p. 1457, 2e col.

GOËMON. *Ajoutez :* — HIST. XIIIe s. *Recollegissent globum herbæ marinæ vocatæ* goumon (*alibi* gouemon), DU CANGE, *goumon.*

— ÉTYM. *Ajoutez :* « Le mot est emprunté au celtique. Le dictionnaire de Legonidec ne le présente pas ; mais il se trouve dans le Catholicon de Lagadeuc : *Goumon ha bezin*, gall. *goëmon*, lat. *alga.* Il faut probablement corriger *goumon.* Les lettres *u* et *n* sont ailleurs confondues dans l'édition imprimée du Catholicon, par ex. *bann*, gall. une *vieille tine* [corrig. *truie*], lat. *scropha.* Le gallois possède le même terme pour varech : *gwymon*, sea-weed ; irl. et gaél. *feamuinn.* Pour la formation du mot celtique, comp. ZEUSS-EBEL, *Gramm. celt.* 776, 825 (BUGGE, *Romania*, juill.-oct. 1875, p. 358). »

† **GOG.** *Ajoutez :* || Gog et Magog, le plus souvent réunis dans la Bible ; dans *Ézéchiel*, XXXVIII et XXXIX, ils apparaissent tous les deux, mais Gog y est le nom d'un prince païen du Nord qui, à la tête d'une cavalerie redoutable, attaquera la Terre sainte et sera entièrement détruit par Jéhovah ; dans l'*Apocalypse*, XX, 8, après le règne de mille ans, Gog et Magog marcheront contre la ville sainte, mais seront anéantis par le feu du ciel.

— ÉTYM. D'après le *Bibel-Lexicon* de Schenkel, 1869-1875, Leipzig, l'étymologie la plus probable rattache *gog* au persan *koh*, montagne ; en sorte que *magog* signifierait *grand gog* (hautes montagnes ou haut plateau), du sanscrit *maha*, grand. Il semble donc que *gog* et *magog* étaient un nom collectif des barbares du Nord.

† **GOGUE.** *Ajoutez :* || 3e Ancien terme de cuisine. Gogue ou goguette au sang, sorte de mets préparé avec un foie de cochon haché menu, des oignons, de fines herbes, délayé avec du sang de cochon, assaisonné, mis dans une terrine, et cuit avec feu dessus et dessous. Cet emploi de gogue comme sorte de mets explique comment il a servi à désigner des appâts empoisonnés (voy. le n° 2, au Dictionnaire). || 4e Aujourd'hui, dans le Poitou et la Saintonge, sang des animaux qu'on fait cuire dans la poêle avec du lard et des oignons, ou dont on fait de gros boudins, *Gloss. du Poitou*, par Favre, Niort, 1868, p. 176.

2. **GOGUE** (go-gh'), *s. f.* Nom, dans l'Aunis, d'une grosse cerise blanchâtre, *Gloss. aunisien*, p. 12.

† **GOLEM** (go-lèm), *s. m.* Dans le moyen âge, figure d'argile que l'on consultait ; elle portait inscrit au front le mot vérité en caractères hébraïques ; si elle mentait, le mot s'effaçait, et il ne restait plus qu'une argile informe, CHERBULIEZ, *Rev. des Deux-Mondes*, 1er avril 1877.

— ÉTYM. Hébreu, *golem*, une masse d'argile.

† **GOLETTE** (go-lè-t'), *s. f.* Nom donné à la soie qu'on tire de cocons percés.

† **GOLGOTHA.** *Ajoutez :* — ÉTYM. Γολγοθᾶ, lieu des crânes (à cause qu'on y trouvait beaucoup de crânes de suppliciés), du chaldaïque *goulgathâ*, crâne.

† **GOLIATH.** *Ajoutez :* || 2e Genre de cétoines, coléoptères, qui est exotique, H. PELLETIER, *Petit dict. d'entom.* p. 38, Blois, 1868.

† **GOMBAUT** ou **GOMBO.** *Ajoutez :* M. Landrin transmet des échantillons d'un nouveau papier.... obtenu avec les fibres d'un végétal très-répandu aux colonies et dans les pays chauds, le gombo.... il fournit ensuite des fruits comestibles qui ne sont pas à dédaigner ; enfin de sa graine il est facile d'extraire une huile qui, si elle ne peut être employée aux usages culinaires, trouverait au moins une application dans l'industrie, H. DE PARVILLE, *Journ. offic.* 20 nov. 1874, p. 7718, 3e col. Nous n'avons, pour notre compte, aucun entraînement pour le potage au gombo ; mais cela n'empêche pas que ce brouet verdâtre et filant ne soit en grande réputation en Amérique, et surtout aux Antilles, où la ketmie-gombo est cultivée comme plante potagère.... elle est aujourd'hui acclimatée en Algérie, SACHOT, *Rev. Britan.* août 1874, p. 540.

† **GOMBI** (gon-bi), *s. m.* Synonyme d'inée (voy. ce mot au Supplément), *Acad. des sc. Comptes rendus*, t. LXXXIV, p. 261.

GOMME. *Ajoutez :* || 9e Arbre à la gomme, plusieurs acacias, l'*eucalyptus resinifera*, BAILLON, *Dict. de botan.* p. 247.

— HIST. *Ajoutez :* || XIIe s. Des gomes qui dedans alument Bone est l'olors, puisqu'eles fument, BENOIT DE STE-MORE, *Roman de Troie*, v. 14829. || XVe s. *Ajoutez :* Or comparons proprement L'ome à l'eaue, et vitement Se verra vil plus que gomme, E. DESCH. *Poés. mss.* f° 82.

GOMMÉ. *Ajoutez :* || Absinthe gommée, liqueur d'absinthe où l'on a mêlé du sirop de gomme.

GOMME-GUTTE. — ÉTYM. *Ajoutez :* D'après M. Devic, *Dict. étym.*, *gutte* n'est pas le lat. *guttæ* : *gummi guttæ*, mais le malais *gatah* ou *ghetah*, prononcé à l'anglaise, qui signifie gomme.

† **GOMMEUR** (go-meur), *s. m.* Celui qui opère le gommage. Gommeur d'étoffes, *Tarif des patentes*, 1858.

† **GOMMEUSE** (go-meû-z'), *s. f.* Nom, à Bordeaux, des femmes employées au triage des gommes chez les négociants en denrées coloniales, *l'Opinion nationale*, 1er mai 1876, Supplément, 2e page, 4e col.

† **GOMMEUX** (go-meû), *s. m.* Le dernier nom du jeune homme à la mode, de celui qu'on a appelé muscadin, mirliflor, dandy, lion, gandin, petit crevé, etc. N'ai-je pas entendu un jour un beau fils de famille, un gommeux, un idiot ayant une raie au milieu de la tête comme une femme..., *le Petit journal*, 6 avr. 1877, *feuilleton.*

— ÉTYM. L'origine est incertaine. L'*Intermédiaire* (n° du 10 mars 1877, col. 154) donne deux conjectures : 1° « Ce mot est sans doute un emprunt fait au vocabulaire des jardiniers ; la gomme est une maladie des arbres fruitiers, dont toute la substance s'épuise à produire une gomme inutile ; ils deviennent stériles et meurent bientôt ; 2° Considérez l'aspect empesé d'un gommeux, qui semble un bonhomme de bois, habillé de carton, et vous connaîtrez l'origine de ce désagréable, mais très-juste qualificatif. » La deuxième conjecture est la moins improbable, sans être certaine le moins du monde.

GOMMIER. *Ajoutez :* || 2e Un des noms de l'eucalyptus (*eucalyptus resinifera*). Dans les cinquante localités [d'Algérie] qui ont répondu à l'appel de la Société de climatologie d'Alger, les plantations de gommier bleu atteignent le chiffre d'un million environ, *Journ. offic.* 6 avr. 1877, p. 2685, 3e col.

† **GOMMOSE** (go-mmô-z'), *s. f.* Nom d'une maladie des arbres. L'écoulement de la gomme constitue une véritable maladie, que le savant botaniste [M. Ed. Prillieux] désigne sous le nom de gommose ; la gommose consiste en une transformation en gomme, substance inutile à l'économie, des éléments nécessaires à la formation des nouveaux tissus, H. DE PARVILLE, *Journ. offic.* 14 mai 1874, p. 3257, 2e et 3e col.

† **GONDOLÉ.** *Ajoutez :* || 2e Qui est à bords relevés de manière à faire gondole. Nous restions un instant au bord de ces petits lacs [les flaques d'eau] frissonnant sous la brise, à voir flotter les feuilles gondolées, G. DROZ, *M. Mme et Bébé, l'automne.* || Il se dit aussi des assiettes ou autres pièces faussées à la cuisson.

† **GONDOLERIE** (gon-do-le-rie), *s. f.* Néologisme. Le monde des gondoles et des gondoliers, à Venise. Toute la gondolerie est déjà au courant de nos affaires, R. TÖPFFER, *Voyages en zigzag.*

— ÉTYM. *Gondolier*, comme *batellerie* de *batelier.*

† **GONELLE** (go-nè-l'), *s. f.* Nom, dans l'Aunis, d'un fossé qui longe une digue de marais, *Gloss. aunisien*, p. 112.

† **GONET** (go-nè), *s. m.* Nom, dans l'Oise, d'un cépage, *les Primes d'honneur*, Paris, 1872, p. 68.

† **GONG.** *Ajoutez :* — REM. Le gong n'est pas synonyme de tam-tam. Le gong est un instrument de cuivre que l'on frappe, et le tam-tam est recouvert d'une peau comme les timbales. Près de lui [du chef de la police à Amboine] le tam-tam et le gong marquaient la cadence d'un chant im-

provisé, JURIEN DE LA GRAVIÈRE, *Voy. en Chine*, 1e éd. t. I, p. 39. *Gōng* ou *agōng* se trouve dans toutes les langues malaises; cependant le gong paraît bien provenir de la Chine.

† GONIASMOMÈTRE (go-ni-a-smo-mè-tr'), *s. m.* Instrument de topographie employé pour mesurer les angles.

— ÉTYM. Γωνιασμός, disposition en angle, et μέτρον, mesure.

† GONNE. *Ajoutez* : — REM. Le mot gonne est encore usité dans le commerce. Consommation du poisson salé, à Paris, en 1854 : saumons, 4 gonnes du poids de 170 à 180 kil., A. HUSSON, *les Consommations de Paris*, p. 266.

† GONY (go-ni), *s. m.* Toile de jute.

† GOORKHA (gour-ka), *s. m.* Nom persan de l'onagre. Viennent ensuite [en Perse] le lièvre, le porc-épic, le mouflon ou argali, l'âne sauvage ou goorkha, la chèvre des montagnes, *Journ. offic.* 11 août 1873, p. 5353, 2e col.

GORET. *Ajoutez* : || 5° Rime en goret, rime mauvaise, qui ne rime pas. *Sébile* et *estrine*, rime en goret, M. DE REIFFENBERG, dans PHILIPPE MOUSKES, *Chroniques*, v. 9902. *Marces* et *patriacles*, rime en goret, ID. *ib.* v. 10051. *Prince, rice*, rime en goret, ID. *ib.* v. 10296.

† GORFOU (gor-fou), *s. m.* Nom d'un oiseau qui ne vole pas (*eudyptes chrysolopha*), de la famille des manchots. Les gorfous n'ont d'oiseau que le nom; leurs ailes, en effet, cessant d'être utiles au vol, ont subi une atrophie ou une transformation complète, et sont devenues de véritables nageoires, qui peuvent tout au plus leur servir de balanciers, quand ils sont à terre, pour les maintenir en équilibre dans leur marche vacillante, *Journ. offic.* 9 mai 1876, p. 3165, 1re col.

GORGE. || 1° *Ajoutez* : || Fig. Sauter à la gorge, se dit de quelque chose qui presse et inquiète. L'embarras de choisir un autre général sautait à la gorge, ST-SIM. t. VIII, p. 343, éd. Chéruel.

— REM. *Ajoutez* : || 2. Il était inacceptable que les citoyens fussent appelés devant des espèces de confesseurs financiers, et que, le pistolet sur la gorge, ils fussent contraints de choisir entre leur intérêt et leur devoir, *Journ. offic.* 4 janv. 1872, p. 38. On disait naturellement le poignard sur ou sous la gorge; si on remplace poignard par pistolet, comme cela se fait souvent, la locution devient absurde : on égorge avec le poignard, mais non avec le pistolet.

GORGÉE. *Ajoutez* : — HIST. XIIIe s. Dient [ils disent] en hauste voiz e à cruel gorgée : Ù est cist faus truantz? *Vie de seint Auban*, publiée par Atkinson, Londres, 1876, v. 523.

† GORGUE (gor-gh'), *s. f.* Nom, dans la Drôme, des chéneaux et gargouilles des toits. Les gorgues débordaient.

— ÉTYM. Autre forme de *gorge*.

† GORONNER (go-ro-né), *v. n.* Mettre bas, en parlant de la truie (Aunis).

— ÉTYM. *Goron*, qui est une autre forme de *goret*, *Gloss. aunisien*, p. 112.

GOSIER. — ÉTYM. *Ajoutez* : Il faut rapprocher du lorrain *la gosse*, le gosier, l'ancien franç. *gozie*, qui a le même sens : XIVe s. Ses fruiz [son fruit] est doucereux senz faille À la gozie, à la coraille, MACÉ, *Bible en vers*, fo 106, *verso*, 1re col.

† GOSLARITE (go-sla-ri-t'), *s. f.* Terme de minéralogie. Sulfate de zinc hydraté.

† GOUACHÉ, ÉE (goua-ché, chée), *adj.* En manière de gouache. Une miniature gouachée. Le panneau du musée de Cluny [*Prédication de la Madeleine*], d'une tout autre pratique [que le *Buisson ardent*], gouaché pour ainsi dire, grossier, inhabile, GIRY, *Rev. critique*, 6 nov. 1875, p. 293.

† GOUAPE (goua-p'), *s. f.* Terme d'argot. Le métier du gouapeur.

† GOUAPEUR (goua-peur), *s. m.* Terme d'argot. Nom donné à Paris aux vagabonds sans aveu, sans domicile, sans travail, et qui ne cherchent que des occasions de vol, *Journ. des Débats*, 25 oct. 1876, 3e page, 2e col.

— ÉTYM. On rattache *gouapeur* à l'espagnol *guapos*, homme qui n'est propre à rien, CASTILLON, *le Soleil*, 27 oct. 1876.

† GOUDRONNERIE. *Ajoutez* : L'usine [au gaz de la Villette] est très-complète; elle a.... une goudronnerie où elle fabrique le brai, MAXIME DU CAMP, *Rev. des Deux-Mondes*, 15 juin 1873, p. 781.

† GOUDRONNIER (gou-dro-nié), *s. m.* Celui qui fabrique le goudron dans une goudronnière. Sylviculture : gardes forestiers; bûcherons; scieurs de bois; charbonniers; goudronniers, fabricants de térébenthine, *Congrès internation. de statistique*, 8e *session*, 1re *partie*, *annexes*, p. 119.

† GOUDRONNIÈRE (gou-dro-niè-r'), *s. f.* Lieu, dans les bois, où l'on fabrique le goudron. On a signalé les accidents qui résultent de certaines négligences dans l'établissement ou dans la conduite des charbonnières ou des goudronnières, FARÉ, *Enquête sur les incend. des Landes*, p. XXIV, 1873.

1. GOUGE. — ÉTYM. *Ajoutez* : « Diez rattache *gouge* au basque *gubia*, arc, *gubioa*, gorge. Il me semble plutôt d'origine celtique : l'anc. gall. *gilb* est expliqué par *foratorium vel rostrum*, *gilbin*, par *acumine*, voy. ZEUSS-EBEL, *Gramm. celt.* p. 136-139; *golbin, rostrum*, *Revue celt.* I, 365; gall. mod. *gylf* et *gylfin*, bec. *Gilb* est, je crois, issu d'une forme antérieure *gulb*. La voyelle originaire est conservée dans le vieil irland. *gulpan, aculeum* (ZEUSS-EBEL, p. 60), pour *gulban*, irland. moyen et mod. *gulbba*, génitif *gulbhan*. *Gulbia, gulbium* est la forme la plus ancienne du mot roman en question, dérivé d'un thème celtique *gulba* à l'aide du suffixe *ia* ou *io*, comme l'ital *bolgia*, franc. *bouge*, du gaulois *bulga*. Avec le radical celtique je compare γλύφω, ciseler, » BUGGE, *Romania*, juillet-octobre 1875, p. 368.

† 2. GOUGE. — HIST. *Ajoutez* || : XIVe s. Pour une voye [voyage] faite à Paris par le gouge [jeune garçon, serviteur], pour porter unes lettres closes (1340), VARIN, *Archives administr. de la ville de Reims*, t. II, 2e part. p. 840.

† GOUJARD (gou-jar), *s. m.* Ouvrier ferblantier.

GOUJAT. — ÉTYM. *Ajoutez* : Dans quelques localités de la Flandre française, on nomme *goujars* les valets de ferme, *les Primes d'honneur*, p. 59, Paris, 1874.

2. GOUJON. *Ajoutez* : || 2° Petite pièce de bois ou de métal qui en réunit deux autres en s'engageant dans les deux.

† GOULDE (goul-d'), *s. m.* Ancienne monnaie allemande, florin d'or ou d'argent [allem. *Gulden*, de *Gold*, or]: Toutes les monnaies de Vienne sont réelles; elles consistent : en écus espèces qui valent 90 kreutzers; en gouldes ou florins qui en valent 60.... GIRAUDEAU, *la Banque rendue facile*, 1769, p. 267.

† 2. GOULETTE. *Ajoutez* : || 2° Resserrement produit dans les cours d'eau par les bois de flottage qui s'arrêtent sur les bords. Lorsque l'eau est rare, les premiers bois jetés font peu de trajet; ils s'arrêtent de chaque côté du ruisseau dont ils remplissent les sinuosités et inégalités; ils forment ainsi une goulette dans laquelle l'eau se trouve resserrée et peut offrir aux derniers bois qui se jettent un écoulement facile jusqu'à la rivière principale, *Mém. de la Soc. centr. d'Agric.* 1873, p. 258.

† GOULIER (gou-lié), *s. m.* En Normandie, un goulier de cochon, la mâchoire inférieure avec la partie antérieure du cou. On fait fumer le goulier, on le mange au sortir de la marmite, ou grillé, avec une sauce piquante.

— ÉTYM. *Gueule*, autrefois *goule*.

† GOULLEH (gou-lè), *s. f.* Bouteille qui sert à rafraîchir les liquides qu'on y met. Les Égyptiens se servent de la goulleh ou bouteille réfrigérante en terre grise, *Journ. offic.* 24 août 1873, p. 5540.

† GOULOTERIE (gou-lo-te-rie), *s. f.* Petits articles en verre. Gobioterie, gouloterie et autres articles en verre blanc et uni, *Journ. offic.* 29 janv. 1874, p. 837, 1re col.

GOUPILLON. — HIST. *Ajoutez* : || XVIe s. On s'arrosoit avec une sorte d'aspergès ou guipillon presque semblable aux nostres, VIGENERE, *Traduction de Tite-Live*, t. II, *Annotations*, col. 1216.

— REM. *Ajoutez* : Un petit goupillon, dans l'exemple de Mme de Sévigné, est expliqué par un petit reste. Cela n'est pas suffisant; un goupillon y est une chose désagréable, une corvée. Boire le goupillon était dans le XVIIe siècle une sorte de punition infligée aux buveurs, et qui paraît avoir consisté à leur faire boire jusqu'à la dernière goutte de la bouteille en accompagnant cette opération de quelque violence, CH. NISARD, *Parisianismes*, 1876, p. 28. On l'auroit bien envoyé paistre Qui n'eust fait péter le salpestre, Et si, sa santé se beuvant [du parlement], On n'eust fait pouf! auparavant; Par l'advis du conseil de guerre, Ou plustost du conseil de verre, On auroit beu le goupillon, *le Burlesque On de ce temps*, IIIe part. p. 6, Paris, 1648.

† GOUR (gour), *s. m.* Espèce de bœuf (*bos gaurus* ou *bibos concavifrons*).

† GOURA. *Ajoutez* : — ÉTYM. Javanais, *gord*, tonnerre, à cause que le mâle, quand il désire sa femelle, fait entendre une voix mugissante.

† GOURBET. *Ajoutez* : Que les habitants du Porge [arrondissement de Bordeaux] ont, il y a vingt ans environ, ensemencé eux-mêmes sans succès deux dunes situées dans le quartier de Lauros; qu'il ressort en outre de toutes les dépositions que l'unique plante accrue au pied et sur le flanc des dunes, connue dans le pays sous la dénomination de gourbet, servait habituellement à la nourriture des vaches et des chevaux, qui, après l'avoir consommée sur place, s'installaient sur le sommet de ces éminences de sable pour y chercher le repos et la fraîcheur, *Arrêt de la Cour d'appel de Bordeaux*, 1re chambre, du 6 mai 1872, dans *Gaz. des Trib.* des 21 et 22 oct. 1872, p. 1033, 2e col.

GOURD. *Ajoutez* : Le bras dont elle embrasse sa maîtresse est gourd, DIDER. *Œuv. compl.* 1821, t. IX, p. 274.

GOURDIN. *Ajoutez* : || Voix de gourdin, s'est dit de la voix d'un homme parlant comme s'il distribuait des coups de bâton. On le voit [Duclos], on l'entend gardant jusque dans les salons cette voix de gourdin qu'il tenait de sa première hantise dans les cafés, STE-BEUVE, *Causeries du lundi* (article sur *Grimm*, qui, le premier, avait parlé de cette voix de gourdin de Duclos).

— REM. Gourdin se trouve comme nom propre dès le commencement du XIIIe siècle : Ansiaus Gourdins de Belesportes, *Charte du Vermandois*, dans *Biblioth. des chartes*, 1874, t. XXXV, p. 443.

GOURGANDINE. — ÉTYM. *Ajoutez* : M. Pihan cite le persan *gourgandjé*, prostituée, libertine, comme origine de *gourgandine*; mais comment ce mot persan aurait-il pu venir en notre langue dans le courant du XVIIe siècle? Il vaut donc mieux s'en tenir à l'opinion de M. Lebéricher, laquelle s'appuie sur un fait, le verbe normand *gourgandir*.

GOURMANDÉ. *Ajoutez* : — REM. Gourmandé de persil, dans l'exemple de Molière, est sans doute un terme des amateurs de bonne chère dans le XVIIe siècle. Le Dictionnaire de l'Académie l'interprète par lardé de persil. Cette interprétation, qu'on peut croire traditionnelle (je ne pense pas que gourmandé en ce sens soit resté dans le langage de la cuisine), doit être acceptée. Maintenant comment l'ajuster au sens de gourmand et gourmander? Est-ce rendu friand, agréable au goût, par le persil? ou n'est-ce pas plutôt gourmander, pris dans le sens de commander : un carré de mouton que le persil gourmande, c'est-à-dire auquel il impose une saveur particulière.

† GOURMELLE (gour-mè-l'), *s. f.* Nom, dans les Vosges, de l'oronge, sorte de champignon comestible.

† GOURMEUR (gour-meur), *s. m.* Se dit, dans quelques provinces, pour dégustateur. Que vainement il allègue [un contrefacteur du *café des gourmets*] que le mot gourmeur [il appelait son produit *café des gourmeurs*] est employé dans certaines contrées de la France comme synonyme de dégustateur, et qu'il a sa signification propre, *Gaz. des Trib.* 6 sept. 1874, p. 856, 1re col.

— ÉTYM. Le même que *gourmet* (voy. ce mot). En wallon, *gourmet* se dit *gourmeu*.

† GOUSPIN. *Ajoutez en exemple* : Combien a-t-on vu de gouspins, De bancroutiers, de haplopins, Faire les gens de haute taille! *les Maltôtiers*, p. 3, Paris, 1649, dans CH. NISARD, *Parisianismes*, p. 125.

GOÛT. *Ajoutez* : || 13° Le goût de la mort, la sensation qu'on a qu'on va mourir. Et comme la pauvre fille voulait protester contre d'aussi tristes paroles : Faites cela, je vous prie, dit Mozart, j'ai le goût de la mort sur les lèvres, E. GAUTIER, d'après une lettre de Sophie Weber, dans *Journ. offic.* 9 juin 1874, p. 3864, 3e col.

† GOUTAVE (gou-ta-v'), *adj. m.* Fossés goutaves, se dit, dans l'Isère, de fossés d'assèchement. Que lesdits terrains étaient déjà complétement asséchés au moyen des deux fossés goutaves qui se déversaient dans l'Isère.... *Arrêt du conseil d'État*, 8 août 1873.

1. GOUTTE. *Ajoutez* : || 18° Terme d'astronomie. Goutte noire, dite aussi pont et ligament noir, tache noire qui se montre lors des passages de Vénus au contact du soleil et de la planète, CH. ANDRÉ, *Acad. des sc. Comptes rendus*, t. LXXXIII, p. 946.

† 3. GOUTTE (gou-t'), *s. f.* Nom donné, dans le Puy-de-Dôme, aux petits vallons, *les Primes d'honneur*, p. 439, Paris, 1874.

† GOUTTÉ. *Ajoutez* : || 2° En Normandie, plie gouttée, par opposition à la plie brune, le carrelet qui est parsemé de taches jaunes.

† GOUTTETTE (gou-tè-t'), *s. f.* Ancien nom populaire de l'épilepsie. Traité de l'épilepsie, maladie vulgairement appelée la gouttette aux petits enfants, par Jehan Taxil, Lyon, 1603.

— ÉTYM. Diminutif de *goutte*, parce qu'on attribuait le mal à une goutte d'humeur tombée dans le cerveau.

GOUTTIÈRE. *Ajoutez :* — REM. 1. La gouttière n'est point une croix, comme il est dit au n° 7; c'est un évidement pratiqué le long des lames de certaines armes blanches; la gouttière est plus étroite que le pan creux relativement à sa profondeur. || 2. La gouttière du n° 8 n'est point exactement synonyme de gélivure. C'est un défaut des bois, une partie pourrie au milieu du bois; elle peut avoir pour cause toute autre chose que la gelée : ce qui la distingue de la gélivure.

† GOUVERNAT (gou-vèr-na), *s. m.* Fonction de gouverneur. Je suis ravi d'avoir envoyé le tout au diable et jeté mon gouvernat par une aussi large fenêtre [il s'agit de l'office de gouverneur du duc de Bordeaux], CHATEAUBR. *Mém. d'outre-tombe* (éd. de Bruxelles), t. VI, *Conseil de Charles X en France*, etc.

† GOUVERNEMENTISTE (gou-vèr-ne-man-ti-st'), *s. m.* Partisan du gouvernement. ....Faisant de nécessité vertu, affectaient de paraître gouvernementistes, BABŒUF, *Pièces*, I, 47.

— REM. Ce néologisme du temps de la révolution est un précédent du néologisme gouvernemental, que notre temps a produit.

† GOUYARD (gou-iar), *s. m.* Nom d'un petit appareil que les faucheurs portent à la ceinture; il y a dedans une pierre à aiguiser et de l'eau, afin de pouvoir aiguiser la faux.

GOYAVE. *Ajoutez :* — ÉTYM. Espagnol d'Amérique, *goyaba*, du quichua ou péruvien *gayabâ*, MASPERO, *Mém. de la Société de linguist.* II, 51.

† GRABEAU. — ÉTYM. *Ajoutez :* M. Devic, *Diction. étym.*, remarque que le bas-lat. *garbellare*, passer au crible, l'esp. *garbillar*, cribler, *garbillo*, crible, se rattachent facilement à *grabeau*, puisque *grabeau* représente des criblures On ne peu songer au lat. *cribrum*, à cause de la voyelle. Mais l'arabe *gharbâl*, *gharbîl*, crible, a fourni à l'espagnol la voyelle *a*; et c'est par cet intermédiaire que notre mot s'est formé.

GRACILITÉ. *Ajoutez :* — REM. À l'exemple de *gracilité*, on a fait le néologisme et latinisme *gracile*. La seule disproportion d'un corps gracile et d'une épée colossale, E. BERGERAT, *Journ. offic.* 2 juin 1874, p. 3685, 1re col. Ce latinisme ne paraît point utile, puisqu'on a *grêle*; *gracilité* s'explique et se justifie parce que le substantif de *grêle* manque.

† GRACIOSO. *Ajoutez :* Enfin le gracioso se présenta pour ouvrir la scène, LE SAGE, *Gil Blas*, VII, 6.

GRADIN. || 4° *Ajoutez :* || Gradins droits, mode d'exploitation dans lequel on attaque les massifs par le haut. || Gradins couchés, mode analogue au mode par gradins renversés, et qu'on emploie quand la couche est faiblement inclinée.

† GRADUAT (gra-du-a), *s. m.* Terme universitaire. L'élévation à un grade, bachelier, licencié, etc. Les jeunes gens qui se présentent à l'université [en Belgique] ont été soumis jusqu'ici à un examen de passage appelé examen du graduat ès lettres, *Journ. des Débats*, 13 mars 1876, 1re page, 6e col.

GRADUATION || 1° *Ajoutez :* || On donne aussi le nom de graduation à l'échelle graduée des instruments.

— HIST. XVIe s. Il n'estoit point encore [du temps du concile de Nicée] de nouvelles de bacheliers ni docteurs en theologie, qui seuls deussent estre creus aux conciles, en la decision des matieres controverses, comme maintenant; ces graduations furent inventées longtemps après, assavoir en l'an MCCXV par le concile de Latran, *Le bureau du concile de Trente*, p. 5. (Ici *graduation* signifie grade universitaire.)

† GRAGEOIR (gra-joir), *s. m.* Pilon pour écraser le gros sel, DELBOULLE, *Gloss. de la vallée d'Yères*, p. 172.

† GRAGER. *Ajoutez :* || Café gragé, café passé à la grage. Bordeaux : cafés, il a été vendu : 800 sacs *guayra* gragé de fr. 125 à 130; 1050 sacs *dito* non gragé de fr. 115 à 120, *l'Économiste français*, 22 janv. 1876, p. 118.

† GRAILLON. *Ajoutez :* — REM. Sentir le graillon, c'est sentir la graisse brûlée dans un pot de terre.

GRAIN. *Ajoutez :* || 24° Terme d'artillerie. Grain de lumière, masse de métal moins fusible en général que celui dont est faite une bouche à feu, qui est vissée dans son épaisseur, et dans laquelle est percée la lumière. La seule réparation qu'ils [des canons] aient exigée a été le remplacement du grain de lumière, *Journ. offic.* 20 mars 1873, p. 1948, 3e col. || 25° Grain courant d'avarie, nom que l'on donne, dans le commerce des grains, à un examen sommaire, qui consiste en ceci : on prend dans la main une poignée du grain, et on l'examine; si ce simple examen n'indique pas d'avarie, la marchandise est jugée saine. Il leur a transmis l'échantillon [de blé] à lui offert par L..., qui présentait une marchandise sèche ne comprenant que peu de grains détériorés, n'ayant ni grain courant d'avarie ni surcharge, *Arrêt du 22 juillet 1872, cour d'appel de Rouen, 1re chambre*, dans *Gaz. des Trib.* 27 oct. 1872, p. 1053, 2e col. || 26° Grain du Levant, sorte de chagrin. Chèvres chagrinées, grains du Levant, peausserie en tous genres, *Alm. Didot-Bottin*, 1871-72, p. 1202, 3e col.

† GRAINAGE. *Ajoutez :* J'ai mis 900 grammes de ces cocons au grainage, et j'en ai obtenu 71 grammes de graine, G. SANTY, *Mém. d'Agric.* etc. 1870-71, p. 249. L'opération délicate du grainage, ID. *ib.* p. 266.

GRAINE. || 3° *Ajoutez :* C'est à l'aide des méthodes de sélection.... que l'on est parvenu souvent à se procurer de la graine (suivant la locution consacrée) ou, pour mieux dire, des œufs exempts des corpuscules, germes de maladie, PAYEN, *Mém. d'Agric.* etc. 1870-71, p. 34. || 5° Graines longues, synonyme d'alpistes, *Journ. offic.* 20 nov. 1871, p. 4553, 2e col.

† GRAINER. || 2° *Ajoutez en exemple :* L'opération délicate du grainage.... des Italiens, qui viennent acheter des cocons et grainer sur place, J. SANTY, *Mém. d'Agric.* etc. 1870-71, p. 265.

† GRAINEUR. *Ajoutez :* Des graineurs peu consciencieux appellent *graine Pasteur* une graine mal faite par mon procédé.... PASTEUR, *Journ. offic.* 29 déc. 1873, p. 8198, 1re col.

† GRAIN-TIN (grin-tin), *s. m.* Nom de l'étain en lames. L'étain du commerce se présente en feuilles, en baguettes, en tables, en pains, en saumons et en lames; sous cette dernière forme, il est appelé grain-tin, P. POIRÉ, *Notions de chimie*, p. 213, Paris, 1869.

— ÉTYM. La finale *tin* est l'angl. *tin*, étain; mais *grain* ne s'explique pas.

† GRAISINS (grè-zin), *s. m. pl.* Terme de verrerie. Synonyme de cassons.

GRAISSE. || 1° || À graisse d'argent.... *Ajoutez :* Je conjure M. le grand maître de faire faire ce que dessus, et le clayonnage, et ce promptement, à graisse d'argent; car, à quelque prix que ce soit, nous voulons, avec l'aide de Dieu, et prendre Hesdin et battre les ennemis, RICHELIEU, *Lett.* etc. t. VI, p. 389 (1639; cette locution y est fréquente). || 7° Courte-graisse, voy. COURTE-GRAISSE au Dict.

GRAISSER. *Ajoutez :* — REM. Au lieu de graisser la patte, on disait dans le moyen âge oindre la paume. Ainsi, dans un fabliau, une vieille à qui le prévôt avait saisi deux vaches reçut l'avis qu'elle le fléchirait, Se la paume lui avoit ointe, MÉON, *Nouv. Recueil*, t. I, p. 183.

† GRAISSEUR (grè-seur), *s. m.* || 1° Ouvrier employé à graisser les essieux et les organes des machines, dans les chemins de fer. Un graisseur, voyant le danger, s'est élancé au secours de l'imprudente femme, *le Petit Parisien*, 8 nov. 1876, 3e p. 3e col. || 2° *Adj.* Terme de mécanicien. Palier graisseur, palier qui graisse automatiquement l'arbre qu'il supporte.

GRAMINÉE. *Ajoutez :* — REM. On dit une graminée au singulier; mais non un graminé; *plante* est toujours sous-entendu. Il y a donc faute dans ce passage. Graines de trèfle : on demande toujours ce graminé, mais sans résultat, *l'Économiste français*, 22 janv. 1876, p. 118. Il faudrait : cette graminée. De plus, le trèfle n'est pas une graminée.

† GRAMMATE (gra-mma-t'), *s. m.* Le grammate des troupes, nom sous les Ptolémées, en Égypte, du ministre de la guerre. L'admirable statuette du grammate du Musée appartient, d'après le tombeau où elle a été trouvée, à la Ve ou à la VIe dynastie [égyptienne], A. C. MOREAU DE JONNÈS, *Ethnogénie caucasienne*, p. 33.

— ÉTYM. Γραμματεὺς, écrivain, de γράμμα, lettre, écriture.

GRAND. *Ajoutez :* || 29° *S. f. pl.* Les grandes, les femmes des grands. Je sue sang et eau à faire ces sortes d'écriture [lettres aux personnages haut placés], et j'accouche autant de fois que j'écris des lettres aux grands et aux grandes, BALZAC, *Lett. inédites*, LXXXII, éd. Tamizey-Larroque. || 30° Tout en grand se dit, en termes de marine, d'un navire qui n'a subi aucun dommage. Il convient de reconnaître que le bateau *le Danemark*, qui s'est arrêté dans la ligne de navigation, tout en grand et sans secousse, a péri par un vice qui lui était propre, ou s'est échoué sur un écueil que la compagnie du touage ne pouvait connaître, *Gaz. des Trib.* 24 juin 1874, p. 600, 4e col. || 31° Dans l'ancienne monarchie, monsieur le Grand, le grand écuyer. || Madame la Grand, la femme de monsieur le Grand, MALH. *Lexique*, éd. L. Lalanne.

— REM. On dit depuis quelque temps : Faire grand, pour travailler en grand, à la grande. Faites grand, Sire, fut une flatterie adressée dans le temps à Napoléon III. Il fait grand, chose importante pour l'Opéra, et l'on sent qu'il pourrait remplir aisément ce vaste cadre, TH. GAUTIER, *Feuilleton*, *Monit. universel*, 30 nov. 1868. Faire grand est très-peu français.

† GRAND'GARDE (gran-gar-d'), *s. f.* Voy. GARDE 1, n° 11.

† GRANDIFIER (SE), *v. réfl.* Faire effort pour se rapprocher des grands. Toute la cour le porte [le deuil], c'est-à-dire les grands, et avec eux grand nombre de petits qui se veulent grandifier par ce moyen, MALH. *Lexique*, éd. L. Lalanne.

— ÉTYM. Lat. *grandis*, grand, et *facere*, faire.

† GRANDILOQUENCE (gran-di-lo-kan-s'), *s. f.* Parole pompeuse. Je crois que c'est vous-mêmes, messieurs, qui vous mystifiez par votre fausse métaphysique et votre grandiloquence, PROUDHON, *les Majorats littéraires*, p. 14, Paris, 1868.

— ÉTYM. Lat. *grandiloquus*, de *grandis*, grand, et *loqui*, parler (voy. LOQUACE).

GRANDIR. — HIST. *Ajoutez :* || XIIIe s. Adès aloit en grandissant La feste en joie et en honnour, De plus en plus, de jour en jour, ADENES, *Cleomades*, publié par van Hasselt, v. 17938.

GRAND'MAMAN (gran-ma-man), *s. f.* Voy. MAMAN.

GRANGE. *Ajoutez :* || 2° Nom des chalets dans lesquels on fabrique le fromage de Gruyère. Les chalets ou les granges dans lesquels on fabrique le fromage de Gruyère.... chacune d'elles [montagnes à fromages de la Savoie] possède un chalet et une ou plusieurs granges, qui servent d'habitation pour le bétail, HEUZÉ, *la France agricole*, p. 8.

GRANIT. *Ajoutez :* — REM. M. le pasteur Dupin de Saint-André, de Sauveterre (Basses-Pyrénées), observe que le granit se compose de feldspath, de quartz et de mica. Le Dictionnaire oublie le quartz.

† GRANITAIRE (gra-ni-tê-r'), *adj.* Qui est de la nature du granit.

† GRANITIER (gra-ni-tié), *s. m.* Ouvrier travaillant le granit. Sculpteurs, marbriers, stucateurs, tailleurs de pierres, granitiers, fabricants de pierres artificielles.... *Journ. offic.* 10 mars 1875, p. 1802, 1re col.

† GRANTHA (gran-ta), *s. m.* Nom d'un caractère d'écriture usité dans les Indes. Inscriptions en grantha, *Journ. offic.* 29 fév. 1876, p. 1450, 3e col.

† GRANULATEUR (gra-nu-la-teur), *s. m.* Appareil destiné à former de la poudre en grains.

GRANULATION. *Ajoutez :* || 6° Fabrication des grains ronds qui constituent la poudre de mine.

GRANULER. *Ajoutez :* || 2° Terme de métallurgie. Tirer parti de ce qui est rejeté des fourneaux. Le meeting a entendu alors une description du procédé de M. Wood pour granuler la fonte et les laitiers; granuler les laitiers, c'est faire un produit industriel de ces masses immenses de matières non utilisées jusqu'à ce jour, et dont tous les hauts fourneaux jonchent les plus belles vallées, en menaçant de les combler; granuler la fonte est devenu presque une nécessité, avec le nouveau système de puddlage mécanique de M. Danks, *Journ. offic.* 1er sept. 1873, p. 5670, 3e col.

† GRAPETTE (gra-pè-t'), *s. f.* Nom, dans le quartier d'Agde, d'un engin propre à la pêche de la moule, *Statistique des pêches marit.* 1874, p. 113.

† GRAPHIE (gra-fie), *s. f.* || 1° Néologisme. Emploi de signes pour exprimer les idées. Cet art de Cornelius était vraiment singulier : sorte de graphie hiéroglyphique, inventée pour transposer les idées les plus abstraites au moyen de signes gravés sur les murailles, BÜRGER, *Salons de 1861 à 1868*, t. II, p. 414. || 2° Manière d'écrire au point de vue de l'emploi et de la valeur des caractè-

res. Il [M. Robert Atkinson] a dressé la liste complète de toutes les combinaisons de voyelles qui se trouvent dans son manuscrit [*Vie de seint Auban*], et cette liste est utile, surtout pour l'étude de la graphie anglo-normande, G. PARIS, *Romania*, t. V, p. 389.

— ÉTYM. Γράφειν, écrire, ou plutôt le dernier élément des composés tirés du grec, tels que : *géographie*, *télégraphie*, *hydrographie*, etc.

1. **GRAPHIQUE.** *Ajoutez :* || 5° *S. m.* Un graphique, un dessin exécuté graphiquement. || 6° *S. m.* Le graphique, le tracé que décrit un appareil enregistreur. L'appareil permet d'obtenir sur l'homme, sain ou malade, le graphique des mouvements du cœur avec les différents caractères que lui impriment les variations physiologiques ou les troubles de la fonction, MAREY, *Notice sur les titres et travaux scientifiques*, p. 76, p. 32. Le graphique de la contraction directe [d'un muscle], qui est l'expression exacte du travail mécanique du muscle, MORAT et TOUSSAINT, *Acad. des sc. Comptes rend.* t. LXXXIII, p. 156

— ÉTYM. Γραφικὸς, ou le dernier élément des adjectifs tirés du grec, tels que : *géographique*, *télégraphique*, etc.

† **GRAPHISME** (gra-fi-sm'), *s. m.* Manière de représenter, d'écrire les mots d'une langue. L'écriture chinoise.... a atteint, grâce à la longue durée de son usage, à l'abondance de ses signes et à la variété de son application, un degré de perfection assez avancé, qui la place, dans l'histoire du graphisme, fort au-dessus de l'écriture des Nahuas [Mexicains], A. MAURY, *De l'origine de l'écriture, Journ. des savants*, août 1875, p. 473.

— ÉTYM. Le substantif *graphie*, et la finale *isme*, qui indique en général l'étude à laquelle on se livre.

† **GRAPHOLOGIE** (gra-fo-lo-jie), *s. f.* Étude par laquelle on croit pouvoir parvenir à connaître l'état moral, les aptitudes et les dispositions d'une personne par la forme des lettres et des traits de son écriture.

— ÉTYM. Γραφή, écriture, et λόγος, étude.

† **GRAPHOLOGUE** (gra-fo-lo-gh'), *s. m.* Celui qui se livre à la graphologie

† **GRAPPAGE** (gra-pa-j'), *s. m.* Action, possibilité de grapiller. Fasse ses vendanges qui voudra ; les miennes sont faites, et si bien faites que le grappage même n'y est pas demeuré, MALH. *Lexique*, éd. L. Lalanne.

1. **GRAPPE.** *Ajoutez :* — REM. En artillerie, la grappe de raisin était un dispositif employé autrefois pour lancer des balles à l'aide des canons ; les balles étaient réunies autour d'un axe en fer, entre deux plateaux en bois, et maintenues par une toile et du fil de fer

† 3. **GRAPPE** (gra-p'), *s. f.* Synonyme de vin de cannes.

— ÉTYM. Espagn. *guarapo*, nom de cette liqueur à la Nouvelle-Grenade et au Venezuela.

† **GRAPPERIE** (gra-pe-rie), *s. f.* Terme de viticulture. Ensemble des grappes, production des grappes. Que dans les régions qui ne sont pas encore atteintes par le phylloxéra, une visite attentive des établissements de pépiniéristes et des grapperies soit effectuée par les soins des comités de vigilance en vue de constater si les vignes sont ou non phylloxérées, *Journ. offic.* 6 avril, 1877, p. 2683, 3° col.

GRAPPIN. *Ajoutez :* || 5° Nom, sur le Rhône, d'un remorqueur ainsi dit parce qu'il se toue lui-même par une roue à l'arrière, laquelle mord sur le fond sableux du fleuve à la façon d'un grappin. Les remorqueurs ou grappins qui ont jusqu'à 105 mètres de long sur 7 mètres de large et qui traînent des convois d'environ 500 tonnes avec un tirant d'eau minimum de 80 centimètres, L. SIMONIN, *Rev. des Deux-Mondes*, 1er fév. 1877, p. 647.

GRAS. || 9° *Ajoutez :* || Un faire gras, se dit d'un peintre qui couche la couleur avec abondance. Il [J. Duvivier] établissait savamment ses masses ; il entrait ensuite dans de très-grands détails, en conservant un faire gras et large, L. GOUGENOT, dans *Mém. inéd. sur l'Acad. de peinture*, publ. par Dussieux, etc. t. II, p. 324. || 25° Terme de forestier. Bois gras, celui dont le tissu est mou, poreux, peu résistant, dont le grain est peu serré, la fibre lâche et imparfaitement lignifiée, NANQUETTE, *Expl. débit et estim. des bois*, Nancy, 1868, p. 172. || 26° Emballage en gras et en maigre, emballage en toile grasse (voy. TOILE, n° 6) et en toile ordinaire. || 27° Terme de filature. Filer en gras, filer en ajoutant de l'huile. Nous filons en gras, avec addition de 8 pour 100 d'huile, *Enquête, Traité de comm. avec l'Anglet.* t. III, p. 692.

GRASSET. *Ajoutez :* || 3° Terme de boucherie. Région dite aussi hampe, fras, œillet, les œillères, lampe, qui s'étend de la partie postérieure et latérale du ventre vers l'extrémité inférieure et antérieure de la cuisse.

† **GRATAIRON** (gra-tè-ron), *s. m.* Nom d'un fromage de chèvre. Le fromage gratairon est assez estimé ; on le fabrique dans la Savoie, HEUZÉ, *la France agricole, carte* n° 44.

GRATIFICATION. *Ajoutez :* || 2° Faveur. Ce qu'il m'a donné vaut beaucoup, mais.... il en a fait sa montre par les carrefours.... c'est une gratification qu'il a voulu faire, non à moi, mais à sa vanité, MALH. *Lexique*, éd. L. Lalanne. Luttez bien avec la maladie : si vous ne faites rien pour elle, si vous ne lui accordez rien, ni par obéissance, ni par gratification, vous aurez fait une preuve signalée de votre suffisance, ID. *ib.* La philosophie [est] une gratification qui vient de leur main [de la main des dieux], ID. *ib.* La fortune vous devait des gratifications extraordinaires, ID. *ib.*

GRATIFIER. *Ajoutez :* || 3° Être agréable à. Métellus en son bannissement eut patience ; Rutilius prit plaisir au sien ; l'un revint pour gratifier sa république, qui le rappelait ; l'autre, prié par Sylla de revenir, ne craignit point de le refuser, MALH. *Lexique*, éd. L. Lalanne. La terre même était plus fertile sans être labourée, comme si elle eût voulu gratifier les hommes de ce qu'ils ne la tourmentaient point, ID. *ib.* Ce que l'on croyait qu'il fit pour gratifier le roi, c'était pour attendre les troupes, ID. *ib.* M. de Valavez vous aura fait voir une traduction que j'ai faite.... voilà pourquoi je gratifierai ma paresse en cette occasion, avec votre congé, ID. *ib.*

GRATIS. || 3° *Ajoutez :* || Nom qu'on donnait aux représentations gratuites. Depuis [1772], les représentations gratuites se renouvelèrent assez fréquemment ; on les appelait tout simplement des gratis, *Monit. univ.* 14 août 1868, p. 1197, 4° col.

GRATITUDE. — HIST. *Ajoutez :* || XVe s. Nul n'y entre, s'il n'est en gratitude [en bon gré] De ce grant roi et lui soit acceptable, JEAN JORET, *le Jardin salutaire*, p. 112.

† **GRATTE.** *Ajoutez :* || 3° Dans la fabrique des chaussures, morceaux de cuir ou d'étoffe que les ouvriers ne sont pas obligés de restituer après avoir taillé dans la pièce remise le nombre de chaussures demandé. Avec la gratte on fait quelquefois sur cinq paires de bottines une sixième paire qui appartient alors à l'ouvrier. Les tailleurs se livrent à la même pratique, considérée d'ailleurs comme un abus.

† **GRATTE-BOËSSE.** *Ajoutez comme exemple :* Après cela, on se met à dorer en procédant ainsi : on nettoie et on polit soigneusement avec des gratte-boësses l'ouvrage que l'on veut dorer ; ces outils sont très-connus et se vendent chez les merciers ; mais les marchands n'en fabriquent que d'une seule et même dimension.... il faut donc en faire soi-même de grands et de petits avec du laiton mince comme du fil à coudre, dont on forme une brosse de la grosseur du doigt, plus ou moins, suivant le besoin, *Œuvres de Benvenuto Cellini*, trad. de L. Léclanché, *Traité de l'orfèvrerie*, ch. XIV, t. II, p. 340.

† **GRATTE-BOËSSER.** *Ajoutez en exemple :* Quand on a bien gratte-boëssé l'endroit que l'on veut dorer, on pose l'or dessus à l'aide d'un avivoir, *Œuvres de Benvenuto Cellini*, trad. de Léclanché, *Traité de l'orfèvrerie*, ch. XIV, ou t. II, p. 340.

† **GRATTEUR.** *Ajoutez :* || 3° Peigneur ou gratteur de toiles de coton, *Tarif des patentes*, 1858.

† **GRATTONS** (gra-ton), *s. m. pl.* Nom, dans l'Angoumois et la Saintonge, des débris de porc cuits dans la graisse ; c'est ce qu'on nomme ailleurs rillettes et rillons (voy. ces mots au Dictionnaire).

† **GRATTURE.** *Ajoutez :* Les grattures de têtes et de pieds de veaux et de moutons, poils et ergots, sont un précieux engrais pour les oliviers, JOHANET, *Journal des Débats*, 26 oct. 1876, *feuilleton*, 2° page, 6° col.

† **GRAU** (grô), *s. m.* On appelle graux, dans le Midi, les passes établies de la mer aux étangs salés du littoral, E. GRANGEZ, *Voies navigables de France*, p. 502. Nom donné, dans les Bouches-du-Rhône, aux canaux qui portent les eaux de la Camargue à la mer, *les Primes d'honneur*, Paris, 1872, p. 493. De Maguelone à l'embouchure du petit Rhône, la plage est coupée par une innombrable série de petits graus (on nomme ainsi du mot latin *gradus*, les passages par lesquels les étangs du littoral communiquent avec la mer) qui changent trop fréquemment pour qu'il y ait utilité à les énumérer, ED. DE BARTHÉLEMY, *Journ. offic.* 25 fév. 1876, p. 1390, 1re col.

— REM. On trouve le pluriel écrit *graux* et *graus*. Il vaut mieux prendre l'*x*, à cause de l'uniformité avec les autres mots en *au*.

— ÉTYM. Prov. *gra* (*gra de Magalona*, dans Du Cange, *gradus*, 8), et *grau* (*grau de Narbona*, *ib.*) ; bas-lat. *gradus*, du lat. *gradus*, degré. Faut-il rapporter au même le *grau* de l'exemple suivant ? Ce bâtiment, chargé de 116 tonneaux d'orge, allait à Dunkerque ; il a fait côte sous le grau Blanc-Nez, à 200 mètres du pied de la falaise, *Journ. offic.* 14 avril 1872, p. 2545, 1re col. Le grau Blanc-Nez est en Normandie ; c'est un tout autre pays ; et je ne sache pas qu'en langue d'oïl *gradus* ait donné *grau*.

1. **GRAVE.** || 11° *Ajoutez :* || Sorte de morceau de musique. On doit citer de lui [le violoniste Leclair] un grave en ut mineur, connu sous le nom de *Tombeau de Leclair*, *Journ. offic.* 25 oct. 1875, p. 8846, 2° col.

† 3. **GRAVE.** — ÉTYM. *Ajoutez :* Il n'y a pas de localité du nom de *Grave* dans la Gironde ; et le nom de vin de *grave* au sens de gravier (voy. GRAVE 2 au Dictionnaire), de terrain caillouteux, etc. désigne les vins de la banlieue, en quelque sorte, de Bordeaux, et principalement du côté du sud, par exemple le cru fameux de Haut-Brion.

GRAVÉ. *Ajoutez :* || 3° Qui a été rongé par la rouille, en parlant des objets en acier poli.

† **GRAVELAGE.** *Ajoutez :* Les matériaux.... destinés au pavage ou au gravelage des chemins vicinaux..., *Monit. univ.* 2 mai 1868, p. 590, 6° col.

† **GRAVELOTTE** (gra-ve-lo-t'), *adj.* Pluvier gravelotte, voy. PLUVIER.

† **GRAVETTE.** *Ajoutez :* || 2° Gravette, dite aussi huître native, huître provenant des dépôts naturels qui se trouvent dans les eaux d'Arcachon, BOUCHON-BRANDELY, *Journ. offic.* 26 janv. 1877, p. 582, 1re col. Une bonne partie [des huîtres] a été livrée à la consommation dans des conditions peu favorables à la vieille réputation des gravettes d'Arcachon, *ib.* 18 mai 1876, p. 3389, 3° col.

† **GRAVIDITÉ** (gra-vi-di-té), *s. f.* Terme de physiologie. État de l'utérus contenant le produit de la fécondation. S'il y a eu fécondation de l'œuf sorti [de l'ovaire] et gravidité, CARL VOGT, *Lettres physiologiques*, Paris, 1875, p. 529.

— ÉTYM. Lat. *graviditatem*, de *gravidus* (voy. GRAVIDE).

† 2. **GRAVIER** (gra-vié), *s. m.* Nom donné à ceux qui, à Terre-Neuve, étalent au soleil la morue sur les graves ou grèves.

† 2. **GRAVIÈRE** (gra-viè-r'), *s. f.* Lieu d'où l'on extrait du gravier. Dans la gravière municipale [on a trouvé] une épée brisée et un scramasax, *Journ. de l'Aïn*, 9 mai 1876, 3° page. Des silex recueillis dans des gravières, près d'Abbeville, *Rev. d'anthrop.* t. III, p. 577.

— ÉTYM. *Gravier.*

† **GRAVIFIQUE** (gra-vi-fi-k'), *adj.* Terme de physique. Se dit de ce qui cause ou accroît la densité ou gravité d'un corps ou d'un système gravitant, navire ou ballon. || *S. m.* Dans l'ancienne physique, fluide hypothétique par lequel les newtoniens expliquaient les phénomènes de la pesanteur ou gravitation universelle. Le philosophe génevois Georges Lesage, écrivain original et de la bonne marque, a créé ce mot dans son *Lucrèce newtonien*.

— ÉTYM. Lat. *gravis*, pesant, et la finale *ficus*, qui vient de *facere*, faire.

† **GRAVIMÈTRE.** *Ajoutez :* || 2° Appareil servant à mesurer la densité gravimétrique de la poudre.

† **GRAVIMÉTRIQUE** (gra-vi-mé-tri-k'), *adj.* Densité gravimétrique de la poudre, poids d'un litre de poudre non tassée.

GRAVIR. *Ajoutez :* || 3° Gravir sur, faire l'ascension de. On gravit sur les monts, on s'abandonne aux flots, CORN. *Imit.* III, 198.

† **GRAVITATIF, TIVE** (gra-vi-ta-tif, ti-v'), *adj.* Qui fait graviter. La force gravitative.

GRAVITÉ. *Ajoutez :* — REM. La force appliquée au centre de gravité pour le tenir en équilibre doit être verticale, car, si elle est oblique, il n'y aura pas équilibre ; et suffisante, car, si elle ne l'est pas, il n'y aura pas non plus équilibre. Ces deux conditions ne sont pas énoncées dans l'article. Aussi la définition complète du centre de gravité est : Point par lequel passe constamment la résultante des poids des molécules qui composent un corps, quelle que soit la position donnée à ce corps ; il y a équilibre toutes les fois que la verticale du centre de gravité passe par le point d'appui ou de suspension.

— HIST. *Ajoutez :* || XIIe s. Johans, li honorables hom, en cest bore gardanz lo liu des provoz, nos savons de queile veriteit et de queile graviteit il est, *li Dialoge Gregoire lo pape*, 1876, p. 269.

GRÉ. *Ajoutez :* || 4° Mauvais gré, sorte de droit qui grève les fermes, dans certains pays, au profit des fermiers. C'est dans le Santerre et le Vermandois que sont principalement situées les fermes qui sont grevées du droit de marché ou mauvais gré, dont l'origine est encore inconnue, HEUZÉ, *la France agricole*, p. 11. Mauvais gré, nom, dans le Hainaut, d'un abus très-semblable au droit de marché et par lequel le fermier détient à perpétuité et héréditairement le bien qu'il a pris à ferme, *Journ. offic.* 10 août 1876, p. 6152, 2e col. (voy. MARCHÉ au Supplément). || 5° En termes de navigation des rivières, à gré d'eau, autant que l'eau le permet. Sur le bas Rhône, la navigation se fait à la descente, à gré d'eau, à la rame ou à la voile, E. GRANGEZ, *Voies navigables de la France*, p. 620.

— REM. *Savoir gré* est une locution dont on ne se rend pas facilement compte tout d'abord. Elle a besoin de quelque explication. Elle représente exactement le grec εἰδέναι χάριν. Non que je veuille dire que la locution française vienne de la locution grecque ; pour cela, il faudrait des intermédiaires qui manquent absolument. Mais on est conduit à admettre qu'un même mode de concevoir la gratitude a conduit à un même mode de s'exprimer. Au reste, l'allemand dit aussi : *einem Dank wissen*. L'εἰδέναι χάριν signifie : savoir qu'on a du gré pour quelqu'un, lui être reconnaissant dans le cœur. C'est aussi l'explication de la locution française et de la locution allemande. Le mot de *reconnaissance* rentre dans le même ordre d'idées.

GRÈBE. *Ajoutez :* — REM. J. J. Rousseau fait le mot *grèbe* féminin, à tort.

— ÉTYM. *Ajoutez :* M. Devic, *Dict. étym.*, dit que *grèbe* est le grec moderne γλάβος, qui, d'après Tournefort, signifie un oiseau appelé *gabian* en Provence. Le *gabian* est un goëland (voy. GABIAN au Dictionnaire) ; mais cela n'est pas un obstacle insurmontable à l'opinion de M. Devic ; car l'on sait combien les noms d'animaux permutent entre eux.

GREC. *Ajoutez :* || 17° Les grecs du roi, nom donné à des caractères grecs que Robert Estienne fit exécuter pour l'imprimerie royale à Paris. Conrad Néobur étant mort en 1540, il [Robert Estienne] lui succéda pour le grec et fit exécuter sous sa direction les types grecs, appelés les grecs du roi, et qui furent gravés par Claude Garamond sur les modèles du Crétois Ange Vergèce ; les grecs du roi forment trois corps de dimensions diverses, *Journ. offic.* 28 mai 1873, p. 3400, 3e col.

† GRÉCISANT (gré-si-zan), *s. m.* Celui qui est attaché aux usages des Grecs en matière de religion. Défendant la messe en langue et en caractères slavons contre les attaques des grécisants, *Journ. offic.* 23 mai 1876, p. 3543, 1re col.

† GRÉCO-SLAVE (gré-ko-sla-v'), *adj.* Qui appartient aux Grecs et aux Slaves. L'alphabet gréco-slave est composé de deux éléments ; d'abord on y trouve toutes les lettres grecques qui sont propres à rendre les sons slaves ; puis on y a ajouté des caractères spéciaux pour exprimer les sons que l'alphabet grec ne saurait rendre et qu'il rendrait à l'aide de deux lettres, *Journ. offic.* 23 mai 1876, p. 3543, 2e col.

GRÉÉ. *Ajoutez :* || 2° Gréé se dit aussi d'autres appareils que ceux de la marine. Un troisième fanal à verre blanc, comme les deux premiers, était gréé avec de l'huile d'olive, ainsi que les cinq autres qui avaient des verres colorés, *Journ. offic.* 7 sept. 1875, p. 7635, 2e col.

† GREENBACK (grin'-bak), *s. m.* Billets émis par toutes les banques des États-Unis qui ont des valeurs du gouvernement, jusqu'à concurrence du montant de ces valeurs. À voir comment tous ces gens dépensent les greenbacks et les jettent au vent, on dirait qu'ils n'ont qu'à frapper du pied pour les faire sortir de terre, L. SIMONIN, *Rev. des Deux-Mondes*, 1er avr. 1875, p. 570.

— ÉTYM. Ces billets sont ainsi dits de la couleur de leur verso, de *green*, vert, et *back*, dos.

† GREFFAGE (grè-fa-j'), *s. m.* Action de greffer. Le greffage [de l'olivier] dans le département d'Alger, avec les variétés du midi de la France, semble avoir donné de moins bons résultats, *Journ. offic.* 15 nov. 1874, p. 7630, 1re col.

1. GREFFE, *s. m. Ajoutez :* — HIST. XIVe s. Que Lievins A-la-Tache et Philippe La Barbe, nos compaignons, greffiers à present de nostredit eschevinage, aident et confortent ledit Lambert.... à cause de l'office dudit graiffe (1378), VARIN, *Arch. administr. de la ville de Reims*, t. III, p. 464.

2. GREFFE, *s. f. Ajoutez :* || Greffe sur genoux, la même que la greffe en fente ou en demi-fente, dite ainsi parce que, les sujets étant retirés du sol, on peut les greffer étant assis et, par conséquent, sur les genoux.

GREFFIER. *Ajoutez :* || 2° Faire le greffier, lire ce qui a été écrit par un autre. À réciter les paroles d'un autre et faire le greffier, je ne trouve pas qu'il y ait beaucoup d'honneur, MALH. *Lexique*, éd. L. Lalanne.

— HIST. *Ajoutez :* || XIVe s. Lievins A-la-Tache et Philippe La Barbe, nos compaignons, greffiers à present de nostredit eschevinage (1378), VARIN, *Arch. administr. de la ville de Reims*, t. III, p. 464.

† GREFFON (grè-fon), *s. m.* Petite branche coupée sur un arbre qu'on veut multiplier, taillée et arrangée toute prête pour l'insérer sur le sujet ou arbre à greffer.

† GRÉGAL (gré-gal), *s. m.* Vent du nord-est dans la Méditerranée (TOURNEFORT).

— ÉTYM. Voy. GRÉGALADE.

† GRÉGARISME (gré-ga-ri-sm'), *s. m.* || 1° Terme de zoologie. Condition psychique qui fait que certains animaux vivent en société. Pourquoi la tendance au grégarisme ne serait-elle pas un résultat naturel de l'organisation de certains vertébrés? GUARIN DE VITRY, *la Philosophie posit.* nov.-déc. 1876, p. 357. || 2° Terme de botanique. État de certains champignons du genre agaric, qu'on ne trouve jamais qu'associés en grand nombre.

— ÉTYM. Lat. *gregarius*, qui est en troupeau, de *grex*, troupeau.

† GRÊLANT, ANTE (grê-lan, lan-t'), *adj.* Où il grêle. Cette année 1850 fut particulièrement grêlante, Extr. du *Journ. de Lyon*, dans *Journ. offic.* 17 juill. 1874, p. 4994, 1re col.

† GRÊLASSE (grê-la-s'), *s. f.* Grosse grêle. Tout à coup la pluie se changea en une grêlasse froide, qu'un vent violent portait dans le visage de nos soldats, THIERS, *Hist. de la Révolution*, t. VIII, p. 363 de la 8e éd. 1865.

2. GRÊLE. *Ajoutez :* || 4° Une grêle de bois, une grêle de coups. Qu'on le trouve où qu'il soit, qu'une grêle de bois Assemble sur lui seul le châtiment de trois, CORN. *Galerie du palais*, I, 9.

† 3. GRÊLET (grê-lè), *s. m.* Nom, dans le Jura, des baquets à traire le lait, *les Primes d'honneur*, Paris, 1869, p. 282.

GRELOT. *Ajoutez :* || 6° Bouton grelot, sorte de bouton en forme de grelot. Jaquette demi-ajustée en drap vert finance, croisant sur la poitrine et garnie de dix boutons grelots en étain, cinq de chaque côté également espacés, *Règlement des forêts*, 5 juill. 1875, art. 9.

† GRELOTTANT. *Ajoutez :* || 2° Au propre. Qui fait sonner ses grelots. Mon tarantass [sorte de voiture russe], attelé de trois chevaux de poste, arriva tout sonnant et grelottant devant le perron, H. GRÉVILLE, *Dosia*, ch. III.

GRENADIER. *Ajoutez :* — REM. Le corps de cavalerie de la garde impériale, portant des bonnets à poil et dit grenadiers à cheval, était non pas de notre temps, mais du premier empire.

† 1. GRENADINE. *Ajoutez :* || 2° Sirop de grenade, qu'on sert dans les cafés.

2. GRENADINE. *Ajoutez :* C'est alors [après 1823] qu'il [Doguin père] fabriqua avec Poidebard une ouvraison de soie, qui s'est depuis appelée grenadine ; c'est avec cette grenadine que mon père fit le premier tulle de soie Bobin qui ait été produit, soit en France, soit en Angleterre, *Enquête, Traité de comm. avec l'Anglet.* t. V, p. 459.

GRENAILLE. *Ajoutez :* || 4° Terre de grenaille, terre légère et friable. Berry : la terre de grenaille est calcaire et pierreuse, HEUZÉ, *la France agricole, carte* n° 5. || 5° Menus morceaux de charbon de bois. La grenaille vaut 50 c. de moins que le charbon, *Journ. offic.* 18 déc. 1876, p. 9492, 3e col.

GRENAT. *Ajoutez :* || 6° Grenat, substance secondaire impure et fournie par la fabrication de la fuchsine ; ce grenat, jadis sans valeur commerciale, se vend aujourd'hui très-cher, E. BOUCHUT, *Journ. offic.* 7 avril 1877, p. 2719, 1re col.

† GRENAUT. *Ajoutez :* — ÉTYM. *Granau*, dans Honnorat, *Dict. prov.* ; *grano*, dans Risso. Ce sont, d'après ces auteurs, les noms du *trigla cuculus*, le grondin rouget, nom exprimant, d'après Honnorat le grondement, d'après Roulin la couleur rouge, qui se dit *grano* en espagnol.

GRENIER. || 6° *Ajoutez :* || En grenier, par un chargement fait à même. La poudre qu'on embarque à bord des vaisseaux se délivrait autrefois deux tiers en grenier dans des barils, un tiers en apprêté dans les gargousses, *Encyclopédie Roret, Artificier*, p. 501.

GRENOUILLE. *Ajoutez :* || 7° Instrument d'écoliers, formé d'une coquille de noix, d'un morceau de parchemin et d'un crin de cheval, le tout tournant au bout d'un petit bâton et imitant le croassement de la grenouille, *Journ. de Genève*, 22 mars 1876, 3e page, 5e col.

— ÉTYM. *Ajoutez :* On a d'autres exemples de la prosthèse du *g* devant *r* : *grenabit* pour *regnabit*, dans un texte du Xe siècle ; *gregnariolus* pour *regnariolus* dans un texte du XIe siècle, BOUCHERIE, *Revue des langues romanes*, t. III, p. 143.

1. GRÈS. || Grès cérame ou grès-cérame, poterie de grès.

† GRÉSEUX, EUSE (gré-zeû, zeû-z'), *adj.* Terme de géologie. Qui est de la nature du grès. Marne gréseuse, remplie de grains de quartz, BLEICHER, *Acad. des sc. Comptes rendus*, t. LXXVIII, p. 1714. Les blocs calcaires et gréseux, ST. MEUNIER, *Acad. des sc. Comptes rendus*, t. LXXXIII, p. 165.

† GRÉSILLON (gré-zi-llon, *ll* mouillées), *s. m.* Charbon en petits morceaux. Un tel, marchand de charbon, livraison de deux hectolitres de grésillon sur lesquels un déficit de 12 litres a été constaté, 50 francs d'amende, confiscation du grésillon, *Gaz. des Trib.* 16-17 août 1875, p. 791, 4e col.

† GRÉSILLONS (gré-zi-llon), *s. m. pl.* Voy. GROISILLONS ci-dessous.

GRESSERIE. || 2° *Ajoutez :* Les tablettes de gresserie de la pièce du Marais s'avancent, *Lettres, etc. de Colbert*, t. V, p. 325.

† GREVETTE (gre-vè-t'), *s. f.* Nom donné, dans l'Aisne, à des terres de moins bonne qualité que les grèves qui se composent de sable graveleux, déposé jadis par les eaux, *les Primes d'honneur*, Paris, 1873, p. 68.

— ÉTYM. Diminutif de *grève* 1.

† GRÉVISTE (gré-vi-st'), *s. m.* Néologisme. Ouvrier qui prend part à une grève. || *Adj.* Ouvrier gréviste.

† GRIBOUILLE. *Ajoutez :* — HIST. XVIe s. Huyctain de Grubouille Minant à maistre Guillaume Le Duc son compaignon (1530), *Titre d'une pièce*, dans *Recueil de poésies françoises des* XVe *et* XVIe *siècles*, par A. DE MONTAIGLON et JAMES DE ROTHSCHILD, t. X, 1875.

† GRIBOUILLIS (gri-bou-llî, *ll* mouillées), *s. m.* Terme populaire. Écriture illisible.

† GRICHE-DENTS (gri-che-dan), *s. f.* Citrouille creusée à l'intérieur, sur une face de laquelle on a percé deux trous pour les yeux, et un trou plus grand tailladé en haut et en bas pour la bouche ; on met un lampion dans la citrouille, et on la soutient au haut d'une perche ou d'un arbre.

— ÉTYM. Normand, *gricher*, grincer (voy. GRINCHEUX ci-dessous), et *dent*.

† GRIFFAGE (gri-fa-j'), *s. m.* Terme de forestier. Action de griffer des baliveaux dans une coupe de bois. Les baliveaux de l'âge de taillis pourront être désignés par un simple griffage ou toute autre marque autorisée par l'administration, lorsque ces arbres seront trop faibles pour recevoir l'empreinte du marteau, *Ordonn. royale du* 1er *août* 1827 *pour l'exécution du Code forestier*, art. 70.

1. GRIFFE. || 8° Nom de deux instruments en métal employés dans l'administration du timbre. || Griffe du timbre à l'extraordinaire, servant aux receveurs de ce timbre pour indiquer les papiers que doit timbrer le contrôleur du timbre. Le receveur applique sur chaque feuille de papier soumise au timbre une griffe portant ces mots : à timbrer à l'extraordinaire, *Arrêté du ministre des finances, du* 6 *août* 1827, art. 13. || Griffe d'oblitération, griffe employée par tous les receveurs pour oblitérer les timbres mobiles. Ils [les timbres mobiles] seront apposés et immédiatement annulés au moyen d'une griffe, *Décret impérial du* 29 *oct.* 1862. || 10° Terme de forestier. Instrument assez semblable à la rouanne des tonneliers, dont les forestiers se servent pour marquer les baliveaux dans une coupe de bois.

GRIFFER. *Ajoutez :* || 4° Terme de forestier. Faire,

dans une coupe de bois, sur des baliveaux une marque ou rainure au moyen de la griffe.

† **GRIFFURE** (gri-fu-r'), *s. f.* Terme d'aquafortiste. Égratignure. Qu'il procède par griffures ou par pointillé, l'artiste [J. de Goncourt] sait imprimer à chaque étude le caractère qui lui est propre, E. BERGERAT, *Journ. offic.* 23 déc. 1875, p. 10687, 1re col.

† **GRIFORIN** (gri-fo-rin), *s. m.* Nom, dans la Charente-Inférieure, d'un cépage rouge, *les Primes d'honneur*, Paris, 1872, p. 269.

† **GRIGNÉE** (gri-gnée), *s. f.* Grimace, en Normandie.

— ÉTYM. Ce mot tient à l'anc. franç. *gringnos* (voy. ci-dessous GRINCHEUX).

GRILLADE. *Ajoutez :* || 3° Appareil pour la grillade. Fourneaux tôle et fonte, avec grillade, four, étuve et chauffe-assiette, *Journ. offic.* 20 oct. 1874, p. 7128, *aux Annonces.*

† **GRILLAGERIE** (gri-lla-je-rie, *ll* mouillées), *s. f.* Métier, ouvrage de grillageur. Ouvrages de ferblanterie, plomberie, fonte de fer et de cuivre, poêlerie et grillagerie, *Journ. offic.* 8 fév. 1872, p. 935, 2e col.

2. **GRILLÉ, ÉE.** *Ajoutez :* || *S. m.* Dans la dentelle, le grillé est une partie dont les fils, peu serrés, se croisent en diagonales et forment un grillage de losanges plus ou moins ouverts, CH. BLANC, *l'Art de la parure*, p. 278.

† **GRILLE-MIDI** (gri-lle-mi-di, *ll* mouillées), *s. m.* Nom vulgaire de l'*helianthemum guttatum*, L. PLANCHON, *Rev. des Deux-Mondes*, 15 sept. 1874, p. 399.

† 3. **GRILLET** (gri-llè), *s. m.* || 1° Ampoule causée par les brûlures au deuxième et troisième degrés. || 2° Il se dit de diverses affections vésiculeuses et pustuleuses, telles que la stomatite aphtheuse de l'homme et des ruminants, etc.

— ÉTYM. *Griller* 1.

† **GRILLEUR** (gri-lleur, *ll* mouillées), *s. m.* Celui qui fait griller. Les grilleurs de marrons. Cuiseur ou grilleur d'oignons, *Tarif des patentes*, 1858.

— ÉTYM. *Griller* 1.

† **GRILLOTER** (gri-llo-té, *ll* mouillées), *v. n.* Faire un petit bruit de grelot. Les dames, tant anciennes que modernes, ont accoutumé de pendre des perles en nombre à leurs oreilles, pour le plaisir, dit Pline, qu'elles ont à les sentir grilloter, s'entre-touchant l'une l'autre, SAINT FRANÇOIS DE SALES, dans SAYOUS, *Hist. de la littérature française à l'étranger*, XVIIe s.

— ÉTYM. *Grillot*, radical de *grilloter*, est-il le même que *grelot?*

† **GRILLOTIS** (gri-llo-tî, *ll* mouillées), *s. m.* Petit bruit de grelot. C'est l'oreille [que la femme doit fidèlement garder à son mari], afin que nul langage ou bruit n'y puisse entrer, sinon le doux et aimable grillotis des paroles chastes et pudiques, qui sont les perles orientales de l'Évangile, SAINT FRANÇOIS DE SALES, dans SAYOUS, *Hist. litt. de la France à l'étranger*, XVIIe s.

GRIMACE. — HIST. *Ajoutez :* || XIIIe s. Mais ainc mais tel vilain ne vi, Com je voi illeuc à destre; De chele cocue grimuche, Et de che vilain à l'aumuche Me devisés que che puet estre, *Théâtre au moyen âge*, Paris, 1834, p. 177.

GRIMELIN. *Ajoutez :* || 2° *Adj.* Qui est de peu de valeur. Vous m'excuserez de vous faire voir celle-ci [pièce de monnaie], quelque grimeline qu'elle soit, MALH. *Lexique*, éd. L. Lalanne.

† **GRIMPÉE** (grin-pée), *s. f.* Terme usité dans la Suisse française. Ascension rude et pénible d'une côte, d'un plateau, d'un espace déterminé (mais on ne dit point la grimpée du Mont-Blanc, de la Dent du Midi). La bande, bien en jambes, sent une bonne grimpée devant soi, Mme DE GASPARIN, *Voyages, Bande du Jura*, I, *les Prouesses de la bande du Jura*, Paris, 1865.

GRIMPEUR. *Ajoutez :* || 4° Il y a, en Suisse, des clubs de grimpeurs des Alpes.

† **GRIMPION, ONNE** (grin-pi-on, o-n'), *s. m.* et *f.* Terme génevois énergique qui désigne une personne cherchant à se hisser dans une sphère de la société plus haute que celle où les circonstances l'ont placée.

— ÉTYM. *Grimper.*

† **GRINCHEUX.** *Ajoutez :* — ÉTYM. L'équivalent normand de *grincheux* est *grichu*. En normand, *gricher* se dit pour *grincer; il griche des dents.* On dit aussi d'une barrière qui crie sur ses gonds, qu'elle *griche*. Ainsi *grincheux* paraît bien venir de *grincer*. Il y a dans l'anc. français l'adj. *gringnos*, de mauvaise humeur, courroucé : XIIe s. Mult est li deables gringnos, E mult par est achaisonos; Argumens set faire od soffime, BENOÎT, *Chronique*, t. II, p. 353, v. 25667. *Gringnos* se rattache à un autre verbe, *grigner*, grincer les dents, et vient de l'anc. haut-allem. *grinan*, allem. mod. *greinen*, grincer les dents; comparez *grigne.*

† **GRIPPAGE** (gri-pa-j'), *s. m.* Effet que produisent sur elles-mêmes deux surfaces métalliques qui frottent l'une contre l'autre. Outre que l'emploi de l'eau seule est plus simple que l'emploi de la vapeur et de l'eau, il y a aussi moins de risques d'échauffement et de grippage, LE CHATELIER, *Mémoire sur la marche à contre-vapeur des machines, Gil Blas*, Paris, 1869, in-8°, p. 18.

GRIPPÉ. *Ajoutez :* || 4° Fig. Grippé pour, qui a un caprice pour. Mme la marquise, notre maîtresse, est un peu grippée de philosophie, LESAGE, *Gil Blas*, IV, 8.

† **GRIPPE-CHAIR** (gri-pe-chèr), *s. m.* Suppôt de police, archer. Monsieur le commissaire, en vous remerciant; Vous et vos grippe-chairs, vous pouvez disparaître, BOURSAULT, *Mots à la mode*, sc. 15.

† **GRIPPE-COQUIN.** *Ajoutez :* || 2° Petit piége portatif, dit aussi traquenard, qu'on a dans la poche et qui saisit la main de celui qui y fouille indûment, *Lett. du P. Duchêne*, 43e *lett.* p. 6.

GRIPPER. *Ajoutez :* || 8° *V. n.* Terme de mécanique. S'accrocher, subir le grippage, en parlant d'organes d'une machine. Les huiles de graissage [dans la décompression de l'air comprimé] se solidifient, et les organes grippent, H. DE PARVILLE, *Journ. des Débats*, 30 mars 1876, *feuilleton*, 2e page, 1re col. Ces paliers.... doivent s'user le moins possible, ne pas attaquer l'essieu, résister au choc, et surtout ne pas chauffer et gripper, *Journ. offic.* 7 janv. 1875, p. 124, 2e col.

GRIS. || 3° *Ajoutez :* || Substantivement. Le gris s'est dit autrefois pour vent de bise, vent froid. || Vendeur de gris, nom d'une statue qui était sur la place du parvis Notre-Dame, et qui y resta jusqu'à 1745; à cause de sa situation sur le bord de la rivière, domaine du vent, le populaire l'avait ainsi baptisée. Hé quoi, madame la statue.... Depuis que vous vendez du gris A tous les simples de Paris, *les Révélations du jeûneur*, p. 3, Paris, 1649, dans CH. NISARD, *Parisianismes*, p. 129. || Les Parisiens d'abord envoyaient au vendeur de gris, pour acheter de sa marchandise, les nouveaux venus de la province aux dépens desquels ils voulaient s'amuser; c'est ainsi qu'aujourd'hui on envoie un garçon simple et crédule acheter chez l'épicier de l'huile de cotret, CH. NISARD, *ib.* p. 130. || 6° *Ajoutez :* || Substantivement. Le gris d'officier, une légère ivresse. .... Soit un commencement d'ivresse, le gris d'officier, soit enfin l'ivresse proprement dite, Dr DANET, *Monit. univ.* 10 août 1868, p. 1183, 3e col. || 12° Bois gris, se dit, dans le commerce des bois, par opposition à bois pelard. On cote les bois gris de 120 à 125 fr. le décastère; les bois pelards, de 112 à 115 fr.; .... les falourdes grises, 38 fr.; les falourdes pelards, de 58 à 60 fr. le cent, *Journ. offic.* 5 janv. 1874, p. 127, 1re col.

† **GRISARD.** *Ajoutez :* || 4° *Adj.* Qui est de couleur de blaireau. Jupons cretonne grisarde avec volant, *Journ. offic.* 9 mars 1872, p. 1695, 1re col. || 5° Œuf de grisard, nom donné par les pêcheurs à l'*echinocardium cordatum*, sorte d'oursin, *Acad. des sc. Comptes rend.* t. LXXXII, p. 76. || 6° Nom vulgaire du peuplier blanchâtre, *populus canescens*. Bois blanc (peuplier ou grisard), *Journ. offic.* 20 mars 1876, p. 1956, 3e col.

† 3. **GRISÉ** (gri-zé), *s. m.* Action de griser, de donner la teinte grise. On a utilisé pour ces deux feuilles l'emploi des teintes obtenues par un grisé, *Journ. offic.* 8 mai 1873, p. 2990, 2e col.

— ÉTYM. *Griser* 1.

† **GRISERIE** (gri-ze-rie), *s. f.* Néologisme. État de celui qui s'est grisé, qui est un peu ivre. Marius avec cet aplomb superbe que donne une demi-griserie, A. THEURIET, *Rev. des Deux-Mondes*, 1er juin 1874, p. 505. || Fig. Le navire fuit devant lui, crachant la fumée noire aux étoiles, d'où tombent les rêves coutumiers de la nuit de mer, les griseries du cerveau, les libres élans de l'âme, les ressouvenirs mélancoliques de la vie errante, DE VOGÜÉ, *Rev. des Deux-Mondes*, 15 janv. 1876, p. 282.

GRISETTE. — HIST. *Ajoutez :* || XIIe s. Et n'atarga pas longuement Que laiens en cape grisette Vit une vielle persounete Qui bien cent ans et plus avoit, *Perceval le Gallois*, v. 40062.

GRISON. *Ajoutez :* || 9° Nom, dans l'Yonne, d'un tuf ou poudingue ferrugineux, qu'on y trouve en sous-sol, *les Primes d'honneur*, Paris, 1873, p. 316.

† **GRISONNEMENT.** *Ajoutez :* || 2° Action de teindre en gris; résultat de cette action. On prenait du sel de l'Est et on le teintait en gris.... une partie des sels de l'Est, livrée à la consommation, est teintée en gris; ce grisonnement s'opère soit à la saline, soit à l'entrepôt.... cette spéculation devient impossible avec les sels grisonnés.... *Journ. offic.* 30 mai 1873, p. 3453, 3e col.

GRISONNER. *Ajoutez :* || 2° *V. a.* Teindre en gris. Les sels grisonnés, *Journ. offic.* 30 mai 1873, p. 3453, 3e col.

† **GRISOUMÈTRE** (gri-zou-mè-tr'), *s. m.* Appareil propre à doser rapidement le grisou dans les mines. Sur les appareils grisoumètres qui peuvent servir à doser l'hydrogène protocarboné dans les mines, J. COQUILLON, *Acad. des sc. Comptes rend.* t. LXXXIV, p. 458.

† **GRISOUTEUX, EUSE** (gri-zou-teû, teû-z), *adj.* Qui contient du grisou. Autrefois on n'exploitait pas les mines grisouteuses; on ne savait pas les aérer suffisamment, H. DE PARVILLE, *Journ. des Débats*, 9 mars 1876, 1re page, 3e col.

GRIVE. *Ajoutez :* || Grive de brou, nom, en Champagne, de la draine.

GRIVÈLERIE. *Ajoutez :* Force me fut bien de prendre l'administration de ce beau département du Nord; il y avait tant à faire, et le moment était si contrariant que je fus forcé de laisser provisoirement les choses aller comme elles allaient; je me contentai de couper court à des grivèleries qui s'étendaient à tous les actes de l'administration, et qui avaient élevé le produit de la préfecture à un taux incroyable, BEUGNOT, *Mémoires*, ch. XV. Une affaire de peu d'importance était soumise à son appréciation [du conseil de guerre], il s'agissait d'un militaire accusé de grivelerie; ....le conseil, sur les réquisitions du ministère public, a condamné ce soldat à un an de prison pour grivèlerie, *Gaz. des Trib.* 3 mai 1877, p. 427, 2e col.

† **GRIVENIK** (gri-ve-nik'), *s. m.* Pièce d'argent russe valant 10 kopecks, et, au pair, 0 fr. 23 c.

GROG. — ÉTYM. *Ajoutez :* Voici l'origine du mot anglais : l'amiral Edward Vernon, mort en 1757, introduisit le premier à bord des vaisseaux anglais l'usage du rhum mêlé à l'eau. Cet amiral était nommé par sobriquet *Old Grog*, à cause qu'il portait habituellement un manteau en gros de Naples, appelé en anglais *grogram*, de l'italien *grossagrana*. Le sobriquet de l'amiral passa à la nouvelle boisson (M. PETILLEAU).

† **GROGE** (gro-j'), *s. f.* Nom, dans la Vienne, des terrains caillouteux, *les Primes d'honneur*, Paris, 1872, p. 305.

— ÉTYM. Voy. ci-dessous GROISE, à l'étymologie.

† **GROIE** (groî), *s. f.* Nom, dans la Charente, des terres peu compactes, favorables à la vigne, *les Primes d'honneur*, Paris, 1869, p. 312. Saintonge.... les terres calcaires appelées groies, HEUZÉ, *la France agricole, carte* n° 5.

— ÉTYM. Voy. ci-dessous GROISE.

† **GROISE.** *Ajoutez :* || Se dit, dans la Suisse romande, des cailloux dont on charge les chemins, quand on les emploie sans les casser.

— ÉTYM. Le mot paraît provenir du même radical que *grès*. *Groie* et *groge* sont les mêmes que *groise.*

† **GROISÉ, ÉE** (groi-zé, zée), *adj.* Pavé en pierre et sable. Étables groisées, *les Primes d'honneur*, Paris, 1869, p. 276.

† **GROISILLONS** (groi-zi-llon, *ll* mouillées), *s. m. plur.* Terme de cristallerie. Synon. de cassons.

GROLLE. *Ajoutez :* — REM. Ce nom est donné à plusieurs espèces du genre *corvus*, le *corvus corona*, le *corvus frugilegus*, mieux nommé freux, et le *corvus monedula*, choucas.

GROMMELER. — HIST. *Ajoutez :* || XIVe s. Vous en convient il grumeler, Sire chetiz? *Miracles de Nostre Dame par personnages*, t. I, p. 201, Paris, 1876.

GROS, || 13° *Ajoutez :* || Billet de grosse, billet qui est souscrit par suite d'emprunt à la grosse (DALLOZ). || 35° Une somme grosse, une somme payée en bloc, par opposition à somme payée par fractions. Que si la compagnie a consenti à verser à l'appelant, dès le mois d'août 1866, une somme grosse de 33,750 fr. à titre de courtage dû sur les dix premières primes à verser annuellement par la compagnie des chemins portugais, *Gaz. des Trib* 4 août 1876, p. 759, 1re col. || 36° Ancien terme de finance. Le gros, sou prélevé par livre sur le commerce en gros des boissons, NEYMARCK, *Colbert et son temps*, t. I, p. 142.

† GROS-BIS. — HIST. XVe s. *Ajoutez :* Chaînes d'or courront mesouen Pour ceindre milleurs et grosbis, COQUILLART, *Droits nouveaux*. || XVIe s. *Ajoutez :* Si pour drap d'or on tranche du gros bis, J. MAROT, V, 93.

† GROSIL (gro-zil'), *s. m.* Nom donné, dans le quartier de Vannes, au sable calcaire ou amendement marin, *Statistique des pêches maritimes*, 1874, p. 63.

— ÉTYM. Le même que *groise* (voy. ci-dessus).

† GROS-JAUNE (grô-jô-n'), *adj.* Se dit d'une espèce de maïs. Le maïs gros-jaune qu'on cultive dans le Tarn, HEUZÉ, *Bull. de la Soc. d'Agric.* 1875, p. 671.

† GROSSE-GORGE (grô-se-gor-j'), *s. m.* Nom d'un oiseau. Voici les grosses-gorges au corps mince, fièrement campés sur les pattes ; ils ont une gorge volumineuse, et ils semblent trouver bonheur à l'enfler comme un ballon, E. BLANCHARD, *Rev. des Deux-Mondes*, 15 juin 1874, p. 854.

GROSSEUR. — HIST. *Ajoutez :* || XIIe s. Là sus en ces desers puez [tu peux] deus arbres trover, Qui cent piés ont de haut et de grossor sont per, *li Romans d'Alixandre*, p. 351. || XIIIe s. Et enfla si durement, que la grosseur surmonta touz les membres, *Histoire occidentale des croisades*, t. II, p. 578.

† GROSSULAIRE (gro-ssu-lè-r'), *adj.* Terme de minéralogie. Grenat grossulaire, grenat d'une teinte jaune verdâtre.

— ÉTYM. Voy. GROSSULARIÉES, ce grenat étant dit ainsi à cause de sa teinte de groseille.

GROUPE. *Ajoutez :* || 8e Terme de chemin de fer. Réunion de plusieurs petits colis en une seule expédition.

GROUPER. *Ajoutez :* || 6e En termes de chemin de fer, grouper les colis, réunir plusieurs petits colis en une seule expédition.

† GROUPEUR (grou-peur), *s. m.* Dans les chemins de fer, celui qui groupe les petits colis. Il s'est fondé, à côté des compagnies de chemins de fer, une industrie particulière, celle des groupeurs; ces groupeurs font le wagon plein; ils réunissent les colis et ils perçoivent sur ce groupement des bénéfices qui se chiffrent par millions et qui viennent en accroissement des charges du transport dans une proportion considérable, *Journ. offic.* 21 mars 1877, p. 221, 3e col.

† GROUSE (grou-z'), *s. f.* Nom anglais du coq de bruyère. La grouse, petit tétras à queue pleine, de Buffon, G. DE CHERVILLE, dans Dr CHENU, 1865, p. 315. Les grouses, les gelinottes, les ptarmigans et tous les oiseaux connus sous le nom générique de coqs de bruyère ou de tétras, *Journ. offic.* 8 nov. 1874, p. 7456, 1re col.

† GRUEUR (gru-eur), *s. m.* Celui qui fabrique des gruaux d'orge et d'autres grains, BELMONDI, *Code des contrib. directes*, Paris, 1818, p. 129. || Le même mot se trouve dans le *Tarif des patentes*, 1858.

† GRUGEOIRE (gru-joi-r'), *s. f.* Mâchoire, dents. Je serais plus sot qu'un cheval Qui ne voit point dans sa mangeoire De quoi mettre sous la grugeoire, *la Raillerie sans fiel*, p. 4, 1649, dans CH. NISARD, *Parisianismes*, p. 133.

† GRUGERIE. || 1e *Ajoutez :* L'arrêt qui les avait condamnés était irréprochable, à cela près des grugeries de la chicane, *Lett. du P. Duchêne*, 111e *lettre*, p. 5.

† 2. GRUME (gru-m'), *s. f.* Terme employé dans certains pays vignobles, de la Bourgogne particulièrement, pour désigner les grains de raisin. Lorsque les grumes ont atteint le premier tiers de leur développement, la grosseur d'un petit pois fin, *Revue horticole*, 16 mars 1876, n° 6, p. 107.

† GRUNNÉRITE (gru-nné-ri-t'), *s. f.* Terme de minéralogie. Amphibole ferrugineuse brune.

† GRUOTTE (gru-o-t'), *s. f.* Terme de chasseur. Morceau de chevreuil. Assassiner une pauvre chevrette ou son faon, pour manger la gruotte et en distribuer les quartiers à vos voisins ou aux personnes dont vous solliciterez l'influence, CARTERON, *Premières chasses, papillons et oiseaux*, p. 31, Hetzel, 1866.

† GRYPHÉE (gri-fée), *s. f.* Animal fossile contenu dans une coquille bivalve dont la forme approche de celle de l'huître. Les huîtres et les gryphées des époques anciennes se trouvent en général dans les couches de marne argileuse qui accusent des dépôts très-vaseux, L. QUÉNAULT, *Journ. offic.* 21 mars 1875, p. 2166, 2e col. || Gryphée arquée, espèce de gryphée très-commune en France, et qui est caractéristique du lias.

— ÉTYM. Γρυπός, crochu, à cause de la valve inférieure de la coquille à sommet recourbé en crochet.

† GUACO. *Ajoutez :* — ÉTYM. La *Revue Britannique*, fév. 1874, p. 503, donne de ce nom une origine bien douteuse, mais qu'il faut pourtant rapporter. « La découverte du *guaco* serait due à un oiseau de proie voisin des faucons.... cet oiseau, lorsqu'il chasse, répète un cri monotone qui a quelque analogie avec l'articulation : *guaco, guaco*. Les Indiens, suivant leur habitude, lui en ont donné le nom, qu'il a transmis à l'herbe dont il leur a enseigné les vertus. »

† GUANÉ, ÉE (goua-né, née), *adj.* Engraissé de guano. Champs guanés.

† GUANIER, ÈRE (goua-nié, niè-r'), *adj.* Qui a rapport au guano. Les îles guanières, *Journ. offic.* 16 avril 1877, p. 2905, 2e col.

† GUANO. *Ajoutez :* || Guano de viande. Le guano de viande est un produit fabriqué avec des déchets de viandes d'animaux séchés et moulus auxquels on ajoute du chlorure de potassium et du phosphate de soude, *Journ. offic.* 30 oct. 1875, p. 8924, 2e col.

— ÉTYM. *Guano*, ou plutôt *huano*, mot péruvien qui signifie fiente d'oiseaux de mer, GARCILASSO DE LA VEGA, *Hist. des Yncas*, t. II, p. 108.

GUÉABLE. — HIST. *Ajoutez :* || XIIe s. Ne cele eve n'est pas gaable Ne senz navie trespassable, BENOIT, *Chronique*, t. II, p. 135, v. 19308.

GUÈBRE. *Ajoutez :* || Le guèbre, la langue parlée par les descendants des sectateurs du zoroastrisme.

† GUELDRE (ghel-dr'), *s. m.* Appât que l'on fait en Bretagne avec de petites chevrettes pilées ou la chair de quelques poissons cuits.

† GUELTE (ghèl-t'), *s. f.* Nom donné aux tantièmes en sus des appointements accordés aux commis sur le produit de leurs ventes dans les magasins de nouveautés

— ÉTYM. All. *Geld*, argent, mot probablement introduit par les ouvriers allemands.

† GUENILLOUX (ghe-ni-llou, *ll* mouillées), *s. m.* Nom donné, dans la Vienne, au baudet, dit aussi bourrailloux, à longues oreilles et longs poils, qui est employé à la procréation de mules et mulets, *les Primes d'honneur*, Paris, 1872, p. 302. Son corps est ordinairement couvert de longs poils laineux et brunâtres qui l'ont fait appeler guenilloux, bourrayoux, HEUZÉ, *la France agricole*, *carte* n° 34.

— ÉTYM. Autre forme de *guenilleux*, à cause de l'apparence de ces animaux.

† GUÊPIN, INE (ghê-pin, pi-n'), *adj* Qui a le caractère, la méchanceté de la guêpe. A ce trait de liberté guêpine, M. Colbert prit feu et dit avec émotion : Comme vous parlez, mon ami! *Mém. hist.* etc. par Amelot de La Houssaye, t. II, p. 101, cité dans *Lettres, etc. de Colbert*, t. VII, p. LV.

GUÉRIDON. — ÉTYM. *Ajoutez :* M. J. Depoin, dans le *Courrier de Vaugelas*, 1er juin 1876, p. 1, a réuni des renseignements qui avancent notablement l'histoire de ce mot. D'abord il rapporte une note de M. de Monmerqué au sujet de deux facéties du temps de la régence de Marie de Médicis : « La première est intitulée : *Les folastres et joyeuses amours de Gueridon et Robinette*, Paris, 1614, in-8. La seconde a pour titre : *Ballet des Argonautes, où est représenté Guelindon dans une caisse, comme venant de Provence, et Robinette dans une gaîne, comme estant de Chastellerault. Ce jeudi vingt-troisième jour de janvier au Louvre*. Paris, 1614, in-8. Ce ballet est indiqué dans l'ouvrage du duc de la Vallière, 1760, in-8, p. 49 (dans TALLEMANT DES RÉAUX, t. III, p. 140, éd. Garnier). » *Guelindon* est une autre forme de *guéridon*. Ainsi, dans le commencement du XVIIe siècle, *guéridon* était un nom propre, le personnage d'une nouvelle et même d'un ballet. De là *guéridon* devint le nom d'une sorte de vaudeville; c'est ce que nous apprend le même Tallemant dans ce passage cité par M. J. Depoin : « Il dit qu'un homme de sa connaissance avait mis toute la Bible en vaudevilles qu'on appela *guéridons*, et il en sait quelques vers qu'il a bien la mine d'avoir faits. » Maintenant un chaînon nous manque pour passer de *guéridon* vaudeville à *guéridon* meuble. M. Ed. Fournier (*le Voleur*, 25 juin 1875, cité par M. Eman Martin, *Courrier de Vaugelas*, 1er nov. 1875, p. 100) dit que « *guéridon* est un personnage de ballet qui avait le triste rôle de tenir à la main un flambeau, pendant que les autres tournaient autour de lui en s'embrassant. Il va sans dire qu'on s'arrangeait toujours de manière que cet emploi ne fût pas dévolu aux jolies femmes. Quand l'usage des petits meubles destinés à porter un flambeau s'introduisit dans les appartements, on les appela *guéridons* en souvenir du pauvre patient dont c'était l'office à la danse. Cela est si vrai qu'on donne le même nom aux candélabres qui ne servent que dans les grands appartements, dans les palais, et qui, soutenus par des gaînes ou par des groupes d'enfants, sont destinés à porter des girandoles et des arbres de lumières. » Malheureusement, M. Fournier ne cite aucun texte à l'appui. Toutefois on conçoit qu'un nom devenu populaire par un roman et par un ballet ait été attribué à un meuble. A ce point, en remontant, on demandera d'où vient *guéridon*, qui primitivement est nom propre. Dans les *Folastres amours de Gueridon et Robinette*, *Gueridon* est un Provençal, de Marseille. Cela donne quelque crédit à l'opinion de Richelet, qui dit que *guéridon* est un mot apporté d'Afrique par les Provençaux.

† GUÉRISSEUR. *Ajoutez :* — HIST. XVIe s. Ayant tel sort qu'il faut que le blesseur Luy mesme soit de ce mal guerisseur, J. MAROT, *Poés.* p. 282.

† GUÉTINE (ghé-ti-n'), *s. f.* Nom donné, en Normandie, aux pommes qui tombent par suite de la piqûre des insectes, *les Primes d'honneur*, p. 20, Paris, 1874.

† GUETTE-CHEMIN (ghè-te-che-min), *s. m.* Synonyme provincial de voleur de grand chemin. Tu es pire qu'un guette-chemin, parce que, d'un guette-chemin, nous nous serions défiées de lui en le voyant arriver ; je te renie, retire-toi !... (*Affaire dans la Gironde*), *le Figaro*, 23 juin 1875.

GUETTER. *Ajoutez :* || 3e Se guetter, prendre garde, se méfier. Ils se trouveront accablés d'un côté d'où ils ne se guettent pas, MALH. *Lexique*, éd. L. Lalanne.

— ÉTYM. *Ajoutez :* D'Arbois de Jubainville (*Revue celtique*, t. II, p. 127) dit que *guetter* provient non du vieux haut-allem. *wahtan*, mais du substantif franc *wacta*, que nous ont conservé plusieurs textes carlovingiens.

GUEULARD. *Ajoutez :* || 6e Il se dit de l'ouverture des égouts sur la voie publique. Un des énormes tuyaux qui distribuent l'eau du Rhône dans le centre de la ville [Lyon] a fait explosion..., et l'immense jet qui s'en échappait ne pouvant s'échapper par les gueulards des égouts.... *le Bien public*, 1er oct. 1875, 3e page, 2e col.

GUEULE. *Ajoutez :* || 9e On dit la gueule et non la bouche du cerf, YAUVILLE, *Sur la vénerie du cerf*, 1788.

GUEULÉE. *Ajoutez :* || 2e Cris violents, grossiers. Ces sauts, mornifles et gambades, Beuglements, gueulée, embrassades, *les Porcherons*, ch. III, p. 145, 1773, dans CH. NISARD, *Parisianismes*, p. 134.

† GUEULETON. — ÉTYM. *Ajoutez : Gueuleton* se trouve dans un texte languedocien du XVIIIe siècle : Lucia daou Pas-d'estrèch, Bétriz daou Pas dé Fèrre, Qué per un *guletoun* sé fay pas manda querre, ROUDIL, de Montpellier, dans *Rev. des langues romanes*, juillet 1870, p. 256.

1. GUEUSE. *Ajoutez :* — REM. La forme triangulaire n'est pas caractéristique des gueuses de fonte. Elles peuvent avoir de tout autres formes.

† 4. GUEUSE (gheû-z'), *s. f.* Sorte de dentelle. La bisette, la gueuse, la mignonnette, la campane formaient primitivement des dentelles en fil de lin pur plus ou moins fin, *Journ. offic.* 7 janv. 1876, p. 172, 2e col.

GUEUX. *Ajoutez :* || 10e Sorte de chaufferette. On a retrouvé une de ces chaufferettes en terre rouge dite gueux, et l'on suppose que la pauvre vieille s'était endormie dans son fauteuil ayant sous les pieds ce gueux qui a mis le feu à ses vêtements, *le Droit*, 10 nov. 1871.

— HIST. XVe s. *Ajoutez :* S'ele est fine [une dame], soyez songneux Que de ses fins tours vous gardez ; Car souvent les plus rouges gueux [les compagnons les plus roués] Y sont surprins, bien l'entendez, *Chansons du XVe siècle*, publiées par G. Paris, p. 129. || XVIe s. *Ajoutez :* Une gueue qui avoit servi les confreres de hurlep [un mauvais lieu], *Œuvres facétieuses de Noël Du Fail*, Paris, 1874, t. II, p. 282.

— ÉTYM. *Ajoutez :* M. G. Paris, dans la note qui accompagne le passage cité ci-dessus des *Chansons du XVe siècle*, dit que *gueux*, au sens de cuisinier, cité dans l'historique comme d'Olivier de la Marche, est certainement une faute de lecture pour *queux*. Cela paraît vraisemblable; cependant il faudrait que le texte d'Olivier de la Marche fût vérifié sur les manuscrits. En attendant, écoutons M. G. Paris : il écarte de l'étymologie *queux*, et rapproche *gueux* de *gayeux*, employé avec le même sens dans le *jargon* de Villon; l'étymologie de *gueux* ou *gayeux* est ignorée. Mais il reste toujours probable que *gueux* est une altération de *queux*, auquel un sens péjoratif aura été donné; le féminin ancien *gueue* (et non *gueuse*), paraît plutôt se rapporter à *queux*, qui vient de *coquus*, qu'à *gueux*, qui viendrait on ne sait d'où.

† **GUIBOLLE** (ghi-bo-l'), *s. f.* Terme populaire. Jambe. A moitié route, T.... se dégageant subitement, se sauva au triple galop, en criant aux agents : Eh! mes petits pères, si vous avez des guibolles, voilà le moment de les montrer, *Gaz. des Trib.* 28 nov. 1874, p. 1143, 1re col. || Jouer des guibolles, se sauver.

† 2. **GUICHE** (ghi-ch') ou **GUIGE** (ghi-j'), *s. f.* Large courroie à laquelle était suspendu le bouclier, dans l'armement du moyen âge.

— ÉTYM. Ital. *guiggia*, du bas-lat. *windica* (d'après Diez), bandelette; anc. haut-allem. *wintine*, de *winden*, rouler.

† **GUICHON** (ghi-chon), *s. m.* Nom, en Normandie, d'un vase à boire en terre cuite, en bois ou en fer-blanc, H. MOISY, *Noms de famille normands*, p. 182.

† **GUIDAGE** (ghi-da-j'), *s. m.* A Anzin, installation dans les puits de mine, dont l'effet est de diriger dans leur ascension et dans leur descente les ustensiles servant à l'extraction (tonneaux, bennes, cages); il se compose ordinairement de poutrelles en chêne ou de rails en fer placés verticalement d'un bout du puits à l'autre.

† 1. **GUIDEAU.** *Ajoutez* : || 2° Il se dit aussi d'une construction sur les rivières en amont des ponts. Les plus grandes précautions ont dû être prises pour préserver le guideau en amont du pont de Nemours, *Journ. offic.* 9 mars 1876, p. 1636, 2e col.

† 2. **GUIDEAU.** *Ajoutez* : — ÉTYM. M. Meunier, *Les composés qui contiennent un verbe à un mode personnel*, p. 204, pense que l'origine de ce mot est la même que celle de 1. GUIDEAU, c'est-à-dire *guider et eau*.

GUIDER. — ÉTYM. D'après M. Bugge, *Romania*, III, p. 150, l'origine germanique, sur laquelle des doutes avaient été élevés, est garantie par le franç. *guidon*, étendard, banderole, marque, qui répond précisément au norois *viti*, marque, indice, d'où *vedhr-viti*, girouette, celle qui indique la direction du vent. *Viti* est dérivé du verbe *vita*, goth. *vitan*, dans le sens de présager, indiquer. Le sens primitif de *guider* est indiquer (la direction du chemin).

† 2. **GUIDONNAGE** (ghi-do-na-j'), *s. m.* A Anzin, cadre composé de quatre pièces de bois, et servant à guider dans sa course ascendante et descendante la maîtresse tige d'une pompe d'épuisement. On s'y occupait des travaux de guidonnage qui étaient dirigés par le sieur Lambert Lefèvre.... ils travaillaient pour le placement des solives et des pièces de bois nécessaires au guidonnage, Extrait du *Progrès de Charleroi*, dans *Journ. offic.* du 25 juin 1869, p. 872, 2e col.

† **GUIGE** (ghi-j'), *s. f.* Voy. GUICHE au Supplément.

† **GUIGNE** (ghi-gn'), *s. f.* Dit par plaisanterie pour guignon. *La Guigne*, comédie en trois actes par MM. Labiche, Leterrier et Vanloo.... « J'ai la guigne.... » ne cesse de répéter le pauvre Gédéon découragé d'avance par le mauvais sort qu'il attribue à son jour de naissance, ALPH. DAUDET, *Journ. offic.* 6 sept. 1875, p. 7600, 1re col. On sait que dire toujours à propos de tout : « J'ai la guigne.... » c'est le meilleur moyen de la faire venir, cette terrible Guigne, épouse du Guignon, *ib.* Avouez que ce n'est pas la *Guigne*, mais la *Veine* que devrait s'appeler cette petite pièce..., *ib.*

GUIGNER. — HIST. *Ajoutez* : || XIIe s. D'amours [pour un chevalier] estoit espris li feus El cuer à la biele Guimer; Vers lui n'osoit del oel gluinier [sic]; Si l'amoit el plus que son cors, *Perceval le Gallois*, v. 13470.

† **GUIGNETTE.** *Ajoutez* : || 3° Dans l'Aunis, petit limaçon de mer, vigneau, *Gloss. aunisien*, p. 115.

GUIGNON. — ÉTYM. *Ajoutez* : M. Hensleigh Wedgwood, *Transactions of the philological Society*, 1873-1874, 3e part. p. 328, ne croit pas que *guignon* dérive du verbe *guigner*. Il y a un vieux mot anglais *wanion*, qui signifie male chance, mauvais présage. Il pense que c'est à *wanion* qu'il faut rattacher le franç. *guignon*. L'objection est que les intermédiaires font défaut.

† 2. **GUIGNOT** (ghi-gno), *s. m.* Nom, en Normandie, du genêt épineux (voy. VIGNON au Supplément).

† **GUILLAGE** (ghi-lla-j', *ll* mouillés), *s. m.* Soutirage au guillage, nom, dans le Jura, d'une opération qui consiste à débarrasser le vin, au sortir du pressoir, de son ferment par des soutirages répétés, *les Primes d'honneur*, Paris, 1869, p. 285.

— ÉTYM. *Guille*, cannelle de bois (voy. ce mot au Dictionnaire).

GUILLAUME. *Ajoutez* : || 3° Pièce d'or des Pays-Bas valant, au pair, 20 fr. 86 c.

GUILLEDOU. — ÉTYM. *Ajoutez* : D'après M. Bugge, *Romania*, III, p. 151, *guilledou* représente un mot norois *kveldulfr*, de *kveld*, soir et *ulfr*, loup : loup du soir, et est l'équivalent de *garou*, *loup-garou*. Les intermédiaires manquent trop (il n'y a pas de texte au delà du XVIe siècle), pour qu'on fasse autre chose qu'enregistrer l'étymologie proposée par M. Bugge.

† 1. **GUILLER.** — ÉTYM. Au lieu des étymologies proposées, M. Bugge, *Romania*, n° 10, p. 152, met en avant le verbe hollandais *gijlen*, qui se dit de la fermentation de la bière; dans l'Angleterre septentrionale, *guilefat*, tonneau où la bière *guille*. Cette étymologie paraît préférable.

† **GUILLERETTEMENT** (ghi-lle-rè-te-man, *ll* mouillées), *adv.* D'une façon guillerette. Vers minuit le réserviste arriva fort guillerettement..., *le National*, 1er oct. 1876, 3e page, 4e col.

GUILLOCHÉ. *Ajoutez* : || 2° *S. m.* Action de guillocher; résultat de cette action. La partie [d'un pavage antique] mise à découvert est formée d'un guilloché de briques rouges avec trèfles en rouge, blanc et noir, formés de très-petits carreaux habilement travaillés, *Journ. offic.* 13 juillet 1873, p. 4684, 1re col. Quant au guillochage électro-magnétique, MM. Christofle et Cie l'ont amené à un degré remarquable de perfectionnement; au moyen d'une machine à guillocher, ils obtiennent des dessins en relief, qu'il faut à la vérité brunir, car le fond conserve le mat donné par le guilloché, V. CHAULNES, *Journ. offic.* 14 juill. 1873, p. 4700, 2e et 3e col.

GUILLOTINE. *Ajoutez* : — REM. Le nom est nouveau, mais la chose paraît ne pas l'être. En effet M. Ch. Vittel, ancien préfet et syndic de Rolle, canton de Vaud, Suisse, me fait communiquer un extrait du *Conservateur suisse*, t. III, p. 382, qui contient un article signé Louis Bridel (15 septembre 1796) où il est dit : « Il y en a une [guillotine] parfaitement ressemblante à la leur [des Français], dans un tableau du pont de Lucerne (n° 77), qui représente le martyre de quelques chrétiens sous un certain Hirtacus, tableau fait longtemps avant la naissance de M. Guillotin. On voit aussi une de ces machines devenues trop fameuses ou plutôt trop actives dans une gravure en bois, de Salvator Rosa, si je ne me trompe, qui représente le supplice des fils de Brutus. » La gravure que M. Ch. Vittel m'a envoyée représente, en effet, toutes les parties essentielles d'une guillotine. On trouve aussi dans Jean d'Auton, auteur du commencement du XVIe siècle, mention d'un instrument de supplice très-semblable : Une doulouere tranchante.... venant d'amont entre deux poteaux.... tomba entre la teste et les espaules, si que la teste s'en alla d'un costé et le corps tomba de l'autre, p. 230, de l'anc. édit.

GUILLOTINER. *Ajoutez* : || 2° Substantivement. Le guillotiner, l'action de guillotiner. Les bénins spectateurs qui assistaient au guillotiner des femmes, s'attendrissaient sur les progrès de l'humanité, CHATEAUBR. *Mém. d'outre-tombe* (édit. de Bruxelles), t. VI, *Architecture vénitienne, Antonio*, etc.

† **GUIMÉE** (ghi-mée), *s. f.* Terme de fabricant de papier. Perche sur laquelle on met sécher le papier.

— ÉTYM. Anc. franç. *wime*, poutre : XIIIe s. Un cors sur deus wimes gisant, *Richars li biaus*, v. 4344.

† **GUIMPERIE** (ghin-pe-rie), *s. f.* || 1° Fil employé à faire des galons, des épaulettes, etc. Le fabricant de guimperie, *Tarif des patentes*, 1858. Fabricant de guimperie par des procédés mécaniques : 12 centimes par corde ou bout de corde, *Assemblée nationale, Projet* n° 1782, p. 109. || 2° L'industrie qui fabrique des guimpes. En 1608, Dangon invente [à Lyon] une étoffe tramée laine ou fil, mélangée d'or ou d'argent; à la même époque, avec Antoine Bourget, la guimperie en gazes, crêpes, toiles d'or et d'argent, prend naissance, *Journ. offic.* 31 juill. 1873, p. 5176, 1re col.

† **GUIMPIER** (ghin-pié), *s. m.* Celui qui prépare le fil dont on se sert pour des galons, des épaulettes, etc., *Tarif des patentes*, 1858.

† 2. **GUINCHE** (gin-ch'), *s. f.* Nom du *melica cærulea*, dans la Loire-Inférieure, *les Primes d'honneur*, Paris, 1872, p. 139.

† **GUINDA.** *Ajoutez* : — HIST. XVe s. Paulx [pieus] arrachez avec corde et guindaz, MANTELLIER, *Glossaire*, Paris, 1869, p. 37. Il faut remarquer que *guindaz* est le pluriel archaïque de *guindeau*.

GUINDAGE. *Ajoutez* : || 3° Terme de pontonnier. Disposition ayant pour but de maintenir les madriers qui forment le tablier d'un pont militaire, sur les poutrelles qui les supportent. || Action d'établir cette disposition.

GUINDER. *Ajoutez* : || 4° Terme de pontonnier. Faire le guindage (voy. GUINDAGE au Supplément).

GUINÉE. — ÉTYM. *Ajoutez* : La première guinée fut frappée sous le règne de Charles II d'Angleterre. Cette pièce tirait son nom de la compagnie de Guinée, qui y avait même fait frapper un éléphant pour rappeler son origine africaine, *Extrait d'un article du Times*, *Monit. univ.* 10 mars 1868, p. 365, 3e col.

GUINGOIS. — HIST. *Ajoutez* : || XVe s. L'une des troys me respondit : « Hé! Robin, revenez lundi; » Ung riz gecta tout de gingois, Fist un signe que j'entendy, *Chansons du XVe siècle*, publiées par G. Paris, p. 7.

† **GUINOIS** (ghi-noî), *s. m.* Nom du langage des habitants de la Guinée, dans une plaisanterie de Voiture. Je vous en pourrais faire voir [un billet doux] en guinois, VOIT. *Lett.* 43.

† **GUIPAGE** (ghi-pa-j'), *s. m.* Action de guiper. Cette cordelette métallique est recouverte de deux couches de gutta-percha, et d'un guipage de coton goudronné, J. GAVARRET, *Monit. univ.* 26 mai 1867, p. 631, 6e col.

† **GUIRON** (ghi-ron), *s. m.* Sorte de millet. Nous cultivons un peu de blé [dans le Soudan]; nous n'avons point d'orge, mais nous récoltons du riz, du maïs, du guiron et du coton, *Rev. Britan.* 8 octobre 1872, p. 510.

† **GUISARME.** *Ajoutez* : — REM. C'était une arme dont le fer présentait une pointe dans la direction de la hampe, un tranchant sur un côté, et un croc ou une pointe sur l'autre.

† **GUISARMIER** (ghi-zar-mié), *s. m.* Soldat armé de la guisarme.

† **GUITON** (ghi-ton), *s. m.* Terme de marine. Nom du quart qui se fait de midi à six heures du soir.

† **GULAIRE** (gu-lè-r'), *adj.* Terme d'histoire naturelle. Qui appartient à la gueule. Des rainettes, ces petites grenouilles vertes, bien connues des paysans, qui, chassant l'air des poumons dans leur poche gulaire, produisent un concert si bizarre, H. DE PARVILLE, *Journ. offic.* 4 juin 1873, p. 3553, 1re col.

— ÉTYM. Lat. *gula*, gueule.

† **GUZARATE** (gu-za-ra-t') ou **GUZARATI** (gu-za-ra-ti), *s. m.* Langue parlée dans le Guzarate, contrée de l'Inde, et dérivée du sanscrit.

† **GYMA** (ji-ma), *s. m.* Le sésame d'Orient. Le gyma y [dans la Corée] pousse en abondance; l'huile qu'on en tire sert, à défaut d'autre graisse, à la préparation des aliments, *Journ. offic.* 2 juin 1876, p. 3788, 2e col.

† **GYNÉCOMANIE** (ji-né-ko-ma-nie), *s. f.* Amour fou, excessif des femmes.

— ÉTYM. Γυνή, γυναικός, femme, et μανία, manie.

† **GYNÉCONOME** (ji-né-co-no-m'), *s. m.* Terme d'antiquité. Nom, à Athènes et dans d'autres cités, de fonctionnaires qui avaient pour mission de surveiller les mœurs des femmes et le ménage intérieur, *Rev. crit.* 6 janv. 1877, p. 8.

— ÉTYM. Γυναικονόμος, de γυνή, γυναικός, femme, et νόμος, loi.

† **GYPSIER** (ji-psié), *s. m.* Ouvrier en plâtre. Les membres de la société des charpentiers de Lausanne et de celle des gypsiers, *Journ. de Genève* 22 mars 1876, 1re page, 6e col.

H

H. *Ajoutez :* || 2° Anciennement, être marqué à l'H, être battu. Prions seulement que cette ordonnance ne porte son appel en croupe, que les commissaires l'effectuent pour notre profit et pour notre consolation, et ainsi nous aurons la paix chez nous; car, si elle est observée, nous aurons plus de biens et moins de coups; nous sommes le plus souvent marquées à l'H, pour montrer que notre peau est tendre, *la Réjouissance des femmes sur la défense des tavernes et cabarets*, Paris, 1613, dans CH. NISARD, *Parisianismes*, p. 136, qui pense que cette locution provient d'une allusion aux lettres par lesquelles commencent le plus souvent des noms de coups et d'instruments servant à donner des coups : *horion, heurt, hoche, hache*, etc.

† **HABCHOT** (hab-cho, *h* aspirée), *s. m.* Le même que hachot (voy. ce mot au Supplément). L'entaille se fait avec un habchot, espèce de hache dont le fer est légèrement creusé et dont le manche est coudé à droite, G. BAGNERIS, *Man. de sylvicult.* p. 268, Nancy, 1873.

— ÉTYM. D'où vient ce *b* épenthétique ou non?

† **HABILITATION.** *Ajoutez :* — HIST. XVe s. Lettres de habilitacion de pouvoir acquerir des biens et possessions ou royaume, *Procès-verbaux du conseil de régence de Charles VIII*, p. 4.

2. **HABILITÉ.** *Ajoutez :* || Qualité, situation habilitée, c'est-à-dire rendue apte à l'exercice de certains droits. Que les premiers [les électeurs de députés] prennent part à l'élection en vertu d'un droit qui leur est propre, qui dérive de leur seule qualité de Français, habilitée de certaines conditions d'âge et d'identité, *Gaz. des Trib.* 4 août 1876, p. 759, 4e col.

HABIT. *Ajoutez :* || 5° Se disait, dans l'ordre de Fontevrault, du logement des religieux de l'ordre qui servaient de chapelains et de confesseurs, par opposition au monastère, qui se disait de l'édifice occupé par les religieuses.

† **HABITAT.** *Ajoutez :* || Fig. La législation, elle aussi, a sa géographie, son habitat, comme disent les zoologistes, et ce qui est très-bon en Angleterre peut être très-mauvais en France, ODYSSE BARROT, *la Liberté*, 17 mars 1868.

† **HABITUATION.** *Ajoutez :* Je ne suis grammairien dominant, comme Castelvetro; je suis grammairien valet, comme vous diriez un régent de la cinquième et ne puis vous offrir que mes yeux, ma main et mon habituation à l'imprimerie, BALZAC, *Lettres inéd.* II (éd. Tamizey-Larroque).

HABITUÉ. || 1° *Ajoutez :* || Habitué se dit aussi adjectivement de celui qui a des habitudes en un lieu. Un des convives plus habitué que les autres pénétra jusque dans les cuisines, BRILLAT-SAVARIN, *Phys. du goût, Méd.* IV, 14.

† **HABOUS** (ha-bou, *h* aspirée), *s. m.* Terme de droit musulman. Le habous est une constitution de biens de mainmorte admise en droit musulman, afin de permettre, sous forme de donation pieuse, de laisser la jouissance à des dévolutaires, *Gaz. des Trib.* 20 fév. 1875, p. 178, 1re col.

† **HABOUSANT** (ha-bou-zan, *h* aspirée), *s. m.* Celui qui jouit d'un habous. Attendu qu'il n'est point contesté que les habousants et les dévolutaires du habous étaient et sont malekites, *Gaz. des Tribun.* 20 fév. 1875, p. 178, 1re col.

† **HABOUSÉ, ÉE** (ha-bou-zé, zée, *h* aspirée), *adj.* Constitué par habous, en parlant de propriétés foncières. Attendu.... qu'il n'est point dit qu'à défaut de dévolutaires institués, les propriétés habousées feront retour à un établissement pieux ou aux villes de Médine et de la Mecque, *Gaz. des Trib.* 20 févr. 1875, p. 178, 1re col.

† **HACHAGE** (ha-cha-j', *h* aspirée), *s. m.* Action de hacher. Hachage des feuilles [de tabac] pour poudre, *Réponses aux questions de l'enquête sur le monopole des tabacs et des poudres*, p. 329, Paris, 1874. Si le hachage exige un matériel spécial.... il faut reconnaître, d'autre part, que le maïs, haché très-rapidement par un hache-paille à fortes dimensions.... DE GASPARIN, *Journ. offic.* 8 janv. 1875, p. 163, 3e col.

† **HACHERON** (ha-che-ron, *h* aspirée), *s. m.* Le même que hachereau. Nous trouvâmes un hacheron taché de sang, *Cour d'assises de la Haute-Garonne, Gaz. des Trib.* 4 mars 1874, p. 225, 2e col.

HACHIS. *Ajoutez :* || 2° Fig. et par plaisanterie. Action de mettre en pièces par la critique une œuvre littéraire. Si le docteur Heinsius est assez téméraire pour y répondre [à une lettre critique de Saumaise], quel bon plat sera ce hachis de sa tragédie [*Herodes infanticida*] que nous promet M. de Saumaise! BALZAC, *Lett. inéd.* XIX, éd. Tamizey-Larroque.

† **HACHOT** (ha-cho, *h* aspirée), *s. m.* Petite hache avec laquelle, dans les Landes, on fait une ouverture aux pins pour en extraire la résine. Il faut que la saignée soit faite avec un hachot, parfaitement aiguisé, *Enquête sur les incendies des Landes*, p. 105.

HACHURE. *Ajoutez :* || 4° Dans le massage, sorte de percussion linéaire exécutée avec les doigts s'entre-choquant brusquement en frappant la partie malade.

† **HADOCK.** *Ajoutez :* — ÉTYM. Angl. *haddock*, églefin.

† **HAGUE** (ha-gh', *h* aspirée), *s. f.* Palissade. Que ledit Lefort sera tenu de faire des piliers, hagues et bourrages [dans sa carrière]; sinon, qu'ils seront faits à ses frais (*Ord. de police*, 22 sept. 1780).

— ÉTYM. Bas-lat. *haga* (voy. HAIE). Le norm. dit *haguettes*, petites branches, DELBOULLE, *Gloss. de la vallée d'Yères*, le Havre, 1876, p. 179.

† **HAIDINGÉRITE** (hè-din-jé-ri-t'), *s. f.* Terme de minéralogie. Sulfure double d'antimoine et de fer.

HAIE. *Ajoutez :* || 7° Terme de turf. Un des obstacles usités dans les courses d'obstacles.

† **HAÏK** (ha-ik, *h* aspirée), *s. m.* Nom, dans l'Orient, d'un vêtement très-léger dont on s'enveloppe et par-dessus lequel on s'habille; c'est une pièce d'étoffe non taillée. On en fait [du poil de chameau] la corde qui sert à fixer le haïk autour de la tête, *Journ. offic.* 12 mai 1874, p. 3220, 1re col. Tous [des gens de Fez, au Maroc] vêtus de blanc de la tête aux pieds, comme un cortége de prêtres: visages austères, barbes noires, haïks de soie, VILLETARD, *Journ. offic.* 1er fév. 1877, p. 789, 3e col. || On le trouve aussi écrit heyque. Les présents qu'Abd-Allah offrit à Louis XIV de la part de Mouley-Ismaël.... consistaient en une selle brodée, une peau de tigre, huit heyques, cinq peaux de lion, et quatre douzaines de peaux de maroquin rouge, *Mercure*, fév. 1699.

† **HAJE.** *Ajoutez :* — ÉTYM. Arabe, *hayya*, serpent, DEVIC, *Dict. étym.*

† **HALBRENER.** *Ajoutez :* || 3° Donner aux canards de basse-cour un caractère de halbran, en les produisant par des couvées libres au bord des étangs voisins des fermes; les canards ainsi obtenus ont la chair plus délicate et sont moins sujets aux maladies des basses-cours.

† **HALE** (ha-l', *h* aspirée), *s. m.* Cordage servant à haler, *Journ. offic.* 14 avril 1872, p. 2545, 1re col.

† **HALEFA** (a-le-fa), *s. m.* C'est sous cette forme qu'on trouve dans les écrits du commencement de ce siècle le mot orthographié alfa depuis quelques années (voy. ALFA au Supplément).

HALENER. — HIST. *Ajoutez :* || XIIe s. Si com il [un guerrier blessé à mort] pot parler à peine, Car il sent la mort et l'aleine, A Achille mis à raison, BENOIT DE SAINTE-MORE, *Roman de Troie*, v. 19203.

1. **HALER.** *Ajoutez :* || Haler main sur main, haler sans marcher.

HÂLER. — ÉTYM. *Ajoutez :* Le normand dit *harler*, DELBOULLE, *Gloss. de la vallée d'Yères*, le Havre, 1876, p. 183. Cette épenthèse de l'*r* représente ici une *s* étymologique et se trouve dans quelques autres dialectes provinciaux.

† **HALIBUT** (ha-li-bu, *h* aspirée), *s. m.* Le même que hellebut. Le hareng, le halibut, la morue, *Journ. offic.* 17 juin 1870, p. 1026, 1re col.

† **HALINS.** *Ajoutez :* || 2° *Au sing.* Terme de pêche au hareng. Cordage, dit aussi haussière, sur lequel sont attachés les filets.

HALLEBARDE. *Ajoutez :* — REM. La hallebarde est une arme analogue à la guisarme; le fer terminé par une pointe affecte une forme plus ou moins symétrique, en présentant, sur les côtés, des tranchants, des crocs, des pointes.

HALLEBREDA *Ajoutez :* Une grande hallebreda qui tenait le cabaret du Sabot dans le faubourg Saint-Marcel, FURETIÈRE, dans *Journ. des Débats*, 29 mai 1877, 3e page, 4e col. (en parlant de Genèvre, une des dames de Ronsard).

† **HALLEFESSIER** (a-le-fè-sié), *s. m.* Vieux mot qui se trouve dans Cotgrave, et qui signifie gueux, bélître, flatteur; on le retrouve encore dans un pamphlet populaire qui n'est pas très-ancien. Tous ces hallefessiers [écrit alfessiers] qui nous ont presque mis à l'hôpital, *Les trois Poissardes* p. 21, 1789, dans CH. NISARD, *Parisianismes* p. 139.

† **HALLETTES** (ha-lè-t', *h* aspirée), *s. f. pl.* En Normandie, petit hangar pour mettre le bois à l'abri et faire sécher le linge, DELBOULLE, *Gloss. de la vallée d'Yères*, le Havre, 1876, p. 181.

— ÉTYM. Diminutif de *halle*.

1. **HALLIER.** *Ajoutez :* || 3° Dans une tuilerie, ouvrier qui range et garde les tuiles dans un endroit spécial. La fabrication des tuiles et briques dans les tuileries de Bourgogne comporte, dans ses diverses phases, l'emploi d'un certain nombre d'ouvriers, ayant tous un emploi distinct, savoir: un casseur, un marcheur, un mouleur, des porteurs et un hallier, *Gaz. des Trib.* 6 mars 1876, p. 227, 2e col.

† **HALLOYSITE** (a-loi-zi-t'), *s. f.* Terme de minéralogie. Silicate alumineux.

† **HALLUCINATOIRE** (al-lu-si-na-toi-r'), *adj.* Terme de médecine. Qui a rapport à l'hallucination. Symptôme hallucinatoire. Dans le délire partiel d'origine sensorielle auquel les hallucinations ont donné naissance, et dans la folie sympathique, les lésions occupent les centres des couches optiques, formant le substratum anatomique du symptôme hallucinatoire, RITTI, *la Phil. pos.* juillet-août 1876, p. 88. Troubles hallucinatoires, *Journ. des Débats*, 13 mars 1873, *feuilleton*.

† **HALOPHILE.** *Ajoutez :* || Terme de zoologie. Qui aime l'eau salée. Mollusques halophiles, E. J. *la Mer saharienne*, dans *Phil. posit.* juillet-août, 1875, p. 91.

HALOT. *Ajoutez :* || 2° En Normandie, touffe de buisson, hallier, DELBOULLE, *Gloss. de la vallée d'Yères*, le Havre, 1876, p. 161.

— HIST. XIVe s. Icellui Pierre prist lès une cheminée une busche à mettre au feu nommée halot que il trouva, DU CANGE, *halotus*. Le suppliant print un baston de cerisier que l'on appelle un hallot, ID. *ib.* La moitié de tous les aunois, sauchois, halos [buissons], prés et rentes, ID. *ib.* Comme le suppliant eust fait esmonder un halot ou saulx, ID. *ib.*

— ÉTYM. Ce mot a trois significations : trou de lapin dans une garenne, bâton, buisson. Pour le premier sens, Diez propose l'anc. haut-all. *hol*, creux, anglo-sax. *hal*, creux. Alors les deux autres *halot* appartiendraient à une racine différente; mais il est bien possible que le *halot*, trou de lapin, appartienne au *halot*, buisson; ce qui permet de le croire, c'est l'addition *dans une garenne*; alors la racine commune serait la même que celle de *hallier* 2 (voy. ce mot).

HALTE. *Ajoutez :* || 6° Anciennement, droit de halte et gare, droit de halle perçu sur les blés, farines, avoines, orges, grenailles, charbons, foin et paille, *Journ. offic.* 3 déc. 1876, p. 8975, 3e col.

HAMAC. — ÉTYM. *Ajoutez :* D'après M. Roulin, la dérivation de l'all. *Hangmatte* est fausse. L'esp. *hamaca*, hamac, vient de la langue guarani; c'est un mot américain; il se trouve dans les plus anciens écrits espagnols sur l'Amérique, par exemple dans le *Proemio* d'Oviedo, imprimé en 1525, à une époque où pas un Hollandais, pas un Allemand n'avait visité le nouveau continent. Le *hamac* est d'origine américaine; les Européens ont pris le mot en prenant la chose.

† **HAMATHÉEN, ENNE** (ha-ma-té-in, è-n', *h* as-

pirée), *adj.* Qui appartient au royaume de Hamath. M. Lenormant se livre à un examen approfondi de l'écriture hamathéenne.... il constate que les caractères sont des idéogrammes et ne représentent pas des sons; l'usage d'un semblable hiéroglyphisme, dit-il en terminant, doit remonter chez un peuple araméen à des temps plus anciens que la connaissance de l'alphabet;... cet usage se maintint dans le royaume de Hamath jusqu'au moment où il fut détruit par les Assyriens (720 ans avant J.-C.), F. DELAUNAY, *Journ. offic.* 29 avril 1873, p. 2858, 1re col.

HAMEAU. — ÉTYM. D'après M. d'Arbois de Jubainville, *hameau* vient, non pas du gothique *haims*, ni de l'allemand *heim*, les lois du vocalisme s'y opposent, ni de l'anglo-saxon *ham*, les Anglo-Saxons n'ont pas colonisé la France, mais du franc *hâm* (Grimm a établi que dans la langue franque *â* comme *é* vaut *ai* gothique et *ei* allemand); et ce mot franc n'est pas hypothétique, il nous est conservé dans le composé *ham-êdius*, conjurateur, proprement jureur de village.

HAMEÇON. *Ajoutez :* || 6° Sorte de papillon, *bombyx hamula.*

— HIST. *Ajoutez :* || XIIe s. Li uns des deus homes nagoit [ramait], Al amençon l'autres pescoit, *Perceval le Gallois*, v. 4681.

HANCHE. *Ajoutez :* || 7° Les hanches d'une chèvre (machine) sont les deux grands côtés qui vont en se rapprochant, et entre les extrémités desquels est montée une poulie.

— ÉTYM. *Ajoutez :* M. Bugge, *Romania*, III, p. 152, rejette l'étymologie donnée par Diez et adoptée dans le Dictionnaire (vieux haut-all. *ancha*, jambe). Il ne pense pas que l'*h* soit épenthétique, et il rattache *hanche* à un autre mot germanique : frison, *hancke*, *hencke*, hanche; l'all. mod. *Hanke*, hanche d'un cheval; le diminutif tyrolien, *henkel*, cuisse. Ces rapprochements sont tout à fait décisifs.

† **HANCHER (SE)** (han-ché, *h* aspirée), *v. réfl.* Terme populaire. Se mettre sur la hanche. Glapisson ôta sa chique, la mit dans le turban de son bonnet de police, passa ses longues moustaches entre son pouce et son index, se hancha légèrement à gauche, toussa modestement, et commença en ces termes.... E. SUE, *le Colonel de Surville*, ch. 1er.

† **HANDICAP** (han-di-kap', *h* aspirée), *s. m.* Terme de turf. Genre de courses dont la distance et les poids ne sont indiqués qu'après l'engagement. Le handicap a pour but d'égaliser les chances des concurrents, en équilibrant les poids de façon que le plus mauvais cheval ait autant de chances que le meilleur de gagner la course. Les courses de hasard, celles qu'on nomme handicaps, et leurs analogues, et dont le principe consiste à égaliser, par d'ingénieuses combinaisons de poids et de distance les chances de tous les compétiteurs, BOCHER, *Rapport à l'Assemblée nationale*, n° 1910, p. 147.

— ÉTYM. Angl. *handicap*, primitivement espèce de jeu de hasard qui consistait en ce que trois joueurs mettaient une somme égale dans un chapeau; on tirait au sort, d'où *hand*, main, *in*, dans, et *cap*, chapeau.

† **HANDICAPER** (han-di-ka-pé, *h* aspirée), *v. a.* Terme de turf. Faire le handicap, égaliser les poids entre les chevaux. La jument était handicapée à trente-deux livres de plus que le vainqueur, *le Siècle*, 13 mars 1870.

† **HANNAI** (ha-né, *h* aspirée), *s. m.* Terme de marine. Corde munie de boules et pendant autour des bouées de sauvetage. Deux hommes peuvent se sauver facilement au moyen de ces nouvelles bouées, qui sont attachées à une ligne de 500 brasses; grâce à cette dernière, elles sont dirigées vers les hommes à la mer, qui n'ont besoin que de saisir un des hannais pour se trouver confortablement installés, *Lett. de Bordeaux*, dans *Journ. offic.* 11 sept. 1873, p. 5830, 3e col.

— ÉTYM. Comp. HANET dans le Dictionnaire.

HANNETON. || 1° *Ajoutez :* || Se tenir comme des hannetons, être très-étroitement unis. || 2° *Ajoutez :* || Souci d'hanneton, *comparez* sourcil de hanneton, à SOURCIL. || 3° Hanneton écailleux, nom vulgaire de l'*hoplia farinosa*, coléoptère très-commun dans le midi de la France; il est d'un beau bleu d'azur avec reflets violacés et argentés, H. PELLETIER, *Petit dict. d'entomol.* p. 98, Blois, 1868. || Petit hanneton, nom vulgaire du mélolonthe horticole, ressemblant au hanneton, mais plus petit, ID. *ib.* p. 113.

† **HANNETONNAGE** (ha-ne-to-na-j', *h* aspirée), *s. m.* Destruction des hannetons. Une circulaire a été adressée, le 16 mars 1866, à MM. les préfets.... pour les inviter à appeler l'attention des maires sur les avantages de la pratique du hannetonnage, *Monit. univ.* 3 juillet 1867, p. 860, 3e col. Si chaque propriétaire d'enclos a soin de pratiquer le hannetonnage avec persévérance pendant les quelques semaines assignées à l'existence de ces coléoptères, *Circulaire du ministre de l'agriculture aux préfets, de février ou mars* 1868.

† **HANNON.** *Ajoutez :* — REM. On écrit aussi hanon. C'est une sorte d'huître à test très-mince, fort léger et brillant nacré, qu'en histoire naturelle on désigne sous le nom générique d'anomie et dans le langage des pêcheurs sous le nom de hanon, BESNON, *Feuilleton de l'Avranchin*, 22 nov. 1868.

† **HANSART** (han-sar, *h* aspirée), *s. m.* En Normandie, hachette ou couperet dont on se sert pour découper la viande, DELBOULLE, *Gloss. de la vallée d'Yères*, le Havre, 1876, p. 181.

— HIST. XIIIe s. Le hansart et l'escorcheor [couteau à écorcher], *Partonopѳ.* v. 5126.

— ÉTYM. Bas-lat. *hantsaccus*, *handseax*, poignard, dague, du germ. *hant*, main, et *seax*, glaive.

1. **HANSE.** *Ajoutez :* — REM. On trouve dans un texte du XIIIe s. *hanse* au sens de port, lieu d'arrivée des navires : Desi à Aigremor ne sunt aresteü, Par un mardi matin sont en hance venu, *Gui de Nanteuil*, v. 66.

† **HANTEMENT** (han-te-man, *h* aspirée), *s. m.* Néologisme. Action de hanter. Il [Fromentin] s'était fait Arabe de la tête aux pieds; il peignait le désert comme on peint son pays, inconsciemment pour ainsi dire, avec le plaisir d'exprimer une pénétration intime, l'amour natal et la joie du hantement quotidien, E. BERGERAT, *Journ. offic.* 14 oct. 1876, p. 7496, 2e col.

HANTISE. *Ajoutez :* — HIST. XIVe s. Car n'est tresors d'or ne d'argent Qui vaille hantise à bonne gent, *Dits de Watriquet de Couvin*, p. 71.

† **HAOS** (ha-os, *h* aspirée), *s. m.* Arbre des îles Sandwich dont les fleurs sont blanches le matin, jaunes à midi, rouges le soir et mortes le lendemain; on fait avec ses fibres des cordes d'une très-grande résistance, *Rev. des Deux-Mondes*, 1er mai 1877, p. 108.

† **HAPPEAU** (ha-pô, *h* aspirée), *s. m.* Sorte de piége à prendre des oiseaux, *l'Illustration*, 7 sept. 1872, p. 154, 2e col.

— ÉTYM. *Happer.*

HAPPELOURDE. — ÉTYM. *Ajoutez :* M. Meunier, *les Composés qui contiennent un verbe à un mode personnel*, p. 206, se demandant pourquoi la *happelourde* n'est pas restée *happelourd*, puisque c'est une *happe-lourdaud*, explique que le genre féminin de ce mot en a fait modifier la fin; c'est ainsi qu'à Paris la rue *Vivien* est devenue la rue *Vivienne*, et la rue *Dauphin* la rue *Dauphine.*

HAPPER. — HIST. || XIVe s. *Ajoutez :* Parmi cestes paroles furent si enflammez et hapez leurs courages, que tous les jeunes hommes quicunques estoient requis de prendre armes se fesoient escrire, BERCHEURE, f° 94, *verso.*

† **HAPPEUR** (ha-peur, *h* aspirée), *s. m.* Sorte de biblorhapte, *Almanach Didot-Bottin*, 1870, p. 689, 14e col.

— ÉTYM. *Happer.*

HAQUENÉE. — HIST. *Ajoutez :* || XIVe s. Une haguenée baye brune, *Mandements de Charles V*, p. 177.

— ÉTYM. *Ajoutez : Haquenée* est dit tiré de l'angl. *hackney*; mais les dictionnaires anglais déclarent que *hackney* vient du français; il faut donc renoncer à cette dérivation, et en venir à l'esp. *hacanea*; cette langue a en effet *haca*, bidet; d'où probablement vient *hacanea.*

HAQUET. *Ajoutez :* || 2° Grande voiture qui sert à transporter les bateaux qui font partie des équipages de ponts militaires.

Ajoutez : — REM. Le haquet, qui est de l'invention de Pascal, sert à voiturer du vin, des ballots, etc. Avant Pascal, ce nom s'appliquait à une voiture d'une forme analogue mais qui ne formait pas le plan incliné.

† **HARASSANT, ANTE** (ha-ra-san, san-t', *h* aspirée), *adj.* Qui harasse. Parvenu à la dernière étape d'une guerre harassante dont il [Washington] avait presque seul porté le poids, *Journ. offic.* 30 juill. 1876, p. 5727, 3e col.

† **HARCELANT, ANTE** (har-se-lan, lan-t', *h* aspirée), *adj.* Qui harcèle. Ces vieilles gens sont incorrigibles et harcelants, STE-BEUVE, dans *Rev. des Deux-Mondes*, 1er janv. 1875, p. 144.

HARCELER. — ÉTYM. *Ajoutez :* Picard, *hartcheler*, fagoter : *elle est bien hartchelée* se dit d'une femme négligée dans la manière de se vêtir; ce verbe vient de *hartchel*, qui est un diminutif de *hart*, et cela confirme d'autant l'étymologie de *harceler*, par *harcele*, diminutif de *hart.*

† **HARCELEUR, EUSE** (har-se-leur, leû-z', *h* aspirée), *adj.* Néologisme. Qui harcèle. || Fig. Doutes harceleurs.

1. **HARDE.** *Ajoutez :* — REM. En dehors des termes de chasse, harde s'est dit, au XVIIe siècle, d'une troupe de chevaux. Ayant su qu'on m'a envoyé deux hardes de barbes [chevaux barbes] à Paris, l'une de vingt-deux, l'autre de douze..., RICHELIEU, *Lettres, etc.* 1642, t. VII, p. 104.

† 2. **HARDÉ.** — ÉTYM. Dans le Calvados, on dit *hardelé* : Les œufs *hardelés* sont pondus par des coqs, et, quand on les met dans du fumier de cheval, il en sort des serpents dont l'huile est excellente pour composer des philtres et transmuer des métaux, DU MÉRIL, *Gloss. norm.* Mais *hardelé*, pas plus que *hardé*, ne conduit à l'étymologie.

† **HARDEAU.** *Ajoutez :* || 3° Vaurien, garnement, *la Gazette des halles*, p. 7, 1649, dans CH. NISARD, *Parisianismes*, p. 141.

— HIST. XVIe s. Il eut ung fils nommé Tenot Dandin, grand hardeau et galant homme, ainsi m'aist Dieu! RAB. *Pant.* III, 39.

— ÉTYM. *Ajoutez : Hardeau*, au sens de vaurien, est celui qui mérite la *hart*, la corde.

† **HARDIER** (har-dié, *h* aspirée), *s. m.* Nom, en certaines parties de la Lorraine, du berger, du pâtre.

— ÉTYM. Anc. franç. *harde* (Voy. HARDE 1 au Dictionnaire).

† 2. **HARDI** (har-di, *h* aspirée), *s. m.* Nom d'une ancienne monnaie qui avait surtout cours en Guyenne sous la domination anglaise, et qui valait trois deniers tournois. Le 18 octobre 1467, Louis XI, ayant trouvé avantageuse dans le système duodécimal cette coupure de la valeur de trois deniers, prescrivit de frapper des hardis, copiés de ceux d'Angleterre; ils étaient à trois deniers de loi, c'est-à-dire qu'ils contenaient un quart de leur poids d'argent fin, tandis que le denier tournois n'était qu'à un denier de loi, DE SAULCY, *Journ. offic.* 20 fév. 1877, p. 1296, 2e col.

— HIST. XVe s. Avons ordonné que doresenavant sera levé pour nous en la ville [Bayonne] le droit de l'asize, qui y est accoustumé de lever, c'est assavoir de soixante hardiz ung (1451), DU CANGE, *ardicus.*

— ÉTYM. Bas-lat. *ardicus*, *arditus*, DU CANGE, ainsi dit soit de Philippe III, surnommé le *Hardi*, soit de Richard Ier, roi d'Angleterre, qui eut le même surnom.

HARENG. *Ajoutez :* || Hareng de trois nuits, hareng qui a passé trois nuits à bord du bateau de pêche et auquel, d'après les règlements, il n'est permis de donner que la préparation du bouffissage, J. DELAHAIS, *Notice hist. sur l'écorage*, Dieppe, 1873, p. 64.

† **HARFANG** (har-fangh', *h* aspirée), *s. m.* Sorte de grande chouette. Il avait vu cet être étrange [un mineur] rôdant dans la mine, toujours accompagné d'un énorme harfang, sorte de chouette monstrueuse..., J. VERNES, *le Temps*, 24 avr. 1877, *Feuilleton*, 1re page, 2e col.

† **HARICOTER.** *Ajoutez :* || 2° En Normandie, se dit d'un cultivateur qui laboure avec des haridelles et n'avance point dans son travail; d'où haricotier, pauvre homme qui n'arrive point à faire ses affaires, qui tire le diable par la queue, DELBOULLE, *Gloss. de la vallée d'Yères*, le Havre, 1876, p. 182.

† **HARIDONS** (ha-ri-don, *h* aspirée), *s. m. pl.* Nom, en Normandie, des brins de lin, des tiges de chanvre dépouillés de leur écorce, DELBOULLE, *Gloss. de la vallée d'Yères*, le Havre, 1876, p. 182.

† **HARMALE** (har-ma-l', *h* aspirée), *s. f.* Genre de plantes, rue de Syrie, rue sauvage, *peganum harmala*, L., famille des rutacées.

— ÉTYM. Espagn. *harma*, *harmaga*, *alharma*; portug. *harmale*; de l'arabe *harmal.*

† **HARMONIPAN** (ar-mo-ni-pan), *s. m.* Sorte d'orgue de Barbarie.

HARMONIQUE. *Ajoutez :* — REM. Voici une définition plus explicite du terme de mathématique : Division harmonique d'une droite, division de cette ligne par deux points C et D, situés l'un sur la droite, l'autre sur son prolongement, de telle façon que le rapport des distances du point C aux points A origine de la ligne et B terminaison de la ligne soit le même que le rapport des distances du point D aux mêmes points A et B.

† **HARMONISATION** (ar-mo-ni-za-sion), *s. f.* Action d'harmoniser. || Harmonisation des voyelles, se dit, dans les langues ouralo-altaïques, de l'établissement de l'harmonie vocalique (voy. VOCALIQUE au Supplément), A. HOVELACQUE, *Linguistique*, p. 441, Paris, 1876.

HARMOSTE (ar-mo-st'), *s. m.* Terme d'antiq... grecque. Gouverneur que les Lacédémoniens, durant leur hégémonie, établissaient dans les villes conquises. La Grèce, menacée et fatiguée par les harmostes spartiates, *Rev. critique*, 25 nov. 1876, p. 339.

— ÉTYM. Ἁρμοστής, celui qui arrange, met en ordre.

HARNACHER. — ÉTYM. *Ajoutez :* Norm. *harniquer, harnaquer*, DELBOULLE, *Gloss. de la vallée d'Yères*, le Havre, 1876, p. 184.

† **HARPAILLE** (har-pâ-ll', *h* aspirée et *ll* mouillées), *s. f.* Terme de chasse. Certaine quantité de biches et de jeunes cerfs, YAUVILLE, *Sur la vénerie du cerf*, 1788.

— ÉTYM. *Harper* 2, qui veut dire saisir, prendre.

† **HARPALE** (har-pa-l', *h* aspirée), *s. m.* Coléoptère appartenant à la famille des carnassiers. Le harpale bronzé.

— ÉTYM. Ἁρπάλιος, qui déchire.

† **HARPAYE.** *Ajoutez :* — ÉTYM. Ce semble un dérivé de *harper* 2, qui signifie saisir, prendre.

HART. — ÉTYM. *Ajoutez :* D'après M. Jouaucux, en picard, *hart* signifie pousse ou tige flexible de toute essence de bois propre à être tordue, et aussi baguette, jeune rameau avec lequel on peut fouetter, et vient du lat. *artus*, employé par Pline au sens de branche, de rameau; diminutif *une hartchel*. Mais, indépendamment de la prosthèse de l'*h*, *artus* de Pline est un mot métaphorique dont il n'y a aucune trace dans la langue vulgaire au sens de rameau.

† **HARTE** (har-t', *h* aspirée), *s. f.* Nom, en Dauphiné, des teignes qui attaquent les étoffes.

— ÉTYM. Voy. ARTISON au Dictionnaire; l'*h* est ici prosthétique, si du moins *artison* est la forme primordiale.

† **HASSART.** *Ajoutez :* — REM. C'est le même que hansart (voy. ce mot au Supplément).

† **HÂTELET.** *Ajoutez :* || 3° Bijou en forme de broche; on dit aussi hâtelette. || 4° En Normandie, carré de côtelettes de porc qu'on fait rôtir à la broche, DELBOULLE, *Gloss. de la vallée d'Yères*, le Havre, 1876, p. 184.

† **HATT** (hat', *h* aspirée), *s. m.* Le même que hatti-chérif (voy. ce mot au Dictionnaire). Arrivé dans la grande salle de réception, et prenant des mains d'Atif-Bey, premier secrétaire du sultan, le sac en soie qui contenait le hatt impérial, *Journ. des Débats*, 23 mai 1876, 2° page, 1re col.

HAUBAN. *Ajoutez :* || 3° Nom donné par les marins à certaines formes de nuages. Tout le monde a pu voir autour du soleil, lorsque le temps est couvert, des colonnes obscures partant des nuages qui l'entourent et qui se prolongent jusqu'à la mer; les matelots appellent ces colonnes les haubans du soleil, LA COUDRAYE, *Théories des vents et des ondes*, p. 75.

HAUBERT. *Ajoutez :* || 2° Grand haubert, blanc haubert, armure complète de mailles que les chevaliers avaient seuls le droit de porter, PENGUILLY L'HARIDON, *Notice sur les armures*.

HAUSSE. *Ajoutez :* || 10° Pièce de bois équarrie placée au-dessus de l'essieu de certaines voitures pour servir de point d'appui au fond.

— REM. La hausse, réglette graduée, adaptée à la culasse d'une bouche à feu, et qui, se haussant ot se baissant à volonté, sert à donner plus ou moins de portée à la pièce, s'applique aussi aux fusils et aux carabines. Quand la hausse exprime la quantité dont le cran de mire, le croisillon, ont été relevés de cette manière, on écrit hausse par un *h* minuscule : nous avions donné 13 millimètres de hausse; quand on veut désigner l'instrument, on emploie un H majuscule : une Hausse latérale, une Hausse à coulisse.

HAUT. || 27° *Après :* Haut le pied, sans être chargé. Renvoyer des chevaux haut le pied, les renvoyer sans être attelés ni montés. *Ajoutez :* || Substantivement, un haut le pied, un cheval qui n'est pas attelé. 40 voitures d'artillerie à 6 chevaux, compris le haut le pied, total 410 hommes et 500 chevaux, *Corresp. de Napoléon Ier*, t. XVIII, p. 416 Que les chevaux étaient bien plus vifs blessés dans les marches et les combats que les hommes, et qu'il serait plus rationnel d'admettre des chevaux haut le pied que des cavaliers non montés, *Journ. offic.* 12 nov. 1874, p. 7530, 3° col. || 42° Haute vie, voy. VIE au Supplément. || 43° Familièrement et grossièrement. Haut le cul, lève-toi, levez-vous.

† 2. **HAUTAIN.** *Ajoutez :* || 2° Cep de vigne cultivé en hauteur. || Le champ qui en est planté. || On écrit aussi hautin.

HAUTAINEMENT. — HIST. *Ajoutez :* || XIV° s. Si [les échevins] repeterent audit Jehan amiablement les fais dessusdiz, lequel ne les print pas en gré, mais respondit hautainement que pour euls ne lesseroit qu'il ne preist argent desdictes cedules (1376), VARIN, *Arch. administr. de la ville de Reims*, t. III, p. 430.

† 2. **HAUTIN** (hô-tin, *h* aspirée), *s. m.* Autre orthographe de HAUTAIN 2 (voy. ce mot).

† **HAUTINÉ, ÉE** (hô-ti-né, née, *h* aspirée), *adj.* Se dit d'une terre, d'un bois qui contient des hautins ou hautains.

† **HAUT-LE-COEUR** (hô-le-keur, *h* aspirée), *s. m.* Nausée, envie de vomir. || *Au plur.* Des haut-le-cœur.

† **HAUT-PENDU.** *Ajoutez :* Ces grains blancs ou haut-pendus de la zone torride, qui paraissent à peine dans un ciel serein et clair, et desquels sort un vent momentané, mais impétueux, LA COUDRAYE, *Théories des vents et des ondes*, p. 50.

† **HAÜYNE** (a-u-i-n'), *s. f.* Terme de minéralogie. Substance minérale de couleur bleue, contenant des silicates et des sulfates, qui cristallise en dodécaèdres rhomboïdaux (ainsi dite d'après l'abbé Haüy, célèbre minéralogiste).

† 1. **HAVAGE** (ha-va-j', *h* aspirée), *s. m.* Ancien terme d'impôt. Droit de prélever sur chaque sac de blé exposé au marché autant de grains que les mains pouvaient en contenir. Les droits connus sous le nom de coutume, hallage, havage, cohue..., sont supprimés, *Loi du* 15-28 *mars* 1790, titre 2, art. 19.

— HIST. XVI° s. Le havage de chascun sestier de blé vendu en la ville de Chartres hors franchise, DU CANGE, *havagium*.

— ÉTYM. Bas-lat. *hava, havata, havcia*; anc. franç. *havée*, sorte de mesure qui vient du lat. *habere*, avoir, et exprime primitivement ce qu'on peut *avoir*, tenir dans les mains.

† 2. **HAVAGE** (ha-va-j', *h* aspirée), *s. m.* || 1° Terme d'exploitation houillère. Opération consistant à faire une entaille parallèle à la stratification des couches de houille, pour permettre l'abattage. || 2° Nom donné aux petites couches de houille ou de schiste tendre qui se trouvent au toit, au mur, ou dans la couche de houille, et au moyen de laquelle les mineurs détachent la veine.

— ÉTYM. *Haver* (voy. ce mot au Supplément).

† **HAVENEAU.** *Ajoutez :* — ÉTYM. « *Haveneau* ou *havenet* est un mot scandinave. Un filet de la même forme se dit en norois *háfr*, norvég. *haav*, suéd. *håf*, patois de l'Angleterre septentrionale *haaf*. Dans le Calvados, *havenet* s'emploie, d'après Du Méril, comme nom d'une espèce de filet avec lequel on prend les oiseaux quand il fait nuit. Le norvég. *haav* se dit aussi d'un petit filet avec lequel on prend les mouches, » BUGGE, *Romania*, juillet-octobre 1875, p. 364.

† **HAVER** (ha-vé, *h* aspirée), *v. a.* Terme d'exploitation houillère. Exécuter le havage, séparer la veine de la roche au moyen d'un pic de forme particulière.

— ÉTYM. Autre forme de *chaver* ou *caver*, creuser.

† **HAVET.** *Ajoutez :* || Nom, dans le département de la Manche, d'un appareil qui se compose d'une planche inclinée à laquelle sont fixés deux mancherons et une limonière; on s'en sert pour recueillir la tangue, *les Primes d'honneur*, Paris, 1873, p. 14.

† **HAVEUR** (ha-veur, *h* aspirée), *s. m.* Terme d'exploitation houillère. Ouvrier occupé au havage.

† **HAWAÏEN, IENNE** (ha-va-iin, iè-n', *h* aspirée), *adj.* Qui est relatif à l'île d'Hawaii. L'archipel hawaïen se compose de douze îles situées dans l'océan Pacifique, entre l'Amérique du Nord et la Chine, *Notice distribuée pend. l'Exp. univ. de* 1867.

† **HAYEUX** (hè-ieu, *h* aspirée), *s. m.* Nom, en Normandie, de l'ouvrier dont le métier est de faire ou de réparer les haies, DELBOULLE, *Gloss. de la vallée d'Yères*, le Havre, 1876, p. 185.

— ÉTYM. *Hayeux* est la prononciation populaire de *hayeur*, qui vient de *hayer* (voy. ce mot au Dictionnaire).

† **HAYON** (ha-ion, *h* aspirée, ou, sans aspiration, a-ion), *s. m.* Assemblage de pièces de bois, nommées trésailles, épars, roulons, qui sert à fermer le devant et le derrière des chariots et des charrettes. La voiture des subsistances est à hautes ridelles.... la couverture est demi-circulaire et formée par une bâche reposant sur des cercles; l'arrière est fermé par un hayon mobile, *Journ. offic.* 25 oct. 1873, p. 6542, 3° col. || 2° En Normandie, claie recouverte de paille ou de branchages derrière laquelle se mettent à l'abri les vachers et les bergers lorsqu'il pleut

— ÉTYM. *Haie* 1; la signification normande de ce mot montre que le *hayon* des charrettes est par extension un dérivé de *haie*. La prononciation des paysans des environs de Paris est *a-ion*, sans aspiration; ailleurs on met l'aspiration. Il est certain que le *hayon* normand a une *h* aspirée.

† **HÉBERGEAGE** (é-bèr-ja-j'), *s. m.* Bâtiment servant à abriter les troupeaux dans une ferme.

† **HÉBERGEMENT.** *Ajoutez :* Lundi je serai à Chantilli, où je fais état de coucher deux nuits, s'il plaît à Sa Majesté m'y donner hébergement, ce dont je ne suis pas en doute, RICHELIEU, *Lettres, etc.* t. VI, p. 170 (1638).

HÉBERGER. *Ajoutez :* || Héberger la moisson, la rentrer. Ajoutez-vous un jour à la semaine, ou si vous vous chargez d'héberger la moisson et de labourer les champs? PROUDHON, *La célébration du dimanche*, 1868, in-12, p. 140.

— ÉTYM. *Ajoutez : Heriberga* est une forme postérieure à la forme en *a* de l'époque mérovingienne, D'ARBOIS DE JUBAINVILLE, *Romania*, n° 2 p. 141 (voy. AUBERGE au Supplément).

† **HÉBERGEUR** (é-bèr-jeur), *s. m.* Celui qui héberge.

— HIST. XIII° s. Qu'il estoient hebergeor Et bon terrien doneor, GUIOT DE PROVINS, *Bible*, v. 203.

† **HÉBÉTATION.** *Ajoutez :* — HIST. Lequel [Dieu], comme savez, veult souvent sa gloire apparoistre en l'hebetation des saiges, en la depression des puissans et en l'erection des simples et humbles, RAB. III, 41.

HÉBÉTER. *Ajoutez :* || 3° Rendre insensible. C'est de cette façon que se passent les gouttes [la goutte]..., quand elles ont hébété la partie malade, à force de la tourmenter, MALH. *Lexique*, éd. L. Lalanne.

— HIST. *Ajoutez :* || XIV° s. Mes sens de oelx [yeux] et de oreilles sont hebetez, BERCHEURE, f° 103, *verso*.

† **HEC.** *Ajoutez :* || 2° En Normandie, la partie inférieure d'une porte coupée en deux, et aussi la petite porte, susceptible de déplacement, à clairevoie, que l'on place, durant le jour, à l'entrée des habitations dans les fermes, pour empêcher les volailles et les animaux de basse-cour d'y pénétrer, H. MOISY, *Noms de famille normands*, p. 191.

— HIST. XIV° s. Le suppliant estoit à son huis appoié sur son hec, qui fait aussi que demi closture d'un huis, DU CANGE, *heket*. Ilz alerent ensemble heurter au hec de l'uis de l'ostel dudit Obery, duquel hec ilz rompirent un ais ou deux, *ib.* (Il y avait aussi un diminutif *hequet*, qui se trouve dans un texte du XIII° siècle. *Hequet* est un nom propre assez commun).

— ÉTYM. Angl. *hatch*, porte coupée; de l'allem. *Heck*, porte treillissée, de *hegen, hag*, haie (voy. HAIE 1).

† **HÉCATE.** *Ajoutez :* || 3° La 100° planète télescopique, découverte en 1868 par M. Watson.

† **HÉCUBE** (é-ku-b'), *s. f.* La 108° planète télescopique, découverte en 1869 par M. Luther.

— ÉTYM. Lat. *Hecuba*, femme de Priam et mère d'Hector. La forme grecque est Ἑκάβη.

† **HÉDENBERGITE** (é-din-bèr-ji-t'), *s. f.* Terme de minéralogie. Silicate double de chaux et de fer, d'un vert foncé, presque noir.

† **HÉDONISME** (é-do-ni-sm'), *s. m.* Terme de philosophie. Système qui fait du plaisir le but de la vie.

— ÉTYM. Ἡδονή, plaisir.

† **HÉGÉLIEN, ENNE** (é-ghé-liin, liè-n'), *adj.* Terme de philosophie. Qui se rapporte au système philosophique de Hegel, lequel a le caractère panthéiste (Hegel, philosophe allemand, mort en 1831).

† **HÉGOUMÈNE** (é-gou-mè-n'), *s. m.* Nom grec des abbés. On nous conduisit immédiatement à l'hégoumène ou abbé [du couvent de Chico, en Chypre], qui était élu depuis deux jours, G. D'ORCET *Rev. Brit.* sept. 1874, p. 15 (voy. au Supplément HIGOUMÈNE, qui est la prononciation des Grecs).

— ÉTYM. Ἡγούμενος, de ἡγοῦμαι, être chef.

† **HÉLÈNE.** *Ajoutez :* || 5° La 101° planète télescopique, découverte en 1868 par Watson.

HÉLICE. *Ajoutez :* || 6° Terme de géométrie. Courbe à double courbure tracée sur un cylindre quelconque, jouissant de la propriété de se transformer en ligne droite lorsqu'on fait le développement de la surface du cylindre.

† **HÉLICOÏDAL.** *Ajoutez :* || 2° Qui se rapporte à l'hélicoïde. Surface hélicoïdale.

— REM. On écrit hélicoïdal, hélicoïde sans cédille, mais on entend souvent prononcer é-li-so-i-dal, é-li-so-i-de. M. Chasles, dans une note de la page 69 du *Rapport sur les progrès de la géométrie* (Paris, 1870), insiste sur l'emploi de la cédille. Mais c'est le grec ἑλικοειδής, et mettre une cédille serait un vrai barbarisme. Il faut prononcer et écrire hélicoïde.

† **HÉLICOÏDE.** || 2° *S. m. Ajoutez :* || Hélicoïde développable, surface engendrée par une droite mobile qui glisse sur une hélice en lui demeurant constamment tangente. || Hélicoïde gauche, surface engendrée par une droite mobile qui glisse sur une hélice et sur son axe, en faisant avec cet axe un angle constant.

† **HÉLICONIE** (é-li-ko-nie), *s. f.* Terme d'entomologie. Genre de papillons diurnes. Dans l'Amérique du Sud, au milieu des parties boisées, abondent les héliconies, de charmants papillons d'espèces infiniment variées, E. BLANCHARD, *Rev. des Deux-Mondes*, 1er août 1874, p. 598.

† **HÉLICOPTÈRE** (é-li-ko-ptè-r'), *s. m.* Tout le monde connaît ce jouet d'enfant appelé hélicoptère : une hélice en papier est animée, à l'aide d'une ficelle, d'un rapide mouvement de rotation ; l'hélice se visse dans l'air, s'élève, tournoie et retombe quand la rotation s'éteint, faute de force motrice, *Journ. offic.* 3 oct. 1875, p. 8477, 1re col.

— ÉTYM. *Hélice*, et πτερὸν, aile.

† **HÉLIOGRAPHIE.** *Ajoutez :* — REM. Ce fut le nom donné par Nicéphore Niepce à la reproduction d'objets par le soleil, qui fut plus tard nommée daguerréotypie et photographie, CHEVREUL, *Journ. des sav.* fév. 1873, p. 79.

† **HÉLIOGRAVURE** (é-li-o-gra-vu-r'), *s. f.* Gravure faite à l'aide de la photographie. Grâce aux procédés de reproduction par la photolithographie et l'héliogravure, on a pu répandre rapidement, en profusion et à un prix très-bas, des cartes qui, par les anciennes méthodes, auraient exigé un établissement long et coûteux, *Journ. offic.* 8 mai 1873, p. 2998, 3e col. Un beau portrait.... reproduction par l'héliogravure, *Rev. littér.* 22 janv. 1876, p. 67.

† **HÉLIOTYPE** (é-li-o-ti-p'), *s. m.* Procédé photographique de reproduction des objets. .... Des produits sortis du woodburytype, de l'autotype, de l'héliotype : le rayon de soleil prend la place du burin.... le procédé dit héliotype semble réunir le bon marché des produits à la simplicité de la mise en œuvre, *Journ. offic.* 16 sept. 1873, p. 5909, 1re col.

— ÉTYM. Ἥλιος, soleil, et τύπος, type.

† **HELIUM** (é-li-om'), *s. m.* Nom donné par les astronomes à une substance inconnue sur la terre, et que la spectroscopie paraît montrer dans le soleil, RADAU, *Rev. des Deux-Mondes*, 15 mai 1876, p. 433. .... Et enfin [dans le spectre des protubérances du soleil] une substance encore inconnue, caractérisée par une ligne jaune très-brillante, que les astronomes anglais on nommée l'helium, *Journ. offic.* 21 août 1873, p. 5494, 3e col.

— ÉTYM. Ἥλιος, soleil.

† **HELLÉNISATION** (èl-lé-ni-za-sion), *s. f.* Néologisme. Action d'helléniser, de donner le caractère hellénique. Pour les esprits sérieux et dégagés de préjugés, l'hellénisation de notre ville [Angers; y créer un centre d'études grecques], outre que tel n'est pas le but de M. Freppel [l'évêque], est pure utopie, *le Temps*, 7 août 1876, 2e page, 3e col.

HELLÉNISTE. *Ajoutez :* — REM. Au sens d'érudit en langue grecque, le P. Labbe inventait le mot helléniste, et le prenait en mauvaise part, en y impliquant une idée d'abus, STE-BEUVE, *Port-Royal*, t. III, p. 526, 3e éd.

† **HELLÉNOTAME** (èl-lé-no-ta-m'), *s. m.* Terme d'antiquité grecque. Nom, à Athènes, des trésoriers chargés de recouvrer les sommes fournies par les États grecs pour les dépenses de la guerre contre les Perses ; le trésor, d'abord placé à Délos, le fut ensuite par Périclès dans la citadelle d'Athènes, *Rev. crit.* 6 janv. 1877, p. 8.

— ÉTYM. Ἑλληνοτάμιαι, de Ἕλλην, Grec, et ταμίας, trésorier.

† **HELLIOT** (è-li-o), *adj. m.* La plus précieuse conquête des volières est celle d'un faisan helliot, de la province chinoise de Fo-kien ; ce magnifique oiseau n'existe dans aucune ménagerie d'Europe, *Journ. offic.* 17 juill. 1874, p. 4991, 3e col.

† **HÉLODITES** (é-lo-di-t'), *s. f. pl.* Terme d'histoire naturelle. Tortues palustres intermédiaires entre les tortues terrestres et les tortues aquatiques, caractérisées par des pieds lâchement palmés, des doigts mobiles et armés de cinq ongles, FERNAND LATASTE, *Essai d'une faune herpétologique de la Gironde.*

— ÉTYM. Ἑλώδης, palustre.

† **HÉLOPE** (é-lo-p') ou **HÉLOPS** (é-lops'), *s. m.* Terme d'entomologie. Genre de coléoptères hétéromères, qui se trouvent dans l'écorce des arbres. Nous avons vu encore quelques larves d'hélops ; les vignerons prétendent que cet insecte s'introduit dans le bourgeon à peine éclos pour se nourrir des petites feuilles, PELLET, *Trav. de la Comm. dép. contre le phylloxera*, Perpignan, 1874, p. 105.

— ÉTYM. Ἧλος, clou, et ὤψ, œil.

† **HELVELLE** (èl-vè-l'), *s. f.* Nom d'un champignon dans la Haute-Marne. Voici.... l'helvelle, dont le chapeau a l'air d'une mitre d'évêque, et non loin la tribu des hydnes, A. THEURIET, *Rev. des Deux-Mondes*, 1er oct. 1874, p. 580.

† **HÉMATIQUE.** *Ajoutez :* || 2° Terme de physiologie. Qui a rapport au sang. || Poisons hématiques, poisons qui agissent sur les globules du sang, HENNEGUY, *Étude sur l'action des poisons*, p. 8, Montpellier, 1875.

† **HÉMATOPOÈSE** (é-ma-to-po-è-z'), *s. f.* Voy. HÉMOPOÈSE.

† **HÉMATOZOÏDE** (é-ma-to-zo-i-d'), *s. m.* Nom donné par Guérin-Méneville aux corpuscules vibrants qu'on trouve dans les vers à soie affectés de pébrine.

— ÉTYM. Αἷμα, sang, ζῶον, animal, et εἶδος, forme.

HÉMÉROCALLE. *Ajoutez :* || Fig. Beauté d'un jour. Toutes les faveurs humaines Sont hémérocalles d'un jour, MALH. *Lexique*, éd. L. Lalanne.

† **HÉMIANESTHÉSIE** (é-mi-a-nè-sté-zie), *s. f.* Terme de médecine. Perte de sensibilité dans une moitié latérale du corps. Hémianesthésie hystérique.

— ÉTYM. *Hémi*, et *anesthésie*.

† **HÉMICIRCULAIRE** (é-mi-sir-ku-lè-r'), *adj.* Qui a la forme d'un demi-cercle. La partie hémicirculaire d'une boucle d'or, LABARTE, *Hist. des arts ind. au moyen âge*, t. 1er, p. 254, 2e éd.

— ÉTYM. Mot hybride, de ἡμι, demi, et *circulaire* ; il vaut mieux dire *semi-circulaire*.

† **HÉMINÉE.** *Ajoutez :* || 2° Dans les Bouches-du-Rhône, mesure agraire qui vaut un peu plus de huit ares, BARRAL, *Les irrigations dans les Bouches-du-Rhône*, Paris, 1876, p. 63.

† **HÉMIORGANISME** (é-mi-or-ga-ni-sm'), *s. m.* Force hypothétique qui transformerait une substance organique en un être vivant (le mot est de M. Fremy). M. Fremy prétend que les ferments se forment par la force de l'hémiorganisme s'exerçant sur les matières albuminoïdes au contact de l'air, PASTEUR, *Acad. des sc. Comptes rendus*, t. LXXXII, p. 1285.

† **HÉMISOMORPHE** (é-mi-zo-mor-f'), *adj.* Qui offre le caractère de l'hémisomorphisme.

† **HÉMISOMORPHISME** (é-mi-zo-mor-fi-sm'), *s. m.* Isomorphisme partiel.

— ÉTYM. *Hémi*, et *isomorphisme*.

† **HÉMOGLOBINE** (é-mo-glo-bi-n'), *s. f.* Substance fixe qui forme la plus grande partie des globules du sang.

— ÉTYM. *Hemo...*, de αἷμα, sang, et *globe*.

† **HENNIN** (hè-nin, *h* aspirée), *s. m.* Coiffure de femme des XIVe et XVe siècles ; elle était très-élevée et surmontée d'un voile flottant à son sommet. Un buste de sirène coiffé du hennin d'Isabeau, TH. BENTZON, *Journ. des Débats*, 27 mars 1877, *Feuilleton*, 1re page, 2e col.

— HIST. XVe s. Et mesmement, quant les dessus dites femmes de haute lignée se departoient, iceux enfants, en continuant leur cri, couroient après, et de fait veuloient tirer jus lesdits hennins, MONSTREL, II, 53.

† **HÉNOTHÉISME** (é-no-té-i-sm'), *s. m.* Culte d'un seul dieu chez un peuple, chaque peuple pouvant avoir le sien, par opposition à monothéisme qui exprime qu'il n'y a qu'un seul Dieu. L'hénothéisme est le point de départ de toutes les religions, MAX MÜLLER.

— ÉTYM. Εἷς, ἑνὸς, un, et θεὸς, dieu.

† **HENRI.** *Ajoutez :* || 2° Monnaie d'or, créée en 1549 par Henri II, qui valait deux écus et qui était à 23 carats et de 67 au marc, DE SAULCY, *Journ. offic.* 20 fév. 1877, p. 1296, 2e col.

† **HÉORTOLOGIE** (é-or-to-lo-jie), *s. f.* Histoire des fêtes, chez les anciens Grecs, titre d'un ouvrage de M. Mommsen, *Rev. crit.* 21 août 1875, p. 122.

— ÉTYM. Ἑορτή, fête, et λόγος, histoire.

† **HÉQUET** (hé-ké, *h* aspirée), *s. m.* En Normandie, ridelle, côté d'une charrette en râtelier, H. MOISY, *Noms de famille normands*, p. 193.

— ÉTYM. Voy. HEC au Dictionnaire et au Supplément.

† **HÉRA** (é-ra), *s. f.* La 103e planète télescopique, découverte en 1868 par M. Watson.

— ÉTYM. Ἥρα, Junon.

HÉRALDIQUE. *Ajoutez :* || Graveur héraldique, graveur qui grave des armoiries.

† **HÉRALDISTE** (é-ral-di-st'), *s. m.* Celui qui est versé dans l'art héraldique.

† **HÉRAUDERIE** (é-rô-de-rie), *s. f.* Corporation de hérauts. Sir Albert Woods et les membres de l'hérauderie de la Jarretière ont enlevé, après les formalités d'usage, les armes, la bannière et les insignes..., *Journ. offic.* 12 avril 1877, p. 2813, 3e col.

— ÉTYM. Angl. *heraldry* (voy. HÉRAUT).

HERBAGE. *Ajoutez :* || 5° Terme de droit féodal. Droit d'herbage, droit payé pour tout héritage tenu en censive. Il y avait le droit de vif herbage et le droit de mort herbage.

† **HERBAGEMENT** (èr-ba-je-man), *s. m.* Action de mettre à l'herbage un cheval, un bœuf, HOUEL, *La question des haras*, p. 5, dans *Journ. des haras*, 1874. S'il est vrai que généralement, en consommant les herbes que ne recherchent pas ou que refusent les animaux de l'espèce bovine, le cheval diminue le prix de revient de l'herbagement de ses compagnons de prairie, il est vrai aussi que souvent il détériore l'herbage au lieu de l'améliorer, BOCHER, *Rapport à l'Assemblée nat.* n° 1910, p. 9, note.

HERBE. || Proverbes. *Ajoutez :* || L'eau fait l'herbe, dicton rural, *Revue horticole*, 16 juil. 1875, n° 14, p. 268.

† **HERBET** (èr-bè), *s. m.* Nom donné au *fucus comosus* des plages des îles Chaussey (Manche), *les Primes d'honneur*, Paris, 1873, p. 28.

— ÉTYM. Diminutif de *herbe*.

HERBEUX. *Ajoutez :* || Atterrissements herbeux, atterrissements qui deviennent des îles et où il croît une herbe excellente pour les moutons, QUÉNAULT, *Revue des Sociétés savantes*, 1872, t. VI, p. 106.

† **HERCHAGE** (hèr-cha-j', *h* aspirée), *s. m.* Travail du hercheur, L. REYBAUD, *Rev. des Deux-Mondes*, 1er nov. 1871, p. 155. Le herchage est payé à la tâche, et le prix en varie selon les distances, *la Revue scient.* 21 août 1875, p. 185.

† **HERCHER** (hèr-ché, *h* aspirée), *v. n.* Faire le travail du hercheur. Les enfants trop jeunes et trop faibles pour hercher sont employés, de douze à quatorze ans, comme galibots au fond et gagnent 1 fr. 10 par journée, *la Revue scient.* 21 août 1875, p. 185.

HÉRÉDITAIREMENT. *Ajoutez :* || 2° A titre héréditaire. Tous les pouvoirs publics, quels qu'ils soient, émanent du peuple ; ils ne peuvent être délégués héréditairement, *Constitution de* 1848, art. 18.

HÉRÉSIE. *Ajoutez :* || Proverbe. Couteau n'apaise hérésie (XVIe siècle), *Journ. offic.* 17 juin 1876, p. 4263, 3e col.

HÉRISSON. — HIST. || XIVe s. *Ajoutez :* A un homme qui a amené au roy un petit herson de Foix jusques à Montauban, *Notes extraites des comptes de Jeanne d'Albret et de ses enfants*, 1556-1608, dans *Revue d'Aquitaine*, mai 1867, p. 546.

HÉRITER. *Ajoutez :* || 3° Hérite, à l'impératif, s'est dit populairement pour : attrape. C'est pour lui rabattre son caquet ; je lui gardais ça pour ses étrennes ; hérite, ton père est mort, *les Écosseuses*, p. 19, 1739, dans CH. NISARD, *Parisianismes*, p. 142. Gilles, battant Léandre : Sa marchandise ? Oui, pan, la voilà payée ; hérite, mon garçon, *Parade*, 1773.

† **HERME** (èr-m'), *s. m.* Nom, dans le Midi, des terres incultes ou improductives, *Contrib. dir. Lett. commune*, 25 mars 1874. Ladite contenance en terres labourables et hermes, *Affiches du journal de Montélimar*.

— HIST. XVe s. Ung herm ou piece de terre non labourable, CARPENTIER, t. II, col. 744.

— ÉTYM. Prov. *erm* ; esp. *yermo* ; catal. *erm* ; ital. *ermo* ; bas-lat. *herma terra* ; du lat. *eremus*, désert, du grec ἔρημος, désert. *Herme*, quant à l'accent, présente le même phénomène que *encre*, à savoir un conflit entre la prononciation latine et la prononciation grecque du mot. Le lat. *erêmus*, ayant la longue sur *re*, a aussi l'accent sur cette syllabe ; mais le grec a l'accent sur l'antépénultième. Les langues romanes n'ont conservé aucune trace de l'accentuation latine ; elles ont suivi l'accentuation grecque ; au contraire, pour *encre*, les unes avaient suivi l'accentuation grecque, les autres l'accentuation latine.

HERMINE. *Ajoutez :* || 5° Sorte de papillon, *bombyx herminea*, dit aussi queue fourchue.

† **HERMINITE.** *Ajoutez :* — ÉTYM. *Hermine*, à cause de la couleur et des taches.

† **HERMIONE** (èr-mi-o-n'), *s. f.* La 121° planète télescopique, découverte en 1872 par M. Watson.

— ÉTYM. Ἑρμιόνη, fille de Ménélas et d'Hélène.

HERNUTE. *Ajoutez :* — REM. La prononciation régulière est non pas hernute, mais hernoute ; et il serait mieux d'écrire hernoute ; c'est l'orthographe de Zinzendorf, fondateur de la communauté morave, dans ses écrits en langue française, d'après M. Félix Bovet, le biographe de Zinzendorf (*Histoire de Zinzendorf*, Paris, 1860).

† **HÉRODE** (é-ro-d'), *s. m.* Natif de l'Idumée, fait roi de la Judée par les Romains, et dit le Grand à cause de ses succès ; c'est l'Hérode des Évangiles. || Populairement. Vieux comme Hérode, très-vieux, très-connu. Cela est vieux comme Hérode. Cette locution vient probablement de ce que Hérode le Grand a été dit aussi Hérode le Vieux, par rapport à ses descendants.

HÉROÏQUE. *Ajoutez :* — REM. Corneille a quelquefois aspiré l'*h* : Quand je me suis résolu de repasser du héroïque au naïf, *Epître du Menteur* ; J'ajoute à celle-ci [comédie de Don Sanche] l'épithète de héroïque. Les deux épîtres d'où ces exemples sont tirés ne se trouvent que dans les éditions antérieures à 1660 (*Lexique de Corneille*, éd. Marty-Laveaux). Aujourd'hui cette *h* ne s'aspire jamais.

† **HÉROÏSER** (é-ro-i-zé), *v. a.* Terme du paganisme grec. Donner à un personnage le caractère, les honneurs de héros, *Rev. critique*, 15 mars 1873, p. 166. Divers traits.... permettent de penser que le personnage de la stèle est héroïsé, F. DELAUNAY, *Journ. offic.* 18 mai 1875, p. 3502, 3° col.

† **HERSCHELITE** (èr-che-li-t'), *s. f.* Terme de minéralogie. Silicate double d'alumine et de soude hydraté.

HERSE. *Ajoutez :* || 11° Terme de zoologie. Chez les squales, sorte de franges garnissant les arcs branchiaux. Les dents piliformes [chez un squale, le pèlerin] sont en grand nombre pour chacune des herses ; nous en avons compté 1345 environ à la herse antérieure de l'arc branchial intermédiaire, et 1000 sur la herse postérieure ; cela pour un seul côté du corps, GERVAIS, *Acad. des sc. Comptes rend.* t. LXXXII, p. 1240.

HERSEUR. — HIST. *Ajoutez :* || XII° s. Et pensa que veoir iroit Erceours ke sa mere avoit Qui ses tieres li ahanoient [labouraient], *Perceval le Gallois*, v. 1295.

† **HERTHA** (èr-ta), *s. f.* La 135° planète télescopique, découverte en 1874 par M. Peters.

— ÉTYM. *Hertha*, nom germanique de la déesse de la terre ; allem. *Erde*, la terre ; angl. *earth*.

† **HESPÉRIE** (è-spé-rie), *s. f.* La 69° planète télescopique, découverte en 1861 par M. Schiaparelli.

— ÉTYM. Ἑσπερία, le temps du soir, de ἑσπέρα, soir (voy. VÊPRE).

† **HESSIAU** (hè-si-ô, *h* aspirée), *s. m.* Nom d'une toile rude faite avec le jute. Employé seul ou combiné avec du coton, de la laine, du chanvre et du lin, il [le jute] sert à faire des sacs d'emballage, des toiles rudes (hessiaus) et des tapis à bon marché, *Monit. univ.* 18 juin 1867, p. 769, 1re col.

† **HESTIA** (è-sti-a), *s. f.* La 46° planète télescopique, découverte en 1857 par M. Pogson.

— ÉTYM. Ἑστία, foyer, et aussi nom grec de Vesta.

† **HÉTÉRISME** (é-té-ri-sm'), *s. m.* Condition, mœurs des hétères || On trouve écrit *hétairisme*, qui est une mauvaise orthographe. Comment l'humanité est-elle sortie de cet état primitif d'hétairisme universel? *Rev. des Deux-Mondes*, 1er nov. 1874, p. 235.

† **HÉTÉROCHRONE** (é-té-ro-krô-n'), *adj.* Terme de pathologie. Se dit d'une production qui se fait à une époque où elle n'apparaît pas normalement.

— ÉTYM. Ἕτερος, autre, et χρόνος, temps.

† **HÉTÉROCHRONIE** (é-té-ro-kro-nie), *s. f.* Terme de pathologie. État d'une production hétérochrone.

HÉTÉRODOXIE. *Ajoutez :* Quel que soit le temps où dans la foi on dise autre chose que ce qu'on disait le jour auparavant, c'est toujours l'hétérodoxie, c'est-à-dire une autre doctrine qu'on oppose à l'orthodoxie, BOSS. *Prem. instr. pastor.* 28.

† **HÉTÉROMITE** (é-té-ro-mi-t'), *s. f.* Espèce d'infusoire. Là, sur les bactéries et principalement sur l'hétéromite, il [Huxley] a pu suivre l'apparition, le développement, l'activité, la nutrition et les métamorphoses qui établissent les caractères probables de l'animalité, BOUCHUT, *Journ. offic.* 26 nov. 1876, p. 8720, 2° col.

† **HÉTÉRONOMIE.** *Ajoutez :* || Il se dit encore, par opposition à autonomie, de la puissance qu'exerce sur l'esprit une autorité autre que sa nature elle-même. Le principe de l'hétéronomie doit-il être l'Église, comme le veulent les protestants?

† **HÉTÉROPODE** (é-té-ro-po-d'), *s. m.* Terme d'histoire naturelle. Nom d'un genre de mollusques. Sur le développement de l'hétéropode, *Acad. des sc. Comptes rendus*, t. LXXXI, p. 472.

— ÉTYM. Ἕτερος, autre, et πούς, ποδός, pied.

† **HEULANDITE** (eu-lan-di-t'), *s. f.* Terme de minéralogie. Silicate double d'alumine et de chaux hydraté, cristallisant en prismes obliques.

† **HEURETTE.** *Ajoutez :* || Il y a belle heurette, locution familière qui signifie il y a longtemps. Ce ne peut être une grive, les sons sont trop énergiques ; quant au rossignol, il y a belle heurette qu'il ne chante plus, A. THEURIET, *Rev. des Deux-Mondes*, 1er nov. 1875, p. 96.

HEUREUX. — REM. *Ajoutez :* || 2. Voir à quelles moissons quelle terre est heureuse, ANDRÉ CHÉNIER, cité dans *Journ. des Savants*, mars 1875, p. 158. A. Chénier ajoute : « Tournure latine claire et précise. Je ne crois pas qu'on l'ait encore transportée en français. C'est de tout ce morceau le vers que j'aime le mieux. » La tournure est en effet très-bonne ; mais *heureux à* avait été dit avant lui ; voyez-en à HEUREUX, n° 2, un exemple de La Fontaine, auquel on ajoutera celui-ci de Molière : La place m'est heureuse à vous y rencontrer, *École des femmes*, IV, 6. Mais, dans ces deux textes, *heureux à* a pour régime un nom de personne, au lieu que, dans A. Chénier, le régime est un nom de chose, ce qui modifie le sens et l'emploi, et autorise A. Chénier à se féliciter de son innovation.

† **HEURTE** (heur-t', *h* aspirée), *s. f.* L'amas pyramidal des matières, souvent très-considérable, qui se forme au droit des chutes, dans les fosses d'aisance, LIGER, *Fosses d'aisance*, p. 2, Paris, 1875.

† **HEURTE-POT** (heur-te-po, *h* aspirée), *s. m.* et *f.* En Normandie, maladroit, maladroite, celui, celle qui casse les pots. Ne prenez pas cette fille pour servante, c'est une vraie heurte-pot, DELBOULLE, *Gloss. de la vallée d'Yères*, le Havre, 1876, p. 187.

HEURTER. *Ajoutez :* || 10° En Normandie, heurter se dit des bœufs qui frappent avec les cornes. Le taureau a heurté la servante, DELBOULLE, *Gloss. de la vallée d'Yères*, le Havre, 1876, p. 186. || Absolument. Méfiez-vous, cette vache heurte.

† **HEYQUE**, *s. m.* Voy. HAÏK au Supplément.

† **HIDEUR.** *Ajoutez :* Un lion.... qui.... n'a pour ornement que cette hideur effroyable avec laquelle la nature l'a fait naître dans les déserts, MALH. *Lexique*, éd. L. Lalanne.

† **HIÉRACOCÉPHALE** (i-é-ra-ko-sé-fa-l'), *adj.* Terme d'antiquité. À tête d'épervier. Un Horus hiéracocéphale, *Journ. des Débats*, 4 fév. 1877, 3° page, 4° col.

— ÉTYM. Ἱέραξ, épervier, et κεφαλή, tête.

† **HIÉRARQUE** (i-é-rar-k'), *s. m.* Chef de prêtres, d'une hiérarchie. Comme un véritable hiérarque, il [Elie de Cortone] pouvait croire qu'il accomplissait, sur François mort, le vœu passionné de François vivant : se charger de la croix de Jésus, CH. BERTHOUD, *François d'Assise, Étude histor.*

— ÉTYM. Ἱεράρχης, de ἱερός, sacré, et ἄρχειν, être à la tête.

† **HIÉRATIQUEMENT** (i-é-ra-ti-ke-man), *adv.* Terme d'antiquité. Concernant les choses sacrées, hiératiques. L'art des Égyptiens, dont le caractère, hiératiquement invariable, est partout facile à reconnaître, DE VOGÜÉ, *Souvenirs d'une excursion en Phénicie*, Paris, 1855.

† **HIÉRATISME** (i-é-ra-ti-sm'. Bien que l'*h* ne soit pas aspirée, cependant on traite, avec l'article, ce mot comme si elle l'était, et l'on dit le hiératisme), *s. m.* Caractère hiératique, esprit hiératique. On peut d'autant mieux se fier aux indications historiques de nos statues [de l'ancien empire, en Égypte] que toutes sont visiblement des portraits ; le hiératisme... n'a pas encore immobilisé les faces : elles sont parlantes, DE VOGÜÉ, *Rev. des Deux-Mondes*, 15 janv. 1877, p. 340. On ne revient pas [au Vatican] que, dans Rome même, il se soit parlé des choses hiératiques romaines avec cette allure entièrement dégagée, comme s'il se fût agi du hiératisme turc ou indien, *le Temps*, 12 fév. 1877, 2° p. 6° col. (Pour la locution on ne revient pas que, voy. REVENIR, remarque 2 au Supplément).

HIÉROGLYPHE. *Ajoutez :* || 2° Il s'est dit pour symbole. Les lis, qui sont des hiéroglyphes de la pureté, GUILLET DE ST-GEORGES, dans *Mém. inéd. sur l'Acad. de peint.* publ. par Dussieux, etc. t. II, p. 72. || 3° Nom donné à des taches sur la tête des vipères ; ces taches imitent des lettres.

— REM. L'exemple cité de l'*Andromède* de Corneille appartient à hiéroglyphique et non à hiéroglyphe.

† **HIÉROGLYPHÉ, ÉE** (i-é-ro-gli-fé, fée), *adj.* Néologisme. Marqué d'hiéroglyphes. L'homme était un garçon de la Banque de France ; à l'invitation de Rodolphe, il répondit en mettant sous les yeux de celui-ci un petit papier hiéroglyphé de signes et de chiffres multicolores, MURGER, *Sc. de la vie de Bohême*, ch. X.

† **HIÉROGLYPHISME** (i-é-ro-gli-fi-sm') *s. m.* Peinture d'objets matériels figurés aussi exactement que possible et servant d'écriture.

† **HIGHLAND** (haïe-land', *h* aspirée), *s. m.* Nom anglais des hautes terres d'Écosse. Sir H. Maine a constaté que dans les highlands de l'ouest les communautés de village, dissoutes en ces derniers temps, partageaient périodiquement les terres entre les habitants par un tirage au sort, E. DE LAVELEYE, *Rev. des Deux-Mondes*, 15 avr. 1875, p. 794.

— ÉTYM. Angl. *high*, haut, et *land*, terre.

† **HIGH-LIFE** (haïe-laïe-f', *h* aspirée), *s. m.* Locution anglaise qu'on emploie quelquefois en français et qui signifie la manière de vivre des hautes classes. L'Anglais [à Hong-Kong] a transporté avec lui tout l'appareil de la vie opulente de Londres, et se prélasse dans les délices et les recherches du high-life, G. BOUSQUET, *Rev. des Deux-Mondes*, 15 déc. 1876, p. 729.

† **HIGOUMÈNE** (i-gou-mè-n'), *s. m.* Nom grec des abbés de monastères. La communauté [d'Inkermann] est peu considérable ; elle ne se compose que de six personnes, et n'a que des revenus médiocres : aussi l'higoumène est-il fort occupé de sa terre et de son bétail, A. RAMBAUD, *Revue des Deux-Mondes*, 15 nov. 1874, p. 364.

— ÉTYM. Ἡγούμενος, celui qui est à la tête (l'η se prononce *i* dans le grec moderne).

† **HILARIEUX, EUSE** (i-la-ri-eû, eû-z'), *adj.* Mot inusité. Noblesse d'âme, hilarieux génie, Et don d'esprit, par-dessus l'or vanté, J. B. ROUSS. *Allég.* I, 2.

— REM. Chateaubriand, de son côté, a dit hilareux, non moins inusité. Les joyeuses détresses, ou, comme aurait dit notre vieille langue, les misères hilareuses de Pelletier, *Mém. d'outre-tombe* (éd. de Bruxelles), t. III, *Bataille d'Aboukir, Billets et lettres de Napoléon*, etc.

— ÉTYM. C'est un dérivé très-irrégulier du lat. *hilaris* (voy. HILARITÉ). Où Chateaubriand a-t-il pris que *hilareux* était un mot de la vieille langue?

† **HILDA** (il-da), *s. f.* La 153° planète télescopique, découverte en 1875 par M. Palisa.

† **HIMALAYEN, ENNE** (i-ma-la-iin, iè-n'), *adj.* Qui a rapport à l'Himalaya. Le système himalayen s'étend jusqu'aux extrémités orientales de l'Asie.

† **HIMATION** (i-ma-ti-on), *s. m.* Terme d'antiquité grecque. Vêtement de dessus. Elle [la statue de Minerve] est vêtue d'une tunique d'un rouge vif, sur laquelle est jeté un himation vert, DE WITTE, *Journ. offic.* 21 mars 1876, p. 1975, 1re col.

— ÉTYM. Ἱμάτιον, manteau.

† **HIMYARIQUE** (i-mi-a-ri-k'), *adj.* Langue himyarique, nom de l'ancienne langue du midi de l'Arabie.

† **HIMYARITE** (i-mi-a-ri-t'), *s. m.* Ancien idiome de l'Arabie méridionale, dont nous ne possédons plus que quelques inscriptions, et qui appartient au groupe sémitique.

— ÉTYM. Les *Himyarites* étaient une tribu de l'Arabie méridionale.

† **HIN** (hin', *h* aspirée), *s. m.* Mesure égyptienne de capacité. ...La détermination du hin, la mesure de capacité la plus fréquemment usitée chez les anciens Égyptiens.... l'auteur [M. Chabas].... a évalué, à l'aide de documents d'origine certaine

et de signification précise, la contenance du hin à 46 centilitres, F. DELAUNAY, *Journ. offic.* 13 sep. 1876, p. 6943, 3e col.

† **HINDOUISME** (in-dou-i-sm'), *s. m.* || 1° Caractère, ensemble des croyances et des institutions de l'Inde. Son but [de M. E. Sénart, *Légende de Buddha*] est de montrer que la légende de Buddha plonge ses racines dans cette couche de l'hindouisme purement populaire d'où doit sortir toute cette végétation religieuse, si luxuriante, de l'Inde, A. REGNIER, *Journ. offic.* 4 janv. 1876, p. 80, 1re col. || 2° La religion des Indiens ou brahmanisme. On sait que les deux religions dominantes sont, dans l'Inde, l'hindouisme et l'islamisme, DELAUNAY, *Journ. offic.* 9 janv. 1877, p. 208, 3e col.

† **HINDOUSTANI** (in-dou-sta-ni), *s. m.* Langue vulgaire de l'Inde, dérivée du sanscrit. || *Adj.* Qui a rapport à l'hindoustani. Littérature hindoustanie.

† **HINDOUSTANISTE** (in-dou-sta-ni-st'), *s. m.* Savant qui se livre à l'étude de l'hindoustani, GARCIN DE TASSY, *La langue et la littérature hindoustanies en* 1875, p. 100.

† **HIPPARION** (i-ppa-ri-on), *s. m.* Terme de paléontologie. Nom donné au cheval du terrain miocène. L'on retrouve en pleine France des machærodus, des helladotherium, d'énormes sangliers, des.... hipparions semblables ou presque semblables à ceux qui ont animé les vallées de la Grèce.... ce gîte a été découvert par Christol, en 1832; il y avait découvert des ossements de mouton, de bœuf, de sanglier, d'hyène et un genre nouveau voisin du cheval, auquel il a donné le nom d'hipparion, H. DE PARVILLE, *Journ. offic.* 6 fév. 1873, p. 889, 2e col.

— ÉTYM. Ἱππάριον, diminutif de ἵππος, cheval.

† **HIPPOLOGIQUE.** *Ajoutez :* Nous trouvons un dernier et récent témoignage de l'utilité des études hippologiques dans la circulaire adressée en mars 1864 par le directeur des haras à MM. les préfets, *Monit. univ.* 25 mai 1867, p. 624, 4e col.

† **HIPPOLOGUE.** *Ajoutez :* Le nom de M. Richard, du Cantal, bien connu comme hippologue, *Monit. univ.* 25 mai 1867, p. 624, 3e col.

† **HIPPOSANDALE** (i-ppo-san-da-l'), *s. f.* Terme d'antiquité. Chaussure pour les chevaux. M. Delfortrie... a envoyé une *Notice sur quatre hipposandales de l'époque romaine*, et en même temps deux de ces curieux monuments en nature, *Journ. offic.* 1er avril 1875, p. 2390, 2e col. || La ferrure connue sous le nom d'hipposandale, qui enveloppait tout le sabot et s'attachait au membre par des courroies et des anneaux, *ib.* 4 juill. 1876, p. 4832, 3e col.

— ÉTYM. Ἵππος, cheval, et *sandale*.

HIRONDELLE. *Ajoutez :* || 7° Chez les tailleurs, le jeune ouvrier allemand qui vient faire à Paris la bonne saison et s'en retourne dans son pays. || 8° Dans quelques provinces, les hirondelles d'hiver, les ramoneurs.

† **HIRTIMANE** (hir-ti-ma-n', *h* aspirée), *adj.* Terme d'histoire naturelle. Qui a les mains velues.

— ÉTYM. Lat. *hirtus*, velu, et *manus*, main.

† 2. **HISSER** (hi-sé), *v. a.* Appeler en sifflant. Pardon, voisine, pardon; certainement ce n'est pas vous que je me serais permis de hisser comme cela.... c'est à mes deux amis que je m'adressais, P. DE KOCK, *la Demoiselle du cinquième*, II, 3.

— ÉTYM. Angl. *to hiss*, siffler. L'introduction de ce mot anglais n'est aucunement nécessaire.

† **HISTASAPAGE** (i-sta-sa-pa-j'), *s. m.* Apprêtage de la toile destiné à la préserver de l'altération que subissent les tissus ordinaires; la toile est imprégnée, par voie d'immersion, d'un savon insoluble à base de zinc.

† **HISTASAPE** (i-sta-sa-p'), *adj.* Qui a subi l'histasapage. Toiles histasapes.

— ÉTYM. Ἱστός, tissu, et ἀσαπής, incorruptible, de ἀ privatif, et σήπω, putréfier.

† **HISTASAPER** (i-sta-sa-pé), *v. a.* Donner l'histasapage à une toile.

† **HISTOCHIMIQUE** (i-sto-chi-mi-k'), *adj.* Qui a rapport à l'histochimie. Modification histochimique de tels ou tels éléments, VULPIAN, dans *le Progrès médical*, 8 avr. 1876, 2e page, 1re col.

HISTOIRE. *Ajoutez :* || 12° Populairement, histoire de, se dit dans le sens de : afin de, pour. Jouons aux dominos, histoire de passer le temps. Je lui ai fait une farce, histoire de rire.

† **HISTOLOGIQUE** (i-sto-lo-ji-k'), *adj.* Qui a rapport à l'histologie.

† **HISTOLOGIQUEMENT** (i-sto-lo-ji-ke-man), *adv.* Au point de vue histologique. Histologiquement et généralement parlant, LACAZE-DUTHIERS, *Acad. des sc. Comptes rendus*, t. LXXX, p. 603.

† **HISTORICITÉ** (i-sto ri-si-té), *s. f.* Néologisme. Caractère de ce qui est historique. La critique a montré que les traditions chrétiennes des premiers siècles étaient loin d'offrir toutes les garanties désirables d'historicité, *Rev. crit. d'hist. et de litt.* 6 avril 1872, p. 209. L'historicité des renseignements fournis par le *de Vita contemplativa* de Philon, M. VERNES, *Rev. critique*, 7 nov. 1874, p. 294.

HISTORIÉ, ÉE. || 2° *Ajoutez :* Elle agrée pour ouvrage de réception le portrait historié de feu M. Desjardins, *Lettres de l'Acad. du* 2 *janv.* 1700, dans *Mém. inéd. sur l'Acad de peint.* publiés par Dussieux, t. II, p. 133.

HISTORIEN. *Ajoutez :* || 4° Peintre d'histoire. Les historiens s'engagèrent à donner un tableau de leur composition, les sculpteurs une figure ou un bas-relief, DE MONTAIGLON, *Hist. de l'Acad. de peinture* [*Mém. attribués à H. Testelin*], t. I, p. 64. Ce fut ce dernier [Le Brun] qui lui conseilla [à Cl. Lefebvre] de quitter l'histoire pour se mettre à faire des portraits, ne lui trouvant pas le génie d'assez grande étendue pour être historien, *Mém. inéd. sur l'Acad. de peinture*, publiés par Dussieux, etc. t. I, p. 402.

† **HISTORIEUR** (i-sto-ri-eur), *s. m.* Nom donné à ceux qui ornaient de miniatures les manuscrits, dans le moyen âge. Elle [la dame de la Trémoille] avait fait orner son livre d'heures, non pas par un des artistes que la province comptait alors en grand nombre, mais par un historieur ou miniaturiste de Paris, MARCHEGAY, *Lettres missives originales du chartrier de Thouars*, p. 139.

— HIST. XVe s. Je luy ay baillé [à un homme de Mme de la Trémoille] le marché de l'istorieur, et ce qu'elles [les heures] ont cousté, et la quictance au bout (1495), ID. *ib.*

† **HISTORIOGRAPHERIE** (i-sto-ri-o-gra-fe-rie), *s. f.* Métier d'historiographe; mot forgé par VOLT. *Lett. Richelieu*, 27 sept. 1755.

† **HISTORIOGRAPHIE** (i-sto-ri-o-gra-fie), *s. f.* Histoire littéraire des livres d'histoire. L'historiographie allemande de la fin du XVe siècle jusqu'au temps présent, *Revue historique*, t. II, p. 663. Il [M. Groen van Prinsterer] fut appelé au poste, créé pour ainsi dire tout exprès pour lui, d'archiviste de la maison royale [des Pays-Bas], et c'est en cette qualité qu'il rendit les plus éminents services à l'historiographie de nos jours, ALBERT RÉVILLE, *Rev. des Deux-Mondes*, 15 nov. 1876, p. 479.

† **HISTORIOSOPHIE** (i-sto-ri-o-so-fie), *s. f.* Philosophie de l'histoire. Un réfugié polonais, Hoëné Wronsky (1778-1853), habitant Paris, a résumé ses idées dans son dernier ouvrage intitulé : Philosophie absolue de l'histoire, ou genèse de l'humanité; historiosophie ou science de l'histoire, 1852, 2 vol. Les historiosophies même d'un Hegel et d'un Schelling ne sont que des jeux d'enfants auprès de celles d'Isaïe et de Daniel, ROUGEMONT, *la Philosophie de l'histoire aux différents âges de l'humanité*. Préface, p. VIII, Paris, 1874.

— ÉTYM. Ἱστορία, histoire, et σοφία, sagesse, savoir.

HISTORIQUEMENT. *Ajoutez :* || 3° A la manière du peintre d'histoire. Tous ces portraits traités historiquement lui firent [à J.-M. Nattier] une si grande réputation de ce genre, que.... Mme TOCQUÉ, dans *Mém. inéd. sur l'Acad. de peinture*, publiés par Dussieux, etc. t. II, p. 356.

† **HISTOTAXIE** (i-sto-ta-ksie), *s. f.* Classement d'une plante d'après l'étude de ses tissus. On constate ces derniers [les caractères intérieurs et invariables] dans la disposition relative des éléments constitutifs d'une plante, dans son histotaxie, *Journ. offic.* 11 avril 1874, p. 2678, 1re col.

— ÉTYM. Ἱστός, tissu, et τάξις, ordre, classement.

† **HISTOTAXIQUE** (i-sto-ta-ksi-k'), *adj.* Qui a rapport à l'histotaxie. [Duval-Jouve] termine en disant que l'étude histotaxique des espèces [graminées] peut fournir de très-bons caractères pour la distinction des espèces critiques, *Journ. offic.* 4 avril 1872, p. 2337, 2e col.

HISTRION. — ÉTYM. *Ajoutez :* Selon Festus, ce nom vient de *Histria*, ancienne ville de l'Étrurie et patrie de cette sorte de comédiens.

† **HIVERNATION.** *Ajoutez :* || Durée d'une saison d'hiver. Une hivernation artificielle, *Journal de Lyon*, 16 nov. 1874, 3e page, 4e col.

HIVERNER. *Ajoutez :* || 5° *V. a.* Hiverner des vers à soie, leur faire passer les froids de l'hiver à l'aide de précautions convenables. De la graine d'une race de vers à cocons jaunes a été hivernée à la manière ordinaire, *Acad. des sc. Comptes rend.* t. LXXVI, p. 472.

— HIST. *Ajoutez :* || XIVe s. Tout ainsi que quant il yverne [il fait un temps d'hiver] En mai que li arbre flourissent, J. DE CONDÉ, t. III, p. 281.

† **HOCHAT** (ho-cha, *h* aspirée), *s. m.* Nom, en Turquie, d'un sirop léger composé avec des raisins secs, *le Temps*, 23 oct. 1876, 2e page, 2e col.

HOCHEPOT. — HIST. *Ajoutez :* || XIIIe s. Johannes Ouchepot, miles (1264), MEUNIER, *les Composés qui contiennent un verbe à un mode personnel*, p. 39.

HOCHER. || 1° Fig. Hocher le mors, la bride. *Ajoutez en exemple :* Il faut doucement hocher la bride aux esprits, pour les faire tourner du côté qu'on veut, MALH. *Lexique*, éd. L. Lalanne.

† 2. **HOCHET.** *Ajoutez :* || 3° Charbon préparé avec le moule nommé hochet. Ces boulettes [terre, menu et eau salée] brûlent et chauffent, nous assure-t-on, aussi bien que les hochets de charbon, Extr. de la *Gaz. de Liége*, dans *Journ. offic.* du 17 déc. 1873, p. 7865, 1re col.

† **HOCKIAC** (ho-ki-ak, *h* aspirée), *s. m.* Tablettes de bouillon qui se préparent dans l'Orient, surtout en Chine; elles sont d'un gris terne, à demi opaques et aromatisées, *Tarif des douanes de* 1844, note 486.

† **HOGUINE** (ho-ghi-n', *h* aspirée), *s. f.* Pièce qui recouvrait le bas des reins dans les armures pour combattre à pied, du commencement du XVIe siècle.

† **HOLLANDAIS.** *Ajoutez :* || 2° Terme de chimie. Liqueur des Hollandais, substance huileuse qui résulte de la combinaison lente, à la lumière diffuse, du chlore et de l'hydrogène bicarboné.

† **HOLOPHRASE** (o-lo-fra-z'), *s. f.* Terme de linguistique. Système des langues holophrastiques (voy. HOLOPHRASTIQUE au Dictionnaire).

† **HOLOSIDÈRE** (o-lo-si-dè-r'), *s. m.* Météorite formée uniquement de fer. Ce n'est pas la première fois que s'est produit le phénomène de la chute des holosidères; c'est ainsi qu'on nomme les fers d'origine céleste, *Journ. offic.* 19 oct. 1874, p. 7099, 1re col.

— ÉTYM. Ὅλος, entier, et σίδηρος, fer.

† **HOMALOGRAPHE** (o-ma-lo-gra-f'), *s. m.* L'homalographe [de MM. Peaucellier et Wagner] permet de déterminer, par une seule opération, à la fois la distance et l'altitude d'un point, H. DE PARVILLE, *Journ. offic.* 5 mars 1874, p. 1735, 3e col.

— ÉTYM. Ὁμαλὸς, plan, uni, et γράφειν, tracer.

† **HOMALOGRAPHIQUE.** *Ajoutez :* — REM. Dans la projection homalographique, le rapport des surfaces des différentes contrées représentées sur la carte doit être le même que le rapport réel de ces surfaces.

† **HOME** (hô-m', *h* aspirée), *s. m.* Mot anglais qui tend à s'introduire en français et pour lequel nous n'avons pas d'autre équivalent que : le chez-soi. Ce pays où chacun prétend avoir son home, son foyer à lui, L. SIMONIN, *Rev. des Deux-Mondes*, 1er janv. 1876, p. 71. Nous avons préféré le home de notre campement à l'hospitalité peu séduisante que le lazaret [d'Hébron] offre aux voyageurs, DE VOGÜÉ, *Rev. des Deux-Mondes*, 1er fév. 1875, p. 556.

† **HOMÉOMÉRIE.** *Ajoutez :* L'homéomérie envisage tous les corps comme formés de petits éléments semblables à l'ensemble, BERTHELOT, *la Synthèse chimique*, p. 33.

† **HOMÉOMORPHISME.** *Ajoutez :* || Synonyme de plésiomorphisme.

† **HOMÉOZOÏQUE** (o-mé-o-zo-i-k'), *adj.* Terme de paléontologie. Qui contient les mêmes animaux fossiles.

— REM. C'est à tort qu'on écrit homoïozoïque, la syllabe grecque οι se rendant par œ ou e. Il [Forbes] dressa une carte des zones homoïozoïques [de l'Océan], A. RECLUS, *Rev. maritime et coloniale*, juill. 1874, p. 160.

— ÉTYM. Ὅμοιος, semblable, et ζῶον, animal.

2. **HOMICIDE.** — HIST. *Ajoutez :* || XVIe s. Celuy qui se tue soy mesme commet double homicide, et de son corps et de son ame, BACQUET, *Traité des droits de justice*, p. 13.

HOMICIDER. *Ajoutez :* — REM. Homicider est dit un terme vieilli; cependant le voici employé devant des tribunaux. Tel est l'individu qui a froidement tué une femme vertueuse, et qui a tenté d'homicider M. F.... son beau-frère et son bienfaiteur, *Gaz. des Trib.* 12 sept. 1873, p. 878, 3e col.

† **HOMINIVORE** (o-mi-ni-vo-r'), *adj.* Terme d'histoire naturelle. Qui dévore l'homme. Lucilie hominivore (voy. LUCILIE au Supplément).

HOMME. *Ajoutez :* || 27° Homme de pierre, homme de neige, masse de pierre, masse de neige qu'érigent ceux qui, dans les montagnes, atteignent un point inexploré. La hampe du drapeau planté par Martelli, Boretti et Naccarone était encore là dans la boîte de fer-blanc posée sur l'homme de pierre; on sait qu'on appelle ainsi les deux pierres superposées que laissent les ascensionnistes comme souvenir de leur passage à un point jusqu'alors inexploré, *Journ. offic.* 8 nov. 1875, p. 9110, 1re col. Je plantai mes deux drapeaux de chaque côté; j'érigeai deux hommes de pierre, *ib.* Tout près de là s'élevait un chalet couvert de lattes en sapin; un homme de neige bouchait la porte d'entrée, nous l'abattîmes, *ib.* 3e col.

† **HOMMELET** (o-me-lè), *s. m.* Petit homme, homme de peu de force, de valeur.

— REM. Un diminutif d'*homme* manque à la langue. Celui-ci peut être admis, à cause de son parallélisme avec *femmelette*; il n'a pour autorité que le dictionnaire de Nicot. À la vérité, le *Complément du dictionnaire de l'Académie française* et le *Dictionnaire* de Bescherelle attribuent, sans citer le lieu, *hommelet* à Montaigne, dans cette phrase : Que debvons nous faire, nous autres hommelets? La phrase est, en effet, de Montaigne, III, 349 (liv. III, ch. 5); mais elle a *hommenets* et non pas *hommelets*, dans l'édition stéréoptype de 1802; au contraire, l'édition de Victor Leclerc (Paris, 1874, Garnier frères), t. II, p. 255, a *hommelets*. Admettons donc, même avec cette incertitude, le diminutif *hommelet*, qui est bien fait et utile. D'ailleurs l'historique montre qu'il se trouve dans un texte du XIIe siècle.

— HIST. XIIe s. Se je soules [seules] les choses reconte, cui [que] ge, uns hommeleiz, des parfiz et des aloseiz hommes ai conues, *li Dialoge Gregoire lo pape*, 1876, p. 7.

† **HOMOLACTIQUE** (o-mo-la-kti-k'), *adj.* Terme de chimie. Acide homolactique, liquide incolore et sirupeux, qui présente la même composition que l'acide glycocollique, et qui a été trouvé dans les eaux mères de la fabrication du fulminate de mercure.

† 1. **HOMOLOGIE.** *Ajoutez :* || 3e Terme de géométrie. Mode de déformation des lignes et des surfaces; c'est un cas particulier de l'homographie.

† **HOMOLOGOUMÈNES** (o-mo-lo-gou-mè-n'), *s. m. pl.* Se dit, depuis Eusèbe, dans son *Histoire de l'Église*, des livres bibliques reconnus de tous.

— ÉTYM. Ὁμολογούμενα βιβλία, livres avoués, reconnus, de ὁμός, un, uniforme, et de λόγος, discours.

† **HOMOTHÉTIE** (o-mo-té-tie, prononcé ainsi par M. Chasles qui a fait le mot), *s. f.* Terme de géométrie. Similitude de forme et de position entre deux figures par rapport à un point donné; l'homothétie est directe si les deux figures sont du même côté du point donné, et inverse si elles sont de part et d'autre du point donné. Le point donné est le centre d'homothétie.

— REM. Une personne qui signe : *Un philologue consultant*, et qui paraît fort compétente sur les questions de philologie, dit dans le *Messager du Midi*, du 28 oct. 1876, 2e page, que M. Chasles a outrepassé son droit en fixant, comme il a fait, la prononciation du mot qu'il créait, et qu'il faut prononcer ho-mo-té-sie, ainsi que dans *épizootie*, *aristocratie*, etc. Je serais disposé à me ranger du côté du philologue consultant si le mot était régulièrement formé.

— ÉTYM. Ὁμός, semblable, et θέσις, position. L'analogie grecque exigerait *homothésie*, les composés de ce genre prenant la finale σεία.

† **HOMOTHÉTIQUE** (o-mo-té-ti-k'), *adj.* Qui a rapport à l'homothétie. Figures homothétiques l'une de l'autre.

† **HONARY** (o-na-ri), *s. m.* Petit bâtiment en usage dans les mers du Nord; un côté de ses voiles triangulaires est garni d'anneaux pour glisser facilement le long du mât.

† **HONGROYER** (hon-gro-ié, *h* aspirée), *v. a.* Travailler le cuir à la façon de Hongrie. Peaux tannées, corroyées et hongroyées, *Journ. offic.* du 7 fév. p. 928, 3e col.

HONNEUR. *Ajoutez :* || 21e Autrefois, billet d'honneur, billet qu'un gentilhomme ou un officier s'engageait sur l'honneur à payer dans un délai; le règlement des maréchaux du 20 février 1748 punissait d'un mois de prison ceux qui négligeaient d'acquitter un pareil engagement, lorsqu'il avait été souscrit au profit d'un marchand (DALLOZ). || 22e Populairement et par euphémisme, en parlant des femmes, les parties que l'on ne montre ni ne nomme. Sans nous, vos belles dulcinées, qui méprisent l'honnête ouvrier, iraient le derrière nu, et montreraient leur honneur, *Lett. du P. Duchêne*, 14e *lett.* p. 4.

HONORABLE. *Ajoutez :* — REM. Il est dit au n° 3 qu'être honorable, c'est vivre noblement, grandement. Mais il n'est pas nécessaire de vivre noblement, grandement pour être honorable; il suffit d'avoir un genre de vie qui fasse honneur à la condition, quelle qu'elle soit. L'abbé [le frère de Diderot] aime la compagnie telle quelle et la table; ma sœur se plaît avec peu de monde et veut être honorable à propos et sans profusion, DIDEROT, *Lett. à Mlle Volland*, éd. Assézat, t. XVIII, p. 373.

† **HONORARIAT.** || 1° *Ajoutez :* Heureusement les liens de l'honorariat le rattachent à la cour dont il fut une des lumières les plus pures, *Monit. univ.* 5 nov. 1867, p. 1375, 2e col.

HONTE. — HIST. || XVIe s. *Ajoutez :* Mais voyant le peuple mutiné et armé pour repousser la force par la force, se retira avec sa courte honte, P. DE L'ESTOILE, *Journ. de Henri III*, t. I, p. 202 (cité par M. Eman Martin, *Courrier de Vaugelas*, 1er déc. 1874, p. 130, qui comble ainsi la lacune que j'avais signalée en disant que *courte honte* n'avait point d'historique).

† **HOPLIE** (o-plie), *s. f.* Coléoptère de la famille des lamellicornes. L'hoplie bleue, si commune dans notre pays, ressemble à une turquoise dont la couleur serait voilée par une fine poussière d'argent, *Journ. offic.* 29 août 1876, p. 6668, 2e col.

HORAIRE. *Ajoutez :* || Angle horaire, angle que fait le cercle horaire d'un astre avec le méridien du lieu. || *S. m.* L'horaire, le règlement des heures pour un service quelconque. Une dépêche de Savone nous apprend que le voyage s'est effectué selon l'horaire établi, et avec la plus grande régularité, *Monit. univ.* 26 avr. 1868, p. 556, 1re col.

HORION. *Ajoutez :* — HIST. XIIIe s. Mais je croy c'onques mais ne fu d'omme sentis Nus plus biaus horions..., *Brun de la Montaigne*, v. 2210, éd. P. Meyer, 1875.

— ÉTYM. *Ajoutez :* Lyonnais, *horillon*.

HORIZON. *Ajoutez :* — HIST. XVIe s. Mais en ce lieu.... N'y a rondeur ny forme d'orizon, J. PELLETIER DU MANS, *la Savoye* (1572), Chambéry, 1856, p. 248.

HORLOGE. *Ajoutez :* — REM. Au XVIIe siècle on a dit quelquefois horologe. Pour les jeux de hasard, Antoine Raffle on nomme; Pour faire une horologe, on nomme le Ralleur, M. DE MAROLLES, *le Livre des peintres*, etc. Paris, 1855, p. 61.

† **HORLOGÈRE** (or-lo-jè-r'), *adj. f.* Qui a rapport à l'horlogerie. La population horlogère. C'est dans le canton de Berne que l'industrie horlogère a pris le plus grand essor pendant les derniers temps, *le Journ. de Genève*, dans *Journ. offic.* 28 août 1874, p. 6252, 1re col.

HORRIBLEMENT. — HIST. *Ajoutez :* || XIIe s. Et une voix oriblement Li dist..., *Perceval li Gallois*, v. 32869.

HORS. *Ajoutez :* || 8° Hors rang, se dit des hommes qui ne font pas partie du rang, dans une troupe militaire. || 9° Hors de, suivi d'une préposition. Hors d'auprès, qui n'est plus auprès. Je n'ai point surpris mon esprit avec un moment de plaisir tranquille, depuis que je suis hors d'auprès de vous, Mlle DE SCUDÉRY, p. 162, par Rathery et Boutron, Paris, 1873. || Hors d'avec, qui n'est plus avec. Ne serai-je jamais hors d'avec cet homme? MALH. *Lexique*, éd. L. Lalanne.

— REM. Corneille a employé une fois *hors* sans aspirer l'*h* : Eh bien! votre parente est-elle hors de ces lieux? *Théod.* IV, 4.

† **HORSE-GUARD** (hor-se-gard', *h* aspirée), *s. m.* Mot anglais qui désigne un militaire appartenant au régiment des gardes à cheval. Son départ d'Angleterre avait été précédé d'un duel qu'il avait eu avec un capitaine des horse-guards, lequel était resté sur le terrain, A. RÉVILLE, *Rev. des Deux-Mondes*, 1er juill. 1876, p. 131.

— ÉTYM. Angl. *horse*, cheval (voy. ROSSE), et *guard*, garde.

† **HORS-LIGNE** (hor-li-gn', *h* aspirée), *s. m.* Parcelle de terrain acquise en dehors d'une voie publique, et non employée. Les hors-ligne sont des portions de terrain non occupées par la ligne ou ses dépendances, et dont les propriétaires peuvent exiger l'acquisition, en vertu de la loi du 3 mai 1841; ces hors-ligne pourront être vendus au profit du département, *Extrait d'un rapport fait au conseil général de l'Ain*, dans *le Courrier de l'Ain*, 9 décembre 1869.

† **HORTILLON.** *Ajoutez :* || Il se dit encore aujourd'hui, dans la Somme, des jardiniers maraîchers, *les Primes d'honneur*, Paris, 1870, p. 89.

† **HORTILLONNAGE** (or-ti-llo-na-j', *ll* mouillées), *s. m.* Nom, dans la Somme, de terrains tourbeux conquis sur les eaux, où l'on fait une culture maraîchère, *les Primes d'honneur*, Paris, 1870, p. 71. Les tourbières assainies des environs d'Amiens sont converties en hortillonnages, et elles produisent annuellement de beaux et nombreux légumes, HEUZÉ, *la France agricole*, p. 10.

— ÉTYM. Voy. HORTILLON.

† **HORTONOLITE** (or-to-no-li-t'), *s. m.* Péridot très-ferrifère, voisin de la fayalite, PISANI, *Minéralogie*, 1875.

† **HOSPITALISATION.** *Ajoutez :* Les dépenses à prévoir dans la colonie pour la nourriture, l'entretien et l'hospitalisation des déportés, *Journ. offic.* 11 déc. 1872, p. 7697, 2e col. Il s'agit de changer la manière dont on a jusqu'à présent pourvu en Algérie à l'hospitalisation, selon l'expression qui se trouve, je crois, dans le projet, *ib.* 4 août 1875, p. 6343, 3e col.

† **HOSPITALISÉ, ÉE** (o-spi-ta-li-zé, zée), *adj.* Terme d'administration. Qui est admis dans un hôpital, en qualité de malade. La solde d'hôpital a été supprimée; la position de l'officier hospitalisé sera considérée comme une position donnant droit à la solde de présence, *Journ. offic.* 9 juill. 1875, p. 5105, 3e col. || Substantivement. Les hospitalisés.

HOSPITALITÉ. *Ajoutez :* — HIST. XIIe s. Mès il [les chevaliers hospitaliers] devroient estre tel Com hospitalitez demande, Et comme charitez commande; Tout ont lor afere changié, Q'ospitalitez n'i voi gié [je], GUIOT DE PROVINS, *la Bible*, v. 1803. || XIIIe s. As biens que eles [des dames] ont assenez à cel hospital pour l'ospitalité maintenir, *Bibl. des ch.* 6e série, t. IV, p. 159. Sovent les disoit : faites ce ke vos ai mostreit; Et adès vos sovienge de l'hospitaliteit, P. MEYER, *Rapports*, 1re part. p. 198. || XIVe s. Le prieur et li freres d'Yrewals.... doient lou dit hospital maintenir en boin estat et leans mettre un proudomme pour habiter et pour mantenir hospitauté (1301), *Bibl. des ch.* 1876, 6e livraison, p. 358. || XVIe s. La veufve soit esleue n'ayant point moins de soixante ans, qui aura esté femme d'un mary ayant tesmoignage en bonnes œuvres, si elle a nourry ses enfans, si elle a receu en hospitalité, si..., *I Tim.* V, 10, *Nouv. Testam.* éd. Lefebvre d'Étaples, Paris, 1525. Faictes hospitalité les ungs aux aultres, *I Pierre*, IV, 9, *ib.* L'on nommoit la maison du comte de Savoye l'hostel S. Julian, pour estre comme une hospitalité à tous venans, PARADIN, *Chron. de Savoye*, p. 324.

† **HOTTAGE** (ho-ta-j', *h* aspirée), *s. m.* Anciennement, à Dieppe, droit que les pêcheurs dieppois avaient de vendre leur poisson par leurs mains, à la hotte et sans passer par l'intermédiaire d'un vendeur, DELAHAIS, *Notice historique sur l'écorage*, 1873, p. 12. Maintenir et garder les marchands forains et étrangers, apportant leur poisson en ladite ville [Dieppe] pour y être vendu, en leur ancienne liberté et franchise et lesdits suppléants [les Dieppois] en leur droit de hottage, comme ils en ont joui par le passé, *Arrêt du Conseil du 12 mars 1668*. || Aujourd'hui, action de porter le poisson dans des hottes. L'administration municipale [de Dieppe] ayant demandé l'avis de la commission de l'écorage, en vue du désir qu'aurait la municipalité de voir augmenter le salaire des personnes occupées au hottage pendant la saison du hareng, ID. *ib.* p. 71.

HOTTE. *Ajoutez :* || 6° Porter la hotte, se dit du lièvre sur le point d'être forcé; son dos arqué décrit alors un axe convexe, *Chasse illustrée*, t. II, p. 115.

HOTTEUR. — HIST. *Ajoutez :* || XIVe s. Manouvriers de bras, fossieurs, cargueurs, jetteurs et hostiers, *Rec. des monum. inédits de l'hist. du tiers état*, t. IV, p. 160.

† **HOTTIAU** (ho-ti-ô, *h* aspirée), *s. m.* Nom, en Normandie, d'une charrette à deux roues qui sert à porter du sable, des pierres et surtout du fumier, DELBOULLE, *Gloss. de la vallée d'Yères*, le Havre, 1876, p. 189.

† **HOTTIER** (ho-tié, *h* aspirée), *s. m.* À Dieppe, autrefois, nom des hommes qui portaient le hareng. Les hottiers étaient divisés en deux classes, les hottiers à grandes et les hottiers à petites hottes; ils portaient ordinairement deux mesures de hareng à la fois; les hottiers avaient le droit de porter le hareng à l'exclusion de tous autres, DELAHAIS, *Notice historique sur l'écorage*, 1873, p. 24.

HOUBLON. *Ajoutez :* || 2° Charme-houblon, sorte

de charme. La variété connue sous le nom de charme-houblon se rencontre fréquemment [dans les Alpes-Maritimes], L. GUIOT, *Mem. Soc. centr. d'Agricult.* 1874, p. 136.

† **HOUBLONNAGE** (hou-blo-na-j', *h* aspirée), *s. m.* Action de houblonner, de mettre du houblon dans une boisson. L'autorisation est subordonnée à la condition de n'opérer le houblonnage qu'après l'épuisement des réserves et de n'entonner la petite bière que six heures après l'entonnement de la bière forte, *Rapport de M. Jacquème*, inspecteur des finances, 29 oct. 1874, p. 19.

† **HOUBLONNIER, IÈRE** (hou-blo-nié, niè-r', *h* aspirée), *adj.* Qui appartient au houblon. Pays houblonniers.

HOUBLONNIÈRE. *Ajoutez :* — HIST. XIII° s. (Dans un nom propre) Ranulfe de Homblonieres, évêque de Paris, 1281, *Hist. litt. de la France*, t. XXV, p. 274.

HOUILLE. *Ajoutez :* || Houille grasse, houille légère, très-combustible, produisant une flamme blanche et longue. || Houille maigre ou sèche, houille plus lourde, s'enflammant plus difficilement et produisant une flamme bleuâtre.

† **HOUIN** (hou-in, *h* aspirée), *s. m.* Voy. MATTEAU.

† **HOUKA.** *Ajoutez :* — ÉTYM. Persan, *hougqa*, bouteille à travers laquelle passe la fumée de la pipe.

† **HOULICE** (ou-li-s'), *s. f.* Assemblage d'une pièce de bois verticale qui vient en rencontrer une oblique.

— ÉTYM. Bas-lat. *oulla*, poteau; mot du reste inconnu. Il y a aussi un ancien franç. *hoole* ou *houlle* qui signifie, dans une hache, le côté opposé au tranchant.

† **HOUPER.** — ÉTYM. *Ajoutez :* Dans le Soissonnais, *houper* signifie tousser : *toux houpante*, toux de la coqueluche.

HOUPPELANDE. — ÉTYM. M. Bugge, *Romania*, n° 10, p. 163, qui ajoute aux formes congénères l'esp. *sopalanda* et le portug. *opalanda*, propose une conjecture sur l'origine fort incertaine de *houppelande*. Ce serait le latin *palla*, qui était, comme la *houppelande*, un vêtement long, non ajusté à la taille que l'on mettait par-dessus son habit. *Palla* aurait donné *oppallare*, formé comme *oppalliare*, *obnubilare* et appuyé par *depallare*, qui se trouve dans Tertullien. D'*oppallare* serait sorti le substantif néo-latin *oppallanda* (comp. *guirlande*, *offrande*, *viande*, etc.), qui est le français *houppelande*. Cela est ingénieux, mais manque de soutiens historiques.

† **HOURD** (hour, *h* aspirée), *s. m.* Dans la fortification du moyen âge, sorte de balcon volant et couvert, en bois, que les défenseurs établissaient au haut des murailles, et qui faisait saillie en dehors; de là ils lançaient toute sorte de projectiles contre les assaillants. Les mots hourdage, hourder, hourdis, hourd, sont demeurés dans la langue comme un témoignage et comme un souvenir du système de défense antérieur aux mâchicoulis; ils sont spéciaux du métier de l'ardoisier et s'appliquent au maçonnage grossier, à l'établissement d'un plancher sur lattes, à l'échafaudage; toutes significations qui rappellent la position culminante et les détails de construction des hourds, MOUTON, *Journ. offic.* 9 avr. 1875, p. 2546, 3° col.

— ÉTYM. Voy. HOURDER au Dictionnaire. En Normandie, le *hourd* signifie les instruments de labourage, le mobilier d'un cultivateur : un tel est ruiné, il a perdu son *hourd*, DELBOULLE, *Gloss. de la vallée d'Yères*, le Havre, 1876, p. 189.

HOURI. — ÉTYM. *Ajoutez :* D'après Dozy, arabe *haurâ*, femme du paradis, devenu *houri* chez les Persans et les Turcs.

HOUSSAGE. *Ajoutez :* || 4° Il se dit aussi d'un revêtement appliqué sur le colombage. Maison à usage de café, construite la majeure partie en pierres et une faible portion en colombage, avec houssage en bardeau; cette maison, couverte en ardoises, est située à Villedieu, l'*Avranchin*, 9 mars 1873.

HOUSSE. *Ajoutez :* || 7° Terme de porcelainier. Moulage à la housse. Le moulage sur le tour dit à la housse consiste à ébaucher grossièrement la pièce à la manière ordinaire, puis à la placer toute fraîche encore dans un moule généralement creux que le tour met en mouvement; pendant la rotation, on comprime la pâte contre le moule soit à la main, soit avec une éponge humide, de manière à lui en faire prendre exactement la forme, P. POIRÉ, *Notions de chimie*, p. 192, Paris, 1869.

† **HOWDAH** (hou-da, *h* aspirée), *s. m.* Nom indien des pavillons qu'on met sur le dos des éléphants. On croit que du haut de ces pavillons ou howdahs, perchés sur le dos des éléphants, le chasseur est plus en sûreté; c'est une erreur, *Journ. offic.* 22 nov. 1875, p. 9567, 2° col. Ils entrèrent sous un howdah tout tendu de draperies brodées d'or, en face duquel on avait placé une longue file d'éléphants agenouillés, *ib.* 26 nov. 1875, p. 6959, 2° col.

† **HUANACO** (u-a-na-ko), *s. m.* Animal d'Amérique, voisin du lama, *Journ. offic.* 23 nov. 1874, p 4598, 1re col.

† **HUCHÉE** (hu-chée, *h* aspirée), *s. f.* Action de hucher, d'appeler en criant. Les huchées et les trépignements redoublaient, CHATEAUB. *Mém. d'outre-tombe* (éd. de Bruxelles), t. I, *Revenu du roi en Bretagne*, etc.

† **HUCHEM** (hu-chèm', *h* aspirée), *s. m.* Terme d'ichthyologie. Nom d'un poisson, *salmo hucho*, variété de salmonidés, propre aux eaux de la Bavière, *Journ. offic.* 29 oct. 1873, p. 6508, 3° col.

† **HUÉMAL** (u-é-mal), *s. m.* Animal du Chili. En zoologie, l'animal le plus curieux qui soit exposé est le huémal, dont l'espèce est éteinte et qui figure sur les armoiries du Chili avec le condor, *Journal offic.* 25 juin 1876, p. 4526, 2° col.

HUGUENOT. — ÉTYM. *Ajoutez :* L'origine de ce mot est assez controversée et controversable pour que j'inscrive ici une communication de M. le docteur Morin, de Genève : « Huguenot vient d'un vieux mot suisse qu'on trouve en légende d'une danse macabre publiée à Sion en 1505, et qui est en caractères gothiques, en allemand et en français : Mort de la *ungnote*. Cette danse macabre a été reproduite par Curmer comme illustration de l'*Imitation de J. Christ*, et il a écrit : Mort de la *uguenote*. Le radical est *gnott* ou *gnoss*, qui veut dire allié, uni. Bien avant Luther, Zwingle et Calvin, il y avait des gens qui rompaient leurs vœux, se séparaient de leurs frères, et on les appelait *ungnot*, de *un* privatif. Le sens est donc désuni, séparé, mot qui a été appliqué plus tard à ceux qui sortirent de l'Eglise romaine. » D'un autre côté, M. Eugène Ritter, professeur à l'université de Genève, qui soutient énergiquement l'étymologie *eidgenoss*, m'envoie quelques documents fort intéressants. 1° Dans les *Chroniques de Geneve*, écrites avant 1551, parlant des événements de l'an 1518 (III, 24), Bonivard dit : « Et alloient criant les enfants : vivent les *eiguenotz*, voulans dire les *eydgenoss*, qui signifie en allemant les ligués ou alliez, duquel nom s'appellent les Suisses en general; car *eyd* signifie serment, et *genoss* participant; pour quoi ces deulx motz joinctz, à sçavoir *eydgenoss*, signifient les ligués ou ensemble assermentez. Ceulx qui tenoient le parti des princes à ceste cause par moquerie les appeloient les *eidguenotz*. » 2° Dans le *Levain du Calvinisme*, par sœur Jeanne de Junie (Genève, 1865, I, 7), on lit : « L'an 1535, au mois de septembre, se rassemblerent les gentilshommes.... ils pillerent et emporterent tout ce qu'ils peurent trouver appartenant à ceux de Geneve, que l'on appeloit *enguenot* (c'est un mot allemand), c'est-à-dire en françois bon allié. » 3° Cette forme *enguenot* se rencontre encore dans la *Déploration de la cité de Genefve sur le faict des heretiques qui l'ont tiranniquement opprimée*. Cette pièce, publiée par M. de Montaiglon, *Recueil de poésies françoises* des XV° et XVI° *siècles*, t. IV, p. 94-102, n'est pas datée; mais elle doit être postérieure de peu de temps à l'expulsion des sœurs de Sainte-Claire en 1535; car, en énumérant les chefs du mouvement à Genève, Farel, Froment, Viret, elle ne nomme pas Calvin, qui n'arriva à Genève qu'en 1536. Genève parle : « Estre soloye cité delicieuse; Les *anguenots* m'ont fait sedicieuse.... Mieux me seroit si je estoie soubz France, Ou obeisse à mon naturel prince; Je n'eusse pas fourvoyé, ne prins ce Chemin oblique, devenant *anguenotte*, De deshonneur perpetuelle note; Las! je ne fusse par ces maudits livrée A heresie, ains de mal delivrée. » 4° Pasquier, *Rech. de la Fr.* VII, 52, dit : « Or nous est le mot *huguenot* très-familier.... et toutefois peu de personnes se sont avisez dont il a pris son origine, et en parle mesmement un chacun diversement (suit l'énumération de plusieurs hypothèses); et les derniers qui ont voyagé es pays estranges estiment que c'est un mot emprunté du souysse quasi comme *hens quenaux*, qui signifie en ce pays là gens seditieux; bref, chacun en devise à son appetit; et neantmoins, pour en dire ce que j'en pense sans aucune flaterie, mocquerie ou maltalent, je croy qu'il n'y a celuy de nous qui ne recognoisse franchement que la premiere fois que ce mot commença d'estre cogneu par toute la France, ce fut après la faction d'Amboise de l'an 1559.... je vous puis dire que huict ou neuf ans auparavant l'entreprise d'Amboise je les avois ainsi ouy appeller par quelques miens amis tourengeaux. » 5° Enfin, il est à noter que le mot *huguenot* se rencontre dans une lettre du cardinal de Lorraine du 10 juin 1560, manuscrite (Bibl. nat. anc. fonds, n° 8655, f° 89). Appuyé sur ces textes, M. Eugène Ritter combat mes objections contre l'étymologie par *eidgenoss* : a) *Confédérés s'applique mal à une secte religieuse* : Les travaux de M. Amédée Roget sur l'*Histoire de Genève* ont établi un fait que les contemporains avaient déjà reconnu, c'est que la réforme a été introduite à Genève par l'influence de Berne; or les Genevois partisans de l'alliance bernoise s'appelaient *eidgenots*; dans les vers cités plus haut, *anguenot* a encore le sens de partisan de l'indépendance de Genève à l'égard de la Savoie, de partisan de l'alliance de Berne; mais il y est tout près de signifier hérétique; ce sont les *anguenots*, est-il dit expressément, qui ont livré Genève à l'hérésie. b) *Ce nom ne constituerait pas un terme d'injure* : Bonivard dit que le terme *eydguenot* s'employait par moquerie. c) La forme *anguenot* ou *enguenot* employée par la *Deploration* et par Jeanne de Junie (comp. les *hens quenaulx* de Pasquier) montre la fluctuation commençante de la première syllabe; une fois que le mot fut entré en France, il est naturel que les Français, qui ne connaissaient ni le parti génevois des *eidgenots*, ni le mot allemand qui lui avait donné son nom, aient assimilé ce mot à d'autres qui leur étaient familiers, et l'aient ainsi confondu avec quelqu'un de noms propres *Hugueneau* ou *Huguenot*. En définitive, M. Eugène Ritter pense que l'origine est dans *eidgenos*, mais assimilé à un nom propre connu. Son argumentation est plausible, mais certaine, non; la certitude ne s'acquerrait que si l'on savait où *huguenot* a d'abord été usité : si sur les frontières suisses ou parmi des gens en relation avec les Suisses, la provenance par *eidgenos* est confirmée; si dans le centre de la France, c'est la provenance par *Huguenot*. Du reste, ou l'assimilation, ou la dénomination d'après le nom propre était d'autant plus facile que ce nom propre se retrouve dans plusieurs endroits; ainsi, sur la côte du département de la Manche, à côté des îles Chausey, il y a des écueils nommés les *Huguenauts*.

HUILE. *Ajoutez :* || 16° Huiles lourdes, dites aussi huiles minérales, le naphte et le pétrole. Le meilleur coaltar, à ce point de vue, sera celui qui renferme le plus d'hydrocarbures compris entre les huiles dites très-lourdes et les principes trop volatils.... jusqu'ici on s'est assez peu servi des huiles lourdes de houille.... H. DE PARVILLE, *Journ. offic.* 28 oct. 1874, p. 7263, 3° col. || 17° Huile des mines, huile de Nobel, nom de la nitroglycérine (Nobel est un ingénieur suédois qui a trouvé moyen de la faire détoner), *Journ. offic.* 19 oct. 1877, p. 6446, 1re col.

† **HUILERIE.** *Ajoutez :* || 3° Le commerce des huiles. L'huilerie a pris 2500 barriques sésames Calcutta noirs à livrer août, à 52 fr. les 100 k., *Journ. offic.* du 24 juil. 1874, p. 2206, 2° col.

† **HUILEUSE** (ui-leû-z'), *s. f.* Machine à faire l'huile, *Journ. offic.* 24 fév. 1876, p. 1371, 3° col.

† **HUIR.** *Ajoutez :* — ÉTYM. Ce paraît être une autre forme de *huer*. *Huer* s'est dit, en effet, du cri de certains oiseaux : XIII° s. Les lous [elle] ouït huller, et li huans [chat-huant] hua, *Berte*, XXV.

† **HUÎTRÉE** (ui-trée), *adj. f.* Garnie de son écaille, en parlant d'une huître. Dans le XVIII° siècle à Paris, on vendait deux sortes d'huîtres : en écailles et huîtrées, ou sans écailles, DELAMARE, *Traité de la police*, dans le *Correspondant*, 22 mars 1869, p. 1050.

† **HUÎTRIER, IÈRE** (ui-tri-é, tri-è-r'), *adj.* Qui se rapporte aux huîtres. Établissements huîtriers, *Statistique des pêches maritimes*, 1874, p. 85. L'industrie huîtrière, *ib.* La richesse des gisements huîtriers, *Journ. offic.* 20 avril 1875, p. 2894, 2° c.

† **HULLA.** *Ajoutez :* — ÉTYM. Arabe, *hallal*, épouser une femme répudiée.

† **HUMAGE** (hu-ma-j', *h* aspirée), *s. m.* Action de humer, et, en particulier, action d'inhaler, c'est-à-dire d'absorber des gaz ou des vapeurs par les membranes muqueuses.

HUMAIN. — HIST. *Ajoutez :* || XIV° s. Humains, bien vous doit souffrir Que estes tant de Dieu amez Qu'est mort pour vous à martire, *Théâtre franç. du moyen âge*, Paris, 1839, p. 380.

† **HUMANISME** (u-ma-ni-sm'), *s. m.* || 1° La culture des belles-lettres, des humanités (*humaniores litteræ*). Du XVI° au XVIII° siècle, elle [Raguse] vit fleurir dans ses murs toute une école de poëtes élégants qui développèrent leur génie sous la double influence de l'humanisme et de la renaissance italienne, LOUIS LÉGER, *Rev. historique*, t. II, p. 229. L'époque [XVI° siècle] s'acheminait, par découragement, vers la culture intellectuelle et l'humanisme ; et la résidence des seigneurs d'Este s'ouvrit la première à ce mouvement, H. BLAZE DE BURY, *Rev. des Deux-Mondes*, 15 mars 1877, p. 273. || 2° Théorie philosophique qui rattache les développements historiques de l'humanité à l'humanité elle-même, *Revue critique*, 5 sept. 1874, p. 156.

† **HUMANITAIRERIE.** *Ajoutez :* || 2° Fausse humanité, humanité exagérée et affectée. Que certains esprits imbus d'une humanitairerie excessive se laissent dire que la misère seule est cause qu'il y a des prostituées et des voleurs, cela peut se comprendre à la grande rigueur, *Gaz. des Trib.* 28 oct. 1874, p. 1033, 1re col.

† **HUMBUG** (heum-beugh', *h* aspirée), *s. m.* Charlatanisme avec fracas par annonces, par entreprises, etc. ; c'est un mot anglais qui commence à pénétrer chez nous. Sellers est la personnification du humbug ; il vit d'expédients, TH. BENTZON, *Rev. des Deux-Mondes*, 15 mars 1875, p. 326.

1. **HUMEUR.** — HIST. *Ajoutez :* || XII° s. En la secunde nuit après Qu'il out eissi esté confès, Li es força si sa dolors Que toz li sancs e les humors Li espandirent par le cors, BENOIT, *Chronique*, t. II, p. 381, v. 26438. || XIV° s. Por ces quatre [fleuves] de lor rousées Sont maintes terres arousées, Et por lor ymor se deportent, Tant que mout grant valor en portent, MACÉ, *Traduction de la Bible*, f° 2, verso, 2° col. (On remarquera *ymor* ; Macé était du Berry, et dans le Berry on dit encore *himeur*).

† **HUMEUX, EUSE** (u-meû, meû-z'), *adj.* Qui a le caractère de l'humus. Le sol se trouve alors [par les enfouissements verts, ou fumure verte] pourvu de matières humeuses qui favorisent la diffusion des principes nutritifs, *Journ. offic.* 12 août 1872, p. 5500, 2° col.

† **HUMIDIFICATION** (u-mi-di-fi-ka-sion), *s. f.* Action d'humidifier. Ventilation mécanique dite par entraînement, chauffage, humidification et refroidissement de l'air, application industrielle, *Alm. Didot-Bottin*, 1875, p. 1165, 4° col.

HUMIDITÉ. — HIST. XVI° s. *Ajoutez :* Ah ! la fable a menty, les amoureuses flammes N'eschauferent jamais ta froide humidité [de toi, lune ou Diane], DESPORTES, *Diverses amours, contre une nuict trop claire.*

HUMILIER. || 3° *Ajoutez :* || S'humilier d'une chose, en ressentir de l'humilité. Croyez-moi, le trop ou le trop peu que vous dites ne vous nuira pas devant Dieu, si vous vous en humiliez, ST-CYRAN, *à Singlin*, dans STE-BEUVE, *Port-Royal*, t. I, p. 458, 3° éd.

† **HUMOUR.** *Ajoutez :* — REM. On rencontre quelquefois ce mot au féminin : Ces extraits divers sont le résultat des lectures de Mme Dorval ; mais leur choix indique une fantaisie et une humour que rien ne peut rendre, TH. GAUTIER, *Portraits contemporains*, *Mme Dorval.* Rien n'empêche en effet de donner à ce mot anglais qui vient du français, son genre originel.

† **HUNETTE** (hu-nè-t', *h* aspirée), *s. f.* Terme de carrosserie. Le panneau de derrière d'une voiture. Art. 4.... Le numéro, qui devra être entièrement conforme au modèle adopté par nous, sera peint en chiffres arabes sur le panneau de derrière, dit de hunette, et sur les deux panneaux du siége du cocher de toutes les voitures de place, *Ordonn. de police*, 31 mai 1866.

† **HUNNEBEDDEN** (hu-ne-bèd-dèn', *h* aspirée), *s. m. pl.* Terme de préhistoire. Nom hollandais de tumulus recouvrant des espèces de monuments mégalithiques, *Rev. anthrop.* t. IV, p. 33.

— ÉTYM. *Hunnen*, Huns, géants, et *bedden*, lits. C'est l'analogue de l'allem. *Hunengrab*, nom de monuments de même genre (de *Hunen*, Huns géants et *Grab*, (tombeau).

HURE. — ÉTYM. *Ajoutez :* M. Bugge (*Romania*, juillet-octobre 1875, p. 361) commence par démontrer que *hure* a eu le sens de *pileus*, bonnet : « La *Vie de saint Thomas* nous donne de *hure* un des plus anciens exemples connus : *la hure abati*, où il signifie selon Diez et Littré la partie chevelue de la tête. Mais un sens différent est démontré, comme le dit M. Mätzner, *Altengl. Sprachproben*, p. 185, par un passage correspondant d'une vie latine de saint Thomas : *pileum dejecit.* Un manuscrit (XIII° siècle) du traité lexicographique de Jean de Garlande glose *pillea* par *hures*, *pilleola* par *hurez* (*Jahrb. f. rom. Lit.* VI, 294). Dans l'ancien anglais *hure* signifie également chapeau, bonnet : Galerus (episcopi) qui *hura* dicitur, *Vitæ abbatum S. Albani*, dans DU CANGE ; Pileus est ornamentum capitis sacerdotis vel graduati, anglice *a hure or a pyllyon.* » Cela établi (et la démonstration est complète), M. Bugge identifie *hure* avec le norois *húfa*, bonnet ou casquette, mot employé surtout en parlant d'un bonnet de poil ou de peau. *Húfa* est aussi indiqué comme coiffure des prêtres ; l'allem. *Haube*, qui correspond à *húfa*, se dit également du bonnet de l'évêque, du prêtre. L'*f* du norois *húfa* est syncopée dans le danois *hue*, island. mod. *húa*. En français aussi, l'*f* s'est syncopée, d'où *hue* et, par l'intercalation d'une *r*, *hure*. M. Bugge, pour appuyer cette intercalation, cite *mire*, de *mie*, médecin, *remire*, de *remedium*, *navire*, de *navie*. Ces exemples d'intercalation d'une *r* ne paraissent pas tout à fait assurés, et par conséquent du doute reste sur *hure* pour *hue*. Mais la conjecture de M. Bugge demeure très-plausible. Le vieux franç. avait *huvet*, *huvette*, bonnet, chapeau ; celui-là vient certainement de *húfa* ; la présence de ce mot avec le *v* aide-t-elle l'opinion de M. Bugge en montrant que *húfa* a bien réellement pénétré dans le domaine français, ou la combat-elle en y faisant voir la conservation de l'*f* sous la forme de *v* ? M. Bugge remarque que *hure* signifie souvent chevelure, surtout chevelure hérissée. Le mot scandinave présente le même changement de sens : dans un dialecte norvégien, *hårhuva*, littéralement bonnet de poil, signifie chevelure, surtout chevelure épaisse, hérissée. En français, la notion : tête hérissée (tête du sanglier, du loup) s'est développée de la notion : chevelure hérissée.

† **HURTIER** (hur-tié, *h* aspirée), *s. m.* Terme d'ancien droit liégeois relatif à l'exploitation houillère. Propriétaire du sol qu'on exploite, et aussi maître du fonds sur lequel on verse les eaux au jour, et auquel on paye le même cens qu'à l'arenier.

† **HUSSITISME** (hu-ssi-ti-sm', *h* aspirée), *s. m.* Doctrine, parti de Jean Huss. Theobaldus, qui, au jugement de Balbinus, a été fort bien informé des affaires du hussitisme, LENFANT, *Hist. du concile de Constance*, p. 177.

HUTTEAU (hu-tô, *h* aspirée), *s. m.* Petite hutte pour le chasseur. Cette amorce perfide [des canards en bois] est souvent compliquée d'un appeleur, et les hutteaux d'affût s'échelonnent sur le rivage, TH. BENTZON, *Rev. des Deux-Mondes*, 15 mai 1877, p. 361.

— ÉTYM. Dérivé de *hutte*.

† **HUZVARESCH** (huz-va-rèch', *h* aspirée), *s. m.* Synonyme de pehlvi ou langue aryenne parlée en Perse sous la dynastie des Sassanides, MAX MÜLLER, *la Science du langage*, trad. par Harris et Perrot, 2° éd. p. 266.

HYACINTHE. — HIST. XVI° s. *Ajoutez :* Et ainsi [je] veis les chevaulx en vision ; et ceulx qui estoient assis sur eulx, avoient des haulbergeons de feu et de hiacinte et de souffre, *Apoc.* IX, 17, *Nouv. Test.* éd. Lefebvre d'Etaples, Paris, 1525.

† **HYALITE.** *Ajoutez :* || 2° Sorte de verre noir obtenu en mêlant à la composition du verre blanc des scories de forge pulvérisées, du poussier de charbon, ou bien, comme on le pratique en Bohême, du soufre en nature ; il est absolument opaque et susceptible de recevoir beaucoup d'éclat par la perfection du poli, CH. BLANC, *le Temps*, 16 août 1876, 3° page, 4° col.

† **HYBON** (i-bon), *s. m.* Nom d'un cépage de la Savoie, dit aussi polofrais, qui monte jusqu'au sommet des arbres, *les Primes d'honneur*, p. 650, Paris, 1874.

HYBRIDE. || 3° *Ajoutez :* Quoiqu'en toutes les langues il y ait beaucoup de mots hybrides qu'ils appellent, ou métis, VAUGEL. *Rem.* t. II, p. 823, dans POUGENS.

† **HYDNE** (id-n'), *s. m.* Champignon à chapeau irrégulier, hérissé en dessous d'aiguillons mous, dont presque toutes les espèces sont alimentaires. L'hydne est peut-être le plus original de nos champignons d'automne ; son pied est excentrique, et son chapeau jaune-paille se jette tout d'un côté ; ces beaux hydnes à odeur d'abricot, A. THEURIET, *Rev. des Deux-Mondes*, 1er oct. 1874, p. 580.

— ÉTYM. Ὕδνον, que l'on croit être la truffe, et que les botanistes ont appliqué à un champignon.

† **HYDRAIRE** (i-drê-r'), *s. m.* Polype de l'ordre des acalèphes, habitant l'eau douce.

— ÉTYM. Dérivé du lat. *hydra*, hydre.

† **HYDRATANT, ANTE** (i-dra-tan, tan-t'), *adj.* Terme de chimie. Qui hydrate, qui procure l'hydratation. L'action hydratante de l'acide formique, LORIN, *Acad. des sc. Comptes rend.* t. LXXXI, p. 272.

† **HYDRAULISTE** (i-drô-li-st'), *s. m.* Se dit pour hydraulicien. M. Cordier, artiste mécanicien et hydrauliste, *Rapport de M. Girard*, *Acad. des sc.* 1er *fév.* 1836. La création, à Ferrare, d'une école d'application pour les ingénieurs hydraulistes, *Journ. offic.* 15 janvier 1873, p. 265, 3° col.

† **HYDRAUTE** (i-drô-t'), *s. m.* Bouche d'eau disposée dans les rues et qu'on fait jouer en cas d'incendie. Ces eaux et ces bouches à eau que nous appelons d'un mot fabriqué en Allemagne, des hydrautes, ont rendu des services mémorables en cette circonstance, *Journ. de Genève*, 8 nov. 1876. || On trouve aussi hydraut. L'eau nécessaire pour les robinets à incendie dans les bâtiments, les hydrauts, les divers jets d'eau, les moteurs hydrauliques, etc.... il sera établi environ 100 robinets à incendie à l'intérieur des bâtiments et 150 hydrants au grand air [à l'exposition de Vienne], *Journ. offic.* 28 août 1872, p. 5733, 3° col.

— ÉTYM. Ὕδωρ, eau ; mais il est impossible de se rendre compte de la finale *aute* ou *aut*. Serait-ce une faute typographique primordiale (pour *hydraul* ou *hydraule*), qui se serait ensuite propagée ?

† **HYDRIE** (i-drie), *s. f.* Terme d'antiquité. Vase pour contenir de l'eau. Ce vase est une hydrie, haute de 0m,51, F. DELAUNAY, *Journ. offic.* 21 mars 1876, p. 1974, 1re col.

— ÉTYM. Ὑδρία, de ὕδωρ, eau.

† **HYDRO-ALCOOLIQUE** (i-dro-al-ko-o-li-k'), *adj.* Qui contient de l'eau et de l'alcool. Liquide hydro-alcoolique, MAUMENÉ, *Acad. des sc. Comptes rendus*, t. LXXXIII, p. 68.

† **HYDROCANTHARES** (i-dro-kan-ta-r'), *s. m. pl.* Tribu des coléoptères, à laquelle appartient le dytique.

— ÉTYM. Ὕδωρ, eau, et κάνθαρος, sorte de coléoptère.

† **HYDROCELLULOSE** (i-dro-sè-lu-lô-z'), *s. f.* Terme de chimie. Cellulose en laquelle un équivalent d'eau a été fixé, *Journ. offic.* 9 déc. 1875, p. 10159, 3° col.

† **HYDROCÉPHALIE** (i-dro-sé-fa-lie), *s. f.* Terme de médecine. Hydropisie de la tête, synonyme d'hydrocéphale.

† **HYDROGÉNIQUE** (i-dro-jé-ni-k'), *adj.* Qui appartient à l'hydrogène. Les raies hydrogéniques du spectre solaire. Les nuages hydrogéniques [dans l'atmosphère du soleil] sont très-rares et très-peu élevés, TACCHINI, *Acad. des sc. Comptes rendus*, t. LXXXII, p. 1386.

† **HYDROGRAPHIER** (i-dro-gra-fi-é), *v. a.* Faire l'hydrographie d'une région. Entre l'île Yule et la pointe Hood (120 milles), la côte entière [Nouvelle-Guinée] a été hydrographiée par M. Stanley du *Rattlesnacke* en 1849, *Journ. offic.* 12 mai 1874, p. 3221, 3° col.

† **HYDROÏDE** (i-dro-i-d'), *adj.* Qui a une apparence d'eau. D'ordinaire, les polypes hydroïdes sont de gracieux petits organismes, ayant la forme de fleurs, et excédant rarement un demi-pouce de longueur.... *Journ. offic.* 12 janv. 1876, p. 330, 3° col.

— ÉTYM. Ὕδωρ, eau, et εἶδος, forme.

† **HYDROPHILE.** *Ajoutez :* || *S. m.* Nom d'une famille de coléoptères aquatiques, dont l'espèce la plus grande est l'*hydrophilus piceus*.

† **HYDROPHILIENS** (i-dro-fi-liin), *s. m. pl.* Tribu de coléoptères, à laquelle appartient l'hydrophile.

† **HYDROPHYTE.** *Ajoutez :* || 2° Terme de minéralogie. Silicate magnésien hydraté.

HYDROPNEUMATIQUE. *Ajoutez :* || Terme de mécanique. Turbine hydropneumatique, turbine qui marche sous une cloche pleine d'air comprimé.

† **HYDROTHÉRAPEUTIQUE.** *Ajoutez :* — HIST. XVI° s. Hydrotherapeutique des fonctions medicinales nouvellement decouvertes aux environs de Rouen, très utiles et très profitables à un chacun, par noble homme M. Jacques du Val, à Rouen, dans *Journ. offic.* 11 oct. 1872, p. 6439, 3° col.

† **HYDROTHERMAL, ALE** (i-dro-tèr-mal, m... *adj.* Qui appartient aux sources d'eau therm... Le tableau complet et fidèle des richesses hy... thermales que la France possède, *Journal* ... 13 mars 1877, p. 1882, 3° col.

— ÉTYM. *Hydro...*, et *thermal*.

† HYDROTIMÈTRE. *Ajoutez :* Il importait de constater avec soin quelles quantités de sels de chaux, et spécialement de sulfate ou de carbonate, renferment les sources du bassin de la Seine.... l'emploi d'un appareil ingénieux, récemment inventé par MM. Boutron et Boudet, et nommé par eux hydrotimètre, a singulièrement facilité ces recherches, *Documents relatifs aux eaux de Paris*, Paris, 1861, petit in-8°, p. 125.

† HYDROTOMISER (i-dro-to-mi-zé), *v. a.* Pratiquer l'hydrotomie. Un foie hydrotomisé.

† HYÉTOMÉTRIE (i-é-to-mé-trie), *s. f.* Emploi de l'hyétomètre; mesure de la quantité de pluie qui tombe dans une contrée.

† HYÉTOMÉTRIQUE (i-é-to-mé-tri-k'), *adj.* Qui a rapport à l'hyétométrie.

HYGROMÈTRE. *Ajoutez :* — REM. Voy. pour un des premiers emplois de ce mot, ARÉOMÈTRE au Supplément.

† HYGROSCOPICITÉ. *Ajoutez :* || 2° Faculté que possèdent un grand nombre de corps inorganiques et tous les corps organisés vivants ou morts, d'absorber et d'exhaler de l'humidité. Quant à l'eau qui pénètre dans le sol, elle peut également se partager en deux parties, dont l'une est retenue par l'hygroscopicité de la terre et servira à l'évaporation des feuilles.... ÉLIE DE BEAUMONT, *Bullet. de la Soc. centrale d'Agric.* 1872, p. 578.

† HYLOBE (i-lo-b') ou HYLOBIE (i-lo-bie), *s. m.* Genre d'insectes coléoptères. On serait disposé à penser que l'hylobe s'attaque aux jeunes pins atteints de la sèche et contribue ainsi à étendre le mal, tandis que les bostryches se jettent sur les vieux bois, *Enquête sur les incendies des Landes*, p. 17.

— ÉTYM. Ὕλη, forêt, et βίος, vie.

† HYMÉNIAL, ALE (i-mé-ni-al, a-l'), *adj.* Qui a rapport à l'hyménion. La portion hyméniale ou les lamelles.

† HYOCHOLIQUE (i-o-ko-li-k'), *adj.* Terme de chimie. Acide hyocholique, corps qui, à l'état de combinaison avec la soude, forme la partie principale de la bile de porc, CAHOURS, *Leçons de chimie générale*, t. II, p. 760.

— ÉTYM. Ὗς, ὑὸς, porc, et χολή, bile.

† HYPACHÉEN (i-pa-ché-in), *s. m.* Nom donné, dans une haute antiquité, aux habitants de la Cilicie. Plusieurs traditions et le nom d'Hypachéens porté d'abord par les habitants de la Cilicie, semblent attester le mélange de certains éléments de race grecque ou pélasgique, qui s'étaient portés, dès une haute antiquité, vers cet angle extrême de la Méditerranée, HEUZEY, *Journ. offic.* 11 juillet 1876, p. 5031, 3° col.

— ÉTYM. Ὑπὸ, sous, et *Achéen* : *sous-achéen*.

† HYPERBOLOÏDE. *Ajoutez :* || 2° *S. m.* Surface du second degré pouvant être engendrée par une ellipse qui se transporte parallèlement à elle-même, en s'appuyant toujours par deux de ses sommets sur une hyperbole, et en se déformant de manière que le rapport de ses axes soit constant. On obtient un hyperboloïde à une nappe, lorsque le centre de l'ellipse se meut le long de l'axe non-transverse de l'hyperbole, et un hyperboloïde à deux nappes, lorsque le centre de l'ellipse se meut le long de l'axe transverse de l'hyperbole. || Hyperboloïdes de révolution à une ou deux nappes, surfaces obtenues dans le cas particulier où l'ellipse génératrice est un cercle; on peut aussi les considérer comme résultant de la rotation d'une hyperbole autour d'un de ses axes.

† HYPERGÉOMÉTRIQUE (i-pèr-jé-o-mé-tri-k'), *adj.* Terme de mathématique. Série hypergéométrique, série dont les termes se déduisent les uns des autres suivant une loi plus compliquée que celle qui donne naissance à la progression géométrique.

— ÉTYM. Ὑπὲρ, au-dessus, et *géométrique*.

† HYPERIDÉATION (i-pèr-i-dé-a-sion), *s. f.* Excitation intellectuelle se manifestant par une production incessante d'idées plus ou moins incohérentes. Si l'on continue à boire, l'excitation intellectuelle augmente et se manifeste de plusieurs manières; on pourrait résumer d'un mot toutes ces formes en disant qu'il y a hyperidéation.... l'hyperidéation de l'ivresse au premier degré est un phénomène très-curieux et très-intéressant, CH. RICHET, *Rev. des Deux-Mondes*, 15 fév. 1877, p. 821. Les effets de béatitude et d'hypéridéation sont plus marqués avec l'absinthe qu'avec l'alcool, ID. *ib.* p. 831.

— ÉTYM. *Hyper...*, et *idéation* (voy. ce mot au Supplément).

† HYPÉRION (i-pé-ri-on), *s. m.* Nom du 7° satellite de la planète Saturne.

— ÉTYM. Ὑπερίων, un des noms du Soleil, dans Homère.

† HYPERMÉTAMORPHOSE (i-pèr-mé-ta-mor-fô-z'), *s. f.* Changement que subissent certains insectes (*sitaris*, *meloë*, etc.), passant par l'état de première larve, de deuxième larve, puis de pseudo-chrysalide, à laquelle succède une troisième larve analogue à la deuxième, et enfin arrivant à l'état de nymphe, tandis que les autres insectes n'ont que trois états : œuf, chenille, chrysalide.

— ÉTYM. *Hyper...*, et *métamorphose*.

† HYPERMÉTROPE (i-pèr-mé-tro-p'), *adj.* Synonyme de presbyte.

† HYPERMÉTROPIE (i-pèr-mé-tro-pie), *s. f.* Terme d'optique et de physiologie. Synonyme de presbytie.

— ÉTYM. Ὑπὲρ, au delà, μέτρον, mesure, et ὤψ, œil.

† HYPERORGANIQUE (i-pèr-or-ga-ni-k'), *adj.* Qui est au delà de l'organisme. Cette vérité acquise [d'une âme immatérielle], on désirerait savoir plus précisément quel est ce principe hyperorganique qu'on vient d'affirmer, *Journal des Débats*, 5 avr. 1876, 3° page, 5° col. M. Magy fait remarquer ici que cette assimilation des forces cosmiques aux forces hyperorganiques n'est point particulière aux métaphysiciens, A. MANGIN, *Journ. offic.* 6 avril 1876, p. 2480, 1re col.

† HYPERPYRÉTIQUE (i-pèr-pi-ré-ti-k'), *adj.* Terme de médecine. Qui est au delà de l'état pyrétique. Chaleur hyperpyrétique.

† HYPERTHERMIE (i-pèr-tèr-mie), *s. f.* Terme de médecine. Chaleur du corps portée à un degré supérieur à la chaleur normale, particulièrement dans la fièvre. L'hyperthermie, point de départ de la méthode de Brandt [l'emploi des bains froids dans la fièvre typhoïde], *le Progrès médical*, 24 mars 1877, p. 236.

— ÉTYM. Ὑπὲρ, au delà, et θέρμη, chaleur.

† HYPNOSE (i-pnô-z'), *s. f.* Terme de médecine. Maladie du sommeil, maladie qui est propre aux noirs de l'Afrique occidentale, et qui consiste en une tendance perpétuelle au sommeil; elle finit par amener la mort par suite du progrès de l'affaiblissement général, *Rev. anthrop.* t. VI, p. 181.

— ÉTYM. Ὕπνος, sommeil.

† HYPOCÉPHALE (i-po-sé-fa-l'), *s. m.* Terme d'antiquité. Disque plat en carton, en toile ou en cuivre, sur lequel étaient gravées des légendes symboliques et qui était ensuite placé dans le coffre mortuaire, sous la tête de la momie, VIOLLET-LE-DUC, *Journ. des Débats*, 29 avr. 1876, 3° p. 5° c.

— ÉTYM. Ὑπὸ, sous, et κεφαλή, tête.

† HYPOCOTYLÉDONAIRE (i-po-ko-ti-lé-do-nè-r'), *adj.* Terme de botanique. Qui est placé sous les cotylédons. Caudex hypocotylédonaire.

HYPOCRAS. *Ajoutez :* || Fig. M. Bautru le connaissait mal [Voiture], quand il disait que, s'il eût été de la profession de son père [marchand de vin], le vinaigre fût devenu hypocras entre ses mains, BALZAC, *Lett. inédites*, CIX (éd. Tamizey-Larroque).

† HYPOCRISER (i-po-kri-zé), *v. a.* Donner le caractère hypocrite.

— HIST. XVI° s. Tous les philosophes anciens furent hommes, consequemment attrempans ou, pour mieux dire, hypocrisans et desguisans leurs passions, selon qu'ils estoient plus discrets, PASQUIER, *Pour-parler de la loy*.

† HYPODERMIQUE (i-po-dèr-mi-k'), *adj.* Terme de chirurgie. Qui se pratique sous la peau. Injection hypodermique.

— ÉTYM. Ὑπὸ, sous, et δέρμα, peau.

† HYPODERMIQUEMENT (i-po-dèr-mi-ke-man), *adv.* D'après le procédé hypodermique. Le sulfate d'atropine injecté hypodermiquement, HECKEL, *Acad. des sc. Comptes rendus*, t. LXXX, p. 1610.

† HYPODIOECÈTE (i-po-di-è-sè-t'), *s. m.* Nom, sous les Ptolémées, en Égypte, des fonctionnaires provinciaux chargés de la surveillance des travaux agricoles.

— ÉTYM. Ὑποδιοικητής, sous-administrateur, de ὑπὸ, sous, et διοικητής, administrateur.

† HYPOGLOBULIE (i-po-glo-bu-lie), *s. f.* Terme de médecine. Diminution des globules du sang.

— ÉTYM. *Hypo...*, et *globule*.

† HYPORCHÈME (i-por-kè-m'), *s. m.* Terme d'antiquité grecque. Chant de chœur consacré à Apollon, ayant cette particularité que non-seulement il était exécuté par le chœur avec danse et chant, mais encore qu'il était accompagné de gestes de pantomime. La poésie lyrique..., vivement rhythmée dans ses hyporchèmes, A. BOUCHÉ-LECLERQ, *Rev. polit. et littér.* 20 mars 1875.

— ÉTYM. Ὑπόρχημα, de ὑπὸ, sous, et ὀρχέομαι, danser (voy. ORCHESTRE).

† HYSTÉROGÈNE (i-sté-ro-jè-n'), *adj.* Né, engendré postérieurement. Le fameux *a* du lithuanien doit être hystérogène, HAVET, *Rev. critique*, 7 mars 1874, p. 147.

— ÉTYM. Ὕστερον, postérieurement, et γενής, engendré.

I

I. — REM. *Ajoutez :* || 9. Dans immanquable et quelques autres, les deux *m* ne se dédoublent pas et l'on prononce in-manquable, et non i-mmanquable, comme on prononce i-mmense.

† IAHVE (i-a-v') ou IAHVÉ (i-a-vé), *s. m.* Représentation du tétragramme hébraïque qu'il était défendu d'articuler, et qui, depuis le XVI° siècle seulement jusqu'au nôtre, s'est prononcé Jéhovah. Aujourd'hui cette manière de le prononcer a été abandonnée par la plupart des théologiens allemands et français (réformés), qui s'accordent, pour des raisons philologiques, à le prononcer Iahve ou Iahvé (Note communiquée par M. Berthoud, de Gingins, canton de Vaud). Comme le *Cantique des cantiques* et l'*Ecclésiaste*, c'est [le *Livre de Job*] un livre de littérature, un livre profane, où l'on ne trouve pas le langage religieux des autres parties de la Bible, et où Dieu n'est presque jamais nommé sous son nom sacré d'Iahvé, DERENBOURG, *Journ. des Débats*, 3 sept. 1876, 4° page, 3° col.

† IANTHE (i-an-té), *s. f.* La 98° planète télescopique, découverte en 1868 par M. Peters.

— ÉTYM. Ἰανθη, une des Océanides.

† IBÉRIEN, ENNE (i-bé-riin, riè-n'), *adj.* Synonyme d'ibérique. Les populations ibériennes.

† ICEBERG (aï-se-berk'), *s. m.* Montagne de glace. M. Francisque Michel adresse une note sur un appareil destiné à signaler automatiquement la présence autour des navires de blocs de glace flottants ou icebergs.... le jour, à moins d'un brouillard intense, les icebergs, frappés par les rayons du soleil, se voient à de grandes distances, H. DE PARVILLE, *Journ. offic.* 16 avr. 1874, p. 2769, 1re col. Durant tout le mois de juillet, elle [la *Germania*] se heurta vainement contre d'infranchissables agglomérations d'icebergs et de champs soudés l'un à l'autre, J. GOURDAULT, *Rev. des Deux-Mondes*, 1er fév. 1875, p. 712.

— ÉTYM. Mot anglais hybride, de l'angl. *ice*, glace, et de l'allem. *Berg*, montagne. Les Allemands disent *Eisberg*, de *Eis*, glace, et *Berg*, montagne.

ICI. *Ajoutez :* || 8° Ici-haut, sur la terre, parmi les vivants. Diogène là-bas est aussi riche qu'eux [les thésauriseurs], Et l'avare ici-haut comme lui vit en gueux, LA FONT. *Fabl.* IV, 20.

† ICONARITHME (i-co-na-ri-tm'), *s. m.* Instrument inventé par le docteur Monoyer et destiné à faciliter l'étude des images fournies par les lentilles; il se compose de deux cadrans circulaires, l'un fixe, l'autre mobile, sur chacun desquels sont tracés deux échelles logarithmiques et des secteurs de couleur différente, *Journ. offic.* 4 avril 1872, p. 2337, 3° col.

— ÉTYM. Εἰκών, image, et ἀριθμός, nombre.

† ICÔNE (i-kô-n'), *s. f.* Se dit des images saintes dans l'Église grecque. Quelqu'un se rappela qu'on avait laissé dans les cabines une icône vénérée de tout l'équipage [russe], ALF. RAMBAUD, *Rev. des Deux-Mondes*, 1er avr. 1874, p. 502. Un porche voûté [au mont Athos], profond comme un portail de forteresse, surchargé d'icônes qui sourient mystérieusement à travers les grillages de leurs cadres, où brûlent des lampes, DE VOGÜÉ, *Rev. des Deux-Mondes*, 15 janv. 1876, p. 283.

— ÉTYM. Εἰκών, image.

† ICONOCLASTIE (i-ko-no-kla-stie), *s. f.* Néologisme. Disposition à être iconoclaste, à briser les images. Des peintures du XVe siècle et des époques antérieures, il ne reste malheureusement rien en Angleterre, la réformation anglicane, et plus tard le puritanisme, ayant eu leur iconoclastie, BÜRGER, *Salons de 1861 à 1868*, t. I, p. 234.

† ICONOSCOPE (i-ko-no-sko-p'), *s. m.* Instrument destiné à donner du relief aux images planes examinées avec les deux yeux.

— ÉTYM. Εἰκών, image, et σκοπεῖν, examiner.

IDÉAL. || 3° *Ajoutez :* Sur la question, discutée au Dictionnaire, de savoir s'il faut dire, au pluriel, idéaux ou idéals, voici des exemples contradictoires. On ne les aperçoit pas [le Christ et la Vierge] à la façon des personnages idéaux, reculés dans une antiquité lointaine, ou confinés dans un ciel supérieur : on les sent corporels, H. TAINE, *Journ. des Débats*, 18 nov. 1866. Cette tendance réaliste..., qui consiste à déshabiller familièrement les idéals les mieux gardés par le charme ou le respect, AUBRYET, *Monit. univ.* 30 sept. 1867, p. 1257, 4° col. En prenant en considération les exemples du Dictionnaire et ceux du Supplément, on peut penser qu'il est préférable de dire, comme M. Taine, *idéaux* au pluriel de l'adjectif; mais que, au pluriel du substantif, *les idéals* est admissible comme présentant plus rapidement à l'esprit le sens de ce mot, qui, en cet emploi, n'est pas ancien.

— REM. On voit à l'historique que Desportes a employé le mot idéal. Malherbe l'en blâme, comme d'un mot d'école (*Lexique*, éd. L. Lalanne). Ce blâme est malheureux; car idéal est excellent et il a eu une grande fortune.

† IDÉALEMENT (i-dé-a-le-man), *adv.* D'une manière idéale. Imaginez, au milieu des horreurs du siècle, un lieu privilégié, une sorte de retraite angélique idéalement silencieuse et fermée, FROMENTIN, *les Maîtres d'autrefois*, p. 444.

† IDÉATION (i-dé-a-sion), *s. f.* Terme de philosophie employé par Georges Lewes. Faculté d'avoir des idées; formation des idées. Condillac a confondu sous le nom de sensation deux choses en réalité différentes : la sensation proprement dite et l'idéation, RIBOT, *Psychol. anglaise*, p. 345.

— ÉTYM. Le mot serait barbare si on ne considérait que le côté grec : ἰδέα, avec un suffixe latin; mais les Romains avaient latinisé le grec ἰδέα sous la forme *idea*, tellement qu'ils y avaient joint un suffixe de leur propre idiome dans *idealis*. *Idéation* est fait aussi régulièrement que *idéal*.

† IDÉOGRAPHIQUEMENT (i-dé-o-gra-fi-ke-man), *adv.* À la manière idéographique. Employer idéographiquement les signes d'ordinaire affectés à la pure et simple peinture des sons indépendamment de toute idée, FR. LENORMANT, *Manuel d'hist. anc.* IV, p. 108, 4° édit.

† IDÉOGRAPHISME (i-dé-o-gra-fi-sm'), *s. m.* Système consistant à exprimer une idée par un signe, à la peindre. Comme toutes les écritures hiéroglyphiques, le cunéiforme anaryen a débuté par l'idéographisme pur, et en a gardé, jusqu'à la fin de son existence, de nombreux vestiges, FR. LENORMANT, *Manuel d'hist. anc.* t. II, p. 158, 4° édit. || Chez nous, les chiffres arabes et les signes de ponctuation appartiennent à l'idéographisme.

† IDIOCYCLOPHANE (i-di-o-si-klo-fa-n'), *adj.* Terme de minéralogie créé par Herschel. Se dit de cristaux au travers desquels on aperçoit, à l'œil nu, sans le secours d'aucun instrument, les anneaux colorés que l'on ne voit d'habitude dans les milieux cristallisés qu'au moyen des appareils de polarisation.

— ÉTYM. *Idio...*, κύκλος, anneau, et φανός, lumineux.

IDOINE. — HIST. *Ajoutez :* || XIIe s. À muine, cum à mort, dunée est neire broine [cuirasse]; Ne lur robe n'est pas à nul prelat aoine, *Th. le mart.* p. 23, éd. Hippeau.

IDOLE. — REM. Corneille qui a fait idole du masculin, l'a fait aussi du féminin : Angélique n'a point de charmes Pour me défendre de vos coups; Ce n'est qu'une idole mouvante, *Place Royale*, II, 3. Malherbe, qui l'a fait féminin, l'a fait aussi masculin : Votre honneur, le plus vain des idoles, t. I, p. 227, éd. Regnier.

IF. *Ajoutez :* || 4° If à bouteilles, instrument qui a une forme d'if et qui sert à mettre égoutter les bouteilles. Fabricant de planches ou ifs à bouteilles, *Tarif des patentes*, 1858.

† IGNACIEN. *Ajoutez :* — REM. D'Alembert, à tort, écrit ignatien. Vous ai-je dit ce que le roi de Prusse me mande dans une lettre du 8 de décembre? « J'ai reçu un ambassadeur du général des ignatiens qui me presse pour me déclarer ouvertement le protecteur de cet ordre, » D'ALEMBERT, *Lett. à Volt.* 9 janv. 1773.

IGNAME. *Ajoutez :* — ÉTYM. Espagn. *ñame*, du caraïbe *namouin*, RAYMOND BRETON, *Dict. caraïbe-français*. Effacez ce qui est dit des Portugais.

† IGNARERIE (i-gna-re-rie), *s. f.* Néologisme. État de celui qui est ignare, LOUIS DAVID, *Rapport sur la suppression de la commission du Muséum*.

— ÉTYM. *Ignare*. N'en déplaise à notre grand peintre Louis David, *ignarerie* est un barbarisme; et *ignare* ne pourrait former que *ignarie*.

† IGNIFÈRE (igh-ni-fè-r'), *adj.* Qui porte le feu. || Sel ignifère, sel produit par l'ébullition de l'eau. L'ordonnance du 19 mars (1817) concerne exclusivement les salines situées sur les côtes du pays appelé du quart bouillon, où se fabrique l'espèce de sel dit ignifère, produit par l'ébullition de l'eau dans laquelle le sablon a été lessivé, *Circulaire des contributions indirectes*, 11 juin 1817, n° 24.

— ÉTYM. Lat. *ignis*, feu, et *ferre*, porter.

IGNOMINIEUSEMENT. — HIST. *Ajoutez :* || XVe s. Ignomynieusement traité et menacé à tuer, *Procès-verbaux du conseil de régence de Charles VIII*, p. 173.

† IGNORANTISTE (i-gno-ran-ti-st'), *s. m.* Partisan de l'ignorantisme. Dire, comme le ferait le plus aveugle des ignorantistes : quel rapport peut-il y avoir entre savoir lire, et acquérir un sentiment plus élevé du devoir? P. JANET, *Rev. des Deux-Mondes*, 1er nov. 1874, p. 104.

† ILLATION. *Ajoutez :* || 3° Fig. Action d'inférer, conséquence. Vous voyez assez clairement, par ce peu que je vous ai dit, et l'impiété de leur demande et l'impertinence de leur illation, MICHEL LE FAUCHEUR, *Serm. sur les divers textes* (1653).

ILLÉGITIMITÉ. || Parti opposé à faction... *Ajoutez :* Faction.... qui... lèvera subitement la tête, arrachera sa couronne de lis, et, prenant le bonnet rouge pour diadème, offrira cette pourpre à l'illégitimité, CHATEAUB. *Monarchie selon la charte*, II, 45. || 2° Injustice, déraison. Sur cette question de l'immoralité et de l'illégitimité de la contrainte par corps, *Corps législatif, Moniteur* du 27 mars 1867, p. 366, 1re col.

† ILLIBÉRALISME. *Ajoutez :* C'est à tort qu'on accuserait d'illibéralisme ceux qui sont partisans du maintien de la contrainte par corps, *Moniteur*, 27 mars 1867, p. 367, 1re col.

ILLICITE — HIST. XIVe s. *Ajoutez :* C'est chose damnable et illicite, *le Songe du vergier*, I, 178.

† ILLIMITATION. *Ajoutez en exemple :* La délibération s'établit sur les articles relatifs à l'hérédité de la pairie et à l'illimitation du nombre des pairs, *Députés, Cent-Jours, procès-verbaux*, p. 443, *séance du* 7 juil. 1815.

† ILLISIBILITÉ (il-li-zi-bi-li-té), *s. f.* État de ce qui n'est pas lisible. Toujours ces noms, à moins d'illisibilité absolue, sont reproduits au Journal officiel, *Journ. offic.* 12 juin 1873, p. 3771, 3° col.

† ILLOGICITÉ. *Ajoutez :* Quant à l'instruction, il y a évidemment quelque illogicité à vouloir attendre que les soldats soient sous les drapeaux pour leur apprendre à lire et à écrire, *Rev. Brit.* mars 1875, p. 206.

ILLUSION. *Ajoutez :* || 7° Tulle-illusion voy. TULLE au Supplément

— HIST. || XVIe s. *Ajoutez :* L'honneur tant desiré n'est qu'une vision, Qui, troublant nos esprits par son illusion, Fait quitter l'heur present.... DESPORTES, *Diverses amours*, XL, *Complainte pour le duc d'Anjou*.

ILLUSOIRE. — HIST. *Ajoutez :* || XVe s. En maniere que lesdits arrestz ne soient illusoires, *Procès-verbaux du conseil de régence de Charles VIII*, p. 188.

† ILLUSTRATEUR. *Ajoutez :* || 2° Dessinateur pour les ouvrages illustrés. L'illustrateur, qu'on nous pardonne ce néologisme qui n'en est presque plus un, ne doit voir qu'avec les yeux d'un autre, TH. GAUTIER, *Portraits contemporains, Tony Johannot*. || Celui qui fait des illustrations. C'est [le prince de Joinville] le grand illustrateur de la famille d'Orléans, et on s'y dispute ses croquis, *Illustration*, 29 janv. 1876, p. 67, 3° col.

† ILOUPÉ (i-lou-pé), *s. m.* Arbre de l'Inde qui fournit une huile objet de commerce, *Marine et colonies, Tableaux de population, de culture*, etc. p. 42.

† ILTIS (il-tis'), *s. m.* Nom allemand du putois, *mustela putorius*. Le duvet de loutre, zibeline de Sibérie, iltis, phoque tigré, peau de renne, F. CHAULNES, *Journ. offic.* 4 août 1873, p. 5243, 3° col. || Les Danois disent ilder, et les Suédois iller.

† ILVAÏTE (il-va-i-t'), *s. f.* Terme de minéralogie. Silicate double de fer et de chaux.

IMAGE. || 2° Terme d'optique. *Ajoutez :* || Image réelle, celle qui est formée par des rayons lumineux qui se réunissent effectivement, et qu'on peut recevoir sur un écran. || Image virtuelle, celle qui serait déterminée par la rencontre des prolongements des rayons lumineux.

† IMAGIER (i-ma-jié), *s. m.* Autre forme d'imager, faiseur d'images. Ces précieux manuscrits à miniatures où s'épuisait la patience des imagiers, TH. GAUTIER, *Portraits contemp. Ingres*.

† IMAGINATEUR (i-ma-ji-na-teur), *s. m.* Celui qui imagine, qui se livre aux écarts de son imagination.

— HIST. XVIe s. Celtophile : Imaginons, je vous prie, que diroit un Italien qui voudroit par une belle harangue persuader telle chose aux François. — Philausone : Je ne suis point imaginateur; je vous laisse ceste imagination, H. EST. *Lang. franç. ital. Dial.* II, p. 488, Paris, 1579.

— ÉTYM. *Imaginer*; ital. *immaginatore*.

IMAGINATION. — HIST. *Ajoutez :* || XIIe s. Od le resplent e od l'esclair [du jour] Rout l'om [on eut de nouveau] es choses connoissances, En quei a formes e semblances E certes imaginations, BENOIT, *Chronique*, t. II, p. 148, v. 19729.

† IMBÂTI, IE (in-bâ-ti, tie), *adj.* Qui n'est pas bâti; sur quoi il n'y a pas de constructions. Terrain imbâti.

† IMBÈTE (in-bè-t'), *s. m.* Bois d'Afrique. L'imbète, veiné comme l'acajou, odorant comme le santal, MARMIER, *Rev. Britan.* juil. 1874, p. 118.

† IMMANIABLE (in-ma-ni-a-bl', comme dans in-manquable), *adj.* Qui n'est pas maniable. Les grandes dimensions des navires de la classe du *Minotaur* (400 pieds de long) les rendent presque immaniables à la mer.... *Journ. offic.* 28 août 1875, p. 7318, 3° col.

† IMMANIÉRÉ, ÉE (in-ma-nié-ré, rée, comme dans in-manquable), *adj.* Néologisme. Qui n'est pas maniéré. Sa manière d'obliger [de M. de Charrière] est si unie et si immaniérée, qu'on croit toujours qu'il est tout simple d'abuser de ses bontés, B. CONSTANT, *Lett. à Mme de Charrière*, dans SAINTE-BEUVE, *Portraits littér.* t. III, *B. Constant et Mme de Charrière*.

† IMMANITÉ. *Ajoutez :* Il n'y a pas seulement de l'inhumanité, mais encore de l'immanité.... LA MOTHE LE VAYER, *Dial. d'Orat. Tubero*, t. II, p. 255.

† IMMATURITÉ. *Ajoutez :* || Fig. Je sentis, dès le premier jour, toute son importance [de la révolution de février], mais aussi son immaturité, STE-BEUVE, *Chateaubriand et son groupe littéraire sous l'Empire, Préface*.

IMMÉDIATEMENT. *Ajoutez :* — HIST. XVIe s. Vous sçavez que ceste cité [Besançon] est imperiale, subjecte immediatement à l'empereur, nostre souverain seigneur (1537), *Archives de Besançon*, dans *Rev. histor.* t. I, p. 133.

† IMMÉMORABLE. *Ajoutez :* || 2° Il se dit aussi pour immémorial. Le gouvernement, en leur imposant un serment de date presque immémorable,... DUC DE BROGLIE, *Rev. des Deux-Mondes*, 1er oct. 1871, p. 620.

— HIST. XVIe s. Et y a tantost deux cens ans

qu'il [M. d'Espinay] possedoit dès ce temps-là toutes les terres et seigneuries qui sont aujourd'hui en leur maison, comme il se peult lire autour de sa sepulture; qui fait bien juger qu'ils sont plantez de immemorable ancienneté, CARLOIX, III, 5.

† **IMMÉMORANT, ANTE** (i-mmé-mo-ran, ran-t'), *adj.* Qui ne se souvient pas. Immémorants du bonheur de leur création et de leur devoir, ils [les anges] rejetèrent le pouvoir de perfection et exercèrent le pouvoir d'imperfection, VOLT. *Dict. phil. Ange (de la chute d'une partie des anges).*

— ÉTYM. Voy. IMMÉMORÉ au Dictionnaire.

† **IMMÉMORÉ.** *Ajoutez :* — REM. Le passage de Chateaubriand cité d'après Legoarant se trouve dans *Mém. d'outre-tombe* (éd. de Bruxelles), t. II, *Rentrée des émigrés en France*, etc.

† **IMMIGRÉ, ÉE** (i-mmi-gré, grée), *adj.* Qui est venu s'établir en quelque lieu par immigration. Si l'on pouvait admettre la tradition ethnographique qui fait des habitants des cantons forestiers et du Hasli bernois les descendants d'une colonie de Suédois et de Frisons, immigrés là au cinquième siècle de l'ère chrétienne, *la Revue suisse*, 10 oct. 1876, p. 444.

IMMOBILISATION. *Ajoutez :* || 2° Dans le langage commun, action de rendre immobile, d'empêcher le mouvement, le progrès. Il [Herder] n'a pas montré moins de sagacité, ni une intelligence moins sûre des conditions de l'art, en protestant contre l'immobilisation à laquelle semblaient le condamner Winckelmann et les admirateurs exclusifs de l'antiquité, CH. JORET, *Herder*, Paris, 1875, p. 339.

† **IMMODÉRATION.** — REM. L'exemple attribué à La Rochefoucauld n'est pas de lui, il est de Vineuil, dont les *Mémoires* ont été attribués à La Rochefoucauld (voy. dans les *Œuvres de La Rochefoucauld*, Paris, Hachette, t. II, p. 500 et suivantes).

IMMODESTEMENT. *Ajoutez :* — HIST. XVI° s. Tu as parlé plus immodestement qu'il ne t'appartenoit, SLEIDAN, *Hist. de l'estat de la religion et republique sous Charles V*, p. 34.

IMMOLER. — HIST. *Ajoutez :* || XV° s. Après y fut Jhesus Christ immolé En croix pour nous par les faulx Juifs iniques, JEAN JORET, *le Jardrin salutaire*, p. 129.

IMMONDE. — HIST. *Ajoutez :* || XIII° s. Por Dieu, por Dieu, biau toz doux sire, Quant vous venrez en la cité Où li sires de verité Daingna morir por tout le monde, Priez por ceste lasse [malheureuse] immonde, GAUTIER DE COINCY, *les Miracles de la sainte Vierge*, p. 652, éd. abbé Poquet. || XIV° s. S'aucuns la maladie avoit Que l'en flux de sanc nomer doit, La loy dit que senz receler Le doit l'en immonde apeler, MACÉ, *Bible en vers*, f° 34, 1re col.

IMMORTALITÉ. — HIST. *Ajoutez :* || XII° s. La immortalité de l'espir [l'homme] at avoc l'angele, *li Dialoge Gregoire lo pape*, 1876, p. 196.

IMMORTEL. *Ajoutez :* || 8° Arbre immortel, l'*erythrina corallodendron*, L., l'*endrachium madagascariense*, BAILLON, *Dict. de bot.* p. 247.

† **IMMORTELLEMENT.** *Ajoutez :* — HIST. XVI° s. Un Ronsard, un du Bellay, un de Bayf, et assez d'autres bons esprits de nostre aage, dont les œuvres sont et seront immortellement renommez entre ceux qui auront la cognoissance de la proprieté et douceur de nostre langue, J. TAHUREAU, *Dialogues*, 2° *dial.* p. 337, Lyon, 1602.

† **IMMOTIVÉ, ÉE** (in-mo-ti-vé, vée, comme dans in-manquable), *adj.* Qui n'est pas motivé. Proposition immotivée, *le National*, 17 fév. 1877.

IMMUABLE. — REM. *Ajoutez :* || 2. Malherbe a dit immuable à : Immuable aux menaces comme aux caresses, *Lexique*, éd. L. Lalanne. C'est très-bon.

† **IMMYSTIFIABLE** (in-mi-sti-fi-a-bl', comme dans in-manquable), *adj.* Qu'on ne peut mystifier. Maurice ayant trouvé l'invention un peu grosse, quelqu'un lui avait dit : Oh! vous, mon cher, vous êtes immystifiable, V. CHERBULIEZ, *Rev. des Deux-Mondes*, 1er fév. 1876, p. 514.

† **IMPACT** (in-pakt'), *s. m.* Terme de balistique. Point d'impact, point où la trajectoire du centre d'un projectile rencontre une cible.

— ÉTYM. Lat. *impactum*, supin de *impingere*, heurter (voy. IMPACTION).

IMPAIR. || 3° *Ajoutez :* || Un double impair, action, quand on joue à l'impair, de le prendre deux fois. || Fig. Il est inexact.... que la préfecture de Seine-et-Oise soit décidément donnée à M. de K.... [du parti républicain], qui serait remplacé à Marseille par M. V.... [du même parti]; ce serait là un double impair que ne fera pas le gouvernement, *la Patrie*, 25 avril 1872.

† **IMPALUDATION** (in-pa-lu-da-sion), *s. f.* Synonyme d'impaludisme. Le Roumain, toutes choses égales d'ailleurs, résiste à l'impaludation bien plus que d'autres races, *Rev. anthropol.* t. V, p. 694.

† **IMPALUDISME** (in-pa-lu-di-sm'), *s. m.* Terme de médecine. Action morbifique que les marais exercent sur l'homme. M. Larrey présente, au nom de M. le docteur Colin, du Val-de-Grâce, une note sur ce que l'auteur appelle l'intoxication tellurique, ou les causes de l'impaludisme, H. DE PARVILLE, *Journ. offic.* 6 nov. 1873, p. 6738, 1re col. Tous les ans, il fallait changer les garde-barrières, dont l'impaludisme ruinait la santé, ID. *ib.* 23 juill. 1874, p. 5161, 2° col.

— ÉTYM. Lat. *in*, en, et *palus*, marais.

† **IMPARCOURU, UE** (in-par-kou-ru, rue), *adj.* Qui n'est pas, qui n'a pas été parcouru. Des régions imparcourues.

† **IMPARLEMENTAIRE** (in-par-le-man-tê-r'), *adj.* Qui n'est pas parlementaire. Langage imparlementaire.

— ÉTYM. *In...* privatif, et *parlementaire*; angl. *imparliamentary*.

† **IMPARTIR** (in-par-tir), *v. a.* Terme de droit. Attribuer, accorder. Les délais précédemment impartis par la loi [pour les marins et militaires qui ont à faire valoir leurs droits à une pension] étant expirés, le gouvernement n'a point hésité à soumettre à l'examen du Conseil d'État un décret prolongeant ces délais, *Journ. des Débats*, 19 sept. 1876, 3° page, 5° col. Quant à la durée de ces cours [de droit canonique], vers le milieu du XVII° siècle, aucun temps fixe ne paraît avoir été imparti aux étudiants pour l'obtention des lettres de licence, LOISELEUR, *le Temps*, 18 oct. 1876, 3° page, 3° col.

— ÉTYM. Lat. *impartire* ou *impertire*, faire part, de *in*, en, et *partiri*, partager.

† **IMPASSABLE** (in-pâ-sa-bl'), *adj.* Néologisme. Qu'on ne peut passer, franchir. Les Pyrénées étaient impassables, gardées par un Bourbon d'Espagne, CHATEAUBR. *Mém. d'outre-tombe* (éd. de Bruxelles), t. VI, *M. de Talleyrand*.

IMPASSE. *Ajoutez :* || Au whist, faire une impasse, laisser passer, sans la prendre, la carte jouée par l'adversaire de droite, alors qu'on pourrait la prendre. Quelques-uns disent faire la passe; ce qui paraîtrait plus conforme à la nature du coup.

IMPATIENT. — HIST. *Ajoutez :* || XII° s. Il [les félons] soi delitent [délectent] es prosperiteiz, si perissent, et sont impatient es aversiteiz, si soi ellievent es forseneries, *li Dialoge Gregoire lo pape*, 1876, p. 361.

† **IMPATRIOTISME** (in-pa-tri-o-ti-sm'), *s. m.* Néologisme. Manque de patriotisme. L'impatriotisme des gens de luxe, qui, de tout temps en France, ont tenu, par genre, à remonter leurs écuries en chevaux étrangers, HOUEL, *la Question des haras*, p. 8, dans *Journal des haras*, 1874.

† **IMPAYÉ.** *Ajoutez :* Le mot *impayé*, très-connu, très-usité, n'eût pas dû être refusé [par l'administration télégraphique], *Monit. univ.* 22 mai 1867, p. 608, 5° col.

† **IMPÉDIMENTS** (in-pé-di-man), *s. m. pl.* Les objets gênant la marche et les mouvements d'une armée en campagne. A l'intérieur de Sedan, le spectacle était indescriptible; les rues, les places, les portes étaient encombrées de voitures, de chariots, de canons, de tous les impédiments et les débris d'une armée en déroute, LE GÉN. DUCROT, *Journée de Sedan*.

— ÉTYM. Lat. *impedimenta*, de *impedire* (voy. EMPÊCHER), de *in*, en, et *pes, pedis*, pied.

IMPÉRATIVEMENT. *Ajoutez :* Vous avez droit d'agir impérativement, HAUTEROCHE, *Crispin musicien*, IV, 6.

† **IMPÉRATORIAT** (in-pé-ra-to-ri-a), *s. m.* Terme d'antiquité. Titre, fonction d'impérator. La liste de tous les titres, impératoriat, consulat, puissance tribunitienne, F. DELAUNAY, *Journ. offic.* 8 sept. 1874, p. 6430, 3° col.

† **IMPERCEPTIBILITÉ.** *Ajoutez :* Si je pense à la rapide imperceptibilité des heures qui les remplissaient [des journées d'amour], LAMARTINE, *Raphaël*.

IMPÉRITIE. *Ajoutez :* Cet art [la médecine], qui, dans tous les temps, a respecté la vie des hommes, est en proie à la témérité, à la présomption et à l'impéritie, LESAGE, *Gil Blas*, X, 1.

IMPÉTUEUSEMENT. — HIST. *Ajoutez :* || XVI° s. Lui faisant lier bras et jambes à deux arbres, desquez il avoit fait plier des branches à grand force.... il commanda lascher impetueusement icelles branches.... PARADIN, *Chron. de Savoye*, p. 338.

† **IMPEUPLÉ.** *Ajoutez :* Ils [les Bataves] passèrent le Rhin.... pour s'établir dans une île impeuplée, D. STERN, *Hist. des commenc. de la Rép. aux Pays-Bas*, p. 4.

† **IMPIEUSEMENT** (in-pi-eû-ze-man), *adv.* D'une manière impie. Ah! ce me direz-vous; mais ne sera-ce point une ingratitude de rompre si impieusement une amitié? SAINT FRANÇOIS DE SALES, *Introd. à la vie dévote*, III, 21.

— HIST. XVI° s. Impieusement et contre les commandements de Dieu et les maximes orthodoxes..., *Arrêt du parlement contre un cordelier*, dans *Colomesiana*, dans *Mélange curieux contenant les meilleures pièces attribuées à M. de St-Évremond*, t. I, p. 174, Cologne, 1708.

— ÉTYM. *In....* négatif, *pieux*, et le suffixe *ment*.

† **IMPITIÉ.** *Ajoutez :* La conséquence de ce mysticisme est l'impitié, pour ainsi parler, L. PAULET, *la Philosophie positive*, mai-juin 1874, p. 474.

† **IMPLACABILITÉ.** *Ajoutez :* L'étrange implacabilité de vos parents, LETOURNEUR, *Trad. de Clarisse Harlowe*, Lett. CDLVI, t. IX, p. 284, Genève, 1785.

† **IMPLEURÉ, ÉE** (in-pleu-ré, rée), *adj.* Qui n'est pas, qui n'a pas été pleuré. Une mort impleurée.

IMPLICITE. *Ajoutez :* || Terme d'algèbre. Fonction implicite, se dit d'une grandeur reliée à une autre par une équation qui n'est pas résolue par rapport à la première; se dit aussi de l'équation qui exprime ces conditions.

IMPLIQUER. *Ajoutez :* || 4° *V. réfl.* S'impliquer, s'embarrasser. Comme tous ceux qui courent dans un labyrinthe, nous nous impliquons toujours davantage, MALH. *Lexique*, éd. L. Lalanne. Nous nous impliquons de toutes sortes de sollicitudes, ID. *ib.*

† **IMPLORANT.** *Ajoutez :* Une ombre implorante et implorée, CHATEAUB. *Mém. d'outre-tombe* (éd. de Bruxelles), t. III, *Campagne de Saxe ou des poëtes.*

† **IMPLORATEUR.** — HIST. *Ajoutez :* || XV° s. Te suppliant que cet implorateur Soit accepté pour le tien serviteur, *les Triomphes de la noble dame*, II, f° 141, *verso*.

† **IMPLORATION.** — HIST. XVI° s. *Ajoutez :* Enfans, dit-il à ses soudars, d'icy sortir ne vous fault esperer par vœuz et imploration des dieux, RAB. IV, 23.

† **IMPOÉTIQUE** (in-po-é-ti-k'), *adj.* Qui n'est pas poétique.

— ÉTYM. *In.....* privatif, et *poétique*; angl. *unpoetical*.

† **IMPOLARISABLE** (in-po-la-ri-za-bl'), *adj.* Qui ne peut être polarisé. L'excitation unipolaire pratiquée médiatement avec des électrodes impolarisables, CHAUVEAU, *Acad. des sc. Comptes rendus*, t. LXXXII, p. 73. Les deux rhéophores impolarisables d'un galvanomètre, *ib.* t. LXXXIV, p. 503.

IMPOLITESSE. || 1° *Ajoutez :* A moins d'être du peuple, on ne dit point ma femme; C'est une impolitesse à faire rendre l'âme, BOURSAULT, *Mots à la mode*, I, 3.

— REM. *Ajoutez :* || 2. Contrairement à Th. Corneille, qui admettait impolitesse, Vaugelas (p. 586, éd. in-4°, 1704) condamnait formellement ce mot.

IMPONDÉRABLE. *Ajoutez :* || 2° Sirop impondérable, nom donné à un sirop de glycose très-concentré et devenu tellement visqueux que l'aréomètre ne peut plus y flotter librement; les sirops impondérables sont très-recherchés par les liquoristes, les confiseurs, etc.

† **IMPOPULARISER** (in-po-pu-la-ri-zé), *v. a.* Néologisme. Rendre impopulaire. Impopulariser des administrations municipales qui ne font que ce qu'elles doivent et qui font tout ce qu'elles peuvent, *Journ. offic.* 27 mars 1874, p. 2347, 3° col.

† **IMPORTABLE.** *Ajoutez :* || Il se dit aussi des maladies. L'événement [une mort sur un navire en cours de voyage] n'a pas été causé par une maladie importable, *Journ. offic.* 12 mars 1872, p. 1747, 2° col.

IMPORTUNER. *Ajoutez :* || 4° S'importuner, être ennuyé, fatigué. Chrysippe.... s'importunait tellement d'être salué, qu'il en était à la mort, MALH. *Lexique*, éd. L. Lalanne. Il y en a qui s'importunent de faire et voir toujours les mêmes choses,

ID. *ib.* Il fuyait maintenant le monde et s'importunait d'une façon visible du faste de sa maison, H. RIVIÈRE, *Rev. des Deux-Mondes*, 15 juill. 1872, p. 278.

† **IMPOTATION** (in-po-ta-sion), *s. f.* Action de boire. Il arrive souvent que l'impotation ne cesse que quand la liqueur manque, BRILLAT-SAVARIN, *Phys. du goût*, *Méd.* VII, 49.

— ÉTYM. Lat. *in*, en, et *potare*, boire.

† **IMPOURSUIVI, IE** (in-pour-sui-vi, vie), *adj.* || 1° Qui n'est pas poursuivi. || 2° Qui n'est pas l'objet d'une poursuite judiciaire. Que devient-il, ce gérant...? s'il reste impoursuivi.... *Journ. offic.* 26 mai 1872, p. 3515, 3° col. De nombreux procès impoursuivis pendant la guerre ont été repris en 1871 et en 1872, *Journ. offic.* 5 déc. 1873, p. 7462, 1re col. Il y a une nature de délits qui se commettent fréquemment en France, et qui, faute d'une juridiction qui les comprenne, restent impunis et même, en définitive, impoursuivis, DUFAURE, *Journ. offic.* 29 déc. 1875, p. 10870, 2° col.

† **IMPRÉCISÉ, ÉE** (in-pré-si-zé, zée), *adj.* Qui n'est pas précisé. Plusieurs prépositions paraissent en Europe avec un sens fort précis qui, en sanscrit, ont une valeur encore imprécisée, A. HOVELACQUE, *Rev. anthrop.* t. II, p. 490.

† **IMPRÉCISION** (in-pré-si-zi-on), *s. f.* Manque de précision. On comprend que le langage doive se ressentir de la confusion et de l'imprécision des idées, WIART, *Vrai criterium en morale*, dans *Mag. de librairie*, 25 mars et 10 avr. 1860, p. 287.

† **IMPRÉMÉDITÉ.** *Ajoutez :* — HIST. XVI° s. Là où mon desseing est de representer, en parlant, une profonde nonchalance d'accent et de visage, et des mouvements fortuits et impremeditez, comme naissants des occasions presentes..., MONT. IV, 89.

† **IMPRÉMÉDITÉMENT** (im-pré-mé-di-té-man), *adv.* D'une manière imprémeditée.

— HIST. XVI° s. Mon ame, de sa complexion, refuyt la menterie, et hait mesme à la penser; j'ai une interne vergongne et un remords piquant, si parfois elle m'eschappe; comme parfois elle m'eschappe, les occasions me surprenant et agitant impremeditément, MONT. III, 52.

† **IMPRÉPARATION** (in-pré-pa-ra-sion), *s. f.* Manque de préparation.

† **IMPRÉPARÉ, ÉE** (in-pré-pa-ré, rée), *adj.* Qui n'est pas préparé, qui n'a pas fait de préparatifs.

† **IMPRESSIBILITÉ** (in-prè-ssi-bi-li-té), *s. f.* Néologisme. Faculté de recevoir une impression. L'auteur arrive à cette conclusion, que la composition variable des humeurs est la source de l'impressibilité différente des solides vivants et de leur réaction spéciale contre les causes morbides, CORLIEU, *Journ. offic.* 30 nov. 1874, p. 7882, 3° col. La précision du langage scientifique exige que la susceptibilité particulière d'où procèdent les actions végétales les plus élevées soit appelée simplement impressibilité; ce mot me semble marquer avec exactitude la place qu'occupe cette propriété sur l'échelle des spontanéités vitales, immédiatement au-dessous de la sensibilité, CH. LÉVÊQUE, *Rev. des Deux-Mondes*, 15 juill. 1876, p. 353.

† **IMPRESSIF, IVE** (in-prè-ssif, si-v'), *adj.* Qui cause une impression matérielle. || Fig. Les chants qui purifient l'âme nous apportent une joie sans mélange; aussi faut-il laisser les harmonies et les chants trop impressifs aux artistes qui exécutent la musique au théâtre, BARTH. ST-HILAIRE, *Politique d'Aristote*, VII, 56, 1re éd. Un aspect pittoresque et impressif, *Journ. offic.* 13 sep. 1872, p. 6468, 3° col.

IMPRESSION. *Ajoutez :* || 11° *Au plur.* Terme d'administration. Nom donné aux feuilles de papiers imprimés dont les employés se servent dans les diverses parties de leur service. Frais de transport des papiers timbrés, registres et impressions, *Extrait de l'arrêté du Directeur général de l'enregistrement du 2 mars 1860 sur l'organisation de l'administration centrale.*

† **IMPRESSIONNABILITÉ.** *Ajoutez :* || 2° Capacité à recevoir une impression physique. Explication de l'impressionnabilité des faces noires du radiomètre, W. DE FONVIELLE, *Acad. des sc. Comptes rendus*, t. LXXXIII, p. 148.

† **IMPRESSIONNANT, ANTE** (in-prè-sio-nan, nan-t'), *adj.* Qui produit une impression. Les tibias, rangés avec symétrie, les têtes de mort alignées, forment la décoration impressionnante de cette partie des catacombes, *Journ. offic.* 21 oct. 1874, p. 7132, 3° col.

† **IMPRESSIONNISME** (in-prè-sio-ni-sm'), *s. m.* Néologisme. En peinture, procédé qui consiste à produire des impressions à tout prix et telles quelles. Ce qu'il y a de neuf dans l'impressionnisme est faux; ce qu'il y a de vrai n'est pas neuf, V. CHERBULIEZ, *Rev. des Deux-Mondes*, 1er juin 1876, p. 515. L'horreur de la composition est le signe caractéristique de l'impressionnisme; il repousse tout effet obtenu par des apprêts intellectuels et subjectifs, il n'admet que les arrangements libres de la nature, BERGERAT, *Journ. offic.* 17 avril 1877, p. 2918, 1re col.

† **IMPRESSIONNISTE** (in-prè-sio-ni-st'), *s. m.* || 1° Peintre partisan de l'impressionnisme. Qu'est-ce qu'un impressionniste? c'est un homme qui se fait fort de procurer à son prochain des impressions, bonnes ou mauvaises, agréables ou fâcheuses, et la morale de la religion nouvelle se résume dans ce précepte : mes enfants, impressionnez-vous les uns les autres, V. CHERBULIEZ, *Rev. des Deux-Mondes*, 1er juin 1876, p. 515. M. de Maupou nous a semblé appartenir à la partie la plus avancée de l'école moderne, celle dont les adhérents pourraient être, suivant nous, comparés aux peintres impressionnistes; en effet, ces musiciens s'enivrent de timbres et de sons, comme les impressionnistes de brillantes couleurs et de vagues contours, E. GAUTIER, *Journ. offic.* 8 fév. 1876, p. 1111, 2° col. Après trois années d'efforts, ils ont résolu [il s'agit d'un groupe de paysagistes] de s'appeler les impressionnistes; si le mot n'est pas dans le dictionnaire, il a un sens : en théorie, l'impressionniste est l'artiste sincère et libre qui, rompant avec les procédés de l'école, avec les raffinements de la mode, subit, dans la naïveté de son cœur, le charme absolu de la nature, et traduit simplement et avec le plus de franchise possible l'intensité de l'impression subie, P. MANTZ, *le Temps*, 22 avril 1877. || 2° *Adj.* Qui appartient à l'impressionnisme. Le point culminant de la doctrine impressionniste est que le peintre moderne n'a pas le droit de représenter des êtres, des choses, des scènes ou des mobiliers qui ne sont pas contemporains, attendu que son rôle est avant tout ethnographique et qu'il doit renseigner nos neveux sur les mœurs et la société actuelle, BERGERAT, *Journ. offic.* 17 avril 1877, p. 2918, 2° col. || 3° Dans le langage général, qui subit l'impression du moment. Le reproche pourrait s'adresser plutôt à certains journaux anglais dont nous avons dès lors combattu la politique impressionniste, comme on s'exprime maintenant, *Journ. des Débats*, 19 mars 1877.

† **IMPRÉVOYABLE.** *Ajoutez :* Montrons que les actes dont nous parlons [les actes extérieurs de l'homme], fussent-ils de pure fantaisie, sans rapport avec nos besoins, imprévoyables par conséquent d'une manière humaine et scientifique, peuvent s'accomplir sans violer aucunement ces lois [les lois mécaniques] invariablement établies, SAINT-VENANT, *Acad. des sc. Comptes rendus*, t. LXXXIV, p. 419.

IMPRIMER. — REM. Aux exemples d'imprimer le mouvement, *ajoutez ceux-ci :* Il [Satan] a imprimé en nous un mouvement semblable à celui qui le précipite lui-même, BOSS. 1er *sermon, Nativité, fragm. d'un autre sermon.* Ce ciel que nous appelons premier mobile, est tellement au-dessus de tous les autres cieux qu'il ne laisse pas de leur imprimer son mouvement et son action, BOURDAL. 3° *dimanche après l'Épiphan. Domin.* t. I, p. 128.

† **IMPRIMEUSE** (in-pri-meû-z'), *s. f.* Machine servant à imprimer. L'imprimeuse Berrenger permet de reproduire soi-même, de 1 à 10,000 exemplaires, son écriture, plans, dessins, musique, etc. tracés avec de l'encre et sur du papier comme à l'ordinaire, *Journ. offic.* 10 fév. 1872, p. 992.

IMPROBATEUR. *Ajoutez :* Ne croyez pas que je sois de ces improbateurs [ceux qui blâmaient l'opiniâtreté d'Antoine Arnauld], ni que les jésuites me puissent jamais corrompre, BALZAC, *Lett. inéd.* LXXXVIII, éd. Tamizey-Larroque.

IMPROBATION. — REM. Bouhours hésitait encore sur l'emploi de ce mot, *Doutes sur la langue française*, p. 18 de la nouvelle édit. 1691.

† **IMPRODUCTIVITÉ** (in-pro-du-kti-vi-té), *s. f.* Néologisme. Défaut de ce qui est improductif. L'improductivité d'une terre.

† **IMPRODUIT.** *Ajoutez :* Ils [les physiciens de l'antiquité] s'accordèrent tous en ce point, que la matière du monde était improduite, *Anal. de Bayle*, t. III, p. 437.

† **IMPROFANÉ, ÉE** (in-pro-fa-né, née), *adj.* Qui n'est pas, qui n'a pas été profané.

— ÉTYM. *In....* négatif, et *profané;* angl. *unprofaned.*

† **IMPROGRESSIF, IVE** (in-pro-grè-ssif, si-v'), *adj.* Néologisme. Qui n'est pas progressif. Entre la théologie et la métaphysique, devenues immobiles et improgressives, et la science incessamment mobile et progressive, la philosophie positive est placée, É. LITTRÉ, *Rev. de Philos. positive*, sept.-oct. 1874, p. 164. Sauf les Peaux-rouges et les Cannibales, il n'y a point de race absolument improgressive, VALBERT, *Rev. des Deux-Mondes*, 1er oct. 1876, p. 704.

† **IMPROPORTIONNALITÉ** (in-pro-por-sio-na-li-té), *s. f.* Caractère de ce qui n'est pas proportionnel. L'improportionnalité absolue du timbre actuel, *Journ. offic.* 18 janv. 1872, p. 276, 1re col.

† **IMPROPORTIONNEL, ELLE** (in-pro-por-sio-nèl, nè-l'), *adj.* Qui n'est pas proportionnel. L'impôt du sel est improportionnel, *Journ. offic.* 15 juill. 1871, p. 1929, 2° col.

† **IMPROPRETÉ** (in-pro-pre-té), *s. f.* S'est dit autrefois pour malpropreté. Cela vous oblige à deux ou trois autres indécences : l'une.... et la troisième de vous lécher les doigts, ce qui est le comble de l'impropreté, DE COURTIN, *la Civilité française*, p. 119, Paris, 1695.

† **IMPROSPÈRE.** *Ajoutez :* — HIST. XVI° s. S'eperdit, trop improspere, Au ciel qu'il n'embrassoit pas, LOYS LE CARON, *Poésies*, f° 54, *verso.*

† **IMPROVISADE** (in-pro-vi-sa-d'), *s. f.* Œuvre d'improvisation. Quant aux farces que Molière jouait sur-le-champ pendant qu'il courait les provinces.... l'on sait assez que ces sortes de farces n'étaient que des improvisades à la manière des Italiens, qui ne pouvaient divertir que par le jeu du théâtre, J.-B. ROUSS. *Lett. à Brossette*, 17 sept. 1731. || À l'improvisade, en improvisant. Comme toutes ces farces se jouaient à l'improvisade, à la manière des Italiens, ID. *ib.* 12 déc. 1731.

— REM. *À l'improvisade* seul est dans le Dictionnaire; mais la citation est attribuée fautivement à J.-J. Rousseau.

IMPUDIQUE. *Ajoutez :* || 3° Arbre impudique ou indécent, plusieurs *pandanus*, BAILLON, *Dict. de bot.* p. 247.

† **IMPULSIONISTE** (im-pul-sio-ni-st'), *s. m.* Celui qui admettait l'impulsion, non l'attraction, dans le temps où les découvertes de Newton étaient encore contestées. Lors même que l'évidence mathématique eut forcé les deux partis à tomber d'accord des faits et des lois, le débat continua pendant tout le siècle entre les impulsionistes et les attractionistes, P. JANET, *Rev. des Deux-Mondes*, 1er mai 1874, p. 90.

IMPUNI. — HIST. *Ajoutez :* || XIV° s. Et ont esté cause de pluseurs malefices impunis (1348), VARIN, *Archives administr. de la ville de Reims*, t. II, 2° part. p. 1235.

† **IMPUNISSABLE** (in-pu-ni-sa-bl'), *adj.* Qui n'est pas punissable. Ne sont-ils pas reconnus [des crimes] comme impunissables par les nouvelles lois? *Citation d'un journal aristocrate*, dans *Lett. du Père Duchêne*, 297° *lett.* p. 4.

† **IMPUTABILITÉ.** *Ajoutez :* Dans son article 5, l'honorable M. Roussel prévoit le crime ou le délit commis en état d'ivresse; nous avons pensé qu'il fallait écarter de notre loi une question qui se rattache surtout aux grands principes du droit criminel sur l'imputabilité, et que d'ailleurs notre jurisprudence pratique résout chaque jour de la manière la plus équitable, DESJARDINS, *Rapport du 7 janvier 1872 à l'Assemblée nationale*, n° 786, p. 32. Où est la responsabilité, où est l'imputabilité du fait, sur qui les conséquences des faits peuvent-elles peser? *Journ. offic.* 6 avril 1873, 3° col.

INABORDABLE. *Ajoutez :* || 4° Qu'on ne peut acheter à cause du prix trop élevé. Ces étoffes sont inabordables.

† **INACCAPARABLE** (i-na-ka-pa-ra-bl'), *adj.* Qui ne peut être accaparé. À Berlin, on avait observé avec un secret dépit cette tentative des Viennois pour accaparer le maître inaccaparable entre tous [Wagner], *le Temps*, 24 mars 1876, 2° page, 4° col.

† **INACCENTUÉ, ÉE** (i-na-ksan-tu-é, ée), *adj.* Qui n'a pas d'accent tonique. Syllabe inaccentuée.

† **INACCEPTATION** (i-na-ksè-pta-sion), *s. f.* Refus d'accepter. L'inacceptation des conditions proposées.

INACCOUTUMÉ. — REM. Inaccoutumé ne vaut rien : il faut dire non accoutumé, VAUGEL. *Nou-*

velles Rem. édit. 1690, p. 252. Remarque non justifiée.

† **INACHÈVEMENT** (i-na-chè-ve-man), *s. m.* État de ce qui est inachevé. Le *Journal des savants* n'est-il pas en quelque sorte responsable de l'inachèvement du livre qu'on attendait de son érudition [de Magnin]? WALLON, *Journ. offic.* 15 déc. 1874, p. 8293, 3e col. L'état d'inachèvement du canal de Nantes à Brest, *ib.* 27 déc. 1876, p. 9745.

† **INADVERTANT.** *Ajoutez :* Les libertins sont bien venus dans le monde, parce qu'ils sont inadvertants, gais, plaisants, dissipateurs, DIDER. *Lett. à Mlle Voland,* 7 oct. 1761.

† **INAFFABILITÉ** (i-naf-fa-bi-li-té), *s. f.* Manque d'affabilité.

— ÉTYM. *In....* privatif, et *affabilité*; ital. *inaffabilità.*

† **INALIÉNABLEMENT** (i-na-li-é-na-ble-man), *adv.* D'une manière inaliénable. Une prééminence, dont le fond lui est adjugé par la voix publique aussi glorieusement qu'inaliénablement, DE MONTAIGLON, *Hist. de l'Académie de peinture* (*Mém. attribués à H. Testelin*), t. I, p. 136.

† **INAMIABLE** (i-na-mi-a-bl'), *adj.* Qui n'est pas amiable.

— HIST. XIIe s. Cant nos tornons les vitiouses penses [pensées] es vertuz, si chanjons nos parmi lo sacrefice de le entencion les anemiables batailhes des temptacions, *li Dialoge Gregoire lo pape,* 1876, p. 311.

† **INANALYSABLE** (i-na-na-li-za-bl'), *adj.* Qui ne peut être analysé. Il pesa un à un ses moindres mots, ses regards, mille choses inanalysables et cependant expressives, G. FLAUBERT, *l'Éducation sentimentale,* t. I, p. 285.

INAPERCEVABLE. *Ajoutez :* [Dieu] inapercevable à toute autre chose qu'à l'esprit, BOSS. 6e *avert.* I, 45.

† **INAPPLICABILITÉ.** *Ajoutez :* Nos négociateurs,... qui avaient soutenu que l'exercice [des raffineries de sucre] était impossible, qui en avaient proclamé l'inapplicabilité..., *Journ. offic.* 14 fév. 1873, p. 1074, 1re col.

† **INAPPRIS, ISE** (i-na-pri, pri-z'), *adj.* Qui n'a pas été appris, enseigné. Des formes frustes et inapprises, mais expressives et trouvées, R. TÖPFFER, *Nouv. Voyages en zigzag.*

† **INARTIFICIEL.** *Ajoutez :* || 2e Terme de droit. Preuves inartificielles, preuves qu'il n'est pas besoin de raisonnement pour trouver. Aristote distingue les preuves en artificielles et inartificielles; cette distinction est adoptée par Cicéron, Quintilien et tous les rhéteurs : les premières sont celles qu'on tire du raisonnement; les secondes sont celles que l'on trouve toutes faites, comme les lois, les actes, les dépositions des témoins, et que l'on ne fait que mettre en usage, DE LA PORTE, *Instructions criminelles,* t. II, p. 90 (1809).

† **INASCENSIBLE** (i-na-ssan-si-bl'), *adj.* Où l'on ne peut monter.

— HIST. XVIe s. Lieux aspres et inascensibles, BARON D'OPPEDES, *Trad. des Triomphes de Pétrarque.*

— ÉTYM. *In....* négatif, et lat. *ascendere,* monter (voy. ASCENSION).

† **INASSIGNABLE.** *Ajoutez :* L'auteur substitue un terme équivalent dans le fond à celui d'infini qu'il veut bannir : c'est le terme d'inassignable.... le nombre des étoiles, qu'il regarde comme infini, selon sa notion, n'est inassignable et infini que parce que nous l'ignorons, *Journ. de Trévoux,* août 1737, p. 1344.

† **INASSOUVISSABLE** (i-na-sou-vi-sa-bl'), *adj.* Néologisme. Qui ne peut être assouvi. La soif métaphysique est inextinguible et inassouvissable, DE ROBERTY, *la Philosoph. posit.* août-sept. 1876, p. 215.

— REM. Inassouvissable est formé d'assouvir, comme périssable de périr et punissable de punir. Tout verbe à forme inchoative (verbes en *ir,* avec présent en *is, issons*), quand il forme un adjectif verbal en *able,* y garde sa forme inchoative.

† **INASSOUVISSEMENT** (i-na-sou-vi-se-man), *s. m.* État de ce qui ne peut être assouvi. L'Église s'effraye parfois de ces ardeurs de l'imagination et de ces désirs du combat; elle y devine moins le renoncement que l'inassouvissement de l'âme, RIVIÈRE, *Rev. des Deux-Mondes,* 15 oct. 1875, p. 845.

INATTENTION. *Ajoutez :* — REM. Bouhours, *Doutes sur la la langue française,* édit. 1691, p. 22, parle de ce mot comme d'une nouveauté acceptée par les uns, rejetée par les autres.

† **INAUTORISÉ, ÉE.** *Ajoutez :* Cet escompte peut être effectué sans imposer des charges inautorisées au Trésor,... *Rapp. de la Cour sur les comptes de* 1830, p. 45, par M. Barbé-Marbois.

† **INAVOUÉ, ÉE.** *Ajoutez :* Nous en avons vu des imitations inhabiles signées d'un nom anglais, et qui reproduisent la forme, et jusqu'aux dessins de leurs modèles inavoués, P. CHAULNES, *Journ. offic.* 7 nov. 1871, p. 4342, 2e col.

INCAPACITÉ. *Ajoutez :* — HIST. XVIe s. Neanmoins, lui [au duc Amé de Savoye élu pape] estans faites plusieurs remonstrances par les ambassadeurs du concile [de Bâle], se condescendit à l'advis de toute la chrestienté, tousjours avec protestations de son incapacité et impuissance, PARADIN, *Chron. de Savoye,* p. 320.

† **INCASSABLE.** *Ajoutez :* || Verre incassable, verre qui ne se brise pas quand on le frappe ou le laisse tomber. Le verre trempé n'est pas incassable; mais lorsque, le frappant en un point avec une force suffisante, on vient à vaincre sa ténacité, il se brise tout autrement que le verre ordinaire, *le Bien public,* 24 mars 1875, 2e page, 1re col. La découverte du verre trempé, ou verre incassable, est encore trop récente pour qu'on puisse en mesurer exactement la portée; mais il se peut qu'elle ait beaucoup d'avenir, *Journ. offic.* 10 août 1875, p. 6618, 1re col.

† **INCENSURABLE** (in-san-su-ra-bl'), *adj.* Qui ne doit pas être censuré. On n'a qu'à prétendre que son ouvrage est bon et uni, pour le rendre non-seulement incensurable, mais encore inexaminable, BOSS. *Passages éclaircis, avert.* Nous n'avons pas besoin d'examiner si ces deux propositions deviennent incensurables, pour ainsi parler, par l'autorité de saint François de Sales, ID. *Préface sur l'Instruct. pastor. de M. de Cambrai,* 29.

† **INCESSANT.** *Ajoutez :* — HIST. XVIe s. L'assidue et incessante baterie qui se faisoit avec grosses testes de belier, PARADIN, *Chron. de Savoye,* p. 269.

† **INCHARITABLE.** *Ajoutez :* Les efforts qu'elle fait continuellement pour me défendre, et fermer la bouche à mes incharitables censeurs! LETOURNEUR, trad. de *Clarisse Harlowe,* lett. CCCLIX, t. VIII, p. 145, Genève, 1785. Si d'avoir un cœur incharitable et qui ne pardonne jamais, est une preuve de vertu, vous êtes, monsieur James Harlowe, le plus vertueux jeune homme qui soit au monde, ID. *ib.* lett. CDLIX, t. IX, p. 310, Genève, 1785.

— REM. Incharitable a été employé par M. de Saci de Port-Royal, et lui est reproché par Bouhours.

† **INCHAVIRABLE.** *Ajoutez :* Pour une vingtaine de francs on peut rendre un bateau quelconque inchavirable; l'invention [du capitaine Ramakers] est donc bien à la portée de tout le monde, *Journ. offic.* 18 mars 1875, p. 1068, 1re col.

INCIDENCE. *Ajoutez :* || 4e Terme d'artillerie. L'angle d'incidence d'un projectile est l'angle que la tangente à sa trajectoire forme, au point de chute, avec le terrain. || 5e Terme d'administration financière. Fait d'un impôt qui tombe, qui porte sur telle ou telle classe d'individus. M. Léon Say a remarqué avec beaucoup de finesse et de sagacité que la loi n'est pas aussi maîtresse qu'on le croit généralement de régler l'incidence des impôts, *Journ. des Déb.* 29 oct. 1876, 1re p. 1re col.

1. **INCIDENT.** — HIST. *Ajoutez :* || XIVe s. Il estoit venu un incident de maladie..., *Bibl. des ch.* 1874, XXXV, p. 489.

† **INCIDENTEL.** *Ajoutez :* Depuis que la conservation de la Saxe et l'expulsion de Murat étaient devenues de graves sujets de négociation qu'il n'était pas possible de résoudre d'une manière incidentelle, à propos d'une simple question de forme, THIERS, *le Consulat et l'Emp.* t. XVIII, p. 517.

INCIDENTER. *Ajoutez :* || *V. a.* Interrompre, marquer par un incident. Une de nos dernières audiences correctionnelles a été incidentée par une affaire aussi grave que douloureuse, *Gaz. des Trib.* 18 août 1876, p. 805, 4e col.

INCINÉRER. *Ajoutez :* — HIST. XIVe s. *Incinerare,* encendrer, ESCALLIER, *Vocab. lat.-franç.* 1382.

† **INCIRCONSCRIT.** *Ajoutez :* — HIST. XIIe s. Par tant ke tu ne dotes pas Deu estre creant et governant, emplissant et environ embrachant, sormontant et sustenant, et incirconscrit et non veable, *li Dialoge Gregoire lo pape,* 1876, p. 201.

† **INCIRCONSPECT, ECTE** (in-sir-kon-spè, spè-kt'), *adj.* Qui n'est pas circonspect.

† **INCIRCONSPECTION** (in-sir-kon-spè-ksion), *s. f.* Manque de circonspection. Rire de tout indifféremment, c'est légèreté et incirconspection, *Civilité chrétienne,* 2e partie, ch. VIII, 1812.

† **INCITEMENT.** — HIST. *Ajoutez :* || XIVe s. *Instigatio,* incitemens, ESCALLIER, *Vocab. lat.-franç.* 1482.

† **INCLAIRVOYANT, ANTE** (in-klèr-vo-ian, ian-t'), *adj.* Qui n'est pas clairvoyant. Il nous a dit qu'il était un de ceux qui ont été le plus indignement trompés, ce qui signifie qu'il est un de ceux qui ont été le plus déplorablement inclairvoyants, *Journ. offic.* 16 juin 1874, p. 4053, 2e col.

INCLÉMENCE. — HIST. XVIe s. *Ajoutez :* Du ciel troublé la future inclemence, J. PELLETIER DU MANS, *la Savoye* (1572), Chambéry, 1856, p. 279.

† **INCOGITANCE** (in-ko-ji-tan-s'), *s. f.* Terme d'école. État où l'on ne pense pas à telle ou telle chose. Par là il pouvait tomber dans quelque négligence et dans ce que l'école appelle incogitance, c'est-à-dire dans un état où l'on ne pense pas à certaines choses, D. DE SUPERVILLE, *Serm. sur divers textes,* t. I (*l'Homme perdu par lui-même*), 1714.

— ÉTYM. Lat. *incogitantia,* de *in* privatif, et *cogitare,* penser (voy. CUIDER).

† **INCOHÉSION.** *Ajoutez :* || Par extension. Le congrès de Vienne s'est plu à imposer à la Prusse l'embarras d'une incohésion géographique peut-être sans exemple, A. LEGRELLE, *À travers la Saxe,* p. 232, Paris, 1866.

† **INCOMESTIBLE** (in-ko-mè-sti-bl'), *adj.* Néologisme. Qui n'est pas comestible, qui ne peut être mangé. Les fragments [d'os de brebis foudroyées] s'en sont répandus dans la chair de manière à la rendre incomestible, *Journ. offic.* 30 sept. 1875, p. 8427, 2e col.

† **INCOMMENSURABLEMENT** (in-ko-mman-su-ra-ble-man), *adv.* D'une manière incommensurable. Le système [des paris discrétionnaires] dépassait incommensurablement celui des paris mutuels, *Gaz. des Trib.* 16 avril 1875, p. 370, 1re col. Et, pour couronner le tout, une montagne dépassant incommensurablement en hauteur les pics les plus élevés des Andes ou de l'Himalaya, *Rev. Britann.* janv. 1876, p. 71.

INCOMMUNICABLE. — HIST. XVIe s. *Ajoutez :* Le pouvoir de donner loy, qui est incommunicable aux subjects, BODIN, *Republique,* I, 10.

INCOMPARABLEMENT. *Ajoutez :* — HIST. XIIe s. Ge crei ceste chose mult estre dessuz [au-dessous], cui [que] ge or conois combien incomparablement ele est dessoure [au-dessus], *li Dialoge Gregoire lo pape,* p. 149.

† **INCOMPARATIVEMENT** (in-kon-pa-ra-ti-ve-man), *adv.* D'une manière qui n'est pas comparative. Je déclare.... qu'il n'aura pas tenu à moi que l'ouvrage qui aura été fait avec des peines et des dépenses infinies, n'ait été exécuté d'une manière incomparativement plus simple et plus convenable, BOUGUER, *Lettre* du 22 mars 1736, dans *Journ. offic.* 29 oct. 1876, p. 776, 3e col.

INCOMPATIBILITÉ. — HIST. *Ajoutez :* || XVe s. Par incompatibilité ou autrement, *Procès-verbaux du conseil de régence de Charles VIII,* p. 132.

INCOMPATIBLE. *Ajoutez :* || 4e Absolument. Il est incompatible, il répugne, il ne se peut. Je n'ose.... ni espérer ni promettre qu'en ma façon de vivre ordinaire il n'y ait encore je ne sais quoi qui a besoin de changement; est-il incompatible aussi qu'en moi ne se rencontrent beaucoup de choses qu'il faut.... corriger? MALH. *Lexique,* éd. L. Lalanne.

† **INCOMPOSÉ :** *Ajoutez :* — HIST. XVIe s. Le demy ton es meses est incomposé, AMYOT, *Plut. De la musique,* 18.

† **INCONCILIABILITÉ** (in-kon-si-li-a-bi-li-té), *s. f.* État de ce qui est inconciliable, qui ne peut pas être mis en concordance. Il y a inconciliabilité entre deux jugements correctionnels ayant condamné deux prévenus différents pour le même fait, alors qu'il n'est pas douteux qu'un seul en a pu être l'auteur et que l'autre est innocent, *Gaz. des Trib.* 17 mai 1874, p. 471, 3e col. Lorsque le second acte n'apporte au premier que des changements accessoires,... l'inconciliabilité n'existe pas et la novation ne saurait être induite, *ib.* 8-9 nov. 1875, p. 1077, 2e col.

† **INCONCILIATION** (in-kon-si-li-a-sion), *s. f.* Se dit de parties qui ne se concilient pas. Procès-verbal d'inconciliation, *Gaz. des Trib.* 25 mai 1877, p. 601, 4e col.

† **INCONDITIONNEL, ELLE.** *Ajoutez :* || 2e En général, qui n'est soumis à aucune condition. Alors même qu'il serait démontré que T.... aurait, le 10 avril 1874, promis sa souscription inconditionnelle, il ne saurait être considéré comme ayant

jamais été accepté ni inscrit à titre d'actionnaire, *Gaz. des Trib.* 10 janv. 1877, p. 30, 3e col.

† **INCONGELABLE.** *Ajoutez* : || Corps incongelable, corps qui est liquide aux températures ordinaires et qui ne peut pas se solidifier dans certaines conditions. Ainsi, on dira : l'alcool absolu est incongelable à zéro, mais il se congèle à une température inférieure à 90° au-dessous de zéro.

† **INCONJUGABLE** (in-kon-ju-ga-bl'), *adj.* Qui ne peut être conjugué, à la façon d'un verbe. Les caractères chinois, dit Stanislas Julien, sont tous monosyllabiques, indéclinables et inconjugables, WALLON, *Journ. offic.* 6 nov. 1876, p. 9092, 2e col.

† **INCONQUÉRABLE** (in-kon-ké-ra-bl'), *adj.* Qui ne peut être conquis, dompté. L'âme inconquérable ne connaît point de maître, LETOURNEUR, *Trad. de Clarisse Harlowe*, t. X, p. 349.

† **INCONSCIEMMENT** (in-kon-ssi-a-man), *adv.* D'une manière inconsciente. L'homme [l'artiste] qui a créé à un moment donné, se copie toujours lui-même inconsciemment, quoi qu'il fasse, LUYS, *Étude de physiol. et de pathol. cérébr.* p. 178. C'étaient de braves gens qui travaillaient.... inconsciemment au progrès de l'école, EUG. FROMENTIN, *les Maîtres d'autrefois*, 1876, p. 24.

† **INCONSCIENT.** *Ajoutez* : || 2° *S. m.* Terme de philosophie. L'inconscient, la partie des actions naturelles qui n'ont pas conscience d'elles-mêmes. La philosophie de l'inconscient, système de philosophie de M. de Hartmann.

† **INCONSIDÉRABLE** (in-kon-si-dé-ra-bl'), *adj.* Non considérable, non digne de considération.

— HIST. XVIe s. Les quatre points touchez par ce docteur ne sont pas inconsiderables, *Le bureau du concile de Trente*, p. 200.

INCONSIDÉRATION. — HIST. XVIe s. *Ajoutez* : Si est il bien vray qu'au mestier de la guerre les apprentis se jectent bien souvent aux dangiers d'aultre inconsideration qu'ils ne font après y avoir esté eschaudés, MONT. II, 122.

† **INCONSISTANT.** *Ajoutez* : || 2° Au propre, sans fixité. En temps de paix, les Lyssous passent leur temps à la chasse ou à l'agriculture; mais leurs établissements agricoles sont inconsistants, *Journ. offic.* 5 nov. 1873, p. 6702, 1re col.

INCONSTANCE. — HIST. *Ajoutez* : || XIIIe s. S'il [le diable] voit en vous point d'inconstance, De tiex censes [pensées] vous enverra, Par quoi moult tost vous souspenra [surprendra], GAUTIER DE COINCY, *les Miracles de la sainte Vierge*, p. 717, éd. abbé Poquet. || XIVe s. Après se sist varieté... C'est celle qui tost se remue.... Aucuns la nomment inconstance, *Fauvel*, dans *Jahrb. für roman. literatur*, t. VII, p. 445.

† **INCONTESTABILITÉ.** *Ajoutez* : Qu'il soutienne avec vigueur l'incontestabilité des droits qu'il a, DANCOURT, *Déroute du pharaon*, sc. V. Ce n'est donc pas au nom d'un profit.... que la Banque défend le placement de son capital en rentes, mais au nom de l'incontestabilité et de l'immuabilité de son crédit, DE WARU, *Enquête sur la Banque*, 1867, p. 76.

INCONTESTABLE. *Ajoutez* : — REM. Bouhours dit qu'incontestable est un terme assez nouveau, *Entretiens d'Ariste et d'Eugène*, éd. 1671, p. 116.

— HIST. XVIe s. Incontestable, COTGRAVE.

† **INCONTROVERSABLE** (in-kon-tro-vèr-sa-bl'), *adj.* Néologisme. Qui ne peut être controversé, certain, indubitable. Questions dont quelques-unes sont controversables, et d'autres incontroversables.

† **INCONVENABLEMENT.** *Ajoutez* : — HIST. XVIe s. S'il advenoit que le tuteur ou curateur dissipast le sien mesme ou inconvenablement les biens du pupille, BOUTILLIER, *Somme rurale*, XIII, 60.

2. **INCONVÉNIENT.** — HIST. *Ajoutez* : || XIIIe s. Moult les haÿ [les Juifs] Hildefonssus, Moult les assaut, moult leur quert [court] sus, Et maine à inconvenient, GAUTIER DE COINCY, *les Miracles de la sainte Vierge*, p. 87, éd. abbé Poquet.

INCORPORÉ. *Ajoutez* : || 3° Terme anglais. Qui a reçu une charte, un titre d'institution. Dès ce moment la Société protectrice pour les enfants des rues était définitivement instituée, et, trois ans après, elle était officiellement reconnue, incorporée par un acte de la législature de l'État de New-York, L. SIMONIN, *Rev. des Deux-Mondes*, 1er janv. 1875, p. 66. En 1837, la ville de Chicago était incorporée, c'est-à-dire que son organisation municipale était reconnue, ID. *ib.* 1er avril 1875, p. 568.

INCORPOREL. — HIST. *Ajoutez* : || XIIIe s. Totes les incorporeus choses A corporeus sont si encloses, Si covertes et si oscures, Que par semblance et par figures Faire entendant les nos covient, *Chronique des ducs de Normandie, Appendice*, III, t. III, p. 518.

INCORRECTION. — HIST. XVIe s. *Ajoutez* : Imprimé à Paris, recongneu et deligemment purgé de toutes faultes et incorrections, *Nouv. Testam.* éd. Lefebvre d'Étaples, Paris, 1525 (note de l'imprimeur).

† **INCORRIGIBLEMENT.** *Ajoutez* : Un homme [Mirabeau] que je sais physiquement et incorrigiblement méchant et fol, *Lettre de Mirabeau le père*, dans *Journ. offic.* 6 nov. 1874, p. 7416, 2e col.

† **INCORROMPU.** *Ajoutez* : — HIST. XVe s. Ne peut adulterer l'espoussе incorrompue de Jesus-Christ nette et pure, MONSTREL. *Chron.* an 1439, t. II, f° 160, *recto.* || XVIe s. Par faute d'avoir bien sceu distinguer l'estre de l'homme, après qu'il a peché, d'avec l'integrité de sa nature incorrompue, CHOLIÈRES, *Contes*, 8e *après-dînée*, t. II, f° 285, *recto.* Ce qui est plongé et enfoncé dedans le corps s'appelle ame; mais ce qui est entier et incorrompu, le vulgaire l'appelle l'entendement, AMYOT, *Plut. Œuv. mor.* t. XX, p. 229. Ce langage, d'Adam de pere en fils coulant, Parvint incorrompu jusqu'au temps.... DU BARTAS, *la Seconde sepmaine*, Paris, 1610, p. 201.

† **INCORRUPTION.** — HIST. *Ajoutez* : || XIVe s. [La sainte Vierge] espouse à roy, et non pas mortel, mais incorruptible et immortel pour sa perpetuelle incorrupcion, *Miracles de Nostre Dame par personnages*, publiés par G. Paris et U. Robert, p. 103. Par elle [la sainte Vierge] et par son chier filz sommes appellez de tenebres à lumiere, de mort à vie, de corruption à incorruption, *Miracles de Nostre Dame par personnages*, p. 252. *Incorruptela*, incorrutions, ESCALLIER, *Vocab. lat.-franç.* 1390.

† **INCRÉMENT.** *Ajoutez* : || 2° Dans le langage général, ce qui vient s'ajouter. La valeur, expression de la liberté, incrément de la personnalité du travailleur, est de toutes les choses humaines, celle qui répugne le plus à toute espèce de réglementation, PROUDHON, *Idée générale de la révolution au XIXe siècle*, p. 237.

† **INCRITIQUÉ, ÉE** (in-kri-ti-ké, kée), *adj.* Qui n'est pas l'objet de la critique.

† **INCUBATEUR, TRICE** (in-ku-ba-teur, tri-s'), *adj.* Qui opère l'incubation artificielle. Coste a imaginé un appareil incubateur pour les œufs de poissons.

— ÉTYM. Voy. INCUBATION.

† **INCUBER** (in-ku-bé), *v. a.* || 1° Terme de physiologie. Opérer l'incubation. Sur un poisson du lac de Tibériade, le *chromis paterfamilias*, qui incube ses œufs dans la cavité buccale, LORTET, *Acad. des sc. Comptes rend.* t. LXXXI, p. 1196. || 2° *V. n.* Mener à terme ses œufs dans le corps même, en parlant d'insectes. Dans l'espace de douze à quatorze jours, la femelle [du doryphore] s'accouple, incube et dépose ses œufs, au nombre de dix à douze sur la partie inférieure des fanes de la pomme de terre, *Journ. offic.* 24 fév. 1877, p. 1427, 1re col.

— ÉTYM. Lat. *incubare* (voy. INCUBATION).

† **INCUBITATION** (in-ku-bi-ta-sion), *s. f.* Mot forgé par Brillat-Savarin pour exprimer la manière romaine de se coucher à table, dans les repas, en s'appuyant sur le coude. Physiquement envisagée, l'incubitation exige un certain déploiement de forces pour garder l'équilibre, BRILLAT-SAVARIN, *Physiol. du goût, Méd.* XXVII.

— ÉTYM. Lat. *in*, sur, et *cubitus*, coude (voy. COUDE).

† **INCUCURBITATION** (in-ku-kur-bi-ta-sion), *s. f.* Tranformation en citrouille, traduction de l'Apocoloquintose, titre d'un pamphlet de Sénèque, DIDER. *Cl. et Nér.* II, 90.

† **INCULQUANT, ANTE** (in-kul-kan, kan-t'), *adj.* Qui inculque. Tertullien.... dans son langage inculquant, BOSS. 6e *avert.* I, 55.

INDÉCENT. *Ajoutez* : || Arbre indécent ou impudique, plusieurs *pandanus*, BAILLON, *Dict. de bot.* p. 247.

† **INDÉCOLLABLE** (in-dé-ko-la-bl'), *adj.* Qui ne peut être décollé, *Alman. Didot-Bottin*, 1871-1872, p. 701, 3e col.

† **INDÉCOUVERT, ERTE** (in-dé-kou-vèr, vèr-t'), *adj.* Qui n'est pas découvert, pas trouvé. Terres indécouvertes.

† **INDÉCOUVRABLE** (in-dé-kou-vra-bl'), *adj.* Néologisme. Qui ne peut être découvert, trouvé, aperçu. Les petits bijoux de Meissonier, et plusieurs œuvres des meilleurs artistes contemporains ne font aucun effet [à l'exposition internationale de Londres en 1862] et sont presque indécouvrables, BÜRGER, *Salons de* 1861 *à* 1868, t. I, p. 192.

† **INDÉFORMABLE** (in-dé-for-ma-bl'), *adj.* Qui ne peut être déformé. M. Kretz admet que chaque élément ou atome occupe un volume indéformable et impénétrable au milieu éthéré ambiant, VERNIER, dans *le Temps*, 6 février 1875, *feuilleton scientifique.*

† **INDÉGONFLABLE** (in-dé-gon-fla-bl'), *adj.* Qui ne peut se dégonfler. Ballons en caoutchouc indégonflables, *Alm. Didot-Bottin*, 1871-72, p. 1047, 1re col.

† **INDÉLÉBILEMENT** (in-dé-lé-bi-le-man), *adv.* D'une manière indélébile. Celui des ouvrages de Tacite où l'unité, dans ce qu'elle a de plus profond et de plus frappant, se trouve être le plus indélébilement empreinte, TÖPFFER, *Menus propos*, VII, 24.

† **INDEMNISABLE** (in-da-mni-za-bl'), *adj.* Qui peut être indemnisé, qui a droit à une indemnité. L'indemnité fixée par le tribunal d'arbitrage de Genève sera distribuée aux divers réclamants indemnisables, et le surplus déposé au Trésor sera.... *Journ. offic.* 5 mars 1873, p. 1532, 3e col.

† **INDEMNITAIRE.** *Ajoutez* : || *Adj.* Qui a le caractère d'indemnité. B..., en réclamant et en obtenant du ministère la somme indemnitaire, n'a agi que comme mandataire de.... *Gaz. des Trib.* 31 juill. 1874, p. 728, 1re col.

† **INDÉPENSÉ, ÉE** (in-dé-pan-sé, sée), *adj.* Qui n'est pas, qui n'a pas été dépensé. Une somme d'argent reste indépensée.

† **INDÉRACINABLE.** *Ajoutez* : Le monothéisme, grâce à eux [Ezéchiel, Zorobabel, Esdras], devint indéracinable, RÉVILLE, *Rev. des Deux-Mondes*, 1er mars 1872, p. 140.

† **INDÉRAILABLE** (in-dé-rè-la-bl'), *adj.* Se dit des locomotives qu'on ne peut faire sortir à volonté des rails.

† **INDÉSIRABLE** (in-dé-zi-ra-bl'), *adj.* Qui n'est pas désirable.

† **INDÉTERMINABLE.** *Ajoutez* : La bizarrerie de tout cela, c'est que, le sort de chacun étant parfaitement indéterminable à tout calcul, le sort du grand nombre peut être déterminé d'après les règles d'une arithmétique à peu près infaillible, DOUDAN, *Mélanges et lettres*, 1876, t. II, p. 144.

† **INDÉTERMINISME** (in-dé-tèr-mi-ni-sm'), *s. m.* Terme de philosophie. Système opposé au déterminisme, c'est-à-dire système qui admet la liberté de la volonté.

† **INDÉTERMINISTE** (in-dé-tèr-mi-ni-st'), *s. m.* Partisan de l'indéterminisme. M. Stuart Mill, qui appartient à l'école déterministe ou nécessitariste, proclame la supériorité pratique de la doctrine du libre arbitre.... les indéterministes sont obligés de le reconnaître, et les déterministes ne peuvent, de leur côté, méconnaître l'idée de liberté.... ARTH. MANGIN, *Journ. offic.* 10 avril 1873, p. 2536, 3e col.

INDICATEUR. *Ajoutez* : || 6° Indicateur de Watt, instrument qui sert à déterminer la pression qui existe dans le cylindre d'une machine à vapeur.

1. **INDICATIF.** *Ajoutez* : || 4° *S. m.* Terme de télégraphie électrique. Nom donné aux combinaisons employées pour désigner les bureaux télégraphiques. Les indicatifs sont formés de la première lettre ou de la réunion de plusieurs des lettres formant le nom des bureaux : exemple, P. pour Paris, L. M. pour Le Mans, *Instruction à l'usage des bureaux municipaux*, Paris, 1873, p. 9.

† **INDICATOIRE** (in-di-ka-toi-r'), *adj.* Qui sert à indiquer. Signes indicatoires et infaillibles, LA MOTHE LE VAYER, *Dial. d'Orat. Tubero*, t. II, p. 62.

INDICE. *Ajoutez* : || 6° Terme d'anthropologie. Moyen d'indiquer les dimensions du crâne. || Indice céphalique, rapport de la largeur maximum du crâne à sa longueur maximum, qui alors est toujours représentée par 100; lorsqu'on dit que l'indice céphalique est 83, on entend que la largeur du crâne est les 0,83 de sa longueur. || Indice nasal, configuration du crâne indiquée par les termes platyrrhinien, mésorrhinien, leptorrhinien (voy. ces mots). || Indice orbitaire, rapport centésimal de la hauteur à la largeur de l'orbite.

† **INDICIAIRE.** Fausse lecture pour judiciaire (voy. plus loin JUDICIAIRE).

† **INDIENNERIE** (in-diè-ne-rie), *s. f.* Nom de l'industrie qui fabrique les indiennes, des produits

divers de cette industrie, et du commerce qui vend ces produits. Que représente l'indiennerie à côté de la filature et du tissage? THIERS, *Journ. offic.* 18 avril 1869, p. 559, 2° col. || Lorsqu'un individu est attaché à la fabrication ou au commerce des indiennes, on dit qu'il est dans l'indiennerie.

† **INDIENNEUR.** *Ajoutez :* Lorsque l'indienneur, c'est-à-dire l'imprimeur d'étoffes, se présente au tisseur français, THIERS, *Journ. offic.* 18 avr. 1869, p. 559, 5° col.

INDIFFÉREMMENT. — HIST. *Ajoutez :* || XVI° S. Ung bon ouvrier meet indifferentement toutes pieces en œuvre, RAB. *Garg.* I, 45.

† **INDIFFUSIBLE** (in-di-ffu-zi-bl'), *adj.* Terme de physique. Qui, soumis à la dialyse, n'est pas susceptible de diffusion, *Acad. des sc. Comptes rend.* t LXXII, p. 772.

† **INDIGÉRER.** *Ajoutez :* || 2° *V. a.* Causer une indigestion. Témoin le docteur Malouet, qui en absorbait des quantités [de truffes] à indigérer un éléphant, BRILLAT-SAVARIN, *Phys. du goût, Méd.* V, 44.

INDIGNE.— HIST. *Ajoutez :* || XII° s. Ceste meisme parole ke nos est endigne, *li Dialoge Gregoire lo pape*, 1876, p. 141.

INDIGNEMENT. — HIST. *Ajoutez :* || XII° s. Et ki indignement Deu volsis resembleir, or resembles les bestes alsi com tu dignes es, *li Dialoge Gregoire lo pape*, 1876, p. 118. || XIII° s. Car, ce dit la divine page, Son juise menjue et boit, Indignement qui le reçoit [le corps de Jésus-Christ], GAUTIER DE COINCY, *les Miracles de la sainte Vierge*, p. 475, éd. abbé Poquet.

INDIQUÉ. *Ajoutez :* || 5° Homme indiqué, homme que sa situation, les circonstances désignent pour tel ou tel poste. Vous n'avez pas eu le choix; j'étais, ce qu'on appelle en termes vulgaires de la politique, indiqué; vous n'avez pas hésité, je n'ai pas hésité davantage à accepter le fardeau, THIERS, à l'Assemblée nationale, *Journ. offic.* 5 mars 1873, p. 1534, 1re col.

† **INDIRE.** *Ajoutez :* || 2° Fixer la date d'une convocation. Le roi commanda à M. le chancelier de l'indire [une assemblée du clergé] à Montargis, et de l'éloigner de Paris, pour éviter toutes les ligues et factions des esprits remuants, FR. GARASSE, *Mém.* publiés par Ch. Nisard, Paris, 1861, p. 56.

INDIRECT. *Ajoutez :* — HIST. XVI° s. S'il survient [à Besançon] aulcung prescheur mendiant, d'estrange pays ou nation, il est par indirectz moyens solicité taiser verité (1534), *Archives de Besançon*, dans *Rev. hist.* t. I, p. 127.

INDISCIPLINABLE. *Ajoutez :* Les Français ne sont pas indisciplinables; pour leur faire garder une règle, il ne faut que le vouloir fortement; mais le mal est que jusques ici les chefs n'ont pas été capables de la fermeté requise en telle occasion, RICHELIEU, *Lett.* etc. t. VI, p. 165 (1638).

INDISCRÈTEMENT. *Ajoutez :* || 3° Sans réflexion, sans bien apprécier les choses. La plupart du monde, voire même de ceux qui font profession de sagesse, n'estiment pas, comme ils doivent, les biens que les dieux nous ont faits, et en parlent indiscrètement, MALH. *Lexique*, éd. L. Lalanne.

INDISCRÉTION. — HIST. *Ajoutez :* || XII° s. A la foiz [parfois] [le démon] gettet devant nos oez [yeux] l'ymagene de discretion, et si parmainet [conduit] à laz d'indiscretion, *li Dialoge Gregoire lo pape*, 1876, p. 310.

† **INDISCUTABLEMENT** (in-di-sku-ta-ble-man), *adv.* D'une façon indiscutable. J'aurais assurément compris ces appréciations, ces réserves, si la princesse, omettant de se faire naturaliser, et conservant dès lors indiscutablement la qualité de Française, eût, directement et avec cette qualité, contracté mariage à Berlin, *Gaz. des Trib.* 14 juill. 1876, p. 687, 2° col.

† **INDISPONIBILITÉ.** *Ajoutez :* Bail; occupation militaire et indisponibilité des lieux loués au jour fixé pour l'entrée en jouissance du locataire, *Gaz. des Trib.* 23 oct. 1873, p. 1027, 1re col. || 2° Terme d'administration. État d'une personne dont on ne peut disposer, qui est indisposée. Le nombre des journées d'indisponibilité par homme dans l'armée.

INDISPONIBLE. *Ajoutez :* || 2° En général, dont on ne peut se servir, qu'on ne peut employer. Les cavaliers [non montés] ont pour mission.... de conduire en main les chevaux des officiers ou ceux qui étaient momentanément indisponibles, CHARRETON, *Rapport sur la constitution des cadres et des effectifs de l'armée active et de l'armée territoriale*, p. 93. || 3° Terme d'administration militaire. Se dit des hommes dont on ne peut disposer pour le service. Aux termes des instructions ministérielles sont seuls dispensés de répondre à cet appel [pour l'armée territoriale] les hommes classés dans la catégorie des indisponibles, c'est-à-dire les magistrats de l'ordre judiciaire, les commissaires de police, les employés des chemins de fer, des postes, des télégraphes, des établissements de la guerre et de la marine, et les sapeurs-pompiers des places fortes, *Journ. des Débats*, 28 sept. 1876, 2° p. 6° col.

INDISPOSER. || 3° *Ajoutez :* Que chacune s'efforce de retenir ses pensées et ses sentiments en elle-même, sans se les communiquer l'une à l'autre pour s'indisposer, BOSS. *Sermons*, 2° *exhort. pour une visite.* || 4° Indisposer, mal préparer à une chose. Ne vous engouez point de certaines conversations de politique ou de joli badinage, qui vous dissipent, qui vous indisposent au recueillement et à l'oraison, FÉN. *Lett. spirit.*

† **INDISTINCTION.** || 1° *Ajoutez :* Cette indistinction de figures [dans la notation de la musique ancienne] dura, selon l'opinion commune, jusqu'en 1330, J. J. ROUSS. *Dict. de mus. notes.*

† **INDIVIDUE.** *Ajoutez :* — REM. On trouve individu au masculin et au sens d'indivisible en d'anciens écrits de jurisprudence. Le droit de servitude est individu, et il suffit, pour le conserver et ne le point perdre, de posséder et retenir la servitude en partie, DE MERVILLE, *Coutume de Normandie réduite en maximes*, 1707, sur l'art. 607.

† **INDIVIDUELLISTE** (in-di-vi-du-è-li-st'), *s. m.* Se dit dans le langage des socialistes, par opposition à mutuelliste. Je n'ai remarqué d'ouvriers individuellistes que parmi les ouvriers de l'Allemagne du Sud, TOLAIN, *Journ. offic.* 15 mars 1872, p. 1841, 1re col.

INDIVIS. — HIST. *Ajoutez :* || XIV° s. Et pour ytant que bonne fame T'avons trouvée, coye et taisant En nostre service faisant, Et loyal, si com m'est advis, Nous te laissons pour indivis Tous les biens que povons avoir, Et te faisons seule nostre hoir, *le Théâtre au moyen âge*, Paris, 1839, p. 596.

† **INDIVULGUÉ, ÉE** (in-di-vul-ghé, ghée), *adj.* Qui n'est pas, qui n'a pas été divulgué.

INDULGENCE. *Ajoutez :* — HIST. XIV° s. Caïn par la desesperance N'ot ne pardon ne indulgence, MACÉ, *Trad. de la Bible en vers*, f° 3, *verso*, 2° col.

† **INDULGENCIER** (in-dul-jan-si-é), *v. a.* Terme ecclésiastique. Attacher des indulgences à quelque acte, à quelque objet. Prières indulgenciées pour les morts, *Recueil de prières*, par Mme DE FLAVIGNY, 2° éd. Tours, 1861, p. 320. Chapelet indulgencié.

† **INDULTO** (in-dul-to), *s. m.* Mot espagnol qui est le même que le français indult, et qui désigne le pardon accordé aux partis politiques révoltés et vaincus.

INDUSTRIE. — HIST. XIV° s. *Ajoutez :* Les sens d'armes, raisons et industries par lesquelles ilz [les Romains] conquistrent jadis les pays et les terres, BERCHEURE, dans *Docum. mss. de l'anc. litt. de la France, Rapports*, par Paul Meyer, 1re part. p. 82.

INDUSTRIEUX. *Ajoutez :* — HIST. XVI° s. Tant estoit [la duchesse de Savoie] prudente en conseil, discrette en maniement d'affaires, industrieuse à pourvoir aux dangers.... PARADIN, *Chron. de Savoye*, p. 355. Le peuple industrieux, [les abeilles], J. PELLETIER DU MANS, *la Savoye* (1572), Chambéry, 1856, p. 262.

† **INÉBLOUI, IE** (i-né-blou-i, ie), *adj.* Qui n'est pas ébloui.

† **INÉCLAIRÉ, ÉE** (i-né-klè-ré, rée), *adj.* Qui n'est pas éclairé, qui n'a pas de lumières, de connaissance. C'est bien à lui [l'instinct] qu'appartiennent les derniers [les faits accomplis d'abord sans la volonté, puis repris et reproduits par elle]; car, si la volonté s'en empare ultérieurement, dès le début c'est la spontanéité ignorante, inéclairée, infaillible qui les a improvisés, CH. LÉVÊQUE, *Rev. des Deux-Mondes*, 15 juil. 1876, p. 355.

† **INÉCRIT, ITE** (i-né-kri, kri-t'), *adj.* Qui n'est pas écrit, pas mis sur le papier. J'ai toujours nourri l'espérance de publier sous le titre d'*Études évangéliques* quelques morceaux dont les uns ont paru dans le *Semeur*, d'autres dans la *Feuille religieuse*, d'autres à part, d'autres enfin sont inédits et inécrits, A. VINET, dans E. RAMBERT, *A. Vinet, histoire de sa vie et de ses ouvrages.*

† **INÉDIFIÉ, ÉE** (i-né-di-fi-é, ée), *adj.* Édifié dans, bâti dans. Attendu.... qu'un tel ouvrage incorporé et inédifié dans les héritages qu'il traverse, est assurément susceptible de propriété, *Gaz. des Trib.* 23 janv. 1876, p. 77 1re col.

— ÉTYM. Lat. *in*, dans, et *édifié*.

† **INÉDITABLE** (i-né-di-ta-bl'), *adj.* Qu'on ne peut éditer. Après avoir noirci des rames de papier à fabriquer des romans inéditables, P. VÉRON, *Journ. amusant*, 6 fév. 1875.

† **INÉE** (i-née), *s. f.* Nom des graines d'une apocynée (*strophanthus hispidus*) du Gabon, où elle est aussi nommée onage; elle sert aux Pahouins, chasseurs d'éléphants, à empoisonner leurs flèches. Le poison de l'inée est de ceux qui agissent sur les mouvements du cœur, H. DE PARVILLE, *Journ. offic.* 8 févr. 1877, p. 1008, 1re col.

† **INEFFABLEMENT.** *Ajoutez :* Christ, rédempteur de tous, fils unique du Père, Seul qu'avant tout commencement, Engendrant en soi-même et produisant sans mère, Il fit naître ineffablement, CORN. *Lexique*, éd. Marty-Laveaux.

† **INEFFAÇABLEMENT.** *Ajoutez :* La révolution du 24 février qui a marqué ineffaçablement son passage dans l'histoire en y inscrivant l'établissement du suffrage universel, *la Liberté*, 30 janvier 1869.

† **INEFFRAYABLE** (i-nè-frè-ia-bl'), *adj.* Qui ne peut être effrayé. Homme ineffrayable aux dangers, MALH. *Lexique*, éd. L. Lalanne.

† **INEFFRAYÉ, ÉE** (i-nè-frè-ié, iée), *adj.* Qui n'est pas effrayé.

† **INÉGALÉ, ÉE** (i-né-ga-lé, lée), *adj.* Qui n'est pas égalé. C'est par la constante pratique de ces règles, ...qu'elle [la sculpture grecque] est devenue et qu'elle demeure incomparable et inégalée, CH. LÉVÊQUE, *Science du beau*, t. II, p. 90, Paris, 1861.

† **INÉGALISER** (i-né-ga-li-zé), *v. a.* Rendre inégal. Prouver d'une manière directe que seuls les glaciers polissent le fond et les parois de leur lit : on inégaliserait la roche sur un certain espace paraissant devoir être bientôt envahi par le glacier, et l'on jugerait de l'action le jour où il aurait abandonné la place, É. BLANCHARD, *Rev. des Deux-Mondes*, 1er juillet 1875, p. 25. Agassiz voulut ensuite abattre un angle du glacier, afin d'être sûr que la glace en progressant passerait infailliblement sur l'espace qu'on allait inégaliser, ID. *ib.* p. 26.

† **INÉGALITAIRE** (i-né-ga-li-tè-r'), *adj.* Qui n'est pas égalitaire, qui repousse l'égalité des biens. Les saint-simoniens avaient raison de dire qu'ils repoussaient l'égalité des biens; mais peut-être jouaient-ils sur les mots, lorsqu'ils se défendaient de l'accusation de communisme; sans doute ils étaient inégalitaires; mais ils étaient communistes en ce sens que, suivant eux, tous les capitaux devaient appartenir exclusivement à l'État, JANET, *Rev. des Deux-Mondes*, 1er oct. 1876, p. 596. La doctrine sociale du saint-simonisme était une sorte de communisme inégalitaire, *ib.*

INÉGALITÉ. || 4° *Ajoutez :* || Inégalité de style en un sens favorable. Il faut reconnaître que tout discours doit avoir des inégalités; il faut être grand dans les grandes choses; il faut être simple, sans être bas, dans les petites.... FÉN. *Dial. sur l'éloq.*

† **INÉLÉGAMMENT.** *Ajoutez :* — HIST. XVI° s. Ainsi ne parla pas impertinemment ny inelegamment celui qui dit que le dormir estoit les petits mysteres, comme s'il eust voulu dire, le modele et le preambule de la mort, AMYOT, *Plut. Œuv. mor.* t. XVI, p. 227.

INÉLÉGANCE. *Ajoutez :* — HIST. XVI° s. Et sachez que ce que plusieurs estiment elegance humaine est inelegance et parole fardée devant Dieu, *Epist. exhort. des epistr. Nouv. Test.* éd. Lefebvre d'Étaples, Paris, 1525.

† **INÉLU, UE** (i-né-lu, lue), *adj.* Qui n'a pas été élu.

† **INÉLUCTABLEMENT** (i-né-lu-kta-ble-man), *adv.* D'une manière inéluctable. La plupart des économistes modernes ont fait, des influences qui règlent le salaire, des lois naturelles qui s'imposent inéluctablement comme celles qui gouvernent les phénomènes physiques, E. DE LAVELEYE, *Rev. des Deux-Mondes*, 15 déc. 1876, p. 879.

† **INÉLUDABLE** (i-né-lu-da-bl'), *adj.* Qu'on ne peut éluder. Les grands corps de l'État, les grandes communautés, ont quelquefois des besoins impérieux, urgents, inéludables, auxquels il faut faire face, coûte que coûte, *Rapp. au Corps législatif*, session 1860, n° 238.

† **INEMPÊCHÉ, ÉE** (i-nan-pê-ché, chée), *adj.* Qui n'est pas empêché.

† **INÉNARRÉ, ÉE** (i-né-na-rré, rée), *adj.* Néologisme. Qui n'a pas été narré, raconté. La curiosité des choses inénarrées que la réalité peut produire, sans que l'imagination ait rien à y ajouter

l'Opinion nationale, 20 juin 1876, 3e p. 3e col.

— ÉTYM. Mot fait sur le modèle d'inénarrable.

† INENSEIGNÉ, ÉE (i-nan-sè-gné, gnée), adj. Qui n'est pas enseigné, en parlant des personnes et des choses.

† INENSEMENCÉ, ÉE (i-nan-se-man-sé, sée), adj. Qui n'est pas ensemencé. Champs inensemencés.

† INÉQUITABLEMENT, Ajoutez : Un impôt trop lourd, inéquitablement réparti, LAURENT, Annexe au procès-verb. de la séance de l'Assemblée nationale, 13 mars 1872.

† INESCOMPTABLE (i-nè-skon-ta-bl'), adj. Qui ne peut pas être escompté. Valeurs inescomptables.

† INÉTONNABLE (i-né-to-na-bl'), adj. Qui ne peut être étonné. Inétonnable aux frayeurs, impénétrable aux mouvements, MALH. Lexique, éd. L. Lalanne.

† INEXAMINABLE (i-nè-gza-mi-na-bl'), adj. Qui ne peut être examiné. Ainsi on n'a qu'à prétendre que son ouvrage est bon et uni, pour le rendre non-seulement inconsurable, mais encore inexaminable, BOSS. Passages éclaircis, avert. La puissance de Dieu, sa volonté souveraine, inexaminable, telle est la solution qu'il [le Graal] vous offre, L. PAULET, la Philosophie positive, mai-juin 1874, p. 472.

† INEXAMINÉ, ÉE (i-nè-gza-mi-né, née), adj. Qui n'est pas, qui n'a pas été examiné.

† INEXCITABILITÉ (i-nè-ksi-ta-bi-li-té), s. f. Terme de physiologie. Incapacité à recevoir l'excitation. La physiologie proclamait, on le sait, au nom de l'expérimentation, l'inexcitabilité de l'écorce cérébrale, CHARCOT et PITRES, Rev. mensuelle de méd. et de chir. n° 1, p. 2.

† INEXÉCUTÉ. — HIST. Ajoutez : || XVe s. Et pourroient nos dites lettres et l'effect d'icelles demourer inexequtées et comme illusoires, Procès-verbaux du Conseil de régence de Charles VIII, p. 193.

† INEXÉCUTOIRE (i-nè-gzé-ku-toi-r'), adj. Terme de droit. Qui n'est pas exécutoire. Cette contravention ne résulte que de l'arrêté non approuvé et dès lors inexécutoire.... Gaz. des Trib. 17 janv. 1875, p. 54, 3e col.

† INEXISTANT. Ajoutez : Qu'ils [les tribunaux] doivent tenir de pareilles délibérations pour inexistantes, Gaz. des Trib. 27 sept. 1873, p. 722, 4e col. J'ai l'habitude de tenir pour inexistant ce que je ne puis vérifier, Journ. offic. 2 mars 1875, p. 1576, 1re col.

† INEXISTENCE. Ajoutez : Repousser comme inadmissible la preuve testimoniale tendant à établir l'inexistence ou la perte d'actes de l'état civil, Gaz. des Trib. 10 sept. 1873, p. 651, 1re col.

† INEXORABILITÉ. Ajoutez : Que, dès qu'une fois elle avait pris une résolution, elle était inébranlable, que l'inexorabilité était le péché des Harlowe, LETOURNEUR, Trad. de Clarisse Harlowe, t. VII, p. 242.

† INEXPÉDIENT, ENTE (i-nèk-spé-di-an, an-t'), adj. Qui n'est pas expédient.

INEXPÉRIMENTÉ. Ajoutez : — REM. Ce mot, quoique du XVIe s., était contesté au XVIIe s. (voy. BOUHOURS, Doutes sur la langue française, p. 22, édit. de 1691).

† INEXPLOITATION (i-nèk-sploi-ta-sion), s. f. Manque d'exploitation. Défaut ou insuffisance de voies de communication, inexploitation des massifs boisés, indétermination des droits de l'État et des usagers, Journ. offic. 23 nov. 1876, p. 8578, 1re col.

† INEXPUGNABILITÉ (i-nèk-spugh-na-bi-li-té), s. f. Qualité de ce qui est inexpugnable par la force des armes. || Fig. Vous m'avez mis dans une position inexpugnable; j'ai le titre que vous m'avez donné, la possession d'état que vous m'avez créée vous-même.... Raphaël réunit toutes les conditions d'inexpugnabilité, Gaz. des Trib. 28 fév. 1875, p. 207, 2e col.

INEXPUGNABLE. — HIST. Ajoutez : || XIVe s. Citez desquelles il scet que par leur naturel lieu et par leurs forteresces artificalles sont inexpugnables, BERCHEURE, f° 98, verso.

† INFAILLIBILISTE (in-fa-lli-bi-li-st', ll mouillées), s. m. Partisan de l'infaillibilité du pape, telle qu'elle a été définie par le concile de 1870.

INFAILLIBLEMENT — HIST. Ajoutez : || XVe s. Ung Dieu en trois personnes vrayement, Qui ne font qu'ung en saincte trinité, Et roy des roys est infailliblement En sa gloire, triumphe et dignité, JEAN JORET, le Jardin salutaire, p. 130.

INFAISABLE. Ajoutez : — REM. Infaisable a été employé par M. de Saci de Port-Royal, et lui est reproché par Bouhours.

† INFÂMEMENT. Ajoutez : Banni infâmement, sans aucune sûreté, et sans moyens de subsister, Lettre de Mazarin, dans le Temps, 31 déc. 1874, 3e p. 1re col.

† INFAMER. Ajoutez : Il importe de ne pas les faillir [deux traîtres]; car ils machinent du mal contre la France et des trahisons qui infament notre nation, Mém. de la Force, t. III, p. 445.

— REM. Infâmement et infâmeté, étant des composés d'infâme, ont légitimement l'â circonflexe. Mais l'â circonflexe disparaît dans infamer, comme dans infamie; car ce sont des dérivés; et l'a ne s'y prononce pas long.

† INFÂMETÉ (in-fâ-me-té), s. f. Terme vieilli. État d'infâme. Quant à ce qui est de la vie et des mœurs, grand Dieu immortel, quelles infâmetés et quelles abominations! MOYSE AMYRAUT, Serm. sur div. textes (1653).

INFANTERIE. Ajoutez : || 2° Les enfants, ce qui concerne les enfants (sens aujourd'hui inusité). Il emmène toute l'infanterie de M. de Créquy, MALH. Lexique, éd. L. Lalanne. De tous les enfants du roi, c'est celui.... qui a le plus grand horoscope.... puisque nous sommes sur l'infanterie, je vous dirai..., ID. ib.

† INFANTILE (in-fan-ti-l'), adj. Qui est relatif aux enfants du premier âge. Des causes multiples, dont les principales ne pourraient disparaître que si l'on créait un nouveau monde social tout différent du nôtre, maintiennent fatalement la mortalité infantile à un degré assez élevé, LÉON LE FORT, Revue des Deux-Mondes, 15 mars 1870, p. 367. || Choléra infantile, entérite cholériforme qui attaque les enfants.

— HIST. XVIe s. Si nous avons une petite fille jollie, mignone et de bone grace, que [qui] die des motz infantiles, BONIVARD, Advis et devis des langues, p. 60.

— ÉTYM. Lat. infantilis, de infans, enfant.

INFECT. || 2° Ajoutez : Un salmigondis infect d'absurdités et d'incohérences, BABEUF, Pièces, I, 208.

— HIST. Ajoutez : || XIIe s. Del pain enfait del venin, li Dialoge Gregoire lo pape, 1876, p. 53.

† INFECTEUR (in-fè-kteur), s. m. Celui qui propage une infection, une contagion.

— HIST. XVIe s. Dans Toulouse, ayant esté convaincus de cas semblable [avoir semé la peste], certains des infecteurs publics, par arrest de la cour, furent condamnez à estre brulez tous vifs à petit feu, LA ROCHE FLAVIN, Biblioth. toulous. liv. III, lett. P, titre VII, arr. 2.

† INFÉLICITÉ. — HIST. Ajoutez : || XVe s. Crainte le fit tourner vers soy mesme à cognoistre sa propre fragilité, et pitié l'inclina à considerer par compassion l'infelicité d'autruy, A. CHARTIER, Esperance, Œuvr. p. 334.

† INFERMENTÉ, ÉE (in-fèr-man-té, tée), adj. Qui n'a pas subi la fermentation.

† INFERNALITÉ (in-fèr-na-li-té), s. f. Caractère de ce qui est infernal. || Fig. Quel tissu d'infernalités! que de bile! que de venin! Lett. du P. Duchêne, 7e lett. p. 2.

INFIDÈLEMENT. Ajoutez : — HIST. XVIe s. Voicy le seigneur Dieu viendra avec ses sainctz.... faire jugement contre tous, et reprendre tous ceulx qui sont sans pieté, de toutes les œuvres contre pieté lesquelles ont accomply infidelement, Jude, 15, Nouv. Testam. éd. Lefebvre d'Étaples, Paris, 1525.

† INFIMITÉ. Ajoutez : || 2° Exiguïté extrême, en parlant d'une valeur, d'un produit. La médiocrité, l'infimité visible du chiffre de l'indemnité, Journ. offic. 8 mai 1877, p. 3380, 2e col.

† INFINITÉSIMALEMENT (in-fi-ni-té-zi-ma-le-man), adv. En quantité infiniment petite. Combien écrivent qui ne seront jamais, et même infinitésimalement, écrivains! A. REY, le Bien public, 13 oct. 1875, 1re page, 6e col.

INFINITIF. Ajoutez : || Proposition infinitive, nom donné à cette sorte de proposition dont le verbe est à l'infinitif: Vous croyez avoir été trompé. Avoir été trompé est une proposition infinitive équivalente à la proposition que vous avez été trompé. || Construction infinitive, construction où le verbe est à l'infinitif.

INFIRMIER. — HIST. Ajoutez : || XIVe s. Dam J. la Paintre, souenfremier de Saint-Remi (1347), VARIN, Archives administr. de la ville de Reims, t. II, 2e part. p. 1144.

† INFIXABLE (in-fi-ksa-bl'), adj. Qui ne peut être fixé. Ce grand drame qu'on nomme une bataille.... ne se laisse embrasser que des hauteurs, par masses mouvantes, aussi infixables au peintre qu'au photographe : le poëte seul en vient à bout, ÉM. BERGERAT, Journ. offic. 19 mai 1874, p. 3367, 3e col.

† INFIXE (in-fi-ks'), s. m. Terme de grammaire. Mot ou partie de mot qui se place à l'intérieur des mots, de la même façon que le préfixe à la tête, et le suffixe à la fin. Ainsi, dans amphi-bologie, bo est un infixe; car les Grecs ont dit amphilogie et amphibolie.

— ÉTYM. Lat. infixus, fixé dans, de in, dans, et fixus (voy. FIXE).

† INFIXER (in-fi-ksé), v. a. Terme de grammaire. Donner à un mot ou partie de mot le rôle d'infixe. La tendance plus ou moins marquée des idiomes à préfixer, suffixer à la racine, ou encore infixer les éléments formatifs des mots, A. HOVELACQUE, Linguistique, p. 109, Paris, 1876.

† INFLAGRATION (in-fla-gra-sion), s. f. Terme didactique. État d'un corps qui prend feu et se consume. L'inflagration du cadmium.

— ÉTYM. Lat. inflagrare, brûler au dedans, de in, en, et flagrare, brûler (voy. FLAGRANT).

† INFLAMMATEUR (in-fla-ma-teur), s. m. Substance ou engin destiné à produire l'inflammation. L'inflammateur, disposé au-dessus de chaque bec de gaz, Journ. offic. 11 déc. 1874, p. 8198, 1re col.

† INFLECTIF, IVE (in-flè-ktif, kti-v'), adj. Terme de linguistique. Qui reçoit des flexions grammaticales. Langue inflective, A. HOVELACQUE, Linguistique, p. 157, Paris, 1876.

† INFLÉTRISSABLE (in-flé-tri-sa-bl'), adj. Qui ne peut être flétri. La gloire de l'Église nous sera-t-elle moins considérable que ne leur [aux Romains] était celle de Rome? courrons-nous moins après une couronne immortelle et inflétrissable, qu'ils ne couraient après quelques feuilles entrelacées? FLÉCH. Sermons, Correct. fratern.

† INFORMANT, ANTE (in-for-man, man-t'), adj. Terme de philosophie. Qui donne une forme. Cette force dont il parle est éminemment une force informante, une puissance tantôt morale, tantôt plastique de communiquer l'ordre et le mouvement de la vie, CH. LÉVÊQUE, Science du beau, t. II, p. 449, Paris, 1861.

INFORME. || 1° Ajoutez : || Substantivement. Quand il [l'esprit] essaye d'y penser [à la matière] au moyen d'un certain raisonnement bâtard, il ne reçoit que l'impression de l'informe, CH. LÉVÊQUE, Science du beau, t. II, p. 447, Paris, 1861.

INFORMER. || 1° Ajoutez : Platon enseigne avec l'immortalité des âmes leur passage de corps en corps qu'elles doivent informer successivement, LA MOTHE LE VAYER, Vertu des païens, II, Platon.

— REM. Ajoutez : || 3. A la discussion sur la question de savoir si l'on peut dire informer que joignez ces deux exemples de la Bruyère : Ils prennent soin que toute la ville soit informée qu'ils font ces emplettes, t. I, p. 44, éd. Adolphe Regnier; Je crois que Votre Altesse Sérénissime est informée que les études de M. le duc de Bourbon sont fort régulières à Fontainebleau, t. II, p. 496. Ces exemples sont confirmatifs de la locution, et rien n'empêche qu'on ne s'en serve.

INFORTUNE. — HIST. Ajoutez : || XIIIe s. Buer [à bien, heureusement] fustes nées, quant forscloses Estes de lui [le monde] et de ses choses; En s'amour a tant d'enfortume, Tous ses amanz en enfertume [infirmité, maladie], GAUTIER DE COINCY, les Miracles de la sainte Vierge, p. 724, éd. abbé Poquet.

INFRACTEUR. Ajoutez : — HIST. XVIe s. Infracteurs et turbateurs de paix et bon repos de la republique (1534), Archives de Besançon, dans Rev. histor. t. I, p. 128. Qu'il estoit infracteur de la paix, PARADIN, Chron. de Savoye, p. 210.

† INFRA-ROUGE (in-fra-rou-j'), adj. Terme d'optique. Qui est placé au-dessous des rayons rouges du spectre. Sur l'observation de la partie infra-rouge du spectre solaire, au moyen des effets de phosphorescence, EDM. BECQUEREL, Acad. des sc. Comptes rendus, t. LXXXIII, p. 249.

† INFRASTRUCTURE (in-fra-stru-ktu-r'), s. f. Terme de génie civil. Nom donné aux terrains, aux terrassements et aux travaux d'art d'une voie ferrée. La dépense [de chemins de fer projetés] est évaluée, savoir : pour l'infrastructure, à 27 000 000; pour la superstructure, à 36 400 000; total : 63 400 000; ainsi que nous l'avons exposé précédemment, l'infrastructure, c'est-à-dire les terrassements et les travaux d'art, seraient exécutés par l'État, Journ. offic. 13 août 1875, p. 6743, 3e col.

— ÉTYM. Lat. infra, au-dessous, et structure.

INFRUCTUEUX. — HIST. XVIe s. Ajoutez : Ne communiquez point [ne prenez point part] aux œuvres infructueuses de tenebres, mais plus tost les reprenez, *Eph.* v, 11, *Nouv. Testam.* éd. Lefebvre d'Étaples, Paris, 1525.

† **INFUMABLE** (in-fu-ma-bl'), *adj.* Qu'on ne peut fumer. Tabac infumable. Il est arrivé ce à quoi nos savants n'avaient pas songé, c'est que ces cigares étaient infumables, *Moniteur*, 21 juill. 1868, p. 1090, 2e col.

† **INGAIETÉ** (in-ghé-té), *s. f.* Absence de gaieté, POUGENS, *Vocabulaire de nouv. privatifs français.* L'ingaieté n'est pas la tristesse.

† **INGÉNÉREUX**, EUSE (in-jé-né-reû, reû-z'), *adj.* Qui n'est pas généreux. Cette reine de Prusse, si faible et si belle, que Napoléon avait accablée de ses ingénéreux outrages, se transforme en une ombre implorante et implorée, CHATEAUBR. *Mém. d'outre-tombe* (éd. de Bruxelles), t. III, *Campagne de Saxe ou des poëtes.*

† **INGÉNÉROSITÉ** (in-jé-né-rô-zi-té), *s. f.* Manque de générosité. Peut-on en vouloir aux Prussiens de ce je ne sais quoi d'âpre et de dur qui est en eux, de ce goût d'empiéter qui inquiète et moleste le voisin, de leur ingénérosité à l'égard des petits? CHERBULIEZ, *Rev. des Deux-Mondes*, déc. 1869, p. 777.

INGÉNIEUSEMENT. *Ajoutez :* — HIST. XIIe S. Et assi engenious̄ement et alsi covertement nos assalt il [le diable] cascun jor, *li Dialoge Gregoire lo pape*, 1876, p. 294.

† **INGÉNIOSITÉ.** *Ajoutez :* — REM. Le passage de Chateaubriand, cité du Dictionnaire de Dochez, se trouve dans les *Mém. d'outre-tombe* (éd. de Bruxelles), t. II, *Année de ma vie*, 1801, etc. (dans ce passage, au lieu de M. de B***, lisez : M. de Bonald).

— HIST. XVIe S. *Ajoutez :* Tesmoin Simon Turq, en la ville d'Anvers, qui tua ou fit tuer en sa presence (il y a environ quinze ans) un autre Italien dedans une chaire faicte avec une très malheureuse ingeniosité, H. EST. *Apol. d'Hérodote*, p. 401.

INHIBITION. — HIST. *Ajoutez :* || XIVe S. La loy ancienne amoneste Que tote persone soit nette Et li cors; inibicion Ont tuit de fornication, MACÉ, *Bible en vers*, fo 140, 2e col.

INHUMAINEMENT. — HIST. *Ajoutez :* || XIVe S. Comment aucunes gens sans chief se leverent à l'intencion de tuer les gentilz hommes, dames et damoiselles, et firent de maulx inhumainement, J. LE BEL, *les Vrayes chroniques*, t. II, p. 219. || XVIe S. [Le roi Richard d'Angleterre] arriva au port de Chipre, duquel estant rudement et inhumainement repoulsé par les Grecs......, PARADIN, *Chron. de Savoye*, p. 337.

† **ININFLAMMABILITÉ.** *Ajoutez :* Le degré d'ininflammabilité du pétrole pouvait être porté à 60 degrés au minimum sans perte pour le fabricant, *Journ. offic.* 3 sept. 1871, p. 3186, 3e col.

† **INITÉRABILITÉ** (i-ni-té-ra-bi-li-té), *s. f.* Qualité de ce qui ne peut être itéré. L'initérabilité de certains sacrements, *Hist. du concile de Trente, de Fra Paolo, trad. de le Courayer*, t. I, p. 439, note 68.

INITIALEMENT. *Ajoutez :* Le liquide mère, qui ne contenait initialement que du sucre de canne..., DURIN, *Acad. des sc. Comptes rendus*, t. LXXXIII, p. 129.

† **INITIATIF, IVE** (i-ni-si-a-tif, ti-v'), *adj.* Qui a le caractère de l'initiative. Pierre [le Grand] avait le génie initiatif, J. J. ROUSS. cité dans *Journ. des Débats*, 12 déc. 1876, 3e page, 4e col.

INJECTÉ. *Ajoutez :* || 4o Se dit de pièces de bois dans les fibres desquelles on a introduit une substance métallique ou organique destinée à les protéger contre les actions de l'eau, des agents atmosphériques, etc. || Se dit particulièrement des bois imprégnés de sulfate de cuivre, substance dont l'emploi est aujourd'hui le plus général, sinon le plus efficace. Fourniture de poteaux de bois injectés pour lignes télégraphiques.

INJECTER. *Ajoutez :* || Introduire une substance métallique ou organique dans les fibres d'une pièce de bois pour la protéger contre les actions de l'eau, des agents atmosphériques, etc. On injecte les poteaux télégraphiques, les traverses de chemin de fer, etc.

† **INJECTEUR.** *Ajoutez :* || 2o Injecteur Giffard ou automoteur, appareil qui sert à alimenter d'eau, automatiquement, les chaudières des machines à vapeur; le courant de vapeur qui sort de la chaudière y détermine l'entrée de l'eau.

INJECTION. *Ajoutez :* || 7o Action d'injecter une substance dans les fibres d'une pièce de bois. || Substance qu'on injecte. L'injection la plus générale est celle de sulfate de cuivre; on fait aussi des injections de sulfate de fer, de créosote, etc.

† **INJONCTIF, IVE** (in-jon-ktif, kti-v'), *adj.* Néologisme. Qui enjoint, qui est relatif à l'injonction. La loi, étant injonctive et ne s'occupant que de faits, ouvre le champ non à l'argumentation ou à l'inspiration, mais au jugement et à la définition, É. LITTRÉ, *Littérature et histoire*, p. 83.

INJONCTION. — HIST. XIVe S. Consideré l'obligacion, condampnacion et injunction dont mencion est faite (1348), VARIN, *Archives administr. de la ville de Reims*, t. II, 2e part. p. 1194.

† **INJUDICIEUX.** *Ajoutez :* Comme il est injudicieux, il pousse les choses à l'extrême, LE CAMUS, *évêque de Grenoble*, dans STE-BEUVE, *Port-Royal*, t. V, p. 608, 3e éd. Avec ces esprits injudicieux il ne faut s'étonner de rien, STE-BEUVE, *Port-Royal*, t. III, p. 32, 3e éd. (il souligne).

† **INJURIDIQUE** (in-ju-ri-di-k'), *adj.* Qui n'est pas juridique, qui est contraire au droit.

— HIST. XVIe S. Et estre declairé les cries et citation faictes injuridiques, BONIVARD, *Chr. de Gen.* t. II, p. 112.

† **INJURIDIQUEMENT** (in-ju-ri-di-ke-man), *adv.* D'une manière non juridique, contraire au droit.

— HIST. XVIe S. Que le dict Pecollat avoit esté prins à tort et injuridiquement, BONIVARD, *Chr. de Gen.* t. II, p. 108.

INJURIEUSEMENT.—HIST. *Ajoutez :* || XIVe S. Lidis Joaquins se cuida resqueurre dudit sergent, et feri de son queude [coude] ledit sergent, en telle maniere que li sang en sailli par le nez et par ailleurs; et ce fit injurieusement et sens cause (1344), VARIN, *Archives administr. de la ville de Reims*, t. II, 2e part. p. 914.

INJUSTE. *Ajoutez :* || 4o Injuste à, injuste à l'égard de quelqu'un ou de quelque chose. Non, je ne serai pas, illustre Pellisson, Ingrat à tes bienfaits, injuste à ton beau nom, CORN. *Lexique*, éd. Marty-Laveaux.

† **INJUSTIFIÉ, ÉE** (in-ju-sti-fi-é, ée), *adj.* Qui n'est pas justifié. Prétexte injustifié, *Journ. offic.* 26 juin 1872, p. 4323, 3e col. Ce seul aveu du gouvernement égyptien,... n'indique-t-il pas déjà combien est injustifiée sa demande? *ib.* 10 déc. 1873, p. 7621, 1re col. J'estime que ce serait là une conclusion désastreuse et injustifiée, *ib.* 14 nov. 1875, p. 9291, 2e col.

† **INNAVIGABILITÉ.** || 1o *Ajoutez :* ...Ni les fureurs d'un fleuve torrentiel dont l'innavigabilité ne tarde pas à s'imposer comme un fait éclatant d'évidence aux trois officiers de marine,... COMTE DE CARNÉ, *Rev. des Deux-Mondes*, 1er janv. 1872, p. 236. || 2o *Ajoutez :* La capacité réellement utilisable de l'espace susceptible de contenir sans innavigabilité un nombre déterminé de tonneaux français de mer, *Gaz. des Trib.* 12 mars 1873, p. 241, 1re col. L'abandon en mer du steamer transatlantique *l'Amérique*, pour cause d'innavigabilité, *Journ. des Débats*, 25 mai 1876, 3e page, 3e col.

INNAVIGABLE. *Ajoutez :* || 2o Il se dit d'un navire sur lequel on ne peut naviguer. La moitié environ [des naufrages] est représentée par les bâtiments innavigables surchargés et mal conditionnés de la classe des charbonniers, *Journ. offic.* 27 oct. 1873, p. 6576, 3e col. Pour frais de rapatriement des marins forcés d'abandonner en pays étranger leur navire innavigable ou naufragé..., *Gaz. des Trib.* 26 août 1875, p. 821, 2e col.

† **INNERVER** (i-nnèr-vé), *v. a.* Terme de physiologie. Transmettre l'innervation. Le centre antérieur du collier œsophagien [chez les gastéropodes] est destiné à innerver le pied, c'est-à-dire l'organe immédiat du mouvement, LACAZE-DUTHIERS, *Acad. des sc. Comptes rendus*, t. LXXIII, p. 164.

— ÉTYM. Voy. INNERVATION.

† **INNOMMABLE.** *Ajoutez :* C'est là que vivent les maquignons, les tondeurs de chiens et tant d'autres professions innommées et innommables, *Gaz. des Trib.* 27 juin 1875, p. 616, 1re col.

† **INOBÉISSANT, ANTE** (i-no-bé-i-san, san-t'), *adj.* Qui n'obéit pas, qui n'est pas obéissant.

— HIST. XVIe S. Spasme est une maladie nerveuse, par laquelle les lacertes [muscles] se reduisent vers leur naissance et sont inobeissans à la vertu motive, *le Vigo en françois*, Lyon, 1525, fo XC, *recto*, 2e col.

† **INOBSCURCI, IE** (i-nob-skur-si, sie), *adj.* Qui n'est pas obscurci.

INOCULATION. *Ajoutez :* — HIST. XVIe S. Il y a d'autres manieres d'antes qu'on appelle flageollet, fleute, escusson, ou inoculation, qui se font lorsque les arbres sont en sabe LANDRIC, *Advertissement et maniere d'enter* (Bourdeaux, 1580), p. 9 (Paris, 1830).

† **INOFFENSÉ, ÉE** (i-no-fan-sé, sée), *adj.* Qui n'a pas été offensé.

† **INONDABLE** (i-non-da-bl'), *adj.* Qui peut être inondé. Les points saillants, qui, placés dans la zone inondable, seraient destinés à former des îles, ROUDAIRE, *Rev. des Deux-Mondes*, 15 mai 1874, p. 341. Les nivellements géodésiques et géométriques exécutés en 1873-74 et 75 avaient délimité le bassin inondable en Algérie.... l'étendue de ce magnifique bassin inondable ne sera connue exactement que lorsque la carte aura été faite, ID. *Journ. offic.* 9 juill. 1876, p. 4972, 1re col.

† **INOPÉRANT, ANTE** (i-no-pé-ran, ran-t'), *adj.* Qui n'a point d'effet. Requête en cassation inopérante en fait, *Gaz. des Trib.* 11 août 1870.

† **INOPPORTUNISTE** (i-no-por-tu-ni-st'), *s. m.* Celui qui soutient qu'une mesure est inopportune. D'après quelques correspondances, la proclamation du dogme de l'infaillibilité serait assurée et prochaine; les inopportunistes seraient mis entièrement hors de combat par leurs adversaires..., *Courrier de l'Ain du* 8 *mars* 1870.

† **INOPPOSABILITÉ** (i-no-pô-za-bi-li-té), *s. f.* Terme de droit.. Qualité de ce qui ne peut être opposé. Jugements, chose jugée, inopposabilité, *Gaz. des Trib.* 28 juill. 1875, p. 731.

† **INOPPOSABLE** (i-no-pô-za-bl'), *adj.* Terme de droit. Qui ne peut être opposé. L'absence de transcription sur les registres de l'état civil en France d'un mariage contracté à l'étranger par un Français, n'a pas pour effet de rendre ce mariage inopposable aux tiers, *Gaz. des Trib.* 7 juin 1874, p. 539, 2e col. La fin de non-recevoir est particulièrement inopposable à l'époux qui, lors du premier procès [en séparation], a ignoré les faits dont il fait usage à l'appui de sa nouvelle action, *ib.* 12 fév. 1875, p. 141, 3e col.

† **INORGANISATION** (i-nor-ga-ni-za-sion), *s. f.* Défaut d'organisation. La difficulté de tirer parti de cette marge [l'écart entre l'offre et la demande, pour les salaires] provient de quatre conditions principales : la quotidienneté du travail, la pauvreté des travailleurs, leur défaut d'éducation et leur inorganisation, É. LITTRÉ, *Fragments de philosophie positive*, p. 399. Que voyons-nous depuis cette époque jusqu'à ce jour? une organisation économique et industrielle qui la remplace [l'ancienne organisation]? non! c'est plutôt l'inorganisation qu'il faut dire, fondée sur la fameuse maxime des économistes [laissez faire, laissez passer, chacun pour soi], *Journ. offic.* 18 nov. 1875, p. 9428, 1re col.

† **INOSTENSIBLE** (i-no-stan-si-bl'), *adj.* Qui n'est pas ostensible. Nous nous occuperons, dans une autre séance, de ces valeurs inostensibles; il s'agit maintenant des valeurs ostensibles, *Journ. offic.* 4 janv. 1872, p. 41.

† **INOSTENSIBLEMENT** (i-no-stan-si-ble-man), *adv.* D'une manière inostensible. La police le surveillait inostensiblement. M. de la Lande, qui suivait inostensiblement ses moindres mouvements [d'un accusé]..., *le Bien public*, 17 déc. 1874, 3e page, 4e col.

† **INOUBLIABLE.** *Ajoutez :* Des traits épars et inoubliables de l'entretien du matin [avec Napoléon Ier], VILLEMAIN, *Mr de Narbonne*, XIV.

† **INOUBLIÉ, ÉE** (i-nou-bli-é, ée), *adj.* Qui n'est pas oublié.

† **INQUIÉTATION.** *Ajoutez :* — HIST. XVIe S. Les inquietations du repos publicq de la France, *Lettre de la princesse de Condé à la reine Elisabeth*, 6 janv. 1562, dans *Arch. miss. scient.* 2e série, t. V, p. 398.

† **INRECOMMENÇABLE** (in-re-ko-man-sa-bl'), *adj.* Qui ne peut être recommencé. Presque tous pourraient feuilleter leurs vers de 1866 sans ce regret poignant qui humilie le poëte devant l'œuvre inrecommençable, KARL STEEN, *Journ. offic.* 20 mars 1876, p. 2238, 1re col.

† **INSANITÉ.** *Ajoutez :* || *Au plur.* Des insanités, des actions, des paroles dénuées de raison.

† **INSATIÉTÉ** (in-sa-si-é-té), *s. f.* Absence de satiété.

— HIST. XVIe S. Ils [les soldats du connétable de Bourbon, à Rome] ne se contentoient pas d'avoir pris, pillé et saccagé jusques à la terre; il fallut que les cardinaux, evesques, ambassadeurs et marchandz donnassent encore de l'argent pour la paye des soldatz; quelle insassieté! BRANTOME, *Cap. estr. Bourbon.*

† **INSATISFAIT, AITE** (in-sa-ti-sfè, sfè-t'), *adj.* Néologisme. Qui n'est pas satisfait. Du fond du

couloir, les éclats de sa voix tragique continuaient à arriver au public comme les derniers coups d'un orage qui s'éloigne insatisfait, encore gonflé d'éclairs et de tempêtes, ALPH. DAUDET, *Journ. offic.* 19 juill. 1875, p. 5566, 1re col.

† **INSCRIPTEUR, TRICE** (in-skri-pteur, ptri-s'), *adj.* Qui inscrit. Pour étudier les rapports existants entre les mouvements du cerveau, les contractions du cœur, les changements du volume de l'avant-bras et les mouvements de la respiration, les auteurs ont adapté simultanément trois appareils inscripteurs sur leur malade, savoir.... *Acad. des sc. Comptes rendus*, t. LXXXIV, p. 42.

— ÉTYM. Voy. INSCRIPTION.

INSCRIT. *Ajoutez :* || 5° Terme du turf. Cheval inscrit, cheval qui figure sur le programme officiel d'une course.

† **INSCRIVANT** (in-skri-van), *s. m.* Celui qui requiert une inscription d'hypothèque. Pour opérer l'inscription, le créancier représente.... il y joint deux bordereaux.... ils contiennent.... le montant du capital des créances exprimées dans le titre, ou évaluées par l'inscrivant.... *Code civil*, art. 2148.

† **INSCULPATION** (in-skul-pa-sion), *s. f.* Action d'insculper. La planche destinée à recevoir l'insculpation des poinçons lors de leur entrée et de leur sortie de service, *Manuel de la garantie*, 1822, p. 57.

† **INSCULPER.** *Ajoutez :* Quand vous mettrez un poinçon en activité.... vous l'insculperez sur la planche dans le compartiment indiquant son espèce et son numéro, *Manuel de la garantie*, 1822, p. 57.

† **INSÉDUCTIBLE** (in-sé-du-kti-bl'), *adj.* Qui ne peut être séduit. Mme de Choiseul inséductible, comme disait Mme du Deffand, *Journ. offic.* 22 mai 1874, p. 3464, 2e col.

— ÉTYM. *In*.... négatif, et *séduire*.

INSENSÉ. — HIST. XVIe s. *Ajoutez :* O Galathiens insensez, qui vous a enchantez de ne point obeir à la verité? *I Gal.* III, 1, *Nouv. Test.* éd. Lefebvre d'Etaples, Paris, 1525.

† **INSENSIBILISER** (in-san-si-bi-li-zé), *v. a.* Terme de physiologie. Rendre insensible, ôter la sensation à l'individu tout entier ou à une partie de l'individu. Il avait été décidé qu'on insensibiliserait le malade à l'aide de l'injection intraveineuse du chloral, ORÉ, *Acad. des sc. Comptes rend.* t. LXXXII, p. 1273.

INSÉPARABLE. *Ajoutez :* || 3° Inséparable d'avec, qui ne peut être séparé d'une personne ou d'un objet. Les maladies sont vices invétérés et endurcis, comme sont l'avarice et l'ambition trop grande, quand avec le temps elles ont pris tant de pouvoir sur un homme qu'elles semblent inséparables d'avec lui, MALH. *Lexique*, éd. L. Lalanne.

† **INSÉPARÉ, ÉE** (in-sé-pa-ré, rée), *adj.* Qui n'est pas séparé. C'est là une des questions vitales de l'art à notre époque, que l'union nécessaire des trois arts [architecture, sculpture et peinture], toujours inséparés dans les phases fondamentales de l'histoire, BÜRGER, *Salons de* 1861 *à* 1868, t. I, p. 84.

† **INSERVABLE** (in-sèr-va-bl'), *adj.* Néologisme. Qu'on ne peut servir, présenter à quelqu'un. Les numéros maculés et inservables sont toujours tamponnés ou chiffonnés par l'ouvrier qui les reçoit, et mis au rebut, *Journ. offic.* 11 août 1875, p. 6652, 1re col.

† **INSINCÉRITÉ** (in-sin-sé-ri-té), *s. f.* Manque de sincérité.

— ÉTYM. *In*.... négatif, et *sincérité*; angl. *unsincerity*.

† **INSIPIENCE** (in-si-pi-an-s'), *s. f.* Défaut de lumière, de sagesse. Si la nécessité des choses ne faisait justice de l'insipience des hommes, PROUDHON, *Réform. exploit. chemins de fer*, p. 98, Paris, 1868.

— ÉTYM. Lat. *insipientia*, de *in*.... négatif, et *sapientia* (voy. SAPIENCE).

INSISTER. *Ajoutez :* — REM. *Insister à* suivi d'un infinitif peut être plus fortement appuyé qu'il ne l'est dans le Dictionnaire. La province de Hollande insistait à ne point rompre avec le Portugal, RAC. *Lexique*, éd. P. Mesnard.

† **INSOBRIÉTÉ** (in-so-bri-é-té), *s. f.* Manque de sobriété.

— ÉTYM. *In*.... négatif, et *sobriété*; angl. *unsobriety*.

† **INSOLIDAIRE** (in-so-li-dè-r'), *adj.* Où manque la solidarité. L'industrie morcelée ou régime incohérent et insolidaire du travail, CH. PELLARIN, *la France nouvelle*, 22 juin 1876. || C'est surtout un terme de l'école de Ch. Fourrier.

† **INSOLUBILISER** (in-so-lu-bi-li-zé), *v. a.* Terme technique. Rendre insoluble. Insolubiliser la colle forte ou la gélatine à l'aide du bichromate de potasse, *Rev. Britann.* déc. 1872, p. 489.

INSOLUBLE. *Ajoutez :* — REM. Insoluble a été dit d'une personne en un emploi qui est clair et qui mérite de n'être pas condamné. Fouquet fut renfermé à Pignerol et traité avec tant de rigueur, à cause des craintes politiques qu'il inspirait, qu'on l'a cru, avec assez de vraisemblance, le fameux et insoluble personnage connu sous le nom de masque de fer, TH. LAVALLÉE, *Hist. des Français*, 5e éd. t. II, p. 136.

† **INSOLUTION** (in-so-lu-sion), *s. f.* Néologisme. Absence de solution d'une question, d'un problème. Un mode de philosopher qui partout a constaté expérimentalement l'insolution [de certaines questions], É. LITTRÉ, *Auguste Comte et Stuart Mill*, p. 52.

INSOLVABILITÉ. *Ajoutez :* Donner au peuple ce qu'ils devaient des dernières années, lesquelles ils ne pouvaient payer à cause de leur insolvabilité, *Remontrance du parlement*, dans Mme DE MOTTEVILLE, *Mém.* p. 169.

† **INSONDI** (in-son-di), *s. m.* Nom, dans la Guinée, d'un insecte qui se glisse dans la trompe de l'éléphant et le fait mourir en des accès de fureur, CORTAMBERT, *Cours de géographie*, 10e éd. 1873, p. 622.

† **INSONORITÉ.** *Ajoutez :* On va établir, en face de l'église Saint-Roch, rue Saint-Honoré, un pavage bitumé, dont l'insonorité sera certainement appréciée..., *le National*, 27 mai 1869.

INSOUMIS. *Ajoutez :* || Fille insoumise, fille publique qui n'est pas inscrite à la police (c'est le terme administratif).

† **INSOUMISSION.** *Ajoutez :* [La Turquie] rester en insoumission permanente avec les volontés, les décisions diplomatiques de l'Europe, *l'Opinion*, 9 août 1876, 2e p. 2e col.

† **INSOUPÇONNABLE** (in-sou-pso-na-bl'), *adj.* Qui ne peut être soupçonné. Indulgente ou sévère, elle [la juridiction du jury] est insoupçonnable, si l'on nous permet ce néologisme, F. DUCUING, *l'Univers illustré* du 26 juillet 1869. Le parfum d'honnêteté sévère et insoupçonnable, spécial aux vieilles bonnes et aux femmes laides, MM. DE GONCOURT, *Germinie Lacerteux*, ch. XXXVI.

INSOUTENABLE. *Ajoutez :* || 4° A quoi on ne peut résister, qui ne peut être soutenu. Il en résulte une concurrence qui le plus souvent est insoutenable pour les fabricants français, *Journ. offic.* 1er juin 1870, 2e col.

— REM. Bouhours, *Entret. d'Ariste et d'Eugène*, éd. 1671, p. 116, dit qu'insoutenable est un terme assez nouveau. Le fait est que l'exemple le plus ancien, parmi ceux qui sont rapportés, est de Pascal, et qu'il n'y en a pas du XVIe siècle.

INSPECTER. *Ajoutez :* — REM. On a dit inspectionner; mais c'est un barbarisme inutile, puisqu'on a inspecter. M. Diamilla-Muller, le R. P. Denza et moi, venons d'inspectionner le tunnel et les localités environnantes, *Trad. d'une lett. de P. A. Secchi*, dans *Journ. offic.* 15 nov. 1874, p. 4469, 1re col.

INSPECTION. *Ajoutez :* — HIST. XIVe s. L'inspeccion d'icelle copie, *Bibl. des ch.* 1873, p. 221.

† **INSPECTORAT** (in-spè-kto-ra), *s. m.* Emploi d'inspecteur. L'inspectorat des eaux minérales.

† **INSPIRANT.** *Ajoutez :* Malgré l'honorable et inspirante disgrâce de la Chalotais.... on trouve dans ses défenses plus de hauteur que de force et rien de ces grandes qualités qui font l'orateur, VILLEMAIN, *Tabl. de la littér. du XVIIIe siècle*, 47e leç. Jadis la pompe lyrique et musicale avait été, dans Athènes délivrée, l'inspirante apothéose des exploits héroïques, ID. *Génie de Pindare*, XVII.

† **INSTALLATEUR.** *Ajoutez :* || 2° Celui qui pose, établit quelque engin. 6e catégorie : zingueurs, installateurs de gaz et eaux, installateurs de sonnettes électriques, lampistes, *Décr.* 6 *mars* 1875, dans *Journ. offic.* 11 mars 1875, p. 1801, 3e col.

INSTAMMENT. — HIST. *Ajoutez :* || XIVe s. Et l'eust requis moult instaument.... *Mandements de Charles V*, 1378, Paris, 1874, p. 878.

INSTAR. *Ajoutez :* — REM. *Instar* a été tiré de la locution *à l'instar* et employé comme substantif. Si l'on croit bon de disposer, à cet ennuyeux instar [à l'instar des abrégés géographiques], des cadres historiques, que l'enseignement devra s'efforcer de remplir, je n'y contredirai point, ALPH. KARR, *Rev. du Monde catholique*, XVIe année 25 fév. 1876, p. 410. On peut voir dans l'historique un exemple du XVIe siècle où *instar* est employé substantivement.

INSTITUTION. — HIST. *Ajoutez :* XIIIe s. En cel mont establirent Elegens [les habitants d'Elis] une institucion de luter et de cumbatre ; et cele institucion apelerent olympiade, *Romania*, n° 17, janvier 1876, p. 60.

INSTRUCTION. — HIST. *Ajoutez :* XIVe s. Et sera [une taxe] collie [cueillie], levée et distribuée, en la maniere que contenu est en certainne instruction ou ordennance faite sur ce par nosdiz conseilliers (1348), VARIN, *Archives administr. de la ville de Reims*, t. II, 2e part. p. 1169.

INSTRUIRE. — REM. *Ajoutez :* || 2. Malherbe a dit *instruire de* avec un infinitif : Il faut instruire ceux qui reçoivent de le faire de bon cœur, *Lexique*, éd. L. Lalanne. Cet emploi est bon.

† **INSUBSTANCE** (in-sub-stan-s'), *s. f.* Absence de substance. Elle [ma jeunesse] ressuscite ces jours écoulés que le temps a réduits à l'insubstance des fantômes, CHATEAUB. *Mém. d'outre-tombe* (éd. de Bruxelles), t. V, *Infirmerie de Marie-Thérèse*, etc.

† **INSURGERIE** (in-sur-je-rie), *s. f.* Néologisme, avec un sens méprisant. Disposition à s'insurger, à se révolter, à tenir tête. Quand il y a de la révolte, de l'impertinence ou de l'insurgerie, à la bonne heure que les maîtres se fâchent, J. DE MAISTRE, *Jean-Claude Fétu, maire de Montagnole* (daté de Montagnole, le 10 août 1795).

— ÉTYM. *Insurger*. On peut comparer ce néologisme avec le néologisme plus récent de Proudhon, *insurgence* (voy. ce mot au Dictionnaire). *Insurgence* est un dérivé simple ; mais *insurgerie* est un péjoratif méprisant, comme *plaiderie, pédanterie, menterie, vanterie, etc.*

INSURMONTABLE. *Ajoutez :* — REM. Bouhours dit qu'insurmontable est un terme assez nouveau, *Entretiens d'Ariste et d'Eugène*, éd. 1671, p. 116.

† **INSUSCEPTIBLE.** *Ajoutez :* Une âme insusceptible de toute appréhension, MALH. *Lexique*, édit. L. Lalanne.

† **INTAILLABLE** (in-ta-lla-bl', *ll* mouillées), *adj.* Qui ne peut être taillé. Bord ou diamant intaillable, M. LEGRAND, *l'Illustration*, 29 juin 1867, p. 414, 1re col.

† **INTAILLÉ, ÉE** (in-ta-llé, llée, *ll* mouillées), *adj.* Travaillé à l'intaille. Plusieurs gemmes intaillées portent le nom grec de leur propriétaire, écrit à rebours, et se reconnaissent ainsi pour des cachets, A. MAURY, *Rev. des Deux-Mondes*, 15 oct. 1874, p. 892.

INTÉGRAL. *Ajoutez :* — REM. Corneille a dit parties intégrales où nous dirions aujourd'hui parties intégrantes. Ma première préface examine si l'utilité ou le plaisir est le but de la poésie dramatique.... quelles en sont les parties tant intégrales, comme le sujet et les mœurs, que de quantité, comme le prologue, l'épisode et l'exode, *Lexique*, éd. Marty-Laveaux.

† **INTÉGROMÈTRE** (in-té-gro-mè-tr'), *s. m.* Instrument qui permet d'obtenir immédiatement certaines intégrales répondant au volume qu'engendre une courbe fermée tournant autour d'un axe ; on en fait grand usage dans l'artillerie pour la détermination du volume des obus, des centres d'inertie, etc. *Journ. offic.* 10 mars 1876, p. 1679, 1re col.

— ÉTYM. *Intégrale*, et μέτρον, mesure.

† **INTELLECTUALISER.** *Ajoutez :* || *V. réfl.* S'intellectualiser, devenir plus intellectuel, obtenir plus d'intelligence. Il en est de l'humanité comme des individus qui la composent, de ceux surtout dont l'entendement se développe par la culture : en vieillissant elle s'intellectualise, et se crée en quelque sorte sa raison aux dépens de sa sensibilité, LÉLUT, *Phys. de la pensée*, t. II, p. 28, 1862.

† **INTELLECTUALISME** (in-tèl-lè-ktu-a-li-sm'), *s. m.* Doctrine métaphysique d'après laquelle tout dans l'univers est subordonné à l'intelligence. Wolff n'a fait que verser, en quelque sorte, du côté où penchait déjà Leibniz, lorsqu'il a professé le pur intellectualisme, *Revue critique*, 23 sept. 1876, p. 202.

† **INTELLECTUALISTE** (in-tèl-lè-ktu-a-li-st'), *s. m.* Métaphysicien qui suit la doctrine de l'intellectualisme. Leibnitz était intellectualiste, Kant est volontarianiste, l'un mettait l'entendement au-dessus de la volonté, l'autre met la volonté au-dessus de l'entendement, *Revue critique*, 23 sept. 1876, p. 203.

INTELLIGENCE.—HIST. *Ajoutez :* || XII° s. ...Par l'otrei Del autisme soverain rei.... E qui as muz [muets] done eloquence, Oiemenz [faculté d'ouïr] e intelligence, BENOIT, *Chronique*, t. III, p. 297, v. 39810.

INTENSE. *Ajoutez :* — HIST. XIII° s. Ceste bonté fut si intense, Si communal, si extense Par le monde generalement, J. DE MEUNG, *Testam.* v. 1284.

† **INTENSIFIER** (in-tan-si-fi-é), *v. a.* Rendre plus intense. Leur vue [des spirites], purifiée et intensifiée.... *Opinion nationale, feuilleton,* 4 avr. 1868.

INTENTER. — HIST. *Ajoutez :* XIV° s. Li quens de Branquebour si li voloit roster [ôter de nouveau un fief à la duchesse de Bouillon], Devant l'empereour vint son plait entinter, *le Chevalier au cygne*, v. 2383.

INTENTION. *Ajoutez :* || 7° Intention de messe. On donne le nom d'intentions de messes aux messes que les fidèles veulent faire célébrer à telle ou telle intention, et pour lesquelles ils payent des honoraires convenus, *Gaz. des Trib.* 7 mars 1875, p. 233, 3° col. || 8° En intention de, avec l'intention de. En quoi serait estimable celui qui fait plaisir, s'il ne le fait qu'en intention de le prêter? MALH. *Lexique*, éd. L. Lalanne. || En cette intention que, avec l'intention que. Socrate.... fut trente jours prisonnier, attendant la mort..., non pas en cette intention que tout était possible et qu'en si long espace de temps il y avait place pour beaucoup d'espérances, mais pour se conformer aux lois, ID. *ib.*

† **INTENTIONALITÉ** (in-tan-sio-na-li-té), *s. f.* Terme de philosophie. Caractère intentionnel. La théologie dissoudrait le dogme panthéiste en montrant ou croyant montrer que l'impersonnalité est contradictoire avec l'intentionalité apparente des œuvres divines, É. LITTRÉ, dans *l'Ancienne et la Nouvelle Foi* de Strauss, traduction de L. Narval, *préface*, p. XXII.

† **INTERACTION** (in-tèr-a-ksion), *s. f.* Action de deux ou plusieurs objets l'un sur l'autre. Par une suite d'interactions et d'ajustements, les trois surfaces sont à la fin rendues coïncidentes, TYNDALL, *Rev. scientif.* Paris, 1876, p. 50.

† **INTERATOMIQUE** (in-tèr-a-to-mi-k'), *adj.* Qui est placé entre les atomes. Interstices moléculaires ou interatomiques dont on admet l'existence par un pur artifice logique pour enchaîner les faits, *Dict. de méd. Pore*, Baillière, Paris, 1873.

INTERCADENT. *Ajoutez :* || Santé intercadente, santé qui offre des alternatives de mieux et de plus mal. Ma santé est toujours très-intercadente : pour un jour passablement bon, j'en ai huit insupportables, J. B. ROUSS. *Lett. à Racine*, 24 juill. 1740.

† **INTERCARTILAGINEUX, EUSE** (in-tèr-kar-ti-la-ji-neû, neû-z'), *adj.* Terme d'anatomie. Qui est placé entre des cartilages. La portion intercartilagineuse de la glotte.

INTERCESSEUR. *Ajoutez :* || Terme d'antiquité chrétienne. Nom donné, quand un siége épiscopal était vacant, à un des évêques de la province désigné par le primat tant pour administrer le diocèse pendant la vacance, que pour promouvoir et préparer l'élection d'un nouvel évêque.

— HIST. *Ajoutez :* || XV° s. Les benoistz sainctz qui sont en son domaine [de Jésus], Vers luy soyent pour nous intercesseurs, JEAN JORET, *le Jardrin salutaire*, p. 127.

† **INTERCHANGEABLE** (in-tèr-chan-ja-bl'), *adj.* Qui peut être mis à la place l'un de l'autre. Elles [les parties d'une arme nouvelle] sont interchangeables, c'est-à-dire qu'elles peuvent s'appliquer indifféremment et sans retouche les unes aux autres, DE SUZANNE, *la Liberté*, 18 mars 1870.

† **INTERCOLONIAL, ALE** (in-tèr-ko-lo-ni-al, a-l'), *adj.* De colonie à colonie. La conférence intercoloniale commencera à Melbourne.... le bill sur le libre échange intercolonial, *la Patrie*, 1ᵉʳ nov. 1871.

† **INTERDENTAIRE** (in-tèr-dan-tè-r'), *adj.* Qui est entre les dents. Espaces interdentaires.

— ÉTYM. Lat. *inter*, entre, et *dens*, dent.

— † **INTERDÉPARTEMENTAL, ALE** (in-tèr-dé-par-te-man-tal, ta-l'), *adj.* De département à département. La partie de la loi du 10 août 1871 qui se réfère aux conférences interdépartementales, *Journ. offic.* 21 oct. 1871, p. 4087, 1ʳᵉ col. Un congrès interdépartemental doit être tenu à Bordeaux.... pour y étudier toutes les questions relatives au phylloxéra, *ib.* 16 nov. 1875, p. 9373, 2° col.

† **INTERFÉRENTIEL, ELLE** (in-tèr-fé-ran-si-èl, è-l'), *adj.* Terme de physique. Qui a rapport aux interférences. Réfractomètre interférentiel, voy. RÉFRACTOMÈTRE.

† **INTERGLACIAIRE** (in-tèr-gla-si-è-r'), *adj.* Terme de géologie. Qui occupe l'intervalle entre deux périodes glaciaires, *Rev. Britann.* mars 1875, p. 55.

† **INTÉRIMAIREMENT** (in-té-ri-mè-re-man), *adv.* D'une manière intérimaire. Le conseil des ministres [en Espagne] a dans sa séance de ce jour décidé que les fonctions exercées intérimairement par M. Pi y Margall comme président du gouvernement de la république cesseraient aujourd'hui, *Journ. offic.* 3 mai 1873, p. 2914, 3° col.

† **INTÉRIMAT.** *Ajoutez :* Le gouvernement qu'il sert est un gouvernement provisoire.... une sorte d'intérimat, un en-cas pour le jour où l'un des partis pourra triompher, *Journ. offic.* 13 janv. 1874, p. 341, 3° col.

† **INTERJACENT, ENTE** (in-tèr-ja-san, san-t'), *adj.* Qui gît, est situé entre. Berkeley n'admet que la présence de ce dernier élément dans notre jugement [de la distance] : le nombre des objets interjacents, CAZELLES, *Rev. philosophique*, n° 3, mars 1876, p. 230.

— ÉTYM. Lat. *interjacere*, être placé entre, de *inter*, entre, et *jacere*, gésir.

† **INTERJECTIONNEL, ELLE** (in-tèr-jè-ksio-nèl, nè-l'), *adj.* Qui a le caractère de l'interjection. || Qui provient des interjections. Les racines interjectionnelles, *Rev. critique*, 25 déc. 1875, p. 402.

INTERLIGNE. || 1° *Ajoutez :* || En termes de droit, les mots écrits dans l'intervalle que deux lignes laissent entre elles. Il n'y aura ni surcharge, ni interligne, ni addition dans le corps de l'acte, *Loi du 25 ventôse an XI, art.* 16. La prohibition des interlignes a surtout pour but d'interdire les additions faites après coup, CHAMPIONNIÈRE et RIGAUD, *Dict. des droits d'enregistrement.* || 4° Adjectivement, emploi qui n'appartient qu'à Mme de Sévigné et qui signifie : qui a des sous-entendus, des réticences. Je vis hier Mme de Vins, qui reçut très-agréablement votre souvenir et ce que vous dites de sa tendresse : elle avoue que ce jour-là elle ne fut pas interligne, *À Mme de Grignan*, 12 juin 1675, dans *Lett. inédites*, éd. Capmas, t. I, p. 341.

INTERLIGNÉ. *Ajoutez :* || 2° Terme de droit. Écrit entre les lignes. Les mots surchargés, interlignés ou ajoutés seront nuls, *Loi du 25 ventôse an XI*, art. 16.

† **INTERLOCUTOIREMENT** (in-tèr-lo-ku-toi-re-man), *adv.* Par voie interlocutoire. Ces sortes d'assemblées [assemblées épiscopales] furent dirigées par les princes et les magistrats qui les avaient convoquées, qui y assistaient eux-mêmes.... et jugeaient interlocutoirement les différends, *Hist. du concile de Trente, de Fra Paolo, trad. de le Courayer*, t. I, p. 241.

† **INTERMETTRE** (in-tèr-mè-tr'), *v. a.* Interrompre; mettre un intervalle entre (terme vieilli). Je renouvellerai ma diligence à vous écrire, que votre éloignement m'avait fait intermettre, MALH. *Lexique*, éd. L. Lalanne.

— ÉTYM. Lat. *intermittere*, de *inter*, entre, et *mittere*, mettre.

† **INTERMINABLEMENT** (in-tèr-mi-na-ble-man), *adv.* D'une manière interminable. Puis elles s'asseyaient dans la boutique, où elles parlaient de la chère femme, interminablement, sans se lasser de répéter la même phrase pendant des heures, E. ZOLA, *l'Assommoir*, ch. IX.

† **INTERMIS, ISE** (in-tèr-mi, mi-z'), *part. passé* d'intermettre. Un son intermis me fâche plus qu'un son continu, MALH. *Lexique*, éd. L. Lalanne.

INTERMISSION.—HIST. *Ajoutez* : XIV° s. Attendu que les diz complaignans, sans peril de leurs corps et de leurs biens, et sanz intermission de la garde de nostre dite ville d'Abbeville, que nous volons à present estre gardée diligenment, ne pourroient aler plaidier aus diz de la Rochelle ou pays de Xantionge, *Mandements de Charles V*, 1377, Paris, 1874, p. 846.

† **INTERNATIONALEMENT** (in-tèr-na-sio-na-le-man), *adv.* D'une façon internationale. Dès qu'il y a nécessité actuelle de sortir des théories absolues du libre échange, et de traiter internationalement dans le système mitigé du moyen terme, d'un certain juste milieu entre le libre échange et la protection tout à fait systématique, *le Temps*, 18 août 1876, 1ʳᵉ page, 5° col. Ce gouvernement [de l'Italie] doit éviter de trop délibérer diplomatiquement, internationalement sur la loi des garanties [relative à la papauté], *ib.* 8 avril 1877, 2° page, 3° col.

† **INTERNATIONALISME** (in-tèr-na-sio-na-li-sm'), *s. m.* || 1° État des relations internationales. || 2° En particulier, codification du droit des gens et arbitrage international, *Journ. offic.* 14 juin 1876, p. 4167, 3° col.

† **INTERNATIONALITÉ** (in-tèr-na-sio-na-li-té), *s. f.* Caractère de ce qui est international. Et d'abord, ce projet de loi ne parle que des associations internationales.... serait-ce d'aventure que le fait de l'internationalité imprime leur caractère de criminalité aux provocations qui tendent à l'abolition de la propriété, de la famille, de la patrie? *Journ. offic.* 7 mars 1872, p. 1615, 2° col. La Belgique et la Hollande seules ont payé en belles plantes leur contingent d'internationalité [au congrès botanique de Florence], J. E. PLANCHON, *Rev. des Deux-Mondes*, 15 juill. 1874, p. 454. On a écarté les désignations d'association, d'union, de syndicat, de comité, de chambre; mais l'internationalité de la Société est réservée, *Journ. des Débats*, 4 avr. 1875, 2° page, 4° col.

† **INTERNUCLÉAIRE** (in-tèr-nu-klé-è-r'), *adj.* Terme d'anatomie. Qui est placé entre les noyaux ou petites masses de substances organiques.

— ÉTYM. Lat. *inter*, entre, et *nucleus*, noyau.

† **INTERORGANIQUE** (in-tèr-or-ga-ni-k'), *adj.* Terme d'anatomie. Qui est placé entre les organes. Les lacunes interorganiques chez les crustacés.

† **INTERPELLANT** (in-tèr-pè-lan), *s. m.* Celui qui fait une interpellation. M. Goschen, avant de répondre à l'interpellation,... voudrait connaître la source où l'interpellant puise ses informations, *Journ. offic.* 19 fév. 1872, p. 1193, 2° col.

† **INTERPLANÉTAIRE** (in-tèr-pla-né-tè-r'), *adj.* Qui est entre les planètes. Le milieu interplanétaire, CH. SAINTE-CLAIRE DEVILLE, *Acad. des sc. Comptes rendus*, t. LXXXI, p. 711.

† **INTERPOLAIRE** (in-tèr-po-lè-r'), *adj.* Placé entre les pôles d'une pile. Circuit interpolaire.

† **INTERPOSITEUR** (in-tèr-pô-zi-teur), *s. m.* Terme vieilli. Intermédiaire. Interpositeur entre la France et l'Espagne, RAC. *Lexique*, éd. P. Mesnard.

INTERPOSITION. || 3° *Ajoutez :* L'électeur de Trèves ayant eu recours à son interposition et assistance [de Louis XIII], Elle [Sa Majesté] le garantit de la ruine dont il était menacé par les armes du roi de Suède, RICHELIEU, *Lettres*, etc. t. VI, p. 460 (1639).

INTERPRÉTATION. || 6° En un sens néologique, manière dont une pièce de théâtre est jouée. À chaque génération d'artistes, les œuvres de Corneille, de Racine, de Glück, de Mozart, se sont en quelque sorte renouvelées, transfigurées par une interprétation nouvelle, répondant aux idées et aux aspirations de chaque époque, *l'Opinion nationale*, 16 octobre 1874, 2° page, 1ʳᵉ col.

INTERPRÉTER. — ÉTYM. *Ajoutez* : D'après M. Bréal, ce n'est pas le radical *pret*, signifiant connaître, qui est dans *interpréter*; c'est le radical *pre*, qui se trouve dans le latin *pre-tium*, prix, et dans le grec πρί-ασθαι, acheter. *Interpres* est proprement un terme de la langue du négoce, désignant le courtier, l'intermédiaire qui conclut un achat ou une vente, proprement celui qui est entre les prix.

† **INTERRADIAL, ALE** (in-tèr-ra-di-al, a-l'), *adj.* Qui est entre des rayons. Espaces interradiaux.

— ÉTYM. Lat. *inter*, entre, et *radius*, rayon.

INTERROGER. *Ajoutez :* — REM. Le lat. *interrogare* avait donné dans l'ancienne langue *enterver*, provenç. *entervar* (voy. BURGUY, *Gramm. de la langue d'oïl*, t. III, p. 330, au mot *rover*). C'est *enterve* qu'il faut lire dans BENOIT DE SAINTE-MORE, *Roman de Troie*, v. 26614 : Tote sole [Cassandre] s'en vait fuiant, Que riens ne la conuist *ne treve* [lisez *n'enterve*, n'interroge], Enz el riche temple Minerve.

† **INTERRUPTIF, IVE** (in-tèr-ru-ptif, pti-v'), *adj.* Qui a le pouvoir d'interrompre. Est interruptive de la péremption d'instance la deuxième assignation en débouté d'opposition signifiée après délai de trois années.... *Gaz. des Trib.* 1ᵉʳ juillet 1875, p. 2, 2° col.

† **INTERSCIENTIFIQUE** (in-tèr-si-an-ti-fi-k'), *adj.* Qui va d'une science à l'autre. La loi de l'évolution interscientifique, DE ROBERTY, *la Philosophie positive*, numéro de juillet-août, 1876, p. 108.

† **INTERSÉCANCE** (in-tèr-sé-kan-s'), *s. f.* Terme

d'art. Motif d'ornement qui en coupe un autre. ZIEGLER, *Études céramiques*.

† **INTERSÉCANT, ANTE** (in-tèr-sé-kan, kan-t'), *adj.* Qui produit l'intersécance. Pilastre intersécant dans une balustrade, CH. BLANC, *l'Art dans la parure*, p. 24.

† **INTERSESSION** (in-tèr-sé-sion), *s. f.* L'espace entre deux sessions d'une assemblée législative. Pendant les intersessions et jours fériés, les trains directs et semi-directs de Paris-St-Lazare..., *Avis du chemin de fer*.

† **INTERSIGNE** (in-tèr-si-gn'), *s. m.* Lien mystérieux que l'imagination se plaît à établir entre deux faits qui se produisent au même moment, souvent à de grandes distances l'un de l'autre, et dont l'un est considéré comme le pronostic de l'autre; ainsi le portrait d'une personne aimée se détache de la muraille, et l'on apprend qu'au même moment cette personne est morte; c'est une autre forme de la seconde vue (voy. VUE, n° 12). Dès le berceau, le chant des nourrices et leurs histoires de pronostics, de pressentiments qu'on nomme chez nous [en Bretagne] des intersignes, MAX RADIGUET, *l'École de M. Toupinel*, p. 76. L'intersigne, titre d'une nouvelle publiée dans la *Revue des Arts* par M. Vessière de l'Isle-Adam.

— ÉTYM. Lat. *inter*, entre, et *signe*.

INTERVALLE. *Ajoutez :* || 5° Terme de fortification. Lignes à intervalles, lignes dans lesquelles les obstacles sont séparés par des étendues de terrain abordable.

INTERVENIR. — HIST. *Ajoutez :* || XIV° s. Toutes les doubtes qui entreveniroient aux esleus des dioceses ou [au] fait qu'il ne porroient ou vorroient mettre à execution, lesdis esleus les escriront pardevers les generaulx esleus à Paris (1363), VARIN, *Archiv. admin. de la ville de Reims*, t. III, p. 276.

INTIMER. — HIST. *Ajoutez :* || XIV° s. En enchargeant et intimant à celui ou ceux de qui lesdictes forteresses seront, qu'il y facent faire bon gait, *Mandements de Charles V*, 1369, p. 325.

† **INTOLÉRABLEMENT.** — HIST. XVI° s. *Ajoutez :* Se peut il dire qu'en chrestienté y ait une nation plus intolerablement superbe que l'espagnole? GUY COQUILLE, *Dialogue sur les causes de la misère de la France*, *Œuvres*, t. I, p. 260, éd. 1666.

INTOLÉRANCE. — REM. Ce mot était encore contesté au XVII° siècle, BOUHOURS, *Doutes sur la langue française*, éd. 1691, p. 22.

† **INTRAMOLÉCULAIRE** (in-tra-mo-lé-ku-lè-r'), *adj.* Qui est au dedans des molécules. Un gaz formé de points matériels, ou d'atomes incapables de mouvements intramoléculaires, BERTHELOT, *Acad. des sc.* t. LXXXII, p. 1229.

† **INTRANSACTIONNEL, ELLE** (in-tran-za-ksio-nèl, nè-l'), *adj.* Néologisme. Qui est contraire aux transactions. La politique intransactionnelle, *l'Opinion nationale*, 3 mai 1876, 1re p. 6° col.

† **INTRANSFÉRABLE** (in-tran-sfé-ra-bl', *adj.* Qui ne peut être transféré. Pour faciliter l'opération, le ministre des finances s'est engagé envers les communes à changer ces bons intransférables contre de la rente 3 p. 100 négociable au cours du jour, *Gaz. des Trib.* 26 mai 1870.

† **INTRANSIGEANCE** (in-tran-zi-jan-s'), *s. f.* Disposition des intransigeants. Cette campagne de l'intransigeance qui a pour chefs de file...., CH. DE MAZADE, *Rev. des Deux-Mondes*, 15 oct. 1875, p. 948.

† **INTRANSIGEANT, EANTE** (in-tran-zi-jan, jan-t'), *adj.* Qui ne transige pas, qui n'accepte aucun accommodement. On nous a quelquefois reproché d'être [nous républicains] un parti peu politique, un parti intransigeant, J. SIMON, *Journ. offic.* 26 janv. 1875, p. 672, 2° col. || Substantivement, les intransigeants, ceux qui n'acceptent aucun accommodement en politique, en religion, etc.

— ÉTYM. *In....* négatif, et *transiger*. L'introduction de ce mot est toute récente, de l'espagn. *los intransigentes*, qualification donnée aux républicains fédéralistes qui firent la guerre civile plutôt que de se soumettre à la république unitaire.

† **INTRANSPARENCE.** *Ajoutez :* Comme l'intransparence des vitres ferait tache dans une habitation et l'attristerait en obstruant le passage du regard, on a dû chercher les moyens de voir au travers sans être vu, et l'on a inventé le verre mousseline, CH. BLANC, *le Temps*, 16 août 1876, 4° page, 2° col.

† **INTRANSPORTABLE.** *Ajoutez :* Des ambulances où se trouvaient des blessés français intransportables, *Gaz. des Trib.* 10 oct. 1873, p. 980, 1re col.

† **INTRAPILAIRE** (in-tra-pi-lè-r'), *adj.* Qui se passe dans l'intérieur d'une pile électrique. Courant intrapilaire.

† **INTRASTELLAIRE** (in-tra-stèl-lè-r'), *adj.* En dedans des étoiles. Les espaces intrastellaires.

— ÉTYM. Lat. *intra*, en dedans, et *stella*, étoile.

† **INTRAVASCULAIRE.** *Ajoutez :* || Qui est au dedans des vaisseaux des animaux. Étude expérimentale sur l'entrée de l'air dans les veines et les gaz intravasculaires, L. COTTY, Paris, Masson, 1875.

† **INTRAVEINEUX, EUSE** (in-tra-vè-neû, neû-z'), *adj.* Qui est à l'intérieur des veines. M. Bouillaud fait connaître, au nom de M. Oré de Bordeaux, un nouveau cas de guérison [du tétanos traumatique] à l'aide des injections intraveineuses de chloral, *Journ. offic.* 1877, p. 3630, 3° col.

† **INTRICATISSIME** (in-tri-ka-ti-ssi-m'), *adj.* Dont il est très-difficile de se tirer, en parlant de choses. Ce nœud gordien, c'est-à-dire l'intricatissime embarras du petit [une personne de confiance de Balzac], BALZAC, *Lett. inéd.* LXIII, éd. Tamizey-Larroque.

— ÉTYM. Lat. *intricatus*, embarrassé, de *intricare* (voy. INTRIGUER).

† **INTRIGAILLEUR.** *Ajoutez :* Comment imposer silence à tous les intrigailleurs? BABEUF, *Pièces*, II, 62.

— ÉTYM. *Intrigant*, et la terminaison péjorative *ailleur*, comme *écrivain* et *écrivailleur*, *rimeur* et *rimailleur*.

† **INTRIGUEUR.** *Ajoutez :* Celui-là [Retz] ne doit être choisi que pour aller présider dans l'assemblée des intrigueurs, et pour aller semer les schismes de la division, même dans la plus forte tranquillité de la paix, *la Requête des trois états* (1651), dans *Choix de Mazarinades*, t. II, p. 308.

† 1. **INTRIQUER** (in-tri-ké), *v. a.* Terme vieilli. || 1° Embarrasser. J'ai été, depuis quatre ou cinq mois, si intriqué de l'affaire de ma pension.... que je n'avais du sens ni du temps que ce qu'il m'en fallait pour cette occasion, MALH. *Lexique*, édit. L. Lalanne. || 2° *V. réfl.* S'intriquer, s'embarrasser. Obéissez à la raison.... elle vous enseignera ce que vous devez entreprendre; vous ne vous intriquerez point, ID. *ib.*

— ÉTYM. Lat. *intricare* (voy. INTRIGUER).

† 2. **INTRIQUER** (in-tri-ké), *v. a.* Terme d'histologie. Disposer en croisant et recroisant. Fibres intriquées.

INTRODUCTEUR. *Ajoutez :* || 3° Auteur d'une introduction. Les ouvrages auxquels M. Guizot a mis son nom soit comme auteur, soit comme compilateur, soit comme traducteur, soit enfin comme introducteur, M. DE LESCURE, *Journ. offic.* 3 mars 1875, p. 1613, 1re col.

INTRONISER. — HIST. *Ajoutez :* || XIV° s. Car en Dieu servant [il] gaigneroit En ce siecle sa suffisance, Puis sanz fin l'entronizeroit En l'esternal gloire et vaillance, *Bibl. des ch.* 1873, p. 26.

† **INTROUVÉ, ÉE** (in-trou-vé, vée), *adj.* Qui n'a pas été trouvé. La lettre lui avait été retournée par l'administration des postes, comme adressée à un destinataire introuvé, *Gaz. des Trib.* 29 déc. 1875, p. 1254, 2° col.

INTRURE. || S'intrure. *Ajoutez :* Ils se sont intrus contre les canons, AM. THIERRY, *Rev. des Deux-Mondes*, 1er avril 1872, p. 520. Étienne au contraire s'était intrus violemment sur un siége occupé par un autre, ID. *ib.* p. 517.

† **INTRUSIF, IVE** (in-tru-zif, zi-v'), *adj.* Qui a le caractère de l'intrusion. Les plaines qui bordent le Danube ont le plus riche sol d'alluvion qui se puisse rencontrer en Europe; mais les lois et l'administration du pays sont tracassières et intrusives, P. LEROY-BEAULIEU, *Rev. des Deux-Mondes*, 1er décembre 1874, p. 661.

INTRUSION. — HIST. *Ajoutez :* || XV° s. Lui avez donné ledit office de greffe, en tant que on pourroit dire icellui avoir vacqué par l'intrusion faicte par ledit de Alewin, avant qu'il y eust aucun droit, *Procès-verbaux du conseil de régence de Charles VIII*, p. 132.

INTUITION. *Ajoutez :* || 3° Tableau d'intuition, tableau qui met sous le regard un objet de science, d'histoire, etc. [Dans une école primaire belge].... une collection de tableaux d'intuition se rapportant à l'histoire de la Belgique, *Journ. offic.* du 22 janv. 1876, p. 648, 3° col.

† **INTUITIONNISTE** (in-tui-sio-ni-st'), *adj.* Terme de philosophie emprunté à l'anglais. Qui a rapport à la doctrine de l'intuition. J'étais convaincu que les écrits et la renommée de sir W. Hamilton étaient la grande forteresse de la philosophie intuitionniste en Angleterre, *Mes Mémoires par J. Stuart Mill*, trad. par Cazelles, Paris, 1874, p. 262.

† **INVALABLE** (in-va-la-bl'), *adj.* Qui n'est pas valable.

— HIST. XVI° s. Invalable et de nul effet, *Nouv. coust. gen.* t. II, p. 1237, 2° col.

† **INVALABLEMENT** (in-va-la-ble-man), *adv.* D'une manière qui n'est pas valable. L'autorité ecclésiastique sera juge de la question de savoir si c'est valablement ou invalablement, à propos ou mal à propos, que le maire, le sous-préfet ou le préfet a donné la licence de travailler un jour interdit, *Journ. offic.* 6 juin 1874, p. 3793, 1re col.

† **INVALIDABLE** (in-va-li-da-bl'), *adj.* Qui ne peut être invalidé. L'élection invalidable, *Journ. des Débats*, 3 nov. 1874, 1re page, 4° col.

INVALIDITÉ. *Ajoutez :* || 2° État de l'homme invalide. Assurance contre les infirmités de la vieillesse et l'état d'invalidité. Invalidité : B..., né le 13 novembre 1821, pension de 1528 francs, *Décret du 6 mars 1877*, *Bullet. des lois*, *Partie suppl* n° 917, p. 478.

INVARIABLEMENT. *Ajoutez :* — HIST. XVI° s. Ne douttes qu'il [Dieu] cognoit.... les choses muables invariablement, BONIVARD, *Amartigenée*, p. 183.

† **INVARIANT** (in-va-ri-an), *s. m.* Terme de mathématique. Toute fonction des coefficients d'une forme telle que, si on effectue dans la forme une substitution linéaire, la fonction de même espèce des coefficients de la transformée soit égale à la fonction primitive multipliée par une puissance du module de la transformation.

† **INVÉRIFIABLE** (in-vé-ri-fi-a-bl'), *adj.* Qui n'est pas vérifiable, qui ne peut être vérifié.

† **INVÉRIFICATION** (in-vé-ri-fi-ka-sion), *s. f.* Néologisme. État, qualité de ce qui n'est pas vérifié. L'invérification qui leur est inhérente [aux hypothèses sur l'origine et la fin des choses], É. LITTRÉ, *Auguste Comte et Stuart Mill*, p. 13, 1866.

INVERSE. *Ajoutez :* || 6° A l'inverse de, d'une façon absolument contraire.

† **INVERSER** (in-vèr-sé), *v. n.* Terme de physique. Prendre une direction inverse, en parlant d'un courant électrique. Le courant inverse avec la plus grande facilité, *Acad. des sc. Comptes rend.* t. LXXIII, p. 1467.

INVERSION. *Ajoutez :* || 5° Terme de chimie Condition du sucre inverti.

† **INVERTI.** *Ajoutez :* || 2° Terme de chimie. Sucre inverti, le même que sucre interverti (voy. ce mot).

INVESTIGATION. — HIST. XV° s. *Ajoutez :* Pour grand scrutine et investigation faites par nous, *Ordonn. des rois de Fr.*, t. IX, p. 202.

INVIOLABLE. *Ajoutez :* || 4° Inviolable à, qui ne peut être violé par. Les dieux.... en leur nature seule.... ont un magasin de toutes choses, qui les rend inviolables à tout effort extérieur, MALH. *Lexique*, éd. L. Lalanne. Une loi inviolable à tous ceux qui embrassent leur genre de vie, RAC. *Lexique*, éd. P. Mesnard. Ceux qui ont gardé leur âme toujours inviolable à l'injustice, ID. *ib.*

INVIOLABLEMENT. *Ajoutez :* — HIST. XIV° s. Garder bien loyaument et inviolablement tous les drois de ladicte eglise (1371), VARIN, *Archives administr. de la ville de Reims*, t. III, p. 352. || XVI° s. Les rigoureuses defenses du port d'armes qu'ilz [les Vénitiens] observent inviolablement entre eux, PARADIN, *Chron. de Savoye*, p. 364. Garder inviolablement les ordonnances, *Souvenirs de la Flandre wallone*, juillet et août 1867, p. 117.

† **INVIOLÉ.** *Ajoutez :* — HIST. XVI° s. Obliger les roys futurs par l'authorité du saint siege apostolique à les conserver [les privilèges] inviolez, sans les entamer par aucun sacrilege, ET. PASQUIER, *Rech.* III, 7.

INVISIBILITÉ. *Ajoutez :* — REM. Invisibilité est plus ancien que ne feraient croire les exemples; il est dans Balzac : Quoique ma diète et mon invisibilité continuent, je n'ai pas voulu fermer la porte à M. le chevalier de Méré, *Lett. inédites*, CXLII, éd. Tamizey-Larroque. Il est aussi dans Chapelain : Ce nous est un grand sujet de consolation de voir cesser l'invisibilité de M. votre frère [Arnauld] et la captivité de M. votre neveu [Saci], CHAPELAIN, *à M. d'Andilly*, dans STE-BEUVE, *Port-Royal*, t. III, p. 559, 3° éd.

INVITATOIRE. *Ajoutez :* || 3° En général, lettre invitatoire, lettre qui invite. La lettre invitatoire du Concile aux Bohémiens, du 15 octobre 1431, BOSS. *Projet de réunion*, *Réflex. Molanus*, II, VI, 4.

— HIST. XIII° s. Si requiert il merci et prie La douce mere au roi de gloire; Jà commençoit l'invitatoire Des matines la douce dame..., GAUTIER

DE COINCY, *les Miracles de la sainte Vierge*, p. 463, éd. abbé Poquet.

† **INVITE.** *Ajoutez :* || **2°** Fig. Action d'engager à concourir. Au lendemain du 25 février, alors que la république était encore chancelante, il n'y avait ni assez de promesses, ni assez d'invites, ni assez de cajoleries de la part du parti républicain envers les conservateurs, *Journ. offic.* 28 déc. 1875, p. 10834, 3° col.

INVITER. — HIST. *Ajoutez :* || XIII° s. Certes, pour tel pucele se doit on bien aidier; Miels voil morir que n'aille jà Courtain [nom d'une épée] essaier; De ferir vous envi, Berart de Mondidier, *Fierabras*, v. 3629.

† **INVITEUR** (in-vi-teur), *s. m.* Néologisme. Celui qui invite. Un naïf s'y laisse prendre [à une invitation à dîner par un avare], et tombe chez lui sur le coup de six heures : grimace de l'inviteur, *l'Opinion nationale*, 17 juin 1876, *Supplément*, 2° page, 2° col.

INVOLONTAIRE. *Ajoutez :* || **2°** *S. m.* S'est dit, par plaisanterie, des hommes qui servent dans l'armée malgré eux. Et le succès est presque infaillible, puisque l'armée de Jourdan, quelque grosse qu'elle soit, n'est composée que d'involontaires, comme ici, GÉNÉRAL KLINGLIN, I, 356.

INVOLUTION. *Ajoutez :* || **4°** Terme de géométrie. On dit que six points donnés sur une droite sont en involution, lorsque le rapport anharmonique de quatre d'entre eux est égal au rapport anharmonique des quatre conjugués.

INVULNÉRABLE. *Ajoutez :* || **2°** Invulnérable à, qui ne peut être blessé par. Mon cœur à tous ses traits demeure invulnérable, CORN. *Lexique*, éd. Marty-Laveaux. Socrate était aussi invulnérable aux richesses qu'Ajax au fer, RAC. *Lexique*, éd. P. Mesnard.

† **IO.** *Ajoutez :* || **3°** La 85° planète télescopique, découverte en 1865 par M. Peters.

IODER (i-o-dé), *v. a.* || **1°** Couvrir d'iode. Si, après avoir iodé quatre plaques d'argent à la fois, on trouve quelque différence dans la sensibilité..., *Acad. des sc. Comptes rendus*, t. LXXXII, p. 1437. || **2°** Mêler, combiner avec l'iode.

† **IODOTHÉRAPIE** (i-o-do-té-ra-pie), *s. f.* Traitement par l'iode. Traité d'iodothérapie, ou de l'emploi médico-chirurgical de l'iode et de ses composés par le docteur Boinet.

† **IPHIGÉNIE** (i-fi-jé-nie), *s. f.* La 112° planète télescopique, découverte en 1870 par M. Peters.

— ÉTYM. Ἰφιγένεια, fille d'Agamemnon.

† **IPHIS** (i-fis'), *s. m.* Nom d'un papillon, CARTERON, *Premières chasses, Papillons et oiseaux*, p. 61, Hetzel, 1866.

† **IRADÉ** (i-ra-dé), *s. m.* Décret du gouvernement de la Sublime Porte. Un iradé impérial.

— ÉTYM. Prononciation turque de l'arabe *irâda*, volonté, désir.

† **IRANISANT** (i-ra-ni-zan), *s. m.* Celui qui se livre à l'étude de la langue et de l'histoire de l'Iran ou Éran. M. West, l'iranisant, revient de l'Inde avec une collection d'ouvrages pehlvis presque inconnus en Europe, traduit de *The Academy*, n° 211, new series.

† **IRIDIÉ, ÉE** (i-ri-di-é, ée), *adj.* À quoi on a allié de l'iridium. Les barres de platine iridié sur lesquelles on doit tracer les mètres, *Journ. offic.* 20 oct. 1872, p. 6585, 1re col.

† **IRISABLE** (i-ri-za-bl'), *adj.* Qui est susceptible de prendre l'irisation. Les verres irisables sont de mauvais verres, H. DE PARVILLE, *Journ. offic.* 1er fév. 1877, p. 792, 2° col.

† **IRISAGE** (i-ri-za-j'), *s. m.* Action d'iriser. Il est permis de douter qu'on ait jamais égalé la légèreté, la grâce et les charmants irisages des objets de verre de fabrique sidonienne, SOURY, *Rev. des Deux-Mondes*, 15 déc. 1875, p. 807.

† **IRISATION.** *Ajoutez :* || **2°** Certain état du verre et production de cet état. Ils donneront également la composition des lames minces qui produisent l'irisation.... ces études ne sont pas seulement intéressantes au point de vue de l'irisation du verre, au point de vue de la production d'une substance vitreuse présentant l'aspect de la nacre... H. DE PARVILLE, *Journ. offic.* 1er fév. 1877, p. 792, 2° col.

† **IRONISTE** (i-ro-ni-st'), *s. m.* Celui qui ironise, qui pratique l'ironie, en parlant ou en écrivant. Un autre homme d'esprit, M. Ambros, ironiste non moins fin que critique habile, considère comme un bonheur pour les excellents rapports de l'Allemagne avec le royaume d'Italie que *Lohengrin*, représenté à Bologne, n'ait point trop déplu, H. BLAZE DE BURY, *Rev. des Deux-Mondes*, 15 oct. 1875, p. 842.

† **IRRADIATEUR, TRICE** (ir-ra-di-a-teur, tri-s'), *adj.* Qui irradie. Foyers irradiateurs, *le Temps*, 24 mars 1875, 2° page, 2° col.

† **IRRAMENABLE.** *Ajoutez :* L'esprit des Arnauld.... irréductible, dans ses points d'arrêt et irramenable, STE-BEUVE, *Port-Royal*, t. IV, p. 145, 3° éd.

— REM. Irramenable a été employé par M. de Saci dans ses traductions sacrées, et lui est reproché par Bouhours.

† **IRRASSASIABLE.** || Fig. *Ajoutez :* On assiste chez Jansenius au commencement de cette longue et irrassasiable étude qui lui fit, comme il l'assurait, lire dix fois tout Saint-Augustin, STE-BEUVE, *Port-Royal*, t. I, p. 293, 3° éd.

IRRATIONNEL. || **2°** Terme de mathématique. *Ajoutez :* || Expression irrationnelle, expression qui renferme des radicaux.

† **IRRECEVABILITÉ** (i-rre-se-va-bi-li-té), *s. f.* Qualité de ce qui n'est pas recevable. Élections, irrecevabilité du pouvoir non ratifié, *Journ. offic.* 12 mai 1876, p. 3228, 3° col. Nouveau pourvoi, irrecevabilité du moyen, *Gaz. des Trib.* 10 juin 1874, p. 551, 3° col.

† **IRRÉCOMPENSÉ, ÉE** (i-rré-kon-pan-sé, sée), *adj.* Qui n'est pas, qui n'a pas été récompensé.

† **IRRÉCONCILIABILITÉ** (i-rré-kon-si-li-a-bi-li-té), *s. f.* Disposition de celui qui est irréconciliable. Lorsqu'ils touchaient un mot de l'irréconciliabilité de ses parents, LETOURNEUR, *Trad. de Clarisse Harlowe*, t. IX, p. 138.

IRRÉCONCILIABLE. *Ajoutez :* || **4°** Irréconciliable à, qui ne peut être reconcilié avec. Nous pouvons bien avoir assez crié contre Baies, mais jamais assez contre les vices; je vous prie, Lucilius, soyez-leur irréconciliable, MALH. *Lexique*, éd. L. Lalanne.

† **IRRECTIFIABLE** (ir-rèk-ti-fi-a-bl'), *adj.* Qui ne peut être rectifié. Celle-ci [la communauté ou jurande des maîtres peintres] était infectée d'un principe de division presque irrectifiable, DE MONTAIGLON, *Hist. de l'Acad. de peinture* [*Mém. attribués à H. Testelin*], t. I, p. 146.

† **IRREFLÉTÉ, ÉE** (i-rre-flé-té, tée), *adj.* Qui n'est pas, qui n'a pas été reflété.

† **IRRÉFORMÉ, ÉE** (i-rré-for-mé, mée), *adj.* Qui n'est pas, qui n'a pas été réformé.

† **IRRÉFUTABLEMENT** (i-rré-fu-ta-ble-man), *adv.* D'une manière irréfutable. Cela prouve irréfutablement que les sentiments politiques de notre pays ne concordent pas avec..., *Journ. offic.* 28 mars 1876, p. 2183, 2° col.

† **IRRÉMÉABLE** (i-rré-mé-a-bl'), *adj.* Latinisme. D'où l'on ne peut revenir. || Fig. L'emphytéose irréméable de la terre, PROUDHON, *Idée gén. de la révol. au XIX° s.*, p. 219, Paris, 1868.

— ÉTYM. Lat. *irremeabilis*, de *in*.... négatif, et *remeare*, revenir, de *re*, et *meare* (voy. MÉAT).

IRRÉMISSIBLE. *Ajoutez :* || Le péché irrémissible, le seul péché qui ne puisse être pardonné, le péché contre le Saint-Esprit. Ce mot, dans cette acception étroite, joue un assez grand rôle dans la théologie protestante française.

— HIST. *Ajoutez :* || XIII° s. Cas irremissibles et dignes de grans pugnicions, *Rec. des monum. inédits de l'hist. du tiers état*, t. IV, p. 710.

† **IRRÉMITTENT, ENTE** (ir-ré-mit-tan, tan-t'), *adj.* Qui n'est pas rémittent, qui ne se relâche pas.

— HIST. XVI° s. Une obligation constante et irremittente, MONT. I, 98.

† **IRREMPLAÇABLE** (ir-ran-pla-sa-bl'), *adj.* Qui ne peut être remplacé. Sensation et pensée sont deux choses réellement distinctes, irremplaçables l'une par l'autre, puisqu'elles ont pour suppôt des textures nerveuses qui ne sont pas identiques, É. LITTRÉ, *Fragments de philosophie positive*, 1876, p. 197.

IRRÉPARABLE. *Ajoutez :* || **3°** Au propre, qui ne peut être réparé, raccommodé. Ce navire, bien que maintenant à flot, est tout rompu et considéré comme irréparable, *le Nouvelliste de l'arr. d'Avranches*, 5 nov. 1876.

— HIST. *Ajoutez :* || XIII° s. Choses irreparables et dignes de grans pugnicions, *Rec. des monum. inédits de l'hist. du tiers état*, t. IV, p. 709. || XIV° s. Plusieurs griefs irreparables, *Mandements de Charles V*, 1365, p. 105. Afin que nostre dit chastel ne tourne en rouine inreparable, *ib.* p. 193. Douleurs et escandes inreparables, *Bibl. des ch.* année 1871, p. 392.

IRRÉPARABLEMENT. — HIST. *Ajoutez :* || XIV° s. Nostre païs de Normendie oultre Seine, lequel.... pourroit estre grevé et dommagié irreparablement, *Mandements de Charles V*, p. 336.

† **IRREPASSABLE.** — HIST. XVI° s. *Ajoutez :* J'ay passé des enfers le fleuve irrepassable, DE BRACH, *Poëmes*, f° 210, *verso*.

† **IRREPOSÉ, ÉE** (ir-re-pô-zé, zée), *adj.* Qui n'a pas été reposé, qui n'a pas été rafraîchi par le repos. Après une nuit d'insomnie, il se leva irreposé.

— REM. À ce néologisme peut-on donner le sens de : qui n'éprouve pas d'intermission, comme dans cette phrase : Le succès dans les arts n'étant guère que la résultante d'efforts irreposés et collectifs, BERGERAT, *Journ. offic.* 28 mars 1877, p. 2519, 1re col. Non; irreposé veut dire qui n'a pas été reposé, et non qui n'éprouve pas d'intermission.

IRRÉPRÉHENSIBLE. — HIST. XVI° s. *Ajoutez :* Il fault que l'evesque soit irreprehensible, *I Tim.* III, 2, *Nouv. Testam.* éd. Lefebvre d'Étaples, Paris, 1525.

† **IRREPRÉSENTABLE** (i-rre-pré-zan-ta-bl'), *adj.* || **1°** Qui ne peut être représenté, qui ne peut avoir de représentant. Comme la matière est irreprésentable..., CH. LÉVÊQUE, *Journ. des sav.* 1er déc. 1874, p. 792. || **2°** Qui ne peut être joué sur un théâtre. Malheureusement ceux qui en ont entendu la lecture déclarent la pièce [*Rosamonde* de J. J. Ampère] irreprésentable, *Rev. Britann.* avril 1876, p. 440.

† **IRRÉSOLUBLE.** *Ajoutez :* || **2°** Qui ne peut être séparé en parties. Nébuleuse irrésoluble, *Journ. offic.* 12 déc. 1872, p. 7730, 2° col.

† **IRRESPECTUEUSEMENT.** *Ajoutez :* Les soubrettes comme moi ne sont pas faites pour être traitées irrespectueusement, DANCOURT, *Déroute du pharaon*, sc. 1.

† **IRRÉVÉLABLE** (i-rré-vé-la-bl'), *adj.* Qu'on ne peut révéler. Cet énigmatique silence de l'Aréopage, ce dépôt irrévélable qu'il conservait, DUGIT, dans *Journ. des sav.* juin 1873, p. 335.

IRRÉVOCABILITÉ. *Ajoutez :* || **2°** Qualité de celui qui ne peut être révoqué de ses fonctions. Pour établir le principe de l'irrévocabilité des magistrats, il invoque tour à tour les lois et les usages de la Lorraine, *Gaz. des Trib.* 30 nov. 1876, p. 1159, 4° col.

IRRITATION. — HIST. XVI° s. *Ajoutez :* Se vous avez en ce jour ouy sa voix [du Seigneur], ne endurcissez point voz cueurs, ainsi que en l'irritation au jour de tentation au desert, là où voz peres m'ont tenté, *Hébr.* III, 8, *Nouv. Testam.* éd. Lefebvre d'Étaples, Paris, 1525.

ISABELLE. *Ajoutez :* || **6°** Nom d'un plant de vigne, *Acad. des sc. Comptes rendus*, t. LXXXIII, p. 729. ....un cépage appelé isabelle; ce cépage, originaire d'Amérique, où on l'a obtenu de semis, a été transporté en Thrace, d'où il en a pris le nom, puis en France, où il a reçu sa dénomination actuelle, BECQUEREL, *Bull. Soc. centr. d'Agric.* 1872, p. 580. Le cépage dit isabelle, qui résiste au froid, a-t-il également la propriété de résister au phylloxéra? DUMAS, *ib.* 1872, p. 580.

† **ISAGOGIQUE** (i-za-go-ji-k'), *s. f.* La science de l'introduction. L'histoire de la Bible est devenue l'une des parties de la théologie les plus cultivées de nos jours; on la désigne communément par le nom assez singulier de science de l'introduction ou de l'isagogique, et l'on y distingue ce qu'on appelle la haute critique ou l'histoire des livres eux-mêmes et les études à faire pour établir leur origine, et la basse critique ou l'histoire du texte et le travail relatif à l'examen des variantes de détail, en tant qu'il a été établi que l'Écriture sainte a partagé le sort de toute l'antiquité, que les moyens imparfaits de multiplication et de conservation des exemplaires n'ont pas préservée contre toutes les chances d'altération, ED. REUSS, *la Bible*, etc. *Introd. génér.* p. 55, Paris, 1874.

— ÉTYM. Εἰσαγωγικός, de εἰσαγωγή, introduction, de εἰς, en, dans, et ἄγειν, conduire.

† **ISENTROPIQUE** (i-zan-tro-pi-k'), *adj.* Terme de thermodynamique. Qui est d'égale entropie (voy. ENTROPIE au Supplément). Les lignes isentropiques sont celles qui représentent la loi de transformation d'un corps qui passe d'un état à un autre sans recevoir ni perdre de chaleur; c'est le synonyme d'adiabatique.

— ÉTYM. Ἴσος, égal, et *entropie*.

† **ISINGLASS** (i-zin-glass'), *s. m.* Nom anglais de la colle de poisson. || Isinglass végétal, nom de la gélose (voy. ce mot au Supplément), *Journ. offic.* 3 avril 1876, p. 2385, 1re col.

— ÉTYM. Le mot est venu aux Anglais du danois *isenglas*, verre de glace, de *isen*, glace, et *glas*, verre.

† **ISOBARIQUE** (i-zo-ba-ri-k'), *adj.* Terme de physique. Qui est d'égale pesanteur. || Courbes isobariques, courbes indiquant les points où la pesanteur de l'atmosphère est la même.

— REM. On dit aussi isobare. Lignes isobares, FAYE, *Acad. des sc. Comptes rend.* t. LXXX, p. 936.

— ÉTYM. Ἴσος, égal, et βάρος, pesanteur.

† **ISODOME** (i-zo-do-m'), *adj.* Terme d'antiquité. Mur isodome, maçonnerie dans laquelle les assises de pierres sont égales. Le petit plateau du Cynthe était entouré d'un mur isodome, un peu archaïque, avec des réparations ultérieures, F. DELAUNAY, *Journ. offic.* 3 juill. 1873, p. 4392, 1re col.

— ÉTYM. Ἰσόδομος, de ἴσος, égal, et δέμω, bâtir.

† **ISOGONIQUE.** *Ajoutez :* || Carte isogonique, carte indiquant les points pour lesquels la déclinaison de l'aiguille aimantée est la même, *Journ. offic.* 21 oct. 1875, p. 8784, 3e col.

— REM. Ἴσος, égal, et γωνία, angle.

† **ISOHYPSE** (i-zo-i-ps'), *adj.* Terme de géographie. Qui est de même altitude. Signalons encore les cartes murales isohypses de MM. Vogel et Delitsch, éditées à Leipzig, A. BOILLOT, *Monit. univ.* 3 juin 1867, p. 671, 3e col.

— ÉTYM. Ἴσος, égal, et ὕψος, hauteur.

† **ISOLATEUR.** *Ajoutez :* || 2° Petit appareil qui, dans une ligne télégraphique, isole les fils de fer. Pendant la même année [1873, en Italie], on a employé pour la manutention des lignes 12453 poteaux, 35076 kilom. de fil, 72666 isolateurs et 17035 porte-isolateurs, *Journ. offic.* 27 fév. 1875, p. 1510, 3e col.

ISOLATION. *Ajoutez :* || 2° Dans le langage général, état d'une personne qu'on isole. Je voudrais vous voir en tête un adversaire aussi violemment soutenu que le mien, à sa puissance formidable opposant votre dénûment, et votre isolation à ses entours, BEAUMARCH. 4e *mémoire*, 1859, p. 293.

† **ISOMARCHE** (i-zo-mar-ch'), *adj.* Se dit de chronomètres qui ont une marche égale entre eux. Les sections isothermes et isomarches, ROUYAUX, *Acad. des sc. Comptes rend.* t. LXXXII, p. 681.

— ÉTYM. Mot hybride, fait de ἴσος, égal, et *marche*.

† **ISOPHONE** (i-zo-fô-n'), *adj.* Terme de grammaire. Qui a le même son. || Substantivement. Gallicismes, idiotismes et isophones, MONASTIER, Turin, in-12.

— ÉTYM. Ἴσος, égal, et φωνή, voix, son.

† **ISOPROPYLIQUE** (i-zo-pro-pi-li-k'), *adj.* Terme de chimie. Alcool isopropylique, alcool obtenu par l'hydrogénation de l'acétone.

† **ISOTHERMIQUE** (i-zo-tèr-mi-k'), *adj.* || 1° Terme de physique. Synonyme d'isotherme. || 2° Terme de thermodynamique. Les lignes isothermiques sont celles qui représentent la loi de transformation d'un corps qui passe d'un état à un autre en conservant une température constante.

† **ISOTHERMIQUEMENT** (i-zo-tèr-mi-ke-man), *adv.* D'une manière isothermique. Le corps doit travailler isothermiquement pendant toute la durée de son contact avec l'une ou l'autre desdites sources [de chaleur], LEDIEU, *Acad. des sc. Comptes rend.* t. LXXX, p. 1280. Un gaz qui se dilaterait isothermiquement, ID. *ib.* t. LXXXI, p. 930.

† **ISOSTATIQUE** (i-zo-sta-ti-k'), *adj.* Terme de mécanique. Où l'équilibre est égal. Lignes isostatiques. || Courbes isostatiques, nom donné par Lamé à celles qui sont formées par la suite des directions des éléments plans sur lesquels s'exercent les pressions, et qui ne sont pressés que normalement.

— ÉTYM. Ἴσος, égal, et *statique*.

† **ISOTROPE** (i-zo-tro-p'), *adj.* Se dit de toute substance qui fait tourner dans le même sens les rayons de la lumière dite polarisée. Les milieux isotropes sont ceux qui présentent les mêmes propriétés dans toutes les directions, par exemple les gaz, les liquides, les cristaux appartenant au système cubique.

— ÉTYM. Ἴσος, égal, et τρέπω, tourner.

† **ISRAÉLITISME** (i-zra-é-li-ti-sm'), *s. m.* Ensemble des idées religieuses du peuple juif. Les docteurs de la loi repoussèrent l'idée chrétienne, et répondirent que la messianité de Jésus ne concordait avec aucune des idées messianiques répandues dans l'israélitisme, H. RODRIGUES, *les Seconds chrétiens*, p. 189, Paris, 1876.

† **ITACONIQUE** (i-ta-ko-ni-k'), *adj.* Terme de chimie. Acide itaconique, acide résultant de la distillation de l'acide aconitique.

† **ITALIANISATEUR** (i-ta-li-a-ni-za-teur) ou **ITALIANISEUR** (i-ta-li-a-ni-zeur), *s. m.* Celui qui italianise.

— HIST. XVIe s. Le gentil italianisateur vous donna bien un quiproquo, H. EST. *Lang. fr. ital. Dial.* I. Je ne doute pas que telle faute n'ait beaucoup de compagnes, parmi une telle ignorance de ces italianiseurs ou italianisateurs, ID. *ib.*

† **ITALIANISATION** (i-ta-li-a-ni-za-sion), *s. f.* Action d'italianiser, affectation de se servir de locutions et de tournures italiennes.

— HIST. XVIe s. Plusieurs s'accommodent à ceste italianisation aussi bien qu'à plusieurs autres, H. EST. *Lang franç. ital. Dial.* I.

† **ITALIOTE** (i-ta-li-o-t'), *adj.* Se dit des populations italiennes qui, sans parler le latin, parlaient des langues sœurs du latin. C'est au latin et aux débris des langues italiotes conservés dans Varron, Festus, Nonius, etc. qu'il [M. Bréal] demande secours [pour l'interprétation des tables Eugubines], BAUDRY, *Journ. des Débats*, 6 oct. 1876, 3e page, 3e col.

— ÉTYM. Ἰταλιώτης, d'Italie.

† **ITALIQUÉ, ÉE** (i-ta-li-ké, kée), *adj.* Écrit en caractères italiques. ...Une chambre de résistance: le mot est italiqué dans le rapport comme une citation, *Journ. offic.* 28 fév. 1873, p. 1442, 2e col.

† **ITHEL** (i-tèl), *s. m.* L'ithel, sorte de mélèze fort abondant en Arabie, et qu'on ne trouve nulle part ailleurs, préfère les vallons et les pentes sablonneuses, GIFFORD PALGRAVE, *Une année de voyage dans l'Arabie centrale*, trad. par Émile Jonveaux, t. I, p. 206.

† **ITINÉRANT, ANTE** (i-ti-né-ran, ran-t'), *adj.* Dans le méthodisme, prédicateurs itinérants, prédicateurs qui vont de lieu en lieu prêcher la parole de Dieu.

— ÉTYM. Lat. *itinerare*, voyager.

IVOIRE. — HIST. *Ajoutez :* || XVIe s. A travers l'ivoyre, tant soyt deliée que vouldrez, possible n'est rien veoir, RAB. *Pant.* III, 13.

† **IVOIRIN.** *Ajoutez :* || Papier ivoirin, papier qui a l'apparence de l'ivoire. La papeterie anglaise jouit d'une supériorité incontestable : les papiers bristol, satin, ivoirins, sont d'une fabrication parfaite, F. CHAULNES, *Journ. offic.* 30 sept. 1872, p. 6266, 2e col.

† **IVORIDE** (i-vo-ri-d'), *s. m.* Nom d'une nouvelle matière plastique, dite aussi xylonide et écaille factice; elle est propre à imiter l'ivoire, l'écaille, l'ambre, le corail, la malachite; elle est faite de coton soluble, d'essences, de camphre, d'alcool méthylique et d'un corps gras, *Lettre commune des douanes*, 20 déc. 1876, n° 334.

— ÉTYM. *Ivoire.*

IVRAIE. — HIST. *Ajoutez :* || Xe s. Lolium herba messibus contraria, vulgo dicitur ivrea, niela, BOUCHERIE, *Revue des langues romanes*, t. VI, p. 468. Cette forme *ivrea*, dit M. Boucherie, est un romanisme; elle est intéressante, en outre, parce qu'elle permet d'affirmer que l'auteur, ou tout au moins le transcripteur de ces commentaires, écrivait dans une province de langue d'oïl; en effet, s'il avait parlé un dialecte de langue d'oc, il aurait préféré *abriaga*.

† **IXOS.** *Ajoutez :* || 2° Nom d'un oiseau de Java. Le merveilleux instinct d'un oiseau originaire de Java, l'ixos erythrotis, *Journ. offic.* 23 janv. 1877, p. 494, 1re col. Les jeunes ixos sont nourris par leurs parents pendant environ un mois après la sortie du nid, *ib.* 2e col.

J

† **JABORANDI** (ja-bo-ran-di), *s. m.* Nom sous lequel les indigènes de l'Amérique du Sud désignent un végétal (*serronia jaborandi*), famille des rutacées, qui est sapide, aromatique, stimulant, diurétique, sudorifique, alexipharmaque et sialagogue. Le jaborandi, par lequel on se procure chaque jour, quand on veut, une déperdition de salive et de sueur qui dépasse plus d'un kilogramme, E. BOUCHUT, *Journ. offic.* 3 janv. 1875, p. 32, 3e col.

JACHÈRE. *Ajoutez :* || 3° Jachère en eau, se dit de la transformation en étangs de terres qu'on veut laisser reposer. L'ancien système de culture fondé sur la jachère labourée n'était plus possible alors; les bras faisaient défaut.... la culture des étangs, c'est-à-dire la jachère en eau, lui fut substituée, afin de rétablir l'équilibre entre le travail à faire et les forces disponibles, *Journ. offic.* 2 avril 1874, p. 2550, 1re col.

† **JACK** (jak'), *s. m.* Nom anglais d'un appareil de filature, différent de la mule-jenny, *Mém. d'agric.* etc. 1870-71, p. 314.

JACOBIN. *Ajoutez :* || 5° Nom d'une variété de pigeons. Viennent ensuite les jacobins, dont les plumes du cou relevées forment un capuchon, E. BLANCHARD, *Rev. des Deux-Mondes*, 15 juin 1874, p. 855.

† **JACQUEMART** (ja-ke-mar), *s. m.* Ressort situé au bas de la vis du balancier à frapper les monnaies, et servant à la faire relever lorsqu'elle a pincé l'espèce ou la médaille.

† **JACQUÈRE** (ja-kè-r'), *s. f.* Nom d'un cépage de la Savoie, dit aussi raisin des abîmes, *les Primes d'honneur*, p. 650, Paris, 1874.

† **JACQUERETTE** (ja-ke-rè-t'), *s. f.* Un des noms vulgaires de la gesse tubéreuse, *lathyrus tuberosus*, L.

† **JADAÏQUE** (ja-da-i-k'), *adj.* Qui a rapport au jade. La pierre jadaïque, si fréquente en Auvergne, A. DEMMIN, *Journ. offic.* 20 février 1869, p. 222, 1re col.

JADE. *Ajoutez :* — ÉTYM. Chinois, *yu-tche*; la dernière syllabe a dû subir une modification analogue à celle de *tcha*, prononcé *té* en dialecte du Fo-kien, d'où le français *thé*, et l'anglais *tea* (M. le chanoine Bertrand).

† **JADÉITE** (ja-dé-i-t'), *s. f.* Sorte de pierre. Des haches de néphrite et de jadéite d'une grandeur telle qu'on n'en a jamais rencontré dans les habitations lacustres, *Journ. offic.* 6 janv. 1873, p. 57, 2e col.

JADIS. — HIST. *Ajoutez :* || XIIe s. Lo vesque de Spolice, ki ja diz à moi en amistiez familiarement fut joinz, *li Dialoge Gregoire lo pape*, 1876, p. 168.

† **JAGRE** (ja-gr'), *s. m.* Jus de palmier, *Tarif des douanes de* 1844, p. 60.

† **JAÏNA** (dja-i-na), *s. m.* Adhérent d'une secte religieuse fort répandue dans le sud de l'Inde, dont les trois articles principaux sont : le refus d'admettre l'origine divine et l'infaillibilité des Védas; la révérence de certains mortels qui, par la pratique du renoncement et de la mortification, acquirent un rang supérieur à celui des dieux; enfin une tendresse extrême pour la vie des animaux. Les jaïnas, qui ont une grande similitude avec les bouddhistes, s'en distinguent en ce qu'ils ne rejettent pas les castes.

— ÉTYM. Les *Jaïnas* tirent leur nom d'un saint bouddhiste surnommé *jina* (en sanscrit, le victorieux sur ses sens) qui fut leur fondateur.

† **JAÏNIQUE** (dja-i-ni-k'), *adj.* Qui appartient aux jaïnas, au jaïnisme. Doctrines jaïniques, *Rev. crit.* 10 fév. 1876, p. 123.

† **JAÏNISME** (dja-i-ni-sm'), *s. m.* Doctrine des jaïnas. Dans quelques parties montagneuses [d'Orissa] occupées par les Aryens, il [le bouddhisme]

prit la forme hautement spiritualiste du jaïnisme, J. CLAVÉ, *Rev. des Deux-Mondes*, 15 fév. 1873, p. 899.

JALET. — ÉTYM. *Ajoutez :* Dans les cas d'étymologie douteuse, il est bon de mettre sous les yeux du lecteur des formes qui peut-être y ont quelque rapport. M. Petilleaux m'apprend qu'en Touraine les enfants disent *jâler* pour lancer une bille.

JAMBE. — REM. *Ajoutez :* La locution singulière, il est vrai, *prendre ses jambes à son cou*, a été souvent discutée. Le plus probable est qu'il faut y voir une expression excessive du mouvement qui fait lever les pieds dans une course rapide. À l'appui de cette manière de voir, M. Petilleaux m'envoie un exemple de l'expression, non moins excessive, *mettre les talons aux épaules :* La bande [des enfants] se disperse, les talons aux épaules, ERCKMANN-CHATRIAN, *Mme Thérèse*, ch. VI.

† **JAMBELET** (jan-be-lè), *s. m.* Ornement circulaire qui est pour la jambe ce que le bracelet est pour le bras, RIVIÈRE, *Acad. des sc. Comptes rend.*

JAMBETTE. — ÉTYM. *Ajoutez :* Au XIIe siècle on disait *jambet* : Qui [celui que] deable met à la veie, De ci qu'à la mort le conveie ; E qui de s'ovre s'entremet, Mult li a tost fait le jambet [donné un croc en jambe], BENOIT, *Chronique*, t. II, p. 350, v. 25566.

† **JAMBOT** (jan-bo), *s. m.* Nom donné, dans les houillères du Hainaut, aux enfants qui y travaillent. Les enfants ou jambots, qui commencent à descendre vers l'âge de dix à onze ans dans la mine, *Extrait de l'Économiste belge*, dans *l'Opinion nationale* du 4 avril 1868. || Jambots de crachets, ceux qui entretiennent les lampes dans les galeries.

† **JAMESONITE** (ja-me-so-ni-t'), *s. f.* Terme de minéralogie. Sulfure double d'antimoine et de plomb.

† **JANNIÈRE** (ja-niè-r'), *s. f.* Nom, en Normandie, d'un lieu planté de jan ou ajonc. La majeure partie en labour et le surplus en jannière, *l'Avranchin*, 17 nov. 1872, *aux annonces*.

JANTE. — HIST. *Ajoutez :* || XVIe s. Chante, MANTELLIER, *Glossaire*, Paris, 1869, p. 17.

† **JAPHET.** *Ajoutez :* || 2° Nom d'un des satellites de la planète Saturne.

† **JAPONAIS** (ja-po-nê), *s. m.* Langue parlée dans le Japon, et appartenant au groupe touranien.

† **JAPONISME** (ja-po-ni-sm'), *s. m.* Néologisme. Goût et pratique des dessins et des ornements qu'emploient les artistes japonais. Insensible au japonisme, à ce japonisme des albums d'Ok-Saï, qui a révolutionné la peinture de genre et créé l'école du bibelot, EM. BERGERAT, *Journ. offic.* 31 déc. 1876, p. 9944, 2e col.

† **JAPONISTE** (ja-po-ni-st'), *s. m.* Celui qui étudie la langue, les choses du Japon. Il [M. Julien] plaçait M. de Rosny à la tête de tous les japonistes européens, F. DELAUNAY, *Journ. offic.* 11 fév. 1872, p. 1019, 1re col.

† **JAPPE.** *Ajoutez :* Un commissaire et son escorte À minuit frappait à la porte ; On ouvre, on monte et l'on saisit Tout, sans accorder de répit ; Beau jeu n'aurait pas là la jappe ; Tous les huit aussitôt l'on happe, *les Porcher*. ch. VII, p. 199, 1773.

† **JÂQUE** (jâ-k'), *s. m.* Nom bourguignon du fromage blanc frais, CH. NISARD, *Parisianismes*, p. 146.

1. **JAQUETTE.** *Ajoutez :* || 3° Partie d'un canon. On a augmenté de 3 pieds sa longueur d'âme et renforcé sa frette de culasse ou jaquette, *Journal offic.* 17 mars 1874, p. 2063, 3e col.

† **JARAT** (ja-ra), *s. m.* Autre nom de la jarosse.

† **JARDINATOIRE** (jar-di-na-toi-r'), *adj.* Terme forestier. Qui a rapport au jardinage des forêts (voy. JARDINAGE, n° 4). Les 47 352 hectares de bois sont des forêts très-irrégulières, soumises, à raison de leurs altitudes, au mode d'exploitation jardinatoire, *Rebois. des montagnes, Comptes rend.* 1869-74, 3e fasc. p. 117. La forêt.... sera traitée en futaie par la méthode jardinatoire et soumise à une révolution de 144 ans, divisée en douze duodécennies, *Décret du 10 fév. 1874, Bull. des lois*, XIIe série, part. suppl. 1er sem. 1874, p. 1068.

† **JARDINIÈRE** (jar-di-niè-r'), *s. f.* Petite voiture de campagne, à l'usage des jardiniers, etc. La femme M.... passant dans sa jardinière, conduite par L...., s'arrêta pour me demander ce qu'on avait dit à Castelsarrasin, *Gaz. des Trib.* 12 sept. 1875, p. 882, 3e col. Dans le département du Rhône, les voitures connues en agriculture sous le nom de jardinières, et dont les maraîchers se servent pour transporter tous les jours.... les approvisionnements en jardinage et en légumes, *Journ. offic.* 18 déc. 1873, p. 8144 1re col.

† **JARNOTTE** (jar-no-t'), *s. f.* Voy. TERRE-NOIX.

2. **JARRE.** *Ajoutez :* — ÉTYM. Dans Cotgrave, il est dit que le *jarre* est une herbe qui enveloppe les autres plantes et se roule autour ; c'est la cuscute. Ainsi le *jarre*, laine ou poil, a été dit d'après le *jarre* plante. Sans savoir d'où vient le *jarre* plante, on recule du moins utilement d'un degré l'étymologie.

† 2. **JARRET** (ja-rè) *s. m.* Nom d'un poisson, *sparus smaris*.

— ÉTYM. Anc. formes provenç. *garlet, jarle, gerllet, gerre, jarre, giaret*, du lat. *gerres*, PLINE, H. N. XXXII, 53, 5, BAUQUIER, dans *Romania*, t. VI, p. 266 (qui a fait voir que *jarret* poisson est tout différent de *jarret*, partie du corps).

JARRETIÈRE. *Ajoutez :* || 6° Petit cordage employé dans les manœuvres de force.

JASMIN. *Ajoutez :* || 8° Jasmin d'Arabie, nom vulgaire d'un arbrisseau de l'Inde orientale, le sampac ou champac (voy. ce dernier mot au Supplément). || 9° Fig. Valet de pied, laquais. On sera obligé de payer quand on voudra avoir des jasmins derrière sa voiture, *Cahier des plaintes et doléances*, p. 13, 1789, dans CH. NISARD, *Parisianismes*, p. 147.

JASPÉ. *Ajoutez :* || 2° Trempe au jaspé, trempe jaspée, opération par laquelle on pratique des jaspures. C'est avec la savate et les os de mouton qu'on fait les trempes jaspées que l'on voit sur les armes de luxe, *Enquête, Traité de comm. avec l'Anglet.* t. II, p. 313.

† **JASSERIE** (ja-se-rie), *s. f.* Nom donné aux burons où l'on fabrique le fromage, dans les montagnes du Puy-de-Dôme, *les Primes d'honneur*, 1870, p. 427. Le fromage de roche ou fourme de roche est fabriqué dans les jasseries de Pierre-sur-Haute, qui sont situées dans le Puy-de-Dôme, HEUZÉ, *la France agricole*, carte n° 44.

JAUGE. *Ajoutez :* || 10° Certaine quantité de mailles en un tricot. Nous savons qu'une jauge 27 contient 9 mailles. — Qu'est-ce que vous appelez une jauge 27 ? — C'est tant de mailles dans un espace donné....... nous connaissons toutes les jauges, à force de les tenir et de les apprécier, *Enquête, Traité de comm. avec l'Angl.* t. IV, p. 721. || 11° Nom, dans le pyromètre de Wedgwood, d'une plaque de cuivre sur laquelle sont soudées deux règles de cuivre légèrement convergentes.

JAUNE. *Ajoutez :* || 11° Le jaune, nom d'une maladie de la vigne causée par les pluies froides. || Proverbe. Le jaune est le fard des brunes.

† **JAUNIFIQUE** (jô-ni-fi-k'), *adj.* Qui produit le jaune. Des rayons rubifiques, jaunifiques, c'est-à-dire excitant la sensation du rouge, du jaune, VOLT. *Phil. Newt.* II, 8.

† **JAVANAIS, AISE** (ja-va-nê, nê-z'), *adj.* || 1° Qui appartient à l'île de Java. || *S. m.* Le javanais, langue qui est parlée dans cette île et qui appartient au groupe malai. || 2° Sorte d'argot où l'on introduit *va* après chaque syllabe d'un mot.

† **JAVARI** (ja-va-ri), *s. m.* Espèce de sanglier d'Amérique, le pécari.

— ÉTYM. Esp. *javali*, sanglier, de l'arabe *djabali*, montagnard.

† **JAVELAGE.** *Ajoutez :* || 3° Opération, dite aussi battage, qui consiste à détacher le sel des tables, et à le mettre en tas appelés javelles, *Enquête sur les sels*, t. II, p. 510.

JAVELEUR. *Ajoutez :* || 2° Engin qui javelle. En Angleterre d'abord, en France ensuite, on a armé la moissonneuse d'un organe nouveau, qu'on a appelé un javeleur, pour remplacer l'homme chargé de jeter par petits tas hors du tablier les tiges que les ailes y faisaient tomber, BELLA, *Bull. Soc. centr. d'Agric.* t. XXXVI, p. 459.

† 2. **JAVELLE (EAU DE).** *Ajoutez :* — REM. Plus exactement, l'eau de javelle résulte de la dissolution dans l'eau d'un mélange de chlorure de potassium et d'hypochlorite de potasse.

† **JAWI** (ja-vi), *s. m.* Nom commun sous lequel on comprend le javanais et le malais.

† **JEAN.** *Ajoutez :* || 19° Jean le Blanc, nom que les protestants donnaient par injure à l'hostie eucharistique. La légende véritable de Jean le Blanc, *Titre d'un pamphlet protestant* (1677), dans CH. NISARD, *Parisianismes*, p. 148. || 20° Jean l'Enfumé, jambon. || 21° Jean du Houx, bâton.

— REM. Jean de Nivelle, qui est cité au n° 10, était un fou des confréries du Saint-Cordon, qui figurait à la procession de la fête de la Nativité (Voy. Mme Clément Hemery, *Fêtes civiles et religieuses du département du Nord*).

— HIST. XVe s. *Ajoutez :* Car Johan des Vignes [le vin] qui est tant beau Incontinent leur gasta le cerveau, *Sermon joyeux et de grande value* dans l'*Anc. théât. franç.* éd. Janet, t. II, p. 215.

† **JEANNETTE.** *Ajoutez :* — REM. Les *Mémoires* de Bachaumont (t. XX, p. 203) fixent à 1782 l'apparition des croix à la *Jeannette*.

† **JECTANIDE** (jè-kta-ni-d'), *adj.* Terme d'antiquité. Qui appartient à la descendance de Jectan, l'un des personnages nommés dans la Bible. Quant au Hedjaz proprement dit, toutes les traditions nationales de l'Arabie nous montrent une grande nation de la race jectanide, fondatrice d'un empire puissant, FR. LENORMANT, *Manuel d'hist. anc.* t. III, p. 252, 4e éd.

† **JENNÉRIEN, IENNE** (jè-nné-riin, riè-n'), *adj.* Qui appartient à Jenner, médecin anglais, lequel a découvert la vaccine. || Vaccin jennérien, vaccin pris bras à bras, par opposition au vaccin pris sur une vache.

† **JENNY.** — ÉTYM. *Ajoutez :* M. Petilleaux d'Édimbourg m'apprend que *jenny* n'est pas un nom propre appliqué à une machine, mais un diminutif, avec altération, de *gin*, machine, lequel, à son tour, est le français *engin*.

JÉSUITIQUE. *Ajoutez :* — HIST. XVIe s. La faction romaine espagnole et jesuitique, SULLY, *Mém.* t. II, ch. 20.

† **JETAGE.** *Ajoutez :* || 3° Action de jeter le bois de chauffage dans les cours d'eau, afin de le faire flotter. C'est vers la fin de novembre, au premier gonflement des sources, que l'on se met en mouvement pour commencer le jetage ou flottage des bois déposés près des rivières et ruisseaux, *Mém. de la Soc. centr. d'Agric.* 1873, p. 257.

1. **JETÉ.** *Ajoutez :* || 10° Néologisme. Jeté de, parsemé. Quelques menus dessins, jetés d'insectes ou de feuillages comme les Japonais en sèment à l'intérieur de leurs coffrets, KARL STEEN, *Journ. offic.* 29 mars 1876, p. 2238, 1re col.

JETER. *Ajoutez :* — REM. On trouve jeter dit pour mettre bas, en parlant des femelles d'animaux. Une bonne jument pleine, un très-beau bœuf, une génisse prête à jeter le veau, *Avranchin*, 29 août 1875. Comparez cela au n° 27 de jeter.

† **JETONNE** (je-to-n'), *s. f.* Nom, dans la Vienne, de la mule qui n'a pas encore un an, *les Primes d'honneur*, Paris, 1872, p. 302. || On écrit aussi gitonne.

— ÉTYM. Anc. franç. *jeton*, rejeton, qui vient de *jet*.

† **JETTATURE** (jè-tta-tu-r'), *s. f.* Action de jeter un sort par des signes et surtout par le regard, superstition particulièrement italienne. Supplié par sa femme, le roi [Amédée, d'Italie, un moment roi d'Espagne] quitta la partie et rendit cette couronne qui semblait avoir la jettature, J. LEMOINNE, *Journ. des Débats*, 23 nov. 1876, 1re page, 5e col.

— ÉTYM. Ital. *gettatura*, de *gettare*, jeter.

JEU. *Ajoutez :* || 31° Terme de turf. Un cheval fait le jeu, quand, dès le départ, il prend la tête du train, forçant ainsi ses concurrents à développer, dès le début, leur maximum de vitesse. || Quand deux chevaux d'une même écurie sont engagés dans une course, l'un d'eux est réservé à faire le jeu de son camarade, c'est-à-dire à fatiguer les concurrents jusqu'au moment où son camarade d'écurie peut prendre place et terminer victorieusement la course.

— REM. Dans le proverbe : le jeu ne vaut pas la chandelle, on pèche contre le dicton en mettant *enjeu*. Rivarol quitta cette partie de la politique militante dont l'enjeu ne valait plus la chandelle, DE LESCURE, *Journ. offic.* 16 mai 1875, p. 3479, 2e col.

JEUNE. *Ajoutez :* || 11° Les jeunes, ancien nom de certaines confréries d'artisans dans le Midi.

JEÛNE. — HIST. XIIe s. *Ajoutez :* Science apareilhet en son jor convive [le repas], quant ele sormontet la jeûne d'ignorance, *li Dialoge Gregoire lo pape*, 1876, p. 349.

JEUNESSE. *Ajoutez :* || 10° La grande jeunesse ancien nom de certaines confréries d'artisans dans le Midi.

† **JICLER** (ji-klé), *v. a.* Autre orthographe pour gicler (voy. GICLER au Supplément).

† **JIQUILITE** (ji-ki-li-t'), *s. m.* Sorte d'indigo. Près de Sensutépec, dans le Salvador, on a abattu toutes les forêts dans un rayon de six lieues, pour planter un excellent indigo nommé jiquilite, *Journ. offic.* 3 mai 1877, p. 3228, 3e col.

JOCKEY. *Ajoutez :* — REM. 1. À la fin du XVIIIe siècle, on disait jacquet, qui est la forme française

Le comte d'Artois... s'élançant dans la foule du peuple pour encourager ses postillons ou jacquets, MERCI ARGENTEAU, *Corresp. secrète*, dans *Journ. des Débats*, 31 août 1875, 3e page, 6e col. || 2. L'orthographe a beaucoup varié. Quelqu'un s'avance; ces dames vont sortir sans doute; ce *jocquez* vient annoncer que la voiture est là, cité de J. B. PUJAULX, *Paris à la fin du XVIIIe siècle* (an IX, 1801), ch. des *Modes du jour*, dans E. DE LA BÉDOLLIÈRE, *Hist. de la Mode*, ch. XIV. Cuisiniers, *jocqueis* et rôtisseurs, *Lett. du P. Duchêne*, 9e *lettre*, p. 4.

JOCKO. *Ajoutez* : En 1847, on chantait dans les rues : On vient d'quitter subito Mod's francai's et mod's anglaises, Et, jusqu'aux marchands d'coco, Tout s'habille à la jocko, E. DE LA BÉDOLLIÈRE, *Hist. de la mode*, ch. XVI.

— ÉTYM. Altéré de *engeco*, nom donné par André Battell, et duquel Buffon dit : *jocko, enjocko*, nom de cet animal à Congo, que nous avons adopté; *en* est l'article que nous avons retranché, HUXLEY, *De la place de l'homme dans la nature*, trad. franç. p. 114.

† JOHANNA (jo-a-nna), *s. f.* La 127e planète télescopique, découverte en 1872 par M. Prosper Henry.

JOIGNANT. *Ajoutez* : || 3e *Adv.* Tout joignant, tout auprès. Mme Nevers répondit, mais ce fut si bas que, encore que je fusse tout joignant,... je n'en pus rien ouïr, MALH. *Lexique*, éd. L. Lalanne.

2. JOINT. || 2e Terme de mécanique. *Ajoutez* : || Organe employé pour transmettre la rotation d'un arbre à un autre. Joint de Oldham, s'emploie dans le cas où les deux arbres sont parallèles et très-rapprochés. Joint de Cardan, ou joint hollandais, ou joint universel; les deux arbres sont dans un même plan et se coupent sous un angle très-obtus.

† JOINTEMENT (join-te-man), *s. m.* || 1e Action de joindre, de clore en joignant. Le caoutchouc devient dur, fait corps avec le bois ou le métal juxtaposé, et le jointement est imperméable aux gaz et aux liquides, *Journ. offic.* 9 avril 1872, p. 2448, 2e col. || 2e Il se dit aussi pour jointoiement. Lorsqu'on juge que la siccité est complète, on refait le jointement en employant de préférence, à cet effet, le ciment de Portland, *Journ. offic.* 16 juin 1876, p. 4229, 3e col.

† JOLIVETTES (jo-li-vè-t'), *s. f. plur.* Danser les jolivettes, locution aujourd'hui inconnue, et qui, désignant une sorte de danse, signifie figurément se mouvoir au gré d'un autre comme un pantin. Ne dirait-on pas qu'il va venir demain renverser la marmite du père Duchêne, briser ses fourneaux et lui faire danser les jolivettes aussi facilement qu'à Polichinelle? *Lett. du P. Duchêne*, 37e lettre, p. 4.

1. JONC. *Ajoutez* : || 4e Sorte de fromage. Le fromage de Fontjoncousse ou fromage de jonc est fabriqué dans les basses Corbières du département de l'Aude; on le sale et on le fait sécher, HEUZÉ, *la France agricole*, carte n° 44.

— HIST. *Ajoutez* : || XVIe s. Pour en faire brief et ne cercher point le neud dans le jonc..., *Arrest memorable du parlement de Tholose, contenant histoire prodigieuse d'un supposé mary*, Paris, 1572, p. 26

JONGLERIE — REM. Jonglerie signifiait proprement dans l'ancienne langue le métier de jongleur ou ménestrel : XIIIe s. Cil qui sevent de jonglerie, Vielent par devant le conte, *Dit du buffet*, v. 140.

† JOSÉPHISME (jo-zé-fi-sm'), *s. m.* Ensemble des mesures prises par Joseph II, empereur d'Allemagne, pour subordonner l'Église à l'État. Aucun de ses imitateurs [de Joseph II] ne fut plus heureux que lui; le joséphisme n'a jamais conduit qu'à des mécomptes, G. VALBERT, *Rev. des Deux-Mondes*, 1er mai 1876, p. 219.

† JOSÉPHISTE (jo-zé-fi-st'), *adj.* || 1e Qui a le caractère du joséphisme. On peut croire que, s'il [Frédéric II de Prusse] revenait au monde, son prodigieux bon sens goûterait médiocrement le remuemenage qu'on a fait depuis peu dans sa maison et les lois joséphistes qui ont été votées à Berlin, G. VALBERT, *Rev. des Deux-Mondes*, 1er mai 1876, p. 219. || 2e *S. m.* Nom des partisans du roi Joseph en Espagne.

† JOTTE. *Ajoutez* : || 2e Nom, dans le Loiret, du *sinapis arvensis*, dit aussi moutardon, *les Primes d'honneur*, Paris, 1869, p. 193.

† JOUABLE. *Ajoutez* : || 3e On dit aussi aux cartes, à l'écarté par exemple : je vous donne gagné, mon jeu n'est pas jouable.

JOUER. *Ajoutez* : || 36e *S. m.* Le bien jouer, l'action de bien jouer. Le bien jouer à la paume ne consiste pas en l'esprit, MALH. *Lexique*, éd. L. Lalanne.

JOUEUR. — HIST. XIIIe s. Tout maintenant, sans plus tergier, Comanda à son escuier Le blanc joeor [c'est un cheval] atorner, *li Chevaliers as deus espées*, publié par Förster, v. 2677.

JOUIR. — REM. *Ajoutez* : || 2. Malherbe a employé *jouir* activement : À quoi doit-il penser qu'à vivre, Vous jouir et se réjouir? *Lexique*, éd. L. Lalanne. Cela est tout à fait hors d'usage.

† JOUISSEUR (jou-i-seur), *s. m.* Néologisme. Celui qui se livre aux jouissances de la vie. Il [le second empire] en a fait [de la nation française] une nation de viveurs, de jouisseurs et de matérialistes, *Journ. offic.* 18 nov. 1875, p. 9429, 3e col.

JOUR. *Ajoutez* : || 33e Tous les jours, pris substantivement, ce qui se fait tous les jours. Leur conversation ne portait pas au delà d'un cercle borné; leur tous les jours était assez ordinaire, STE-BEUVE, *Port-Royal*, t. VI, p. 267, 3e éd. || 34e Espèce de dentelle faite à l'aiguille au milieu d'un dessin de broderie, soit qu'on enlève l'étoffe tout à fait, soit qu'on tire des fils sur l'étoffe pour former le jour avec les fils laissés et l'aiguille, soit qu'on fasse un dessin avec du fil de dentelle si l'étoffe est du tulle.

— REM. *Ajoutez* : || 3. Non-seulement *ce jourd'hui* a vieilli, mais *le jourd'hui* a encore vieilli davantage. En ce temps du jourd'hui l'on n'est que trop savant, RÉGNIER, *Sat.* III. || 4. Voltaire a employé la locution *ancien des jours* pour désigner un prêtre, un vieillard. Il sera difficile que l'ancien des jours, Boyer, résiste à une sollicitation si pressante pour lui, et si honorable pour vous, *Lett. Mme de Fontaine*, 12 sept. 1754. L'ancien des jours est une locution biblique qui s'applique à Dieu (voy. ANCIEN, n° 9).

JOURNALIER. *Ajoutez* : || 5e Un journal, un récit quotidien. La bibliothèque municipale de Reims possède le manuscrit autographe des mémoires, ou, pour mieux dire, du journalier écrit par un bourgeois de cette ville depuis l'année 1649 jusqu'à l'année 1668, ÉD. DE BARTHÉLEMY, *Journ. offic.* 7 nov. 1875, p. 9078, 2e col.

JOURNÉE. *Ajoutez* : || 10e Terme de turf. L'ensemble des courses courues dans la même journée.

JUBILAIRE. *Ajoutez* : || 3e Qui est relatif à une célébration publique ou domestique revenant au bout de cinquante ans. S. M. [le roi de Prusse] assistera à la fête jubilaire des grenadiers du roi, *Opinion nationale*, 25 mai 1867.

† JUBIS. *Ajoutez* : — ÉTYM. Arabe, *zebîb*, raisin sec.

JUDAÏSME. — HIST. *Ajoutez* : || XIIIe s. Pluseurs Juis par la cité Leur judaïsme deguerpirent, De cuer amerent et servirent La douce mere au roy de gloire, GAUTIER DE COINCY, *les Miracles de la sainte Vierge*, p. 568, éd. abbé Poquet.

† JUDICATEUR (ju-di-ka-teur), *s. m.* Néologisme. Celui qui juge les œuvres littéraires, les œuvres d'art. Une fois à son tribunal.... tout judicateur prend à la fois du solennel et du burlesque, BÜRGER, *Salons de 1861 à 1868*, t. II, p. 130.

— ÉTYM. Lat. *judicare*, juger.

† JUDICATRICE (ju-di-ka-tri-s'), *s. f.* Jugement, faculté de juger. Je m'en rapporte à votre souveraine judicatrice, BALZAC, *Lett. inédites*, LXXVIII, éd. Tamizey-Larroque.

— REM. Ce mot, que Balzac employa plusieurs fois, n'a point passé dans l'usage. On dit en ce sens aujourd'hui la judiciaire.

† 2. JUDICIAIRE (ju-di-si-è-r'), *s. m.* Ancien terme de coutume. Assesseur. En ce présent volume sont rédigées par écrit les Chroniques de feu maistre Jehan Molinet, en son temps judiciaire et historiographe de très-illustres maisons d'Austrice et de Bourgoigne, *Catalogue de la Bibl. de M. Dancoisne*, mss. n° 2383 (note communiquée par M. Noël, bibliothécaire à Saint-Omer, qui remarque que les textes de Molinet portent ordinairement *indiciaire*, ce qui est une fausse lecture). Voy. JUDICIAIRE à l'historique.

† JUDICIEL, ELLE (ju-di-si-èl, è-l'), *adj.* Synonyme inusité de judiciaire. Fin du genre judiciel, démonstratif et délibératif, RAC. *Lexique*, éd. P. Mesnard.

† JUEWA (ju-é-va), *s. f.* La 139e planète télescopique, découverte en 1874 par M. Watson.

JUGE. *Ajoutez* : || 16e Le mot juge a pris diverses significations spéciales dans les îles Normandes : À Jersey et à Guernesey, juge délégué, personne désignée pendant la vacance de l'office de bailli, pour en exercer provisoirement les fonctions. À Aurigny et à Serk, autrefois, juge, le premier des jurés chargé de la présidence de la cour. À Aurigny, aujourd'hui, le juge fonctionnaire nommé par la couronne, président de la cour et des États de l'île. Lieutenant-juge, personne désignée pour exercer les fonctions du juge en son absence. Enfin le nom de juge est souvent donné aujourd'hui aux jurés de Jersey.

† JUGEABLE. *Ajoutez* : — HIST. XIIe s. Se or li vivant juste n'ont pas de compassion des morz et des dampneiz nient justes, quant il encor sevent [savent] de lur char alcune chose jujable..., *li Dialoge Gregoire lo pape*, 1876, p. 262.

† JUGEOLINE. *Ajoutez* : — ÉTYM. Espagn *aljonjolí, ajonjolí*; de l'arabe *al-djoldjolân*, sésame

† JUGULATEUR (ju-gu-la-teur), *s. m.* Celui qui jugule. Toutes les inventions atroces des jugulateurs ne sont capables ni de nous intimider, ni de nous déconcerter, BABEUF, *Pièces*, I, 41.

— ÉTYM. Lat. *jugulatorem*, égorgeur, de *jugulare* (voy JUGULER).

JUIF. — ÉTYM. *Ajoutez* : D'après M. d'Arbois de Jubainville (*Revue celtique*, t. II, p. 129), la forme *juif*, ne pouvant venir directement du latin *judæus*, suppose un bas-latin *judévus* (syncope du *d*, et changement d'*e* en *i* et de *v* en *f*); cette supposition est corroborée par le breton armoricain *juzev*.

JUIVERIE. *Ajoutez* : — REM. Voltaire a dit *juifrerie*. Si nous pouvions réussir à le devenir [heureux], sans établir une caisse de juifrerie, ce serait autant de peine épargnée, VOLT. *Lett. à Mme de Bernières*, dans STE-BEUVE, *Causeries du lundi*, XIII, art. *Lettres inédites de Voltaire*.

† JULIA (ju-li-a), *s. f.* La 89e planète télescopique, découverte en 1866 par M. Stephan.

2. JULIENNE. *Ajoutez* : — REM. On lit dans le *Courrier de Vaugelas*, 15 déc. 1875, p. 124 : « La *julienne*, qu'on appelle dans le patois de Genève la *soupe à la bataille*, n'est mentionnée ni dans Taillevent, ni dans le *Ménagier de Paris* (1393), ni dans le Dictionnaire français-anglais de Cotgrave (1660), ni dans le *Cuisinier françois* de La Varenne (1670); c'est seulement dans le *Cuisinier royal et bourgeois* (1722) qu'on la trouve pour la première fois, ce qui me fait présumer que ce potage n'est guère connu que depuis le commencement du XVIIIe siècle. On a dit d'abord *potage à la julienne*, comme le montrent ces exemples : Potage *à la Julienne* en maigre, *Cuisinier roy. et bourg.* t. II, p. 153. On fait aussi des potages *à la Julienne* de poictrine de veau, chapon, poularde, pigeons et autres viandes, *ib.* t. II, p. 392. Puis on a supprimé *potage*, ce qui a réduit l'expression à *Julienne*, qui s'est employé alors sans majuscule : Potage ou *julienne* de poulets farcis, *ib.* t. II, p. 123.

† 3. JULIENNE (ju-liè-n'), *s. f.* Sorte de poisson. Autrefois on pêchait sur la côte d'Audierne beaucoup de congres, de juliennes et de merlues; on les séchait au soleil, *Journ. offic.* 25 déc. 1875, p. 8844, 3e col.

† JUMEL (ju-mèl), *adj. m.* Coton jumel, sorte de coton, *Journ. offic.* 11 mars 1872, p. 1743, 2e col.

† JUMELAGE (ju-me-la-j'), *s. m.* Chez les pontonniers, action de jumeler, résultat de cette action. Faire le jumelage de deux poutrelles.

JUMELLES. *Ajoutez* : || 8e Épées jumelles, se dit de deux épées symétriques, disposées de manière à pouvoir être placées dans un même fourreau.

† JUMENTERIE. *Ajoutez* : Ces belles jumenteries de l'État, si généralement regrettées aujourd'hui, *Rapport Bocher à l'Assemblée nat.* n° 1910, p. 20. Le conseil général du Finistère.... demande avec une grande énergie le rétablissement de la jumenterie de Pompadour, *ib.* p. 160.

† JUNKÉRITE (jun-ké-ri-t'), *s. f.* Terme de minéralogie. Carbonate de fer anhydre.

JUPITER. *Ajoutez* : || 4e Terme de charpente. Trait de Jupiter, voy. TRAIT, 1, n° 20.

† JUPITÉRIEN. *Ajoutez* : || *S. m.* Adorateur de Jupiter. Les Crétois avaient une dévotion particulière à Jupiter, et ne s'intitulaient point jupitériens, VOLT. *Dict. phil. Pourquoi (les)*.

† JUPONNÉ, ÉE (ju-po-né, née), *adj.* Qui a mis un jupon. Quand tu seras juponnée un peu plus haut par derrière..., OCTAV. FEUILLET, *Rev. des Deux-Mondes*, 1er mars 1872, p. 7.

† JURADE (ju-ra-d'), *s. f.* Le corps des jurats.

† **JURASSIEN, ENNE** (ju-ra-siin, siè-n'), *adj.* Qui a rapport aux habitants de la contrée couverte par le mont Jura.

— REM. *Jurassien* appartient au langage ethnologique, tandis que *jurassique* est relatif à la géologie.

JURATOIRE. *Ajoutez* : Si l'évêque [de Strasbourg] donnait caution juratoire de s'en tenir au jugement du concile [de Constance].... LENFANT, *Hist. du concile de Constance*, p. 348.

2. **JURÉ.** *Ajoutez* : ‖ 7° Jurés, magistrats électifs des îles Normandes : chacune des deux îles de Jersey et de Guernesey en a douze, qui composent, avec le bailli, la cour royale, et sont membres des États. On les appelle aussi jurés-justiciers, jurés du roi (ou, aujourd'hui, jurés de la reine), jurés de la cour royale, etc. Il y a aussi une cour de jurés électifs dans l'île d'Aurigny, et il y en a eu une dans l'île de Serk.

† **JURISPRUDENTIEL, IELLE** (ju-ri-spru-dan-si-èl, è-l'), *adj.* Qui appartient à la jurisprudence. Au point de vue jurisprudentiel, *Journ. offic.* 28 juin 1874, p. 4414, 1re col.

† 2. **JURON** (ju-ron), *s. m.* Nom, dans le Jura, du vent d'est, dit aussi montaine, *les Primes d'honneur*, Paris, 1869, p. 273.

JUSQUE. — REM. *Ajoutez* : ‖ 2. *Jusqu'à ce que*, on le voit au n° 5, s'emploie avec le subjonctif et l'indicatif. M. Terzuolo, *Études sur le Dict. de l'Acad. franç. Prospectus*, p. 24, a déterminé les cas où l'un ou l'autre de ces modes est requis : le second verbe doit être au subjonctif, lorsqu'il exprime une intention à remplir, non une intention remplie, un but à atteindre, non un but atteint; dans le cas contraire, il faut absolument l'indicatif. Ainsi il y a une faute dans cette phrase : Mungo-Park arriva sur les bords du Niger, dont il continua à suivre les rives, jusqu'à ce que des obstacles insurmontables le *forçassent* à retourner sur ses pas; mettez *forcèrent*. En effet l'intention de Mungo-Park n'était pas de suivre les bords du Niger jusqu'à la rencontre d'obstacles; cette rencontre n'était ni voulue ni cherchée. Même faute dans ces phrases : La roue d'un wagon s'était brisée; le fragment, sorti des rails, traîna sur le sable jusqu'à ce qu'il *rencontrât* le pont; mettez *rencontra*. La loi du passe-port tombe périodiquement en désuétude jusqu'à ce que de nouveaux troubles la *fassent* revivre momentanément; mettez *la font*. La règle de M. Terzuolo est bonne, non pas qu'il y ait faute grammaticale à mettre partout le subjonctif, mais parce que cette règle porte de la précision et de la logique dans la construction. M. Terzuolo note qu'il est des phrases douteuses où le choix entre le subjonctif et l'indicatif reste à volonté, le sens n'étant pas bien déterminé; par exemple : Socrate se mit à se promener jusqu'à ce qu'il *sentit* [ou *sentît*] ses jambes s'appesantir, puis il se coucha sur le dos. Pendant les troubles de la capitale, Joly fit un voyage à Rome, et y demeura jusqu'à ce que la tranquillité *fut* [ou *fût*] rétablie.

† **JUSSIÉE** (ju-siée), *s. f.* Terme de botanique. Genre de plantes herbacées des régions tropicales.

— ÉTYM. *Jussieu*, célèbre botaniste.

1. **JUSTE.** *Ajoutez* : — REM. Au n° 1, la locution : *comme de juste* est dite populaire et signalée comme devant être évitée. Cette condamnation a excité des observations. D'abord elle se trouve dans certains auteurs : Le roi n'y perdit pas ses droits, comme de juste, DECOURCHAMP, *Souv. de la marq. de Créquy*, t. I, VI. Puis on fait remarquer que *comme de raison* est accepté dans le Dictionnaire. Enfin *de vrai* est usité par les meilleurs auteurs (voy. VRAI, n° 16). Ce dernier rapprochement dégage *comme de juste* de tout reproche.

† **JUTE** (ju-t'), *s. m.* Chanvre de l'Inde qui entre en France depuis quinze ou vingt ans, et qui sert à faire des fils et tissus communs employés à l'emballage, à la confection des sacs. Le jute est l'écorce intérieure d'une plante fibreuse, le *corchorus capsularis*, qui n'est guère cultivée qu'aux Indes orientales, *Monit. univ.* 18 juin 1867, p. 759, 1re col.

† **JUXTATROPICAL, ALE** (juk-sta-tro-pi-kal, ka-l'), *adj.* Terme de géographie. Zone juxtatropicale, zone qui environne les tropiques.

— ÉTYM. Lat. *juxta*, auprès, et *tropical*.

K

† **KAGOU** (ka-gou), *s. m.* Nom d'un oiseau dans les forêts du sud de la Nouvelle-Calédonie. Le kagou (*rhinocheros jubatus*), le plus remarquable des oiseaux propres à la Nouvelle-Calédonie, *Journ. offic.* 9 sept. 1875, p. 7703, 3e col.

† **KAÏNITE** (ka-i-ni-t'), *s. f.* Produit minéral, qu'on trouve dans des mines du duché d'Anhalt, qui est mélangé de divers sels (sulfate de magnésie, de potasse, chlorure de magnésium, chlorure de sodium), et qu'on emploie comme engrais, *Douanes, circul. lith.* 9 juill. 1872.

† **KAKE** (ka-k'), *s. f.* Sorte de figue. [En Algérie] le plaqueminier du Japon, grand arbre dont le fruit ou figue kake, de la grosseur d'un abricot, se mange très-mûr, un peu bletti, *Journ. offic.* 26 nov. 1874, p. 7813, 2e col.

† **KALÉIDOPHONE** (ka-lé-i-do-fo-n'), *s. m.* Voy. CALÉIDOPHONE.

† **KALONG** (ka-longh'), *s. m.* La roussette de Java. [Au moment du crépuscule] on entend le cri des kalongs dans les cocotiers, *Journ. offic.* 1er sept. 1873, p. 5674, 2e col.

† **KAMPONG** (kan-pongh'), *s. m.* Nom, à Java et ailleurs, d'agglomérations d'habitations. Il n'est point de place dans les Indes néerlandaises qui n'ait son contingent d'Arabes, de Chinois, d'Indous, de Bengalais, habitant chacun des kampongs séparés qui portent leurs noms, LENTHIOLLE, *Journ. offic.* 4 nov. 1875, p. 8987, 2e col. Ils craignent de se compromettre en répondant à un étranger, le kampong étant responsable du voyageur qui traverse son territoire, *ib.* p. 8988, 2e col.

† **KANDI** (kan-di), *s. m.* Sorte de pin. A la Nouvelle-Zélande on ne trouverait pas un pin kandi de quelque valeur près de la côte, *Rev. Britann.* fév. 1876, p. 284.

† **KANTAR** (kan-tar), *s. m.* Nom, en Égypte, d'un poids de 45 kilogrammes environ, *Journ. des Débats*, 30 sept. 1876, 2e page, 1re col.

† **KAOLINIQUE** (ka-o-li-ni-k'), *adj.* Qui appartient au kaolin. Composition lithologique du sable kaolinique de Montainville, *Acad. des sc. Comptes rend.* t. LXXXI, p. 400. Le sable kaolinique, MEUNIER, *ib.* t. LXXXIII, p. 576.

† **KARAGOUZ** ou **CARAGOUZ** (ka-ra-gouz'), *s. m.* ‖ 1° Nom, en Turquie, d'un personnage de farces, qui attire beaucoup la foule, bien que son rôle soit déparé singulièrement par les obscénités, *le Temps*, 23 oct. 1876, 2e page, 2e col. ‖ On trouve aussi caragueuz. Caragueuz est en grand honneur [à Damas] non-seulement parmi les enfants, mais encore parmi les graves Turcs, qui ne dédaignent pas de venir sourire à ses bourrades et à ses horions; c'est une sorte de polichinelle, de marionnette qu'on voit comme dans une lanterne magique, *Journ. des Débats*, 22 nov. 1876, 2e page, 3e col. ‖ 2° Nom d'un petit mammifère. Lemmings aux yeux rouges, karagouz aux yeux noirs, petites gerboises, dont la forme rappelle le kanguroo, *Rev. Britann.* avril 1876, p. 294.

— ÉTYM. Turc, *karageuz*, nom d'un Bohémien qui est principal personnage, de *kara*, noir, et *geuz*, œil.

† **KARAOUL** (ka-ra-oul), *s. m.* En Serbie, nom d'une grosse hutte carrée, construite sur un point élevé, servant de poste d'observation, et dans laquelle sont installés quelques gendarmes faisant la police de la route voisine, *Journ. des Débats*, 6 juin 1876, 2e page, 6e col.

† **KARBAU** (kar-bô), *s. m.* Nom du buffle à Sumatra. Les services multipliés que le bambou rend comme végétal aux indigènes ont leur parallèle dans ceux qu'ils tirent du buffle ou karbau, en tant qu'animal domestique, LENTHIOLLE, *Journ. offic.* 27 fév. 1876, p. 1423, 3e col.

† 2. **KARI** (ka-ri), *s. m.* Arbre de l'Australie. Le tuart et le kari, deux *eucalyptus* d'une grosseur fabuleuse, sont des bois de haute futaie d'un très-grand prix [en Australie], *Journ. offic.* 21 nov. 1872, p. 7170, 2e col.

† **KARSTÉNITE** (kar-sté-ni-t'), *s. f.* Terme de minéralogie. Sulfate de chaux anhydre.

† **KCHATRIYA** (kcha-tri-ia), *s. m.* Nom, dans l'Inde ancienne, de la caste des guerriers, la deuxième caste, celle qui venait après les brahmanes.

— ÉTYM. Nom dérivé secondaire de *kchatra*, qui signifie guerre en sanscrit, domination, et de là chef; *kchatriya* signifie donc qui tient aux chefs, qui appartient à leur famille.

† **KEEPSAKE.** — ÉTYM. *Ajoutez* : L'anglais *sake* signifie but, objet; par conséquent le *keepsake* s'explique ainsi : *to keep* (*for somebody's*) *sake*, garder par égard, par amour de quelqu'un (PETILLEAUX).

† **KENOB** (ke-nob), *s. m.* Espèce de flageolet en usage dans la musique arabe, CARTERON, *Premières chasses, Papillons et oiseaux*, p. 137, Hetzel, 1866.

† **KÉPI.** — ÉTYM. Allem. *Käppi*, dimin. de *Kappe*, bonnet, casquette, qui lui-même est le français *cape*.

† **KÉPISME** (ké-pi-sm'), *s. m.* Manie du képi, c'est-à-dire de la garde nationale pendant le siége et sous la commune de Paris en 1871 (mot éphémère et qui ne survivra pas aux circonstances qui l'ont suggéré). La plupart avaient des vareuses plus ou moins militaires, mais l'épidémie du képisme avait tout envahi, *l'Illustration*, 25 nov. 1871, p. 346, 3e col.

KÉRARGYRE (ké-rar-ji-r'), *s. f.* Terme de minéralogie. Chlorure d'argent naturel, dit aussi argent corné; c'est une substance blanche, demi-transparente, se coupant comme de la corne, et déposant de l'argent métallique lorsqu'on la frotte sur une lame de fer avec un peu d'eau.

— ÉTYM. Κέρας, corne, et ἄργυρος, argent.

† **KÉRASINE** (ké-ra-zi-n'), *s. f.* Terme de minéralogie. Combinaison de chlorure de plomb et d'oxyde de plomb.

† **KERNÈS** (kèr-nès), *s. m.* Terme d'exploitation houillère. Synonyme de royon.

† **KÉROSÈNE** (ké-ro-zè-n'), *s. m.* Naphte ou pétrole américain raffiné servent à l'éclairage.

† **KESTROSPHENDONE** (kè-stro-sfin-do-n'), *s. f.* Terme d'antiquité. Sorte de fronde dont les deux bras étaient inégaux, et avec laquelle on lançait une flèche, un trait, au lieu d'une pierre, d'une balle, *Journ. offic.* 19 mars 1874, p. 2128, 1re col.

— ÉTYM. Κεστροσφενδόνη, de κέστρος, trait, flèche, et σφενδόνη, fronde.

† **KHALIFA** (ka-li-fa), *s. m.* Nom, en Algérie, du chef indigène le plus élevé dans la hiérarchie.

— ÉTYM. C'est le même mot que *calife*.

† **KHALIFALIK** (ka-li-fa-lik), *s. m.* En Algérie, fonction d'un khalifa, ressort de son autorité. Son fils aîné, Sid Abou-Bekr, le remplaça à la tête du khalifalik du Sud, *Rev. Africaine*, 20e année, n° 117, mai-juin 1876, p. 180.

† **KHAMITIQUE** (ka-mi-ti-k'), *adj.* Voy. CHAMITIQUE au Supplément.

† **KHÉDIVE** (ké-di-v'), *s. m.* Titre du vice-roi d'Égypte.

† **KIEF** ou **KIEFF** (kièf), *s. m.* Le repos absolu chez les Turcs. S'indigne qui voudra du kieff des Orientaux; je m'émerveille de leur sobriété, Mme DE GASPARIN, *à Constantinople*, 2e éd. Paris 1867. Ni le harem ne le possède, ni le kieff ne l'endort, ID. *ib.*

† **KILOGRAMMÈTRE.** *Ajoutez* : — REM. Un cheval-vapeur est généralement évalué à 75 kilogrammètres par seconde, sauf dans la marine, où le mode d'évaluation de la puissance des machines à vapeur est plus compliqué et conduit à considérer la force nominale du cheval-vapeur comme variant entre 100 et 300 kilogrammètres.

† KILOMÉTRIQUE. *Ajoutez :* || Tonne kilométrique, voyageur kilométrique, tonne réduite, voyageur réduit, par hypothèse, à un kilomètre; celle, celui qui en parcourent 10, 20, 30, etc., représentent 10, 20, 30, etc. tonnes ou voyageurs kilométriques, P. BOITEAU, *Journ. des Débats*, 8 juin 1877.

† **KIMMERIDGIEN, IENNE** (kim-mé-ri-djiin, iè-n'), *adj.* Terme de géologie. Qui a le caractère d'une certaine couche de Kimmeridge, localité d'Angleterre. L'argile kimmeridgienne, *Journ. offic.* 11 oct. 1875, p. 8603, 1re col.

† **KING'S-CHARLES** (kin'gh'-char-l'), *s. m.* Espèce de petits chiens affectionnée par le roi Charles II d'Angleterre. Les pages conduisant les levrettes et les King's-Charles, TH. GAUTIER, *les Beaux-arts en Europe*, t. II, p. 33.

— REM. Il faut écrire King's-Charles, et non King-Charles. Cette espèce est en effet non le roi Charles, mais le chien du roi Charles; il y a donc faute dans le texte suivant : On peut encore, lorsque le renard s'est terré, faire usage de chiens de très-petite dimension, de bassets à jambes torses et à poils très-rudes, de petits doguins griffons, de terriers d'Écosse, ou même de King-Charles, J. LA VALLÉE, *la Chasse à courre en France*, 1859, t. IV, p. 153, 2e éd.

† KINO. *Ajoutez :* — ÉTYM. Mot des Indes orientales.

† **KIŒKKENMŒDDING** (kieu-kèn'-meu-ding'), *s. m.* Terme de préhistoire. Amas de débris de cuisine d'anciens peuples.

— ÉTYM. Danois, *kiœkkenmœdding*, de *kiœkken*, cuisine, et *mœdding*, fumier.

† **KOA** (ko-a), *s. m.* Arbre des îles Sandwich. C'était une maison vaste et carrée, en bois de koa, dont la couleur rappelle celle de l'acajou, *Revue des Deux-Mondes*, 1er mai 1877, p. 108.

† **KOFF** (kof), *s. m.* Petit navire des Pays-Bas. Les bâtiments de petite dimension tendent à disparaître :... les koffs ont beaucoup diminué, *Journ. offic.* 26 août 1874, p. 6224, 2e col.

KOPECK. *Ajoutez :* — ÉTYM. Russe, *kopeika*, de *kopye*, lance, à cause qu'il y avait originairement sur cette monnaie un cavalier armé d'une lance.

† **KORÉISCHITE** (ko-ré-i-chi-t'), *s. m.* Nom d'une tribu du Hedjaz de laquelle descendait Mahomet.

— ÉTYM. *Koreisch*, ancêtre de la tribu.

† KOUMIS. *Ajoutez :* — ÉTYM. Russe, *kumys*, mot d'origine mongole.

† **KOURDE** (kour-d'), *adj.* La langue kourde, et, substantivement, le kourde, langue appartenant au groupe iranien et parlé par les Kourdes, peuple d'Asie.

† **KOURGAN** (kour-gan), *s. m.* Nom d'antiques éminences tumulaires qu'on trouve dans certaines parties de la Russie orientale, A. MAURY, *Journ. des Savants*, mars 1876, p. 161.

† **KOUSCHITE** (kou-chi-t'), *adj.* Voy. COUSHITE.

† **KOUSSO** (kou-so), *s. m.* Plante d'Abyssinie spécifique contre les vers intestinaux.

† **KRAAL** (kra-al), *s. m.* Voy. CORRAL au Supplément.

† **KRACHENA** (kra-che-na), *s. m.* Nom d'un tabac algérien fort estimé. Ces derniers [les colons] se livrent exclusivement à la production des tabacs fins, chebli, krachena, etc. *Journ. offic.* 1er mai 1874, p. 3032, 1re col.

— ÉTYM. *Krachena*, nom d'une tribu arabe qui cultivait ce tabac.

† **KRATON** (kra-ton), *s. m.* Nom, à Java, de la résidence des princes indigènes. Nous nous rendons au kraton ; c'est une vaste enceinte de hautes murailles fermées par des portes que gardent les soldats déguenillés du sultan, BOUSQUET, *Rev. des Deux-Mondes*, 15 janv. 1877, p. 320.

† **KRICHNA**, ou, d'après l'orthographe anglaise, **KRISHNA** (kri-chna), *s. m.* Nom d'un héros du Mahabhârata (grand poëme indien), qui est une incarnation de Vichnou; krichna signifie proprement noir.

† KRISS. Voy. CRISS.

† **KROHOR** (kro-or), *s. m.* Nom indien exprimant la valeur de cent lacs; le lac vaut cent mille roupies; le krohor vaut donc dix millions de roupies; la roupie vaut 2 fr. 50.

† **KRONA** (kro-na), *s. f.* Pièce de monnaie suédoise en argent, valant au pair 1 fr. 33 c.

L

† **LABOUREUSE** (la-bou-reû-z'), *s. f.* Charrue mue par la vapeur. Chaque kilogramme de houille brûlé par la laboureuse correspondra à une ration de viande de plus donnée à la consommation publique, JOHANET, *Journ. des Débats*, 31 mars 1877, *Feuilleton*, 1re page, 2e col.

† **LABRY** (la-bri), *s. m.* Chien de berger spécial à la Provence et au Dauphiné. Le labry est d'importation sarrasine, tient du griffon et du lévrier et est admirablement doué pour la conduite des troupeaux; un trait particulier à cette race, c'est qu'elle ne se croise pas avec les autres espèces : une chienne labry en rut refuse les chiens et va chercher un individu de sa race (docteur BERNARD, de Montbrun-les-Bains, Drôme).

LABYRINTHE. — ÉTYM. *Ajoutez :* M. Mariette (*Revue critique*, 22 mars 1872, p. 182) conjecture avec plus de vraisemblance que λαβύρινθος est la transcription de l'égyptien *Rope-ro-h'unt* ou *Lope-ro-h'unt*, le temple de *Ro-h'unt*; *Ro-h'unt* est une ville auprès de laquelle était le Labyrinthe.

† **LABYRINTHODON** (la-bi-rin-to-don), *s. m.* Terme de paléontologie. Reptile gigantesque dont le genre a vécu à l'époque où se déposait le trias.

— ÉTYM. *Labyrinthe*, et ὀδούς, dent.

LAC. — HIST. || XIIIe s. *Ajoutez :* Et si est [une ville] encor toute apierte, Sans abiteours et desierte; En milieu croist [crut] uns lais dormans, U il a noirs poissons moult grans, P. MOUSKES, *Chronique*, v. 12090. Et il a [il y a] un lai mout parfont Environ, et si estoit lés [large] Bien deus arcies.... Et li lais lor bat [à des tours] environ, *li Chevaliers as deus espées*, publié par Förster, v. 6303.

† 2. **LAC** (lak), *s. m.* Voy. ci-dessus CROHOR.

† **LACÉDÉMONIEN, IENNE** (la-sé-dé-mo-niin, niè-n'), *adj.* Qui appartient à Lacédémone. La brièveté lacédémonienne, dite laconisme, est devenue proverbiale.

LACET. *Ajoutez :* || 10° Sorte de coutil. Coutils rayés pour literie, fantaisie pour stores, lacets bleus et blancs pour habillements.... *Enquête, Traité de comm. avec l'Anglet.* t. IV, p. 514.

LÂCHER. *Ajoutez :* || 14° *S. m.* Action de lâcher, de laisser aller. Environ 400 pigeons avaient été apportés; le lâcher a été fait dans la prairie *Journ. offic.* 24 mai 1873, p. 3296, 1re col. ... il arrive que des chasseurs désœuvrés, dans les environs des gares où les lâchers ont lieu, voyant ces compagnies de pigeons étrangers voleter avant de prendre leur direction vers le nord, les tirent et les abattent, *Journ. offic.* 8 sept. 1874, p. 6427, 1re col.

† **LACHÉSIS** (la-ké-zis'), *s. f.* || 1° Nom d'une des Parques, de celle qui détermine le sort des mortels. || 2° La 120e planète télescopique, découverte en 1872 par M. Borrelly.

— ÉTYM. Λάχεσις, de λαχεῖν, donner au sort.

† **LACINIATION** (la-si-ni-a-sion), *s. f.* État de ce qui est lacinié. Du mouvement dans les poils et les laciniations foliaires du *drosera rotundifolia*, HECKEL, *Ac. des sc. Comptes rend.* t. LXXXII, p. 525.

— ÉTYM. Voy. LACINIÉ.

LACONIQUE. *Ajoutez :* || 3° *S. m.* Le laconique, le style laconique, en peu de paroles. Nous avons lu et relu votre mémoire, c'est une pièce achevée; il n'y fallait pas moins de paroles; le laconique serait fort dangereux en pareille occasion, SÉV. *Lett. à Mme de Grignan*, 29 nov. 1679, dans *Lett. inédites*, éd. Capmas, t. II, p. 70.

† **LACTOBUTYROMÈTRE** (la-kto-bu-ti-ro-mè-tr'), *s. m.* Instrument employé pour déterminer la quantité de beurre que renferme le lait.

† **LACUNETTE** (la-ku-nè-t'), *s. f.* Petit fossé au milieu du grand, qu'on tient rempli d'eau. FÉLIBIEN, *Historique des bâtiments du roi*, Paris, 1690. || Supprimez ce mot qui est une mauvaise lecture pour : la cunette, et voyez CUNETTE.

† LACUNEUX. *Ajoutez :* || 2° Qui contient des lacunes, en parlant d'un texte, d'un écrit, d'un livre. Ce passage [ch. V et VI] est un de ceux pour lesquels le *Codex Alexandrinus* [qui contient les Épîtres de Clément Romain] est le plus lacuneux, RENAN, *Journ. des Savants*, janv. 1877, p. 7.

† **LACUNOSITÉ** (la-ku-nô-zi-té), *s. f.* Terme didactique. État lacuneux. On ne doit pas admettre la lacunosité comme une propriété des corps bruts et organisés, *Dict. de médec. Pore*, Baillière, Paris, 1873.

† **LADÈRE** (la-dè-r') ou **LADIÈRE** (la-diè-r'), *s. f.* Dans le parler de Genève, courants lacustres accidentels qui règnent souvent dans les eaux des lacs, et qu'on peut comparer en petit aux courants marins.

† **LADURE** (la-du-r'), *s. f.* Petite plate-forme au bord des œillets sur laquelle on tire le sel, *Enquête sur les sels*, t. I, p. 510.

† LAÏCISME. *Ajoutez :* || 2° L'ensemble, le caractère des laïques. Quelques prélats se sont déjà préoccupés de l'importance croissante que le laïcisme prend dans l'Église, *Journ. offic.* 18 avril 1877, p. 2933 1re col.

† **LAÏCITÉ** (la-i-si-té), *s. f.* Caractère laïque. Au sujet de l'enseignement laïque,... .... le Conseil [général de la Seine] a procédé au vote sur la proposition de la laïcité, qui a été repoussée, *la Patrie*, 11 nov. 1871.

LAINAGE. *Ajoutez :* — HIST. XIIIe s. Ces trois sont nées d'un lignage, Toutes d'un poil et d'un lanage, BAUDOIN DE CONDÉ, t. I, p. 72.

LAINE. *Ajoutez :* || 10° La laine à dos est celle qui a subi un lavage plus ou moins imparfait sur le dos même du mouton, *Enquête, Traité de comm. avec l'Anglet.* t. III, p. 43. || 11° Laine artificielle, laine qu'on tire de vieux tissus. C'est à Batley et à Dewsbury que l'on apporte toutes sortes de vieux chiffons,... et qu'à l'aide d'une machine puissante, ces chiffons sont ramenés à l'état de laine primitive; dans l'origine, les laines artificielles ne servaient qu'à confectionner des doublures; aujourd'hui on les emploie à la fabrication des velours, des droguets, des tapis, des couvertures de table et même des draps, *Journ. offic.* 15 avril 1876, p. 2726, 1re col.

† LAINETTE. *Ajoutez :* — ÉTYM. Diminutif de *laine*, ces mousses étant ainsi dites à cause de leur forme.

† LAINEUR. *Ajoutez :* || 2° Celui qui prépare la laine propre à la fabrication des châles et étoffes, *Tarif des patentes*, 1858.

LAINEUX. *Ajoutez :* || 6° *S. f.* Espèce de chenille, la laineuse du cerisier, *bombyx lanestris*, la laineuse du chêne, *bombyx catax*.

† 1. LAISSE. *Ajoutez :* || Il se dit de la fiente du sanglier.

† **LAISSEZ-PASSER** (lè-sé-pâ-sé), *s. m.* Terme de contributions indirectes. Autorisation écrite donnée pour la libre circulation des voitures et des bateaux (on écrit le pluriel comme le singulier). Art. 8 : Il sera délivré à chaque entrepreneur de voitures publiques, par le préposé de la régie des droits réunis, autant de laissez-passer conformes à sa déclaration qu'il aura de voitures en circulation, *Décret impérial du 14 fruct. an XII.*

LAIT. *Ajoutez :* || 17° Arbre à lait ou arbre à la vache, voy. ARBRE À LA VACHE dans le Supplément, au mot ARBRE.

† **LAIT-BATTU** (lè-ba-tu), *s. m.* En Normandie lait de beurre, lait qui reste dans la baratte quand le beurre est pris, DELBOULLE, *Gloss. de la vallée d'Yères*, le Havre, 1876, p. 203.

LAITEUX. *Ajoutez :* || 4° Huître laiteuse, huître fécondée. Sur 435 huîtres d'un an,... il s'en est trouvé 35 laiteuses, c'est-à-dire ayant les œufs ou les jeunes en incubation dans le manteau, et à divers degrés de développement, H. GERBE, *Acad. des sc. Comptes rend.* t. LXXXII, p. 430.

† **LAITICHE** (lè-ti-ch'), *s. f.* Nom normand de l'hermine en robe blanche (*mustela herminea*). Les laitiches, suivant la superstition normande, ne sont autre chose que les âmes des enfants morts sans baptême, EUG. ROLLAND, *Faune populaire*, p. 63.

— HIST. XVIe s. Laitisse, COTGRAVE.

— ÉTYM. Dérivé du franç. *lait* : blanche comme le lait.

† **LAITRON** (lè-tron), *s. m.* Nom, dans le Pas-de-Calais, des poulains de six à sept mois, *les Primes d'honneur*, Paris, 1869, p. 65.

— ÉTYM. *Lait*, à cause que l'animal ainsi nommé est encore à la mamelle.

† **LAÏUS** (la-ïus), *s. m.* Un discours, dans l'argot des jeunes gens de l'École polytechnique. Piquer un laïus, prononcer un discours. Dans le dialecte de l'École, tout discours est un laïus; depuis la création du cours de composition française en 1804, l'époux de Jocaste, sujet du premier morceau oratoire traité par les élèves, a donné son nom au genre, DE LA BÉDOLLIÈRE, *les Français peints par eux-mêmes*, t. V, p. 116.

† **LAKAÉTINE** (la-ka-é-ti-n'), *s. f.* Sorte de laque beaucoup employée en Chine, *Journ. offic.* 16 avril 1872, p. 2577, 1re col.

† **LAMBDA.** *Ajoutez :* ‖ 2° Terme d'anatomie. La suture occipito-pariétale qui ressemble au lambda des Grecs. La courbe occipito-frontale [sur un crâne de nègre] forme une légère ondulation sur le lambda, QUATREFAGES et HAMY, *Acad. des sc. Comptes rend.* t. LXXXIV, p. 140.

1. **LAMBOURDE.** *Ajoutez :* ‖ 4° Poutre horizontale établie le long d'un mur pour recevoir les solives d'un plancher. ‖ Pièces transversales aux solives, sur lesquelles on cloue les planches d'un parquet. ‖ 5° En fortification, pièce de bois de fort équarrissage employée pour la construction des plates-formes de mortiers. ‖ 6° Terme d'exploitation houillère. Madrier que l'on place pour la construction d'un puits.

LAMBRIS. *Ajoutez :* ‖ 5° Nom donné à un sciage mince ou planches qui n'ont que 0m,014, 0m,018 ou 0m,020 d'épaisseur, 6, 8 ou 9 lignes, NANQUETTE, *Exploit. débit et estim. des bois*, Nancy, 1868, p. 87.

† **LAMBRISSURE** (lan-bri-su-r'), *s. f.* Travail de lambris. On ne voyait point un nombre infini de charrettes chargées de pins et de sapins, pour faire des lambrissures dorées, MALH. *Lexique*, éd. L. Lalanne.

LAME. *Ajoutez :* ‖ 14° Nom provençal d'un très-gros squale, dit aussi redoune (voy. REDOUNE au Supplément), *Journ. des Débats*, 28 sept. 1876, 3e page, 3e col. ‖ 15° Terme d'anatomie. Lame criblée, partie de l'ethmoïde par laquelle les filets du nerf olfactif passent dans les fosses nasales.

† 1. **LAMIER.** *Ajoutez :* ‖ 2° Lamier-rotier, celui qui fait des lames (ou ros) pour les métiers à tisser, *Tarif des patentes*, 1858.

† **LAMOURETTE** (la-mou-rè-t'), *s. m.* Voy. BAISER 2 au Supplément.

† **LAMPANT.** *Ajoutez :* ‖ 2° Il se dit du vin au sens de corsé, bon à boire, à lamper. Que la progression [des vins dans un repas] soit des plus lampants aux plus parfumés, BRILLAT-SAVARIN, *Physiol. du goût*, *Méd.* t. IV, 76.

LAMPE. *Ajoutez :* ‖ 9° Terme de boucherie. Région, dite aussi hampe, grasses, fras, œillet, les œillères, qui s'étend de la partie postérieure et latérale du ventre vers l'extrémité inférieure et antérieure de la cuisse.

† 2. **LAMPER** (lan-pé), *v. a.* Se dit, en termes de marin, de la mer devenue phosphorescente. La mer lampe. La mer a lampé cette nuit.

— ÉTYM. *Lampe.*

† **LAMPERIE** (lan-pe-rie), *s. f.* Synonyme de lampisterie. .... Que l'une de ces ouvertures éclaire une lamperie, quatre un vestiaire pour les ouvriers, une un magasin de vieux objets.... *Décret rendu en conseil d'État*, 27 septembre 1863.

— REM. Lamperie vaut mieux que lampisterie.

† **LANÇAGE.** *Ajoutez :* ‖ 2° Sous l'ancienne monarchie, droit perçu sur le premier voyage de chaque bateau neuf, BOISLISLE, *Corresp. contrôl. gén. des finances*, p. 343, 1693.

LANCE. *Ajoutez :* ‖ 18° Terme forestier. Arbre en état d'être exploité. Le peuplement d'un taillis fureté se compose constamment de bois d'âges divers, depuis le brin du premier âge jusqu'à la lance exploitable, *Mém. de la Soc. centr. d'Agric.* 1873, p. 278. ‖ 19° Lance de cheminée, au pays de Falaise, tuyau de cheminée. ....Que cette cheminée n'ayant pas une lance particulière, comme l'exige un arrêté pris par l'autorité municipale de Falaise.... ....parce qu'il a eu le tort de réclamer jusqu'en appel la construction, aux frais de L...., des deux lances de cheminée, *Gaz. des Trib.* 13 oct. 1875, p. 986. ‖ 20° Terme d'antiquité chrétienne. La sainte lance, instrument liturgique chez les Grecs; c'est une espèce de couteau dont la lame a la forme de lance, et dont le manche allongé se termine par une croix; il servait à séparer de la masse du pain offert l'hostie qui devait être consacrée. ‖ 21° Pièce métallique qui garnit l'extrémité du boyau des pompes à incendie : le pompier la tient à la main et s'en sert pour diriger le jet. ‖ 22° En pyrotechnie, on donne le nom de lances à de petits cylindres en papier ou en carton mince, remplis de composition fusante; ces cylindres sont placés à peu de distance les uns des autres et le long des lignes fixes des objets que l'on veut représenter dans les feux d'artifices. Il fallait de toute nécessité, pour que ce spectacle offrît de tous les côtés le même attrait, renoncer aux pièces [d'artifice] dites en lances, J. AMIGUES, *Monit. univ.* 16 et 17 août 1867, p. 1116, 2e col.

† **LANCÉOLE** (lan-sé-o-l'), *s. f.* Petite lance dans les feux d'artifice.

— ÉTYM. Lat. *lanceola*, dimin. de *lancea*, lance.

LANCER. *Ajoutez :* ‖ 13° En termes de tisseur, se dit du mouvement communiqué à la navette. Un tisseur à la main lance, par jour, 25000 duites; avec un métier mécanique, il lance de 50000 à 55000 duites, et, en conduisant deux métiers, de 90000 à 100000, *Enquête, Traité de comm. avec l'Anglet.* t. III, p. 644. ‖ 14° *S. m.* Un lancer, une action de lancer. Samedi a eu lieu à Marseille un lancer de vingt-sept pigeons voyageurs des sociétés colombophiles de Paris, *le Temps*, 14 juillet 1876, 3e page, 1re col.

† **LANCEUR.** *Ajoutez :* ‖ 2° Au propre, celui qui lance, jette quelque objet. Le lanceur de lasso saute alors sur la barrière, enfonce un couteau à courte lame dans le cou de chaque animal, *Journ. offic.* 19 mars 1877, p. 2162, 1re col. ‖ 3° Appareil qui lance un liquide ou un fluide, *Acad. des sc. Comptes rend.* t. LXXX, p. 489.

LANDAU. *Ajoutez :* — ÉTYM. Sorte de voiture ainsi appelée de *Landau*, ville allemande où elle fut d'abord fabriquée.

† **LANDERNEAU** (lan-dèr-nô), *s. m.* Nom d'une ville du département du Finistère, usité dans cette expression proverbiale : Cela fera du bruit dans Landerneau, qui se dit d'une nouvelle racontée avec une importance exagérée.

— ÉTYM. On a prétendu que cette expression a été introduite par *les Héritiers*, d'Alexandre Duval, pièce qui eut un long succès. Mais, d'après le *Courrier de Vaugelas*, 1er janvier 1877, p. 113, Jacques Cambry, savant breton, avait cherché l'origine de ce proverbe avant la vogue des *Héritiers*, qui sont de 1796. Un correspondant du *Courrier de Vaugelas* pense que cette locution vient de l'usage de donner un charivari à la veuve qui se remarie, usage en vigueur à Landerneau et ailleurs.

† **LANGÉ, ÉE** (lan-jé, jée), *adj.* Couvert de langes. Le 8 janvier, je mets au monde une petite fille de la plus belle venue, pesant, langée, 4500 grammes, DOCTEUR RAMAUD, *Gazette des hôpitaux*, 24 janvier 1869.

LANGOUREUX. — HIST. *Ajoutez :* XIIIe s. Et les poures, vious [vieux] et mendis, Contrais, langerous et truans, PH. MOUSKES, *Chronique*, v. 26262.

LANGOUSTE. *Ajoutez :* ‖ 2° Anciennement, sauterelle. Ceins d'un cuir de brebis ton corps, pour couverture Prends un rude poil de chameau, La langouste et le miel pour toute nourriture, Et pour tout breuvage un peu d'eau, CORN. *Lexique*, éd. Marty-Laveaux.

LANGUE. *Ajoutez :* ‖ 22° Langue de châtaignier, sorte de champignon croissant près de terre sur les troncs d'arbre et alimentaire ; le nom savant est fistuline. ‖ 23° Langue de vache, sorte d'enclume. On achève de lui donner la configuration voulue en continuant de la battre [la plaque d'argent] tantôt avec la tête et tantôt avec la panne du marteau, sur diverses enclumes appropriées à la forme du vase, et que l'on nomme langues de vache, *Œuvres de Benvenuto Cellini*, trad. L. Léclanché, *Traité de l'orfèvrerie*, ch. XII, ou t. II, p. 325. ‖ 24° Anciennement, langue de bœuf, dague, miséricorde très-large, portant souvent, dans sa gaîne, un petit couteau nommé bâtardeau.

— REM. Grand comme une langue de chat, se dit d'un objet de très-petite dimension. Ne m'en donnez qu'une langue de chat; je n'en veux qu'une langue de chat. C'est de là que vient langue de chat, nom d'une petite pâtisserie.

† **LANGUIDE.** — HIST. ‖ XVIe s. *Ajoutez :* Et jà son œil languide à voir le jour commence, DE BRACH, *Hierusalem*, f° 69, *recto*. Enfin il recognoist, et dict à vois languide..., ID. *ib.* f° 70, *recto*.

† **LANGUISSEMENT.** *Ajoutez :* Je n'estime pas repos, de ne pouvoir supporter le moindre mouvement du monde, mais bien une dissolution et languissement, MALH. *Lexique*, éd. L. Lalanne.

LANIÈRE. — ÉTYM. M. Bugge, *Romania*, n° 10, p. 154, tire *lanière* non du lat. *laniare*, comme j'ai fait, mais du latin *lacinia*, lambeau, par un intermédiaire *laciniaria*. Pour rejeter *laniare*, il objecte que le suffixe y fait obstacle; mais c'est une erreur; car on a, dans la latinité, *laniarium*, boucherie, qui vient de *laniare*. Une meilleure raison qu'il allègue, c'est que *lanière* est constamment écrit, dans les anciens textes, *lasniere*. Je remarque que *lanier* (faucon lanier) est toujours écrit sans *s*, et vient ou de *laniare* ou de *lana*.

† **LANLAIRE** (lan-lè-r'). Mot de fantaisie qu'on peut considérer comme une interjection devenue nom, et qui est usité dans cette locution populaire : Envoyer faire lanlaire, envoyer promener, se débarrasser sans cérémonie de quelqu'un qui importune.

† **LANSQUENETTE** (lan-ske-nè-t'), *s. f.* Épée des lansquenets, courte, large, assez aiguë, à deux tranchants.

LANTERNE. ‖ 1° *Ajoutez :* ‖ Faire lanterne, se dit, en termes de peinture, d'ombres trop transparentes. La moitié du corps est baignée d'une ombre illuminée de reflets un peu trop transparents peut-être et qui, en certains endroits, font ce qu'on appelle lanterne, TH. GAUTIER, *Moniteur universel*, 9 mai 1868.

LANTERNIER. — HIST. *Ajoutez :* ‖ XIVe s. A Rollant le lanternier pour les lantiernes de le [la] halle des jurés remettre à point, *Compt. de Valenciennes* (CAFFIAUX).

† **LAPICIDE.** *Ajoutez :* ‖ 2° *S. m.* Celui qui grave les inscriptions sur la pierre. Le lapicide ne comprenait pas ce qu'il était chargé de graver, F. DELAUNAY, *Journ. offic.* 4 juil. 1876, p. 4831, 3e col.

† **LAPIDAIRERIE** (la-pi-dè-re-rie), *s. f.* Travail, industrie du lapidaire, CHRITEN, *Art du lapidaire*, p. 443. Saint-Genin, pays de Gex, est aujourd'hui favorisé par l'industrie de la lapidairerie, qui récemment s'y est implantée; on y taille le diamant vrai, *Courrier de l'Ain*, 7 mars 1876.

† **LAPIDATEUR** (la-pi-da-teur), *s. m.* Celui qui lapide.

— HIST. XVIe s. Si les pierres lapidatoires meritoyent estre adorées, combien plus les lapidateurs ! H. EST. *Apol. d'Hérod.* II, 38.

† **LAPIDESCENCE** (la-pi-dè-ssan-s'), *s. f.* Tendance de certains corps à se lapidifier. La nature emploie un autre moyen, et en effet celui dont je viens de parler [la lapidescence par sédiment] ne suffit pas pour rendre raison de tout ce qu'on observe dans les lapidescences, LAMARCK, *Hydrologie*, Paris, an X, in-8°, p. 125. La lapidescence par infiltration, ID. *ib.* p. 130.

— ÉTYM. Voy. LAPIDESCENT.

LAPIN. *Ajoutez :* ‖ 4° Lapin bélier, espèce de gros lapin. Il ne faut pas oublier.... les lapins béliers pesant 7 kil. 40, *Journ. offic.* 3 fév. 1875, p. 915, 1re col.

† **LAPINER** (la-pi-né), *v. n.* En Normandie, se dit de la lapine qui met bas sa portée, DELBOULLE, *Gloss. de la vallée d'Yères*, le Havre, 1876, p. 205.

† **LAPINIÈRE** (la-pi-niè-r'), *s. f.* Lieu peuplé de lapins. Herbages et lapinières, CHATEAUB. *Mém. d'outre-tombe* (éd. de Bruxelles), t. V, *Billet de la duchesse de Berry*, etc.

† **LAPTOT.** *Ajoutez en exemple :* Vous avez dans la marine française des matelots sénégaliens dont vous n'avez pas à vous plaindre. — Le ministre : Il y a en effet des laptots qui servent à bord de nos bâtiments, *Journ. offic.* 27 fév. 1877, p. 1488, 2e col.

LAQUE. *Ajoutez :* ‖ 4° Arbre à la laque, du Malabar, le *butea frondosa*, ROXB., BAILLON, *Dict. de bot.* p. 247.

† **LAQUEUR** (la-keur), *s. m.* Celui qui enduit de laque. Laqueur-décorateur, *Journ. offic.* 6 nov 1875, p. 9053, 3e col.

LARD. || 3° *Ajoutez :* || Lard en planches, lard coupé en longues bandes. 200 000 kilos lard en planches, *Journ. offic.* 4 févr. 1872, p. 828, 1re col.

LARDÉ. *Ajoutez :* || 4° Terme de boulangerie. Pain lardé, pain dans lequel il y a des parties non spongieuses ; c'est un défaut.

1. **LARE.** — ÉTYM. *Ajoutez :* On disait *lar Porsenna*, Tite-Live, II, 9, *lar Tolumnius*, ID. IV, 17.

LARGE. || 6° Dans les arts du dessin. *Ajoutez :* || Substantivement, le large. M. Parrocel, d'autre part, l'emporte par le feu de l'imagination, par la vigueur du coloris, et par la facilité et le large du pinceau, CH.-N. COCHIN, dans *Mém. inéd. sur l'Acad. de peint.* publiés par Dussieux, etc. t. II, p. 408. Il eut le sentiment du grand en même temps qu'il eut la chaleur et le large du faire qui caractérise le genre de l'histoire, HAILLET DE COURONNE, *ib.* p. 430.

— HIST. || XIIe s. *Ajoutez :* Si estoit si lars li rivages C'on n'i peüst passer sans nages, *Perceval le Gallois*, v. 22297.

— ÉTYM. *Ajoutez :* La forme *lars* montre qu'il y a eu un masculin *larc*, régulièrement formé de *largus*.

LARME. *Ajoutez :* || 11° La Sainte Larme de Vendôme, relique célèbre dans le moyen âge conservée à Vendôme. || Proverbe. Il est plus près de Sainte Larme que de Vendôme, il est sur le point de verser des larmes, il est menacé d'une affliction ; ce qui revient à dire : il est près de Sainte Larme, et ce n'est pas de la Sainte Larme de Vendôme, *Courrier de Vaugelas*, 1er déc. 1875, p. 114.

LARRON. *Ajoutez :* — REM. 1. Au lieu de : L'occasion fait le larron, on disait dans l'ancienne langue : Aise fait le larron : XIIe s. Li vilains dist, e sil veit l'om, Que aise fait sovent laron, BENOIT, *Chronique*, t. II, p. 347, v. 25472. || 2. Chateaubriand a dit, au féminin, larronneuse au lieu de larronnesse. D'abord parurent des canons, sur lesquels des harpies, des larronneuses, des filles de joie montées à califourchon tenaient les propos les plus obscènes et faisaient les gestes les plus immondes, CHATEAUB. *Mém. d'outre-tombe* (édition de Bruxelles), t. I, *Rappel de M. Necker*, etc.

† **LARRONNER** (la-ro-né), *v. n.* Être larron, se livrer au vol. Sache qu'à mes yeux la plus grande sottise, la plus basse platitude qu'un homme puisse faire, c'est de s'adonner au métier de larron. — « Où m'avez-vous vu larronner ? » demanda Puffo d'un air sombre. — « Si je t'avais vu larronner en ma compagnie, je t'aurais cassé les reins, » G. SAND, *Rev. des Deux-Mondes*, 1er juin 1858, p. 487.

— HIST. XVIe s. Tant feirent et tracasserent, pillant et larronnant qu'ils arriverent à Seuillé, RAB. I, 27.

† **LARRONNERIE** (la-ro-ne-rie), *s. f.* Métier de larron, vol.

— HIST. XVe s. Se n'estoit justice, les royaumes ne seroient que larronneries, MONSTREL. *Chron.* t. III, f° 78, *recto*.

† 2. **LARVAIRE** (lar-vè-r'), *adj.* Terme d'histoire naturelle. Qui appartient aux larves. État larvaire. Les axolotls de M. Duméril s'étaient bien reproduits, sous leur forme larvaire, H. DE PARVILLE, *Journ. offic.* 31 mars 1876, p. 2303, 1re col.

† 3. **LAS** (lâ), *s. m.* Endroit de la grange dans lequel on resserre les grains.

† **LASQUE** (la-sk'), *s. m.* Terme de joaillier. Diamant qui a la forme d'un parallélogramme plat, peu épais, *Rev. Britann.* juillet 1876, p. 116.

† **LASSER** (la-sé), *v. a.* Prendre, saisir avec le lasso. Aussitôt qu'il l'a lancé [le lasso], les deux gauchos montés lancent leurs chevaux de manière à entraîner les bœufs lassés jusqu'à ce que leurs têtes viennent se choquer contre la barrière, *Journ. offic.* 19 mars 1877, p. 2162, 1re col.

— ÉTYM. Espagn. *lasso*, lacs.

† **LATAKIEH** (la-ta-kié), *s. m.* Sorte de tabac à fumer, *Réponses aux questions de l'enquête sur le monopole des tabacs et des poudres*, p. 239, Paris, 1874.

— ÉTYM. *Latakieh*, l'ancienne *Laodicée*, port de Syrie, centre commercial de ce tabac.

LATÉRAL. *Ajoutez :* || Fig. Produits latéraux, produits indirects. Les conditions de cette cession étaient de payer...., M. V.... m'engageait à accepter, en me disant qu'il y avait des produits latéraux qui me permettaient d'accepter ces conditions, *Gaz. des Trib.* 9 mars 1872, p. 234, 3e col.

† **LATINISATION** (la-ti-ni-za-sion), *s. f.* Action de latiniser. Sur la question de la latinisation des noms et des surnoms, on voit une si grande variété de sentiments et d'usages, qu'il y a lieu de s'étonner que les grammairiens n'aient pas essayé d'en fixer les règles, *Huetiana*, p. 150.

LATINISER. *Ajoutez :* || 4° Se latiniser, *v. réfl.* S'enfoncer dans l'étude du latin. Montaigne.... se latinisant lit à cœur joie dès l'enfance.... STE-BEUVE, *Port-Royal*, t. II, p. 457, 3e éd.

† **LATITANT, ANTE** (la-ti-tan, tan-t'), *adj.* Mot forgé du latin. Qui se cache. C'est une Ariane abandonnée que l'on éconduit, l'administration ne se chargeant pas de retrouver les séducteurs fugitifs ou latitants, DE MOLINARI, *Journ. des Débats*, 3 août 1876, 3e page, 4e col.

— ÉTYM. Lat. *latitantem*, qui se cache, de *latitare*, fréquentatif de *latere*, se cacher (voy. LATENT).

† **LATITUDINARISME.** *Ajoutez :* Le latitudinarisme, c'est le système d'après lequel chacun est libre de choisir la religion qui lui plaît, *Journ. offic.* 26 nov. 1874, p. 8709, 2e col.

† **LAURÉ, ÉE** (lô-ré, rée), *adj.* Terme de numismatique. Garni, orné de laurier. Tête laurée. Un joueur de cithare assis et lauré, *Journ. offic.* 3 février 1875, p. 971, 1re col.

LAURÉAT. *Ajoutez :* || Il se dit aussi au féminin, lauréate. La cérémonie du couronnement de la rosière de Saint-Denis a eu lieu ; l'heureuse lauréate...., *le Temps*, 3 févr. 1877, 2e page, 5e col.

† **LAUROSTÉARINE** (lô-ro-sté-a-ri-n'), *s. f.* Terme de chimie. Matière grasse blanche et soyeuse découverte dans les baies de laurier.

— ÉTYM. Lat. *laurus*, laurier, et *stéarine*.

† **LAUSE.** *Ajoutez :* || 2° Il se dit, en géologie, pour désigner les couches ou lames calcaires minces, aussi bien que les micaschistes, trachytes, etc. || On écrit aussi lauze.

— REM. Ce mot fait double emploi avec lose, qui est une variété d'orthographe.

— ÉTYM. Voy. LOSE au Dictionnaire.

† **LAVÆSIUM** (la-vè-zi-om'), *s. m.* Nouveau métal qui a l'éclat de l'argent, et qui est très-malléable et inaltérable à l'air, *Journ. offic.* 7 avril 1877, p. 2740, 3e col.

† **LAVALLIÈRE** (la-va-liè-r'), *s. f.* pris adjectivement. || 1° Se dit de la couleur de certaines reliures ; c'est un brun clair à peu près feuille-morte. Maroquin Lavallière. Il [un livre] est renfermé dans un écrin, et relié en chagrin Lavallière avec compartiments, cadres en bronze doré, médaillons en argent bruni, G. MOUTON, *Journ. offic.* 27 août 1874, p. 6225, 1re col. || Cette dénomination vient non pas du duc de Lavallière ni de sa collection, mais de Mlle de Lavallière, et désigne seulement la couleur de la peau. || 2° En termes de nouveautés, une sorte de nœud ou cravate pour femme.

† **LAVANCHE.** — HIST. XVIe s. *Ajoutez :* Que dirons-nous de la neige qui tombe En un monceau tout le long de la combe?... Cette lavanche au choir se vient ouvrir Au heurt des rocz et tout le val couvrir, J. PELETIER DU MANS, *la Savoye* (1572), p. 238, Chambéry, 1856.

LAVARET. — HIST. XVIe s. *Ajoutez :* Dedans le lac que le Bourget denomme, Le lavaret friand seul se renomme, Haran d'eau douce.... J. PELETIER DU MANS, *la Savoye* (1572), Chambéry, 1856.

LAVE. *Ajoutez :* || 3° Se dit des déjections des torrents. Le torrent, qui, creusant son lit, emporte dans la vallée des quantités prodigieuses de déjections auxquelles on a donné le nom justement appliqué de laves, leur marche, leur couleur, leurs effets, présentant une certaine analogie avec les laves des volcans, *Reboisement des montagnes, Comptes rendus*, 1869-74, 2e fasc. p. 33.

LAVER. *Ajoutez :* — REM. On dit populairement : laver à quelqu'un la tête avec du plomb, le tuer d'un coup de fusil ou de pistolet. Voici une phrase qui explique cette locution : Il ne faut plus se le dissimuler, les aristocrates sont comme les bouteilles, il faut du plomb pour les nettoyer, le *P. Duchêne*, 255e *lettre*, p. 2. On sait qu'on se sert de grains de plomb pour nettoyer les bouteilles.

LAVEUR, EUSE. *Ajoutez :* || *S. f.* Laveuse, machine à laver et dégraisser la laine, *Enq. Traité de comm. avec l'Angleterre*, t. III, p. 496.

LAVOIR. — HIST. || XIVe s. *Ajoutez :* [Brebis] Qui dou laveoir sont issues, MACÉ, *Bible en vers*, f° 110, 2e col.

† **LAZINE** (la-zi-n'), *s. f.* Nom donné, dans le Doubs, à des fentes verticales qui entrecoupent les blocs calcaires dans les forêts de sapins, BROILLIARD, *Rev. des Deux-Mondes*, 15 avril 1876, p. 925.

1. **LE, LA, LES,** *art. Ajoutez :* — REM. 1. L'article est-il bien employé dans cette phrase-ci : Cela ne casse ni bras, ni tête ; conservez la vôtre, monsieur le duc, VOLT. *Corresp. génér.* 13 mars 1741. La difficulté est que *la* se rapporte à *tête* pris d'une façon indéterminée. Mais cette règle n'a une vraie autorité que quand la violer nuit à la clarté. Ici le sens ne souffre pas ; et M. B. Jullien, *Grammaire*, p. 249, approuve la phrase de Voltaire. || 2. Au XVIIe siècle, on pouvait supprimer l'article dans les expressions superlatives. Qui le jette au danger, lorsque moins il y pense, RÉGNIER, *Élég.* V.

— HIST. *Ajoutez :* || VIIe s. Ipsa cuppa frangant *la* totam, pour ipsam cuppam frangant *illam* totam, *Loi salique*, dans JUBAINVILLE, *de la Déclinaison latine en Gaule à l'époque mérovingienne*, p. 16. *La* tercia pour *illam* tertiam, *ib.*

† **LEADER** (li-deur), *s. m.* Mot anglais qui signifie le chef et le principal orateur d'un parti politique à la chambre des communes, et qui se trouve souvent dans les récits. Il prit rang de leader, de chef politique, TH. BENTZON, *Rev. des Deux-Mondes*, 15 mars 1875, p. 202.

— ÉTYM. Angl. *to lead*, diriger, conduire.

† **LÉBÈCHE** (lé-bè-ch'), *s. m.* Nom, dans la Méditerranée, du vent du sud-ouest (TOURNEFORT).

† **LEBÈS** (le-bès'), *s. m.* Terme d'antiquité. Sorte de vase, profond, à flancs rebondis, à forme d'une marmite sans pieds. Grèce.... lebès apode à quatre anses portant une inscription archaïque,... *Journ. offic.* 13 avril 1876, p. 2668, 2e col.

— ÉTYM. Λέβης.

LÉCHÉ. *Ajoutez :* || 4° Fig. Un ours non encore léché, un ouvrage auquel la dernière main n'a pas été mise. Mon opéra, tout simple et n'étant, sans spectacle, Qu'un ours qui vient de naître, et non encor léché, LA FONT. *Œuvres diverses*, *Épître* XIV.

† **LÈCHE-DOIGT (À)** (lè-che-doi), *loc. adv.* Voy. LÉCHER, n° 5.

LÉCHER. *Ajoutez :* || Proverbe. Il n'est pas gras de lécher les murs, c'est-à-dire s'il est gras, c'est qu'il se nourrit bien.

† **LECTURIER** (lè-ktu-rié), *s. m.* Péjoratif de lecteur. Ah ! c'est un lecturier de l'abbé Desfontaines et de cet exécrable Fréron [c'est Voltaire qui est censé parler], DECOURCHAMP, *Souv. de la marq. de Créquy*, III, 4.

† **LÉCYTHE** (lé-si-t') ou **LÉCYTHUS** (lé-si-tus'), *s. m.* Terme d'antiquité. Sorte de vase, de bouteille, où l'on mettait l'huile, les parfums, etc. Grèce.... lécythus à fond blanc avec sujet au trait, terre cuite, *Journ. offic.* 13 avril 1876, p. 2658, 2e col. Aller boire de l'eau dans la montagne, apporter avec soi un petit pain, un poisson et un lécythe de vin qu'on boit en chantant, E. RENAN, *Saint Paul*.

— ÉTYM. Λήκυθος.

† 1. **LÈDE.** *Ajoutez :* || 2° Dans les Landes, zone intermédiaire aux dunes et au terrain cultivé. La lède, vaste désert plat de sable pur, maigre pâturage de bruyères, parcouru de temps immémorial par de maigres troupeaux, interrompu par ces grands lacs intérieurs.... le vent a commencé le boisement des lèdes, en semant au loin la graine des forêts des dunes, *Enquête sur les incendies des Landes*, p. 402, 1873.

† 2. **LÉGAT** (lé-ga), *s. m.* Synonyme vieilli de legs. Quiconque ne part point d'auprès d'un malade.... avec dessein d'avoir ou la succession ou quelque légat..., MALH. *Lexique*, éd. L. Lalanne. Une chanson huguenote célèbre s'appelait le légat de la vache à Colas, où chaque couplet léguait satiriquement quelque membre de cette vache (voy. VACHE au Dictionnaire).

— ÉTYM. Lat. *legatum*, chose léguée (voy LÉGUER).

LÉGENDE. *Ajoutez :* || 7° Au XVIe siècle, nom donné par les calvinistes à des biographies circonstanciées de personnages catholiques, ainsi dites à cause de la catholicité des personnages et des faits extraordinaires dont elles prétendent donner la clef. La légende de Catherine de Médicis. La légende du cardinal de Lorraine.

LÉGER. *Ajoutez :* — REM. Corneille a dit léger à avec un verbe à l'infinitif. Qu'il est bon de se taire, et qu'en paix on respire, Quand de parler d'autrui soi-même on s'interdit, Sans être prompt à croire, ou léger à redire Plus qu'on ne nous a dit ! *Imit.* III, 4583. Cette tournure est très-bonne et peut être employée avec d'autres infinitifs.

LÉGÈRETÉ. — HIST. *Ajoutez :* XIIe s. Kant il [l'entendement] trespercet les haltes choses senz lo faihs [faix] de sapience, si lo lievet sa legierteiz en halt, por ke ele plus griement lo trebuichet, *li Dialoge Gregoire lo pape*, 1876, p. 350.

† **LÉGISLATER** (lé-ji-sla-té), *v. a.* Néologisme dit par plaisanterie. Donner des lois. L'impéra-

trice [Catherine II] écrivit à Voltaire : M. de la Rivière est venu ici pour nous législater, LE COMTE DE SÉGUR, *Mémoires, souvenirs et anecdotes*, t. III.

— ÉTYM. Voy. LÉGISLATEUR.

† **LÉGUMIER.** *Ajoutez :* || **2°** *S. m.* Sorte de plat à légumes. On y fait [en France, dans les fabriques de plaqué] tout ce qui a besoin d'éclat, des plateaux, des légumiers, quelques réchauds, *Enquête, Traité de comm. avec l'Anglet.* t. II, p. 348. Ce canard [peint] qui s'envole d'un légumier fait rire; il n'est pas croyable qu'un canard ait une expression aussi comique, F. CHAULNES, *Journ. offic.* 7 nov. 1871, p. 4342, 1re col.

† **LEITUS** (lè-tus'), *s. m.* Papillon exotique, dont les ailes sont veloutées, CARTERON, *Premières chasses, Papillons et oiseaux*, p. 46, Hetzel, 1866.

† **LÉNITÉ** (lé-ni-té), *s. f.* Mot forgé du latin. Douceur, indulgence. Trop de lénité envers le coupable pris en flagrant délit, DE SARTIGES, *Rev. des Deux-Mondes*, 1er juillet 1872, p. 928.

— HIST. XVIe s. Dieu parle en toy, non de parole vaine, Mais verité, douceur et lenité, *Marg. de la marg.* part. I, p. 127, éd. de J. de Tournes.

— ÉTYM. Lat. *lenitatem*, de *lenire*, adoucir.

† ....**LENT**, suffixe, en latin *lentus*, qui se trouve dans *fæculentus, sanguinolentus, vinolentus, pestilentus*, etc.; il est considéré par Bopp (*Gr. comp.* §§ 20, 795) comme une altération phonétique du suffixe sanscr. *vant*, qui signifie pourvu de, muni de. Corssen (*Beitr.* p. 304) combat, et il a raison, cette théorie, et nie que le *v* devienne *l* en latin; il pense que *vant* devient *ent*, qui se trouve dans *cruentus, fluentus*, etc.; que l'*l* appartient à un suffixe précédent : *pestilentus*, de *pest-il-entus, fæculentus*, de *fæc-ul-entus*, etc.; et que le suffixe *lentus* ainsi formé s'est introduit dans *sanguinolentus, vinolentus*, où l'*l* est inorganique.

LENTEMENT. — HIST. *Ajoutez :* XIIe s. Li levite le firent lentement, *Rois*, p. 389.

LENTILLE. || **4°** *Ajoutez :* || Lentilles divergentes: la lentille biconcave terminée par deux surfaces concaves; la lentille plan-concave terminée par une surface plane et une surface concave; la lentille convexe-concave ou ménisque divergent, semblable au ménisque convergent, mais dans laquelle la surface intérieure a une plus grande courbure que l'extérieure.

† **LENTILLON.** *Ajoutez :* — REM. Le lentillon, ou petite lentille, a été mis à la mode sous Louis XVI par la reine; c'est pourquoi on l'a appelé lentille à la reine, *Journ. offic.* 8 avril 1876, p. 2542, 3e col.

† **LÉONIDES** (lé-o-ni-d'), *s. f. pl.* Terme d'astronomie. Étoiles filantes qui semblent venir de la constellation du Lion. L'auteur [M. Gruey] conclut que, conformément à ce que l'on présumait d'après les observations de 1873, 1874, 1875, les étoiles [filantes] de novembre ne rencontrent plus la terre; le passage des Léonides a été absolument nul cette année, H. DE PARVILLE, *Journ. offic.* 30 nov. 1876, p. 8840, 1re col.

1. **LÉONIN.** *Ajoutez :* || **2°** En bonne part, qui a la force du lion. M. Gladstone, qui a donné sa démission de chef de parti, mais qui fait des rentrées léonines dans les discussions et en prend d'emblée la direction, J. LEMOINNE, *Journ. des Débats*, 27 mars 1876, 1re page, 3e col.

2. **LÉONIN.** — HIST. *Ajoutez :* || XIIIe s. Que li vers soient mis en rime, Ou consonant ou leolime, *Bibl. des ch.* 1873, p. 11.

— ÉTYM. *Ajoutez :* D'après Huet, les vers *léonins* ont été ainsi nommés de *Léon*, poëte, chanoine de Saint-Victor de Paris, qui vécut sous Louis le Jeune et Philippe Auguste, vers l'an 1154, *Hueliana*, p. 192.

† **LÉONTINE** (lé-on-ti-n'), *s. f.* Nom donné, il y a une quarantaine d'années, à une chaîne de montre de femme; on l'emploie encore quelquefois. Il a été perdu.... une montre d'or.... ainsi qu'une léontine, avec clef également en or, *Journ. de Lyon*, 5 avril 1873, *annonces*. Grandes fantaisies nouvelles en sautoirs, cordons, léontines, bracelets et colliers, *Alm. Didot-Bottin*, 1876, p. 702, 3e col.

† **LÉPIDODENDRON** (lé-pi-do-din-dron), *s. m.* Terme de géologie. Genre de plantes fossiles qui se trouvent dans le terrain houiller. Les lépidodendrons, hauts de trente mètres, portant un léger feuillage, E. BLANCHARD, *Journ. offic.* 9 avril 1877, p. 2758, 3e col.

— ÉTYM. Λεπίς, λεπίδος, écaille, et δένδρον, arbre.

† **LÉPIDOPTÉRISTE** (lé-pi-do-pté-ri-st'), *s. m.* Naturaliste qui étudie particulièrement les lépidoptères. M. Numa Lloubes, notre honorable président, et M. Henri Menier, lépidoptériste très-distingué, PELLET, dans *Travaux de la Commis. départ. contre le phylloxéra*, Perpignan, 1874, p. 86.

† **LÉPIDOSTÉE** (lé-pi-do-stée), *s. m.* Nom d'un genre de poissons. Ces poissons étranges, les lépidostées, de nos jours si rares dans la nature, E. BLANCHARD, *Rev. des Deux-Mond.* 1er août 1875, p. 545.

— ÉTYM. Λεπίς, λεπίδος, écaille, et ὀστέον, os.

† **LÉPISME** (lé-pi-sm'), *s. f.* Nom d'un insecte aptère. La lépisme légère est très-commune dans les appartements.

— ÉTYM. Λέπισμα, écaille.

† **LÉPORIDES.** || *Ajoutez :* L'élevage du lièvre en domesticité est maintenant un fait accompli, ainsi que la multiplication du léporide, métis du lièvre mâle allié au lapin femelle, *Monit. univ.* 22 juin 1868, p. 901, 5e col.

† **LEPTON** (lè-pton), *au plur.* **LEPTA** (lè-pta), *s. m.* Pièce de monnaie adoptée en Grèce, en même temps que le système décimal, et correspondant à notre centime.

— ÉTYM. Λεπτός, mince.

† **LEPTORRHINIEN, ENNE** (lè-pto-ri-niin, niè-n'), *adj.* Terme d'anthropologie. À nez mince, étroit. Races leptorrhiniennes, *Rev. anthr.* t. VI, p. 245.

— ÉTYM. Λεπτός, mince, étroit, et ῥίς, nez.

† **LEPTYNITE** (lè-pti-ni-t'), *s. f.* Terme de minéralogie. Roche de grain assez fin formée d'un mélange de feldspath et de quartz. Cette roche fournit du kaolin en se décomposant spontanément.

† **LERNÉE** (lèr-née), *s. f.* Genre de crustacés parasites qui vivent dans l'eau et s'accrochent à diverses parties de la surface extérieure des animaux, et surtout des poissons.

† **LERNÉOCÈRE** (lèr-né-o-sè-r'), *s. f.* Genre de vers caractérisé par un corps plus ou moins allongé, renflé dans son milieu ou ventru, droit ou contourné, couvert d'une peau lisse. Il n'est pas de zoologiste qui ne s'étonne à ses débuts de voir figurer dans un même groupe des animaux aussi différents qu'un anatife, un crabe, une écrevisse, une lernéocère.... CH. MARTINS, *Rev. des Deux-Mondes*, 15 fév. 1876, p. 767.

— ÉTYM. *Lernée*, et κέρας, corne.

† **LÉSIONNAIRE** (lé-zio-nè-r'), *adj.* Qui a un caractère de lésion. Pour que l'emprunteur ne subisse pas des conditions trop lésionnaires, *Journ. offic.* 29 juin 1872, p. 4378, 1re col.

† 2. **LEST** (lèst'), *s. m.* À Dieppe, nom d'une certaine quantité de harengs représentant cinquante mesures, DELAHAIS, *Notice hist. sur l'écorage*, Dieppe, 1873, p. 40. || On trouve aussi leth, voy. LETH au Supplément.

— ÉTYM. C'est le même mot que le *last* (voy. LAST au Dictionnaire).

† **LETH** (lèt'), *s. m.* À Dieppe, nom d'une certaine quantité de harengs. Il sera prélevé par chaque leth de harengs, composé de cinquante mesures, la somme de dix sols, qui sera à la charge des acheteurs, *Extrait des délibérations de l'association commerciale*, 28 oct. 1806, dans DELAHAIS, *Notice hist. sur l'écorage*, Dieppe, 1873, p. 33. || On trouve aussi lest (voy. l'article précédent).

† **LÉTHALITÉ.** *Ajoutez :* — REM. On a employé lethalité au sens de mortalité. Un pareil accroissement de léthalité [deux cents décès de plus par semaine au printemps] doit porter à réfléchir et peut servir d'enseignement, E. BOUCHUT, *Journ. offic.* 22 avril 1875, p. 2917, 2e col. Il n'y a aucune raison pour déposséder mortalité, et pour étendre le sens de léthalité.

† **LÉTO** (lé-to), *s. f.* La 68e planète télescopique, découverte en 1861 par M. Luther.

— ÉTYM. Λητώ, Latone.

† **LETTE.** *Ajoutez :* Les vallées [des dunes dans les landes de Gascogne] appelées lettes sont variables de largeur; leur fond est plat et généralement marécageux quand les dunes sont nues, G. BAGNERIS, *Man. de sylvic.* p. 288, Nancy, 1873. || On trouve aussi écrit leyte. L'État ne justifie pas qu'avant 1789, la généralité des habitants de cette commune [Le Porge, arrondissement de Bordeaux] ait été simple usagère des dunes et leytes litigieuses. ...que, vu l'extrême mobilité de ces dunes et leurs fréquents déplacements qui laissaient à découvert les espaces qu'elles avaient momentanément occupés, la possession des leytes a nécessairement compris la possession des dunes, tant que celles-ci n'ont pas été fixées par des plantations de pins commencées seulement au cours de l'année 1823, *Arrêt de la Cour d'appel de Bordeaux*, 1re chambre, 6 mai 1872, dans *Gaz. des Trib.* des 21 et 22 nov. 1872, p. 1033, 1re col. || Il se dit aussi de la vallée même où se rassemblent les eaux. Les collines de dunes boisées au pied desquelles s'étend Arcachon, les lettes ou vallées qu'elles renferment, l'antique faîte de la Teste, parsemé de vieux chênes, ont déjà quelque attrait, CH. BROILLARD, *Rev. des Deux-Mondes*, 1er avril 1877, p. 663.

— ÉTYM. Origine inconnue. C'est le même mot que *lède* 1 (voy. ce mot au Dictionnaire et au Supplément).

† 2. **LETTE** (lè-t'), *s. m.* Une des langues du rameau lettique.

† **LETTIQUE** (lè-tti-k') ou **LETTON** (lè-tton) ou **LETTONIEN** (le-tto-niin), *s. m.* L'un des deux rameaux des langues slaves; l'autre est le slave proprement dit; les langues slaves appartiennent à la famille indo-européenne.

LETTRE. || **4°** *Ajoutez :* || Pied de la lettre, bout ou extrémité opposée à l'œil; on l'appelle pied, parce que c'est cette extrémité qui sert de point d'appui à la superficie et au corps de la lettre, qui peut être considérée dans son tout comme ayant trois parties distinctes, *Encyclopédie*, t. XII p. 565, 1re col. || Plus loin dans l'article LETTRE, n° 8, la locution figurée au pied de la lettre est mentionnée. M. Eman Martin, *Courrier de Vaugelas*, 15 février 1875, p. 169, dit qu'elle provient de *pied de la lettre*, terme d'imprimerie; il a raison. || **9°** *Ajoutez :* || Dans le langage familier, une lettre à cheval, une lettre de reproche (une lettre à cheval, c'est-à-dire une lettre cavalière). Écrire à quelqu'un une lettre à cheval.

LEU. — REM. Malgré le signe †, *à la queue leu leu* est dans le Dict. de l'Académie, au mot QUEUE.

† **LEUCOTHÉE** (leu-ko-tée), *s. f.* La 35e planète télescopique, découverte en 1855 par M. Luther.

— ÉTYM. Λευκοθέα, proprement la déesse blanche, nom sous lequel on adorait comme divinité secourable de la mer Ino, fille de Cadmus.

† **LEVADE** (le-va-d'), *s. f.* Prés de levade, dans le Puy-de-Dôme, prés situés sur les coteaux, *les Primes d'honneur*, p. 439, Paris, 1874.

† **LEVAGE.** *Ajoutez :* || **6°** Action d'enlever, d'ôter. Le traitement [du lait] par le froid réduit la main-d'œuvre; il y a un écrémage de moins, et l'emploi de grands brocs de 50 litres rend les levages [de la crème] expéditifs, H. DE PARVILLE, *Journ. offic.* 7 fév. 1876, p. 1093, 2e col. || **7°** Terme de pêche. Action d'enlever le poisson pour le livrer aux acheteurs. Le 28 avril 1853, la commission et tous les armateurs, consignataires et mareyeurs de la place [Dieppe] se réunissent au bureau de la vente pour examiner un projet d'organisation du service du levage de poisson, dressé par les soins du chef écoreur, sur la demande des intéressés, J. DELAHAIS, *Notice histor. sur l'écorage*, Dieppe, 1873, p. 69.

— HIST. XVe s. Droit de levage [tribut perçu dans l'étendue d'une seigneurie sur le vin levé, enlevé pour être transporté au dehors], MANTELLIER, *Glossaire*, Paris, 1869, p. 40.

2. **LEVANT.** *Ajoutez :* || **4°** Le levant, sorte de tabac à fumer, *Réponses aux questions de l'enquête sur le monopole des tabacs et des poudres*, p. 230, Paris, 1874.

LEVÉE. || **10°** *Ajoutez :* || La levée d'une trêve, l'action de mettre fin à une trêve. On ne sonne donc mot de la levée de la trêve; comme tout cela est triste! *Corresp. du général Klinglin*, Paris, pluviôse an VI, t. I, p. 566. || **12°** *Ajoutez :* || Action de prendre une certaine quantité sur un fond de marchandise. Après une première levée de 100 kilogrammes, les particuliers qui feraient des exportations jouiraient du maximum de la prime sur toutes les quantités de tabacs, quelles qu'elles fussent, qu'ils achèteraient par la suite pour l'exportation, *Circul. contrib. indir.* 19 avril 1817, n° 12.

— HIST. || XVIe s. *Ajoutez :* En la grand'mer les ondes elevées Des Hollandois nayerent les levées, J. PELETIER DU MANS, *la Savoie* (1572), p. 284, Chambéry, 1856.

† **LÈVEMENT** (lè-ve-man), *s. m.* Action de lever. J'envoie à Sa Majesté la relation du lèvement du siége de Fontarabie, RICHELIEU, *Lettres*, etc. t. VI, p 183 (1638). || On dit aujourd'hui levée d'un siége (voy. LEVÉE n° 9 au Dictionnaire).

1. **LEVER.** *Ajoutez :* || **29°** Dans le canton de Vaud, lever la vigne, l'attacher à l'échalas. || **30°** Terme de lapidaire. Retirer la pierre de dessus la roue, CHRITEN, *Art du lapidaire*, p. 82.

† **LEVEUR.** *Ajoutez :* || **6°** Homme qui enlève le

poisson pour le livrer à l'acheteur. Qu'à l'avenir les leveurs relèveront de la commission de l'écorage, seront nommés par elle...., J. DELAHAIS, *Notice historique sur l'écorage*, Dieppe, 1873, p. 69.

† **LÉVIGATEUR** (lé-vi-ga-teur), *s. m.* Instrument qui opère la lévigation. On macère encore [la pulpe de betteraves] à l'aide du lévigateur; cet appareil, qui présente la forme d'un cylindre, est divisé en plusieurs cases par des cloisons qui communiquent entre elles par des trop-pleins, *Mémoire annexé à la circul. des contrib. indir.* n° 186, du 18 août 1838, p. 7.

— ÉTYM. Voy. LÉVIGER.

† **LÉVIRATION** (lé-vi-ra-sion), *s. f.* Synonyme de lévirat. La léviration est la coutume qui oblige le frère ou un autre parent d'un homme mort sans enfants, de susciter un fils à la veuve du défunt pour continuer sa famille [d'après la loi de Manou], A. OTT, *l'Inde et la Chine*, p. 68.

— ÉTYM. Voy. LÉVIRAT.

LEVRETTE. *Ajoutez :* || 3° Nom, dans la Suisse romande, du mulot.

— REM. Le féminin de lévrier était autrefois lévrière. Monsieur de la Salle, j'entends que vous avés de beaux levriers; et, pour ce que je n'ay que des levrieres, je suis en peine de retrouver des levriers, *Lettres missives de Henri IV*, 1576, t. I, p. 111.

— HIST. *Ajoutez :* XII° s. Quant Karadeus si dut cocier La premiere nuit o s'amie, Cil [un enchanteur] ki l'amoit ne dormoit mie; D'une luriele (*var.* levriere) que il prist Une autre damoisielle fist, *Perceval le Gallois*, v. 12466.

LEVRON. || 2° *Ajoutez :* Lévriers allongés sont propres pour la chasse; Mais près des dames, non; levrons en raccourci, Nichés auprès du feu, tiennent bien moins de place, CHAPELLE, *Épitaphe d'un chien.*

† **LEVÛRE.** *Ajoutez :* || 5° Dans le canton de Vaud, action d'attacher la vigne à l'échalas.

† **LEXIARQUE** (lè-ksi-ar-k'), *s. m.* Terme d'antiquité. Nom, à Athènes, de six fonctionnaires qui présidaient, dans chaque dème, à l'inscription des jeunes gens arrivés à l'âge de porter les armes, *Rev. crit.* 6 janv. 1877, p. 8.

— ÉTYM. Ληξίαρχος, de λῆξις, lot, et ἄρχειν, commander.

† **LEYTE** (lè-t'), *s. f.* Voy. LETTE, *s. f.* au Supplément.

† **LHERZOLITE** (lèr-zo-li-t'), *s. f.* Terme de minéralogie. Espèce de péridot.

† 3. **LIARD** (li-ar), *s. m.* Un des noms provinciaux de l'osier.

— ÉTYM. *Lier.*

† **LIARDIER** (li-ar-dié), *s. m.* Un des noms populaires du peuplier noir, H. FLICHE, *Manuel de botan. forest.* p. 225, Nancy, 1873.

— ÉTYM. Voy. LIARD 1.

LIBELLE. || 3° Terme d'antiquité chrétienne. *Ajoutez :* || Libelles des martyrs, espèces de lettres de recommandation que les martyrs (chrétiens ayant souffert ou souffrant pour la foi) donnaient à ceux qui étaient sujets à la pénitence publique, pour les dispenser de la totalité ou d'une partie de leur peine.

† **LIBELLULE.** — ÉTYM. D'après M. Roulin, *libellule* vient du lat. *libella*, niveau, la tête de la libellule étant en forme de niveau.

LIBÉRAL. — HIST. *Ajoutez :* || XII° s. Si fu li duz [doux] reis liberaus, Si vers saintes genz comunaus, Que evesques, moines et abé..... Recevoient ses larges dons, BENOIT, *Chronique*, t. III, p. 385, v. 42025. [Benoit] ki fu neiz de franche lingie [lignée], et à Romme fut doneiz à liberaz estuides de lettres, *li Dialoge Gregoire lo pape*, 1876, p. 55.

† **LIBÉRATOIRE** (li-bé-ra-toi-r'), *adj.* Qui libère d'une dette, d'un engagement. Il s'agit de savoir si l'or et l'argent doivent continuer, comme maintenant en France, de jouir du droit d'être employés l'un ou l'autre, au choix du débiteur, comme monnaie libératoire dans les paiements de toute importance, ou..., LEROY-BEAULIEU, *Journ. des Débats*, 1er févr. 1876, 1re page, 4e col. M. Garnier conserve aux deux métaux, or et argent, leur pouvoir libératoire, la valeur de l'un et de l'autre n'étant plus réglée par le prétendu rapport fixe inscrit dans la loi de l'an XI, mais par leur prix marchand régulièrement constaté, *Journ. offic.* 23 mars 1877, p. 2305, 2e col.

— ÉTYM. Voy. LIBÉRATION.

† **LIBÉRATRIX** (li-bé-ra-triks'), *s. f.* La 125e planète télescopique, découverte en 1872 par M. Prosper Henry.

LIBERTIN. — HIST. XVI° s. *Ajoutez :* Aulcuns de la synagogue laquelle est appellée des libertins, *Actes*, VI, 9, *Nouv. Test.* éd. Lefebvre d'Étaples, Paris, 1525 (dans le grec λιβερτίνων, dans le latin *libertinorum*. Ce semble avoir été une synagogue composée de fils d'affranchis, *libertini*; cette synagogue était comptée parmi les synagogues formées d'étrangers. C'est probablement de ce passage du Nouveau Testament, mal interprété, que vient l'emploi de libertin au sens de : rebelle aux croyances).

LIBIDINEUX. *Ajoutez :* — HIST XVI° s. Ceste libidineuse et orde lubricité, PARADIN, *Chron. de Savoye*, p. 192.

† **LIBIDIVI** (li-bi-di-vi), *s. m.* Voy. DIVIDIVI au Dictionnaire. Gousses tinctoriales, 4 francs les 100 kilogrammes; on comprend sous cette dénomination le boblah des Indes et le libidivi ou dividivi d'Amérique, CORDIER, *Journ. offic.* 3 juill. 1872, p. 4517, 2e col.

† **LIBITINAIRE** (li-bi-ti-nè-r'), *s. m.* Chez les Romains, officier public qui présidait aux convois des morts, et qui fournissait tout ce qui était nécessaire aux funérailles.

— ÉTYM. Lat. *libitinarius*, de *Libitina*, Libitine.

† **LIBITINE** (li-bi-ti-n'), *s. f.* Dans la religion des Romains, déesse qui présidait aux funérailles, et dont le temple renfermait les objets relatifs aux pompes funèbres.

— ÉTYM. Lat. *Libitina*.

† **LIBOCÈDRE** (li-bo-sè-dr'), *s. m.* Sorte de conifère. L'Amérique australe a des libocèdres qui forment de grandes forêts sans feuillage et sans ombre, BROILLARD, *Rev. des Deux-Mondes*. 15 avril 1876, p. 911.

† **LIBRAMENT** (li-bra-man), *s. m.* Terme d'entomologie. Le balancier des insectes diptères.

— ÉTYM. Lat. *libramentum*, contre-poids (voy. LIBRATION).

LIBRE. *Ajoutez :* — REM. Au numéro 6, on trouve un exemple de Bossuet où *libre à* est employé. En voici plusieurs de Corneille : « .... Tu seras sans moi plus libre à lui parler, *Lexique*, éd. Marty-Laveaux; Car enfin je suis libre à disposer de moi, *ib.* Si l'air est un chemin toujours libre à ta fuite, *ib.* Cet emploi est excellent.

† **LIBRE-ÉCHANGISTE** (li-bré-chan-ji-st'), *s. m.* Voy. ÉCHANGISTE. || Si on écrit libre échangiste sans trait d'union, le pluriel sera libres échangistes; si on en fait un seul mot, avec trait d'union, le pluriel sera libre-échangistes.

† **LIBRICIDE** (li-bri-si-d'), *adj.* Par plaisanterie, qui tue les livres. Puisse le généreux procédé de M. E. Perrin servir d'exemple à tous ceux, marchands ou amateurs, qui détiendraient encore quelques volumes ou fragments de volumes échappés au relieur libricide dont nous avons parlé plus haut, EUG. GAUTIER, *Journ. offic.* 18 août 1874, p. 5951, 3e col.

— ÉTYM. Lat. *liber*, livre, et *cædere*, tuer.

† **LIBYQUE** (li-bi-k'), *adj.* Qui appartient à la Libye. Désert libyque. || On dit aussi libyen. Les populations libyennes.

1. **LICE.** *Ajoutez :* || 4° Nom donné à certains caveaux chantants. Membre de ces bas caveaux qu'on appelle des lices, il connaissait tous les airs, toutes les chansons, et il chantait sans se lasser, MM. DE GONCOURT, *Germinie Lacerteux*, ch. XLIX. || 5° Dans la fortification du moyen âge, espace libre laissé entre l'enceinte extérieure et l'enceinte intérieure.

LICENCIÉ. *Ajoutez :* || 3° Celui auquel un brevet a cédé une licence pour l'exploitation de son privilége. La cession d'une licence est un contrat par lequel le brevet concède au licencié la jouissance partielle du monopole dont il est investi, *Gaz. des Trib.* 25 mars 1876, p. 298, 2e col.

LICENCIEUSEMENT. *Ajoutez :* || 2° En prenant trop de licence. Au premier concile grammatical.... il sera conclu (ou je n'y aurai point de voix) que vous n'abuserez plus des grands mots si licencieusement, et que ceux de magnanimité et de magnificence seront employés autres fois en de plus dignes occasions que celles que mes lettres vous font naître, BALZAC, *Lett. inédites*, CLI, éd. Tamizey-Larroque.

† **LICHÉNIQUE.** *Ajoutez :* || 2° Terme de botanique. Qui appartient aux lichens. Végétation lichénique, *Ac. des sc. Compt. rend.* t. LXXX, p. 1437.

† **LICHÉNOGRAPHE** (li-ké-no-gra-f'), *s. m.* Botaniste qui s'occupe des lichens.

† 3. **LIE** (lie), *s. f.* Anciennement, lie et passerie, le même que passerie (voy. ce mot). Il y a la Bigorre, qui est la voisine de l'Aragon; j'ai eu l'honneur de vous mander qu'il y a un traité de lies et passeries qui fait que les habitants des deux frontières se fournissent réciproquement les choses dont ils ont besoin, BOISLISLE, *Corresp. contrôl. gén. des finances*, p. 395, 1695.

— ÉTYM. *Lie* viendrait-il du verbe *lier*?

LIÉ. *Ajoutez :* || 10° Terme de banque. Contrat lié, engagement envers le porteur d'une lettre de change acceptée par celui sur qui elle est tirée. En matière de lettre de change, il n'y a contrat lié envers le porteur, que par l'acceptation du tiré, *Gaz. des Trib.* 1874, p. 373, 1re col.

† **LIÉE** (li-ée), *s. f.* Dans l'Aunis, temps que les bœufs restent attachés au joug, *Gloss. aunisien*, La Rochelle, 1870, p. 119. Attelée a le même sens pour les chevaux.

LIEU. *Ajoutez :* || 25° Terme de topographie. Lieu dit, lieu qui porte un nom particulier. Le but vers lequel tend la publication actuelle n'est autre que d'attirer l'attention sur la valeur historique ou géographique des lieux dits, mis en place sur des tableaux, d'après les feuilles cadastrales, et dont la philologie essayera d'expliquer les noms si variés, PEIGNÉ-DELACOURT, *Topographie archéologique des cantons de la France; Canton de Ribécourt, Oise, Noyon*, 1874, p. VI.

LIEUE. || 1° *Corrigez :* La lieue commune de France, ou lieue de 25 au degré, était de deux mille deux cent quatre-vingt-une toises environ (4445 mètres). || Lieue de poste, lieue de deux mille toises (3898 mètres). Lieue marine ou géographique, lieue de vingt au degré....

— REM. J. J. Rousseau emploie demi-lieue sans article. On est allé jusqu'à près de demi-lieue en ouvrant le passage, *Lett. au maréchal de Luxembourg*, 28 janv. 1763. À demi-lieue de la ville, *Lett. à Moultou*, 30 déc. 1768.

LIEUR. — HIST. *Ajoutez :* XIV° s. Les lieurs de draps, *Rec. des monum. inédits de l'hist. du tiers état*, t. IV, p. 188.

LIEUTENANCE. — HIST. *Ajoutez :* XIV° s Nostre très-cher et amé frere le duc d'Anjou, nostre lieu tenant en langue d'oc, pour aler à sa lieu tenance, *Mandements de Charles V*, 1364, p. 60.

LIÈVRE. *Ajoutez :* || 7° On dit qu'un cheval a une tête de lièvre, lorsque les oreilles sont rapprochées, le front et le chanfrein convexes et étroits.

LIGAMENT. *Ajoutez :* || 4° Terme d'astronomie. Ligament noir, voy. GOUTTE au Supplément.

LIGATURE. *Ajoutez :* || 10° En général, manière de lier un objet quelconque. Démocrite prit à son service Protagoras pour lui apprendre la philosophie, ayant reconnu son bel esprit à la ligature d'un fagot de bûchettes industrieusement arrangées, LA MOTHE LE VAYER, *Dial. d'Orat. Tubero*, t. II, p. 335.

† **LIGATURER** (li-ga-tu-ré), *v. a.* Terme de jardinage. Serrer par une ligature. La greffe se fait vers la fin de l'été.... on prend pour greffons de jeunes bourgeons.... on ligature, et on les place sous cloche.... *Rev. hort.* 1er avril 1875, p. 140.

† **LIGEAUTÉ** (li-jô-té), *s. f.* Terme de droit féodal. État d'homme lige.

— HIST. XVI° s. S'il [un homme] est vassal de plusieurs conseigneurs à cause d'un mesme fief, il n'est homme lige de pas un separéement, attendu que la ligeauté ne souffre pas de division, BODIN, *République*, I, 9.

† **LIGÉRIEN, IENNE** (li-jé-riin, riè-n'), *adj.* Qui appartient au bassin de la Loire. La région ligérienne, *École forestière, Programme*, 1876, p. 23.

— ÉTYM. Lat. *Ligeris*, la Loire.

LIGNE. || 18° *Ajoutez :* Chacun le regarde [un ministre] comme un médiateur par qui se distribuent les bienfaits et les récompenses; chacun court à lui comme au centre où aboutissent toutes les lignes de la fortune, FLÉCH. *Aiguillon*. || Garder la ligne, rester dans une juste mesure. C'est [le rôle de Phèdre] un rôle de passion forcenée, mais de cette belle passion antique qui garde toujours la ligne dans ses plus violents transports, ALPH. DAUDET, *Journ. offic.* 28 déc. 1874, p. 8526, 2e col. || 36° Ligne géodésique, la plus courte des lignes qu'on puisse mener d'un point à un autre sur une surface donnée. || 37° En topographie, ligne de faîte, ligne de partage des eaux.

— REM. On définira avec plus de détail et plus exactement la ligne de mire et la ligne de tir ainsi qu'il suit : Ligne de mire, ligne droite déterminée par deux points fixes, le cran de hausse et le guidon, placés sur le canon, et qui, dirigée sur l'objet à battre, permet de donner à la pièce l'inclinaison voulue pour l'atteindre. Ligne de tir, l'axe du canon indéfiniment prolongé, cette ligne se confond d'abord avec la trajectoire, puis s'en écarte de plus en plus à mesure que le projectile s'éloigne de la bouche du canon.

† 1. **LIGNER.** *Ajoutez :* || 2° Marquer d'une ligne. Au loin, un mur s'allongeait, un mur de fermeture, tout droit, continuant toujours; le filet de neige qui lignait son chaperon lui donnait une couleur de rouille sale, MM. DE GONCOURT, *Germinie Lacerteux*, ch. LXX.

† **LIGNEUR.** *Ajoutez :* || 2° Vaisseau moruyer pêchant à la ligne. Naufrage d'un ligneur : le vendredi 23 mai dernier, le bateau ligneur *l'Hirondelle* s'est perdu sur un banc à trois lieues en mer sous Hauteville et Mont-Martin, *l'Avranchin*, 1er juin 1873.

† **LIGNIFIANT, ANTE** (li-gni-fi-an, an-t'), *adj.* Terme de botanique. Qui produit le bois. Substance lignifiante ou xylogène.

† **LIGNIFIER (SE).** *Ajoutez :* Le pin réclame ces éclaircies fortes qui, seules, lui assureront une cime ample et qui permettront ainsi à ses tissus de se mieux lignifier, G. BAGNERIS, *Man. de sylvic.* p. 98, Nancy, 1873.

† **LIMACIFORME** (li-ma-si-for-m'), *adj.* Terme d'histoire naturelle. Qui a forme de limace. Mollusques limaciformes, P. FISCHER, *Acad. des sc. Comptes rend.* t. LXXXI, p. 783.

† **LIMAN** (li-man), *s. m.* Terme de géographie. Nom donné soit à l'estuaire de quelques fleuves, soit au golfe qu'ils forment. Les côtes [de la mer Noire] sont, en général, montagneuses, excepté dans la partie septentrionale de la Crimée, où elles sont basses, parsemées de langues de terre sablonneuses et entrecoupées de lagunes et d'estuaires appelés limans par les Russes, *Notices jointes aux cartes de la Russie et du bassin de la Méditerranée, dans l'atlas de MM. Dufour et Dyonnet publié par Paulin et le Chevalier.*

1. **LIME.** *Ajoutez :* || 9°. Variétés de limes. Il y a trois classes de limes : les limes bâtardes ou rudes, les limes demi-douces, qui sont un peu plus fines, et les limes douces qui sont encore plus fines, *Enquête, Traité de comm. avec l'Angleterre*, t. I, p. 434. || Lime en paille, lime qu'on vend entortillée de paille. Une autre lime, qui se vend également en énorme quantité, est la lime en paille, dite grosses tailles, *ib.* t. I, p. 699.

LIMITROPHE. *Ajoutez :* — HIST. XVe s. Estienne estant pour lors en Boulongnois À son bon heur limitrophe aux Anglois, RENÉ MACÉ, *Suyte de l'hist. de France*, f° 3.

† **LIMNIMÈTRE,** *s. m.* Voy. ci-dessous LIMNOMÈTRE. *Limnimètre* est mal formé; tous les mots composés de λίμνη prennent *limno.*

† **LIMNOMÈTRE** (li-mno-mè-tr'), *s. m.* Instrument qui sert à mesurer le niveau des lacs.

— ÉTYM. Λίμνη, lac, et μέτρον, mesure.

† **LIMNOMÉTRIQUE** (li-mno-mé-tri-k'), *adj.* Qui a rapport au limnomètre. On a tracé sur le couronnement du plus grand barrage du Bourget [torrent des Alpes] une échelle limnométrique indiquant, sur la courbe du couronnement, les intersections d'une série de plans horizontaux espacés en hauteur de 10 centimètres, *Reboisement des montagnes, Compt. rend.* 1869-74, 2e fasc. p. 13.

† **LIMOINE.** *Ajoutez :* — HIST. XVIe s. Et celle encor aux greins rouges, limoine..., J. PELETIER DU MANS, *la Savoie* (1572), p. 293, Chambéry, 1856.

† **LIMONAGE** (li-mo-na-j'), *s. m.* Action de couvrir de limon. Au moyen des colmatages et des limonages, ces terrains se sont transformés en forêts déjà en plein rapport, *Monit. univ.* 11 mars 1868, p. 367, 4e col. Il serait si facile d'utiliser leur travail [des courants d'eau] pour le colmatage et le limonage des terres arables, H. DE PARVILLE, *Journ. offic.* du 25 mai 1869, p. 749, 2e col.

† **LINEUX, EUSE** (li-neû, neû-z'), *adj.* Qui appartient au lin, qui a le caractère du lin. [L'usine Rodolphe, à Ham] la seule en Europe qui soit outillée pour ouvrer jusqu'à parfait achèvement les matières lineuses [plantes filamenteuses diverses] qu'elle reçoit brutes, F. CHAULNES, *Journ. offic.* 11 août 1873, p. 5355, 3e col.

LINGUAL. *Ajoutez :* Consonnes linguales est souvent synonyme de dentales.

† **LINGUISTIQUEMENT** (lin-gui-sti-ke-man, *ui* prononcé comme dans *huile*), *adv.* Par rapport à la langue, à la linguistique. Dans tout le centre et dans l'ouest [de l'Inde], une population en majorité touranienne, influencée physiquement par les peuples noirs auxquels elle s'est superposée, et dominée linguistiquement et moralement par une infime minorité aryenne ou blanche, ROUSSELET, *Rev. anthrop.*

† **LINNÉEN, ÉENNE** (li-nné-in, è-n'), *adj.* Qui appartient à Linné. Les genres linnéens.

† **LINOMPLE** (li-non-pl'), *s. m.* Ancien nom du linon. Les zéphyres avaient détourné de dessus son sein une partie du linomple qui le couvrait, LA FONT. *Songe de Vaux.*

— HIST. XVIe s. Ils s'estoyent apprestés à fendre du couteau L'estamine ninomple [lisez linomple] et la tendrette peau, D'AUB. *Tragiques*, éd. L. Lalanne, p. 224

— ÉTYM. Est-ce un dérivé du bas-lat. *liniuncula*, étoffe de lin?

† **LIONNESSE.** *Ajoutez :* — HIST. XIIIe s. Plus est chescuns esmuz ke n'est, quant est bersée [frappée d'un trait] Leonesse, u saerpent quant el se sent blescée, *Vie de seint Auban*, publiée par Atkinson, Londres, 1876, v. 521.

† **LIQUIDABLE** (li-ki-da-bl'), *adj.* Terme de finances. Qui peut ou doit être liquidé. Les opérations liquidables fin février.

† **LIQUIDATIF, IVE** (li-ki-da-tif, ti-v'), *adj.* Terme de jurisprudence et de pratique. Qui a la qualité de liquider une succession, une communauté, une société. Attendu qu'il résulte de l'acte liquidatif de.... que la veuve G. avait droit, dans le partage des communauté et succession liquidées par ledit acte, à un émolument de..., *Jugem. du Trib. de la Seine*, 21 nov, 1868.

LIRON. — HIST. *Ajoutez :* XIIIe s. *Glis*, gleron (imprimé à tort *gleton*), CHASSANT, *Petit vocab. lat.-franç.* p. 14.

1. **LIS.** *Ajoutez :* || 12° Arbre aux lis, le tulipier et plusieurs magnolias de l'Amérique du nord, BAILLON, *Dict. de botan.* p. 247.

LISERON. — HIST. XVIe s. *Ajoutez :* Le liseron, exquis aus grateleus, J. PELETIER DU MANS, *la Savoie* (1572), p. 293, Chambéry, 1856.

† **LISME.** — ÉTYM. Arabe, *lazin*, féminin *lazima*, impôt (DEFRÉMERY).

† **LISOIR.** *Ajoutez :* || 3° Terme d'artillerie. Dans les affûts de place, de côtes et de casemate, pièce qui réunit les deux côtés du grand châssis, et dans laquelle s'engage la cheville ouvrière. || Lisoir directeur, bâti qu'on substitue au grand châssis de ces affûts, lorsqu'on veut diminuer la hauteur de la pièce au-dessus de la plateforme.

1. **LISSE.** || 1° *Ajoutez :* || Canon lisse, voy. CANON. || 3° *S. m.* Terme de filature. Fil de coton retors à quatre, six, neuf fils et au-dessus, dit cordonnet ou lisse, *Enquête, Traité de comm. avec l'Anglet.* t. IV, p. 320.

LISSEUR, EUSE. *Ajoutez :* || 2° *S. f.* Lisseuse, machine à lisser. Une machine à dégraisser, à sécher et à lisser la laine peignée, dite lisseuse.... une machine à mettre en bobines les rubans sortant de la lisseuse, *Enquête, Traité de comm. avec l'Anglet* t. III, p. 496.

— HIST. XVe s. Enguerran Flomenes, drappier et bourgeois de ladite ville, qui, avec ce qu'il estoit drapier, estoit tondeur, licheur, pareur de draps, *Ordonn. des rois de France*, t. IX, p. 536.

LISSOIR. *Ajoutez :* || Instrument qui sert à lisser. Peignes lissoirs en buffle.

1. **LITEAU.** *Ajoutez :* — HIST. XIIIe s. Que li maistres n'aient ne portent aulne, verge ne mesure sur les draps de ville, se le seing de la ville de Reims que on dict le litel n'y est (1292), VARIN, *Archives administ. de la ville de Reims*, t. I, 2e partie, p. 1074.

† 1. **LITER.** *Ajoutez :* || 2° Se liter, *v. réfl.* Être rangés par lits, en parlant de poissons. La quatrième espèce de hareng.... ce dernier ne se lite pas dans les barils, mais s'y met pêle-mêle, se paquant néanmoins et s'apprêtant comme les autres; c'est ce hareng qu'on nomme communément hareng de droguerie ou de drogue, SAVARY, *Dict. de comm.* t. II, p. 328 (Savary écrit *litter*; mais il vaut mieux écrire *liter, litée* et *literie* s'écrivant par un seul *t*).

† **LITHOFRACTEUR** (li-to-fra-kteur), *s. m.* Mélange explosif très-énergique. Le lithofracteur est, en fait, la dynamite sous un autre nom; c'est, en général, un mélange de nitroglycérine, de terre sablonneuse, de charbon pulvérisé, de soufre, de sciure de bois et de nitrate de soude ou de baryte, *Rev. Britann.* mars 1874, p. 210 et 211.

— ÉTYM. Mot hybride, de λίθος, pierre, et lat. *fractum*, supin de *frangere*, briser.

† **LITHOPHOTOGRAPHIE** (li-to-fo to-gra-fie), *s. f.* Le même que photolithographie (voy. ce mot au Dictionnaire). Passant en revue les essais de lithophotographie ou photographie sur pierre, *Journ. offic.* 8 mai 1874, p. 3158, 1re col.

† **LITISDÉCISOIRE** (li-ti-sdé-si-zoi-r'), *adj.* Terme de droit. Qui décide le procès. Qu'en l'absence de toute preuve quelconque à l'appui de cette demande, présentée à la dernière heure, ils déférent à Isabelle de Bourbon le serment litisdécisoire sur les trois faits suivants, *Gaz. des Trib.* 9 août 1874, p. 759

— ÉTYM. Lat. *lis, litis*, procès, et *décisoire*. *Litis* est au génitif; c'est un composé casuel, comme *jurisprudentia*, par opposition aux composés thématiques comme *lucifer.*

† **LITTÉRALISTE** (lit-té-ra-li-st'), *adj.* Néologisme. Qui a le caractère du littéralisme. La notion littéraliste de l'autorité biblique.

LITURGIE. *Ajoutez :* La liturgie se divise : en psalmodique, celle qui est relative au chant des psaumes; et en eucharistique, qui est l'ordre des leçons, prières et cérémonies qui accompagnent le sacrifice.

† **LIVERDUN** (li-vèr-dun), *s. m.* Nom, dans l'Indre et ailleurs, d'un cépage rouge, *les Primes d'honneur*, Paris, 1873, p. 224.

† **LIVIDIBI** (li-vi-di-bi), *s. m.* Voy. DIVIDIVI au Supplément.

† **LIVINGSTONITE** (li-vingh-sto-ni-t'), *s. f.* Sorte de minéral. En mémoire du docteur Livingstone, le nom de livingstonite vient d'être donné à un nouveau minéral par M. Barcena; cette substance se trouve à Huitzuco, dans le Mexique,... probablement un double sulfite de mercure et d'antimoine, *Journ. offic.* 10 oct. 1874, p. 6938, 2e col.

† **LIVONIEN** (li-vo-niin), *s. m.* Synonyme de lette (voy. ci-dessus LETTE 2).

† **LIVOURNIEN** (li-vour-niin), *s. m.* Papillon répandu dans le Midi de la France et en Italie, surtout près de Livourne, *sphinx livornica.*

1. **LIVRE.** || 6° Livre opposé à réalité, à pratique. *Ajoutez :* J'aime à remplir de feux ma bouche en leur présence [des dames]; La mode nous oblige à cette complaisance; Tous ces discours de livre alors sont de saison, CORN. *Mélite*, I, 1. || 17° Terme de turf. Livre des paris, livre sur lequel on inscrit les paris. || Faire un livre, parier contre tous les chevaux.

2. **LIVRE.** *Ajoutez :* || 5° Unité de mesure des marais salants, comprenant vingt aires et leurs dépendances, *Enquête sur les sels*, t. I, p. 510. || 6° Terme de préhistoire. Livre de beurre, rognon de silex. Les gros rognons qui, à cause de leur forme, sont connus sous le nom de livres de beurre, ont soulevé de vives discussions; ils ont ordinairement de 8 à 12 pouces de longueur et ressemblent à un bateau, une des extrémités étant fort large et l'autre se terminant en pointe, LUBBOCK, *l'Homme préhistorique*, trad. de E. Barbier, Paris, 1876, p. 75.

LIVRER. *Ajoutez :* || 16° Se livrer, en termes de commerce, prendre livraison. Se livrer d'un chargement de blé.

† **LIVRET-POLICE** (li-vrè-po-li-s'), *s. m.* Livret contenant une police d'assurance. Les propositions [d'assurance] faites à Paris, à la Caisse des dépôts et consignations, lorsqu'elles sont reconnues régulières, sont immédiatement suivies de la délivrance d'un livret formant police d'assurance; celles qui ont lieu dans les départements, sont transmises sans délai, avec le montant du versement, par le comptable qui les a reçues, à la direction générale, qui, après les vérifications, fait remettre le livret-police à l'assuré en échange du récépissé provisoire qui lui a été donné au moment du versement, *Extraits du décret du 10 août 1868, portant règlement pour la loi du 11 juillet* 1868, art. 3.

† **LIVREUR** (li-vreur), *s. m.* Celui qui fait livraison de marchandises. Un des employés de J.... lui a cédé, moyennant 1 fr. 80, une douzaine de fromages estampillés G.... et il les a vendus 2 fr. 40 à L.... en lui laissant croire qu'ils provenaient de la maison dont il était le livreur, *Gaz. des Trib.* 2 mars 1877, p. 213, 1re col.

† **LIVRIER.** *Ajoutez :* Mercier, le plus grand livrier de France, comme il s'appelait, CHUQUET, *Rev. crit.* 24 fév. 1877, p. 130.

† **LIXE** (li-ks'), *s. m.* Genre d'insectes coléoptères de la famille des charançons. Il y avait des ombellifères à Œningen, et l'on retrouve les charançons (des lixes) qui fréquentaient ces fleurs, E. BLANCHARD, *Rev. des Deux-Mond.* 1er oct. 1874, p. 606.

† **LIXIVIATEUSE** (li-ksi-vi-a-teû-z'), *s. f.* Machine à lessiver. Lixiviateuse mulhousienne.

LOCAL. — HIST. *Ajoutez :* XIIIe s. Priès de là si est; ce lisons, Li louaus [le local] ù fu la maisons Le roi de Jude Ezechie, PH. MOUSKES, *Chronique*, v. 10488.

† **LOCALISATEUR, TRICE** (lo-ka-li-za-teur, tri-s'), *adj.* Terme de physiologie. Qui localise, c'est-à-dire qui affecte telle fonction à tel organe. Les doctrines localisatrices, *le Progrès médical*, 12 mai 1877, p. 366.

† **LOCATEUR** (lo-ka-teur), *s. m.* Celui qui donne en louage une chose. M. H.... n'était que locataire de cette locomobile.... il a appelé en cause MM. N.... et D..., locateurs, de qui il tenait la locomobile, *Gaz. des Trib.* 15 juill. 1870. Attendu que décider autrement serait, par une voie détournée, déplacer la responsabilité de l'art. 1725, et laisser subsister contre le locateur une garantie dont il est textuellement affranchi par cette disposition [l'art. 1725 du Code civil emploie le mot *bailleur*], *Gaz. des Trib.* 28 août 1874, p. 824, 1re col.

— HIST. XVIe s. Le locateur pourra par justice faire mettre ses meubles [de celui qui ne paye pas son loyer] sur les carreaux, *Coust. gener.* t. I, p. 111.

— ÉTYM. Lat. *locatorem*, de *locare*, louer, donner en location.

† **LOCATURE** (lo-ka-tu-r'), *s. f.* Se dit, dans le département de Vaucluse, de terrains sans bâtiments qu'on loue. Dans l'arrondissement d'Avignon, là où le sol est fertile et arrosable, on trouve de nombreuses locatures n'ayant pas de bâtiments et qui comprennent seulement 3, 8, 15 et 25 hectares, *les Primes d'honneur*, Paris, 1873, p. 537. Propriété du Bouchet (Cher) comprenant : réserves, domaine, trois métairies, quatre locatures, *Gaz. des Trib.* 20 sept. 1874, p. 897, *aux annonces*.

— ÉTYM. Lat. *locare*, louer.

† **LOCHOMÈTRE** (lo-ko-mè-tr'), *s. m.* Instrument ayant pour objet de donner la mesure exacte du chemin parcouru en mer, *Journ. offic.* 6 oct. 1875, p. 8260, 2e col.

— ÉTYM. *Loch*, et μέτρον, mesure.

† **LOCK-OUT** (lo-kaout'), *s. m.* Mot anglais qui signifie l'action d'un patron, d'un chef d'usine qui met ses ouvriers dehors. Les chefs d'industrie ont organisé à leur tour des ligues défensives contre les coalitions et les grèves ; ils opposent aux unions les lock-out, *Journal officiel*, 17 novembre 1875, p. 9402, 3e col. La forme la plus ancienne de la résistance locale des patrons, c'est le lock-out collectif; les patrons répondent à la grève partielle par la suspension générale du travail, H. DENIS, *la Philos. positive*, 1er mai 1872, p. 389.

† **LŒSS** (leus'), *s. m.* Terme de géologie. Sorte de terrain. Le lœss est un limon fertile, HEUZÉ, *la France agricole, carte* n° 5.

LOGARITHME. *Ajoutez :* || Logarithmes vulgaires, ceux dont la base est 10. Logarithmes naturels, hyperboliques ou népériens, ceux dont la base est le nombre *e*, c'est-à-dire 2,178.

LOGÉ, ÉE. *Ajoutez :* || 4° Qui est en fût, en caisse, en parlant d'une marchandise. Vous avez décidé que la distinction entre l'absinthe logée dans les futailles et l'absinthe logée dans les bouteilles disparaîtrait, *Journ. offic.* 24 mars 1872, p. 2082, 2e col. L'huile de colza non logée, *ib.* 25 sept. 1874, p. 3675, 2e col.

LOGEMENT. *Ajoutez :* || 6° Terme d'artillerie. Dégradation des bouches à feu en bronze; c'est une dépression du métal produite à l'emplacement du projectile par la pression que les gaz de la poudre exercent sur lui en s'échappant. || 7° Terme de commerce. Emballage, récipient de marchandises. .... Que la gomme, aussitôt son entrée [en magasin], ayant été changée de logement [elle était d'abord logée en caisse] et mise en sacs, il ne restait plus aucune trace de ce cachet de provenance, *Gaz. des Trib.* 17 oct. 1873, p. 1006, 1re col.

LOGIS. *Ajoutez :* — REM. Maréchal des logis correspond, dans les troupes à cheval, à sergent dans les troupes à pied; et maréchal des logis chef à sergent-major.

† **LOGISTE** (lo-ji-st'), *s. m.* Elève en peinture et sculpture qui travaille en loge. Hier a commencé à l'École des beaux-arts la sortie des logistes; la section de peinture est la première libre, *Journ. offic.* 15 sept. 1875, p. 5380, 1re col.

† **LOGOGRAPHE.** *Ajoutez :* || 5° A Athènes, rhéteur qui composait des discours, des plaidoyers pour un autre. On lira d'ingénieuses conjectures sur le soin que devait s'imposer le logographe d'apprendre lui-même à son client comment débiter le discours qu'il lui fournissait, G. PERROT, *Rev. critique*, 16 déc. 1876, p. 380.

† **LOGOGRIPHER** (lo-go-gri-fé), *v. a.* Exprimer en logogriphes, en langage obscur. Ils [les médecins] ne connaissent ni le mal ni la drogue, mais ils nomment le mal, ils logogriphent les drogues, et s'entendent, au moyen de cet argot, avec le pharmacien, comme larrons en foire, TÖPFFER, *le Presbytère*, lettre CLX.

† **LOISIBLEMENT** (loi-zi-ble-man), *adv.* D'une manière loisible. On permet plus d'affiquets aux filles, parce qu'elles peuvent loisiblement désirer d'agréer à plusieurs, quoique ce ne soit qu'afin d'en gagner un par un saint mariage, ST FRANÇOIS DE SALES, *Introd. à la Vie dévote*, III, 25.

† **LOMÉCHUSE** (lo-mé-ku-z'), *s. f.* Genre d'insectes coléoptères. Des coléoptères agiles de la famille des staphylins, dont les élytres laissent à découvert l'extrémité postérieure du corps, habitent les fourmilières, ce sont les loméchuses, BLANCHARD, *Rev. des Deux-Mondes*, 15 oct. 1875.

† **LOMIA** (lo-mi-a), *s. f.* La 117e planète télescopique, découverte en 1871 par M. Borrelly.

† **LOMPE.** *Ajoutez :* — ÉTYM. Angl. *lump-fish*, de *lump*, bloc, et *fish*, poisson: poisson ainsi nommé à cause de sa forme massive.

† **LÔNE** (lô-n'), *s. f.* A Lyon, tout bras du Rhône en voie de colmatage, soit naturellement, soit par suite d'un barrage construit en avant ou en aval. Que l'île de Béchevelin [sur le Rhône], en l'an III, comprenait dans son périmètre tout l'emplacement qui, en 1856, était occupé par la lône de la Vitriolerie, et notamment tous les terrains qui ont été attribués au lit du Rhône, comme dépendant de ladite lône..., *Gaz. des Trib.* 22 oct. 1875, p. 1021, 3e col. Trois jeunes enfants ont trouvé la mort, dit le *Petit Lyonnais*, dans les lônes profondes qui [à Lyon] avoisinent le pont du chemin de fer de Genève, *le Temps*, 16 février 1876, 3e page, 6e col.

LONG. || 12° De long. *Ajoutez :* || Aller de long, continuer. Je l'ai trouvé [votre livre] si bien à mon goût, qu'il a fallu que je sois allé de long, MALH. *Lexique*, éd. L. Lalanne. || 19° *Ajoutez :* || Aller de longue, avancer. Puisque je me suis mis dans le chemin de l'impudence, il faut aller de longue, MALH. *Lexique*, éd. L. Lalanne.

— REM. *Ajoutez :* || 3. A côté de tirer de longue, causer des délais, on trouve aussi, au neutre, tirer de longue, éprouver des délais. Le roi juge l'affaire si importante qu'aussitôt qu'il a cru qu'elle pouvait tirer de longue, il s'est résolu de s'avancer jusques à Pignerol, RICHELIEU, *Lettres, etc.*, t. VI, p. 468 (1639). || 4. *Ajoutez un exemple* de longue main (voy. la discussion à Rem. 2), lequel est du XIIIe s. : Fouke Cringnon et Wautier sen frere, qui tenoient les II moies de terre devant dites et qui avoient paiet de longe main les deus mines de blé...., *Charte du Vermandois de* 1238, dans *Bibl. des ch.* 1874, t. XXXV, p. 457.

† 3. **LONGE** (lon-j'), *s. f.* Embarcation, à bord d'un navire. Le second s'embarqua dans la longe avec quinze autres hommes de l'équipage.... *Journ. offic.* 9 avril 1872, p. 2460, 1re col.

† **LONGÉVIF, VIVE** (lon-jé-vif, vi-v'), *adj.* Qui a de la longévité, qui vit longtemps. Les essences longévives sont les seules intéressantes, G. BAGNERIS, *Man. de sylvic.* p. 164, etc. Nancy, 1873.

— ÉTYM. Voy. LONGÉVITÉ.

LONGUEUR. *Ajoutez :* || 7° Terme de turf. Longueur de tête, mesure de distance employée dans le langage des courses. Un cheval arrivé premier de deux longueurs est un cheval qui a atteint le poteau gagnant en dépassant le deuxième cheval de deux longueurs de tête de cheval.

† **LOPHINE** (lo-fi-n'), *s. f.* Terme de chimie. Produit de la distillation sèche du radical (picramyle) de l'essence d'amandes amères.

† **LOPHOPHORE** (lo-fo-fo-r'), *s. m.* Genre d'oiseaux de l'ordre des gallinacés, famille des phasianidés. || Le lophophore, *lophophorus refulgens*, Temminck, oiseau de l'Indo-Chine dit aussi monaul; il est orné d'un plumage varié, CORTAMBERT, *Cours de géographie*, Paris, 1873, p. 543. Si la garniture en plumes de lophophore de Mlle P.... ne fait pas courir tout Paris, il faudra bien changer l'affiche, *Rev. Britan.* mars 1872, p. 261.

— ÉTYM. Λόφος, aigrette, et φορός, qui porte.

† **LORCHA** (lor-cha), *s. f.* Sorte de navire chinois. Le *Tage* a tenu bon sur ses amarres, grâce à sa machine, et n'a souffert que du choc des lorchas, *Journ. offic.* 28 déc. 1874, p. 8624, 3e col. A une heure du matin, nous fûmes abordés par une des grandes lorchas qui font le commerce avec Singapore, *ib.* 28 déc. 1874, p. 8624, 2e col.

† **LORD-LIEUTENANCE** (lor-lieu-te-nan-s'), *s. f.* Fonction de lord-lieutenant.

† **LORD-LIEUTENANT** (lor-lieu-te-nan), *s. m.* Nom du gouverneur de l'Irlande.

† **LORELEY** (lo-re-lè), *s. f.* La 165e planète télescopique, découverte en 1876 par M. Peters.

† **LORI.** *Ajoutez :* — ÉTYM. Malais, *louri*, un perroquet des Moluques.

† **LORMERIE.** Au lieu de la définition qui est fautive, *mettez :* Ancien nom d'un métier qui fabriquait tout ce qui concernait le harnachement, moins les selles.

— ÉTYM. Rectifiez l'étymologie d'après M. Gaston Paris : *lormerie*, de *lormier*, bas-lat. *lorimarius*, qui vient de *loramen*, dérivé de *lorum*, lien, courroie, *Mém. de la Soc. de linguistiq.* t. I, p. 290.

LORS. *Ajoutez :* || 5° Lors que, lors même que, se dit au même sens qu'alors que, voy. ALORS.

LOSANGE. *Ajoutez :* || 5° Terme de lapidaire. Losanges ou plats, facettes qui viennent à la suite des dentelles et qui s'y trouvent conjointes, dans la taille des pierres fines, CHRITEN, *Art du lapidaire*, p. 28.

† **LOSE.** *Ajoutez :* — REM. Lose fait double emploi avec lause, qui paraît être une meilleure orthographe.

† **LOSERON** (lo-ze-ron), *s. m.* Nom, en Dauphiné, de l'ouvrier qui couvre les toits avec des loses (voy. ce mot).

LOT. *Ajoutez :* || 5° Nom d'un papier-monnaie russe. Les papiers à spéculation, tels que les lots, *Journ. des Débats*, 26 mai 1876, 1re page, 5e col.

— HIST. *Ajoutez :* || XVIe s. Tacre de cuir [la tacre était de dix cuirs] et lot, pour ce qu'il y a deux tacres à chacun lot, MANTELLIER, *Glossaire*, Paris, 1869, p. 41.

LOUANGEUR. *Ajoutez :* — REM. C'est une faute de dire louangeux au masculin, comme dans ce passage : L'honorable desservant de la commune d'E.... lui a délivré un certificat des plus louangeux, *Gaz. des Trib.* 28 sept. 1875, p. 90, 2e col.

1. **LOUCHE.** — HIST. XIIIe s. *Ajoutez :* Uns chevaliers, Belchis li lois, Qui a le front plus noir que pois, *Meraugis*, p. 160 (*lois* représente le latin *luscus*).

2. **LOUCHE.** — HIST. *Ajoutez :* || XVe s. Les filles ne doivent point mengier à cacheloucbe leur potage avec leurs amoureux, *les Évang. des quenouilles*, p. 23 (en cachant la louche, en secret, avec mystère).

1. **LOUCHET.** *Ajoutez :* || 2° Les instruments qui servent à dépecer la baleine sont la hache, la pique à gras, le sabre à deux tranchants et le louchet, espèce de pelle tranchante emmanchée d'une longue hampe, J. NOUGARET, *Monit. univ.* 16 sept. 1868, p. 1292, 6e col.

† **LOUFTON** (lou-fton), *s. m.* Autre forme de louveteau, au sens de fils de franc-maçon.

LOUIS. || 2° *Ajoutez :* Je la supplie [V. M.] de me faire savoir si elle n'agréerait pas davantage que j'envoyasse ces 600 000 livres en louis d'argent à Metz, *Lettres de Colbert*, etc. VI, 304. || 3° Louis de cinq sous, pièce d'argent frappée sous Louis XIII et Louis XIV. Parmi les divisions de cette pièce de soixante sous [le louis d'argent] se trouvait le douzième ou louis de cinq sous, dont le module était celui de notre pièce de vingt francs, DE LONGPÉRIER, *Journ. des savants*, oct. 1876, p. 595.

† **LOUISETTE** (loui-zè-t'), *s. f.* Un des noms vulgaires de la gesse tubéreuse, *lathyrus tuberosus*, L.

† **LOULOU** (lou-lou), *s. m.* Sorte de petit chien de garde. Ravel possédait un chien de la variété dite loulou, l'*Union médic.* 14 sept. 1876, p. 394.

LOUP. *Ajoutez :* || 24° Dans l'argot du théâtre, défaut qui produit un vide dans l'enchaînement des scènes; c'est une extension de loup en termes d'atelier (voy. LOUP, n° 10). Les auteurs ont fort bien senti qu'il y avait là un loup, comme on dit en style de coulisse, et ils ont essayé de le faire disparaître dans une histoire de cabinet noir de lettres escamotées à la poste, ALPH. DAUDET, *Journ. offic.* 3 nov. 1874, p. 7342, 2e col. || On dit aussi qu'il y a un loup quand la scène reste vide dans le cours d'un acte.

— HIST. || XVIe s. *Ajoutez :* Histoires au vieux loup, sottes histoires, OUDIN, *Curios. franç.* p. 240, éd. de 1656. Discours au vieux loup, discours impertinents, ID. *ib.* p. 437 (comp. à LOUP, n° 1 : Ce mot est au vieux loup, de Malherbe).

LOUPE. — HIST. XIVe s. *Ajoutez :* Dou quel demorant [du cuivre d'une cloche] fu rabatu par le mestre Willaume le fondeur, pour l'ordure et la loupe qui estoit ou metal qui fu fondus (1358), *la Cloche des ouvriers* (communiqué par M. Cafiaux).

† 2. **LOUPEUR** (lou-peur), *s. m.* Nom, à Paris, des ouvriers qui vont dans toutes les forêts d'Europe et même de toutes les parties du monde chercher des loupes pour l'ébénisterie (voy. au Dictionnaire LOUPE, n° 2).

† **LOUP-LOUP** (lou-lou), *s. m.* Autre orthographe de loulou (voy. ce mot au Supplément). || Fig. Si enfin tous les roquets, tous les loups-loups de l'aristocratie s'avisent d'avoir la funeste audace de lui pincer l'oreille, *L. du P. Duchêne*, 254ᵉ *lettre*, p. 2.

LOURD. *Ajoutez :* || 8° Il se dit des tissus qui offrent de la pesanteur, par opposition aux tissus légers. On compare nos tulles lourds aux tulles légers de France, *Enquête, Traité de comm. avec l'Anglet.* t. v, p. 662. Blondes lourdes, *ib.* p. 658. || 9° Terme de turf. La piste est lourde, quand le sol est très-pâteux par suite des pluies.

LOURDEMENT. — HIST. XIVᵉ s. *Ajoutez :* Quant le duc ouyt ces nouvelles, s'il fut triste ce ne fait pas à demander; car plus lourdement ne lui povoit il mescheoir, J. LE BEL, *Les vrayes chroniques*, t. II, p. 99.

† **LOUSSEAU, LOUSSEC, LOUSSET, LOSSE.** *Ajoutez :* — ÉTYM. Il est possible que ce mot de marine soit le même que *louche* 2 (voy. à ce mot les formes anciennes et les formes des patois).

† **LOUTIER** (lou-tié) ou **LOUVETIER** (lou-ve-tié), *s. m.* Espèce de sorcier qui, suivant la superstition populaire, a des intelligences avec le loup, et dont le loup, pour reconnaître ses bons offices, respecte le troupeau et la basse-cour, EUGÈNE ROLLAND, *Faune populaire*, 1877, p. 124.

LOUTRE. *Ajoutez :* || 3° Race loutre, race anglaise de moutons (voy. ANCON au Supplément).

† **LOUVAGE** (lou-va-j'), *s. m.* Synonyme de louvetage (voy. ce mot au Dictionnaire). Battage, égratteronnage, louvage, *Enquête, Traité de comm. avec l'Angleterre*, t. III, p. 248.

† **LOUVETEUR** (lou-ve-teur), *s. m.* Ouvrier qui opère le louvage ou louvetage, *Enquête, Traité de comm. avec l'Anglet.* t. III, p. 460.

† 2. **LU** (lu), *s. m.* Nom, sur les côtes du Calvados, du poisson nommé lieu en Bretagne (voy. LIEU 2).

— ÉTYM. La forme *lu*, à côté de *lieu*, fait penser que ces deux mots pourraient venir du lat. *luscius*, en anc. franç. *lus*, sorte de poisson.

† 2. **LUBIN** (lu-bin), *s. m.* Dans la Normandie, nom que la superstition populaire donne à des formes de loups, cherchant à entrer dans les cimetières, EUG. ROLLAND, *Faune populaire*, p. 159.

† **LUBINE** (lu-bi-n'), *s. f.* Nom, à Nantes et sur les côtes de la Loire-Inférieure, d'un poisson très-estimé, qui a quelque ressemblance de forme avec la truite saumonée; le même que loubine, qui est au Dictionnaire.

† **LUBRIFACTION** (lu-bri-fa-ksion), *s. f.* Synonyme de lubrification.

† **LUCERNAIRE.** *Ajoutez :* || 3° Genre de la famille des actinies. Anatomie et histologie de la lucernaire (*lucernaria octoradiata*), A. DE KOROTNEFF, *Acad. des sc. Comptes rend.* t. LXXXI, p. 827. || Le *Dictionnaire* de Bescherelle fait *lucernaire* du masculin.

LUCIFER. — HIST. XIIIᵉ s. *Ajoutez :* Dieus veut que li homs si le serve, Qu'en bien servant le liu deserve [mérite] Que Lucifer perdi jadis, *Arch. des missions scientif.* 2ᵉ série, t. III, p. 297.

† **LUCILIE** (lu-ci-lie), *s. f.* Genre de mouches. || Lucilie hominivore, *lucilia hominivorax*, mouche de la Guyane qui, déposant ses larves dans les fosses nasales de l'homme, cause la mort par le développement qu'y prennent ces larves.

† **LUCILINE** (lu-si-li-n'), *s. f.* L'huile de pétrole vendue dans le commerce pour l'éclairage.

— ÉTYM. Lat. *lucere*, luire.

† 1. **LUCINE.** *Ajoutez :* || 2° La 146ᵉ planète télescopique, découverte en 1875 par M. Borrelly.

† **LUCINOCTE** (lu-si-no-kt'), *adj.* Terme de botanique. Plantes lucinoctes, plantes équinoxiales dont les fleurs s'ouvrent le soir et se ferment le matin.

— ÉTYM. Lat. *lux, lucis*, lumière, et *nox*, nuit.

† **LUCULE** (lu-cu-l'), *s. f.* Terme d'astronomie. Nom donné à des points brillants, allongés, qu'on voit sur toute la surface du soleil.

— ÉTYM. Dimin. du lat. *lux, lucis*, lumière (voy. LUIRE).

† **LUISANCE** (lui-zan-s'), *s. f.* Néologisme. Qualité de ce qui luit. Dans un sonnet plein de grâce, le prisonnier [le Tasse] supplie une chatte de lui prêter la luisance de ses yeux pour remplacer la lumière dont on l'a privé, CHATEAUBR. *Mém. d'outre-tombe* (éd. de Bruxelles), t. VI, *le Tasse*.

LUMACHELLE. *Ajoutez :* — REM. La prononciation est lu-ma-kè-l', et non lu-ma-chè-l', CHRITEN, *Art du lapidaire*, p. 257.

† **LUMEN** (lu-mèn), *s. f.* La 141ᵉ planète télescopique, découverte en 1875 par M. P. Henry.

— ÉTYM. Lat. *lumen*, lumière.

LUMIÈRE. — REM. *Ajoutez :* || 2. Dans le XVIIᵉ siècle, on faisait une distinction entre lumière au sens de chandelle, bougie, lampe allumée et flambeau. Les lumières mêmes ne peuvent pas résister à l'humide fraîcheur qui y domine; et on ne peut y aller qu'avec des flambeaux, *Mém. de G. Marinier*, dans *Lett. etc. de Colbert*, t. v, p. 577.

LUMIGNON. — ÉTYM. *Ajoutez :* M. Cornu (*Romania*, juill.-oct. 1875, p. 460) conteste que *lumignon* vienne de *lumen*, s'appuyant sur ce que la forme la plus ancienne est *limignon, lemignon*. « Il est, dit-il, d'après le génie de la langue française et en considération du sens premier, mèche, plus rationnel d'admettre le passage de *limignon* ou *lemignon* à *lumignon* que l'inverse; comparez les formes *femier* = *fumier* (*fimus*), *premier* = *prumier* (*primus*), *femelle* = *fumelle*, *chalemel* = *chalumeau*, *alemelle* = *alumelle*. Je cherche donc un type latin justifiant le thème *lim* (d'où *lem*) ou *lium* (car j'ai rencontré aussi la forme *liumignon*, *Livre des métiers, dialogues français-flamands*). Or je le trouve dans le bas-latin *licmus* ou *licmen*, signifiant mèche, d'où s'expliquent correctement à la fois les formes dérivées *limignon, lemignon* et *liumignon* (comp. *teg'la, tiule*). La forme moderne peut avoir été déterminée, sans parler de l'influence du mot *lumen*, la mèche étant destinée à être allumée, soit par la tendance déjà indiquée à transformer *i* ou *e* atone devant *m* en *u*, soit par un intermédiaire *luimignon* qui se rapporterait à *liumignon* comme *tuile* à *tiule*. » M. Cornu note que le bas-lat. *licmus, licmen* représente le lat. *ellychnium*, du grec ἐλλύχνιον, de ἐν, en, dans, et λύχνος, lampe.

† **LUMINARISTE** (lu-mi-na-ri-st'), *s. m.* Peintre qui répand la lumière dans ses tableaux. Les naturalistes néerlandais du XVIIᵉ siècle et les puissants luminaristes anglais du XVIIIᵉ ont en lui [Diaz] un rival et peut-être un maître, E. BERGERAT, *Journ. offic.* 9 janv. 1877, p. 206, 2ᵉ col.

† **LUMINEUSEMENT.** *Ajoutez :* || 2° Terme de peinture. En pleine lumière. Tout cela est peint lumineusement, avec une grande finesse de pinceau, E. BERGERAT, *Journ. offic.* 15 fév. 1876, p. 1230, 3ᵉ col.

LUMINEUX. *Ajoutez :* || 2° Qui paraît jeter de la lumière. Ceux qui ont écrit ou inventé la guerre de Troie ont dépeint la beauté d'Hélène si éclatante et si lumineuse que..., Mˡˡᵉ DE SCUDÉRY, p. 193, par Rathery et Boutron, Paris, 1873.

† **LUMINIFÈRE** (lu-mi-ni-fè-r'), *adj.* Qui porte la lumière. L'éther luminifère.

— ÉTYM. Lat. *lumen*, lumière, et *ferre*, porter.

† **LUMP** (lomp'), *s. m.* Voy. LOMPE.

1. **LUNAIRE.** *Ajoutez :* || Dans la grammaire arabe, lettres lunaires, voy. SOLAIRE.

† **LUNATISME** (lu-na-ti-sm'), *s. m.* Terme de vétérinaire. Nom de l'ophthalmie périodique, maladie qui attaque le cheval.

† **LUNCHER** (lon-ché), *v. n.* Faire un lunch. Il faut, au sortir du stade [d'Éphèse], remonter dans l'odieux wagon, après avoir lunché, avec du *pale ale*, chez un juif anglais, DE VOGÜÉ, *Rev. des Deux-Mondes*, 15 janv. 1875, p. 332. || On dit aussi luncheonner. Mon cher Dickens, nous sommes enchantés de votre retour.... venez luncheonner demain à une heure, et amenez votre brave ami Forster, D'ORSAY, *Rev. des Deux-Mondes*, 1ᵉʳ mars 1875, p. 114.

— ÉTYM. Angl. *lunch* ou *luncheon*, collation, second déjeuner, du gallois *llwnc*.

† **LUNDISTE** (lun-di-st'), *s. m.* Celui qui, tous les lundis, fait un article dans un journal quotidien. Nous autres lundistes, comme on dit dans le jargon du jour, qui savons ces chefs-d'œuvre par cœur, et qui en avons parlé jusqu'à extinction de phrases, nous sommes bien forcés de chercher pâture ailleurs, TH. GAUTIER, *Feuillet. du Monit. univers.* du 21 oct. 1867, p. 1326, 1ʳᵉ col.

† **LUNÉ.** *Ajoutez :* || 4° Terme de forestier. Bois luné, bois affecté de lunure, NANQUETTE, *Expl. débit et estim. des bois*, Nancy, 1868, p. 102.

† **LUNEMENT** (lu-ne-man), *s. m.* Fils grossiers fabriqués avec des étoupes blanchies et dont on fait des mèches pour lampions, cierges, chandelles, etc. *Tarif des douanes*, 1869, p. 114.

LUNETTE. *Ajoutez :* || 15° Au billard, donner une paire de lunettes, c'est-à-dire livrer deux billes tellement rapprochées que l'adversaire ne peut manquer de caramboler. || 16° La lunette de la guillotine, le trou par lequel passe la tête du condamné. || 17° Terme d'artillerie. Anneau d'acier qui sert à vérifier le calibre des projectiles; on a deux lunettes pour chaque calibre, la grande et la petite, qui diffèrent d'une quantité égale à la limite de la tolérance accordée.

† **LUNISTICE** (lu-ni-sti-s'), *s. m.* Terme d'astronomie. Point où la lune est parvenue à sa plus grande déclinaison, soit boréale, soit australe, ainsi dit par comparaison au solstice, parce qu'alors cet astre demeure presque stationnaire et semble s'arrêter dans son mouvement vers le nord ou vers le sud. Le jour du lunistice boréal ou supérieur est le jour du mois lunaire où la lune paraît le plus longtemps sur l'horizon dans l'hémisphère boréal; le contraire a lieu dans l'hémisphère austral. Le jour du lunistice austral ou inférieur est le jour du mois lunaire où la lune paraît le moins longtemps sur l'horizon dans l'hémisphère boréal; le contraire a lieu dans l'hémisphère austral (voy. ÉQUILUNE). 13 déc. 1870, belle aurore [boréale], lunistice, H. DE PARVILLE, *Journ. offic.* 17 mars 1872, p. 1910, 3ᵉ col.

— ÉTYM. Lat. *luna*, lune, et *stitium*, qui se trouve dans les composés, de *stare*, s'arrêter.

† **LUNO** (lu-no), *s. m.* Céréale de la Guinée, qui fournit un pain excellent, nourriture ordinaire de la plupart des indigènes, CORTAMBERT, *Cours de géographie*, 10ᵉ éd. 1873, p. 622.

† **LUNURE** (lu-nu-r'), *s. f.* Terme de forestier. Défaut du bois, dit aussi lune, qui apparaît sur a tranche du bois sous la forme d'un cercle ou quelquefois d'un arc de cercle, formé de plusieurs couches annuelles de couleur plus foncée ou plus claire que celle du bois environnant, NANQUETTE, *Expl. débit et estim. du bois*, Nancy, 1868, p. 194.

† **LUPEUX** (lu-peû), *s. m.* Être fantastique, surnaturel, à tête de loup et à voix humaine, qui attire les voyageurs dans les fondrières, JAUBERT, *Gloss. du Centre*.

— ÉTYM. Lat. *lupus*, loup.

† **LURETTE** (lu-rè-t'), *s. f.* Terme familier et de fantaisie qui ne se dit que dans cette locution : il y a belle lurette, il y a longtemps. Il y a belle lurette qu'ils sont brouillés.

— ÉTYM. Corruption de *belle heurette* (voy. HEURETTE au Supplément).

† **LUSTRERIE** (lu-stre-rie), *s. f.* Fabrique de lustres. On admirera l'éclairage nouveau au gaz avec de magnifiques candélabres et lustrerie de la maison C.... frères, *Monit. univ.* 22 mai 1868, p. 732, 3ᵉ col. Troisième classe : cette classe comprenant les cristaux de lustrerie, avec les pendeloques, les octogones et les plaquettes à moulure et à taille, *Enquête, Traité de comm. avec l'Anglet.* t. VI, p. 581.

† **LUSTREUR.** *Ajoutez :* — REM. On a dit autrefois lustrateur. La somme de cent cinquante livres seize sols huit deniers payée à Antonnio et Pietrouche, lustrateurs, pour leur payement de toutes les journées qu'ils ont travaillé à lustrer et polir, *Lettre de Charles Errard* (1683), dans *Rev. des documents historiques*, par Ét. Charavay, 3ᵉ année, n° 33, déc. 1875, p. 129.

† **LUTÈCE** (lu-tè-s'), *s. f.* La 21ᵉ planète télescopique, découverte en 1852 par M. Goldschmidt.

— ÉTYM. *Lutetia*, nom latin de Paris.

LUTIN. — HIST. *Ajoutez :* XIIᵉ s. Ne grant serpenz volanz, hisdous, Noituns [lutins] ne monstres perillous, BENOIT, *Roman de Troie*, v. 14679.

LUTTER. *Ajoutez :* — REM. Au commencement du XVIIᵉ siècle, on disait encore *luiter*, qui est un archaïsme. De çà, de là luitait mainte troupe rangée, RÉGNIER, *Ép.* I.

† **LUXUEUSEMENT** (lu-ksu-eû-ze-man), *adv.* Néologisme. D'une manière luxueuse. Nous avons devant les yeux [au Capitole, à Washington] une salle rectangulaire de médiocre grandeur, luxueusement ornée de tentures de soie jaune, avec trois rangs concentriques de bureaux et de fauteuils en acajou, DE MOLINARI, *Journ. des Débats*, 10 août 1876, 3ᵉ page, 5ᵉ col.

† **LUXULIANE.** *Ajoutez :* || On trouve aussi luxullianite. On en pourrait faire [du marbre-onyx de Tékali] des sarcophages infiniment plus beaux

que ceux d'Égypte et que le cercueil en luxuliamite qui renferme le corps de Wellington, *Journ. offic.* 23 mai 1876, p. 3542, 2e col.

LUXURE. *Ajoutez :* — REM. Malherbe a employé luxure dans le sens de luxe. Faites-moi venir premièrement les dépouilles de la luxure.... je vois là des vases de cristal.... j'en vois de porcelaine, parce que la luxure ne serait pas servie à souhait si quelque vaisseau qui ne fût de prix recevait ce qui doit incontinent être vomi, *Lexique*, éd. L. Lalanne. Ce sens n'est plus en usage, mais c'est le sens propre du latin *luxuria*, qui ne signifie jamais luxure au sens moderne.

LUXURIEUSEMENT. *Ajoutez :* — HIST. XVIe s. Ceux qui se marient soubs ceste intention que de chasser et bannir Dieu d'avec soy et pour vaquer plus luxurieusement à leur appetit..., BAUDON, *Trois livres des charmes, sorcelages ou enchantements*, 1583, p. 517.

LUXURIEUX. *Ajoutez :* — REM. Malherbe a employé ce mot au sens de : qui vit dans le luxe : Si vous vous fâchez qu'il soit des ingrats, fâchez-vous qu'il soit des luxurieux, des avares, des impudiques, des malades difformes, *Lexique*, éd. L. Lalanne. Cela n'est plus en usage, mais c'est le sens du lat. *luxuriosus*.

LUZERNE. — ÉTYM. *Ajoutez :* Les Anglais tirent leur mot *lucern* du gallois *llysian*, herbe, plante, PETILLEAU.

† 2. **LUZETTE** (lu-zè-t'), *s. f.* Nom, dans l'Aunis, de la vesce sauvage, *Gloss. aunisien*, la Rochelle, 1870, p. 120 (voy. plus haut LOUISETTE).

† **LYDÉE** (li-dée), *s. f.* La 110e planète télescopique, découverte en 1870 par M. Borrelly.

— ÉTYM. *Lydée* est probablement le nom *Lydé*, de Λύδη, nom de femme.

† **LYFA** (li-fa), *s. f.* Écorce d'arbre. Un produit [de l'Arabie] qui a un avenir industriel, c'est la lyfa, écorce d'arbre avec laquelle on fait des cordes et dont on pourrait tirer parti pour des usages textiles, *Journ. offic.* 25 août 1875, p. 7207, 1re col.

† **LYGÉ** (li-jé) ou **LYGÉE** (li-jée), *s. m.* Petite graminée (*lygeum spartum*, L.), dite aussi spart ou sparte, du midi de l'Europe, dont le chaume simple à un seul nœud sert à faire de la sparterie fine ; elle a été parfois confondue par erreur avec la stipe (voy. STIPE 2).

— ÉTYM. Λύγος, osier.

LYMPHATIQUE. *Ajoutez :* — REM. Malherbe a pris lymphatique dans le sens latin : *lymphaticus*, fou, délirant : Ce ne sont que frayeurs lymphatiques ; c'est à faire à ceux qui n'ont point de courage, *Lexique*, éd. L. Lalanne. Ce latinisme est hors d'usage.

† **LYNCHER** (lin-ché), *v. a.* Aux États-Unis, exécuter sommairement et sans forme de justice ; c'est ordinairement un rassemblement populaire qui accomplit ces exécutions. Les habitants de l'Illinois ont chassé les mormons après avoir lynché leur prophète, M. DE FONVIELLE, *la Liberté*, du 13 juin 1867.

— ÉTYM. *To lynch*, mot des Etats-Unis.

LYRE. *Ajoutez :* || 6e Engin en forme de lyre destiné à suspendre quelque chose. Suspensions et lyres pour lampes, *Alman. Didot-Bottin*, 1871-72, p. 1063, 1re col.

† **LYRÉ.** *Ajoutez :* || 2e En forme de lyre. L'antilope à cornes lyrées,... E. MELCHIOR DE VOGÜÉ, *Rev. des Deux-Mondes*, 15 janvier 1877, p. 353.

† **LYRICOMIQUE** (li-ri-ko-mi-k'), *adj.* Qui a le caractère lyrique et comique. J'ai appris le sort de l'opéra de Rameau ; sa musique vocale m'étonne ; je voulus, étant à Paris, en entonner un morceau ; mais, y ayant perdu mon latin, il me vint dans l'idée de faire une ode lyricomique, J. B. ROUSS. *Lett. à Racine*, 17 nov. 1739.

M

† **MACABRE.** *Ajoutez :* || 2e Par extension, qui a le caractère des figures de la danse macabre. Amalgame singulier de burlesque et de tragique ! voyez-vous ces deux figures macabres [Louis XIII et Richelieu, malades et mourants] plongées dans leurs coussins et chuchotant [au sujet de la conspiration de Cinq-Mars] ; la mort déjà les tire par les pieds, HENRI BLAZE DE BURY, *Rev. des Deux-Mondes*, 15 août 1876, p. 940.

— ÉTYM. *Ajoutez*, à la fin : Pour surcroît de preuve à l'étymologie de *macabré* par *Machabæorum*, voici un exemple de *Macabré* pour Machabée : XIIe s. Dedens la cambre l'ont mené ; Très le tans Judas Macabré Ne fut veüe autresi faite, *Perceval le Gallois*, v. 34621. *Macabré* est aussi un nom propre des chansons de geste : *Macabrés* l'amirals ne aseüra mie, *Aiol et Mirabel*, v. 891, éd. Forster. Qu'il faille lire Macabrés, est prouvé par ce vers : Voire, dist Macabrés, cent fois, se vous volés, *ib.* v. 1772.

† **MACADAMISATION** (ma-ka-da-mi-za-sion), *s. f.* Action de macadamiser. Nous avons reçu nombre de lettres de MM. les cochers nous remerciant de ce que nous avons dit au sujet de la macadamisation..., *le Figaro*, 9 sept. 1875.

† **MACARAQUEAU** (ma-ka-ra-kô), *s. m.* Sorte d'arbre. Les indigènes des îles Malouines emploient encore à cet usage [l'écriture] les larges feuilles du macaraqueau, *Journ. offic.* 26 janv. 1876, p. 778, 1re col.

† **MACAREUX.** *Ajoutez :* — REM. Un des anciens noms vulgaires du macareux en français est moine ; d'où Brisson a fait son nom latin *fratercula*.

† **MACARITE** (ma-ka-ri-t'), *s. m.* Défunt qu'on suppose dans le séjour des bienheureux. Et les macarites Jansenius et Cyranius ne se renfermèrent-ils pas quatre ou cinq ans dans un château de Biscaye, pour lire ensemble les anciens Pères? BALZAC, *Lett. inédites*, LXXVI, éd. Tamizey-Larroque.

— ÉTYM. Μακαρίτης, défunt, trépassé, avec le sens de mort qui jouit de la félicité éternelle.

† **MACÉDONIEN, IENNE** (ma-sé-do-niin, niè-n'), *adj.* Terme d'histoire ancienne. Qui appartient à la Macédoine. La phalange macédonienne. Les rois macédoniens se disaient issus d'Hercule. Le parti macédonien dans les cités grecques.

† **MACÉRATEUR** (ma-sé-ra-teur), *adj. m.* Qui opère la macération. Tonneaux macérateurs, vaisseaux dans lesquels on macère les betteraves.

MACÉRATION. *Ajoutez :* — HIST. XVIe s. Austerité, maceration de corps, penitence et vie contemplative, PARADIN, *Chron. de Savoye*, p. 327.

† **MAC-FERLANE** (mak-fèr-la-n'), *s. m.* Nom anglais d'une sorte de manteau, avec collet, sans manches. Il entra par la porte de Saint-Denis, cachant sous un mac-ferlane son bras en écharpe et son ruban de la médaille militaire, A. HOUSSAYE, *l'Amour dans la mort*, Paris, 1873.

MACHABÉES. *Ajoutez :* || 2e Arbre des Machabées, voy. ARBRE au Supplément.

† **MACHAON** (ma-ka-on), *s. m.* Nom d'un papillon, CARTERON, *Premières chasses, Papillons et oiseaux*, p. 59, Hetzel, 1866.

— ÉTYM. C'est sans doute le nom de *Machaon*, héros et médecin dans Homère, transporté dans la zoologie.

† **MÂCHE-BOUCHONS** (mâ-che-bou-chon), *s. m.* Sorte de pinces à mors cannelés transversalement, pour faciliter le bouchage, en comprimant les bouchons sans les mâchonner avec les dents.

MACHINE. *Ajoutez :* || 23e ...Ou bien il [le fil de fer pour clous] est le produit du petit fer rond, dit machine, acheté dans la Moselle et les Ardennes, laquelle machine vaut, rendue à Charleville, en moyenne 48 francs, *Enquête, Traité de comm. avec l'Anglet.* t. I, p. 782.

MÂCHURER. *Ajoutez :* || V. réfl. Se mâchurer, se barbouiller. En frisant ses moustaches et sa barbe, mouvement qui est habituel chez lui, il s'emplit les doigts de cosmétique, et, en les portant involontairement à sa figure, il se mâchure, *le Figaro*, 26 oct. 1875.

† **MACLURE** (ma-klu-r'), *s. m.* Genre de plantes arborescentes, dont la plus connue est le maclure tinctorial, cultivé aux Antilles.

† **MACQUE.** *Ajoutez :* Ce n'est point une chose fort agréable que d'entrer dans la salle où se fait, après le broyage [du lin] à la macque, le raclage à la racloire ou à l'espade, DE COLLEVILLE, *Journ. des Économistes*, fév. 1873, p. 276.

† **MACQUOIR** (ma-koir), *s. m.* Nom, dans l'Oise, de l'instrument avec lequel on broie le chanvre, *les Primes d'honneur*, Paris, 1872, p. 65.

— ÉTYM. *Macquer*.

† **MACROCÉPHALIE.** *Ajoutez :* || 2e En particulier, état de la tête qui résulte d'une compression méthodique et qui consiste en un allongement du diamètre vertical ; c'est en ce sens qu'Hippocrate a parlé des macrocéphales, peuple des confins de la Scythie qui avait l'habitude de comprimer de cette façon la tête des enfants, BROCA, *le Progrès médical*, 10 juin 1876, p. 453, 1re col.

† **MACROCONIDIE** (ma-kro-ko-ni-die), *s. f.* Terme de botanique. Conidie à membrane épaisse, *Acad. des sc. Comptes rend.* t. LXXXIV, p. 134.

— ÉTYM. Μακρὸς, long, et *conidie*.

† **MACRONYQUE** (ma-kro-ni-k'), *s. m.* Genre d'insectes coléoptères, qui vivent dans les eaux courantes, en se tenant accrochés aux pierres par les ongles.

— ÉTYM. Μακρὸς, long, et ὄνυξ, ὄνυχος, ongle.

† **MACROPHTHALME** (ma-kro-ftal-m'), *s. m.* Genre de crustacés de l'Océan Indien, dont les yeux sont portés sur de longs pédicules.

— ÉTYM. Μακρὸς, long, et ὀφθαλμὸς, œil.

† **MACROSCOPIQUE** (ma-kro-sko-pi-k'), *adj.* Qui appartient à la vue des objets assez gros pour être vus sans loupe ou microscope. Je commencerai ici par l'exposé des lésions histologiques [du rein], auxquelles je rattacherai ensuite les apparences macroscopiques.... j'arrive maintenant aux caractères macroscopiques, SEVESTRE, *Maladies des reins, le Progrès médical*, Paris, 1874, p. 773 et 774. Bichat l'avait considéré [le tissu conjonctif] comme constitué par des loges ou vacuoles communiquant toutes entre elles, comme on peut s'en convaincre par l'insufflation, et lui avait, pour cette raison, donné le nom de tissu cellulaire, définition d'ailleurs toute macroscopique, et qui n'a rien à voir avec la notion histologique de la cellule, RANVIER, *le Progrès médical*, fév. 1876, 1re page, 2e col.

— ÉTYM. Μακρὸς, grand, et σκοπεῖν, examiner. L'adjectif *macroscopique* est partout employé par les Allemands et quelques Français, comme l'opposé de *microscopique*, et voulant dire ce qui est visible à l'œil nu.

† **MACROTHÉRIDÉ** (ma-kro-té-ri-dé), *s. m.* Terme d'histoire naturelle. Nom donné par Gervais au groupe des édentés fossiles d'Europe, *Acad. des sc. Comptes rend.* t. LXXXI, p. 1036.

— ÉTYM. Μακρὸς, grand, θήριον, bête, et la finale *dé*, qui, dans le langage zoologique, est attribué aux groupes : *équidés*, etc.

MADAME. || 1e *Ajoutez :* Satyres sur les femmes bourgeoises qui se font appeler madame, DE NISART, Paris, 1712. || 12e Nom, dans le Pas-de-Calais, de petites meules qu'on forme avec les gerbes de céréales, *les Primes d'honneur*, Paris, 1869, p. 84.

MADRAGUE. — ÉTYM. *Ajoutez :* Espagn. *almadraba* ; de l'arabe *almazraba*, enceinte de filets pour prendre des thons, de *zaraba*, enclore (DOZY).

† **MADRE.** *Ajoutez :* — REM. Cet ancien mot est conservé dans l'Aunis, où il signifie plat de bois, *Gloss. aunisien*, la Rochelle, 1870, p. 120.

† **MADRIGALESQUE.** || 1e *Ajoutez :* Robert Ballard a publié les chansons madrigalesques à quatre ou cinq parties de Guédron, de 1639 à 1657, A. MÉREAUX, *Monit. univ.* 18 juin 1867, p. 760, 2e col.

† **MADRIGALISER** (ma-dri-ga-li-zé), *v. n.* Néologisme. Faire des madrigaux. Isolé dans un coin avec une jeune femme venue là par hasard et dont il s'était emparé, le poëte madrigalisait avec elle de la parole et des mains, MURGER, *Sc. de la vie de bohême*, ch. XXI.

† **MADRIGALISTE** (ma-dri-ga-li-st'), *s. m.* Faiseur de madrigaux. Vaudevillistes, madrigalistes, PICARD, *la Grande Ville*, II, 1.

† **MAËRLE** (ma-èr-l'), *s. m.* Animal marin, blanc rosâtre à l'intérieur et renfermant une chair verdâtre et gélatineuse dans une sorte d'enveloppe calcaire demi-solide, *Correspondant*, 25 mars 1869, p. 1065. Les maërles, dont une vieille légende celtique dit qu'ils changent le seigle en froment (tant leur action est puissante et réelle dans la culture des céréales), BESNON, *Feuilleton de l'Avranchin*, du 22 nov. 1868. En draguant,... on détruit le maërle, ce parasite, cet ennemi mortel des huîtres adultes,... H. BOUT, *Revue Britann.* avril 1875, p. 420.

— ÉTYM. Origine inconnue.

† **MAESTRIA** (ma-è-stri-a), *s. f.* Mot italien qui signifie maîtrise, habileté de maître. Les dalles étaient exécutées avec un style et une maestria dont la tradition s'était perdue pendant près de deux siècles, TH. GAUTIER, *Portraits contemp. Ingres.*

† **MAESTRO.** *Ajoutez* : M. le duc de Massa n'est plus un amateur, c'est un artiste, un maestro, TH. GAUTIER, *Feuilleton du Monit. univ.* 6 avril 1868.

MAFFLÉ, MAFFLU. — ÉTYM. *Ajoutez* : Suivant M. Darmesteter, *Formation des mots composés en français*, p. 113, *mofflé* ou *mafflu* se rattache à l'anc. flamand *maffelen*, *moffelen*, agiter les joues; *mofel*, dans le dialecte d'Aix-la-Chapelle, grosse bouchée; *mofele*, manger à pleine bouche.

† **MAFIA** (ma-fi-a), *s. f.* Nom, en Italie, d'une association secrète de malfaiteurs. La peine de mort ne saurait être supprimée; le brigandage, la mafia, les sociétés qui vivent des produits du crime exigent qu'on use de rigueur, *Journ. offic.* 27 fév. 1875, p. 1498, 1re col.

† **MAGANOM** (ma-ga-non), *s. m.* Nom des divisions du territoire de Pondichéry. Pondichéry et son territoire divisé en trois districts ou maganoms : Pondichéry, Villemour et Bahour, *Journ. offic.* 25 janv. 1877, p. 566, 1re col.

MAGASIN. *Ajoutez* : || 11° Vide dans la crosse d'un fusil, où l'on peut disposer plusieurs cartouches qui viennent successivement se placer dans le canon.

1. **MAGE.** — ÉTYM. *Ajoutez* : En pehlvi, *mog* veut dire prêtre.

2. **MAGE.** *Ajoutez* : || 2° Pâtre mage, nom, dans les Alpes-Maritimes, du berger en chef. On calcule que, pour une vacherie d'importance moyenne contenant environ une centaine de vaches, il faut deux bergers pour surveiller, conduire et traire le troupeau ; le plus ancien des deux bergers prend le nom de pâtre mage, il est le directeur, l'autre lui est subordonné, L. GUIOT, *Mém. Soc. centr. d'Agric.* 1874, p. 257.

† **MAGELLANIQUE** (ma-jèl-la-ni-k'), *adj.* Qui est relatif à Magellan, célèbre navigateur portugais. Terre australe ou magellanique. || Les nuées magellaniques, voy. NUÉE, n° 5.

† **MAGENTA** (ma-jin-ta), *s. m.* Cramoisi foncé. M. V.... fut le premier à obtenir le magenta sur une grande échelle, ce qu'il fit en traitant l'aniline par le tétrachlorure d'étain, *Rev. Britann.* avril 1874, p. 333.

— ÉTYM. C'est un souvenir de la bataille de *Magenta*.

MAGNANIMITÉ. — HIST. *Ajoutez* : || XVIe s. Et [Marie de Bourgogne] ha esté de son temps une dame de grand sens et excedant en magnanimité et prudence la capacité qui ordinairement tombe en l'esprit de tel sexe, PARADIN, *Chron. de Savoye* p. 365.

† **MAGNÉTISANT, ANTE** (ma-gné-ti-zan, zan-t'), *adj.* Qui produit, communique le magnétisme. Dans un essai fait sur le chemin de fer de Filchburg, l'augmentation d'adhérence obtenue avec les hélices magnétisantes dépassa 40 p. 100, quand une seule paire de roues était aimantée, H. DE PARVILLE, *Journ. offic.* 23 avril 1876, p. 2887, 1re col. L'intensité de la force magnétisante, BOUTMY, *Acad. des sc. Comptes rend.* t. LXXXII, p. 1051.

† **MAGNÉTOMÈTRE.** *Ajoutez* : || 2° Nom donné à une classe d'instruments employés pour mesurer les éléments de l'action magnétique du globe terrestre.

MAGNOLIER. *Ajoutez* : — REM. La prononciation est indiquée : magh-no-lié ; c'est une faute ; il faut l'indiquer ma-gno-lié, à cause du botaniste *Magnol*, dont le nom se prononce ma-gnol, et non magh-nol.

† **MAGOG** (ma-gogh'), *s. m.* Nom, dans la Genèse, X, 2, d'un pays. || Gog et Magog, voy. GOG au Supplément.

— ÉTYM. Voy. GOG au Supplément.

† **MAGYAR** (ma-ji-ar), *s. m.* Nom ethnique que les Hongrois se donnent à eux-mêmes.

† **MAGYARISATION** (ma-ji-a-ri-za-sion), *s. f.* Action de donner le caractère magyar. Dans les établissements d'instruction, ils [les Magyars] se livrent à une magyarisation énergique des jeunes Slovaques, GIRARD DE RIALLE, *Rev. d'anthrop.* t. IV, p. 513.

† **MAGZEM.** *Ajoutez* : — REM. On écrit plus habituellement magzen ou maghzen. Les maghzens des tribus nomades, ainsi que les tribus du Tell, limitrophes du Maroc et chargées de la police et de la surveillance des frontières, jouissaient autrefois de l'exonération du principal impôt arabe, à titre de rémunération des services politiques ou de guerre que ces indigènes rendaient à notre cause, *Journ. offic.* 10 sept. 1873, p. 5810, 3e col.

— ÉTYM. L'orthographe exacte est *matchzen*, signifiant non écurie, mais lieu de dépôt, magasin.

† **MAHEUTRE.** *Ajoutez* : — REM. Le Dialogue d'entre le maheustre et le manant a été publié en 1594 ; il ne fait point partie de la Satire Ménippée.

† **MAHOM** ou **MAHON** (ma-on), *s. m.* Nom que dans le moyen âge on donnait à Mahomet. || Par Mahon, jurement qui était fort en usage. Par Mahon ! c'est grand pitié d'elle, SCARR. *Virg.* IV.

† 1. **MAHON** (ma-on), *s. m.* Nom, dans l'Oise, du coquelicot, *les Primes d'honneur*, Paris, 1872, p. 64.

† 2. **MAHON** (ma-on), *s. m.* Nom, dans le Calvados, de grands pots cylindriques en grès dans lesquels on expédie le beurre, *les Primes d'honneur*, Paris, 1870, p. 18.

† **MAHONNE.** *Ajoutez* : — ÉTYM. Espagn. *mahona*, de l'arabe *ma'on*, vase, qui a passé dans le turc, où il a reçu le sens de galère.

† **MAHOU.** *Ajoutez* : — REM. On le trouve aussi écrit mahout. Draps dits mahouts pour vêtements des Orientaux, *Enquête, Traité de comm. avec l'Anglet*, t. III, p. 322.

† **MAHRATTE** (ma-ra-t'), *s. m.* Langue parlée dans le sud de l'Inde, et dérivée du sanscrit.

MAI. *Ajoutez* : || 8° Arbre de mai, un millepertuis et un *panax* des Antilles, qui fleurissent ordinairement en mai et en juin, BAILLON, *Dict. de bot.* p. 257.

— REM. Un mai s'est dit aussi d'un arbre planté en un tout autre jour que le 1er de mai, en un jour quelconque. Le mai qui sera planté [le dernier dimanche d'août] à la porte de la rosière de Suresne y restera jusqu'à la nomination d'une nouvelle rosière, *Règlement pour la rosière de Suresne*, dans *Bulletin des lois*, n° 57, p. 580, an XIII.

— HIST. || XVIe s. *Ajoutez* : S'assurant bien que pour son beau chanter Vous leur donrez de quoy le mei planter, J. PELLETIER DU MANS, *la Savoye* (1572), Chambéry, 1856, p. 270.

† 2. **MAÏA** (ma-ia), *s. f.* || 1° La 66e planète télescopique, découverte en 1861 par Tuttle. || 2° Genre de crustacés.

— ÉTYM. Μαῖα, fille d'Atlas, mère de Mercure.

† **MAÏALISME** (ma-ia-li-sm'), *s. m.* Refroidissement qui survient souvent dans le mois de mai. Ce refroidissement [le froid périodique qui vient après les premières chaleurs du printemps] est sensible ici [dans l'Ain] principalement du quinze au vingt-cinq avril et, plus rarement, aux dix premiers jours de mai ; les jardiniers peuvent y compter ; les gelées plus tardives qui ont fait donner au phénomène le nom de maïalisme, fréquentes dans le Nord, sont ici tout à fait exceptionnelles, *Courrier de l'Ain*, 15 avril 1876.

— ÉTYM. Lat. *maius*, mai.

† **MAÏEUTIQUE** (ma-ieu-ti-k'), *s. f.* Méthode de Socrate dans la conversation ou l'enseignement par laquelle il disait accoucher les esprits. La maïeutique ou l'art d'accoucher les esprits, FRANK, *Journ. des sav.* févr. 1875, p. 84. || Par extension. Le conseiller qui veut éveiller la pensée du mal dans une âme combattue, évoquera les passions voisines, tournera autour du cœur qu'il veut corrompre, et, comme Socrate, par des interrogations habiles, faisant naître dans l'âme des autres les pensées qu'il avait lui-même, ainsi le conseiller perfide, par une sorte de maïeutique morale, accouchera l'âme prête au crime et lui fera enfanter les résolutions qui d'abord lui répugnaient le plus, P. JANET, *Rev. des Deux-Mondes*, 15 sept. 1875, p. 284.

— ÉTYM. Μαιευτική, l'art des accouchements, de μαιεύειν, accoucher, en parlant de la sage-femme, de μαῖα, petite mère, nourrice, sage-femme. Il vaudrait mieux écrire *méeutique*, l'αι grec se rendant par *æ* en latin et par *é* en français.

† **MAIGLE** (mè-gl'), *s. m.* Nom donné, dans le Calvados, au petit lait, *les Primes d'honneur*, Paris, 1870, p. 62.

— ÉTYM. Le même que *mègue* (voy. ce mot au Dictionnaire).

1. **MAIGRE.** *Ajoutez* : || 16° Terme de filature. Filer en maigre ou filer à sec, filer sans addition d'huile. Nous achetons la laine en masse, nous la dégraissons, nous la peignons et filons en maigre, *Enquête, Traité de comm. avec l'Anglet.* t. III, p. 476.

† **MAIGRICHON, ONNE** (mè-gri-chon, cho-n'), *adj.* Terme populaire. Qui est un peu maigre. Voici la petite Mme A..., qui est jeune, svelte, maigrichonne, chétive, *Gaz. des Trib.* 18 oct. 1874, p. 1000, 4e col.

† **MAILLAGE** (ma-lla-j', *ll* mouillées), *s. m.* Action de frapper avec le mail le chanvre ou le lin. Au maillage succède l'écangage ou teillage, qui a pour objet de séparer la chènevotte des brins de filasse, F. CHAULNES, *Journ. offic.* 11 août 1873, p. 5355, 2e col.

— ÉTYM. *Mail.*

1. **MAILLE.** *Ajoutez* : || 13° Terme forestier. Un chêne est débité sur maille, lorsqu'on dirige la scie dans le sens du rayon ; contre maille, si l'outil est perpendiculaire à ce même rayon.

3. **MAILLE.** *Ajoutez* : || 5° Maille blanche, nom vulgaire de la monnaie de huit deniers tournois frappée par Philippe VI et par Jean II. || Maille tierce, nom vulgaire de la pièce de quatre deniers tournois sous Philippe le Bel.

† 4. **MAILLE** (ma-lle, *ll* mouillées), *s. f.* Nom, dans la Haute-Saône, d'une sorte de pioche pointue qu'on emploie dans les sols pierreux, *les Primes d'honneur*, Paris, 1872, p. 211.

† 1. **MAILLÉ.** *Ajoutez* : || 5° Terre maillée, nom d'une terre argileuse, en Champagne. Champagne : les terres maillées sont très-argileuses, HEUZÉ, *la France agric. carte* n° 5.

† 3. **MAILLER.** *Ajoutez* : [En Angleterre] on maille fortement les toiles pendant un grand nombre d'heures, au moyen d'un appareil particulier appelé *beetles* ; le glacé que la toile acquiert par cette opération ne convient pas en France, où l'on veut sentir le grain perlé de la toile, *Enquête, Traité de comm. avec l'Anglet.* t. V, p. 301.

MAILLET. *Ajoutez* : — REM. Le maillet, masse d'armes, dont la masse a la forme cylindrique, était encore employé en 1615.

† **MAILLEUSE** (ma-lleû-z', *ll* mouillées), *s. f.* Terme de bonneterie. Celle qui fait des mailles. L'ouvrière la plus habile fait à la main [par minute], au maximum, de 150 à 200 mailles..... le métier circulaire à mailleuses.... 56750, *Journ. offic.* 7 sept. 1875, p. 173, 2e col.

† **MAILLOTEUSE** (ma-llo-teû-z', *ll* mouillées), *s. f.* Faiseuse de maillots de théâtre. Ce sont les époux J. ; ils étaient employés au Théâtre-Lyrique, au moment du vol, la femme comme mailloteuse, le mari comme homme de peine, *Gaz. des Trib.* 9-10 avril 1877, p. 344, 3e col.

MAILLURE. *Ajoutez* : || 2° Terme de forestier. Tache dans le bois ; elle est plus foncée ou plus claire que le bois, NANQUETTE, *Exploit. débit et est. des bois*, Nancy, 1868, p. 165. || Nom donné aux taches que forment les rayons médullaires du chêne, quand, en le sciant, on dirige la scie dans le sens du rayon.

† **MAIMON.** *Ajoutez* : — ÉTYM. Persan, *maïmoûn*, nom de ce singe, DEVIC, *Dict. étym.*

MAIN. || 11° A pleines mains. *Ajoutez* : || A pleine main, au singulier, d'une façon qui remplit la main ; se dit surtout d'une étoffe pour en indiquer le bon tissage, la solidité. Une robe courte en reps noir à pleine main, CHERBULIEZ, *Rev. des Deux-Mondes*, 1er oct. 1871, p. 509. || 68° Armes de main, armes destinées à agir directement ; elles comprennent les armes de choc, les armes tranchantes et les armes aiguës. || Main gauche, dague employée dans les duels, au XVIe siècle, pour parer les coups d'épée ; elle présente, au talon, un logement pour le pouce. || 69° Traiter à main ferme, traiter avec des gens qui se mettent directement à l'œuvre. M. Orban déclare qu'il maintient son amendement, tendant à ce que l'adjudication ne soit de règle pour les anciennes concessions que lorsque le gouvernement n'avra pu s'entendre avec le concessionnaire pour traiter à main ferme (sénat belge), *Journ. offic.* 13 mars 1874, p. 1931, 1re col. || 70° Arbre à la main, le *chiranthodendron platanoides*, du Mexique, BAILLON, *Dict. de bot.* p. 257.

† **MAINBOUR.** *Ajoutez :* || 2° *S. f.* Autorité du mainbour. La mainbour était la protection légale due par certaines personnes à certaines autres personnes, par exemple par le roi aux veuves et aux orphelins, E. BOUTARIC, *Des origines du régime féodal*, Paris, 1875, p. 18.

† **MAINE.** *Ajoutez :* || 2° En Normandie, mesure de pommes contenant huit boisseaux; la petite maine n'a que six boisseaux, DELBOULLE, *Gloss. de la vallée d'Yères*, le Havre, 1876, p. 214. (MAINE dans le Dictionnaire n'est pas à son rang alphabétique; par erreur, il est placé après MAINMORTE.)

† **MAINÉ, ÉE** (mè-né, née), *adj.* Mot employé par plusieurs coutumes pour signifier puîné, cadet, cadette, MERLIN, *Répert. de jurisp.* au mot *mainé*.

— ÉTYM. C'est l'anc. franç. *mainsné*, de *mains* ou *moins*, moins, et *né*.

† **MAINETÉ** (mè-ne-té), *s. f.* Ancien terme de jurisprudence. Qualité de mainé, de puîné. On entend par droit de mainetó un avantage qui appartient au plus jeune des enfants dans les successions de son père et de sa mère; on n'a aucune idée de ce droit dans les coutumes de l'intérieur de la France; il n'est guère connu que dans le chef-lieu de Valenciennes, le Cambrésis, les châtellenies de Lille et de Cassel et quelques parties de l'Allemagne, MERLIN, *Répert. de jurisp.* au mot *maineté*.

— ÉTYM. *Mainé*.

† **MAINTENANCE.** *Ajoutez :* || 2° Action de maintenir une propriété territoriale en bon état. La maintenance de ces terres n'est pas chère (Dauphiné). || 3° Nom donné aux associations littéraires formées entre félibres. L'allocution de M. Frédéric Mistral à la réunion annuelle des félibres de la maintenance du Languedoc, *la République du Midi*, 1er avril 1877, 2e page, 2e col.

† **MAINTENEUR.** *Ajoutez :* — HIST. XIIe s. N'avon mie de Rou nostre mainteneur, WACE, *Rou*, t. I, v. 980, éd. Andresen. || XIIIe s. Mais li pius Diex est mesaidieres Et mainteniere et conseilleres, POUGENS, *Archéol. franç.* t. II, p. 3.

MAIS. *Ajoutez :* || 15° *Mais que*, ancienne conjonction qui est aujourd'hui hors d'usage, et qui signifiait dès que. Vous pouvez penser comme il fera, mais qu'il soit [dès qu'il sera] doyen des cardinaux, MALH. *Lexique*, éd. L. Lalanne. L'affection avec laquelle j'embrasserai votre affaire, mais que je sache [dès que je saurai] ce que c'est, vous temoignera.... ID. *ib.* Cette conjonction est encore très-usitée dans les campagnes normandes.

MAÏS. *Ajoutez :* || 4° Maïs dent de cheval, voy. DENT au Supplément. || 5° Maïs noir, le dekkelé, voy. ce mot au Supplément.

MAISON. || 12° *Ajoutez :* || Les Petites-Maisons avaient été ainsi nommées, parce que ce furent en effet de petites maisons bâties sur l'emplacement de la maladrerie de Saint-Germain des Prés à Paris, et où l'on plaçait les aliénés.

† **MAISONNIÈRE** (mè-zo-niè-r'), *adj. f.* La société maisonnière de Mulhouse, société qui procure aux ouvriers des maisons, des logements à bon marché.

† **MAISONNER** (mè-zo-né), *v. n.* Bâtir une maison.

— HIST. XVIe s. Les bourgeois de la ville de Bouillon sont accoustumez d'aller sur les forests d'entre Bouillon et Sedan couper les bois pour maisonner, *Ordonnance de* 1539, dans POLAIN, *Rec. des ordonnances du duché de Bouillon*, Bruxelles 1868, p. 5.

MAÎTRE. *Ajoutez :* || 23° Petits-maîtres. || Voici l'explication que Mme de Motteville donne de cette dénomination. Quand il [le prince de Condé] venait chez la reine, il remplissait sa chambre des personnes du royaume les plus qualifiées; ses favoris, qui étaient la plupart des jeunes seigneurs qui l'avaient suivi dans l'armée, et participant à sa grandeur comme ils avaient eu part à la gloire qu'il y avait acquise, avaient été appelés les petits-maîtres parce qu'ils étaient à celui qui le paraissait être de tous les autres, *Mém.* p. 111. || 24° Maître, dans les îles Normandes, celui dont un autre est le mandataire, le représentant, l'avocat. Serment prêté par trois avocats reçus par la cour royale de Guernesey, le 13 avril 1874 : .... Qu'en vos plaideries.... vous ne proposerez, ne controuverez aucuns faits, que votre maître ou son attourné ne vous dit ou affirme être vrais,... *Gaz. de Guernesey*, 14 avril 1874.

MAÎTRESSE. — REM. Ce passage de Molière montre bien l'emploi ordinaire, dans le XVIIe siècle, de maîtresse au sens de femme qu'on recherche en mariage. [Harpagon dit à sa fille en lui parlant de Marianne, qu'il veut épouser :] Pour vous, ma fille,... préparez-vous à bien recevoir ma maîtresse qui vous doit venir visiter, *l'Avare*, III, 3.

MAJEUR. || 6° *Ajoutez :* L'autruche, le casoar, le condor, le cygne, tous les oiseaux majeurs n'ont que peu ou point de variétés dans leurs espèces, BUFF. *Ois.* t. XVI, p. 36.

† **MAJORATÉ, ÉE** (ma-jo-ra-té, tée), *adj.* Érigé ou constitué en majorat. Majorat de propre mouvement; décès de M. Savary, duc de Rovigo, titulaire du majorat, sans descendance mâle; retour à l'État d'un immeuble majoraté, *Gaz. des Trib.* 3 janvier 1877, p. 5, 1re col.

† **MAJORATION.** *Ajoutez :* Il y a des industriels possesseurs d'usines ou d'immeubles qui exagèrent la valeur de leur propriété et font ce qu'on appelle dans un langage modéré une majoration; ce qui permet de tripler, de quadrupler la chose que l'on possède et qu'on apporte à des tiers comme un cadeau.... et, lorsqu'il s'agit d'une majoration qui double la valeur de la chose, la triple, la quintuple, la loi n'interviendrait pas! *Monit. univ.* 29 mai 1867, p. 643, 6e col.

† **MAJORER** (ma-jo-ré), *v. a.* || 1° Évaluer au-dessus de la valeur réelle. Qu'est-ce d'abord que le compte de prévisions? en 1862, on a majoré les immeubles de Paris de 28 millions; on a augmenté le capital social de 17 872 000 francs, *Gaz. des Trib.* 16 avril 1870. || Terme de bourse. Intérêts majorés, intérêts augmentés de quelque accessoire, tel que primes, etc. || 2° Déclarer majeur. Bref, on penserait à cette fantastique idée empruntée aux temps de la monarchie la plus encroûtée, de faire majorer à quatorze ans l'espoir de la dynastie, *l'Universel*, du 12 sept. 1869.

2. **MAJORITÉ.** *Ajoutez :* || 4° Terme juridique. Majorité simple, sept voix contre cinq, dans le jury, qui est composé de douze jurés, *Code d'instr. crimin.* art. 341.

MAL. *Ajoutez :* || 23° Mal à pied, voy. MAL-À-PIED au Supplément.

— HIST. || XVIe s. *Ajoutez :* Et lors commença en la navire le mal de mer [scorbut], dont bien les deux tiers de l'equipage fut affligé, *Relation du capitaine de Gonneville*, du 19 juin 1505.

† **MALADMINISTRATION** (ma-la-dmi-ni-stra-sion), *s. f.* Mauvaise administration. Coupable de maladministration.

— REM. L'usage varie sur l'orthographe de *mal* composé avec un nom féminin. Ainsi on dit *malfaçon*, mais *malemort*, *malepeste*, etc.

† **MALAINOC** (ma-lè-nok), *s. m.* Sorte d'oiseau. L'innombrable quantité d'oiseaux de mer de tout genre, pingouins, malainocs, goëlands, macareux, G. ARAGON, *Rev. des Deux-Mond.* 15 oct. 1875, p. 778.

† **MAL-À-PIED** (ma-la-pié), *adj. invariable.* Bestiaux mal-à-pied, bestiaux chétifs, malingres, qui marchent mal. Les bœufs, vaches et taureaux dits mal-à-pied seront conduits en voiture.... le vendeur d'un animal aveugle ou mal-à-pied est tenu d'en faire la déclaration à l'acquéreur au moment de la vente, *Ord. de police*, 12 oct. 1867.

MAL-APPRIS. *Ajoutez :* — HIST. XVe s. L'un y a pris, Comme mal-apris, Venin dont mourir lui convient, *Blason des faulces amours*, f° 20, *verso*. || XVIe s. En appelant les honnestes [femmes] qui n'aiment que leurs maris, sottes, mal-apprises et sans grace quelconque, AMYOT, *Plut. Œuv. inéd.* t. XV, p. 275.

† **MALAXEUR** (ma-la-kseur), *s. m.* Engin qui sert à malaxer. Malaxeur, machine à broyer, à pulvériser, à mêler, ou autre machine analogue, *Assemblée nat. Projet* n° 1782, p. 97.

† **MALAYEN, ENNE** (ma-lè-iin, iè-n'), *adj.* Synonyme de malai. Les populations malayennes.

† **MALBERGIQUE** (mal-bèr-ji-k'), *adj.* Gloses malbergiques, mots non latins qu'on rencontre dans les manuscrits de la loi salique; ainsi dits parce qu'ils y sont accompagnés de la notation *malberg* ou *malb.*

— ÉTYM. Bas-lat. *mallobergium*, lieu d'assemblée publique, de *mallum*, mot germanique signifiant assemblée, et *berg*, lieu protecteur.

† **MALCHANCEUX, EUSE** (mal-chan-seû, seû-z'), *adj.* Néologisme. Qui est en butte à la malchance. Impossible de peindre le désespoir de ce malchanceux aéronaute [dont l'aérostat s'était échappé], *le Petit Parisien*, 10 nov. 1876, 3e page.

† **MALDER** (mal-dé), *s. m.* Sorte de mesure pour les grains. Le malder d'avoine de Thionville contient vingt-trois boisseaux de Paris, *Journ. de Metz*, 1776, cité par *l'Intermédiaire*, n° 10-11, 76, col. 657.

† **MALDOUX** (mal-doû), *s. m.* Nom, dans le Jura, d'un cépage noir, *les Primes d'honneur*, Paris, 1869, p. 284.

† **MAL-ÉGAL** (ma-lé-gal), *s. m.* Terme de métallurgie. Inégalité sur une pièce de métal. Enlever à la meule un mal-égal sur un canon de fusil.

† **MÂLEMENT** (mâ-le-man), *adv.* D'une manière mâle. Je n'ai jamais rien connu en lui qui tînt de cette faiblesse, que quelques hommes, d'ailleurs assez mâlement agissants.... H. HULST, dans *Mém. inéd. sur l'Acad. de peint.* pub. par Dussieux, etc. t. II, p. 127.

† **MALENTENTE** (ma-lan-tan-t'), *s. f.* Désunion, mauvaise intelligence, DELBOULLE, *Gloss. de la vallée d'Yères*, p. 216.

— HIST. XIIIe s. Dame diex lor envoit tous trois si male entente, Que de lor faus marchié viengent à droite vente, *Berte*, v. 2056.

— ÉTYM. *Mal*, et *entente*. Ce mot, usité dans l'ancienne langue et aujourd'hui encore en Normandie, mérite d'être repris.

† **MALFIL** (mal-fil), *s. m.* Sac de laine dans lequel on met les pains d'acide gras pour les soumettre à la presse hydraulique. Lorsqu'au bout de cinq à six heures la presse verticale a épuisé son action, les malfils sont vidés et les pains sont mis dans des sacs en crin appelés étreindelles, et soumis au pressage à chaud, P. POIRÉ, *Notions de chimie*, p. 286.

MALICE. || Sac à malices, voy. SAC au Supplément.

MALINGRE. *Ajoutez :* — REM. Malingre se trouve comme nom propre dans le XIIIe siècle : Robers Malingres et Maroie se fenme, *Charte du Vermandois*, dans *Bibl. des ch.* 1874, t. XXXV, p. 466.

MALLE. *Ajoutez :* — REM. Faut-il écrire des malles-poste ou des malles-postes? Il est certain qu'une malle-poste est une malle de la poste; par conséquent il est bien préférable de mettre poste au singulier : des malles-poste.

MALOTRU. *Ajoutez :* — REM. Voici un exemple de la fin du XVIIe siècle, où malotru est pris dans son sens étymologique de *male instructus :* En la ville nouvelle d'Amsterdam, il y a un amphithéâtre assez malautru, dont la scène est fixe et sur lequel on jouoit des mommeries qui ne sentaient ni sel ni sauge, *Sorberiana*, éd. de Toulouse, 1691, p. 18.

† **MALTERIE** (mal-te-rie), *s. f.* Usine où l'on convertit l'orge en malt.

† **MALTHUSIANISME** (mal-tu-zi-a-ni-sm'), *s. m.* Nom du système de Malthus recommandant de restreindre la procréation des enfants, parce que la production des choses nécessaires à la vie va moins vite que l'accroissement de la population. En dehors du malthusianisme, une autre cause contribue gravement à la diminution du nombre des naissances, LÉON LEFORT, *Rev. des Deux-Mondes*, 15 mars 1870, p. 366.

MALVEILLANCE. — HIST. *Ajoutez :* XIIe s. Entr'eus n'aveit n'ire n'esmais, Dissension ne mauvoillance, BENOIT, *Chronique*, t. II, p. 166, v. 20243.

MALVOISIE. *Ajoutez :* — REM. Ordinairement les noms de vin sont du masculin : le champagne, le bourgogne, etc. Malvoisie est du féminin par tradition; il était féminin dans le moyen âge, à cause que *Malvasia*, nom de la ville d'où on le tirait, était féminin.

MAMAN. *Ajoutez :* — HIST. XVIe s. N'orras tu point un enfant qui t'appelle mam-ma...? DE BRACH, *Imitations*, f° 4, *recto*.

MAMELLE. — HIST. || XVIe s. *Ajoutez :* Afin d'empescher qu'elle [l'armée] n'apportast aucune vexation au peuple de la campagne, duquel vous aviez tousjours un soin merveilleux, disant souvent au roy que le labourage et pasturage estoient les deux mamelles dont la France estoit alimentée, et les vrayes mines et tresors du Perou, SULLY, *Œcon. royales*, ch. 82, p. 283.

† **MAMELLÉ, ÉE** (ma-mèl-lé, lée), *adj.* Terme d'histoire naturelle. Qui a des mamelles. Le nombre des différences, soit physiques, soit morales, qui se remarquent entre l'homme et les animaux mamellés, est beaucoup plus grand que la somme de leurs ressemblances, ADANSON, *Cours d'hist. nat.* (1772), éd. de Payer, Paris, 1845, t. I, p. 125.

|| Substantivement. Il [Linné] admet six classes d'animaux : les animaux à mamelles ou les mamellés, *mammalia*... ID. *ib.* p. 28.

MAMELON. — HIST. *Ajoutez :* XIV° s. Et que à chacun lot [sorte de pot] et demy lot soit mis en fachen de clou d'estain ung mameillon pour monstrer qu'ils tiennent leur mesure, *Rec. des monum. inédits de l'hist. du tiers état*, t. IV, p. 328.

MAMELUK. — HIST. *Ajoutez :* XIII° s. Si li envoia un cheval.... par un sien memeloc, *Hist. occid. des croisades*, t. II, p. 195.

MAMMOUTH. *Ajoutez :* — ÉTYM. Russe, *mâmaute*, *mâmoute* et aussi *mâmonte*.

† **MANABLE** (ma-na-bl'), *adj.* Maison manable se dit en Normandie, chez les notaires et sur les affiches, d'une maison d'habitation, par opposition à maison à usage de grange, d'écurie, etc. Propriété manable, maison manable, H. MOISY, *Noms de famille normands*, p. 310.

— ÉTYM. Lat. *manere*, demeurer, habiter.

1. **MANCHE.** *s. m.* *Ajoutez :* || 9° Fig. Se mettre du côté du manche, se mettre du côté le plus fort.

— ÉTYM. *Ajoutez :* Toutefois il faut noter que le latin classique *manubrium*, avec l'accent sur *nu*, était représenté dans la langue d'oïl par *manoir*, qui est une dérivation correcte : XII° s. Quant icil Gothes talhievet la spessece des roinces, li fers saillanz fors du manoir chaït el bruec [au lac], *li Dialoge Gregoire lo pape*, 1876, p. 67.

2. **MANCHE.** *s. f.* || 3° *Ajoutez :* || Faire la manche. Chantant à la porte des cabarets et faisant la manche, c'est-à-dire quêtant après avoir chanté, PH. AUDEBRAND, *l'Illustration*, 27 janv. 1877, p. 51. || 12° *Ajoutez :* || Au XVII° s. Le bataillon était partagé en trois manches ou sections. [Sous Louis XIV] Le bataillon se disposait sur six rangs, partagés en trois manches, les piquiers au centre,... E. DE BARTHÉLEMY, *Journ. offic.* 26 mars 1876, p. 2135, 3° col.

† 1. **MANCHERON.** *Ajoutez :* || 2° Celui qui tient le mancheron de la charrue. Il [Gousset, cardinal archevêque de Reims] avait commencé par être mancheron, travailleur de ferme, *Monit. univ.* du 30 nov. 1867, p. 1483, 4° col.

MANCHETTE. *Ajoutez :* || 11° Nom à Rouen d'un pain en forme de couronne.

† 2. **MANCHETTE** (man-chè-t'), *s. f.* Coutelas sans gaine et à poignée de bois que les nègres portent toujours suspendu à une corde en sautoir. Le sang des colons coule à flots sous le couteau, la manchette ou le sabre des nègres, *Journ. offic.* 7 fév. 1877, p. 982, 1re page.

— ÉTYM. C'est probablement une corruption de l'esp. *machete*, sabre, coutelas.

† **MANCÔNE** (man-kô-n'), *s. m.* Arbre de l'Afrique tropicale (*erythrophlæum guineense*), de la famille des légumineuses, dont l'écorce est employée par diverses peuplades à empoisonner les flèches et à préparer des liqueurs d'épreuve qui sont administrées aux criminels, *Acad. des scienc. Comptes rendus*, t. LXXX, p. 1221.

MANDARIN. *Ajoutez :* || 3° Canard mandarin, canard originaire de Chine, à beau plumage. || 4° Fig. Tuer le mandarin, commettre une mauvaise action, dans l'espérance qu'elle ne sera jamais connue. Cette locution provient de cette phrase-ci attribuée à J. J. Rousseau par Balzac et Protat, voy. *Courrier de Vaugelas*, 1er oct. 1876, p. 66 : S'il suffisait, pour devenir le riche héritier d'un homme qu'on n'aurait jamais vu, dont on n'aurait jamais entendu parler, et qui habiterait le fin fond de la Chine, de pousser un bouton pour le faire mourir, qui de nous ne pousserait ce bouton et ne tuerait le mandarin? Le même *Courrier de Vaugelas* cite une phrase très-analogue de Chateaubriand : Je m'interroge, je me fais cette question : si tu pouvais, par un seul désir, tuer un homme à la Chine et hériter de sa fortune en Europe, avec la conviction surnaturelle qu'on n'en saurait jamais rien, consentirais-tu à former ce désir? *Génie du christ.* 1re part. VI, 2.

† **MANDARINAT.** *Ajoutez :* || Fig. Bonaparte, qui était fait plus que personne pour apprécier les avantages d'un mandarinat suprême dans tout despotisme bien organisé, LANFREY, *Hist. de Napoléon Ier*, III, 74. « Voici qu'un mandarinat vient usurper au nom de l'État l'autorité morale la plus délicate, prétendre à la haute police des âmes et des intelligences » [paroles de Montalembert en 1844] : l'organe le plus éloquent du parti catholique vient de nous dire que le monopole universitaire lui apparaissait tantôt comme une douane universitaire et tantôt comme un mandarinat, DE PRESSENSÉ, *Journ. offic.* 9 janv. 1873 p. 131, 3° col.

† **MANDATEMENT** (man-da-te-man), *s. m.* Action de mandater, de délivrer un mandat, d'ordonnancer un payement.

MANDILLE. — ÉTYM *Ajoutez :* Espagn. *mandil*, de l'arabe *mandîl*, d'après M. Dozy, qui ajoute que le mot arabe lui-même est le bas-grec μανδήλιον, qui vient du lat. *mantile*.

1. **MANDRIN.** — ÉTYM. Origine inconnue, est-il dit dans le Dictionnaire ; à quoi M. Bugge, *Romania*, n° 10, p. 154, oppose l'article suivant : « Dans Paulus, l'abréviateur de Festus (éd. Müller), p. 132, se trouve la glose suivante : MAMPHUR *appellatur loro circumvolutum mediocris longitudinis lignum rotundum, quod circumagunt fabri in operibus tornandis*. Selon moi, *mamphur* est le primitif de *mandrin*, lequel est issu d'un prototype *mamfurinum* ou *manfurinum*. De la même manière, *coussin* pour *culcitinum* a remplacé son primitif lat. *culcita*. *Manf'rin*, *man'rin* a régulièrement passé en *mandrin* ; comparez *poudre* pour *pol're*, *polv're*, et ladin *cusdrin*, du lat. *consobrinus*. Le sens du mot français est essentiellement le même que celui du mot latin. Comparez parmi les nombreuses acceptions de *mandrin* surtout celles que je citerai ici d'après Littré : 2° Terme de tourneur. Morceaux de bois de différentes formes, entre lesquels on fait tenir les ouvrages délicats qui ne peuvent être tournés entre les pointes. 3° Cylindre de bois sur lequel l'artificier et le canonnier roulent le papier des cartouches. 4° Cylindre de fer sur lequel on contourne une ferrure. 5° Outil qui sert à tourner certaines pièces d'horlogerie. » La conjecture de M. Bugge est tout à fait plausible. Malheureusement, nous n'avons pour *mandrin* aucun texte ancien.

† **MANDUBI** (man-du-bi), *s. m.* Espèce de vanille du Paraguay, *Journ. offic.* du 24 déc. 1871, p. 5235, 3° col.

† **MANÉGER** (ma-né-jé ; le *g* prend un *e* devant *a* et *o* : manégeant ; la syllabe *né* garde l'accent aigu devant l'*e* muet : je manège), *v. a.* Manéger un cheval, l'exercer au manége.

† **MANETTE.** *Ajoutez :* || 3° Petit manche, petite poignée qu'on saisit pour faire mouvoir un mécanisme. Tout ce système [du nouveau télescope] est si bien équilibré, rendu si complétement docile, qu'avec le bout du doigt posé sur une manette, nous avons pu faire tourner cette grande aiguille monstre, H. DE PARVILLE, *Journ. offic.* 24 oct. 1875, p. 8830, 1re col. || 4° Manette de la manivelle de culasse d'un canon, la partie de la manivelle qu'on saisit pour ouvrir la culasse des canons. || 5° *Au plur.* Les manettes, nom, en Dauphiné, d'une poignée à deux anses, dont on se sert pour enlever les marmites au bec de la crémaillère, quand l'anse de la marmite est trop chaude.

† **MANGANÉSÉ, ÉE** (man-ga-né-zé, zée), *adj.* En quoi on a fait pénétrer du manganèse. Un barreau d'acier manganésé, *Ac. des sc. Compt. rendus*, t. LXXXIII, p. 816. La production des fontes manganésées, *Journ. offic.* 30 mars 1877, p. 2563, 2° col.

† **MANGANÉSIFÈRE** (man-ga-né-zi-fè-r'), *adj.* Qui contient du manganèse. Les minerais de fer manganésifères, *Journ. offic.* 30 mars 1877, p. 2563, 2° col.

† **MANGANIQUE** (man-ga-ni-k'), *adj.* Terme de chimie. Acide manganique, acide dérivé du manganèse, qui s'obtient en calcinant du peroxyde de manganèse avec de la potasse caustique.

1. **MANGER.** *Ajoutez :* || 22° Le manger (infinitif pris substantivement), l'action de manger. Une libéralité n'est pas sitôt en leurs mains qu'ils n'en attendent une autre, comme si le manger leur faisait venir la faim, MALH. *Lexique*, éd. L. Lalanne. || En Normandie, le manger, ce qu'on mange. Mon manger m'a fait du mal.

— HIST. || XII° s. *Ajoutez :* Ciz qui cuidoit valor [valoir] Rolant, Vit son frere maigre et crolant, Bien an cuida maingier tieu quatre, Ocirre lou cuide et abatre, *Romania*, janv. 1877, p. 32.

MANGERIE. *Ajoutez :* — REM. Dans les vallées vaudoises on dit mangeance. Ne vivez pas pour la mangeance.

1. **MANGE-TOUT.** *Ajoutez :* — HIST. XVI° s. Que tout ce qui est né Vestu d'os et de nerfs soit quelque jour la proye De la mort mange-tout, RONSARD, *Œuvres*, éd. de 1623, p. 1181.

MANGEUR. *Ajoutez :* || 7° Mangeur de vipères, nom d'un pitre chez deux célèbres charlatans du Pont-Neuf, l'Orviétan et Bary, du temps de la jeunesse de Molière. Tu [Molière] briguas chez Bary le quatrième emploi ; Bary t'en refusa, tu t'en plaignis à moi ; Et je m'en souviens bien qu'en ce temps-là mes frères T'en gaussaient, t'appelant le mangeur de vipères, *Élomire*.

† **MANGOSTAN.** *Ajoutez :* — ÉTYM. Malais, *mangusta*.

1. **MANGUE.** *Ajoutez :* — ÉTYM. Malais, *mangga*.

† **MANIABILITÉ** (ma-ni-a-bi-li-té), *s. f.* Qualité de ce qui est maniable. Ici [en certains navires cuirassés], on gagne en puissance défensive, on perd en vitesse et en maniabilité, DE PARVILLE, *Journ. des Débats*, 16 nov. 1876, *Feuilleton*, 2° page, 5° col.

MANIABLE. *Ajoutez :* || 5° Cheval maniable, cheval qui obéit volontiers aux aides.

† **MANICANTERIE** (ma-ni-kan-te-rie), *s. f.* Dans certains chapitres, école de chant où l'on entretenait des enfants de chœur et où on leur apprenait à chanter ; c'est ce qu'on nomme aujourd'hui maîtrise. Comme il [J. J. Rousseau] n'y avait [au séminaire] pris goût qu'à la musique d'église, sa protectrice [Mme de Warens] le mit en pension chez le directeur de la manicanterie, nommé Lemaître, E. GÉRUZEZ, *Mélanges et pensées*, 1866, p. 129. Samedi matin, vers quatre heures, un affreux accident est arrivé dans la maison dite de la manicanterie de Saint-Jean, qui s'élève entre la cathédrale, l'avenue et la cour de l'archevêché à Lyon, *Journ. des Débats*, 6 juill. 1875, 2° page, 6° col.

— ÉTYM. Bas-lat. *manicantaria*, maison des enfants de chœur, du bas-lat. *manicare*, aller de bon matin, de *mane*, matin.

† **MANICROT** (ma-ni-kro), *s. m.* Nom donné, dans les hôtels d'invalides, à la classe de mutilés qui ont perdu un membre. Serait-il bien vrai que l'une de ces victimes est un pauvre manicrot invalide?... *Lett. du P. Duchêne*, 118° *lettre*, p. 3.

† **MANIÉRER.** *Ajoutez :* || 3° Absolument. Faire des manières. Autrement c'est maniérer, comme parlent les peintres, que de copier certains compliments vulgaires, qui, souvent n'étant point naturels, et étant avec cela publics, rendent ceux qui les écrivent ridicules, DE COURTIN, *la Civilité française*, p. 210, Paris, 1695.

— REM. On l'a employé au propre, dans le sens de disposer, agencer. Le perruquier fait des ouvrages, tels que des perruques, des boucles ; le coiffeur ne fait que maniérer les cheveux naturels, leur donner une modification élégante et agréable, *Plaidoirie de Bigot de la Boissière*, dans F. CADET, *Hist. de l'écon. polit. les Précurseurs*, 1867-1868.

† **MANIÉRISME** (ma-nié-ri-sm'), *s. m.* Caractère maniéré, peu naturel. La femme de nos jours, absente des tableaux, revit dans les historiques lithographies de notre artiste, avec son maniérisme coquet, sa grâce spirituelle, son élégance chiffonnée, sa beauté problématique, TH. GAUTIER, *Portraits contemp. Gavarni*. Les maniérismes à la mode éloignent presque toujours les artistes des sujets actuels, qu'ils n'acceptent que comme à regret, et le plus souvent pour les travestir, ID. *ib. Horace Vernet*. C'est alors qu'aux jolies débauches du pinceau, à ces paravents aimables qui sont le dernier mot du maniérisme, et pour lesquels on affecte aujourd'hui tant de tendresse, vont succéder..., CH. BLANC, *Disc. de réception*, *Journ. offic.* 1er déc. 1876, p. 8883, 1re col.

† **MANIFESTANT** (ma-ni-fè-stan), *s. m.* Celui qui fait une manifestation ou y prend part. Les manifestants étaient au nombre de 7 à 8000, et n'ont provoqué aucun désordre, *Monit. univ.* 1er mars 1870.

MANIFESTEMENT. — HIST. *Ajoutez :* XII° s. Par la queile chose manifestement fut entendut, com voir [vrai] ce fut ke il vit par la nuiternelle vision, *li Dialoge Gregoire lo pape*, 1876, p. 265.

MANIFESTER. *Ajoutez :* || 4° *V. n.* Faire une manifestation politique. Les deux libéraux s'attaquent alors à M. du R..., le juge d'instruction, dont la ferme attitude avait plus d'une fois déjoué leurs plans révolutionnaires ; on commence à manifester devant sa maison..., *Gaz. des Trib.* 20 janv. 1876, p. 67, 3° col.

MANIGANCER. *Ajoutez :* || 2° En termes d'atelier, disposer, arranger. J'imagine que Van Dyck s'y prenait autrement, qu'il posait ses cavaliers et ses ladies dans un fauteuil, qu'il manigançait leurs ajustements, redressait leurs collerettes, BÜRGER, *Salons de 1861 à 1868*, t. II, p. 279.

MANIOC. *Ajoutez :* — ÉTYM. Portug. *mandioca*.

† **MANIOTTE** (ma-ni-o-t'), *s. f.* Action de pétrir avec force et longtemps comme une pâte de pain

les échantillons de beurre, préalablement amollis par un court séjour dans l'eau tiède, afin d'obtenir par le mélange un seul et même type de beurre.

— ÉTYM. *Manier*.

† 3. **MANNE** (ma-n'), *s. f.* Terme des viticulteurs bordelais. La grappe de la vigne avant la floraison. La manne est née et s'est développée dans de mauvaises conditions, et les trente jours magnifiques de septembre n'ont pu compenser suffisamment, pour obtenir des vins complets de maturation, le défaut de soleil pendant les mois de juillet et août, *Extr. du Journal vinicole*, dans *Journ. offic.* 16 oct. 1872, p. 6618, 3e col.

MANNEQUINÉ, ÉE. *Ajoutez* : || Figure mannequinée, figure faite en paille et en terre. Dans les fêtes galantes de Versailles, il a extrêmement contribué à décorer les lieux destinés à ces divertissements, en y faisant avec beaucoup de diligence et de justesse des mannequins ou figures mannequinées dont la masse intérieure est de la paille, et la partie extérieure de terre, de plâtre ou de carton broyé avec de la colle, ce qui est ordinairement accompagné d'une draperie et du symbole de la figure, GUILLET DE ST-GEORGES, dans *Mém. inédits sur l'Acad. de peinture*, publiés par Dussieux, etc. t. I, p. 377.

† **MANŒUVRANT, ANTE** (ma-neu-vran, vran-t'), *adj.* Terme de marine. Qui obéit aux manœuvres, en parlant d'un navire. L'avantage restera toujours au navire le plus manœuvrant et le mieux manœuvré, *Rev. des Deux-Mond.* 1er déc. 1867, p. 705.

1. **MANŒUVRE.** *Ajoutez* : || 10° Terme de fortification. Manœuvres d'eaux, mouvements et chasses qu'on peut produire à l'aide des eaux dans les fossés d'un ouvrage de fortification. || 11° Terme d'artillerie. Manœuvres de force, ensemble des opérations nécessaires pour le mouvement des pièces et du matériel.

† **MANOEUVRERIE** (ma-neu-vre-rie), *s. f.* Nom donné dans la Puisaye, pays du département de l'Yonne, à une habitation isolée composée d'une maison et d'un petit jardin destinés à un individu nommé manœuvre qui travaille à la culture des fermes disséminées dans la Puisaye.

— ÉTYM. *Manœuvrer*.

MANQUER. *Ajoutez* : || 22° Se manquer à soi-même, commettre une faute contre soi-même, porter atteinte à sa propre dignité. Ce discours la mettait [l'Académie] dans la fâcheuse extrémité ou de déplaire à son chef, ou de se manquer capitalement et se dégrader sans retour, DE MONTAIGLON, *Hist. de l'Acad. de peinture* (*Mém. attribués à H. Testelin*), t. II, p. 40.

† **MANS.** *Ajoutez* : — REM. Ce mot est usité ailleurs qu'en Normandie. On l'écrit plus souvent man, sans *s*.

MANTEAU. *Ajoutez* : || 16° En termes de théâtre, rôle où l'acteur porte un manteau. Il [Régnier] avait, comme artiste, une science de composition, une autorité de manières qui, jointes à une excellente diction, faisaient de son jeu, dans les rôles proprement appelés les manteaux, un sujet d'étude des plus attrayants et des plus utiles, *Rev. Britann.* 7 sept. 1876, p. 68. || 17° La partie extérieure d'un pain de savon. Le savon Sainte-Marie a son manteau dans toute son épaisseur, *le Nouvelliste*, Journal de l'arrondissement d'Avranches, 27 fév. 1876 (c'est-à-dire l'intérieur, le noyau a mêmes qualités, nuances et marbrures que l'extérieur). || 18° Manteau d'armes, pièce d'acier qui, pour les tournois, se vissait au plastron et s'appuyait sur l'épaule gauche.

† **MANTEION** (man-té-ion), *s. m.* Terme d'antiquité grecque. Lieu où se rendait un oracle. Le Didymion n'est pas un temple ordinaire, un édifice élevé pour abriter la statue d'un dieu; c'est un manteion, c'est un oracle, F. DELAUNAY, *Journ. offic.* 3 janv. 1877, p. 31, 3e col.

— ÉTYM. Μαντεῖον, oracle et lieu où l'on rend des oracles, de μάντις, devin.

† **MANTELINE** (man-te-li-n'), *s. f.* || 1° Sorte de robe ou de manteau. Car, je vous prie, qu'est-ce de vendre son âme avec Judas pour trente pièces d'argent, avec Achaz pour une manteline et un lingot d'or, avec Achab pour la vigne de Naboth? D. DE SUPERVILLE, *Serm.* t. III (*Sur le prix de l'âme*), 1714. || En Normandie, manteau de femme.

† **MANUBALISTE.** *Ajoutez* : — REM. La manubaliste lançait les traits par la détente d'un arc en acier qui avait d'abord été tendu en arrière à l'aide d'une corde enroulée sur un treuil.

MANUEL. *Ajoutez* : || 3° Le manuel, ce qui se fait avec la main. Le manuel opératoire, la manière dont la main agit dans une opération.

† **MANUFACTURABLE** (ma-nu-fa-ktu-ra-bl'), *adj.* Qui peut être manufacturé. Matières premières manufacturables; produits manufacturés, *Congr. intern. de statistique*, 8e *session*, 1re partie, 4e sect. p. 38.

† **MANUSCRIPTION** (ma-nu-skri-psion), *s. f.* Action d'écrire à la main. Le procédé de l'écriture ou manuscription, LUYS, *Études sur la physiol. et la pathol. cérébr.* p. 468.

— ÉTYM. Lat. *manus*, main, et *scriptionem*, écriture.

† **MANUTENTEUR** (ma-nu-tan-teur), *s. m.* Celui qui maintient. Je dis, messieurs [les juges], que vous êtes les manutenteurs de la religion, DESVIGNES, dans le *Barreau de Bordeaux*, p. 153, par CHAUVOT, Bordeaux, 1856.

— ÉTYM. Voy. MANUTENTION.

† **MANUTENTIONNER.** *Ajoutez* : || 3° En général, mettre en état de servir. Sur le réseau de l'Est, à la seule gare de Paris, il faudrait [pour le chauffage des wagons] manutentionner dans une seule journée 6000 chaufferettes, H. DE PARVILLE, *Journ. offic.* 19 nov. 1876, p. 8456, 2e col.

† **MANX** (manks'), *s. m.* Terme de philologie. Nom de l'un des idiomes néo-celtiques, parlé dans l'île de Man.

† **MAPPE.** *Ajoutez* : La cour [de Chambéry], attendu que B.... est prévenu d'avoir contrevenu à l'art. 219 du Code forestier en faisant pâturer sur une forêt située sous partie du n° 2741 de la mappe de Taninges, *Gaz. des Trib.* 8 fév. 1877, p. 130, 2e col.

MAPPEMONDE. *Ajoutez* : — REM. L'exemple cité à l'historique, XIIIe siècle, appartient à l'*Image du monde* : Li ij [chapitre] : la mapemonde et où elle commence; si est d'Aise la grant.... ms. Baluze 875, Reg. 7991³ *Li ymage du monde*.

MAQUETTE. *Ajoutez* : || 3° L'esquisse en petit d'une décoration théâtrale, MOYNET, *l'Envers du théâtre*, Paris, 1875, p. 114.

— REM. On a dit aussi maque, qui est l'italien *macchia*, et dont maquette est le diminutif. En 1640, il [Cl. Vignon] fit pour M. de Valençay, évêque de Chartres, sept petits tableaux, en façon de maque, pour servir de dessins à de grands tableaux exécutés par M. Senelle, GUILLET DE SAINT-GEORGES, dans *Mém. inéd. sur l'Acad. de peint.* publiés par Dussieux, etc. t. I, p. 274.

† **MAQUILLAGE.** *Ajoutez* : || Il se dit aussi hors du théâtre. Comment dis-tu qu'elles appellent cela, tes.... amies? — Le maquillage, ma bonne tante... G. DROZ, *M., Mme et Bébé, Bal d'ambassade*.

† **MAQUILLER.** *Ajoutez* : — HIST. XIIIe s. [Il] Vit sa barbe sanglente et le vis masquilliés [c'est une variante de *vermeilliés*], *Ch. d'Ant.* t. II, p. 279.

† **MAQUILLEUSE.** *Ajoutez* : Les annonces de Mme R..., la fameuse maquilleuse, qui « restaure à tout jamais la beauté, » sont de simples réclames, *Rev. Brit.* fév. 1873, p. 377.

† **MARABOUT.** — ÉTYM. *Ajoutez* : Espagn. *morabito*, ermite.

† **MARABOUTIQUE** (ma-ra-bou-ti-k'), *adj.* Qui appartient aux marabouts, religieux musulmans. La nommée Aziza-bent-Mohamed, femme d'origine maraboutique, *Gaz. des Trib.* 5-6 mars 1877, p. 224, 4e col.

MARACHE (ma-ra-ch'), *s. f.* Nom, dans l'Aunis, de la baudroie, poisson de l'ordre des acanthoptérygiens, *Gloss. aunisien*, la Rochelle, 1870, p. 121.

† **MARAGON** (ma-ra-gon), *s. m.* Le même que marayon (voy. ci-dessous).

† **MARANE.** *Ajoutez* : || On dit aussi maran. Peuple hérétique et maran, LA FONT. *Virelai sur les Hollandais*.

† **MARASQUE** (ma-ra-sk'), *s. f.* Espèce de cerise acide avec laquelle on fait le marasquin. Eau de fleur d'oranger, de rose, de marasque, essences fines, extraits concentrés pour liqueurs, *Alm. Didot-Bottin*, 1871-1872, p. 889, 2e col.

— ÉTYM. Ital *marasca*, griotte, sorte de cerise acide.

MARÂTRE — HIST. XIIe s. La tiere estoit marastre à lui et à sa gent; Quar recouvrer n'i pueent ne soile [seigle] ne forment, *li Romans d'Alixandre*, p. 94.

MARAUD. — ÉTYM. Aux diverses conjectures qui sont rapportées dans l'article, M. Bugge, *Romania*, n° 10, p. 155, ajoute la sienne. Suivant lui, *marault* (c'est la forme la plus ancienne) demande une forme antérieure *maraldus* (comme chaud de *caldus*), laquelle provient, par dissimilation, de *malaldus*; *mal* se trouve plusieurs fois en français sous la forme *mar*. M. Bugge remarque que l'étymologie qu'il donne convient très-bien à la notion de *maraud*; l'ancien *marault* signifiait pauvre gueux; le ladin *marodi* et, dans le dialecte de Côme *maro* signifient maladif, et les langues romanes emploient pour exprimer maladif plusieurs mots qui se rattachent au lat. *malus*. À cette discussion de M. Bugge on peut ajouter que, dans le langage de Menton, *maraut* (pour *malaut*) signifie malade (*Romania*, juillet-oct. 1875, p. 493). C'est un trait de plus à ajouter à ceux qui indiquent une parenté entre *maraud* et *malade* et que j'ai notés dans le Dictionnaire.

MARAUDER. || *V. a. Ajoutez* : On commence par voler une épingle, on maraude une salade, un œuf, une poule; on est sur une pente glissante, GÉN. LOYSEL, *Journ. offic.* 4 mars 1875, p. 1630, 2e col.

† **MARAYON** (ma-ra-ion), *s. m.* Colon partiaire cultivant les marais salants, *Enquête sur les sels*, 1868, t. I, p. 510.

— ÉTYM. *Marais*.

1. **MARBRE.** *Ajoutez* : || 13° Dans plusieurs provinces, un marbre, une bille avec laquelle jouent les enfants, à cause que les billes sont souvent en marbre. Jouer aux marbres. || 14° Bloc d'acier parfaitement uni sur lequel les serruriers et les forgerons dressent les surfaces planes de certains objets.

MARBRER. *Ajoutez* : — HIST. XIVe s. XVII aulnes de fin mabré lone de Broisselle [Bruxelles] tout taint en graine, pour robe de la veille de Noel pour nous, *Mandements de Charles V*, 1376, Paris, 1874, p. 676.

1. **MARC.** *Ajoutez* : || 6° Unité de monnaie allemande, valant 1 fr. 23. La pièce d'argent de 1 marc vaut, au pair, 1 fr. 11.

— ÉTYM. *Ajoutez* : D'après les *Édits*, etc. *sur les monnaies*, t. [illegible], f° 160 (Archives des finances), *marc* vient de l'allem. *Mark*, marche, frontière, parce que, les foires se tenant souvent sur les frontières, les marchands donnèrent à ce poids, fort usité dans les transactions, le nom de poids de *mark* ou de frontière.

MARCASSIN. — ÉTYM. *Ajoutez* : M. Roulin conjecture que ce mot vient du flamand *melkzwyn*, le porc qui tette, le flamand ayant *melkkalf*, le veau qui tette, l'islandais *melkegriis*, le porc qui tette, formes qui prouvent que *melk* a été employé.

MARCASSITE. *Ajoutez* : || 3° Clous d'acier, à pointes de marcassite, qui servent à orner les bijoux, les bracelets, les épingles, *Enquête, Traité de comm. avec l'Anglet.* t. II, p. 139. Fabriquez-vous la marcassite? — Oui; mais marcassite est une ancienne dénomination : aujourd'hui nous appelons cela les pointes d'acier, *ib.* p. 136.

† **MARCHANDOT** (mar-chan-do), *s. m.* Diminutif méprisant de marchand. Un nombre infini de personnes vivent encore à Marseille, qui ont vu arriver le père et l'oncle de C...., et là, petits marchandots, avec les balles de cannelle, poivre..., commencer leur trafic, MALH. *Lexique*, édit. de L. Lalanne.

2. **MARCHE.** *Ajoutez* : || 19° Marche! Commandement militaire d'exécution pour : en marche.

1. **MARCHÉ.** *Ajoutez* : || 13° En Picardie, marché de terre, ou, simplement, marché, le lot de terres que chaque fermier tient d'un propriétaire. || Droit de marché, usage dans la Picardie en vertu duquel les fermiers détiennent à perpétuité et héréditairement les biens qu'ils ont pris à ferme. Le droit de marché, que les propriétaires ne reconnaissent pas, ne s'en maintient pas moins dans le Santerre [Somme], *Journ. des Débats*, 8 août 1876, 3e page, 6e col. Le droit de marché est un singulier usage, établi dans cette partie de la Picardie qu'on nomme le Santerre... en vertu de cet usage.... les fermiers prétendent détenir à perpétuité et transmettre à leurs héritiers les biens qu'ils ont une fois reçus à loyer, ARTH. MANGIN, *Journ. offic.* 10 août 1876, p. 6162, 1re col.

MARCHER. || 2° *Ajoutez* : || Ne pas se laisser marcher sur le pied, n'être pas endurant. || 27° *S. m.* Le marcher, l'action de marcher. Le seoir est aussi naturel que l'être debout ou le marcher, MALH. *Lexique*, éd. L. Lalanne.

— REM. *Ajoutez* : || 2. Bien que le sens primitif de *marcher*, comme on peut le voir à l'historique et à l'étymologie, soit fouler, presser, cependant on le trouve avec son sens actuel dans le courant du XIIIe siècle : En grant martire estoit ses cors, Et jambe et pié avoit porri; Qui lui donast tout

Montorri Ne tout l'avoir d'une grant terre, Ne marchast il deux pas à terre, GAUTIER DE COINCY, *les Miracles de la sainte Vierge*, page 181, éd. abbé Poquet.

† MARCHETTE. *Ajoutez :* || 2° Petit tapis sur lequel on met le pied. Marchette de salon, en queues de renard.

MARCHEUR. || 5° *Ajoutez :* || Marcheuse s'est dit aussi des proxénètes. Cette femme était une de ces intrigantes qui jouent la dévotion.... et qui surprennent la confiance des mères et des filles, pour les amener au désordre ; c'était l'usage qu'Hudson faisait de celle-ci ; c'était sa marcheuse, DIDEROT, *Jacques le fataliste*, Paris, 1821, p. 296. || 7° Le même que marcheux. Les fonctions du marcheur, notamment, consistent à fouler aux pieds dans une fosse la terre à brique déjà divisée par le casseur ; puis.... *Gaz. des Trib.* 6 mars 1876, p. 227, 2° col.

† MARCITE (mar-si-te), *s. f.* Prés à marcites, ou, simplement, marcites, prairies arrosées avec les eaux d'égout, ruisselant sur des ondulations artificielles, comme dans le Milanais. Application des eaux d'égout aux prés à marcites, MILLE, *Annales des Ponts et Chaussées*, 1867, sept. oct. p. 218. Le terrain s'y prêtait [à l'absorption des matières suspendues dans les eaux d'égout], puisqu'il était ondulé et graveleux ; on loua cent hectares de prairies, on les aménagea en marcites, ID. *ib.* p. 219. C'est un spectacle saisissant de voir, en février, les plaines milanaises couvertes de neige alors que, par exception, les marcites, protégées par une légère nappe d'eau courante.... commencent à donner leur première coupe verte.... *Journ. offic.* 28 déc. 1874, p. 8625, 3° col.

— ÉTYM. Ital. *marcire*, pourrir, se putréfier, du lat. *marcere*, se flétrir.

† MARÉANT (ma-ré-an), *s. m.* Dans l'Aunis, homme qui va à la marée, qui va pêcher ou ramasser des coquillages à mer basse, *Gloss. aunisien*, p. 122.

MARÉCHAL. *Ajoutez :* || 10° Nom vulgaire du taupin, insecte (voy. TAUPIN, n° 3).

MARÉCHALERIE. *Ajoutez :* — HIST. XVI° s. La mareschalerie de Laurens Rusé, translatée du latin en françois, Paris, 1533, in-fol.

MARÉE. *Ajoutez :* || 4° Terme de pêche. Au jour se fait le travail inverse, et les lignes [dites palangres] sont relevées en commençant par le bout du large ; cette double opération s'appelle une marée, *Rev. des Deux-Mondes*, 1er nov. 1874, p. 116.

† MARÈGUE (ma-rè-gh'), *s. f.* Gros tissu de laine de diverses natures, servant à confectionner un manteau pour les charretiers, dit limousine. La marègue se fabrique dans différentes localités, à Hasparren (Basses-Pyrénées), à Clermont, à Lodève, etc.

† MAREMME. *Ajoutez :* || 2° Il se dit aussi d'étangs comblés. Quant aux maremmes ou parties comblées des anciens étangs, ce sont des terrains malsains, GASPARIN, *Cours d'agricult.* 3° éd. t. I, p. 219.

† MARESQUE (ma-rè-sk'), *adj.* Terrain maresque, terre à marais. Pas-de-Calais : M. L.... évalue l'augmentation de 28 à 45 fr. pour les terres ordinaires ; quant aux terrains maresques, ils ont monté de 10 à 12 fr. la mesure, DUMONT, *Projet de loi sur les sucres indigènes*, sess. 1836, n° 302, *Documents*, 2° part. ou t. VIII, p. 1597.

— ÉTYM. *Marais.*

† MARGARINE. *Ajoutez :* || 2° Beurre artificiel, c'est-à-dire préparation qui se fait avec la graisse de bœuf et qui sert comme beurre. Ce matin, un violent incendie s'est déclaré rue de Pantin, n° 30, à Aubervilliers, dans les ateliers de fabrication de la margarine, *Journ. offic.* 11 mars 1876, p. 1716, 3° col.

† MARGEAGE (mar-ja-j'), *s. m.* Action de marger, de couper le bord des feuilles, *Réponses aux questions de l'enquête sur le monopole des tabacs et des poudres*, p. 329, Paris, 1874.

† MARGIN (mar-jin), *s. m.* Espèce de petite fouine que l'on trouve souvent nichée dans les meules et les paillons, JAUBERT, *Gloss. du centre*, Supplément, 1869.

MARGINAL. *Ajoutez :* || 3° Substantivement. Ce qui est mis en marge, manchette. Ce manuscrit [d'un ouvrage de Bonivard].... corrigé, annoté, pourvu de marginaux, *Notice sur Bonivard*, dans BONIVARD, *Chr. de Gen.* t. I, p. LVII.

MARGINER. — ÉTYM. *Ajoutez :* Au XVI° s. *marginer* s'est dit pour diriger un bateau vers le rivage. Quant à la margination et le branslage, ny les voitures ne marchans ne seront tenus bransler ne marginer audit peage de Jevardel, MANTELLIER, *Gloss.* Paris, 1869, p. 42.

† MARGON (mar-gon), *s. m.* Nom, dans le Rhône, de terrains formés par le délitement des schistes, *les Primes d'honneur*, Paris, 1872, p. 370. Lyonnais : les grès et les côtes calcaires sont très-favorables à la vigne ; il en est de même des margons ou schistes décomposés, HEUZÉ, *la France agricole*, carte n° 5.

† MARGOSA (mar-go-za), *s. m.* Sorte de bois. Le bois margosa, deux autres espèces de cèdres et deux sortes de bois rouge de Burmah remplacent avantageusement l'acajou [dans les Indes], *Journ. offic.* 7 oct. 1875, p. 8539, 2° col.

† MARGOTIN. — ÉTYM. *Ajoutez :* En comparant les *mariolets*, ancien nom de petits fagots (voy. MARIONNETTE à l'étymologie), ainsi dits par comparaison à une *mariole* ou petite poupée, il est plus vraisemblable de tirer *margotin* de *Margot*, nom aussi de poupée, que de *marcotte*.

† MARGOUILLISTE (mar-gou-lli-st', *ll* mouillées), *s. m.* Terme de mépris forgé par Voltaire pour désigner la queue des jansénistes. Ces margouillistes, dérivés des jansénistes, lesquels sont engendrés des augustinistes, ont-ils produit Pierre Damiens? VOLT. *Lett. à d'Alembert*, 22 fév. 1757.

— ÉTYM. *Margouillis.*

MARGUERITE. *Ajoutez :* || 7° Les Marguerites, filles qui se repentent de leurs fautes et se retirent dans une maison cloîtrée, *Journ. offic.* 26 août 1874, p. 6174, 1re col.

† MARGUILLÈRE (mar-ghi-llè-r', *ll* mouillées), *s. f.* La femme d'un marguillier. Et madame la marguillère avec ses grands falbalas, DESAUGIERS, *les Voisins de village.*

MARIABLE. — HIST. *Ajoutez :* XII° s. Une meschine jà mariable filhe d'un provost, *li Dialoge Gregoire lo pape*, 1876, p. 153.

MARIAGE. *Ajoutez :* || 18° Mariage de garnison, liaison qu'un militaire en garnison contracte avec une femme et qui n'a pas d'autre durée que celle du séjour dans la garnison. Il était bien possible que sir Richard eût fait en France ce qu'on appelle un mariage de garnison, G. SAND, *Ma sœur Jeanne*, dans *Rev. des Deux-Mondes*, 15 janv. 1874, p. 245.

† MARIBRAIT (ma-ri-brè), *s. m.* Nom normand du rouge-gorge, DELBOULLE, *Gloss. de la vallée d'Yères*, le Havre, 1876, p. 219.

MARIEUR. — HIST. *Ajoutez :* XIII° s. Bone aventure ait mariere Qui si bien nous y maria, GAUTIER DE COINCY, *les Miracles de la sainte Vierge*, p. 731, éd. abbé Poquet.

† MARINETTE. — ÉTYM. Que *marin* soit l'étymologie de *marinette*, il y a lieu d'en douter, puisque *marinette* est douteux. Le passage de Guiot de Provins où *marinette* se trouve est ainsi dans la citation de Roquefort : Par vertu de la marinette Une pierre laide et noirette Où le fer volentiers se joint ; Et si regarde le droit point, Puisque l'eguille l'a touchée. Mais il est différent dans la *Bible* même, p. 50 (*des Guiot von Provins bis jezt bekannte Dichtungen*, herausgegeben von Joh. Friedr. Wolfart und San-Marte, Halle, 1861) ; le mot de *marinette* ne s'y trouve pas ; en place on y lit *maniere* : Un art font qui mentir ne puet Par la vertu de la maniere : Une pierre laide et bruniere, Où li fers volentiers se joint, Ont ; si esgardent le droit point, Puis c'une aguille i ont touchié (lisez touchie). Entre *marinette* et *maniere*, la vraie leçon est fort incertaine. Barbazan dans *l'Ordène de chevalerie* (in-12, 1759, à Lausanne) se prononce entièrement contre la *marinette* ; il cite le texte de la *Bible* de Guiot, avec la *manière*, qu'il explique par la manœuvre. Feu M. Roulin conjecturait *maniete* ou *manete* pour *magnete*, du lat. *magnes*, aimant ; cette conjecture a beaucoup pour soi. La suite du morceau ne permet pas de douter qu'il s'agisse de la boussole. L'aiguille a touché la pierre : Et en un festu l'ont couchié (lisez couchie) ; En l'eve le metent sanz plus, Et li festus la tient desus ; Puis se torne la pointe toute Contre l'estoile [polaire], si sans doute Que jà nus hom n'en doutera, Ne jà por rien ne fausera Quant la mers est obscure et brune, C'on ne voit estoile ne lune, Dont font à l'aguille alumer ; Puis n'ont il garde d'esgarer ; Contre l'estoile va la pointe ; Por ce sont li marinier cointe De la droite voie tenir.

† MARINGOTE (ma-rin-go-t'), *s. f.* Petite voiture, ordinairement suspendue, garnie de barreaux sur les côtés, et à deux fins, les bancs étant mobiles.

MARINGOUIN. *Ajoutez :* || 3° Ver maringouin, le même que le ver macaque (voy. MACAQUE, n° 2.)

MARINIER. *Ajoutez :* || 3° Arche marinière, arche d'un pont par où passent les bateaux. Au passage des ponts dont les arches marinières n'étaient pas assez larges, E. GRANGEZ, *Voies navigables de France*, p. 627.

† MARINISTE (ma-ri-ni-st'), *s. m.* Néologisme. Peintre de marine. Les peintres d'animaux peuvent, comme les marinistes, se rattacher à la catégorie des paysagistes, BÜRGER, *Salons de 1861 à 1868*, t. I, p. 58.

† MARIOLÂTRE (ma-ri-o-lâ-tr'), *adj.* Terme de dénigrement. Qui a un culte idolâtrique pour Marie. L'écho répond : Lourdes, à ceux qui disent Génézareth ; et le catéchisme mariolâtre remplace les paraboles de la montagne, *le National*, 3 sept. 1876, 2° page, 1re col.

† MARIOLÂTRIE (ma-ri-o-lâ-trie), *s. f.* Culte exagéré de la Vierge Marie.

— ÉTYM. *Marie*, et *latrie*.

† MARION (ma-ri-on), *s. f.* Un des noms vulgaires de la gesse tubéreuse, *lathyrus tuberosus*, L.

† MARKAB. *Ajoutez :* — ÉTYM. Arabe, *markab*, monture.

† MARLIN (mar-lin), *s. m.* Le même que merlin 3, sorte de cordage (voy. ce mot au Dictionnaire). Le réseau [du ballon transatlantique] qui a une largeur de 212 mailles, est fait de corde goudronnée à trois cordons, connue sous le nom de marlin, *Journ. offic.* 13 sept. 1873, p. 5864, 2° col.

† 2. MARLY (mar-li), *s. m.* Le même que marli (voy. ce mot au Dictionnaire). On a dû, dans la même fabrique, produire une certaine quantité de ces assiettes ; car, si le sujet reste dans toutes le même, le marly varie dans plusieurs quant aux couleurs de son modeste ornement, *Journ. offic.* 29 sept. 1877, p. 688, 2° col. Le marly, divisé en quatre compartiments par de doubles lignes perpendiculaires à un médaillon prenant tout le fond, est décoré par des branches de fleurs, *ib.* 2° col.

MARMITE. *Ajoutez :* — HIST. XVI° s. À Antoine Martin, l'un des fauconniers du roy, pour sa depense pour huit jours durant que la marmite fut renversée, *Notes extraites des comptes de Jeanne d'Albret et de ses enfants*, dans *Rev. d'Aquitaine*, mai 1867, p. 548.

† 2. MARMITE (mar-mi-t'), *s. f.* À l'île de la Réunion, nom de Malgaches qui sont embarqués pour soigner les bœufs que les navires importent dans l'île ; ce sont des bouviers maritimes, des demi-matelots, *Journ. offic.* 1er sept. 1870, p. 1512, 1re col.

† MARMITÉE (mar-mi-tée), *s. m.* Ce qui est contenu dans une marmite, DELBOULLE, *Gloss. de la vallée d'Yères*, le Havre, 1876, p. 220.

† MARMITONNER (mar-mi-to-né), *v. a.* Terme de mépris forgé par Michelet. Traiter en marmiton qui fait une sale cuisine. Nulle maladie, nulle gangrène, nul ulcère pestilentiel ne pouvait se comparer à cette cour de Mayence ; nous en parlons aujourd'hui savamment, ayant le détail de la sale mission où ce digne archevêque marmitonna l'Allemagne pour l'élection de Charles Quint, MICHELET, *la Réforme*, p. 41.

† MARMORÈNE (mar-mo-rè-n') ou MARMOULÈNE (mar-mou-lè-n'), *s. f.* Nom de la baudroie, sur les côtes du département de la Manche.

1. MARMOTTE. *Ajoutez :* || 5° Marmotte de voyage, sorte de malle formée d'une première caisse ouverte par en haut, et d'une seconde renversée et servant à la première de couvercle mobile, de façon à pouvoir doubler au besoin la capacité de la malle ; les deux parties sont maintenues par une courroie cadenassée.

† MARMOU (mar-mou), *s. m.* Nom donné, dans l'Aunis, aux méduses, *Gloss. aunisien*, la Rochelle, 1870, p. 122.

— ÉTYM. Probablement pour *mal mou*, désagréablement mou.

MARMOUSET. — ÉTYM. À la fin, *Ajoutez :* Dans *Fierabras*, un Sarrasin se nomme *Marmucet* : XIII° s. Quant tant ot Floripas à nos barons parlé, Son canberlenc apele, Marmucet de Goré, v. 2131. *Marmucet* paraît être le même que *Marmouset*. Au reste *marmouset* latinisé se trouve dans un texte latin du XIII° siècle. *Multi* sunt scolares similes *marmosetis* qui semper magistro suo legenti assistunt.... tamen quia cor et attentionem ad doctrinam magistri nequaquam apponunt, ideo, licet in scolis diu fuerint, nihil sciunt, *De oculo morali*, ouvrage attribué à Pierre de la Sepieyra, mss. lat

Bibl. nat. n° 3234, f° 38, verso. *Marmoseti* ce sont de petites figures sculptées auxquelles l'auteur compare les élèves qui n'entendent rien.

† **MARNETTE** (mar-nè-t'), *s. f.* Nom, dans le Pas-de-Calais, des terres calcaires de consistance moyenne, *les Primes d'honneur*, Paris 1869, p. 64.

— ÉTYM. Diminutif de *marne*.

† **MARNOIS** (mar-noî), *s. m.* Le même que marnais (voy. ce mot au Dictionnaire). Les besognes, marnois, lavandières et chalands d'une superficie de 200 mètres et d'une capacité de 300 tonnes et au-dessus, auront, à charge complète, deux mariniers au moins à bord,... *Ord. de police*, 10 mai 1865, *canal Saint-Martin*.

† **MARONIER** (ma-ro-nié), *s. m.* Nom, au monastère du mont Saint-Bernard, des frères lais, qui servent aussi de guides. De l'hospice du Grand-Saint-Bernard : Mme de la Cour est au Bourg-Saint-Pierre, d'où nos maroniers arrivent en cet instant, ayant pu par bonheur l'empêcher de s'engager plus avant.... les pères y sont allés, car nos maroniers étaient rendus, TÖPFFER, *le Presbytère*, Lettre CXXVI.

— ÉTYM. Bas-lat. *Marones*, bandits des Alpes, nom appliqué à des gens connaissant bien les chemins de ces montagnes.

† 2. **MAROQUIN** (ma-ro-kin), *s. m.* Nom, dans l'Angoumois, d'un cépage noir, *les Primes d'honneur*, Paris, 1869, p. 319.

† 2. **MAROQUINER** (ma-ro-ki-né), *v. n.* Terme de l'armée d'Afrique. Faire la guerre éparpillée, en poursuivant les tribus qui sortent du Maroc et s'y réfugient.

MAROTTE. *Ajoutez* : ‖ 3° Nom diminutif de Marie, que le peuple donnait à Rouen aux jeunes filles, avant qu'elles fussent entrées dans l'adolescence, TOUGARD, *Une page d'hist. locale*, p. 13.

— ÉTYM. *Ajoutez* : Dans la haute Bretagne, *marotte* signifie un bâton avec un gros bout.

† **MAROUFLAGE** (ma-rou-fla-j'), *s. m.* Terme de peinture. Action de maroufler. Convaincu que leur valeur [des peintures à fresque, dans la galerie dorée, à la Banque], ainsi que leur style, disparaîtraient à coups de reprises trop nombreuses et infailliblement mal raccordées aux rares portions conservées, il [M. Questel] fit décider leur copie à l'huile et le marouflage de celle-ci sur la voûte réédifiée en briques creuses, G. BERGER, *Journ. des Débats*, 27 janv. 1876, 3° page, 3° col.

† **MARQUAGE** (mar-ka-j'), *s. m.* Action d'appliquer une marque. Le marquage des effets. Le marquage des chevaux. On sait que tous les ans, à cette époque de l'année, l'administration des forêts fait procéder au marquage des arbres qui doivent composer la coupe de l'année suivante, *Journ. des Débats*, 15 oct. 1876, 2° page, 3° col.

† **MARQUANDISE** (mar-kan-di-z'), *s. f.* Nom donné, dans les Vosges, aux douves pour feuillettes, afin de les distinguer de celles qui sont destinées à construire des pièces, NANQUETTE, *Expl. débit et estim. des bois*, Nancy, 1868, p. 94.

— ÉTYM. C'est une autre prononciation de *marchandise*.

MARQUE. ‖ Acier à une, deux ou trois marques, voy. ACIER au Supplément.

MARQUÉ. *Ajoutez* : ‖ 17° Marqué, sur qui la vieillesse a mis sa marque. Il m'apprit qu'on avait d'abord pensé à moi pour le rôle, mais qu'on me trouve trop marqué.... trop marqué !... il y a de quoi l'être en effet avec des déceptions pareilles dans sa vie, ALPH. DAUDET, *Journ. offic.* 10 sept. 1876, p. 5002, 3° col. Être jeune, tout est là ; moi, je suis vieux, je suis marqué, ID. *ib.* 5003, 1re col. ‖ Cet emploi provient des maquignons, qui jugent de l'âge d'un cheval par les marques des dents.

MARQUER. *Ajoutez* : ‖ 22° Marquer les aiguilles, percer, à l'aide d'un poinçon sur lequel on frappe, les aiguilles palmées.

MARQUEUR. *Ajoutez* : ‖ 4° Celui qui dans un tir marque les coups. Tout le monde sait qu'il peut arriver à un maladroit d'estropier un marqueur imprudent, VICTOR CHERBULIEZ, *Rev. des Deux-Mondes*, 15 sept. 1876, p. 271.

MARQUISE. *Ajoutez* : ‖ 6° Dans les chemins de fer, vitrage au-dessus du quai d'embarquement.

— REM. L'ombrelle dite marquise est une ombrelle à manche articulé de manière à être soit plié, soit fermé et fixé à un angle quelconque, ce qui permet de varier l'inclinaison de l'ombrelle, sans changer la position du manche.

† **MARRANE.** — HIST. XVI° s. *Ajoutez* : Viens voir ... nos villes.... de leurs mains furieuses Arracher de leurs tours tes fleurs victorieuses, Et au lieu du beau lis, sans honte et sans honneur, Arborer lachement la marrane couleur [la couleur des Espagnols], *Discours sur l'estat de la France*, à Chartres, 1591.

† **MARRANISME** (ma-rra-ni-sm'), *s. m.* Caractère, manière de penser du marrane.

— HIST. XVI° s. Nous ne devons pas croire que les Espagnols soient meilleurs chrestiens ou meilleurs catholiques que nous ; le marranisme, qui participe de la loi de Mahomet et de celle des juifs, est plus frequent en Espagne que l'heresie en France, GUY COQUILLE, *Dialogue des misères de la France*, t. II, p. 259, éd. des œuvres de 1666.

† **MARRONAGE** (ma-ro-na-j'), *s. m.* Bois de marronage (on dit aussi bois de marnage), bois à bâtir auxquels les usagers ont droit dans certaines forêts, NANQUETTE, *Exploit. débit et estim. des bois*, Nancy, 1868, p. 49.

† **MARRONIER** (ma-ro-nié), *s. m.* Le même que maronier (voy. ce mot au Supplément). Ils furent rejoints par deux religieux, précédés du marronier ou domestique du couvent, et d'un gros chien, qui, fidèles à la règle du monastère, venaient à la rencontre des voyageurs, *Journ. de Genève*, dans *Journ. offic.* 28 sept. 1874, p. 7844, 1re col.

MARRONNIER. *Ajoutez* : ‖ 3° Marchand de marrons. Une vieille boutique de bric-à-brac joignait l'échoppe du marronnier, CARTERON, *Premières chasses, Papillons et oiseaux*, p. 17, Hetzel, 1866.

† **MARRUBLER** (ma-ru-blé), *v. a.* Terme du Calvados et de la haute Normandie. Abîmer, maltraiter, en parlant des personnes ou des choses. Vous êtes un coquin, lui avait-il dit ; c'est vous qui l'avez tuée ; il n'y avait pas d'eau dans la mare de Bunel ! elle ne se serait pas noyée, si vous ne l'aviez pas marrublée, *Gaz. des Trib.* 9-10 août 1875, p. 767, 2° col.

MARS. *Ajoutez* : ‖ Proverbe. Taille tôt, taille tard, Rien ne vaut la taille de mars, vieux dicton rural, dans le *Bien public*, 3 août 1875, 2° page, 5° col.

† **MARSAULE** (mar-sô-l'), *s. m.* Le même que marsault. Ils [les chevreuils] vivent, comme les cerfs, de coudrier, de marsaule, ADANSON, *Œuvres d'histoire nat.* (1772), éd. Payer, Paris, 1845, p. 256.

† **MARSE** (mar-s'), *s. m.* Nom, dans l'antiquité, de gens qui pratiquaient les enchantements et surtout charmaient les serpents. Les psylles et les marses qui se familiarisent avec les serpents, VOLT. *Dict. phil. Enchantement.*

— ÉTYM. Lat. *Marsi*, nom d'un peuple latin.

† **MARSEUC** (mar-seuk), *s. m.* Le même que marsage (voy. ce mot au Dictionnaire). Il lui est défendu de semer le blé connu dans le pays [comté de Nice] sous le nom de marseuc, blé qui n'est, en réalité, que de l'avoine de printemps, L. GUIOT, *Mém. Soc. cent. d'Agric.* 1874, p. 246.

— ÉTYM. Bas-lat. *marcesca, marcescha* ; vieux franç. *marcesche* ou *marsois*, dérivé du mois de *mars*.

† **MARSUPIALITÉ** (mar-su-pi-a-li-té), *s. f.* Terme d'histoire naturelle. État des animaux qui sont marsupiaux. Le caractère de la marsupialité, inconnu aujourd'hui dans l'ancien continent, où il ne se montre que chez certaines espèces de l'époque tertiaire, BROCA, *Bull. de la soc. d'anthr.* t. III (2° série), p. 100.

† **MARSUPIUM** (mar-su-pi-om'), *s. m.* Terme d'ornithologie. Membrane vasculaire, dite aussi peigne, située dans l'humeur vitrée, et qui, fixée sur le nerf optique, s'étend depuis le point où ce nerf pénètre dans l'œil jusqu'à une distance variable, *Ac. des sc. Compt. rendus*, t. LXXIX, p. 1154.

— ÉTYM. Lat. *marsupium*, bourse.

MARTEAU. *Ajoutez* : ‖ 15° Passer sous le marteau, être vendu aux enchères. Les quantités [de laines coloniales] qui ont passé sous le marteau [au marché de Londres] s'élèvent à.... *Journ. offic.* 16 déc. 1872, p. 7833, 2° col.

MARTELEUR. *Ajoutez* : — HIST. XIII° s. Tubalcain, qui fust martellour et fevre en totes overegnes de arreme [cuivre] et de fer, POUGENS, *Archéologie franç.* t. II, p. 9.

† 1. **MARTIN.** — HIST. *Ajoutez* : XIII° s. Puis li a dit : Dans viels, anvers moi entendez, Que je vos ai mult bien quenu et avisé ; De tout autre martin vous convenra parler, GUI DE BOURGOGNE, v. 1402 (locution à ajouter à celles où le nom propre Martin figure proverbialement).

† 2. **MARTINE** (mar-ti-n'), *s. f.* Nom populaire de la femelle du lapin domestique.

2 **MARTINET.** *Ajoutez* : ‖ 6° Nom, dans l'Aunis, d'un appareil consistant en une vis en bois, dont les tonneliers se servent pour rapprocher les douelles d'une futaille au moyen d'une corde, *Gloss. aunisien*, la Rochelle, 1870, p. 123.

MARTINGALE. *Ajoutez* : ‖ 7° Terme de la pêche du hareng. Petit cordage, dit quelquefois bassouin, de 16 millimètres environ de diamètre, servant à fixer le quart à poche sur le halin (ou haussière) sur lequel sont attachés les filets.

† **MARTYROLOGIQUE** (mar-ti-ro-lo-ji-k'), *adj.* Qui a rapport à l'histoire des martyrs chrétiens. La critique martyrologique.

† **MARXOUAGE** (mar-ksou-a-j'), *s. m.* Nom, dans la Meurthe, des jardins maraîchers, *les Primes d'honneur*, Paris, 1872, p. 117.

— ÉTYM. Forme de *marécage*, au sens de terrain maraîcher.

† **MASLOC** (ma-slok), *s. m.* Nom, dans nos recueils de drogues, du bang (voy. ce mot au Dictionnaire et au Supplément).

— ÉTYM. Ital. *masloco*, de l'arabe *maslaq*, DEVIC, *Dict. étym.*

2. **MASQUE.** *Ajoutez* : ‖ 17° Terme de guerre. Masse couvrante derrière laquelle sont abrités des travailleurs, ou disposée en certains points d'un ouvrage de fortification pour boucher une trouée, pour abriter un passage. ‖ 18° Pointe d'une digue. Lors de la révolution, les ouvrages [de deux digues] furent absolument abandonnés : si on avait pu prévoir cette circonstance, on aurait donné aux masques la solidité convenable pour résister aux événements, BREMONTIER, *Rech. sur le mouv. des ondes*, p. 99.

† **MASSAC** (ma-ssak), *s. m.* Autre nom du masloc (voy. ce mot au Supplément).

MASSACRE. — HIST. XIII° s. *Ajoutez* : Out grant peür, quant oy dire La desverie et le martire, La cruauté et le maçacre Qu'il avoit fait du bon dyacre, GAUTIER DE COINCY, *les Miracles de la sainte Vierge*, p. 126, éd. abbé Poquet.

MASSACREUR. — HIST. *Ajoutez* : XIV° s. Et par cete roijor entens Les sains martirs qui en lor tens Voudrent les mascecriers atendre, Et puis leur vermeil sanc espendre, MACÉ, *Bible en vers*, f° 117, 1re col.

† **MASSART.** *Ajoutez* : — ÉTYM. Il est possible, probable même, que ce mot ne soit qu'une autre forme de *massier* et ait la même origine.

1. **MASSE.** ‖ 7° *Ajoutez* : Être bien dans la masse, peindre dans la masse, s'attacher aux masses, à l'ensemble du tableau. Le paysage a de la grandeur, et tout est bien dans la masse, suivant un terme d'atelier, BÜRGER, *Salons de 1861 à 1868*, t. II, p. 141. M. de Knyf est plus sobre : comme les maîtres paysagistes de l'école française, il peint dans la masse, et il donne l'impression de l'ensemble, ID. *ib.* p. 510. ‖ 17° Nom donné, dans la manufacture des tabacs, à des meules de tabac qui a passé par le hachoir ; ces meules contiennent chacune en moyenne 40 ou 50 mille kilogrammes, et sont construites pour que la fermentation s'y établisse. ‖ 18° Terme de lapidaire. Bloc de verre de toute couleur, plus ou moins pesant et volumineux, composé spécialement par des moyens chimiques pour la fabrication, la production de la pierre fausse, CHRITEN, *Art du lapidaire*, p. 417. ‖ 19° Dans les contributions directes, plans par masses, plans contigus, où les cultures et autres natures de sol sont données en bloc, sans distinction des parcelles.

1. **MASSÉ.** *Ajoutez* : ‖ 3° Plan massé, se dit par opposition à plan parcellaire et est synonyme de plan par masse (voy. cette locution au Supplément). Il sera nécessaire d'y joindre [aux demandes de fondations pénitentiaires] les plans massés des immeubles proposés pour être convertis en colonies pénitentiaires, *Journ. offic.* 6 sept. 1874, p. 6307, 1re col. ‖ 4° Terme de fortification. Se dit des ouvrages dont la masse est construite. Les remparts étaient massés, ainsi que les glacis ; il ne restait plus qu'à recouvrir de terre végétale la surface des remblais et des parapets.... le grand cavalier était entièrement massé.... quant au fort de Saint-Privat, il était seulement massé et ne possédait pas d'abris, *Gaz. des Trib.* 9 oct. 1873, p. 971, 1re col.

† **MASSELOTTE.** *Ajoutez* : ‖ 2° Petite masse de métal, soudée sur le canon d'une arme à feu portative à percussion, et dans laquelle est pratiqué le logement de la cheminée.

3. **MASSETTE** (ma-sè-t'), *s. f.* Sorte de marteau Massette à casser les pierres, *Enquête, Traité de comm. avec l'Anglet.* t. I, p. 737.

— ÉTYM. Diminutif de *masse* 2

† **MASSIAU.** Voy. MASSEAU au Dictionnaire. Le

massiau est le résultat de la fonte sortant du four à puddler; c'est une loupe qu'on appelle *bloom* en Angleterre; on le cingle sous le marteau, d'où il sort en bloc informe..., *Enquête, Traité de comm. avec l'Anglet.* t. I, p. 90. Les massiaux ont généralement disparu du commerce..., le massiau est originaire de Champagne, où il existait beaucoup de petites usines dans lesquelles la fonte affinée au charbon de bois donnait une loupe qui était forgée en massiau tel que le définit la douane, et vendue à d'autres forges qui procédaient à son laminage, *ib.* p. 62.

† 2. **MASSICOT** (ma-si-ko), *s. m.* Machine à rogner le papier; c'est un grand couteau mû par une manivelle, avec volant. Le massicot de la Banque de France est mû par la vapeur. Le nom est tellement en usage que les ouvriers en ont tiré le substantif massicoteur et le verbe massicoter.

— ÉTYM. *Massicot*, nom de l'inventeur.

MASSIF. *Ajoutez :* || 9° Terme de géologie. Ensemble de montagnes formant une masse. Le massif du Mont-Blanc. Les massifs montagneux taillés dans les terrains néozoïques, J. FRANÇOIS, *Acad. des sc. Comptes rend.* t. LXXXII, p. 1216.

† **MASSILIA** (ma-ssi-li-a), *s. f.* La 20e planète télescopique, découverte en 1852 par M. de Gasparis.

— ÉTYM. *Massilia*, nom latin de la ville de Marseille.

MASSIVEMENT. *Ajoutez :* — HIST. XIIe s. Iluec fu comencie l'uevre [le tombeau d'Alexandre] masicement, *li Romans d'Alixandre*, p. 546.

MASTIC. *Ajoutez :* || 5° Arbre au mastic, *l'amyris elemifera*, BAILLON, *Dict. de botan.* p. 257.

† **MASTROQUET** (ma-stro-kè), *s. m.* Dans le langage populaire de Paris, marchand de vin.

— ÉTYM. *Mastroquet* vient du mot *mi-stroc* ou *ma-stroc*, qui, dans la langue [l'argot] dont Nicolas Racot de Grandval nous a laissé le premier vocabulaire, en 1775, à la suite de son poëme du *Vice puni*, signifiait demi-setier; le *mastroquet* c'est l'homme du demi-setier, E. DE LA BÉDOLLIÈRE, dans le journal *le National*, 4 nov. 1874, 2e page, 6e col.

MASURE. *Ajoutez :* || 3° Nom, en Normandie, de l'enclos, ou verger, ou herbage planté d'arbres fruitiers, dans lequel sont situés les bâtiments de la ferme, *les Primes d'honneur*, Paris, 1869, p. 9. Dans les masures de Bretagne et de Normandie, dans les vergers picards et les clos ardennois, la récolte des pommes a été aussi abondante..., *Journ. offic.* 18 oct. 1875, p. 8733, 1re col.

2. **MAT.** *Ajoutez :* || 7° Dans la dentelle, le mat, morceau sur lequel l'aiguille ou le fuseau sont revenus plusieurs fois pour les épaissir, les broder, CH. BLANC, *l'Art dans la parure*, p. 279. || 8° Préparation dont le nitre est la base, *Tarif des douanes*, 1869, p. 164.

† **MATASIETTE** (ma-ta-ziè-t'), *s. f.* Voy. MATAZIETTE au Supplément.

† **MATASSINADE.** *Ajoutez :* || 2° Fig. Folâtrerie, action folâtre, RICHELET.

† **MATASSINER** (ma-ta-si-né), *v. n.* Danser la danse des matassins, faire des gestes de matassin, de bouffon. || Matassiner des mains, gesticuler avec les mains comme un bouffon.

— HIST. XVIe s. Matassiner des mains, *to move the fingers like a jugler*, COTGRAVE.

MATASSINS. — ÉTYM. *Ajoutez :* Espagn. *motachin*; ital. *mattucino*, de l'arabe *motawaddjihîn*, personnes masquées, pluriel de *motawaddjih*, masqué, d'après M. Dozy. Au contraire, M. Roulin le tire de l'ital. *matto*, fou, le *matassin*, en Espagne, étant vêtu comme arlequin et ayant une batte.

† **MATAZIETTE** (ma-ta-ziè-t'), *s. f.* Variété de dynamite où la nitroglycérine est en proportion faible et bien unie aux substances siliceuses et au protoxyde de fer destinés à la neutraliser. Que cette caisse renfermait une matière explosible, désignée par l'expéditeur sous le nom de mataziette-tripoli, *Gaz. des Trib.* 17 fév. 1876, p. 162, 2e col. Que cette poudre, dite mataziette, destinée à ses travaux d'entrepreneur, provient de la fabrication du sieur B..., *ib.* 3e col.

— REM. On écrit aussi matasiette. Le *Journal de Genève* rapporte que des explosions d'une vaste fabrique de matasiette ont eu lieu sur la frontière du canton et de la France, *Journ. des Débats*, 26 nov. 1876, 3e page, 2e col.

† **MATE.** — HIST. || XVIe s. *Ajoutez :* Dix ou douze enfants de la mate des plus fins et meilleurs coupeurs de bourse et tireurs de laine, BRANT. t. IV, p. 224, éd. Monmerqué.

† 2. **MATÉ.** *Ajoutez :* — ÉTYM. L'herbe du Paraguay a été nommée *maté*, de *mate*, nom d'une petite courge sauvage qui sert de récipient à la décoction, DAIREAUX, *Rev. des Deux-Mondes*, 15 juil. 1875, p. 397 et p. 409.

† 3. **MATÉ, ÉE** (ma-té, tée), *part. passé* de mater. || 1° Rendu mat. || 2° Tassé, foulé. On coule dans le vide qui reste entre les deux tuyaux du plomb, lequel est ensuite maté avec soin, LEGRU, cité par Ed. Morin, *Mém. d'agriculture*, etc. 1870-71, p. 235.

MATELAS. — HIST. *Ajoutez :* || XIVe s. Quatre pieces et demie de cendaulx larges, vermaulx, pour faire un martras pour nous.... pour cinq aines de cendail en graine pour l'orillier du dit martras, *Mandements de Charles V*, 1377, Paris, 1874, p. 731.

MATELASSÉ. *Ajoutez :* || 2° *S. m.* Étoffe façonnée de soie ou de laine. Matelassé uni.... matelassé pure laine, armures et matelassés noirs, *Journ. offic.* 2 déc. 1876, p. 8943.

MATELOT. — ÉTYM. M. Bugge, *Romania*, n° 10, p. 155, au lieu du holl. *maat*, compagnon, propose le norois *mötunautr*, *matunautr*, compagnon de table, lequel est synon. du holl. *maat*, et qui se dit le plus souvent de l'équipage d'un navire; le personnel de bord se formait en plusieurs *mötuneyti* ou compagnies de table. Et il ajoute : « Selon moi, il faut supposer une forme antérieure *matenot*. » Cette supposition est vérifiée; car au bas de la page, M. G. Paris met cette note : « Au moment même où je reçois de l'imprimerie les « épreuves de cet article, je trouve la forme *ma-* « *thenot* employée régulièrement pour matelot « dans un des mss. de la *Passion* d'Arnoul Gresban « que j'imprime avec M. Raynaud. » *Mathenot* met hors de doute l'étymologie proposée par M. Bugge.

† **MATÉOLOGIE** (ma-té-o-lo-jie), *s. f.* Discours, propos dépourvus de raison. Si la théologie prétendait mettre des semences d'ivraie entre ces deux puissances [la spirituelle et la temporelle], ce ne serait plus une vraie théologie, mais une pure matéologie, FR. GARASSE, *Mémoires* publiés par Ch. Nisard, Paris, 1861, p. 267.

— ÉTYM. Ματαιολογία, vains propos, de μάταιος, vain, inutile, et λόγος, discours.

† **MATÉRIALISATION** (ma-té-ri-a-li-za-sion), *s. f.* Néologisme. Action de matérialiser, de rendre matériel. Ce que l'honorable M. de Pressensé propose d'atteindre, ce n'est pas le lien intellectuel, moral, insaisissable, c'est la matérialisation de l'affiliation, c'est l'assistance, la présence aux réunions.... *Journal officiel*, 14 mars 1872, p. 1805, 2e col. Toute plus-value, sous quelque forme qu'elle se cristallise, intérêt, rente, profit, n'est [d'après le socialisme allemand] que la matérialisation d'une certaine durée de travail non payé, E. DE LAVELEYE, *Rev. des Deux-Mondes*, 1er sept. 1876, p. 142.

MATÉRIAUX. — REM. On commence, faute de singulier, à l'employer barbarement : Ce n'est guère surtout que depuis vingt ou trente ans que le fer est employé comme matériaux de construction proprement dit, CH. GARNIER, *Monit. univ.* du 10 août 1867, p. 1093, 1re col.

MATÉRIEL. *Ajoutez :* || *S. m.* Il se dit aussi au pluriel. Des matériels de fêtes. D'importants matériels de forges.

† **MATHÉMATISME** (ma-té-ma-ti-sm'), *s. m.* Doctrine d'après laquelle tout s'opère conformément à des lois mathématiques. Le mathématisme de la nature, MANGIN, *Journ. offic.* 18 août 1872, p. 5738, 3e col.

† **MATHURIN.** *Ajoutez :* || 3° Nom que les marins, par plaisanterie, donnent aux navires en bois. Est-ce que vous voudriez rétablir ces vieux mathurins, comme nous les appelons, pour remplacer les bateaux à vapeur? AMal SAISSET, *Journ. offic.* 26 janv. 1872, p. 598, 1re col.

† **MATINALEMENT.** *Ajoutez :* Colline, Schaunard, Marcel et Rodolphe se rendaient en chœur chez Barbemuche, qui parut étonné de les voir si matinalement, MÜRGER, *Sc. de la vie de bohême*, ch. XII.

† **MATON.** *Ajoutez :* || 3° Petit peloton de fibres qui se forme sur les machines dans la pâte à papier.

† **MATRAQUE** (ma-tra-k'), *s f.* || 1° Mot espagnol usité en Algérie qui signifie bâton, trique. Après avoir failli périr sous les matraques des chameliers qui lui servaient de guides..., A. MÉRAY, *Opinion nation.*, 9 nov. 1867. || 2° Nom espagnol de la férule scolaire. Un alphabet, une écritoire et une matraque ou férule percée de trous... elles [les punitions dans les écoles des Philippines] se réduisent à quelques coups de matraque dans la main ouverte, EDM. PLANCHUT, *Rev. des Deux-Mond.* 15 avril 1877, p. 907.

— ÉTYM. Esp. *matraca*, de l'arabe *mitraqah*, marteau.

† **MATRASSER.** *Ajoutez :* Si Son Altesse Royale laissait.... matrasser le parlement, comme l'on le matrasserait peut-être le lendemain au matin, RETZ, *Œuvres*, éd. Feillet et Gourdault, t. IV, p. 410 (les anciennes éditions portaient maltraiter, maltraiterait).

† 1. **MATRICIDE.** *Ajoutez :* — HIST. XVIe s. Nous confessons qu'en nostre ville jadis y a eu un parricide et en Argos un matricide; mais quant à nous, nous avons chassé et banny de noz païs ceux qui ont commis telles malheuretez, AMYOT, *Plut. Œuv. mor.* t. XV, p. 345.

† **MATRICIEL, ELLE** (ma-tri-si-èl, è-l'), *adj.* Terme de contributions directes. Qui se rapporte aux registres originaux, aux matrices. Le relevé des éléments des cotisations individuelles, fait sur les matrices, ou, en d'autres termes, les évaluations matricielles, ne sauraient servir immédiatement de base pour le répartement de l'impôt, CHARDON, *Notice sur les contrib. directes de la France en* 1853. Les locaux d'une valeur matricielle inférieure à 400 fr. sont affranchis de toute cotisation, *Journ. offic.* 5 déc. 1874, page 8001, 2e col. || Loyer matriciel, celui qui sert de base à la fixation des cotes en matière de contributions directes.

MATRIMONIAL. *Ajoutez :* || Tribunaux matrimoniaux, tribunaux chargés, dans la Suisse protestante, de prononcer sur les cas de divorce, *Journ. offic.* juin 1876, p. 4540.

† **MATRIMONIALITÉ** (ma-tri-mo-ni-a-li-té), *s f.* État matrimonial. Le camp rural permit d'éviter d'attirer les habitants des campagnes vers les villes, où ils tendent de plus en plus à se fixer dans des conditions anthropologiques fâcheuses de matrimonialité et de natalité, *Dict. de médecine*, 14e éd. art. *hygiène*.

MATRONE. — HIST. || XIVe s. *Ajoutez :* Tout maintenant et sans delay, Par Dieu qui siet lassus ou thronne [ciel], Alez me querre la mathronne [sage-femme] De ceste ville, *Miracles de Nostre Dame par personnages*, publiés par G. Paris et A. Robert, t. I, p. 92.

† **MATRONEUM** (ma-tro-né-om'), *s. m.* Terme d'antiquité chrétienne. Lieu réservé aux matrones dans les basiliques anciennes.

— ÉTYM. Lat. *matrona*, matrone.

1. **MATTE.** *Ajoutez* || 2° Synonyme, dans quelques localités, de moyette. Un autre moyen employé dans le département de l'Ain, c'est la mise [du maïs] en moyettes ou mattes, sortes de ruchers ou de meules qui restent dans le champ, DE GASPARIN, *Journ. offic.* 8 janv. 1875, p. 163, 3e col.

† 3. **MATTE** (ma-t'), *s. f.* Nom donné, dans la Gironde, aux terres d'alluvion, *les Primes d'honneur*, Paris, 1870, p. 416.

MATURATION. *Ajoutez :* || 3° Action de maturer le tabac (voy. MATURER au Supplément). Cette opération [le battage] aère les feuilles en séparant celles qui étaient collées ensemble; elle les dispose ainsi au travail ultérieur de la maturation, *Réponses aux questions de l'enquête sur le monopole des tabacs et des poudres*, p. 215, Paris, 1874.

† **MATURÉMENT** (ma-tu-ré-man), *adv.* Néologisme. D'une manière mûre, réfléchie. La question posée doit être vidée maturément dans un sens ou dans un autre, *Journ. offic.* 23 mars 1870, p. 510, 3e col.

† **MATURER** (ma-tu-ré), *v. a.* Soumettre les tabacs reçus dans les magasins à un traitement qui les prépare aux différents emplois. Les manutentions dans les magasins ont pour but de faire disparaître l'excédant d'eau, d'uniformiser l'aspect des feuilles et de les maturer, tout en leur maintenant la résistance nécessaire pour leur emploi ultérieur dans les manufactures, *Réponses aux questions de l'enquête sur le monopole des tabacs et des poudres*, p. 215, Paris, 1874. Les tabacs verts sont maturés à part, *ib.*

— ÉTYM. Lat. *maturare*, de *maturus* (voy. MÛR).

MATUTINAL. *Ajoutez :* || En Alsace, don matutinal, don que fait le mari à sa femme (excepté si elle est veuve) et qui se prélève sur le plus net de la succession ; c'est la traduction, faite par les notaires, de l'allem. *Morgengabe*, don du matin. || Autel matutinal, autel moindre auquel se dit la messe du matin dans les cathédrales. Le couronnement de Marie de Médicis, à l'occasion duquel on a démoli et on supprima ce qu'on appelait l'autel matutinal, près lequel étaient amoncelés beaucoup des anciens cénotaphes [dans l'église de Saint-Denis], *Requête* (1781) *des religieux de St-Denis*, dans *Revue critique*, 10 oct. 1863, p. 236.

† **MAUCHAMP** (mô-chan), *s. m.* Nom d'une variété de moutons. Un mauchamp. Le troupeau soyeux de Mauchamp, cette œuvre remarquable due au hasard d'abord, ensuite à l'habileté et à la persévérance de M. Graux, a définitivement conquis son droit de cité parmi les races bien caractérisées et constantes, J. MOLL, *Mém. d'Agric.* etc. 1870-1871, p. 472.

† **MAUDURIN** (mô-du-rin), *s. m.* Nom, dans l'Indre, du mélange de seigle et d'orge, *les Primes d'honneur*, Paris, 1873, p. 216.

† **MAUGRÉ** (mô-gré), *s. m.* Ancienne forme de malgré. La gloire est l'ombre de la vertu ; maugré que nous en ayons, elle nous accompagnera, MALH. *Lexique*, éd. L. Lalanne.

† **MAULÉONISTE** (mô-lé-o-ni-st'), *s. m.* Nom donné par injure à Bossuet, à cause de sa liaison avec Mlle de Mauléon, avec laquelle des bruits étranges prétendaient qu'il avait été lié par un mariage secret. On raconte que [Bossuet] ayant dit au jésuite La Chaise, confesseur de Louis XIV : on sait que je ne suis pas janséniste, La Chaise répondit : on sait que vous n'êtes que mauléoniste, VOLT. *Siècle de Louis XIV*, *Écrivains*, *Bossuet*. Je ne crains pas plus les mauléonistes que les jansénistes et les molinistes, ID. *Lett. au duc de Bouillon*, 23 déc. 1767 (on a imprimé, à tort, maléonistes).

MAUVAIS. — ÉTYM. *Ajoutez* : Il faut rapprocher des formes indiquées celle qu'on trouve dans le XIIᵉ siècle : Maintes foiz vult [veut] malvoisouse crenmors [crainte] sembleir humiliteit, et effreneiz orguez [orgueil] franchise, *li Dialoge Gregoire lo pape*, 1876, p. 210.

† **MAUVAISETÉ** (mô-vè-ze-té), *s. f.* Terme vieilli. Caractère mauvais. Ni les biens ni les maux de cette vie ne sauraient prouver ni la bonté ni la mauvaiseté d'une secte, P. DU BOSC, *Serm.* t. III, (1701). Cette mauvaiseté d'enfant chagrina beaucoup Landry, G. SAND, *Fadette*.

— HIST. XIIᵉ s. Grant malveistié esteit k'il [les barons] ne les [Normands] cumbateient, WACE, *Rou*, t. I, p. 75.

— ÉTYM. *Mauvais*. *Mauvaiseté* se dit en Normandie, DELBOULLE, *Gloss. de la vallée d'Yères*, le Havre, 1870, p. 222.

† **MAUZAC** (mô-zak), *s. m.* Mauzac blanc, mauzac noir, noms de deux cépages (Haute-Garonne), *les Primes d'honneur*, Paris, 1869, p. 431.

† 2. **MAXIMER.** *Ajoutez* : Le succès ! Machiavel ne reconnaît au monde que ce dieu ; tant que le crime se porte bien, il le salue et le maxime ; mais gare à lui, s'il tombe malade, H. BLAZE DE BURY, *Rev. des Deux-Mondes*, 15 mars 1877, p. 271.

† **MAXIMILIANA** (ma-ksi-mi-li-a-na), *s. f.* La 65ᵉ planète télescopique, découverte en 1862 par M. Tempel.

† **MAYA** (ma-ia), *adj. invariable.* Qui appartient à un ancien peuple de l'Amérique du Sud, aujourd'hui disparu. Les manuscrits en langue maya les plus renommés.... l'abbé Brasseur de Bourbourg, en exhumant (1863) l'ouvrage du P. Diego de Lunda intitulé : *Relation des choses du Yucatan* et conservé dans les archives de l'Académie royale de l'histoire à Madrid, y trouva des renseignements sur le calendrier et sur l'écriture maya, FERD. DELAUNAY, *Journ. offic.* 3 janv. 1877, p. 32, 2ᵉ col.

† **MAYEN** (ma-iin), *s. m.* ou **MAYENSE** (ma-iin-s'), *s. f.* || 1° Nom, dans le Valais, des maisons commodes et rustiques où les familles aisées ou riches de Sion ont l'habitude de passer la belle saison ; et aussi nom des montagnes où elles se trouvent, au midi de la ville. Il y a bien des années déjà que, passant à Sion..., il nous est arrivé d'entendre parler de familles établies aux mayens.... mais qu'est-ce donc que vos mayens ? disions-nous aux gens, TÖPFFER, *Nouv. voyages en zigzag*. Ces stations [intermédiaires entre les alpages et les hivernages] portent le nom de mayens ou mayenses ; ce sont les métairies de nos Alpes françaises, *Reb. des montagnes*, *Comptes rendus*, 1869-74, 7ᵉ fasc. p. 114. || 2° Il s'est dit pour fête de tir fédéral, sans doute à cause que ces solennités se célébraient au mois de mai. Le premier grand tir commun, ou mayen, fut donné par la ville de Sursée, en 1452, *Journ. offic.* 15 janv. 1875, p. 372, 2ᵉ col. Le mayen de Zurich, en 1504, fut très-brillant.... on voit encore pourtant de temps à autre des mayens pendant deux cents ans, *ib.* 3ᵉ col.

— ÉTYM. Le mois de *mai*, parce que *mai* donne leur parure aux montagnes, et qu'alors les familles y montent pour n'en plus redescendre qu'à l'approche des frimas, TÖPFFER, *Nouv. voy. en zigzag*. Bas-lat. *maiensis*, qui appartient au mois de mai.

† **MAZAGRAN** (ma-za-gran), *s. m.* Breuvage dont le nom et l'usage datent de l'héroïque défense de Mazagran, en Algérie, par le capitaine Lelièvre ; on sert, dans un verre profond, du café noir, avec une cuiller à long manche, pour mêler le sucre et l'eau, et quelquefois l'eau-de-vie que le consommateur ajoute.

† **MAZDÉEN, ENNE** (maz-dé-in, è-n'), *adj.* Qui est relatif au mazdéisme, à la religion de Zoroastre.

MAZETTE. *Ajoutez* : — REM. En Dauphiné, on donne le nom de mazole à un jeune homme sans consistance, qui passe d'une idée à l'autre sans motif, sur lequel on ne peut compter.

† **MAZUC** (ma-zuk), *s. m.* Nom, dans l'Aubrac, de huttes construites avec de fortes perches de hêtre recouvertes de mottes de terre ou de gazon, huttes où l'on prépare le beurre et le fromage, E. MOUTON, *Journ. offic.* 24 mars 1876, p. 2069, 3ᵉ col.

— ÉTYM. Dérivé de *mas*.

ME. *Ajoutez* : — REM. Pour l'emploi de *me*, comme pronom réfléchi, voy. SE, Rem. 3, 4, 5, 7, 8, 9 et 10.

MÉCANICIEN. *Ajoutez* : || 7° *S. f.* Mécanicienne, ouvrière qui sait faire marcher une machine à coudre, qui sait travailler avec une machine à coudre. On demande une mécanicienne.

1. **MÉCANIQUE.** *Ajoutez* : || 8° Anciennement, qui travaille de ses mains. Après avoir fait ces inventions, ne les jugeant pas dignes de son occupation, il les remit à des personnes mécaniques pour les exercer, MALH. *Lexique*, éd. L. Lalanne. || Qui a l'apparence d'un homme qui travaille de ses mains. Ne soyons pas ni superbes ni mécaniques en notre habillement, ID. *ib.*

† **MÉCANISTE.** *Ajoutez* : || 2° *Adj.* Qui a un caractère de mécanisme. Il [M. Papillon] soutient.... que la puissance, la fécondité et le progrès réel des sciences dépendent d'une métaphysique à la fois mécaniste et dynamiste, CH. LÉVÊQUE, *Journ. offic.* 16 fév. 1876, p. 1247, 3ᵉ col.

† **MÉCHAGE** (mé-cha-j'), *s. m.* Terme de marchand de vin. Action de mécher. Les soins qu'on apporte dans l'élevage du vin, les pratiques ordinaires de la vinification, ouillage, méchage, soutirages répétés, l'usage des cuves et des vaisseaux hermétiquement clos, R. RADAU, *Rev. des Deux-Mondes*, 15 nov. 1876, p. 438.

MÈCHE. || 3° *Ajoutez* : || Mèche à étoupille ou mèche en coton, réunion de plusieurs brins de coton imbibés d'eau-de-vie gommée et recouverts d'une composition propre à transmettre le feu.

† **MÉCHOACAN.** *Ajoutez* : — ÉTYM. Ainsi dit d'une localité de ce nom au Mexique.

† **MÉDAILLER** (mé-da-llé, *ll* mouillées), *v. a.* Néologisme. Accorder une médaille comme récompense. L'exposition ferme dans quelques jours pour rouvrir après le travail du jury, qui profite de ce relâche pour choisir les tableaux à médailler, *le Figaro*, 19 mai 1876.

† **MÉDAILLONNISTE** (mé-da-llo-ni-st', *ll* mouillées), *s. m.* Artiste qui fait des médaillons. La tête, le buste et les accessoires rappellent la délicate exécution de Nini, ce médaillonniste précieux, dont les œuvres sont recherchées aujourd'hui avec passion, BÜRGER, *Salons de 1861 à 1868*, t. I, p. 438.

† **MÈDE** (mè-d'), *s. m.* Idiome qu'on a nommé touranien, qui prévalait dans la Médie. Toutes les inscriptions officielles des rois de la race de Darius sont rédigées à la fois en perse, en mède et en assyrien.

† **MÉDERSA** (mé-dèr-sa), *s. m.* Nom, en Algérie, des écoles musulmanes d'enseignement supérieur, CHANZY, *Journ. offic.* 19 déc. 1876, p. 9502, 2ᵉ col. || C'est le même que médressé (voy. ce mot au Supplément).

MÉDIAN. *Ajoutez* : || 8° En termes de grammaire, qui occupe le milieu d'un mot. Supprimer les consonnes médianes des mots latins est un des caractères spécifiques du français, par rapport aux autres langues romanes, É. LITTRÉ, *Dict. de la langue franç. Préface*, p. XXXII.

— REM. M. E. de Montalon, professeur à l'université d'Otago, Nouvelle-Zélande, m'écrit pour me faire observer que *médian* en ce sens n'est pas dans le Dictionnaire, et qu'il vaudrait mieux employer *médial*, terme grammatical, qui y est. Cela est juste ; mais au moment de l'impression de la Préface, *médial*, qui n'appartient pas au dictionnaire de l'Académie, n'était pas disponible ; ce n'est que maintenant qu'il l'est. D'ailleurs, c'est seulement étendre un peu l'emploi de *médian* que d'en faire un terme de grammaire.

† **MÉDIANITÉ** (mé-di-a-ni-té), *s. f.* Prétendue science du médium. Le but des prévenus est évident : persuader qu'on est doué d'un pouvoir surnaturel, la médianité, *Gaz. des Trib.* 18 juin 1875, p. 584, 1ʳᵉ col.

† **MÉDIANITOS** (me-di-a-ni-tos'), *s. m. pl.* Des cigares réduits, d'un petit module, *Monit. univers.* 22 juillet 1868, p. 1096, 1ʳᵉ col.

MÉDICINAL. — HIST. *Ajoutez* : XIIIᵉ s. Encor ai je tel herbe mecinnel En un escring.... *Gaydon*, v. 86.

† **MÉDIÉVAL, ALE** (mé-di-é-val, va-l'), *adj.* Qui a rapport au moyen âge. Études médiévales. Tout autour courait une inscription latine en lettres médiévales, formant encadrement, FERD. DELAUNAY, *Journ. offic.* 15 sept. 1874, p. 6542, 2ᵉ col. || *Au plur.* Les temps médiévaux.

— ÉTYM. Lat. *medium*, moyen, et *ævum*, âge.

† **MÉDINE** (mé-di-n'), *s. f.* Terme de marin. Nom d'un vent, à Cadix. Lorsqu'il y souffle des vents d'est venant de la montagne de Médina-Sidonia, et nommés, pour cette raison, médine, DE LA COUDRAYE, *Théories des vents et des ondes*, p. 50. Ces brises fraîches, connues sous le nom de brises carabinées, et pendant lesquelles on aperçoit assez souvent une vapeur pareille à celles des médines de Cadix, ID. *ib.* p. 54.

† **MÉDIZANT, ANTE** (mé-di-zan, zan-t'), *adj.* Nom donné à ceux des Grecs qui, dans les guerres contre le grand roi, pactisaient avec les Mèdes.

— ÉTYM. Μηδίζειν, être du parti des Mèdes (Perses).

† **MÉDRESSÉ** (mé-drè-sé), *s. m.* En Turquie, établissement d'éducation. Les mosquées, les médressés, les fontaines, les bazars se comptent par centaines [en Thrace], *Journ. offic.* 18 sept. 1872, p. 6071, 1ʳᵉ col.

— ÉTYM. Arabe, *medresa*, enseignement.

† **MÉDUSE.** *Ajoutez* : || 7° La 149ᵉ planète télescopique, découverte en 1875 par M. Perrotin.

† **MEETING.** *Ajoutez* : || Il se dit aussi de réunions qui ont pour objet toute autre chose que la politique et particulièrement les choses religieuses. Ses attaques furent dirigées contre les meetings des méthodistes, *Rev. des Deux-Mondes*, 1ᵉʳ oct. 1874, p. 688. Les meetings du dimanche sont plus florissants que jamais, L. SIMONIN, *ib.* 1ᵉʳ avril 1875, p. 79.

† **MÉGALITHE** (mé-ga-li-t'), *s. m.* Terme d'archéologie. Grande pierre dressée ou couchée, appartenant aux monuments préhistoriques. Un ensemble de mégalithes en partie renversés, *Rev. d'anthropologie*, t. I, p. 497.

— ÉTYM. Μέγας, grand, et λίθος, pierre.

† **MÉGASÈME** (mé-ga-sè-m'), *adj.* Terme d'anthropologie. Qui a un grand indice, en parlant du crâne. Le crâne ayant pour indice céphalique 85, c'est-à-dire dont la largeur maximum est à la longueur maximum comme 85 est à 100, est un crâne mégasème, par exemple le crâne des Auvergnats, par opposition à mésosème ou indice de 80 et au-dessous, et à microsème, indice inférieur à 75 (Australiens, Hottentots).

— REM. Mégasème, mésosème et microsème se disent plus particulièrement de l'indice orbitaire.

— ÉTYM. Μέγας, grand, et σῆμα, signe, indice.

† **MÉGASON** (mé-ga-zon), *s. m.* Un des noms vulgaires de la gesse tubéreuse, *lathyrus tuberosus*, L.

† **MÉGIS.** — HIST. *Ajoutez* : XIVᵉ s. Pour une pel de migis (1347), VARIN, *Archives administrat. de la ville de Reims*, t. II, 2ᵉ part, p. 1139. Trois peaulx de megeis pour les malettes, *Mandements de Charles V*, 1373, p. 533.

† **MEISSONENQUE** (mè-so-nin-k'), *s. f.* Nom, en Provence, d'une variété de colimaçon comestible. Paris irait au-devant d'une cherté excessive, comme celle de l'huître, en faisant venir de la Provence le coutard et la meissonenque, deux variétés de colimaçons qui méritent d'être connues en

deçà du département des Bouches-du-Rhône, *Rev. Britan.* nov. 1874, p. 556.

† **MÉKITARISTE** (mé-ki-ta-ri-st'), *s. m.* Savants moines arméniens établis dans la petite île de Saint-Lazare, près de Venise; ils tirent leur nom de Pierre Mékitar, fondateur de leur couvent (né à Sébaste dans la Cappadoce en 1676, mort en 1749). La congrégation des mékitaristes de Venise sollicite un Complément des publications de l'Académie relatif aux historiens des croisades, FERD. DELAUNAY, *Journ. offic.* 30 mars 1875, p. 2358, 1re col.

† **MÉLAMPYRE.** *Ajoutez :* — REM. On le trouve aussi féminin.

† **MÉLANCOLISER** (mé-lan-ko-li-zé), *v. a.* Néologisme. Rendre mélancolique. On ne saurait aller plus loin dans cette voie d'attrister et de mélancoliser Don Quichotte, STE-BEUVE, *Nouv. Lundis*, t. VIII (art. sur le *Don Quichotte*). L'amour de tête de ce brave garçon ne le mélancolise pas du tout, ALPH. DAUDET, *Journ. offic.* 22 mai 1876, p. 3520, 3e col.

— ÉTYM. *Mélancoliser* est formé par rapport à *mélancolie*, comme *harmoniser* par rapport à *harmonie*.

MÉLASSE. — ÉTYM. *Ajoutez : Mélasse* vient en effet de *mel*, miel, mais indirectement et par l'intermédiaire du lat. *mellacium*, vin cuit et réduit de moitié; Nonius, au mot *sapa*, p. 551 : *Sapa quod nunc mellacium dicimus, mustum ad mediam partem decoctum. Mellacium* vient de *mel*, miel.

† **MÉLASSÉ, ÉE** (mé-la-sé, sée), *adj.* Qui contient de la mélasse. On accroît d'une manière notable leur valeur nutritive [des pailles] en les faisant tremper pendant douze à vingt-quatre heures dans de l'eau mélassée, HEUZÉ, *Journ. offic.* 22 juin 1870, p. 1059, 5e col.

MÊLER. *Ajoutez :* ‖ 15° Se mêler d'une personne, s'occuper de son sort. On se moquerait de moi, si une fille de qui je me mêle, n'était pas [logée] d'une façon à se faire respecter, CRÉBILLON fils, *le Sopha*, ch. IV.

† **MÉLÈTÉ** (mé-lè-té), *s. f.* La 56e planète télescopique, découverte en 1857 par M. Goldschmidt.

— ÉTYM. Μελέτη, nom d'une Muse.

† **MELI** (mé-li), *s. m.* Nom d'un produit toxique tiré de l'écorce de l'*erythrophlæum guineense*, Afrique occidentale. Cette écorce, connue en Casamance sous le nom de meli, est le mancône des Portugais; les indigènes s'en servent pour empoisonner leurs flèches de guerre, *Journ. offic.* 3 avr. 1876, p. 2385, 3e col.

† 2. **MÉLIBÉE** (mé-li-bée), *s. f.* La 137e planète télescopique, découverte en 1874 par M. Palisa.

— ÉTYM. Μελίβοια, une Océanide.

† **MELIN** (me-lin), *s. m.* Sorte de revêche fabriquée en Hollande, BOISLISLE, *Corresp. des contrôl. génér.* (1688), Paris, 1874, p. 157.

MÉLIPONE (mé-li-po-n'), *s. m.* Terme d'histoire naturelle. Genre d'insectes hyménoptères de la section des porte-aiguillons, famille des mellifères, tribu des apiaires, ayant les pattes plus larges que les abeilles, l'abdomen plus court et tout au plus de la longueur du corselet.

— ÉTYM. Μέλι, miel, et πόνος, travail.

† **MELKI** (mèl-ki), *adj. invar.* Vases melki, vases particuliers à Tunis. Tunis recueillit un certain nombre de potiers qui se fixèrent à Nebil et y produisirent, pendant plusieurs siècles, ces fameux vases appelés melki (dérivant de *Melga* ou *Malaga*), et qu'on ne trouve plus aujourd'hui que dans quelques rares familles de la Tunisie et de Constantine, *Journ. offic.* 18 juil. 1874, p. 5022, 2e col.

† **MÉLODRAMATISER** (mé-lo-dra-ma-ti-zé), *v. a.* Néologisme. Donner un caractère mélodramatique. Mlle Sarah Bernhardt use son charme et sa puissance sur ce raide personnage de missis Clarkson.... qu'elle assombrit, qu'elle fatalise, qu'elle mélodramatise encore, ALPH. DAUDET, *Journ. offic.* 21 fév. 1876, p. 1330, 1re col.

† **MÉLOLONTHE** (mé-lo-lon-t'), *s. m.* Coléoptère de la famille des lamellicornes. Le hanneton est un mélolonthe, *melolontha vulgaris*.

— ÉTYM. Μηλολόνθη, hanneton.

MELON. *Ajoutez :* ‖ 9° Nom vulgaire d'une bosselure qui se forme à la cornée, dans le ramollissement de cette membrane. ‖ 10° Nom, dans Saône-et-Loire, d'un cépage dit aussi gamet blanc, *les Primes d'honneur*, Paris, 1873, p. 378. ‖ 11° Anciennement, nom des paquets de lettres dans le service de la poste. .... Et auxdits courriers [défense] de s'en charger [de matières précieuses], ni mettre dans leurs malles et valises, que les lettres et paquets de lettres dits melons, qui leur seront baillés et consignés, *Ord. royale du 18 juin 1681*.

† **MEMBRETTE.** *Ajoutez :* ‖ 2° Planche de chêne de 0m,18 largeur et 0m,05 à 0m,06 épaisseur, NANQUETTE, *Exploit. débit et estim. des bois*, Nancy, 1868, p. 74.

MEMBRURE. *Ajoutez :* ‖ 6° Planche de chêne constituant un des types adoptés dans le commerce de bois de Paris et dans la région qui alimente les chantiers de la capitale. La membrure a de largeur 0m,16, et d'épaisseur 0m,078, *Annuaire des Eaux et Forêts*, 1873, p. 23.

MÉMENTO. ‖ 1° *Ajoutez :* Ce billet est pour prier monsieur le surintendant d'avoir foi en certains saints qui sont de longtemps en son mémento, RICHELIEU, *Lettres, etc.* t. VI, p. 866 (1641).

† **MÉMORIALISTE.** *Ajoutez :* Ces scrupules de mémorialiste ont fait le plus grand tort aux drames de Manzoni, MARC-MONNIER, *Rev. des Deux-Mondes*, 15 juillet 1873, p. 367.

† **MÉMORISATION** (mé-mo-ri-za-sion), *s. f.* Néologisme. Travail de la mémoire. Tant que, dans les colléges, par exemple, ce développement [de la faculté esthétique] est tenté par voie d'analyse et par procédés de mémorisation, l'on voit communément les enfants qui sont plus tard les plus ingratement doués, se distinguer et remporter des prix.... à mesure que dans les degrés supérieurs d'instruction l'étude des classiques s'élève et s'affranchit de plus en plus des procédés d'analyse et de mémorisation, les rôles changent du tout au tout, TÖPFFER, *Menus propos*, liv. VI, chap. 18.

† **MEMPHITE** (min-fi-t'), *adj.* Terme d'antiquité. Qui est relatif à Memphis. Les dynasties memphites. Les tombeaux memphites.

† **MENACEUR.** — HIST. *Ajoutez :* XIIe s. Jà ne sera hardis jouenes hom maneciere, *li Romans d'Alixandre*, p. 470.

MÉNAGE. — HIST. *Ajoutez :* ‖ XIVe s. Et quant aucuns devenroit si viel qu'il ne pourroit plus aler avant le pays, il debvoit avoir son mainage et ses despens ou dit hostel, J. LE BEL, *les Vrayes chroniques*, t. II, p. 174.

† **MÉNAGEABLE** (mé-na-ja-bl'), *adj.* Qui peut être ménagé, épargné. Ici [sur la grâce], Nicole est tout dans les intervalles, dans les nuances, aux confins des opinions ménageables, SAINTE-BEUVE, *Port-Royal*, t. IV, p. 506, 3e éd.

MÉNAGEMENT. *Ajoutez :* — REM. On dit avoir des ménagements pour quelqu'un : il a de grands ménagements pour elle. Cette façon de parler est de la cour; mais elle n'est pas fort établie, et les plus savants dans la langue ne la peuvent ouïr qu'avec peine, BOUHOURS, *Entretiens d'Ariste et d'Eugène*, 1671, p. 119. La locution a triomphé de Bouhours.

2. **MÉNAGER.** *Ajoutez :* — REM. Au no 4 en interprétant le vers de Racan : Et prenez en son lieu quelque bon ménager, le Dictionnaire dit que ménager signifiait anciennement chef de ménage; c'est une erreur d'après M. Delboulle, *Gloss. de la vallée d'Yères*, le Havre, 1876, p. 223, par ce motif que ménager signifie encore aujourd'hui fermier en Normandie. Un bon ménager signifierait donc un bon fermier. Mais l'argument tiré de l'usage normand n'est pas décisif; car Racan était né en Touraine.

MENDIANT. *Ajoutez :* — REM. L'origine de la dénomination des quatre mendiants, fruits secs, est ainsi donnée : « Un jour, à la table d'un grand seigneur, les quatre fruits secs, raisins, noisettes, amandes et figues, étaient servis, un convive s'écria : voilà les mendiants à table, retrouvant dans la figue la robe grise du franciscain, dans l'amande la robe écrue du dominicain, dans la noisette la robe brune du carme, et dans le raisin la robe sombre de l'augustin; les dominicains, les franciscains, les carmes et les augustins formaient les quatre ordres mendiants, » *Journal de Lyon*, 13 déc. 1873, 3e page, 1re col. Malheureusement aucun texte n'appuie ce dire.

† **MENDOL** ou **MENDOLE.** *Ajoutez :* — ÉTYM. Provençal, *mendola*, *moundola*, d'un dérivé fictif *mænidula*, provenant de *mæna* (voy. MÈNE).

† **MÈNE.** *Ajoutez :* — ÉTYM. Lat. *mæna*, du grec μαίνη, μαινίς.

MENEUR. *Ajoutez :* ‖ 6° Terme de houillère. Synonyme de l'ouvrier qu'on appelle ailleurs hercheur ou hiercheur.

— HIST. *Ajoutez :* XIIe s. Duitre [*ductor*] et meneor et guion Avoient tel com vos diron, BENOIT, *Roman de Troie*, v. 5975.

† **MÉNILITE.** *Ajoutez :* — ÉTYM. On trouve ce minéral.... en rognons.... dont la matière est bleuâtre à la surface et brune dans l'intérieur, comme par exemple à Ménilmontant, d'où est venu à ces variétés le nom de ménilite, BEUDANT, *Minéralogie*, Paris, 1858, p. 251. On trouve aussi ce mot écrit ménilithe, à tort, comme on voit.

† **MÉNINGITIQUE** (mé-nin-ji-ti-k'), *adj.* Terme de médecine. Qui appartient à la méningite. Symptômes méningitiques, *le Progrès médical*, 10 avril 1875, p. 198, 1re col.

† **MENOLE** (me-no-l'), *s. f.* Bâton au bout duquel est une planche trouée qui sert à réunir en pelote le lait caillé, pour faire le fromage du Cantal, *les Primes d'honneur*, p. 448, Paris, 1874.

MENSE. — ÉTYM. *Ajoutez : Mensa* n'avait pas seulement le sens de table. M. Bréal a montré que *mensa*, dans l'ancien rituel religieux du Latium, désignait une espèce de gâteau de farine, que l'on retrouve en ombrien sous la forme de *mefa*. C'est ce sens religieux de *mensa* qui explique comment les harpies purent annoncer à Énée et à ses compagnons qu'ils seraient réduits à *consumere mensas* (*Én.* III).

† **MENSUALITÉ** (man-su-a-li-té), *s. f.* Somme que l'on paye tous les mois. Il [le directeur de la Société des gaz réunis] recourait à la publicité d'un grand nombre de journaux parisiens qui recevaient des mensualités, le journal *le Bien public*, *Affaire des gaz réunis*, 18 nov. 1874, 3e p. 5e col. Qu'en vue de soutenir ce syndicat, dont les forces avaient été réduites par l'inexécution du traité.... J.... organisa, au moyen de mensualités et d'honoraires exceptionnels, une publicité mensongère, *Gaz. des Trib.* 26 nov. 1874, p. 1134, 2e col.

— ÉTYM. *Mensuel.*

† **MENSURATION.** *Ajoutez :* Le télescope a découvert des astres jusqu'alors inconnus et inaccessibles à tous nos moyens de mensuration, BRILLAT-SAVARIN, *Phys. du goût, Méd.* I, 3.

† **MENTONNET.** *Ajoutez :* — REM. Dans une bombe, le mentonnet est non pas une anse, mais la surépaisseur de métal dans laquelle sont engagés les anneaux des bombes.

MENTONNIÈRE. *Ajoutez :* ‖ 6° Partie de l'habillement de tête (voy. BAVIÈRE).

— HIST. *Ajoutez :* XIVe s. Pour fourrer les mentonnieres de la chape, *Mandements de Charles V*, 1373, p. 528.

MENU. *Ajoutez :* ‖ 17° Anciennement dans la boucherie, le menu, la viande de veau et de mouton. On comptait alors [1750-1780] que le boucher de Paris débitait 300 livres de viande de veau et de mouton, dénommés menu, pour un bœuf de 600 livres, A. HUSSON, *les Consommations de Paris*, p. 142.

— REM. Pour menus suffrages, voyez, afin de compléter, l'article SUFFRAGE au no 8 et au Supplément.

† **MENUISE.** ‖ 1° *Ajoutez :* La menuise est le bois rond coupé à la longueur de 1m,13, ayant moins de 16 centimètres de circonférence; les cotrets de menuise qui contiendraient des morceaux de 16 centimètres et au-dessus seront imposés comme cotrets de bois dur, *Tarif de l'octroi*, *Alm. Didot-Bottin*, 1871-72, p. 1182.

† **MÉPHISTOPHÉLÈS.** *Ajoutez :* — REM. On l'abrége quelquefois en Méphisto. Disciples du vieux Faust, écoliers, bacheliers, Qui penchez sur maint tome une face abattue Dans les doctes bazars où la lettre vous tue, Entendez Méphisto rire au creux des piliers, DONDEY, dans E. HAVET, *Notice sur Philothée O'Neddy*, Paris, 1877, p. 50. Hogg devint le Méphisto de ce jeune Faust [Shelley] et le confident de ses publications subversives, ED. SCHURÉ, *Rev. des Deux-Mondes*, 1er fév. 1877, p. 542. Cette abréviation est très-populaire; pourtant il est étonnant de la rencontrer dans un article de la *Revue des Deux-Mondes*.

† **MÉPHISTOPHÉLIQUE** (mé-fi-sto-fé-li-k'), *adj.* Qui a la méchanceté de Méphistophélès. Il y a un esprit méphistophélique là-dedans, sur mon honneur, DURANTI, *le Temps*, 21 juin 1876, *Feuilleton*, 1re page, 3e col.

† **MÉPHITISÉ, ÉE** (mé-fi-ti-zé, zée), *adj.* Qui a été rendu méphitique. On retirera promptement du lieu méphitisé l'individu asphyxié, 9 fév. 1813, *Instr. du Dr Salmade*, dans LAMÉ FLEURY, *Recueil méth. des lois, etc. sur le service des mines*, t. 1er, p. 256.

MÉPLAT. *Ajoutez :* ‖ 3° Terme militaire. Petite

partie plane qui se trouve à la partie antérieure de certaines balles oblongues.

MER. *Ajoutez* : || 16° Terme d'antiquité. Mer Érechthéide, nom donné à un chasma (voy. ce mot au Supplément), qui se trouvait dans l'acropole d'Athènes, *Rev. crit.* 31 mars 1877, p. 203. (Érechthéide est dérivé d'Érechthée, Ἐρεχθεύς, un des surnoms de Neptune, et aussi nom d'un des héros primitifs de l'Attique.)

† **MERCANTI** (mer-kan-ti), *s. m.* Marchand, dans la langue sabir. Dans tous les bazars d'Alger, les mercantis étalent des poteries de diverses origines, Extr. de *l'Akbar*, dans *Journ. offic.* 12 août 1874, p. 5805, 2ᵉ col. || Ce mot s'est étendu aux marchands et industriels de toute espèce qui accompagnent une armée.

† **MERCATOR.** Cartes de Mercator, cartes géographiques dans lesquelles les méridiens, les parallèles et les arcs de loxodromie sont rectilignes.

— ÉTYM. Nom de l'inventeur, *Mercator*, géographe flamand du XVIᵉ siècle.

† **MERCENARITÉ** (mer-se-na-ri-té), *s. f.* Qualité de celui qui est mercenaire. Les restes de mercenarité, d'intérêt propre, BOSS. *Passages éclaircis*, XXIV.

MERCI. *Ajoutez* : — REM. On lit dans Régnier : Le bordeau qui.... rendit, Dieu merci ces fièvres amoureuses, Tant de galants pelés, *Sat.* VI. Cela signifie : grâce à ces fièvres amoureuses. Mais Régnier s'est mépris en employant cette locution. *Dieu merci* voulant dire grâce à Dieu, il n'y a plus lieu de donner un nouveau régime; il aurait fallu mettre : Dieu merci et ces fièvres amoureuses.

MERCURIALE. *Ajoutez* : — REM. Un abonné du *Courrier de Vaugelas*, 15 avril 1875, p. 57, communique à M. Eman Martin une note qui montre qu'une ordonnance de Charles VIII, 1493, art. 110, a établi les *mercuriales*, sans les nommer; que Louis XII, sans les nommer encore, les fixe au mercredi après dîner; enfin que François Iᵉʳ, dans l'ordonnance d'août 1539, prononce pour la première fois le nom de *mercuriale* : « Pour obvier et pourvoir à toutes contraventions à nos Ordonnances, et icelles faire promptement cesser : Voulons les *mercuriales* estre tenuës *de six en six mois*.... asscavoir en nosdicts parlemens, *les premiers mercredis* après la lecture des ordonnances qui se faict après les festes de Saint-Martin et Pasques.... Ausquelles *mercuriales*, voulons les fautes et contraventions faictes à nosdictes Ordonnances par les officiers de nosdictes Cours, de quelque ordre ou qualité qu'ils soyent, estre pleinement et entierement deduictes, et les articles proposez estre, incontinent après, jugez sans intermission, ou discontinuation : tant es jours d'audience qu'autres, pour lesdictes *mercuriales* estre envoyées à nous et à nostre chancelier. »

† **MERCURIFÈRE** (mèr-ku-ri-fè-r'), *adj.* Qui contient du mercure. Minerais mercurifères.

— ÉTYM. *Mercure*, et lat. *ferre*, porter.

1. **MÈRE.** || 25° *Ajoutez* : || Maison mère, maison principale de religieux ou religieuses.

— REM. *Ajoutez* : || 3. On dit eau mère, branche mère, etc. Ces substantifs sont féminins; peut-on user de mère avec un substantif masculin? comme dans cet exemple-ci : Le mot de bitume s'applique de préférence au principe mère des matières bitumineuses, H. DE PARVILLE, *Journ. offic.* 11 mars 1872, p. 1735, 3ᵉ col. On ne pourrait dire principe père. Dans le langage scientifique, principe mère peut se tolérer; mais il ne paraît pas que la même tolérance doive être accordée dans le langage soutenu, et l'accouplement de travail avec mère n'est pas heureux : Je veux que le travail, cette mère féconde, Élève ses enfants pour un meilleur destin, P. DUPONT, *Chanson.*

1. **MÉRIDIEN.** *Ajoutez* : || 6° Terme de géométrie. Section faite dans une surface de révolution quelconque par un plan qui passe par son axe.

2. **MÉRIDIEN.** *Ajoutez* : || Lunette méridienne, lunette disposée pour observer le passage des astres au méridien.

† **MÉRIÉDRIE** (mé-ri-é-drie), *s. f.* Terme de cristallographie. Nom commun embrassant l'hémiédrie et la tétartoédrie.

— ÉTYM. Μέρος, partie, et ἕδρα, face.

† **MÉRILLE** (mé-ri-ll', *ll* mouillées), *s. f.* Nom, dans Tarn-et-Garonne, d'un cépage noir, *les Primes d'honneur*, Paris, 1872, p. 466.

MÉRINOS. — ÉTYM. *Ajoutez* : Bien que l'étymologie latine qui est donnée paraisse bien établie, cependant il faut noter ce renseignement : « Les traces du mérinos se rencontrent dans maintes tribus [de l'Algérie], et il n'est pas improbable que ce soit des environs de Tlemcen, où existe encore la tribu des Beni-Merin, que soit partie la fameuse race des mérinos qui, après avoir fait la fortune de l'agriculture espagnole, a fait celle des régions les plus sèches de la France et de l'Allemagne, TISSERAND, *Rapp. au maréchal Vaillant*, *Monit. univ.* 8 avril 1868, p. 494, 1ʳᵉ col.

MÉRITE. *Ajoutez* : || 11° Terme juridique. Valeur d'un acte judiciaire. La cour reçoit un tel opposant en la forme au jugement de tel jour et statuant au fond sur le mérite de son opposition....

— HIST. *Ajoutez* : XIIᵉ s. Li queiz [lequel] voirement de choses estoit poures, mais de merites fut il riches, *li Dialoge Gregoire lo pape*, 1876, p. 212.

MERLAN. *Ajoutez* : || 3° Merlan à poil, merlan qui, pêché au filet, est amolli par la traîne, et perd ainsi le brillant de sa robe : le merlan brillant, pêché à l'hameçon, a beaucoup plus d'apparence et se garde mieux. || 4° Merlan bleu s'est dit pour poisson d'avril, c'est-à-dire maquereau. Quelques étourdis par raillerie m'appelaient merlan bleu, ce qui voulait dire en leur langage [de laquais] poisson d'avril, *les Maistres d'hostel aux halles*, p. 31, 1670, dans CH. NISARD, *Parisianismes*, p. 157.

MERLETTE. *Ajoutez* : || Proverbe. C'est l'histoire du merle et de la merlette, se dit à propos d'une querelle sans importance qui s'élève en quelque sorte périodiquement et toujours sur le même sujet. Le *Grand Dictionnaire du XIXᵉ siècle* de P. Larousse l'explique ainsi : Un paysan et sa femme, s'apprêtant à célébrer la fête du saint patronal avec un plat de merles, se disputèrent pour savoir si c'étaient des merles ou des merlettes, et tous les ans, à la même date, la querelle recommença avec coups de bâton, jusqu'à la mort du mari.

† **MERRIEN** (mè-riin), *s. m.* Le même que merrain, le seul usité aujourd'hui. Bois merrien, *Lett. pat.* 27 juill. 1662. Le merrien sert à former les douves, *Dict. des arts et mét. Tonnelier.*

MERVEILLE. *Ajoutez* : || 7° Les merveilles ne sont pas particulières à Genève; on en fait aussi dans la Dordogne. Les merveilles, dans le langage du pays, ce sont des gâteaux légers et sucrés, *Gaz. des Trib.* 7 mars 1876, p. 230, 1ʳᵉ col.

— HIST. || XVIᵉ s. *Ajoutez* : Et la merveille [sorte de plante] un nom bien avenant, J. PELLETIER DU MANS, *la Savoye* (1572), Chambéry, 1856, p. 294.

MERVEILLEUX. *Ajoutez* : || Rayure merveilleuse, voy. RAYURE. || Carabine merveilleuse, ancienne carabine rayée qui présentait jusqu'à 133 rayures.

MÉSANGE. — ÉTYM. *Ajoutez* : Le bas-lat. a aussi la forme *misinga* dans un texte du Xᵉ siècle, BOUCHERIE, *Rev. des langues romanes*, t. VI, p. 458.

† **MESEL, ELLE** (mé-zèl, zè-l'), *s. m.* et *f.* Nom, dans le moyen âge, des lépreux.

— HIST. XIIIᵉ s. Quant mesiax apele homme sain, ou quant li homs sains apele un mesel, li mesiax pot metre en defense qu'il est hors de la loy mondaine, DU CANGE, *miselli.* Or vous demande-je, fist-il [saint Louis à Joinville], lequel vous ameriés miex, ou que vous feussiés mesiaus, ou que vous eussiés fait un pechié mortel. — Et je qui oncques ne li menti, li respondi que je ameroie miex en avoir fait trente que estre mesiaus.... nulle si laide mezelerie n'est comme d'estre en pechié mortel, JOINVILLE, *Hist. de saint Louis*, ch. 16, éd. Michaud et Ponjoulat.

— ÉTYM. Lat. *misellus*, pauvret, qui avait pris, dans le latin du moyen âge, le sens de lépreux. A la vérité, M. Dozy tire *mesel* de l'arabe *mosell*, phthisique; mais, quelle que soit son autorité, elle ne peut prévaloir contre l'évidence de la dérivation latine.

† **MÉSESTIMATION** (mé-zè-sti-ma-sion), *s. f.* Terme de l'administration des douanes. Estimation fausse des marchandises importées en France. Il s'agissait de quoi? d'une mésestimation de 12 pour 100, *Séance du Corps législ.* 19 janv. 1870.

† **MESLIER** (mé-lié), *s. m.* Sorte de cépage du pays de Dreux, *les Primes d'honneur*, Paris, 1872, p. 26 (voy. MÉLIER).

† **MÉSODERME.** *Ajoutez* : || 2° Chez les polypiers, les hydres d'eau etc., plan fibreux qui sépare l'ectoderme de l'endoderme.

† **MÉSOSÈME** (mé-zo-sè-m'), *adj.* Terme d'anthropologie. Qui a un moyen indice, en parlant du crâne. Le crâne ayant pour indice céphalique un chiffre intermédiaire entre 80 et 77, est un crâne mésosème. || Lorsqu'il s'est agi de classer en trois catégories les races humaines d'après leur plus ou moins fort indice orbitaire, on a appliqué mésosème aux populations qui ont un moyen indice orbitaire, par exemple les Européens.

— ÉTYM. Μέσος, moyen, et σῆμα, signe, indice.

† **MÉSOTYPE** (mé-zo-ti-p'), *s. f.* Terme de minéralogie. Minéral à cassure vitreuse qui se rencontre dans les roches de l'Islande; c'est un silicate d'alumine et de soude mélangé à de l'oxyde de fer.

† **MESQUITE** (mè-ski-t'), *s. m.* Arbre du Mexique. Le mesquite à fruit en forme de haricot, dont le bois est très-utile en menuiserie,... A. CHEVALIER, *Rev. des Deux-Mondes*, 15 déc. 1876, p. 778.

† **MESS.** — REM. Le mess ne désigne pas toute table d'officiers, sans quoi toutes les pensions seraient des mess; mais il désigne une institution en régie : le régisseur paye le local, le combustible, le cuisinier, les denrées etc., et, à la fin du mois, il fait la répartition par tête. Le matériel appartient au mess. || Beaucoup font ce mot du féminin à tort, mais par l'habitude de *messe*, qui est féminin.

† 2. **MESSAGE** (mè-sa-j'), *s. m.* Dans le Puy-de-Dôme, le pâtre qui reste avec les vaches, *les Primes d'honneur*, p. 446, Paris, 1874.

— ÉTYM. C'est l'ancien franç. *message* (voy. MESSAGE), au sens d'envoyé, du bas-lat. *missaticus*, celui qui est envoyé, qui a commission.

† **MESSAGISTE** (mè-sa-ji-st'), *s. m.* Entrepreneur de messageries. M. Achille Lecomte, notre premier messagiste de France, voulut bien me diriger dans le labyrinthe des voies de communication à construire, ALPH. ESQUIROS, *Paris*, t. I, p. 429. Le messagiste ou loueur de voitures qui ne se sert pas des chevaux du maître de poste est condamné à payer le droit de 25 centimes comme s'il s'en servait, *Journ. offic.* 11 fév. 1872, p. 999, 1ʳᵉ col.

MESSE. *Ajoutez* : || 2° Messe noire, messe où les ornements sont en noir. Le 21 janvier, à l'église de Saint-Maurice de Besançon, une messe noire a été dite à l'occasion de la mort de Louis XVI, *Journ. des Débats*, 25 janv. 1875. || *Au plur.* Des grand'messes, comme on écrit : des grand'mères.

— ÉTYM. *Ajoutez* : *Missa* ou *missio* désignait à Rome, dans le langage civil, un acte où le peuple avait à comparaître devant un supérieur; c'était, à proprement parler, la formule de congé du supérieur aux inférieurs; cette étymologie, à la fois historique et hiérarchique, est la véritable, NEFFTZER, *Rev. german.* XIII, 508.

† **MESSIANISTE** (mè-ssi-a-ni-st'), *s. m.* Partisan du messianisme. Les messianistes juifs.

MESURE. *Ajoutez* : — REM. Bouhours place au nombre des formes nouvelles l'emploi du mot mesures : Prendre des mesures pour réussir dans une affaire. Prendre bien ses mesures. Prendre de fausses mesures. Il n'y a point de mesures à prendre avec des esprits fourbes. Il a rompu toutes mes mesures. Garder des mesures. Il ne garde point de mesures, *Entret. d'Ariste et d'Eugène*, 1671, p. 121.

MESURER. || 1° *Ajoutez* : || Fig. Mesurer les côtes à quelqu'un, le battre à coups de bâton, de plat d'épée. Il lui prit son bâton, dont il lui mesura les côtes, de telle sorte.... LALANDE, *l'Anti-roman*, Paris, 1633, I, p. 169.

† **MÉSUS** (mé-zû), *s. m.* Terme de jurisprudence. Mauvais usage.

— ÉTYM. *Mes...*, et *us.*

† **MÉSUSEUR** (mé-zu-zeur), *s. m.* Celui qui mésuse, qui abuse d'un droit, d'une permission.

— HIST. XVIᵉ s. Mesuseur, *Coust. de Beauvoisis*, ch. 24.

† **MÉTAGALLIQUE** (mé-ta-gal-li-k'), *adj.* Terme de chimie. Acide métagallique, matière d'apparence charbonneuse qu'on obtient lorsqu'on porte brusquement l'acide gallique à la température de 250°.

MÉTAL. — ÉTYM. *Ajoutez* : D'après M. Renan, il ne faut pas chercher l'origine de μέταλλον dans le grec lui-même; c'est la racine sémitique *matal*, dans MAX MÜLLER, *Essais sur la mythologie comparée*, trad. Perrot, p. 60, Paris (1873).

† **MÉTALENT.** *Ajoutez* : || 2° En un autre sens, absence de talent. Je ne puis qu'accéder entièrement à tout ce que vous dites et de votre incontestable supériorité en économie politique, et de mon métalent en cette matière, DE STENDHAL (H. BEYLE), *Correspondance inédite*, Paris, 1855, *lettre du 30 nov. 1825*, 2ᵉ série.

† **MÉTALINE** (mé-ta-li-n'), *s. f.* Nom donné à une substance, dite aussi métal anti-friction, qui dispense de tout graissage, *Rev. marit. et colon.*

juil. 1874, p. 342 (voy. ANTIFRICTION au Supplément).

MÉTALLIQUE. *Ajoutez :* || 6° *S. m.* Le métallique, les valeurs en métaux. Le gouvernement allemand, devenant ainsi possesseur d'un métallique considérable, a résolu de créer un système de monnaies d'or, *la Patrie*, 15 nov. 1871.

MÉTALLISATION. *Ajoutez :* || 4° Action de couvrir d'une légère couche de métal. La métallisation du plâtre.

† **MÉTALLOÏDIQUE** (mé-tal-lo-i-di-k'), *adj.* Qui a rapport aux métalloïdes. L'arsenic à l'état métalloïdique, GAUTIER, *Acad. des sc. Comptes rend.* t. LXXXI, p. 241.

† **MÉTALLOMÈTRE** (mé-tal-lo-mè-tr'), *s. m.* Le métallomètre de Bischop, pour connaître la qualité des métaux malléables, *Journ. offic.* 23 nov. 1871, p. 4598, 3° col.

— ÉTYM. Μέταλλον, métal, et μέτρον, mesure.

† **MÉTALLO-THÉRAPIE** (mé-tal-lo-té-ra-pie), *s. f.* Terme de médecine. Traitement de certaines maladies par l'application de pièces de métal sur la peau. M. Regnard a recherché si, comme on le supposait à priori, il fallait faire entrer l'influence des courants électriques dans l'explication des phénomènes dits de métallo-thérapie, *le Progrès médical*, 10 févr. 1877, p. 107.

— ÉTYM. *Métal*, et *thérapie*.

† **MÉTAPHORISER** (mé-ta-fo-ri-zé), *v. a.* Mettre en métaphores. Certain style que ceux qui se croient parfaits appellent faux précieux, lequel métaphorise tout jusqu'aux laquais et aux mouchettes, DE COURTIN, *la Civilité française*, p. 169, Paris, 1695.

† **MÉTAPHYSIOLOGIE** (mé-ta-fi-zi-o-lo-jie), *s. f.* Doctrine de ce qui est au delà de la physiologie, c'est-à-dire de forces ou substances qui sont placées en dehors des organes et qui les gouvernent. Les conceptions de la métaphysiologie et de la physiologie dans l'explication de la vie et de l'esprit, G. H. LEWES, *Rev. philos.* juin 1876, n° 6, p. 568.

— ÉTYM. Μετὰ, au delà, et *physiologie*.

† **MÉTAPHYSIOLOGIQUE** (mé-ta-fi-zi-o-lo-ji-k'), *adj.* Qui appartient à la métaphysiologie. L'organicisme est physiologique, et il est ainsi radicalement opposé au spiritualisme, dont la position fondamentale est métaphysiologique, quand il prétend que la vitalité et la conscience ne sont, en aucun sens, des activités de la matière, G. H. LEWES, *Rev. philos.* juin 1876, n° 6, p. 585.

† **MÉTAPHYSIOLOGISTE** (mé-ta-fi-zi-o-lo-ji-st'), *s. m.* Partisan de la métaphysiologie. Aristote et ses successeurs ramenaient ces trois principes [végétatif, sensitif et raisonnable] à un seul; mais les physiciens et les métaphysiologistes modernes ont hésité, par suite de l'inconvenance d'attribuer la sécrétion, la digestion, etc. à un agent spirituel actif, résidant dans la pensée et la volonté, G. H. LEWES, *Rev. philos.* juin 1876, n° 6, p. 576.

MÉTAPHYSIQUER. *Ajoutez :* Elle [Mme de la Chaux] nous avait tant et tant entendus métaphysiquer, que les matières les plus abstraites lui étaient devenues familières, DIDER. *Ceci n'est pas un conte.* Le littérateur politique, le politique métaphysiqué, GRIMM, *Corresp.* t. II, p. 438.

† **MÉTASTANNATE** (mé-ta-sta-nna-t'), *s. m.* Terme de chimie. Sel formé par l'acide métastannique.

† **MÉTASTANNIQUE** (mé-ta-sta-nni-k'), *adj.* Terme de chimie. Acide métastannique, acide obtenu par la réaction de l'acide azotique sur l'étain.

† **MÉTASTATIQUE.** *Ajoutez :* || 3° Thermomètre métastatique, thermomètre où le degré centésimal occupe une longueur de cinq ou même de dix centimètres; les indications de ce thermomètre se déplacent au gré de l'opérateur et se transportent d'une partie de l'échelle dans une autre partie, VERNIER, *le Temps*, 24 oct. 1876, *feuilleton*, 4° col.

† **MÉTATEUR** (mé-ta-teur), *s. m.* Terme d'antiquité romaine. Celui qui marquait l'emplacement d'un camp. Dans les armées romaines les métateurs avaient dans leurs attributions la construction et la réparation des ponts, *Journ. offic.* 13 nov. 1874, p. 7551, 1re col.

— ÉTYM. Lat. *metatorem*, de *metari*, mesurer.

† **MÉTEL** ou **MÉTHEL** (mé-tèl), *s. m.* La pomme épineuse, *datura stramonium.* || On dit aussi pomme mételle.

— ÉTYM. Arabe, *mathis*, même sens, DEVIC, *Dict. étym.*

† **MÉTEMPIRIQUE** (mé-tan-pi-ri-k'), *adj.* Qui est au delà de l'empirisme, de l'expérience. Une hypothèse [le matérialisme] que l'on peut caractériser comme la réduction des phénomènes vitaux et mentaux à des conditions d'où est exclu tout ce qui est extra-organique ou métempirique, G. H. LEWES, *Rev. philos.* juin 1876, n° 6, p. 585.

— ÉTYM. Μετὰ, au delà, et *empirique*.

† **MÉTÉORITIQUE** (mé-té-o-ri-ti-k'), *adj.* Qui appartient aux météorites. || Tuf météoritique, nom donné à des météorites qui présentent une structure fragmentaire. || On dit aussi météorite en ce sens. Berzelius a écrit qu'il avait observé que les fers météorites ne s'oxydaient pas, H. DE PARVILLE, *Journ. offic.* 15 mars 1877, p. 1968, 2° col.

MÉTÉOROLOGIE. *Ajoutez :* — HIST. XVI° s. La meteorologie de Garceus suppleera ce que vous pourriez ici souhaitter, CHOLIÈRES, *Contes*, t. II, 8° *apres-disnée*.

† **MÉTHODOLOGIQUE** (mé-to-do-lo-ji-k'), *adj.* Qui concerne la méthodologie, la méthode.

† **MÉTHODOLOGISTE** (mé-to-do-lo-ji-st'), *s. m.* Celui qui se livre à l'étude de la méthodologie. M. Stanley Jevons, un méthodologiste que ses compatriotes n'hésitent pas à placer à côté et même à certains égards au-dessus de Herschel, de Whewell et de Mill, LIART, *Rev. philos.* mars 1877, p. 277.

MÉTIER. *Ajoutez :* || 14° Dans l'ancienne Flandre, nom de certains territoires. Le métier de Furnes. Il [l'empereur] lui confirma [au comte Baudouin] la possession du château de Gand et du territoire auquel le fort commandait, c'est-à-dire la rive droite de l'Escaut, le pays de Waes et les quatre métiers, EDW. LEGLAY, *Hist. des comtes de Flandre*, t. I, p. 142. (Note communiquée par M. Du Bois, avocat à Gand.)

† **MÉTIÈRE** (mé-tiè-r'), *s. f.* Compartiment de la série des chauffoirs. || Dans la Charente-Inférieure, bassin d'évaporation succédant au jas, *Enquête sur les sels*, 1868, t. I, p. 510.

† **MÉTISATION** (mé-ti-za-sion), *s. f.* Procréation de métis. La métisation par métis crée des races, GAYOT, *Bullet. de la Société d'Agriculture de France*, III° série, t. III, p. 595.

† **MÉTISSAGE.** *Ajoutez :* || 2° En un sens particulier, croisement par métis; ce qui procure la création de races, GAYOT, *Bullet. de la Société d'Agricult. de France*, III° série, t. III, p. 601. M. Magne vous a entretenus du croisement des races et de cette autre opération distincte qui retient le nom de métissage, ID. *ib.* p. 590. J'arrive au métissage, c'est-à-dire au croisement arrêté à la première ou à la deuxième génération en vue de créer une race intermédiaire, ID. *ib.* p. 603. A mesure que le métissage continue, la nouvelle race s'améliore, MAGNE, *ib.* p. 574.

† **MÉTISSÉ, ÉE** (mé-ti-sé, sée), *adj.* Qui a subi le métissage. Le croisement se continuera en alliant les métisses de premier sang à des mâles de race pure, puis.... en excluant toujours les mâles métis pour ne marier jamais les femelles métissées qu'à des étalons [reproducteurs] de pur sang, GAYOT, *Bullet. de la Société d'Agriculture de France*, III° série, t. III, p. 594.

† **MÉTOPIQUE** (mé-to-pi-k'), *adj.* Terme d'anatomie. Qui appartient au front. || Suture métopique, suture qui, chez quelques hommes et beaucoup d'animaux, divise l'os frontal en deux moitiés symétriques. || Crâne métopique, crâne où cette suture existe.

— ÉTYM. Μέτωπον, front, de μετὰ, entre, et ὤψ œil.

† **MÉTOPISME** (mé-to-pi-sm'), *s. m.* Etat des crânes métopiques.

† **MÉTRAGYRTE** (mé-tra-jir-t'), *s. m.* Terme d'antiquité. Prêtre de la Mère des dieux ou Cybèle, qui parcourait le pays en mendiant pour sa déesse. Un métragyrte qui initiait les femmes [d'Athènes] aux mystères de la Mère des dieux, FOUCART, *des Associations religieuses chez les Grecs*, p. 64.

— ÉTYM. Μητραγύρτης, de μήτηρ, mère, et ἀγύρτης, rassembleur, de ἀγείρειν, assembler.

† **MÉTREUR.** *Ajoutez :* || Métreur de bâtiments, de bois, de pierres, *Tarif des patentes*, 1858.

† **MÉTRIOPATHIE.** *Ajoutez :* La métriopathie donne le tempérament à toutes nos passions, LA MOTHE LE VAYER, *Dial. d'Orat. Tubero*, t. II, p. 236.

† **MÉTRONOME.** *Ajoutez :* || 2° Terme d'antiquité. Nom, à Athènes, de quinze fonctionnaires qui veillaient à l'intégrité des poids et mesures, *Rev. crit.* 6 janv. 1877, p. 8.

† **MÉTROPOLIE** (mé-tro-po-lie), *s. f.* Siége archiépiscopal dans l'Église russe, *Rev. des Deux-Mondes*, 1er mars 1875.

METTEUR. *Ajoutez :* || 3° Terme de soierie. Metteur en carte, dessinateur qui fait sur un papier quadrillé le plan du tissu que l'on veut produire, en marquant minutieusement la place de chaque fil. Quel est l'industriel qui ne dira pas à son meilleur dessinateur, par exemple, — pardonnez-moi l'expression, elle est de mon métier, — à son meilleur metteur en carte.... *Journ. offic.* 25 mars 1873, p. 2073, 2° col. || 4° Metteur en bronze, celui qui met en couleur de bronze des pendules, des candélabres et autres objets en métal, *Tarif des patentes*, 1858.

METTRE. *Ajoutez :* || 50° Mettre dedans, voy. au Dictionnaire DEDANS, n° 1.

† **MÉTURE** (mé-tu-r'), *s. f.* Nom, dans le département d'Eure-et-Loir, d'un mélange de froment et de seigle ou d'orge, dit aussi champart, *les Primes d'honneur*, Paris, 1872, p. 29. || Méture se dit aussi dans l'Aunis, *Gloss aunisien*, p. 124.

— ÉTYM. Lat. *mixtura*, mélange.

MEUBLER. — HIST. *Ajoutez :* XIII° s. Si n'avoit pas tot despendut [dépensé], A amasser avoit tendut, S'estoit riches hons et moblés, Bues et vaches et riches blés Avoit tant c'on n'en savoit conte, *Li Dis de la vescie à prestre*, dans *Trouvères belges du XII° au XIV° siècle*, publ. par Scheler, Bruxelles, 1876, p. 204.

† 2. **MEUNIER, IÈRE** (meu-nié, niè-r'), *adj.* Qui appartient au meunier, à la meunerie. Nettoyage meunier du blé, *Mém. de la Société centrale d'Agricult.* 1874, p. 501.

† **MEURGER** (meur-jé), *s. m.* Nom, dans la Côte-d'Or, de tas de pierre. Le meurger de Combe-Bernard, *Rev. anthrop.* t. II, p. 322. || Le même que murger (voy. ce mot au Dictionnaire). On dit merger en basse Bourgogne.

† **MEURT-DE-SOIF** (meur-de-soif), *s. m.* Populairement, un ivrogne.

† **MEXIMIEUX** (mè-ksi-mi-eû), *s. m.* Nom d'un cépage rouge dans l'Ain, *les Primes d'honneur*, Paris, 1870, p. 379.

† **MEYAGE** (mè-ia-j'), *s. m.* Blé de meyage, nom, dans l'Oise, du méteil, dit aussi blé seigleux, *les Primes d'honneur*, Paris, 1872, p. 63.

† **MÉZAIL** (mé-zall, *ll* mouillées), *s. m.* Ensemble des pièces mobiles qui, dans l'armet, protégent le dessus du visage.

— ÉTYM. Ce mot signifie proprement qui est au milieu, d'une forme basse latine *mesalhus*, dérivé de *medius*, moyen.

† **MÉZÉRÉON.** *Ajoutez :* — ÉTYM. Esp. *mezereon*, de l'arabe-persan *mâzriyoûn*, DEVIC, *Dict. étym.*

MIAULER. — HIST. *Ajoutez :* XIII° s. Et Tibiert li cas [le chat] est enclos En le [la] despense; à miauwer Prist si haut.... *Renart le nouvel*, p. 105, Paris, 1874, éd. Jules Houdoy.

MICA. *Ajoutez :* — REM. M. le pasteur Dupin de Saint-André, de Sauveterre, Basses-Pyrénées, remarque que le mica contient une petite quantité de fluor; mais, si cela est vrai pour les micas à deux axes de double réfraction, il n'en est pas de même pour les micas à un seul axe, qui ont la composition indiquée au Dictionnaire. On doit remarquer d'ailleurs que le nom de mica s'applique à des substances de composition chimique très-variée; on en trouve qui renferment du chrome, de la lithine, etc. Ce qui caractérise ces corps, c'est la propriété de se laisser diviser en feuillets minces, translucides et élastiques, et d'être des silicates alumineux.

† **MICHEL** (mi-chèl), *s. m.* Un des archanges, le principal, le chef de la milice céleste, le protecteur de la France.

— ÉTYM. Μιχαήλ, de mots hébreux signifiant : qui est comme Dieu.

† **MICLOTTE** (mi-klo-t'), *s. f.* Mot, d'ailleurs inconnu, qui paraît signifier manchotte, celle qui ne peut s'aider de ses mains. Allons, Mme la miclotte [Mme de Sévigné affectée d'un rhumatisme articulaire], allons, vous vous faites mettre les morceaux dans la bouche, COULANGES, *Lett. à Mme de Grignan*, 8 avr. 1676, dans *Lett. inédites*, éd. Capmas, t. I, p. 403. || Comparez MANICROT, au Supplément, qui se dit d'invalides mutilés.

† **MICROCLINE** (mi-kro-kli-n'), *adj.* Terme de cristallographie. Qui a de petites inclinaisons. Sur le feldspath microcline, CH. STE-CLAIRE DEVILLE, *Acad. des sc. Comptes rend.* t. LXXXII, p. 1015.

— ÉTYM. Μικρὸς, petit, et κλίνω, incliner.

† **MICROMAMMALOGIE** (mi-kro-ma-mma-lo-jie), *s. f.* Histoire des petits mammifères, titre d'un livre de Sélys Longchamps.

— ÉTYM. Μικρὸς, petit, et *mammalogie*.

† **MICRO-ORGANISME** (mi-kro-or-ga-ni-sm'),

s. m. Être organisé miscroscopique. Les micro-organismes nombreux et prolifères, H. DE PARVILLE, *Journ. offic.* 11 févr. 1876, p. 1136, 1re col.

† **MICROPS** (mi-krops'), *s. m.* Nom d'une espèce de physétère. Ce n'était ni une baleine, ni un narval, ni un cachalot, c'était un microps.... le physétère microps, le plus terrible, le plus fort, le plus rapide des formidables mammifères qui fréquentent les mers polaires, *Journ. offic.* 24 sept. 1873, p. 6039, 1re col.

— ÉTYM. Μικρὸς, petit, et ὤψ, œil, ainsi dit à cause de l'exiguïté de ses yeux.

† **MICROSCOPISER** (mi-kro-sko-pi-zé), *v. a.* Rendre petit, comme un objet vu au microscope. Le commun des curieux voudrait voir sur un tableau tout ce qu'on peut voir avec un microscope; aussi M. Gérôme, qui connaît son public et son temps, a-t-il microscopisé tous les brimborions de son tableau..., BÜRGER, *Salons de 1861 à 1868*, t. I, p. 402.

— REM. Le même auteur a employé dans le même sens l'adj. microscopisant : Plus une image est petite, plus on voit tous les détails dans ces tableaux microscopisants; la nature offre l'effet contraire, *ib.* t. II, p. 350.

† **MICROSÈME** (mi-kro-sè-m'), *adj.* Terme d'anthropologie. Qui a un petit indice, en parlant du crâne. Le crâne ayant pour indice céphalique 72, c'est-à-dire celui dont la largeur maximum est à la longueur comme 72 est à 100, est un crâne microsème, par exemple le crâne des Esquimaux. || Lorsqu'il s'est agi de classer en trois catégories les races humaines d'après leur plus ou moins fort indice orbitaire, on a appliqué microsème aux populations qui ont un petit indice orbitaire, par exemple les Australiens.

— ÉTYM. Μικρὸς, petit, et σῆμα, signe, indice.

† **MICROSISME** (mi-kro-si-sm'), *s. m.* Terme de physique. Nom donné à de petits ébranlements du sol terrestre. Ce savant [M. Bouquet de la Grye] a constaté l'existence des microsismes [et non microséismes] dans l'hémisphère austral, et nous autorise à admettre qu'ils existent sur toute la surface du globe terrestre, D'ABBADIE, *Acad. des sc. Comptes rendus*, t. LXXX, p. 1237.

— ÉTYM. Μικρὸς, petit, et σεισμὸς, tremblement (voy. SISMIQUE).

† **MICROSPECTROSCOPE** (mi-kro-spèk-tro-sko-p'), *s. m.* Spectroscope disposé pour l'étude des petits objets, *le Progrès médical*, 3 mars 1877, p. 163, 1re col.

— ÉTYM. Μικρὸς, petit, et *spectroscope*.

MIDI. — REM. *Ajoutez* : || 3. Midi et demi et non demie, parce qu'il est pour : midi et demi-heure, où *demi* est invariable.

3. **MIE.** *Ajoutez* : — REM. M'amie est l'ancienne forme seule correcte. Ma mie est un barbarisme, et mon amie est un solécisme, introduits tous deux par l'usage (voy. MON, Rem. 1).

† **MIELLATURE** (miè-la-tu-r'), *s. f.* Production du miellat sur les plantes, *Revue horticole*, 16 sept. 1876, p. 344.

MIETTE. — HIST. *Ajoutez* : XIIIe s. Tuit me despisent mandiant, ne ne saolent de lor miates lou famillant [celui qui a faim], *Arch. des miss. scient.* 3e série, t. I, p. 277 (texte d'Épinal).

† **MIETTÉE** (mi-è-tée), *s. f.* Nom, dans le Loiret, d'un mets composé de fromage blanc battu et de mie de pain divisée, qu'on donne aux domestiques pour goûter, *les Primes d'honneur*, Paris, 1869, p. 190.

MIÈVRE. — HIST. XIIIe s. *Ajoutez* : Et li bous [le bouc] y mena se [sa] kievre [chèvre], Ki par jouenece estoit si mievre, C'en [qu'on] en tenoit partout ses gas, *Renart le nouvel*, p. 90, Paris, 1874, éd. Jules Houdoy.

† **MI-FRUIT** (mi-frui), *s. m.* Partage égal des produits d'une terre entre le propriétaire et le fermier. Bail à mi-fruit.

MIGNARD. *Ajoutez* : || 4° *S. f. pl.* Ce fut dans ce temps-là qu'il [Mignard] peignit toutes ces belles vierges surnommées les Mignardes, que l'on voit dans les cabinets et dont plusieurs sont gravées, LÉPICIÉ, dans *Mém. inéd. sur l'Acad. de peint.* publiés par Dussieux, etc. t. II, p. 86.

MIGNARDÉ. *Ajoutez* : Un peintre d'une manière aussi fière devait peu goûter les afféteries et les grâces mignardées de ces tableaux de petites modes françaises, CH. N. COCHIN, dans *Mém. inéd. sur l'Acad. de peint.* publiés par Dussieux, etc. t. II, p. 417.

MIGNON. *Ajoutez* : || 7° Substantivement. Ce qu'il y a de mignon dans une chose. En sens-tu [d'une expression] tout le brillant, toute la délicatesse, tout le mignon? LE SAGE, *Gil Blas*, VIII, 13.

† **MIGNONNESSE** (mi-gno-nè-s'), *s. f.* Néologisme. Qualité de ce qui est mignon. La mignonnesse de ces innombrables petits cierges, dons des fidèles, la blancheur immaculée de la cire, la pureté parfaite de la lumière, sont d'un effet singulièrement riant à l'œil, E. MONTÉGUT, *Rev. des Deux-Mondes*, 15 août 1874, p. 828.

— REM. Le Sage, ayant besoin d'un substantif équivalent à celui-ci, n'a pas créé un néologisme, mais a employé mignon substantivement (voy. ci-dessus).

MIGNONNETTE. *Ajoutez* : || 10° Nom donné à de petits objets d'ornement. Choix considérable de petits objets dits mignonnettes pour étagères,... *Alm. Didot-Bottin*, 1871-1872, p. 757, 1re col. Grand choix de petits objets dits mignonnettes pour desserts et étagères, *ib.* p. 758, 1re col.

— REM. La mignonnette, dont se servent journellement les jeunes filles pour leurs travaux d'aiguille, est de la blonde de fil, *Journ. offic.* 19 nov. 1874, p. 7699, 2e col.

† **MIGOU** (mi-gou), *s. m.* Nom, dans le bas Languedoc, des déchets de laine. Le bas Languedoc emploie.... des déchets de laine ou migous, du marc de raisin distillé, HEUZÉ, *la France agricole, carte* n° 7.

MIGRAINE. *Ajoutez* : || Arbre à la migraine, le *premna scandens*, L., BAILLON, *Dict. de botan.* p. 257.

† **MIGRANIER** (mi-gra-nié), *s. m.* Nom, dans les Bouches-du-Rhône, du grenadier, arbre, *les Primes d'honneur*, Paris, 1872, p. 517.

— ÉTYM. Provenç. *milgranier*, grenadier, de *mil*, mille, et *gran*, grain.

† **MIGRATEUR.** *Ajoutez* : || 2° *S. m.* Celui, homme ou animal, qui émigre, qui change de contrée. L'auteur se fût probablement placé sur un meilleur terrain, si, élargissant son sujet, il eût cherché ses exemples de l'instinct d'orientation, non pas seulement chez le pigeon, voyageur diurne, mais chez quelques migrateurs qui couvrent leurs immenses traversées des ténèbres de la nuit, tournent les montagnes qu'ils ne sauraient franchir et n'en arrivent pas moins à destination, DE CHERVILLE, *le Temps*, 11 avril 1876.

† **MIGRER** (mi-gré), *v. n.* Terme technique. Se déplacer, en parlant d'un corps liquide ou fluide, par une action physique. Parmi les divers gaz sur lesquels j'ai opéré, c'est l'hydrogène qui migre le plus vite, BELLAMY, *Acad. des sc. Comptes rendus*, t. LXXXIII, p. 571.

† **MIKADO** (mi-ka-do), *s. m.* Nom du prince souverain du Japon, dont l'autorité suprême a été en partie éclipsée par celle du taïcoune, autrefois simple feudataire. De nos jours, le mikado a repris la plénitude de l'autorité.

† **MI-LAINE** (mi-lè-n'), *s. m.* et quelquefois *f.* Étoffe moitié fil et moitié laine, dite aussi drap de maison, que les paysans de la Suisse romande font tisser avec leur laine et leur fil.

MILIEU. *Ajoutez* : || 19° Amitié de milieu, amitié qui tient le milieu entre l'amitié proprement dite et l'amour. ...Le dernier point Est le seul qui te déplaise; Cette amitié de milieu Te semble être selon Dieu, CORN. *Lexique*, éd. Marty-Laveaux.

MILITANT. — HIST. *Ajoutez* : XVe s. Moralement pour ce livre exposer, Ce vergier, c'est l'Eglise militante, JEAN JORET, *le Jardrin salutaire*, p. 121.

† **MILITARISATION** (mi-li-ta-ri-za-sion), *s. f.* Organisation militaire. Douaniers, forestiers, pompiers, corps spéciaux organisés en armes; décret du 2 avril 1875 et circulaires réglant leur organisation militaire, suivis des cadres d'officiers de ce corps avec des considérations sur leur militarisation, CAISE, Paris, Dumaine, 1876.

† **MILITARISER.** *Ajoutez* : Bonaparte, par les calculs imprudents de son ambition insatiable, a militarisé et aguerri les peuples qu'il avait pliés à son joug sous la dénomination de Confédération du Rhin,... DUMOURIEZ, dans *Journ. offic.* 20 août 1875, p. 7007, 2e col.

† **MILLADE.** *Ajoutez* : || 2° Le petit mil. Sur les mêmes emplacements et entre les rayons du seigle se sèment le mil et la millade, *Enquête sur les incendies des Landes*, p. 22, 1873.

† **MILLARÈS** (mil-la-rès'), *s. m.* Monnaie d'argent du moyen âge, qu'on frappait surtout à Montpellier, DE LONGPÉRIER, *Journal des savants*, juillet 1876, p. 428.

— ÉTYM. Bas-lat. *miliarensis*, ainsi dit, parce que cette monnaie valait le millième d'une livre d'or.

1. **MILLE.** *Ajoutez* : || 6° Populairement, mettre dans le mille, réussir en plein; locution tirée du jeu de tonneau, où le palet qui tombe dans la gueule de la grenouille figurée sur la table du jeu, amène le mille, qui est le plus fort numéro. || 7° Arbre de mille ans, le baobab, *adansonia digitata*, L., BAILLON, *Dict. de botan.* p. 257.

2. **MILLE.** || 3° *Ajoutez* : Il y a soixante milles dans un degré du méridien. || Mille géographique, il y en a quinze au degré; la longueur en est de 7420 mètres. || 4° Mille métrique, nom donné au kilomètre en certains pays, Belgique, Hollande, Italie.

† **MILLEROLE.** *Ajoutez* : || La millerole est aussi une mesure pour toute espèce d'huiles. Les huiles lampantes de toutes provenances, en pile, valent 61 francs la millerole de 58 kilogrammes et demi, *Journ. offic.* 3 sept. 1872, p. 5820, 2e col.

† **MILLETTE** (mi-llè-t', *ll* mouillées), *s. f.* Variété de maïs. Ce maïs [quarantain] est bien moins productif que le maïs ordinaire et les variétés à petits grains appelées millettes dans la Gascogne et le Languedoc, G. HEUZÉ, *Journ. offic.* 9 juillet 1875, p. 5133, 1re col.

† **MILLI....** Préfixe employé dans le système des mesures nouvelles, où il signifie un millième.

MILLION. *Ajoutez* : || 4° Fig. et vulgairement, le million, la grande masse du peuple, le grand nombre; c'est une expression anglaise. Si l'Angleterre a l'avantage de fournir le million, elle rencontre sur le terrain des tissus ordinaires la concurrence des autres pays producteurs, *Journ. offic.* 21 avril 1876, p. 2835, 1re col.

† **MILLIONNAIREMENT** (mi-li-o-nè-re-man), *adv.* En millionnaire. Il [le théâtre de Genève] coûtera pour le moins deux fois plus qu'on n'avait compté; c'est beaucoup pour un lieu de plaisir, qui, à moins d'être millionnairement subventionné, ne sera jamais digne de Genève, *Journ. des Débats*, 28 nov. 1876, 2e page, 3e col.

† **MILREÏS** (mil-ré-is'), *s. m.* Monnaie de compte du Portugal, qui vaut 5 fr. 60.

† **MIMAS** (mi-mas'), *s. m.* Nom d'un des satellites de la planète Saturne.

— ÉTYM. Μίμας, nom d'un géant.

† **MIMÉTISME** (mi-mé-ti-sm'), *s. m.* Terme d'histoire naturelle. Faculté qu'ont certains animaux de prendre une apparence conforme aux objets qui les entourent.

— ÉTYM. Μιμεῖσθαι, imiter.

† **MINABLE.** || 2° *Ajoutez* : La redingote que portait le général Bonaparte était si râpée, il avait l'air si minable, que j'eus peine à croire d'abord que cet homme fût un général, STENDHAL, *Mém. sur la vie de Napoléon*.

† 2. **MINAGE** (mi-na-j'), *s. m.* Dans le canton de Vaud, action de faire des creux pour la plantation des vignes. Les minages se font à la profondeur de deux pieds et demi.

— ÉTYM. Probablement *miner*, dans le sens de creuser.

MINCE. *Ajoutez* : || 4° *Adv.* Peindre mince, donner peu d'épaisseur à la couche de couleur. Il ne peint pas mince, comme disent les peintres, mais il procède par de solides empâtements qui lui donnent le brillant et le coloris que l'on remarque dans ses ouvrages, E. GAUTIER, *Journ. offic.* 10 avr. 1877, p. 2784, 1re col.

2. **MINE.** || *Ajoutez* : || Mine d'acier, nom donné quelquefois au fer spathique.

MINERVE. *Ajoutez* : || La 93e planète télescopique, découverte en 1868 par M. Watson.

2. **MINEUR.** || 2° *Ajoutez* : Mineur de..., ayant moins de... Art. 6 : Les pères et mères répondront des délits de leurs enfants mineurs de vingt ans, *Loi du 30 avril 1790*. || 3° Lit mineur d'un fleuve, le niveau bas d'un fleuve. On peut s'attendre à le voir [le Rhône] sortir de son lit mineur et venir battre les murs des quais, *Journ. offic.* 4 sept. 1872, p. 7614, 3e col.

† **MINGO** (min-go), *s. m.* Nom de la crème fouettée, à Rennes, HEUZÉ, *la France agric.* carte n. 44.

† **MINIMAL, ALE** (mi-ni-mal, ma-l'), *adj.* Qui appartient à un minimum. Volume minimal. Calibres minimaux.

— ÉTYM. Cet adjectif, ainsi que maximal (appartenant à un maximum), sont dus au docteur Foret, de Lausanne. Ils méritent d'être adoptés *Maximal* n'est pas à son rang, m'étant parvenu trop tard.

† **MINIMI** (mi-ni-mi), *s. m.* Nom de mauvaises imitations de monnaies romaines, qui appartiennent à l'époque qui suivit immédiatement la pé-

rlode romaine, WRIGHT, cité dans *l'Homme préhistorique* de Lubbock, traduit par M. Barbier, p. 16.

MINISTRE. || 7° *Ajoutez :* S'il vous arrive de passer journellement dans un bois, vous verrez peut-être chaque jour au haut d'un arbre, sur la même branche, un ministre (*fringilla cyanea*) mâle chantant gaiement, *Journ. offic.* 24 oct. 1869, p. 1384, 6° col.

MINON. *Ajoutez :* || 2° *Au plur.* Minons, nom, en Normandie, des fleurs mâles du saule, du noisetier, ainsi nommées parce qu'elles sont douces au toucher comme le poil d'un minon ou chat, DELBOULLE, *Gloss. de la vallée d'Yères*, le Havre, 1876, p. 229. Ce sont les chatons. || Ce nom s'emploie dans le même sens en Bourgogne.

MINORATIF. — HIST. XVI° S. *Ajoutez :* Pour une minorative, il print quatre quintaulx de scammonée, RAB. *Pant.* II, 33.

MINORITÉ. *Ajoutez :* — HIST. XVI° S. La duchesse sa mere ....ne pouvoit resister aux entreprinses que mettoient sus plusieurs grans seigneurs à l'occasion de la minorité de l'aage de ce jeune prince, PARADIN, *Chron. de Savoye*, p. 342.

MINUIT. — REM. *Ajoutez :* || 2. Minuit et demi, et non demie, parce que c'est pour minuit et demiheure, où *demi* est invariable. || 3. Malherbe a fait précéder minuit de l'article défini : Entre onze heures et le minuit, *Lexique*, éd. L. Lalanne. Cela n'est plus en usage. || 4. Vaugelas remarque que, depuis neuf ou dix ans (en 1647), toute la cour dit sur le minuit, et tous les bons auteurs l'écrivent. Cette façon de parler est tombée en désuétude.

† **MINUTION** (mi-nu-sion), *s. f.* Ancien mot qui signifiait saignée, surtout en parlant des moines. Nous y arrivâmes [au couvent d'Ebermonster] dans le temps des minutions ; et, ce jour-là, la moitié de la communauté avait été saignée ; le lendemain, nous mangeâmes au réfectoire, et, tant à notre considération qu'à cause des minutions, l'abbé fit cesser la lecture et donna le *colloquium*, *Voyage littéraire de deux Bénédictins* (Don Martène et Don Durand), Paris, 1717, in-4°, 4° part, p. 144.

— ÉTYM. Lat. *minutionem*, diminution : *minutio sanguinis*, saignée.

MIQUELET. *Ajoutez :* || 4° Platine à la miquelet, platine d'invention espagnole, servant à mettre le feu au fusil à silex, dans laquelle les étincelles sont produites par le choc, contre une pièce d'acier à charnière nommée batterie, d'une pierre maintenue entre les mâchoires d'un chien.

† **MIRACULÉ.** *Ajoutez :* || *Adj.* Miraculé, miraculée, qui a été l'objet d'un miracle. || Substantivement. En cette matière on ne saurait mieux faire que de donner le témoignage de la miraculée ellemême [une religieuse de Port-Royal], STE-BEUVE, *Port-Royal*, t. IV, p. 146, 3° éd.

† **MIRAIL** (mi-rall, *ll* mouillées), *s. m.* Ancien terme tombé en désuétude. Merveille, miracle. Paris, ce mirail de l'Europe en ce siècle, OUDART COQUAULT, *Journal* (1649-1668), dans ÉD. DE BARTHÉLEMY, *Journ. offic.* 7 nov. 1875, p. 9079, 3° col.

— ÉTYM. Lat. *miraculum* (voy. MIRACLE).

† **MIREUR.** *Ajoutez :* || 2° Mireur d'œufs, personne qui passe à la chandelle les œufs pour voir s'ils sont frais.

† **MIRGOULE** (mir-gou-l'), *s. f.* Nom de la morille, dans le département du Lot.

† **MIRIAM** (mi-ri-am'), *s. f.* La 102° planète télescopique, découverte en 1868 par M. Peters.

MIRLITON. *Ajoutez :* || 5° Louis d'or mirliton, ancienne pièce de monnaie. Si un particulier qui doit faire un payement en louis d'or mirlitons, dont le cours est toléré à Genève à 11 livres 5 sous, est obligé, pour se les procurer, d'en donner 11 livres 5 sous 6 deniers, alors les 6 deniers par mirliton qu'il donne de plus s'appellent agio, P. GIRAUDEAU, *la Banque rendue facile*, Paris, 1769, p. C.

— REM. Les vers cités : ...Quelque drame à la mode, Où l'intrigue, enlacée et roulée en feston, Tourne comme un rébus autour d'un mirliton, sont d'A. de Musset, *Poésies nouvelles*, 1840-1849. On remarquera qu'il faut lire : Quelque drame à la mode, au lieu de : Les œuvres dramatiques.

† **MIRMILLON** (mir-mi-llon, *ll* mouillées), *s. m.* Terme d'antiquité romaine. Sorte de gladiateur. On remarque le mémoire de M. J. Chevrier, sur un grand groupe de pierre, lion terrassant un mirmillon, *Journ. offic.* 13 avril 1874, p. 2708, 2° col.

† **MIROBOLANT, ANTE** (mi-ro-bo-lan, lan-t'), *adj.* Terme populaire. Qui émerveille (voy. MYROBOLAN n° 2).

† **MIROBOLÉ, ÉE** (mi-ro-bo-lé, lée), *adj.* Terme populaire. Émerveillé. Repus et tout mirobolés de l'aventure, R. TÖPFFER, *Nouv. voyages en zigzag.*

MIROIR. *Ajoutez :* || 23° Une des pièces de l'appareil musical des cigales. Le miroir, si mince et si bien tendu sur son cadre, défie toute imitation, et réalise l'idéal de la membrane vibrante, CARLET, *Acad. des sc. Comptes rend.* t. LXXXIII, p. 78. || 24° Miroir de Virgile, nom qu'on donnait à une pièce de verre, transparente, de forme ovale, longue de quatorze pouces dans son plus grand diamètre, de douze pouces dans son petit, et épaisse d'un bon pouce, que l'on conservait dans le trésor de Saint-Denis, *Acad. des sc. Comptes rendus*, t. LXXXIII, p. 1133.

MIROITERIE. *Ajoutez :* || 2° Le travail des glaces. ....Le travail de la dorure, le travail de la miroiterie ; et aujourd'hui, au prix où sont les glaces, le cadre et la miroiterie sont souvent égaux à la valeur de la glace, *Enquête, Traité de comm. avec l'Anglet.* t. VI, p. 528.

MIS. *Ajoutez :* || 4° Cheval mis, bien mis, mis en main, cheval bien dressé, qui se rassemble facilement et qui est très-sensible aux actions de la main et des jambes.

MISANTHROPE. *Ajoutez :* || 5° Nom donné, dans le XVII° siècle, à de petits carrosses où il ne peut tenir qu'une personne, *Valesiana*, p. 20.

MISE. *Ajoutez :* || 21° Dans l'exploitation du bois de flottage, mise en état, travail consistant à rendre à chacun le bois mis en commun dans le flot en écoulage, *Mém. de la Soc. centr. d'agric.* 1873, p. 260.

† **MISER.** *Ajoutez :* || 2° Mettre au jeu, faire une mise. || Fig. Faire fond. L'Italie a gagné l'enjeu sur les madones, les nymphes et les héros ; nous devons miser à présent sur les simples mortels ; le pays du pape et du Capitole n'a pas chance de gagner, BÜRGER, *Salons de 1861 à 1868*, t. II, p. 444.

MISÈRE. *Ajoutez :* || 11° Misère et compagnie, gens qui n'ont avec eux que la misère. Misère et compagnie, comme on dit ; eh bien, avec une apparence d'établissement, le public s'y laisse prendre tout de même, *Gaz. des Trib.* 3-4 mars 1873, p. 215, 3° col.

MISÉRICORDIEUSEMENT. — HIST. *Ajoutez :* XII° S. Misericordiosament L'en respondié [il lui répondit là-dessus] si faitement, BENOIT, *Chronique*, t. II, p. 267, v. 23267.

MISÉRICORDIEUX. — HIST. *Ajoutez :* XII° S. Duz [doux], pius, misericordios Ert vers les povres besoignos, BENOIT, *Chronique*, t. II, p. 191, v. 20946. || XVI° S. *Ajoutez :* Soyez misericordieux ainsi comme vostre pere est misericordieux.... le Seigneur Dieu est misericordieux et miserateur, LUC, VI, 36, *Nouv. Test.* éd. Lefebvre d'Étaples, Paris, 1525.

† **MISOPÉDIE** (mi-zo-pé-die), *s. f.* Haine de l'instruction. Ma patrie, voyant cette misopédie des chanoines [qui refusaient à un jeune homme les moyens de s'instruire], MARTIN DESPOIS, *Plaidoyer de 1609*, dans REINHOLD DEZEIMERIS, *Notes complémentaires sur Martin Despois*, p. 149 (l'auteur écrit misopædie).

— ÉTYM. Μίσος, haine, et παιδεία, instruction.

† **MISOTTE** (mi-zo-t'), *s. f.* Voy. plus bas MIZOTTE.

† **MISSILE** (mi-ssi-l'), *s. m.* Ancien synonyme de projectile. L'impression donnée au missile soit avec la main, le canon ou autrement.... MERSENNE, *Nouv. observ.* 2° *observ.* Les lords les plus orgueilleux, lorsqu'ils montent sur les hustings, pour y recevoir, au milieu des hurlements et des grognements, une mitraille d'irrespectueux missiles, LOUIS BLANC, *Lettre*, dans *le Temps.*

— ÉTYM. Lat. *missile*, trait, projectile, de *missum*, supin de *mittere*, envoyer (voy. METTRE).

MISSIONNAIRE. *Ajoutez :* || 4° Savant chargé d'une mission scientifique. Il est très-probable que la discordance signalée entre MM. Héraud et Bonnifet tient à ce que M. Héraud, missionnaire de l'Académie, avait entre les mains une lunette excellente.... H. DE PARVILLE, 28 janv. 1875, p. 751, 3° col. || 5° *Adj.* Qui appartient aux missionnaires. L'autre était son neveu Gottfried, qui avait voulu s'associer à son œuvre missionnaire dans un pays où la semence de la foi chrétienne était déjà répandue, mais où la grossièreté des mœurs.... A. RÉVILLE, *Rev. des Deux-Mondes*, 1er déc. 1874, p. 654

† **MISSIONARISME** (mis-sio-na-ri-sm'), *s. m.* Établissement de missions, esprit qui les anime. L'activité du missionarisme anglais.

† **MISTIC.** *Ajoutez :* — ÉTYM. Espag. *mistico*, cat. *mestech* ; de l'arabe *mosattah* ou *mosetteh* (DOZY).

† **MITAINIER.** *Ajoutez :* — HIST. XIV° S. Les chapelliers et mitoniers ne pourront faire ouvrer leurs chambrieres ne leurs varlets, se ils ne sont ordonnez ou mis à apprentis audit mestier, *Bibl. des ch.* 1874, XXXV, p. 509.

† **MITÉ.** *Ajoutez :* Si Ferré n'eût point été D'une exacte probité, D'une austère prudhommie, Mes vers auraient-ils chanté Son fameux manteau mité.... DES FORGES MAILLART, dans *le Dictionn. de Trévoux.*

† **MITHRIACISME** (mi-tri-a-si-sm'), *s. m.* Culte de Mithra, caractère mithriaque.

† **MITIÈRE** (mi-tiè-r'), *s. f.* Canal amenant l'eau de mer à la vasière, *Enquête sur les sels*, 1868, t. I, p. 509.

1. **MITON.** *Ajoutez :* || 2° Pièce de l'armure du XV° siècle qui protége les mains ; les doigts ne sont pas séparés comme ils le sont dans le gantelet. Le miton est formé de lames métalliques mobiles à recouvrement.

MITRAILLE. *Ajoutez :* || 6° Boîte à mitraille, dite aussi boîte à balles, projectile formé d'un cylindre en tôle ou en fer-blanc, renfermant des balles qui se dispersent à la sortie de la bouche à feu. || Tirer à mitraille, lancer avec un canon des boîtes remplies de balles, ou lancer avec un mortier des appareils renfermant des boulets, des balles, des grenades, etc.

† **MITRAILLEUR.** *Ajoutez :* || 2° Servant d'une mitrailleuse. Le départ de plusieurs corps, entre autres de ceux du génie et de l'artillerie, des télégraphistes, des mitrailleurs et des fuséens, est provisoirement contremandé, *Journ. offic.* 16 nov. 1873, p. 6974, 3° col.

† **MITRAILLEUSE** (mi-tra-lleu-z', *ll* mouillées), *s. f.* Nom récemment donné à une bouche à feu dite aussi canon à balles, qui peut, à l'aide d'un mécanisme spécial, lancer, à une grande distance, des balles avec beaucoup de rapidité.

MITRÉ. — HIST. *Ajoutez :* XIII° S. Et l'archevesques lés li [près d'elle] sist En un autre [fauteuil], et asseoir fist Les quatre evesques lés à lés, Et cascuns en estoit mitrés, *Li chevaliers as deux espées*, publié par Förster, p. 5445.

† **MITROUILLET** (mi-trou-llè, *ll* mouillées), *s. m.* Un des noms vulgaires de la gesse tubéreuse, *lathyrus tuberosus*, L.

† **MITTASSES** (mi-ta-s'), *s. f. pl.* Nom donné par les Français à des espèces de bas sans pieds dont se servaient les sauvages de la Louisiane, et qui couvraient la cuisse et la jambe, LEPAGE DUPRATZ, *Histoire de la Louisiane*, t. II, p. 196.

— ÉTYM. Ce mot paraît se rapporter à *mitaines*, qui laissent la main à découvert.

† **MIZOTTE** (mi-zo-t'), *s. f.* Herbe qui vient dans les marais inondés par la mer, *poa maritima.* || Pré mizotte, marais où pousse la mizotte, *Gloss. aunisien*, la Rochelle, 1870, p. 125.

† **MNÉMOSYNE.** *Ajoutez :* || 2° La 57° planète télescopique, découverte en 1859 par M. Luther.

† **MOALLAKÂT** (mo-al-la-kât'), *s. f.* Titre que portent les ouvrages de sept des plus excellents poëtes qui ont fleuri parmi les Arabes dans le temps qui a précédé celui du mahométisme. Ces poëmes sont nommés *al modllacât*, c'est-à-dire suspendus, à cause qu'ils avaient été attachés successivement par honneur à la porte de la Caaba, D'HERBELOT, *Bibliothèque orientale.*

† **MOBED.** — ÉTYM. *Ajoutez :* La forme pehlvie *mogbed* vient en confirmation de l'étymologie par *maha*, grand.

MOBILE. *Ajoutez :* || 10° Qui change d'objet fréquemment, par une succession rapide. Il leur advint comme au voyageur qui gravit dans un temps sombre l'amphithéâtre colossal des Alpes ou des Pyrénées ; dans sa mobile admiration, chaque sommet découvert lui semble le principal, celui qui domine tout, MICHELET, *la Réforme*, p. 23.

† **MOBILISTE** (mo-bi-li-st'), *s. m.* Apiculteur qui emploie les cadres mobiles. Plusieurs [ruches] de formes diverses sont à housses ou cadres mobiles ; de là deux grandes divisions parmi les apiculteurs, les fixistes et les mobilistes, HEUZÉ, *la France agricole*, carte n° 41.

MOBILITÉ. || 3° *Ajoutez :* Comme il n'est rien de plus malaisé que de fixer la mobilité et de contenir ce feu des esprits, BOSS. 1er *serm. Quinquagés.* 1. || 4° Instabilité dans les lois, les institutions, les mœurs. Lorsque la législation était dans une mobilité continuelle..., LOCRÉ, *Esprit du code Napoléon*, 1806, t. I, p. 85.

† MOBLOT (mo-blo), *s. m.* Nom populaire, en 1848, des hommes appartenant à la garde mobile.

† MOCASSIN. *Ajoutez :* || 2° Nom, à la Louisiane, d'un serpent aquatique très-venimeux, DE MOLINARI, *Journ. des Débats*, 1er oct. 1876, 3e page, 2e col.

— ÉTYM. *Mekezin*, espèce de souliers que portent les sauvages et qu'ils façonnent fort proprement, MARC LESCARBOT, *Hist. de la Nouv. France*, VI, 8; *moccasson*, dans le Dict. de Noah Webster, New-York, 1828. C'est un mot américain : algonquin, *makisin*.

† MOCHE. *Ajoutez :* || 2° En Normandie, paquet de vers de terre fixé au bout de la ligne, sans hameçon, avec lequel on pêche. On prend beaucoup d'anguilles à la moche. Pêcher à la moche.

— ÉTYM. *Moche* dans les deux sens signifie paquet. L'origine en est ignorée. Le provenç. a *mosclar*, nasse ; le bas-latin, *moscláris*, interprété à tort par hameçon.

MODÈLE. *Ajoutez :* || 6° Un modèle d'armes est l'ensemble des dispositions particulières arrêtées officiellement pour une certaine arme. Fusil d'infanterie, modèle 1840. Lance, modèle 1823. Sabre de dragons, modèle 1854. || 7° Bon modèle, se dit d'un cheval dont l'extérieur, les proportions et les aplombs se présentent dans de bonnes conditions.

MODÉNATURE. *Ajoutez :* Il [le Poussin] travaillait alors tout à la fois au tableau pour la chapelle de Saint-Germain, aux profils et modénatures de la galerie du Louvre, dont il avait ordonné les compartiments, J. DUMESNIL, *Hist. des amat. ital.* p. 471.

† MODÉRANTISER (SE) (mo-dé-ran-ti-zé), *v. réfl.* S'est dit, durant la révolution française, de ceux qui tendaient au modérantisme. Je suis devenu tout à fait talliéniste [partisan de Tallien], et c'est avec plaisir que je vois le parti modéré prendre un ascendant décidé sur les jacobins.... je sens que je me modérantise, B. CONSTANT, *Lettre à Mme de Charrière*, 11 oct. 1794, dans SAINTE-BEUVE, *Portraits littér. B. Constant et Mme de Charrière*.

MODÉRATION. *Ajoutez :* || 3° Action de rendre moins rigoureuse une règle. Beaucoup de mes pièces en manqueront [de l'unité de lieu], si l'on ne veut point admettre cette modération, P. CORN. *Disc. des trois unités*.

— HIST. *Ajoutez :* || XVe s. Et ay fait plusieurs appointemens, moderations [diminutions, réductions] et executions, MANTELLIER, *Glossaire*, Paris, 1869, p. 44.

† MODERNISATION (mo-dèr-ni-za-sion), *s. f.* Néologisme. Action de moderniser. L'auteur des *Mémoires* nous dit que partout il a modernisé la façon dont les mots étaient épelés sur le manuscrit original.... nous ne partageons pas son avis sur la valeur que la modernisation de son orthographe [de Mlle Herschel] a pu ajouter à ses *Souvenirs*, *Rev. Britan.* juin 1876, p. 295.

† MODIFICABILITÉ (mo-di-fi-ka-bi-li-té), *s. f.* Qualité de ce qui est modifiable. La détermination de ce que sont ces lois et des limites de leurs modificabilités, est un des points qui distingue de plus le positivisme du fatalisme, CH. ROBIN, *la Philos. posit.* juill.-août 1876, p. 29.

† MODULANT, ANTE (mo-du-lan, lan-t'), *adj.* Terme de musique. Qui a le caractère de la modulation. Prenant la question surtout par le côté musical, l'auteur [M. Gevaert, sur la musique de l'antiquité] se livre à une curieuse analyse du caractère harmonique propre aux différentes octaves et des accords tonaux ou modulants que permet la structure de chacune d'elles, *Rev. critique*, 1er mai 1875, p. 285.

MODULE. || 4° Terme de mathématique. *Ajoutez :* || Module de la transformation : quand on transforme linéairement une forme donnée, le discriminant de la transformée égale celui de la forme primitive multiplié par une certaine fonction des coefficients des équations de transformation qu'on nomme module de la transformation.

MOELLON. *Ajoutez :* || 3° Fig. Un moellon, une lourde cheville, un mauvais remplissage, MALH. *Lexique*, éd. L. Lalanne.

† MOELLONIER. *Ajoutez :* || Adjectivement, cheval moellonier, gros cheval percheron de trait, *les Primes d'honneur*, Paris, 1872, p. 23.

† MOGOL. *Ajoutez :* Le grand Mogol l'avait avec succès Depuis deux ans éprouvé sur sa femme, LA FONT. *Contes, Mandr.*

— REM. On a dit Mogor. Le pays du grand Mogor, BALZ. *Lett.* XV, 34. Il est vrai que je rêve, et ne saurais résoudre Lequel je dois des deux le premier mettre en poudre, Du grand Sophi de Perse, ou bien du grand Mogor? — Eh! de grâce, monsieur, laissez-les vivre encor, CORN. *l'Illusion*, II, 2. Vous moquez-vous d'en douter seulement? Par votre foi, le Mogor est-il homme Que l'on osât de la sorte affronter? LA FONT. *Contes, Mandr.* (dans l'édition originale ; dans les autres, Mogor est changé en Mogol). Ces exemples sont pris dans le *Lexique* de Corneille, par Marty-Laveaux.

† MOGREBINS (mo-gre-bin), *s. m. pl.* Nom arabe des Occidentaux ; ce mot s'applique surtout aux habitants de l'Afrique occidentale (*mogreb*, occident ; c'est de là que nous avons fait *Maroc*).

† MOHA (mo-a), *s. m.* Moha de Hongrie, *panicum germanicum*, graminée cultivée pour fourrage.

† MOHAIR (mo-èr), *s. m.* Nom anglais du poil de la chèvre d'Angora. Le mohair n'est pas un substitut de la laine du mouton, mais il occupe une place propre dans les tissus ; il a l'aspect, le toucher et le brillant de la soie, sans la souplesse de la laine, *Mém. d'agric.* etc. 1870-71, p. 431. M. Sacc et d'autres auteurs estiment à 300 mille le nombre des chèvres de race blanche dans le district d'Angora, et leur produit en laine (appelé *tiftik* par les indigènes, et mohair en Angleterre) à 2 millions de livres, *ib.* p. 426. Celle [la toison] de la chèvre d'Angora sert à confectionner les lustrines, les camelots et les filets turcs, lesquels passent dans le commerce sous le titre de mohair de coton ou moleskine imprimée, *Enquête, Traité de comm. avec l'Anglet.* t. IV, p. 188.

MOHATRA. — ÉTYM. *Ajoutez :* Portug. *mofatra* ; de l'arabe *mokhâtara*, vente où l'on court des risques (DOZY).

† MOIE. *Ajoutez :* — HIST. XIVe s. Il ont les vignes atrapeis [estrepées, arrachées] Trestout à fait et tout par orde ; Des paicels [échalas] ont les grans moiées Toutes arses, sen rien estorde, *la guerre de Metz en* 1324, p. 238. || XVe s. Moyes [charge d'un cheval de trait] et roupes, chascun collier, de peage..., MANTELLIER, *Glossaire*, Paris, 1869, p. 45.

† MOILLÉ (moi-lié, *ll* mouillées), *s. m.* Nom d'un cépage, dans la Haute-Saône, *les Primes d'honneur*, Paris, 1872, p. 212.

MOINE. *Ajoutez :* || 12° Nom d'un papillon de nuit, *bombyx monacha*.

MOINS. — REM. *Ajoutez :* || 3. Régnier emploie souvent *ni moins* au sens de encore moins. Or ce [qui me pousse à faire des vers] n'est point de voir en règne la sottise, L'avarice et le luxe entre les gens d'Église.... Ni moins, que la valeur n'ait plus ici de lieu, Que la noblesse coure en poste à l'Hôtel-Dieu, *Sat.* IV. Cela n'est plus usité.

MOIRER. *Ajoutez :* || Fig. Une brise légère moira la verdure naissante des blés, TH. BENTZON, *Rev. des Deux-Mondes*, 15 juin 1876, p. 858.

— REM. *Moré*, qui est dans ce texte : XIVe s. Trois aulnes d'escarlate morée à faire chausses, *Mandements de Charles V*, 1373, p. 533, appartient-il à notre mot moiré?

† MOIRES (moi-r'), *s. f. pl.* Terme de mythologie. Nom grec des Parques. C'était pour apaiser les moires que Polycrate trop heureux jetait à la mer son anneau rapporté par un pêcheur, TH. GAUTIER, *Portraits contemp. Lamartine*.

— REM. Il vaut mieux écrire mœres, prononcé mères ; l'oi grec se rendant en français par œ.

— ÉTYM. Μοῖραι, les Parques, de μοῖρα, part, lot.

MOIS. *Ajoutez :* || 12° Terme de commerce. Les quatre mois de septembre, les quatre derniers mois de l'année. On commence à s'occuper depuis quelques jours de la fécule verte, et il y a acheteurs à 20 fr. les 100 kil. rendus en fabrique, livrables sur les quatre mois de septembre, *Journ. offic.* 26 juin 1876, p. 4547, 2e col.

MOISE. HIST. XVe s. *Ajoutez :* Chalans couvers de moyses, esquelx estoient les musiciens et joueurs d'instruments, MANTELLIER, *Glossaire*, Paris, 1869, p. 45.

— ÉTYM. *Ajoutez :* L'origine est le lat. *mensa*, table, d'après M. Gaston Paris, formé comme *toise* de *tensa*, *mois* de *mensis*.

MOISIR. *Ajoutez :* || 4° Fig. Se détériorer au moral. Il faut aussi réputer.... les plus misérables hommes du monde.... ceux qui, n'ayant soin que de leur ventre et de leur paillardise, laissent moisir leurs âmes en l'assoupissement d'une abominable oisiveté, MALH. *Lexique*, éd. L. Lalanne.

† MOISSONNAGE (moi-so-na-j'), *s. m.* Action de moissonner. Le prix de 1000 fr. pour la plus grande entreprise de moissonnage mécanique a été donné à M. Jonès, qui, en 1874, a coupé à la machine plus de 900 hectares de blé, *Journ. offic.* 4 févr. 1875, p. 939, 3e col.

† MOLARD (mo-lar), *s. m.* Amas de terre ou élévation du sol en forme de môle ; terme souvent employé en agriculture et dans les ouvrages qui en traitent.

† 5. MÔLE (mô-l'), *s. m.* Nom d'un poisson de la famille des plectognathes. Ce poisson énorme est le môle, dit poisson lune, nom qui lui vient de ce qu'on le prendrait de loin pour l'image de la lune réfléchie dans le miroir des eaux, *Journ. offic.* 28 août 1876, p. 6648, 2e col.

MOLÉCULAIRE. *Ajoutez :* || D'après M. Kekulé, combinaisons moléculaires, celles qui n'obéissent pas aux lois généralement admises de l'atomicité ; formées par l'union de deux ou plusieurs molécules complètes, pouvant exister isolées, elles semblent contenir encore ces molécules telles quelles, et sont peu stables, *Acad. des sc. Comptes rendus*, t. LXXXI, p. 236.

† MOLÉCULARISATION (mo-lé-ku-la-ri-za-sion), *s. f.* Action de réduire en molécules. Déformation et molécularisation des hématies, FELTZ, *Acad. des sc. Comptes rendus*, t. LXXX, p. 654.

† MOLÉCULARISER (mo-lé-ku-la-ri-zé), *v. a.* Disposer par molécules. La matière différemment molécularisée.

† MOLESKINE ou MOLESQUINE (mo-lè-ski-n'), *s. f.* || 1° Tissu dont on fait des pantalons. Velours ou poil de chameau, *Journ. offic.* 24 janv. 1876, p. 717, 2e col. || 2° Toile vernie préparée de manière à remplacer la peau dans beaucoup d'usages : reliure, tapisserie, etc. On en fait aussi des buvards.

— ÉTYM. Angl. *mole*, taupe, et *skin*, peau, parce que ce tissu a une espèce de velouté qu'on a comparé au poil de la taupe.

† 2. MOLET. || 2° Petite frange.... *Ajoutez :* Plus, un pavillon à queue, d'une bonne serge d'Aumale rose sèche, avec le molet et les franges de soie, MOL. *l'Avare*, II, 1.

† MOLETAGE (mo-le-ta-j'), *s. m.* Dans l'impression des tissus, application de la molette sur le cylindre ; moyennant quoi les reliefs de l'acier s'impriment en creux dans le cuivre, *Magasin pittoresque*, 1858, p. 174.

† 1. MOLIÈRE. *Ajoutez :* || 2° *S. f.* Nom donné, dans le XVe siècle, aux boulets en pierre lancés par la poudre à canon, *Journ. offic.* 11 juill. 1875, p. 5214, 1re col.

† MOLIÉRISTE (mo-lié-ri-st'), *s. m.* Critique qui s'occupe de Molière et de ses œuvres. L'érudition particulière dans l'histoire de ces pièces que je n'ai pas comme M. Despois, ni comme les autres moliéristes, PAUL MESNARD, *Journ. des Débats*, 11 sept. 1875.

† MOLLAKAT (mo-la-kat'), *s. f.* Fausse leçon pour moallakat (voy. ce mot au Supplément).

† MOLLARD (mo-lard), *s. m.* Nom d'un cépage, dans les Hautes-Alpes, *les Primes d'honneur*, Paris, 1872, p. 441.

MOLLESSE. *Ajoutez :* — REM. Mollesses au pluriel, dans le sens de vie efféminée, n'est cité que de Perrault. Il y en a un excellent exemple de Corneille : Des plaisirs criminels les damnables mollesses, *Imit.* I, 54.

† MOLLÈTERIE (mo-lè-te-rie), *s. f.* Sorte de cuir de vache servant de semelles aux chaussures légères, *Enquête, Traité de comm. avec l'Anglet.* t. VI, p. 747.

† MOLLETONNÉ, ÉE (mo-le-to-né, née), *adj.* Tiré à poil comme le molleton. Basin molletonné, *Journ. offic.* 2 déc. 1876, p. 8944, 2e col.

† MOLLIÈRE. (mo-liè-r'), *s. f.* Nom, dans la Somme, d'alluvions marines qu'on a endiguées, *les Primes d'honneur*, Paris, 1870, p. 74. || C'est le même que Molière 2 (voy. ce mot au Dictionnaire).

MOMENT. — HIST. *Ajoutez :* XIIe s. Escrie me, si ne t'espoent, Qu'en une hore e en un moument Ne seit passée ta puissance, BENOIT, *Chronique*, t. III, p. 334, v. 40709. Saint Hues, l'abe de Cloigni, Conut et sout en un moment Sa mort [de Guillaume de Roux] et son trespassement, ID. *ib.* p. 341, v. 40846. Quant saint Michié li anges hot saint Pou [Paul] tot mostré, An un petit momant l'a ou ciel tranporté, *Romania*, janv. 1877, p. 16.

MOMENTANÉ. *Ajoutez :* || Terme de phonétique.

Consonnes momentanées, voy. EXPLOSIF au Supplément.

MONARCHIE. *Ajoutez :* || 3° Terme d'antiquité grecque. Dignité éponyme de l'île de Cos ; c'est par le nom de ceux qui en avaient été honorés que l'on datait les actes publics, *Journ. offic.* 8 fév. 1876, p. 1111, 3° col.

MONARCHIQUE. *Ajoutez :* — HIST. XVI° s. Dont grand vexation Se respandit dessus l'estat publique, Au changement de tel chef monarchique [mort de Louis le Gros], RENÉ MACÉ, *Suyte de l'histoire de France,* f° 1.

MONARQUE. *Ajoutez :* || 2° Terme d'antiquité grecque. Nom du magistrat revêtu de la monarchie à l'île de Cos, *Journ. offic.* 8 fév. 1876, p. 1111, 2° col.

† MONAUL (mo-nôl), *s. m.* Voy. LOPHOPHORE au Supplément.

† MONAURICULAIRE (mo-nô-ri-ku-lê-r'), *adj.* Qui appartient à une seule oreille, qui se fait par une seule oreille. Sensation monauriculaire, LE ROUX, *Acad. des sc. Comptes rend.* t. LXXX, p. 1074.

— ÉTYM. Μόνος, seul, et *auriculaire;* mot hybride pour lequel *uniauriculaire* vaudrait mieux.

† MONCORNE (mon-kor-n'), *s. f.* Nom, en Normandie, d'un mélange de pois, de vesce, d'orge et d'avoine qu'on sème au printemps, DELBOULLE, *Gloss. de la vallée d'Yères,* le Havre, 1876, p. 231.

— ÉTYM. Bas-lat. *mencaldus,* sorte de mesure de grains.

† MONDANISER. *Ajoutez :* || *V. réfl.* Se mondaniser, devenir mondain. Les carmélites elles-mêmes se mondanisaient, se sécularisaient quelque peu, quoiqu'elles ne reçussent point de pensionnaires, DE LESCURE, *Journ. offic.* 8 sept. 1875, p. 7669, 3° col.

† MONDEMENT (mon-de-man), *adv.* D'une façon monde.

— HIST. XIII° s. Et pour ce qu'ele fut si monde Et que si mondement l'ama [elle aima Dieu], En bon repos [Dieu] l'ame mise a, GAUTIER DE COINCY, *les Miracles de la sainte Vierge,* p. 127, éd. abbé Poquet.

† MONDEUSE (mon-deû-z'), *s. f.* Nom, dans le Rhône, d'un cépage qui donne un vin rouge, *les Primes d'honneur,* Paris, 1872, p. 380. || C'est aussi un cépage de la Savoie, *ib.* Paris, 1874, p. 410.

† MONDILLES (mon-di-ll', *ll* mouillées), *s. f. pl.* Débris provenant des grains mondés. 111 565 kil. de mondilles, criblures et débris de grenier.... ces mondilles et criblures ont été manipulées et mélangées à une certaine quantité de blé, *Gaz. des Trib.* 1er juin 1877, p. 526, 2° col.

— ÉTYM. *Monder.*

† MONÉTAIREMENT (mo-né-tê-re-man), *adv.* Au point de vue monétaire. Les gouvernements de France, de Belgique, d'Italie et de Suisse, alliés monétairement par une convention qui doit durer jusqu'en 1880,... DE PARIEU, *Journ. offic.* 16 avril 1876, p. 2759, 1re col.

† MONGANE (mon-ga-n'), *adj.* Voy. VEAU, n° 1.

† MONISME (mo-ni-sm'), *s. m.* Terme de philosophie. Doctrine dans laquelle on admet qu'il n'y a dans l'univers qu'une seule forme de substance et d'activité, qu'un élément ou principe unique dont tout se développe. Il n'y a rien là que ce que l'on a dernièrement commencé à appeler doctrine monistique ou monisme, par opposition au dualisme, *Rev. des cours scientif.* 19 juin 1875, p. 1205, 2° col.

— ÉTYM. Μόνος, seul, unique.

† MONISTE (mo-ni-st'), *s. m.* Partisan de la doctrine du monisme.

† MONISTIQUE (mo-ni-sti-k'), *adj.* Qui a rapport à la doctrine du monisme.

MONITION. *Ajoutez :* || 3° En général, avertissement. Cette monition de charité et de compassion qui remédie au mal, FLÉCH. *Sermons, Correct. fraternelle.*

MONNAIE. *Ajoutez :* || 13° Monnaie de faillite, admission au passif chirographaire d'un failli. M. C.... [syndic de la faillite T....] l'a assigné.... afin d'être autorisé à prendre possession des arbres et bois en provenant, offrant d'en payer le prix en monnaie de faillite,... donne acte au demandeur de ce qu'il offre d'admettre le sieur T.... [vendeur des arbres] au passif de la faillite pour le montant de sa créance en principal et accessoires, *Gaz. des Trib.* 29 oct. 1876, p. 1056, 1re col. || 14° Monnaie de papier, valeur qui naît des contrats et qui est échangeable contre espèces à la demande du porteur.

† MONNAIRIE. *Ajoutez :* || 2° Se dit, dans le langage des numismatistes, des anciens ateliers monétaires. Abbon, directeur de la monnairie de Limoges, et premier maître de saint Eloy, DELOCHE, *Description des monnaies méroving. du Limousin,* p. 79.

† MONOBASIQUE. *Ajoutez :* || 2° En pharmacie, qui ne contient qu'une base. Formule monobasique.

† MONOBROMÉ, ÉE (mo-no-bro-mé, mée), *adj.* Terme de chimie. Camphre monobromé, camphre dans lequel un atome de brome a pris la place d'un atome d'hydrogène du camphre, *Acad. des sc. Comptes rendus,* t. LXXXI, p. 284.

† MONOCHROMIE (mo-no-kro-mie), *s. f.* Uniformité, monotonie, dans la couleur. Ce n'est pas lui [Monginot] qui tournera jamais à la monochromie, comme autrefois beaucoup d'habiles maîtres hollandais, BÜRGER, *Salons de 1861 à 1868,* t. II, p. 39.

MONOLITHE. *Ajoutez :* — REM. On appelle temple monolithe, mausolée monolithe, chapelle monolithe, un petit temple, une chapelle, un tombeau façonné dans une seule pierre extraite de la carrière. On n'appellerait pas de ce nom le monument creusé dans le roc. On a remarqué, dans les vastes temples égyptiens et dans quelques pagodes de l'Inde, de ces petits temples ou chapelles faits d'un énorme bloc de pierre ou de marbre ; c'est à l'occasion de ces découvertes encore récentes que s'est introduit dans notre langue l'usage du mot monolithe, qui ne se trouve pas encore dans le Dictionnaire de l'Académie, édition de 1799, BOUTARD, *Dict. des arts du dessin, Monolithe,* 1826.

† MONOLITHISME (mo-no-li-ti-sm'), *s. m.* Terme d'architecture. Système de constructions monolithes ou au moyen de pierres de grandes dimensions. Ce qui distingue les monuments de l'architecture phénicienne, c'est un même caractère de forme massive et imposante, le dédain du fini dans les détails, pourvu qu'on arrive à produire un effet général de puissance et de grandeur ; c'est enfin le goût du monolithisme, RENAN, *Mission en Phénicie.*

† MONOLOGUER (mo-no-lo-ghé), *v. n.* Néologisme. Parler en monologue, parler seul. Après avoir réveillé l'instrument endormi par un orageux placage d'accords, il commença, tout en monologuant, à poursuivre sur le clavier la phrase mélodique qu'il cherchait depuis si longtemps, MURGER, *Sc. de la vie de Bohême,* ch. I. Bonsoir, fit Rodolphe, qui continua son chemin tout en monologuant, ID. *ib.* ch. III.

† MONOLOGUEUR (mo-no-lo-gheur), *s. m.* Néologisme. Celui qui fait un monologue, qui parle seul. Laissons-le parler, répondit Plant. — Le monologueur continuait presque aussitôt, *l'Opinion nat.* 5 juillet 1876, *Feuilleton,* 1re page, 5° col.

— REM. Le mot est correct, étant fait de *monologue,* comme *dialoguer* et *dialogueur,* de *dialogue.*

† MONOMÉTALLISME (mo-no-mé-tal-li-sm'), *s. m.* Système de la monnaie unique, à étalon unique, par opposition à bimétallisme (ces deux mots sont dus à M. Cernuschi), *le Temps,* 25 nov. 1875, 2° page, 1re col. M. de Parieu.... saisit cette occasion de faire remarquer ce qu'ont d'impropre et de fâcheux les expressions de monométallisme et de bimétallisme, qui ont été introduites dans la langue économique ; en réalité, il n'y a point de monométallistes, au sens absolu du mot.... quant à lui, il est trimétalliste, mais en hiérarchisant les trois métaux, *Journ. offic.* 18 janv. 1877, p. 399, 2° col.

— ÉTYM. Μόνος, unique, et *métal.*

† MONOMÉTALLISTE (mo-no-mé-tal-li-st'), *s. m.* Partisan du monométallisme. Préférer l'étalon d'or et unique, comme le disent un peu inexactement ceux que, pour rappeler un mot à la mode, on appelle monométallistes, DE PARIEU, *Journ. offic.* 22 mars 1876, p. 1991, 2° col.

† MONOPHONE (mo-no-fo-n'), *adj.* Qui n'a qu'un son. Les appeaux monophones.

— ÉTYM. Μόνος, unique, et φωνή, son.

† MONOPLÉGIE (mo-no-plé-jie), *s. f.* Terme de médecine. Paralysie bornée à une seule partie. Monoplégie portant sur les muscles extenseurs de l'avant-bras droit, *le Progrès médical,* 17 mars 1877, p. 212.

— ÉTYM. Μόνος, seul, et πλήσσειν, frapper, paralyser.

† MONOPOLISANT, ANTE (mo-no-po-li-zan, zan-t'), *adj.* Qui possède, exerce un monopole. Il se produit pour la compagnie en question ce qui est arrivé déjà pour toutes les compagnies monopolisantes de notre pays, *Journ. offic.* 29 juil. 1875 p. 6021, 3° col.

— REM. On a dit dans le même sens compagnie monopolisée, *Journ. offic.* 29 juil. 1875, p. 6020, 2° col.

† MONOPOLISATEUR (mo-no-po-li-za-teur), *s. m.* Celui qui met en monopole. Par les détails que nous allons donner sur les monopolisateurs de ces industries...., *Journ. offic.* 25 déc. 1869, p. 1745, 1re col.

— REM. Ce mot n'est pas tout à fait inutile, car il exprime une nuance à côté de monopoleur.

† MONORÉFRINGENT, ENTE (mo-no-ré-frin-jan, jan-t'), *adj.* Qui ne fait éprouver que la réfraction simple.

† MONOTONEMENT (mo-no-to-ne-man), *adv.* D'une manière monotone. Des choses aussi monotonement édifiantes, STE-BEUVE, *Port-Royal,* t. V, p. 231, 3° éd.

MONSEIGNEUR. — REM. *Ajoutez :* || 4. Aujourd'hui, on ne donne pas à un maréchal la qualification de Monseigneur ; sa qualification officielle est Monsieur le Maréchal.

† MONSTRANCE (mon-stran-s'), *s. f.* Terme du moyen âge. Petit coffre plus ou moins précieux où l'on conservait les reliques. La monstrance des reliques de saint Junien, provenant de l'abbaye de Grandmont, J. LABARTE, *Hist. des arts industr. au moyen âge,* t. II, p. 18.

— ÉTYM. Bas-lat. *monstrantia,* du lat. *monstrare* (voy. MONTRER).

MONT. — REM. *Ajoutez :* || 2. Dans l'esprit de Barnabé de Terni, moine récollet prêchant à Pérouse en 1462, l'œuvre de prêt devait être avant tout charitable ; aussi on l'appela mont-de-piété ; le nom est promptement devenu populaire et a prévalu, MAXIME DU CAMP, *Rev. des Deux-Mondes,* 15 janv. 1873, p. 305.

MONTAGNARD. *Ajoutez :* — HIST. XVI° s. Les cantons d'Uri, Schwits, Undervald, Zug, Glaris, Appenzel, qui sont vrayes democraties, et qui retiennent plus de liberté populaire, pour estre montaignars, BODIN, *Republique,* II, 7.

MONTAGNE. *Ajoutez :* || 10° Obusier, canon de montagne, obusier, canon destiné à la guerre en pays de montagne ; ils peuvent être transportés à dos de mulet. || Batterie de montagne, batterie armée et disposée pour la guerre de montagne.

† MONTAGNON (mon-ta-gnon), *s. m.* Habitant des hautes vallées du Jura neuchâtelois, J. J. ROUSS. *Lett. à d'Alembert.*

† MONTAINE (mon-tè-n'), *s. f.* Nom, dans le Jura, du vent de l'est, dit aussi juron, *les Primes d'honneur,* Paris, 1869, p. 273.

† MONTCAYAR (mon-ka-iar), *s. m.* Sorte d'étoffe de laine, MALH. *Lexique,* éd. L. Lalanne.

† MONT-DORE (mon-do-r'), *s. m.* Nom donné aux fromages du Mont-Dore (Auvergne) et aux imitations de ces fromages.

MONTÉ. || 10° *Ajoutez :* || Bouquet monté, bouquet arrangé artistement et dont les fleurs sont fixées sur des tiges artificielles. On compte environ soixante principaux magasins de fleuristes, dont les patrons vont le matin à la Halle acheter aux jardiniers les fleurs par bottes, dont ils font les bouquets montés, *Journ. offic.* 31 mai 1875, p. 3869, 1re col. || 13° Bon monté, se dit d'un cheval à deux fins qui, signalé pour le trait, peut aussi être employé à la selle.

† MONTE-COURROIE (mon-te-kou-roi), *s. m.* Engin destiné à monter, disposer les courroies qui transmettent les mouvements dans les appareils mécaniques. Les ustensiles de l'imprimerie, de la filature, du papier peint, les monte-courroies ont été l'objet d'enquêtes approfondies, *Journ. offic.* 9 fév. 1877, p. 1026, 2° col. Des accidents produits par les scies circulaires, les monte-courroies, les monte-charges, les machines agricoles, *ib.* 3° col.

MONTÉE. *Ajoutez :* || 7° Montée de la crème, mouvement qui se produit dans le lait en repos, et par lequel la crème vient au-dessus du lait. || 8° La hauteur de la crue d'un cours d'eau. D'après les dernières nouvelles reçues des stations hydrométriques, la Seine éprouvera une montée totale de 2 mètres, comptée depuis le 15 octobre, *Journ. offic.* 22 oct. 1872, p. 6615, 1re col. L'Oise entre en crue ; sa montée, comptée à partir de samedi, atteindra 90 centimètres, *ib.* 5 janv. 1875, p. 60, 2° col. || 9° Le mouvement par lequel la sève monte dans les végétaux. Selon M. Marion, c'est surtout pour les vignes des environs de Marseille, vers la montée de mai, qu'il faut traiter les ceps par les sulfocarbonates, H. DE PARVILLE, *Journ. offic.* 18 juil. 1876, p. 5111, 1re c. || 10° Poussée, dans les mines, qui exhausse le sol et menace de danger le mineur. Ce n'est point assez pour le mineur d'assurer son toit et de veiller aux parois de ses galeries : le sol même qu'il foule marchera sur lui par cette force puissante appelée la montée ; la terre d'en haut, de côté et d'en bas se resserre instinctivement sur la taupe humaine, *Rev. Brit.* oct. 1872, p. 350.

MONTER. || **22°** *Ajoutez :* || Terme de turf. Un cheval monte, quand, perdant quelqu'une de ses qualités, la proportion dans laquelle on pariait contre lui augmente. Si un cheval valait 7 contre 1, et qu'on le cote 8 ou 9 contre 1, il monte en même temps que sa valeur baisse.

— REM. *Ajoutez :* || **4.** Il avait froid ; il a monté se chauffer chez son directeur ; manière populaire de parler.

† **MONTE-RESSORT.** *Ajoutez :* — REM. Le monte-ressort est un instrument propre à démonter et à remonter, non pas un fusil, mais le ressort de la platine d'un fusil.

MONTEUR. *Ajoutez :* || **5°** Monteur en bronze, celui qui assemble et ajuste les différentes pièces dont se composent les ouvrages en bronze, tels que candélabres, pendules, etc. *Tarif des patentes*, 1858. || **6°** Monteur d'affaires, celui qui s'occupe de créer, de faire naître des affaires d'argent, des entreprises. Les courtiers d'argent et les monteurs d'affaires, *Journ. offic.* 1872, p. 4415, 1re col.

† 1. **MONTFAUCON.** *Ajoutez :* Au moyen âge, lorsque saint Balderic veut se retirer dans la solitude, il suit un faucon, et se fixe où l'oiseau se pose ; le lieu garde le nom de Montfaucon, MICHELET, *Origines du droit*, p. 72.

† **MONTGENETTES** (mon-je-nè-t'), *s. f. pl.* Des montgenettes, recueil de chansons composées à Montgent par de bons vivants de la joyeuse société d'autrefois, *Manuscrit de Fuzelier*, cité dans *le Temps*, 2 fév. 1875.

† **MONTILLE** (mon-ti-ll', *ll* mouillées), *s. f.* Nom donné, dans les Bouches-du-Rhône, aux petites dunes et aux herbages grossiers qui occupent les parties purement sablonneuses de la Camargue, *les Primes d'honneur*, Paris, 1872, p. 493. Le sable provient des dunes ou montilles qui se retrouvaient sur le bord des terres cultivées [dans la Camargue], *Rapport de la comm. du phylloxéra de l'Hérault*, 10 août 1874, p. 5742, 2e col.

— ÉTYM. Diminutif de *mont.*

† **MONTMÉLIAN** (mon-mé-li-an), *s. m.* Nom d'un cépage rouge, dans l'Ain, *les Primes d'honneur*, Paris, 1870, p. 379.

MONTOIR. *Ajoutez :* || **4°** Service de selle, en parlant d'un cheval. L'anglo-normand, cheval de l'époque, capable de tous les genres de travail, apte à tous les services, propre au montoir comme à l'attelage, recherché par le commerce de luxe et par l'armée, BOCHER, *Rap. à l'Assemb. nat.* n° 1910, p. 35.

MONTRE. *Ajoutez :* || **16°** Montre des pasteurs, instrument portatif composé d'un cylindre et d'un style mobile, et qui donne l'heure par la hauteur du soleil. || **17°** Montre kilométrique, espèce de compte-pas dit aussi hodomètre, pédomètre, podomètre, instrument indiquant la distance parcourue en marchant, *Journ. offic.* 14 avr. 1874, p. 2732, 1re c.

MONTURE. *Ajoutez :* || **6°** Terme rural. Les animaux et les instruments aratoires servant à exploiter une terre. Vente de la belle monture garnissant la terre de Mémartin, en Juilley.... *Avranchin*, 22 fév. 1874, *Annonces.*

† **MONUMENTALISER** (mo-nu-man-ta-li-zé), *v. a.* Néologisme. Donner le caractère monumental. Rubens, Van Dyck, Raphaël, Titien, Voltaire, Aristote, Montesquieu, Newton, Cuvier, etc. ont-ils pu monumentaliser leurs œuvres sans les ressources d'une existence princière? H. DE BALZAC, *Études de mœurs au XIXe siècle, Préface.*

† **MONUMENTÉ, ÉE** (mo-nu-man-té, tée), *adj.* Néologisme qui tend à s'introduire dans la langue du droit. Attesté par acte authentique, par opposition aux actes sous seing privé, critiquables et modifiables. Il n'en saurait être ainsi [l'inscription de faux est indispensable], lorsque la convention monumentée, la vente et la lecture de l'acte sont argués de faux, lorsque ce sont les faits que l'officier public avait le devoir et le droit d'établir qui sont incriminés, *Gaz. des Trib.* 14 avril 1876, p. 365, 1re col.

† **MOPS** (mops'), *adj.* Chien mops, espèce de bouledogue.

— ÉTYM. Μόψος, nom d'un Argonaute ; *Mopsus*, nom de berger.

† 1. **MOQUE.** *Ajoutez :* — ÉTYM. Limousin, *moco* sorte de vase, qui paraît être le même que le provençal *mauca*, panse, CHABANEAU, *Rev. des lang. rom.* t. II, p. 210, 1871. Diez tire *mauca*, catal. *moca*, du germanique : flamand, *mooke*, panse.

MOQUÉ. *Ajoutez :* || **2°** Substantivement, le moqué, celui qui est un objet de moquerie. C'est ainsi qu'il faut, quand on se moque, Que le moqué toujours sorte fort satisfait, CORN. *Lexique*, éd. Marty-Laveaux.

† **MOQUE-DIEU** (mo-ke-dieu), *s. m.* Celui qui se moque de Dieu, hypocrite. Oui, ce sont ces moque-Dieu qui sont les véritables ennemis de sa puissance, *les Aventures de M. d'Assoucy*, t. I, p. 242, 2 vol. Paris, 1677.

— HIST. XVIe s. Ilz [les moines] comptent force patenostres, entrelardées de longs *Ave Maria*, sans y penser ny entendre ; et ce j'appelle mocque Dieu, non oraison, RAB. I, 40.

† 2. **MORAILLON** (mo-ra-llon, *ll* mouillées), *adj. invar.* Émeraude moraillon, émeraude brute. Les analyses qu'il vient de faire sur les émeraudes moraillon, c'est-à-dire les émeraudes brutes, H. DE PARVILLE, *Journ. offic.* 17 déc. 1869, p. 1647, 3e col.

— ÉTYM. Ce paraît être le même mot que *morion* 2 (voy. ce mot au Dictionnaire).

† **MORAINIQUE** (mo-rè-ni-k'), *adj.* Qui a rapport aux moraines des glaciers. Paysage morainique, paysage coupé par d'anciennes moraines, DESOR, dans *Rev. des Deux-Mondes*, 15 avril 1875, p. 848. Barrages morainiques, CHARLES MARTINS, *ib.* p. 857.

MORALEMENT. *Ajoutez :* — HIST. XVe s. Mon divin roy, parlant moralement, Ce beau jardrin c'est saincte mere eglise, JEAN JORET, *le Jardrin salutaire*, p. 121.

† **MORATIN** (mo-ra-tin) ou **MORATON** (mo-raton), *s. m.* Nom, dans l'Aunis, d'une espèce de canard sauvage, *Gloss. aunisien*, p. 126.

— ÉTYM. *More*, noir.

† **MORBIDITÉ** (mor-bi-di-té), *s. f.* État de ce qui est morbide. Ils [les médecins de Paris] ont tous l'opinion préconçue de la morbidité incurable des maladies du cœur, H. DE BALZAC, *Lettre*, dans *le Temps*, 24 oct. 1876, 3e page, 1re col.

† **MORDORURE.** *Ajoutez :* Sur la mordorure d'un fond de cuir brun, ramagé de fleurs d'or, dit cuir de Cordoue,... la sainte Vierge se détache portant son divin *Bambino*, *Journ. offic.* 13 mars 1874, p. 1050, 1re col.

† 2. **MORDS** (mor), *s. m.* Compartiment de la série des chauffoirs, *Enquête sur les sels*, 1868, t. I, p. 510.

1. **MORELLE.** *Ajoutez :* || **2°** Un des noms provinciaux de la macreuse. La macreuse, vulgairement appelée morelle, qui pullulait sur les étangs de la Bresse.... *Monit. univ.* 13 nov. 1868, p. 1472, 6e col.

† **MORGANATIQUE.** *Ajoutez :* — REM. Le mariage morganatique est un mariage à propos duquel il est stipulé que la femme, de naissance inférieure, et ses enfants éventuels seront exclus des prérogatives de caste et de l'héritage du mari et du père. La loi prussienne accorde ces mariages à toute la noblesse, grande et petite, et même aux conseillers royaux.

† **MORGEN** (mor-ghèn), *s. m.* Nom allemand d'une mesure de terre, valant vingt ares un quart. Chaque morgen de terre est frappé en moyenne d'un impôt foncier de 44 kreuzers (1 fr. 57 c.), *Journ. offic.* 27 mai 1872, p. 3535, 2e col.

— ÉTYM. All. *Morgen*, matinée : ce qu'on peut labourer en une attelée.

2. **MORGUE.** *Ajoutez :* — REM. La morgue était originairement le second guichet du Grand-Châtelet ; on y gardait les nouveaux prisonniers pendant quelques instants, afin que les guichetiers pussent les morguer à leur aise, c'est-à-dire les dévisager attentivement, et se graver leurs traits dans la mémoire, MAXIME DU CAMP, *Rev. des Deux-Mondes*, 1er nov. 1867, p. 208.

† **MORGUEUR.** *Ajoutez :* || *Adj.* Morgueur, morgueuse. Le ton de supériorité morgueuse qu'affecte l'initié de Berlin, lorsqu'il daigne expliquer les grands mystères aux Allemands qui n'ont pas eu le bonheur de naître Prussiens, et qui ne seront jamais que des Prussiens de seconde classe, *le Journalisme allemand, Rev. des Deux-Mondes*, 1er mai 1875.

† **MORIFORME** (mo-ri-for-m'), *adj.* Qui est en forme de mûre.

— ÉTYM. Lat. *morum*, fruit du mûrier, et *forme.*

MORILLON. — HIST. *Ajoutez :* || XIVe s. Buvons, buvons De ceste purée Qui est degoutée De ces morillons [raisins noirs], *Rev. critique*, 5e année, 2e sem. 386.

† 2. **MORILLON** (mo-ri-llon, *ll* mouillées), *s. m.* Fausse orthographe pour morion (voy. MORION 1), sorte de punition militaire. On aurait eu le morillon, Et fait longtemps le pied de grue En sentinelle dans la rue, *le Burlesque On de ce temps*, IIIe partie, p. 5 et 6, Paris, 1648, dans CH. NISARD, *Parisianismes*, Paris, 1876, p. 28.

† **MORINGE.** *Ajoutez :* — ÉTYM. Arabe, *mirnedj* DEVIC, *Dict. étym.*

† **MORIO** (mo-ri-o), *s. m.* Espèce de papillon. Tous nos grands papillons des bois, les morios bruns, lisérés de jaune, les vulcains diaprés d'un rouge feu, les mars à la robe couleur d'iris, A. THEURIET, *Rev. des Deux-Mondes*, 1er oct. 1874, p. 572. Dans l'Europe centrale et dans l'Amérique du Nord vit la belle vanesse si connue des amateurs sous le nom de morio, E. BLANCHARD, *Rev. des Deux-Mondes*, 15 juin 1874, p. 848.

1. **MORION.** *Ajoutez :* — REM. Le morion était le casque de l'arquebusier ; le timbre en avait une forme ogivale ; les bords en étaient abaissés sur les oreilles et relevés en avant et en arrière.

† 2. **MORION.** || **1°** *Ajoutez :* Il existe en ce moment à Berne une collection de morions, ou cristaux enfumés, d'une grande beauté, *Journ. offic.* 9 janv. 1869, p. 1, 4e col.

† **MORMYRE** (mor-mi-r'), *s. m.* Espèce de poisson électrique. La torpille, le mormyre, le silure, le malaptérure, la gymnote et la raie développent spontanément une quantité plus ou moins considérable d'électricité, F. PAPILLON, *Rev. des Deux-Mondes*, 1er août 1872, p. 665.

— ÉTYM. Μορμύρος.

† **MORNANT** (mor-nan), *s. m.* Nom d'un cépage blanc, dans l'Ain, *les Primes d'honneur*, Paris, 1870, p. 379.

† **MORNEMENT.** — HIST. *Ajoutez :* XIIe s. Devant le roi en est venus, Et dist : mangiés hastivement, Rois, ne soiés si mornement, *Perceval le Gallois*, v. 17752.

† **MORNIER** (mor-nié), *s. m.* Nom, dans le Rhône, d'un cépage, *les Primes d'honneur*, Paris, 1872, p. 420.

MOROSE. *Ajoutez :* — REM. Morose est plus ancien que l'édition du Dictionnaire de l'Académie de 1762 ; car Huet s'en est servi : Le P. Petau était rude et rebours ; et, pour me servir du terme que Vossius lui appliquait, il était morose, *Huetiana*, p. 71, 1722, in-12.

† **MORPHINÉ, ÉE** (mor-fi-né, née), *adj.* Terme de physiologie expérimentale. Qui a reçu dans ses tissus de la morphine. On prend une grenouille morphinée, HENNEGUY, *Étude sur l'action des poisons*, p. 23, Montpellier, 1875.

† **MORPHINISME** (mor-fi-ni-sm'), *s. m.* Terme de médecine. Ensemble d'accidents que cause l'usage répété des préparations de morphine, et qui sont analogues à ceux de l'empoisonnement alcoolique. Le morphinisme s'observe surtout à la suite de l'abus des injections sous-cutanées de morphine. Le morphinisme aigu et chronique, *Thèse* du docteur Calvet.

— ÉTYM. *Morphine.*

MORS. || **1°** *Ajoutez :* || Mors de grenouille, nom vulgaire de l'*hydrocharis morsus ranæ.*

† **MORSE.** — ÉTYM. M. Bugge, *Romania*, n° 10, p. 157, dit : « Littré explique le franç. mod. *morse* par cheval de mer, du danois *mar*, mer, et *ros*, cheval, mais ni en danois, ni ailleurs on ne trouve un substantif *marhross* comme nom du *morse* ; c'est pourquoi je conjecture que *morse* est une métathèse pour *rosme*, du danois *rosmer*, norois *rosmall*, *rosmhvalr*, morse. » Mais, un peu plus tard, *Romania*, juillet-octobre, 1875, p. 363, il ajoute : « D'après une communication de M. V. Thomsen de Copenhague, *morse* n'est point un mot d'origine danoise, mais il est identique au polonais *mors*, bohém. *mrz*, finnois *mursu*. lapon *mors*. »

MORSURE. *Ajoutez :* || **6°** Fig. Morsure d'âme, remords. Personne ne se peut offenser que vous vous mettiez en repos ; c'est chose que vous pouvez faire sans regret ni morsure d'âme quelconque, MALH. *Lexique*, éd. L. Lalanne.

1. **MORT.** *Ajoutez :* || **17°** Corps mort, voy. CORPS, n° 20. || **18°** Terme de mécanique. Point mort, poids mort, voy. POINT et POIDS au Supplément. || **19°** Terme d'exploitation de la houille et des mines. Mort terrain, voy. MORT-TERRAIN au Supplément.

|| 20° Perles mortes, perles qu'on pêche dans les parages de l'Écosse, et qui ressemblent à des yeux de poisson, CH. BLANC, *l'Art dans la parure*, p. 319.

— REM. En termes de fortification, l'angle mort est la partie du fossé d'un ouvrage de fortification qui, située au-dessous du plan de la plongée, n'est battue ni par des feux directs, ni par des feux de flanc.

3. **MORT.** *Ajoutez :* || 20° Arbre de mort, le mancenillier, BAILLON, *Dict. de botan.* p. 257.

MORTALITÉ. *Ajoutez :* || 6° Les mortalités, les nécessités de la vie humaine (mot de Mme de Sablé). Le chevalier ne mangeait point avec elle ; car la marquise tient pour maxime qu'il ne faut qu'un amant fasse devant sa maîtresse que ce qui est de l'essentiel de l'amour, et que, par exemple, il ne faut qu'une grimace en mangeant, ou quelque petite indécence pour tout gâter ; elle appelle cela faire des mortalités, TALLEMANT DES RÉAUX, t. V, p. 281, éd. P. Paris.

MORT-BOIS. *Ajoutez :* — HIST. XVI° s. Quant au mort-bois, je trouve une ordonnance du roy François du 4 octobre 1533 par laquelle il veut qu'au parlement de Paris soit observée la définition qui est en la charte normande, que mort-bois soit entendu bois de saule, morsaule [marsault, *salix caprea*], epine, puyne, seuz, aulne, genest, genevre et non autres arbres ; mais, par l'ordonnance de l'an 1518, art. 25, le tremble, le charme et le bouleau ou boulas sont reputés mort-bois, pour ce qu'ils ne portent aucun fruit servant à usage, et est ainsi observé en pays nivernois, GUY COQUILLE, *Inst. au dr. françois*, p. 69, éd. 1665 de ses œuvres.

† **MORTERILLE** (mor-te-ri-ll', *ll* mouillées), *s. f.* Nom, dans la Haute-Garonne, d'un cépage blanc, *les Primes d'honneur*, Paris, 1869, p. 431.

MORT-GAGE. *Ajoutez :* Le mort-gage est une convention par laquelle le débiteur abandonne un héritage à son créancier, pour en toucher les revenus en compensation des intérêts de la créance, MERLIN, *Répert. de jurispr.* au mot *mort-gage.* || 2° Dans quelques coutumes, donner un bien en mort-gage, c'est le donner entre vifs ou par testament, pour en jouir tant que le donateur, son héritier ou celui du testateur n'aura pas payé au donataire ou légataire la somme fixée par le testament ou l'acte de donation, ID. *ib.*

MORTIER. *Ajoutez :* || 9° Cavité faite dans une forte pièce de bois, où, pour la fabrication de la poudre, le soufre, le salpêtre et le charbon sont battus ensemble par des pilons.

— REM. En artillerie, le mortier est une bouche à feu courte, de fort calibre, montée sur un affût bas et sans roues ; le mortier lance des bombes et des grenades ; le tir en a généralement lieu sous un angle très-élevé ; on désigne le mortier par son diamètre exprimé en pouces ou en centimètres : mortier de 8 pouces, mortier de 32 centimètres. || Mortier à la Gomer, mortier dont la chambre est tronconique. Mortier à l'espagnole, ancien mortier dont la chambre est concave. || Mortier-Comminges, mortier de 18 pouces dont la bombe pèse 250 kil. || Mortier à plaque, mortier employé par la marine ; il est coulé avec une plaque, de manière à être toujours pointé sous l'angle de 42° 1/2, qui est l'angle de la plus grande portée dans l'air. || Mortier éprouvette, mortier particulier employé dans les écoles d'artillerie pour éprouver la portée de la poudre.

† **MORTS-FLATS.** Voy. FLACHERIE au Supplément. || *Au sing.* Mort-flat se dit aussi du ver à soie malade de cette maladie. Tout fut bientôt mort-flat dans la magnanerie.

† **MORT-TERRAIN** (mor-tè-rin), *s. m.* Terme d'exploitation des mines. Terrain qui ne contient aucune matière utile et qui augmente l'épaisseur de la couche à percer. Les conditions de l'exploitation [de la houille] sont rendues plus onéreuses par ce fait, qu'en France les dépôts se trouvent enfouis sous des épaisseurs considérables de morts-terrains, BADAU, *Rev. des Deux-Mondes*, 1er oct. 1875, p. 674. Cela s'explique par la plus grande profondeur des puits, le charbon étant recouvert par une plus grande épaisseur de morts-terrains..., DUCARRE, *Rapport* 2180 *à l'Assemblée nationale*, p. 56.

MORTUAIRE. *Ajoutez :* — REM. Au n° 7, mortuaire avec le sens de tableau des décès est dit féminin. Ici il est fait masculin : Ces nombreux nouveau-nés qui, envoyés en nourrice à la campagne, cessent de faire partie de la jeune population et déchargent ainsi le mortuaire parisien, *Journ. offic.* 8 août 1875, p. 6540, 3° col. Mais il faut suivre l'usage des démographes, qui font féminin ce mot souvent employé par eux.

† **MORUTIER** (mo-ru-tié), *s. m.* Pêcheur de morue. S'il a la main prompte et le coup d'œil du vrai morutier, s'il est sobre et rangé, il achète bientôt un bateau pour son compte, *Rev. des Deux-Mondes*, 1er nov. 1874, p. 122.

— ÉTYM. *Morue*, mais il vaudrait mieux dire *moruyer*, mot déjà appliqué au navire qui va à la pêche de la morue.

† **MORVANDELLE** (mor-van-dè-l'), *adj. f.* Qui est du Morvan, qui appartient au Morvan. Race bovine morvandelle.

MOSAÏQUE. *Ajoutez :* || 6° Muraille en mosaïque, muraille bâtie en pierres entre-croisées. Cette ablation gigantesque a produit un escarpement d'une cinquantaine de mètres de hauteur que la compagnie des Dombes et Sud-Est avait fait revêtir d'une épaisse muraille en mosaïque, formant terrasse et retenant les couches de terre, *Journ. offic.* 8 juill. 1876, p. 4957, 2° col. || 7° *Adj.* Qui a le caractère de la mosaïque. Le tableau mosaïque le plus important est placé dans le tympan au-dessus de la porte principale, J. LABARTE, *Hist. des arts industr. au moyen âge*, 2° éd. t. I, p. 28.

MOSCOUADE. — ÉTYM. *Ajoutez :* M. Roulin a trouvé l'origine de ce mot : c'est le portug. *mascabado*, moins blanc, non purifié, en parlant du sucre. Il vient de *mascabar*, décréditer, déprécier ; le même que l'esp. *menoscabar*, déprécier, de *mas* ou *menos*, moins, et *cabo*, tête, chef.

† **MOSETTE** (mo-zè-t'), *s. f.* Espèce de camail que portaient les cordeliers, et que portent encore les évêques.

— ÉTYM. Ital. *mozzetta*, aumusse, le même que *almuzza* (voy. AUMUSSE).

MOT. *Ajoutez :* || 27° Le mot de la fin, le mot, le trait par lequel on termine un discours, un article. Ce mot-là, messieurs, je l'ai retenu parce qu'il m'a paru devoir être le mot de la fin, *Journ. offic.* 1er avril 1873, p. 2275, 1re col. || 28° Rapprochement instantané entre deux idées dont le rapport n'était pas visible. Il y a beaucoup de mots dans cette pièce. Cette scène pétille de mots.

— REM. *Ajoutez :* || 3. Il est bon de rappeler l'idée de Bayle sur la naissance des mots. Notez que la naissance d'un mot est pour l'ordinaire la mort d'un autre ; c'est comme à l'égard des productions de la nature, BAYLE, *Dict. Poquelin*, note D.

MOTIF. *Ajoutez :* — REM. On a dit de son propre motif, pour : de son propre mouvement. On fut étonné d'apprendre que M. de Sève, de son propre motif et à ses dépens, avait fondé pour M. Stella une messe basse à perpétuité.... GUILLET DE ST-GEORGES, dans *Mém. inéd. sur l'Acad. de peinture*, publ. par Dussieux, etc. t. I, p. 427.

MOTION. *Ajoutez :* || 6° Terme de fabricant de tulle. Le mouvement de va-et-vient du métier servant à faire la torsion des fils. Deux motions sont nécessaires pour une torsion des fils.... le tulle est à huit motions, quand quatre torsions de fils suffisent pour former une treille ; il est à seize motions, quand il faut huit tortions pour faire une treille, *Enquête, Traité de comm. avec l'Anglet.* t. VI, p. 629.

† **MOTIONNAIRE** (mo-sio-nè-r'), *s. m.* Il s'est dit, dans le langage de la révolution, de celui qui faisait des motions dans les clubs, sur la place publique, etc. J'ai le récit d'un meurtre, là le chant d'un vaudeville ; les propositions de la débauche à côté du tréteau du motionnaire, CHAMFORT, *Tableaux historiques*, 21° *tableau.*

† **MOTIONNEUR** (mo-sio-neur), *s. m.* Néologisme révolutionnaire. Même sens que motionnaire. Plusieurs extravagants, à cerveaux brûlés, grands motionneurs pour ne rien dire, *L. du P. Duchêne*, 122° lettre, p. 3.

† **MOTTIÈRE** (mo-tiè-r'), *adj. f.* Tourbe mottière, nom, dans la Loire-Inférieure, de la tourbe employée à faire des mottes.

1. **MOU.** *Ajoutez :* || 9° En termes d'artillerie, on dit qu'un tir est mou, quand la charge employée est faible et que l'angle de tir est très-élevé.

MOUCHARD. — ÉTYM. *Ajoutez en confirmation de mouche comme origine du mot :* L'étymologie par *Mouchy* est impossible. On en trouve la preuve en une note ajoutée dans la *Nouvelle biographie générale* (Didot), à l'article concernant ce personnage : « C'est à tort que Mézeray et quelques autres écrivains ont prétendu que du nom de *Mouchy* on a fait celui de *mouchard* ... On trouve, dans l'*Epistre écrite des Champs-Elysées* sous le nom de Pierre Faifeu, mystère de la Passion représenté vers le milieu du XV° siècle (Mouchy fut inquisiteur en 1539), une servante qui, en parlant des sergens du guet, leur dit : Vous estes bien à loisir D'aller à ceste heure *moucher* ; Il est temps de s'aller coucher. »

† **MOUCHARDER.** — HIST. XVI° s. *Ajoutez :* Son frere Regnault Doulcet, qui se disoit des signalez, employa fort son credit vers le conseil qui congnoissoit le suppliant pour ung homme fort propre à mouscharder et à descouvrir les mesches dont ilz avoient à faire, ANT. RICHART, *Mém. de ce qui s'est passé en la ville de Laon jusqu'à l'année 1596*, p. 297.

MOUCHE. *Ajoutez :* || 27° Nom donné, dans quelques provinces, à une affection singulière qui s'empare des bêtes à cornes réunies dans une foire ; tout à coup elles deviennent furieuses, se jettent sur leurs gardiens, renversent tout sur leur passage, et causent un grand désordre, NOËLAS, *Légendes*, p. 275. || 28° Petit bateau à vapeur faisant un service d'omnibus, d'abord à Lyon, puis à Paris, depuis l'exposition internationale de 1867. Depuis plusieurs jours le service des mouches est complétement interrompu [à Lyon].... par l'impossibilité d'aborder les pontons qui mettent ces omnibus aquatiques en communication avec les bas-ports submergés, *Journ. offic.* 4 déc. 1872, p. 7514, 3° col. || 29° Arbre mouche, le *weinmannia macrostachya*, DC., à l'île Maurice, BAILLON, *Dict. de bot.* p. 257.

MOUCHER. || Proverbes. *Ajoutez :* || Se moucher dans ses doigts, être habile, intelligent, résolu. Il sait se moucher dans ses doigts, *le Déjeuner de la Rapée*, p. 15, dans CH. NISARD, *Parisianismes*, p. 160.

— HIST. || XVI° s. *Ajoutez :* Celui qui trop se mouche, comme dit le proverbe, attrait le sang, *le Bureau du concile de Trente*, 1586, p. 11. On sait ce que dit le proverbe : Qui mouche trop, il tire le sang, SLEIDAN, *Hist. de l'estat de la religion sous Charles V*, p. 47, *verso.*

† **MOUCHERIE** (mou-che-rie), *s. f.* Flux de mucosité par les narines qui force à se moucher souvent. C'est une chose étrange que cette moucherie [chez Pauline, fille de Mme de Grignan], SÉV. *Lett. à Mme de Grignan*, 2 mai 1689, dans *Lett. inéd.* éd. Capmas, t. II, p. 292.

1. **MOUCHERON.** — HIST. *Ajoutez :* XIV° s.... Et afflicte De moucerons fu la terre, MACÉ, *Bible en vers*, f° 20, 3° col.

† **MOUCHERONNE** (mou-che-ro-n'), *s. f.* Nom de jeunes truites dans le pays d'Avranches. C'est avec regret que nous ne voyons pas compris dans ces prohibitions l'emploi des hameçons ayant moins d'un centimètre d'ouverture sur trois de longueur, qui eussent, à notre avis, empêché la destruction des jeunes truites, dites moucheronnes, *l'Avranchin*, 12 déc. 1875.

† 2. **MOUCHETTE.** || 3° Chez les lapidaires faussetiers, nom donné à la partie la plus grossière d'un mélange de terre de Normandie et de ciment de terre cuite pilé à la grosseur de la graine de navet ; la partie la plus fine se nomme fleur, CHRISTEN, *Art du lapidaire*, p. 423.

MOUCHEUR. || 2° *Ajoutez :* Les comédiens n'emploient à ces personnages muets que leurs moucheurs de chandelles et leurs valets, P. CORN. *Examen du Cid.*

MOUCHOIR. — HIST. *Ajoutez :* XIV° s. *Emunctorium*, mouscoirs, ESCALLIER, *Vocab. lat.-franç.* 897, *Monctorium*, moschoirs, ID. *ib.* 1700.

† **MOUCHON** (mou-chon), *s. m.* Petite mouche. Quand les petits mouchons des abeilles commencent à prendre forme, on les appelle nymphes, et lors ils ne sauraient encore voler sur les fleurs.... il est vrai, nous sommes encore de petits mouchons en la dévotion...., SAINT FRANÇOIS DE SALES, *Introd. à la vie dévote*, IV, 2.

† **MOUCRE** (mou-kr'), *s. m.* Muletier, celui qui a des mules à louer.

— ÉTYM. Espagn. *almocreve* ; portug. *almoqueire*, muletier ; de l'arabe *al-mocârî*, muletier, de *cara*, louer.

† **MOUILLE.** *Ajoutez :* || 3° Action de mouiller, de tremper dans l'eau. Attendu qu'à l'arrivée, la marchandise était tellement avariée par la mouille qu'il fut impossible d'en prendre livraison... une certaine quantité de haricots, contenue dans un des sacs, était dans un état complet de putréfaction produite par une mouille ancienne.... *Gaz. des Trib.* 11-12 mai 1874, p. 455, 4° col.

† **MOUILLEMENT.** *Ajoutez :* || 2° Terme de gram-

maire. Action de mouiller certaines lettres et particulièrement les *l*. M. Gessner commence ce chapitre par l'examen du traitement des groupes latins médiaux *tl, cl, gl, pl*, en observant qu'ils éprouvent en espagnol deux accidents, l'aspiration et le mouillement, *Romania*, n° 13, janvier 1875, p. 30. D'après M. Vinson, ce ne seraient [certaines lettres des langues dravidiennes] que des dentales précédées d'un mouillement, A. HOVELACQUE, *Linguistique*, p. 78, Paris, 1876.

MOUILLER. — HIST. || XVI° s. *Ajoutez* : Je mouille, je humette, je boy, et tout de paour de mourir, RAB. I, 5 (rapprocher ce *mouiller* de Rabelais de la locution populaire : *être mouillé*, avoir trop bu).

† **MOUILLEUR.** *Ajoutez* : || 2° Appareil propre à mouiller les feuilles de tabac, dans les manufactures, *Réponse aux questions posées dans l'enquête sur le monopole des tabacs et des poudres*, p. 103, Paris, 1874. || 3° *Adj.* Mouilleur, mouilleuse, qui mouille, qui humecte. La mouillade, si peu uniforme autrefois, se fait maintenant avec une complète régularité dans le cylindre mouilleur, *Journ. offic.* 29 nov. 1875, p. 9801, 2° col.

† **MOUILLEUX, EUSE** (mou-lleû, lleû-z', *ll* mouillées), *adj.* Terme d'agriculture. Humide et détrempé, en parlant des terrains. Classification des terrains mouilleux ou aquatiques, ce sont ceux qui sont constamment détrempés, où l'eau apparaît sous la pression du pied, mais où elle a de l'écoulement, G. BAGNERIS, *Man. de sylvic.* p. 18, Nancy, 1873. Les vignes situées dans des terrains mouilleux, PLANCHON, *Revue des Deux-Mondes*, 1er fév. 1874, p. 544.

1. **MOULAGE.** *Ajoutez* : || 5° Moulage des boulets, des canons, action de faire les moules en sable dans lesquels on doit couler le métal destiné à former les boulets, les canons.

1. **MOULE.** *Ajoutez* : || 15° Nom d'une ancienne mesure locale pour le bois de chauffage, très-employée encore dans quelques provinces. || 16° Nom donné à la corde de charbonnette, qui est de deux stères et demi, quantité qui donne ordinairement un mètre cube de charbon, NANQUETTE, *Exploit. débit et estim. des bois*, Nancy, 1868, p. 36.

2. **MOULE.** — HIST. *Ajoutez* : XIII° s. *Conchæ marinæ quas gallice* moules *dicunt*, TOUGARD, *Une page d'hist. locale*, p. 12

— ÉTYM. *Ajoutez* : Dans l'Aunis, on dit *moucle* (avec conservation du *c* étymologique), *moucle chenue*, grosse moule garnie de byssus, *Gloss. aunisien*, la Rochelle, 1870, p. 126.

† **MOULEAU** (mou-lô), *s. m.* Petit pain d'une substance qu'on met en moule. La déclaration relative aux trois cents mouleaux contenus dans la chambre chaude était manifestement contraire à la vérité, eu égard aux dimensions de la chambre et aux besoins du travail, *Gaz. des Trib.* 3 déc. 1876, p. 1171, 4° col. (il s'agit de margarine).

† 2. **MOULÉE** (mou-lée), *s. f.* Terme de marchand de bois. Beau bois de chauffage, ainsi nommé parce qu'il se mesure avec une mesure dite moule. Cette essence [le chêne], qu'on rencontre généralement associée au hêtre dans une trop faible proportion, est très-recherchée et estimée, avec son écorce, dans la moulée marchande, *Mém. de la Soc. cent. d'agric.* 1873, p. 289. On s'attend à une augmentation sur les bois de moulée, après les adjudications, *Journ. offic.* 16 sept. 1872, p. 6044, 2° col. Dans le Morvan, le pays du flottage à bûches perdues; vous ne savez pas ce que c'est? eh bien! pendant l'hiver on fait la moulée, l'abatis des arbres, et puis les bûches, martelées à la marque de chaque marchand, attendent l'époque du flot, TH. BENTZON, *Rev. des Deux-Mondes*, 1er juin 1876, p. 553.

— ÉTYM. *Moule* 1.

† **MOULIÈRE.** *Ajoutez* : || 2° *Adj.* Industrie moulière, industrie qui a pour objet la production et l'exploitation des moules (mollusques), *Journ. offic.* 12 sept. 1876, p. 6918, 1re col.

MOULIN. *Ajoutez* : || 4° Moulin à poudre, moulin à faire la poudre ; moulin à meules, celui où les matières destinées à composer la poudre sont pressées sous des meules verticales; moulin à pilons, celui où ces matières sont battues par des pilons dans des mortiers. || 5° Chute d'eau qui se creuse un conduit à l'intérieur des glaciers, et qui, finissant par en percer la masse, tombe au fond et va frapper le roc, entraînant avec elle du gravier et des terres. Les savants naturalistes dans leurs écrits, les guides dans le récit de leurs courses aventureuses, racontent beaucoup de choses sur les moulins des glaciers, sur leurs fissures, leurs pyramides, leurs bancs de sable et autres phénomènes curieux qui sont visibles à leur surface, *Journ. offic.* 16 oct. 1873, p. 6429, 2° col. Il n'est point de touriste, traversant la mer de glace de Chamounix, à qui son guide n'ait montré les cascades appelées moulins.... les moulins de nos glaciers sont des miniatures, CH. MARTINS, *Rev. des Deux-Mondes*, 15 avr. 1875, p. 857. || 6° Moulin à lumière, nom, en Allemagne, d'un appareil où la rotation d'une roue placée au centre d'un tube de Geissler est produite par un effet dynamique spécial à l'électricité, W. DE FONVIELLE, *Acad. des sc. Comptes rend.* t. LXXXIII, p. 149.

† **MOULINERIE** (mou-li-ne-rie), *s. f.* Usine où l'on mouline la soie. Fileries ou moulineries de soies grèges, DUCARRE, *Journ. offic.* 18 nov. 1875, p. 9432, 3° col.

MOULINET. *Ajoutez* : || 14° Moulinet de Woltmann, appareil muni d'une roue à ailettes inclinées, qui sert à mesurer la vitesse d'un courant à une profondeur quelconque.

MOULINEUR. *Ajoutez* : || 3° Terme de mines. Ouvrier qui fait au jour ce que les chargeurs font au fond. Moulineurs, également à la tâche, gagnent 4 fr. 25, *la Revue scient.* 21 août 1875, p. 185.

† **MOULISTE** (mou-li-st'), *adj.* Usité dans cette locution : ferblantier mouliste, ferblantier qui fabrique des moules pour toute sorte de produits comestibles. Ferblantier mouliste, *Alm. Didot-Bottin*, 1871-72, p. 368, 4° col.

† **MOULURÉ, ÉE** (mou-lu-ré, rée), *adj.* A quoi on a fait des moulures. Bois à construire : bois rabotés, rainés et moulurés, d'orme, de chêne et de noyer, *Journ. offic.* 7 fév. 1872, p. 927, 1re col.

† **MOURASTEL** (mou-ra-stèl), *s. m.* Nom, dans différents départements du Midi, d'un cépage noir, dit aussi bauchalès, *les Primes d'honneur*, Paris, 1872, p. 466.

2. **MOURON.** *Ajoutez* : — REM. Le mouron passe en Normandie pour venimeux : Une bonne lessive tue ou fait déloger les venins, tels que mourons ou salamandres, couleuvres, etc. *Avranchin*, 22 mars 1868. Il y a aussi le dicton : Si taupe voyait, Si mouron entendait, Homme ne vivrait.

MOUSQUET. *Ajoutez* : || 2° Mousquet à rouet, mousquet muni d'une platine à rouet pour enflammer la poudre. || Mousquet-fusil, arme à double feu, employée avant l'adoption du fusil à silex; elle porte à la fois la platine à silex et l'ancienne platine à mèche.

— REM. Le mousquet était une arme portative du XVI° siècle, différant de l'arquebuse par son calibre et son poids, qui sont plus forts; ce poids nécessitait une fourchette, sur laquelle on appliquait l'arme pendant le tir.

† **MOUSQUETER** (mou-ske-té ; le *t* se double devant un *e* muet : je mousquette, je mousquetterai), *v. a.* Tirer des coups de mousquet. Il faut faire une grande tranchée au travers dudit chemin, au devant de la redoute, afin que, lorsque les ennemis la voudront passer, on les puisse mousqueter, RICHELIEU, *Lettres*, etc. t. VI, p. 389 (1639).

MOUSQUETON. *Ajoutez* : — REM. Autrefois le mousqueton était une arme à feu portative plus courte et plus légère que le mousquet; on a eu des mousquetons à mèche, à rouet, à silex, à percussion. || Aujourd'hui, c'est une arme portative intermédiaire entre la carabine et le pistolet; elle entre dans l'armement de l'artillerie et de la gendarmerie.

2. **MOUSSE.** *Ajoutez* : || 3° Ouvrier qui n'a pas encore atteint l'âge d'homme. Considérant, en effet, que le jour dont il s'agit le jeune O..., employé en qualité de mousse, dénomination qui est donnée aux ouvriers n'ayant pas encore atteint l'âge d'homme, aux travaux de la compagnie du chemin de fer d'Épernay à Romilly, *Gaz. des Trib.* 4 nov. 1875, p. 1063, 1re col.

† **MOUSSELIN** (mou-se-lin), *s. m.* Officier turc d'un rang secondaire; c'est le lieutenant d'un pacha.

— ÉTYM Arabe, *mousellim*, celui qui sauve, DEVIC, *Dict. étym.*

MOUSSELINE. || 2° *Ajoutez* : En 1826, M. Jourdain, de Trois-Villes, fabriqua le premier cet admirable tissu appelé mousseline de laine, dans la texture duquel entrait la laine la plus fine, et qu'il avait rendue susceptible de recevoir l'impression; dès 1831, on trouve la fabrication et l'impression de ce tissu généralisées, JOHN L. HAYES, cité dans *Mém. d'Agric.* etc. 1870-71, p. 326. || Mousseline de laine à chaîne de coton. En 1833, on vit paraître pour la première fois, présenté simultanément par trois maisons, ce tissu si approprié à la consommation des masses, la mousseline de laine à chaîne de coton, *ib.* || 5° *Ajoutez* : Nous faisons aussi des cristaux de table dits mousseline, minces et demi-minces.... *Enquête, Traité de comm. avec l'Anglet.* t. VI, p. 570.

— ÉTYM. *Ajoutez* : Esp. *muselina*; portug. *murselina, musselina*; de l'arabe *maucili*, adjectif de *al-Maucil*, Mossoul.

MOUSSEUX. *Ajoutez* : || 3° Les grands mousseux, les vins de Champagne mousseux les plus estimés, *les Primes d'honneur*, Paris, 1869, p. 243.

† **MOUSSILLON** (mou-si-llon, *ll* mouillées), *s. m.* Sorte de petite herbe. L'ostréiculteur.... commence par débarrasser le sol [des crassats d'Arcachon] des grandes herbes et des matières étrangères...; mais il a soin de ne pas arracher la petite herbe, communément nommée moussillon, *Journ. offic.* 19 avr. 1875, p. 2823, 2° col.

— ÉTYM. Diminutif de *mousse* 3.

MOUSSON. *Ajoutez* : — REM. 1. La mousson d'hiver ou mousson de l'est règne de janvier à juin; la mousson d'été ou mousson de l'ouest, de juillet à décembre. || 2. On a dit aussi monson. Depuis ce temps, plusieurs vaisseaux viennent à Bassora, chargés de marchandises des Indes, et le temps, ou monson, comme ils l'appellent, auquel viennent les vaisseaux, est au mois de juillet; et ils y demeurent jusqu'à la fin d'octobre, passé lequel temps, ils ne pourraient plus sortir du fleuve, à cause des vents contraires; et justement alors commence la monson pour passer aux Indes, qui dure jusqu'au commencement de mai, THEVENOT, *Voyages*, II, 311.

— ÉTYM. *Ajoutez* : L'arabe *mawsim* signifie proprement époque fixe, fête qui a lieu à une époque fixe de l'année.

† **MOUSTACHU, UE** (mou-sta-chu, chue), *adj.* Néologisme. Qui a de grosses moustaches. Luce [joue] un officier en retraite, bougon et moustachu, ALPH. DAUDET, *Journ. offic.* 24 avril 1876, p. 2905, 3° col.

MOUSTIQUAIRE. *Ajoutez* : — REM. On dit aussi moustiquière. Il les protégent avec une moustiquière contre les piqûres des mouches, *Journ. offic.* 19 oct. 1871, p. 4054, 2° col.

† **MOUTARD.** — ÉTYM. *Ajoutez* : « En 1826 ou 1827, les gamins du faubourg Saint-Jacques, où j'habitais, étaient en guerre avec ceux du quartier Mouffetard.... Les gamins du quartier Mouffetard appelaient leurs adversaires *les Jacques*.... et ceux-ci appelaient les autres *les Mouffetards* : Ohé! méchants Mouffetards! c'était avec ces cris que la bataille s'engageait. De là, par corruption, le nom de *moutard* passa dans la langue populaire de Paris, puis de toute la France. Je ne crois pas qu'on en puisse trouver un exemple antérieur à la date que j'assigne, » DESCHANEL, *le National*, 22 mars 1873, 3° page, 3° col.

MOUTARDIER *Ajoutez* : — REM. La locution : Se croire le premier moutardier du pape, est dans le Trévoux de 1771, et dans les *Mémoires* publiés en 1757 par Dunoyer (La qualité de Mme la consule de Nîmes l'avait rendue si fière qu'elle se croyait la première moutardière du pape), *Courrier de Vaugelas*, 1er juillet 1877, p. 2. On ne connaît rien de plus ancien. Il n'y a pas de moutardier parmi les officiers du pape).

† **MOUTARDON** (mou-tar-don), *s. m.* Nom, dans le Loiret, du *sinapis arvensis*, dit aussi jotte, *les Primes d'honneur*, Paris, 1869, p. 193.

— ÉTYM. *Moutarde*.

MOUTON. || 17° *Ajoutez* : || Fig. Qui est doux, docile comme le mouton. Et la foule tumultueuse en un instant deviendrait moutonne, *Lett. du P. Duchêne*, 68° lettre, page 2. || 18° En Normandie, poire de mouton, poire précoce bonne à manger, DELBOULLE, *Gloss. de la vallée d'Yères*, le Havre, 1876, p. 234. || Proverbe. Lorsqu'un mouton quitte le troupeau, le loup le mange.

— HIST. || XIII° s. *Ajoutez* : Les perrieres [ils] reprendent, s'ont les berfrois levez, Sour pons et so roieles [petites roues] les grans moutons ferrez *Fierabras*, v. 5335.

— ÉTYM. *Ajoutez* : L'objection contre *mutilus*, à cause que l'ancienne langue donne à *mouton* le sens de bélier, s'évanouirait, si, avec M. Roulin, on pensait que le *mouton* est dit ainsi, non parce qu'on le châtre, mais parce qu'on le tond, *motilar* signifiant en espagnol *tondre*, et *mutilare* ayant eu ce sens en latin : *mutilum caput Sileni*, NEMES. *Ecl.* III, 33.

† **MOUTONNADE** (mou-to-na-d'), *s. f.* Poésie,

chanson pastorale. Je venais de chanter de fort jolies moutonnades, dont mes amis étaient dans le ravissement, *Mém. de Mlle Clairon*, p. 171, 2e éd. Paris, an VIII.

† **MOUTONNANT, ANTE** (mou-to-nan, nan-t'), *adj.* Qui moutonne, en parlant de la mer. On a devant soi, plate, grise, fuyante et moutonnante, la mer du Nord, FROMENTIN, *les Maîtres d'autrefois*, p. 159.

† **MOUTONNEMENT** (mou-to-ne-man), *s. m.* Terme de mer. Action de moutonner. Le moutonnement des vagues.

MOUTONNER. *Ajoutez :* ‖ 5° Moutonner un herbage, se dit, dans le Calvados, de l'action de mettre un lot de moutons à engraisser dans un herbage, *les Primes d'honneur*, Paris, 1870, p. 21. ‖ 6° Se moutonner, se dit, en Normandie, du ciel qui se couvre de petits nuages blancs. Le ciel commence à se moutonner, DELBOULLE, *Gloss. de la vallée d'Yères*, p. 234.

† **MOUTONNEUX.** *Ajoutez :* ‖ 2° Se dit, en Normandie, du ciel qui se couvre de petits nuages blancs. Quand le ciel est moutonneux, c'est signe de pluie, DELBOULLE, *Gloss. de la vallée d'Yères*, p. 234.

MOUTONNIER. — HIST. *Ajoutez :* XIVe s. Que li estaus as bouviers et as moutonniers [bergers de moutons] de ladite boucherie seront assis alinet par devant (1303), VARIN, *Archives administr. de la ville de Reims*, t. II, 1re part. p. 26.

† **MOUTTE** (mou-t'), *s. f.* En parler normand, mouture, et aussi la farine qui en provient, H. MOISY, *Noms de famille normands*, p. 268.

— HIST. XIIe s. Ne puent [les vilains] une heure aveir paiz, Tuz en jur sunt semuns de plaiz.... plaiz de biés, plaiz de moutes, Plaiz de faütez, plaiz de toutes, WACE, *Roman de Rou*, v. 6007.

— ÉTYM. Bas-lat. *molta*, de *molere*, moudre.

MOUTURE. — HIST. *Ajoutez :* XIVe s. Et aucune fois [ils] ont les congiez donnés [aux meuniers] ensanle d'acort, et volu que uns le donnast pour l'autre, le droit de leur meuture sauf (1322), *Bibl. des chartes*, 1875, 3e et 4e livraisons, p. 236.

† **MOUVAISON** (mou-vè-zon), *s. f.* Nom, en Auvergne et dans le centre de la France, du premier binage annuel donné à la vigne après la taille du printemps et l'échalassement.

— ÉTYM. *Mouver.*

MOUVANT. *Ajoutez :* ‖ 6° *S. m.* Nom, dans les Landes, de sols qui manquent sous le pied.

MOUVEMENT. *Ajoutez :* — REM. Outre la chimère d'un mouvement qui, à l'aide d'une impulsion première, se conserve indéfiniment, mais qui, dans le fait, s'use par le frottement, les chercheurs du mouvement perpétuel se proposent de produire à l'aide d'un travail moteur fini un travail utile infini. Cela est une absurdité mécanique, le travail utile étant toujours plus faible que le moteur.

† **MOUVEMENTER** (mou-ve-man-té), *v. a.* ‖ 1° Terme de lapidaire. Lorsqu'on polit une pierre et qu'il y reste des fils ou traits, il faut, en arrêtant doucement la roue, mouvementer la main de droite à gauche pour les faire disparaître, CHRITEN, *Art du lapidaire*, p. 482. ‖ 2° *V. réfl.* Terme d'art. Se mouvementer, se donner du mouvement, un mouvement. La femme dont la jambe est déjà presque submergée se mouvemente bien, BÜRGER, *Salons de 1861 à 1868*, t. I, p. 38.

MOUVER. *Ajoutez :* ‖ 5° Dans le langage provincial et populaire, remuer, bouger. L'allégorie, la mythologie, la poésie sont essentielles à l'esprit humain, et c'est pourquoi précisément l'esprit qui mouve sans cesse doit renouveler sans cesse, par son éducation progressive, le langage de l'art, BÜRGER, *Salons de 1861 à 1868*, t. II, p. 453. ‖ En Normandie on dit : *un enfant mouvant* pour remuant ; *il mouve toujours.*

† **MOUVETTE** (mou-vè-t'), *s. f.* ‖ 1° Nom, dans l'Aunis, de l'oiseau attaché par la patte pour attirer dans les filets les oiseaux de même espèce, *Gloss. aunisien*, la Rochelle, 1870, p. 127. ‖ 2° Nom, en Normandie, de la cuillère de bois qui sert à remuer les sauces.

— ÉTYM. *Mouver.*

1. **MOYEN.** *Ajoutez :* ‖ 19° Moyenne et extrême raison, voy. RAISON, n° 13. ‖ 20° Terme de tir. Lorsque plusieurs balles ont frappé une cible, on appelle point moyen, le point par lequel passerait la résultante de forces égales et parallèles, qu'on suppose appliquées au centre des trous de toutes les balles.

MOYENNEMENT. *Ajoutez :* ‖ 2° Avec modération. Désirer sans mesure des choses qu'il ne faut désirer que moyennement, MALH. *Lexique*, éd. L. Lalanne.

— HIST. *Ajoutez :* XIIe s. Il luisit par parole de doctrine nient moienement [*non mediocriter*], *li Dialoge Gregoire lo pape*, Paris, 1876, p. 105.

† **MOYENNEUR** (mo-iè-neur), *s. m.* Terme vieilli. Médiateur. Considérez.... l'imperfection et l'impuissance de Moïse en cet emploi de moyenneur, en ce que Moïse ne fut pas admis à mourir pour le peuple, J. MESTREZAT, *Serm.* (1649).

— ÉTYM. *Moyenner.*

† **MOYÈRE** (mo-iè-r'), *s. f.* Nom donné, en Champagne, aux échalas mis en tas, *les Primes d'honneur*, Paris, 1869, p. 241.

— ÉTYM. Dérivé de *moie*, meule (voy. MOYETTE au Dictionnaire).

3. **MOYEU.** — ÉTYM. *Ajoutez :* En Normandie, un *moyeu* est un noyau de cerise, d'abricot, de prune, DELBOULLE, *Gloss. de la vallée d'Yères*, p. 235. La prune confite aura été dite *moyeu* par comparaison avec un noyau ; le noyau aura été dit *moyeu* parce qu'il est rond et occupe le centre (voy. MOYEU 2 à l'étymologie).

† **MOYEUSE** (mo-ieû-z'), *adj. f.* Pierre moyeuse, s'est dit, anciennement, d'une sorte de pierre défectueuse. Défenses aux carrières de vendre aucunes pierres de taille, moyeuses et filandreuses, sauf à les réduire en moëllons.... sous peine de bris des pierres moyeuses et filandreuses..., *Arrêt du Parlement*, 7 sept. 1786.

MÛ. *Ajoutez :* ‖ 3° Terme de grammaire arabe. Syllabes mues, syllabes formées d'une consonne et d'une voyelle, par opposition à syllabes quiescentes, syllabes formées d'une consonne dépourvue de voyelle, *Rev. critique*, 16 juin 1877, p. 388.

MUANCE. *Ajoutez :* — REM. Muance s'est dit pour nuance : Le soleil avait pris son char le plus éclatant et ses habits les plus magnifiques ; Il semblait qu'il se fût paré Pour plaire aux filles de Nérée ; Dans un nuage bigarré Il se coucha cette soirée ; L'air était peint de cent couleurs ; Jamais parterre plein de fleurs N'eut tant de sortes de muances, LA FONT. *les Amours de Psyché*, fin de la 2e partie. (Les éditions ordinaires portent nuances ; mais l'édition originale donne bien muances.)

† **MUARD** (mu-ar), *s. m.* S'est dit autrefois de celui dont la voix mue. Un muard, dont le nom n'est pas porté ici, parce qu'il ne fera la hautecontre que tant que sa voix n'aura pas changé, *Comptes de la maison de Marie de Médicis*, chap. *musique*, an. 1615 et suiv.

† **MUCOR** (mu-kor), *s. m.* Nom d'un genre de mucédinées, R. RADAU, *Rev. des Deux-Mondes*, 15 nov. 1876, p. 447.

— ÉTYM. Lat. *mucor*, moisissure.

† **MUCRONULE** (mu-kro-nu-l'), *s. m.* Terme de botanique. Petite pointe. Échancrures surmontées de mucronules inégaux, sétiformes, *Rev. horticole*, 16 août 1876, n° 16, p. 307.

— ÉTYM. Lat. *mucro*, pointe.

† **MUDAR.** *Ajoutez :* ‖ Racine de mudar, racine à odeur nulle et saveur amère, qui est réputée bonne contre les affections cutanées, et particulièrement contre l'éléphantiasis, *Journ. offic.* 7 fév. 1877, p. 980, 3e col.

MUFLE. ‖ 6° Terme de métallurgie. ‖ *Ajoutez :* Partie d'un soufflet sur laquelle est fixée la buse.

— HIST. XVIe s. *Ajoutez :* L'un [taureau] à l'oreille, et l'autre au mufle seigne, J. PELETIER DU MANS, *la Savoye* (1572), Chambéry, 1856, p. 262.

† **MUGOT.** *Ajoutez :* ‖ 2° En Normandie, provision de fruits qu'on garde pour l'hiver et qu'on laisse mûrir sur la planche, DELBOULLE, *Gloss. de la vallée d'Yères*, le Havre, 1876, p. 236.

— HIST. XIe s. N'en fait musgode [de ce qu'il a] pour son cors engraissier, Mais as plus poures le donet à mangier, *la Vie d'Alexis*, st. 51.

— ÉTYM. La forme la plus ancienne a une *s*. Dès lors on peut conjecturer que ce mot provient soit de *musser* (le *musgot* serait ce qu'on cache), soit de *muschata*, noix muscade [dite en vieux français *mugnaute*] (le *musgot* serait comparé à la noix muscade que l'on serre comme une épice chère).

MUID. — HIST. ‖ XIIIe s. *Ajoutez :* Li diz Huguin paiera.... un meu de vin.... *Charte de Toul de* 1261, dans *Arch. des miss. scient.* 3e série, t. I, p. 271.

† **MULASSIER.** *Ajoutez :* — REM. On trouve mulatier. Dans le Limousin, si célèbre par sa belle race de chevaux, l'éleveur se consacre plus particulièrement à l'industrie mulatière, *Journ. offic.* 21 avr. 1873, p. 2711, 3e col. Cette forme se rattache à l'espagnol *mulato*, qui se dit pour *muldtre* (voy. ce mot).

MULETIER. *Ajoutez :* ‖ *Adj.* Muletier, muletière qui appartient aux mulets. L'ouverture d'un chemin muletier de 500 mètres de longueur, *Reboisement des montagnes, Compte rendu*, 1868-69, 2e fasc. p. 47. On arrive à ces ports par des sentiers muletiers d'un accès souvent difficile.... des chemins muletiers en bon état, *Journ. offic.* 22 nov. 1876, p. 8567.

† **MULETONNE** (mu-le-to-n'), *s. f.* Nom, dans la Haute-Garonne, des jeunes mules de six mois à quinze, *les Primes d'honneur*, Paris, 1869, p. 428.

† **MULEY** (mu-lè), *s. m.* Titre précédant le nom des empereurs du Maroc et souvent pris, à tort, pour un nom propre.

— ÉTYM. Arabe, *maulâï*, mon seigneur, DEVIC, *Dict. étym.*

† 1. **MULLE.** *Ajoutez :* — REM. Franche mulle est dit vieilli. En voici un exemple récent : L'issue de bœuf, vache ou taureau entre entièrement dans la consommation ; elle comprend : la panse, la franche mulle (appelée caillette pour le mouton) et le feuillet ou estomac, *Rapp. au Cons. mun. de Paris*, séance du 9 mars 1876.

† **MULON.** *Ajoutez :* ‖ 2° Tas de sel, *Enquête sur les sels*, 1868, t. I, p. 510.

MULOT. — ÉTYM. *Ajoutez :* Les Gloses de Reichenau ont : *talpas*, muli qui *terram fodiunt*. Ce *muli* est le représentant bas-lat. du mot germanique.

† **MULOTER** (mu-lo-té), *v. n.* Se dit d'un chien de chasse qui s'amuse à déterrer les mulots. C. Gauchet parle de sangliers qui mulotent, qui chassent aux mulots.

† **MULTIFORMITÉ** (mul-ti-for-mi-té), *s. f.* État multiforme, BRILLAT-SAVARIN, *Phys. du goût*, I, 89.

† **MULTIPLEMENT** (mul-ti-ple-man), *adv.* D'une façon multiple, à titre multiple. Une caisse multiplement municipale, *Journ. offic.* 18 juin 1872, p. 4090, 3e col.

† **MULTISONORE** (mul-ti-so-no-r'), *adj.* Mot fait du latin. Qui rend beaucoup de sons. Un fleuve jadis bouillonnant de vagues multisonores, ÉD. SCHURÉ, *Rev. des Deux-Mondes*, 15 fév. 1877.

— ÉTYM. Lat. *multisonorus*, de *multus*, nombreux, et *sonus*, son.

† **MUNGO.** *Ajoutez :* Plus tard intervint un autre genre d'effilochage, appelé mungo, provenant des chiffons de draps, des rognures sortant des ateliers de tailleurs ; quand le mungo apparut, les fabricants de Bately ne voulurent pas croire qu'il fût possible de l'utiliser ; mais le manufacturier du Yorkshire qui eut le premier l'idée de cet emploi, répondit avec obstination aux objections qu'on lui faisait : *it mun go* (corruption de : *it must go*), il faut que ça marche, J. LAVERRIÈRE, dans *Mém. d'Agric.* etc. 1870-71, p. 442.

† **MUNICIPALISME** (mu-ni-si-pa-li-sm'), *s. m.* Esprit d'attachement au système des municipalités. Certaines institutions locales auxquelles le municipalisme italien attache une importance capitale, *la Semaine financière*, 19 janv. 1870, p. 206.

MUR. *Ajoutez :* ‖ 13° Battre les murailles, les murs, se dit d'un homme ivre qui trébuche en marchant et va heurter les murailles. Puis, ronds comme des futailles, Du corps battant les murailles, Escortés de cent canailles Ils regagnent la maison, *Chanson des trois frères quêteurs qui s'enivrent aux dépens du monastère*. Le 22 août, en plein midi, le prévenu était ivre et battait les murs de la rue, *Gaz. des Trib.* 27 août 1870.

MÛR. *Ajoutez :* ‖ 5° En physiologie, il se dit d'un ovule prêt à se détacher de l'ovaire. ‖ Dans l'élève des vers à soie, il se dit de ceux qui sont prêts à faire le cocon. Ces vers à soie sont mûrs.

— REM. Ce mot, au commencement du XVIIe siècle, s'écrivait meurs au pluriel ; et Malherbe l'a fait rimer avec mœurs : Nul autre plus que moi n'a fait cas de sa perte, Pour avoir vu ses mœurs, Avec étonnement qu'une saison si verte Portât des fruits si meurs, *Lexique*, éd. L. Lalanne. Corneille a écrit meur, qu'il a fait rimer avec humeur : Que je vous croyais bien d'un jugement plus meur ! Ne pouviez-vous souffrir de ma mauvaise humeur ? *Galerie du Palais*, V, 4. Est-ce une rime pour l'œil, ou effectivement prononçait-on meurs, meur, comme *eu* dans humeur, humeurs ? En tout cas, Voltaire, dans la *Henriade*, a encore fait rimer l'*Eure* avec *nature*.

MURAILLE. — HIST. ‖ XIVe s. *Ajoutez :* Les diz eschevins requerans ladicte muraille et closure faite en leur prejudice estre mise au neant (1346), VARIN, *Archives administr. de la ville de Reims*, t. II, 2e part. p. 1126.

MURAL. || 2° Terme d'astronomie. *Ajoutez :* On appelle cercle mural un cercle gradué fixé à un axe horizontal tournant sur deux coussinets placés dans l'intérieur d'un mur ou d'un pilier ; ce cercle doit être exactement dans le méridien du lieu ; une lunette est mobile parallèlement à ce cercle.... il sert à la mesure de la déclinaison des astres, c'est-à-dire de leur distance à l'équateur du monde, ARAGO, *Astron. popul.* VII, 4.

† **MURET** (mu-rè), *s. m.* Petit mur, mur bas. Les viviers [pour l'ostréiculture] sont de petits établissements de 400 mètres carrés entourés de murets en pierres sèches de 20 centimètres de hauteur, BOUCHON-BRANDELY, *Journ. offic.* 26 janv. 1877, p. 580, 3e col.

— HIST. XIIIe s. Et li praiaus enclos estoit D'un muret bas...., *Li chevaliers as deus espées*, publié par Förster, v. 4253.

† **MUREUX, EUSE** (mu-reû, reû-z'), *adj.* Qui sert à la construction des murs. Par mètre cube de pierre mureuse, *Loi du 5 août 1821, Tarif du canal Monsieur.*

† **MUREXIDE.** *Ajoutez :* C'est en 1856 que l'on trouva pour la première fois dans le commerce un rouge amarantin très-beau tiré de l'acide urique ; cette coloration, appelée murexide, fit sensation, mais dura peu, parce qu'on ne tarda pas à tirer de l'aniline un rouge plus vif encore et plus facile à appliquer, J. LAVERRIÈRE, *Mém. d'agric.* etc. 1870-71, p. 337.

† **MURGER.** *Ajoutez :* — REM. On dit aussi murgier et meurger. Cette enceinte est formée par les restes d'un murgier fait de moellons de craie, dont une grande partie subsiste encore aujourd'hui, PEIGNÉ DELACOURT, *J. César, ses itinéraires en Belgique*, etc. Péronne, 1876, p. 11.

— HIST. XIIIe s. Les entrées dou borc estoient closes de murgieres [tas de pierres], *Hist. occid. des croisades*, t. II, p. 404. || XIVe s. Lequel vallet ainsi mort, ledit Nicolas l'eust fait trayner aus champs, et fait enterrer et couvrir en un murgier de pierres, DU CANGE, *murgerium.*

† **MURMURATEUR.** *Ajoutez :* — REM. On a dit aussi murmureur : XIVe s. S'aucun murmureur et mesdisant qui tousjours porte envie à bien et à paix et s'efforce de semer entre nous discorde... *Chron. de Saint-Denis*, t. I, f° 196, *verso*, col. 1.

MURMURER. *Ajoutez :* || Murmurer que, murmurer de ce que, se plaindre de ce que. Je ne murmure point qu'une amitié commune Se range du parti que flatte la fortune, RAC. *Brit.* III, 7.

† **MURRHE** (mu-r'), *s. f.* Terme d'antiquité. Substance dont on faisait les vases murrhins. M. de Rossi nous informe qu'on a retiré de la Marmorata, ces jours derniers, de la murrhe, pierre orientale très-tendre, dont on fabriquait des vases précieux, mais fragiles, *Journ. offic.* 31 janv. 1869, p. 137, 1re col.

† **MUSACÉES.** — ÉTYM. *Ajoutez :* M. Devic, *Dict. étym.*, n'admet pas que les botanistes aient rattaché le nom de cette famille de plantes à *Musa*, médecin d'Auguste ; suivant lui, c'est l'arabe *mauz*, bananier, qui a fourni l'appellation.

MUSCADIN. *Ajoutez :* — REM. Muscadin, au sens de petit-maître, est antérieur à la révolution. Lamettrie, *la Faculté vengée*, II, 8 (1747), a désigné sous le nom de Muscadin, un médecin de Paris nommé Sidobre, petit-maître empesé, parfumé : « Muscadin : Je suis tout or, jusqu'à mes boucles et mon plat à barbe. » Muscadin est, en outre, le nom d'un personnage comique dans un tableau de Watteau représentant une fête populaire à Lille, nommée fête du Broquelet (du fuseau) ; voy. Mme CLÉMENT, *Fêtes civiles et religieuses du département du Nord.*

† **MUSCARINE** (mu-ska-ri-n'), *s. f.* Terme de chimie. Alcaloïde trouvé dans l'*ammanita muscaria* ou fausse oronge ; il est très-vénéneux.

† 3. **MUSE.** *Ajoutez :* — ÉTYM. Arabe, *mauz*, bananier.

† 5. **MUSE** (mu-z'), *s. f.* Nom donné, dans le Rhône, aux chèvres sans cornes ; elles sont généralement plus douces que les autres, *les Primes d'honneur*, Paris, 1872, p. 376.

MUSEAU. *Ajoutez :* || 8° Le museau, dit aussi bombyx à museau, ou phalène en museau *bombyx palpina.*

1. **MUSER.** — ÉTYM. *Ajoutez :* On a voulu rattacher *muser* au latin *musinari*, qui signifie faire lentement, perdre le temps en bagatelles, muser ; mais d'abord *musinari* aurait donné *musner* ; puis c'est une leçon douteuse ; la forme habituelle est *muginari.*

† **MUSERIE** (mu-ze-rie), *s. f.* Action de muser, de perdre son temps à des riens.

— HIST. XVe s. Bien estoit sa muserie veue de plusieurs pucelles ; car Lyy, comme ententif, estoit moult embronché en la fontaine clere et luysant, *Perceforest*, t. V, f° 85, *recto.*

MUSETTE. *Ajoutez :* || 3° Espèce de sac dans lequel les écoliers serrent leurs papiers. Trousses, musettes d'écoliers, courroies pour couvertures, *Alm. Didot-Bottin*, 1871-72, p. 1146, 2e col.

† 2. **MUSETTE** (mu-zè-t'), *s. f.* En Normandie, nom de la musaraigne, DELBOULLE, *Gloss. de la vallée d'Yères*, p. 236.

— ÉTYM. *Muse, museau*, la musaraigne ayant un petit museau pointu.

MUSICALEMENT. *Ajoutez :* Jeannot, qu'il n'est pas que vous n'ayez vu autrefois au Cours accorder si musicalement sa voix avec sa vielle, COULANGES, *à Mme de Grignan*, 7 juill. 1703, dans SÉV. t. X, p. 494, éd. Regnier.

MUSIQUE. || 11° *Ajoutez :* || Familièrement, une autre musique, une autre manière de parler, de se conduire. Ah ! ah ! voici une autre musique [il s'agit de Marphurius qui n'écoute pas plus Sganarelle que Pancrace, mais qui s'y refuse d'une autre façon], MOL. *le Mariage forcé*, sc. 8. || 15° Terme de maréchal. Les clous du fer d'un cheval font de la musique, sont brochés en musique, lorsqu'ils ont été irrégulièrement plantés et qu'ils viennent sortir sur la corne à des hauteurs inégales. || Proverbe. C'est le ton qui fait la musique, voy. 2 TON, n° 8.

† **MUSIQUETTE** (mu-zi-kè-t'), *s. f.* Par moquerie, petite et chétive musique. Pour nous dédommager un peu de toute cette musiquette [des opérettes], on annonce comme très-prochaine une nouvelle pièce de M. Barrière au Vaudeville, ALPH. DAUDET, *Journ. offic.* 15 nov. 1875, p. 9346, 2e col.

MUSQUÉ. *Ajoutez :* || 16° On a dit familièrement envoyer une chose toute musquée, pour dire l'envoyer en l'accompagnant de choses honnêtes, et sans qu'il en coûte ni soins ni argent à celui à qui on l'envoie, *Dict. de l'Acad.* 1814 (inusité aujourd'hui). Dès que sa pension est échue, le trésorier la lui envoie toute musquée, *ib.* Deux ans après, savoir en 1680, il [Bossuet] me fit obtenir des dispenses musquées pour ma charge de trésorier de France, lesquelles m'auraient coûté 1400 livres, suivant le tarif de ce temps-là, É. MILLER, *Pierre Taisand.*

† **MUSQUINIER.** *Ajoutez :* — REM. Ce paraît être le même que mulquinier (voy. ce mot au Dictionnaire).

† **MUSTANG** (mu-stangh'), *s. m.* Nom des chevaux sauvages de la pampa de la Sud-Amérique. Avec des rations qui empêcheraient à peine nos chevaux de mourir, les mustangs de la pampa vivent et prospèrent parfaitement, *Journ. offic.* 13 nov. 1876, p. 8217, 2e col.

† **MUTÉ, ÉE** (mu-té, tée), *adj.* Terme d'administration. Qui a subi un changement de propriétaire. Dépense des mutations cadastrales : par suite de l'accroissement du nombre des parcelles mutées, le crédit inscrit au budget de 1874 se trouve insuffisant pour le payement intégral des frais de mutations cadastrales, *Lettre commune lith. des contrib. directes, de janvier 1874.*

— ÉTYM. Lat. *mutare*, changer.

MUTILÉ. *Ajoutez :* || 5° Un objet en métal poli est dit mutilé, lorsqu'il présente de légères dégradations à sa surface extérieure.

† **MUTINEMENT** (mu-ti-ne-man), *s. m.* Action de se mutiner.

— HIST. XVIe s. Il eust mieux valu qu'il [François Ier prisonnier] les eust entretenus [des soldats espagnols révoltés] en cet humeur et mutinement...., BRANTOME, *Capit. estr. Ch. de Launoy.*

MUTUEL. *Ajoutez :* || 4° Il s'est dit pour alternatif. Les aventures du monde Vont d'un ordre mutuel, Comme on voit au flux de l'onde Un reflux perpétuel, MALH. *Lexique*, éd. L. Lalanne.

† **MUTUELLISTE.** *Ajoutez :* Les mutuellistes se proposent d'organiser le crédit mutuel et gratuit, *Journ. offic.* 7 mars 1872, p. 1618, 2e col.

† **MYCÉLIAL, ALE** (mi-sé-li-al, a-l'), *adj.* Qui appartient à un mycélium. Des filaments mycéliaux.

† **MYOCARDE** (mi-o-kar-d'), *s. m.* Terme d'anatomie. La partie musculaire du cœur.

— ÉTYM. Μῦς, muscle, et καρδία, cœur.

† **MYOSPECTROSCOPE** (mi-o-spèk-tro-sko-p'), *s. m.* Spectroscope disposé pour étudier la structure du tissu musculaire, RANVIER, *le Progrès médical*, 3 mars 1877, p. 161, 2e col.

— ÉTYM. Μῦς, μυός, muscle, et *spectroscope.*

† **MYRINGITE** (mi-rin-ji-t'), *s. f.* Terme de médecine. Inflammation de la membrane du tympan.

— ÉTYM. Bas-lat. *miringa*, la membrane du tympan, corruption de μῆνιγξ (on sait que l'η se prononce *i* dans le grec moderne). Il vaudrait mieux écrire *miringite.*

MYROBOLAN. — REM. *Ajoutez :* || 2. On le trouve aussi, en tant qu'adjectif populaire, écrit mirobolant. Eh ! c'est la bande ! c'est la fameuse, la superbe, l'invincible, l'à jamais triomphante, séduisante et mirobolante bande du Jura, Mme DE GASPARIN, *Bande du Jura*, II, *Premier voyage*, 2e éd. Paris, 1865.

† **MYRTIL** ou **MYRTILLE.** *Ajoutez :* || 2° La myrtille, sorte de papillon, *noctua myrtilli.*

† **MYSORINE** (mi-zo-ri-n'), *s. f.* Terme de minéralogie. Carbonate de cuivre anhydre.

MYSTÈRE. || 5° *Ajoutez :* || Faire mystère de, dans le XVIIIe siècle, considérer comme mystérieux, difficile à comprendre, délicat à expliquer. Aristote, qui a fait un mystère de ce poëte [Homère], et qui l'a pris pour prototype de son art, CHAPELAIN, dans *Bibl. des ch.* t. XXXI, p. 234. Du nom de philosophe elle fait grand mystère, Mais elle n'en est pas pour cela moins colère, MOL. *Femmes sav.* II, 9.

MYSTIFICATEUR. *Ajoutez :* || 2° *adj.* Mystificateur, mystificatrice, qui mystifie. Il ne nous resterait plus qu'à soupçonner le héros de l'aventure d'une fantaisie mystificatrice à laquelle des esprits sérieux n'échappent pas toujours, *le Temps*, 30 oct. 1876, 2e page, 5e col.

MYSTIQUE. *Ajoutez :* || 6° Testament mystique, voy. TESTAMENT, n° 1.

† **MYSTIQUERIE** (mi-sti-ke-rie), *s. f.* Mauvais mysticisme, mauvaise composition mystique. D'autres disaient que Desmarets [l'auteur de Clovis] avait perdu son âme en écrivant des romans, et que, vieux, il avait perdu l'esprit à écrire de la mystiquerie, VIGNEUL-MARVILLE, *Mél. d'hist. et de litt.* p. 276.

† **MYTHOGRAPHIE.** *Ajoutez :* || 2° Étude des contes, employé en ce sens par M. Gaston Paris, *Revue critique*, 22 août 1874, p. 113.

† **MYTHOLOGIADE** (mi-to-lo-ji-a-d'), *s. f.* Par dénigrement, scène de mythologie représentée par la peinture ou la sculpture. Pour ces nobles [ironiquement] peintres de l'idéal, la nature n'est de rien ; un prétexte tout au plus, pour y maçonner un tombeau, ou pour y évoquer quelque mythologiade, BÜRGER, *Salons de 1861 à 1868*, t. I, p. 56. Les mythologiades et autres compositions raffinées de la petite pléiade pseudo-antique, *ib.* p. 289.

† **MYTHOLOGISER.** *Ajoutez :* Ceux qui ont voulu mythologiser sur les fantaisies des poëtes..., LA MOTHE LE VAYER, *Dial. d'Orat. Tubero*, t. II, p. 302.

† **MYTHOLOGISTE.** *Ajoutez :* — REM. Mythologiste se trouve dans Corneille : Un auteur qui cite le mythologiste Noël Le Comte, *Ex. de la Toison.*

MYTHOLOGUE. *Ajoutez :* — REM. *Mythologue* se trouve dans Cotgrave sous la forme de *mythologe.*

† **MYXOGASTRE** (mi-kso-ga-str'), *s. m.* Champignons gélatineux, devenant avec l'âge filamenteux, et dont la nature végétale avait été d'abord méconnue par les naturalistes, qui les rapprochaient des animaux inférieurs appelés *amibes*, COOKE et BERKELEY, *les Champignons, séries scientifiques internationales.*

— ÉTYM. Μύξα, mucosité, et γαστήρ, ventre.

† **MYXOMYCÈTE** (mi-kso-mi-sè-t'), *s. m.* Synonyme de myxogastre (voy. ce mot ci-dessus).

— ÉTYM. Μύξα, mucosité, et μύκης, champignon.

N

† **NABCA** (nab-ka), *s. m.* Fruit d'une espèce de jujubier, *rhamnus nabeca.*

— ÉTYM. Arabe, *nabiga, nibga*, DEVIC, *Dict. étym.*

† **NABUSSEAU** (na-bu-sô), *s. m.* Nom, dans la Loire-Inférieure, d'un navet qu'on sème à la volée pendant la première quinzaine de septembre, *les Primes d'honneur*, Paris, 1873, p. 128.

— ÉTYM. Dérivé du latin *napus*, navet.

† **NACOUMA** (na-kou-ma), *s. m.* Sorte de liane de l'Amérique équatoriale avec laquelle on fabrique les chapeaux dits panamas.

† **NACRO-CULTURE** (na-kro-kul-tu-r'), *s. f.* Culture de la nacre. Elle [la commission de l'Exposition des colonies] voudrait voir donner suite aux essais de nacro-culture du lieutenant de vaisseau Mariot..., OCT. SACHOT, *Rev. Britann.* sept. 1874, p. 268.

† **NACRURE** (na-kru-r'), *s. f.* Blancheur de la nacre. La nacrure de ses épaules, J. CLARETIE, *le Beau Solignac*, 1876, t. I, p. 151.

† **NAGARI** (na-ga-ri), *s. m.* Synonyme de dévanâgari (voy. ce mot au Dictionnaire), *Journ. offic.* 29 fév. 1876, p. 1450, 3e col. Voici les titres des principaux journaux récemment fondés [dans l'Hindoustan].... *le Lever des lumières* (en urdu et en caractères nagaris), *Journ. offic.* 8 janv. 1873, p. 112, 3e col.

NAGE. *Ajoutez :* || 6° Anciennement, se mettre en nage, commencer une navigation. Elle [Calypso] lui dit [à Ulysse] de se mettre en nage jusqu'au port des Phéaques.... il se mit à nage, RAC. *Lexique*, éd. P. Mesnard. || C'est une vieille locution (voy. NAGE à l'historique).

— ÉTYM. *Ajoutez :* Que, dans la locution *être en nage, nage* soit le substantif du verbe *nager*, cela est mis hors de doute par ces vers : Mandez partout et par terre et par nage, Que ne remaignent pour vent ne pour orage, Ne pour essoigne, fors prison et malage, ADENES, *les Enfances Ogier*, v. 383. Cette locution était fort usitée ; elle se trouve bien avant Adenes dans *le Roman d'Alixandre*, p. 513 : Mon confanon portastes et par tiere et par nage. *Par nage* veut dire par navigation ; mais il est si exactement opposé à *par terre*, qu'il signifie aussi *par eau*. De cette signification détournée prise par *nage* vient l'expression *être en nage.*

† **NAGEANT.** *Ajoutez :* || 5° Qui nage. La production de la chair nageante [les poissons] a son importance et touche à l'un des problèmes les plus gros de notre temps : la diminution de la cherté des vivres, H. DE PARVILLE, *Journ. offic.* 31 mars 1876, p. 2302, 2e col.

NAGER. — HIST. *Ajoutez :* || XIVe s. Ainsy vouloit le dit duc de Brabant nager entre deux yawes, J. LE BEL, *Vrayes chroniques*, t. I, p. 136.

† **NAGES** (na-j'), *s. f. pl.* Anciennement, jupe de frise noire qui se portait dans les grands deuils, MALH. *Lexique*, éd. L. Lalanne.

— ÉTYM. Espagn. *naguas, enaguas.*

NAGEUR. *Ajoutez :* || 4° Dans les brasseries, flotteur. On obtient ce résultat [dépôt de la levûre au fond de la cuve], même en été, par des nageurs en forme de cylindres ou de cônes renversés qui sont remplis de glace, R. RADAU, *Rev. des Deux-Mondes*, 15 nov. 1876, p. 436. || 5° Il s'est dit des poissons. Ces nageurs marquetés, RAC. *Lexique*, éd. P. Mesnard.

NAGUÈRE. *Ajoutez :* || 2° Naguère que, autrefois que, avec l'idée qu'il n'y a pas longtemps. Naguère que j'oyais la tempête souffler.... Eussé-je osé prétendre à l'heureuse merveille D'en être garanti? MALH. *Lexique*, éd. L. Lalanne.

† **NAHUATL** (na-u-atl), *s. m.* Nom d'une langue parlée au Mexique. Grammaire de la langue nahuatl ou mexicaine, composée en 1547 par le franciscain André de Olmos, et publiée avec notes, éclaircissements, etc., par Remi Siméon, Paris, 1875, in-8, *Journ. offic.* 26 oct. 1875, p. 8895, 1re col.

† **NAIE** ou **NAYE** (nè), *s. f.* Terme d'exploitation houillère. Nom, dans le Hainaut, du point le plus bas des couches de houille disposées en bassin.

NAÏF. *Ajoutez :* || 8° Au naïf, naïvement. Vous les représentez [mes vertus] au naïf, RAC. *Lexique*, éd. P. Mesnard.

NAISSANCE. *Ajoutez :* — SYN. NAISSANCE, ORIGINE. Naissance se dit du pays où l'on est né ; origine, du pays où nos ascendants sont nés. Vicencio Carducho, Eugenio Caxes et Angelo Nardi, ces trois artistes, peintres ordinaires du roi [Philippe IV], étaient Italiens soit de naissance, soit d'origine, J. DUMESNIL, *Hist. des amat. ital.* p. 66.

NAÎTRE. *Ajoutez :* — REM. Régnier a dit *fut né* pour *naquit* : Sur du foin Jésus-Christ fut né, *Épigr.*

† **NAJA** (na-ja), *s. m.* Serpent venimeux de l'ordre des vipères, qui comprend deux espèces : le naja vulgaire ou serpent à lunettes, *coluber naia*, L., et le naja haje, dit aussi aspic de Cléopatre.

† **NANCELLE** (nan-sè-l'), *s. f.* Terme d'architecture. Nom, chez Ph. Delorme et quelques autres, de la concavité qui est entre les deux tores de la base de la colonne, concavité nommée ordinairement scotie.

† **NANDU.** *Ajoutez :* — ÉTYM. Quichua, *nandu*, nom, au Pérou, de cet animal.

† **NANISER** (na-ni-zé), *v. a.* Terme de botanique. Rendre naine une plante. Un arrivage de plantes du Japon, la plupart remarquables par leur forme naine et tourmentée, qui donne une idée de l'art avec lequel les horticulteurs japonais savent naniser les plantes, *Rev. horticole*, 16 janv. 1875, p. 23.

† **NANSOUK** (nan-souk), *s. m.* Sorte de belle mousseline. Tous nos autres produits, en calicots, en cretonnes, en percales, en jaconas, en nansouks, subissent tous différents apprêts.... on donne plus généralement aux nansouks un apprêt, dit de l'Inde, qui, avec le blanc, coûte 9 centimes le mètre, *Enquête, Traité de comm. avec l'Anglet.* t. IV, p. 579. Jupons en nansouk, grand volant garni de plis, *Journ. offic.* 4 fév. 1872, p. 821, 1re col.

† **NAPPAGE** (na-pa-j'), *s. m.* Ensemble des nappes et serviettes pour le service d'une grande maison. Les comptes de Jean César, receveur du domaine en l'année 1662 [à Nancy], mentionnent à chaque page les écrasantes dépenses de linge, de nappages, de marmites d'airain, ustensiles de cuisine et autres fournitures de tous genres livrées à monseigneur l'intendant, JULES RENAUT, *l'Office du roi de Pologne et les mets nationaux lorrains*, p. 15, Nancy, 1875. Nappages au mètre assortis aux serviettes, *Gaz. des Trib.* 28 janv. 1877, p. 96.

NAPPE. *Ajoutez :* || 12° Nappe en étain, feuille d'étain qui recouvre les comptoirs des marchands de vin. Comptoir avec nappe en étain, *Gaz. des Trib.* 13 juin 1877, *aux Annonces.*

† **NARCOSE** (nar-kô-z'), *s. f.* État de somnolence et d'engourdissement. Les animaux plongés dans une narcose chloroformique profonde, *Acad. des sc. Comptes rend.* t. LXXXII, p. 564.

— ÉTYM. Νάρκωσις, état narcotique.

NARD. — HIST. *Ajoutez :* XIVe s. Comme le roy fust assis en son siege, ma narde [*nardus* est du féminin] donna son odeur, *Mir. de Nostre Dame par personnages*, éd. G. Paris et U. Robert, t. I, p. 103.

† **NARQUOISERIE** (nar-koi-zo-rie), *s. f.* Acte, langage des narquois. Les narquoiseries d'une critique..., VEUILLOT, *Odeurs de Paris*, II, 4.

NARRATEUR. *Ajoutez :* Il [l'historien] n'est pas poëte, il est narrateur, RAC. *Lexique*, éd. P. Mesnard.

NARRATION. — HIST. *Ajoutez :* XIIe s. Alsi com ge conu par la narration de plusiors qui vinent des parties de Spaigne, *li Dialoge Gregoire lo pape*, 1876, p. 168.

† **NARRATIVE** (nar-ra-ti-v'), *s. f.* Partie d'une lettre, d'un morceau où l'on narre, raconte. Avant que de venir à votre lettre, je réponds à votre billet, et vous dis en premier lieu que j'en ai admiré la narrative, BALZAC, *Lett. inédites*, LVII (éd. Tamizey-Larroque). || On dirait aujourd'hui le narratif.

† **NARTHÈCE** (nar-tè-s'), *s. m.* Genre de plantes de la famille des liliacées.

— ÉTYM. Νάρθηξ, ηκος, nom grec de la tige de férule, donné à ces plantes à cause de la forme de leurs tiges.

NASAL. *Ajoutez :* || 4° Terme d'anthropologie. Indice nasal, voy. INDICE au Supplément.

† **NASI** (na-zi), *s. m.* Nom que portaient les chefs ou princes des Juifs établis en France pendant le moyen âge. ...L'allégation de Benjamin de Tudèle relativement aux propriétés du nasi, ou prince des Juifs de Narbonne.... la présence de cet écu est un indice certain de l'importance considérable des nasis narbonnais, F. DELAUNAY, *Journ offic.* 14 août 1872, p. 5529, 3e col.

NASILLER. || 2° Terme de vénerie. *Ajoutez :* || Il se dit aussi du chien. Un chasseur exposa un griffon magnifique ; qu'était ce griffon? il passait les perdrix disséminées, il ne chassait jamais au vent, et nasillait, CARTERON, *Premières chasses, Papillons et oiseaux*, p. 38, Hetzel, 1866.

† **NASON** (na-zon), *s. m.* Genre de poissons, caractérisé par une sorte de corne ou de loupe située au-dessus du museau, *naseus fronticornus*, Cuvier.

† **NASONNÉ, ÉE** (na-zo-né, ée), *adj.* Qui a le caractère du nasonnement. Voix nasonnée.

† **NASONNEMENT** (na-zo-ne-man), *s. m.* Terme de physiologie. Altération de la voix, quand elle retentit dans les fosses nasales. Le premier degré du nasonnement ou nasillement se produit quand la voix retentit entièrement dans les fosses nasales, et que les orifices extérieurs en sont oblitérés ; le second degré du nasonnement a lieu quand la voix va retentir seulement dans les parties postérieures des fosses nasales, les orifices extérieurs demeurant complétement libres.

NASSE. *Ajoutez :* || 6° Il s'est dit autrefois pour établissement de pêche. En 1572, les habitants d'Irun ayant fait une nasse ou pêcherie qui touchait à la rive du côté de France, les Français en ayant fait plainte, portée à Philippe II, il ordonna au corrégidor de Guipuscoa de faire ôter cette nasse ; ce qui fut exécuté, *Lettres, etc. de Colbert*, VI, 247.

† **NATIONALISATION** (na-sio-na-li-za-sion), *s. f.* Se dit, en Angleterre, de la proposition de mettre dans le domaine public certaines terres qui n'y sont pas, DENIS, *la Philos. positive*, t. XIV, p. 96.

† **NATIVISME** (na-ti-vi-sm'), *s. m.* Terme de philosophie. Qualité d'être inné. Si l'harmonie préétablie paraît une doctrine inexplicable à ses contradicteurs [de Leibniz], l'opinion empirique paraît au philosophe de Hanovre tout à fait insoutenable, et il ne l'épargne guère ; peut-être n'y avait-il pas lieu de s'émouvoir autant que l'a fait le XVIIe siècle de ces problèmes du nativisme et de l'empirisme ; Leibniz penserait probablement lui-même aujourd'hui qu'il faut unir ces deux points de vue, FOUCHER DE CAREIL, *Leibniz et les deux Sophies*, Paris, 1876, p. 84.

— ÉTYM. Lat. *nativus*, natif.

† **NATRIX** (na-triks'), *s. f.* Nom de la couleuvre à collier.

† **NATTAGE** (na-ta-j'), *s. m.* Action de natter. Les galops en couvertures, la privation d'eau, et jusqu'à l'élégant nattage de sa crinière, tout fut supprimé, E. SUE, *Godolphin-Arabian*, Xe chap.

NATTE. *Ajoutez :* || 5° Nom donné à une petite pâtisserie faite en forme de natte.

NATURALISER. *Ajoutez :* || 8° Préparer les dépouilles des animaux, pour leur rendre l'aspect naturel. J'ai porté chez le fourreur une belle peau de renard, pour en faire une descente de lit ; la tête sera naturalisée.

NATURALISME. *Ajoutez :* || 4° Terme de beaux-arts. Système, pratique des artistes qui s'attachent à reproduire la nature telle qu'elle est. Tandis que son contemporain et ami Ghiberti continue la tradition antique et païenne inaugurée par les Pisans.... Donatello entre résolûment dans la route du naturalisme, CH. CLÉMENT, *Journ. des Débats*, 1er nov. 1876, 3e page, 5e col.

NATURALISTE. *Ajoutez :* || 4° *Adj.* Qui se rapporte à la nature, à la matière. Autour de ce système religieux se groupait [chez les Phéniciens], dans le culte extérieur et public, le cortége de monstrueuses débauches, d'orgies, de prostitutions sacrées que nous avons déjà signalé à Babylone et qui accompagna tous les cultes naturalistes de l'antiquité, FR. LENORMANT, *Manuel d'hist. anc.* t. III, p. 132.

NATURALITÉ. *Ajoutez :* || 3° Caractère naturel, par opposition à surnaturel. La naturalité d'un phénomène.

† **NATURANT.** *Ajoutez :* — REM. Ce terme philosophique n'appartient pas, non plus que son opposé naturé, à Spinosa; ils lui sont bien antérieurs. Nature naturante, qui est Dieu; nature naturée, qui est l'universalité des choses naturelles, *le Quer* [cœur] *vray, ou la semaine de D. D. C. C. G.* Troyes, 1620, et se vend à Paris, 1621, in-8°, à la table contenant l'interprétation des dictions, au mot *nature*, cité dans le *Bulletin du bibliophile*, 43° année, p. 462.

NATUREL. *Ajoutez :* || 27° Père naturel, par opposition à père adoptif. Octavius était père d'Auguste; mais, outre que sa condition n'était pas des plus illustres, la splendeur du père adoptif [Jules César] aida bien à supprimer aucunement le naturel, MALH. *Lexique*, éd. L. Lalanne.

† **NAUCLÉE.** *Ajoutez :* — ÉTYM. Ναῦς, navire, et κλείω, fermer, à cause de la forme du fruit.

† **NAUCLERC** (nô-klèr), *s. m.* || 1° Nom d'un poisson de la famille des scombéroïdes. || 2° Nom d'un oiseau. Le nauclerc ou milan de la Caroline, qui attaque tous les reptiles.... B. DE SAINT-MARC, l'*Illustration*, p. 343, 2° col.

— ÉTYM. Ναύκληρος, capitaine de navire, de ναῦς, navire, et κλῆρος, lot.

† **NAUCORE** (nô-ko-r'), *s. f.* Insecte hémiptère ressemblant beaucoup aux punaises (*naucoris*).

— ÉTYM. Ναῦς, nacelle, et κόρις, punaise; le nom vient de la forme de l'insecte.

† **NAUFRAGER.** *Ajoutez :* || Fig. Le début n'était pas encourageant pour personne [première campagne de Washington, dans une guerre contre la France, avant l'émancipation des colonies anglaises], et plus d'une réputation y eût naufragé sans retour, MASSERAS, *Journ. offic.* 15 juin 1876, p. 4198, 1re col.

† **NAUFRAGEUR** (nô-fra-jeur), *s. m.* Nom donné aux gens qui, sur certaines côtes dangereuses et inhospitalières, faisaient de faux signaux pour causer la perte des navires.

† **NAUVE** (nô-v'), *s. f.* Nom donné, dans la Charente-Inférieure, à des vallons marécageux et insalubres, *les Primes d'honneur*, Paris, 1873, p. 252.

— ÉTYM. Le même que *noue* 1.

† **NAVAGA** (na-va-ga), *s. m.* Espèce de morue, *gadus navaga.* Les principaux poissons qui font l'objet des pêches de la mer Blanche sont : le hareng, le saumon et la morue navaga, *Journ. offic.* 15 août 1874, p. 5902, 2° col. Le navaga se pêche au moyen de lignes en crin, en faisant des trous dans la glace, *ib.* 3° col.

† **NAVALORAMA** (na-va-lo-ra-ma), *s. m.* Engin de perspective qui représente une vue de mer. Afin de subvenir à l'imperfection de ses procédés spéciaux, il recourt à des engins de perspective, à des lumières projetées, à des illusions d'optique, à toutes ces inventions qui font des panoramas, des dioramas, des navaloramas, des chefs-d'œuvre sans pareils au point de vue de la représentation fidèle, exacte, parfaite du vrai réel et visible, TÖPFFER, *Menus propos*, VII, 25.

— ÉTYM. *Naval*, et ὅραμα, vue.

NAVET. *Ajoutez :* || 4° Navet de Suède, nom qui a été donné au rutabaga.

2. **NAVETTE.** *Ajoutez :* || 8° Nom, en Bretagne, d'une espèce d'échaudé faite de pâte de froment et en forme de navette.

NAVIGATION. || 1° *Ajoutez :* || Fig. Mon esprit, dans quelle navigation étrangère t'engages-tu? RAC. *Lexique*, éd. P. Mesnard. || 7° Navigation par l'arc de grand cercle, voy. ORTHODROMIE au Supplément.

† **NAZIRÉEN.** *Ajoutez :* — REM. 1. Il vaudrait mieux définir les naziréens comme fait l'historien Josèphe : Hommes qui faisaient vœu de laisser croître leurs cheveux et de ne point boire de vin; car le naziréat n'était point un sacerdoce. || 2. On a dit aussi nazarien ou nazaréen. Arnauld d'Andilly (*Traduction de l'Histoire des Juifs de Josèphe*, IV, 4), Dom Calmet, M. de Genoude emploient cette dernière forme, qui a l'inconvénient de signifier aussi un habitant de Nazareth.

NE. *Ajoutez :* || 20° *Ne*, dans une phrase subordonnée par un *que*, peut avoir le sens de : s'empêcher de. Je ne crois pas que je ne pleure quand je verrai ce courrier chargé de dépêches pour M. de Pompone [que je m'empêche de pleurer], SÉV. 29 nov. 1679.

— REM. *Ajoutez :* || 5. *Ne*, construit déjà avec *jamais* ou autre mot semblable, n'empêche pas de joindre un autre mot analogue. Vous ne mettez jamais votre santé en aucune considération, SÉV. 2 nov. 1679.

† **NÉANTISE** (né-an-ti-z'), *s. f.* Néologisme. Chose de néant. Pour se tirer de la position la plus simple, on étale aux yeux de l'Autriche et de la France (si toutefois la France aperçoit ces néantises) un spectacle qui rendrait la légitimité, déjà trop ravalée, la désolation de ses amis et l'objet de la calomnie de ses ennemis, CHATEAUB. *Mém. d'outre-tombe*, éd. de Bruxelles, t. VI, *Mme de Gontaut.*

† **NÉBULAIRE** (né-bu-lê-r'), *adj.* Terme d'astronomie. Qui se rapporte aux nébuleuses. État nébulaire.

† **NÉBULASIT** (né-bu-la-zit'), *s. f.* Étoile β de la queue du Lion.

— ÉTYM. Forte altération du nom arabe *dheneb el-asad*, la queue du Lion, DEVIC, *Dict. étym.*

NÉBULEUX. || 1° *Ajoutez :* Si, en quelque jour un peu moins nébuleux qu'il n'en fait en ce temps-ci, vous vouliez me donner deux heures de votre temps pour aller achever l'habit de votre portrait, *Nanteuil à Mlle de Scudéry*, dans *Mlle de Scudéry*, p. 502, par Rathery et Boutron, Paris, 1873.

— REM. À propos de la phrase de Lesage : Je te trouve l'air nébuleux (voy. le n° 1 au Dictionnaire), François de Neufchâteau avait dit que c'était une expression recherchée et convenable à un petit-maître, et que Dancourt l'avait signalée en faisant dire à une greffière : Cette journée-ci sera malheureuse pour moi; j'ai éternué trois fois à jeun; j'ai le teint brouillé, l'œil nébuleux; et je n'ai jamais pu donner ce matin un bon tour à mon crochet gauche, *Bourgeoises de qualité*, I, 3. Fr. de Neufchâteau est trop sévère. En tout cas, il se trompe en déclarant cette expression nouvelle en 1700, époque où Dancourt fit représenter sa pièce; nébuleux en ce sens se trouve dans Scarron.

NÉCESSAIRE. — HIST. *Ajoutez :* XII° s. Et par signes lor demostrot, Que c'iert que plus devoient fere, Et qui plus lor iert necessaire, BENOIT, *Roman de Troie*, v. 14802.

NÉCESSITÉ. *Ajoutez :* || 14° Manque. Des armées réduites à la nécessité de toutes choses, MALH. *Lexique*, éd. L. Lalanne. || Être en nécessité, être dans le besoin. Le sage, encore qu'il se contente de soi-même, ne laisse pas de vouloir avoir un ami. ... non point, disait Épicure, pour avoir qui.... l'assiste de moyens, s'il est en nécessité, mais..., MALH. *ib.* C'est une chose très-fâcheuse de vivre en nécessité, ID. *ib.*

NÉCESSITEUX. *Ajoutez :* || 3° Nécessiteux de, qui manque de. Nécessiteux de toutes choses, MALH. *Lexique*, éd. L. Lalanne.

† **NÉCROMÈTRE** (né-kro-mè-tr'), *s. m.* Thermomètre disposé de manière à indiquer le degré de refroidissement au-dessous duquel la mort est certaine. Pour les gens sans instruction ne sachant pas lire, il [le Dr Bouchut] propose un nécromètre ou thermomètre divisé en deux parties par un seul zéro, sans autres chiffres; ce zéro correspondant à 22°, si l'instrument est au-dessous de ce zéro,... c'est une certitude absolue de mort, *Journ. offic.* 12 oct. 1876, p. 7461, 2° col.

— ÉTYM. Νεκρὸς, mort, et μέτρον, mesure.

† **NÉCROPHORE** (né-kro-fo-r'), *s. m.* Genre d'insectes coléoptères pentamères, qui ont la singulière habitude d'enterrer les cadavres des petits animaux, taupes, souris, etc. pour y déposer leurs œufs.

— ÉTYM. Νεκροφόρος, qui porte les morts, de νεκρὸς, mort, et φέρω, porter.

NÉGATIF. *Ajoutez :* || 11° Terme de droit. Conflit négatif, incident de procédure qui survient quand l'autorité judiciaire et la juridiction administrative se déclarent l'une et l'autre incompétentes pour juger un procès, *le Temps*, 6 mars 1877, 1re page, 4° col. || 12° *S. m.* Un négatif, une épreuve négative, en photographie.

† **NÉGLIGEABLE.** || On trouve aussi négligible. Une quantité négligible, STE-BEUVE, *Port-Royal*, t. III, p. 414, 3° éd. Négligeable est plus usité; mais *négligible* n'est pas incorrect, puisqu'on a *exigible* d'*exiger*; mais *négligible* est tout à fait inutile à côté de *négligeable*.

† **NÉGLIGEMENT.** *Ajoutez :* — HIST. XVI° s. Les subsides outrés, les negligements du commerce, du trafic, le grand nombre de charges... SULLY, *Mémoires*, cité dans PONTET DE FOUVENT, *les Malversations des compagnies de chemins de fer*, p. 16.

† **NÉGOCIAL, ALE** (né-go-si-al, a-l'), *adj.* Ancien terme d'administration financière. Qui appartient aux affaires, aux propriétés d'un imposable. L'exemption, prétendue par les maîtres de poste, de tous les deniers négociaux qui s'imposent, BOISLISLE, *Corresp. des contrôl. génér.* Paris, 1874, p. 273. Depuis un temps considérable, le clergé d'Autun est dispensé de contribuer à la taille négociale, ID. *ib.* p. 249.

NÉGOCIATION. *Ajoutez :* || 4° Anciennement, le négoce, le commerce. La négociation consiste à vendre et à acheter, MALH. *Lexique*, éd. L. Lalanne. Cette amitié.... n'est pas une amitié, mais une négociation, qui n'estime et ne regarde que le moyen qu'il y a de profiter, ID. *ib.*

NÉGOCIER. || 1° *V. n.* Faire négoce. *Ajoutez :* || Fig. Ceux qui semblent n'avoir point d'occupations [les philosophes] sont ceux qui en ont de plus dignes : ils négocient au ciel et en la terre, MALH. *Lexique*, éd. L. Lalanne.

† **NÉGRIL** (né-gril), *s. m.* Nom, dans le Tarn, d'un insecte (*colapsis atra*) dont la larve attaque la luzerne, *les Primes d'honneur*, Paris, 1873, p. 457.

— ÉTYM. Dérivé de *nègre.*

† **NÉGRITO** (né-gri-to), *s. m.* || 1° Nom d'une race de nègres qui se trouve dans les îles de la Sonde et aussi sur le continent, et dont le degré anthropologique est très-bas. Les Négritos. || 2° *Adj.* La race négrito est une des plus anciennes dans ces régions; elle a mêlé son sang à celui de bien des races envahissantes, QUATREFAGES et HAMY, *Acad. des sc. Comptes rend.* t. LXXXIV, p. 142. || Cet adjectif est invariable au singulier; au pluriel il prend une *s* pour les deux genres : les hommes, les races négritos.

† **NÉGROÏDE** (né-gro-i-d'), *adj.* Terme d'anthropologie. Qui tient du nègre, qui a l'apparence du nègre. À mesure que nous nous éloignions de la côte et que nous nous rapprochions des établissements malais, les Papous devenaient plus foncés et prenaient l'aspect plus négroïde, *Rev. anthrop.* t. VI, p. 165.

— ÉTYM. Mot hybride, de *nègre*, et εἶδος, apparence.

NEIGE. *Ajoutez :* || 10° Arbre de neige, plusieurs arbrisseaux à fleurs blanches nombreuses, tels que le *viburnum opulus*, BAILLON, *Dict. de botan.* p. 257.

† **NEIGÉ.** *Ajoutez :* — REM. Comme Chateaubriand, Michelet s'est servi de l'adjectif neigé : Ces hauts vallons sont neigés six mois par an.

† **NÉMALITE** (né-ma-li-t'), *s. f.* Terme de minéralogie. Silicate magnésien hydratifère.

† **NÉMAUSA** (né-mô-za), *s. f.* La 51° planète télescopique, découverte en 1858 par M. Laurent.

— ÉTYM. Dérivé de *Nemausus*, nom latin de la ville de Nîmes.

† **NÉMÉSIS.** *Ajoutez :* || 3° La 128° planète télescopique, découverte en 1872 par M. Watson.

† **NÉMESTRINE**, *s. f.* Genre d'insectes, armés de trompe, parmi lesquels on remarque la némestrine longirostre du cap de Bonne-Espérance, dont la trompe est d'une longueur énorme.

† **NÉO-CELTIQUE** (né-o-sèl-ti-k'), *adj.* Se dit des langues modernes parlées en basse Bretagne, dans le pays de Galles, dans les hautes terres d'Écosse et en Irlande, et issues de l'ancienne langue des Celtes.

† **NÉOCORAT** (né-o-ko-ra), *s. m.* Terme d'antiquité. Fonction de néocore. Le titre de métropole que prend ici Synnada [ville de l'Asie Mineure] et son double néocorat ne nous avaient pas été signalés par les médailles, DELAUNAY, *Journ. offic.* 14 mars 1876, p. 1791, 3° col.

† **NÉOCYTE** (né-o-si-t'), *s. m.* Terme de biologie. Cellule de nouvelle formation. Les micro-organismes très-nombreux et très-prolifères détruisent par liquéfaction les néocytes, pénètrent dans les parties voisines de la plaie et amènent la formation des abcès du voisinage, H. DE PARVILLE, *Journ. offic.* 11 fév. 1875, p. 1136, 1re col.

— ÉTYM. Νέος, nouveau, et κύτος, vésicule.

† **NÉOLITHIQUE** (né-o-li-ti-k'), *adj.* Qui appartient à la période de la pierre polie, ou période la plus récente dans l'emploi préhistorique des outils de pierre. Âge néolithique, âge des instruments de pierre postérieur aux derniers grands changements subis par le globe. Les mines [du camp de Cissbury] sont de l'âge néolithique, quoique quelques-uns des instruments présentent des formes qui se

rapprochent de celles de l'époque paléolithique, *Journ. offic.* 4 janv. 1876, p. 74, 3e col.

— ÉTYM. Νέος, nouveau, et λίθος, pierre.

† **NÉOPLASIE** (né-o-pla-zie), *s. f.* Terme de physiologie. Production nouvelle, morbide ou non.

— ÉTYM. Νέος, nouveau, et πλάσις, formation.

† **NÉOPLASIQUE** (né-o-pla-zi-k'), *adj.* Qui a rapport à la néoplasie.

† **NÉPALAIS** (né-pa-lè), *s. m.* Langue parlée dans le Népâl, et dérivée du sanscrit.

† **NÈPE** (nè-p'), *s. f.* Genre d'insectes hémiptères de la famille des rémitarses. Dans l'une s'agitaient des dytiques analogues à ceux de nos mares,... ainsi que des nèpes et des bélostomes, sortes de punaises aquatiques, E. BLANCHARD, *Rev. des Deux-Mondes*, 1er oct. 1874, p. 5065.

— ÉTYM. Lat. *nepa*, scorpion.

† **NÉPHALIEN, IENNE** (né-fa-liin, liè-n') ou **NÉPHALIQUE** (né-fa-li-k'), *adj.* Qui est relatif aux néphalies. Fêtes néphaliques. La ligue nationale de la tempérance néphalienne de Londres, DE COLLEVILLE, *Journ. des écono*m. fév. 1873, p. 281.

† **NÉPHALIES** (né-fa-lie), *adj. f. plur.* || 1° Terme d'antiquité. Offrandes néphalies, breuvages sans vin, composés d'eau, de miel, de lait, etc. qui étaient présentés particulièrement aux Muses. || 2° *S. f.* De notre temps, une néphalie, une fête des associations de tempérance. Les néphalies, c'est-à-dire les fêtes où se réunissent pendant des journées entières des foules nombreuses.... ne causant ni un désordre ni un dégât, DE COLLEVILLE, *Journ. des économistes*, fév. 1873, p. 271.

— ÉTYM. Νηφάλιος, qui concerne la tempérance, de νήφειν, être tempérant, et, particulièrement, s'abstenir de vin.

† **NÉPHALISME** (né-fa-li-sm'), *s. m.* Abstinence absolue de tout alcool, de tout liquide, de toute nourriture où l'alcool est contenu, DE COLLEVILLE, *Journ. des économistes*, fév. 1873, p. 256.

† **NÉPHALISTE** (né-fa-li-st'), *s. m.* Partisan du néphalisme. Il n'existe pas encore d'autres villes exclusivement bâties pour le néphalisme et par les néphalistes que Bessbrook, DE COLLEVILLE, *Journ. des économistes*, fév. 1873, p. 258.

† **NÉPHÉLINE** (né-fé-li-n'), *s. f.* Terme de minéralogie. Silicate double d'alumine et de soude qui se trouve dans les environs de Rome.

† **NÉPHOSCOPE** (né-fo-sko-p'), *s. m.* Instrument météorologique inventé par le P. Carl Braun pour faciliter l'observation de la marche des nuages et des courants atmosphériques des hautes régions, qui n'ont pas prise sur la girouette.

— ÉTYM. Νέφος, nuage, et σκοπεῖν, examiner.

† **NERVIMOTION** (nèr-vi-mo-sion), *s. f.* Terme de physiologie. Mot créé par Dutrochet pour désigner le phénomène de mouvement qui est provoqué dans les centres nerveux par les agents extérieurs, et transmis aux muscles par les nerfs.

— ÉTYM. Lat. *nervus*, nerf, et *motio*, mouvement.

† **NERVURÉ, ÉE** (nèr-vu-ré, rée), *adj.* Terme de botanique. Garni de nervures. Fibres végétales franchement nervurées, *Journ. offic.* 19 mars 1875, p. 2102, 1re col.

† **NESCIENCE** (nè-ssi-an-s'), *s. f.* État de celui qui ne sait pas, qui n'a pas de savoir. Dès le début, la religion a fait les plus grands efforts pour unir plus ou moins de science à la nescience ; la science a dès le début voulu avec énergie retenir plus ou moins de nescience qu'elle prenait pour de la science, HERBERT SPENCER, *les Premiers principes*, trad. de E. Cazelles, p. 113.

— ÉTYM. Lat. *nescientia*, de *ne*, non, et *scientia*, science.

NET. *Ajoutez* : || 15° Dans le langage des ouvriers, atelier net, atelier que des ouvriers mettent en interdit et où ils défendent que d'autres travaillent. Il s'est adressé à B.... et lui a dit : Citoyen B...., pourquoi travailles-tu, puisque l'atelier est net? *Gaz. des Trib.* 7 juin 1874, p. 541, 1re col.

† **NETTOYEUSE** (nè-to-ieû-z'), *s. f.* Machine qui sert à nettoyer, *Journ. offic.* 24 fév. 1876, p. 1371, 3e col.

† **NEUROTIQUE** (neu-ro-ti-k'), *adj.* Terme de physiologie. Qui a rapport aux nerfs. || Poisons neurotiques, poisons qui agissent sur le système nerveux.

— ÉTYM. Νεῦρον, nerf.

NEUTRE. *Ajoutez* : || 8° Qui n'est ni bon ni mauvais. C'est l'affection qui.... donne du prix à ce qui n'en a point ; les choses que les hommes désirent sont d'une nature neutre ; l'esprit de celui qui les possède.... leur donne la forme qu'il lui plaît, MALH. *Lexique*, éd. L. Lalanne.

NEUVIÈME. — HIST. || XIIIe s. *Ajoutez* : Les XIIII vergues [verges] qui sunt el camp [champ] de Biare doivent nueme garbe [gerbe], *Charte du Vermandois*, dans *Bibl. des ch.* 1874, XXXV, p. 443.

NEVEU. — HIST. || XIIIe s. *Ajoutez* : Por l'amor de lor oncle [ils]ont tuit le roi guerpi ; Por ce dit on encore : ainz venge [vienne] niez que fiz, *Aye d'Avignon*, v. 2669.

† **NÉVROPATHE** (né-vro-pa-t'), *s. m.* Terme de médecine. Celui qui est affecté de névropathie ou névrose.

NEZ. *Ajoutez* : || 18° Populairement. Prendre son nez pour ses fesses, s'est dit autrefois comme on dit aujourd'hui : prendre son cul pour ses chausses. Élise, comment donc, ils te font des caresses ; Mon maître assurément prend son nez pour ses fesses, QUINAULT, *Rivales*, I, 3. || 19° En termes d'ouvrier, nez d'une marche d'escalier, le profil, le rebord d'une marche. Machines à faire les nez de marches d'escaliers.... *Alm. Didot-Bottin*, 1871-72, p. 779, 4e col. || 19° Terme de zingueur. Quand on fait entrer des tuyaux de zinc les uns dans les autres, on y adapte des nez en zinc pour les arrêter à un endroit déterminé.

NI. — REM. *Ajoutez* : || 3. Saint-Simon a dit : Le prince de Conti me conta qu'il n'avait jamais été si embarrassé, ni tant souffert de sa vie, ST.-SIM. 78, 16. On rendrait cette phrase plus usuelle en mettant : et n'avait tant souffert de sa vie. L'ellipse préférée par Saint-Simon est dure, mais non incorrecte. || 4. Remarquez cette tournure de Bossuet, très-bonne d'ailleurs : Il [Jurieu] ne connaît guère ce que c'est ni que l'esprit ni que le cœur, 2e *avert.* 16. || 5. *Ni* suivi immédiatement de *pas* ou *point.* Qu'il soit le premier de sa race, et n'ait pas le liard en sa bourse, ni pas un valet après lui, MALH. *Lexique*, éd. L. Lalanne. Il faut qu'il n'y ait point de bien que la vertu, ni point de mal que le vice, ID. *ib.*

† **NIAOULI** (ni-a-ou-li), *s. m.* Arbre de la Nouvelle-Calédonie, *malenia leucodendron.* Le niaouli, c'est son nom indigène, est pour la plus grande partie de la Nouvelle-Calédonie,... il fournit, avec le *melaleuca cajeputi* des Moluques, à l'industrie du parfumeur l'essence de cajeput, *Journ. offic.* 9 sept. 1875, p. 7703, 1re col. À ces deux points de vue [hygiène et commerce], la Société d'acclimatation indique aussi le niaouli de la Nouvelle-Calédonie, autre préservatif des émanations paludéennes, et qui, par son écorce aux couches épaisses et feutrées, paraît échapper à l'action des incendies, GUY, *l'Algérie*, 1876, p. 104.

† **NICHAN** (ni-chan), *s. m.* Décoration turque.

— ÉTYM. Persan, *nichân*, insigne.

† **NICHOL** (ni-kol), *s. m.* Se dit abréviativement pour prisme de Nichol (voy. PRISME, n° 2). Examinant un faisceau musculaire primitif à l'aide du microscope à polarisation, il [Brücke] reconnut que, les deux nichols étant croisés..., RANVIER, *le Progrès médical*, 6 mai 1876, p. 347, 2e col.

† **NICKELER** (ni-ke-lé ; la syllabe *ke* prend un accent grave devant une syllabe muette), *v. a.* Couvrir d'une couche de nickel. Fer nickelé, DAUBRÉE, *Acad. des sc. Comptes rend.* t. LXXXII, p. 1117. On nickèlera sous les yeux du public des objets qui seront ensuite distribués aux dames, *le National*, 13 avr. 1877. || Le même que nickeliser (voy. ce mot ci-dessous).

† **NICKELINE** (ni-ke-li-n'), *s. f.* Terme de minéralogie. Arseniure de nickel.

† **NICKELISAGE** (ni-ke-li-za-j'), *s. m.* Action de nickeliser. Les opérations de galvanoplastie, l'industrie nouvelle du nickelisage, H. DE PARVILLE, *Journ. offic.* 24 juill. 1871, p. 2206.

† **NICKELISÉ, ÉE** (ni-ke-li-zé, zée), *part. passé* de nickeliser. Recouvert d'une couche de nickel. M. Duchemin a eu l'excellente pensée de protéger les cercles de ses boussoles circulaires à l'aide d'un dépôt nickelisé.... la *Creuse*.. a fait une partie du tour du monde avec une rose nickelisée, H. DE PARVILLE, *Journ. offic.* 18 nov. 1875, p. 9440, 1re col.

† **NICKELISER** (ni-ke-li-zé), *v. a.* Couvrir d'une couche de nickel. La consommation de nickel s'est beaucoup accrue, depuis qu'on est parvenu à nickeliser facilement les objets, les outils et les instruments de précision, H. DE PARVILLE, *Journ. des Débats*, 11 août 1876, *feuilleton*, 2e page, 3e col.

† **NICKELURE** (ni-ke-lu-r'), *s. f.* Emploi du nickel pour recouvrir d'autres métaux. M. Duchemin a fait, à propos de cette application du nickel à la préservation des boussoles, un historique rapide et intéressant de la nickelure en industrie, DE PARVILLE, *Journ. offic.* 18 nov 1875, p. 9440, 1re col.

† **NICOBAR** (ni-ko-bar), *s. m.* Nom donné à des oiseaux de la famille des pigeons, remarquables par leurs longues plumes vertes à reflets métalliques, *columba nicobarica*, Temminck ; ils sont nommés ainsi, parce qu'ils sont originaires des îles Nicobar. On dit aussi nicombar.

NICODÈME. — ÉTYM. *Ajoutez* : M. Éman Martin, *Courrier de Vaugelas*, 15 oct. 1875, p. 91, donne une explication très-plausible du sens d'homme borné qu'a reçu *Nicodème.* Il cite le passage suivant d'un mystère où Nicodème a de la peine à comprendre la parole de Jésus : Jésus : Certes je te dis et afferme : Qui regeneré ne sera De l'eauve qui le lavera En la vertu du sainct esperit, Lequel sera baptesme dit, Jamais ne pourra pour certain Avoir part au regne haultain. — Nicodème : Je ne vous entens point. — Jésus : Comment.... Tu es docteur en Israël Et maistre en la loy solempnel, Qui entens bien les escriptures ; Dis je parolles si obscures Que tu ne les peulx pas comprendre ? M. E. Martin ajoute : « Pour qui sait combien les mystères furent populaires au moyen âge (on les représentait dans les églises), il est évident que c'est le rôle joué par Nicodème dans la scène que je viens de reproduire en partie, qui a fait prendre son magnifique nom (vainqueur des peuples) dans le sens de niais, d'imbécile, d'homme simple, borné, qu'il a conservé dans la langue familière de nos jours. À *Nicodème*, on ajoute quelquefois *dans la lune.* C'est une allusion à un personnage d'une pièce de Beffroy de Reigny, plus connu sous le nom du Cousin Jacques, intitulée : « *Nicodème dans la lune*, ou la révolution pacifique, folie en prose et en trois actes, » et qui fut représentée pour la cinquantième fois, à Paris, le lundi 21 février 1791. »

† **NICODÉMITE** (ni-ko-dé-mi-t'), *s. m.* Imitateur de Nicodème, ce docteur de la loi qui vint trouver de nuit Jésus-Christ par crainte des hommes, et est devenu le type du croyant qui cache sa foi. L'adulation du courtisan, les fraudes pieuses du zélateur indiscret, la mondanité et la timidité de l'apostat et du Nicodémite, JACQ. SAURIN, *Serm.* t. I, *Sur le trafic de la vérité.*

† **NICOLAÏSME** (ni-ko-la-i-sm'), *s. m.* Nom donné, dans les Xe et XIe siècles de l'ère chrétienne, au mariage des évêques et des prêtres, qui s'était introduit plutôt par oubli et ignorance que par la violation consciente des lois canoniques, *Journ. offic.* 15 janv. 1874, p. 426, 1re col. Contre le clergé qui s'obstinait à pratiquer le nicolaïsme, le pape trouva des auxiliaires dans les moines et dans les populations elles-mêmes, RAMBAUD, *Journ. offic.* 4 août 1876, p. 5950, 2e col.

— ÉTYM. *Nicolas*, diacre des premiers temps chrétiens (Eusèbe, *Hist. eccl.* III, 29), dont on raconte une histoire fort douteuse et dont on prétend que les disciples furent livrés à l'impureté (voy. NICOLAÏTE au Dictionnaire).

† **NICOTINEUX, EUSE** (ni-ko-ti-neû, neû-z'), *adj.* Qui contient de la nicotine. Il fallait qu'un ouvrier exposé aux émanations nicotineuses et ammoniacales, auxquelles la torréfaction donnait lieu, veillât à retourner les tabacs, de manière qu'ils ne fussent pas grillés, *Journ. offic.* 29 nov. 1875, p. 9801, 2e col.

NID. — HIST. || XVIe s. Citadelles que les anciens Grecqs et Romains à fort bon droit appelloyent nids de tyrans, *Œuvres de M. de Sainte-Aldegonde*, Bruxelles, 1859, p. 36.

† **NIDIFIER** (ni-di-fi-é), *v. n.* Faire un nid. Durant les époques préhistoriques..... il fallait bien que les hirondelles nidifiassent dans d'autres lieux qu'à présent, POUCHET, *Acad. des sc. Comptes rend.* t. LXX, p. 493.

— ÉTYM. Voy. NIDIFICATION au Dictionnaire.

† 1. **NIELLE.** *Ajoutez* : — ÉTYM. Le bas-lat. a *niela* dans un texte du Xe siècle, BOUCHERIE, *Rev. des langues romanes*, t. VI, p. 459. C'est un romanisme. On voit que dès lors le *g* avait disparu de la forme primitive *nigella.*

† **NIELLÉE** (niè-lée), *s. f.* Amas de nielle, maladie des grains. Des plants faibles, tordus, dévorés par les insectes et en partie couverts de niellée, voilà le triste spectacle qui s'offre à notre vue en visitant les houblonnières, *Journ. offic.* 19 juill. 1876, p. 5317, 3e col.

— ÉTYM. *Nielle* 3.

† 2. **NIELLURE.** *Ajoutez* : Parlons maintenant de la niellure, c'est-à-dire de la manière de fixer la nielle dans les creux gravés sur des plaques d'or

et d'argent,... *Œuvres de Benvenuto Cellini*, trad. L. Léclanché, *Traité de l'orfévrerie*, ch. II ou t. II, p. 257.

NIGAUD. — ÉTYM. *Ajoutez :* M. Eugène Ritter (les *Noms de famille*, p. 15), citant les noms propres *Nicard, Nicaud, Nigon, Nigaux*, comme dérivés de *Nicolas*, demande si l'adjectif *nigaud* en est dérivé, comme *benêt* de *benedictus*. « Un sens défavorable, dit-il, est attaché à certains noms propres; le changement de *c* en *g* n'est pas rare, témoin les noms de famille *Glaudeau, Glaudin, Glaudon;* enfin la finale *aud* a été appliquée à beaucoup de noms et de mots qui ne sont pas, comme elle, d'origine germanique, et justement avec un sens péjoratif dans *courtaud, lourdaud, rougeaud, rustaud*, etc. » Cette dernière remarque est opposée à Diez, qui, à cause de la finale germanique *aud*, voyait dans *nigaud* un mot germanique. Les formes *Nicaud, Nigon, Nigaux*, donnent un certain crédit à la conjecture de M. Eugène Ritter.

† **NIGER** (ni-jèr), *s. m.* Plante dont la graine est oléagineuse. Le rendement en huile des grains de niger est fixé à 33 pour 100, *Décret du* 27 *fév.* 1873, art. 4, *Journ. offic.* 5 mars 1873, p. 1530, 2ᵉ col.

† **NIGERIE** (ni-je-rie), *s. f.* Terme vieilli. Niaiserie, bagatelle. Je vous entretiens de ces nigeries, faute de quelque chose de meilleur, MALH. *Lexique*, éd. L. Lalanne.

— ÉTYM. *Nigerie* paraît devoir être rapproché du norm. *nijot, nigeou*, vétilleux, *nijoter*, faire le paresseux, dont l'origine est d'ailleurs inconnue.

† **NIGRITIQUE** (ni-gri-ti-k'), *adj.* Terme d'ethnologie. Qui a rapport aux nègres. Leur type national [des anciens Égyptiens], à la période primitive de la troisième dynastie, a été reconnu récemment comme européen, distinct tout à la fois des races nigritique et sémitique, *Journ. offic.* 3 juin 1876, p. 3822, 1ʳᵉ col.

† **NIHILISME.** *Ajoutez :* || 3ᵉ Forme que le socialisme a prise en Russie, doctrine qui met la destruction de l'organisme social au rang de ses plus pressantes obligations et qui, pour le moment du moins, n'entend y rien substituer.

† **NIHILISTE.** *Ajoutez :* || 2ᵉ Nom, en Russie, des partisans du nihilisme ou socialisme russe.

† **NIHILITÉ** (ni-i-li-té), *s. f.* Qualité de ce qui est considéré comme nul, de ce qui n'est rien par soi-même.

— HIST. XVIᵉ s. Nulle particuliere qualité n'enorgueillira celuy qui mettra quand et quand en compte tant d'imparfaictes et foibles qualitez aultres qui sont en luy, et au bout la nihilité de l'humaine condition, MONT. II, 62.

— ÉTYM. Lat. *nihil*, nulle chose (voy. NIHILISME au Dictionnaire).

† **NILGAUT.** *Ajoutez :* — ÉTYM. Persan, *nil-guidv*, bœuf bleu, de *nil*, bleu, et *guidv*, bœuf.

† **NILOTIQUE** (ni-lo-ti-k'), *adj.* Qui est relatif au Nil. Les campagnes nilotiques. Les autres peuples descendus de Cham parlent des idiomes étroitement apparentés et formant une famille spéciale, que l'on appelle nilotique, la plupart des langues qui la composent, et surtout la plus importante, ayant pour patrie la vallée du Nil, FR. LENORMANT, *Manuel d'hist. anc.* t. I, p. 123.

† **NIMBER** (nin-bé), *v. a.* Pourvoir d'un nimbe. L'auréole d'or qui le nimbe fait ressortir la tête la plus idéalement candide qu'on puisse rêver, E. BERGERAT, *Journ. offic.* 14 mai 1876, p. 3263, 3ᵉ col.

† **NINIVITE** (ni-ni-vi-t'), *adj.* Terme d'histoire ancienne. Qui est relatif à Ninive. L'empire ninivite. Les conquérants ninivites.

† **NIOBÉ.** *Ajoutez :* || La 71ᵉ planète télescopique, découverte en 1864 par M. Luther.

† **NIPA** (ni-pa), *s. m.* Nom malais d'un arbre des îles de la Sonde, sorte de palmier à fruit comestible.

† **NIQUET** (ni-kè), *s. m.* Nom vulgaire du double tournois frappé par Henri V à Rouen et à Saint-Lô. || Ce nom a été donné par extension au double tournois de Charles VI, frappé dans les villes restées sous son obéissance, après la fuite du Dauphin. || Beaucoup plus tard, une pièce de Charles VIII a porté le même nom.

— HIST. XVᵉ s. Henry V fist forger une petite monnoye, qu'on nommoit doubles, qui valloient trois doubles; en commun lengage on les appeloit niquets, DU CANGE, *niquetus*.

— ÉTYM. Anc. franç. *niquet*, action de faire la nique, cette pièce étant ainsi dite populairement, parce que, à cause de son peu de valeur, elle semblait faire la *nique*.

† **NITIDULES** (n-ti-du-l'), *s. f. pl.* Genre d'insectes, dont les deux espèces les plus connues, la nitidule colon, et la nitidule cuivreuse ou petit scarabée des fleurs, se trouvent dans les environs de Paris.

— ÉTYM. Lat. *nitidus*, brillant.

† **NITRAIRE** (ni-trè-r'), *s. f.* Genre de plantes dont plusieurs espèces croissent dans les eaux salées et nitreuses.

† **NITRATATION.** *Ajoutez :* || 2ᵉ Emploi du nitrate d'argent pour la coloration des tissus animaux en brun, des épithéliums surtout.

† **NITRIFICATEUR, TRICE** (ni-tri-fi-ka-teur, tri-s'), *adj.* Qui produit la nitrification. Il nous reste maintenant à découvrir et isoler les organismes nitrificateurs, SCHLŒSING et MÜNTZ, *Acad. des sc. Comptes rend.* t. LXXXIV, p. 303.

† **NITRILE** (ni-tri-l'), *s. m.* Terme de chimie. La découverte des nitriles, c'est-à-dire des sels ammoniacaux complétement privés d'oxygène par voie de déshydratation, a montré les limites de cet ordre de phénomènes, BERTHELOT, *Synth. chim.* p. 112.

† **NIVELIER** (ni-ve-lié), *s. m.* Terme vieilli. Badaud. Ne passerais-je pas moi-même pour un nivelier de tant m'arrêter à ce Saint-Jérôme [en mosaïque]? LA FONT. *Lett. à sa femme*, 12 sept. 1663.

† **NIXE** (ni-ks'), *s. f.* Nom allemand des ondines, nymphe ou génie des eaux. Si vous aimez les sortiléges, venez par un beau clair de lune d'une nuit de mai évoquer la nixe de Vaucluse, et peut-être à votre appel la verrez-vous sortir de cet abîme de cristal qui lui sert de palais, H. BLAZE DE BURY, *Rev. des Deux-Mondes*, 15 juill. 1874, p. 261.

— ÉTYM. All. *Nixe*, ondine; suéd. *næk*, ondin, de l'all. *neichen*, arroser.

† 2. **NIZAM** (ni-zam'), *s. m.* Titre d'un prince qui règne sur une grande partie du Dékhan. Le nizam ou surintendant du Dékhan, sous l'empire du Grand-Mogol, se rendit indépendant dans le XVIIIᵉ siècle; en devenant prince souverain, il n'a pas changé de titre, CORTAMBERT, *Cours de géographie*, Paris, 1876, p. 562.

— ÉTYM. Arabe, *nidhâm*, que les Persans et les Turcs prononcent *nizam*, et qui signifie proprement ordre, arrangement, DEVIC, *Dict. étym.*

† **NIZERÉ** (ni-ze-ré), *s. m.* Essence de roses blanches de Tunis, qui jouit d'une grande réputation, PEUCHET, *Hist. des établ. et du comm. dans l'Afrique sept.* t. II, p. 22.

— ÉTYM. Arabe-persan, *nisrin*, la rose musquée, avec laquelle on fait cette essence, DEVIC, *Dict. étym.*

NOBLESSE. *Ajoutez :* — REM. Le mot devenu proverbial : noblesse oblige, ne paraît pas ancien; du moins tout porte à croire qu'il est dû au duc de Lévis, qui commence par là un chapitre sur la noblesse, *Maximes, préceptes et réflexions*, p. 86, 5ᵉ éd. Paris, 1825.

† **NOBLIAU** (no-bli-ô), *s. m.* Terme de dénigrement. Un noble, un gentilhomme qui n'a que sa noblesse. Un monde de petits nobliaux, labourant l'épée au côté, MICHELET.

NOCE. *Ajoutez :* || 6ᵉ Noces d'or, nom donné à la fête de cinquante ans de mariage. || Noces d'argent, se dit pour la demi-cinquantaine, la fête de vingt-cinq ans de mariage. || Noces de diamant, fête de soixante ans de mariage. || 7ᵉ Bouillie de gruau d'avoine qu'on prépare en l'échaudant par cuillerées dans l'eau bouillante et qu'on mange avec du lait ou du beurre, en Bretagne et en basse Normandie.

† **NOCER** (no-sé; le *c* prend une cédille devant *a* et *o*), *v. n.* Terme populaire. Faire la noce, faire bombance, passer ses journées dans les cabarets.

† **NOCHÈRE** (no-chè-r'), *s. f.* Conduite formée de deux ou trois planches. C'est là qu'on le prend [le purin] avec une pompe si elle [l'eau] devient trop abondante ou s'il devient utile de faire un arrosement au maître engrais; ajoutez à cette disposition la précaution de mettre des nochères à tous les bâtiments qui pourraient envoyer au fumier leurs eaux, *Avranchin*, 30 nov. 1873.

— ÉTYM. Bas-lat. *noccus, nocqueria*, petit canal (voy. NOC au Dictionnaire).

† **NOCIVE** (no-si-v'), *adj. f.* Se dit, en médecine, de ce qui cause du mal. Influences nocives. L'action nocive des poêles de fonte chauffés au rouge, *Journ. offic.* 14 juill. 1869, p. 972, 3ᵉ col.

— ÉTYM. Lat. *nocivus* de *nocere*, nuire.

† **NOCIVITÉ** (no-si-vi-té), *s. f.* Terme didactique. Qualité d'une substance nocive. En passant d'une génération à l'autre, le poison vibrionien acquiert une nocivité de plus en plus grande, E. BOUCHUT, *Journ. offic.* 9 mars 1876, p. 1638, 1ʳᵉ col.

— ÉTYM. *Nocive.*

† **NOCTAMBULER** (no-ktan-bu-lé), *v. n.* Néologisme. Aller, se promener la nuit. Le ciel blémit, les étoiles pâlissent; les deux amis continuent à noctambuler, Crispin toujours bavard, Gille à moitié endormi, ALPH. DAUDET, *Journ. offic.* 11 juin 1876, p. 4105, 1ʳᵉ col.

— ÉTYM. *Noctambule.*

† **NOCTILION** (no-kti-li-on), *s. m.* Espèce de chauve-souris de l'Amérique méridionale.

— ÉTYM. Lat. *nox, noctis*, nuit, et *lion*.

† **NOCTILUCINE** (no-kti-lu-si-n'), *s. f.* Terme de chimie. Substance qui produit la phosphorescence chez les animaux noctiluques. Sur la noctilucine, principe phosphorescent des animaux, PHIPSON, *Acad. des sc. Comptes rend.* t. LXXXIV, p. 539.

— ÉTYM. Voy. NOCTILUQUE.

† **NOCUITÉ** (no-ku-i-té), *s. f.* Néologisme. Qualité de ce qui est nuisible. Nous voyons les fibres les plus postérieures des faisceaux latéraux transmettre au sensorium les impressions douloureuses, et éveiller à leur suite, dans l'entendement, la notion de nocuité des corps extérieurs qui les ont provoquées, LUYS, *Recherches sur le système nerveux cérébro-spinal*, p. 321. L'ellébore est une substance très-dangereuse,... on ne doit la remettre qu'à des personnes connues et en leur signalant la nocuité de cette drogue, *Gaz. des Trib.* 19 juil. 1876, p. 704, 2ᵉ col.

— ÉTYM. Formé de l'adj. latin *nocuus*, nuisible, de *nocere*, nuire, et l'opposé d'*innocuité*.

† **NODAL.** *Ajoutez :* || 2ᵉ Terme d'optique. Points nodaux d'une lentille, ou, plus généralement, d'un système réfringent formé de plusieurs milieux séparés par des surfaces sphériques ayant leurs centres en ligne droite, les deux points tels qu'à tout rayon incident dont la direction passe par le premier point nodal correspond un rayon émergent qui est parallèle au rayon incident et dont la direction passe par le second point nodal. || Plans nodaux, plans menés par les points nodaux perpendiculairement à l'axe optique.

† **NODICOLE** (no-di-ko-l'), *adj.* Qui habite les nœuds des végétaux. La forme nodicole du phylloxéra, *Acad. des sc. Comptes rend.* t. LXXXII, p. 1379.

— ÉTYM. Lat. *nodus*, nœud, et *colere*, habiter.

NODOSITÉ || 2ᵉ *Ajoutez :* Quand les nodosités sont toutes formées, et les nerfs si roides et si tendus qu'il n'y a plus moyen de marcher, à cette heure-là, par force, nous confessons que ce sont gouttes, MALH. *Lexique*, éd. L. Lalanne.

NOËL. || Proverbes. *Ajoutez :* || Noël gelé promet Pâques fleuries, c'est-à-dire s'il gèle à Noël, il y aura des fleurs à Pâques.

† **NOÉMATACHOMÈTRE** (no-é-ma-ta-ko-mè-tr'), *s. m.* Instrument à l'aide duquel on mesure la durée d'une opération psychique élémentaire, durée qui n'est pas nulle.

— ÉTYM. Νόημα, pensée, τάχος, vitesse, et μέτρον, mesure.

NOEUD. *Ajoutez :* || 27ᵉ Énumération des différentes espèces de nœuds. Nœud simple, nœud résultant d'une boucle dans laquelle on a fait entrer le brin qui passe sur l'autre, en le faisant tourner sous ce même brin. || Nœud droit : faire successivement, avec les mêmes brins, deux nœuds simples l'un sur l'autre, en faisant en sorte que les brins du même côté soient tous deux en dessus, ou tous deux en dessous du brin qui les croise. || Nœud allemand : faites une boucle, faites tourner en entier autour d'un des brins celui qui le croise, en le faisant croiser sur lui-même, et passez-le dans la boucle. || Nœud d'artificier : faire deux boucles l'une près de l'autre, mais en sens contraire, mettre ces boucles l'une sur l'autre, de façon que les brins soient placés intérieurement; introduire dans les boucles l'objet que l'on veut serrer. || Nœud simple gansé : comme le nœud simple, seulement on fait une ganse avec le brin avant de le faire entrer dans la boucle. || Nœud droit gansé : comme le nœud droit; mais on forme une ganse avec le brin qui doit passer dans la première ganse. || Nœud coulant; il est de deux espèces : un petit nœud au bout de la ficelle, ensuite, tout près, le même nœud, c'est-à-dire les brins passés de façon à faire un O avant d'être serrés; dans cet O se passe le second bout, on serre l'O, le nœud coulant se fait et ne se défait qu'avec efforts; ou bien on fait une bouclette que l'on assujettit en faisant un nœud avec les deux extrémités de la bouclette, puis le second brin se passe dans la bouclette et serre l'objet, mais il se desserre si on ne l'assujettit pas par un autre nœud. || Nœud de la chaise, nœud employé dans la marine seulement et l'un des plus solides qui existent.

NOIR. *Ajoutez :* || **30°** Populairement, un petit noir. Le 4 février, monsieur entre dans mon établissement, demande un petit noir.... *M. le Président :* Qu'est-ce qu'un petit noir? — *Le crémier :* Une petite tasse de café noir, *Gaz. des Trib.* 4 mars 1875, p. 222, 3ᵉ col.

NOIRCEUR. *Ajoutez :* || **7°** Synonyme de nielle. Beaucoup de pieds [de houblon] ont à peine atteint la moitié de la hauteur des perches; d'autres ont tant souffert de la vermine et de la noirceur, qu'ils ne laissent plus espérer qu'un rendement fort minime, *Extr. des Affiches de Bischwiller*, dans *Journ. offic.* 19 juill. 1876, p. 5317, 3ᵉ col.

NOIRCI. *Ajoutez :* || **3°** Teint en noir. Un grand bureau dont se servait ledit défunt seigneur, en son cabinet, avec ses carrés ou tablettes sur icelui, le tout de bois de poirier noirci, *Inventaire après décès de Colbert*, dans *Lettres, etc. de Colbert*, t. VII, p. 383.

† **NOIREMENT.** *Ajoutez :* — HIST. XIIIᵉ s. Tous clercs heent moult noirement [les vilains haïssent noirement tous les clercs], GAUTIER DE COINCY, *les Miracles de la sainte Vierge*, p. 626, éd. abbé Poquet.

† **NOIRET** (noi-rè), *s. m.* Nom vulgaire d'une monnaie de billon noir qui courait en Normandie, sous le règne de Charles VI.

— ÉTYM. Dérivé de *noir*.

† **NOIRIEN** (noi-riin), *s. m.* Nom d'un cépage dans l'Aube, les *Primes d'honneur*, Paris, 1870, p. 323. || Ce nom est également employé dans la Bourgogne.

NOISETTE. — HIST. *Ajoutez :* XIIIᵉ s. Qui laisse le grain pour la paille Et lait le noiel pour l'eschaille Quant la noisete est depecie, Il m'est vis qu'il fait folie, ADENES, *Cleomades*, publ. par Van Hasselt, v. 16085.

NOIX. *Ajoutez :* || **15°** Noix de gaïac, voy. TONCA.

† **NOIX-CHANDELLE** (noi-chan-dè-l'), *s. f.* Nom donné, à la Réunion et à Saint-Martin, dépendance de la Guadeloupe, aux noix de bancoul (voy. BANCOUL au Supplément).

NOLI ME TANGERE. || **1°** *Ajoutez :* || On donne aussi ce nom à une variété de capucine. La variété de cette plante [la capucine] que les botanistes appellent le noli me tangere, à cause de la délicatesse de ses capsules qui, au moindre choc, se brisent et laissent échapper leurs graines, *Journ. offic.* 2 juin 1876, p. 3789, 3ᵉ col.

† **NOLONTÉ** (no-lon-té), *s. f.* Volonté contraire. Ce qui retient unis entre eux tous les membres de cette respectable famille, ce sont de communes antipathies et, selon l'expression de Mirabeau, de communes nolontés, *Revue des Deux-Mondes*, 1ᵉʳ sept. 1871, p. 235.

NOM. — HIST. || XIIᵉ s. *Ajoutez :* Tant com ensi [avec ses armes à l'envers] chevaucerai, Jà chevalier n'enconterrai Qui me die pis que mon nom, *Perceval le Gallois*, v. 42175 (on remarquera l'existence de la locution proverbiale dès cette haute antiquité).

† **NOMADISER** (no-ma-di-zé), *v. n.* Néologisme. Vivre en nomades. Les tribus turcomanes qui nomadisent au nord de Khiva reconnaissent depuis longtemps la souveraineté nominale du khan, H. BLERZY, *Revue des Deux-Mondes*, 1ᵉʳ sept. 1874, p. 150.

† **NOMADISME** (no-ma-di-sm'), *s. m.* Caractère, genre de vie des populations nomades, DERENBOURG, *Revue critique*, 30 septembre 1876, p. 216.

NOMBRÉ. *Ajoutez :* || **2°** Prose nombrée, prose assujétie à une sorte de rhythme. Quelquefois même le poëte se contente d'une prose brillante et nombrée qu'élèvent assez haut le souffle de l'inspiration et la grandeur des images, CH. LÉVÊQUE, *Science du beau*, t. II, p. 207, Paris, 1861.

† **NOMBREUSEMENT.** *Ajoutez :* || **2°** D'une manière nombreuse, harmonieuse, en parlant du style. C'est judicieusement déduit et nombreusement pesé, STE-BEUVE, *Port-Royal*, t. II, p. 521, 3ᵉ édit.

NOMBRIL. — HIST. XIIIᵉ s. *Ajoutez :* Sereine est de mer un peril, Feme est par desus le lombril, *Romania*, oct. 1872, p. 430, v. 305.

NOMENCLATEUR. *Ajoutez :* || **5°** *Adj.* Nomenclateur, nomenclatrice, qui donne un nom. Après l'édit de Blois, la terre se trouva dépouillée de sa vertu anoblissante, mais elle ne perdit pas sa vertu nomenclatrice, D'HERBELOT, dans *Gaz. des Trib.* 4 juin 1870.

† **NOMINABLE** (no-mi-na-bl'), *adj.* Qui peut recevoir un nom. La contemplation pure et directe ne s'occupe volontairement d'aucune image sensible, d'aucune idée distincte et nominable, c'est-à-dire d'aucune idée limitée et particulière de la divinité, FÉN. dans BOSS. *Préf. sur l'instr. past.* 57.

NOMINAL. *Ajoutez :* || **6°** Fête nominale, la fête pour le nom d'une personne. || **7°** Terme de commerce. Être nominal, se dit d'un objet de commerce que l'on cote pour la forme, et qui, pour le moment, ne trouve pas acheteur. Depuis dix jours, les farines de consommation sont nominales aux cours ci-après, *Journ. offic.* 24 juin 1872, p. 4260, 1ʳᵉ col. || À un prix presque nominal, presque pour rien, *Journ. offic.*, 23 juin 1872, p. 4241, 2ᵉ col.

† **NOMINALEMENT.** *Ajoutez :* || **2°** À un prix nominal. On cote nominalement 54 fr. 50 les 50 kil. pour les suifs de la Plata, *Journ. offic.* 24 juin 1872, p. 4260, 3ᵉ col.

NOMINATEUR. *Ajoutez :* — HIST. XVIᵉ s. En France et en Espagne, c'est [les bénéfices] à la nomination du prince; en Italie et en Sicile, non, parce que le pape y est le seul nominateur et collateur, *le Bureau du concile de Trente*, p. 317.

NOMINATION. *Ajoutez :* || **4°** Anciennement, action de nommer, de donner des noms. Ce sont noms qu'il leur a donnés [aux Grâces] pour son plaisir; aussi Homère, sans s'arrêter à cette nomination..., MALH. *Lexique*, éd. L. Lalanne.

NON-ACTIVITÉ. — SYN. *Ajoutez :* Le retrait d'emploi, la suppression d'emploi et les fautes graves sont aussi des motifs pour lesquels on met un officier en non-activité.

† **NONAÏEUL, EULE** (no-na-ieul, ieu-l'), *s. m.* et *f.* Aïeul, aïeule qui est avant l'octaïeul, l'octaïeule, c'est-à-dire le neuvième ascendant à partir du père, CHATEAUBRIAND, *Mém. d'outre-tombe*, p. 96, 1850.

† **NON-CONFORMISME** (non-kon-for-mi-sm'), *s. m.* || **1°** État de non-conformiste, de celui qui se sépare de l'Église anglicane. || **2°** Dans un autre sens, se dit de ceux qui ont des habitudes contre nature, qui ne se conforment pas aux lois de la nature.

† **NON-COULEUR** (non-kou-leur), *s. f.* Absence de couleur. Les nervations déliées sur les pétales; les non-couleurs, telles que les produisent des touches de blanc et de gris; les linéaments à l'encre de chine, CH. BLANC, *Journ. offic.* 27 oct. 1873, p. 6573, 2ᵉ col.

NONE. *Ajoutez :* || **3°** Redevance que les possesseurs de précaires ecclésiastiques payaient sous la seconde race. Il fut déterminé par des capitulaires que les possesseurs de précaires ecclésiastiques payeraient toujours un cens, entre autres une redevance spéciale appelée none, consistant dans la neuvième partie du revenu, E. BOUTARIC, *Des origines du système féodal*, Paris, 1875, p. 13.

† **NON-MITOYENNETÉ** (non-mi-to-iè-ne-té), *s. f.* Terme de droit. Absence de mitoyenneté. Il y a marque de non-mitoyenneté lorsque la sommité du mur est droite et à plomb de son parement d'un côté et présente de l'autre un plan incliné, *Code civ.* art. 654.

† **NON-PRÉSENCE** (non-pré-zan-s'), *s. f.* Terme de droit. Manque à se présenter, à être présent.

† **NON-PRÉSENT, ENTE** (non-pré-zan, zan-t'), *adj.* Terme de droit. Qui ne se présente pas.

† **NON-TOXICITÉ** (non-to-ksi-si-té), *s. f.* Absence de toute qualité toxique. M. Galippe maintient énergiquement les conclusions de son premier travail sur la non-toxicité des sels de cuivre, *le Télégraphe*, 28 fév. 1877.

NORD-OUEST. *Ajoutez :* — HIST. XVIᵉ s. Si le vent estoit si grand et principallement de galerne, qu'on appelle noroest..., LANDRIC, *Advertissement et maniere d'enter* (1580), p. 4, Paris, 1830.

NORMAL. || **1°** *Ajoutez :* || Plan normal, plan qui passe par la normale.

† **NORMANDIE.** *Ajoutez :* || **2°** Une normandie (avec une petite *n*), nom dans le Nord d'un clos d'arbres fruitiers. Le verger de M. Daubigny est ce qu'on appelle dans le Nord une normandie, c'est-à-dire un clos d'arbres fruitiers planté sur un tapis de gazon, E. BERGERAT, *Journ. offic.* 20 juin 1876, p. 4334, 2ᵉ col.

† **NORME.** *Ajoutez :* Il fallait évidemment commencer, si l'on voulait réunir d'abord en un seul système les lacs autres que le Drausen-See, par les ramener au même niveau; c'est ce qu'on fit en prenant pour norme celui du Geserich, *Journ. offic.* 14 sept. 1874, p. 6526, 1ʳᵉ col.

† **NOROIS** ou **NORROIS** (no-roî), *s. m.* Nom de l'ancienne langue des Scandinaves.

— HIST. XIIᵉ s. Man en engleis et en noreiz Senefie home en francheis, WACE, *Rou*, v. 109.

† **NORRAIN AINE** (no-rin, rè-n'), *adj.* Qui appartient à la Norvége. || Langue norraine, langue de la Norvége, de l'Islande. Quoique le vieux norrain ne soit qu'un dialecte de la langue que les Angles et les Saxons introduisirent dans la Grande-Bretagne, MAX MÜLLER, *Essais de mythologie comparée*, trad. par G. Perrot, p. 224, Paris, 1873. || On trouve aussi norrène au féminin. Les sagas sont, pour la plupart, de simples récits biographiques, des chroniques de famille, rédigées dans cette langue norrène qui a été jusqu'au quatorzième siècle la langue commune de tout le nord, A. GEFFROY, *Rev. des Deux-Mondes*, 1ᵉʳ nov. 1875, p. 116.

† **NORTITE** (nor-ti-t'), *s. f.* Terme de minéralogie. Roche que M. Damour a signalée le premier en Islande, H. DE PARVILLE, *Journ. offic.* 11 janvier 1877, p. 263, 3ᵉ col.

† **NOSTRUM** (no-strom'), *s. m.* En Normandie, connaître le nostrum, savoir son affaire, être au courant d'une chose, DELBOULLE, *Gloss. de la vallée d'Yères*, le Havre, 1876, p. 242. || Perdre le nostrum, perdre la tête, ne plus savoir où l'on en est dans un travail commencé.

— ÉTYM. Angl. *nostrum*, remède secret. D'après M. Delboulle, cette locution vient de *Christum dominum nostrum* après lequel le prêtre n'est pas embarrassé pour trouver la fin de l'oremus.

† **NOTACANTHE** (no-ta-kan-t'), *s. m.* || **1°** Genre de poissons de l'ordre des acanthoptérygiens, qui ont des épines libres sur le dos et qui habitent la mer Glaciale. || **2°** Famille d'insectes de l'ordre des diptères, dont l'écusson est armé de dents ou d'épines.

— ÉTYM. Νῶτος, dos, et ἄκανθα, épine.

† **NOTARESSE** (no-ta-rè-s'), *s. f.* Néologisme. Femme d'un notaire. Le carnet dans lequel la lettre est enfermée pourrait être réclamé par Mᵐᵉ Duchaussier, la notaresse, ALPH. DAUDET, *Journ. offic.* 18 avril 1876, p. 2790, 3ᵉ col. || On trouve aussi notairesse. Mᵐᵉ la notairesse et Mᵐᵉ la perceptrice, *Progrès de l'Est*, dans l'*Opin. nationale*, 3 mai 1876, 3ᵉ page, 6ᵉ col. Mais, dans ce néologisme, c'est notaresse qui est régulier.

NOTER. *Ajoutez :* || **6°** Se noter, s'infliger à soi-même une note, une marque. Louis, électeur palatin, s'y opposa [à la proposition de violer le sauf-conduit donné à Luther dans la diète de Worms], comme à une chose qui flétrirait éternellement la nation germanique, et dit avec indignation que l'on ne devait pas souffrir que, pour rendre service aux prêtres, toute l'Allemagne se notât d'infamie en manquant à la foi publique, *Hist. du concile de Trente, de Fra Paolo*, trad. de le Courayer, t. I, p. 33.

† **NOTOCORDAL, ALE** (no-to-kor-dal, da-l'), *adj.* Terme d'anatomie. Qui a rapport à la notocorde. Poissons notocordaux, *Journ. offic.* 29 nov. 1873, p. 6121, 3ᵉ col.

— REM. On écrit aussi notochorde; et même cela est plus régulier, puisque, avec νῶτος, dos, le grec χόρδα va mieux que le latin *corda*. Mais l'hybridité recommence avec le dérivé; en effet dans *notocordal*, si on écrit ainsi, la finale *al* est latine et non grecque.

† **NOTOPODE** (no-to-po-d'), *s. m.* Genre de crabes, dont les deux premiers pieds sont insérés au-dessus du niveau des autres, et semblent être dorsaux.

— ÉTYM. Νῶτος, dos, et πούς, ποδὸς, pied

† **NOTORNIS** (no-tor-nis'), *s. m.* Genre d'oiseaux dont on ne connut d'abord que des débris fossiles trouvés dans les terres australes et dont une espèce vivante, le notornis de Mantell, fut découverte par Mantell.

— ÉTYM. Νότος, midi, et ὄρνις, oiseau.

† **NOUMÉNAL, ALE** (nou-mé-na, na-l'), *adj.* Terme de philosophie. Qui a rapport aux noumènes.

† **NOURRI.** *Ajoutez :* || **12°** *S. m.* En termes d'art, qualité de ce qui est plein, abondant. Ces instruments.... devenus à la fois plus sonores et plus pleins, ont donné à la musique un liant, un nourri, que ne connaissaient pas nos pères, E.

GAUTIER, *Journ. offic.* 7 sept. 1875, p. 7642, 1re col. || **18°** Se dit, dans le département de la Manche, des prairies et des terres labourables où les graminées, les plantes fourragères, les prairies artificielles viennent vite et ont un grand pouvoir d'engraissement. Une belle et bonne ferme, sise en la commune de Plomb, d'une contenance d'environ 15 hectares, ayant des bâtiments, se fournissant de tout, avec un excellent nourri, *Avranchin*, 16 janv. 1876.

NOURRICE. *Ajoutez :* || **7°** Nourrice sèche, nourrice qui n'a point de lait, et qui élève les enfants au biberon et en leur donnant à manger, *Journ. offic.* 12 janv. 1876, p. 335, 1re col. || **8°** Terme de zoologie. Nom, dans la génération alternante, de l'individu qui, né d'un parent, ne lui ressemble pas, mais est destiné à produire par génération agame une progéniture semblable au premier parent et à mourir sans prendre les caractères de ce dernier. || **9°** Compartiment qui termine la série des chauffoirs, *Enquête sur les sels*, 1868, t. I, p. 510

NOURRICIER. || *Ajoutez :* || L'industrie nourricière, l'industrie des nourrices. L'industrie nourricière donne lieu à peu d'observations dans le rapport que nous analysons, *Journ. offic.* 15 mars 1875, p. 1984, 1re col.

NOURRISSAGE. — ÉTYM. *Ajoutez :* Dans le département du Cher, *nourriage* : pays de nourriage, *les Primes d'honneur*, p. 367, Paris, 1874.

NOURRITURE. *Ajoutez :* || **14°** Terme d'exploitation houillère. Venue d'eau constante qui alimente un bain d'eau, DEMANET, *Mines de houille.*

NOUS. — REM. *Ajoutez :* || **2°** Pour l'emploi de *nous* comme pronom réfléchi, voy. SE, Rem. 3, 4, 5, 7, 8, 9 et 10.

NOUVEAUTÉ. || **5°** *Ajoutez :* || On appelle nouveautés les plantes chauffées, c'est-à-dire celles qui sont produites par les cultures forcées, *Journ. offic.* 31 mai 1875, p. 3869, 2e col. || **6°** Locution vieillie. À la nouveauté que, dans le premier moment que. Un étourdi se pourra bien revancher, et surtout à la nouveauté qu'on lui aura fait plaisir, MALH. *Lexique*, éd. L. Lalanne.

† **NOVATOIRE** (no-va-toi-re'), *adj.* Terme de jurisprudence. Qui est relatif à la novation. L'effet novatoire attaché au compte courant ne saurait être produit par un compte établi par doit et avoir pour arriver à un règlement, lorsque le tribunal n'y trouve pas autre chose qu'un compte simple et ordinaire, *Gaz. des Trib.* 13-14 avril 1874, p. 357, 4e col.

— ÉTYM. Voy. NOVATION.

† **NOVENAIRE.** *Ajoutez :* — HIST. XVIe s. Chronologie novenaire contenant l'histoire de la guerre sous Henri IV et les choses les plus memorables advenues par tout le monde depuis 1589 jusqu'en 1598, par Palma Cayet.

NOVICE. *Ajoutez :* — REM. On trouve dans le Dictionnaire, n° 5, des exemples de novice à suivi d'un substantif. En voici un où novice à est suivi d'un infinitif : À nous laisser duper nous sommes bien novices, CORN. *Lexique*, éd. Marty-Laveaux.

NOYALE. — ÉTYM. *Ajoutez :* L'origine n'en est pas inconnue : c'est la ville de *Noyal*, Côtes-du-Nord, où l'on fabrique ce genre de toiles.

1. **NOYER** || **1°** *Ajoutez :* La noix est, chez beaucoup de peuples, un des principaux symboles dans les cérémonies du mariage; au siècle dernier, tout nouveau couple salinois devait planter un noyer aux environs de la ville, CH. TOUBIN, *Du culte des arbres*, Paris, 1862, p. 15.

2. **NOYER.** *Ajoutez :* || **18°** Se noyer d'eau, boire de l'eau avec excès. Je ne me noie plus d'eau comme je faisais, RAC. *Lexique*, éd. P. Mesnard.

† **NOYEUR** (no-ieur), *s. m.* Celui qui noie un autre. Les principaux accusés de la bande dite des noyeurs, l'*Opinion nationale.*

1. **NU.** *Ajoutez :* || Proverbe. Cordonnier, va-nu-pieds, *Journ. offic.* 10 juillet 1877, p. 5132, 2e col. (c'est un proverbe à mettre à côté de celui qui dit que les cordonniers sont les plus mal chaussés).

† **NUANCEMENT** (nu-an-se-man), *s. m.* Action de nuancer. Ce sont [des accessions finales ou initiales des mots] des additions d'idées accessoires ou du moins des modifications importantes, qui, sans dénaturer la signification radicale du mot, l'affectent cependant assez, pour que, dans un grand nombre de cas, l'*Ablaut* [modification de la voyelle], le nuancement intérieur doive venir en aide aux agglutinations de lettres et de syllabes, pour reproduire plus fidèlement l'opération de l'esprit, AD. REGNIER, *Formation des mots dans la langue grecque*, p. 25.

† **NUBIFÈRE** (nu-bi-fè-r'), *adj.* Qui porte des nuées. Peut-être [dans les temples grecs], sous le plafond nubifère, l'action de la pluie tombante est-elle figurée par les sillons creusés sur les colonnes, CHIPIEZ, dans *Rev. critique*, 9 déc. 1876, p. 376.

— ÉTYM. Lat. *nubes*, nuée, et *ferre*, porter.

† **NUBILEUX** *Ajoutez :* Il tonne quelquefois en temps serein, pour la même raison qu'il tonne en temps nubileux, quand l'air est battu l'un contre l'autre, MALH. *Lexique*, éd. L. Lalanne.

† **NUCLÉOLÉ, ÉE** (nu-klé-o-lé, lée), *adj.* Garni d'un nucléole. Noyaux jusque-là non nucléolés, CH. ROBIN, *Anat. et physiol. cellulaires*, p. 11.

NUÉ. *Ajoutez :* || **2** Fig. en parlant de style. Les paroles sont si justes et si bien placées, si pures et si nuées à leur sujet, que je ne craindrai point d'assurer que celui qui les emploie de la sorte possède l'atticisme de la cour, BALZAC, *Lett. inédites*, XXVII (éd. Tamizey-Larroque).

† **NUISANCE.** *Ajoutez :* — REM. Nuisance est employé par saint François de Sales : Le sucre adoucit les fruits mal mûrs, et corrige la crudité et nuisance de ceux qui sont bien mûrs, *Introd. à la vie dévote*, I, 2 (1641).

† **NUISIBILITÉ** (nui-zi-bi-li-té), *s. f.* Qualité de ce qui est nuisible. Sur quoi régler notre conduite à l'égard des oiseaux? sur le genre et le degré de leur utilité et de leur nuisibilité, LESCUYER, *Les Oiseaux dans les harmonies de la nature*, Paris, 1872, p. 12. Qu'est-ce qui constitue l'utilité ou la nuisibilité des diverses espèces d'oiseaux? c'est le bien ou le mal qu'ils nous font, ID. *ib.*

NUIT. *Ajoutez :* — REM. Toute nuit pour toute la nuit, voy. TOUT, Rem. 7.

† **NUITS** (nui), *s. m.* Nom d'une ville de Bourgogne (Côte-d'Or), qui a donné son nom à un très-bon vin. Du nuits.

NULLEMENT. : *Ajoutez :* || **2°** Terme de droit. Avec le caractère de la nullité. Une enquête faite nullement en première instance par la faute de la partie ou de son officier ministériel ne peut être recommencée en appel, RAUTER, *Cours de procédure civile française*, 1834, p. 284, § 253.

† **NULLIUS** (nul-li-us'). Mot latin qui est employé dans le langage ecclésiastique : abbé *nullius* (sous-entendu *diœceseos*), se dit de certains prélats qui ont juridiction d'ordinaire et avec peuple et territoire non compris dans un diocèse. || On dit de même : prélature *nullius*. La grande aumônerie de France a été érigée par Pie IX en prélature *nullius*, le 31 mars 1857.

† **NUMÉROTATION** (nu-mé-ro-ta-sion), *s. f.* Action de numéroter. Il ne s'agit que d'une simple rectification de numérotation, *Journ. offic.* 5 déc. 1872, p. 7524, 3e col. Je mets aux voix l'ensemble du projet détaché; les articles recevront une nouvelle numérotation, et la corrélation entre eux sera rectifiée en conséquence, *ib.* 31 déc. 1873, p. 8287, 3e col.

† **NUMÉROTEUR** (nu-mé-ro-teur), *adj. m.* || **1°** Qui numérote. Timbres numéroteurs, *Alman. Didot-Bottin*, 1871-1872, p. 1331. || **2°** *S. m.* Instrument servant à numéroter les folios. Fabrique de numéroteurs, et entreprise de numérotage et foliotage à façon,... machines à folioter les livres et registres, *ib.* p. 1160, 1re col

† **NUMMULITIQUE** (num-mu-li-ti-k'), *adj.* Qui a rapport aux nummulites. Sur le calcaire nummulitique, calciné et désagrégé, formant le sol de la grotte, gisait un squelette humain associé à des silex taillés, H. DE PARVILLE, *Journ. offic.* 7 mai 1874, p. 3143, 3e col.

† **N.-W.** (nor-ouèst), *s. m.* La partie nord-ouest d'un pays. M. Hébert est un des hommes qui connaissent le mieux les terrains du N.-W. de la France (on écrit maintenant ainsi nord-ouest en français, depuis la convention météorologique de Vienne),... G. POUCHET, *le Siècle*, 20 fév. 1876.

— HIST. XVIe s. De faict, une heure après, se leva le vent nord nord west, ouquel ilz donnarent plaines voiles, et preindrent la haute mer...., RAB. *Pant.* II, 24.

† **NYCTICÈBE** (ni-kti-sè-b'), *s. m.* Espèce de makis, dont les membres sont courts et les formes lourdes. Ces animaux sont nocturnes et dorment le jour.

— ÉTYM. *Nycto....*, nuit, et κῆβος, singe.

† **NYCTOPHYLAX** (ni-kto-fi-laks'), *s. m.* Nom, à Alexandrie, de magistrats qu'on nommait ailleurs nyctostratéges.

— ÉTYM. Νυκτοφύλαξ, de νύξ, nuit, et φύλαξ, gardien.

† **NYCTOSTRATÉGE** (ni-kto-stra-tè-j'), *s. m.* Nom, dans les villes grecques, de commissaires chargés de la police de sûreté urbaine, NAUDET, *Journ. des sav.* juin 1877, p. 339.

— ÉTYM. Νυκτοστράτηγος, de νύξ, nuit, et στρατηγός, officier (voy. STRATÉGE).

NYMPHÉE. — REM. *Ajoutez :* Chateaubriand, avec raison, a fait nymphée du masculin : Qui a jamais entendu parler de mon ami Quecq? et pourtant il a peint, pas trop mal, dans son nymphée la mort de Vitellius, *Mém. d'outre-tombe.*

† **NYMPHOMANE** (nin-fo-ma-n'), *adj. f.* Affectée de nymphomanie. Les femelles nymphomanes [dans l'espèce bovine] appellent le mâle par des beuglements particuliers.

† **NYMPHOSE** (nin-fô-z'), *s. f.* Fonction, chez les insectes, de la formation de la nymphe.

† **NYSA** (ni-za), *s. f.* La 44e planète télescopique, découverte en 1857 par M. Goldschmidt.

— ÉTYM. Νῦσα, fille d'Aristée, laquelle éleva Bacchus.

O

2. **O.** — ÉTYM. *Ajoutez :* D'après M. Eman Martin, *Courrier de Vaugelas*, 1er juin 1875, p. 19, les paysans de la Beauce et du Perche disent encore aujourd'hui : *c'est un o en chiffre;* et *zéro* ne se serait substitué à *o* que dans le commencement du XVIIIe siècle.

OBÉISSANCE. || **7°** *Au plur.* Terme de droit. Offre, soumission, consentement. .... qu'il [H....] reconnait lui-même qu'il doit une indemnité à B...., qu'il y a lieu d'en fixer le chiffre à 4,000 fr. conformément à ses obéissances, *Gaz. des Trib.* 17 fév. 1876, p. 162, 1re col. (*Cour d'appel de Rouen*). || **8°** En style épistolaire, et comme formule finale : recevez mes obéissances.

† **OBÉLION** (o-bé-li-on), *s. m.* Terme d'anthropologie. Point singulier du crâne, situé sur la suture sagittale au niveau des trous pariétaux.

— ÉTYM. Dérivé de ὀβελός, pointe, broche.

† **OBERON.** *Ajoutez :* || **2°** Nom donné au quatrième satellite d'Uranus, découvert par W. Herschel en 1787.

† **OBISIE** (o-bi-zie), *s. f.* Espèce d'arachnides à pieds et palpes longs et grêles, qui se trouvent sous les pierres dans les environs de Paris.

† **OBJECTEUR** (ob-jè-kteur), *s. m.* Celui qui fait des objections. M. le comte de Maurepas lui-même est l'objecteur, BEAUMARCHAIS, *Mémoire particulier*, dans LOMÉNIE, *Beaumarchais et son temps.*

OBJECTION. — HIST. *Ajoutez :* XIIe s. En l'objection de ma question est averte cause de raison, *li Dialoge Gregoire lo Pape*, 1876, p. 83.

† **OBJECTIONNABLE** (ob-jè-ksio-na-bl'), *adj.* Néologisme tiré de l'anglais. Contre qui ou contre

quoi on a des objections. S'il arrivait qu'un habitué introduisît une personne objectionnable, il perdrait ses entrées, *Prospectus d'un skating-rink.* L'auteur d'un des essais les plus objectionnables [des *Essays and Reviews d'Oxford*, 1860] n'était autre que l'ex-vice-principal de Lampeter, A. RÉVILLE, *Rev. des Deux-Mondes*, 15 août 1875.

— ÉTYM. Angl. *objectionable*, qui donne prise à la critique, de l'angl. *objection* (voy. OBJECTION).

† **OBJECTIVATION.** *Ajoutez :* L'univers, d'après Schopenhauer, est l'objectivation progressive de la volonté, CH. LÉVÊQUE, *Journal des savants*, 1er déc. 1874, p. 787.

OBJURGATION. — HIST. XVIe s. *Ajoutez :* Affin que je ne vous charge point tous, il suffist à celluy qui est tel cette objurgation qui est faicte de plusieurs, II *Cor.* II, 6, *Nouv. Test.* édition Lefebvre d'Étaples, Paris, 1525.

OBLATION. *Ajoutez :* || 5° Don ou aumône qu'on fait au prêtre, *Journ. offic.* 28 nov. 1876, p. 8752, 1re col.

OBLIGATOIRE. — HIST. XIVe s. *Ajoutez :* Il fut de necessité qu'ils baillassent et meissent devers la court chascun ses lettres obligatoires, *Bibl. des ch.* 1872, p. 237.

OBLIQUE. *Ajoutez :* || 10° En oblique, dans une direction oblique. La route [de La Chapelle à Saint-Denis] sera couverte en oblique par ce pont de trois travées, dont la principale aura 35 mètres de portée, *Journ. offic.* 10 fév. 1876, p. 1146, 1re col.

OBLIQUEMENT. || 3° Fig. Indirectement. *Ajoutez :* Les recherches de la justice [dans un premier procès], pour arriver à établir les fraudes commises, amenèrent obliquement la constatation de certains faits qui, d'après l'accusation, constitueraient le crime de corruption de fonctionnaires publics, *Gaz. des Trib.* 4 juillet 1874, p. 635, 3e col.

† **OBLITÉRATEUR, TRICE** (o-bli-té-ra-teur, tri-s'), *adj.* Qui oblitère. || Terme de médecine. Caillot oblitérateur, caillot qui, détaché du point de l'artère où il s'est formé, est emporté par le courant sanguin et va oblitérer une artère plus petite.

† **OBLIVIEUX, EUSE** (o-bli-vi-eû, eû-z'), *adj.* Néologisme tiré du latin. Qui produit l'oubli. Il faudra donc quitter ce beau rivage, Pour m'en aller aux bords oblivieux, Terme éternel d'un rapide voyage, P. LEBRUN, *Poés.* t. I, 16.

— ÉTYM. Lat. *obliviosus*, de *oblivium*, oubli.

† **OBSÉDANT, ANTE** (ob-sé-dan, dan-t'), *adj.* Qui obsède. L'influence obsédante de certaines préventions, CH. DE MAZADE, *Rev. des Deux-Mondes*, 1er avril 1875, p. 600.

OBSÉQUIEUX. *Ajoutez :* Ses paroles sont douces, ses actions courtoises, ses volontés obséquieuses, MALH. *Lexique*, éd. L. Lalanne.

OBSERVABLE. *Ajoutez :* || 2° Qui doit être observé, obligatoire. Cette société [des hommes entre eux].... est saintement et religieusement observable, MALH. *Lexique*, éd. L. Lalanne.

OBSERVANCE. *Ajoutez :* || 4° Action d'observer, de surveiller. Nous avons un esprit sacré, qui réside en nous pour la conservation de nos vies et l'observance de nos actions, MALH. *Lexique*, éd. L. Lalanne. || Attention, réserve. Encore que cela soit, j'y apporterai cette observance que...., ID. *ib.*

OBSERVATION. *Ajoutez :* || 11° Chose qui s'observe ; usage. Cette observation est encore gardée aujourd'hui aux comédies, MALH. *Lexique*, éd. L. Lalanne.

OBSERVER. — REM. *Ajoutez :* || 2. Observer de, avec un verbe à l'infinitif, faire attention à. Croyez nos conseils sur la timidité de l'aîné : si vous le tracassez, vous le déconcerterez au point qu'il n'en reviendra jamais; cela est d'une grande conséquence, et observer de ne point le rabaisser, SÉV. 2 juill. 1677. Cet emploi est fort bon et digne d'être imité.

† **OBSESSEUR.** *Ajoutez :*.... Qu'ils iraient à Versailles, arracheraient le roi et la famille royale à leurs obsesseurs, et viendraient les établir dans la capitale, CHAMFORT, *Tabl. historiques*, 20e tabl.

OBSTACLE. — HIST. *Ajoutez :* XIIIe s. Cil qui plain sont tout de tosique [poison], Adonc ci dient qu'autentique Ne vrai ne sunt pas si miracle [de la sainte Vierge]; Pour mettre encontre aucun obstacle, Dient que tout sunt apocrife, GAUTIER DE COINCY, *les Mirac. de la sainte Vierge*, p. 176, éd. abbé Poquet. || XIVe s. Ici après voil sens obstacle Conte fere dou tabernacle, MACÉ, *Bible en vers*, f° 22, verso, 1re col.

OBSTINER. — REM. *Ajoutez :* || 2° Obstiner sa persévérance, pour persévérer obstinément, est une phrase de Malherbe : Qu'un amant flatté d'espérance Obstine sa persévérance, *Lexique*, éd. L. Lalanne.

† **OBTESTATION** (ob-tè-sta-sion), *s. f.* Supplication. On ne vient pas d'un plein saut aux prières et aux obtestations, MALH. *Lexique*, éd. L. Lalanne.

— ÉTYM. Lat. *obtestationem*, prière qu'on fait en prenant les dieux à témoin, de *ob*, et *testari*, attester.

OBTURATEUR. *Ajoutez :* || 6° Dans les armes à feu se chargeant par la culasse, l'obturateur est la partie de la culasse mobile, en acier, en caoutchouc, etc. qui sert à empêcher toute fuite de gaz par la ligne de jonction de la culasse au canon.

† **OBUE** (o-bue), *s. f.* Nom, dans l'Yonne, des terrains des plateaux, *les Primes d'honneur*, Paris, 1873, p. 316.

OBUS. *Ajoutez :* — REM. L'obus se distingue de la bombe par son diamètre, en général plus faible, et parce qu'il n'a ni anse, ni culot. On distingue les obus ordinaires qui ne contiennent que de la poudre, les obus à balles qui renferment de la poudre et des balles, et les obus à double paroi qui se prêtent à une fragmentation systématique. On distingue aussi les obus, d'après leur forme, en obus sphériques et obus oblongs.

— HIST. XVIe s. Ledit jour [23 février 1515], seigneur (sic) Philippe Dex faisoit essaier et tirer des hocbus de fer que la ville [Metz] avoit achetés, *Chronique de Metz, de Husson*, dans *Bibl. des ch.* t. XXXI, p. 241.

OBUSIER. *Ajoutez :* REM. L'obusier est une bouche à feu d'une forme assez analogue à celle du canon, quoique souvent plus courte; il lance des obus, des obus à balles, des boîtes à mitraille. Les obusiers sont désignés par leur diamètre exprimé en centimètres : obusier de 22 centimètres. Ils sont aussi, comme les canons, classés d'après leur genre de service : obusier de siége, obusier de place, obusier de campagne, obusier de montagne.

OCCIDENT. *Ajoutez :* || 4° Fig. Chute, ruine. Le chevalier de Guise, de qui on a vu précipiter le bel orient dans l'occident d'un déplorable désastre, MALH. *Lexique*, éd. L. Lalanne.

† **OCCIDENTALISER** (o-ksi-dan-ta-li-zé), *v. a.* Donner le caractère occidental. Seule la Pologne, tout à fait occidentalisée, se tient à l'écart [du mouvement panslaviste], C. COURRIÈRE, *Rev. Britan.* mars 1877, p. 62.

† **OCCLUSIF, IVE** (ok-klu-zif, zi-v'), *adj.* Terme technique. Qui produit l'occlusion. Bandage occlusif, *le Progrès méd.* 22 juill. 1876, p. 547, 1re col.

— ÉTYM. Voy. OCCLUSION.

† **OCCULTEMENT.** — HIST. *Ajoutez :* || XIVe s. Plusieurs faulz marchans de sel et autres, qui.... font venir occultement sel non gabellé, *Mandements de Charles V*, 1371, p. 425

OCCUPANT. *Ajoutez :* — REM. On a un exemple de Mme de Sévigné d'occupant au sens de donnant de l'occupation, de l'embarras : Faut-il avoir toujours cette occupante et ruineuse et continuelle bassette? *Lett. à Mme de Grignan*, du 26 juin 1680, dans *Lett. inédit.* éd. Capmas, t. I, p. 163. Cette expression a été rendue à Mme de Sévigné par le nouveau manuscrit.

OCCUPATION — HIST. *Ajoutez :* XIVe s. [Marie] Vierge vesqui sanz occupacion D'aucun pechié comme beneürée, *Miracles de Nostre Dame par personnages*, 6 avril 1876, t. I, p. 245.

OCCUPER. — HIST. *Ajoutez :* XIIe s. Occupeiz à faire les cures [soins, affaires] de la conteit [du comté], [il] faisoit les terrienes choses et temporelles, *li Dialoge Gregoire lo pape*, 1876, p. 230.

† **OCCUPEUR** (o-ku-peur), *s. m.* Celui qui occupe, détient. Les propriétaires et occupeurs des terres sur lesquelles lesdits chemins sont faits, *Édit de* 1715, dans H. CAFFIAUX, *Essai sur le régime économique du Hainaut*, p. 416.

† **OCÉANOGRAPHIE** (o-sé-a-no-gra-fie), *s. f.* Description de l'Océan. L'attention du lecteur est attirée par une fort bonne carte des courants maritimes, placée à la fin du volume par M. Neumayer, comme appendice de son important article sur l'hydrographie de l'océanographie, *Rev. critique*, 17 juin 1876, p. 408.

— ÉTYM. *Océan*, et γράφειν, décrire.

† **OCELLURE** (o-sè-lu-r'), *s. f.* Terme d'histoire naturelle. Disposition en ocelles. Le décor d'une galerie de la maison appartenant à M. Leyland, où se trouvent retracées dans tous les sens et dans mille combinaisons diverses les couleurs et les ocellures de la plume de paon, *Rev. Britan.* mars 1877, p. 231.

† **OCHROMA** (o-kro-ma), *s. m.* Genre de plantes dicotylédones, qui comprend l'ochroma pied de lièvre, arbre des Antilles dont les feuilles sont d'un roux pâle.

— ÉTYM. Ὤχρωμα, pâleur.

† **OCQUE** ou **OQUE** (o-k'), *s. f.* Poids usité en Turquie, en Égypte, etc. et valant 1 kil. 250.

— ÉTYM. Turc, *oqa*, qui est l'arabe *ouqia*, DEVIC, *Dict. étym.*

† **OCTABASSE** (o-kta-bâ-s'), *s. f.* Sorte d'instrument de musique. Dans le fond de la galerie [du Musée du Conservatoire de musique], on aperçoit l'octabasse de M. Wuillaume, énorme instrument de 4 mètres de haut, qui donne l'octave au-dessous de la contre-basse ordinaire, *Journ. offic.* 30 déc. 1874, p. 8650, 3e col.

† **OCTAÏEUL, EULE** (o-kta-ieul, ieu-l'), *s. m.* et *f.* Aïeul, aïeule qui est avant le septaïeul, c'est-à-dire le huitième ascendant en comptant du père, CHATEAUBR. *Mém. d'Outre-Tombe*, p. 96, 1850.

OCTANT. || 2° *Ajoutez :* Les quatre points situés à 45° de distance de la conjonction et des quadratures, des quadratures et de l'opposition, sont appelés les octants, ARAGO, *Astron. pop.* liv. XXI, ch. 1er. La lune est dans les octants, quand elle se trouve à 45°, 135°, 225° ou 315° du soleil.

OCTROI. *Ajoutez :* || 4° Octroi de mer, taxe locale prélevée sur le littoral, au profit des communes et au prorata de la population.

† **OCTROIEMENT** (o-ktroi-man), *s. m.* Action d'octroyer. La scène de l'octroiement des Provinces-Unies au prince Louis [par Napoléon 1er] était préparée, CHATEAUBRIAND, *Mém. d'Outre-Tombe* (éd. de Bruxelles), t. III, *Invasion de l'Allemagne, Austerlitz*, etc.

† **OCULARISTE.** *Ajoutez :* B...., oculariste de l'armée et des hôpitaux civils, œil artificiel, symétrique, breveté...., *Alm. Didot-Bottin*, 1871-72, p. 1160, 2e col.

† **OCULISTIQUE.** *Ajoutez :* || 2° *Adj.* Qui a rapport à la médecine des yeux, à l'ophthalmoiatrie. La clinique oculistique y sera inaugurée [à Heidelberg] pour Pâques 1878, *Journ. offic.* 13 mars 1876, p. 1768, 3e col.

† **OCYPODE** (o-si-po-d'), *s. m.* Crustacé, nommé aussi crabe de terre, qui court très-vite.

— ÉTYM. Ὠκύς, vite, et ποῦς, ποδὸς, pied.

† **OCYPTÈRE** (o-si-ptè-r'), *s. m.* Espèce de mouche, volant avec une grande vitesse.

— ÉTYM. Ὠκύς, vite, et πτερὸν, aile.

† **ODIOSITÉ** (o-di-ô-zi-té), *s. f.* Néologisme du XVIIIe siècle. Exposition à la haine. Il faudra voir, après celui-ci [Colonna], celle de ses créatures que Rezzonico mettra en avant; s'il croit nous attirer de l'odiosité à force de nous faire rejeter des sujets, il tombera dans le mépris à force de laisser mettre à terre de ses créatures, *Lett. de d'Aubeterre, ambassad. de France pendant le conclave de* 1769 (12 mai 1769), dans THEINER, *Hist. du pontificat de Clément XIV*, Bruxelles, 1853, t. I, p. 236.

† **ODONTITE** (o-don-ti-t'), *s. f.* Terme de médecine. Inflammation des dents, et particulièrement de la pulpe dentaire.

ODORANT. *Ajoutez :* — REM. Comme *odorant* vient du verbe *odorer*, qui est actif, il faut le ranger dans la catégorie de ces participes présents pris passivement, comme : rue passante, étoffe voyante.

† **ODORER.** *Ajoutez :* — REM. Odorer, à l'emploi actif, se trouve aussi dans saint François de Sales : Ceux qui se sont promenés en un beau jardin n'en sortent pas volontiers sans prendre en leur main quatre ou cinq fleurs pour les odorer et tenir le long de la journée, *Introd. à la vie dévote*, t. II, 7. Ce mot, qui a vieilli, mérite de rentrer dans l'usage; il est bien préférable à flairer pour le sens précis qu'il exprime.

ODORIFÉRANT. — HIST. *Ajoutez :* XVe s. Blanches roses comme lys et vermeilles, Et toutes fleurs moult odoriferans, J. JORET, *le Jardin salutaire*, p. 111.

† **ODOROSCOPIE.** *Ajoutez :* — REM. Odoroscopie est le nom donné par B. Prévot au phénomène par lequel un corps se meut spontanément sur l'eau ou écarte l'eau d'une assiette mouillée : phénomène qui, suivant lui, indique que le corps est odorant.

† **ODOROSCOPIQUE** (o-do-ro-sko-pi-k'), *adj.* Qui a rapport à l'odoroscopie.

† **ODYLE** (o-di-l'), *s. m.* Nom donné par le baron

de Reichenbach à une prétendue force polaire, présente dans toutes les substances matérielles, bien qu'à un moindre degré que dans les aimants et les cristaux, mise en activité par les changements physiques ou chimiques, et par conséquent abondant dans le corps humain. D'après Reichenbach, certaines personnes étaient particulièrement sensibles à l'odyle et en ressentaient les effets, qu'il comparait à ceux du baquet de Mesmer et des passes magnétiques; ces effets étaient purement subjectifs, sans aucune action matérielle, qui les produisît.

† **ODYLIQUE** (o-di-li-k'), *adj.* Qui a rapport à l'odyle.

† **OECODOME** (è-ko-do-m'), *s. f.* Terme d'entomologie. Nom d'une espèce de fourmi. Selon l'avantage ou le désagrément survenu, les fourmis de visite, comme on les appelle, sont louées ou maudites; l'œcodome à grosse tête (*œcodoma cephalotes*), la visiteuse ordinaire, abonde au Brésil, BLANCHARD, *Rev. Deux-Mond.* 15 oct. 1875, p. 806.

— ÉTYM. Οἰκοδόμος, constructeur de maison, de οἶκος, maison, et δέμω, construire.

† **OECOPHORE** (è-ko-fo-r'), *s. m.* Terme d'entomologie. Genre d'insectes lépidoptères, de la section des tinéites.

— ÉTYM. Οἶκος, maison, et φέρω, porter.

† **OECOS** (è-kos'), *s. f.* Terme d'antiquité grecque. Chambre qui, dans certains temples, succédait au pronaos, et remplaçait la celle, F. DELAUNAY, *Journ. offic.* 3 janv. 1877, p. 31, 3e col.

— ÉTYM. Οἶκος, maison.

† **OECUMÉNÉE** (é-ku-mé-née), *s. f.* Terme de géographie. Vaste ensemble de terres habitées. Quoique cette œcuménée [l'ensemble des îles basses de l'Océanie] soit, en grande partie, comprise dans la zone intertropicale, elle offre une plus grande variété de climats délicieux qu'aucune autre partie du monde, *Notice pour la carte de l'Océanie jointe à l'Atlas de MM. Dufour et Dyonnet, publié par les éditeurs Paulin et le Chevalier.*

— ÉTYM. Οἰκουμένη, sous-entendu γῆ, terre habitée. Le mot bien fait serait *œcumène.*

† **OEDÉMÈRE** (è-dé-mè-r'), *s. m.* Terme d'entomologie. Genre d'insectes coléoptères, dont les cuisses sont très-renflées.

— ÉTYM. Οἶδος, gonflement, et μηρός, cuisse.

† **OEDICNÈME** (è-di-knè-m'), *s. m.* Genre d'oiseaux, de l'ordre des échassiers, dont une espèce, l'œdicnème *crepitans*, vulgairement courlis de terre, est très-répandue dans le midi de la France.

— ÉTYM. Οἶδος, gonflement, et κνήμη, jambe.

† **OEDIPODE** (è-di-po-d'), *s. m.* Genre de sauterelles; le plus connu est le criquet à ailes bleues.

— ÉTYM. Οἶδος, gonflement, et πούς, pied.

OEIL. *Ajoutez :* || 37° À l'œil. || Connaître à l'œil, connaître en vérifiant soi-même. Il est important de connaître à l'œil le peu d'assurance qu'il y a aux citations de notre auteur [faites par Fénelon], surtout à celles de saint François de Sales, dont il fait son fort, BOSS. *Préf. sur l'instr. past. de M. de Cambrai*, 30. || À l'œil, à crédit; *Ajoutez :* || *S. m.* Populairement, un œil, un crédit. Il me dit qu'il avait fait un héritage, et j'ouvre l'œil jusqu'à vingt francs, *Gaz. des Trib.* 28 sept. 1863. || 45° Faire les yeux blancs, tourner les yeux en haut, de manière qu'il n'en paraisse plus que le blanc. Faire la bouche en cœur et les yeux blancs. || Populairement. Se faire les yeux blancs, se dit de deux personnes qui se regardent d'un air irrité, menaçant.

— REM. *Ajoutez :* || 2. Au n° 37, il est dit que servir à l'œil est servir son maître avec zèle, et un exemple de Bossuet est cité. M. Lelave, de Lyon, me fait remarquer que cette expression représente l'ὀφθαλμοδουλεία de saint Paul (*ad Ephesios*, VI, 6, et *ad Coloss.* III, 22); que, dans les deux passages, le mot grec s'applique à ceux qui servent leur maître sans zèle et uniquement quand il est là pour les surveiller; et que Bossuet a dû prendre cette expression dans le sens de l'Écriture. Il ajoute qu'il a assez souvent entendu employer familièrement serviteur à l'œil, et toujours en mauvaise part. M. Lelave a raison; la locution est empruntée à saint Paul, et le sens est servir sans zèle.

2. **OEILLÈRE.** *Ajoutez :* || 5° Partie du casque, voy. VUE. || 6° Au plur. Terme de boucherie. Les œillères, région dite aussi hampe, grasset, fras, œillet, lampe, qui s'étend de la partie postérieure et latérale du ventre vers l'extrémité inférieure et antérieure de la cuisse.

— HIST. *Ajoutez :* XIIe s. Et li varlès referi lui D'un gaverlot parmi l'uelliere, Si que li fist par de derriere Le sanc et la cervelle espandre, *Perceval le Gallois*, v. 2426.

1. **OEILLET.** || 4° *Ajoutez :* || Œillet mort dans les marais salants, œillet jouant le rôle d'aderne. || 6° Terme de boucherie. Région dite aussi hampe, grasset, fras, œillères, lampe, qui s'étend de la partie postérieure et latérale du ventre vers l'extrémité inférieure et antérieure de la cuisse.

† **OENANTHE.** *Ajoutez :* || 2° Nom spécifique du motteux ou cul-blanc.

† **OENOTHERME** (è-no-tèr-m'), *s. f.* Chaudière en cuivre, à foyer central, contenant 40 à 45 litres d'eau qui enveloppent le foyer; dans cette eau plonge un serpentin... dans lequel circule le vin à chauffer, *Journ. offic.* 9 juin 1869, p. 808, 5e col. L'œnotherme a pour objet d'empêcher les vins de fermenter et de devenir malades.

— ÉTYM. Οἶνος, vin, et θερμός, chaud.

OESTRE. *Ajoutez :* — HIST. XVIe s. Comme vous voyez ung asne, quand il ha au cul ung œstre junonicque, ou une mouche qui le poinct, courir çà et là sans voye ni chemin, RAB. I, 44.

OEUF. *Ajoutez :* || 16° Œuf de Nuremberg, nom ancien d'une espèce de montre fabriquée en Allemagne. Ce sont les ouvriers de Nuremberg qui firent les premières montres portatives que l'on avait à la cour de Charles IX et de Henri III.... les plus ordinaires, de forme ovale ou d'amande, étaient nommées à Paris, dit-on, des œufs de Nuremberg, *Journ. offic.* 28 août 1876, p. 6649, 3e col.

OEUVRE. — REM. *Ajoutez :* || 2. Hors d'œuvre s'est dit pour hors d'emploi, inhabile au travail, aux fonctions publiques. Sa santé forte et vigoureuse [de Châteauneuf], sa dépense splendide.... suppléaient à son âge et faisaient qu'on ne le regardait pas encore comme un homme hors d'œuvre, RETZ, *Œuvres*, t. III, p. 13, éd. Feillet et Gourdault.

† **OEUVRÉE** (eu-vrée), *s. f.* Nom, dans la Haute-Loire, d'une mesure de vignoble (6 ares 70 centiares), *les Primes d'honneur*, Paris, 1869, p. 362.

— ÉTYM. *Œuvre :* ce qu'on peut cultiver en une seule *œuvre.*

† **OEUVRETTE** (eu-vrè-t'), *s. f.* Petite œuvre. || Particulièrement, petite pièce de théâtre. Le premier volume de ce théâtre contient dix petites comédies.... entre ces dix œuvrettes, *la Fleur de Tlemcen, les Petits cadeaux*... nous ont principalement amusés, ALPHONSE DAUDET, *Journ. offic.* 23 oct. 1876, p. 7650, 2e col.

OFFENSANT. *Ajoutez :* || 2° *S. m.* Celui qui offense. Nous avons trouvé à propos que l'offensant demandât pardon à l'offensé, CORN. *Lexique*, éd. Marty-Laveaux. || C'est un synonyme d'offenseur.

OFFICE. *Ajoutez :* || 13° Rendre office, s'est dit, au XVIIe siècle, pour présenter ses devoirs, ses hommages à quelque personnage. Je lui avais écrit [à M. de Bonnecorse], afin qu'il rendît office à l'ambassadeur de Constantinople, qui devait passer à Marseille; il a fait cela de si bonne grâce, que ce m'est un nouvel engagement de le protéger en la personne de son fils, *Mlle de Scudéry*, p. 309, Rathéry et Boutron, Paris, 1873.

OFFICIALITÉ. *Ajoutez :* || 3° Caractère officiel. Le zèle qu'ils mettent à soutenir M. V.... les signale comme de redoutables agents de l'administration et entache sa candidature d'officialité, *Journ. offic.* 12 avril 1876, p. 2636, 1re col. Dans la guerre de Crimée, contre l'Europe il n'y avait que la Russie officielle, la Russie en uniformes.... alors le peuple russe était peu initié aux motifs de la guerre; il ignorait tout et n'avait pas la parole; il vivait isolé et comme à part de l'officialité, *Journ. des Débats*, 4 sept. 1876, 1re page, 2e col.

† **OFFICIAT.** *Ajoutez :* Les aspirants à l'officiat et au doctorat sont obligés à deux années de stage dans les hôpitaux pendant le cours de leurs études, *Journ. offic.* 8 déc. 1873, p. 7574, 2e col.

1. **OFFICIER.** — HIST. *Ajoutez :* XIIIe s. Comment li prevoz officie, PRIORAT, *Végèce, Bibl. des ch.* année 1875, p. 135.

2. **OFFICIER.** || 4° *Ajoutez :* || Officiers supérieurs, les officiers d'un grade intermédiaire entre général et capitaine, tel que chef de bataillon, lieutenant-colonel et colonel. || Officiers généraux.... tels sont les généraux de division et les généraux de brigade. Un officier général. || 11° Fig. Ministres, serviteurs. Les arts sont officiers, c'est à eux de faire ce qui dépend de leur charge, MALH. *Lexique*, éd. L. Lalanne. || 12° Nom, dans les cafés de Paris, du garçon attaché à l'office, *Gaz. des Trib.* 14 juill. 1877, p. 483, 3e col.

† **OFFICIOSITÉ** (o-fi-si-ô-zi-té), *s. f.* Qualité de celui qui est officieux. Vous n'obligerez point une personne courtoise et officieuse, mais la courtoisie et l'officiosité même, s'il m'est permis d'user de ce mot, MALH. *Lexique*, éd. L. Lalanne.

OFFRIR. *Ajoutez :* || 12° Offrir que l'on fera, offrir de faire. Je lui ai offert que... je la ferais exécuter [une prise de corps], MALH. *Lexique*, éd. L. Lalanne.

† **OGHAM** (o-gam'), *adj. invar.* Écriture ogham, caractère ogham, écriture en usage chez les Celtes irlandais; elle est formée de petites lignes verticales ou obliques plus ou moins nombreuses, abaissées sur une longue ligne horizontale.

† **OGIVAL.** *Ajoutez :* || En anthropologie, crâne ogival, variété du crâne pyramidal; dans la forme pyramidale proprement dite, la largeur du crâne va en diminuant progressivement de bas en haut, tandis que dans la forme ogivale les parois latérales du crâne, parallèles ou quelquefois même divergentes dans leur moitié inférieure, deviennent convergentes au-dessus du niveau des bosses pariétales et se réunissent sur la ligne médiane en formant un espèce de toit; de sorte que la coupe transversale du crâne, au lieu d'être arrondie au niveau de la suture sagittale, comme sur les crânes ordinaires, a plutôt la forme d'une ogive très-surbaissée, BROCA, *Mém. d'anthrop.* t. II, p. 187.

† **OGIVO-CYLINDRIQUE** (o-ji-vo-si-lin-dri-k'), *adj.* Qui se compose d'un cylindre surmonté d'une surface ogivale. Projectile ogivo-cylindrique.

† **OGOISE** (o-goi-s'), *s. f.* Nom, dans la haute Saintonge, de terrains argilo-siliceux très-caillouteux, médiocrement favorables à la vie des végétaux, *les Primes d'honneur*, Paris, 1869, p. 312.

OIE. *Ajoutez :* || 9° Oie de mer, nom sur les côtes de Normandie, d'un petit cétacé, ainsi dit à cause de la forme de son museau. || 10° Les oies du frère Philippe, les femmes; locution qui provient d'un conte de La Fontaine, lequel est tiré de Boccace, qui, à son tour, l'a emprunté à une pieuse légende du moyen âge : Un jeune homme élevé loin du monde voit pour la première fois des femmes; le jeune homme, touché de cette vue, demande ce que c'est; le vieillard répond : ce sont des oies.

† **OIGNEMENT** (oi-gne-man), *s. m.* Action d'oindre.

— HIST. XVIe s. Il y a bien du mystere caché en cet oignement, MARNIX DE SAINTE-ALDEGONDE, *Tableau des différends de la religion*, t. III, p. 233, éd. Quinet.

OIGNON. — HIST. || XVIe s. *Ajoutez :* Je concluds ou que les heretiques ont des autres evangiles et epistres que ceux qui sont en nostre missel, ou qu'il y a voirement de l'oignon et quelque pot aux roses que l'on tient couvert et caché, *Œuvres de Ph. Marnix de Sainte-Aldegonde*, Bruxelles, 1859, t. IV, p. 40.

† **OISEAU-CLOCHE** (oi-zô-clo-ch'), *s. m.* Oiseau du Cap de Bonne-Espérance, dont la voix, aussi forte et aussi claire que celle d'une cloche, peut s'entendre à une grande distance, CORTAMBERT, *Cours de géographie*, 10e éd. 1873, p. 627.

† **OISELLE** (oi-zè-l'), *s. f.* Femelle d'oiseau. Est-ce bien toi, cet enfant, Triomphant, Dont le père ouvrant son aile Au fond d'un lit de roseau Fut oiseau, Dont la mère fut oiselle? TH. DE BANVILLE, dans le *National*, 13 mai 1873, 6e col.

— HIST. XVIe s. Si les autres sont dams oiseaux, elle me semble dame oiselle, RAB. V, 7.

— ÉTYM. *Oisel*, cas régime, dans l'ancienne langue, dont *oiseaus* était le cas sujet.

OISELLERIE. *Ajoutez :* — HIST. XIVe s. *Aucupium*, oisellerie, ESCALLIER, *Vocab. lat.-franç.* 145. Au cherpentier pour rappeillier l'ozelerie (1336), VARIN, *Archives administr. de la ville de Reims*, t. II, 2e part. p. 749.

† **OISONNERIE** (oi-zo-ne-rie), *s. f.* Bêtise, sottise d'oison. Oisonnerie étrange, MALH. *Lexique*, éd. L. Lalanne.

† **OLE** (ô-l'), *s. f.* Nom des feuilles préparées du palmier talipat ou talipot sur lesquelles les Indiens écrivent leurs livres. Elle [une collection bouddhique] forme vingt-huit volumes écrits à la pointe, en caractères birmans, sur ôles ou feuilles de palmier, *Journ. offic.* 11 fév. 1869, p. 180, 3e col. || On trouve aussi le mot écrit olle. M. Feer a mis en ordre les 1424 manuscrits tracés sur olles que possède la Bibliothèque, L. DELISLE, *Journ. offic.* 29 fév. 1876, p. 1450, 3e col.

† **OLÉÈNE** (o-lé-è-n'), *s. f.* Terme de chimie. Substance blanche, délétère, très-inflammable, qui provient de la distillation de l'acide métacléique.

OLIGARCHIE. — HIST. *Ajoutez :* || XVIe s. Les dix commissaires [les décemvirs, à Rome], establis pour changer les coustumes, changerent l'estat populaire en aristocratie, ou, pour dire plus proprement, en oligarchie, BODIN, *République*, II, 1.

† **OLIGOCLASE** (o-li-go-kla-z'), *s. f.* Terme de minéralogie. Silicate double d'alumine et de soude. C'est une substance blanchâtre ou gris verdâtre, qui se présente en petites masses lamellaires.

† **OLIVAIE** (o-li-vè), *s. f.* Lieu planté d'oliviers. Un coin de bois, une olivaie, un ruisseau transparent bordé de lauriers-roses, *Rev. des Deux-Mondes*, 15 janv. 1875, p. 472.

— ÉTYM. Lat. *olivetum*, de *oliva*, olivier.

† **OLIVER** (o-li-vé), *v. a.* Faire la récolte des olives.

† **OLLE** (o-le), *s. f.* Voy. ÔLE au Supplément.

† **OLYMPIA** (o-lin-pi-a), *s. f.* La 59e planète télescopique, découverte en 1860 par M. Chacornac.

— ÉTYM. Ὀλυμπία, nom de femme.

OMBELLE. *Ajoutez :* || 4° Terme d'antiquité. Parasol employé dans les cérémonies religieuses. Les fêtes des Grecs où le port de l'ombelle (σκιάδειον) était requis et sacré, FERD. DELAUNAY, *Journ. offic.* 16 janv. 1877, p. 368, 1re col.

OMBRAGER. *Ajoutez :* || 8° S'ombrager, prendre de l'ombrage, du soupçon (locution vieillie). La personne qui en est prévenue [de la jalousie], s'ombrage de l'air qui touche la personne qu'elle aime..., LA MOTHE LE VAYER, *Dial. d'Orat. Tubero*, t. II, p. 388.

1. **OMBRE.** *Ajoutez :* || 16° Sauter au delà de son ombre, tenter l'impossible. Le tempérament de la France et vos dispositions ne le permettent pas, et je ne veux pas sauter au delà de mon ombre, *Journ. offic.* 23 juin 1874, p. 4256, 2e col.

— REM. Et quant je suys en ces haults boys En la belle umbre, J'ouys le chant si doulx et courtoys D'oyseaulx sans nombre, *les Chansons du XVe siècle*, publ. par G. Paris, p. 74. À s'en rapporter à l'historique qui accompagne *ombre*, ce texte est le plus ancien où *ombre* est féminin.

2. **OMBRE.** *Ajoutez :* — ÉTYM. Les Italiens disent *terra d'ombra*, et non *d'Ombria*; les Espagnols disent *sombra*; *sombra de Venezia*, ombre de Venise, *sombra de hueso*, noir d'ivoire; ce qui porte à croire que l'étymologie n'est pas *Ombrie*, mais *ombra*, ombre, HENSLEIGH WEDGWOOD, dans *Trans. of the philolog. soc.* 1873-1874, part. I, p. 63.

OMBRER. *Ajoutez :* || 2° En termes de métier, tenir à l'ombre, ombrager. Claies pour ombrer les serres.

OMBREUX. — HIST. *Ajoutez :* XIIe s. La forest ombreuse et mout ocure, *Roman en prose de Perceval le Gallois*, p. 174. || XIIIe s. D'arbres estoit li lous ombreus, POUGENS, *Archéol. franç.* t. II, p. 65.

† **OMBRIEN** (on-bri-in), *s. m.* Langue appartenant au groupe latin et qui a été absorbée par la langue des Romains.

† **OMBU** (on-bu), *s. m.* Nom d'un arbre (*pircunia dioica*) qui croît dans la pampa, et que l'on cultive uniquement pour l'ombrage qu'il donne, *Journ. offic.* 9 avril 1877, p. 2770, 1re col.

OMÉGA. *Ajoutez :* Je suis l'alpha et l'oméga, le principe et la fin, dit le Seigneur Dieu, SACI, *Apocal.* I, 8. || 2° Le double oméga, papillon dit aussi tête bleue, *bombyx cæruleocephala*.

† **OMMASTRÈPHE** (o-mma-strè-f'), *s. m.* Sorte de calmar. Leur nourriture [des gorfous] consiste en mollusques.... qui pullulent autour de Saint-Paul; il en est dans l'estomac desquels nous avons trouvé jusqu'à vingt becs d'ommastrèphes, *Journ. offic.* 9 mai 1876, p. 3165, 3e col.

— ÉTYM. Ὄμμα, œil, et στρέφειν, tourner. Le mot est mal fait; il faudrait *ommastrophe*.

OMNIBUS. *Ajoutez :* || 2° Un omnibus, un homme qui fait toute sorte de services. L'accusé n'avait pas dans la maison [un restaurant] d'emploi déterminé; il servait d'aide; c'était ce que nous appelons un omnibus, *Gaz. des Trib.* 12 juill. 1871.

† **OMNIEL** (o-mni-èl), *s. m.* Terme de grammaire comparée. Désinence de la première personne du pluriel, indiquant la totalité des individus d'un groupe. M. Fr. Müller raconte l'histoire d'un missionnaire anglais qui, prêchant un jour dans une île de la mer du Sud sur le péché et sur la grâce, s'écria : « Nous sommes de grands coupables; » ...mais il se servit du pluriel au lieu d'employer l'omniel, en sorte que le pronom *nous* parut se rapporter exclusivement aux missionnaires, BRÉAL, *Journ. des sav.* oct. 1876, p. 643.

— ÉTYM. Lat. *omnis*, tout

† **OMNIFACTEUR** (o-mni-fa-kteur), *adj.* Néologisme et mot tout à fait individuel. Qui fait tout. Ce Clesinger est vraiment omnifacteur : il a fait aussi des eaux-fortes, des aquarelles et des pastels, de la ciselure et de l'orfévrerie,.... BÜRGER, *Salons de 1861 à 1868*, t. II, p. 76.

— ÉTYM. Lat. *omnis*, tout, et *facteur*.

† **OMNIFORME** (o-mni-for-m'), *adj.* Qui a toute forme.

— HIST. XVIe s. Captons la benivolence de l'omnijuge, omniforme et omnigene sexe feminin, RAB. II, 6.

† **OMNIJUGE** (o-mni-ju-j'), *adj.* Qui juge tout.

— HIST. XVIe s. L'omnijuge sexe feminin, RAB. II, 6.

† **OMNIPRÉSENCE** (o-mni-pré-zan-s'), *s. f.* Terme de théologie. Présence en tous lieux. Les attributs divins.... tels que l'éternité.... l'omniscience, l'immensité et omniprésence..., GODESCARD, *Vie des Saints*, p. 455.

† **OMNIPRÉSENT, ENTE** (o-mni-pré-zan, zan-t'), *adj.* Qui est présent partout. Dieu est omniprésent. Agni et Soma ne sont-ils pas les dieux omniprésents par excellence comme séjournant sur l'autel, dans les plantes, dans les eaux, dans les trois mondes? BERGAIGNE, *Rev. crit.* 30 sept. 1876, p. 209.

— ÉTYM. Lat. *omnis*, tout, et *præsens*, présent.

† **OMNITONE** (o-mni-to-n'), *adj.* En musique, qui a tous les tons, toutes les tonalités. Les régions mystérieuses où vont peut-être nous entraîner les partisans de la musique omnitone, les courageux pionniers en quête d'une nouvelle tonalité, E. GAUTIER, *Journ. offic.* 7 nov. 1876, p. 8006, 2e col.

— ÉTYM. Lat. *omnis*, tout, et *tonus*, ton. Ce néologisme est un mot tout à fait individuel.

† **OMNIUM.** *Ajoutez :* || 2° Entreprise, compagnie qui centralise toute une branche d'opérations commerciales ou industrielles. Fondée à l'origine au capital d'un million, cette compagnie [d'exploitation des chemins de fer] a vu rapidement affluer vers elle les éléments qui en feront une sorte d'omnium pour les affaires de chemins de fer, *Journ. offic.* 16 octobre 1872, p. 6521, 2e col. || 3° Terme de turf. Course affectée aux chevaux de toute provenance de trois ans et au-dessus. L'omnium se court au bois de Boulogne, à la réunion d'automne.

† **OMNIVORITÉ** (o-mni-vo-ri-té), *s. f.* Qualité d'omnivore. Cette omnivorité de l'homme est pour lui un attribut important; elle lui permet de trouver sa nourriture dans tous les climats et d'y vivre, ROCHAT, *Bull. soc. anthr.* t. IV, 2e série, p. 224.

† **OMOPHRON** (o-mo-fron), *s. m.* Genre d'insectes coléoptères, vivant dans le sable et entre les racines des plantes; on les trouve dans le midi de la France et aux environs de Paris.

† **OMPHALOS** (on-fa-los'), *s. m.* Terme d'antiquité grecque. Espèce de cône de pierre, entouré de bandelettes et dévotement arrosé d'huile, qui se dresse auprès du chasma, et sur lequel s'asseoit la pythie qui va prophétiser; c'est un symbole grossier de la puissance fécondante de la terre, *Journ. offic.* 3 janv. 1877, p. 32, 1re col.

— ÉTYM. Ὀμφαλός, nombril.

ON. — REM. *Ajoutez :* || 3. Selon l'usage de la langue de Malherbe, *on* et *l'on* pouvaient avoir dans la phrase une place qu'on ne leur donnerait pas aujourd'hui. Rochefontaine s'est sauvé, et n'a-t-on trouvé sur Montchrestien autre chose qu'un billet, *Lexique*, éd. L. Lalanne. Le marché d'enclore les faubourgs dans la ville est fait, et y commencera l'on à ce printemps, *ib.* On l'a ouvert aujourd'hui [le comte de Sault], et a l'on trouvé qu'il avait les boyaux pourris, *ib.*

† **ONAGE** (o-na-j'), *s. f.* Voy. INÉE au Supplément (*strophanthus hispidus*).

1. **ONAGRE.** *Ajoutez :* — REM. L'onagre, machine de guerre, était disposé d'une manière analogue à la baliste : la pièce de bois mobile, au lieu de frapper contre un trait, portait à son extrémité une sorte de cuiller dans laquelle on plaçait des projectiles, qu'elle lançait en s'échappant.

† **ONAYE** (o-na-ie), *s. f.* Autre orthographe d'onage (voy. ce mot ci-dessus). L'inée, onaye ou gombi, poison des flèches des Pahouins, *Acad. des sc. Comptes rend.* t. LXXXIV, p. 261.

1. **ONCE.** *Ajoutez :* — REM. D'après l'Annuaire du Bureau des longitudes, l'once d'Espagne ou quadruple a valu 83 fr. 93 c. de 1772 à 1786; mais, depuis 1786, elle ne vaut plus que 81 fr. 50 c.

† **ONDATRA** (on-da-tra), *s. m.* Un des noms du rat musqué, CORTAMBERT, *Cours de géographie*, 10e éd. Paris, 1873, p. 664.

† 2. **ONDIN** (on-din), *s. m.* Dans les parcs d'huîtres, quantité de ces mollusques que l'on hale tous les matins pendant quinze jours à l'aide d'un râteau et que l'on tire hors du parc, pour les y réintégrer une heure après.

— ÉTYM. Ce semble un dérivé d'*onde*, comme qui dirait la quantité d'huîtres qu'apporte une *onde*.

ONDULER. *Ajoutez :* || *V. a.* Rendre ondulé. Chez les coiffeurs, fourches à onduler les cheveux.

† **ONÉREUSEMENT.** *Ajoutez :* Le ministre [espagnol] des finances se procure onéreusement des ressources par l'escompte de traites..., *Journ. des Débats*, 20 avril 1874, 3e page, 6e col.

ONGLE. *Ajoutez :* || 8° Coup d'ongle, coup porté avec l'ongle, égratignure. || Fig. Nous ne sommes pas renversés d'un seul effort; nous avons quelque coup d'ongle, et d'une heure à l'autre perdons quelque chose de notre vigueur, MALH. *Lexique*, éd. L. Lalanne.

— REM. *Ajoutez :* || 2. Dans les plus anciens exemples rapportés à l'historique, on ne voit pas de quel genre ongle était. Ici le genre est déterminé et il est féminin : XIIe s. Il [les chameaux] n'ont mie l'ungle fendue, *li Dialoge Gregoire lo pape*, 1876, p. 353.

† **ONGLIER** (on-gli-é), *s. m.* Petit ustensile où se met tout ce qui sert à la toilette des ongles. Des ongliers en écaille. Ongliers de deux à quinze pièces, cerf, ivoire, écaille, bois des îles, *Enquête, Traité de comm. avec l'Anglet.* t. I, p. 728.

ONQUES (on-k'), *adv.* Voy. ONC au Dictionnaire.

† **ONTOGÉNIE** (on-to-jé-nie), *s. f.* Se dit, dans le transformisme, de l'évolution individuelle. L'évolution individuelle connue sous le nom d'ontogénie par opposition à la phylogénie, CH. MARTINS, *Rev. des Deux-Mondes*, 15 fév. 1876, p. 768.

— ÉTYM. Ὄν, ὄντος, un être, et le suffixe *génie* (voy. ce suffixe).

ONYX. *Ajoutez :* || 2° Onyx de Tecali (au Mexique), matière minérale nouvellement importée en France, et employée à la fabrication de divers objets d'ornement, tels que coupes, guéridons, supports de pendule, etc.; elle se rapproche beaucoup de l'albâtre onyx exploité en Afrique, DAMOUR, *Acad. des sc. Comptes rend.* t. LXXXII, p. 1085.

† **ONZAIN** (on-zin), *s. m.* En Normandie, amas de onze gerbes de blé ou d'avoine, DELBOULLE, *Gloss. de la vallée d'Yères*, le Havre, 1876, p. 245.

† **ONZAINE.** *Ajoutez :* || 2° Nom donné à Nantes, dans le XVIIe siècle, à certains chargements de sel transportés par eau. La grande onzaine était de quatre à six muids; la petite onzaine, de deux à quatre muids, MANTELLIER, *Gloss.* Paris, 1869, p. 47.

† **OOSPORE** (o-o-spo-r'), *s. f.* Terme de botanique. Nom des graines chez les cryptogames.

— ÉTYM. Ὠόν, œuf, et σπορά, graine.

OPALE. *Ajoutez :* || 5° Opale de bois. Depuis longtemps on connaissait en Bohême des gisements d'arbres fossiles.... les pierres qu'on en extrait, quand elles sont coupées et polies, offrent de très-beaux dessins; aussi les voit-on figurer avec plaisir dans les cabinets minéralogiques; on les appelle des opales de bois, *Journ. offic.* 1er sept. 1875, p. 7428, 3e col. || 6° Verre opale, verre à reflets d'opale. Le phosphate de chaux dont on se sert depuis longtemps pour fabriquer le verre opale à reflets rougeâtres, H. DE PARVILLE, *Journ. offic.* 28 janv. 1875, p. 752, 2e col.

† **OPALESCENT, ENTE** (o-pa-lè-ssan, san-t'), *adj.* Qui a le caractère de l'opalescence.

† **OPALISÉ.** *Ajoutez :* || 1° Qui a une teinte opaline. Un verre plus ou moins opalisé au lieu du verre éminemment limpide et éclatant qu'ils ont coutume de produire, H. DE PARVILLE, *Journ. offic.* 8 janv. 1875, p. 752, 1re col.

† **OPANKI** (o-pan-ki), *s. f.* Nom, dans le Montenegro, de sandales très-utiles aux montagnards, *Journ. des Débats*, 6 juin 1876, 3e page, 2e col.

OPÉRA. || 5° *Ajoutez :* En 1716, Catherine Vanderberg, qui avait le privilége du théâtre de la foire Saint-Laurent, obtint la permission de représenter des pièces mêlées de chant, de danses et de symphonies; ces sortes de vaudevilles prirent alors le nom d'opéras comiques, que Lesage avait donné à sa parodie de *Télémaque*, *Journ. offic.* 19 fév. 1877, p. 1267, 1re col.

† **OPÉRATIF.** *Ajoutez :* — HIST. XVIe s. Si l'emploi de vos sujets en cette sorte de vie qui semble estre plustost meditative, oysive et sedentaire que

non pas active, ne le desaccoutumera point de cette operative, penible et laborieuse en laquelle ils ont besoin d'être exercez, SULLY, *Mém.* t. II, ch. 25, p. 181, éd. in-f°.

OPERCULE. *Ajoutez :* || 4° Terme d'artillerie. Plaque de métal qui, dans certains obus à balles, sépare la cavité où sont contenues les balles de celle qui renferme la poudre.

† **OPHICALCE** (o-fi-kal-s'), *s. m.* Terme de géologie. Calcaire sédimentaire disposé par veines entrelacées.

— ÉTYM. Ὄφις, serpent, et lat. *calx*, chaux.

† **OPHICÉPHALE** (o-fi-sé-fa-l'), *s. m.* Genre de poissons de la famille des acanthoptérygiens; leur corps est presque cylindrique, la tête déprimée et le museau très-court.

— ÉTYM. Ὄφις, serpent, et κεφαλή, tête.

† **OPHIQUE** (o-fi-k'), *adj.* Qui est relatif au serpent. Le culte ophique, L. ROUSSELET, *Rev. anthrop.* t. II, p. 56.

— ÉTYM. Ὄφις, serpent.

† **OPHRYON** (o-fri-on), *s. m.* Point singulier du crâne, dit aussi point sus-nasal, situé sur le milieu de la ligne sus-orbitaire ou sourcilière, marquant la limite antérieure du cerveau, c'est-à-dire la séparation du crâne facial et du crâne cérébral.

— ÉTYM. Ὀφρῦς, sourcil.

† **OPHTHALMOIATRIE** (o-ftal-mo-i-a-trie), *s. f.* Médecine des yeux ou oculistique.

— ÉTYM. *Ophthalmo...*, et ἰατρεία, médecine.

† **OPHTHALMOMÉTRIE** (o-ftal-mo-mé-trie), *s. f.* Mesure de la portée de l'œil.

— ÉTYM. Voy. OPHTHALMOMÈTRE au Dictionnaire.

† **OPHTHALMOSCOPIQUE** (o-ftal-mo-sko-pi-k'), *adj.* Qui a rapport à l'ophthalmoscope, à l'examen de l'intérieur de l'œil. La durée de l'incapacité de travail.... ne saurait être déterminée qu'au moyen de l'examen ophthalmoscopique, *Gaz. des Trib.* 20 janv. 1877, p. 67, 1re col.

OPINER. *Ajoutez :* || 3° Opiner de, donner son avis sur, décider de. [Gens] qui opinent de nos biens et de nos vies et qui en ont la jurisdiction, MALH. *Lexique*, éd. L. Lalanne.

† **OPINEUR.** *Ajoutez :* A l'instant les opineurs de la calotte, soudoyés par la cour, ont embouché leurs sifflets, *l'Ami du peuple*, n° 156, 7 juillet 1790, p. 3.

OPINIÂTRER. *Ajoutez :* || 4° Opiniâtrer (avec un nom de chose pour sujet) quelqu'un dans quelque chose, faire qu'il s'y attache avec opiniâtreté. Cette promesse opiniâtre ce prince dans sa résolution, CORN. *Dess. d'Andr.*

OPINION. *Ajoutez :* || 7° Intention (sens vieilli). Il eut opinion de les sauver, MALH. *Lexique*, éd. L. Lalanne. Tullius Marcellinus .... se trouvant saisi d'une maladie.... longue et fâcheuse.... prit opinion de se faire mourir, ID. *ib.*

† **OPOSSUM.** *Ajoutez :* — ÉTYM. Langue des Indiens de la Virginie, *opassom*.

† **OPPIGNORER** (op-pi-gno-ré), *v. a.* Terme vieilli. Mettre en gage, engager. Mon intention est que les trente actions que j'ai sur la compagnie d'Ostende, et dont vingt-six restent encore oppignorées pour environ onze cents florins de capital...., *Testament de J. B. Rousseau*, 1738, dans *Journ. offic.* 17 nov. 1875, p. 9405, 2° col.

† **OPPORTUNISME** (o-por-tu-ni-sm'), *s. m.* Néologisme. Conduite qui se conforme aux opportunités, aux circonstances. Cette politique qu'on a qualifiée de politique de résultats, que j'ai entendu qualifier d'un autre nom qui me paraît plus vrai, politique de l'opportunisme, *Journ. offic.* 13 juill. 1876, p. 5090, 1re col.

† **OPPORTUNISTE** (o-por-tu-ni-st'), *s. m.* Partisan de l'opportunisme; celui qui le pratique.

† **OPPOSABILITÉ** (o-po-za-bi-li-té), *s. f.* Terme d'anatomie. Disposition qui permet au pouce de s'opposer aux autres doigts. L'opposabilité du pouce est toujours plus complète aux mains postérieures qu'aux antérieures [chez les singes], CARL VOGT, *Leçons sur l'homme*, Paris, 1865, p. 203.

OPPOSÉ. *Ajoutez :* || 4° L'opposé, le revers d'une monnaie. En général, on distingue dans la monnaie sept caractères : la face appelée aussi avers, effigie ou droit, l'opposé ou revers..., *Journ. offic.* 18 fév. 1873, p. 1186, 3° col.

† **OPPOSITIPÉTALE** (o-pô-zi-ti-pé-ta-l'), *adj.* Qui a les pétales opposés, TRÉCUL, *Acad. des sc. Comptes rend.* t. LXXXII, p. 883.

† **OPPOSITISÉPALE** (o-pô-zi-ti-sé-pa-l'), *adj.* Terme de botanique. Qui a les sépales opposés, TRÉCUL, *Acad. des sc. Comptes rend.* t. LXXXII, p. 882.

† **OPPUGNATEUR** (o-pugh-na-teur), *s. m.* Mot tiré du latin. Celui qui attaque, qui assiége. Prenez seulement en la personne de ce jésuite travesti un grand et puissant oppugnateur du livre *De la fréquente communion* [d'Antoine Arnauld], BALZAC, *Lett. inédites*, VIII, éd. Tamizey-Larroque.

— ÉTYM. Lat. *oppugnatorem*, de *ob*, contre, et *pugnare*, combattre.

† **OPTICOGRAPHE.** *Ajoutez :* || 2° Instrument servant à dessiner; ce st une vitre interposée entre l'objet à dessiner et l'œil du dessinateur; on fait sur la vitre les contours de l'objet avec un crayon gras; on décalque ensuite.

† **OPTOGRAMME** (o-pto-gra-m'), *s. m.* Produit de l'optographie, DE PARVILLE, *Journ. des Débats*, 8 mars 1877, *Feuilleton*, 6° col. Le savant expérimentateur [M. Kühn] a obtenu ses optogrammes même avec des yeux extirpés une heure après la mort; avec l'œil du bœuf on a des images trois fois plus grandes qu'avec l'œil du lapin, ID. *ib.* 2° page, 1re col.

† **OPTOGRAPHIE** (o-pto-gra-fie), *s. f.* Phénomène par lequel, en certaines circonstances, une image se fixe sur la rétine d'un animal, DE PARVILLE, *Journ. des Débats*, 8 mars 1877, *Feuilleton*, 2° col.

— ÉTYM. Ὄπτομαι, voir, et γράφειν, écrire.

† **OPTO-STRIÉ, ÉE** (o-pto-stri-é, ée), *adj.* Terme d'anatomie. Qui appartient à la couche optique et aux corps striés. Les corps opto-striés.

OPUSCULE. — HIST. XVI° S *Ajoutez :* Opuscules françoises des Hotmans, Paris, 1616.

1. **OR.** || 5° *Ajoutez :* D'ores et déjà ou d'ors et déjà, dès maintenant. Quand les deux époux concourent au contrat, le consentement de la femme est certain, et rien ne s'opposait à ce qu'on la déclarât d'ors et déjà propriétaire de l'immeuble licité, *Dissertation insérée au n° 2926 du Répertoire périodique de l'enregistrement.*

2. **OR.** *Ajoutez :* || 9° Cet or tout mouvant [les champs de blé], RAC. *Lexique*, éd. P. Mesnard. || 10° *Ajoutez :* || Le pesant d'or, au propre. [Chez les barbares] le parricide devra se racheter en donnant tout son pesant d'or, ou deux fois son pesant d'argent, MICHELET, *Orig. du droit*, p. 365.

† **ORACULEUX, EUSE** (o-ra-ku-leû, leû-z'), *adj.* Néologisme. Qui a le caractère important de l'oracle. Alors c'étaient des discussions interminables où M. Necker avait la sagesse et la dignité de n'intervenir jamais autrement que par un sourire important, ou par quelque mot oraculeux, DECOURCHAMP, *Souvenirs de la marquise de Créquy*, t. III, p. 93. Ces nuances diverses disparurent pour faire place à l'empreinte d'une vive curiosité, lorsque d'une voix grave et oraculeuse je prononçai ces paroles solennelles..., BRILLAT-SAVARIN, *la Physiologie du goût, Variétés, le Turbot.* Sa manière oraculeuse [de H. Zschokke, publiciste et historien suisse] n'est pas la vraie gravité, A. VINET, dans E. RAMBERT, *A. Vinet, histoire de sa vie et de ses ouvrages.*

ORAGE. — HIST. || XVI° S. *Ajoutez :* Tout va bien; l'orage est passée, RAB. *Pant.* IV, 23.

† **ORAGÉ, ÉE** (o-ra-jé, jée), *part. passé* d'orager. Troublé comme par un orage. Ma dernière saison oragée par tant d'afflictions, MALH. *Lexique*, éd. L. Lalanne.

ORAISON. *Ajoutez :* || 3° L'oraison dominicale, la prière, dite aussi le Pater, qui commence par ces mots : Notre père qui êtes aux cieux.

† **ORANGER.** *Ajoutez :* — REM. La couronne de boutons et de fleurs d'oranger est en effet un symbole de mariage, mais en même temps un symbole de virginité; aussi les veuves qui se remarient n'en portent pas. C'est à la seconde partie du symbole que V. Hugo a fait allusion dans ces vers : Puis effeuiller en hâte et d'une main jalouse Les boutons d'oranger sur le front de l'épouse, *Feuilles d'automne, Où donc est le bonheur?*

ORANGERIE. *Ajoutez :* || 3° Plantation d'orangers. L'Algérie possède de belles orangeries; celles de Blida et de Coléa comptaient, en 1852, 23 680 sujets d'un revenu annuel de 114 855 francs, GUY, *l'Algérie*, 1876, p. 85.

ORATEUR. *Ajoutez :* || 5° Dans le XVII° siècle, au théâtre, on appelait orateur l'acteur qui faisait l'annonce à la fin de la représentation, et qui, en proposant le programme du prochain spectacle, prenait véritablement l'avis de l'assemblée, se trouvant à la fois l'interprète des comédiens auprès du public, du public auprès des comédiens. || 6° Chez les francs-maçons, un des officiers de la loge; il y joue un rôle analogue à celui du ministère public dans les tribunaux.

— REM. On commence à dire au féminin oratrice, qui d'ailleurs n'a rien d'irrégulier. La brûlante question du travail des femmes assez vaste par elle-même et dans laquelle plusieurs oratrices (le mot est consacré au Vauxhall) ont fait entrer aussi celle de l'émancipation de la femme, *l'Indépendance belge*, 20 août 1868.

ORBITAIRE. *Ajoutez :* || Terme d'anthropologie. Indice orbitaire, voy. INDICE au Supplément.

† **ORBITAL, ALE** (or-bi-tal, ta-l'), *adj.* Terme d'astronomie. Qui a rapport à une orbite. Mouvements orbitaux. Le mouvement orbital ou de translation, GUILLEMIN, *les Comètes*, p. 361.

† **ORBITOSTAT** (or-bi-to-sta), *s. m.* Instrument que l'on fixe dans l'orbite pour marquer le centre de l'ouverture orbitaire, et déterminer la direction des axes orbitaires.

— ÉTYM. *Orbite*, et στατός, fixé.

† **ORCHESTRAL, ALE** (or-kè-stral, stra-l'), *adj.* Qui appartient à l'orchestre. Un grand concert organisé par la Société orchestrale de Florence était annoncé pour midi, dans la salle des cinq cents, *Journ. offic.* 15 sept. 1875, p. 7927, 3° col. || *Au plur. masc.* Orchestraux.

ORCHIS. *Ajoutez :* — HIST. XVI° S. Et l'orchis grec, irrisemens de l'homme Qui au devoir de l'amour le contreint, J. PELLETIER DU MANS, *la Savoye* (1572), p. 292, Chambéry, 1856.

ORD. — HIST. *Ajoutez :* XII° s. Ceste ovraigne fut tost seüe.... Cum cil Gautier l'aveit pensé E lo chastel issi livré, Cum fel, orre, faus traïtor, A si boisié à son signor, BENOIT, *Chronique*, t. II, p. 483, v. 29311.

ORDINAIREMENT. — HIST. *Ajoutez :* XIV° S. Nos connestables, mareschaux, chambellans.... ne feront citer ou appeller aucunnes personnes de nostredit païs hors du lieu où ilz doivent respondre ordinairement, fors en action pure personele (1381), VARIN, *Archives administr. de la ville de Reims*, t. III, p. 513.

† **ORDINARIAT** (or-di-na-ri-a), *s. m.* Juridiction appartenant à l'évêque, à l'autorité diocésaine, *Journ. des Débats*, 4 août 1874, 2° page, 2° col.

ORDRE. *Ajoutez :* || 28° Marchandise d'ordre, en fait de soie, marchandise de premier rang. Voici, d'après le *Moniteur des soies*, les dernières nouvelles du marché des soies à Lyon : la marchandise d'ordre fait assez bonne contenance; elle se défend aussi bien que lui permet son peu d'abondance; mais les prix des mérites secondaires et courants commencent à fléchir, *Journ. offic.* 20 nov. 1874, p. 4654, 2° col. || 29° Il s'est dit pour moyen de faire quelque chose. Monsieur le Grand me commanda de faire des vers.... je fis ce que je pus pour m'en excuser, mais il n'y eut ordre, MALH. *Lexique*, éd. L. Lalanne. Il n'y avait ordre de manier le pinceau, ID. *ib.* Le bruit du cirque me vint aux oreilles, et lors il n'y a plus d'ordre de dormir : il faut que je me réveille, ID. *ib.*

OREILLE. *Ajoutez :* || 23° Disposition des cheveux que l'on compare à une oreille de chien, parce qu'ils tombent sur les tempes. Voici le Juif en longue lévite, avec ses bottes éculées, avec ses oreilles de chien en avant des tempes, ses rides multiples du front, A. RAMBAUD, *Rev. des Deux-Mondes*, 15 nov. 1874, p. 348.

— REM. *Ajoutez :* || 2. L'expression *chanter de l'oreille* qu'a employée Rabelais et à sa suite Mme de Sévigné reçoit quelque lumière de ce qui suit. *De l'oreille* a signifié, dans l'ancienne langue, d'une manière imparfaite, mal, à peine, ainsi que le prouve ce passage : Tant [les clercs] ont les cuers cointes et gobes, Et tant sont plain de grant outrage, Qu'autel, ne crucefiz, n'ymage N'enclinent mes fors [excepté] de l'oreille, GAUTIER DE COINCY, *les Miracles de la Sainte Vierge*, p. 510, éd. abbé Poquet. || 3. On dit dormir sur les deux oreilles, pour dire dormir profondément. Dormir à la fois sur les deux oreilles est impossible; impossibilité à laquelle La Fontaine songeait, quand il a mis *s'il se peut* dans ces vers : Voici pourquoi je lui conseille De dormir, s'il se peut, d'un et d'autre côté, *Coupe enchantée.* Quoique ces exagérations jusqu'à l'impossible soient du langage proverbial, il semble que *dormir sur les deux oreilles* signifie simplement *dormir sur l'une ou sur l'autre oreille* indifféremment, sur la bonne comme sur la mauvaise, sur le côté gauche aussi bien que sur le côté droit.

— ÉTYM. *Ajoutez :* *Oricla* était aussi une forme populaire, que le grammairien Probus condamne, recommandant de prononcer *auris.*

ORGANDI. *Ajoutez :* — ÉTYM. *Organdi* viendrait

ll de *Ourghendj*, nom d'une ville située sur le fleuve Oxus?

† **ORGANICIEN** (or-ga-ni-siin), *s. m.* Celui qui, dans l'étude des corps vivants, met au premier rang la considération des organes. C'est un physiologiste et un organicien en toute étude, STE-BEUVE, *Nouveaux Lundis*, V (art. sur M. Littré).

1. **ORGANIQUE.** *Ajoutez :* || 6° En linguistique, formations organiques, les formations régulières, et dont l'étymologie rend compte normalement, par opposition aux formations inorganiques qui sont irrégulières. Ainsi *fæculentus* est organique, venant de *fæcula*, et *sanguinolentus* est inorganique, car il n'existe pas de mot comme *sanguinolus* (voy. au Supplément le suffixe ....LENT). || 7° *S. m.* L'organique, la substance organisée. La nature ne tend pas à faire du brut, mais de l'organique.... en réfléchissant sur cette espèce de calcul, on se familiarisera avec cette idée singulière que l'organique est l'ouvrage le plus ordinaire de la nature, BUFFON, *Hist. nat. des animaux*, Paris, 1749, in-4°, t. II, p. 39.

ORGE. *Ajoutez :* || 10° Lancette en grain d'orge, lancette dont la lame a la forme d'un grain d'orge.

† **ORGÉONS** (or-jé-on), *s. m. plur.* Terme d'antiquité. Nom des membres (ὀργεῶνες) d'une société religieuse, chez les Grecs. Les orgéons de la Mère des dieux, FOUCART, *Des associations religieuses chez les Grecs*, p. 4.

— ÉTYM. Voy. ORGIES au Dictionnaire.

† **ORGERIE** (or-je-rie), *s. f.* Nom, en Normandie, du champ où l'on récolte de l'orge, DELBOULLE, *Gloss. de la vallée d'Yères*, le Havre, 1876, p. 245.

— ÉTYM. *Orge;* bas-lat. *orgeria*, marché aux grains.

ORGUE. *Ajoutez :* — REM. Les orgues géologiques ne sont pas des puits naturels; ce sont des masses de basalte prismatique, imitant par leur disposition l'aspect d'un jeu d'orgues, comme les orgues de Bort (Corrèze), les orgues de Murat (Cantal); les masses de basalte en prismes verticaux qui, lorsqu'elles sont au fond des vallées ou dans la plaine, s'appellent chaussée basaltique, chaussée des géants, comme au pont de la Baume, (Ardèche) et dans la célèbre grotte de Fingal, prennent le nom d'orgues lorsqu'elles sont situées à une certaine hauteur, par exemple au sommet d'un mamelon ou d'une colline; alors la ressemblance avec les jeux d'orgues des églises en est plus frappante, CASTEL, ingénieur en chef des mines à Rodez.

ORIENTAL. — HIST. *Ajoutez :* XII° s. En icels leus orientals, BENOIT, *Roman de Troie*, v. 23185. En ceste oriental partie, *ib.* v. 23209.

† **ORIENTALEMENT** (o-ri-an-ta-le-man), *adv.* À la façon des Orientaux. Orientalement accroupi devant le poêle, CH. DE BERNARD, *les Ailes d'Icare*, I, 2.

† **ORIENTALISÉ, ÉE** (o-ri-an-ta-li-zé, zée), *adj.* Qui a reçu le caractère des choses ou des hommes de l'Orient. Je signalerai un dernier type [berbère] brun, mais appartenant à une race orientale ou orientalisée par croisement, TISSOT, *Rev. d'anthropologie*, extrait dans le *Journ. offic.* du 18 déc. 1876, p. 9486, 3° col.

† **ORIENTALISER** (o-ri-an-ta-li-zé), *v. a.* Néologisme. Donner un caractère oriental. Les hommes [dans une revue] ont bonne prestance ; on reconnaît la vigoureuse recrue française revenue à elle-même et débarrassée, heureusement, de la culotte large qui, vers la fin de l'empire, avait contribué, qu'on nous passe ce mot, à orientaliser, c'est-à-dire à débrailler notre armée, *Journ. des Débats*, 16 juin 1876, 1re page, 4° col.

ORIENTALISTE. *Ajoutez :* || 2° Peintre qui emprunte surtout ses sujets et ses couleurs à l'Orient. Il [E. Fromentin] a conquis sa place chez les orientalistes à côté de Decamps et de Marilhat, H. HOUSSAYE, *Rev. des Deux-Mondes*, 15 avr. 1877.

† **ORIGÉNISTE** (o-ri-jé-ni-st'), *adj.* Qui adopte les doctrines d'Origène. Les hérétiques origénistes. Les origénistes soutenaient que Jésus-Christ n'était fils de Dieu que par adoption, que l'âme est créée avant le corps, et que les supplices des démons auront une fin.

1. **ORIGINAL.** — HIST. *Ajoutez :* XIII° s. Si ancesur estoient romein original, *Vie de seint Auban*, publ. par Atkinson, Londres, 1876, v. 23. || XIV° s. *Ajoutez :* Que de commissions et de relations, li baillis et les diz eschevins auront chascun un original (1342), VARIN, *Archives administr. de la ville de Reims*, t. II, 2° part. p. 866.

† **ORLÉANS.** *Ajoutez* . Les deux seuls articles qui ont eu à Roubaix un succès immense, sont d'origine anglaise : nous voulons parler du stoff.... ainsi que de l'orléans, tissu de chaîne coton, trame laine, qui date de dix années au plus, et qui, en se transformant de toutes les façons, a beaucoup contribué au développement de l'industrie de Roubaix, *Enquête, Traité de comm. avec l'Anglet.* t. III, p. 624 (séance du 23 juillet 1860).

† **ORNATEUR** (or-na-teur), *s. m.* Celui qui orne, qui décore.

— REM. Ornateur est un mot bien fait qui remplacerait avantageusement ornemaniste, mot barbare qu'on emploie.

— HIST. XVI° s. Homere, dans son Iliade, les bons princes et les grands roys appelle *kosmitore laôn*, c'est-à-dire ornateurs des peuples, RAB. III, 1.

— ÉTYM. Lat. *ornatorem*, celui qui orne, de *ornare*, orner.

† **ORNITHIQUE** (or-ni-ti-k'), *adj.* Terme de zoologie. Qui appartient aux oiseaux. Un bassin essentiellement ornithique, *Rev. scientifique*, n° 40, 30 avril 1876, p. 954.

— ÉTYM. Ὀρνιθικὸς, qui a rapport aux oiseaux, de ὄρνις, oiseau.

† **OROGRAPHIQUEMENT** (o-ro-gra-fi-ke-man), *adv.* Au point de vue orographique. L'île de la Réunion se divise orographiquement et géographiquement en deux parties très-distinctes, H. DE PARVILLE, *Journ. offic.* 20 janv. 1876, p. 591, 3° col.

† **ORPHISME** (or-fi-sm'), *s. m.* Système moitié théologique, moitié philosophique, qui se rattache légendairement à Orphée, et qui avait pour idées principales les croyances et les rites de l'expiation, le culte des ancêtres et des héros, et la célébration des mystères; Bacchus en était le dieu principal.

ORT. *Ajoutez :* Brut ou ort, ces deux mots expriment la même chose, c'est-à-dire le poids d'une marchandise pesée avec ce qui l'enveloppe, P. GIRAUDEAU, *la Banque rendue facile*, Paris, 1769, p. G.

ORTHODOXE. *Ajoutez :* || Église orthodoxe, se dit, d'une manière générale, de l'Église grecque, et, d'une façon particulière, de l'Église grécorusse pour distinguer celle-ci de l'Église grecque-unie ou grecque-catholique.

† **ORTHODOXISSIME** (or-to-do-ksi-si-m'), *adj.* Très-orthodoxe. Quoiqu'il se peut faire que leur saint Paul [des jansénistes] soit orthodoxissime, difficilement, à mon avis, échappera-t-il à la censure de là les monts, ni peut-être à celle de Sorbonne, BALZAC, *Lett. inédites*, LXXVIII (éd. Tamizey-Larroque).

ORTHODROMIE. *Ajoutez :* — REM. Le grand cercle, ou la portion d'arc de grand cercle de la sphère terrestre, passant par le point de départ et le point de destination; ce chemin est le plus court sur la sphère; les marins disent navigation par l'arc de grand cercle. De Brest à New-York la différence de la ligne orthodromique à la loxodromie est de 160 milles. Les cartes marines étant construites de façon à représenter par des lignes droites les routes loxodromiques, la représentation de l'orthodromie est une ligne courbe; le navire en suivant cette ligne courbe va plus vite qu'en suivant la ligne droite, joignant le point de départ et celui d'arrivée.

† **ORTHOGNATHISME** (or-togh-na-ti-sm'), *s. m.* Terme d'anthropologie. Disposition des mâchoires propres aux races orthognathes, par opposition au prognathisme. Les races indo-européennes ou sémites ont toutes un prognathisme très-faible, auquel on peut sans inconvénient laisser le nom inexact, mais consacré, d'orthognathisme, TOPINARD, *Rev. anthropol.* t. I, p. 661.

— ÉTYM. Voy. ORTHOGNATHE au Dictionnaire.

† **ORTHOPHONIE** (or-to-fo-nie), *s. f.* Articulation, sans défaut, des sons d'une langue. L'ortophonie par les remarquables travaux du docteur Colombat, mon père.... la méthode d'orthophonie pour le redressement du bégaiement et des vices de la parole...., E. COLOMBAT, *l'Orthophonie au point de vue pédagogique*, p. 5, Paris, 1874.

— ÉTYM. *Ortho*..., et φωνή, voix.

† 2. **ORVALE** (or-va-l'), *s. f.* Voy. OVAILLE au Supplément.

† **ORYCTÈRE** (o-ri-ktè-r'), *adj.* || 1° Terme de zoologie. Qui creuse la terre. Insectes oryctères. || 2° *S. m.* Nom d'une famille d'insectes hyménoptères qui creusent la terre pour y enfouir leurs œufs. || 3° Genre de mammifères rongeurs comprenant des animaux pourvus de la faculté de ronger; ils approchent de la taille du lapin, et vivent sous terre, où ils creusent des galeries très-étendues et très-profondes.

— ÉTYM. Ὀρυκτήρ, qui creuse.

† **ORYCTÉROPE** (o-ri-kté-ro-p'), *s. m.* Mammifère du pays des Hottentots, dit aussi cochon de terre (voy. COCHON n° 4 au Dictionnaire), qui se nourrit de fourmis et de termites, CORTAMBERT, *Cours de géographie*, 10° éd. 1873, p. 624.

— ÉTYM. *Oryctère*, et ὤψ, apparence : qui a l'apparence d'un oryctère.

† **ORYSSE** (o-ri-s'), *s. m.* Insecte hyménoptère des environs de Paris; ces insectes sont munis d'une espèce de tarière au moyen de laquelle ils percent des trous dans les troncs d'arbres pour y placer leurs œufs.

— ÉTYM. Ὀρύσσειν, creuser.

† **ORYX** (o-riks'), *s. m.* Sorte de gazelle. Les antilopes, les oryx, les singes, recherchaient notre protection [à Malacca], G. SAND, *Rev. des Deux-Mondes*, 1er nov. 1875, p. 151.

— ÉTYM. Ὄρυξ, proprement ferrement pour percer ou creuser, puis gazelle d'Égypte et de Libye, ainsi dite à cause de ses cornes droites et pointues, de ὀρύσσειν, creuser.

OS. *Ajoutez :* || 9° Os verts, os provenant des boucheries et qu'on soumet à la cuisson pour en retirer la gélatine et la graisse.

† **OSCILLOGRAPHE** (o-ssil-lo-gra-f'), *s. m.* Instrument de marine qui sert à l'observation des vagues de la mer. M. Dupuy de Lôme présente au nom de M. Bertin, ingénieur des constructions navales, un mémoire sur l'observation des vagues à l'aide de l'oscillographe, instrument imaginé par l'auteur en 1869.... on obtient à l'aide de l'oscillographe tout à la fois le roulis du navire et la forme des vagues ou leur inclinaison, H. DE PARVILLE, *Journ. offic.* 10 mars 1876, p. 1679, 1re col.

— ÉTYM. *Osciller*, et γράφειν, écrire.

† **OSCILLOMÈTRE** (o-ssil-lo-mè-tr'), *s. m.* Instrument propre à mesurer des oscillations, LE ROUX, *Acad. des sc. Comptes rend.* t. LXXX, p. 1615.

OSEILLE. *Ajoutez :* || 3° Arbre à l'oseille, *l'andromeda arborea*, L., BAILLON, *Dict. de botan.* p. 257.

OSERAIE. — HIST. *Ajoutez :* XIII° s. Sor la rivière a une arbroie De viones et d'ossoroie, *Romania*, oct. 1872, p. 432, v. 461.

† **OSERI** (o-ze-ri), *s. m.* Nom d'un cépage, dit aussi blanc d'ambre, dans le Tarn, *Rev. horticole*, 16 mars 1875, p. 104.

OSIER. — ÉTYM. *Ajoutez :* Bas-bret. *auzith*, suivant Grég. de Rostrenem; *aôzil*, dans Legonidec. Dans l'Aunis, on dit *loisi*, *Gloss. aunisien*, la Rochelle, 1870, p. 119; c'est un exemple de l'agglutination de l'article avec le substantif.

† **OSIRIAQUE** (o-zi-ri-a-k'), *s. m.* Adorateur d'Osiris. Pourquoi dans l'antiquité,... ne distinguat-on jamais aucun peuple par un nom de secte? les Égyptiens n'étaient point appelés isiaques, osiriaques, VOLT. *Dict. phil. Pourquoi (les).*

† **OSMANLI.** *Ajoutez :* || 2° *Adj.* Qui appartient aux Osmanlis, aux Turcs. Et moi-même, quoique étranger, j'ai eu l'occasion de bénéficier de cette cordiale hospitalité osmanlie, *Rev. Britan.* mars 1867, p. 218.

† **OSMOSE** (o-smô-z'), *s. f.* Nom de l'endosmose et de l'exosmose considérées ensemble, LE DOCTEUR CLERMONT, *Eaux de Vals.*

— ÉTYM. Voy. OSMOTIQUE au Dictionnaire.

† **OSSÉINE** (o-ssé-i-n'), *s. f.* voy. OSTÉINE.

† **OSTÉOCÈLE** (o-sté-o-sè-l'), *s. f.* Terme de chirurgie. Hernie dont le sac est de consistance cartilagineuse ou osseuse.

— ÉTYM. Ὀστέον, os, et κήλη, tumeur.

† **OSTÉOCLASTIE** (o-sté-o-kla-stie), *s. f.* Terme de vétérinaire. Maladie qui attaque les os, dite aussi pourriture osseuse.

— ÉTYM. Ὀστέον, os, et κλάω, briser.

† **OSTÉOLOGUE** (o-sté-o-lo-gh'), *s. m.* Anatomiste qui se livre particulièrement à l'étude des os.

† **OSTRACISER** (o-stra-si-zé), *v. a.* Frapper d'ostracisme. Des ambitieux, sans études, sans consistance, sans responsabilité, ostracisant d'avance les meilleurs citoyens...., E. CHATARD, *l'Universel*, 21 oct. 1869.

† **OSTRÉICOLE** (o-stré-i-ko-l'), *adj.* Qui a rapport à l'ostréiculture. L'industrie ostréicole. Rapide accroissement des établissements ostréicoles d'Arcachon, *Journ. offic.* 18 avril 1875, p. 2807, 2° col. Le bassin d'Arcachon.... est actuellement le prin-

cipal centre d'activité ostréicole, *ib.* 19 avr. 1875, p. 2823, 1re col.

— ÉTYM. Voy. OSTRÉICULTURE.

† OSTRÉICULTEUR (o-stré-i-kul-teur), *s. m.* Celui qui pratique l'ostréiculture. L'ostréiculteur garnit d'abord son parc d'huîtres mères, *Journ. offic.* 19 avril 1875, p. 2823, 3e col.

† OSTRÉOPHILE (o-stré-o-fi-l'), *adj.* Terme d'ostréiculture. Qui favorise l'éclosion et le développement de l'huître. Le naissain a été réparti dans 350 caisses ostréophiles établies dans la partie basse de la concession, BOUCHON-BRANDELY, *Journ. offic.* 24 janv. 1877, p. 514, 2e col.

— ÉTYM. Mot hybride, du lat. *ostrea*, huître, et φίλος, ami.

OTAGE. *Ajoutez :* — REM. On trouve *ostage* au XIIIe s. pour bail d'une maison : Et tenront à tous jors cele maizon parmi x l. chascun an d'ostage, le [la] moitié au noel et l'autre moitié à le [la] Saint Jehan, *Charte du Vermandois*, dans *Bibl. des ch.* 1874, t. XXXV, p. 453. Cet *ostage* n'a rien de commun avec notre *otage*; il vient de *hoste, oste*, et représente une forme *hospitaticum*.

† OTÉES (ô-tée), *s. f. pl.* Nom, en Normandie, des débris que donne l'équarrissage du bois. Vente : une grande quantité de bois à chauffage, d'ôtées de toute longueur, de bois débité en chêne et châtaignier de toute longueur et épaisseur, de fagots et de copeaux, *Avranchin*, 6 oct. 1872.

† OTHÉOSCOPE (o-té-o-sko-p'), *s. m.* Instrument propre à mesurer une force d'impulsion, une poussée. M. Crookes [à propos du radiomètre] a combiné un nouvel appareil utilisant au maximum l'effet calorique; l'othéoscope entre en rotation, même à la pression atmosphérique, sous le plus petit effluve lumineux, H. DE PARVILLE, *Journ. offic.* 17 mai 1877, p. 3720, 1re col.

— ÉTYM. Ὠθέω, pousser, et σκοπεῖν, examiner.

† OTOMYS (o-to-mis'), *s. m.* Nom d'une espèce de rats à longues oreilles, qui habitent l'Afrique.

— ÉTYM. Οὖς, ὠτός, oreille, et μῦς, rat.

† OUAIRE (ou-è-r'), *s. m.* Terme vieilli. Une outre. Jésus-Christ mettrait-il le vin nouveau de son royaume céleste dans de vieux ouaires, dans de vieux pécheurs qui garderaient toute la lie et toute l'infection de leurs vices? P. DU BOSC, *Serm. sur div. textes*, t. I (1692).

— ÉTYM. Lat. *uter*, outre, par l'intermédiaire d'une forme non latine, *utrarium*, qui n'est pas dans Du Cange ni ailleurs.

OUATE. — ÉTYM. *Ajoutez :* Le Dictionnaire de Trévoux dit : « Plusieurs prononcent *ouete*, et il est vrai qu'à Paris on dit un jupon *oueté*, une robe de chambre *ouetée*, et non *ouatée*. » Cela confirme l'étymologie donnée par La Monnoye.

† OUBLIABLE (ou-bli-a-bl'), *adj.* Qui peut, qui doit être oublié.

— HIST. XVe s. Oubliable, non oublieuse, EUST. DESCHAMPS, *Poés. mss.* f° 17, col. 3.

OUBLIE. *Ajoutez :* || 3° Pain d'autel préparé pour être consacré à la messe (c'est le sens primitif d'oublie).

† 2. OUCHE (ou-ch'), *s. f.* Entaille que le dresseur fait sur un canon de fusil pour indiquer la position et la profondeur d'un mal-égal qui doit être enlevé à la meule.

† OUDENARDE (ou-de-nar-d'), *s. f.* Sorte de tapisserie. Notre première journée fut Oudenarde, que nous trouvâmes tapissée et tendue, depuis un bout jusqu'à l'autre, d'oudenardes toutes neuves, PELLISSON, *Lett. hist.* t. I, p. 40.

† OUGRIEN, ENNE (ou-gri-in, è-n'), *adj.* Qui est relatif aux Ougro-Finnois. Les populations ougriennes.

OUI. — REM. *Ajoutez :* || 2° L'usage veut qu'à une interrogation affirmative on réponde par oui, et à une interrogation négative, par non. Avez-vous fait cela? oui. N'avez-vous pas fait cela? non. La raison en est que, dans les interrogations négatives, la réponse par oui serait amphibologique, et qu'on ne saurait si oui détruit la négation ou la confirme. || 3° Malherbe élidait l'*e* de *le* devant *oui*: En matière de choses futures, l'oui et le non trouvent des amis, qui parient les uns d'un côté, les autres d'un autre, *Lexique*, éd. L. Lalanne.

OUÏE. *Ajoutez :* — REM. La locution *à l'ouïe de* est indiquée dans l'article, n° 2, comme propre à Genève et au style réfugié. J. J. Rousseau, naturellement, s'en est servi : « Je suis persuadé qu'à l'ouïe de cette nouvelle, vous commencerez par interroger celui qui l'atteste, *Lett. à M. de Beaumont*. » Cette locution est bonne et mérite d'être employée.

† OUILLER. — ÉTYM. *Ajoutez :* M. le docteur Olivet, de Genève, conteste que *œil*, indiqué par Du Cange, que le Dictionnaire a suivi, soit l'origine d'*ouiller*. Il dit que, dans le midi de la France et le nord de l'Italie, *ouiller* c'est verser sur le vin un peu d'huile pour le priver d'air, comme chez nous on remplit le tonneau avec du vin ou de l'eau pour le même objet; que, dans le pays romand, *ouille* signifie huile, *ouiller*, huiler, et *ouillère*, huilerie; et que *ouiller* dérive du latin *oleum*, huile. L'objection à cette argumentation, c'est que, dans nos contrées du moins et dans les anciens textes, *ouiller* a pour but non de préserver le vin du contact de l'air, mais de tenir le tonneau plein; voy. entre autres à l'historique ce passage du XVe siècle : Le fermier fut condamné à rendre et restituer la pipe de vin, et, *se pleine n'estoit, à la voiller et emplir*.

† OUILLÈRE ou OULLIÈRE (ou-llè-r', *ll* mouillées), *s. f.* Terme d'agriculture. Allée comprise entre les rangs des ceps de vignes. On ne peut oublier non plus.... les ouillères de la Basse-Provence...., HEUZÉ, *la France agricole*, p. 7. Les oliviers n'occupent pas toujours seuls les terrains dans lesquels ils végètent; le plus ordinairement ils sont plantés dans les champs où il existe des vignes en plein ou en ouillière, ID. *ib. carte* n° 27. Arboriculture fruitière : vignes en plein et en ouillères, olivier, amandier, *Programme de l'École d'agriculture de Montpellier* et *Journ. offic.* 6 mai 1874, p. 3124, 1re col.

— ÉTYM. Anc. franç. *oullier*, creuser, faire un fossé (voy. DU CANGE, *ouliare*).

† OURALO-ALTAÏQUE (ou-ra-lo-al-ta-ï-k'), *adj.* Qui appartient à l'Oural et aux monts Altaïques, || Langues ouralo-altaïques, langues comprenant le groupe samoyède, le groupe finnois, le groupe turc ou tatar, le groupe mongol et le groupe tongouse, A. HOVELACQUE, *Linguistique*, p. 120, Paris, 1876.

† OURCE (our-s'), *s. f.* Ancien terme de marine du Levant. La main gauche, ce qui s'appelle sur l'Océan bâbord, FURETIÈRE, au mot POGE. || On trouve aussi écrit hource.

— HIST. XVIe s. Une navire marchande faisant voile à horche vint vers nous, RAB. IV, 5. Icy à orche, ID. IV, 20.

— ÉTYM. Voy. au Dictionnaire ORSE, qui est le même mot.

† OUREBI (ou-re-bi), *s. m.* Mammifère du genre antilope qui habite l'Abyssinie.

† OURLES (our-l'), *s. m. pl.* Maladie des dindonneaux, *Maison rustique*, t. I, p. 117.

— ÉTYM. Autre forme de l'anc. franç. *orle* ou *urle*, rebord, d'où vient aussi *ourlet*.

† OURSERIE (our-se-rie), *s. f.* Caractère, acte d'une personne qui vit comme un ours. Je me promets bien que je le ferai repentir de ses ourseries, B. CONSTANT, *Lett. à Mme de Charrière*, dans SAINTE-BEUVE, *Portraits littéraires, B. Constant et Mme de Charrière*.

† OÛT (ou), *s. m.* S'écrit quelquefois au lieu d'août. Je vous paierai, lui dit-elle, Avant l'oût, foi d'animal, LA FONT. *Fabl.* I, 1.

† OUTILLEMENT. — HIST. *Ajoutez :* XIIIe s. Et dui vassal ensemble od eus, Dont li uns port l'ustillement, L'altre li buiste od l'oingement, *Théâtre franç. au moyen âge*, Paris, 1834, p. 16.

† OUTLAW (aout'-lâ), *s. m.* Mot anglais, signifiant celui qui est hors la loi, quelquefois usité en français. Des outlaws, qui sait? insinua Vocasse, E. D'HERBILLY, *Contes pour les grandes personnes*, p. 280, 1874. Quand la chrétienté entière demandait la paix aux musulmans, ces outlaws [les Zaporogues], abandonnés de tous, continuaient la guerre, RAMBAUD, *Rev. des Deux-Mondes*, 1er juin 1875, p. 817.

— ÉTYM. Anglais, *outlaw*; bas-lat. *utlaga, utlagus*; de l'anglo-saxon *utlaga*, hors de la loi, de *ute*, hors, *laga*, loi. Le vieux français avait reçu ce mot : XIIIe s. Quant il trespasseront les barges, Se il encontrent les uslaiges, Bien les porront illuec atendre, Et le dromont vers ax deffendre, DU CANGE, *utlaga*. || XVe s. Par lequel ban furent des lors en avant [les dessus nommés] tenus et reputez wecteloix par la coustume de Flandres, ID. *ib.*

OUTRANCE. — REM. *Ajoutez :* Voici un emploi d'outrance hors de la locution à outrance. Les défauts par saillie et comme qui dirait les outrances de Corneille, SAINTE-BEUVE, *Port-Royal*, t. I, p. 241, 3e éd. Ces essais de rendre la liberté à un mot confiné méritent d'être encouragés.

† OUTRANCIER, ÈRE (ou-tran-sié, siè-r'), *adj.* Qui pousse les choses à outrance, qui a le caractère de l'outrance. Outrancière, sentimentale, nerveuse, brise-raison, la démocratie française..., *le Courr. de France*, 5 déc. 1874, 1re page, 6e col. C'est notre époque qui a créé le terme *outrancier*, naturellement elle a eu le mot, du moment où elle a eu la chose, ED. LE HÉRICHÉ, *Avranchin* du 16 août 1874.

† OUTREMONTS (D') (ou-tre-mon), *loc. adv.* D'au-delà des monts. Les cultivateurs d'outremonts [du pays basque] emploient pour la fabrication du vin les procédés les plus primitifs, L. LOUIS-LANDE, *Rev. des Deux-Mondes*, 15 mars 1877, p. 418.

OUVERT || 13° *Ajoutez :* || Terme de comptabilité. À livre ouvert. Le grand livre ou livre de comptes est un registre sur lequel on ouvre des comptes à toutes les personnes avec qui on fait des affaires; chaque compte est dressé à livre ouvert, c'est-à-dire qu'il occupe deux pages, en regard l'une de l'autre.... la page de gauche reçoit les articles du doit ou débit; celle de droite, les articles de l'avoir ou crédit, SAINTOIN-LEROY, *Comptabilité simplifiée*, 3e éd. Paris, 1876, p. 12.

† OUVIRANDRE (ou-vi-ran-dr'), *s. f.* Plante très-curieuse de Madagascar, dont les nervures des feuilles, disposées avec régularité, forment des lacunes non comblées par le parenchyme, et semblent être les cadres de petites fenêtres bien alignées, *ouvirandra fenestralis*.

† OUVRAISON. *Ajoutez :* || 2° Ouvraison se dit d'autre chose que de la soie. L'ouvraison des cheveux est une industrie toute française, *Journ. offic.* 1er juill. 1872, p. 4475, 1re col.

OUVRANT. *Ajoutez :* || 3° Synonyme de battant, en parlant d'une porte. Porte cochère à deux ou trois ouvrants. Dans la porte à trois ouvrants, les deux ouvrants latéraux sont ordinairement fixés par des attaches, et on ne fait jouer pour l'usage ordinaire que l'ouvrant du milieu.

† OUVREUR. *Ajoutez :* || 5° Ouvrier qui ouvre, écarte la soie, la laine. Les grèges asiatiques, longtemps dédaignées, trouvent maintenant les ouvreurs mieux disposés, *Journ. offic.* 1er juill. 1872, p. 4479, 2e col.

† OUVREUSE (ou-vreû-z'), *s. f.* Machine pour la filature du coton; c'est l'éplucheur-batteur, *Enquête, Traité de comm. avec l'Angleterre*, t. IV, p. 67

OUVRIR. *Ajoutez :* || 20° Ouvrir la laine, en écarter les brins. Quand on refait un matelas, on ouvre la laine à la main. Les opérations qui précèdent le filage proprement dit ont pour but d'ouvrir, de battre, de carder, de peigner, d'étirer sans torsion, puis avec torsion, les filaments..., *Journ. offic.* 24 févr. 1876, p. 1371, 1re col.

† OVAILLE (o-vâ-ll', *ll* mouillées), *s. f.* Terme très-répandu dans la Suisse française. Dégât causé par la gelée, la grêle, une ravine, un éboulement. Au moindre cas d'ovaille, il faut qu'ils [les paysans] empruntent, Mme DE CHARRIÈRE, *le Mari sentimental* || On dit aussi orvale.

— ÉTYM. On tire ce mot de l'allem. *Unfall*, désastre (de *un*, exprimant privation, et *Fall*, cas chute); mais cela est bien douteux.

1. OVALE. || 2° À l'emploi d'ovale au féminin ajoutez cet exemple : Une ovale de diamants [au milieu d'un bracelet], MALH. *Lexique*.

† OVALISER (o-va-li-zé), *v. a.* Donner la forme ovale. Le poids des pistons et de leurs tiges finit par ovaliser les cylindres, A. GUIRAUD, *la Philos posit.* juillet-août, 1877, p. 155.

† OVALISTE. *Ajoutez :* || 2° Celui qui, au moyen d'un métier ayant la forme ovale, prépare les soies destinées à la fabrication des bas, des tulles et des ouvrages de passementerie, *Tarif des patentes*, 1858.

† OVIBOS (o-vi-bos'), *s. m.* Nom donné par Blainville au bœuf musqué.

— ÉTYM. Lat. *ovis*, mouton, et *bos*, bœuf.

† OVICAPRE (o-vi-ka-pr'), *s. m.* Terme d'histoire naturelle. Hybride du bouc et de la brebis, dit vulgairement chabin.

— ÉTYM. Lat. *ovis*, brebis, et *caper*, bouc.

† OVIDIEN, IENNE (o-vi-diin, diè-n'), *adj.* Qui a rapport à Ovide, poëte latin. Chose étrange de mon latin : je n'eusse pas entrepris hier au soir deux épigrammes pour deux cent mille écus, et ce matin je les ai faites ou reçues du ciel en m'habillant, avec une félicité plus qu'ovidienne, BALZAC, *Lett. inédites*, LXI (éd. Tamizey-Larroque).

† OVIGÈRE (o-vi-jè-r'), *adj.* Terme de zoologie. Synonyme d'ovifère. Les tubes ovigères, *Acad. des sc. Comptes rend.* t. LXXXIII, p. 849.

— ÉTYM. Lat. *ovum*, œuf, et *gerere*, porter.

† OVIPOSITEUR (o-vi-pô-zi-teur), *s. m.* Appareil, dans les insectes, destiné à déposer les œufs où ils doivent éclore, *Rev. Britann.* mars 1877, p. 97.

— ÉTYM. Lat. *ovum*, œuf, et *positorem*, celui qui pose.

† OXAMIQUE (o-ksa-mi-k'), *adj.* Terme de chimie. Acide oxamique, acide produit par la décomposition ignée du bioxalate d'ammoniaque.

† OXFORD (ok-sfor), *s. m.* Espèce de toile de coton à raies ou à carreaux. Leur fabrication était l'oxford, la moleskine et le velours, *Journ. offic.* 18 nov. 1875, p. 9436, 1re col. Il porte une chemise oxford et a l'air d'un gentleman, *Gaz. des Trib.* 31 oct. 1873, p. 1057, 3e col.

† OXYDULE. *Ajoutez :* Ce mot n'est pas entièrement abandonné. On l'emploie encore pour désigner des degrés d'oxydation inférieurs au protoxyde. On a, par exemple, l'oxydule de cuivre, qui contient 1 équivalent d'oxygène pour 2 de cuivre, l'oxydule de mercure, etc.

† OXYHYDRIQUE (o-ksi-i-dri-k'), *adj.* Composé d'oxygène et d'hydrogène. On connaissait déjà depuis le commencement de ce siècle la lumière oxyhydrique sous le nom de lumière Drummond, H. REY, *Monit. univ.* 12 juin 1868, p. 825, 5e col.

† OXYMÉTRIQUE (o-ksi-mé-tri-k'), *adj.* Qui a rapport à l'oxymétrie. Le titre oxymétrique [d'une eau de rivière] dans une station est la moyenne des titres trouvés à cette station, en prenant des échantillons à 50 centimètres de la surface et 50 centimètres du fond, vers la rive gauche, au milieu, et vers la rive droite, GÉRARDIN, *Acad. des sc. Comptes rend.* t. LXXX, p. 1326.

† OYAT. *Ajoutez :* — HIST. XVIe s. Des lettres patentes de 1608 ordonnent, sous Henri IV, de planter des hoyards pour arrester l'invasion des sables sur les costes de France, *Journ. offic.* 15 août 1876, p. 6411, 3e col.

† OZONISER (o-zo-ni-zé), *v. a.* Pourvoir d'ozone. M. du Moncel présente de la part de M. le marquis de Carvallo un petit appareil producteur d'ozone destiné à ozoniser commodément les appartements, *Journ. offic.* 13 janv. 1876, p. 368, 3e col.

P

† PACANIER (pa-ka-nié), *s. m.* Sorte de noyer des États-Unis d'Amérique, *juglans olivæformis*, Michaux, CORTAMBERT, *Cours de géographie*, 10e éd. Paris, 1873, p. 664.

PACANT. *Ajoutez :* — REM. Ce mot s'est encore employé au commencement de la révolution. Fi, cet homme est un pacant qui déchire les tympans délicats et salit les bouches de roses, *Lett. du P. Duchêne*, 2e lett., p. 1. Je suis un homme comme il faut, et toi, pacant, un homme de rien, *ib.* 131e lett. p. 8.

† PACHIRIER (pa-chi-rié), *s. m.* Arbre de la Guyane et des Antilles, dont une espèce ressemble au marronier d'Inde.

PACIFIQUE. — HIST. XVIe s. *Ajoutez :* Toute correction en present certes ne semble point estre de joye, mais de tristesse; mais après elle rendra fruict très pacifique de justice à ceulx qui seront excitez par elle, *Hébr.* XII, 11, *Nouv. Test.* éd. Lefebvre d'Étaples, Paris, 1525.

† PACOLET. *Ajoutez :* || 2e Fig. Courrier de la poste. A Paris, ce qu'on m'écrit à cette heure-là [dix ou onze heures du soir], le samedi au soir, par exemple, je le reçois ici [aux Rochers] à neuf heures du matin le lundi; peut-on souhaiter un plus joli pacolet? SÉV. *à Mad. de Grignan*, 9 juil. 1690, dans *Lettres inédites* éd. Capmas, t. II, p. 420. || 3e Nom, au XVIIe siècle, d'un fameux valet de pied du prince de Condé. Ses vers, jetés d'abord sans tourner le feuillet, Iraient dans l'antichambre amuser Pacolet, BOIL. *Ép.* IX.

— ÉTYM. Polonais, *podcholyk*, espèce de valet militaire d'un hussard ou homme d'armes; grands voleurs, les pacolets étaient les diables familiers des gentilshommes.

PACOTILLE. *Ajoutez :* || 6e Terme de droit maritime. Contrat de pacotille, convention en vertu de laquelle les gens de mer ont le droit d'emporter certaines marchandises à titre de port permis ou sans frais.

† PACQUAGE. *Ajoutez :* — REM. Le même que paquage (voy. ce mot au Dictionnaire).

† PACQUER. *Ajoutez :* — REM. Le même que paquer (voy. ce mot au Dictionnaire). Pacquer et pacquage, paquer et paquage viennent de l'angl. *package*, *to pack*, mettre en barils.

† PADDOCK (pa-dok), *s. m.* Enclos pour la garde de certaines bêtes. Attendu que B.... locataire de la chasse dudit domaine de Marcoussis, demanda une réduction de 2,000 fr.... qu'il allègue... que la chose louée a été modifiée par l'établissement d'un paddock sur 7 hectares de prairies..., *Gaz. des Trib.* 2 juillet 1875, p. 631, 3e col.

— ÉTYM. Angl. *paddock*, enclos pour des bêtes fauves, parc.

† PADDY (pad-di), *s. m.* Terme de commerce. Nom donné au riz avec son enveloppe et qui, à la meule, a échappé au décorticage, *Journ. offic.* 18 oct. 1871, p. 4038, 1re col.

PAGAIE. *Ajoutez :* — ÉTYM. Le nom et l'usage des *pagaies* viennent des nègres *bijagoz*, Sénégambie portugaise, d'après F. TR. VALDEZ, *Six years of a traveller's life in western Africa*, 1861, p. 211.

† PAGANIE (pa-ga-nie), *s. f.* La Paganie, c'est-à-dire le pays des païens, nom d'une région de la côte septentrionale du Finistere, dont la population s'est conservée à l'état fermé, ignorant le reste du monde et à peu près ignorée de lui, H. GAIDOZ, *Rev. crit.* 1er juil. 1876, p. 14.

— ÉTYM. Lat. *paganus*, païen (comparez PAÏENNIE au Dictionnaire).

1. PAGE. *Ajoutez :* || 5e Fig. Page se dit, en peinture, d'une composition que l'on compare à une page de style. Cette petite page de peinture, comme on dit en français banal, fait songer à certaines pages des romans de George Sand, *la Petite Fadette* ou *Geneviève*, BÜRGER, *Salons de* 1861 *à* 1868, t. II, p. 482.

† PAGNOLÉE (pa-gno-lée), *s. f.* Pagnolée commune, nom, dans le Calvados, du trèfle ordinaire, *les Primes d'honneur*, Paris, 1870, p. 16.

† PAGNOLLE (pa-gno-l'), *s. f.* Dans l'Aunis, boisson qu'on prépare en mettant de l'eau sur les rafles de raisins, *Gloss. aunisien*, 1870, p. 131.

PAGODE. *Ajoutez :* || 7e Arbre des pagodes, le *ficus religiosa*, L., BAILLON, *Dict. de botan.* p. 257.

PAILLE. *Ajoutez :* || 11e Paille de fer, tournure de fer, pour mettre à neuf les meubles et les parquets, en usage depuis quelques années.

1. PAILLER. *Ajoutez :* || 5e *Au pl.* Les paillers, dans le parler normand, nom donné aux pailles exclusivement réservées pour l'engrais des terres arables dépendant de la propriété sur laquelle elles sont recueillies. Le fermier n'a pas la libre disposition des paillers; il ne peut ni les vendre, ni en faire du glui; à la fin de son bail, il est tenu de les laisser à celui qui le remplace, lequel est lui-même obligé de les utiliser comme engrais, H. MOISY, *Noms de famille normands*, p. 338.

PAILLETTE. — HIST. XIVe S. *Ajoutez :* La façon de 943 paillettes d'argent dorées, par lui [un orfévre] faites et forgées en manière de losanges (1386), *Nouveau recueil de comptes de l'argenterie des rois*, par Douët-d'Arcq, p. 187.

† PAILLEULE (pa-lleu-l', *ll* mouillées), *s. f.* Nom, sur la côte de Granville, d'une sorte de plante marine employée pour engrais. Le littoral du quartier de Granville produit des herbes marines dont l'emploi est tout industriel: la pailleule (*zostère marine*) et le lichen (*fucus crispus*), dont la récolte est pour les riverains la source d'un revenu fort important, *Statist. des pêches maritim.* 1874, p. 39.

PAILLON. *Ajoutez :* || 9e En Touraine, paillon, nom d'un panier d'osier sans anses, évasé à la partie supérieure.

† PAILLOT. *Ajoutez :* || 3e Nom, dans l'Indre, d'un cépage rouge, *les Primes d'honn.* Paris, 1873, p. 224.

† PAILLOTE (pa-llo-t', *ll* mouillées), *s. f.* || 1e Hutte en paille; se dit dans les colonies. Le grain [riz] détaché est recueilli, emmagasiné sous des paillotes, bien garanti par des feuilles de palmier d'eau, *Journ. offic.* 18 oct. 1871, p. 4038, 1re col. || 2e Toile de paille de riz. La nuit, s'il [l'habitant de la Cochinchine] la passe dans les champs ou dans la jonque, il y ajoute [à ses vêtements] une mince paillote ou toile de paille de riz sous laquelle il se blottit, MORICE, *Rev. d'anthropol.* t. IV, p. 445.

PAIN. *Ajoutez :* || 18e Pain de hanneton, nom que les enfants et les gens du peuple donnent aux fruits de l'orme. || 19e Pain du pauvre, espèce de potiron qui vient de Valparaiso, *Journ. offic.* 13 oct 1874, p. 6997, 3e col. || 20e Être né avant son pain, se dit d'un orphelin laissé sans ressources. Coluchon était né avant son pain, comme disent les paysans, c'est-à-dire que le pauvre orphelin restait sans aucunes ressources, DE CURZON, *Une vie de paysan*, dans *Bull. de la Société academ. de Poitiers* (séance du 4 juin 1873), p. 99. Nous qui sommes nés avec du pain sur la planche, comme on dit à la campagne, nous ne nous rendons pas compte des poignantes difficultés que doit résoudre pour subsister l'homme qui est né avant son pain, ID. *ib.*

† PAIN-D'ÉPICIER (pin-dé-pi-cié), *s. m.* Nom des marchands de pain d'épice, *Édit de Louis XVI*, août 1776. || Pain-d'épicier se voit aujourd'hui sur quelques enseignes.

PAIR. — REM. *Ajoutez :* || 2e Tirer du pair, a eu, au XVIIe siècle, outre le sens de distinguer, celui de mettre hors de péril en une circonstance dangereuse. Quoique ce dernier [le prince de Longueville] ne m'eût pas rendu, dans la dernière occasion de ce procès criminel, tous les bons offices auxquels je croyais qu'il était obligé, je n'oubliai rien pour le tirer du pair [faire qu'il ne fût pas emprisonné avec les princes de Condé et de Conti], RETZ, *Œuvres*, t. III, p. 14, éd. Feillet et Gourdault.

— HIST. XVIe S. *Ajoutez :* ... Tous ceux qui n'entendent le pair, comme parlent les banquiers, c'est-à-dire la valeur de la monnaie de change d'un lieu à un autre; c'est pourquoy on dit encores d'un homme rompu aux affaires, qu'il entend le pair, comme chose bien difficile, JEAN BODIN, *Discours sur le rehaussement et diminution des monnoyes*, Paris, 1578, feuille S jjj (il n'y a pas de pagination).

† PAIRER (pè-ré), *v. n.* Terme parlementaire qui se dit quand deux membres d'une chambre appartenant à deux partis différents conviennent de s'abstenir simultanément, afin qu'en cas de vote l'absence de l'un d'eux ne donne pas la majorité au parti opposé.

— ÉTYM. Angl. *to pair*, du franç. *pair* (voy. ce mot).

PAISIBLE. *Ajoutez :* || 7e Laissé en paix. Tant qu'ils [les disciples d'Origène] se bornèrent à ergoter, ils furent paisibles; mais, lorsqu'ils s'élevèrent contre les lois et la police publique, ils furent punis, VOLT. *Exam. import. de milord Bolingbroke*, ch. XXVI.

† PAISSANCE (pê-san-s'), *s. f.* Terme de droit forestier. Action de paître en pâturage des animaux.

PAIX. *Ajoutez :* || 12e Paix castrense (en bas-latin *pax castrensis*, en allemand *Burgfried*), convention pour garantir la tranquillité dans le territoire d'un bourg ou *castrum*, SPACH, *Inventaire somm. des Arch. du Bas-Rhin*, t. III, p. 19 et 260.

1. PAL. *Ajoutez :* || 7e Pal distributeur, nom d'un instrument inventé par M. Gueyraud pour porter les sulfocarbonates alcalins au pied des vignes phylloxérées; il consiste en un tube de fer creux, lequel est relié à un petit cylindre appelé distributeur, *Acad. des scienc. Comptes rendus*, t. LXXXIV, p. 697.

† 2. **PAL** (pal), *s. m.* Mot hollandais qui signifie pilier, et qui, à Java, désigne une mesure itinéraire d'un kilomètre, BOUSQUET, *Rev. des Deux-Mondes*, 15 janv. 1877, p. 321.

PALAN. *Ajoutez :* || 4° Terme de commerce maritime. Livraison sous palan, livraison à bord d'un autre navire. L'acheteur.... avait stipulé que la livraison lui serait faite sous palan, c'est-à-dire à bord d'un autre bâtiment ; dès l'instant, en effet, que la marchandise se détachait du palan, elle devenait la propriété de l'acheteur..., *Gaz. des Trib.* 30 juil. 1873, p. 729, 2° col.

— REM. Le palan est une réunion de plusieurs poulies sur une même chape, montées sur un même axe autour duquel elles peuvent tourner indépendamment les unes des autres ; dans les moufles, les poulies sont montées sur des axes différents.

† **PALANCRE** ou **PALANGRE.** *Ajoutez :* — REM. On dit aussi palangrotte. Un havre-sac renfermait des palangrottes pour la pêche, *Extrait du Nouvelliste de Marseille*, dans *la Liberté*, 18 oct. 1868.

† **PALANQUER.** *Ajoutez :* || 2° Terme de fortification. Entourer d'un simple rempart de terre avec un fossé et des palissades de troncs de chêne que le canon seul peut ouvrir. Après Widdin vient jusqu'à Nicopoli une série de petites places palanquées, *Journ. des Déb.* 7 déc. 1876, 1re p. 5e col.

PALASTRE. — HIST. *Ajoutez :* || XVIe s. De challan neuf [sorte de bateau], à savoir, les pallastres qui sont cousues au dedans, MANTELLIER, *Glossaire*, Paris, 1869, p. 48.

PALATAL. *Ajoutez :* || 2° Qui a rapport au palais, au goût. L'alcool est le monarque des liquides, et porte au plus haut degré l'exaltation palatale, BRILLAT-SAVARIN, *Physiol. du goût*, *Médit.* IX. Nos exigences palatales, *Journ. offic.* 19 juill. 1877, p. 5305, 2° col.

† **PALENQUÉEN, ENNE** (pa-lan-ké-in, è-n'), *adj.* Qui appartient à Palenqué, ville en ruine dans l'Amérique du Sud. || Écriture palenquéenne, écriture employée avant l'arrivée des Espagnols, *Journ. offic.* 26 avr. 1875, p. 3005, 2° col.

† **PALÉOCRYSTIQUE** (pa-lé-o-kri-sti-k'), *adj.* Qui est glacé d'ancienne date. La route qu'il avait à parcourir avait été reconnue au printemps, et on savait qu'en quittant la terre il n'avancerait plus qu'à pas comptés sur la glace paléocrystique, *Rev. Britan.* mars 1877, p. 61. Dans un avenir lointain, quand le temps aura retourné encore une fois son sablier, balayant la glace paléocrystique et l'engloutissant dans les abîmes qui recèlent déjà les débris des anciennes périodes glaciaires, *ib.* p. 15. Au 70e degré de latitude nord, Collinson se vit forcé de retourner à l'est, le long du bord de l'infranchissable barrière qui arrêta Nares en 1876, et à laquelle cet officier a donné le nom de glace paléocrystique, *ib.* p. 16.

— ÉTYM. Παλαιὸς, ancien, et le thème χρυστ qui est dans χρύσταλλος, glace.

† **PALÉOETHNOLOGIE** (pa-lé-o-è-tno-lo-jie), *s. f.* Connaissance des antiquités préhistoriques des peuples.

— ÉTYM. Παλαιὸς, ancien, et *ethnologie*.

† **PALÉOETHNOLOGISTE** (pa-lé-o-é-tno-lo-ji-st'), *s. m.* Celui qui s'occupe de paléoethnologie.

† **PALÉOGÉOGRAPHIE** pa-lé-o-jé-o-gra-fie), *s. f.* Géographie des périodes géologiques.

— ÉTYM. Παλαιὸς, ancien, et *géographie*.

† **PALÉOGÉOGRAPHIQUE** (pa-lé-o-jé-o-gra-fi-k'), *adj.* Qui a rapport à la paléogéographie. Une carte paléogéographique, MARTINS, *Rev. des Deux-Mondes*, 15 juill. 1872, p. 473.

† **PALÉOLITHIQUE** (pa-lé-o-li-ti-k'), *adj.* Qui se rapporte à l'époque de la pierre ancienne ou non polie. Âge paléolithique, âge des instruments de pierre antérieur aux derniers grands changements subis par le globe. Les mines [du camp de Cissbury] sont de l'âge néolithique, quoique quelques-uns des instruments présentent des formes qui se rapprochent de celles de l'époque paléolithique, *Journ. offic.* 4 janv. 1876, p. 74, 3° col.

— ÉTYM. Παλαιὸς, ancien, et λίθος, pierre.

† **PALÉONISCUS** (pa-lé-o-ni-skus'), *s. m.* Poisson fossile des bassins houillers continentaux.

† **PALÉOSAURE** (pa-lé-o-sô-r'), *s. m.* Genre de reptiles fossiles. C'est le reptile le plus ancien connu.

— ÉTYM. Παλαιὸς, ancien, et σαύρα, lézard.

PALERON. — HIST. *Ajoutez :* XIIIe s. *Homoplata*, paleron, J. DE GARLANDE, § 4.

† **PALÈS.** *Ajoutez :* || 2° La 49e planète télescopique, découverte en 1857 par M. Goldschmidt.

† **PALESTINIEN, IENNE** (pa-lè-sti-niin, niè-n'), *adj.* Qui appartient à la Palestine. M. Ganneau a trouvé à Jaffa deux monuments intéressants pour l'épigraphie palestinienne, si pauvre, comme on sait, *Journ. offic.* 15 sept. 1874, p. 6542, 2° col.

† 2. **PALET** (pa-lè), *s. m.* Se dit, en Normandie, sur la côte, des pieux que les pêcheurs enfoncent dans les grèves pour fixer leurs filets.

— ÉTYM. Diminutif de *pal*, petit pieu.

1. **PALETTE.** *Ajoutez :* || 18° Familièrement. Palettes, les dents incisives, qui, larges et plates, ont la forme d'une petite pelle. || 19° Instrument en fer, en forme de petite pelle, qui sert aux forgerons pour ramener le charbon et le disposer sur la forge. || Instrument en bois, également en forme de petite pelle, qui sert, dans les poudrières, à ramener la poudre.

† **PAL-FER** (pal-fèr), *s. m.* Pal en fer. Pour l'emploi de ces insecticides, il faut creuser des trous au pal-fer, *Trav. de la Commis. départ. contre le phylloxéra*, Perpignan, 1874, p. 107.

† **PALIÈRE.** *Ajoutez :* || 2° *Adj. f.* Porte palière, porte qui ouvre sur un palier. L'incendie.... n'est devenu possible que par cette double circonstance des papiers accumulés sur le plancher et de la porte palière ouverte, *Journ. offic.* 3 mai 1877, p. 3231, 1re col.

PALINOD. *Ajoutez :* En rhétorique, à treize ans, il [Fontenelle] composa, pour le prix des palinods de Rouen, une pièce en vers latins, qui, sans avoir obtenu de couronne, fut pourtant jugée digne de l'impression, TRUBLET, *Mém. sur Fontenelle*, p. 275.

1. **PALLADIUM.** *Ajoutez :* — HIST. XIIe s. Coment li traïtor ovrerent, Qui la traïson porparlerent, Que il furent, com orent non, Qui enbla lo palladion.... BENOIT, *Roman de Troie*, v. 639. Por le temple qu'ert violez, Dont li pallades ert enblez, ID. *ib.* v. 25561.

— REM. Devant ce mot qui n'existait pas en français, l'ancien trouvère du XIIe siècle a hésité. Une première fois il lui a laissé la forme latine, *palladion* ; une seconde fois, plus hardi, il a soumis le mot à la règle de l'accentuation, et il a mis *pallade*.

† **PALLIÈRE** (pa-liè-r'), *s. f.* Nom, au Havre, d'un engin de pêche, *Statistique des pêches maritimes*, 1874, p. 27.

1. **PALME** (pal-m'), *s. f.* Synonyme de paume de la main. Et de ses maigres mains les deux palmes dressées, LAMART. *Chute d'un ange*, 7e *vision*.

— REM. *Paume* est la prononciation française de *palme* (*palma*). On doit regarder *palme* comme un latinisme proposé par Lamartine, pour mettre une forme plus relevée à côté de *paume*, qui ne se dit guère sans ajouter *de la main*.

† **PALMER** (pal-mèr), *s. m.* Nom, dans les ateliers, d'un instrument de précision servant à déterminer l'épaisseur d'une lame, d'une feuille de métal, etc.

† **PALOTER** (pa-lo-té), *v. a.* Creuser à l'aide du louchet les tranchées qui séparent les planches de colza, à l'effet de rechausser les pieds des plantes, *les Primes d'honneur*, p. 78, Paris, 1874.

— ÉTYM. *Palot* 1.

† **PALOURDE.** *Ajoutez :* || 2° Nom, dans Maine-et-Loire, d'une espèce de citrouille, *les Primes d'honneur*, Paris, 1872, p. 155.

PALPITER. *Ajoutez :* — HIST. XIIe s. Quant cil meismes dragons qui apparuit lo voloit devoreir, dunkes comenzat tremblanz et palpianz à crieir par grandes voies, disanz : coreiz, coreiz, car iciz dragons mo vuet devoreir, *li Dialoge Gregoire lo pape*, 1876, p. 92.

† **PALUDINE** (pa-lu-di-n'), *s. f.* Genre de coquilles univalves. Au milieu de débris de roseaux et de diverses plantes aquatiques abondent les coquilles de limnées et de paludines, E. BLANCHARD, *Rev. des Deux-Mondes*, 1er oct. 1874, p. 607.

PÂMER. *Ajoutez :* || 4° Se pâmer, se dit de la luzerne qu'on laisse quelque temps coupée sur le terrain. Vous fauchez la luzerne et, après l'avoir laissée se pâmer pendant 24 heures, vous l'apportez dans la fosse, en ayant soin de la fouler, E. GARNOT, *Avranchin*, 15 oct. 1876.

† 1. **PAMPA.** *Ajoutez :* — ÉTYM. Les *pampas* sont ainsi dites d'une herbe haute et dure appelée *paja brava* ou *pampa*, qui y abonde, E. DAIREAUX, *Rev. des Deux-Mondes*, 15 juill. 1875, p. 393. D'un autre côté, M. Maspero, *Mém. de la Soc. de linguistique*, II, 51, indique le quichua *pampa*, plaine.

PAMPHLET. — ÉTYM. À la conjecture *palme-feuillet*, M. Gaston Paris, *Rev. critique*, 26 sept. 1874, p. 197, en oppose une autre : il signale que, dans la seconde moitié du XIIIe siècle, *Pamflette* est cité par Dirk van Asenede dans sa traduction néerlandaise de *Flore et Blanchefor* (v. 333) ; or *Pamflette* est le nom vulgaire de *Pamphilus*, espèce de comédie en vers latins du XIIe siècle ; appuyé là-dessus, il dit : « Je suis porté à croire que de cette forme diminutive dérive le mot anglais *pamphlet*, dont l'origine a tant exercé les érudits. Ce serait une preuve de plus de la grande popularité de notre poëme au XVe siècle. » Dans la manière de voir de M. G. Paris, le nom vulgaire de la comédie latine, très-connue alors à cause d'un rôle remarquable de vieille entremetteuse, serait devenu le nom commun des feuilles volantes satiriques. Ce *pamflette* du XIIIe siècle est certainement une trouvaille ; et le rapprochement est fort ingénieux. Pour qu'il devînt certain, il faudrait quelques intermédiaires avant les textes de 1540, les plus anciens que l'on connaisse jusqu'à présent pour l'emploi de ce mot.

1. **PAN.** *Ajoutez :* || 8° Pan de roue, dispositif employé pour franchir les obstacles qui arrêtent les roues d'une voiture ; on fixe un cordage à un rais près d'une jante, on entoure le cercle de la roue avec ce cordage et on tire. || 9° Terme de boucherie. Le cuissot avec le rognon et le carré. Veau, 1re qualité, de 1 fr. 68 à 1 fr. 84 ; 2e qualité, de 1 fr. 18 à 1 fr. 66 ; 3e qualité, de 0 fr. 80 à 1 fr. 16 ; pan, cuissot, de 1 à 2 fr. [le kil.], *Journ offic.* 11 sept. 1874, p. 6284, 3e col.

† **PANABASE** (pa-na-ba-z'), *s. f.* Terme de minéralogie. Minéral, dit aussi cuivre gris, à composition chimique très-variable, qui renferme principalement de l'antimoine du cuivre et du soufre.

PANACHE. *Ajoutez .* || 11° Terme de turf. Faire panache, se dit d'un cavalier qui tombe en passant par-dessus la tête de son cheval.

PANACHÉ. *Ajoutez* || 3° Fig. Mêlé, mélangé. Le salon est quelque peu.... panaché ; on y coudoie toute sorte de gens et jusqu'à des membres de la pairie, E. D. FORGUES, *Feuillet. de l'Indépend. belge*, 29 sept. 1868 Devant le public de Bade, panaché de grands-ducs et d'ambassadeurs, la comédie de Beaumarchais n'est pas écoutée peut-être sans une secrète inquiétude, A. VILLEMOT, *Feuilleton du Temps*, 30 août 1868.

† **PANAMA.** *Ajoutez :* — REM. La ville de Panama est bien le port par où s'expédient ces chapeaux ; mais ce n'est pas le lieu où ils se fabriquent. Ils se font dans les régions supérieures de l'Équateur avec le nacouma, sorte de liane.

PANARD. — *Ajoutez :* ÉTYM. L'origine étant inconnue, M. Bugge, *Romania*, n° 10, p. 156, dit : « Le mot est probablement dérivé d'un adjectif, de même que *vieillard*, l'ancien français *blanchard*. Je rattache *panard* au latin *pandus*, qui signifie *curvus*, *incurvus*, esp. *pando*, légèrement courbé vers le milieu. *Panard* pour *pandard* ; comparez *prenons* pour *prendons*, vieux français *espanir* représentant le latin *expandere*, vieux français *responent* pour *respondent*. » C'est une conjecture qui restera telle tant que *panard* sera aussi dénué de tout document.

† **PANASSERIE** (pa-na-se-rie), *s. f.* Nom commercial de tous les petits pains. Il [le Parisien] aime à manger ces petits pains d'une infinité de grosseurs et de formes, qu'en langage commercial on appelle la panasserie, *Journ. offic.* 11 mai 1874, p. 3210, 1re col. Pain de fantaisie et panasserie, A. HUSSON, *les Consommations de Paris*, p. 98.

— ÉTYM. *Pain*, avec la finale péjorative *asse*.

† **PANCRAIS** (pan-krê) ou **PANCRATIER** (pan-kra-tié), *s. m.* Genre de plantes de la famille des narcissées, où l'on distingue le pancrais maritime, dit aussi scille blanche.

— ÉTYM. *Pancratium*, de πᾶν, tout, et κράτος, force, par allusion à de prétendues propriétés médicales universelles ; il a donné aussi *pansacre* (voy. ce mot ci-dessous).

† 1. **PANDORE.** *Ajoutez :* || 2° La 55e planète télescopique, découverte en 1858 par M. Searle.

† **PANÉGYRIE** (pa-né-ji-rie), *s. f.* Terme d'antiquité. Réunion de tout le peuple pour célébrer une solennité.

— ÉTYM. Πανήγυρις, de πᾶς, tout, et ἄγυρις, ἀγορὰ, assemblée.

† **PANÉGYRISÉ, ÉE** (pa-né-ji-ri-zé, zée), *adj.* Qui est l'objet d'un panégyrique. Comme votre panégyrisé est sans comparaison plus brave et meilleur que Stilicon, je ne doute pas que votre panégyrique ne vaille plus que tous ceux de Claudian, BALZAC, *Lett. inédites*, CXXI, éd. Tamizey-Larroque.

† **PANÉMONE** (pa-né-mo-n'), *s. m.* Petit moulin à élever l'eau, qui s'oriente tout seul, de manière à tourner par tous les vents. Moteurs électro-magnétiques, moulins à vent et panémones, *Journ. offic.* 9 sept. 1876, p. 6855, 1re col.

— ÉTYM. Πᾶς, tout, et ἄνεμος, vent.

† **PANENTHÉISME** (pa-nan-té-i-sm'), *s. m.* Mot créé par le philosophe allemand Krause pour exprimer la doctrine qui admet que tout est en Dieu, par opposition au panthéisme, qui admet que tout est Dieu, P. JANET, *Rev. des Deux-Mondes,* 15 nov. 1873, p. 374.

— ÉTYM. Πᾶν, tout, ἐν, en, θεῷ, Dieu.

PANERÉE. — HIST. *Ajoutez :* || XVIe s. Pour batteau chargé d'oranges, une panerée pleine, des paniers en quoy elles sont apportées d'Espagne, Portugal ou autres lieux, MANTELLIER, *Glossaire,* Paris, 1869, p. 48.

† **PANGOLIN.** *Ajoutez :* — ÉTYM. Malais, *penggoling,* l'animal qui s'enroule, ce qu'il fait à la manière du hérisson, HUGH LOW, *Sarawak, its inhabitants and its productions,* Londres, 1848.

† **PANICONOGRAPHIE** (pa-ni-ko-no-gra-fie), *s. f.* Reproduction par gravure, au moyen de la lumière et des réactifs, de toute espèce d'images.

— ÉTYM. Voy. PANICONOGRAPHIQUE au Dictionnaire.

† **PANKA** (pan-ka), *s. m.* Nom donné, dans l'Inde, à de grands éventails. Les appartements personnels du prince [de Galles, sur le *Sérapis*] sont séparés de ceux de ses officiers par un salon qui sera vraiment splendide; il sera ventilé par six pankas, immenses éventails qui seront mis en mouvement au moyen d'un engrenage, *Journ. offic.* 20 août 1875, p. 7004, 3e col.

1. **PANNE.** || 2e *Ajoutez :* Les élégants de 1803.... introduisirent dans les salons la panne, étoffe proverbialement connue, jusqu'alors réservée aux chaudronniers et aux porteurs d'eau; mais ils avaient soin de la doubler de taffetas blanc, E. DE LA BÉDOLLIÈRE, *Hist. de la mode,* ch. XV.

4. **PANNE.** *Ajoutez :* || 2e Mesure du bois de charpente. La panne (Vosges), diamètre au gros bout 0,22 à 0,32, au milieu 0,18, longueur 12 à 14 m; la panne double, diamètre au gros bout 0,32 à 36, au milieu 0,23, longueur 15m et au-dessus, *Annuaire des Eaux et Forêts,* 1873, p. 23.

5. **PANNE.** *Ajoutez :* Tuiles bombées, pannes et carreaux en terre cuite, *Journ. offic.* 23 juill. 1872, p. 5021, 2e col. C'est probablement par le grenier que le meurtrier aura pénétré dans la maison; quelques pannes enlevées à la couverture du toit semblent le démontrer, Extr. de *l'Écho du Nord,* dans *Gaz. des Trib.* 15 oct. 1873, p. 999, 4e col.

PANNEAU. *Ajoutez :* || 10e Planche de chêne, de 0m,22 à 0m,24 largeur, et 0m,020 à 0m,022 épaisseur, NANQUETTE, *Exploit. débit et estim. des bois,* Nancy, 1868, p. 75.

† **PANNERIE** (pa-ne-rie), *s. f.* Nom donné, dans le département du Nord, aux fabriques de la tuile dite panne.

— ÉTYM. Voy. ci-dessus PANNE 5.

PANNETON. — ÉTYM. *Ajoutez :* Selon Ch. Thurot, de même que le Dictionnaire identifie *pannon* et *pennon,* il faut identifier *panneton* et *penneton,* qui serait un diminutif de *pennon* (comp. *clocheton*). Ce serait le petit pavillon de la clef, et en effet l'analogie de la forme est frappante.

† **PANOPÉE** (pa-no-pée), *s. f.* La 70e planète télescopique, découverte en 1861 par M. Goldschmidt.

— ÉTYM. Πανόπεια, nom d'une Néréide.

† **PANOUILLE.** *Ajoutez :* — REM. On le trouve écrit panouil et masculin. Par-dessus le mur du jardin se penchaient de gros panouils de maïs d'un blanc de lait, SACHER-MASOCH, *Rev. des Deux-Mondes,* 15 août 1873, p. 857.

† **PANSACRE** (pan-sa-kr'), *s. m.* Nom vulgaire de l'œnanthe safranée, plante fort vénéneuse, *Journ. des Débats,* le 12 juin 1877, 3e page, 2e col.

— ÉTYM. C'est le même que *pancrais* (voy. ce mot au Supplément).

PANSER. — HIST. *Ajoutez :* XIIe s. Et misires Gauvains oste les seles, et pansse plus de la mule à la damoiselle que de son cheval, *le Roman en prose de Perceval le Gallois,* p. 36.

† **PANSLAVE** (pan-sla-v'), *adj.* Qui appartient à tous les Slaves. La philologie, l'explication des alphabets slavons, sont des points qui demandent à être traités dans un congrès international; il s'agit non pas d'archéologie panslave, mais d'archéologie comparée, A. RAMBAUD, *Rev. des Deux-Mondes,* 15 déc. 1874, p. 786.

— ÉTYM. Πᾶν, tout, et *Slave.*

† **PANSPERMISTE** (pan-spèr-mi-st'), *s. m.* Partisan de la panspermie. || *Adj.* En résumé, conclut M. Fremy, voici des objections graves aux théories panspermistes de M. Pasteur, H. DE PARVILLE, *Journ. offic.* 10 fév. 1872, p. 986, 3e col.

PANTALON. *Ajoutez :* || 8e Fig. Faire pantalon, ne pas atteindre le bas du papier. Il se trouve toujours bien une anecdote sur Talma pour combler le vide, et éviter que la colonne commencée ne fasse pantalon, c'est-à-dire n'atteigne pas le bas de la page, TH. GAUTIER, *Feuilleton du Journ. offic.* du 10 juill. 1866.

† **PANTALONNÉ.** *Ajoutez :* || 2e Qui porte pantalon. L'artiste cherchait ainsi à nourrir la partie inférieure de la statue forcément amaigrie par les jambes pantalonnées et bottées du personnage moderne, E. BERGERAT, *Journ. offic.* 7 mai 1876, p. 3136, 2e col.

† **PANTINE.** *Ajoutez :* || 2e Partie de soie déjà manufacturée et employée en quelque objet, un éventail par exemple. Et conclure par des réflexions profondes sur une coiffure, une robe, un magot de la Chine, une nudité de Clinschted, une pantine de Boucher, DIDEROT, *Promenade du sceptique, Allée de fleurs,* 11.

1. **PANTOMIME.** *Ajoutez :* — REM. Il s'est dit et pourrait se dire au féminin. Cette actrice est une très-bonne pantomime, Mlle AÏSSÉ, 2e *lettre.*

PANTOUFLE. — HIST. *Ajoutez :* XVe s. Tous cordouaniers qui feront pantoufles y seront tenus mettre semelles et bordures de bonne vache, *Rec. des monum. inédits de l'hist. du tiers état,* t. IV, p. 223.

† **PANTOUN** (pan-toun'), *s. m.* Genre de poésies chez les Malais.

PAON *Ajoutez :* || 7e Nom, dans l'Oise, du coquelicot, *les Primes d'honneur,* Paris, 1872, p. 64.

PAONE. *Ajoutez :* — HIST. XIVe s. Sur l'erbe [un paon] s'est aresteüz Devant la poue enmi la voie, *Dits de Watriquet,* p. 313. Li gentils paons honorez.... Tant cointement le pas aloit, Après sa poe contoiant, *ib.*

† **PAOUR.** — ÉTYM. *Ajoutez :* On a indiqué aussi le bas-breton *paotr,* garçon, gars.

† **PAPALIN.** *Ajoutez :* — HIST. XVIe s. Et suffira de faire marcher les vostres, quand les papalins seront prests d'entrer au duché de Milan, BASSOMPIERRE, *Ambassade en Suisse,* t. II, p. 119.

PAPERASSER. *Ajoutez :* — REM. D'après le *Dict. comique* de Leroux, paperasser se trouve dans Scarron avec le sens de faire écritures sur écritures, écrit sur écrit : Nul d'eux ne se peut passer D'incessamment paperasser.

PAPESSE. *Ajoutez :* || 2e Reine qui est en même temps chef de l'Église du pays. Le fond du système [de l'Église anglicane] effraye le théologien : un roi pape, une papesse Élisabeth, quel phénomène! *Mém. de Trévoux,* t. I, p. 333.

PAPETIER. *Ajoutez :* — HIST. XVe s. Papeterii et de mercaturis papyri se intromittentes nobis in publica audientia (1414), dans DU BOULAY, *Hist. de l'Université,* t. V, p. 279. || *Papeterii* certifie suffisamment une forme française papetier.

† **PAPETIÈRE.** || *Adj. Ajoutez :* || Qui a rapport au papier. L'industrie papetière. Cette étude l'a conduit [M. A. Girard] à préciser les conditions que doit remplir une fibre papetière de bonne qualité, H. DE PARVILLE, *Journ. offic.* 10 mars 1875, p. 2102, 1re col.

PAPIER. || 15e *Ajoutez* en exemple : Que sont-ce ces contrats, ces papiers de compte, cette invention de vendre le temps.... oh! qu'un homme est misérable qui se glorifie de tenir un gros papier de rentes! MALH. *Lexique,* éd. L. Lalanne. Ce n'est point chez moi qu'on fait papier de mise et de recette; je sais à qui je dois, ID. *ib.* || Papier-journal, registre, livre de compte. Que sont-ce que l'intérêt, le papier journal, l'usure...? ID. *id.* || 24e Papier mâché, papier mouillé qu'on emploie pour faire des tabatières et autres petits objets. || 25e Faire courir le petit papier, se dit, aux jeux innocents, d'une des pénitences imposées pour la délivrance d'un gage touché, qui est de dire à chacun : Si j'étais petit papier, que feriez-vous de moi? || 26e Papier d'oiseau, papier très-mince. On prenait un de ces pigeons messagers et on lui attachait au col, avec un lacet, une petite boîte en or mince comme du papier, dans laquelle on mettait une lettre écrite sur un papier de soie très-fin qui portait le nom de papier d'oiseau, *Journ. offic.* 3 août 1874, p. 5512, 2e col. || 27e Arbre à papier, le mûrier à papier, *broussonetia papyrifera,* BAILLON, *Dict. de bot.* p. 257.

— REM. Le proverbe : Le papier souffre tout, se trouve au XIVe siècle sous cette forme : Li encres n'est mie kiers, et li pappiers est mout deboinares, *le Livre des mestiers,* dans *Journ. des savants,* oct. 1876, p. 656.

PAPILLON. *Ajoutez :* || 12e Nom donné à la flamme de certains becs de gaz, qui s'étale en forme de papillon.

† **PAPILLONISTE** (pa-pi-llo-ni-st', *ll* mouillées), *s. m.* Naturaliste qui s'occupe des papillons.

PAPILLONNER. *Ajoutez :* || 2e Faire produire des papillons, en parlant du ver à soie. Des cocons que nous pouvons transformer.... en graine, en les faisant papillonner, DUPRÉ DE LOIRE, *Sériculture et non sériciculture,* dans *Moniteur des soies,* oct. et nov. 1873.

— REM. Papillonner, au sens figuré de voltiger d'objet en objet, est plus ancien que ne pourraient le faire croire les exemples rapportés. J'ai dit que monseigneur le roi [Henri IV], qui au fond est un brave homme, frétillait par trop à la vue des cottes étrangères à la vôtre [la reine Marie de Médicis], que c'était mal à lui, ayant une femme si appétissante, une reine si bien conditionnée pour avoir des petits princes, de le voir papillonner autour de maîtresses..., *Requête d'une marchande de la Halle à Marie de Médicis,* 1608, dans *Journ. des Débats,* 17 juill. 1876, 3e page, 2e col.

PAPILLOTER. *Ajoutez :* || 8e V. *réfl.* Se papilloter, se faire des papillotes. Tous leurs beaux décrets serviront à nous papilloter, *Lett. du P. Duchesne,* 5e *lettre,* p. 2.

† **PAPILLOTEUR** (pa-pi-llo-teur, *ll* mouillées), *s. m.* Terme d'atelier. Peintre qui papillote, qui fatigue les yeux par le trop vif éclat des couleurs. Les tapoteurs, papilloteurs et tapageurs de la peinture, BÜRGER, *Salons de 1861 à 1868,* t. II, p. 252.

† **PAPIN.** *Ajoutez :* || 2e Nom, à Douai, de la colle de farine, ESCALLIER, *Vocab. lat.-franç.* 456. (Papiner s'y dit pour coller avec cette colle.)

— HIST. XIVe s. *Ajoutez : Conspersio,* papins, ESCALIER, *ib.* (*conspersio* signifiait, dans le bas-latin, de la colle de farine).

† **PAPOU.** *Ajoutez :* — ÉTYM. Cet oiseau tire son nom du pays des *Papous;* et *papoûeh,* en malais, signifie frisé, crépu, DEVIC, *Dict. étym.*

† **PAPOUILLE** (pa-pou-ll', *ll* mouillées), *s. f.* Nom de petits navires qui font le cabotage entre l'Amazone et la Guyane, *Journ. offic.* 28 fév. 1875, p. 1532, 2e col.

PÂQUE. — HIST. || XVIe s. *Ajoutez :* [Ces négociations] empeschoient plusieurs de se declarer, comme ne voulant pas se faire poissonniers la veille de Pasques, D'AUB. *Hist.* II, 172.

PAQUET. *Ajoutez :* || 15e Le petit paquet, sorte de jeu. Dans la plupart des cafés, on joue ostensiblement le petit paquet, *les Jeux en France,* 1871, Paris, Ch. Schiller, p. 67.

† **PAQUETAILLE** (pa-ke-tâ-ll', *ll* mouillées), *s. f.* Nom donné aux soies que, dans les districts séricicoles, les paysans filent eux-mêmes avec les cocons provenant de leur récolte. Ces soies se vendent par petits paquets ou paquetailles.

† **PÂQUIER** (pâ-kié), *s. m.* La surface nécessaire à la nourriture d'une vache pendant l'été ou l'estivage; cette surface est très-variable, *Rebois. Compte rendu,* 1869-74, 7e fasc. p. 105.

— ÉTYM. Autre forme de *pâquis.*

PAR. *Ajoutez :* || 26e Par ci-devant, précédemment. Le temps que par ci-devant on vous a fait perdre.... ramassez-le, et le conservez curieusement à l'avenir, MALH. *Lexique,* éd. L. Lalanne.

— REM. *Ajoutez :* || 7. Aux exemples rapportés no 16 de *par* devant un infinitif ajoutez celui-ci de Malherbe, qui les précède : Fabius, qui par temporiser sagement releva les affaires de sa république, *Lexique,* éd. L. Lalanne.

PARABOLAIN. *Ajoutez :* — REM. On trouve aussi parabolan. À l'en croire [Dioscore], il n'y aurait eu [au concile d'Éphèse] ni soldats en armes envahissant l'église, ni parabolans, ni moines syriens, milice féroce de Barsumas, AMÉDÉE THIERRY, *Rev. des Deux-Mond.* 1er mars 1872, p. 77.

† **PARABOLÉ, ÉE** (pa-ra-bo-lé, lée), *adj.* Qui est en forme de parabole. Réflecteurs parabolés de l'Arc de triomphe.

† **PARABOLICITÉ** (pa-ra-bo-li-si-té), *s. f.* Caractère de ce qui est parabolique. Mesure de la parabolicité d'un miroir

† **PARABOLISER** (pa-ra-bo-li-zé), *v. a.* Donner la forme de parabole. Le miroir de ce télescope avait été parabolisé par M. Martin, *Monit. univ.* 2 déc. 1868, p. 1530, 4e col.

† **PARACENTRAL, ALE** (pa-ra-san-tral, tra-l'), *adj.* Qui est situé à côté du centre. Le lobe paracentral de la partie interne de l'hémisphère [du cerveau], CHARCOT, *le Progrès méd.* 22 juill. 1876, p. 546, 1re col. || *Au plur. masc.* Paracentraux.

PARADIS. *Ajoutez :* || 14° Arbre de paradis, le *thuya occidentalis*, L., BAILLON, *Dict. de bot.* p. 257.

† **PARADISIER** (pa-ra-di-zié), *s. m.* Oiseau de paradis. Les oiseaux d'autres provenances qui sont séchés au four ou à la fumée, comme par exemple les paradisiers, *Extr. du Bullet. de la Soc. d'accl.* dans *Journ. offic.* 22 janv. 1877, p. 464, 1re col.

PARADOXE. *Ajoutez :* || Paradoxe hydrostatique, nom du principe de physique, en vertu duquel la pression exercée par un liquide sur le fond du vase qui le renferme est indépendante de la forme du vase; ainsi dénommé à cause de ce qu'il paraît paradoxal, au premier abord, de dire qu'avec un poids constant de liquide on peut exercer des pressions différentes sur une surface donnée.

— REM. Paradoxe, adjectif, s'est dit des personnes. On devient un individu paradoxe de l'espèce humaine, BAYLE, dans SAINTE-BEUVE, *Port-Royal*, t. III, p. 366, 3e éd.

— HIST. XVIe S. *Ajoutez :* Vous avez bien voulu choisir Ce paradoxe pour en rire; Je le défends pour mon plaisir, D'AUB. *le Printemps*, Paris, 1874, p. 64.

† **PARADOXER** (pa-ra-do-ksé), *v. n.* Néologisme. Faire des paradoxes. Au milieu de l'atonie générale de la foule et de la critique, on aimerait à paradoxer un peu, à chercher des nouveautés, à pêcher en eau trouble, BÜRGER, *Salons de 1861 à 1868*, t. II, p. 310.

† **PARADOXOLOGIE** (pa-ra-do-kso-lo-gie), *s. f.* Action de débiter des paradoxes.

— HIST. XVIe s. La nouvelle paradoxologie, CH. FONTAINE, *Quintil. Cens.* II, 7, p. 242, éd. de 1573.

PARAFER. *Ajoutez :* || 4° Terme de monnayage. Parafer un coin, lui donner, à l'aide de petits poinçons manœuvrés à la main et enfoncés au marteau, la triple empreinte du point secret, de la marque et du déférent ou différent.

† **PARAFFINAGE** (pa-ra-fi-na-j'), *s. m.* Action d'enduire de paraffine. Si les œufs étaient déjà altérés, le paraffinage n'arrêtait pas la décomposition, *Journ. offic.* 24 avril 1875, p. 2964, 2e col.

† **PARAFFINE.** *Ajoutez :* || Paraffine native, voy. CÉRÉSINE au Supplément.

† **PARAFFINER** (pa-ra-fi-né), *v. a.* Enduire de paraffine. Des œufs, paraffinés en juillet, étaient encore complétement pleins, frais et de bon goût en novembre et décembre, *Journ. offic.* 24 avril 1875, p. 2964, 2e col.

3. **PARAGE.** *Ajoutez :* || 4° Action d'aplanir la surface d'un drap, en dirigeant les brins de la laine d'un même côté. Quant au parage, ce sont des hommes qui le font, et c'est un métier très-rude, *Enquête, Traité de comm. avec l'Anglet.* t. V, p. 223.

† **PARAGÉNÉSIE** (pa-ra-jé-né-zie), *s. f.* Hybridité où les métis de second sang, c'est-à-dire ceux qui proviennent d'un métis joint avec l'une ou l'autre race mère, sont féconds entre eux, mais où les métis directs ou de premier sang sont stériles, immédiatement ou après une ou deux générations, *Rev. d'anthrop.* t. IV, p. 243.

— ÉTYM. Παρά, indiquant déviation, et γένεσις, génération.

† **PARAGÉNÉSIQUE** (pa-ra-jé-né-zi-k'), *adj.* Qui appartient à la paragénésie.

PARAGUANTE. *Ajoutez :* || 2° Sorte de pot-de-vin que le contribuable payait aux agents du fisc pour obtenir une modération de taxe. Les abus faits sur les rôles des taxes, dont les paiements ont été souvent modérés pour des paraguantes faites aux traitants qui n'ont point tourné au profit du roi, *Lett. etc. de Colbert*, VII, 197.

† **PARAISO** (pa-rè-zo), *s. m.* Arbre de l'Argentine. Parmi les arbres qui se développent vite et croissent facilement, nous mentionnerons.... quelques espèces d'eucalyptus, le paraiso et le peuplier italien, E. BLANCHARD, *Journ. offic.* 9 avril 1877, p. 2770, 1re col.

PARAÎTRE. — REM. *Ajoutez :* || 2. On connaît la tournure : Il a cinquante ans, et il les paraît (voy. d'ailleurs le n° 9). Voici un emploi différent, mais analogue, de paraître, dans une lettre de Louis XIV : Ce que vous me mandez de mes vaisseaux me donne encore plus d'inquiétude que vous n'en paraissez, car je vois que la tempête a continué.... *Lett. etc. de Colbert*, t. VI, p. 316.

PARALIPOMÈNES. *Ajoutez :* || 3° Additions. J'ai de petits paralipomènes à vous faire sur le sujet de M. Racine, *Lett. de M. Vuillart*, dans SAINTE-BEUVE, *Port-Royal*, t. VI, p. 261.

† **PARALIQUE** (pa-ra-li-k'), *adj.* Terme de géologie. Qui appartient au rivage de la mer. Formation paralique.

— ÉTYM. Παρά, auprès, et ἅλς, ἁλὸς, la mer.

† **PARALLACTIQUEMENT** (pa-ra-la-kti-ke-man), *adv.* Terme d'astronomie. D'une façon parallactique. On monte les télescopes parallactiquement; cela veut dire que le tube est installé sur un support longitudinal incliné comme l'axe du monde; de plus, le tube peut tourner autour de ce support et se mouvoir, en outre, dans son propre plan, H. DE PARVILLE, *Journ. offic.* 24 oct. 1875, p. 8829, 3e col.

† **PARALLÉLISATION** (pa-ra-lé-li-za-sion), *s. f.* Action de paralléliser. Si l'étirage devait être conduit jusqu'à la complète parallélisation des fils, LENGLET, *Bulletin consulaire français*, 1877, p. 209.

† **PARALLÉLISER** (pa-ra-lé-li-zé), *v. a.* || 1° Mettre en parallélisme. || 2° *V. réfl.* Se paralléliser, devenir parallèles, en parlant d'objets différents. Sous l'action des rouleaux qui étreignent les rubans [de coton cardé ou peigné], ceux-ci s'allongent, se fortifient et se parallélisent, LENGLET, *Bulletin consulaire français*, 1877, p. 209.

† **PARALYSANT, ANTE** (pa-ra-li-zan, zan-t'), *adj.* Qui paralyse, qui ôte les forces physiques ou morales. Même avec cette conviction paralysante qu'il est enguignonné...., ALPH. DAUDET, *Journ. offic.* 6 sept. 1875, p. 7609, 1re col.

† **PARALYSATEUR, TRICE** (pa-ra-li-za-teur, tri-s'), *adj.* Terme de médecine. Qui paralyse. M. Claude Bernard a montré que le cerveau se paralysait avant la moelle épinière, de manière que la sensibilité est atteinte alors que la motilité est encore intacte; il a montré encore que le cerveau exerçait sur la moelle épinière une sorte d'action paralysatrice, CH. RICHET, *Rev. des Deux-Mondes*, 15 fév. 1877, p. 839.

PARALYTIQUE. — HIST. XVIe S. *Ajoutez :* Ceux-là doivent bien estre paralytiques de sens qui veulent attribuer..., *Œuvres de Ph. Marnix de Sainte-Aldegonde*, Bruxelles, 1859, t. I, p. 310.

PARAPHRASE. *Ajoutez :* — HIST. XVIe s. User de paraphrase, *Epist. exhort. des epist. Nouv. Test.* éd. Lefebvre d'Étaples, Paris, 1525.

PARAPHRASER. *Ajoutez :* || 4° Paraphraser un visage, disserter, réfléchir sur un visage. J'avais des Phyllis à la tête; J'épiais les occasions; J'épiloguais mes passions; Je paraphrasais un visage, CORN. *Lexique*, éd. Marty-Laveaux.

PARAPLUIE. *Ajoutez :* || 3° Sorte d'abri établi à la montée d'un tramway. Les plates-formes d'en bas seront surmontées d'un abri dit parapluie pour préserver le conducteur et les voyageurs [sur le tramway de l'Arc-de-Triomphe de l'Étoile à Suresnes], *Journ. offic.* 1er sept. 1874, p. 6314, 3e col. || 4° Dans les mines, engin qui sert à la descente et à la remonte. Ils [les ouvriers] se jetèrent pêle-mêle dans le parapluie, et, grâce à Dieu, la montée fut heureuse; ils étaient sauvés, *Journ. offic.* 25 oct. 1869, p. 1388, 3e et 4e col.

† **PARASYNTHÉTIQUE** (pa-ra-sin-té-ti-k'), *adj.* Terme de grammaire. Se dit des mots composés qui sont le résultat d'une composition et d'une dérivation agissant ensemble sur le même radical, de telle sorte que l'une ou l'autre ne peut être supprimée sans amener la perte du mot. *Embarquer* et *débarquer* sont des composés parasynthétiques, par rapport à *barque*. || *S. m.* Un parasynthétique. *Border* ayant un tout autre sens que *aborder* et *déborder*, ceux-ci sont les parasynthétiques, et non les composés de *border*, DARMESTETER, *Formation des mots composés en français*, p. 81.

— ÉTYM. Παρά, indiquant quelque chose d'incomplet, et *synthétique*.

PARATITLES. *Ajoutez :* La garantie des évictions est traitée d'une manière très-ample par M. Pothier en son contrat de vente; on y trouvera l'explication la plus lumineuse et la plus satisfaisante de tous ces articles [1625 à 1640 du Code civil] qui en sont des paratitles, DE LAPORTE, *Pandectes françaises, Code civil*, t. XIII, p. 90, 1805.

† **PARAVANT QUE.** *Ajoutez :* || 2° Paravant, *prép.* Avant. Reçois de ma main celle que ton désir Paravant cette offense avait voulu choisir, CORN. *Lexique*, éd. Marty-Laveaux. || *Adv.* Paravant, auparavant. Tout beau, mon innocence Veut savoir paravant le nom de l'imposteur, ID. *ib.* || En revoyant ses ouvrages, Corneille a effacé ces archaïsmes.

† **PARAZONIUM** (pa-ra-zo-ni-om'), *s. m.* Sorte de dague ou de poignard, porté au baudrier par les guerriers grecs et romains.

— ÉTYM. Lat. *parazonium*, de παραζώνια, armes appendues à la ceinture, de παρά, à, et ζώνη, ceinture.

† **PARBLEU.** *Ajoutez :* — REM. On trouve parbieu dans Corneille : Vous veniez bien plutôt faire la guerre au pain. — L'un et l'autre, parbieu, *Lexique*, éd. Marty-Laveaux.

† **PARCELLARISME** (par-sèl-la-ri-sm'), *s. m.* État de ce qui est divisé en parcelles.

† **PARCHEMINEUX, EUSE** (par-che-mi-neû, neû-z'), *adj.* Qui a la nature, l'apparence du parchemin. Un amas quasi parchemineux de toiles d'araignées couvertes de poussière, G. SAND, *l'Homme de Neige, Rev. des Deux-Mondes*, 1er juin 1858, p. 482.

† **PARCIMONIEUSEMENT.** *Ajoutez :* Il faut remplir, chaque année, ces sacs maudits, pour satisfaire le maître et payer le droit de vivre parcimonieusement et misérablement sur son domaine, G. SAND, *la Mare au Diable*, II.

† **PARCON** (par-kon), *s. m.* Nom, dans la Vienne, de la loge ou case où vit le baudet destiné à la procréation des mules et mulets, *les Primes d'honneur*, Paris, 1872, p. 302.

— ÉTYM. Diminutif de *parc*.

PARCOURS. || 2° *Ajoutez :* Le parcours est la vaine pâture étendue, par réciprocité, d'une commune à une autre, BAYLE-MOUILLARD, *Projet de Code rural, Session 1868 du Corps législ.* p. 47.

† **PARDALIDE** (par-da-li-d'), *s. f.* Terme d'antiquité. Peau de panthère. C'est une femme debout [la Musique, de M. Delaplanche, au dernier salon], tout le côté gauche du corps revêtu d'une sorte de pardalide, et jouant du violon, CAMILLE GUYMON, *Courrier littéraire*, 25 juin 1877.

— ÉTYM. Πάρδαλις, panthère et peau de panthère.

† **PARDALOTE** (par-da-lo-t'), *s. m.* Oiseau du genre des pies-grièches, dit aussi pie-grièche-roitelet à cause de sa petite taille.

PARDONNABLE. — HIST. *Ajoutez :* XIIe s. Il mostret que ses pechiez [de Job] n'est mie pardonnables, *li Dialoge Gregoire lo pape*, 1876, p. 343.

PARÉ. *Ajoutez :* || 9° Blé paré. Le fait de mettre en vente sur le marché des blés parés, c'est-à-dire du beau blé sur le dessus et des blés de qualité inférieure dans le fond des sacs, constituait.... le délit d'escroquerie, *Journ. offic.* 29 avril 1873, p. 2856, 2e col.

† **PARÈDRE** (pa-rè-dr'), *s. m.* et *f.* Terme d'antiquité grecque. Se dit des divinités accessoirement associées à un culte quelconque, dont les statues étaient placées à côté de celles des dieux de ce culte. M. Robert fait connaître les inscriptions en l'honneur de Mercure et de sa parèdre Rosmerta, dont le nom avait été pendant longtemps défiguré par les épigraphistes, DELAUNAY, *Journ. offic.* 29 févr. 1876, p. 1455, 3e col. Il reste à déterminer leur nature propre [des déesses], leur rapport aux divinités mâles dont elles sont les parèdres, J. SOURY, *Rev. des Deux-Mondes*, 15 déc. 1875, p. 842.

— ÉTYM. Πάρεδρος, assis à côté, de παρά, à côté, et ἕδρα, siége, chaire (voy. CHAIRE).

† **PARE-FEU** (pa-re-feu), *s. m.* Ce qui protége contre l'incendie. Résultats déjà obtenus par l'administration forestière dans les plantations pare-feux du département des Landes, *Enq. sur les incendies des forêts*, p. 99. Les pare-feux, surtout lorsqu'ils sont pourvus de fossés bordiers, agissent utilement comme solution de continuité, *ib.* p. 47.

PAREIL. || 4° S. *f.* La pareille. *Ajoutez :* || Au commencement du XVIIe siècle, on faisait un emploi général du substantif *pareille*, sans l'assujettir à être toujours avec *la*, c'est-à-dire aussi bien avec l'article *un* que sans article. Quel esprit que la raison conseille, S'il est aimé, ne rend point de pareille? MALH. *Lexique*, éd. L. Lalanne. Il peut bien y avoir du manquement en la chose donnée, parce qu'on lui doit une pareille; mais, pour le regard de l'affection, il n'y en a point, ID. *ib.*

† **PAREMENTÉ, ÉE** (pa-re-man-té, tée), *part. passé* de parementer. Garni d'un parement. Vers l'Abbaye, les fondations ont été mises à nu; elles sont parementées de silex noir et flanquées d'énormes contre-forts, *Journ. offic.* 9 [illegible] 1876 p. 9464, 3e col.

† **PARÉMIOGRAPHE.** *Ajoutez :* Plus scrupuleux que la plupart des parémiographes, j'ai laissé dans son bourbier natal cette phraséologie de la canaille, QUITARD, *Dict. des Proverbes*, in-8°, Paris, 1842, préf. p. XII.

† **PARÉMIOLOGIQUE** (pa-ré-mi-o-lo-ji-k'), *adj.* Qui a rapport à la parémiologie. Bibliographie parémiologique ou études biographiques et littéraires sur les ouvrages consacrés aux proverbes dans toutes les langues, par G. DUPLESSIS, Paris, 1847.

PARÈRE. *Ajoutez :* || 2° Police commerciale. La rubrique *Manille* embrasse tous les ports des îles Philippines; les compagnies d'assurances maritimes l'entendent elles-mêmes ainsi; car, en étudiant les parères du Havre, de Marseille et ceux des compagnies appelantes, on voit que le quantième des primes d'assurances pour les bâtiments en partance de Manille ou de Yloilo pour le Royaume-Uni est le même, *Gaz. des Trib.* 22 avril 1876, p. 393, 4° col.

† **PARESSEUSEMENT.** — HIST. *Ajoutez :* XII° s. [Les pensées] ki, kant eles vont alsi com par l'us perezousement, *li Dialoge Gregoire lo pape*, 1876, p. 348.

PARESSEUX. *Ajoutez :* || 8° Ressort paresseux, ressort qui se détend lentement et sans vigueur. || Balance paresseuse, balance qui n'est pas sensible, dont le fléau ne se met pas en mouvement pour un petit excès de poids.

2. **PARFAIT.** *Ajoutez :* || 13° Terme de thermodynamique. Gaz parfait, gaz qui satisferait d'une manière rigoureuse aux lois qui ne sont qu'approximativement exactes pour les gaz réels; en d'autres termes, un gaz parfait est un corps dont les chaleurs spécifiques sont à pression constante et à volume constant, et qui obéit à la loi de Mariotte. || 14° Terme de forestier. Bois parfait, se dit, par opposition à l'aubier, de la partie du bois plus colorée, plus dure, moins altérable. || 15° Un parfait, une crème glacée. Couteau à parfait, *Alm. Didot-Bottin*, 1871-72, p. 860, 1re col. Fromages glacés, bombes napolitaines, parfaits de tous les goûts, *ib.* p. 982, 4° col.

PARFILÉ. *Ajoutez :* || 2° Terme de céramique. Orné de filets. Assiettes parfilées, *Enquête, Traité de comm. avec l'Anglet.* t. VI, p. 687.

† **PARFIN** (par-fin), *s. f.* À la parfin, *loc. adverb.* tombée en désuétude et signifiant : à la fin dernière. Je m'essaye par quelques remontrances et exercices de convertir le simple désir de Philothée en une entière résolution, qu'elle fait à la parfin, SAINT FRANÇOIS DE SALES, *Introduction à la vie dévote, Préface*, 1641.

— ÉTYM. *Par*, dans le sens archaïque du superlatif, et *fin* 1.

PARHÉLIE. *Ajoutez :* || 2° Image du soleil due à la réfraction de ses rayons à travers des prismes de glace suspendus dans l'atmosphère. Les parhélies s'observent par couples, en même temps que les halos.

PARIA. — ÉTYM. *Ajoutez :* D'après Max Müller (*Essais de mythologie comparée*, trad. par G. Perrot, p. 411, Paris, 1873), les *Parias* sont ainsi dits de la clochette qu'ils étaient autrefois obligés de porter, afin d'avertir les brahmanes de ne point s'exposer à être souillés par l'ombre d'un être abject.

PARIADE. *Ajoutez :* || 4° Il se dit aussi des canards sauvages. Les canards vont quitter le lac pour retourner en Bresse.... plaçons-nous à micôte.... sur le dessus des rochers nous ne verrions que quelque rare pariade..., CARTERON, *Premières chasses, Papillons et oiseaux*, p. 103, Hetzel, 1866.

† **PARIAN** (pa-ri-an), *s. m.* Espèce de porcelaine dont la pâte renferme beaucoup de feldspath, ce qui lui donne de la fusibilité et de l'opacité. Le parian est un produit analogue à la porcelaine, ayant l'apparence du marbre de Paros (de là son nom), *Tarif des douanes*, 1869, p. 166.

† **PARIER** (pa-rié), *s. m.* Celui qui possède au pair un évolage, *Gaz. des Trib.* 9 et 10 sept. 1872, p. 889, 3° col.

† 2. **PARIÉTAIRE** (pa-ri-é-tê-r'), *adj.* Qui a rapport aux murailles. Les inscriptions pariétaires [de Pompéi] nous apprennent non-seulement les noms des candidats..., DELAUNAY, *Journ. offic.* 30 mars 1875, p. 2358, 2° col.

† **PARIFICATION** (pa-ri-fi-ka-sion), *s. f.* Néologisme tiré de l'italien. Action de rendre pareil. On a commencé la discussion générale du projet de loi pour la parification des universités de Rome et de Padoue aux autres universités de l'État, *Journ. offic.* 5 mars 1872, p. 1563, 1re col. || On a dit aussi, au même sens, parifier. Ces mots sont des italianismes et se trouvent dans des traductions faites de l'italien.

— ÉTYM. Lat. *par, paris*, pareil, et *facere*, faire.

† **PARISIANISER** (pa-ri-zi-a-ni-zé), *v. a.* Donner le caractère parisien. || *V. réfl.* Se parisianiser, prendre le caractère parisien. Il gagnait à tous ces frottements de se parisianiser un peu plus chaque jour, ALPH. DAUDET, *le Temps*, 5 août 1877, *feuilleton*, 1re page, 2° col.

† **PARISIANISME.** *Ajoutez :* || 2° Locution propre aux habitants de Paris. M. Ch. Nisard a fait un livre sur les parisianismes.

† **PARITOIRE** (pa-ri-toi-r'), *s. f.* Un des noms vulgaires de la pariétaire, GUY, *l'Algérie*, 1876, p. 101.

— ÉTYM. Autre forme de *pariétaire.*

† **PARKFONG** (park-fong), *s. m.* Les Chinois le connaissent [le nickel] de temps immémorial et l'emploient dans leur alliage, le célèbre parkfong ou argent chinois, *Journ. offic.* 24 octobre 1874, p. 7182, 2° col.

PARLEMENT. *Ajoutez :* || 6° Entretien, conférence (sens vieilli). Parlement de Cassius et de Brute, RAC. *Lexique*, éd. P. Mesnard.

† **PARLEMENTARISME** (par-le-man-ta-ri-sm'), *s. m.* Néologisme du langage politique. Système de gouvernement parlementaire.

PARLEUR. *Ajoutez :* || 5° En termes de télégraphie électrique, instrument qui sert à transmettre. Quand on est sur le point de poser le fil, on l'essaie au moyen d'une pile portative placée dans la voiture; on peut également faire marcher les parleurs, qui se trouvent transportés à côté des piles et des bobines, *Journ. offic.* 29 sep. 1875, p. 8412, 2° col.

† **PARNASSIEN.** *Ajoutez :* || 3° Les parnassiens, nom donné à des poëtes contemporains très-amoureux de la forme et faisant pour elle de grands sacrifices. De même qu'en littérature les coloristes, les ciseleurs de mots, les parnassiens, comme ils s'appellent, ont succédé à nos grands poëtes, E. DUVERGIER DE HAURANNE, *Rev. des Deux-Mondes*, 15 mai 1874, p. 661.

† **PARNE** (par-n'), *s. f.* Pièce de bois placée sur la charpente d'un comble pour supporter les chevrons (hors d'usage). Parnes, soles, appuis, jambages, CORN. *Lexique*, éd. Marty-Laveaux.

— ÉTYM. C'est une autre forme de *panne* 4 (voyez PANNE 4), seul usité aujourd'hui. L'épenthèse de l'*r* se faisait quelquefois; voyez *hurler* pour *uller*.

† **PAROCHIAL, ALE** (pa-ro-ki-al, a-l'), *adj.* Qui a rapport à une paroisse. Les églises parochiales, RAC. *Lexique*, éd. P. Mesnard.

— ÉTYM. Lat. *parochia* (voy. PAROISSE).

PAROI. *Ajoutez :* || 9° On appelle paroi la peau du sanglier, et armures la partie de la peau qui recouvre les deux épaules, *Chasse illustrée*, t. II, p. 210. || 10° Terme d'hydrostatique. On dit qu'un orifice est à mince paroi, quand il n'est qu'une ouverture dans une lame métallique ou une planche mince, sans ajutage ni en dedans ni en dehors. || 11° Terme d'artillerie. Projectile à double paroi, projectile dont la paroi est formée de deux parties concentriques, disposées en vue d'une fragmentatation systématique.

† **PAROIR.** *Ajoutez :* || 2° Outil de sabotier. Une fois le sabot évidé et dégrossi à la rouette, le perceur en ébarbe les bords, puis le passe à un troisième ouvrier chargé de lui donner la dernière façon à l'aide du paroir, qui est une sorte de couteau tranchant fixé par une boucle à un banc solide, A. THEURIET, *Rev. des Deux-Mondes*, 1er oct. 1874, p. 577.

PAROISSIEN. *Ajoutez :* || 4° *Adj.* Paroissien, paroissienne, qui appartient à la paroisse. La légende de Tell et Gessler, dont le premier échappe à toute investigation en dehors des falsifications évidentes de quelques chartes et registres paroissiens, *la Revue suisse*, 10 oct. 1876, p. 142.

PAROLE. || 18° Parole de présent. *Ajoutez :* Le mariage par parole de présent est encore usité en certains pays. Un acte extrait du registre de la paroisse de Reyla, et constatant qu'elle avait été unie par parole de présent à M. Ch. C..., *Gaz. des Trib.* 7 juin 1874, p. 539, 2° col. Que cet acte est rédigé suivant l'usage de Cuba; qu'il ne peut être confondu avec l'ancien contrat de fiançailles par parole de présent qui a été prohibé par le concile de Trente, et qui, depuis cette époque, n'est plus pratiqué dans les pays catholiques, *ib.* 3° col. || Paroles de futur, voy. FUTUR, n° 2.

— HIST. || XVI° s. *Ajoutez :* Quant au fait de l'eglise et du lien de mariage pour la conscience, les paroles de present font le mariage; paroles de present sont quand, par mots du temps present, les deux masle et femelle se prennent à espous et espouse, et les paroles de futur sont qu'ils promettent l'un à l'autre qu'ils se prendront.... l'edit de Blois de l'an 1580, articles 40 et 44, defend aux notaires de recevoir les paroles de present en contracts de mariage, et aux prestres de faire espousailles sans proclamation de bans, GUY COQUILLE, *Œuvres*, éd. de 1666, t. II, p. 245.

† **PARONNE** (pa-ro-n'), *s. f.* Nom, dans le pays d'Avranches, de certains colliers de chevaux faits en paille ou en jonc (voy. plus bas PAVEILLE). Laîche convenable pour la fabrication des colliers de chevaux dits paronnes, *l'Avranchin*, 27 juin 1869.

† **PAROXYNTIQUE.** *Ajoutez :* — REM. On trouve quelquefois dans les écrits des médecins paroxystique; mais παροξυντικός n'est pas grec; il faut donc éviter de se servir de ce mot, et dire paroxyntique.

† **PARPAILLOLER** (par-pa-llo-lé, *ll* mouillées), *s. m.* Nom vulgaire donné en Dauphiné, sous Charles VII et Louis XI, aux grands blancs de dix derniers tournois.

— ÉTYM. Voy. PARPAILLOT à l'Étymologie.

PARPAING. — HIST. *Ajoutez :* XIV° s. Jehan Cauchon requeroit que Hues retraissit le marrien à moitiet dou mur, qu'il avait mis à perpain en un mur commun (1306), VARIN, *Arch. administr. de la ville de Reims*, t. II, 1re partie, p. 50. Mur à parpain, ID. *ib.* p. 61.

† **PARQUEMENT** (par-ke-man), *s. m.* Action de parquer. M. J. Favre a dit dans sa déposition.... j'ai sauvé les soldats de l'humiliation et des souffrances d'un parquement dans des camps retranchés, *Journ. offic.* 7 déc. 1873, p. 7543, 2° col.

† **PARQUEUR.** *Ajoutez :* L'île de Ré a vu ses côtes converties par les parqueurs en une vaste huîtrière richement peuplée, *Journ. offic.* 18 avril 1875, p. 2806, 2° col.

1. **PARRICIDE.** || 5° *Adj. Ajoutez :* || Parricide de, qui commet un parricide sur. La doctrine parricide des rois et l'opinion séditieuse de leur déposition, *Pièce janséniste*, dans SAINTE-BEUVE, *Port-Royal*, t. VI, p. 270, 3° éd.

— HIST. *Ajoutez :* XII° s. Li peres senzfeges [perfide] et parricides [il avait tué son fils] moüz [mû] de repentise, *li Dialoge Gregoire lo Pape*, 1876, p. 169.

† **PARSISME** (par-si-sm'), *s. m.* Religion des Parsis; c'est celle de Zoroastre. Comme le musulmanisme, le parsisme interdit la fabrication des images divines, A. RÉVILLE, *Rev. des Deux-Mondes*, 1er mars 1872, p. 134.

† **PARSON** (par-son), *s. f.* Terme d'exploitation houillère. Part de propriété dans une mine de houille, au pays de Liége.

— ÉTYM. C'est l'anc. franç. *parson*, partage, en lat. *partionem*, action de partager.

2. **PART.** || 6° *Ajoutez :* || Anciennement, part, billet de faire part. Je vous préviens, monsieur le comte, que le roi est décidé à prendre le deuil jeudi, que la part soit arrivée ou non, *Corresp. de Marie-Antoinette*, publiée par Hunolstein, p. 296.

PARTAGE. *Ajoutez :* || 10° Partage noir, se disait, en Russie, du partage périodique des terres entre les habitants de la commune, *Journ. offic.* 22 janv. 1872, p. 498, 3° col.

PARTAGEABLE. *Ajoutez :* || 2° Qui doit être partagé. Nous ne devons rien avoir de séparé; bien et mal, tout est partageable entre nous, MALH. *Lexique*, éd. L. Lalanne.

† **PARTERET** (par-te-rè), *s. m.* Nom, dans le Lyonnais, d'un grand couteau. Près de la fontaine [à Villeurbane, près de Lyon], on trouva sur la neige un énorme couteau, vulgairement appelé parteret et semblable à ceux dont les charcutiers se servent habituellement, *Gaz. des Trib.* 4 juin 1873, p. 529, 2° col.

— ÉTYM. Dérivé irrégulier de *partir*, partager.

PARTERRE. *Ajoutez :* || 7° Terme de forestier. Parterre d'une coupe, l'emplacement où se fait une coupe. Les produits secondaires provenant des nettoiements ou des éclaircies sont parfois abandonnés sur le parterre des coupes, *Enquête sur les incendies de forêts*, p. 75.

2. **PARTI** (de partir). *Ajoutez :* || 2° Qui s'est lancé, qui s'est mis en mouvement. Paris est parti, disait un vétéran des luttes révolutionnaires, qui venait de parcourir divers quartiers de la capitale,

E. TÉNOT, *Paris en décembre* 1851, p. 225. || 3° Lorsque quelqu'un s'anime sur un sujet qui lui tient à cœur, on dit familièrement : Le voilà parti, arrêtez-le si vous pouvez. || 4° Populairement, lancé, excité par le vin. H.... a tiré son couteau contre deux personnes, chez un marchand de vin,... l'accusé travaillait chez P...., à cette époque, et il était un peu parti ce jour-là, *Gaz. des Trib.* 26-27 oct. 1874, p. 1028, 1re col. etc.

† **PARTICULAIRE.** *Ajoutez :* || 2° Qui appartient aux particules des corps.

PARURE. — ÉTYM. *Ajoutez : Parure* vient sans doute de *parer*, comme il est dit dans le Dictionnaire, mais non directement. En effet, la forme ancienne est *pareure*, qui provient du lat. *paratura*, lequel est dans Tertullien.

PARVIS. — HIST. *Ajoutez :* XIIe s. En cel parevis parmei cui hom vat à la glise del bieneurous Laurent, *li Dialoge Gregoire lo pape*, 1876, p. 242.

† **PARVITÉ** (par-vi-té), *s. f.* Mot forgé du latin. Exiguïté. Le sieur de Malherbe le pria que, vu la parvité de la somme, il ne s'en parlât point en ladite transaction, MALH. *Lexique*, éd. L. Lalanne.

— ÉTYM. Lat. *parvitatem*, petitesse.

1. **PAS.** || 10° *Ajoutez :* || Un pas de conduite, action de conduire pendant un bout de chemin. Chemin faisant, il rencontra le plus jeune des fils, garçon très-doux, qui lui donna un pas de conduite, *Monit. univers.* 11 nov. 1868, p. 1467, 2e col. || 20° Salle des pas perdus.... *Ajoutez :* || Le pas perdu, se dit quelquefois d'une espèce d'antichambre. On hésite, on proteste; mais peu à peu, tout en valsant, on s'approche de la porte du salon qu'on franchit; on passe également le pas perdu; et enfin, de pirouettes en pirouettes, de protestations en hésitations, on arrive à la porte de la rue, puis à celle d'un coupé.... *le National de* 1869, 24 janv. 1869. || 26° Terme de fortification. Pas de souris, escalier étroit et raide qui descend dans le fossé du corps de place.

† **PASQUIER** (pa-skié), *s. m.* Nom donné, dans la Bourgogne et ailleurs, aux pâtis. Pasquiers communaux, *les Primes d'honneur*, p. 282, Paris, 1874. Trente-cinq ares de pasquier pour le troupeau (Bouches-du-Rhône), BARRAL, *les Irrigations dans les Bouches-du-Rhône*, Paris, 1876, p. 77.

— ÉTYM. Le même que *pâquier* (voy. ce mot au Supplément).

† **PASQUINER** (pa-ski-né), *v. a.* Diriger contre quelqu'un ou quelque chose des pasquins, des plaisanteries. Nous pasquinerons leurs malices [des beautés], CORN. *Lexique*, éd. Marty-Laveaux.

PASSADE. *Ajoutez :* || 8° En termes de théâtre, les allées et venues en travers de la scène. Les moindres passades ont fait l'objet de longues discussions [avant la représentation], ALPH. DAUDET, *Journ. offic.* 27 juill. 1874, p. 5290, 3e col.

PASSAGE. || 10° *Ajoutez :* || Lunette des passages, nom donné quelquefois à la lunette méridienne. || 26° En Normandie, barrière fixe, facile à enjamber, qui permet de passer d'un herbage dans un autre, d'une prairie dans une autre prairie, DELBOULLE, *Gloss. de la vallée d'Yères*, le Havre, 1876, p. 253. || 27° Faire passage à, amener à. La coutume de vivre, plus forte que loi du monde, nous fait bien passage à des choses qui n'ont point de loi, MALH. *Lexique*, éd. L. Lalanne.

† **PASSAGEUR** (pa-sa-jeur), *s. m.* Fermier ou entrepreneur de bac, BELMONDI, *Code des contributions directes*, Paris, 1818, p. 137.

† **PASSÉE** (pâ-sée), *s. f.* Passée d'août, nom, en Normandie, de la fête qui termine la moisson.

† **PASSE-MARINIÈRE** (pâ-se-ma-ri-niè-r'), *s. f.* Passage pour les bateaux. Pour assurer le service de la navigation sous la passerelle, une passe-marinière de 12m de largeur sera ménagée à 14m50 du mur du bas-port Henri IV; un bouquet de trois pieux sera battu en amont de la passe, de manière que les bateaux puissent s'y amarrer, en cas de besoin, *Ord. de police*, 25 mars 1870.

PASSEMENTERIE. *Ajoutez :* || Fig. et néologisme. Fausse décoration, faux rubans. Ils sont les victimes prédestinées de tout escroc qui se présente chez eux en équipage de grande remise avec une passementerie quelconque à la boutonnière, A. VILLEMOT, *le Temps, feuilleton*, 29 nov. 1868.

† **PASSE-MONTAGNE** (pâ-se-mon-ta-gn'), *s. m.* Sorte de casquette ou bonnet, ordinairement fourré, avec une partie qui se rabat sur les oreilles, le cou et même les épaules. Toutes les troupes en hiver, officiers et soldats, recevront un passe-montagne et une ceinture de flanelle, ou deux ceintures, dont une servira de passe-montagne, *Journ. offic.* 20 oct. 1871, p. 4065, 3e col.

PASSE-PARTOUT. *Ajoutez :* || 10° Nom de la brosse dont se servent les boulangers pour ôter la farine et les cendres des pains qu'ils livrent à l'acheteur. || On l'emploie aussi pour épousseter les volumes, les casiers, pour brosser les chevaux, etc. Spécialité de brosses et passe-partout pour chevaux, *Alm. Didot-Bottin*, 1871-1872, p. 738, 4e col.

† **PASSE-REBUT** (pâ-se-re-bu), *s. m.* Un des noms des douves servant pour construire le corps d'un tonneau, NANQUETTE, *Exploit. débit et estim. des bois*, Nancy, 1868, p. 92. || *Au plur.* Des passe-rebuts.

† **PASSE-TOUT-GRAIN** (pâ-se-tou-grin), *s. m.* Nom d'un vin de Bourgogne. || Il est nommé tout-grain dans le Dictionnaire, voy. GRAIN, n° 23. Tout-grain est beaucoup moins usité.

PASSEUR. *Ajoutez :* || 3° Passeur de sable, celui qui passe au crible ou à la claie le sable extrait des rivières. Le noyé n'était autre qu'un sieur Nicolas X..., passeur de sable, qui s'est volontairement jeté à l'eau il y a douze jours, *Gaz. des Trib.* 31 mars 1875, p. 315, 4e col.

PASSIBLE. || 1° *Ajoutez :* Lorsque la blessure est en lieu si sensible, Il faut que de tout point L'homme cesse d'être homme et n'ait rien de passible, S'il ne s'en émeut point, MALH. *Lexique*, éd. L. Lalanne.

† **PASSIONNANT, ANTE** (pa-sio-nan, nan-t'), *adj.* Qui passionne. Ils [deux orateurs] ont déployé tour à tour, en cette question certes peu passionnante [la question monétaire], une ardeur juvénile, *Journ. des Débats*, 24 juin 1876, 1re page, 1re col. Je veux consacrer le temps qui me reste à la séance générale de vendredi, qui a été tout à fait passionnante [congrès de l'Association française pour l'avancement des sciences], *le Temps*, 31 août 1876, 2e page, 3e col.

PASSIONNÉ. *Ajoutez :* || 5° Passionné à, qui a passion pour. Les choses que vous êtes si passionnés à posséder, MALH. *Lexique*, éd. L. Lalanne.

PASSIONNER. — HIST. *Ajoutez :* XIIIe s. Ave, dame, tes cuers moult fu passionnez [affligé], Quant veïs que tes filz fu apassionnez, GAUTIER DE COINSY, *les Miracles de la sainte Vierge*, p. 745, éd. abbé Poquet.

† **PASSIVETÉ** ou **PASSIVITÉ.** *Ajoutez :* || 2° Se dit d'une propriété que possède le fer traité par l'acide nitrique concentré.

† **PASSOT.** *Ajoutez :* || 2° Sorte de tour pour bander l'arbalète (voy. ARBALÈTE).

† **PASTELLISÉ, ÉE** (pa-stè-li-zé, zée), *adj.* Qui a le caractère de la peinture au pastel. On y sent [dans un portrait par Chaplin] une préoccupation très-honorable d'échapper au goût des gens du monde pour la peinture propre, efféminée et pastellisée, BERGERAT, *Journ. offic.* 8 juill. 1874, p. 4748, 1re col.

† **PASTELLISTE** (pa-stè-li-st'), *s. m.* Artiste qui pratique la peinture au pastel. Latour, célèbre pastelliste du temps de Louis XV.

† **PASTERMA** (pa-stèr-ma), *s. m.* Nom, en Turquie, du jambon de mouton, mets usité en ce pays, *le Temps*, 23 oct. 1876, 2e page, 1re col.

† **PASTICHAGE** (pa-sti-cha-j'), *s. m.* Action de faire un pastiche. La parodie et le pastichage en sont aisés [des tableaux du peintre espagnol Fortuny], BERGER, *Journ. des Débats*, 28 nov. 1874, 3e p. 5e col. Quel manque absolu d'originalité, quel pastichage mal dissimulé sous une manière trop pompeuse! ID. *ib.* 27 janv. 1876, 3e p. 6e col.

† **PASTILLAGE.** *Ajoutez :* || 2° Il se dit aussi des figures en terre cuite. Faire reconnaître sur les vases déterrés à Hissarlik, dans ces pastillages qui peuvent aussi bien représenter la figure humaine qu'une tête de chouette, c'est-à-dire l'image symbolique de la déesse protectrice de la Pergame troyenne, *Journ. offic.* 10 nov. 1874, p. 7487, 2e col.

† **PASTILLEUR.** *Ajoutez :* || 2° Celui qui fait en pâte sucrée de petites figures, des fleurs et autres objets, *Tarif des patentes*, 1858.

PASTORALE. *Ajoutez :* — REM. Hardy, dans une de ses préfaces, se fâche contre les courtisans qui disaient *pastorelle* ou *pastourelle*; car *pastorelle*, dit-il, est le féminin du bon vieux mot français *pastoureau*; et il adopte la dénomination de *pastorale*, que réprouve, au contraire, avec beaucoup d'aigreur P. de Landunenson, *Art poétique*, SAINTE-BEUVE, *Tableau de la poésie française au* XVIe *siècle*, Paris, 1859, in-12, p. 238.

† **PASTORALISER** (pa-sto-ra-li-zé), *v. n.* Néologisme. Faire le pasteur, se livrer à la vie pastorale. Le dieu des Muses, Apollon lui-même, pastoralisait en son temps, BÜRGER, *Salons de* 1861 *à* 1868, t. II, p. 33.

† **PATACHIER** (pa-ta-chié), *s. m.* Celui qui conduit ou fait conduire, pour son compte, une ou plusieurs pataches, *Tarif des patentes*, 1858.

PATAGON. — ÉTYM. *Ajoutez :* Espagn. *pataca*, *patacon*, piastre forte; de l'arabe *bû tâca*, pour *abou tâca*, proprement le père de la fenêtre, parce que les Maures ont pris les colonnes d'Hercule, qui se trouvent figurées sur les piastres, pour une fenêtre, DOZY.

PATARD. — ÉTYM. *Ajoutez :* La forme *patac* réunit *patard* à *patagon* et lui donne la même étymologie (voy. PATAGON au Supplément).

† **PATARINS.** — ÉTYM. *Ajoutez :* « En 1058, le quartier de la *Pataria*, c'est-à-dire des chiffonniers, à Milan, était noté comme un foyer d'hérésie, et de là vint le nom de *patarins*, qui servit en Italie et ailleurs à désigner les sectaires, » RÉVILLE, *les Albigeois, Rev. des Deux-Mond.* 1er mai 1874, p. 55.

† **PATAVINITÉ.** *Ajoutez :* || Par extension, provincialisme en général. Rien ne m'a semblé y manquer [à des vers] qu'un plus grand usage des bons auteurs de notre langue.... et surtout un plus grand commerce avec la cour, pour en essuyer la patavinité, je veux dire la teinture et la rouille de la province, *Huetiana*, p. 349.

PATENÔTRE. *Ajoutez :* || 10° Savoir la patenôtre, voy. LOUP n° 1. || Fig. Lorsqu'on veut faire entendre à quelqu'un qui fait des menaces qu'on saura bien l'empêcher de les effectuer, on dit qu'on sait la patenôtre du loup, THIERS, *Traité des superst.*

PATENTE. *Ajoutez :* || 7° Voiture demi-patente, voiture qui n'a qu'à moitié l'essieu à patente. A vendre une voiture à quatre roues, quatre places, de fabrique anglaise, demi-patente, *Avranchin* du 4 juin 1876.

† **PATÈQUE** (pa-tè-k'), *s. m.* Terme d'antiquité. Nom donné à des dieux nains de la Phénicie, dont l'image était posée sur l'avant des navires phéniciens (πάταικοί ou πάταικοι). Les cabires ou patèques phéniciens, protecteurs des navigateurs, FOUCART, *Des associations religieuses chez les Grecs*, p. 104.

PATERNITÉ. *Ajoutez :* || 5° *Au plur.* Paternités, dit plaisamment par Mme de Sévigné pour les compliments d'un père ou d'un homme qui peut être considéré comme tel. Le bon abbé vous dit mille paternités, *Lett. à Mme de Grignan*, 28 août 1680, dans *Lett. inédites*, éd. Capmas, t. II, p. 196.

PATIEMMENT. — HIST. *Ajoutez :* XIIe s. Vraiement cil soffret patiement les altrui malz, ki piement ramenbret que il puescelestre [peut-être] at encor alcune chose dont il at mestier que altres lo soffret, *li Dialoge Gregoire lo pape*, 1876, p. 366.

PATIENCE. *Ajoutez :* || 11° On l'a dit au pluriel. C'est ainsi qu'une feinte au dehors l'assoupit, Et qu'on croit amuser de fausses patiences Ceux dont en l'âme on craint les justes défiances, CORN. *Rodog.* IV, 6.

PATIENT. — HIST. *Ajoutez :* XIIIe s. Si soies passiens, et n'aies cuer ne vaine Qui ne tende à honneur sans pensée vilaine, *Brun de la Montaigne*, v. 3126, éd. Meyer, Paris, 1875. Ahi! Deus omnipotens.... Uncore i aurat vengement, Mès tu es sire mult pacient, *Théâtre franç. au moyen âge*, Paris, 1834, p. 18.

† **PATIMENT** (pa-ti-man), *s. m.* Néologisme inusité. État où l'on pâtit, souffrance. Je suppose qu'il [Honoré de Balzac] fait ses romans en deux temps; d'abord raisonnablement, puis il les habille en beau style néologique, avec les patiments de l'âme, il neige dans mon cœur, et autres belles choses, DE STENDHAL, dans SAINTE-BEUVE, *Causeries du lundi*, t. IX, *Stendhal*.

PATIN. *Ajoutez :* || 13° Pied ou patte des boutons doubles en métal, nacre, ivoire, etc. qu'on met aux chemises. Boutons d'or à patins de nacre.

† **PATOCHE** (pa-to-ch'), *s. f.* Coup de férule dans la main. Le second venu reçoit en manière de bonjour un coup de baguette dans la main, le troisième deux, et ainsi de suite jusqu'au dernier, qui a droit à un nombre de patoches (c'est là, je crois, si nos souvenirs sont fidèles, le nom classique de la chose), égal au nombre de petits camarades réunis avant lui dans la classe, MAJOR FRIDOLIN, *Rev. des Deux-Mond.* 15 déc. 1856, p. 778.

† **PATOISERIE** (pa-toi-ze-rie), *s. f.* Paroles en patois. || Le caractère patois d'un rôle de théâtre.

Le langage des rois, des reines, des cardinaux et autres personnages historiques évoqués dans les pièces de Dumas est quelquefois si singulier, tellement rempli de familiarités, des patoiseries du dialogue moderne, qu'il ajoute encore à l'anachronisme de ces rôles entre tous difficiles, ALPH. DAUDET, *Journ. offic.* 27 déc. 1876, p. 10818, 1re col.

† **PATOUILLER.** — HIST. *Ajoutez :* XIIe s. Mais al tierz pas [sur une planche au-dessus d'une eau] est chancelez ; E quant ne sout û apoiier, Jus l'en covint à trebuchier ; Braceie [remue les bras] e beit, crie e pantoille, BENOIT, *Chronique,* t. III, p. 650, v. 25557.

† **PÂTOUR** (pâ-tour), *s. m.* Dans le langage du Berry, pâtre. Bien que cet arbre portât encore le nom de chêne parlant, les pâtours s'en approchaient sans trop de crainte, G. SAND, *le Chêne parlant, Rev. des Deux-Mondes,* 15 oct. 1875.

— ÉTYM. Le même que *pâtre*. L'ancienne langue avait au sujet *pastre*, en latin *pâstor*, et au régime *pastor*, de *pastôrem ;* c'est de là que proviennent *pâtre*, *pasteur*, *pâtour*.

† **PATRICOTER** (pa-tri-ko-té), *v. n.* Faire des patricotages. Longepierre patricota, avec Mme d'Armagnac, de coiffer son maître de sa fille, SAINT-SIMON, *Note sur Dangeau,* t. IX, p. 183. Afin de vous marquer dans quel manége et dans quel remue-ménage grouille et patricote le grand parti de l'appel, l'*Opinion nat.* 27 mai 1876, 1re page, 5e col.

† **PATRIOTERIE** (pa-tri-o-te-rie), *s. f.* Terme de dénigrement. Patriotisme étroit, peu éclairé, faux. Lui qui avait été élevé dans la patrioterie et la religion de la bayonnette souveraine, TH. GAUTIER, *La jeune France,* 1833, p. 145.

PATROCINER. — HIST. *Ajoutez :* || XVIe s. Preschez et patrocinez d'icy à la Pentecoste, enfin vous serez esbahy comment rien ne me aurez persuadé, RAB. III, 5. Il convient d'autant mieux de rapporter ce passage de Rabelais, que Molière le copie (voy. au Dictionnaire), en en avertissant d'ailleurs.

† **PATRONAT.** *Ajoutez :* || **2°** Au sens moderne, qualité de celui qui, possédant les instruments de travail, salarie les ouvriers. Le but final que se proposent les délégués à l'exposition de Vienne, c'est l'abolition complète du patronat et du salariat, P. LEROY-BEAULIEU, *Rev. des Deux-Mondes,* 1er juill. 1875, p. 161.

† **PATRONIER** (pa-tro-nié), *s. m.* Dans la cordonnerie, ouvrier qui fait les patrons. L'industrie parisienne.... a beaucoup perdu depuis que ces trois genres de la cordonnerie ont été transportés à Bruxelles par les ouvriers qu'on appelle les coupeurs et les patroniers, *Journ. offic.* 17 mai 1876, p. 3347, 2e col.

† **PATRONISER** (pa-tro-ni-zé), *v. a.* Protéger en qualité de saint. Saint Maurice et ses compagnons, martyrs, patronisaient les teinturiers, *Journ. offic.* 6 sept. 1874, p. 6397, 3e col.

PATTE. *Ajoutez :* || **20°** Chez les charpentiers, instrument à lame très-large et mince, servant à terminer le bois de charpente préalablement équarri. || **21°** Patte de coq, ustensile qui sert dans la poterie. || **22°** En sucrerie, la patte du pain de sucre, la partie sur laquelle il repose. Le sucre est moins pur dans la patte que dans la tête.

— HIST. *Ajoutez :* XIIe s. Et quant l'os [l'armée] aproça, si saut [une ourse] geule baée, Et a en mi sa voie une mule trovée, Qui estoit de farine et de froment torsée [chargée] ; De la senestre pade li douna tel colée, Que el li a l'espaule toute del bu sevrée, *li Romans d'Alixandre,* p. 283. || XIIIe s. Atant [le diable] me vout (voulut] sans delaier Fichier ou cors et entaier Ses agus cros et ses grans pates, GAUTIER DE COINCY, *les Miracles de la sainte Vierge,* p. 114, éd. l'abbé Poquet. || XIVe s. Avoir refait, ressoudé, rassis les ances et couvescles desdictes quartes, bire et aiguiere.... et avoir refait et forgé l'une des pates desdictes quartes (1386), *Nouv. rec. de comptes de l'argenterie des rois,* par Douët-d'Arcq, p. 184.

PATTE-D'OIE. *Ajoutez :* || **7°** Nom vulgaire du grand blanc à la fleur de lys frappé par Jean et par le prévôt des marchands Étienne Marcel.

† **PÂTURAL** (pâ-tu-ral), *s. m.* Nom donné, dans quelques départements, aux pâtis, *les Primes d'honneur,* Paris, 1872, p. 336. Le legs.... consistant en deux champs situés entre Bains et Jales (Haute-Loire), avec le pâtural qui les sépare, *Décret du 28 sept. 1875, Bullet. des lois, partie suppl.* n° 833, p. 601.

PÂTURE. || **7°** Pâture rompure, nom donné, dans l'arrondissement de Dunkerque, aux herbages défrichés. DUMON, *Rapport sur le projet de loi sur le sucre indigène, Députés, session* 1836, n° 302, *Documents,* 2e *partie.*

— REM. **1.** Les jurisconsultes ont distingué, de tout temps, les pâtures grasses ou vives des vaines pâtures. Les pâtures grasses, disaient les vieux jurisconsultes, sont les landes, les marais, pâtis et bruyères qui appartiennent à des communautés d'habitants ou sont asservis envers elles à un droit d'usage, de manière qu'elles seules peuvent y faire pâturer leurs bestiaux. Les vaines pâtures, au contraire, sont les grands chemins, les prés après la fauchaison, les guérets ou terres en friches, et généralement tous les héritages où il n'y a semence ni fruit, et qui, par la loi ou l'usage du pays, ne sont pas en défends, BAYLE-MOUILLARD, *Projet de code rural, Session de* 1868 *du Corps législatif,* p. 46. || **2.** La vaine pâture était ainsi nommée lorsque le droit était renfermé dans les limites de la paroisse. Elle prenait le nom de parcours lorsqu'elle existait de paroisse à paroisse, à titre de servitude réciproque. La loi de 1791 a maintenu cette distinction, qui semble n'avoir pas existé dans les temps anciens, BAYLE-MOUILLARD, *ib.* p. 47.

† **4. PAUMELLE** (po-mè-l'), *s. f.* Nom donné, sur les côtes de la basse Normandie, à la tangue fraîche déposée par la dernière marée.

PAUVRE. *Ajoutez :* || **14°** Arbre à pauvre homme, l'*ulmus campestris,* BAILLON, *Dict. de botanique,* p. 257. (On disait en proverbe : Chêne de seigneur et orme de pauvre homme, pour signifier que le chêne a toute sa valeur quand on le garde intact, mais que l'orme gagne à être souvent ébranché ; de là le nom donné à l'orme.)

PAVANER. — ÉTYM. *Ajoutez :* Saint François de Sales a dit *se pavonner :* Les autres se pavonnent sur la considération de leur beauté, et croient que tout le monde les muguette, *Introd. à la vie dévote,* III, 4. Cette forme, semblable à l'espagnol *pavonearse*, donne de la force à l'étymologie par le lat. *pavo, pavonis,* paon. Il est bien difficile de séparer la *pavane*, danse où les danseurs font la roue l'un devant l'autre comme des paons ; mais, si le changement de l'*o* en *a* dans le français ne fait pas une difficulté insurmontable, il en fait beaucoup dans l'italien et l'espagnol. On ne voit pas jusqu'à présent comment accorder *pavane* et *pavoner*. Un verbe *pavoler* se rencontre dans un texte du XVIe siècle : On voit comme des enseignes et des estendards qui pavolent, *Grandes et merveilleuses choses advenues dans Besançon par un tremblement de terre,* 1564, cité dans COLLIN DE PLANCY, *Dict. infernal,* t. I, p. 214. Ce *pavoler* serait-il une faute pour *pavoner?*

† **PAVEILLE** (pa-vè-ll', *ll* mouillées), *s. f.* Nom, dans l'Avranchin, d'un collier fait de jonc et de paille mélangés ; sur ce collier on rapporte deux morceaux de bois dit vulgairement attelles, d'où partent les traits ou longes de cordes servant à la traction. || Comparez ci-dessus PARONNE, qui désigne le même objet.

PAVEMENT. — HIST. *Ajoutez :* || XVIe s. Quant est du pavement [d'une église].... c'est bien la chose autant plaisante à regarder qu'il est possible de voir, pour estre le tout d'une joyeuse et singuliere imagerie..., PARADIN, *Chron. de Savoie,* p. 367.

† **PAVILLONNEUR** (pa-vi-llo-neur, *ll* mouillées), *s. m.* Ouvriers travaillant dans la pavillonnerie. Ouvrier pavillonneur.. 350 fr. de pension, *Décret 13 mars* 1874, *Bullet des lois, part. suppl.* 2e sem. 1874, p. 156.

† **PAVONIE** (pa-vo-nie), *s. f.* Genre de plantes de la famille des malvacées.

— ÉTYM. *Pavon,* voyageur au Pérou.

PAYABLE. — HIST. *Ajoutez :* XIIIe s. Se li blés deseur dis soit paianles ausi con on a acoustumé à faire, *Charte du Vermandois,* dans *Bibl. des ch.* 1874, t. XXXV, p. 457.

PAYER. *Ajoutez :* || **17°** Absolument, donner un produit rémunérateur. On croyait alors [1851] que les mines du quartz [aurifère] ne payaient pas, L. SIMONIN, *Rev. des Deux-Mond.* 15 nov. 1875, p. 90.

PAYEUR. — HIST. *Ajoutez :* || XIVe s. Nous vous mandons que vous bailliez et delivrez à Jehan Goupil, prestre, nostre poieur des ouvriers de la tour que nous faisons faire au bois de Vincennes..., *Mandements de Charles V,* Paris, 1874, p. 8.

† **PAYOLE** (pa-io-l'), *s. f.* Chapeau de paille que portent les femmes du département de la Corrèze. Cette caisse contient les habits de l'accusé au moment du crime, la payole et la quenouille de la victime, *Gaz. des Trib.* 20 déc. 1874, p. 1218, 3e col.

— ÉTYM. Ce mot vient sans doute de *paille,* et devrait s'écrire *pailiole.*

PAYS. *Ajoutez :* || **12°** Avancer pays, faire du chemin. || Fig. Avancer pays, avancer en âge. Je n'en ai pas une [incommodité], et n'ayant pas ouï dire qu'en avançant pays, on trouvât la parfaite santé..., SÉV. *à Mme de Grignan,* 11 juin 1690, dans *Lett. inéd.* éd Capmas, t. II, p. 399. || **13°** Pays s'est dit, sous l'ancienne monarchie, de l'assemblée des États généraux de la province, dans les pays d'États. Il y a lieu de craindre que nous ne puissions pas faire mettre Notre-Dame-de-la-Garde [le gouvernement de Scudéry] sur le pays [aux frais de la province], *Mlle de Scudéry,* p. 171, par Rathery et Boutron, Paris, 1873. || **14°** Pays, au sens de la population qui l'occupe. On les bat trop ; les chanoines les accablent ; et vous verrez que tout ce pays-là, qui doit nourrir Versoy, s'en ira en Suisse, si vous ne le protégez, VOLT. *Lett. au duc de Choiseul,* 7 sept. 1780.

† **PAYSAGISME** (pè-yi-za-ji-sm'), *s. m.* Néologisme. Ensemble de tableaux de paysage, tendances des peintres de paysage. Il va sans dire que nous prenons seulement les types exagérés du paysagisme allemand et anglais.... BÜRGER, *Salons de* 1861 *à* 1868, t. I, p. 292.

PAYSAN. || **3°** *Ajoutez :* Chanter une chanson paysanne comme un ivrogne, D'ESPEISSE (avocat et jurisconsulte à Montpellier), *Œuvres,* t. II, p. 227, Lyon, 1666.

† **PAYSANESQUE** (pè-yi-za-nè-sk'), *adj.* Néologisme. Qui a un caractère paysan. Cette observation attentive du langage campagnard et paysanesque, STE-BEUVE, *Causeries du lundi,* t. VIII, art. sur R. Töpffer.

† **PEABODY** (pi-bo-di), *s. m.* Sorte de fusil, ainsi dit du nom de l'inventeur. La landwehr sera progressivement armée du wetterli à son tour, après avoir reçu comme armement transitoire les fusils petit calibre transformés et les peabodys disponibles, *Journ. offic.* 20 oct. 1873, p. 6461, 3e col.

† **PÉAN** (pé-an), *s. m.* Terme d'antiquité grecque. Chant solennel, à beaucoup de voix, que l'on chantait dans les circonstances importantes en de graves événements ; il était adressé à Apollon d'ordinaire, mais aussi à d'autres dieux et à plusieurs divinités à la fois. La poésie lyrique... grave dans ses nomes, ses péans, ses hymnes, BOUCHÉ-LECLERQ, *Rev. politique et littér.* 20 mars 1875.

— ÉTYM. Παιὰν, de παίων, παιήων, le dieu qui guérit, le *péan* étant à l'origine une prière pour être sauvé de quelque péril.

PEAU. *Ajoutez :* || **14°** Fig. Sortir de sa peau, cesser de songer uniquement à soi. Le sage se contente de soi ; c'est une parole.... que beaucoup de gens interprètent mal : ils le séparent de la communauté de toutes choses, et ne veulent point qu'il sorte hors de sa peau, MALH. *Lexique,* éd. L. Lalanne. || **15°** Terme de théâtre. Entrer dans la peau d'un personnage, le représenter au vif, au naturel, comme si on était ce personnage même. || **16°** Mis en peau, se dit d'un animal dont la peau est préparée de manière à le conserver. Aucun animal n'arrive plus parfaitement préparé et mis en peau que le lophophore, *Journ. offic.* 22 janv. 1877, p. 404, 1re col. || **17°** Peau de taupe, sorte d'étoffe dite aussi moleskine (voy. ce mot au Supplément) Les autres métiers de construction spéciale produisent des velours de coton destinés à la coupe ou à l'article moleskine (peau de taupe, même genre que les velours d'Amiens), *Enquête, Traité de comm. avec l'Angleterre,* t. IV, p. 184. || Peau de taupe se trouve dans le P. Duchêne, au sens de bourse : Fouiller jusque dans la peau de taupe du gagne-petit, 38e *lettre,* p. 3. || **18°** Peau de diable, sorte d'étoffe. Le pantalon et le gilet en peau de diable ont été découverts teints en noir, en la possession de F.... (assises des Bouches-du-Rhône, 8 juill.), *Gaz. des Trib.* du 11 juill. 1872, p. 672, 2e col. || **19°** Peau d'un émail. La première couche d'émail se désigne sous le nom de première peau ; elle exige beaucoup de soin et d'adresse. .. *Œuvres de Benvenuto Cellini,* trad. L. Léclanché, *Traité de l'orfévrerie,* ch. IV ou t. II, p. 389. || La peau de l'or, la surface extérieure d'un émail à or. Dès que Caradosso commençait à voir briller et bonger (sous l'action du feu) la première peau de l'or, il s'empressait de l'asperger avec une petite brosse imbibée d'eau, *ib.* t. II, p. 277. || **20°** Les différentes couches du marbre que le statuaire travaille. On opère avec une pointe jusqu'à ce qu'on arrive à un demi-doigt de ce qu'on appelle la pénultième peau, *Œuv. de Benvenuto Cellini,* trad. L. Léclanché, *Traité de la sculpture,* ch. 4, ou t. II,

p. 389 || 21° Dans un langage très-grossier, une peau, une femme de mauvaise vie.

† PÉBRINE. *Ajoutez :* — REM. La pébrine est due à des corpuscules dits vibrants ou de Cornalia (du nom de celui qui les a décrits le premier); ce sont des psorospermies, qui, se reproduisant, propagent la maladie.

— ÉTYM. Ce mot a été créé par M. de Quatrefages, qui le tire du languedocien *pebrat*, poivré.

PÉCAN (pé-kan), *s. m.* Voy. PÉKAN au Dictionnaire. Les produits de la chasse [dans la Colombie anglaise] consistent particulièrement en fourrures de panthère, de loup, de renard rouge, de pécan, *Journ. offic.* 7 mars 1873, p. 1590, 3° col.

1. PÊCHE. — ÉTYM. *Ajoutez :* Dans l'Angoumois, *persé*, la pêche mâle, celle dont la pulpe est adhérente au noyau.

2. PÊCHE. *Ajoutez :* || 7° On distingue : la petite pêche, celle qui se fait non loin du rivage; la grande pêche, celle qui se fait au loin; la pêche à pied, celle qui se fait à pied dans les endroits peu profonds; la pêche en flotte, celle qui se fait avec des navires réunis, *Journ. offic.* du 7 déc. 1876. La pêche à pied se fait [à Calais] au moyen de bas parcs éminemment temporaires et de lignes de fond tendues sur le sable à marée basse, *Statistique des pêches maritimes*, 1874, p. 17.

PÉCHÉ. — SYN. PÉCHÉ CAPITAL, PÉCHÉ MORTEL. Les péchés capitaux sont ainsi nommés parce qu'ils sont la source de tous les autres; mais ils ne sont pas les seuls péchés mortels. Ainsi la haine, la vengeance, les blasphèmes, les outrages, les meurtres, que le catéchisme donne comme les effets de la colère, sont autant de péchés mortels. Tous les péchés capitaux sont des péchés mortels; mais tous les péchés mortels ne sont pas des péchés capitaux.

— HIST. || XVI° s. *Ajoutez :* Quand ce viendra aux payes, aux advantages, aux recompenses, ils [les soldats étrangers] seront mis [par les Espagnols] au rang des pechez oubliez, comme l'on dit, et on les renverra chargez d'injure et de vitupere, *Œuvres de Ph. Marnix de Sainte-Aldegonde*, Bruxelles, 1859, *Écrits politiques et historiques*, p. 50.

PÊCHERIE. *Ajoutez :* || 2° Nom, dans la Creuse, de réservoirs à bonde qui servent à l'arrosement des prairies, *les Primes d'honn.* Paris, 1872, p. 337.

† PÊCHETTES. *Ajoutez :* Ces filets à mailles qui servent à faire des pêchettes ou dans lesquels les collégiens mettent du pain et des cerises lorsqu'on les conduit aux bains froids, MAXIME DU CAMP, *Rev. des Deux-Mondes*, 15 avril 1873, p. 822.

† PÊCHOIRE (pê-choi-r'), *s. f.* Nom, dans l'Aunis, d'un crochet en fer dont les pêcheurs se servent pour chercher les coquillages dans le sable ou la vase, *Gloss. aunisien*, 1870, p. 133.

† PECTOPLUME (pè-kto-plu-m') ou plutôt PECTIPLUME (pè-kti-plu-m'; les composés latins prennent *i* et non *o*), *s. m.* Instrument qui sert à plumer les volailles. Nous n'avons pas vu que les journaux français qui se sont occupés de l'exposition de Philadelphie aient parlé d'un ingénieux instrument qui figurait là sous le nom pectoplume, et qu'appréciaient fort les cuisinières appelées à le contempler; cet outil, d'un nouveau genre, est destiné à plumer toute espèce de volatile, avec cette particularité, qu'il fait un tri dans les plumes, range les grosses d'un côté et met le duvet à part, OCT. SACHOT, *Rev. Brit.* mars 1877, p. 241.

— ÉTYM. Lat. *pectere*, peigner, et *pluma*, plume.

† PÉDALIER (pé-da-lié), *s. m.* Nom du clavier qu'on fait mouvoir avec les pieds aux grandes orgues. L'orgue de Sainte-Croix comprenait quatre claviers à mains de cinquante notes, un pédalier de vingt-cinq en ravalement (voy. RAVALEMENT au Supplément), c'est-à-dire partant du *fa* de 24 pieds, Extr. du *Journ. du Loiret*, dans *Journ. offic.* 5 janv. 1877, p. 176, 2° col.

— ÉTYM. *Pédale*.

† PÉDANTASSE (pé-dan-ta-s'), *s. m.* Un mauvais pédant. || *Adj.* Une huppe aux poils rares, l'air pédantasse, le pas solennel, une des plus grotesques contrefaçons de notre espèce humaine, Mme DE GASPARIN, *à Constantinople*, 2° éd. Paris, 1867.

— ÉTYM. Ital. *pedantaccio*, péjoratif de *pedante*, pédant. *Pédantasse*, parallèle à *savantasse*, est un mot acceptable.

† PÉDESTRIANISME. *Ajoutez :* || 2° Habitude d'aller à pied. Ce qu'il y a de plus regrettable, c'est qu'après avoir supprimé l'équitation, cette carriole menace le pédestrianisme; grâce à son incessante multiplication, un temps viendra où les énergiques piétons seront rares, DE CHERVILLE, *le Temps*, 21 août 1876, 3° page, 4° col.

† PÉDIATRIE (pé-di-a-trie), *s. f.* Médecine des enfants.

— ÉTYM. Παῖς, παιδὸς, enfant, et ἰατρεία, médecine.

† PEDIGREE. — ÉTYM. *Ajoutez :* Les étymologistes anglais disent que *pedigree* est le français *par degré*, corrompu dans la bouche anglaise.

† 2. PÉGOT (pé-go), *s. m.* Nom, dans l'Aveyron, de la matière gluante qui enveloppe les fromages de Roquefort, première couche qu'on enlève en raclant, *les Primes d'honneur*, Paris, 1869, p. 397.

— ÉTYM. *Pègue*, qui se dit pour poix en quelques provinces (voy. POIX).

† PÉGULLIÈRE (pé-gu-llè-r', *ll* mouillées), *s. f.* Nom, dans le département des Landes, des sentiers qui servent de passage aux troupeaux dans les forêts de pins. Les larges pare-feu pourraient, en outre, être utilisés comme pégullières; ils serviraient ainsi de passage et de lieu de stationnement aux troupeaux, FARÉ, *Enquête sur les incendies des Landes*, p. XXXII, 1873. || On trouve aussi écrit pégullié, péguilley, péquilley.

— HIST. Ce paraît être un dérivé de *pègue*, une des formes de *poix* (voy. ce mot). Comparez PÉGOLIÈRE au Dictionnaire.

PEIGNE. *Ajoutez :* || 11° Terme d'ornithologie. Membrane vasculaire située dans l'humeur vitrée et qui, fixée sur le nerf optique, s'étend depuis le point où ce nerf pénètre dans l'œil jusqu'à une distance variable, *Acad. des sc. Comptes rendus*, p. LXXIX, p. 1154. || 12° Marchand de peignes de soie, celui qui fait le commerce des parties de chaînes qui restent attachées aux métiers après la fabrication des étoffes de soie, *Tarif des patentes*, 1858.

† PEIGNERIE (pè-gne-rie), *s. f.* Action de peigner la soie, le coton, etc. Peignerie ou corderie de bourre de soie par procédés mécaniques, *Journ. offic.* 23 nov. 1876, p. 8592.

† PEIGNON. || *S. m. pl. Ajoutez :* Les flanelles étroites auront au moins 36 portées 3/4 et demi de large, et 27 aunes de long sur le métier.... elles seront faites de bonnes laines du pays, sans plis, peignons ni agnelins, *Arrêt du Conseil*, 16 avr. 1726.

† PEINTADE (pin-ta-d'), *s. f.* Orthographe pour pintade que suivaient Cuvier et le grand Dictionnaire des sciences naturelles (1825-1826). L'étymologie n'est pas favorable à cette orthographe.

† PEINTELÉ, ÉE (pin-te-lé, lée), *adj.* Qui a la nuance de la pintade. Dans le bas, deux chiens de chasse, un oiseau royal et un faisan peintelé, L. GOUGENOT, dans *Mém. inéd. sur l'Acad. de peint.* t. II, p. 388. Un chien en arrêt sur des faisans, dont un peintelé, *ib.* p. 390.

— ÉTYM. *Peintade* ou *pintade*.

† PEITHO (pé-to), *s. f.* La 118° planète télescopique, découverte en 1872 par M. Luther.

— ÉTYM. Πειθὼ, la déesse de la persuasion.

† PÉKINADE (pé-ki-na-d'), *s. f.* Étoffe pour ameublement. Pékinade, laine, coton et soie, *Journ. offic.* 4 fév. 1872, p. 831, 2° col.

† 2. PELAGE. *Ajoutez :* || 2° Action d'enlever la couche superficielle du sol. Il faudrait lui donner [au pare-feu] une largeur de beaucoup supérieure à celle des routes et y pratiquer le pelage du sol à sable nu,... un pelage annuel serait insuffisant, *Enquête sur les incendies des Landes*, p. 28. Un pelage semestriel, *ib.* p. 171.

† PELATTAGE (pe-la-ta-j'), *s. m.* Terme de tannerie. Action de faire tomber le poil des peaux. Ateliers de pelattage et de séchage des peaux, 2° *liste supplém. des établiss. dangereux insal. ou incomm.*

— ÉTYM. Formation fort irrégulière tirée du bas-lat. *pelare*, ôter le poil d'une peau, de l'anc. franç. *pel*, du lat. *pilus*. On trouve dans le bas-lat. *pellatura*, action d'épiler les peaux.

PÊLE-MÊLE. — HIST. || XIII° s. *Ajoutez :* Par force et par prouece fu li chastiaus conquis, Melle pelle 1 entrasmes avec les Sarrasins, *Floovant*, v. 625.

† PÈLERINER (pè-le-ri-né), *v. n.* Aller en pèlerinage.

— HIST. XVI° s. Gueres n'y sert peleriner; Toujours les douleurs s'entre-tiennent, L'on peut tant qu'on veut cheminer, Ceulx qui s'en vont après reviennent, *l'Amant rendu cordelier*, p. 543.

† PELISSÉ, ÉE (pe-li-sé, sée), *adj.* Garni de pelisse, fourré. Des souliers pelissés, F. GIRAUDEAU, *la Banque rendue facile*, p. 387.

† PELLETAT (pè-le-ta), *s. m.* Nom donné aux hommes expédiés comme manœuvres à Saint-Pierre, à Terre-Neuve, et employés seulement au déchargement de la morue salée. Il [M. Clapier] a parlé de 538 bâtiments de pêche de Terre-Neuve et d'Irlande; c'est vrai, mais il a compris dans ce chiffre les chaloupes de pelletats, *Journ. offic.* 29 janv. 1872, p. 865, 1re col. Ce bâtiment [un terreneuvier], sur lequel plusieurs autres navires de la baie [de Saint-Brieuc], allant à Marseille, avaient versé leurs pelletats, avait à bord 72 hommes, y compris l'équipage, *Avranchin* du 27 nov. 1875.

— ÉTYM. Mot formé de *pelleter*, remuer à la pelle.

† PELLETEUR. *Ajoutez :* || 2° Ouvrier qui pelle, qui remue à la pelle.

† PELLEVERSOIR (pè-le-vèr-soir), *s. m.* Fourche à deux dents dont on fait usage pour la culture du maïs dans le Lauraguais, *les Primes d'honneur*, Paris, 1870, p. 608.

† PELLION (pè-li-on), *s. m.* Nom donné à la toison des chabins ou hybrides du bouc et de la brebis (Chili). Leur toison [des chabins], à longs poils, demi-laineuse, connue sous le nom de pellion, est très-recherchée pour tapis, couvertures et chabraques, CARL VOGT, *Leçons sur l'homme*, trad. franç. p. 554.

† PÉLODYTE (pé-lo-dite), *s. m.* Espèce de grenouille d'un vert cendré, ponctué de noir.

— ÉTYM. Πηλὸς, limon, et δύειν, entrer.

† PÉLOGÈNE (pé-lo-jè-n'), *adj.* Qui se forme dans le limon, dans l'argile. Roches pélogènes, *École forestière, programme*, 1876, p. 39.

— ÉTYM. Πηλὸς, limon, et γενής, engendré.

† PELON (pe-lon), *s. m.* Nom, dans l'Aunis, de l'épi de maïs dépouillé de ses grains, *Gloss. aunisien*, 1870, p. 133.

† PÉLOPÉES (pé-lo-pée), *s. m. pl.* Genre d'insectes hyménoptères qui construisent avec de la terre des nids en spirale; on les nomme aussi potiers et guêpes maçonnes.

— ÉTYM. Πηλὸς, boue, et ποιεῖν, faire.

PELOTE. *Ajoutez :* || 16° La boule avec laquelle on joue à la paume ou à la balle. Il n'y a point de doute que, si la pelote tombe, ce ne soit par la faute ou de celui qui la jette ou de celui qui la reçoit, MALH. *Lexique*, éd. L. Lalanne. En jouant c'est bien quelque chose d'aller bien à la pelote et la recevoir comme il faut, ID. *ib.* || 17° Droit de pelote, droit perçu en argent ou autrement par les abbés des artisans, au profit de leurs confréries, JULIEN, *Comment. sur les statuts de Provence*, t. I, p. 600. Ledit seigneur évêque.... parvenu qu'il a été à la porte Saint-François, aurait libéralement livré et baillé son cheval à la grande jeunesse de ladite ville pour le droit de pelote dû à cause de ladite entrée, *Prise de possession de l'évêché de Fréjus*, le 2 févr. 1659. || Le droit de pelote était dû aussi par les filles qui se mariaient avec des étrangers (Toulon); on fermait les portes, et on ne laissait partir la mariée que quand elle avait payé à l'hôpital des pauvres le droit fixé à un pour cent de la dot.

PELOTON. || 1° *Ajoutez.* || Fig. Si nous n'étions pas des pelotons de contradictions, DIDER. *Œuvr. compl.* 1821, t. IX, p. 93. || 6° Terme de turf. L'ensemble des cavaliers et des chevaux en train de courir.

† PELOTONNEMENT (pe-lo-to-ne-man), *s. m.* Action de pelotonner; état de ce qui est pelotonné. Petites masses irrégulières, produites par le pelotonnement des veines, *Dict. de médecine et de chirurgie*, art. *varicocèle*.

† PELTOCÉPHALE (pèl-to-sé-fa-l'), *s. m.* Nom d'une famille de crustacés.

— ÉTYM. Πέλτη, sorte de petit bouclier, et κεφαλὴ, tête.

† PENAILLERIE (pe-nâ-lle-rie, *ll* mouillées), *s. f.* Assemblage de penaillons, de haillons. || Voltaire l'a dit, comme La Fontaine penaille, en mauvaise part, des moines : C'était l'honneur de la penaillerie.

PÉNAL. — HIST. *Ajoutez :* XII° s. Il [les hommes pieux] en lur mort voient les visions des devant alanz sainz, par ke [par quoi] il ne criement meisme la poinale sentence de lur mort, *li Dialoge Gregoire lo pape*, 1876, p. 208.

† PÉNALEMENT (pé-na-le-man), *adv.* Avec un caractère pénal, par opposition à civilement. Ces êtres [collectifs, constitués en personnes civiles]

jouent en ce qui concerne le droit civil le rôle d'une personne.... cette personnification se continuera-t-elle jusque dans le droit pénal? est-il possible que l'être collectif soit lui-même un agent pénalement responsable des délits? ORTOLAN, *Éléments de droit pénal*, 4e éd. t. I, n° 491-492. Que plusieurs [des membres de la communauté], que tous, si l'on veut, aient exécuté le délit; chacun de ceux qui y auront pris part aura à en répondre pénalement; mais, en la personne métaphysique de l'être collectif, cette idée de responsibilité pénale ne peut trouver place, ID. *ib.* Le détenteur de ces boissons est responsable pénalement de cette contravention, à moins que, par une dénonciation précise, il n'ait mis l'administration à même d'exercer des poursuites utiles contre son véritable auteur, *Gaz. des Trib.* 19 janv. 1876, p. 62, 3e col.

PÉNALITÉ. — HIST. XVe s. *Ajoutez :* Les miseres et enfermetez du corps.... lesquelles agravent et retardent l'ame par la penalité de ceste mortalité, *Intern. consol.* II, 26.

† **PENCHET** (pan-ché) ou **PENCHOT** (pan-cho), *s. m.* Nom, dans l'Oise, du coquelicot, *les Primes d'honneur*, Paris 1872, p. 64.

— ÉTYM. *Pencher*, à cause que la fleur, supportée par une tige grêle, penche vers la terre.

† **PENDAGE.** *Ajoutez :* || Tous les travaux qui se font au-dessous du niveau de la bure sont placés en aval-pendage; ceux qui se font au-dessus sont en amont-pendage; les parties de la couche sont, dans le même sens, en amont et aval-pendage. || Pendage au droit, se dit quand le mur reste au-dessus du combustible; et pendage à l'envers, quand le mur reste au-dessous du combustible.

1. **PENDANT.** *Ajoutez :* || 11° Pente. C'est en ce détroit qu'est assise la ville de Leucade, attachée contre le pendant d'une petite montagne, MALH. *Lexique*, éd. L. Lalanne.

† **PENDILLON.** *Ajoutez :* || 2° Petit bijou servant de pendeloque. Autour du cou [des Mauresques et Israélites d'Algérie], des colliers garnis de plaques diverses avec ou sans pendillons, *Journ. offic.* 27 juill. 1874, p. 5288, 2e col.

1. **PENDULE.** || 2° Terme d'artillerie. *Ajoutez :* || Pendule électro-balistique, appareil fondé sur l'emploi de l'électricité et employé au même usage.

2. **PENDULE.** *Ajoutez :* || 3° Prêt à la pendule, s'est dit de prêts qui se faisaient durant le système de Law. Chez les banquiers de la rue Quincampoix, les courtiers se procurent de l'argent à 2 pour 100 par heure; c'est ce qu'on appelle les prêts à la pendule, H. BABOU, *Journ. offic.* 19 mai 1875, p. 3528, 1re col.

PÉNÉTRATION. *Ajoutez :* || 3° Terme de géométrie descriptive. Il y a pénétration lors de l'intersection de deux surfaces, quand l'une de ces surfaces pénètre l'autre de part en part, c'est-à-dire quand toutes ses génératrices rencontrent l'autre en deux points, au premier point d'entrée, au second point de sortie; en ce cas, l'intersection se compose de deux courbes distinctes, celle qui joint les points d'entrée et celle qui joint les points de sortie.

PÉNÉTRER. *Ajoutez :* || 9° Se pénétrer, exercer la pénétration sur soi-même, prendre intelligence de soi-même. Plus la nuit jalouse redouble, Plus nos yeux tâchent de s'ouvrir; D'une ignorance curieuse Notre âme, esclave ambitieuse, Cherche encore à se pénétrer, LAMOTTE, *Odes, l'homme.*

PÉNIBLE. *Ajoutez :* || 3° Des âmes pénibles, des âmes difficiles à gouverner par un directeur. Il est certain qu'il y a des âmes qui sont pénibles, ST-CYRAN, dans STE-BEUVE, *Port-Royal*, t. I, p. 461, 3e éd.

PÉNICHE. — ÉTYM. *Ajoutez :* L'angl. *pinnace*, est le français *pinasse* (voy. ce mot au Dictionnaire).

† **PÉNIDE.** — ÉTYM. *Ajoutez :* D'après M. Devic, *Dict. étym.*, *pénide* est le persan *pânidh*, sucre purifié; cette étymologie est bien préférable à l'étymologie grecque.

PÉNITENCIER. *Ajoutez :* || 3° Homme renfermé dans un pénitencier.

PÉNOMBRE. *Ajoutez :* — REM. Il est plus général de dire que la pénombre résulte des dimensions du corps éclairant. Entre les points qui reçoivent de la lumière de la surface entière du corps éclairant et ceux qui, n'en recevant aucune, sont dans l'ombre proprement dite, se trouvent des points qui reçoivent de la lumière d'une portion plus ou moins étendue de cette surface; ces points sont dans la pénombre. || Particulièrement, en parlant des taches du soleil, nom donné à une zone de teinte moins sombre qui entoure le noyau des grosses taches.

† **PÉNOMBRÉ, ÉE** (pé-non-bré, brée), *adj.* Néologisme. Orné d'une pénombre. Les portraits de deux demoiselles, dont l'une, en robe bleue, a le visage doucement pénombré, BÜRGER, *Salons de 1861 à 1868*, t. II, p. 315.

† **PÉNOMBREUX, EUSE** (pé-non-breû, breû-z'), *adj.* Néologisme. Qui appartient à la pénombre. Aart van der Neer, le grand peintre des effets de lune, si prestigieux dans ses éclats, parce qu'il les ménage, si transparent dans les parties pénombreuses, BÜRGER, *Salons de 1861 à 1868*, t. II, p. 516.

1. **PENSÉE.** *Ajoutez :* || 11° La libre pensée, l'opinion des libres penseurs.

— REM. Pascal a dit : Une pensée de derrière, pour fond de la pensée (voy. au Dictionnaire le n° 1). Cette forte expression a été reprise sous la forme de : pensée de derrière la tête. Maurice était sincère; peut-être sa pensée de derrière la tête était-elle de gagner du temps, peut-être avait-il quelque autre intention, V. CHERBULIEZ, *Rev. des Deux-Mondes*, 15 janv. 1876, p. 278. Cette dernière forme est elle-même de Pascal : J'aurai aussi mes pensées de derrière la tête, éd. de E. Havet, 1852, *Appendice*, p. 533.

1 **PENSER.** *Ajoutez :* — REM. 1. On lit dans Mme de Sévigné : Un beau matin nos états donnèrent des gratifications pour cent mille écus; un bas Breton me dit qu'il pensait que les états allassent mourir, de les voir ainsi faire leur testament, 13 sept 1671. On dirait plutôt aujourd'hui *allaient*. *Allassent* indique davantage le doute. || 2. Ailleurs Mme de Sévigné écrit à Mme de Grignan, qui était en Provence : Je n'eusse jamais cru que le beurre dût être compté dans l'agrément de vos repas; je pensais que vous fussiez en Bretagne, 25 juillet 1689. Ici le subjonctif est indispensable; car la phrase veut dire : j'aurais pensé que vous étiez en Bretagne.

PENSIONNAIRE. — HIST. *Ajoutez :* XIVe s. Mises [dépenses] pour pencionniers de ceste anée presente [à Abbeville], *Rec. des manusc. inédits de l'hist. du tiers état*, t. IV, p. 158.

† **PENSIVITÉ** (pan-si-vi-té), *s. f.* Néologisme. Caractère pensif. Les yeux [d'un portrait] ont une pensivité pénétrante et portent leurs regards au delà du temps présent, BERGERAT, *Journ. offic.* 10 mai 1877, p. 3477, 3e col.

† **PENSOTTER** (pan-so-té), *v. n.* Néologisme. Penser chétivement. Avec cela on vivotte, on pensotte, L. DESNOYERS, *les Béotiens de Paris*.

— ÉTYM. Dérivé formé de *penser*, comme de *vivre*, *vivoter*.

† **PENTALPHA** (pin-tal-fa), *s. m.* Terme d'antiquité. Figure composée de cinq alphas, pentagone sur les côtés duquel sont des triangles isoscèles. Au centre du sceau, on voit une grande étoile à cinq pointes, le pentalpha, connu chez les Juifs et les musulmans sous le nom de signe de Salomon.... le pentalpha signifie que le propriétaire du sceau est fils de Salomon, F. DELAUNAY, *Journ. offic.* 23 juill. 1873, p. 4952, 3e col. || C'est sans doute pentalpha ou pentalphe qu'on a voulu imprimer dans ce passage de Cazotte : Mon camarade, à l'aide d'un roseau.... trace un cercle autour de lui.... et en sort après y avoir dessiné quelques caractères : Entrez dans ce *penthacle*, mon brave, me dit-il, et n'en sortez qu'à bonne enseigne, *le Diable amoureux*, ch. 2 ou 13, Paris, 1845.

— ÉTYM. Πένταλφα, de πέντε, cinq, et ἄλφα, alpha.

† **PENTATOME** (pin-ta-to-m'), *s. m.* Genre d'insectes hémiptères, qui comprend la punaise des bois.

— ÉTYM. Πέντε, cinq, et τομή, section.

† 2. **PENTIÈRE** (pan-tiè-r'), *s. f.* La partie d'une montagne qui est en pente, qui n'est pas disposée en plateaux. Champ-braillard est un des endroits les plus dangereux du lac de Sylans; éloignée de toutes habitations, la route, à partir d'un brusque contour, se trouve, au nord, resserrée entre une haute montagne, dont la pentière est couverte, de la base au sommet, par un taillis et une épaisse forêt de sapins, et, au sud, par un précipice rapide qui va se perdre dans les profondeurs du lac, *Courrier de l'Ain*, 10 mars 1877.

— HIST. XVIe s. La pantiere de la breche, PARÉ, t. III, p. 705.

— ÉTYM. Dérivé de *pente*.

† **PÉNULE** (pé-nu-l'), *s. f.* Terme d'antiquité. Vêtement rond, fermé de toute part, sauf une ouverture pour passer la tête (lat. *pænula*).

PÉPERIN. — ÉTYM. *Ajoutez :* Le péperin est un tuf composé de cendres et de petites pierres calcinées qui, après avoir été rejetées par le volcan, ont été entraînées et amalgamées par les torrents de pluie qui accompagnent toute éruption très-violente, ... les petits charbons semés dans ces tufs gris ont paru aux Italiens des grains de poivre, d'où le nom de *peperino*, BEULÉ, *Rev. des Deux-Mondes*, 1er mai 1870, p. 26.

PEPIN. — HIST. *Ajoutez :* XIIe s. En plusors lieus par les gardins [jardins] Fist li dux planter des pepins Des pomes qu'en out aportées, Dunt beles entes sunt puis nées, BENOIT, *Chronique*, t. II, p. 344, v. 25394.

PÉPINIÈRE. *Ajoutez :* || 8° Pépinière volante, trou ou potet où l'on met plusieurs graines d'arbre, et où l'on reprend ensuite des sujets. On agrandit.... les potets jusqu'à leur donner 1m à 1m,50 de long sur 50 cent. de large,... on mettait environ 70 à 80 glands par trou; c'est ce qu'on appelle pépinières volantes, *Rebois. des montagnes, Comptes rend.* 1869-74, 2e fasc. p. 70. Chaque potet constituerait une pépinière volante d'où l'on tirerait plus tard les jeunes sujets de 2 à 3 ans.... *ib.* p. 95.

† **PÉQUIN.** — ÉTYM. *Ajoutez :* Le texte suivant porterait à croire que *péquin* n'est pas un terme de soldats : *Péquin :* terme injurieux qui équivaut à ignorant, sot, imbécile; homme intéressé, avare au dernier degré; c'est aussi un sobriquet que les soldats se donnent entre eux, D'HAUTEL, *Dict. du bas langage*, 1808. D'Hautel se trompe; *péquin* était une qualification non que les soldats se donnaient entre eux, mais donnaient à ceux qui n'étaient pas militaires (voy. au Dictionnaire l'anecdote de Talleyrand et Augereau). Voici un renseignement traditionnel qui donnerait quelque chose de positif sur l'origine de ce mot. *Péquin* daterait de la fête de la Fédération, suivant le dire d'un général qui y assistait, dire transmis de bouche en bouche jusqu'à la personne qui m'en a fait part : à cette fête, il y avait des délégués militaires, et des délégués des cantons; ces derniers, on les nomma par abréviation des *cantons;* la plaisanterie vit dans *cantons* la ville de la Chine et y substitua le nom de la capitale, *Pékin.*

† **PÉRA** (pé-ra), *s. m.* Nom, dans l'Indre, d'un cépage blanc, *les Primes d'honneur*, Paris, 1873, p. 224.

† **PERAMBULATION** (pè-ran-bu-la-sion), *s. f.* Mot forgé du latin. Voyage, course. Le retour du Père Quesnel et sa perambulation ne furent pas sans quelques difficultés et sans aventures, STE-BEUVE, *Port-Royal*, t. VI, p. 274, 3e éd.

— ÉTYM. Lat. *perambulare*, parcourir.

† **PÉRAMÈLE** (pé-ra-mè-l'), *s. m.* Genre de mammifères de l'ordre des marsupiaux dont les femelles sont pourvues d'une poche abdominale.

— ÉTYM. Πήρα, poche, sac, et le lat. *meles*, blaireau.

PERCE. *Ajoutez :* || 3° Manière dont un objet est percé. La perce de la clarinette est cylindrique

2. **PERCÉ,** *s. m. Ajoutez :* || 2° Nom, à Nancy, d'un pain dit aussi couronne.

PERCEPTEUR. *Ajoutez :* || 2° *Adj.* Percepteur, perceptrice, qui perçoit les sensations. Les centres nerveux percepteurs, P. BERT, *Acad. des sc. Comptes rend.* t. LXXXIV, p. 174.

† **PERCEPTRICE** (pèr-sè-ptri-s'), *s. f.* La femme d'un percepteur. Mme la perceptrice, *Progrès de l'Est*, dans l'*Opinion nationale*, 3 mai 1876, 3e page, 6e col.

† **PERCETTE** (pèr-sè-t'), *s. f.* Nom, dans l'Aunis, de la vrille, *Gloss. aunisien*, p. 133.

1. **PERCEUR.** *Ajoutez :* || 3° Perceur de perles, *Tarif des patentes*, 1858.

2. **PERCHE.** *Ajoutez :* || 10° Tendre la perche, tendre une perche à quelqu'un en danger de se noyer. || Fig. Venir en aide à quelqu'un. Aujourd'hui, Van B..., vous tendez la perche à B.... en adoptant sa version, *Gaz. des Trib.* 15 avril 1874, p. 362, 3e col.

— REM. La perche de Paris valait 5m,8471; celle des Eaux et Forêts, 7m,1465. La perche carrée de Paris, mesure de superficie, valait environ 34 mètres carrés; celle des Eaux et Forêts, 51 mètres carrés.

† **PERCHÉE.** *Ajoutez :* — HIST. XVIe s. Voyez ceste perchée d'oiseaulx, comme ils sont douilletz et en bon poinct, RAB. V, 6.

† **PERCHIS.** || 2° *Ajoutez :* Lorsque le pin est l'essence dominante, il est préférable de faire usage du petit feu, en ayant soin d'agir très-prudemment dans les jeunes perchis, *Enquête sur les incendies de forêts*, 1869, p. 53.

† **PERCOLATEUR** (pèr-ko-la-teur), *s. m.* Appareil qui sert à filtrer. Percolateur à café et à thé.

— ÉTYM. Lat. *percolare*, filtrer, de *per*, à travers, et *colare*, couler (voy. COULER).

PERCUSSION. *Ajoutez :* — REM. Le fusil à percussion est un fusil dans lequel l'inflammation de la poudre est déterminée par le choc d'un chien sur une capsule renfermant une composition fulminante, placée sur une cheminée (invention écossaise datant de 1800 environ). Le fusil à percussion était l'armement de l'infanterie française avant l'adoption du fusil à aiguille.

† **PERCUTANT, ANTE** (per-ku-tan, tan-t'), *adj.* Fusée percutante, voy. FUSÉE.

† **PERCUTEUR.** *Ajoutez :* || Nom général des pièces d'une forme quelconque qui, dans les armes à feu, déterminent l'inflammation en venant tomber sur du fulminate. Percuteur des fusées; percuteur du fusil modèle 1874.

PERDITION. *Ajoutez :* || 4° Il s'est dit pour perte de quelque objet. Je ne plains point les endroits [d'un ouvrage] qui se perdront; et, quand tout le livre périrait, je me consolerais aisément de sa perdition, pourvu que je ne fusse point obligé d'en faire un autre, BALZAC, *Lett. inédites*, CXXII, éd. Tamizey-Larroque.

PERDRE. *Ajoutez :* || 34° *S. m.* Le perdre, l'action de perdre. Ce n'est point le perdre qui nous afflige, c'est l'opinion seule d'avoir perdu, MALH. *Lexique*, éd. L. Lalanne.

PERDRIGON. — ÉTYM. *Ajoutez :* M. Roulin rejette l'étymologie par *perdrix*, et pense que cette prune, qui, dans le Dict. de Trévoux, est appelée *prunum ibericum*, a sans doute pris son nom du village de *Perdigon*, province de Zamora, Espagne.

PERDU. *Ajoutez :* || 15° Regard perdu, regard qui, ne voyant pas, ne se fixe sur rien. C'est l'habitude ordinaire du corps qui dénonce leur cécité: le regard, sans expression, toujours perdu, comme disent les peintres, est d'une indicible tristesse; leur œil est insensible à la douleur comme à la lumière [il s'agit des amaurotiques], MAXIME DU CAMP, *Rev. des Deux-Mondes*, 15 avril 1873, p. 810.

† **PÉRÉGRIN** (pé-ré-grin), *s. m.* Terme d'antiquité romaine. Étranger vivant à Rome, ou dans les pays soumis à sa domination, par opposition à citoyen romain. Les textes épigraphiques qui établissent une relation entre les pérégrins et les frumentaires paraissent concluants à M. Naudet, DELAUNAY, *Journ. offic.* 9 fév. 1875, p. 1079, 3° col.

— ÉTYM. Lat. *peregrinus* (voy. PÈLERIN).

† **PÉRÉGRINANT** (pé-ré-gri-nan), *s. m.* Celui qui fait des pérégrinations. Aux pérégrinants dont il est parlé plus haut, il faut ajouter ceux qui émigrent définitivement et se dirigent vers l'Italie, *Journ. des Débats*, 20 mars 1877, 2° page, 6° col.

† **PÉRÉGUEMENT** (pé-rè-ghe-man), *s. m.* Terme provincial. Synonyme d'arpentement. Les répartiteurs pourront s'aider, dans cette opération, des cadastres et parcellaires, plans, arpentements ou péréguements qu'ils se seront procurés, *Loi du 3 frimaire an VII*, art. 43.

— ÉTYM. Ce paraît être un dérivé du lat. *peræquare* (voy. PÉRÉQUATION).

PÉREMPTOIREMENT. *Ajoutez :* — HIST. XIV° s. Jehan d'Artoys a offert à respondre peremptoirement.... (1349), VARIN, *Archives administr. de la ville de Reims*, t. II, 2° part. p. 1243.

† **PERFECTISSIMAT** (pèr-fè-kti-ssi-ma), *s. m.* Dignité de perfectissime.

— ÉTYM. Lat. *perfectissimatus*, de *perfectissimus*.

† **PERFECTISSIME** (pèr-fè-kti-si-m'), *s. m.* Qualification honorifique donnée à certains fonctionnaires sous les empereurs romains. Le perfectissime Sironius Pasicratès, F. DELAUNAY, *Journ. offic.* 10 juillet 1877, p. 5131, 2° col.

— ÉTYM. Lat. *perfectissimus*, superlatif de *perfectus*, parfait.

† **PERFORAGE** (pèr-fo-ra-j'), *s. m.* Action de perforer. On mande de Calais : Les travaux d'étude du tunnel sous-marin se poursuivent avec activité; vendredi, à Sangatte, la sonde avait atteint 86^m; le perforage se continue jusqu'à 140 à 150^m, et à 150^m on espère trouver la roche, *Journ. offic.* 10 juill. 1876, p. 5357, 2° col.

† **PERFORATRICE** (pèr-fo-ra-tri-s'), *s. f.* Machine à perforer le sol, les couches de terre, les roches. On a [au Saint-Gothard] perfectionné beaucoup les anciennes perforatrices; on a diminué leur poids et leur volume: à la perforatrice Someiller on a substitué la perforatrice François, et depuis, la perforatrice Turretini..., H. DE PARVILLE, *Journ. offic.* 17 fév. 1876, p. 1264, 2° col.

† **PERFORMANCES.** *Ajoutez :* || 2° Manière de courir d'un cheval, de se comporter pendant la course.

† **PÉRIARTÉRITE** (pé-ri-ar-té-ri-t'), *s. f.* Terme d'anatomie pathologique. Inflammation du tissu qui entoure les petites artères.

— ÉTYM. Περὶ, autour, et *artère*.

† **PÉRICLITANT, ANTE** (pé-ri-kli-tan, tan-t'), *adj.* Qui périclite, qui est en danger. Théâtre de la ville [à Berlin], entreprise périclitante, *le Temps*, 19 avril 1876, 2° page, 6° col.

† **PÉRIDOTIQUE** (pé-ri-do-ti-k'), *adj.* Qui a rapport au péridot. Grains péridotiques, *Acad. des sc. Comptes rend.* t. LXXV, p. 749.

† **PÉRIER.** *Ajoutez :* Après cela, tout en alimentant le feu du fourneau avec de nouveau bois, on frappe vigoureusement le tampon avec le périer dont on laisse la pointe dans le trou du tampon jusqu'à ce qu'une certaine quantité de métal soit sortie, *Œuvres de Benvenuto Cellini*, trad. L. Léclanché, *Traité de la sculpture*, ch. II, ou t. II, p. 371.

† **PÉRIMÉTRAL, ALE** (pé-ri-mé-tral, tra-l'), *adj.* Qui a rapport au périmètre. Sur chacune de ces sections, on détermine le périmètre.... puisque préalablement on est tombé d'accord sur l'emplacement de la ligne périmétrale, *Rebois. des montagnes, Comptes rend.* 1869-74, 4° fasc. || *Au plur. masc.* Périmétraux.

† **PÉRINNE** (pé-ri-n'), *s. f.* Nom de la térébenthine du pin d'Alep; on la recueille dans les trous creusés en terre à la base des surlés, H. FLICHE, *Man. de bot. forest.* p. 304, Nancy, 1873.

PÉRIODE. *Ajoutez :* || 8° *S. f.* Terme d'arithmétique. Ensemble des chiffres qui se reproduisent dans le même ordre, en une fraction périodique simple ou composée (voy. PÉRIODIQUE).

PÉRIODIQUE. *Ajoutez :* || 2° *S. m.* Un périodique, un ouvrage périodique. Publications étrangères: Abonnements aux périodiques français et étrangers, *Circul. du ministre de l'Inst. publ. etc.* 1er janv. 1874, dans *Journ. offic.* du 6 janv. p. 130, 2° col.

† **PÉRIPHRASEUR** (pé-ri-fra-zeur), *s. m.* Celui qui fait des périphrases.

— REM. M. Alph. Daudet l'a employé adjectivement au sens de : qui a le caractère de la périphrase : Ces vers mythologiques, pompeux, périphraseurs, vous paraissent tellement surannés, hors de propos, *Journ. offic.* 13 mars 1876, p. 1770, 2° col. Mais périphraseur s'applique à un homme et non à des vers; avec un meilleur sentiment de la langue, M. Alph. Daudet aurait dit périphrasés.

† **PÉRIPOLAIRE** (pé-ri-po-lè-r'), *adj.* Qui est autour d'un pôle. || Induction péripolaire, force électromotrice radiale induite par le mouvement d'un corps tournant autour d'un axe passant par un pôle d'aimant, LE ROUX, *Acad. des sc. Comptes rend.* t. LXXV, p. 1809.

† **PÉRISCÉLIDE** (pé-ri-ssé-li-d'), *s. f.* Terme d'antiquité. Bande, anneau qu'on portait autour des jambes.

— ÉTYM. Περισκελὶς, de περὶ, autour, et σκέλος, jambe.

† **PÉRISPLÉNITE** (pé-ri-splé-ni-t'), *s. f.* Terme de médecine. Inflammation de la portion du péritoine qui entoure la rate.

— ÉTYM. Περὶ, autour, et σπλήν, rate.

PÉRISSABLE. *Ajoutez :* || 2° Terme de commerce. Sujet à éprouver des avaries. Que le navire était dans une condition convenable pour prendre et porter en bon état une cargaison sèche et périssable, à n'importe quel port du monde, *Gaz. des Trib.* 10 sept. 1873, p. 869, 1re col.

† **PÉRISTÉROPHILE** (pé-ri-sté-ro-fi-l') et non **PÉRISTÉRAPHILE**, *adj.* Qui aime les pigeons, qui s'occupe des pigeons. Société péristérophile.

— ÉTYM. Περιστερά, pigeon, et φίλος, ami.

† **PÉRIVASCULAIRE** (pé-ri-va-sku-lè-r'), *adj.* Terme d'anatomie. Qui est autour des vaisseaux. Les tissus périvasculaires.

PERLE. *Ajoutez :* || 16° Perles mortes, perles qu'on pêche dans les parages de l'Écosse et qui ressemblent à des yeux de poisson, CH. BLANC, *l'Art dans la parure*, p. 319.

† **PERLER** *Ajoutez :* || 5° *V. n.* Se dit d'un liquide qui apparaît sous forme de gouttes comparées à des perles. Il était dans l'angoisse, et la sueur perlait à son front.

† **PERLOT** (per-lo), *s. m.* Nom d'une petite espèce d'huître sur les côtes de la Manche. Courseulles livre annuellement de 20 à 30 millions d'huîtres à la consommation; elles sont vendues d'après leur grandeur : il y a la grosse, la marchande, la belle, la petite moyenne et enfin le perlot, BOUCHON-BRANDELY, *Journ. offic.* 22 janvier 1877, p. 460 2° col.

PERMÉABLE. — HIST. XVI° s. *Ajoutez :* J'entens que le ciel est une substance liquide outrepassable, ou (pardonnez-moi ce mot) permeable, PONTUS DE TYARD, *Discours philosophiques*, f° 223, *verso* (ce passage est dans le *Prunier curieux*, publié pour la première fois en 1557).

† **PERMISSIF.** — HIST. *Ajoutez :* || XVI° s. Une loy permissive qui leve les defenses d'une autre loy, BODIN, *Republique*, I, 10.

† **PERMISSIONNÉ, ÉE** (pèr-mi-sio-né, née), *part. passé* de permissionner. Art. 7... Tout individu permissionné qui changera de domicile.... Art. 11. Tout saltimbanque, joueur d'orgue ou permissionné qui aura prêté sa médaille ou sa permission..., *Ord. de Police*, 28 fév. 1863.

PERMUTATION. *Ajoutez :* — REM. La permutation, en termes de mathématique, exprime les arrangements différents que l'on peut former avec un certain nombre d'objets, chacun des groupes renfermant tous les objets donnés. Les permutations de sept lettres *a b c d e f g* sont les arrangements de ces lettres sept à sept : elles sont au nombre de cinq mille quarante. Pour la synonymie entre arrangement et permutation en algèbre, voy. ARRANGEMENT au Supplément.

† **PERMUTE** (pèr-mu-t'), *s. f.* Action de permuter. Elle [S. M.] a encore voulu employer ses offices auprès de Votre Éminence pour obtenir d'elle la grâce de permute de la commanderie de la Rochelle, dont mon fils, le bailli Colbert, est pourvu, avec la commanderie dont Votre Éminence dispose dans le grand prieuré de France, *Lettres, etc. de Colbert*, VII, 122.

PERNICIEUSEMENT. *Ajoutez :* — HIST. XVI° s. Il [Boniface VIII] fut.... pernicieusement factieux, PARADIN, *Chron. de Savoye*, p. 253.

PÉRONNELLE. — HIST. *Ajoutez :* XV° s. Avous [avez-vous] point veu la Perronnelle Que les gendarmes ont emmenée? *Chansons du XV° siècle*, p. 41, publiées par M. G. Paris, qui remarque : « Péronnelle est devenu un nom commun, non pas, comme le dit M. Littré, par un développement analogue à celui d'autres noms propres, mais grâce à la popularité de la chanson (cette chanson, malgré son peu de valeur, a été extraordinairement populaire). En Provence, le souvenir de la vieille chanson est seul resté populaire; on dit *cantar la Peronelo*, dans le sens de parler pour rien. Dans Oudin, *Curiositez françoises*, p. 316, on trouve : *chanter la perronelle*, dire des sottises, niaiser. *Perronnelle* est proprement le diminutif de *Perronne*, nom de femme formé sur *Pierre*. »

PÉRORER. || *V. a. Ajoutez :* Ce roi qui va pérorer le perroquet perché sur le haut d'un pin; cela n'est pas d'un goût bien exquis, CHAMFORT, *Notes sur les Fables de La Fontaine*, X, 12.

PÉROU. *Ajoutez :* — ÉTYM. *Pérou* n'est pas le nom que les incas donnaient à leur empire. Ce mot, d'après Garcilasso de la Vega (*Histoire des Incas*, t. I, p. 13), est dû à une méprise d'Espagnols qui, voguant de Panama le long de la côte ouest de l'Amérique, et apercevant un indigène, se saisirent de lui; ils ne comprenaient pas son langage; mais ils entendirent ou crurent entendre *pelu* (*pelu* en péruvien signifie rivière, l'indigène avait été rencontré près d'une rivière). De *pelu*, les Espagnols firent *peru*, et propagèrent ce mot comme nom de la contrée.

PERPENDICULAIRE. *Ajoutez :* || 3° Fortification perpendiculaire, celle dans laquelle les faces sont flanquées par des flancs qui leur sont perpendiculaires.

PERPÉTUEL. *Ajoutez :* || 6° Terme d'horticulture. Se dit de certains végétaux, qui, tels que les fraisiers, les framboisiers, les rosiers, etc. remontent régulièrement, c'est-à-dire fleurissent et fructifient une deuxième fois et quelquefois même une troisième fois. La poire beurré perpétuel, ainsi nommée, non parce qu'elle donne continuellement des fruits, comme le nom semble l'indiquer, mais parce qu'elle produit normalement deux récoltes, qui, chaque année, arrivent à parfaite maturité, *Rev. horticole*, 1er sept. 1876, p. 322.

† **PERPIGNAN** (pèr-pi-gnan), *s. m.* Nom que les charretiers donnent au manche de leur fouet. Spécialité de perpignans, grelots, fouets, *Alm. Didot-Bottin*, 1871-1872, p. 1286, 1re col.

— ÉTYM. *Perpignan*, ville. Son industrie [de Perpignan] consiste.... en fabriques.... de manches de fouets en bois d'alisier nommés *perpignans*, ARISTIDE GUILBERT, *les Villes de France*, t. IV, p. 320, (cité par *le Courrier de Vaugelas*, 1er fév. 1875, p. 165). Les fouets se font aussi en bois de micocoulier, que l'on cultive exprès dans le pays.

† **PERQUISITIONNÉ, ÉE** (pèr-ki-zi-sio-né, née), *part. passé* de perquisitionner. || *S. m.* Le perquisitionné, celui chez qui on a fait des perquisitions, *National*, 8 nov. 1872, *Trib. correctionnel, Seine*, 9e *chambre, audience du* 5.

† **PERQUISITIONNER** (pèr-ki-zi-sio-né), *v. a.* Exercer des perquisitions. On a perquisitionné le domicile de R..., qu'a-t-on trouvé? *Gaz. des Trib.* 3 août 1870.

† **PERQUISITIONNEUR** (pèr-ki-zi-tio-neur), *s. m.* Celui qui fait des perquisitions. M. le président : Connaissez-vous les perquisitionneurs? *National*, 8 nov. 1872, *Trib. correctionnel, Seine*, 9e *chambre, audience du* 5.

PERROQUET *Ajoutez :* || 8° Échelle de perroquet, échelle semblable au bâton d'un perroquet. Ces hommes, au lieu de remonter [d'une cave dépendant des catacombes] par l'échelle de perroquet, se sont placés sur un plateau mû par la vapeur et destiné exclusivement à monter les tonneaux de bière, *Journ. offic.* 31 juil. 1869, 6e col. || On dit de certaines maisons de province, où un même appartement a toutes ses pièces les unes au-dessus des autres et à différents étages, que ce sont des échelles à perroquet.

† **PERROQUETER** (pè-ro-ke-té ; le *t* se double devant un *e* muet : je perroquette, je perroquetterai), *v. n.* Néologisme. Faire le perroquet, répéter ce qu'un autre dit. Comme parle la critique, ainsi perroquette le public, BÜRGER, *Salons de* 1861 *à* 1868, t. I, p. 94.

PERRUQUE. *Ajoutez :* || 5° Arbre à perruques, le *rhus cotinus*, L., BAILLON, *Dict. de botan.* p. 257.

† **PERRUQUÉ.** *Ajoutez :* Convaincus qu'il suffit d'apprendre un rôle par cœur pour le savoir, ils [les comédiens] ne s'inquiètent plus que d'une chose, la façon dont ils seront perruqués et costumés, ALPH. DAUDET, *Journ. offic.* 5 mars 1875, p. 2474, 1re col. || Fig. Le courrier qui devait venir hier n'est pas encore arrivé; c'est le dieu perruqué de glaçons qui l'a arrêté par les chemins (31 décembre 1645), BALZAC, *Lettres inédites*, CXXIII, éd. Tamizey-Larroque.

† **PERSAGNE** (pèr-sa-gn') ou **PERSAIGNE** (pèr-sè-gn'), *s. m.* Nom, dans le Rhône, d'un cépage, qui donne un vin rouge, *les Primes d'honneur*, Paris, 1872, p. 380.

† **PERSCRUTER** (pèr-skru-té), *v. a.* Examiner, rechercher en scrutant.

— HIST. XVIe s. Socrates.... dict qu'il [Anaxagoras] se troubla le cerveau, comme font touts hommes qui perscrutent immoderéement les cognoissances qui ne sont de leur apartenance, MONT. II, 278.

— ÉTYM. Lat. *perscrutari*, de *per*, et *scrutari*, scruter (voy. SCRUTER).

† 2. **PERSE** (pèr-s'), *adj.* Qui est relatif à l'ancienne Perse. La sculpture perse, telle qu'elle se montre à nous dans ses monuments, est issue directement de l'Assyrie, et n'est pas inférieure à son origine, FR. LENORMANT, *Manuel d'hist. anc.* t. II, p. 454, 4e édit. || *S. m.* Le perse, la langue parlée dans l'ancienne Perse. Le perse est l'ancienne langue; le persan est la langue moderne. Le type le plus ancien des idiomes du groupe iranien est fourni par le zend et par le perse des inscriptions cunéiformes des rois achéménides, FR. LENORMANT, *Manuel d'hist. anc.* t. I, p. 128.

PERSÉCUTION. *Ajoutez :* || 3° Poursuite juridique (inusité maintenant en ce sens). La persécution des financiers continue, MALH. *Lexique*, éd. L. Lalanne.

† **PERSÉIDES** (pèr-sé-i-d'), *s. f. plur.* Étoiles filantes qui paraissent partir de la constellation de Persée. Étoiles filantes, les perséides en 1875, observations faites à l'observatoire royal de Bruxelles, *Acad. des sc. Comptes rend.* t. LXXXII, p. 108.

† **PERSÉPHONE** (pèr-sé-fo-n'), *s. f.* Nom grec, [Περσεφόνη] de la déesse que les Latins nommaient Proserpine.

† **PERSÉPOLITAIN, AINE** (pèr-sé-po-li-tin, tè-n'), *adj.* Qui appartient à Persépolis, capitale des anciens Perses et célèbre dans l'érudition par les inscriptions cunéiformes qu'on y a trouvées.

PERSÉVÉRAMMENT. — HIST. *Ajoutez :* || XIVe s. L'onneur doit laissier à celui Qui pour l'avoir est [ait?] travaillié Et perseveranment veillié, *Bibl. des ch.* 1873, p. 22.

PERSÉVÉRANT. *Ajoutez :* || Les Persévérantes, filles qui se repentent de leurs fautes et se retirent dans une maison cloîtrée, *Journ. offic.* 26 août 1874, p. 6174, 1re col.

† **PERSONNALISME** (pèr-so-na-li-sm'), *s. m.* Attachement à sa propre personne, *Journ. offic.* 28 mai 1872, p. 3554, 2e col.

PERSONNALITÉ. *Ajoutez :* || 6° Fig. Existence assimilée à celle d'une personne. La liberté de l'enseignement en France n'aura sa consécration qu'autant que la personnalité sera donnée aux associations, *Journ. offic.* 12 mai 1872, p. 3172, 2e col. Je ne crois pas que la Belgique accorde la personnalité civile aux associations, *ib.* 15 mai 1872, p. 3254, 3e col. || 7° La personnalité des lois, régime qui fait que, dans un pays, certaines lois sont personnelles à une classe d'habitants.

PERSONNELLEMENT. *Ajoutez :* Chrétiens, quiconque sent en lui-même que c'est son vice qu'on attaque, doit croire que c'est à lui personnellement que s'adresse tout le discours [du prédicateur], BOSS. *Sermons, Prédication*, 2.

PERSPECTIVE. *Ajoutez :* || 8° Nom des grandes rues à Saint-Pétersbourg. Les perspectives, c'est ainsi qu'on désigne les grandes rues [de Saint-Pétersbourg], sont nuit et jour sillonnées par une quantité vraiment prodigieuse de drowskis, calèches, omnibus, tramways, équipages de luxe...., *Journ. offic.* 3 sept. 1875, p. 7491, 3e col. La chaussée des grandes voies, telles que la perspective Newski, est.... *ib.* p. 7492, 1re col.

PERSUASION. *Ajoutez :* || 4° *Au plur.* Fig. Des persuasions, des impulsions persuasives. J'ai dit des âmes à l'épreuve des persuasions, comme le cardinal Du Perron a dit devant moi : Des âmes qui résistent aux persuasions des sens, aux persuasions de la volupté, BALZAC, *Lett. inéd.* CIV, éd. Tamizey-Larroque.

† **PERSUASIVEMENT** (pèr-su-a-zi-ve-man), *adv.* D'une manière persuasive.

— HIST. XVIe s. Ceux d'espée et les princes mesmes parlent aussy persuasivement en leur langue que Demosthenes et Ciceron faisoient chascun en la sienne : tesmoin en sont les apologies du feu empereur Charles contre le roy Françoys et de François contre luy, BONIVARD, *Advis et devis des lengues*, p. 53.

PERTE. || 16° *Ajoutez :* || En pure perte, s'est dit d'une troupe auxiliaire qui vit à discrétion et aux dépens de l'habitant. Je viens d'établir dans les Cévennes le quartier d'hiver en pure perte, c'est-à-dire y causer une grande désolation, BOISLISLE, *Correspond. contrôl. gén.* 1686, p. 88. || 17° Terme de jeu de billard. Action de se perdre, de mettre sa propre bille dans une blouse.

† **PERTINACITÉ.** *Ajoutez :* Toutes difficultés sont expugnables à l'assiduité du soin et à la pertinacité du labeur, MALH. *Lexique*, éd. L. Lalanne.

† **PERTURBER** (pèr-tur-bé), *v. a.* Néologisme. Causer de la perturbation. Ces terrains voyageurs [terrains qui se déplacent en glissant, comme cela a lieu quelquefois dans les pays de montagnes] ont beaucoup perturbé la commune, R. TÖPFFER, *Voyages en zigzag.*

— ÉTYM. Lat. *perturbare.* Ce mot a été forgé du latin sous l'influence de *perturbation* et de *perturbateur* (voy. ces mots).

† **PÉRUVIEN, IENNE** (pé-ru-viin, viè-n'), *adj.* Qui appartient au Pérou, grande contrée de l'Amérique du Sud.

PESAT. *Ajoutez :* — HIST. XIVe s. Cousin, tost alons querre tant Palis, buissons, chaume, pesas, *Théât. franç. au moyen âge*, p. 354. Le suppliant se muça en un solier en ladite maison et se bouta dedens un taz de pesaz, DU CANGE, *pesait.*

† **PÈSE-LETTRES** (pè-ze-lè-tr'), *s. m.* Petite balance destinée à peser les lettres. Articles de bureau, encriers, pèse-lettres, *Journ. offic.* 9 sept. 1876, p. 6852, 1re col. || *Au plur.* Des pèse-lettres.

† **PÈSE-NITRE** (pè-ze-ni-tr'), *s. m.* Aréomètre employé pour mesurer le titre en salpêtre des eaux qui proviennent du lessivage des matériaux salpêtrés.

PESEUR. — HIST. *Ajoutez :* XIVe s. *Trutinator*, peseres, ESCALLIER, *Vocab. lat.-franç.* 2537.

† **PESOGNE** (pe-zo-gn'), *s. m.* Nom vulgaire du panaris ou phlegmon du pied des bêtes à corne.

† **PESSIMISME.** *Ajoutez :* — REM. On attribue ce mot à Mallet du Pan, TAXILE DELORD, *Rev. des cours litt.* 1872, p. 327.

PESTE. *Ajoutez :* — REM. Les quatre vers de Mlle de la Vigne, cités au n° 5, d'après Richelet, appartiennent à une pièce qui se trouve dans *Mélange curieux contenant les meilleures pièces attribuées à M. de St-Évremond*, t. I, p. 78, Cologne, 1708.

PESTILENTIEL. *Ajoutez :* — REM. On a dit pestilentieux dans le XVIe siècle : Œuvre excellente contenant les medecines preservatives et curatives des maladies pestilentieuses, GUILL. BUNEL, 1513. C'est le latin *pestilentiosus.*

† **PÉTALIN, INE** (pé-ta-lin, li-n'), *adj.* Terme de botanique. Qui appartient aux pétales. Une feuille sépalaire ou pétaline, TRÉCUL, *Acad. des sc. Comptes rend.* t. LXXXII, p. 884.

† **PÉTARDEMENT** (pé-tar-de-man), *s. m.* Action de pétarder, de faire sauter par la poudre. L'auteur traite en détail les questions du pétardement des roches, de la démolition des maçonneries, H. DE PARVILLE, *Journ. offic.* 13 août 1874, p. 5840, 1re col.

† **PÉTAURISTE** (pé-tô-ri-st'), *s. m.* Terme d'antiquité grecque. Danseur de corde. Paciaudi envoya un charmant cachet représentant un pétauriste ou sauteur du genre de ceux qui se montrent aujourd'hui sur nos places publiques, CH. NISARD, *Journal offic.* 30 janv. 1877, p. 720, 2e col.

— ÉTYM. Voy. PÉTAURISTES au Dictionnaire.

PETIT. *Ajoutez :* || 22° Petites eaux, dans les raffineries de salpêtre, nom du produit des deux derniers lavages faits à l'eau pure.

† **PETIT-BOUC** (pe-ti-bouk), *s. m.* Synonyme de crevette ou chevrette, petit crustacé (comparez BOUC au Supplément et aussi BOUQUET, dont l'étymologie est confirmée par petit-bouc). || *Au plur.* Des petits-boucs.

PÉTRIN. *Ajoutez :* || 2° Nom, en Belgique, d'une sorte de barquette. Deux sangliers se sont sauvés criblés de coups de hache; sept ont été pris au moyen de pétrins, car l'étang est très-profond et mesure plus d'un mètre de vase, *Journ. offic.* 3 fév. 1877, p. 911, 1re col.

PÉTRIR. *Ajoutez :* || 6° Fig. Pétrir le cœur, former les dispositions morales, les volontés d'une personne. Le cœur de l'abbé [de Coulanges] est pour vous comme si je l'avais pétri de mes propres mains, SÉV. *Lett. à Mme de Grignan*, 18 mai 1671, dans *Lett. inédites*, éd. Capmas, t. I, p. 125. || Il avait paru douteux que Mme de Sévigné se fût servie de cette locution ; mais le nouveau manuscrit lève tous les doutes.

† **PÉTROGRAPHIE.** *Ajoutez :* Nous assistons en ce moment à la naissance d'une science nouvelle qui, s'annonçant d'abord sous le nom de pétrographie comme une annexe de la minéralogie, est destinée dans un avenir peu éloigné à prendre le pas sur sa devancière, VELAIN, *Journ. offic.* 23 déc. 1873, p. 9664, 2e col.

† **PÉTROGRAPHIQUEMENT** (pé-tro-gra-fi-ke-man), *adj.* Conformément à la pétrographie, *Acad. des sc. Comptes rend.* t. LXXVI, p. 59.

† **PÉTROLER** (pé-tro-lé), *v. a.* Incendier par le pétrole.

— REM. On a dit aussi pétroliser. Pendant qu'on brûlait les Tuileries, les Finances, l'Hôtel-de-Ville, personne n'a songé à pétroliser l'Institut! *le National*, 14 sept. 1871.

† **PÉTROLEUR, EUSE** (pé-tro-leur, leû-z'), *s. m.* et *f.* Celui, celle qui incendie par le pétrole.

PETUN. — HIST. XVIe s. *Ajoutez :* N'avons-nous pas decouvert les rivages De l'autre monde et les veluz sauvages, Dont s'est connu ce haut feuillu petun, A tant de maux utile et opportun? J. PELLETIER DU MANS, *la Savoye* (1572), p. 298, Chambéry, 1856.

PEU. — REM. *Ajoutez :* || 5. A la phrase de Corneille, rapportée au n° 3 : Pour en venir à bout c'est trop peu que de vous, ajoutez cet exemple semblable de Régnier, *Dialogue :* Il croit que c'est pour moi trop peu que d'un supplice.

PEUR. *Ajoutez :* || 7° Familièrement. Une peur bleue, une peur très-forte, qui rend bleu.

— REM. *Ajoutez :* || 3. Après *avoir peur*, Régnier a mis le verbe subordonné au futur : J'ai peur que tout à fait je deviendrai rimeur, *Sat.* II. Cela se trouve aussi dans Balzac : J'ai peur qu'il sera blâmé, quelque raison qu'il puisse alléguer en cette rencontre, et que le blâme s'étendra sur tous messieurs les faiseurs de livres, *Lett. inédites*, XC (éd. Tamizey-Larroque). J'ai peur qu'on trompera

M. Saumaise, *Lett. inédites*, LX. Cela n'est plus usité, mais n'a rien qui contredise la grammaire, si ce n'est la suppression de *ne*. Il est vrai que cette négation est une imitation du latin *timeo ne*, et qu'elle n'a pas du tout le sens négatif en français.

† **PEZADE** (pe-za-d'), *s. f.* Sous l'ancienne monarchie, impôt, dit aussi commun de la paix, établi au XIIe siècle pour indemniser les gens de la campagne, pillés par les bandes mercenaires qui dévastaient le pays; il fut payé pendant longtemps d'une manière régulière, tomba en désuétude au XVIe siècle, et fut restauré en 1667 par les fermiers généraux, *Rev. crit.* 10 mars 1877, p. 159.

† **PHALAROPE** (fa-la-ro-p'), *s. m.* Genre d'oiseaux de l'ordre des échassiers.

— ÉTYM. Φαλαρός, brillant, et ποῦς, pied.

† **PHALÈNE.** *Ajoutez :* — REM. M. Eugène Rambert, poëte de la Suisse contemporaine, a suivi Victor Hugo et a fait phalène masculin : Des papillons nés dans la plaine Le plus léger fût un phalène, A l'œil de feu (*Poésies*, 1874, p. 180). Puis, prenant l'offensive, il me reproche de ne pas accepter le masculin : Victor Hugo dit le phalène, Musset aussi : Et c'est l'instinct de l'âme humaine Qui parle ainsi. Au papillon qui se présente En épouseur, Voit-on la rose complaisante Dire : ma sœur ! (*ib.* p. 188)? — Je laisse les poëtes s'arranger avec le genre de phalène. Un lexicographe ne peut que constater l'usage, auquel Mme Ackermann a été fidèle : Si par un soir d'été la phalène imprudente Voit dans l'obscurité luire une lampe ardente, *Poésies philosoph.* p. 44.

† **PHANAR** (fa-nar), *s. m.* Nom d'un quartier de Constantinople. Le Phare du Bosphore [journal turc], organe du Phanar, *Journ. offic.* 16 janv. 1873, p. 369, 1re col.

— ÉTYM. Ce mot s'écrit aussi *Fanar* (voy. FANARIOTE au Dictionnaire).

† **PHANTASMASIE** (fan-ta-sma-zie), *s. f.* Néologisme. Apparence fantastique, visionnaire. Pourquoi de soi-disant théologiens voudraient-ils faire du plus pur de notre conscience une phantasmasie de mystères? PROUDHON, *Confessions d'un révolutionnaire* (Libr. intern. in-12, 1868), p. 13.

— ÉTYM. Φάντασμα, fantôme (voy. FANTÔME). Il vaudrait mieux écrire *fantasmasie* (voy. FANTASMATIQUE).

† **PHANTASMATIQUE** (fan-ta-sma-ti-k'), *adj.* Voy. FANTASMATIQUE au Dictionnaire et au Supplément.

† **PHARAMINEUX, EUSE** (fa-ra-mi-neû, neû-z'), *adj.* Étonnant, merveilleux (mot qui paraît avoir été en usage à la cour de Louis XV, et qui n'est usité aujourd'hui qu'en certaines contrées). Aussitôt qu'ils [les convulsionnaires de Saint-Médard] le voyaient arriver [le chevalier de Folard] dans leur cimetière ou dans leur galetas, les cris pharamineux, les bonds, les sauts de carpe et les contorsions y centuplaient d'ardeur et d'activité frénétique, DECOURCHAMP, *Souv. de la marquise de Créquy*, II, 11.

— ÉTYM. Origine inconnue.

† **PHARYNGOSCOPE** (fa-rin-go-sko-p'), *s. m.* Voy. LARYNGOSCOPE au Dictionnaire.

† **PHASCOGALE** (fa-sko-ga-l'), *s. m.* Genre de mammifères de l'ordre des marsupiaux.

— ÉTYM. *Phasco*, pour φάσκωλον, bourse, et γαλῆ, belette.

† **PHASMA** (fa-sma), *s. m.* Genre d'insectes de l'ordre des orthoptères.

— ÉTYM. Φάσμα, vision, à cause de la bizarrerie de la forme de ces insectes, dont la plupart sont privés d'ailes.

† 2. **PHÉBÉ**, *s. m.* — ÉTYM. *Ajoutez :* Ce mot vieilli, que La Fontaine a employé, j'avais cru pouvoir l'appuyer et l'expliquer par *Phœbe domine*, qui se trouve dans une phrase de Bouchet citée à l'historique. Mais M. Petilleau m'apprend qu'on ne peut y appuyer aucune explication, attendu que la leçon est fausse, sans doute par erreur typographique, et qu'il faut lire *fabæ, domine.* En Touraine (Bouchet était Tourangeau), quand on tire les Rois, le maître de la maison, après avoir divisé, comme partout, le gâteau en autant de parts qu'il y a de personnes, fait mettre un enfant sous la table; l'enfant dit : *fabæ, domine* (des fèves, monsieur). Le maître de la maison, qui a une tranche de gâteau à la main, dit : pour qui? l'enfant répond: pour telle personne. Au reste le partage du gâteau des Rois ne diffère en Touraine de ce qu'il est ailleurs que par cette adjonction de *fabæ, domine.* Ce qui montre bien que dans le passage de Bouchet il faut lire *fabæ* et non *phœbe*, c'est ce qu'il ajoute : *ils sçavoient bien pour qui c'estoit.* Quant au *phébé* de La Fontaine, ce semble une forme francisée de *phébus.*

† **PHÉNICIEN, ENNE** (fé-ni-siin, siè-n'), *adj.* Terme d'histoire ancienne. Qui appartient à la Phénicie. Mémoire sur une inscription phénicienne déterrée à Marseille. || Alphabet phénicien, alphabet dérivé de l'écriture hiéroglyphique des Égyptiens, et qui s'est propagé chez les Grecs et les Latins. || *S. m.* Le phénicien, langue parlée en Phénicie, très-voisine de l'hébreu, et appartenant au groupe sémitique.

† **PHÉNIQUÉ, ÉE** (fé-ni-ké, kée), *adj.* Qui contient de l'acide phénique. Fumigations phéniquées.

PHÉNIX. *Ajoutez :* || 4° Sorte de papillon, *sphinx celerio.*

† **PHILANTHE** (fi-lan-t'), *s. m.* Genre d'insectes de l'ordre des hyménoptères, dont une espèce, le philanthe apivore, détruit les abeilles.

PHILANTHROPIE. *Ajoutez :* || 2° En un sens passif, disposition à être doux et patient envers les hommes. La philanthropie est une vertu douce, patiente et désintéressée, qui supporte le mal sans l'approuver, FÉN. 18° *dial. des morts.*

† **PHILIPPIN** (fi-lip-pin), *s. m.* Nom d'une espèce de tabac venant des îles Philippines, *Réponse aux questions posées dans l'enquête sur le monopole des tabacs et des poudres*, p. 52, Paris, 1874. Le rendement des tabacs fins [en Algérie], chebli et autres, est porté de 6 à 8 quintaux par hectare; avec les tabacs philippin et autres de 10 à 12 quintaux, *Journ. offic.* 1er mai 1874, p. 3032, 2° col.

† **PHILIPPINE.** — REM. Quand, en Allemagne, on mange des amandes en société, et qu'une personne en trouve une à graine double, elle en garde une et donne l'autre à une personne de la société, de sexe différent; et, à la première rencontre de ces deux personnes, celle qui dit la première : bonjour, *Philippchen* (*vielliebchen*), à l'autre, gagne un cadeau, à la discrétion du perdant. Une graine double s'appelle un *vielliebchen. Philippchen* est devenu par altération et assimilation *Philippine* en français, et *vielliebchen* signifie chose très-chère. Cette interprétation ne permet pas de rapprocher *philippine* des *filipi* des Romains « *Filipi* ou *pilipi* désigne chez eux un usage domestique qui se pratique pendant les premières semaines du grand carême. On fait des gâteaux qu'on distribue aux voisins et aux passants en commémoration d'un boiteux qu'on nomme *Philippe*, dont la croyance populaire a fait un saint. » *Revue d'anthropol.* t. IV, p. 407.

† **PHILOCOME** (fi-lo-ko-m'), *adj.* Qui est favorable à la croissance des cheveux. Huile philocome, (1817), *Description des brevets*, t. IX, p. 337.

— ÉTYM. Φίλος, ami, et κόμη, chevelure.

† **PHILOCRATIE** (fi-lo-kra-sie), *s. f.* Mot forgé par Voltaire. Amour de la puissance. Qui aurait cru qu'un projet de paix si raisonnable n'eût pas été accepté par M. le président? Mais, sur le point de signer et d'en remplir tous les articles, sa mélancolie et sa philocratie redoublèrent avec des symptômes violents, VOLT. *Facéties*, Dr *Akakia.*

— ÉTYM. Φιλοκρατία, de φίλος, qui aime, et κράτος, puissance.

† **PHILODOXE** (fi-lo-do-ks'), *s. m.* Terme de philosophie. L'homme qui suit des opinions, des vues, des apparences. Celui qui possède cette science, continue Platon en divers endroits, le vrai philosophe, qu'il ne faut pas confondre avec le philodoxe, pense.... CH. LÉVÊQUE, *Science du beau*, t. II, p. 330, Paris, 1861.

— ÉTYM. Φιλόδοξος, de φίλος, ami, et δόξα, opinion.

† **PHILONISME** (fi-lo-ni-sm'), *s. m.* Doctrine philosophique et religieuse de Philon, Juif d'Alexandrie qui vécut du temps d'Auguste et de Caligula, et qui donnait au judaïsme des couleurs de platonisme. L'histoire du philonisme, *Rev. critique*, 19 juin 1875, dans l'analyse des périodiques.

† **PHILOSOPHAILLERIE** (fi-lo-zo-fa-lle-rie, *ll* mouillées), *s. f.* Terme de dénigrement. Habitude de philosophailler. Il [Fontanes] détestait les journaux, la philosophaillerie, l'idéologie, et il communiqua cette haine à Bonaparte, quand il s'approcha du maître de l'Europe, CHATEAUBR. *Mém. d'outre-tombe* (éd. de Bruxelles), t. II, *Promenades avec Fontanes.*

— ÉTYM. *Philosophailler.*

† **PHILOSOPHÂTRE** (fi-lo-zo-fâ-tr'), *s. m.* Terme de dénigrement. Chétif philosophe; faux philosophe.

— HIST. XVIe s. N'en voit-on pas les exemples par un nombre infini de tels gentils philosophastres? JACQ. TAHUREAU, 2° *dial.* p. 229. Plus en apprendra, à un instant, par soy-mesmes, que non par tous les livres de tels quels philosophastres, non experimentez en tels œuvres, EST. PASQUIER, *Monoph.* I, p. 15.

PHILOSOPHE. *Ajoutez :* || 11° Un des noms de l'argilah ou cicogne à sac (voy. ARGILAH au Supplément). Le public, frappé de la gravité de sa démarche et de l'air penseur de son crâne dénudé, lui a donné le nom plus pittoresque de philosophe ou d'adjudant, *Journ. offic.* 18 mars 1874, p. 2094, 2° col.

PHILOSOPHER. *Ajoutez :* — REM. Au XVIIe siècle, philosopher s'employait au sens de raisonner sur, tirer des inductions, comme on le voit par les exemples de La Fontaine et de Mme de Sévigné, rapportés dans le n° 4. C'est ainsi que Richelieu l'emploie dans cette phrase : M. de Chazé a fort bien interrogé M. de Thou [dans le procès de Cinq-Mars], et assurément il n'est pas incapable; mais, pour la conduite générale de l'affaire, il nous faut, à mon avis, M. de Lauzon, étant besoin qu'un commissaire qui aura cette charge soit capable de philosopher et songer perpétuellement aux moyens qu'il devra tenir pour venir à ses fins, *Lettres*, etc. 1642, t. VII, p. 17.

PHILOSOPHIQUE. *Ajoutez :* || 4° Dans le langage des casuistes, péchés philosophiques, péchés commis par ceux qui ignorent Dieu, ou qui, en péchant, ne pensent point actuellement à Dieu, par opposition à péché théologique (ces péchés n'entraînent pas nécessairement la damnation), ANT. ARNAULD, 5° *dénonciation*, I (*Œuvres*, Lausanne, 1780, t. XXXI, p. 302). Le monstrueux dogme du péché philosophique, *Biblioth. critique*, Bâle, 1709, t. II, p. 71.

PHILOSOPHISME. *Ajoutez :* || 2° Au sens d'Antoine Arnauld, qui le premier a employé ce mot, doctrine des casuistes à l'égard du péché philosophique, ANT. ARNAULD, 5° *dénonciation*, II (*Œuvres*, Lausanne, 1780, t. XXXI, p. 305).

† **PHILOSOPHISTE.** *Ajoutez :* || 2° Au sens d'Arnauld, qui le premier a employé ce mot, casuiste qui argue du péché philosophique, pour atténuer les plus grosses offenses. Ç'aurait donc été sottement et impertinemment que tous vos philosophistes [il s'adresse aux jésuites], c'est-à-dire tous vos auteurs qui ont parlé du péché philosophique, nous ont fait entendre qu'il ne se trouvait qu'en ceux qui ignoraient Dieu, ou qui, en péchant, ne pensaient point actuellement à Dieu, ANT. ARNAULD, 5° *dénonciation*, I (*Œuvres*, 1780, t. XXXI, p. 302).

† 2. **PHILOSOPHISTE** (fi-lo-so-fi-st'), *adj.* Qui a le caractère philosophique, et particulièrement de la philosophie du XVIIIe siècle. Le gouvernement.... ne pouvait.... sans froisser le sentiment démocratique et philosophiste du pays, prendre d'une manière absolue la défense du pape, PROUDHON, *Confessions d'un révolutionnaire*, 1868, p. 262.

PHILTRE. *Ajoutez :* || 2° Dans le vulgaire, enfoncement de la lèvre supérieure situé immédiatement sous la cloison du nez.

† **PHOLÉRITE** (fo-lé-ri-t'), *s. f.* Terme de minéralogie. Silicate d'alumine hydraté.

† **PHONAUTOGRAPHE** (fo-nô-to-gra-f'), *s. m.* Terme de physique. Appareil qui sert à obtenir le tracé graphique d'un son ou d'un mélange de sons transmis à travers l'air.

— ÉTYM. Φωνή, voix, αὐτός, de soi-même, et γράφειν, écrire.

† **PHONÈME** (fo-nè-m'), *s. m.* Terme de linguistique. Bruit articulé, son articulé quelconque, voyelle ou consonne. M. Coudereau range les phonèmes : 1° d'après l'organe mobile qui les produit; 2° d'après le point où cet organe s'applique, L. HAVET, *Rev. crit.* 1 avr. 1876, p. 249.

— ÉTYM. Φώνημα, émission de voix.

† **PHONOGRAPHE** (fo-no-gra-f'), *s. m.* Terme de grammaire. Celui qui décrit les voix, les sons grammaticalement. La prétention des phonographes de supprimer l'*a* devant l'expression nasale *in* (comme dans *gain*)..., COLLIN, *Observations sur la réforme orthographique*, p. 14, Avallon, 1873.

† **PHOSPHORER** (fo-sfo-ré), *v. a.* Ajouter du phosphore. Les inventeurs ont été conduits à phosphorer l'alliage de cuivre et d'étain, H. DE PARVILLE, *Journ. offic.* 8 sept. 1874, p. 3307, 1re col.

† **PHOSPHORISTE** (fo-sfo-ri-st'), *s. m.* Nom donné en Suède, vers la fin du XVIIIe siècle, à un groupe de littérateurs qui réagissaient contre l'influence française, alors dominante dans tout le Nord; ainsi dits d'après le journal *Phosphorus*.

† **PHOTIZITE** (fo-ti-zi-t'), *s. f.* Terme de minéralogie. Silicate de magnésie.

† **PHOTOCHIMIE** (fo-to-chi-mie), *s. f.* Science qui étudie les actions chimiques de la lumière.

† **PHOTOCHIMIQUE** (fo-to-chi-mi-k'), *adj.* Qui se rapporte à l'action chimique de la lumière. Force photochimique, *Acad. des sc. Comptes rend.* t. LXXVI, p. 764.

— ÉTYM. *Photo...*, et *chimique*.

† **PHOTOCHROMIE** (fo-to-kro-mie), *s. f.* Procédé de photographie par lequel on reproduit la couleur des objets. C'est sur une presse autotypique, appartenant aux ateliers de photochromie du *Moniteur universel*,... qu'auront lieu ces expériences [d'impressions mécaniques aux encres grasses], *Journ. offic.* 31 mai 1876, p. 3731, 1re col. Progrès considérables accomplis dans l'art tout nouveau de la photochromie, *ib.* 6 avril 1877, p. 2635, 2e col.

— ÉTYM. *Photo...*, et χρῶμα, couleur.

† **PHOTOCHROMIQUE** (fo-to-kro-mi-k'), *adj.* Qui a rapport à la photochromie, synonyme de photochromatique, qui est au Dictionnaire. Impressions photochromiques, *Journ. offic.* 6 avr. 1877, p. 2635, 2e page.

† **PHOTOGLYPTIE** (fo-to-gli-ptie), *s. f.* Art de la gravure par la lumière, *Journ. offic.* 29 sept. 1872, p. 2645, 3e col.

— ÉTYM. Φῶς, φωτὸς, lumière, et γλύπτειν, ciseler.

† **PHOTOGRAMMÉTRIE** (fo-to-gra-mmé-trie), *s. f.* Application de la photographie au lever des plans. Un autre procédé de photogrammétrie, inventé par Chevallier, exige un instrument particulier, H. VOGEL, *la Photographie, Biblioth. scient. internationale*, Paris, 1876, p. 127.

— ÉTYM. *Photo...*, γράμμα, dessin, et μέτρον, mesure.

† **PHOTOGRAPHIE.** *Ajoutez* : || 2° Épreuve photographique. Une belle photographie.

† **PHOTOGRAVURE** (fo-to-gra-vu-r'), *s. f.* || 1° Gravure faite par un procédé photographique. Deux publications de la Société des anciens textes, les *Chansons du XVe siècle* et l'*Album* contenant la photogravure des plus anciens monuments de la langue française, *Revue des langues romanes*, 2e série, t. II, p. 111. Elle [la mappemonde d'Ortélius] a été reproduite intégralement par les maîtres de la photogravure moderne, les frères Dujardin, *Journ. offic.* 7 mars 1874, p. 1794, 2e col. Il [M. L. Delisle] a choisi dans ce manuscrit six feuillets qui, reproduits par la photogravure, nous montrent différentes sortes d'écriture et surtout la transition entre ces écritures différentes, *Revue historique*, t. I, p. 308. || 2° Procédé à l'aide duquel on obtient ces gravures.

† **PHOTOHÉLIOGRAPHE** (fo-to-é-li-o-gra-f'), *s. m.* Instrument inventé par M. Warren de la Rue et destiné à la reproduction régulière de l'image solaire. Le soleil forme dans le plan focal du photohéliographe une image d'un demi-pouce (0m,013) de diamètre, *Journ. offic.* 12 mai 1874, p. 3219, 2e col. Chaque station principale possédera.... un photohéliographe, un instrument des passages..., *ib.*

— ÉTYM. Φῶς, φωτὸς, lumière, ἥλιος, soleil, et γράφειν, décrire.

† **PHOTOLITHOGRAPHIER** (fo-to-li-to-gra-fi-é), *v. n.* Opérer la photolithographie, *Journ. offic.* 15 juillet 1872, p. 4828, 2e col.

† **PHOTOMICROGRAPHIE** (fo-to-mi-kro-gra-fie), *s. f.* Micrographie faite à l'aide de la lumière, *Journ. offic.* 26 juill. 1872, p. 5090, 2e col.

— ÉTYM. *Photo...*, et *micrographie*.

† **PHOTOMICROGRAPHIQUE** (fo-to-mi-kro-gra-fi-k'), *adj.* Qui a rapport à la photomicrographie. M. J. Girard transmet le résultat de ses recherches photomicrographiques sur les effets de la réduction des sels d'argent dans les épreuves photographiques, *Journ. offic.* 6 oct. 1876, p. 7360, 2e col.

† **PHOTOSPHÉRIQUE** (fo-to-sfé-ri-k'), *adj.* Qui a rapport à une photosphère. Les facules du soleil sont des courants de matière photosphérique.

† **PHOTOTYPIE** (fo-to-ti-pie), *s. f.* Reproduction typographique des photographies.

— ÉTYM. Φῶς, φωτὸς, lumière, et τύπος, type.

† **PHOTOTYPOGRAPHIE** (fo-to-ti-po-gra-fie), *s. f.* Procédé pour photographier une planche imprimée.

— ÉTYM. *Photo...*, et *typographie*.

† **PHOTOTYPOGRAPHIQUE** (fo-to-ti-po-gra-fi-k'), *adj.* Qui a rapport à la phototypographie. Ce volume, qui contient 150 grandes planches phototypographiques, fac-simile des plus belles dentelles de toutes les époques et de tous les pays, est aussi intéressant que somptueux, *Journ. offic.* 24 déc. 1875, p. 10784, 3e col.

† **PHOTOZINCOGRAPHIE** (fo-to-zin-ko-gra-fie), *s. f.* Art de produire des fac-simile photographiques d'un sujet tel qu'un manuscrit, une carte, une gravure au trait, et de les transporter ensuite sur zinc, de manière à pouvoir multiplier les épreuves de la même manière qu'un dessin sur pierre lithographique ou sur zinc. De tous ces procédés, la photozincographie est le moins coûteux à coup sûr, dès qu'il s'agit seulement de reproduire du noir sur du blanc.... la photozincographie a eu son rôle pendant la dernière guerre, *Journ. offic.* 16 sept. 1873, p. 5909, 1re col.

PHRASE. *Ajoutez* : — REM. Il semble que phrases, au pluriel, au sens de paroles emphatiques, affectées, était nouveau dans le courant du XVIIe siècle. Du moins on serait tenté de l'inférer de cet exemple : Il a aussi pour contraire un certain style enflé et bouffi, qui fait semblant de dire de grandes choses et ne dit rien : le phébus qui va toujours sur des échasses, ce qu'on appelle galimatias, ou, par un terme nouveau, phrases, et autres styles à perte de vue, DE COURTIN, *la Civilité françoise*, p. 182, Paris, 1695.

† **PHRASERIE** (fra-ze-rie), *s. f.* Habitude ou manie de faire des phrases qui, sous la multitude des mots, ne contiennent que des banalités ou des non-sens.

— ÉTYM. *Phrasier*. Au lieu du mot *phraserie*, on dit souvent aujourd'hui *phraséologie*; c'est à tort, la phraséologie est la partie de la grammaire qui traite de la construction des phrases.

† **PHTANITE** (fta-ni-t'), *s. f.* Terme de minéralogie. Espèce de serpentine ophiolithique, c'est-à-dire associée au diallage, qui est apparue pendant la période éocène et crétacée supérieure. Ces couches [dans les sondages pour le chemin sous-marin entre la France et l'Angleterre] se sont présentées sous forme de sables.... accompagnés d'argiles réfractaires,... grès rouge, calcaire carbonifère, phtanite, sans aucune roche de l'étage houiller, H. DE PARVILLE, *Journ. offic.* 8 juin 1877, p. 4259, 2e col.

† **PHTHISIOPHOBIE** (fti-zi-o-fo-bie), *s. f.* Terme de médecine. Ensemble des phénomènes que présentent les individus qui se croient atteints de phthisie.

— ÉTYM. Φθίσις, phthisie, et φόβος, crainte.

† **PHYCOPSIS** (fi-ko-psis'), *s. m.* Orseille phycopsis, sorte d'orseille. Le sultan du Maroc vient d'autoriser l'exportation de l'orseille phycopsis sous la condition du payement d'un droit d'environ 7 francs 90 centimes par 100 kilogrammes, *Journ. offic.* 27 sept. 1875, p. 8411, 3e col.

— ÉTYM. Φῦκος, fucus, et ὄψις, apparence.

† **PHYLLIE** (fil-lie), *s. f.* Genre d'insectes orthoptères, famille des spectres. Les phyllies habitent les parties méridionales de l'Inde, les îles de la Sonde, les Moluques.... Il y a quelques années, des phyllies apportées à Paris vécurent plusieurs mois au jardin d'acclimatation du bois de Boulogne, causant la surprise des visiteurs, E. BLANCHARD, *Rev. des Deux-Mondes*, 1er août 1874, p. 594.

— ÉTYM. Φύλλον, feuille, à cause que ces insectes ont le corps très-aplati.

† **PHYLLOCLADE** (fil-lo-kla-d'), *s. m.* Terme de botanique. Synonyme de phyllode ou cladode.

— ÉTYM. Φύλλον, feuille, et κλάδος, branche.

† **PHYLLOXANTHINE** (fil-lo-ksan-ti-n'), *s. f.* Terme de chimie. Principe jaune qui entre dans la chlorophylle, *Journ. offic.* 10 mai 1877, p. 3480, 2e col.

— ÉTYM. Φύλλον, feuille, et ξανθὸς, jaune.

† **PHYLLOXÉRA** (fil-lo-ksé-ra), *s. m.* Genre d'insectes dont une espèce, le *phylloxera vastatrix*, attaque la racine de la vigne et la fait périr. M. Planchon, professeur à Montpellier, après avoir décrit ce nouvel ennemi de la vigne [1865], lui donna le nom de *rhizaphis vastatrix* et plus tard celui de *phylloxera vastatrix* qu'il a conservé; on a rapproché ce puceron d'un autre insecte découvert en Amérique en 1854, le *pemphigus vitifolia*, que l'on ne rencontrait que sur les feuilles de la vigne; d'où le nom impropre de phylloxéra qui signifie parasite des feuilles, alors qu'en réalité on ne le trouve guère que sur les racines..., H. DE PARVILLE, *Journ. offic.* 25 juin 1873, p. 4186, 3e col.

— REM. En francisant ce mot, il faut mettre un accent aigu sur *xé* pour conserver la concordance avec *phylloxéré* et *phylloxérien*.

— ÉTYM. On ne voit pas trop comment *phylloxera* peut vouloir dire parasite des feuilles. Le mot est composé de φύλλον, feuille, et ξηρὸς, sec, et signifie feuille sèche.

† **PHYLLOXÈRE** (fil-lo-ksè-r'), *adj.* Qui appartient au phylloxéra. Le développement de la maladie phylloxère, *Journ. offic.* 9 juill. 1874, p. 4778, 1re col.

† **PHYLLOXÉRÉ, ÉE** (fil-lo-ksé-ré, rée), *adj.* Qui est attaqué par le *phylloxera vastatrix*. Expériences faites à Montpellier sur des vignes phylloxérées, avec le coaltar, ROMMIER, *Acad. des sc. Comptes rend.* t. LXXIX, p. 776. Lorsqu'une vigne phylloxérée est grassement fumée, on la voit quelques mois plus tard reprendre de la force, H. DE PARVILLE, *Journ. offic.* 4 déc. 1873, p. 7449, 3e col.

† **PHYLLOXÉRIEN, IENNE** (fil-lo-ksé-riin, riè-n'), *adj.* Qui est relatif au phylloxéra. M. Laliman, habile observateur des phénomènes phylloxériens, *Journ. offic.* 20 oct. 1874, p. 4068, 3e col. M. Girard est persuadé que la marche moins rapide de l'invasion phylloxérienne, à mesure que les vignobles sont plus septentrionaux, tient uniquement à une hivernation de plus longue durée..., H. DE PARVILLE, *Journ. offic.* 29 oct. 1874, p. 7263.

† **PHYLLOXÉRIQUE** (fil-lo-ksé-ri-k'), *adj.* Qui a rapport au phylloxéra. M. le comte de la Vergne fait une communication sur la situation actuelle de l'invasion phylloxérique dans le sud-ouest, *Bullet. de la Société centrale d'agric.* 1875, p. 118.

† **PHYLOGÉNIE** (fi-lo-jé-nie), *s. f.* Se dit, dans le transformisme, de l'évolution d'une tribu, d'une classe. La grande loi de l'évolution.... se manifeste également si nous considérons à part une classe de végétaux ou d'animaux : c'est la phylogénie ; et enfin elle se révèle dans chaque individu particulier, puisqu'il gravit un certain nombre d'échelons pour atteindre celui où se trouve l'être qui lui a donné naissance : c'est l'ontogénie, CH. MARTINS, *Rev. des Deux-Mondes*, 15 févr. 1875, p. 768.

— ÉTYM. Φῦλον ou φυλή, tribu, race, et le suffixe *génie* (voy. ce mot).

† **PHYLOGÉNISTE** (fi-lo-jé-ni-st'), *s. m.* Partisan de la doctrine qui admet que le transformisme s'opère de tribu en tribu, *Acad. des sc. Comptes rend.* t. LXXXI, p. 473.

† **PHYSALIE** (fi-sa-lie), *s. f.* Nom donné par les naturalistes à une espèce de polypes non sédentaires (acalèphes).

— ÉTYM. Φυσαλλίς, vessie, de φῦσα, air, souffle.

† **PHYSIOGNOMONISTE** (fi-zi-ogh-no-mo-ni-st'), *s. m.* Celui qui pratique la physiognomonie. Feignez la colère, nous disent les physiognomonistes, et vous éprouverez involontairement un sentiment de colère, P. JANET, *Rev. des Deux-Mondes*, 15 sept. 1875, p. 287.

— ÉTYM. Voy. PHYSIOGNOMONIQUE.

† **PHYSIONOMIQUE** (fi-zi-o-no-mi-k'), *adj.* Qui a rapport à la physionomie. Je définirai..., autant que je puis les saisir, quelques côtés physionomiques de leur génie ou de leur talent, EUG. FROMENTIN, *les Maîtres d'autrefois*, 1876, p. 2.

† **PHYTOSTATIQUE** (fi-to-sta-ti-k'), *s. f.* Statique des végétaux. Essai de phytostatique, J. THURMAN, Berne, 1849.

— ÉTYM. Φυτὸν, végétal, et *statique*.

† **PHYTOLACCÉES** (fi-to-la-ksée), *s. f. pl.* Famille de plantes. La *Gazette horticole* de Nicaragua publie quelques renseignements sur une plante de la famille des phytolaccées, *phytolacca electrica*, qui croît en ce pays et qui possède des propriétés électro-magnétiques, *Journ. offic.* 19 avr. 1877, p. 2949, 2e col.

† **PHYTOTOME** (fi-to-to-m'), *s. m.* Genre d'oiseaux de l'ordre des passereaux, qui se nourrit de végétaux dont il coupe les tiges.

— ÉTYM. Φυτὸν, plante, et τέμνω, couper.

† **PIA** (pi-a), *s. m.* Plante dont la paille fait des tresses (*tacca pinnatifida*). On soumet au droit des tresses de paille autres que grossières pour paillassons, la paille de céréales blanchie, ...ainsi que la paille de pia, *Douanes, Tarif de* 1877, *note* 582.

PIAN. — ÉTYM. *Ajoutez : Pian* est un mot de la langue galibi, en usage parmi les Indiens des environs de Rio Janeiro. Le missionnaire protestant, Jean de Lery, qui était en 1557 dans la petite colonie gouvernée par Villegagnon, dit en parlant d'un arbre qu'il assimile au gaïac : « Et de fait, les sauvages en usent contre une maladie qu'ils nomment pians, laquelle est aussi dangereuse entre eux qu'est la vérole par deçà » (ROULIN).

† PIARDE (pi-ar-d'), *s. f.* Nom, dans la Vienne, de la pioche, *les Primes d'honneur*, Paris, 1872, p. 298.

PIASTRE. *Ajoutez :* — REM. D'après l'Annuaire du bureau des longitudes, la piastre turque vaut 22 centimes; la piastre de Tunis, 62 centimes; la piastre d'Égypte, 25 centimes ; la piastre mexicaine (République Argentine, Bolivie, Guatémala, Pérou), 5 fr. 35 ; la piastre du Chili, en or, 4 fr. 72, en argent, 4 fr. 96; la piastre des Principautés danubiennes, 99 centimes.

† PIAULARD, ARDE (pi-ô-lar, lar-d'), *adj.* Qui piaule, qui pleure et crie sans cesse. Un enfant piaulard, DELBOULLE, *Gloss. de la vallée d'Yères*, le Havre, 1876, p. 258.

† PIAZAVA (pi-a-za-va), *s. m.* Voy. PIASSAVA, qui est le même mot, au Dictionnaire. Adjudication en deux lots de la fourniture des balais de piazava nécessaires pour le service des rues de Paris, *Arrêté du préfet de la Seine en date du 9 juin 1874*.

† PIBOLE (pi-bo-l'), *s. f.* Nom, dans l'Aunis, de la musette, *Gloss. aunisien*, 1870, p. 134.

— ÉTYM. Dérivé de *pipe, piper* (voy. plus bas PIPET).

† PIBROCH. — ÉTYM. *Ajoutez : Pibroch* est un mot écossais, contraction du gaélique *piobaireacht*, musique de cornemuse, de *piobair*, joueur de cornemuse, de *piob*, cornemuse.

† PICAILLON. *Ajoutez :* Depuis plusieurs mois, l'Assemblée constituante a ordonné la délivrance des picaillons nécessaires pour porter tous les régiments sur pied de guerre, *L. du P. Duchêne*, 231e lettre, p. 6.

† PICARD, ARDE (pi-kar, kar-d'), *adj.* Qui appartient à la Picardie, ancienne province de France. Nous avons beaucoup de textes en dialecte picard ; aujourd'hui ce dialecte est un patois considérable.

† PICAUDE (pi-kô-d'), *s. f.* Nom, dans l'Aisne, d'un sarment que l'on plie sur le cep et que l'on pique en terre, *les Primes d'honneur*, Paris, 1873, p. 80.

— ÉTYM. *Piquer.*

† PICAUT. — ÉTYM. *Ajoutez :* M. Émile Burnouf, qui rejette l'étymologie par *piquer*, dit qu'on prononce *pico*, et non *picô*, et que c'est l'anglais *pea-cock*, paon, de *pea*, pois, et *cock*, coq, c'est-à-dire coq dont les plumes sont marquées de pois. M. Delboulle, *Gloss. de la vallée d'Yères*, p. 258, écrit *picot*, et donne l'étymologie par *pea-cock*.

† PICHOLIN (pi-ko-lin), *s. m.* Espèce d'olivier. Les colons [algériens] ont adopté pour cette production spéciale [olives salées] les plants de picholin et l'olive de Séville, *Journ. offic.* 15 nov. 1874, 2e col.

— ÉTYM. Voy. PICHOLINE au Dictionnaire.

† PICKPOCKET (pik-po-kèt'), *s. m.* Nom anglais des voleurs qui fouillent les poches et enlèvent dextrement ce qui s'y trouve. Prenez garde aux pickpockets (avis qui est affiché dans les gares des chemins de fer aux États-Unis), L. SIMONIN, *Rev. des Deux-Mondes*, 1er déc. 1874, p. 680.

— ÉTYM. Angl. *pickpocket*, de *to pick*, prendre (le même que le franç. *piquer*), et *pocket*, poche, qui est le franç. *pochette*.

† PICNITE (pi-kni-t'), *s. f.* Terme de minéralogie. Substance pierreuse, qui se rencontre en certaines mines d'étain, et qui renferme de l'alumine, du fluor et de la silice.

† PICODON (pi-ko-don), *s. m.* Nom d'un fromage estimé qui se fabrique dans la Drôme, *les Primes d'honneur*, p. 711, Paris, 1874.

† PICOIS. *Ajoutez :* || 2e Nom, dans le parler normand, du pic, de la pioche, H. MOISY, *Noms de famille normands*, p. 359.

— HIST. *Ajoutez :* XIIe s. Et ces de Israel venoient as Philistiens pur aguiser et adrecier e le soc, e le picois, e la cuignée, e la houe, *Rois*, p. 44.

† PICOLE (pi-ko-l'), *s. f.* Dans la Drôme, sorte de pioche qui sert au déchaussage des vignes, dans les terrains à cailloux roulés, *les Primes d'honneur*, p. 706, Paris, 1874.

† PICON (pi-kon), *s. m.* Laine de rebut qu'on achète chez les fabricants de lainages fins, et qu'on revend aux fabricants de lainages communs, *Dict. des contrib. directes*, 1861.

† PICONNIER (pi-ko-nié), *s. m.* Voy. PIQUONNIER au Supplément.

PICORER. *Ajoutez :* — REM. On lit dans le *Journal officiel* : Qui ne sait que le bec des oiseaux diffère de forme, de grosseur, de longueur, selon que l'animal chasse, pêche ou picore? 10 oct. 1872, p. 6424, 3e col. Picorer paraît signifier ici chercher les graines qui servent à la nourriture, mais il ne peut avoir ce sens restreint ; et aller à la chasse ou à la pêche, c'est aussi aller à la picorée. Il faut dire, au sens de chercher des graines, picoter.

1. PICOT. || *Ajoutez :* || 2e Le picot est aussi un outil de houilleur. On avait fait usage d'outils de houilleur.... D.... avait reçu à la tête un coup de picot, porté avec une violence telle, qu'il avait percé le crâne sans produire d'éclats, coupant la chair sans la déchirer, *Gaz. des Trib.* 21 oct. 1874, p. 1009, 3e col.

† 2. PICOTE (pi-ko-t'), *s. f.* Petite étoffe de laine dite aussi gueuse (voy. GUEUSE 3 au Dictionnaire).

† PICRIQUÉ, ÉE (pi-kri-ké, kée), *adj.* Enduit d'acide picrique. Il [E. Curie] se sert de l'acide picrique en solution aqueuse, de pièces de pansement imbibées de cette solution ou mieux encore de ouate picriquée, H. DE PARVILLE, *Journ. offic.* 10 nov. 1876, p. 8110, 2e col.

† PICTOGRAPHIE (pi-kto-gra-fie), *s. f.* Moyen de conserver la mémoire de certains faits à l'aide de linéaments qui sont un dessin, une peinture. Un vieil Indien familier avec la pictographie américaine, DE QUATREFAGES, *l'Espèce humaine*, Paris, 2e éd. p. 155.

— ÉTYM. Lat. *pictus*, peint, et γράφειν, écrire.

† PICTURAL, ALE (pi-ktu-ral, ra-l'), *adj.* Qui se rapporte à la peinture. La philosophie de ses philosophes d'estaminet [de la bohème], la puissance picturale de ses soi-disant peintres d'histoire, PAUL BONNAUD, *Revue Britannique*, sept. 1873, p. 120. Nous soupçonnons fortement l'artiste [Meissonnier] d'avoir toujours eu une prédilection secrète pour ce genre [les batailles], d'ailleurs si intéressant, de sujets picturaux, E. BERGERAT, *Journal offic.* 7 déc. 1875, p. 10094, 1re col. Si la composition d'un tableau doit, au point de vue pictural, être agencée selon certains principes traditionnels, le sujet lui-même doit être exprimé d'une façon claire et précise, HENRI HOUSSAYE, *Rev. des Deux-Mondes*, 15 fév. 1876, p. 878. La France a montré beaucoup de génie inventif, peu de facultés vraiment picturales ; la Hollande n'a rien imaginé, elle a miraculeusement bien peint, FROMENTIN, *les Maîtres d'autrefois*, p. 206. || *Au plur. masc.* Picturaux.

— ÉTYM. Lat. *pictura*, peinture.

† PICUL (pi-kul), *s. m.* Mesure cochinchinoise qui vaut 62 kil. 500.

1. PIE. || 3e Croquer la pie, manger et boire. On doit de soi-même penser; Gallans, allons croquer la pie, *Rec. de farces*, etc.... P. L. Jacob, Paris, 1859, p. 301. || 7e Terme militaire. Nid de pie, voy. NID, n° 7.

2. PIE. — HIST. XIIe s. *Ajoutez:* Dolz et pix ert as citains, BENOIT, *Roman de Troie*, v. 6359 ; Juste ert, et pie, et dreituriere, Et simple dame et almoniere, ID. *ib.* v. 5497.

† PIÉÇARD (pié-sar), *s. m.* Dans la tapisserie, ouvrier qui travaille à la pièce, *l'Opinion nationale*, 28 déc. 1875, 2e page, 3e col.

PIÈCE. || 4e *Ajoutez :* || Haute pièce, pièce métallique qui, pour les joutes, se vissait au plastron et au nasal de l'armet.

† PIÉCIER (pié-sié), *s. m.* Synonyme de ferronnier, *l'Opinion nationale*, 30 mai 1876, 3e page, 3e col.

PIED. || 8e *Ajoutez :* || Faire le pied, reconnaître la bête par la trace que son pied a laissée. Dès qu'un animal est signalé, on attend une pluie pour faire ce qu'en termes de chasse on nomme le pied, et le lendemain l'attaque a lieu en plein jour, *Journ. offic.* du 21 fév. 1874, p. 1427, 1re col. || 38e Dans le travail de la dentellière, gros fil auquel la dentelle est suspendue ; c'est comme un abrégé de l'engrelure, CH. BLANC, *l'Art dans la parure*, p. 280. || 39e Tenir pied, suivre sans perdre de terrain. La production [du tabac] ne marche pas aussi rapidement que la consommation ; elle a peine à lui tenir pied, *Journ. offic.* 22 déc. 1872, p. 8010, 2e col. || 40e Populairement, marcher à pied de bas, marcher sur ses bas, sans souliers. *Mme Perrin :* J'ai vu les chaussettes trouvées chez moi ; il y avait de la boue sous les chaussettes, comme si on avait marché à pied de bas, *Gaz. des Trib.* 14 mars 1873, p. 250, 1re col. || 41e Fig. Perdre les pieds, piétiner d'impatience, brûler de partir, souhaiter ardemment une chose. Laisse-le s'en aller, tu ne vois pas qu'il perd les pieds? Elle désire tant se marier qu'elle en perd les pieds, DELBOULLE, *Gloss. de la vallée d'Yères*, p. 258. C'est une vieille locution : XVIe s. Et d'adventure il y avoit un curé en la ville, qui estoit tant amoureux de cette belle painctresse, qu'il en perdoit les piés, *Nicolas de Troyes*, p. 88.

† PIED-BLEU (pié-bleu), *s. m.* Conscrit portant encore les guêtres bleues du paysan, LARCHEY. || *Au plur.* Des pieds-bleus.

† PIED-D'ÉTAPE (pié-dé-ta-p'), *s. m.* Nom d'une enclume qui sert aux cloutiers, *l'Opinion nationale*, 30 mai 1876, 3e page, 4e col.

PIÉDESTAL. — REM. *Ajoutez :* || 2. On a dit aussi piédestail : Virole posée sur le piédestail, *Huetiana*, p. 58.

† PIEDSENTE (pié-san-t'), *s. f.* Sentier pour les piétons. Qu'il n'y ait que les gens de pied qui puissent passer par l'ancienne piedsente, *Édit, à Lille*, 1715, dans H. CAFFIAUX, *Essai sur le régime économique du Hainaut*, p. 417.

PIÉGE. — HIST. *Ajoutez :* XIIe s. Or [il] me quide prendre à la piege, BENOIT, *le Roman de Troie*, v. 17922.

† PIÉGER (pié-jé ; le *g* prend un *e* devant *a* et *o* : piégeais, piégeons ; l'accent aigu devient accent grave devant un *e* muet, excepté au futur : je piégerai), *v. a.* Prendre au piége. [John Barr] a renouvelé les exploits du fameux Peels, qui passa une fois six mois en Islande pour piéger des gerfauts, *le Soir*, 18 déc. 1875.

† PIENNE. — ÉTYM. *Ajoutez :* Ce mot a été rapporté à *penne* 2 ; mais un arrêt du Conseil du 7 août 1718 concernant les serges porte : « Le feu roi.... ayant autorisé, par ses lettres patentes du mois de mars 1669, des statuts pour les manufactures des villages de Tricot et de Piennes en Picardie.... » Serait-ce des manufactures de ce village de *Piennes* que les *piennes* du tissage viendraient?

† PIÉRIDE (pi-é-ri-d'), *s. m.* Nom d'un papillon, lépidoptères diurnes, CARTERON, *Premières chasses, Papillons et oiseaux*, p. 51, Hetzel, 1866. Dans un genre très-nombreux de lépidoptères, le blanc domine ; ce sont les piérides ou les papillons de chou, comme chacun les désigne, E. BLANCHARD, *Rev. des Deux-Mondes*, 1er août 1874, p. 598.

— ÉTYM. C'est le nom des *Piérides*, Muses, appliqué au papillon.

† PIÉRIDES (pi-é-ri-d'), *s. f. plur.* Un des noms des Muses.

— ÉTYM. Πιερίδες, les Muses, ainsi dites de la *Piérie*, contrée située au nord de la Thessalie, sur la côte macédonienne, et considérée comme siége des Muses.

PIERRE. || 4e *Ajoutez :* || Pierre d'évêque, l'améthyste. On sait que cette pierre précieuse [l'améthyste] est un quartz hyalin coloré par de l'oxyde de manganèse et offrant toutes les nuances du violet ; on l'appelle vulgairement pierre d'évêque, parce qu'elle sert à orner les bagues des prélats, *Journ. offic.* 11 avril 1876, p. 2621, 2e col.

† PIERRISTE (piè-ri-st'), *s. m.* Ouvrier qui taille et perce les pierres fines dont les horlogers se servent pour faire les montres.

PIERROT. *Ajoutez :* || 6. Être gai comme Pierrot, être d'humeur joyeuse. || XVIe s. Et ainsi print congé, gay comme Pierot, BONAV. DES PERIERS, cité dans DELBOULLE, *Gloss. de la vallée d'Yères*, p. 259. || M. Delboulle pense que, dans cette locution, *pierrot* représente le moineau, qui est un oiseau vif et alerte ; cela s'appuie sur la locution gai comme pinson ; cependant, chez Bonaventure des Periers, *Pierot* a un grand *p* et paraît se rapporter au nom propre.

PIÉTER || 6e *Ajoutez :* || Se piéter, se fixer, s'assurer sur ses pieds. Quand l'actrice, comme une statue qui se piète sur son socle, a redressé sa haute taille..., TH. GAUTIER, *Journ. offic. Feuilleton*, 25 juill. 1870.

PIÉTON. *Ajoutez :* || 4e *S. f.* Piétonne, la sauterelle née depuis peu et qui est sans ailes. Les sauterelles se sont abattues sur tous nos centres de culture, et, dans quelques semaines, nous aurons peut-être à lutter contre leur progéniture : les piétonnes, dont tout le monde connaît la voracité, DE PRIZT-

BUER, gouverneur de la Nouvelle-Calédonie, *Journ. offic.* 1er juill. 1876, p. 4748, 3e col.

PIEU. *Ajoutez :* || 3° Nom donné par les marins du Havre au mâtereau du trois-mâts-barque.

† PIÉZOMÈTRE. *Ajoutez :* || Appareil qui sert à mesurer la pression de l'eau dans les tuyaux de conduite. || Piézomètre différentiel, celui qui sert à mesurer la différence de pression en deux points.

† 2. PIGEONNIER, IÈRE (pi-jo-nié, niè-r'), *adj.* Qui a rapport aux pigeons. Le but de cette feuille est de défendre les intérêts des sociétés pigeonnières, de propager en France le pigeon voyageur..., *Rev. Britann.* mars 1876, n° 3, p. 263.

† PIGER. *Ajoutez :* || 2° Populairement. Battre, employé à peu près comme toiser; les ouvriers nomment pige la toise dont ils se servent.

PIGNOCHER. *Ajoutez :* || 3° Dans le langage des peintres et des critiques, pignocher est peindre minutieusement, en revenant souvent à petits coups de brosse ou de pinceau sur des parties déjà faites et en les finissant à l'excès, d'une manière lisse, mesquine et monotone.

— ÉTYM. *Ajoutez :* En Touraine, *picocher un raisin*, le manger grain à grain. *Picocher* pourrait se rattacher à *picoter*, et *pignocher*, être une forme de *picocher*.

† PIGNOCHEUR (pi-gno-cheur), *s. m.* Peintre qui pignoche. En paysage, les maîtres français entraînent tout, sauf quelques retardataires à la suite de Calame et quelques pignocheurs des bords du Rhin, BÜRGER, *Salons de 1861 à 1868*, t. II, p. 238.

† PIGOUILLE. *Ajoutez :* || 2° Nom, en Vendée, d'une perche servant à pousser les bateaux. On reconduisit le blessé dans son lit, et, sur le lieu du crime, on ramassa une pigouille longue de 4m,20, appartenant à M.... et avec laquelle il dit avoir été frappé, *Gaz. des Trib.* 7 févr. 1877, p. 126, 3e col.

† PILAGE. *Ajoutez :* || 2° Action de piler les pommes, pour faire le cidre, DELBOULLE, *Gloss. de la vallée d'Yères*, p. 259.

† PILATE. *Ajoutez :* || Parler comme la servante à Pilate, parler beaucoup, par allusion à la servante qui, dans la cour du souverain sacrificateur, demanda avec insistance à Pierre s'il n'était pas avec Jésus de Nazareth.

2. PILE. *Ajoutez :* || 4° Huile de pile, huile mise dans les réservoirs appelés piles. Les huiles lampantes se traitent [à Marseille] à 59 francs de la pile, *Journ. offic.* 16 déc. 1872, p. 7832, 3e col. Les lampantes de pile valent 57 francs; les lampantes de fabrique, 55 francs 50, *ib.* 19 mai 1873, p. 3197, 1re col.

PILER. *Ajoutez :* || 3° En Normandie, écraser les pommes au moyen d'un pilon ou d'un grugeoir. Voici le temps de piler, DELBOULLE, *Gloss. de la vallée d'Yères*, le Havre, 1876, p. 259.

† PILET. *Ajoutez :* Consommation en 1853 : Gibier vendu sur le marché de la Vallée : canards sauvages, 30,000, — 24,990 kil.; pilets, 20 950, — 5,237 kil.; râles, 1,367, — 342 kil. A. HUSSON, *les Consommations de Paris*, p. 246.

† PILLETTE (pi-llè-t', *ll* mouillées), *s. f.* Nom donné, dans l'Ain, aux poulettes de 90 à 105 jours, *les Primes d'honneur*, Paris, 1870, p. 374.

PILLEUR. *Ajoutez :* Que pouvait avoir de semblable l'ennemi juré des méchants [Hercule].... avec un misérable [Alexandre] nourri dès son enfance aux voleries, pilleur de peuples, autant ruineux à ses amis qu'à ses ennemis? MALH. *Lexique*, éd. L. Lalanne.

† PILOCARPINE (pi-lo-kar-pi-n'), *s. f.* Terme de chimie. Sorte d'alcaloïde végétal. M. Hardy s'est proposé d'isoler, s'il était possible, le principe actif de la plante [le jaborandi]; l'étude chimique qu'il a ainsi entreprise l'a conduit à isoler des feuilles un alcaloïde particulier auquel il a donné le nom de pilocarpine du nom du genre *pilocarpus*, auquel elle appartient, *Journ. offic.* 31 déc. 1875, p. 10989, 2e col.

PILON. *Ajoutez :* || 7° Nom, sur la Seine, d'un instrument dit aussi boulon, qui sert à remuer le fond de la rivière avant de procéder à la pêche du goujon, DE CHERVILLE, *le Temps*, 5 juill. 1877, 4e page, 3e col.

† 2. PILON (pi-lon), *s. m.* Dans l'exploitation du bois de flottage, pile à claire-voie formée avec les bûches sur les deux rives du port de flottage, *Mémoires de la Société centrale d'agric.* 1873, p. 261.

— ÉTYM. Augmentatif de *pile* 1.

† PILONNIER (pi-lo-nié), *s. m.* Mécanicien qui, dans une usine, fait marcher le pilon. Le 14 février 1870, M. M..., ouvrier frappeur dans l'usine Cail et Ce, venant mettre une pièce en fer sous le pilon, prévint le pilonnier qu'il allait la poser, l'invitant à ne mettre son pilon en marche que quand il le préviendrait, *Gaz. des Trib.* 11 juin 1873, p. 551, 2e col.

PILORI. — HIST. *Ajoutez :* || XVIe s. Quail [quai] de pierre de taille, garny de boucles et pillory, sur le port de Nantes, pour servir à monter les bateaux, MANTELLIER, *Glossaire*, Paris, 1869, p. 50.

1. PILOTAGE. *Ajoutez :* || 2° Construction sur pilotis. Le pilotage et les travaux qui en dérivent, *Enquête, Traité de comm. avec l'Angleterre*, t. IV, p. 747.

PILOTE. *Ajoutez :* || 8° Drap pilote, sorte de gros drap. || On dit pilote tout court en ce sens. C'est dans ces trois villes [Batley, Morley, Dewsbury] que sont, en grand nombre, les fabrique' de draps mélangés, d'étoffes satinées ou moutonnées, de draps fourrure, de pilotes, de cheviots, de couvertures pour fantaisie et de draps pour l'armée, *Journ. offic.* 16 avril 1876, p. 2725, 3e col.

1. PILOTER. *Ajoutez :* || 3° Construire sur pilotis. En Belgique, nous sommes obligés de piloter nos filatures, et c'est un travail fort coûteux, *Enquête, Traité de comm. avec l'Anglet.* t. IV, p. 747.

— HIST. *Ajoutez :* || XVIe s. Tout cela est fondé et pillotisé en l'Escriture, et mesme en l'exemple de nostre Seigneur Jesus Christ, MARNIX DE SAINTE-ALDEGONDE, *des Differends de la religion*, t. III, p. 212, éd. Quinet, 1857.

† PIMÉLITE (pi-mé-li-t'), *s. f.* Terme de minéralogie. Silicate double d'alumine et de nickel, qui se présente en masses compactes, d'un vert émeraude.

† PIMPERNEAU (pin-pèr-nô), *s. m.* Sorte d'anguille qui ne remonte pas les rivières, et séjourne toujours à leur embouchure, *Acad. des sc. Comptes rend.* t. LXXXI, p. 160.

PINACLE. — HIST. XVIe s. *Ajoutez :* Adoncques le diable le transporta en la saincte cité, et le mist sur le pinacle du temple, *Matth.* IX, 5, *Nouv. Test.* éd. Lefebvre d'Étaples, Paris, 1525.

† PINATELLE (pi-na-tè-l'), *s. f.* Un des noms des lieux plantés en pins. Les Alpes conservent encore quelques gros pins, qui deviennent de jour en jour plus rares dans les espinasses et les pinatelles de la Provence, du Dauphiné et de la Savoie, H. BROILLIARD, *Rev. des Deux-Mondes*, 1er avril 1877, p. 666.

† PINAU (pi-nô), *s. m.* || 1° Nom vulgaire des divers bolets vénéneux en France. || 2° Nom vulgaire donné à divers palmiers à la Guyane.

PINCER. — HIST. *Ajoutez :* XIIe s. Tant m'a amors pincié et mors! BENOIT DE SAINTE-MORE, *Roman de Troie*, v. 18062.

PINCETTE. *Ajoutez :* || 6° Terme de carrosserie. Ressort à pincettes, ressort muni d'un dispositif en forme de pincettes de cheminée; ce dispositif, en cédant et en se redressant comme font les pincettes, adoucit le mouvement.

† PINCHARD, ARDE (pin-char, char-d'), *adj.* Dans le parler normand, gris de fer; se dit uniquement de la robe des chevaux, H. MOISY, *Noms de famille normands*, p. 356. Pendant la nuit de samedi à dimanche, on a volé au Ham une jument hors d'âge, sous poil pinchard pâle, *le Bonhomme normand*, 2 juill. 1870, *Annonces*.

† PINCOFFINE (pin-ko-fi-n'), *s. f.* Nom anglais de l'alizarine (voy. ce mot).

† PINÉE (pi-née), *s. f.* Un des noms des lieux plantés en pins. Dans une même pinée formée de sylvestre [pin sylvestre] en bas et de suffin en haut, CH. BROILLIARD, *Rev. des Deux-Mondes*, 1er avril 1877, p. 667.

† PINERAIE (pi-ne-rê), *s. m.* Lieu planté de pins. Les lièges et les châtaigniers étant en général nettoyés, on devrait se borner à opérer dans les pineraies, *Enquête sur les incendies des forêts*, p. 85. Pure de toute autre essence [que le pin sylvestre], la pineraie du nord étonne par son aspect particulier, CH. BROILLIARD, *Rev. des Deux-Mondes*, 1er avril 1877, p. 664. Nos pineraies couvrent une surface qui dépasse quatre millions d'hectares, ID. *ib.* p. 677.

— ÉTYM. *Pin*. Le mot est mal fait; car il suppose un *pinier*, qui n'existe pas; il faudrait dire *pinaie*.

† PINGER (pin-jé), *v. a.* Dans l'Aunis, remplir d'eau, en parlant d'un marais salant, *Gloss. aunisien*, 1870, p. 136.

† PINGOUINIÈRE (pin-goui-niè-r'), *s. f.* Lieu où se rassemblent les pingouins. Vers la fin de novembre, il se fit une seconde ponte, mais les œufs étaient fort petits et les couveuses souvent dérangées à cause de l'agitation extrême qui se faisait dans les pingouinières, *Journ. offic.* 9 mai 1876, p. 3156, 3e col.

† PINGRERIE (pin-gre-rie), *s. f.* Terme populaire. Caractère du pingre, acte de pingre. Âmes cupides, qui accusez de pingrerie le vieux père L.... parce qu'il n'a pas donné d'étrennes, *Gaz. des Trib.* 30 janv. 1876, p. 102, 4e col.

PINTADE. *Ajoutez :* || 3° Nom d'un serpent de l'Inde, du genre des orvets.

— REM. 1. Au mot *pintade*, *le Grand dictionnaire des sciences naturelles* (1825-1826) dit qu'il ne faut pas confondre *pintade* ou *pintado*, qui est un des noms du petrel damier, lequel est un palmipède (*procellaria capensis*, Linné), avec la *peintade*, qui est un gallinacé du genre *numida*. || 2. Pintade dérivant de l'esp. *pintado*, l'orthographe *peintade* ne peut être reçue.

PINTE. *Ajoutez :* || 4° Dans le canton de Vaud, nom des petits cabarets de village.

† PIOCHON. *Ajoutez :* || 2° Piochon-racle, sorte de pioche avec laquelle on racle en même temps. À ce moment la porte s'ouvrit, et un homme armé d'un instrument d'agriculture, dit piochon-racle, sortit en courant et se précipita sur P..., *Gaz. des Trib.* 26-27 fév. 1877, p. 200, 2e col. (Cour d'assises du Rhône).

† PIOLET. *Ajoutez :* Le guide passa le premier [sur une crête glacée] en posant les pieds en biais et en écartant les pointes; il me tendit son piolet et je le suivis, *Journ. offic.* 14 sept. 1873, p. 5882, 1re col.

† 2. PION. || 2° *Ajoutez :* Narayanassamy, né en 1796, à Karikal (Inde), [retraité comme] pion de police à Karikal, *Décret impérial* du 27 nov. 1868.

† PIOTTER (pio-té), *v. n.* Faire entendre un cri, en parlant d'une couvée de petits oiseaux. « La bégayante couvée » piotte incessamment, et leurs cris, leurs mouvements perpétuels et aveugles montrent que leur pensée n'est encore qu'une dépendance de leur estomac, H. TAINE, *La Fontaine*, 2e partie, II, 4.

† PIOTU, UE (pio-tu, tue), *adj.* Terme de la Suisse française. Qui a des pieds. La gent piotue des coquemars et des chaudrons, Mme DE GASPARIN, *Bande du Jura*, III, *Chez les Allemands, chez nous*, Paris, 1865.

— ÉTYM. *Piote*, pied, dans la Suisse romande; ital. *piota*, plante du pied. Ce paraît être un diminutif de l'ancien français *poe*, provenç. *pauta*, catal. *pota*, que l'on rattache au néerland. *poot*, allem. *Pfote*, patte.

† PIPA (pi-pa), *s. m.* Genre de reptiles batraciens de la famille des anoures. Le pipa de Surinam. Parmi les batraciens, il [M. Lévêque] montre le pipa mâle chargeant sur le dos de la femelle les œufs qu'elle vient de pondre, A. MANGIN, *Journ. offic.* 10 oct. 1872, p. 6425, 1re col.

† PIPABLE (pi-pa-bl'), *adj.* Facile à piper, à tromper.

— HIST. XVIe s. Au cas que cette piperie [faiblesse pour les enfants] m'eschappe à veoir, au moins ne m'eschappe il pas à veoir que je suis très-pipable, MONT. II, 81.

† PIPET. *Ajoutez :* || 2° En Normandie, sifflet fait avec un chalumeau de blé et dont le son rappelle celui de la cornemuse, DELBOULLE, *Gloss. de la vallée d'Yères*, le Havre, 1876, p. 260. || Pipet au sens de sifflet se trouve dans *Aucassin et Nicolette*, du XIIIe siècle.

— ÉTYM. *Piper*, au sens de siffler.

† PIPON (pi-pon), *s. m.* Sorte de futaille. On a coté ainsi les divers lots disponibles [de suifs], en provenance de la Plata, soit 230 pipes et pipons..., *Journ offic.* 12 fév. 1872, p. 1037, 3e col.

— ÉTYM. Dérivé de *pipe*.

† PIQUAGE. || 4° *Ajoutez :* Dans l'origine, le piquage d'once était un terme d'argot qu'on employait pour désigner le vol que le tisseur en chambre commettait sur les fils, laines ou soies qui lui étaient confiés;... aujourd'hui on appelle ainsi tout abus de confiance fait par un ouvrier, par un employé, par un garçon de magasin au préjudice de son patron, MAXIME DU CAMP, *Rev. des Deux-Mondes*, 15 janv. 1873, p. 333. || 5° Piquage de fûts, sorte de vol qui s'exerce sur les fûts en les perçant avec un foret et tirant une certaine quantité du liquide qu'ils contiennent. Piquage de fûts par des hommes d'équipe dans une gare de chemin de fer; vol de vin : ...on y trouva effectivement une pièce percée d'un trou

auquel s'adaptait la vrille saisie.... déclarent les avoir vus plusieurs fois boire du vin pris à des pièces piquées, *Gaz. des Trib.* 29 oct. 1876, p. 1057, 1re col. || 6° Bois de piquage, tout bois que l'on pique en terre, c'est-à-dire gaules ou baguettes qui servent de tuteurs pour les plantes ou de points de repère pour niveler ou lotir un terrain et que l'on expédie en longs fagots ou fascines. Autrefois, dans le roulage, les fûts étaient placés à chaque extrémité, sur des fascines de paille ou sur des bois de piquage et liés solidement avec des prolonges, *Journ. offic.* 29 juin 1874, p. 4448, 3e col.

† **PIQUE-FEU** (pi-ke-feu), *s. m.* Instrument qui sert à attiser le feu d'une chaudière, d'un poêle, d'un foyer quelconque.

† **PIQUE-NOTES** (pi-ke-no-t'), *s. m.* Sorte de grand crochet pointu, qu'on fixe par un clou près d'un comptoir, d'un bureau et qui sert à enfiler des notes sur feuilles volantes, *Alman. Didot-Bottin*, 1870, p. 889, 4e col.

† **PIQUEPOULS** (pi-ke-poul), *s. m. pl.* Nom de vins faits avec le cépage dit piquepoul ou piquepouille. Ce dernier cours est le prix normal des bons vins de Cers; de bons piquepouls se sont traités, dans les environs de Pinet (arr. de Béziers, Hérault), de 147 à 150 francs les 7 hectolitres, *Journ. offic.* 6 nov. 1871, p. 4329, 2e col.

PIQUER. || 29° *Ajoutez :* || Se piquer, s'altérer, se dit aussi en parlant de l'huile. Au bout d'une année, l'huile d'olive de Dalmatie se pique, suivant l'expression populaire, et n'est plus mangeable, *Journ. offic.* 3 fév. 1873, p. 791, 2e col. || 34° Locution populaire. Piquer un chien, dormir dans la journée sans être couché. || On attribue cette métaphore avec vraisemblance aux mendiants aveugles assis avec leur chien devant eux, qui auraient soin de tenir dirigée vers l'animal la pointe de leur bâton, afin que, s'ils viennent à s'endormir et dès lors à se pencher en avant, la pointe pique le chien, qui, en remuant, les réveille.

1. **PIQUET.** *Ajoutez :* || 6° Nom, dans le Pas-de-Calais, d'un instrument, dit aussi sape, qui sert à couper le blé, *les Primes d'honneur*, Paris, 1869, p. 84.

2. **PIQUET.** *Ajoutez :* || 2° Un piquet, une partie, un cent de piquet. Le temps ne permettait pas de se promener; Mangogul n'osait proposer un piquet, DIDEROT, *Bijoux indiscrets*, I, 3.

† 1. **PIQUETAGE** (pi-ke-ta-j'), *s. m.* Action de planter des piquets. Le 24, à six heures du soir, l'artillerie de l'ennemi et 200 voitures chargées du matériel nécessaire à l'établissement des batteries arrivaient à Danizy; depuis deux jours, le piquetage était fait et les emplacements marqués, E. LAVISSE, *Rev. des Deux-Mond.* 1er sept. 1871, p. 61.

† 2. **PIQUETAGE** (pi-ke-ta-j'), *s. m.* Action de couper le blé avec le piquet ou sape (se dit dans le Pas-de-Calais). M. d'Havrincourt fait toujours piqueter les céréales versées; le travail du piquetage est plus parfait, mais bien plus lent et plus coûteux que le fauchage, *les Primes d'honneur*, Paris, 1869, p. 84.

† **PIQUETER.** Tracer une ligne avec des piquets. || *Ajoutez :* Les projets de travaux de défense.... ont été piquetés et tracés sur le terrain..., *Journ. offic.* 28 mars 1874, p. 2375, 3e col.

† 2. **PIQUETER** (pi-ke-té), *v. a.* Couper le blé avec l'instrument dit piquet ou sape (dans le Pas-de-Calais), *les Primes d'honneur*, Paris, 1869, p. 84.

PIQUEUR. || 14° Piqueur ou sapeur, ouvrier qui manie la sape, sorte de faux à moissonner, *Journ. offic.* 15 sept. 1872, p. 6022, 1re col. || 15° En un sens fort libre, celui qui a commerce avec une femme. Il n'y a si chétive ni si souillon qui se contente d'une couple de piqueurs, MALH. *Lexique*, éd. L. Lalanne (c'est une traduction du latin de Sénèque : *unum adulterorum par*).

† **PIQUONNIER** (pi-ko-nié), *s. m.* Celui qui achète aux fabricants de draps et d'autres lainages fins des laines de rebut qu'il revend à des fabricants d'étoffes communes, *Tarif des patentes*, 1858.

PIRATE. — HIST. *Ajoutez :* XVe s. Plusieurs des subjectz du roy se font pirates, et se mectent en armes pour faire la guerre sur la mer à tous ceulx qui [sic] rencontrent, soient amys ou ennemys du roy, *Procès-verbaux du Conseil de régence de Charles VIII*, p. 78.

PIROGUE. — ÉTYM. Espagn. *piragua*, et non *piroga*. Le P. Raymond Breton écrit *piraugue* dans son Dictionnaire français-caraïbe; c'est de là sans doute que nous avons fait notre mot *pirogue*. On lit dans Garcilasso de la Vega : Ils [les Péruviens] n'avaient pas d'industrie, comme ceux de la Floride, des îles de Barlovento et de la Terre ferme, de faire de ces chaloupes qu'ils appellent *piragas* et *canoas*, *Hist. des Incas*, t. I, p. 294. M. le docteur Roulin, remarquant que *piragua* est fréquemment employé en Amérique, pense, comme Jal, que le mot est caraïbe, c'est-à-dire appartient à la langue guarani; de plus il rapproche *piragua* de *pira*, qui est le nom du poisson dans cette langue. Enfin il rapporte cet exemple de *pirogue* au masculin : « Outre ces canots faits d'une pièce de bois et non pas de l'écorce d'arbre comme ceux des Canadois, ils ont des pirogues faits de deux ou trois pièces, » J. BOUTON (le P.), *Establissement des François depuis 1633 en l'isle de la Martinique*, Paris, 1640, p. 127.

† **PIROGUIER** (pi-ro-ghié), *s. m.* Celui qui manœuvre une pirogue. Les embarcations employées sont des pirogues creusées dans le tronc d'un seul arbre..... des piroguiers armés de pagaies, petits avirons courts et légers terminés en pelle.... le pilote précipite ses cris, les piroguiers l'imitent, se plient en deux sur la pirogue, font aller leurs pagaies avec une rapidité vertigineuse,... *Journ. offic.* 27 sept. 1874, p. 6333, 3e col. Le morcellement des peuplades qui sont au delà de Doumé [Afrique équatoriale], ne permet pas de faire une longue route sans changer de piroguiers, *ib.* 9 fév. 1877, p. 1028, 1re col.

† **PIRONNEAU.** *Ajoutez :* || 2° Nom, dans les Côtes-du-Nord et en Normandie, d'une sorte de dorade.

† **PIROTE** (pi-ro-t'), *s. f.* Nom de l'oie femelle, en basse Normandie; on dit: il souffle comme un jars et une pirote et ses petits.

— ÉTYM. Comparez PIRON au Dictionnaire.

† **PIROUETTER.** — HIST. XVIe s. *Ajoutez :* Là haut pourtant [sur le sommet des Alpes] la sublime alouette Se guinde en l'air, y crie et pirouette, J. PELLETIER DU MANS, *la Savoye* (1572), p. 273, Chambéry, 1856.

† **PISANG** (pi-zangh'), *s. m.* Un bambou de Sumatra. Appliquée à de plus simples usages, la feuille de pisang cautérise les blessures, protège les yeux malades ou raffermit, sous forme de sandale, les pieds meurtris du voyageur, Vte DE LENTHIOLLE, *Journ. offic.* 27 fév. 1876, p. 1423, 2e col.

† **PISCATORIAL, ALE** (pi-ska-to-ri-al, a-l'), *adj.* Qui a rapport à la pêche. L'économie piscatoriale.

— ÉTYM. Lat. *piscatorius*, de *piscator*, pêcheur (voy. PÊCHEUR).

† **PISCICOLE** (pi-ssi-ko-l'), *adj.* Qui est relatif à la pisciculture. Les établissements piscicoles, *Journ. offic.* 31 mars 1876, p. 2302, 2e col. Les créations piscicoles du docteur Malsiourat dans la Creuse, DE CHERVILLE, *le Temps*, 30 juin 1876, 3e page, 4e col. || *S. m.* Celui qui se livre à la pisciculture.

— ÉTYM. Voy. PISCICULTURE.

† **PISCICULTEUR** (pi-ssi-kul-teur), *s. m.* Celui qui se livre à la pisciculture.

† **PISCICULTURAL, ALE** (pi-ssi-kul-tu-ral, ra-l'), *adj.* Qui a rapport à la pisciculture; synonyme de piscicole. Si nous voulons essayer de nous rendre compte des services que peut rendre l'établissement, ce qu'on pourrait appeler sa possibilité pisciculturale, *Journ. offic.* 18 janv. 1877, p. 397, 2e col. || *Au plur. masc.* Pisciculturaux.

PISCINE. *Ajoutez :* || 5° Bassin commun pour se baigner.

† **PISSE.** *Ajoutez :* || 3° Dans l'Aunis, pisse de chien, champignon qui pousse sur le bois pourri, *Gloss. aunisien*, 1870, p. 136.

† **PISSODE** (pi-so-d'), *s. m.* Insecte qui attaque les pins. Quand ils [les pins de semis] y échappent [à la défoliation], ils sont plus facilement attaqués par le pissode et les autres insectes, dont les ravages s'exercent sur de grandes étendues, G. BAGNERIS, *Man. de sylvic.* p. 100, Nancy, 1873.

— ÉTYM. Πισσώδης, qui appartient à la poix, de πίσσα, poix.

PISTE. || 3° *Ajoutez :* || Terme du turf. Piste s'entend aussi du terrain lui-même. On dit d'une piste, qu'elle est sèche, en bon état, etc. || 6° Piste de meule, la trace suivant laquelle une meule tourne. Il a été prescrit de remplacer, tous les cinq ans, les boulons des mécanismes à meules qui sont exposés, en cas de rupture, à tomber sur la piste, *Lett. comm. des manufact. de l'État*, 3e division, 1er bureau, n° 3889, 21 mai 1872.

† **PISTER** (pi-sté), *v. a.* En argot, suivre les voyageurs à la piste lors de leur arrivée dans une ville et leur offrir un hôtel qu'on leur vante *le National*, 25 août 1875, 3e page, 2e col.

† **PISTILLIFORME** (pi-stil-li-for-m'), *adj.* Terme didactique. Qui est en forme de pilon. L'épée est une grande et forte lame pistilliforme, c'est-à-dire un peu renflée au tiers supérieur de sa longueur, *Rev. anthrop.* t. V, p. 686.

— ÉTYM. Lat. *pistillus*, pilon, et *forma*, forme.

PISTOLE. *Ajoutez :* || 5° Ancienne arme, dite aussi pistolet à rouet, employée principalement par la cavalerie (XVIe et XVIIe siècles). Dans la forêt on avait vu cinq hommes avec des pistoles, MALH. *Lexique*, éd. L. Lalanne.

PISTOLET. *Ajoutez :* || 10° Feuille de bois mince, découpée en forme de gabarit, dont certains dessinateurs se servent pour tracer des courbes qui passent par des points déterminés d'avance.

† **PITCH-PIN** (pitch-pin), *s. m.* Terme de commerce. Nom anglais du *pinus rigida*, arbre de plaine, très-abondant à la Nouvelle-Angleterre et aux États-Unis; rouge, très-résineux et fort estimé pour les constructions navales. Il s'importe régulièrement en France depuis quelque temps des quantités considérables d'un bois de la Floride appelé à rendre de grands services comme bois de charpente et de menuiserie..., le pitch-pin est résineux, sain, sans nœuds, ayant la résistance et toutes les propriétés du chêne et du teck, O. SACHOT, *Rev. Britan.* avril 1875, p. 531. Meubles en bois de pitch-pin, *ib. aux annonces*. Pitch-pin pour charpente, *Journ. offic.* 20 nov. 1876, p. 8476, 3e col.

† **PITHÉCOÏDE** (pi-té-ko-i-d'), *adj.* Qui a une forme de singe. Crâne pithécoïde.

— ÉTYM. Πίθηκος, singe, et εἶδος, forme.

† **PITHOMÉTRIQUE.** *Ajoutez :* || Échelles pithométriques ou tables de dépotement, échelles, tables indiquant pour chaque espèce de futaille, en millimètres de la jauge, la quantité de litres qui a été dépotée ou qui manque.

PITON. *Ajoutez :* || 3° Populairement et plaisamment, le nez.

† **PITRERIE** (pi-tre-rie), *s. f.* Acte de pitre, d'aide de saltimbanque. Le comique, si franc, si vrai de Geoffroy-Cardinet, la fantaisie excessive, les pitreries insensées de B.... [un acteur], ALPH. DAUDET, *Journ. offic.* 4 déc. 1876, p. 8994, 1re col.

1. **PIVOINE.** — HIST. *Ajoutez :* XIIe s. Sor l'escu de son col [il] ala ferir Antone, Si pecoie sa lance com un rain de peone, *li Romans d'Alixandre*, p. 30.

† **PIVOTAL, ALE** (pi-vo-tal, ta-l'), *adj.* Néologisme. Qui joue le rôle de pivot, de centre autour duquel le reste tourne. Il y a dans tout groupe une individualité pivotale, autour de laquelle les autres s'implantent et gravitent comme un système de planètes autour de leur astre, TH. GAUTIER, *le Bien public*, 10 mars 1872.

† **PLACARDEUR** (pla-kar-deur), *s. m.* Celui qui affiche des placards. Les pamphlétaires stipendiés, les gazetiers soudoyés, les placardeurs mercenaires sont chargés d'appeler régicides tous ceux qui parlent de la majesté nationale, *Lettres du P. Duchêne*, 195e lettre, p. 7.

PLACE. *Ajoutez :* || 17° Place de commerce, ville où se font beaucoup d'affaires commerciales.

PLACÉ. *Ajoutez :* || 7° Terme de turf. Un cheval est placé, quand il n'est distancé par le gagnant que de quelques longueurs; dans le cas contraire, il n'est pas placé.

† **PLACOÏDES** (pla-ko-i-d'), *s. m. plur.* Nom de l'ordre des poissons contenant les raies, les requins, etc. ainsi nommés des plaques et des tubercules de leur peau (ce qui la rend rugueuse), tubercules qui sont formés, comme les dents, d'ivoire recouvert d'une couche d'émail.

— ÉTYM. Πλάξ, πλακὸς, plaque, et εἶδος, forme.

† **PLACOÏDIEN, IENNE** (pla-ko-i-diin, diè-n'), *adj.* Qui est de la nature des plaques de la peau des placoïdes. La peau [sur un squale] est soutenue par de fins tubercules placoïdiens qui lui donnent la dureté d'une râpe, GERVAIS, *Acad. des sc. Comptes rend.* t. LXXXII, p. 1238.

PLAFOND. *Ajoutez :* || 9° Plafond d'air, bandes de toile peinte qui garnissent la partie supérieure de la scène dans les théâtres. Avec ces proportions [celles du nouvel Opéra] il est possible de dissimuler les plafonds d'air, ce grand écueil des effets scéniques, MOYNET, *l'Envers du théâtre*, p. 7, Paris, 1873.

† **PLAFONNANT, ANTE** (pla-fo-nan, nan-t'), *adj.* Terme de peinture. Qui plafonne. Quelques figures plafonnantes montrent que le souvenir du

Corrége s'impose encore parfois, G. BERGER, *Journ. des Débats*, 27 janv. 1876, 3e page, 5e col.

† **PLAFONNEMENT** (pla-fo-ne-man), *s. m.* Travail de plafond. Les plafonnements [de l'envers du grand escalier de l'Opéra] sont aussi ramagés de sculptures, F. CHAULNES, *Journ. offic.* 28 oct. 1874, p. 7248, 1re col.

PLAGIAIRE. || *Adj. Ajoutez:* Loin des bassesses plagiaires Ton goût [de Boileau] prudemment généreux.... LAMOTTE, *Odes, à l'ombre de Despréaux.*

† **PLAGIÉ, ÉE** (pla-ji-é, ée), *part. passé* de plagier. Imité en forme de plagiat. Il y a des choses qu'on peut oser une première fois avec succès et qui réussissent à cause de leur nouveauté, de leur imprévu, qui, plagiées, réchauffées, échoueraient piteusement, DE LESCURE, *Journ. offic.* 28 oct. 1875, p. 8894, 3e col.

† **PLAGIER** (pla-ji-é), *v. a.* Néologisme proposé par Mercier. Imiter par plagiat. || Fig. Les trois jours de février [1848] plagient les trois jours de juillet [1830], A. VACQUERIE, *le Rappel*, 4 oct. 1873.

† **PLAGIOCÉPHALIE** (pla-ji-o-sé-fa-lie), *s. f.* Terme d'anthropologie. Déformation de la tête caractérisée par l'inégalité des deux diamètres pariétaux du crâne. La plagiocéphalie s'observe très-fréquemment chez les jeunes enfants que les nourrices portent toujours sur le même bras, BROCA, *Mém. de la soc. d'anthropologie*, t. II, 2e série, p. 151.

— ÉTYM. Πλάγιος, oblique, et κεφαλή, tête.

2. **PLAID.** — ÉTYM. *Ajoutez :* Le mot écossais *plaid* vient du gaélique *plaide*, contraction de *peallaid*, peau de mouton.

† **PLAIDERIE.** *Ajoutez :* || 2° Plaiderie, forme normande de plaidoirie. Serment prêté par trois avocats reçus par la cour royale de Guernesey, le 13 avril 1874 : Qu'en vos plaideries, soit en demandant ou en défendant, en répliquant ni autrement, vous ne proposerez, ne controuverez aucuns faits, *la Gazette de Guernesey*, 14 avril 1874.

PLAIDOYER. *Ajoutez :* — REM. Les anciennes éditions de Corneille écrivent plaidoyé et non plaidoyer. Tout le cinquième acte [d'Horace] est encore une des causes du peu de satisfaction que laisse cette tragédie : il est tout en plaidoyés, *Exam. d'Horace.*

2. **PLAIN.** *Ajoutez :* — HIST. XVIe s. Si lesdits tanneurs et megissiers laissoient leur cuir en tan et dans leurs fausses [fosses] et pleins, le temps requis, *Édit*, juin 1585.

PLAINE. || 3° *Ajoutez :* || La plaine salée, la mer. Il faut en la plaine salée Avoir lutté contre Malée.... Pour être cru bon marinier, MALH. *Lexique*, éd. L. Lalanne.

PLAIRE. — REM. *Ajoutez :* || 2. Régnier a dit se plaire que, avec un subjonctif suivant : L'amour est un enfant qui se plaît qu'on le voie, *Dial.* Cette tournure a vieilli, mais est bonne et pourrait être reprise.

PLAISAMMENT. — ÉTYM. *Ajoutez :* Rabelais a dit *plaisantement :* Et tous les jours après disner et souper y passoit temps aussi plaisantement qu'il souloit es dez ou es chartes, *Garg.* I, 23.

1. **PLAN.** *Ajoutez :* || 7° D'une manière plane, sans être arrêté par des difficultés. On pourra lire alors d'une manière tout à fait plane ce curieux livre [Esdras], qui, à l'heure qu'il est, ne peut encore être étudié sans quelque travail, E. RENAN, *Rev. des Deux-Mondes*, 1er mars 1875, p. 133.

2. **PLAN.** *Ajoutez :* — REM. Dans certaines localités, plan se dit pour rez-de-chaussée. M. B..., marchand de meubles, qui habite le plan du palais [le Palais-de-Justice de Montpellier], *Gaz. des Trib.* 23 avril 1875, p. 397, 3e col.

PLANCHE. *Ajoutez :* || 15° Terme de marine. Jours de planche, voy. JOUR, n° 16. || 16° Grande bande de lard. 200 000 kilos lard en planches, *Journ. offic.* 4 févr. 1872, p. 828, 1re col. On le reconnaît [le lard salé d'Amérique] à la grande dimension des planches, *Douanes, Tarif de 1877*, note 11 (voy. LARD au Supplément).

PLANÇON. || 1° *Ajoutez :* On distingue deux sortes de boutures : la bouture en plançon et la bouture à bois de deux ans.... le plançon ne réussit bien qu'avec les saules de grande taille, le saule blanc, le saule osier.... c'est une branche de 3 à 4 mètres de haut sur 5 centimètres environ de diamètre; on la dépouille de tous ses rameaux et on la taille en biseau aux deux bouts.... on se sert des plançons pour établir des têtards, G. BAIGNERIS, *Manuel de sylvic.* p. 283, Nancy, 1873.

† **PLANÉ, ÉE** (pla-né, née), *adj.* Se dit du vol d'oiseau qui s'exécute en planant. Au lieu de frapper toujours à la porte des mathématiciens, qui se déclarent impuissants à trouver la formule pour réaliser ce rêve [la direction des ballons], ne vaut-il pas mieux s'adresser aux créatures ailées qui, sous nos yeux, pratiquent avec tant d'aisance le vol plané et le vol ramé? R. RADAU, *Rev. des Deux-Mondes*, 15 sept. 1873, p. 480.

— ÉTYM. *Planer 1.*

† **PLANEMENT** (pla-ne-man), *s. m.* Action de planer dans l'air, en parlant d'un oiseau. Le corbeau, tout en ayant un vol facile, est loin d'avoir un planement aussi rasant et économique que beaucoup d'autres oiseaux, tels que les rapaces et les oiseaux de mer, *l'Aéronaute, bullet. mensuel*, mars 1875, p. 85.

† **PLANÉTICULE** (pla-né-ti-ku-l'), *s. f.* Néologisme. Une toute petite planète. Notre système solaire serait plus riche qu'on l'a dit : il ne se composerait pas seulement, en allant du soleil vers les espaces lointains, de Mercure, Vénus, la Terre, Mars, Jupiter, Saturne, Uranus, Neptune et des planéticules comprises entre Mars et Jupiter..., H. DE PARVILLE, *Journ. des Débats*, 21 sept. 1876, *Feuilleton*, 1re page, 1re col.

† **PLANÉTOÏDE** (pla-né-to-i-d'), *s. m.* Terme d'astronomie. Nom donné aux planètes télescopiques. Les leçons IX-XV concernent la lune, le soleil, les quatre planètes telluriques (Mercure, Vénus, la Terre et Mars), les astéroïdes, les planétoïdes, les quatre grandes planètes (Jupiter, Saturne, Uranus et Neptune), les comètes, les étoiles tombantes, *Journ. offic.* 11 avril 1877, p. 2798, 2e col.

— ÉTYM. *Planète*, et εἶδος, apparence.

† **PLANIGRAPHE** (pla-ni-gra-f'), *s. m.* Nouvel instrument, inventé par M. Marmet, et dont le but est de réduire ou d'augmenter les dessins, *Journ. offic.* 20 mars 1877, p. 2187, 1re col.

— ÉTYM. *Plan 2*, et γράφειν, tracer.

† **PLANIMÈTRE** (pla-ni-mè-tr'), *s. m.* Instrument qui sert à mesurer mécaniquement l'aire des figures planes.

— ÉTYM. *Plan 2*, et μέτρον, mesure.

PLANIMÉTRIE. *Ajoutez :* || 2° Dans l'industrie, exactitude des surfaces planes. La planimétrie parfaite des glaces, des clichés est aussi difficile à obtenir qu'elle est indispensable.

† **PLANITUDE** (pla-ni-tu-d'), *s. f.* État d'une surface plane. Un miroir dont la parfaite planitude ne saurait être assurée, FAYE, *Acad. des sc. Comptes rend.* t. LXXV, p. 565.

PLANTATION. *Ajoutez :* || 5° Terme de peinture et de sculpture. Manière dont un personnage est planté sur ses pieds. Les bras entièrement nus et les épaules décolletées bas, elle est présentée de face, jusqu'à la hauteur des genoux, et elle regarde le spectateur; la plantation est donc fort simple; aucun ornement n'en altère la parfaite unité de style, E. BERGERAT, *Journ. offic.* 15 févr. 1876, p. 1230, 1re col.

PLANTE. *Ajoutez :* || 7° Arbre de futaie, à Nice. Un bel arbre peut donner 10 billots; 6 billots sont le produit moyen d'un arbre de futaie, d'une plante, comme on dit dans le pays, L. GUYOT, *Mémoire, société centrale d'agriculture*, 1874, p. 167.

PLANTEUR. *Ajoutez :* || 3° Adjectivement, département planteur, département où l'on cultive le tabac, *Réponse aux questions posées dans l'enquête sur le monopole des tabacs et des poudres*, p. 43, Paris, 1874.

† **PLANTIER** (plan-tié), *s. m.* Nom, dans le Bordelais, des plants de vigne. C'est le moment de songer aux gelées tardives, et d'accumuler, sur les sentiers des plantiers exposés au terrible fléau, toutes les matières propres à produire, à un moment donné, des nuages artificiels, *le Médocain*, dans *Journ. offic.* 12 avril 1876, p. 2653, 1re col. Cette jaunisse n'a rien de commun avec celle que provoque le phylloxéra; elle est évidemment analogue à celle qui se produit dès le printemps sur beaucoup de nos plantiers et même sur les plants adultes dans certains coins des vignobles, J. E. PLANCHON, *Journ. offic.* 1er sept. 1874, p. 6318, 1re col. || Se dit, en Auvergne, des nouvelles plantations de vignes.

PLAQUE. *Ajoutez :* || 12° Terme de métallurgie. Petit prisme triangulaire de fonte, de 16 à 25 centimètres de côté, F. LIGER, *la Ferronnerie*, Paris, 1875, t. I, p. 51.

† **PLAQUEMINE** (pla-ke-mi-n'), *s. f.* Fruit du plaqueminier.

— REM. Charlevoix dit piakimine : Parmi les fruitiers qui sont particuliers à ce pays [la Louisiane] sont les piakiminiers; la piakimine a la figure et un peu plus que la grosseur d'une prune de Damas.... *Hist. génér. de la Nouv.-France*, t. III, p. 395. || On dit aussi piakiminier.

PLAQUEMINIER. — ÉTYM. *Ajoutez :* Le passage de Lepage de Pratz est dans l'*Hist. de la Louisiane*, t. I, p. 18.

† **PLASME** (pla-sm'), *s. m.* Le même que le plasma, n° 2 (voy. ce mot au Dictionnaire). Ces paysans, en piochant la terre, ne manquaient jamais de trouver des médailles, des agates, des plasmes, des cornalines, des camées, parfois même des pierres fines..., *Œuvres de Benvenuto Cellini*, trad. L. Leclanché, ch. v ou t. I, p. 68.

† **PLASTICODYNAMIQUE** (pla-sti-ko-di-na-mi-k'), *s. f.* La dynamique des corps plastiques. De là suite qu'il serait nécessaire de donner aux recherches expérimentales de plasticodynamique, SAINT-VENANT, *Acad. des sc. Compt. rend.* t. LXXXI, p. 115.

† **PLASTIQUEMENT** (pla-sti-ke-man), *adv.* D'une façon plastique, en peintre, en sculpteur. Voulez-vous savoir comment, plastiquement, non pas en enlumineur de missel, mais en peintre, Jean van Eyck a compris l'exposé de ce grand mystère [de la rédemption]? FROMENTIN, *les Maîtres d'autrefois*, p. 424. La lutte légendaire où succombe Dagon, après avoir été plastiquement fixée par des monuments connus..., CLERMONT-GANNEAU, *Rev. critique*, 29 avril 1876, p. 289.

1. **PLAT.** *Ajoutez :* || 18° Être à plat de lit, être alité, malade. Je vis bien qu'il n'y avait que l'excuse d'être à plat de lit, qui pût me dispenser de courir à son premier mot, J. J. ROUSS. *Confess.* IX, 1re part. || 19° Terme d'horlogerie. Variation du plat au pendu, différence de marche d'un chronomètre, lorsqu'on le place horizontalement, ou lorsqu'on le suspend verticalement, ce qui rend ses conditions d'équilibre moins satisfaisantes. || 20° Terme de lapidaire. Plats ou losanges, facettes qui viennent à la suite des dentelles et qui s'y trouvent conjointes dans la taille des pierres fines, CHRITEN, *Art du lapidaire*, p. 28. || 21° *S. m.* L'à-plat, sorte de tissure des tapis. Ce genre de fabrication [les tapis de la Savonnerie] qui réclame l'à-plat comme dans les tapis d'Orient, *Journ. offic.* 1er avril 1877, p. 2603, 1re col.

2. **PLAT.** *Ajoutez :* || 7° Dans les restaurants, le plat ou les plats du jour, le plat ou les plats ajoutés à la carte ordinaire.

† **PLAT-ALLEMAND.** *Ajoutez :* — REM. Le plat-allemand ou bas-allemand se dit par opposition au haut-allemand. Le plat-allemand est parlé dans le nord de l'Allemagne, depuis la frontière des Pays-Bas jusqu'à la frontière de la Lithuanie, du Rhin à la mer Baltique. Tous sont des pays inférieurs et bas.

† **PLAT-BORD.** *Ajoutez :* || 3° Le rebord qui longe un égout dans tout son parcours. On va procéder dans quelques jours au curage des égouts; depuis la création de ces voies souterraines, on n'avait pas vu un pareil engorgement de vase dans les canaux et les plats-bords, *Journ. offic.* 8 août 1876, p. 2540, 3e col.

† 1. **PLATE.** *Ajoutez :* — REM. En termes de blason, plate est la figure qui en or se dit besant.

† 4. **PLATE.** Fausse orthographe pour platte (voy. ce mot au Dictionnaire et au Supplément).

PLATEAU. *Ajoutez :* || 9° Bois débité en forme de plateau. Adjudication à Brest, le 26 mars 1874 : manches d'outils en bois, orme de France en billes et en plateaux, *Journ. offic.* 18 févr. 1874, p. 1352, 2e col.

PLATE-FORME. *Ajoutez :* || 5° Ouvrage en fascine qu'on emploie dans les digues. L'emploi des plates-formes en fascines, fort usitées aux Pays-Bas; ces plates-formes, fortement liées, et superposées en se rétrécissant, forment de chaque côté de la digue des massifs très-résistants, entre lesquels on fait un remplissage de terre et de sable, *Rev. des Deux-Mondes*, 15 nov. 1875, p. 461. Ordinairement on recourt à des pilotis de chêne; quelquefois on consolide les ouvrages avec des plates-formes en fascines, *ib.* 463. || 4° L'espace que tient une route en largeur. Le but des dispositions proposées.... est simplement de faciliter, pour l'extension de notre réseau ferré, l'utilisation de la plate-forme de nos voies de terre, là où cette plate-forme offre une largeur suffisante pour permettre concurremment la circulation des trains à locomotives et des voitures ordinaires, *Journ. offic.* 15 nov. 1875, p. 9333, 1re col. Dans le domaine de Solférino, on a ouvert un grand nombre de routes, et l'on a observé que la plate-forme de ces routes ne tarde pas à se couvrir de fougères,

Enquête sur les incendies des Landes, p. 28. || 7° Terme de chemin de fer. Wagon découvert. Tarif duquel il résulte : 1° que les wagons employés sont des plates-formes ou wagons découverts..., *Gaz. des Trib.* 30 déc. 1875, p. 1258, 2° col. || 8° Aux États-Unis, nom donné à l'ouverture des luttes électorales et aux déclarations des candidats, qui sont débitées du haut d'un échafaudage en plate-forme.

† **PLATERIE** (pla-te-rie), *s. f.* Terme de céramique. Se dit des pièces plates, par opposition aux pièces creuses. Ceci est pour justifier la division en catégories de la platerie et du creux, *Enquête, Traité de comm. avec l'Angl.* t. VI, p. 668. Chaque service de table a une certaine quantité de platerie et de creux, *ib.* p. 738.

PLATEURE. *Ajoutez :* || Nom donné à la couche de houille, lorsqu'elle a moins de 35 degrés d'inclinaison.

† **PLATIN.** *Ajoutez :* || 2° Terme rural. Dans l'Aunis, une vigne est en platin, quand elle n'a pas été levée, quand elle n'a pas reçu la première façon, *Gloss. aunisien*, 1870, p. 136.

† **PLATINISER** (pla-ti-ni-zé), *v. a.* Garnir d'une couche de chlorure de platine. Miroir platinisé, *Acad. des sc. Comptes rend.* t. LXX, p. 52. Platiniser le verre, *ib.* p. 53.

† **PLATIRON** (pla-ti-ron), *s. m.* Sorte de clou. Les clous de cette fabrication [de fil de fer] sont généralement connus sous les noms de bombés, platirons, caboches et boutons, *Enquête, Traité de comm. avec l'Anglet.* t. I, p. 787.

† **PLÂTRERIE** (plâ-tre-rie), *s. f.* Emploi du plâtre. Travaux de plâtrerie.

† **PLÂTREUR.** *Ajoutez :* Que de plaintes, que de reproches à faire à celui que vous appelez le plâtreur et le patelin! BALZAC, *Lett. inédites*, CXIII, éd. Tamizey-Larroque. (Balzac écrit plâtreux suivant la prononciation de son temps.)

† **PLATTE.** *Ajoutez :* || 2° Nom, à Lyon, des lavoirs établis sur le Rhône. Une véritable débâcle s'est produite.... bousculant les plattes, soulevant les pontons des *Mouches* [bateaux à vapeur], renversant les bateaux de foin, Extr. du *Salut public*, dans *le Rappel*, 5 janv. 1875.

† **PLATTEUSE** (pla-teû-z'), *s. f.* Ouvrière en dentelle qui confectionne les fleurs en plat aux fuseaux.

† **PLATYCNÉMIE** (pla-ti-kné-mie), *s. f.* Terme d'anthropologie. Aplatissement du tibia sur deux faces. Dans l'allée couverte de Chamant, où pour la première fois M. Broca et moi remarquâmes l'aplatissement bilatéral du tibia, dénommé platycnémie par M. Busk, LAGNEAU, *Rev. d'anthrop.* t. III, p. 583.

— ÉTYM. Πλατύς, plat, et κνήμη, tibia.

† **PLATYCNÉMIQUE** (pla-ti-kné-mi-k'), *adj.* Terme d'anthropologie. Qui a les mollets plats. Leurs jambes [de certains Australiens] ne présentent pas ce caractère platycnémique si remarquable chez certaines tribus sauvages de l'Australie, *Journ. offic.* 19 nov. 1873, p. 7052, 1re col.

PLAUSIBILITÉ. *Ajoutez :* Ce débat est entouré de certaines préventions dont je comprends la plausibilité, et, je le crois, entouré aussi de quelque exagération, *Journ. offic.* du 27 fév. 1869, p. 253, 6° col.

PLAUSIBLEMENT. *Ajoutez :* Le seigneur dom Félix, qui peut aller à Nice plausiblement, sous le prétexte de porter de l'argent à la garnison et d'y établir l'ordre qui doit y être gardé, RICHELIEU, *Lettres*, etc. t. VI, p. 478 (1639).

† **PLAYON** (plè-ion), *s. m.* Le même que ployon, *les Primes d'honneur*, Paris, 1869, p. 241.

† **PLÉBÉ, ÉE** (plé-bé, bée), *adj.* Vulgaire, plébéien (inusité). Façon de parler plébée, MALH. *Lexique*, éd. L. Lalanne.

— ÉTYM. *Plebe.* Voy. pour des exemples de *plébé*, PLÉBÉIEN à l'Étymologie.

† **PLÉBISCITAIRE** (plé-bi-ssi-tè-r'), *adj.* Qui est de la nature d'un plébiscite. Quant à la partie de la Constitution qui reproduit les dispositions plébiscitaires, ou qui s'y rapporte étroitement, *Exposé des motifs du projet de Sénatus-Consulte présenté le* 28 *mars* 1870. || *Subst.* Celui qui vote un plébiscite.

1. **PLEIN.** *Ajoutez :* || 27° Terme de grammaire. Dans les langues isolantes, mot plein, mot qui, dans un composé, a gardé sa valeur, par opposition à mot vide, mot qui l'a perdue et qui ne joue plus qu'un rôle de suffixe. || 28° En termes d'assurances, le plein d'une compagnie est le maximum des sommes qu'elle consent à assurer, *Journ. des actuaires français*, janv. 1873, t. II, p. 88. || 29° En termes de jeu, numéro plein, numéro unique, par opposition à numéros multiples. À Bade, quand un joueur met 100 francs sur un numéro plein, sa probabilité de gain est 1/38, É. DORMOY, *Journ. des actuaires français*, t. II, p. 48. À la roulette, il est moins désavantageux de mettre sur un numéro plein que sur 2, sur 2 que sur 4, etc.; plus on éparpille ses mises, plus on diminue ses chances, ID. *ib.* p. 49.

PLÉNIER. — REM. *Ajoutez :* || 2. M. T. de L. (*Revue crit.* 13 mai 1876, p. 331), à propos de la phrase de Montesquieu : Il n'est rien de si plénier (voy. le Dictionnaire au mot PLÉNIER), dit : « Plénier est un gasconisme qui encore aujourd'hui garde toute sa vitalité dans la province où naquit Montesquieu ; on y appelle *plénier* (en patois *planey*) ce qui est sans inégalité, uni (lat. *planus*, et, dans la langue du moyen âge, *plain*). La phrase de Montesquieu ne veut dire autre chose que : il n'y a rien de si facile. » En examinant l'historique qui est à la suite de plénier on verra que la langue du moyen âge confond deux dérivés l'un de *plein*, l'autre de *plan*; et Montaigne dit même *planier* : une victoire planiere. La locution de Montesquieu répond à : de plain pied.

† **PLENUM** (plé-nom'), *s. m.* Mot latin employé pour signifier ce qui est arrivé à son plein. On était en présence d'un plenum de travail dans les chantiers français et d'un besoin immédiat de navires, *Enquête, Traité de comm. avec l'Anglet.* t. VI, p. 874.

† **PLESSE** (plè-s'), *s. f.* Dans le parler normand, branche d'une haie, ramenée vers le centre de la clôture pour la fortifier, H. MOISY, *Noms de famille normands*, p. 364.

— HIST. XVe s. Le suppliant et ung autre en sa compagnie enmenerent une jeune femme amoureuse en unes plesses, DU CANGE, *plessa*.

— ÉTYM. Bas-lat. *plessa*, du lat. *plexus*, plié, de *plectere*.

† **PLESSÉE** (plè-sée), *s. f.* Sorte de haie. Les plessées ou haies formées aux dépens des bois, avec des brins verts pliés et entrelacés, ne peuvent faire titre que si elles sont comprises dans la contenance du terrain et si la possession en est plus que trentenaire, DUPIN, dans A. ROUSSET, *Dict. des forêts*.

— ÉTYM. *Plesse.*

† **PLESSER** (plè-sé), *v. a.* Dans le parler normand, entrelacer les branches d'une haie, H. MOISY, *Noms de famille normands*, p. 364.

— HIST. XIIe s. D'une part fist le bois tranchier, Et bien espessement plaissier, *Rom. de Brut*, v. 9430.

— ÉTYM. *Plesse.*

† **PLESSIS** (plè-si), *s. m.* Dans le parler normand, clôture formée de branches entrelacées, et aussi bois entouré d'une pareille clôture, H. MOISY, *Noms de famille normands*, p. 364.

— HIST. XIIIe s. Parmi un plesseïs de saus [saules], *Renart*, t. III, 323. || XVe s. Bois en plessis, que les aucuns appellent tousche, DU CANGE, *pleisseicium*.

— ÉTYM. Bas-lat. *plectitius*, de *plectere*, plier.

PLEUR. — REM. *Ajoutez :* La faute de Régnier faisant pleur du féminin se retrouve dans J. J. Rousseau : Les longues pleurs d'un enfant, *Ém.* I; et dans Lamartine : Et de ses pleurs de fils non encore épuisées, *Jocelyn*, 3° époque. Mais ces exemples n'atténuent en rien la faute.

† **PLEURABLE.** — HIST. *Ajoutez :* XIVe s. *Lugubris*, plorables, ESCALLIER, *Vocab. lat.-franç.* 1628.

† **PLEURODÈRE** (pleu-ro-dè-r'), *adj.* Terme d'herpétologie. Dont la tête ne peut être retirée sous la carapace.

— ÉTYM. Πλευρὸν, côté, et δέρη, tête.

PLOMB. — HIST. XIIe s. Li mur sunt haut et fort, de quariaux à plon mis, *li Romans d'Alixandre*, p. 503.

PLOMBIER. — HIST. *Ajoutez :* XIVe s. B. le ploumier, pour clos [clous] à asseoir le plonc es goutieres (1322), VARIN, *Archives admin. de la ville de Reims*, t. II, 1re partie, p. 304.

† **PLON** (plon), *s. m.* Nom, sur les côtes du Morbihan, d'un poisson de mer, GOUÉZEL, *les Oiseaux de mer*, Nantes, 1875, p. 14.

† **PLOQUE** (plo-k'), *s. f.* Terme de l'industrie des laines. Instrument servant au boudinage. Nous nous servons de machines continues et de machines à ploques ou boudins, *Enquête, Traité de comm. avec l'Anglet.* t. III, p. 170.

† **PLOQUEUSE** (plo-keû-z'), *s. f.* Machine opérant le boudinage de la laine, *Descript. des brevets*, 2° série, t. LXVI, p. 37.

† **PLOT.** *Ajoutez :* || 3° Bille de sciage qui a généralement quatre mètres de longueur, NANQUETTE, *Exploit. débit et estim. des bois*, Nancy, 1868, p. 87. Les tronces [de sapin] des Vosges ont quatre mètres, comme les plots du Jura, BROILLARD, *Rev. des Deux-Mondes*, 15 avr. 1876, p. 919.

† **PLOU** (plou), *s. m.* Nom, en Champagne, de mauvais terrains, dits aussi savarts, *les Primes d'honneur*, Paris, 1869, p. 253.

† **PLOUTE** (plou-t'), *s. f.* Nom, d'une espèce de radeau, dans les pays danubiens. Ploutes ne dépassant pas en longueur 15m,14.... les ploutes, chargées ou non, sont soumises à la taxe, à l'entrée comme à la sortie du Pruth, *Journ. offic.* du 3 oct. 1871, p. 3799, 3° col.

† **PLOYON** (plo-ion), *s. m.* || 1° Nom, dans la Meurthe, d'un sarment auquel, sur la vigne, on donne une disposition pliée, courbée, *les Primes d'honneur*, Paris, 1872, p. 115. || 2° En Normandie, bâton pliant qui sert pour les couvertures en chaume, DELBOULLE, *Gloss. de la vallée d'Yères*, le Havre, 1876, p. 262.

— ÉTYM. Le même que *pleyon*.

† **PLUMAIRE** (plu-mè-r'), *adj.* Qui a rapport aux plumes. || Art plumaire, art du mosaïste en plumes, art qui était pratiqué dans plusieurs régions de l'Amérique intertropicale, le Pérou, le Mexique, et qui l'est encore au Brésil, H. DE CHARENCEY, *Bulletin de la Société de linguistique de Paris*, n° 16, novembre 1876, p. XXVII.

† **PLUMASSÉ, ÉE** (plu-ma-sé, sée), *adj.* Qui est en forme de plume. Il y a des cachettes où la fougère épanouit dans l'ombre ses feuilles plumassées, Mme DE GASPARIN, *Bande du Jura*, II, *Premier voyage*, 2° éd. Paris, 1865.

PLUME. *Ajoutez :* || 18° Plume d'Alep, plume de l'autruche du désert de Syrie. || Plume de Barbarie, plume de l'autruche venant de la partie du Sahara voisine des États barbaresques. || Plume d'Égypte, plume de l'autruche qui vit dans la vallée du Nil. || Plume du Sénégal, plume de l'autruche qui vit dans le Sénégal, *Journ. offic.* 20 mai 1876, p. 3672, 1re col.

PLUMÉE. || 3° *Ajoutez :* À part Mme D.... et Mlle V.... qui joue adroitement la scène du déjeuner, le reste ne vaut pas une plumée d'encre, ALPH. DAUDET, *Journ. offic.* 30 nov. 1874, p. 7880, 2° col.

† **PLUMIER** (plu-mié), *s. m.* Ustensile dans lequel on met les plumes à écrire.

† **PLUMISTE** (plu-mi-st'), *s. m.* Artiste en l'art plumaire, H. DE CHARENCEY, *Bulletin de la Société de linguistique de Paris*, n° 16, nov. 1876, p. XXVII.

PLUMITIF. — HIST. XVIe s. *Ajoutez :* Maistres Jacques Depleurre et Barnabé de Ceriziers, conseillers maistres en la cour des comptes, assistés du procureur general en personne et d'un plumitif [pour l'inventaire des meubles de Catherine de Médicis], *Journ. des Débats*, 20 nov. 1874, 3° page, 5° col.

† **PLURAL, ALE** (plu-ral, ra-l'), *adj.* Qui contient plusieurs unités. Le principe du vote multiple ou plural vient d'être admis par la commission, PERNOLET, *Journ. offic.* 7 juill. 1874, p. 4709, 3° col. Au lieu d'engendrer des récriminations et des défiances, comme pourrait le faire le vote plural appliqué à la fortune ou à la capacité, le vote plural appliqué à la famille ne peut qu'être une cause d'apaisement...., ID. *ib.* p. 4710 3° col.

— ÉTYM. Lat. *pluralis* (voy. PLURIEL).

PLURIEL. || 2° *Ajoutez :* || Dans la grammaire arabe, pluriel externe, pluriel formé au moyen de la terminaison; pluriel interne ou brisé, pluriel formé au moyen d'une modification intérieure, A. HOVELACQUE, *Linguistique*, p. 181, Paris, 1876.

PLUS. || 25° Tant et plus, autant qu'il en faut et même plus. Laissez-nous ce soin de vous chercher des pratiques ; nous vous en fournirons tant et plus, LESAGE, *Est. Gonz.* 38.

— REM. *Ajoutez :* || 3. Avec des verbes impliquant une idée négative, il s'emploie au sens d'un état, d'une condition qui prend fin. Je cessai, toute en pleurs, d'être plus à moi-même [dès lors je ne fus plus à moi-même], RÉGNIER, *Dial.*

† **PLUSIE** (plu-zie), *s. f.* Genre d'insectes de l'ordre des lépidoptères. La plusie argentée voltige autour des fenêtres d'où s'échappe un rayon de lumière, GEORGE SAND, *Rev. des Deux-Mondes*, 15 août, 1868, p. 784.

† **PLUVIAIRE** (plu-vi-è-r'), *adj.* Se dit quelquefois pour pluvial. Études géologiques sur le Var et le Rhône pendant les époques tertiaire et quaternaire; leurs deltas; la période pluviaire; le déluge, par CHAMBRUN DE ROSEMONT, Paris, 1873.

1. **PLUVIAL.** *Ajoutez :* — HIST. XVI° s. Donc faudroit-il de ces eaus pluviales Tousjours se plaindre, J. PELLETIER DU MANS, *la Savoye* (1572), Chambéry, 1856, p. 286.

† **PLUVIAN.** *Ajoutez :* — HIST. XIV° s. Li pluvions vigoreusement Se plonge en ayve et longuement, MACÉ, *Bible en vers*, f° 33, verso, 1re col.

† **PLUVIOMÉTRIE** (plu-vi-o-mé-trie), *s. f.* Emploi du pluviomètre; mesure de la quantité de pluie qui tombe en une région. Son ouvrage [de M. Raulin] est le plus vaste et le plus complet qui existe sur la pluviométrie de la France, E. BLANCHARD, *Journ. offic.* 9 avril 1877, p. 2759, 3° col.

† **PLUVIOMÉTRIQUE** (plu-vi-o-mé-tri-k'), *adj.* Qui appartient au pluviomètre. Ses observations [de Sédillau] barométriques, thermométriques et pluviométriques s'y sont faites [à l'observatoire] sans temps d'arrêt, H. DE PARVILLE, *Journ. offic.* 8 déc. 1871, p. 4845, 3° col.

† 3. **PNEUMATIQUE.** || 1° *Ajoutez :* || L'Evangile pneumatique, celui de saint Jean, où la personne de Jésus-Christ est surtout présentée au point de vue spirituel.

† **PNEUMONANTHE** (pneu-mo-nan-t'), *s. f.* Espèce de gentiane. Voici la petite centaurée..., et la pneumonanthe bleu indigo.... est-elle gaillarde et vigoureuse, celle-là, avec ses feuilles en glaive et ses corolles étoffées? A. THEURIET, *Rev. des Deux-Mondes*, 1er oct. 1874, p. 561.

— ÉTYM. Πνεύμων, poumon, et ἄνθος, fleur.

† **PNEUMOPHYMIE** (pneu-mo-fi-mie), *s. f.* Terme de médecine. Synonyme de phthisie pulmonaire ou tuberculisation pulmonaire, *le Progrès médical*, 31 mars 1877, p. 249.

— ÉTYM. Πνεύμων, poumon, et φῦμα, tubercule.

POCHADE. *Ajoutez :* — REM. Une pochade est une indication abrégée qui en quelques coups de brosse résume une figure ou un paysage. Une pochade doit toujours être empâtée, et, pas plus que le croquis, ne peut être reprise.

† **POCHARDERIE** (po-char-de-rie). *s. f.* Terme populaire. Acte, habitude du pochard.

† **POCHET.** *Ajoutez :* || 2° Petit sac où l'on met l'avoine pour les chevaux en route. Les charretiers doivent rendre à l'administration l'avoine qui reste dans les voitures et celle qui reste dans les pochets des chevaux, *Gaz. des Trib.* 4 sept. 1875, p. 851, 3° col.

POCHETER. *Ajoutez :* || 2° Accepter de la poche des autres, ou prendre dans leur poche. Un coureur de cabarets, un crocheteur de bourses, qui va pochetant quelques écus çà et là chez le premier va-nu-pieds qu'il rencontre, J. J. ROUSS. *Lettre au comte de Tonnerre*, 18 sept. 1768.

POCHETTE. *Ajoutez :* || 4° Pochette d'ingénieur, petite boîte ou étui contenant des compas, etc. et que l'on met dans la poche comme un porte-cigare, un calepin, etc.

† **POCHON** (po-chon), *s. m.* Grande cuiller à pot. Articles fabriqués mécaniquement par l'emboutissage, ustensiles de ménage en fer battu, étamés ou non étamés, tels que casseroles, poêles, gamelles militaires, pochons, écumoires, *Enquête, Traité de comm. avec l'Angleterre*, t. II, p. 128.

— ÉTYM. Dérivé de *poche*.

† **POCOCURANTISME.** *Ajoutez :* J'adjure ceux qui ne sont pas dévoyés ou perdus dans je ne sais quel pococurantisme dangereux, d'y réfléchir et d'aviser, *Journal offic.* 7 févr. 1875, p. 1046, 1re col.

PODAGRE. — HIST. *Ajoutez :* XII° s. Li reis Asa en sa vieillesce enmaladid, e de poagre forment fud anguissez, *Rois*, p. 304. || XIV° s. Les yex ai troublez malement, Les braz et les mains ensement Ay de pouacre vilz et ors, *Théâtre franç. au moyen âge*, Paris, 1839, p. 251. *Cyragra*, poacre, ESCALLIER, *Vocab. lat.-franç.* 325.

† **PODOMÈTRE.** *Ajoutez :* || 2° Synonyme de pédomètre ou hodomètre (voy. ces mots au Dictionnaire). Nous avons eu occasion de parler du podomètre; le *Bulletin de la réunion des officiers* dit que le constructeur de cet instrument l'a modifié de manière à en faire un véritable compte-pas, *Journ. offic.* 29 oct. 1874, p. 7260, 2° col.

† **PODOPHYLLE** (po-do-fi-l'), *s. m.* Terme de botanique. Plante (*podophyllum peltatum*, L.) très-commune aux États-Unis d'Amérique, où elle croît dans les lieux humides. Le podophylle, dont on emploie le rhizome, est un purgatif très-actif.

— ÉTYM. Ποὺς, ποδὸς, pied, et φύλλον, feuille.

† **PODOPHYLLINE** (po-do-fil-li-n'), *s. f.* Principe actif du podophylle.

2. **POÊLE** ou **POILE.** *Ajoutez :* — REM. M. Ch. Berthoud, de Gingins, canton de Vaud, observe que le mot poêle au sens de chambre où l'on se tient d'habitude en hiver est fort employé dans la Suisse française : le grand poêle de l'hôtel de ville; mais qu'il ne l'est pas du tout dans la Suisse allemande. En effet, poêle est la traduction du mot allemand ou hollandais qui désigne cette chambre, traduction employée au XVI° siècle et par Descartes; mais au Dictionnaire la définition est défectueuse : il faut lire : Nom donné par les Français à la chambre où est le poêle en Allemagne et en Hollande.

POÉSIE. || Fig. *Ajoutez :* Tous les arts sont poésies, BAC. *Lexique*, éd. P. Mesnard.

POËTE. *Ajoutez :* || 4° *Au fém.* Chloé, belle et poëte, a deux petits travers : Elle fait son visage, et ne fait pas ses vers, LEBRUN, *Épigr.* 9.

† **POGE** (po-j'), *s. m.* Ancien terme de marine du Levant. La main droite, ce qui s'appelle sur l'Océan tribord, FURETIÈRE.

— HIST. XVI° s. Au lendemain rencontrasmes à poge neuf orques chargées de moines, RAB. IV, 18.

— ÉTYM. Ital. *poggia*, de πόδιον, cordage attaché à la partie inférieure de la voile, diminutif de ποὺς, pied.

POIDS. || 7° *Ajoutez :* || Le poids public, la régie du poids public. Le poids public, fondant son droit sur un décret de 1811, a soutenu qu'il avait un privilége à l'exclusion de tous autres, *Gaz des Trib.* 2 août 1873, p. 742, 3° col. || 17° Poids spécifique, voy. SPÉCIFIQUE au Dictionnaire. || 18° Poids mort, dans les appareils mécaniques, se dit du poids propre de tous les engins dont l'élévation, le transport, tout en étant plus ou moins indispensables, n'entrent pas dans la valeur du travail effectif produit : le poids des wagons dans un chemin de fer, le poids du seau qui sert à monter de l'eau, etc. || 19° Poids médicinal, poids que la pharmacie emploie. Considérant que par ces expressions : « débit au poids médicinal, » opposées dans l'art. 33 de la loi du 21 germinal an XI à celles de vente en gros, on doit entendre non les ventes au poids indiqué dans les dispensaires et formulaires, mais toutes les ventes en détail des drogues ou préparations pharmaceutiques, *Gaz. des Trib.* 5 oct. 1873, p. 958, 4° col. || 20° Nom, dans l'Aveyron, du local où se font la réception et l'examen des fromages de Roquefort, *les Primes d'honn.* Paris, 1869, p. 397.

— REM. *Ajoutez :* Molière a dit le poids de sa grimace [en parlant d'un faux dévot], *Mis.* V, 1, et le poids d'une cabale, *Tart.* V, 3. Ce sont là des métaphores peu heureuses, attendu que ni une grimace ni une cabale ne peuvent être assimilées à des choses pesantes.

POIGNARD. *Ajoutez :* — REM. 1. Le poignard est une arme plus courte que la dague. || 2. En termes de tailleur, le poignard a une signification plus étendue qu'il n'est dit dans le Dictionnaire. Poignard est le terme générique qui désigne toute espèce de retouche au vêtement, soit soufflet, soit pince, rétrécissement des coutures, etc.

POIGNARDER. *Ajoutez :* || 4° En termes de tailleur, poignarder un habit, y faire des retouches, soufflet, pince, rétrécissement des coutures, etc.

† **POIGNE.** *Ajoutez :* || Fig. A poigne, se dit aujourd'hui de celui qui exerce l'autorité sans ménagement. Préfet à poigne.

POIGNÉE. *Ajoutez :* || 11° Poignée de main, nom donné à des morceaux tout coupés qui sont dans la corbeille contenant le pain bénit. 822 petits pains ont été ainsi distribués, sans compter les grands pains bénits et deux énormes corbeilles pleines de ces morceaux tout coupés qu'on nomme des poignées de main, *la Liberté*, 8 nov. 1869. || 12° En Normandie, mesure, pour le lin, qui équivaut à la quantité de tiges que peuvent entourer les deux mains rapprochées. Nous avons vu imposer dans des baux, outre le payement des fermages en argent, des prestations annuelles en lin, desquelles l'importance était supputée par poignées, H. MOISY, *Noms de famille normands*, p. 366. || 13° Poignée d'enfonçures, de chanteaux, mesures de solidité pour le merrain. Champagne : la treille se compose de 65 dos de douves, de 50 poignées d'enfonçures et de 50 poignées de chanteaux; le dos contient 16 douves; la poignée est de 4 pièces, *Annuaire des Eaux et Forêts*, 1873, p. 24.

† **POILLEVILLAIN** (poi-le-vi-lin), *s. m.* Nom vulgaire des gros à la queue (autre nom vulgaire) frappés sous Philippe VI, lorsque Jehan Poillevillain était général maître des monnaies.

— HIST. XVI° s. *Unum denarium argenti, qui dicitur* poilevillain, DU CANGE, *pillevilla*.

— ÉTYM. Ce nom propre signifie celui qui *poile* (tire les poils) du *vilain*.

1. **POINÇON.** *Ajoutez :* — REM. Il faut définir ainsi le poinçon en charpente : c'est une pièce de bois ou de métal qui est toute droite sous le faîte du bâtiment, et qui sert pour l'assemblage des fermes et faîtes; cette pièce, placée verticalement au milieu d'une ferme, est supportée à son extrémité supérieure par les arbalétriers, et soutient l'entrait ou le tirant avec lequel elle est assemblée à sa partie inférieure.

— HIST. *Ajoutez :* || XIV° s. Ou [au] vergier avoit tantes [tentes] maintes, Dont les colomes, li poinsson [poteaux] Eraint d'argent en jusquenssom [jusqu'en haut], MACÉ, *Bible en vers*, f° 99, verso, 1re col.

2. **POINÇON.** — HIST. *Ajoutez :* || XIV° s. Un vieil poinsson vuit et les douves d'un autre poinsson, *Bibl. des ch.* 1872, p. 361.

† **POINÇONNAGE.** *Ajoutez :* || 2° Action de faire pénétrer un poinçon métallique dans une pièce, un prisme, un cylindre de métal.

† **POINÇONNEMENT** (poin-so-ne-man), *s. m.* Action de poinçonner; résultat de cette action. En Chine où l'or et l'argent ne circulent qu'en lingots ayant les poids exacts de 1/2 à 10 taëls, sans autre empreinte que des poinçonnements individuels, simple marque d'origine, A. MANGIN, *Journ. offic.* juin 1877, p. 4244, 2° col.

1. **POINT.** || 28° *Ajoutez :* || En général, point mort, point de la course d'un organe de machine où il ne reçoit plus de mouvement de la force motrice, et où son mouvement n'est dû qu'à sa vitesse acquise : position, par exemple, où se trouve le bouton d'une manivelle quand l'axe de la bielle avec laquelle elle est articulée passe par le centre du cercle décrit. || 52° Point d'échelle, ou jour en échelle, espèce de jour qui se fait soit avec une grosse aiguille de façon à représenter les barreaux d'une échelle, soit en coupant l'étoffe au milieu d'une broderie, en rejoignant les bords et formant de petites barres coordonnées en forme d'échelle. || Point turc, voy. TURC. || Point fendu, sorte d'ancien point. Un tableau à l'aiguille de point fendu, représentant une Vierge, *Lett. etc. de Colbert*, t. VII, p. 385. || 53° Point d'esprit, sorte de tulle. La fabrication des tulles à mouches, dits point d'esprit, et des tulles unis en poil de chèvre, *Enquête, Traité de comm. avec l'Angleterre*, t. V, p. 455. || 54° Nom d'un défaut du verre dû à la présence de gaz dans son intérieur. La nature de ces gaz qui donnent au verre à glace un défaut connu sous le nom de point, n'a pas été jusqu'à présent déterminée avec exactitude.... le point est dû à l'action des corps réducteurs sur le sulfate de soude qui se trouve toujours en excès pendant la fabrication du verre.... le sulfure réagit sur le sulfate et produit les gaz qui restent dans le verre, si la coulée se fait à ce moment; c'est ainsi que le verre présente du point qui peut être gros et espacé : c'est le point de charbon; ou fin et rapproché : c'est le point de sel, H. DE PARVILLE, *Journ. offic.* 16 déc. 1875, p. 10383, 1re col. || 55° Points, les cartes marquées de 2, 3, 4.... points. Papier de points, c'est-à-dire papiers pour les cartes de points, par opposition aux feuilles de moulage et à l'as de trèfle. Tant en feuilles de moulage et d'as de trèfle, qu'en feuilles de papier filigrané pour les cartes de points, *Code des cartes à jouer*, P. DUPONT, 1853, p. 75. Le papier filigrané, délivré en blanc aux cartiers, ne sera employé par eux qu'à la fabrication des points, *ib.* p. 98. || 56° Point de certitude, signe qui, dans les ouvrages d'histoire naturelle, sert à indiquer une chose certaine, une observation personnelle. || 57° Point de vue, légère perception de la lumière qui reste chez quelques aveugles. Les autres [aveugles] disent qu'ils ont un point de vue : si faible qu'il soit, ils en tirent vanité, MAXIME DU CAMP, *Rev. des Deux-Mondes*, 15 avril 1873, p. 811. Il suffit de regarder les aveugles lorsqu'ils sont réunis pour reconnaître presque à coup sûr ceux qui ont un point de vue, ou qui ont conservé quelque vague souvenir de la lumière, ID. *ib.* p. 812.

POINTAGE. *Ajoutez :* — REM. En artillerie, le pointage est dit positif ou négatif, selon que l'axe de la pièce est dirigé en dessus ou en dessous de l'horizontale, *Rev. des Deux-Mond.* 1er déc. 1857, p. 712.

POINTE. || 18° Terme de danse. Avoir des pointes. *Ajoutez :* Les pointes, qui font pâmer les amateurs de ballet, sont de date plus récente qu'on ne croit;

c'est en 1834, à Vienne, que cet attrait nouveau de la danse théâtrale fut imaginé par le célèbre chorégraphe Duport; il fit le premier exécuter des pointes à une élève, Mlle Schlanjouski, que ce tour de force rendit bientôt fameuse, *Figaro*, 28 mai 1870.

† **POINTERIE** (poin-te-rie), *s. f.* Usine où l'on fabrique des pointes.

POINTILLAGE. *Ajoutez :* ‖ 4° Sorte de massage qui se fait avec les pointes des doigts réunis en cercle petit ou grand. ‖ 5° Fig. Disputes, contrariétés pour des riens. Dans celles [les séances] où il [Bossu] assistait, ce n'étaient, de sa part, que pointillages, qu'altercations et qu'excès, DE MONTAIGLON, *Hist. de l'Acad. de peinture* (*Mém. attribués à H. Testelin*), t. II, p. 22.

† **POINTILLEUSEMENT** (poin-ti-lleû-ze-man, *ll* mouillées), *adv.* D'une manière pointilleuse. Nous gardons notre rang pointilleusement, et voulons que les autres soient humbles et condescendants, ST FRANÇOIS DE SALES, *Introd. à la vie dévote*, III, 36.

POINTILLEUX. *Ajoutez :* ‖ 3° Substantivement. Un pointilleux, un homme pointilleux, qui pointille. Je me réserverai pour une autre fois à disputer contre ces pointilleux si déliés, qui oublient de faire, tant ils sont empêchés à parler, MALH. *Lexique*, éd. L. Lalanne.

POIRE. *Ajoutez :* ‖ 10° Fig. et populairement, faire sa poire, avoir un air fier et important. M. D.... fait sa poire parce qu'il est bien mis; il a le moyen, tant mieux pour lui, *Gaz. des Trib.* 4 sept. 1874, p. 849, 1re col. ‖ 11° Portion d'un battant de cloche qui frappe contre la cloche; elle est ainsi nommée parce qu'elle a la forme d'une poire. Il [le battant d'une cloche de Rouen] avait 6 pieds 8 pouces de hauteur, et la poire mesurait 4 pieds 9 pouces de circonférence, *Journ. offic.* 16 juill. 1874, p. 4959, 3e col.

† **POIRIAU** (poi-riô), *s. m.* Nom, dans le Loiret, du muscari, *muscari comosum*, *les Primes d'honneur*, Paris, 1869, p. 193.

— ÉTYM. Forme patoise de *poireau* ou *porreau*, à cause de la ressemblance du feuillage.

POIRIER. — HIST. XIIIe S. *Ajoutez :* A tant s'en retorna moult tos, A son manoir vint les galos; Un prier ot grant, fu ramés, Qui de son avie [lisez aive, aïeul] fu remés; D'une quignie le coperent, Et puis arriere s'en tornerent, PH. MOUSKES, *Chronique*, v. 17019. (*Prier* est encore aujourd'hui une forme normande de *poirier*.)

POIS. *Ajoutez :* ‖ 8° Pois cassés, pois secs décortiqués, dont les cotylédons sont détachés l'un de l'autre, et qui apparaissent ainsi comme des pois en morceaux; on en fait des purées. ‖ 9° Arbre aux pois, le *caragana arborescens*, LMK., BAILLON, *Dict. de bot.* p. 257.

1. **POISSON.** *Ajoutez :* ‖ 11° Poisson-lune, dit aussi môle (voy. MÔLE au Supplément), de la famille des plectognathes. Le nom de poisson-lune lui vient de ce qu'on le prendrait de loin pour l'image de la lune réfléchie dans le miroir des eaux, *le Temps*, 24 août 1876, 3e page, 2e col. ‖ Le poisson à pierre, sorte de poisson. Le *leuciscus pygmeus* ou poisson à pierre qu'on trouve en abondance dans toutes les rivières des États-Unis, *Journ. offic.* 26 oct. 1875, p. 8861, 1re col.

POITRINE. *Ajoutez :* ‖ 7° Terme de métallurgie. Poitrine ou marâtre, pièce de fonte servant de plafond aux embrasures d'un haut fourneau, F. LIGER, *la Ferronnerie*, Paris, 1875, t. I, p. 45.

POIVRE. *Ajoutez :* ‖ 9° Condamner au poivre, se dit de livres dignes d'être envoyés chez l'épicier. Que de livres de théologie, de chicane et de politique, elle [la Constitution] a condamnés au poivre! *L. du P. Duchêne*, 162e lettre, p. 5. ‖ 10° Terme d'anthropologie. Chevelure en grains de poivre, chevelure qu'on rencontre chez les Papous de la Mélanésie et chez quelques tribus africaines, et dans laquelle les cheveux forment sur la tête des espèces de petits îlots, séparés par des espaces parfaitement glabres, DE QUATREFAGES, *l'Espèce humaine*, 2e éd. 1877, p. 269.

— REM. Poivre et sel, qui signifie, comme il est dit dans le Dictionnaire, barbe grisonnante, s'applique aussi à des étoffes grisâtres. M. Brown était un gros homme qui portait un habit et un gilet noirs, des culottes poivre et sel, et pour cravate un grand col de satin, *Rev. Britan.* juin 1875, p. 454. Au reste cette locution paraît être d'origine anglaise; du moins Walter Scott, *Guy Mannering*, ch. XXXVI, parle d'un vêtement *of pepper-and-salt coloured mixture*.

POLAIRE. *Ajoutez :* ‖ 8° En géométrie, la droite polaire, droite qui joint les points de contact de deux tangentes menées d'un même point à une courbe du deuxième degré. ‖ Deux courbes sont dites polaires réciproques, quand leurs points se correspondent de telle sorte que, si on mène une tangente à l'une des courbes, le pôle de cette tangente soit sur l'autre courbe.

† **POLANA** (po-la-na), *s. f.* La 142e planète télescopique, découverte en 1875 par M. Palisa.

POLARISATION. *Ajoutez :* ‖ 3° Terme d'électrologie. Polarisation électrique, voltaïque, polarisation des électrodes. La polarisation est un phénomène qui se produit dans l'électrolyse et qui consiste en ce que les électrodes ayant servi à produire des décompositions chimiques acquièrent la propriété de développer un courant inverse du courant primitif; ce courant résulte de la combinaison, à travers le liquide, des corps provenant de la décomposition et qui se sont déposés à la surface des électrodes.

† **POLARISCOPIQUE** (po-la-ri-sko-pi-k'), *adj.* Qui a rapport au polariscope. L'analyse polariscopique.

† **POLARISEUR** (po-la-ri-zeur), *s. m.* Appareil propre à polariser la lumière. Tous les polariseurs ne peuvent pas servir pour les rayons très-réfrangibles, *Acad. des sc. Comp. rend.* t. LXXXIV, p. 1362.

POLDER. *Ajoutez :* — REM. On a dit aussi poldre. Toutes les terres du département de l'Escaut qui, étant situées au-dessous du niveau de la mer, sont ou ont été poldres, se doivent un secours mutuel dans les circonstances impérieuses où la sûreté de quelques-uns de ces poldres est évidemment compromise, *Décret de Napoléon Ier*, 1er *germinal an XIII*, art. 1. Il y a des polders ou poldres aussi bien en Belgique qu'en Hollande. (Note communiquée par M. Du Bois, avocat à Gand.)

PÔLE. *Ajoutez :* ‖ 10° En géométrie, point duquel on mène deux tangentes à une courbe du deuxième degré, et qui est le pôle de la droite qui joint les deux points de contact.

† **POLÉMISER** (po-lé-mi-zé), *v. n.* Faire de la polémique, être polémiste. Je ne polémise pas contre les croyances; je les laisse respectées dans la conscience de chacun, É. LITTRÉ, *la Phil. pos.* juillet-août 1876, p. 146. Non pas que nous voulions jeter le moindre soupçon sur la droiture personnelle des dignitaires ecclésiastiques qui polémisent aujourd'hui dans les journaux, *le Temps*, 14 nov. 1876, 1re page, 6e col.

† **POLENTA.** *Ajoutez :* — REM. Les Italiens et les Corses, outre la farine d'orge, emploient aussi la farine de châtaignes, celle de maïs, celle de pomme de terre.

† **POLICEMAN** (po-li-se-mann'), *s. m.* Nom anglais des agents de surveillance que nous appelons sergents de ville. ‖ *Au plur.* Policemen (qu'on prononce po-li-se-mèn'). Impassibles, l'œil aux aguets, résignés au sort qui peut-être les attend, les policemen surveillent avec zèle ces dangereux quartiers, L. SIMONIN, *Rev. des Deux-Mondes*, 1er janv. 1875, p. 72.

— ÉTYM. Angl. *policeman*, de *police*, police, et *man*, homme.

† **POLICLINIQUE** (po-li-kli-ni-k'), *s. f.* Clinique de la ville, leçons de clinique faites en ville par un médecin qui visite ses malades accompagné de ses élèves. Ce qu'on appelle aujourd'hui la policlinique, c'est-à-dire la possibilité de conduire les élèves en ville en les associant à la pratique d'un médecin, ne constitue pas une base sérieuse d'enseignement médical, *Journ. offic.* 10 juin 1875, p. 4155, 2e col. Dans certaines villes de l'étranger, la clinique des accouchements se fait en ville par le professeur, qui conduit ses élèves soit dans sa clientèle, soit chez les malades assistés; cette clinique de ville, ou policlinique, pourrait être pratiquée facilement à Paris, *Cons. municip. de Paris, Procès-verb.* 1876, n° 34.

— ÉTYM. Πόλις, ville, et *clinique*.

† **POLITICIEN** (po-li-ti-siin), *s. m.* Nom, aux États-Unis, de ceux qui s'occupent de diriger les affaires politiques, les élections, etc. Une municipalité sans foi [à New-York] a, dans maintes rencontres, impudemment empoché l'argent des contribuables pour le partager avec les politiciens qui l'avaient nommée, L. SIMONIN, *Rev. des Deux-Mondes*, 1er déc. 1874, p. 677. Une autre cause de dissolution [des États-Unis] à ses yeux, c'est l'influence des politiciens, sortes de déclassés des carrières régulières, se faisant une profession lucrative de la politique, *Journ. offic.* 6 févr. 1876, p. 1079, 2e col. Channing frémit à l'idée de confier aux politiciens le soin de former et de façonner l'esprit public : les politiciens, dit-il, ne considèrent les hommes qu'à un seul point de vue : comme les instruments de leur ambition; ils n'ont pas le savoir, la réflexion, le désintéressement qui doivent présider à un bon système d'éducation, PAUL LEROY-BEAULIEU, *Journ. des Débats*, 25 août 1876, 3e page, 6e col.

— ÉTYM. Angl. *politician*, de *politique*. Ce mot, d'abord exclusivement employé en parlant des États-Unis, commence à entrer chez nous dans la langue commune.

† **POLITIQUANT, ANTE** (po-li-ti-kan, kan-t'), *adj.* Qui raisonne sur les affaires politiques. Il est bien inutile de leur donner [aux Arabes] notre manie raisonneuse et politiquante, *Journ. offic.* 1er mai 1875, p. 3134, 2e col.

† **POLLINIDE** (pol-li-ni-d'), *s. f.* Organe de fécondation chez les cryptogames. Une spore.... a produit un mycélium filamenteux.... puis ont apparu sur ces filaments rampants des rameaux courts et dressés portant des houppes de petites cellules linéaires, espèces de bâtonnets dont le rôle comme organes mâles va se déceler et leur valoir le nom de pollinides, J. E. PLANCHON, *Rev. des Deux-Mondes*, 1er avril 1875, p. 647.

† **POLLUTION.** *Ajoutez :* ‖ 3° Au propre, action de souiller par des ordures. La plus grande pollution des eaux de Seine correspond un peu après à la sortie des eaux d'égout, H. DE PARVILLE, *Journ. offic.* 20 nov. 1874, p. 7718, 2e col.

† **POLOFRAIS** (po-lo-frè), *s. m.* Nom d'un cépage de la Savoie, dit aussi hybon, *les Primes d'honneur*, p. 650, Paris, 1874.

† **POLONAIS.** *Ajoutez :* ‖ 2° Sorte de fer de blanchisseuse, arrondi par les deux bouts.

† **POLTRONNEMENT.** *Ajoutez :* Tuer un homme de bien et le tuer poltronnement et traîtrement, c'est mettre le crime si haut qu'il ne puisse aller plus avant, MALH. *Lexique*, éd. L. Lalanne.

† **POLYARCHIE** (po-li-ar-chie), *s. f.* État où plusieurs possèdent l'autorité. Quand une monarchie spirituelle [la papauté] se posait en face d'une polyarchie temporelle [la féodalité], COURNOT, *Consid. sur la marche des idées*, t. I, p. 53.

— ÉTYM. Πολὺ, beaucoup, et ἄρχειν, commander.

† **POLYBASIQUE.** *Ajoutez :* ‖ En pharmacie, qui contient plusieurs bases. Formule polybasique.

† **POLYCHROMISER** (po-li-kro-mi-zé), *v. a.* Néologisme. Rendre polychrome. Une autre statue de femme nue a encore du succès : la *Vénus aux cheveux d'or*, par M. Arnoud, qui a polychromisé son marbre, en lui donnant les teintes de la peau et en dorant les cheveux,... BÜRGER, *Salons de 1861 à 1868*, t. I, p. 433.

— ÉTYM. *Polychrome.*

† **POLYCYSTE** (po-li-si-st'), *s. m.* et **POLYCYSTINE** (po-li-si-sti-n'), *s. f.* Nom d'un genre de rhizopodes à spicules siliceuses.

— ÉTYM. Πολὺς, nombreux et κύστις, vésicule, ainsi dit du nombre de vésicules dont se creuse la substance du corps de chaque espèce.

† **POLYGONAL.** *Ajoutez :* ‖ 2° Fortification polygonale, nouveau genre de fortification dans laquelle le flanquement est assuré par des ouvrages détachés du corps de la place.

† **POLYNÉSIEN, ENNE** (po-li-né-ziin, ziè-n'), *adj.* Qui appartient à la Polynésie. ‖ Le polynésien, la langue parlée dans la Polynésie; elle appartient au groupe malai. ‖ Le grand polynésien, particulièrement la langue parlée dans les grandes îles, Java, Sumatra, etc.

— ÉTYM. *Polynésie*, qui vient de πολὺς, beaucoup, et νῆσος, île.

† **POLYOMMATE** (po-li-o-mma-t'), *s. m.* Nom d'un papillon, CARTERON, *Premières chasses, Papillons et oiseaux*, p. 62, Hetzel, 1866.

— ÉTYM. Πολὺ, nombreux, et ὄμμα, œil.

† **POLYONYME** (po-li-o-ni-m'), *adj.* Qui porte plusieurs noms. La grande proportion de termes synonymes et polyonymes qui caractérise toutes les langues anciennes, MAX MÜLLER, *Essais sur la mythol. comp.* trad. par Perrot, p. 65, Paris, 1873.

— ÉTYM. Πολυώνυμος, de πολὺ, beaucoup, et ὄνομα, nom.

† **POLYONYMIE** (po-li-o-ni-mie), *s. f.* Terme de linguistique. État d'une langue où un même objet a plusieurs noms. Il faut appeler un autre élément, qui a joué un grand rôle dans la formation du langage ancien, et pour lequel je ne trouve pas de meilleur nom que polyonymie et synonymie, MAX MÜLLER, *Essais de mythologie comparée*, trad. par Perrot, p. 93, Paris, 1873.

† **POLYPHAGE.** *Ajoutez :* — HIST. XVI° s. Et ne croy pas que, selon leur naturel, ils soyent polyphages ou lichnophages [mangeurs de friandises], H. EST. *Lang. franç. ital.* dial. 2°, p. 334

† **POLYPHONIE.** *Ajoutez :* ‖ 2° Combinaison, dans la musique, de plusieurs voix, de plusieurs instruments. Pour quiconque aura appris à sentir la beauté vraiment musicale de ces chants [le *Te Deum* et autres chants de l'Église], l'art qui a présidé à leur construction mélodique, le problème de la valeur esthétique des compositions antiques sera résolu; mais il restera obscur et incompréhensible pour ceux à qui la polyphonie et l'instrumentation paraissent des conditions indispensables d'un art sérieux, GEVAERT, dans *Rev. critique*, 1er mai 1875, p. 286.

† **POLYPHONIQUE** (po-li-fo-ni-k'), *adj.* Qui a rapport à la polyphonie. Très-anciennement les Grecs faisaient usage de la musique polyphonique, et n'étaient pas même étrangers à l'art de mélanger dans la polyphonie la dissonance avec les consonnances, *Journ. offic.* 22 avril 1876, p. 2869, 1re col.

† **POLYPHYTE** (po-li-fi-t'), *adj.* Qui produit plusieurs végétaux. Les prairies permanentes sont toujours polyphytes, c'est-à-dire composées de plusieurs espèces, MATHIEU, *le Reboisement des Alpes*, Paris, 1875, p. 32.

— ÉTYM. Πολὺ, beaucoup, et φυτὸν, plante.

† **POLYSYNTHÉTIQUE** (po-li-sin-té-ti-k'), *adj.* Se dit d'une langue qui a le caractère du polysynthétisme. La plupart des idiomes de ces trois groupes [de langues de l'Amérique centrale] présentent le caractère polysynthétique des langues de l'Amérique du Nord, A. MAURY, *la Terre et l'homme*, VIII, 3° éd. Paris, 1869, p. 521. Les langues américaines auraient, aux yeux de ces auteurs, une propriété spéciale qui suffirait à constituer une classe bien à part, un quatrième système qu'il faudrait appeler incorporant ou polysynthétique, A. HOVELACQUE, *Linguist.* p. 108, Paris, 1876.

† **POLYTECHNICIEN.** *Ajoutez :* ‖ *Adj.* Polytechnicien, ienne, qui appartient à l'école polytechnique. Tous les membres de la grande famille polytechnicienne, depuis les élèves de l'école jusqu'aux chefs les plus élevés des administrations qui s'y recrutent, *Journ. offic.* 29 déc. 1874, p. 8634, 3° col.

† **POMATIS** (po-ma-tî), *s. m.* Espèce de poisson qui s'arrange un nid dans l'eau, *Journ. offic.* 10 oct. 1872, p. 6425, 1re col.

† **POMBE** (pon-b'), *s. m.* Sorte de boisson usitée en Afrique. Kabriki lui envoya [à sir S. Baker], selon les usages africains, dix cruches de pombe, sorte de boisson ressemblant à la bière; le pombe avait été toutefois fortement chargé de poison, *Journ. offic.* 18 juill. 1873, p. 4822, 1re col.

† **POMIFÈRE** (po-mi-fè-r'), *adj.* Rose pomifère, sorte de rose, *Journ. offic.* 13 janv. 1873, p. 233, 2° col.

POMME. — ÉTYM. *Ajoutez :* Le bas-latin *pomum* au sens de pomme est dans un texte du x° siècle, BOUCHERIE, *Rev. des langues romanes*, t. VI, p. 459.

† **POMMERAGE** (po-me-ra-j'), *s. f.* Nom, dans l'Aunis, de l'ellébore fétide, *Gloss. aunisien*, la Rochelle, 1870, p. 137.

POMMETTE. *Ajoutez :* ‖ 8° Nom vulgaire d'une bosselure qui se forme à la cornée, dans le ramollissement de cette membrane.

POMMIER. *Ajoutez :* ‖ 4° Pommier de singe, espèce d'arbre d'Afrique. La Guinée britannique a envoyé du bois de quassia, de l'herbe à soie, de l'écorce du pommier de singe pour faire des cordes, *Journ. offic.* 3 juill. 1876, p. 4793, 3° col. ‖ 5° *Adj.* Bateau pommier, bateau chargé de pommes. On compte en ce moment, au port de l'Hôtel de Ville..., une centaine de bateaux pommiers, *le National* de 1869, 20 février 1869.

† **POMMOTIER** (po-mo-tié), *s. m.* Nom, dans l'Oise, du pommier sauvage, dit aussi bocquetier, parce qu'il pousse à l'état sauvage dans les bois (*bocquetier* ou *bosketier*, de *boskhum*).

— REM. M. Gérin, professeur de philosophie à Senlis, qui me transmet ce renseignement, ajoute que fourdraine (voy. ce mot au Supplément) ne se dit en Picardie que du fruit du prunellier sauvage. Pour lui attribuer le sens de pomme sauvage, j'avais suivi les *Primes d'honneur*, recueil ordinairement digne de confiance. On m'apprend que fourdraine se dit aussi dans le Hainaut et qu'il y désigne le fruit du prunellier (*prunus spinosa*).

— ÉTYM. *Pommot*, diminutif fictif de *pomme*.

† **POMPETTE.** *Ajoutez :* — HIST. XVI° s. Un nez tout diapré, tout estincelé de bubelettes, purpuré, à pompettes, RAB. II, 1. Par là j'apprendrois pourquoi Lupolde a tout son rouge nez et à pompettes, NOEL DU FAIL, dans DELBOULLE, *Gloss. de la vallée d'Yères*, le Havre, 1876, p. 265.

— ÉTYM. Anc. franç. *pompete* (la pompete de son pourpoint, xv° siècle, DU CANGE, *pompeta*), d'après M. Delboulle, *ib.*, qui tire *pompeta* de *pompa*, pompe, faste. Mais il vaut mieux voir un mot de même origine que *pompon*. En tout cas, il faut rejeter l'étymologie qui est au Dictionnaire.

POMPON. *Ajoutez :* ‖ 4° Pompons rouges et pompons blancs, noms donnés, lors de l'insurrection de Saint-Domingue, aux royalistes et aux patriotes.

† **PONÇAGE** (pon-sa-j'), *s. m.* Terme de filature. Action de poncer, de polir à la ponce les lainages. Déchets de fileurs, déchets de tissage mécanique, déchets de tissage à la main, ponçage ou bourres d'épeutissage, noirs et duvets que les laines laissent en passant dans les machines, balayures des ateliers, *Enquête, Traité de comm. avec l'Angl.* t. III, p. 538.

2. **PONCÉ.** *Ajoutez :* ‖ 2° *S. m.* Dessin fait en ponçant. L'école de dessin [de Dieppe] donnait un enseignement banal, tandis que les ivoiriers travaillaient sur d'anciens poncés, jusqu'à ce que Graillon fit sortir cet art de ses anciens errements, *Journ. offic.* 7 avril 1877, p. 2712, 1re col.

† **PONCIF.** *Ajoutez :* ‖ 2° *Adj.* Qui a le caractère d'un poncif. Le grand mérite de *Brûlons Voltaire*, c'est de ne rien emprunter aux comédies poncives, P. VÉRON, *Journ. amusant*, 14 mars 1874, p. 3, 1re col. ‖ 3° *S. m.* Préparation ayant pour objet d'empêcher l'adhérence de l'alliage aux moules. Les fabricants de laiton et de planches de cuivre coulent les alliages en général ternaires, et composés en partie de zinc, sur lesquels ils opèrent, dans des moules composés de deux pierres de granit, revêtues intérieurement d'une couche d'une préparation appelée poncif, et qui a pour effet d'empêcher l'adhérence de l'alliage aux moules, *Sous-commission des monnaies, Procès-verbal de la séance du 30 mai* 1840, p. 12.

† **PONCTUATEUR** (pon-ktu-a-teur), *s. m.* ‖ 1° Grammairien qui établit les règles de la ponctuation d'une langue. ‖ 2° Grammairien fixant les points-voyelles d'une langue qui n'écrit pas les voyelles. La vocalisation actuelle de l'hébreu telle que l'ont fixée les ponctuateurs, DERENBOURG, *Rev. crit.* 9 déc. 1876, p. 371. Berakyah est connu comme ponctuateur et comme traducteur, RENAN, *Hist. litt. de la France*, t. XXVII, p. 489.

— ÉTYM. *Ponctuer*.

PONCTUELLEMENT. *Ajoutez :* — REM. Il s'est dit pour exactement, dans tous les détails. Peut-être que Ruminguen et Eperlecques pourront être emportés par des parties de l'armée, au même temps que le gros sera à Hannuin; mais on ne peut donner aucun conseil en ce sujet, ne sachant pas ponctuellement ni la situation du pays ni la force des lieux, RICHEL. *Lett. etc.* t. VI, p. 443 (1639).

† **PONCTUISTE** (pon-ktu-i-st'), *s. m.* Terme de philologie hébraïque. Celui qui met les points-voyelles dans les textes hébreux, et particulièrement dans la Bible. Ceux qui ignorent ces détails ne savent comment excuser l'auteur qui écrivit l'*Épître aux Hébreux* [saint Paul], parce que, dans son chapitre XI, verset 21, il interprète le texte de la Genèse (chap. XLVIII, verset 31) tout autrement qu'il n'est dans le texte hébreu ponctué; comme si l'apôtre avait dû apprendre d'après les ponctuistes le sens de l'Écriture! *Œuvres de Spinosa*, trad. par M. Prat, t. II, p. 180.

† **PONDÉREUX.** *Ajoutez :* — HIST. XVI° s. Pour longuement le pondereux fais de la guerre soutenir, J. D'AUTON, *Ann. de Louis XII*, p. 42. Une oraison aornée et polye de sages sentences, de termes et dictions graves et pondereuses, THEOD. VALENTYN, *Amant ressusc.* IV, p. 144, in-4°.

† **PONDÉROSITÉ** (pon-dé-rô-zi-té), *s. f.* Qualité de ce qui a du poids, de ce qui est pondéreux.

— HIST. XVI° s. Les accidens de couleur, goust et ponderosité, *le Bureau du conc. de Trente*, p. 101.

† **PONDEUR.** *Ajoutez :* ‖ *Adj.* Qui pond. Il [M. Pasteur] a indiqué le moyen de reconnaître si le papillon pondeur était ou n'était pas atteint de la maladie, *Journ. offic.* 17 déc. 1873, p. 7854, 1re col.

† **PONÈRE** (po-nè-r'), *s. f.* Sorte de fourmi, dite aussi fourmi resserrée, *formica* ou *ponera contracta*, Latr.

† **PONEY.** — ÉTYM. *Ajoutez :* D'après M. Petilleau, le *poney* étant un cheval des Highlands où l'on parle gaélique, l'angl. *pony* dérive du gaélique *ponaidh*, petit cheval.

1. **PONT.** ‖ 14° Le pont aux ânes. *Ajoutez :* ‖ Les étudiants en géométrie donnent le nom de pont aux ânes au théorème du carré de l'hypoténuse. ‖ 24° Terme de télégraphie électrique. Pont de Wheatstone, appareil de résistance employé pour la vérification des diverses causes de changement dans les lignes, *Journal officiel*, 24 oct. 1875, p. 8828, 3° col. ‖ 25° Terme d'astronomie. Pont, voy. GOUTTE au Supplément.

— HIST. ‖ XVI° s. Et de leurs corps on fera un pont pour luy donner [à l'Espagnol] passage à la victoire et au butin, *Œuvres de Ph. Marnix de Sainte-Aldegonde*, Bruxelles, 1859, p. 50.

† 2. **PONTAGE** (pon-ta-j'), *s. m.* Action de construire un pont militaire. Crochets de pontage. Dans le cours du mois de juin [1859] et les premiers jours de juillet, des travaux de pontage sont journellement exécutés, *Journ. offic.* 16 janv. 1875, p. 400, 3° col.

† **PONTÉE** (pon-tée), *s. m.* Terme de marine. Quantité de marchandises qui peut tenir sur le pont d'un navire marchand. Le steamer français *Alsace-Lorraine*, de Bordeaux, entré le 5 octobre à Cardiff [Angleterre] avec un chargement de poteaux, a dû suspendre le travail de son déchargement, afin qu'on pût juger le contenu de sa pontée, *Journ. des Débats*, 15 oct. 1876, 2° page, 3° col.

† 1. **PONTER.** *Ajoutez :* ‖ Terme de pontonniers. Ponter un bateau, y fixer les poutrelles et les madriers constituant la partie du tablier qui doit reposer sur ce corps de support.

† **PONTIER** (pon-tié), *s. m.* Celui qui garde les ponts d'une écluse. Hier, dans l'après-midi, écrit-on du Havre, les pontiers de l'écluse des transatlantiques ont aperçu dans le bassin de l'Eure un poisson étrange..., *Journ. offic.* 4 avril 1875, p. 2452, 1re col. La première caisse avait été descendue sans accident dans l'embarcation avec l'aide du nommé Declos, pontier, et placée sur l'avant du canot; le pontier ayant été appelé pour son service à l'écluse des transatlantiques..., *Journ. du Havre*, dans *Journ. offic.* 21 mars 1877, p. 2229, 2° col.

† **PONTIFIÉE** (pon-ti-fi-ée), *adj. f.* Messe pontifiée, messe célébrée par un évêque, un prélat. A la messe pontifiée par Mgr Rosse Vaccari, archevêque de Colosse.... assistaient.... *Journ. offic.* 30 août 1869, p. 1157, 2° col.

† **PONTIFIER** (pon-ti-fi-é), *v. n.* ‖ 1° Exercer les fonctions de pontife, de pape; officier. Le dimanche avait lieu l'inauguration de la statue de saint Michel, donnée par Mgr Bravard, en présence de ce généreux prélat et d'un évêque irlandais, qui a pontifié, *Avranchin* du 28 sept. 1873. Pie IX, ne sortant pas de son palais et ne pontifiant plus en public, *Journ. de Genève*, 23 nov. 1876. Dieu l'avait créé pour monter aux autels et pontifier, H. BLAZE DE BURY, *Rev. des Deux-Mondes*, 15 mars 1877. ‖ 2° Pontifiant, pris substantivement. La solennité méthodique qu'apportait à ses moindres actions cet éternel pontifiant, DAUDET, *Jack*, I, 8. ‖ Pontifiant a ici un sens figuré.

† **PONTOBDELLE** (pon-to-bdè-l'), *s. f.* Sangsue marine, *Journ. offic.* 8 juillet 1872, p. 4657, 3° col.

— ÉTYM. Πόντος, mer, et βδέλλα, sangsue.

† **PONTOISE** (pon-toi-z'), *s. f.* Ville dans le voisinage de Paris, dans le département de Seine-et-Oise. ‖ Avoir l'air de revenir de Pontoise, avoir l'air étonné, ahuri, ne comprenant pas ce qui se passe. ‖ D'ici jusqu'à Pontoise, très-long. De grands mots qui tiendraient d'ici jusqu'à Pontoise, RAC. *Plaid.* III, 3.

PONTON. *Ajoutez :* ‖ 3° Frais de ponton, frais pour emploi de pontons à l'effet de charger ou décharger un navire. En payement de 79036 francs, représentant, selon eux, le préjudice qu'ils avaient éprouvé pour perte de fret, excédant de frais de ponton, dépenses de l'équipage pendant 77 jours, *Gaz. des Trib.* 10 sept. 1873, p. 869, 1re col. (Il s'agit d'un navire retenu au Callao (Pérou) avant d'avoir pu reprendre son chargement de guano, débarqué pour réparation.) ‖ 4° Engin en forme de petit pont qui sert à mesurer les pierres cassées, déposées le long des routes, à la réparation desquelles elles sont destinées.

† **POPOFFKA** (po-pof-ka), *s. f.* Sorte de vaisseau cuirassé. On sait que, depuis quelque temps, il existe dans la marine russe des navires cuirassés d'un nouveau type, les popoffkas, ainsi appelés du nom de leur inventeur, le vice-amiral Popoff; les popoffkas sont des vaisseaux cuirassés de forme circulaire destinés à la défense des côtes, *Journ. offic.* 11 juill. 1876, p. 5028, 2° col. ‖ On trouve

aussi popovka. Premières expériences du tir des canons gigantesques dont est armée la popovka Novgorod, *Journ. offic.* 16 oct. 1873, p. 6399, 3e col.

† **POPOTE.** *Ajoutez :* || Les officiers de l'armée d'Afrique disent qu'ils vivent en popote, quand ils font faire leur cuisine par des soldats.

† **POPULACERIE** (po-pu-la-se-rie), *s. m.* Mœurs, manières de populace. Tel est leur besoin de popularité ou plutôt de populacerie..., *la Patrie*, 28 déc. 1871.

PORCELAINE. — REM. *Ajoutez :* || **2.** Saint François de Sales dit porceline : Un vaisseau de belle porceline, *Introduct. à la vie dévote*, II, 8. On rapprochera cette forme du normand *pourceline*, dit de la coquille.

† **PORCELAINIER.** *Ajoutez :* || 3° Ironiquement, peintre porcelainier, celui dont les tableaux jouent la porcelaine. Le procédé de Willem Mieris, de M. Gérôme et de tous les peintres porcelainiers est donc antipathique au sentiment de la nature et à l'art véritable, BÜRGER, *Sal. de* 1861 *à* 1868, t. II, p. 351.

1. **PORION**, narcisse des prés. *Ajoutez :* — HIST. XVIe s. Je n'ay plus amy ne amye En France et en Normandye, Qui me donnast ung porion, *Anc. chanson normande*, recueillie par M. Dubois, dans son édition des *Vaux-de-Vire* de Basselin.

† **PORNOCRATIE** (por-no-kra-sie), *s. f.* État social où dominent les courtisanes; influence des prostituées. Mot employé par Proudhon, et qui sert de titre à l'un de ses ouvrages, sorte de pamphlet où il combat à outrance les revendications politiques et sociales des femmes de notre époque.

— ÉTYM. Voy. PORNOCRATIQUE.

2. **PORT.** *Ajoutez :* || **11°** Ancien terme de jurisprudence. Port d'armes, désignation d'une espèce de crime. Le port d'armes n'est pas pour être garni d'arquebuses, hallebardes, cuirasses ou autres armes offensives et défensives, mais est quand aucuns s'assemblent en nombre de dix ou plus, estant armés avec propos délibéré pour faire insulte et outrage à autrui; ainsi le crime de port d'armes implique en soi l'assemblée illicite d'hommes en armes, GUY COQUILLE, *Inst. au droit franç.* p. 3, éd. 1666 de ses œuvres.

† 3. **PORT** (por), *s. m.* Se dit, par abréviation, pour porto. Le plus célèbre de tous les vins portugais est, nous avons à peine besoin de le nommer, le porto, par abréviation port, *Journ. offic.* 6 sept. 1873, p. 5748, 1re col.

† **PORTABILITÉ** (por-ta-bi-li-té), *s. f.* La qualité d'être portable. Cet avantage est celui d'une plus grande commodité, sous le rapport du poids pour une même valeur; c'est cet avantage qu'on exprime quelquefois par un mot nouveau, la portabilité, MICHEL CHEVALIER, *Journ. offic.* 22 janv. 1870, p. 145.

1. **PORTANT.** *Ajoutez :* || **3°** Chaîne portante, chaîne qui dans un mécanisme porte les fardeaux. L'une de ces grues vint à subir une rupture de la chaîne portante, *Journ. offic.* 17 mars 1874, p. 2062, 3e col. || **4°** Vent portant, vent qui se fait sentir au loin. Le bruit de l'instrument pourra s'entendre à 6 milles avec vent contraire, à 17 milles par temps calme, à 20 milles par vent portant, *Journ. offic.* 18 déc. 1873, p. 7896, 3e col.

† **PORTANTINE** (por-tan-ti-n'), *s. f.* Nom, en Italie, de la chaise à porteur. Sur la route de la Corniche..., on se faisait porter dans des chaises appelées portantines, *Journ. offic.* 4 déc. 1871, p. 4772, 2e col. En y rentrant [dans son palais], son œil attentif à tout observa une portantine en station; en effet, à peine fut-elle [Olimpia] dans ses appartements, qu'on vint lui dire que le cardinal Ant. Barberin.... attendait l'honneur de lui parler, DELÉCLUZE, *Dona Olimpia*, ch. II.

— ÉTYM. Ital. *portantina*, chaise à porteur, de *portare*, porter.

PORTATIF. *Ajoutez :* || **5°** Qui a la faculté de porter. M. Jamin présente une note de M. Van der Willigen sur la force portative des aimants en fer à cheval; l'auteur fait connaître une méthode d'aimantation qui permet d'augmenter de près d'un tiers la force portative permanente des meilleurs aimants, H. DE PARVILLE, *Journ. offic.* 7 déc. 1876, p. 9096, 2e col.

PORTE. *Ajoutez :* || **25°** La porte de Saint-Nicolas, sorte de jeu usité en Lorraine. Les joueurs, se donnant la main, forment une longue chaîne, dont chaque anneau est représenté alternativement par une dame et un cavalier; les deux meneurs, qui se trouvent en tête, élèvent leurs mains jointes de manière à former une sorte d'arceau, A. THEURIET, *Rev. des Deux-Mondes*, 1er juin 1874, p. 481.

† **PORTE-BONHEUR** (por-te-bo-neur), *s. m.* Terme de bijoutier. Bracelet sans charnière et uni, ordinairement en argent ou en or, qu'on porte au bras, et qu'on ne quitte jamais. Bracelets semainiers, dits porte-bonheur, *Journ. offic.* 3 déc. 1876, p. 8984, 1re col. Un porte-bonheur dont le cercle émaillé était orné d'une pensée avec ces mots : *pensez à moi*, gravés en or sur l'émail noir.... Raymonde tendit nonchalamment son bras; il y agrafa le porte-bonheur, puis, s'inclinant vers ce bras blanc et potelé, il y mit respectueusement ses lèvres, A. THEURIET, *Rev. des Deux-Mond.* 15 avril 1876, p. 748.

† **PORTE-BOURSE** (por-te-bour-s'), *s. m.* Celui qui porte, qui tient la bourse, pour une collecte. Les intendants pourraient, si vous le trouviez à propos, faire des échelles dans chaque paroisse, après avoir entendu les habitants; ce travail serait grand, mais fort utile, parce que, outre que les plus riches seraient porte-bourses, les intendants connaîtraient la force des paroisses, et pourraient faire des taxes d'offices (22 août 1684), BOISLISLE, *Corresp. contrôl. génér. des finances*, p. 27.

† **PORTE-BOUTEILLES** (por-te-bou-tè-ll', *ll* mouillées), *s. m.* Sorte d'armoire en fer, à claire voie, où l'on range les bouteilles.

† **PORTE-CARTES** (por-te-kar-t'), *s. m.* Sorte de petit portefeuille où l'on met ses cartes de visite. Tirant de sa poche un mignon porte-cartes en ivoire, DAUDET, *Jack*, I, 1.

† **PORTE-CHAISE** (por-te-chè-z'), *s. f.* S'est dit pour chaise à porteur.

— ÉTYM. M. Darmesteter, *Formation des mots composés en français*, p. 152, qui trouve ce mot dans Clemm (*Comp. græc. cum verb.* p. 93), voit, dans ce mot que Clemm ne peut expliquer, un vocatif et un impératif : *chaise, porte !* C'est ainsi qu'il explique *grippe-minaud : minaud, grippe ! gratte-boësse : boësse, gratte ! virebrequin* (devenu *vilebrequin*) *: brequin, vire !* (En grammaire, on désigne aujourd'hui les impératifs en les faisant suivre d'un point d'exclamation.) Si c'était le *minaud qui grippe*, il y aurait une inversion contraire au génie de la langue, dit M. Darmesteter.

PORTÉE. *Ajoutez :* || **15°** Terme de jeux de cartes. Cartes disposées par des escrocs de manière à être abattues au moment voulu et à faire gagner. On a saisi les enjeux, les jetons, les cartes, et l'on a trouvé dans un des recoins de la salle une portée contenant une série.... on jouait le baccarat, Extrait de *la Liberté*, dans *les Jeux en France*, I, p. 21. Le nommé M.... usait de la manœuvre qui a reçu dans le jargon des joueurs le nom de portée; il passait subrepticement au banquier des cartes préparées d'avance dans un certain ordre, *Gaz. des Trib.* 11 déc. 1875, p. 1192, 4e col. M. le président : Vous auriez ajouté des portées..., on prépare ainsi des coups et on les a tout faits; on joue de la sorte à coup sûr? *ib.* p. 1193, 1re col. || **16°** Portée d'une balance, le poids qu'une balance peut porter. Balance-bascule (portée au-dessus de 100 kil.), romaine de toute portée jusqu'à 40 kil., *Journ. offic.* 1er mars 1873, p. 1437, 3e col. || **17°** Portée d'arrêt, ou, simplement, portée, disposition qui permet de limiter un mouvement. Ciseaux de tailleur à ressorts et à portée d'arrêt; sécateurs à portée d'arrêt, *Enquête, Traité de comm. avec l'Anglet.* t. I, p. 722. Il est arrivé parfois que des presse-étoupes, des portées, etc. ont apporté des empêchements à des essais de cette nature [essais de machines à toute vapeur], *Journ. offic.* 3 fév. 1873, p. 789, 3e col.

— REM. Il est dit au n° 1 que la portée d'un navire, pour signifier ce qu'un navire peut porter, est un terme ancien. Le voici employé dans un texte récent : Le vapeur Singapour, de la portée de 2000 tonnes, *Journ. offic.* 2 sept. 1873, p. 5688, 3e col.

PORTEFAIX. || **1°** *Ajoutez :* || Par extension. Quant au caractère d'esprit que je demanderais [chez des élèves en diplomatie], j'avoue que j'aimerais mieux, du côté de la vivacité, qu'ils en eussent moins que plus, pourvu qu'ils fussent laborieux et qu'ils ne fussent pas des portefaix de littérature, qui, chargés de grec, de latin, d'histoire, ne savent faire aucun usage de leurs connaissances, M. DE TORCY, dans *Rev. critique*, 20 févr. 1875, p. 124.

† **PORTE-FENÊTRE** (por-te-fe-nê-tr'), *s. f.* Fenêtre servant de porte. Ils achevèrent silencieusement le tour de la pelouse et vinrent s'asseoir en face des portes-fenêtres du salon, sur un banc de gazon que garnissaient d'épais massifs de pétunias, A. THEURIET, *Rev. des Deux-Mond.* 1er mai 1876, p. 15.

PORTEFEUILLE. *Ajoutez :* || **8°** Nom d'un petit matelas pour le maillot des enfants dans certaines provinces. On y ajoute [au maillot moderne], à ce que nous apprend le rapport, dans la Haute-Saône, le Doubs, le Jura, l'enveloppement dans un portefeuille, c'est-à-dire dans un petit matelas ou coussin de plumes ou de crin, rattaché sur le devant par des rubans, moyen facile et commode de préservation contre le froid, *Journ. offic.* 15 mars 1875, p. 1984, 1re col.

† **PORTEFEUILLISTE** (por-te-feu-lli-st', *ll* mouillées), *s. m.* Celui qui fabrique des portefeuilles. Le rapport des portefeuillistes [de l'exposition de Vienne] résume ainsi l'insuffisance des conditions actuelles du travail, *Journ. offic.* 18 oct. 1875, p. 9428, 1re col. M. C..., portefeuilliste de Paris, *le Temps*, 12 oct. 1876, 2e page, 6e col.

† **PORTE-FOUET** (por-te-fouè), *s. m.* Celui qui porte un fouet. L'Ajax de Sophocle ne porte pas pour titre la Mort d'Ajax, qui est sa principale action, mais Ajax porte-fouet, qui n'est que l'action du premier acte, CORN. *la Gal. du palais, Examen.*

† **PORTE-GREFFE** (por-te-grè-f'), *s. m.* Terme d'arboriculture. Sujet sur lequel on greffe des espèces ou des variétés moins robustes. De telles exagérations laissent entière la valeur réelle de la plupart des vignes en question [vignes américaines], soit à titre de porte-greffes de nos variétés d'Europe, soit même pour quelques-unes en tant que source directe de vins estimés, PLANCHON, *Rev. des Deux-Mondes*, 15 janv. 1877, p. 271.

† **PORTE-ISOLATEUR** (por-ti-zo-la-teur), *s. m.* Support, dans une ligne télégraphique, des isolateurs qui isolent les fils, *Journ. offic.* 27 févr. 1875, p. 1510, 3e col.

† **PORTE-LANTERNE** (por-te-lan-tèr-n'), *s. m.* Nom d'un fulgore qui appartient à l'Amérique méridionale, et dont le front, renflé comme une vessie, brille d'un éclat phosphorique suffisant pour qu'on puisse lire sans le secours d'autre lumière, H. PELLETIER, *Petit dict. d'entom.* p. 79, Blois, 1868.

PORTE-MALHEUR. *Ajoutez :* || **2°** Le blaps porte-malheur, coléoptère qui habite nos appartements et qui y cause beaucoup de dégâts.

PORTE-MANTEAU. *Ajoutez :* || **5°** Partie du harnachement des troupes à cheval, fixée près du troussequin de la selle, et renfermant divers objets d'habillement.

PORTEMENT. *Ajoutez :* || **2°** État de la santé, manière dont on se porte. Elle m'a réjoui de m'avoir assuré de votre bon portement, MALH. *Lexique*, éd. L. Lalanne. || Portement, inusité aujourd'hui en ce sens dans le français, se dit dans l'Aunis : demander le portement, *Gloss. aunisien*, p. 137.

† **PORTE-MONNAIE** (por-te-mo-nè), *s. m.* Espèce de petit portefeuille dans lequel on met de la monnaie, et qui sert de bourse. || *Au plur.* Des porte-monnaie.

† **PORTE-PAROLE** (por-te-pa-ro-l'), *s. m.* Celui qui porte parole pour d'autres, qui transmet des paroles. Qu'il n'avait été qu'un intermédiaire, une sorte de porte-parole pour transmettre à l'agent de change l'ordre de Mme D..., *Gaz. des Trib.* 21 mai 1874, p. 483, 4e col. || Fig. Le livre d'Auguste Comte [*Cours de philosophie positive*], qui se multiplie, est notre porte-parole écouté et puissant, É. LITTRÉ, *la Philos. positive*, janv.-févr. 1877, p. 146.

† **PORTERESSE** (por-te-rè-s'), *s. f.* Nom, dans les marais salants qui environnent le bourg de Batz (Loire-Inférieure), des femmes qui prennent le sel dans les œillets, et le portent sur leurs têtes dans de grandes écuelles de bois jusqu'aux mulons où elles accumulent le sel, *le Temps*, 4 sept. 1875, 2e page, 4e col.

† **PORTILLON.** *Ajoutez :* || **2°** Petites barrières qui ferment les chemins de fer dans les passages à niveau. Ces passages sont fermés de petites barrières ou portillons que les passants ouvrent eux-mêmes, à leurs risques et périls, et qui se referment par leur propre poids, *Ordre de police*, 23 juill. 1867.

† **PORTIONNER** (por-sio-né), *v. a.* Diviser par portions, assigner à chacun la portion à donner ou à recevoir.

— HIST. XVIe s. Se sont efforcez et efforcent contraindre lesdictz libraires de payer lesdictes sommes, auxquelles ils les ont extraordinairement et excessivement et induement taxez, cotizez et portionnez pour ledict octroy, *Privil. des libraires de Paris*, 1513, à la suite de *l'Anc. coust. de Normandie*, f° 154, *recto*, 2e col.

† **PORTLAND** (port'-land'), *s. m.* Ciment hydraulique. Les vagues furieuses ont détruit les rampes en maçonnerie, cimentées au portland, qui défen-

dent, les escaliers et les abords des maisons, *Journ. offic.* 16 mars 1876, p. 1854, 3ᵉ col

† **PORTOIR.** *Ajoutez :* || 2° Sorte de fauteuil qui sert à porter des infirmes. Fauteuils à roues, à manivelles, portoirs, garde-robes, *Annonces.* || 3° Nom, dans Maine-et-Loire, de petits cuviers ovales où, des hottes, l'on verse la vendange, *les Primes d'honneur*, Paris, 1872, p. 164.

2. **PORTRAIT.** *Ajoutez :* || 7° Dame à portrait, dame décorée du portrait de la souveraine encadré de diamants, qui se porte comme une décoration. Princesse Agathoclée Gortchakoff, née Bakhmetew, dame à portrait de l'impératrice de Russie, *Almanach de Gotha*, année 1874, p. 136. || 8° Au temps de Colbert, feuilles contenant tous les renseignements demandés par la direction du personnel d'une administration sur les employés de cette administration. On dit aujourd'hui signalement (voyez SIGNALEMENT au Supplément).

† **PORTRAITIQUE** (por-trè-ti-k'), *adj.* Qui appartient au portrait. Votre ligne n'eût pas été la véritable ligne, la ligne de beauté, la ligne idéale, mais une ligne quelconque altérée, déformée, portraitique, individuelle, DIDEROT, *Œuv. compl.* 1821, t. IX, p. 14.

† **PORT-ROYAL.** *Ajoutez :* || On a dit aussi Port-Réal. M. d'Andilly et Mlle Le Maître, avec toutes les religieuses de Port-Réal, *Lett. de Chapelain à Balzac*, du 25 janv. 1638, dans SAINTE-BEUVE, *Port-Royal*, 3ᵉ éd. t. I, p. 388.

† **PORT-ROYALISTE** (por-ro-ia-li-st'), *s. m.* Membre de Port-Royal, partisan de Port-Royal. Quand je considère cette assemblée de Port-Royalistes, *Biblioth. critique*, Amsterdam, 1708, t. III, p. 178. Nicole n'était plus et n'avait jamais été de la race des Port-Royalistes purs, SAINTE-BEUVE, *Port-Royal*, 3ᵉ éd. t. IV, p. 502.

† **PORTUGAIS** (por-tu-ghè), *s. m.* Langue parlée dans le Portugal, voisine de l'espagnol, et appartenant, comme lui, au groupe des langues romanes.

1. **POSE.** || 4° *Ajoutez :* || Perdre la pose, perdre l'attitude que le peintre avait donnée à son modèle. Du jour au lendemain il change, il échappe; sans cesse, pour parler comme les peintres, il perd la pose, et, avec la meilleure volonté du monde, il ne réussira pas à la retrouver, A. CLAVEAU, *Journ. offic.* 1ᵉʳ juill. 1876, p. 4837, 2ᵉ col.

† **POSÉE.** *Ajoutez :* || 2° Endroit où un navire pose sur le fond. Le projet du prolongement du chemin de fer de Vitré à Fougères, jusqu'au point où s'effectue la posée des navires dans le canal du Couesnon, *Rapport du préfet de la Manche*, dans *l'Avranchin*, 8 nov. 1874, *Supplément.*

POSITION. *Ajoutez :* || 13° Par position, au sens positif, en opposition à par privation, au sens négatif (inusité en cet emploi). La pauvreté ne se dit point par position, mais par privation, c'est-à-dire, non pour avoir, mais pour n'avoir pas, MALH. *Lexique*, éd. L. Lalanne.

POSSESSEUR. — HIST. *Ajoutez :* XIIᵉ s. La quelle chose quant ot oït ses possieres [le possesseur d'un esclave], *li Dial. Gregoire lo pape*, 1876, p. 114.

† **POSTAL.** *Ajoutez :* || Carte postale, synonyme de carte-poste (voy. ce mot au Supplément). Les cartes postales destinées à circuler à découvert..., *Décret du* 20-30 *déc.* 1872, art. 22.

† **POST-BIBLIQUE** (post'-bi-bli-k'), *adj.* Qui est après la Bible. M. Renan divise en deux périodes distinctes l'histoire de l'hébreu moderne, c'est-à-dire de l'hébreu post-biblique, A. HOVELACQUE, *Linguistique*, p. 172, Paris, 1876.

4. **POSTE.** || 2° *Ajoutez :* || En termes de fortification, on donne particulièrement le nom de poste militaire à un lieu fortifié d'une manière permanente, mais, en général, mal flanqué et n'ayant qu'un médiocre profil.

† 6. **POSTE** (po-st'), *s. m.* Nom, en Provence, d'une espèce de filet. Il [un squale] dévorait les thons pris aux filets dits postes, que tendent les pêcheurs le long de nos côtes, Extr. du *Sémaphore*, dans *Journ. offic.* 2 oct. 1876, p. 7280, 2ᵉ col.

† **POST-GLACIAIRE** (post'-gla-si-è-r'), *adj.* Terme de géologie. Qui est après la période glaciaire. Le climat, dit post-glaciaire, s'est adouci, *Journ. offic.* 31 oct. 1873, p. 6641, 3ᵉ col.

† **POSTHÉTOMISTE** (po-sté-to-mi-st'), *s. m.* Celui qui pratique la circoncision. Le Guide du posthétomiste, par L. Terquem.

— ÉTYM. Πόσθη, prépuce, et τομή, section.

† **POSTHUMEMENT** (po-stu-me-man), *adv.* D'une manière posthume. Un livre dit juste autant que l'auteur a voulu; des lettres et des papiers publiés posthumement disent un peu plus qu'il n'aurait voulu, É. LITTRÉ, *Litt. et hist.* préf. p. 4.

† **POSTIER** (po-stié), *s. m.* Cheval de poste. On a examiné hier au concours hippique la classe des chevaux de selle.... les postiers ont comme toujours été très-admirés, *Journ. offic.* 8 avril 1869, p. 486, 6ᵉ col.

† **POSTILLE.** — HIST. *Ajoutez :* || XVIᵉ s. Sire, pour verifier ce que par postille j'ay adjousté à mes dernieres, *Corresp. de Lamothe Fénelon*, t. I, p. 44. Pour le regard du postille qui est en celle du roy du XIII du passé, *ib.* t. I, p. 215.

† **POSTILLONNÉ, ÉE** (po-sti-llo-né, née, *ll* mouillées), *adj.* Muni d'un postillon ou espèce de garniture plissée. Ceinture avec frange postillonnée, *Journ. offic.* 3 avr. 1872, p. 2327, 3ᵉ col.

† **POST-MÉRIDIEN, IENNE** (post'-mé-ri-diin, diè-n'), *adj.* De l'après-midi. Il reste assez d'espace pour les colloques post-méridiens, BRILLAT-SAVARIN, *Physiol. du goût, Méd.* XIV.

— ÉTYM. Lat. *postmeridianus*, de *post*, après (voy. PUIS), et *meridianus*, de midi (voy. MÉRIDIEN).

POSTULER. — HIST. XIVᵉ s. *Ajoutez :* Laquele amende nous lui avons quitée et remise, considerée sa poureté, et qu'il a juré par son serment qu'il ne l'avoit pas faicte [une fenestre] pour vendre, maiz pour la donner à un procureur qui avoit postulé pour lui, *Bibl. des ch.* 1874, XXXV, p. 502.

POT. || 11° *Ajoutez :* || Petit pot se dit aussi du pot au rouge. Les petits abbés ignares, qui se parfumaient d'ambre et mettaient du petit pot et des mouches, *L. du P. Duchêne*, 9ᵉ lettre, p. 7. || 20° Marchand au pot renversé, débitant qui ne vend rien qui soit consommé chez lui, chaque consommateur emportant la boisson qu'il achète.

— REM. Sourd comme un pot : l'anglais dit : *deaf as a post*, sourd comme un poteau; il est possible que le français *sourd comme un pot* soit une altération de *sourd comme un post* (*post* veut dire poteau). Cela paraît d'autant plus probable qu'un *pôt* se dit encore en Normandie pour un poteau. À la vérité, on objecte que *sourd comme un pot* répond à une habitude essentiellement française qui joue sur le double sens du mot *sourd* : qui n'entend pas et qui ne résonne pas (un pot de terre étant très-sourd en ce sens). Mais cela est hypothétique, tandis qu'il est certain qu'on a dit en anglais : sourd comme un poteau.

POTAGE. *Ajoutez :* — REM. On peut voir au n° 2 que le bel usage au XVIIᵉ siècle voulait qu'on dît potage de santé, et non soupe de santé. Mais l'exemple suivant montre que le potage de santé différait notablement de ce que nous nommons un potage : Si c'est un potage de santé, et qu'elle [une personne qualifiée] vous demande du chapon bouilli, qui est ordinairement dessus, la poitrine passe pour le meilleur endroit, les cuisses et les ailes vont après, DE COURTIN, *la Civilité françoise*, Paris, 1695, p. 107.

† **POTAGISTE** (po-ta-ji-st'), *adj.* Cuisinier expert dans la préparation des potages. Tous ceux qui s'asseyent à ma table vous proclament potagiste de première classe, BRILLAT-SAVARIN, *Physiol. du goût, Méd.* VII.

† **POTASSERIE** (po-ta-se-rie), *s. f.* Usine où l'on transforme les résidus de la distillation des mélasses en salins qui contiennent du carbonate de potasse, *les Primes d'honneur*, p. 126, Paris, 1874.

POTE. — ÉTYM. *Ajoutez :* Au même radical qui est dans *pote* appartiennent l'angl. *to pout*, bouder, et le gallois *poten*, protubérant.

† **POTÉITÉ** (po-té-i-té), *s. f.* L'essence du pot en soi (terme fabriqué à l'imitation de la scolastique). Un jour, Platon discourait de ses idées, assurant qu'une table avait sa tabléité, et un pot sa potéité; pour moi, dit Diogène, je vois bien un pot et une table; mais je ne vois ni potéité, ni tabléité. — C'est, lui répliqua Platon, que tu as des yeux pour voir la table et les pots, mais tu n'as pas assez d'esprit pour concevoir la tabléité et la potéité, RAC. *Lexique*, éd. P. Mesnard.

POTENCE. || 5° *Ajoutez :* || Fig. Brider la potence, ne pas réussir, manquer son coup. Il [M. de Chaulnes] me mande qu'il se pourrait vanter d'avoir fourni une assez belle carrière et de n'avoir point bridé la potence, sans la douleur mortelle qu'il a d'avoir été contraint d'offrir au pape ce charmant comtat [d'Avignon], SÉV. *Lettres inédites*, éd. Capmas, t. I, p. 147. L'édition Regnier portait *d'avoir fourni bride la potence*, leçon inexplicable.

POTENTAT. *Ajoutez :* — REM. Mme de Gasparin a risqué le féminin de potentat : Le duc de Lorraine, modeste, en petit état, comme il convient au mari d'une potentate [Marie-Thérèse], *Voyages à Constantinople*, 2ᵉ éd. Paris, 1867.

† **POTENTIELLEMENT.** *Ajoutez :* Dieu seul est infini, absolument infini, activement infini; mais, s'il est activement, potentiellement infini..., *Journ. de Trévoux*, août 1737, p. 1341.

POTERNE. *Ajoutez :* — REM. La poterne est un passage souterrain qui fait communiquer entre elles différentes parties de la fortification, le corps de place avec le fossé, la demi-lune avec son réduit, etc.

† **POTET** (po-tè), *s. m.* Trou fait en terre pour mettre une semence. Dans la première période (1862 à 1866 inclus) le semis domine soit à la volée, soit par trous ou potets; la plantation n'est qu'une petite exception, *Rebois. des montagnes, Comptes rend.* 1869-74, 2ᵉ fasc. p. 28. À l'origine, les trous ou potets préparés pour recevoir des glands étaient de petite dimension (30 centimètres de côté).... on agrandit les potets jusqu'à leur donner un mètre à un mètre cinquante de long sur cinquante centimètres de large, *ib.* p. 70.

— ÉTYM. Diminutif de *pot*, le trou étant considéré comme un petit pot.

† **POTHINIEN** (po-ti-niin), *s. m.* Partisan des hérésies de Pothin sur le dogme de la trinité.

† **POTICHOMANIE** (po-ti-cho-ma-nie), *s. f.* Manie d'imiter les potiches chinoises avec des vases de verre, à l'intérieur desquels on colle des images en papier découpé. Telle fut, au XVIIIᵉ siècle, la mode du parfilage et des découpures, qui s'est reproduite de nos jours sous le nom de décalcomanie, potichomanie..., *Journ. offic.* 8 janv. 1876, p. 205, 3ᵉ col.

POTIER. *Ajoutez :* || 3° Potier, nom vulgaire d'une espèce de crabron, H. PELLETIER, *Petit dict. d'entomol.* p. 53, Blois, 1868.

† **POTINAGE** (po-ti-na-j'), *s. m.* Synonyme de potin, au sens de petits commérages. Mettre un terme à ce potinage, *Journ. de Genève*, 17 mars 1877.

POTIRON. — ÉTYM. *Ajoutez :* Comme le sens primitif de *potiron* est champignon, M. Devic, *Dict. étym.*, adoptant mais rectifiant l'opinion de Ménage, qui y voyait un mot arabe, propose pour origine l'arabe *foutour*, champignon.

POUCE. *Ajoutez :* || 7° Populairement. Et le pouce, se dit après l'expression d'une quantité, pour exprimer qu'il y a quelque chose en plus. On remarquait MM. Frank Ramson (pesant 212 livres), ... Lyons, président de la Banque (260 livres et le pouce), *le Rappel*, 15 fév. 1873.

— REM. Il est dit dans le Dictionnaire que, populairement, malade du pouce signifie fainéant. Non; malade du pouce se dit de celui qui n'a pas d'argent, qui n'aime pas à en donner, qui ne peut pas avancer de l'argent, comme on fait avec le pouce (comparez jouer du pouce à JOUER, n° 6).

† **POUDET** (pou-dè), *s. m.* Nom, dans Tarn-et-Garonne, de la serpe. Le couteau dont il s'est servi était caché dans son lit, ainsi qu'une serpe ou poudet; il avait aiguisé ou fait aiguiser avec soin ces deux armes, qui, comme instruments de travail, ne lui étaient d'aucune utilité, *Gaz. des Trib.* 30-31 août 1875, p. 839, 4ᵉ col.

— HIST. XVᵉ s. Podet de fer, DU CANGE, *podadoira.*

— ÉTYM. Prov. *podar*, tailler, du lat. *putare*, couper.

POUDRE. *Ajoutez :* || 14° Poudres blanches, sorte de sucre en poudre. Il y a, en outre [outre le sucre en pain], les poudres blanches, qui sont le produit direct et très-perfectionné de la sucrerie indigène, un sucre très-pur, aussi pur, en définitive, que le raffiné, *Journ. offic.* du 28 févr. 1874, p. 1584, 3ᵉ col. || 15° Poudre blanche désigne encore une superstition du XVIIᵉ siècle, d'après laquelle on croyait qu'il y avait une poudre (à canon ou à fusil) qui était blanche et dont l'explosion avait lieu sans bruit. Rohaut, qui rapporte cette opinion, dit que, selon lui, c'est une façon de désigner la *canne à vent* (fusil à vent). || 16° Poudre d'hospice, tabac à priser que l'administration vend meilleur marché aux établissements hospitaliers, *Journ. offic.* 6 déc. 1875, p. 10064, 2ᵉ col.

POUDRIÈRE. *Ajoutez :* — HIST. XVIᵉ s. Il y avoit beaucoup de poudre, sans ce que travailloient journellement trois cents ouvriers employez à la poudriere, *Mém. du duc de Guise*, t. I, p. 45.

† **POUDRIN.** *Ajoutez :* || 2° Nom du givre à Terreneuve. Les grands coups de vent se succèdent.... fouettant au visage de quiconque se hasarde au dehors une pluie glacée, sorte de givre bien connu dans le pays sous le nom de poudrin. *Rev. des Deux-Mondes*, 1ᵉʳ nov. 1874, p. 122.

† 3. **POUF.** *Ajoutez :* || 3° Sorte de tournure que les femmes se mettent par derrière. Quand tu seras juponnée un peu plus haut par derrière, avec un pouf convenable.... OCTAVE FEUILLET, *Rev. des Deux-Mondes*, 1er mars 1872, p. 7.

— ÉTYM. Comme le *pouf* coiffure ou tournure est une chose qui bouffe, c'est l'anglais *puff* francisé (voy. PUFF au Dictionnaire).

† **POUILLARD** (pou-llar, *ll* mouillées), *s. m.* Terme de chasse. Petit perdreau non encore formé. Les derniers orages.... n'ont causé que peu ou point de mal [au gibier], et encore, au dire de la plupart de nos correspondants, le pouillard seul a-t-il eu à souffrir, *Journ. offic.* 5 juill. 1875, p. 4869, 3e col.

— ÉTYM. Ce paraît être un dérivé péjoratif de *pullus*, poulet, par assimilation à un poulet trop jeune.

1. **POULAIN.** — HIST. XIIIe s. *Ajoutez :* Tout sans poulain l'avez chà aval descendu, *Gaufrey*, v. 6966. || XIVe s. Deux poulains à deschargier vin, *Bibl. des ch.* 1872, p. 361.

† **POULANGIS** (pou-lan-ji), *s. m.* Nom, dans la Nièvre, d'une sorte d'étoffe. Son tablier et sa robe de poulangis toute droite ressemblaient à un vêtement de religieuse, TH. BENTZON, *Rev. des Deux-Mondes*, 1er juin 1876, p. 536.

† **POULARD** (pou-lar), *adj. m* Blé poulard, nom d'une espèce de froment, *les Primes d'honneur*, Paris, 1872, p. 152. Les blés poulards ou gros blés, variété qui a l'avantage de bien résister aux grandes chaleurs, HEUZÉ, *la France agricole*, carte n° 18.

POULE. || 9° *Ajoutez :* || Poule de Carthage, un des noms de l'outarde, *Journ. offic.* 15 oct. 1873, p. 6384, 3e col. || 15° Poule d'eau, se dit, dans la Nièvre, des individus qui, le long des cours d'eau, ont soin que les bois flottés suivent le fil du courant. Alors une armée d'hommes, de femmes, d'enfants, des poules d'eau, comme on les nomme, veillent, des crocs à la main, le long des ruisseaux et des rivières, TH. BENTZON, *Rev. des Deux-Mondes*, 1er juin 1876, p. 553.

POULET. || 2° Poulet d'Inde. *Ajoutez :* || En argot militaire, poulet d'Inde, le cheval de cavalerie. Manœuvres fort utiles à la tête d'un régiment, mais tout à fait superflues lorsqu'au lieu d'un poulet d'Inde on a une chaise entre les jambes, H. MALOT, *Clotilde Martory*, ch. XXXVIII. || 6° Poulet de carême, nom populaire des harengs blancs.

† 2. **POULIOT.** *Ajoutez.* || 2° Nom, en Normandie, d'une pièce de bois mobile ou tourniquet, placée à l'extrémité postérieure d'un chariot ou d'une charrette, sur laquelle s'enroule une grosse corde qui maintient la charge, DELBOULLE, *Gloss. de la vallée d'Yères*, le Havre, 1876, p. 85.

† **POULITE** (pou-li-t'), *s. f.* Nom, dans le Nivernais, de la bouillie d'avoine. Vous avez beau dire, mademoiselle ; vous savez très-bien maintenant ce que c'est que les chaintres, et une onche, et la poulite, TH. BENTZON, *Rev. des Deux-Mondes*, 1er juin 1876, p. 552.

— ÉTYM. Lat. *polenta*, farine d'orge (voy. POLENTA au Dictionnaire).

† **POULNÉE** (poul-née), *s. f.* Nom, dans l'Oise, de la fiente de volailles, servant d'engrais, *les Primes d'honneur*, Paris, 1872, p. 62.

POULS. *Ajoutez :* || 4° Pouls blanc, pouls rouge, noms, dans l'Aunis, d'une prétendue maladie que les empiriques seuls savent guérir ; le pouls blanc est caractérisé par une espèce de frémissement dans le corps ; le pouls rouge a pour symptômes des battements d'artères, particulièrement au creux de l'estomac, *Gloss. aunisien*, 1870, p. 138.

† **POULSART.** *Ajoutez :* — REM. La prononciation locale est poussard.

† **POULVÉ** (poul-vé), *s. m.* Nom, sur les bords de la Loire, d'une mesure du merrain. Mesure de solidité, merrain : Amboise, poulvé, douelles, longueur 0m,83, largeur 0m,027 (un pouce) ; Blois, poulvé en petit rebut, même longueur et même largeur, *Annuaire des Eaux et Forêts*, 1873, p. 24.

POUPIN. — HIST. *Ajoutez :* XIIIe s. Se vest et lace et enpopine Plus acesmez que une reïne, *Variante de Meraugis*, p. 142 (communiqué par M. Michelant) (*enpopiner* suppose *popin* ou *poupin*).

† **POUPONNIÈRE** (pou-po-niè-r'), *s. f.* Dans les crèches, salle destinée aux poupons. Nous demandons que la salle de jeux, c'est-à-dire celle où se trouve la pouponnière, soit séparée par une cloison de la salle où, pendant deux heures chaque jour, reposent les enfants dans les berceaux ou sur les couchettes, *Journ. offic.* 8 juin 1873, p. 3662, 2e col.

† **POUPOTTE** (pou-po-t'), *s. f.* Nom, au Havre, du pain à café.

1. **POUR.** || 22° *Ajoutez :* || Pour suivi de *jusqu'à*, signifiant de quoi aller jusqu'à. En voilà pour jusqu'à la fin d'octobre, *le National*, 14 août 1876, 2e page, 2e col. || Rien n'empêche de dire *pour jusqu'à*, comme dans les cas rares, il est vrai, où l'on fait régir une préposition par une autre. || 24° *Ajoutez :* || Saint-Simon n'est pas le seul qui ait parlé du *pour*. En voici des exemples dans deux auteurs plus anciens ; MM. les ambassadeurs qui sont à Paris ont une prétention de laquelle nous n'avions pas encore ouï parler ; ils veulent qu'en voyage on leur donne le pour, DANGEAU, t. VI, p. 403. Cent mille écus et le pour que l'on demandait pour M. de la Rochefoucauld, RETZ, *Mém.* t. IV, p. 235, éd. Feillet et Gourdault. || Cet exemple, rapproché de celui de Saint-Simon, montre que le pour était ancien à la cour. La note suivante, que l'éditeur des *Mémoires de Retz* a jointe, jette quelque jour sur cette distinction « On voit dans les Mémoires de la Rochefoucauld qu'on demandait pour lui un brevet pareil à celui de MM. de Bouillon et de Guemené pour le rang de leurs maisons » Il semble résulter de là que le pour ne se donnait qu'aux plus grandes maisons.

— REM. *Ajoutez :* || 3. Pour tout l'effort qu'il fasse, s'est dit au sens de : quelque effort qu'il fasse. Pour tout l'effort qu'il fasse à me dompter, RÉGNIER, *Élég.* I.

† **POURASSOU** (pou-ra-sou), *s. m.* Nom, en Auvergne, de la civette, *allium schænoprasum*, L. || On y dit aussi pourette.

— ÉTYM. Dérivé de *porreau*.

† **POURBAIRINE** (pour-bè-ri-n'), *s. f.* Produit en poudre qu'on importe de Belgique ; il est composé, en majeure partie, de sel de soude et sert au blanchissage du linge, *Douanes, Tarif de* 1877, note 365.

POURCEAU. *Ajoutez :* || 4° Petit pourceau ou petit sphinx de vigne, *sphinx porcellus*, papillon crépusculaire qui n'est pas rare.

† **POURCENTAGE** (pour-san-ta-j'), *s. m.* Le tant pour cent. La compagnie, en même temps qu'elle reçoit de l'état 5,75, empruntant 5,10, trouve 0,65 d'économie par pourcentage d'émission, *Journ. offic.* 16 mars 1877, p. 1988, 3e col.

† **POURCOMPTE** (pour-kon-t'), *s. m.* Terme de commerce. Se dit quand, une marchandise livrée étant avariée ou arrivant trop tard, l'acheteur la reçoit en prévenant le vendeur qu'il la vendra pour le compte de celui-ci. Un négociant déloyal profite toujours des pourcomptes injustes. || *Au plur.* Des pourcomptes. On pourrait aussi écrire en deux mots *des pour-compte*.

† 3. **POURETTE** (pou-rè-t'), *s. f.* Voy. ci-dessus POURASSOU.

† **POURPARLEUR** (pour-par-leur), *s. m.* Celui qui est chargé d'une négociation, d'un pourparler.

— HIST. XVIe s. Qui ne pou oit estre fait, pour l'entregent requis en telles matieres, que par une personne autre que des pourparleurs, EST. PASQUIER, *Lettres*, l. XXI, t. II, p. 682.

1. **POURPRE.** *Ajoutez :* || Pourpre romaine, sorte de couleur rouge employée en teinture. La couleur connue sous le nom de pourpre romaine s'extrait du guano, *Rev. Britann.* avril 1874, p. 338.

POURQUOI. — REM. *Ajoutez :* || 2. Il ne faut pas confondre *pour quoi* en deux mots et *pourquoi* en un seul. Pour quoi vous sentez-vous de l'attrait, pour les sciences ou pour les lettres? Mais pourquoi les lettres plutôt que les sciences?

† **POURRIDIE** (pou-ri-die), *s. f.* Nom d'une maladie de la vigne, dite aussi pourri des racines, N. LLOBES, *Travaux de la comm. dép. contre le phylloxéra*, p. 33, Perpignan, 1874.

POURRIR. *Ajoutez :* || 6° Pourrir sa pourriture, achever de se dissoudre dans la corruption ; locution hardie, mais qui est analogue à dormir son sommeil, vivre sa vie. Dans ce cas-là, brûlé par Léon X, il [Luther] eût eu le sort d'Arnold de Brescia, de Savonarole, de Bruno et de tant d'autres ; la réforme, étouffée encore, eût laissé le vieux système pourrir sa pourriture paisiblement ; point de protestants dès lors ni de jésuites, MICHELET, *Réforme*, p. 117.

POURRISSAGE. *Ajoutez :* || 2° Espèce de fermentation qu'on fait subir à la pâte destinée à fabriquer la porcelaine, afin de détruire les matières organiques qu'elle peut renfermer.

† **POURRISSANT, ANTE** (pou-ri-san, san-t'), *adj.* Qui pourrit.

— HIST. XIIe s. Alsi com de la purrissant char de celui por les vers [en place des vers] bolissent espezes [aromates], *li Dial. Gregoire lo pape*, 1876, p. 230.

POURSUIVRE. || 7° Poursuivre, suivi d'un infinitif avec *de*. *Ajoutez* l'exemple suivant : Monsieur de Mazarin poursuit de vous braver, Et fait courir le bruit qu'il veut vous enlever, *Mémoire de Mme la duchesse de Mazarin*, dans *Mélanges curieux des meilleures pièces attribuées à de Saint-Évremond*, t. I, p. 230, Cologne, 1708.

† **POURTOURNER** (pour-tour-né), *v. a.* Former le pourtour. Les constructions qui pourtournent la place, *le Siècle*, 8 août 1871.

† **POURVOYANCE** (pour-vo-ian-s'), *s. f.* Terme vieilli. Qualité de qui pourvoit. Dieu, par une pourvoyance singulière, fait que la substance dont les enfants étaient nourris dans le ventre, remonte, bien préparée, aux mamelles, pour là être commodément reçue de la bouche des enfants, J. MESTREZAT, *Serm.* (1649).

— ÉTYM. *Pourvoyant.* Voyez ce mot, qui est un néologisme de J. J. Rousseau au sens de : qui a soin de pourvoir, tandis que *pourvoyance* se trouve, comme on voit dans l'un des bons sermonnaires protestants du XVIIe siècle.

POURVOYEUR. || 5° Il se dit aussi, dans l'artillerie de terre, de celui des servants qui a pour fonction d'aller chercher les charges.

POUSSÉE. *Ajoutez :* — REM. La poussée d'une voûte est la pression qu'une demi-voûte exerce contre la demi-voûte opposée. Elle est dite poussée par rotation, si on considère l'action d'un voussoir qui tendrait à tourner autour de l'arête inférieure de l'intrados, et poussée par glissement, s'il s'agit d'un voussoir qui tendrait à glisser sur son point inférieur.

† **POUSSE-PIED** (pou-se-pié), *s. m.* Petit bateau plat, dit aussi accon (voy. ce mot au Dictionnaire), qui sert à l'exploitation des bouchots, ainsi dit parce que, sans autre impulsion que celle du pied, il glisse rapidement sur la vasière Ces pirogues, appelées accons ou pousse-pieds, sont de simples caisses en bois, longues de 9 pieds, larges et profondes de 18 pouces, dont l'extrémité antérieure est recourbée en forme de proue, *Journ. offic.* 12 sept. 1876, p. 6918, 3e col.

POUSSER || 21° *Ajoutez :* || Pousser d'orge un cheval, lui faire manger beaucoup d'orge. On retirait les chevaux de la charrue et on les poussait d'orge ; on réparait les armes, on achetait des armes, de la poudre, *Journ. offic.* 23 avril 1875, p. 2938, 3e col.

— HIST. *Ajoutez :* XIIe s. Bernart saisirent li premier ; Mais trop fu grefs lor acointier ; Si li ostent le chaperon, Que la gole soz le menton Li unt estreinte e si enpeint Que par un poi nel unt estaint ; Poussent, fierent, grant mal li funt, BENOIT, *Chronique*, t. II, p. 477, v. 29133.

POUSSETTE. || 2° Terme de jeu. Action de glisser sur l'enjeu une nouvelle pièce de monnaie. M. le substitut : On faisait des poussettes, c'est-à-dire que, quand on voyait qu'on gagnait, on faisait glisser sur son enjeu une nouvelle pièce de monnaie, *Gaz. des Trib.* 11 déc. 1875, p. 1193, 1re col.

† **POUSSEUR.** *Ajoutez :* || 4° Pousseur de bois, nom qu'on donnait, dans les cafés du XVIIIe siècle, aux joueurs d'échecs ou de trictrac habitués de la maison, M. DE LESCURE, *Journ. offic.* 17 nov. 1875, p. 9406, 1re col.

† **POUSSIÉREUX, EUSE** (pou-sié-reû, reû-z'), *adj.* Plein de poussière. Dans la salle des séances, nue et poussiéreuse, plus d'orateurs ni de députés, plus de bruit ni de discours, *le National de* 1869, 24 juill. 1869.

— ÉTYM. *Poussière.* Ce néologisme, fort peu nécessaire, puisqu'on a poudreux, se dit maintenant fréquemment.

† **POUTRAISON** (pou-trè-zon), *s. f.* Pose de poutres. Ce sont des cloisons en tôle et en bois qui les séparent [les cellules de la prison du Portland], et de simples poutraisons les recouvrent et en forment les planchers, *Journ. offic.* 17 fév. 1874, p. 1321, 1re col.

POUTRE. *Ajoutez :* || 3° Poutre armée, poutre composée de plusieurs pièces de bois disposées de manière à augmenter la résistance à la flexion sans augmenter l'équarrissage ; poutre en fer, poutre dont les extrémités sont reliées par des tirants à un poinçon placé perpendiculairement à la poutre, en son milieu.

— ÉTYM. *Ajoutez :* Poutre au sens de pièce de bois est l'ancien franç. *poitre, poultre*, jeune cavale, du bas-lat. *puletra, poledra*, au masc. *pulle-*

trus, poledrus. Ascoli, *Arch*. I, 18, cite le sicilien *puddâtru*, le ladin *pulièdr*. Le latin *pullus* paraît être l'origine. Mais Diez objecte que les ressources du latin né du roman ne suffisent pas pour expliquer le suffixe *edrus* ou *etrus*, et propose un πωλίδριον hypothétique pour πωλίδιον. M. J. Storm, *Romania*, avril 1876, p. 181, est d'avis qu'il n'est pas besoin de recourir au grec, et que le latin offre un suffixe tel qu'il le faut pour le mot roman : Aulu-Gelle, XVIII, 6, a *porcetra*, jeune truie, de *porcus*, avec le suffixe *etra*; ce suffixe explique *pullâtrus, pullêtra*.

1. POUVOIR. — REM. *Ajoutez* : || 2. Dans le XVIe s. et au commencement du XVIIe, on écrivait *peu* ce que nous écrivons *pu*. Régnier l'a fait rimer avec *feu* : Es cendres d'Alexis amour nourrit le feu Que jamais par mes pleurs éteindre je n'ai peu, *Dial*. Était-ce une rime pour les yeux, ou prononçait-on en effet *peu?* || 3. La tournure : il s'est pu faire, vieillit; et au n° 10 je n'en cite d'exemples que pris chez des écrivains du XVIIe siècle. En voici un du XVIIIe : Quiconque s'est pu livrer aux superstitions, VOLT. *Exam. important de milord Bolingbroke*, ch. XXIII. Elle n'est donc pas tombée en désuétude; et on peut s'en servir. || 4. Par un gallicisme singulier, mais reçu, on dit : il peut tant de personnes à cette table; il peut tant de linge en cette armoire. Mais c'est une faute de dire : tant de personnes peuvent à cette table, tant de linge peut en cette armoire. Cette faute ou, si l'on veut, ce provincialisme se rencontre souvent dans la bouche des Normands. || 5. Voltaire a dit : Peut-être, en vous parlant ainsi, C'est vous donner trop de louanges; Mais il se pourrait bien aussi Que je fais trop d'honneur aux anges, *Stances*, III. *Que je fais* ou *que je fasse?* cela dépend de l'intention de celui qui parle. L'indicatif est plus affirmatif que ne serait le subjonctif.

† POUZA (pou-za), *s. m.* Huile de Pouza, produit qui vient de Belgique et d'Allemagne en assez grande quantité. On importe depuis quelque temps, sous le nom d'huile de Pouza, un mélange contenant 75 à 85 p. 100 d'eau, 10 à 16 p. 100 d'huile végétale et une faible quantité de matières minérales et organiques indéterminées; cette composition est destinée principalement au graissage des laines, *Douanes, lettre comm.* n° 281, du 31 déc. 1875.

† PRAIRE (prê-r'), *s. f.* Espèce de coquillage des bords de la Méditerranée. Sur certains points les plus fréquentés de Marseille, on étale les coquillages les plus savoureux, les plus appétissants : les moules, les clovisses, les oursins, les praires, les huîtres, Extr. du *Phare du littoral*, dans *Journ. offic.* 1 juin 1873, p. 3551, 3e col.

PRAIRIE. *Ajoutez* : — SYN. PRAIRIE, PÂTURAGE. Il y a lieu de distinguer, parmi les prairies permanentes, celles qui se fauchent, et celles qui sont pâturées sur place. Les premières sont les prairies proprement dites, les secondes constituent les pâturages, MATHIEU, *le Reboisement des Alpes*, Paris, 1875, p. 33.

† PRAISS (prês'), *s. m.* Résidu liquide qu'on obtient par la pression du tabac en carottes; on l'emploie pour le traitement de certaines maladies des bêtes à laines et pour la destruction des insectes. Les eaux de lavage des tabacs sont assimilées au praiss, *Douanes, Tarif de* 1877, note 170.

PRATICABLE. || 2° .... Terme de décoration de théâtre.... *Ajoutez* : || Substantivement, un praticable. Les danseuses arrivent par le fond sur un praticable. On pratique, en ce moment, dans le plancher une trape de douze mètres par laquelle les châssis seront hissés au premier étage et sur laquelle seront cloués, une fois achevés, les plafonds, les praticables, les portants..., *Journ. offic.* 8 avr. 1874, p. 2627, 2e col.

2. PRATIQUE. *Ajoutez* : || 4° Cela est pratique, n'est pas pratique, cela est susceptible d'être mis en pratique, ne peut être mis en pratique. M. Gaulthier de Rumilly répondait au ministre des finances en 1844 : Vous déclarez aujourd'hui pratique ce que vous déclariez impraticable il y a huit jours, *Journ. offic.* 12 juill. 1872, p. 4743, 3e col.

PRATIQUÉ, ÉE. *Ajoutez* : || 3° Terme de commerce. Prix pratiqué, prix courant dans un marché, sur une place. Les prix suivants ont été pratiqués..., *Journ. offic.* 25 mars 1872, p. 2118, 3e col. Prix qui ont été pratiqués le même jour, au marché de la Chapelle, *ib.* 27 avr. 1874, p. 2972, 1re col.

† 2. PRÉ.... *Ajoutez* : Dans certains composés français de *pré*, d'origine récente et de composition manifeste, le second membre commençant par *s* suivie d'une voyelle, n'obéit pas à la règle ordinaire, et *s* y garde sa prononciation sourde au lieu de s'y sonoriser en *z*, à cause de sa position nouvelle entre deux voyelles.

† PRÉAVERTIR (pré-a-vèr-tir), *v. a.* Avertir d'avance.

— HIST. XVIe s. Il faisoit ung billet ouquel il inscripvoit les noms de ceulx qui vouloient estre appellez, lesquelz ilz avoient preadvertyz et sçavoient estre de leur oppinion (1538), *Archives de Besançon*, dans *Rev. histor.* t. I, p. 137.

† PRÉAVIS (pré-a-vi), *s. m.* Avis donné par anticipation, *Rev. des Deux-Mondes*, 1er mai 1872, p. 113. Les médecins des tribunaux de première instance ont donné un préavis favorable à la requête de B...; le procureur général a encore demandé le préavis du conseil de santé, *Gaz. des Trib.* 15 août 1875, p. 787, 4e col.

† PRÉAVISER (pré-a-vi-zé), *v. a.* || 1° Aviser, avertir d'avance. || 2° *V. n.* Donner un préavis. Berne, 8 septembre : La commission du conseil national chargée de préaviser sur la révision s'est réunie aujourd'hui dans la salle des États, *Journ. offic.* 12 sept. 1873, p. 5843, 2e col.

— HIST. XVIe s. Le seigneur, preadvisé de la chose, fist mettre le cuer devant la femme, LAURE DE PREMIERFAICT, *Trad. de Boccace*, dans POUGENS, *Archéol. franç.* t. II, p. 136.

† PRÉ-BOIS (pré-boi), voy. PRÉS-BOIS au Dictionnaire.

PRÉCAIRE. *Ajoutez* : — REM. En termes de droit ancien, précaire, substantif, est masculin. Mais on le trouve aussi féminin chez des auteurs qui ont écrit sur les origines du moyen âge : Précaire, acte par lequel un propriétaire demandait à ne plus avoir sa propriété qu'en usufruit. La précaire fut à la fois et l'acte de concession d'une terre à titre d'usufruit, et la terre elle-même concédée dans cette forme, E. BOUTARIC, *Des origines du régime féodal*, Paris, 1875, p. 10. On vit au VIIIe siècle une foule de propriétaires succombant sous le poids des charges publiques, et notamment du service militaire, abandonner leur propriété et la recevoir en usufruit sous forme de précaire, ID. *ib.* p. 11.

† PRÉCAUTIONNEUSEMENT (pré-kô-sio-neû-ze-man), *adv.* D'une façon précautionneuse. Eugène marchait précautionneusement, H. DE BALZAC, *le père Goriot*, 1835, t. I, p. 150.

† PRÉCELLE (pré-sè-l'), *s. f.* Instrument employé par les joailliers, lequel est à la fois pelle et pince.

— REM. Quelques-uns prétendent que *précelle* et *brucelles* sont le même mot. Cela est très-vraisemblable.

PRÉCEPTE. — HIST. *Ajoutez* : || XIVe s. La mer, qui est aspre et amere, Senefie, c'est chose clere, Les aspres precés de la loy, MACÉ, *Traduction de la Bible*, f° 1, verso, 1re col.

† PRÊCHAILLER (prê-chà-llé, *ll* mouillées), *v. n.* Prêcher médiocrement. Il [l'abbé de Bonnevie] est gai, il prêchaille, et ne pense plus à ses malheurs, CHATEAUBR. *Mém. d'outre-tombe*, éd. de Bruxelles, t. II, *Retour à Lyon*.

PRÊCHER. *Ajoutez* : || 9° Prêcher, répéter souvent. Je ne veux point que vous me donniez de louanges et que vous me prêchiez que je suis un grand homme, MALH. *Lexique*, éd. L. Lalanne.

† PRÊCHERIE (prê-che-rie), *s. f.* Action de réprimander, comme par une espèce de sermon. Mais que direz-vous, ma très-chère sœur, de ma prêcherie? LA SŒUR ANGÉLIQUE, *à Mme de Sablé*, dans STE-BEUVE, *Port-Royal*, t. V, p. 606, 3e éd.

PRÉCIEUSEMENT. — HIST. *Ajoutez* : XIIe s. .... abeie Bele, mult riche e bien fondée E precieusement aornée, BENOIT, *Chronique*, t. III, p. 250, v. 38513.

† PRÉCINCTION. *Ajoutez* : || Par extension, enceinte. Derrière la ville, une précinction de verdure et de végétation tout égyptienne,... la ceinture de jardins doit sa vie à de nombreuses sources qui sortent du pied de la montagne, RENAN, *Rev. des Deux-Mondes*, 15 nov. 1875, p. 242.

PRÉCIPITATION. *Ajoutez* : || 4° Au propre, action de précipiter, de jeter de haut en bas. Qu'elles [trois blessures] étaient de nature à amener la mort en quelques heures, mais qu'elles avaient été, à très-peu d'instants d'intervalle, suivies de la précipitation dans l'eau de l'individu blessé, *Gaz. des Trib.* 22-23 mars 1875, p. 287, 2e col.

† PRÉCIPITEUX, EUSE (pré-si-pi-teû, teû-z'), *adj.* Qui est en forme de précipice. Une quantité d'arbres ornent ces bords précipiteux, A. VINET, dans E. RAMBERT, *A. Vinet, histoire de sa vie et de ses ouvrages*. Je ne sais quoi de précipiteux, de tempêtueux, d'extravagant avec grâce, Mme DE GASPARIN, *Voyages, Bande du Jura*, III, *chez les Allemands, chez nous*, Paris, 1866.

— REM. Le Dictionnaire a précipitueux. M. Berthoud, qui m'envoie les exemples ci-dessus, observe que précipiteux est fort usité dans la Suisse française, mais que précipitueux ne l'est pas. Il se demande si précipitueux ne serait pas une faute d'impression, et s'il ne faudrait pas lire, en place, précipiteux. Il est certain que précipiteux doit être préféré; l'italien dit *precipitoso*, et non *precipituoso*. *Precipitueux* n'a pour lui qu'une fausse analogie avec *montueux*, qui, lui-même et dès le latin, est le fruit d'une fausse analogie avec *sumptu-osus, luxu-osus*, etc.

— ÉTYM. Mot formé sur le modèle de *précipiter*; ital. *precipitoso*.

† PRÉCLASSIQUE (pré-kla-si-k'), *adj* Qui est avant l'âge classique d'une langue, d'une littérature. L'âge du dernier livre [un livre védique] n'est pas encore précisé; la langue y est préclassique, H. KERN, *Mém. de la Société de linguistique de Paris*, t. II, p. 323.

† PRÉCOLOMBIEN, IENNE (pré-ko-lon-biin, biè-n'), *adj.* Qui est avant Christophe Colomb. Un point controversé de la zoologie de l'Amérique précolombienne, par M. C. Schöbel, *Journ. offic.* 9 nov. 1876, p. 8075, 1re col. La question si curieuse de la découverte précolombienne de l'Amérique par les Normands, *Rev. anthr.* t. VI, p. 317.

† PRÉCOMPTAGE (pré-kon-ta-j'), *s. m.* Terme forestier. Opération qui consiste à déduire, lorsqu'on évalue le produit annuel d'un usage, les ressources en bois personnelles à l'usager des délivrances usagères totales, telles qu'elles résultent des titres.

† PRÉCON (pré-kon), *s. m.* Dans le langage administratif du midi de la France, l'employé municipal chargé de publier les actes officiels à son de trompe ou de tambour, *Rev. des langues romanes*, t. IV, p. 626.

— ÉTYM. Lat. *præconem*, crieur public.

† PRÉCONCHYLIEN, IENNE (pré-kon-ki-liin, liè-n'), *adj.* Terme d'histoire naturelle. Qui précède la formation de la coquille. L'invagination préconchylienne [chez les mollusques hétéropodes] se remplit d'une substance visqueuse..., H. FOL, *Acad. des sc. Comptes rend.* t. LXXXI, p. 474.

— ÉTYM. Lat. *præ*, avant, et *conchylium*, coquille.

† PRÉCONISEUR. *Ajoutez* : — REM. Préconiseur est aussi dans Voltaire : Gilles-Letourneur, préconiseur de Gilles-Shakspeare, *Lett. à d'Alemb.* 13 août 1776.

† PRÉCONSULTATION (pré-kon-sul-ta-sion), *s. f.* Consultation préliminaire d'hommes de loi, d'hommes d'affaires. Toutes ces choses ont été dites [par un membre du conseil d'État de Genève] dans un ton de préconsultation, *Journ. des Débats*, 2 juill. 1876, 2e page, 1re col.

PRÉCURSEUR. — HIST. XVIe s. *Ajoutez* : Entrant jusques aux interieures [sic] du voille là où Jesus precurseur est entré pour nous, *Hébr.* VI, 20, *Nouv. Test.* éd. Lefebvre d'Étaples, Paris, 1525.

† PRÉDELLE (pré-dè-l'), *s. f.* Terme de beaux-arts. Frise inférieure d'un tableau d'autel; elle est ordinairement divisée en trois compartiments, qui correspondent au sanctuaire, à l'épître et à l'évangile; elle contient, en petites figures, des épisodes de la vie du Christ, ou de la Vierge, ou du saint sous l'invocation duquel l'église est placée. La *Mise au tombeau*, de Raphaël, qui est à la galerie Borghèse à Rome, avait sa prédelle, dont les trois parties contenaient des figures symboliques à mi-corps, la Foi, la Charité, l'Espérance; cette prédelle séparée du tableau se trouve aujourd'hui au musée du Vatican, CH. BLANC. Le *Baptême de Jésus-Christ*, de la hauteur d'une prédelle, c'est une petite merveille, COMTE L. CLÉMENT DE RIS, *Gaz. des Beaux-Arts*, mai 1873, p. 417. La prédelle de ce vaste panneau [le couronnement de la Vierge du Pérugin, au Louvre], fine comme une miniature, grande de style comme une page d'histoire, est un des plus purs chefs-d'œuvre du maître, CH. TIMBAL, *Rev. des Deux-Mondes*, 15 mai 1874, p. 446.

— ÉTYM. Ital. *predella*, banc, escabeau, et aussi *predello*, bordure, le même mot que l'ancien français *bridel* (voy. BRIDE).

PRÉDOMINER. *Ajoutez* : || 3° Activement. Elle [la littérature française au XVIIIe siècle] prédominait de beaucoup la tribune libre et légale du parlement d'Angleterre, VILLEMAIN, *Tabl. de la littér. au XVIIIe s.* 32e *leçon.*

† PRÉÉLIRE (pré-é-li-r'), *v. a.* Élire à l'avance. — HIST. XIIIe s. La parfaite amie singuliere, De Dieu eslue et preeslue, *Mistere de la Conception*, dans FOUGENS, *Archéol. franç.* t. II, p. 138.

† PRÉEMPTIF, IVE (pré-an-ptif, pti-v'), *adj.* Qui a le caractère de la préemption. Les licences [de pâturages à moutons en Australie] eurent un cours de quatorze ans, et la redevance fut fixée à deux livres dix shillings par mille moutons avec garantie contre toute vente pendant la durée de ce bail et droit préemptif d'achat pour le squatter à son expiration, É. MONTÉGUT, *Rev. des Deux-Mondes*, 1er août 1877, p. 619.

† PRÉEXISTENTIEL, ELLE (pré-è-gzi-stan-si-el, è-l'), *adj.* Qui appartient à la préexistence. Ces termes que je prends au hasard, le déterminisme, l'hypothèse d'une chute préexistentielle..., STE-BEUVE, *Causeries du lundi*, t. V. (critique religieuse par Scherer).

† PRÉFACIER (pré-fa-sié), *s. m.* Néologisme. Faiseur de préfaces. Poëte, romancier, préfacier, commentateur, biographe, le littérateur est volontiers à la fois amateur et nécessiteux, libre et commandé, STE-BEUVE, *Portraits litt.* t. I (art. *Ch. Nodier*).

PRÉFÉRER. || 2° Se préférer. *Ajoutez :* L'a-t-on jamais vu [Corneille] se préférer à aucun de ses confrères? RAC. *Disc. acad.*

† PRÉFIXATION (pré-fi-ksa-sion), *s. f.* Terme de grammaire. Action d'employer comme préfixe. Les mots [dans les langues cafres] sont formés, en principe, par la préfixation, et non la suffixation, les éléments indiquant les relations et les modes d'être de la racine principale, A. HOVELACQUE, *Linguistique*, p. 70, Paris, 1876. Ceux qui étudient les procédés de préfixation et de suffixation dans les langues agglutinantes, LUCHAIRE, *Rev. critiq.* 16 juin 1877, p. 378.

PRÉFIXION. — HIST. XVIe s. *Ajoutez :* Puissance revocable au plaisir du peuple, sans prefixion de temps, BODIN, *République*, I, 8.

† PRÉGLACIAIRE (pré-gla-si-è-r'), *adj.* Terme de géologie. Qui est avant l'époque glaciaire. Le climat sous l'influence duquel se développaient ces types primitifs de l'humanité était tempéré et préglaciaire, c'est-à-dire précédant le froid et l'humidité de l'époque glaciaire qui suivit, *Journ. offic.* 31 oct. 1873, p. 6641, 2° col.

† PRÉHISTOIRE (pré-i-stoi-r'), *s. f.* Histoire de l'homme avant les temps où l'on a des documents ou traditionnels ou écrits. L'abbé Ducrost, savant très-distingué, bien connu de tous ceux qui s'occupent de la préhistoire, LÉCUYER, *la Phil. posit.* janv.-fév. 1876, p. 82.

PRÉJUDICIER. *Ajoutez :* || Il se dit activement, en termes de procédure. La vérification a établi qu'à son départ, il préjudiciait la compagnie de plus de 2000 francs sur les différentes parties du service qui lui était confié, *Gaz. des Trib.* 4-5 oct. 1875, p. 958, 3° col.

† PRÉLATÉ, ÉE (pré-la-té, tée), *adj.* Qui est couvert ou garni de prélat ou prélart. En aval de Thermonde, sur le bas Escaut, il [le bateau] doit être couvert en bois ou prélaté, *Extrait des conditions générales des polices de la compagnie d'Assurances générales maritimes*, art. 12.

† PRÉLATISTE (pré-la-ti-st'), *s. m.* En Angleterre, partisan de l'épiscopat traditionnel. Toute la littérature théologique de ce temps [XVIe et XVIIe siècles] est absorbée par les querelles entre les catholiques et les protestants, puis entre les prélatistes et les puritains, A. RÉVILLE, *Rev. des Deux-Mondes*, 15 août 1875, p. 865.

† PRÉMATURER (pré-ma-tu-ré), *v. a.* Faire prématurément. Il [l'empereur Sigismond] ne prenait pas plaisir à voir que la réformation de l'Église, qui avait été le principal but du concile [de Constance], aboutît à si peu de chose, et qu'on l'eût empêchée en prématurant l'élection du pape, contre ses intentions, LENFANT, *Hist. du concile de Constance*, p. 597. Sans prématurer le jugement qu'on en doit porter, *Mémoires secrets de Bachaumont*, 7 janv. 1762.

PRÉMÉDITER. *Ajoutez :* || *V. réfl.* Se préméditer, être prémédité. Pendant que ce projet se préméditait, Mme DE MOTTEVILLE, *Mém.* p. 322.

— HIST. XVIe s. *Ajoutez :* Mettez en vos cueurs ne premediter point comment vous responderez, *Luc*, II, 14, *Nouv. Test.* éd. Lefebvre d'Étaples, Paris, 1525.

† PRÉMENTIONNÉ, ÉE (pré-man-sio-né, née), *adj.* Mentionné auparavant. La voie de la contrainte peut d'ailleurs être employée par la régie, puisque la création des titres prémentionnés laisse subsister entière et sans novation la dette de la société envers le Trésor, *Gaz. des Trib.* 17 fév. 1876, p. 161, 3° col.

† PRÉMOUVANT, ANTE (pré-mou-van, van-t'), *adj.* Terme de théologie. Qui produit la prémotion ou action de Dieu déterminant l'homme à agir. Cette grâce prémouvante par laquelle les théologiens expliquent les progrès de l'humanité, P. J. PROUDHON, *Œuvres posthumes, la Pornocratie.*

— ÉTYM. Lat. *præmovere*, de *præ*, d'avance, et *movere*, mouvoir.

PRENDRE. *Ajoutez :* || 81° Terme de turf. Prendre un cheval, parier en sa faveur. On dit : je prends Marengo à 7 contre 2; en admettant que le pari soit de 10 louis, cela veut dire : Si Marengo perd, je vous donnerai 20 louis; s'il gagne, vous me donnerez 70 louis.

— REM. *Ajoutez :* || 5. Mme de Sévigné a dit : La fantaisie m'a pris de me lever, 24 juill. 1675. Des grammairiens ont dit qu'il fallait *m'a prise.* Sans doute, si l'on fait ici prendre verbe actif; mais il est neutre, et la tournure est plus élégante.

† PRÉORDONNANCE (pré-or-do-nan-s'), *s. f.* Action d'ordonner, de disposer à l'avance; ordre préalablement établi.

— HIST. XVIe s. Il [l'homme] est seul entre les autres creatures, formé par ceste preordonnance divine, ayant la face et les yeux elevez en haut, J. TAHUREAU, *Dialogues*, 2° *dial.* p. 260, Lyon, 1602.

PRÉPARATOIRE. — HIST. *Ajoutez :* XIVe s. Congnoissance preparatoire à la congnoissance principal (1322), VARIN, *Archives administr. de la ville de Reims*, t. II, 1re partie, p. 325. Icellui procureur, à cause de sondit office, fait et peut faire son informacion preparatoire sur ledit cas (1378), ID. *ib.* t. III, p. 449.

† PRÉPONDÉRER (pré-pon-dé-ré; *dé* devient *dè*, quand la syllabe qui suit est muette : il prépondère). *v. n.* Avoir la prépondérance. Qui prépondère décidément? *le Charivari*, 18 août 1877.

— ÉTYM. Voy. PRÉPONDÉRANT, qui a inspiré *prépondérer*.

† PRÉPOSITIONNEL, ELLE (pré-po-zi-sio-nèl, nè-l'), *adj.* Qui a le caractère de la préposition. Il [le latin *cum*] a gardé sa valeur prépositionnelle en italien, en espagnol et en portugais, DARMESTETER, *Formation des mots composés en français*, p. 91.

† PRÉPUCÉ, ÉE (pré-pu-sé, sée), *adj.* Qui a son prépuce. Ou prépucé ou déprépucé, VOLT. *Dict. phil. Juifs*, IV, 1re *lettre.*

† PRÉRAPHAÉLISME (pré-ra-fa-é-li-sm') ou PRÉRAPHAÉLITISME (pré-ra-fa-é-li-ti-sm'), *s. m.* Étude de la peinture du temps avant Raphaël, tendance à imiter cette peinture. Cet art précieux qui fut baptisé préraphaélisme, sous prétexte que l'art devait chercher sa tradition avant l'époque de Raphaël, chez les maîtres du XVe siècle, BÜRGER, *Salons de* 1861 *à* 1868, t. II, p. 410. Le préraphaélisme a tourné au stéréoscope, ID. *ib.* t. I, p. 362. M. James Tissot, quoiqu'il n'ait d'anglais que le prénom, tente d'importer en France ce préraphaélitisme anglais, et l'accueil fait à ses quatre scènes de Faust n'est pas décourageant, ID. *ib.* p. 121.

† PRÉRAPHAÉLITE (pré-ra-fa-é-li-t'), *adj.* Qui appartient à la peinture du temps avant Raphaël. La peinture préraphaélite, BÜRGER, *Salons de* 1861 *à* 1868, t. I, p. 284. || Substantivement. Celui qui étudie, qui aime la peinture d'avant Raphaël. Les Anglais ont leurs préraphaélites, qui forment groupe à part dans l'école indigène, ID. *ib.* p. 120.

† PRÉRAPPELÉ, ÉE (pré-ra-pe-lé, lée), *adj.* Rappelé précédemment, dont on vient de faire mention. Que la cour.... loin d'avoir violé les articles des lois prérappelées, en a fait, au contraire, une saine interprétation, *Gaz. des Trib.* 4 août 1876, p. 759, 4° col.

PRÈS. || 10° *Ajoutez :* || Au plus près de, s'est dit, en dehors du langage de la marine, pour signifier qu'on est le plus qu'il est possible fidèle à. Nous avons cherché à remplir notre mandat au plus près de notre conscience, *Proclamation du conseil des États suisses du* 8 *avril* 1872, dans *Journ. offic.* 12 mai, p. 3166, 1re col.

† PRESCRIPTIBILITÉ (prè-skri-pti-bi-li-té), *s. f.* Terme de droit. Qualité de ce qui est prescriptible. Indemnité pour le pacage, conditions et prescriptibilité, *École forest. Programme*, 1876, p. 93.

† PRÉSENSATION (pré-san-sa-sion), *s. f.* Sensation antérieure et innée. L'instinct renferme les présensations de l'animal et le pressentiment de ses convenances; c'est par des présensations que des animaux, encore dans le nid maternel, s'effrayent d'un bruit ou de la menace d'un coup dont ils n'ont encore aucune expérience; c'est par des présensations qu'ils tettent, qu'ils marchent, qu'ils sautent, qu'ils appellent à leur secours; ils leur doivent la conscience des organes et des membres dont ils font usage, BERNARDIN DE SAINT-PIERRE, *Œuvr. posth.* Paris, 1836, p. 264.

1. PRÉSENT. *Ajoutez :* — REM. Au n° 6, un grand et présent intérêt est cité comme de Mme de Sévigné. C'est une fausse leçon des anciennes éditions. Le nouveau manuscrit, *Lettr. inédites*, éd. Capmas, t. I, p. 165, donne : un grand et pressant intérêt.

PRÉSENTATEUR. *Ajoutez :* || 4° Celui qui, dans un concours agricole ou autre, présente un animal, un produit, etc. Les présentateurs des produits agricoles qui suivent ont également reçu des médailles d'or, *Journ. offic.* 18 mai 1876, p. 3390, 1re col. Les envois des instituteurs de province trahissent encore une grande inexpérience de la classification scientifique; ces présentateurs n'en méritent pas moins des encouragements pour leur bonne volonté, *ib.* 29 août 1876, p. 6668, 1re col. || 5° Celui qui présente, offre une pièce, un monument, un livre, etc. à une bibliothèque, à un musée, à une société, etc. Ces quatre pièces [crânes] provenaient de l'ossuaire du couvent de femmes de Sainte-Claire [Annecy, Savoie] : le couvent de Sainte-Claire, comme le fit remarquer le présentateur, étant un couvent de filles pauvres..., A. HOVELACQUE, *Rev. anthrop.* t. VI, p. 232.

† PRÉSENTIMENT (pré-san-ti-man), *s. m.* Voy. PRESSENTIMENT au Supplément.

† PRÉSERET (pré-ze-rè), *s. m.* Nom, dans le Jura, des baquets à présure, *les Primes d'honneur*, Paris, 1869, p. 282.

— ÉTYM. Mot dérivé du radical qui est dans *présure* (voy. PRÉSURE).

PRÉSERVÉ. *Ajoutez :* || Les Préservées, filles qui se repentent de leurs fautes et se retirent dans une maison cloîtrée, *Journ. offic.* 26 août 1874, p. 6174, 1re col.

PRÉSIDENT. — HIST. *Ajoutez :* XIVe s. Et dist li pregidens : vos fais vous faut prouver. Et li advocas dist : je suis près dou moustrer [montrer], *le Chevalier au cygne*, v. 2422.

† PRÉSIGNIFICATION (pré-si-gni-fi-ka-sion), *s. f.* Action de signifier à l'avance; signe indicatif d'un événement futur.

— HIST. XVIe s. Là où l'on dit non seulement ce qui adviendra, mais aussi comment et quand et après quoi et avec qui, cela n'est point une conjecture de ce qui à l'aventure sera, ains une presignification de ce qui resoluement sera, AMYOT, *Plut. Œuvr. mél.* t. XXII, p. 329.

† PRÉSIGNIFIER (pré-si-gni-fi-é), *v. a.* Signifier d'avance par des figures. On allait chercher dans l'Ancien Testament des figures pour montrer que la confession avait été présignifiée, *Hist. du concile de Trente, de Fra Paolo, trad. de le Courayer*, t. I, p. 636.

† PRESSE-CITRONS (prê-se-si-tron), *s. m.* Ustensile qui sert à presser les citrons; il est formé de deux planchettes réunies par une charnière et munies d'une poignée; on presse entre les deux les citrons dont on veut extraire le jus.

† PRESSELLE (prè-sè-l'), *s. f.* Petite pince qui sert en anatomie, comme les pinces à dissection, en saisissant par la simple pression des doigts; elle diffère des pinces à dissection, en ce que les bouts ne sont pas dentés. C'est le même que précelle (voy. ce mot au Supplément).

PRESSENTIMENT. *Ajoutez :* || 2° Sentiment antérieur, inné. Les animaux doivent à l'instinct le pressentiment ou la prévision de leurs fonctions intellectuelles, c'est-à-dire de leurs convenances naturelles; c'est par pressentiment que l'araignée, sortant de son œuf et sans avoir vu aucun modèle de filet, tisse sa toile transparente, en croise les fils, les contracte pour en éprouver la force et les double où il est nécessaire, pressentant que les mouches qu'elle n'a pas encore vues viendront s'y prendre et qu'elles s'y débattront, BERNARD. DE ST.-PIERRE, *Œuvr. posth.* Paris, 1836, p. 264. (L'édition porte *présentiment*; mais cela n'est pas nécessaire; car, dans le sens que Bernardin de Saint-Pierre attribue à ce mot, il a été précédé par Amyot; voy. l'hist. de PRESSENTIMENT au Dictionnaire.

† PRESSE-PAPIER (prè-se-pa-pié), *s. m.* Ustensile de bureau de différentes formes qu'on met sur les

papiers, pour empêcher qu'ils ne se dispersent. || *Au plur.* Des presse-papier ou papiers.

† PRESSEUR. *Ajoutez :* || Presseur de poisson de mer. Presseur de sardines, *Tarif des patentes*, 1858.

PRESSOIR. *Ajoutez :* || 7° Barre de fer sur laquelle on presse après en avoir engagé un bout entre deux pierres pour soulever celle de dessus; c'est un instrument analogue à PINCE, n° 12.

† PRESSUREMENT (prè-su-re-man), *s. m.* Action de pressurer, d'extorquer. Je vous ai montré leur pressurement [des contributions de l'ancien régime], leur injuste répartition et la perfide méthode de les asseoir à la boulevue, *Lett. du P. Duchêne*, 161° lettre, p. 1.

PRÉSUMER. — HIST. *Ajoutez :* XII° s. Quar combattoient entre soi.... cremors [crainte], par ke il [le saint homme] ne presumeroit les choses nient useles; dolors, ke il ne socourroit à la femme, *li Dialoge Gregoire lo pape*, 1876, p. 12.

† PRÉSURIER (pré-zu-rié), *s. m.* Marchand de présure pour cailler le lait, BELMONDI, *Code des contributions directes*, Paris, 1818, p. 613.

1. PRÊT. *Ajoutez :* || 8° Harengs demi-prêts, harengs qui n'ont pas été sauris très-fortement. A Boulogne et à Calais on fume les harengs dits francs-saures, qui ne se mangent à Paris que lorsque les demi-prêts viennent à manquer, A. HUSSON, *les Consommations de Paris*, p. 266.

— REM. On peut voir au n° 5 *prêt à* avec un nom de chose signifiant *sur le point de.* Molière s'est servi de cette tournure avec un verbe actif sans régime exprimé : Nous avons en main divers stratagèmes tout prêts à produire dans l'occasion, *Pourc.* I, 3. Prêt à est ici construit avec produire comme : bon à voir, difficile à prendre, etc.

PRÊTER. || 11° Se prêter. || Absolument. *Ajoutez :* Un cardinal, avant d'être élu pape, se prête volontiers pour le devenir; et il y a plusieurs exemples de ces sortes de marchés, DE BERNIS, *à d'Aubeterre*, 6 avr. 1769, dans CRÉTINEAU JOLY, *Clément XIV et les Jésuites*, p. 248.

PRÉTEXTER. *Ajoutez :* — HIST. XVI° s. Nonobstant qu'ils n'eussent grand soing de la gloire et honneur de Dieu, ne mesmement du bien public, ains seullement d'asseoir leur propre ambition et avarice, toutefois pretexans faucement le grand zele..., MARNIX DE SAINTE-ALDEGONDE, *le Compromis des nobles*, p. 19. [*Pretexer* est formé immédiatement du latin *prætexere*.]

† PRÉTORIAL, ALE (pré-to-ri-al, a-l'), *adj.* Terme de droit. Qui appartient au prétoire du juge de paix. Que d'abord, sur une signification prétoriale du 5 février 1874, il a méconnu avoir reçu la somme de 1550 francs..., *Gaz. des Trib.* 25 mars 1875, p. 293, 4° col.

† PRÉTORIANISME (pré-to-ri-a-ni-sm'), *s. m.* Disposition politique par laquelle les prétoriens, c'est-à-dire les corps armés, font ou défont les gouvernements suivant leurs intérêts ou leur bon plaisir. La prétention d'élever l'armée au-dessus de nos institutions est le plus insolent appel au prétorianisme qui ait été fait, croyons-nous, à une tribune parlementaire, *Journ. des Débats*, 5 août 1876, 1re page, 1re col.

PRÊTRE. *Ajoutez :* — REM. Au n° 3 la définition de cardinal-prêtre est inexacte; voyez-la rectifiée à CARDINAL au Supplément.

PRÊTRISE. *Ajoutez :* — HIST. XIV° s. Ne meetz point en oubly la grace qui est en toy, laquelle t'est donnée par prophetie avec l'imposition des mains de prebstrise, I *Tim.* IV, 14, *Nouv. Testam.* éd. Lefebvre d'Étaples, Paris, 1525.

† PRÊTROPHOBE (prê-tro-fo-b'), *s. m.* Celui qui craint et par suite hait les prêtres. C'est Homais..., celui qui peint le mieux notre époque sceptique, un enragé, ce qu'on appelle le prêtrophobe, *Plaid. de M. Sénard*, dans *Mme Bovary*, par Flaubert, éd. Charpentier, 1874, p. 465. Notre vieil ami.... nous disait : c'est d'une vérité frappante, c'est bien le portrait du prêtrophobe que la soutane fait rêver au linceul, qui exècre l'une un peu par épouvante de l'autre, *ib.* p. 466.

— ÉTYM. Mot hybride de *prêtre*, et φοβεῖν, craindre.

† PRÉVALENT, ENTE (pré-va-lan, lan-t'), *adj.* Qui prévaut, qui prédomine. La science joue dans le monde un rôle de plus en plus prévalent, É. LITTRÉ, *la Philosophie positive*, janv.-févr. 1875, p. 119

† PRÉVISIONNEL, ELLE (pré-vi-zio-nèl, nè-l'), *adj.* Qui a le caractère de la prévision. Plus de 2000 communes ont voté à cet effet [secours aux familles des réservistes] des crédits prévisionnels s'élevant ensemble à 350 000 francs, *Journ. offic.* du 19 août 1876, p. 6474, 2° col.

† PRIAMÈLE (pri-a-mè-l'), *s. f.* Poésie didactique qui est l'énoncé d'une proposition générale, comme le dit, le proverbe et la sentence, mais où la proposition générale est précédée ou suivie de l'énumération des faits qu'elle résume ou qui servent à la prouver, BERGMANN, *la Priamèle*, Strasbourg, 1868, p. 6. M. Bergmann, p. 35, cite ces vers du XVI° siècle, qu'il appelle une priamèle : Paisible demaine, Amoureux verger, Repos sans dangier, Justice certaine, Science hautaine, C'est Paris entier. (Ces vers sont un acrostiche bien connu sur Paris.)

— ÉTYM. M. Bergmann, qui ne cite aucun texte où ce mot soit employé, pense qu'il vient du lat. *præambula*, changé par les Allemands en *preamel* ou *priamel*.

PRIE-DIEU. *Ajoutez :* || 3° Un des noms vulgaires de la mante religieuse, orthoptère, H. PELLETIER, *Petit dict. d'entom.* p. 112, Blois, 1868. Cet insecte est ainsi nommé, parce que, au repos et les ailes repliées, il a une attitude comparée à celle d'une personne à genoux et priant Dieu.

PRIER. — REM. *Ajoutez :* || 4. Mme de Sévigné, impliquant dans *prier* le sens de *dire*, a continué, après *prier*, sa phrase par *que* : Le roi le pria fort bonnement [le maréchal de Bellefont] de songer à ce qu'il lui répondait; qu'il souhaitait cette preuve de son amitié, qu'il y allait de la disgrâce, 26 *avril* 1672. Cela est bref et bon.

PRIÈRE || 4° Droit des premières prières, se disait, dans l'ancien empire germanique, du droit que les empereurs avaient de nommer aux bénéfices vacants dans l'empire.

† PRIFAITEUR (pri-fè-teur), *s. m.* Voy. PRIXFAITEUR au Supplément.

PRIMAGE. *Ajoutez :* || 2° Action de primer, de donner une plus-value. Le primage de l'or.

PRIMAT. *Ajoutez :* || 4° La première copie d'une missive, d'une dépêche, par opposition à duplicata. En marge de cette minute [lettre de Napoléon Ier 29 novembre 1812] est écrit : le primat a été porté par le courrier Saint-Romain; le duplicata est porté le 1er décembre par le juif Marius, *Journ. offic.* 4 mars 1877, p. 1679, 1re col.

1. PRIME. || 1° De prime abord. *Ajoutez :* || Au sens propre. A l'endroit où l'on aborde, arrive d'abord. Par déclaration primitive, on entend la déclaration en détail faite au bureau de prime abord.... Lorsqu'il s'agit d'expéditions en transit international, on considère comme bureau de prime abord le bureau où s'effectue la vérification de la marchandise, *Douanes, Tarif de* 1877, p. XXXVII.

6. PRIME. *Ajoutez :* || 6° Billet de prime, celui par lequel l'assuré s'engage à payer la prime à l'assurance (DALLOZ).

— ÉTYM. *Ajoutez :* M. Vigié, professeur à la Faculté de droit de Grenoble, communique une note, où il conteste que l'anglais *premium* soit l'origine de *prime*; il dit qu'il faut la chercher dans *prima pars*, première partie, c'est-à-dire prélèvement que, au début, les commerçants armateurs s'engageaient à faire sur les bénéfices de la traversée, pour constituer l'assurance et sa *prime*. Le doute ainsi soulevé a obligé à un nouvel examen. Et tout d'abord, voyant *prime* employé dans une ordonnance de 1681, il a paru fort problématique qu'à la fin du XVII° siècle un mot usuel eût été emprunté à la langue anglaise. De plus, *prime* se dit en italien *premio*, il est vrai, mais aussi *prima*; et, si *premio* vient de *præmium*, *prima*, en italien, n'en peut venir. En allemand, prime se dit *Præmie*, qui dérive de *præmium*. De tout cela il apparaît qu'il y a deux origines dans la dénomination de ce prélèvement pour l'assurance : l'une qui a donné *prime* et *prima* et qu'on doit rattacher à *primus*, et l'autre qui dérive de *præmium* et a produit l'angl. *premium*, l'ital. *premio* et l'all. *Præmie*.

7. PRIME. — ÉTYM. *Ajoutez :* Il est dit que, d'après la définition du jeu, il semble que *prime* est équivalent à *prime* 6, c'est-à-dire somme donnée pour assurance ou pour encouragement. C'est une erreur; d'après la définition du jeu, *faire prime*, c'est avoir les quatre cartes des quatre couleurs, c'est donc *être premier*, *primer*, et il faut rattacher la *prime* jeu à *prime* premier (voy. PRIME 1).

† PRIMEFEUILLE (pri-me-feu-ll', *ll* mouillées), *s. f.* Terme de botanique. Première feuille. Pour M. Duval-Jouve, le cladode florifère des *ruscus* est composé d'un rameau et de la primefeuille de ce rameau à lui soudée, et le cladode non florifère est la primefeuille d'un rameau qui est demeuré à l'état rudimentaire, *Journ. offic.* 5 avril 1877, p. 2661, 1re col.

— ÉTYM. Lat. *primus*, premier, et *feuille*.

† PRIMEFLEUR (pri-me-fleur), *s. f.* Première fleur. Jamais le *Joueur* [de Regnard], si ce n'est peut-être en sa primefleur de nouveauté, n'a eu de succès à la scène, SARCEY, *le Temps*, 26 mars 1877, *Feuilleton*, 2° page, 1re col.

— ÉTYM. *Prime* 1, et *fleur*.

† PRIMEROSE. *Ajoutez :* — HIST. XII° s. Par les prés cueillir les florettes, Primes roses et violetes, *Perceval le Gallois*, v. 41165.

PRIMEUR. — HIST. *Ajoutez :* XII° s. Fetes si come seint Pol fist, Qui seinte Eglise guere prist En la primur [au commencement], Et puis à mort pur lui se mist En l'onur de Jhesu Crist (sic) Son Seigneur, *Vie de saint Thomas*, dans BENOIT, *Chronique des ducs de Normandie*, t. III, p. 472.

† PRIMEURISTE (pri-meu-ri-st'), *s. m.* Jardinier qui produit des primeurs, *Journ. offic.* 18 août 1872, p. 5677, 3° col.

† PRIMORDIALITÉ. *Ajoutez :* Mémoire sur la primordialité et la prononciation de l'R-vocal sanscrit, par Abel Hovelacque.

† PRINCENS (prin-san), *s. m.* Cépage de la Savoie, dit aussi persan, *les Primes d'honneur*, p. 650, Paris, 1874.

1. PRINCIPAL. *Ajoutez :* || 8° Médecin principal, ou, substantivement, principal, médecin militaire dont le grade est intermédiaire entre celui de médecin major de 1re classe et celui de médecin inspecteur. Les médecins principaux sont assimilés aux colonels ou aux lieutenants-colonels, suivant qu'ils sont de 1re ou de 2e classe; ils sont mis, en général, à la tête des hôpitaux militaires. || Pharmacien, vétérinaire principal, pharmacien, vétérinaire militaire ayant un grade analogue. || 9° En optique, les plans principaux d'un système réfringent formé de plusieurs milieux séparés par des surfaces sphériques ayant leurs centres en ligne droite, sont deux plans perpendiculaires à l'axe optique, et tels que à tout rayon incident qui rencontre le premier plan principal en un point quelconque correspond un rayon émergent qui coupe le second plan principal en un point situé du même côté et à la même distance de l'axe principal du système. Les points de rencontre des plans principaux et de l'axe optique sont appelés points principaux.

— HIST. *Ajoutez :* XII° s. Ententive pense [pensée], ki est la principalz partie de l'homme, *li Dialoge Gregoire lo pape*, 1876, p. 334.

PRINCIPALITÉ. *Ajoutez :* || 2° Principalité se dit et s'écrit, en administration, pour désigner les recettes principales des douanes, des contributions indirectes, etc. qui centralisent les fonds des recettes particulières de ces mêmes régies.

† PRINCIPICULE. *Ajoutez :* — REM. Barthélemy, dans sa *Némésis*, a dit *principule* : Le moindre principule aligné sur le Rhin Ne se troquerait pas contre ton souverain.

PRINCIPION. *Ajoutez :* — REM. D'Alembert a dit principiaux : Ce sont, je crois, de plates gens que tous ces petits principiaux d'Allemagne, *Lett. à Volt.* 9 juill. 1764. Ce pluriel *principiaux* n'est pas heureux, puisqu'on n'y voit pas de singulier possible. Peut-être même d'Alembert avait-il écrit *principions*, et *principiaux* serait du fait de l'imprimeur.

† PRIONE (pri-o-n'), *s. m.* Coléoptère de la famille des longicornes. Le prione rouillé. Le prione corroyeur.

— ÉTYM. Πρίων, scie.

PRIORITÉ. *Ajoutez :* || 2° Terme de bourse. Actions de priorité, actions qui ont privilége sur les autres. Les avantages réservés à l'action de priorité sont les suivants : les sommes à distribuer après le payement de 6 pour 100 aux actions de priorité et de 5 pour 100 aux actions anciennes, seront réparties par parts égales entre toutes les actions sans distinction du capital versé sur chacune d'elles..., *Gaz. des Trib.* 8-9 mars 1875, p. 239, 3° col.

PRISE. *Ajoutez :* || 21° Se dit des bois de flottage qui sont pris par les sinuosités du ruisseau, qui s'y arrêtent. Il est indispensable d'échelonner, le long du courant, un grand nombre d'ouvriers qui, à l'aide de longs crocs, sont chargés d'éviter les prises des bois et de les déprendre aussitôt qu'elles se forment, afin de ne pas entraver la marche des

Lôche, *Mém. de la Soc. centrale d'agric.* 1873, p. 258.

PRISÉE. — HIST. *Ajoutez :* XIVe s. Qui achetera terre par prisiée l'un à l'autre..., VARIN, *Archives administr. de la ville de Reims*, t. III, p. 488.

† **PRISMÉ.** *Ajoutez :* || 2° Qui a les couleurs de la lumière réfractée par un prisme. Châssis pour couleurs fondues, ombrées ou prismées [dans l'impression des tissus], *Magasin pittoresque*, 1858, p. 175.

PRISONNIER. *Ajoutez :* || 8° Vie prisonnière, vie d'un homme qui est en prison. Pour apprécier avec équité ce que la cellule impose de souffrances au détenu, ce n'est point la liberté qu'il faut prendre comme terme de parallèle, c'est ce qu'un auteur appelle la vie prisonnière, *Journ. offic.* 28 août 1874, p. 6238, 2e col.

† **PRISTIN, INE** (pri-stin, sti-n'), *adj.* Mot forgé du latin. Ancien, antérieur. Ce sont probablement les descendants des anciens habitants qui sont restés dans leur pristin état, *Journal du pasteur Frêne* (année 1786), dans *Musée neuchâtelois*, juin 1877.

— ÉTYM. Lat. *pristinus*, ancien. *Pristin* a été employé jusqu'à nos jours dans la Suisse française, surtout pour le style juridique et notarial.

† **PRIVANCE.** — HIST. *Ajoutez :* XIIe s. Et alsi come entre les corages soi amanz donet la privance grand hardement de cariteit, *li Dialoge Gregoire lo pape*, 1876, p. 180.

† **PRIVAT-DOCENT** (pri-vat'-do-sint'), *s. m.* Nom donné, en Allemagne, dans les universités, à des docteurs qui, sans être titulaires d'une chaire, ouvrent librement un cours sur telle ou telle partie d'une science.

— ÉTYM. Allem. *privat*, privé, et *docent*, enseignant, du lat. *docentem*.

† **PRIVAT-DOCENTISME** (pri-vat'-do-sin-ti-sm'), *s. m.* Institution, système des privat-docents. Le privat-docentisme est la base la plus large, la plus riche que l'on puisse trouver pour les institutions de recrutement académique, *Journ. offic.* 1er mars 1877, p. 1576, 2e col.

† **PRIVATOIRE** (pri-va-toi-r'), *adj.* Qui prive. Bulle privatoire, bulle de Sixte-Quint qui privait Henri de Béarn de la couronne de France.

PRIVILÉGE. *Ajoutez :* || 8° Nom donné, dans les écoles des frères de la doctrine chrétienne, à ce qu'on appelle des exemptions dans les lycées et colléges; ils sont de tant de points, et servent soit à racheter des punitions, soit à obtenir des faveurs.

PRIX. || 8° *Ajoutez*, à la fin : || Premier second grand prix, deuxième second grand prix, se disent, dans le langage de l'Académie des beaux-arts, de degrés subordonnés de récompenses. L'Académie n'a pas jugé qu'il y eût lieu de donner, à la suite de ce concours, un premier grand prix; elle a décerné un premier second grand prix à M. Boisson.... et un deuxième second grand prix à M. Deblois, *Journ. offic.* 25 oct. 1874, p. 7194, 2e col.

— REM. Prix fait s'est dit figurément : Le roi saint Louis visitait comme par un prix fait les hôpitaux et servait les malades de ses propres mains, SAINT FRANÇOIS DE SALES, *Introd. à la vie dévote*, III, 1. C'est-à-dire saint Louis visitait les hôpitaux comme s'il y eût été astreint par un marché.

† **PRIX-FAITEUR** (pri-fè-teur), *s. m.* Nom donné, dans la Gironde, à des ouvriers avec qui les propriétaires viticoles traitent à forfait pour tous les travaux à faire dans leurs vignobles, *les Primes d'honneur*, Paris, 1870, p. 116. || On trouve aussi prifaiteur. Le président : Vous habitez la commune d'Anglade? — Oui, depuis cinq ans; j'ai été prifaiteur chez T...., *Gaz. des Trib.* 15-16 sept. 1873, p. 890, 1re col.

— ÉTYM. *Prix fait.*

† **PROA** (pro-a), *s. f.* Le même que prao. A Trépang Bay, ils ont trouvé quatre proas malaises, avec environ 400 hommes, battant la mer, *Journ. offic.* 28 juin 1873, p. 4265, 3e col.

PROBATION. || 2° *Ajoutez :* || Par extension. On pense en Angleterre qu'avant de commencer la peine, il faut [au condamné] un temps de probation en cellule, JULES SIMON, *Journ. offic.* 28 mars 1870, p. 515, 6e col.

† **PROCÉDURAL, ALE** (pro-sé-du-ral, ra-l'), *adj.* Qui a rapport à la procédure. Les institutions procédurales.

PROCÉDURE. *Ajoutez :* — REM. Procédure s'est dit au sens de procédé, manière d'agir à l'égard de quelqu'un. Elle [la duchesse de Savoie] n'a pas craint d'offenser plusieurs fois Sa Majesté [Louis XIII, son frère] par ses mauvaises procédures et par plusieurs discours qu'elle a faits assez librement au préjudice de ce qu'elle lui doit, RICHELIEU, *Lettres, etc.* t. VI, p. 174 (1639). La fortune a des procédures bizarres, MALH. *Lexique*, éd. L. Lalanne.

† **PROCENTUEL, ELLE** (pro-san-tu-èl, è-l'), *adj.* Qui est dans un rapport de tant pour cent.

† **PROCESSIONNER** (pro-sè-sio-né), *v. n.* Néologisme. Aller en procession. La question des processions [en Italie] a pris quelque petite importance; malgré l'interdiction, on a processionné le jour de l'Assomption dans plusieurs localités, spécialement dans la province de Rome, *le Temps*, 26 août 1876, 2e page, 2e col.

PROCRÉER. — HIST. XIVe s. *Ajoutez :* Les vertuz desus procriées Des deux amors desus nomées, MACÉ, *Bible en vers*, f° 116, *verso*, 1re col.

† **PROCURABLE** (pro-ku-ra-bl'), *adj.* Qui peut être procuré. Des matériaux aisément procurables, A. BARTH, *Rev. critique*, 11 août 1877, p. 68.

† **PROCURALAT** (pro-ku-ra-la), *s. m.* Fonction de procureur général. Une carrière patiemment parcourue en traversant tous les grades du ministère public, sans aucune exception, m'autorise peut-être à me dire un représentant des droits de la hiérarchie, dont, pendant dix ans de procuralat, je me suis toujours efforcé de faire maintenir et, au besoin, de rétablir la règle, IMGARDE DE LEFFEMBERG, *Discours d'installation comme procureur général*, *Journ. offic.* 4 nov. 1871, p. 4287, 3e col.

— REM. Ce mot est, en effet, usité, comme on voit; mais il est singulièrement barbare, on ne trouve nulle part un adjectif *curalis* ni *procuralis*. La forme régulière serait *procuratorat*. *Procuralat* a été, et très-malheureusement, inspiré par *généralat*.

† **PROCURATOIRE** (pro-ku-ra-toi-r'), *adj.* Relatif à une procuration.

— HIST. XIVe s. Si comme il nous est apparu par lettres procuratoires scellées du scel de l'Église..., *Bibl. des ch.* 1872, p. 361.

† **PROCURATORIEN, IENNE** (pro-ku-ra-to-riin, riè-n'), *adj.* Qui appartient au procurateur, magistrat de l'ancienne Rome. Cette province [la Dacie] comprenait trois petits gouvernements procuratoriens, F. DELAUNAY, *Journ. offic.* 19 nov. 1872, p. 7121, 1re col.

PROCURER. *Ajoutez :* || 6° Procurer de, avec l'infinitif, faire en sorte de. Nous nous marions, et procurons d'avoir des enfants, MALH. *Lexique*, éd. L. Lalanne. Il procura, par l'intercession de Madame, d'avoir sa grâce, ID. *ib.*

PROCUREUR. *Ajoutez :* || 10° Celui qui procure, qui exécute (sens aujourd'hui inusité). Voici venir celui qui vous doit tuer.... pourquoi le prévenez-vous, et pourquoi vous faites-vous procureur de la cruauté d'autrui? MALH. *Lexique*, édit. L. Lalanne.

PRODIGUE. *Ajoutez :* — REM. Saint-Simon n'est pas le seul qui ait dit prodigue à quelqu'un (voy. PRODIGUE, n° 1). Bien avant lui, Corneille avait employé cette tournure : Le pardon qu'il lui donna fut la source de nouveaux bienfaits dont il lui fut prodigue, *Cinna*, *Épît.*

† **PRODITION** (pro-di-sion), *s. f.* Acte de trahison, action de livrer ce qui a été confié.

— HIST. XVIe s. Conspirations par luy [Biron] faictes contre la personne du roy, entreprises sur son Estat, proditions et traictez avec ses ennemis, *Arrêt contre Biron*, dans EST. PASQUIER, *Lettres*, l. XVII, t. II, p. 364.

— ÉTYM. Lat. *proditionem* (voy. PRODITOIREMENT).

† **PRODITOIRE** (pro-di-toi-r'), *adj.* Qui a le caractère de la trahison.

— REM. L'adverbe *proditoirement* est usité; il suppose l'adjectif *proditoire*, qui en effet existe, comme on voit par l'historique.

— HIST. XVIe s. Actes proditoires, PARADIN, *Chron. de Savoye*, p. 185.

PRODUCTION. *Ajoutez :* || 8° Terme de turf. Rendement de l'éducation, de l'élevage, du dressage, de l'entraînement afférents à l'année dont on s'occupe. On dit : la production de cette année a été médiocre, pour exprimer que les chevaux nouvellement produits sur le turf laissent à désirer.

† **PRODUCTIVITÉ.** *Ajoutez :* Ainsi seulement on se rendra compte du degré de productivité de chaque époque [en mosaïques], de la fréquence de telle ou telle représentation..., *Rev. critique*, 14 août 1875, p. 105.

† **PROFANATOIRE.** *Ajoutez :* — REM. L'exemple cité des *Souvenirs de la marquise de Créquy* se rapporte non, comme il est dit, aux convulsionnaires, mais aux jongleries de Cagliostro.

† **PROFANEMENT.** *Ajoutez :* Dessillez-vous les yeux, vous qui de cet échange, Où se prend et se baille un ange pour un ange, Parlez profanement, MALH. *Lexique*, éd. L. Lalanne.

PROFÉRER. *Ajoutez :* || 2° Au sens légal, dire à haute voix ou à voix ordinaire dans un lieu public. Attendu qu'aux termes d'un arrêt rendu le 26 novembre 1834 par la cour de cassation, le mot proférer dont se sert la loi du 17 mai 1819, embrasse les propos tenus dans un lieu public sur le ton de la conversation ordinaire et n'excepte que ceux dits à voix basse ou à titre confidentiel, *Gaz. des Trib.* 28-29 déc. 1874, p. 1242, 3e col. Il [l'avocat] conclut en disant que les paroles prononcées, mais non proférées par le prévenu, ne peuvent rentrer dans l'énumération de l'article 1er de la loi de 1819 [du 17 mai], *ib.* 3e col.

— HIST. *Ajoutez :* || XVe s. Ledit Phelippe Sermoise, meu de mauvais courage, dist et prophera ces paroles..., *Lettres de remission*, dans *Romania*, avril 1873, p. 235.

PROFESSER. *Ajoutez :* || 5° Se professer, exposer sa propre doctrine. Les Méditations chrétiennes et métaphysiques [de Malebranche] ne sont rien moins.... qu'un cours de haute philosophie dans la bouche de Jésus se professant lui-même à un disciple fidèle, SAINTE-BEUVE, *Port-Royal*, t. V, p. 362, 3e éd.

PROFESSEUR. — HIST. *Ajoutez :* || XVIe s. Quant à ce qui touche la conservation de la religion catholique romaine, par quelle meilleure voye y pouvoit-on pourvoir qu'en eslisant pour la republique tel gouverneur qui fust professeur et defenseur d'icelle? MARNIX DE SAINTE-ALDEGONDE, *Œuvres*, *Écrits politiques et historiques*, Bruxelles, 1859, p. 123.

† **PROFESSORERIE** (pro-fè-so-re-rie), *s. f.* Fonction de professeur. Je vous ai déjà mandé que votre ami Necker a demandé pardon au consistoire [à Genève], et a été privé de sa professorerie, pour avoir.... VOLT. *Lett. à d'Alembert*, 6 janvier 1761.

† **PROFILÉE** (pro-fi-lée), *s. f.* État d'objets qui sont en profil. Une profilée d'arcs et de voûtes soutenus par des pilastres et des colonnes.... fait scintiller dans le fond.... une succession de nefs à perte de vue, E. BERGERAT, *Journ. offic.* 12 mai 1876, p. 3230, 2e col.

PROFILER. *Ajoutez :* — REM. Dans l'ancienne langue, *pourfiler*, qui représente notre *profiler*, avait un tout autre sens. Il signifiait garnir d'un certain ornement fait avec du fil : XIVe siècle. Pour pourfiler les diz garnemens, *Mandements de Charles V*, 1376, Paris, 1874, p. 680.

PROFITER. *Ajoutez :* || 7° Être utile, faire du bien, avec un nom de personne pour sujet (sens aujourd'hui inusité). Pour ce que ces gens-là ne servent aux autres que pour leur profit [leur propre avantage], ils profitent [font du bien] sans qu'on leur en sache gré, MALH. *Lexique*, éd. L. Lalanne. Un de ces feux du firmament Qui, sans profiter et sans nuire, N'ont reçu l'usage de luire Que par le nombre seulement, ID. *ib.* C'est une action généreuse que de profiter, ID. *ib.* || Se profiter, se faire du bien à soi-même. La meilleure part du bienfait retourne vers soi-même; nous ne profitons jamais à personne, que nous ne nous profitons, ID. *ib.*

PROFOND. *Ajoutez :* || 12° Terme de turf. La piste est profonde, quand la boue dont elle est couverte pénètre fort avant dans le sol.

PROGRAMME. *Ajoutez :* || 3° Terme de turf. Liste des chevaux inscrits pour courir.

† **PROGRESSEUR** (pro-grè-sseur), *s. m.* Celui qui fait des progrès, favorise le progrès (mot fait en 1828). Le Progresseur, recueil de philosophie politique, avec cette épigraphe de Pascal : La société est un homme qui apprend toujours, Paris, 1828.

— ÉTYM. *Pro....* préfixe, en avant, et *gresser* (du lat. *gressum*), verbe qui se trouve dans *transgresser*. *Progresseur* paraît antérieur à *progresser*.

† **PROGYMNASE** (pro-ji-mna-z'), *s. m.* Nom donné, en Russie, aux établissements d'enseignement secondaire, *Journ. offic.* 18 déc. 1871, p. 5061, 1re col.

— ÉTYM. Lat. *pro*, pour, et *gymnase* : qui tient lieu de gymnase.

PROHIBITIF. *Ajoutez :* — HIST. XVIe s. Le statut

prohibitif de faire cordeaulx moindres que de six filz, *Rec. des monum. inédits de l'hist. du tiers État*, t. IV, p. 225.

† PROHIBITIONNISTE (pro-i-bi-sio-ni-st'), *s. m.* Celui qui est partisan de la prohibition en matière commerciale.

† PROHIBITISME (pro-i-bi-ti-sm'), *s. m.* Emploi des prohibitions commerciales. [L'absentéisme en Russie] a même menacé de donner lieu à un protectionnisme, à un prohibitisme d'un genre nouveau, A. LEROY-BEAULIEU, *Rev. des Deux-Mondes*, 1er janv. 1877, p. 147.

PROJECTION. *Ajoutez* : || 7° Terme d'artillerie. Angle de projection, dans le tir des armes à feu, l'angle que la tangente à la trajectoire forme, à l'origine, avec le plan horizontal; c'est la somme de l'angle de tir et de celui de relèvement.

† PROLÉGAT (pro-lé-ga), *s. m.* Terme d'antiquité. Magistrat romain qui suppléait le légat.

— ÉTYM. Lat. *prolegatus*, de *pro*, en place de, et *legatus*, légat (voy. LÉGAT).

† PROLÉGATION (pro-lé-ga-sion), *s. f.* Terme d'antiquité romaine. Fonction de prolégat. Elle [la dignité de *tribunus militum a populo*] avait le pas sur la préfecture de cavalerie et sur la prolégation, CH. GIRAUD, *Journ. des savants*, juin 1875, p. 337.

† PROLONGATIF, IVE (pro-lon-ga-tif, ti-v'), *adj.* Terme de grammaire. Qui a la vertu de prolonger une voyelle. Le grand point [de la réforme orthographique de la langue allemande] était de savoir ce qu'on ferait des voyelles doubles et de l'*h* prolongatif; les Allemands ont quatre manières de marquer aux yeux qu'il faut prolonger le son d'une voyelle : 1° ils la doublent (*Meer*, mer); 2° ils ajoutent un *e* (*Riegel*, verrou); 3° et 4° ils font précéder ou suivre la voyelle d'un *h* (*Jahr*, année, *Thal*, vallée), *le Temps*, 2 avril 1876, 2e page, 3e col.

PROLONGE. *Ajoutez* : — REM. Prolonge, au sens de cordage, se dit ailleurs que dans l'artillerie. Les fûts sont le plus souvent placés sur des wagons plats ou fermés, sans autre précaution qu'une petite cale pour les empêcher de rouler, sans les lier avec une prolonge, *Journ. offic.* 29 juin 1874, p. 4448, 3e col.

PROLONGEMENT. — HIST. XIIIe s. *Ajoutez* : *Prolatio*, prolongement, CHASSANT, *Petit vocab. lat.-franç.* p. 28.

† PROMENETTE (pro-me-nè-t'), *s. f.* Petit appareil roulant, à hauteur d'appui pour les jeunes enfants, qui, placés à l'intérieur, le font avancer par leurs mouvements, sans courir risque de tomber.

PROMENEUR. *Ajoutez* : || 4° *Au féminin*, promeneuse, sorte de bougeoir, pour aller et venir. || 5° Promeneuse d'enfant, femme dont le métier est de promener les enfants. Qui a inventé ce procédé [de vol]? nous ne saurions le dire, mais il a été appliqué par deux promeneuses d'enfant, *Gaz. des Trib.* 2 mai 1874, p. 425, 1re col.

PROMETTRE. *Ajoutez* : — REM. Malherbe a joint *promettre* à un infinitif sans *de* : vingt et cinq écus, moyennant lesquels je promettais relâcher ledit Sauvecanne, *Lexique*, éd. L. Lalanne.

† PROMISCUE (pro-mi-skue), *adj. f.* Qui a le caractère de la promiscuité, qui est en commun. La possession qui n'a pas été exclusive, mais qui, d'après les constatations d'un arrêt, a été promiscue, *Gaz. des Trib.* 17 nov. 1875, p. 1105, 1re col. De ce qu'une commune était en possession d'un terrain au moment où la loi du 10 juin 1793 est intervenue, et de ce que cette loi a établi en sa faveur une présomption ou même un droit de propriété, il ne suit pas que la prescription ne puisse être acquise contre elle au profit d'une autre commune, par une possession promiscue présentant les caractères exigés par la loi, *ib.* 23 fév. 1876, p. 181, 1re col.

— ÉTYM. Lat. *promiscuus* (voy. PROMISCUITÉ). Ce mot est formé contrairement à l'accent latin; mais il l'est comme *continu* et *contigu*. Le masculin, si on l'employait, serait *promiscu*. Quant au féminin, il est conforme à *continue*, *contiguë*, etc.

PRÔNER. *Ajoutez* : || 6° Par extension, endoctriner (emploi vieilli). Avec ces belles et malicieuses paroles, ce bon père prônait ceux qu'il allait voir à la ville, sous prétexte de faire les affaires de son couvent, *Mém. du P. Berthod*, p. 584.

† PRO-NONCE (pro-non-s'), *s. m.* Celui qui remplace le nonce du pape. S. Ém. le cardinal Chigi, pro-nonce du saint-siége, a eu l'honneur d'être reçu en audience de congé par le président de la république, *Journ. offic.* 12 mai 1874, p. 3217, 1re col.

† PRONONCIATIF, IVE (pro-non-si-a-tif, ti-v'), *adj.* Qui tient à la prononciation, qui en dérive.

† PROPAGANDER (pro-pa-gan-dé), *v. n.* Néologisme. Faire de la propagande. On devrait envoyer ce *Blue Boy* de Gainsborough et la *Nelly O'Brien* de la galerie de lord Hertford propagander par le monde en faveur de l'école anglaise, BÜRGER, *Salons de* 1861 *à* 1868, t. I, p. 257.

PROPÉDEUTIQUE (pro-pé-deu-ti-k'), *s. f.* || 1° Enseignement préparatoire. || 2° Particulièrement, nom, en Allemagne, d'un enseignement élémentaire de la clinique médicale. Il faut signaler une chaire dont nous n'avons pas en France d'équivalent; c'est la chaire de propédeutique, uniquement créée pour préparer l'étudiant, *Journ. offic.* 1er mars 1877, p. 1576, 2e col.

— ÉTYM. Προπαιδεύω, enseigner d'avance, de πρό, avant, et παιδεύω, enseigner, de παῖς, enfant.

† PROPHÉTISME. *Ajoutez* : L'extinction à peu près totale du prophétisme, cette fleur admirable du génie d'Israël, A. RÉVILLE, *Rev. des Deux-Mondes*, 1er mars 1872.

PROPORTION. *Ajoutez* : || 9° Terme de turf. Valeur à laquelle est coté un cheval pour les paris. Plus un cheval a ou prend de qualité, plus la proportion diminue, et *vice versâ*.

PROPOS. || 1° *Ajoutez* : || Être en propos, avoir l'intention. J'avais été en propos de ne vous rien écrire des États, MALH. *Lexique*, éd. L. Lalanne. || 14° Un à-propos, une pièce qui se fait à propos d'un anniversaire ou de toute autre circonstance. La pièce [*Molière à Auteuil*].... dépasse les proportions de ce qu'on est convenu d'appeler un à-propos, puisqu'elle dure près d'une heure,... en général, quand un de ces à-propos d'anniversaire conquiert d'emblée le public, comme a fait celui-là, on le joue quinze fois, vingt fois de suite..., ALPH. DAUDET, *Journ. offic.* 24 janv. 1876, p. 720, 3e col.

PROPOSER. *Ajoutez* : || 9° *V. n.* Proposer, faire un exercice de prédication (resté en usage chez les réformés de langue française, en Suisse). Il [le fameux Claude] nous donnera un jour chaque semaine pour nous instruire en nous écoutant proposer, *Lettre du proposant G. Gondreville au pasteur P. Ferry*, 17 *juin* 1766, dans *Histoire de la prédication parmi les réformés de France*, par A. VINET, p. 715, Paris, 1860.

PROPOSITION. *Ajoutez* : || 12° Action de proposer l'action du poëme dramatique, d'en informer tout d'abord le spectateur. La protase, où se doit faire la proposition et l'ouverture du sujet, CORN. *Disc. du poëme dram.*

PROPRIÉTAIRE. *Ajoutez* : || 2° Qui a le caractère de la propriété. Si quelque dieu voulait lui bailler la possession propriétaire du monde à cette condition de n'en rien donner, MALH. *Lexique*, éd. L. Lalanne.

† PROPRIÉTAIREMENT. *Ajoutez* : Tout est à l'empereur; mais il n'y a que ce qui est sien particulièrement qui soit de son domaine; son empire comprend tout, son patrimoine ne s'entend que de ce qui est à lui propriétairement, MALH. *Lexique*, éd. L. Lalanne.

† PROPRIÉTARISME (pro-pri-é-ta-ri-sm'), *s. m.* Opinion, mœurs, préjugés des propriétaires. Entre le communisme absolu et, je dirai volontiers, le propriétarisme absolu, il y a un juste milieu, LANGLOIS, *Journ. offic.* 8 mars 1872, p. 1646, 2e col.

† PROPUGNATEUR (pro-pugh'-na-teur), *s. m.* Mot forgé du latin. Celui qui combat pour, champion. Sans doute monsieur notre gouverneur [M. de Montausier] est votre propugnateur [de Chapelain], mais non pas de ces faibles et de ces impuissants dont vous me parlez, BALZAC, *Lett. inédites*, CXXXII (éd. Tamizey-Larroque).

— ÉTYM. Lat. *propugnatorem*, de *pro*, pour, et *pugnare*, combattre.

PROSATEUR. *Ajoutez* : — REM. Prosateur était assez peu usité du temps de Le Sage pour qu'il l'ait écrit en italique dans *Gil Blas*, VII, 13.

† PROSIMIENS (pro-si-mi-in), *s. m. pl.* Famille de singes, dits aussi lémuriens, dont les formes se rapprochent le plus de celles des quadrupèdes. L'anglais Skater lui a même donné [à l'ancien continent dont les Philippines faisaient partie] le nom de Lémurie, d'après les prosimiens qui le caractérisaient, PLAUCHUT, *Rev. des Deux-Mondes*, 15 mars 1877.

— ÉTYM. Lat. *pro*, en place de, et *simien*.

† PROSPECTER ou PROSPECTEUR (pros-pèk-teur), *s. m.* Celui qui a une prospection, c'est-à-dire homme qui, au début d'une affluence à une localité où se recueille l'or d'alluvion, se charge de battre la campagne pour découvrir les places où l'or peut être caché, *Rev. des Deux-Mondes*, 1er août 1877, p. 640. Dans l'arrondissement de Canales, le mouvement minier ne se ralentit pas : il est bien peu de crêtes qui n'aient pas été fouillées par la pioche du prospecteur, *Journ. offic.* 13 juill. 1877, p. 5183, 2e col.

— ÉTYM. Angl. *prospecter*, formé de *prospect*, du lat. *prospectus*, de *pro*, en avant, et *spicere*, regarder.

† PROSPECTION (pros-pè-ksion), *s. f.* Terme de mineur dans les placers. Recherche d'un terrain contenant de l'or, *Journ. offic.* 24 juin 1874, p. 4226, 2e col.

— ÉTYM. Voy. PROSPECTUS.

PROSTERNÉ. || Substantivement. *Ajoutez* : Les prosternés, le second ordre des catéchumènes.

† PROSTITUEUR (pro-sti-tu-eur), *s. m.* Synonyme de prostituteur. Prise par des pirates, elle a été livrée à un prostitueur; mais, à mesure que des hommes approchaient d'elle, elle obtenait d'eux de l'épargner, E. HAVET, *le Christianisme et ses origines*, 1872, t. II, p. 191. M. Havet ajoute en note : « *prostitueur*, c'est le mot par lequel M. Naudet a traduit constamment *leno* dans son Plaute. Il m'a paru par là suffisamment autorisé. »

† PROSYNODAL, ALE (pro-si-no-dal, da-l'), *adj.* Qui est avant un synode, un concile. Réunion prosynodale.

† PROT (pro), *s. m.* Nom du dindon, dans les Charentes, *Gloss. aunisien*, 1870, p. 138.

— ÉTYM. Le même que *pérot* 2 (voy. ce mot au Dictionnaire).

PROTECTION. — HIST. *Ajoutez* : XIIe s. Par tant que li bous [l'anneau] est plus largement estenduz, si est signifiée par lo bou sa plus large protection [de Dieu] entor nos, *li Dialoge Gregoire lo pape*, 1876, p. 357.

† PROTÉISME (pro-té-i-sm'), *s. m.* Disposition à changer de forme. Le protéisme de la matière organisée.

— ÉTYM. *Protée*.

† PROTESTABLE (pro-tè-sta-bl'), *adj.* Qui peut être protesté. S'il s'agit d'un effet de commerce protestable, la poste doit pourvoir à la formalité du protêt, DANSAERT, *à la Chambre belge*, séance du 9 fév. 1876.

† PROTESTATAIRE (pro-tè-sta-tê-r'), *s. m.* Celui qui proteste contre, *Journ. offic.* 16 déc. 1869, p. 1636, 2e col.

† PROTESTATEUR (pro-tè-sta-teur), *s. m.* Néologisme. Celui qui proteste, qui fait une protestation. Devant des étrangers, dans un banquet donné en leur honneur, et où les protestateurs [contre le projet d'un congrès international d'étudiants] ne s'étaient rendus que par convenance, *le Progrès médical*, 17 janv. 1876, p. 469.

† PROTISTE (pro-ti-st'), *s. m.* Terme d'histoire naturelle. Être vivant, d'une organisation très-simple et indécis entre les végétaux et les animaux, CH. MARTINS, *Rev. des Deux-Mondes*, 15 déc. 1876, p. 931.

— ÉTYM. Πρώτιστος, superlatif de πρῶτος, premier.

† PROTOGÉNIE (pro-to-jé-ni), *s. f.* La 147e planète télescopique, découverte en 1875 par M. Schulhof.

— ÉTYM. Πρωτογενής, né le premier, de πρῶτος, premier, et γενής, engendré.

† PROTOHISTORIQUE (pro-to-i-sto-ri-k'), *adj.* Qui appartient aux débuts de l'histoire. Les peuplades préhistoriques et protohistoriques, *Journ. offic.* 5 avril 1877, p. 2660, 2e col.

— ÉTYM. *Proto*..., et *historique*.

† PROTONIQUE (pro-to-ni-k'), *adj.* Terme de grammaire. Qui est avant la syllabe tonique, accentuée. || Substantivement. La protonique en français, DARMESTETER, *Romania*, avril 1876, p. 141.

PROTOTYPE. *Ajoutez* : || 4° *Adj.* Qui sert de prototype. L'étalon prototype en platine, déposé aux Archives...., donne dans le vide le poids légal du kilogramme, *Annuaire du Bureau des longitudes*, pour 1877, p. 149.

† PROTRACTEUR, TRICE (pro-tra-kteur, ktri-s'), *adj.* Terme didactique. Qui opère la protrac-

tion Muscle protracteur de l'aiguillon de l'abeille.

— ÉTYM. Voy. PROTRACTION.

† PROTREPTIQUE (pro-trè-pti-k'), *s. m.* Terme de littérature. Exhortation en vers. Par le dernier ordinaire je vous envoyai un protreptique à M. d'Avaux, BALZAC, *Lett. inédites*, XII (éd. Tamizey-Larroque).

— ÉTYM. Lat. *protrepticon* ou *protrepticum*, de προτρεπτικὸς, de πρὸ, en avant, et τρέπειν, tourner.

PROVENDE. — ÉTYM. *Ajoutez :* M. Boucherie (*Revue des langues romanes*, t. IV, p. 341) le tire de *promentarius*, *promentarium*, formes tout à fait inconnues que révèle un ms. de Pollux (publié par M. Boucherie); ces mots se rattachent à *promus*, cellerier, *promum*, cellier, dépense, de *promere*, tirer. Ceci, curieux à noter, n'infirme pas l'identité de *prébende* et *provende*.

† PROVENTIF, IVE (pro-van-tif, ti-v'), *adj.* Terme de botanique. Bourgeons proventifs, anciens bourgeons qui ne se sont pas développés, faute d'une lumière suffisante, mais qui ont continué à vivre, sans fournir de feuilles, en traversant successivement les couches annuelles. Les rejets proviennent de bourgeons adventifs ou de bourgeons proventifs, G. BAGNERIS, *Man. de sylvic.* p. 128, Nancy, 1873.

— ÉTYM. Lat. *proventum*, supin de *provenire*, provenir.

PROVINCIALE. || 2° *Ajoutez :* || Rime provinciale, rime insuffisante. *Maligne* rime très-mal avec *machine*; c'est ce qu'on appelle une rime provinciale, CHAMFORT, *Notes sur les fables de La Fontaine*, VI, 15. Oui, mais La Fontaine écrivait *maline*, ce qui est encore aujourd'hui la prononciation populaire. Ce que Chamfort nomme rime provinciale est ce qui se dit plus ordinairement assonance.

PROVISIONNEL. — HIST. *Ajoutez :* XVe s. Appointement provisionnal, *Procès-verbaux du conseil de régence de Charles VIII*, p. 175.

PRUDENT. *Ajoutez :* — REM. Régnier a dit prudent à : Et prudent au danger, Que je me garderais de croire de léger, *Élég.* III. Très-bon emploi et digne d'être imité.

PRUD'HOMIE. *Ajoutez :* || 2° L'institution des prud'hommes. Tous ont demandé.... le développement de la prud'homie pour trancher à l'amiable les différends entre patrons et ouvriers, G. WYROUBOFF, *la Phil. posit.* nov.-déc. 1876, p. 137.

† 2. PRUDHOMME (pru-do-m'), *s. m.* Personnage créé par Henri Monnier, et qui représente un bourgeois débitant solennellement les choses les plus vulgaires et parfois les plus sottes.

† PRUDHOMMERIE (pru-do-me-rie), *s. f.* Caractère, manière, langage de M. Prudhomme.

† PRUDHOMMESQUE (pru-do-mè-sk'), *adj.* Qui a à la fois le caractère le plus banal et le plus sentencieux, comme M. Prudhomme. Tous les deux ont donné dans le lieu commun prudhommesque, *Journ. de Genève*, 23 déc. 1875.

† PRUINÉ, ÉE (pru-i-né, née), *adj.* Terme de botanique. Se dit d'un fruit garni de pruine. La peau [d'un raisin], qui est épaisse, d'abord d'un pourpre foncé, passe au pourpre noir bien pruiné à la maturité, *Rev. horticole*, 16 juin 1875, p. 224.

PRUNEAU. *Ajoutez :* || Adjectivement. Qui est de couleur de pruneau. Une couleur d'un violet clair ou pruneau, CHAPTAL, *Instit. Mém. scient.* t. III, p. 101.

† PRUSSIANISME (pru-ssi-a-ni-sm'), *s. m.* Tendance, caractère du gouvernement prussien et de la nation prussienne. Que de choses il y aurait à dire de l'école, de l'instruction que l'État revendique avec jalousie! il va de soi que l'école est là pour répandre et développer le prussianisme, C. FRANTZ, *Rev. polit. et litt.* 31 oct. 1874.

† PRUSSIEN (pru-ssiin), *s. m.* L'ancien prussien ou borussien, nom d'une langue appartenant au rameau lettique.

† PSAMMOGÈNE (psa-mmo-jè-n'), *adj.* Qui s'engendre dans le sable. Roches psammogènes, *École forestière, Programme*, 1876, p. 39.

— ÉTYM. Ψάμμος, sable, et γενής, engendré.

† PSAMMOPHILE (psa-mmo-fi-l'), *adj.* Qui aime les sables. Plantes psammophiles, *Bulletin de la soc. botan.* 1874, session extraord. p. 60.

— ÉTYM. Ψάμμος, sable, et φίλος, qui aime.

† PSAMMOPHIS (psa-mmo-fis'), *s. m.* Sorte de couleuvre, dite aussi couleuvre de Montpellier, *coluber monspelæanus*, la seule, avec la vipérine, qui cherche à mordre.

— ÉTYM. Ψάμμος, sable, et ὄφις, serpent.

† PSCHENT (pschèn't), *s. m.* Terme d'antiquité égyptienne. Nom de la coiffure royale. L'une représente un sphinx ailé, coiffé du pschent, sans doute un roi d'Aradus, J. SOURY, *Rev. des Deux-Mondes*, 15 déc. 1875, p. 790.

† PSEUDÉPIGRAPHE (pseu-dé-pi-gra-f'), *s. m.* Nom donné aux livres bibliques qui portent de faux titres, de faux noms.

— ÉTYM. Ψευδεπίγραφος, de ψεῦδος faux, et ἐπιγράφειν, inscrire (voy. ÉPIGRAPHE).

† PSEUDOCUBIQUE (pseu-do-ku-bi-k'), *adj.* Terme de cristallographie. Qui présente une anomalie dans sa forme cubique. Substances pseudocubiques, MALLARD, *Acad. des sc. Comptes rend.* t. LXXXII, p. 1063.

— ÉTYM. Ψεῦδος, faux, et *cube*.

† PSEUDOPAPE (pseu-do-pa-p'), *s. m.* Faux pape, antipape.

— HIST. XVIe s. L'intrus de Rome ou pseudopape qui se faisoit nommer Urbain sixieme, PARADIN, *Chron. de Savoye*, p. 322.

† PSEUDOPODE (pseu-do-po-d'), *s. m.* Terme d'histoire naturelle. Faux pied, nom donné à des prolongements qui poussent sur des animaux inférieurs, comme les amibes.

— ÉTYM. Ψεῦδος, faux, et ποῦς, pied.

† PSEUDOQUADRATIQUE (pseu-do-koua-dra-ti-k'), *adj.* Terme de cristallographie. Qui présente une anomalie dans la forme carrée. Substances pseudoquadratiques, MALLARD, *Acad. des sc. Comptes rend.* t. LXXXII, p. 1064.

— ÉTYM. Ψεῦδος, faux, et *quadratique*.

† PSILÈTE (psi-lè-t') ou, suivant la prononciation des Grecs modernes, PSILITE (psi-li-t'), *s. m.* Terme d'antiquité. Soldat d'infanterie légère chez les Grecs. L'infanterie légère des Grecs était de deux espèces : 1° les peltastes, armés d'un petit bouclier et d'un casque léger; 2° les psilites, nom sous lequel on désignait les archers, les frondeurs et toutes les troupes destinées à combattre isolément, *Notice jointe à la carte de l'Empire d'Alexandre le Grand, publiée par MM. Paulin et Le Chevalier*, p. 2, 2e col.

— ÉTYM. Ψιλήτης, de ψιλὸς, qui n'est pas couvert d'armure.

† PSOROSPERMIE (pso-ro-spèr-mie), *s. m.* Corpuscules microscopiques que l'on rencontre en parasites chez différents poissons.

— ÉTYM. Ψώρα, gale, et σπέρμα, graine.

† PSYCHOMOTEUR, TRICE (psi-ko-mo-teur, tri-s'), *adj.* Terme de physiologie. Qui, dans l'écorce grise des hémisphères du cerveau, siége des facultés psychiques, détermine des mouvements volontaires. Les points psychomoteurs, *Rev. anthropol.* t. VI, p. 280

— ÉTYM. Mot hybride, fait de ψυχὴ, âme, et *moteur*.

† PSYCHOPHYSIQUE. *Ajoutez :* — REM. La psychophysique est plus exactement la physique des sensations et de l'intelligence.

† PTARMIGAN. *Ajoutez :* — REM. Le ptarmigan se trouve en deçà des contrées arctiques. Toute la contrée [les Highlands d'Ecosse] a été atteinte d'une épidémie meurtrière à laquelle les grouses, les gelinottes, les ptarmigans et tous les oiseaux connus sous la dénomination générique de coqs de bruyère ou de tétras, ont succombé dans des proportions inconnues jusqu'ici, *Journ. offic.* 8 nov. 1874, p. 7456, 1re col.

† PTÈRE (ptè-r'), *s. f.* Terme d'anthropologie. Partie ascendante de la grande aile du sphénoïde, comprise entre le frontal, l'écaille temporale et l'angle antérieur inférieur du pariétal.

— ÉTYM. Πτερὸν, aile.

† PTÉRION (pté-ri-on), *s. m.* Terme d'anthropologie. Point singulier de la paroi du crâne, correspondant au sommet de la ptère. On dit aussi point ptérique.

— ÉTYM. Dérivé de *ptère*.

† PTÉRIQUE (pté-ri-k'), *adj.* Voy. PTÉRION ci-dessus.

† PTÉROPHORE (pté-ro-fo-r'), *s. m.* Terme d'antiquité égyptienne. Nom donné à certains prêtres égyptiens à cause de la forme de leur coiffure. Tandis que les hiérogrammates avaient mission d'écrire et de conserver les hymnes sacrés, les ptérophores avaient la garde des autres livres de la science sacerdotale, F. DELAUNAY, *Journ. offic.* 22 août 1877, p. 5924, 1re col.

— ÉTYM. Πτερόφορα; ou πτεροφόρος, celui qui porte la plume, de πτερὸν, plume, et φορὸς, qui porte.

† PTOLÉMAÏQUE (pto-lé-ma-i-k'), *adj.* Terme d'histoire ancienne. Qui a rapport aux Ptolémées, souverains de l'Égypte. Ce culte des Pharaons fut si persistant et si révéré, qu'on vit subsister jusqu'à l'époque ptolémaïque l'adoration des rois de l'âge primitif, FR. LENORMANT, *Manuel d'hist. anc.* t. I, p. 485, 4e éd.

† PUBLIABLE (pu-bli-a-bl'), *adj.* Qu'on peut publier. La première assurance est un écrit réciproque, publiable en cas de manquement de part et d'autre, RICHELIEU, *Lettres, etc.* t. VI, p. 586 (1639).

† PUBLIC. *Ajoutez :* || 13° Dans le langage des bureaux, un public, un individu qui se présente à la caisse centrale du trésor, au mont-de-piété, etc. L'individu qui se présente au mont-de-piété pour emprunter s'appelle un public ; presque toutes les administrations ont ainsi à leur usage une série de vocables avec lesquels le dictionnaire de l'Académie n'a rien de commun, et qui sont nés des obligations mêmes du service, qu'ils facilitent singulièrement, MAXIME DU CAMP, *Rev. des Deux-Mondes*, 15 janv. 1873, p. 317.

— REM. Balzac a dit monsieur le public : Le public est un mauvais interprète et glose sur tout; à vous dire le vrai, je ne pense pas qu'il songe à moi, et je suis trop caché et trop obscur, pour être vu ni remarqué de ce Monsieur le public, BALZAC, *Lett. inédites*, LXXVI, éd. Tamizey-Larroque.

— HIST. *Ajoutez :* XIVe s. Jehan Sabulette, clers puble, notaire par l'auctoriteit apostolike et imperial.... par maniere de instrument puble... *Testament de Robert de Namur*, communiqué par M. Caffiaux (*Puble* est la forme régulière et bien accentuée de *públicus*). Aussi sachiez qu'il avenra Pour voir [pour vrai], ains le derrenier jour, Que li publique pecheour Ou [au] regne Dieu seront avant Mis que vous, je le vous creant, *Miracles de Nostre Dame, par personnages*, Paris, 1876, p. 235.

PUBLICAIN. *Ajoutez :* — HIST. XIVe s. Aussi seront [mis avant vous, Juifs] les folles fames, Pour ce vous sera grant diffames, Pour ce qu'il ont creü Jehan Entre elles et li publiquan, *Miracles de Nostre Dame par personnages*, Paris, 1876, p. 235.

PUBLICATEUR. *Ajoutez :* L'article 7 de la loi du 6 juillet 1871 sur la presse, en édictant que le publicateur et l'imprimeur seront solidairement responsables des amendes, *Gaz. des Trib.* 14 avril 1875, p. 361, 4e col. La rudesse des jugements que portent Mirabeau et le comte de la Marck sur beaucoup de personnes dont les familles sont constituées en dignité, feront des ennemis au publicateur, qui ne prend pourtant pas ces jugements à sa charge, DOUDAN, *Mélanges et Lett.* 1876, t. II, p. 249. || 2° Crieur public. À Roz-sur-Couesnon [Ille-et-Vilaine], le publicateur de la commune, c'est-à-dire le publicateur officiel, après les publications ordinaires, a lu un avis du maire, prévenant les habitants que..., *Journ. offic.* 9 avril 1876 p. 2569, 1re col.

PUBLIER. *Ajoutez :* || 9° Publier à, faire connaître publiquement à. *Mélite* serait trop ingrate de rechercher une autre protection que la vôtre; elle vous doit cet hommage et cette légère reconnaissance de tant d'obligations qu'elle vous a; non qu'elle présume par là s'en acquitter en quelque sorte, mais seulement pour les publier à toute la France, CORN. *Mélite, Épître.*

PUCE. *Ajoutez :* || 6° Puce de terre, la mordelle, voy. ce mot. Ils [les criquets de Chypre], au sortir de l'œuf, ne sont pas plus gros que des mordelles ou puces de terre, *Journ. offic.* 8 août 1875, p. 6540, 3e col. || 7° Arbre à la puce, le *rhus toxicodendron*, BAILLON, *Dict. de bot.* p. 248.

1. PUCELLE. *Ajoutez :* || 4° Nom d'un papillon de nuit, *noctua puella*.

† 2. PUCELLE. *Ajoutez :* Les poissons [de mer] qui appartiennent au troisième groupe, donnent une chair médiocre, sèche ou grêle; ce sont la vive, l'ange, l'orphie, la pucelle, A. HUSSON, *les Consommations de Paris*, p. 254.

† PUCERIE (pu-se-rie), *s. m.* Nom bas-normand de la buanderie. [Un mur] a écrasé dans sa chute un petit bâtiment à usage de pucerie dans lequel plusieurs femmes travaillaient d'ordinaire, *Avranchin*, 1er déc. 1872, *Aux annonces*.

— ÉTYM. *Pucer* ou *pucher*, qui est l'équivalent normand de *puiser*.

PUDIBOND. *Ajoutez :* || *S. m.* Nom d'un papillon de nuit gris, *bombyx pudibunda*.

† PUGILISTIQUE (pu-ji-li-sti-k'), *adj.* Qui a rapport aux pugilistes, au pugilat. Luttes pugilistiques.

† PUGNACE (pugh-na-s'), *adj.* Qui a de la pu-

gnacité. La nature prudente de M. de Saci n'était pas sans quelque méfiance de la nature pugnace d'Arnauld, et il l'aurait voulu tempérer, STE-BEUVE, *Port-royal*, t. II, p. 326, 3e éd.

— ÉTYM. Lat. *pugnacem* (voy. PUGNACITÉ).

PUISARD. *Ajoutez :* || 2° Sorte de vase servant à puiser un liquide. Onze découvertes ont fourni cinquante-six vases d'or, dont trente-deux au moins sont des puisards, tasses à long manche recourbé, forme qui paraît particulière au pays du nord, DE MORTILLET, *Rev. d'anthrop.* t. V, p. 316. Des crédences en chêne sculpté supportent tout un monde de vases, de pots, de hanaps, de gobelets, de puisards, de flacons, de cruches, H. FRANZ, *Rev. des Deux-Mondes*, 15 oct. 1874, p. 951.

— HIST. XIVe s. Des fumiers et des puchoirs viviers des fossés et rivieres, *Rec. des monum. inédits de l'hist. du tiers état*, t. IV, p. 207 (*puchoir* se dit encore dans toute la Normandie).

PUITS. *Ajoutez :* || 10° Parler du puits, dans l'argot des théâtres, perdre son temps à parler d'une chose qu'on ne peut réussir à terminer. M. Eman Martin, *Courrier de Vaugelas*, 15 février 1876, p. 170, qui cite cette locution, en rapporte en même temps l'origine selon Joachin Duflot, *Secret des coulisses* : c'est que l'acteur Bouffé devant, en une certaine pièce, descendre dans un puits figuré sur le théâtre, ne put jamais se contenter de la largeur du puits ni de sa margelle, et que les répétitions se passèrent à discuter sur cet objet.

† **PULSIFIQUE** (pul-si-fi-k'), *adj.* Qui produit le pouls. N'ayant pas plus de valeur intrinsèque que la vertu dormitive, qui fait dormir, ou la vertu pulsifique qui fait battre le pouls, P. JANET, *Rev. des Deux-Mondes*, 1er mai 1874, p. 88.

— ÉTYM. Lat. *pulsus*, pouls, et *facere*, faire.

PULVÉRIN. *Ajoutez :* || 4° Poussière de poudre de guerre. Toute solution de continuité [entre le paratonnerre et le sol] donnant lieu à une étincelle, le pulvérin qui voltige et se dépose partout dans l'intérieur et même à l'extérieur de ces bâtiments [magasins à poudre et poudrières] serait enflammé et pourrait propager son inflammation jusqu'à la poudre, GAY-LUSSAC, *Instruction sur les paratonnerres*, p. 42.

† **PULVÉRINE** (pul-vé-ri-n'), *s. f.* Sorte de poudre inventée par Appert, qui sert à la clarification des liquides.

† **PULVÉRISEUR** (pul-vé-ri-zeur), *s. m.* Celui qui opère la pulvérisation de diverses substances. Faillite du sieur.... pulvériseur, *Gaz. des Trib.* 21 déc. 1876, p. 1233.

PUNAISE. *Ajoutez :* || 4° Punaise-mouche, nom donné aux réduves, à cause de leur ressemblance avec la punaise et la mouche. || 5° Punaise nacelle, un des noms vulgaires de la naucore (voy. ce mot au Supplément).

† **PUNITIF, IVE** (pu-ni-tif, ti-v'), *adj.* Qui a le caractère de la punition. Il y a une satisfaction qu'il appelle punitive, LE P. SIMON MARS, *Myst. du roy. de Dieu*, p. 224, dans POUGENS.

† **PUNITIONNAIRE** (pu-ni-sio-nè-r'), *s. m.* Terme d'administration militaire. Celui qui est puni, ou qui fait partie de gens punis. Le dernier armement, celui de l'empire, comprenait 101 ou 102 régiments d'infanterie, plus la garde qui en comptait 8, les chasseurs à pied qui en valaient 10, 4 régiments de zouaves, 1 de punitionnaires, 1 étranger, 3 de tirailleurs algériens; total 128 à 129 régiments d'infanterie, *Message de M. Thiers*, dans *Journ. offic.* 8 déc. 1871, p. 4835, 2e col.

† **PUNTARELLE** (pun-ta-rè-l'), *s. m.* Nom donné à de petits morceaux de corail. Les petits morceaux ou les puntarelles sont très-demandés dans tous les pays d'Orient, ainsi qu'en Afrique; enfilés en longs chapelets, ils servent à former ces longues filoches, ces sortes de ceintures nommées bayadères, H. LACAZE-DUTHIERS, *Hist. nat. du corail*, Paris, 1864, p. 338.

† **PUPIFÈRE** (pu-pi-fè-r'), *adj.* Terme de zoologie. Qui porte une pupe ou chrysalide immobile. M. Balbiani ne conçoit pas pourquoi son contradicteur persiste à appeler les phylloxéras ailés des insectes pupifères, *Journ. offic.* 19 oct. 1876, p. 7576, 1re col.

— ÉTYM. *Pupe*, et lat. *ferre*, porter.

† **PURAIN** (pu-rin), *s. m.* Nom donné autrefois aux ouvriers de Rouen. Je crois être obligé de vous avertir qu'en arrivant ici, je trouvai un grand nombre de pauvres purains travaillant à la draperie, gens séditieux, qui avaient environné la maison du sieur le Gendre, disant qu'ils voulaient la piller, BOISLISLE, *Corresp. contrôl. gén. des finances*, p. 360, 1694. || Langage purain, langage des ouvriers de Rouen.

† **PURGEUR** (pur-jeur), *s. m.* Engin qui nettoie. Le mécanicien a d'ailleurs le soin d'ouvrir de temps en temps les purgeurs pour évacuer l'eau en excès s'il y a lieu, LE CHATELIER, *Sur la marche à contre-vapeur des locomotives*, Paris, 1869, in-8°, p. 20.

† **PURGEUSE** (pur-jeû-z'), *s. f.* Ouvrière qui nettoie la soie. La semaine de l'ouvrière [ovaliste] sera payée 11 francs pour les banquetières et les purgeuses, 11 francs 50 pour les attacheuses, 12 francs pour les doubleuses et plieuses, *le National de* 1869, 16 juillet 1869.

PURPURIN. — HIST. *Ajoutez :* || XVIe s. La marguerite et purpurine et blanche, J. PELLETIER DU MANS, *la Savoye* (1572), p. 256, Chambéry, 1856.

† **PUSÉYSME.** *Ajoutez :* || On écrit aussi et mieux puséisme. Le puséisme, obéissant à son principe, est devenu ce qui s'appelle du nom très-significatif de ritualisme, A. RÉVILLE, *Rev. des Deux-Mondes*, 15 mars 1875, p. 286.

† **PUSÉYSTE.** *Ajoutez :* || On écrit aussi puséiste. Le parti puséiste vit bon nombre de ses adhérents les plus distingués passer avec armes et bagages dans l'Église catholique, A. RÉVILLE, *Rev. des Deux-Mondes*, 15 mars 1875, p. 286.

† **PUTET** (pu-tè), *s. m.* En plusieurs provinces, petite mare formée par le liquide écoulé du fumier, *Gloss. aunisien*, p. 138, et DELBOULLE, *Gloss. de la vallée d'Yères*, p. 270. || Dans d'autres parties de la Normandie, on dit putel.

— ÉTYM. Autre forme de l'anc. franç. *putel*, fumier, bourbe, du lat. *putere*, puer.

PYGMÉE. — ÉTYM. *Ajoutez :* Tout autre serait l'origine de ce mot d'après M. Alb. Réville. *Pygmées* est un mot qui trahit son origine phénicienne; car *pugm* est le nom d'un dieu phénicien; mais en grec *pygmé* signifiait *poing*, et les Grecs en conclurent que les pygmées étaient des nains, gros comme le poing. Peut-être furent-ils fortifiés dans cette erreur par le *pygmé* que tout navire phénicien portait en guise de talisman sur son gaillard d'avant, *Rev. des Deux-Mondes*, 15 mai 1873, p. 385.

† **PYLONIQUE** (pi-lo-ni-k'), *adj.* Qui est relatif aux pylônes. Il [le temple phénicien] présentait un vestibule ouvert dans une façade de forme pylonique beaucoup plus élevée que le reste des constructions..., F. LENORMANT, *Résumé d'hist. anc.* t. III, p. 142.

† **PYRALÉ, ÉE** (pi-ra-lé, lée), *adj.* Qui est affecté de la pyrale. Vignes pyralées, *Acad. des sc. Comptes rend.* t. LXXVI, p. 211.

† **PYRHÉLIOMÉTRIQUE** (pi-ré-li-o-mé-tri-k'), *adj.* Qui a rapport à l'emploi du pyrhéliomètre, à la chaleur du soleil. Les observations pyrhéliométriques, DUPONCHEL, *Acad. des sc. Comptes rend.* t. LXXVIII, p. 1015.

† **PYROBOLIQUE** (pi-ro-bo-li-k'), *adj.* Qui lance du feu. Valet pyrobolique, voy. VALET, n° 15.

— ÉTYM. Πῦρ, feu, et βάλλειν, lancer.

† **PYROGRAPHIQUE** (pi-ro-gra-fi-k'), *adj.* Image pyrographique, empreinte laissée sur un papier réactif par la combustion de la poudre. Si l'on ne veut pas attendre le développement spontané de l'image pyrographique, on peut en provoquer la révélation immédiate en présentant la feuille d'épreuves au-dessus d'un verre d'eau tiède, *Revue d'artillerie*, juill. 1874, p. 399.

— ÉTYM. Πῦρ, feu, et γράφειν, tracer.

† **PYROPHONE** (pi-ro-fo-n'), *s. m.* Instrument des flammes chantantes, inventé par M. Kastner; c'est une espèce d'orgue dont les tuyaux sont des tubes de verre dans lesquels on introduit des flammes fournies par deux becs de gaz allumés; tant que ces becs sont assez rapprochés pour que les flammes se confondent, il ne se produit aucun son; dès qu'on les écarte, elles fournissent des sons plus ou moins graves ou aigus, suivant la longueur des tubes. M. Frédéric Kastner, auquel on doit ce curieux instrument appelé le pyrophone, dans lequel les sons musicaux sont produits par des flammes chantantes..., H. DE PARVILLE, *Journ. offic.* 11 nov. 1875, p. 9207, 2e col.

— ÉTYM. Πῦρ, feu, et φωνή, voix.

PYROPHORE. *Ajoutez :* || 2° Terme d'entomologie. Coléoptère de la famille des élatères ou élatérides, qui a des ocellations lumineuses. Tout le monde connaît, de nom au moins, les *cucuyos* ou pyrophores, qui sont si répandus dans l'Amérique tropicale.... les Mexicaines s'en servent comme d'un objet d'ornement; elles les nourrissent soigneusement et les placent le soir dans leur chevelure, DE PARVILLE, *Journ. offic.* 4 août 1872, p. 5371, 2e col.

† **PYROSOME** (pi-ro-so-m'), *s. m.* Genre de mollusques de la classe des acéphales et de l'ordre des tuniciers, comprenant les animaux ainsi appelés à cause de l'éclat dont ils brillent. D'après M. le professeur Panceri, qui a beaucoup étudié.... les noctiluques, les pyrosomes, les pholades, etc. la phosphorescence serait due à une matière morte rejetée par l'animal, H. DE PARVILLE, *Journ. offic.* 4 août 1872, p. 5371, 1re col.

— ÉTYM. Πῦρ, feu, et σῶμα, corps.

† **PYTHAGORIQUE.** *Ajoutez :* — HIST. XVIe s. Il avoit pareillement, ainsi qu'il est requis par les regles de l'art, jeuné trois jours, sans manger rien que du pain et quelques racines et autres choses n'aians ame, à la pitagorique, JACQ. TAHUREAU, *Dial.* 2e, p. 165.

† **PYXIDE.** *Ajoutez :* || 2° Terme d'antiquité. Boîte. Pyxides pour l'Eucharistie, *Rev. critique*, 25 mars 1876, n° 13, p. 208.

Q

† **QUADRANS** ou **QUADRANT** (ka-dran), *s. m.* Nom donné au quart de la circonférence.

— ÉTYM. Le même que *cadran* (voy. ce mot).

† **QUADRIGAMMÉ, ÉE** (koua-dri-ga-mmé, mmée), *adj.* Terme d'antiquité. Qui présente la forme de trois gammas réunis par les pieds. L'ornement appelé frette trigammée ou quadrigammée, il [M. de Vesly] le retrouve chez les Chinois, les Égyptiens et les Étrusques, ainsi que sur la croix d'Abulemno, *Journ. offic.* 22 avril 1876, p. 2860, 2e col.

— ÉTYM. *Quadri*..., quatre, et γάμμα.

† **QUADRIMESTRE** (koua-dri-mè-str'), *s. m.* Espace de quatre mois. L'année se divise en trois quadrimestres.

† **QUADRUPLATEUR** (koua-dru-pla-teur), *s. m.* Celui qui quadruple, MALH. *Lexique*, éd. L. Lalanne.

† **QUADRUPLIQUE** (koua-dru-pli-k'), *s. f.* Quatrième réplique dans un plaidoyer ou une discussion.

— HIST. XVIe s. Les parties ne pouvant, sur le principal de la matiere, plus avant escrire que jusqu'à tripliques pour le demandeur, et jusques à quadrupliques pour le defendeur si les parties le debattent, *Coust. gén.* t. II, p. 861.

— ÉTYM. Lat. *quadruplicare*, quadrupler.

QUAI. — HIST. || XVIe s. *Ajoutez :* À la charge que lesditz de Nantes feront faire à leurs despens et frais ledit quail de pierre de taille, garni de boucles et pillory, MANTELLIER, *Glossaire*, Paris, 1869, p. 15.

† **QUAIRELLE** ou **QUÉRELLE** (ké-rè-l'), *s. f.*

Terme d'exploitation houillère. Grès houiller formant le mur de la couche de houille, et sur lequel elle repose.

† **QUAL** (koual), *s. m.* Frai des astéries ou étoiles de mer.

QUALIFIÉ. *Ajoutez :* || 4° Terme juridique. Vols qualifiés, vols accompagnés de qualifications aggravantes : effraction, escalade, etc. qui, pour les majeurs, déterminent la compétence de la cour d'assises. || Aveu qualifié, en matière civile, aveu qui n'est pas pur et simple, mais qui est restreint; en matière criminelle, celui qui s'explique sur les circonstances du fait imputé au prévenu et avoué par lui, RAUTER, *Cours de procédure civ. française*, p. 140.

QUALITÉ. — HIST. *Ajoutez :* XII° s. Cil li monstra de l'air toutes les qualités, Et en quel maniere est li solaus levés, *li Romans d'Alixandre*, p. 9.

QUAND. || 8° *Ajoutez :* || La locution *quand et* a été employée sans *et*. Que l'on change de point de vue, et la formule deviendra une loi, en vertu de laquelle deux quantités ou deux grandeurs sont liées entre elles et changent l'une quand l'autre, COURNOT, *Consid. sur la marche des idées*, Paris, 1872, t. I, p. 265. || Cette locution n'est pas fautive; même on pourrait l'interpréter autrement que par la suppression de *et*, en y voyant une ellipse : et changent, l'une [changeant] quand l'autre [change].

— REM. Malherbe a employé *quand bien* au lieu de *quand bien même*, que nous disons aujourd'hui : Il y a longtemps que je ne puis plus ni perdre ni gagner; c'est une opinion que je devrais avoir, quand bien je ne serais pas vieil, *Lexique*, éd. L. Lalanne. Corneille aussi : Mais, quand bien vous auriez tout lieu de vous en plaindre, Sophonisbe après tout n'est point pour vous à craindre, *Sophonisbe*, II, 1.

† **QUAND-EST-CE** (kan-tê-s'), *s. m.* Chez les cloutiers, vin que doivent payer les nouveaux embauchés, *l'Opinion nationale*, 30 mai 1876, 3° page, 4° col. || On écrit souvent quantès (voy. ce mot ci-dessous).

— ÉTYM. Cette locution signifie : *quand est-ce* qu'un tel paiera sa bienvenue?

† **QUANQUAM.** *Ajoutez :* — REM. D'Alembert écrivait quanquan (il prononçait probablement kankan) : Le long quanquan que je viens de faire à l'Académie pour la réception de l'ex-jésuite Millot, D'ALEMB. *Lett. à Volt.* 24 janv. 1778.

† **QUANTÈS** (kan-tês'), *s. m.* Lorsqu'un compositeur est nouvellement admis dans un atelier, on lui rappelle par cette interrogation qu'il doit payer son article 4; c'est pourquoi payer son quantès est devenu synonyme de payer son article 4; cette locution est usitée dans d'autres professions, E. BOUTMY, *les Typogr. parisiens*, Paris, 1874.

— ÉTYM. Corruption de *quand est-ce?*

QUARANTE. *Ajoutez :* || 9° L'arbre aux quarante écus, le *gingko biloba*, Chine, BAILLON, *Dict. de bot.* p. 248 (ainsi nommé parce que le premier pied introduit en France fut payé cette somme).

† **QUARANTENAIRE.** *Ajoutez :* || Substantivement. Celui qui est soumis à une quarantaine. Les malades doivent être isolés des quarantenaires.

† **QUARANTIN** (ka-ran-tin), *s. m.* Sorte de millet. [Dans la province de Lodi] en premier lieu, millet ou quarantin à grains, ou avoine pour vert, etc.; en deuxième lieu, navette semée en juillet et août lors du sarclage du quarantin et récoltée au printemps suivant, avant la semaille du grand maïs, tête de la rotation, *Journ. offic.* 28 sept. 1874, p. 8626, 1re col.

QUARRE. *Ajoutez :* || 2° Terme de forestier. Incision que l'on fait aux arbres résineux pour obtenir la résine. On ouvre dans l'écorce [du pin maritime] une première entaille ou quarre de 10 centimètres de large, H. FLICHE, *Manuel de bot. forestière*, p. 307, Nancy, 1873. || 3° Nom, dans la Seine-Inférieure, d'une mesure contenant vingt-deux bottes de foin, de cinq kilogrammes. Ce fourrage ne dépassera pas le prix de cinq à six francs la quarre, chiffre minimum de bon marché..., Extrait du *Nouvelliste de Rouen*, du 13, dans *Journ. offic.* 14 juill. 1877, p. 5209, 3° col.

2. **QUART.** *Ajoutez :* || 26° Terme de pêche du hareng. Quart de poche, bouée fixée par la martingale ou bassouin au halin ou haussière, et servant à maintenir le filet. || 27° Dans les filatures, quart de pouce, instrument qui sert à évaluer le nombre de fils dans un espace donné. Est-ce avec l'instrument dit quart de pouce que l'on peut découvrir le nombre des fils de la chaîne [du drap]? *Enquête, Traité de comm. avec l'Anglet.* t. III, p. 80. Les comptes de chaînes des tissus s'apprécient toujours au quart de pouce ou au centimètre par le nombre de fils qu'ils indiquent, *ib.* p. 121. C'est par oubli que nous avons porté le nombre de fils au quart de pouce, ancienne méthode; la réduction aux centimètres est facile, *ib.* p. 424. || Numéros huit quarts, dix quarts, vingt quarts, manière d'indiquer la finesse d'un fil, *Enquête, Traité de comm. avec l'Anglet.* t. III, p. 95.

— REM. La définition du quart n'est pas suffisamment exacte : c'est une partie d'un tout divisé en quatre parties égales.

† **QUARTAÏEUL, EULE** (kar-ta-ieul, ieu-l'), *s. m.* et *f.* Aïeul, aïeule qui est avant le trisaïeul, la trisaïeule, synonyme inusité de quadrisaïeul. Christophe de Chateaubriand, quartaïeul paternel, CHATEAUBRIAND, *Mém. d'outre-tombe*, t. XII, p. 92, 1850.

— ÉTYM. Lat. *quartus*, quatrième, et *aïeul*.

† **QUARTELOT** (kar-te-lo), *s. m.* || 1° Se dit de bois de peuplier débité en blocs équarris rectangulairement que l'on refend en quatre; d'où le mot quartelot, chaque morceau étant ainsi le quart d'un arbre. Feuillets débités dans des quartelots, pour coffrets, *Enquête sur le monopole des tabacs*, 1874, p. 328. Il restait sur le port, au 30 avril, 86 180m de quartelots.... les sciages de bois blancs tendent à la baisse; la grande quantité de quartelots qui a été fabriquée fait que cette espèce de sciage commence à être moins en faveur auprès du commerce de Paris, *Journ. offic.* 20 et 24 mai 1872, p. 3384, 1re col. || 2° Planche de hêtre de 0m,236 largeur, et 0m,056 épaisseur, NANQUETTE, *Exploit. débit et estim. des bois*, Nancy, 1868, p. 79.

— ÉTYM. Dérivé de *quart* 2.

† **QUARTER** (kar-té), *v. a.* Terme d'escrime. Mettre en quarte. L'épaule gauche plus quartée, MOL. *Bourg. gentilh.* II, 3.

QUARTIER. || 2° *Ajoutez :* || Le cinquième quartier, nom donné à Paris aux issues des animaux de boucherie, *Journ. offic.* 19 janv. 1872, p. 110, 2° col. Pour le cinquième quartier, composé des suif, cuir et abats rouges, Extr. du *Journ. d'Agr. prat.* dans *Journ. offic.* 17 fév. 1874, p. 1319, 2° col.

1. **QUASI** — HIST. XVI° s. *Ajoutez :* Et le nombre de ceulx qui mangerent estoit quasi cinq mille hommes, sans les femmes et les enfants, *Matth.* XIV, 21, *Nouv. Test.* éd. Lefebvre d'Étaples, Paris, 1525.

† **QUASI-FAUX** (ka-zi-fô), *s. m.* En droit romain, fausse allégation consignée dans une requête ou dans un acte de procédure. Le quasi-faux était puni de peines moindres que le faux; il n'a pas d'équivalent dans le droit français.

† **QUASSIA** ou **QUASSIE.** *Ajoutez :* — ÉTYM. *Gramanquacy*, nom d'un sorcier nègre très-réputé dans la Guyane hollandaise, et qui découvrit cette plante en 1730; *graman* signifie grand, et *quacy*, homme, dans la langue de ces nègres, J. G. STEDMAN, *Voyage à Surinam*, t. III, p. 168.

QUATRE-VINGTS. *Ajoutez :* || 7° Nom d'un papillon de nuit, portant sur ses ailes supérieures le chiffre 80, *noctua octogesima*.

1. **QUE.** — REM. *Ajoutez :* || 3. Arrivé qu'il fut.., cette tournure est condamnée par Vaugelas, bien, dit-il, qu'une infinité de gens s'en servent, et en parlant et en écrivant. Malgré l'arrêt de Vaugelas, cette tournure est bonne et mérite d'être conservée. || 4. *Que*, dans l'usage ancien, pouvait être rapporté, non, comme à présent où cela est nécessaire, au verbe de la proposition subordonnée, mais au verbe, quand il s'en trouvait, d'une incise précédant le verbe de la proposition subordonnée. Je fais des vers qu'encor qu'Apollon les avoue, Dedans la cour peut-être on leur fera la moue, RÉGNIER, *Sat.* XV. Au mot QUI, n° 13, comparez un emploi tout semblable.

2. **QUE.** || 9° *Ajoutez :* || *Que*, seul avec le verbe au subjonctif, signifiant s'il arrive que.... Taisez-vous, Lui dis-je, ou que je vous entende! BÉRANGER, *Le troisième mari.* C'est une sorte de menace : si je vous entends, je me fâcherai.

— REM. *Ajoutez :* || 3. L'usage ancien admettait en certains cas un *que* explétif, que l'usage moderne rejette. Il me fit.... L'honneur que d'approuver mon petit jugement, RÉGNIER, *Sat.* VIII. || 4. Régnier a dit : Mais étant mauvais peintre ainsi que mauvais poëte, Et que j'ai la cervelle et la main maladroite, *Sat.* X. *Et que* représente *et étant*. Cette tournure n'est plus en usage. || 5. Je meure, s'est dit pour que je meure. C'est cela, ou je meure, interrompit le sultan : continuez, vous avez réellement bien de l'esprit, CRÉBILLON fils, *le Sopha*, ch. II. Cette locution n'est pas bonne; elle prêterait à trop d'amphibologie.

QUEL QUE. *Ajoutez :* — REM. On lit dans Régnier : Jeanne.... s'approche et me recherche D'amour ou d'amitié, duquel qu'il vous plaira, *Sat.* XI. Cela est correct, mais on pourrait dire aussi : lequel qu'il vous plaira. Je m'adresse à Pierre et à Paul, auquel ou lequel qu'il vous plaira.

QUELQUE. *Ajoutez :* — REM. *Quelque*, au pluriel, peut être précédé de l'article défini : Les quelques heures que nous avons passées ensemble.

QUENELLE. — ÉTYM. *Ajoutez :* Il y a peut-être lieu de rapprocher *quenelle* de *quenieux*, sorte de gâteau en usage dans les Flandres (DU CANGE, *coniado*). On ignore du reste d'où vient *quenieux* et s'il tient au bas-latin *coniado* que Du Cange donne aussi comme nom de gâteau.

† **QUENOLLE** (ke-no-l'), *s. f.* Ancien nom du navet. Un jour le roi de Bohême, réfugié en Hollande,... ayant entré, suivant un lièvre, dans un petit champ qu'on avait semé de quenolles, le fermier du lieu.... lui dit en grondant : Roi de Bohême,... pourquoi viens-tu perdre mon champ de quenolles que j'ai eu tant de peine à semer? TAINE, *La Fontaine*, II° partie, chap. 1er, III°.

— ÉTYM. Ce paraît être une autre forme de *quenouille*, le navet ayant été ainsi nommé en raison de sa forme allongée.

QUENOUILLE. *Ajoutez :* || 9° Terme de fondeur. Nom donné à des bouchons qui ferment des tubes communiquant avec la cavité du moule et qu'on enlève, quand le métal fondu y arrive, pour permettre à l'air de s'en échapper.

† **QUENOUILLON** (ke-nou-llon, *ll* mouillées), *s. m.* Terme de marine. Écheveau d'étoupe employé pour le calfatage des vaisseaux.

† **QUÉRABILITÉ** (ké-ra-bi-li-té), *s. f.* Terme de jurisprudence. Qualité de ce qui est quérable. Prime d'assurance, quérabilité : ... que.... les primes fussent devenues quérables, de portables qu'elles étaient au moment où l'assuré s'est mis en retard, *Gaz. des Trib.* 10 juin 1874, p. 551, 2° col.

† **QUERELLEUX.** *Ajoutez :* || Substantivement. Le querelleux dit qu'il n'aime rien tant que la paix, MALH. *Lexique*, éd. L. Lalanne.

† **QUEREUX** (ke-reû), *s. m.* Nom, à la Rochelle, d'une place nue, sorte de cour non fermée, entre une maison et la voie publique. À vendre, maison avec quereux, jardin, etc.

— ÉTYM. Les étymologistes de la localité invoquent le celtique *cairn*.

† **QUESNELLISTE** (kè-nè-li-st'), *s. m.* Partisan du quesnellisme. Je vous préviens que tous les quesnellistes en sont restés là, DECOURCHAMP, *Souv. de la marq. de Créquy*, II, 5.

† **QUESSOY** (kè-soi), *s. m.* Nom d'une bonne poire, nommée aussi rousselet ou rouxette de Quessoy (Quessoy est un bourg des Côtes-du-Nord, d'où cette poire est originaire).

† **QUESTAL, ALE** (kè-stal, sta-l'), *adj.* Terme de féodalité. Sujet à la taille. Celle [la famille] des Eyquem [de laquelle Montaigne provient], sortie des anciens serfs questaux de Blanquefort et des comptoirs à morues de la rue de la Rousselle à Bordeaux, a donné à la France.... J. DE FLAIX, *Journ. offic.* 4 févr. 1875, p. 942, 3° col.

— ÉTYM. Bas-lat. *quæstalis*, de *quæsta*, taille (anc. franç. *queste* ou *quête*), qui vient du latin *quæsitum*, chose cherchée, voy. QUERIR.

QUESTION. *Ajoutez :* || 8° Sorte de jouet composé d'anneaux ou de boules embrouillées, et destiné à occuper l'enfant pour les débrouiller; ces jouets ont été ainsi dénommés en raison de questions politiques (par exemple, dans le temps, la question romaine), qui demeuraient sans solution La question de la place que la logique occupe parmi les sciences m'a toujours rappelé ces jouets ingénieux qu'on fabriquait naguère sous le nom de question romaine, question d'Orient, etc.; c'est un divertissement philosophique plutôt qu'un problème sérieux, E. DE ROBERTY, *la Phil. positive*, sept.-oct. 1876, p. 208.

† 1. **QUESTIONNAIRE.** *Ajoutez :* || 3° *Adj.* Qui est en forme de questions. Bien des gens souhaiteraient que cette philosophie questionnaire [la philosophie scolastique] qui règne depuis longtemps dans nos écoles en fût bannie entièrement, *Biblioth. critique*, Amsterdam, 1710, t. IV, p. 100.

† **QUESTIONNEMENT** (kè-stio-ne-man), *s. m.* Action de questionner. Faisons du moins en sorte D'éluder l'embarras du questionnement, DU FRESNY, *Mariage fait et rompu*, III, 2.

1. QUEUE. || 21° *Ajoutez :* || Fig. Vous verrez que, par un juste retour, les véritables philistins pourraient bien être en fin de compte non pas les esprits restés dévots au culte de Mozart, mais tous ces fanatiques attardés qu'on appelle aujourd'hui la queue de Robespierre, H. BLAZE DE BURY, *Rev. des Deux-Mondes*, 15 oct. 1875, p. 811. || Fig. Couper sa queue, se dit d'un chef de parti qui se sépare de la partie la plus violente de ses adhérents. || 34° Queue de morue, nom d'une sorte de brosse. Brosses plates dites queues de morue en fer-blanc, brosses à tableaux... Queues de morues et pinceaux fins, *Alm. Didot-Bottin*, 1871-72, p. 1226, 1re col. || 35° Queue de chat, queue de cheval, noms vulgaires des cirrus, *Journ. offic.* 20 sept. 1873, p. 5976, 2e col. || 36° Queue fourchue vulgaire, ou grande queue fourchue, *bombyx vinula* ; la queue fourchue dite hermine, *bombyx herminea* ; la petite queue fourchue, *bombyx furcula*. Ces noms proviennent de deux appendices un peu divergents, situés au bas des ailes.

QUI. *Ajoutez :* — REM. 1. On lit dans Saint-Simon : La Bretesche se sut bon gré de ne m'avoir pas cru, qui lui avais conseillé de défaire sa jambe de bois, 29, 88. Cette tournure se range à côté de celles où *qui* est séparé de son antécédent (voy. n° 7) ; elle n'a donc rien qui doive la faire rejeter. || 2. Le même Saint-Simon a dit : Dans une affaire si odieuse, où par qui d'où le bruit vint, son neveu était l'attaqué, le roi.... 327, 28. Cela est tout à fait incorrect ; il fallait *par qui que le bruit vint*.

† QUICHÉE. *Ajoutez :* — REM. On dit aussi, au masculin, le quiché. C'est M. Maspero, un jeune égyptologue, qui a présidé à Paris à la publication de M. Lopez (*Races aryennes du Pérou, leur langue, leur religion, leur histoire*) ; les américanistes et les philologues sont intéressés à savoir que M. Lopez s'est livré sur la comparaison du sanscrit avec l'idiome quiché à une étude sérieuse, F. DELAUNAY, *Journ. offic.* 27 janv. 1872, p. 607, 1re col.

† QUICONQUE. *Ajoutez :* — REM. On trouve *quiconque il soit*, pour *quel qu'il soit*. Je le conjure [l'évêque, mon successeur], quiconque il soit, de résider avec vous, visiter son diocèse..., RICHELIEU, *Lett. etc.* 1619, t. VII, p. 425.

QUIESCENT. || 1° *Ajoutez :* || Terme de grammaire arabe. Syllabes quiescentes, syllabes formées d'une consonne dépourvue de voyelle, par opposition à syllabes mues, syllabes formées d'une consonne et d'une voyelle, *Rev. critique*, 16 juin 1877, p. 358.

† QUILAI (ki-la-i), *s. m.* Arbre de l'Amérique, dit aussi arbre à savon du Panama, et employé au lavage des laines, *Journ. offic.* 23 oct. 1872, p. 6632, 2e col.

† QUILEDIN (ki-le-din), *s. m.* Nom d'une espèce de cheval (mot aujourd'hui inusité). Caton le Censeur ne montait jamais qu'un mauvais quiledin, MALH. *Lexique*, éd. Lalanne.

— ÉTYM. Le même que *guilledin* (voy. ce mot au Dictionnaire).

2. QUILLE. *Ajoutez :* || 6° Dans les chablis, la portion de l'arbre brisé restée debout ; on dit aussi chandelier ou tronc, BAGNERIS, *Manuel de sylviculture*, p. 6, Nancy, 1873. || 7° Sorte de jambe de force. Il sera adapté au train de derrière des cabriolets à deux roues une jambe de force en fer, dite quille, *Ordon. de police*, 31 mai 1866.

— REM. De là il [Béranger] fut expédié à Péronne, chez sa tante l'aubergiste, qui, ne s'attendant pas à voir tomber chez elle le petit abandonné, le reçut comme un chien dans un jeu de quilles, *Rev. Britann.* août 1877, p. 434. La phrase n'est pas correcte ; il faudrait : comme on reçoit un chien dans un jeu de quilles. Il ne faut employer cette expression qu'avec le présent du verbe *recevoir* ou le participe passé *reçu*, qui se sous-entendent naturellement (voy. les exemples à QUILLE).

QUILLETTE. *Ajoutez :* || En général, tout brin d'arbre qu'on plante. Renoncer absolument à la reproduction et à la plantation des citronniers et orangers d'après le système des quillettes, *Journ. offic.* 30 oct. 1869, 3e col.

† QUILLON. *Ajoutez :* Les épées des XIe et XIIe siècles sont larges, peu aiguës, assez courtes.... le pommeau est plat et circulaire ; les quillons [les deux branches de la croix] sont droits ou parfois légèrement tordus à leur extrémité, *Journ. offic.* 24 nov. 1873, p. 7156, 3e col.

† QUINCAILLEUR (kin-ka-lleur, *ll* mouillées), *s. m.* Ancien synonyme de quincaillier. Les boutiques de quincailleurs qui sont du côté de Saint-Innocent, MALH. *Lexique*, éd. L. Lalanne.

† QUINÇONNEAU (kin-so-nô), *s. m.* Terme de marine. Synonyme de cabillot, sorte de cheville.

— ÉTYM. Ce mot paraît se rapporter à *coincer*, qui vient de *coin*.

† QUINDÉCENNAL, ALE (kuin-dé-sè-nnal, nna-l'), *adj.* De quinze ans. C'est parce que la fabrication française a complétement réformé son outillage qu'elle a fait de si grands progrès pendant la dernière période quindécennale, *Journ. offic.* 21 avril 1876, p. 2835, 1re col. || *Au plur. masc.* Quindécennaux.

— ÉTYM. Lat. *quindecim*, quinze, et *annus*, an.

† QUINOLOGISTE (ki-no-lo-ji-st'), *s. m.* Celui qui s'occupe de quinologie. L'éminent quinologiste anglais, J. Eliot Howard, WEDDEL, *Acad. des sc. Comptes rend.* t. LXXXIV, p. 169.

† QUINQUÉNAIRE (kuin-kué-nè-r'), *adj.* Terme d'arithmétique. Qui compte par cinq. Système quinquénaire, système de numération dont la base est le nombre cinq ; c'est le système des peuples de l'Afrique occidentale et centrale ; arrivé à cinq, on dit cinq-un, cinq-deux, etc., MUNGO PARK, *Voy.* de 1795.

† QUINQUENOVE. *Ajoutez :* Ne citez plus dans le palais D'autres livres que Rabelais ; Jugez le monde à quinquenove ; Qui pourra se sauver se sauve, *Remontrance burlesque au Parlement*, p. 7, 1649, dans CH. NISARD, *Parisianismes*, p. 184. || On le trouve aussi écrit quinquenauve, à tort. Avec lui marchait son fils Lauze, Jouvenceau frais comme une rose.... Rude danseur de tricotets, Musicien d'air et de motets, Adroit joueur de quinquenauve, Mais d'un poil tirant sur le fauve, SCARR. *Virg. trav.* VII.

— ÉTYM. Esp. *cinco* et *nueve*, cinq et neuf.

QUINQUET. — REM. On disait d'abord lampe à la Quinquet. Dans la chambre où est décédé ledit sieur Vernet père [Joseph Vernet].... une lampe à la Quinquet, une commode à dessus de marbre, *Levée des scellés*, 3 oct. 1789, dans *Journ. offic.* 23 janv. 1877, p. 493, 1re col. Cette date de 1789 montre que le quinquet était en usage avant 1800, époque à laquelle le Dictionnaire en place l'invention.

† QUINTAÏEUL, EULE (kin-ta-ieul, ieu-l'), *s. m.* et *f.* Aïeul, aïeule, qui est avant le quadrisaïeul, la quadrisaïeule, c'est-à-dire le cinquième ascendant après le père, CHATEAUBRIAND, *Mém. d'outre-tombe*, t. XII, p. 95, 1850.

— ÉTYM. Lat. *quintus*, cinquième, et *aïeul* (voy. au Dictionnaire QUINQUAÏEUL, qui s'est dit aussi).

QUINTAINE. — HIST. *Ajoutez :* || XVe s. Le droit dudit fieu [fief] est, qui se marie.... le mary doit quitane, c'est assavoir que.... doit venir à cheval, prest de hurter à un poteau..., DELISLE, *Agricul. norm.* p. 71.

† 2. QUINTAL (kin-tal), *s. m.* Nom, dans la Loire-Inférieure, de petits faisceaux en lesquels on dispose les tiges coupées du sarrasin, *les Primes d'honneur*, Paris, 1873, p. 128. || *Au plur.* Des quintaux.

— ÉTYM. C'est un dérivé de *quint*, cinquième.

3. QUINTE. — HIST. *Ajoutez :* XIIIe s. Tenue a sans quinte de guerre Lonc tans li rois Artus sa terre [Le roi Artus a tenu longtemps sa terre sans accès de guerre], Et et trestouts ses anemis A son voloir desous lui mis, *Li chevaliers as deux espées*, publié par Förster, vers 1.

† QUINTENZ (kuin-tanz'), *s. m.* Balance de Quintenz, voy. BALANCE au Supplément.

QUINTESSENCE. || 1° *Ajoutez :* || Fig. M. de Chastillon est ici, qui s'en va chez lui [en une sorte d'exil] ; c'est le même que nous l'avons cru, beaucoup de masse et peu de quintessence, RICHELIEU, *Lettr.* etc. t. VI, p. 153 (1638).

† QUINTILLION (kin-ti-li-on), *s. m.* Quadrillion multiplié par mille.

— ÉTYM. Voy. BILLION.

† QUINTON (kin-ton), *s. m.* Sorte d'instrument de musique. Une infinité d'instruments : violons, altos, basses de viole, archiluths, quintons, pochettes, etc., E. GAUTHIER, art. intit. *les Voyages de Daphnis*, dans le *Journ. offic.* du 31 mai 1869, p. 772, 3e col.

† QUINZENAIRE (kin-ze-nê-r'), *adj.* Qui échoit au bout de quinze ans. Pour la conversion des 74 552 obligations quinzenaires existant dans le portefeuille du Trésor, *Journ. des Débats*, 17 nov. 1876, 1re page, 3e col.

QUIPOS. *Ajoutez :* — ÉTYM. Péruvien, *quipu*, nœud, GARCILASSO DE LA VEGA, *Histoire des Incas*, t. II, p. 29.

† QUIRAT (ki-ra), *s. m.* Terme de droit maritime. Part de propriété d'un navire indivis. Lorsqu'un navire n'appartient pas à une seule personne, mais à plusieurs, on le suppose décomposé en un certain nombre de parties égales (ordinairement vingt-quatre) appelées quirats, et les divers copropriétaires le sont pour un quirat, ou pour deux, ou pour trois, etc.

— ÉTYM. Arabe, *qirât*, sorte de petit poids ; le même que *carat* (voy. ce mot).

† QUIRATAIRE (ki-ra-tè-r'), *s. m.* Copropriétaire d'un navire indivis, celui qui possède un ou plusieurs quirats.

QUI-VIVE. *Ajoutez :* || Fig. Vaine démangeaison de la guerre civile.... Que vous avez de peine à demeurer oisive, Puisqu'au même moment qu'on voit bas les frondeurs, Pour deux méchants sonnets on demande qui-vive, CORN. *Œuvr. div. Sonnets.* || Fig. Se tenir sur le qui-vive, s'observer, se garder des fautes. Qui croit mourir se tient sur le qui-vive, LAMOTTE, *Fabl.* II, 20.

† QUODLIBÉTAIRE. *Ajoutez :* Enfin, arrivait [pour les étudiants en médecine] le tour des thèses quodlibétaires, sur un sujet à la convenance des candidats, *Journ. offic.* 8 déc. 1873, p. 7574, 1re col.

† QUOICHIER (koi-chié), *s. m.* Nom du quetschier, dans la Haute-Marne. Les quoichiers chargés de longues prunes violettes pliaient jusqu'à terre, A. THEURIET, *Rev. des Deux-Mondes*, 1er sept. 1875, p. 107.

— REM. C'est une autre prononciation du même mot.

† QUOLIBÉTIER. *Ajoutez :* — REM. Dans l'exemple de Racine, quolibétier signifie faiseur de calembours.

† QUOTIENTIEL, ELLE (ko-si-an-siêl, siè-l'), *adj.* Terme de mathématique. Qui appartient aux quotients. Définition du calcul quotientiel d'Eugène Gounelle, par L. Gaussin, *Acad. des sc. Comptes rendus* t. LXXXIII, p. 582.

R

R. *Ajoutez :* || 4° R en numismatique signifie revers.

† **RABALLE** (ra-ba-l'), *s. m.* Dans l'Aunis, sorte de râteau composé d'une planche et d'un manche qui est adapté au milieu; on s'en sert pour mettre le grain en tas, *Gloss. aunisien*, 1870, p. 139.

† **RABANE** (ra-ba-n'), *s. f.* Sorte de tissu en fibres de palmier. Le tarif général ne taxe que les tissus en fibres de palmier dits pagnes et rabanes, *Douanes, Tarif*, note 523.

† **RABANER** ou **RABANTER.** *Ajoutez :* Dans la mâture, les voiles en vergue, quoique rabantées avec soin, ont été mises en lambeaux, *Journ. offic.* 11 mai 1873, p. 3048, 3° col.

† **RABASSAIRE** (ra-ba-sê-r') ou **RABASSIER** (ra-ba-sié), *s. m.* Nom, dans le Midi, de l'homme qui cherche et déterre les truffes. Les rabassiers ou truffiers du Vaucluse sont en général des paysans intelligents et rusés, J. E. PLANCHON, *Rev. des Deux-Mondes*, 15 avril 1875, p. 928. La truffe apportée par les rabassaires se vend quelquefois de 4 à 5 francs le kilo, tandis qu'à Paris elle vaut de 25 à 30 francs, M. BONNET, *Journ. offic.* 10 janv. 1875, p. 229, 2° col.

— ÉTYM. Prov. *rabasso*, truffe, qui est un dérivé du provenç. *raba*, rave (voy. ce mot).

RABAT. *Ajoutez :* — REM. Rabat, au XVII° siècle, s'est dit non-seulement d'une pièce de la toilette des hommes, mais aussi de cols ou collerettes de femmes. On vous connaît assez, et vous êtes de celles Que mille fois le plâtre a fait passer pour belles, Dont la vertu consiste en de vains ornements, Qui changent tous les jours de rabats et d'amants, CORN. *Lexique*, éd. Marty-Laveaux.

† **RABATTEUSE** (ra-ba-teû-z'), *s. f.* Sorte de voiture. Il existe un service dit des rabatteuses; ce sont de petites voitures allant chercher des voyageurs dans les communes riveraines des fortifications et les amenant aux têtes de ligne, Extr. de *l'Économiste français*, dans *Journ. offic.* 11 nov. 1875, p. 9204, 1re col.

† **RABÉ, ÉE** (ra-bé, bée), *adj.* Qui a des œufs, en parlant d'un poisson. Poisson rabé, *Gloss. aunisien*, 1870, p. 139.

— ÉTYM. Voy. RABES au Dictionnaire.

† **RABIBOCHER** (ra-bi-bo-ché), *v. a.* Terme populaire. Raccommoder, rarranger, restaurer. Au petit jour on cherche: plus de kiosques, un amas, les grandes formes brisées; il faut tout rabibocher, remettre le charmant édifice sur ses pieds, *l'Opinion nationale*, 21 mai 1876, 1re page, 6° col. || *V. réfl.* Se rabibocher, se raccommoder après une fâcherie.

† **RABUTINE (À LA)** (ra-bu-ti-n'), *loc. adv.* À la façon des Rabutins, dans le style de Bussy-Rabutin. On dit qu'il [le P. Bouhours, dans sa traduction du Nouveau Testament] avait fait parler les évangélistes à la rabutine. Comparez RABUTINEMENT au Dictionnaire.

† **RACAHOUT.** — ÉTYM. Arabe, *râqaout*, matière féculente dans laquelle entrent du salep, de la vanille, etc. DEVIC, *Dict. étym.*

† **RACCARD** (ra-kar), *s. m.* Nom, dans le Valais, de certains bâtiments rustiques servant à serrer le grain dans les campagnes; le raccard est tout en bois, et repose sur quatre colonnes; il se trouve ainsi isolé du sol, et on y monte par une échelle ou un escalier portatif. Quarante frêtes, tant habitations domestiques que granges et raccards, avaient disparu avec tout ce qu'elles contenaient [dans un incendie, à Saxon, village du Valais], *Petit Moniteur*, 7 mai 1873.

— ÉTYM. Origine inconnue. Faudrait-il rapprocher *raccard* de *rancart* (voy. ce mot au Supplément), et y voir l'origine de la locution, d'ailleurs inexpliquée, *mettre au rancart*?

RACCOUTREMENT. *Ajoutez :* || Fig. Le raccoutrement de notre âme, MALH. *Lexique*, éd. L. Lalanne.

† **RACER.** *Ajoutez :* || 2° En hippologie, faire race. Nous n'examinerons point ici la valeur du percheron comme étalon, ni s'il est vrai qu'il ne race pas, qu'il ne conserve que chez lui, sur son propre sol, et ne répète pas ailleurs les formes, le caractère, le cachet, par lesquels il se distingue, BOCHER, *Rapport à l'Assemb. nat.* n° 1910, p. 87.

RACHAT. — HIST. *Ajoutez :* XIV° s. Franche personne, de franc ventre, sanz rachat [payement fait pour sortir de servage] et sanz aucun servage, *Arch. nation.* JJ 84, p. 500 (communiqué par SIM. LUCE).

† **RACHÈVEMENT.** *Ajoutez :* || 2° Terme de vidange. Rachèvement de fosse, ce qu'il y a de plus riche en engrais dans les fosses d'aisance. Une autre fraude.... consiste à substituer, dans les envois à Bondy, les matières pauvres aux matières riches, et à réserver notamment les rachèvements des fosses pour les voiries particulières, CLAMAGERAN, *Rapp. au Cons. municip. de Paris*, séance du 28 juin 1877, p. 21.

† **RACHEVER.** *Ajoutez :* || 2° Achever après interruption. Je pensais écrire aujourd'hui à M. de Bonair; mais je suis si mal depuis quelques heures, qu'à peine puis-je rachever ce billet, BALZAC, *Lett. inédites*, I, éd. Tamizey-Larroque.

† **RACINÉ, ÉE** (ra-si-né, née), *adj.* || 1° Garni de ses racines. Que les plants [de vigne] racinés ne soient admis à la circulation qu'enfermés dans des caisses de bois plombées, *Journ. offic.* 6 avril 1877, p. 2683, 1re col. || 2° Tortu, branchu, en parlant de la betterave. La nature de la racine [betterave]..., sa forme.... [dépendent] avant tout du terrain, du sol dans lequel pousse la betterave: sol ferme et résistant, racine racinée; sol mou, racine droite, *Journ.offic.* 11 fév. 1875, p. 1135, 1re col.

† **RACINEUR** (ra-si-neur), *s. m.* Celui qui fait un racinage sur la couverture d'un livre.

† **RACINEUSE** (ra-si-neû-z'), *adj. f.* Betterave racineuse, betterave qui, au lieu de présenter la forme conique régulière, prend celle de racines; c'est une déformation, *Acad. des sc. Comptes rend.* t. LXXX, p. 399. || On dit aussi racinée (voy. plus haut).

† **RACK** (rak), *s. m.* Mesure de fabrique pour le tulle, adoptée en Angleterre et acceptée ensuite en France; elle a en moyenne une longueur de cinquante centimètres, *Enquête, Traité de com. avec l'Anglet.* t. IV, p. 629.

† **RACONTABLE.** — HIST. *Ajoutez :* XII° s. La queile faite chose joskes or en cel meisme monstier maint [demeura] racontable, *li Dialoge Gregoire lo pape*, 1876, p. 211.

† **RACONTAGE.** *Ajoutez :* — REM. On a pris depuis quelque temps l'habitude de dire, au lieu de *racontage*, qui est dans l'analogie, *racontar*, qui ne paraît se rattacher à aucune forme régulière.

† **RACONTAR** (ra-kon-tar), *s. m.* Cancan, rumeur sans fondement. Ils aimeront mieux se rejeter sur les racontars parlementaires, et mettront en circulation bien d'autres erreurs que les comptes rendus les moins impartiaux, *Séance de l'Assemb. nat.* du 11 fév. 1873, *Comptes rend. du journ. le Temps.* Michelet, qui ne dédaigne pas au besoin l'anecdote et le racontar, Dr AMÉDÉE LATOUR, *Feuilleton de l'Union médicale*, 22 mars 1873. L'auteur ne nous raconte que ce qu'il a vu, ce qu'il a entendu dire, les racontars puisés dans quelque feuille volante, parvenus jusqu'à son couvent, *Rev. critique*, 6 mai 1876, p. 309.

— ÉTYM. *Raconter*, auquel on a donné l'apparence d'un infinitif espagnol ou provençal.

† **RACONTEMENT.** — HIST. *Ajoutez :* XII° s. Et ge jà les ai apris [les miracles] par lo racontement de si religious hommes ke ge de ceax [ceux] en nule maniere non puis doteir, *li Dialoge Gregoire lo pape*, 1876, p. 115.

RADEAU. — HIST. *Ajoutez :* XV° s. Pour monseigneur de Marseille et Jehan de Vaulx, son frere, congé de tirer ung radeau de bois, de la valeur de II° escus, jusques en Avignon et Prouvence, pour bastir leurs maisons qu'ilz y font faire, *Procès-verbaux du conseil de régence de Charles VIII*, p. 81.

† **RADIALEMENT** (ra-di-a-le-man), *adv.* En manière de rayons, de branches. Les trois faisceaux basilaires [des carpelles] opposés aux cloisons se divisent radialement comme ceux qui sont opposés aux loges, TRÉCUL, *Acad. des sc. Comptes rend.* t. LXXXII, p. 883.

† **RADIANCE** (ra-di-an-s'), *s. f.* Néologisme. Qualité, état de ce qui rayonne. Tous ceux chez lesquels, en pareil cas, on n'aperçoit ni l'éclair du désir, ni la radiance de l'extase, BRILLAT-SAVARIN, *Physiol. du goût*, I, 70.

— ÉTYM. *Radiant.*

† **RADIATEUR** (ra-di-a-teur), *s. m.* Terme de physique. Qui a le pouvoir de rayonner. Les corps bons radiateurs.

2. **RADIATION.** *Ajoutez :* — HIST. XV° s. Nonobstant interrupcion, et que desdites sommes s'en fust ensuyvie aucune radiation pour faulte d'acquit, *Procès-verbaux du conseil de régence de Charles VIII*, p. 198.

† **RADICICOLE** (ra-di-si-ko-l'), *adj.* Terme de zoologie. Qui vit dans les racines des végétaux. L'œuf d'hiver [du phylloxéra], origine à la fois des individus radicicoles et des individus folicicoles, BALBIANI, *Journ. offic.* 22 mars 1876, p. 2007, 1re col.

— ÉTYM. Lat. *radix, radicis*, racine, et *colere*, habiter.

1. **RADIER.** *Ajoutez :* || 6° Haut fond naturel d'un cours d'eau où le courant est plus rapide (note communiquée par M. A. Gouault, de Rouen, ingénieur).

— ÉTYM. *Ajoutez :* M. A. Gouault dit dans sa note: « *Radier* ou *raidier* ou *rédier*, de *raide*, parce que ce sont les parties *raides* des cours d'eau. Les bateliers adoptent plus généralement la dernière prononciation. » Cette étymologie (*raide* ou *rade* est la très-ancienne forme française dérivée de *rapidus*, rapide) s'applique facilement à l'acception de haut fond où le courant est plus rapide, et il est encore possible qu'en ce sens *radier* ou *raidier* soit un mot tout différent du *radier*, genre de construction fluviale. Mais celui-ci ne peut être rattaché à *raide*, attendu que, dans le XIV° siècle, *radier* existe avec le sens de madrier. Il n'est pas même complétement isolé; du moins Du Cange, à *radum*, donne *rada in flumine Aufidi*, et *radius*, enclos pour prendre du poisson. Jusqu'à présent on ne peut aller au delà de ces rapprochements.

† **RADIOMÈTRE.** *Ajoutez :* || 2° Terme de physique. Instrument, imaginé par M. Crookes, pour mesurer la force des rayons solaires, *Journ. offic.* 1er juin 1876, p. 3750, 3° col.

RADIS. *Ajoutez :* || Populairement. Il ne lui reste plus un radis, il ne lui reste plus rien, il a mangé tout son bien.

† **RADJPOUTE** (radj-pou-t'), *s. m.* Nom de certains princes indiens. Les nobles kchatriyas, les héros des grands poëmes, conservent dans deux ou trois provinces seulement, sous les noms de naïres et de radjpoutes, la tradition et quelques prérogatives de leur ancienne prépondérance militaire, *Journal officiel*, 16 sept. 1872, p. 6041, 2° col.

— ÉTYM. Sanscr. *rajaputra*, de *raja*, prince, et *putra*, fils.

† **RADON** (ra-don), *s. m.* Œilleton d'artichaut (en Normandie); d'où radonner, ôter les œilletons, pour faire un plan nouveau.

† **RADRESSE** (ra-drè-s'), *s. f.* Ce qui sert à diriger, à remettre dans la bonne route (inusité). Nos pères ont vu des coupeaux de rocher de qui la hauteur était la radresse des mariniers, MALH. *Lexique*, éd. L. Lalanne.

— ÉTYM. *Re...*, et *adresser.*

RAFALE. — ÉTYM. *Ajoutez :* M. J. Storm, *Romania*, avril 1876, p. 182, n'acceptant pas *affaler* pour origine, dit qu'on ne saurait séparer *rafale* de l'esp. *ráfaga*, coup de vent, et que déjà Honnorat a indiqué cette étymologie. Mais le changement de *ráfaga* en *rafale* paraît bien difficile, ou du moins dépourvu de tout intermédiaire. Le portugais dit *rafalo*, au masculin, mais ce semble le mot français. *Raflais*, qui s'est dit d'après Richelet, conduirait au verbe *rafler*: un coup de vent qui rafle, qui emporte. Le passage de *raflais* à *rafale* serait moins difficile que celui de *ráfaga*.

† RAFFAUX. *Ajoutez :* — REM. On trouve aussi écrit rafau.

† RAFFEUX (ra-feû), *s. m.* Nom, dans le canton de Vaud, d'un raisin qui a beaucoup de rafles, peu de grains, et qui s'écrase facilement.

RAFFINER *Ajoutez :* — HIST. XVIe s. Ainsi que les charbons ardens et les flammesches du purgatoire se reservent après ceste vie pour raffiner et recalciner les ames catholiques, MARNIX DE SAINTE-ALDEGONDE, *Tableau des differends de la religion*, t. IV, p. 113, éd. Quinet.

RAFISTOLER. *Ajoutez :* — REM. Dans la Suisse française, on dit *rapistoquer, rabistoquer.* Le bras rapistoqué et la jambe toute neuve, R. TÖPFFER, *Nouv. voyages en zigzag.* Ce mot y est d'un usage familier et habituel.

1. RAFLE, grappe de raisin. — HIST. *Ajoutez :* XIIIe s. Si amassour, si acopart [ses chefs], Si amirant, si amurafle [*amassour, amirant, amurafle*, sont des formes variées du mot *émir*] Vaillant une fueille de rafle N'ont pas conquis en leur assaut, GAUTIER DE COINSY, *les Miracles de la sainte Vierge*, p. 421 éd. abbé Poquet.

† RAFLIA (ra-fli-a), *s. m.* Palmier d'Afrique. Les tissus sont surtout tirés des feuilles de palmier : c'est le raflia de Madagascar qui fournit cette matière précieuse, *Journ. offic.* 9 mai 1876, p. 3164, 1re col.

† RAFRAÎCHISSOIR. *Ajoutez :* || 5° Rafraîchissoir ou mise, récipient de savonnerie, *Circul. des contrib. indir.* 13 fév. 1874, n° 114, p. 2.

† RAGLAN (ra-glan), *s. m.* Sorte de pardessus pour homme. Il n'est resté, en souvenir de la guerre de Crimée, que le raglan, pardessus plus commode et plus élégant que le paletot, E. DE LA BÉDOLLIÈRE, *Hist. de la mode*, ch. XVII, Paris, 1858.

— ÉTYM. Lord *Raglan*, général commandant l'armée anglaise dans la guerre de Crimée.

† RAGONDIN ou RAT GONDIN (ra-gon-din), *s. m.* Animal dont le poil est employé dans la chapellerie. Les poils de lapin, de lièvre, de castor, de ragondin et autres, propres à la chapellerie, *Tarif des douanes*, 1869, p. 151. || On écrit aussi rat gondin. Le rat gondin est d'un usage encore moins répandu [que le rat musqué] en chapellerie; sa nuance est brune; on n'en met guère que dans les chapeaux raz de poil, afin de donner une nuance brune ou de la douceur au chapeau, *Dict. des arts et manufactures*, CH. LABOULAYE, 1867, *chapeaux.*

† RAGOSSE (ra-go-s'), *s. f.* En basse Normandie, arbre étêté. Premier lot : sur la pièce nommée le *Grand-Passoir*, un hêtre, six ragosses de chêne et deux chênes à tête, *le Nouvelliste de l'arrond. d'Avranches*, 10 déc. 1876.

— ÉTYM. Origine inconnue, mais tenant à *ragot* 4 (voy. ci-dessous).

† 4. RAGOT (ra-go), *s. m.* Bâton court et gros, dans le parler de Guernesey, DENIS CORBET, *le Jour de l'an en français et en guernesiais*, Guernesey, 1875, p. 28.

— ÉTYM. Origine inconnue.

† RAGOTÉ, ÉE (ra-go-té, tée), *adj.* Terme provincial. Débarrassé des branches ou bouts de branches, en vue d'un tassement régulier. Les propriétaires doivent tenir la main à ce que leurs bois soient façonnés avec beaucoup de soin, c'est-à-dire que les bûches soient parfaitement ragotées, saines, sans écorchures et sans courbures sensibles, *Mém. de la Soc. d'agric.* 1873, p. 254.

— ÉTYM. Voy. ci-dessus RAGOT 4.

† RAGOULEMENT (ra-gou-le-man), *s. m.* Murmure que fait entendre un chat satisfait (inusité). Lorsqu'elle joue ou qu'on la caresse [la marmotte], elle a la voix ou le murmure d'un petit chien ou le ragoulement d'un chat, ADANSON, *Cours d'hist. nat.* 1772, t. I, p. 166, Paris, 1845.

RAÏA. *Ajoutez :* — REM. Dans l'exemple de Voltaire : Quand un raïa passe devant une pagode..., il faut lire *rajah.* Ce n'est pas d'un *raïa*, c'est d'un *rajah* qu'il s'agit.

1. RAIE. || 3° Séparation des cheveux sur la tête. *Ajoutez :* || Laisser reposer sa raie, ne plus se coiffer, ou se coiffer autrement que d'habitude pour ne pas dégarnir la raie de chaque côté de laquelle les cheveux sont tirés. Quand tu étais jeune et que tu avais de fort beaux cheveux, tu étais enchantée d'aller à la campagne pour laisser reposer ta raie, E. LEGOUVÉ, *À propos d'une dot*, scène lue dans la séance publique des cinq Académies, le 25 oct. 1873.

RAILLER. — ÉTYM. *Ajoutez : Railler* est le même mot que *érailler*; et, comme il est probable que *érailler* a pour origine *eradiculare*, il est probable aussi que *radiculare* est l'origine de *railler* (voy. ÉRAILLER au Supplément).

RAIS. *Ajoutez :* || 5° Terme forestier. Branche, en parlant du sapin. Les rais ou branches de sapin forment la meilleure partie de l'arbre comme combustible; pour cet emploi, le bois de sapin peut valoir la moitié du hêtre, BROILLIARD, *Rev. des Deux-Mondes*, 15 avril 1876, p. 922.

RAISON. || 12° Raison d'État. *Ajoutez :* || Au sens général de raison politique. Pour Sersale, il n'y a pas d'apparence qu'il soit jamais pape; en outre de l'éloignement d'une grande partie du sacré collége pour sa personne, il a quantité de neveux, qui sont tous pauvres; c'est une raison d'État à laquelle on fait la plus grande attention, *Lettre de d'Aubeterre au duc de Choiseul*, du 17 mai 1769, dans THEINER, *Histoire du pontificat de Clément IV*, t. I, p. 286.

RAISONNER. || 4° Répliquer, alléguer des excuses. *Ajoutez :* || Avec un régime indirect. Comment ventrebleu, dit le Sultan, si j'en veux faire usage? je commence par vous, si vous me raisonnez, DIDEROT, *Bijoux indiscrets*, I, 6.

† RAIZE (rè-z'), *s. f.* Nom donné, dans Maine-et-Loire, à des rigoles servant dans les champs à l'écoulement des eaux, *les Primes d'honneur*, Paris, 1872, p. 162.

— HIST. XVe s. Quand ilz furent sur une rase ou fossé, DU CANGE, *rasa.* Une raise ou besal pour conduire l'eaue au pré, ID. *ib.* Icellui Dinat fist clore le chemin, et y fist faire grans fossés et razes, ID. *rasa.*

— ÉTYM. Provenç. *rasa*, fossé; dérivé du lat. *rasus*, participe de *radere*, au sens de creuser.

† RAJEUNISSANT, ANTE (ra-jeu-ni-san, san-t'), *adj.* Qui rajeunit. Moi qui ai droit de mourir par l'âge et par les travaux, elle le front déjà incliné par les épreuves d'enfance et par la sagesse avant l'heure, nous n'en vivions pas moins de la rajeunissante haleine de cette mère aimée, la nature, MICHELET, dans OTH. D'HAUSSONVILLE, *Rev. des Deux-Mondes*, 1er juin 1876, p. 491.

RAJUSTER. — HIST. *Ajoutez :* XIIe s. Que vendra [viendra] tens, siecle e termine, Si cum Deus pramet e destine, Que l'alme al cors repairera Et toz les os rajostera, BENOIT, *Chronique*, t. II, p. 298, v. 24225.

1. RÂLE. — HIST. XIVe s. *Ajoutez :* Li raalles est uns oyseaux Es ayves entre les ruisseaux, MACÉ, *Bible en vers*, f° 33, 2e col.

RALLIÉ. *Ajoutez :* || Rallié de. Mais un reste des siens, ralliés de leur fuite, RAC. *Lexique*, éd. P. Mesnard.

† RALLIE-PAPIER (ra-lie-pa-pié), *s. m.* Jeu équestre dans lequel deux cavaliers partent les poches pleines de morceaux de papier qu'ils sèment et qu'il s'agit de relever en suivant leur trace (en anglais, *papier-hunting*).

— ÉTYM. *Rallie!* à l'impératif, les *papiers.*

† RAM (ram'), *s. m.* Navire cuirassé jouant le rôle de bélier. Un projectile de quinze pouces du poids de deux cent quarante livres.... traversa la cuirasse du ram confédéré.... *Rev. des Deux-Mondes*, 1er déc. 1867, p. 695.

— ÉTYM. Angl. *ram*, bélier. Le parler normand a *ran*, bélier, DELBOULLE, *Gloss. de la vallée d'Yères*, le Havre, 1876, p. 281. *Ran* est aussi dans Cotgrave.

RAMAGE. *Ajoutez :* || 6° Ancien terme de jurisprudence. Branche d'une ligne généalogique. Et pour ce que la ligne vient de plusieurs ramages, les biens doivent être répartis à chacun ramage, *Coutume de Bretagne*, art. 593.

† 2. RAMASSE (ra-mâ-s'), *s. f.* Terme technique. Outil cylindrique garni de dents plus ou moins fines, qui sert à élargir ou à nettoyer un canal creusé dans une pièce de bois ou de métal.

† RAMASSE-MIETTES (ra-mâ-se-miè-t'), *s. m.* || 1° Brosse avec laquelle on débarrasse des miettes la table à manger. || 2° Plateau ou bassin dans lequel on ramasse les miettes. Ramasse-miettes avec la brosse, sujets et personnages chinois; fond noir, *Journ. offic.* 4 déc. 1876, p. 8998, 1re col.

† RAMASSEUR. *Ajoutez :* || 2° Ramasseur de sacs, homme qui rassemble les sacs de farine apportés à Paris, et les remet vides aux chemins de fer, qui les remportent gratuitement.

† RAMBOUTAN (ran-bou-tan), *s. m.* Nom malais d'une plante et d'un fruit de l'Archipel indien (*nephelium echinatum* ou *euphoria*).

1. RAME. *Ajoutez :* || 4° Dans l'exploitation des bois du Morvan, rame, résidu de la bûche marchande, susceptible d'être transformé en menuise, en charbonnette et en fagots, *Mém. de la Soc. cent. d'agriculture*, 1873, p. 277.

† RAMENDAGE. *Ajoutez :* || 3° Action de raccommoder les filets de pêche endommagés. Pendant la saison du hareng, l'atelier se charge à forfait du ramendage et de l'entretien des filets, J. DELAHAIS, *Notice historique sur l'écorage*, Dieppe, 1873, p. 109.

† RAMENDEUSE (ra-man-deû-z'), *s. f.* Femme qui raccommode les filets endommagés. Depuis 1859, plus de deux cents jeunes filles de marins, de onze à quinze ans, ont été reçues dans cet atelier [atelier-école de filets].... les unes sont rentrées dans leurs familles, où elles travaillent; les autres ont pu se placer comme ramendeuses chez des propriétaires de filets et gagner environ 1 fr. 50 c. par jour, J. DELAHAIS, *Notice historique sur l'écorage*, Dieppe, 1873, p. 108.

RAMENER. *Ajoutez :* || 21° Absolument, ramener ses cheveux sur le devant de la tête. M. de Niollis est un de ces chauves qui ramènent..., V. CHERBULIEZ, *Rev. des Deux-Mondes*, 15 janv. 1876, p. 269.

† 3. RAMETTE (ra-mè-t'), *s. f.* Nom donné, dans le Hainaut, à une maladie de la bouche chez les enfants à la mamelle; c'est le muguet, EUG. ROLLAND, *France populaire*, 1877, p. 130.

† RAMIE (ra-mie), *s. f.* Ortie de Chine, *urtica nivea.* La ramie ou ramié ou encore china-grass, car l'on est loin d'être fixé sur le véritable nom de cette plante originaire de la Chine, végète admirablement en Algérie..., GUY, *l'Algérie*, 1876, p. 90. *Bœhmeria nivea* (*tchou-ma* des Chinois, ramie des îles de la Sonde), dont les fibres sont aussi remarquables par leur blancheur et leur aspect soyeux que par leur ténacité; utilisée comme plante textile sous le nom de *china-grass*; déjà en usage au XVIe siècle dans les Pays-Bas (famille des urticées), DECAISNE et LEMAOUT, *Botanique*, 2e édition.

— REM. On dit aussi : ramié et ramal. On le fait quelquefois masculin. Le ramie, ou ortie de Chine, est une plante de la famille des orties, qui pousse spontanément dans l'Inde anglaise, en Chine, à Java et autres pays de l'extrême Orient, *Rev. Brit.* avril 1874, p. 352. Le ramie ou china-grass (*urtica nivea, bœhmeria*), *Journ. offic.* 15 mai 1873, p. 3110, 3e col.

† 2. RAMIER. *Ajoutez :* || 3° Nom donné, dans le sud-ouest de la France, à des boutures de rameaux de saule et de peuplier qu'on plante avec toutes leurs ramilles sur le bord d'une rivière, pour diminuer la rapidité du cours de l'eau dans les débordements. Une compagnie de pontonniers, écrit-on de Toulouse, vient de jeter sur la Garonne un pont de bateaux reliant le ramier du moulin de Bazacle au quartier de Bourassol à Saint-Cyprien, *Journ. offic.* 7 juill. 1875, p. 5053, 1re col.

† RAMILLON (ra-mi-llon, *ll* mouillées), *s. m.* Petit rameau, petite branche. Sur un ramillon suspendu au-dessus de sa tête, deux moineaux..., *le Temps*, 31 mai 1876, *Feuilleton*, 1re page, 4e col.

— ÉTYM. Dérivé de *ramille* (voy. RAMILLES).

RAMOLLISSEMENT. *Ajoutez :* || 3° Fig. Adoucissement. Voilà l'influence de la belle nature sur l'âme du braconnier; car j'attribue ce ramollissement [avoir épargné un renardeau] à la contemplation de l'étoile du berger dans les longues heures d'attente, CARTERON, *Premières chasses, Papillons et oiseaux*, p. 142, Hetzel, 1866. || 4° De l'emploi médical (voy. RAMOLLI au Dictionnaire), ramollissement a passé dans le langage vulgaire pour signifier hébétement. La nation française était déjà bien préparée au ramollissement par les gouvernements précédents, *Rapport des horlogers en pendule sur l'Exposition de Vienne*, cité par DUCARRE, *Journ. offic.* 18 nov. 1875, p. 9429, 3e col.

RAMONAGE. *Ajoutez :* — HIST. XVIe s. Demeurant à la charge du propriétaire toutes autres refections, et mesme le ramonage de la cheminée, *Coust. gen.* t. I, p. 512.

RAMONEUR. *Ajoutez :* — HIST. XVIe s. Il faudroit un autre ramonneur que vous, *Sat. Ménippée*, p. 108.

RAMPANT. || 6° *Ajoutez :* || *S. m.* Un rampant un tour d'un bandage rampant.

† RAMS (ram's'), *s. m.* Jeu de cartes, qui se joue à trois, quatre, cinq ou six personnes, chaque joueur ayant cinq cartes; il y a un atout, déterminé par la tournante; on passe si l'on veut; mais celui qui ne fait pas de pli est ramsé, et reprend

cinq jetons, tandis que les autres se débarrassent d'autant de jetons qu'ils font de plis. Chacun d'entrée de jeu reçoit cinq jetons. On est hors de jeu quand on a réussi à s'en débarrasser. Le joueur qui reste seul chargé de jetons est le perdant. Un robuste gentilhomme campagnard, chassant six mois de l'année et passant les six autres mois à des parties de pêche ou à des parties de rams, A. THEURIET, *Rev. des Deux-Mondes*, 15 avril 1876, p. 734.

† **RAMSER** (ram'-sé), *v. n.* Jouer au jeu de rams. || Être ramsé, ne pas faire de pli.

RAMURE. — HIST. *Ajoutez* : XIIe s. Un cerf troverent maintenant, De XX ramors et fier et grant, BENOIT DE SAINTE-MORE, *Roman de Troie*, v. 29155.

† **RAN**, ou **RANC**, ou **RANG** (ran), *s. m.* Nom du toit à porcs en Champagne et en Belgique.

— ÉTYM. D'après M. d'Arbois de Jubainville, *Mém. de la soc. de linguist. de Paris*, t. II, p. 39, c'est le mot franc *chramnæ* ou *hramne*, qui, d'après lui, a ce sens dans la loi Salique.

† **RANCART.** *Ajoutez* : — ÉTYM. Le normand dit *récart* : *mettre au récart*, mettre de côté, au rebut, dans un coin, DELBOULLE, *Gloss. de la vallée d'Yères*, le Havre, 1876, p. 287 ; ce qui semble se décomposer en *re* et *écart*. D'un autre côté le pays romand dit *raccard* pour grenier; si *rancart* et *raccard* étaient le même mot, *mettre au rancart* serait mettre au grenier.

† **RANCH** (ranch'), *s. m.* Nom, dans l'Amérique du Nord, de bâtiments dressés dans quelque lieu désert. Quatre cents Sioux et Cheyennes ont attaqué un ranch, à soixante-dix milles au nord-est de Trinidad (Colorado), et ont massacré la famille qui l'habitait...., le même jour, une bande nombreuse de Peaux-Rouges a attaqué le ranch à bétail de Jones frères, Extr. du *Courrier des États-Unis*, dans *Journ. offic.* 9 oct. 1872, p. 6405, 3e col.

— ÉTYM. Voy. RANCHERIE au Dictionnaire.

† **RANCHET.** *Ajoutez* : Enjoint aux voituriers conduisant moellons, d'avoir des ridelles et ranchets assez forts..., *Ordonnance de police*, 20 sept. 1782.

RANCI, IE. *Ajoutez* : || Fig. J'ai critiqué la composition de l'ouvrage et l'odeur un peu rancie qu'il exhale, L. RATISBONNE, *J. Débats*, 14 févr. 1867.

† **RANCISSEMENT** (ran-si-se-man), *s. m.* Action de rancir, de devenir rance. Le rancissement est une décomposition lente des corps gras, *Dict. de méd. et de chir.*

RANÇON. *Ajoutez* : || 3e Billet de rançon, billet souscrit par un capitaine de navire capturé pour être mis en liberté (DALLOZ).

RANG. || 1e *Ajoutez* : Art. 2 : les voitures y seront placées soit en file, c'est-à-dire à la suite les unes des autres, soit en rang, c'est-à-dire roues contre roues, *Ordon. de police*, 29 déc. 1863.

RANGÉE. — HIST. *Ajoutez* : XIIe s. Ellevos [voilà que] sodainement en la place devant l'uiz de cele meisme cele [cellule] stiurent [*steterunt*, se tinrent] dous [deux] rengies de chantanz, *li Dialoge Gregoire lo pape*, 1876, p. 214. Entre les rengies des sovrains citains [citoyens], *ib.* p. 349.

† **RAPASSIER** (ra-pa-sié), *s. m.* Nom, dans le Languedoc, de celui qui récolte les truffes.

— ÉTYM. Le même que *rabassaire* ou *rabassier* (voy. ce mot au Supplément).

RAPATELLE. — ÉTYM. *Ajoutez* : L'origine étant inconnue, M. Bugge, *Romania*, n° 10, p. 156, conjecture que ce mot est emprunté à l'espagnol ou plutôt au portugais, et qu'il contient *rabo*, queue, qui se dit aussi de la queue du cheval, et *tela*, toile. C'est une conjecture à enregistrer.

† **RÂPERIE** (râ-pe-rie), *s. m.* Lieu, dans une fabrique de sucre, où l'on râpe les betteraves. Le générateur de la râperie venait de sauter, *Journ. offic.* 30 nov. 1875, p. 9853, 2e col.

— ÉTYM. *Râper.*

† **RAPIA** (ra-pi-a), *s. m.* Terme populaire. Pingre, grippe-sou. On connaît le raisonnement économique de ce pingre donnant une soirée sans rafraîchissements, sous prétexte que plus on boit plus on a soif...; c'est très-réussi comme théorie de rapia..., *Gaz. des Trib.* 1er-2 févr. 1875, p. 106, 4e col.

— ÉTYM. Norm. *rapiat*, celui qui rapine, du lat. *rapere.*

RAPIDE. *Ajoutez* : || 9e Terme de chemin de fer. Un rapide, train allant avec une vitesse très-rapide. Grâce aux express et surtout aux rapides, il n'y a plus de distance entre Paris et Marseille, A. BELOT, *Mlle Giraud ma femme*, ch. XXII.

RAPIDITÉ. *Ajoutez* : || 3e Habileté à écrire, à composer très-vite. Aubert, socinien, ennemi implacable de Jurieu, et qui écrit, en effet, tous les jours en Hollande contre lui; c'est un homme d'une rapidité à accabler Jurieu, FÉN. *Lett. à Seignelay*, juill. 1676, dans *Rev. polit. et litt.* 31 oct. 1874.

† **RAPIQUER** (ra-pi-ké), *v. n.* Terme de marine. Se dit d'un vaisseau qu'on dirige de manière à serrer le vent au plus près.

† **RAPPE, ÉE.** *Ajoutez* : — REM. Le *rappe* ou *rappen* suisse vaut exactement un centime.

RAPPEL. || 6e *Ajoutez* : || Fig. Distribution, dans la toilette d'une femme, de nuances qui se rappellent l'une l'autre. Leurs toilettes [de la mère et de la fille], quoique merveilleusement assorties à leur âge, avaient entre elles de secrets et charmants rappels, OCT. FEUILLET, *Rev. des Deux-Mondes*, 1er sept. 1875, p. 12. || 9e Terme de législation. Abrogation expresse d'une loi. C'est en 1824 que fut voté [par le parlement anglais] le rappel des lois sur les coalitions [d'ouvriers], PAUL LEROY-BEAULIEU, *Journ. des Débats*, 17 juin 1876 (c'est une expression anglaise qui tend à s'établir dans le français).

† **RAPPELABLE.** *Ajoutez* : Lorsque les infirmités ont cessé, quand il est constaté que les officiers peuvent reprendre leur service, ils sont rappelables dans les rangs, *Journ. offic.* 14 févr. 1872, p. 1076, 2e col.

RAPPELER. *Ajoutez* : || 15e Terme de législation. Rappeler une loi, en prononcer l'abrogation expresse (c'est l'anglais *to repeal*).

† **RAPPETISSE** (ra-pe-ti-s'), *s. f.* Terme de tricot. Ce sont deux mailles tricotées ensemble à la même place, de trois en quatre tours pour former le bas de la jambe ou le pied d'un bas. Les diminutions se font partout; les rappetisses désignent plutôt les suppressions de mailles pour la forme du bas. || On dit aussi appetisses.

† **RAPPLIQUER.** *Ajoutez* : || 2e Au propre, appliquer, ajuster de nouveau. On bouche hermétiquement le trou en rappliquant le fragment détaché, et l'on place le bambou sur le feu; le riz est cuit avant que ce fragile récipient ait eu le temps de se consumer, G. BOUSQUET, *Rev. des Deux-Mondes*, 1er janv. 1877, p. 85.

RAPPORT. *Ajoutez* : || 22e Fête de village, dans la Haute-Marne. C'est aujourd'hui la Saint-Michel, répondit Antoine, et ils vont sans doute au rapport d'Amorey. — Et qu'est-ce que ce rapport? — Une fête patronale qui se célèbre en plein bois, près d'une source plus ou moins miraculeuse, A. THEURIET, *Rev. des Deux-Mondes*, 1er mai 1876, p. 27.

— REM. *Ajoutez* : || 2. Rapport à, se dit populairement et très-mal au lieu de : par rapport à. Ce brave philosophe anglais [Priestley].... dont on a boucané la maison et ravagé les possessions à Birmingham, rapport à nous, et parce qu'il célébrait la fête de la liberté, devrait venir parmi nous..., *L. du P. Duchêne*, 150e lettre, p. 8.

RAPPORTÉ. *Ajoutez* : || 4e Qui a fait l'objet d'un rapport. Je viens demander la mise à l'ordre du jour de la proposition rapportée par l'honorable M. de..., *Journ. offic.* 6 févr. 1875, p. 991, 1re col.

RAPPRENDRE. *Ajoutez* : || 2e Enseigner de nouveau. Au pis aller, si vous l'oubliez [le latin], je m'offre de vous le rapprendre cet hiver, VOIT. *Lett.* 82.

— HIST. XVIe s. A elle quelque fois s'adressent les vieillards, auxquels elle rapprend encore le mestier, CHOLIÈRES, *Contes*, 7e *matinée*, t. I, p. 241, *verso.*

RAPPROCHÉ. *Ajoutez* : || 4e Terme de marine. Point rapproché, point déterminé par le croisement de la droite de hauteur et de la direction azimutale de l'astre observé, *Acad. des sc. Comptes rend.* t. LXXXII, p. 534. || 5e *S. m.* En termes de bourse commerciale, le rapproché, ce qui est livrable dans un terme rapproché, voisin. Après avoir gagné du terrain, les spiritueux sont de nouveau en baisse, à Paris, sur le rapproché aussi bien que sur les époques éloignées, *Journ. offic.* 27 août 1877, p. 6024, 1re col.

† **RAPRÈS-COUP** (ra-prè-kou), *s. m.* Néologisme. Acte par lequel on cherche à se rattraper. Serait-ce que cela tient à ce qu'à qui la vraie jeunesse a manqué en sa saison sont plus sujets que d'autres à ces raprès-coup et à ces revenez-y de jeunesse? SAINTE-BEUVE, *Nouveaux Lundis*, t. II, *Art. sur Louis XIV et le duc de Bourgogne.*

— ÉTYM. *Re...*, *après*, et *coup*.

RARE. || 8e *Ajoutez* : || Terme de chirurgie. Pansements rares, pansements qui se font à des intervalles éloignés. Le pansement à la ouate agit surtout et avant tout comme pansement rare, H. DE PARVILLE, *Journ. offic.* 14 janv. 1875, p. 342, 2e col.

— HIST. *Ajoutez* : XIIe s. Mult est rere chose que noz anemis [le diable] servet al salut des eliiz, *Job*, p. 508.

RARÉFACTION. *Ajoutez* : || 2e Terme de commerce. Diminution dans la quantité, dans l'offre d'une denrée. Depuis un peu plus de quinze ans, la raréfaction des vins et l'élévation de leur prix ont rejeté les populations, surtout les populations ouvrières, vers l'alcool, DESJARDINS, *Rapport du 7 janv. 1872 à l'Assemblée nationale*, n° 786, p. 10.

† **RASAGE** (ra-za-j'), *s. m.* Action de raser, de faire la barbe. Hôtel des Invalides : adjudication des fournitures de denrées, combustibles, divers objets de consommation, rasage et coupe de cheveux à faire, *Journ. offic.* 15 sept. 1875, p. 7966, 3e col.

RASANT. *Ajoutez* : || 5e Fig. Qui rase tout, surmonte tout. Cet esprit si beau [Satan], orné de tant de connaissances si rasantes, parmi tant de merveilleuses conceptions n'estime et ne chérit que celles qui lui servent à renverser l'homme, BOSS. I, *Démons*, 2.

† 3. **RASE** (ra-z'), *s. f.* Dans le Puy-de-Dôme, rigole d'arrosement, *les Primes d'honneur*, p. 441, Paris, 1874.

— ÉTYM. Voy. ci-dessus RAIZE.

† 2. **RASETTE** (ra-zè-t'), *s. f.* Nom, dans le Pas-de-Calais, d'un instrument dit aussi sarclète et binette flamande, qui sert à sarcler, *les Primes d'honneur*, Paris, 1869, p. 83, et Paris, 1874, p. 78.

— ÉTYM. *Raser.*

† **RASEUR.** *Ajoutez* : || 2e Ouvrier qui rase, tond les étoffes. Raseur de velours, celui qui rase le velours, *Tarif des patentes*, 1858. || 3e Populairement, et fig. C'est un raseur, c'est un fâcheux, un ennuyeux. Molière, en écrivant les Fâcheux, a deviné les raseurs de l'avenir, BLUM, *le Rappel*, 21 juill. 1869.

— HIST. XIVe s. *Rasor*, raseres, ESCALLIER, *Vocab. lat.-franç.* 2134.

† **RASIS (BLANC-)** (blan-ra-zis'), *s. m.* Voy. BLANC-RHASIS.

† **RASKOL** (ra-skol), *s. m.* Nom, au sein de l'Église russe, d'une doctrine religieuse, sorte de protestantisme qui donne à ses adhérents un caractère d'austère moralité, *Rev. crit.* 5 mai 1877, p. 293. Le raskol, c'est-à-dire le schisme, n'est ni une secte, ni même un groupe de sectes; c'est un ensemble de doctrines ou d'hérésies souvent différentes et opposées.... à cet égard, le raskol n'a d'autre analogue que le protestantisme, A. LEROY-BEAULIEU, *Rev. des Deux-Mondes*, 1er nov. 1874, p. 6. On a vu il n'y a pas longtemps les filles de riches marchands de Moscou passer solennellement à la secte..., se convertir au raskol, *Journ. offic.* 9 sept. 1872, p. 5926, 1re col.

— ÉTYM. Russe, *raskol*, du verbe *raskolot*, fendre en deux, nom donné par l'Église orthodoxe grecque à la doctrine de ceux des catholiques-grecs russes qui n'acceptèrent pas les corrections faites aux textes des livres sacrés dans la traduction due au patriarche Nikon, de Moscou, vers 1666.

† **RASKOLNIK** (ra-skol-nik'), *s. m.* Sectateur du raskol. Le nombre des femmes de raskolniks envoyées pour ce crime [infanticide] en Sibérie se compte par milliers, *Journ. offic.* 9 sept. 1872, p. 5926, 1re col. Encore aujourd'hui il est des raskolniks en rébellion systématique contre les procédés élémentaires de l'État, A. LEROY-BEAULIEU, *Rev. des Deux-Mondes*, 1er nov. 1874, p. 16.

— REM. Les raskolniks, qui sont devenus très-nombreux en Russie et se divisent en sectes diverses, n'acceptent pas ce nom, dans lequel ils voient une injure. Ils se nomment eux-mêmes vieux croyants, mais orthodoxes, et traitent leurs adversaires de *nikoniens* (voy. ci-dessus).

† 2. **RASSADE** (ra-sa-d'), *s. f.* Nom, dans le Var, d'un petit sentier. Ils [les gardes ambulants] veilleraient notamment à ce que la parcelle écobuée soit entourée d'un sentier dit rassade, *Enquête sur les incendies de forêts*, p. 59.

† **RASSAINIR** (ra-sè-nir), *v. a.* Assainir de nouveau, ou, simplement, assainir. Le drainage généralisé a rassaini complétement le pays et doublé la production, *Journ. offic.* 17 déc. 1873, p. 7852, 1re col.

RASSEMBLÉ. *Ajoutez :* || 2° Où beaucoup d'événements se rassemblent, se pressent. Le trouble, l'agitation, la surprise, la foule, le spectacle confus de cette nuit si rassemblée [la nuit de la mort du grand Dauphin], ST-SIM. *Scènes et portraits choisis* dans *les Mém. authentiques du duc de St-Simon*, par Eug. Lanneau, Paris, 1876, t. I, p. 246.

RASSEMBLER. *Ajoutez :* || 7° Se rassembler à, se réunir avec. [L'homme qui meurt] doit se résoudre ou qu'il s'en va recevoir une meilleure vie, ou pour le moins qu'il retournera se rassembler à sa nature et à ce tout duquel autrefois il était venu, MALH. *Lexique*, éd. L. Lalanne.

RASSEOIR. — HIST. XIII° s. *Ajoutez :* Lors vint avant li rois de Saint Denis Vers l'apostole [le pape], congé li a requis Moult humblement com sages et rassis, *les Enfances Ogier*, publiées par Scheler, Bruxelles, 1874, v. 7381.

† **RASSÉRÈNEMENT.** *Ajoutez :* La conversion [du cinq pour cent] n'est malheureusement pas prochaine; il faut, pour l'opérer, un rassérènement de l'horizon politique, PAUL LEROY-BEAULIEU, *Journ. des Débats*, 13 déc. 1876, 1re page, 5e col.

† **RASSIETTE** (ra-siè-t'), *s. m.* Ancien terme de droit. Action de rendre en terres une somme qu'on a reçue en argent et qu'on est obligé de rembourser. Vous savez que Mme de Sévigné m'a apporté en mariage deux cent mille francs; il serait difficile, ma chère sœur, que, sans être entièrement ruinée, vous rendissiez en espèces une si grosse somme; mais la coutume de Bretagne y a pourvu; elle ordonne que l'on fasse une rassiette en terres, CH. DE SÉV. *à Mme de Grignan*, dans SÉV. t. X, p. 444, éd. Regnier.

RASSIS. || 5° Terre rassise, terre remuée qui a été laissée en repos assez longtemps pour que ses talus aient acquis toute leur solidité.

† **RASTE** (ra-st'), *s. f.* Mesure de longueur chez les anciens Germains, valant 4444 mètres; c'est la même chose que notre ancienne lieue géographique de 25 au degré.

— ÉTYM. Allem. *Rast*, repos, étape.

2. **RAT.** *Ajoutez :* || 14° Un rat se dit populairement et injurieusement pour désigner celui qui craint de faire la moindre dépense. || *Adjectivement.* Il est trop rat pour payer sa part. || 15° Queue de rat, ou, plus ordinairement, un rat, synonyme de rat de cave (voy. RAT, au n° 9), c'est-à-dire espèce de bougie mince, longue et enroulée sur elle-même. Un témoin a vu un homme mettre le feu avec une queue de rat, *Gaz. des Trib.* 30 oct. 1872, p. 1063, 3e col. || Proverbe. *Ajoutez :* || De la maison du chat n'est jamais soûl le rat. || Beaucoup sait le rat, mais encore plus le chat. || Au paresseux laboureur les rats mangent le meilleur, EUG. ROLLAND, *Faune populaire*, Paris, 1877, p. 22. || Gueux comme un rat d'église, très-gueux, très-pauvre, sans doute parce que, dans les églises, les rats trouvent peu à manger.

RATAFIA. — ÉTYM. *Ajoutez :* D'après M. Petilleau, *ratafia* est un mot oriental, formé de *arach* ou *rack*, eau-de-vie de riz, et *tafia*, eau-de-vie de canne.

2. **RATÉ.** *Ajoutez :* || 4° *S. m.* Un raté, un homme qui n'a pas réussi en ses entreprises, un fruit sec. *Jack* [d'Alph. Daudet] nous promène à travers des groupes sociaux plus divers et plus étendus : les ouvriers des brûlantes usines, les ratés — c'est le mot pittoresque de l'auteur — de la bohème lettrée..., E. MONTÉGUT, *Rev. des Deux-Mondes*, 1er déc. 1876, p. 629. Et qu'est-ce que le père Chèbe lui-même, avec ses déménageaisons de négoce et ses locations de boutiques aux rayons destinés à rester vides, sinon un raté du commerce? *ib.* p. 630.

† **RÂTELAGE.** *Ajoutez :* || 2° Anciennement, droit de râtelage, espèce de servitude imposée aux fonds de terre, au profit des pauvres des paroisses, qui allaient râteler le sol après la récolte faite.

RÂTELIER. || 1° *Ajoutez :* || Fig. Hausser le râtelier, couper les vivres, retrancher l'argent. La mauvaise prêtraille ne mérite pas moins que les fermiers généraux que vous lui haussiez le râtelier, *Cahier des plaintes des dames de la halle*, p. 14, 1789, dans CH. NISARD, *Parisianismes*, p. 140.

† **RÂTELURES** (râ-te-lu-r'), *s. f. pl.* Ce qu'on ramasse avec le râteau. Râtelures de blé, d'avoine, DELBOULLE, *Gloss. de la vallée d'Yères*, le Havre, 1876, p. 284.

† **RATIONALISER** (ra-sio-na-li-zé), *v. a.* Donner le caractère rationnel. Ce théisme [de l'abbé de Saint-Pierre] doucement rationalisé, à ravir un Bernardin de Saint-Pierre, STE-BEUVE, *Causeries du lundi*, t. XV (*l'abbé de Saint-Pierre*).

† **RATIONNAIRE** (ra-sio-nè-r'), *s. m.* Terme militaire. Homme qui reçoit une ration. Les magasins de la place ne renferment plus, depuis ce matin, que 832479 rations de pain; or, le nombre des rationnaires étant de 160000, nous n'avons plus de pain que pour 5 jours, *Gaz. des Trib.* 9 oct. 1873, p. 975, 3e col. || Par extension. La reine [de Nuhiva, une des Marquises] est rationnaire de l'État, et touche une solde de 600 francs, payable par mois, *Journ. offic.* 25 janv. 1877, p. 565, 1re col.

RATIONNER. *Ajoutez :* || 2° Il se dit aussi de la chose mise en ration. Dans un grand nombre de localités les puits et les mares sont desséchés, et l'on est obligé de rationner l'eau, *Journ. offic.* 3 juill. 1870, p. 1163, 1re col.

† **RATTACHEMENT** (ra-ta-che-man), *s. m.* Action de rattacher, état de ce qui est rattaché. Vous savez quelle extension ont prise, dans ces dernières années, les territoires civils de chacune des trois provinces [de l'Algérie]; j'ai continué à faire étudier de nouveaux rattachements, CHANZY, *Journ. offic.* 19 déc. 1876, p. 9500, 1re col.

RATTACHER. — HIST. *Ajoutez :* XII° s. Les blans haubers [ils] ont endossés, Et les cauces de fier lachies [lacées], Et les enarmes ratachies, *Perceval le Gallois*, v. 24390. || XIV° s. Là les vot Jhesucris si dignement aidier, C'à cascun chisne [cygne] [un jeune prince] va sa kaine [chaîne] ratakier, *le Chevalier au cygne*, v. 2148.

† **RATTENDRE** (ra-tan-dr'), *v. a.* Terme populaire. Attendre quelqu'un avec une intention bonne ou mauvaise. Le jour même du crime, il avait dit qu'il s'attendait à être rattendu le soir, *Gaz. des Trib.* 24 nov. 1875, p. 1122, 3e col. Le jour du crime vous avez fait personnellement des menaces à M...; celui-ci a exprimé la crainte que vous ne le rattendissiez le soir, *ib.* 4e col.

† **RATTRAPAGE** (ra-tra-pa-j'), *s. m.* Action de se rattraper, de regagner. Il serait peut-être prudent de ne pas quitter un ancien fournisseur, pour réaliser l'économie offerte, avant de s'assurer si elle existe bien et sans le rattrapage sur la quantité ou la qualité, *Gaz. des Trib.* 9 juin 1875, p. 552, 3e col.

RATTRAPER. — HIST. *Ajoutez :* XIII° s. Et cil seroit pendus ou ars, Se on le povoit ratraper; De ce ne porroit eschaper, ADENES LI ROIS, *Cleomades*, v. 4618, publié par Van Hasselt, Bruxelles, 1865.

† **RAUCHEUR** (rô-cheur), *s. m.* Dans les mines, ouvrier occupé à élargir les galeries affaissées. Quand ils [les mineurs] sont encore capables de faire un travail à la tâche, ils gagnent alors comme raucheurs un salaire de 4 fr. par journée; sinon, ils sont occupés comme raccommodeurs..., *la Rev. scientifique*, 21 août 1875, p. 185.

† **RAUDANITE** (rô-da-ni-t'), *s. f.* Silice d'Auvergne qu'on emploie dans les poudreries de l'Etat pour la fabrication de la dynamite, *Journ. offic.* 6 févr. 1875, p. 993, 1re col.

† **RAUFFEUR** (rô-feur), *s. m.* Terme allemand usité dans la Suisse française. Ferrailleur, bretailleur. L'avant-garde est menée par un vieux rauffeur à tous crins, Mme DE GASPARIN, *Voyages, Bande du Jura, les Prouesses de la bande du Jura*, Paris, 1865.

— ÉTYM. All. *Raufer*, querelleur, de *raufen*, proprement tirer, arracher.

RAVALÉ. *Ajoutez :* || 3° Terme de jardinage. Raccourci, rogné. Les treilles, moins ravalées par la taille que la vigne en souche, H. DE PARVILLE, *Journ. offic.* 30 déc. 1873, p. 8259, 1re col. || 4° Sur les côtes de la Manche, saumon ravalé, saumon dont le ventre, après le frai, est tombé. Au milieu des beaux échantillons [de saumons] qui miroitaient de fraîcheur, il s'en trouvait deux qui étaient ravalés, *Avranchin*, 6 fév. 1876.

RAVALEMENT. || 7° *Ajoutez :* || On désigne par ravalement les touches d'un clavier qui sont ajoutées en dessous de son étendue ordinaire, et par analogie on l'a appliqué aussi aux notes qui excèdent les quatre octaves dans les dessus des claviers à la main, mais qui ne complètent pas une cinquième octave. Aux pédales, le ravalement s'entend toujours des notes au-dessous du C, et l'on dit : un ravalement en A, en G, en F (ce qui est le plus grave), selon que le clavier descend en la, en sol ou en fa, RORET, *Manuel du facteur d'orgues*, t. III.

RAVALER. *Ajoutez :* — REM. Ravaler, au sens de taire, ne pas énoncer ce qu'on voulait dire, se trouve dans Mme de Sévigné : Je vous exhorte à conserver votre modération, et à ravaler ce plus que vous pourrez de ce que vous aurez envie de dire, *Lett. à Mme de Grignan*, 23 mars 1689, dans *Lett inédites*, éd. Capmas, t. II, p. 262.

† **RAVELUCHE** (ra-ve-lu-ch'), *s. f.* Nom, dans l'Oise, du *raphanus raphanistrum*, *les Primes d'honneur*, Paris, 1872, p. 64. On voit ailleurs des tapis d'un blanc tantôt pur, tantôt jaunâtre, [diapré] par celles [les fleurs] du radis sauvage ou raveluche, *Journ. offic.* 23 avril 1874, p. 2893 2e col.

— ÉTYM. Dérivé péjoratif de *rave*.

† 1. **RAVIER.** *Ajoutez :* || 3° Terme rural. Silo où l'on conserve les raves. Cette clef a été exhumée à Jayat, en plein champ, par un agriculteur ouvrant ce qu'on appelle en Bresse un ravier, *Journ. offic.* 9 mars 1874, p. 1831, 3e col.

† **RAVINÉE** (ra-vi-née), *s. f.* Lieu creusé par un torrent. A gauche, dans une ravinée, on aperçoit un poste d'avant-garde de chasseurs, E. BERGERAT, *Journ. offic.* 15 févr. 1875, p. 1230, 1re col.

† **RAVINEMENT.** *Ajoutez :* || Ravinement des eaux, ravinement produit par les eaux. Qu'on travaille au reboisement des terrains qui, sans prairies ou sans vignes, demeurent exposés au ravinement des eaux pluviales, *Journ. offic.* 11 févr. 1875, p. 1133, 1re col.

† **RAVISSAMMENT** (ra-vi-sa-man), *adv.* D'une manière ravissante. Mlle.... était ravissamment belle, *le Figaro*, 18 février 1875.

RAVISSEMENT. — HIST. || XVI° s. *Ajoutez :* Si Son Excellence [Guillaume le Taciturne] n'a pas trop de quoy se nourrir.... c'est à cause d'avoir liberalement et heroïcquement employé tout ce qu'il luy restoit du ravissement de la tyrannie espagnole au bien et au salut de sa patrie, *Œuvr. de Th. Marnix de Ste-Aldegonde, Écrits politiques et historiques*, Bruxelles, 1859, p. 67.

RAVITAILLER. *Ajoutez :* — REM. Ravituailler, qui est la forme la plus correcte, venant de victuaille, se trouve : Après avoir ravituaillé Hadington et réparé ses fortifications, les Anglois..., *Hist. de la réforme en Angleterre, de Burnet*, trad. par Rosemond, t. II, p. 127.

† **RAYAGE** (rè-ia-j'), *s. m.* Action de rayer; résultat de cette action. Tout canon rayé d'armes de guerre, de chasse ou de luxe subit deux épreuves : la première avant le rayage, le canon étant foré au calibre qu'il doit avoir, émoulu et raboté; la seconde après le rayage, le canon étant fini à l'extérieur, sauf la culasse et la mise en couleur, *Décret du 22 avril 1868*, art. 18.

RAYÉ. *Ajoutez :* — REM. Dans les armes rayées, le projectile ne reçoit pas une plus forte impulsion, mais la justesse du tir est augmentée.

† **RAYONNAGE.** *Ajoutez :* || 2° Ensemble des rayons d'une bibliothèque, d'un bureau, etc. Vente d'objets saisis, tels que banques, bureaux, rayonnages, chaises..., *Annonces du Journal de Lyon*, 18 août 1874.

† **RAYONNEMENT.** *Ajoutez :* || 3° Se dit d'une action, d'une influence que l'on propage. Quel était, dès 1872, le rayonnement de cette propagande ayant son foyer à Paris? *Journ. offic.* 2 mars 1875, p. 1577, 1re col. Pour le rayonnement, c'est l'expression aujourd'hui consacrée, dans les départements..., *ib.* p. 1576, 2e col.

RAYURE. || 3° *Ajoutez :* || Rayures à l'étoile, à crémaillère, à colonne ou à tourelle, à cheveux ou merveilleuses, nom des diverses rayures des carabines rayées.

† **RAZE** (ra-z'), *s. f.* Nom de la résine qu'on retire du pin d'Alep, H. FLICHE, *Man. de botan. forest.* p. 304, Nancy, 1873.

— ÉTYM. Lat. *rasis*, poix (comp. RASE 2 au Dictionnaire). M. Devic, *Dict. étym.*, y voit un dérivé de l'arabe *arz*, pin; mais l'origine latine doit l'emporter.

† **RAZELLE** (ra-zè-l'), *s. f.* Nom, dans la Drôme, d'une embarcation fluviale, composée de trois pièces, *Journ. offic.* 5 avr. 1876, p. 2445, 2e col.

— ÉTYM. Prov. *radelh*; du bas-lat. *rasellus*, *radellus*, bateau (avec changement de genre; le genre se retrouve dans *raseau*, voy. ce mot). *Rasellus*, *radellus* représentent un diminutif du lat. *ratis*, navire.

† **RÉACTIONNAIREMENT** (ré-a-ksio-nè-re-man), *adv.* D'une façon réactionnaire. Le peintre qui se plaça à la tête de ceux qui s'insurgeaient contre l'école du bas-relief devait réactionnairement être le peintre du mouvement violent et de l'expression énergique, *Hist. de l'art en France*, I, 268.

† **RÉADJUDICATION** (ré-ad-ju-di-ka-sion), *s. f.*

Action d'adjuger une seconde fois, seconde adjudication. Le 8 décembre prochain, il sera procédé à la réadjudication au rabais, sur le chiffre de 30 centimes par journée de détention, de l'entreprise générale, *Journ. offic.* 27 nov. 1873, p. 7243, 2e col.

† RÉADMETTRE (ré-ad-mè-tr'), *v. a.* Admettre de nouveau. Les marchandises nationales invendues à l'étranger peuvent être réadmises en franchise, lorsque l'exportation antérieure en est justifiée, *Douanes, Tarif de* 1877, p. XL. || On dit aussi réadmettre un employé dans les bureaux.

† RÉADOPTER (ré-a-do-pté), *v. a.* Adopter de nouveau. Réadopter un projet de loi, *Journ. offic.* 26 juin 1872, p. 4297, 1re col.

† RÉAFFUTER (ré-a-fu-té), *v. a.* Affuter de nouveau. L'outil [le ciseau], si l'on veut qu'il coupe réellement la matière, doit être réaffuté et retrempé continuellement, F. DELAUNAY, *Journ. offic.* 25 nov. 1873, p. 7186, 3e col.

† RÉAGE (ré-a-j'), *s. m.* Nom, dans la Manche, d'une partie, d'un quartier d'une commune. Terre à vendre, commune de Vains, réage de Gisors, *Annonce dans les journaux d'Avranches.* Attendu que le fermier de cette terre jouit actuellement de deux pièces de terre labourable, sises au réage de la Rouidière, *Gaz. des Trib.* 7-8 sept. 1874, p. 859, 3e col.

— ÉTYM. Dérivé de *raie* 1.

† RÉALISATEUR (ré-a-li-za-teur), *s. m.* || 1° Celui qui réalise. Les vastes perspectives et les masses lointaines ont en M. Daubigny un réalisateur aussi audacieux que puissant, E. BERGERAT, *Journ. offic.* 1er juillet 1874, p. 4559, 3e col. || 2° Celui qui fait du réalisme.

RÉALISER. || 5° Se réaliser : *Ajoutez :* || Se dit du payement d'une somme créditée. On ouvre un crédit dans une maison en faveur d'une autre; en général, un crédit de ce genre se réalise, pour employer l'expression commerciale, en tirant des lettres de change sur la maison qui a ouvert le crédit, *Gaz. des Trib.* 2 avril 1875, p. 318, 2e col. || 6° En termes d'art, réaliser, reproduire d'une façon réelle. L'ensemble ne donne pas l'impression d'une personne réelle, mais plutôt d'une image reflétée dans une glace; le second portrait de M. Cabanel, une femme assise, est encore moins bien réalisé, BÜRGER, *Salons de 1861 à 1868*, t. II, p. 528.

† RÉALISEUR (ré-a-li-zeur), *s. m.* Celui qui met à nu la réalité. Oh! la vieille réputation est une idole brisée par les réaliseurs, DE FORCALQUIER, *le Bel esprit du temps*, comédie (1743).

— REM. Réaliseur est une forme anticipée du moderne réaliste.

RÉALISTE. *Ajoutez :* || 3° Qui s'occupe des choses et non des lettres, en Allemagne. A côté des colléges et des *Realschulen* (écoles professionnelles), il faut créer une troisième école supérieure qui prendra le nom d'école allemande.... le professorat allemand se divise en humaniste et réaliste, *Journ. offic.* 7 août 1872, p. 5412, 3e col.

† RÉAPPRENDRE (ré-a-pran-dr'), *v. n.* Apprendre de nouveau. Gallican forcené, janséniste même, je le crains quoiqu'il s'en défende, le duc de Saint-Simon n'avait pas la moindre idée de la liberté de l'Église telle que nous avons réappris, de nos jours seulement, à la réclamer et à la conquérir, COMTE DE MONTALEMBERT, *De la nouvelle édition de Saint-Simon*, p. 31. || Le même que rapprendre (voy. ce mot au Dictionnaire et au Supplément).

† RÉAPPRÊTER (ré-a-prê-té), *v. a.* Donner un nouvel apprêt. Les ouvrages en bronze à redorer, les coupons de tissus à reteindre ou à réapprêter, les livres à relier, *Douanes, Tarif de* 1877, p. LXXIV.

† RÉAPPROVISIONNEMENT (ré-a-pro-vi-zio-neman), *s. m.* Action de réapprovisionner. Le 18, au matin, le réapprovisionnement [en munitions] a pu se faire, *Gaz. des Trib.* 23 oct. 1873, p. 1028, 2e col.

† RÉAPPROVISIONNER (ré-a-pro-vi-zio-né), *v. a.* Approvisionner de nouveau. M. le président : Les corps d'armée ont-ils pu être réapprovisionnés à temps pour le combat? *Gaz. des Trib.* 23 oct. 1873, p. 1028, 2e col.

† RÉARMER. *Ajoutez :* || 3° Armer de nouveau un fusil.

— HIST. *Ajoutez :* XIIIe s. Et quant il revint, si rarma Sa teste avant et puis ses mains, Si s'en part et a pris as rains De l'arbre tantost son escu, *li Chevaliers as deus espées* publié par Förster, v. 800.

† RÉARRÊTER (ré-a-rê-té), *v. a.* Arrêter de nouveau. Les fugitifs réarrêtés ont été mis aux fers, *Gaz. des Trib.* 16 sept. 1876, p. 917, 4e col.

† RÉAVERTIR (ré-a-vèr-tir), *v. a.* Avertir une seconde fois. On est averti et réaverti à chaque pas que Varsovie est une ville russe, et non point une ville polonaise, *Rev. Brit.* oct. 1876, p. 317.

† REBAILLER. *Ajoutez :* || 2° Redonner à bail. Après que ledit sieur Letelier eut acquis le total de la propriété desdits quatrièmes, ils furent réunis à la recette des aides et rebaillés au profit du fermier général, CORN. *Lexique*, éd. Marty-Laveaux.

RÉBARBATIF. — ÉTYM. *Ajoutez :* Il y avait dans l'ancienne langue le verbe *rebarber*, qui signifiait s'opposer, lutter contre : XIIIe s. Encore i ot dis mil de la paienne gent Qui de saillir en l'eve n'avoient nul talent; Encontre nostre gent s'alerent rebarbant, *Gaufrey*, p. 307.

† RÉBARBE. *Ajoutez :* || 2° *Au plur.* Parties rugueuses que l'on voit sur les bords d'un trou percé dans une lame métallique, FERNET, *Cours de physique*, Paris, 1876, p. 334.

† REBARBOUILLER (re-bar-bou-llé, *ll* mouillées), *v. a.* Barbouiller de nouveau. Nous n'aurons plus.... de ces antiques décorations que l'on rebarbouillait périodiquement, FAVART, *Lett. au comte de Durazzo*, directeur des théâtres impériaux à Vienne, à propos de l'incendie de l'Opéra, en avril 1763.

REBATTRE. — HIST. *Ajoutez :* XIIe s. Qui la voie tenir sauroit Au lac, ki s'i poroit enbatre, Là le [la, une épée] poroit faire rebatre Et retremper et faire saine, *Perceval le Gallois*, v. 4848.

REBELLE. — HIST. *Ajoutez :* XIIe s. Il [Adam] sentit enz es tormenz, si come rebelles sers, Deu estre son sanior [seigneur], *li Dialoge Gregoire lo pape*, 1876, p. 296.

REBÉNIR. *Ajoutez :* — HIST. XIIIe s. Quant l'apostoles [le pape] ot une piece sis En celui siege que je ci vous devis.... Erranment [promptement] s'est des armes Dieu vestis; Lors fu li lieus par lui rebeneïs, *les Enfances Ogier*, publiées par Scheler, Bruxelles, 1874, v. 7870.

† REBLÉCHON (re-blé-chon), REBLOCHON (re-blo-chon), REBROCHON (re-bro-chon), *s. m.* Nom d'un fromage. Le fromage reblochon, ou rebléchon, ou rebrochon, est fabriqué dans la vallée de Thônes et la vallée du Grand Bornand (Haute-Savoie); il pèse de 400 à 600 grammes, HEUZÉ, *la France agricole*, carte n° 44. Les fromages de pâte molle (vacherins, rebléchons, etc.) qui se fabriquent notoirement dans certaines localités du pays de Gex et de la Haute-Savoie, *Douanes, Tarif de* 1877, p. CIII.

† REBLET (re-blè), *s. m.* ou REBLETTE (re-blè-t'), *s. f.* Noms normands du roitelet, DELBOULLE, *Gloss. de la vallée d'Yères*, le Havre, 1876, p. 298.

† REBOIRE. — HIST. *Ajoutez :* XIVe s. Lores boit et reboit et menu et souvant; Se on ne li ostast, je cuit qu'il beüst tant, Que il n'i conneüst ne ami ne parent, *Enfances de Doon de Maience*, dans *Hist. litt. de la France*, t. XXVI, p. 179.

† REBOND. *Ajoutez :* || Fig. Tu es un lourdaud d'une conception lente et sans idées; supportable seulement au second rebond, mais horriblement stupide pour l'impromptu, LETOURNEUR, *Trad. de Clarisse Harlowe, Lettre* CCCLXX, ou t. VIII, p. 244, Genève, 1785. || 2° En Normandie, faire le rebond, célébrer l'octave de la fête patronale. Cette année on ne nous a pas invités à la fête, mais seulement au rebond, DELBOULLE, *Gloss. de la vallée d'Yères*, le Havre, 1876, p. 286.

† REBOUCLEMENT (re-bou-kle-man), *s. m.* Agencement de boucles qui reviennent sur elles-mêmes. Les vêtements tricotés sont obtenus par la confection successive d'une série de nœuds coulants, au moyen du rebouclement autour de lui-même d'un fil sans tension sensible d'une longueur indéfinie, *Journ. offic.* 7 janvier 1876, p. 172, 1re col.

REBOUISER. *Ajoutez :* || 2° Terme de cordonnier. Passer une semelle au bouis ou buis. Les vieux seuls s'en tiennent à la tradition, et, s'ils posent une demi-semelle, ils la rebouisent, CH. NISARD, *Parisianismes*, Paris, 1876, p. 35.

† REBOULET (re-bou-lè), *s. m.* Voy. ci-dessous REBULET.

† REBRAQUER (re-bra-ké), *v. a.* En Picardie, donner aux plantes un second binage (comparez BRAQUER et BRACAGE au Supplément).

† REBRISER (re-bri-zé), *v. a.* Briser de nouveau.

— HIST. XIIe s. Il s'entreviennent de grant eslès, et misires Gauvains le fiert du tronçon.... et li sires des Mores rebrise son glaive sor lui, *le Roman en prose de Perceval le Gallois*, p. 46.

† REBROUILLER. *Ajoutez :* || 5° Se rebrouiller, entrer de nouveau en confusion. Les affaires de Bordeaux se rebrouillent, *Mlle de Scudéry*, p. 253, par Rathery et Boutron, Paris, 1873.

† REBUFFER (re-bu-fé), *v. a.* Repousser par des rebuffades.

— REM. Ayant rebuffade, il n'y a aucune raison pour ne pas reprendre le verbe rebuffer, qui était usité au XVIe siècle.

† REBULET (re-bu-lè), *s. m.* Mélange de farine et de son, dans le parler normand. L'on fait usage du rebulet, dans les fermes normandes, pour la nourriture des veaux, des porcs, etc., en le délayant dans l'eau, H. MOISY, *Noms de famille normands.*

— HIST. XVe s. Thibault le Grant-prestre boulengier.... entra en la chambre, là où il avoit accoustumé de faire mettre.... le rebulet, qui yst de la fleur, DU CANGE, *rebuletum.*

— ÉTYM. Bas-lat. *rebuletum* (an 1297); M. H. Moisy tire ce mot de *bultel*, bluteau, *bulter*, bluter, avec le préfixe *re* : ce qui est obtenu en blutant de nouveau; parce que le *rebulet* est le résultat d'un mélange de farine avec du son recoupé, c'est-à-dire moulu et bluté deux fois.

† REBUTEMENT (re-bu-te-man), *s. m.* Action de rebuter.

— HIST. XVIe s. Petits clins d'yeux, petits mots et courroux, Petits desdains et rebuttemants doux, DE BRACH, *Imit.* f° 55, verso.

† 2. REBY (re-bi), *s. m.* Nom d'un cépage. Le reby est un cépage de valeur secondaire, qui ne peut guère convenir que pour les pays plus ou moins méridionaux, *Revue horticole*, 16 sept. 1876, p. 342.

† RECAMIONNAGE (re-ka-mio-na-j'), *s. m.* Retour par camionnage de colis expédiés par camionnage. Les faux frais qu'occasionne le transport aux entrepôts privés : camionnage, timbre, enregistrement, assurance, magasinage, entrepôt, rechargement, recamionnage, correspondance, *Journ offic.* 29 juin 1874, p. 4450, 2e col.

† RECAP (re-kap'), *s. m.* Nom, à Bordeaux, du transbordement des marchandises du quai à bord, et réciproquement, *la Patrie*, 9 janv. 1873.

† RECAPTURER (re-ka-ptu-ré), *v. a.* Capturer de nouveau. Depuis 1817, les colonisateurs américains ont.... envoyé à Libéria environ 16000 nègres, plus 5722 Africains recapturés et envoyés à cette colonie par le gouvernement des États-Unis, *Journ. offic.* 27 juill. 1877, p. 5440, 3e col.

† RECARRELAGE (re-ka-re-la-j'), *s. m.* Raccommodage de vieux souliers. Ce brave gniaff, que les recarrelages n'ont pas enrichi, jusqu'à soixante-trois ans, il en est encore à mettre des talons et des béquets, sous une échoppe, *Gaz. des Trib.* 29 août 1875, p. 835, 4e col.

— ÉTYM. *Re...*, et *carreler.*

† RECAUSER (re-kô-zé), *v. n.* Causer une seconde fois de quelque chose. Nous en recauserons, *le Nouvelliste de l'arrond. d'Avranches* du 2 juillet 1876.

† 2. RECENSE (re-san-s'), *s. f.* Opération, usine où l'on prépare l'huile de recense. || Huile de recense, huile qu'on obtient en pressant les grignons (mélange de noyaux d'olive et de pulpe déjà pressée), après leur mélange avec de l'eau bouillante. L'huile de recense est employée dans la savonnerie. On obtient les savons durs, à Marseille, en saponifiant par la soude les huiles qu'on désigne sous le nom de recense, P. POIRÉ, *Notions de chimie*, p. 290, Paris, 1869. || On écrit aussi ressence, *Journ. offic.* 15 nov. 1874, p. 7630, 2e col.

RÉCENT. — ÉTYM. Le latin *recens* signifiant proprement : qui vient récemment de, qui a quitté récemment, comme on voit par ces exemples, *recens a victoria, Rhodo recentes Romam venerunt*, se sépare en *rec-ens*, et se rattache à la racine zend *raç*, venir, *Rev. critique*, 23 déc. 1876, p. 403.

† RÉCEPTIBILITÉ (ré-sè-pti-bi-li-té), *s. f.* Qualité de ce qui peut être reçu. Une réceptibilité quelconque de l'influx magnétique, C. BAUDELAIRE, *Hist. extraord. d'Edgar Poë.*

— ÉTYM. Lat. *receptum*, supin de *recipere* (voy. RECEVOIR).

† RÉCEPTIONNAIRE (ré-sè-psio-nè-r'), *s. m.* Employé chargé de recevoir les colis, les chargemens

G... médaillé militaire, agent réceptionnaire de la compagnie d'Orléans, *Journ. offic.* 9 janv. 1874, p. 248, 1re col.

RECETTE. *Ajoutez :* || 10° Recette buraliste, bureau qui délivre les expéditions (acquits-à-caution, congés, etc.) pour le transport des boissons. Comme les remises sont très-faibles et le produit insuffisant, la recette buraliste est toujours jointe soit à une recette sédentaire ou principale, soit à un débit de tabac et de poudre. Les percepteurs des contributions directes actuellement en fonctions, et qui se trouvent en même temps titulaires des recettes buralistes ou de débits de tabac et de poudre, seront tenus d'opter immédiatement, *Arrêté du Ministre des finances*, du 13 mai 1848. || 11° Terme de mines. Recette ou salle de recette, lieu où l'on manipule le charbon à mesure qu'il arrive pour le trier et le classer. Les portes et fenêtres des bâtiments placés au-dessus des fosses à charbon de terre sont imposables, lorsqu'elles éclairent des salles dites de recettes, des scieries mécaniques.... *Analyse du décret rendu en Conseil d'État*, 2 sept. 1863. || Il y a des recettes dans les fosses aussi bien qu'au-dessus. Pour tout dommage on n'a constaté qu'un cordage cassé à la recette inférieure du puits Jabin.... un cheval asphyxié était étendu à l'entrée de la recette, Extr. du *Mémorial de la Loire*, dans *Journ. offic.* 7 fév. 1876, p. 1091, 3e col. || 12° Dans l'exploitation du bois de flottage, recette générale, constatation, par l'inspecteur des ports de flottage, de ce qui est dû à chaque ouvrier dont l'ouvrage est reconnu en bon état de réception, et de ce que chaque intéressé doit rembourser à la compagnie, par décastère de bois, pour les frais d'écoulage et de mise en état, *Mém. de la Soc. centr. d'agric.* 1873, p. 261. || 13° Terme de mégisserie. Peau en recette, ou simplement recette, peau épurée. Les peaux mégissées par mes soins, mises en recette ou épurées, sont employées dans ma fabrique de gants, *Enquête, Traité de comm. avec l'Anglet.* t. VI, p. 782. Les recettes en chevreau pour ganterie et chaussures sont très-demandées, *Journ. offic.* 13 mai 1872, p. 3206, 3e col.

RECEVEUR. *Ajoutez :* || 5° Receveur buraliste, celui qui tient une recette buraliste. Les fonctions de receveur buraliste des contributions indirectes et de débitant de tabac et de poudre, *Arrêté du ministre des finances*, 13 mai 1848. || 6° En termes d'imprimerie, celui qui reçoit les feuilles, *Journ. offic.* 22 déc. 1872, p. 8024, 2e col.

† RÉCHABITE. *Ajoutez :* — ÉTYM. Cette secte juive a pris son nom de Jonadab, fils de *Rechab*.

† RECHARGE. *Ajoutez :* || 2° Pièce de grosse charpente, quelle qu'en soit la longueur, mesurant 0m,30 à 0m,34 (11 à 12 pouces) d'équarrissage au milieu, NANQUETTE, *Exploit. débit et estim. des bois*, Nancy, 1868, p. 52.

† RECHARGEUR (re-char-jeur), *s. m.* Rechargeur de broches pour la filature, *Tarif des pat.* 1858.

† RECHARPENTER (re-char-pan-té), *v. a.* Rétablir en charpentant. Il faut tout rabibocher, remettre le charmant édifice sur ses pieds, raccommoder, recharpenter, *l'Opinion nationale*, 21 mai 1876, 1re page, 6e col.

† RÉCHAUFFEUR (ré-chô-feur), *s. m.* || 1° Appareil qui, dans les locomotives, porte l'eau d'alimentation à 60°, avant qu'elle entre dans la chaudière. || 2° Appareil propre à réchauffer de l'eau, de l'air, etc. qui se refroidissent. Le réchauffeur imaginé par M. Mekarski résout très-habilement cette seconde difficulté; en effet l'air, avant de se détendre, se charge de vapeur d'eau dans la bouillotte, et il emporte ainsi avec lui assez de calorique pour faire face au refroidissement, H. DE PARVILLE, *Journ. des Débats*, 30 mars 1876, *Feuilleton*, 2e page, 2e col.

† RECHAUMER (re-chô-mer), *v. a.* Terme d'agriculture. Dans le département de la Mayenne, semer deux fois de suite du froment d'automne dans le même champ, *les Primes d'honneur*, p. 225, Paris, 1874.

— ÉTYM. *Re...*, et *chaume*.

RÊCHE. *Ajoutez :* — REM. J. J. Rousseau, *Héloïse*, I, 44, dit en note : « Rêche, terme du pays, pris ici métaphoriquement. Il signifie au propre une surface rude au toucher et qui cause un frissonnement désagréable en y passant la main, comme celle d'une brosse fort serrée, ou du velours d'Utrecht. » J. J. Rousseau se trompe, rêche n'est pas particulier au pays romand, il appartient à la langue générale, mais, probablement, il est le premier qui en ait fait un emploi métaphorique.

RECHERCHER. *Ajoutez :* || 12° Se rechercher, chercher trop subtilement au fond de son âme, s'examiner trop curieusement. Souffrez que je vous dise que vous vous recherchez trop, et que vous voulez trop d'assurance, SAINT-CYRAN, *à Singlin*, dans SAINTE-BEUVE, *Port-Royal*, t. I, p. 457, 3e éd. || 13° Se rechercher, être poursuivi en justice. Les crimes dont il n'y a que la pensée et l'intention sans exécution ne se recherchent pas; cela est remis au tribunal secret, DUPLESSIS, cité dans *Lettres etc. de Colbert*, t. VI, *introduction*, p. XLII.

— HIST. *Ajoutez :* || XIIe s. Quant li cuers recerchet ses penseirs, *li Dialoge Gregoire lo pape*, 1876, p. 315.

† RECHERCHEUR. || 1° *Ajoutez :* Il n'y a rien que je haïsse davantage que les rechercheurs de la vérité, lorsqu'ils ne sont pas vraiment à Dieu et que son seul amour ne les conduit pas dans la recherche, SAINT-CYRAN, dans SAINTE-BEUVE, *Port-Royal*, t. I, p. 432, 3e éd.

† RECHEVILLER (re-che-vi-llé, *ll* mouillées), *v. a.* Cheviller de nouveau.

— HIST. XIIIe s. Que ladite Rose fust contrainte à ce que lidis estaus fust remis, rejoins et rechevillez à ladite maison... (1289), VARIN, *Archives administr. de la ville de Reims*, t. I, 2e partie, p. 1041.

RÉCIPIENT. || 3° Il se dit, dans le langage général, de tout vase destiné à recevoir un liquide. On faisait le thé dans des récipents bizarres, ALPH. DAUDET, *Femmes d'artistes*, p. 109.

† RECLAIM (re-klin), *s. m.* Amende foraine ou de reclaim, amende frappant le débiteur retardataire qui se laissait exécuter en vertu de commission du juge, BOISLISLE, *Corresp. contrôl. génér.* Paris, 1874, p. 155.

— ÉTYM. *Réclamer*.

† RÉCLAMATEUR. || Terme de marine. *Ajoutez :* || En un sens plus étendu, celui qui dans un chargement réclame ce qui lui appartient. L'usage général au port de Rouen est que le capitaine d'un navire doit aux réclamateurs leur marchandise sous palan; une fois mise à terre, elle y est pour le compte des réclamateurs, qui doivent la reconnaître, en surveiller le rangement et le transport à destination, *Gaz. des Trib.* 10 nov. 1874, 1re col.

RÉCLAMATION. *Ajoutez :* || 2° Non-réclamation, défaut de réclamation. Les pensions et secours annuels sont rayés des livres du Trésor après trois ans de non-réclamation, *Décret du 31 mai 1862 sur la comptabilité publique*, art. 142.

† RÉCLAMEUR. *Ajoutez :* || 2° Celui qui réclame, demande, se plaint. La Ramée est un type de troubadour et de réclameur.... n'est-il pas de mon devoir de purger le régiment d'un réclameur comme toi? E. DE LABÉDOLLIÈRE, *les Français peints par eux-mêmes*, t. V, p. 49.

— ÉTYM. *Réclameur* est formé du français, *réclamateur* du latin; voilà la seule différence.

† RÉCLAMPER (ré-klan-pé), *v. a.* Terme de marine. Synonyme de jumeler.

† RÉCLINER. *Ajoutez :* || 2° Coucher de côté, étendre de côté. Après avoir enlevé l'élytre, récliné l'aile membraneuse, et incisé la carapace, RANVIER, *le Progrès médical*, 29 juillet 1876, p. 553, 2e col.

— HIST. XVIe s. Les renars ont des fosses, et les oyseaulx du ciel des nids; mais le fils de l'homme n'a point où il puisse recliner son chief, *Matth.* VIII, 20, *Nouv. Test.* éd. Lefebvre d'Etaples, Paris, 1525.

RECLOUER. *Ajoutez :* — HIST. XVIe s. Après que le timon et le gouvernail de la navire est brisé par la tourmente, les mariniers taschent à y reclouer et attacher encore quelque autre piece de bois au lieu, AMYOT, *Plut. Marcus Brutus*, 57.

RÉCLURE. *Ajoutez :* La seule détention de sa personne [de la femme du maréchal d'Ancre] en lieu où elle avait conseillé de reclure l'un des plus proches du sang royal, *les Larmes de la marquise d'Ancre*, Paris, 1617, p. 10.

RÉCOGNITIF. || 1° *Ajoutez :* Le noyé, qui paraissait avoir passé plusieurs jours sous l'eau, ne portait d'autre signe récognitif qu'un mouchoir marqué des initiales A. P., *Gaz. des Trib.* 10 avril 1870.

RÉCOLTE. *Ajoutez :* || 3° Récolte se dit aussi de biens de la terre qui ne sont pas encore récoltés, mais qui le seront prochainement. Les récoltes pendantes par les racines sont immeubles; dès que les grains sont coupés, ils sont meubles, *Code civ.* art. 520. || Récolte en terre, celle qui consiste en racines, en tubercules, etc. encore enfouis dans la terre. Le barbon [le mulot] est un animal très-préjudiciable aux récoltes en terre, *l'Avranchin*, 6 sept. 1868.

† RECOMBINER (re-kon-bi-né), *v. a.* Combiner de nouveau. On ne saurait concevoir rien de plus naturel que ces teintes analytiquement fixées par le regard humain et recombinées par lui, CH. CROS, *Acad. des sc. Comptes rend.* t. LXXXIII, p. 294.

† RECOMMANDATIF, IVE (re-ko-man-da-tif, ti-v'), *adj.* Qui a le caractère de la recommandation.

— HIST. XVe s. Prologue recommandatif sur le brief traictié nommé le Jardrin salutaire, JEAN JORET, *le Jardrin salutaire*, p. 103.

† RECOMMENÇANT, ANTE (re-ko-man-san, san-t'), *adj.* Qui recommence, qui se fait de nouveau. Une paix recommençante, SAINTE-BEUVE, *Port-Royal*, t. I, p. 495, 3e éd.

† RECOMMENTER (re-ko-mman-té), *v. a.* Commenter de nouveau. Les précieuses lettres furent lues et relues, commentées et recommentées, A. DE VIGUERIE, *Rev. Brit.* août 1875, p. 429.

† RECOMMUNIQUER (re-ko-mu-ni-ké), *v. a.* Communiquer de nouveau. Ses lettres parvinrent à une demoiselle P.... qui les recommuniqua à M...., *Gaz. des Trib.* 8 fév. 1877, p. 130, 3e col.

† RECOMPARAÎTRE (re-kon-pa-rê-tr'), *v. n.* Comparaître de nouveau. Je pensais recomparaître dès le lendemain, et tout le monde le croyait ainsi, CYRANO DE BERGERAC, *Histoire comique des États et empires du soleil*, p. 300, Paris, 1855. || Recomparaître peut être employé en procédure; mais il devient inexact en cas d'opposition à jugement par défaut, parce que, quand on a donné défaut contre lui, l'opposant, n'ayant pas comparu, ne peut recomparaître. Ainsi cette phrase est mauvaise : Le gérant des *Droits de l'homme*, ayant formé opposition au jugement qui l'a condamné par défaut, a reçu assignation à recomparaître devant la même dixième chambre, *Gazette de France*, 4 nov. 1876.

RÉCONCILIATEUR. *Ajoutez :* Ce Pyranté fameux, ce grand médiateur, Réconciliateur et pacificateur, DU FRESNY, *Réconciliation normande*, I, 8.

† RECONCOURIR (re-kon-kou-rir), *v. n.* Se soumettre à un nouveau concours, *Journ. offic.* 3 mai 1872, p. 2955, 3e col.

† RECONDITIONNER (re-kon-di-sio-né), *v. a.* Terme de commerce. Remettre en bonne condition. De même que toutes les balles d'origine indienne, elles portaient douze ligatures en grosse corde; elles avaient été reconditionnées très-habilement, *Douanes, Lett. commune* 206, du 12 sept. 1874.

RECONDUIRE. — HIST. *Ajoutez :* XIVe s. Mon Seigneur, alez à celi Dieu qui vous fist, qui vous conduie, Et qui briement vous raconduie Sain et haitié, *Miracles de nostre Dame par personnages*, Paris, 1876, p. 340.

† RECONFORTATIF, IVE (ré-kon-for-ta-tif, ti-v'), *adj.* || 1° Qui réconforte. || 2° Qui consolide. Que l'administration n'avait jamais eu le droit ni le devoir d'en ordonner la démolition; que le sieur C.... n'avait pas eu besoin d'exécuter des travaux réconfortatifs, *Gaz. des Tribunaux*, 19 août 1874, p. 792, 4e col.

RECONNAISSANCE. *Ajoutez :* || 13° Terme du langage sanitaire. Action de s'assurer sommairement de l'état sanitaire d'un navire (voy. ARRAISONNEMENT au Supplément).

† RECONSACRER (re-kon-sa-kré), *v. a.* Consacrer de nouveau.

— HIST. XVIe s. On ne peut reconsacrer ces accidents [l'eucharistie, quand quelque profanation en a fait sortir Jesus-Christ], *le Bureau du concile de Trente*, p. 101.

† RECONSIDÉRATION (re-kon-si-dé-ra-sion), *s. f.* Action de considérer, d'examiner de nouveau, *Journ. offic.* 1er sept. 1872, p. 5802, 2e col.

† RECONSTITUTIF, IVE (re-kon-sti-tu-tif, ti-v'), *adj.* || 1° Qui rétablit, qui reconstitue. || 2° Terme de médecine. Qui rétablit la constitution. Les gouttes régénératives de Thomson.... ont une puissance reconstitutive qui les met au premier rang des découvertes médicales modernes, *Journal de la Meurthe*, 20 juin 1877.

† RECONSTRUCTEUR, RICE (re-kon-stru-kteur, ktri-s'), *adj.* Qui reconstruit. Mur mitoyen; reconstruction; intérêt personnel; propriétaire reconstructeur; frais à sa charge, *Gaz. des Trib.* 31 déc. 1875, p. 1261, 1re col. || *S. m.* Le reconstructeur du mur, *ib.* p. 1262, 2e col.

† RECONVERSION (re-kon-vèr-sion), *s. f.* || 1° Action de convertir de nouveau, de convertir à une

religion qui avait été abandonnée. Quand ce dernier [Rodolphe II], l'élève et l'esclave des jésuites, fut arrivé au pouvoir, la réaction catholique s'empara immédiatement de l'Allemagne, et les efforts de la papauté furent concentrés pendant plus d'un demi-siècle sur la reconversion de ce pays, REUSS, *Rev. critique*, 5 déc. 1874, p. 356. || 2° Terme de finance. Seconde conversion d'une rente. Les opérations concernant les transferts d'ordre auxquels donnent lieu les reconversions, réunions, divisions et renouvellements des rentes au porteur qui s'effectuent actuellement dans l'enceinte du palais de la Bourse, *Journ. offic.* 15 mars 1877, p. 1916, 1re col. Rente primitive et nominative; la rente au porteur est déjà le produit d'une première conversion, et ainsi le changement de porteur en nominatif est bien une seconde conversion, une reconversion, *ib.* 30 mars 1877.

† **RECOORDONNER** (re-ko-or-do-né), *v. a.* Coordonner de nouveau. || *V. réfl.* Se recoordonner, être coordonné de nouveau. Noël passé, les affaires, nous ne dirons pas reprennent, mais se recoordonnent, *la Patrie*, 28 sept. 1871.

† **RECOQUAGE** (re-ko-ka-j'), *s. m.* Synonyme de recoquetage.

† **RECORNER.** — HIST. *Ajoutez :* XIIIe s. Messire Gauvains recorna Le cor, et le fist miex sonner Ke devant, si k'il fait trambler Le castiel et toute la terre, *Li chevaliers as deus espées*, publié par Förster, v. 4622.

† **RECOUCHÉE** (re-kou-chée), *s. f.* Action de coucher dans la terre les provins. J'ai dit que la vigne s'y renouvelait [au Clos-Vougeot] par voie de provinage; par suite, chaque recouchée laisse un tronc que, par une propriété spéciale aux terrains de nos grands crus, le temps est presque impuissant à détruire, BARON THÉNARD, *Journ. offic.* 29 mars 1876, p. 2237, 1re col.

RECOUPÉ. *Ajoutez :* || Diamant recoupé, diamant taillé à doubles clôtures du dessus; diamant non recoupé, diamant à simples clôtures (le prix en est moins élevé), CHRISTEN, *Art du lapidaire*, p. 30.

RECOUPEMENT. *Ajoutez :* || 2° Intersection. L'opérateur, placé à la station ou aux points de recoupement, remplit les espaces restés vides, soit par un levé à vue, soit par d'autres recoupements secondaires, *Journ. offic.* 25 octobre 1873, p. 6544, 2e col.

† **RECOUVRAGE** (re-kou-vra-j'), *s. m.* Action de recouvrir d'une étoffe un objet. Recouvrage d'un parapluie en soie croisée.

1. **RECOUVREMENT.** *Ajoutez :* || 5° En matière d'industrie, séparations, clôtures qui servent à protéger les ouvriers dans les endroits dangereux, *Journ. offic.* 7 fév. 1873, p. 910, 2e col.

† **RECREUSEMENT** (re-kreû-ze-man), *s. m.* Action de recreuser. La compagnie [du canal de Briare] a fait opérer des recreusements qui permettent de naviguer avec un enfoncement convenable, E. GRANGEZ, *Voies navigables de France*, p. 118. Projet de recreusement du canal d'Aigues-Mortes à la mer, Extrait. du *Messager du Midi*, dans *le Siècle*, 4 févr. 1872.

RECRUTER. *Ajoutez :* || 5° Se recruter dans, puiser ses éléments dans. Bien souvent la folie se recrute dans le crime, comme le crime se recrute dans la folie, MAXIME DU CAMP, *Rev. des Deux-Mondes*, 1er septembre 1872, p. 63.

— ÉTYM. *Ajoutez :* M. Gaston Paris n'admet pas que *recruter* ait été formé irrégulièrement de *recrue*, et il propose une tout autre origine. Il y a dans l'ancien français un verbe *recluter* qui voulait dire mettre une pièce à quelque chose : *Taye reclutée* (1341), DU CANGE, *reclutare*. C'est de ce verbe que dérivent l'ital. *reclutare* et l'espag. *reclutar*, qui signifient compléter, suppléer, et aussi recruter. L'existence du sens de *recruter* dans les mots italiens et espagnols montre que *recluter* avait eu aussi le sens de compléter une troupe. Plus tard l'oubli du sens de ce vieux mot et sa ressemblance avec *recrue* en facilitèrent l'altération en *recruter*. Cela est curieux et paraît tout à fait établi. Il est bien entendu que *recrue* est un tout autre mot et vient de *recroître*. Quant à *recluter*, il est formé du préfixe *re*, et de l'ancien français *clut*, morceau, pièce d'étoffe, du germanique : island. *klut*; angl. *clout*.

RECTANGLE. *Ajoutez :* || 2° Qui a un ou plusieurs angles droits. Triangle rectangle, celui qui a un angle droit. Trapèze rectangle, celui qui a deux angles droits.

† **RECTIFIANT, ANTE** (rè-kti-fi-an, an-t'), *adj.* Qui rectifie. Lecture et critique raisonnée et rectifiante, dans le titre du *Camouflet des auteurs négligents*, par J. D. S. (Jean De Sondier), Paris, 1680.

† **RECUISAGE** (re-kui-za-j'), *s. m.* Synonyme de recuisson. M. Schneider : Combien y a-t-il d'opérations de recuisage pour les fils les plus fins [fils de fer]? *Enquête, Traité de comm. avec l'Anglet.* t. I, p. 506.

RECULEMENT. *Ajoutez :* || 5° Terme juridique. Servitude de reculement, obligation de reculer un mur, un bâtiment. Le plan d'alignement a pour effet de grever les terrains bâtis de la servitude de reculement, DUCROCQ, *Droit administratif*, t. II, p. 32.

† **RÉCURSOIREMENT** (ré-kur-soi-re-man), *adv.* Terme de palais. D'une manière récursoire. Considérant.... que, sur ce point, les conclusions récursoirement prises par les anciens administrateurs ne sont pas contestées..., *Arrêt rendu par la cour impériale de Paris, le 16 avril 1870, dans le procès intenté contre la Société immobilière par une partie des actionnaires.*

† **RÉDACTIONNEL, ELLE** (ré-da-ksio-nèl, nè-l'), *adj.* Néologisme. Qui a un caractère de rédaction, de mise sur le papier. Le travail du pontife Sextus Papirius était purement compilatoire et rédactionnel, RIVIER, *Rev. critique*, 11 juill. 1874, p. 20.

† **REDANSER.** *Ajoutez :* Le roi a dansé un méchant ballet ces jours passés, quoique c'eût été de fort bonne grâce; il le redansa hier pour la troisième fois, *Mlle de Scudéry*, p. 244, Rathery et Boutron, Paris, 1873.

REDDITION. *Ajoutez :* || 4° Reddition se dit aussi de l'action ou du fait de rendre un arrêt ou arrêté. En ce qui concerne la notification de la demande à la partie adverse et de la reddition de deux arrêts ou arrêtés..., *Décret du 31 mai 1862 sur la comptabilité publique*, art. 420. || 5° Apodose, reprise, second membre de phrase. Mauvaise reddition de similitude [phrase mal reprise après la comparaison], MALH. *Lexique*, éd. L. Lalanne.

— HIST. || XVIe s. *Ajoutez :* Brief recit de l'estat de la ville d'Anvers du temps de l'assiegement et rendition d'icelle servant en lieu de apologie pour Philippe de Marnix, sieur de Mont Saint-Aldegonde contre ses accusateurs, au regard de l'administration qu'il a eu.

† **REDÉBUTER.** *Ajoutez :* Gustave M..., un peintre qui redébutait au milieu de sa carrière, après avoir donné presque incognito des preuves de grand talent, TH. GAUTIER, *l'Illustration*, 2 mars 1872.

† **REDÉCIDER** (re-dé-si-dé), *v. a.* Décider une seconde fois. La vitesse des chevaux ou l'air du matin m'arrivant par une glace ouverte redécidaient le train de mes pensées..., SAINTE-BEUVE, *Volupté*, ch. XII.

† **REDÉCOUVERTE** (re-dé-kou-vèr-t'), *s. f.* Action de découvrir une seconde fois. L'opération de l'ovariotomie.... peut être envisagée.... comme une redécouverte d'une vieille méthode, *Rev. Britan.* févr. 1873, p. 372.

REDÉFAIRE. — HIST. *Ajoutez :* XIIIe s. Et quanque nous [diables] avons forgié, Nous redeffait [la sainte Vierge] en demie heure, GAUTIER DE COINSY, *les Miracles de la sainte Vierge*, p. 624, éd. abbé Poquet.

† **REDÉFILER** (re-dé-fi-lé), *v. n.* Défiler de nouveau. On redéfila, DESAUGIERS (voy. REDÉTALER ci-dessous).

† **RÉDELIN.** — REM. M. le capitaine d'artillerie Meininger fait sur *rédelin* cette remarque : « Ce prétendu bateau n'est pas connu sur le Rhin; Saint-Simon l'a confondu avec ce que M. Littré nomme *vendelin*, mais dont le nom sur le Rhin est *weidling* et, chez les pontonniers français, *wendling* ou *wendelin.* »

† **REDÉMESURER (SE)** (re-dé-me-zu-ré), *v. réfl.* Cesser de garder la mesure qu'on gardait précédemment. Je ne puis pas me redémesurer d'amitié pour elle [Mme de Saint-Loup], *Lettre de Mme de Longueville* (1664) [qui disait tout mesurer avec cette dame], dans STE-BEUVE, *Port-Royal*, 3e éd. t. V, p. 168.

RÉDEMPTEUR. *Ajoutez :* — HIST. XVe s. Zele d'amour ayons au redempteur Qui l'Eglise conduit tant sagement, JEAN JORET, *le Jardin salutaire*, p. 133.

† **REDENTAGE** (re-dan-ta-j'), *s. m.* Action de refaire les dents émoussées d'une scie. Scies à pierre tendre, redentage, *Enseigne d'une usine*, 26 août 1877.

† **REDÉPLOYER** (re-dé-plo-ié), *v. a.* Déployer de nouveau, V. HUGO, dans SCHOLL, *Programme*, p. 16.

REDESCENDRE. — HIST. *Ajoutez :* XIIIe s. Et li cierges biaus et entiers Seur la viele redescent; Le miracle virent cinq cent, GAUTIER DE COINSY, *les Miracles de la sainte Vierge*, p. 347, éd. abbé Poquet.

† **REDÉSIRER.** *Ajoutez :* Ne voit-on pas.... Fénelon se tant ennuyer de la cour absente, et la redésirer de l'exil? SAINTE-BEUVE, *Port-Royal*, t. I, p. 364, 3e éd.

† **REDESSINÉ** (re-dè-si-né), *s. m.* Trait renforçant les formes d'un dessin. Le dessin doit être fin et très-pur; il doit être serti d'un trait qui donne à l'objet sa forme précise; ce trait de redessiné est caractéristique de tous les arts décoratifs qui dérivent de l'architecture, A. DENUELLE, *Journ. offic.* 1er avril 1877, p. 2595, 3e col.

† **REDÉTALER** (re-dé-ta-lé), *v. n.* Détaler de nouveau. Lancé dans les affaires Par l'appât d'un butin Incertain, Des calculs téméraires Ayant réduit à rien Tout mon bien; On redéfila, On redétala, On me replanta là; Qu'ils sont polis! Qu'ils sont jolis Nos bons amis De Paris! DÉSAUGIERS, *les Bons amis de Paris.*

REDEVANCE. *Ajoutez :* || 2° La redevance, nom d'un impôt municipal à Paris, qui se paye par les limonadiers pour l'installation de tables et de chaises devant les cafés, par les boutiquiers pour leurs étalages, et par certains petits marchands, y compris les libraires étalagistes installés sur les parapets des quais et les commissionnaires décrotteurs, *Journ. des Débats*, 27 août 1877, 3e page, 5e col.

† **RÉDIF** (ré-dif'), *s. m.* Nom, chez les Turcs, d'une espèce de landwehr, par opposition au *nizam*, qui est la troupe réglée.

— ÉTYM. Arabe, *redif*, qui vient après, qui vient à la suite.

† **REDISCUTER** (re-di-sku-té), *v. a.* Discuter de nouveau. Il n'y avait pas identité; d'ailleurs, est-ce que nous rediscutons la loi? attendez la troisième lecture, *Journ. offic.* 4 févr. 1875, p. 936, 1re col.

REDITE. — HIST. *Ajoutez :* XIVe s. Grand plenté de paroles controuvées et de redictes, J. LE BEL, *Vrayes chroniques*, t. I, p. 2.

† **REDOUBLANT, ANTE** (re-dou-blan, blan-t'), *s. m.* et *f.* Écolier, écolière qui passe deux ans dans une même classe.

REDOUBLER. *Ajoutez :* || 11° Terme de collége. Redoubler une classe, ou, absolument, redoubler, passer deux ans dans une même classe. || 12° Terme de chasse. Tirer un second coup sur une pièce déjà blessée. Je tirai dans la bande qui s'envolait.... une cane tomba sur la glace, elle n'était que blessée, je la redoublai, et elle ne bougea plus, CARTERON, *Premières chasses, Papillons et oiseaux*, p. 101, Hetzel, 1866. || 13° Terme rural. Redoubler un champ, cultiver le blé sur la même terre pendant deux années, *les Primes d'honneur*, p. 606, Paris, 1874.

† **RÉDOUNE** (re-dou-n'), *s. m.* Nom provençal d'un très-gros squale, qui se nourrit principalement de scombres, de maquereaux, d'espadons et de thons, *Journ. des Débats*, 28 sept. 1876, 3e page, 3e col.

REDOUTE. *Ajoutez :* || 3° J. J. Rousseau a fait ce mot masculin; c'est encore un italianisme, comme il y a en a plusieurs dans sa langue : Je n'ai vraiment joué qu'une fois en ma vie, au redoute, à Venise, *Lett. à M. de Saint-Germain*, 26 fév. 1770.

— REM. Dans le XVIIIe siècle, *redoute*, au sens de lieu d'assemblée pour danser et jouer, n'était pas encore reçu; et l'on se servait du mot italien *ridotto*. Tout allait bien, si ma fortune au jeu ne s'était pas démentie; mais je perdis au ridotto, en une soirée, 1300 sequins que j'avais amassés, CAZOTTE, *le Diable amoureux*, ch. VII.

† **REDRESSABLE.** *Ajoutez :* Un chêne même est redressable, quelque tortu qu'il soit, MALH. *Lexique*, éd. L. Lalanne.

RÉDUCTION. *Ajoutez :* || 15° Amaigrissement procuré médicalement. Le soir on prend quelques pilules de réduction à base de bi-carbonate de soude, E. BOUCHUT, *Journ. offic.* 3 janv. 1875, p. 32, 3e col. Elles [les femmes] gémissent, commencent la cure de réduction, puis se découragent et se résignent à leur sort, *ib.* p. 32, 1re col.

† **RÉÉDICTER** (ré-é-di-kté), *v. a.* Édicter une seconde fois. Qu'il n'y avait pas lieu de prononcer plusieurs amendes, la loi de 1831 n'ayant pas réé-

dicté le cumul des peines prescrit par le décret de 1852, *Gaz. des Trib.* 8 juill. 1876, p. 669, 1re col.

RÉEL. *Ajoutez :* || 7° Terme de mathématique. Nombre réel, grandeur réelle, par opposition à nombre imaginaire, grandeur imaginaire. || 8° Terme de physique. Image réelle, image formée par l'intersection de rayons lumineux qui se coupent effectivement; par opposition à image virtuelle (voy. IMAGE). || Foyer réel, point où se forme l'image réelle.

† **RÉÉLIGIBILITÉ** (ré-é-li-ji-bi-li-té), *s. f.* Qualité de celui qui est rééligible. Bien que celle-ci [la constitution des États-Unis] ne mette point de restriction à la rééligibilité des présidents, E. MASSERAS, *Journ. offic.* 2 déc. 1876, p. 8936, 3e col.

† **RÉEMBARQUER** (ré-an-bar-ké), *v. a.* Embarquer de nouveau. || *V. réfl.* Se réembarquer, s'embarquer de nouveau. Nous nous réembarquons immédiatement pour Napoli de Romanie, TH. GAUTIER, *Portraits contemp. Marilhat.*

† **RÉEMBOÎTER** (ré-an-boi-té), *v. a.* Emboîter de nouveau. Réemboîter le pas, E. SOUVESTRE, dans SCHOLL, *Programme*, p. 16.

† **RÉEMBOUCHER** (ré-an-bou-ché), *v. a.* Emboucher de nouveau un instrument de musique à vent. Enfin il croit avoir gratté suffisamment, réembouche son instrument [flûte], souffle et sue, R. FRANZ, *Rev. des Deux-Mond.* 15 oct. 1874, p. 947.

† **RÉEMPARER (SE)** (ré-an-pa-ré), *v. réfl.* S'emparer de nouveau. Actuellement, il [le général russe] s'est réemparé d'une partie des défilés de Ponnek, *le XIXe siècle*, 26 août 1877, p. 2, 6e col.

† **RÉEMPLOYER** (ré-an-plo-ié), *v. a.* Employer de nouveau. Un grand nombre des assises de pierre qui formaient le noyau de la colonne [de la place Vendôme] et qui paraissaient de nature à être réemployées, se sont trouvées en partie fêlées, brisées, et tombaient en morceaux lorsqu'on voulait les mettre en œuvre, *Journ. offic.* 19 août 1874, p. 5980, 2e col. || Voy. au Dictionnaire REMPLOYER, qui est la forme donnée par l'Académie.

† **RÉEMPTION** (ré-an-psion), *s. f.* Droit qu'une personne saisie a de racheter les objets saisis. Chapitre IV, de la réemption, 37 : Il est accordé au débiteur le terme de huit jours dans les saisies mobilières, et le terme de trois mois dans les saisies immobilières, pour racheter les objets saisis; ce rachat s'opère en payant en numéraire ce qui est dû au créancier en capital, intérêts et frais, *Loi sur les poursuites pour dettes*, p. 11 (le Grand-Conseil du canton du Valais).

— ÉTYM. *Re...*, de nouveau, et lat. *emptionem*, achat (voy. RÉDEMPTION). Ce droit n'existant pas dans la législation française, le mot de *réemption* n'existe pas non plus en France.

† **RÉENGAGISTE** (ré-an-ga-ji-st'), *s. m.* Celui qui fait un réengagement. Pour se soutenir, il [le système de Louis-Philippe] s'est composé une phalange de vétérans réengagistes : s'ils portaient autant de chevrons qu'ils ont fait de serments, ils auraient la manche aussi bariolée que la livrée des Montmorency, CHATEAUBR. *Mém. d'outre-tombe*, éd. de Bruxelles, t. V, *Proposition Baude et Briqueville.*

† **RÉENVAHIR** (ré-an-va-ir), *v. a.* Envahir de nouveau. Nous reverrions ces masses ennemies que nos conventions antérieures ont rejetées au delà de la Seine, réenvahir nos départements de l'ouest et du midi, *Extrait de l'exposé des motifs par le ministre des finances sur le projet de loi relatif à l'emprunt de deux milliards.*

† **RÉFACTIONNER** (ré-fa-ksio-né), *v. a.* Terme de commerce. Faire la réfaction, c'est-à-dire la diminution de prix, quand la qualité n'est pas ce qu'elle doit être. Le sondage ne doit porter que dans la partie saine du sucre; les couches ou avaries de mouille sont réfactionnées sur estimation d'arbitres choisis par les deux parties, CH. BIVORT, *Annuaire du sucre*, p. 84. || *V. réfl.* Se réfactionner, obtenir la réfaction. Les gros fonds se réfactionnent à raison de 1 kilo 500 grammes chacun, CH. BIVORT, *Annuaire du sucre*, 1870, p. 83.

† **REFAMILIARISER** (re-fa-mi-li-a-ri-zé), *v. a.* Familiariser de nouveau. || *V. réfl.* Se refamiliariser, se familiariser de nouveau. Après une absence de deux ans, lors même que le pays, les figures, les thèmes de discussions politiques ou autres n'ont pas changé, il faut un peu de temps pour se refamiliariser avec eux, *le Temps*, 9 fév. 1876, 2e page, 2e col.

RÉFECTION. || 1° *Ajoutez :* || Il se dit aussi en chirurgie. Les réfections sous-périostées, *Journ. offic.* 14 nov. 1874, p. 7600, 3e col.

† 2. **RÉFECTIONNER** (ré-fèk-sio-né), *v. a.* Donner une réfection, remettre en état. Pour l'économie réalisée sur les cartouches, les calculs les plus minutieux et les vérifications de la commission lui ont donné la preuve que la cartouche neuve ne doit coûter que 12 centimes, la cartouche réfectionnée, que 5 centimes, et qu'il faut porter à deux tiers au lieu d'un tiers les cartouches réfectionnées employées dans les exercices à feu, *Le budget de la guerre, Courrier de l'Ain*, 18 août 1877.

† **REFENTE.** *Ajoutez :* || 2° Terme de jurisprudence. Division d'une succession entre les branches d'une même ligne, par opposition à fente qui est la division de la succession entre la ligne paternelle et la ligne maternelle. Pour admettre la refente d'après la loi du 17 nivôse an II, il faudrait trouver dans cette loi une disposition qui l'eût autorisée entre les branches de la même ligne, comme elle a autorisé expressément la fente [de la succession] entre les deux lignes paternelle et maternelle, *Arrêt de la Cour de cassation*, du 12 brumaire an IX, dans MERLIN, *Répert. de jurisprud.* au mot *succession*, VIII.

RÉFÉRÉ. *Ajoutez :* || 3° Terme d'administration. Les référés de la Cour des comptes sont les lettres adressées par le premier président aux ministres ordonnateurs pour leur demander des explications ou leur faire des représentations sur des points qui ne paraissent pas devoir faire d'emblée l'objet d'injonctions aux comptables.

† RÉFÉRENCE. *Ajoutez :* || 3° Nom, chez les marchands de tissus, du livre où sont réunis les échantillons des marchandises livrées à la vente.

† **RÉFÉRENCER** (ré-fé-ran-sé. Le *c* prend une cédille devant *a* et *o*), *v. a.* Mettre un échantillon dans la référence.

RÉFÉRER. *Ajoutez :* || 7° Faire un rapport. La commission parlementaire chargée de référer sur le projet de loi concernant les amendes fiscales a terminé ses travaux..., *Journ. offic.* 17 juin 1872, p. 4065, 3e col.

† REFÊTER. *Ajoutez :* L'acte testamentaire Qu'avait fait mon parent En mourant, Me reconnaît légataire D'un large coffre-fort Rempli d'or, On me refêta, On me reflatta, On me revisita, Qu'ils sont polis, Qu'ils sont jolis, Nos bons amis de Paris! DESAUGIERS, *les Bons amis de Paris.*

RÉFLÉCHIR. — REM. *Ajoutez :* || 2. Au sens de penser mûrement, on a fait quelquefois réfléchir actif. Nul ne réfléchit l'habitude, MIRABEAU, cité dans *Revue philosophique*, avril 1876, t. I, p. 362, c'est-à-dire : Personne n'obéit à l'habitude par réflexion.

† **RÉFLECTER** (ré-flè-kté), *v. a.* Néologisme. Agir comme réflecteur. Imaginez un grand abat-jour renversé de 2m,50 d'ouverture en haut et 1 mètre en bas; à l'intérieur, il est en plaqué d'argent pour mieux réflecter les rayons solaires, DE PARVILLE, *Journ. offic.* 17 oct. 1875, p. 8719, 3e col.

— ÉTYM. Voy. RÉFLECTEUR. C'est *réflecteur*, qui a inspiré *réflecter*, sans qu'on ait songé qu'il y a *réfléchir*, qui est le vrai mot français.

† **RÉFLECTIVITÉ** (ré-flè-kti-vi-té), *s. f.* Terme de physiologie. Propriété réflexe, caractère des actions réflexes, *le Progrès médical*, 12 juin 1875, p. 318, 1re col.

REFLEURIR. || 2° *V. a. Ajoutez :* || Fig. L'auteur de *Robert Emmet* a ce don; il refleurit ce qu'il touche, A. CLAVEAU, *Journ. offic.* 30 avril 1874, p. 3015, 2e col.

† **REFLEURISSANT, ANTE** (re-fleu-ri-san, san-t'), *adj.* Qui refleurit, qui produit de nouvelles fleurs. Ce livre semble fait pour présager la solitude refleurissante et glorieuse de Port-Royal et l'époque de 1669, SAINTE-BEUVE, *Port-Royal*, t. IV, p. 320, 3e éd.

† **RÉFLEXE.** || 2° *Ajoutez :* || Substantivement, un réflexe, une action réflexe. Je faisais mâcher des substances sapides, lesquelles, par un réflexe normal, provoquent une sécrétion relativement abondante de suc gastrique, CH. RICHET, *Ac. des sc. Comptes rend.* t. LXXXIV, p. 451.

† **REFLUEMENT** (re-flu-man), *s. m.* Action de refluer. Un refluement de marchands bengalis a un peu influencé le caractère ethnique de cette race [les *Vaishya* de l'Indoustan], ROUSSELET, *Rev. anthrop.* t. IV, p. 219.

† **REFONDATION** (re-fon-da-sion), *s. f.* Action de fonder de nouveau. Depuis la tentative avortée de refondation d'un empire, le pays [Mexique] a pris un certain essor, ARTH. MANGIN, *Journ. offic.* 5 janv. 1874, p. 125, 1re col.

† 1. **REFONDER.** *Ajoutez :* || 2° Terme de procédure. Rembourser à l'adversaire les frais d'une procédure en laquelle on a d'abord fait défaut. Jamais le défaut de se présenter ou de conclure et de plaider [devant la Cour de cassation] ne peut être regardé comme une espèce d'acquiescement; on peut s'opposer contre l'arrêt en refondant les frais, RAUTER, *Cours de procédure civile française*, Paris, 1834, p. 308, § 265.

RÉFORMATEUR. — HIST. *Ajoutez :* XIVe s. Les generaulz reformateurs ordenez de par le roi nostre sire ou [sic] province de Reims (1383), VARIN, *Archives administr. de la ville de Reims*, t. III, p. 527. Comme nous aions pieça ordené certains generaulz et souverains reformateurs sur le fait des eaues et forès de nostre royaume, *Mandements de Charles V*, 1375, Paris, 1874, p. 632.

† **RÉFORMATOIRE** (ré-for-ma-toi-r'), *adj.* Qui appartient à la réformation des mœurs, de la discipline, etc. || Collége réformatoire, nom d'une commission, au concile de Constance, chargée de préparer la réformation ecclésiastique, LENFANT, *Hist. du concile de Constance*, p. 657.

RÉFORMER. || 4° *Ajoutez :* || Réformer un portrait, le corriger, le retoucher. Pour le portrait que vous daignez désirer, il m'a dit qu'il faut que je lui donne une après-dînée pour le réformer, MALH. *Lexique*, éd. L. Lalanne.

† **REFORTIFIER.** — HIST. *Ajoutez :* XIVe s. Et firent, toute celle nuit, les murs qui trewez et cheus estoient, hourder et refortifier, J. LE BEL, *Vrayes chroniques*, t. I, p. 114.

† **REFOURBIR.** — HIST. *Ajoutez :* XIIIe s. Li eglise de Saint Bavon pora regeter et refourbir [nettoyer] et parfondir et ewuider le viese Lis [la vieille Lys] tout ensi k'ele en aura mestier (1270), *Recueil des lois et arrêtés.... concernant l'administr. des eaux et polders de la Flandre orientale.*

† **REFOURNIR.** *Ajoutez :* || 2° Recruter, remplacer, remparer. Philippe se mit à faire de nouvelles levées par tous les lieux de son royaume; ayant ainsi refourni son armée, il la mena à Dion, MALH. *Lexique*, éd. L. Lalanne. Si vos amis sont morts ou vos enfants, qui étaient tels que vous les aviez désirés, c'est une perte que vous avez moyen de refournir : la vertu, qui les avait faits gens de bien, tiendra leur place, ID. *ib.*

† **RÉFRACTOMÈTRE** (ré-fra-kto-mè-tr'), *s. m.* Instrument de physique servant à mesurer les indices de réfraction. || Réfractomètre interférentiel, celui dans lequel on mesure ces indices par l'observation des interférences.

— ÉTYM. *Réfracter*, et μέτρον, mesure.

† **REFRAÎCHIR** (re-frè-chir), *v. a.* Renouveler, raviver (terme vieilli; on dit rafraîchir). Après la mort d'une personne qui nous était chère, un valet, une robe, une maison nous ramentoivent sa perte, et refraîchissent une amertume qui déjà par le temps avait commencé de s'adoucir, MALH. *Lexique*, éd. L. Lalanne.

† **RÉFRANGER** (ré-fran-jé. Le *g* prend un *e* devant *a* et *o* : réfrangeai, réfrangeons), *v. a.* Produire la réfraction de la lumière. Dans la description du coucher du soleil [Voyage à l'Île de France, de Bernardin de Saint-Pierre], il est question des vents alizés qui le soir calmissent un peu, et des vapeurs légères propres à réfranger les rayons; deux mots que le dictionnaire de l'Académie n'a pas adoptés encore, SAINTE-BEUVE, *Portraits litt.* t. II (art. *B. de St-Pierre*).

— ÉTYM. Voy. *réfrangible. Calmir* est dans le Dictionnaire; *réfranger* n'y était pas. D'ailleurs ce néologisme est inutile, puisqu'on a réfracter.

† **REFRAPPAGE** (re-fra-pa-j'), *s. m.* Action de refrapper. Durant la période de 1857-1871, les quantités de métaux représentées par le monnayage et l'exportation définitive dépassent de 61 pour 100 le chiffre total de la production des mines.... l'excédant de 61 pour 100 est dû au refrappage des espèces refondues, *Journ. offic.* 31 déc. 1872, p. 8167, 1re col.

† **REFRISER.** *Ajoutez :* || 3° Fig. Rider de nouveau une surface. Comme on voit l'onde en repos Souvent refriser de ses flots La surface inconstante, RAC. *Lexique*, éd. P. Mesnard.

† **REFROGNER.** — HIST. *Ajoutez :* XIIIe s. Pour le deable desvoier, Daigne ta vierge renvoier; Touz iert forsenez d'ire Li refrouignez, li ors camus, GAUTIER DE COINSY, *les Miracles de la sainte Vierge*, p. 132, éd. abbé Poquet.

REFUS. || 6° *Ajoutez :* || Pressé jusqu'à refus, se dit des substances qui, soumises au pressoir, ne donnent plus de liquide. On admettait alors que les *amurcas* pressés jusqu'à refus retenaient encore 6 pour 100 d'huile, TEISSERENC DE BORT, *Rapport n° 3203 à l'Assemblée nationale.*

† **RÉFUTATEUR.** *Ajoutez :* Solide et puissant réfutateur, BOSSUET, dans SAINTE-BEUVE, *Port-Royal*, t. III, p. 535, 3e éd.

† **RÉFUTATIF, IVE** (ré-fu-ta-tif, ti-v'), *adj.* Qui a le pouvoir de réfuter. Dans ce dialogue, Platon confirme la partie réfutative de notre propre travail, LÉVÊQUE, *Science du beau*, t. II, p. 328.

† **REGAINABLE** (re-ghè-na-bl'), *adj.* Terme rural. Où l'on peut faire un regain. Les prairies regainables comprennent les herbages ou embouches de la Normandie, du Nivernais.... [affectées à l'engraissement des bœufs ou à l'élève des chevaux], G. HEUZÉ, *la France agricole*, carte n° 15.

† **REGALONNER** (re-ga-lo-né), *v. a.* Remettre des galons. Le coulage consiste à faire faire des travaux qui ne sont pas urgents ou nécessaires, à dégalonner et regalonner les troupes, BALZAC, *les Employés*, éd. de 1856, p. 132.

REGARNI. *Ajoutez :* || 2° *S. m.* Terme forestier. Place que l'on regarnit d'arbres. Dans quatre ou cinq ans on jugera des regarnis qu'il y aura à faire par voie de semis ou plantations pour assurer le reboisement définitif, *Reboisement des montagnes, Comptes rendus*, 1869-74, 2e fasc. p. 67.

REGARNIR. *Ajoutez :*— HIST. XIIIe s. Et quant li rois ot regarnis Tous les castiaus et renforcis.... PHILIPPE MOUSKES, *Chronique*, v. 27129.

† **REGÉLATION.** *Ajoutez :* Il se passe ici, dit M. Dumas, ce que l'on remarque dans le phénomène de la regélation, si bien signalé par Faraday : les petits glaçons se fondent et constituent un glaçon unique, H. DE PARVILLE, *Journ. offic.* 19 avril 1870, p. 699, 1re col.

RÉGENCE. *Ajoutez :* || 7° Nom, à Rouen, du pain à café.

RÉGÉNÉRATEUR. *Ajoutez :* || 2° Terme de thermodynamique. Régénérateur de chaleur, corps poreux, formé soit d'un système de tiges de verre pressées les unes contre les autres, soit de fils métalliques disposés de la même façon, ou de toiles métalliques superposées, et employé dans les machines à gaz pour absorber la chaleur restant dans le gaz après le travail, et pour la lui restituer ensuite avant le travail.

RÉGENT. *Ajoutez :* || 6° En Bretagne, se dit de l'agent d'un propriétaire dont l'emploi consiste à surveiller les métayers et à toucher les redevances. Quand notre Jeanne sera grande, Si le fils de notre régent En mariage la demande, Nous donnerons tout notre argent, P. DUPONT, *la Chanson des Bœufs.* || 7° Régent de village, nom, dans la Suisse romande, du maître d'école. La commune [de Vallorbe, près de Lausanne] s'intéressa à ces expériences [de pisciculture], et quelques centaines de francs furent mis annuellement à la disposition du régent pour l'aider dans son entreprise, BOUCHON-BRANDELY, *Journ. offic.* 28 oct. 1873, p. 6589, 2e col.

† **RÉGENTIN, INE** (ré-jan-tin, ti-n'), *adj.* Qui aime à régenter. Boileau était un peu adonné à la théorie et au précepte, un peu régentin, SCHERER, dans *le Temps*, 20 juill. 1870, 3e page, 5e col.

RÉGIME. *Ajoutez :* || 11° Terme de physique. État dans lequel toutes les circonstances qui déterminent un phénomène sont devenues permanentes ; ce terme s'applique à l'écoulement des liquides ou des gaz, au mouvement de la chaleur, etc. Le régime une fois établi, la quantité de chaleur qui traversera la muraille exposée à l'air sera égale à celle qui, durant le même temps, pénétrera dans la muraille par la surface intérieure, et à celle qui sortira dans le même temps par sa surface extérieure, PÉCLET, *Traité de la chaleur.*

RÉGIMENT. || 1° *Ajoutez :* || Le régiment d'infanterie comprend quatre bataillons, dont un de dépôt ; en temps de guerre, il ne comprend que trois bataillons.

† **RÉGIONALISME** (ré-ji-o-na-li-sm'), *s. m.* Néologisme. Esprit de région, de localité. Le régionalisme est encore trop enraciné en Italie pour sacrifier ses institutions à l'unité, J. DE REINACH, *Journ. des Débats*, 6 oct. 1875, 2e page, 2e col.

† **RÉGIONALITÉ** (ré-ji-o-na-li-té), *s. f.* Néologisme. Caractère régional. Lorsqu'en 1866 on décréta le cours forcé, on fut pris au dépourvu, et malheureusement la pluralité des banques d'émission en Italie entraîna aussitôt la régionalité des billets, J. DE REINACH, *Journ. des Débats*, 6 oct. 1875, 2e page, 2e col.

† **RÉGIONNAIRE** (ré-ji-o-nè-r'), *s. m.* Terme d'antiquité. Description d'une des régions ou quartiers de Rome. Les anciens régionnaires nous ont laissé le sec catalogue des temples, des marchés, des thermes et des édifices publics [de la Rome impériale], *Journ. offic.* 22 mai 1876, p. 3522, 1re col.

RÉGLÉ. *Ajoutez :* || 10° Terme de géométrie. Surface réglée, nom général des surfaces telles que les cônes, les cylindres, les conoïdes, qui sont engendrées par le mouvement d'une ligne droite.

† **RÉGLEMENTARISME** (règ-le-man-ta-ri-sm'), *s. m.* Manie de la réglementation, l'abus qui en est fait (ce mot est pris en mauvaise part, comme une partie des mots qui se terminent ainsi). Nous avons plus de cent navires au delà des caps, dans la mer des Indes ; voilà notre navigation prospère ; pourquoi ? parce que nous n'avons pas là le boulet du réglementarisme français, *Compte rendu analytique de la séance du Corps législ. du 3 févr.* 1870.

† **RÉGLEMENTATEUR** (règ-le-man-ta-teur), *s. m.* Celui qui réglemente. Ils [les pères qui font eux-mêmes l'éducation de leurs enfants] sont trop réglementateurs et trop autoritaires, E. LEGOUVÉ, *le Temps*, 16 mai 1876, 3e page, 6e col.

RÉGLEUR. *Ajoutez :* || 2° Celui qui règle les horloges, les pendules, les montres. En arrivant au Locle, je fis voir cette montre à un de nos premiers régleurs, qui me demanda l'autorisation de la démonter, *Journ. offic.* 4 mars 1877, p. 1677, 2e col.

† **REGOMMER** (re-go-mé), *v. a.* Gommer une seconde fois. Un employé infidèle qui opérait avec beaucoup trop d'élégance la substitution de timbres oblitérés, grattés et regommés par lui avec un art infini, à des timbres de bon aloi dont il se faisait remettre le prix par le public, *Gaz. des Trib.* 16 déc. 1875, p. 1209, 3e col.

REGORGEMENT. *Ajoutez :* || Fig. Cette sainte joie, en vrais plaisirs féconde, Qui toujours les remplit et toujours surabonde, Par un regorgement qu'on ne peut expliquer Fait que rien ne leur manque et ne leur peut manquer, CORN. *Imit.* III, 6307. Tu descends quelquefois avec telle abondance Qu'après l'âme remplie un doux regorgement En répand sur le corps le rejaillissement, ID. *ib.* IV, 234.

RÉGULATEUR. || 5° *Ajoutez :* || Régulateur à papillon, registre qui règle l'ouverture par laquelle la vapeur se rend de la chaudière dans les cylindres d'une locomotive. || Régulateur à soufflet, régulateur qui sert à régler l'ouverture des vannes des roues hydrauliques. || Régulateur électrique, mécanisme employé pour établir le synchronisme entre deux horloges éloignées l'une de l'autre.

RÉGULIER. *Ajoutez :* || 16° Celui qui exige la stricte observation des règles. C'est un accommodement de théâtre qu'il faut souffrir pour trouver cette rigoureuse unité de lieu qu'exigent les grands réguliers, CORN. *Gal. du Palais, Examen.*

† **RÉHABILITANT, ANTE** (ré-a-bi-li-tan, tan-t'), *adj.* Qui réhabilite. Les paisibles et réhabilitantes jouissances de l'art ont guéri plus d'une âme déchirée, plus d'un amour-propre patriotiquement froissé, G. BERGER, *Journ. des Débats*, 7 fév. 1876, 3e page, 5e col.

RÉHABILITER. — HIST. *Ajoutez :* XIIIe s. Si estoit ainsi que nous, nos hoirs, presens ou à venir, volichons [voulions] reabiliter ladite ville [Saint-Valery] à maire, eskevins..., *Rec. des monum. inédits de l'hist. du tiers état*, t. IV, p. 740.

† **RÉHABITER.** *Ajoutez :* Que ces villages y étaient abandonnés [autour de Paris, durant la Fronde], et les pauvres peuples dispersés par les bois, attendant la paix pour réhabiter leurs maisons, *Mém. du P. Berthod*, p. 578.

— REM. On trouve dans DU CANGE *reinhabitare.*

† **REHAUSSAGE** (re-ô-sa-j'), *s. m.* En peinture et en gravure, action de faire des rehauts. Gravure et timbrage et rehaussage à plusieurs couleurs, *Almanach Didot-Bottin*, 1871-1872, p. 1331, 1re col.

REHAUSSÉ. *Ajoutez :* || 3° Se dit d'un dessin, d'une peinture où l'on a mis des rehauts. Un troupeau de moutons, dessin rehaussé, par Rosa Bonheur, a été adjugé à 2050 francs, *Journ. offic.* 2 fév. 1876, p. 1003, 3e col.

REHAUSSER. *Ajoutez :* || 12° Augmenter la quantité. Les préoccupations du maréchal [à Metz] auraient dû se porter sur la nécessité de rehausser les approvisionnements de la place, que le séjour de son armée allait diminuer.... cette situation commandait impérieusement l'emploi de mesures promptes et énergiques, tant pour ménager que pour rehausser ces approvisionnements, *Gaz. des Trib.* 9 oct. 1873, p. 972, 4e col.

† **REHISSER** (re-hi-sé, *h* aspirée), *v. a.* Hisser de nouveau. Ma femme, avec un de ses enfants entre les bras, fut emportée par une lame ; elle avait autour du corps une corde avec laquelle elle fut rehissée à bord, mais sans l'enfant, *Journ. offic.* 28 nov. 1876, p. 8764, 3e col.

† **REICHSMARK** (rèch-smark), *s. m.* Le même que mark (voy. ce mot au Supplément).

— ÉTYM. Allem. *Reich*, empire, et *Mark.*

† **RÉINCARCÉRATION** (ré-in-kar-sé-ra-sion), *s. f.* Action de réincarcérer.

† **RÉINCARCÉRER** (ré-in-kar-sé-ré), *v. a.* Incarcérer de nouveau, *Rev. des Deux-Mondes*, dans SCHOLL, *Programme*, p. 15.

† **RÉINCARNATION** (ré-in-kar-na-sion), *s. f.* Action de reprendre une nouvelle chair, un nouveau corps, de revivre. Les principales croyances des Égyptiens sur les péripéties de la vie ultra-terrestre, terminées par la justification du défunt et la réincarnation, *Journ. offic.* 14 déc. 1875, p. 10319, 3e page.

† **RÉINHUMATION** (ré-i-nu-ma-sion), *s. f.* Seconde inhumation. Art. 1er : Il est expressément défendu de procéder, sans notre autorisation, à aucune inhumation ou réinhumation dans l'un des cimetières de Paris ou des communes du ressort de notre préfecture, *Ordonnance de police*, 5 juin 1872. Cette femme donnait les pouvoirs au sieur G.... de faire les démarches nécessaires pour arriver à l'exhumation de sa fille et procéder à sa réinhumation au cimetière d'Ivry, *Gaz. des Trib.* 4 mars 1876, p. 219, 1re col.

† **RÉINSCRIPTION** (ré-in-scri-psion), *s. f.* Action de réinscrire.

† **RÉINSCRIRE** (ré-in-skri-r'), *v. a.* Inscrire de nouveau. Réinscrire sur la liste électorale.

RÉINTÉGRER. — HIST. *Ajoutez :* XIVe s. Que leur dite loy voulussions remettre et reintegrer ou plus près de la loy dont ils usoient anciennement, *Rec. des monum. inédits de l'hist. du tiers état*, t. IV, p. 713.

† **RÉINTRODUCTION** (ré-in-tro-du-ksion), *s. f.* Nouvelle introduction. L'orateur a combattu la réintroduction de la presse des mousses, qui avait été proposée, *Journ. offic.* 23 nov. 1873, p. 7135, 3e col.

† **REIQUET** (rè-kè), *s. m.* Dans le parler normand, petite gaule servant à faire tomber les fruits d'un arbre, H. MOISY, *Noms de famille normands*, p. 395.

† **RÉJECTION.** *Ajoutez :* || 2° Régurgitation des ruminants. Au moment de la réjection, la glotte se ferme, puis survient une contraction très-énergique et très-brusque du diaphragme, OCT. SACHOT, *Rev. Britan.* sept. 1874, p. 262.

REJET. — HIST. *Ajoutez :* XIVe s. Certain lieu que il disoient avoir esté et devoir estre voie publique, de vint et deux piez ou environ, depuis le regiet des fossés de ladicte ville (1346), VARIN, *Archives administrat. de la ville de Reims*, t. II, 2e part. p. 1128.

† **REJONCTION** (re-jon-ksion), *s. f.* Action de rejoindre, nouvelle jonction. La rejonction des membres séparés fatalement et malgré eux.... DE MONTAIGLON, *Hist. de l'Acad. de peinture, Mém. attribués à H. Testelin*, t. I, p. 136. Même le défaut d'espace de cette nouvelle demeure avait cela de bon qu'il rendait impraticable la rejonction des maîtres en corps complet, *ib.* t. II, p. 7.

— ÉTYM. *Re...*, et *jonction.*

REJOUER. *Ajoutez :* — HIST. XIIe s. Et maintenant [il] revit drecier les gius [les jeux, les pièces] tout droit en l'eskekier ; Lors regua et matés fu, *Perceval le Gallois*, v. 22477.

† **REJURER.** *Ajoutez :* La chaste femme.... doit à même instant [d'une proposition déshonnête] retourner son cœur du côté de son époux, et rejurer la fidélité qu'elle lui a promise, SAINT FRANÇOIS DE SALES, *Introd. à la vie dévote*, IV, 7.

— HIST. *Ajoutez :* XIIIe s. Et tous li clergiés ansement [également] Demorerent communalment ; Et puis conte, duc et marcis, Dont li rois et grés, et miercis Lues [aussitôt] lor rendi ; et tout poruec [pour cela] Rejurerent le siege avoec [jurèrent de nouveau de continuer le siége d'Avignon], PHILIPPE MOUSKES, *Chronique*, v. 26671.

† **2. RELAI** (re-lè), *s. m.* Terme de librairie. Titre de relai, titre qu'on fait refaire pour donner l'apparence d'une édition nouvelle à une simple émission nouvelle d'un tirage antérieur Notre-

Dame de Paris, seconde édition, Paris, Gosselin, 1831, in-8, 2 vol.; c'est l'édition originale qui, comme on sait, a eu sept titres de relai, *Catalogue de la biblioth de Ch. Asselineau*, n° 245, 1874.

RELAIS. *Ajoutez :* || 8° Terme de télégraphie électrique. Appareil à électro-aimant, employé dans la télégraphie électrique, lorsque le courant transmis par le fil de ligne est trop faible pour faire marcher le récepteur; le relais, fonctionnant par l'action de ce courant, ferme le circuit d'une pile additionnelle en faisant passer dans l'appareil destiné à recevoir les signaux le courant de cette pile, qu'on nomme pile locale.

† **RELAIT** (re-lè), *s. m.* Lait laissé dans le beurre par une manipulation défectueuse. Lorsque l'on coupe une grosse motte [de beurre], il ne faut pas que l'on voie sortir une seule goutte de relait, *Journ. offic.* 13 févr. 1875, p. 1192, 1re col.

— ÉTYM. *Re...*, et *lait*.

† **RELAVEUR** (re-la-veur), *s. m.* Aide de cuisine qui lave la vaisselle. Six aides, trois garçons de cuisine, cinq relaveurs, l'*Office du roi de Pologne et les mets nationaux lorrains*, p. 6, Nancy, 1875.

† **RELAXANCE** (re-la-ksan-s'), *s. f.* Terme de jurisprudence. Action de relaxer, de mettre en liberté, d'acquitter. Me Bouchardon, avocat, a conclu à la relaxance de la prévenue, qui a été prononcée par le tribunal, *Gaz. des Trib.* 25-26 mai 1874, p. 502, 1re col. Me Trarieux [à Bordeaux] revient sur les arguments présentés par lui, et sollicite la relaxance de son très-honorable client, *ib.* 29 avril 1876, p. 419, 1re col.

RELAXATION. *Ajoutez :* || 4° Action de se dilater; ouverture, cavité (emploi inusité). Si vous voyez un antre qui avec ses pierres toutes mangées et sur une relaxation faite, non de main d'homme, mais par la nature même..., MALH. *Lexique*, éd. L. Lalanne.

† **RELAXE** (re-la-ks'), *s. m.* Action de cesser les poursuites contre un accusé prisonnier. Il n'y avait pas eu ici de condamnation prononcée, puisqu'il y avait eu relaxe, *Gaz. des Tribunaux*, 25 mai 1870. Attendu, dès lors, qu'en prononçant le relaxe du prévenu des poursuites dirigées contre lui..., *Arrêté de la Cour de cassation, chamb. crim.* 26 *juin* 1873, dans *Gaz. des Trib.* 4 oct. 1873, p. 954, 4e col.

RELAXER. *Ajoutez :* || 3° *V. réfl.* Se relaxer, devenir moins serré. Vous savez que le battement des flots aplanit une grève, et que, quand elle est quelque temps sans être mouillée, elle se relaxe, à faute que le sable n'a point d'humeur qui le lie, MALH. *Lexique*, éd. L. Lalanne.

† **RELECTURE.** *Ajoutez :* — HIST. XVIe s. Qui les signera, s'il sçait escrire, sinon les marquera, et sera tenue note des variations et corrections qu'il aura fait à la relecture ou autrement, *Cout. de Lessine*, t. XIII, art. 12, *Cout. génér.* t. II, p. 219, col. 1.

RELENT. *Ajoutez :* || 2° *Adj.* Qui a une odeur de renfermé. Ils sentent je ne sais quoi de relent, MALH. *Lexique*, éd. L. Lalanne. C'est comme si vous disiez que le feu possède tout, qu'une obscurité relente lui succède..., ID. *ib.*

† **RELEVAGE.** *Ajoutez :* || 5° Terme rural. Dans le département du Nord, nom donné au second des trois labours par lesquels on prépare la terre pour les cultures printanières; le troisième se dit labour de semailles, *les Primes d'honneur*, p. 77, Paris, 1874.

† **RELÈVE** (re-lè-v'), *s. f.* Action de relever des hommes qui travaillent. Vers six heures et demie du matin, après avoir fait une relève des travailleurs, le capitaine commandant a fait commencer le déblaiement, Extr. du *Sémaphore de Marseille*, dans *Journ. offic.* 30 mai 1875, p. 3852, 1re col. || Hommes de relève, hommes qui se relèvent les uns les autres, qui se relayent. Avec le poids de quatre hommes employés à faire tourner l'hélice [d'un aérostat], et de quatre hommes de relève, il serait facile de construire une machine motrice d'une force bien plus considérable, *Journ. offic.* 4 févr. 1872, p. 808, 2e col.

RELEVÉ. *Ajoutez :* || 17° Pli fait à une robe. Un relevé, retenu par une boucle ou par un nœud de ruban sur une seule hanche, CH. BLANC, *Journ. offic.* 28 oct. 1872, p. 6710, 2e col. || 18° Relevé-à-bout, réfection de la chaussée des rues et substitution de pavés neufs aux vieux pavés existants, *Journ. des Débats*, 28 août 1877, 3e page, 4e col.

RELEVÉE. *Ajoutez :* || 2° Action de relever de son poste une troupe militaire. Dans la brume boueuse on distingue à peine la silhouette de l'officier de relevée qui s'avance dans l'ornière du chemin, E. BERGERAT, *Journ. offic.* 15 févr. 1876, p. 1230, 2e col.

RELÈVEMENT. *Ajoutez :* || 5° Terme de balistique. Effet du recul des armes à feu, par suite duquel le bout du canon est relevé. || Angle de relèvement, quantité dont se trouve, par cette cause, augmenté l'angle de tir.

RELEVER. *Ajoutez :* || 46° Faire renaître un usage, une tradition. L'empereur, relevant une tradition qui remonte à Henri IV, a repris le titre de premier chanoine de Saint-Jean de Latran, *Journ. offic.* 2 mai 1870, p. 757, 2e col. || 47° Terme de droit. Relever un huis clos, le faire cesser. La cour relève le huis clos; les portes sont rouvertes, et les débats de la seconde affaire s'engagent, *Gaz. des Trib.* 29 juin 1876, p. 636, 2e col. || 48° *V. n.* En termes de marine, quitter un port, une rade. La *Martinique*, paquebot de la compagnie générale transatlantique, est arrivée sur notre rade [Saint-Thomas], le 5 courant; elle en a relevé le 6 pour la Havane et Vera-Cruz, *Journ. offic.* 9 déc. 1874, p. 8123, 1re col. On mande de Plymouth, 14 mai : Le paquebot-poste.... est arrivé ici à 3 heures et demie, et en a relevé le 14 pour New-York, *ib.* 15 mai 1876, p. 3278, 2e col. Dans de telles circonstances, le capitaine n'est pas tenu de relever pour un port voisin, mieux pourvu de moyens de réparations, si.... *Gaz. des Trib.* 28 oct. 1876, p. 1039, 4e col.

RELEVEUR. *Ajoutez :* || 3° Engin nouveau qui soulève les tiges des blés versés et les présente dans une position favorable à la coupe. Le releveur Samuelson, *Bullet. de la Soc. centr. d'agriculture*, t. XXXVI, p. 460.

RELIER. *Ajoutez :* || 7° Mettre un bandage. Ils s'enfuient après avoir reçu la coupure du médecin, sans attendre qu'il l'ait reliée, RAC. *Lexique*, éd. P. Mesnard.

RELIGIEUX. *Ajoutez :* || 7° La religieuse, un des noms vulgaires de la *mantis religiosa*, orthoptère.

RELIGION. *Ajoutez :* || Proverbe. Religion en emporte une autre (XVIe siècle), *Journ. offic.* 17 juin 1876, p. 4262, 3e col.

† **RELIGIONISTE** (re-li-ji-o-ni-st'), *s. m.* Celui qui appartient à une religion, qui est dominé par des idées de religion. Une certaine école de religionistes, SHEPPARD, *Annales médico-psychol.* 1875, p. 282.

† **RELIQUÉFIER** (re-li-ké-fi-é), *v. a.* Liquéfier de nouveau. || *V. réfl.* Se reliquéfier, être liquéfié de nouveau. Le tout se reliquéfie, d'abondantes vapeurs nitreuses se dégagent, GAUTIER, *Acad. des sc. Comptes rend.* t. LXXXI, p. 240.

† **REMANDRINAGE** (re-man-dri-na-j'), *s. m.* Seconde application d'un mandrin. Souvent, par suite du remandrinage, le bourrelet replié de la cartouche se déchirait, *Journ. offic.* 5 nov. 1873, p. 6700, 2e col.

† **REMANENT.** *Ajoutez :* || 2° *Adj.* Terme technique. Remanent, remanente, qui persiste, qui demeure. Quand, après ces fermetures successives [d'un courant électrique], on vient à renverser le sens du courant, les polarités remanentes opposent nécessairement une certaine résistance à l'action électrostatique inverse qui est alors produite, TH. DU MONCEL, *Acad. des sc. Comptes rend.* t. LXXXI, p. 428. || Magnétisme remanent, aimantation que conservent les électro-aimants après la cessation du courant électrique.

— REM. 1. Remanent, substantif, qui est dit ancien dans le Dictionnaire, est encore usité : Il n'y a pour ainsi dire rien à demander à la sapinière en dehors du bois d'œuvre; les remanents, branches et rebuts, sont minimes et n'ont souvent aucune valeur sur l'arbre, BROILLIARD, *Rev. des Deux-Mondes*, 15 avril 1876, p. 922. || 2. On le trouve écrit (à tort) remanant, dans un décret du 16 octobre 1858, art. 7 : Les pièces rebutées, de même que les remanants de toute nature, resteront à la charge de l'administration des forêts.

REMANIER. || 1° *Ajoutez :* || Fig. N'en êtes-vous pas dehors [du mal souffert]? que vous sert de remanier vos douleurs, et d'être misérable, non pour autre chose que parce que vous l'avez été? MALH. *Lexique*, éd. L. Lalanne.

† **REMARIAGE.** *Ajoutez :* ....De loger, à partir de mon décès jusqu'à son remariage, ma chère femme dans une chambre de l'établissement, *Gaz. des Trib.* 6 févr. 1875, p. 121, 2e col.

† **REMBLAYEUR** (ran-blè-ieur), *s. m.* Terme d'exploitation houillère. Synonyme de restapleur (voy. ce mot au Supplément).

† **REMBOÎTAGE** (ran-boi-ta-j'), *s. m.* Terme de relieur. Action de mettre un livre dont la reliure est ôtée, dans une reliure ancienne ôtée à un autre livre. Il faisait remarquer qu'il s'agissait si bien d'un remboîtage, que la reliure n'excédait pas l'épaisseur du volume, *Gaz. des Trib.* 24-25 août 1874, p. 812, 3e col. Qu'une reliure.... perd la plus grande partie de sa valeur par l'opération du remboîtage, *Journ. offic.* 20 avril 1876, p. 2824, 3e col.

REMBOÎTÉ. *Ajoutez :* || 2° Remis dans une reliure ancienne, en parlant d'un livre. Qu'on ne pouvait admettre qu'il eût acheté pour un prix de 2200 francs un ouvrage remboîté, que M. D.... avait payé 200 francs à M. Gr..., *Gaz. des Trib.* 24-25 août 1874, p. 812, 3e col.

REMBOÎTER. *Ajoutez :* || 2° Terme de reliure. Opérer le remboîtage d'un volume. M. Gr.... achetait en vente publique un lot de livres dans lequel se trouvait un Horace d'Alde, de 1509, il le faisait remboîter dans une reliure de Grolier, c'est-à-dire qu'il y adaptait une reliure de Grolier qui avait orné un autre ouvrage..., *Gaz. des Trib.* 24-25 août 1874, p. 812, 3e col.

† **REMÉDIABLE.** *Ajoutez :* Les plaies fraîches sont plus aisément remédiables, SAINT FRANÇOIS DE SALES, *Introd. à la vie dévote*, III, 8. À cette heure que la maladie n'est pas encore envieillie, et qu'elle serait plus remédiable, nous ne cherchons pas seulement le médecin, MALH. *Lexique*, éd. L. Lalanne.

† **REMÉMORATEUR, TRICE** (re-mé-mo-ra-teur, tri-s'), *adj.* Qui remémore, qui rappelle. Tant ces mains ont été pour lui remémoratrices et implacables, CHATEAUBR. *Mém. d'outre-tombe*, éd. de Bruxelles, t. V, *Conversation avec le roi.*

— ÉTYM. Voy. REMÉMORATION.

† **REMESURER.** — HIST. *Ajoutez :* XIIe s. D'Alissandre [Alexandrie] portons cest blié, Par mesure pris e livré; Ces qui nos devons le livrer Le voudront tut remesurer, WACE, *St Nicholas*, v. 302.

† **RÉMIPÈDES** (ré-mi-pè-d'), *s. m. pl.* Genre de crustacés, dont les deux pieds antérieurs sont allongés.

— ÉTYM. Lat. *remus*, rame, et *pes*, pied.

† **REMISAGE.** *Ajoutez :* || 2° Il se dit aussi d'abris autres que remises pour voitures. Les maisons flottantes qui abriteront bientôt les baigneurs passent la mauvaise saison dans divers remisages, *Journ. offic.* 30 avril 1874, p. 2916, 2e col.

REMISE. || 8° *Ajoutez :* || Parler à remises, parler en faisant des pauses, MALH. *Lexique*, éd. L. Lalanne. || 13° Remise à l'heure, action de remettre à l'heure des horloges qui ont avancé ou retardé. Le groupe des horloges types ainsi constitué, chacun de ces appareils pourrait par la suite devenir à son tour le centre d'un réseau d'horloges secondaires, de manière à faire rayonner sur tous les points de la ville une remise à l'heure des horloges qui ne marquent que la minute; cette remise à l'heure serait effectuée par l'électricité ou par tout autre moyen, VIOLLET-LE-DUC, *Conseil municipal de Paris, Procès-verbaux*, 1876, n° 34. || 24° Terme de contributions directes. Demande en remise, se dit quand le contribuable, d'abord justement taxé, a perdu la totalité de ses facultés imposables.

REMISER. *Ajoutez :* || 3° Fig. Mettre sous la remise, mettre au repos, à la retraite. L'ancien répertoire veut être remisé : *Joconde* ne fait plus d'argent; *le Pré aux Clercs*, *Zampa*, *la Dame Blanche*, montrent la corde, F. DE LAGENEVAIS, *Rev. des Deux-Mondes*, 15 juin 1874, p. 951.

† **REMISEUR** (re-mi-zeur), *s. m.* Celui qui loue des remises pour voitures. Remiseur de charrettes à bras et de hottes, *Tarif des patentes*, 1858.

† **REMISIER** (re-mi-zié), *s. m.* Dans la langue de la bourse, tout commis d'agent de change qui apporte des affaires à la charge et reçoit une remise sur le courtage exigé du client; la remise varie suivant l'importance du remisier, soit 1/16, le courtage étant de 1/8 pour la plupart des opérations. Avant la guerre, les relations entre notre place [Francfort] et Paris étaient si nombreuses, qu'il s'était établi des remisiers qui prenaient des ordres pour les agents de Paris et les transmettaient le matin par le télégraphe.... aussitôt après la paix, ces remisiers ont repris leurs affaires, mais leurs dépêches n'arrivent pas pour la Bourse, ou bien la réponse ne vient que le lendemain, et l'arbitrage entre les deux places en souffre, Extrait de *la Semaine financière* du 30 sept. 1871, p. 161, 2e col.

† 2. **REMISSE** (re-mi-s'), *s. m.* Sorte de trame de fils réunis par une lisière, et qui sert, lorsqu'on monte le métier, à distribuer les lisses suivant le dessin qu'on veut obtenir.

RÉMISSION. *Ajoutez :* || 6° Ancien terme de droit. Action de remettre, de faire parvenir. L'extrait de la rémission du procès au greffe de la cour signifié ledit jour, *Procès criminel à Grenoble*, 1769, dans CHARAVAY, *Rev. des documents hist.* mai 1875, n° 26, p. 21.

† **RÉMOIS, OISE** (ré-moi, moi-z'), *adj.* Qui appartient à la ville de Reims. On n'a point oublié tes œuvres trop récentes, Tes hymnes à Bonald en strophes caressantes, Et sur l'autel rémois ton vol de séraphin, BARTHÉLEMY, *Lettre à Lamartine* (à propos du sacre de Charles X). || Contes rémois, ancien contes graveleux.

† **REMONSTRATIF, IVE** (re-mon-stra-tif, ti-v'), *adj.* Ancien terme de droit. Qui est en forme de remontrance. Requête remonstrative, *Procès criminel à Grenoble*, 1769, dans CHARAVAY, *Rev. des documents hist.* mai 1875, n° 26, p. 21.

REMONTE. *Ajoutez :* || 7° Souffler en remonte, souffler contre le courant d'un fleuve, d'une rivière. Les eaux [de la Seine], arrêtées par le vent qui soufflait en remonte, formaient de hautes vagues qui venaient déferler contre les parapets comme sur une grève, *Journ. offic.* 12 déc. 1872, p. 7728, 3° col.

REMONTÉ. *Ajoutez :* || 7° Couleur remontée, couleur à laquelle on a donné plus de vivacité. Aujourd'hui même, ce bois [de santal ou bois rouge] est la base de tous les bleus remontés, *Enquête, Traité de commerce avec l'Angleterre*, t. III, p. 43. || 8° Se dit des gravures sans marge qu'on recolle sur une feuille de papier pour leur faire une fausse marge. Estampe remontée.

† **REMONTÉE.** *Ajoutez :* || 2° Action de remonter. Pendant la remontée [de l'oiseau], le bord arrière de l'aile est abaissé, de façon que l'aile présente toujours la tranche à l'air et remonte sans éprouver de résistance, *l'Aéronaute, Bulletin mensuel*, mars 1875, p. 101. || 3° Fig. Retour, par bouffée, de sentiments, de pensées. On a des échappées de jeunesse, des remontées d'imagination, V. CHERBULIEZ, *Rev. des Deux-Mondes*, 15 janv. 1876, p. 263. || 4° Terme de mines. Charge de houille ou de minerai qu'on remonte. Cet ouvrier qui, pendant l'événement, était occupé à rejeter du charbon dans une remontée, n'a pu être averti, Extr. du *Mémorial de la Loire*, dans *Journ. offic.* 16 mai 1877, p. 3675, 1re col.

REMONTRANT. || Nom donné aux sectateurs d'Arminius. *Ajoutez :* || Adj. M. Tiele, naguère pasteur de la communauté remontrante à Rotterdam, A. RÉVILLE, *Rev. des Deux-Mondes*, 15 mai 1873, p. 372.

† **REMONTREUR.** *Ajoutez :* — HIST. XVI° s. Vous estes de beaux prescheurs, de beaux harangueurs et de beaux remonstreurs, BRANT. *le Connestable de Bourbon.*

RÉMOUDRE. *Ajoutez :* || 2° Se dit de certains oiseaux qui s'agitent en sifflant au temps des amours. Le tétras exhale son ardeur au moyen d'un exercice indescriptible qui rappelle sans doute les mouvements et le bruit de la roue du rémouleur, puisque l'on dit qu'il rémoud, BREHM, cité par A. ESPINAS, *Des sociétés animales*, p. 152. Un tétras qui rémoud, c'est-à-dire qui siffle devant sa femelle en balançant la tête comme un ours blanc, perd conscience de ce qu'il fait et de ce qui se passe autour de lui..., *ib.* p. 263.

REMPART. *Ajoutez :* || Fusil de rempart, voyez FUSIL.

— HIST. XVI° s. *Ajoutez :* Les jours viendront sur toy [Jérusalem], et tes ennemis te advironneront de rempars, *Luc*, XIX, 43, *Nouv. Testam.* éd. Lefebvre d'Étaples, Paris, 1525 (ici *rempart* est écrit sans *t*, conformément à l'étymologie).

† **REMPIRER.** — HIST. *Ajoutez :* XIV° s. Paours, li feulz, li maus tirans [le tyran félon et méchant], Par qui forment fui rempirans, *Dits de Watriquet de Couvin*, p. 107.

† **REMPRISONNER.** — HIST. *Ajoutez :* XIII° s. A tout le mains [moins] qu'il soit remprisonnés, ADENES, *les Enfances Ogier*, v. 3548.

† **REMUABLE.** *Ajoutez :* || 2° Fig. Qui peut être remué, agité par les passions ou les événements. Il faut [dans les discordes civiles] des organisations de fer et d'airain, des âmes froides et fermes, qui tiennent la règle du devoir comme un câble durant la tempête, et non des âmes vives et remuables qui cherchent leur étoile dans tout le ciel et qui suivent le vent qui passe, X. DOUDAN, *Mélanges et lettres*, t. II, p. 165, 1876.

† **REMUEUR.** *Ajoutez :* || 3° Fig. Un remueur d'idées, un homme qui agite, discute, met en avant des idées. Comme Voltaire, Érasme fut un curieux et un sceptique à la fois, un grand remueur d'idées, L. CHOPIN, *Journ. offic.* 29 nov. 1876, p. 8805, 2° col. || 4° Remueur d'affaires, un homme qui met en train beaucoup d'affaires. Vous étiez un chercheur et un remueur d'affaires, *Gaz. des Trib.* 22-23 juin 1874, p. 597, 4° col. || 5° Celui qui suscite des troubles, des révoltes. Les remueurs demandent quelques conditions que la reine ne veut aucunement accorder, MALH. *Lexique*, éd. L. Lalanne.

RÉMUNÉRATEUR. — HIST. XVI° s. *Ajoutez :* Il faut que icelluy qui s'approche à Dieu, croye qu'il est, et qu'il soit remunerateur à ceulx qui le quierent, *Hébr.* XI, 6, *Nouv. Testam.* éd. Lefebvre d'Étaples, Paris, 1525.

† **RÉMUNÉRATIF, IVE** (ré-mu-né-ra-tif, ti-v'), *adj.* Qui peut rémunérer, payer les frais. Nous pouvons la voir [l'ostréiculture] actuellement en pleine possession d'une prospérité rémunérative pour les industriels et non sans profit ni sans honneur pour le pays tout entier, BOUCHON-BRANDELY, *Journ. offic.* 22 janv. 1877, p. 459, 3° col.

RENAISSANCE. *Ajoutez :* || 7° Terme de commerce. Laine renaissance, synonyme de laine artificielle, voy. LAINE ARTIFICIELLE au Supplément. En France... les déchets de laine, dits renaissance, n'y entrent [dans les draps] que pour une très-faible proportion, *Enquête, Traité de commerce avec l'Angleterre*, t. III, p. 445. Des laines dites renaissance, servant à fabriquer des draps unis ou imprimés à l'usage de la classe ouvrière, *Revue Britan.* avril 1876, p. 466.

RENARDIER. *Ajoutez :* || 2° *Adj.* Renardier, renardière, qui appartient au renard. En évaluant à cinq cents individus le nombre de la population renardière des autres départements [que le Loiret], nous resterons certainement au-dessous de la vérité, *Journ. offic.* 27 oct. 1876, p. 7708, 1re col.

RENCART. — ÉTYM. Voy. RANCART au Supplément.

† **RENCHÉRISSEUR** (ran-ché-ri-seur), *s. m.* Celui qui renchérit.

— HIST. XIV° s. Jehan Bernard derrain renquierisseur et plus offrant, *Arch. nat.* JJ84, p. 486 (communiqué par Sim. Luce).

† **RENDAGE.** *Ajoutez :* || 3° Prix d'un bail. A compter du 1er octobre 1791, tous fermiers et débiteurs de rendages, rentes et autres objets, *Lettre écrite de Saint-Omer*, dans *Lett. du P. Duchêne*, 176° lettre, p. 4.

† **RENDEMENT.** || 3° *Ajoutez :* Le rendement d'une machine est le rapport entre son travail utile et le travail moteur qu'elle reçoit. || 4° Se dit, dans les prisons, de l'acte par lequel les détenus rendent l'ouvrage qu'ils ont exécuté.

† **RENDEUR.** Celui, celle qui rend. *Ajoutez :* Qui serait le rendeur si volontaire qui, devant que de rendre, se donnât la peine de plaider? MALH. *Lexique*, éd. L. Lalanne.

† **RENDITION** (ran-di-sion), *s. f.* Usité seulement dans cette locution : salle de rendition, salle du mont-de-piété où l'on rend les gages. Muni de ce petit bulletin, qui maintenant représente le gage lui-même, le créancier du mont-de-piété monte à ce qu'on appelle, par un gros barbarisme, la salle de rendition, MAXIME DU CAMP, *Rev. des Deux-Mondes*, 15 janv. 1873, p. 323.

— ÉTYM. *Rendre* (voy. ci-dessus REDDITION à l'hist.).

RENDOUBLÉ. *Ajoutez :* || 2° Fig. et populairement. Fieffé. Un rendoublé coquin. Ce mot se trouve dans *le P. Duchêne*, 115° *lettre*, p. 6.

RENDRE. *Ajoutez :* || 43° *S. m.* Le rendre, l'action de rendre. L'un est diverti par une vilaine honte qu'il a que le rendre ne lui soit une confession d'avoir reçu, MALH. *Lexique*, éd. L. Lalanne.

† **RÉNEUSE** (ré-neu-z'), *adj.* Terre réneuse, se dit, en Champagne, d'une sorte de terrain. Champagne : les terres réneuses sont des sols blanchâtres et froids, HEUZÉ, *la France agricole*, carte n° 5.

— ÉTYM. Serait-ce une altération, par apocope, d'*aréneuse*, terre sablonneuse?

† **RENFROQUER** (ran-fro-ké), *v. a.* Remettre dans le froc. Il [l'abbé de Pradt] avait gardé de la révolution quelque chose de déclassé, de reclassé et de mal renfroqué, STE-BEUVE, *Nouv. lundis* (*Souvenirs d'un diplomate par Bignon*).

ÉTYM. *Re...*, *en* 1, et *froc*.

RENGAGER. *Ajoutez :* — REM. Molière a dit : Et la moindre faveur d'un coup d'œil caressant Nous rengage de plus belle [au service des grands]. Balzac avait dit de même avant lui : Mais, monsieur, sur le point que je veux rompre avec elle [la cour] et que je vais lui donner ma malédiction, par malheur vous me mandez quelque petite chose qui me radoucit; un souris, une œillade me rengagent, *Lettres inédites*, LX, éd. Tamizey-Larroque.

† **RENIFLARD** (re-ni-flar), *s. m.* Nom d'une soupape des chaudières à vapeur, par laquelle l'air extérieur peut rentrer dans la chaudière, quand la pression intérieure devient inférieure à la pression atmosphérique.

— ÉTYM. *Renifler.*

† **RENIVRER** (ran-ni-vré), *v. a.* Enivrer de nouveau.

— HIST. XIV° s. Ce fu Espoirs, qui d'estre amis Maint cuer en esperance a mis, Et qui pooir des yvres a Desyvrer; là me desyvra Un poi; mais pour moi renyvrer Me vint le pyment relivrer Paours, li feulz, li maus tirans, *Dits de Watriquet de Couvin*, p. 107.

† **RÉNOVATIF, TIVE** (ré-no-va-tif, ti-v'), *adj.* Qui a la faculté de renouveler.

— HIST. XIII° s. Clere unde purificative, Du vieil homme renovative, J. DE MEUNG, *Test.* v. 220.

RENSEIGNER. *Ajoutez :* — HIST. XIV° s. Ensi appert que li estoffe de le dite cloke a coustet sour tout parmi les frais, le metal que li ville [Valenciennes] en a reüt, le cloke fondue, et tout rensengniet.... (1358), *la Cloche des ouvriers* (communiqué par M. Caffiaux).

† **RENTOILEUR** (ran-toi-leur), *s. m.* Celui qui rentoile un tableau. Presque tous les chefs-d'œuvre qu'on admire à Dresde durent passer par les mains des rentoileurs et restaurateurs, J. DUMESNIL, *Hist. des amat. étrangers*, p. 448. Au-dessus de l'atelier du carrossier était celui d'un rentoileur, dans lequel se trouvait un nombre considérable de tableaux, *Journ. offic.* 28 sept. 1874, p. 6746, 3° col.

† **RENTRAGE.** *Ajoutez :* || 2° Impression successive des planches dont les reliefs colorés rentrent dans les contours tracés par l'impression première (impression en tissus), *Magasin pittor.* 1858, p. 175.

RENTRER. *Ajoutez :* || 16° Se resserrer, en parlant d'une étoffe. Nous serions obligés de renoncer à cet article [flanelles communes], qui cependant devra prendre place dans la consommation, parce que c'est une étoffe qui ne rentre pas, *Enquête, Traité de comm. avec l'Anglet.* t. III, p. 422.

† **RENVELOPPER** (ran-ve-lo-pé), *v. a.* Envelopper de nouveau.

— HIST. XIII° s. Quant elle l'ot chaufé [un enfant] du tout à son commant, Si le renvolopa en un plisson moult grant, *Brun de la montaigne*, v. 2009, éd. P. Meyer, 1875.

RENVERSE. *Ajoutez :* || 3° Renverse, vent qui prend subitement une direction contraire. Déjà j'avais montré mon nez à l'entrée du détroit de Gibraltar, lorsqu'une renverse de l'ouest vint nous frapper au visage, le vice-amiral PAGE, *Rev. des Deux-Mondes*, 15 août 1872, p. 809.

† **RENVIDEUR.** *Ajoutez :* || 2° Métier qui renvide. Chez M. Whitecock, où deux renvideurs formant 1416 broches sont menés par deux ouvriers seulement, *Enquête, Traité de comm. avec l'Anglet.* t. IV, p. 298. Employez-vous des mull-jenny, des renvideurs, des demi-renvideurs ou des continus? *ib.* t. III, p. 13.

† **RENVOI-INSTRUIRE** (ran-voi-in-strui-r'), *s. m.* Terme de procédure. Action de renvoyer une affaire à une instruction nouvelle. Attendu que, les 30000 francs dont le Phénix est débiteur ne devant pas être versés dans la caisse de la faillite, il s'agit d'apprécier le mérite des prétentions élevées sur ladite somme par R.... et B.... mais qu'à cet égard, la cause n'est pas en état; qu'un renvoi-instruire entre R..., B.... et la veuve L.... est nécessaire, et que la somme de 30000 fr. devra rester provisoirement dans la caisse du Phénix, *Gaz. des Trib.* 15 avril 1876, p. 370, 1re col.

† **RÉOBSERVER** (ré-ob-sèr-vé), *v. a.* Observer de nouveau, une seconde fois. Le fait de la disparition de la tache quand on réobserve le soleil, soit le lendemain de l'observation, soit même une demi-journée après, ne peut pas être invoqué comme une preuve péremptoire que l'objet observé était réellement situé en dehors du soleil, JANSSEN, *Acad. des sc. Compt. rend.* t. LXXXIII, p. 652.

† **RÉORDONNANCEMENT** (ré-or-do-nan-se-man), *s. m.* Action de réordonnancer. Faute par les créanciers de réclamer leur payement avant le 31 août de la deuxième année, les ordonnances et man-

dats délivrés à leur profit sont annulés, sans préjudice des droits de ces créanciers et sauf réordonnancement jusqu'au terme de déchéance, *Décret du 31 mai 1862 sur la comptabilité publique*, art. 118.

† **RÉORDONNANCER** (ré-or-do-nan-sé), *v. a.* Ordonnancer de nouveau.

† **RÉORGANISATEUR** (ré-or-ga-ni-za-teur), *s. m.* Celui qui réorganise. Ce sont les qualités qui ont fait de lui [M. Thiers] un réorganisateur si précieux en 1870-1871-1872, *Journ. des Débats*, 24 juill. 1877, 1re page, 2e col.

† **RÉORTHE.** Voy. RORTE au Supplément.

2. **REPAIRE.** *Ajoutez :* — REM. En langage cynégétique exact, on nomme fumées la fiente du cerf, du daim et autres de même espèce; repaire, la fiente du lièvre et du lapin; laisse, la fiente du sanglier; laissées, la fiente du loup, du renard, du blaireau; épreinte, la fiente de la loutre; moquettes, la fiente du chevreuil.

† **REPALPER** (re-pal-pé), *v. a.* Palper de rechef. L'acheteur avait examiné la bête, l'avait tâtée, palpée et repalpée, s'était bien rendu compte des vices qu'elle pouvait avoir, *Gaz. des Trib.* 6 juill. 1876, p. 661, 3e col.

† **RÉPANDAGE** (ré-pan-da-j'), *s. m.* Action de répandre. Travaux estimés, non compris une somme à valoir de 2180 francs pour répandage des matériaux, *Courrier de l'Ain*, 7 mai 1872, *Annonces*. On emploie tout ce terreau en couverture lors du répandage des graines, G. BAGNERIS, *Man. de sylvic.* p. 248, Nancy, 1873.

— ÉTYM. *Répandre.*

† **REPAQUAGE** (re-pa-ka-j'), *s. m.* Synonyme de repaquetage. Ceux [les sels étrangers] qui sont destinés à la salaison en mer et au repaquage à terre des morues provenant de la pêche d'Islande et du Doggers-Bank sont livrés en franchise, *Douanes, Tarif* de 1877, note 369.

† **REPAQUER** (re-pa-ké), *v. a.* Opérer le repaquage ou repaquetage. Morues repaquées à Saint-Pierre et Miquelon, *Douanes, Tarif de* 1877, p. CCIX.

† **REPARCOURIR** (re-par-kou-rir), *v. a.* Parcourir de nouveau. Il doit vous être très-doux de reparcourir vers sept heures du soir ces chemins où vous n'entendiez que les hurlements des loups, DOUDAN, *Mélanges et lettres*, t. II, p. 569.

† **REPARER** (re-pa-ré), *v. a.* Parer de nouveau. Vous faites bien de reparer les manchettes et les collets de plus belles dentelles, SÉV. *à Mme de Grignan*, 29 nov. 1679, dans *Lettres inédites*, éd. Capmas, t. II, p. 71.

† **REPARTONNAGE** (re-par-to-na-j'), *s. m.* Terme d'ardoisier. Action de diviser les repartons en fragments de plus en plus minces. Cette opération du repartonnage s'exécute avec une rapidité et une dextérité prodigieuses: le ciseau vole dans la main de l'ouvrier, *Journ. offic.* 21 sept. 1874, p. 6636, 2e col.

REPASSER. || 12e *Ajoutez :* || Terme de technologie générale. Repasser un objet fabriqué à la machine, le polir, l'ajuster, lui donner la dernière façon à la main. Repasser un fusil, une montre.

† **REPASSEUR.** *Ajoutez :* || 2e Horloger qui repasse les montres, *Tarif des patentes*, 1858.

† **REPAVAGE** (re-pa-va-j'), *s. m.* Action de repaver. À l'occasion du repavage d'une place, le syndic de l'endroit eut l'idée de faire pratiquer des fouilles, *Journ. offic.* 23 juin 1874, p. 4272, 1re col.

† **REPÊCHE** (re-pê-ch'), *s. f.* Action de repêcher. C'était [la pompe du pont de Notre-Dame] un lieu de repêche, MAX. DU CAMP, *Rev. des Deux-Mondes*, 1er mai 1867, p. 169.

† **REPÊCHEUR.** *Ajoutez :* || 2e Repêcheur de bois, celui qui repêche les bûches détachées des trains. Chaque année, en exécution de l'ordonnance de police du 25 oct. 1840 (art. 194), le préfet de police délivre environ quatre-vingt commissions de repêcheurs de bois à des individus présentés par l'agent général du commerce des bois à brûler, MAXIME DU CAMP, *Rev. des Deux-Mondes*, 1er nov. 1867, p. 176.

REPENSER. *V. n. Ajoutez :* || 2e *V. a.* Penser ce que d'autres ont déjà pensé. Son imitation n'est pas un esclavage; il [La Fontaine] prend l'idée, et la repense de façon à lui rendre l'âme une seconde fois, TAINE, *La Fontaine*, 1re partie, ch. IV, 1e.

† **REPÉRAGE.** || 2e *Ajoutez :* Procédé qui a eu pour résultat de faciliter l'opération minutieuse du repérage et de permettre la vente [des cartes chromolithographiques] à des prix très-réduits, *Journ. offic.* 8 mai 1873, p. 2998, 3e col.

REPERCÉ, ÉE. *Ajoutez :* || *S. m.* Terme de bijoutier. Les repercés, les parties ajourées d'un bijou, CH. BLANC, *l'Art dans la parure*, p. 348.

RÉPÉTER. *Ajoutez :* || 15e Se répéter, être mis en répétition, en parlant d'une pièce de théâtre. *Hernani* se répétait, et, au tumulte qui se faisait déjà autour de la pièce, on pouvait prévoir que l'affaire serait chaude, TH. GAUTIER, *le Bien public*, 3 mars 1872.

† **RÉPÉTIBLE** (ré-pé-ti-bl'), *adj.* Terme de droit. Qui peut être répété, redemandé. Les frais répétibles, *Gaz. des Trib.* 24 sept. 1870.

— ÉTYM. *Répéter*. La forme en *ible*, au lieu de *able*, se justifie par *appétible*, du lat. *appetibilis*.

RÉPÉTITEUR. *Ajoutez :* — REM. La phrase citée au n° 4 est donnée comme d'Arago; elle est réellement de Biot. Quoique le mémoire où elle se trouve (*Affinités des corps pour la lumière*) soit le résultat d'un travail commun aux deux savants, la rédaction en est due à Biot, ainsi que le montre la phrase suivante, p. 304 : « Comme les expériences qu'il fallait faire étaient très-délicates, très-pénibles et extrêmement multipliées, j'ai engagé M. Arago, secrétaire du Bureau des longitudes, à s'en occuper avec moi. »

REPEUPLER. — HIST. *Ajoutez :* XIIe s. [Les moines de Grantmont] Cels d'Espeingne et de Gascoingne Metent en France et en Borgoingne, Et là repueplent lor maisons Des François et des Borgoignons, GUIOT DE PROVINS, *la Bible*, v. 1524.

† **REPILÉ** (re-pi-lé), *s. m.* Boisson produite en pilant de nouveau les pommes à cidre. Il y a déjà longtemps que j'ai indiqué pour les mauvaises années ces essais à faire pour augmenter la force des repilés ou boissons destinées à la consommation intérieure dans les fermes, *Avranchin*, 29 oct. 1876.

† **REPIQUÉ, ÉE** (re-pi-ké, kée), *adj.* Qui présente des clairs et des ombres sur un papier velouté, sur une moulure, une feuille d'ornement, etc. Il avait encore la renommée pour les lettres monstres, les lettres de caprice, les lettres ombrées, repiquées en ton de bronze ou d'or, en imitation de creux dans la pierre, MM. DE GONCOURT, *Germinie Lacerteux*, ch. XLIX. Les arbres du parc.... forment un fond dont la chaleur sourde fait merveilleusement valoir les figures repiquées de réveillons pétillants d'esprit et d'une finesse singulière de ton, TH. GAUTIER, *Journ. offic.* 2 mai 1870, *Feuilleton*.

† **REPLANTATION.** *Ajoutez :* Des districts entiers sont ainsi déboisés, et personne ne songe à leur replantation, *Journ. offic.* 20 oct. 1873, p. 6461, 2e col.

REPLANTER. *Ajoutez :* || Fig. Replanter là, planter là, c'est-à-dire laisser là, abandonner de nouveau. Mais, comme sur leur compte (des faux amis) J'ouvrais enfin les yeux Un peu mieux, Aucun d'eux à sa honte N'étant même héritier D'un denier, On redéfila, On redétala, On me replanta là, Qu'ils sont polis, Qu'ils sont jolis Nos bons amis de Paris! DESAUGIERS, *les Bons amis de Paris*.

† **REPLAT** (re-pla), *s. m.* Terme de la Suisse française. Petit plateau dans les montagnes. On n'y rencontre l'aubaine d'aucun replat consolateur, R. TÖPFFER, *Nouveaux voyages en zigzag*.

— ÉTYM. *Re*...., et *plat* 1.

REPLÂTRÉ, ÉE. *Ajoutez :* || Se dit aussi d'une personne mal raccommodée avec une autre. Je rencontrai Mme de Brissac, qui me dit : Nous voilà donc replâtrée, madame, pour la troisième fois; aussi n'étions-nous point véritablement raccommodés; M. Mazarin prenait à tâche de me fâcher en tout, *Mém. de la duchesse de Mazarin*, dans *Mélang. curieux contenant les meilleures pièces attribuées à M. de Saint-Évremond*, t. I, p. 216, Cologne, 1708.

† **REPLÂTREUR** (re-plâ-treur), *s. m.* Celui qui replâtre, corrige, rarrange. Si j'osais, ne vous enverrais-je pas encore la lettre à Mme de Rambouillet relimée pour la troisième fois, et ne suisje pas le plus grand replâtreur et le plus insigne fripier dont jamais vous ayez ouï parler? BALZAC, *Lettres inédites*, LXI, éd. Tamizey-Larroque.

† **REPLIEMENT.** *Ajoutez :* || En particulier, action de replier un pont militaire. Repliement par bateaux successifs, par portières, etc.

REPLIER. *Ajoutez :* || Replier un pont militaire, séparer les agrès et les corps de support qui le composent, et les rapporter sur les rives.

† **RÉPONDEUR** (ré-pon-deur), *s. m.* Celui qui répond, fait une réponse.

— HIST. XIIe s. Et li respondres Deu est faire ce ke nos li prions; gieres [donc] dist: apele, se il est ki toi respondet; alsi com se il disoit overtement: com granment que tu unkes affliz cries à Deu, nel aras mie respondeor, *li Dialoge Gregoire lo pape*, 1876, p. 364.

† **REPORTAGE** (re-por-ta-j'), *s. m.* Métier du reporter. Cette nouvelle était parvenue aux bureaux par le service du reportage, *Gaz. des Trib.* 13 juillet 1876, p. 684, 3e col. En ce siècle de reportage et de cancans littéraires, CH. BIGOT, *Journ. offic.* 17 nov. 1876, p. 8364, 1re col. Tous ceux qui l'approchent [le général Ignatieff] ont le sentiment d'une individualité hors ligne, bien qu'il soit loin de se livrer comme le reportage contemporain voudrait le faire croire, *Journal de Genève*, 13 mars 1877.

— ÉTYM. Voy. REPORTER 2 au Dictionnaire.

† 2. **REPORTER,** *s. m. Ajoutez :* Les reporters, le mot est devenu français, ont tué les mémoires intimes désormais inutiles, L. REYNAUD, *Journ. offic.* 29 mai 1874, p. 3583, 1re col.

† **REPORTEUR** (re-por-teur), *s. m.* || 1e Terme de bourse. Celui qui fait des reports. L'opération de bourse connue sous le nom de report ne constitue pas un contrat de gage; le reporteur est un acheteur au comptant qui vend à terme, non pas les titres mêmes qu'il a achetés, mais des titres pareils.... au cours du report; le reporteur jouit de toutes les prérogatives attachées à son titre;... en fait, comme en droit, le reporteur est traité comme propriétaire des actions reportées, *Gaz. des Trib.* 11 avril 1855, p. 355, 3e col. La question de savoir si les porteurs de titres.... en sont propriétaires, ou reporteurs, ou simples détenteurs,... est du ressort de la justice, *ib.* p. 354, 1re col. || 2e Dans les imprimeries lithographiques, ouvrier chargé de la préparation des travaux pour l'exécution des tirages. Je me décidai à renvoyer deux de mes douze ouvriers reporteurs..... le contre-maître général signifia le congé à deux reporteurs qui nous rendaient le moins de services, *Gaz. des Trib.* 17 mai 1874, p. 472, 2e col.

† **REPOSANT, ANTE** (re-pô-zan, zan-t'), *adj.* Qui repose, qui donne le repos. Une saison heureuse, une halte reposante dans une vie agitée, SCHURÉ, *Revue des Deux-Mondes*, 1er fév. 1877, p. 544.

REPOSÉE. *Ajoutez :* || 3e Pause, intervalle. Quand je verrai quelqu'un s'acheminer à quelque entreprise louable, tant plus il se bandera sans vouloir faire de reposées, tant plus je me ravirai de le regarder, MALH. *Lexique*, éd. L. Lalanne.

† **REPOURVOIR** (re-pour-voir), *v. a.* Pourvoir de nouveau. Le chemin de fer a dû être repourvu de matériel roulant, d'ateliers et de stations, *Journ. offic.* 17 sept. 1874, p. 3521, 3e col.

† **REPOURVU, UE** (re-pour-vu, vue), *part. passé* de repourvoir. L'antique vérité doit être sans cesse redite,... sans cesse retournée sous toutes ses faces, repourvue de toutes ses armes, justifiée par de nouvelles expériences, de nouvelles découvertes, CH. DE RÉMUSAT, *Journ. offic.* 29 nov. 1872, p. 7394, 1re col.

† **REPOUSSE** (re-pou-s'), *s. f.* || 1e Action de pousser de nouveau, en parlant d'un végétal. Il [le cheval] tond l'herbe de trop près, ce qui nuit à la repousse du gazon, BOCHER, *Rapport à l'Assemblée nationale*, n° 1910, p. 9, note. || 2e Il se dit aussi des cheveux. La repousse des cheveux.

REPRÉSENTANT. || 2e *S. m.* || Il se dit aussi au féminin. L'Église catholique est la représentante de Dieu sur la terre, *l'Opinion nationale*, 6 juin 1876, 1re page, 4e col.

REPRÉSENTÉ. *Ajoutez :* || *S. m.* Terme de droit. L'héritier décédé, à la place et du chef de qui vient un autre héritier. La représentation est une fiction de la loi dont l'effet est de faire entrer les représentants dans la place, dans le degré et dans les droits du représenté, *Code civil*, art. 739.

† **RÉPRESSEUR** (ré-prè-sseur), *adj. m.* Qui réprime. Ce christianisme général.... qui, malgré saint Augustin et les conciles répresseurs des semi-pélagiens, avait transpiré dans toute la chrétienté, SAINTE-BEUVE, *Port-Royal*, I, 9.

— REM. Ce mot, fait selon le modèle de compresseur, est bon.

— ÉTYM. Lat. *repressum*, supin de *reprimere*, réprimer (voy. RÉPRIMER).

REPRODUCTIF. *Ajoutez :* || Dépenses reproductives, dépenses qui produisent un revenu égalant ou dépassant les frais. La restriction des dépenses reproductives ou utiles, *Journ. offic.* 17 mars 1872, p. 1895, 1re col.

† **RÉPROUVABLE.** *Ajoutez :* — REM. D'Argenson, *Consid. sur le gouv. de la France*, Amsterdam, 1874, p. 180, a dit *réprobable* : « Tout pouvoir inné [de naissance, héréditaire] sous un roi est vicieux et réprobable. » C'est le latin *reprobabilis*; le mot n'est pas reçu.

REPUBLIER. — HIST. *Ajoutez :* || XVI° s. La mesme loy fut derechef renouvellée et republiée à la requeste de Quinctus Hortensius, BODIN, *République*, I, 10.

† **REPUISER** (re-pui-zé), *v. a.* Puiser de nouveau. Massang regarda au dehors et vit la bonne femme, haute d'une coudée, s'élever en l'air et puiser et repuiser de l'eau dans son seau percé, A. DE VIGUERIE, *Revue Britan.* août 1875, p. 482.

† **REQUESTIONNER** (re-kè-stio-né), *v. a.* Questionner de nouveau. Il [le commissaire de police] fit venir Mme S..., la questionna, la requestionna..., *Gaz. des Tribunaux*, 31 déc. 1875, p. 1263, 3° col.

† **RÉQUISITIONNEMENT** (ré-ki-zi-sio-ne-man), *s. m.* Action de réquisitionner. C'est aux provinces de l'ouest,... que pourra s'adresser en premier lieu le réquisitionnement des chevaux, *Journ. offic.* 30 sept. 1873, p. 6132, 1re col.

† **RÉQUISITIONNER** (ré-ki-zi-sio-né), *v. n.* Faire des réquisitions. || Il s'emploie activement aussi.

† **RESALUER.** — HIST. *Ajoutez :* XIII° s. Car lors me peroit apicler Mes sire Gauvains par raison, Se il voloit, de traïson, Se je resalué l'avoie Et puis à lui me combatoie, *Li chevaliers as deus espées*, publié par Förster, v. 2916.

† **RESARCISSAGE** (re-sar-si-sa-j'), *s. m.* Terme de manufacture. Action de remplir les vides dans le velours, de regarnir. Après le tissage, le velours reçoit les opérations suivantes : grattage d'envers ou tirage à poil, coupe, resarcissage, *Enquête, Traité de commerce avec l'Angleterre*, t. IV, p. 755.

— ÉTYM. Lat. *resarcire*, regarnir, de *re*, et *sarcire*, rendre entier.

† **RESCINDEMENT** (rè-ssin-de-man), *s. m.* Action d'abattre un édifice. Le rescindement d'une maison pour le percement d'une rue, *Conseil municipal de Paris*, séance du 1er juillet 1876. Vu les décisions du ministre des travaux publics, aux termes desquelles sont ordonnés..., et, à cet effet, un rescindement dans les constructions situées à l'angle de cette rue [des Récollets] et de la rue de la Chancellerie..., *Jugement du Trib. civil de Versailles, 1re chambre*, dans *Gaz. des Trib.* 3-4 juil. 1876, p. 653, 2° col.

— ÉTYM. Voy. RESCINDER.

† **RESCISIBLE** (rè-ssi-zi-bl'), *adj.* Terme de droit. Qui peut être rescindé. Le principe que tout acte ayant pour objet de faire cesser l'indivision entre cohéritiers est réputé partage et, comme tel, rescisible pour cause de lésion..., MERLIN, *Répert. de jurisprudence*, t. IX, p. 337, 2° col. 5° éd. || On dit d'ordinaire rescindable.

— ÉTYM. Fait sur le modèle de *rescision* (voy. ce mot).

† **RESCOUSSE** (rè-skou-s'), *s. f.* Voy. RECOUSSE. *Ajoutez :* || Rescousse ou non rescousse, secouru ou non, en tout cas. Je reviens bientôt; mais d'ici là tu me donnes ta parole de rester ici prisonnier, rescousse ou non rescousse, OCT. FEUILLET, *Péril en la demeure*, p. 46.

† **RESÉCHÉ, ÉE** (re-sé-ché, chée), *part. passé* de resécher. Séché de nouveau. A l'inspection [d'un lot de thé], on reconnut que, sur la totalité, un paquet au moins était complétement rempli de feuilles reséchées, si habilement teintes avec du noir de fumée ou quelque autre couleur, que la douane même y avait été trompée, *Journ. offic.* 27 nov. 1876, p. 8736, 3° col.

† **RÉSERVATAIRE** (ré-zèr-va-tè-r'), *adj.* || 1° Terme de droit. Héritier réservataire, celui qui a droit à une portion de biens que la loi déclare non disponible, en la réservant à certains héritiers. L'héritier réservataire auquel a été fait un legs ne peut, alors même qu'il n'est en concours qu'avec un légataire universel, annuler ce legs avec sa réserve, à moins que cela n'ait été ordonné par le testateur, *Cour de Paris*, 17 mars 1846. || 2° *S. m.* Celui qui s'est gardé une réserve. Le bailleur se réserve le droit de chasse..., attendu que cette clause doit s'entendre dans le sens que le réservataire a droit de chasse sur les terres louées, *Gaz. des Trib.* 5-6 mars 1877, p. 224, 3° col.

RÉSERVE. *Ajoutez :* || 19° D'après la nouvelle loi militaire, les hommes qui ont fait leur temps de service ou leur volontariat sous les drapeaux, et qui dès lors ne sont plus astreints que tous les deux ans à un mois d'incorporation dans un régiment, mais qui appartiennent à l'armée active où ils seraient rappelés en cas de guerre.

† **RÉSERVISTE** (ré-zèr-vi-st'), *s. m.* Militaire appartenant à la réserve. On emploiera d'abord les réservistes qui s'offriront volontairement à servir [dans la cavalerie autrichienne], *Journ. offic.* 16 mars 1872, p. 1864, 3° col. || Particulièrement, d'après la nouvelle loi militaire, homme appartenant à la réserve jusqu'à trente ans (voy. RÉSERVE ci-dessus).

RÉSIDENCE. *Ajoutez :* || 6° Il s'est dit pour résidu. L'eau, s'évaporant à une chaleur fort lente, laisse au fond du vaisseau une résidence mêlée partie de sel, partie de terre, *Lettres, etc. de Colbert*, VII, 454.

† **RÉSIDUAIRE** (ré-zi-du-è-r'), *adj.* Qui forme résidu; le même que résiduel. Les matières fraîches devaient être reçues et traitées dans des bassins ou vases clos et couverts, les gaz brûlés, les eaux résiduaires désinfectées...., CLAMAGERAN, *Rapp. au Conseil municipal de Paris, séance du* 28 *juin* 1877, p. 6.

RÉSIGNATION. *Ajoutez :* || 6° Résignation de soi-même, renoncement à soi-même. La pure et entière résignation de soi-même, pour obtenir la liberté du cœur, CORN. *Lexique*, éd. Marty-Laveaux.

† **RÉSINIFÈRE.** *Ajoutez :* || 2° Qui contient, qui conduit de la résine. Les canaux résinifères, *Rev. des Deux-Mondes*, 1er avril 1877, p. 671.

† **RÉSINIFIABLE** (ré-zi-ni-fi-a-bl'), *adj.* Qui peut être transformé en résine. L'huile de Dippel est résinifiable par l'acide azotique.

† **RÉSINITE** (ré-zi-ni-t'), *adj.* Terme de minéralogie. Qui a un caractère de résine. Les uns en font [de la pierre de touche] un quartz, d'autres un jaspe résinite, EDN. DUMAS, *Journ. offic.* 24 janv. 1876, p. 718, 3° col.

† **RÉSINOÏDE** (ré-zi-no-i-d'), *adj.* Qui a l'apparence de la résine. Ayant découvert dans toutes les variétés de cépages américains un principe résinoïde, BOUTIN, *Acad. des sc. Comptes rend.* t. LXXXIII, p. 736.

— ÉTYM. *Résine*, et εἶδος, apparence.

RÉSISTANCE. || *Ajoutez :* || 1° Terme de construction. Solide d'égale résistance, forme qu'il convient de donner à une pièce quelconque, pour que, sous l'action des forces auxquelles elle est soumise, chacun de ses points ait une même résistance à opposer. || 3° *Ajoutez :* || Résistances passives, résistances qu'une machine a à vaincre, sans profit pour l'effet utile qu'on se propose.

RÉSOLUBLE. *Ajoutez :* || 3° Qui peut être séparé en parties. De ces nébuleuses, les unes sont résolubles, c'est-à-dire que le télescope nous les montre comme formées d'un nombre innombrable d'étoiles, J. JANSSEN, *Journ. offic.* 28 oct. 1873, p. 6588, 1re col.

RÉSOLUTION. || 1° *Ajoutez :* Ce qui est ne sera plus, et ne périra pas pourtant, mais se résoudra; cette résolution nous semble une mort, parce que nous ne regardons qu'aux choses qui sont près de nous, MALH. *Lexique*, éd. L. Lalanne.

† **RESOMMEILLER.** *Ajoutez :* — HIST. XVI° s. Mais quoi! tout aussitost encore il resommeille, DE BRACH, t. II, p. 179.

† **RÉSOMPTION** (ré-son-psion), *s. f.* Action de résumer, résumé. Les termes de mentir, de mensonge, etc., lorsque je m'en sers dans mon discours XXXI et dans ma résomption,... doivent être pris dans le sens le plus doux, JACQ. SAURIN, cité dans le *Nouv. Dict. hist. et crit. de Chauffepié*, t. IV, p. 181.

— ÉTYM. Lat. *resumptionem*, de *resumptum*, supin de *resumere*, de *re*, indiquant répétition, et *sumere*, prendre.

† **RESONGER.** *Ajoutez :* M. d'Andilly.... devint ainsi par sa vieillesse prolongée et sereine.... le vrai patriarche.... de Port-Royal; on resonge à je ne sais quoi de Booz et de Noémi, SAINTE-BEUVE, *Port-Royal*, t. II, p. 250, 3° éd. (il écrit *ressonge* pour indiquer que l'*s* n'a pas le son de *z*).

† **RÉSORCINE** (re-sor-si-n'), *s. f.* Terme de chimie. Principe naturel obtenu synthétiquement par l'oxydation indirecte de la benzine.

RESPECTABLE. *Ajoutez :* || Substantivement, le respectable, ce qui est respectable. Quand le respect se perd, soyez sûr que le respectable s'est perdu le premier, CH. DE RÉMUSAT, *la Philosophie du* XVIII° *siècle, Rev. des Deux-Mondes*, 15 août 1858, p. 749.

† **RESPIRATEUR.** *Ajoutez :* || 2° *S. m.* Appareil dû à M. Tyndall, qui permet de séjourner pendant un long temps dans la fumée la plus suffocante; il se compose d'un cylindre de 10 centimètres de long, qui s'adapte devant la bouche; dans ce cylindre, l'air traverse des couches alternantes de charbon de bois, de chaux concassée et d'ouate imbibée de glycérine, *Journ. offic.* 14 mai 1877, p. 3582 2° col.

RESPONSABLE. — HIST. XIV° s. *Ajoutez :* A ce respondi li maistres que la demande [de Jesson demandant qu'on lui tint compte des serges] n'estoit mie responsable, pour ce qu'il n'avoit mie desclairiet en sa demande de quel lonc, ne de quel lée les serges estoient (1309), VARIN, *Archives admin. de la ville de Reims*, t. II, 1re partie, p. 96.

† **RESSASSAGE** (re-sâ-sa-j'), *s. m.* Action de ressasser. La pièce de M. Thiesse est pleine d'inexpériences, de redites, de ressassages..., ALPH. DAUDET, *Journ. offic.* 28 mai 1877, p. 4074, 3° col.

RESSAUT. *Ajoutez :* || 5° Terme d'hydraulique. Ressaut superficiel, phénomène que présente parfois l'écoulement de l'eau dans les canaux par suite de diminution de pente, de barrage, etc., et qui consiste en ce que la surface passe alors d'un niveau à un niveau plus élevé. Le phénomène du ressaut superficiel a été observé pour la première fois par Bidone, COLLIGNON, *Hydraulique*.

RESSAUTER. *Ajoutez :* — REM. Dans le Dauphiné, ressauter signifie éprouver un mouvement involontaire de tressaillement; c'est l'équivalent de tressaillir. Cet enfant ressaute au moindre bruit. Votre arrivée subite m'a fait toute ressauter.

† **RESSEL.** *Ajoutez :* Les sels immondes (ressels et saumures) provenant de la salaison des poissons, *Douanes, Tarif* de 1877, p. CLXXV.

† **RESSENCE** (rè-san-s'), *s. f.* Voy. ci-dessus RECENSE.

† **RESSERRE** (re-sè-r'), *s. f.* Chambre, lieu où l'on resserre différents objets. Allez mettre cela dans la resserre. || 2° En particulier, aux finances, la resserre, le local souterrain où l'on garde l'encaisse du Trésor; c'est comme une vaste cave dans laquelle se trouve la caisse proprement dite, qui est elle-même une pièce toute garnie de fer; la resserre, en dehors de la caisse, sert à la garde du numéraire qu'on ne peut ou qu'on ne veut pas placer dans la caisse; la resserre et la caisse sont à deux clefs, pour le caissier et le contrôleur; la caisse est en quelque sorte à la resserre comme le caveau à la cave. Art. 3 : Des entrées et des sorties de billets et de numéraire du comptoir de la resserre.... le solde [billets et numéraire] qui doit être enfermé dans la resserre.... il [le sous-chef de la caisse principale] assiste le contrôleur attaché au comptoir central chaque fois que celui-ci désire procéder à une vérification détaillée du solde de la resserre, *Instruction* n° 58, 1er déc. 1874.

RESSERRER. — HIST. *Ajoutez :* XIII° s. Moult bien l'essue [son épée], el fuerre le [la] resserre, *Ogier le Danois*, dans P. MEYER, *Rapports*, 1re part. p. 101.

† **RESSOLLICITER** (re-sol-li-si-té), *v. a.* Solliciter de nouveau. Le jugement de votre petit procès, qu'il a fallu ressolliciter, SÉV. *A Mme de Grignan*, 3 juill. 1675, dans *Lett. inédites*, éd. Capmas, t. I, p. 350.

RESSORT. *Ajoutez :* || 7° Ressorts-Belleville, pièces formées de rondelles en acier trempé, légèrement bombées, et qu'on emmanche sur une tige centrale de manière à former des couples dont les faces se contrarient et qui s'infléchissent sous une pression suffisamment forte, *Douanes, Lett. commune* du 11 juillet 1877.

† **RESSOUVENANCE.** *Ajoutez :* La crainte du mal à venir et la ressouvenance du passé, MALH. *Lexique*, éd. L. Lalanne.

† **RESSUSCITABLE** (rè-su-ssi-ta-bl'), *adj.* Qui peut être ressuscité.

— HIST. XVI° s. L'histoire.... à perpetuité ressuscitable et apte à recouvrer la parole, MART. DU BELLAY, *Prologue*.

† **RESSUYAGE** (rè-sui-ia-j'), *s. m.* Action de dessécher, de faire partir l'humidité. Il est décidément admis que le ressuyage poussé jusqu'à la fermentation n'a de raison d'être que parce qu'il facilite la sortie de l'huile, *Journ. offic.* 8 juillet 1877, p. 5099, 1re col.

† **RESTAPLER** (rè-sta-plé), *v. a.* Terme d'exploitation houillère. Remblayer dans les tailles. || On dit aussi ristapler.

† **RESTAPLEUR** (rè-sta-pleur), *s. m.* Terme d'ex-

ploitation houillère. Ouvrier qui remblaie dans les tailles.

RESTE. *Ajoutez :* || 17° Terme judiciaire. Reste de droit, dernière condition juridique qu'on a en sa faveur. Je vais maintenant vous faire, permettez-moi d'employer une expression judiciaire, reste de droit; je vais me placer sur ce terrain d'admettre hypothétiquement comme vrais et fondés tous les griefs qui ont été articulés..., LE ROYER, *Journ. offic.* 2 avril 1873, p. 2301, 3° col.

RESTITUER. || 1° *Ajoutez :* || Remettre en honneur, en usage. N'est-ce pas l'étude et l'amour de la nature qui, de nos jours, ont restitué le paysage? BÜRGER, *Salons de* 1861 *à* 1868, t. II, p. 222.

† **RESTITUTEUR.** *Ajoutez :* || 2° En un sens plus général, celui qui restitue, qui rétablit. Il [le pape] devint dans le monde moderne le restituteur des sciences, des lettres et des arts, CHATEAUBR. *Mém. d'outre-tombe*, t. IV, éd. de Bruxelles (*les Souvenirs de Rome*, année 1829). MM. Eugène Isabey, Paul Huet, Cabat, Corot, appartiennent à cette génération de restituteurs du paysage, et leurs tableaux viennent toujours en première ligne au Salon, BÜRGER, *Salons de* 1861 *à* 1868, t. II, p. 222.

† **RESTITUTOIRE.** *Ajoutez :* — HIST. XVI° s. Non les legs testamentaires, dont les heritiers demeureront chargez, sinon que lesdits legs fussent restitutoires, *Coust. gen.* t. I, p. 920.

RESTREINDRE. *Ajoutez :* || 5° Se restreindre dans, s'assujettir à, se renfermer dans. Quand on se restreint dans la servitude de traduire mot à mot, MALH. *Lexique*, éd. L. Lalanne. Pour ce qui est de l'intérêt, il [Richelieu] n'en connaît point d'autre que celui du public.... il s'y restreint comme dans une ligne écliptique, et ses pas ne savent point d'autre chemin, ID. *ib.*

† **RESUBDIVISER** (re-sub-di-vi-zé), *v. a.* Subdiviser de nouveau. Lavoisier disait en 1792 : la chimie, en soumettant à des expériences les différents corps de la nature, a pour objet de les décomposer et de se mettre en état d'examiner séparément les différentes substances qui entrent dans leur combinaison; la chimie marche donc vers son but et vers sa perfection en divisant, subdivisant et resubdivisant encore, DE PARVILLE, *Journ. des Débats*, 23 fév. 1876, 3° page, 2° col.

† **RÉSULTANT.** *Ajoutez :* || 5° *S. m.* Terme de mathématique. On appelle résultant le résultat de l'élimination d'un certain nombre d'inconnues entre des équations données. || Particulièrement, un résultant, le résultat de l'élimination de *k* inconnues entre *k* équations homogènes, qu'on a, par exemple, en égalant à 0 les *k* dérivées dont il est question.

† **RÉSURRECTEUR** (ré-zu-rè-kteur), *s. m.* Celui qui ressuscite, rend la vie. Le résurrecteur de nos destinées chancelantes, *Gaz. des Trib.* 7 nov. 1874, p. 1069, 1re col.

† **RÉSURRECTIONNEL, ELLE** (ré-zu-rè-ksio-nèl, nè-l'), *adj.* Qui a le caractère de la résurrection, d'une résurrection. Il s'agissait de pousser en Pologne au soulèvement national universel, d'organiser une Vendée polonaise, de s'associer, en le dirigeant, à ce mouvement résurrectionnel d'une race si naturellement électrisée, STE-BEUVE, *Nouv. lundis*, t. IX (*Souvenirs d'un diplomate par le baron Bignon*).

† **RÉSURRECTIONISME** (ré-zu-rè-ksio-ni-sm'), *s. m.* Caractère, tendance de ceux qui imitent l'art antique. Hier une espèce de résurrectionisme était en faveur, et l'on fabriquait du bric-à-brac athénien, BÜRGER, *Salons de* 1861 *à* 1868, t. I, p. 370.

† **RÉSURRECTIONISTE.** *Ajoutez :* || 2° Il se dit, dans les beaux-arts, de ceux qui imitent, font revivre les procédés de l'art antique. Ce nouveau venu [Alma Tadema] doit inquiéter M. Gérôme, M. Rodolphe Boulanger et les autres résurrectionistes des bizarreries de l'antiquité, BÜRGER, *Salons de* 1861 *à* 1868, t. II, p. 43. || *Adj.* L'école classique ou, si l'on veut, résurrectioniste, qu'on prit pour une renaissance, ID. *ib.* t. I, p. 286.

RÉTABLIR. *Ajoutez :* || 10° Rétablir le désordre, le faire cesser, remettre en ordre ce qui est en désordre. La honte de mourir sans avoir combattu Rétablit leur désordre, et leur rend leur vertu, CORN. *Cid*, IV, 3. Le prince de Conti fut le premier qui rétablit le désordre, ralliant des brigades, en faisant avancer d'autres, VOLT. *Siècle de Louis XIV*, XVI. || Rétablir le désordre n'est point une expression à imiter, à cause de l'amphibologie qu'elle présente.

RÉTABLISSEMENT. *Ajoutez :* || 2° Terme de gymnastique. Action, le corps étant soutenu par les avant-bras placés à plat, de se relever sur les poignets. Des échelles horizontales et inclinées; sur une échelle horizontalement placée, on peut faire tous les rétablissements imaginables, N. LAISNÉ, *Notices pratiques sur les exercices du corps*, p. 27. || 3° Terme d'administration financière. Compte des rétablissements, compte où l'on porte les arrérages non prescrits, lorsque, une inscription non touchée pendant cinq ans ayant été rayée du grand-livre, des réclamations valables surviennent et qu'on émet une nouvelle inscription.

† **RÉTABLISSEUR** (ré-ta-bli-seur), *s. m.* Celui qui rétablit.

— HIST. XVI° s. A nostre seigneur empereur Charles.... restablisseur de plusieurs princes, BRANT. *Charles-Quint.*

RETAILLER. *Ajoutez :* || 4° Retailler la lance, se disait quand on la raccourcissait pour combattre à pied.

RETARDATION. *Ajoutez :* || 2° Action de remettre à un autre temps (vieilli en ce sens). Me convertissant à la miséricorde divine sans retardation ni dilation quelconque, ST FRANÇOIS DE SALES, *Introd. à la vie dévote*, I, 20.

RETARDEMENT. *Ajoutez :* XIV° s. Lesquelles choses pourroient redonder ou [au] retardement des livres et registres dessusdis (1384), VARIN, *Archives administr. de la ville de Reims*, t. V, p. 599.

RETARDER. *Ajoutez :* || 8° Se retarder, ralentir le pas. Ses chevaux tantôt vont, et tantôt se retardent, MALH. *Lexique*, éd. L. Lalanne.

† **RETAXER** (re-ta-ksé), *v. a.* Taxer de nouveau. Il faut bien se donner de garde de retaxer M. de Toulouse, RICHELIEU, *Lettres*, etc. t. VI, p. 807 (1641).

† **RETÉLÉGRAPHIER** (re-té-lé-gra-fi-é), *v. a.* Renvoyer par le télégraphe. Avec ce premier appareil [le téléphone de Bell] il était impossible de retélégraphier, de la station d'arrivée, les ondes sonores..., *Journal officiel* 5 juill. 1877, p. 5040, 3° col.

RETENIR. || 16° Retenir que, avec le subjonctif. *Ajoutez cet exemple :* Pour ce que les enfants sont en un âge qui a besoin de conduite, ils [les pères] leur ont été baillés comme magistrats domestiques, pour les retenir qu'ils ne fassent rien de mal à propos, MALH. *Lexique*, éd. L. Lalanne.

RETENTISSEMENT. — HIST. *Ajoutez :* XII° s. Molt i oisseiz granz criées Et retentissement d'espées, BENOIT, *le Roman de Troie*, v. 2709.

† **RÉTICULE.** || 3° Terme d'astronomie. *Ajoutez :* || Fils croisés placés au foyer d'une lunette et dont les points d'intersection servent de points de repère.

† **RETIRABLE** (re-ti-ra-bl'), *adj.* Qui est de nature à être retiré. L'objet d'un dépôt est retirable. Les banques et maisons d'escompte [à Londres] ont élevé le taux de l'intérêt qu'elles servent sur les comptes courants à 3 pour 100 pour l'argent retirable à volonté, et à 3 1/4 pour l'argent retirable après avertissement préalable, *la Semaine financière*, 30 sept. 1871, p. 460, 2° col.

RETIREMENT. *Ajoutez :* || 3° Prise de livraison, enlèvement de marchandises par l'acheteur. Application de l'art. 1657 du Code civil aux affaires commerciales; la vente est résolue de plein droit et sans sommation au profit du vendeur, à l'expiration du terme convenu pour le retirement.... que celui-ci [l'acheteur] n'ayant eu aucun retirement à en faire [de la marchandise] au domicile même du vendeur, *Gaz. des Trib.* 20 mai 1875, p. 484, 1re col. || 4° Action de se retirer, de s'isoler. Je vous donne une heure aujourd'hui au parloir de Sainte-Madeleine, où je vous ferai des reproches de votre retirement, *la Mère Agnès à M. Lemaître*, dans SAINTE-BEUVE, *Port-Royal*, t. II, p. 305, 3° éd.

RETIRER. *Ajoutez :* — REM. Dans l'historique on trouve retirer à, avec le sens de ressembler à. Cet emploi s'est conservé en quelques provinces : Cet enfant retire à son père (Angoumois); retirer, ressembler, *Gloss. aunisien*, p. 142.

— HIST. *Ajoutez :* XIV° s. Pour yaux [eux, se] tant plus retirer [rentrer dans les déboursés], et faire meilleur et plus diligent debvoir, *Valenciennes* (communiqué par M. Caffiaux).

† **RETIRURE.** *Ajoutez :* || Il se dit aussi du bronze. Le bronze, refroidi en cinq minutes, présentait une profonde retirure formant crevasse, *Journ. offic.* 1er janv. p. 12, 2° col.

† **RETOMBEMENT** (re-ton-be-man), *s. m.* Action de retomber. Pourquoi ce retombement dans la douleur? E. DE GUÉRIN, *Journal*, dans DARMESTETER, *De la création actuelle de mots nouveaux*, p. 97.

† **RETOQUER** (re-to-ké), *v. a.* Terme familier. Refuser à un examen. Il se présentait à Saint-Cyr; mais il a été retoqué.

— ÉTYM. *Re....*, et *toquer*; norm. *retoquer*, accueillir quelqu'un en l'accablant de reproches; *se retoquer*, faire des efforts pour soulever un fardeau, DELBOULLE, *Gloss. de la vallée d'Yères*, le Havre, 1876, p. 294.

† **RETORDAGE** (re-tor-da-j'), *s. m.* Synonyme de retordement. Nous nous servons, pour le retordage [du coton], du métier continu, *Enquête, Traité de comm. avec l'Anglet.* t. IV, p. 323. Il nous reste à dire un mot des fils [de laine] retors et moulinés écrus; les frais de retordage varient de 1 franc à 3 fr. 50 centimes par kil., *ib.* t. III, p. 503.

† **RETORDERIE.** *Ajoutez :* La production de la retorderie est à la filature comme 2 est à 1, c'est-à-dire qu'il faut une broche de retorderie pour suivre deux broches de filature, *Enquête, Traité de comm. avec l'Anglet.* t. V, p. 121.

RETORDRE. *Ajoutez :* || 3° *V. réfl.* Se retordre, être retordu. Quand il veut décrire comme le fil se retord, comme il se tire de la canette, MALH. *Lexique*, éd. L. Lalanne.

— HIST. *Ajoutez :* XIV° s. Cil qui oysel [en sacrifice] doner voudra, Li chief au col li retortra, MACÉ, *Bible en vers*, f° 30, 1re col.

† **RÉTORQUABLE.** — HIST. XVI° s. *Ajoutez :* Nos raisons et nos arguments en matieres controverses sont ordinairement retorquables à nous, MONT. III, 8 (éd. 1595; mais, dans l'éd. stéréotype de 1802, il y a : contournables vers nous, t. IV, p. 45).

RETOUCHER. — HIST. *Ajoutez :* XIII° s. Cinq ou VI fois [elle] touche et retouche Le nes avant, et puis la bouche, Puis le menton et puis la face, GAUTIER DE COINSY, *les Miracles de la sainte Vierge*, p. 171, publiés par l'abbé Poquet.

† **RETOUCHEUR, EUSE** (re-tou-cheur, cheû-z'), *s. m.* et *f.* Ouvrier, ouvrière qui retouche les photographies.

RETOUR. *Ajoutez :* || 31° Retour d'argent, recouvrements effectués par les entrepreneurs de transport pour le compte des expéditeurs. Aux termes de l'article de la commission, les retours d'argent sont timbrés à 35 centimes.... ces retours d'argent ont donné lieu à certaines discussions, *Journ. offic.* 13 fév. 1874, p. 1216, 2° col.

† **RETOURNAGE.** *Ajoutez :* || 3° Action de soumettre de nouveau au tour. Fabrication spéciale de billes de billard, retournage et teinture, *Alman. Didot-Bottin*, 1871-1872, 4° col.

RETOURNÉ. *Ajoutez :* || 5° S'est dit pour pris ou entendu à rebours. Mathieu Marais en 1727 (*Journal*, t. III, p. 504, 1864, in-8) appelait les *Voyages de Cyrus* de Ramsay un *Télémaque* retourné, parce que l'auteur avait eu la prétention d'écrire son livre d'après l'histoire, tandis que Fénelon écrivit le sien d'après la Fable, CH. NISARD, *Parisianismes*, Paris, 1876, p. 45. || Champignon retourné, un champignon mort en une nuit, au rebours du champignon qui croît dans le même temps. Il joua tant qu'il perdit tout son bien.... et ensuite, congédiant le reste de ses domestiques, il leur dit : Voilà ce que mérite un homme comme moi, qui suis un champignon retourné; car tout s'en est allé en une nuit, *les Maistres d'hostel aux halles*, Paris, 1670, p. 64, dans CH. NISARD, *ib.* || Poltron retourné, s'est dit pour brave, *le Galimatias du sieur Deroziers Beaulieu*, 1639, dans CH. NISARD, *ib.* p. 87.

† **RETOURNEMENT.** || 4° Terme d'astronomie. *Ajoutez :* Il faut faire les positions absolues des étoiles dans le ciel pour en conclure les bases essentielles de la science,... or, on n'y saurait parvenir avec sécurité qu'au moyen d'un instrument susceptible de retournement, vérification que la très-grande dimension de notre appareil des petites planètes rend impossible.... nos artistes sont en mesure d'établir un instrument muni d'une forte lunette de sept pouces, et susceptible cependant de l'opération du retournement; instrument permettant, par conséquent, d'aborder et de résoudre les questions les plus délicates de l'astronomie pratique, LE VERRIER, *Journ. offic.* 29 janv. 1875, p. 780, 2° col.

† **RÉTRACTEUR, TRICE** (ré-tra-kteur, ktri-s'), *adj.* Terme didactique. Qui opère la rétraction. Muscle rétracteur de l'aiguillon de l'abeille.

— ÉTYM. Voy. RÉTRACTION.

† **RÉTRAINDRE** (ré-trin-dr'), *v. a.* Ancienne orthographe et prononciation de restreindre (voy. ce mot, à la prononciation).

† RETRANSFÉRER (re-tran-sfé-ré; la syllabe fér devient fèr devant un *e* muet : retransfère), *v. a.* Transférer de nouveau. Puis, à la dissolution de la société, trois ou six ans après, la propriété de cet immeuble serait retransférée aux personnes qui l'avaient apportée, *Journ. offic.* 27 fév. 1872, p. 1392, 2ᵉ col. Il [le débiteur] restait propriétaire, et le créancier devait retransférer la possession au débiteur après le payement de la dette ou après toute autre satisfaction, É. LITTRÉ, *la Phil. posit.* nov.-déc. 1876, p. 457.

† RETRANSPLANTER (re-tran-splan-té), *v. a.* Transplanter une seconde fois, G. SAND, dans SCHOLL, *Programme*, p. 16.

RETREMPER. — HIST. *Ajoutez :* XIVᵉ s. Qui la voie tenir sauroit Au lac, kj s'i poroit enbatre, Là le [la, une épée] poroit faire rebatre Et retremper et faire saine, *Perceval le Gallois*, v. 4848.

† RÉTRIBUTAIRE (ré-tri-bu-tê-r'), *adj.* Qui a le caractère de la rétribution. Une fois que l'homme a perdu confiance en la conduite rétributaire du public, CAZELLES, *Revue philosophique*, octobre 1876, p. 364.

† RÉTROGRADATEUR (ré-tro-gra-da-teur), *s. m.* Celui qui tend à rétablir un passé incompatible avec le présent. Auguste Comte, le flétrissant [Julien l'Apostat] du nom de rétrogradateur, l'associe à Bonaparte dans sa vive réprobation, ALFRED GARY, *Courrier littéraire*, 25 août 1877, p. 546.

— ÉTYM. Voy. RÉTROGRADATION.

† RÉTROSPECTION (ré-tro-spè-ksion), *s. f.* Action de regarder en arrière, et, par extension, de regarder dans le passé. Dans le sommeil, dans les rêves, dans le somnambulisme, il y a [suivant l'auteur d'un mémoire] addition de nouvelles facultés, les facultés de clairvoyance, bien plus, de prévoyance, de rétrospection, LÉLUT, *Rapp. sur le concours relatif à la question du sommeil*, 1854, p. 11.

— ÉTYM. Voy. RÉTROSPECTIF.

RETROUVER. *Ajoutez :* — REM. La forme archaïque *eu* se rencontre dans Malherbe : L'ambition nous vient retreuver en la solitude, et nous tourmente en notre maison comme à la cour, *Lexique*, éd. L. Lalanne. Mais Malherbe emploie à faux l'archaïsme *eu*; il avait perdu le sens de cette variation, suivant laquelle *ou* ne devient *eu* que quand il porte l'accent tonique.

† RÉUM (ré-un), *s. m.* Terme de marine. Capacité intérieure d'un navire. Un vaisseau qui a une cale vaste est dit être d'un grand réum. || Vides qui se trouvent entre les objets arrangés dans la cale d'un vaisseau.

— ÉTYM. Ce paraît être une altération de l'anglais *room*, allem. *Raum*, espace.

† RÉUNISSEUSE. *Ajoutez :* || On dit aussi réunisseur. Un bobinier réunisseur, *Enquête, Traité de comm. avec l'Anglet.* t. III, p. 497.

† REVALENTA. — ÉTYM. *Ajoutez :* Revalenta n'est pas un composé barbare d'*ervum*, ers, et *lens*, lentille; cela s'applique à l'*ervalenta*, qui est la concurrence; mais c'est un dérivé, non moins barbare, du lat. *revalescere*, se fortifier (FÉLIX BOVET).

† REVALESCIÈRE (re-va-lè-ssiè-r'), *s. f.* Autre farine non moins vantée que la revalenta dans les annonces.

— ÉTYM. Autre forme de *revalenta*.

† RÉVEILLONNER (ré-vè-llo-né, *ll* mouillées), *v. n.* Faire le réveillon.

REVENDEUR. *Ajoutez :* || 3ᵉ Revendeuse au panier, femme qui va dans les maisons vendre différents objets, gibier, volaille, œufs, etc. qu'elle porte dans un panier. La femme J..., qui est une marchande revendeuse au panier, *Gaz. des Trib.* 27 juin 1877, p. 621, 4ᵉ col.

— HIST. *Ajoutez :* XIVᵉ s. Alis la Bernarde, revenderesse (1340), VARIN, *Archives administr. de la ville de Reims*, t. II, p. 827. A une revenderesse pour LVI tourtiaus de craisse, *Valenciennes* (communiqué par M. Caffiaux).

REVENIR. *Ajoutez :* || 32ᵉ Substantivement. Le revenir, l'action de revenir. On appréhende le revenir du règne de Robespierre, CHATEAUBR. *Mém. d'outre-tombe* (éd. de Bruxelles), t. II, *mort du duc d'Enghien*.

— REM. 1. Construction de *s'en revenir* avec *y* : Je m'en suis venu vers son logis, estimant bien qu'il ne faudrait pas de s'y en revenir, MALH. *Lexique*, éd. L. Lalanne. S'en revenir s'emploie comme s'en venir (voy. Y 2, REM. 5, 6 et 7). || 2. On dit : Je ne reviens point de cet événement, pour j'en demeure étonné (voy. REVENIR, nº 19). Mais peut-on dire avec *que* : Je ne reviens point qu'il en soit ainsi? Ce qui suscite le doute, c'est le *de* qui manque, et l'on dirait lourdement, mais correctement : Je ne reviens point de ce qu'il en soit ainsi. Mais c'est ici la même question que pour informer (voy. INFORMER au Supplément), où le *de* a été supprimé et le *que* employé par de bons auteurs. On acceptera donc cette phrase du *Temps*, 12 févr. 1877, 2ᵉ page, 6ᵉ col. : On ne revient pas [au Vatican] que, dans Rome même, il se soit parlé des choses hiératiques romaines avec cette allure entièrement dégagée, comme s'il se fût agi du hiératisme turc ou indien.

RÊVER. — HIST. XIIIᵉ s. *Ajoutez :* Sire, il [un fou] n'est onques autrement; Toudis rede il, ou cante, ou brait, *Théâtre franç. au moyen âge*, Paris, 1839, p. 72 (la forme *reder* est à ajouter dans la discussion de l'étymologie). Tel peeur [un mourant] a pour peu ne desve; Ce dit chascun : je cuit qu'il resve; C'est li malage qui l'argue, GAUTIER DE COINSY, *les Miracles de la sainte Vierge*, p. 135, éd. abbé Poquet. || XVIᵉ s. Il te plaist seulement estre conveincu par l'Escriture sainte; ce n'est pas bien fait à toy, et resves en cela bien fort, SLEIDAN, *l'Estat de la religion et republique sous Charles V*, p. 34.

RÉVERBÈRE. *Ajoutez :* || 5ᵉ Terme de faïencier. Coloration rouge. On peut classer ces faïences [des Islettes, dans l'Argonne] en deux catégories distinctes, correspondant à deux systèmes de coloration, qu'on appelle dans le pays le bleu et le réverbère; le bleu s'employait surtout pour les dessins d'ornement et de fantaisie; le réverbère, où les tons rouges dominent, était spécial aux faïences à personnages, A. THEURIET, *Rev. des Deux-Mondes*, 15 nov. 1876, p. 343.

† REVERDISSEMENT. — HIST. *Ajoutez :* XIVᵉ s. En celle sayson voyrement Qu'erbes ont reverdissement Et totes choses s'esbaudissent, MACÉ, *Bible en vers*, fº 34, verso, 2ᵉ col.

RÉVÉREMMENT. — HIST. || XVIᵉ s. *Ajoutez :* Rabelais a dit *reverentement* : Il convient à tous chevaliers reverentement traicter leur bonne fortune, sans la molester ny gehenner, *Garg.* I, 36.

RÊVERIE. — HIST. XIVᵉ s. *Ajoutez :* Mais orendroit conter vous veulge, Sans ajouter mot de mençoingne, De trois de celes [chanoinesses] de Couloingne, Et dire un poi de reverie, Par convent que chascuns en rie, *Dits de Watriquet*, p. 373. (à noter à cause du sens précis de *rêverie*, ici gaudriolle, *rêver* étant d'origine douteuse.)

† REVERNIR. *Ajoutez :* — HIST. XVIᵉ s. Pensant bien voir et louer je ne sçay quoi de beauté qu'il estime estre en s'amie, il ne la voit le plus souvent qu'en peinture, j'enten peinture de fard ou d'autre telle masque, de quoy ne se sçavent que trop reparer ces vieux idoles revernis à neuf, JACQUES TAHUREAU, *Dialogues*, 1ᵉʳ *dial.* nº 39, Lyon, 1602.

REVERS. *Ajoutez :* || 11ᵉ Terme d'architecture. Revers d'eau, partie inclinée, en chanfrein, d'une corniche, d'une plinthe, d'un cordon, etc. || 12ᵉ Signature du revers, engagement par lequel les officiers français pris à Sedan ne partageaient pas le sort de leur troupe et restaient libres, mais s'obligeaient à ne pas reprendre de service contre la Prusse pendant toute la durée de la guerre; on a expliqué cette expression, en s'appuyant sur ce que cette clause spéciale se trouvait sur le revers de la feuille contenant les conditions générales de la capitulation. Le général Lebrun : Cette clause était certainement attentatoire à l'honneur des officiers français, et elle a eu des conséquences déplorables pour les malheureux qui ont signé le revers.... cette clause relative aux armes conservées ne concernait que les officiers qui consentaient à signer le revers, *Gaz. des Trib.* 14 fév. 1875, p. 150, 2ᵉ col.

† 1. REVERSEMENT. *Ajoutez :* || 2ᵉ Action de transporter par un versement une somme d'argent, ou, dans un sens plus usité, de la reporter d'un compte sur un autre. Mandat de reversement.

RÉVERSIBLE. *Ajoutez :* || 3ᵉ Qui admet une conversion réciproque entre deux actions. N'oublions pas que le phénomène [transformation de la chaleur en travail] est réversible, et que nous pouvons, suivant les cas, convertir de la chaleur en travail et du travail en chaleur, SAVENEY, *Rev. des Deux-Mondes*, 1ᵉʳ mai 1863, p. 43. On sait que le caractère essentiel de tout organe de transformation de chaleur en mouvement est d'être réversible, W. DE FONVIELLE, *Acad. des sc. Comptes rend.* t. LXXXII, p. 1251. || Terme de thermodynamique. Transformation réversible, transformation telle que, quand un corps passe d'un état à un autre, ce corps puisse revenir du second état au premier en repassant exactement par la même série d'états successifs, mais en sens inverse. || Cycle réversible, cycle qui peut être parcouru dans les deux sens.

† REVÊTISSEMENT (re-vê-ti-se-man), *s. m.* Ancien synonyme de revêtement. Il devait faire un courant au-dessus de l'île de Piot [dans le Rhône], et faire un revêtissement à cette île, BOISLISLE *Corresp. contrôl. génér. des finances*, p. 517, 1690.

† RÊVEUSEMENT (rê-veû-ze-man), *adj.* D'une manière rêveuse. Regardant les plages jaunâtres et désolées des côtes opposées de leurs yeux rêveusement tristes, R. FRANZ, *Rev. des Deux-Mondes*, 15 oct. 1874, p. 943. Il était allé s'appuyer rêveusement à la rampe de la terrasse, A. DAUDET, *Jack*, I, 9.

— ÉTYM. *Rêveuse*, et le suffixe *ment*.

† REVIF (re-vif), *s. m.* || 1ᵉ Terme de mer. Temps où la marée devient de plus en plus forte. [Deux navires] ne sont pas sortis hier, à cause de la morte eau et de l'état de la mer; le revif s'est fait sentir ce matin, et la marée a déjà regagné plus d'un mètre de hauteur sur le niveau des marées précédentes, *Journ. offic.* 10 nov. 1875, p. 9172, 2ᵉ col. || 2ᵉ État de ce qui redevient vif; regain. Cette anecdote les rendit gais; elle en conta d'autres, et avec un revif de grâce, de jeunesse et d'esprit, G. FLAUBERT, *l'Éducation sentimentale*, t. II, p. 255.

† REVIGORER (re-vi-go-ré), *v. a.* Donner une nouvelle vigueur. Ce peu de temps qui restait à ce grand pasteur [saint Ambroise] pour revigorer et récréer son esprit après le tracas de tant d'affaires, SAINT FRANÇOIS DE SALES, *Introd. à la vie dévote*, III, 25.

— ÉTYM. *Re...*, et lat. *vigorare*, fortifier (voy. VIGUEUR).

† RÉVISIBILITÉ (ré-vi-zi-bi-li-té), *s. f.* Qualité de ce qui peut être revu, corrigé. Veut-on savoir par quel procédé ingénieux l'artiste a su rappeler dans son allégorie la révisibilité de la constitution? *l'Avranchin*, 14 sept. 1875.

† RÉVISIBLE (ré-vi-zi-bl'), *adj.* Qui peut être revu, corrigé. Il peut y avoir [dans les sciences] des erreurs de faits, des observations insuffisantes, des expériences mal conduites; mais tout cela est remaniable, révisible, BOURDET, *Vocabulaire des principaux termes de philosophie positive*, p. 25.

— ÉTYM. *Revoir* (et non pas *reviser*, qui aurait donné *revisable*), de *re...*, et *voir*, qui a donné *visible*.

† RÉVISIONNEL, ELLE (ré-vi-zio-nè-l', nè-l'), *adj.* Néologisme. Qui a rapport à la révision d'une clause, d'une constitution, etc. Dans les lois constitutionnelles, M. Rouher ne voit qu'une chose, l'article révisionnel, *le Bien public*, 23 oct. 1875, 1ʳᵉ page, 4ᵉ col.

† RÉVISIONNISTE (ré-vi-zio-ni-st'), *adj.* || 1ᵉ Qui est relatif à la révision d'une constitution. Assemblée révisionniste, *Journ. offic.* 22 avril 1872, p. 2682, 2ᵉ col. || 2ᵉ *S. m.* Critique qui fait la révision d'un texte. Aucune preuve positive ne démontre que la rédaction suivie dans l'Inde [du *Schahnameh*, ancien poëme persan] soit plus rapprochée de l'original perdu; tout au plus doit-on faire çà et là quelques réserves en faveur des révisionnistes musulmans de l'Inde, qui ont conservé si fidèlement l'instinct de la vieille langue, le respect des formes archaïques et de la prononciation régulière, BARBIER DE MEYNARD, *Rev. crit.* 19 août 1876, p. 114.

† RÉVIVIFICATEUR (ré-vi-vi-fi-ka-teur), *s. m.* Celui qui révivifie, rend à son état naturel une substance dénaturée. Le camphre ajouté, soit à l'eau-de-vie, soit à l'alcool, ne les dénature pas de cette façon que les liqueurs ainsi obtenues ne puissent être révivifiées, ce qui, eu égard à la différence des droits, procurerait un bénéfice important au révivificateur, *Gaz. des Trib.* 15 oct. 1876 p. 1007, 4ᵉ col.

† RÉVIVISCENT. *Ajoutez :* || Fig. Des sensations reviviscentes, TAINE.

† RÉVOCABLEMENT (ré-vo-ka-ble-man), *adv.* D'une manière révocable. Une commission dans laquelle figureraient précairement, révocablement, des hommes qui ne sont là que pour un temps, *Journ. offic.* 16 nov. 1872, p. 7032, 2ᵉ col.

REVOLER. — *Ajoutez :* XVᵉ s. Ne cure n'ot [le corbeau] de revoler, Pour notifier dedans l'arche Comment la terre se descarche [décharge], E. DESCH. *Poés. mss.* fº 481, 2ᵉ col.

RÉVOLUTION. — HIST. *Ajoutez :* XII s. Li ciez [le ciel] lo sent [sent Dieu]; car par son comandement ne finet il onkes de movoir par assidueies revolutions, *li Dialoge Gregoire lo pape*, 1876, p. 286.

† **RÉVOLVANT, ANTE** (ré-vol-van, van-t'), *adj.* Terme technique. Qui opère un tour, un mouvement de révolution. Un cheval-vapeur peut faire marcher quatre ou cinq métiers à boîtes circulaires révolvantes, *Enquête, Traité de comm. avec l'Anglet.* t. III, p. 404.

— ÉTYM. Lat. *revolvere*, faire faire une révolution, de *re....*, et *volvere*, tourner.

† **REVOLVER.** *Ajoutez :* || 2° Revolver photographique, instrument de photographie qui se meut comme un revolver. Un revolver photographique qui renfermerait une plaque sèche et dont le mouvement lui ferait prendre une photographie [du soleil] toutes les heures..., JANSSEN, *Acad. des sc. Compt. rend.* t. LXXXIII, p. 655. M. Peters, commandant l'expédition de la Nouvelle-Zélande, fait savoir qu'il a obtenu d'excellents résultats avec le revolver photographique imaginé par M. Janssen, H. DE PARVILLE, *Journ. offic.* 11 mars 1875, p. 1856, 2e col.

— REM. Le revolver est un pistolet dont le tonnerre est remplacé par une réunion de tonnerres mobiles autour d'un axe parallèle à celui du canon, dans chacun desquels on met à l'avance une cartouche, et qui viennent successivement se placer dans le prolongement du canon.

RÉVOQUER. *Ajoutez :* || 5° Se révoquer, rétracter une résolution. La raison ne se révoque jamais, quand elle a fait un jugement, MALH. *Lexique*, éd. L. Lalanne.

— HIST. *Ajoutez :* XIIe s. Ge aesme [estime] cest miracle estre plus grant de toz altres miracles, ke li mort repairent à vie, et ke lur anrmes [âmes] de repons [d'un lieu caché] sont revochies à la char, *li Dialoge Gregoire lo pape*, 1876, p. 148.

† **REVOTER** (re-vo-té), *v. a.* Voter une seconde fois. Si M.... pouvait avoir ce droit, tous nos collègues auraient également la faculté de venir proposer de revoter le budget de 1876, *Journ. offic.* 17 juill. 1876, p. 5260, 1re col.

† **RHABDOMANCIEN** (ra-bdo-man-siin), *s. m.* Celui qui pratique la rhabdomancie. Malgré la différence faite entre les hydrauliciens et les rhabdomanciens..., *Rev. Brit.* sept. 1875, p. 278.

RHABILLAGE. *Ajoutez :* || 3° Réparation, entretien des machines industrielles. Ces meules doivent être tenues constamment en bon état par un rhabillage très-soigné, *Traité pratique de la fabrication du papier*, par Carl Hoffmann, traduit de l'allemand par Everling.

RHABILLEUR. *Ajoutez :* || 3° Horloger qui raccommode les montres, *Tarif des patentes*, 1858. || Chaudronnier, *Tarif des patentes*, 1858. || Armurier, celui qui se borne à réparer les armes, *Tarif des patentes*, 1858.

† **RHAMNÈS** (ra-mnès'), *s. m.* Mot arabe désignant un valet de ferme indigène ou, plus généralement, un ouvrier des champs, un journalier au service d'un colon européen ou d'un chef arabe, en Algérie. Fathma, qui avait longtemps travaillé chez Jourdan, accourut à son aide; Amen Sabri, son rhamnès, avait vu Lounès ben Mansour tirer sur son maître, *Gaz. des Trib.* 28 avril 1872, p. 424, 1re col. || On écrit aussi khamnès à cause de la prononciation fortement gutturale de la première syllabe.

† **RHAPSODAGE** (ra-pso-da-j'), *s. m.* Action de rhapsoder, de mal raccommoder. Il vous en coûtera des manches neuves; ce serait un rhapsodage que les allongements des épaulettes, SÉV. *à Mme de Grignan*, 29 nov. 1679, dans *Lett. inédites*, éd. Capmas, t. II, p. 71 (Mme de Sévigné écrit rapsodage).

† **RHAPSODIEN** (ra-pso-diin), *s. m.* Celui qui écrit des choses qui ne sont pas garanties par preuves et documents. Les rhapsodiens qui souvent écrivent sans caution, DUBREUL, les *Antiquités de Paris*, 1608, dans E. DRUMONT, *Journ. offic.* 28 mai 1876, p. 3656, 2e col.

† **RHAPSODIEUR** (ra-pso-di-eur), *s. m.* Celui qui fait des rhapsodies. Cet impertinent rhapsodieur [La Mothe Le Vayer] n'a pas moins de malice que d'impertinence, BALZAC, *Lett. inédites*, t. VII, éd. Tamizey-Larroque.

† **RHÉA** (ré-a), *s. f.* Nom du cinquième des satellites de la planète Saturne.

— ÉTYM. Ῥέα, fille d'Uranus et de la Terre, et femme de Saturne.

† **RHÉOMÈTRE.** *Ajoutez :* || 2° Instrument propre à régulariser l'écoulement d'un gaz, *Journ. offic.* 23 avril 1874, p. 2894, 3e col.

† **RHÉOSTAT** (ré-o-sta), *s. m.* Terme de physique. Instrument qui, placé dans le circuit extérieur d'une pile, diminue l'action du courant.

— ÉTYM. Ῥεῖν, couler, et στατὸς, arrêté.

† **RHÉOTOME** (ré-o-to-m'), *s. m.* || 1° Pièce importante des appareils d'induction électro-voltaïque, ayant pour fonction d'interrompre et de rétablir le passage du courant inducteur. M. Gaiffe a interposé entre les deux appareils [pour l'allumage électrique à l'Assemblée nationale] un rhéotome destiné à couper ou établir le passage du courant, *Journ. offic.* 29 oct. 1873, p. 6610, 1re col. || 2° Portion de l'appareil appelé téléphone, *Rev. scientifique*, 1er mai 1877.

— ÉTYM. Ῥεῖν, couler, et τομή, section.

† 1. **RHÉTORIQUE** (ré-to-ri-k'), *adj.* Qui appartient à la rhétorique, qui a le caractère de la rhétorique.

† **RHÉTORIQUEMENT** (ré-to-ri-ke-man), *adv.* Avec le caractère de la rhétorique, en rhétoricien. Les anciens faisaient parler politiquement, et les modernes rhétoriquement, RAC. *Lexique*, éd. P. Mesnard. Cette page [de Rubens] de pure expansion est écrite d'un bout à l'autre sur ce mode rhétoriquement appelé sublime, FROMENTIN, *les Maîtres d'autrefois*, p. 94.

RHINOCÉROS. *Ajoutez :* || 3° Coléoptère de la famille des lamellicornes; le mâle porte sur le front une corne qui manque à la femelle.

† **RHIPIPTÈRE** (ri-pi-ptè-r'), *s. m.* Terme d'entomologie. Insecte dont les ailes sont en éventail. Des rhipiptères qui vivent en parasites dans les écailles de la guêpe.

— ÉTYM. Ῥιπὶς, éventail, et πτερὸν, aile.

† **RHIZOCAULÉES** (ri-zo-kô-lée), *s. f. pl.* Plantes de la famille des légumineuses papilionacées qu'on trouve fossiles et qui vivent aujourd'hui aux Antilles. Ces bizarres rhizocaulées aux tiges dressées et multipliées, soutenues par des myriades de radicelles, descendant de tous côtés et se frayant un passage à travers les feuilles, E. BLANCHARD, *Rev. des Deux-Mondes*, 1er oct. 1874, p. 609.

— ÉTYM. Ῥίζα, racine, et καυλὸς, tige.

† **RHIZOGÈNE** (ri-zo-jè-n'), *adj.* Terme de botanique. Qui engendre, produit la racine. La zone rhizogène, CORNU, *Acad. des sc. Comptes rend.* t. LXXXI, p. 953.

— ÉTYM. Ῥίζα, racine, et le suffixe *gène*.

† **RHODANTHE** (ro-dan-t'), *s. f.* Charmante plante annuelle (Nouvelle-Hollande) (famille des composées), que l'on cultive comme plante d'ornement, *Le bon Jardinier pour* 1876, t. II, p. 723. C'est le *rhodanthus Manglesii*, Lindley.

— ÉTYM. Ῥόδον, rose, et ἄνθος, fleur.

† **RHODOMITE** (ro-do-mi-t'), *s. f.* Terme de minéralogie. Silicate de manganèse rose ou brun.

† **RHOPOGRAPHIE** (ro-po-gra-fie), *s. f.* Terme d'antiquité. Peinture d'objets vulgaires, peinture de genre; le même que rhyparographie, H. HOUSSAYE, *Rev. des Deux-Mondes*, 1er sept. 1874, p. 91.

— ÉTYM. Ῥωπογραφία, de ῥῶπος, menus objets de vente, et γράφειν, peindre.

† **RHYNCHOPHORE** (rin-ko-fo-r'), *s. m.* Nom d'une famille de coléoptères.

— ÉTYM. Ῥύγχος, bec, et φορὸς, qui porte.

† **RHYPAROGRAPHE** (ri-pa-ro-gra-f'), *s. m.* Terme d'antiquité. Peintre qui s'exerçait sur une nature triviale.

— ÉTYM. Lat. *rhyparographus*, de ῥυπαρογράφος, de ῥυπαρὸς, sale, et γράφειν, peindre.

† **RHYPAROGRAPHIE** (ri-pa-ro-gra-fie), *s. f.* Terme d'antiquité. Œuvre, travail des rhyparographes. La caricature et cette peinture que les anciens appelaient la rhyparographie ont leurs spécimens dans les fresques de Pompéi et d'Herculanum, H. HOUSSAYE, *Rev. des Deux-Mondes*, 1er sept. 1874, p. 91.

† **RHYTHMOLOGISTE** (ri-tmo-lo-ji-st'), *s. m.* Celui qui s'occupe de la prosodie, du rhythme dans les langues.

† **RIBAUDEQUIN.** *Ajoutez :* || 2° *S. m.* Sorte d'affût à roues sur lequel on plaçait des armes à feu de petit calibre, comme on fait aujourd'hui des mitrailleuses (premiers temps de l'invention des armes à feu).

† **RIBBONISME** (ri-bo-ni-sm'), *s. m.* Nom d'une association secrète en Irlande. Le ribbonisme existe toujours dans certains districts, *Journ. officiel*, 3 mars 1875, p. 1595, 2e col.

— ÉTYM. Angl. *ribbon*, ruban, à cause des signes que les associés portent.

† **RIBE.** — ÉTYM. *Ajoutez :* Au lieu de l'all *reiben*, Bugge, *Romania*, n° 10, p. 156, propose le bas-all. *repe*, brisoir, et le verbe *repen*, néerland. *repel*, haut-all. mod. *riffe*, et le verbe *riffeln*, angl. *to ripple*. Les formes indiquées par M. Bugge sont en effet plus près du mot français.

† **RIBIER** (ri-bié), *s. m.* Sorte de cépage, qu'on a quelquefois confondu avec le reby, *Revue horticole*, 16 sept. 1876, p. 342.

† **RIBLETTE.** — ÉTYM. M. Scheler le tire du germ. *rib*, *rip* (all. *Rippe*), côte, nervure. M. Bugge, *Romania*, n° 10, p. 157, n'admet pas cette étymologie : suivant lui, on y doit voir le suéd. *reppling*, tranche (de viande, de fromage), le norvég. *ripel* ou *repel*, long et étroit morceau. Le primitif est le suéd. *repa*, déchirer; norvég. *ripa* ou *repa*, dépouiller; angl. *to rip*. C'est le même radical que pour *ribe*.

† **RIBON-RIBAINE.** — HIST. XVe s. *Ajoutez :* A quoy fut repondu que ribon ribanne ilz paieroient, MANTELLIER, *Glossaire*, Paris, 1869, p. 56.

† **RIBOULE** (ri-bou-l'), *s. f.* Dans l'Aunis, sorte de pilon de bois qui sert à écraser la vendange dans les cuves, *Gloss. aunisien*, p. 143.

— ÉTYM. Même radical que dans *ribe* (voy. ci-dessus).

RICHE. *Ajoutez :* || 14° Pain riche, pain de fantaisie, pain de luxe.

† **RICHELLE,** *s. f.* *Ajoutez :* — REM. Des auteurs font richelle du masculin. Des blés hâtifs venus d'Orient, comme le richelle d'Odessa et le blé de Noé, BELLA, *Bull. de la Soc. centr. d'agric.* 1872, p. 601.

† **RICHÉRISTE** (ri-ché-ri-st'), *s. m.* Partisan de Richer, syndic de la faculté de théologie et auteur en 1611 d'un traité *De ecclesiastica et politica potestate*, où il professait des principes contraires aux enseignements de l'Église, FR. GARASSE, *Mémoires*, publiés par Ch. Nisard, Paris, 1861 p. 63.

RICHISSIME. *Ajoutez :* Il [le boursier dans les universités anglaises] est entouré de camarades riches et enseigné par des professeurs richissimes, VILLEMOT, *l'Opinion nationale*, 19 juin 1876, 3e page, 2e col.

† **RICINÉ, ÉE** (ri-si-né, née), *adj.* A quoi on a incorporé de l'huile de ricin. Collodium riciné, *Journ. offic.* 17 nov. 1871, p. 4498, 3e col.

RIDE. — HIST. XVIe s. *Ajoutez :* Afin qu'il [Christ] rendist à soy l'Eglise glorieuse n'ayant quelque tache ou ride, *Eph.* v, 27, *Nouv. Test.* éd. Lefebvre d'Etaples, Paris, 1525.

1. **RIDER.** — HIST. *Ajoutez :* XIIe s. Chemise ridée [elle] li tret Fors de son cofre et braies blanches, CRESTIEN DE TROIE, *Chev. au lyon*, v. 5412.

1. **RIFFLARD.** *Ajoutez :* — HIST. XVe s. Un paquet de rifflart [longue laine sans apprêt], MANTELLIER, *Glossaire*, Paris, 1869, p. 56.

† **RIFLE** (raye-fl'), *s. m.* Carabine à long canon; fusil à balle forcée. Le vomito, plus meurtrier encore que les rifles ou le *machete* [mot espagnol signifiant coutelas, voy. ci-dessus au Supplément MANCHETTE 2] des rebelles, L. LANDE, *Rev. des Deux-Mondes*, 1er mars 1877.

— REM. Ce mot anglais commence à être beaucoup employé chez nous pour carabine.

— ÉTYM. Angl. *rifle*, du verbe *to rifle*, dévaliser, piller; du français *rifler*.

† **RIGEL.** *Ajoutez :* — ÉTYM. Arabe, *rigel*, le pied.

RIGOLAGE. *Ajoutez :* || 2° Action de mettre le jeune plant en rigoles ou petites tranchées. Au moment du repiquement ou du rigolage des plants, il est essentiel de retrancher par une section nette les racines brisées ou endommagées, G. BAGNERIS, *Man. de sylvic.* p. 254, Nancy, 1873.

RIGOLE. — HIST. *Ajoutez :* XIIIe s. El rigol d'un fossé, en une recelée, *Foulque de Candie*, p. 93, Reims, 1860.

RIGOUREUSEMENT. — HIST. *Ajoutez :* || XVe s. Lequel Chermoye, ainsi que ledit suppliant se levoit pour luy faire place, le rebouta très rigoureusement [rudement], *Lettres de rémission*, dans *Romania*, avril 1873, p. 233.

† **RIGUET** (ri-ghè), *s. m.* Nom du seigle, en Dauphiné.

— ÉTYM. Anglo-sax. *ryge*; angl. *rye*; allem. *Raggen*; grec, βρίζα, ὀρίζα, riz; sanscr. *vrîhi*, riz.

RIGUEUR. || 4° *Ajoutez :* || Terme, délai de rigueur, terme, délai au delà duquel aucune prolongation n'est accordée.

† **RIMAILLERIE** (ri-mâ-lle-rie, *ll* mouillées), *s. f.* Néologisme. Vers de rimailleur. La rimaillerie mnémonique [les vers des Racines grecques de

Lancelot], SAINTE-BEUVE, *Port-Royal*, t. II, p. 333, 3ᵉ éd.

RIME. *Ajoutez :* || 5° Rime en goret, voy. GORET au Supplément.

† 2. **RIMER** (ri-mé), *v. n.* Se dit, dans le sud et le sud-ouest de la France, de tout aliment qu'on laisse prendre au fond d'une poêle ou d'une casserole ; ce qui lui communique une saveur et une odeur désagréables. Cette viande rime. Des pommes de terre rimées.

— ÉTYM. Provenç. *rimar*, gercer, du lat. *rima*, fente, l'altération de l'aliment qui prend à la casserole étant comparée à une gerçure.

RIMEUR — HIST. *Ajoutez :* XIIᵉ s. Cil ki tant a de sens que per viers [vers] est rimere, *li Romans d'Alixandre*, p. 490.

† **RIMEUX, EUSE** (ri-meû, meû-z'), *adj.* Terme de botanique. Qui a des fentes. Écorce des branches, mince, rimeuse et fendillée, *Rev. horticole*, 16 août 1875, nᵒ 16, p. 307.

— ÉTYM. Lat. *rimosus*, de *rima*, fente.

RINCER. — ÉTYM. *Ajoutez :* Du Cange a *recensire, lavare, eluere, rinser comme un voirre*. Il a aussi *recincerare*, au sens de laver, nettoyer ; remarquez que le mot est écrit par un *c*, comme *recensire*. Diefenbach, dans son *Glossarium*, a *recensitus*, rendu frais, neuf, *recentare, recenciare*, rendre frais, neuf, *recentia*, fraîcheur. La forme antique est trisyllabe, *raïncer*, comme on le voit dans ce vers de Guyot de Provins : Cil netoie l'aigue et raïnce Le bon vessel.... v. 2417. De là résulte que *raïncer* ou *reïncer* est formé de *recentiare* par la chute du *c*, et vient du lat. *recens*, récent, frais, neuf.

† **RINGAGE** (rin-ga-j'), *s. m.* Grattage ou grattures au ringard. Les tonneaux des fosses mobiles, les matières solides provenant des rachèvements des fosses, les ringages des citernes, lorsqu'ils seront dirigés sur la voirie, seront chargés par les soins de la Ville et seront transportés, déchargés et dépotés à Bondy par les soins de l'adjudication et à ses frais, CLAMAGERAN, *Rapp. au Conseil municipal de Paris, séance du 28 juin* 1877, p. 39.

† **RIOTTEUR, EUSE** (ri-o-teur, teû-z'), *s. m.* et *f.* Terme vieilli. Querelleur, querelleuse.

— HIST. XVIᵉ s. Elle n'est pas de ces jalouses et de ces riotteuses qui ne peuvent endurer que leurs maris regardent une femme sous la hucque, MARNIX DE STE-ALDEGONDE, *Œuvres*, éd. Quinet, t. III, p. 221.

RIPAILLE. — ÉTYM. *Ajoutez :* Un correspondant du *Courrier de Vaugelas*, 15 juin 1876, p. 10, demande, en présence des difficultés au sujet d'Amédée et du château de Ripaille, s'il ne s'agirait pas, dans la locution, de *Ripailles*, maison de campagne à Villeneuve-lez-Avignon, où s'établit en 1803 une société de francs-buveurs. Ce qui écarte cette conjecture, c'est que *ripaille* et *faire ripaille* se trouvent dans des textes du XVIᵉ siècle, sans parler de maître Adam et de La Fontaine, qui, au XVIIᵉ siècle, se sont servis de la locution. On a contesté que *ripaille*, au sens de bombance, dérivât du château de *Ripaille*. Mais ce passage de Monstrelet ne laisse pas de doute à ce sujet : « Et quant au gouvernement de sa personne, il [Amé, duc de Savoie] retint environ vingt de ses serviteurs pour luy servir ; et les autres qui se meirent prestement avecques luy, en feirent depuis pareillement, chacun selon son estat. Et se faisoient luy et ses gens servir, au lieu de racines et d'eau de fontaine, du meilleur vin et des meilleures viandes qu'on povoit rencontrer, » MONSTRELET, *Chroniques*, 1434 ; t. II, p. 100, Paris, 1572. C'est de la sorte qu'on a dit *faire ripaille* comme faire bombance.

† **RIPON** (ri-pon), *s. m.* Nom, dans les Côtes-du Nord, d'un poisson de très-bon goût et de la grosseur d'un petit merlan.

RIPOPÉE. — ÉTYM. *Ajoutez :* Comme *ripopée* a été anciennement un terme de pharmacie, M. Devic, *Dict. étym.*, demande s'il ne faudrait pas y voir une dérivation irrégulière du mot *rob*, qui est lui-même un terme pharmaceutique.

RIPUAIRE. *Ajoutez :* || 2° Qui a rapport aux rives ; c'est un emploi moderne de ce mot. La formation des bancs ripuaires, l'effet pernicieux des marées, la marche et l'accumulation des galets à l'embouchure du fleuve, *Journ. offic.* 18 janvier 1876, p. 527б, 1ʳᵉ col.

RISQUES. *Ajoutez :* || 3° Risques de guerre, dommages qui peuvent résulter de la guerre pour les particuliers. Les compagnies n'assurent pas contre les risques de guerre.

† **RISQUONS-TOUT** (ri-skon-tou), *s. m. pl.* Se dit quelquefois au pluriel pour les risque-tout. Les plus raisonnables désavouent les risquons-tout de la séquelle, ABOUT, *le XIXᵉ siècle*, 24 août 1877.

† **RISTE.** *Ajoutez :* — ÉTYM. M. Devic, *Dict. étym.*, y voit le persan *richteh*, fil, mot qui, au XVIIᵉ siècle, était d'un usage général dans tout l'empire ottoman. Cependant comparez ci-dessous RITTRE.

† **RITTRE** (ri-tr'), *s. f.* Nom donné aux brins les plus fins du chanvre teillé. || On dit aussi rite. || Ce mot paraît être le même que riste, qui est ci-dessus.

RITUALISTE. *Ajoutez :* || 3° *Adj.* Qui a rapport au rituel. D'étroites prescriptions ritualistes, *Rev. des Deux-Mondes*, 15 sept. 1873, p. 267.

RITUEL. *Ajoutez :* || 2° *Adj.* Rituel, rituelle, qui appartient à un rituel. Ce savant l'engagea à acquérir l'inscription [punique] qu'il croyait rituelle et par là d'une certaine importance, F. DELAUNAY, *Journ. offic.* 5 nov. 1873, p. 6706, 1ʳᵉ col.

† **RIVELAINE** (ri-ve-lè-n'), *s. f.* Sorte de marteau dont les houilleurs se servent. Il avait travaillé de ses mains là même [dans une houillère] où ses ancêtres avaient manié le pic, la pince, la rivelaine et la pioche, J. VERNES, *le Temps*, 1ᵉʳ av. 1877, *Feuilleton*, 1ʳᵉ page, 3ᵉ col.

† **RIVELIN** (ri-ve-lin), *s. m.* Nom donné, chez les marchands de chaussures, aux souliers et autres chaussures détériorés par une longue exposition, qu'ils livrent en conséquence à bas prix.

† **RIVETAGE** (ri-ve-ta-j'), *s. m.* Action de riveter. Recherches en vue de remédier à l'action destructive [pour les plaques des vaisseaux] du rivetage ou plutôt du percement des rivets, *Journ. offic.* 8 juill. 1877, p. 5097, 3ᵉ col.

† **RIVETER** (ri-ve-té ; le *t* se double devant un *e* muet : je rivette), *v. a.* Fixer avec des rivets. L'enquête démontra que la plaque [fendue] avait été rivetée en place un jour de grande chaleur, *Journ. offic.* 8 juill. 1877, p. 5097, 3ᵉ col.

RIVIÈRE. *Ajoutez :* || 9° Il se dit aussi de bandes dans les châles. Cachemires des Indes : dessins très-riches, avec rivières blanches et noires, *Journ. offic.* 11 mars 1872, p. 1743, 1ʳᵉ col.

RIZ. *Ajoutez :* || 5° Papier de riz, sorte de papier. Cette matière fragile, que nous nommons papier de riz ; ce papier est fabriqué avec la moelle de l'arbre à pain, ou bien avec celle d'une sorte de roseau, et le plus communément avec des tiges de jeunes bambous ramollies par un long séjour dans l'eau, puis broyées dans des mortiers de pierre, F. CHAULNES, *Journ. offic.* 16 fév. 1876, p. 1246, 1ʳᵉ col.

† **RIZIER, IÈRE** (ri-zié, ziè-r'), *adj.* Qui appartient au riz. La famine sévit dans toute la contrée rizière comprise entre la Ghora et la Kosi, *Journ. offic.* 23 fév. 1874, p. 1451, 2ᵉ col.

† **ROBAGE** (ro-ba-j'), *s. m.* Action d'entourer les cigares de leur feuille extérieure ou robe. Les intérieurs [des cigares] ainsi formés sont roulés dans des enveloppes triées et préparées à l'avance à l'atelier du robage, *Journ. offic.* 29 nov. 1875, p. 9801, 3ᵉ col.

ROBE. — ÉTYM. *Ajoutez :* XIVᵉ s. La mort Anselet le tailleur de raubes, VARIN, *Archives administr. de la ville de Reims*, t. II, 1ʳᵉ part. p. 43. On remarquera dans ce texte l'orthographe *raube*, qui coïncide avec le provenç. *rauba*, et avec l'étymologie *rauben*.

† **ROBERTE** (ro-bèr-t'), *s. f.* Nom, dans l'Aunis, de la mercuriale, plante, *Gloss. aunisien*, la Rochelle, 1870, p. 144.

† **ROBEUSE** (ro-beû-z'), *s. f.* Nom donné, dans les manufactures de tabac, aux ouvrières qui coupent la robe du cigare, *le Temps*, 23 mars 1875, 3ᵉ page, 4ᵉ col.

ROBINET. — ÉTYM. *Ajoutez :* La dérivation par *Robin* n'est pas tellement sûre qu'il faille négliger de rapprocher *robinet* de *robine* ou *roubine*, qui signifie un canal de communication, d'écoulement. On ignore d'où vient *robine* ; mais les deux mots *robinet* et *robine* semblent alliés de près.

† **ROBINETTE** (ro-bi-nè-t'), *s. f.* Nom propre de femme, qui s'est dit pour servante en général, MALH. *Lexique*, éd. Lalanne.

ROCAILLE. *Ajoutez :* || 5° Les grains percés, appelés dans le commerce rocailles, rassades, grains à canon et charlottes, servent à faire des colliers, des chapelets et des ouvrages de broderie ou de tricot, *Douanes, Tarif de* 1877, note 496.

† **ROCHEUX.** *Ajoutez :* || 2° En manière, en forme de roches. Sur cet appareil on installa deux assises de bonnes briques à joints entrecroisés et bien noyés de ciment, le tout scellé à la façon rocheuse, H. DE PARVILLE, *Journ. offic.* 1ᵉʳ juill. 1877, p. 4979, 2ᵉ col.

ROCK. *Ajoutez :* — ÉTYM. En malais, *rouq-rouq* désigne un oiseau de proie ; on ne peut douter que ce ne soit le *rock* des Arabes, DEVIC, *Dict. étym.*

ROCOU. *Ajoutez :* — ÉTYM. Portug. *rucu* ; du galibi *rucu*, qui paraît avoir le sens général de rouge (ROULIN). Les Galibis se frottaient le corps de cette teinture.

RODOMONT. — ÉTYM. *Ajoutez :* Comme les poëtes italiens ont beaucoup emprunté aux œuvres de nos anciens trouvères, il se pourrait que le *Rodomont* de Boïardo fût une réminiscence du *Rodomorus* de Benoît de Sainte-More : Rodomorus esteit li septmes [le septième chef] ; Car molt esteit cruex et pesmes, N'iert enveisiez ne deduios, Mes molt esteit chevaleros, *le Roman de Troie*, v. 7969. Ce roman a été beaucoup lu dans le moyen âge, et on lui a fait bien des emprunts, entre autres Boccace et, par l'intermédiaire de Boccace, Shakespeare.

† **ROGATOIREMENT** (ro-ga-toi-re-man), *adv.* Terme de procédure. Par voie rogatoire, en forme rogatoire. Nous commettons rogatoirement M. le juge d'instruction de Nevers à l'effet..., *Journ. offic.* 10 août 1875, p. 6611, 3ᵉ col. N'était-ce pas le juge d'instruction, saisi rogatoirement, et qui avait désigné l'expert, qui avait compétence pour le taxer? *Gaz. des Trib.* 19 avril 1876, p. 382, 1ʳᵉ col.

† **ROGOMMEUSE** (ro-go-meû-z'), *adj. f.* Voix rogommeuse, voix de rogomme. Remy O.... décrivait sur la voie publique les festons les plus fantaisistes en fredonnant, de cette voix rogommeuse que peut seule donner l'habitude de l'eau-de-vie, *Gaz. des Trib.* 7 juin 1876, p. 553, 3ᵉ col.

1. **ROGUE.** *Ajoutez :* || 2° Substantivement. Une personne rogue. Mais son père [de Molière] ayant su que, moyennant finance, Dans Orléans un âne obtenait sa licence, Il y mena le sien, c'est-à-dire ce fieux Que vous voyez ici, ce rogue audacieux, BOULANGER DE CHALUSSAY, *le Divorce comique*, dans *Élomire* [Molière] *hypochondre* (1670).

— HIST. *Ajoutez :* || XVIᵉ s. On voit clairement le fruict qu'a produit la doctrine de Luther, c'est qu'elle a rendu le peuple si rogue et rebelle, qu'on n'en peut plus jouir, SLEIDAN, *Hist. de l'estat de la religion et republique sous Charles V*, p. 55, *verso*.

† **ROHART.** — ÉTYM. *Ajoutez :* D'après M. Bugge, *Romania*, nᵒ 10, p. 157, *rohart*, *rohal*, est issu d'une forme antérieure *roshal*, autrefois en allem. *Rosswall*, *Russwall*, du norois *hrosshval*, littéralement cheval-baleine, lequel est identique avec l'anglo-saxon *horshwæl*, morse. M. Bugge, étant Norvégien, doit être particulièrement cru en ces étymologies.

† **ROIDISSAGE** ou **RAIDISSAGE** (rè-di-sa-j'), *s. m.* Action de rendre roide. Le tarif maximum des droits que le concessionnaire est autorisé à percevoir est ainsi fixé : Préparation et raidissage des tripées de bœuf, de vache et de taureau, par tripée 60 centimes, MATHÉ, *Rapport au conseil municipal de Paris*, du 9 mars 1876.

† **ROIDISSEUR** (rè-di-seur), *s. m.* Appareils qui roidissent un fil de fer et qui servent pour les espaliers et pour la vigne. Cordons et roidisseurs pour vignes et arbres fruitiers en espalier, JOHANET, *Journ. des Débats*, 31 mars 1877, *Feuilleton*, 2ᵉ page, 1ʳᵉ col.

RÔLE. *Ajoutez :* || 10° Terme de forestier. Se dit des bois de chauffage façonnés en rondins, et empilés par tas plus ou moins considérables, NANQUETTE, *Exploit. débit et estim. des bois*, Nancy, 1868, p. 22.

RÔLET. *Ajoutez :* || Être au bout de son rôlet, signifie être au bout de ce qu'on avait à dire. Je suis au bout de mon rôlet [de nouvelles] ; aussi est-il temps de finir cet ennuyeux discours, MALH. *Lexique*, éd. L. Lalanne (Malherbe écrit *rollet*).

1. **ROMAIN.** *Ajoutez :* || Chandelle romaine, voy. CHANDELLE.

† **ROMAL** (ro-mal), *s. m.* Sorte d'étoffe de soie pure. Les romals et autres tissus similaires présentant simplement des raies, des losanges ou des carreaux, doivent donc être classés parmi les étoffes unis, *Douanes, Tarif de* 1877, note 554.

† **ROMANCER.** *Ajoutez :* — REM. On pourrait croire d'après la citation rapportée dans le Dictionnaire que ce verbe est dû à Sainte-Beuve. Le fait est qu'il remonte à Patru. Toutes les histoires

de l'Astrée ont un fondement véritable, mais l'auteur les a toutes romancées, si j'ose user de ce mot, PATRU, *Œuvres diverses*, t. II, dans ses *Éclaircissements sur l'ouvrage de d'Urfé* (note communiquée par M. Berthoud, de Gingins).

† **ROMAND.** *Ajoutez :* || On dit aussi la Suisse romane. Il est probable que le vrai mot était Suisse romane, et qu'on ne l'a assez généralement changé en Suisse romande que pour l'opposer mieux à Suisse allemande. || Cette addition fournit l'occasion de corriger au Supplément des fautes qui se sont glissées dans la note communiquée par M. Berthoud, et dont il m'adresse la rectification. D'abord il est évident qu'on doit lire : jamais on ne dit *chalet* en pays romand (et non *châlet*). De plus il n'y a de chalets proprement dits que dans la partie alpestre de la Suisse romande et dans le Jura.

† **ROMANESQUERIE** (ro-ma-nè-ske-rie), *s. f.* Mot de plaisanterie. Tendance à être romanesque, exalté, chimérique. Teinte plus ou moins foncée de romanesquerie, B. CONSTANT, *Lettre à Mme de Charrière*, dans STE-BEUVE, *Portraits littér. Benj. Constant et Mme de Charrière.*

† **ROMAN-FEUILLETON** (ro-man-feu-lle-ton, *ll* mouillées), *s. m.* Roman qui se publie en feuilleton, dans un journal. || *Au plur.* Des romans-feuilletons.

† **ROMANISANT, ANTE** (ro-ma-ni-zan, zan-t'), *adj.* Se dit, dans l'Église anglicane, des tendances à se rapprocher de l'Église romaine, *le Temps*, 10 mars 1875, 2e page, 2e col. || Substantivement. Les romanisants.

† 1. **ROMANISER.** *Ajoutez :* || 4° *V. a.* Conduire aux dogmes de l'Église romaine. En laissant toucher à ses cérémonies traditionnelles, il [le peuple russe] pouvait craindre de se laisser romaniser, et, comme les grecs-unis de Pologne, d'être à son insu incorporé à l'empire spirituel des papes, A. LEROY-BEAULIEU, *Rev. des Deux-Mondes*, 1er nov. 1874, p. 13. || 5° *V. n.* Être adonné à l'étude des langues romanes.

† 3. **ROMANISTE** (ro-ma-ni-st'), *s. m.* Celui qui se livre à l'étude des langues romanes et de l'histoire des peuples romans.

— ÉTYM. *Roman* 1.

† **ROMANOMANIE** (ro-ma-no-ma-nie), *s. f.* Manie d'attribuer aux Romains tous les monuments ou ouvrages anciens des pays qu'ils ont occupés. Cette romanomanie fut telle que l'on a très-résolûment soutenu que les pierres des célèbres alignements de Karnac avaient simplement servi à assujettir les tentes du camp de César, lorsque celui-ci se préparait à envahir la Grande-Bretagne, MAXIME DU CAMP, *l'Emplacement de l'Ilion d'Homère*, p. 25, Paris, 1876.

† **ROMANTISME.** *Ajoutez :* — REM. À l'origine, dans les luttes littéraires de la restauration, on disait souvent romanticisme au lieu de romantisme. Romanticisme répondait bien, en effet, à classicisme. Henri Beyle disait presque indifféremment l'un pour l'autre : Sentez bien ce principe du romanticisme : là il n'y a pas d'académie de Turin entre vous et moi, DE STENDHAL, *Corresp. inédite, lettre du 21 déc.* 1819, 2e série (note communiquée par M. Berthoud).

† **ROMANY** ou **ROMMANY** (ro-ma-ni), *s. m.* Nom anglais du langage des bohémiens ou gipsies.

— ÉTYM. En langage bohémien, *romano*, fém. *romani*, plur. *romani*, est l'adj. de *rom*, fém. *rommi*, plur. masc. *roma*, qui signifie bohémien, tsigane, PAUL BATAILLARD, *Revue critique*, 9 sept. 1876, p. 167.

ROMARIN. *Ajoutez :* || Romarin des marais, un des noms de la statice.

† **ROMERET** (ro-me-rè), *s. m.* Nom d'un cépage blanc, dans l'Aisne, *les Primes d'honneur*, Paris, 1873, p. 82.

ROMPRE. *Ajoutez :* || 45° À bois rompre, tellement que le bois, les branches menacent de se rompre. Les arbres sont chargés de fruit à bois rompre. Il pleut à bois rompre.

— HIST. || XIVe s. *Ajoutez :* Quant vitaille fault, on ne poeut plus longuement durer; si vault mielx estendre que rompre, J. LE BEL, *Vrayes chroniques*, t. I, p. 116.

ROMPU. || 14° Nombre rompu. *Ajoutez :* || Substantivement. Le rompu, la fraction qui reste sur un compte. Art. 10 : Pour toutes ces répartitions on négligera le rompu n'atteignant pas 1 franc, *Statuts de la Société coopérative de consommation des forges nationales de La Chaussade*, du 31 déc. 1871. Il y a une manutention considérable [en vendant les allumettes par fractions de kilogr.]; et vous savez que, dans le commerce de détail, ce n'est pas le commerçant qui paye le rompu, *Journ. offic.* 28 janv. 1875, p. 740, 2e col. || 18° Populairement, cul rompu, homme estropié des hanches, des jambes, et marchant en cul-de-jatte. On dit que cet homme-là a servi; c'est donc dans les culs rompus

† **ROMPURE.** *Ajoutez :* || 2° Pâture rompure, voy. PÂTURE au Supplément.

† **RONCHONNER** (ron-cho-né), *v. n.* Terme populaire. Grommeler. Il fumait sa pipe sur son siége, ronchonnant après les clients qui ne venaient pas, en attendant qu'il pût ronchonner après les clients qui viendraient, *Gaz. des Trib.* 28 nov. 1875, p. 1147, 1re col.

† **RONCIER** (ron-sié), *s. m.* et **RONCIÈRE** (ron-siè-r'), *s. f.* Touffe de ronces. Qu'il a négligé de faire arracher les roncières étendues et presque impénétrables qui s'y trouvent et qui empêchent la poursuite des lapins et favorisent leur multiplication, *Arrêt de cassation*, dans *Gaz. des Trib.* 23-24 juin 1873, p. 595, 3e col. Ses regards se promènent.... sur les ronciers pleins de mûres, A. THEURIET, *Rev. des Deux-Mondes*, 15 mai 1874, p. 433.

1. **ROND.** *Ajoutez :* || 16° Terme de meunerie. Farine ronde, farine dont le toucher est sec, et où l'on sent cette granulation appelée gruau par les meuniers, gruau qui n'est pas, comme dans la farine du rayon de Paris, repassé sous les meules et bluté, ce qui donne à cette farine la douceur au toucher et la blancheur. La farine ronde est généralement faite et employée dans le Midi, elle est moins blanche et plus difficilement panifiable; c'est un pétrissage tout autre que le nôtre, mais elle est de meilleur rendement pour le boulanger. || 17° Une heure bien ronde, une heure au moins, une bonne heure. Cela [la prière et la méditation] vous tiendra une heure bien ronde, *Lettre de saint François de Sales*, dans *Histoire de sainte Chantal*, Paris, 1870, 7e éd. t. I, p. 251.

— REM. L'écriture ronde a été introduite dans l'imprimerie vers 1640, *Manuel de typographie, Imprimerie*, 1re part. p. 65, Encyclopédie Roret.

2. **ROND.** *Ajoutez :* || 12° Rond des pinières, maladie des arbres résineux. Enquête sur les diverses maladies des arbres résineux et en particulier sur le rond des pinières, *Société des agriculteurs de France, section de sylviculture*, in-8°, Paris, imp. Donnaud.

† 2. **RONDEAU.** *Ajoutez :* || 5° En Normandie, rouleau ou cylindre de bois, traversé par un axe de fer, auquel est assujetti un timon destiné à le mettre en mouvement; cet instrument agricole sert à briser les mottes, après le hersage, H. MOISY, *Noms de famille normands*, p. 401.

RONDELLE. — HIST. *Ajoutez :* XIIe s. Il vit l'anrme [âme] de Germain lo vesque de Capue en une rondele de fou [feu] des angeles estre porteie el ciel, *li Dialoge Gregoire lo pape*, Paris, 1876, p. 104.

RONDIN. *Ajoutez :* || 4° Sapin simplement écorcé et dégrossi, BROILLARD, *Revue des Deux-Mondes*, 15 avril 1876, p. 921.

† **RONFLON** (ron-flon), *s. m.* Sorte d'instrument de musique. Le bal que les hommes de l'équipage organisent entre eux le dimanche sur le gaillard d'avant, au son du ronflon et de l'accordéon, G. BOUSQUET, *Rev. des Deux-Mondes*, 1er fév. 1877, p. 615.

† **RONGERIE** (ron-je-rie), *s. f.* Terme familier. Partie de viande où il y a à ronger. Ne me donnez pas du blanc de cette volaille, donnez-moi de la rongerie.

† **RONSARDISER** (ron-sar-di-zé), *v. n.* Imiter les procédés poétiques de Ronsard. M. Paul Boiteau, qui, ronsardisant alors comme tous les jeunes fabricateurs de sonnets..., *Journ. des Débats*, 1er juill. 1877, 3e page, 4e col. || Fig. La politique a ronsardisé, CHATEAUBR. *Mémoires*, t. I, p. 360.

† 4. **ROQUET** (ro-kè), *s. m.* Nom d'une espèce de pommier en Normandie, espèce tardive, DELBOULLE, *Gloss. de la vallée d'Yères*, p. 299. || Les pommes qu'il produit se nomment aussi roquets.

† 4. **ROQUETTE** (ro-kè-t'), *s. f.* Synonyme de roquelle (voy. ce mot au Dictionnaire). Les écheveaux sont placés sur un dévidoir très-léger appelé tavelle; d'où l'on dévide la soie pour l'enrouler sur des bobines nommées roquettes, lesquelles sont placées sur des broches; dans l'intervalle qui sépare les roquettes de la tavelle, le dévidoir de la bobine, le fil passe à travers plusieurs espèces de pinces...., *Journ. offic.* 21 nov. 1876, p. 8484, 3e col.

† **RORIQUE** (ro-ri-k'), *adj.* Terme de physique. Figures roriques, figures qui sont dues à une altération du verre par l'électricité, et qui deviennent visibles seulement par la buée résultant de l'insufflation, *Journ. offic.* 3 avr. 1877, p. 3231, 3e col.

— ÉTYM. Lat. *ros, roris*, rosée, buée.

† **RORQUAL.** — ÉTYM. M. Bugge, *Romania*, n° 10, p. 157, n'admet pas l'étymologie par le suédois *rör*, tuyau; car le nom norois du *rorqual* est *reydhr*. Le primitif en est *raudhr*, rouge, et *qval*, baleine; cette espèce de baleine a été ainsi nommée à cause de sa couleur rougeâtre.

† **RORTE** (ror-t'), *s. f.* Nom, dans la Loire-Inférieure, d'un lien d'osier. J.... était occupé à disposer un lien d'osier vulgairement appelé rorte, pour cueillir des choux; sa belle-sœur lui ayant dit : « Vous aurez de quoi faire un bon fagot, » — « Oui, répondit-il, et j'ai aussi de quoi rorter les femmes et les filles. » Et en même temps, s'approchant de sa femme, il lui porta deux vigoureux coups de la rorte qu'il avait à la main, puis lui enlaçait le cou avec le nœud coulant qu'il avait formé, *Gaz. des Trib.* 18 juin 1876, p. 596, 2e col.

— HIST. XIVe s. Hars et roertres pour porter lierre et houx, DU CANGE, *roorta*. Lesquelx avoient mis au col du suppliant une rorte de bois, qui lui lioit le col et les jambes, ID. *ib.* || XVe s. Des reortes et des perches pour tendre et pour latter un tect à bestes, DU CANGE, *reorta*.

— ÉTYM. Aunis, *riorte;* du lat. *retorta*, sous-entendu *virga*, verge, branche retordue (voy. RETORDRE).

† **RORTER** (ror-té), *v. a.* Lier avec une rorte (voy. RORTE).

† **ROSALBIN** (ro-zal-bin), *s. m.* Espèce de perroquet. La serre aux perroquets du Jardin d'acclimatation vient de recevoir une belle collection de cacatois et de rosalbins d'Australie, *Journ. offic.* 8 nov. 1875, p. 9109, 1re col.

ROSAT. *Ajoutez :* || 3° *S. m.* Nom, en raison de la couleur de ses tiges, du *carex sylvatica*, Linné, poussant dans les bois humides, et dont les feuilles et la tige sont utilisées comme paille à litière des bestiaux dans les départements de l'est de la France.

† **ROSÂTRE** (rô-zâ-tr'), *adj.* Qui est d'un vilain rose. Le fond occupant toute la toile était un pan de mur rosâtre, BÜRGER, *Salons de* 1861 *à* 1868, t. II, p. 247. Le maërle, animal marin, blanc rosâtre...., *le Correspondant*, 25 mars 1869, p. 1065.

ROSE. || 4° Fig. *Ajoutez :* || Tout n'est pas rose dans ce métier-là, c'est un métier qui a des désagréments, des déboires. || 23° Pâte de rose, sorte de pâte où entre la rose. Fabricant de bijoux en pâte de rose, *Tarif des patentes*, 1858.

ROSÉE. *Ajoutez :* || 7° Poire de rosée, variété de poire fondante et précoce; elle est ronde et de couleur verte.

† 1. **ROSELIER** (ro-ze-lié), *adj. m.* Marais roselier, marais qui produit des roseaux. Ces plantes [roseaux] aquatiques sont fauchées vers la fin de l'été, lorsqu'elles sont encore vertes, dans les marais roseliers ou roselières, HEUZÉ, *la France agricole, carte* n° 8.

— ÉTYM. *Rosel*, ancienne forme de *roseau*.

† 2. **ROSELIER** (ro-ze-lié), *s. m.* Substance qui se trouve dans le minerai d'argent. Du roselier incarnat.... le roselier est un indice certain d'abondance d'argent, *Fonderie de métaux précieux, Quinquandon fils*, Paris, 1872, p. 7 et 8.

— ÉTYM. Dérivé de *rose*.

† **ROSELIÈRE** (ro-ze-liè-r'), *s. f.* Lieu planté de roseaux. L'accusé préféra le cacher [l'homme assassiné] dans le marais, dans l'eau au milieu des roseaux épais et élevés.... en conséquence, il traîna l'infortuné colporteur à travers la roselière jusqu'à une distance de trente mètres environ, *Gaz. des Trib.* 23-24 nov. 1874, p. 1126, 2e col. La Camargue.... dans laquelle on rencontre de belles cultures, des roselières, des montilles sablonneuses, des forêts de pin pignon..., HEUZÉ, *la France agricole*, p. 7.

— ÉTYM. *Roseau*, par l'intermédiaire de l'ancienne forme *rosel* (voy. la remarque à *roseraie* dans le Dictionnaire).

† **ROSER.** || Se roser. *Ajoutez :* Ses épaules superbes [d'une jeune fille] se rosèrent tout à coup, HENRY GRÉVILLE, *Journ. des Débats*, 14 août 1877, *Feuilleton*, 1re page, 4e col.

ROSSER. *Ajoutez :* — HIST. XIIIe s. Mais ele [la sainte Vierge] vint à moult bonne eure, Iriéement li [au diable] courut seure, D'une verge tant le bati, Que contre terre l'abati; Tant l'a batu, tant l'a roissié, Pour peu ne l'a tout defroissié, GAUTIER DE COINSY, *les Miracles de la sainte Vierge*, p. 329, éd. abbé Poquet.

ROSSOLIS. *Ajoutez :* || 3° Rossolis blanc, liqueur de table qui se fait avec la fleur de la rose musquée, de l'eau-de-vie et du sucre, DU TOUR, *Dictionnaire d'histoire naturelle*, t. XXIX, p. 470.

1. **RÔTI.** *Ajoutez :* || 2° Exposé à une chaleur intense. Un tas de moissonneurs rôtis du soleil, RAC. *Lexique*, éd. P. Mesnard.

† 3. **RÔTIE** (rô-tie), *s. f.* Pile de bois de chauffage arrivé sur les ports, *Mém. de la Société centrale d'agriculture*, 1873, p. 255.

† **ROTINEUR** (ro-ti-neur), *s. m.* Celui qui emploie le rotin. Chaisiers, rotineurs, empailleurs de chaises, vanniers, *Décret 6 mars 1875*, dans *Journ. offic.* 10 mars 1875, p. 1802, 1re col.

ROTONDE. *Ajoutez :* || 5° Terme de chemin de fer. Rotonde aux locomotives, remise circulaire pour les locomotives.

† **ROUBLARD** (rou-blar), *s. m.* Terme populaire. D'abord, richard, homme à roubles ; puis (*Figaro*, 27 nov. 1858) chevalier d'industrie extorquant des directeurs des jeux une somme qui lui permette de regagner son pays, après une perte dont il exagère l'importance ; enfin, aujourd'hui, il est très-usité dans l'argot des boursiers et des gens de lettres pour signifier un malin, habile en affaires, sachant tirer son épingle du jeu. Il va nous raconter comment il a mis tout juste la main sur B..., qui est ce qu'on appelle, en argot parisien, un vieux roublard, *Gaz. des Trib.* 25 février 1875, p. 197, 3e col.

† 2. **ROUCHE.** *Ajoutez :* La rouche [département d'Eure-et-Loir] remplace souvent le chaume dans la couverture des habitations ou des constructions rurales, *les Primes d'honneur*, Paris, 1872, p. 14.

ROUET. *Ajoutez :* || 4° Rouet de mer, espèce de poisson. On a pris sur nos côtes deux énormes poissons, que les marins appellent rouets de mer, parce qu'en nageant ils tournent sur eux-mêmes, *le Nouvelliste de l'arrondissement d'Avranches*, 27 août 1876. || 5° Être mis au rouet, se dit proprement du lièvre qui, épuisé par une longue course, ne fait que tourner autour des chiens voilà d'où vient la locution de Montaigne : mettre au rouet (voy. l'historique).

† **ROUETTES.** *Ajoutez :* || 2° Synonyme de hart. Rouettes ou harts pour lier les trains de bois, *Tarif des patentes*, 1858.

† **ROUF.** *Ajoutez :* — REM. On trouve aussi roufle. L'équipage, réfugié autour du roufle balayé par la mer, se trouvait dans une situation désespérée, *Journ. offic.* 10 oct. 1874, p. 3974, 1re col. Il est parfaitement possible.... de construire en grosse chaudronnerie une dunette ou roufle aussi étanche qu'une chaudière à vapeur, *ib.* 13 fév. 1873, p. 1056, 2e col.

† **ROUFFLE** (rou-fl'), *s. m.* Ancien terme populaire. Action de rudoyer. Au lieu de trouver des exploits à vanter, il n'a rencontré que des rouffles, que des coups de pieds à décrire, que des croquignoles à peindre, *L. du P. Duchesne*, 53e lettre, page 6.

— ÉTYM. C'est l'angl. *rufle*, trouble, émoi.

1. **ROUGE.** *Ajoutez :* || 16° Rouge et blanc, s'est dit pour cuivre et argent, en termes de monnaie. Les carats, qui sont les degrés de la bonté [de l'or], diminuent à proportion de la quantité du blanc et du rouge qui y sont incorporés : ce sont les noms qu'on donne d'ordinaire à l'argent et au cuivre ; de sorte qu'un quart de blanc, un quart de rouge et deux quarts d'or alliés ensemble feraient de l'or à douze carats, CH. PATIN, *Introd. à la connais. des médailles*, ch. VII. || 17° Terme de forestier. Le rouge, ou la pourriture rouge, maladie des bois qui les rend cassants, friables, ainsi dit de sa couleur brun-cannelle ; il est le développement de la cadranure, NANQUETTE, *Expl. débit et estim. des bois*, Nancy, 1868, p. 186. || 18° Le rouge, et, plus souvent, le rouge de rivière, nom d'une espèce de gibier à plume. Consommation en 1853, gibier vendu sur le marché de la vallée, râles, rouges, sarcelles, A. HUSSON, *les Consommations de Paris*, p. 246. || 19° L'arbre rouge, l'*erythrophlæum* de Guinée, BAILLON, *Dict. de bot.* p. 248. || 20° Voir rouge, être saisi de fureur, du désir de nuire, de tuer; expression mise en vogue par Eug. Sue, dans les *Mystères de Paris*, personnage du *Chourineur*. Il plaisait à Palmerston de nourrir des griefs contre nous, de nous représenter comme des alliés peu sûrs, des modèles de fourberie, des abîmes d'ambition ; il voit rouge quand il est question du roi des Français, LAUGEL, cité dans *Rev. des Deux-Mondes*, 15 mars 1877, p. 343.

— HIST. || XVe s. *Ajoutez :* S'ele est fine [une dame], soyez songneux Que de ses fins tours vous gardez ; Car souvent les plus rouges gueux Y sont surprins, bien l'entendez, *Chansons du XVe siècle*, publiées par G. Paris, p. 129 (les plus rouges gueux, les gueux les plus rusés, nous dirions les plus roués ; voy. un emploi semblable de *rouge* à l'historique dans le XIVe siècle).

† **ROUGEOT.** *Ajoutez :* || 2° Maladie de la vigne dite aussi rougeaud (voy. ROUGEAUD, n° 2, au Dictionnaire). Sur les hauteurs exposées aux froids [dans le Beaujolais], on constate beaucoup de rougeot et de coulure ; sur les coteaux à terrain sec, un grand nombre de vignobles sont atteints par la jaunisse, *Journ. offic.* 1er août 1876, p. 5795, 1re col.

† **ROUGEOYER** (rou-jo-ié), *v. n.* Présenter une teinte rougeâtre. Sous le ciel qui rougeoie, V. HUGO, *Année terrible*, p. 226.

† **ROUGERON** (rou-je-ron), *s. m.* Nom donné, dans l'Aisne, aux terres argilo-calcaires, colorées par l'oxyde de fer, *les Primes d'honneur*, Paris, 1873, p. 68.

2. **ROUGET.** *Ajoutez :* || 6° Nom, en Normandie, d'un petit mammifère du genre des martres et des fouines, ainsi dit à cause de la couleur rousse de son poil, DELBOULLE, *Gloss. de la vallée d'Yères*, p. 300.

ROUGETTE. *Ajoutez :* || 2° Nom, dans l'Aisne, des terres argilo-siliceuses, *les Primes d'honneur*, Paris, 1873, p. 68. || 3° Nom, dans le département des Ardennes, du mélampyre, *les Primes d'honneur*, p. 174, Paris, 1874.

ROUGIR. *Ajoutez :* || 8° *S. m.* Le rougir, action de devenir rouge. La nature veut que les plus forts connaissent qu'ils ne le sont pas assez pour lui résister ; le rougir est du nombre de ces infirmités, MALH. *Lexique*, éd. L. Lalanne.

ROUILLURE. — HIST. XVIe s. *Ajoutez :* Ne faictes point vos tresors en la terre, là où la rouillure et tigne corrompt.... mais faictes vos tresors au ciel, là où ne la rouillure ne la tigne ne corrompt riens, *Matth.* VI, 19, *Nouv. Testam.* éd. Lefebvre d'Étaples, Paris, 1525.

ROULAGE. *Ajoutez :* || 5° Le roulage de la mer, service de transports maritimes comparé au service des rouliers. Les Danois et les Suédois, depuis quelques années, ont des navires bien armés et faisant le roulage de la mer, *Enquête, Traité de comm. avec l'Anglet.* t. VI, p. 886. || 6° Lettre de roulage, permission de rouler un tonneau dans les rues de Paris. Ils [les porteurs d'eau] devront représenter leur lettre de roulage, *Ordon. de police*, 28 juin 1874. || 7° Action de mettre en rouleau. Nous n'avons vu employer dans les ateliers qu'un seul de ces appareils, la machine Reininger ; encore est-elle exclusivement appliquée au roulage des cigares à 5 centimes, à bout coupé, *Journ. offic.* 29 nov. 1875, p. 9802, 1re col. || 8° Nom, au XVIIe siècle, de la pêche du hareng, sur les côtes de Normandie. Le projet d'arrêt et les mémoires que vous trouverez ci-joints vous feront connaître que les pêcheurs de Normandie demandent la liberté d'aller à la pêche du hareng, appelée roulage, comme ils faisaient avant l'arrêt du 24 mars 1687, qui ne leur permet de faire cette pêche que jusqu'au dernier décembre, BOISLISLE, *Corresp. contrôl. génér.* 1690, p. 223.

ROULANT. *Ajoutez :* || 10° *S. m.* Un roulant, un homme qui parcourt les routes. Aucun de ces spectacles imprévus n'a le pouvoir de retarder un seul instant la marche de ces roulants [porte-balles qui parcourent l'Algérie], ARNAUD, *Journ. offic.* 26 févr. 1877, p. 1472, 3e col.

ROULÉ. *Ajoutez :* || 6° Terme de marchand de bétail. Animal bien roulé, animal dont les formes sont d'une bonne rondeur. Celui de M. R..., bien roulé d'ailleurs, est un taureau croisé des races Durham et du Cotentin, *le Nouvelliste de l'arr. d'Avranches*, 4 mars 1877.

† 4. **ROULÉE** (rou-lée), *s. f.* || 1° Roulée de Pâques, les œufs de Pâques. Le prix des œufs à la coque a beaucoup diminué, et les roulées de Pâques figurent à la boutique de tous les épiciers, crémiers et marchands de vin à 10 centimes la pièce, *le Rappel*, 18 mars 1874, p. 2, 2e col. || 2° Nom d'un jeu d'enfant qui consiste à faire rouler sur une planche en pente un œuf teint et à gagner les œufs des camarades qu'il touche en roulant. Jouer aux roulées.

— ÉTYM. *Rouler.*

ROULER. *Ajoutez :* || 27° Opérer la roulaison des cannes à sucre. Les cannes à sucre sur les plantations noyées [de la Havane] se pourriront et ne pourront être roulées.... sur plusieurs plantations on commencera ce mois-ci à rouler les cannes, et dans les environs de Matause la roulaison commencera le 15, *Journ. offic.* 30 nov. 1876, p. 8835, 3e col. || 28° Populairement, rouler sa bosse, courir le pays, les pays. Il a roulé sa bosse dans les quatre parties du monde.

1. **ROULETTE.** *Ajoutez :* || 15° Nom, à Paris, du bureau d'octroi, qui, bien que construit en pierre, a gardé le nom d'autrefois lorsque les commis de la ferme générale se tenaient, aux portes de Paris, dans des baraques de bois peintes en rouge, montées sur roues, que l'on transportait facilement d'un point à un autre, MAXIME DU CAMP, *Rev. des Deux-Mondes*, 1er févr. 1874, p. 521.

ROULEUR. *Ajoutez :* || 7° Rouleur, ouvrier qui, dans les ateliers de pyrotechnie, roule les étuis et les cartouches. Chaque rouleur de cartouches doit avoir devant lui un certain nombre de grands trapèzes..., des étuis roulés, des balles..., *Encyclopédie Roret, Manuel de l'artificier*, p. 413.

† 2. **ROULEUSE** (rou-leû-z'), *s. f.* Terme populaire et grossier. Femme de mauvaise vie, prostituée. L'accusé : Quelle était votre opinion sur la femme G...? — Le témoin : Mon Dieu ! l'opinion, au café, c'est que la maîtresse de M. R.... était une rouleuse, *Gaz. des Trib.* 13 août 1875, p. 778, 1re col.

— ÉTYM. *Rouler*, au sens d'aller çà et là, de passer d'homme à homme.

† **ROULOUL** (rou-loul'), *s. m.* Genre d'oiseau, de l'ordre des gallinacés. Le rouloul de Malacca ressemble au faisan par l'éclat de son plumage.

† **ROULURE.** *Ajoutez :* || 4° Manière de réunir entre elles des pièces métalliques. L'ancienneté de la nécropole de Villanova [dans l'ancienne Étrurie] est prouvée par l'absence de vases peints, d'écriture et d'*æs signatum* ; en outre, les plaques de bronze, au lieu d'être soudées, sont assemblées par voie de rivure ou de roulure, A. MANGIN, *Journ. offic.* 14 sept. 1876, p. 6976, 1re col.

† **ROUMANCHE** (rou-man-ch'), *adj.* Se dit d'un dialecte roman parlé chez les Grisons.

— ÉTYM. Autre forme de *roman.*

† **ROUMI** (rou-mi), *s. m.* Nom donné par les Arabes aux chrétiens. Avec ce régime [civil], prêchait-on, vous allez payer plus d'impôts, vos femmes seront appelées en justice, les Roumis prendront vos terres, *Journ. offic.* 21 avril 1875, p. 2882, 3e col.

— ÉTYM. *Rome.* C'est de cette façon que les Grecs ont dit *Romaïtes.*

† **ROUQUE.** — ÉTYM. *Ajoutez :* L'anglais *rook*, au sens de fripon, provient de *rook*, corbeau.

† **ROUSSAILLIER** (rou-sa-llé, *ll* mouillées), *s. m.* Espèce d'arbre à fruit de l'Algérie. Le roussaillier, aux jolies cerises cannelées, à la pulpe aigrelette et un peu térébenthinée, *Journ. offic.* 26 nov. 1874, p. 7843, 2e col.

† 2. **ROUSSE** (rou-s'), *s. f.* Nom, en Normandie, de vieux têtards, c'est-à-dire d'arbres étêtés pour leur faire produire de menues branches. Vente d'arbres : un chêne, un hêtre, une rousse, *le Nouvelliste de l'arrondissem. d'Avranches*, 18 juin 1876.

† **ROUSSELET.** *Ajoutez :* || 4° Un des noms vulgaires de la fourmi rouge, qui pique, sans danger d'ailleurs.

† **ROUSSET.** *Ajoutez :* || 2° Un des noms vulgaires de la fourmi rouge, dont la piqûre, sans danger d'ailleurs, est comme d'une pointe d'aiguille.

† **ROUSSIER** (rou-sié), *s. m.* Terme de minéralogie. Minerai de fer hydraté qu'on rencontre dans le bassin de la Seine, principalement aux environs de Pontoise.

† 2. **ROUSSIN** (rou-sin), *s. m.* Terme d'argot. Homme de la rousse, agent de police.

† **ROUSSISSEMENT** (rou-si-se-man), *s. m.* Action de roussir ; état de ce qui est roussi. Voici l'explication classique adoptée pour rendre compte du roussissement des bourgeons à cette époque de l'année [lune rousse] ; la lune, dit-on, n'a rien à faire dans le phénomène, elle est simplement témoin et non acteur dans le roussissement des végétaux, H. DE PARVILLE, *Journ. offic.* 10 avril 1866, p. 2591, 2e col.

† **ROUSSOLE** (rou-so-l'), *s. f.* Nom, dans l'Oise,

du *melampyrum arvense*, *les Primes d'honneur*, Paris, 1872, p. 64.

1. **ROUTIER.** *Ajoutez* : || 2° Qui va sur les routes ordinaires. Hier matin a eu lieu, à Rouen, l'essai d'une locomotive routière, *Journ. offic.* 19 oct. 1873, p. 6447, 1re col.

2. **ROUTIER.** *Ajoutez* : || 3° Celui qui parcourt habituellement les routes. Quant aux anciens [porte-balles qui parcourent l'Algérie] qui ont perdu les qualités physiques propres à la vie de routier, ARNAUD, *Journ. offic.* 26 févr. 1876, p. 1473, 1re col. Quand deux routiers associent leurs capitaux, ils voyagent ensemble, *ib.*

† **ROUTIN.** *Ajoutez*: On trouve sur la gauche un petit sentier très-escarpé.... à certains moments ce routin est presque à pic, *Gaz. des Trib.* 10 mai 1876, p. 453, 4e col.

ROUX. || 1° *Ajoutez* : || Fil roux, fil écru. On trouve dans ce viscère [l'estomac des salamandres] une foule de petits vers blancs que l'œil nu aperçoit facilement; ils ont la grosseur d'un fil roux, SPALLANZANI, *Expériences sur la digestion*, p. 118 (traduction de Senebier, Genève, 1783).

† **ROUZIC** (rou-zik'), *s. m.* Nom, en Bretagne, d'un oiseau de mer, GOUÉZEL, *les Oiseaux de mer*, Nantes, 1875, p. 11.

ROYAL. || 7° *Ajoutez* : || Ironiquement. Qui est du plus haut degré. Galimatias royal, MALH. *Lexique*, éd. L. Lalanne. || 24° Deniers royaux se disait, dans l'ancienne monarchie, de tous les deniers qui se levaient sur le Languedoc pour être versés directement dans les caisses royales, ou pour acquitter, dans la province même, à la décharge du roi, les diverses dépenses ordonnées par le gouvernement, JULES LOISELEUR, *le Temps*, 27 oct. 1876, 3e page, 4e col.

† **ROYON** (ro-ion), *s. m.* Terme d'exploitation houillère. Coupure ou cheminée d'aérage, dite aussi kernès, destinée à faire descendre l'air au fond d'un puits; ce genre d'aérage est interdit, *Règlem. génér. belge*, du 1er mars 1850.

RU. *Ajoutez* : || Dans l'Aisne, on appelle rus de flottage tous les canaux artificiels servant au transport des bois.

† **RUAGE** (ru-a-j'), *s. m.* Nom, dans la Gironde, des voies par où l'on peut accéder à quelque objet ou à quelque endroit. En ce qui concerne le passage pour accéder au puits, attendu qu'il n'est pas douteux que la partie des ruages ou vacants existants aux abords du puits qui est nécessaire pour y accéder, est l'accessoire du droit de copropriété dudit puits, ou doit tout au moins être grevé d'une servitude qui permette d'y puiser, *Jugement du tribun. civil de Blaye*, dans *Gaz. des Trib.* 25-26 oct. 1875, p. 1030, 2e col.

— ÉTYM. Bas-lat. *rotaticum*, qui veut dire un impôt pour le droit de rouler, du lat. *rotare*, rouler sur une voie.

RUBAN. — HIST. *Ajoutez* : XIVe s. Pour les rubenz d'or de Chipre pour royer les robes de nos diz enffanz, *Mandements de Charles V*, 1376, Paris, 1874, p. 676. Une piece de ruban d'or de Chippre (1387), *Nouv. Rec. de comptes de l'argenterie des rois*, par Douët-d'Arcq, p. 146.

† **RUBANAIRE** (ru-ba-nè-r'), *adj.* Qui est en forme de ruban. Les acacias de la Nouvelle-Hollande ont des feuilles à nervures parallèles, pétioles élargis appelés phyllodes, analogues aux feuilles rubanaires des monocotylédones, CH. MARTINS, *Rev. des Deux-Mondes*, 15 févr. 1876, p. 755.

† **RUBANER.** — HIST. *Ajoutez* : XIVe s. Dossier et coustepointe, laquelle il a rubannée, et d'icelle fait six quarreaus pour servir en ladite chambre (1387), *Nouv. Rec. des comptes de l'argenterie des rois*, par Douët-d'Arcq, p. 176.

RUBANIER. || 2° *Ajoutez* : Un chantre est au premier étage; Au second loge un chaudronnier; Puis un gainier, Un rubanier; Puis au cinquième un garçon cordonnier; Je reprends haleine et courage, Et j'arrive enfin au grenier, DESAUGIERS, *l'Atelier du peintre.*

— HIST. *Ajoutez* : XIVe s. Hervy de Brie, rubannier, demourant à Paris (1387), *Nouv. Rec. de comptes de l'argenterie des rois*, par Douët-d'Arcq, p. 146.

† **RUBANISTE** (ru-ba-ni-st'), *s. m.* Forme francisée de ribboniste (voy. ce mot au Supplément). Si, dans ces pétitions, il en est qui demandent la libération de certains rubanistes, *Journ. offic.* 27 févr. 1875, p. 1497, 3e col.

† **RUBASSE** (ru-ba-s'), *s. f.* Quartz coloré en rouge naturellement ou artificiellement.

— ÉTYM. Autre forme, mais péjorative, de *rubis*.

RUCHE. *Ajoutez* : || 9° Dans l'ostréiculture, nom donné à des tuiles disposées en piles pour recevoir le naissain.

1. **RUCHER.** *Ajoutez* : || 2° Terme rural. Sorte de moyette en forme de ruche. Un autre moyen est employé dans le département de l'Ain; c'est la mise [du maïs] en moyettes, sortes de ruchers ou de meules qui restent dans le champ, DE GASPARIN, *Journ. offic.* 8 fév. 1874, p. 163, 3e col.

† **RUCHONNER** (ru-cho-né), *v. n.* Murmurer, gronder. Je n'aime que les beaux pays et les anciens châteaux, poursuivit-il en ruchonnant, DE COURCHAMP, *Souvenirs de la marquise de Créquy*, II, v. || Voy. ci-dessus RONCHONNER.

† **RUDIMENTAIREMENT** (ru-di-man-tè-re-man), *adv.* D'une manière rudimentaire, en ébauche. Qu'on vienne dire après cela que les animaux ne possèdent point, même virtuellement ou rudimentairement, la faculté du langage, GIRARD DE RIALLE, *Rev. scientifique*, n° 40, 3 avril 1875, p. 946.

† **RUELLAGE** (ru-è-la-j'), *s. m.* Nom, dans l'Yonne, d'une opération qui consiste à ouvrir une rigole entre deux lignes de ceps et à rehausser ces dernières, *les Primes d'honneur*, Paris, 1873, p. 325.

— ÉTYM. *Rueller.*

† **RUEMENT** (ru-man), *s. m.* Action de ruer. L'inattendu de ce ruement de brute, ALPH. DAUDET, *Journ. des Débats*, 2 août 1877, 1re page, *feuilleton*, 3e col.

RUFIEN. *Ajoutez* : — REM. On trouve aussi rufian : Le grand cadavre, gisant à l'autre bout de la chambre, assassiné par des rufians coupe-jarrets, produit une impression des plus dramatiques, TH. GAUTIER, *Portraits contemporains, Delaroche.* Rufian est la forme italienne et ne vaut pas rufien, qui est la forme française dès le XIVe siècle.

RUINEUX. — HIST. *Ajoutez* : XIVe s. Lesquelles maisons.... sont toutes ruineuses (1384), VARIN, *Archives administr. de la ville de Reims*, t. III, p. 627.

† **RUISSELET** (rui-se-lè), *s. m.* Petit ruisseau.

— HIST. XIIIe s. Et ruisselets et fontenelles Bruyre et fremir sur les gravelles, *la Rose*, v. 21251, Paris, an VII. || XVe s. Cler ruisselet decourant de la source de vie, AL. CHARTIER, *l'Espérance, Œuvr.* p. 279. || XVIe s. Où il trouva corbeaux très ords et laidz Qui de son sang ont fait maints ruisseletz, CL. MAROT, *Ballade*, 15, *Œuvres*, t. I, p. 30.

† **RUMINAL** (ru-mi-nal), *s. m.* Terme d'antiquité romaine. Figuier ombrageant le groupe de bronze qui se voyait au forum, et représentait Romulus et Rémus allaités par une louve.

— ÉTYM. Lat. *ruminalis ficus*, de *rumen*, mamelle.

† **RUN** (reun'), *s. m.* Nom de l'étendue de pâturages, en Australie, accordée aux propriétaires de troupeaux de moutons. Le *Melbourne Argus* nous apporte de tristes détails sur les pertes immenses que la sécheresse a causées aux runs australiens, *Journ. de la Meurthe*, 1er oct. 1876.

† **RUNOGRAPHIQUE** (ru-no-gra-fi-k'), *adj.* Qui a rapport à l'étude des runes. La Société scientifique de Cracovie avait nommé une commission runographique, L. LEGER, *Rev. crit.* 27 janv. 1877, p. 55.

† **RUOLZ** (ru-ols'), *s. m.* Sorte de plaqué, ainsi dit de Ruolz inventeur. La dorure et l'argenture, ce qu'on appelle le ruolz, c'est tout simplement du laiton, du bronze fondu que l'on dore ou que l'on argente par précipité dans le bain, *Enquête, Traité de comm. avec l'Anglet.* t. II, p. 330. || Fig. C'est du ruolz, se dit d'un objet qui n'a que l'apparence, d'un homme dont le mérite n'a que du clinquant.

† **RUOTTE.** — REM. On dit aussi ruot, au masculin, *les Primes d'honneur*, p. 78, Paris, 1874.

† **RUPELLE** (ru-pè-l'), *s. f.* Espèce de plante qu'affectionnent les poissons herbivores, *Journ. offic.* 3 juin 1875, p. 3957, 1re col.; *ruppia maritima*, Linné, *ruppia spiralis*, Dumostier, famille des naïadées; le genre *ruppia* a été dédié par Linné à *Ruppius*, botaniste allemand, mort en 1718.

RURAL. *Ajoutez* : || 2° Toile rurale, toile qui se fait à la campagne. Le *phormium* fait une concurrence bien dangereuse à la fabrication rurale.... la fabrication des toiles dites rurales, qui se font toutes à la main, *Enquête, Traité de comm. avec l'Angleterre*, t. V, p. 212. || 8° *S. m. pl.* Les ruraux, s'est dit, surtout en 1871, des paysans et des députés qu'on croyait particulièrement nommés par les paysans, et à qui on attribuait des sentiments monarchiques ou conservateurs.

— ÉTYM. *Ajoutez* : Le latin *rus* se rattache au zend *ravah*, libre espace, *Rev. crit.* 23 déc. 1876, p. 403.

† **RUSMA.** — ÉTYM. *Ajoutez* : M. Devic, *Dict. étymol.*, rejette l'arabe *rusma*, trace; et il dit que notre *rusma* est une corruption du turc *khorozma*, qui n'est lui-même que la transcription du grec χρίσμα, onguent, fard.

† 1. **RUSSE** (ru-s'), *adj.* Qui appartient aux Russes. L'empire russe. || *S. m.* Le russe, langue parlée en Russie; c'est une langue slave.

† 2. **RUSSE** (ru-s'), *s. f.* Nom, dans l'Aunis, de la mésange et quelquefois du rouge-gorge, *Gloss. aunisien*, p. 145.

— ÉTYM. Lat. *russus*, rouge foncé (voy. ROUX).

† **RUSSIEN, IENNE** (ru-siin, siè-n'), *adj.* Ancien nom, chez nous, du peuple que nous appelons aujourd'hui russe. Je me sers du nom de Russes pour désigner les habitants de ce grand empire.... les gazettes et d'autres mémoires depuis quelque temps emploient le mot de Russiens; mais, comme ce mot approche trop de Prussiens, je m'en tiens à celui de Russes, que presque tous nos auteurs leur ont donné, VOLT. *Hist. de l'empire de Russie sous Pierre-le-Grand*, I, 1. On peut dire que c'est grâce à Voltaire que le mot *Russe* a prévalu.

† **RUSSIFIER** (ru-ssi-fi-é), *v. a.* Néologisme. Rendre russe, obliger les habitants d'une contrée à adopter les usages, la langue des Russes. || On dit aussi quelquefois russianiser, tiré soit de *Russian* qui se disait dans le siècle dernier pour Russe, soit de l'anglais *Russian.*

† **RUSSOPHILE** (ru-so-fi-l'), *adj.* Qui aime les Russes; se dit surtout de ceux des Slaves qui sont attachés à la cause des Russes. || *S. m.* Celui qui est du parti des Russes. Les russophiles anglais qui marchent à la remorque de M. Gladstone, *Journ. des Débats*, 21 août 1877, 1re page, 6e col.

RUSTICITÉ. *Ajoutez* : — HIST. XVIe s. Il y verra [en Savoie] solitude et frequence, Rudesse et art, savoir, rusticité, Tout faire un beau par la diversité, J. PELLETIER DU MANS, *la Savoye* (1572), p. 372, Chambéry, 1856.

RUSTIQUE. *Ajoutez* : || 9° Qui imite les choses de la campagne. Grand assortiment de kiosques en fer, toiture, peinture dite rustique, *Gaz. des Trib.* 27-28 août 1877, *aux annonces.* || Bois rustique, bois brut avec son écorce et l'insertion encore saillante des branches. Chaises rotin, pieds bois rustique, *ib.* Ces étroites allées bordées de branches de fonte imitant des bois rustiques, E. ZOLA, *la Curée*, I. || Fer rustique, fer imitant le bois rustique. Meubles de jardin en fer rustique.

1. **RUSTRE.** *Ajoutez* : — REM. Racine écrivait ruste : O Dieu, dit-il, Neptune, que vous êtes ruste et grossier! Ce sont tous de francs rustes, *Lexique*, éd. P. Mesnard, qui ajoute que telle était la prononciation du temps. C'est d'ailleurs un archaïsme; en effet il n'y a point de second *r* dans le lat. *rusticus.*

† 2. **RUSTRE.** — ÉTYM. On trouve aussi *ruste.* « Ce mot, dit le *Diction. de Trévoux*, vient de l'allem. *Rutten*, signifiant ces losanges percées qui servent à arrêter les clous à vis des serrures et des trappes des portes; plusieurs ouvriers appellent encore ainsi les pièces de cette figure dont ils se servent. » L'allemand actuel dit *Raute*, qui signifie lance et losange percée en rond; et telle paraît bien être l'étymologie de ce mot. Comme le sens de l'allem. *Raute* est d'abord losange, il est probable que le sens de lance n'est venu que parce que cette arme de tournoi avait une forme losangée. Dans nos provinces de l'Ouest, *rustre*, à cause de sa forme en pièce plate carrée, percée au milieu d'un trou rond, s'est dit, par euphémisme, pour chaise percée (note communiquée par M. Roulin).

† **RUTILER** (ru-ti-lé), *v. n.* Néologisme. Être rutilant. Les champs de blé rutilent et appellent la faucille, qui ne répond pas, *Journ. de Genève*, 18 juill. 1877.

— ÉTYM. Voy. RUTILANT.

† **RUTIQUE** (ru-ti-k'), *adj.* Terme de chimie. Acide rutique, acide résultant de l'action modérée de l'acide azotique sur l'essence de rue. || Aldéhyde rutique, ou hydrure de rutyle, composé qui forme la presque totalité de l'essence de rue du commerce.

† **RUTYLE** (ru-ti-l'), *s. m.* Terme de chimie. Radical formant, à l'état d'hydrure, la presque totalité de l'essence de rue du commerce.

S

† **SABIR** (sa-bir), *s. m.* Nom donné, dans le Levant et en Algérie, à ce qu'on nomme aussi langue franque, c'est-à-dire à un jargon mêlé d'italien, d'espagnol et à l'usage des Francs. Quand on achetait quelque chose dans une boutique, le marchand ne voulait parler ni français ni sabir : Tu sais l'arabe, disait-il, puisque tu es juif, *Journ. offic.* 25 avril 875, p. 2982, 1re col. L'entretien devenait difficile ; mais, voyant que je ne le comprenais pas, il me baragouina dans un français sabir et avec un accent que je renonce à te décrire : *Povera eccellenza Barbassou-Pacha!... finito... morto*, MARIO UCHARD, *Revue des Deux-Mondes*, 1er août 1876, p. 516.

— ÉTYM. *Sabir* est le verbe *savoir* ; et, comme à beaucoup de questions les Lévantins et Algériens répondaient *mi no sabir* (je ne sais pas), on en a fait la langue *sabir*. Le mot *sabir*, savoir, est déjà dans Molière : Se ti *sabir*, Ti respondir ; Se non *sabir*, Tazir, tazir, *Bourg. gentilh.* IV, 10.

† **SABLAGE** (sa-bla-j'), *s. m.* Action de sabler. Sablage des rues [à Lyon, pour une réception de l'empereur], *Opinion nationale*, 12 mai 1876, 2e page, 4e col.

SABLE. || 4° *Ajoutez :* Dans chacune de nos cellules nous avons placé une tête de mort et un sable pour les objets de notre contemplation, LETOURNEUR, *Trad. de Clarisse Harlowe*, lettre CCCLXI, ou t. VIII, p. 266, Genève, 1785.

SABLER. *Ajoutez :* — REM. M. Roche, de Marseille, m'écrit : « Sabler le champagne, c'est le boire d'une manière particulière que l'on pratiquait fort au siècle dernier, si j'en crois les souvenirs que rapportent quelques personnes : elle consistait à prendre un verre, celui qu'on désigne sous le nom de flûte, à y souffler dedans de manière à recouvrir la surface interne d'une légère buée, à saupoudrer ensuite avec du sucre finement pulvérisé ; une portion restait adhérente aux parois ; dès lors, l'excès de sucre rejeté, c'était dans cette gaîne de sable que l'on versait le champagne, qui se résout alors complétement en mousse. En donnant cette origine à la locution, on reconnaît le fait démontré du dégagement gazeux facilité dans une dissolution par l'introduction d'un corps rugueux et, à fortiori, par une matière pulvérulente. On comprend également que, par transition, on ait pu attribuer à cette locution le sens généralement admis : on ne sablait le champagne que pour le rendre plus mousseux ; de là la nécessité de le boire vite et d'un trait. » En fait de locution, la moindre tradition vaut mieux que la plus belle conjecture. Je pense donc qu'on peut accepter l'explication fournie par M. Roche.

SABLIER. *Ajoutez :* || 4° Sur la Seine, ouvrier qui, à l'aide d'une drague à la main, extrait le sable du fond de la rivière, *Rev. des Deux-Mondes*, 1er nov. 1867, p. 183. || 5° Portion de la machine à papier destinée à arrêter les sables et autres matières lourdes contenues dans la pâte à papier.

SABOT. *Ajoutez :* || 18° Sabots à collet, par opposition à sabots découverts et à brides, les sabots de paysan qui recouvrent le cou-de-pied et qu'on porte sans brides. || 19° Poche à sabot, poche ouvrant en dehors et en haut, formée d'un carré long d'étoffe cousu par le fond et les deux côtés montants, par comparaison au sabot renversé, qu'on suspend dans les cheminées pour y placer des allumettes, etc. Tablier de ménage avec poches à sabot.

SABOTER. *Ajoutez :* || 6° Faire des sabots. La saboterie a pris plus d'extension depuis quelque temps, par suite de l'emploi des machines à saboter qui fabriquent plus vite et mieux que les ouvriers ordinaires, NANQUETTE, *Exploit. débit et estim. des bois*, Nancy, 1868, p. 100.

† **SABOTERIE** (sa-bo-te-rie), *s. f.* Fabrique de sabots. Les autres établissements industriels du département [de la Haute-Vienne] sont de très-importantes librairies,... des ganteries, des cordonneries, des saboteries, J. VERNE, *Géographie de la France*, p. 721.

SABOTIER. *Ajoutez :* || 3° Sobriquet donné aux solitaires de Port-Royal. Ils [les capucins et les jésuites] appelaient ces messieurs sabotiers, prétendant qu'ils faisaient des sabots et des souliers, STE-BEUVE, *Port-Royal*, 3e éd. t. I, p. 500.

† **SABOTINE** (sa-bo-ti-n'), *s. f.* Sorte de sabots légers, *Descript. des brevets*, 1re série, 1839, t. XLVII, p. 208.

SAC. || 10° *Ajoutez :* || Grandir sous le sac, grandir encore quand on est au régiment. L'on peut dire du capital en voie de formation qui est frappé par l'impôt, ce qu'on dit du soldat trop jeune : Malheur à celui qui grandit sous le sac ! *Journ. offic.* 12 janv. 1872, p. 252, 1re col. || 30° Mouture au petit sac, meunier au petit sac, mouture, meunier qui produisent la farine pour la rendre à celui qui a fourni le grain, et non pour la vendre. Le sieur M...., présent en personne, a prétendu qu'il n'était pas commerçant, mais seulement meunier au petit sac...; que M.... était meunier au petit sac et qu'il n'a jamais fait le commerce, *Gaz. des Trib.* 29 mai 1874, p. 511, 1re col. Que M..., en dehors des moutures au petit sac, achetait des blés pour les convertir en farine et les vendre, *ib.* || 31° Sac à la malice, la poche que les prestidigitateurs ont devant eux, et, par extension, tout sac ou coffre ou tiroir contenant des instruments ou objets qui opèrent quelque chose qui attire l'attention.

— ÉTYM. *Ajoutez :* Dans la Charente, on dit *sache*, *Gaz. des Trib.* 14 mars 1877, p. 251, 4e col.

† **SACCHAROSE** (sak-ka-rô-z'), *s. f.* Terme de chimie. Nom générique des sucres. L'action spéciale des cellules de la racine n'a qu'à faire passer [la glycose] à l'état de sucre de canne ou saccharose, BLANCHARD, *Journ. offic.* 23 déc. 1875, p. 10687, 2e col.

SACERDOCE. *Ajoutez :* — REM. Le sacerdoce est proprement le privilége, possédé par une caste ou par certains individus, en vertu duquel ils peuvent seuls procurer à l'homme l'accès auprès de la divinité et l'obtention de ses faveurs. C'est aussi le ministère de ceux qui avaient le pouvoir d'offrir des victimes à Dieu chez les Juifs. || C'est encore le ministère de ceux qui, dans le polythéisme, avaient charge d'offrir les sacrifices aux dieux. || Enfin, chez les catholiques, c'est le ministère des prêtres qui ont le pouvoir surnaturel d'absoudre, et d'opérer la transsubstantiation eucharistique. En ce sens précis, sacerdoce ne peut se dire des ministres protestants ; aussi ne les appelle-t-on pas prêtres.

† **SACERDOTALISME** (sa-sèr-do-ta-li-sm'), *s. m.* Esprit et influence des sacerdoces, et aussi des prêtres. Pourquoi le vieux mosaïsme, très-peu sacerdotal, devient, dans les cinq siècles qui précèdent notre ère, tout imprégné de sacerdotalisme, RÉVILLE, *Rev. des Deux-Mond.* 1er mars, 1872, p. 127.

† **SACOME** (sa-ko-m'), *s. m.* Terme d'architecture. Moulure en saillie.

— ÉTYM. Ital. *sacoma*, sorte de marbre.

SACRÉ. || 10° *Ajoutez :* Vous boirez quelquefois le sacré chien tout pur pour noyer le chagrin, *Let. du P. Duchêne*, 1re *lettre*, p. 2.

† **SACRIFIANT** (sa-kri-fi-an), *s. m.* Celui qui offre un sacrifice, MALH. *Lexique*, éd. L. Lalanne.

SACRIFICE. — HIST. *Ajoutez :* XIIe s. Li clers fu nés d'Egypte ; hon ne sot plus de sort [homme ne sut plus de divination], Et es respons as dex [dieux] se fioit il mult fort, Le sacrefixe a fait lès le temple en un ort [jardin], *li Romans d'Alix.* p. 414.

† **SACRIFICULE** (sa-kri-fi-ku-l'), *s. m.* Néologisme du XVIe siècle. Petit sacrifice.

— HIST. XVIe s. Toutes nos messes, sacrifices et sacrificules, M. DE STE-ALDEGONDE, *Œuvres*, éd. Quinet, t. IV, p. 39.

— ÉTYM. Lat. *sacrificulus*, prêtre subalterne (voy. SACRIFIER).

SACRISTIE. *Ajoutez :* || 6° Fig. Être de la sacristie, appartenir à un petit groupe restreint de curieux, d'amateurs. Je l'avoue, tout en appartenant au temple, je ne suis pas de la sacristie, et je me permets, à mes risques et périls, et sous ma responsabilité personnelle, une opinion indépendante [il s'agit du culte de la curiosité, en fait de gravures], H. LAVOIX, *Journ. offic.* 10 avril 1874, p. 2664, 2e col.

† **SAFFIAN** (sa-fi-an), *s. m.* Nom arabe du maroquin. Ce cuir de chèvre si bien travaillé, qui porte, dans le pays d'Asafi (royaume de Maroc), le nom de saffian ou maroquin..., *Journ. offic.* 24 janv. 1876, p. 717, 1re col. Dès le temps de François Ier, et grâce à l'impulsion du surintendant Jean Grollier, on commença à couvrir en saffian les productions plus légères de la littérature courante, *ib.* 2e col.

— ÉTYM. *Asafi*, nom de la contrée marocaine où on le fabrique.

† **SAFRANUM.** *Ajoutez :* Le carmin de safranum ou extrait de carthame a été assimilé par une décision fort ancienne au kermès animal en poudre... l'extrait de carthame se présente tantôt à l'état solide, tantôt à l'état de pâte plus ou moins liquide : on le désigne, dans le premier cas, sous le nom de carthamine ou acide carthamique, et dans le second, sous la dénomination de carmin de safranum, *Lettre commune des Douanes*, 8 oct. 1876, n° 325.

2. **SAFRE.** *Ajoutez :* — HIST. XVIe s. Le saphyr est une eau bien pure ; mais, parce qu'elle a passé par quelque miniere de saphyr, elle tient un peu de la couleur et teinture dudit saphre, B. DE PALISSY, 52.

† 3. **SAFRE** (sa-fr'), *s. m.* Nom, en Provence, d'une argile limoneuse durcie et agglutinée, qu'on retrouve en amas isolés dans tous les terrains occupés à diverses époques par le cours de la Durance ; cette matière, qu'on extrait en gros fragments, fournit, en se délitant à l'air, une terre fertile.

† **SAFRERIE** (sa-fre-rie), *s. f.* Terme populaire. Avidité à manger. C'est l'avarice, l'orgueil, la safrerie et l'ambition dévorante de toutes les bêtes en soutane, *Lett. du P. Duchêne*, 287e *lettre*, p. 5.

— ÉTYM. *Safre* 1.

† **SAGARD** (sa-gar), *s. m.* Terme forestier. Ouvrier logé dans une scierie forestière pour débiter le bois en planches ou en autres produits sciés pour le compte d'un adjudicataire ou d'un propriétaire. || On le trouve écrit aussi sçagard. Le bruit de cette petite cascade et l'odeur du sapin de fraîche coupe annoncent à quelque distance l'approche de la scierie ; un sçagard l'habite seul avec sa famille et la met en œuvre, BROILLARD, *Rev. des Deux-Mond.* 15 avr. 1876, p. 919.

— ÉTYM. Dérivé de l'anc. all. *sagôn*, aujourd'hui *sägen*, scier.

SAGE. *Ajoutez :* — REM. On a reproché au Dictionnaire de n'avoir pas enregistré la locution faire que sage, et le vers de La Fontaine qui la contient, *Fables*, v, 2. Mais la locution n'est pas particulière à *sage*, et on dit également faire que fou. La place en est donc non pas à *sage*, mais à *que* 1, n° 4.

SAGESSE. *Ajoutez :* || 11° Arbre de la sagesse, le bouleau blanc, *betula alba*, L., BAILLON, *Dict. de bot.* p. 248.

† **SAGINE** (sa-ji-n'), *s. f.* Genre de plantes qui passe pour donner de l'embonpoint aux moutons.

— ÉTYM. Lat. *sagina*, graisse.

† **SAHARIEN, IENNE** (sa-a-riin, riè-n'), *adj.* Qui appartient au désert du Sahara. Les tribus sahariennes.

† **SAÏGA.** *Ajoutez :* Couvertures de voyage, garnies tout autour d'une fourrure naturelle de marmotte ou de saïga, *Journ. offic.* 2 décembre 1875, p. 8944, 3e col.

SAILLIE. — HIST. XIIIe s. *Ajoutez :* Que li estaus Rose la tripiere, qui est desous la saillie de sa maison... (1289), VARIN, *Arch. adm. de la ville de Reims*, t. I, 2e part. p. 1041.

SAINT. || Proverbes. *Ajoutez :* || La fête passée, adieu le saint.

† **SAINT-BARTHÉLEMY**, *s. f.* Voy. BARTHÉLEMY (SAINT-) au Dictionnaire.

SAINT-ELME (sin-tèl-m'), voy. ELME (SAINT-).

† **SAINT-PERAY** (sin-pè-ré), *s. m.* Nom d'un vin renommé du département de l'Ardèche. Le saint-peray mousseux est le premier vin du pays... M. Faure eut l'idée de champaniser le saint-peray, qui supporta parfaitement l'épreuve et qui rivalise, depuis lors, avec le champagne lui-même, P. BONNAUD, *Rev. Britan.* nov. 1874, p. 56.

† SAISETTE (sè-zè-t'), *s. f.* Voy. ci-dessous SAISSETTE.

SAISIR. || 1° *Ajoutez :* || Saisir quelqu'un dans ses biens, exercer une saisie sur ses biens. Comme les tribunaux ne pourraient pas faire saisir le préfet par corps ni dans ses biens pour la non-exécution du contrat, *Corresp. de Napoléon Ier*, t. XIX, n° 15880.

† SAISIR-ARRÊTER (sè-zir-a-rê-té), *v. a.* Terme de droit. Opérer une saisie-arrêt.

† SAISIR-EXÉCUTER (sè-zir-è-gzé-ku-té), *v. a.* Terme de droit. Opérer une saisie-exécution.

† SAISIR-GAGER (sè-zir-ga-jé), *v. a.* Terme de droit. Opérer une saisie-gagerie. Les propriétaires et principaux locataires de maisons ou biens ruraux, soit qu'il y ait bail ou qu'il n'y en ait pas, peuvent, un jour après le commandement et sans permission du juge, saisir-gager, pour loyers et fermages échus, les effets et fruits dans lesdits maisons ou bâtiments ruraux et sur les terres, *Code de proc. civ.* art. 819.

SAISISSEMENT. — HIST. XVIe s. *Ajoutez :* Saisissement des deniers d'icelle boeste, MANTELLIER, *Glossaire*, Paris, 1869, p. 57.

† SAISONNIÈRE. *Ajoutez :* || Variations saisonnières, variations atmosphériques suivant les saisons. Ces caractéristiques [du climat d'Ajaccio] sont ainsi formulées: grande pureté de l'atmosphère; vicissitudes atmosphériques peu marquées; variations saisonnières graduelles, *Journ. offic.* 21 avril 1876, p. 2836, 3e col.

— REM. Il se dit aussi au masculin. L'accroissement saisonnier annuel de la fièvre typhoïde, *le Progrès médical*, 17 mars 1877, p. 206.

† SAISSETTE (sè-sè-t'), *s. f.* Un des noms vulgaires de la touzelle à barbes, PLANCHON, *Rev. des Deux-Mondes*, 15 sept. 1874, p. 414. || On dit aussi saisette. Le blé saisette d'Arles qui a l'avantage de bien résister aux grandes chaleurs, HEUZÉ, *la France agricole, carte* n° 18.

† SAIWE (sè-v'), *s. f.* Terme d'exploitation houillère. Niveau ou galerie de saiwe, niveau auquel, ou galerie par laquelle s'opère l'assèchement des eaux qui abondent naturellement vers les travaux des puits.

† SAJOU (sa-jou), *s. m.* Petit singe, voy. SAPAJOU. Les sajous, ces gentils petits singes de l'Amérique du Sud..., E. BLANCHARD, *Rev. des Deux-Mondes*, 1er mai 1876, p. 107.

† 2. SAKI (sa-ki), *s. m.* Nom d'une espèce de rosier. Aussitôt que s'étend la vue [dans la vallée de Kezanlik, au sud des Balkans] on ne découvre que des rosiers sakis couverts de fleurs [d'où l'on tire l'essence de rose], *Journ. offic.* 29 juil. 1874, p. 5350, 3e col.

† 3. SAKI (sa-ki), *s. m.* Vin de riz. Des coupes sur pied haut, dites à saki.... si l'on met dans les coupes dont nous parlons du vin de riz très-chaud qui est le saki..., CH. BLANC, *Journ. offic.* 27 oct. 1873, p. 6573, 1re col.

† SAKIEH (sa-ki-é), *s. m.* Pompe à chapelet, en Égypte. Le sakieh est, comme on sait, une sorte de pompe mise en mouvement par un buffle, un chameau ou un âne: elle consiste en deux roues engrenées qui montent et descendent à la fois une grappe circulaire de bombonnes; ces bombonnes plongent dans le fleuve, s'y remplissent, remontent et se déversent dans une rigole, E. BERGERAT, *Journ. offic.* 25 juin 1876, p. 4527, 2e col.

† SALABRE (sa-la-br'), *s. m.* Sorte de drague pour la pêche du corail. L'ancien système de pêche au moyen du salabre est toujours en usage; on a essayé sur d'autres points d'augmenter le produit de la pêche par l'adoption de dragues plus fortes, de scaphandres et de cloches à plongeur, *Journ. offic.* 12 avril 1874, p. 2697, 2e col.

SALADE. *Ajoutez :* || 10° Fig. et populairement, faire une salade de, mettre en salade, mettre en confusion, en capilotade. || 11° Salade russe, salade fortement épicée, faite avec toute sorte de légumes, des homards, des crevettes.

† SALADÉRISTE (sa-la-dé-ris-t'), *s. m.* Celui qui, dans l'Amérique espagnole, possède, dirige un *saladero* ou usine où l'on prépare les viandes salées. Le chef de l'usine, le saladériste, dirige ses affaires de loin, paraît rarement au *saladero* et quitte peu Buenos-Ayres ou Montévidéo..., E. DAIREAUX, *Rev. des Deux-Mondes*, 15 janv. 1876, p. 326.

— ÉTYM. Esp. *saladero*, lieu où l'on sale, de *salar*, saler.

SALAIRE. *Ajoutez :* || Proverbe. Toute peine mérite salaire.

† SALANQUE (sa-lan-k'), *s. f.* Nom, dans le Midi, de terrains salés. Le Roussillon est aussi accidenté que la Provence; on y distingue : 1° la salanque ou terrain salé, voisin de la mer..., HEUZÉ, *la France agricole*, p. 6. Roussillon : 2° Les terres imprégnées de sel et situées près de la Méditerranée sont appelées salanques, ID. *ib. carte* n° 5.

— ÉTYM. Lat. *sal*, sel.

SALANT. *Ajoutez :* || 2° *S. m.* On appelle salants d'assez grandes étendues de terres voisines de la mer et recouvertes d'une couche très-mince d'efflorescences salines, H. DE PARVILLE, *Journ. offic.* 17 nov. 1871, p. 4498, 2e col.

SALE. *Ajoutez :* || 7° Linge sale, linge qui a servi et que l'on met de côté pour l'envoyer à la lessive. || Mettre au sale, mettre parmi le linge sale. || Laver son linge sale en famille, voy. LINGE. || 8° En parlant des personnes, qui manque à l'honneur, vil, méprisable. Fabius Persicus, homme si sale et si abominable que les plus sales et les plus abominables ne s'en approchaient qu'avec horreur, MALH. *Lexique*, éd. L. Lalanne.

SALÉ. *Ajoutez :* || 7° *Claim* (terrain concédé pour une exploitation, aux États-Unis) salé, expression américaine qui signifie terrain où l'on a semé des minéraux qu'il est censé produire naturellement. Il n'y a jamais eu sur les lieux.... d'autres diamants que ceux qu'y avaient placés à l'avance les prétendus découvreurs,... en d'autres termes, le *claim* avait été salé, pour nous servir d'une expression de mineur, Extr. du *Courrier de San-Francisco*, dans *Journ. offic.* 25 déc. 1872, p. 8071, 2e col.

SALER. *Ajoutez :* || 4° En termes de mineur américain, saler son trou, y répandre des fragments de minerai, pour faire croire à la richesse du lieu. Vers 1849, l'usage de saler son trou n'était pas rare dans les régions minières, *Journ. offic.* 31 déc. 1872, p. 8166, 2e col.

— HIST. *Ajoutez :* XIIe s. Salatins vint armés sor liart Blancemaille, Un ceval sejorné.... Ainc ne gosta d'avaine, lait boit et car [chair] c'on sale, *li Romans d'Alixandre*, p. 111.

† SALERS (sa-lèr), *s. m.* Nom d'une race de bœufs française, *Journ. offic.* 14 fév. 1873, p. 1083, 2e col.

— ÉTYM. *Salers*, chef-lieu de canton dans le Cantal, arrondissement de Mauriac.

SALEUR. *Ajoutez :* || Saleur d'anchois, profession sujette à patente, et qui figure au Tarif des patentes.

† SALICIONAL (sa-li-si-o-nal), *s. m.* Dans l'orgue, jeu d'étain dont les tuyaux étroits vont en se rétrécissant jusqu'à l'orifice, LÉON PILLAUT, *Journ. offic.* 2 juill. 1877, p. 4997, 1re col.

— ÉTYM. Lat. *salix*, saule; ce nom lui venant des flûtes champêtres qu'on fait avec l'écorce fraîche d'une branche de saule, et dont il est une imitation.

† SALICYLATE (sa-li-si-la-t'), *s. m.* Terme de chimie. Nom des sels de l'acide salicylique. M. le docteur Déclat signale à l'attention l'action bienfaisante du salicylate de fer, H. DE PARVILLE, *Journ. offic.* 6 janv. 1876, p. 143, 1re col.

† SALINEUR (sa-li-neur), *s. m.* Fabricant de sel. Les dangers que présente, au point de vue de la santé publique, un procédé employé depuis quatre ans environ par certains salineurs pour dérouiller leurs chaudières, Extr. de *l'Echo du Nord*, *Journ. offic.* du 30 sept. 1873, p. 6133, 2e col. || On dit mieux salinier, parce que la terminaison *eur* se rapporte à un verbe : *porteur*, celui qui porte, et la terminaison *ier*, à un substantif : *portier*, qui garde une porte; *salinier* se rapporte à *saline*.

† SALINIER. *Ajoutez :* || 4° *Adj.* Salinier, salinière, qui est relatif à la production du sel. L'industrie salinière, très-florissante aujourd'hui dans l'île de Sardaigne, donne au port de Cagliari une grande activité commerciale, *Journ. offic.* 15 avr. 1874, p. 2748, 2e col.

† SALITRE. *Ajoutez :* || C'est aussi un des noms du nitrate ou azotate de soude. L'industrie du nitrate de soude ou salitre dans l'Amérique du Sud, *Acad. des sc. Comptes rend.* t. LXXXI, p. 730.

SALLE. *Ajoutez :* || 16° Le public qui remplit une salle. La salle entière applaudit.

† SALMÉE (sal-mée), *s. f.* || 1° Ancienne mesure, usitée dans le Midi. Le beau blé qui ne valait que quinze livres en vaut vingt et une la salmée; on l'appelle ainsi [à Uzès], et cette mesure contient environ dix minots ou un peu plus, RAC. *Lexique*, éd. P. Mesnard. || 2° Nom, dans les Bouches-du-Rhône, d'une mesure agraire de soixante-dix ares, BARRAL, *les Irrigations dans les Bouches-du-Rhône*, Paris, 1876, p. 71.

— ÉTYM. Bas-lat. *salmata*, charge, du lat. *sagma*, grec σάγμα, bât.

† SALMONIDÉS (sal-mo-ni-dé), *s. m. pl.* Nom d'une famille de poissons qui contient vingt et un genres. [On veut produire par croisement] une variété de salmonidés, ayant la taille et la qualité du saumon, qui conserverait les habitudes de la truite, R. BOUCHON-BRANDELY, *Rapp. au ministre de l'intér. Journ. offic.* 28 oct. 1873, p. 6589, 2e col. La rapidité du courant et la fraîcheur de l'eau ne sont pas des choses indispensables à l'élevage des salmonidés, ID. *ib.* p. 6590, 1re col. || On dit aussi les salmonés.

† SALONCHE (sa-lon-ch'), *s. f.* Nom, dans l'Oise, du *polygonum aviculare*, *les Primes d'honneur*, Paris, 1872, p. 64.

† SALOPETTE (sa-lo-pè-t'), *s. f.* Vêtement, cotte ou pantalon, qu'on met par-dessus ses habits, pour éviter de les salir. Dans la soirée du crime, l'accusé [ouvrier carrier à Vieillevigne, Loire-Inférieure] était chaussé de souliers; il portait un pantalon bleu dit salopette, fort malpropre, comme l'est un vêtement de travail qui n'a pas été blanchi depuis longtemps, *Gaz. des Trib.* 13-14 sept. 1875, p. 882, 3e col. Le jour de Pâques, R... [la profession n'est pas indiquée] portait des vêtements sales, une salopette en toile bleue unie et un bourgeron bleu rayé, *Cour d'assises des Ardennes*, *Gaz. des Trib.* 12 nov. 1876, p. 1102, 2e col.

— ÉTYM. *Salope.*

SALORGE. — ÉTYM. Du lat. *sal*, sel, et *orge*, finale inexpliquée, dit le Dictionnaire. M. Bugge, *Romania*, n° 10, p. 157, explique cette finale : elle représente le lat. *horreum*, magasin, dépôt; et en effet Oudin traduit *salorge* par *magazzino di sale*; *horreum* s'est changé en *orge*, comme *cereus* en *cierge*. Il ajoute que *horreum* se retrouve dans l'italien *Or san Michele*, nom d'une église à Florence, autrefois une grange. Il n'y a rien à objecter à cette interprétation.

† SALPA (sal-pa) ou SALPE (sal-p'), *s. m.* Terme d'histoire naturelle. Nom des mollusques du genre biphore. Les salpas et leurs générations alternantes, *Journ. offic.* 31 août 1875, p. 7403, 2e col.

— ÉTYM. Σάλπη, lat. *salpa*, nom d'une sorte de poisson, dit en français *saupe* (voy. ce mot).

† SALTATRICE (sal-ta-tri-s'), *s. f.* Mot forgé du latin. Danseuse, mime, pantomime. Voici la danse des antiques saltatrices et des modernes almées, H. HOUSSAYE, *Rev. des Deux-Mondes*, 1er février 1875.

— ÉTYM. Lat. *saltatricem*, de *saltare*, sauter (voy. SAUTER).

SALUER. *Ajoutez :* || 9° En termes militaires, saluer le boulet, faire un mouvement au moment où un boulet passe auprès de soi en sifflant. Le plus brave salue toujours les premiers boulets.

† SALUEUR. — HIST. XVIe s. *Ajoutez :* Un de ces gentils de Sainte-Catherine [bateleurs qui prétendent résister à l'action du feu] qu'on nomme autrement salueurs, fut entré en un four allumé, si tost que le four fut fermé sur luy, il fut reduit en cendre, BAUDON, *Trois livres des charmes*, Paris, 1583, p. 276.

SALUT. || 2° *Ajoutez :* || Hors de l'Église point de salut.

SALUTAIREMENT. *Ajoutez :* — HIST. XVIe s. Dieu par sa bonté nous vueille illuminer à les [enseignements de Jésus-Christ] spirituellement et salutairement comprendre, *Epistre exhort. aux Epistres, Nouv. Testam.* éd. Lefebvre d'Étaples, Paris, 1525.

† SALVAGNIN (sal-va-gnin), *s. m.* Nom d'un cépage qu'on dit avoir été introduit dans le département de l'Ain par Voltaire, JARRIN, *Journal de l'Ain*, 9 mai 1876, 4e page.

SALVE. *Ajoutez :* — REM. Dans le XVIe siècle, Lanoue le fait féminin, et d'Aubigné masculin. Au commencement du XVIIe siècle, Richelieu (*Lettres*, etc. t. VI, p. 441) le fait dans une même pièce féminin et masculin : une double salve, et, quelques lignes plus bas, un beau salve. Aujourd'hui il est toujours féminin.

† SAMARITANISME (sa-ma-ri-ta-ni-sm'), *s. m.* Doctrine des Samaritains, consistant en ceci que, tout en se rattachant au judaïsme, ils n'admettaient de l'Ancien Testament que le Pentateuque, VERNES, *Revue critique*, 3 oct. 1874, p. 210.

† SAMBAC (san-bak), *s. m.* Le même que sampac (voy. ci-dessous).

† SAMBAQUI (san-ba-ki), *s. m.* Terme de préhistoire. Nom, au Brésil, des amas de coquilles et débris de repas. Le directeur général des télégraphes de l'empire du Brésil vient d'adresser aux *Communications géographiques* de Petermann un mémoire fort intéressant sur l'existence de certains amas de coquillages, les sambaquis, comme on les appelle dans le pays, *Journ. offic.* 22 août 1874, p. 6077, 1re col. Il [Wiener] traite la question des sambaquis [de l'Amérique du Sud], immenses amas de coquilles d'huîtres, analogues aux kiœkkenmœddings danois, qui constituent des tumulus sur les rivages de la mer, *ib.* 8 fév. 1876, p. 1112, 2e col.

† SAMBUR (san-bur), *s. m.* Nom du plus grand daim de l'Inde, *Journ. offic.* 18 mai 1876, p. 3990, 3e col.

† SAMOISEAU (sa-moi-zô), *s. m.* Nom d'un cépage noir dans l'Aisne, *les Primes d'honneur*, Paris, 1873, p. 82.

† SAMOSATÉNIEN (sa-mo-za-té-niin), *s. m.* Nom d'hérétiques du IIIe siècle qui niaient la Trinité et la divinité de Jésus-Christ.

† SAMOVAR (sa-mo-var), *s. m.* Sorte de bouillotte russe, qui est une urne de cuivre traversée perpendiculairement par un tube dans lequel on introduit, après avoir rempli le samovar avec de l'eau, une certaine quantité de charbons de bois incandescents; elle est munie d'une cheminée mobile qui, en prolongeant le tube contenant le charbon, en active la combustion.

† SAMPAC (san-pak') *s. m.* Voy. CHAMPAC au Supplément.

† SAMPANG (san-pangh'), *s. m.* Nom, sur les côtes de la Chine, d'une embarcation légère. [A Hong-Kong] tandis que les marchandises sont déposées sur de lourds chalands qui font va-et-vient entre le *steamer* [bateau à vapeur] et les *wharfs* [quais], les passagers sautent dans de légères embarcations, les sampangs, où ils entassent leurs bagages, et franchissent ainsi à la rame ou à la voile la distance qui les sépare du rivage, G. BOUSQUET, *Rev. des Deux-Mondes*, 15 déc. 1876, p. 726. Plus de 20000 sampangs [à Canton], contenant chacun une famille abritée sous une légère toiture de jonc et de bambou arrondi en demi-cercle, se pressent entre les rives, ID. *ib.* p. 733.

† SANCTISSIME (san-kti-ssi-m'), *adj.* Très-saint (superlatif à forme latine). Les papes donnent l'exemple : béatissimes, sanctissimes, révérendissismes...., A. LEFÈVRE, *Courrier littér.* 10 sept. 1877.

— ÉTYM. Lat. *sanctissimus*, superlatif de *sanctus*, saint.

† SANDWICH.— ÉTYM. *Ajoutez :* La *sandwich* a été ainsi appelée, parce qu'elle était le mets favori du comte de *Sandwich*.

SANG. || 6e *Ajoutez :* || Mettre la main au sang, verser le sang. Celui qui s'est mis sur un chemin pour voler et pour tuer est voleur devant que de mettre la main au sang, MALH. *Lexique*, éd. L. Lalanne. || 16e Sang bleu, nom, dans l'Amérique du Sud, des métis nés d'un croisement d'indigène, de nègre et d'Européen (sangre azul), *Journ. offic.* 22 avril 1877, p. 2998, 1re col. || On voit par ce sens précis combien Lamartine s'est mal exprimé en comparant : « Le sang rouge du Franc au sang bleu du Germain. » Il a sans doute pris sang bleu métaphoriquement et a voulu signifier par là le tempérament flegmatique des Allemands. || 17e Arbre à sang, un millepertuis arborescent de la Guyane, BAILLON, *Dict. de botanique*, p. 248.

SANGLOTER. *Ajoutez :* || 2e Pris activement. Exprimer en sanglotant. Il a sangloté dernièrement une lettre à sa souveraine, pour lui faire savoir..., *l'Opinion nationale*, 27 mai 1876, 1re page, 4e col. || Voy. un emploi semblable de trembloter au Supplément.

SANGUIN. — HIST. *Ajoutez :* XIIe s. Maint bon drap vermel et sanguin I taint on et maintz escarlate, *Perceval le Gallois*, v. 10187.

SANHÉDRIN. — ÉTYM. *Ajoutez :* *Sanhédrin* ne vient pas directement de συνέδριον; il en vient indirectement par l'intermédiaire du mot hébreu ou plutôt chaldéen *sanhederin* ou *sanhedrin* qui se trouve très-souvent dans les Targums, dans le Talmud et dans tous les auteurs juifs (FÉLIX BOVET).

† SANITÉ (sa-ni-té), *s. f.* Mot forgé du latin. Bon état de santé, état sain, en parlant du corps ou de l'esprit. Le docteur Sp..., dont vous invoquez le témoignage, et qui est aussi convaincu que moi-même de la sanité de raison et d'intelligence de Mme de S..., *Gaz. des Trib.* 19 août 1874, p. 791, 3e col. Se rendre compte de la marche des éducations et de l'état de sanité des vers [à soie], GAYOT, *Bul. Soc. cent. d'agric* 1875, p. 646.

— ÉTYM. Lat. *sanitatem*, de *sanus*, sain (voy. SAIN).

† SANNE (sa-n'), *s. f.* Nom, dans le Calvados, de la table sur laquelle on met le beurre pour le disposer en mottes, *les Primes d'honn.* Paris, 1870, p. 54.

SANS. *Ajoutez :* || 11e Sans, employé d'une manière absolue et sans régime. La perruque [de Louis XIV] était la seule pièce, dit-on, qui tînt bon contre le déshabillé; personne ne l'avait jamais vu sans, STE-BEUVE, *Portraits contemporains*, t. I, p. 372, nouv. édit. Paris, 1870.

† SANSAL. *Ajoutez :* — ÉTYM. Autre forme de *censal* (voy. ce mot au Dictionnaire et au Supplément).

† SANS-CŒUR (san-keur), *s. m.* Voy. CŒUR, n° 5.

† SANS-CULOTTE. *Ajoutez :* — ÉTYM. L'origine du nom de sans-culotte paraît être différente de celle qui est indiquée dans l'article. Un jour que les femmes qui occupaient les tribunes de la Constituante étaient encore plus bruyantes que de coutume, l'abbé Maury dit au président : Monsieur le président, faites taire ce tas de sans-culottes. De là le nom de sans-culotte adopté par les patriotes d'alors, BOURLOTON et ROBERT, *la Commune*, Paris, 1872, p. 169.

† SANSEVIÈRE (san-se-viè-r'), *s. f.* Genre de plantes, de la famille des liliacées, originaires d'Asie et d'Afrique, dont quelques espèces sont cultivées dans nos jardins.

† SANS-FAÇON (san-fa-son), *s. m.* Voy. FAÇON, n° 14. L'Académie écrit sans façon, substantif, sans trait d'union; il est plus logique de mettre le trait d'union en ce cas.

SANTÉ. *Ajoutez :* || 13e Fig. Porter santé, demeurer dans un état de tranquillité, de possession de soi-même. Depuis cette funeste époque, il [le cardinal de Noailles] ne porta quasi plus santé, je veux dire qu'il fut presque incontinent attaqué, et peu à peu poussé sans relâche aux dernières extrémités, jusqu'à la fin de sa vie, SAINT-SIMON, dans *Scènes et portraits choisis*, par Eug. de Lanneau, t. I, p. 225 (*Destruction de Port-Royal*).

† SANTORON (san-to-ron), *s. m.* Nom donné par plaisanterie à un reclus, à un cénobite. Le poëte avait l'air d'un rendu; Comment! d'un rendu? d'un hermite, D'un santoron, d'un Santena, LAFONT. *Poésies mêlées*, LXXI.

— HIST. XVIe s. Chatemites, cagots, hermites, moines, hypocrites, santorons, RAB. *Prognost. Pantagr.*

— ÉTYM. C'est M. Marty-Laveaux qui, dans son édition des *Œuvres complètes* de La Fontaine, t. V, p. 193, a déterminé le vrai sens de *santoron* dans le vers cité ci-dessus; jusque-là on y avait vu un nom propre; c'est le passage de Rabelais qui a mis M. Marty-Laveaux sur la voie. *Santoron* ou *sanctoron* est le lat. *sanctorum*, ainsi employé, soit, comme paraît le croire Cotgrave, parce que l'hypocrite veut être considéré comme *unus e sanctorum numero*, soit parce qu'il marmotte des prières dans lesquelles revient souvent le mot *sanctorum* (DE FRÉMERY, *Rev. critique*, 21 juillet 1877, p. 29). *Santena* était un officier piémontais qui se retira à la Trappe en 1691.

SAPAN. *Ajoutez :* — ÉTYM. Le malais *sapang*, *cæsalpinia sappan*, Linné, DEVIC, *Dict. étym.*

SAPE. || 1e *Ajoutez :* La sape moissonne mieux les blés versés que la faux, et elle secoue peu les céréales; bien manœuvrée, elle abat dans une journée de 30 à 35 ares, *Journ. offic.* 15 sept. 1872, p. 6022, 1re col.

SAPÈQUE. *Ajoutez :* L'unité monétaire [à Canton] est la sapèque, petite pièce de cuivre, ronde, percée d'un trou carré, qui vaut environ la moitié d'un centime, G. BOUSQUET, *Rev. des Deux-Mondes*, 15 déc. 1876, p. 746.

† SAPHO (sa-fo), *s. f.* La 80e planète télescopique, découverte en 1864 par M. Pogson.

— ÉTYM. Σαπφώ, nom d'une femme-poëte célèbre.

SAPINE. *Ajoutez :* || 5e Nom, dans le Jura, de baquets mis sur les voitures, dans lesquels on transporte la vendange, *les Primes d'honneur*, Paris, 1869, p. 284.

† SAPINEAU. *Ajoutez :* || 2e Jeune sapin. Sous une haute futaie de hêtres de cent ans, se trouvent des sapineaux nombreux, élancés, de 6 à 8 mètres de hauteur au moins, qui montent seuls vers le dôme formé par les cimes des grands hêtres, BROILLIARD, *Rev. des Deux-Mondes*, 15 avr. 1876, p. 927.

† SAPITEUR (sa-pi-teur), *s. m.* Ancien terme de droit. Personne qui connaît les localités et que les experts sont autorisés à consulter. On a toujours reconnu qu'il est loisible aux experts de s'adjoindre des auxiliaires non assermentés qu'on a nommés sapiteurs; la Cour de cassation a même admis que les sapiteurs peuvent être adjoints d'office aux experts par le jugement de nomination, BONNIER, *Traité des preuves*, 4e éd. t. I, n° 114, p. 130.

— ÉTYM. Bas-lat. *sapitorem*, homme qui sait évaluer, du lat. *sapere*, savoir, être habile.

† SAPROPHYTE (sa-pro-fi-t'), *s. m.* Organisme végétal né sur des substances en pourriture. Les botanistes appellent saprophytes ces organismes ainsi voués à se nourrir de détritus d'autres végétaux; or la limite entre les saprophytes et les parasites vrais est si peu tranchée que..., J. E. PLANCHON, *Rev. des Deux-Mondes*, 1er avr. 1876, p. 658.

— ÉTYM. Σαπρὸς, pourri, et φυτὸν, plante.

† SAQUEBUTE. *Ajoutez :* — HIST. XVIe s. Le son des hauts-bois et sacqueboutes, jouans le branle de Cupidon, DE BRACH, *Poemes*, 181, verso.

† SARCELLADES (sar-sè-la-d') ou SARCELLOISES (sar-sè-loi-z'), *s. f. pl.* Nom de trois pièces de vers burlesques adressées à M. de Vintimille, archevêque de Paris, où l'on introduit les habitants d'un village près Paris, nommé Sarcelles, qui, dans leur patois, disent toutes sortes d'injures à ce prélat, attaquent la Constitution et célèbrent le diacre Pâris et ses faux miracles, *Dict. des livres jansénistes, Sarcelloises*. Je rougis pour nos respectables amis de cette réponse et de tant d'autres sur le même ton.... jusqu'au Philotanus et aux sarcellades dans le XVIIIe siècle, SAINTE-BEUVE, *Port-Royal*, t. II, p. 336, 3e éd. (note de M. F. Bovet).

SARCELLE. — HIST. XIIIe s. *Ajoutez :* En trestoute la terre n'a riviere petite Que n'aie à mon faucon ane [cane] ou sorceille prise, *Gui de Bourgogne*, v. 120.

† SARCLÈTE (sar-klè-t'), *s. f.* Nom, dans le Pas-de-Calais, d'un instrument dit aussi rasette, qui sert à sarcler, *les Primes d'honneur*, Paris, 1869, p. 83. C'est le même que sarclet (voy. ce mot au Dictionnaire).

SARDINE. *Ajoutez :* || 2e Sardine de dérive, la grosse sardine. La sardine de dérive, autrement dite la grosse sardine, vient de faire son apparition dans la baie de Douarnenez, *le Temps*, 24 fév. 1877, 3e page, 1re col. || Fig. et populairement. Galons de caporal, de brigadier. Deux gendarmes, un beau dimanche, Chevauchaient le long d'un sentier; L'un portait la sardine blanche, L'autre le jaune baudrier, NADAUD, *Pandore*.

SARMENT. — HIST. *Ajoutez :* XIVe s. Car aussit com l'on doit destruire Les rains dou serment qui puet nuire, MACÉ, *Bible en vers*, f° 107, *verso*, 1re col.

1. SARRASIN. *Ajoutez :* || 2e Nom, chez les ouvriers typographes, de ceux qui refusent d'être de la société qu'ils ont formée. J'ai reçu plusieurs coups de poing et de pied, et j'ai été traité de sarrasin, terme de mépris dans le langage des ouvriers de notre corporation, *Gaz. des Trib.* 6 juill. 1876, p. 665, 1re col.

2. SARRASIN. *Ajoutez :* || 2e Sarrasin-seigle, variété de sarrasin servant de fourrage. Le sarrasin-seigle a été signalé l'année dernière comme se cultivant dans le département de l'Orne.... le grain lui-même est beaucoup plus allongé, plus plein et moins anguleux que celui du sarrasin de Tartarie; il est d'un gris blond qui, avec sa forme allongée, lui donne une certaine ressemblance avec du seigle; c'est de là probablement que lui vient son nom, Extr. de *l'Alman. du bon jardinier*, dans *Journ. offic.* 5 mai 1876, p. 3096, 3e col.

† SARRASINIÈRE (sa-ra-zi-niè-r'), *s. f.* Lieu où l'on serre le sarrasin. *Le président des assises de l'Ain :* L'assassinat a été commis dans la sarrasinière, *Gaz. des Trib.* 21 avr. 1875, p. 388, 2e col. || *Adj.* Cave sarrasinière, même sens. On l'a trouvé [ce bâton] dans votre cave sarrasinière, et on pensait qu'il servait à remuer le charbon, *ib.* 22 avr., p. 393, 1re col.

† SARRASINOIS. *Ajoutez :* || 2e Point sarrasinois, sorte de point dans la tapisserie. Ouvrier occupé aux métiers de tapisseries à point noué ou point sarrasinois, *Assembl. nat. projet* n° 1782, p. 120.

† SART. *Ajoutez :* || Petit sart, le lichen, *Statistique des pêches maritimes*, 1874, p. 81.

† SARTAGE (sar-ta-j'), *s. m.* Terme forestier. Mode de traitement dans lequel on exploite les forêts en taillis simple à une courte révolution,

quinze ans en général; après enlèvement des produits, on brûle les débris qui restent sur le sol, les gazons; puis on livre la coupe à la culture agricole (le plus souvent celle du seigle) pendant un an.

— ÉTYM. Voy. SART à l'Étymologie.

† **SARTER** (sar-té), *v. a.* Terme de forestier. Syn. d'essarter. Dans les taillis sartés des Ardennes, dont les écorces sont si renommées, NANQUETTE, *Exploit. débit et estim. des bois*, Nancy, 1868, p. 16.

2. **SAS.** *Ajoutez :* — HIST. XVIe s. Leurs Altezes [les archiducs Albert et Isabelle en Flandre].... ordonnent par provision et en forme d'essais que tous ceux venans de la mer et desirans joyr de la liberté de la navigation devront passer ledict sas jusques au lieu indiqué sur mesme fond sans le povoir changer audit sas, VOLTERS, *Lois et règlements sur les canaux et rivières de la Flandre orientale*, p. 144 (M. Du Bois, avocat à Gand, qui transmet cette note, dit que tous les Belges prononcent sace).

SASSE. *Ajoutez :* || 2° Nom, à Marseille, d'une pelle creuse avec laquelle les préposés de l'administration du pesage égalisent les sacs de blé d'une contenance uniforme que les négociants apportent.

† 2. **SASSER** (sâ-sé), *v. a.* Faire fonctionner le sas d'une écluse, faire passer un navire par le sas. A huit heures du soir, on a réussi à fermer la seconde porte du bassin, on a pu alors sasser, et les navires engagés sont revenus à flot, *le Nouvelliste de l'arrond. d'Avranches*, 5 nov. 1876.

SATAN. — ÉTYM. *Ajoutez : Satan* ne signifie pas précisément ennemi; il signifie opposant, accusateur. C'est en cette qualité que, dans le livre de Job, il participe aux conseils de Dieu, car la conception de *Satan*, en cette qualité du moins, appartient aux antiques idées d'Israël; mais après l'exil de Babylone, par l'influence de la théologie zoroastrienne, les Juifs donnèrent de plus en plus à leur Satan le caractère du génie du mal ou Ahriman.

† 2. **SATANIQUE** (sa-ta-ni-k'), *s. m.* Nom (corruption de satanicle, voy. ce mot au Dictionnaire), sur les côtes du Morbihan, d'un oiseau de mer, *thalassidromus*, sorte de gros martinet; il annonce les tempêtes, GOUÉZEL, *les Oiseaux de mer*, Nantes, 1875, p. 10.

† **SATANIQUEMENT** (sa-ta-ni-ke-man), *adv.* D'une manière satanique. Il avançait quelque axiome sataniquement monstrueux, TH. GAUTIER, *Étude sur Baudelaire.*

† **SATANISER** (sa-ta-ni-zé), *v. a.* Donner le caractère de Satan. L'ardente ambition satanise mon âme, BARTHÉLEMY, *Némésis, Liberté de la presse.*

† **SATI** (sa-ti), *s. f.* Femme sacrifiée sur le suttee. Dernièrement une douzaine de veuves du rajah défunt de Judhpur s'attendaient joyeusement à s'offrir en sati sur le bûcher du prince.... il n'y a pas longtemps, à Tamatara, un brahmane mourut; sa femme voulut être sati, F. DELAUNAY, *Journ. offic.* 13 janv. 1874, p. 362, 2e col.

— ÉTYM. *Sati* est la prononciation de *suttee* (voy. ce mot au Dictionnaire).

SATIN. *Ajoutez :* || 5° Satin grec, nom, chez les fabricants d'Amiens, d'une étoffe dont la chaîne est en soie et la trame en laine, *Enquête, Traité de comm. avec l'Anglet.* t. III, p. 615.

† **SATINET.** *Ajoutez :* — REM. On dit aussi au féminin satinette.

† **SATOU** (sa-tou), *s. m.* Ancien terme populaire signifiant bâton. Un fier satou au service de ceux-là qui ne se sentiront pas la force de se gratter eux-mêmes, *le Paquet de mouchoirs*, p. 51, 1750, dans CH. NISARD, *Parisianismes*, p. 193. || On dit encore : Il a reçu un fier satou, pour : il a été tancé d'importance.

— HIST. XVe s. Icellui Feliz apporta en sa main un baston, appellé santon (ailleurs, saton), DU CANGE, *supellata.*

— ÉTYM. Origine inconnue.

† **SATUREUR** (sa-tu-reur), *s. m.* Dans les fabriques de sucre de betterave, ouvrier chargé de saturer de lait de chaux le jus, *les Primes d'honneur*, p. 123, Paris, 1874.

† **SATURITÉ** (sa-tu-ri-té), *s. f.* Mot forgé du latin. État de celui qui est saturé, rassasié. Ce n'est pas l'insolence qui est mère de la saturité, mais la saturité qui est mère de l'insolence, RAC. *Lexique*, éd. P. Mesnard.

— ÉTYM. Lat. *saturitatem*, voy. SATURER.

† **SATURNICENTRIQUE** (sa-tur-ni-san-tri-k'), *adj.* Terme d'astronomie. Qui a rapport au centre de la planète Saturne. Les longitudes saturnicentriques des satellites, TISSERAND, *Acad. des sc. Comptes rend.* t. LXXXIV, p. 591.

† **SATURNIEN.** *Ajoutez :* || 5° Adorateur du dieu Saturne. Les anciens Latins étaient fort attachés à Saturne; il n'y eut pas un village du Latium qu'on appelât saturnien, VOLT. *Dict. phil. Pourquoi (les).*

† **SATURNIN.** *Ajoutez :* || 2° *S. m.* Terme de médecine. Un saturnin, un malade affecté de colique de plomb. L'acide urique s'accumule facilement dans le sang chez les saturnins, alors même qu'ils ne sont pas, à proprement parler, atteints de goutte, CHARCOT, *le Progrès médical*, 10 juin 1876, p. 450, 2e col.

† **SAUCIER.** — HIST. *Ajoutez :* XIIIe s. Le saussier, devers le roy, mangera à court et prendra le pain du sel, *Ordonn. de Phil. le Bel*, de 1285, dans H. MOISY, *Noms de famille normands*, p. 411.

SAUCISSON. *Ajoutez :* || 6° Saucisson de ménage de Lyon, saucisson fait avec les déchets du saucisson de Lyon. Il ressemble à celui d'Arles, mais il est moins bon.

SAUGE. — HIST. *Ajoutez :* || XVe s. Chappeau de saulge vieul [je veux] porter Ce moys de mai par desconfort, Puisque la belle m'a fait tort, Qui m'a changé pour aultre amer, *Chansons du XVe siècle*, publiées par G. Paris, p. 20 (qui ajoute que, dans certaines provinces, l'envoi d'un bouquet de sauge annonce à un prétendant que sa demande n'est pas agréée; voy. aussi à l'Historique l'exemple de Carloix).

† **SAUL** (sôl), *s. m.* Arbre (*shorea robusta*) des Indes orientales, *Rev. Britan.* fév. 1876, p. 283.

SAUPIQUET. — HIST. XVIe s. *Ajoutez :* Les uns me blament d'aimer trop les bastiments et les riches ouvrages; les autres, la chasse, les chiens, les oiseaux; les autres, les cartes, les dés et autres sortes de jeux; les autres, les dames, les delices et l'amour; les autres, les festins, banquets, sopiquets et friandises, *Lettre d'Henri IV à Sully*, 8 avr. 1607.

† **SAUPOUDRAGE** (sô-pou-dra-j'), *s. m.* Action de saupoudrer. La farine de seigle introduite dans Paris sert surtout à la fabrication du pain d'épices et au fleurage, c'est-à-dire au saupoudrage des panetons où l'on met la pâte au four; cette opération a pour but de prévenir l'adhérence de la pâte, *Journ. offic.* 11 mai 1874, p. 3210, 1re col. Il faut renouveler le saupoudrage [de pyrèthre] pour atteindre les insectes au sortir de l'œuf, *le Nouvelliste d'Avranches*, 9 janv. 1876.

† **SAUPOUDROIR** (sô-pou-droir), *s. m.* Instrument propre à saupoudrer. Afin.... qu'au moyen du saupoudroir la friture puisse s'en assaisonner, BRILLAT-SAVARIN, *Physiol. du goût, Méd.* VII.

SAURE. || 2° *Ajoutez :* || Harengs francs-saures, harengs saures très-secs, fabriqués pour être conservés très-longtemps. A Boulogne et à Calais, on fume les harengs dits francs-saures, qui ne se mangent à Paris que lorsque les demi-prêts viennent à manquer, A. HUSSON, *les Consommations de Paris*, p. 266.

† 2. **SAURIN** (sô-rin), *s. m.* Nom donné, dans le département du Cher, aux terres argilo-calcaires et ferrugineuses, *les Primes d'honneur*, p. 381, Paris, 1874.

† **SAUSUIRE** (sô-sui-r'), *s. f.* Nom, dans la Provence, de terrains salés. Les alluvions de la Camargue ne renferment pas de pierres; mais on y rencontre des sausuires ou salans ou terres salifères, HEUZÉ, *la France agricole, carte* n° 5.

— ÉTYM. Lat. *salsura*, saumure.

SAUT. *Ajoutez :* — REM. Saut de mouton, jeu d'adolescents, etc. Les écoliers disent d'ordinaire saute-mouton, et non saut de mouton.

† **SAUTADE** (sô-ta-d'), *s. f.* Dans le quartier de Cette, nom d'un filet fixe pour la pêche, *Statistique des pêches maritimes*, 1874, p. 115.

† **SAUTANT.** *Ajoutez :* || 2° Fig. Qui a l'allure du saut, en parlant du style. Sa tournure [de Diderot] et la mienne, surtout dans mes premiers ouvrages, dont la diction est, comme la sienne, un peu sautante et sentencieuse, sont, parmi celles de nos contemporains, les deux qui se ressemblent le plus, J. J. ROUSS. *Lett. à M. de Saint-Germain*, 26 févr. 1770. || 3° Vin sautant, ancien nom du vin de Champagne, *Journ. offic.* 15 janv. 1877, 2e col.

† **SAUTE-À-L'ŒIL** (sô-ta-leull, *ll* mouillées), *s. m.* Ce qui attire l'œil. Dans les costumes, la direction du Théâtre-Lyrique a eu le bon goût de rechercher plutôt l'exactitude que le saute-à-l'œil, A. AUBERT, *le Soleil*, 17 nov. 1876.

† **SAUTE-BOUCHON** (sô-te-bou-chon), *s. m.* Nom, au commencement du XVIIIe siècle, du vin de Champagne mousseux. Le vin ainsi obtenu était désigné sous les noms de flacon pétillant, flacon mousseux, vin sautant, vin mousseux, saute-bouchon; la dénomination de vin de Champagne n'était pas encore en usage, *Journ. offic.* 15 janv. 1877, 2e col.

† **SAUTE-EN-BARQUE.** *Ajoutez :* || 3° Nom donné, dans la Charente-Inférieure, à des fagots qu'on transporte à Rochefort et à la Rochelle, *les Primes d'honneur*, Paris, 1873, p. 275.

† **SAUTE-MOUTON** (sau-te-mou-ton), *s. m.* Usité dans cette locution : jouer à saute-mouton, jeu d'adolescents où, après avoir pris son élan en appuyant les mains sur les épaules d'un camarade, on saute par-dessus sa tête, qu'il a baissée d'avance.

— ÉTYM. *Saute!* impératif du verbe *sauter*, et *mouton : mouton, saute.*

SAUTERELLE. *Ajoutez :* || 9° Nom, en Normandie, d'un jeu d'enfant, qui est la marelle. Mais aux barres, à la sauterelle, au cheval fondu, je reprenais avantage, ça me suffisait, *Mémoires d'un imbécile*, ch. VIII, par E. NOËL, dans *Philos. posit.* janv.-fév. 1875, p. 136.

SAUTEUR. *Ajoutez :* || 7° *S. f.* Sauteuse, nom, dans la Moselle, du mulot, EUG. ROLLAND, *Faune populaire*, Paris, 1877, p. 34. || 8° *S. m. pl.* Les sauteurs, famille d'orthoptères.

† **SAUTIER** (sô-tié), *s. m.* Nom, dans le canton de Neuchâtel, Suisse, des huissiers du conseil d'État ou de ceux de la magistrature municipale de la ville de Neuchâtel.

— ÉTYM. Bas-lat. *saltarius, saltuarius*, messier, celui qui garde les moissons, du bas-lat. *saltus*, fonds de terre, qui est une extension de sens du lat. *saltus*, forêt.

SAUTOIR. *Ajoutez :* || 8° Terme de gymnastique. Engin destiné à exercer au saut. Un groupe de jeunes gens qui n'avaient pas eu besoin d'avoir recours aux autorités pour se construire un sautoir [au moyen de cordes tendues sur des pieux fourchus].... je préférerais beaucoup pour les militaires les tertres gazonnés de différentes hauteurs,... N. LAISNÉ, *Notions pratiques sur les exercices du corps*, p. 27.

SAUVAGE *Ajoutez :* || 3° Terme de métallurgie. Acier sauvage, nom donné aux fontes de Styrie, à cause de la propriété qu'elles ont de se transformer en acier avec une grande facilité, *Douanes, Tarif* de 1877, note 286.

† **SAUVAGEMENT.** — HIST. *Ajoutez :* || XIVe s. [Roi] qui pas ne le ressembla [son père] de sens ne de proesse, ains gouverna et maintint son regne moult salvagement, J. LEBEL, *Vrayes chroniques*, t. I, p. 5.

† **SAUVE-QUI-PEUT** (sô-ve-ki-peu), *s. m.* Voy. SAUVER, n° 20.

† **SAUVETER.** *Ajoutez :* Un bateau pilote a sauveté en mer, le 25 juillet dernier, une planche en bois de sapin, de six mètres de longueur sur cinquante centimètres de largeur, provenant des parois d'un navire, *Journ. offic.* 8 août 1872, p. 5428, 2e col.

† **SAVAGNIN** (sa-va-gnin), *s. m.* Nom, dans le Jura, d'un cépage noir et d'un cépage blanc, *les Primes d'honneur*, Paris, 1869, p. 284. (Voy. ci-dessus SALVAGNIN).

† **SAVANE.** — ÉTYM. *Ajoutez :* La ressemblance du mot *savane* avec l'espagn. *savana* est purement fortuite, et *savane* est un mot américain, d'après M. Roulin, qui cite en preuve ce passage de Washington Irving, *Hist. de Christ. Colomb.* VI, 9 : Verdant plains, called by the Indians savanahs (LAS CASAS, *Hist. ind.* I, 90). M. Roulin regarde l'autorité de Las Casas comme décisive.

SAVANT. || 3° *Ajoutez :* || Je n'en suis pas plus savant, ce que vous venez de me dire ne m'apprend rien.

† **SAVANTEAU** (sa-van-tô), *s. m.* Ancien synonyme de savantasse. Montaigne haïssait les menteurs et les fous : Poursuivez, savanteaux, à réformer la langue, ST-ÉVREMOND, *les Académiciens, comédie*, II, 3 (qui met ces deux vers dans la bouche de Mlle de Gournay, amie des archaïsmes).

— ÉTYM. Dérivé de *savant.*

† **SAVANTERIE** (sa-van-te-rie), *s. f.* Manières, appareil des savants (avec un sens péjoratif). L'attirail de la savanterie, comme elle [Mme de Verdelin] la nommait, l'effrayait autant que celui de la galanterie, SAINTE-BEUVE, *Nouv. lundis*, t. IX (*Mme de Verdelin*).

† **SAVARIN** (sa-va-rin), *s. m.* Gâteau rond et

creux, en forme de couronne, arrosé de rhum.

— ÉTYM. Du nom de *Brillat-Savarin*, qui a beaucoup écrit sur la bonne chère.

† **SAVART** (sa-var), *s. m.* Nom donné, dans l'Aisne, aux terres incultes, *les Primes d'honneur*, Paris, 1873, p. 63.

SAVETIER. *Ajoutez :* || 4° Savetier, nom d'un capricorne, *cerambyx sutor*, H. PELLETIER, *Petit dict. d'entom.* p. 34, Blois, 1868.

† **SAVIGNIAU** (sa-vi-gnau), *s. m.* Nom, en Normandie, d'un filet formant une espèce de poche avec lequel on prend les truites quand la rivière est trouble, DELBOULLE, *Gloss. de la vallée d'Yères*, le Havre, 1876, p. 306.

† **SAVOIE** (sa-voi), *s. f.* Nom d'une ancienne principauté, qui fait aujourd'hui partie de la France. || Biscuit de Savoie, pâtisserie qui se fait avec des œufs, du sucre et de la farine.

SAVOIR. — REM. || 2. En exemple de : je sai, *Ajoutez :* Des crimes si légers furent mes coups d'essai; Il faut bien autrement montrer ce que je sai, CORN. *Médée*, I, 4.

SAVON. *Ajoutez :* || 10° Savon de Gênes, ancien nom du savon blanc consacré aux teintures et à la manipulation de la soie, *Enquête, Traité de comm. avec l'Anglet.* t. VI, p. 562. || 11° Arbre à savon, le *sapindus*, BAILLON, *Dict. de botan.* p. 248.

SAVONNETTE. *Ajoutez :* || 5° Arbre à savonnettes, le *sapindus saponaria*, L., BAILLON, *Dict. de botan.* p. 248. || 6° Terme d'horloger. Montre à double boîte.

† **SAVOYAN** (sa-vo-ian), *s. m.* Nom d'un cépage de la Savoie, dit aussi mondeuse, *les Primes d'honneur*, p. 650, Paris, 1874.

† **SAYETTE.** *Ajoutez :* || La sayette est encore usitée. L'arrondissement possède 480 000 broches, dont 200 000 pour la fabrication des tissus et 280 000 pour les filés sayettes, *Journ. offic.* 9 juin 1873, p. 3698, 2° col. Les industriels de Verviers prétendent que la perfection dans les lavages a exercé une influence immédiate sur le développement de la célèbre espèce de filés appelés sayettes, *ib.* 1re col.

† **SBITEN** (sbi-tèn'), *s. m.* Mot russe qui désigne une boisson nationale composée de miel et de gingembre. On peut augmenter la ration d'eau-de-vie [des troupes qui défendent Sébastopol]; il serait encore bon d'introduire, comme boisson, le sbiten, si toutefois on trouve les ingrédients nécessaires pour le composer, *Lettres de l'empereur Nicolas à Menchikof*, 17 janv. 1855, dans *le Nord*, 4 août 1876, 4° page, 2° col.

† **SCAFERLATI.** *Ajoutez :* Les prix du scaferlati-vizir et du scaferlati-Levant, qualité supérieure, seront élevés respectivement de 20 à 25 francs et de 15 à 20 francs par kilogramme, *Décret du 1er mars 1872.*

† **SCAGARD** (sa-gar), *s. m.* Voy. SAGARD ci-dessus.

† **SCALAIRE** (ska-lè-r'), *s. f.* Genre de mollusques. Le docteur Hilgendorf a montré que cette espèce [*planorbis multiformis*] présentait vingt-deux variétés de formes telles que certaines ressemblent à des hélices, d'autres à des scalaires, genres fort différents du genre planorbe, CH. MARTINS, *Rev. des Deux-Mondes*, 15 fév. 1876, p. 7626.

† **SCALPE.** *Ajoutez :* — REM. On trouve aussi écrit scalp à la façon anglaise. Le scalp et l'anthropophagie, par M. Castaing, *Journ. offic.* 9 nov. 1876, p. 8075, 1re col.

SCANDALISER. || 5° Anciennement, calomnier. Je craignais que cet homme [un gazetier].... ne m'eût scandalisé dans cette cour [la cour de Turin], *les Aventures de M. d'Assoucy*, t. II, p. 82, 2 vol. Paris, 1677. || Cette acception inusitée aujourd'hui se trouve au XVIe siècle.

† **SCANDINAVE.** *Ajoutez :* — REM. Voltaire a dit scandinavien, *Dict. phil.* au mot DROIT, sect. 1. Scandinave est seul présentement en usage.

† **SCANDINAVISME** (skan-di-na-vi-sm'), *s. m.* Caractères des peuples scandinaves et de leurs idiomes. Un mélange s'opérerait [entre les Normans et les Neustriens], le scandinavisme marquerait fortement son empreinte sur la population neustrienne, É. LITTRÉ, *Journal des Savants*, octobre 1863, p. 631.

† **SCAPHANDREUR** ou **SCAPHANDRIER.** *Ajoutez :* Les scaphandriers, ces ouvriers utiles, ne pénètrent qu'à des profondeurs relativement insignifiantes, ALPH. ESQUIROS, *Rev. des Deux-Mondes*, 1er juin 1873, p. 567.

† **SCAPHOCÉPHALIE** (ska-fo-sé-fa-lie), *s. f.* et **SCAPHOCÉPHALISME** (ska-fo-sé-fa-li-sm'), *s. m.* Terme d'anthropologie. Forme du crâne analogue à celle d'une barque, *Rev. d'anthropol.* t. IV, p. 572 et 573.

— ÉTYM. Σκάφος, barque, et κεφαλή, tête.

SCARABÉE. *Ajoutez :* || 4° Scarabée-tortue, nom vulgaire des cassides, coléoptères, H. PELLETIER, *Petit dict. d'entom.* p. 37, Blois, 1868.

SCARIFICATEUR. || 2° *Ajoutez :* Le scarificateur donne un travail intermédiaire à celui de la charrue et de la herse, *Journ. offic.* 30 sept. 1872, p. 6263, 1re col.

† **SCARRONESQUE** (ska-ro-nè-sk'), *adj.* Qui a le caractère de la bouffonnerie de Scarron, auteur du *Virgile travesti* et de comédies souvent burlesques. La lie un peu scarronesque où Molière trempa au début, SAINTE-BEUVE, *Portraits littér.* t. II (art. *Molière*).

† **SCATOLOGIQUE** (ska-to-lo-ji-k'), *adj.* Qui a rapport aux excréments. Manuel scatologique, titre d'une facétie.

— ÉTYM. Σκατὸς, génitif de σκῶρ, excrément, et λόγος, discours.

SCEAU. *Ajoutez :* || 15° Terme d'antiquité. Sceau amphorique, voy. TIMBRE au Supplément.

† **SCÉNIQUEMENT** (sé-ni-ke-man), *adv.* Au point de vue de la scène. C'est [*Mlle Guérin*, par Daverny] une mélodramatique histoire qui tient de la *Miss Multon* d'Adolphe Belot et de l'*Institutrice* de Paul Foucher, mais scéniquement cela n'est pas mal fait, ALPH. DAUDET, *Journ. offic.* 26 mars 1877, p. 2459, 1re col.

SCEPTRE. — HIST. || XIIe s. *Ajoutez :* El dei li mist de la main destre Et sa corone et son esceptre, BENOIT DE STE-MORE, *Roman de Troie*, v. 22985.

SCHABRAQUE. *Ajoutez :* || 2° Garniture de sabots en peau de mouton. Schabraques pour galoches.

† **SCHAPPE** (cha-p'), *s. f.* Fil de déchet de soie, dit aussi fantaisie ou galette, *Enquête, Traité de comm. avec l'Anglet.* t. V, p. 582. Laines peignées, schappes, fantaisies, cotons filés, *Alman. Didot-Bottin*, 1871-72, p. 1060, 3° col.

† **SCHÉAT.** *Ajoutez :* — ÉTYM. Arabe, *sâ'id'* avant-bras, DEVIC, *Dict. étym.*

† **SCHÉRÉRITE** (ché-ré-ri-t'), *s. f.* Sorte de résine fossile. Les noms de cire fossile et de cire végétale donnés à l'ozokérite et à la schérérite sont de pure fantaisie et n'ont rien de scientifique, *Rev. Britan.* juin 1876, p. 545.

† **SCHÉVA.** *Ajoutez :* — REM. Scheva doit être écrit et prononcé avec un *e* muet, et non avec un *é* aigu.

† **SCHIBBOLETH.** *Ajoutez :* || 2° Fig. Langage ou manières qui appartiennent à des groupes exclusifs, et qui désignent ceux qui en sont et excluent ceux qui n'en sont pas. Le duc d'Hérouville, poli comme un grand seigneur avec tout le monde, eut pour le comte de la Palférine ce salut particulier qui, sans accuser l'estime ou l'intimité, dit à tout le monde : « Nous sommes de la même famille, de la même race, nous nous valons ! » Ce salut, le schibboleth de l'aristocratie, a été créé pour le désespoir des gens d'esprit de la haute bourgeoisie, DE BALZAC, *les Parents pauvres, la Cousine Bette.*

† **SCHIEDAM** (ski-dam'), *s. m.* Nom hollandais et belge de l'eau-de-vie de grain. Les différentes espèces de bières et les boissons distillées, les eaux-de-vie indigènes [à Liége] fabriquées avec les grains et généralement connues sous le nom de schiedams ou de genièvres, *Journ. offic.* 26 févr. 1873, p. 1379, 2° col.

— ÉTYM. *Schiedam*, nom d'un lieu de production de ces eaux-de-vie, en Hollande.

† **SCHIRA** (chi-ra), *s. m.* Fausse orthographe pour chiraz (voy. ce mot au Dictionnaire), *les Primes d'honneur*, p. 706, Paris, 1874.

SCHISTE. *Ajoutez :* || Huile de schiste, huile qu'on retire des schistes bitumineux.

† **SCHOHET** (cho-hèt', *h* aspirée dans *het*), *s. m.* Sacrificateur juif, celui qui est revêtu des fonctions qui consistent à saigner les animaux à l'abattoir conformément aux prescriptions du culte israélite; il y en a quatre à l'abattoir central de Paris, MAXIME DU CAMP, *Paris, ses organes, ses fonctions et sa vie*, t. II, p. 84.

— ÉTYM. Hébreu, *schaotte*, sacrifier, égorger, abattre une bête.

† **SCHOLAR** (sko-lar), *s. m.* Terme anglais qu'on emploie quelquefois au sens d'humaniste, d'homme versé dans l'étude des langues classiques, et surtout avec un sens moqueur en parlant des hommes de collége ou qui en ont conservé les habitudes.

— ÉTYM. Angl. *scholar*, qui est notre mot *écolier*. En anglais on ne dit pas *scholar* tout seul, mais *classical scholar*, *greek scholar*, etc.

† **SCHORRE** (sko-r'), *s. m.* Nom donné, en Zélande, à des terres couvertes seulement par les hautes mers et n'ayant besoin que d'un endiguement pour être mises à l'abri. Schorres ou terres en avant des poldres, qui sont couvertes et découvertes par la marée, sont comme lais et relais de la mer, aux termes de l'art. 538 du code Napoléon, les dépendances du domaine public, *Décret de Napoléon Ier, du 11 janv. 1811, sur l'entretien des polders*, titre I, art. 1. Des schorres endigués ou poldres, *ib.* titre 2.

— HIST. XVe s. Deux plaches de terre non dicquées, mais communes avec la mer, appelées en flamenc scors, *Octroi du 1er oct. 1414 de Jean duc de Bourgogne.* Tous les scoors gisans entre Kieldrecht, Colloo et Werrebrouc, *Octroi du 3 sept. 1431, de Philippe duc de Bourgogne.* (Note communiquée par M. Du Bois, avocat à Gand.)

— ÉTYM. Mot hollandais qui est le même que l'anglais *shore*, rivage; anglo-saxon, *score.*

SCIAGE. *Ajoutez :* || 2° Se dit pour bois de sciage. À Arbois, les sciages de chêne et de sapin jouissent d'une grande faveur, *Journ. offic.* 28 août 1871, p. 3039, 3° col. || Sciages fins, nom donné à des planches minces, employées pour l'ébénisterie et la menuiserie de luxe, CH. BROILLIARD, *Rev. des Deux-Mondes*, 15 sept. 1871, p. 350.

— HIST. *Ajoutez :* || XVIe s. Pour cent de siage [bois scié, planches], MANTELLIER, *Glossaire*, Paris, 1869, p. 59.

SCIENCE. *Ajoutez :* || 11° Science abstraite, science considérée indépendamment de ses applications, dans le langage de la philosophie positive, qui en compte six : la mathématique, l'astronomie, la physique, la chimie, la biologie et la sociologie (COMTE, *Système de philosophie positive*). || On dit quelquefois en ce sens science pure. J'ai tort de dire science pure, car il n'y a pas une science pure et une science appliquée : il y a la science et les applications de la science, PAUL BERT, *Journ. offic.* 14 janv. 1873, p. 248, 3° col.

SCIENTIFIQUE. *Ajoutez :* || 2° En parlant des personnes, qui s'attache aux choses de science. [La Mère Angélique] très-exacte à ses devoirs, très-sainte, mais naturellement un peu scientifique, RAC. *Lexique*, éd. P. Mesnard.

† **SCINDEMENT** (sin-de-man), *s. m.* Néologisme. Action de scinder; résultat de cette action. L'étude du scindement de l'*a* [dans les langues indo-européennes], L. HAVET, *l'Unité linguistique européenne*, dans *Mém. de la Soc. linguistique de Paris*, t. II, 4° fascicule, p. 266.

† **SCINTILLOMÈTRE** (sin-til-lo-mè-tr'), *s. m.* Instrument propre à mesurer le scintillement. Note sur un nouveau scintillomètre, par Montigny, *Acad. des sc.* séance du 20 fév. 1865.

— ÉTYM. Lat. *scintilla*, étincelle, et μέτρον, mesure.

† **SCLAUNEUR.** *Ajoutez :* — REM. Le sclauneur ne diffère du hercheur ou hiercheur, qui est un enfant de douze ans et au-dessus, une jeune fille, ou un ouvrier incapable de travailler à la veine, que parce qu'il est plus fort, quand l'exploitation se fait par voies montantes.

† **SCLÔNAGE, SCLÔNEUR**, voy. SCLAUNAGE, SCLAUNEUR.

† **SCOLASTICISME** (sko-la-sti-si-sm'), *s. m.* Caractère de la scolastique, tendance à la scolastique. La science théologique était redevenue un scolasticisme aride et stérile, qui cherchait sa force et sa valeur dans les définitions et dans la netteté précise des formules, ED. REUSS, *la Bible, Introd. génér.* p. 46, Paris, 1874.

SCOLASTIQUE. *Ajoutez :* || 6° Écrivains (*scholastici*) attachés à la bibliothèque Vaticane à Rome, et qui ont soin de revoir sur les manuscrits les livres qu'on veut réimprimer, *Bibl. critique*, Bâle, 1709, t. I, p. 267.

† **SCOLYME** (sko-li-m'), *s. m.* Genre de plantes de la famille des composées, dont les feuilles sont armées de fortes épines.

— ÉTYM. Σκόλυμος, sorte de chardon.

† **SCOPÉLISME** (sko-pé-li-sm'), *s. m.* Terme d'antiquité. Action de mettre de grosses pierres dans les champs pour empêcher le labourage. Jeter des pierres dans le jardin d'autrui, allusion au scopélisme, crime de ceux qui jetaient des pierres dans la terre d'autrui, pour empêcher de la cultiver; le scopélisme, né de la haine des pasteurs contre les agriculteurs, était très-fréquent dans l'antiquité;

il avait lieu quelquefois dans le moyen âge, malgré la sévérité des lois qui en condamnaient les auteurs à la peine capitale, P. N. QUITARD, *Dict. des Proverbes*, v° *jardin*, Paris, 1842.

— ÉTYM. Σκοπελισμὸς, de σκόπελος, grosse pierre, lat. *scopulus*.

† **SCOTISME** (sko-ti-sm'), *s. m.* Philosophie de Duns Scott (voy. SCOTTISTE au Dictionnaire). Il [Rabelais] a pratiqué Aristote; ce n'est pas de lui qu'il se moque, par exemple, dans le catalogue de la bibliothèque de Saint-Victor, mais de la mauvaise scolastique, et, dans celle-ci, du scotisme, *Journ. offic.* 12 avril 1877, p. 2816, 1re col.

† **SKOVMOSE** (skov'-mo-z'), *s. m.* Mot danois qui signifie marais contenant d'anciennes forêts et présentant la forme d'entonnoirs, dans lesquels les archéologues danois ont trouvé des objets façonnés.

† **SCRAMASAXE.** *Ajoutez :* Des poteries mérovingiennes, des boucles de ceinturon, des francisques, des scramasaxes ou longs coutelas pointus, *Journ. offic.* 1er nov. 1873, p. 6656, 3e col.

† **SCREAU** (skre-au), *s. m.* Nom, à Belle-Ile, en Bretagne, de la petite mouette, *larus ridibundus*, GOUÉZEL, *les Oiseaux de mer*, Nantes, 1875, p. 12.

† **SCRIBAIN** (skri-bin), *s. m.* Terme wallon. Coffre sur console, au milieu duquel est une espèce de tabernacle intérieurement très-orné, où se serraient l'argent, les titres, les parchemins; le reste est en tiroirs. Tantôt son gros poing s'abattait sur une curieuse porcelaine du Japon, sur une faïence de Delft, placées sur un scribain d'ébène niellé d'ivoire, G. DE CHERVILLE, *les Aventures d'un chien de chasse*, ch. IX.

— ÉTYM. Bas-lat. *scribania*, anc. franç. *scribanie*, greffe, de *scriba*, écrivain (voy. SCRIBE).

SCRIBE. — HIST. XVIe s. *Ajoutez :* Il est escript: je destruiray la sapience des sages, et reprouverai la prudence des prudens; où est le sage? où est le scribe? où est l'inquisiteur de ce siecle? *I Cor.* I, 20, *Nouv. Test.* éd. Lefebvre d'Étaples, Paris, 1525.

† **SCRIPTURAIRE.** *Ajoutez :* || 2° Le principe scripturaire, le principe qui fait que, pour les protestants, la Bible est la charte de l'Église, *Revue critique*, 5 sept. 1874, p. 155. || 3° Qui appartient à l'écriture, aux caractères d'écriture. Les auteurs anciens savaient qu'il existait en Égypte, dans la grande antiquité, un système scripturaire très-complet, HALÉVY, *Journ. offic.* 20 août 1872, p. 5608, 2e col.

SCRUPULE. — HIST. *Ajoutez :* XIIe s. La overte raisons desloiat lo scrupeilhon de ma pense [pensée], *li Dialoge Gregoire lo pape*, 1876, p. 159.

† **SCRUTINER.** *Ajoutez :* || **SCRUTINÉ**, **ÉE.** Qui a servi à un scrutin. Les fèves pour ballotter furent distribuées, scrutinées, recueillies, DE MONTAIGLON, *Hist. de l'Acad. de peinture* (Mém. attribués à H. Testelin), t. II, p. 10. || 2° Dans le sens de scruter; ce qui est un emploi ancien. Les évêques doivent-ils imprimer des mandements à toute occasion sans rime ni raison, et, à propos des œufs du carême, scrutiner la politique de l'État? *Corespondance de Napoléon Ier, Note pour le comte Maret*, 17 fév. 1809.

† **SCULPTERIE** (skul-te-rie), *s. f.* Terme de dénigrement. Sculpture médiocre, mauvaise. Comme disait au salon un homme du peuple : tout ce qui n'est pas de la sculpture est de la sculpterie, DIDER. *Œuvr. compl.* 1821, t. X, p. 82.

† **SCUTIGÈRE** (sku-ti-jè-r'), *s. m.* Genre de myriapodes dont le corps est recouvert do huit plaques en forme d'écusson.

— ÉTYM. Lat. *scutum*, écu, bouclier, et *gerere*, porter.

† **SÉBASTOCRATOR** (sé-ba-sto-kra-tor), *s. m.* Grand dignitaire à la cour des Comnènes, à Constantinople. Andronic, le second [fils de Jean Comnène], fut décoré du titre de sébastocrator, E. MILLER, *Journ. offic.* 7 sept. 1874, p. 7438, 1re col.

— ÉTYM. Σεβαστοκράτωρ, de σέβαστος, digne d'honneur, auguste (l'*augustus* des latins), et κρατεῖν, commander.

† **SEBKHA** (sèb-ka), *s. f.* Synonyme de chott (voy. ce mot au Supplément). Les chotts ou sebkhas sont autant de lacs et d'étangs salés où l'évaporation de l'été dépose une couche de sel brut, *Journ. offic.* 2 mai 1874, p. 3063, 3e col. La vaste sebkha d'Oran, *ib.* p. 3064, 1re col. Les indigènes désignent sous le nom de chotts ou sebkhas des bas-fonds vaseux, couverts de matières salines, où l'eau ne séjourne qu'à certains moments de l'année, ROUDAIRE, *Rev. des Deux-Mondes*, 15 mai 1874, p 325.

SEC. || 11° *Ajoutez :* || Il se dit aussi des sons. Son but était de remédier à l'inconvénient des sons secs et coupés de cet instrument en prolongeant leur tenue, L. GOUGENOT, dans *Mém. inéd. sur l'Acad. de peint.* publiés par Dussieux, etc. t. II, p. 323. || 22° A sec. *Ajoutez :* || Peinture à sec, par opposition à peinture à fresque, peinture exécutée sur une muraille sèche, sur du bois sec, ou sur tout autre fond sec. Les moines l'accusaient [Lanfranc] d'avoir exécuté ses peintures à sec, au lieu de les avoir faites à fresque.... il était perdu de réputation, s'il demeurait prouvé qu'au lieu d'improviser à fresque les peintures de Saint-Martin, il avait pris son temps pour les exécuter lentement à sec, en les retouchant et en les corrigeant tout à son aise, J. DUMESNIL, *Hist. des amat. ital.* p. 389 et 390. || Filer à sec, filer sans humecter. Nous filons à sec et nous peignons avec une légère addition d'huile, *Enquête, Traité de comm. avec l'Angleterre*, t. III, p. 498. || 26° Sec ou secs, à l'écarté, au billard, etc. se dit d'une partie unique et sans revanche et par opposition à partie liée. Je te joue cela en cinq sec ou secs. || Proverbe. Année sèche n'appauvrit son maître.

† **SECACAL** (se-ka-kal), *s. m.* Nom arabe d'une sorte de panais, *Dict. d'hist. natur.* de Déterville, t. XXIV, p. 447.

† **SÉCÉDER** (sé-sé-dé), *v. n.* Mot forgé du latin. Opérer une sécession, en parlant d'États confédérés. La Caroline du Sud avait sécédé la première, le 20 décembre 1860, *Rev. des Deux-Mondes*, 1er juin 1873, p. 501.

— ETYM. Lat. *secedere* (voy. SÉCESSION).

† **SÉCENTISTE** (sé-san-ti-st'), *s. m.* Nom que les Italiens donnent aux écrivains et artistes du XVIe siècle (on trouve aussi seicentiste). Il [Mariette] composa en son honneur [la Rosalba] un sonnet dans le goût du cavalier Marini et des autres seicentistes, J. DUMESNIL, *Hist. des amat. français, P. J. Mariette*, p. 25.

— ÉTYM. Ital. *secentista*, de *secento*, six cents, de *sei*, six, et *cento*, cent.

† 3. **SÈCHE** (sè-ch'), *s. f.* Sorte de maladie qui attaque les pins du département des Landes. On serait disposé à croire que l'hylobe s'attaque aux jeunes pins atteints de la sèche et contribue ainsi à étendre le mal, *Enquête sur les incendies des Landes*, p. 17. Dans certaines portions, le sol a été tellement desséché par cet écoulement artificiel [les fossés d'assainissement] qu'il se manifeste des sèches dans lesquelles les pins meurent en abondance, *ib.* p. 52. En écrêtant le sol de manière à mettre à nu le collet de la racine du pin on arrête la propagation de la sèche, *ib.* p. 17.

SÉCHERESSE. *Ajoutez :* || Proverbe. Jamais sécheresse n'a causé détresse.

† **SÉCHERIE.** *Ajoutez :* || 4° Se dit également des appareils servant à sécher, notamment de l'ensemble des cylindres sécheurs de la machine à papier. || 5° Terme de forestier. Lieu sec dans une forêt. Cette dernière graine [de pin sylvestre] surtout est récoltée en grande abondance à la sécherie de Haguenau, *Circ. forêts*, 9 oct. 1835, n° 365 ter.

† **SÉCHEUR.** *Ajoutez :* || 2° Appareil sécheur, appareil employé à sécher le tabac dans les manufactures, *Réponse aux questions posées dans l'enquête sur le monopole des tabacs et des poudres*, p. 103, Paris, 1874.

† **SÉCHEUSE** (sé-cheu-z'), *s. f.* Machine pour sécher, *Journ. offic.* 24 fév. 1876, p. 1371, 3e col.

SECONDEMENT. — HIST. *Ajoutez :* XIVe s. Si come apparoir pooit par le tesmoing du saing mis secundement oudit poinson par iceulz vergeurs (1377), VARIN, *Archives administr. de la ville de Reims*, t. III, p. 439.

† **SECOUAGE** (se-kou-a-j'), *s. m.* Action de secouer. Elle [la maturation des tabacs] est interrompue par des retournements, simples ou avec secouage, opérations ayant pour but d'empêcher, en aérant les feuilles, la fermentation de s'exagérer, *Journ. offic.* 29 nov. 1875, p. 9800, 1re col.

1. **SECRET.** *Ajoutez :* || 10° Société secrète, voy. SOCIÉTÉ au Dictionnaire. || 11° Le tribunal secret, la confession. Les crimes dont il n'y a que la pensée et l'intention sans exécution ne se recherchent pas; cela est remis au tribunal secret, DUPLESSIS, cité dans *Lettres, etc. de Colbert*, t. VI, *introduction*, p. XLII.

SECRÉTAIRE. *Ajoutez :* || 14° Celui qui a l'habitude d'écrire des lettres, synonyme d'épistolier. Feu M. du Maurier était un très-habile homme, le meilleur secrétaire de son temps, et j'ai vu des lettres de lui pleines d'esprit et de jugement, BALZAC, *Lett. inédites*, LXII, éd. Tamizey-Larroque. || 15° *S. f.* Une secrétaire, une femme qui sert de secrétaire. Je mets dans votre troupe Mme du Janet et la secrétaire [Mlle Montgobert, qui écrivait souvent pour Mme de Grignan], SÉV. à *Mme de Grignan*, 14 fév. 1680, dans *Lett. inédites*, éd. Capmas, t. II, p. 98.

† **SECRÉTISSIME** (se-kré-ti-ssi-m'), *adj.* Superlatif à forme latine de secret. Je vous prie, encore une fois, que cette affaire soit secrétissime, qui n'est sue ici que de M. Mazarin, de moi et de celui qui l'écrit, RICHELIEU, *Lettres, etc.* 1642, t. VII, p. 55.

SECTATEUR. — HIST. XVIe s. *Ajoutez :* Frere, tu voys combien sont de milles es Juifz qui ont creu, et tous sont sectateurs de la loy, *Act.* XXI, 20, *Nouv. Test.* éd. Lefebvre d'Étaples, Paris, 1525.

SECTE. — HIST. || XVIe s. *Ajoutez :* Pareillement lesdicts blitres [bélitres], truans et gens dessus dicts, avec leurs garces de legiere vie et de leur secte, se retirent bien souvent es hospitaulx, et aultres es tavernes, cabarets et lieux deshonnestes, *Ordonn.* 22 *déc.* 1515, dans *les Placcarts de Flandre*, I, p. 5.

† **SECTIONALE** (sè-ksio-na-l'), *adj. f.* Terme forestier. Forêt sectionale, toute forêt qui appartient à une section de commune. Art. 1er : La forêt sectionale de Brenod (Ain), d'une étendue d'environ 191 hectares, sera traitée en futaie et soumise à une révolution de 120 ans, partagée en 4 périodes trentenaires correspondant, sur le terrain, à un même nombre d'affectations, *Décret du* 21 *déc.* 1872, *Bull. des Lois, partie supplém.* 1er sem. 1873, n° 560 (2967), p. 1015.

† **SECTIONNEL.** *Ajoutez :* Une des premières déclarations que firent les fondateurs de la société [des grangers ou agriculteurs, en Amérique], fut qu'elle n'était pas sectionnelle, c'est-à-dire dans l'intérêt d'une fraction du pays, nord, ouest ou sud, *Journ. offic.* 28 déc. 1876, p. 9806, 2e col.

† **SÉDON** (sé-don) ou **SÉDUM** (sé-dom'), *s. m.* Nom botanique du genre orpin.

— ÉTYM. Lat. *sedum*, joubarbe des toits.

† **SÉDUCTIBLE** (sé-du-kti-bl'), *adj.* Néologisme. Susceptible d'être séduit. J'admirais la sottise de Napoléon de n'avoir pas su gagner un être aussi séductible [Mme de Staël] et destiné à produire tant d'effet sur des Français, DE STENDHAL (H. BEYLE), *Correspond. inédite*, 1re série, lettre du 17 juin 1818.

— ÉTYM. Lat. *seductum*, supin de *seducere*, séduire (voy. SÉDUIRE). Le latin a *seductilis*.

† **SÉGALA** (sé-ga-la), *s. f.* Nom, dans le Midi, des terres à seigle. Dans ces contrées [haute et basse Marche de Rouergue], les ségalas ou terres graveleuses ou granitiques ne produisent que du seigle.... ici [dans le Gévaudan], comme sur les ségalas des Cévennes, la culture du sainfoin et du seigle, HEUZÉ, *la France agricole*, p. 16. Les ségalas [du Languedoc] sont des terres à seigle composées de grains quartzeux, ID. *ib. carte* n° 5.

— ÉTYM. Voy. SEIGLE.

† **SEGMENTER** (sègh-man-té), *v. a.* Couper en segments. || *V. réfl.* Se segmenter, être coupé en segments. M. Faye signale, d'après des dessins très-bien faits d'un opticien de Saintes, une tache sur le soleil, qui, au lieu de se segmenter, a offert le phénomène inverse, *Journ. offic.* 8 mars 1877, p. 1783, 3e col.

† 2. **SEICHE** (sè-ch'), *s. f.* Nom donné aux variations rapides de niveau dans les lacs de la Suisse, *Acad. des sc. Comptes rend.* t. LXXIX, p. 10. Les riverains du lac Léman appellent seiche un phénomène accidentel consistant en un mouvement alternatif et répété d'élévation et d'abaissement du niveau de l'eau du lac, H. DE PARVILLE, *Journ. offic.* 14 janv. 1875, p. 341, 3e col.

† **SÉIDE.** — ÉTYM. *Ajoutez : Séide* ne vient pas de l'arabe *seyid*, seigneur, qui a donné *cid*, mais de *Zeid*, nom d'un affranchi de Mahomet (DEFRÉMERY).

SEIGLE. *Ajoutez :* || 3° Faux seigle, autre nom du ray-grass, J. F. HENRY, *Essai sur l'arrond. de Boulogne-sur-Mer*, p. 181, Boulogne, 1810.

† **SEIGLEUX** (sè-gleû), *adj. m.* Blé seigleux, nom, dans l'Oise, du méteil, dit aussi blé de meyage, *les Primes d'honneur*, Paris, 1872, p. 63.

† **SEILLON** (sè-llon, *ll* mouillées), *s. m.* Dans le canton de Vaud, ustensile en bois à une anse, servant à recevoir le lait que l'on trait.

— ÉTYM. Dérivé de *seille*.

† **SEINCHE** (sin-ch'), *s. f.* Nom d'une pêche que l'on fait dans la Méditerranée à l'aide de grands

filets pierrés et flottés. Palavas et Aigues-Mortes comptent déjà quatre seinches employant un personnel considérable, *Statistique des pêches maritimes*, 1874, p. 115.

— ÉTYM. Autre forme de *seine*.

† **SEINER.** *Ajoutez :* || **2°** *V. a.* Prendre avec la seine. .... Qu'il serait interdit chaque année, sur la côte de Terre-Neuve, de seiner le hareng du 20 octobre au 1er avril suivant, *Rev. des Deux-Mondes*, 1er nov. 1874, p. 133.

SEING. || **4°** *Ajoutez :* || Abus de blanc-seing, inscription frauduleuse, au-dessus de là signature, d'un acte préjudiciable au signataire.

† **SEISSETTE** (sè-sè-t'), *s. f.* Sorte de blé tendre, dit aussi blé du Roussillon. Parmi les blés barbus, plus rustiques, le blé du Roussillon ou seissette, très-apprécié [comme blé tendre] dans le département d'Oran, *Journ. offic.* 29 août 1874, p. 6268, 1re col. (comparez ci-dessus SAISSETTE).

SEL. *Ajoutez :* || **9°** Sel de coussin, nom, dans la Seine-Inférieure, du sel qui provient de morues pêchées à Terre-Neuve, et qui est employé comme engrais, *les Primes d'honneur*, Paris, 1869, p. 10. || **10°** Action de saler, salaison. Il était nécessaire, au point de vue de la conservation, de faire prendre deux ou trois sels au hareng blanc et de fumer fortement le hareng saur, *Journ. offic.* 28 oct. 1875, p. 8891, 1re col. || **11°** Arbre à sel, l'arecque singe, *areca madagascariensis*, Mart., BAILLON, *Dict. de bot.* p. 248. || **12°** Aller au sel, ancienne locution qui signifiait acheter des vivres. Ce que ces gens ici promettent n'est pas argent pour aller au sel, MALH. *Lexique*, éd. Lalanne. || **13°** Sels immondes, dits aussi ressels et saumures, sels provenant de la salaison des poissons, *Douanes, Tarif de* 1877, p. CLXXV.

— REM. La loi du 28 déc. 1848 a supprimé toute distinction, quant à l'application du tarif d'entrée, entre le sel de marais ou sel marin, le sel de saline et le sel gemme, autrement dit sel de roche ou sel fossile. Ces sels, que l'on confond, dans l'usage, sous le nom de sel commun ou de sel de cuisine, sont identiques dans leur composition. Les nomenclatures chimiques les désignent sous la dénomination de chlorure de sodium ou chlorhydrate de soude, *Douanes, Tarif de* 1877, note 369.

SELLE. *Ajoutez :* || **8°** Terme de chemin de fer. Selle de joint, selle intermédiaire, synonymes de coussinet de joint, de coussinet intermédiaire, qui sont employés à maintenir les rails sur la traverse et par conséquent l'écartement constant des deux rails de la même voie; les coussinets sont faits en forme de selle. La compagnie du chemin de fer central suisse met au concours la fourniture de 11 000 selles de joint, 27 500 selles intermédiaires, *Journ. offic.* 10 févr. 1874, *aux annonces*.

† **SELTZ** (sèlts'). Eau de Seltz, eau chargée naturellement d'acide carbonique. || Eau de Seltz artificielle, eau chargée de plusieurs fois son volume d'acide carbonique par une pression.

† **SEMAGH** (se-magh'), *s. m.* Plante d'Algérie qu'on emploie pour pâte à papier, GUY, *l'Algérie*, 1876, p. 114.

† **SEMAILLER** (se-mâ-llé, *ll* mouillées), *v. a.* Semer, avec un sens péjoratif. Ils prêchent et courent, et vont semaillant je ne sais quoi que le vent emporte, A. DE MUSSET, 2e *lettre de Dupuis et Cotonnet*.

SEMAINIER. *Ajoutez :* || **3°** Boîte à rasoir contenant sept lames. || **4°** *Adj.* Qui appartient à la semaine, qui dure la semaine. || Bracelet semainier, cercle en métal, habituellement en argent ou en or qu'on ne quitte jamais. Bracelets semainiers dits porte-bonheur, *Journ. offic.* 3 déc. 1876, p. 8984, 1re col.

† **SEMAQUE** (se-ma-k'), *s. m.* Navire des Pays-Bas. Les bâtiments de petite dimension tendent à disparaître.... les semaques figuraient sur l'effectif de 1848 au nombre de 181, d'un jaugeage total de 11 480 tonneaux; on n'en compte plus, en 1873, que 8 avec 627 tonneaux, *Journ. offic.* 27 août 1874, p. 6224, 2e col.

— ÉTYM. Voy. ci-dessous SMACK.

SEMBLER. *Ajoutez :* || **10°** Il semble de..., on dirait.... J'ai une maladie.... c'est la courte haleine; quand cela me prend, il semble d'un coup de vague, MALH. *Lexique*, éd. L. Lalanne.

SEMÉ. *Ajoutez :* || **7°** *S. m.* En termes de modes, un semé de, un tapis, une étoffe semée de. Un joli semé de marguerites sur fond de verdure.

SEMELLE. *Ajoutez :* || Battre la semelle, battre le cuir pour le corser. || **15°** Petit plateau d'osier portant huit pêches, dit semelle, parce que c'est un fond de panier. Pêches de Montreuil : 4 fr. 50 la semelle de huit.

— ÉTYM. *Ajoutez :* Origine inconnue, est-il dit dans le Dictionnaire. M. Bugge, *Romania*, n° 10, p. 157, essaye de pénétrer plus loin. Arguant d'une des formes, *sommele*, il suppose un bas-lat. *sumella*, qu'il croit dit pour *subella*, comme *samedi* pour *sabedi*. Dès lors *subella* est le diminutif du lat. *suber*, liége; d'après cela, la notion originaire de *semelle* serait petit morceau de liége; on sait du reste que les Romains et les Grecs portaient des semelles de liége, pour paraître plus grands ou, dans l'hiver, pour la santé. Cela est bien, mais il faudrait des intermédiaires pour assurer la déduction.

† **SEMESTRIALITÉ** (se-mè-stri-a-li-té), *s. f.* || **1°** Caractère de ce qui est semestriel. || **2°** Échéance semestrielle. Le paiement régulier de la susdite sémestrialité, *Prospectus de l'emprunt égyptien de juillet* 1873.

† **SEMESTRIELLEMENT** (se-mè-stri-è-le-man), *adv.* Tous les six mois, par six mois. Intérêts à raison de sept pour cent, payables semestriellement, *Prospectus de l'emprunt égyptien de juillet* 1873. Le conseil d'administration.... fait semestriellement un rapport sur la situation financière de la société, *le Crédit coopératif de France*, Paris, 1874, p. 13. Ils s'engageaient à payer semestriellement 53 333 francs 33 centimes, *Gaz. des Trib.* 28 déc. 1876, p. 1256, 2e col.

† **SEMI-COLON.** *Ajoutez :* — REM. Les Allemands disent semi-colon pour : point et virgule.

† **SEMI-DIRECT, ECTE** (se-mi-di-rèkt', rèk-t'), *adj.* Terme de chemin de fer. Qui est à demi direct; en parlant d'un train. Pendant les intersessions et jours fériés, les trains directs et semi-directs de Paris-Saint-Lazare..., *Avis du chemin de fer*.

† **SEMI-HEBDOMADAIRE** (se-mi-è-bdo-ma-dè-r'), *adj.* Qui paraît deux fois par semaine. Des journaux quotidiens, semi-hebdomadaires, hebdomadaires, *Journ. offic.* 2 mars 1875, p. 1576, 2e col.

† **SEMI-MENSUEL, ELLE** (se-mi-man-su-èl, è-l'), *adj.* Qui se fait, qui paraît deux fois par mois, à la différence de bi-mensuel signifiant : qui se fait, qui paraît tous les deux mois.

† **SÉMINISTE** (sé-mi-ni-st'), *s. m.* Ancien terme de physiologie. Partisan de l'opinion qui attribuait la formation de l'embryon au seul mâle. Comment les séministes, les ovistes, les animalculistes expliquent-ils la formation de ces métis? VOLT. *Dict. phil. Monstres*.

— ÉTYM. Lat. *semen* (voy. SEMER).

† **SÉMIOGRAPHIQUE** (sé-mi-o-gra-fi-k'), *adj.* Qui a rapport à la sémiographie. La bibliothèque de Paris possède plusieurs spécimens de l'art sémiographique des Grecs, *Journ. offic.* 3 janv. 1875, p. 30, 3e col.

† **SÉMITISER** (sé-mi-ti-zé), *v. n.* Parler une langue sémitique. C'était le temps où, selon la piquante remarque de M. Maspero, les raffinés de Thèbes et de Memphis trouvaient autant de plaisir à sémitiser que nos élégants à semer la langue française de mots anglais mal prononcés, JULES SOURY, *la Phénicie, Rev. des Deux-Mondes*, 15 déc. 1875, p. 785.

† **SÉMITISTE** (sé-mi-ti-st'), *s. m.* Celui qui se livre à l'étude des langues et de l'histoire des peuples sémitiques.

† **SEMPITERNELLEMENT** (sin-pi-tèr-nè-le-man), *adv.* D'une manière sempiternelle. [Voulez-vous montrer] Que tout, même la mort, nous ment, Et que sempiternellement Hélas! il nous faudra peut-être, Dans quelque pays inconnu, Écorcher la terre revêche, Et pousser une lourde bêche Sous notre pied sanglant et nu? BAUDELAIRE, *Fleurs du mal*, CXVIII.

SÉNAT. — HIST. XIIe S. *Ajoutez :* Onquore esteit assez matins, Quant li conciles rassenbla Et que toz li senez josta, BENOIT DE SAINTE-MORE, *Roman de Troie*, v. 25228.

† **SÉNÉGA** (sé-né-ga), *s. m.* Plante, le *polygala senega*, L. Le docteur Honoré, frappé de voir les naturels du centre de l'Australie guérir toutes les maladies de poitrine par le suc du sénéga, *Journ. offic.* 23 avril 1872, p. 2720, 2e col.

† **SÉNIORAT** (sé-ni-o-ra), *s. m.* Qualité d'être le plus âgé dans une famille, en parlant aussi bien des fils que des autres membres. La loi musulmane de succession est fondée sur le séniorat; elle veut que le chef de la religion, le khalife, soit toujours l'aîné dans la famille du prophète ou dans la famille régnante qui est en possession des droits du khalifat, *Journ. des Débats*, 8 juill. 1872. Le séniorat n'est pas, à proprement parler, une loi positive en Turquie; il est permis d'y déroger, et c'est ce que voulait faire Abd-ul-Aziz en faveur de son fils; mais le séniorat est au moins un usage ancien et respecté, *le Temps*, 2 juin 1876, 1re page 2e col.

— ÉTYM. Bas-lat. *senioratus*, du lat. *senior*, plus vieux (voy. SEIGNEUR).

† **SENNAL** (sèn-nal), *s. m.* Poisson de l'Inde, dit aussi anabas, qui peut vivre hors de l'eau pendant quelque temps et grimper sur les arbres au moyen de ses nombreuses épines, CORTAMBERT, *Cours de géographie*, Paris, 1873, p. 557.

SENSATION. *Ajoutez :* || **5°** À sensation, de manière à produire une impression marquée. Nouvelle à sensation.

† **SENSIBILISER.** *Ajoutez :* || **2°** Fig. Donner de la sensibilité. Je sais bien que les anciens aussi ont sensibilisé, animé la nature, CH. DURIER, *Journ. offic.* 31 oct. 1871, p. 4248, 1re col. Ce théisme, doucement rationalisé et sensibilisé à ravir un Bernardin de Saint-Pierre, SAINTE-BEUVE, *Causeries du lundi*, t. XV (*l'abbé de Saint-Pierre*). || **3°** Fig. Aviver la sensation, le sentiment. En somme, il n'y a pas de profession où l'on se déchire d'aussi bon cœur [qu'au théâtre]; aucun art ne sensibilise à ce point l'amour-propre, ALPH. DAUDET, *Journ. offic.* 24 janv. 1876, p. 720, 1re col.

SENSIBILITÉ. *Ajoutez :* || **7°** Fig. Se dit de la régularité avec laquelle un marché, une bourse obéissent aux plus légères différences. Le marché des grains d'une sensibilité excessive, HORN, *l'Écon. pol. avant les physiocrates*, ch. IX. En démontrant l'extrême sensibilité de ce jeu de bascule [l'offre et la demande], ID. *ib.*

SENSIBLE. || **12°** *S. m. Ajoutez :* Ses enfants [de la mère du prince de Condé], qui étaient le sensible de son cœur, Mme DE MOTTEVILLE, *Mém.* p. 361. || **13°** Proverbialement et populairement. C'est comme si vous chantiez femme sensible, se dit d'une demande qui ne doit pas avoir de résultat. || Cette locution vient d'une romance célèbre de l'opéra d'*Ariodant* (1799), musique de Méhul, paroles d'Hoffmann : Femme sensible, entends-tu le ramage De ces oiseaux qui célèbrent leurs feux? Pour indiquer une demande vaine, on a dit d'abord : C'est comme si tu chantais femme sensible sur l'air de Malbroug, c'est-à-dire si tu détruisais par l'air ridicule l'effet des paroles sentimentales. Puis la locution s'est abrégée, comme il arrive souvent.

SENSIBLEMENT. — ÉTYM. *Ajoutez :* Faut-il rapporter à *sensiblement* l'adverbe de cet exemple : XIIe s. Ceste confusions de desturbance avoit *santieblement* apresseit le cuer de ceaz [ceux]..., *li Dialoge Gregoire lo pape*, 1876, p. 315. *Santieblement* supposerait un bas-lat. *sentibilis*; or il y a en effet dans le bas-lat. *sentificare* pour *sensificare* (voy. DU CANGE).

SENSITIF. || **1°** *Ajoutez :* || La Morale sensitive, titre d'un ouvrage que J.-J. Rousseau méditait, et qu'il ne fit pas; il y voulait montrer l'influence des régimes, des manières de vivre, etc. sur le moral des hommes, *Confess.* IX, 1re part.

† **SENSUALISER** (san-su-a-li-zé), *v. a.* Donner un caractère sensuel aux choses. Ne craignant pas de sensualiser un peu une existence qu'un fonds de sagesse inaltérable garantissait des grossièretés, L. ULBACH, *M. et Mme Fernel*, V.

SENSUEL. — HIST. XVIe S. *Ajoutez :* Ne soyez point menteurs contre la verité; car ceste sapience n'est point d'en hault descendant du pere des lumieres, mais terrienne, sensuelle, diabolique, *Jacques*, III, 15, *Nouv. Test.* éd. Lefebvre d'Étaples, Paris, 1525.

SENTI. *Ajoutez :* || **2°** Fig. Qui est le résultat du sentiment, de l'affection, de l'intérêt. Quelle injustice, lui dis-je! un caprice vous fait vous refuser à des démarches senties et nécessaires de ma part, CAZOTTE, *le Diable amoureux*, ch. XIII.

† **SÉPALAIRE** (sé-pa-lè-r'), *adj.* Terme de botanique. Qui a rapport aux sépales. Une feuille sépalaire ou pétaline, TRÉCUL, *Acad. des sc. Comptes rend.* LXXXII, p. 884.

† **SÉPARABILITÉ** (sé-pa-ra-bi-li-té), *s. f.* Possibilité de séparer; qualité de ce qui est séparable. La distinction et la séparabilité du fait et du droit dans l'affaire des cinq propositions, *l'abbé Dumas, Hist. des cinq propositions de Jansenius* (1700), dans SAINTE-BEUVE, *Port-Royal*, t. III, p. 81, 3e éd.

† **SÉPARATEUR.** *Ajoutez :* || *S. m.* Appareil qui établit une séparation. Les fosses [d'aisance] filtrantes à l'égout se composent d'une tinette munie

d'un séparateur qui donne le moyen de retenir les matières fermes dans une des parties du récipient, et d'éliminer par un tuyau les eaux vannes à l'égout, LIGER, *Fosses d'aisance*, p. 3, Paris, 1875.

SÉPARÉ. *Ajoutez :* || 5° Teint séparé, expression maintenant obscure pour nous, synonyme probablement de teint démêlé, qui se dit en Suisse pour teint débrouillé. Émilie a les yeux touchants, le teint séparé, délicat, uni, SAINT-ÉVREMOND, t. II, *Idée de la femme qui ne se trouve point.* || Voy. à DÉMÊLÉ dans le Dictionnaire un exemple de Saint-Simon où teint démêlé est expliqué autrement, probablement à tort.

SÉPARÉMENT. — REM. On dit séparément de, comme indépendamment de. Ces motifs considérés séparément l'un de l'autre.

† **SEPTAÏEUL, EULE** (sè-pta-ieul, ieu-l'), *s. m.* et *f.* Aïeul, aïeule qui est avant le sextaïeul, c'est-à-dire le septième ascendant après le père, CHATEAUBR. *Mém. d'outre-tombe*, t. XII, p. 95, 1850.

— ÉTYM. Lat. *septem*, sept, et *aïeul*.

† 3. **SEPTAIN** (sè-ptin), *s. m.* Usité dans cette locution : corde de septain, corde forte et très-unie, formée de sept brins, servant spécialement à porter les poids des horloges et ceux qui font fermer les portes. || Des ouvriers prononcent corde de setin et même de satin.

— ÉTYM. Dérivé de *sept*.

† **SEPTENNALISME** (sè-ptè-na-li-sm'), *s. m.* Mot forgé pour désigner un pouvoir de sept ans qu'on voulait attribuer au maréchal de Mac-Mahon, sans dire que la France fût constituée en république ou en monarchie. On allait jusqu'à soutenir que les étranges et inextricables conceptions du septennalisme répondaient aux vœux secrets et profonds du pays, *le Temps*, 25 août 1876, 1re page, 5e col.

† **SEPTENNAT** (sè-ptè-na), *s. m.* Durée de sept ans pour une fonction, une magistrature, une chambre législative.

— ÉTYM. Lat. *septem*, sept, et *annus*, an.

SEPTENTRION. — HIST. *Ajoutez :* || XIVe s. *Septemtrio*, sietellons, LESCALLIER, *Vocabul. latin-franç.* 2276.

† **SEPTICÉMIQUE** (sè-pti-sé-mi-k'), *adj.* Terme de médecine. Qui a rapport à la septicémie.

† **SEPT-OEIL.** *Ajoutez :* — HIST. XIIIe s. La rose [tu] lesses por l'ortie Et l'eglentier por le seüz ; Chetis, tu es si deceüz Que le fruit lesses por la fueille, La lamproie por la setueille, GAUTIER DE COINSY, *les Miracles de la sainte Vierge*, p. 357, éd. abbé Poquet.

— ÉTYM. *Ajoutez :* Le normand nomme le poisson *sept-treus*, c'est-à-dire sept-trous.

SEPTUPLER. *Ajoutez :* || 2° *V. n.* Devenir septuple. Pendant la même période [1826-1866], nos achats en bois d'œuvre de toute nature à l'étranger ont triplé en quantité et septuplé en valeur, CH. BROILLIARD, *Rev. des Deux-Mondes*, 15 sept. 1871, p. 349. Dans les dix dernières années, la culture de la vigne a doublé ; celle du houblon a septuplé, *Journ. offic.* 11 oct. 1872, p. 6437, 2e col.

† **SÉPULCROLOGIE** (sé-pul-kro-lo-jie), *s. f.* Étude sur les sépulcres. Sépulcrologie française, par Caraven-Cochin, Castres, 1873 (il s'agit d'un travail sur des sépultures gauloises, romaines, etc.).

† **SEQUAYE** (se-kè), *s. f.* Synonyme d'ensèque (voy. ce mot au Supplément).

† **SÉRAC.** || 2° *Ajoutez :* Elle [la fonte à la surface de la neige] produit de singulières formations, celle entre autres qui doit son nom de sérac à une vague ressemblance avec une espèce de fromage qu'on fabrique dans les chalets des Alpes ; les séracs sont des cristaux de glaces, E. RAMBERT, *Rev. des Deux-Mondes*, 15 nov. 1867, p. 384. Le sérac appartient à la zone supérieure, et n'a rien de commun avec les blocs qui naissent de la dislocation du glacier sur les pentes trop fortes, ID. *ib.* p. 395, note.

† **SÉRAPHISME** (sé-ra-fi-sm'), *s. m.* || 1° Néologisme. Caractère ascétique imprimé par saint François d'Assise à sa fondation monastique. || Par extension. Séraphisme béat, CHERBULIEZ. || 2° Caractère séraphique, éthéré. L'amour du poëte [Lamartine] n'est que sentiment et séraphisme ; mais combien de rêves et d'idées le dédommagent de ces privations qu'il s'impose ! H. BLAZE DE BURY, *le Temps*, 20 fév. 1877, 3e page, 4e col.

† **SÉRASQUIERAT** (sé-ra-skié-ra), *s. m.* Fonction du sérasquier. || Demeure du sérasquier. L'archiduc Charles-Louis a rendu visite hier au sérasquierat, et a été reçu aujourd'hui par le sultan, *Journ. offic.* 4 mai 1872, p. 3029, 1re col.

† **SERBE** (sèr-b'), *adj.* Qui appartient à la Serbie. Langue serbe.

† **SERDAR** (sèr-dar), *s. m.* Chef militaire chez les Turcs et les Persans.

— ÉTYM. Persan, *serdâr*, formé de *ser*, tête, et *dar*, qui possède.

† **SERDEAU.** — HIST. || *Ajoutez :* XIVe s. Jehan, sert de l'eau, GÉRAUD, *Paris sous Philippe le Bel*, p. 143.

† **SERÉE** (se-rée), *s. f.* Ancienne forme de *soirée*. Les Serées de Guillaume Bouchet, titre d'un ouvrage du XVIe siècle, réimprimé de nos jours par Lemerre.

† **SERÈNE** (se-rè-n'), *s. f.* Nom, en Normandie et en Bretagne, de vases en poterie de grès, pouvant contenir une quinzaine de litres, dans lesquels est versé le lait de la traite et où monte la crème destinée à faire le beurre, ALBERT ROUSSILLE, *le Phare de la Loire*, 16 sept. 1876, 3e page, 1re col.

— ÉTYM. Bas-lat. *serena*, sorte de mesure de liquides, du lat. *seria*, jarre.

SERGENT. *Ajoutez :* || 11° Sergent goulu ou canac, nom, à Belle-Ile, Morbihan, du fou, oiseau de mer (*sula brassanus*), GOUÉZEL, *les Oiseaux de mer*, Nantes, 1875, p. 12.

† **SERGEON** (ser-jon), *s. m.* Nom, dans l'Oise, des petites bottes qu'on fait avec le chanvre pour le sécher, *les Primes d'honneur*, Paris, 1872, p. 65.

SERGERIE. *Ajoutez :* — HIST. XVe s. Pour charge de sargerie sur fil [croisée laine et fil], MANTELLIER, *Glossaire*, Paris, 1869, p. 58.

† **SÉRICIFÈRE** (sé-ri-si-fè-r'), *adj.* Qui porte, qui produit le fil de soie. Les tubes séricifères du ver à soie.

— ÉTYM. Lat. *sericum*, soie, et *ferre*, porter.

† **SÉRICOLE** (sé-ri-ko-l'), *adj.* Qui a rapport à la sériculture.

— ÉTYM. Voy. SÉRICULTURE.

† **SÉRICULTEUR** (sé-ri-kul-teur), *s. m.* Celui qui se livre à l'élève des vers à soie.

— ÉTYM. Voy. SÉRICULTURE.

† **SÉRICULTURE** (sé-ri-kul-tu-r'), *s. f.* L'élève des vers à soie.

— ÉTYM. Σήρ, σηρὸς, ver à soie, proprement l'animal du pays des Sères. M. de Dumast et, après lui, MM. Luppi et Dupré de Loire ont condamné le mot *sériculture* et ont demandé qu'on le remplaçât par *séricículture*. En effet, ce que l'on cultive ce n'est pas la soie, σηρικὸν, *sericum* ; c'est le ver à soie, σήρ. *Séricículture* ne peut être considéré que comme un exemple d'une figure de mots où l'on prend le produit pour le produisant ; c'est ainsi qu'on dit *viniculture*, moins bien il est vrai que *viticulture*. De cela il résulte que *sériculture* est plus exact que *séricículture* et mérite la préférence. Cependant il faut remarquer qu'à un autre point de vue, le point de vue grammatical, *sériculture* serait reprochable (σὴρ faisant au génitif σηρὸς), et qu'il faut alors supposer que le grec est latinisé.

† **SÉRIEL, ELLE** (sé-ri-èl, è-l'), *adj.* Qui forme série. Le *Porcupine* ne cessa de sonder, de draguer et de faire des observations sérielles de la température de la mer à différentes profondeurs, A. RECLUS, *Rev. maritime et coloniale*, juill. 1874, p. 154.

SERINGUE. *Ajoutez :* || 4° Arbre à seringue, les *hevea* (*siphonia*) à caoutchouc, BAILLON, *Dict. de bot.* p. 248.

SERMENT. *Ajoutez :* || 3° Nom donné jadis à des confréries. D'après cet auteur [E. Gachet], en creusant les fondations d'un mur de clôture, Rubens aurait anticipé sur le terrain du serment ou confrérie des arquebusiers ses voisins, J. DUMESNIL, *Histoire des amateurs étrangers*.

SERMONNAIRE. *Ajoutez :* — HIST. XIIe s. Onques nus clers lisans, sermouniers ne prophete..., *Mainet*, dans *Romania*, juillet-octobre 1875, p. 330.

† **SERPEAU** (sèr-pô), *s. m.* Sorte de serpe employée à la culture de la vigne. On nous écrit de Blaye (Gironde) : il apportait près de son lit un instrument appelé serpeau, qui sert à cultiver la vigne et qui forme une véritable arme à double tranchant, très-lourde, très-large, recourbée à son extrémité et munie d'une arête très-forte, également tranchante, *Gaz. des Trib.* 4-5 mai 1874, p. 433, 2e col.

— ÉTYM. Dérivé de *serpe*.

† **SERPENTÉ, ÉE** (sèr-pan-té, tée), *adj.* Disposé en forme de serpent. Saint Pierre avertit principalement les jeunes femmes de ne porter point les cheveux tant crêpés, frisés, annelés et serpentés, SAINT FRANÇOIS DE SALES, *Introduction à la vie dévote*, III, 25.

† 4. **SERPENTINE** (sèr-pan-ti-n'), *s. f.* Terme de mercerie. Petit ornement en passementerie qui fait la dent. Fabricant de lacets, tresses alpaga, soutaches, chamarrures, serpentines, ganse en coton, laine ou soie, *Alman. Didot-Bottin*, 1871-72, p. 1128, 2e col.

† **SERPENTUEUX, EUSE** (sèr-pan-tu-eû, eû-z'), *adj.* Qui est en forme de serpent. Les murs en sont couverts d'hiéroglyphes indéchiffrables et surtout de caractères serpentueux et de triangles rappelant les signes cunéiformes, PR. MÉRIMÉE, *Voy. dans l'ouest de la France*, 1836, cité dans A. C. MOREAU DE JONNÈS, *Ethnographie caucasienne*, p. 437.

— ÉTYM. *Serpent*. Dans *serpentueux*, l'*u* n'a rien d'organique (voy. pour cette formation MONSTRUEUX).

SERPILLIÈRE. — HIST. *Ajoutez :* XIIe s. Rois, tant bons chevaliers seoit ier en caiere, Et ot or et argent et rice serpilliere, Et se gisoit sor cote et à riche fouiere, Qui por te [ta] mort, biaus sire, gira en sa litiere, *li Romans d'Alixandre*, p. 541.

† **SERPULE** (sèr-pu-l'), *s. f.* Genre d'annélides contenus dans des tubes calcaires et qu'on rencontre à la surface des corps submergés.

— ÉTYM. Lat. *serpula*, serpent, de *serpere*, ramper.

† **SERRAN** (sèr-ran), *s. m.* Nom d'un poisson de mer, *serranus novemcinctus*, *Acad. des sc. Comptes rend.* t. LXXXI, p. 998.

SERRE. *Ajoutez :* || 10° Dans le Puy-de-Dôme, réservoir où l'on recueille l'eau des sources, *les Primes d'honneur*, p. 442, Paris, 1874. || 11° Le local où, dans le Trésor ou à la Banque, on garde les valeurs (voy. RESSERRE au Supplément).

1. **SERRÉ.** || 2° *Ajoutez :* || Les dents serrées, se dit quand on rapproche les mâchoires de manière que les dents d'en bas appuient fortement contre les dents d'en haut ; ce qui indique d'ordinaire un état spasmodique, une colère concentrée. Il avait le poing fermé, le visage en contraction, les dents serrées, LETOURNEUR, *Trad. de Clarisse Harlowe, lettre* LXXVIII.

† **SERRE-BOIS** (sè-re-boi), *s. m.* Réduit où l'on serre du bois. Il allait habiter désormais une espèce de serre-bois, ouvert dans le mur de l'escalier, DAUDET, *Jack*, III, 5.

† **SERRE-BRAS** (sè-re-brâ), *s. m.* Bandage propre à maintenir sur le bras quelque application. Serre-bras élastiques spéciaux à plaques et sans plaques, *Alm. Didot-Bottin* 1876, p. 1354, 1re col.

† **SERRE-MALICE** (sè-re-ma-li-s'), *s. m.* Sorte de coiffure de femme. M. le docteur Marchant rapproche la pièce antique [un ruban de bronze] des serre-malices que les femmes du canton de la Tour-d'Auvergne portaient encore il n'y a pas longtemps, *Rev. anthrop.* t. VI, p. 128.

— ÉTYM. *Serrer*, et *malice*, qui est dit ici par plaisanterie pour signifier le sexe féminin.

SERRER. — HIST. || XIIIe s. *Ajoutez :* Le [la] maison Jehan de Lens.... qui siet en vies markiet, serant de le maison Gerart [touchant à la maison de Gerart], *Charte du Vermandois*, dans *Bibl. de l'École des ch.* 1874, XXXV, p. 451.

† **SERRET.** *Ajoutez :* — HIST. XVIe s. Mais le tiers gaing, qu'en Savoye ilz en tirent [du bétail], Est le serat que du latin ilz dirent.... Ilz font tremper la racine d'ortie En la liqueur du fourmage sortie, Qu'on dit lait clair.... Puis au chaudron ou boult d'autre lait maigre Avec lait franc, ilz getent de cet aigre Ce qu'il en faut ; ces trois mistionnez Font le serat.... Second fourmage et de grosse substance, Des povres gens ordinaire pitance, J. PELETIER DU MANS, *la Savoye* (1572), Chambéry, 1856, p. 260.

— ÉTYM. *Ajoutez :* Le Dictionnaire dérive *serret* de *serrer* ; mais la forme *serat* indique une tout autre origine, à savoir le lat. *serum*, petit-lait (voy. SÉRUM au Dictionnaire, et comp. SÉRET).

† **SERRICORNE.** *Ajoutez :* || *S. m. pl.* Les serricornes, famille de coléoptères.

SERRURERIE. *Ajoutez :* — HIST. XIVe s. Nulz varlès servans oudit mestier de serrurerie..., *Bibl. des ch.* 1874, XXXV, p. 499.

† **SERS** (sèr), *s. m.* Nom du vent d'ouest, dans la Haute-Garonne. Les vents dominants soufflent de l'est à l'ouest et sont connus sous les noms d'autan et de sers, J. VERNE, *Géogr. illustrée de la France*.

† 3. **SERTE** (sèr-t'), *s. f.* Nom donné, dans la Vienne, à la monte, quand les baudets saillent les juments pour la procréation des mules et mulets, *les Primes d'honneur*, Paris, 1872, p. 302.

— ÉTYM. *Servir* (voy. ce mot au n° 18).

† **SERVE.** *Ajoutez :* || 3° Réservoir à poisson, en Auvergne.

† **SERVÉTISTE.** *Ajoutez :* — REM. On a dit aussi servétien. Les successeurs du Picard qui fit brûler Servet, les prédicants qui sont aujourd'hui servétiens, se sont avisés de faire une cabale très-forte dans le couvent de Genève appelé ville, VOLT. *Correspond.*

SERVIABLE. — HIST. *Ajoutez : XII° s.* .... et si apiele Un varlet que il voit à destre, Celui qui plus li sembloit estre Vistes et preux et servitables, *Perceval le Gallois*, v. 10443.

SERVICE. *Ajoutez :* || 22° En termes de budget, opération terminée et pour laquelle il n'y a plus qu'à payer. Un compte suppose des faits accomplis, et, en langage de budget, des services faits, *Journ. offic.* 24 déc. 1873, p. 8071, 2° col.

SERVIETTE. *Ajoutez :* || 2° Enveloppe en chagrin, en parchemin, dans laquelle on peut placer et porter avec soi des manuscrits, des papiers. Serviette d'avocat. || 3° Sorte de portefeuille servant de porte-mouchoirs. C'est un porte-mouchoirs en satin, que j'ai brodé.... c'était un de ces grands portefeuilles à double poche qu'on appelle serviettes, et dans lesquels les femmes élégantes serrent leurs mouchoirs, P. DE MUSSET, *Rev. des Deux-Mondes*, 1er août 1875, p. 623.

SERVIR. *Ajoutez :* || 35° Se servir, être mis, servi sur table. Ce plat se sert sur les meilleures tables.

SERVITUDE. || 10° *Ajoutez* à l'exemple de Mme de Sévigné celui-ci de Malherbe : Quand vous partîtes, je n'eus point l'honneur de vous baiser les mains et vous confirmer le vœu de ma servitude, *Lexique*, éd. L. Lalanne. || 11° En amour, état d'un homme serviteur d'une dame. De tout mon pouvoir j'essayai de lui plaire, Tant que ma servitude espéra du salaire, ID. *ib.*

† **SERVO-MOTEUR** (sèr-vo-mo-teur), *s. m.* Appareil qui permet de faire obéir facilement un organe mécanique aussi lourd et aussi puissant qu'on voudra. M. Tresca présente de la part de M. Farcot la description d'un système mécanique très-ingénieux : le servo-moteur qui sert d'intermédiaire entre la main de l'ouvrier et l'outil, et permettra de manier avec la même facilité des organes puissants ou des organes légers, H. DE PARVILLE, *Journ. offic.* 3 mai 1873, p. 2919, 1re col. Prix Plumey : décerné à M. Joseph Farcot, pour son intéressant appareil le servo-moteur ou moteur asservi.... c'est sur le *Château-Renaud* qu'a été faite la première application du servo-moteur en 1869, *ib.* 24 juin 1875, p. 4583, 2° col.

— ÉTYM. Lat. *servus*, serf, esclave, et *moteur*.

† **SESBAN.** *Ajoutez :* — ÉTYM. Arabe, *seisebân*, d'origine persane, DEVIC, *Dict. étym.*

† **SESLÉRIE** (sè-slé-rie), *s. f.* Seslérie bleuâtre, *sesleria cærulea*, Ard., graminée vivace très-commune sur les sols secs et calcaires des terrains jurassiques, MATHIEU, *Reboisement des Alpes*, Paris, 1875, p. 60.

— ÉTYM. Genre dédié par Arduini à Léonard Sesler, botaniste du XVIII° siècle.

SESSION. *Ajoutez :* || 4° Position de celui qui est assis. Si, pendant le jour, un repos plus long lui est nécessaire, il ne s'y livre jamais que dans l'attitude de la session, BRILLAT-SAVARIN, *Physiol. du goût*, *Méd.* XX. || C'est le premier sens du latin *sessio*, et ce sens semble bon à garder en français.

† **SETERAGE** (se-te-ra-j'), *s. m.* Nom, sous l'ancienne monarchie, d'un droit que le fermier du domaine levait à toutes les ventes et reventes, BOISLISLE, *Corresp. contrôl. gén. des finances*, p. 343, 1693.

— ÉTYM. Bas-lat. *sextaragium*, proprement droit levé sur chaque setier de blé, de *sextarius* (voy. SETIER).

† **SETÉRÉE.** *Ajoutez :* — HIST. XIII° s. Ces VI sestrelées de terre, *Charte du Vermandois*, *Bibl. des ch.* 1874, XXXV, p. 469.

SÉVE. || 2° *Ajoutez :* || Séve se dit aussi en parlant de l'eau-de-vie. Le commerce reproche généralement à cette eau-de-vie de présenter une séve moins agréable à la dégustation, *Enquête, Traité de comm. avec l'Anglet.* t. VI, p. 114.

SÉVÈRE. — HIST. *Ajoutez : XII° s.* Nostre perfections n'est mie senz culpe, se li severs jugieres ne le [la] poiset merciablement en la balance de son destroit jugement, *li Dialoge Gregoire lo pape*, 1876, p. 328.

SÉVÉRITÉ. — HIST. *Ajoutez : XII° s.* Et si [Dieu] gardat à lui [un abbé] la mult grande severiteit et la mult grande grasce de sa dispensation, *li Dialoge Gregoire lo pape*, 1876, p. 205.

SÉVICES. *Ajoutez :* — HIST. XIV° s. Ycelui orfevre a confessé avoir batu d'un trousseau de clefs telement ledit filz apelé Jehannin, qu'il lui avoit fait une plaie et deux boces en la teste ; nous avons dit que en ce a eu sevice commis en la personne dudit filz par ledit orfevre, *Bibl. des ch.* 1874, XXXV, p. 491.

† **SEVIGNÉ** (se-vi-gné), *s. m.* Nom d'un cépage, dans l'Aube, *les Primes d'honneur*, Paris, 1870, p. 323.

† **SÉVULOSE** (sé-vu-lô-z'), *s. f.* Terme de chimie. Principe qui se trouve dans la séve, *Journ. offic.* 23 déc. 1875, p. 10687, 2° col.

SEXE. — HIST. *Ajoutez : XII° s.* Elle est [une femme d'Alexandre] grose et ençainte, d'enfant sostient le fes ; A grant ounor li faites son talent et son ses, Et le [la] faites servir en mes millors palès, *li Romans d'Alixandre*, p. 511.

† **SEXENNAL, ALE** (sèk-sè-nnal, nna-l'), *adj.* Qui se fait, revient tous les six ans. Les allocations déjà acquises à titre d'augmentation triennale, sexennale et décennale, seront conservées, *Journ. offic.* 16 mars 1872, p. 1865, 1re col.

— REM. Le texte porte à tort *sextennal* ; il faut *sexennal* comme *triennal, décennal* ; ces mots se forment du nom de nombre cardinal, et non de l'ordinal.

— ÉTYM. Lat. *sex*, six, et *annus*, an.

† **SEXTAÏEUL, EULE** (sèk-sta-ieul, ieu-l'), *s. m.* et *f.* Aïeul, aïeule, qui est avant le quintaïeul, la quintaïeule, c'est-à-dire le sixième ascendant après le père, CHATEAUB. *Mém. d'outre-tombe*, p. 95, 1850.

† **SGRAFFIER** (sgra-fi-é), *v. a.* Terme italien employé dans les arts. Pour indiquer les champs, on prend une petite échoppe bien fine et bien aiguisée avec laquelle on les égratigne en travers ; autrement ils ne paraîtraient pas bien ; cela s'appelle sgraffier, *Œuvres de Benvenuto Cellini*, trad. de L. Léclanché, *Traité de l'orfévrerie*, ch. V, ou t. II, p. 286.

— ÉTYM. Ital. *sgraffiare*, égratigner.

† **SHAMPOOING** (cham-poû-ingue), *s. m.* Mot anglais qui figure maintenant à l'enseigne de beaucoup de coiffeurs français et qui signifie le nettoyage des cheveux et de la tête au moyen d'un liquide savonneux particulier.

— ÉTYM. C'est un mot que les Anglais ont emprunté, comme l'opération elle-même, à l'Indoustan. Il est venu à l'indoustani du sanscrit *sampû*, littéralement *com-purgare*.

† **SHEAT** (ché-at'), *s. m.* Le même que Schéat (voy. ce mot au Dictionnaire). Dès que la brillante étoile Sheat sera sur l'horizon, VOLT. *Zadig*, 13.

† **SHERRY** (chè-ri), *s. m.* Nom anglais du vin de Xérès. Fi du porto, du sherry, du madère ! BARBIER, *Iambes et poëmes, le Gin.*

† **SHINTOÏSME** (chin-to-i-sm'), *s. m.* Autre forme de *sintoïsme*, qui est au Dictionnaire. On sait que la religion des shintos ou shintoïsme consiste dans le culte d'une divinité suprême et de demi-dieux ou héros ; elle enseigne que les âmes des hommes vertueux iront habiter les régions lumineuses au seuil desquelles le Japon est placé, *Journ. offic.* 20 août 1877, p. 5889, 2° col.

† **SHOGOUN** (cho-goun'), *s. m.* Nom des souverains militaires du Japon. La seconde [période], commencée en 1192, ne s'est terminée qu'en 1868 ; elle correspond au pouvoir des shogouns ou commandants militaires, que les Européens se sont obstinés à désigner depuis longtemps par l'expression impropre de taïkoun, G. BOUSQUET, *Rev. des Deux-Mondes*, 15 juill. 1875, p. 243.

† **SHOGOUNAT** (cho-gou-na), *s. m.* Dignité de shogoun. C'est seulement au commencement du XVII° siècle, avec Yéyas, que le shogounat devint une institution légale et incontestée, G. BOUSQUET, *Rev. des Deux-Mondes*, 15 juill. 1875, p. 243.

† **SHRAPNEL.** *Ajoutez :* L'adoption des obus à la Shrapnel [obus à balles] avait déjà été recommandée avant les derniers événements.... les shrapnels ayant rendu de grands services, l'armement de l'artillerie de campagne se composera désormais d'obus et de shrapnels, peut-être même sans addition de mitraille, *Journ. offic.* 16 juin 1872, p. 4057, 1re col.

— ÉTYM. Le capitaine anglais *Shrapnel*, inventeur, mort général en 1842. Les premiers shrapnels furent employés au siége de Dunkerque, en 1795.

1. **SI.** — REM. *Ajoutez :* || 2. Si.... ou non, se dit, quand, dans une alternative, la seconde partie est négative. Si vous me blâmerez, ou non, c'est ce que je ne puis dire, LETOURNEUR, *Trad. de Clarisse Harlowe*, *lett.* 86. || 3. *Si* se disait autrefois *se*, et l'*e* s'en élidait devant une voyelle. Cet archaïsme était encore conservé au commencement du XVII° siècle. S'on lui fait au palais quelque signe de tête, RÉGNIER, *Élég.* II. Et s'elle est moins louable, elle est plus assurée, ID. *Ép.* II. || 4. *Si* ne veut pas le futur après soi, du moins dans la langue actuelle ; car au XVI° siècle on usait du futur avec *si*. Pourtant Letourneur a mis le futur, comme on vient de le voir dans l'exemple ci-dessus. C'est que, dans cet exemple, *si* est un *si* dubitatif entre deux verbes. La construction rétablie donne : Ce que je ne puis dire, c'est si vous me blâmerez.

2. **SI.** || 13° *Ajoutez :* || *Si*, au sens de particule affirmative, pris substantivement. Si, Nancy ! ce si comprend tout, LETOURNEUR, *Trad. de Clarisse Harlowe*, *lett.* LVIII. || 17° Si plus, tant plus. Une réponse si sèche et si précise fut cruellement sentie ; mais il [le duc de Vendôme] n'était pas au bout du châtiment qu'il avait si plus que mérité, ST SIM. dans *Scènes et portraits choisis dans les Mémoires du duc de St-Simon*, par Eug. de Lanneau, Paris, 1876, t. I, p. 198. || Si plus est insolite, mais n'a rien d'incorrect.

1. **SIAM.** || 2° *Ajoutez :* De ces relations fugitives avec les Siamois [ambassades de 1684 et 1685], il ne resta en Europe que le jeu de Siam, *Journ. offic.* 9 juin 1873, p. 4286, 2° col.

† **SIAMANG** (si-a-mangh'), *s. m* Singe anthropomorphe des forêts de Sumatra.

— ÉTYM. Mot malais.

† **SIBYLLISTE.** *Ajoutez :* || Se dit aussi d'auteurs d'oracles, de vers sibyllins, *Journ. offic.* 3 fév. 1874, p. 971, 1re col.

SIDÉRAL. *Ajoutez :* || 3° Dans le service des phares, appareil sidéral, appareil composé de deux surfaces réfléchissantes, placées symétriquement au-dessus et au-dessous de la flamme et destinées à envoyer dans un plan horizontal tous les rayons qui émanent du foyer en les répartissant uniformément autour de l'horizon. Cet appareil a été inventé au commencement du siècle par Bordier-Marcet, qui lui donna le nom de réflecteur sidéral, parce qu'il peut être aperçu de tous les points de l'horizon, tandis que les réflecteurs ordinaires n'envoient de lumière que sous un petit angle, dans une direction déterminée. Un feu sidéral a été allumé dans le port de la Corogne, *Journ. offic.* 29 oct. 1872, p. 6725, 2° col.

† **SIDÉRÉTINE** (si-dé-ré-ti-n'), *s. f.* Terme de minéralogie. Arséniate de fer hydraté.

† **SIDÉROCHROME** (si-dé-ro-kro-m'), *s. m.* Terme de minéralogie. Matière noire, infusible au chalumeau, qui est exploitée pour la préparation du jaune de chrome ; c'est une combinaison d'oxyde de chrome et de peroxyde de fer.

— ÉTYM. Σίδηρος, fer, et *chrome*.

† **SIESTER** (siè-sté), *v. n.* Faire la sieste. Après le repas, il [l'Australien] sieste volontiers et le soir il s'adonne à la danse, *Journ. offic.* 19 sept. 1872, p. 4035, 2° col.

SIFFLET. *Ajoutez :* || 10° Sifflet à cloche, sorte de sifflet qui sert à donner des signaux en mer. Il estime qu'avec un sifflet dont la cloche aurait 30 centimètres de diamètre, les sons seraient perceptibles à une dizaine de kilomètres.... la distance entre la cloche et la coupe du sifflet varierait selon les degrés de tension de la vapeur employée, *Journ. offic.* 21 octob. 1876, p. 7613, 2° col. || Proverbe. *Ajoutez :* || Trop donner pour le sifflet, follement dépenser pour une chose dont on ne doit retirer qu'un très-médiocre avantage ; ne donnons pas trop pour le sifflet, ne faisons pas un sacrifice disproportionné avec le prix qui nous en adviendra ; locution venue de la *Science du bonhomme Richard*, où Franklin raconte que, étant enfant, il acheta pour tout ce qu'il avait d'argent, un sifflet qu'il aurait pu avoir bien meilleur marché, et qu'on lui remontra combien il aurait pu avoir de bonnes choses pour le surplus de son argent, s'il ne l'avait pas mis tout niaisement en cet inutile sifflet (voy. MIGNET, *Vie de Franklin*).

† **SIGILLOGRAPHIQUE** (si-jil-lo-gra-fi-k'), *adj.* Qui a rapport à la sigillographie. On a pu ainsi classer les monuments sigillographiques, les comparer, en fixer l'âge, A. MAURY, *Rev. des Deux-Mondes*, 15 oct. 1874, p. 891.

SIGNAL. *Ajoutez :* || 7° Terme de construction navale. Nom donné aux diverses pièces de chaque groupe dont la forme est déterminée d'une manière précise pour l'emploi auquel elles sont propres, NANQUETTE, *Exploitation, débit et estimation des bois*, Nancy, 1868, p. 109.

SIGNALEMENT. *Ajoutez :* || 2° Terme d'administration. Feuilles contenant tous les renseignements demandés par le personnel d'une administration sur les employés de cette administration. || Du temps de Colbert, on disait le portrait, non le signalement.

SIGNALER. || 3° *Ajoutez :* || Signaler que, faire observer que. Le duc de Richmond signale à la chambre que, d'après le vote officiel, il y aurait eu une erreur d'une voix..., *Journ. offic.* 19 fév. 1872, p. 1193, 2° col.

SIGNATURE. || 2° *Ajoutez :* || Fig. Un louis, un écu sont des billets dont l'effigie du prince est la signature, DUTOT, *Réflex. sur le comm. et les financ.* I, 6.

SIGNE. *Ajoutez :* || 15° Absolument, le signe, l'argent mis dans la main de la diseuse de bonne aventure. Nous aurions bien d'autres choses à vous dire, heureux jeune homme; mais il faut commencer par mettre le signe dans la main.— Qu'à cela ne tienne, repris-je, et sur-le champ je leur donnai un doublon, CAZOTTE, *le Diable amoureux*, ch. XVI.

SIGNER. *Ajoutez :* || 8° Se signer, mettre sa signature (emploi inusité). Si vous voulez que je vous die ce qui m'en semble et que je me signe..., MALH. *Lexique*, éd. L. Lalanne. Je me signai audit mariage, ID. *ib.* || Être signé, avoir mis sa signature (emploi inusité). Je suis signé au mariage de mon frère, ID. *ib.*

† **SIGNEUR.** *Ajoutez :* || 2° *S. f.* Signeuse, femme qui signe. L'archevêque donne pouvoir aux signeuses au nombre de huit, RAC. *Lexique*, éd. P. Mesnard. Nous savons à fond tous les défauts de celles qui ont signé [le formulaire], des signeuses, comme on les appelait avec mépris, ou encore des noires, SAINTE-BEUVE, *Port-Royal*, 3° éd. t. IV, p. 217

SIGNIFIER. *Ajoutez :* || 5° *V. réfl.* Se signifier, être signifié. Tout ceci se signifiait et s'imprimait publiquement aux yeux de tout le royaume, et demeura néanmoins sans répartie, BOISGUILLEBERT, *Factum de la France*, VII.

† **SIGNOLE.** *Ajoutez :* — ÉTYM. Origine inconnue. À Avranches, on dit *souainole : il chante comme une souainole.* C'est proprement une manivelle.

SILENCE. *Ajoutez :* || 13° Terme de télégraphie. Interruption dans la transmission télégraphique. La municipalité a installé M. F...., mort actuellement; les employés du télégraphe n'ont pas voulu l'accepter, et, vous connaissez l'expression télégraphique, ils ont fait silence; j'étais à Oran, et, pendant une journée ou une demi-journée, je suis resté sans communications télégraphiques, *Journ. offic.* 22 avril 1875, p. 2913, 2° col. Des précautions avaient été prises à l'avance, en prévision d'une invasion du télégraphe; le cas échéant, le signal silence devait être communiqué à toutes sections correspondant avec Alger, *ib.* 16 avril 1875, p. 2744, 1re col.

— HIST. *Ajoutez :* XII° s. Li intergetteiz silences de la voiz, *li Dialoge Gregoire lo pape* 1876, p. 32.

SILENCIEUX. *Ajoutez :* || 3° *S. f.* Une silencieuse, machine à coudre qui ne fait pas de bruit.

† **SILHOUETTER** (si-lou-è-té), *v. a.* Néologisme. Dessiner en silhouette. Ce n'est guère peint; il y a des contours noirs, comme les lignes d'un dessin au crayon, pour silhouetter les formes..., BÜRGER, *Salons de* 1861 *à* 1868, t. II, p. 18. || Fig. Lui [Gavarni] et Balzac, ils se mirent à peindre et silhouetter dans tous les sens la société à tous ses étages, le monde, le demi-monde et toutes les espèces de mondes, SAINTE-BEUVE, *Nouveaux lundis*, t. VI (*Gavarni*, I). || *V. réfl.* Se silhouetter, paraître en silhouette. Le fond occupant toute la toile était un pan de mur rosâtre, sur lequel se silhouettaient les instruments et ustensiles de la ferme, des coqs et des canards..., ID. *ib.* p. 247.

† **SILICIURATION** (si-li-si-u-ra-sion), *s. f.* Terme de chimie. Transformation en siliciure. Sur la siliciuration du platine et de quelques autres métaux, par M. Boussingault, *Acad. des sc. Comptes rendus*, t. LXXXII, p. 591.

† **SILICIURÉ, ÉE** (si-li-si-u-ré, rée), *adj.* Terme de chimie. Transformé en siliciure. Le platine siliciuré, BOUSSINGAULT, *Acad. des sc. Comptes rendus*, t. LXXXII, p. 592.

SILIQUE. — HIST. XVI° s. *Ajoutez :* Et il l'envoya en sa mettairie pour paistre les pourceaux; et convoitoit remplir son ventre des siliques que les pourceaux mangeoient, et nul ne luy en donnoit, *Luc*, XV, 16, *Nouv. Testament*, éd. Lefebvre d'Étaples, Paris, 1525.

† **SIMANDRE** (si-man-dr'), *s. f.* Disque de bois qui appelait les fidèles à la prière sous la primitive Eglise, et qui tient encore lieu de cloche dans certains couvents grecs. Sauf l'*agrypnia* ou veillée à l'église dans la nuit du samedi au dimanche, nous ne sachions pas qu'elle [la règle] impose de pénibles exercices aux moines, et la simandre [écrit à tort symandre] vient bien rarement troubler leur douce flânerie, DE VOGÜÉ, *Rev. des Deux-Mondes*, 15 janv. 1876, p. 307.

— ÉTYM. Σήμαντρα, pluriel de σήμαντρον, signal, de σημαίνειν, faire signe.

† **SIMIADÉS** (si-mi-a-dé), *s. m.* Groupe contenant tous les genres de singes. C'est alors que les simiadés se sont séparés en deux grands troncs, les singes du nouveau et ceux de l'ancien monde, DARWIN, cité par CARO, *Rev. des Deux-Mondes*, 1er nov. 1875, p. 6.

— ÉTYM. Lat. *simius*, singe.

† **SIMPLART** (sin-plar), *s. m.* Terme vieilli. Homme simple, crédule. Le P. Ambroise, reconnu très-simple et d'une humeur chancelante, donna sujet à nos ennemis de croire qu'il faisait du simplart à dessein, FR. GARASSE, *Mémoires* publiés par Ch. Nisard, Paris, 1861, p. 31.

† **SIMPLISME.** *Ajoutez :* || 2° Caractère de simplicité, emploi de peu de moyens. C'est ce qui explique le simplisme et la monochromie harmonieuse des anciens paysagistes [hollandais] du XVII° siècle, BÜRGER, *Salons de* 1861 *à* 1868, t. I, p. 228.

† **SINEAU** (si-nô), *s. m.* Nom, dans la Marne, du grenier à fourrage au-dessus des bergeries; ce grenier a pour plancher des baliveaux placés d'une poutre à l'autre, sur lesquels souvent on met des claies qui aident à soutenir le fourrage. C.... entendit des gémissements étouffés; il se dirigea vers l'escalier du grenier; Th..., au bruit, sauta du sineau sur le sol de la grange, ouvrit la grande porte et s'enfuit vers une écurie (Cour d'assises de la Marne), *Gaz. des Trib.* 15-16 mai 1874, p. 469, 1re col.

SINGE. *Ajoutez :* || 7° Singe-araignée, voy. ATÈLE au Supplément. || 8° Adjectivement. Qui imite. Le cardinal Cesy, pensionnaire d'Espagne, et l'homme le plus singe en tout sens que j'aie jamais connu, RETZ, *Mémoires*, IV, p. 20 (édit. de Genève, 1751).

— REM. Au XVI° siècle, on avait le diminutif singeteau. Il le caresse comme un singe ses singeteaux, MARNIX DE STE-ALDEGONDE, *Tableaux des différends de la religion*, t. III, p. 201 de l'éd. Quinet.

SINGER. *Ajoutez :* — HIST. XVI° s..... Singiser les courtisans..., D'AUB. *Le Printemps*, Paris, 1874, p. 7.

SINGULARITÉ. — HIST. *Ajoutez :* XII° s. Par la vertu de l'orison assiduele, par la maürteit de vie, par la singulariteit d'abstinence, *li Dialoge Gregoire lo pape*, 1876, p. 216.

SINGULIER. *Ajoutez :* || 10° Terme d'anthropologie. Les points singuliers du crâne, les points anatomiques qui, par le fait de leur détermination très-précise, peuvent servir de points de repère pour la mensuration.

— HIST. || XIV° s. *Ajoutez :* Je vous respons, quant est de moy, Il n'est pas personne commune En tant comme il est roy, c'est une; Ains est un homme singulier, Si que à tel pot tel cuillier, *Théâtre français au moyen âge*, Paris, 1839, p. 486.

SINGULIÈREMENT. — HIST. *Ajoutez :* XII° s. Li frere ... commencierent cascuns très petites choses et viles et celes cui singuleirment toz tens lur liut [fut permis, *licuit*] avoir, à porteir en mei, *li Dialoge Gregoire lo pape*, 1876, p. 275.

† **SIOGOUN** (si-o-goun'), *s. m.* Autre forme de chogon et de shogoun (voy. ces mots au Supplément).

† **SIOURE** (si-ou-r'), *s. m.* Un des noms du chêne-liége, H. FLICHE, *Manuel de botan. forest.* p. 196, Nancy, 1873.

— ÉTYM. Lat. *suberem*, liége.

† **SIPHONAGE** (si-fo-na-j'), *s. m.* Action de puiser un liquide à l'aide de siphons. Il entre dans le laboratoire, pose sa lanterne sur un baril placé à gauche de la porte d'entrée et procède avec P.... au travail du siphonage, manipulation consistant à faire passer le liquide de la chaudière dans des touries, à l'aide d'un tube et par le principe du siphon, *Gaz. des Trib.* 30 avril 1875, p. 420, 3° col. Elle [une source] est à plus de huit kilomètres de notre ville; pourrait-on l'amener par siphonage? *l'Avranchin*, 6 août 1876.

† **SIPHONNER** (si-fo-né), *v. a.* Opérer une action de siphon. Les gaz sur le mercure peuvent être siphonnés au moyen des tubes ou sillons capillaires que présentent un grand nombre de corps, BELLAMY, *Acad. des sc. Comptes rend.* t. LXXXIII, p. 669.

† **SIRONA** (si-ro-na), *s. f.* La 116° planète télescopique, découverte en 1871 par M. Peters.

† **SIRRAH** (si-rra), *s. m.* Fausse orthographe pour chiraz (voy. ce mot au Dictionnaire), *les Primes d'honneur*, p. 706, Paris, 1874.

SITUER. — HIST. *Ajoutez :* XV° s. Cité y a de parfaicte unité, En ce jardin richement située, JEAN JORET, *le Jardin salutaire*, p. 112.

† **SITULE** (si-tu-l'), *s. f.* Terme d'antiquité. Vase à puiser l'eau. Île de Corse: trois situles de grande dimension avec différentes pièces d'attache, style grec, bronze, *Journ. offic.* 13 avril 1876, p. 2668, 2° col.

— ÉTYM. Lat. *situla*, qui a donné *seille* (voy. ce mot au Dictionnaire).

† **SIVA** (si-va), *s. f.* La 140° planète télescopique, découverte en 1874 par M. Palisa.

† **SIX-CLEFS** (si-klé), *s. m.* Terme d'horlogerie. Sorte d'anneau sur lequel sont montés six carrés de divers calibres de façon à pouvoir servir pour toutes les montres.

† **SIX-QUATRE-DEUX** (À LA) (sis'-ka-tre-deû), *loc. adv.* et populaire. Sans soin, sans recherche. Des prix qui faisaient le désespoir des véritables artistes, inhabiles à produire des chefs-d'œuvre à la six-quatre-deux, *le Rappel*, 11 janvier 1873. Là, ni col, ni faux-col, mais une cravate blanche faisant plusieurs tours et nouée à la six-quatre-deux, comme on dit, *le Figaro*, 9 janv. 1876.

† **SIXTINE** (si-ksti-n'), *adj. f.* Chapelle Sixtine, chapelle à Rome, située dans le palais du Vatican et décorée par Michel-Ange.

† **SKATINER** (ska-ti-né), *v. n.* Patiner avec des patins à roulettes. Le patinage à roulettes a décidément envahi tous les bals publics de Paris; on ne danse plus, on patine, on skatine partout, *Gaz. des Trib.* 23 juill. 1876, p. 721, 2° col.

† **SKATING-RINK** (ska-tin'gu'-rinnk), *s. m.* Établissement de patinage, où l'on patine en toute saison sur un plancher uni au moyen de patins à roulettes.

— ÉTYM. En bon anglais, il faudrait *skating ring*, cercle, ou réunion, ou cirque patinant. Mais le mot, qui nous vient, dit-on des États-Unis, appartient en tout cas au patois écossais, où *rink*, corruption probable de *ring*, signifie, selon le *Dict. écossais* du Dr Jamieson (cité dans l'*Intermédiaire* du 10 mars 1877, col. 151), the proper line in the diversion of curling on the ice, c'est-à-dire la ligne qu'on décrit quand on s'amuse à tracer en patinant des courbes sur la glace.

† **SKIE** (skie), *s. m.* Patin de neige, longue planche étroite, relevée en pointe aux deux bouts. En Laponie, en Norwége et dans quelques parties de l'Amérique du Nord.... il existe une autre espèce de patin nommée skie, ou patin de neige.... rien n'arrête le Lapon qui a chaussé le skie, *Journ. offic.* 10 janv. 1874, p. 271, 2° col.

† **SKUPTSCHINA** (skoup-tchi-na), *s. f.* Nom de la chambre des députés ou assemblée nationale en Servie, *Journ. offic.* 21 sept. 1874, p. 3603, 2° col.

† **SLAVISME** (sla-vi-sm'), *s. m.* Caractère et tendances des peuples slaves considérés comme un ensemble. Selon les Grecs, l'Occident, en se laissant associer aux propositions de la Russie, a imprudemment sacrifié l'hellénisme, qui a droit à toutes ses sympathies, au slavisme, qui n'a de titre qu'à ses défiances, ANATOLE LEROY-BEAULIEU, *Rev. des Deux-Mondes*, 1er avr. 1877, p. 545. Le poëte Celakovski, l'un des rénovateurs de la poésie nationale et du slavisme en Bohême, L. LEGER, *Rev. critique*, 15 sept. 1877, p. 152.

† **SLAVISTE** (sla-vi-st'), *s. m.* Savant qui s'occupe de la langue et de l'histoire des Slaves, *Rev. critique*, 29 janv. 1876, p. 85.

† **SLAVON** (sla-von), *s. m.* L'ancienne langue slave, restée la langue de la liturgie dans l'Eglise gréco-russe.

† **SLAVOPHILE** (sla-vo-fi-l'), *s. m.* Nom, chez les Russes, de ceux qui travaillent à réunir ensemble tous les Slaves. M. Samarine appartenait par sa foi politique aux slavophiles, *Journ. des Débats*, 1er mai 1876, 1re page, 5° col.

— ÉTYM. *Slave*, et φίλος, ami.

† **SLOUGHI** (slou-ghi), *s. m.* Grand lévrier d'Abyssinie. Séparé par les déserts des autres régions, il [l'ancien empire d'Égypte] ne s'étend que vers le sud, comme le prouvent les singes, les sloughis,

amenés captifs par les esclaves, DE VOGÜÉ, *Rev. des Deux-Mondes*, 15 janv. 1877, p. 353.

† SLOVÈNE (slo-vè-n'), *s. m.* Dialecte slave. L'ancien slovène est le slave liturgique.

† SMACK (smak), *s. m.* Navire caboteur anglais. Médaille décernée au sieur B...., capitaine du smack anglais *Prince-of-Orange*, de Colchester, *Journ. offic.* du 24 fév. 1876, p. 1403, 1re col.

† SMALAH. *Ajoutez :* — ÉTYM. Arabe, *azmala* ou *zamala* (prononcé *zmala* en Algérie), qui signifie la famille d'un chef et son mobilier, de *zamal*, porter, DEVIC, *Dict. étym.*

† SMALTE (smal-t'), *s. m.* Terme d'archéologie. Cube de verre coloré et opaque qu'on emploie pour les mosaïques. M. Gerspach indique comment on peut distinguer les smaltes des diverses époques, *Journ. des Débats*, 25 juin 1876, 3e page, 6e col.

— ÉTYM. Le même que *smalt* (voy. ce mot au Dictionnaire).

† SMÉRINTHE (smé-rin-t'), *s. m.* Nom d'un papillon. Les vrais papillons de plaine sont les sphinx et les smérinthes, les piérides, les nymphales et les vanesses, CARTERON, *Premières chasses, Papillons et oiseaux*, p. 51, Hetzel, 1866.

— ÉTYM. Σμήρινθος, nom d'un oiseau.

† SNACK (snak), *s. m.* Nom donné, d'après Sonnini, par les Tartares à l'antilope proprement dite, *Dict. des sciences naturelles*, Paris, 1827, t. XLIX, p. 872. Cornes de cerf et de snack, *Annales du comm. extérieur, France, faits commerciaux*, 1868-1870, p. 335.

SOBRIQUET. — ÉTYM. *Ajoutez :* M. Bugge, *Romania*, n° 10, p. 158, propose une conjecture : *sobriquet* ou *soubzbriquet* serait pour *soubzbequet*, petit coup sous le bec ; pour l'insertion de l'*r* comparez *fanfreluche*, *pimprenelle*. Il faut enregistrer la conjecture de M. Bugge.

SOCIAL. — HIST. XVIe S. *Ajoutez :* Mais le bonheur de l'homme, et special à sa nature, est d'estre social, J. PELETIER DU MANS, *la Savoye* (1572), Chambéry, 1856, p. 265.

† SOCIALISME. *Ajoutez :* || 2° Socialisme de la chaire, en allemand Katheder Socialism, doctrines socialistes soutenues par des professeurs d'économie politique. Le socialisme de la chaire, qui a pris naissance en Allemagne, est favorable à l'intervention de l'État dans le règlement des questions économiques.

† SOCIALITÉ. *Ajoutez :* || 2° Qualité de celui qui est social, aime la société, en observe les convenances et les devoirs. Elles [les précieuses] eurent leur côté estimable, et ne servirent pas médiocrement au progrès de la socialité, RŒDERER, *Hist. de la société polie*, p. 95.

SOCIÉTÉ. — HIST. XIVe S. *Ajoutez :* Pour che que lesdites terres ne soient plus en soihestés, ai consenti, de ma bonne volonté, à partir desdites terres.... (1317), DU CANGE, *soistura.*

† SOCLET (so-klè), *s. m.* Petite sardine. Tous les filets, engins et instruments destinés à des pêches spéciales, telles que celles des anguilles, du nonnat, des soclets, chevrettes, lançons et poissons de petites espèces, *Journ. offic.* 7 déc. 1876, p. 9078, 3e col.

SOCRATIQUE. *Ajoutez :* || *S. m.* Un socratique, un disciple, un partisan de la philosophie de Socrate. Depuis Socrate, cette question [du beau] était en quelque sorte sur le programme de la philosophie ; d'obscurs socratiques l'avaient traitée, CH. LÉVÊQUE, *Science du beau*, t. II, p. 407.

† SOCRATIQUEMENT (so-kra-ti-ke-man), *adv.* A la façon de Socrate. De quelle sorte un bon esprit se sait interroger et répondre socratiquement à lui-même, LA MOTHE LE VAYER, *Dial. d'Orat. Tubero*, t. II, p. 9.

† 2. SODA. *Ajoutez :* — REM. C'est par erreur que le genre n'est pas indiqué ; soda est masculin.

† SODALITE (so-da-li-t'), *s. f.* Terme de minéralogie. Combinaison de chlorure de sodium et d'un silico-aluminate de soude ; blanchâtre.

† SODALITÉ (so-da-li-té), *s. f.* Mot forgé du latin. Compagnonage. Réellement il [Béranger le chansonnier] a le goût très-prononcé de l'amitié buvante et chantante et de la sodalité, SAINTE-BEUVE, *Nouv. lundis*, t. I (*Correspondance de Béranger*).

— ÉTYM. Lat. *sodalitatem*, compagnie.

† SOFF (sof), *s. m.* Mot kabyle signifiant confédération, parti. Il y a toujours, dans chaque tribu et même dans chaque grande famille, ce qu'on appelle deux soffs, c'est-à-dire deux confédérations, deux partis hostiles ; habituellement même, deux ou trois tribus se réunissent et forment un soff contre deux ou trois autres, *Journ. offic.* 23 avril 1872, p. 2938, 3e col. C'est une chose bien connue qu'il n'y a pas une tribu où il n'existe ce qu'on appelle deux soffs, c'est-à-dire deux partis ennemis, *ib.* 27 avril 1872, p. 3023, 1re col.

† SOFTA (sof-ta), *s. m.* Nom, à Constantinople, des étudiants en théologie. Les softas, qui semblent être l'âme du mouvement, se méprennent sans doute, *Journ. de Genève*, 30 mai 1877.

SOI. *Ajoutez :* || 14° Soi pour soi, expression créée par Geoffroy Saint-Hilaire pour désigner la tendance des organes similaires à s'unir. Dans les monstres doubles, les organes se mêlent et se confondent par l'attraction de soi pour soi, expression où il faut voir une figure de rhétorique et non un théorème de mécanique, DUMAS, *Éloge d'Is. Geoffroy Saint-Hilaire.*

† SOIA (so-ia), *s. m.* Sauce brune, d'un goût caramélé, usitée en Chine, dont on fait une grande consommation en Angleterre, et qui tend à s'introduire en France ; elle se compose de jus de viande et des sucs du dolic pourpre du Japon.

1. SOIE. *Ajoutez :* || 12° Fils de soie tors. Les fils de soie tors au moyen du moulinage sont de trois espèces : les fils simples, les trames (voy. ce mot) et les organsins (voy. ce mot) ; les fils simples sont des tors sur un seul fil et sur eux-mêmes, *Journ. offic.* 21 nov. 1876, p. 8485, 1re col. || 13° Papier de soie, sorte de papier. Le papier de soie se trouve classé dans la première catégorie des papiers imposables, sans doute à cause de sa dénomination pompeuse qui est pourtant quelque peu décevante ; ce papier, nommé en fabrique carré mou ou Joseph, n'est véritablement aujourd'hui qu'un papier d'emballage, *Journ. offic.* 5 sept. 1871, p. 3245, 2e col. Les papiers soyeux, dits papier de soie, papier de Chine, papier Joseph, tous facilement reconnaissables à leur faible consistance, *Douanes, Tarif de* 1877, note 569. || 14° Arbre de soie, l'*acacia* (*albizzia*) *julibrissin* ; le faux arbre de soie est l'*asclepias gigantea*, BAILLON, *Dict. de bot.* p. 248.

† SOIGNEUSE (soi-gneû-z'), *s. f.* Terme de filature. Ouvrière qui dirige les bobinoirs. Les soigneuses de bobinoirs gagnent 1 fr. 50 à 1 fr. 60 c. par jour, *Enquête, Traité de comm. avec l'Anglet.* t. III, p. 514.

SOIT. *Ajoutez :* || 7° Soit ou non, que la chose soit ou ne soit pas. Soit ou non que l'exportation de ces produits ait lieu à la décharge des taxes intérieures, le service doit veiller à ce que les dispositions relatives à la circulation aient été observées, *Douanes, Tarif de* 1877, p. XCV. Peuvent être réadmises, quelle qu'en soit la nature, et soit ou non qu'elles portent des marques de fabrique, les marchandises françaises qui ont été expédiées à l'étranger par erreur, *ib.* p. CXV.

† SOITURE (soi-tu-r'), *s. f.* Ancienne mesure agraire équivalant à ce qu'un homme peut faucher de pré en un jour. Une pièce de pré d'environ trente soitures (5 mars 1692), *Gaz. des Trib.* 21 juin 1876, p. 608, 1re col.

— HIST. XIIIe S. Une piece de terre, qui fu en pré, contenant doues [deux] soitures, DU CANGE, *soitura.* || XIVe S. Quatre soetures de prey, ID. *ib.* Trente soiptures de prés, ID. *ib.*

— ÉTYM. Bas-lat. *secatura*, du lat. *secare*, couper.

SOIXANTE. — HIST. *Ajoutez :* || XIIIe S. En l'an de grace mil cc sissante dis et nuef..., VARIN, *Archives admin. de la ville de Reims*, t. I, 2e partie, p. 965.

† SOKO (so-ko), *s. m.* Nom d'un singe d'Afrique. Livingstone, dans son dernier journal, nous dépeint les mœurs des sokos, variété de chimpanzés, qu'il a observés dans l'Afrique centrale vers le 4e degré au sud de l'équateur, GUARIN DE VITRY, *la Phil. posit.* nov.-déc. 1876, p. 358.

† SOLAGE (so-la-j'), *s. m.* Sol, terrain. Que la violence des flammes rompe la liaison du solage, MALH. *Lexique*, éd. L. Lalanne.

SOLANUM. — HIST. XVIe S. *Ajoutez :* Et les solans provocans à dormir, J. PELETIER DU MANS, *la Savoye* (1572), Chambéry, 1856, p. 294.

† SOLARISER (SE) (so-la-ri-zé), *v. réfl.* Terme de photographie. Subir l'action du soleil. Vos épreuves négatives se solarisent trop vite.

† SOLATIER (so-la-tié), *s. m.* Nom, dans Tarn-et-Garonne, des ouvriers ruraux, dits aussi estivandiers, qui font les travaux de la moisson et du battage des grains, *les Primes d'honneur*, Paris, 1872, p. 460.

— ÉTYM. Bas-lat. *solatiare*, aider (*solatier*, proprement auxiliaire) ; du lat. *solatium*, consolation (voy. SOULAS).

2. SOLDE. *Ajoutez :* || Vendre en solde, vendre, avec diminution de prix, des marchandises restées en magasin. Nous aussi, nous perdons, quand nous revendons en solde les marchandises que nous avons achetées en fabrique, *Enquête, Traité de comm. avec l'Anglet.* t. III, p. 394. [La fabrique d'Elbeuf] est obligée [chaque année] de vendre, par voie de solde, son excédant de production à des exportateurs, *ib.* p. 395.

2. SOLDER. *Ajoutez :* || 2° Être soldé, être vendu avec diminution de prix, en parlant de marchandises restées en magasin. Les articles d'Elbeuf qui sont exportés proviendraient plutôt, suivant moi, d'achats de soldes ; je suppose que, beaucoup de marchandises restant invendues, elles sont soldées à bon marché et expédiées en Amérique, *Enquête, Traité de comm. avec l'Anglet.* t. III, p. 404.

† SOLDEUR (sol-deur), *adj.* Terme de commerce. Qui solde un compte. Le métal soldeur, qui intervient [dans le commerce avec l'Orient], va s'ensevelir, comme dans des lacs perdus, au fond de ces régions, *Journ. offic.* 30 oct. 1872, p. 6743, 2e col.

3. SOLE. || 3° *Ajoutez :* || Il se dit aussi en parlant d'un four. Fours perfectionnés à air chaud et à sole tournante pour la cuisson des biscuits, *Almanach Didot-Bottin*, 1871-1872, 2e col.

† 4. SOLE. *Ajoutez :* || 5° Engin en bois servant à la pêche. Indépendamment des filets, il est des engins et instruments de pêche dont l'usage est quelquefois très-nuisible, tels sont les appareils appelés soles, cliquettes, *Circulaire des forêts*, 28 juin 1829, n° 221.

† SOLÉCISER. *Ajoutez :* — REM. Sainte-Beuve a forgé solécismer, inutilement, puisqu'on a déjà solóciser, et barbarement, puisque solóciser est très-correctement tiré de σολοικίζειν : Des évêques de cour solécismaient, *Port-Royal*, t. II, liv. 3e, chap. 6.

SOLEIL. || 4° *Ajoutez :* || Coup de soleil s'est dit en exprimant non l'influence soudaine, mais le rayonnement soudain de la lumière solaire. Le groupe est éclairé d'un coup de soleil, L. GOUGENOT, dans *Mém. inéd. sur l'Acad. de peint.* publ. par Dussieux, etc. t. II, p. 392. || Populairement. Coup de soleil, coup de vin qui a monté à la tête, légère ivresse. Quand monsieur est entré à la maison, dit un marchand de vin, il avait déjà un petit coup de soleil ; il me demande une chopine, on la lui sert ; il en demande une seconde, *Gaz. des Trib.* 1er-2 fév. 1876, p. 106, 4e col.

† SOLEILLÉE (so-lè-llée, *ll* mouillées), *s. f.* Rayonnement vif du soleil dans des intervalles de temps couvert. Pour moi, qui n'ai eu la pensée que d'un jeu de lumière tout local et qui n'ai pas vu l'éclat subit du resplendissement [d'un bolide], je n'ai pu croire qu'à une soleillée très-vive, MAUBOURGUET, *Journ. offic.* 7 mars 1876, p. 1740, 2e col.

† SOLEILLEUX, EUSE (so-lè-lleû, lleû-z', *ll* mouillées), *adj.* Néologisme. Exposé aux rayons du soleil. Boghan est un petit village entièrement arabe, cramponné sur le dos d'un mamelon soleilleux et toujours aride, FROMENTIN, *Un été dans le Sahara*, p. 27.

SOLENNELLEMENT. — HIST. *Ajoutez :* XIIIe S. Trop bestiaus est clers et prestre, Qui de la mere au roy celestre, Qui royne est de paradis, Ne chante au mains les samedis Sollempnelment et au haut ton, GAUTIER DE COINSY, *les Miracles de la sainte Vierge*, p. 676, éd. abbé Poquet.

† SOLER (so-lé), *s. m.* Nom d'un cépage noir dans l'Aisne, *les Primes d'honneur*, Paris, 1873, p. 82.

SOLIDITÉ. || 7° *Ajoutez :* || Solidité réelle des tailles, se disait, sous l'ancienne monarchie, quand les biens-fonds d'une paroisse répondaient solidairement des impôts.

† SOLIVAGE. *Ajoutez :* || 2° Ensemble des solives d'un édifice. On écrit de Colmar à l'*Industriel alsacien* : Au moment où la charpente du toit s'est abattue sur le solivage.... le solivage du grenier tomba sur le plancher du second étage, *Journ. offic.* 15 oct. 1875, p. 8667, 1re col.

SOLIVE. *Ajoutez :* || 3° Aujourd'hui, mesure qui est un décistère ou la dixième partie du mètre cube ; elle équivaut, par conséquent, à 100 décimètres cubes ; elle diffère peu de la solive ancienne : 1000 solives anciennes équivalent à 1028 solives nouvelles, NANQUETTE, *Exploit. débit et estim. des bois*, Nancy, 1868, p. 57. Mesures de solidité, bois d'œuvre : le décistère ou solive nouvelle, 0m,100, la solive ancienne (longueur 2 toises équarrissage, 6 pouces), 0m,103, *Annuaire des Eaux et Forêts*, 1873, p. 23.

SOLLICITATION. *Ajoutez :* || 4° Sollicitation d'une personne, action de solliciter cette personne. J'ai écrit à M. de la Silleraye, pour le prier, et madame sa femme, de nous être toujours favorables auprès de M. le président Croiset.... je lui demande aussi la sollicitation de M. Rossignol, SÉV. *à Mme de Grignan*, 24 mai 1690, dans *Lett. inédites*, éd. Capmas, t. II, p. 391.

SOLO. *Ajoutez :* || Des soli, deux, trois, ou quatre exécutants ou chanteurs donnant ensemble, mais sans accompagnement de l'orchestre ou des chœurs. Un concours est ouvert par la ville de Paris entre tous les musiciens français pour la composition d'une symphonie avec soli et chœurs, *Journ. offic.* 31 oct. 1876, p. 7809, 3e col.

† **SOLOGNE** (so-lo-gn'), *s. f.* La sologne vertel cri des rues de Paris annonçant des pommes de pin qui ont reçu un semis d'avoine ou de chiendent; on les met en pot pour avoir de la verdure dans les appartements, comme on sème du cresson alénois ou du chiendent.

— ÉTYM. La *Sologne*, petit pays compris autrefois dans l'Orléanais, aujourd'hui formant la partie méridionale du département de Loir-et Cher.

† **SOLOGNOT** (so-lo-gno), *s. m.* Nom d'une espèce de laine. Le prix des laines a été le suivant : mérinos.... solognots purs, *Journ. offic.* 26 mars 1872, p. 2144, 3e col.

— ÉTYM. *Sologne.*

SOLSTITIAL. *Ajoutez :* — HIST. XVIe s. Mais en ce lieu [un glacier], dont l'horreur glaciale Va depitant l'ardeur solstitiale, J. PELLETIER DU MANS, *la Savoye* (1572), Chambéry, 1856, p. 248.

† **SOLUBILISER** (so-lu-bi-li-zé), *v. a.* Terme de chimie. Rendre soluble, donner de la solubilité. On solubilise cette laque [de chlorophylle] avec des phosphates alcalins, H. DE PARVILLE, *Journ. offic.* 14 avr. 1877, p. 2872, 3e col.

† **SOLUTIVE** (so-lu-ti-v'), *s. f.* Terme de mathématiques. Courbe qui exprime la solution d'une équation, L. LALANNE, *Travaux scientifiques*, p. 25, Paris, 1876, in-4°.

† **SOMATÈNE** (so-ma-tè-n'), *s. m.* Sorte de milice espagnole, établie surtout en Catalogne. L'Espagne a ses miquelets et ses somatènes, l'Allemagne ses landwehrs et ses landsturms, l'Angleterre ses milices, *Journ. offic.* 12 janv. 1875, p. 267, 1re col.

SOMBRE. *Ajoutez :* || 7° Terme forestier. Coupe sombre, voy. COUPE 1, n° 2. || Il ne faut pas confondre la coupe sombre, qui a pour but le réensemencement, avec les nettoiements et les éclaircies. La coupe de réensemencement est dite sombre, parce que les étalons ligneux qui produiront la semence doivent être nombreux et former un couvert suffisant, suivant les essences de peuplement, CH. BECQUET, *Mém. d'agricult.* 1870-71, p. 82.

† 3. **SOMBRER** (son-bré), *v. n.* Terme de musique. Amortir, couvrir les sons. C'est tout ce qu'on entend du dialogue; car M. du Couloir a soin de sombrer tous les passages qui pourraient fournir des indications à un auditeur trop curieux, P. VÉRON, *Journ. amusant*, 16 mars 1872, n° 811.

— ÉTYM. Verbe dénominatif de *sombre :* rendre sombre le son.

SOMMAIREMENT. — REM. On trouve quelquefois dans les écrits du jour : développer sommairement; ces deux mots sont contradictoires; ce qui est sommaire n'est pas développé. Il faut dire : exposer sommairement.

— HIST. *Ajoutez :* XIIIe s. Que..... il voisent [aillent] au lieu et s'enfourment sommerement..., VARIN, *Archives admin. de la ville de Reims*, t. I, 2e partie, p. 1034.

† 2. **SOMMATEUR** (so-mma-teur), *adj. m.* Terme de mathématiques. Qui fait une somme. L'idée d'un instrument sommateur de produits avait pris naissance à peu près en même temps sous diverses formes et en différents endroits, L. LALANNE, *Travaux scientifiques*, p. 17, Paris, 1874, in-4°.

† **SOMMATOIRE** (so-mma-toi-r'), *adj.* Terme de calcul intégral. Qui a le caractère d'une somme. Le signe sommatoire, MARIE, *Acad. des sc. Comptes rend.* t. LXXV, p. 524.

1. **SOMME.** *Ajoutez :* || 6° La somme des sommes, le point le plus essentiel. La modestie est aussi requise au langage d'un homme d'honneur comme en son allure; la somme des sommes, c'est que je veux que tu sois lent à parler, MALH. *Lexique*, éd. L. Lalanne.

3. **SOMME.** — REM. *Ajoutez :* || 3. Malherbe a dit : Sommeil est désir de dormir, et somme est le dormir même, *Lexique*, éd. L. Lalanne. Cette distinction que Malherbe veut établir n'est point ratifiée par l'usage; en lisant attentivement les divers exemples rapportés à somme et à sommeil il ne paraît pas que les auteurs aient admis une différence sensible entre les deux. Mais le fait est que sommeil a quelquefois le sens d'envie de dormir, sens que somme n'a jamais (voy. SOMMEIL, n° 2).

SOMMEIL. — HIST. *Ajoutez :* XIIe s. Bernart fu à Roem, n'out, je crei, grant someil, WACE, *le Roman de Rou*, t. I, p. 168. || XIIIe s. Onques les trois puceles n'orent la nuit sommeil, *Foulque de Candie*, p. 108, Reims, 1860. || XIVe s. *Insomnis*, sans sommel, ESCALLIER, *Vocab. lat.-franç.* 1475.

† **SOMMEILLANT, ANTE** (so-mè-llan, lan-t', *ll* mouillées), *adj.* Qui sommeille. La littérature portait dans son sein une bâtardise encore sommeillante, A. DE MUSSET, *Première lettre de Dupuis et Cotonnet.* Il ne reste autour de nous que la froide humidité des minuits d'octobre, des rayons pâles et des voiles de brume; jamais nuit n'aura fait descendre sur des yeux que le soleil a fatigués des clartés plus sommeillantes, et des rideaux plus blancs, E. FROMENTIN, *Une année dans le Sahel*, p. 298.

† **SOMMEILLEMENT** (so-mè-lle-man, *ll* mouillées), *s. m.* Action de sommeiller.

— HIST. XIVe s. *Dormitatio*, soumelemens, ESCALLIER, *Vocab. lat.-franç.* 825.

SOMMITÉ. — HIST. *Ajoutez :* || XIVe s. La summité [d'un arbre] avec les rainsiaux, *Rev. critique*, 5e année, 2e sem. p. 382.

† **SOMNICIDE** (so-mni-si-d'), *adj.* Qui tue, qui ôte le sommeil. Dieu sait quels nouveaux projets somnicides il [un moine qui ne pouvait se réveiller aux heures voulues] roulait dans sa tête, lorsqu'il se sentit endormir pour toujours, L. VEUILLOT, *le Dormeur.*

— ÉTYM. Lat. *somnus*, sommeil, et *cædere*, tuer.

† **SOMNO** (so-mno), *s. m.* Petit meuble formant table et armoire qu'on pose près d'un lit. Il y a sur les quais une vieille gravure coloriée (n° CXIV, du *Bon genre*) représentant un intérieur luxueux : une femme, assise près de la cheminée, écrit sur une petite table carrée sur laquelle on lit en grosses lettres somno. Ce mot de somno est usité couramment dans l'*Ermite de la Chaussée d'Antin.*

SOMNOLENCE. *Ajoutez :* — HIST. XVe s. Paresse, somnolence et oisiveté, *Triomphe de la noble dame*, f° 68, *verso.*

1. **SON.** — REM. *Ajoutez :* || 3. Cet adjectif possessif peut se dire avec un substantif composé. Son contrains-le [de l'Évangile].... VOLT. *Philos. Déf. de Milord Bolingbroke*, XXXII.

— HIST. VIIIe s. Per sa preceptione, pour : per suam præceptionem (716), dans JUBAINVILLE, *De la déclinaison latine en Gaule à l'époque mérovingienne*, p. 96.

2. **SON.** *Ajoutez :* || 4° Terme de meunerie. Les sons trois cases, les derniers sons, les plus gros, *Journ. offic.* 24 juin 1872, p. 4260, 1re col. || 5° Vinaigre de son, eau dans laquelle on a laissé séjourner du son, jusqu'à ce qu'elle soit devenue acide.

— HIST. *Ajoutez :* XIVe s. [Pour un cheval] deux boisseaulx de bran.... item après, boire de l'eau de riviere chauffée sur le feu, et y ait du son dedans une toile.... *le Ménagier de Paris*, t. II, p. 77. || XVe s. Son ou bren, qui saillira de la farine, *le Cérémonial des consuls*, dans *Revue des langues romanes*, t. VI, p. 90.

SONDE. *Ajoutez* — HIST. XIIe s. Tant oire [tant il va] k'en une falise D'une grant riviere parfonde Que nus n'i getast d'une sonde, Est venus..., *Perceval le Gallois*, v. 40508.

† 2. **SONGE** (son-j'), *s. f.* Plante dont la racine est alimentaire (*arum esculentum*). Ile de la Réunion : Désignation des cultures; vivres du pays : maïs, manioc, songes et patates douces, *Marine et colonies, Tableaux de population, de culture*, etc. p. 40.

† **SONGEARD, ARDE** (son-jar, jar-d'), *adj.* Qui rêve, qui est distrait. Avec votre façon songearde vous seriez chez John Bull *in vitam æternam* que vous ne verriez rien, CHATEAUBR. *Mém. d'outre-tombe* (éd. de Bruxelles), t. II, *l'Angleterre de Richmond à Greenwich, etc.*

SONNANT. *Ajoutez :* — REM. Par allusion à espèces sonnantes, on dit faveurs sonnantes, pour faveurs qui sont ou rapportent de l'argent. Elle [la noblesse] convoitait surtout des faveurs sonnantes, vinssent-elles de seconde main, et cette main fût-elle la moins pure, HORN, *l'Économie polit. avant les physiocrates*, ch. II.

SONNERIE. *Ajoutez :* || 5° Ensemble de sonnettes pour une maison. Spécialité de sonneries électriques et porte-voix, *Alman. Didot-Bottin*, 1871-1872, p. 643, 4e col.

SONNETTE. || 3° *Ajoutez :* || Le chant de la sonnette. Ce double mouvement [d'élévation et de chute du mouton de la sonnette à tiraude] qui doit s'effectuer très-exactement, est d'ordinaire réglé sur un chant, le chant de la sonnette, *Gaz. des Trib.* 20 oct. 1875, p. 1009, 2e col. || La sonnette est ainsi dite, parce que les ouvriers qui soulèvent à la corde et laissent retomber le mouton, font absolument la manœuvre des *sonneurs* d'église. On lit à la colonne suivante de la *Gazette des Tribunaux :* Sur l'ordre.... de suspendre le travail de la sonnette, il aurait dû s'arrêter immédiatement et ne pas finir la volée, qui est de douze coups. || 5° Fils passés dans une étoffe en guise de signets. Que, sous l'article 17 du cahier des charges, il est dit expressément que, pour faciliter le contrôle de la commission, des sonnettes seront placées par le fournisseur [d'effets d'habillement] à tous les endroits où le timbre d'acceptation a été apposé, *Arrêt de la Cour d'appel de Paris, chambre correct.* du 18 fév. 1874, *Gaz. des Trib.* 19 fév. p. 173, 3e col. || 6° Ancien terme populaire. Des sonnettes, ce qui sonne, des pièces de monnaie On n'engage pas un tas de vauriens sans leur fournir des sonnettes, *Lett. du P. Duchêne*, 44e lettre, p. 2.

SOPHISTIQUERIE. || 1° *Ajoutez :* Il n'y eut jamais de plus basse sophistiquerie que la manière dont il s'y prend pour justifier ce reproche, ANT. ARNAULD, 5e *dénonciation*, VIII (*Œuvres*, Lausanne, 1780, p. 343).

† **SOPHOCLÉEN, ENNE** (so-fo-klé-in, è-n'), *adj.* Qui appartient à Sophocle, poëte tragique athénien. Notre ami Jules Lacroix, ce mouleur habile et consciencieux du groupe sophocléen, l'*Œdipe roi*, SAINTE-BEUVE, *Nouv. lundis*, t. IV (*Ducis épistolaire*, I).

† **SOPHROSYNE** (so-fro-zi-n'), *s. f.* La 134e planète télescopique, découverte en 1873 par M. Luther.

— ÉTYM. Σωφροσύνη, sagesse, prudence, et aussi nom de femme (voy. SOPHRONISTES).

SOPOREUX. *Ajoutez :* || 2° Qui s'endort, qui a envie de dormir. Il en est encore beaucoup d'au tres [des personnes] qui sont soporeuses toute la journée, quand elles n'ont pas pris leur tasse de café le matin, BRILLAT-SAVARIN, *Physiol. du goût, Méd.* VI, 46.

† **SOQUETTE** (so-kè-t'), *s. f.* Nom donné, à Verdun, à la poire d'Angleterre.

SORCIER. *Ajoutez :* || 5° Jouet d'enfant, petit bonhomme en moelle de sureau ou autre matière très-légère, plombé par le bas, de façon à se remettre toujours sur pieds.

SORDIDITÉ. *Ajoutez :* — HIST. XVIe s. Le prince doibt eviter deux choses : l'injustice et la sordidité, en conservant le droict envers tous et l'honneur pour soy, CHARRON, *Sagesse*, III, 2.

† **SORRENTO (BOIS DE)** (so-rrin-to), *s. m.* Sorte de bois employé par les ébénistes. On imite encore parfaitement, avec l'érable, la couleur du bois de sorrento, si apprécié pour une foule d'objets de luxe et de fantaisie.... il n'est pas hors de propos de rappeler ici que le bois dit de sorrento n'est autre chose que du palmier; il tire son nom d'une rivière située près de Sorrento, en Italie, dont les eaux ont, à leur source, la propriété de teindre en gris cendré les bois qui y sont plongés pendant plusieurs mois, *Journ. offic.* 23 mars 1875, p. 2211.

SORTE. *Ajoutez :* || 8° Terme de commerce. En sorte ou en sortes, en grains. Gomme en sorte. Manne en sorte, par opposition à manne en larmes.

SORTIE. || 6° *Ajoutez :* || On dit aussi, par abréviation, sortie pour sortie de bal. Le spectacle ne devait pas tarder à finir; déjà quelques jeunes femmes avaient fui frileusement enveloppées dans leur sortie..., *Nouvelliste de l'arrond. d'Avranches*, 19 mars 1876.

1. **SORTIR.** — REM. *Ajoutez :* || 4. Sortir, employé activement, est condamné par Courtin : « Le patois des provinces qui font un verbe actif d'un verbe neutre, comme *j'ai tombé mon gant, sortez ce cheval de l'écurie,* » *la Civilité françoise*, p. 164, Paris 1696. La même condamnation est

répétée dans une autre *Civilité* : « Rien n'est plus ridicule que de dire : *Voyez voir*, pour *considérez, voyez ; sortez ce cheval de l'écurie*, pour *faites sortir ce cheval*.... et mille autres façons de parler aussi ineptes que révoltantes, » *Civilité chrétienne*, 2e partie, ch. x, 1812. L'usage qui autorise d'employer sortir activement a prévalu.

† **SOTNIA** (so-tni-a), *s. f.* Terme militaire russe. Compagnie de cent cosaques, et aujourd'hui de cent hommes de cheval. Les régiments de cavalerie de la milice, qui se composaient autrefois de cosaques des gouvernements de Tchernigof et de Poltava, seront remplacés par des sotnias de cavalerie formées dans tous les gouvernements de l'empire, à raison d'un cavalier sur cinquante fantassins, *Journ. offic.* 23 août 1872, p. 5660, 3e col.

— ÉTYM. Russe *sotnia*, centaine, de *sto*, cent.

SOUBASSEMENT. — HIST. ‖ XVIe s. *Ajoutez* : [Le duc d'Alençon malade] mangeoit bien ; mais rien ne se fortifioit au soubassement du corps, BERSON, *Regret funèbre*, dans CORLIEU, *Étude médicale sur la dynastie des Valois*, p. 10.

† **SOUBERGUE** (sou-bèr-gh'), *s. m.* Nom des coteaux, dans le Languedoc. Languedoc : les terres calcaires sont plus ou moins pierreuses et ocreuses ; elles occupent principalement les coteaux ou soubergues, HEUZÉ, *la France agricole*, carte n° 5.

— ÉTYM. C'est un dérivé du prov. *sobre*, sur, du lat. *supra*.

SOUCHE. *Ajoutez* : ‖ 10° Vin acheté sur souche, se dit lorsqu'on achète le raisin encore sur le cep de vigne. Voici les premiers prix de débit des vins blancs achetés sur souche, *Gaz. des Trib.* du 5 janv. 1876, p. 14, 2e col. ‖ 11° Prendre souche, s'embrancher. Le projet primitif disait que la ligne de Pierrefonds prendrait souche sur celle de Compiègne à Soissons, *Journ. offic.* 18 oct. 1877, p. 6855, 3e col.

— HIST. *Ajoutez* : XIIe s. Si grans angoisse en cuer li toce [touche], Qu'il ne se muet plus c'une coce, *Perceval le Gallois*, v. 13069.

† 5. **SOUCHET** (sou-chè), *s. m.* Espèce de canard, *anas clypeata*, *Rev. britann.* oct. 1877, p. 963.

1. **SOUCI.** *Ajoutez* : ‖ 4° Nom d'un papillon diurne, *colia edusa*, très-commun dans la campagne, H. PELLETIER, *Petit dict. d'entomologie*, p. 20, Blois, 1868.

SOUCIER. *Ajoutez* : — REM. Dans l'Angoumois, soucier a un sens très-particulier dont aucune trace ne se trouve à l'historique. Il y signifie abonder, faire de l'effet, avoir de l'importance ; cela soucie beaucoup ; cela ne soucie guère. C'est surtout une terme de ménage.

† **SOUCIEUSEMENT** (sou-si-eû-ze-man), *adv.* D'une manière soucieuse, avec sollicitude. Il faut que la société se vienne au plus vite en aide à elle-même en prenant plus soucieusement par la main la plus nombreuse jeunesse et la moins bien pourvue, SALICIS, *le Temps*, 21 avr. 1876, 1re page, 6e col.

SOUCIEUX. — HIST. XIIIe s. A Sebile seus demora [il demeura seul] ; Souciex fu et malicieus, Et pour ce demora tous seus, ADENES, *li rois Cleomades*, v. 4436, publié par Van Hasselt, Bruxelles, 1865. (Souciex est ici de deux syllabes ; il est au cas sujet et provient d'un thème *soucif*, comme *doutiex* de *doutif* : voyez-en un exemple dans ce passage du même poëme : Et li rois li dist erranment Qu'il li donra, n'en soit doutiex, Tel don dont chascun sera miex, v. 6730).

† **SOUCRILLON.** — ÉTYM. *Ajoutez* : Il ne faut pas voir dans ce mot un dérivé de *sucre*. Ce paraît être une autre forme de *escourgeon* (voy. ce mot au Dictionnaire).

† **SOUDAGE** (sou-da-j'), *s. m.* Action de souder. Au moment du soudage, *Enquête, Traité de comm. avec l'Anglet.* t. II, p. 308.

SOUDAINETÉ. — HIST. *Ajoutez* : XIIIe s. Et esmerveilleront el sodeineté del santé nient espoirée, *Bible*, dans POUGENS, *Archéol. franc.* t. I, p. 218.

SOUDARD. — HIST. *Ajoutez* : XIVe s. Chascun de ses souldars [de Jacques d'Artevelle] avoit pour jour quatre gros de Flandres pour ses fraiz et pour ses gages, J. LE BEL, *Vrayes chroniques*, t. I, p. 128.

† **SOUDIER.** *Ajoutez* : ‖ *S. m.* Fabricant de soude, ouvrier de soudière. Il est aussi à propos de signaler la mauvaise qualité des sels vendus par les soudiers comme sels raffinés pour nos cuisines, *l'Avranchin*, 18 fév. 1872.

SOUDURE. *Ajoutez* : ‖ 5° Réunion d'embranchements ou de chemins de fer entre eux. L'expéditeur doit déclarer, dans sa note d'expédition, le tarif dont il entend réclamer l'application ; cette obligation lui incombe notamment, lorsque, la marchandise étant destinée à suivre plusieurs lignes de chemins de fer, il désire profiter des tarifs dits de soudure, moins élevés que les tarifs spéciaux ; la déclaration faite par l'expéditeur qu'il demande la taxe du tarif le plus réduit, n'implique point l'application des tarifs de soudure, *Gaz. des Trib.* 7 juin 1876, p. 552, 4e col.

† **SOUFFLARD** (sou-flar), *s. m.* Terme de houillère. Pertuis par lequel le grisou fait irruption, J. VERNES, *le Temps*, 22 avril 1877, *Feuilleton*, 2e page, 1re colonne. ‖ Irruption de grisou par quelque fissure, H. DE PARVILLE, *Journ. des Débats*, 9 mars 1876, 2e page, 4e col.

SOUFFLÉ. ‖ 8° Tissu soufflé, tissu qui semble gonflé. Métier à ganse soufflée et autres, *Alman. Didot-Bottin*, 1871-72, p. 1134, 3e col. ‖ *S. m.* Un soufflé, un tissu soufflé. Métiers à soufflés, *ib.* 1871-72, p. 1198, 3e col. Machines perfectionnées pour faire le soufflé, la guipure, *ib.* p. 1134, 3e col.

† **SOUFFLEMENT.** — HIST. *Ajoutez* : XIIe s. Li quiez [lequel], quant il parloit, mist fors lo vial [vital] sofflement, *li Dialoge Gregoire lo pape*, 1876, p. 200.

SOUFFLET. *Ajoutez* : ‖ 8° Dans le langage des tailleurs, pièce triangulaire insérée dans une fente de l'étoffe pour élargir un vêtement sur un point donné.

— HIST. ‖ XIVe s. *Ajoutez* : Tiens te coy, ou je te dounrai un ytel soufflet que tu penseras de moy de cy as quatre jours, *Rev. critique*, 5e année, 2e série, p. 397. ‖ XVIe s. *Ajoutez* : Il faudra attendre à punir ces soufflets et boutefeux de meurtres et seditions, jusques à ce que.... PH. DE MARNIX DE SAINTE-ALDEGONDE, *Response apologetique*, 1598, *Corresp. et mélanges*, p. 485.

SOUFFRIR. — REM. *Ajoutez* : ‖ 4. On peut voir, au n° 3, *Je les souffre régner* de Corneille ; cet exemple et quelques autres témoignent qu'au sens de laisser, *souffrir*, ayant pour sujet un nom de personne, se construit avec un infinitif sans interposition de préposition. Cet exemple-ci de Molière montre qu'en ce sens et avec cette construction, *souffrir* peut avoir pour sujet un nom de chose : Il ne faut pas que ce cœur m'échappe ; et j'y ai déjà jeté des dispositions à ne pas me souffrir longtemps pousser des soupirs, *Don Juan*, II, 2.

† **SOUILLANT, ANTE** (sou-llan, llan-t', *ll* mouillées), *adj.* Qui souille. Voltaire, le polémiste le plus diffamant, le plus souillant, le plus emporté qui fut jamais, VEUILLOT, *Odeurs de Paris*, I, 7.

† **SOUI-MANGA** (soui-manga), *s. m.* Espèce d'oiseau de l'Afrique équatoriale ; c'est le *cynniris* de Cuvier, famille des certhidés ; on le peut considérer comme le représentant des colibris dans l'ancien continent. Le soui-manga, d'une beauté sans pareille, X. MARMIER, *Rev. Britann.* déc. 1876, p. 378.

— ÉTYM. Madécasse, *soui-manga*, mangeur de sucre, parce qu'il vit sur les fleurs et en pompe le miel.

† **SOULAGEANT, ANTE** (sou-la-jan, jan-t'), *adj.* Qui soulage. Quelques personnes charitables de Grenoble ayant cru, à l'exemple de ce qui se pratique à Lyon, que ce serait une chose soulageante pour les pauvres..., BOISLISLE, *Correspond. contrôl. génér.* p. 282, 1692.

SOULAGER ‖ 2° Terme de marine. *Ajoutez* : ‖ Soulager, soulever, faire flotter. Il a été reconnu qu'un mètre cube environ de ce gaz [hydrogène] pourrait soulager dans l'eau à peu près une tonne.... l'inventeur a fait des essais sur un modèle du *Vonguard*, assez lourd pour que deux hommes ne fussent pas capables de le soulager sur le fond, *Journ. offic.* 6 août 1876, p. 6029, 3e col.

SOULIER. ‖ 1° *Ajoutez* : ‖ Fig. Marcher dans les souliers de quelqu'un, l'imiter servilement. Les premiers qui osèrent partir le sac sur le dos, leur parasol à la main, pour aller passer des mois entiers — non pas à Rome à marcher dans les souliers de David — mais dans le fond d'un village à faire des études, furent un peu regardés comme des fous et des paresseux par les peintres d'alors, *Hist. de l'art en France*, I, 241.

† **SOUMARDAGE** (sou-mar-da-j'), *s. m.* Nom, dans le Jura, d'un labour des vignes, dit aussi sombrage, *les Primes d'honneur*, Paris, 1869, p. 284.

SOUMISSION. *Ajoutez* : ‖ 7° Condition d'une fille publique qui se soumet aux règlements de la police. A Saint-Pétersbourg l'institution des registres secrets a eu pour suite la soumission immédiate de plus de 2000 prostituées clandestines, *Congr. international de statistique*, 8e *session*, 1re *partie*, 2e *section*, p. 15.

† **SOUPATOIRE** (sou-pa-toi-r'), *adj.* Qui a la forme d'un souper, qui s'étend jusqu'au souper. Il y avait des goûters soupatoires qui commençaient à cinq heures et duraient indéfiniment, BRILLAT-SAVARIN, *Physiol. du goût*, *Méd.* XXV.

— REM. Ce mot, très-usité dans la Suisse française, est formé sur le modèle de dinatoire : déjeuner dînatoire.

† **SOUPÇONNABLE.** — HIST. *Ajoutez* : XIVe s. Pour chou [ce] que li dit religieus ne sont mie gent souppechonnavle..., *Bibl. des chartes*, 1875, 3e et 4e livraisons, p. 233, 1320.

† **SOUPE-TOUT-SEUL** (sou-pe-tou-seul), *s. m.* Un homme qui se tient loin des autres. Je les entendais dire entre elles, parlant de moi : c'est un loup-garou, un soupe-tout-seul, *les Maistres d'hostel aux halles*, p. 108, 1671, dans CH. NISARD, *Parisianismes*, p. 194.

SOUPLEMENT. *Ajoutez* : — HIST. XIIIe s. Li messagier sont à pié descendu, Devant Carlon s'en vienent irascu, Moult souplement [humblement] firent le roy salu, ADENES, *les Enfances Ogier*, v. 530.

† **SOURATE** (sou-ra-t'), *s. f.* Autre forme de surate (voy. ce mot au Dictionnaire), et meilleure, vu que le mot originaire est prononcé *soura* par les Arabes.

SOURCE. *Ajoutez* : ‖ Proverbe. Sources hautes, blé cher ; sources basses, blé à bon marché.

SOURD. *Ajoutez* : — REM. On a dit que la locution *sourd comme un pot* pouvait s'expliquer ainsi : sourd comme un pot qui a des oreilles et n'entend pas ; on disait les oreilles d'une écuelle, d'un pot. Mais voy. au Supplément au mot POT une meilleure explication.

2. **SOURD.** — ÉTYM. Le *sourd* est dit ainsi parce que, en Normandie, la salamandre terrestre, ou mouron, passe pour *sourde*.

† **SOURICIER** (sou-ri-sié), *s. m.* Preneur, mangeur de souris. Le hérisson, ce souricier inconnu, est jeté à l'eau, et le crapaud, qui à lui seul purge un jardin de vers et de limaces, est écrasé sans pitié, *Journ. offic.* 9 oct. 1872, p. 6360, 2e col.

1. **SOURIRE.** *Ajoutez* : ‖ 7° Dans certaines provinces, il se dit d'un liquide qui bout très-légèrement, qui bout à peine. C'est pour ménager cette substance [l'osmazôme], quoique encore inconnue, que s'est introduite la maxime que, pour faire de bon bouillon, la marmite ne devait que sourire, expression fort distinguée pour le pays d'où elle est venue, BRILLAT-SAVARIN, *Physiol. du goût*, *Méd.* V (il s'agit sans doute du pays de Brillat-Savarin, le Bugey).

2. **SOURIS.** ‖ 3° *Ajoutez* : ‖ Souris du bras, partie charnue du bras (voy. MUSCLE à l'étymologie). Il lui donna un grand coup d'épée dans la souris du bras, MALH. *Lexique*, éd. L. Lalanne. ‖ 8° Souris de terre, un des noms vulgaires de la châtaigne de terre, *lathyrus tuberosus*, *Journ. offic.* 1er mars 1875, p. 1552, 1re col.

† **SOURNOISERIE** (sour-noi-ze-rie), *s. f.* ‖ 1° Caractère du sournois. ‖ 2° Actes sournois. En dépit de ses exigences, de ses duretés et de ses sournoiseries, le despote Buloz a des moments de sincérité et de véritable sensibilité, comme tous les bourrus, G. SAND, *Mém.*

† **SOUS-AFFRÉTEMENT** (sou-za-fré-te-man), *s. m.* Action de sous-affréter. Commerce d'affrétement ou de sous-affrétement, *Gaz. des Trib.* 31 janv. 1875, p. 102, 1re col.

† **SOUS-AFFRÉTEUR** (sou-za-fré-teur), *s. m.* Celui qui sous-affrète. L'affréteur ou le sous-affréteur d'un navire est intéressé au même titre que le propriétaire et le consignataire, *Gaz. des Trib.* 31 janv. 1875, p. 102, 1re col.

† **SOUS-COMMISSAIRE.** *Ajoutez* : ‖ 3° Aide ou adjoint d'un commissaire de police.

† **SOUS-CONCÉDER** (sou-kon-sè-dé), *v. a.* Concéder à un tiers une concession qu'on a reçue. Si la seigneurie est une principauté, le seigneur sous-concède des fiefs à des gentilshommes..., BÉCHARD, *Journ. offic.* 29 sept. 1877, p. 6554, 3e col.

† **SOUS-CORTICAL, ALE** (sou-kor-ti-kal, ka-l'), *adj.* Qui est sous l'écorce. Les petits tunnels sous-corticaux [de la vigne attaquée par le phylloxéra], BOITEAU, *Acad. des sc. Comptes rend.* t. LXXXIV, p. 255.

† **SOUS-DATAIRE.** *Ajoutez* : La supplique [pour obtenir un bénéfice] étant signée par le pape, le

sous-dataire l'envoie au premier réviseur, qui s'assure si le sommaire est d'accord avec la teneur de la demande, E. J. DELÉCLUZE, *Dona Olympia*, ch. VI.

† **SOUS-ÉLÉMENT** (sou-zé-lé-man), *s. m.* Élément secondaire, en sous-ordre. Admettra-t-on pour chacune de ces raies [spectrales] l'existence d'une sous-molécule ou d'un sous-élément du calcium? LECOQ DE BOISBAUDRAN, *Acad. des sc. Comptes rend*, t. LXXXII, p. 1265.

† **SOUS-MINER.** *Ajoutez :* || 2° Au propre, miner en dessous. La mer a sous-miné le tramway, dont elle a tordu les rails de toutes les façons et dans toutes les formes possibles, *Journ. offic.* 12 déc. 1874, p. 8229, 1re col.

† **SOUS-MOLÉCULE** (sou-mo-lé-ku-l'), *s. f.* Terme de physique. Molécule secondaire. M. Lockyer adopte l'hypothèse de la scission, à haute température, des éléments chimiques, soit en sous-molécules, soit même en éléments distincts, LECOQ DE BOISBAUDRAN, *Acad. des sc. Comptes rend.* t. LXXXII, p. 1264.

† **SOUS-NAPPE** (sou-na-p'), *s. f.* Pièce de molleton ou d'une étoffe piquée qu'on met sous la nappe pour amortir le bruit des assiettes ou des verres.

† **SOUS-PRENEUR** (sou-pre-neur), *s. m.* Sous-locataire.

† **SOUS-RÉPARTITION** (sou-ré-par-ti-sion), *s. f.* Répartition secondaire, qui vient après une répartition primitive. La sous-répartition des crédits budgétaires, *Journ. offic.* 19 déc. 1876, p. 9501, 1re col.

† **SOUS-SYSTÈME** (sou-si-stè-m'), *s. m.* Système secondaire, arrangement secondaire. Le sous-système du mont Seny, immédiatement postérieur à la période triasique, VÉZIAN, *Acad. des sc. Comptes rendus*, t. LXXXIII, p. 953.

† **SOUS-VENTER** (sou-van-té), *v. a.* Terme de marine. Sous-venter un navire, manœuvrer de façon que ce navire se trouve sous le vent par rapport à nous.

† **SOUTADO** (sou-ta-do), *s. m.* Populairement et par plaisanterie, cigare d'un sou, par allusion au colorado, etc. Étant donné le jour des Morts, à la porte du cimetière Montparnasse, et l'affluence des visiteurs, Dieu sait la quantité de soutados jetés par ceux-ci, le scandale causé par celui qui les ramassait [vêtu d'une blouse courte et d'un pantalon sans fond], *Gaz. des Trib.* 11 nov. 1875, p. 1098, 4e col.

SOUTANE. *Ajoutez :* || 4° Soutane rouge, soutane des cardinaux. Il [le cardinal de Richelieu] dit un jour au marquis de la Vieuville... qu'il était timide de son naturel..., mais qu'après s'être résolu, il agissait hardiment, poussait à son but, renversait tout, fauchait tout, et puis couvrait tout de sa soutane rouge, MONTCHAL, *Mémoires*, t. I, p. 8.

SOUTENU. *Ajoutez :* || 9° Une voix soutenue, une voix qui ne baisse ni ne s'élève. Je prononce l'évocation d'une voix claire et soutenue, CAZOTTE, *le Diable amoureux*, chap. II. || 10° Terme forestier. Massif soutenu, massif de grands arbres sans interruptions. Sous les grandes futaies où le massif est soutenu, le calme est si complet que les feuilles mortes qui couvrent le sol se décomposent sur la place même où elles sont tombées, BOUQUET DE LA GRYE, *Bull. Société centrale d'Agriculture*, 1872, p. 572.

SOUTIEN. *Ajoutez :* || 5° En termes de papeterie, la résistance, la propriété que le papier a de se soutenir, au lieu de se friper. Le papier employé par le faussaire est cotonneux et épais; il n'a pas le soutien et la main du papier des billets de banque..., MARSAUD, *sécr. gén. de la Banque de France*, *Journ. offic.* 31 août 1876 p. 6700, 1re col. || La main signifie ici la consistance, le corps, comme on le dit du drap.

SOUTIRAGE. *Ajoutez :* || 2° Vin qui a été soutiré. Dans Paris, les bons vins dits soutirages valent 165 fr. la pièce de 225 litres; les soutirages ordinaires, de 150 à 160 fr. *Journ. offic.* 7 sept. 1874, p. 6417, 1re col.

† **SOUTRAGE** (sou-tra-j'), *s. m.* Produit du nettoiement des plantations de pins des landes, employé comme litière. Soutrage; c'est le nom vulgaire sous lequel on connaît, dans le pays, tout ce qui pousse en fait de végétation dans les *pignadas*, sur les parties dénudées, FARÉ, *Enquête sur les incendies des Landes*, p. 194. Les produits du nettoiement, connus sous le nom de soutrage, sont utilisés comme litière... la pratique du soutrage n'est pas nuisible à la végétation, *ib.* p. 41. Dans tout le pays on l'emploie exclusivement, sous le nom de bruc ou de soutrage, pour tout le bétail qui s'y trouve, *ib.* p. 156. Produits accessoires des forêts : pâturage, soutrage, récolte de fruits, chasse, *École forestière, Programme*, 1876, p. 10.

— ÉTYM. Dérivé de *soutre*, qui signifie partie inférieure et qui vient du lat. *subter*, dessous.

† **SOUTRAGER** (sou-tra-jé ; le *g* prend un *e* devant *a* et *o* : soutrageant, soutrageons), *v. a.* Enlever le soutrage. Pour que le pare-feu fût une sauvegarde absolue, il faudrait lui donner une largeur de beaucoup supérieure à celle des routes et y pratiquer le pelage du sol à sable nu ; car, si l'on se bornait à les soutrager, les fougères et les graminées, qui poussent en grande abondance, seraient toujours une cause de propagation, *Enquête sur les incendies des Landes*, p. 28.

† **SOUTRE.** *Ajoutez :* || 2° Dans l'Aunis, partie inférieure. Le soutre d'une litière, *Gloss. aunisien*, p. 149.

— HIST. XVIe s. Ainsi le beau soleil montre un plus beau visage, Faisant un soutre clair sous l'espais du nuage, D'AUB. *Tragiques*.

— ÉTYM. *Ajoutez :* Prov. *sotran*, *sotra*, inférieur, *sostror*, abaissement ; bas-lat. *sostrale*, litière ; tous ces mots viennent du lat. *subter*.

† **SOYER** (so-ié), *s. m.* Verre de Champagne glacé, qu'on hume avec un tuyau de paille. Soyers punchs, etc. servis au buffet du bal de l'Opéra.

SOYEUX. || 1° *Ajoutez :* || Marché soyeux, marché de la soie. Cette semaine, dit le *Moniteur des soies* qui se publie à Lyon, a été moins nulle que la dernière, aussi bien pour l'étoffe que pour le marché soyeux, *Journ. offic.* 18 mars 1872, p. 1931, 3e col. || La récolte soyeuse, la récolte de la soie. Le syndicat des marchands de soie de Lyon vient de publier une statistique de la dernière récolte soyeuse en Europe, *Journ. offic.* 6 août 1877, p. 5627, 1re col.

† **SPA** (spa), ville de Belgique, célèbre par ses eaux minérales. || Ouvrage de Spa, boîtes ou autres objets en bois blanc avec ou sans ornements ou peintures, recouverts ou non de paille de couleur, *Douanes, Tarif de* 1877, note 673.

SPAHI. || 2° *Ajoutez :* Quant aux spahis, on les voit apparaître dès le commencement de la conquête, en 1830 ; sous le nom générique de spahis qui lui est resté, c'était une cavalerie indigène irrégulière, espèce de milice, *Journ. offic.* 12 nov. 1874, p. 7531, 1re col.

† **SPALAX** (spa-laks'), *s. m.* Genre de mammifères vulgairement désignés sous le nom de rats-taupes. || On dit aussi aspalax.

— ÉTYM. Σπάλαξ, taupe.

† **SPARDECK** (spar-dèk), *s. m.* Terme de marine. Mot anglais qui signifie faux-pont. Un grand nombre se soutenaient encore, mais, sur le pont et le spardeck de la *Ville du Havre*, il y avait peu de chose pouvant servir d'épave, *Journ. du Havre*.

— ÉTYM. Angl. *spar*, barre de bois, et *deck*, tillac.

† **SPARMANNIE** (spar-ma-nie), *s. f.* Nom d'une plante. On y cultive avec succès [dans la zone de l'oranger] les végétaux suivants : citronnier, ... sparmannie du Cap, rosier des Indes..., HEUZÉ, *la France agricole, carte n° 6.*

SPAROÏDE (spa-ro-i-d'), *s. m.* Terme de zoologie. Famille de poissons acanthoptérygiens, dans la classification de Cuvier.

— ÉTYM. *Spare*, et εἶδος, forme.

SPARTE. *Ajoutez :* — REM. Depuis les auteurs cités dans l'article SPARTE, on a mieux distingué. Le nom de sparte a été donné à deux plantes : 1° à la stipe (voy. STIPE, 2) ou alfa ; 2° au lygée, dit aussi spart ou sparte (*lygeum spartum*, L.), petite graminée du midi de l'Europe, dont le chaume simple à un seul nœud sert à faire de la sparterie fine.

SPATHE. *Ajoutez :* || 2° Nom grec de la navette. Lycamédé..., ouvrières intelligentes, consacron ces paniers naguère pleins de laine et ces spathes pesantes, DEHÈQUE, *Traduction d'une épigramme grecque*, dans SAINTE-BEUVE, *Nouv. lundis*, t. VII (*Anthologie grecque*, I).

† **SPÉCIALISME** (spé-si-a-li-sm'), *s. m.* Caractère spécial. L'amour de la petite patrie corrige, par d'utiles spécialismes, ce que l'amour de la grande, à force d'extensions parfois aveugles, pourrait avoir de trop banal, P. GUERRIER DE DUMAST, *à l'Académie de Stanislas*, 11 mai 1876. || Il se dit aussi de la division du savoir.

† **SPÉCIÉITÉ** (spé-si-é-i-té), *s. f.* Terme d'histoire naturelle. Qualité, caractère d'espèce d'une plante ou d'un animal. La reproduction à l'aide de graines démontre la spéciéité [du *rubus fruticosus inermis*], CARRIÈRE, *Rev. horticole*, 16 sept. 1875, n° 18, p. 351.

— ÉTYM. Lat. *species*, espèce.

† **SPECTRONATROMÈTRE** (spè-ktro-na-tro-mè-tr'), *s. m.* Instrument inventé par MM. Champion, Pillet et Grenier, et destiné à doser des quantités extrêmement petites de soude, et que les auteurs nomment spectronatromètre, H. DE PARVILLE, *Journ. offic.* 20 mars 1873, p. 1953, 3e col.

— ÉTYM. *Spectre*, *natron*, et μέτρον, mesure.

† **SPECTROSCOPIQUEMENT** (spè-ktro-sko-pi-ke-man), *adv.* Par le procédé de la spectroscopie. Un véritable laboratoire astronomique, permettant de photographier constamment le soleil et de l'examiner aussi spectroscopiquement, H. DE PARVILLE, *Journ. offic.* 8 avril 1872, p. 2435, 3e col.

† **SPECTROSCOPISTE** (spè-ktro-sko-pi-st'), *s. m.* Celui qui se livre à l'étude de la spectroscopie. En Italie, où la sérénité du ciel semble inviter à ce genre d'études, on a vu se fonder, il y a peu d'années, la société des spectroscopistes, qui se donne pour tâche de surveiller le soleil et d'en dessiner jour par jour les changeants phénomènes, RADAU, *Rev. des Deux-Mondes*, 15 mai 1876, p. 425.

— ÉTYM. Voy. SPECTROSCOPIE au Dictionnaire.

SPÉCULER. || 3° *Ajoutez :* Tout atteste alors [au temps de la Régence] cette révolution opérée par la richesse, par le luxe et par l'amour de l'argent ; même la langue en témoigne : spéculer au XVIIe siècle, c'était méditer sur la métaphysique ; cela signifie, au XVIIIe, jouer à la hausse ou à la baisse, H. BAUDRILLART, *Journ. offic.* 12 août 1877, p. 5754, 3e col.

SPHAGNE (sfa-gn'), ou **SPHAIGNE** (sfè-gn'), *s. f.* ou **SPHAGNUM** (sfagh'-nom'), *s. m.* Genre de mousses vivaces très-répandues dans les terrains humides, quelle qu'en soit l'altitude, créé par Adanson et Dillenius ; elles concourent pour une grande part à la formation des tourbes, ou les forment en entier dans certaines tourbières.

— ÉTYM. Σφάγνος, sorte de mousse qui pend aux arbres.

† **SPHÉGE** (sfè-j'), *s. m.* Hyménoptère de la famille des fouisseurs.

— ÉTYM. Σφήξ, guêpe.

† **SPHÉNISQUE** (sfé-ni-sk'), *s. m.* Sorte d'oiseau aquatique qui ne peut voler. Ils [les pingouins de l'hémisphère nord] sont représentés dans l'autre hémisphère par les manchots, les sphénisques et les gorfous, qui sont encore plus dégradés, si c'est possible, et qui forment comme une transition entre les oiseaux et les poissons, *Journ. offic.* 9 mai 1876, p. 3165, 2e col.

SPHINX. *Ajoutez :* || 4° Fig. Ce qui est mystérieux. Nouveau sphinx, la vie abandonnera le secret de sa destinée à qui saura le lui ravir au prix d'une lutte acharnée, G. DE SAPORTA, *Rev. des Deux-Mondes*, 1er déc. 1871, p. 616.

— REM. *Ajoutez :* Voici un exemple où sphinx est du féminin : Dans le voisinage de la cité de Thèbes, s'était posé sur un rocher élevé un horrible monstre au visage de femme et au corps de lion.... et la respiration de cette sphinx, empoisonnant l'air pur du ciel, répandait dans leurs demeures une peste affreuse, *les Dieux et les héros, contes mythologiques*, trad. de l'anglais de G. COX par F. Baudry et E. Delerot, Paris, 1876, p. 35.

† **SPHRAGISTIQUE.** *Ajoutez :* || 2° *Adj.* Qui a rapport aux sceaux et cachets. La complète intelligence des monuments sphragistiques, A. MAURY, *Rev. des Deux-Mondes*, 15 oct. 1867, p. 891.

† **SPIRITISTE** (spi-ri-ti-st'), *s. m.* Celui qui est adonné à la superstition des spirites.

SPIRITUELLEMENT. *Ajoutez :* || 5° Dans le domaine spirituel. Je crois que votre emploi est à l'abri d'un nouveau règlement ; je vous prie de m'en instruire ; je suis un vrai frère, je m'intéresse à vous spirituellement et temporellement, VOLT. *Lett. à Damilaville*, 15 déc. 1765.

— HIST. *Ajoutez :* XIIe s. Mes angelinement [comme un ange] [saint Nicolas] alout Là où besoinos l'apelout ; Tut savoit espiritelment, WACE, *Saint Nicholas*, v. 488. || XIVe s. Et spirituelment a parler, les meilleurs nouvelles c'on puist dire à personne devote, si sont quant on li dit que Dieu veult habiter avecques li, *Miracles de Noire Dame par personnages*, Paris, 1876, p. 206.

† **SPIROGYRE** (spi-ro-ji-r'), *s. f.* Terme de bota-

nique. Genre de plantes de la classe des algues, dans chacune des cellules desquelles se trouvent des bandelettes contournées en spirale.

— ÉTYM. *Spire*, et lat. *gyrare*, tourner.

† **SPIROPHORE** (spi-ro-fo-r'), *s. m.* Terme de médecine. Appareil servant à rappeler à la vie les noyés ou les asphyxiés, en précipitant l'air extérieur par la bouche dans les poumons.

— ÉTYM. Mot hybride, du lat. *spirare*, respirer, et φορός, qui porte.

† **SPIRULE** (spi-ru-l'), *s. f.* Coquille en spirale, qui contient une espèce de seiche, *Journ. offic.* 12 janv. 1876, p. 330, 3ᵉ col.

SPLENDIDEMENT. *Ajoutez :* Il traita splendidement M. d'Usez la semaine passée, RAC. *Lexique*, éd. P. Mesnard.

† **SPLENDIR** (splan-dir), *v. n.* Néologisme. Avoir de la splendeur. Elle voyait grandir et splendir à mesure Du céleste captif la touchante figure, LAMART. *Chute d'un ange*, 12ᵉ *vision*.

— ÉTYM. Lat. *splendere* (voy. SPLENDEUR), qui a suggéré *splendir*, lequel d'ailleurs est le simple de *resplendir*.

† **SPOLIAIRE** (spo-li-è-r'), *s. m.* Terme d'antiquité romaine. Lieu où l'on dépouillait les gladiateurs tués. Que l'ennemi de la patrie, le parricide, le gladiateur, soit déchiré dans le spoliaire ! au spoliaire le gladiateur ! au spoliaire l'ennemi du sénat ! Extr. du *Dict. des antiq. gr. et rom.* verbo *acclamation*, dans *Journ. offic.* 2 déc. 1875, p. 9935, 3ᵉ col.

— ÉTYM. Lat. *spoliarium*, de *spoliare*, dépouiller.

† **SPORÉ, ÉE** (spo-ré, rée), *adj.* Terme de botanique. Qui est pourvu de spores.

SPORTIF, IVE (spor-tif, ti-v'), *adj.* Néologisme. Qui a rapport au sport. On étonnerait bien les habitués des courses en leur disant que Chantilly n'était pas le seul rendez-vous sportif de dimanche dernier, *l'Illustration*, 28 oct. 1876, p. 283, 3ᵉ col.

† **SPORTIQUE** (spor-ti-k'), *adj.* Qui a rapport au sport. Il [un juge anglais qui ménageait les braconniers] est devenu impopulaire parmi toute la gent sportique, *Journ. des Débats*, 14 mars 1877, 2ᵉ page, 2ᵉ col. || On trouve aussi sportesque. Elle [Rosa Bonheur] a aussi cet amour sportesque qui l'initie aux mœurs, aux tournures, aux habitudes des animaux, BÜRGER, *Salons de 1861 à 1868*, t. II, p. 364.

† **SPORULATION** (spo-ru-la-sion), *s. f.* Terme de botanique. La production des spores et sporules, *Acad. des sc. Comptes rend.* mars 1876.

† **SPORULÉ, ÉE** (spo-ru-lé, lée), *adj.* Terme de botanique. Qui est pourvu de sporules.

† **SPOULINER** (spou-li-né), *v. a.* Le même que espouliner (voy. ce mot au Dictionnaire).

† **SPRAT** (sprat'), *s. m.* Nom anglais d'un petit poisson de la Manche, le harenguet, qui se vend fumé en France sous le nom de sprat (voy. ESPROT au Dictionnaire). Sprats salés pour servir d'appât à la pêche de la sardine ; sprats préparés comme la sardine, *Douanes, Tarif de* 1877, p. CLXXVII.

— ÉTYM. All. *Sprotte*, sardine fumée ; holl. *sprot*. Au Dictionnaire, *sprot*, *sprat* est dit signifier une peau d'anguille servant d'appât, sens qui ne paraît s'appuyer sur rien.

† **SPROT** (sprot'), *s. m.* Le même que sprat ci-dessus.

† **SPRUCE** (spru-s'), *s. m.* Espèce de sapin, *abies nigra*. Le spruce vit dans un climat très-rigoureux [Terre-Neuve], sur un sol très-peu fertile. || Bière de spruce. Dans cette île [Terre-Neuve], on prépare avec les branches de cet arbre une boisson connue sous le nom de bière de spruce ou sapinette, d'un goût assez agréable, et qui possède quelques vertus hygiéniques, OCT. SACHOT, *Rev. Britan.* mars 1877, p. 236.

— ÉTYM. Angl. *spruce* (voy. PRUCE au Dictionnaire).

† **SQUALIDE** (skoua-li-d'), *adj.* Mot forgé du latin. Sale, ignoble. Un squalide recors range sur l'établi Le code où la raison est vouée à l'oubli, BARTHÉLEMY, *Némésis, la Magistrature.*

— ÉTYM. Lat. *squalidus*, sale.

† **SQUATTER** (skoua-teur), *s. m* || 1ᵉ Nom donné en Amérique aux hommes qui s'aventurent dans les pays non encore occupés par les États-Unis, et s'y établissent d'une façon ou d'autre. || 2ᵉ Nom, en Australie, des propriétaires de troupeaux de moutons, qu'ils font paître sur des terrains qu'ils tiennent à location du gouvernement.

— ÉTYM. Angl. *to squat*, s'accroupir se blottir.

† **STABILISATEUR, TRICE** (sta-bi-li-za-teur, tri-s'), *adj.* Qui rend stable, qui fixe. Je n'ai trouvé dans les écrits ni de l'un ni de l'autre [Lamarck et Darwin] rien qui autorise à penser que, d'après eux, l'hérédité puisse jouer un rôle stabilisateur, QUATREFAGES, *Journ. des Sav.* fév. 1877, p. 102.

— ÉTYM. Voy. STABILITÉ.

† **STABILISER** (sta-bi-li-zé), *v. a.* Rendre stable. || *V. réfl.* Se stabiliser, devenir stable. Les races, une fois formées sous l'empire de l'homme, se stabilisent par les mêmes causes qui leur ont donné naissance, DE QUATREFAGES, *l'Espèce humaine*, 2ᵉ éd. 1877, p. 188.

— ÉTYM. Voy. STABILITÉ.

† **STABLEMENT.** *Ajoutez :* Nous ne voulons rien franchement, rien stablement, MALH. *Lexique*, éd. L. Lalanne.

† **STABULATION.** *Ajoutez :* || On a appliqué dans ces derniers temps ce mot aux poissons retenus et nourris dans un vivier. Toutes les espèces de poissons pouvant supporter la stabulation s'y trouveront réunies [à un aquarium] dans de vastes bassins fermés par des glaces, *Journ. offic.* 21 avr. 1875, p. 2884, 2ᵉ col.

† **STABULER** (sta-bu-lé), *v. a.* Mettre en stabulation. Les pâturages plus limités conduiraient à stabuler ou à parquer le bétail suivant les saisons, FARÉ, *Enquête sur les incendies des Landes*, p. XLV, 1873. L'élevage de la brebis, conduite au parcours sur les grands espaces, sans la stabuler ou la mettre en parc, est peu productif, ID. *ib.* p. 43.

† **STADIA** (sta-di-a), *s. f.* (Quelques auteurs le font masculin.) Instrument servant à mesurer indirectement les distances. || Dans les écoles de tir, la stadia était une plaque de métal portant un évidement triangulaire au moyen duquel on mesurait la grandeur apparente d'un homme debout à une certaine distance ; la distance se déduisait de cette grandeur apparente. On a construit des lunettes à stadia fondées sur le même principe. || En topographie, la stadia est une règle divisée qui se place verticalement en un point, dont on veut connaître la distance à un autre point où se trouve un observateur muni d'une lunette à réticule. La distance cherchée se déduit du nombre de divisions de la règle interceptées entre les fils du réticule. La longueur totale des lignes nivelées ne sera précisée qu'après le calcul des stadias, mais elle doit être évaluée approximativement à 500 kilomètres, E. ROUDAIRE, *Journ. offic.* 9 juill. 1876, p. 4971, 3ᵉ col.

— ÉTYM. Στάδιον, stade, d'après des auteurs anonymes (cette étymologie se trouve dans un manuel de tir lithographié) ; ou plutôt l'adjectif féminin στάδια, de στάδιος, planté debout.

† **STADIOMÈTRE** (sta-di-o-mè-tr'), *s. m.* Instrument analogue au télémètre (voy. ce mot au Dictionnaire).

† **STAMBOUL** (stan-boul), *s. m.* Nom, dans le Levant, d'un drap lourd. Le stamboul, destiné à faire des manteaux, n'exige que 44 kilogrammes de laine pour 50 mètres de drap, J. LAVERRIÈRE, *Trad. de Mudge, cᵒˢ des États-Unis, expos.* 1867, dans *Mém. d'Agr. etc.* 1870-71, p. 352.

† **STAMBOULINE** (stan-bou-li-n'), *s. f.* Nom donné à la redingote que portent les fonctionnaires turcs, *Journ. offic.* 8 janv. 1876, p. 207, 2ᵉ col. Le costume officiel des magistrats [des tribunaux mixtes d'Égypte] est le suivant : tarbouche et stambouline, écharpe en sautoir, *Gaz. des Trib.* 7 janv. 1876, p. 23, 3ᵉ col.

† **STAMPOMANIE** (stan-po-ma-nie), *s. f.* Manie de se faire imprimer. Daunou disait du marquis de Fortia d'Urban, qu'il était atteint de stampomanie, SAINTE-BEUVE, *Nouv. lundis*, t. V (*Œuvres inédites de la Rochefoucauld*).

† **STAND** (stand'), *s. m.* Nom, dans la Suisse, des endroits disposés pour un tir. Les bourgs ont souvent plusieurs de ces sociétés [de tir] et possèdent des stands très-bien établis : abris pour les tireurs, couverts pour les cibles..., *Journ. offic.* 15 janv. 1875, p. 373, 1ʳᵉ col. À onze heures, un déjeuner de quatre-vingt-sept couverts réunissait, dans le stand même, les tireurs étrangers et lyonnais, *ib.* 13 mai 1877, p. 3550, 1ʳᵉ col.

† **STAPHYLINIDES** (sta-fi-li-ni-d'), *s. m. pl.* Famille d'insectes coléoptères, *Journ. offic.* 26 avr. 1876, p. 2943, 1ʳᵉ col.

— ÉTYM. Voy. STAPHYLIN 1 au Dictionnaire.

† **STARIE** (sta-rie), *s. f.* Terme du commerce maritime. Temps qui détermine le chargement et le déchargement d'un navire. Lorsque la starie est trop longue, elle reste aux frais de l'armateur, || C'est le même que surestarie, qui est au Dictionnaire.

† **STASIMÈTRE** (sta-zi-mè-tr'), *s. m.* Nom donné par M. Bétot à un instrument qu'il a inventé pour mesurer la résistance à la pénétration qu'offrent les tissus organiques ; c'est une balance dont un plateau est remplacé par une aiguille qui doit s'enfoncer dans le corps à explorer, *Journ. offic.* 7 avr. 1877, p. 2740, 1ʳᵉ col.

— ÉTYM. Στάσις, état fixe, et μέτρον, mesure.

† **STATER** (sta-té), *v. a.* Suspendre, interrompre ; se dit, en Belgique, en matière de travaux publics et en procédure. La cour ordonne de stater les travaux.

— ÉTYM. Mot dérivé du lat. *status*, état. M. Du Bois, avocat à Gand, qui me communique cette note, me dit qu'un entrepreneur lui assure que *stater* est employé aussi en français. Un dictionnaire hollandais du XVIIᵉ siècle a *stateren*, le désignant comme mot bâtard, c'est-à-dire dérivé du français, et lui donnant le sens de suspendre ; ce qui prouve que dès lors *stater* était usité en Belgique.

† **STATHMOGRAPHE** (sta-tmo-gra-f'), *s. m.* Instrument destiné à mesurer la vitesse d'un train. M. Dato, inspecteur des constructions de chemins de fer, à Cassel, a inventé, sous le nom de stathmographe, un appareil destiné à contrôler la vitesse des trains.... le stathmographe a été mis à l'épreuve pendant un an sur une locomotive de la ligne du Havre et a été reconnu très-pratique, *Journ. offic.* 13 oct. 1876, p. 7475, 3ᵉ col.

— ÉTYM. Στάθμη, ligne servant à mesurer, et γράφειν, écrire.

† **STATIONNEL, ELLE** (sta-sio-nèl, nè-l'), *adj.* Terme de botanique. Qui appartient à une station, à une région. Variétés locales ou stationnelles, JORDAN, dans *Journ. des Savants*, mars 1877, p. 158.

† **STATISTE** (sta-ti-st'), *s. m.* Homme d'État (terme inusité). Ulysse, le premier de tous les statistes, devant revenir en ce monde, demande d'y vivre en homme privé, LA MOTHE LE VAYER, *Dial. d'Orat. Tubero*, t. II, p. 243. Qui ne les prend [les Espagnols] aujourd'hui pour les plus grands statistes et les plus raffinés politiques qui vivent ? ID. *ib.* t. II, p. 281.

† **STAUROSCOPE** (stô-ro-sko-p'), *s. m.* Instrument dans lequel on place les minéraux transparents à examiner : ceux qui laissent apercevoir une croix changeant, par la rotation, de couleur, d'aspect, ou disparaissant, possèdent la double réfraction ; ceux qui, examinés de même et tournés en différents sens, ne changent pas la croix, n'ont que la simple réfraction.

— ÉTYM. Σταυρὸς, croix, et σκοπεῖν, examiner.

† **STEAM-BOAT** (stim'-bôt'), *s. m.* Bateau à vapeur.

— ÉTYM. Angl. *steam*, vapeur, et *boat*, bateau.

† **STÉNÉLYTRES** (sté-né-li-tr'), *s. m. pl.* Nom d'une famille de coléoptères.

— ÉTYM. Στενὸς, étroit, et ἔλυτρον, élytre.

† **STÉPHANION** (sté-fa-ni-on), *s. m.* En anthropologie, point singulier du crâne où s'effectue le croisement de la suture coronale et de la ligne temporale.

— ÉTYM. Στέφανος, couronne.

† **STÉPHANOPHORE.** *Ajoutez :* || 2ᵉ *S. m.* Le principal prêtre de Tarse en Cilicie. On sait que l'un des principaux prêtres de Tarse, le stéphanophore, investi d'une autorité qui pouvait dégénérer en tyrannie politique, était prêtre d'Hercule, HEUZEY, *Journ. offic.* 11 juill. 1876, p. 5032, 1ʳᵉ col.

STEPPE. — ÉTYM. *Ajoutez :* Le mot russe est féminin.

† **STEPPER** (stè-pé), *v. n.* Mot forgé de l'anglais. Aller activement, en parlant d'un cheval. Le limonier de la troïca trotte en steppant droit devant lui ; les deux autres galopent et tirent en éventail, F. CHAULNES, *Journ. offic.* 4 août 1673, p. 5244, 1ʳᵉ col.

— ÉTYM. Angl. *to step*, marcher ; *stepper*, cheval qui a de l'entrain.

† **STICHOMÉTRIE.** *Ajoutez :* Théopompe avait fait le compte des lignes écrites par lui : vingt mille lignes d'éloquence démonstrative, plus de cent cinquante mille de prose historique.... c'est là le plus ancien exemple connu d'un usage général dans l'antiquité, et qu'on désigne du nom de stichométrie, H. WEIL, *les Harangues de Démosthène, introduction*, p. XLV.

† **STICHOMÉTRIQUE** (sti-ko-mé-tri-k'), *adj.* Qui a rapport à la stichométrie

† STIGMATIQUE. || 2° Terme de médecine. Qui a rapport à la maladie des stigmatisés. || Névropathie stigmatique, sorte de maladie dans laquelle apparaissent des stigmates. S'il [le débat académique] n'a pas déchiré tous les voiles, il a du moins fait une place dans la science à la névropathie stigmatique, *Lettre du docteur Warlemont*, dans l'*Indépendance belge* du 19 oct. 1875.

† STILBITE (stil-bi-t'), *s. f.* Terme de minéralogie. Silicate alumineux double hydraté, à base calcaire ou alcaline, à éclat nacré.

— ÉTYM. Στιλβός, brillant.

† STINKAL (stin-kal), *s. m.* Nom d'un marbre du Boulonais. Le marbre de ces carrières est d'un gris sombre et bleuâtre : on le nomme stinkal, dénomination tirée de l'anglais, et qui exprime la nature de ce marbre, qui, lorsqu'on le frotte, répand une odeur désagréable ; on l'emploie ordinairement à la décoration intérieure des appartements, où il figure très-bien, J. F. HENRY, *Essai sur l'arrond. de Boulogne-sur-Mer*, p. 221, Boulogne, 1810.

— ÉTYM. Anglais, *stinkard*, puant.

† 2. STIPE. *Ajoutez :* — REM. La stipe très-tenace (*stipa tenacissima*, L.) est l'alfa (écrit anciennement halefa), graminée dont les feuilles cylindriques, très-tenaces, longues de 50 à 60 centimètres, sont coupées ou arrachées et servent à faire de la sparterie, des cordes et de la pâte à papier ; elle croît en Espagne, en Grèce et dans tout le nord de l'Afrique.

STOÏQUE. *Ajoutez :* || 3° Il s'est dit pour stoïcisme. Le stoïque est une belle et noble chimère, ST-SIM. dans *Scènes et portraits choisis*, etc. par Eug. de Lanneau, Paris, 1876, t. II, p. 415.

† STOLZITE (stol-zi-t'), *s. f.* Terme de minéralogie. Tungstate de plomb grisâtre.

† STORTHING (stor-tingh'), *s. m.* Nom de l'assemblée nationale en Norvége (de *stor*, grand, et *thing*, assemblée). La session du storthing a été ouverte hier par M. Stang, président du conseil norvégien..., *Journ. offic.* 10 févr. 1872, p. 966, 2° col.

† STRABIQUE (stra-bi-k'), *adj.* Terme de médecine. Qui est relatif au strabisme. || Substantivement. Un strabique, une strabique, celui, celle qui est affectée de strabisme.

† STRAFILATI (stra-fi-la-ti), *s. m. pl.* Nom italien d'une sorte d'organsin. Les articles en faveur cette semaine sur la place de Lyon ont été les organsins de France deuxième ordre, les organsins de Syrie, et les organsins strafilati fins, de qualité presque courante, *Journ. offic.* 8 avril 1872, p. 2437, 1re col. Pour les soies ouvrées, les opérations sont assez calmes ; les gréges se vendent de 116 à 120 francs, les organsins de 110 à 133 francs, et les strafilati de Piémont de 133 à 137 francs, *ib.* 20 juill. 1872, p. 4947, 3° col.

† STRAMBEAU (stran-bô), *s. m.* Terme de marine. Grosse espingole établie sur un chandelier de fer, à bord des vaisseaux.

STRAPONTIN. — ÉTYM. *Ajoutez :* Rabelais a dit *transpontin* au lieu de strapontin : Pantagruel, tenant ung Heliodore grec en main, sus ung transpontin on bout des escoutilles sommeilloyt, *Pant.* IV, 63.

† STRATIOME (stra-ti-o-m'), *s. m.* Diptère dont une espèce, le stratiome caméléon, est commune aux environs de Paris.

† STRIDENT. *Ajoutez :* — REM. Rabelais a employé strident au sens de : qui fait grincer les dents, et a dit appetit strident pour appétit très-vif : J'ay necessité bien urgente de repaistre, dents aiguës, ventre vuide, gorge seiche, appetit strident, II, 9. J.-B. Rousseau l'a répété : Car ces menins de la cour éthérée Sont tous doués d'un appétit strident De se venger, quand ils sentent la dent, *Ép.* I, 3. Cela n'est plus usité.

† STRIDEUR. — HIST. *Ajoutez :* XII° s. En la pense [pensée] est la rage, et es dens la strendors, *li Dialoge Gregoire lo pape*, 1876, p. 369.

† STRIDULATION. *Ajoutez :* Il [le mâle] s'en distingue encore par une foule d'autres caractères secondaires, tels que des organes de chant ou de stridulation, des glandes odorifères, etc., R. RADAU, *Rev. des Deux-Mondes*, 1er oct. 1871, p. 685.

† STRIGE. *Ajoutez :* — HIST. XIII° s. Tele se fait moult regarder Par son blanchir, par son farder, Qui plus est laide et plus est pesme Que pechié mortel en quaresme ; Tele est hideuse comme estrie, Tele est vielle, noire et restrie, Qui plus est gente c'une fée, Quant ele est painte et atifée, GAUTIER DE COINCY, *les Miracles de la sainte Vierge*, p. 471, éd. abbé Poquet. Dont maintes gens par leur folies Quident estre par nuit estries, *la Rose*, dans DU CANGE, *stria*. Estrie, fée, *lamia*, ID. *ib.* || XIV° s. *Strix*, estrie, ESCALLIER, *Vocab. lat.-franç.* 2393.

† STRIQUEUSE (stri-keû-z'), *s. f.* || 1° Ouvrière qui strique le drap, c'est-à-dire qui y met la dernière main (voy. STRIQUER au Dictionnaire). || 2° Ouvrière en dentelle, dite aussi appliqueuse, qui attache ou coud les fleurs sur le réseau ou sur le tulle.

STRIURE. *Ajoutez :* || 2° Terme d'architecture. Striure ou strie est, dans une colonne cannelée, chaque cannelure avec son listel, BOUTARD, *Dict. des arts du dessin*, *striure*.

† STRUCTURAL, ALE (stru-ktu-ral, ra-l'), *adj.* Terme didactique. Qui concerne la structure. La substance des carapaces des crustacés présente des dispositions structurales bien définies. || *Au pl. masc.* Structuraux.

† STRUCTURER (stru-ktu-ré), *v. a.* Néologisme. Donner une structure. Son idée [au peintre Bin], une idée de sculpteur, est de structurer des figures fermes comme acier, avec une fixité indélébile, BÜRGER, *Salons de 1861 à 1868*, t. II, p. 182. Les animaux sont dessinés et structurés avec cette solidité précise qu'on admirait dans l'*Attelage flamand*, ID. *ib.* p. 247.

— REM. Ce verbe est fait avec *structure*, comme *conjecturer* avec *conjecture* ; mais il est inutile, car on a *construire*.

† STRYCHNISER (stri-kni-zé), *v. a.* Terme de physiologie expérimentale. Introduire de la strychnine dans les tissus d'un être vivant. Les premiers symptômes de l'empoisonnement chez les animaux et les individus strychnisés, HENNEGUY, *Étude sur l'action des poisons*, p. 43, Montpellier, 1875.

— ÉTYM. Mot formé de *strychnos*, sur le modèle de *strychnisme*.

STUDIEUSEMENT. *Ajoutez :* — HIST. XII° s. Quant il vit cest meisme honorable homme Equice nient avoir lo saint ordene, et par cascuns lius discurre et studiousement preechier, *li Dialoge Gregoire lo pape*, 1876, p. 19.

† STUDIOSITÉ. *Ajoutez :* La studiosité de ceux qui avaient été nés et élevés dans le XVI° siècle, *Mémoire sur les écoles des Pays-Bas* (milieu du XVIII° siècle), dans ARMAND STÉVART, *Procès de Martin Étienne van Velden*, Bruxelles, 1871, p. 21.

† STUPA (stu-pa), *s. m.* Monument religieux élevé par les bouddhistes. Chaque année, les pèlerins bouddhistes ou chrétiens allaient par dévotion visiter quelque stupa, quelque chapelle particulièrement sainte, et renouveler leur âme au contact de leur dieu, TAINE, *Journ. des Débats*, 2 mars 1868.

— REM. On trouve aussi écrit stoupa.

— ÉTYM. Sanscr. *stupa*, tas, monceau. C'est le même mot que le *tope* de l'Inde moderne.

STUPIDITÉ. *Ajoutez :* || 3° Stupéfaction, étonnement (sens aujourd'hui inusité). Je perds une maîtresse en gagnant un empire ; Mon amour en murmure et mon cœur en soupire ; Et de mille pensers mon esprit agité Paraît enseveli dans la stupidité, CORN. *Héracl.* II, 6. La reine, à ce malheur si peu prémédité, Semble le recevoir avec stupidité, ID. *Œdipe*, V, 10.

STYLE. *Ajoutez :* — REM. Chateaubriand a employé style dans son premier sens grec (στῦλος, colonne) : Juste au milieu de ces styles, s'élève une troisième colonne, *Mém. d'outre-tombe*, éd. de Bruxelles, t. VI, *Architecture vénitienne, Antonio.* Cela est tout à fait inusité.

† STYLISTE. *Ajoutez :* || Maître styliste, maître en fait de style. En France, il y a des écoles où l'on pratique encore le respect et l'étude de ces maîtres stylistes [Pascal, Bossuet, La Bruyère, etc.], EUG. FROMENTIN, *les Maîtres d'autrefois*, 1876, p. 4.

† STYLOMMATOPHORE (sti-lo-mma-to-fo-r'), *adj.* Terme d'histoire naturelle. Qui porte un œil au bout d'un style. Les mollusques gastéropodes stylommatophores, P. FISCHER, *Acad. des sc. Comptes rend.* t. LXXXI, p. 782.

— ÉTYM. *Style*, ὄμμα, œil, et φορός, qui porte.

† SUADER. *Ajoutez :* — REM. Voici la phrase de Malherbe à laquelle Vaugelas fait allusion : N'étant pas chose sûre de leur suader ou dissuader [aux princes] ce qu'on estime le meilleur, ceux qui sont auprès d'eux tournent leurs imaginations à la flatterie, *Lexique*, éd. L. Lalanne.

SUAVITÉ. *Ajoutez :* || 3° Il se dit aussi du caractère moral. Et telle était la suavité, la politesse de leurs mœurs [de Le Brun et Bourdon] que, pour se rapprocher l'un de l'autre, chacun de son côté était disposé à faire le premier pas, DE MONTAIGLON, *Hist. de l'Acad. de peinture* (*Mém. attribués à H. Testelin*), t. II, p. 24.

† SUBALTERNISATION (su-bal-tèr-ni-za-sion), *s. f.* Action de subalterniser. C'est le système de refoulement, de subalternisation, d'abaissement de la race arabe qui a complétement prévalu, *Journ. offic.* 19 déc. 1874, p. 8405, 3° col.

† SUBARRONDI, IE (su-ba-ron-di, die), *adj.* Terme didactique. Dont la rondeur n'est pas parfaite. Plaquettes polygonales ou subarrondies, P. GERVAIS, *Acad. des sc. Comptes rend.* t. LXXXIV, p. 163.

† SUBDIVISIBLE (sub-di-vi-zi-bl'), *adj.* Qui peut être subdivisé. Subdivisible en fibrilles, CH. ROBIN, *Anat. et physiol. cellulaires*, p. 9.

† SUB-ÉGAL, ALE (su-bé-gal, ga-l'), *adj.* Terme d'histoire naturelle. Qui n'est pas tout à fait égal, pareil. Les larves ne volent jamais ; beaucoup sont aquatiques, divisées en segments égaux ou subégaux, et pourvues de pattes rudimentaires, G. DE SAPORTA, *Rev. des Deux-Mondes*, 1er déc. 1871, p. 609.

† SUBÉRIFICATION (su-bé-ri-fi-ka-sion), *s. f.* Terme de botanique. Transformation en liége. La subérification de la gaîne protectrice n'exclut pas la formation d'un véritable périderme, J. VESQUE, *Acad. des sc. Comptes rend.* t. LXXXI, p. 499.

— ÉTYM. Lat. *suber*, liége, et *facere*, faire.

SUBHASTATION. — HIST. *Ajoutez :* XIV° s. Criées et subhastations, *Mandements de Charles V*, 1370, p. 375.

SUBIR. *Ajoutez :* || 3° *V. réfl.* Se subir, être subi. Les peines disciplinaires, salle de police ou prison, se subissent dans les fractions de troupes de l'armée active en résidence, *Journ. des Débats*, 28 sept. 1876, 2° page, 6° col.

† SUBJACENT. *Ajoutez :* — HIST. XVI° s. En nombre tant multiplié, que, par leur vol, ils [les geais et les pies] tollissoient la clarté du soleil aux terres subjacentes, RAB. IV, *Ancien prol.*

† SUBLIMABLE (su-bli-ma-bl'), *adj.* Terme de chimie. Qui peut être sublimé. Substance sublimable.

SUBLIME. || 5° *Ajoutez :* Le grand, dans ce sens figuré [dans le langage de l'art], s'il n'est pas exactement synonyme de sublime, peut être considéré, du moins, comme le terme positif dont sublime serait le superlatif, BOUTARD, *Dict. des arts du dessin*, au mot *grand*. || 8° *S. m.* Dans l'argot des ouvriers parisiens, sublime, nom que se donnent certains ouvriers qui ne font rien d'utile, mais se livrent à la boisson, contractent des dettes qu'ils ne paient pas, et se font gloire de leurs vices et de leur paresse. || On a créé, par surcroît, le mot sublimisme pour désigner ce type.

† SUBOBSCUR, RE (sub-ob-skur, sku-r'), *adj.* Qui n'est pas tout à fait obscur. Tantôt c'est la douceur du demi-jour ou le calme des retraites subobscures qui lui semble former une consonnance heureuse avec ses pensées, CH. BLANC, *Journ. offic.* 4 nov. 1874, p. 7364, 3° col.

SUBORNATION. — HIST. *Ajoutez :* XIV° s. La soubournation des tesmoins (1349), VARIN, *Archives administr. de la ville de Reims*, t. II, 2° partie, p. 1244. Subornations de faux tesmoinz, ID. *ib.*

† SUBPLACENTAIRE (sub-pla-sin-tè-r'), *adj.* Terme de botanique. Qui est placé sous le placenta, TRÉCUL, *Acad. des sc. Comptes rend.* t. LXXXII, p. 885. || Sous-placentaire serait meilleur.

† SUBPOLAIRE (sub-po-lè-r'), *adj.* Qui est sous le pôle. La zone arctique ou subpolaire est celle du rhododendron, *Rev. Britan.* fév. 1876, p. 282. || Sous-polaire serait meilleur.

SUBREPTICE. — HIST. *Ajoutez :* XIV° s. Nonobstant quelconques lettres subreptices empetrées ou à empetrer (1346), VARIN, *Archives administr. de la ville de Reims*, t. II, 2° part. p. 1020.

† SUBROGATIF, IVE (sub-ro-ga-tif, ti-v'), *adj.* Terme de droit. Qui subroge. Qu'il déclarait vouloir faire ce remboursement en obligations foncières au pair, contre une quittance subrogative au profit du bailleur de fonds, payant ainsi en son acquit, *Gaz. des Trib.* du 18 avr. 1872, p. 374 3° col.

† SUBSÉPALAIRE (sub-sé-pa-lè-r'), *adj.* Terme de botanique. Qui est sous les sépales. Le faisceau subsépalaire, TRÉCUL, *Acad. des sc. Comptes rend* t. LXXXII, p. 881. || Sous-sépalaire serait meilleur.

† SUBSIDENCE (sub-si-dan-s'), *s. f.* Terme de géologie. Action de descendre au-dessous du ni-

veau, affaissement. Elles marquent probablement la limite extrême de l'affaissement, ou, pour employer l'expression anglaise, de la subsidence du pays au-dessous de la mer.... ces changements de niveau, ces subsidences et ces émergences de grands continents ou de grandes îles pendant et après la période de froid..., CH. MARTINS, *Rev. des Deux-Mondes*, 15 avril 1875, p. 864.

— ÉTYM. Lat. *subsidentia*, de *subsidere*, de *sub*, sous, et *sedere*, seoir (voy. ce mot).

SUBSIDIAIRE. *Ajoutez :* || 3° Qui appartient aux subsides, aux secours d'argent. Au delà de la frontière, il [Hadrien] donne une large extension au régime subsidiaire, afin de retenir les barbares chez eux, DURUY, *Journ. offic.* 17 mars 1874, p. 2066, 2° col. || 4° *S. m.* Un subsidiaire, un moyen subsidiaire. Le concours étant écarté, nous avons abordé le troisième amendement qui proposait une adjudication restreinte ; au fond, l'adjudication restreinte n'est qu'un subsidiaire du concours ; elle exigerait, comme le concours, l'institution d'un jury, CLAMAGERAN, *Rapp. au cons. munic. de Paris*, 28 juin 1877, p. 29.

† **SUBSIDIÉ, ÉE** (sub-si-di-é, ée), *adj.* Qui reçoit un subside. C'est moi qui ai formulé le vœu de voir le gouvernement remettre immédiatement aux villes subsidiées les sommes qui leur sont allouées (Séance du sénat belge du 16 avril 1874), *Journ. offic.* 17 avril 1874, p. 2779, 1re col.

† **SUBSPONTANÉ, ÉE** (sub-spon-ta-né, née), *adj.* Terme de botanique. Plante subspontanée, plante qui existe dans une région sans y être réellement indigène d'origine, mais qui se rencontre à l'état sauvage spontané, après s'être échappée des cultures. La valériane rouge (*centranthus ruber*, L.) se montre à l'état subspontané sur les murs et les rochers dans les environs de Paris.

— ÉTYM. Lat. *sub*, indiquant diminution, et *spontané*.

† **SUBSTAMINAL, ALE** (sub-sta-mi-nal, na-l'), *adj.* Terme de botanique. Qui est sous les étamines, TRÉCUL, *Acad. des sc. Comptes rend.* t. LXXXII, p. 881.

— ÉTYM. Lat. *sub*, sous, et *staminal*.

† **SUBSTANTIALISME** (sub-stan-si-a-li-sm'), *s. m.* Terme de philosophie. Théorie qui attribue, comme Platon, une existence substantielle aux idées générales.

† **SUBSTANTIALISTE** (sub-stan-si-a-li-st'), *adj.* Qui appartient au substantialisme. La métaphysique substantialiste, CAZELLE, *Préface*, p. XVII, de sa traduction du livre de Bain *Sur les sens et l'intelligence*, Paris, 1874.

SUBSTITUÉ. || 2° *Ajoutez :* La législation des États romains immobilise, à titre de majorats substitués, les galeries de statues et de tableaux entre les mains des grandes familles, J. DUMESNIL, *Hist. des amat. français*, III, 45.

† **SUBSTITUTIONNAIRE** (sub-sti-tu-sio-nè-r'), *s. m.* Terme d'affaires et de finances. Celui qui se substitue, qu'on substitue à un autre dans une entreprise, dans une opération, etc. La seconde lettre est adressée à M. H..., le nouveau substitutionnaire, car on se substitue tous les quinze jours dans cette affaire, *la Finance nouvelle*, 30 mars 1876, 3° page, 3° col.

† **SUBSTRAT** (sub-stra), *s. m.* Le même que substratum (voy. ce mot au Dictionnaire). Avec l'hypothèse du chaos, avec la fausse image d'une matière inerte et confuse (*indigesta moles*), simple substrat des propriétés qui lui viennent d'un principe moteur et organisateur étranger, il n'y avait pour l'atomisme et le mécanisme aucune possibilité logique d'échapper à l'intervention d'une cause finale aussi bien que d'une cause motrice, E. VACHEROT, *Rev. des Deux-Mondes*, 1er août 1876, p. 503.

† **SUBSUMER** (sub-su-mé), *v. a.* Terme de logique. Mettre sous forme de subsumption.

— ÉTYM. Lat. *sub*, sous, et *sumere*, prendre.

† **SUBSUMPTION** (sub-son-psion), *s. f.* Terme de logique. Raisonnement par lequel on met une idée sous une idée plus générale. « L'homme est un animal » est une subsumption, où l'idée moins générale d'homme est mise sous l'idée plus générale d'animal.

— ÉTYM. Voy. SUBSUMER.

SUBTILEMENT. — HIST. *Ajoutez :* XII° s. Et ce demostret Jheremies bien et subtilment, *Job*, p. 445.

† **SUBTROPICAL, ALE** (sub-tro-pi-kal, ka-l'), *adj.* Qui est sous les tropiques. La zone subtropicale des myrtes et des lauriers, et enfin la zone équatoriale, *Rev. Britan.* fév. 1876, p. 282. || Sous-tropical serait meilleur.

— ÉTYM. Lat. *sub*, sous, et *tropical*.

† **SUBURBAIN.** *Ajoutez :* || 2° Qui habite les faubourgs, la banlieue d'une ville. Il y a longtemps que j'ai découvert la cruche que couvre le bonnet du philosophe suburbain [La Mothe le Vayer, qui habitait le faubourg Saint-Jacques à Paris], et votre lettre ne m'apprend rien de nouveau, BALZAC, *Lett. inédites*, CLXI, éd. Tamizey-Larroque.

† **SUBVENTIONNAIRE** (sub-van-sio-nè-r'), *s. m.* Celui qui est assujetti à payer des subventions. Ces subventions [pour dégradation de chemins vicinaux par suite d'exploitations ou entreprises industrielles] pourront, au choix des subventionnaires, être acquittées en argent ou en prestations en nature, *Art. 14 de la loi du 21 mai 1836 sur les chemins vicinaux*.

† **SUBVENTIONNISTE** (sub-van-sio-ni-st'), *s. m.* Celui qui fournit une subvention. En 1867, les administrateurs, devenus plus tard subventionnistes, avaient.... [il s'agit de la subvention de 36 millions consentie par les anciens administrateurs de la société immobilière et du crédit mobilier, transaction du 28 décembre 1868], *Gaz. des Trib.* 13 mai 1874, p. 460, 2° col.

† **SUBVERSIVEMENT** (sub-vèr-si-ve-man), *adv.* D'une manière subversive.

† **SUBVERTISSEMENT.** *Ajoutez :* — HIST. XVI° s. Si, juges souverains, les cieux ont ordonné Le subvertissement de notre pauvre France, DE BRACH, *Œuv.* t. II, p. 152.

SUCCESSIF. || 3° Terme de jurisprudence. *Ajoutez :* || Délit successif, délit qui se continue, se perpétue. L'affiliation est ce qu'on appelle en jurisprudence un délit successif ; l'affiliation consiste non pas seulement dans le fait de s'affilier, mais dans la qualité qu'on prend en s'affiliant ; et, tant qu'on reste investi de cette qualité, ce délit se perpétue, ce délit se continue ; c'est ce qu'on appelle un délit successif, SACASE, *Journ. offic.* 12 mars 1872, p. 1778, 1re col. La cour, se conformant à une jurisprudence bien établie, a jugé que le recel était un délit successif, qui se renouvelait incessamment tant que durait la possession illicite, et qui ne pouvait, pendant cette détention, être éteint par la prescription, *Gaz. des Trib.* 30 déc. 1874, p. 1246, 3° col.

SUCCESSIVEMENT. — HIST. *Ajoutez :* || XVI° s. Et [le Dauphin] laissa un sien filz Dauphin de Viennois nommé Guigne heritier de la haine de Savoye ; ainsi successivement et de pere à filz se nourrissoit ceste malveuillance entre ces deux maisons, PARADIN, *Chron. de Savoye*, p. 247.

† **SUCCOMBANCE** (su-kon-ban-s'), *s. f.* Terme de droit. État de celui qui succombe dans une affaire judiciaire. Les époux B.... ont conclu à leur relaxe et subsidiairement, en cas de succombance vis-à-vis de V..., à ce qu'il leur soit accordé garantie contre la commune de Béziers, *Gaz. des Trib.* p. 749, 3° col. 4-5 août 1873.

SUCCOMBER. — HIST. *Ajoutez :* XV° s. Certain procès auquel ladite dame est subcombée, MANTELLIER, *Glossaire*, Paris, 1869, p. 60.

† **SUCCULENCE** (suk-ku-lan-s'), *s. f.* Qualité de ce qui est succulent. Des arbres fruitiers qui gagnent en luxe de branches et de feuilles ce qu'ils perdent en succulence de fruits, CHATEAUBR. *Mém. d'outre-tombe*, éd. de Bruxelles, t. V, *Chemin du Saint-Gothard*. C'est au moyen de cette pratique qu'on leur donne [aux volailles] cette finesse et cette succulence qui en font les délices de nos meilleures tables, BRILLAT-SAVARIN, *Phys. du goût*, *Méd.* VI, 34. Il [Bergerat, un peintre] saisit avec sûreté l'essence propre de chaque animal, poisson ou crustacé ; il rend, pour ainsi dire, les diversités des succulences de leurs chairs, *Journ. offic.* 10 juin 1877, p. 4291, 2° col.

† **SUCETTE** (su-sè-t'), *s. f.* Terme de sucrier. Appareil qui se compose d'un tuyau portant des tubulures munies de robinets ; les tubulures se terminent par des entonnoirs garnis d'une rondelle en caoutchouc ; on place la pointe des pains de sucre sur cette tubulure, et une pompe à air fait le vide dans le tuyau et aspire toute la clairce qui est encore dans les pains. L'égouttage des dernières parties de clairce durait autrefois cinq ou six jours ; on le remplace aujourd'hui par l'emploi de la sucette, qui l'opère plus complétement en une heure au plus, P. POIRÉ, *Notions de chimie*, p. 259, Paris, 1869.

— ÉTYM. *Sucer*.

SUÇON. *Ajoutez :* || 3° Dans le langage des tailleurs, synonyme de pince, n° 9 (voy. PINCE au Dictionnaire).

† **SUCRAGE** (su-kra-j'), *s. m.* Action de sucrer. M. Boussingault lit une note relative au sucrage des vins en Alsace, *Journ. offic.* 3 fév. 1876, p. 1022, 2° col.

SUCRE. *Ajoutez :* || 12° Fig. Bonheur, plaisir. L'un est parmi du sucre, l'autre parmi de l'absinthe ; l'un a conduit l'indulgence de la fortune, l'autre a dompté sa violence, MALH. *Lexique*, éd. L. Lalanne. Nous mangeons du sucre et des confitures quand nous nous ramentevons nos amis qui se portent bien, ID. *ib.*

SUCRÉ. *Ajoutez :* || 5° *S. f.* En Touraine, une sucrée de neige, une chute de neige, ainsi dite par assimilation de la neige à du sucre blanc en poudre. Il est tombé une sucrée de neige, A. THEURIET, *la Poésie populaire en France et la vie rustique*, dans *Rev. des Deux-Mondes*, 1er mai 1877.

† **SUCRILLON.** *Ajoutez :* — ÉTYM. Voy. SOUCRILLON au Supplément.

† **SUÈDE** (su-è-d'), *s. m.* Plante de la famille des crucifères, dite aussi chou rutabaga (*brassica campestris rutabaga*), introduite en Angleterre en 1767 par Reynold, et en France par Lasteyrie en 1789. Comme valeur nutritive, on peut ranger les turneps, betteraves fourragères, betteraves à sucre, suèdes, carottes blanches, panais, dans l'ordre suivant..., *Journ. offic.* 18 fév. 1877, p. 1062, 2° col. || Il ne faut pas confondre ce suède avec le genre *suæda*, démembrement du genre chénopode établi par Forskahl.

† **SUFFIN** (suf-fin), *s. m.* Pin de montagne, dans les Alpes. Le pin de montagne commence à se mélanger au pin sylvestre dans la forêt de Mattemal.... dans les Alpes, on l'appelle suffin, en le subordonnant par son nom même au pin sylvestre qui est le grand pin de la région, CH. BROILLIARD, *Rev. des Deux-Mondes*, 1er avr. 1877, p. 666.

— ÉTYM. Il semble, d'après le texte ci-dessus, que *suffin* est pour *subpin*, un *sous-pin*.

SUFFISANCE. || 3° *Ajoutez :* || Suffisance à, habileté à. L'amas des consolations, L'éclat des révélations, Ne sont pas du mérite une marque fort sûre ; Et ni par le degré plus haut, Ni par la suffisance à lire l'Écriture, On ne juge bien ce qu'il vaut, CORN. *Imit.* III, 953, ch. VII.

SUFFISANT. *Ajoutez :* || 4° Suffisant à, capable de. Un autre disait qu'il n'y avait point de doute qu'un si grand nombre d'hommes ne fût suffisant à mettre toute la Grèce dans terre, MALH. *Lexique*, éd. L. Lalanne.

— HIST. *Ajoutez :* XII° s. La pense [pensée] turbée n'est mie soffianz de ce à esgardeir, à cui ele puet avisunkes [peut-être] paisieble sospireir, *li Dialoge Gregoire lo pape*, 1876, p. 367.

† **SUFFIXATION** (suf-fi-ksa-sion), *s. f.* Terme de grammaire. Action d'employer comme suffixe. Les cas [dans le japonais] sont très-distinctement exprimés par la suffixation à la racine principale de racines secondaires qui ont perdu leur indépendance et n'indiquent plus qu'une idée de relation, ABEL HOVELACQUE, *la Linguistique*, p. 62, 1876.

† **SUFFIXER** (suf-fi-ksé), *v. a.* Terme de grammaire. Donner le rôle de suffixe. Les éléments qui s'adjoignent à la racine [dans les langues malécopolynésiennes] pour former les mots sont tantôt préfixés, tantôt suffixés, ABEL HOVELACQUE, *Linguistique*, p. 65, Paris, 1876.

SUFFOQUER. *Ajoutez :* || 8° Étouffer par le trop grand nombre. Les mauvaises herbes suffoquent les blés, MALH. *Lexique*, éd. L. Lalanne.

SUFFRAGE. || 3° *Ajoutez :* || Menus suffrages est aussi un terme de pratique ; en ce sens, les menus suffrages sont les choses en nature données en sus du fermage principal, du fermage en argent. Ainsi vous affermez une propriété moyennant 1000 francs par an, 10 kilogrammes de beurre, 10 douzaines d'œufs, 10 décalitres de blé ; le beurre, les œufs, le blé sont les menus suffrages. On dit aussi suffrages en ce sens : j'ai affermé ma propriété 400 francs, sans suffrages (PETILLEAU). || Menus suffrages se dit, dans le département du Cher, d'une somme en argent que le métayer paye au propriétaire en sus de sa moitié, *les Primes d'honneur*, p. 386, Paris, 1874.

† **SUGGESTIF, IVE** (su-gjè-stif, sti-v'), *adj.* Qui suggère, qui fait penser (mot forgé sur l'anglais). Shakspeare est le plus suggestif des poëtes, ÉM. MONTÉGUT.

— ÉTYM. Angl. *suggestive*, du lat. *suggerere* (voy. SUGGÉRER).

SUICIDE. *Ajoutez :* || 3° *Adj.* Qui a rapport au suicide. Il est inutile de rappeler ici les vieilles histoires bien connues de l'épidémie suicide des filles de Milet..., BOUCHUT, *Journ. offic.* 12 avril 1874, p. 2697, 3° col. Ce qu'on sait des épidémies convulsives, choréiques, suicides et homicides, atteste que..., ID. *ib.* p. 2698, 2° col.

SUIE. — HIST. *Ajoutez :* || XIV° s. *Fuligo,* siue, ESCALLIER, *Vocab. lat.-franç.* 1188 (M. Escallier remarque qu'en picard *suie* se dit *siue*).

† **SUIFFIER** (sui-fié), *s. m.* Fabricant de suif. Le principal témoin, suiffier-fondeur, est entendu, *Gaz. des Trib.* 28 mai 1876, p. 514, 4° col.

SUINT. *Ajoutez :* || 3° Terme de commerce. Les suints, les laines en suint. Les suints valent aujourd'hui de 2 fr. 30 à 2 fr. 90, *Enquête, Traité de comm. avec l'Anglet.* t. III, p. 471.

† **SUITÉE** (sui-tée), *adj. f.* Terme hippique. Bête suitée, jument accompagnée de son poulain. Prix moyen de l'herbagement en Normandie : 1° d'une poulinière suitée, 338 fr.; 2° d'une poulinière non suitée, 268 fr., *Rapport Bocher à l'Assemb. nat.* n° 1910, p. 9, note.

2. **SUIVANT, SUIVANTE.** *Ajoutez :* || 7° *S. f.* La suivante, sorte de papillon, *noctua orbona* ou *noctua subsequa.*

SUIVI. || 3° *Ajoutez :* || Mal suivi, qui attire peu de spectateurs, peu d'auditeurs. Je veux bien ne m'en prendre qu'à ses défauts et la croire mal faite, puisqu'elle a été mal suivie, CORN. *Théodore, Examen.*

† **SULFATAGE.** *Ajoutez :* || 2° Action de tremper le bois dans un bain de sulfate de cuivre. En y comprenant, avec la cession d'un bail, un matériel de sciage et de sulfatage de bois, établi dans une usine dite la Chrysténie, *Gaz. des Trib.* 10 oct. 1874, p. 974, 4° col. || 3° Action, dite aussi vitriolage (voy. ce mot au Supplément), de traiter les grains par le sulfate de cuivre, *le Nouvelliste de l'arrondissement d'Avranches,* 15 oct. 1876.

† **SULFIDE** (sul-fi-d'), *s. m.* Terme de chimie. Synonyme de sulfure.

† **SULFIODE** (sul-fi-o-d'), *s. m.* Composé de soufre et d'iode qui est insecticide. Proposant, pour combattre le phylloxéra, le sulfiode, composé avec lequel il a détruit le trichophyton, l'achorion des teignes..., les premiers essais de l'action du sulfiode ont été faits à l'hôpital Saint-Louis, H. DE PARVILLE, *Journ. offic.* 14 mai 1874, p. 3256, 3° col.

† **SULFITER** (sul-fi-té), *v. a.* Pénétrer d'un sulfite. Le professeur Polli [de Milan], l'initiateur en Italie de la médication sulfitée, *Acad. des sc. Comptes rend.* t. LXXXIII, p. 439.

† **SULFOCARBONATAGE** (sul-fo-kar-bo-na-ta-j'), *s. m.* Action de répandre du sulfocarbonate. Le sulfocarbonatage des vignes, MOUILLEFERT, *Académie des sciences, Comptes rendus,* t. LXXXII, p. 317 (séance du 31 janvier 1876).

† **SULFOCYANURE** (sul-fo-si-a-nu-r'), *s. m.* Terme de chimie. Combinaison d'un sulfure avec un cyanure. Sulfocyanure de potassium, poison violent.

† **SULFURATION.** *Ajoutez :* || 2° Action de traiter la vigne par l'acide sulfureux. Il n'y aurait qu'à aider à la multiplication de la petite chalcide pour ajouter un moyen puissant [contre le phylloxéra] à ceux de la sulfuration et de l'épontage, *Travaux de la commiss. départ. contre le phylloxéra,* Perpignan, 1874, p. 152. Je rejette les bains d'acide sulfureux, la sulfuration, parce qu'ils peuvent faire périr les souches lorsque l'application se trouve mal faite, PELLET, dans *Trav. de la comm. gén. contre le phylloxéra,* Perpignan, 1874, p. 91.

† **SULFURER.** *Ajoutez :* || *V. réfl.* Se sulfurer, entrer en combinaison avec le soufre. Dans cet état excessivement divisé, le métal, qui est particulièrement apte à se combiner avec les corps ambiants, se sulfure immédiatement, DAUBRÉE, *Acad. des sc. Comptes rend.* t. LXXXIV, p. 418.

† **SULFURISATION** (sul-fu-ri-za-sion), *s. f.* Opération qui consiste à traiter la vigne, taillée et débarrassée de ses sarments, par l'acide sulfureux, *Acad. des sc. Comptes rend.* t. LXXVI, p. 213. Le même que sulfuration, n° 2 (voy. ci-dessus).

— ÉTYM. *Sulfurisation* suppose un verbe *sulfuriser,* qui n'existe pas, mais qui serait formé comme *nickeliser.*

† **SULLY** (su-li), *s. m.* Nom donné à des arbres (ormes principalement) plantés par les ordres de Sully, plus particulièrement dans la forêt de Fontainebleau. || *Au plur.* Des sullys.

1. **SULTANE.** *Ajoutez :* || 6° S'est dit d'un joyau de femme pour la coiffure. Nous [coiffeurs] avons sans cesse sous nos doigts les trésors de Golconde; c'est à nous qu'appartient la disposition des diamants, des croissants, des sultanes, des aigrettes, *Plaidoirie de Bigot de la Boissière,* dans F. CADET, *Hist. de l'économie politique, les Précurseurs,* 1867-1868.

† **SUMAQUIER** (su-ma-kié), *s. m.* L'arbre à sumac. La feuille du sumaquier de Sicile est indispensable pour le tannage des peaux blanches, *Journ. offic.* 3 juill. 1872, p. 4517, col.

† **SUMÉRIEN, IENNE** (su-mé-riin, riè-n'), *s. m.* et *f.* Nom donné à un peuple que des assyriologues pensent avoir précédé les Sémites dans la Chaldée; d'autres le nomment accadien, *Journ. offic.* 28 janv. 1873, p. 627, 1re col. || Langue sumérienne, la langue de ce peuple.

† **SUMPIT** (son-pit'), *s. m.* Poisson du genre centrisque, à museau très-allongé, qui habite la mer des Indes.

— ÉTYM. Malais, *soumpit,* étroit, DEVIC, *Dict. étym.*

† **SUPEREXCELLENCE** (su-pèr-è-ksè-lan-s'), *s. f.* Excellence qui l'emporte sur les autres. Voici, disait d'Argenson, la superexcellence de ma charge de ministre des affaires étrangères; je leur dis : vous, vous conservez l'argent, vous la marine, vous les troupes, et moi la réputation de l'État, *Revue des Deux-Mondes,* 15 août 1877 (*Un ministère sous la révolution*).

† **SUPERFICIAIREMENT** (su-pèr-fi-si-è-re-man), *adv.* Superficiellement (inusité en ce sens). À la volée et sans s'informer des choses que superficiairement, MALH. *Lexique,* éd. L. Lalanne.

SUPERFICIE. *Ajoutez :* || 8° Superficie d'esprit, esprit superficiel. On lui fait réciter ses vers; il amuse, il met tous ses soins à se rendre agréable; et, avec cette superficie d'esprit et ce vernis de poésie qui était son unique talent, il réussit, MARMONTEL, *Mém.,* p. 203, éd. 1843.

† **SUPERFUSION** (su-pèr-fu-zion), *s. f.* Action de faire fondre un cachet de cire sur le pli qu'il ferme. H.... déclare qu'à l'arrivée de la dépêche au bureau de Limoges, il a positivement remarqué une des taches de cire qui ont été produites par la superfusion.... il y avait pour lui impossibilité matérielle d'opérer, en un aussi court espace de temps, le double travail de décollement et de superposition des plis de la dépêche, et de soulèvement et de superfusion des cachets..., *Gaz. des Trib.* 16 mars 1876, p. 264, 1re col.

— ÉTYM. Lat. *super,* sur, et *fusion.*

† **SUPERNEL, ELLE** (su-pèr-nèl, nè-l'), *adj.* Terme vieilli. Qui vient d'en haut, du ciel. Le ciel et la gloire qui nous y est préparée est le but de la supernelle vocation, J. MESTREZAT, *Serm.* (1649).

— ÉTYM. Dérivé du lat. *supernus,* supérieur (come *éternel,* de *æternus*), de *super,* sur.

† **SUPERPOSABLE** (su-pèr-pô-za-bl'), *adj.* Qu'on peut superposer. Tous les produits organiques artificiels des laboratoires sont à image superposable, PASTEUR, dans *le Temps, feuilleton scientifique.*

† **SUPERSTITIOSITÉ.** — HIST. XVI° s. *Ajoutez :* Ils tant sont de craincte du demon et superstitiosité espris..., RAB. *Pant.* III, 46.

† **SUPPLÉMENTAIREMENT** (su-plé-man-tè-re-man), *adv.* D'une façon supplémentaire. Il reste à reprendre supplémentairement ce qui a formé l'objet d'un mémoire..., PEIGNÉ DELACOURT, *J. César, ses itinéraires en Belgique, etc.* Péronne, 1876, p. 17. Ces 300,000 francs ont été donnés supplémentairement les années précédentes, *Journ. offic.* 28 juill. 1876, p. 5621, 1re col.

SUPPLIQUE. *Ajoutez :* — HIST. XIV° s. À leur supplic et requeste (1340), VARIN, *Archives administratives de la ville de Reims,* t. II, 2° partie, p. 850.

SUPPORTER. *Ajoutez :* || 12° Supporter quelque chose de quelqu'un, ne pas s'en irriter. C'est une patience qui ne se trouve qu'en un homme de bien de supporter si longtemps que..., MALH. *Lexique,* éd. L. Lalanne. || Absolument. Supporter de quelqu'un, être patient avec lui (cet emploi est inusité; voyez-en un exemple de Corneille à SUPPORTER, n° 4). Il est raisonnable de lui aider et supporter de lui, MALH. *Lexique.* Que veut dire qu'un homme qui vous avait tant d'obligations n'ait pu supporter de vous? ID. *ib.*

SUPPOSER. *Ajoutez :* || 8° Substituer. Elle [l'Iphigénie en Tauride] n'est fondée que sur cette feinte que Diane enleva Iphigénie du sacrifice en une nuée, et supposa une biche en la place, CORN *Rodog. Avertiss.*

SUPPOSITION. *Ajoutez :* || 7° Substitution. La supposition du mensonge en place de la vérité, MALH. *Lexique,* éd. L. Lalanne.

† **SURACHAT.** *Ajoutez :* — HIST. XVI° s. Les ayant sur-acheptées [des monnaies], joigne le surachapt avec le principal, FR. GARRAULT, *Recueil des principaux advis sur le compte par escuz,* Paris, 1578, feuille Ajjj (il n'y a pas de pagination).

SURACHETER. *Ajoutez :* — HIST. XVI° s. Ceux qui ont à payer en lointain païs cerchent les especes plus utiles et sur lesquelles il y a le moins de perte, soit en exposition ou fraiz et port de deniers, lesquelles pour ceste raison ils sur-acheptent..., FR. GARRAULT, *Recueil des principaux advis sur le compte par escuz,* Paris, 1578, feuille Ajjj (il n'y a pas de pagination).

SURCHARGE. *Ajoutez :* || 10° Terme du commerce des grains. Sans surcharge, se dit du grain qui n'est pas alourdi par l'humidité.

SURCHARGER. *Ajoutez :* || 7° Surcharger un pâturage, y mettre plus de bêtes qu'il n'en peut nourrir. Toutes les fois que l'on surcharge un pâturage, la production laitière diminue, *Reboisement des montagnes, Comptes rendus,* 1869-1874, 7° fasc. p. 115.

† **SURCHAUFFE** (sur-chô-f'), *s. f.* Action de surchauffer; état de ce qui est surchauffé. La surchauffe primitive étant très-faible, cette colonne [d'air] devait s'élever à peine à quelques centaines de mètres, FAYE, *Annuaire du bureau des longitudes* pour 1877, p. 593.

† **SURCHAUFFEUR** (sur-chô-feur), *s. m.* Appareil qui, dans les locomotives, sert à surchauffer la vapeur. La machine [de l'appareil à fondre la neige des rues] se compose d'une grande chaudière, montée sur roues, et en communication avec un surchauffeur qui, pendant la marche, lâche la vapeur par une série de 300 tubulures, *Journ. offic.* du 29 déc. 1873, p. 8220, 1re col.

† **SURCLASSEMENT** (sur-klâ-se-man), *s. m.* || 1° Action de classer en donnant un rang exceptionnel. Comme il peut arriver que le soin même qu'il [l'ouvrier] met à son ouvrage diminue, sans compensation, la quantité qu'il fabrique, des primes peuvent être accordées aux produits jugés dignes d'un surclassement, *Journ. offic.* 29 nov. 1875, p. 9805, 2° col. || 2° Action de mettre des objets soumis à une taxe dans une classe supérieure à la déclaration. Les expéditeurs [de sucres] prendraient l'engagement de payer les droits complémentaires qui deviendraient exigibles par suite de surclassements, *Contrib. indirectes, Lettre commune,* n° 4, 15 janv. 1876.

SURDENT. — HIST. *Ajoutez :* XIII° s. Dites Guillaume et Bertran son parent, De lor lignage avons un sobredent [dit figurément pour un rejeton bâtard], Qui son cousin Foucon a fait sanglant, *Foulque de Candie,* p. 85, Reims, 1860.

† **SURÉCHAUFFÉ, ÉE** (su-ré-chô-fé, fée), *adj.* Porté à un degré excessif d'échauffement, de passion. Télégrammes fiévreux lancés à chaque instant, démarches extraordinaires, instances frénétiques, emportements, courses à toute vapeur dans toutes les directions, c'est le tableau émouvant de la vie moderne, nerveuse et suréchauffée, É. DE LAVELEYE, *Rev. des Deux-Mondes,* 15 déc. 1876, p. 876.

† **SURÉMINENCE** (su-ré-mi-nan-s'), *s. f.* Qualité de ce qui est suréminent. Laissons volontiers les suréminences aux âmes surélevées, ST FRANÇOIS DE SALES, *Introd. à la vie dévote,* III, 2. Cette suréminence de la bonté de Dieu.... entraîne, comme on pouvait s'y attendre, dans le système du théologien, une conception tout optimiste de l'homme et du monde, CH. BERTHOUD, *les Quatre Petitpierre, Études de biograph. neufchâteloise,* 1875.

† **SUREN** ou **SURIN** (su-rin), *s. m.* Nom, dans Loir-et-Cher, d'un cépage blanc, qui fournissait le vin de Surène servi quelquefois sur la table de Henri IV, *les Primes d'honneur,* Paris, 1870, p. 276.

† **SURÉPAISSEUR** (su-ré-pê-seur), *s. f.* Épaisseur renforcée. Une surépaisseur de métal.

SURÉROGATOIRE. *Ajoutez :* — REM. Malherbe disait superérogatoire. Je ne baillerai point votre lettre à M. de Saint-Clair; étant les choses comme elles sont, je pense que ce soit une œuvre superérogatoire, *Lexique,* éd. L. Lalanne.

† **SUREXALTER** (sur-è-gzal-té), *v. a.* Exalter au delà de toute expression. Qu'ils le louent [le Seigneur] et le surexaltent en tous les siècles, CORN. *Lexique,* éd. Marty-Laveaux.

† **SUREXHAUSSER** (su-rè-gzô-sé), *v. a.* Exhausser en surcroît. Les rhizopodes qui, de leurs petits manteaux, ont fait leur part des Apennins, surexhaussé les Cordillères...., MICHELET, *la Mer*, 2ᵉ éd. p. 160.

SURFACE. *Ajoutez* : || 4ᵉ Néologisme. Garantie, solidité qu'offre une personne, une entreprise. C'était une mutualité où quatre mille associés solidaires les uns des autres et tous ensemble responsables à l'égard les uns des autres, représentaient une surface de soixante millions, *le Temps*, 17 déc. 1876, 2ᵉ page, 4ᵉ col.

— REM. De *surface*, Chateaubriand a fait un adjectif *surfacé*, qui ne peut être admis : Les collines surfacées d'herbages et de lapinières qui bordent immédiatement le lac des Quatre-Cantons, *Mém. d'outre-tombe* (éd. de Bruxelles), t. V, *Billet de la duchesse de Berry*, etc.

† **SURFILAGE** (sur-fi-la-j'), *s. m.* Action de surfiler. Pour les numéros élevés, on fait subir aux filés [de laine] une opération supplémentaire qu'on appelle surfilage, qui entraîne une augmentation de prix, *Enquête, Traité de comm. avec l'Anglet.* t. III, p. 55.

SURFILER (sur-fi-lé), *v. a.* Terme de filature. Donner au fil un degré supérieur de finesse. Il y a peut-être une cause pour laquelle vous marchez un peu moins vite : c'est qu'en votre qualité de marchand de laine filée, vous surfilez un peu la laine et la menez à la dernière limite de finesse que comporte chaque numéro, *Enquête, Traité de comm. avec l'Anglet.* t. III, p. 219.

† **SURFRAPPE** (sur-fra-p'), *s. f.* Action de mettre une empreinte sur une empreinte déjà existante, en parlant de médailles ou autres objets analogues; résultat de cette action. Presque toutes ces balles [de fronde] présentent des surfrappes, c'est-à-dire qu'après avoir été marquées par celui qui les a fabriquées ou employées pour la première fois, elles ont été marquées ensuite par l'ennemi, et renvoyées au camp d'où elles étaient originaires, DESJARDINS, *Journ. des Débats*, 4 oct. 1874, 2ᵉ page, 6ᵉ col.

SURHAUSSEMENT. *Ajoutez* : — HIST. XVIᵉ s. Retrancher tous les abuz et surhaussemens introduicts par le compte à solz et livres, FR. GARRAULT, *Recueil des principaux advis du compte par escus*, Paris, 1578, feuille Bjj (il n'y a pas de pagination).

SURHAUSSER. *Ajoutez* : — REM. On a dit surexhausser au lieu de surhausser, au sens de hausser une recette, une taxe, etc. Il déclarait, au nom de la commission du budget, qu'on pouvait sans inconvénient surexhausser le prix des dépêches [télégraphiques], *Journ. offic.* 13 déc. 1872, p. 7743, 1ʳᵉ col. Vous ne pourrez pas constamment surexhausser tous les chapitres de votre budget des recettes, *ib.* 10 juil. 1876, p. 494, 3ᵉ col. Cela n'est pas bon. On ne dit pas exhausser un prix, exhausser une recette, mais hausser un prix, une recette; par conséquent on ne peut que les surhausser, non les surexhausser (voy. ci-dessus SUREXHAUSSER en un emploi plus correct).

† **SURIER.** *Ajoutez* : La partie boisée de la commune de Meylan consiste en suriers, pins taillis, *Enquête sur les incendies des Landes*, p. 242, 1873. || On le trouve aussi écrit surrier. La valeur de l'hectare peuplé en surriers varie de 800 à 2000 francs, *ib.* p. 109.

† **SURIMPOSER.** || 3ᵉ Fig. Imposer en sus quelque chose à quelqu'un, lui attribuer en sus quelque chose qui ne lui appartient pas. Cet éclaircissement, qui ne va guère, j'en suis certain, au delà du Pascal des *Pensées*, qui ne lui surimpose rien..., STE-BEUVE, *Port-Royal*, t. III, p. 93, 3ᵉ éd.

† **SURLÉ** (sur-lé), *s. m.* Entaille de dix centimètres de largeur que l'on fait aux pins pour l'extraction de la térébenthine et de la résine. Les trous creusés en terre à la base des surlés, H. FLICHE, *Man. de bot. forest.* p. 304, Nancy, 1873.

† **SURLIURE.** *Ajoutez* : Le valet erseau se confectionne en algues marines maintenues par une surliure en cordonnet de soie, BORET, *Manuel de l'artificier*, p. 464.

† **SURMENANT, ANTE** (sur-me-nan, nan-t'), *adj.* Qui surmène, qui excède de fatigue. Elle [une entreprise] exigeait des soins, des loisirs incompatibles avec des occupations surmenantes, DELASIAUVE, *le Progrès médical*, 22 juil. 1876, p. 551, 1ʳᵉ col.

SURMONTER. *Ajoutez* : || 10ᵉ Se surmonter, se surpasser, faire plus qu'on ne fait d'habitude. Le luxe, qui d'un siècle à l'autre cherche quelque nouvelle invention de se surmonter, MALH. *Lexique*, éd. L. Lalanne. Il faut prendre Fontarabie à quelque prix que ce soit.... surmontez-vous, je vous supplie; si j'étais aussi robuste que le courrier que je vous envoie, je serais, en sa place, porteur de ma propre dépêche, RICHELIEU, *Lettres, etc.* t. VI, p. 170 (1638). Je vous écrivis pour vous conjurer de faire l'impossible pour grossir les troupes qui doivent entrer en Catalogne.... cette affaire est de telle importance et la promptitude si nécessaire, que je m'assure que vous vous surmonterez vous-même en cette occasion, ID. *ib.* p. 734 (1640).

† **SURNATURALISER** (sur-na-tu-ra-li-zé), *v. a.* Néologisme. Donner un caractère surnaturel. Ce besoin de transfigurer.... est le même que celui qui tend, dans l'ordre poétique, je ne dis pas à surfaire, mais à surnaturaliser les génies, SAINTE-BEUVE, *Nouv. Lundis*, t. VIII (*Don Quichotte*, II).

† **SURO** (su-ro), *s. m.* Un des noms du chêne-liége, H. FLICHE, *Manuel de botan. forest.* p. 196, Nancy, 1873. || On a dit aussi surier (voy. ce mot au Dictionnaire et au Supplément; l'étymologie en est la même).

† **SUROFFRE** (sur-o-fr'), *s. f.* Offre faite en sus d'une autre. Par des suroffres faites aux prix que demandaient les vendeurs eux-mêmes, *Extrait du Code pénal*, titre II, ch. II, sect. 2, § 5.

† **SURPEUPLER** (sur-peu-plé), *v. a.* Néologisme. Peupler à l'excès. Si, au lieu d'avoir huit millions de kilomètres carrés et seulement quarante millions d'habitants, ce pays [les États-Unis d'Amérique] était aussi surpeuplé que le nôtre, il serait probablement aux prises avec toutes les difficultés et toutes les misères que les écrivains aiment à relever ironiquement dans le vieux monde, *le Temps*, 14 août 1876, 2ᵉ page, 2ᵉ col.

† **SURPLOMBANT, ANTE** (sur-plon-ban, ban-t'), *adj.* Qui surplombe. Aux dunes de Scheveningue on voit ses eaux [du Zuiderzée] surplombantes, toujours prêtes à franchir la digue, MICHELET, *la Mer*, 2ᵉ éd. p. 24.

† **SURPOIDS.** *Ajoutez* : || 2ᵉ Poids qui charge en sus. Tous les édifices bâtis dans cette direction sont exposés au plus grand danger, à moins que l'on n'avise aux mesures à prendre pour déblayer le surpoids de terre qui se trouve sur le sommet de la colline, *Journ. offic.* 17 juil. 1874, p. 4992, 3ᵉ col.

† **SURPRIME** (sur-pri-m'), *s. f.* Terme d'assurances. Ce qu'on paye de plus que la prime. Tous risques généralement quelconques de terre, de vol, d'escales, de déviations, de transbordements, etc. sont à la charge des assureurs, sans surprimes, *Gaz. des Trib.* 8 déc. 1874, p. 1173, 3ᵉ col.

† **SURREMISE** (sur-re-mi-z'), *s. f.* Terme de librairie. Remise extra que fait l'éditeur au libraire qui lui prend un ouvrage en nombre.

† **SURRINCETTE** (sur-rin-sè-t'), *s. f.* Terme populaire. Verre de vin ou petit verre d'eau-de-vie pris par-dessus la rincette. Bref, après avoir absorbé force victuailles, force bouteilles, le café, le petit verre, la rincette, la surrincette, G.... croit devoir faire au garçon marchand de vin la politesse d'un verre, *Gaz. des Trib.* 25 fév. 1876, p. 191, 3ᵉ col.

SURSEOIR. — HIST. || XIVᵉ s. *Ajoutez* : La court ordena que la cause sureseroit en estat jusques aus jours de Pierregort..., *Bibl. des ch.* 1873, p. 206.

† **SURSOY** (sur-soi), *s. m.* Ancien synonyme de sursis. Obtenir un sursoy de la fin du monde, MALH. *Lexique*, éd. L. Lalanne.

† **SURVANTÉ, ÉE** (sur-van-té, tée), *adj.* Vanté avec excès. M. Robie, dont les *Raisins*, très-colorés, valent assurément les fruits de feu Saint-Jean, de Lyon, un peu survanté, BÜRGER, *Salons de* 1861 *à* 1868, t. II, p. 142.

— ÉTYM. *Sur*, préposition, et *vanter*.

SURVEILLÉ. *Ajoutez* : || 2ᵉ *S. m.* Celui qui est soumis à la surveillance de la haute police. Art. 2 : Dans les vingt-quatre heures de son arrivée, le surveillé devra déposer sa feuille de route à la mairie ou au bureau de police, *Décret du* 30 *août* 1875, *pour l'exéc. de la loi sur la surveill. de la police.*

SURVIVANCE. *Ajoutez* : || 3ᵉ Terme de droit. À la survivance de, en survivant à. M. le marquis de G.... père.... est décédé à la survivance de quatre enfants et de sa femme, *Gaz. des Trib.* 8 janv. 1875, p. 21, 1ʳᵉ col.

SURVIVRE. *Ajoutez* : || 6ᵉ *V. a.* Survivre quelqu'un, lui survivre. S'il fût mort, vous ne l'eussiez pas voulu survivre, MALH. *Lexique*, éd. L. Lalanne. Ayant survécu longtemps Métrodorus, ID. *ib.*

SUS. — REM. *Ajoutez* : || 3. Dans la remarque 2, à propos de la locution de Saint-Simon, *retomber à sus*, au sens de *tourner contre*, un doute s'est élevé sur la correction du texte. La correction en est certaine; car voici un emploi tout semblable de *à sus* : J'avais estimé que ceux qui, sans sujet, me veulent moins de bien que je ne désirerais, se lasseraient de me mettre à sus des calomnies, RICHELIEU, *Lettres, etc.* 1617, t. VII, p. 411.

SUSCEPTIBLE. || 3ᵉ *Ajoutez* : || Il se dit aussi, au sens absolu, de ce qui reçoit facilement les impressions. J'ai choisi entre les zones la matière élémentaire dont mon corps est composé; elle est très-susceptible; si elle ne l'était pas, je manquerais de sensibilité, CAZOTTE, *le Diable amoureux*, ch. XIII.

SUSCITATION. *Ajoutez* : Bien que Sa Majesté ait été souvent fidèlement servie par cette voie, elle a toutefois soupçon que ce dernier avis soit parvenu à elle à la suscitation des Espagnols, qui n'ont point de plus grand dessein que de mettre les Hollandais en soupçon de la France, et la France en soupçon des Hollandais, RICHELIEU, *Lettres, etc.* t. VI, p. 340 (1639).

SUSCITER. *Ajoutez* : || 3ᵉ *V. réfl.* Se susciter, se lever, apparaître. Que les ombres de nos neveux se suscitent, se forment et se montrent, DIDER. *Lett.* IV *à Falconet*, t. XVIII, p. 116, éd. Assézat.

† **SUSNASAL, ALE** (sus'-na-zal, za-l'), *adj.* Terme d'anatomie. Qui est au-dessus du nez. || Point susnasal, synonyme d'ophryon (voy. ce mot au Supplément).

SUSPENDRE. *Ajoutez* : || 10ᵉ Suspendre les pas, marcher avec précaution pour ne pas faire de bruit. Voyez-moi ces délicats de qui le sommeil impose silence à toute une maison, pour qui tout ce qu'il est de serviteurs se ferment la bouche et suspendent les pas, s'ils s'approchent d'eux, MALH. *Lexique*, éd. L. Lalanne.

SUSTENTER. *Ajoutez* : || 3ᵉ Sustenter s'est dit aussi dans le sens de soutenir. L'idée de la décomposition de l'aile en parties active et passive semble avoir servi de point de départ à la plupart des recherches; en effet on s'occupe généralement de savoir quel sera le pouvoir sustentant de l'air sous un plan plus ou moins oblique et transporté horizontalement, TATIN, *Acad. des sc. Comptes rend* t. LXXXIII, p. 457. || Sustenter est ici le verbe de sustentation, action de soutenir.

† **SUSTENTEUR** (su-stan-teur), *s. m.* Sorte de marmite autoclave, dite aussi marmite américaine, formée d'un cylindre d'étain fermé d'un couvercle qu'on serre à vis. La viande y bout six heures en laissant tout son jus.

— ÉTYM. *Sustenter.*

† **SUSTENTION** (su-stan-sion), *s. f.* Synonyme peu usité de sustentation, au sens d'action de soutenir. Plus la vitesse [de l'oiseau qui vole] est grande, plus la sustention s'obtient facilement, à cause de la grande quantité d'air inerte sur lequel peut s'appuyer le plan dans un temps donné, TATIN, *Acad. des sc. Comptes rend.* t. LXXXIII, p. 457 (l'auteur écrit à tort *sustension*).

— ÉTYM. Lat. *sustinere* (voy. SOUTENIR).

† **SUSURRATION.** — HIST. XVIᵉ s. *Ajoutez* : Certes je crains.... qu'il n'adviengne qu'il y ait entre vous contentions, envies, yres, discordes, detractions, susurrations, orgueils, seditions, *II Cor.* XII, 20, *Nouv. Test.* éd. Lefebvre d'Étaples, Paris, 1525.

† **SUSURREMENT** (su-zu-re-man), *s. m.* Néologisme. Léger murmure. Le susurrement d'une vague parmi les cailloux me rend tout heureux, CHATEAUBR. *Mém. d'outre-tombe*, éd. de Bruxelles, t. V, *Journal du* 12 *juillet au* 1ᵉʳ *septembre, etc.* Aux doux susurrements dont l'orgueil nous enivre, H. STUPUY, *la Flûte d'argent.* Tout à coup un susurrement étrange et mystérieux traverse la chambre.... deux serpents parurent, *Journ. des Débats*, 14 juillet, 1877, *Feuilleton*, 1ʳᵉ page, 6ᵉ col.

† **SUSURRER** (su-su-rré), *v. a.* Prononcer en susurrement. Conversations susurrées, A. DAUDET, *le Temps*, 3 oct. 1877, 1ʳᵉ page, *Feuilleton*, 5ᵉ col.

† **SVASTICA** ou **SVASTIKA** (sva-sti-ka), *s. m.* Figure mystique, familière à plusieurs sectes indiennes, et qu'on représente sous la forme de trois gammas réunis par le pied. Le signe du svastika n'est pas moins connu des brahmanes que des bouddhistes.... la plupart des inscriptions qu'on trouve gravées dans les cavernes bouddhiques de l'ouest de l'Inde sont précédées ou suivies de la marque sacramentelle du svastika, EUG. BURNOUF, *Le lotus de la bonne loi*, Paris, 1852, p. 625. On y voit généralement [dans la croix gammée des vases de Rhodes et de l'Étrurie] le signe du svastica bouddhique moderne, F. DELAUNAY, *Journ. offic.* 18 nov. 1873, p. 7024, 3ᵉ col.

— ÉTYM. Mot sanscrit dérivé par le suffixe *ka* (κα grec, *co* latin) du composé *svasti*, bonheur, bonne chance, de *su*, bien, le grec εὖ, et *asti*, être : bien-être.

† **SVELTESSE.** *Ajoutez :* L'emploi de métal [dans les chapiteaux égyptiens] explique seul la sveltesse des colonnes et la longueur exagérée donnée aux architraves, MASPERO, *Rev. crit.* 9 déc 1876, p. 376.

SYCOMORE. — HIST. *Ajoutez :* XII° s. Philitoas joste à Hector, Que la lance de sicamor Vola en pieces sor l'escu, BENOIT DE SAINTE-MORE, *le Roman de Troie*, v. 9397.

SYCOPHANTE. — HIST. XVI° s. *Ajoutez :* Icy voit on clairement les vrais traits d'un parfait sycophante ou calomniateur, lequel, à tous propos, change la nature et condition de toutes choses en conformité du venin dont l'estomacq lui creve, MARNIX DE SAINTE-ALDEGONDE, *Écrits politiques et historiques*, *Œuvres*, Bruxelles, 1859, p. 78

† **SYLLABUS** (sil-la-bus'), *s. m.* Terme ecclésiastique. Recueil ou récapitulation sommaire des principales erreurs des temps modernes, signalées dans les allocutions consistoriales, encycliques, et autres lettres apostoliques du pape Pie IX.

— ÉTYM. Lat. *syllabus*, sommaire, du grec συλλαμβάνειν, comprendre, résumer, de σὺν, avec et λαμβάνειν, prendre.

SYLVAIN. *Ajoutez :* || 4° Espèce de papillon, *hesperio sylvanus*; grand sylvain, *nymphale populi*; petit sylvain, *nymphale sibylla*.

† **SYLVANE** (sil-va-n'), *s. f.* Minerai aurifère, dit aussi or blanc et or graphique, qui renferme jusqu'à 70 pour 100 d'or.

† **SYLVANESQUE** (sil-va-nè-sk'), *adj.* Néologisme Qui appartient au dieu mythologique Sylvain. Enfin, tel qu'il est, ce paysage [*Remise de chevreuils*, de Courbet] purement sylvanesque plaît à la fois aux fanatiques de bonne peinture, aux amoureux de la vraie campagne..., BÜRGER, *Salons de 1861 à 1868*, t. II, p. 279.

† **SYLVIA** (sil-vi-a), *s. f.* La 87° planète télescopique, découverte en 1866 par M. Pogson.

— ÉTYM. Lat. *Sylvia*, la fille de Tyrrhénus, dans Virgile.

† **SYLVITE** (sil-vi-t'), *s. f.* Terme de minéralogie. Chlorure de potassium, incolore ou rouge.

† **SYMANDRE** (si-man-dr'), *s. f.* Fausse orthographe pour simandre (voy. ce mot au Supplément).

† **SYMÉLIE** (si-mé-lie), *s. f.* Terme de tératologie. Monstruosité caractérisée par la fusion médiane des deux membres d'une même paire. L'arrêt de développement du capuchon caudal de l'amnios détermine la symélie, C. DARESTE, *Acad. des sc. Comptes rend.* t. LXXVII, p. 988.

— ÉTYM. Voy. SYMÉLIEN au Dictionnaire.

† **SYMKA** (sim'-ka), *s. m.* Nom d'un végétal de Nubie dont la gousse est semblable à celle des pois, CORTAMBERT, *Cours de géographie*, Paris, 1873, p. 589.

† **SYMPOSIAQUE** (sin-po-zi-a-k'), *adj.* Qui a rapport aux repas, aux festins. Entre autres propos symposiaques que nous eûmes durant et après le repas, il me souvient d'une agréable remarque de M. d'Urfé, *Esprit de saint François de Sales*, dans STE-BEUVE, *Port-Royal*, I, 9.

— ÉTYM. Συμποσιακός, de συμπόσιον, *convivium*, repas, festin, de σὺν, avec, et πόσις, action de boire.

† **SYNAGOGAL, ALE** (si-na-go-gal, ga-l'), *adj.* Qui appartient à la synagogue. M. Zunz dans son excellent ouvrage intitulé la Poésie synagogale, *Hist. litt. de la Fr.* t. XXVII, p. 454.

† **SYNCHRONIQUEMENT** (sin-kro-ni-ke-man), *adv.* D'une manière synchronique. On peut se demander si les deux timbales [chez la cigale] vibrent synchroniquement pendant le chant, CARLET, *Acad. des sc. Comptes rend.* t. LXXXIII, p. 79.

SYNCOPÉ, ÉE. *Ajoutez :* || 4° Interrompu, coupé. Un grand éclat de rire qui était échappé à Alcine.... fut brusquement syncopé par l'opération de l'anneau..., DIDEROT, *Bijoux indiscrets*, I, 6.

— REM. Syncopé s'est dit pour resserré, réduit, restreint. Remarquons que plus les assemblées sont petites et syncopées, mieux elles sont gouvernées et hors des atteintes de la résistance ou de la révolte, D'ARGENSON, *Consid. sur le gouv. de la France*, Amsterdam, 1784, p. 101.

SYNDIC. *Ajoutez :* || 5° Dans le canton de Vaud, on appelle syndic le magistrat municipal qui porte en France le nom de maire.

— HIST. *Ajoutez :* XV° s. Humble supplication de nos chiers et bien amez les chappitre, cinditz, conseil et communaulté de la ville et cité de Geneve, *Lett. de Charles VII*, 1455 (collationnée sur l'original par M. Eugène Ritter, professeur à Genève).

SYNDICAT. *Ajoutez :* — HIST. XV° s. Ledit notaire les recita [les noms des syndics], present le peuple, en la forme que se doit reciter ung scindicat, *Revue des langues romanes*, t. VI, p. 83.

† **SYNERGIQUE.** *Ajoutez :* || 2° *S. m.* Un synergique, une substance qui a la même action que d'autres. Le sulfate de quinine et ses synergiques, digitale, ergot de seigle..., H. DE PARVILLE, *Journ. des Débats*, 30 nov. 1876, *Feuilleton*, 2° page, 2° col.

† **SYNTACTIQUE** (sin-ta-kti-k'), *adj.* Qui appartient à la syntaxe. Le rôle syntactique des pronoms *lui*, *leur*. Composés syntactiques, FR. MEUNIER, *Annuaire de l'association pour l'encouragement des études grecques*, 3° année, 1872, p. 245.

— ÉTYM. Συντακτικός, de σύνταξις, syntaxe. *Syntactique* est plus régulier que *syntaxique* (voy. ce mot).

† **SYNTHÉSIQUE** (sin-té-zi-k'), *adj.* Qui a le caractère de la synthèse. Les botanistes synthésiques, PLANCHON, *Rev. des Deux-Mondes*, 15 sept. 1874, p. 404.

— ÉTYM. *Synthèse.* Ce mot n'est pas mauvais, différant du sens de *synthétique*, qui vient de σύνθετος.

† **SYNTHÉTISER** (sin-té-ti-zé), *v. a.* Faire une synthèse. Les différentes manières d'analyser et de synthétiser, J. TISSOT, *Essai de logique objective*, p. 35, Paris, 1868.

† **SYRAC** (si-rak), **SYRAS** (si-râ), *s. m.* Fausses orthographes de chiraz (voy. ce mot au Dictionnaire), *les Primes d'honneur*, p. 706, Paris, 1874.

† **SYRIACISME** (si-ri-a-si-sm'), *s. m.* Idiotisme propre à la langue syriaque. Il [saint Paul] parlait habituellement et facilement en grec.... mais son grec était celui des Juifs hellénistes, un grec chargé d'hébraïsmes et de syriacismes, RENAN, *les Apôtres*, ch. X.

† **SYRPHE** (sir-f'), *s. m.* Genre de diptères. La larve des syrphes rend de grands services à l'agriculture en dévorant des quantités immenses de pucerons, H. PELLETIER, *Petit dict. d'entom.* p. 149, Blois, 1868.

— ÉTYM. Σύρφος, mouche.

SYSTÉMATIQUE. *Ajoutez :* || 5° Dans le langage médical, lésions systématiques, se dit, en parlant de la moelle épinière, des lésions qui se circonscrivent, sans en dépasser les limites, à certaines régions déterminées de cet organe complexe.

† **SYSTÉMATISEUR** (si-sté-ma-ti-zeur), *s. m.* Celui qui systématise, qui réduit en système un corps de doctrines. Galien, le grand systématiseur pour l'antiquité médicale, lui donna [à la doctrine de la crase] une forme complétement rationnelle, et en fit le dogme des âges suivants, *Dict. de médecine*, 14° éd., art. *histoire*.

SYSTÈME. || 1° *Ajoutez :* || Le système de Tycho-Brahé, conception astronomique qui porte le nom de son auteur, célèbre astronome danois, d'après laquelle les planètes étaient bien considérées comme se mouvant autour du soleil; mais on admettait que le soleil tournait annuellement autour de la terre, en entraînant avec lui les planètes.

— SYN. *Ajoutez :* || 2. SYSTÈME, APPAREIL. En anatomie, un système comprend toutes les parties qui sont formées d'un tissu semblable; un appareil comprend des organes de nature très-différente, dont le concours opère une fonction. Le système osseux. L'appareil de la digestion.

T

TABAC. || 2° *Ajoutez :* || Tabac de caporal, tabac caporal, tabac à fumer ordinaire. || 5° Faux tabac, la nicotiane rustique. *Ajoutez :* Dit aussi tabac rustique, tabac femelle, tabac du Mexique; on le cultive avec succès dans les départements du sud-ouest; c'est l'espèce la moins délicate (*nicotiana rustica*, L.). || Tabac des Savoyards, nom vulgaire de l'arnica des montagnes.

† **TABAGIQUE** (ta-ba-ji-k'), *adj.* Qui est relatif aux tabagies. Casanova venait d'arriver à Paris, lorsque commença cette mode tabagique, c'était en 1750, ED. FOURNIER, *Rues de Paris*, ch. 10.

† **TABASCHIR.** *Ajoutez :* — ÉTYM. Arabe, *tabâchir*, même sens.

† **TABELLE** (ta-bè-l'), *s. f.* || 1° S'est dit autrefois des mémoires contenant des comptes. Comme je croyais que le soin qu'il [le vice-légat, à Avignon] avait d'examiner tous les ans les dettes, revenus et dépenses de ces communautés, et d'ordonner ensuite suivant leurs besoins, au bas des mémoires ou tabelles qui lui étaient présentés par chaque communauté en particulier..., BOISLISLE, *Corresp. contrôl. génér.* 1688, p. 167. || 2° Rôle, liste. On lui donnera sur la tabelle le même nombre de prédications qui incombent à ses collègues, *Journ. de Genève*, 30 mars 1875.

— ÉTYM. Lat. *tabella*. Ce mot latin francisé est commode et fort usité dans la Suisse française.

TABIDE. *Ajoutez :* || Fig. Qui est sans force. Ils ont le corps aussi gras et potelé comme l'esprit tabide et léthargique, MALH. *Lexique*, éd. L. Lalanne.

TABLE. *Ajoutez :* || 34° Nom, en Hongrie, des deux chambres de la diète. La table des magnats, évêques, barons du royaume, princes, comtes; la table des représentants, députés des comitats, villes et districts libres, *Almanach de Paris*, 1867, p. 108.

TABLEAU. — HIST. *Ajoutez :* XIII° s. Et ot par defors les palis Tabliaus en pluseurs lieus assis Sor très haus sapins, qui estoient Li plus haut que trouver povoient; De ces tabliaus i avoit quatre A quoi se devoient esbatre A la feste li chevalier, Li damoisel, li escuier De lancier de leur javelos; Et encore atorne on à los Qui plus apertement i lance; Vraiement sachiez, sans cuidance, K'Espaignol tienent moult à bel Le jeu de lancier au tablel, ADENES, *Cleomades*, publié par van Hasselt, v. 15981.

† **TABLEAUTIER** (ta-blô-tié), *s. m.* Compositeur d'imprimerie qui fait spécialement les tableaux et ouvrages à filets et à chiffres, BOUTMY, *Dict. de l'argot typogr.*

† **TABLE-BUREAU** (ta-ble-bu-rô), *s. f.* Table disposée de manière à servir de bureau. || *Au plur.* Des tables-bureaux.

† **TABLÉE.** — HIST. *Ajoutez* XIII° s. Tout droit après Maniadus Se sist Marine et puis Argente; Moult fu cele tablée gente, ADENES, *Cleomades*, v. 17379.

† **TABLÉITÉ** (ta-blé-i-té), *s. f.* Voy. POTÉITÉ au Supplément.

TABLER. *Ajoutez :* || 3° *V. a.* Dans le langage parlementaire des États-Unis, écarter une proposition, un projet. Le sénat de la Géorgie a tablé hier, autrement dit enterré, provisoirement du moins, un bill déclarant les affranchis inéligibles aux emplois publics, *l'Indépendance belge*, 13 oct. 1868.

2. **TABLIER.** — HIST. *Ajoutez :* || XIV° s. XXXVI aunes de toile pour faire tabliez (1322), VARIN, *Archives admin. de la ville de Reims*, t. II, 1re partie, p. 300.

† **TABLON** (ta-blon), *s. m.* Nom d'une fièvre qui sévit à Panama, *Journ. offic.* 30 mars 1873, p. 2220, 1re col.

TABOURET. || 9° *Ajoutez :* Tabouret des champs, nom vulgaire du thlaspi des champs.

† **TABUT** (ta-bu), *s. m.* Terme vieilli. Trouble, tumulte. Ils emploient le loisir qui leur est donné, à l'écart du tabut du monde, à méditer les grandes grâces qu'ils ont reçues du ciel, LE FAUCHEUR, *Serm.* t. II (1653).

— HIST. XVe s. Le suppliant dit à son nepveu : je vous prie qu'il n'y ait point de noise ni de tabust, DU CANGE, *tabussare.* || XVIe s. Fagoteur de tabus, RAB. *Garg.* I, 50.

— ÉTYM. Aunis, *tabut,* tracas, ennui, *tabuter,* tracasser, tourmenter ; prov. *tabust ;* de l'anc. verbe *tabuster* (voy. TARABUSTER à l'étymologie).

TAC. *Ajoutez :* || 4° Dans l'Aunis, maladie de gorge des cochons, dite aussi poil, *Gloss. aunisien,* p. 150. || 5° Terme d'escrime. Action de toucher l'épée. M. de V.... est un charmant tireur ; il a fait plusieurs parades de quarte du tac au tac de main de maître, *le Figaro,* 20 mars 1873.

† **TACAUD** (tak-ô), *s. m.* Sorte de poisson de mer (*gadus barbatus*). L'auteur de ce travail pêcha un jour, dans la baie de Concarneau, des tacauds, H. DE PARVILLE, *Journ. offic.* 16 avril 1874, p. 2768, 3e col.

† **TACCO** (tak-ko), *s. m.* Oiseau grimpeur, d'Amérique, ressemblant au coucou d'Europe.

1. **TÂCHE.** || 2° *Ajoutez :* || Avoir tâche, être occupé. Ceux qui ont tâche n'ont jamais loisir de faire les fols, MALH. *Lexique,* éd. L. Lalanne.

— HIST. *Ajoutez :* || XIVe s. Nulz varlès servans oudit mestier de serrurerie qui seront louez ou enconvenanciez tant en tasche comme à journée..., *Bibliothèque des ch.* 1874, t. XXXV, p. 499.

TÂCHER. — REM. || 2. *Ajoutez :* Le Dictionnaire condamne la locution tâcher que. Pourtant en voici des exemples, modernes il est vrai : Tâchez surtout que ce soit prompt, VITET, *États d'Orléans,* III, 24 ; Il veut faire du scandale ; tâchez qu'il y en ait le moins possible, DUMAS FILS, *Étrangère,* IV, 5 ; Occupe-toi de nos amis, tâche qu'ils ne parlent pas trop haut, JALIN, *Comtesse Romani,* II, 2. Après un nouvel examen, il ne paraît pas que la locution doive être condamnée. C'est une locution analogue à : Je vous informe que.... (voy. INFORMER au Supplément). || 3° Corneille a employé tâcher activement avec *le* pour régime : Quand j'ai voulu me taire, en vain je l'ai tâché, *Rod.* III, 4 ; cela n'est plus usité.

† **TACHYMÉTRIE** (ta-chi-mé-trie), *s. f.* Mesure rapide des surfaces et des solides. L'organisation de conférences de tachymétrie, géométrie concrète en trois leçons, *Journ. offic.* 29 avr. 1876, p. 2999, 1re col.

— ÉTYM. Ταχὺς, vite, et μέτρον, mesure.

TACITURNE. *Ajoutez :* || 3° Qui a le caractère du silence, qui ne laisse rien exprimer. Derrière ces clôtures taciturnes [en Algérie], ces portes massives comme des portes de citadelles, ces guichets barricadés avec du fer, il y a les deux grands mystères de ce pays-ci, la fortune mobilière et les femmes, E. FROMENTIN, *Une année dans le Sahel,* p. 33.

† **TADAMIER** (ta-da-mié), *s. m.* Arbre de Madagascar, famille des combrétacées.

TAFFETAS — HIST. *Ajoutez :* XIVe s. Quatre pieces de taphetas tenans Ljjjj aunes, dont l'en fist deus pere de robes à madame la duchesse et à damoiselle Maheut de Suylli (1317), *Nouveau recueil des comptes de l'argenterie des rois,* publié par Douët-d'Arcq, p. 6.

† **TAFFO** (taf-fo), *s. m.* Sorte d'engrais. 4° expérience : Le taffo de la compagnie chaufournière de l'ouest m'a donné 1,000 gerbes pesant 8,400 kilogr..., *Bull. de la Société centr. d'agriculture,* déc. 1872, p. 89.

† **TAILLABLE.** *Ajoutez :* — REM. C'est à propos de l'abolition de la corvée, proposée par Turgot, que Joly de Fleury prononça le mot : Le peuple est taillable et corvéable à merci, H. PASSY, *Journ. offic.* 28 déc. 1876, p. 9808, 3e col.

TAILLE. *Ajoutez :* || 20° Dans la verrerie, manière de tailler le cristal. Depuis les tailles qui se rapprochent plus ou moins de la taille courante jusqu'aux tailles les plus riches, *Enquête, Traité de comm. avec l'Anglet.* t. VI, p. 570. || Taille courante, taille qui consiste en une côte plate ou une olive dans le bas des pièces, et une simple côte plate sur le col et sur l'épaulement des articles fermés, *ib.* p. 569. || 21° Papier taille-douce. Le papier dit taille-douce, le seul des papiers de tenture qui n'ait droit à aucune déduction, est un papier commun, sans enduit et dont les dessins sont obtenus par la pression d'une planche gravée en creux, tandis que, pour les autres papiers de tenture, les dessins s'obtiennent au moyen de lames de cuivre en relief sur la planche à imprimer ; la transparence du fond, aussi bien que les dessins du papier taille-douce, le fait distinguer aisément, *Douanes, Tarif de* 1877, note 564.

† **TAILLERIE.** *Ajoutez :* || Il se dit aussi de la taille des cristaux. Le travail de nos tailleries n'a pas moins besoin d'être protégé que celui de nos fours, *Enquête, Traité de comm. avec l'Angleterre,* t. VI, p. 569.

TAILLEUR. *Ajoutez :* || 8° Tailleur de limes, ouvrier qui fait les dents des limes. Un bon tailleur de limes gagne chez moi de 3 francs 50 à 4 francs par jour, *Enquête, Traité de comm. avec l'Angleterre,* t. 1er, p. 758. || 9° Tailleur de cors, s'est dit anciennement pour désigner celui que nous nommons aujourd'hui pédicure. J'ai payé des cafetiers, des rôtisseurs, des tailleurs de cors, FRÉRON, *le Critique,* cité par J. Soury, *Rev. des Deux-Mondes,* 1er mars 1877.

† **TAILLEUX** (ta-lleû, *ll* mouillées), *s. m. plur.* Terme forestier. Nom donné, dans les Vosges, à deux murs très-bas, souvent remplacés par de fortes pièces de bois, qui servent à faire rouler les billes (en langage forestier, les tronces) du dépôt sur le chariot d'une scierie forestière.

† **TAILLOLE** (ta-llo-l', *ll* mouillées), *s. f.* Nom, en Provence, de la longue ceinture de laine presque toujours rouge avec laquelle les gens se serrent les reins, en haine des bretelles. Un grand garçon, alerte et solide, les reins étroitement serrés dans sa taillole en laine rouge, ALPH. DAUDET, *Journ. offic.* 3 août 1874, p. 5514, 1re col.

† **TAISANT, ANTE** (tè-zan, zan-t'), *adj.* Qui se tait, en termes de droit. Que M.... est demeuré taisant et inactif en dépit de l'avertissement gratuit que lui avait donné son acheteur, *Gaz. des Trib.* 20 mai 1875, p. 484, 1re col.

† **TAISIBLE** (tê-zi-bl'), *adj.* Société taisible, nom qu'on donnait autrefois à des sociétés que contractaient tacitement les parties. Le discours d'usage a été prononcé par M. Thiriot, avocat général, sur les sociétés taisibles au moyen âge, comparées aux sociétés coopératives actuelles, *Gaz. des Trib.* 5 nov. 1876, p. 1077, 3e col.

— ÉTYM. Anc. franç. *taisible,* taciturne, qui parle peu, du lat. *tacere,* se taire.

† **TAKAMAKA** (ta-ka-ma-ka), *s. m.* Arbre de la famille des guttifères, *calophyllum inophyllum.* Le takamaka, ainsi qu'on l'appelle dans les colonies,... fort estimé pour les constructions... ; du tronc, noirâtre et presque toujours crevassé, s'écoule une résine, E. BLANCHARD, *Rev. des Deux-Mondes,* 1er sept. 1872, p. 221.

† **TALARI** (ta-la-ri), *s. m. plur.* Pluriel de talaro (voy. ce mot au Dictionnaire). Il ne faut pas écrire au pluriel *talaris,* comme on le fait quelquefois fautivement.

† **TALBOTYPE** (tal-bo-ti-p'), *s. m.* Sorte de daguerréotype. C'est à cette époque [1850] que l'on commença d'employer le collodion et d'abandonner les procédés primitifs connus sous le nom de daguerréotype et de talbotype, M. Talbot les ayant introduits en Angleterre quelque temps après que Daguerre les eut inventés en France, *Journ. offic.* 16 sept. 1873, p. 5908, 3e col.

TALENT. *Ajoutez :* || 4° Il s'est dit pour art, genre. L'Académie, connaissant la capacité et suffisance du sieur Hyacinthe Rigaud, peintre, par les divers ouvrages qu'il a faits, tant sur les talents de l'histoire que des portraits..., *Lettres de l'Académie, 2 janv.* 1700, dans *Mémoires inédits sur l'Académie de peinture, publiés par Dussieux, etc.,* t. II, p. 133. M. de Troy était doué d'excellentes qualités, aimant son talent, s'en faisant honneur, *ib.* p. 272. L'aîné s'est adonné au même talent que son père [la gravure des médailles], *ib.* p. 328.

† **TALIPÂT** (ta-li-pât') ou **TALIPOT** (ta-li-pot'), *s. m.* Nom d'un palmier de l'Inde dont les feuilles dites olles (voy. OLLE au Supplément) servent à écrire.

† **TALMERITAL** (tal-mé-ri-tal), *s. m.* Voy. TERRE, n° 24.

† **TALOCHER** (ta-lo-ché), *v. a.* Terme populaire. Donner des taloches.

TALON. || 1° *Ajoutez :* || Faire tête du talon, fuir. Il ne s'y est rien passé de dangereux, et je crois que, si ce malheur fût arrivé, vous auriez vaillamment fait tête du talon, *les Maistres d'hostel aux Halles,* p. 175, 1671, dans CH. NISARD, *Parisianismes,* p. 195. || 26° Terme de comptabilité. Pièce que le comptable détache de la souche et qu'il remet à l'agent chargé du payement ou du contrôle. On a imaginé des factures à talon dont les deux parties reproduisent les mêmes énonciations ; la facture est apportée au payeur et sert au paiement de la fourniture, qu'elle justifie, dans le compte-deniers ; le talon est adressé au garde-magasin et devient la justification de l'entrée dans le compte-matières, L. BOUCHARD, *Rev. des Deux-Mondes,* 1er fév. 1872, p. 688.

TALONNER. — HIST. XVIe s. Je suis Jesus, lequel tu persecutes ; il t'est dur de talonner [regimber] contre l'aguillon, *Act.* IX, 5, *Nouv. Test.* éd. Lefebvre d'Étaples, Paris, 1525.

† **TALPOÏDE.** *Ajoutez :* — ÉTYM. Mot hybride, du lat. *talpa,* taupe, et εἶδος, forme.

TAMBOUR. || 11° *Ajoutez :* On appelle colonne en tambours celle dont le fût est formé d'assises de pierre qui ont moins de hauteur que le diamètre de la colonne, et colonne en tronçons celle dont le fût est de trois ou quatre morceaux qui ont chacun plus de hauteur que de diamètre, BOUTARD, *Dictionnaire des arts du dessin, colonne.* || 19° Trépied de porcelaine servant de support aux assiettes de dessert. Assiettes, tambours, etc. *Affiche pour la vente de porcelaines de Sèvres prov. du conseil d'État,* déc. 1875. Des pyramides de fruits s'entassaient dans les coupes de cristal les tambours étaient garnis de bonbons et de fruits confits, H. GRÉVILLE, *Dosia,* I. || 20° Sorte de futaille. 30 pipes, 271 demi-muids, 193 pièces, 38 tambours, 39 demi-pièces, 12 quartauts, *Affiches de mai* 1872, *Vente de vins à Bercy.* || 21° Variété de pigeons. Puis les tambours aux pattes emplumées, portant à la base du bec une touffe de plumes bouclées, E. BLANCHARD, *Rev. des Deux-Mondes,* 15 juin 1874, p. 855. || 22° Bois tambour, arbre qui croît à Madagascar, comme à Maurice, dans les forêts humides ; ses fleurs poussent en grappes sur le tronc et à l'origine des branches, *ambora tambourissa,* famille des monimiacées, E. BLANCHARD, *Revue des Deux-Mondes,* 1er sept. 1872, p. 219.

† **TAMISAILLE** (ta-mi-zâ-ll', *ll* mouillées), *s. f.* Nom vulgaire de la brize (voy. ce mot au Dictionnaire).

TAMISER. — HIST. *Ajoutez :* XIIe s. La farine que l'on tamise Ne chiet pas si espès d'assez Com darz et quarrials enpenez, BENOIT DE SAINTE-MORE, *le Roman de Troie,* v. 18876.

† **TAMISEUR.** *Ajoutez :* || 2° Engin servant à tamiser.

TAMPONNER. *Ajoutez :* || 6° *V. réfl.* Se tamponner, se heurter l'un contre l'autre, en parlant de trains de chemins de fer. Un train de marchandises et le train-poste 198 se sont tamponnés pendant une manœuvre à l'Isle-sur-Doubs, *Journ. offic.* 14 mars 1877, p. 1934, 1re col.

TAM-TAM. *Ajoutez :* — REM. Le tam-tam est, proprement, un instrument couvert d'une peau que l'on frappe ; c'est abusivement qu'il est devenu synonyme de gong.

TAN. *Ajoutez :* || Arbre à tan, le *weinmannia macrostachya,* à l'île Maurice, BAILLON, *Dict. de bot.* p. 248.

† **TANACÉE** (ta-na-sée), *s. f.* Nom vulgaire de la tanaisie.

† **TANDEM.** *Ajoutez :* — ÉTYM. M. Petilleau dit que l'étymologie donnée par les Anglais à ce mot est le lat. *tandem ;* mais on ne voit pas comment ce mot, qui signifie *enfin,* a pu être appliqué à un véhicule où les chevaux sont attelés à la file l'un de l'autre, et non couplés comme dans les attelages ordinaires.

† **TANDJOUR** (tan-djour), *s. m.* Nom d'un corps d'écrits sacrés thibétains ; c'est un recueil de divers ouvrages de savants bouddhistes sur différentes matières, *Journ. offic.* 29 août 1872, p. 5751, 1re col.

† **TANGENTIELLEMENT** (tan-jan-siè-le-man), *adv.* D'une façon tangentielle. Chacun de ces six faisceaux se bifurque tangentiellement vers la moitié de la hauteur de l'ovaire [d'une plante] ou un peu plus bas, TRÉCUL, *Acad. des sc. Comptes rendus,* t. LXXXIII, p. 16.

† **TANGHIN.** *Ajoutez :* Un arbre plein d'élégance... c'est le tanghin, l'arbre sinistre de Madagascar ; le fruit, un des plus redoutables poisons, a été le principal instrument des épreuves judiciaires et du plus grand nombre des crimes de la

fameuse reine Ranavalona, E. BLANCHARD, *Rev. des Deux-Mondes*, 1er sept. 1872, p. 217.

† **TANGIBLEMENT** (tan-ji-ble-man), *adv.* D'une façon tangible. Ce n'est point par intuition, mais tangiblement, au doigt et à l'œil que, dans l'élection du 21 mai, la candidature officielle apparaît partout, *Journ. offic.* 18 juin 1876, p. 4277, 1re col.

† **TANGRUM** (tan-grom'), *s. m.* Résidu de poissons. M. de Quatrefages... a signalé l'application des résidus de poissons, le tangrum, comme l'un des plus puissants engrais, PAYEN, *Mém. d'agr. etc.* 1870-1871, p. 52.

† **TANGUIER, IÈRE** (tan-ghié, ghiè-r'), *adj.* Qui a rapport à la tangue. Marais tanguiers, *Journ. offic.* 18 déc. 1875, p. 10462, 3e col.

TANIN. *Ajoutez :* || 2° *Adj. m.* Qui est de la nature du tanin. Les sucs tanins provenant du châtaignier..., les résidus de tanins épuisés suivent le régime des sucs tanins, *Douanes, Tarif de* 1877, note 429.

† **TANNISAGE** (ta-ni-za-j'), *s. m.* Addition de tan à une poudre, à un liquide. || Par extension, l'addition du tannin aux vins faibles dans la proportion de 4 à 8 grammes par hectolitre. Reposé sans tannisage ni collage dans un cellier où la température variait de 12° à 15°, après 22 jours de repos, il [le vin] était parfaitement limpide, ROBINET, *Manuel général des vins*, Paris, 1877, p. 159.

† **TANNISER** (ta-ni-zé), *v. a.* Pratiquer le tannisage. Tannisé et collé sans qu'il redevînt malade, on peut l'employer [le vin] avec succès, ROBINET, *Manuel général des vins*, Paris, 1877, p. 157.

† **TANTALISER** (tan-ta-li-zé), *v. a.* Néologisme. Tenter comme la Fable dit que Tantale était tenté par les fruits et les mets dont il avait besoin et qu'il ne pouvait atteindre.

† **TANYSTOMES** (ta-ni-sto-m'), *s. m. pl.* Famille d'insectes de l'ordre des diptères, dont le suçoir est composé de quatre pièces.

— ÉTYM. Τανύειν, étendre, et στόμα, bouche.

† **TANZIMAT** (tan-zi-mat'), *s. m.* Mot turc qui désigne l'ensemble des réformes découlant du batti-chérif, donné en 1839 par le sultan Abdul-Medjid pour réorganiser l'administration.

TAPABOR. — ÉTYM. *Ajoutez :* On écrivait aussi tapabord. Tapabor est l'orthographe de l'Académie et de Furetière; mais tapabord est celle de Richelet et celle de Corneille; car, dans le vers de *la Veuve*, cité au Dictionnaire, tapabord rime avec effort : Baissons le tapabord; Moins nous ferons de bruit, moins il faudra d'effort. Le *Lexique* de Corneille, éd. Marty-Laveaux, p. 371, cite un passage d'une lettre écrite en 1657 où *taper à bord* signifie monter à l'abordage.

TAPAGEUR. *Ajoutez :* || 2° En termes d'atelier, peintre qui affecte les couleurs les plus voyantes. Les tapoteurs, papilloteurs et tapageurs de la peinture, BÜRGER, *Salons de* 1861 *à* 1868, t. II, p. 252.

† **TAPAGEUSEMENT** (ta-pa-jeû-ze-man), *adv.* D'une manière tapageuse. Les théories de M. M... se sont produites assez tapageusement, et on en a fait assez de bruit dans la presse pour que nous nous trouvions dispensés de les développer, *le Siècle*, 10 décembre 1876.

† 2. **TAPE.** *Ajoutez :* || 4° Bâillon qui était employé sur les galères. || Tape en bouche, commandement qui se faisait lorsqu'on voulait s'assurer du silence des chiourmes, E. SUE, *la Marine française*.

TAPÉ. *Ajoutez :* || 9° Sou tapé, ancien sou au milieu duquel on avait ajouté la marque d'une fleur de lis. Vous avez cru me donner un sou tapé, et vous m'avez remis un petit écu, paroles d'un aveugle à l'abbé Valentin Haüy, citées par MAXIME DU CAMP, *Rev. des Deux-Mondes*, 15 avril 1873, p. 801.

1. **TAPER.** — HIST. *Ajoutez :* XIIe s. S'en vint [un faucon] ataignant à bandon Une [oie sauvage], fors de route asevrée, Si l'a si ferue et tapée Que contre tiere l'abati, *Perceval le Gallois*, v. 5556. || XIIIe s. Voir [vrai], se n'eüsse tant affaire, Volentiers un peu les tapasse [ceux qui ne croient pas aux miracles], GAUTIER DE COINCY, *les Miracles de la sainte Vierge*, p. 665, éd. abbé Poquet.

† **TAPINOME** (ta-pi-no-m'), *s. f.* Terme d'entomologie. Sorte de fourmi. Une bête d'allure singulière, c'est la fourmi erratique, ou mieux la tapinome, *tapinoma erraticum*, E. BLANCHARD, *Rev. des Deux-Mondes*, 15 oct. 1875, p. 804.

— ÉTYM. Ταπείνωμα, état d'un objet qui se tient bas, est tenu bas, de ταπεινός, bas.

1. **TAPIR.** — ÉTYM. *Ajoutez :* Notez la forme *estapir :* XIVe s. Mas [mais] li mauvès dom [dont] je vous di S'estient [s'étaient] leens estapi, MACÉ, *Bible en vers*, f° 97, *verso*, 2e col.

† **TAPIRAGE** (ta-pi-ra-j'), *s. m.* Action de tapirer. Les perroquets étaient soumis au tapirage, *Journ. offic.* 25 juill. 1875, p. 5853, 2e col.

TAPIS. *Ajoutez :* || 13° Tapis de racines, disposition des racines d'un végétal en forme de tapis. [En Bourgogne] on s'aperçoit de l'ancienneté de la culture au tapis de racines; ainsi les ceps de l'an 904 ont un tapis bien plus épais que les ceps de 1234, H. DE PARVILLE, *Journ. offic.* 11 nov. 1875, p. 9208, 1re col.

† **TAPON.** || 1° *Ajoutez :* || Il se dit aussi de paquets de papiers. Je vous annonce que les *Mémoires* de Saint-Simon paraissent, mais très-mutilés, si j'en juge parce que j'ai vu en trois gros tapons verts, *Lettre de Mme de Créquy*, dans STE-BEUVE, *Causeries du lundi*, t. XV (*les Mémoires de Saint-Simon*).

† 2. **TAPON** (ta-pon), *s. m.* Nom, en Turquie, du droit sur la transmission des propriétés domaniales. Garanties de l'emprunt ottoman de 1873 : produit du tapon, *Journ. offic.* 1er oct. 1873, p. 6151, 2e col.

† **TAPOTEUR** (ta-po-teur), *s. m.* Terme d'atelier. Peintre qui tapote, qui ne va pas largement. Les tapoteurs, papilloteurs et tapageurs de la peinture devraient aller par là [en Hollande] se reposer le regard et apprendre à tranquilliser leurs effets, BÜRGER, *Salons de* 1861 *à* 1868, t. II, p. 252.

† 2. **TAQUE** (ta-k'), *s. f.* Nom d'une espèce de clou. Les chargeurs à la bure virent l'étincelle se dégager entre le fil de fer et les taques du chargeage, *Extr. de la Meuse, de Liége*, dans *Journ. offic.* 29 août 1872, p. 5752, 1re col.

† **TAQUIER** (ta-kié), *s. m.* Synonyme de cloutier, BELMONDI, *Code des contributions directes*, Paris, 1818, p. 143.

† **TAQUINAGE** (ta-ki-na-j'), *s. m.* Action de taquiner. Les égoïstes.... n'embarrassent point la vie de ceux qui les entourent par les ronces du conseil, par les épines de la remontrance, ni par le taquinage de guêpe que se permettent les amitiés excessives, H. DE BALZAC, *Maison Nucingen*, éd. 1856, p. 47.

† **TARABISCOTÉ, ÉE** (ta-ra-bi-sko-té, tée), *adj.* Garni de tarabiscots. Un vaste salon aux boiseries tarabiscotées, aux glaces à trumeaux, TH. GAUTIER, *Portraits contemp. Marilhat.*

TARABUSTER. — HIST. *Ajoutez :* XIVe s. Si commencerent à assaillir grandement le chasteau, et ceulx de dedens à soy deffendre, tant qu'il y eut grand tarrabustis d'un costé et d'aultre, J. LE BEL, *Vrayes chroniques*, t. I, p. 261. L'existence du substantif *tarabustis* fait foi pour le verbe, dont le Dictionnaire ne cite d'exemples que du XVIe siècle.

† **TARANTAISE** (ta-ran-tè-z'), *adj. f.* Race tarantaise, ou race tarine, nom d'une race de bœufs. La race tarantaise ou race tarine est très-répandue dans la Savoie ; elle est travailleuse et rustique.... les vaches sont bonnes laitières, HEUZÉ, *la France agricole, carte* n° 32.

† **TARANTASS** (ta-ran-tas'), *s. m.* Nom, en russe, d'une voiture à quatre roues, posée sur deux jeunes arbres dans toute leur longueur, qui forment ainsi ressort; c'est une voiture rustique populaire, mais seule possible dans les mauvais chemins de la plupart des provinces. Mon tarantass, attelé de trois chevaux de poste, A. GRÉVILLE, *Dosia*, III.

— ÉTYM. Mot d'origine tartare.

† **TARAXACUM.** — ÉTYM. *Ajoutez :* M. Devic, *Dict. étym.*, rejette absolument la dérivation par le grec, laquelle est en effet peu vraisemblable. Il cite le bas-lat. *tarasacon*, espèce de chicorée, provenant de l'arabe *tarachaqoûn*, pissenlit, chicorée sauvage.

TARDER. *Ajoutez :* — REM. J.-J. Rousseau a dit tarder pour attendre : Je tardais, cher Moultou, pour répondre à votre dernière lettre, de pouvoir vous donner quelque avis certain de ma marche, *Lettre à Moultou*, 28 mars 1770.

† **TARDINEAU** (tar-di-nô), *s. m.* Nom, dans l'Aunis, d'une variété de plie, *Gloss. aunisien*, p. 151.

† **TARDITÉ** (tar-di-té), *s. f.* Mot forgé du latin. Lenteur qui fait qu'on arrive tard. || Fig. Lenteur à apprendre. Mon précepteur a accommodé sa patience à ma tardité, MALH. *Lexique*, éd. L. Lalanne.

— ÉTYM. Lat. *tarditatem*, de *tardus*, tard.

TARDIVETÉ. *Ajoutez :* — REM. On trouve aussi tardivité. Et attendu la tardivité des offres, condamne la compagnie défenderesse aux dépens jusqu'au jour des offres, *Jugem. du Trib. de comm. de la Seine du* 20 *août*, *Gaz. des Trib.* 5 sept. 1873, p. 854, 3e col. || Tardivité n'est guère usité.

— HIST. *Ajoutez :* XIIe s. A moi semblet utlement [utilement] moi nient avoir entendut les choses cui tu avoies dites, quant de la moie tardiveteit tant criut [s'allongea] la tue expositions, *Dial. de saint Gregoire*, II, 35, dans POUGENS, *Archéol. franç.* t. II, p. 232.

TARGETTE. — HIST. *Ajoutez :* XIVe s. Prinse faite par Aliaume Cacheleu d'une espée et d'une targette, *Bibl. des chartes*, 1875, 3e et 4e livraisons, p. 237, 1322.

† **TARICHEUTE** (ta-ri-keu-t'), *s. m.* Terme d'antiquité égyptienne. Embaumeur. Il [le colchyte] (voy. ce mot aux Additions) ne s'occupait jamais de la sépulture, qui regardait le taricheute, F. DELAUNAY, *Journ. offic.* 21 août 1877, p. 5923, 2e col.

— ÉTYM. Ταριχευτής, embaumeur, de ταριχεύειν, de τάριχος, salaison.

TARIF. *Ajoutez :* || 1° A coups de tarif, en élevant les tarifs. Elles [les compagnies de chemins de fer] auraient été nécessairement obligées de recourir à ce procédé très-légal, et de repousser à coups de tarif l'encombrement des marchandises, C. LAVOLLÉE, *Rev. des Deux-Mondes*, 15 fév. 1872, p. 854.

† **TARINE** (ta-ri-n'), *adj.* Voy. TARANTAISE au Supplément.

† **TAROLE** (ta-ro-l'), *s. f.* Sorte de tambour, de même diamètre que le tambour ordinaire, mais beaucoup moins haut et plus léger ; le son est plus clair, mais porte moins loin. Fabrique spéciale de taroles à vis de traction et à serrage à un seul frein, *Alm. Didot-Bottin*, 1871-72, p. 747, 4e col.

— ÉTYM. L'inventeur, M. Grégoire, donna d'abord à cet instrument le nom imitatif de *tara*, qu'il changea en *tarole*.

TARTAN. — ÉTYM. *Ajoutez :* Les dictionnaires anglais donnent *tartan* comme d'origine française. M. Petilleau pense que c'est la transcription anglaise du mot français *tiretaine*.

† **TARTARELLE** (tar-ta-rè-l'), *s. f.* Nom vulgaire du rhinanthe crête de coq.

† **TARTARIN** (tar-ta-rin), *s. m.* Espèce de singe du genre cynocéphale.

† **TARTARISÉ, ÉE** (tar-ta-ri-zé, zée), *adj.* Devenu Tartare. Les seconds Finnois du Volga, complétement tartarisés, *Journ. offic.* 1er juill. 1877, p. 4980, 2e col.

† **TARTAUFLE** (tar-tô-fl'), *s. f.* Nom vulgaire de la pomme de terre.

† **TARTIBOULOTE** (tar-ti-bou-lo-t'), *s. f.* Nom vulgaire du salsifis des prés.

† 3. **TAS** (tâ), *s. m.* Nom, en Normandie, d'un lézard noir et jaune qui se met dans les murailles ou se cache dans les cailloux; il passe pour venimeux; les vaches, dit-on, le mangent et en meurent, DELBOULLE, *Gloss. de la vallée d'Yères*, p. 319.

— ÉTYM. Forme normande de *tac*, salamandre (voy. TAC, n° 3).

TASSE. *Ajoutez :* || 3° Jeu de la petite tasse, jeu de hasard usité dans l'extrême Orient. Le croupier a devant lui un monceau de sapèques qu'il couvre avec une sébile en cuivre; on fait les jeux; puis il commence à compter les sapèques quatre par quatre, jusqu'au dernier groupe restant, qui se trouve être nécessairement de une, deux, trois ou quatre pièces; on gagne ou l'on perd suivant qu'on a parié pour un de ces numéros, BOUSQUET, *Rev. des Deux-Mondes*, 15 déc. 1876, p. 750.

TASSÉ, ÉE. *Ajoutez :* || 2° Dans l'argot du théâtre, se dit d'une pièce qui, après quelques représentations, se joue plus vite. Peut-être, dans quelques jours, quand la pièce sera tassée, comme on dit au théâtre, il deviendra possible de lui adjoindre un acte étranger, ALPH. DAUDET, *Journ. offic.* 24 janv. 1876, p. 720, 3e col.

† **TASSERIE** (ta-se-rie), *s. f.* Nom, dans l'Avranchin, d'un lieu le plus souvent au-dessus d'une remise ou d'une étable, où l'on tasse les blés en gerbe, à la différence du fenil, où l'on serre les fourrages. Sur la cave et l'écurie, magnifique fenil planchéié; tasserie sur les autres bâtiments, *Avranchin*, 17 nov. 1872, *aux Annonces*. Un corps de bâtiments pouvant servir de remise, caves, chantiers et tasseries, *ib.* 1er nov. 1874, *aux Annonces*.

† **TÂTAGE** (tâ-ta-j'), *s. m.* Action de tâter. J'irai prendre mes repas chez elle, la connaissance sera bientôt faite, je pourrai toujours tâter le terrain...

heureux les maris de crémières qui en sont quittes pour le tâtage du terrain ! *Gaz. des Trib.* 26 avril 1874, p. 399, 1re col.

† **TATAMAQUE** (ta-ta-ma-k'), *s. m.* Arbre de l'île de France. Il y a des tatamaques, des bois d'ébène..., B. DE ST-PIERRE, *Paul et Virginie*, x. Le même que takamaka (voy. ci-dessus).

† **TÂTE** (tâ-t'), *s. f.* Terme provincial. Échantillon pour goûter. Envoyez-moi une tâte de votre vin.

TATILLON. *Ajoutez :* — REM. Dans le Dauphiné, on dit tatilleux.

TÂTONNER. *Ajoutez :* || 6° Toucher en tâtonnant. On se perd sous ces voûtes comme dans ces dédales d'un cauchemar où l'on cherche en vain sa voie en tâtonnant les murs, *Journ. offic.* 31 mars 1876, p. 2301, 2e col.

† **TAU.** *Ajoutez :* || 4° Le tau, ou le bombyx tau, sorte de papillon. Les uns [papillons] volant très-vite au grand soleil, comme le tau, CARTERON, *Premières chasses, Papillons et oiseaux*, p. 48, Hetzel, 1866. Le bombyx tau est un des papillons les plus enviés des enfants, quoiqu'il soit assez commun ; mais on ne le trouve qu'au bois et de très-bonne heure, ID. *ib.* p. 55.

† **TAUMUCHE** (tô-mu-ch'), *s. f.* Butte de terre (Poitou).

— ÉTYM. Serait-ce pour *taupe-muce*, cachette de taupe?

TAUPE. *Ajoutez :* || 5° Taupe grise, nom du rat d'eau, dans la Suisse romande, EUG. ROLLAND, *Faune populaire*, Paris, 1877, p. 32.

† **TAUPÉE** (tô-pée), *adj. f.* Main taupée, main avec laquelle on a étouffé une taupe, et qui, suivant une superstition normande, a des vertus merveilleuses. À certain jour de la lune on étouffe une taupe dans la main ; dès lors la main est taupée et peut guérir certaines maladies, PLUQUET, *Normandie*, p. 45.

† **TAUREAU-CERF** (to-rô-sèrf), *s. m.* Antilope bubale. || *Au pl.* Des taureaux-cerfs.

† **TAURILLON.** — HIST. *Ajoutez : XIVe s.* ... Fist fere.... Deux torillons ou deux veaus D'or fin en cui il se fia, MACÉ, *Bible en vers*, f° 80, verso, 1re col.

† **TAUROCOLLE** (tô-ro-ko-l'), *s. f.* Sorte de colle forte faite avec des tendons de bœuf, etc.

— ÉTYM. Ταῦρος, taureau, et κόλλα, colle.

† **TAUROGNE** (tô-ro-gn'), *s. f.* En Normandie, vache en rut qui demande le taureau, DELBOULLE, *Gloss. de la vallée d'Yères*, p. 319.

† **TAVELLE.** *Ajoutez :* || 2° Barre qui sert à manœuvrer le tour d'une charrette. Lui-même est assailli par derrière et par deux autres coquins à la fois, qui prennent la tavelle de sa voiture pour l'assommer, *Avranchin*, 7 mai 1876. || Ce mot se dit aussi dans l'Aunis, *Gloss. aunisien*, p. 151.

† **TAVILLON** (ta-vi-llon, *ll* mouillées), *s. m.* Nom, dans le pays romand, des ais, des bardeaux. Une maison couverte en tavillons ; le même que tavaillon, qui est au Dictionnaire. Une toiture en tavillons, R. TÖPFFER, *Nouv. voyages en zigzag*.

— ÉTYM. On trouve dans DU CANGE, à *tavella*, *tavelle*, bâton long d'une demi-brassée. Il est probable que *tavillon* ou *tavaillon* tient à *tavelle* ; mais d'où vient *tavelle*?

† **TAVILLONNAGE** (ta-vi-llo-na-j', *ll* mouillées), *s. m.* Travail du tavillonneur.

† **TAVILLONNER** (ta-vi-llo-né, *ll* mouillées), *v. a.* Couvrir, revêtir de tavillons (mot du pays romand).

† **TAVILLONNEUR** (ta-vi-llo-neur, *ll* mouillées), *s. m.* Ouvrier qui tavillonne, pose les tavillons.

† **TAWN** (tân'), *s. m.* Sorte de bois. L'*eucalyptus globulus* est un des bois les plus durs et les plus résistants qui existent ; il n'a de rivaux à cet égard que le tawn et le teck, *Journ. offic.* 15 fév. 1875, p. 1233, 2e col.

† **TAXATIVEMENT** (ta-ksa-ti-ve-man), *adv.* Terme de droit. D'une manière qui taxe, qui détermine, qui limite. Ceux qui ont traité de ces nouveaux offices [de jurés crieurs d'enterrements dans les provinces], ont surpris deux arrêts du Conseil, par lesquels on leur attribue, privativement à toutes sortes de personnes, la faculté de faire tous les cris publics, ce qui me paraît entièrement contraire à l'intention de S. M. ; car non-seulement il n'y en a pas un mot dans l'édit, mais encore l'exclusion de ces fonctions y est formelle, puisqu'elles sont réduites taxativement et uniquement aux enterrements, à l'instar de celles qui sont exercées par les crieurs de Paris, BOISLISLE, *Corresp. contrôl. génér.* p. 283, 1692. Tous les éléments du crime de piraterie, taxativement énoncés par la loi du 10 avril 1825 : prise de possession de navire, précédée, accompagnée ou suivie du meurtre du capitaine, *Gaz. des Trib.* 30 janv. 1876, p. 102, 2e col. Le 21 nov. 1861, le P. Lacordaire, âgé de cinquante-neuf ans, décédait à Sorrèze, laissant taxativement à certains dominicains diverses maisons et établissements dont il était nominativement le propriétaire, *ib.* 24 juin 1876, p. 620, 2e col.

TAXER. || 3° *Ajoutez :* || Taxer de, avec un verbe à l'infinitif. La reine lui faisait la guerre de ce qu'il lui avait apporté des bas de soie incarnats, jaunes et bleus, le voulant taxer d'avoir mal choisi les couleurs propres à la condition présente, MALH. *Lexique*, éd. L. Lalanne.

† **TAXEUR** (ta-kseur), *s. m.* Celui qui taxe, qui établit des taxes ; le même que taxateur, qui est au Dictionnaire. Le maître de la maison, un de ces hommes réguliers comme une montre ou un compteur, pour qui chaque jour ressemblait au jour précédent, était un pacha de bureau, un impitoyable taxeur de cote personnelle et immobilière, H. LEGAY, *l'Opinion*, 16 juil. 1876, *Feuilleton*, 1re page, 6e col.

TECHNIQUE. || 1° *Ajoutez* || Projet technique, détail des travaux et œuvres d'art qu'exigera un chemin de fer, un canal, etc. Le projet technique de la ligne d'Orenbourg a été définitivement approuvé au ministère des voies de communication, *Journ. offic.* 19 fév. 1872, p. 1200, 2e col

† **TEETOTALISME** (ti-to-ta-li-sm'), *s. m.* Mot par lequel les Anglais désignent l'engagement de s'abstenir complétement de toute liqueur alcoolique.

— ÉTYM. Angl. *teetotalism*, de *teetotum*, c'est-à-dire *T totum*, le *T* qui au jeu du toton prend tout. De *teetotum* les Anglais ont fait *teetotal*, entier, complet, total, et ont appliqué ce mot à l'abstention totale des boissons alcooliques.

† **TEETOTALISTE** (ti-to-ta-li-st'), *s. m.* Celui qui prend l'engagement du teetotalisme.

TEIGNE. *Ajoutez :* || 7° Nom vulgaire des cuscutes. || Teigne œuf, nom vulgaire de l'anémone pulsatile.

† **TEILLEUSE** (tè-lleû-z', *ll* mouillées), *s. f.* Machine à teiller. À cette exposition seront admises les broyeuses, les teilleuses, les égraineuses et, en général, toutes les machines agricoles spécialement adaptées aux besoins de l'industrie des plantes textiles, *Journ. offic.* 28 avr. 1874, p. 2978, 2e col.

† **TEINIER** (tè-nié), *s. m.* Nom vulgaire du pin cembro.

TEL. — HIST. || XIVe s. *Ajoutez :* Es tu ci, orde telle quelle? Tien, mengue en male santé ; Que fust ore en terre planté Ton puant corps ! *Théâtre franç. au moyen âge*, Paris, 1839, p. 563.

† **TÈLE** (tè-l'), *s. f.* Nom, dans le Pas-de-Calais, de vases plats en terre où l'on dépose le lait, *les Primes d'honneur*, Paris, 1869, p. 74.

— ÉTYM. Ce mot tiendrait-il à l'allem. *Teller*, assiette, plateau?

† **TÉLÉDYNAMIQUE** (té-lé-di-na-mi-k'), *adj.* Terme de mécanique. Qui exerce sa puissance de loin. Il serait possible qu'on en revînt [dans un tunnel] à la traction par câble télédynamique, mû à l'aide de puissantes machines fixes, DE PARVILLE, *Journ. des Débats*, 11 mars 1875, *Feuilleton*, 3e page, 6e col.

— ÉTYM. Τῆλε, loin, et *dynamique*.

† **TÉLÉOBAPTISTE** (té-lé-o-ba-ti-st'), *s. m.* Synonyme de mennoniste (voy. ce mot).

— ÉTYM. Τέλειος, achevé, et βάπτισμα, baptême, parce que cette secte n'administrait le baptême qu'aux adultes.

† **TÉLÉOSTÉEN** (té-lé-o-sté-in), *adj. m.* Dont le tissu osseux est parfait. Les paléontologues curieux de connaître le passage des ganoïdes notocordaux aux poissons téléostéens, *Journ. offic.* 29 sept. 1873, p. 6121, 3e col.

— ÉTYM. Τέλειος, achevé, et ὀστέον, os. Il vaudrait mieux dire *téléostée*.

† **TÉLÉPHONE** (té-lé-fo-n'), *s. m.* Instrument inventé par le professeur Bell aux États-Unis, qui transmet les sons au loin par un appareil télégraphique. Jusqu'ici, et malgré les perfectionnements apportés depuis 1863, le téléphone est resté sans application, H. DE PARVILLE, *Journ. des Débats*, 5 oct. 1876, *Feuilleton*, 1re page, 3e col. L'invention du télégraphe parlant remonte au moins à 1863 ; et son principe est dû à M. Reiss.... le télégraphe américain n'est qu'un perfectionnement du téléphone électrique du physicien de Francfort, *Journ. offic.* 22 oct. 1876, p. 7630, 1re col.

— ÉTYM. Τῆλε, au loin, et φωνή, voix.

† **TÉLÉPHONIQUE** (té-lé-fo-ni-k'), *adj.* Qui appartient au téléphone. L'appareil de Chicago produit les sons qu'il transmet ; c'est une sorte de piano téléphonique, *Journ. offic.* 19 mai 1877, p. 3824, 1re col.

† **TÉLÉPHORES** (té-lé-fo-r'), *s. m. pl.* Genre d'insectes carnassiers, au corps allongé et aplati, qui courent dans les blés et les prairies.

— ÉTYM. Τῆλε, loin, et φορεῖν, porter ; insectes ainsi dits parce que leurs larves peuvent être portées au loin par le vent.

TÉLESCOPE. *Ajoutez :* || 4° Nom d'un poisson. Le cyprin télescope, en chinois *long-tsing-ya* (*cyprinus macrophthalmus*), provient des eaux douces de la Chine et du Japon.... variété de cyprin que l'auteur [M. Charbonnier] désigne sous le nom de poisson télescope, à cause de la forme de ses yeux, H. DE PARVILLE, *Journ. offic.* 9 nov. 1872, p. 6889, 3e col.

† **TÉLESCOPER** (té-lè-sko-pé), *v. n.* Se replier l'un dans l'autre, en parlant d'objets qui rentrent les uns dans les autres comme les différentes parties d'une lunette, d'un télescope. Les plates-formes sont faites avec tant de soin et s'ajustent si exactement, que dans une collision elles ne peuvent télescoper, terme énergique pour faire comprendre que, sans cette perfection d'exactitude, tous les wagons se replieraient les uns dans les autres comme les tubes d'un télescope, et réduiraient toutes choses, corps et biens, en une pâte indescriptible, *Journ. offic.* 9 sept. 1876, p. 6869 3e col.

TÉLESCOPIQUE. *Ajoutez :* || 3° Terme de zoologie. Poisson télescopique, nom donné à un poisson de Chine (*cyprinus macrophthalmus*), ainsi dit à cause de la forme bombée de ses yeux ; cette forme est le produit d'une affection morbide devenue héréditaire (voy. ci-dessus TÉLESCOPE).

† **TÉLÉSÉMIE** (té-lé-sé-mie), *s. f.* Transmission au loin de signaux. La télésémie électrique.

— ÉTYM. Τῆλε, loin, et σῆμα, signal.

† **TÉLESTÉRÉOSCOPE** (té-lè-sté-ré-o-sko-p'), *s. m.* Instrument qui fait apparaître avec un plus vif relief les diverses parties du paysage devant lequel il est placé ; inventé par M. Helmholtz, *Magasin pittoresque*, 1859, p. 175.

— ÉTYM. Τῆλε, loin, et *stéréoscope*.

† **TÉLI** (té-li), *s. m.* Végétal du Rio-Nunez (Afrique), dont l'écorce est vénéneuse. Le téli est un végétal jusqu'ici presque inconnu.... le téli [son écorce] est administré en infusion comme poison d'épreuve, *Journ. offic.* 8 déc. 1876, p. 9130, 2e col.

† **TÉLINGA** (té-lin-ga), *s. m.* Langue dravidienne parlée dans le sud de l'Inde. Citons, à propos des langues dravidiennes, le remarquable rapport de M. Julien Vinson sur les dialectes tamoul, télinga, *Journ. offic.* 2 oct. 1873, p. 6167, 1re col.

TELLEMENT. *Ajoutez :* — REM. La locution tellement quellement est plus ancienne que ne le feraient croire les citations rapportées dans le Dictionnaire. Elle est dans Malherbe : Le ballet fut donné tellement quellement, et non comme il est décrit dans le discours qui s'en est imprimé, *Lexique*, éd. L. Lalanne.

† **TELLIS** (tèl-li), *s. m.* Sorte de couverture qu'on fabrique en Algérie. Ce dernier animal [un mulet] avait un tellis sur le dos (cour d'assises de Constantine), *Gaz. des Trib.* du 26 sept. 1873, p. 922, 4e col. Nous citerons pour mémoire les industries des israélites et des musulmans, dont le principal objet est le tissage des passementeries et des étoffes (haïcks, burnous, tellis, tapis), comme aussi la préparation des cuirs et peaux, GUY, *l'Algérie*, 1876, p. 111.

† **TEMBO** (tan-bo), *s. m.* Nom d'un arbre d'Afrique. Le tembo et les grands arbres qui ombragent les caravanes ou qui sont employés en diverses œuvres industrielles, X. MARMIER, *Rev. Britan.* juill. 1874, p. 118.

† **TÉMÉNOS** (té-mé-nos'), *s. m.* Terme d'antiquité grecque. Enceinte consacrée autour d'un temple. Le péribole ou téménos [du temple de Dodone] est situé en contre-bas de quatre mètres environ.... au sud-est et à l'intérieur du téménos est un corridor large de 11m,60, P. DELAUNAY, *Journ. offic.* 11 avril 1877, p. 2799, 3e col.

— ÉTYM. Τέμενος, coupure, de τέμνειν, couper : proprement, partie retranchée.

TÉMÉRITÉ. *Ajoutez :* || 2° *Au plur.* Actes téméraires. Muses, je suis confus : mon devoir me convie A louer de mon roi les rares qualités; Mais le mauvais destin qu'ont les témérités Fait pour à ma faiblesse et m'en ôte l'envie, MALH. *Lexique*, éd. L. Lalanne. Redoublez vos mépris, mais bannissez des craintes Qui portent à mon cœur de plus rudes atteintes; Ils sont encor plus doux que les indignités Qu'imputent vos frayeurs à mes témérités, CORN. *Théod.* III, 3.

TÉMOIN. *Ajoutez :* || Proverbe. Témoins passent lettres, les témoignages oraux l'emportent sur les pièces écrites, adage de l'ancien droit français, *Rev. histor.* t. IV, p. 9.

— REM. A côté de prendre à témoin on dit aussi appeler à témoin. M. de Chartres, dont il appelle à témoin la bonne foi, BOSS. *Rem.*

TEMPÉRAMENT. *Ajoutez :* || 8° Acheter à tempérament, acheter à condition de payer par petits à-compte. Il avait l'air si malheureux, que j'ai fini par lui acheter un irrigateur à tempérament, *Gaz. des Trib.* 26-27 avril 1875, p. 409, 2e col.

† **TEMPÉRANTISME** (tan-pé-ran-ti-sm'), *s. m.* Règle morale relative à l'usage des boissons alcooliques. La tempérance, ou le tempérantisme, qui permet l'usage des boissons alcooliques et n'en combat que l'abus, DE COLLEVILLE, *Journ. des économistes*, fév. 1873, p. 256. Le tempérantisme, si toutefois on peut introduire ce mot, est le principe des sociétés présidées à Paris par M. H. Passy, ID. *ib.* p. 257.

TEMPÉRER. *Ajoutez :* || 9° Gouverner, régir. Dieu tempère le monde, et toutes choses le suivent comme leur guide et comme leur gouverneur, MALH. *Lexique*, éd. L. Lalanne.

TEMPÊTER. *Ajoutez :* — REM. Malherbe l'a employé activement. De quoi lui servit jamais [à Caton] tout ce qu'il sut crier et tempêter, que d'irriter une populace...? *Lexique*, éd. L. Lalanne. || Cela ne se peut imiter.

TEMPÊTUEUX. — HIST. *Ajoutez :* XIIe s. Entor les ambedous leiz [côtés] de la neif une mult tempestouse ploge [pluie] descendit, *li Dialoge Gregoire lo pape*, 1876, p. 128.

TEMPLIER. — REM. *Ajoutez :* Boire comme un templier, se trouve aussi dans Paradin : Et estoient ceux qui mieux remplissoient la pance, en plus grande reputation entre eux [templiers], dont l'on dit encores jusques aujourd'hui boire comme un templier, qui est adage de taverne, *Chron. de Savoye*, p. 250 (XVIe s.).

TENAILLE || 1° *Ajoutez :* || Fig. S'il s'en peut tirer quelque chose avec des paroles, je prendrai; mais je n'en viendrai point jusques aux tenailles, MALH. *Lexique*, éd. L. Lalanne.

† **TENDANCIEL, ELLE** (tan-dan-si-èl, è-l'), *adj.* Néologisme. Qui a un caractère de tendance. Sous l'influence de causes générales on voit dans nos sociétés se manifester une loi tendancielle de dissociation, dont le dernier effet est la subordination du travail, la constitution d'une hiérarchie sociale et l'antagonisme, H. DENIS, *la Philos. posit.* mai-juin 1874, p. 326. La principale difficulté qu'éprouve un gouvernement éclairé est de trouver la mesure exacte des opinions et des activités, afin d'y subordonner une politique tendancielle, DUBOST, *Des conditions de gouvernement en France*, p. 421, Paris, 1875.

TENDANT, ANTE. *Ajoutez :* — HIST. XVe s. Nos bons desirs, devotz et sainctz pensers Tendans à Dieu par contemplacions, JEAN JORET, *le Jardrin salutaire*, p. 122. || XVIe s. Le sieur de Serres a esté deputé par les eglises de Languedoc pour me venir trouver et me faire entendre leurs affaires, comme il a faict; et j'ay trouvé ses discours tendans du tout à moyenner une bonne paix, *Lettres missives de Henri IV*, 1579, t. I, p. 256.

† **TENDELLE** (tan-dè-l'), *s. f.* Sorte de piége. La grive et ses congénères pourront être pris au moyen de piéges dits tendelles, usités dans le pays, à condition que l'appât soit exclusivement composé de genièvre, *Arr. du préfet de la Lozère* du 5 août 1875, dans *Gaz. des Trib.* 14 avril 1876, p. 366, 2e col.

— ÉTYM. *Tendre* 2.

TENDEUR. *Ajoutez :* || 4° Engin propre à tendre, à raidir des fils de fer. Matériel de la télégraphie électrique : supports, conducteurs, tendeurs, *Journ. offic.* 9 sept. 1876, p. 6856, 1re col. || 5° Terme de teinturier. Appareil sur lequel on dispose l'étoffe pour la passer à la teinture, de sorte qu'elle ne se chiffonne pas et qu'on n'ait pas besoin de la repasser, ce que la soie ne supporte pas sans dommage. Soie teinte au tendeur. || 6° Pièce de fer qui relie entre eux les wagons d'un train de chemin de fer. Les tendeurs en fer destinés à relier les wagons entre eux sont assimilés aux chaînes pour l'application du tarif conventionnel, *Douanes, Tarif de* 1877, note 671.

† **TENDINE** (tan-di-n'), *s. f.* Pièce d'étoffe tendue en guise de rideau. De mon appartement, je n'apercevais rien de ce qui se passait dans le sien; une tendine de soie fermait son balcon, G. SAND, *Ma sœur Jeanne*, dans *Rev. des Deux-Mondes*, 15 janv. 1874, p. 252.

TENDON. *Ajoutez :* || 3° Nom vulgaire de la bugrave épineuse.

1. **TENDRE.** — HIST. || XVIe s. Trop tendre fait briser, doit être porté au verbe *tendre*.

TENDRETÉ. *Ajoutez :* — REM. Saint François de Sales a dit tendreté, au sens de tendresse : La tendreté envers le prochain, le support de ses imperfections, *Introd. à la vie dévote*, III, 2.

† **TENDRIFIER** (tan-dri-fi-é), *v. a.* Mot burlesque forgé par Scarron. Je sens mon cœur tendrifier, Et mes yeux humidifier, *Virg.* IV.

† **TENDRILLE** (tan-dri-ll', *ll* mouillées), *s. f.* Rejeton tendre d'une plante. Elle [la grotte de Selkirk] est abritée par une colline taillée à pic et entourée de racines pareilles à des pieds de roseaux nains couverts de tendrilles, *Journ. offic.* 8 juill. 1872, p. 4660, 2e col.

— HIST. XIIIe s. *Ajoutez :* Rainsiaus i ot de bois; quant lez vit degouter [par la pluie], Lez tendrillons devant commencha à brouster, *Doon de Maience*, v. 1370.

TENDRON. — HIST. *Ajoutez :* XIIe s. Uns chevaliers grans et membrus, Qui parmi le cors ert ferus Haut el tendrun de la poitrine, *Perceval le Gallois*, v. 20917.

† **TÉNÉBROSITÉ.** *Ajoutez :* — HIST. XVIe s. Il [Chrysippe] dit que, par nature, l'air est tenebreux, et, pour ceste cause par consequent, il est aussi le premier froid, et que sa tenebrosité est directement opposée à la clarté, et sa froideur à la chaleur du feu, AMYOT, *Plut. les Contredicts des stoïques*, 49 (*Œuvres mor.* t. XX, p. 321, Paris, an XI).

1. **TENEUR.** *Ajoutez :* || 4° Teneur saccharine, ce que contient de sucre un végétal, une liqueur, etc. C'est dans le champ que se fait le sucre; et, comme il est démontré que certaines variétés [de betteraves] offrent des différences de 25 à 50 pour 100 dans la teneur saccharine, on sera convaincu que..., *Journ. offic.* 12 fév. 1872, p. 1037, 2e col.

† **TÉNEVIÈRE.** *Ajoutez :* — REM. Les ténevières sont des amas de pierres qui paraissent avoir appartenu aux habitations lacustres.

TENIR. *Ajoutez :* || 73° En termes de théâtre, tenir l'affiche, se dit d'un auteur qui a du succès et dont les pièces reparaissent souvent sur l'affiche. M. Victorien Sardou est un de ces élus; voici maintenant dix-sept ans bien comptés qu'il tient l'affiche, comme on dit dans le familier langage des coulisses, É. MONTAIGUT, *Rev. des Deux-Mondes*, 1er mars 1877, p. 200.

— HIST. || XIIIe s. *Ajoutez :* Encor dit le vilain en reprovier ses gas, Qu'assez vaut miex un tien que quatre tu l'auras, *Aye d'Avignon*, v. 2864.

† 2. **TENON** (te-non), *s. m.* Synonyme, au Japon, de micado. Le tenon, ou mikado, parcourut son pays en personne, *Journ. offic.* 10 juill. 1873, p. 157, 1re col.

TÉNOR. *Ajoutez :* || 3° Placer sur un ténor, mettre sur un ton, sur un certain mode. Il s'agit de cet éternel *Faute de s'entendre*, dont les auteurs se sont tant servis et que Mme Juliette Lamber a placé cette fois sur un ténor nouveau et hardi, *le Charivari*, 23 juill. 1876. || Cet emploi de ténor paraît se rapporter au sens étymologique du mot.

† **TENSEUR.** *Ajoutez :* || Poids tenseurs, poids destinés à donner de la rigidité aux cordes en acoustique.

TENTATEUR. — HIST. XIIe s. Et jà soit ce ke li cuer des elliz voilent [veillent] soniousement dedenz les secreiz de lur penses [pensées] et voient tot ce ke li tempteres lis fait soffrir, *li Dialoge Gregoire lo pape*, 1876, p. 352.

† **TENTATIF.** *Ajoutez :* — REM. Au XVIIe siècle, tentatif se disait quelquefois au sens de tentateur. Racine, écrivant à son fils, réprouve énergiquement cet emploi : Je me gardai bien de leur dire [à MM. de Valincourt et Despréaux] l'étrange mot de tentatif, que vous avez appris de quelque Hollandais, *Lexique*, éd. P. Mesnard.

1. **TENTER.** — HIST. *Ajoutez :* XIIe s. Et maintenant un mire acourt, Qui moult bien sa plaie regarde; Tantée l'a, dist : n'aiés garde, Biaus sire, vous garirez bien, *Perceval le Gallois*, v. 36108.

† **TENTHRÈDE** (tan-trè-d'), *s. f.* Hyménoptère de la famille des porte-scies. La tenthrède verte.

— ÉTYM. Τενθρηδών.

TENUE. *Ajoutez :* || 18° En langage de commerce, manière dont se comportent les prix d'une denrée. Depuis quelques jours, la tenue des sucres s'est un peu améliorée, et la demande commence à reparaître, *Journ. offic.* 18 mars 1872, p. 1231, 1re col. || 19° Nom, chez les francs-maçons, des séances. La loge a voté un deuil de trois tenues en mémoire de la mort de....

† **TÉOSINTÉ** (té-o-sin-té), *s. m.* Sorte de graminée. Cette précieuse graminée du Guatemala, le téosinté, *reana luxurians*, qui rend de si grands services à l'agriculture des pays chauds, OCT. SACHOT, *Rev. Britan.* sept. 1875, p. 263.

† **TÉPHRINE** (té-fri-n'), *s. f.* Espèce de lave feldspathique.

— ÉTYM. Τέφρα, cendre.

† **TÉPHROÏTE** (té-fro-i-t'), *s. f.* Terme de minéralogie. Silicate de manganèse et de magnésie, brun rougeâtre.

— ÉTYM. Τέφρα, cendre, et εἶδος, forme.

† **TÉRATOGÉNIQUE** (té-ra-to-jé-ni-k'), *adj.* Qui a rapport à la tératogénie, à la production des monstruosités. Influence tératogénique.

† **TERCE** (ter-s'), *s. m.* Nom qu'on donnait, dans la première moitié du XVIIe siècle, aux régiments d'infanterie espagnole. Ces vieux soldats du terce de Naples, RETZ, *Œuvres*, éd. Feillet et Gourdault, t. IV, p. 568.

— ÉTYM. Esp. *tercio*, régiment.

† **TERFEZ** (tèr-fè), *s. m.* Truffe blanche d'Afrique, J. E. PLANCHON, *Rev. des Deux-Mondes*, 1er avr. 1875, p. 645.

TERME. *Ajoutez :* || 17° Demander terme, demander délai, durée. Lequel est-ce de nous qui, s'il a été pris de court, n'a demandé terme? MALH. *Lexique*, éd. L. Lalanne. Il demande à ses jours davantage de terme, ID. *ib.*

† **TERMINABLE** (tèr-mi-na-bl'), *adj.* Terme de finances. Annuités terminables, annuités qui ne se payent pas indéfiniment, mais qui ont une fin préfixe. Il reste [dans le budget de 1877] environ cent millions payés sous le régime des annuités terminables, pour nous servir d'une expression anglaise, LEROY-BEAULIEU, *Journ. des Débats*, 19 avr. 1876, 1re page, 5e col.

TERMINÉ. *Ajoutez :* || 4° Qui a reçu les dernières retouches, en parlant d'une œuvre d'art. Ses dessins, qui sont autant de petits tableaux très-terminés, P. MARIETTE, dans J. DUMESNIL, *Hist. des amat. franç.* t. I, p. 272. || *S. m.* L'orfévrerie, dont les détails et l'exécution exigent d'ailleurs un grand terminé et une grande propreté, DE CAYLUS, dans *Mém. inéd. sur l'Acad. de peint.* publiés par P. Dussieux, t. II, p. 74.

† **TERMINUS** (tèr-mi-nus'), *s. m.* Nom, dans les chemins de fer, dans le trajet des omnibus, etc., du point où s'arrête une ligne. On a fait sauter des ponts, des viaducs, des gares terminus, *Journ. offic.* 17 juin 1873, p. 3936, 2e col. L'administration des omnibus fut autorisée à prolonger jusqu'à la porte Maillot la ligne C, pour laquelle la place de l'Étoile était le point terminus, *Gaz. des Trib.* 30 juin 1876, p. 639, 3e col. Ogden a de l'importance en ce qu'elle est le terminus du chemin de fer qui commence à Omaha, et la tête de ligne de celui qui se dirige sur San-Francisco, G. DEPPING, *Journ. offic.* 16 oct. 1876, p. 7528, 2e col.

— ÉTYM. Lat. *terminus*, terme.

† **TERNAUX.** *Ajoutez :* || 2° Laine Ternaux, laine pour tapisserie. En mars dernier, les laines zéphyre, pour tapisserie, qu'on appelle en France laines Ternaux, se vendaient en couleurs ordinaires 15 francs le kilo à Berlin, *Enquête, Traité de comm. avec l'Anglet.* t. III, p. 517.

† **TERQUE** (tèr-k'), *s. m.* Nom, en Normandie, d'une espèce de brai avec lequel on marque les moutons, DELBOULLE, *Gloss. de la vallée d'Yères*, p. 321.

— ÉTYM. Ce mot répond au verbe normand *tarquer*, poisser; et l'un et l'autre tiennent à l'angl. *starch*, empois.

1. **TERRAGE.** *Ajoutez :* || 2° Terme d'exploitation houillère. Droit de terrage, tantième payé par l'exploitant au propriétaire du fonds sous lequel il exploite (ancien droit liégeois).

† **TERRAQUEUR** (tè-ra-keur), *s. m.* Terme d'exploitation houillère. Maître ou héritier du fonds sous lequel on exploite (Belgique).

† **TERRARIUM** (tèr-ra-ri-om'), *s. m.* Nom fait

comme aquarium, et indiquant un emplacement disposé pour des animaux de terre. La *Gazette de la Bourse* annonce.... une exposition [russe] dont voici le programme : 1° collections d'animaux domestiques...; 11° aquariums et terrariums ; 12° animaux de chasse, *Journ. offic.* 30 déc. 1873, p. 8257, 2° col.

1. **TERRASSE.** — HIST. *Ajoutez :* XIIᵉ s. Mes li mur ne sont pas de glise [glaise], Ne de palu, ne de terrace, BENOIT DE STE-MORE, *Roman de Troie*, v. 23022.

TERREAU. — HIST. *Ajoutez :* || XIVᵉ s. Que tous les teraux soient menés sur les patis..., *Rec. des monum. inédits de l'hist. du tiers état*, t. IV, p. 207. Que nulz ne prende wason, praiel, terail..., *ib.* p. 211.

TERREUX. — HIST. *Ajoutez :* XIIᵉ s. Là poüssiés veïr.... Et maint bon chevalier gesir l'elme tierous, *li Romans d'Alixandre*, p. 145. Lances levées sor les faltres S'entrevienent molt aïrox ; Por ço seront encui terrox L'agu des hialmes de mil d'els, BENOIT STE-MORE, *Roman de Troie*, v. 17066.

TERRITORIAL. *Ajoutez :* || 4° D'après la nouvelle loi militaire, armée territoriale, armée composée des hommes qui, à partir de trente ans, ont cessé d'appartenir à la réserve. || *S. m.* Les territoriaux, les soldats appartenant à l'armée territoriale.

† **TERSON, ONNE** (tèr-son, so-n'), *s. m.* et *f.* Dans le Puy-de-Dôme, nom donné aux animaux de la race bovine âgés de trois ans, *les Primes d'honneur*, p. 446, Paris, 1874.

— ÉTYM. Dérivé de *tertius*, tiers, troisième.

† **TERTIANNAIRE** (tèr-si-a-nè-r'), *s. f.* Nom vulgaire de la scutellaire toque ou en casque.

† **TERTIFLE** (tèr-ti-fl'), *s. m.* Nom vulgaire du topinambour.

† **TERTULIA** (ter-tu-lia), *s. f.* Mot espagnol qui commence à s'acclimater chez nous et qui signifie une assemblée de parents, d'amis, de connaissances. Quelle impression, dit M. de Carné, peut emporter de la société espagnole un homme du monde dressé à nos réunions élégantes et froides, lorsqu'il se trouve dans une tertulia où les femmes arrivent sans toilette et les hommes en redingote, soirée libre et bruyante qui..., CH. BLANC, *Disc. de réception*, *Journal officiel*, 1ᵉʳ déc. 1876, p. 8880, 2° col. || Lieu public de réunion. Café Marigny, place Dauphine; tout cela est parti ; il reste les tertulias, les cafés chantants, *le National*, 25 avril 1872.

† **TERZIER** (ter-zié), *s. m.* Nom, dans les Alpes-maritimes, de terrains qui permettent l'accès aux bandites (voy. BANDITE au Supplément). Le territoire de Coaraze étant d'un parcours très-difficile et entièrement dépourvu de chemins..., les bandites y étaient séparées, de temps immémorial, par de vastes espaces non compris dans leurs limites et destinés à servir de routes pastorales pour l'introduction et la sortie des troupeaux ; c'est ce que l'on nomme les terziers, L. GUIOT, *Mém. Soc. centrale d'agr.* p. 331. La création des terziers, à l'époque de la vente des bandites, a eu pour cause la nécessité d'établir, entre les villages et les diverses bandites, des voies de communication larges et faciles que les troupeaux des bandiotes doivent suivre pour se rendre chacun dans sa bandite particulière. ...les bandiotes (propriétaires des bandites) ne sont que cessionnaires d'un droit d'usage sur les terziers, pour le pâturage et le passage de leurs troupeaux, A. ROUSSET, *Dict. des forêts*, au mot *terzier*.

TESSA (tè-ssa), *s. m.* Sorte d'aréomètre. Pour connaître la force alcoolique d'une eau-de-vie, on se sert d'aréomètres, dont les plus usités dans la ville de Cognac.... sont le tessa, l'hydromètre anglais.... il [M. Bernard] insiste sur le peu de précision qu'offre le tessa, instrument absolument inconnu ailleurs que dans les Charentes, H. DE PARVILLE, *Journ. offic.* 11 nov. 1875, p. 9208, 2° col.

† **TESSÉRAL, ALE** (tè-ssé-ral, ra-l'), *adj.* Terme de cristallographie. Qui se rapporte au cube. || Système tesséral, ensemble de toutes les formes dérivées du cube et de l'octaèdre régulier, et qui possèdent les propriétés générales de ces solides. || Ce mot est peu usité; on dit cubique.

— ÉTYM. Lat. *tessera*, tessère (voy. TESSÈRE).

† **TESSULAIRE** (tè-ssu-lè-r'), *adj.* Terme de cristallographie Synonyme de tesséral (voy. ce mot ci-dessus).

— ÉTYM. *Tessulaire* ne s'explique par aucun mot latin; on peut soupçonner qu'il y a eu une erreur originaire et qu'il faut lire *tessellaire*, du lat. *tessella*, carreau.

TESTAMENT. — ÉTYM. *Ajoutez :* La dénomination de *testamentum* pour signifier la Bible est antérieure à Tertullien. C'est l'ancienne version des Évangiles, l'*Itala* (IIᵉ siècle), qui, traduisant διαθήκη par *testamentum*, a introduit le mot *testament*, au lieu de celui d'*alliance* (le terme grec ayant les deux sens), pour signifier les livres de l'ancienne et de la nouvelle alliance (CH. BERTHOUD).

TESTAMENTAIRE. *Ajoutez :* — HIST. XVIᵉ s. Par l'ordonnance testamentaire de son frere, PARADIN, *Chron. de Savoye*, p. 195.

TESTATEUR. — HIST. XVIᵉ s. *Ajoutez :* Où il y a testament, il est necessaire que la mort du testateur y entreviengne, *Hebr.* IX, 16, *Nouv. Test.* éd. Lefebvre d'Étaples, Paris, 1525.

TÉTANOS. *Ajoutez :* || 3° Terme de physiologie expérimentale. Tétanos artificiel, contraction permanente des muscles produite par des moyens artificiels. Le tétanos artificiel provoqué par une série d'excitations rapprochées, MORAT et TOUSSAINT, *Acad. des sc. Comptes rend.* t. LXXXIII, p. 155. Influence de la fatigue sur les variations de l'état électrique des muscles pendant le tétanos artificiel, *ib.*

TÊTE. || 6° *Ajoutez :* || Se monter la tête, se passionner (voy MONTER, n° 38). Le lendemain il était recherché et fêté; ses vers retentissaient dans le monde élégant et lettré, où l'on se montait la tête pour lui, selon le mot de Fontanes, CH. DE MAZADE, *Lamartine*, dans *Rev. des Deux-Mondes*. || 9° Par-dessus la tête. *Ajoutez :* || Par-dessus la tête, en ne tenant pas compte de telle ou telle personne. Savez-vous comment s'est effectuée cette convention? elle a été négociée et conclue aux Tuileries, par-dessus la tête du ministre des finances, par-dessus la tête de tous les ministres, *Journ. offic.* 15 mai 1872, p. 3246, 1ʳᵉ col. || 65° En termes de marchand de houille, têtes-de-moineau, voy. GAILLETIN au Supplément. || 66° La tête bleue, papillon dit aussi le double oméga, *bombyx cæruleocephala*. || 67° Terme militaire. Cheval de cavalerie supérieur aux autres. Chevaux de carrière et de manége, 1700 francs; chevaux de tête, 1200 francs; chevaux de troupe: réserve, 1000 francs; ligne, 900 francs; légère, 800 francs; chevaux arabes: tête, 800 francs; troupe, 600 francs; *Journ. offic.* 20 déc. 1873, p. 7947, 1ʳᵉ col. Pour se couvrir des risques et des frais de son industrie, l'éleveur devait compter sur l'appui de l'administration et le haut prix des chevaux de tête qu'il pouvait lui vendre, BOCHER, *Rapp. à l'Assemblée nationale*, n° 1910, p. 82. || 68° Tête de mort, un peroxyde de fer. On range dans la même classe [oxydes de fer artificiels] les préparations que l'on désigne communément dans le commerce sous les noms de brun de Van Dyck et de rouge de Van Dyck ou tête de mort, et qui sont, du reste, de simples peroxydes de fer, *Douanes*, *Tarif* de 1877, note 356. || 69° Tête de chou, un chou pommé et faisant tête. Des têtes de choux ont été payées 5 shillings (6 fr. 25) la pièce [aux mines de diamant du Cap], *Journ. offic.* 18 mai 1872, p. 3339, 2° col.

TETER. *Ajoutez :* || 3° *S. m.* Le teter, l'action de teter. L'enfant qui était malade, va mieux; il a repris le teter.

TÊTIÈRE. — HIST. *Ajoutez :* XIIᵉ s. Ces tros de lance et ces testieres Et ces armes et ces crupieres, *Perceval le Gallois*, v. 6501.

TETINE. *Ajoutez :* || 4° Tetine de chat, de souris, noms vulgaires de l'orpin âcre et blanc.

† **TEXTRINE** (tèk'-stri-n'), *s. f.* Art, industrie des tapisseries. Avec Henri IV, la textrine française touche à une ère, sinon de complet développement, du moins de faveur infatigable et de constants encouragements, É. BERGERAT, *Journ. offic.* 16 sept. 1876, p. 7006, 3° col.

— ÉTYM. Lat. *textrina*, métier de tisserand, de *texere*, tisser.

† **THABOR** (ta-bor), *s. m.* || 1° Nom d'une montagne isolée en Galilée, où l'on croit que Jésus-Christ se transfigura en présence de trois de ses disciples. On met un grand T. || 2° Par souvenir, piédestal recouvert d'une pièce de tapisserie où l'on pose le saint sacrement. Crucifix d'exposition dorés et argentés, thabors, encensoirs, l'*Avranchin* du 18 mai 1873, aux Annonces. En ce sens, on met un petit *t.* || 3° Nom que ceux des hussites qui se retirèrent en Bohême sous la conduite de Ziska, donnèrent à un rocher sur lequel ils construisirent une forteresse. On met un grand T.

† **THABORITE** (ta-bo-ri-t'), *s. m.* Membre d'une secte de hussites qui, sous la conduite de Ziska, se retirèrent en Bohême. Les thaborites rejetaient le purgatoire, la confession auriculaire, l'extrême-onction et la présence réelle.

† **THALASSIDROME** (ta-la-ssi-dro-m'), *s. m.* Oiseau de mer dont le nom vulgaire est satanicle (voy. ce mot au Dictionnaire). Un petit oiseau de mer des plus rares dans nos contrées, le thalassidrome, a été pris à l'entrée du port [de Dieppe] par un de nos pêcheurs, *Journ. offic.* 19 oct. 1873, p. 6447, 1ʳᵉ col.

— ÉTYM. Θάλασσα, mer, et δρόμος, course.

† **THALASSITE** (ta-la-si-t'), *s. f.* Espèce de tortue de mer.

— ÉTYM. Θάλασσα, mer.

† **THALIBOT** (ta-li-bo), *s. m.* Nom vulgaire du souci des prés.

† **THAÔ** (ta-ô), *s. m.* || 1° Nom cochinchinois d'une sorte de mousse. La mousse thaô, dont nous avons déjà signalé les utiles applications, *Journ. offic.* 27 juin 1874, p. 4400, 1ʳᵉ col. || 2° Gelose (voy. ce mot au Supplément). L'apprêt, avec un demi pour cent de thaô, donne aux étoffes de coton beaucoup plus de main que toutes les autres substances employées jusqu'à ce jour, *Journ. offic.* 3 avril 1876, p. 2385, 1ʳᵉ col.

† **THÉATRICULE** (té-a-tri-ku-l'), *s. m.* Petit théâtre. Tous les théâtricules qui ont surgi sur tous les points de Paris, *Indépendance belge*, 5 oct. 1868.

† **THÉBA** (té-ba), *s. f.* Dans les synagogues, autel sur lequel se fait la lecture des livres saints.

† **THÉERIE** (té-rie), *s. f.* Établissement où l'on produit le thé. Une théerie modèle qu'il dirige, mais qui est fondée par le gouvernement, GEORGES BOUSQUET, *Rev. des Deux-Mondes*, 15 avril 1874, p. 892.

† **THÉIER, ÈRE** (té-ié, iè-r'), *adj.* Qui concerne le thé et son commerce. Fou-chou, grand port théier, *Journ. offic.* 27 oct. 1872, p. 6693, 1ʳᵉ col.

† **THENARDITE** (te-nar-di-t'), *s. f.* Terme de minéralogie. Sulfate de soude anhydre.

† **THÉODOLITE.** — ÉTYM. *Ajoutez :* Ce mot se trouve pour la première fois en 1704, dans Harris, *Lexicon technologicum*, Londres, 2 vol. in-f°, et là il désigne non pas l'instrument astronomique d'aujourd'hui, mais un simple instrument d'arpenteur, qui n'était point muni de lunettes; de sorte que l'étymologie par θεάομαι et δολιχός, s'appliquant non à l'instrument primitif, mais à l'instrument perfectionné, est une pure invention. *Théodolite*, au sens d'instrument astronomique et avec l'étymologie, θεάω, ὁδός, se trouve dans Lalande, *Astronomie*, t. II, p. 703, 3 vol, in-4°, Paris, 1792 ; Lalande cite un beau théodolite de trois pieds de diamètre, exécuté par Ramsden.

† **THÉODOTIEN** (té-o-do-siin), *s. m.* Terme de l'histoire ecclésiastique. Nom d'hérétiques du IIIᵉ siècle de notre ère, disciples des deux Théodote, qui niaient la divinité de Jésus-Christ, et prétendaient qu'il était inférieur à Melchisédec. Aussi les théodotiens furent-ils convaincus qu'il leur serait impossible de soutenir leur opinion sans se trouver en contradiction avec une grande partie du Nouveau-Testament; ce qui n'a pas empêché que cette erreur ne se reproduisît de nos jours, et que, sous le nom de socinianisme, elle n'ait menacé d'entraîner une bonne partie des Églises protestantes, *Traité des fêtes mobiles*, p. 466.

THÉOLOGIQUE. *Ajoutez :* || Chez les casuistes, péché théologique, libre et volontaire transgression de la loi de Dieu, faite en connaissance de Dieu et de la loi; ces péchés entraînent nécessairement la damnation, ANT. ARNAULD, 6ᵉ *dénonciation*, IV, *Œuvres*, Lausanne, 1780, p. 318.

† **THÉOLOGISER.** *Ajoutez :* Noël Breda, célèbre docteur de Sorbonne, les appelait [ceux qui joignaient l'étude des langues à celle de la théologie] des humanistes qui théologisaient, *Biblioth. critique*, t. III, p. 132, Amsterdam, 1708.

† **THÉOLOGOUMÈNE** (té-o-lo-gou-mè-n'), *s. m.* Idée, notion, principe théologique. Les théologoumènes d'Osée [le prophète], M. VERNES, *Rev. crit.* 15 avril 1876, p. 252.

— ÉTYM. Θεολογούμενον, chose discutée au point de vue théologique, de θεός, Dieu, et λόγος, doctrine; τὰ θεολογούμενα, recherches sur Dieu ou les dieux.

† **THÉOPHAGE.** *Ajoutez :* — HIST. XVIᵉ s. Considerons sans passion que nous dirions, si Herodote ou quelque autre historien ancien nous racontoit qu'en quelque pays les hommes seroyent theophages, c'est-à-dire mangedieux, H. EST. *Apo-*

logie pour Hérod. Disc. prélim. p. XVI, la Haye, 1735.

† **THÉOPHOBIE** (té-o-fo-bie), *s. f.* La crainte de Dieu, ou, dans le paganisme, des dieux. Le patriotisme et la théophobie sont les sources de grandes tragédies et de tableaux effrayants, DIDEROT, *Œuvr. compl.* 1821, t. X, p. 69.

— ÉTYM. Θεός, Dieu, et φόβος, crainte.

† **THÉOPHORE** (té-o-fo-r'), *adj.* Terme d'antiquité. Qui porte un nom de dieu. M. Clermont-Ganneau s'applique à décomposer en ses divers éléments le nom théophore d'Abdousibos, E. DELAUNAY, *Journ. offic.* 10 oct. 1877, p. 6731, 3e col.

— ÉTYM. Θεοφόρος, de θεός, dieu, et φορός, qui porte.

† 2. **THÉORIQUE** (té-o-ri-k'), *adj.* Terme d'antiquité. Qui appartient à une théorie ou députation religieuse. M. Thonissen parle, à propos du fonds théorique, de l'archonte Eubule et du décret voté sur sa proposition pour porter la peine de mort contre quiconque proposerait d'employer de nouveau ces fonds pour les dépenses militaires, PERROT, *Rev. crit.* 3 mars 1877, p. 143.

— ÉTYM. Voy. THÉORIE 2.

† **THÉRAPEUTIQUEMENT** (té-ra-peu-ti-ke-man), *adv.* Avec une action thérapeutique. Le quinquina rouge, très-actif thérapeutiquement, *Dict. de médecine*, Baillière, 1873, *quinquina*.

† **THERMO-CAUTÈRE** (tèr-mo-kô-tè-r'), *s. m.* Cautère en platine, porté à l'incandescence au contact d'un mélange gazeux d'air et de certaines vapeurs hydrocarbonées, PAQUELIN, *Acad. des sc. Comptes rend.* t. LXXXII, p. 1070.

— ÉTYM. Θερμός, chaud, et *cautère*.

† **THERMO-DIFFUSEUR** (tèr-mo-dif-fu-zeur), *adj. m.* Terme de physique. Qui produit la diffusion par la chaleur. Appareil thermo-diffuseur, *Journ. des Débats*, 26 juin 1874, 1re p. *Feuilleton*, 5e col.

† **THERMO-DIFFUSIF, IVE** (tèr-mo-dif-fu-zif, zi-v'), *adj.* Terme de physique. Qui procure la diffusion par la chaleur. Propriétés thermo-diffusives.

† **THERMO-DIFFUSION** (tèr-mo-dif-fu-zion), *s. f.* Terme de physique. Effet diffusif obtenu par la chaleur, *Journ. offic.* 11 avril 1874, p. 2677, 1re col.

† **THERMOGÉNIE** (tèr-mo-jé-nie), *s. f.* Production de chaleur (Bouchardat).

— ÉTYM. Voy. THERMOGÈNE.

† **THERMOPILE** (tèr-mo-pi-l'), *s. f.* Terme de physique. Pile électrique dont la chaleur est le moteur, *Acad. des sc. Comptes rend.* t. LXXX, p. 747.

— ÉTYM. Θερμός, chaud, et *pile*.

† **THERMOTHÉRAPIE** (tèr-mo-té-ra-pie), *s. f.* Traitement par la chaleur, par l'élévation de la température, et qui consiste à prendre des bains de calorique comme on prend des bains de vapeur, H. DE PARVILLE, *Journ. des Débats*, 21 déc. 1876, *Feuilleton*.

— ÉTYM. *Thermo....*, et *thérapie*.

† **THÉTIS.** *Ajoutez* : || 5° Nom d'un des satellites de la planète Saturne.

† **THIASE** (ti-a-z'), *s. m.* Terme d'antiquité. Nom d'associations religieuses chez les Grecs (θίασος), particulièrement pour les cultes où l'on célébrait des cérémonies orgiastiques, FOUCART, *des Associations religieuses chez les Grecs*, p. 2.

† **THIASOTE** (ti-a-zo-t'), *s. m.* Terme d'antiquité. Membre d'un thiase (θιασώτης), FOUCART, *des Associations religieuses chez les Grecs*, p. 154.

† **THIBET** (ti-bè), *s. m.* Sorte de tissu de laine. Ces admirables tissus destinés aux vêtements des femmes, tels que thibets, cachemires et mérinos, qui constituent les produits caractéristiques du siècle présent, J. LAVERRIÈRE, *Mém. d'agricult.* etc. 1870-71, p. 287.

† **THIERNE** (tièr-n'), *s. f.* Terme de houillère. Voie inclinée tracée pour l'exploitation des plateures.

† **THOMSONITE** (tom'-so-ni-t'), *s. f.* Terme de minéralogie. Espèce de zéolite.

† **THONNAIRE.** *Ajoutez* : — REM. Ce mot est écrit aussi thonaire. Tous pêcheurs auront la liberté de tendre des thonaires et combrières, et de pêcher dans le voisinage des madragues, pourvu qu'ils se tiennent à une distance suffisante pour ne pas nuire à ces établissements, *Arrêté du 9 germ. an IX, art.* 7, dans *Bullet. des lois*, n° 77, p. 14.

† **THOUILLEAU** (tou-llô, *ll* mouillées), *s. m.* Nom, dans le quartier de Royan, d'un filet pour la pêche maritime, *Statistiques des pêches maritimes*, 1874, p. 89.

— ÉTYM. Malgré l'*h*, ce mot paraît se rapporter au verbe *touiller*, barbouiller, barbotter.

† **THRÈNE** (trè-n'), *s. m.* Terme d'antiquité grecque. Chant de deuil. La poésie lyrique.... recueillie dans ses thrènes, A. BOUCHÉ-LECLERQ, *Rev. politique et litt.* 20 mars 1875.

— ÉTYM. Θρῆνος, le pleur, la plainte.

† **THRÉNODIE** (tré-no-die), *s. f.* Pièce de vers exprimant des lamentations sur un malheur public ou privé.

— ÉTYM. Θρηνῳδία, chant de douleur, de θρῆνος, lamentation, douleur, et ᾠδή, chant (voy. ODE).

† **THUNE** (tu-n'), *s. f.* Ancien terme d'argot. Aumône, MAREAU, *le Jargon ou langage de l'argot réformé.* || Le roi de thune ou de la thune, le chef des mendiants. Moi, Clopin Trouillefou, roi de Thune, successeur du grand coësre, suzerain suprême du royaume de l'argot, V. HUGO, *Notre-Dame de Paris*, II, 6. Vive Clopin, roi de Thune, vivent les gueux de Paris; c'est ainsi que Victor Hugo fait chanter en chœur, dans un opéra d'*Esmeralda*, les truands de la cour des Miracles, *l'Événement*, 3 janv. 1877. || Chevaliers de la thune, les mendiants. Une quête faite au profit des indigents de Paris dans un bal donné par la société des chevaliers de la thune, a produit une somme de 65 francs, *Journ. offic.* 12 déc. 1876, p. 9259, 1re col.

— ÉTYM. Origine inconnue (comp. TUNER au Dictionnaire).

† **THYARÉE** (ti-a-rée), *s. f.* Plante dite aussi jasmin double, qui croît dans l'Océanie. Une guirlande de thyarée [à Havaï, îles Sandwich], d'une éblouissante blancheur et d'un parfum pénétrant, *Rev. des Deux-Mondes*, 1er mai 1877, p. 112.

† **THYLACINE** (ti-la-si-n'), *s. f.* Sorte de didelphe. Les plus inférieurs, didelphes ou marsupiaux de l'Australie (kangourous, thylacine, phascolome), correspondent à des didelphes fossiles, les *thylacotherium* et les *phascolotherium* de l'étage jurassique de Stonesfield, CH. MARTINS, *Rev. des Deux-Mondes*, 15 fév. 1876, p. 765.

— ÉTYM. Θύλακος, sac.

THYM. *Ajoutez* : || Thym de crapaud, nom vulgaire de l'orpin d'Angleterre.

† **TIAULEMENT** (ti-ô-le-man), *s. m.* Terme du Nivernais. Chant très-particulier qui règle la marche des bœufs. Vous avez beau dire, mademoiselle, vous savez très-bien maintenant ce que c'est que les chaintres, et une ouche, et la poulite, et le tiaulement des bœufs, TH. BENTZON, *Rev. des Deux-Mondes*, 1er juin 1876, p. 552.

† **TIAULER** (ti-ô-lé), *v. a.* Jouer une sorte d'air particulier au Nivernais. Le flûteux était remonté sur son trône et tiaulait le baiser préliminaire [à la bourrée], TH. BENTZON, *Rev. des Deux-Mondes*, 15 juin 1876, p. 830.

— ÉTYM. Onomatopée.

† **TIBER** (ti-bèr), *s. m.* Poudre d'or, dite aussi tibbar, dans le commerce africain.

— ÉTYM. Arabe, *tibr*, même sens, DEVIC, *Dict. étym.*

† **TICAL.** *Ajoutez* : — REM. Le pluriel est ticaux. Les monnaies en usage dans le pays sont : 1° les barres d'argent...; 2° les ticaux, lingots d'argent sphériques de la grosseur d'une cerise, *Journ. offic.* 27 août 1870, p. 5720, 2e col.

† **TICKET** (ti-kèt'), *s. m.* Mot anglais qui signifie billet pour un chemin de fer, une exposition, une loterie; ce mot se trouve plusieurs fois répété dans le *Journ. offic.* du 20 oct. 1877, à propos du mode de perception des droits d'entrée à l'exposition de 1878.

— ÉTYM. Angl. *ticket*, qui est notre mot *étiquette*.

† **TIC PALANGA** (tik-pa-lan-ga), *s. m.* Sorte de serpent. Je n'avais jamais vu un tic palanga vivant; mais je reconnus au premier coup d'œil que le serpent qui enlaçait Oswald n'était autre qu'un énorme reptile de cette espèce venimeuse qui, à Ceylan, est tout aussi redoutée que le cobra dans le continent des Indes, *Rev. Brit.* nov. 1876, p. 178.

TIÈDE. — HIST. *Ajoutez* : XIIe s. Ce ke il [Hély] encontre les visces de ses sogez fut teddes, enarst [s'alluma] sor lui la destrenzons del parmanable governeor, *li Dialoge Gregoire lo pape*, 1876, p. 367.

TIÉDEUR. — HIST. *Ajoutez* : || XVIe s. Mais quel pouvoir peut estre tel qu'il rende L'air et la terre en concorde si grande? Et qu'un soleil donne si grand' tiedeur Sur ces sommetz ouvers à la froideur? JACQUES PELETIER DU MANS, *la Savoye* (1572), Chambéry, 1856, p. 297.

TIERCE. *Ajoutez* : || 10° Nom vulgaire de la circée parisienne.

TIERCELET. *Ajoutez* : || 3° Nom donné, dans le langage des faux-monnayeurs, à un bon alliage, pendant le XVIIe siècle, TALLEMANT DES RÉAUX, *Historiettes*, 168.

1. **TIERCEMENT.** *Ajoutez* : || 3° Aujourd'hui, dans l'armée, classement des chefs de bataillon et des capitaines, d'après leur ancienneté pour le commandement des bataillons et des compagnies; le plus ancien chef de bataillon commande le 1er bataillon, le plus ancien après lui commande le 2e, et ainsi de suite; les adjudants-majors sont répartis dans les bataillons d'après leur rang d'ancienneté dans la fonction, le plus ancien au 1er bataillon, et ainsi de suite; le classement des capitaines est opéré de façon à les répartir dans tous les bataillons selon leur ancienneté; ainsi les quatre plus anciens capitaines commandent les premières compagnies des quatre bataillons; les quatre plus anciens suivants les troisièmes compagnies, les quatre suivants les deuxièmes compagnies, et les quatre plus jeunes les quatrièmes compagnies. Le tiercement pour les chefs de bataillon, les adjudants-majors et les capitaines a lieu tous les trois ans ou toutes les fois que le ministre de la guerre l'ordonne; chaque compagnie suit son capitaine, *Règlement du 12 juin 1875 sur les manœuvres d'infanterie.* || On dit faire le tiercement d'un régiment, ou faire tiercer un régiment.

† 2. **TIERCEMENT,** *adv. Ajoutez* : Premièrement, j'aime fort à ne rien faire; secondement, je n'ai que faire de me travailler pour...; et tiercement, c'est une affaire où l'auteur ne peut gratifier personne, MALH. *Lexique*, éd. L. Lalanne.

TIERS. || 5° *Ajoutez* : || Une tierce, une fièvre tierce; on croyait que le troisième accès décidait de la guérison ou de la mort. Cet esprit adroit, qui l'a dupé deux fois, Devait en galant homme aller jusques à trois; Toutes tierces, dit-on, sont bonnes ou mauvaises, CORN. *Ment.* V, 4.

† **TIERS-SUR-TAUX** (tièr-sur-tô), *s. m.* Ancien terme d'administration financière. Synonyme de rève, sorte d'impôt (voy. RÊVE 2), BOISLISLE, *Corresp. contrôl. génér.* 1686, p. 67.

† **TIFFINAGH** (tif-fi-nagh'), *s. m.* Nom de l'alphabet des Touaregs, peuple qui habite le Sahara, *Journ. offic.* 6 août 1872, p. 5401, 3e col. M. Halévy expose ensuite les analogies qu'il a cru remarquer entre quelques caractères de l'alphabet tiffinagh et de l'alphabet libyque..., FERD. DELAUNAY, *Journ. offic.* 6 août 1872, p. 5401, 2e col.

† **TIEULLE** (tieu-l'), *s. m.* Nom vulgaire du tilleul.

— ÉTYM. Autre forme de *tilleul*.

† **TIGNARD** (ti-gnar), *s. m.* Nom d'une espèce de fromage. Le fromage tignard, qu'on appelle aussi fromage persillé, est fabriqué dans les montagnes de la Tarantaise (Savoie); il pèse de 1 à 2 kilogrammes, HEUZÉ, *la France agricole, carte* n° 44.

† **TIGNON.** *Ajoutez* : || 2° Nom normand de la bardane, qui a été ainsi nommée parce que ses fleurs tiennent comme une teigne aux habits, DELBOULLE, *Gloss. de la vallée d'Yères*, p. 323.

TIGRE. *Ajoutez* : || 12° Tigre de guerre, nom que portent les soldats chinois. Des masques grotesques et effrayants, pareils à ceux que des tigres de guerre portent dans le combat, F. CHAULNES, *Journ. offic.* 3 nov. 1873, p. 6576, 3e col.

† **TILLA** (til-la), *s. m.* Nom, dans l'Asie centrale, d'une monnaie d'or valant deux roubles papier. Dans les dernières années, un prisonnier russe valait, sur le marché de Khiva, 100 et même 200 tillas, *Journ. offic.* 8 juin 1874, p. 3844, 1re col.

1. **TILLE.** *Ajoutez* : || 3° Il se dit aussi pour écorce d'arbre. Sylviculture :.... bûcherons .... fabricants de potasse; coupeurs de tille, *Congrès internat. de statist.* 8e session, 1re part. Annexes, p. 119.

2. **TILLE.** — ÉTYM. *Ajoutez* : Au lieu d'origine inconnue, à quoi se réduit le Dictionnaire, M. Bugge, *Romania*, n° 10, p. 158, dit : « C'est un mot germanique qui signifie, dans les dialectes de l'Allemagne, petite hache, erminette, hache des tonneliers; dans les dialectes norvégien et suédois, *teksla*; patois anglais, *thixille*; holl. *dissel*. »

† 3. **TILLE.** — ÉTYM. *Ajoutez* : M. Pétilleau croit que ce mot n'a rien à faire avec *tillac* et qu'il est la transcription française de l'anglais *till*, petite caisse; cela est vraisemblable.

† **TILLEUR** ou **TEILLEUR.** *Ajoutez* : || 2° *S. f.* Teilleuse, machine à teiller les plantes textiles. A cette exposition seront admises les broyeuses, les teilleuses, les égraineuses et, en général, toutes les machines agricoles spécialement adaptées aux besoins de l'industrie des plantes textiles, *Journ. offic.* 28 avril 1874, p. 2978, 2e col.

† **TIMBALAIRE** (tin-ba-lê-r'), *adj.* Qui a rapport à la timbale de la cigale. Le cercle timbalaire, CARLET, *Acad. des sc. Compt. rendus*, t. LXXXIII, p. 79.

TIMBALE. || 3° *Ajoutez :* || C'est une timbale que, dans certains jeux publics, on met au haut d'un mât de cocagne, et qui appartient à celui qui la décroche. || Fig. Je trouve qu'il est dangereux de suspendre tous les impôts à supprimer au sommet d'une espèce de mât de cocagne pour que ce soit le plus agile qui aille décrocher la timbale, *Journ. offic.* 25 mars 1877, p. 2361, 3° col. || 6° Nom donné à une des pièces de l'appareil musical de la cigale. La timbale, sèche et parcheminée, porte des bandes membraneuses destinées à favoriser, par l'élasticité, son retour brusque à sa position d'équilibre, CARLET, *Académie des sciences, Comptes rendus*, t. LXXXIII, p. 78. || 7° Nom, au XVIII° siècle, de loges de l'Opéra situées du côté de la reine au rez-de-chaussée, *Journ. offic.* 22 sept. 1877, p. 6436, 1re col.

1. **TIMBRE.** *Ajoutez :* || 14° Terme d'administration. Adresser une réponse sous le timbre de tel ou tel service ou bureau, c'est-à-dire en portant sur l'adresse les indications ordinairement imprimées en tête et en marge de la correspondance. || 15° Terme d'antiquité. Timbre ou sceau amphorique, empreinte que le potier mettait sur ses produits; c'est quelque chose d'analogue aux marques de fabrique. Vous trouverez dans cette lettre trois dessins de timbres thasiens [de l'île de Thasos], *Journ. offic.* 15 mai 1872, p. 3258, 1re col.

TIMIDE. *Ajoutez :* || 4° *S. f.* La timide, sorte de papillon, *bombyx trepida.*

TIMONIER. — HIST. *Ajoutez :* XIII° s. Or chevauchent li mes [les messagers] roi Guion le guerrier, Et mainent la vitaille dont François ont mestier; Bertrant la font mener devant, le timonier, Estout le fil Odon, Berart de Montdidier, *Gui de Bourgogne*, v. 740.

† **TINAMOUS** (ti-na-mou), *s. m.* Genre d'oiseaux de l'ordre des gallinacés, au cou mince, le bec un peu voûté. Le plus connu est le tinamous isabelle ou grande perdrix des Espagnols.

† **TINNI** (ti-nni), *s. m.* Sorte de grand serpent. Là [en Afrique] sont les géants du règne animal :... le tinni, qui, dans ses anneaux de fer, broie le buffle le plus robuste, X. MARMIER, *Revue Brit.* juil. 1874, p. 102.

† **TINTAMARRESQUE** (tin-ta-ma-rè-sk'), *adj.* Qui a le caractère du *Tintamarre*, journal bouffon, dont le genre de plaisanterie est imité par la jeune fille dont il est question dans l'exemple. Ce type, si neuf et si actuel de la jeune fille tintamarresque, TH. GAUTIER, *Portraits contemporains, Jules de Concourt.*

† **TINTINNABULER** (tin-ti-nna-bu-lé), *v. n.* Mot forgé du latin. Produire un son de clochettes. Ornés de clochettes qui tintinnabulaient sans cesse, TH. GAUTIER, *Étude sur Baudelaire.*

— ÉTYM. Lat. *tintinnabulum*, clochette.

† **TINTOUINER** (tin-toui-né), *v. n.* || 1° Faire entendre un tintouin. || 2° Activement. Produire un tintouin.

— HIST. XVI° s. Le son mesme des noms qui nous tintouine aux oreilles, MONT. III, 300. C'est le diantre qu'ils nous viennent tintouiner les oreilles avec leurs calculations chronologiques qu'ils fondent sur la saincte Escriture, MARNIX DE STE-ALDEGONDE, *Tableau des differends de la religion, Œuvres*, éd. Quinet, t. I, p. 9.

† **TIPULIDES** (ti-pu-li-d'), *s. f. pl.* Famille d'insectes dont le genre tipule est le type.

TIRADE. *Ajoutez :* || 7° Longueur et difficulté d'une affaire. Je suis bien plus épouvanté que vous de cette longue tirade de négoce, dont vous êtes venu à bout, BALZAC, *Lettres inédites*, LXIII, éd. Tamizey-Larroque.

TIRAGE. || 1° *Ajoutez :* || Cheval de tirage, cheval de voiture. La voiture a remplacé la monture, le cheval de tirage a succédé au cheval de selle, BOCHER, *Rapp. à l'Assemblée nation.* n° 1910, p. 37. || 13° Terme de passementerie. Cordon de tirage, cordon qui sert à tirer les rideaux, les sonnettes. Franges, crêtes, lézardes, cordons de tirage, *Alman. Didot-Bottin*, 1871-1872, p. 1195, 3° col. || 14° Tirage des bois, action de dépecer les trains de bois, et d'en tirer les bûches, les pièces de charpente, etc. || Port de tirage, port disposé pour le tirage des bois; il a une berge, tandis que les ports de débarquement ont un quai. Les ports de Paris spécialement réservés au tirage des bois sont ceux de la Gare, de la Râpée, le port au vin, le port des Invalides et les ports du canal Saint-Martin, MAXIME DU CAMP, *Rev. des Deux-Mondes*, 1er nov. 1867, t. LXXII, p. 176. || 15° Action de tirer une mine, c'est-à-dire de lui faire faire explosion comme on tire le canon. Au mont Cenis, la respiration était quelquefois gênée après le tirage des mines, malgré le jeu des ventilateurs, H. DE PARVILLE, *Journ. offic.* 17 fév. 1876, p. 1264, 2° col.

TIRASSE. *Ajoutez :* || 4° Nom vulgaire de la renouée des oiseaux.

† **TIRCIS** (tir-sis'), *s. m.* Nom d'un papillon, *papilio egeria*, ou plus exactement *satyrus egeria.*

TIRE. *Ajoutez :* || 6° Se dit aussi, en termes forestiers, pour coupe faite à tire et aire. Ces couloirs, appelés *incanas* dans la langue du pays [Nice], se font de préférence dans la partie de la forêt où l'on peut obtenir une pente relativement modérée et où cependant on ne saurait établir des tires, L. GUIOT, *Mémoires, Société cent. d'agric.* 1874, p. 173.

† **TIREAU.** *Ajoutez :* — HIST. XVI° s. Quatre vingt dix huit compaignons mariniers, qui ont vacqué chacun quatre journées aux tirotz [bateaux remorqueurs] à conduire le roy nostre sire, la royne madame, avec leur bande, de ceste ville d'Orleans jusqu'à Blois, MANTELLIER, *Glossaire*, Paris, 1869, p. 61. Deux grands batteaux mastés et deux tirots [allèges] chargés de sel, *ib.* p. 62.

† **TIRE-BOUCHONNÉ, ÉE** (tire-bou-cho-né, née), *adj.* Disposé en tire-bouchon. Cheveux tire-bouchonnés.

† **TIRE-CARTOUCHE** (ti-re-kar-tou-ch'), *s. m.* Instrument qui sert à retirer les débris d'une cartouche d'un canon de fusil. L'invention du tire et tombe-cartouche automatique, *Gaz. des Trib.* 26 oct. 1876, p. 1039, 2° col. || *Au plur.* Des tire-cartouches.

† **TIRE-GARGOUSSE** (ti-re-gar-gou-s'), *s. m.* Crochet qui sert à retirer la douille des gargousses, lorsqu'elle est restée adhérente à la chambre après le tir d'une bouche à feu. || *Au plur.* Des tire-gargousses.

TIRE-LAISSE. *Ajoutez :* — REM. On peut ajouter un exemple plus ancien que tous ceux qui sont cités : Je lui dis qu'il aurait tous les jours de ces tire-laisses, RETZ, *Œuvres*, éd. Feillet et Gourdault, t. IV, p. 502 (les anciennes éditions ont tracasseries).

TIRELIRE. *Ajoutez :* || Ancienne locution proverbiale. Mine réformée comme la tirelire d'un enfant rouge, se disait d'une personne faisant peau neuve, se réformant, comme les enfants rouges, après avoir brisé leur tirelire pour en extraire la monnaie, s'en procuraient une nouvelle, *la Réjouissance des femmes sur la défense des tavernes et cabarets*, Paris, 1613. (Les enfants rouges étaient des enfants pauvres habillés de rouge, qui s'en allaient mendier dans les rues avec une tirelire.)

— HIST. *Ajoutez :* XIV° s. Et amassour qui font d'argent grant tirelire, *Dits de Watriquet de Couvin*, p. 129.

† **TIRESQUIVE** (ti-rè-ski-v'), *s. f.* Dans l'Aunis, instrument muni d'une vis qui sert à débonder les futailles dont la bonde fait résistance, *Gloss. aunisien*, p. 152.

TIRET. *Ajoutez :* || 6° Branche à fruit conservée plus ou moins longue sur la vigne, dite aussi courgée, vinée, pleyon, archet, aste, sautelle, flèche, etc., DUBREUIL, *Culture du vignoble*, Paris, 1863, p. 88.

† **TIRETTE.** *Ajoutez :* || 5° Espèce de petite dentelle qui sert à passer les coulisses. Comptoir des dentelles : .... tirettes de Belgique, en pur fil pour trousseaux et layettes, *Gaz. des Trib.* 11-12 oct. 1875, p. 984.

TIREUR. *Ajoutez :* || 16° Tireur d'aviron, rameur. Deux des yoles embarquèrent par l'avant un paquet d'eau et sombrèrent; chacune d'elles portait un patron à la barre et quatre tireurs d'avirons, *Journ. offic.* 19 juill. 1877, p. 5303, 2° col. || 17° Tireur de sable, homme qui tire du sable des rivières. Le sieur Jean Julien E...., tireur de sable, à Périgueux, *Journ. offic.* 10 juin 1877, p. 4289, 2° col.

† **TIROLET** (ti-ro-lè), *s. m.* Nom, dans le quartier de Royan, d'un filet pour la pêche maritime, *Statistique des pêches maritimes*, 1874, p. 89 (c'est le même que la tirole; voy. ce mot).

TISANE. *Ajoutez :* || 3° Tisane de bois tortu, dénomination plaisante du vin, *Gloss. aunisien*, p. 152.

— ÉTYM. *Ajoutez :* Τισάνη et *tisana* se trouvent dans des textes fort anciens, comme formes populaires (voy. *Rev. critique*, 4 oct. 1873, p. 225).

† **TISIPHONE.** *Ajoutez :* || 2° Genre de serpents venimeux, parmi lesquels est classée la vipère brune de la Caroline.

TISONNIER. *Ajoutez :* — HIST. XIV° s. A Bauduin de Wargni pour les pels de le fournaise, pour longhes pierches dont on fist thisenoirs (1358), H. CAFFIAUX, *le Beffroi et la cloche des ouvriers*, p. 17.

TISSERAND. *Ajoutez :* || 3° *Au féminin*, tisserande. La femme M..., tisserande, deux mois de prison (tribunal correct. de Lisieux), *Gaz. des Trib.* 23 août 1873, p. 812, 3° col.

† **TISSU-ÉPONGE** (ti-su-é-pon-j'), *s. m.* Étoffe fabriquée de manière à former des boucles avec la chaîne, séparées chacune par deux ou trois fils de la trame; à un fil de la chaîne les boucles sont d'un côté; au fil suivant, elles sont au revers; de cette façon le tissu est très-spongieux et n'a pas d'envers. || *Au plur.* Des tissus-éponges.

TISTRE. *Ajoutez :* Le principal exercice des femmes du Soleil [au Pérou] était de filer, de tistre..., GARCILASSO DE LA VEGA, *Hist. des Yncas*, t. I, p. 337, trad. de Baudoin, éd. de 1704.

† **TIT** (tit'), *s. m.* Le même que titit (voy. ce mot au Dictionnaire). Les rossignols, les fauvettes, les tits, les bergeronnettes, les rouges-gorges, les alouettes, les pinsons, les linottes, périssent par millions chaque jour dans les engins de toutes sortes, et notamment dans les pantes, Extr. du *Journ. de l'agr. et d'hortic. de la Gironde*, dans *Journ. offic.* 12 janv. 1874, p. 329, 2° col.

TITAN. *Ajoutez :* || 2° Nom d'un des satellites de la planète Saturne.

† **TITANIA** (ti-ta-ni-a), *s. f.* Nom d'un des satellites de la planète Uranus.

TITRE. *Ajoutez :* || 18° Terme de ponts et chaussées. Construction qui fait partie d'une écluse. La pente [du canal Saint-Maur] est, en étiage, de 4m,30; elle est rachetée par une écluse d'un seul sas à talus perreyés, aux extrémités duquel sont deux titres en maçonnerie contenant la chambre des portes, E. GRANGEZ, *Voies navigables de France*, p. 559. || 19° Titre de soie, longueur d'un fil de soie contenue dans un poids déterminé; on dit aussi numéro en ce sens. Ces titres, c'est le poids en deniers des fils de soie, *Journ. offic.* 24 juill. 1872, p. 5048, 1re col.

TITRER. || 2° *Ajoutez :* || Neutralement, être à un certain titre, et, en parlant du sucre, marquer au saccharimètre. Les sucres nos 10/14, pour descendre dans la catégorie des 7 à 9, ne devraient pas titrer plus de 80 pour 100, *Douanes, Lettre commune* du 14 août 1875, n° 262. Soit, par exemple, un sucre titrant [au saccharimètre] 95 degrés, H. DE PARVILLE, *Journ. offic.* 28 fév. 1875, 2° col.

† **TOC.** *Ajoutez :* || 4° Populairement, or faux. Montre de toc. Bijoux en toc. C'est pour les boucles d'oreilles que monsieur qui est là m'a données; elles étaient en toc, *Gaz. des Trib.* 8-9 oct. 1877, p. 977, 1re col.

TOCSIN. *Ajoutez :* || 3° Fig. Satire à couplets. Il [Law] entendit alors résonner dans l'air les notes menaçantes de ce tocsin : Français, la bravoure vous manque.... Pendre Law avec le Régent Et vous emparer de la Banque, C'est l'affaire d'un moment, H. BABOU, *Journ. offic.* 7 avr. 1875, p. 2518, 1re col.

† **TODDY.** *Ajoutez :* — ÉTYM. D'après M. Pétilleau, l'anglais *toddy* est l'altération, par les Anglais de l'Inde, du mot hindou *târi*, jus de palmier (voy. TARI 2 au Dictionnaire).

† **TOFFO** (tof-fo), *s. m.* Matière fécale, pétrie avec de la terre glaise, desséchée et moulée en briquettes, LIGER, *Fosses d'aisance*, p. 11, Paris, 1875.

TOILE. *Ajoutez :* || 17° Toile anglaise ou toile gaufrée, toile employée à la reliure, *Enquête, Traité de comm. avec l'Anglet.* t. IV, p. 465. || 18° Toile amiantine, toile d'amiante. Adjudication au rabais, sur soumissions cachetées, de 40 000 mètres courants de toile amiantine à fournir et à livrer à la direction d'artillerie de Lyon, *Journ. offic.* 12 août 1877, p. 5762, 1re col. || 19° Toile de Vichy, nom d'un tissu de coton qui se fabrique à Roanne, *Enquête, Traité de comm. avec l'Anglet.* t. IV, p. 492.

TOILETTE. *Ajoutez :* || 15° Broderie de toilette, sorte de broderie. Il convient de distinguer ici [pour les anciens], comme on le fait encore aujourd'hui, la broderie nuancée faite en or, en argent, en soies ou en laines de couleurs différentes, de la broderie blanche, dite de toilette, qui consiste dans un dessin tracé avec du fil sur une pièce d'étoffe blanche quelconque, *Journ. offic.* 22 févr. 1876, p. 1358, 2° col. La broderie de toilette se fabrique à Paris et dans les départements de l'Est et se subdivise en une multitude de genres, dont les deux principaux sont le passé et le plumetis, *ib.* p. 1359, 1re col.

TOISE. *Ajoutez :* || 5° Toise ou toison de pierres, les tas de pierres cassées, de un ou deux mètres cubes ordinairement, déposés le long des routes pour servir à leur réparation.

TOITURE. *Ajoutez :* — HIST. XVIe s. Si en un bastiment il y a quelques toictures, galleries ou autres advances sur rue, *Coust. gen.* t. II, p. 1136, 1re col.

† TOKAI. *Ajoutez :* — REM. La prononciation hongroise est *tokaï*, *Journ. offic.* 19 juill. 1877, p. 5306, 3e col.

† TOLOSA (to-lo-za), *s. f.* La 138e planète télescopique, découverte en 1875 par M. Perrotin.

— ÉTYM. *Tolosa*, nom latin de la ville de Toulouse.

† TOLUÈNE (to-lu-è-n'), *s. m.* Terme de chimie. Carbure d'hydrogène que l'on retire en abondance du goudron de houille, H. DE PARVILLE, *Journ. offic.* 26 avr. 1872, p. 2786, 1re col.

— ÉTYM. *Tolu.*

† TOLUIQUE (to-lu-i-k'), *adj.* Terme de chimie. Acide toluique, acide qui s'obtient par l'oxydation de l'huile de l'essence de cumin.

— ÉTYM. *Tolu.*

TOMAISON. *Ajoutez :* || 2° Division d'un ouvrage par tomes.

TOMBEAU. *Ajoutez :* || 8° Sorte de morceau de musique. On doit citer de lui [le violoniste Leclair] un grave (voy. GRAVE 1 au Supplément) en ut mineur, connu sous le nom de tombeau de Leclair; on appelait alors un tombeau une sorte de déclamation instrumentale d'un caractère triste et douloureux.... on lui doit aussi [à Gavinies] un tombeau qui est resté classique, et une romance amoureuse pour le violon, *Journ. offic.* 25 oct. 1875, p. 8846, 3e col. || 9° Brosse en tombeau, brosse à mains dont la surface formée par l'extrémité des crins est bombée comme un bahut.

† TOMBE-CARTOUCHE (ton-be-kar-tou-ch'), *s. m.* Instrument qui sert à faire tomber hors d'un canon de fusil le reste de la cartouche.

TOMBÉE. || 1° *Ajoutez :* Je m'en soucie aussi peu, de tout ce frémissement, que si j'oyais le flot ou la tombée d'une eau, MALH. *Lexique*, éd. L. Lalanne.

† TOMBEROLLER (ton-be-ro-lé), *v. a.* Se dit, dans la Loire-Inférieure, de l'action de transporter çà et là au centre de la pièce la terre des parties des champs sur lesquelles les charrues et les attelages opèrent les tournées, *les Primes d'honneur*, Paris, 1873, p. 129.

— ÉTYM. *Tombereau.*

† TOMBEUR. *Ajoutez :* || 2° Nom donné aux athlètes qui dans la lutte renversent leur adversaire.

— ÉTYM. *Tomber*, en l'acception populaire nouvelle de renverser en luttant : tomber un homme.

TOME. *Ajoutez :* || 4° Dans l'antiquité, le tome était l'opposé du volume, c'est-à-dire un livre de forme carrée, semblable aux nôtres, tandis que le volume était un enroulement de feuillets collés bout à bout, *Journ. offic.* 16 déc. 1875, p. 10380, 1re col.

† TOMME. *Ajoutez :* || 2° Tomme ou tome se dit, dans l'Auvergne, d'une pelote qu'on forme en réunissant le lait caillé divisé avec un poignard en bois, et de laquelle on fait le fromage du Cantal, *les Primes d'honneur*, p. 448, Paris, 1874.

† TOMMETTE (to-mè-t'), *s. f.* Nom, en Dauphiné, de briques servant au carrelage. J'ai fait carreler la pièce avec des tommettes rouges.

— ÉTYM. Sans doute, par comparaison de forme avec la *tomme*, sorte de fromage.

2. TON. *Ajoutez :* || 20° Terme de grammaire. On le trouve quelquefois employé pour accent tonique. Il est dans la nature du langage de renforcer les syllabes qui reçoivent le ton et d'affaiblir celles qui en sont privées, BRÉAL, Traduct. de la *Gramm. comp. de Bopp*, t. III, p. XLIV. Meigret, au XVIe siècle, s'est servi de *ton* en ce sens (voy. ACCENT au Supplément).

† TONALISATION (to-na-li-za-sion), *s. f.* Ensemble des règles de la tonalité. Ce n'est que depuis le XVe siècle qu'on a fixé la tonalisation, BRILLAT-SAVARIN, *Physiol. du goût*, *Méd.* I.

† TONDELLE (ton-dè-l'), *s. f.* Synonyme de tontisse. Le bas Languedoc emploie [pour engrais] des cornailles, des tontisses ou tondelles de drap, de la poudrette, HEUZÉ, *la France agricole*, carte n° 7.

TONDU. || 4° *Ajoutez :* || Écriture tondue, écriture où l'on évite les traits qui dépassent la ligne. Votre prédécesseur n'avait pas une écriture assez tondue, et renversait ses *d* comme des saules pleureurs, T. [TARDIEU] DE ST-GERMAIN, *Pour une épingle*, ch. V. Il n'avait pas ce qu'on peut appeler une très-belle main, mais il avait une écriture de genre, de ces petites écritures bien propres, toutes petites, bien tondues, bien lisibles, H. MONNIER, *Scènes populaires, Intérieurs de bureaux*, sc. 9.

TONLIEU. *Ajoutez :* || 2° Il s'est dit aussi de péages très-différents de ceux qui se perçoivent sur les marchés; témoin ce texte du XIVe siècle : Nous, Lowis, cuens [comte] de Flandres et de Nevers, faisons savoir à tous.... et ne doivent tonlieu ne autre exaction nulle payer de ladite lieve [canal] ne des biens que on maine par ycelle lieve (16 janvier 1322), *Recueil des lois et arrêtés.... concernant l'adm. des eaux et polders de la Flandre orientale*, t. I, p. 21.

TONNE. *Ajoutez :* || 8° Tonne de capacité. Que les mots tonne de capacité s'entendent d'une mesure de vide ou de volume, par opposition à la tonne effective et matérielle de marchandises; que cette mesure de la tonne, qui n'a jamais varié en France, depuis l'ordonnance de 1681 de Colbert, est, dans le système métrique actuel, le cube de 1 mètre 44 centièmes; que telle est, définition donnée, la capacité de la tonne, ou la tonne de capacité, *Gaz. des Trib.* 12 mars 1873, p. 241, 2e col. || 9° Lin de tonne, graine de lin expédiée en France; lin après tonne, lin venu de cette graine. Les graines importées de cette province [Riga] en France sont désignées sous le nom de lin de tonne, parce qu'elles sont expédiées dans des barils de bois blanc; les semences que fournissent les plantes qu'on obtient en France avec ces graines sont appelées lin après tonne; la filasse que fournit le lin après tonne est plus fine, plus soyeuse, HEUZÉ, *la France agricole*, carte n° 24.

TONNEAU. *Ajoutez :* || 13° En termes de mer, tonneau de registre, tonneau compté sur le tonnage de registre (voy. TONNAGE, n° 1).

† TONNE-MÈTRE (to-ne-mè-tr'), *s. m.* Terme de mécanique. Travail correspondant à mille kilogrammètres. Un coup du canon de cent tonnes fut tiré avec une puissance vive de choc de soixante-dix tonnes-mètres par centimètre de circonférence du projectile contre la plaque, *Journ. des Débats*, 16 janv. 1877, 3e page, 4e col.

† TONQUE (ton-k'), *s. f.* Nom, dans le Morbihan, d'une sorte de vase. Le vin volé était enfermé dans des barils dits de galère, d'une contenance de quinze à vingt litres, et dans une tonque de contenance à peu près égale, *Gaz. des Trib.* 1er sep. 1875, p. 628, 4e col.

† TOP (top'), *s. m.* Signal qu'on donne pour fixer ou enregistrer le commencement ou la fin d'une opération ou d'une observation. Le pendule était installé dans une armoire vitrée, devant le balancier du chronographe électrique, qui inscrivait ses propres oscillations sur une bande de papier; lorsqu'une coïncidence avait lieu, on marquait l'époque sur la bande de papier en pressant un bouton électrique; on connaissait ainsi le nombre des oscillations du pendule pendant un temps déterminé; afin d'évaluer ce temps en secondes, on inscrivait électriquement une suite de tops, sur la bande de papier à des époques lues sur une horloge réglée, CAZIN, *Acad. des sc. Comptes rend.* t. LXXXII, p. 1249.

— ÉTYM. Altération de l'angl. *stop*, arrête!

† TOPETTE (to-pè-t'), *s. f.* Nom de petites fioles de verre blanc. Le vendredi 28 novembre, dit-elle, je partis de Thiers (Puy-de-Dôme), emportant dans ma poche deux très-petites topettes de verre blanc, contenant une infusion d'allumettes chimiques, *Gaz. des Trib.* 27 mai 1874, p. 504, 3e col.

† TOPETTERIE (to-pè-te-rie), *s. f.* Terme de verrier. Ensemble de vases en verre analogues à la topette. Bouteilles, verres à vitres ordinaires, gobeletterie, verres à vitres de couleur, topetterie, *Enquête, Traité de commerce avec l'Angleterre*, t. VI, p. 594.

TOPINAMBOUR. *Ajoutez :* — REM. Ce passage de Guy Patin établit le commencement de l'usage des topinambours. Pour les topinambours, c'est une plante qui vient de l'Amérique, de laquelle il n'y a nul usage à Paris, ni ailleurs que j'aie ouï dire; autrefois les jardiniers en vendoient la racine, qui est bulbeuse et tuberculeuse; mais on n'en a pas tenu compte; il y falloit beaucoup de sel, de poivre et de beurre, qui sont trois meschantes choses.... feu M. Moreau appeloit cette plante *tubera canadensia*; les capucins et autres moines qui avoient voyagé et qui autrefois les ont cultivés les appeloient artichaux du Canada, *Lettre du 29 oct.* 1658, dans *l'Union médicale*, 12 sept. 1876, p. 383.

— ÉTYM. Le topinambour est originaire d'Amérique. « On les fait nommer toupinambaux aux crieurs de Paris; les sauvages les nomment chiqueli, » LESCARBOT, *Histoire de la Nouvelle-France*, Paris, 1618, p. 933.

† TOPIQUEMENT (to-pi-ke-man), *adv.* D'une manière topique.

— HIST. XVIe s. *Ecce Montem Acutum* [à Paris], où jadis nostre maistre Antoine Tempestas tonna si topiquement, NOEL DU FAIL, *Contes d'Eutrapel*, ch. XXV.

TOQUE. — HIST. *Ajoutez :* XVe s. Oultre ce que vous ay dit, y a encore une tocque et deux peignes (1482), MARCHEGAY, *Lettres-missives originales du chartrier de Thouars*, p. 41.

† TOQUE-FEU (to-ke-feu), *s. m.* Terme d'exploitation houillère. Fourneau d'appel, dit aussi feu de monastère, que l'on descend dans le puits d'aérage au moyen d'un treuil, et sur lequel on tient du charbon allumé pour activer le courant d'air sortant; ce mode est interdit par le Règlement belge de 1850.

TOQUET. *Ajoutez :* — HIST. XIIIe s. Leur maison qui siet vers Fontaines au toket de le [la] rue ki monte vers le [la] grange de l'ostellerie, *Charte du Vermandois*, dans *Bibl. des ch.* 1874, XXXV, p. 443 (le *toket*, le sommet, la coiffure dite *toket* étant sur le sommet de la tête).

† TOQUOTS (to-ko), *s. m. pl.* Nom vulgaire de la digitale pourprée.

† TORCHER (tor-ché), *s. m.* Le torcher est celui qui fait des murs et autres constructions en torchis, *Dict. des contrib. dir.* 1861.

TORCHIS. — HIST. *Ajoutez :* || XIVe s. Et avera cloture de mur et de torchis (1303), VARIN, *Archives admin. de la ville de Reims*, t. II, 2e partie, p. 27.

† TORD-BOYAUX. *Ajoutez :* || 2° Composition vénéneuse destinée à tuer les rats et les souris.

† TORDEUR. *Ajoutez :* || 2° Dans l'exploitation du bois de flottage, ouvrier qui encoche les chantiers et les présente au flotteur, tord les rouettes et les donne au flotteur, *Mémoires de la Société centrale d'agriculture*, 1873, p. 265. Pendant le flottage en trains, les flotteurs, approcheurs et compagnons de rivière emportent chacun onze bûches, et les tordeurs et garnisseurs chacun neuf, *Arrêté du ministre de l'intérieur*, 28 mai 1816.

† TORDION. *Ajoutez :* — HIST. XVIe s. Et inventa la bonne dame Mille tordions advenans, CL. MAROT, *Épitaphe* 13, *Œuvr.* t. II, p. 422.

† TORD-NEZ. *Ajoutez :* || Corde tord-nez, sorte de corde. Hôpital militaire de Versailles, fournitures pour l'année 1876, ficelle forte, fouet, corde tord-nez, *Journ. offic.* 15 sept. 1875, p. 7917, 3e col.

† TORDOIR. *Ajoutez :* || 2° Appareil à tordre le linge.

— HIST. XIIIe s. Perressons de Lavanne se clamma de Jehenin, de ce que cis Jehenins avoit un tordoir à oile en sa maison (1259), VARIN, *Archives admin. de la ville de Reims*, t. I, 2e partie, p. 791.

TORE. || 2° *Ajoutez :* On peut assimiler les globes fulminants chargés d'électricité à des volants détachés ou à des tores de matière raréfiée, animés d'un vitesse prodigieuse, au point de produire de la chaleur et de la lumière, H. DE PARVILLE, *Journ. offic.* 3 août 1876, p. 5870, 1re col.

† TORMINAL. *Ajoutez :* || 2° L'alisier torminal, espèce d'alisier. On lui préfère [à l'alisier blanc] son congénère, l'alisier torminal, à cause de ses dimensions plus fortes, H. FLICHE, *Man. de botan. forestière*, p. 267, Nancy, 1873.

† 2. TORNADE (tor-na-d'), *s. f.* Synonyme de tournade (voy. ce mot au Supplément).

† TORPIDE (tor-pi-d'), *adj.* Néologisme. Engourdi, engourdissant. Il y a des journées calmes, molles, torpides, R. TÖPFFER, *Nouv. voyages en zigzag*. L'influence torpide que la théocratie exerce sur la pensée, LOUIS BLANC.

— ÉTYM. Lat. *torpidus*; *torpide* a été suggéré par *torpeur* (voy. ce mot).

TORPILLE. || 2° *Ajoutez :* || Torpille à espars, machine explosive portée au bout d'un long mât, d'un espars plongé dans l'eau, *Journ. offic.* 23 oct. 1877, p. 6937, 1re col.

† TORPILLEUR. *Ajoutez :* || 2° Bateau torpilleur, bateau portant une torpille. A ces moyens de défense si l'on ajoute les torpilles, les bateaux-torpilleurs, les chaloupes canonnières, quel emploi reste-t-il aux vaisseaux cuirassés? P. MERRUAU, *Rev. des Deux-Mondes*, 1er mai 1876, p. 169.

TORQUETTE. *Ajoutez :* || 2° Espèce de gâteau ou pain avec des œufs ayant la forme d'une couronne.

† **TORRENTIELLEMENT** (to-rran-si-è-le-man), *adv.* A la façon des torrents. C'était un liquide chargé d'acide carbonique qui se déversait torrentiellement sur un sol pâteux, mal consolidé, J. VERNE, *le Temps*, 30 mars 1877, *Feuilleton*, 1re page, 2° col.

TORTE. *Ajoutez :* — HIST. XIII° S. Aucun [je] cognois qui a souvent La vois malade, floibe et quasse, Se le fort vin ne l'a respasse: Mais quant bon vin bien la conforte, Et feru l'a li filz la torte [le fils de la vigne], Lors chante haut et lors s'envoise, GAUTIER DE COINCY, *les Miracles de la sainte Vierge*, p. 320, éd. abbé Poquet.

† **TORTIL.** *Ajoutez :* || 2° Pièce repliée sur elle-même qui entrait dans la composition de la trompette harmonique. Le tortil est long de deux pieds neuf pouces, MERSENNE, *Harmonie universelle, Traité des instruments*, V, prop. XXI. || Nom d'une rallonge adaptée au trombone. Depuis [Mersenne] il [le trombone] n'a pas changé de forme, sauf une rallonge qu'on appelait le tortil, qui faisait baisser l'instrument d'une quarte; c'était un tube faisant deux ou trois tours sur lui-même et qui s'insérait dans un des joints du trombone, LÉON PILLAUT, *Journ. offic.* 7 févr. 1876, p. 1093, 3° col.

† **TORTILLARD.** *Ajoutez :* || 2° *Adj.* Bois tortillard, bois dont les fibres sont enchevêtrées.

† **TORTILLEUSE** (tor-ti-lleû-z', *ll* mouillées), *s. f.* Femme qui tortille, qui emploie de petits manéges. L'on mettra, dit-on, auprès de la princesse de Conti une dame de plus grande qualité que Mme de Vibraye; on parle de cette petite tortilleuse de Senneterre, SÉV. *à Mme de Grignan*, 10 janvier 1680, dans *Lettres inédites*, éd. Capmas, t. II, p. 77.

TORTILLON. *Ajoutez :* || 6° Tours et détours. Il n'y avait si pauvre banni qui ne dessinât les tortillons d'un jardin anglais dans les dix pieds de terre ou de cour qu'il avait retrouvés, CHATEAUB. *Mém. d'outre-tombe*, éd. de Bruxelles, t. II, *Années de ma vie* 1802 *et* 1803, *châteaux*, etc. || 7° Petit rouleau de papier servant à l'estompe. J'aime moins le portrait de femme qui est de profil et qui tourne le dos; il y a là un peu trop d'exécution, et la simplicité de l'effet est compromise par des tours de force d'estompe et de tortillon, ARTH. BAIGNÈRES, *Journ. offic.* 28 avril 1877, p. 3117, 3° col.

TORTUEUX. — HIST. *Ajoutez :* XII° s. Se tot ce ke halte chose est et tortuouse sozmettons à la raison de la foit..., *Job*, p. 495.

† **TOSAPHISTE** (to-sa-fi-st'), *s. m.* Auteur de tosaphoth. A la tête des tosaphistes du Talmud, comme à la tête des tosaphistes bibliques, se trouve le grand nom de Raschi, RENAN, *Hist. litt. de la France*, t. XXVII, p. 443.

† **TOSAPHOTH** (to-sa-fot'), *s. f.* Nom hébraïque des gloses, des postilles, RENAN, *Hist. litt. de la France*, t. XXVII, p. 441.

† **TOTALISATEUR.** *Ajoutez :* || *S. m.* Indice qui donne le total au haut des colonnes d'un tableau. A la partie supérieure de ce tableau se trouve le totalisateur, qui, au fur et à mesure des mises diverses, en indique le total, *Gaz. des Trib.* 12 avril 1870.

TOTON. — ÉTYM. *Ajoutez :* Les Anglais disent *teetotum*, c'est-à-dire : le T emporte tout.

† **TOUAREG** (tou-a-règh'), *s. m.* Nom d'un peuple qui habite le Sahara. || Alphabet touareg, dit aussi tiffinagh, alphabet de ce peuple, *Journ. offic.* 6 août 1872, p. 5402, 2° col.

† 2. **TOUC** (touk'), *s. m.* Canal, égout qui conduit des maisons les eaux sales aux rivières. Des ouvriers en creusant un touc à Nantes, *le Temps*, 8 févr. 1877, 3° page, 3° col.

† **TOUCHABLE.** *Ajoutez :* Il y a ce qui n'est ni visible, ni touchable, MALH. *Lexique*, éd. L. Lalanne. || On dit mieux tangible.

† **TOUCHEMENT.** *Ajoutez :* || 2° Action de toucher, de recevoir une somme d'argent. Qu'il est de notoriété qu'en province, la remise momentanée des titres aux agents de change pour le touchement des coupons exige un temps plus ou moins long, *Gaz. des Trib.* 3 juin 1877, p. 535, 3° col.

1. **TOUCHER.** *Ajoutez :* || 46° Terme de procédure. Atteindre. Elle [la Cour] a déclaré valablement excusés MM.... qui justifient de leur état de maladie, MM.... qui n'ont pas été touchés par la notification, *Gaz. des Trib.* 16-17 nov. 1874, p. 1103, 3° col. Que nulle demande en livraison n'ayant touché la compagnie du chef de M..., destinataire, celle-ci ne peut être constituée en faute par le seul fait d'avoir conservé ultérieurement la marchandise dans ses magasins, *ib.* 12 déc. 1874, p. 1190, 4° col. Considérant que.... il n'apparait pas que B..., avant son décès survenu à la date du 27 du même mois, ait été touché d'aucune mise en demeure, *ib.* 13 janv. 1875, p. 38, 2° col.

† **TOUEUSE** (tou-eû-z'), *adj. f.* Terme de marine. Ancre toueuse, ancre à l'aide de laquelle on se toue (voy. TOUEUX).

— REM. Au mot BOUEUX, on lit *ancre boueuse* ou *de toue*; c'est une erreur; il faut lire : *ancre toueuse*. Cette faute, reproduite par tous les Dictionnaires, remonte au *Dictionnaire de Trévoux* (note de MM. Darmesteter et Hatzfeld).

† **TOUILLAGE.** *Ajoutez :* || 2° Brassage, manipulation des fécules, pour les nettoyer et les blanchir. || 3° Opération qui consiste à faire arriver l'eau d'égout sur une aire plane, bien battue; on étend de la paille sur cette aire; et on fait couler très-lentement de l'eau sur cette paille maintenue par des piquets.

† **TOUILLE.** *Ajoutez :* — REM. C'est le *squalus cornubicus*; on écrit aussi touil, qui est masculin.

† 2. **TOUILLE** (tou-ll', *ll* mouillées), *s. f.* Pelle en bois, pour le touillage ou manipulation des fécules.

† **TOUILLE-BOEUF.** *Ajoutez :* — ÉTYM. Il *touille* (agite, salit l'eau), *le bœuf* (de mer), MEUNIER, *les Composés qui contiennent un verbe à un mode personnel*, p. 143.

† **TOUILLER.** *Ajoutez :* || 2° Touiller les fécules, les brasser pour les nettoyer et blanchir.

TOUPET. *Ajoutez* || : 5° Populairement, partie de toupet, rixe où l'on se prend aux cheveux. De là les parties de toupet, les yeux pochés et tout ce qui s'en suit, *Cahier des plaintes des dames de la Halle*, t. II, p. 8, 1789, dans CH. NISARD, *Parisianismes*, p. 198.

2. **TOUR.** || 1° *Ajoutez :* || Fait au tour, au propre, fait avec le tour. Nous ne ferons que citer les vases en terre cuite faits au tour, BEULÉ, *Rev. des Deux-Mondes*, 1er mai 1872, p. 28. || 34° Par tour, l'un après l'autre, successivement. Elles iront à la messe par tour, BOSS. *Règl.* || 35° Terme de lapidaire. Tour de roue, manœuvre qui consiste à arrêter la roue progressivement, afin que le poli soit vif et net, CHRITEN, *Art du lapidaire*, p. 182. || 36° En Normandie, tour de carreau, pressoir à cidre, mû à l'aide d'un manége à cheval, dont la roue, pleine et en bois, tourne dans une auge circulaire, dite carreau parce qu'elle est en pierre de taille. Une maison à usage de demeure, cellier à côté, pressoir, tour de carreau pour le pressoir, *le Nouvelliste de l'arrond. d'Avranches*, 19 août 1877, aux Annonces.

— REM. On a beaucoup disserté sur le sens propre et l'origine de tour du bâton, pour signifier un profit secret et abusif. L'explication est dans l'historique. Là on trouve aux XIV° et XV° siècles des exemples où figure tour de baston ou du baston, et où le sens est maniement habile, adroit du bâton. De ce sens il n'a pas été difficile de passer au sens de ce genre d'habileté qui assure un profit abusif.

† **TOURACHE** (tou-ra-ch'), *s. f.* Nom d'une race bovine. La Saône et l'Oignon, rivières sur les bords desquelles vivent deux races bovines comtoises importantes, la femeline et la tourache, HEUZÉ, *la France agricole*, p. 8. || On trouve aussi tourrache. La sous-race dite tourrache a une robe froment foncé; elle est moins agile et s'engraisse moins aisément, ID. *ib. carte* n° 32.

† **TOURAILLON.** *Ajoutez :* Les radicelles d'orge germée ou de malt préparé pour la fabrication de la bière.... appelées en France touraillons, parce qu'elles se détachent du grain malté, après qu'il a été soumis, sur la touraille, à la dessiccation, REYNAL, *Mém. d'agr. etc.* 1870-71, p. 125.

† **TOURBETTE** (tour-bè-t'), *s. f.* La sphaigne (voy. ce mot au Supplément), *Dict. des sciences naturelles*, Paris, 1827, t. L, p. 190.

— ÉTYM. Diminutif de *tourbe*.

† **TOURBILLONNÉ, ÉE** (tour-bi-llo-né, née, *ll* mouillées), *part. passé* de tourbillonner. Battu par un tourbillon. Les blés inégalement versés, tourbillonnés, V. GILBERT, *Bullet. soc. centr. de l'agricult.* t. XXXVI, p. 458.

— REM. Tourbillonner a été employé activement par Mme de Sévigné et Fléchier (voy. TOURBILLONNER au Dictionnaire).

TOURBILLONNER. *Ajoutez :* || 5° *V. réfl.* Se tourbillonner, être mû par un tourbillon. La poussière est chose importune en lieu découvert; jugez ce que ce peut être sous cette caverne où la poudre se tourbillonne en soi-même, et, n'ayant pas où sortir, retourne contre ceux qui la font émouvoir, MALH. *Lexique*, éd. L. Lalanne.

— HIST. XVI° S. Tourbillonner estoit faire grand vent, GEOFF. TORY, *Des lett. att.*

† **TOURDRE** (tour-dr'), *s. f.* Espèce de grive La grive et ses congénères, tels que trides et tourdres [écrit à tort thourdres], *Arrêté du préfet de la Lozère*, dans *Gaz. des Trib.* 14 avril 1876, p. 366, 2° col.

— ÉTYM. Autre forme de *tourd* (voy. TOURD 2). L'r est épenthétique, comme dans *esclandre*, *pieuvre*, etc.

TOURILLON. — HIST. *Ajoutez :* XIII° s. Il descendi dou mur et dou donjon, Vint au guichet erramment à bandon, La clef embat dedens le torillon, *Gaydon*, v. 8696.

† **TOURISME** (tou-ri-sm'), *s. m.* Goût, habitude de touriste. On sait que le tourisme scientifique a suscité chez les femmes une très-active curiosité, *Journ. offic.* 14 juill. 1872, p. 4000, 3° col.

TOURMALINE. *Ajoutez :* — REM. Malgré l'assertion de Buffon, il y a des tourmalines noires qui sont parfaitement opaques.

† **TOURMENTEUR** (tour-man-teur), *s. m.* Celui qui tourmente.

— HIST. XVI° S. Je ne suis accompagné de furies, harpies et tourmenteurs de monde, pour me faire creindre avant le combat, LOUISE LABÉ, *Debat de folie et d'amour, Disc.* I, *Œuvres*, p. 9.

— ÉTYM. *Tourmenter*; esp. *tormentador*; ital. *tormentatore*.

† **TOURNADE** (tour-na-d'), *s. f.* Synonyme de tornado (voy. ce mot au Dictionnaire). Il s'agit de savoir si, oui ou non, les cyclones, tournades, trombes, ouragans, sont un mouvement ascendant ou descendant, H. DE PARVILLE, *Journ. offic.* 27 nov. 1873, p. 7242, 1re col. || On dit aussi tornade. La vitesse de 112 milles qui est accusée est supérieure à celle d'une tornade qui va à raison de 100 milles à l'heure, enlevant tout, arbres et maisons, sur son passage, *Journ. offic.* 13 avr. 1874, p. 2710, 3° col.

— ÉTYM. *Tourner*.

† **TOURNAILLE** (tour-nâ-ll', *ll* mouillées), *s. f.* En Lorraine, tournaille de champ, bout de champ qu'on est obligé de cultiver d'une certaine manière; l'attelage y tourne, la charrue n'y pouvant tourner, EUG. ROLLAND, *Romania*, avril 1876, p. 207.

† **TOURNANTE** (tour-nan-t'), *s. f.* Ganse qui entoure l'épaulette, et de laquelle partent les franges ou les graines d'épinard. Les capitaines majors portent, en outre, les marques distinctives de leur emploi, savoir : le corps et l'écusson des épaulettes en or; les tournantes et les franges en argent, *Instr. de la guerre du* 13 avr. 1876.

† **TOURNASSEUR** (tour-na-seur), *s. m.* Terme de potier. Ouvrier qui fait le tournassage. Je sais que les ébaucheurs, mouleurs, tournasseurs, et en général tous les ouvriers potiers aux pièces..., *Enquête, Traité de comm. avec l'Anglet.* t. VI, p. 680.

† **TOURNE.** *Ajoutez :* || 3° Nom, dans les Alpes, d'amas de grosses pierres rangées en façon de saillant d'un bastion. Derrière ces tournes, on provoquerait le retour de la végétation arborescente, en empêchant les chèvres de manger les jeunes pousses, VIOLLET-LE-DUC, *le XIX° siècle*, 10 sept. 1877, 3° page, 5° col.

† **TOURNEDOS.** *Ajoutez :* || 2° Terme de cuisine. Nom donné à une certaine manière d'accommoder le filet de bœuf servi en beefsteaks; ainsi dit parce que le bœuf ainsi découpé n'est pas présenté sur la table, mais circule tout de suite derrière les convives. Enfin, elle se décida pour un simple tournedos, des écrevisses, des truffes, une salade d'ananas, des sorbets à la vanille, G. FLAUBERT, *l'Éducation sentim.* t. I, p. 371.

TOURNÉE. || 4° *Ajoutez :* || Volée de dards, de traits. Ils [les Australiens] commencent au signal convenu, et échangent plusieurs tournées de zagaies, que chacun évite de son mieux avec son bouclier, *Journ. offic.* 19 juill. 1872, p. 4935, 3° col.

— REM. M. Gui fit tant par ses tournées..., CH. DE SÉVIGNÉ, *à Mme de Grignan*, 27 août 1690, dans *Lett. inédites*, éd. Capmas, t. II, p. 464. C'est bien *tournées* que porte le nouveau manuscrit des lettres de Mme de Sévigné; mais il n'est guère douteux que ce ne soit une mauvaise lecture du copiste qui a écrit le manuscrit. Déjà M. de Monmerqué avait changé *tournées* en *journées*; avec raison : *faire par ses journées* est en effet une locution fort usitée encore au XVIIe siècle (voy. JOURNÉE, n° 5), tandis que *faire par ses tournées* n'est pas connu d'ailleurs.

TOURNELLE. — HIST. || XVIe s. *Ajoutez :* Nos peres ont très sagement ordonné que la chambre criminelle des parlements changera de trois en trois mois, qui pour ceste cause s'appelle tournelle, parce que tous les juges des autres chambres y jugent chacun en leur tour, BODIN, *République*, IV, 6.

TOURNEMAIN. *Ajoutez :* — REM. Il est dit dans l'article qu'aujourd'hui tournemain est abandonné pour tour de main. C'est une erreur. Tour de main signifie un acte d'adresse exécuté avec la main; et tournemain, l'action de tourner la main. Aussi, quand on veut exprimer quelque chose qui se fait vite, il faut dire : en un tournemain, et non : en un tour de main.

† **TOURNE-PIERRES** (tour-ne-piè-r'), *s. m.* Genre d'oiseaux échassiers, de la famille des bécasses; ces oiseaux ont un bec dur à la pointe, avec lequel ils retournent les pierres des rivages pour y chercher les petits crustacés.

TOURNER. *Ajoutez :* || 58° Neutralement, commencer à s'allonger d'une manière un peu marquée, en parlant des jours. Les jours, comme on dit au village, les jours avaient tourné, Mme DE GASPARIN, dans STE-BEUVE, *Nouv. lundis*, t. IX (*Mlle Eugénie de Guérin et Mme de Gasparin*, I).

† **TOURNE-SOC** (tour-ne-sok), *s. m.* Sorte de charrue. Les charrues pour labour à plat, le tourne-oreille ou le tourne-soc de Picardie, *Journ. offic.* 22 août 1873, p. 5512, 3° col.

† **TOURNETTE** (tour-nè-t'), *s. f.* Synonyme de bobine. Nous employons au bobinage du fil, pour dix tournettes ou bobines, une femme gagnant de 4 fr. 20 à 4 fr. 50 par jour, *Enquête, Traité de comm. avec l'Anglet.* t. V, p. 315.

† **TOURNIÈRE** (tour-niè-r'), *s. f.* Terme d'agriculture. Espace réservé pour faire tourner la charrue au bout du sillon; synonyme de chaintre.

— ÉTYM. *Tourner.*

TOURNIQUET. || 12° *Ajoutez :* || Engin de jeu, monté sur un pied et portatif ou fixé au mur, dans lequel une plume tournant va se fixer sur un numéro, qui gagne. Bec-salé, dit Bois-sans-soif, était allé chercher le tourniquet sur le comptoir et jouait des consommations avec Coupeau....la plume du tourniquet grinçait, l'image de la Fortune, une grande femme rouge, placée sous verre, tournait, E. ZOLA, *l'Assommoir*, ch. X. || Jeu de tourniquet, dans les fêtes publiques, sorte de prisme triangulaire, en charpente, posé horizontalement sur pivots, et à l'extrémité duquel on place des prix qu'il faut atteindre en montant à l'autre bout et en suivant le tourniquet dans toute sa longueur. || 13° Tourniquet de ligne de pêche, moulinet sur lequel s'enroule la ligne, pour la lâcher au besoin.

TOURNOIS. — HIST. || XVIe s. *Ajoutez :* Si le mary n'est riche à l'equipollent, voire beaucoup plus (car, selon l'opinion des femmes, le tournois d'elle vaut le parisis), sa femme le meprisera comme moindre qu'elle [le tournois valait un cinquième de moins que le parisis], GUY COQUILLE, *Dialogue sur les causes des miseres de la France, Œuvres*, éd. de 1666, t. I, p. 427.

TOURNURE. *Ajoutez :* || 9° Action de façonner au tour. Autrefois, l'industrie des bronzes, à Paris, était constituée par ateliers d'ensemble, dans lesquels s'exécutaient le moulage, la fonte, la tournure, la monture, la ciselure, la dorure, *Enquête, Traité de comm. avec l'Anglet.* t. II, p. 140.

TOURTEAU. *Ajoutez :* || Proverbe. Faire de la pâte le tourteau, locution équivalant à faire de la terre le fossé (voy. FOSSÉ), et signifiant tirer de la chose même de quoi subvenir aux dépenses nécessaires pour l'entretenir.

TOUT. || 36° *Ajoutez :* || Tout le plus, autant qu'il est possible. M. Nicole avait devant lui saint Chrysostome et Bèze, ce dernier afin de l'éviter; ce qu'on a fait tout le plus qu'on a pu, RAC. *Lexique*, éd. P. Mesnard.

† **TOUT-BLANC** (tou-blan), *s. m.* Nom vulgaire du narcisse multiflore.

† **TOUT-VENANT.** *Ajoutez :* || 2° Se dit aussi des écorces et tans. Châtaignier, tout-venant, les 1000 kil. 75 fr.; extrait de tanin de châtaignier, 32 fr. les 100 kil., *Journ. offic.* 27 mars 1876, p. 2172, 3° col.

† **TOXICITÉ.** *Ajoutez :* || 2° Non-toxicité, voy. NON-TOXICITÉ au Supplément.

† **TOXICOPHORE** (to-ksi-ko-fo-r'), *adj.* Qui porte un venin. Poissons toxicophores.

— ÉTYM. Τοξικὸν, poison, toxique, et φορὸς, qui porte.

† **TOXODON** (to-kso-don), *s. m.* Nom d'un animal fossile. Parmi les pachydermes [fossiles du Brésil], il [M. Liais] cite le toxodon, variété d'hippopotame, *Journ. offic.* 30 nov. 1873, p. 7337, 1re col.

— ÉTYM. Τόξον, arc, et ὀδοὺς, ὀδόντος, dent.

† **TRABAC** (tra-bak'), *s. m.* Dans le quartier de Cette, nom d'un filet fixe pour la pêche, *Statistique des pêches maritimes*, 1874, p. 115.

— ÉTYM. Ce mot paraît tenir à l'ital. *trabacca*, tente.

† **TRACE-ROULIS** (tra-se-rou-li), *s. m.* Instrument inventé par l'amiral Paris et servant à tracer le roulis d'un navire, *Journ. offic.* 7 avr. 1877, p. 2720, 2° col.

† **TRACEUR.** *Ajoutez :* || 2° Terme de mécanique. Engin qui trace les indications d'un appareil indicateur. L'indicateur proprement dit, c'est-à-dire les cylindres, piston, ressort et traceur, ne diffère pas des indicateurs ordinaires; seulement le papier est continu et enroulé sur deux bobines semblables à celles des appareils télégraphiques, MALLET, *Acad. des sc. Comptes rend.* t. LXXXII, p. 1331.

† **TRACE-VAGUE** (tra-se-va-gh'), *s. m.* Instrument inventé par l'amiral Paris et servant à tracer le mouvement des vagues, *Journ. offic.* 7 avril 1877, p. 2720, 2° col.

† **TRACTARIANISME** (tra-kta-ri-a-ni-sm'), *s. m.* Doctrine des tractariens (voy. ce mot au Dictionnaire). Pusey, professeur d'hébreu à Oxford, l'un des promoteurs du mouvement religieux qui s'est manifesté depuis 1833 au sein de l'Église anglicane; ce mouvement appelé tractarianisme..., *Journ. offic.* 20 mars 1877, p. 2191, 3° col.

† **TRACTATION** (tra-kta-sion), *s. f.* Action de traiter une affaire, de mener une négociation. Passé la tractation du marché, je n'y suis pour rien, *Journ. offic.* 30 juill. 1872, p. 5220, 3° col.

† **TRACTEUR** (tra-kteur), *s. m.* Mécanisme qui produit une traction. Une locomobile à vapeur à trois roues, de la dimension d'une voiture ordinaire, ayant à son arrière un crochet pour remorquer un wagon de voyageurs.... ce tracteur est parti le 7 courant de Lyon; son conducteur a couché à Cluny et se rend au Creusot, *la Républ. franç.* 19 oct. 1876.

— ÉTYM. Voy. TRACTION.

† **TRACTION.** *Ajoutez :* || 2° Dans les chemins de fer, le service de la traction, tout ce qui concerne la mise en mouvement des wagons.

† **TRADITIVE** (tra-di-ti-v'), *s. f.* Chose apprise par tradition. Tout ce que la Fable nous dit de ses dieux et de ses métamorphoses est impossible, et ne laisse pas d'être croyable par l'opinion commune et par cette vieille traditive, qui nous a accoutumés à en ouïr parler, CORN. *Disc. de la trag.* Les Indiens ne savent l'histoire de leur nation que par la traditive de leurs pères, FURETIÈRE, *Dict.*

† **TRADUCTIF, IVE** (tra-du-ktif, kti-v'), *adj.* Néologisme. Qui a la faculté, le pouvoir de traduire. Pour la littérature, c'est indiscutable, puisqu'elle est l'instrument traductif et transmissif de l'esprit humain lui-même, BÜRGER, *Salons de 1861 à 1868*, t. II, p. 176.

— ÉTYM. Voy. TRADUCTION.

† **TRAFIQUEUR** (tra-fi-keur), *s. m.* Celui qui trafique.

— HIST. XVIe s. Ce fut luy [Perrez] qui le premier fut mediateur et traffiqueur des amours d'entre ladicte princesse de Deboly et le roy [Philippe II], BRANT. *Cap. estr. Dom Juan d'Autriche.*

TRAGÉDIEN. — HIST. *Ajoutez :* XVe s. Picardie, Champaigne et Occident Doivent, pour plorer, acquerre Tragediens, Arethusa requerre Qu'en eaue fut par plour convertie, E. DESCH. *Poés. mss.* f° 44, 3° col.

TRAIN. || 11° *Ajoutez :* Un train de bois se compose de 2 parts, de 18 coupons, de 72 branches et de 576 mises, MAXIME DU CAMP, *Rev. des Deux-Mondes*, 1er nov. 1867, t. LXXII, p. 175. || 23° Petits trains, s'est dit pour petits ouvrages à la main destinés à un usage religieux. Vendre chapelets, oraisons, Petits trains, petits reliquaires, Cordons, ceintures, scapulaires, *Harangue des habitants de Sarcelles au roi*, 1733, dans CH. NISARD, *Parisianismes*, p. 203.

TRAÎNAGE. *Ajoutez :* || 2° Terme d'exploitation houillère. Mode de transport dans les mines à l'aide de bennes posées sur des patins et auxquelles les traîneurs sont attelés.

TRAÎNE. *Ajoutez :* || 10° Portions traînantes de végétaux comparées à des queues de robes. Il y a des réduits voilés par les traînes des passiflores, MADAME DE GASPARIN, *Bande du Jura*, II, *Premier voyage*, 2° éd. Paris, 1865.

TRAÎNEAU. *Ajoutez :* || 16° Nom vulgaire de la clématite vigne blanche.

TRAÎNÉE. — HIST. || XVIe s. *Ajoutez :* [Une jatte] toute pleine d'eau seigneuse, tripes, amers, escailles de poissons [jetés sur la robe d'un amoureux ridicule], si à point que vous l'eussiez dit estre une trainée [appât disposé en traînée] pour les escoufles et pyes, *Œuvres facétieuses de Noël Du Fail*, Paris, 1874, t. I, p. 130.

† **TRAÎNIÈRE** (trê-niè-r'), *s. f.* Sorte d'embarcation du pays basque. Ne pouvant sortir du port avec une barque, à cause de la violence des vagues, les marins basques chargèrent sur leurs épaules une longue traînière, et la transportèrent en suivant la crête des rochers, jusqu'en face du point où s'échouait le *Saint-Pierre*; là, ils mirent leur traînière à la mer et abordèrent le navire, *Journ. offic.* 28 février 1877, p. 1540, 1re col.

TRAIT. || 2° *Ajoutez :* || Cheval de trait, cheval qu'on attelle. Tous les chevaux de trait, gros trait et trait léger, BOCHER, *Rapport à l'Assemblée nat.* n° 1910, p. 7.

TRAITABLE. *Ajoutez :* — HIST. XIIe s. A toz bons ert [Jesus sera] dous et traitables, Et au [sic] mauvès espoentables, MACÉ, *Bible en vers*, f° 108, 2° col.

† **TRAÎTREMENT.** *Ajoutez :* Tuer un homme de bien, et le tuer poltronement et traîtrement, c'est mettre le crime si haut qu'il ne puisse aller plus avant, MALH. *Lexique*, éd. L. Lalanne.

† **TRAÎTREUX.** *Ajoutez :* — REM. Ce mot n'est pas seulement de Saint-Simon; il se trouve aussi dans Mme de Sévigné : Je vous avoue, ma bonne, que je suis surprise de cette colique traîtreuse, qui vous a prise au milieu de votre repas, *à Mme Grignan*, 14 fév. 1680, dans *Lettres inédites*, éd. Capmas, t. II, p. 97.

— HIST. *Ajoutez :* || XVIe s. Childebert, roy d'Austrasie, qui, pour venger la traistreuse mort du roy Sigebert son pere, mettoit toutes pieces en œuvre envers le roy Gontran son oncle, EST. PASQUIER, *Rech.* V, 25.

† **TRAJECTION** (tra-jè-ksion), *s. f.* Terme de rhétorique. Trajection des épithètes, se dit, dans Eschyle, du transport de l'épithète à un substantif qui semblerait ne pas la comporter, WEIL, *Revue critique*, 15 janv. 1876, p. 49.

— ÉTYM. Lat. *trajectionem*, transposition ou hyperbate, de *trajicere* (voy. TRAJECTOIRE).

† 1. **TRAM** (tram'), *s. m.* Nom, en Cochinchine, d'un grand arbre dont l'écorce, détachée en larges écailles, sert à former la toiture des cases des indigènes, L. DELAPORTE, *Rev. des Deux-Mondes*, 15 sept. 1877, p. 431.

† 2. **TRAM** (tram'), *s. m.* Abréviation de tramway. Le parcours des trams, *Journ. offic.* 26 mars 1877, p. 2455, 3° col.

† **TRAMAGE** (tra-ma-j'), *s. m.* Action de disposer les fils des trames. Les préparations qui précèdent le tissage (bobinage, ourdissage, parage, tramage) reviennent, en Angleterre, à 2 pour 0/0; en France, à 4 pour 0/0, *Enquête, Traité de commerce avec l'Angleterre*, t. V, p. 222. Le tramage est fait par des femmes..., *ib.* p. 223.

† **TRAMAILLÉ, ÉE** (tra-ma-llé, llée, *ll* mouillées), *adj.* Terme de pêche. Fait en tramail. Les dragues et les seines tramaillées traînantes qui servent à prendre les crevettes pour appâts..., *Journ. offic.* 7 avril 1873, p. 7459, 3° col. Le même que trémaillé (voy. ce mot au Dictionnaire).

† **TRAMINER** (tra-mi-né), *s. m.* Nom, dans Saône-et-Loire, d'un cépage, dit aussi gamet commun, *les Primes d'honneur*, Paris, 1873, p. 378.

† **TRAM-WAY.** *Ajoutez :* Les tram-ways sont des chemins de fer à traction de chevaux, ce que nous désignons en France et notamment à Paris sous le nom de chemins de fer américains; il est probable que le mot de tram-way finira par passer dans la langue et par y devenir aussi familier que ceux de rails, wagon, tender, etc., qui ont depuis longtemps reçu leurs lettres de naturalisation *Journ. offic.* 17 fév. 1873 p. 1159, 3° col.

— ÉTYM. *Ajoutez :* Le *Journal officiel* dit : «Vers 1767, on remplaça ces plateaux [de bois] par d'étroites barres de fonte creuses ou munies d'un rebord latéral, de manière à guider les roues des wagons; ces barres reçurent le nom de *trams*, et les voies ainsi formées celui de *tramways*,» 12 sept. 1874, p. 6494, 3ᵉ col. Mais, d'après M. Pétilleau, l'étymologie est tout autre; c'est une aphérèse pour *outram-way*, *Outram* étant le nom du premier qui établit ces sortes de voies ferrées. On lit, en effet, dans le nº 6 des *Royal readers*, p. 191 (*the Royal school series*) édité par T. Nelson and sons, London, Paternoster Row, Edinburg and New-York, 1874 : «1801, un chemin à rails de fer ou *tram-road*, partant de la Tamise à Wandsworth, faubourg occidental de Londres et allant à Croydon situé dix milles au sud, fut fait avec la sanction du parlement. Le nom de *tram-road* est dit une corruption de *outram-road*, qui reçut ce nom d'après M. Benjamin *Outram* (père de sir James, le général indien), qui, en 1800, améliora grandement le système des voies à rails en Angleterre, où jusqu'alors on n'employait que de grossiers rails en bois et des rails en fer imparfaits, surtout pour le service des mines, bien avant Outram. ».

TRANCHE. *Ajoutez :* || 15ᵉ Se dit de lignes séparant les coupes dans un bois.

TRANCHER. — ÉTYM. *Ajoutez :* En confirmation de l'origine de trancher dans le latin *truncare*, on doit citer la forme *troinchier :* XIIIᵉ s. Et si lor en feroit toz les manbres troinchier, *Floovant*, v. 153.

TRANCHOIR. *Ajoutez :* || 5ᵉ Terme de zoologie. Genre de poissons squammipennes, ainsi nommés à cause de la forme de leur corps, mince et cintré en faucille.

† **TRANELLE** (tra-nè-l'), *s. f.* Nom vulgaire du trèfle rampant.

† **TRANSACTIONNEL.** *Ajoutez :* Vous remarquerez que le projet que le gouvernement vous a adressé est un projet transactionnel, *Journ. offic.* 6 avril 1873.

† **TRANSACTIONNELLEMENT** (tran-za-ksio-nè-le-man), *adv.* Par voie de transaction. Une proposition ayant pour objet de régler transactionnellement, par une sorte de forfait, le litige, *Journ. offic.* 6 avril 1873. Un acte aux termes duquel les époux F.... reconnaissent devoir à A.... la somme de 2,200 francs pour reliquat fixé transactionnellement de tous comptes en principal, intérêts et frais, *Gaz. des Tribunaux*, 26 fév. 1876, p. 194, 3ᵉ col.

† **TRANSCASPIEN, IENNE** (tran-ska-spiin, spiè-n'), *adj.* Qui est au delà de la mer Caspienne. Le gouvernement russe vient de faire publier une série de règlements pour l'administration du territoire transcaspien, *Journ. offic.*

TRANSCENDANCE. || *Ajoutez :* La transcendance de Dieu, état de Dieu hors du monde et hors de ce que le monde contient, placé en dehors et au-dessus, par opposition au panthéisme, qui fait Dieu immanent au monde.

† **TRANSCENDANTISME** (tran-ssan-dan-ti-sm'), *s. m.* Néologisme. Goût, recherche des idées transcendantes. Les orages nécessaires d'une telle organisation [celle de Fromentin], les passions dévorantes de nouveau, de couleur, d'originalité, de transcendantisme, selon le mot de l'école romantique, qui ont pu embraser ce cerveau exceptionnel, E. BERGERAT, *Journ. offic.* 14 oct. 1876, p. 7495, 2ᵉ col.

† **TRANSFÉRABLE** (tran-sfé-ra-bl'), *adj.* Qui peut être transféré. Nous ne voyons pas pourquoi un billet de chemin de fer, dont le prix a été payé d'avance, ne serait pas aussi transférable qu'un timbre-poste, *Journ. offic.* 4 déc. 1875, p. 9996, 3ᵉ col.

TRANSFERT. *Ajoutez :* || 4ᵉ Il se dit quelquefois, au lieu de transfèrement, en parlant de prisonniers. Le transfèrement a généralement lieu dans les voitures publiques de la localité.... ce mode de transfert, considéré dans son ensemble, constitue un grand progrès, VICOMTE D'HAUSSONVILLE, *Journ. offic.* 21 août 1874, p. 6037, 3ᵉ col.

TRANSFIGURER. — HIST. *Ajoutez :* XIIᵉ s. Circes, icele qui tant sot, Qui les homes transfigurot, BENOIT DE SAINTE-MORE, *Roman de Troie*, v. 29775.

† **TRANSFORMABLE** (tran-sfor-ma-bl'), *adj.* Qui peut être transformé. L'osmium cristallisé parfaitement pur, c'est-à-dire complétement transformable en acide, H. SAINTE-CLAIRE DEVILLE et DEBRAY, *Acad. des scienc. Comptes rendus*, t. LXXXIII, p. 927. Ces éléments transformables et que l'on a nommés pour cette raison éléments transitoires, *Rev. horticole*, 1ᵉʳ fév. 1876, p. 43.

† **TRANSFORMATEUR, TRICE** (tran-sfor-ma-teur, tri-s'), *adj.* Qui a la puissance de transformer. L'activité transformatrice, J. BÉCHAMP, *Acad. des sc. Comptes rendus*, t. LXXXI, p. 227.

TRANSFORMER. — HIST. *Ajoutez :* XIIᵉ s. En nos mimes [mêmes] devons nos tresformeir ce ke nos lisons, *li Dialoge Gregoire lo pape*, 1876, p. 345.

TRANSGRESSER. — HIST. XVᵉ s. Transgressant et allant forméement contre les edis et estatuz de ladite ville [Abbeville], *Recueil des monum. inédits de l'hist. du tiers état*, t. IV, p. 236. || XVIᵉ s. *Ajoutez :* Voicy tant d'ans je te sers, et jamais je ne transgressai ton commandement, *Luc*, XV, 29, *Nouv. Testament*, éd. Lefebvre d'Étaples, Paris, 1525.

TRANSGRESSION. — HIST. *Ajoutez :* XIIIᵉ s. Trop firent grant transgression Cil qui l'avoient enfouie [une image], GAUTIER DE COINCY, *les Miracles de la sainte Vierge*, p. 121, éd. l'abbé Poquet.

† **TRANSITIONNEL, ELLE** (tran-zi-sio-nèl, nè-l'), *adj.* Néologisme. Qui sert de transition. Voilà un type transitionnel reliant deux genres distincts dans la nature actuelle [les semnopithèques et les macaques], GAUDRY, dans VOGT, *Leçons sur l'homme*, traduction de Moulinié, p. 607.

TRANSLATION. *Ajoutez :* || 8ᵉ Métaphore. Vous n'écrivez rien qui ne soit bien joint..., j'y trouve des translations ni trop hardies, ni de mauvaise grâce, MALH. *Lexique*, éd. L. Lalanne. || 9ᵉ Terme de télégraphie électrique. Transmission télégraphique effectuée au moyen d'un appareil dit de translation, placé dans un poste intermédiaire et essentiellement formé de deux relais réunis; cet appareil, recevant le courant transmis par l'un quelconque des deux postes entre lesquels il est placé, ferme le circuit d'une pile locale, et envoie le courant de cette pile dans le fil de ligne qui le fait communiquer avec le second poste.

† **TRANSLITTÉRATION** (tran-sli-té-ra-sion), *s. f.* Terme de grammaire. Opération par laquelle on transcrit, lettre pour lettre, un mot écrit selon un alphabet étranger en l'alphabet latin des Occidentaux. Instituer un système uniforme de translittération des langues de l'Orient soit mortes, soit vivantes, *Journ. des Débats*, 14 oct. 1874, 3ᵉ page, 4ᵉ col.

† **TRANSLUCIDITÉ.** *Ajoutez :* — HIST. XVIᵉ s. Voyans par la translucidité de la porte cornée, RAB. *Chresm. philos.*

† **TRANSLUMINEUX, EUSE** (tran-slu-mi-neû, neû-z'), *adj.* Qui est au delà de la lumière ou des lumières. Puisqu'il existe une certitude mystique, que j'ai définie une conviction illettrée, translumineuse et qui exclut le doute, LE R. P. LACORDAIRE, *Conférences de Notre-Dame de Paris*, 1844, t. I, p. 358.

† **TRANSMARIN.** *Ajoutez :* — HIST. XIIᵉ s. Un suen novou avoit [le roi d'Angleterre], filz ert de sa seror, Loeïs transmarin l'apelent pluseor, Pur ço ke ultre mer fu norriz par maint jor, Filz Chaile, rei de France..., WACE, *Rou*, t. I, p. 114.

† **TRANSMUTABLE** (tran-smu-ta-bl'), *adj.* Qui peut être transmué, dont la nature peut être changée. Dans la pensée de Lamarck et de Geoffroy, dans celle de Darwin et de ses disciples, l'espèce n'est pas seulement variable, elle est transmutable, DE QUATREFAGES, *l'Espèce humaine*, Paris, 1877, p. 27.

— ÉTYM. Lat. *transmutare* (voy. TRANSMUER).

† **TRANSNAVIGATION** (tran-sna-vi-ga-sion), *s. f.* Navigation qui traverse une terre par un canal, ou qui va au delà d'une mer. Bien que la proposition qui nous a été faite pour joindre la mer Océane à la Méditerranée par un canal de transnavigation, et d'ouvrir un nouveau port, *Édit royal du* 7 oct. 1666, cité par E. GRANGEZ, *Voies navigables de la France*, p. 402, Paris, 1855.

— ÉTYM. Lat. *trans*, au delà, et *navigation*.

† **TRANSPERCEMENT** (tran-spèr-se-man), *s. m.* Action de transpercer; état de ce qui est transpercé. La décollation par le sabre, l'étranglement, la mise en croix, le transpercement par la lance, n'étaient pas les seuls modes d'exécution, BOUSQUET, *les Mœurs et le droit au Japon*, *Rev. des Deux-Mondes*, 15 juillet 1876, p. 258.

† **TRANSPIRABILITÉ** (tran-spi-ra-bi-li-té), *s. f.* Terme de physique. Rapport de la durée de l'écoulement d'un certain volume de liquide, par un tube capillaire, à la durée de l'écoulement d'un égal volume d'eau distillée à la même température; c'est un équivalent plus exact de viscosité, HARO, *Acad. des sc. Comptes rend.* t. LXXXIII, p. 696.

TRANSPIRATION. *Ajoutez :* || 5ᵉ Exhalaison contagieuse (emploi vieilli). Comme si j'étais quelque archétype de poltronnerie, il croit que, par une transpiration imperceptible, je la vous aie communiquée, MALH. *Lexique*, éd. L. Lalanne.

† **TRANSPORTEUR.** *Ajoutez :* Dans les cas de fraude prévus par l'article précédent, les transporteurs ne seront pas considérés, eux, leurs préposés ou leurs agents, comme contrevenants, *Gaz. des Trib.* 6 mars 1874, p. 225, 3ᵉ col.

† **TRANSVERBÉRER** (tran-svèr-bé-ré, la syllabe *bé* prend un accent grave devant un *e* muet), *v. a.* Mot forgé du latin. Percer d'outre en outre. Le vieux père attribuait à une certaine faiblesse d'esprit ce qui était le résultat des ravages intimes de rêves impossibles en un cœur que l'amour avait transverbéré, E. RENAN, *Rev. des Deux-Mondes*, 15 mars 1876, p. 254.

— ÉTYM. Lat. *transverberare*, de *trans*, à travers, et *verberare*, frapper.

† **TRAPÉZITE.** *Ajoutez :* || 2ᵉ Nom, à Athènes, des banquiers. M. Perrot a étudié l'organisation de ces comptoirs dans la personne des trapézites ou banquiers Pasion et Phormion, *Journ. offic.* 12 juill. 1876, p. 5071, 1ʳᵉ col.

1. **TRAPPE.** *Ajoutez :* || 7ᵉ Planche de hêtre, dite aussi doublette, de 0ᵐ,33 largeur, et 0ᵐ,075 à 0ᵐ,081 épaisseur, NANQUETTE, *Exploit. débit et estim. des bois*, Nancy, 1868, p. 79. || 8ᵉ Retraite à pigeons (voy. TRIE 2 au Supplément).

† 2. **TRAQUE.** *Ajoutez :* || Groupe de navires. Rade des Chartrons [à Bordeaux] : le nouveau système se composera de sept traques ou groupes de navires désignés sur le plan par les lettres A, B, C, D, E, F, G, *Cahier des charges annexé au décret du* 19 *juin* 1875, *Bullet. des lois*, 269, p. 416.

TRAQUENARD. *Ajoutez :* || 4ᵉ Petit piége portatif, dit aussi grippe-coquin, qu'on a dans la poche et qui saisit la main de celui qui y fouille indûment. Quand les brigands.... sauront que dans une infinité de poches il y a des grippe-coquins si tenaces, ils ne se risqueront plus à fouiller les gens.... pour moi j'achète un traquenard, et gare à celui qui mettra sa patte dans ma poche, *L. du P. Duchêne*, 43ᵉ *lettre*, p. 6.

† **TRASI** (tra-zi), *s. m.* Nom vulgaire du souchet comestible, plante.

† **TRASSOÏTE** (tra-sso-i-t'), *adj.* Qui a le caractère du trass. Les tufs ponceux ou trassoïtes de l'Auvergne, *Acad. des sc. Compt. rend.* t. LXXXIV, p. 288

† **TRAUFFLE** (trô-fl'), *s. m.* Nom vulgaire du trèfle rampant.

— ÉTYM. Autre forme de *trèfle*.

TRAUMATIQUE. *Ajoutez :* || Choc traumatique, ébranlement produit par les grands traumatismes (opérations ou accidents), et qui détermine rapidement la mort, *le Progrès médical*, 20 oct. 1877, p. 779.

† **TRAVAÏOLE.** Ce mot doit être effacé. C'est une fausse leçon; et il faut lire tavaïolle, qui du reste est au Dictionnaire.

† **TRAVERSAGE.** || 2ᵉ *Ajoutez :* Art. 29. Les droits de fret, ancrage, feux, phares, toues, balises, signaux, lestage, délestage, pontage, traversage et tous autres de cette nature, sous quelque dénomination que ce soit, sont supprimés, *Loi du* 27 *vendémiaire an II contenant des dispositions relatives à l'acte de navigation*.

TRAVERSE. *Ajoutez :* || 15ᵉ Dans l'exploitation du bois de flottage, nom donné au hêtre fendu, *Mém. de la soc. centr. d'agricult.* 1873, p. 260.

TRAVERSIN. — HIST. XVIᵉ s. *Ajoutez :* Pour chacun millier de traversain à faire poinssons, fourny de treize cens doilles..., MANTELLIER, *Glossaire*, Paris, 1869, p. 64.

† **TRAVETEAU** (tra-ve-tô), *s. m.* Soliveau. Parnes, soles, appuis, jambages, traveteaux, CORN. *Illus.* III, 4.

— ÉTYM. Autre forme de *travette*.

† **TRAVETTE** (tra-vè-t'), *s. f.* Soliveau.

— ÉTYM. Prov. *travete*, du bas-lat. *trabetus*, du lat. *trabs*, poutre.

† **TRAYÉ, ÉE** (trè-ié, iée), *adj.* Trié, choisi. Elle [Ninon de l'Enclos] eut pour amis tout ce qu'il y avait de plus trayé et de plus élevé à la cour, ST-SIMON, *Scènes et portraits choisis*, par Eug. de Lanneau, t. I, p. 214. L'élixir le plus trayé de toutes les dames de la cour, ID. *ib.* t. II, p. 56. Une compagnie fort trayée, ID. *ib.* t. II, p. 85.

— ÉTYM. C'est évidemment une prononciation particulière de *trié;* on entend en effet quelques personnes dire *trayer* au lieu de *trier.* C'est mauvais; mais c'est une prononciation ancienne : Du Cange a *traiare, seligere.*

† **TRAYEUR, EUSE** (trè-ieur, ieû-z'), *adj.* Qui sert à traire. Si l'on a soin d'éviter ce mélange [avec le virus des aphthes], par exemple, en extrayant le lait du pis au moyen de tubes trayeurs, ce lait peut toujours être consommé sans accidents, NOCART, *Mém. soc. centr. d'agr.* 1874, p. 373.

† **TRÉAZ** (tré-az) ou **TREZ** (trèz'), *s. m.* Nom d'un sable marin coquillier qui sert d'engrais. Sur le littoral [de l'Ouest], l'agriculture utilise les goëmons, les cendres de varechs, la tangue, la vase de mer, le merl ou madrépores fossiles, le trez ou tréaz ou sable marin coquillier, HEUZÉ, *la France agricole, carte* n° 7.

— ÉTYM. Mot bas-breton : *tréaz*, en dialecte léonais, *trez*, en dialecte cornouaillais, sable de mer.

TRÉBUCHER. *Ajoutez :* || 5° Il se dit activement aussi de la balance qui exécute l'opération du trébuchage. Elles [les balances automatiques] trébuchent et éliminent toutes les pièces en deçà ou au delà d'une tolérance de 1/100° de grain, soit de 15 milligrammes, *Journ. offic.* 26 août 1872, p. 5707, 3° col.

— ÉTYM. *Ajoutez :* Provenç. *abocar*, verser, renverser, NOULET, *sur le Glossaire de Guillaume de la Barre, roman d'aventure*, p. 13. Cela appuierait fortement la dérivation de *bouche :* ital. *traboccare*, jeter sur la bouche, comme on a dit *adenter*, pour jeter sur les dents, jeter à terre.

† **TRÈFE** (trè-f'), *s. m.* Nom, dans le Morvan, de la pomme de terre. Ce mot s'y prononce aussi treuffe et truffe.

— ÉTYM. Forme parallèle de *truffe.*

TRÉFILER. *Ajoutez :* || Il se dit aussi d'autres métaux que le fer et le laiton. En 1863, après expériences prouvant l'impossibilité de tréfiler l'or et l'argent contenant de l'alliage, une circulaire ministérielle autorisa la tréfilerie dans les usines privées, *Journal officiel*, 28 fév. 1873, p. 1418, 3° col.

TRÈFLE. *Ajoutez :* || 6° Trèfle jaune ou trèfle des sables, noms vulgaires de l'anthyllide vulnéraire. || Trèfle miellé, nom vulgaire du mélilot musqué. || Trèfle des mouches, nom vulgaire du mélilot officinal. || Trèfle pourpre, nom vulgaire du trèfle des prés.

† **TRÈFLERIE** (trè-fle-rie), *s. f.* En Normandie, champ sur lequel on cultive, ou vient de cultiver du trèfle (comparez ORGERIE au Supplément).

— ÉTYM. TRÈFLE.

† **TRÉFOUEL** (tré-fou-èl), *s. m.* Dans le parler normand, grosse bûche, dite quelquefois bûche de Noël, H. MOISY, *Noms de famille normands*, p. 437.

— ÉTYM. Bas-lat. *trifocalium*, siége pour se tenir auprès du feu; de *tri*, trois, et *focus*, foyer; composition qui permet aussi *trefouel* au sens de grosse bûche de foyer.

† **TREILLAGISTE** (trè-lla-ji-st', *ll* mouillées), *s. m.* Synonyme de treillageur.

TREILLE. *Ajoutez :* || 5° Nom, en Champagne, d'un nombre déterminé de longailles, de fonçailles et de chanteaux qui représentent le bois nécessaire à la construction de 50 tonneaux de 200 litres, NANQUETTE, *Expl. débit et estim. des bois*, Nancy, 1868, p. 97. Mesures de solidité, merrains : Champagne, la treille se compose de 65 dos de douves, de 50 poignées d'enfonçures et de 50 poignées de chanteaux; le dos contient 16 douves, la poignée est de 4 pièces, *Annuaire des Eaux et Forêts*, 1873, p. 24. || 6° Terme de tulliste. Synonyme de maille. Le rack.... se compose d'une suite de 240 treilles pour les tulles à 8 motions, et de 320 pour les tulles à 16 motions; .... plus la treille est large, plus le rack est long, *Enquête, Traité de comm. avec l'Anglet.* t. IV, p. 629. Le tulle est à 8 motions, quand 4 torsions de fils suffisent pour former une treille; il est à 16 motions, quand il faut 8 torsions pour une treille, *ib.*

† **TREILLON** (trè-llon, *ll* mouillées), *s. m.* Nom, dans l'Ain, de treilles moyennes qui sont éloignées seulement de 1^{m},30 à 1^{m},50 les unes des autres, *les Primes d'honneur*, Paris, 1870, p. 377.

TREIZE. *Ajoutez :* || 6° Populairement, la boutique à treize, boutique ambulante, ou petit bazar où l'on vend divers objets de peu de valeur cotés au même prix, et souvent à sept ou treize sous. Bien qu'on n'eût trouvé sur sa personne ou dans son bagage que des miroirs à deux sous des images d'Épinal, de la sucrerie commune et tout un stock de fanfreluches et de bimbeloteries de la boutique à treize, FR. DEVIELLE, *l'Événement*, 7 nov. 1874.

TREIZIÈME. *Ajoutez :* — HIST. XIII° s. Et grans biens à lor glise [il] fist, Et l'abé Martin envoia Soi tresime de moines là, PH. MOUSKES, *Chronique*, v. 14398.

† **TRÉJASSE** (tré-ja-s'), *s. f.* et **TRÉJAT** (tré-ja), *s. m.* Nom, dans l'Aunis, d'une espèce de grive, *Gloss. aunisien*, p. 153.

— ÉTYM. Le même que *traye* (voy. ce mot au Dictionnaire).

† **TRÉMATER.** *Ajoutez :* || Il s'emploie aussi neutralement. Le droit de trématage est une gêne pour la navigation ordinaire.... et cependant l'art. 4 de votre arrêté le concède à tout bateau porteur d'une quantité quelconque de pétrole! n'y a-t-il point là une porte ouverte à l'abus et tout bateau porteur de quelques fûts de pétrole ne pourra-t-il point trémater? *Lettre de la chambre de comm. de Lille au préfet du Nord, du* 31 *janv.* 1873, dans *Arch. de la chamb. de comm. de Lille*, t. x, p. 70.

— HIST. XV° s. Les bateliers [ordonnés pour passer la rivière] garderont run l'un envers l'autre sans entreprendre en tremater le run l'un de l'autre, sur peine de paier cinq solz parisis d'amende et de rendre à cellui qui aura esté trematé l'argent qui aura esté receu, DU CANGE, *tremata.*

— ÉTYM. Bas-lat. *trema*, voie, sentier, qui paraît être une altération du lat. *trames*, sentier.

TREMBLANT. *Ajoutez :* || 7° Pièce tremblante, pièce de bœuf cuite si à point et si juteuse qu'elle tremble quand on la touche. Nous dirons seulement par occasion, que, pour la pièce de bœuf tremblante, l'endroit le plus entrelardé de gras et de maigre est toujours le meilleur, DE COURTIN, *la Civilité française*, p. 109, Paris, 1695.

† 3. **TREMBLE.** *Ajoutez :* || Sonner à tremble, se dit d'une sonnerie de cloche moindre que le carillon. Primaut [dans le *Roman de Renart*] court aux cloches, il saisit les cordes et sonne à glas, à tremble et à carillon, CH. LOUANDRE, *Rev. des Deux-Mondes*, 15 sept. 1873, p. 431.

TREMBLEMENT. *Ajoutez :* || 7° Familièrement. Tout le tremblement, tout ce qui appartient à une opération, dîner, emménagement, etc., avec une idée d'embarras.

† **TREMBLETTE** (tran-blè-t'), *s. f.* Nom vulgaire de la brize intermédiaire.

TREMBLOTER. *Ajoutez :* || 2° Pris activement. Il y a des peureux [dans la révolution de 1830] qui auraient bien voulu ne pas jurer [à Louis-Philippe], mais qui se voyaient égorgés, eux, leurs grands parents, leurs petits enfants et tous les propriétaires, s'ils n'avaient trembloté leur serment, CHATEAUBRIAND, *Mém. d'outre-tombe*, t. x, p. 20, 1850.

TRÉMIE. *Ajoutez :* || Sel cristallisé en trémies. Ne recourir qu'au sel marin bien cristallisé en trémies ou cubes, et éviter d'employer le sel dit raffiné qui le plus souvent ne l'est point et qui peut être mélangé de sel provenant des fabriques de soude et d'iode, L. BESNOU, *Avranchin* du 28 fév. 1875.

TRÉMIÈRE. — ÉTYM. *Ajoutez :* La conjecture de Legoarant ne paraît pas fondée ; car Valiot, *Hortus regius*, Paris, 1665, p. 114, dit : « Malva *rosea*, rose d'*outremer* ou de *Tremier.* » Cela exclut *outremer*, et présente *Tremier* comme un nom propre.

† **TRÉMISSIS** (tré-mi-ssis'), *s. m.* Terme de numismatique. Monnaie d'or valant le tiers de l'*aureus.* Le ministre de l'instruction publique du royaume d'Italie vient d'acquérir pour le musée numismatique de Florence une belle monnaie d'or très-bien conservée et dont on ne connaît d'autre exemplaire que celui qui se trouvait dans la célèbre collection Trivulzio, de Milan, et qui a passé au médailler de Turin; cette monnaie est un trémissis longobard, *Journ. des Débats.*

— ÉTYM. Lat. *tres*, trois, et *as*, *assis*, as.

† **TRÉMOIRE** (tré-moi-r'), *s. m.* Nom, dans l'Yonne, d'un mélange d'orge et d'avoine, *les Primes d'honneur*, Paris, 1873, p. 319.

— ÉTYM. Autre forme de *trémois* (voy. ce mot au Dictionnaire).

TREMPANT. *Ajoutez :* || 2° Acier trempant, acier qui peut recevoir la trempe. M. Fremy a cherché un alliage de fer n'étant ni la fonte, ni le fer, ni l'acier dur et trempant.... on peut obtenir ce métal [métal à canon] en faisant fondre une partie de bon acier trempant avec trois parties de fer, H. DE PARVILLE, *Journ. offic.* 29 janv. 1874, p. 850, 1re col.

† **TRÉMULATION** (tré-mu-la-sion), *s. f.* Terme de médecine. État de tremblement incessant. Les accès de delirium tremens, où les troubles hallucinatoires d'une vivacité extrême s'associent au tremblement de tout le corps, et à la trémulation générale de tout le système musculaire, *Journ. offic.* 14 mars 1873, p. 1773, 1re col.

— ÉTYM. Lat. *tremulus*, tremblant, de *tremere* (voy. TREMBLER).

† **TRENCK** (trink'), *s. m.* Personnage allemand du XVIII° siècle. || À la Trenck. Parmi les objets relatifs au neveu, c'est-à-dire à Frédéric de Trenck, figurent.... un bouton de son habit de satin, d'où vint la mode dite à la Trenck, *Journ. offic.* 10 oct. 1872, p. 6422, 2° col.

† **TRENNEL** (trè-nèl), *s. m.* Sorte de huche dont le fond présente des rainures, et où on dépose les moules contenant la pâte à fromage de Roquefort, *les Primes d'honneur*, Paris, 1869, p. 396.

TRENTAIN. *Ajoutez :* — HIST. XVI° s. Le trentin [durée de trente jours consécutifs] de saint Charlemagne, à icelui commencer le lendemain de saint Julien du Mans, trente jours durant, MANTELLIER, *Glossaire*, Paris, 1869, p. 65.

TRENTE. || 4° Trente et un, *ajoutez :* || Fig. et familièrement, se mettre sur son trente et un, se vêtir de ses plus beaux habits. || L'explication de M. Eman Martin, *Courrier de Vaugelas*, 1er févr. 1876, p. 145, paraît la véritable : trente et un étant, à ce jeu, le point qui gagne, on aura dit que se mettre sur son trente et un, c'était mettre ce qu'on avait de plus beau. || 9° Le trente et un, le trente et unième jour du mois, dans les mois qui ont plus de trente jours. Le vieux dicton : trente et un, jour sans pain, misère en Prusse, est encore vrai en ce qui concerne la solde de ce jour : on n'accorde qu'extraordinairement aux troupes cantonnées le supplément d'entretien et le montant du versement à l'ordinaire pour le repas du midi, *Journ. offic.* 9 sept. 1872, p. 5925, 2° col.

† **TRENTENAIRE.** *Ajoutez :* || 2° Obligations trentenaires, obligations dont le remboursement échoit au bout de trente ans, *Journ. offic.* 1er déc. 1876, p. 8872, 2° col. De là l'autorisation donnée au ministre, d'après notre précédent projet, de convertir les obligations quinzenaires existant dans le portefeuille du Trésor en obligations trentenaires, *Journ. offic.* 1er déc. 1876, p. 8872, 2° col.

TRENTIÈME. *Ajoutez :* — HIST. XVI° s. Et l'autre [grain] cheut en bonne terre, et donnoit fruict montant et croissant, et rendit l'ung trentiesme, l'autre soixantiesme, et l'autre centiesme, *Marc*, IV, 8, *Nouv. Testam.* éd. Lefebvre d'Étaples, Paris, 1525.

† **TRÉPANATEUR** (tré-pa-na-teur), *s. m.* Celui qui pratique l'opération du trépan. Il n'est jusqu'ici nullement prouvé que les trépanateurs néolithiques [de la période néolithique] aient employé le procédé de rotation, BROCA, *Rev. anthrop.* t. VI, p. 37.

† **TRÉPANG.** *Ajoutez :* — ÉTYM. Malais, *tripang*, DEVIC, *Diction. étym.*

† **TRÉPIDER** (tré-pi-dé), *v. n.* Mot forgé du latin. Être en trépidation, tressauter en vertu d'un mouvement passionné quelconque. Tandis que Paris s'agite, se hâte, trépide, se remue, se passionne dans la vie à outrance, l'île Saint-Louis vit doucement sa bonne vie paisible, *Journ. offic.* 2 mai 1874, p. 3064, 3° col. Le fameux volume des *Essays and Reviews* d'Oxford, qui fit trépider toutes les vénérables théologies des trois royaumes, A. RÉVILLE, *Rev. des Deux-Mondes*, 15 août 1875.

— ÉTYM. Lat. *trepidare* (voy. TRÉPIDATION, qui facilite l'accès à *trépider*). Ce sont des créations de latinistes; les formes populaires auraient été *troider* pour *trepidare*, et *troidaison* pour *trepidationem.*

TRÈS. *Ajoutez :* || 5° Absolument. Vous êtes belle, plus que très, CORN. *Lexique*, éd. Marty-Laveaux. || Le même Lexique dit que les paysans des environs de Paris emploient *très* de cette même manière : Ce terrain est-il bon? — Il ne l'est pas très.

TRÉSORIER. *Ajoutez :* || 3° *Adj.* Trésorier, trésorière, qui appartient au trésor. Le stimulant nécessaire.... manque aux administrations trésorières, *Journ. offic.* 14 déc. 1872, p. 7772, 1re col.

† **TRESSALLIER** (trè-sa-lié), *s. m.* Nom, dans l'Allier, d'un cépage rouge, *les Primes d'honneur*, Paris, 1872, p. 257.

TRÉTEAU. — ÉTYM. *Ajoutez :* « Le primitif *trastre* se trouve : XIIIe siècle : Il a fait une table sor deus trastres poser, *Fierabras*, v. 6102. Le *trast* est un plancher reposant sur la plus haute poutre, une soupente ; bas-lat. *trastrum* ; anc. franç. : Une des poutres ou traste d'icelle maison (1480), DU CANGE. Le *trast* est une sorte de siége : Ab tant s'en montec sus. 1. *trast* Hon tot jorn l'ayfanta cozia. Je veux seulement faire remarquer, au sujet du mot *trast*, dont M. Noulet a montré l'origine (*transtrum*) et la véritable signification, qu'il confirme heureusement l'ingénieuse étymologie proposée par M. Boucherie du français *tréteau*, » CAMILLE CHABANEAU, *Revue des langues romanes*, t. VI, p. 295. En effet M. Boucherie, dans cette même revue, avril 1874, p. 351, propose *transtellum*, corrompu du lat. *transtillum*, qui est le diminutif de *transtrum*, pièce de bois longue et étroite. Cette étymologie est la véritable.

† **TRÉTINAGE** (tré-ti-na-j'), *s. m.* Nom, dans les Landes, d'une sorte de terrassement. Lorsqu'un propriétaire aura déclaré qu'il ne veut faire aucune espèce de culture sur l'emplacement des garde-feux, le syndicat pourvoira à l'exécution et à l'entretien du terrain à l'état de terrassement généralement appelé trétinage, de manière à être toujours purgé de toutes brandes, ajoncs et autres plantes pouvant communiquer l'incendie, *Enquête sur les incendies des Landes*, p. 329, 1873.

TREUIL. *Ajoutez :* ‖ 2° Pressoir. Quand l'instrument s'arrêtait pour reprendre haleine, on distinguait les craquements du treuil où les hommes de corvée pressaient la vendange, E. FROMENTIN, *Dominique*.

† **TREUILLÉE** (treu-llée, *ll* mouillées), *s. f.* Nom, dans l'Aunis, de la vendange soumise au pressoir ou treuil, *Gloss. aunisien*, p. 154. On était en train de couper la treuillée, c'est-à-dire qu'on équarissait de nouveau la vendange écrasée par la pression des machines, et qu'on la reconstruisait en plateau régulier pour en exprimer tout le jus restant, E. FROMENTIN, *Dominique*.

— ÉTYM. *Treuil*.

† **TRÉVIN** (tré-vin), *s. m.* Sorte de piquette. On avait jusqu'à présent exempté de tous droits de consommation, dans les villes comme dans les campagnes, ce qu'on appelle le petit vin, la piquette, le trévin, le demi-vin, toutes les boissons les plus légères, *Journ. offic.* 10 juin 1875.

— ÉTYM. *Tré*, du lat. *tres*, trois, et *vin :* comme qui dirait tiers de vin.

† **TRIANELLE** (tri-a-nè-l'), *s. f.* Nom vulgaire du trèfle des prés.

† **TRIANGULATEUR** (tri-an-gu-la-teur), *s. m.* Ingénieur qui opère des triangulations. Triangulateur du service topographique du département d'Alger..., *Bulletin des Lois, partie supplémentaire*, XIIe *série*, n° 663, p. 588.

† **TRIAU** (tri-ô), *s. m.* Nom, en Champagne, des mauvais terrains, dits aussi savarts ou friches, *les Primes d'honneur*, Paris, 1869, p. 236.

TRIBUNE. *Ajoutez :* — HIST. XVe s. Et s'en montent à mont en la tribune, *le Cérémonial des consuls*, dans *Revue des langues romanes*, t. VI, p. 78.

TRIBUT. — *Ajoutez :* L'*e* de *treü*, qui est l'ancienne forme, se trouve dès le VIe siècle : *trebuetur*, dans MONE, *Mess.* III, 20, 13.

† **TRIBUTIF, IVE** (tri-bu-tif, ti-v'), *adj.* Qui appartient à la tribu, à une tribu. Il [Dieu] fait intervenir tour à tour les harmonies élémentaires, filiales, végétales, animales, fraternelles, conjugales, maternelles, tributives, nationales, et jusqu'à celles de tout le genre humain pour former un seul homme, BERNARDIN DE SAINT-PIERRE, *la Chaumière indienne, préambule*, p. 49, Paris, 1822.

— ÉTYM. Le *t* dans ce dérivé de *tribu* est justifié par l'adverbe latin *tributim*, qui veut dire par tribu.

† **TRIC.** *Ajoutez :* ‖ 2° Au jeu de whist, voy. TRI 4.

† **TRICAGE.** *Ajoutez :* ‖ 2° Opération par laquelle les ouvriers, prenant une à une les bûches flottées, reconnaissent la marque particulière dont elles sont frappées aux deux extrémités et forment autant de piles séparées qu'il y a de marques distinctes et d'espèces de bûches, *Mém. de la société centrale d'agriculture*, 1873, p. 260. Une marque seule, dans chaque atelier, est quelquefois l'objet de cinq tricages différents, *ib.*

† **TRICÉNAIRE.** *Ajoutez :* ‖ 2° Terme d'antiquité. Ceux qui, à Rome, recevaient trois cent mille sesterces par an, E. DELAUNAY, *Journ. offic.* 18 nov 1874, p. 7688, 1re col.

† **TRICHODESMIUM** (tri-ko-dè-smi-om'), *s. m.* Genre d'algues consistant en filaments rouges, réunis en petites bottes, et qui forment à la surface de la mer des taches d'un aspect sanglant.

— ÉTYM. Θρίξ, τριχός, cheveu, et δέσμη, botte.

† **TRICHOPHYTIE** (tri-ko-fi-tie), *s. m.* Terme de médecine. Nom générique sous lequel on comprend quelques maladies cutanées à parasites végétaux. ‖ Développement du trichophyton, production de la teigne. Trichophytie du cuir chevelu, LAILLER, *le Progrès médical*, 20 janv. 1877, p. 43.

— ÉTYM. Θρίξ, τριχὸς, cheveu, poil, et φυτὸν, végétal.

† **TRICHOSCOPE** (tri-ko-sko-p'), *s. m.* Se dit, par dénigrement, des botanistes qui donnent des noms d'espèces aux moindres nuances de formes des plantes. Ce nom de trichoscope, de compteur de poils, que les botanistes synthésiques lancent comme une injure aux pulvérisateurs d'espèces, PLANCHON, *Rev. des Deux-Mondes*, 15 sept. 1874, p. 404 (voy. PULVÉRISATEUR aux Additions).

— ÉTYM. Θρίξ, τριχὸς, poil, et σκοπεῖν, examiner.

† **TRICHOSCOPIQUE** (tri-ko-sko-pi-k'), *adj.* Qui a rapport aux trichoscopes. Les abus de l'analyse trichoscopique, PLANCHON, *Rev. des Deux-Mondes*, 15 sept. 1874, p. 416.

† **TRICOLORER** (tri-ko-lo-ré), *v. a.* Donner l'aspect tricolore. Mille drapeaux levés tricolorent l'espace, BARTHÉLEMY, *Némésis, au Roi*.

2. **TRICOT.** *Ajoutez :* ‖ Sentir le tricot, exposer aux coups de bâton. Je sens que cette commission-là sent le tricot tout pur, MARIVAUX, *le Prince travesti*, I, 11.

TRICOTÉ. *Ajoutez :* ‖ 4° Terme d'atelier. Se dit d'une peinture qui a une apparence de tricot. C'est [un paysage de Th. Rousseau] tricoté comme un morceau de tapisserie, à point égal, BÜRGER, *Salons de* 1861 *à* 1868, t. II, p. 355.

† **TRICOTÉE** (tri-ko-tée), *s. f.* Terme populaire. Volée de coups de trique.

— ÉTYM. *Tricoter* 2.

† **TRICOTEUR.** *Ajoutez :* ‖ 3° Terme d'atelier. Peintre qui fait une peinture comme un tricot. J'ai adopté M. Jongkind comme un artiste de franche race et qui contraste par son excentricité avec les patients tricoteurs d'images, BÜRGER, *Salons de* 1861 *à* 1868, t. II, p. 514.

† **TRICYCLE.** *Ajoutez :* ‖ 2° Sorte de charrue à trois roues.

† **TRICYCLER** (tri-si-klé), *v. a.* Labourer avec le tricycle.

† **TRIDACNE** (tri-da-kn'), *s. f.* ‖ 1° Espèce d'huître fort grande, très-estimée des anciens ; elle ne pouvait être mangée qu'en trois bouchées. ‖ 2° Genre de mollusques acéphales dont la coquille est connue sous les noms de bénitier et tuilée.

— ÉTYM. Τρίδακνος, mordu en trois fois, de τρὶ, trois, et δάκνειν, mordre.

† 2. **TRIDE** (tri-d'), *s. f.* Espèce de grive. La grive et ses congénères, tels que trides et tourds, *Arrêté du préfet de la Lozère*, dans *Gaz. des Trib.* 14 avril 1876, p. 366, 1re col.

— ÉTYM. Déformation, par métathèse, de *turde*.

† **TRIDIEN, IENNE** (tri-di-in, di-è-n'), *adj.* Qui dure trois jours. Eh ! comment finira la fête tridienne ? BARTHÉLEMY, *Némésis, l'Anniversaire des trois jours*.

— ÉTYM. Mot formé de *tri*, trois, et lat. *dies*, jours (et non du lat. *triduanus*, qui aurait donné *triduenne*, et qui vient de *triduum*).

† 1. **TRIE.** *Ajoutez :* ‖ 2° Action de trier le poisson, pour le vendre. Aucun trieur ni écoreur de service pour la trie et la livraison d'une navée de morue ne pourra manger à bord du navire pour lequel il sera employé, *Extrait des délibérations du corps consulaire de Dieppe*, 25 juillet 1776, dans DELAHAIS, *Notice historique sur l'écorage*, Dieppe, 1873, p. 31.

† 2. **TRIE** (trie), *s. f.* Toute retraite à pigeons d'une autre forme que le colombier, lequel est de forme ronde ou carrée, et qui a des boulins ou trous dans toute sa hauteur ; synonyme de fuie, volière, volet ou trape, GUYOT, dans *Recueil de jurisprudence de Merlin*, au mot *colombier*, n° XI.

† **TRIÉGE** (tri-è-j'), *s. m.* Canton de bois, lieu dit (voy. LIEU au Supplément). La vaste plaine qui nous sépare de la Seine est de nouveau remplie de travailleurs, surtout dans la partie située vers Quatre-Mares et Sotteville, où l'herbe est encore sur pied dans la plupart des triéges, Extr. du *Journ. de Rouen*, dans *Journ. offic.* 31 juill. 1875, p. 6141, 2e col.

— ÉTYM Voy. TRIAGE, n° 3, dont *triége* est une forme provinciale.

† **TRIFOIRE** (tri-foi-r'), *s. f.* Terme d'archéologie, au moyen âge. Art de mettre en œuvre les pierres précieuses, de les enchâsser.

— HIST. XIIIe s. Un baston d'yvoire, Ki entailliés ert à trifoire, *Li chevaliers as deus espées*, publié par Förster, v. 397. ‖ XIVe s. Il estoient de fin or esmeré et aourné de très riches pierres precieuses d'uevre triphoire, DU CANGE, *triforium*.

— ÉTYM. Bas-lat. *triforium*, de *tres*, trois et *fores*, porte, parce que le *triforium* est primitivement une espèce de portique servant de promenoir à trois portes ouvrant sur le monastère.

† **TRIFOLET** (tri-fo-lè), *s. m.* Nom vulgaire du trèfle des prés.

— ÉTYM. Lat. *tri*, trois, et *folium*, feuille.

† **TRIGAME.** *Ajoutez :* — HIST. XVIe s. Les chevaliers de l'ordre de sainct Lazare.... pourront estre mariez deux fois en leur vie, et non plus ; et pourront à l'une d'icelle espouser une femme vefve seulement, sans pouvoir estre trigames, ANDRÉ FAVYN, *Théâtre d'honneur*, t. I, p. 702, Paris, 1620.

† **TRIGAMMÉ, ÉE** (tri-ga-mmé, mmée), *adj.* Terme d'antiquité. Qui présente la forme de trois gammas réunis par le pied, *Journ. offic.* 22 avril 1876, p. 2860, 2e col.

— ÉTYM. Τρὶ, trois, et γάμμα.

† **TRIGÉMELLAIRE** (tri-jé-mè-llè-r'), *adj.* Terme d'obstétrique. De trois jumeaux. Grossesse trigémellaire, *le Progrès médical*, 3 juill. 1875, p. 377, 2e col.

— ÉTYM. Lat. *tres*, trois, et *gemelli*, jumeaux.

† **TRIJUMEAU.** *Ajoutez :* — HIST. XVIe s. Alors se font les superfetations, et alors s'engendrent les trijumeaux, AMYOT, *Plut. Les opin. des phil.* V, 10, *Œuvr. mor.* t. XXII, Paris, an XI.

† **TRILINÉAIRE** (tri-li-né-è-r'), *adj.* De trois lignes. La légende trilinéaire des Almohades, DE LONGPÉRIER, *Journ. des savants*, juill. 1876, p. 438.

— ÉTYM. Lat. *tri*, trois, et *linea*, ligne.

† **TRILOBITES.** *Ajoutez :* Découverte d'un trilobite vivant : il [Agassiz] a trouvé à 40 lieues à l'est du cap Frio, dans une profondeur de 45 brasses, un crustacé à trois lobes et composé d'un grand nombre d'anneaux, marques distinctives des trilobites, *Journ. offic.* 25 août 1872, p. 5688, 1re col.

— ÉTYM. Lat. *tri*, trois, et *lobes*.

† **TRILOGUE** (tri-lo-gh'), *s. m.* Dialogue entre trois personnes.

— HIST. XVIe s. Et au surplus ton trilogue j'ai leu Faict par bon art, de bons termes pourveu, BOUCHET, dans GOUJET, *Bibl. franç.* t. XI, p. 344.

— ÉTYM. Τρὶ, trois, et λόγος, discours.

† **TRILOUPE** (tri-lou-p'), *s. f.* Loupe formée de trois lentilles de courbure semblable ou non, disposées chacune sur une monture tournant autour d'un point commun, ce qui permet de les superposer pour examiner les petits objets, ou de les écarter pour voir ces objets avec chacune d'elles séparément.

TRIMESTRE. *Ajoutez :* ‖ 3° Il s'est dit adjectivement, ce qui est le sens primitif. Et pour ce que la charge de recteur [de l'Université] n'est que trimestre, FR. GARASSE, *Mémoires*, publiés par Ch. Nisard, Paris, 1861, p. 104.

† **TRIMMER** (tri-mmèr), *s. m.* Nom, dans le Dauphiné, d'un engin de pêche ; il se compose d'une corde de quarante mètres de long ; à l'une de ses extrémités est fixé un flotteur, qui est en général une planchette doublée de liége sur laquelle on plante un petit drapeau ; à l'autre bout de la corde on place un fil de laiton auquel un double hameçon est fixé ; l'amorce se compose d'un poisson vivant, tel que tanche ou carpe, *le Temps*, 15 juillet 1877, 3e page, 6e col.

TRINGLE. *Ajoutez :* ‖ 5° Verge de fer que l'on remet au cloutier pour la transformer en clous, l'*Opinion nationale*, 30 mai 1876, 3e page, 4e col.

† **TRINKHALL** (trin-kal), *s. m.* Nom des chalets servant de buvettes et établis sur la voie publique, à Paris. Il existe déjà.... 160 bureaux de surveillants des stations de voitures de place, 55 bureaux d'omnibus et de tramways, 300 kiosques à journaux, 30 trinkhalls, MAUBLANC, *Conseil municipal de Paris, procès-verbaux*, 1876, n° 33.

— ÉTYM. Ce mot est incorrect : s'il est anglais, il devra être *drinkhall*, de *to drink*, boire, et *hall*, salle ; s'il est allemand, il devrait être *trinkhalle*, et féminin, de *trinken*, boire, et *Halle*, logis.

TRINQUER. *Ajoutez :* — REM. On a dit trinquer les verres pour : les choquer en buvant. On entend que musique et tapage, fracas de bouteilles qu'on débouche et de verres qu'on trinque, A. THEURIET, *Rev. des Deux-Mondes*, 1er mai 1877, p. 64. || Trinquer signifiant boire en choquant, on ne peut dire trinquer les verres.

† **TRIODON** (tri-o-don), *s. m.* Genre de poissons de l'ordre des plectognathes, dont le fanon est hérissé de crêtes rudes.

— ÉTYM. Τρεῖς, trois, et ὀδοὺς, ὀδόντος, dent.

† **TRIONYX** (tri-o-niks), *s. f.* Genre de tortue d'eau douce, bonne à manger.

— ÉTYM. Τρί, trois, et ὄνυξ, ongle.

TRIPE. || 4° *Ajoutez :* || Chairs en tripes, peaux dédoublées, *Douanes, Tarif de* 1877, note 576.

† **TRIPÉE.** *Ajoutez :* || 2° Entrailles des bêtes de boucherie. En 1862, la tripée ou issue blanche du bœuf valait de 90 c. à 1 franc, MATHÉ, *Rapport au conseil municipal de Paris, séance du* 9 mars 1876.

† **TRIPHANE** (tri-fa-n'), *s. f.* Terme de minéralogie. Silicate multiple, gris verdâtre.

— ÉTYM. Τρεῖς, trois, et φανὸς, brillant, parce que ce minéral offre trois clivages brillants.

TRIPIER. — HIST. *Ajoutez :* XIVe s. Entre Thierry Fournier d'une part, et Rose la tripiere d'autre (1307), VARIN, *Archives admin. de la ville de Reims*, t. II, 1re partie, p. 61.

TRIPLE. *Ajoutez :* || 8° Triple ou triplet, saut à la corde où la corde passe trois fois sous les pieds, avant que le sauteur retombe à terre.

† **TRIPLET.** *Ajoutez :* || 2° Le même que triple ci-dessus. || 3° Enfant venu avec deux autres. Il y avait trois prix pour le berceau le plus propre et le plus coquet; en outre, des prix spéciaux étaient accordés aux couples de jumeaux et de triplets les plus beaux, *le Soleil*, 13 juill. 1875.

† **TRIPLEUR** (tri-pleur), *s. m.* Batteur tripleur, machine pour la filature de coton. Ouvreuse à un volant, batteur éplucheur à un volant, batteur tripleur à un volant, *Enquête, Traité de comm. avec l'Angl.* t. IV, p. 67.

† **TRIPLITE** (tri-pli-t'), *s. f.* Terme de minéralogie. Phosphate de manganèse et de fer, qui se rencontre, en masses clivables, dans les granits du Limousin.

† **TRIPUDIER** (tri-pu-di-é), *v. n.* Mot forgé du latin. Danser, sauter de joie. Astres bénins [dindes truffées] dont l'apparition fait scintiller, radier et tripudier les gourmands de toutes les catégories, BRILLAT-SAVARIN, *Physiol. du goût, Méd.* XXVII.

— REM. Scarron a dit *trépudier*, à tort : A mes noces le grand César rien n'oublia, Et fit le bon parent; même il trépudia; Entendez-vous le mot *trépudier*, compère? — Le Bailli : Non, par ma foi, monsieur. — Don Japhet : C'est danser, en vulgaire, *Don Japhet d'Arménie*, I, 2.

— ÉTYM. Lat. *tripudiare*, de *tripudium*, danse sacrée.

† **TRIRECTANGLE** (tri-rè-ktan-gl'), *adj.* Terme de trigonométrie sphérique. Qui a trois angles droits. La sphère est coupée par trois grands cercles perpendiculaires entre eux en huit triangles trirectangles.

— ÉTYM. Lat. *tri*, trois, et *rectangle*.

† **TRISANNUEL.** *Ajoutez :* || 2° Qui se fait tous les trois ans. Révision trisannuelle.

† **TRISSOTINISME** (tri-so-ti-ni-sm'), *s. m.* Caractère, sottise de Trissotin (voy. ce mot au Dictionnaire). On s'expose à s'entendre dire, tout gentilhomme qu'on est, que l'on est atteint et convaincu de trissotinisme, SAINTE-BEUVE, *Nouv. lundis*, t. III (*M. de Pontmartin*).

TRISTE. *Ajoutez :* || 11° Arbre triste, le *nyctanthes arbor tristis*, L., BAILLON, *Dict. de botan.* p. 248.

† **TRITAGONISTE** (tri-ta-go-ni-st'), *s. m.* Terme du théâtre grec. Acteur qui jouait les troisièmes rôles, et, par suite, acteur médiocre. Il [Démosthène] insiste sur la guerre que les spectateurs faisaient à la troupe où Eschine était tritagoniste, CH. THUROT, *Rev. crit.* 6 oct. 1877, p. 196.

— ÉTYM. Τριταγωνιστής, de τρίτος, troisième, et ἀγωνιστής, lutteur.

† **TRITURATEUR** (tri-tu-ra-teur), *s. m.* || 1° Engin propre à procurer la trituration, le broyement des substances solides, RESAL, *Acad. des sc. Comptes rend.* t. LXXXII, p. 956. || 2° Ouvrier qui triture. Triturateur de garance, *Rapport n°* 510 *des impressions de la chambre des dép.* 1876, p. 162.

† **TROCHILIDÉS** (tro-ki-li-dé), *s. m. plur.* Famille des oiseaux-mouches ou colibris.

— ÉTYM. Voy. TROCHILE.

† **TROCHOT** (tro-cho), *s. m.* Nom que les boucheteurs donnent aux paquets de moules, *Gloss. aunisien*, p. 154.

— ÉTYM. Ancien franç. *troche*, faisceau; comparez *trochée* 2.

TROËNE. *Ajoutez :* || 2° Troëne d'Égypte, nom donné au henné.

— ÉTYM. *Ajoutez :* Origine inconnue, dit le Dictionnaire. M. Bugge, *Romania*, n° 10, p. 159, partant des formes antiques, *tronne*, *troine*, *tronus*, suppose un primitif *trŭgĭnus*, qui lui semble dérivé d'un radical *trug* ou plutôt *trugi* par l'analogie de plusieurs noms d'arbres formés à l'aide du suffixe *nus* : *quercinus*, chêne, *fraxinus*, frêne, *carpinus*, charme. Maintenant, suivant lui, *trugi* est d'origine germanique : vieux haut-all. *hart-trugil* (*hart*, dur), qui est le *cornus sanguinea*; suéd. *try*, le *lonicera xylostema* et aussi le *ligustrum vulgare* (ou troëne); dans les patois suédois, *tryz* et *tryd*. Ces rapprochements fort ingénieux sont fort plausibles.

† **TROGLODYTISME** (tro-glo-di-ti-sm'), *s. m.* Manière de vivre des Troglodytes; vie dans des cavernes, *Revue des Deux-Mondes*, 15 déc. 1875, p. 795.

† **TROÏKA** (tro-i-ka), *s. f.* Voiture russe attelée de trois chevaux qui sont placés de front. La troïka est un grand traîneau qui peut contenir quatre personnes se faisant face, plus le cocher; elle est attelée de trois chevaux, F. CHAULNES, *Journ. offic.* 4 août 1873, p. 5243, 3e col.

— ÉTYM. Russe, *tri*, trois; *troïka* s'applique à tout ce qui est triple.

TROIS. *Ajoutez :* — REM. Dans un langage familier, si rapide que l'écriture peut à peine le suivre, Mme de Sévigné a dit : C'est la trois ou quatrième fois que..., 25 *mai* 1689. Maintenant cela se dit couramment.

† **TROIS-ÉPINES** (troi-zé-pi-n'), *s. m.* Nom vulgaire de l'épinoche.

† **TROIS-SIX.** *Ajoutez :* — REM. La dénomination d'esprit s'applique aux produits dont la richesse alcoolique est plus grande [que celle des eaux-de-vie, 38 à 65 degrés]; les esprits à 85 degrés centésimaux (33 degrés Cartier) sont spécialement appelés trois-six, *Douanes, Tarif de* 1877, note 481.

† **TRÔLE.** *Ajoutez :* || 2° Terme de pêche. Filet à la trôle, filet qu'on traîne çà et là dans l'eau. Certains des pêcheurs de cette station [baie de Galway] se servaient de filets dits à la trôle, et les autres accusaient cet engin de dépeupler les bancs, d'effaroucher le gros poisson et de détruire le frai, *Journ. offic.* 25 juin 1873, p. 4186, 2e col.

† **TRÔLÉE** (trô-lée), *s. f.* Bande de gens allant ensemble. Mlle de Sens vient passer une partie de l'automne chez moi, à Chambord, avec une trôlée de femmes de la cour, *Lettre du maréchal de Saxe*, dans SAINTE-BEUVE, *Nouv. lundis*, t. XI (*Maurice comte de Saxe*, III).

— ÉTYM. *Trôler*.

TROMBONE. *Ajoutez :* — HIST. XVIe s. Au son des trombons et hauboys, J. A. BAÏF, *Poés.* f° 207, *verso*.

† **TROMPE-CHEVAL** (tron-pe-cheval), *s. m.* Nom vulgaire du rhinanthe glabre. || *Au plur.* Des trompe-chevaux.

† **TROMPE-CONSCIENCE** (trom-pe-kon-si-an-s'), *s. m.* Ce qui est à la conscience ce qu'un trompe-l'œil est à l'œil, LE PÈRE JÉROME, dans *Feuille d'avis des montagnes, Locle-chaux-de-fonds, canton de Neuchâtel*, 28 janv. 1875.

TROMPER. — HIST. XIVe s. *Ajoutez :* Si s'en fussent rallez les Flaments... ainsy se fussent les seigneurs trouvé trompez et desgarnis de leurs gens, J. LE BEL, *Vrayes chroniques*, t. I, p. 191. Et si tu vouldras trumper [mocquer] aucun, dites ainsi : Dieux vous donne bonne nuit et bon repos et bial lit, et vous dehors, *Rev. critique*, 5e année, 2e semestre, p. 400.

TROMPETER. — HIST. || XVIe s. *Ajoutez :* Ils ne trompettoient autre chose que repentance, que regeneration, que sainteté de vie, que revelations celestes, PH. DE MARNIX DE STE-ALDEGONDE, *Œuvres*, Bruxelles, 1857, t. IV, p. 482

TRONÇONNÉ. *Ajoutez :* || 2° Mutilé. A quelle main entière du plus vaillant homme du monde ne préférerais-je celle de Mucius, toute tronçonnée et rôtie comme elle fut? MALH. *Lexique*, éd. L. Lalanne.

TROPE. *Ajoutez :* || 2° Nom d'un signe musical, chez les Hébreux. Ces signes mystérieux appelés par les Hébreux *neguiroths* ou tropes; ces signes, comme les vieux neumes du plain-chant, ne sont ni des lettres ni des notes; ils représentent des groupes d'inflexions, des mouvements de la voix..., E. GAUTIER, *Journ. offic.* 25 janv. 1876, p. 748, 3e col.

† 2. **TROQUET** (tro-kè), *s. m.* Nom vulgaire du maïs.

TROTTINER. — HIST. *Ajoutez :* XIIe s. Vieille iert, si alloit trotinant, *Roman de Brut*, manusc. f° 21, *recto*, 9e col. dans POUGENS, *Archéologie franç.* t. II, p. 249.

† **TROUBADOURISME** (trou-ba-dou-ri-sm'), *s. m.* Néologisme. Genre, manières de troubadour. A propos d'antiquité classique, à propos de tout ce troubadourisme [en Italie et chez Pétrarque] qui faisait dire à Cavour : Nous n'avons que trop chanté, H. BLAZE DE BURY, *Rev. des Deux-Mondes*, 15 juill. 1874, p. 272. Le Lac de Lamartine, reprit-il [le peintre Delacroix] en haussant les épaules de pitié, une romance, mysticisme et troubadourisme, ID. *le Temps*, 20 février 1877 3e page, 2e col.

TROUÉE. *Ajoutez :* || 4° Fig. Faire sa trouée, pénétrer dans les esprits et y exercer une influence durable. L'ouvrage de Beccaria, patronné par Voltaire et les encyclopédistes français, eut une vogue immense; il fit sa trouée, comme on l'a dit, et brisa dans le droit criminel de l'Europe les routines traditionnelles, *Gaz. des Trib.* 8-9 juin 1874, p. 549, 3e col.

† **TROUGNE** (trou-gn'), *s. m.* Nom vulgaire du troëne commun.

— ÉTYM. Voy. ci-dessus TROËNE.

† **TROUILLET** (trou-llè, *ll* mouillées), *s. m.* Nom vulgaire du mélilot officinal.

TROUSSE. *Ajoutez :* || 14° Terme de pêche. En Normandie, ligne amorcée d'un paquet de vers qu'on laisse traîner au fond de la rivière, dans les temps d'orage, pour prendre des anguilles; ces poissons sont si voraces qu'ils s'attachent à l'appât, et, plutôt que de lâcher prise, se laissent tirer hors de l'eau, DELBOULLE, *Gloss. de la vallée d'Yères*, p. 331.

TROUSSÉ. *Ajoutez :* || 8° Une affaire troussée, une affaire perdue, manquée. Le roi est sans gardes; selon mon mouvement, dès cette heure, je lui envoyerais dix compagnies françaises et quatre de Suisses, mais, si on le fait, le siége du Castelet est troussé, RICHELIEU, *Lettres, etc.* t. VI, p. 145 (1638).

† 2. **TROUSSEAU** (trou-sô), *s. m.* Nom, dans le Jura, d'un cépage noir, *les Primes d'honneur*, Paris, 1869, p. 284.

TROUVÈRE. *Ajoutez :* — REM. On a dit au féminin trouveresse. Les plus difficiles s'extasièrent devant la souplesse inventive, la précision étonnante que la trouveresse [Clotilde de Surville] avait su imprimer à la langue du XVe siècle, P. BONNAUD, *Revue britannique*, déc. 1874, p. 369.

— REM. Trouveresse est formé comme demanderesse, chasseresse, etc. On sait que Clotilde de Surville est une fiction et que ses œuvres prétendues sont un pastiche.

† **TROYEN** (tro-iin), *s. m.* Nom d'un cépage, dans la Haute-Saône, *les Primes d'honneur*, Paris 1872, p. 212.

† **TRUANDISME** (tru-an-di-sm') *s. m.* Manières, esprit de truand. On devine qu'il [Frans Hals] adorait ces trognes enluminées..., et que leur truandisme le ravissait, E. BERGERAT, *Journ. offic.* 31 oct. 1877, p. 7083, 2e col.

† **TRUC.** — HIST. *Ajoutez :* XIIIe s. Se li deables li trichierres, Qui tant set truc, barat et guile, GAUTIER DE COINCY, *les Miracles de la sainte Vierge*, p. 615, éd. abbé Poquet.

TRUCHER. — ÉTYM. *Ajoutez :* On lit dans Ph. Mouskes : Mais Valenconois s'ont turkié, S'ont leur iermite [le faux comte de Flandres] rehucié [rappelé], Et autre fois rasseüré, v. 25015. *Turkier*, dans le dialecte picard ou flamand, est l'équivalent de *trucher*; ici il paraît signifier : ont intrigué, trompé. Il n'est pas impossible d'aller de ce sens à celui de *mendier* qu'a aujourd'hui *trucher*; car les mots passent souvent d'une signification favorable ou défavorable à une signification qui a même caractère. Remarquez que, dans le dialecte du Hainaut et de Valenciennes, *truque* signifie encore aujourd'hui finesse, fraude, imposture. Cela posé, il serait possible de rapprocher *trucher*, *turkier*, *truque*, de l'allemand *triegen trügen*, tromper.

† **TRUCHERAU** (tru-che-rô), **TRUCHERON** (tru-che-ron), *s. m.* Noms vulgaires du millepertuis perforé.

† **TRUCULENCE.** (tru-ku-len-s'), *s. f.* Mot forgé du latin. Apparence terrible et farouche. Il ne les hausse pas jusqu'à la truculence en appuyant un croc de sanglier sur une lèvre calleuse, comme en ont les vieilles des *Tentations de saint Antoine* de Téniers, TH. GAUTIER, *Portraits contemp. Henri Monnier.*

—ÉTYM. Lat. *truculentia*, de *truculentus*, farouche, de *trux*, féroce, et le double suffixe *ulentus*.

† **TRUCULENT, ENTE** (tru-ku-lan, lan-t'), *adj.* Mot forgé du latin. Qui est d'apparence violente. Je renonce à décrire les étoffes dont nos jeunes rajahs firent étalage; cela ressemblait aux somptuosités les plus truculentes des tableaux de Paul Veronèse, *le Temps*, 16 déc. 1872, 2ᵉ page, 3ᵉ col.

— ÉTYM. Lat. *truculentus* (voy. TRUCULENCE ci-dessus).

† **TRUFFICULTEUR** (tru-fi-kul-teur), *s. m.* Celui qui cultive des truffes. Constantin et d'autres trufficulteurs m'ont affirmé avoir trouvé des truffes..., H. BONNET, cité par J. E. PLANCHON, *Rev. des Deux-Mondes*, 1ᵉʳ avril 1875, p. 660.

† **TRUFFICULTURE** (tru-fi-kul-tu-r'), *s. f.* Culture des truffes. La trufficulture, pour employer le mot incorrect que l'usage a consacré, la production artificielle de la truffe, est en ce moment à l'ordre du jour dans plusieurs départements de la France, J. E. PLANCHON, *Rev. des Deux-Mond.* 1ᵉʳ avr. 1875, p. 634. Le conseil général du département de la Dordogne vient d'affecter une somme de 1,000 francs à un concours spécial de trufficulture, *Journ. des Débats*, 25 juillet 1875, 2ᵉ page, 5ᵉ col.

† **TRUFFIER.** *Ajoutez* : ‖ 3ᵉ Homme qui cherche et déterre les truffes. Les rabassiers ou truffiers du Vaucluse, J. E. PLANCHON, *Rev. des Deux-Mondes*, 1ᵉʳ avr. 1875, p. 928.

† **TRUFFIGÈNE** (tru-fi-jè-n'), *adj.* Qui engendre des truffes. Une sorte de galle produite sur les racines des arbres par des piqûres de mouches dites truffigènes, J. E. PLANCHON, *Rev. des Deux-Mondes*, 1ᵉʳ avr. 1875, p. 637.

— ÉTYM. *Truffe*, et le suffixe incorrect *gène* (voy. ce suffixe).

† **TRUSTE** (tru-st'), ou **TRUSTI** (tru-sti), ou **TRUSTIS** (tru-stis'), *s. f.* Dans l'histoire des Germains en Gaule, fidélité et assistance. La trustis et l'antrustion royal sous les deux premières races, DELOCHE, Paris, 1874. En somme le mot trusti me paraît correspondre assez fidèlement à notre terme secours, pris, comme il arrive souvent, dans le sens d'assistance armée, F. ROCQUAIN, *les Germains en Gaule*, dans *Rev. polit. et litt.* 27 mars 1875.

— ÉTYM. Bas-lat. *trustis*, du germanique *trust*, fidélité.

TSAR. — ÉTYM. *Ajoutez* : L'origine russe du mot est contestée. La forme *tsar* du slave liturgique (ancien slovène) vient de Καῖσαρ, *Cæsar*, d'après Miklosich (*Lexicon palæoslovenico-græco-latinum*, p. 1104). La lettre de l'écriture cyrillienne qui commence ce mot a le son du groupe français *ts*, jamais celui de *tz*. On trouve également en slave liturgique les formes *kesar* et *tsésar*. Les langues slaves modernes écrites avec les caractères cyrilliens possèdent la forme *tsar* (russe et bulgare); dans les langues slaves modernes écrites en caractères latins, la lettre *c* vaut *ts* français; de là le nom *car* (prononcé *tsar*) commun au tchèque, au croate, au slovène. *Tzar* est une fausse orthographe qui ne rend pas en français le son du mot *tsar*, commun à toutes les langues slaves (note communiquée par M. Abel Hovelacque).

† **TSETSÉ** (tsé-tsé), *s. f.* Nom d'une mouche (*glossina morsitans*) de l'Afrique méridionale, dont la piqûre est mortelle pour les bestiaux. Il [le voyageur en Afrique] peut perdre tout à coup ses moyens de transport, ses dernières chances de salut par une nuée de tsetsés, une petite mouche dont la piqûre tue en quelques instants bêtes de somme et bestiaux, X. MARMIER, *Rev. Britan.* juill. 1874, p. 104. ‖ On trouve aussi tzetsé.

† **TSUGA** (tsu-ga), *s. m.* Genre de la tribu des sapins, qui n'est connu que dans l'Amérique du Nord. Les tsugas se distinguent par des aiguilles planes comme celles des sapins, avec les cônes pendants comme ceux des épicéas, BROILLARD, *Rev. des Deux-Mondes*, 15 avr. 1876, p. 913.

† **TUART** (tu-ar), *s. m.* Arbre de l'Australie. Le tuart et le kari, deux eucalyptus d'une grosseur fabuleuse, *Journ. offic.* 21 nov. 1872, p. 7170, 2ᵉ col.

† **TUBICOLES** (tu-bi-ko-l'), *s. m. pl.* Nom générique donné à des annélides qui vivent dans des tubes ou concrétions calcaires plus ou moins membraneux.

— ÉTYM. Lat. *tubus*, tube, et *colere*, habiter.

† **TUBIPARE** (tu-bi-pa-r'), *adj.* Qui produit les tubes, chez certains animaux inférieurs. Glandes tubipares, *Acad. des sc. Comptes rend.* t. LXXXI, p. 285.

— ÉTYM. *Tube*, et lat. *parere*, produire.

TUÉ. *Ajoutez* : ‖ 4ᵉ Tué à l'ennemi, tué dans un combat. Des élèves de l'école, peintres, sculpteurs ou architectes, devenus soldats pendant la guerre de 1870, et tués à l'ennemi, comme disent les bulletins militaires, sous les murs de Paris, CARO, *Journ. offic.* 26 oct. 1877, p. 6998, 1ʳᵉ col.

TUEUR. *Ajoutez* : — REM. Cyrano de Bergerac a dit, au féminin, tueuse: Le vent seul de ma tueuse [mon épée] ayant étouffé mon ennemi, *le Pédant joué.*

† **TUIE** (tuie), *s. f.* Le même que thuie (voy. ce mot au Dictionnaire). Les essences à redouter [pour les incendies] sont la tuie, les brandes, les bruyères, la fougère, quelques genêts et quelques genièvres; les plus dangereuses sont les quatre premières, mais, avant toutes, la tuie et les brandes, *Enquête sur les incendies des Landes*, p. 252.

† **TUILÉE** (tui-lée), *s. f.* Nom donné à la belle coquille dite bénitier.

† **TULIPOMANE** (tu-li-po-ma-n'), *s. m.* Celui qui a la tulipomanie. Tous ces braves gens, dirigés sur Harlem, étaient-ils des tulipomanes? E. BERGERAT, *Journ. offic.* 31 oct. 1877, p. 7082, 2ᵉ col.

TULLE. *Ajoutez* : ‖ Tulle illusion, tulle de soie très-fin, très-clair, tellement qu'à peine il est aperçu; c'est le genre d'illusion qu'il produit. En 1827, mon père [M. Doguin à Lyon] créa sur ses métiers bobin le tulle illusion; on sait l'immense développement qu'a pris cet article qui a fait la fortune de la fabrique des tulles unis à Lyon, et qui ne fut que beaucoup plus tard copié par les Anglais, *Enquête, Traité de comm. avec l'Anglet.* t. V, p. 459.

— ÉTYM. *Ajoutez* : Il est bon d'ajouter ici que, contrairement à une opinion généralement répandue, les tissus qui portent le nom de tulle n'ont jamais été confectionnés dans la ville ni dans l'arrondissement [de Tulle], J. VERNE, *Géogr. illust. de la France*, p. 157. Mais cela ne nous dit pas d'où le nom de *tulle* a pris naissance.

† **TUNG** (tungh'), *s. m.* Arbre de la Chine qui produit une huile. L'exportation en huile de tung représente vraisemblablement une valeur de plus de quatre millions de taëls, *Journ. offic.* 14 oct. 1873, p. 6369, 1ʳᵉ col.

† **TUPAÏA** (tu-pa-ia), *s. m.* Mammifère insectivore. Des insectivores de l'Archipel Indien, les tupaïas, habiles à grimper sur les arbres, ont absolument la physionomie des écureuils, E. BLANCHARD, *Rev. des Deux-Mondes*, 1ᵉʳ août 1874, p. 600.

TURBAN. *Ajoutez* : ‖ 6ᵉ La partie d'une casquette, d'un képi, d'un bonnet de police, qui entoure la tête. Art. 5.... Il n'y aura qu'un filet d'argent autour du collet et des parements de la capote, et un galon d'argent autour du turban de la casquette, *Ordon. de police*, 1ᵉʳ août 1855. Glapisson ôta sa chique, la mit dans le turban de son bonnet de police, passa ses longues moustaches entre son pouce et son index, E. SUE, *le Colonel de Surville*, ch. Iᵉʳ. ‖ 7ᵉ Sorte de potiron. Voici le bonnet d'électeur bizarrement côtelé, le turban, la courge brodée, *Journ. offic.* 18 oct. 1874, p. 6997, 3ᵉ col.

† **TURBANÉ, ÉE** (tur-ba-né, née), *adj.* Coiffé d'un turban. Sur la stèle principale et turbanée, placée à la tête du défunt, où la profession de foi musulmane doit être placée, CH. FÉRAUD, *Revue africaine*, janvier-février 1876, p. 24.

† **TURBINEUR** (tur-bi-neur), *s. m.* Ouvrier qui, dans une fabrique de sucre de betterave, fait aller une turbine, *les Primes d'honneur*, p. 5123, Paris, 1874.

† **TURBIT** (tur-bit'), *s. m.* Espèce de pigeon à cravate. En continuant la revue des volières, nous apercevons les turbits, pigeons à cravate ou pigeons hiboux, E. BLANCHARD, *Rev. des Deux-Mondes*, 15 juin 1874, p. 864.

1. **TURC.** *Ajoutez* : ‖ 12ᵉ Rouge turc ou rouge d'Andrinople (voy. ANDRINOPLE au Supplément), sorte de rouge. La moitié des toiles que nous achetons est teinte en rouge turc, *Enquête, Traité de comm. avec l'Anglet.* t. IV, p. 496.

† **TURCOPHILE** (tur-ko-fi-l'), *adj.* Qui aime les Turcs. Les démonstrations turcophiles des Hongrois, *le Temps*, 19 sept. 1877, 2ᵉ page, 4ᵉ col. ‖ *S. m.* Les turcophiles.

† **TURCOPHOBE** (tur-ko-fo-b'), *s. m.* Celui qui craint, hait les Turcs. Philottomans et turcophobes, VALBERT, *Rev. des Deux-Mondes*, 1ᵉʳ octobre 1877.

† **TURCOPOLE** (tur-ko-po-l'), *s. m.* Terme de l'histoire du moyen âge. Nom de mercenaires arabes que les princes croisés établis en Orient avaient à leur solde, SCHLUMBERGER, *Rev. des Deux-Mondes*, 1ᵉʳ juin 1876, p. 580.

— ÉTYM. Bas-lat. *turcopouli*, du bas-grec τυρκόπουλοι, de *turc*, et ποῦλος, enfant.

† **TURIQUE** (tu-ri-k'), *adj.* Gomme turique, autre nom de la gomme arabique, dite aussi gomme de Gedda, d'Yambo. ‖ On trouve ce mot écrit thurique; c'est une fausse orthographe.

TURLURETTE. *Ajoutez* : — HIST. XIVᵉ s. Là ot un cornet dont l'oerre est si tost hastée, C'on dit turelurete, maintenant fu sonée, *Chron. de Dug.* I, 138, dans H. MOISY, *Noms de famille normands*, p. 440.

— ÉTYM. *Turlure*, qui aujourd'hui, dans le patois normand, sert à indiquer soit un flageolet, soit tout autre instrument de musique, employé par les chanteurs nomades ou par les mendiants, H. MOISY, *ib.* p. 439.

† **TURLUTTE** (tur-lu-t'), *s. f.* Sorte d'engin de pêche. On emploie, pour le pêcher [l'encornet], une ligne armée de plusieurs hameçons réunis en faisceau et qui prend le nom de turlutte; la turlutte est peinte en rouge pour attirer la curiosité vorace du poisson, *Rev. des Deux-Mondes*, 1ᵉʳ nov. 1874, p. 114. L'usage de la turlutte, de la fouine ou trident et de la bâche est interdit dans les cours d'eau non navigables, *Arrêté du préfet du Finistère*, 1877.

† **TURNIX** (tur-niks'), *s. m.* Sorte d'oiseau. Dans certains points limités [de la Nouvelle-Calédonie], on rencontre un turnix qui serait la seule espèce des régions découvertes, et le turnix est un oiseau coureur, *Journ. offic.* 9 sept. 1875, p. 7703, 3ᵉ col.

† **TURPE** (tur-p'), *adj.* Mot forgé du latin. Honteux. Est-il dit qu'au milieu de ces ignominies Nous traînerons longtemps nos turpes agonies? BARTHÉLEMY, *Némésis, Aux soldats de France.* Sur leurs turpes secrets je veux porter le jour, ID. *ib. Apologie du centre.*

— ÉTYM. Lat. *turpis* (voy. TURPITUDE).

† **TURQUERIE.** *Ajoutez* : ‖ 2ᵉ Tableau de scènes turques. Decamps, qui était voyageur, qui avait d'abord visité l'Orient et en avait rapporté ses turqueries superbes, eut longtemps l'effroi de Rome, BÜRGER, *Salons de 1861 à 1868*, t. II, p. 213.

† **TUSSAH** (tu-sâ), *adj. invar.* Soie tussah, sorte de soie. Celui [le ver à soie du chêne] de l'Inde donne la soie tussah, à laquelle les foulards de l'Inde doivent, dit-on, le mérite d'être inusables, *Journ. offic.* 15 sept. 1873, p. 5897, 3ᵉ col.

TUSSORE (tu-so-r'), *s. m.* Nom, dans l'Inde, de foulards en écru, que l'on peut chiffonner sans qu'il en reste des traces; ils sont fabriqués avec une soie particulière provenant du ver à soie sauvage, *Douanes, Tarif de 1877*, note 552. Voy. ci-dessus TUSSAH.

† **TUTORIAL, ALE** (tu-to-ri-al, a-l'), *adj.* Terme imité de l'anglais. Qui a rapport aux fonctions de professeur logeant ses élèves. C'est le système tutorial [les élèves, au lieu d'être internés, vivent chez un professeur] que M. Jules Simon explique tout au long dans l'un des plus intéressants chapitres de son livre, E. VILLETARD, *Journ. offic.* 17 oct. 1875, p. 8717, 3ᵉ col.

— ÉTYM. Angl. *tutor*, instituteur, précepteur, du latin *tutorem*, défenseur, protecteur, tuteur (voy. TUTEUR).

TUTOYER. ‖ 2ᵉ Se tutoyer, *v. réfl. Ajoutez* : ‖ Se tutoyer avec quelqu'un, établir avec quelqu'un l'habitude du tutoiement. Un jour B..., qui venait déjeuner dans son établissement pour la première fois, se tutoya tout de suite avec Marie et la traita de cousine, *Gaz. des Trib.* 28 nov. 1875, p. 1146, 4ᵉ col.

† **TUTOYEUR, EUSE** (tu-to-ieur, ieû-z'), *adj.* Néologisme. Qui a le caractère du tutoiement. On y reconnaît [dans Mlle Duparc] ce ton philosophique et tutoyeur, doctoral et familier, que M. Dumas a adopté dès longtemps, ALPH. DAUDET, *Journ. offic.* 25 janv. 1875, p. 658, 1ʳᵉ col.

TUYAU. ‖ 5ᵉ *Ajoutez* : ‖ Blés en tuyaux, blés dont la tige creuse est déjà formée. Si les blés sont en tuyaux, et que quelqu'un y entre même à pied, *Loi* du 28 sept. 1791, art. 27.

† **TUYAUTER.** *Ajoutez* : ‖ 2ᵉ *V. n.* Se former en tuyau, en chaume, en parlant des céréales. Il

faut des pluies pour que les blés tuyautent, *Dictionn de la Beauce*, dans *les Primes d'honneur*, Paris, 1872, p. 7.

† **TUYAUTERIE.** *Ajoutez :* || **2°** Terme d'architecture religieuse. Ensemble des tuyaux apparents et symétriques qui, dans les orgues des églises, masquent les tuyaux réels où se produisent les sons. Derrière laquelle [balustrade] est placé le grand orgue.... dont la tuyauterie est encadrée dans une menuiserie en chêne sculpté, *Inventaire des richesses d'art en France, église de la Trinité*, t. I, p. 338, col. 1.

† **TWEED** (touid), *s. m.* Sorte d'étoffe. L'industrie lainière de l'Écosse s'est attachée particulièrement à la confection des châles, tweeds, tartans et autres tissus fins; les tweeds sont le grand article de la fabrication écossaise, *Journ. offic.* 15 avr. 1876, p. 2726, 1re col.

— ÉTYM. Les premiers tissus de cette espèce, dont le travail remonte au commencement du siècle, étaient appelés *tuills*, étoffes croisées; mais, le consignataire ayant lu sur la manufacture *tweed*, et sachant que ces tissus venaient des environs de la rivière ainsi appelée, le nom leur en est depuis resté, *Journ. offic. ib.*

† **TYPÉAL, ALE** (ti-pé-al, a-l'), *adj.* Terme de zoologie. Qui a rapport à un type. Unité typéale, un des principaux titres de gloire de Geoffroy Saint-Hilaire, l'illustre antagoniste de Cuvier, A. DE BELLECOMBE, *Biographie générale Hoefer*, article *Hoefer*.

† **TYPER** (ti-pé), *v. a.* || **1°** Marquer d'un type. Nous demanderons à M. le ministre de la guerre qu'il permette à une poudrerie de nous faire des poudres typées à un degré connu, et livrées pour notre épreuve au prix de..., *Enquête, Traité de comm. avec l'Anglet.* t. II, p. 37. On renferma dans un petit bocal chacune de ces nuances de sucre, et ces bocaux furent appelés types, on les numérota depuis 7 jusqu'à 20.... au-dessous de 7, les sucres ne valaient plus la peine d'être typés, *Journ. offic.* 14 fév. 1873, p. 1078, 3e col. || **2°** Neutralement. Présenter tel ou tel type. Nous allons vous donner des sucres qui, en apparence, typeront 80 [seront classés au type qui rend 80 pour 100], et qui, en définitive, vous rendront 90; vous aurez donc 10 k. de sucre sur lesquels vous ne payerez pas de droit, *Journ. offic.* 15 fév. 1873, p. 1105, 3e col.

† **TYPHOÏDIQUE** (ti-fo-i-di-k'), *adj.* Terme de médecine. Qui a rapport à la fièvre typhoïde. || *S. m.* Un typhoïdique, une personne atteinte de la fièvre typhoïde. A l'hôpital des Enfants-Malades, aucun enfant n'a été atteint, bien que les typhoïdiques amenés du dehors fussent très-nombreux, *le Progrès médical*, 17 mars 1877, p. 207.

† **2. TYPHON.** *Ajoutez :* || **2°** Nom donné par les marchands d'antiquités aux Bess (voy. ce mot au Supplément), MARIETTE, *Acad. des sc. Comptes rend.* t. LXXXII, p. 1213.

TYPOGRAPHE. *Ajoutez :* || Le bostryche typographe, sorte d'insecte (voy. BOSTRYCHE au Supplément). Décret du 8 mai 1873, qui autorise l'administration des forêts à faire exploiter les arbres attaqués par les bostryches typographes dans la forêt communale de Bouchoux (Jura).

† **TYPOPHOTOGRAPHIE** (ti-po-fo-to-gra-fie), *s. f.* Art d'obtenir un cliché photographique.

† **TYPOPHOTOGRAPHIQUE** (ti-po-fo-to-gra-fi-k'), *adj.* Qui a rapport à la typophotographie. Pour arriver à faire un cliché typophotographique..., VERNIER, *le Temps*, 10 mai 1876, *Feuilleton*, 4e col.

† **2. TYRANNICIDE.** *Ajoutez :* — HIST. XVIe s. Jaël, Aod, Jehu furent tyrannicides, DU BARTAS, *Poëme de Judith.*

TYRANNIE. — HIST. *Ajoutez :* XIIe s. [Âme] plus sogette à leur tyrannie [des œuvres mondaines] par malvaises penses [pensées], *li Dialoge Gregoire lo pape*, 1876, p. 334.

TYRANNIQUEMENT. — HIST. *Ajoutez :* || XVIe s. La deploration de la cité de Genefve sur le faict des heretiques qui l'ont tiranniquement opprimée, DE MONTAIGLON, *Recueil de poesies françoises des XVe et XVIe siècles*, t. IV, p. 94-102.

U

† **UBÉREUX, EUSE** (u-bé-reû, reû-z'), *adj.* Néologisme tiré du latin. Qui produit avec abondance, avec fertilité. Ce qui est ubéreux, surtout la gaieté, répugne singulièrement aux natures délicates et rêveuses, SAINTE-BEUVE, *Portraits litt.* t. II (art. *Molière*). M. Leroux..., une des natures de penseur les plus puissantes et les plus ubéreuses d'aujourd'hui, ID. *ib.* (art. *Jouffroy*).

— ÉTYM. Lat. *uberosus*, fertile.

† **ULÉ** (u-lé), *s. m.* Arbre à caoutchouc (*castilloa elastica*). Parmi les arbres qui donnent le caoutchouc de deuxième qualité, le plus utile est l'ulé, qui croît en abondance dans l'Amérique centrale et dans les parties occidentales de l'Amérique du Sud jusqu'au Pérou, *Journ. offic.* 14 sept. 1874, p. 6527, 1re col.

† **ULIGINEUX.** *Ajoutez :* — HIST. XVIe s. Aulcunes fois excede la hauteur d'une lance : sçavoir est quant il rencontre terrouoir doulx, uligineux, légier, humide sans froidures, RAB. III, 47.

† **ULMEAU** (ul-mô), *s. m.* Nom vulgaire de l'orme commun.

— ÉTYM. Lat. *ulmus*, orme, par un diminutif *ulmellus*.

† **ULSTER** (ul-stèr), *s. m.* Pardessus en forme de robe de chambre dont la mode nous est venue d'Angleterre vers 1872. Aux jeunes gens empaquetés de nos jours dans les ulsters à la mode, il montrait son pardessus serré à la taille, *Journ. des Débats*, 6 mars 1877. Les Hollandais, s'ils vivaient de nos jours, ne tireraient certainement leurs tableaux que de la vie moderne, et ne s'arrêteraient pas pour si peu à la forme d'un raglan ou d'un ulster, E. BERGERAT, *Journ. offic.* 17 avril 1877, p. 2918, 2e col.

— ÉTYM. La province d'*Ulster*, en Irlande. Mais pourquoi a-t-elle donné son nom à ce vêtement? est-ce l'étoffe ou la forme qui en vient? Gâteuse (voy. ce mot au Supplément) est un autre nom de ce vilain pardessus.

† **ULTRA-CAVALIER, IÈRE** (ul-tra-ka-va-lié, liè-r'), *adj.* Qui a un air cavalier exagéré. Jeunes gens à tournure ultra-cavalière, CH. DE BERNARD, *les Ailes d'Icare*, I, 13.

† **ULTRACISME** (ul-tra-si-sm'), *s. m.* Opinions des ultras, sous la Restauration. A la fin du *Congrès de Vérone*, de cette publication indiscrète où l'auteur [Chateaubriand] mêle ensemble dans le plus étrange amalgame ultracisme et républicanisme, SAINTE-BEUVE, *Chateaubriand et son groupe littéraire*, t. II, 21e et dernière leçon, en note.

† **ULTRA-LYRIQUE** (ul-tra-li-ri-k'), *adj.* Qui va au delà du style, du mouvement lyrique. Ces défauts du langage ultra-lyrique de Lycophron, VILLEMAIN, *Génie de Pindare*, XIII.

† **ULTRA-MICROSCOPIQUE** (ul-tra-mi-kro-sko-pi-k'), *adj.* Qui est assez petit pour échapper à la vision aidée de microscopes. M. Tyndall vient de faire à la Société Royale de Londres une lecture à ce sujet [les objets très-petits], et il a trouvé moyen de démontrer, par l'analyse optique de l'atmosphère, l'existence de corpuscules ultra-microscopiques, c'est-à-dire invisibles aux plus puissants microscopes, BOUCHUT, *Journ. offic.* 8 juill. 1876, p. 4959, 3e col.

† **ULTRA-MONDAIN.** *Ajoutez :* || **2°** Qui est mondain avec exagération. Si, dans les ultra-mondains, il [M. Xavier Aubryet] fait la physiologie, à la Balzac, de ces Parisiennes qui, tout en appartenant à la sphère légale, s'attifent, se coiffent et s'enluminent comme si elles n'en étaient pas, H. HOUSSAYE, *Journ. des Débats*, 30 août 1876, 3e page, 6e col.

† **ULTRAMONTANISER** (ul-tra-mon-ta-ni-zé), *v. a.* Donner le caractère ultramontain, les opinions ultramontaines. On veut ultramontaniser le gouvernement malgré lui, *le Temps*, 1er avril 1876, 1re page, 5e col. C'était un prélat [l'archevêque de Munich] assez modéré que le pape n'était guère parvenu à ultramontaniser, c'est-à-dire à jeter dans la lutte contre le pouvoir temporel, *Journ. de Genève*, 31 oct. 1877.

† **ULTRA-ROUGE** (ul-tra-rou-j'), *adj.* Terme de physique. Rayons ultra-rouges, rayons qui existent dans toute lumière, qui, dans le spectre solaire, se placent au delà du rouge, et qui sont imperceptibles ou à peine perceptibles pour la rétine, H. DE PARVILLE, *Journ. des Débats*, 21 sept. 1876, *Feuilleton*, 2e page, 1re col.

† **ULTRA-TERRESTRE** (ul-tra-tèr-rè-str'), *adj.* Qui est au delà de la terre. Les principales croyances des Égyptiens sur les péripéties de la vie ultra-terrestre, *Journ. offic.* 14 déc. 1875, p. 10319, 3e col. Tout cela [une certaine catégorie de sculptures] indique nettement que, durant les trois premiers siècles qui précédèrent notre ère, les notions relatives à la vie ultra-terrestre s'étaient singulièrement affermies, précisées et développées [en Grèce], *ib.* 30 mai 1876, p. 3703, 1re col.

† **UMBO** (on-bo), *s. m.* Terme d'antiquité. Mot latin qui signifie la bosse, la partie centrale d'un bouclier. Une lance, une francisque, des glaives, un scramasaxe, des umbos de boucliers, *Journ. offic.* 14 juin 1874, p. 4023, 1re col.

† **UMBRIEL** (on-bri-èl), *s. m.* Terme d'astronomie. Nom du deuxième satellite d'Uranus.

UN. — REM. *Ajoutez :* || **16°** Lamartine **a dit** *l'une après l'une* au lieu de *l'une après l'autre :* Deux vagues que blanchit le rayon de la lune, D'un mouvement moins doux viennent l'une après l'une, *Nouv. Médit.* XXIV. Barthélemy, dans sa *Lettre à Lamartine* (Némésis, 1831), n'a pas passé ce néologisme au poëte, quand il a dit : Suivant de l'œil, baigné par les flux de la lune, Les vagues à ses pieds mourant l'une après l'une, Et les aigles dans les cieux gris (note de M. Ch. Berthoud).

† **UNA** (u-na), *s. f.* La 160e planète télescopique, découverte en 1876 par M. Peters.

† **UNDÉCENNAL, ALE** (on-dé-sè-nnal, nna-l'), *adj.* Qui arrive tous les onze ans. Sur la théorie de la périodicité undécennale des taches du soleil, CH. LAMEY, *Acad. des sc. Comptes rend.* t. LXXXII, p. 1262.

— ÉTYM. Lat. *undecim*, onze, et *annus*, an.

† **UNIATE** (u-ni-a-t'), *s. m.* Groupes de nestoriens, de monophysites et de grecs qui se sont successivement réunis à l'Église romaine, tout en conservant leur rite, leur discipline et leur langue liturgique, *Journ. des Débats*, 7 août 1876, 4e page, 2e col. De chacune de ces trois Églises (nestorienne, monophysite, grecque), il s'est détaché, à plusieurs reprises, des rameaux qui sont allés s'unir avec l'Église romaine; on les nomme uniates, *Journ. offic.* 1er août 1876, p. 5800, 1re col.

† **UNIFACE** (u-ni-fa-s'), *adj.* Qui n'a qu'une face. Les bractéates sont des monnaies unifaces. La première série comprend les sceaux unifaces à légende hébraïque; la seconde, les sceaux à double face, FERD. DELAUNAY, *Journ. offic.* 23 sept. 1873, p. 4952, 3e col.

— ÉTYM. *Un*, et *face.*

† **UNIFORMISME** (u-ni-for-mi-sm'), *s. m.* En géologie, théorie dans laquelle on admet que les changements survenus à la surface de la terre sont uniformes, c'est-à-dire ont été dus, sauf des variations d'intensité, aux forces encore actives de nos jours, H. BLERZY, *Rev. des Deux-Mondes*, 1er juin 1872, p. 548.

† **UNILATÉRAL.** *Ajoutez :* || **3°** Qui ne voit qu'un côté des choses. Un écrivain chilien contemporain, Jenaro Abasolo, a dit : Un génie unilatéral comme Bossuet ne pouvait approfondir la philosophie de l'histoire, FÉLIX BOVET (de Neuchâtel, Suisse), qui ajoute : Tous ceux qui ont traduit de l'allemand en français ont regretté de n'avoir pas d'équivalent pour *einseitig* (qui ne voit qu'un côté).

† **UNINOMINAL, ALE** (u-ni-no-mi-nal, na-l'), *adj.* Qui ne contient qu'un nom, qui n'a qu'un

nom. En cas d'adoption du scrutin par vote uninominal, tout candidat sera élu, qui aura obtenu un nombre de suffrages égal au résultat de la division du nombre des votants par le nombre des membres à élire, PERNOLET, *Proposition à l'Assemblée nationale*, n° 2237. Vous allez, tout en votant en principe le scrutin de liste, y substituer le scrutin uninominal, BERTAULD, *Journ. offic.* 20 juin 1874, p. 4181, 1re col.

— ÉTYM. *Un*, et *nominal*.

UNION. *Ajoutez :* || 13° Nom donné à des articles résultant de matières différentes unies dans la fabrication, *Enquête, Traité de comm. avec l'Angl.* t. III, p. 445. Bas et chaussettes union (fil laine et fil coton retordus en un fil),.... jupons, ceintures et vêtements de dessous union, à côtes et unis, *ib.* p. 347.

† **UNIONISME** (u-ni-o-ni-sm'), *s. m.* Terme du socialisme. Système et pratique des ouvriers s'associant pour défendre leurs intérêts contre les intérêts des patrons. C'est en juin 1872 que l'unionisme [des ouvriers agricoles] se développe dans le Glocestershire, au grand scandale du clergé, H. DENIS, *la Philos. posit.* juill.-août 1874, p. 76. M. Hodgson voudrait voir la coopération prendre la place de l'unionisme, É. DE LAVELEYE, *Rev. des Deux-Mondes*, 15 déc. 1876, p. 887.

— ÉTYM. Mot dérivé des *trade unions* anglaises, unions de métiers.

† **UNIPOLAIRE.** *Ajoutez :* || 2° Se dit aussi, en anatomie, des cellules nerveuses qui n'ont qu'un seul pôle.

UNIR. *Ajoutez :* — REM. Dans les textes du XIIe et du XIIIe siècles qui sont rapportés à l'historique, *uni* n'a que le sens d'égal, de plan, de poli. Mais en voici un du XIIe siècle où il a le sens de joindre : Ses chiez [sa tête, d'un évêque qui avait eu la tête tranchée] ensi fut uniz à son cors, alsi com il ne fust pas jus trenchiez, *li Dialoge Gregoire lo pape*, 1876, p. 131.

† **UNISÉRIÉ.** *Ajoutez :* — REM. On dit aussi unisérial. Les canards volent en lignes obliques inclinées; les alouettes en longue file unisériale, et les pluviers en bandes rangées de front sur une même ligne horizontale, *Journ. offic.* 25 oct. 1875, p. 8843, 2e col.

† **UNISSEUR** (u-ni-seur), *s. m.* Celui qui unit, produit l'union des cœurs. J'ai une lumière particulière qui me fait voir que l'unité de notre cœur [de son cœur et de celui de sainte Chantal] est un ouvrage de ce grand unisseur [Dieu], ST FRANÇOIS DE SALES, dans *Hist. de sainte Chantal*, éd. Paris, 1870, t. I, p. 369.

† **UNISSONNANCE** (u-ni-so-nan-s'), *s. f.* Néologisme. Qualité de ce qui est unissonnant, ou qui n'a qu'un son. Son oreille était bercée, ainsi que la mienne, de l'unissonnance des vagues, CHATEAUB. *Mémoir. d'outre-tombe*, éd. de Bruxelles, t. I, *Un moment dans ma ville natale, Souvenirs de la Villeneuve*, etc.

UNITÉ *Ajoutez :* || 13° Terme de physique. Unité Siemens : quand un courant électrique traverse un circuit conducteur, son intensité dépend de la conductibilité de ce circuit; et plus cette conductibilité est grande, moins on dit que ce circuit offre de résistance au passage du courant; dès lors on a nommé résistance à la conductibilité électrique, ou, simplement, résistance électrique, la propriété qui est l'inverse de la conductibilité; et, dans les comparaisons expérimentales, on a pris pour unité de mesure une longueur connue d'un corps conducteur déterminé, d'une section également connue. Parmi les unités proposées, l'unité Siemens représente une colonne de mercure d'un mètre de longueur sur un millimètre carré de section, à la température de zéro.

† **UNIVERSALISATION** (u-ni-vèr-sa-li-za-sion), *s. f.* Action d'universaliser. En cherchant à nous expliquer comment le suffrage universel s'était implanté dans notre pays, l'honorable rapporteur a laissé échapper ces mots singuliers : par des concessions successives, on est arrivé à l'universalisation, *Journ. offic.* 5 juin 1874, p. 3759, 3e col.

† **UNIVERSALISME.** *Ajoutez :* || 2° En un sens général, doctrine qui embrasse l'universalité des choses. Nous montrerons que toutes ses institutions primitives [du christianisme] sont animées de cet esprit; nous verrons par quelle pente fatale il a promptement été entraîné à déchoir de cet universalisme, PRESSENSÉ, *Journ. des Débats*, 31 mars 1877, 3e page, 5e col.

UNIVERSITÉ. *Ajoutez :* || 6° Aujourd'hui, d'après la nouvelle loi sur l'enseignement de 1875, établissement qui ne dépend pas du gouvernement, et qui comprend plusieurs facultés ou toutes.

† **UPANISHAD** (u-pa-ni-chad'), *s. f.* Terme de théologie brahmanique. Nom de commentaires religieux et philosophiques, que les brahmanes considèrent comme faisant partie de la révélation, F. BAUDRY, *Journal des Débats*, 8 novembre 1877, 3e page, 4e col.

— ÉTYM. Sanscrit, *upanishad*, de *upa*, grec ὑπό, *ni* préfixe, et *shada*, aller.

† **URÆUS** (u-ré-us'), *s. m.* Terme d'antiquité. Figure d'un petit serpent que les anciens Égyptiens considéraient comme un des symboles de la royauté; disposé en nœud à sa partie inférieure, le col dressé, il est placé sur le devant du pschent des pharaons.

— ÉTYM. Egypt. *ara*, nom de ce serpent; les Grecs, par un jeu de mot, le rattachèrent à οὐρά, queue, et en firent οὐραῖος.

† **URANIEN** (u-ra-niin), *s. m.* Se disait, au XVIIe siècle, de ceux qui mettaient le sonnet d'Uranie de Voiture, au-dessus de celui de Job par Benserade.

† **URBANISER** (ur-ba-ni-zé), *v. a.* Donner le caractère de la ville, le caractère citadin. Vous introduisez la campagne dans les habitations de la ville, et vous urbanisez l'entourage, les habitudes, le labeur même du campagnard, ABOUT, le journal *le XIXe siècle*, 6 avril 1873, 3e page, 5e col.

† **URDA** (ur-da), *s. f.* La 167e planète télescopique, découverte en 1876 par M. Peters.

† **URDU.** *Ajoutez :* || Adjectivement. La langue urdue, GARCIN DE TASSY, *la Langue et la Littérature hindoustanies*, en 1875, p. 15.

— REM. Plusieurs prononcent ourdou.

URNE. || *Ajoutez :* || 10° Vider les urnes, s'est dit, à un certain moment du langage révolutionnaire, pour vider les verres. Après que chaque partie du programme [d'une fête en l'honneur de Marat] est accomplie, il est prescrit, dans le style étrange de l'époque, de vider les urnes, ce qui veut dire de vider les verres, H. BAUDRILLART, *Rev. des Deux-Mondes*, 1er juillet 1872, p. 126.

† **UROLOGIE** (u-ro-lo-jie), *s. f.* Étude de l'urine, tant à l'état sain qu'à l'état de maladie. Un mémoire imprimé intitulé : Essai d'urologie clinique.... l'urologie peut être utilisée en clinique et doit être placée sur le même rang que les autres moyens d'exploration, H. DE PARVILLE, *Journ. offic.* 29 mars 1877, p. 2552, 2e col.

— ÉTYM. Οὖρον, urine, et λόγος, étude.

† **URUBU** (u-ru-bu), *s. m.* Espèce d'oiseaux de proie du genre percnoptère.

† **USAGÉ.** *Ajoutez :* || 2° Qui a servi, qui a fait de l'usage. En tarif conventionnel, on applique aux sacs neufs importés vides..., aux sacs usagés, la franchise afférente aux articles d'emballage ayant servi, *Douanes, Tarif de* 1877, note 518.

† **USEMENT** (u-ze-man), *s. m.* Ancien terme de droit. Nom donné, en Bretagne, aux usages locaux, MÉHEUST, dans *Mémoires de la Société centrale d'agriculture*, 1873, p. 299.

† **USINAGE** (u-zi-na-j'), *s. m.* Action d'usiner : état des pièces qui ont été usinées. Atelier d'usinage des culasses, *Journ. offic.* 20 mai 1876, p. 3460, 3e col.

† **USINER** (u-zi-né), *v. a.* Terme de technologie. Soumettre une pièce ébauchée à l'action d'une machine-outil. Usiner une bielle, un excentrique, un canon, une culasse; il s'emploie pour distinguer le travail fait par une machine-outil du travail fait à la main.

USTENSILE. *Ajoutez :* || 4° *Au plur.* Dans l'exploitation du bois de flottage, indemnité de 30 francs que l'on donne au premier compagnon, quand le train est formé et prêt à partir *Mémoires de la Société centrale d'agriculture*, 1873, p. 265.

— REM. *Ajoutez :* || 2. La forme utensile se trouve encore au commencement du XVIIIe siècle. La vaisselle et les autres utensiles..., GARCILASSO DE LA VEGA, *Hist. des Yncas*, t. I, p. 345 (traduction de Baudoin, éd. de 1704).

— HIST. *Ajoutez :* XVe s. Et lui faictes rendre compte des utensilles de la maison et autres choses par lui receues son temps durant (1430), MARCHEGAY, *Lettres-missives originales du chartrier de Thouars*, p. 8.

† **USTENSILIER** (u-stan-si-lié), *s. m.* Terme de théâtre. Homme employé à l'entretien des ustensiles. Théâtre national de l'Opéra : Administration, peintres décorateurs, figuration, comparses externes, brigade des ustensiliers, *Journal offic.* 15 sept. 1875, p. 5358, 3e col.

UTILE. — HIST. *Ajoutez :* || XIVe s. Se la novitez est de choses utiles et bones..., *Biblioth. des ch.* 1873, p. 16.

UTILEMENT. *Ajoutez :* — HIST. XIIe s. A moi semblet utlement moi nient avoir entendut les choses..., *li Dialoge Gregoire lo pape*, 1876, p. 105. || XIVe s. Se elle [la nouveauté] est sobriement et utielement ordenée..., *Biblioth. des ch.* 1873, p. 16. *Supervacue*, nient utlement, ESCALLIER, *Vocab. lat.-franç.* 2441.

† **UTILITAIRE.** — ÉTYM. *Société utilitaire*, nom donné en 1822 par M. John Stuart Mill à une société de jeunes gens qui se proposaient de discuter les principes fondamentaux de la doctrine de Bentham. « Sorti de cette humble origine, ce mot fit son chemin et prit rang dans la langue; je ne l'avais pas inventé, je l'avais trouvé dans une des nouvelles de Galt, *les Annales de la paroisse*, où un ecclésiastique écossais, dont le livre était supposé l'autobiographie, exhortait ses paroissiens à ne pas abandonner l'Évangile pour se faire *utilitaires*, » J. STUART MILL, *mes Mémoires*, p. 75, trad. Chazelles, Paris, 1874. Ce mot est d'ailleurs très-bien fait, les noms en *té* formant leurs adjectifs en *taire* : *unité, unitaire; hérédité, héréditaire; université, universitaire*, etc.

† **UTOPIQUE** (u-to-pi-k'), *adj.* Qui a le caractère de l'utopie. Tant que le congrès [ouvrier] a duré, elle [la presse réactionnaire] s'est appliquée à donner un relief particulier aux déclamations et aux propositions utopiques, en laissant volontiers dans l'ombre les propos raisonnables et les motions sensées, *le Temps*, 16 oct. 1876, 1re page, 5e col. Faire luire aux yeux des promesses utopiques qu'il sera impossible de réaliser, *le Charivari*, 7 oct. 1876.

† **UVAIRE** (u-vè-r'), *s. f.* Groupe de plantes ligneuses des contrées tropicales, dont quelques espèces donnent des fruits comestibles.

† **UVAL, ALE** (u-val, va-l'), *adj.* Qui a rapport au raisin. || Station uvale, lieu où l'on fait une cure par le raisin. La France, si riche en cépages de toute espèce, devrait, elle aussi, avoir des stations uvales, *Opinion nationale*, 23 oct. 1874, 2e page, 6e col.

— ÉTYM. Lat. *uva*, raisin.

† **UVULAIRE.** *Ajoutez :* || 2° *S. f.* Genre de plantes de la famille des liriοïdées.

V

VACANT. *Ajoutez :* || 4° Nom, dans le Midi, de terres incultes ou improductives, *Contrib. directes. Lettre commune*, 26 mars 1874.

† **VACHARD** (va-char), *s. m.* Terme populaire. Celui qui s'étend comme une vache, au lieu de se livrer à la besogne. Détestable employé, caractère en dessous, écrivant toujours la tête dans la main et les jambes étendues, type de l'employé de bureau fainéant, du vachard, *Gaz. des Tribunaux*, 25-26 août 1873, p. 819, 2° col.

VACHE. *Ajoutez :* || 23° Terme de concours. Vache de bande, vache choisie parmi cinq ou six bêtes déjà choisies comme une élite. Les vaches de bande achetées pour Paris sont choisies parmi les plus belles espèces des provenances auxquelles appartiennent les meilleurs bœufs, A. HUSSON, *les Consommations de Paris*, p. 137. || 24° Dans le quartier de Cette, nom d'un filet traînant pour la pêche, *Statistique des pêches maritimes*, 1874, p. 115. || 25° Fig. et populairement. Être vache, n'être qu'une vache, être mou, paresseux.

† **VACHE-BICHE** (va-che-bi-ch'), *s. f.* L'antilope bubale (voy. VACHE, n° 13, au Dictionnaire). || *Au plur.* Des vaches-biches.

VACHER. *Ajoutez :* || 2° *Adj.* Vacher, vachère, qui a rapport aux vaches. La foire vachère de Saint-Hilaire, qui a eu lieu lundi dernier, a été favorisée par un beau temps, *le Nouvelliste d'Avranches*, 19 nov. 1876.

VACHERIE. — HIST. XIV° s. *Ajoutez :* Refaire... la cheminée de la vacherie toute neuve (1336), VARIN, *Archives administ. de la ville de Reims*, t. II, 2° part. p. 749.

† **VACHOTTE** (va-cho-t'), *s. f.* Nom vulgaire du gouet commun.

† **VACOA** (va-koa), *s. m.* Le même que vaquois (voy. ce mot ci-dessous). || On trouve aussi vacua. Sacs de vacua, *Journ. offic.* 20 août 1877, p. 5893, 3° col.

† **VACOUF** (va-kouf), *s. m.* Voy. WACOUF au Supplément.

† **VACUOLAIRE** (va-ku-o-lê-r'), *adj.* Terme didactique. Qui a rapport aux vacuoles; qui contient des vacuoles. La meulière de la Maladrerie est vacuolaire; dans les parties centrales du bloc, les vacuoles sont à peu près vides et traversées par des lamelles de silex, ST. MEUNIER, *Acad. des sciences, Comptes rendus*, t. LXXXIV, p. 577.

† **VA-DEVANT.** *Ajoutez :* || 2° Nom, dans les fermes de la Vienne, du premier domestique de culture, *les Primes d'honneur*, Paris, 1872, p. 296.

† **VADROUILLE.** *Ajoutez :* — REM. Le même que *badrouille*, (voy. ce mot au Dictionnaire).

2. **VAGUE.** *Ajoutez :* || 10° Année vague, année de 365 jours, sans l'intercalation périodique d'un jour bissextile; ainsi dite parce qu'à la longue les saisons naturelles ne correspondaient plus aux divisions mensuelles, et que le commencement de chaque mois parcourait le cercle entier de l'année. Mémoire [de M. de Rougé] sur quelques phénomènes célestes, rapportés sur les monuments égyptiens avec leur date du jour dans l'année vague, FERD. DELAUNAY, *Journ. offic.* 7 janvier 1873, p. 89, 3° col. || 11° *Subst. m.* Un vague, un terrain non occupé, non planté. De nombreux vides et des vagues considérables s'y rencontrent presque partout [dans les forêts du comté de Nice], L. GUIOT, *Mémoires de la Société centrale d'agriculture*, 1874, p. 142.

— HIST. *Ajoutez :* || XIV° s. Onques puis ne fut parlé de celle noble compaignie, et m'est advis qu'elle soit alée à neant, et la maison vague [vide] demourée, J. LE BEL, *Les vrayes chroniques*, t. II, p. 174.

† **VAHÉA** (va-é-a), *s. m.* Espèce d'arbre (*vahea madagascariensis gummifera*, Lamarck). Le vahéa [de Madagascar] donne en quantité de la gomme élastique aussi bonne que celle du caoutchouc de la Guyane, E. BLANCHARD, *Rev. des Deux-Mondes*, 1er sept. 1872, p. 218.

1. **VAILLANT.** *Ajoutez :* || 2° *S. m.* Nom vulgaire d'un gros d'argent au cavalier armé, qui se frappait en Flandre et dans le Hainaut, au XIII° siècle et au commencement du XIV°.

† **VAILLANTISTE** (va-llan-ti-st', *ll* mouillées), *s. m.* Nom d'une secte de convulsionnaires. C'est qu'en présence des recrues de convulsionnaires.... qui faisaient secte et des sectes à plusieurs branches, les augustiniens, les vaillantistes..., il fallait bien intervenir, STE-BEUVE, *Port-Royal*, 3° éd. t. VI, p. 79.

VAIN. *Ajoutez :* || 9° Terme de forestier. Semence vaine, semence qui ne germe pas. Il est prudent de rejeter les premières semences tombées : elles sont généralement piquées ou vaines, G. BAGNERIS, *Manuel de sylvicult.* p. 232, Nancy, 1873.

VAINCRE. — REM. *Ajoutez :* || 2. Corneille a employé tu vaines : Plus tu vaines la nature et l'oses maltraiter, Plus cette grâce abonde..., *Imit.* III, 5877. À l'occasion il convient de suivre son exemple.

VAIR. *Ajoutez :* — REM. Dans le blason le vair n'est pas un métal; il constitue, avec l'hermine, les deux fourrures du blason.

† **VAISSELIER.** *Ajoutez :* — REM. On trouve aussi écrit vaissellier. Batterie de cuisine, poêles, chaudron, armoires, tables, bois de lit, vaissellier, *l'Avranchin*, 29 août 1875. Cette orthographe vaut mieux. *Vaisselier* viendrait de *vaissel*, et non de *vaisselle*. Il en résulte que la prononciation doit être figurée : vè-sé-lié.

VAISSELLE. *Ajoutez :* || 4° Vaisselle vinaire, cuves, tonneaux, etc. Villeneuve [Hérault] n'a pas été épargnée; les bas quartiers ont été submergés; la vaisselle vinaire, actuellement mise en usage dans presque tout notre département, a été emportée par le torrent..., *Messager du Midi*, dans *Gaz. des Trib.* 16 sept. 1875, p. 895, 4° col.

— HIST. || XVI° s. *Ajoutez :* La loy des monnoyes d'argent estoit tousjours esgale à la loy des orfevres, tellement qu'on ne pouvoit rien perdre en la vaisselle que la façon, ce qui nous est encore demeuré en commun proverbe : c'est vaisselle d'argent, on n'y pert que la façon, JEAN BODIN, *Discours sur le rehaussement et diminution des monnoyes*, Paris, 1578, feuille tjjj (il n'y a pas de pagination).

† **VAISSERON** (vè-se-ron), *s. m.* Nom vulgaire du laitron lisse.

† **VALA** (va-la), *s. f.* La 131° planète télescopique, découverte en 1873 par M. Peters.

† **VALENTIN, INE** (va-lan-tin, ti-n'), *s. m.* et *f.* Valentin, soupirant que chaque jeune fille choisissait, dans plusieurs villes de province, le dimanche des brandons, et valentine, la jeune fille à l'égard du soupirant. La veille du 14 février, jour de saint Valentin... de cette manière chacun a double valentin et double valentine... on tient encore pour autre sorte de valentin ou de valentine le premier garçon ou la première fille que le hasard fait rencontrer.... ces lettres dites valentines, dont le nombre s'élève chaque année à plusieurs millions en Allemagne..., *Journ. offic.* 14 février 1869, p. 193, 4°, 5° et 6° col.

† **VALENTINITE** (va-lan-ti-ni-t'), *s. f.* Terme de minéralogie. Oxyde d'antimoine, incolore, blanchâtre.

† **VALÉRINE** (va-lé-ri-n'), *s. f.* Nom général des combinaisons qui résultent de l'action de l'acide valérique sur la glycérine.

1. **VALET.** *Ajoutez :* || 17° Dans le moyen âge et parmi les corporations ouvrières, nom de l'apprenti qui devenait ouvrier. Après la rude épreuve de l'apprentissage, l'apprenti devenait valet; à partir de ce moment, il était émancipé, OCTAVE NOËL, *Journ. offic.* 6 mars 1877, p. 1718, 2° col.

† **VALETET** (va-le-tè), *s. m.* Nom donné au bord latéral du filet de pêche, *Décret du 7 juin* 1852, *Pêche du hareng*, art. 10.

VALEUR. *Ajoutez :* || 15° Manière d'apprécier le mérite des concurrents à l'École des beaux-arts. Diplôme [d'architecte]; que l'on n'obtient qu'après avoir remporté douze valeurs en première classe et à la suite d'épreuves..., *Journ. offic.* 7 août 1875, p. 6468, 2° col.

VALIDE. *Ajoutez :* || 4° Il se dit quelquefois, substantivement, des hommes valides. L'on remarque que plusieurs valides, trouvant le métier de gueuser bien plus doux que le leur [de laboureurs], demeurent dans la fainéantise, BOISLISLE, *Correspond. contrôl. génér. des finances*, p. 311, 1693.

VALIDER. *Ajoutez :* Il n'a pas besoin d'avoir raison pour valider ses actes, BOSSUET, *Avertissement* 5.

VALLÉE. *Ajoutez :* || 7° Terme d'exploitation houillère. Galerie qui descend dans la couche de houille suivant la direction de son pendage, et qui aboutit à une coistresse.

† **VALLONÉE.** *Ajoutez :* || On trouve aussi valonie. Le cachou ou terre du Japon; la ciguë, plante réputée, en Amérique, très-riche comme agent tannant; le divi-divi, fruit d'un arbre d'Amérique ainsi nommé; la noix de galle, la valonie et enfin divers autres produits, *Enquête, Traité de commerce avec l'Angleterre*, t. VI, p. 747.

— ÉTYM. Bas-lat. *vallania*, *valania*, châtaigne, que l'on dit dérivé du lat. *balanus*, gland. Mais c'est de l'all. *Wallnuss*, noix, qu'il faut le rapprocher. *Wallnuss* est composé de *Nuss*, noix, et de *Wall*, qui représente *wälsch*, *welche :* la noix du pays welche. Au reste ce *val* ou *wal* se trouve dans *gauge*, qui signifie noix en certaines provinces (voy. GAUGE).

† **VALLONER.** *Ajoutez :* || 2° *V. réfl.* Se vallonner, être creusé de vallons. Aux environs d'Hermanli, le terrain se vallonne, BERGER, *Journ. des Débats*, 3 juillet 1873, 3° page, 5° col.

† **VALORIMÈTRE** (va-lo-ri-mè-tr'), *s. m.* Néologisme. Mesure des valeurs. Quand on parle de valeur monétaire, il ne s'agit pas de savoir s'il vaut mieux se servir pour la mesurer d'un ou de deux valorimètres d'inégale grandeur; il s'agit de savoir s'il est plus commode de se servir, pour avoir un valorimètre stable, de la valeur de l'or ou de celle de l'argent, J. GARNIER, *Journ. offic.* 4 mars 1877, p. 1663, 1re col.

† **VALTERIE** (val-te-rie), *s. f.* Nom, dans le Loiret, des assemblées où se louent les domestiques, *les Primes d'honneur*, Paris, 1869, p. 190.

— ÉTYM. *Valet.* Remarquons toutefois que c'est une altération locale de prononciation pour *valetterie.*

† **VALTURE** (val-tu-r'), *s. f.* Terme de marine. Liure particulière du pied d'un mât partiel avec le ton du bas mât qui est immédiatement inférieur.

VAMPIRE. — ÉTYM. *Ajoutez :* C'est un mot slave qui se trouve dans les langues russe, tchèque et polonaise, sous la forme *oupir*, d'où l'on peut déduire une forme archaïque *vompir.*

† **VAMPIRIQUE.** *Ajoutez :* — REM. On trouve aussi vampiresque. Elle a quelque chose de vampiresque, et son regard vous magnétise, BÜRGER, *Salons de* 1861 *à* 1868, t. II, p. 111.

† **VANADIUM.** *Ajoutez :* — ÉTYM. *Vanadis*, surnom de la déesse scandinave Freyja.

† **VAN DYCK** (van-dik), *s. m.* Nom d'un célèbre peintre hollandais. || Brun de Van Dyck, rouge de Van Dyck, sorte de brun, sorte de rouge. On range dans la même classe [oxydes de fer artificiels] les préparations que l'on désigne communément dans le commerce sous les noms de brun de Van Dyck et de rouge de Van Dyck ou tête de mort, et qui sont, du reste, de simples protoxydes de fer, *Douanes, Tarif de* 1877, note 356.

† **VANGUIER** (van-ghié), *s. m.* Arbre fruitier de Madagascar (*vanguieria edulis*, de la famille des rubiacées). Il y a les vanguiers, qui portent des quantités de fruits gros comme des pommes et bons à manger, E. BLANCHARD, *Rev des Deux-Mondes*, 1er sept. 1872, p. 219.

† **VANILLERIE** (va-ni-lle-rie, *ll* mouillées), *s. f.* Lieu planté en vanilliers (il vaudrait mieux dire vanillière). Ne féconder que deux fleurs par grappe sur les vanilliers cultivés en vue du produit; renouveler les vanilleries ainsi ménagées tous les quinze ans, et tous les sept ans quand on en féconde toutes les fleurs, *Journ. offic.* 10 août 1874, p. 5745, 1re col.

† **VANILLINE.** *Ajoutez :* || 2° Substance qui constitue le principe odorant de la vanille et tirée

soit de la vanille, soit des conifères. Depuis quelque temps, on importe de divers pays, notamment d'Allemagne, une substance qui est désignée dans le commerce sous le nom de vanilline et dont l'arome a la plus grande analogie avec celui de la vanille; la vanilline, substance obtenue du suc des conifères traité par des agents oxydants (bichromate de potasse et acide sulfurique), n'est pas importée en nature..., *Douanes, Lettre commune*, 3 avril 1876, n° 302.

† 2. **VANNE** (va-n'), *s. f.* Ce qui provient du nettoyage des grains au moyen du van. M. Espitalier, croyant avoir affaire, en 1868, à des parties de terrain salé et ne connaissant pas alors le phylloxéra, traita les premiers points d'attaque, selon l'usage du pays [la Camargue], en répandant sur le sol de 500 à 700 mètres cubes de sable par hectare, qui était recouvert de vannes de blé pour le fixer, *Rapport de la commission du phylloxéra de l'Hérault*, dans *Journ. offic.* 10 août 1874, p. 5742, 2° col.

VANNER. — HIST. XIII° s. *Ajoutez :* Ne por quant si ne lor avint Bien, k'il n'ait pris [prix] des miex vanés [choisis, d'élite, comme nous disons : triés sur le volet], *Li chevaliers as deus espées*, v. 9742. Des miex vaillanz, des miex vanez, GAUTHIER DE COINCY, 659. Pure et bien vanée, ID. 184.

† **VANTANCE** (van-tan-s'), *s. f.* Archaïsme. Action de vanter. C'est une sorte de vantance d'amitié, que de la vouloir exalter par la jalousie, SAINT FRANÇOIS DE SALES, *Introduction à la vie dévote*, III, 38. Ces vantances affaiblissent et font mettre en doute les vrais périls, CHATEAUBRIAND, *Mémoires d'outre-tombe*, éd. Bruxelles, t. V, *Journée militaire du 28 juillet* (vers la fin de la section).

— HIST. XIII° s. Et je puis bien faire voire vantance Que je fais plus pour Dieu que nus amans, *Romancero*, p. 95. || XIV° s. Une vertu moienne est opposée à vantance ou vanterie, ORESME, *Éth.* 133. || XV° s. Seigneurs, tost vous voy repentir De faire ce que disiez; Vos vantances devisiez Et maintenant voulez tuit fuire, *la Passion N. S. J.-C.* || XVI° s. La vantance qui semble tousjours estre attachée aux propres tesmoignages, MONT. II, 60.

† **VANZEY** (van-zè), *s. m.* Nom, en Abyssinie, du sébestier. Le sébestier ou vanzey qui fait l'ornement de toutes les villes, CORTAMBERT, *Cours de géographie*, Paris, 1876, p. 591.

VAQUER. *Ajoutez :* || 5° Avoir un congé, en parlant d'un écolier. De conseil pris avec M. de Montausier, je ferai la leçon demain; et l'après-midi, monsieur, nous ferons vaquer Monseigneur [le Dauphin], BOSS. *Lett. à Huet*, dans *Correspond.* 25 déc. 1876, p. 1084.

† **VAQUOIS** (va-koi), *s. m.* Arbre fruitier de Madagascar (*pandanus edulis*). Le vaquois comestible donne des grappes de fruits d'une saveur douce que les Malgaches tiennent en estime, E. BLANCHARD, *Rev. des Deux-Mondes*, 1er sept. 1872, p. 213. || On trouve aussi vacoa. Les sacs dont on se sert pour l'emballage [des sucres Bourbon] sont faits avec les feuilles de vacoa, que l'on coupe vertes, que l'on fait sécher à l'air, et que l'on fend ensuite en lanières de deux centimètres environ de largeur, ED. MORIN, *Mém. d'agr.* etc. 1870-71, p. 223.

VARE. *Ajoutez :* — REM. La vare de la Confédération Argentine vaut 0m,866.

VARIATION. *Ajoutez :* || 9° Terme d'horlogerie. Variation du plat au pendu, différence de marche d'un chronomètre, lorsqu'on le place horizontalement, ou lorsqu'on le suspend verticalement, ce qui rend les conditions d'équilibre moins satisfaisantes.

VARIÉTÉ. || 2° *Ajoutez :* Je suis convenu, par semaine, de sacrifier à des variétés une lettre quand je le pourrais, et que je n'aurais pas quelque sujet intéressant à traiter, *L. du P. Duchêne*, 176° lettre, p. 2.

† **VARNIAS** (var-ni-as'), *s. m.* Sorte de tabac à fumer. Tabacs à fumer : scaferlaty Virginie, 16 fr. le kil., scaferlaty varnias, 16 fr. le kil., scaferlaty Maryland, 16 fr. le kil., *Journ. offic.* 6 déc. 1875, p. 10054, 2° col.

† **VAROQUE** (va-ro-k'), *s. m.* Nom, en Normandie, du bâton qui sert à enrouler une grosse et longue corde autour du tourniquet placé à l'arrière de la charrette, afin de maintenir les gerbes qui y sont chargées, DELBOULLE, *Gloss. de la vallée d'Yères*, p. 335.

— HIST. XV° s. Chascun d'eulx tenant en sa main un baston ou waroqueau, DU CANGE, *varochium*. Sur icelle charrete le suppliant print un grand baston appelé waroquiau, ID. *ib.*

— ÉTYM. Bas-lat. *varochium*, *varrochium*, *verochium*. La forme *verochium* montre que le mot tient à l'ital. *verricello*, treuil, et proyient du latin *veru*, broche. *Verochium* est un diminutif de *veru* (*vericellum*), et *varoquiau* représente *varochiellum*.

1. **VASE**, *s. f.* *Ajoutez :* || 2° Ver de vase, voy. VER, n° 14, au Supplément.

† **VASIER, IÈRE** (va-zié, ziè-r'), *adj.* Qui a rapport à la vase. Les droits sont dus sur les houilles par les bateaux dragueurs et les bateaux vasiers, *Douanes, Tarif de 1877*, note 273.

† **VASSIVE** (va-si-v'), *s. f.* Nom donné, dans le département du Cher, aux brebis antenaises, *les Primes d'honneur*, p. 382, Paris, 1874.

— ÉTYM. Du Cange a *vaciva bestia*, bête née d'une vache. Mais rien, dans le texte allégué, ne l'autorise à donner cette interprétation; et le mot serait *vaccinus*, et non *vacivus*. C'est par notre *vassive* qu'il faut interpréter le *vaciva bestia* de Du Cange; et, à son tour, *vassive* est interprété par le lat. *vacivus*, qui veut dire dépourvu : *vacivus virium*, faible. En effet une bête très-jeune est une bête dépourvue [de force].

† **VASSIVEAU** (va-si-vô), *s. m.* Nom, dans le département du Cher, des agneaux d'un à deux ans, *les Primes d'honneur*, p. 368, Paris, 1874.

— ÉTYM. Dérivé de *vassive*.

VASTE. — REM. Ce n'est qu'après d'assez longs débats que ce mot a été admis, au XVII° siècle, en un sens favorable et non pas péjoratif, en rapport avec le *vastus* latin. On soutenait que l'étendue juste et réglée fait le *grand*, tandis que la grandeur démesurée fait le *vaste*. Le témoignage le plus curieux qui soit resté de ces débats, est la très-spirituelle *Dissertation* de Saint-Évremond *sur le mot vaste*, adressée à MM. de l'Académie française (*Œuvres de Saint-Évremond*, t. IV, p. 1, Amsterdam, 1726) (note de M. Ch. Berthoud).

† **VASTIÈRE** (va-stiè-r'), *s. f.* Nom, dans le comté de Nice, de certains terrains communs servant à la pâture. À Sospel, on les parque [les animaux], chaque nuit, dans les champs, au pied même des oliviers qu'ils doivent fumer; il en est ainsi dans les communes étendues, où le prix du transport de l'engrais, de l'étable au champ cultivé, coûterait beaucoup; cela s'appelle faire des vastières; c'est surtout au printemps que les vastières sont productives; l'herbe qui commence à pousser est dévorée avec avidité par les animaux affamés, L. GUIOT, *Mém. soc. centr. d'agric.* p. 275.

— ÉTYM. Lat. *vastus*, au sens de désert, inculte.

† **VASTITÉ.** *Ajoutez :* Si je n'avoue avec vous qu'il n'y a pas un coin de la vastité de ses entrailles qui ne soit rempli de vertu et rembourré d'excellentes intentions, BALZAC, *Lett. inédites*, LIII, éd. Tamizey-Larroque.

† **VASTITUDE** (va-sti-tu-d'), *s. f.* Néologisme tiré du latin. || 1° Grand espace désert. Tu descends avec le Nil des vastitudes de la Nubie jusqu'aux plages de la Méditerranée, Mme DE GASPARIN, *Vesper*, 2° éd. Paris, 1862. Caravane, fil noir jeté dans les vastitudes, ID. *ib.* || 2° Grande étendue, au propre et au figuré. Telle était la façon la plus simple et en même temps la plus grandiose de concevoir cette décoration d'un opéra; c'est aussi celle à laquelle M. Baudry s'est arrêté, sans se dissimuler la vastitude de l'entreprise, E. BERGERAT, *Journ. offic.* 25 août 1874, p. 6159, 1re col.

— ÉTYM. Lat. *vastitudinem*, de *vastus*, vaste.

† **VA-TE-LAVER** (va-te-la-vé), *s. m.* Dans le langage populaire, volée de coups. Il regardait les gens, tout prêt à leur administrer un va-te-laver, E. ZOLA, *l'Assommoir*, p. 328.

† **VATICINATION.** *Ajoutez :* Comme je sais pourtant.... que V. A. S. est présentement dans le goût des vaticinations, voici certaine centurie, CHAULIEU, *Ép. à Mme la princesse de Conti*, *Œuvr. div.* Amst. 1750, p. 108.

— HIST. XVI° s. L'opinion du peuple estoit vaticination n'estre jamais des cieulx donnée sans fureur et branslement de corps, RAB. III, 45. S'il est loisible à Panætius de soustenir son jugement autour des aruspices, songes, oracles, vaticinations, desquelles choses les stoïciens ne doubtent aulcunement, MONT. II, 233.

† **VATICINER** (va-ti-si-né), *v. n.* Mot forgé du latin. Faire des vaticinations, des prédictions, des prophéties. Qui ne se rappelle Delescluze vaticinant dans le *Réveil* en 1850 : Le peuple français va se lever dans ses comices, *Journ. de Genève*, 13 mars 1877.

— ÉTYM. Lat. *vaticinari*, prophétiser (voy. VATICINATEUR au Dictionnaire).

† **VAUDEIRE** ou **VAUDÈRE** (vô-dè-r'), *s. f.* Nom d'un vent qui vient de la vallée du Rhône et souffle par rafales sur le lac de Genève; c'est une espèce de föhn (voir ce mot au Supplément). || Il y a un diminutif vauderon, *s. m.*

— ÉTYM. Origine inconnue. Le proverbe patois dit : *Vaudeire do matin Fa veri lo moulin; Vaudeire de nè Fa setzi lè golliès* (vaudeire du matin fait tourner le moulin, c'est-à-dire amène la pluie; vaudeire de la nuit fait sécher les flaques d'eau (note communiquée par M. Ch. Berthoud). || Ce mot est au Dictionnaire sous la forme VAUDAIRE.

VAUDEVILLE. — ÉTYM. *Ajoutez :* Voici des exemples de la forme *voix de ville* : « Adrian Le Roy, dans son recueil publié en 1571, *Livre d'airs de cour mis sur le lutte*, nous donne une preuve que l'une des deux appellations [airs de cour] avait succédé à l'autre [voix de ville]. Dans sa dédicace à très-excellente Caterine de Clermont, comtesse de Retz, il dit, au sujet des chansons qui suivent dans son volume l'*Instruction pour la tablature du lutte* : Je me suis avisé de lui mettre en queue pour le seconder ce petit opuscule de Chansons de cour beaucoup plus legeres, que jadis on appeloit voix de ville, aujourd'hui airs de cour. En 1561, Layolle avait publié à Lyon *Chansons et voix-de-ville*, et en 1575, quoi qu'en eût dit A. Le Roy quatre ans auparavant, on voyait encore paraître à Paris *Recueil de chansons en forme de voix-de-ville*, par Jean Chardavoine, » ED. FOURNIER, *Chansons de Gaultier Garguille*, p. 7, Janet, 1858.

† **VAUTROT.** *Ajoutez :* — REM. Le grèbe n'a jamais été appelé vautrot que dans la table du vol. IX de l'*Hist. des oiseaux* de Buffon, où on lit, p. 272, ch. I : « Vautrot populairement dans quelques provinces : grèbe, vol. III, p. 107. » Or, à ce renvoi, on trouve douze synonymes provinciaux pour geai; aucun d'eux ne ressemble à grèbe, qui est ici évidemment une faute d'impression pour geai. Le vautrot n'est donc synonyme que du geai.

† **VAUVERT.** *Ajoutez :* On y ravaude, on y cousine, On y chatouille sa voisine; Bref, tant en été qu'en hiver, On fait le diable de Vauver, *les Aventures de M. d'Assoucy*, t. II, p. 224, 2 vol. Paris, 1677.

— HIST. *Ajoutez :* XIV° s. Aux chartreux de Vauvert emprès Paris, pour LXXIII muys de vinages qu'ilz prennent chascun an sur ladicte terre à heritage (1378), VARIN, *Archives administr. de la ville de Reims*, t. III, p. 494.

VEAU. || Proverbe. *Ajoutez :* || Changement d'herbe réjouit les veaux, se dit pour exprimer que les changements plaisent d'ordinaire aux jeunes gens. || On voit à la boucherie plus de veaux que de bœufs, c'est-à-dire il meurt plus de jeunes que de vieux.

† **VÉCORDIE** (vé-kor-die), *s. f.* Mot inusité tiré du latin. Sottise, manque de cœur, d'esprit. Aurai-je toujours sujet de me plaindre de la vécordie du dur et de l'indisciplinable Rocolet [un imprimeur]? BALZAC, *Lett. inédites*, X, éd. Tamizey-Larroque. Que dites-vous de la fatale vécordie de Rocolet? ID. *ib.* XII.

— ÉTYM. Lat. *vecordia*, de *ve*, particule privative, et *cor*, cœur.

VÉCU. *Ajoutez :* || Fig. Il est, dans cet amas de documents et de souvenirs qu'ils [les gens du XVIII° siècle] nous ont laissés, bien des drames ignorés..., j'entends des drames vécus, de véritables événements dramatiques où des personnages en chair et en os ont joué leurs rôles, CLARETIE, *Journ. offic.* 9 déc. 1876, p. 9166, 3° col. Son *École des frères* [du peintre Bonvin] est un excellent tableau, solidement peint, vrai de ton, vu, vécu, éprouvé et coloré comme un Ostade, *Rev. Britan.* juin 1874, p. 458.

— REM. Le temps vécu se peut dire à l'exemple de Desportes : Le temps vescu devant ne m'estoit que langueur, *Cléonice*, LXVIII.

† **VEDELET** (vé-de-lè), *s. m.* Dans le Puy-de-Dôme, petit pâtre qui reste avec les veaux et les mène à leurs mères, *les Primes d'honneur*, p. 446, Paris, 1874.

— ÉTYM. Anc. franç. *vedel*, veau (voy. ce mot).

† **VÉDISTE** (vé-di-st'), *s. m.* Savant qui s'occupe de l'étude du Véda, *Rev. critique*, 11 déc. 1875, p. 370.

† **VÉGÉTAILLER** (vé-jé-tâ-llé, *ll* mouillées), *v. n.* Végéter, avec un sens péjoratif. Vivre dans l'inaction, dans l'obscurité. Je ne veux point faire sensation, je veux végétailler doucement, B. CONSTANT, *Lettre à Mme de Charrière*, dans STE-BEUVE, *Portraits littér.* t. III, *B. Constant et Mme de Charrière*.

† **VÉGÉTALISER** (vé-jé-ta-li-zé), *v. a.* Donner le caractère végétal, la structure végétale. M. Schützenberger a vu le noir d'aniline imprimé sur soie; on avait végétalisé la fibre par immersion dans un bain de cellulose dissoute dans l'oxyde de cuivre ammoniacal, RADAU, *Rev. des Deux-Mondes*, 15 août 1874, p. 905.

† **VÉGÉTARIANISME** (vé-jé-ta-ri-a-ni-sm'), *s. m.* Alimentation par les végétaux. Le vrai végétarianisme n'est pas l'état primitif de l'humanité, H. DE PARVILLE, *Journ. des Débats*, 25 oct. 1877, *Feuilleton*, 1re page, 3e col.

† **VÉGÉTARIEN** (vé-jé-ta-riin), *s. m.* Celui qui ne vit que de substances végétales. Les mêmes aliments que nous, carnassiers, nous tirons de la viande, le végétarien, secte plus religieuse que scientifique, les tire de ses choux, L. HERMANN, *le Muscle*, dans *Biblioth. univ. et Rev. suisse*, t. LIII, juin 1875, p. 215.

VÉGÉTER. *Ajoutez :* — REM. Comme végéter s'emploie figurément, pour vivre dans une situation malaisée, il n'est pas rare de voir cette expression employée en parlant de plantes qui poussent mal, mais auxquelles pourtant on ne peut rien demander de plus que de végéter. Végéter est bien employé dans l'exemple suivant : On se trouve dans un vestibule assez vaste garni de tapis; deux rangées d'arbustes verts y végètent été comme hiver, *les Jeux en France*, 1 vol. in-8°, 1871, Paris, Ch. Schiller, p. 79, si tant est que l'auteur n'ait pas voulu dire que ces arbustes verts poussent mal. Il est évident que végéter pour vivre mal ne peut se dire des végétaux.

VÉHÉMENCE. || 2° *Ajoutez :* Abreuver ce que la véhémence de la chaleur a desséché, MALH. *Lexique*, éd. L. Lalanne.

VÉHÉMENTEMENT. — HIST. *Ajoutez :* || XVIe s. Chose fort affectée et vehementement desirée, RAB. *Pant.* IV, 3.

† **VÉHICULER** (vé-i-ku-lé), *v. a.* Mot forgé du latin. Transporter comme par véhicule. Portée sur trois roues en fonte d'un petit diamètre et à larges jantes, elle [la cage-silo de C. Chéret] peut être véhiculée, même dans les terrains difficiles, Extr. de *l'Est algérien*, dans *Journ. offic.* 26 août 1873, p. 5573, 3e col.

— ÉTYM. Lat. *vehiculare*, qui est supposé par *vehiculatio* (voy. VÉHICULE).

† **VÉLAIRE** (vé-lè-r'), *adj.* Terme de phonétique. Qui appartient au voile du palais. Le *c* vélaire, G. RAYNAUD, *Bibl. des ch.* t. XXXVII, année 1876, p. 320.

— ÉTYM. Lat. *velum*, voile.

† **VELETTE** (ve-lè-t'), *s. f.* Petite voile gréée sur la vergue d'un grand mât dans les mauvais temps.

— ÉTYM. Diminutif du lat. *velum*, voile.

VÉLIN. *Ajoutez :* — HIST. XIIIe s. Mustrerai i [j'y montrerai] mon livre escrit en veeslin, *Vie de saint Auban*, publiée par Robert Atkinson, Londres, 1876, v. 1839.

† **VELLE** (vè-l'), *s. f.* Nom limousin de la génisse.

— ÉTYM. C'est le féminin de l'ancien français *veel* (voy. VEAU).

† **VELLÉDA** (vèl-lé-da), *s. f.* La 126e planète télescopique, découverte en 1872 par M. Paul Henri.

— ÉTYM. Lat. *Velleda*, prophétesse des Germains, qui vivait du temps de Vespasien.

† **VELOUTINE** (ve-lou-ti-n'), *s. f.* Poudre de riz. On connaît depuis longtemps la veloutine Faÿ; M. Faÿ, qui a donné le nom à ce produit, a fait saisir... un certain nombre de boîtes de poudre de riz offertes au public sous la dénomination de veloutine, *Gaz. des Trib.* 25 juill. 1875, p. 715, 2e col. || La veloutine Faÿ est de la poudre de riz au bismuth.

1. **VELTE.** || 2° *Ajoutez :* On a imaginé, pour le jaugeage des tonneaux, différents instruments, dont le plus simple était la velte, nommée en quelques endroits verge, verle, verte; c'est une règle de fer ou de bois, graduée...; elle marque le nombre de mesures que la futaille contient, selon que la règle se trouve plus ou moins plongée dans la liqueur; ces mesures portaient précédemment le même nom que l'instrument; ainsi l'on disait : la velte marque 32, le tonneau contient 32 veltes; la velte ou setier était de 8 pintes, S. A. TARBÉ, *Manuel des poids et mesures*, 1 vol. in-8°, Paris, 1813, p. 528. || On voit par là que la velte, au sens d'une certaine contenance, est consécutive à la velte instrument de mesure. L'ordre des significations tel qu'il est donné dans le Dictionnaire doit être interverti.

— ÉTYM. *Ajoutez :* On trouve aussi au XVIe siècle *verge* comme nom de la baguette dont on se servait pour mesurer les liquides en fût, d'où *vergier*, jauger, et *vergeur*, jaugeur, MANTELLIER, *Glossaire*, Paris, 1869, p. 67. Au lieu d'origine inconnue, M. Bugge, *Romania*, n° 10, p. 159, propose l'all. *Viertel* ou *Viert*, holl. *viertel*, *virtel*, mesure de capacité, proprement quart, quartaut. Mais, comme, à côté de *velte*, il y a *verte* ou *verle* et aussi *vergue*, et comme *velte* a aussi le sens de jauge, lequel appartient semblablement à *vergue*, M. Bugge ajoute : « Trois mots différents sont peut-être ici confondus : 1° *verte* ou *velte*, mesure de capacité, de l'all. *Vierter*; 2° *vergue*, jauge, du lat. *virga*; picard, *vergue*, petite gaule; 3° *verle*, diminutif suivant Scheler et représentant le lat. *virgula*. » Mais il n'y a qu'un seul *velte*, la mesure de capacité n'étant qu'une dérivation de la jauge. Dès lors l'étymologie par *verge*, *virga*, devient très-probable; et il faut écarter *Viertel*. Ce mot, qui présente tant de formes, en avait une de plus, c'est *viote* (voy. ce mot au Dictionnaire).

† **VELVET.** *Ajoutez :* — REM. Différence entre le velvet et la velvétine : les velours façon soie, dits velvets, diffèrent des velours *autres*, dits *velveteens* (velvétine), *cords* et *moleskines*, en ce que dans les premiers l'envers présente un tissu lisse où les fils de trame sont perpendiculaires à la chaîne, ce qui leur donne l'aspect d'un calicot, tandis que dans les autres velours l'envers est un tissu croisé; un des caractères des velours velvets est aussi d'être plus légers que les velours autres, *Douanes, Tarif de 1877, note* 526.

VÉNAL. — HIST. XIIIe s. *Ajoutez :* Sauf ce que del venel [choses à vendre] que li home acheteront dedenz la vile de Saint-Quentin à paier le jor de l'achat ou errant [aussitôt], li maires les en puet justicier et destraindre del paier, *Charte du Vermandois*, dans *Bibl. des ch.* 1874, XXXV, p. 474.

VENDANGE. *Ajoutez :* || 5° Dans le langage administratif, vendange, le raisin simplement écrasé dans des cuves, par opposition à moût, qui est le jus du raisin sortant du pressoir, *Douanes, Tarif de 1877*, note 475.

— ÉTYM. *Ajoutez :* On trouve dans une inscription de l'an 387 l'orthographe *vendemia*, MOMMSEN, *Inscr. neap.* 3571.

† **VENDELIN.** *Ajoutez :* — ÉTYM. All. *wendel*, tournant, avec le suffixe *ing*, qui indique faculté, manière d'être : chose qui vire, tourne.

VENDREDI. *Ajoutez :* || Proverbe. Le vendredi fait le dimanche, dicton populaire d'après lequel le temps qu'il fait vendredi annonce le temps qu'il fera dimanche; ce dicton n'a aucun fondement.

† **VÉNÉRANT, ANTE** (vé-né-ran, ran-t'), *adj.* Qui vénère. Une âme à la fois saintement pitoyable et magnifiquement vénérante, STE-BEUVE, *Port-Royal*, t. IV, p. 313, 3e éd.

† **VENEREUM** (vé-né-ré-om'), *s. m.* Terme d'antiquité. Local consacré dans les maisons à Vénus. Dans le venereum de la maison du faune à Pompéi, il y a une peinture du même genre et non moins remarquable, H. HOUSSAYE, *Rev. des Deux-Mondes*, 1er sept. 1874, p. 91.

— ÉTYM. Lat. *venereum* ou *venerium*, de *venereus*, qui appartient à Vénus (voy. VÉNUS).

VENGER. — ÉTYM. *Ajoutez :* L'orthographe *vendicare* se trouve dans un texte de l'an 670 (PARDESSUS, CCCLXI, 61).

VENGEUR. — HIST. XIIe s. *Ajoutez :* Ke il en tant soit plus droiz [altrui vengieres que il premiers est venqueres de soi, *li Dialoge Gregoire lo pape*, 1876, p. 368.

VENIN. — HIST. *Ajoutez :* || XIVe s. Celle serpent Qui par tot son verain espant, MACÉ, *Bible en vers*, f° 19, 2e col.

VENT. || 2° *Ajoutez :* || En coup de vent, signifie aussi : brusquement. Sans vouloir en entendre davantage, madame de Vresles, indignée, a pris son chapeau et le reste, et est partie en coup de vent, *Journ. amusant*, 10 août 1872. || 4° *Ajoutez :* || Fendre le vent, signifie aussi se sauver, s'enfuir. La nuit d'auparavant Vous sûtes faire Gille et fendîtes le vent, CORN. *Suite du Menteur*, I, 1. || Proverbes, *Ajoutez :* || Vent du midi les chiens au chenil; vent du nord les chiens dehors.

VENTEUX. *Ajoutez :* || 4° Fig. Qui n'a que du vent, qui est sans réalité. Laissez l'ambition, comme une chose bouffie, vaine, venteuse, MALH. *Lexique*, éd. L. Lalanne.

VENTOUSE. *Ajoutez :* || 6° Creux ou vide qui se forme dans une chaussée ou une palissade. On rechausse la dernière rangée de broussailles pour lui permettre de résister au vent.... et bien l'appliquer contre le sol, afin de ne donner aucune prise aux ventouses; car, en une seule nuit, le travail de plusieurs jours peut être perdu [il s'agit de la fixation des dunes], G. BAGNERIS, *Man. de sylvic.* p. 293, Nancy, 1873.

VENTRE. || 16° *Ajoutez :* || Ventre de moi, sorte de juron. Ventre de moi! que deviendrai-je? SCARR *Virg.* IV.

† **VENTURISER (SE)** (van-tu-ri-zé'), *v. réfl.* Prendre les allures d'un certain Venture de Villeneuve, aventurier qui joue un rôle dans le quatrième livre des *Confessions* de J. J. Rousseau. Pour comprendre à quel point la tête me tournait alors, à quel point je m'étais, pour ainsi dire, venturisé, il ne faut que voir combien tout à la fois j'accumulai d'extravagances, J. J. ROUSSEAU, *Confess.* IV.

VÉNUS. *Ajoutez :* || 8° La Vénus attrape-mouches, *dionæa muscipula*, *Journ. offic.* 26 nov. 1876, p. 8720, 2e col. || 9° Populairement et fig. Coup de pied de Vénus, accident syphilitique. Avec une autre drogue, on chasse le mal occasionné par des coups de pieds de Vénus, *L. du P. Duchêne*, 16 *lettre*, p. 3.

† **VÉNUSTÉ.** *Ajoutez :* — REM. Le passage de Chateaubriand cité d'après le Dictionnaire de Dochez se trouve dans *Mém. d'outre-tombe*, éd. de Bruxelles, t. I, *Mon donjon*.

† **VENVOLE.** *Ajoutez :* — REM. Le passage de Chateaubriand cité d'après le Dictionnaire de Dochez se trouve dans *Mém. d'outre-tombe*, éd. de Bruxelles, t. II, *Ess. hist. sur les révol.*

VER. *Ajoutez :* || 14° Ver de vase, larve d'un petit diptère, le chironome; elle est rouge et est employée par les pêcheurs comme appât, E. BLANCHARD, *Rev. des Deux-Mondes*, 1er oct. 1874, p. 606.

† **VÉRAISON.** *Ajoutez :* Dans la Côte-d'Or, aux environs de Beaune, la vigne est resplendissante de force.... dans les bons vins, les raisins sont en pleine phase de véraison, *Journ. des Débats*, 21 août 1877, 3e page, 2e col.

† **VERBALISATEUR** (vèr-ba-li-za-teur), *s. m.* Celui qui verbalise. Il n'est pas nécessaire que le prévenu ait été vu mendiant par l'agent verbalisateur, *Gaz. des Trib.* 2-3 août 1875, p. 742, 2e col.

† **VERBALISME** (vèr-ba-li-sm'), *s. m.* Néologisme usité surtout en philosophie. Système, raisonnement fondé sur des mots. Le système de Hegel est un verbalisme.

— ÉTYM. *Verbal.*

† **VERBLED** (vèr-blé), *s. m.* Nom, en Normandie, de la larve du hanneton ou ver blanc, DELBOULLE, *Gloss. de la vallée d'Yères*, p. 337.

— ÉTYM. *Ver*, et *blé*.

† **VERBO** (vèr-bo). Terme latin signifiant *au mot* et employé pour les recherches et renvois dans les dictionnaires et répertoires alphabétiques; par exemple : voy. *le Répertoire de jurisprudence*, verbo *procédure*.

† **VERCHÈRE** (ver-chè-r'), *s. f.* Ancien terme de droit. Part légitime dans une hoirie, *Acte de* 1746 (Dauphiné).

— HIST. XVe s. Ledit roy dauphin prend de present la charge de payer à l'ancienne comtesse de Valentinois ce à quoy ledit comte peut estre tenu à elle ou à aultre, à cause de la verchiere ou dot, dont ladicte comtesse ou aultre pourroit faire poursuite ou demande contre ledit comte, DU CANGE, *vercheria*. Jehanne, femme de Jehan Furcheron, tient une autre terre ou verchiere contigue à ladite terre, ID. *ib.*

— ÉTYM. En Auvergne, *valcheire*; prov. *vercayrar*, doter, donner en dot une *verchiere*; bas-lat. *vercheria*, *vercherium*, *bercheria*, du bas-lat. *berbix*, brebis (voy. BREBIS). *Verqueria* est proprement une bergerie, puis un fonds sur lequel on élève des brebis, et enfin un domaine, une dot.

† **VERDEREAU** (vèr-de-rô), *s. m.* Nom, dans l'Yonne, du lézard vert, l'abbé CORNAT, *Dict. du patois usité dans le centre du départ. de l'Yonne*.

— ÉTYM. Diminutif de *vert*, anciennement *verd*.

† **VERDERET** (vèr-de-rè), *s. m.* Nom du lézard vert, dans la Haute-Marne. Diantre, jeune homme, vous êtes vif comme un verderet, répondit le conducteur qui faisait le service de Langres à Auberive, A. THEURIET, *Rev. des Deux-Mondes*, 15 avr. 1876, p. 751.

— ÉTYM. Diminutif de *vert*, anciennement *verd*.

† **VERDERON** (ver-de-ron), *s. m.* Terme rural. Pousses mal venues des céréales qui ont été mu-

tilées par la dent des mulots, EUG. ROLLAND, *Faune populaire*, Paris, 1877, p. 34.

— ÉTYM. Dérivé de *vert*, anciennement *verd*.

† 2. **VERDIÈRE** (vèr-diè-r'), *s. f.* Nom vulgaire de la zostère, plante marine. Les fucus de toute espèce, les zostères appelées verdière ou herbe marine, font une véritable prairie des grèves que les grandes marées seules découvrent, *Journ. offic.* 18 déc. 1875, p. 10462, 1re col.

† **VERDIN.** *Ajoutez :* || 2° Nom, dans la Vienne, d'un cépage blanc, *les Primes d'honneur*, Paris, 1872, p. 304. || Gris verdin, nom d'un cépage de l'Orléanais, qui fournit de petites grappes à fruits noirs ou noir cendré, *Acad. des sc. Comptes rend.* t. LXXXIII, p. 728.

† **VERDIOT** (vèr-di-o), *s. m.* Nom donné, dans l'Ain, aux coqs mal chaponnés; ils perdent du quart au cinquième de leur valeur sur les marchés, *les Primes d'honneur*, Paris, 1870, p. 375.

† **VERDISSAGE** (vèr-di-sa-j'), *s. m.* Action de rendre vert. On ne s'est plus occupé à Marennes que de l'engraissage des huîtres et de leur verdissage, *Journ. offic.* 25 mars 1877, p. 2378, 2e col.

† **VERDISSANT.** *Ajoutez :* Leurs fruits blonds et verdissants, RAC. *Lexique*, éd. P. Mesnard.

† **VERDISTE** (vèr-di-st'), *s. m.* Partisan de la musique de Verdi, compositeur italien. On n'aurait qu'à m'appeler rossiniste ou verdiste, H. BLAZE DE BURY, *Rev. des Deux-Mondes*, 15 oct. 1875.

† 2. **VERDON.** *Ajoutez :* — HIST. XVIe s. Verdon [cordeau servant au halage à col], MANTELLIER, *Glossaire*, Paris, 1869, p. 67.

VERGE. *Ajoutez :* || 20° Verge de fléau, le long bâton auquel le fléau est attaché. Elle avait ouvert la porte à son père, qui, armé de sa verge de fléau, avait frappé la victime à coups redoublés, *Gaz. des Trib.* 28 oct. 1875, p. 1037, 4e col. || 21° Verge graduée, jauge. Vous n'avez que deux moyens de procéder à cette vérification [des manquants] la jauge ou verge graduée, et le dépotage, *Journ. offic.* 31 juill. 1872, p. 5248, 1re col.

† **VERGELET** (vèr-je-lè), *s. m.* Calcaire grossier qui se rencontre dans les vallées de l'Oise et du Thérain (voy. VERGELÉ), *les Primes d'honneur*, Paris, 1872, p. 54.

† **VERGENNE** (vèr-jè-n'), *s. f.* Sorte de pierre. L'ouverture d'un sarcophage antique en vergenne, découvert à deux mètres et demi de profondeur, dans les fondations des nouvelles casernes de la butte, Extr. de l'*Union franc-comtoise*, dans *Journ. offic.* 10 déc. 1876, p. 9145, 1re col.

1. **VERGER.** — ÉTYM. *Ajoutez :* La forme *viridiarium* se trouve dans Muratori, 1695, 3.

† **VERGETURE.** *Ajoutez :* || 2° Raie que présente la peau de certains animaux. Il existe des individus [chevaux] qui offrent accidentellement une raie noire le long de l'épine dorsale ou des vergetures sur les flancs, indices de parenté du cheval, de l'âne, du zèbre, de l'hémione et du daw, chez lesquels cette raie ou ces vergetures sont constantes, CH. MARTINS, *Rev. des Deux-Mondes*, 15 févr. 1876, p. 757.

VERGNE. *Ajoutez :* || 2° Digue de rivière construite artificiellement et à l'aide de pieux, fascines, etc. || Ce sens est une extension de vergne, arbre qui se plante d'ordinaire le long des rivières.

† **VERGNER** (vèr-gné), *v. a.* Garnir une rivière d'une vergne, d'une digue de pieux et de claies, DAVIEL, *Législation des cours d'eau*.

VERGOGNE. — ÉTYM. *Ajoutez :* L'orthographe *verecunnia* se trouve dans les graffites de Pompéi (GARRUCCI, *Graff. pomp.* 28, 52); et *vergondus* est dans MURATORI, 1692, 3, à Vérone, en 720.

† **VERGOGNEUX.** *Ajoutez :* — REM. Voici le passage de Malherbe auquel Vaugelas fait allusion : La volupté, basse et contemptible, comme faite par le ministère des plus sales et plus vergogneuses parties de notre corps, ne peut être que sale et vergogneuse en son événement, *Lexique*, éd. L. Lalanne.

† 3. **VERGUE** (vèr-gh'), *s. f.* Nom provincial de la branche à fruit dans la vigne. Quel que soit l'état de la vergue ou branche à fruit et du crochet de retour après la gelée, il ne faut pas songer à procéder à aucune section ni retranchement complet en cette saison, Extr. du *Journ. d'agricul. pratique*, dans *Journ. offic.* 16 juin 1873, p. 3921, 2e col.

— ÉTYM. Autre forme de *verge*.

† **VÉRIFIABLE** (vé-ri-fi-a-bl'), *adj.* Qui peut être vérifié.

— HIST. XIVe s. Seel autentique et verefiable, *Rec. des monum. inédits de l'hist. du tiers état*, t. IV, p. 783.

VÉRITABLEMENT. — HIST. *Ajoutez :* XIIe s. Par tant ke il ne le [certaines choses] conut pas par esperiment, ne les croiet pas estre veritablement, *li Dialoge Gregoire lo pape*, 1876, p. 194.

† **VÉRITAS.** *Ajoutez :* || 2° Le catalogue dressé et mis en vente par l'office Véritas. Le Véritas, registre de l'état civil des navires de mer, distingue les navires neufs en trois classes, *Enquête, Traité de comm. avec l'Anglet.* t. VI, p. 852. Est-ce que l'assureur fait ces investigations? jamais; l'assureur consulte son Véritas, et voilà tout, *Journ. offic.* 11 déc. 1874, p. 8189, 2e col.

† **VERMÉE** (vèr-mée), *s. f.* Dans l'Aunis, paquet de vers de terre qu'on attache au bout d'une ligne sans hameçon pour prendre des anguilles. Pêche à la vermée, *Gloss. aunisien*, p. 157.

— ÉTYM. Lat. *vermis*, ver.

† **VERMICELLÉ, ÉE** (vèr-mi-sèl-lé, lée), *adj.* Qui est en forme de vermicel. || Peaux vermicellées, peaux de raies, de soles, etc. desséchées et découpées, *Douanes, Tarif de 1877, note 44*.

VERMILLER. *Ajoutez :* || 2° Il se dit des oiseaux faisant la chasse aux vers. C'est un charmant oiseau que la gorge-bleue [M. Carteron dit avec un trait d'union le gorge-bleue] qui suit le cours des petites rivières en vermillant dans les buissons de saule marseau, CARTERON, *Premières chasses, Papillons et oiseaux*, p. 79, Hetzel, 1866.

† **VERMINIER** (vèr-mi-nié), *s. m.* Dans Eure-et-Loir, l'ensemble de la vermine, y compris les rats et les souris, EUG. ROLLAND, *Faune populaire*, Paris, 1877, p. 27.

VERMISSEAU. — HIST. *Ajoutez :* || XIVe s. *Teredo*, uns vermissiaus, ESCALLIER, *Vocab. lat.-franç.* 2476.

VERNIS. *Ajoutez :* || 5° Cuir verni. Cet habile escamoteur, chaussé de vernis, ganté de frais, était entré dans le débit de tabac situé..., *Gaz. des Trib.* 28 mars 1875, p. 302, 4e col. || 6° Vernis Martin, sorte de vernis employé en peinture. Chardin en avait apporté de Perse les secrets, et c'est alors qu'apparut chez nous le vernis qu'on appela vernis Martin, du nom du peintre français qui en propagea l'usage, A. DE BEAUMONT, *Rev. des Deux-Mondes* 1er nov. 1867, t. LXXII, p. 147. On songe involontairement au fameux salon de Potsdam, en vernis Martin vert, E. GAUTIER, *Journ. offic.* 7 mars 1876, p. 1600, 1re col.

VERRE. || 10° *Ajoutez :* || Verre plat, verre qui n'a pas de pied. Dans le milieu du cercle de gauche, on voit un verre plat, dans l'autre, faisant pendant, un verre à pied, *Gaz. des Trib.* 6 nov. 1876, p. 1076, 1re col. || En ce sens, on dit d'ordinaire verre gobelet. || 17° Verre étonné, verre précipité dans l'eau au moment de la fusion, *Douanes, Tarif de 1877, note 496*.

VERRIÈRE. *Ajoutez :* || 4° Espèce de seau ou bac en plaqué, qui sert à placer sur le comptoir des marchands de vin, cafetiers, etc. les verres propres

VERRUE. — HIST. *Ajoutez :* XIIIe s. Ou [au] col n'ot fronce ne berrue, Que ele avoit et lonc et droit, *li Chevaliers as deus espées*, publié par Förster, v. 4288.

† **VERSADI** (vèr-sa-di), *s. m.* Nom, en Auvergne, de la marcotte et du marcottage de la vigne, JALOUSTRE, *Cours d'agricult.* 3e éd. Clermont-Ferrand, 1876, p. 447.

— ÉTYM. Lat. *versare*, verser, renverser, coucher.

† **VERSAINE** (vèr-sè-n'), *s. f.* Nom, dans la Moselle, de la jachère, *les Primes d'honneur*, Paris, 1869, p. 107.

— HIST. XIVe s. Li religieus ont accordé que nous porrons charier par les terres de Malewarde, toutefois qu'elles seront vuides, excepté le temps qu'elles seront tiertiées pour la versainne ou arées pour le mars, DU CANGE, *versana*.

— ÉTYM. Bas-lat. *versana*, de *versare*, verser, parce que les terres, pendant l'année de jachère, sont plusieurs fois *versées* ou labourées.

1. **VERSANT, ANTE.** *Ajoutez :* || 2° Qui se verse, en parlant de cours d'eau. La séparation des eaux versantes du côté du nord et du midi de la chaîne des Pyrénées, BLADÉ, *Études géogr. sur la vallée d'Andorre*, Paris, 1875, p. 3.

VERSATILE. || 3° *Ajoutez* un exemple du XVIIe siècle. Comme il a un esprit versatile et qui s'impose facilement à lui-même, *Journal de M. de Pontchâteau*, dans SAINTE-BEUVE, *Port-Royal*, t. V, p. 333, 3e éd.

† 6. **VERSE** (vèr-s'), *s. f.* Mesure du charbon de bois, sorte de corbeille contenant environ 37 litres, NANQUETTE, *Exploitat. débit et estim. des bois*, Nancy, 1868, p. 39.

VERSÉ. *Ajoutez :* || 4° Produit, en parlant de pièces de procédure. Attendu qu'il résulte de l'enquête et des documents versés aux débats, la preuve que..., *Gaz. des Trib.* 14-15 sept. 1874, p. 883, 2e col.

VERSER. || 12° *Ajoutez :* || Verser en fraude des denrées, les introduire pour la consommation intérieure, au lieu de les consommer ou de les garder à bord. Le service doit veiller à ce que les vivres et provisions apportés de l'étranger ne soient pas versés en fraude, *Douanes, Tarif de 1877*, p. CXXI.

† **VERSEUSE** (vèr-seû-z'), *s. f.* Vase, ordinairement en plaqué, dont on se sert, dans les établissements publics et les maisons particulières, pour verser le café préparé dans les cafetières ordinaires.

† **VERSTIQUE** (vèr-sti-k'), *adj.* Par verste, comme on dit kilométrique. Le trafic verstique a été en moyenne..., Extrait du *Journ. de Saint-Pétersbourg*, dans *Journ. offic.* du 19 mai 1876, p. 3403, 1re col.

VERT. *Ajoutez :* || 20° Le vert de Chine, sorte de couleur verte. En 1851 et 1852 survint le fameux vert de Chine, appelé lo-kao; peu de temps après, M. Charvet, de Lyon, parvint à tirer le principe colorant du lo-kao d'une plante indigène de l'Europe, le *rhamnus catharticus*, *Mém. d'agriculture de 1870-71*, p. 336. || Vert de Paris, l'arsénite de cuivre. Le vert de Paris a seul donné de bons résultats [contre le doryphore].... le vert de Paris est répandu sur les tiges et les feuilles des pommes de terre, soit à l'état sec, soit à l'état liquide, *Journ. offic.* 31 juill. 1877, p. 5514, 3e col. || 21° Couper sur le vert, cueillir un fruit avant la maturité. L'expéditeur est obligé de les couper [les ananas exotiques] avant leur maturité, c'est-à-dire sur le vert, *Journ. offic.* 18 août 1872, p. 5577, 2e col.

— HIST. || XVIe s. *Ajoutez :* Dix-sept jeunes seigneurs de la cour à teste verte, à menton net de poil, defroqués d'entendement, LA PISE, *Hist. des princes et princip. de la maison d'Orange*, IVe part. p. 529.

VERT-DE-GRIS. — ÉTYM. *Ajoutez :* Aux formes anciennes il faut joindre celle-ci : XIVe s. Asur et ver de Grece, *le Livre des mestiers*, dans *Journ. des Savants*, oct. 1875, p. 653.

† **VERTICILLER (SE)** (vèr-ti-si-lé), *v. réfl.* Terme de botanique. Se former en verticille. Quand ils [les pins sylvestres] ont trois ans, qu'ils se sont verticillés, le moment est venu de faire la coupe secondaire, G. BAGNERIS, *Man. de sylvic.* p. 97, Nancy, 1873.

† **VERTIR** (vèr-tir), *v. n.* Terme de pratique. Tourner, être appliqué à. Chaque fois que, sur l'une de ces feuilles, un nom aura été substitué à un autre, l'auteur de la substitution sera puni d'une amende de trois francs, qui vertira au profit des aides qui se seront montrés les plus exacts, *Règlement de l'écorage*, 1821, dans DELAHAIS, *Notice hist. sur l'écorage*, Dieppe, 1873 p. 50.

— HIST. XIIe s. Au ceval de Castiele li damage vierti [le dommage tomba sur le cheval], *li Roman d'Alixandre*, p. 465.

— ÉTYM. Lat. *vertere*, tourner.

† **VERT-MONNIER** (vèr-mo-nié), *s. m.* Nom normand du pivert.

— ÉTYM. *Vert*, et *monnier*, meunier; l'oiseau est ainsi dit parce qu'il aime le voisinage des moulins, DELBOULLE, *Supplément au Gloss. de la vallée d'Yères*, p. 48.

VERVELLE. — HIST. *Ajoutez :* XIIe s. Et les portes [sont] rices et bieles, Que tuit li gon et les vervieles [*variante*, reondeles] Sont de fin or..., *Perceval le Gallois*, v. 9041.

† 2. **VERVEUX, EUSE** (vèr-veû, veû-z'), *adj.* Néologisme. Qui a de la verve. Diderot le fougueux, le verveux, qui a eu l'honneur de comprendre et de sentir dans Térence celui qui lui ressemblait le moins, SAINTE-BEUVE, *Nouveaux lundis*, t. V (*Térence traduit en vers par M. de Belloy*, II). Une voix puissante, une parole verveuse m'emporta d'un autre côté; c'était Diderot que j'entendais, RUDE, *l'Opinion nationale*, 12 juin 1876, 3e page, 4e col.

† **VERZELLE** (vèr-zè-l'), *s. f.* Nom vulgaire du troëne commun.

VESCE. *Ajoutez :* || Vesce sauvage, nom vulgaire de la vesce à feuilles étroites. || Vesce des bergeries, nom vulgaire de la vesce des haies.

— HIST. *Ajoutez :* XIIe s. Ne li lairai de tiere vallant un grain de vecce, *li Romans d'Alixandre*, p. 412.

VESSIE. *Ajoutez :* || 8° Arbre à vessie, le baguenaudier, *colutea arborescens*, L., BAILLON, *Dict. de bot.* p. 248.

— HIST. XIIIe s. *Ajoutez :* Renars vessie pour lanterne Fait à entendre à tous les siens, *Renart le nouvel*, p. 72, Paris, 1874, éd. Jules Houdoy.

† **VEST** (vè) *s. m.* Terme d'ancien droit. Mise en possession. Décret du 19 septembre 1790 : Art. 3 : À dater du jour où les tribunaux de districts seront installés dans les pays de nantissement, les formalités de saisine, dessaisine, vest, divest, etc. demeureront abolies, *Gaz. des Trib.* 13 janv. 1876, p. 42, 2e col.

— ÉTYM. Lat. *vestire*, vêtir, et, dans le bas-latin, mettre en possession.

VESTE. — ÉTYM. *Ajoutez :* Notre mot *veste*, qui n'a pas d'historique, vient directement de l'ital. *vesta*, habit, robe, habillement, lequel, à son tour, vient du lat. *vestem*, habit, par changement de déclinaison, DIEZ, *Gramm. des langues rom.* t. II, p. 13, trad. franç.

VESTIGE. || 1° *Ajoutez :* || Aller sur les mêmes vestiges, suivre la même doctrine, la même conduite. Les conciles allaient tous sur les mêmes vestiges, BOSS. *Avert.* 1.

† **VESTIMENTAL, ALE** (vè-sti-man-tal, ta-l'), *adj.* Qui a rapport aux vêtements. Se montrer élégamment tenu suivant les lois vestimentales qui régissent huit heures, midi, quatre heures et le soir, DE BALZAC, *la Maison Nucingen*, 1856, p. 27.

— ÉTYM. Lat. *vestimentum*, vêtement.

VÉTILLEUX. *Ajoutez :* || 3° Ombrageux, en parlant d'animaux. Attendu que, d'un procès-verbal dressé sur les lieux de l'accident par un agent de police de Paris, il résulte que L.... avait été averti.... que cette vache était vétilleuse; que cette expression, bien qu'elle soit d'un français douteux, contenait un avertissement pour L.... de se tenir sur ses gardes, *Gaz. des Trib.* 2 mars 1875, p. 209, 3e col.

† **VÉTITIF, IVE** (vé-ti-tif, ti-v'), *adj.* Terme de grammaire. Qui défend, interdit. Impératif vétitif.

— REM. M. Maspero, *Rev. crit.* 18 sept. 1875, p. 178, écrit vétatif; mais les adjectifs de cette formation dérivent du supin; or ici le supin est *vetitum* et non *vetatum*.

— ÉTYM. Lat. *vetare*, défendre, ancien français *veer*.

VÊTURE. *Ajoutez :* || 3° Les vêtements euxmêmes que l'on fournit à des indigents. Il est déposé dans les bureaux du secrétariat général de l'Assistance publique un échantillon-type de chacune des layettes et vêtures affectées au service des enfants assistés, *Journ. offic.* 1er nov. 1876, p. 7856, 1re col.

† **VEULERIE** (veu-le-rie), *s. f.* État de qui est veule. Ils [Manon et Desgrieux] ont la même veulerie de sentiment, les mêmes bassesses, ALPH. DAUDET, *Journ. offic.* 8 févr. 1875, p. 1050, 3e col.

VEXATION. *Ajoutez :* — REM. Vexations, au pluriel, a été employé dans l'arrêt qui condamna Lally, comme désignant un crime ou un délit. Sur quoi Voltaire remarque : L'arrêt ne dit point qu'il [Lally] ait été concussionnaire; cet arrêt lui reproche vaguement des vexations, et ce mot de vexations est si vague qu'il ne se trouve chez aucun criminaliste, *Lettre à d'Alembert*, 13 juin 1766.

† **VEYRADIER** (vè-ra-dié), *s. m.* Nom, dans le quartier d'Agde, de filets flottants servant à la pêche du maquereau, *Statistique des pêches maritimes*, 1874, p. 113.

VIANDE. — REM. C'est vers la fin du XVIe siècle que viande a pris son sens spécial d'aujourd'hui : « En la cour il semble qu'on ait restreint le mot viande à la chair qui est servie à table; car on n'y appelle pas viande le dessert, et, si à un jour de poisson quelqu'un mange de la chair, on dit qu'il mange de la viande, » NICOT.

† **VIBILIA** (vi-bi-li-a), *s. f.* La 144e planète télescopique, découverte en 1875 par M. Peters.

† **VIBRANCE** (vi-bran-s'), *s. f.* Néologisme. Qualité de ce qui est vibrant, de ce qui fait vibrer. Les fusains de M. Appian sont d'une couleur chaude et d'une grande vibrance de lumière, BERGERAT, *Journal offic.* 28 févr. 1877, p. 1543, 1re col.

VIBRATEUR (vi-bra-teur), *s. m.* Terme de physique. Appareil qui produit des vibrations, qui transmet des vibrations. À l'arrivée, les vibrations envoyées par le fil télégraphique vont animer les vibrateurs correspondant aux languettes du départ, DE PARVILLE, *Journ. des Débats*, 18 mai 1877, *Feuilleton*, 1re page, 6e col.

† **VIBRATIONCULE** (vi-bra-sion-ku-l'), *s. f.* Terme de physiologie employé par Hartley. Mouvement vibratoire supposé pour expliquer le mécanisme des sensations. Parler de vibrations et de vibrationcules, cela n'élargit en rien notre horizon, RIBOT, *Psychologie anglaise*, p. 360.

VIBRER. *Ajoutez :* || 2° En termes de théâtre, prononcer sans grasseyer. Prononcer la lettre *r* sans grasseyement, c'est la faire rouler, c'est la faire vibrer; on dit, en langage de théâtre, de quelqu'un qui ne grasseye pas : il vibre, LEGOUVÉ, *le Temps*, 1877. || En un autre sens, vibrer ou faire vibrer la voix, euphémisme pour exprimer le chevrottement si commun aujourd'hui que l'on fait crier les chanteurs à tue-tête.

† **VIBRIONIEN, IENNE** (vi-bri-o-niin, niè-n'), *adj.* Qui appartient aux vibrions. En passant d'une génération à l'autre, le poison vibrionien acquiert une nocivité de plus en plus grande, E. BOUCHUT, *Journ. offic.* 9 mars 1876, p. 1638, 1re col.

† **VIBRIONISME** (vi-bri-o-ni-sm'), *s. m.* Terme de médecine. Disposition qui favorise la production des vibrions. On a voulu faire davantage en attaquant le vibrionisme du sang dans les épizooties et dans les épidémies, BOUCHUT, *Journ. offic.* 9 mars 1876, p. 1638, 2e col.

† **VIBRIONNÉ, ÉE** (vi-bri-o-né, née), *adj.* Où se sont produits des vibrions. Si une goutte de ce sang d'animal vibrionné est diluée dans 20 ou 100 gouttes d'eau..., la mort est encore plus rapide, E. BOUCHUT, *Journ. offic.* 9 mars 1876, p. 1638, 1re col.

† **VICANE** (vi-ka-n'), *s. m.* Dans l'Aunis, cépage blanc à gros grain, *Gloss. aunisien*, p. 158.

† **VICE-EMPEREUR** (vi-san-pe-reur), *s. m.* Personnage puissant qui est la première personne après l'empereur. Sévère revint à Rome, où résidait le préfet du prétoire Plautianus, qui fut longtemps son favori; ces fonctions donnaient de grands pouvoirs à celui qui en était revêtu; c'était un véritable vice-empereur, DURUY, *Journ. des Débats*, 5 mars 1877, 3e page, 5e col.

— ÉTYM. *Vice* 2, et *empereur*. Ce mot a été créé sous le deuxième empire français pour y caractériser les fonctions d'un ministre alors tout-puissant.

† **VICHNOUISME** (vich-nou-i-sm'), *s. m.* Nom donné à l'ensemble des doctrines relatives à Vichnou. Le vichnouisme peut être considéré comme une hérésie sortie du brahmanisme.... le vichnouisme accepte comme point de départ les principes fondamentaux du brahmanisme; il a les mêmes doctrines essentielles, le même panthéon, la même cosmogonie, les mêmes légendes mythologiques.... en même temps, le vichnouisme, et c'est là son côté le plus original et le plus élevé, a introduit dans le cycle des conceptions religieuses de l'Inde une idée nouvelle, celle de l'incarnation, FR. LENORMANT, *Manuel d'hist. ancienne de l'Orient, les Indiens*.

† **VICHY** (vi-chi), *s. m.* Ville d'eaux de l'Allier. || Toile de Vichy, voy. TOILE au Supplément, n° 19.

VICOMTE. *Ajoutez :* || 5° Fonctionnaire royal de l'île de Jersey, nommé par la couronne, chargé de l'exécution des sentences de justice, civiles et criminelles, et de quelques autres fonctions judiciaires. || Député-vicomte, personne nommée par le vicomte de Jersey pour exercer ses fonctions en son absence. || Commis-vicomte, fonctionnaire nommé par le vicomte pour exercer les fonctions de vicomte auprès des tribunaux inférieurs créés à Jersey en 1852 (la cour pour le recouvrement de dettes n'excédant pas dix livres sterling et la cour pour la répression de délits).

VICTORIEUSEMENT. — HIST. *Ajoutez :* || XVIe s. Il [Dieu] permit que le roy Charles [Charles VIII] allast et revint victorieusement, PARADIN, *Chron. de Savoye*, p. 357.

VIDAMÉ. *Ajoutez :* — HIST. XIVe s. La vidammée, en temporel, ne vault pas plus de XXX livres (1384), VARIN, *Archives administr. de la ville de Reims*, t. III, p. 596.

† **VIDANGER.** *Ajoutez :* || 2° Vider, en parlant de bouteilles. M. Trican, de Reims, avait présenté une série d'instruments pour doser, transvaser et vidanger les bouteilles, JOHANET, *Journ. des Débats*, 25 juin 1876, *Feuilleton*, 1re page, 5e col. || 3° Vider, en parlant de fosses d'aisance. Ils s'engagent à continuer pendant un an de porter la totalité des matières liquides et solides, par eux vidangées, dans le premier cas à leurs voiries, dans le second au dépotoir, CLAMAGÉRAN, *Rapport au conseil municipal de Paris*, 28 juin 1877, p. 27.

VIDE. *Ajoutez :* || 23° Terme de grammaire. Dans les langues isolantes, mot vide, mot qui, dans un composé, a perdu sa valeur propre et ne joue qu'un rôle de suffixe, par opposition à mot plein, mot qui, dans ce même composé, a gardé sa valeur.

— ÉTYM. *Ajoutez :* La dérivation de *vide* par *viduus* a été attaquée par MM. Schuchardt et Thomsen (*Romania*, avril 1875, p. 256 et 257). Il est certain que *viduus* a donné régulièrement *vedve* dans le français ancien, *veuf* dans le français moderne, et qu'il est difficile d'en tirer *vuide* ou *voide* (angl. *void*), qui sont les anciennes formes. En conséquence MM. Schuchardt et Thomsen indépendamment l'un de l'autre, ont eu recours à un mot du latin populaire *vocitus*, rendu vide. Du moins on sait qu'à côté de la forme classique *vacare*, être vide, vacant, il y a une forme populaire qui substitue l'*o* à l'*a* : *vocare* pour *vacare*, *vocatio* pour *vacatio*, *vocivus* pour *vacivus*. *Vocitus* rend compte de l'ancienne forme française *voide* ou *vuide* et de l'italien *vuoto*, *voto*. Il est probable que là est la vraie étymologie.

† **VIDE-CITRONS** (vi-de-si-tron), *s. m.* Pièce de buis piriforme et à rainures, qu'on introduit par la pointe dans les citrons pour en extraire le jus par un mouvement de rotation.

† **VIDE-GOUSSET** (vi-de-gou-sè), *s. m.* Ancien nom des voleurs. Vide-gousset est le nom d'une rue de Paris.

† **VIDEMENT.** *Ajoutez :* — HIST. XIVe s. Pour cause du fait du vuidement [évacuation] de la ville de Honnefleu, lors detenue par les genz qui..., *Mandements de Charles V*, p. 195.

† **VIDE-POMMIER** (vi-de-po-mié), *s. m.* Nom vulgaire du gui blanc.

VIDER. *Ajoutez :* || 14° Terme juridique. Vider un délibéré, prononcer un jugement après avoir délibéré. Aujourd'hui, la cour, vidant son délibéré, a confirmé le jugement de première instance qui ordonne..., *Gaz. des Trib.* 4-5 août 1873, p. 749, 2e col.

† **VIDEUR.** *Ajoutez :* || 2° Par extension, videur de poches, filou, pickpocket. L'administration [de Nice], prévoyante et soucieuse des deniers de l'opulente clientèle qui fréquente ses salons, a pris soin de prévenir par des affiches conçues en diverses langues qu'il y a dans les salles de jeu des videurs de poches, *Journ. des Débats*, 1er fév. 1877, 3e page, 6e col.

† **VIDI AQUAM** (vi-di-a-kouam'), *s. m.* Locution latine qui se disait familièrement pour se sauver, prendre la fuite. Vous ferez beaucoup plus que le preux et vaillant Achille; car il est mort par le talon, et les vôtres [talons] vous sauveront la vie, en faisant vidi aquam, l'eau bénite de Pâques, *la Comédie des proverbes*, III, 3, 1633.

— HIST. XVIe s. D'Aumont, dans ce mesme moment, Voulut avecque bonne escorte Du grand chastel saisir la porte; Mais il fut bientost rechassé, Et par après bien repoussé Avec Biron dans la Calandre, Où on leur fist bientost aprendre Le chemin de vidi aquam, Sous peine d'un bon requiam, *Récit véritable de ce qui s'est passé aux barricades de* 1588, dans CH. NISARD, *Parisianismes*, p. 208.

— ÉTYM. M. Ch. Nisard dit que c'est une allusion à l'antienne qu'on chante le jour de Pâques, lors de l'aspersion de l'eau bénite : *vidi aquam egredientem de templo.... omnes ad quos pervenit aqua ista salvi facti sunt :* J'ai vu l'eau.... et tous ceux à qui elle est parvenue ont été sauvés.

† **VIDIEN, IENNE** (vi-diin, diè-n'), *adj.* Terme d'anatomie. Qui appartient à l'apophyse ptérygoïde. Artère vidienne. || Trous vidiens, trous situés à la base des apophyses de l'os sphénoïde.

— ÉTYM. *Vidus Vidius*, médecin de Florence du XVIe siècle.

† **VIDUAL, ALE** (vi-du-al', a-l'), *adj.* Qui appartient à la viduité. Il [Origène] conseille aux femmes mariées de se vouer et destiner à la chasteté viduale, en cas que leurs maris viennent à trépasser devant elles, SAINT FRANÇOIS DE SALES, *Introd. à la vie dévote*, III, 40.

— ÉTYM. Lat. *vidualis*, de *vidua*, veuve (voy. VIDUITÉ).

VIE. *Ajoutez :* || 29° Haute vie, la manière de vivre des hautes classes, traduction de l'anglais *high life*. C'est ici que commence la partie la plus dramatique d'un épisode de ce qu'on nommerait aujourd'hui la haute vie au XVIIIe siècle, J. CLARETIE, *Journ. offic.* 10 décembre 1876, p. 9200, 3e col.

VIEIL ou **VIEUX.** || 10° *Ajoutez :* || Cela est vieux comme le monde, cela est très-ancien. La commune russe est vieille comme le monde, dont elle porte aussi le nom (*mir*), *Journ. offic.* 6 sept. 1872, p. 5865, 2e col.

VIEILLIR. — HIST. *Ajoutez :* XIIe s. Ne veillirai jamais en mon aé, *Huon de Bordeaux*, v. 3560.

† **VIEUX-CATHOLIQUE** (vieû-ka-to-li-k'), *s. m.* Nom que se sont donné certains catholiques qui se séparent de l'Église romaine en refusant de reconnaître l'infaillibité du pape, et en admettant le mariage des prêtres; ils se nomment ainsi parce qu'ils prétendent revenir aux usages de la primitive Église.

VIF. *Ajoutez :* || 22° Duvet vif, plume vive, duvet, plume pris sur l'oiseau vivant.

VIGIE. *Ajoutez :* || 5° Rochers en vigie, rochers détachés, isolés. D'énormes rochers en vigie à une certaine distance du rivage ont été arrachés de leur base et roulés à plus de trente mètres, *le Toulonnais*, dans *la Patrie*, 30 janv. 1873.

† **VIGILANTE** (vi-ji-lan-t'), *s. f.* Sorte de voiture, à Bruxelles. La foule escorte les voitures, et ce n'est qu'à grande peine que les gendarmes parviennent à l'écarter de la voiture de l'accusé; il est en vigilante, avec deux gendarmes qui le dissimulent de leur mieux aux regards du public, *Gaz. des Trib.* 21 janv. 1875, p. 71, 1re col.

† **VIGILES** (vi-ji-l'), *s. m. plur.* Terme d'antiquité romaine. Gardes de nuit. La police y était faite [à Rome, à l'avénement de Trajan] par la garde urbaine et les vigiles, E. DESJARDINS, *Rev. des Deux-Mondes*, 1er déc. 1874, p. 644.

— ÉTYM. Lat. *vigil*, qui veille (voy. VEILLER).

† **VIGINTIVIR** (vi-jin-ti-vir), *s. m.* Terme d'antiquité romaine. Membre du vigintivirat.

† **VIGINTIVIRAT** (vi-jin-ti-vi-ra), *s. m.* Magistrature dévolue aux jeunes gens de bonne famille, et comprenant quatre fonctions différentes dont il suffisait d'avoir rempli une pour passer à une fonction supérieure : 1° La charge de veiller aux exécutions capitales; 2° la charge de frapper les monnaies; 3° la charge de veiller à la police des rues de Rome; 4° la charge d'assister le préteur urbain dans l'administration de la justice au tribunal des centumvirs, DESJARDINS, *Rev. de philologie*, janv. 1877, p. 13.

— ÉTYM. Lat. *vigintiviratus*, de *viginti*, vingt, et *vir*, homme.

† **VIGNEAU.** *Ajoutez :* || 4° Nom vulgaire de l'ajonc d'Europe.

VIGNERON. *Ajoutez :* || 3° *Adj.* Vigneron, vigneronne, qui appartient aux vignobles, aux vignerons. Le buttage [de la vigne] s'exécute assez rapidement, et c'est là surtout que la charrue vigneronne peut recevoir une application facile et fournir des résultats incontestés, JOHANET, *Journ. des Débats*, 31 oct. 1876, *Feuilleton*, 6e col. Il y a des herses et des houes vigneronnes d'une excellente construction, ID. *ib.* 31 mars 1877, *Feuilleton*, 1re page, 1re col.

† **VIGNERONNAGE** (vi-gne-ro-na-j'), *s. m.* || 1° Nom, dans le Rhône, de vignes, prairies, terres labourables, bâtiments et ustensiles de viticulture que le propriétaire fournit au métayer, *les Primes d'honneur*, Paris, 1872, p. 372. Une autre disposition par laquelle le testateur lègue à sa domestique son petit vigneronnage situé à Riorge, *Gaz. des Trib.* 3 mars 1876, p. 213, 4e col. || 2° Nom, dans Saône-et-Loire, du métayage appliqué à la culture de la vigne, *les Primes d'honneur*, Paris, 1873, p. 358.

† **VIGNETAGE** (vi-gne-ta-j'), *s. m.* Action de vignetter les boîtes à cigares. Dans les ateliers suivants, savoir : ... écôtages et façon des robes pour rôles et carottes... paquetage et vignetage des cigares, *Instruction*, 30 juin 1832, art. 219. Triage, boîtage et vignetage des cigares, *Réponses aux questions de l'enquête sur le monopole des tabacs et des poudres*, p. 331, Paris, 1874. || On écrit, à tort, quelquefois vignettage.

† **VIGNETER.** *Ajoutez :* — HIST. XIVe s. Un henap d'argent vigneteit (1337), VARIN, *Archives administr. de Reims*, t. II, 2e partie, p. 778.

VIGNETTE. *Ajoutez :* || 4° Nom vulgaire de la mercuriale annuelle.

† **VIGNOLAGE** (vi-gno-la-j'), *s. m.* Dans le canton de Vaud, nom d'une convention par laquelle un propriétaire de vignes remet à un vigneron ses vignes à cultiver pour un certain prix et sous certaines conditions; les conventions de cette espèce varient beaucoup selon le temps et suivant les localités.

† **VIGNON.** *Ajoutez :* En moins de vingt minutes, plus de deux kilomètres de bois taillis, de bruyères et de vignons se sont trouvés envahis par les flammes, Extr. du *Journ. de Falaise*, dans *Journ. offic.* 2 avril 1874, p. 2548, 2e col.

— REM. On trouve aussi vignot, à Avranches guignot. « Que la chasse des bois et des vignots de Baugy... à cause de l'impossibilité pour les chiens, les chasseurs et les gardes, de pénétrer dans les vignots; que, de plus, le sieur S.... a laissé atteindre à six hectares environ de ses vignots l'âge de quatre à cinq ans, sans être coupés, contrairement à l'usage, d'après lequel les vignots se coupent à trois ans,... » *Jugement du Tribunal de Bayeux*, dans *Gazette des Trib.* 19-20 avril 1875, p. 383, 3e col.

† **VIGNONE** (vi-gno-n'), *s. f.* Ancienne danse française. Je voudrais vous pouvoir régaler d'une vignone et d'une belleville; il n'y a pas moyen, SAINT-ÉVREMOND, *Sir Politick would-be*, comédie, IV, 4.

† **VIGORITE** (vi-go-ri-t'), *s. f.* Sorte de poudre explosive. Un nouvel agent explosif vient d'être découvert à Stockholm; on l'appelle vigorite, *Journ. offic.* 16 déc. 1874, p. 8340, 1re col.

† **VILAYET.** *Ajoutez :* — ÉTYM. Prononciation turque de l'arabe *ouilâya*, province, DEVIC, *Dict. étym.*

VILETÉ. || 1° *Ajoutez :* Quant à la dépense qu'elles [les troupes] feront au delà de leur solde, elle [Sa Majesté] estime que cela ne saurait monter à grand'chose à cause de la vileté du prix des denrées de votre province [la Bourgogne], *Lettres de Colbert*, t. VI, p. 223.

VILLA. *Ajoutez :* || 3° Sous les Mérovingiens et les Carlovingiens, nom de certains domaines ruraux. Les rois francs possédaient dans diverses parties du pays beaucoup de ces domaines [isolés et indépendants de la couronne]; plusieurs des villas de Charlemagne ont eu cette origine, E. DE LAVELEYE, *Rev. des Deux-Mondes*, 1er août 1872, p. 527.

† **VILLARSITE** (vi-lar-si-t'), *s. f.* Terme de minéralogie. Silicate de magnésie hydraté, vert jaunâtre.

† **VILLÉGIATEUR** (vil-lé-ji-a-teur), *s. m.* Néologisme. Celui qui est en villégiature. M. de S.... est venu jeter le trouble dans ce groupe de villégiateurs qui respiraient le frais à l'ombre des forêts ou sur le bord de la mer, *le National*, 7 août 1876, 2e page, 4e col.

† **VILLÉLIADE** (vi-lè-li-a-d'), *s. f.* Nom d'une satire politique du poëte Barthélemy contre M. de Villèle, ministre sous la Restauration.

† **VILLOTTE** (vi-llo-t', *ll* mouillées), *s. f.* Synonyme de moyette, nom, dans la Seine-Inférieure, de brassées de blé, d'avoine, de foin, qu'on recouvre d'un chaperon pour les garantir de la pluie, en attendant qu'on puisse les mettre en gerbes ou en bottes, *les Primes d'honneur*, Paris, 1869, p. 12. Comp. VEILLOTTE 1 au Dictionnaire.

† **VIMBE.** *Ajoutez :* — HIST. XVIe s. Vous liés et entourez de deux ou trois tours vostre pied d'arbre d'un visme bien serré au dessoubz de l'endroit que voudrez finir vostre fente, LANDRIC, *Advertissement et maniere d'enter* (Bourdeaux, 1580), p. 6, Paris, 1830.

† **VIMPLE** (vin-pl'), *s. f.* Nom vulgaire de la massette.

VIN. *Ajoutez :* || 13° Vin du glacier, vin renommé du Valais (Suisse), provenant d'un cépage nommé le rèse et qui, transporté dans les hautes vallées, acquiert, au contact de l'air des glaciers, un bouquet remarquable.

† **VINAGE.** *Ajoutez :* — HIST. XIVe s. Certaine rente de vin que on appelle vinage, qui peult valoir XXII muis de vin ou environ (1384), VARIN, *Archives administr. de la ville de Reims*, t. III, p. 602.

VINAIGRETTE. *Ajoutez :* || 5° Il s'est dit pour vinaigrier, vase à mettre le vinaigre. Il y avait, par fortune, sur la table une vinaigrette de terre cuite, en habit de cordelier, de l'invention de quelque potier huguenot, FR. GARASSE, *Mémoires* publiés par Ch. Nisard, Paris, 1861, p. 43. Les soucoupes, vinaigrettes, salières, cuillers, fourchettes..., H. BAUDRILLART, *Journ. offic.* 7 juin 1876, p. 3926, 2e col. || 6° Étui de cuir contenant un flacon de sels.

† **VINCIBLE** (vin-si-bl'), *adj.* Se dit, parmi les casuistes, d'une ignorance qui peut être vaincue. Une chose qu'on n'oserait pas entreprendre de soutenir, mais que vous [jésuites] jugiez néanmoins être nécessaire, afin que l'ignorance du droit naturel fût toujours vincible, ANT. ARNAULD, 5e *dénonciation*, IV (*Œuvres*, Lausanne, 1780), p. 317. Cela [penser que leurs dieux défendaient aux païens de pécher] est nécessaire selon vous, afin que l'ignorance où ils étaient de la loi de Dieu fût vincible, ID. *ib.* V, p. 320. Les équivoques des mots d'ignorance vincible et invincible, ID. *ib.* X, p. 355.

— ÉTYM. Lat. *vincibilis*, de *vincere*, vaincre.

† **VINCIBLEMENT** (vin-si-ble-man), *adv.* Terme de casuistes. D'une manière vincible. Ce n'est pas assez de connaître Dieu, ou de l'ignorer vinciblement, ANT. ARNAULD, 5e *dénonciation*, IV, *Œuvres* Lausanne, 1780, p. 317.

† **VINCULÉ, ÉE** (vin-ku-lé, lée), *adj.* Ancien terme de droit, encore usité en Belgique. Qui n'est possédé que sous certaines obligations. *L'Élévation* et la *Descente de croix* sont la propriété de la fabrique, propriété vinculée en ce sens que la fabrique ne peut pas vendre sans le consentement du gouvernement, M. DE DECKER, à la chambre belge, dans *Journ. offic.* 16 fév. p. 1291, 3e col.

— ÉTYM. Bas-lat. *vinculata bona*, biens soumis à une hypothèque; du lat. *vinculum*, lien.

VINÉE. *Ajoutez :* || 3° Branche à fruit conservée plus ou moins longue sur la vigne, dite aussi courgée, pleyon, archet, aste, sautelle, flèche, tiret, etc., DUBREUIL, *Culture du vignoble*, Paris, 1863, p. 88. || Nom donné, dans Maine-et-Loire, à un rameau de vigne, dit aussi couet, courbé en arc de cercle et attaché au cep de vigne, *les Primes d'honneur*, Paris, 1872, p. 162.

— HIST. *Ajoutez :* || XVe s. Et fut la plus meschante année et pouvre vignée qui longtemps fut sceue en France, *Chronique scandal. de Louis XI, an* 1465.

† **VINER.** *Ajoutez :* || 2° *V. réfl.* Se viner, prendre un goût vineux. Cette bière [chauffée] peut se conserver indéfiniment dans le ballon sans jamais s'altérer; elle s'évente à la longue, elle vieillit, se vine, mais elle ne devient ni sure, ni aigre, ni putride, malgré le contact de l'air extérieur, R. RADAU, *Rev. des Deux-Mondes*, 15 nov. 1876, p. 444.

VINGT. || 6° *Ajoutez :* || En Savoie, dans le peuple, on dit trois vingts pour soixante. J'ai trois vingt et neuf ans, disait une vieille mendiante à Évian-les-Bains.

† 2. **VINGTAIN.** *Ajoutez :* — REM. Vingtain est une mauvaise orthographe pour vingt ains (voy. DIX-HUITAIN au Supplément).

VINGTAINE. *Ajoutez :* || 3° Dans les îles Normandes (aujourd'hui à Jersey seulement), circonscription territoriale, division de la paroisse.

† **VINGTENIER** (vin-te-nié), *s. m.* A Jersey, officier municipal de la vingtaine; à Guernesey, ancien officier municipal, aujourd'hui chargé de certaines fonctions dans la milice de l'île; à Serk, officier municipal de l'île, subordonné au connétable.

VINGTIÈME. — HIST. XIIIe s. *Ajoutez :* Vint et unimes fu Pepins Rois de France..., PH. MOUSKES, *Chronique*, v. 2060.

† **VINOUSE** (vi-nou-z'), *s. f.* Branche à fruit de la vigne, plus ou moins longue, ainsi dite quand elle est conservée droite, *les Primes d'honneur*, p. 454, Paris, 1867.

† **VIOLABLE.** *Ajoutez :* S'il [le roi] était comme moi, père Duchêne, violable, *Lett. du père Duchêne*, 116e lettre, p. 6. C'est avec le ministère, essentiellement violable, discutable et renversable, que nous traitons des affaires qui intéressent la marche générale du gouvernement, FR. CHARMES, *Journ. des Débats*, 16 juin 1876, 1re page, 3e col.

VIOLENTER. *Ajoutez :* || 3° Violenter de, contraindre à. Il [le maréchal d'Ancre] fit emprisonner mon cousin, le prince de Condé, chassa les autres princes, me violenta d'aller en mon parlement pour les déclarer criminels, *Véritable récit de ce qui s'est passé au Louvre*, Paris, 1617, p. 8.

VIOLET. *Ajoutez :* || 8° Sorte de bois, dit aussi bois de violette (voy. VIOLETTE, n° 5, au Dictionnaire). Les bois d'ébénisterie wacapou et violet, qui se payent 250 francs le mètre cube, *Journ. offic.* 2 juin 1874, p. 3683, 3e col.

VIOLON. *Ajoutez :* || 11° Planche carrée qui est garnie de fils de fer parallèlement placés, comme le sont les cordes de l'instrument de musique dont elle a pris le titre; chacun de ces fils correspond à une des boîtes de couleur; on se sert du violon dans l'impression des tissus, *Magasin pittoresque,* 1858, p. 175.

† **VIOLONEUX** (vi-o-lo-neû), *s. m.* Dans le langage populaire, surtout des campagnes, joueur de violon. Les violoneux et les cornemuseux doivent venir donner l'aubade aux fiancés, ANDRÉ THEURIET, *Rev. des Deux-Mondes,* 1er mai 1877, *la Poésie populaire en France et la vie rustique.*

† **VIRAGE.** *Ajoutez :* || 3° Action d'une couleur qui vire, qui change. Le virage au rouge violet de la liqueur acide, H. DE PARVILLE, *Journ. offic.* 8 févr. 1877, p. 1007, 3e col.

† **VIRANT** (vi-ran), *adj. m.* Terme de forestier. Bois virant, dit aussi bois tors, celui dont les fibres, au lieu d'être parallèles à l'axe de l'arbre, décrivent autour de lui des hélices plus ou moins allongées; il est moins résistant et moins élastique que les bois à fibres droites, NANQUETTE, *Exploitation, débit et estimation des bois,* Nancy, 1868, p. 178.

† **VIRE** (vi-r'), *s. f.* Chemin en lacet ou tournant autour d'une montagne abrupte, en Valais. La vire aux mayens, titre d'un article de la *Revue des Deux-Mondes,* 15 août 1877, par M. J. Gourdault.

† **VIRÉE.** *Ajoutez :* || 3° Terme de forestier. Action de diviser, pour l'estimation, une coupe de bois en bandes étroites et parallèles que l'estimateur parcourt successivement, en se tenant à égale distance des lignes qui servent de limites à la bande dont il estime les produits, NANQUETTE, *Exploitation, débit et estimation des bois,* 1868, p. 252. Estimation par virée. || 4° Dans l'Aunis, rang de ceps. Couper tous les raisins d'une virée, *Gloss. aunisien,* p. 158.

VIRELAI. *Ajoutez :* — REM. Le virelai est un petit poëme sur deux rimes. Le P. Mourgues (*Traité de la poésie française,* III, 6) le définit ainsi : « Les poëtes, après avoir conduit quelque temps le lai sur une rime dominante, le faisaient tourner ou virer sur l'autre rime, qui devenait dominante à son tour; voilà exactement ce qu'était le virelai ancien. » Puis il décrit une modification moderne du virelai en ces termes : « L'une des rimes domine dans toute la pièce, l'autre s'y joint de temps en temps pour faire un peu de variété. Le premier ou les deux premiers vers se répètent dans la suite, ou ensemble, ou séparément, autant de fois qu'ils tombent à propos et forment le virelai. » On peut voir dans Jullien, *les Formes harmoniques du français,* Hachette, 1876, p. 184, un exemple de ce dernier genre de virelai. Toutefois, les anciens poëtes ne s'astreignaient pas toujours à la règle des deux rimes. Dans le premier bulletin de la *Société des anciens textes français,* M. Paul Meyer cite les premiers vers d'un virelai : ils sont sur trois rimes. Dans le recueil intitulé *les Poëtes français jusqu'à Malherbe,* se trouve (t. II, p. 146) un virelai de Jean Froissart sur quatre rimes. J. J. Rousseau a adressé à Mme de Warens une pièce en trois couplets à refrain, qu'il a nommée virelai; c'est une erreur.

† **VIRELAN** (vi-re-lan), *s. m.* Nom vulgaire d'une grande pièce de deux gros de Flandres frappée pour les quatre États de Philippe le Bon et de Charles le Téméraire. || Ce nom, avec celui de plaque de Flandres, a été donné aux monnaies de deux gros flamands, ou douze deniers tournois, frappés pour Charles VII à Tournai, après que cette ville eut refusé de se soumettre à l'autorité de Henri VI, petit-fils de Charles VI et fils de Henri V.

— ÉTYM. Flamand, *vier lands,* quatre pays.

VIRER. *Ajoutez :* || 7° Contourner. Les bouées que devaient virer les embarcations engagées pour les courses, distantes l'une de l'autre de 1500 mètres, étaient placées, l'une en amont l'autre en aval du pont, *Journ. offic.* 19 juill. 1877, p. 5303, 2e col.

† **VIRGILIER** (vir-ji-lié), *s. m.* Genre d'arbrisseaux de la tribu des sophorées, dédié à Virgile.

† **VIRGINALEMENT.** — HIST. XIVe s. *Ajoutez :* Comment Salomé qui ne creoit pas que Nostre Dame eust enfanté virginalement sanz euvre d'omme..., *Miracles de Nostre Dame par personnages,* Paris, 1876, p. 205. Elle l'enfanta virginaument pour nostre redemption, *ib.* p. 207.

VIRUS. *Ajoutez :* || 2° Fig. Virus pénitentiaire, démoralisation que se communiquent les condamnés dans les prisons. A cette contagion de ce qu'on a appelé le virus pénitentiaire, il n'y avait qu'un remède efficace à opposer, l'isolement, BÉRENGER, *Rapport,* dans *Journal des Débats,* 29 janv. 1877, 2e page, 4e col.

† **VISCÉRALEMENT.** *Ajoutez :* — HIST. XVe s. Qui est le plus grand abus et la plus grande entreprise sur nous, nostre couronne et royaume que l'on sçauroit et qui plus visceralement nous touche, GODEFROY, *Observ. sur Charles VII,* p. 582.

† **VISE** (vi-z'), *s. f.* Action de viser. Les lignes de vise [à certaines étoiles] qui se recoupent dans l'espace sont quelque cinq cent mille fois plus longues que la petite base du triangle, qui est le diamètre de l'orbite terrestre, VERNIER, *le Temps,* 16 janv. 1877, *Feuilleton,* 3e col.

— REM. Vise est un mauvais mot; on a, en ce sens, ligne de visée; c'est peut-être une faute d'impression dans *le Temps.*

VISIBLE. — HIST. *Ajoutez :* XIIe s. Visible astoit tote la creature en la disposition del secle [avant la création], alsi com il la veïst [comme si Dieu la voyait], *li Dialoge Gregoire lo pape,* 1876, p. 286.

† **VISSOULE** (vi-ssou-l'), *s. f.* Champ de marais salants qui n'a que deux rangées d'aires, *Gloss. aunisien,* p. 159.

VISUEL. *Ajoutez :* || 2° Plan visuel, croquis qui montre la vue d'un lieu. Le juge-commissaire ne crut pas devoir faire de procès-verbal descriptif, ni dresser un plan visuel des lieux, *Gaz. des Trib.* 10 fév. 1876, p. 137, 4e col.

VITAL. — HIST. *Ajoutez :* XIIe s. Uns freres morut, li queiz manes [soudain], quant il parloit, mist fors lo vial sofflement, *li Dialoge Gregoire lo pape,* 1876, p. 200.

† **VITALISER** (vi-ta-li-zé), *v. a.* Donner une impulsion vitale à la graine des vers à soie, qui, importée, n'éclôt qu'après avoir subi l'influence d'un hiver. M. Chamecin est arrivé à vitaliser des graines dès la première année par une hivernation artificielle, *Journ. de Lyon,* 15 nov. 1874, 3e page, 4e col.

— REM. De vitaliser on a formé le substantif vitalisation.

† **VITELLOGÈNE** (vi-tèl-lo-jè-n'), *adj.* Terme de physiologie. Qui engendre le vitellus. Les cellules vitellogènes de l'ovaire des insectes, *Journ. offic.* 6 avril 1877, p. 2685, 1re col.

† **VITELOT.** *Ajoutez :* || 2° Sorte de crochet. Il offre aux regards divers systèmes de douilles assorties, de clous, de bagues, de vitelots, des portants à systèmes pour esquifs, tous les articles spéciaux au canotage..., *Journ. offic.* 29 nov. 1875, p. 9821, 1re col.

† **VITICELLE** (vi-ti-sè-l'), *s. f.* Nom d'une clématite.

— ÉTYM. Lat. *viticella,* petite vigne, diminutif de *vitis,* vigne.

VITRAGE. *Ajoutez :* || 5° Petit rideau de fenêtre, par opposition aux grands rideaux. Vitrages brodés, vitrages guipure, vitrages tulle, application, etc., *Vitrine d'un magasin de nouveautés,* 28 août 1874.

† **VITRELLÉ, ÉE** (vi-trèl-lé, lée), *adj.* Qui est en forme de vitrage. Un grand vase de plomb à inscriptions grecques, et un châssis d'arabesques ajourées et vitrellées complètent cette curieuse exhibition, L. MICHEL, *Monit. univers.* 11 juin 1867, p. 719, 6e col.

† **VITRIOLAGE** (vi-tri-o-la-j'), *s. m.* Action de traiter les grains par le sulfate de cuivre. Dans le sulfatage ou vitriolage par immersion dans une dissolution à 2 pour 100 de sulfate de cuivre, même pendant un temps très-court, une partie considérable de la semence peut être privée de la faculté germinative, *le Nouvelliste de l'arrond. d'Avranches,* 15 oct. 1876.

† **VITTADINE** (vi-tta-di-n'), *s. f.* Nom d'une espèce de petite pâquerette.

† **VITUPÉRABLE** (vi-tu-pé-ra-bl'), *adj.* Digne d'être vitupéré. A qui s'y affectionne et s'en repaît, ils [les honneurs] sont extrêmement blâmables et vitupérables, SAINT FRANÇOIS DE SALES, *Introd. à la vie dévote,* III, 4.

† **VITUPÉRATIF, IVE** (vi-tu-pé-ra-tif, ti-v'), *adj.* Néologisme. Qui vitupère, qui blâme. Mgr de Vannes doit-il lutter d'éloquence vitupérative avec le correspondant du *Bien public* à Pontivy? *Journ. des Débats,* 3 mai 1876, 1re page, 1re col. Il faut voir avec quelle verve emportée et quelle éloquence vitupérative *la Gazette* et *l'Union* traitent nos alliés d'hier, afin de leur inspirer la crainte d'avoir abandonné le parti des honnêtes gens en abandonnant des gens si honnêtes, *ib.* 14 août 1876, 1re page, 1re col.

— ÉTYM. *Vitupérer.*

† **VIVACEMENT** (vi-va-se-man), *adv.* D'une manière vivace. Il était trop vivacement jeune pour..., DE BALZAC, *le père Goriot.*

† **VIVÉRIEN, IENNE** (vi-vé-riin, riè-n'), *adj.* Terme de zoologie. Qui appartient au genre *viverra* (furet, fouine, etc.). En somme la faune générale [du Sahara] n'a pas de rapports avec celle du Soudan, pays fertile, remarquable par l'abondance de singes, de carnassiers vivériens, de pachydermes et de pangolins, A. J. *la Philos. posit.* juill.-août 1875, p. 92.

† **VIVIFIEMENT.** — HIST. *Ajoutez :* XIIe s. Quant par lo vivifiement de la char est hom remeneit à la vie, *li Dialoge Gregoire lo pape,* 1876, p. 149.

† **VIVIPAREMENT** (vi-vi-pa-re-man), *adv.* A la façon des vivipares. On ne saurait y voir la preuve que la truffe se reproduit ainsi viviparement par une sorte de germination intérieure, J. E. PLANCHON, *Rev. des Deux-Mondes,* 1er avr. 1875, p. 644.

1. **VIVRE.** *Ajoutez :* || 23° Le long vivre, l'action de vivre longtemps. C'est un malheur du trop long vivre, CHATEAUBR. *Mém. d'outre-tombe,* éd. de Bruxelles, t. VI, *M. Thiers.*

† 1. **VIVRIER.** *Ajoutez :* — REM. Vivrier, noté comme ancien, s'emploie encore aujourd'hui. L'introduction de quelques officiers d'administration d'élite qui se sont révélés comme de véritables administrateurs, qui sont devenus ce qu'on appelle en style militaire de bons vivriers, peut être utile, FREYCINET, *Journ. offic.* 22 nov. 1876, p. 8534, 1re col.

VIZIR. *Ajoutez :* || 2° Sorte de tabac à fumer, *Réponses aux questions de l'enquête sur le monopole des tabacs et des poudres,* p. 230, Paris, 1874.

† **VOCALEMENT** (vo-ka-le-man), *adv.* D'une manière vocale, en employant la voix. Il y a une autre manière d'oraison que l'on appelle vocale qui se fait avec la voix; et, lorsque je prie vocalement..., CABART, *Sommaire de l'oraison mentale,* p. 2.

† **VOCALIQUE.** *Ajoutez :* || Harmonie vocalique, se dit, dans les langues ouralo-altaïques, de ce fait : les différentes voyelles étant réparties en deux classes, toutes les voyelles d'un mot qui suivent celle de la syllabe principale doivent être de la même classe que la voyelle de cette syllabe, A. HOVELACQUE, *Linguistique,* p. 139, Paris, 1876.

† **VOCALISATION.** *Ajoutez :* || 3° Système des voyelles d'une langue. La vocalisation actuelle de l'hébreu telle que l'ont fixée les ponctuateurs, DERENBOURG, *Rev. crit.* 9 déc. 1876, p. 371.

VOCATIF. *Ajoutez :* — HIST. XIVe s. Qui gouverne le vocatif? il n'est mie gouverné, THUROT, p. 272.

VOCATION. *Ajoutez :* || 7° Terme de droit. Vocation testamentaire, droit conféré par un testament. Qu'elle [la testatrice] avait non pas entendu soumettre la vocation des seconds institués à un cas spécial et déterminé, mais.... qu'il s'agit de décider si la vocation au legs universel s'est ouverte pour les mineurs, *Gaz. des Trib.* 18 nov. 1874, p. 1105, 3e col. Les substitués qui n'ont à invoquer aucune vocation testamentaire immédiate n'ont ni titre, ni qualité pour se porter héritiers bénéficiaires, *ib.* 20 déc. 1876, p. 1227, 2e col.

† **VOCONIENNE** (vo-ko-niè-n'), *adj. f.* Terme de droit romain. Loi voconienne, loi que le tribun Q. Voconius Saxa fit rendre, et qui bornait les legs qu'on pouvait faire aux femmes. La loi voconienne ne permettait point d'instituer une femme héritière, pas même sa fille unique, MONTESQ. *Esp. des lois,* XXVI, 6.

VOEU. *Ajoutez :* || 9° A pleins vœux, autant que les vœux peuvent demander. Que les peuples les plus puissants Dans nos souhaits à pleins vœux nous secondent, CORN. *Andr.* IV, 5.

VOGUE. — HIST. XVIe s. *Ajoutez :* Ceux de la garnison de Marualz faisoient une feste comme vogues, où venoient gens de toutes pars, PARADIN, *Chron. de Savoye,* p. 216.

† **VOID** (voi), *s. m.* Sorte de fromage de la Meuse. Les ustensiles pour la fabrication des fromages frais, les fromages double crème, les fromages affinés, le livarot, le brie, le façon brie, le void, le mont-dore, *Journ. offic.* 3 févr. 1875, p. 915, 2e col.

VOIE. *Ajoutez :* || 23° Hotte à claire-voie. Ce sont les femmes qui récoltent les épinards, l'oseille, le persil, montent les voies.... le garçon qui conduit la voiture de légumes à la halle, décharge les voies, les mannes, *Journ. offic.* 8 avril 1876, p. 2542, 2e col.

1. **VOILE.** || 4° *Ajoutez :* || Le petit voile, voile que portent les femmes qui veulent être religieu-

ses, avant de faire leurs vœux. Elle [Salammbo] n'est qu'à demi prêtresse, ou plutôt elle n'est que dévote, et comme qui dirait, ayant le petit voile, STE-BEUVE, *Nouv. lundis*, t. IV (*Salammbo*, par *M. Flaubert*, I). || 13° Terme de photographie. Défectuosité de la couche sensible qui ne permet pas à la lumière d'agir sur elle. Ces cristaux d'iodure d'argent réduit, quelquefois très-abondants, constituent le voile, cause de fréquents insuccès [en photographie]; ils se répandent souvent à la surface de la couche sensible comme un nuage impénétrable à la lumière, L. GIRARD, *Journ. offic.* 6 oct. 1876, p. 7360, 2° col.

VOIR. *Ajoutez* : || 11° Fig. Ne voir qu'un étang, ne plus savoir où l'on en est; comme qui dirait : ne voir qu'un brouillard. D'Aguesseau, dans sa surprise [quand il reçut du régent les sceaux, aux Tuileries], ne vit qu'un étang, et ne se remit que dans son carrosse en allant chez lui avec les sceaux, ST-SIMON, dans *Scènes et portraits choisis dans les Mém. du duc de Saint-Simon*, par Eug. de Lanneau, Paris, 1876, t. II, p. 147. Le maréchal d'Estrées avait l'air stupéfait et de ne voir qu'un étang, ID. *ib.* t. II, p. 201.

† **VOIREMENT** (voi-re-man), *adv.* D'une manière vraie (tombé en désuétude). Ils [les dévots] usent voirement de ce monde et des choses mondaines, SAINT FRANÇOIS DE SALES, *Introd. à la vie dévote*, I, 2 (1641). Vous dites que je ne suis point tenu à un batelier qui m'aura passé l'eau et n'aura rien pris de moi? je le dis voirement, MALH. *Lexique*, éd. L. Lalanne. Tout est bien aux dieux voirement; mais tout ne leur est pas dédié, ID. *ib.*

— ÉTYM. Anc. franç. *voire*, vrai (voy. VOIRE), et le suffixe *ment*.

VOIRIE. *Ajoutez* : || 4° Cour, dite aussi coche (voy. ce mot au Supplément), placée dans les abattoirs et destinée à recevoir la vidange des estomacs et des intestins des animaux.

† **VOIR-VENIR** (voir-ve-nir), *s. m.* Action, état de celui qui voit venir, qui laisse les choses se faire pour se décider en conséquence. Considéré sous cet aspect de l'expectative, du voir-venir..., Louis XIII offre à l'imagination une physionomie particulière, HENRI BLAZE DE BURY, *Rev. des Deux-Mondes*, 15 août 1876, p. 939.

— ÉTYM. *Voir*, et *venir* (voy. VOIR n° 2).

† **VOITURÉE** (voi-tu-rée), *s. f.* Ce que porte et contient une voiture. Une voiturée de gens, de blé, de foin, de bois, DELBOULLE, *Gloss. de la vallée d'Yères*, p. 342.

1. **VOL.** *Ajoutez* : || 12° En vol, s'est dit des volées des cloches. Elle [la Georges-d'Amboise] fut sonnée en vol par seize hommes le 16 février 1502; et, à ce sujet, le *Journal de Normandie* du 25 juin 1762 fait cette réflexion : on y met à présent trente et même quarante hommes, qui n'ont pas la force de la sonner en vol, Extr. du *Journ. de Rouen*, dans *Journ. offic.* 16 juill. 1864, p. 1950, 3° col.

1. **VOLANT.** *Ajoutez* : || 12° Dans la marine, gardien volant, gardien qui n'est pas à poste fixe. Périneau (Timothée), gardien volant, mort (le 16 avril 1874) titulaire d'une pension de retraite, *Bullet. des lois*, XII° série, partie supplém. 2° sem. 1874, n° 735, p. 1392. || 13° Dans le département de la Mayenne, terres volantes, terres qui n'appartiennent pas à un corps de ferme, *les Primes d'honneur*, p. 220, Paris, 1874. || 14° *S. m.* Un volant, une feuille détachée d'une souche. Deux carnets, l'un donnant le détail par nature des valeurs existant matériellement en caisse à la fin de chaque journée, l'autre présentant sur une souche et un volant, destiné à servir de bordereau, la composition de chaque versement, *Douanes, 2° div. 4° bur. Lettre commune* du 19 juin 1873, n° 102. Il se procurait des quittances ou volants, extraites du registre à souche; et, à l'aide de ces quittances ou volants, il donnait à des débitants illettrés ou inexpérimentés décharge des sommes que ceux-ci lui avaient payées sur sa demande et qu'ils ne devaient pas, *Gaz. des Trib.* 24 janv. 1877, p. 78, 3° col. || 15° Terme de construction. Portée, longueur comprise entre les supports. Un vaste grenier dont on a jeté les murs de refend par terre pour en faire une seule pièce, si grande maintenant, si disproportionnée, que le plancher a trop de volant, et qu'il s'effondrerait sur l'étage inférieur, si les enfants, toujours surveillés, n'étaient forcés de modérer leurs ébats, MAXIME DU CAMP, *Rev. des Deux-Mondes*, 15 févr. 1873, p. 803.

† 3. **VOLANT.** *Ajoutez* : || 2° Dans la Haute-Garonne, fer volant, sorte de faucille. Le gendarme T.... s'assurait de F.... qui était armé d'un fer volant..., enfin F.... s'avança vers lui en l'injuriant et en le menaçant de son fer volant; F.... se dirigea vers le garde particulier B.... et, portant la pointe de son fer volant sur sa poitrine, il lui dit..., *Gaz. des Trib.* 9-10 mars 1874, p. 237, 1re col. || 3° Haut volant, instrument de boucherie. Ils arrachent le vieillard de son lit, et lancent vers lui, l'un [boucher] plusieurs coups de son haut volant, l'autre de sa plane de sabotier, *Gaz. des Trib.* 14 févr. 1877, p. 153, 1re col.

† **VOLANTE,** (vo-lan-t'), *s. f.* Voiture en usage à la Havane. 6000 voitures de place y circulent; la fameuse volante, avec ses grandes roues et ses longs brancards, disparaît promptement et fait place à la victoria plus moderne, traînée par un seul cheval, *Journ. offic.* 11 mars 1873, p. 1687, 2° col. Dans beaucoup de rues.... les ordures sont amoncelées à tel point qu'une volante ou une victoria n'oserait s'y aventurer, *ib.* p. 1688, 1re col.

VOLÉE. || 3° *Ajoutez* : || Être le premier de sa volée, être au premier rang parmi les gens de même âge, de même condition. Il [Prévost-Paradol] en vint sans trop d'effort, au bout d'un an, à être le premier de sa volée, comme on disait autrefois, STE-BEUVE, *Nouv. lundis*, t. I (*M. Prévost-Paradol*).

VOLET. — HIST. XIV° S. *Ajoutez* : Au cherpentier qui a refait.... le pignon de la porcherie et le volet [pigeonnier] (1336), VARIN, *Archives administ. de la ville de Reims*, t. II, 2° part. p. 749.

VOLIGE. *Ajoutez* : || Planche de chêne, de 0m,22 à 0m,24 largeur, et 0m,013 à 0m015 épaisseur, NANQUETTE, *Exploit. débit et estim. des bois*, Nancy, 1868, p. 75.

† **VOLINS** ou **VOLIS.** *Ajoutez* : || Plus particulièrement, dans les chablis, la partie de l'arbre qui gît brisée sur le sol, BAGNERIS, *Manuel de sylviculture*, p. 6, Nancy, 1873.

† **VOLKSTING** (volk-stingh'), *s. m.* Nom de l'assemblée nationale en Danemark. Le volksting a voté en troisième lecture le budget de la marine et de la guerre, *Journ. offic.* 7 févr. 1872, p. 877, 1re col.

— ÉTYM. C'est une fausse orthographe pour *folkething* (voy. ce mot aux Additions).

VOLONTAIRE. *Ajoutez* : || 7° Aujourd'hui, d'après la nouvelle loi militaire, jeune homme qui, passant avec succès un examen et versant une certaine somme, fait un an de service dans un régiment; après quoi il appartient à la réserve.

† **VOLONTARIANISTE** (vo-lon-ta-ri-a-ni-st'), *s. m.* Partisan de la doctrine métaphysique qui admet que tout dans l'univers est subordonné à une volonté. Leibnitz était intellectualiste, Kant est volontarianiste; l'un mettait l'entendement audessus de la volonté, l'autre met la volonté audessus de l'entendement, *Rev. critique*, 23 sept. 1876, p. 203.

† **VOLSELLE** (vol-sè-l'), *s. f.* Terme d'anatomie. Nom donné par Léon Dufour à l'une des parties constituantes de l'armure copulatrice [chez les éphémères], JOLY, *Acad. des sc. Comptes rend.* t. LXXXIII, p. 811.

— ÉTYM. Lat. *volsella*, petite pince, de *vulsum*, supin de *vellere*, arracher.

† **VOLTAIRIUSCULE** (vol-tè-ri-u-sku-l'), *s. m.* Diminutif de Voltaire, un émule de Voltaire en petit. Le voltairiuscule du XIX° siècle, *Journal de la Meuse* du 20 juill. 1876.

† **VOLUBILE.** *Ajoutez* : || 2° Fig. Qui se tourne suivant toutes les influences. Les Grecs, déchus, privés de l'exercice des vertus publiques, devenaient, sauf de rares exceptions, plus légers, plus volubiles, plus sophistiques, STE-BEUVE, *Causeries du lundi*, t. XV, *La morale et l'art*.

† **VOLUCELLE** (vo-lu-sè-l'), *s. f.* Terme d'entomologie. Genre d'insectes diptères, comprenant une espèce qu'on nomme la mouche du rosier.

† **VOLUMETTE** (vo-lu-mè-t'), *s. m.* Petit volume. Je lui adresserais dans peu de jours mon *Cléophon*..., qui peut faire un volumette exquis et être divisé en neuf chapitres raisonnables, BALZAC, *Lett. inédites*, XXII, éd. Tamizey-Larroque.

— ÉTYM. Diminutif de *volume*. Balzac se sert plusieurs fois de ce mot, qui pourtant n'est pas bien fait; car il est du masculin, bien que la désinence soit féminine.

VOLUPTUAIRE. *Ajoutez* : || 2° Qui ne se fait que pour le plaisir. Les lieutenants de louveterie ne peuvent se livrer à une chasse purement voluptuaire, A. ROUSSET, *Dict. des forêts*, verbo *louveterie*.

VOLUPTUEUSEMENT. — HIST. XVI° S. *Ajoutez* : Et eux.... qui reputent à volupté les delices du jour, qui sont souillures et macules, abondans en délices, voluptueusement vivans avec vous aux convives [repas] qu'on leur fait, II *Pierre*, II, 13, *Nouv. Test.* éd. Lefebvre d'Étaples, Paris, 1525.

† **VOMER.** *Ajoutez* : || 2° Genre de poissons acanthoptérygiens.

† **VOMISSEUR** (vo-mi-seur), *s. m.* Celui qui vomit. Que trouvez-vous de libéral en ces vomisseurs de matin, qui ont le corps aussi gras et potelé comme l'esprit tabide et léthargique? MALH. *Lexique* (au mot *tabide*), éd. L. Lalanne.

† **VOMITO NEGRO** (vo-mi-to-nè-gro) ou, simplement, **VOMITO** (vo-mi-to), *s. m.* Expression espagnole qui signifie vomissement noir, et qui désigne la fièvre jaune.

† **VONTAC** (von-tak), *s. m.* Arbre fruitier de Madagascar. Le vontac, arbre rameux haut de trois à quatre mètres, portant des fruits de la grosseur des coings, revêtus d'une enveloppe dure, ayant une chair de saveur douce très-prisée des Malgaches, E. BLANCHARD, *Rev. des Deux-Mondes*, 1er sept. 1872, p. 245.

† **VORDRE** (vor-dr'), *s. m.* Nom vulgaire du saule marsault.

VOTIF. *Ajoutez* : || 2° Fête votive, fête patronale, fête du patron à qui la localité est vouée. À la fête votive des Bessons [Lozère], *Gaz. des Trib.* 31 mars 1876, p. 318, 3° col.

VÔTRE. || 2° Le vôtre, ce qui vous appartient. Ajoutez un exemple : Et quand la faim les poind, se prenant sur le vôtre, RÉGNIER, *Sat.* II.

† **VOUGE.** — ÉTYM. *Ajoutez* : Ce paraît être le même mot que *gouge* 1 (voy. ce mot au Dictionnaire).

1. **VOULOIR.** — REM. *Ajoutez* : || 4. Avec le prétérit indéfini de *vouloir*, et un *que* suivant, Mme de Sévigné a mis le verbe de la proposition subordonnée au prétérit indéfini du subjonctif : Elle n'a jamais voulu qu'il ait été saigné, 5 *août* 1671; Ils n'ont pas voulu que nous soyons partis plus tôt, 25 *mai* 1689. On dirait plutôt : qu'il fût saigné; que nous partissions; mais il n'y a rien à redire à ces phrases de Mme de Sévigné.

VOULU. || 2° *Ajoutez* : On donnera aux figures d'un tableau ou d'un groupe l'expression propre à l'action et voulue par la situation des personnages, BOUTARD, *Dict. des arts du dessin*, verbo *passion*. Des erreurs tantôt voulues, tantôt commises de bonne foi.... les erreurs voulues, autrement dit les iniquités qui surchargent les uns pour décharger les autres, HORN, *l'Écon. pol. avant les physiocr.* ch. XI. || 4° Bien voulu. *Ajoutez* : Après tout, une personne bien voulue a toujours de quoi vous contenter, LA MOTHE LE VAYER, *Dial. d'Orat. Tubero*, t. II, p. 387.

VOUS. — REM. *Ajoutez* : || 4. Avec un verbe à l'impératif, *vous* ne se met pas. Cependant Régnier a écrit : Il me dit : vous soyez, monsieur, le bien venu! *Sat.* X. Cela n'est plus usité.

† **VOUSSÉ, ÉE** (vou-sé, sée), *adj.* Qui présente une voussure. On ne voit plus guère de ces hideux animaux [porcs] plats, au dos voussé, aux longues jambes, à la tête monstrueuse, au squelette volumineux, à la chair sèche et rare, GUYOT, *Bullet. soc. centr. d'agric.* t. XXXVI, p. 408.

† **VOUSSOL** *s. m.* Nom vulgaire du *myrica gale*.

VOÛTÉ. || 1° *Ajoutez* : Il [le prince Orlof] a fait creuser en automne les fondements d'une porte cochère, et, pendant les plus fortes gelées de l'hiver, il a fait remplir d'eau ces fondements, afin qu'elle se convertît en glace. .. au printemps on éleva dessus une porte cochère voûtée en briques et très-solide; elle existe depuis quatre ans, et elle existera, je crois, jusqu'à ce qu'on l'abatte, *Lett. de Catherine II à Voltaire*, 20 févr. (3 mars) 1773.

VOYAGE. *Ajoutez* : || 8° Autrefois, dans certains couvents, un voyage à Jérusalem, la prison perpétuelle à laquelle les religieux condamnaient un de leurs confrères, ainsi dit parce que, si on venait le demander, ils répondaient qu'il était allé faire un voyage à Jérusalem, *Biblioth. critique*, Amsterdam, 1710, t. IV, p. 201.

VOYAGEUR. *Ajoutez* : || 5° Arbre du voyageur, le *ravenala madagascariensis*, BAILLON, *Dict. de bot.* p. 248. Sonnerat, le premier, a décrit le *ravelana*, l'arbre du voyageur, de nos jours presque poétisé par une sorte de légende, E. BLANCHARD, *Rev. des Deux-Mondes*, 1er juill. 1872, p. 73. || 6° Nom donné par les enfants aux graines de cha don que le vent meut dans l'air. Pareils à ces vaporeuses graines des chardons que les enfants nomment des voyageurs, A. THEURIET, *Rev. des Deux-Mondes*, 1er oct. 1874, p. 553.

— REM. Au XVIIe siècle, on prononçait souvent, au pluriel, voyageux. Les dieux prennent quelquefois la figure des voyageux, RAC. *Lexique*, éd. P. Mesnard.

† 2. **VRAI** (vrè), *s. m.* Nom vulgaire du varech.

† **VRANCELLE** (vran-sè-l') ou **VRONCELLE** (vron-sè-l'), *s. f.* Noms du liseron soldanelle.

† **VREILLE.** *Ajoutez :* || Dans l'Aunis, on dit vreillée et vrillée, *Gloss. aunisien*, p. 159.

— ÉTYM. *Vrille*, parce que les tiges des liserons s'entortillent en forme de vrille autour des tiges ou des branches voisines.

VRILLE. — ÉTYM. *Ajoutez :* Le Dictionnaire, établissant que la forme primitive est *viille*, *visle*, *veille*, s'en sert pour rejeter les étymologies proposées et ne conclut pas. Mais M. Bugge, *Romania*, n° 10, p. 160, pense que *viille* répond précisément au latin *viticula* (comp. *cheville*, lat. *clavicula*), petite vigne, cirre de la vigne, diminutif de *vitis*, vigne. L'épenthèse de l'*r* a ses analogies dans *fronde* pour *fonde*, *franfreluche* pour *fanfelue*, *fringale* pour *faimvalle*. Il ajoute qu'il faut accepter comme signification primaire de *vrille*, cirre de la vigne. La démonstration de M. Bugge est pleinement satisfaisante. Remarquons que le lat. *vitis* a donné le français *vis*, qui signifie un instrument à hélice et autrefois un escalier tournant.

† **VRILLER.** || 2° *V. n.* Il se dit aussi d'un cordage, d'un cordonnet qui se tortille. Cette ralingue vrille toujours.

† **VU-ARRIVER** (vu-a-ri-vé), *s. m.* Terme d'administration. Certificat constatant qu'une fourniture administrative a été exécutée, ou qu'un objet quelconque a été livré.

VUE. *Ajoutez :* || 33° À vue d'oiseau, de loin et de haut, comme voit l'oiseau qui plane dans l'air. Il ne laissa pas de peindre à vue d'oiseau l'aspect de la chartreuse de Bourg-Fontaine et du pays des environs..., on l'employa aussi à peindre le couvent à vue d'oiseau, GUILLET DE ST-GEORGES, *Mém. inéd. sur l'Acad. de peint.* publiées par Dussieux, etc. t. II, p. 68. || On dit communément : à vol d'oiseau.

† **VULCAIN.** *Ajoutez :* || 4° Petite planète, qu'on croit exister entre Mercure et le soleil, et qui ferait sa révolution en quarante-deux jours et une demi-heure.

VULGAIRE. *Ajoutez :* || 11° Terme de droit romain. Substitution vulgaire, substitution d'un héritier, faite par le testateur, à l'héritier institué, au cas qu'il ne se présente pas pour recueillir l'hérédité; vulgaire signifie ici ordinaire, par opposition à la substitution pupillaire, dans laquelle le testateur substitue un héritier éventuel à son héritier réel, si ce dernier meurt impubère et avant d'avoir eu la capacité de tester lui-même (la substitution vulgaire est encore, sauf le nom, usitée en droit français; la substitution pupillaire ne l'est plus). Qu'à cet effet, elle [la testatrice] en avait institué deux [légataires] successivement, avec substitution vulgaire, le second devant éventuellement lui succéder à la place du premier..., les conditions jointes à la substitution vulgaire doivent être comprises *lato sensu*, *Gaz. des Trib.* 18 nov. 1874, p. 1105, 2e et 4e col.

W

† **WACAPOU** (oua-ka-pou), *s. m.* Bois de la Guyane française. Pour ne nous occuper en ce moment que des essences propres à l'ébénisterie, nous signalerons le wacapou; cette magnifique essence, dit le rapport, plus belle que nos vieux chênes et si propre aux sculptures et à l'ébénisterie de luxe, est demandée à 230 francs le stère, *Journ. offic.* 3 avril 1876, p. 2384, 2e et 3e col.

† **WACKE.** *Ajoutez :* — ÉTYM. Angl. *wacke*; de l'all. *Wacke*, même sens.

† **WACOUA** (oua-koua), *s. m.* Le même que vaquois (voy. ce mot au Dictionnaire). Comme le wacoua et autres feuilles du même genre, telles que celles du latanier, par exemple, sont très-abondantes à Cuba, il n'y a aucun motif pour qu'on n'en fasse pas des nattes ou sacs, *Journ. offic.* 6 août 1872, p. 5398, 2e col.

† **WADDY** (ouad-di), *s. m.* Sorte de tomahawk court qui se lance à la main; c'est une arme des Australiens, *Journ. offic.* 19 juill. 1872, p. 4935, 1re col.

† **WAGAGE** (oua-ga-j'), *s. m.* Limon de rivière. Elle [la région du N.-O] fait aussi usage de tourteaux..., de limon de rivière ou wagage, de colombine, HEUZÉ, *la France agricole*, *carte* n° 7.

† **WAGNERISME** (vagh-né-ri-sm'), *s. m.* Musique, manière musicale de Wagner, musicien allemand contemporain. M. Gounod a tiré du wagnerisme tout ce qu'il avait de bon à nous donner, DE LAGENEVAIS, *Rev. des Deux-Mondes*, 15 juin 1874, p. 951.

† **WAGONNETTE** (va-go-nè-t'), *s. f.* Sorte de voiture. Voitures, coupé, landau, calèche, phaéton, wagonnette, victoria, *Journ. offic. Ann.* 9 déc. 1871.

† **WAGONNIER** (va-go-nié), *s. m.* Voy. vagonnier au Dictionnaire.

† **WAHABITE.** *Ajoutez :* — ÉTYM. *Ouahbâb* (Mohammed ben Abd-el-Ouahbab), auteur de la secte, DEVIC, *Dict. étym.*

† **WAKOUF** (oua-kouf), *s. m.* Nom, dans l'Algérie, des biens appartenant aux mosquées. On écrit plus souvent vacouf.

† **WALHALLA.** *Ajoutez :* || 2° Temple de mémoire élevé par le roi Louis Ier de Bavière, sur le Brauberg, à deux lieues de Ratisbonne, et consacré aux illustrations de l'Allemagne.

† **WALRUS** (oual-rus', ou, à l'anglaise, oualreus'), *s. m.* Sorte de cétacé, le morse. Le walrus est un véritable monstre; sa longueur est de trois à cinq mètres, il pèse vingt quintaux, *le Tour du monde*, livraison du 15 août 1874, p. 107. Au moment de l'abandon [de la flotte baleinière du North Pacific], la cargaison totale de ces douze navires se composait de 12 000 barils d'huile, de 2300 gallons de spermaceti, de 64 000 livres de fanons et des 48 000 livres d'ivoire du walrus, *Journ. offic.* 23 nov. 1876, p. 8603, 2e col.

— ÉTYM. Anglais, *walruss*, qui est l'allemand *Wallross*, morse, de *Wall*, baleine, et *Ross*, cheval.

† **WAMPOUM** (ouan-poum'), *s. m.* Nom donné, parmi les tribus de l'Amérique du Nord, à des ceintures auxquelles étaient enfilés des coquillages de diverses formes et de diverses couleurs, et qui, par leurs combinaisons emblématiques, étaient destinées à éveiller dans l'esprit telle ou telle notion; c'est l'analogue des quipos, A. MAURY, *De l'origine de l'écriture*, *Journ. des savants*, août 1875, p. 467. M. de Vesly passe en revue les images memento : quipos des Chinois et des Péruviens, wampoums et tatouages des tribus de l'Amérique, *Journ. offic.* 22 avril 1876, p. 2860, 1re col.

† **WAPITI** (oua-pi-ti), *s. m.* Sorte de cerf de l'Amérique du Nord. Dans les nouveaux États et territoires de par delà le Mississipi, on parle de la disparition rapide non-seulement de l'élan et du cerf, mais encore des moufflons et des wapitis, *Rev. britan.* août 1876, p. 474.

† **WARIE.** *Ajoutez :* — REM. On le trouve aussi au masculin, sous la forme wary. On écrit de Saint-Pierre Miquelon : Les inquiétudes augmentent en ce qui concernait les sieurs.... pêcheurs de l'île aux Chiens, partis à la chasse des oiseaux de mer, le 30 décembre dernier, dans un wary, *Avranchin*, 6 févr. 1876.

† **WARNETTE.** *Ajoutez :* On le trouve écrit aussi warnète. Les bateaux de dix tonneaux et au-dessous, qui se livrent à la pêche dite aux warnètes et qui ne rapportent que du poisson frais, seront exemptés des conditions d'armement exigées..., *Décret du 7 juin* 1852, *pêche du hareng*, art. 12.

† **WARRANTER** (oua-ran-té), *v. a.* Terme de commerce. Munir d'un warrant. Le règlement de l'indemnité pour les marchandises warrantées brûlées par la Commune est encore entravé, mais le résultat peut être apprécié, *Journ. offic.* 5 avril 1874, p. 2598, 3e col. Il [un négociant] peut hypothéquer ses magasins, warranter ses marchandises, donner en garantie son portefeuille, *ib.* 28 juin 1874, p. 4413, 2e col. Objectera-t-on que le récépissé peut être négocié, peut être warranté? *Gaz. des Trib.* 8 avril 1876, p. 346, 1re col.

† **WARROTS.** *Ajoutez :* || On trouve aussi warats. La vesce et les warats se sèment dans le courant de ventôse, J. F. HENRY, *Essai sur l'arrondissement de Boulogne-sur-Mer*, p. 171, Boulogne, 1810.

† **WASTE** (oua-st'), *s. f.* Terrain nu et sans culture. Avant de pénétrer dans le village, j'ai traversé des wastes; ce mot s'est trouvé au bout de mon crayon; il appartenait à notre ancienne langue franque; il peint mieux l'aspect d'un pays désolé que le mot lande, qui signifie terre, CHATEAUB. *Mém. d'outre-tombe* (éd. de Bruxelles), t. VI, *Weissenstadt, la Voyageuse*, etc.

— ÉTYM. Angl. *waste*, terre inculte, de l'anc. franç. *guaste*, écrit dans la région du nord *waste* (voy. GÂTER), et qui a des attaches au germanique *wastian*. *Notre ancienne langue franque*, qui signifie ici l'ancien français, montre que Chateaubriand ignorait complétement les origines de notre idiome. La langue franque est un dialecte germanique qui fut parlé par les Francs en Gaule tant qu'ils ne furent pas assimilés par la population indigène; mais elle ne fut jamais la langue des Gaules, qui était le latin au moment de l'invasion barbare, et qui devint peu à peu le français.

† **WATERCLOSET** (oua-tèr-klô-zèt'), *s. m.* Nom anglais des lieux d'aisance, qui est passé dans notre langue.

— ÉTYM. Angl. *water*, eau, et *closet*, cabinet; *closet* dérive du français *clos*, fermé.

† **WATERIE** (oua-te-rie), *s. f.* Nom, dans le Pas-de-Calais, d'un mélange de fèves et de pois, *les Primes d'honneur*, Paris, 1869, p. 81.

† **WATERINGUE.** *Ajoutez :* || 2° Se dit quelquefois pour désigner la direction qui administre une wateringue. || Dans l'étymologie, au lieu de *wateringen*, lisez *watering*.

† **WÉGA.** *Ajoutez :* — ÉTYM. Arabe, *ouagi*, tombant, l'oiseau tombant, par rapport à *altaïr*, situé non loin de là, qui est l'aigle volant.

† **WEHRGELD** (vêr-ghèld), *s. m.* Terme germanique appartenant à la période barbare. Prix qu'on payait pour le meurtre d'un homme. Ils [les antrustions] avaient droit au triple wehrgeld; en d'autres termes, la liberté et la vie d'un antrustion étaient estimées au triple de celles d'un Franc de condition ordinaire, F. ROCQUAIN, *Revue polit. et litt.* 27 mai 1875.

— ÉTYM. All. *Wehr*, défense, et *Geld*, argent.

† **WETTERLI** (vè-tèr-li), *s. m.* Nouveau fusil perfectionné, ainsi dit du nom de son inventeur. La landwehr sera progressivement armée du wetterli, *Journ. offic.* 20 oct. 1873, p. 6461, 3e col.

† **WILLELMITE** (vil-lèl-mi-t'), *s. f.* Terme de minéralogie. Silicate de zinc, incolore ou jaunâtre.

† **WILLKOMM** (vil-kom'), *s. m.* Sorte de verre à boire allemand. Willkomm en verre de Bohême.

— ÉTYM. All. *willkommen*, bien venu.

† **WINTER** (ouin-tèr), *s. m.* Écorce de winter, écorce du *wintera aromatica*, qui est employée en pharmacie. Les écorces.... de winter, d'yèble, etc. *Tarif des douanes de* 1844, note 194.

— ÉTYM. *Winter*, marin anglais du XVIe siècle.

† **WÖHLERITE** (veu-lé-ri-t'), *s. f.* Terme de minéralogie. Minéral complexe, brun jaunâtre.

† **WOLLASTONITE** (ou-la-sto-ni-t'), *s. f.* Terme de minéralogie. Silicate de chaux, incolore, translucide.

† **WOOMERA** (ou-mè-ra), *s. m.* Chez les Australiens, bâton à lancer la zagaie. La zagaie se lance avec une merveilleuse précision à cinquante pas avec la main, et jusqu'à cent cinquante avec le woomera, *Journ. offic.* 9 juill. 1872, p. 4935, 1re col. || C'est une autre forme de bommerang (voy. ce mot au Supplément).

X

† **XANTHIPPE** (gzan-ti-p'), *s. f.* La 156e planète télescopique, découverte en 1875 par M. Palisa.

— ÉTYM. Ξανθίππη, nom de femme, Ξάνθιππος, nom d'homme, de ξανθὸς, jaune, et ἵππος, cheval.

† **XÉNIE** (ksé-nie), *s. m.* Épigramme littéraire ou philosophique, ordinairement en deux vers; mot très-connu en Allemagne à cause du recueil de xénies qu'ont donné en commun Schiller et Gœthe.

— ÉTYM. Lat. *xenia*, titre du XVIIIe livre d'épigrammes de Martial, ainsi nommé, parce qu'il y décrit en distiques les choses qu'on donne d'ordinaire à ses hôtes, du lat. *xenium*, présent fait à un hôte, de ξένιον, même sens, de ξένος, hôte, étranger.

† **XÉNODOQUE** (ksé-no-do-k'), *s. m.* Terme d'antiquité. Local destiné à recevoir et à loger les étrangers. A côté [des ruines romaines de Merida] se trouvaient des atriums, des palais, des monastères, des hôpitaux, des xénodoques, des basiliques, des baptistères, toute sorte de constructions somptueuses, enrichies des produits les plus précieux de l'art et de l'industrie wisigothe, *Journ. des Débats*, 7 août 1876, 3e page, 5e col.

— ÉTYM. Ξενοδοχεῖον, de ξένος, étranger, et δέχομαι, recevoir.

† **XÉROPHILE** (ksé-ro-fi-l'), *adj.* Qui aime les terrains compactes. Plantes xérophiles, *Bulletin de la société botanique*, 1874, session extraordinaire, p. LX.

— ÉTYM. Ξηρὸς, dur, et φίλος, qui aime.

† **XYLOCULTURE** (ksi-lo-kul-tu-r'), *s. f.* Culture des bois, et, en particulier, culture du coton.

— REM. On trouve xyliculture. Les hommes versés dans la xyliculture, jugeant les choses d'après leur aspect actuel, prédisent une perte de 80 000 balles de coton dans le seul district de Memphis, *Journ. offic.* 20 août 1875, p. 7005, 1re col. Mais xyliculture est un barbarisme, tous les mots composés de ξύλον ont un *o*.

— ÉTYM. Mot hybride fait de ξύλον, bois, et *culture*.

† **XYLOFER** (ksi-lo-fèr), *s. m.* Terme de gymnastique. Instrument nouveau conseillé par le docteur Tissot en 1870, pour ouvrir et développer la poitrine des enfants, composé par M. Laisné, en 1873. Des xylofers; le fusil avec sa bayonnette garnie de son fourreau peut très-bien remplacer cet instrument pour les militaires, N. LAISNÉ, *Notions pratiq. sur les exercices du corps*, p. 28.

† **XYLONITE** (ksi-lo-ni-t'), *s. m.* Synonyme d'ivoride (voy. ce mot au Supplément), *Lettre commune des douanes*, 20 déc. 1876, n° 334.

— ÉTYM. Dérivé irrégulier de ξύλον, bois.

Y

2. Y. — REM. *Ajoutez :* ‖ **12°** Dans une construction commençant par *où*, et le membre principal de la phrase venant après, on ne répugnait pas autrefois à mettre un *y* pléonastique dans ce membre. Où il n'y a rien, le roi y perd ses droits, et la nature aussi, VOLT. *Lett. en vers et en prose*, 162. Aujourd'hui ce pléonasme n'est plus admis.

† **YAÇNA** (i-a-sna), *s. m.* Nom d'un des livres sacrés des Parses (avec un grand Y). Agni [le dieu du feu] est représenté avec la ceinture en plusieurs endroits des Védas, et, dans le Yaçna, Ormusd présente la première ceinture à Haoma, F. DELAUNAY, *Journ. offic.* 24 sept. 1872, p. 6168, 2e col.

† **YAM** (iam'), *s. m.* Nom, à la Nouvelle-Guinée, d'une racine analogue à la pomme de terre. Les indigènes donnèrent des marques de confiance en venant à bord et en cédant leurs yams en échange d'autres objets, *Journ. offic.* 21 mars 1876, p. 1970, 1re col.

† **YED.** *Ajoutez :* — ÉTYM. Arabe, *yed*, main, bras; cette étoile est ainsi nommée à cause de sa position, DEVIC, *Dict. étym.*

† **YÉMÉNIQUE** (ié-mé-ni-k'), *adj.* Qui est relatif au Yémen. La majeure partie des tribus yéméniques, subsistantes à la naissance de l'islamisme, tiraient leur origine de l'un ou de l'autre de ces deux personnages (Himyar et Cahlân), CAUSSIN DE PERCEVAL, *Hist. des Arabes avant l'islamisme*. ‖ On dit aussi yéménite. Les monuments de la civilisation abyssine, qui se voient encore à Axum, offrent la plus grande analogie avec les débris de la civilisation yéménite qui se voient à Mareb, F. LENORMANT, *Manuel d'hist. ancienne de l'Orient*, liv. VII, t. III, p. 279, 4e édit.

† **YENOTTE** (ié-no-t'), *s. m.* Sorte de gazelle. Sur tout le littoral [mers du Japon et Manche de Tartarie]..., on rencontre des quantités considérables de chèvres sauvages, de cerfs, de chevreuils, de yenottes et de martres zibelines, *Journ. offic.* 8 mai 1876, p. 3150, 1re col.

† **YEOMAN** (io-man'), *au pluriel* **YEOMEN** (io-mèn), *s. m.* Membre de la yeomanry (voy. ce mot au Dictionnaire). Robin Hood, c'est le héros national.... compatissant d'ailleurs et bon envers le pauvre monde, recommandant à ses gens de ne pas faire de mal aux yeomen ni aux laboureurs, H. TAINE, *Hist. de la littér. anglaise*, t. I, livre I, *les Origines*, ch. II, et IX.

† **YLANG-YLANG** (i-lan-gh'-i-langh'), *s. m.* Végétal des îles Philippines qui donne un parfum. C'est dans l'île de Luçon que croît l'ylang-ylang, dont l'arome exquis est devenu dans ces derniers temps à la mode en France et en Angleterre, PLAUCHUT, *Rev. des Deux-Mondes*, 15 mars 1877, p. 456.

† **YOGHI** (io-ghi), *s. m.* Nom, dans l'Inde, des ascètes suivant le système de dévotion appelé *yôga*, c'est-à-dire, union avec la divinité.

— ÉTYM. Le sanscrit *yôga* est de même racine que le latin *jungere*, joindre

Z

ZAIN. *Ajoutez :* ‖ Il se dit aussi des chiens. Braques zains, marrons, noirs, blancs, marqués de feu, de toute taille, *Journ. offic.* 27 sept. 1877, p. 6519, 1re col.

† **ZAMENIS** (za-me-nis'), *s. f.* Zamenis verte et jaune, sorte de couleuvre, *coluber atro-virens*, Schl.

† **ZAMORIN** (za-mo-rin), *s. m.* Nom donné par les voyageurs portugais au souverain de Calicut.

† **ZAOUIA** (za-ou-ia), *s. f.* Établissement religieux où les docteurs de l'islamisme enseignent particulièrement la doctrine, la jurisprudence et la grammaire, CHERBONNEAU, *Dict. franç.-arabe*.

† **ZAPTIEH** (za-ptiè), *s. m.* Nom des gendarmes chez les Turcs, *Journ. offic.* 10 juin 1876, p. 4053, 2e col.

† **ZÉBRURE.** *Ajoutez :* ‖ Par extension. Les flammes jaillissant au dehors ont crevé les fenêtres et tracé de larges zébrures noires le long des murailles, TH. GAUTIER, *Journ. offic.* 5 août 1871.

† **ZÉDARON.** *Ajoutez :* — ÉTYM. *Zédaron* est placé sur la poitrine de Cassiopée, et vient de l'arabe *sade*, poitrine, DEVIC, *Dict. étym.*

† **ZÉEN.** *Ajoutez :* — ÉTYM. Arabe, *zân*, nom de ce chêne, DEVIC, *Dict. étym.*

ZÈLE. — HIST. *Ajoutez :* XVe s. Zele d'amours ayons au redempteur Qui l'Eglise conduit tant saigement, JEAN JORET, *le Jardrin salutaire*, p. 133.

† **ZÉLOTE** (zé-lo-t'), *s. m.* ‖ **1°** Surnom donné à l'un des douze disciples de Jésus, appelé tour à tour dans le Nouveau Testament (Math. X, 4; Marc, III, 18; Luc, VI, 15; Act. I, 13) Simon le Zélote ou le Cananite (de l'hébreu chaldéen *kannai*, zélateur). On nomme aussi parmi les disciples un Simon le Zélote, peut-être disciple de Juda le Gualonite, RENAN, *Vie de Jésus*, IX. ‖ **2°** Nom donné, en général, dans le Nouveau Testament, aux sectateurs ardents de la loi mosaïque et des traditions des pères (*Gal.* I, 14). Que nous sommes loin avec ce zélote fougueux [Pseudo-Esdras] d'un Josèphe traitant de scélérats les défenseurs de Jérusalem! E. RENAN, *Rev. des Deux-Mondes*, 1er mars 1875, p. 144. ‖ **3°** Nom donné aux Juifs qui, sous la domination romaine, voulaient tout tenter pour secouer le joug étranger; ce fut ce parti (d'après Josèphe, *Guerre des Juifs*) radical et fanatique qui, parmi les pharisiens patriotes, décida une guerre d'extermination contre les Romains, et qui, à l'époque du siége par Titus et de la destruction finale de Jérusalem, devint intransigeant et terroriste. ‖ **4°** Aujourd'hui, dénomination appliquée, d'une manière générale, aux hommes emportés par un zèle religieux excessif et touchant au fanatisme. La papauté condamne ces zélotes qui, de leur côté, déclarent que l'Église de Rome, avec ses ambitions de puissance séculière et de richesses terrestres, était déchue du Christ, CH. BERTHOUD, *François d'Assise, d'après K. Hase*, ch. XIV, Paris, 1864.

— ÉTYM. Ζηλωτής, celui qui a du zèle, de ζῆλος, zèle (voy. ZÈLE).

† ZÉLOTISME. *Ajoutez :* || 2° Terme d'histoire ancienne. Parti de ceux des Juifs qui, sous la domination romaine, voulaient à tout prix secouer le joug étranger.

† ZEMB (zamb'), *s. m.* Nom d'un taon de l'Abyssinie, si insupportable qu'il force des tribus entières à émigrer, CORTAMBERT, *Cours de géographie*, Paris, 1873, p. 593.

† ZÉMINDAR (zé-min-dar), *s. m.* Nom, dans l'Inde, de fonctionnaires qui perçoivent l'impôt dans les villages et qui en transmettent le produit au souverain, après en avoir conservé une partie comme rémunération de leur peine. Lord Cornwallis considéra les zémindars comme des propriétaires touchant la rente de leurs tenanciers et payant sur cette rente un fort impôt à l'État; il transforma ainsi les villageois, jadis propriétaires sous le domaine éminent de l'État, en fermiers des zémindars, et il créa du coup la grande propriété féodale avec l'hérédité des bénéfices, E. DE LAVELEYE, *Rev. des Deux-Mondes*, 1er août 1872, p. 530.

— ÉTYM. Persan, *zemindār*, de *zemin*, terre, et *dār*, possédant.

ZÉPHIRE. *Ajoutez :* || 5° Sorte de laine. En mars dernier, les laines zéphire, pour tapisserie, qu'on appelle en France laines Ternaux, se vendaient en couleurs ordinaires 15 francs le kilo à Berlin, tandis qu'à Paris il serait impossible de les établir au-dessous de 20 à 22 francs, *Enquête, Traité de comm. avec l'Anglet.* t. III, p. 517. || On dit de même casimir zéphire, casimir fait avec la laine zéphire.

† ZEUZÈRE (zeu-zè-r'), *s. f.* Lépidoptère de la famille des nocturnes. Zeuzère du marronnier, *zeuzéra æsculi*, d'après Lucas; d'après d'autres, *cossonus æsculi*, papillon de nuit.

† ZÉZAYER. *Ajoutez :* || Activement. Arnoux, jurant qu'il n'y avait pas de danger, continuait et même zézayait des caresses en patois marseillais, G. FLAUBERT, *l'Éducation sentimentale*, t. I, p. 189.

† ZIG (zigh), *s. m.* Terme populaire. Celui qui a de l'entrain, de la gaieté dans le caractère, de la rondeur et de la simplicité dans les allures. Un bon zig.

— ÉTYM. Suivant M. Maxime Du Camp, le peuple dit *un bon zig* comme synonyme d'un bon bougre ; or, quand les Bulgares (Bougres) envahirent le nord de l'empire d'Orient, ils étaient accompagnés d'une tribu nommée les *Zigs*.

† ZIL (zil), *s. m.* Mot turc qui désigne un instrument de musique militaire, analogue aux cymbales.

† ZOOTROPE (zo-o-tro-p'), *s. m.* Instrument qui fait défiler devant l'œil une série d'images figurant un être animé dans les diverses attitudes qui correspondent aux phases successives d'un même mouvement; et la rapidité avec laquelle ces images se succèdent produit l'illusion d'un être vivant, R. RADAU, *Rev. des Deux-Mondes*, 15 sep. 1873, p. 479.

— ÉTYM. Ζῶον, animal, et τρέπω, tourner.

† ZOUIDJA (zou-i-dja), *s. f.* Terme d'administration, en Algérie. Mot arabe qui signifie l'étendue de terre que deux bœufs peuvent labourer dans la saison, CHERBONNEAU, *Dict. franç.-arabe.*

† ZURNA (zur-na), *s. m.* Nom d'un instrument de musique des Turcs qui, par sa forme et la qualité de ses sons, ressemble à notre hautbois.

FIN DU SUPPLÉMENT

ADDITIONS

Des communications et des rencontres, voilà ce qui arrive à tout lexicographe en quête de matériaux. Plus d'une communication bienveillante, plus d'une rencontre heureuse me sont advenues, pendant que j'imprimais mon Supplément.

Ces Additions me servent à les recueillir. Je m'excuserais auprès de mes lecteurs, s'il n'était pas évident que le vocabulaire d'une langue vivante n'est jamais clos; ce qui n'empêche pas qu'un dictionnaire fait avec soin ne soit, chaque fois qu'on l'arrête, une œuvre suffisamment définitive pour rendre service à la langue et au lecteur.

ADDITIONS

A

ABANDONNEMENT au Supplément. *Ajoutez :* || 7° Action de s'abandonner, de perdre la direction de soi-même. Ce n'est pas toujours abandonnement ou faiblesse de se donner des maîtres puissants; c'est souvent, selon le génie des peuples et la constitution des États, plus de sagesse et de profondeur dans ses vues [les vues que l'on a], BOSS. 5° *avert. sur les lettres de Jurieu.*

† **ABATTU,** *s. m.* au Supplément. *Ajoutez :* || 2° Fig. État d'abattement. Elles [les signatures des ducs et pairs] furent incontinent regardées par ces deux maréchaux [Villeroy et Villars], et reconnues sans doute, au farouche abattu de leurs yeux, SAINT-SIMON, dans *les Mém. de St-Simon,* par Eug. de Lanneau, Paris, 1876, t. II, p. 206 (*Séance du lit de justice et du parlement*)

† **ABRACADABRANT, ANTE** (a-bra-ka-da-bran, bran-t'), *adj.* Qui jette dans la confusion d'esprit, comme l'abracadabra de la cabale.

† **ABRAHAMIQUE** (a-bra-a-mi-k'), *adj.* Qui appartient à Abraham. Les souvenirs abrahamiques, LACORDAIRE, *Conférences,* Paris, 1845, t. II, p. 59.

† **ABRENONCIATION** (ab-re-non-si-a-sion), *s. f.* Action de prononcer le mot *abrenuntio,* dont les catholiques se servent dans la formule du baptême. Ce protestant a conservé les anciennes formules d'abrenonciation avec toute l'Angleterre, *Biblioth. critique,* Amsterdam, 1708, t. III, p. 277.

— ÉTYM. Lat. *abrenuntiare,* renoncer, de *ab,* et *renuntiare* (voy. RENONCER).

ABRÉVIATION au Supplément. *Ajoutez :* || 3° Terme de jurisprudence. Abréviation de délai, ou, simplement, abréviation, action d'abréger les délais dans une procédure. Cette appréciation [des motifs d'urgence par le président] n'est que provisoire et relative uniquement à l'abréviation des délais de l'ajournement, DE VILLENEUVE, *Jurisprud. du XIX° siècle,* 1854, t. II, p. 177. Lorsqu'une affaire requiert célérité, le demandeur peut obtenir du président du tribunal devant lequel il se propose de plaider une ordonnance qui lui permet d'assigner à bref délai.... l'abréviation se règle d'après la situation des lieux et des personnes, BONCENNE, *Théorie de la procédure civile,* 3° éd. (sur l'art. 72 du Code de procédure).

† **ACATHOLIQUE** (a-ka-to-li-k'), *adj.* Qui n'est pas catholique. Observez que, selon plusieurs canonistes, les mariages sont licites entre les catholiques et les protestants dans les pays où les catholiques et les acatholiques jouissent ensemble du libre exercice de leur religion respective, D'OUTREPONT, *Des empêchements dirimant le contrat de mariage,* 1787, p. 166. Ce fut une intolérance odieuse qui dicta à tant de conciles des lois contre les mariages des catholiques avec les acatholiques, ID. *ib.* p. 67. || La chancellerie de Joseph II a employé le mot *acatholique* fréquemment dans les édits relatifs aux Pays-Bas autrichiens.

ACCÉDER. *Ajoutez :* || 2° Avoir accès à, arriver à. Que la maison vendue à Vialla comprenait seulement le rez-de-chaussée et le premier étage, tandis que les deux étages supérieurs étaient une dépendance de la maison vendue à Oleris; que c'était par cette dernière maison seulement qu'on pouvait y accéder, *Arrêt de la Cour de cassation,* 30 nov. 1853, dans DE VILLENEUVE, *Jurispr. du XIX° siècle,* 1854, t. I, p. 679

ACCIDENTELLEMENT. — HIST. XVI° s. *Ajoutez :* Je ne veulx pas qu'on refuse aux charges qu'on prend l'attention, les pas, les paroles et la sueur et le sang au besoin; mais c'est par emprunt et accidentalement, MONT. IV, 152.

† **ACCIDENTER** (a-ksi-dan-té), *v. a.* Rendre accidenté. Les pignons déchiquetés par un rayon de lune accidentaient capricieusement cette pittoresque étendue de toits serrés, ALPH. DAUDET, *Fromont et Risler.*

† **ACHEULÉEN, ENNE** (a-cheu-lé-in, lé-è-n'), *adj.* Terme de préhistoire. Qui appartient à Saint-Acheul, gisement de silex préhistoriques. M. de Vesly fait passer sous les yeux de l'assemblée les relevés topographiques qui appuient ses théories, ainsi que les haches acheuléennes trouvées dans les sablières de Gisors, *Journ. offic.* 7 avril 1877, p. 2709, 3° col.

† **ACHEVEUR.** *Ajoutez :* || 3° Acheveur en métaux, celui qui termine les ouvrages des fondeurs, *Instruct. générale sur les patentes* du 31 juill. 1858, p. 308.

ACOLYTE. — HIST. XVI° s. *Ajoutez :* Suyvamment il [Jésus] devint acoluthe, c'est à dire page ou portecierge, lorsqu'il dit : Je suis la lumiere du monde, MARNIX DE SAINTE-ALDEGONDE, *Œuvres,* Bruxelles, 1857, t. III, p. 212.

† **ACROBATISME** (a-kro-ba-ti-sm'), *s. m.* Tours d'acrobate. || Fig. Son intelligence [d'A. Theuriet], habile aux adresses ingénieuses, répugne à tout tour de force d'acrobatisme littéraire, E. MONTÉGUT, *Revue des Deux-Mondes,* 1er déc. 1876, p. 619.

† **ACROLÉINE** (a-kro-lé-i-n'), *s. f.* Terme de chimie. Produit qu'on obtient par la distillation des graisses à feu nu.

— ÉTYM. *Acre,* et lat. *oleum,* huile.

† **ADAPTABLE** (a-da-pta-bl'), *adj.* Qui peut être adapté; qui s'adapte. Une jeune jolie reine, pleine d'agréments, n'a pas besoin de toutes ces folies; au contraire la simplicité de la parure fait mieux paraître et est plus adaptable au rang de reine, *Lettre de Marie-Thérèse à Marie-Antoinette,* 15 mars 1775, dans SAINTE-BEUVE, *Nouv. lundis,* t. IX (*Marie-Thérèse et Marie-Antoinette*).

† **ADIPOSITÉ** (a-di-pô-zi-té), *s. f.* État adipeux Avez-vous vu sur le rivage de la mer les hommes chauves à bedaines exubérantes?... ils sont là paradant; leurs adiposités luisantes s'étalent au soleil sans avoir conscience du dégoût d'autrui, *Charivari* du 20 juillet 1876.

† **ADROGATION** (ad-ro-ga-sion), *s. f.* Terme de droit romain. Deux espèces d'adoption, dont une prend le nom particulier d'adrogation... dans l'adrogation, une personne *sui juris,* un père de famille, se soumet lui-même à la puissance d'un autre; nul ne disposait ainsi de soi-même qu'avec l'autorisation d'une loi spéciale, dont la présentation dans l'assemblée des comices se nommait *rogatio;* de là, pour cette espèce d'adoption, le nom d'*adrogatio,* DU CAURROY, *Institutes expliquées,* Paris, 1841, n° 169, 170.

† **ADROGER** (ad-ro-jé; le *g* prend un *e* devant *a* et *o*), *v. a.* Adopter dans le cas de l'adrogation. Lorsque l'empereur fut seul investi du pouvoir législatif,... la permission d'adroger se donna *ex principali rescripto,* DU CAURROY, *Institutes expliquées,* Paris, 1841, nos 169, 170. || On dit s'adroger une personne pour l'adopter par adrogation, et s'adroger à une personne pour se faire adopter par elle.

— ÉTYM. Lat. *adrogare* ou *arrogare* (voy. ARROGER).

† **AFFAMEMENT** (af-fa-me-man), *s. m.* Action d'affamer; état de qui est affamé. || Fig. Cet affamement de lectures romanesques qui tient le peuple de Paris, ALPH. DAUDET, *Jack.*

AFFAMER. *Ajoutez :* || 3° Terme de construction. Retirer de la force par une solution de continuité dans une partie de la section. Une mortaise, un trou de boulon affament une poutre.

† **AFFECTATAIRE** (a-fè-kta-tè-r'), *s. m.* Celui qui est l'objet d'une affectation, d'une destination. Quoi qu'il en soit, commune ou église, il n'y a pas ici un propriétaire libre d'aliéner ou de changer la destination; il y a un affectataire, un destinataire si vous voulez : c'est le public par l'église; c'est l'église par la commune ou la fabrique; c'est la commune ou la fabrique par l'État, par la loi, VICTOR LEFRANC, *Gaz. des Trib.* 28 juin 1877, p. 624, 3° col.

AFFÛT. *Ajoutez :* || 5° Fil, tranchant d'un outil. La matière est tellement dure qu'elle émousserait trop rapidement l'affût des outils ordinaires, *Journ. offic.* 20 juill. 1877, p. 5326, 2° col.

AGILE. — ÉTYM. *Ajoutez :* En confirmation de la forme *aile* qu'aurait donnée *agilis* dans l'ancien français, M. l'abbé Tougard remarque que *sanctus Agilus* se nomme en français *saint Aile.*

† **AGORAPHOBIE** (a-go-ra-fo-bie), *s. f.* Terme de médecine mentale. Sorte de folie dans laquelle le malade redoute la présence des foules, et, par exemple, ne peut se décider à traverser une rue pleine de monde.

— ÉTYM. Ἀγορά, assemblée, et φόβος, crainte.

† **AGRAIN** (a-grin), *s. m.* Terme de chasse. Tas de grains en gerbe qu'on dispose en des lieux propices pour y attirer le gibier, Cour d'appel de Paris, *Note pour MM. de J. et B. contre M. P.*

— ÉTYM. *A,* et *grain.*

† **AGRÉABILITÉ** (a-gré-a-bi-li-té), *s. f.* Qualité de ce qui est agréable. J'apprécie moi-même assez sa fluidité et son agréabilité de causeur littéraire [de M. de Pontmartin], SAINTE-BEUVE, *Causeries du lundi,* t. XV (*la Morale et l'art*).

† **... AILLE.** *Ajoutez :* Ce suffixe a parfois un sens péjoratif, comme dans prêtraille.

† **AJOURÉ.** *Ajoutez :* || 2° Se dit, en général, de tout ce qui est percé à jour. Les tentes et les baraquements disparates [des petits marchands], remplacés par d'élégants chalets en bois ajourés, d'un modèle uniforme, *le Petit Moniteur,* 27 févr. 1877, 2° page, 4° col.

† **AJOUTE** (a-jou-t'), *s. f.* Ce qu'on ajoute à un engin. Le sac [à air pour soulever les objets coulés] est entouré d'un filet en gros merlin et fortifié par des cordes; sans sa garniture de cordages, mais avec ses ajoutes en métal, il pèse 390 kil., et entièrement garni, 457 kil., *Journ. offic.* 12 avril 1877, p. 2844, 1re col.

† **ALBÂTRIER** (al-ba-tri-é), *s. m.* Négociant, ouvrier en albâtre, *Journ. offic.* 5 juill. 1877, p. 5045, 2° col.

† **ALBITE** (al-bi-t'), *s. f.* Minéral formé de silice, alumine, potasse, soude, chaux, magnésie, oxyde de fer, oxyde de manganèse, eau, H. DE PARVILLE, *Journ. offic.* 8 juin 1877, p. 4258, 2° col.

† **ALBUMINER** (al-bu-mi-né), *v. a.* Enduire d'albumine. MM. Gauthié et Girard ont exalté la sensibilité du procédé [pour reconnaître le vin fuchsiné] en albuminant la craie, H. DE PARVILLE, *Journ. offic.* 31 mai 1877, p. 4127, 1re col.

† **ALBUMINOSIQUE** (al-bu-mi-nô-zi-k'), *adj.* Qui est relatif aux substances albuminoïdes. Les transformations des albuminoïdes sont encore ici accomplies par des ferments spéciaux, la pepsine... et le ferment albuminosique du pancréas qui a été l'objet de différents travaux dans ces derniers temps, CL. BERNARD, *les Agents chimiques des phénomènes fonctionnels,* dans *Rev. scientifique,* 17 juin 1876.

† **ALCALINISER** (al-ka-li-ni-zé), *v. a.* Rendre alcalin. Supprimez la solution, et remplacez-la, pour alcaliniser l'urine, par de la potasse chauffée au rouge, *Journ. offic.* 1er févr. 1877, p. 792, 1re col.

† **ALEURIQUE** (a-leu-ri-k'), *adj.* Terme didactique. Qui a le caractère de l'aleurone. Cet albumen purement oléagineux et aleurique au début, VAN TIEGHEM, *Acad. des sc. Comptes rend.* t. LXXXIV, p. 581.

† **ALEURONE** (a-leu-ro-n'), *s. f.* Terme de chimie. Nom donné par Hartig (en 1855) à une substance disposée en granules, remplaçant ou accompagnant l'amidon en beaucoup de plantes.

— ÉTYM. Ἄλευρον, farine de blé.

† **ALICANTE** (a-li-kan-t'), *s. m.* Nom d'un cépage du Midi, qui est cultivé en Algérie, *Journ. offic.* 12 nov. 1877, p. 7340, 3e col.

† **ALIGNÉE** (a-li-gnée), *s. f.* État de ce qui est aligné. La seule chose qui lui appartienne en propre [à Van Beers dans son tableau des *Funérailles de Charles le Bon*], c'est cette alignée de capuchons redressés sur le dos de pénitents, et qui réalise assez bien l'idée de capucins de cartes, E. BERGERAT, *Journ. offic.* 27 mai 1877, p. 4056, 2e col.

ALIGNEMENT. *Ajoutez :* || 6° Arbres d'alignement, par opposition à ceux des squares, cimetières et autres plantations. Le nombre des arbres d'alignement dans Paris s'élève à plus de 82,201, *Journ. offic.* 24 août 1877, p. 5951, 3e col. Enfin la troisième [pépinière], destinée à l'éducation des arbres d'alignement, est située à Bry-sur-Marne, *ib.* p. 5952, 1re col.

† **ALME** (al-m'), *adj. f.* Mot forgé du latin. Qui nourrit, qui est vénérable. L'alme nature ne fait mal à ceux qui lui appartiennent, PROUDHON, dans SAINTE-BEUVE, *Nouv. lundis,* t. III (*Maurice et Eugénie de Guérin*). Dans l'alme cité que couronne L'assentiment du monde entier, *les Engouements du jour, Charivari* du 6 août 1876.

— HIST. XVIe s. L'alme, inclyte et celebre academie que l'on vocite Lutece, RAB. II, 6.

— ÉTYM. Lat. *almus,* de *alere,* nourrir.

† **ALTAÏSANT** (al-ta-i-zan), *s. m.* Érudit qui s'occupe des langues altaïques, FR. LENORMANT, *Étude sur quelques parties des syllabaires cunéiformes, préface.*

† **ALTÉRATEUR** (al-té-ra-teur), *s. m.* Celui qui altère. M. Naudet estime que la démonstration de M. de Saulcy prouve seulement qu'au lieu de dire que les rois de France ont été faux-monnayeurs, il faut dire qu'ils ont été altérateurs de monnaies, *Rev. crit.* 24 mars 1877, p. 200.

† **ALTISTE** (al-ti-st'), *s. m.* Musicien qui joue de l'alto. M. Viguier, l'habile altiste solo de l'Opéra, EUG. GAUTHIER, *Journ. offic.* 15 mai 1877, p. 3614, 3e col.

† **AMAN** (a-man), *s. m.* Nom, dans l'ancienne langue du pays de Metz, des notaires ou gardenotes, N. DE WAILLY, *Journ. offic.* 31 oct. 1877, p. 7083, 3e col.

— ÉTYM. *Aman* est l'abréviation du lat. *amanuensis,* désignant l'esclave qui remplissait les fonctions de secrétaire; de *a,* à, et *manu,* main.

† **AMBATCH** (an-batch'), *s. m.* Nom d'un grand roseau des bords du Nil. Les rives du fleuve [le haut Nil] disparaissent cachées par les papyrus gigantesques et par l'ambatch, dont le bois est aussi léger qu'une plume, dit Schweinfurth, E. DE LAVELEYE, *Rev. des Deux-Mond.* 1er avril 1877, p. 589.

† 2. **AMBROSIEN, IENNE** (am-bro-ziin, ziè-n'), *adj.* D'ambroisie. Les gouttes d'un sang ambrosien coulaient dans les veines mêmes des déesses, SAINTE-BEUVE, *Nouv. lundis,* t. I (*M. Victor de Laprade*).

† **AMBULANCIER, IÈRE** (an-bu-lan-sié, siè-r'), *s. m.* et *f.* Homme, femme employée dans une ambulance. Nous avons annoncé la fondation d'une école de garde-malades et d'ambulancières à la mairie du VIe arrondissement, *Journ. offic.* 18 mai 1877, p. 3771, 3e col.

ÂME au Supplément. *Ajoutez :* || 15° Partie qui est comprise entre les deux rebords d'une poutre à double T.

† **AMÉNAGISTE** (a-mé-na-ji-st'), *s. m.* Celui qui est versé dans l'art d'aménager les forêts. Les aménagistes, *Journ. offic.* 17 déc. 1876.

† **AMIANTIN, INE** (a-mi-an-tin, ti-n'), *adj.* Qui appartient à l'amiante, *Journ. offic.* 12 août 1877, p. 5762, 1re col. (voy. TOILE au Supplément).

† **AMINCISSEUR** (a-min-si-seur), *s. m.* Celui qui amincit, au propre et au figuré. Il faut des amincisseurs, des aplatisseurs, des avilisseurs qui ôtent aux doctrines criminelles certaines âpretés, VEUILLOT, *Odeurs de Paris,* IV, 7.

† **AMMONIMÉTRIE** (a-mmo-ni-mé-trie), *s. f.* Dosage de l'ammoniaque, HOUZEAU, *Acad. des sc. Comptes rend.* t. LXXXIV, p. 551.

† **AMOLETTE** (a-mo-lè-t'), *s. f.* Terme de marine. Nom des trous quadrangulaires qui sont percés dans la tête d'un cabestan.

† **ANACONDA** (a-na-kon-da), *s. m.* Sorte de reptile. La société zoologique de Londres vient d'ajouter à sa collection de reptiles vivants un spécimen remarquablement beau d'anaconda (*eunectes marinus*), qui, dit-on, vient du Para, *Journ. offic.* 4 mars 1877, p. 1676, 2e col.

ANAPHORE. *Ajoutez :* || 2° Terme de grammaire grecque. Expression d'une relation, *Rev. critique,* 13 janv. 1877, p. 30.

† **ANAPHORIQUE** (a-na-fo-ri-k'), *adj.* Terme de grammaire. Qui appartient à une relation, relatif. M. Brugman a rattaché à cette étude du pronom réfléchi de la 3e personne une discussion détaillée sur l'emploi anaphorique de ce pronom; MM. Windisch et Kvicala avaient essayé de démontrer que l'emploi anaphorique n'est nullement, comme on l'admettait jusque-là, dérivé de l'emploi réfléchi; que ces deux fonctions, au contraire, sont sorties toutes deux de la fonction primitive du pronom, celle d'indiquer purement et simplement l'identité, OLTRAMARE, *Rev. critique,* 13 janv. 1877, p. 30.

— ÉTYM. Ἀναφορικός, de ἀναφορά, anaphore.

ANCRE. *Ajoutez :* || 6° Terme de construction. Pièce, généralement en fer, posée à l'extrémité des chaînes destinées à maintenir l'écartement des murs.

ANÉANTISSEMENT. *Ajoutez :* — REM. Il se dit aussi au pluriel. Et moi, si je ne suis pas mort absolument, je vous ferai ma cour, comme je pourrai, dans l'intervalle de mes anéantissements, VOLT. *Lett. à Delisle,* 12 juill. 1773.

ANECDOTE. *Ajoutez :* || 3° Chose tout à fait inédite et confidentielle. Il [Despréaux] m'a raconté (ceci est pure anecdote) que le roi avait eu la bonté de lui dire : Nous avons bien perdu tous deux en perdant le pauvre Racine, SAINTE-BEUVE, *Nouv. lundis,* t. XI (*Les cinq derniers mois de la vie de Racine,* II).

† **ANÉMIER** (a-né-mi-é), *v. a.* Terme de médecine. Rendre anémique. Ainsi, malgré bien des travaux, on n'en est pas arrivé à juger définitivement si l'opium anémie ou congestionne le cerveau, CH. RICHET, *Rev. des Deux-Mondes,* 1er mars 1877, p. 190.

— ÉTYM. Voy. ANÉMIQUE au Supplément.

ANIMÉ. *Ajoutez :* || 9° Fait par des animaux. Il se réserve d'y employer le remorquage à vapeur, le touage avec chaîne, ou le halage animé, suivant ce qu'il jugera convenable, DESOUCHES, *Rapp. au conseil municipal de Paris,* 12 juill. 1877, p. 8. Dans le canal Saint-Denis, il n'existe pas de chaîne de touage, et le halage est fait par traction animée, *ib.* p. 10. || 10° *S. m.* État d'animation. Il faut [dans la conversation] un peu de cet animé qui s'accorde avec le mouvement de l'imagination, BOSS. *Conn. de Dieu et de soi-même.*

† **ANNET** (a-nè), *s. m.* Nom, dans les magnaneries, de petites haies mobiles qu'on introduit entre les rayons d'étagères supportant les vers à soie.

† **ANNONCIER** (a-non-sié), *s. m.* Celui qui fait des annonces dans les journaux ou ailleurs. Les œuvres dites palpitantes, annoncées à grand renfort de trombones par le cuivre des annonciers à la quatrième page des journaux quotidiens, *Courrier littéraire,* 25 juill. 1877, p. 474, Paris.

ANSE. *Ajoutez :* || 8° Anse à champagne, sorte de poignée qui saisit le goulot et le fond de la bouteille, et dont on se sert pour verser le champagne frappé; elle empêche le contact de la main avec la bouteille glacée.

† 2. **ANSIÈRE** (an-siè-r'), *s. m.* Mauvaise leçon pour hansière ou plutôt haussière (voy. ce mot au Dictionnaire). Comme il [le navire] n'était plus retenu que par une seule ansière, il fut jeté sur les rochers, BERNARDIN DE ST-PIERRE, *Paul et Virginie,* XI.

† **ANTHROPOGÉNIE** (an-tro-po-jé-nie), *s. f.* Production de l'homme sur la terre et au sein de l'animalité. Anthropogénie ou évolution humaine, par Ernest Hæckel, professeur à l'université d'Iéna, Paris, 1877.

— ÉTYM. Ἄνθρωπος, homme, et le suffixe *génie.*

† **ANTIPROBABILISTE** (an-ti-pro-ba-bi-li-st'), *adj.* Qui est opposé à la doctrine de la probabilité soutenue par les jésuites. J'en connais plusieurs [jésuites] qui sont aussi éloignés d'approuver les nouvelles maximes du relâchement que les augustiniens les plus antiprobabilistes, *Biblioth. critique,* Bâle, 1709, t. II, p. 74.

† **ANTITYPE** (an-ti-ti-p'), *s. m.* L'opposé d'un type. Lucrèce connut-elle à cette époque l'ami futur de cette noble Victoria Colonna, son antitype? H. BLAZE DE BURY, *Rev. des Deux-Mondes,* 15 mars 1877, p. 265.

† **APAILLAGE** (a-pâ-lla-j', *ll* mouillées), *s. m.* Terme rural. Action de garnir de paille. Il [un fermier] a le fumier d'une étable de sept vaches dont il fait l'apaillage, BARRAL, *Les irrigations dans les Bouches-du-Rhône,* Paris, 1876, p. 55.

— ÉTYM. *À,* et *paille.*

† **APIÉGER** (S') au Supplément. *Ajoutez :* || Apprivoiser, au propre et au figuré. Il oubliait que le premier agriculteur du canton en était aussi le plus sauvage, et que difficilement il se laisserait apiéger, E. NOËL, *Mémoires d'un imbécile,* II, 3 (qui écrit appiéger).

† **APHIDIPHAGE** (a-fi-di-fa-j'), *adj.* Terme d'histoire naturelle. Qui mange les pucerons. Les larves de syrphes sont toutes aphidiphages; leurs mœurs ont été admirablement étudiées par Réaumur, qui les désignait sous le nom de vers mangeurs de pucerons, BALBIANI, *Acad. des sc. Comptes rend.* t. LXXXV, p. 507.

— ÉTYM. *Aphis,* et φαγεῖν, manger. Il est impossible de savoir si ce mot est bien ou mal fait. *Aphis* n'est ni grec ni latin; on ne sait d'où les naturalistes l'ont forgé, à moins qu'ils ne l'aient tiré, fautivement, de ἀφή, action de s'attacher à...

† **APOPHYSAIRE** (a-po-fi-zè-r'), *adj.* Terme d'anatomie. Qui est relatif aux apophyses et particulièrement aux apophyses vertébrales. || Point apophysaire, point des apophyses vertébrales qui, pressé, produit de la douleur et indique une lésion.

APÔTRE. *Ajoutez :* || 7° *Au plur.* Terme de marine. Les apôtres, nom de deux fortes pièces de bois qui, dans un vaisseau, sont immédiatement appliquées sur les deux faces latérales de l'étrave.

† **APPORTIONNER** (a-por-sio-né), *v. a.* Terme de droit. Faire un apportionnement. L'on doit... considérer comme une cession immobilière faite aux autres héritiers l'attribution obtenue par ceux-ci dans le partage des biens dont le testateur apportionnait les légataires, *Gaz. des Trib.* 15 déc. 1876, p. 1211, 2e col.

† **ARBUSCULE** au Supplément. *Ajoutez :* — HIST. XVIe s. Il faut que cette grande branche de vos lauriers, qui drageonne et qui pullule de tous costés par vos escrits, vienne prendre et embrasser la branche des miens, petits arbuscules, petits lauriers nains, affin de les rehausser, les relever et les soustenir par leur forte liaison, DE BRACH, t. II, p. CVI.

ARC. || 2° *Ajoutez :* || Arc de cloître, voûte en arc de cloître (voy. VOÛTE au Dictionnaire).

† **ARCHITECTRICE** (ar-chi-tè-ktri-s'), *adj. f.* Qui construit en architecte. La substance infinie est aussi la force infinie, l'idée architectrice qui donne aux êtres leur forme, A. FRANCK, *Journal des savants,* nov. 1876, p. 663.

— ÉTYM. *Architectrice* suppose *architecteur,* qui se disait au XVIe siècle (voy. ARCHITECTE à l'Historique).

† **ARCHITECTURALEMENT** (ar-chi-tè-ktu-ra-le-man), *adv.* Au point de vue de l'architecture. Architecturalement parlant, c'est [Mostar] une ville des plus banales, *Journ. offic.* 2 mai 1877, p. 3197, 2e col.

ARDER ou **ARDRE.** — REM. *Ajoutez :* Ce mot, tombé en effet en désuétude, a cependant été employé par Voltaire : Si les Arius, les Jean Hus, les Luther et les Calvin avaient été de cette humeur-là [de l'abbé de Prades], les Pères des conciles, au lieu de vouloir les ardre, se seraient pris par la main et auraient dansé en rond avec eux, *Lett. à Mme Denis,* 19 août 1752.

† **AREA** (a-ré-a), *s. m.* Mot tiré du latin. L'étendue occupée par une contrée. MM. Behm et Wagner, dans leur Annuaire géographique de 1874, donnent, pour l'aréa de la péninsule [l'Arabie], d'après le relevé des meilleures cartes, 3 156 558 kilomètres carrés, près de six fois la superficie de la France, VIVIEN DE ST-MARTIN, *Dict. de géogr. univ.* art. *Arabie,* p. 173, 1re col.

— ÉTYM. Lat. *area,* aire (voy. ce mot).

† **ARÉOGRAPHIE** (a-ré-o-gra-fie), *s. f.* Description des aires. L'aréographie de Mars.

— ÉTYM. Lat. *area,* aire, et γράφειν, tracer.

† **ARÉOGRAPHIQUE** (a-ré-o-gra-fi-k'), *adj.* Qui a rapport à l'aréographie. La configuration aréographique de la planète Mars, FLAMMARION, *Acad. des sc. Comptes rend.* t. LXXXV, p. 479.

† **ARISTOCRATISME** (a-ri-sto-kra-ti-sm'), *s. m.* Mœurs, manières aristocratiques. Toilettes tapa-

geuses et compliquées, aristocratisme de manières s'exagérant à plaisir pour trancher plus nettement avec la banale vulgarité des mœurs générales, E. MONTÉGUT, *Rev. des Deux-mondes*, 1er déc. 1876, p. 612.

† **ARISTONYME** (a-ri-sto-ni-m'), *adj* Se dit de celui qui aristocratise son nom bourgeois. Voltaire aristonyme, v. QUÉRARD, *Supercher. litt.* 2e éd. t. III, col. 970. (On sait que le père de Voltaire s'appelait Arouet tout court.)

— ÉTYM. Ἄριστος, excellent, et ὄνομα, nom.

1. **ARITHMÉTIQUE.** *Ajoutez :* || 2° Fig. Manière d'évaluer. Il [M. Ch. Lévêque] cite ce mot de Volney au premier consul : Les veilles sont une fausse arithmétique du temps, ARTH. MANGIN, *Journ. offic.* 10 août 1872, p. 5467, 1re col.

† **ARKOSE** (ar-ko-z'), *s. f.* Grès à grains de quartz et de feldspath ; arkose commune (dans laquelle le quartz domine), arkose granitoïde (dans laquelle c'est le feldspath qui domine), arkose micacée, renfermant du mica (hyalomicte granitoïde, ou granite recomposé), *Manuel de géologie*, Huot et d'Orbigny, 1852, p. 34, Roret, éditeur. C'est la pierre que la compagnie adjudicataire de la fourniture du pavé de Paris fait venir actuellement de Saône-et-Loire et de Belgique.

ARMÉ. *Ajoutez :* || 6° Canne armée, canne dans laquelle une épée est cachée.

ARMURE au Supplément. || 8° *Ajoutez :* || L'armure d'un métier à tisser la soie ou la laine est la disposition particulière des lisses de ce métier ; l'armure de l'étoffe est la disposition des fils résultant de la disposition et du nombre des lisses. Le taffetas, le satin sont deux armures différentes ; l'armure donne à chaque genre d'étoffe un aspect particulier qui sert à la distinguer des autres, et qui résulte des combinaisons établies entre les fils de la chaîne et la trame. Le mot d'armure s'applique plus souvent et plus volontiers à la disposition des fils de l'étoffe qu'à la disposition des lisses du métier.

† **ARNAULDISTE** (ar-nô-di-st'), *s. m.* Disciple d'Arnauld ; sobriquet donné aux solitaires de Port-Royal. On dénonçait, dès 1644, Port-Royal des Champs comme un lieu d'assemblées dangereuses.... le sobriquet d'arnauldistes circulait, SAINTE-BEUVE, *Port-Royal*, 3e édition, t. II, p. 248.

† **ARROGATION** (a-rro-ga-sion), *s. f.* Le même que adrogation (voyez ci-dessus).

† **ARROTUREMENT** (a-rro-tu-re-man), *s. m.* Terme de droit féodal. Action d'arroturer.

† **ARROTURER** (a-rro-tu-ré), *v. a.* Terme de droit féodal. Rendre roturier, donner le caractère roturier. Considérant qu'il a toujours été de principe sous le régime féodal que les droits essentiellement nobles et récognitifs de la directe ne pouvaient être arroturés par voie d'accensement.... considérant qu'en supposant qu'il fût possible d'arroturer cette rente.... qu'une conséquence nécessaire de ce fait et des principes ci-dessus est que la clause d'arroturement insérée dans le contrat de 1726 était nulle de plein droit.... que, par une conséquence ultérieure, la rente n'a pu être féodale..., *Arrêt de la cour de cassation du 10 février 1806*, dans *Répertoire de jurisprudence de Merlin*, t. IV, p. 10.

— ÉTYM. *À*, et *roture*.

† **ARTICULATEUR, TRICE** (ar-ti-ku-la-teur, tri-s'), *adj.* Qui produit l'articulation des mots. Les muscles articulateurs, LEGOUVÉ, *le Temps*, 4 mai 1877, 3e page, 3e col.

† **ARTIFICIÉ, ÉE** (ar-ti-fi-si-é, ée), *adj.* Néologisme. Altéré artificieusement. Rien que la vérité, mais aussi toute la vérité, et non une vérité mutilée, masquée, artificiée au gré de l'esprit de parti théologique ou politique, MONTALEMBERT, *l'Espagne et la liberté*, dans *Bibliothèque universelle et Revue suisse*, n° de mai 1876, p. 408.

† **ASCOLIES** (a-sko-lie), *s. f. pl.* Terme d'antiquité grecque. Le deuxième jour des fêtes athéniennes en l'honneur de Bacchus ; l'on y sautait d'une seule jambe sur des outres huilées.

— ÉTYM. Τὰ ἀσκώλια, de ἀσκός, outre.

† **ASCOMYCÈTES** (a-sko-mi-sè-t'), *s. m. pl.* Famille de champignons en forme d'outre. De la fécondation dans les hyménomycètes et ascomycètes, *Journ. offic.* 8 sept. 1877, p. 6208, 1re col.

— ÉTYM. Ἀσκός, outre, et μύκης, champignon.

† **ASINIER, IÈRE** (a-zi-nié, niè-r'), *adj.* Qui appartient aux ânes. La course aux ânes suit la course aux drapeaux.... les culbutes faites et les vainqueurs asiniers couronnés, on se met à casser des bouteilles suspendues, EUGÉNIE DE GUÉRIN, dans STE-BEUVE, *Nouv. lundis*, t. IX (*Mlle Eugénie de Guérin et Mme de Gasparin*, II).

† **ASINISTE** (a-zi-ni-st'), *s. m.* Mot de plaisanterie forgé par Voltaire. Sectateur de la philosophie des ânes (lat. *asinus*). Il est bon d'avoir un lockiste de plus [Condillac], lorsqu'il y a tant d'asinistes, de jansénistes, VOLT. *Lett. à de Bordes*, 4 janv. 1765 (Voltaire écrit loquiste).

† **ASPECTANT** (a-spè-ktan), *part. prés.* d'un verbe inusité aspecter. Terme de pratique, dans quelques provinces. Qui regarde, qui est tourné vers. Chalet aspectant la mer, *Phare de la Loire, Annonces*.

— ÉTYM. Lat. *aspectare*, regarder, de *ad*, à, et *spectare*.

† **ASPHALTER** (a-sfal-té), *v. a.* Opérer l'asphaltage, paver avec l'asphalte. En ce moment, on asphalte le sol de cette place [le Parvis de Notre-Dame], qui doit être rendue aussi peu sonore que possible, à cause de la proximité du nouvel Hôtel-Dieu, *Journ. offic.* 10 sept. 1877, p. 6243, 2e col.

† **ASSOIFFÉ, ÉE** (a-ssoi-fé, fée), *adj.* Qui est en proie à la soif. Chiens assoiffés de sang, ED. SCHURÉ, *Rev. des Deux-Mondes*, 15 fév. 1877. Son âme [de Shelley] assoiffée de beauté, ID. *ib.* 1er fév. 1877, p. 558.

— ÉTYM. *À*, et *soif*. Ce mot est, à la vérité, fait par rapport à *soif*, comme *affamé* l'est par rapport à *faim* ; mais il est lourd ; et à quoi bon le créer quand on a *altéré* ?

† **ASTÉRION** (a-sté-ri-on), *s. m.* Terme d'anthropologie. L'un des points singuliers de la voûte du crâne, situé à la rencontre de la suture lambdoïde, de la suture occipito-mastoïdienne, de la suture pariéto-mastoïdienne, et de la suture interpariétale, lorsqu'elle existe.

— ÉTYM. Ἀστήρ, étoile.

† **ATHÉTÈSE** (a-té-tè-z'), *s. f.* Terme de grammaire grecque. Action de noter, dans un texte, une leçon comme illégitime. Si les exemples de cette liberté [emploi homérique du pronom de la 3e personne, pour la 1re et la 2e personne] ont disparu du texte reçu, on le doit surtout à Aristarque, qui, trouvant cet emploi du pronom peu conforme à ses théories grammaticales, s'est débarrassé des passages gênants soit par l'athétèse, soit par des modifications du texte, OLTRAMARE, *Rev. crit.* 13 janv. 1877, p. 26.

—ÉTYM. Ἀθέτησις, de ἀθετέω, écarter, de ἄθετος, rejeté, de ἀ privatif, et θετός, posé.

† **ATHÉTOSE** (a-té-tô-z'), *s. f.* Terme de médecine. Nom donné par le docteur Hammond à une maladie qui empêche le malade de maintenir les doigts et les orteils dans la position voulue, et qui leur communique de perpétuels mouvements, *le Progrès médical*, 28 avr. 1877, p. 327.

— ÉTYM. Ἄθετος, qui est sans position fixe, de α privatif, et θετός, posé ; mais cette formation est tout à fait incorrecte ; rien ne justifie la finale *ose*. Il faudrait dire *athétèse*.

† **ATIMIE** (a-ti-mie), *s. f.* Terme du droit criminel athénien. Perte des droits civils. Plusieurs décrets, édictant contre l'auteur d'un délit défini une double peine, à la fois l'atimie et la confiscation des biens, PERROT, *Rev. crit.* 3 mars 1877, p. 141.

— ÉTYM. Ἀτιμία, de α privatif, et τιμή, honneur.

† **ATTENIR** (a-te-nir), *v. n.* Tenir à, être attenant, contigu. L'antique basilique de Santa-Maria attient au château, L. LANDE, *Rev. des Deux-Mondes*, 15 févr. 1877.

† **ATTIRANCE** (a-ti-ran-s'), *s. f.* Action de ce qui est attirant. La Rapée éprouvait la vertigineuse horreur de la chute mêlée d'attirance qu'inspire la suspension au-dessus d'un gouffre, TH. GAUTIER, *Capitaine Fracasse*, XVII. L'attirance du gouffre, BAUDELAIRE, *Fleurs du mal, Spleen et idéal*, LVII.

AUBIER au Supplément. *Ajoutez :* — REM. L'aubier est non pas la couche située entre l'écorce et le liber, mais la couche située entre le liber et le bois parfait. L'aubier est en effet la partie la plus jeune du bois, presque indistincte chez certains arbres, très-nettement marquée au contraire chez d'autres, les chênes, les pins par exemple, à raison de sa couleur plus claire.

† **AUCUPER** (ô-ku-pé), *v. a.* Mot forgé du latin. Épier. Montaigne et Charron avaient l'âme trop forte Pour demeurer toujours au recoin d'une porte Aucuper jour et nuit leurs plus grands ennemis, ST-ÉVREMOND, *les Académiciens, comédie* (qui met ces vers dans la bouche de Mlle de Gournay, amie des archaïsmes et des latinismes).

— ÉTYM. Lat. *aucupari*, épier, proprement, chasser aux oiseaux, de *avis*, oiseau, et *capio*, prendre.

AU DELÀ. *Ajoutez :* || 3° *S. m.* L'au delà, ce qui est au delà. Il y a de l'au delà dans Molière, P. ALBERT, *la Littérature française au XVIIe siècle*, p. 259. De loin en loin l'homme entrevoit cet au delà, et se relève du fond de son cloaque, TAINE, *Littérature anglaise*, II, V, § 3. La vénération, la préoccupation de l'obscur au delà, ID. *ib.* § 4.

† **AUDIBLE** (ô-di-bl'), *adj.* Mot forgé du latin. Qu'on peut entendre. Après un court assoupissement, Chopin demanda d'une voix à peine audible : Qui est près de moi ? F. LISZT, *Les derniers moments de Chopin*.

— ÉTYM. Lat. *audibilis*, de *audire* (voy. OUIR).

AUGET. *Ajoutez :* || 6° Terme de maçonnerie. L'espace en forme d'auge compris entre deux solives, deux chevrons, deux lambourdes.

† **AURAY** (ô-rè), *s. m.* Terme de marine. Nom donné dans les ports aux points d'appui, tels que bois ou canons enfoncés en terre, auxquels les navires sont attachés par des cordages.

† **AURIGIDES** (ô-ri-ji-d'), *s. f. plur.* Groupe d'étoiles filantes qui paraissent partir de la constellation du Cocher (*Auriga*).

† **AUTO-CONFESSEUR** (ô-to-kon-fè-seur), *s. m.* Celui qui fait sa propre confession. C'est un autoconfesseur qui s'absout et se glorifie des pénitences qu'il s'inflige, CH. BAUDELAIRE, t. II p. 435, éd. définitive.

† **AUTONOMISER** (ô-to-no-mi-zé), *v. a.* Donner l'autonomie. Il s'agirait de savoir jusqu'où cette nouvelle province [la Bulgarie] que l'on voulait autonomiser, s'étendait en définitive, *Journ. de Genève*, 4 juill. 1877.

AUTRE. — REM. *Ajoutez :* || 9. Voltaire a dit autre de : L'art de se détruire est non-seulement tout autre de ce qu'il était avant l'invention de la poudre, mais de ce qu'il était il y a cent ans, *Louis XIV*, 18, dernière page, éd. de Kehl. Cette tournure n'a rien de mauvais ; aujourd'hui on dirait plutôt : tout autre qu'il n'était.

† **AUVIER** (ô-vi-é), *s. m.* Nom vulgaire du pin cembro, CH. BROILLIARD, *Rev. des Deux-Mondes*, 1er avril 1877, p. 667.

† **AVANT-BASSIN** (a-van-ba-sin), *s. m.* Étendue d'eau située dans un port en avant du bassin. || Droit d'avant-bassin, droit qui se perçoit sur les navires qui entrent dans les avant-bassins d'un port.

AVANT-COURRIÈRE. *Ajoutez :* || Fig. C'est par là que fut consacrée la naissance de saint Jean-Baptiste, pour être l'avant-courrière de celle du Fils de Dieu, BOSS. *Élévations*, X, 3. La pénitence est sa vraie avant-courrière, ID. *ib.* X, 4.

† **AVANT-MÉTRÉ** (a-van-mé-tré), *s. m.* Terme de construction. Partie d'un devis dans laquelle on évalue aussi exactement que possible les dimensions et les volumes des ouvrages ; on l'appelle ainsi par opposition au métré définitif qui se fait après l'exécution et qui sert à régler les sommes dues aux entrepreneurs.

† **AVANT-PROJET.** *Ajoutez :* || 2° Plans sommaires, maquette d'un projet de construction qui devra être ultérieurement développé.

† **AVEULIR** (a-veu-lir), *v. a.* Néologisme. Rendre veule. Ce refrain, qu'elle aveulissait encore en ralentissant les notes finales, l'obsédait, ALPH. DAUDET, *Jack*, 7.

† **AVOISINEMENT** (a-voi-zi-ne-man), *s. m.* Action de celui qui s'avoisine ; état de celui qui devient voisin. Avoisinement des protestants vers l'Église romaine, titre d'un livre de Camus, évêque de Belley, dans *Biblioth. critique*, Amsterdam, 1710, t. IV, p. 406.

B

† 2. **BAC** (bak), *s. m.* Abréviation dont se servent les joueurs en parlant du baccarat. Taillant un petit bac, ALPH. DAUDET, *Journ. offic.* 1876, p. 9490, 2e col.

† **BACTÉRIE** au Supplément. *Ajoutez :* || On dit aussi bactéridie. M. Pasteur met hors de doute que le principe toxique c'est bien l'être organisé, la bactéridie, *Journ. offic.* 3 mai 1877, p. 3232, 3e col.

† **BADAUDOIS** (ba-dô-doî), *s. m.* Terme de plaisanterie. Le monde des badauds, la gent badaude. Les caillettes de tout parage.... formèrent le corps des vivandières, et les racoleurs enrôle-

rent sans peine tout le badaudois, PIRON, dans SAINTE-BEUVE, *Nouv. lundis*, t. VI (*Alexis Piron*).

† **BADIGNOLLE** (ba-di-gno l'), *s. f.* Nom provincial d'une espèce de bourrée. Qu'elle [une délibération du conseil général d'Indre-et-Loire] a frappé les... bois dur, cotrets, badignolles, bourrées, charbon de bois et de terre, *Décret*, 24 *novembre* 1876, *Bulletin des lois, partie supplém.* n° 94, p. 358.

† **BÂILLONNEMENT** (bâ-llo-ne-man, *ll* mouillées), *s. m.* Action de bâillonner. || Fig. Le bâillonnement de la presse.

† **BALADER (SE)** (ba-la-dé), *v. réfl.* Terme populaire. Se promener çà et là, trôler. Il y a le misérable C.... [avocat assassiné par la commune en 1871], qui a joué un sale rôle dans cette affaire-là [émeute du 22 janvier 1871], et qui se balade encore dans Paris, aussi tranquille qu'un petit Jean-Baptiste, *le Père Duchêne de* 1871, cité par M. Du Camp, *Rev. des Deux-Mondes*, juillet 1877.

— ÉTYM. Ancien français, *baladeur* (voyez BALADIN).

BALLOTTAGE. *Ajoutez :* || 2° Action de ballotter, de mettre en présence deux ou plusieurs opinions. Cette première partie du discours de M. d'Aguesseau paraît n'être que le ballottage des plaidoyers des avocats pour et contre, MERLIN (de Douai), *Questions de droit*, verbo *conquête*, § 1.

† **BALME.** *Ajoutez :* || 2° Balme ou baume a aussi le sens de coteau, monticule. Dieu m'a fait mon petit nid au bord du Rhône sur une balme plantée d'arbres maladifs, mais d'où je vois le Mont-Blanc et les Alpes, J. SOULARY (de Lyon), dans SAINTE-BEUVE, *Nouv. lundis*, t. III (*les Poëtes français*, recueil publié par M. Crépet).

2. **BANDE** au Supplément. *Ajoutez :* || 2° Bœuf, vache de bande, voy. VACHE n° 23, au Supplément. || On dit bande dans le même sens par abréviation. Prix de bandes; chaque bande sera composée de quatre animaux au moins, *Journ. offic.* 14 févr. 1873, p. 1023, 2° col.

BAQUET au Supplément. *Ajoutez :* || 5° Jeu du baquet, jeu qui se joue dans les fêtes publiques de certains pays, la Drôme par exemple. On a un grand baquet plein d'eau où l'on jette des pommes, des poires, des oranges, de petits jouets, qui flottent à la surface; des enfants, des jeunes gens et même des hommes de l'endroit avancent la tête sur l'eau, cherchent à saisir avec les dents (car il est défendu de se servir des mains) quelques-uns de ces objets flottants qui au moindre contact s'éloignent de leur bouche; des rires s'élèvent quand on voit ces bouches ouvertes s'acharner à la poursuite d'un objet qui leur échappe, et ils redoublent quand quelqu'un des poursuivants, emporté par son ardeur, tombe, ce qui arrive parfois, la tête la première dans l'eau. C'est ce jeu qui a suscité la locution : jeter dans le baquet pour : faire rire à outrance; expression qui se trouve dans Mme de Sévigné (voy. BAQUET au Supplément).

† **BARBINES** (bar-bi-n'), *s. f. pl.* Nom de la collection des ordonnances rendues de 1427 à 1461; d'après Boucher d'Argis, cette collection a été ainsi dénommée du nom du compilateur Jean Barbin; ce qui paraît certain, c'est qu'elle a été recueillie sous le titre de *ordinationes barbinæ* (DALLOZ).

† **BARBITON.** — ÉTYM. *Ajoutez :* M. Néandre N. de Byzance nous apprend que ce mot est persan aussi, *barbouth*. Comme βάρβιτον n'a pas de tenants en grec, il serait possible qu'il fût en effet d'origine orientale.

BARCAROLE. *Ajoutez :* || 3° *S. m.* Gondolier. Cette pieuse philosophie du barcarole nous attacha davantage à l'idée de nous embarquer avec lui, LAMARTINE, *Graziella, épisode*. (C'est l'italien *barcaruolo*.)

3. **BARGE** (bar-j'), *s. f.* || 1° Meule de blé, de foin, dans la Vendée. La femme M.... et moi avions caché le tire-point dans sa barge de foin, *Gaz. des Trib.* du 7 fév. 1877, p. 126, 4° col. || 2° Dans l'Avranchin, barge de fagots, tas de fagots à proximité de la ville pour l'approvisionnement des boulangers. || 3° Nom donné en limousin au grenier à foin situé au-dessus des étables.

† **BARILLAGE** au Supplément. *Ajoutez :* || 4° Nom, dans l'ancien droit, de l'entrée frauduleuse de boissons par petits barils, *Ordonn. de juin* 1680, tit. 4.

† **BAROMÉTRIQUEMENT** (ba-ro-mé-tri-ke-man), *adv.* Par un procédé barométrique. Il [M. Wyse] a recueilli de bonnes observations de latitude et de longitude, déterminé des hauteurs barométriquement..., *Journ. offic.* 19 févr. 1871, p. 1263, 3° col.

BARRE. || 8° *Ajoutez :* || Fig. Rendre barres, donner un nouvel accès. Un plan nouveau qui lui rend barres sur l'avenir, J. GOURDAULT, *Rev. des Deux-Mondes*, 15 mars 1877.

† **BARRICAILLE** (ba-ri-kâ-ll', *ll* mouillées), *s. f.* Entre marchands de vins, commerce de barricaille, vente et expédition par petits fûts, par barriques, au lieu de ventes en gros.

— ÉTYM. *Barrique*, avec la finale péjorative *aille*.

† **BARRICOT** (ba-ri-ko), *s. m.* Petite barrique. Tous les soldats étaient chargés de jambons et de barricots de vin, que leurs hôtes leur avaient donnés, FOUCAULT (intendant sous Louis XIV), dans SAINTE-BEUVE, *Nouv. lundis*, t. III (*Mémoires de Foucault*, II).

† **BARROIR** (ba-roir), *s. m.* Terme d'antiquité celtique. Construction qui barre, qui clôt. Des grès semblables à ceux du barroir de l'avenue du château; mais ces grandes pierres plates telles que celles des barroirs et des dolmens réclamaient certainement d'autres procédés de transport [que de les rouler], H. DE PARVILLE, *Journ. offic.* 20 sept. 1877, p. 6404, 1re col.

† **BASION** (ba-zi-on), *s. m.* Terme d'anthropologie. L'un des points singuliers de la base du crâne, situé sur le milieu du bord antérieur du trou occipital, et constituant chez l'homme le point central de la base du crâne.

— ÉTYM. Βάσις, base.

† **BASQUISANT** (ba-ski-zan), *s. m.* Celui qui se livre à l'étude du basque, LUCHAIRE, *Rev. critique*, 16 juin 1877, p. 378.

BASSIN. *Ajoutez :* || 12° Bassin d'or, nom du bouton d'or, plante commune en certaines contrées, dans les campagnes de la Bourgogne entre autres (voy. ci-dessous BASSINET).

BASSINET au Supplément. *Ajoutez :* || 9° Nom de la renoncule jaune ou bouton d'or, surtout du *ranunculus repens*, L. J'y ai ajouté des semences de violettes, de marguerites, de bassinets, de coquelicots, de bluets, de scabieuses, que j'ai ramassées dans les champs, BERN. DE SAINT-PIERRE, *Paul et Virginie*, IX.

BAVEUX. *Ajoutez :* — REM. Baveux comme un pot de moutarde, très-baveux, et, en jouant sur le mot, très-bavard. Enguerrant leur tabellion, plus baveux qu'un pot à moutarde, RAB. *Pant.* III, 24. Ils [les moines] sont baveux comme un pot de moutarde (XVI° siècle), MARNIX DE SAINTE-ALDEGONDE, *Tableau du différend de la religion, Œuvres*, éd. Quinet, t. IV, p. 23.

† **BAYLISTE** (bè-li-st'), *s. m.* Partisan de Bayle, le célèbre critique. Marais (Mathieu), à sa date, est quelque chose comme cela pour Bayle; il est bayliste (le mot est de lui ou il l'accepte), comme d'autres seront bientôt voltairiens, SAINTE-BEUVE, *Nouv. lundis*, IX, art. sur *Mathieu Marais*.

† **BÉATEMENT** (bé-a-te-man), *adv.* D'une façon béate. Henri Fonfrède fait un crime à Chateaubriand de cette fin du discours académique, puis il ajoute béatement..., SAINTE-BEUVE, *Chateaubriand et son groupe littéraire*, Paris, 1861, t. II, p. 109.

† **BÉATISSIME** (bé-a-ti-ssi-m'), *adj.* Superlatif, à forme latine, de béat. Les papes donnent l'exemple : Beatissimes, sanctissimes, révérendissimes, suppléants du Christ..., ANDRÉ LEFÈVRE, *Courrier littéraire*, 10 sept. 1877.

— ÉTYM. Lat. *beatissimus*, superlatif de *beatus* (voyez BÉAT). *Beatissimus* comme qualification d'un dignitaire ecclésiastique se trouve dans Du Cange.

BEC. *Ajoutez :* || 14° Bec noir, sorte de parure de tête pour les femmes dans le XVIII° siècle. Les vieilles dames poussèrent la prudence jusqu'à replacer dans leurs cheveux le bec noir, Mme DE BRANCAS, dans STE-BEUVE, *Nouv. lundis*, t. VIII (*Marie Leckzinska*, II).

† **BÊCHER.** *Ajoutez :* || 2° Populairement et figurément, bêcher quelqu'un, le dénigrer, l'attaquer. À Pâques ou à la Trinité,... quand les poules auront des dents, quand le *Tintamarre* ne bêchera plus le *Figaro*, qui s'en moque comme d'une guigne, *la Revue théâtrale illustrée*, 2° numéro de 1877.

† **BÉHÉMOTH** (bé-é-mot'), *s. m.* Animal dont la description se trouve dans le livre de Job (chapitre XL), et que les anciens interprètes s'accordaient à prendre pour l'éléphant, tandis qu'il n'est autre que l'hippopotame, comme Bochart l'a supposé le premier; car tous les traits de la description s'y rapportent, et enfin son nom le prouve, puisque ce nom n'est autre que le P-ehe-moût égyptien qui a été hébraïsé et signifie le *bœuf des eaux* (voir le *Bibel Lexicon* de Schenkel; article *Behemoth* par Schrader, Leipzig, 1869).

† **BÉNISSEUR, EUSE** (bé-ni-seur, seû-z'), *s. m.* et *f.* Approbateur de parti pris, personne qui trouve tout le monde bon, qui excuse tout. Cette expression vient de l'argot théâtral et des mélodrames où certains personnages ont toujours la main étendue pour bénir tout le monde.

† **BENJAMITE** (bin-ja-mi-t'), *s. m.* Nom, dans la Bible française, des descendants de Benjamin, des membres de sa tribu (les Allemands disent Benjaminite). Les Benjamites, ou le Lévite d'Éphraïm, est un espèce de petit poëme en prose de sept à huit pages, qui n'a de mérite que d'avoir été fait pour me distraire, quand je partis de Paris, J. J. ROUSSEAU, *Lettre au prince de Virtemberg*, 18 fév. 1765. || Dans ses *Confessions*, XI, Rousseau parle sur un ton très-différent du Lévite d'Éphraïm, et comme d'un de ses meilleurs ouvrages.

† **BERCEMENT** au Supplément. *Ajoutez :* — HIST. XVI° s. Olympe, qui encor esmeue avoit la teste Du bercement passé de l'ireuse tempeste, DE BRACH, *Imit.* f° 78, *recto*.

† **BETTAÏNE** (bèt-ta-i-n'), *s. f.* Terme de chimie. Alcaloïde de la betterave, *Journ. offic.* 1er fév. 1877, p. 791, 3° col.

— ÉTYM. *Bette*.

† **BIBION** (bi-bi-on), *s. m.* Diptère de la grande famille des tipulides. Le bibion des jardins, *bibio hortulanus*, *Journ. offic.* 6 mai 1872, p. 3035, 3° col.

— ÉTYM. Lat. *bibionem*, moucheron qui naît dans le vin.

† **BIBLIOLOGIE** (bi-bli-o-lo-jie), *s. f.* Science des livres. Répertoire bibliographique universel, contenant la notice raisonnée.... d'un grand nombre d'ouvrages.... relatifs à toutes les parties de la bibliologie, par GABRIEL PEIGNOT, Paris, 1812

— ÉTYM. Βιβλίον, livre, et λόγος, doctrine.

† **BICAMÉRISTE** (bi-ka-mé-ri-st'), *s. m.* Partisan de deux chambres dans un gouvernement constitutionnel.

— ÉTYM. Lat. *bi*, deux, et *camera*, chambre.

† **BICHROMATE** (bi-kro-ma-t'), *s. m.* Terme de chimie. Sel contenant le double d'acide chromique de ce qu'en contient le sel neutre. Bichromate de potasse.

† **BICHROMATÉ, ÉE** (bi-kro-ma-té, tée), *adj.* Combiné avec le bichromate de potasse. Gélatine bichromatée, *Journ. offic.* 3 nov. 1877, p. 7120, 3° col.

† **BIDOCHE** (bi-do-ch'), *s. f.* Dans l'argot des casernes, le morceau de bouilli qu'on sert au soldat, BERNADILLE, *le Français*, 28 août 1877, 2° page, 6° col.

† **BIENFACTURE** (biin-fa-ktu-r'), *s. f.* Terme suisse. Action de bien faire une chose, soin avec lequel on la fait. Il laisse les meilleurs souvenirs dans notre fabrique [d'horlogerie], où étaient connues ses exigences de bienfacture, *Journ. de Genève*, 8 mars 1877.

† **BIENVEILLAMMENT** (bien-vè-lla-man, *ll* mouillées), *adv.* D'une manière bienveillante. Ma pelote, dites-vous, est toute couverte d'aiguilles, et, vous ajoutez trop bienveillamment, très-fines, ÉD. FOURNIER, dans STE-BEUVE, *Nouv. lundis*, t. X (*la Comédie de La Bruyère*, par M. Édouard Fournier).

2. **BILLON.** || 3° *Ajoutez :* || Nom, dans le Midi, en Savoie, en Suisse et en Piémont, du tronc d'arbre scié par les deux bouts, qu'il soit équarri ou non. On peut faire de cet arbre deux billons, c'est-à-dire en partager le tronc en deux fragments d'une suffisante longueur pour que chacun d'eux puisse être débité en bois de service.

† **BIOGRAPHIER** (bi-o-gra-fi-é), *v. a.* Néologisme. Écrire la biographie de quelqu'un. Les hommes ne valent guère à cette heure qu'on les biographie; les écrivains se rabattent sur les bêtes, *Journ. la Lanterne* du 28 avril 1877.

BLEU. *Ajoutez :* || 12° *S. m.* Dans l'argot des casernes, nom du conscrit qui vient d'arriver au régiment encore vêtu de sa blouse bleue de paysan, BERNADILLE, *le Français*, 28 août 1877, 2° page, 6° col. C'est le même que pied-bleu (voy. ce mot au Supplément).

† **BOAT** (bôt'), *s. m.* Mot anglais qui signifie bateau et qui tend à s'introduire à cause des exercices nautiques. Un boat, monté par cinq jeunes

gens et un marin, a chaviré [à Arcachon], Extr. du *Petit Moniteur de Bordeaux*, dans *Journ. offic.* 21 août 1877, p. 5951, 3e col.

† **BOBAK** (bo-bak), *s. m.* Nom indigène de la marmotte de Pologne, *arctomys bobac*. C'est l'animal que La Fontaine, *Fabl.* x, I, a nommé, à tort, germain du renard et dont il a décrit les combats (voy. *De quelques mots slaves passés en français; Avis aux éditeurs de La Fontaine*, Alais, 1877, p. 7).

† **BOCQUILLON** (bo-ki-llon, *ll* mouillées), *s. m.* Terme de chasse. Lieu disposé pour se mettre à l'affût du gibier. À côté [du chemin de ronde de la forêt de Saint-Germain] est un champ d'un peu plus de trois hectares appartenant à M. P..., qui en a fait un bocquillon [pour tous les faisans sortant de la forêt], *Cour d'appel de Paris, note pour MM. J.... et B.... contre M. P....*

— ÉTYM. Le même, avec un autre sens, que *boquillon* (voy. ce mot au Dictionnaire).

† 2. **BOGUE** (bo-gh'), *s. m.* Poisson de la Méditerranée, *sparus boops*, L., *boops vulgaris*, Cuvier.

— ÉTYM. Prov. *buga*, esp., port. et ital. *boga*, du lat. *bogas*, du grec βῶκα.

BOISÉ. || 2° *Ajoutez* : || Il se dit aussi en ce sens avec la préposition *de*. Une haute montagne boisée de pins sombres et toujours verts, E. FROMENTIN, *Un été dans le Sahara*, p. 27.

† **BOSCARESQUE** au Supplément. *Ajoutez* : — REM. Boscaresque est moins un mot forgé par J. J. Rousseau, qu'un italianisme, comme il y en a beaucoup dans ses écrits : italien, *boscareccio*.

BOUCASSIN. — ÉTYM. *Ajoutez* : M. Néandre N. de Byzance tire ce mot du turc *boghasse*, sorte de toile. À la même origine il faut rapporter *bocassin*, qui est au Supplément.

† **BOUCLEMENT.** *Ajoutez* : || 2° Fig. Terme genevois. Action de clore, de régler un compte. Ce n'était plus qu'un petit procès avec les cantiniers qui arrêtait le bouclement, *Journ. de Genève*, 11 juill. 1877 (voy. BOUCLER au Supplément).

BOUDEUR. *Ajoutez* : || 4° Il se dit des animaux qui ne profitent pas, des végétaux qui ne se développent pas. Quant aux huîtres de drague pêchées à Auray, beaucoup deviennent boudeuses et refusent de croître pendant une saison, mais rattrapent le temps perdu à la saison prochaine, G. BOUCHON-BRANDELY, *Journ. offic.* 25 janv. 1877, p. 548, 1re col.

† **BOUGUIÈRE.** *Ajoutez* : — ÉTYM. *Bogue* 2 (voy. ci-dessus); prov. *buguiera*; esp. *boguera*; port. *bogueiro*; ital. *bogara*. C'est proprement le filet à prendre les bogues; c'est un grand filet horizontal, qu'on jette le soir à la mer et qu'on retire le matin.

† **BOURBONISER** (SE) (bour-bo-ni-zé), *v. réfl.* Se ranger du parti des Bourbons. Il [Ducis] blanchira peu à peu, il se bourbonisera, jusqu'à ce qu'en 1814 et 1816 il ait pris la teinte marquée que lui voulaient ses amis d'alors, SAINTE-BEUVE, *Nouv. lundis*, t. IV (*Ducis épistolaire*, III).

† 2. **BOURRÈLERIE** (bou-rè-le-rie), *s. f.* Action de bourreler, de tourmenter; acte de bourreau.

— HIST. XVIe s. Defendre nostre liberté de leur joug [des Espagnols], nos testes de leur bourellerie, MARNIX DE SAINTE-ALDEGONDE, *Œuvres*, éd. de Quinet, t. IV, p. 65.

BOURSE au Supplément. — REM. *Ajoutez* : Autre est l'explication d'un écrivain plus ancien. « La bourse d'Anvers fut bâtie en 1531, et prit son nom d'une maison qui était dans le même lieu, sur laquelle il y avait un écusson d'armoiries chargé de trois bourses; et c'est de là qu'est venu le nom de bourse, qui depuis ce temps est employé partout comme à Anvers pour dénoter le lieu public du rendez-vous des marchands, » MISSON, *Lett.* XLI, *Voyages*, 1688.

† **BOUTIEN** (bou-tiin), *s. m.* Nom donné, dans la traduction du roman de Gulliver, à des gens d'un pays divisé en deux partis : les petits boutiens, qui prétendaient qu'on doit casser un œuf à la coque par le petit bout, et les gros boutiens, soutenant qu'on doit le casser par le gros bout.

† **BOUTRIAU** (bou-tri-ô), *s. m.* Morceau de bois massif, à arêtes vives à l'une de ses extrémités, destiné à ce que l'on appelle l'écalage des voitures, *Gaz. des Trib.* 13 juin 1877, p. 569, 4e col.

† **BRACHYCÉPHALE.** *Ajoutez* : — REM. La définition est insuffisante; elle doit être l'inverse de celle du dolichocéphale, c'est-à-dire : crâne dans lequel la plus grande largeur l'emporte sur la plus grande longueur.

BRANCARD au Supplément. *Ajoutez* : || 4° Grande balance à l'usage des épiciers en gros, etc., en Normandie. À vendre, une paire de meules, une roue de moulin et de grandes balances dites brancard avec poids en fonte, *le Nouvelliste de l'arr. d'Avranches*, 25 fév. 1877.

† **BRASIÈRE** (bra-ziè-r'), *s. f.* Ustensile où l'on a du feu, un brasier. Une petite brasière en cuivre, où l'on brûle, les soirs d'hiver, pour se chauffer, les noyaux enflammés d'olives, LAMART. *Graziella*, III, 12.

— ÉTYM. Voy. BRASIER; ital. *braciere*.

† **BREGMA.** *Ajoutez* : || Terme d'anthropologie. Bregma ou point bregmatique, l'un des points singuliers de la voûte du crâne situé à la rencontre de la suture coronale et de la suture sagittale.

— ÉTYM. Βρέγμα.

† **BREGMATIQUE** (brègh-ma-ti-k'), *adj.* Qui appartient au bregma. || Point bregmatique, voy. ci-dessus.

† **BRINGUER** (brin-ghé), *v. n.* Courir, sauter çà et là. Un jeune chamelet qui se mit à bringuer de la plus belle façon lorsqu'on voulut le charger, V. LARGEAU, *le Sahara*, 1er *voyage*, p. 232.

— ÉTYM. Autre forme de *fringuer* 1 (voy. ce mot au Dictionnaire).

BRISQUE. *Ajoutez* : || 3° Chevron, en argot militaire. Un vieux sergent à trois brisques, *le XIXe siècle*, 20 août 1877.

BRISURE. *Ajoutez* : || 5° Brisures de riz, parties brisées dans les tiges de riz. On paye les riz, par 100 kil. : brisures, de 33 à 38 fr., *Journ. offic.* 30 juil. 1877, p. 5504, 1re col. Le riz décortiqué ou nettoyé doit contenir des brisures; si le fabricant veut les séparer, il ne lui est pas tenu compte d'un nouveau déchet.... on permet l'importation temporaire des brisures de riz isolées, destinées à être nettoyées; un déchet de manutention de 3 pour 100 est accordé lors de la réexportation, *Douanes, Tarif* de 1877, p. LXXXI.

BRONZE au Supplément. *Ajoutez* : || 8° Petit bronze, petits objets en bronze. Fabricant de petit bronze, émail cloisonné, *Alm. Didot-Bottin*, 1877, p. 752, 4e col. || On dit aussi : bronzes d'art, bronzes d'ameublement, bronzes d'église, ou religieux.

BRUYÈRE au Supplément. || 5° M. Muston (de la Drôme) rectifie ainsi la définition : Nom donné, dans les magnaneries, aux légères ramures où les vers à soie montent pour filer et suspendre leurs cocons; cette ramure est ordinairement en bruyère; mais on lui conserve ce nom lors même qu'elle est formée par d'autres plantes.

† **BUCÉROS** (bu-sé-ros'), *s. m.* Espèce d'animal. Nous avons [à Deli, île de Sumatra] en ce moment un galéopithèque (singe volant), un grand bucéros, *Journ. offic.* 9 juin 1877, p. 4273, 1re col.

† **BUFFONIEN, IENNE** (bu-fo-niin, niè-n'), *adj.* Qui appartient à Buffon. On n'a jamais mieux saisi [que Göthe ne l'a fait] dans toute sa portée la conception buffonienne des époques de la nature, SAINTE-BEUVE, *Nouv. lundis*, t. IV (*Entretiens de Göthe et d'Eckermann*, II).

† **BYZANTINISME** au Supplément. *Ajoutez* : Le byzantinisme reste l'écueil des civilisations arrivées à un certain degré d'avancement.... dans l'ordre intellectuel, il signifie subtilité maladive; dans l'ordre moral, dépravation réfléchie et raffinée; quant au luxe enfin, corruption du luxe lui-même par les mauvaises mœurs, et des arts par un faste outré, H. BAUDRILLART, *Journ. offic.* 12 sept. 1877, 3e col.

C

† **CABIAI.** *Ajoutez* : || Autre espèce de cabiai (*cavia capybara*) très-répandue à la Guyane, ainsi que dans les pays baignés par l'Orénoque et le Maragnon. Il habite toujours au bord des eaux. Cet animal atteint près d'un mètre de longueur; il est donc le plus grand des rongeurs connus, *Journ. offic.* 13 mars 1877, p. 1900, 1re et 2e col.

CÂBLER. *Ajoutez* : || 2° Transmettre par câble sous-marin. En même temps on lui transmet chaque jour [au New-York Herald], par le câble transatlantique, on lui câble, comme dit le *Daily Graphic* en forgeant un nouveau mot qui ne tardera pas sans doute à passer dans la langue américaine, le mouvement maritime de tous les ports, *Journ. offic.* 14 janv. 1877, p. 335, 1re col.

† 5. **CACHE** (ka-ch'), *s. m.* Terme d'imprimerie. Feuille intercalaire non imprimée que l'on met entre chaque feuille dans les ouvrages soignés, pour éviter le décalcage. Les signatures sur chacune des épreuves étaient couvertes d'un cache; un employé était chargé de lever ce cache et de passer chaque épreuve sous un cylindre, puis elles étaient mises en liasses et envoyées tout de suite au ministère, *Papiers et correspondance de la famille impériale*, Imprimerie nationale, 1870, t. II, p. 313. (Il s'agit de faux billets de banque étrangers fabriqués par ordre de Napoléon Ier.)

† **CACHE-MAILLE** (ka-che-mâ-ll', *ll* mouillées), *s. m.* Tronc, tire-lire, en Belgique, *Journ. amusant*, 8 sept. 1877.

— ÉTYM. *Cacher*, et *maille* 3.

† **CACHE-MISÈRE** (ka-che-mi-zè-r'), *s. m.* Pardessus, manteau qu'un met par-dessus les vêtements pour en cacher l'usure. || *Au plur.* Des cache-misère.

† **CACOPHONE** (ka-ko-fo-n'), *s. m.* Celui qui produit des sons désagréables. || Par extension, celui qui produit de la mauvaise musique. Les compositions du célèbre cacophone (Richard Wagner) sont bien bruyantes pour des oreilles françaises, *Gaulois*, 2 nov. 1876.

— ÉTYM. Κακόφωνος, qui a un mauvais son, de κακὸς, mauvais, et φωνὴ, voix, son.

† **CACOU** (ka-kou), *s. m.* Nom que les cagots portaient en Bretagne; ils étaient cordiers pour la plupart, et chargés de fournir les cordes pour le supplice de la potence, DE ROCHAS, *les Parias de France et d'Espagne*, 1876, p. 35.

CADAVRE. *Ajoutez* : || 3° Fig. Il se dit de corporations, de sociétés qui cessent d'exister et que l'on compare à des personnes. Il [Ganganelli] ouvrait son âme à l'espoir de réconcilier le sacerdoce et l'empire; il aspirait à les réunir dans la paix sur le cadavre de l'ordre de Jésus et à recouvrer ainsi les villes d'Avignon et de Bénévent, CRETINEAU-JOLY, *Clément XIV et les jésuites*, p. 294, éd. belge de 1847.

† **CAJOT.** *Ajoutez* : || 2° Sorte de tissu de jonc ou de paille employé dans la fabrication du fromage. Quelque temps après, le caillé est formé; on le presse de façon à en retirer tout le petit lait, puis on le place dans un moule posé lui-même sur un cajot, E. GARNOT, *l'Avranchin*, 25 févr. 1877.

— ÉTYM. Diminutif de *cage*.

† 3. **CALAMITE** (ka-la-mi-t'), *s. f.* Espèce de plante fossile. Ce monde primitif, où, comme des prêles gigantesques, se dressent les calamites aux tiges articulées, E. BLANCHARD, *Journ. offic.* 9 avr. 1877, p. 2758, 3e col.

— ÉTYM. Lat. *calamus*, roseau.

† **CALANT, ANTE** (ka-lan, lan-t'), *adj.* Qui cale. Vis calante.

† **CALENDAIRE.** *Ajoutez* : || 2° Chez les Romains, registre, livre de compte. || On écrit aussi kalendaire. Un citoyen romain avait préposé Stichus, son esclave, à l'exercice de son kalendaire, dans la province; c'est-à-dire que Stichus était chargé de prêter ses fonds à intérêt, de toucher les usures, de recevoir les remboursements, de renouveler les échéances, de faire de nouveaux placements, TROPLONG, *Commentaire du mandat*, n° 813.

† **CALENDRE** (ka-lan-dr'), *s. f.* Machine employée pour l'épuisement des eaux dans quelques mines du bassin de la Loire.

— ÉTYM. Lat. *cylindrus*, cylindre (voy. CALANDE 3 au Dictionnaire).

† **CALFEUTRANT, ANTE** (kal-feu-tran, tran-t'), *adj.* Qui calfeutre. Plinthes calfeutrantes, BOTTIN, *Annuaire du commerce*, 1875, p. 1322.

† **CALOMNIABLE** (ka-lo-mni-a-bl'), *adj.* Qui peut être calomnié. Ce diable de V.... est plus fort qu'on ne pourrait croire; ne voilà-t-il pas qu'il fait semblant d'être calomniable! J. NORIAC, *le Monde illustré* du 24 mars 1877.

† **CALOT** (ka-lo), *s. m.* Nom, en Normandie, des copeaux que les sabotiers et galochiers font en taillant leurs pièces de bois.

— ÉTYM. Ce mot tient au lat. *calo*, sabot.

† **CALOTIN.** || 1° *Ajoutez* : En couronnant le petit calotin [un petit abbé de Langeac], l'Académie déclara que la couronne appartenait de droit au Rulhières en question, si l'ouvrage de celui-ci n'avait été exclu du concours, DIDER. *Lettre XVII à Falconet*, t. XVIII, p. 297, éd. Assézat.

CAMBRURE. *Ajoutez* : || 2° Cuir cambré. Le feu s'est manifesté dans les hangars du sieur V..., marchand de chiffons et de cambrures, *Gaz. des Trib.* 1er févr. 1877, p. 106, 4e col.

CAMÉLÉON. *Ajoutez* : || 3° Appareil météorologique, dont la couleur varie avec le temps. Nous trouvons, dans le journal *la Nature*, la description d'un petit appareil appelé le caméléon, imaginé par M. Lenoir, *Journ. offic.* 20 févr. 1877, p. 1293, 1re col.

† **CANAILLERIE** (ka-na-lle-rie, *ll* mouillées), *s. f.* Actes, manières de canaille.

† **CANISSE** (ka-ni-s'), *s. f.* Nom, dans les magnaneries, des claies ou étagères, quand elles sont formées de roseaux (*arundo donax*) fendus par le milieu et entrelacés.

1. **CANON** (ka-non), *s. m.* Nom, dans l'Amérique du nord, de défilés, de vallées où passe un cours d'eau. Une centaine d'hommes de troupes, assistés d'environ cent cinquante citoyens, se portèrent au devant des Indiens, qu'ils rencontrèrent dans le canon de l'Oiseau-Blanc [État de l'Orégon], *Journ. de Genève*, 12 juill. 1877. Enfin ceux [mormons] dont les os ne jonchaient pas les sentiers parcourus, en débouchant un soir d'un défilé qui a conservé le nom d'*Émigration canon*, aperçurent à leurs pieds le lac, la vallée, la rivière.... *Journ. offic.* 21 sept. 1877, p. 6416, 3e col.

— ÉTYM. Esp. *caño*, tuyau, conduit.

† **CAPELLE** (ka-pè-l'), *adj. m.* Serpent capelle, espèce de serpent. Cette élégante qui sent tout à coup, en faisant sa toilette pour se rendre au bal, les anneaux froids et visqueux du serpent capelle, le plus dangereux de tous, s'enrouler autour de sa cuisse.... FRÉD. BÉCHARD, *Journ. offic.* 25 janv. 1877, p. 566, 3e col.

— ÉTYM. Portug. *cobra capello*, couleuvre à capuche.

CAPITOLE. *Ajoutez* : || 2° Fig. Hauteur, sommet élevé (avec un petit *c*). L'âge positif approche; l'ambition politique substitue insensiblement ses perspectives et ses capitoles lointains aux songes flottants, indéfinis, de la poésie et de l'amour, SAINTE-BEUVE, *Chateaubriand et son groupe littéraire*, Paris, 1861, t. II, p. 79.

† **CAPITULARD** (ka-pi-tu-lar), *s. m.* Nom donné par le peuple aux militaires qui capitulèrent pendant la guerre de 1870, principalement à Sedan et à Metz. Le général Ambert a publié contre ce néologisme un article dans l'*Univers* du 16 oct. 1876.

† 4. **CAPOT** (ka-po), *s. m.* Autre nom des cagots, peuplade des Pyrénées. Il y a dans les provinces qui composaient autrefois la Novempopulanie, dont la ville d'Auch est la capitale, des gens reconnus sous le nom de christians, agots, cagots ou capots (1683), DU BOIS BAILLET, dans DE ROCHAS, *les Parias de France et d'Espagne*, Paris, 1876, p. 60.

† 2. **CAPOTER** (ka-po-té), *v. a.* Terme familier. Au piquet, faire capot.

† 3. **CAPOTER** (ka-po-té), *v. a.* Garnir d'une capote. Tilbury capoté.

— ÉTYM. *Capote*.

† **CAPSET** (ka-psè), *s. m.* Ancien terme désignant une boîte de métal à mettre l'argent, dans une église. La cour a permis.... de mettre tronc ez églises selon l'avis et ordonnances des diocésains des lieux où seront mis les deniers provenant dudit jubilé, rémissions et indulgences; à chacun desquels tronc et capset il y aura trois clefs.... *Biblioth. crit.* Amsterdam, 1708, t. III, p. 383.

— ÉTYM. Diminutif de *capse* (voy. ce mot au Supplément).

CAPUCINIÈRE. *Ajoutez* : Je vois Rousseau tourner tout autour d'une capucinière où il se fourrera quelqu'un de ces matins, DIDER. *Lettre 66 à Mlle Volland*, t. IX, p. 82, éd. Assézat.

† **CAPULET** (ka-pu-lè), *s. m.* Nom, dans les départements pyrénéens, d'une coiffure de femme en forme de capuchon; c'est à peu près ce qu'à Paris on nomme capeline. Avoir ensemble et de concert soustrait frauduleusement deux robes, deux casaques, huit foulards, deux capulets, quatre châles, huit serviettes, une nappe, des mouchoirs, *Gaz. des Trib.* 18 mars 1877, p. 268, 1re col. (Acte d'accusation, Cour d'assises des Hautes-Pyrénées).

† **CAQUETEUSE** (ka-ke-teû-z'), *s. f.* Mot trouvé dans un inventaire de 1698, qui désigne le même meuble que la caquetoire (note communiquée par M. le marquis de la Tourrette, de Tournon). Voy. CAQUETOIRE au Dictionnaire.

† **CARACTÉRISATION** (ka-ra-kté-ri-za-sion), *s. f.* Action de caractériser. Action possessoire : I. Pacage; complainte. II. Trouble de droit. III. Caractérisation de la possession, *Gaz. des Trib.* 18 mai 1877, p. 477, 2e col.

1. **CARAQUE** au Supplément. — ÉTYM. *Ajoutez* : M. Néandre N. de Byzance, arménien, est disposé à tirer *caraque* de l'arménien *carcoura*, sorte de navire, qui se trouve dans une traduction arménienne du Ve siècle, des œuvres de saint Ephrem, Père de l'Église syrienne au IVe siècle. *Carcoura* est le grec κέρκουρος, lat. *cercurus*. La difficulté est de passer de κέρκουρος à *caraque*. Mais peut-être *caracora*, qui est dans Du Cange (voy. CARACORE au Dictionnaire), offre-t-il une transition.

† **CARBONARISTE** (kar-bo-na-ri-st'), *s. m.* Celui qui appartient au carbonarisme, qui en adopte les doctrines. Cette société moderne, ni légitimiste, ni carbonariste, ni jacobine, ni girondine, ni quoi que ce soit du passé, SAINTE-BEUVE, *Nouv. lundis*, t. VII (*M. Émile de Girardin*, I).

† **CARBUROMÈTRE** (kar-bu-ro-mè-tr'), *s. m.* Instrument propre à analyser les carbures. M. Coquillion décrit les appareils qu'il a employés, soit comme eudiomètres pour déterminer la composition des gaz, soit comme carburomètres pour analyser les carbures qui s'échappent des foyers industriels, soit comme grisoumètres pour doser le grisou dans les mines, *Journ. offic.* 6 avril 1877, p. 2685, 2e col.

† **CARDINALABLE** (kar-di-na-la-bl'), *adj.* Qui peut être élevé au rang de cardinal. Ceux qui parlaient ainsi, Montaigne nous le fait remarquer, étaient personnes de grande autorité et cardinalables, c'est-à-dire du bois dont on fait les cardinaux, SAINTE-BEUVE, *Nouv. lundis*, t. II (*Montaigne en voyage*). || Ce mot est fait comme papable.

† **CARDINALESQUE** (kar-di-na-lè-sk'), *adj.* Qui appartient aux cardinaux. La pourpre cardinalesque de son nez, TH. GAUTIER, *le Capitaine Fracasse*, XII.

— ÉTYM. Ital. *cardinalesco*, de *cardinale*, cardinal; *color cardinalesco*, pourpre.

† **CARNAL.** — ÉTYM. *Ajoutez* : Il serait possible que l'étymologie fût tout autre. Du moins M. Néandre N. de Byzance, arménien, signale le mot arménien *caran*, cordage de navire, et *kharan*, corde. L'on sait qu'un certain nombre de termes de mer sont venus de l'Orient.

† **CARNAVALESQUE** (kar-na-va-lè-sk'), *adj.* Qui a un caractère de carnaval. Une fantaisie un peu trop carnavalesque, LAGENEVAIS, *Rev. des Deux-Mondes*, dans SCHOLL, *Programme*, p. 13.

— ÉTYM. *Carnaval*; ital. *carnavalesco*.

CAROTTE. *Ajoutez* : || 4° Masse de terre extraite par les instruments de sondage. On voit quels sont les avantages de ce procédé [le sondage au diamant] : grande rapidité d'exécution et facilité d'obtenir des carottes de terre très-longues qui indiquent d'une manière précise la nature et l'inclinaison des couches traversées, FIGUIER, *l'Année scientifique*, 1875, p. 198.

† 3. **CARREAU** (ka-rô), *s. m.* Altération de carrousse (voy. ce mot au Dictionnaire). Cet esprit si rigoureux [le cardinal Borromeo], mangeant souvent avec les Suisses ses voisins, pour les gagner à mieux faire, il ne faisait nulle difficulté de faire des carreaux ou brindes avec eux à chaque repas, SAINT FRANÇOIS DE SALES, dans *Hist. de sainte Chantal*, Paris, 1870, 7e éd. t. I, p. 255.

CARTONNER. *Ajoutez* : || 4° Mettre un carton dans un livre, substituer une ou plusieurs pages aux pages primitives. Aujourd'hui (1809) la presse, qu'on prétend être libre, est dans l'esclavage le plus absolu; la police cartonne et supprime, comme elle veut, les ouvrages.... rien de plus irrégulier, rien de plus arbitraire que ce régime, *Discussions sur la liberté de la presse, la censure, la propriété littéraire, l'imprimerie et la librairie qui ont eu lieu dans le conseil d'État, pendant les années* 1804, 1807, 1810 et 1811, rédigées et recueillies par le baron Locré, Paris, 1819, in-8°, p. 57.

† **CASTRENSE** (ka-stran-s'), *adj. f.* Voy. PAIX au Supplément.

— ÉTYM. Lat. *castrensis*, de *castrum*, pris dans le moyen âge au sens de bourg.

† **CATGUT** (kat'-gut'), *s. m.* Corde à boyau employée dans les ligatures chirurgicales. Ligature de la continuité de l'artère brachiale au-dessus du pli du coude avec un simple fil de catgut, *Acad. des sc. Comptes rend.* t. LXXXIV, p. 658.

— ÉTYM. Angl. *catgut*, de *cat*, chat, et *gut*, boyau.

† **CATULLIEN, IENNE** (ka-tul-liin, liè-n'), *adj.* Qui est de la manière de Catulle, poëte latin élégant et très-fidèle à la pureté du langage. Les vers [du P. Commire sur Santeul] sont jolis, catulliens, SAINTE-BEUVE, *Port-Royal*, 3e éd. t. V, p. 625.

† **CAVAGE.** *Ajoutez* : || 2° Action de creuser. Les carrières de plâtre ne peuvent être exploitées par cavage, mais seulement à tranchées ouvertes, DELAPORTE, *Pandectes franç.* t. V, p. 200, 1804 (il renvoie à la déclaration du 15 janvier 1779).

CAVALCADE. *Ajoutez* : || 3° Il se dit aussi d'une troupe de gens montés sur d'autres bêtes que des chevaux. A ce moment arrivait de la plaine une petite cavalcade composée de deux mulets, montés chacun par une femme en costume de ville, et abondamment enveloppée de voiles; un nègre les précédait assis de côté sur un âne, E. FROMENTIN, *Une année dans le Sahel*, p. 318.

2. **CAVALIER** au Supplément. *Ajoutez* : || 3° Vue cavalière, vue prise en marchant (voy. CAVALIÈREMENT au Supplément).

† **CÉDULAIRE** (sé-du-lè-r'), *s. m.* Terme de droit. Créancier porteur d'une cédule, synonyme exact de chirographaire.

† **CELT** (sèlt'), *s. m.* Terme d'antiquité. Hache de bronze.

— ÉTYM. *Celte*.

† **CELTOPHILE** (sèl-to-fi-l'), *s. m.* Amateur d'études sur les Celtes. Un savant celtophile, M. Miln, vient d'adresser une communication..., *Journ. offic.* 16 déc. 1876, p. 9397.

— HIST. XVIe s. Les noms des personnages introduits en ce dialogue, Celtophile, Philausone, Philalethe, H. EST. *Deux dialogues du nouveau langage françois italianizé*.

— ÉTYM. Κέλτης, Celte, et φίλος, ami.

† **CENDAL.** — ÉTYM. *Ajoutez* : M. Néandre N. de Byzance tire ce mot du turc *sandal*, étoffe de soie, ajoutant qu'il y a dans le persan *sundus*, étoffe de soie, d'où l'arménien *sendous*, qui se trouve dans la traduction de la Bible (Ézéchiel, XVI, 10), traduction qui date du Ve siècle.

† **CENTRALISME** (san-tra-li-sm'), *s. m.* Système qui opère la centralisation. Le joug du centralisme universitaire, l'*Univers*, 16 oct. 1876.

CHAISE au Supplément. *Ajoutez* : || 7° Chaise de poste, nom, au XVIIIe siècle, de loges de l'Opéra situées du côté de la reine au rez-de-chaussée, *Journ. offic.* 22 sept. 1877, p. 6436, 1re col.

† **CHALEF** (cha-lèf), *s. m.* Nom vulgaire de l'*elæagnus angustifolia*, L., famille des élæagnées, arbuste du midi de la France, dit aussi olivier de Bohême.

— ÉTYM. Arabe, *kalâf*, saule d'Égypte.

† **CHAMÆLÉON** ou **CHAMÉLÉON** (ka-mé-lé-on), *s. m.* Plante. || Le chaméléon noir, la carline noire. || Le chaméléon blanc, la carline blanche. || Suivant M. Ed. Lefranc, *Bulletin de la société botanique de France*, année 1867, pages 48 et suivantes, le chamæléon blanc de Théophraste et de Dioscoride est l'*atractylis gummifera*, L. D'après Théophraste, si une femme voulait éprouver la vitalité de son mari, elle lui en faisait laver le corps; s'il résistait, il vivrait. M. Lefranc met en regard ce qui arrive sous la tente arabe où, dans des dissensions domestiques, des femmes servent traîtreusement à leur mari une tasse de lait où a infusé la racine d'*atractylis* : ce qui cause la mort.

— ÉTYM. Χαμαιλέων, lion nain, parce que ces plantes aux feuilles épineuses et féroces sont tout à fait acaules.

† **CHAMARRAGE** (cha-ma-ra-j'), *s. m.* Action de chamarrer. Il y a dans la mise des femmes moins de prétention et plus d'harmonie; on évite le chamarrage avec autant de soin qu'on le recherchait autrefois, L. REYBAUD, *Rev. des Deux-Mondes*, 15 juillet 1867, p. 934.

† **CHAMILLARDES** (cha-mi-llar-d', *ll* mouillées), *s. f. pl.* Titre d'un pamphlet contre Chamillard, docteur de Sorbonne et ennemi de Port-Royal, auquel on l'avait imposé comme directeur. Vous croyez sans doute qu'il est bien plus honorable de faire des Enluminures, des Chamillardes et des Onguents pour la brûlure, RACINE, cité par SAINTE-BEUVE, *Port-Royal*, 3e éd. t. VI, p. 110.

† **CHAMP-FERMAGE** (chan-fèr-ma-j'), *s. m.* Clôture en planches qui enferme un terrain destiné à recevoir des constructions. Deux bataillons du 74e de ligne, arrivés par le boulevard de Charonne, rompirent à coups de hache le champ-fermage qui protége le cimetière [du Père-Lachaise] aux environs de la rue de Bagnolet, MAXIME DU CAMP, *Rev. des Deux-Mondes*, 1er oct. 1877, p. 555.

† **CHAMP-FERMER** (chan-fèr-mé), *v. a.* Entourer d'un champ-fermage un terrain où l'on va construire.

† **CHAMPIONNAT** (chan-pi-o-na), *s. m.* Qualité de champion. Dimanche prochain, 15 juillet, aura lieu, à Neuilly-sur-Seine, la course nautique an-

nuelle du championnat de France; on sait que le vainqueur déclaré champion conserve ce titre une année et est tenu de répondre pendant ce temps à tous les défis..., *Journ. offic.* 14 juill. 1877, p. 5209, 3e col.

CHANCI. *Ajoutez* : || 3° *S. m.* Pellicule bleuâtre produite sur la peinture par l'humidité. La plaie du chanci, ce voile bleuâtre sur les vigueurs, produite invariablement par la composition défectueuse du vernis moderne.... le chanci, c'est le phylloxéra de la peinture, LOUIS LEROY, *Un dimanche au Louvre, Charivari* du 27 oct. 1876.

† **CHANTONNEMENT** (chan-to-ne-man), *s. m.* Action de chantonner... qui engourdissaient ses derniers souvenirs comme un chantonnement de vieille nourrice, J. RICHEPIN, *Rev. des Deux-Mondes*, 15 mars 1877, p. 416.

CHAPE au Supplément. *Ajoutez* : || 10° Dans les campagnes normandes, porter la chape, se dit des poules et autres volatiles malades qui vont traînant les ailes.

† **CHAPELIÈRE** (cha-pe-liè-r'), *s. f.* Chapelière ou malle chapelière, malle de dame à base rectangulaire, avec couvercle bombé, contenant des crochets à chapeaux et des compartiments pour robes. A l'aide d'une voiture de place, il a emporté, du côté du Père-Lachaise, la malle, qu'il n'avait mise qu'en dépôt chez le brocanteur; cette malle est de celles dites chapelières, *Gaz. des Trib.* 11 févr. 1877, p. 145, 4e col.

† **CHARLEMANESQUE** (char-le-ma-nè-sk'), *adj.* A la Charlemagne. Un rêve superbe, une vision charlemanesque le saisit [il s'agit de Napoléon Ier], SAINTE-BEUVE, *Nouv. lundis*, t. X (*Histoire des cabinets de l'Europe*, par M. Armand Lefebvre, II).

CHARLOTTE. *Ajoutez* : || 2° Au pluriel, charlottes, nom donné aux grains percés qui servent à faire des chapelets, des colliers et des ouvrages de broderie (voy. ROCAILLE au Supplément), *Douanes, Tarif de 1877, note 496.*

† **CHARRETON.** *Ajoutez* : || 2° Petite charrette, à Marseille. Le sieur Léoni Joseph, préposé des douanes..., avait vu passer auprès de lui un homme poussant un charreton, sur lequel se trouvait un objet assez volumineux, *Gaz. des Trib.* 2-3 juill. 1877, p. 640, 2e col.

2. **CHARRIER.** *Ajoutez* : || 5° Par extension, transporter sur bêtes de somme, sans emploi de chariots. Au beau milieu du carrefour et sans se désunir, défilent à chaque minute des troupeaux de petits ânes qu'on emploie à charrier du sable, les uns rentrant en ville avec leurs paniers pleins, les autres revenant les paniers vides et courant à la sablière, E. FROMENTIN, *Une année dans le Sahel*, p. 46.

CHAT au Supplément. — ÉTYM. *Ajoutez* : A côté de l'origine celtique et germanique, il faut noter, ainsi que nous l'apprend M. Néandre N. de Byzance, arménien, que *catou*, chat, se trouve dans un ouvrage arménien du Ve siècle.

† **CHATEAUBRIANESQUE** (cha-tô-bri-a-nè-sk'), *adj.* Qui a le caractère de la pensée et du style de Chateaubriand : pensée et style qui visent à la grandeur, l'atteignent souvent, la manquent quelquefois. Il [M. de Tocqueville] a jugé en termes excellents cette poésie un peu arrangée et toute chateaubrianesque du désert, SAINTE-BEUVE, *Causeries du lundi*, t. XV (*M. de Tocqueville*).

CHÂTELET. *Ajoutez* : || 7° Partie qu'on ajuste au haut du dévidoir. Cet arbre [d'un dévidoir] long d'un mètre et d'un diamètre de deux centimètres environ, aiguisé à son extrémité supérieure pour recevoir le châtelet, a pénétré dans le corps de cette femme, *le Nouvelliste de l'arrondissement d'Avranches*, 15 avril 1877.

CHAUFFERIE. *Ajoutez* : || 3° Engin établi dans les chemins de fer pour procurer l'échauffement de l'eau dans les bouillottes que les voyageurs, en hiver, ont sous les pieds, *Journ. des Débats*, 12 nov. 1877, 3e page, 2e col.

CHAUFOURNIER. *Ajoutez* : || 2° *Adj.* Chaufournier, chaufournière, qui appartient aux chaufourniers. La compagnie chaufournière de l'Ouest est autorisée à établir..., *Journ. offic.* 28 avril 1877, p. 3107, 1re col.

† **CHAVASSOT** (cha-va-so), *s. m.* Nom d'un poisson qui se trouve dans les cours d'eau des Alpes, *Journ. des Débats*, 5 nov. 1877, 3e page, 6e col.

CHEBEC au Supplément. — ÉTYM. *Ajoutez* : M. Néandre N. de Byzance, arménien, nous apprend que David l'invincible, philosophe arménien du Ve siècle, cite dans un de ses ouvrages deux sortes de navires, qu'il appelle *navire en forme de chevreuil* et *navire en forme de lampe*. Est-ce le navire en forme de chevreuil qui aurait suggéré la dénomination de *stambecco*, bouquetin, appliquée au chebec?

† **CHENILLEUR, EUSE** (che-ni-lleur, lleû-z', *ll* mouillées), *s. m.* et *f.* Ouvrier, ouvrière qui fait la chenille, sorte de passementerie. Cette jeune fille alla à la noce d'un chenilleur, *Gaz. des Trib.* 23-24 juill. 1877, p. 723, 1re col. On l'accueille encore, on lui fait faire un apprentissage d'ouvrière chenilleuse, *ib.* 26 juill. 1877, p. 723, 1re col.

† **CHEVROTAGE** (che-vro-ta-j'), *s. m.* Droit de chevrotage, droit que le seigneur prend sur chaque habitant en sa terre à cause des chèvres qu'il y nourrit. Le sieur de Cheurières, baron de Lerne, prend pour ce droit annuellement la cinquième partie des chevreaux, soit mâles ou femelles, qui y naissent, DESPEISSE, avocat et jurisconsulte à Montpellier, *Œuvres*, t. II, p. 227, Lyon, 1666.

— ÉTYM. Dérivé de *chevrot* ou *chevreau*.

† **CHIFFONNAGE** au Supplément. || 3° *Ajoutez* : || Il se dit aussi de tout léger dérangement de la santé. Le grand point est de ne pas tomber malade; j'ai des chiffonnages, je ne dors pas bien, mais j'espère m'en tirer, *Lettre du cardinal Bernis*, 14 mai 1769, dans CRÉTINEAU JOLY, *Clément XIV et les jésuites*, p. 293 (éd. belge de 1847). || 4° Fig. Petit souci qui chiffonne l'esprit. La querelle de M. Lancy est un chiffonnage; et voilà pourtant comment des riens deviennent des choses graves, *Lettre de Mme de Pompadour*, dans *Mémoires de Mme d'Épinay*, t. II, chap. 6 (éd. Charpentier, 1865).

† **CHIROGRAPHIER** (ki-ro-gra-fi-é), *v. a.* Transcrire les chirographes ou diplômes. Les copistes chirographient suivant cette méthode, qui a l'avantage de produire l'uniformité dans les catalogues manuscrits de la bibliothèque, G. DEPPING, *Journ. offic.* 18 juin 1877, p. 4483, 1re col.

† **CHOCOLATERIE** (cho-ko-la-te-rie), *s. f.* || 1° Fabrique de chocolat. Fabricant de chocolat : chocolaterie spéciale du commerce, *Almanach Didot-Bottin*, 1877, p. 842, 2e col. || 2° *Au plur.* Produits en chocolat. Spécialité de chocolateries, *ib.* p. 841, 4e col.

† **CHORISMOMÈTRE** (ko-ri-smo-mè-tr'), *s. m.* Instrument mis en pratique par M. Gelinski, ingénieur en chef du cadastre, et qui diffère de la stadia (voyez ce mot au Supplément) en ce sens que l'espace qui sépare les fils parallèles que porte le réticule est divisé en parties égales, et que la mire qu'on observe à distance est l'unité de longueur constante, J. A. LAUR, *Géodésie pratique*, Bruxelles, 1855, chap. VI.

— ÉTYM. Χωρισμός, séparation, et μέτρον, mesure.

CHRÉTIEN. *Ajoutez* : || 7° Nom donné jadis, dans le sud-ouest de la France, aux lépreux et aussi à une population de parias qu'on croyait descendue des lépreux; ils étaient dits aussi gafets ou gahets (voyez ce mot aux Additions), V. DE ROCHAS, *les Parias de France et d'Espagne*, 1876, p. 66. Il est statué qu'aucun de ceux que l'on nomme chrestiens et chrestiennes ou autrement gahets..., *Anciens et nouveaux statuts de la ville et cité de Bourdeaux*, 1612. Ils sont forts, robustes et gaillards, comme le reste du peuple... j'ai remarqué qu'en plusieurs lieux on les appelle chrestiens, FLORIMOND DE RŒMOND, *l'Antichrist*, chap. XLI, 1613. || A Bayonne, on les nommait christians; et c'est à eux que Godefroy de Paris, XIVe siècle, fait allusion, quand il dit : Juifs, Templiers et Christiens Furent pris et mis en liens, Et chaciés de païs en autre.

† **CHRISMATION** (kri-sma-sion), *s. f.* L'onction par l'huile. Tout cela pour savoir si la chrismation est ou n'est pas la matière essentielle du sacrement de confirmation, SAINTE-BEUVE, *Port-Royal*, 3e éd. t. I, p. 317.

— ÉTYM. Χρίσμα, chrême.

† **CHROMOMÉTRIE** (kro-mo-mé-trie), *s. f.* Mesure de la coloration.

— ÉTYM. Χρῶμα, couleur, et μέτρον, mesure.

† **CHROMOMÉTRIQUE** (kro-mo-mé-tri-k'), *adj.* Qui a rapport à la mesure de la coloration. Examen chromométrique du sang, HAYEM, dans *Progrès médical*, 1er sept. 1877, p. 669.

† **CICÉRONERIE** (si-sé-ro-ne-rie), *s. f.* Éloquence à la Cicéron. Je les dépouillerai de tout le faste oratoire, parce que vous êtes ombrageux, et que ma cicéronerie pourrait vous mettre en défiance, DIDEROT, *Lettre IV, à Falconet*, t. XVIII, p. 93, éd. Assézat.

— ÉTYM. Mot forgé par Diderot comme s'il existait un adjectif *cicéronier*.

† **CIGALER** (si-ga-lé), *v. n.* Faire bruit comme la cigale.

— ÉTYM. XVIe s. Nos docteurs cigalent sempiternellement et à tous propos qu'il faut croire ce que saincte mere Eglise apostolique, catholique et romaine croit, MARNIX DE SAINTE-ALDEGONDE, *Tableau des differends de la religion*, Bruxelles, 1857, II, 256.

† **CIMOIS** (si-moi), *s. m. plur.* Nom, en Saintonge, des cordons du maillot, de la lisière avec laquelle on mène l'enfant. Mener aux cimois.

— HIST. XVIe s. A les yeux sur la main qui defait les cimois, D'AUB. *Tragiques*, p. 18. J'escris de la main qui a quelque petite part aux exploictz, depuis les serpens qui ont servi de simois à ce berceau [d'Henri IV], en passant par les monstres abatus en la fleur de la jeunesse, jusques aux derniers labeurs..., ID. *Hist. préface*, p. 8.

— ÉTYM. Origine inconnue.

† **CIRCULEUR** (sir-ku-leur), *s. m.* Celui qui circule, va et vient. C'est un singulier peuple, un étrange amalgame que ce tas de circuleurs, L. DESNOYERS, *les Béotiens de Paris*.

CIVILITÉ au Supplément. *Ajoutez* : || 4° Dans la langue du XVIIe siècle, qui n'avait pas civilisation, civilité signifie ce qui caractérise le bon citoyen. Le mot de civilité ne signifiait pas seulement parmi les Grecs la douceur et la déférence mutuelle qui rend les hommes sociables; l'homme civil n'était autre chose qu'un bon citoyen qui se regarde toujours comme membre de l'État, qui se laisse conduire par les lois et conspire avec elles au bien public, sans rien entreprendre sur personne, BOSS. *Discours sur l'histoire univer.* dans SAINTE-BEUVE, *Nouv. lundis*, t. IX (*Entretiens sur l'histoire*, par M. Zeller, II).

CLAPOTEUX. *Ajoutez* : || Par extension. La joie clapoteuse de la foule, CH. BAUDELAIRE, t. III, p. 241, éd. définitive.

† **CLASSIQUISSIME** (kla-ssi-ki-ssi-m'), *adj.* Superlatif plaisant formé, à la façon latine, de classique : très-classique. Comment se fait-il que M. Sainte-Beuve.... soit aujourd'hui le favori de tous les salons ultramonarchiques et classiquissimes? Mme ÉMILE DE GIRARDIN (DELPHINE GAY), dans *Chroniques parisiennes* de Sainte-Beuve, LXXVI, Paris, 1876.

† **CLÉROUCHIE** (klé-rou-kie), *s. f.* Terme d'antiquité grecque. Établissement d'une colonie par clérouques. Aristote nous a conservé quelques lignes du discours que l'orateur Klydias prononça en 366 à l'occasion de la clérouchie de Samos, *Journ. offic.* 3 avril 1877, p. 7031, 2e col.

† **CLÉROUQUE** (klé-rou-k'), *s. m.* Terme d'antiquité grecque. Colon, celui qui avait un lot assigné dans une colonie qui se fondait, *Journ. offic.* 3 avril 1877, p. 7031, 2e col.

— ÉTYM. Κληροῦχος, de κλῆρος, lot, et ἔχειν, avoir.

CLIQUETTE au Supplément. *Ajoutez* : || 3° Nom, sur les côtes normandes, d'un petit poisson plat, carrelet ou limande, ainsi dit par similitude de forme avec les pièces de la cliquette.

† **CLÔTURER** au Dictionnaire et au Supplément. *Ajoutez* : || 3° *V. n.* Se fermer, ne pas continuer, ne pas être ouvert. Elle [l'exposition d'horticulture] clôturera le dimanche soir 14 octobre, G. CHAUDEZE, *Journ. offic.* 13 oct. 1877, p. 6778, 3e col.

† **CLUNISIEN, IENNE** (klu-ni-ziin, zié-n'), *adj.* Se rattachant à l'ordre de Cluny, à son architecture, à son style, etc. Cette grande et belle église [de Vézelay], chef-d'œuvre des architectes clunisiens, était en si mauvais état, qu'il avait été question plus d'une fois de la démolir, SAINTE-BEUVE, *Nouv. lundis*, t. VII (*Entretiens sur l'architecture*, par M. Viollet-le-Duc, II).

COACTION. *Ajoutez* : || Terme de droit. Coopération active, par action commune, à la perpétration d'un crime ou d'un délit. La coaction est classée par la loi parmi les faits de complicité, BLANCHE, *Études pratiques sur le Code pénal*, t. II, n° 21, p. 23.

† **COBRA** (ko-bra), *s. m.* Serpent de l'Inde très-venimeux et très-redouté, *Rev. britann.* nov. 1876, p. 178.

— ÉTYM. Portug. *cobra*, couleuvre.

† **COCASSERIE** (ko-ka-se-rie), *s. f.* Chose cocasse. Les cocasseries du brevet d'invention..., *Figaro*, 31 oct. 1876.

† **COCHONNAILLE.** *Ajoutez* : || En Normandie, on dit cochonnade.

† COCONNIER au Supplément. *Ajoutez :* || 2° *S. m.* Le coconnier, l'intermédiaire qui achète, recueille et transporte les cocons pour le compte des filateurs.

† COCONNIÈRE au Supplément. *Ajoutez :* || 3° Local très-aéré où les filateurs, qui achètent parfois tous les cocons de la contrée, emmagasinent leurs cocons (d'après M. Muston de la Drôme).

† COCOTER (ko-ko-té), *v. n.* Faire la cocote, la fille galante, *Charivari*, 1er nov. 1876.

COFFRE. *Ajoutez :* || 6° Anciennement, dans le Lyonnais, le Forez et le Beaujolais, coffre, nom des linges et hardes que les parents donnaient à leur fille en la mariant par-dessus la dot, ou que la fille, quand elle était *sui juris*, portait avec elle en se mariant (ainsi dit, parce que c'est dans un coffre qu'on apporte ses hardes), HENRYS, *Œuvres*, t. IV, p. 303, 1738. || Comparez ce sens de coffre avec corbeille de mariage.

† COGNE (ko-gn'), *s. m.* Terme populaire. Gendarme, agent de police. Les cognes sont là, V. HUGO, *les Misérables*, III, VII, 20.

COL. || 5° *Ajoutez :* || Dans l'argot des casernes, faire faux col, laisser passer un peu de linge par-dessus la cravate, ce qui est défendu et ce qui arrive parfois aux réservistes et aux volontaires, BERNADILLE, *le Français*, 28 août 1877, 3e page, 1re col.

COLATURE. *Ajoutez :* || 3° Écoulement. La longueur des planches jusqu'au fossé de colature, BARRAL, *les Irrigations dans les Bouches-du-Rhône*, Paris, 1876, p. 71.

† COLCHYTE (kol-chi-t'), *s. m.* Terme d'antiquité égyptienne. Nom d'agents affectés en Égypte à procurer les services liturgiques, les libations, les prières faites en faveur du défunt. Il est question [dans un texte démotique] d'une vente de morts faite... par un colchyte à un autre colchyte... les colchytes recevaient un revenu fixe, payé par les familles intéressées; de là l'idée, qui leur avait paru très-naturelle, de se vendre entre eux les morts pour lesquels ils étaient obligés de prier, F. DELAUNAY, *Journ. offic.* 21 août 1877, p. 5923, 2e col.

COLLECTEUR au Supplément. *Ajoutez :* || 6° On l'a employé quelquefois pour collectionneur. Son premier recueil est curieux, je le recommande aux amateurs et collecteurs, SAINTE-BEUVE, *Nouv. lundis*, t. X (*De la poésie en* 1865, IV).

† COLONAT. *Ajoutez :* || 2° Genre de possession d'origine féodale. Des colonats : art. 99. Les colons jouiront, à titre de propriété pleine et entière, du colonat et de toutes les dépendances, sous les réserves..., *Décret impér. du* 9 *décemb.* 1811, tit. III (*Bulletin des lois*, n° 408).

† COLORADO (ko-lo-ra-do), *s. m.* Le doryphore à dix lignes (*doryphora decemlineata*), insecte destructeur de la pomme de terre. Un couple de colorados produit, par année, environ 14,000 insectes.... c'est en 1823 que le colorado a été aperçu pour la première fois, en Amérique, dans les montagnes Rocheuses, *Journ. offic.* 24 fév. 1877, p. 1427, 1re col. (voy. DORYPHORE au Supplément).

— ÉTYM. Espagn. *colorado*, coloré.

† COLORIMÈTRE. *Ajoutez :* || 2° Appareil propre à mesurer les colorations. Pour faciliter la recherche des tons dans le travail industriel des impressions photochromiques, il a fallu créer un colorimètre, véritable dictionnaire des couleurs dont les quinze atlas sont mis sous les yeux des membres du congrès, *Journ. offic.* 6 avril 1877, p. 2685, 2e col.

† COMMINER (ko-mmi-né), *v. a.* Mot forgé du latin. Agir d'une façon comminatoire. L'horreur qu'il éprouve à l'idée de ces peines éternelles que l'Église commine contre ceux qui sont sortis de l'orthodoxie, ALBERT RÉVILLE, *Courr. littér.* 25 juill. 1877.

— ÉTYM. Lat. *comminari* (voy. COMMINATION au Dictionnaire).

1. COMMIS. *Ajoutez :* || 6° Uni, tordu ensemble en façon de cordage. J'en suis si chéri, et la chaîne qui nous enlace est si étroitement commise avec le fil délié de sa vie, que je ne conçois pas qu'on puisse secouer l'une sans risquer de rompre l'autre, DIDER. *Lettre XIV, à Falconet*, t. XVIII, p. 245, éd. Assézat.

† COMPULSORIAL, ALE (kon-pul-so-ri-al, a-l'), *adj.* Terme de droit. Qui a un caractère de compulsion, c'est-à-dire de moyens de rechercher des pièces, des preuves. Cette lettre est tirée de la partie compulsoriale du procès de canonisation de sainte Chantal, *Hist. de sainte Chantal*, t. II, p. 38, 7e éd. 1876.

— ÉTYM. Bas-lat. *compulsorialis*, DU CANGE, de *compulsare* (voy. COMPULSER).

† COMTADIN (kon-ta-din), *adj. m.* Qui a rapport au Comtat Venaissin. || Rite comtadin, rite particulier suivi par les juifs du Comtat Venaissin, qui, parqués dans le ghetto, sous l'autorité des papes, avaient adopté un langage et un rituel un peu différents de ceux de leurs coreligionnaires, *le Temps*, 3 sept. 1877, 3e page, 3e col.

† CONDOLÉANT, ANTE (kon-do-lé-an, an-t'), *adj.* Qui fait des condoléances. Je me retirai [du ministère] sans réclamer même le traitement qui m'était dû, sans recevoir ni une faveur, ni une obole de la cour; je fermai la porte à quiconque m'avait trahi, je refusai la foule condoléante, et je pris les armes, CHATEAUBR. *Mém. d'Outre-Tombe*, 7e partie, à la fin.

— ÉTYM. Voy. CONDOLÉANCE.

† CONFECTIONNEMENT (kon-fè-ksio-ne-man), *s. m.* Action de confectionner; état de ce qui est confectionné. Une marchandise n'était pas loyale, lorsqu'elle n'avait pas le confectionnement prescrit, DE LAMARRE ET LE POITEVIN, *Traité du contrat de commiss.* t. III, p. 122, 1re éd. 1845.

CONJURER. — HIST. || XVIe s. *Ajoutez :* Ils [les huguenots] vous prennent [pour le baptême] de la belle eau claire d'une riviere, fontaine ou cisterne, sans la saler ni conjurer [faire une conjuration dessus] ou consacrer, MARNIX DE SAINTE-ALDEGONDE, *Œuvres*, éd. Quinet, t. IV, p. 246.

† CONNOTER (ko-nno-té), *v. a.* Terme de grammaire et de logique. Faire une connotation, c'est-à-dire indiquer, en même temps que l'idée principale, une idée secondaire qui s'y rattache (voy. CONNOTATION au Dictionnaire). Les lettres majuscules A, B, C, etc. désignent les termes positifs; elles servent donc à dénoter un nom quelconque et à connoter la possession de certaines qualités, LIARD, *Rev. philos.* mars 1877, p. 280.

† CONSCIEMMENT (kon-si-a-man), *adv.* D'une manière consciente. Consciemment ou non, ils [les partis monarchiques] avaient rêvé le salut par une espèce de coup d'État à la façon du 2 décembre ou du 1er brumaire, *le Temps*, 18 août 1877, 1re page, 5e col.

† CONSCIOSITÉ (kon-si-ô-zi-té), *s. f.* Sentiment de soi-même, mode de la sensibilité générale qui nous permet de juger de nous-mêmes, LEIBNITZ, *Nouveaux Essais, Avant-propos.*

— ÉTYM. Dérivé irrégulier du lat. *conscius*, conscient, comme s'il existait un adjectif *consciosus*. C'est l'équivalent de l'anglais *consciousness.*

1. CONSIGNE au Supplément. *Ajoutez :* || 4° Terme de chemin de fer. Lieu où l'on dépose en garde les colis des voyageurs. Quatre malles sont là regorgeant d'effets et de linge; il veut les expédier au chemin de fer sans attendre le lendemain, car le lendemain est le jour fixé pour l'incendie; il va les remettre lui-même à la consigne, *Gaz. des Trib.* 11 mars 1877, p. 243, 2e col.

CONSISTORIAL au Supplément. *Ajoutez :* || 3° *S. f.* Une consistoriale, une église de consistoire, chez les protestants. La division de cette Église [l'Église protestante de Paris] en plusieurs consistoriales, *Journ. offic.* 28 avril 1877, p. 3108, 3e col. La légalité de la division de l'Église actuelle de Paris en plusieurs consistoriales, *ib.* p. 3109, 1re col.

† CONTRE-PLAINTE (kon-tre-plin-t'), *s. f.* Terme juridique. Plainte faite en opposition à une plainte antécédente. Sur le grief tiré de ce que le jugement, en accueillant la contre-plainte, a condamné X... et consorts chacun à 25 fr. d'amende pour diffamation envers le sieur A..., *Gaz. des Trib.* 17 avr. 1877, p. 368, 4e col.

† CONTRE-SURESTARIE (kon-tre-sur-è-sta-rie), *s. f.* Terme de droit maritime. Dommages et intérêts pour la prolongation du retard dit surestarie au delà de la starie ou jours de planche. Lorsqu'une charte-partie fixe le nombre des jours de planche, et ensuite celui des surestaries, ainsi que l'indemnité à laquelle ceux-ci donneraient droit, sans s'expliquer sur les jours de contre-surestaries, l'indemnité due pour ces derniers ne doit-elle pas, suivant les usages maritimes, être calculée à un taux plus élevé que pour les surestaries? *Gaz. des Trib.* 13 avril 1877, p. 355, 1re col.

CONTREVENT. *Ajoutez :* || 2° Cloison en pierre ou en bois. Ils établiront, au pourtour du lavoir et dans toute la hauteur, un contrevent de 25 centimètres d'épaisseur, construit en meulière, hourdé en ciment ou en toute autre matière analogue, ayant pour résultat d'isoler complétement le lavoir des habitations voisines, *Gaz. des Trib.* 3-4 sept. 1877, p. 857, 4e col.

† 2. CONVENANT au Supplément. || 3° *Ajoutez :* || Convenant se dit aussi du bien tenu par bail à convenant. Le feu se déclara dans le toit en chaume d'une maison située au convenant Le Borgne, commune de Saint-Nicodème, département des Côtes-du-Nord, *Gaz. des Trib.* 21 oct. 1877, p. 1029, 3e col.

CONVERTISSEUR. || 1° Celui qui convertit les âmes. *Ajoutez :* || Il se dit aussi au féminin. Eugénie [de Guérin], avec ses scrupules, n'aurait-elle pas eu de certaines craintes pour le salut de la protestante inconvertible et convertisseuse? SAINTE-BEUVE, *Nouv. lundis*, t. IX (*Mlle Eugénie de Guérin et Mme de Gasparin*, II).

† CO-OCCUPANT (ko-o-ku-pan), *s. m.* Celui qui occupe avec un autre ou d'autres. Droit de co-occupant, LASTEYRIE, *Rev. des Deux-Mondes*, dans SCHOLL, *Programme*, p. 14.

† COPARTAGÉ (ko-par-ta-jé), *s. m.* Terme de droit. Celui qui a une part dans un partage d'héritage. Le partage fait par l'ascendant [par exemple par un père en son testament] pourra être attaqué pour lésion de plus du quart; il pourra l'être aussi dans le cas où il résulterait du partage et des dispositions faites par préciput, que l'un des copartagés aurait un avantage plus grand que la loi ne permet, *Code civil*, art. 1079.

COQ. *Ajoutez :* || 8° Sorte de fer de blanchisseuse. Aussi s'appliquait-elle, muette, soigneuse, repassant les bouillonnés et les entre-deux [du bonnet] au coq, un œuf de fer fiché par une tige dans un pied de bois, E. ZOLA, *l'Assommoir*, chap. V.

CORAILLEUR. *Ajoutez :* || 2° *S. f.* Corailleuse. Elle était corailleuse, c'est-à-dire qu'elle apprenait à travailler le corail, LAMART. *Graziella*, III, 9.

CORBEAU au Dictionnaire et au Supplément. *Ajoutez :* || 9° Engin de pêche. Quatre ouvriers mineurs avaient été surpris pêchant dans la rivière d'Allier, non plus avec des filets ou des corbeaux, ces engins-là ne vont plus assez vite, mais bien avec des cartouches de dynamite confectionnées exprès, Extr. du *Moniteur du Puy-de-Dôme*, dans *le Nouvelliste de l'arr. d'Avranches*, du 8 oct. 1877.

† CORDÉE. *Ajoutez :* || 3° Terme de mineur. Temps employé à dérouler et enrouler sur le treuil la corde qui monte et descend les bennes. Actuellement cette marche [celle de l'ascension des bennes] s'est améliorée, et nous avons pu constater des cordées de 55 secondes, *Revue scientifique* du 25 mars 1876, p. 293.

† CORDELISER (kor-de-li-zé), *v. a.* || 1° Ceindre le corps d'une corde comme les cordeliers. || 2° *V. réfl.* Se cordeliser, se ceindre le corps d'une corde.

— HIST. XVIe s. Ils [les huguenots] ne tiennent en aucun honneur la sainte corde dont les freres mineurs se cordelisent, MARNIX DE STE-ALDEGONDE, *Tableau des differends de la religion, Œuvres*, éd. Quinet, t. IV, p. 22.

— ÉTYM. Voy. CORDELIER.

† CORRÉALITÉ (kor-ré-a-li-té), *s. f.* Terme de droit romain. Solidarité entre débiteurs. La librairie Marescq aîné vient de mettre en vente un Traité de la solidarité, précédé d'une étude sur la corréalité et la solidarité en droit romain, et contenant sur chaque question la jurisprudence la plus récente, par M. Eugène Loison, docteur en droit, *Gaz. des Trib.* 19 avr. 1877, p. 376, 4e col.

— ÉTYM. Lat. *correus*, débiteur engagé solidairement avec d'autres, de *cum*, avec, et *reus*, qui a contracté un engagement.

† COTERD (ko-tèr), *s. m.* Nom, dans la Suisse romande, de réunions de villageois, de femmes surtout, qui causent devant une maison ou dans l'intérieur de la maison. Le roman ne paraît être d'abord qu'une simple pastorale; on est en plein village, on assiste au coterd, on va faucher et faner, E. RAMBERT, *Bibl. univers.* 1er août 1877.

— ÉTYM. Bas-lat. *cota*, cabane (voy. COTERIE).

† COTÉRIADE (ko-té-ri-a-d'), *s. f.* Sardines de cotériade, celles que l'armateur distribue aux marins de l'équipage à l'arrivée des bateaux, *Douanes, Tarif* de 1877, p. CLXXVII.

— ÉTYM. Ce mot semble tenir à *coterie.*

COTISER. *Ajoutez :* || 3° Absolument. Payer une cotisation. Lorsqu'un sociétaire aura cotisé pendant dix-huit années...., il aura droit à une rente..., *Statuts annexés au décret du* 11 *janv.* 1877, *Bull. des lois*, partie suppl. 1er sem. 1877, p. 719.

† COUFFIN (kou-fin), *s. m.* Le même que couffe (voyez ce mot au Dictionnaire). Sacs, couffins et au-

tres récipients, *Règlement des Docks de Marseille,* 1870, p. 15.

COUP au Dictionnaire et au Supplément. *Ajoutez :* || 29° Le coup de poing de la fin, expression qui, depuis les *Mystères de Paris* d'Eugène Sue, se dit communément pour exprimer le dernier coup porté, le dernier trait. Il traite nos enfants de jeunes communards, de libertins, de gamins pervers, de jeunes drôles.... et il termine son article par cette phrase, qui est le coup de poing de la fin : l'Université était athée ; elle est aujourd'hui radicale, FR. SARCEY, *le XIX° siècle,* 14 août 1877.

† COURETTE (kou-rè-t'), *s. f.* Se dit, dans certaines villes du nord de la France, de petites cours entourées de logements. Il y a dans les courettes de Lille de véritables sauvages, *Journal de la Meurthe,* 17 oct. 1876.

† COURREAU (kou-rô), *s. m.* Nom, à Bordeaux, d'une sorte de navire. Un jeune homme me demanda deux bateaux pour transporter sur un courreau qui se trouvait en rade [à Bordeaux] sept fûts de rhum, *Gaz. des Trib.* 21-22 mai 1877, p. 491, 4° col.

— ÉTYM. Bas-lat. *curellus, currellus,* char, véhicule, dérivé du lat. *currus,* char.

COURTAUD. *Ajoutez :* — REM. Courtaud de boutique, cette expression vient de ce que, autrefois tous les gens de haute condition portant des vêtements longs, il n'y avait que les gens du peuple qui portassent des habits courts ; un courtaud de boutique est un homme vêtu d'un habit court et servant dans une boutique, *Bibliothèque critique,* Amsterdam, 1708, t. III, p. 324.

COUVER. *Ajoutez :* || 5° Neutralement et populairement. Couver, se mettre sous les pieds ou entre les jambes un pot de terre rempli de braise et de cendres chaudes ; habitude des femmes en Normandie.

CRACHOIR. *Ajoutez :* || 2° Nom, au XVIII° siècle, de loges de l'Opéra situées du côté de la reine au rez-de-chaussée, *Journ. offic.* 22 sept 1877, p. 6436, 1re col.

† CRASSERIE (kra-se-rie), *s. f.* Acte de crasseux, de vilain. Vous lui avez fait, je suis trop poli pour dire une crasserie, mais enfin une chose qui ne se fait pas, E. ABOUT, *l'Infâme,* II.

† CRÉMEUX. *Ajoutez :* — HIST. XVI° s. Le beurre cresmeux, DE BRACH, t. II, p. 162.

† CRÉOLEMENT (kré-o-le-man), *adj.* A la façon des créoles. Miss Tilda Jefferson, une enfant paresseuse, Paresseuse créolement, ERNEST D'HERVILLY, *A la Louisiane.*

† CRÊPELU. *Ajoutez :* — REM. Th. Gautier a dit crespelé (mieux écrit crêpelé) : Nous avons vu en songe se pencher du haut des terrasses blanches ces belles filles aux tresses d'or crespelées, dans SAINTE-BEUVE, *Nouv. lundis,* t. VI (*Th. Gautier,* I).

† CRÊPELURE (krê-pe-lu-r'), *s. f.* État d'une chevelure crêpelue. Deux longues mèches se détachaient capricieusement des crêpelures, TH. GAUTIER, *le Capitaine Fracasse,* II.

† 2. CREUSEMENT au Supplément. *Ajoutez :* || 2° Il se dit aussi au propre, en creusant, en enfonçant. Il faut lui planter [à une jeune fille] creusement dans son esprit la vraie crainte de Dieu, et l'élever ès plus saints exercices de dévotion, *Lettre de saint François de Sales,* dans *Histoire de sainte Chantal,* Paris, 1870, 7° éd. t. I, p. 317.

† CRISTALLOÏDE. *Ajoutez :* || 2° *S. m.* Terme de botanique. Partie de l'albumen des graines des plantes, laquelle est la forme de réserve de l'azote, VAN TIEGHEM, *Acad. des sc. Comptes rend.* t. LXXXIV, p. 581.

† CROMWELLISTE (krom'-ouè-li-st'), *s. m.* Partisan de Cromwell. C'est [le principe d'un pouvoir qui réside dans le corps de l'État indépendamment du droit divin des rois] le fondement des cromwellistes et celui des parlementaires qui ont détrôné Jacques II, ARNAULD, dans SAINTE-BEUVE, *Port-Royal,* 3° éd. t. V, p. 457.

1. CROQUANT. *Ajoutez :* — REM. C'est à cinq heures du matin que j'ai quitté le puits, car les voitures des croquants de Fontenay, Bagneux, commençaient à rouler, *Lettre de l'assassin Moyaux,* natif de l'Indre, dans *Gaz. des Trib.* 14-15 mai 1877, p. 465, 4° col. Ici croquant signifie paysan sans aucune signification défavorable. C'est aussi au sens de paysan sans signification défavorable qu'il faut entendre croquant dans ce passage de La Fontaine : Passe un certain croquant qui marchait les pieds nus ; Ce croquant, par hasard, portait une arbalète, *Fabl.* II, 12. Le Dictionnaire a tort d'y voir le sens d'homme sans consistance.

† CULBUTEUR. *Ajoutez :* || 2° Appareil mécanique servant à renverser un objet. On a imaginé plusieurs systèmes de culbuteurs avec lesquels la benne, poussée par l'ouvrier sur un plateau-bascule, vide son contenu en dessous et vient se remettre debout devant l'ouvrier, *Rev. scientifique,* 25 mars 1876, p. 295.

† CUPROPOTASSIQUE (ku-pro-po-ta-ssi-k'), *adj.* Terme de chimie. Qui contient du cuivre et de la potasse. || Solution cupropotassique, réactif employé pour la recherche du sucre. Un travail sur le sucre inactif, réducteur de la solution cupropotassique, H. DE PARVILLE, *Journ. offic.* 29 mars 1877, p. 2552, 1re col.

D

† DACRYON (da-kri-on), *s. m.* Terme d'anthropologie. L'un des points singuliers du crâne, situé à la partie supérieure du bord postérieur de la gouttière lacrymale, à la rencontre de l'os frontal, du maxillaire supérieur et de l'unguis ou lacrymal ; c'est l'extrémité interne du diamètre transversal de l'orbite.

— ÉTYM. Δάκρυ, larme.

† DAÏRA (da-i-ra), *s. f.* Nom, en Égypte, des biens personnels du khédive. Le khédive a donné en garantie les biens de son domaine privé ou de sa daïra, pour éteindre et liquider les engagements de la dette publique de ses États, *Gaz. des Trib.* 22 juin 1876, p. 613, 2° col.

† DARE. *Ajoutez :* — REM. La phrase suivante, empruntée à Diderot : «Dare, dare, dare, voilà un homme qui vient en cabriolet, comme si le diable l'emportait,» a été mal comprise par M. Poitevin et par M. Littré. *Dare,* expression conservée dans le quart de la France, signifie *derrière* ou *arrière !* Le mot répété, comme dans *dare, dare,* équivaut à « garez-vous vite ! » La phrase de Diderot l'expliquerait au besoin. *Dare, dare,* ne veut donc pas dire : *Allez vite,* mais *reculez vite* pour vous soustraire au danger. Il s'agit d'un mouvement prompt pour se mettre au repos en toute sûreté, et non pour prendre une course, M. C..., à Montpellier, dans *Petit Journal* du 13 avril 1877. L'explication peut être vraie pour la phrase de Diderot et pour la signification primitive, mais aujourd'hui *dare, dare* signifie au plus vite.

† DAUDY (dô-di), *s. m.* Nom anglais d'une sorte de navire. Vers six heures, un grand daudy anglais, le *Julia,* de Guernesey, était signalé sur la rade de Saint-Malo, avec son pavillon en berne, demandant du secours, Extrait de la *Vigie de Cherbourg,* dans *Journ. offic.* 15 sept. 1877, p. 6321, 3° col.

† DAVYUM (da-vi-om'), *s. m.* Nom d'un métal qui vient d'être découvert. Sur le spectre du nouveau métal, le davyum, SERGE KERN, *Acad. des sc. Comptes rend.* t. LXXXV, p. 607.

— ÉTYM. *Davy,* célèbre chimiste anglais.

† DÉBINAGE (dé-bi-na-j'), *s. m.* Action de débiner, de dire du mal (voyez DÉBINER au Dictionnaire). Banquets fratricides où le débinage sert d'entrée, de premier service et d'entremets sucré, *Figaro,* 31 mars 1877.

† DÉCIMEUR (dé-si-meur), *s. m.* Employé chargé de recueillir les dîmes (mot forgé par Voltaire en opposition à décimateur). M. le curé peut faire aisément ramasser par sa servante les dîmes de blé et de pommes qu'on lui doit... mais il faudrait que le roi eût des décimeurs à gages dans chaque village, qu'il fît bâtir des greniers dans chaque élection, et qu'ensuite il vendît son grain et son vin, VOLT. *Lettre à Mme Denis,* 19 août 1752 (au sujet de la *Dîme royale* de Vauban).

† DE CUJUS (dé-ku-jus'), mots latins qui sont quelquefois employés dans le langage juridique pour désigner le défunt dont la succession est ouverte.

— ÉTYM. Lat. *de,* au sujet, *cujus,* de qui (la phrase complète est *de cujus successione agitur*).

† DÉCURTÉ (dé-kur-té), *s. m.* Circoncis. Sa Majesté Impériale [Catherine II] a donc assommé ces maudits décurtés [les Ottomans], DIDER. *Lett.* XXVI, *à Falconet,* éd. Assézat, t. XVIII, p. 318.

— ÉTYM. Lat. *decurtatus,* raccourci, de *de,* et *curtus,* court.

† DÉFERLANT, ANTE (dé-fèr-lan, lan-t'), *adj.* Qui déferle. Dans ces parages, le canot de sauvetage affrontera des brisants redoutables, souvent il luttera contre une mer dure, déferlante, et contre des courants d'une extrême violence, *Annuaire du sauvetage,* t. XII, p. 82.

† DÉFIEUR (dé-fi-eur), *s. m.* Celui qui défie.

— HIST. XVI° s. Il cuide que s'il peut ce deffieur surprendre..., DE BRACH, *Im.* f° 68, *recto.*

1. DÉFILER. *Ajoutez :* || 3° Défaire les fils d'un tissu, le décomposer en filaments. On dégage ensuite quelques fils [du tissu douteux], on les détord entre les doigts, on les défile ; et c'est à la longueur des filaments primitifs qu'on reconnaît leur nature : si ces filaments ont plus de quarante millimètres de longueur, il y a certitude qu'ils ne sont pas de coton, *Douanes, Tarif de* 1877, note 508.

2. DÉFILER. *Ajoutez :* || *V. réfl.* Se défiler, passer sous le feu de l'ennemi en sachant profiter de tous les obstacles et accidents de terrain, pour se tenir à l'abri de sa vue et de ses coups.

† DÉFILEUR (dé-fi-leur), *s. m.* Terme de marine. Navire qui défile, qui file le long de. Dans ces parages [au nord et au sud de Terre-Neuve], la pêche a été véritablement désastreuse pour les navires dont les équipages étaient établis à terre et pour les défileurs du golfe, *Journ. offic.* 8 oct. 1877, p. 6694, 3° col.

† DÉGOLFER (dé-gol-fé), *v. n.* Terme de marine. Sortir d'un golfe. La mer était grosse, et ce n'est qu'avec peine que j'ai pu dégolfer le cinquième jour après mon départ, *Journ. offic.* 25 mai 1877, p. 3995, 1re col.

† DÉGRAVELLEMENT (dé-gra-vè-le-man), *s. m.* Action de retirer le gravier. L'ingénieur chargé des travaux de la Bièvre reconnut son intelligence [de Fieschi] en le nommant chef d'équipe des ouvriers chargés du dégravellement de l'aqueduc d'Arcueil, *Journ. offic.* du 30 août 1877, p. 6660, 2° col.

— ÉTYM. Voy. DÉGRAVELER au Dictionnaire.

† DÉHOUILLER (dé-ou-llé, *ll* mouillées), *v. a.* Exécuter le déhouillement. L'expérience a démontré que ces méthodes.... permettent de déhouiller entièrement toutes les grandes couches, *Rev. scientif.* 25 mars 1876, p. 295.

† DÉLOGE (dé-lo-j'), *s. m.* Nom propre employé par jeu de mots dans cette locution : Faire Jacques Déloge, déménager la nuit sans tambour ni trompette, c'est-à-dire s'en aller et s'esquiver. Le pendard ! il fait Jacques Déloge ; il a raison, il vaut mieux être plus poltron et vivre plus longtemps, *Comédie des proverbes,* p. 74. || On dit dans le même sens : Prendre Jacques Déloge pour son procureur.

† DÉMÊLURES (dé-mê-lu-r'), *s. f. pl.* Cheveux qui tombent quand on les démêle. Chez beaucoup de perruquiers on lit, en annonce : Achat de démêlures ; postiches en tout genre.

† DÉMOGORGON au Supplément. *Ajoutez :* — HIST. XVI° s. L'ancien pere des dieux Demogorgon demoura en son abysme et au parfond centre de la terre ; si n'en peult oncques eschaper, JEAN LE MAIRE, *Illustrations de Gaule,* I, 28. Et estoyent tous enfans d'Herebus, c'est-à-dire Enfer, filz de l'ancien Demogorgon et de l'obscure profondité des abysmes appellé Chaos, ID. *ib.* A costé gausche de la grande chauldiere, à trois toises près les gryphes de Lucifer, tirant vers la chambre noire de Demorgorgon, RAB. *Pant.* III, 22. || Demogorgon est une ancienne altération de demiourgon (voy. DÉMIURGE au Dictionnaire), qui se trouve dans RABELAIS, *Pant.* IV, 47.

† DÉMOGRAPHIE. *Ajoutez :* — REM. C'est à Guillard (né en 1799) qu'on doit la création du terme de démographie, LAMOUROUX, *Rapport au conseil municipal de Paris,* 27 févr. 1877, p. 4.

† DÉMONERIE (dé-mo-ne-rie), *s. f.* Action, intervention d'un démon. Ne saurait-on avoir le Socrate sans les démoneries, comme dit Montaigne ? SAINTE-BEUVE, *Port-Royal,* 3° éd. t. III, p. 341.

† DÉMONYME (dé-mo-ni-m'), *s. m.* Genre spécial de pseudonyme dont un auteur se sert quand il fait paraître un ouvrage avec une indication comme celle-ci : « Par des travailleurs et des commerçants », QUÉRARD, *Supercheries littéraires,* 2° éd. t. III, col. 850 *a b.*

— ÉTYM. Δῆμος, peuple, et ὄνομα, nom.

† DENSIMÉTRIE (dan-si-mé-trie), *s. f.* Terme de physique. Mesure de la densité ; emploi du densimètre (voy. ce mot au Dictionnaire).

† DENSIMÉTRIQUE (dan-si-mé-tri-k'), *adj.* Qui a rapport à la densimétrie, au densimètre. Constater la quantité d'huile lampante à 800 degrés densimétriques qu'elles [les huiles brutes de schiste et de boghead] fournissent, *Douanes, Tarif de* 1877, n° 277.

† DENTU, UE (dan-tu, tue), *adj.* Armé de dents. Limaces, limaçons, insectes de mille sortes, nés dentus, armés d'appareils formidables, MICHELET, *l'Oiseau*, p. 175.

— HIST. XIII° s. Sengliers grans et dentus, dont grandement y a, *Doon*, v. 1674.

† DÉPHILOSOPHISER (dé-fi-lo-zo-fi-zé), *v. a.* Ôter le caractère philosophique. || *V. réfl.* Se déphilosophiser, s'ôter le caractère philosophique. Il y eut un tollé général contre l'abbé philosophe [Raynal] qui, après s'être déprêtrisé autrefois, venait se déphilosophiser aujourd'hui, SAINTE-BEUVE, *Nouv. lundis*, t. XI (*Mémoires de Malouet*, III).

† DÉPISTEUR (dé-pi-steur), *s. m.* Celui qui dépiste, poursuit, découvre. M. Émile Campardon, un des plus ingénieux dépisteurs de curiosités littéraires et théâtrales, ALPH. DAUDET, *Journ. offic.* 23 avril 1877, p. 3017, 3° col.

† DÉPOÉTISER (dé-po-é-ti-zé), *v. a.* Ôter le caractère poétique. Il y a longtemps que le Niagara est dépoétisé : on y entend aujourd'hui le sifflet des locomotives, *Journ. offic.* 25 mai 1877, p. 3995, 3° col.

† DÉRAILER. *Ajoutez :* || Fig. Dérailer au figuré pour dévier, comme l'employait l'autre jour dans un fort bon article tout classique M. Gaston Paris, un jeune savant fils de savant, SAINTE-BEUVE, *Nouv. lundis*, t. VI (*Vaugelas*).

† DÉROUGIR. *Ajoutez :* — HIST. XIII° s. Et l'espée lues [aussitôt] desrougist, S'est biele et nete et esclarcie, *li Chevaliers as deux espées*, publié par Förster, v. 10830.

† DÉSARÇONNEMENT (dé-zar-so-ne-man), *s. m.* Action de désarçonner ; état de qui est désarçonné. || Fig. De cette première secousse, de ce désarçonnement inattendu, il nous est resté cette conviction, à savoir que ceux qui admirent d'abord un tel ouvrage [*la Ronde de nuit de Rembrandt*] ne sont point sincères, E. BERGERAT, *Journ. offic.* 25 sept. 1877, p. 6482, 3° col.

† DÉSÉDIFIER (dé-zé-di-fi-é), *v. a.* Ôter l'édification (euphémisme pour scandaliser). Elle [la paroisse] avait un autre droit, celui d'être édifiée et non pas d'être désédifiée, *Journ. de Genève*, 18 sept. 1877.

† DÉSENCANAILLER (dé-zan-ka-na-llé, *ll* mouillées), *v. a.* Tirer du milieu de la canaille. || *V. réfl.* Se désencanailler, perdre les manières, l'esprit de la canaille. Les goûts bas contractés dès la jeunesse ne se désencanaillent jamais, E. ABOUT, *l'Infâme*, I.

† DÉSENGAÎNER (dé-zan-ghè-né), *v. a.* Tirer de la gaîne. || Fig. Il fallait désengaîner la morale de tout ce revêtement artificiel, SAINTE-BEUVE, *Nouv. lundis*, t. III (*De la connaissance de l'homme au* XVII° *et au* XVIII° *siècle*, p. 236, éd. de 1865).

† DÉSENNOBLIR (dé-zan-no-blir), *v. a.* Ôter la noblesse. Ne se sentant point la capacité de l'étude, ils [les bohêmes] ont regardé l'étude comme une bassesse qui désennoblit le génie, VEUILLOT, *Odeurs de Paris*, II, 5.

† DESSALAGE (dè-sa-la-j'), *s. m.* Action de dessaler. Voici un moyen.... d'opérer le dessalage des viandes et du poisson salés, *le Nouvelliste de l'arrondissem. d'Avranches*, 15 avril 1877.

DÉTERMINATIF. *Ajoutez :* || 2° Qui décide, qui tranche. L'esprit critique rend les hommes déterminatifs, et leur fait préférer leur goût et leurs conjectures, qu'ils croient dictées par le bon sens, à toute tradition et à toute autorité, *Biblioth. crit.* t. III, p. 134, Amsterdam, 1708.

† DÉVEINARD (dé-vè-nar), *s. m.* Terme populaire. Celui qui est en déveine. Delobelle rencontrait toujours sur le boulevard un déveinard comme lui, ALPH. DAUDET, *Fromont et Risler*.

— ÉTYM. *Déveine. Veinard* est au Dictionnaire.

† 2. DICTATEUR (di-kta-teur), *s. m.* Celui qui dicte, nom que prenait plaisamment Voltaire, quand il dictait à son secrétaire. L'hermite de Tourney et des Délices est dictateur, parce qu'il a mal aux yeux, VOLT. *Lettr. à Thiriot*, 5 déc. 1759.

— ÉTYM. *Dicter*. Le vrai mot serait *dicteur*, comme *chanteur* de *chanter*.

DIGÉRER. || 7° *Ajoutez :* || Se digérer, être l'agent de sa propre digestion. Si l'albumen de la graine est charnu, s'il est actif, il se digère lui-même, et l'embryon n'a qu'à absorber les produits de cette digestion, H. DE PARVILLE, *Journ. offic.* 29 mars 1877, p. 2552, 1re col.

† DISPERSEMENT (di-spèr-se-man), *s. m.* Action de disperser ; état de ce qui est dispersé. Malgré les vacances parlementaires et le dispersement des hommes politiques, *le Temps*, 4 oct. 1877, 2° page, 5° col.

† DISQUALIFIER (dis-ka-li-fi-é), *v. a.* Terme de turf. Retirer à quelqu'un le droit de prendre part aux courses. M..., montant un de ses chevaux, l'a arrêté au moment où il allait gagner la course ; il a été disqualifié, comme on dit en jargon hippique, pour un an, *le XIX° siècle*, 1er oct. 1877, 2° page, 3° col. || Voy. DISQUALIFIÉ au Suppl.

† DISRUPTIF, IVE (di-sru-ptif, pti-v'), *adj.* Qui produit la disruption. La décharge disruptive obtenue avec la pile à chlorure d'argent, *Journ. offic.* 10 nov. 1877, p. 7308, 1re col.

— ÉTYM. Voy. *Disruption*.

† DITTOGRAPHE (di-tto-gra-f'), *s. m.* Pierre, papier, sur quoi on a écrit deux fois. Cette dernière inscription, trouvée en démolissant la tour moyen âge située sur l'acropole d'Athènes, est un dittographe, c'est-à-dire que la pierre, après avoir reçu une inscription monumentale à l'époque macédonienne, a servi pendant la période romaine, sur l'espace laissé libre, à une seconde inscription à la mémoire de Lucius Valerius Catullus et de Terentia Hispylla sa mère, *Journ. des Débats*, 12 mars 1876.

— ÉTYM. Διττὸς, double, et γραφὴ, écriture.

DIVORCER. || 3° *V. a.* Divorcer une femme, se séparer d'elle par divorce. Que le tribunal rabbinique de cette ville [Tunis] l'a condamné à divorcer Messaouda par un acte régulier de divorce selon la loi religieuse (tribunal civil de Constantine), *Gaz. des Trib.* 14 juill. 1877, p. 682, 1re col. (Cet actif n'est pas bon ; l'étymologie n'y est pas favorable.)

† DOLURE (do-lu-r'), *s. f.* Partie de chair que les mégissiers enlèvent avec la doloire à la surface des peaux qu'ils apprêtent. Les rognures, raclures et dolures de peaux de toutes sortes, *Douanes, Tarif de* 1877, note 44.

† DOMICELLAIRE (do-mi-sèl-lè-r'), *s. m.* Chanoine plus jeune qui n'avait pas encore le droit de chapitre. Le chapitre du cardinal de Rohan était composé de douze chanoines et de douze domicellaires, *Nouvelle Biographie générale*, Didot, art. Rohan, t. XLII, col. 531, note.

— ÉTYM. Bas-lat. *domicillaris*, dérivé de *domicellus* (voy. DAMOISEAU).

† 2. DOMMAGE (do-ma-j'), *s. m.* Nom, en Belgique, du terrain avoisinant le bâtiment du charbonnage, dans une exploitation houillère, *le National*, 26 sept. 1877, 1re page, 3° col.

— ÉTYM. Ce mot paraît provenir du bas-lat. *doma*, qui signifiait maison, champ, et qui est le grec δῶμα, demeure.

† DON-JUANISME (don-ju-a-ni-sm'), *s. m.* Manières, conduite d'un Don Juan (voy. ce mot au Dictionnaire). Il n'y a qu'un remède et qu'une garantie contre le don-juanisme, quand il commence à battre en retraite, c'est de ne lui laisser ni paix ni trêve, pas une minute, pas un espace pour respirer, SAINTE-BEUVE, *Nouv. lundis*, t. VII (*Le mariage du duc Pompée par M. le comte d'Alton-Shée*).

DOUBLE au Dictionnaire et au Supplément. *Ajoutez :* — REM. Les fêtes doubles sont ainsi nommées, parce qu'aux matines, aux laudes et aux vêpres, on double chaque antienne, c'est-à-dire qu'on la dit une fois avant le psaume et une fois après (abbé TOUGARD).

DRAGEONNER. *Ajoutez :* — HIST. XVI° s. Cette grande branche de nos lauriers qui drageonne et qui pullule de tous costés par vos escrits, DE BRACH, II, CVI.

† 2. DRUGE (dru-j'), *s. m.* Nom du fumier dans le Dauphiné ; d'où endruger, fumer.

— ÉTYM. Pourrait-on rattacher *druge* au celtique : kimry, *drwg* ; bas-breton, *droug, drouk* ; irl. *droch*, qui signifient en général ce qui est mauvais, le fumier à cause de son odeur pouvant être mis parmi les choses mauvaises ?

DUPE. || 3° *Adj. Ajoutez :* || En parlant de choses, où il y a de la duperie, qui a le caractère de la duperie. J'avoue que je fus outré d'un commencement si faible et si dupe, ST-SIMON, *Scènes et Portraits choisis dans les Mémoires authentiques du duc de Saint-Simon*, par Eug. de Lanneau, t. I, p. 429.

DUPLICITÉ. *Ajoutez :* — REM. Au XVI° siècle, on disait doublesse, qui valait mieux à cause de sa forme plus française. Ce n'a esté que feintise et doublesse, MARNIX DE STE-ALDEGONDE, *Œuvres*, éd. Quinet, t. IV, p. 78.

E

† ÉBOURIFFURE (é-bou-ri-fu-r'), *s. f.* État d'une tête ébouriffée. || Fig. Quelqu'un [M. de Salvandy] qui avait de l'esprit sans doute, mais encore plus de prétention et d'affiche, beaucoup de faste et d'ébouriffure, SAINT-BEUVE, *Nouv. lundis*, t. IV (*Hist. de la Restauration*, par M. L. de Vielcastel, II).

† ÉBURINE (é-bu-ri-n'), *s. f.* Nouvelle matière que M. Latry obtient par l'emploi des poudres d'ivoire ou d'os additionnées ou non de substances agglutinatives, *Journ. offic.* 20 juill. 1877, p. 5326 1re col.

— ÉTYM. Lat. *ebur*, ivoire.

† ÉCALAGE (é-ka-la-j'), *s. m.* Action de caler les voitures, *Gaz. des Trib.* 13 juin 1877, p. 569 4° col.

ÉCARTELÉ. *Ajoutez :* — REM. Origine de la locution écu écartelé : Revenus d'Orient, les chevaliers conservèrent comme un souvenir honorable les derniers écus qu'ils avaient opposés aux dards des infidèles, en donnant même la préférence à ceux dont la taie [plaque de métal] avait été fendue, brisée, écartelée, P. PARIS, dans *Journ. offic.* 17 oct. 1877, p. 6843, 1re col.

† ECCLÉSIOLOGUE (è-klé-zi-o-lo-gh'), *s. m.* Celui qui est versé dans la science des choses ecclésiastiques. L'abbé Cochet, ecclésiologue et antiquaire chrétien, par M. Brianchon, *Bibliographie de la France*, n° du 27 janv. 1877.

— ÉTYM. Ἐκκλησία, Église, et λόγος, étude.

† ÉCHELLIER (é-chè-lié), *s. m.* Terme de bourse. Acheteur de vente ferme contre ventes à primes, PATON, *Journ. des Débats*, 17 avril 1877, 4° page.

ÉCOUTER. *Ajoutez :* || 7° Le temps s'écoute, locution villageoise qui désigne un intervalle de calme complet dans un jour sombre. Si, par un de ces jours de septembre où l'on doute Que l'air ait une haleine et les champs des échos, La barque un aviron pour secouer les flots, Le ciel un astre en feu pour éclairer sa voûte, Jour morne et qui succède à de beaux jours sans doute, Si vous parlez au pâtre, en gardant ses troupeaux, Le naïf astrologue alors vous dit ces mots : « Que la brise est au calme et que le temps s'écoute, » E. FROMENTIN, *Courrier littéraire*, 10 juill. 1877.

† ÉCRINIER (é-kri-nié), *s. m.* Ancien nom des fabricants d'écrins, de coffrets, etc. Maître Jacques le huchier, Pierre Aubri l'écrinier qui fabrique de si jolis coffrets d'ivoire, SAINTE-BEUVE, *Nouv. lundis*, t. VII (*Entretiens sur l'architecture*, par M. Viollet-le-Duc, II).

ÉCRITOIRE. *Ajoutez :* || 4° Lieu, cabinet où l'on écrit (sens aujourd'hui inusité et qui provient de l'emploi de ce mot dans les monastères ; voy. le n° 3). Saint-Laurent [gouverneur] s'en accommoda [de l'abbé Dubois], et peu à peu s'en servit pour l'écritoire d'étude de M. le duc de Chartres [le futur duc d'Orléans, régent], ST-SIMON, dans *Scènes et Portraits choisis*, par Eugène de Lanneau, Paris, 1876, t. I, p. 9.

ÉCUSSONNÉ. *Ajoutez :* || 3° Orné d'un écusson d'armoiries. Les maisons, largement écussonnées, ont ce cachet de solidité massive et de sombre tristesse qui marque les vieilles constructions espagnoles, LOUIS-LANDE, *Rev. des Deux-Mondes*, 15 août 1877.

† EFFECTIVITÉ (è-fè-kti-vi-té), *s. f.* Qualité de ce qui est effectif. M. Bourke, répondant à M. Dilke, dit que, lorsque des doutes se sont élevés sur l'effectivité du blocus de la mer Noire, des représentations ont été faites à la Porte, *Journ. de Genève*, 18 juill. 1877.

† EFFECTUATION au Supplément. *Ajoutez :* — HIST. XVI° s. Luy recommandant une briefve effectuation de ce qu'il avait promis, MARNIX DE SAINTE-ALDEGONDE, *Œuvres*, Bruxelles, éd. Quinet, t. IV p. 226 (ainsi effectuation n'est pas un néologism ou du moins c'est un néologisme du XVI° siècle).

† EFFULGURATION (èf-ful-gu-ra-sion), *s. f* Mot forgé du latin. Action de jeter une fulguration, une vive lueur. Une véritable effulguration de métaphores, ÉD. SCHURÉ, *Rev. des Deux-Mondes*, 15 févr. 1877.

— ÉTYM. Lat. *effulgurare*, de *ex*, hors, et *fulgur* (voy. FULGURATION).

† ÉGOUTIER. *Ajoutez :* || 2° *Adj.* Égoutier, égoutière, qui a rapport aux égouts, *le Progrès médical*, 17 mars 1877, p. 208. Émanations égoutières.

† ÉLAITER (é-lè-té), *v. a.* Synonyme de délaiter

(voy. ce mot au Dictionnaire). Qu'elle ne laisse pas la crème aigrir sur le lait, qu'elle travaille de son mieux le beurre une fois obtenu, qu'elle l'élaite bien, qu'elle arrive enfin à lui donner ce petit goût de noisette particulier aux bons beurres, E. GARNOT, *Avranchin*, 18 mars 1877.

— ÉTYM. *É*.... préfixe, et *lait*.

† **ÉMANUÉ.** *Ajoutez :* — REM. Ce mot se trouve dans le XVI° siècle, mais avec un tout autre sens; il signifie sorti des mains : L'estat de voz deniers vous a esté rendu par diverses fois; oncques un patart ne fust emanué sans triple ou quadruple ordonnance, MARNIX DE SAINTE-ALDEGONDE, *Œuvres*, éd. Quinet, t. IV, p. 72.

EMBARQUER. — HIST. XVI° s. *Ajoutez :* Tous les offres du roy se remettoient à l'establissement de la paix en son royaume, pour ne s'embarquer en guerre estrangere durant celle qu'il avoit avec ses subjects, MARNIX DE STE-ALDEGONDE, *Œuvres*, Bruxelles, éd. Quinet, t. IV, p. 225.

† **EMBÊTISER** (an-bê-ti-zé), *v. a.* Jeter dans la bêtise. Comment on embêtise un pauvre sire comme toi, *le Vétéran*, dans *Dialogue de Franc-Fêtu, vétéran, et Prêt-à-tout, jeune soldat d'un des régiments travaillés par les clubs des vrais amis du bon ordre*, Nancy, l'an de la licence militaire 1790, cité par JULES RENAUD, *Nancy en 1790*, p. 50-51.

† **EMBOBINER** au Supplément. *Ajoutez :* || 5° *V. réfl.* S'embobiner, être embobiné, enroulé autour d'une bobine. Lucrèce.... travaille à quelque ouvrage de broderie, près d'un vaste métier où s'embobinent des laines de couleur, E. BERGERAT, *Journ. offic.* 10 mai 1877, p. 3479, 1re col.

† **EMBOUCAUTAGE** (an-bou-kô-ta-j'), *s. m.* Action d'emboucauter, de mettre dans des boucauts. Ces mutations d'entrepôt [de la morue] peuvent avoir lieu sans emboucautage, ni emballage, et, dans tous les cas, sans plombage, *Douanes, Tarif de* 1877, p. CLXXIII.

† **EMBUFFLETÉ, ÉE** (an-bu-fle-té, tée), *adj.* Garni de buffleteries. Et pour mettre le comble à leur émoi, voici — tout embuffleté de son baudrier jaune — un magnifique gendarme qui se présente dans les bureaux, ALPH. DAUDET, *Journ. offic.* 14 mai 1877, p. 3585, 3e col.

† **ÉMERISÉ, ÉE** (é-me-ri-zé, zée), *adj.* Garni d'émeri. Papiers verrés, émerisés, dorés, argentés, étamés ou cirés..., *Douanes, Tarif de* 1877, note 564.

† **EMPAGANISER** (an-pa-ga-ni-zé), *v. a.* || 1° Donner le caractère païen. || 2° *V. réfl.* S'empaganiser, prendre le caractère païen. La papauté s'empaganise, H. BLAZE DE BURY, *Rev. des Deux-Mondes*, 15 mars 1877, p. 264.

† **EMPÊTRE** (an-pê-tr'), *s. f.* Nom, en basse Normandie, de l'entrave qui lie les animaux. Cet agneau [volé] était empêtré, et l'empêtre a été retrouvée au bord de la pièce, *le Nouvelliste de l'arrond. d'Avranches*, 19 août 1877.

— ÉTYM. Voy. EMPÊTRER.

† **EMPHASÉ, ÉE** (an-fa-zé, zée), *part. passé* d'emphaser. A quoi on donne le caractère de l'emphase. Que les grands mots et le ton emphasé Au sens commun n'ont jamais imposé, J. B. ROUSS. *Épîtres*, II, 2.

† **EMPHASER** (an-fa-zé), *v. a.* Donner le caractère de l'emphase. Je vais Te peindre ces devoirs qu'ici tu nous emphases, BOISSY, *les Dehors trompeurs*, II, 11.

† **EMPIÈCEMENT** (an-piè-se-man), *s. m.* La pièce ou bande d'étoffe, qui va d'une épaule à l'autre, entre le col et le corps de la chemise. Elle le frotta [son fer] sur son carreau, l'essuya sur un linge pendu à sa ceinture, et attaqua sa trente-cinquième chemise, en repassant d'abord l'empiècement et les deux manches, E. ZOLA, *l'Assommoir*, ch. V.

† **EMPOIGNE** au Supplément. *Ajoutez :* || 2° Ce qui sert à empoigner, à saisir, poignée. Les bains [pour tremper le verre]... sont contenus dans de petits bacs en tôle, posés sur roue, et munis d'un double fond en treillis qu'on peut enlever à volonté à l'aide d'empoignes, *Journ. offic.* 2 mai 1877, p. 3198, 1re col.

† **ENCANAILLEMENT** (an-ka-nâ-lle-man, *ll* mouillées), *s. m.* Action d'encanailler, de s'encanailler. L'encanaillement, prélude aristocratique, commence ce que la révolution devait achever, V. HUGO, *l'Homme qui rit*, II, I, 3. En dehors de la scène [en parlant de Sophie Arnould], un démon d'esprit, de cet esprit parisien,... qui avait en plus, à cette époque, un arome aristocratique qu'il a perdu dans l'encanaillement de ses divers argots, ALPH. DAUDET, *Journ. offic.* 16 juill. 1877, p. 5246, 3e col.

† **ENCHAVIGNER** (an-cha-vi-gné), *v. a.* Incommoder les autres par une baleine puante, comme M. de Chavigny. Elle [la duchesse de Mecklembourg] disait de Mme de Longueville que, dès qu'elle ouvrait la bouche pour parler, elle enchavignait tout le monde; d'où il paraît que M. de Chavigny avait au plus haut degré le même inconvénient que Mme de Longueville [une haleine fétide], SAINTE-BEUVE, *Port-Royal*, 3e éd. t. V, p. 129.

† **2. ENCLIN** (an-klin), *s. m.* Action d'incliner le corps, la tête. Je sais que les Pères jésuites, s'ils se rencontraient cent fois le jour, ils se lèveraient le bonnet; et nous autres nous ferons l'enclin de tête toutes les fois que nous nous rencontrerons, SAINT FRANÇOIS DE SALES, dans *Histoire de sainte Chantal*, 7e éd. Paris, 1870, t. I, p. 493.

† **ENDÉMICITÉ** (an-dé-mi-si-té), *s. f.* Terme de médecine. Caractère endémique d'une maladie, c'est-à-dire d'être toujours due à une cause locale.

† **ENDINION** (an-di-ni-on), *s. m.* Terme d'anthropologie. Point de l'endocrâne situé au centre de la croix de l'endocrâne, au niveau de l'inion de l'exocrâne (pour INION, voy. ci-dessous).

— ÉTYM. Ἔνδον, en dedans, et ἰνίον, nuque.

† **ENDOCRÂNE** (an-do-krâ-n'), *s. m.* Surface intérieure de la boîte crânienne.

— ÉTYM. Ἔνδον, en dedans, et *crâne*.

ENDORMEUR. *Ajoutez :* || 5° Au féminin, une endormeuse, une chanson de berceau. Ces berceuses, qu'on nomme en Lorraine des endormeuses, A. THEURIET, *Rev. des Deux-Mondes*, 1er mai 1877.

† **ENDOSMOSER** (an-do-smo-zé), *v. a.* || 1° Exercer une action endosmotique. || 2° *V. réfl.* Subir une action endosmotique. Les globules rouges de l'enfant... s'endosmosent et se déforment plus rapidement au contact des réactifs, H. DE PARVILLE, *Journ. offic.* 31 mai 1877, p. 4128, 1re col.

† **ENDUCAILLER (S')** (an-du-kâ-llé, *ll* mouillées), *v. réfl.* Se mêler parmi les ducs considérés comme mauvaise compagnie. Quand il [Collé] sortait ces jours-là de sa maison bourgeoise, il disait qu'il allait s'enducailler, comme d'autres auraient dit s'encanailler, SAINTE-BEUVE, *Nouv. lundis*, t. VII (*Collé, Correspondance inédite*).

† **ENFOUISSABLE** (an-fou-i-sa-bl'), *adj.* Qui peut être enfoui. Même à l'état sédentaire, il [l'Arabe] ne se croit tranquille possesseur que de ce qu'il détient; il préfère la fortune mobilière, parce que rien ne la constate, qu'elle est facile à convertir, facile à nier et enfouissable, E. FROMENTIN, *Un été dans le Sahara*, p. 16.

† **ENSOMMEILLÉ, ÉE** (an-so-mè-llé, llée, *ll* mouillées), *adj.* Néologisme. Alourdi par le sommeil. Le garçon bégayant, aux yeux ensommeillés, qui marche d'un pas de somnambule, P. ARÈNE, *le Temps*, 28 oct. 1877, *Feuilleton*, 1re page, 3e col.

ENTACHER. *Ajoutez :* || 4° Accuser, inculper. Il [Voltaire] a levé les épaules quand la cohue s'est mise à contrarier le roi et à vouloir entacher les gens, VOLT. *Lettre à Veymerange*, 25 fév. 1771. J'avoue que je ne sais rien de si ridicule que la rage d'entacher; il y a eu des choses plus odieuses du temps de la Fronde, mais rien de si impertinent, ID. *Lett. à Richelieu*, 27 fév. 1771.

ENTR'ACCORDER (S'). *Ajoutez :* || 2° Se concéder l'un à l'autre. Leur opposition [des dominicains et des jésuites] ne les remue-t-elle pas toujours assez pour les empêcher de s'entre rien accorder qu'à la dernière extrémité? *Bibliothèque critique*, Bâle, 1709, t. II, p. 58. || On remarquera la séparation que l'auteur a mise entre *entre* et *accorder*.

† **ENTRE-BALANCER (S')** (an-tre-ba-lan-sé), *v. réfl.* Se balancer l'un l'autre, se faire équilibre l'un à l'autre. Quoique, à regarder les témoins seulement par rapport à leurs personnes, ils puissent s'entre-balancer les uns les autres, *Bibliothèque critique*, Bâle, 1709, t. II, p. 52.

ENTRE-COLONNES. *Ajoutez :* || 2° Nom, au XVIII° siècle, de loges de l'Opéra situées du côté de la reine, au rez-de-chaussée, *Journ. offic.* 22 sept. 1877, p. 6436, 1re col.

† **ENTRE-SORT** (an-tre-sor), *s. m.* Chez les saltimbanques, théâtre en toile ou en planches, voiture ou baraque, dans laquelle se tiennent les monstres, veaux ou hommes, brebis ou femmes, que l'on exhibe, J. VALLÈS, *La Rue, l'Entre-sort*. || *Au plur.* Des entre-sort.

— ÉTYM. *Entrer*, et *sortir*, parce que le public *entre*, regarde et *sort*.

† **ENTRETISSURE** (an-tre-ti-su-r'), *s. f.* État de ce qui est entretissu.

— HIST. XVI° s. Ainsi de nous deux que tant de mers et tant de terres separent, pour tenir les deux branches de nos amitiez en leur liaison et entretissure promise, DE BRACH, II, CVI.

† **ENVELOPPANT.** *Ajoutez :* || 3° Fig. Qui gagne les cœurs comme en les enveloppant. Cette grâce tragique, cette douceur harmonieuse dont les plus farouches, les plus brûlantes héroïnes de Racine gardent le charme enveloppant, ALPH. DAUDET, *Journal officiel*, 20 août 1877, p. 5894, 1re col.

† **ENVERSAILLER (S')** (an-vèr-sâ-llé, *ll* mouillées), *v. réfl.* Se donner à la cour, alors qu'elle résidait à Versailles. On y voit [dans le *Journal* du duc de Luynes, pendant le règne de Louis XV]... ce que la noblesse était devenue, depuis qu'elle s'était enversaillée, SAINTE-BEUVE, *Causeries du lundi*, t. XV (*Olivier Lefèvre d'Ormesson*).

† **ÉPEURÉ, ÉE** (é-peu-ré, rée), *adj.* Qui est en proie à la peur (dans la langue du département de la Meuse). Laurent passa le dernier sous le porche; il regarda d'un air épeuré la Côte-des-Prêtres, A. THEURIET, *Rev. des Deux-Mondes*, 1er octobre 1877, p. 493.

† **ÉPIBOLIE** (é-pi-bo-lie), *s. f.* || 1° En physiologie, imbrication, disposition des parties, l'une à la suite de l'autre ou l'une sur l'autre. || 2° En médecine, synonyme d'éphialte, de cauchemar.

— ÉTYM. Ἐπιβολή, action de jeter sur, de ἐπί, sur, et βάλλειν, jeter.

ÉPISCOPAL. || 2° *Ajoutez :* || Au singulier, un épiscopal, un homme appartenant à l'Église anglicane. Cette note [qu'en se mettant à genoux devant l'eucharistie on n'entend pas l'adorer] est plus digne d'un calviniste qui ignore les anciennes cérémonies de l'Église que d'un savant épiscopal, *Biblioth. critique*, Amsterdam, 1710, t. IV, p. 111.

† **ÉPLOIEMENT** (é-ploi-man), *s. m.* Action de rendre éployé; état de ce qui est éployé. De beaux faisans atteints dans l'éploiement de leurs brillantes ailes, ROQUEPLAN, *Parisine*, p. 193.

† **ÉPOMINE** (é-po-mi-n'), *s. f.* Épitoge ou chausse fourrée d'hermine que les avocats portent sur l'épaule gauche; on appelle aussi cet insigne chaperon.

— ÉTYM. Dérivé irrégulier de ἐπωμίς, la partie supérieure de l'épaule, de ἐπί, sur, et ὦμος, épaule. *Epomis* est dans Du Cange, avec le sens de *superhumerale*.

† **ÉPONGEAGE** (é-pon-ja-j'), *s. m.* Action d'éponger. Attendu qu'une clause du bail accorde à la compagnie le droit de puiser de l'eau à la fontaine établie dans la maison pour les besoins du service de la station et de l'épongeage des chevaux, *Gaz. des Trib.* 3 juin 1877, p. 534, 3e col.

† **ÉPONTILLE.** || Il se dit aussi en dehors de la marine. Cette incomparable force centrifuge de la terre qui, en se soulevant tout à coup, écrasera dans une nuit toutes les épontilles d'une galerie de mine et réduira en atomes des charpentes de seize pouces carrés qui supportaient un poids immense, *Journ. officiel*, 19 avril 1877, page 2949, 3e col.

† **ÉPOS** (é-pos'), *s. m.* Terme d'antiquité. Chant narratif. Il y eut probablement d'abord l'âge des chants narratifs qu'on appelait épos; l'âge de l'épopée a suivi, SAINTE-BEUVE, *Nouv. lundis*, t. X (*Histoire de la Grèce*, par M. Grote).

— ÉTYM. Ἔπος.

† **ÉQUIPONDÉRATION** (é-kui-pon-dé-ra-sion), *s. f.* Juste pondération. L'équipondération d'un groupe pyramidé et la somptuosité du coloris constituent seules, il faut le dire, l'intérêt de l'ouvrage [la Descente de croix de Rubens], E. BERGERAT, *Journ. offic.* 11 sept. 1877, p. 6260, 1re col.

— ÉTYM. Voyez ÉQUIPONDÉRANT au Dictionnaire.

† **ÉRECHTHÉIDE** (é-rè-kté-i-d'), *adj. f.* Terme d'antiquité. Voyez MER au Supplément.

† **ÉREINTAGE** (é-rin-ta-j'), *s. m.* Synonyme d'éreintement. Un éreintage manqué est un accident déplorable; c'est une flèche qui se retourne, CH. BAUDELAIRE, t. III, p. 283, éd. définitive.

† **ÉROTISME** (é-ro-ti-sm'), *s. m.* Penchant érotique, tendance érotique. On aurait voulu que, sans renoncer à aucune hardiesse, à aucun droit de l'artiste sincère, il purgeât son œuvre de tout

soupçon d'érotisme et de combinaison trop maligne en ce genre, SAINTE-BEUVE, *Nouv. lundis*, t. IV (*Salammbo*, par M. G. Flaubert, I).

† **ESCALABREUX, EUSE** (è-ska-la-breû, breû-z'), *adj.* Hardi, décisif (ancien mot tombé en désuétude). Mon Gil Blas, grand, maigre, escalabreux.... me conduit chez l'imprimeur Baylie, où il me loue sans façon une chambre au prix d'une guinée par mois, CHATEAUBR. *Mém. d'outre-tombe*, t. II (*Pelletier, travaux littéraires, ma société avec Hingant*, etc.).

† **ESCALOPÉ, ÉE** (è-ska-lo-pé, pée), *adj.* Terme provincial. Replié en deux et fixé avec une épingle. Ses joues blondes que couvraient à demi les pattes escalopées de son bonnet, G. FLAUBERT, *Madame Bovary*, I, 6.

— ÉTYM. *Escale* ou *escalope*, nom, en Bretagne, d'un petit bonnet rond avec de grandes pattes que les femmes replient en deux et fixent avec une grosse épingle à boule dorée sur le milieu de la tête.

† **ESCULENT, ENTE** (è-sku-lan, lan-t'), *adj.* Mot forgé du latin. Qui a de l'esculence, qui est bon à manger. L'analyse a découvert des parties esculentes dans des substances jusqu'ici réputées inutiles, BRILLAT-SAVARIN, *Physiologie du goût*, I, 142.

— ÉTYM. Lat. *esculentus* (voy. ESCULENCE au Supplément).

† **ESPÉREUR** (è-spé-reur), *s. m.* Celui qui espère. Ne sommes-nous pas tous espéreurs insensés? N. MARTIN, *Harmonies de la famille, les Espéreurs insensés.*

† **ESPINASSE** (è-spi-na-s'), *s. f.* Nom provençal des lieux plantés en sapins, CH. BROILLIARD, *Rev. des Deux-Mondes*, 1er avril 1877, p. 666.

† **ESPONTE** (è-spon-t'), *s. f.* Nom donné aux massifs de mines qui sont laissés sans exploitation entre deux concessions, pour empêcher les eaux de l'une de pénétrer dans l'autre, DEFOOZ, *Points fondamentaux de la législation des mines* (1858), p. 255. S'il arrivait qu'un exploitant se permît d'enlever du charbon par exemple de l'esponte d'une concession voisine, il devrait non-seulement rétablir une esponte artificielle, mais encore rembourser la valeur du charbon enlevé, ID. *ib.* p. 255.

— ÉTYM. Bas-lat. *sponda*, levée, digue; du lat. *sponda*, bord du lit; ancien franç. *esponde*. La digue est comparée à un rebord de lit.

† **ESQUE** (è-sk'), *s. f.* Synonyme méridional de èche (voy. ce mot au Dictionnaire). La dorade ne mordait guère, et le merlan faisait fi de l'appât, devinant peut-être que le *mouredu* ou l'esque portaient l'hameçon perfide dans leurs flancs, *la Jeune république de Marseille*, dans *Journ. offic.* 2 oct. 1877, p. 6602, 1re col.

† **ESTAQUE** (è-sta-k'), *s. f.* Nom, à Bordeaux, d'une estacade. L'individu qui était avec nous, nous conduisit jusqu'à l'estaque de Courrépau à Bègles, *Gaz. des Trib.* 21-22 mai 1877, p. 491, 4e col.

— ÉTYM. Voyez ESTACADE.

ÉTANG. *Ajoutez :* || 3° Fig. Ne voir qu'un étang, être stupéfait (voy. VOIR au Supplément).

† **ÉTEINTE.** *Ajoutez :* — REM. Ce substantif, indiqué comme n'étant usité que dans la locution : à éteinte de chandelle, a été employé au siècle passé dans un sens plus général. Je ne manquai pas de l'en croire, sitôt que j'eus crié assez fort et assez longtemps pour avoir une éteinte de voix, DE BROSSES, *Lettres hist. et crit. sur l'Italie*, t. I, *lettre* 19.

ÉTERNUER. *Ajoutez :* || 4° Produire en éternuant. Quelqu'un a dit : La Fontaine poussait des fables, Tallemant parlait des anecdotes, Pétrarque distillait des sonnets, Piron éternuait des épigrammes; éternuer c'était son mot à lui; eh bien, on ne retient pas un éternument, SAINTE-BEUVE, *Nouv. lundis*, t. VII (*Alexis Piron*).

ÉTOILER. *Ajoutez :* || 4° S'étoiler, se garnir d'étoiles ou de lueurs comparées à des étoiles. Je suis rentré vers la nuit... je ne distinguais plus la mer, je l'entendais; Alger s'étoilait de lumières, E. FROMENTIN, *Une année dans le Sahel*, p. 132.

ÉTOLE. *Ajoutez :* || 2° Étole d'or, nom d'un ordre de chevalerie dans l'ancienne république de Venise. Ce sénateur est toujours un homme qui a passé par les ambassades, un procurateur de Saint-Marc, un chevalier de l'étole d'or, un sage grand, en un mot une des premières têtes de l'État par le rang et par le génie, J. J. ROUSS. *Lettre à Dupont*, Venise, 25 juill. 1743.

† **EUPHÉMIE** (eu-fé-mie), *s. f.* Synonyme d'euphémisme. Cette euphémie, cet adoucissement était bien cynique, VOLT. *Dict. phil. Euphémie.*

— ÉTYM. Εὐφημία, voy. EUPHÉMISME.

† **EUROPÉENNEMENT** (eu-ro-pé-è-ne-man), *adv.* || 1° À la façon européenne. || 2° Dans toute l'Europe. La terrasse des Feuillants [aux Tuileries] et le bois des marronniers du côté de l'eau étant si européennement reconnus comme lieux solitaires, TH. GAUTIER, *La jeune France, Daniel Jovard.*

ÉVINCÉ. *Ajoutez :* || 2° Ancien terme de droit. Dont on procure la dépossession, en parlant d'un bien, d'une valeur. Si, la chose d'autrui ayant été léguée, les héritiers l'ont achetée pour satisfaire un legs, et qu'elle soit depuis évincée par des créanciers du vendeur, il n'est point dû de garantie par les héritiers du testateur; mais ils sont seulement tenus de céder au légataire leur action contre le vendeur, LEBRUN, *Traité des successions*, IV, chap. 11, sect. IV, n° 8 (1692). À qui faut-il que la chose ait été évincée [pour qu'il y ait lieu à garantie]? il n'importe que ce soit à l'acheteur lui-même à qui la chose vendue soit évincée, ou à son successeur en ladite chose, pour que l'acheteur ait l'action de garantie, POTHIER, *Traité de la vente*, n° 97.

† **ÉVOLUTIF.** *Ajoutez :* || 2° Terme de marine. Qui a rapport aux évolutions d'un navire. On améliorerait d'une manière notable les qualités évolutives du bâtiment, en..., *Journ. offic.* 11 avril 1877, p. 2797, 1re col.

† **EXCLUSIVITÉ** (èk-sklu-zi-vi-té), *s. f.* Qualité de ce qui est exclusif. Qu'ils lui ont cédé uniquement le droit de traduire et publier ledit ouvrage en langue espagnole, sans mention aucune d'exclusivité, et par conséquent sans s'interdire la faculté de concéder le droit de traduction et de publication à un tiers quelconque, *Gaz. des Trib.* 30-31 juill. 1877, p. 740, 3e col.

EXISTENCE. *Ajoutez :* || 1° *Au plur.* Terme de commerce. Quantités existantes, réserve, provisions. Une série d'accidents atmosphériques qui ont exercé une influence doublement funeste en ce sens qu'ils ont contrarié, d'un côté, la production courante [du sel] en même temps qu'ils causaient, de l'autre, la destruction d'une partie des existences antérieures, *Journ. offic.* 1er nov. 1877, p. 7096, 1re col.

† **EXOCRÂNE** (ègh-zo-krâ-n'), *s. m.* Surface externe ou superficielle de la boîte crânienne.

— ÉTYM. Ἔξω, en dehors, et *crâne*.

EXPÉDITEUR. *Ajoutez :* || Au féminin, expéditrice. Mme... a remis à la compagnie des messageries nationales un colis qu'elle a déclaré contenir des articles pour dentistes, sans autre indication spéciale; or, en fait, la déclaration était sincère, mais l'expéditrice avait omis d'ajouter que ces articles étaient en or ou en platine..., *Gaz. des Trib.* 23-24 avril 1877, p. 394, 2e col.

EXPÉDITION au Supplément. — REM. *Ajoutez :* || 2° Au n° 5, il est dit qu'en termes de pratique l'expédition est une copie légale, non revêtue de la forme exécutoire, d'actes notariés ou de jugements. Mais parfois expédition signifie la copie même revêtue de la forme exécutoire, ainsi que cela résulte de ce texte : Les greffiers qui délivreront expédition d'un jugement avant qu'il ait été signé, seront poursuivis comme faussaires, *Code de procédure civile*, art. 139.

† **EXPORTABLE** (èk-spor-ta-bl'), *adj.* Qui peut être exporté. Ce produit n'est pas exportable, de sa nature.

F

† **FAFIAU** (fa-fi-ô), *s. m.* Terme de métallurgie. Nom donné aux fers en billettes, ou fers plats, *Douanes, Tarif de* 1877, p. LXXXVI.

FAILLIR. *Ajoutez :* || 10° *S. m.* Le faillir, l'action de ne pas réussir. Ma fille, si Dieu veut que nous nous en retournions à mi-chemin, il faut être aussi prompt au faillir qu'au faire, SAINT FRANÇOIS DE SALES, dans l'*Hist. de sainte Chantal*, 7e éd. Paris, 1870, t. I, p. 525.

† **FANCHONNETTE.** *Ajoutez :* || 2° Terme de toilette. Synonyme de fanchon (voy. ce mot au Dictionnaire). Elle [la reine] porte sur sa tête une pointe de dentelle noire, une sorte de fanchonnette, SAINTE-BEUVE, *Nouv. lundis*, t. VII (*Marie Leckzinsca*, II).

† **FANTOMATIQUE** (fan-to-ma-ti-k'), *adj.* Qui a le caractère du fantôme. Ce ne sont pas des corps dans leurs vêtements blancs, mais des formes indécises et fantomatiques, quelque chose comme des nuées affectant par hasard l'apparence humaine, E. BERGERAT, *Journ. offic.* 20 mai 1877, p. 3871, 2e col.

† **FARANDOLEUR** (fa-ran-do-leur), *s. m.* Celui qui fait des farandoles. Les farandoleurs bondissaient, allant, venant, autour des portières, A. DAUDET, *le Temps*, 21 août 1877, *Feuilleton*, 1re page, 1re col.

1. **FAUCHEUR.** *Ajoutez :* || 2° *S. f.* La faucheuse, énergique métaphore populaire pour désigner la mort. Jeunes ou vieux, femmes ou garçons accueillent la faucheuse avec la résignation stoïque des animaux, A. THEURIET, *la Poésie populaire en France et la vie rustique*, dans *Rev. des Deux-Mondes*, 1er mai 1877.

† **FÉBRILEMENT** (fé-bri-le-man), *adv.* D'une manière fébrile. Paul trouva sur le palier le voisin, qui l'attendait, et prit son bras fébrilement, A. DAUDET, *le Temps*, 11 août 1877, *Feuilleton*, 1re page, 5e col.

† **FÉMELINE** au Supplément. *Ajoutez :* || Fémelin, fémeline, s'est dit pour signifier, avec un sens de dénigrement, appartenant aux femelles, aux femmes. Depuis lors [depuis Bernardin de Saint-Pierre], soit que l'élément féminin ou femelin [écrit à tort femmélin], comme l'a nommé un censeur austère, ait augmenté et redoublé chez les auteurs, soit que les femmes, de plus en plus appelées à l'initiation littéraire, aient répondu de plus en plus vivement, chaque écrivain célèbre a eu son cortége nombreux de femmes, STE-BEUVE, *Nouv. lundis*, t. IV (*Mém. de Verdelin*).

† **FÉMINISATION** au Supplément. *Ajoutez :* || 2° Action de donner un caractère féminin, efféminé. Aussi ne lui reprocherai-je pas [à André Chénier] ce léger enjolivement et cette féminisation du petit chef-d'œuvre antique, SAINTE-BEUVE, *Nouv. lundis*, t. VII (*Anthologie grecque*, I).

FERMAGE. *Ajoutez :* || 2° Étendue de terrain comprise dans un bail. On s'était élevé surtout contre ces riches fermiers qu'on appelait des aristocrates, et dont les fermages trop étendus devaient, disait-on, être divisés, THIERS, *Hist. de la révolution*, 14e éd. 1846, t. III, p. 153.

† **FERMAIL.** *Ajoutez :* — HIST. XVIe s. Grand dieu des vents, qui sous toi tiens en serre Le soufflement de tous les vents divers, En ma faveur tous leurs fermails desserre, DE BRACH, I, 26.

FERRET. *Ajoutez :* || 3° À Avranches, le fer dont la toupie est armée. Un ferret d'acier.

† **FESSOUE** (fè-soue), *s. f.* Nom de la houe dans les régions du centre, JALOUSTRE, *Cours d'agriculture pratique*, 3e éd. Clermont-Ferrand, 1876, p. 198.

— HIST. XIVe s. Un instrument appelé fessour, dont l'exposant avoit accoustumé ouvrer en laditte vigne, DU CANGE, *fessorius*. Fessoir à foïr vignes, ID. *ib.* || XVe s. Fessoour ou houe, ID. *ib.* Le suppliant avec son feçoir ou hoe, ID. *ib.*

— ÉTYM. Bas-lat. *fessorius*, du lat. *fossorium*, pioche, de *fodere* (voy. FOUIR).

† **FIASCO** au Supplément. — ÉTYM. *Ajoutez :* Le Dictionnaire dit à tort que la locution *far fiasco*, pour : échouer, ne pas réussir, ne se trouve pas dans l'italien; c'est une erreur. Le *Vocabolario* de Fanfani dit : Fare fiasco, dice il popolo di uno à chi non riesca un'impresa, e di una opera drammatica o musica che non piaccia al publico e sia fischiata.

† **FIASQUE** (fi-a-sk'), *s. f.* Mot forgé de l'italien. Bouteille. Une fiasque de vin blanc doré d'Ischia, fermée, en guise de liége, par un bouchon de romarin et d'herbes aromatiques, LAMART. *Graziella*, III, 8.

— ÉTYM. Ital. *fiasca*, grand flacon.

FLAGRANT. *Ajoutez :* || 2° Qui est en feu. Et la guerre civile est aujourd'hui flagrante, BARTHÉLEMY, *Némésis, Lyon.*

† **FLÂNE** (flâ-n'), *s. f.* L'habitude de flâner. Un décavé de la vie parisienne auquel le club, la flâne et les donzelles ont fait dégringoler quatre à quatre tous les degrés de l'échelle sociale, ALPH. DAUDET, *Journ. offic.* 16 avril 1877, p. 2906, 3e col.

† **FLÂNEUSE** (flâ-neû-z'), *s. f.* Espèce de siége. Chaises longues, flâneuses hêtre canné, *Gaz. des Trib.* 7-8 mai 1877, p. 446, *Annonces.*

FLEUR. || 1° Passer fleur. *Ajoutez :* || Passer fleur, se dit d'autres végétaux que la vigne. Comme j'avais monté pour arriver au col, je retrouvais fleuris les arbres qui, dans le vallon, avaient passé fleur, Mme DE GASPARIN, dans SAINTE-BEUVE, *Nouv. lundis*, t. X (*Mlle Eugénie de Guérin et Mme de Gasparin*, II).

FLEURISTE. *Ajoutez :* || 5° Un fleuriste, un jardin fleuriste. Nous citerons.... les begonias nouveaux du fleuriste de la ville de Paris, *Journ. offic.* 13 oct. 1877, p. 6779, 1re col. Le directeur du fleuriste de la ville de Paris, *ib.* 2e col.

† **FLORIMONTANE** (flo-ri-mon-ta-n'), *adj. f.* Académie florimontane, académie fondée en Savoie. Vivant ensemble [Saint-François de Sales et le président Favre, père de Vaugelas] dans cette ville [Annecy], ils eurent l'idée, vers 1607, d'y fonder une académie à l'instar de celles d'Italie.... ils l'établirent sous le nom d'Académie Florimontane ; une devise ingénieuse et gracieuse se lisait au-dessous de l'image d'un oranger, portant fruits et fleurs : *Flores fructusque perennes....* ce fut un des premiers essais d'académie en deçà des monts.... ce prélude d'académie française et des sciences à Annecy, trente ans juste avant la fondation de notre Académie sous Richelieu, est à noter, SAINTE-BEUVE, *Port-Royal*, 2e éd. t. I, p. 269, 270.

† **FŒHN** au Supplément. *Ajoutez :* — REM. Le mot föhn est en effet usité dans la Suisse romande ; mais il est de forme allemande, comme l'*h* l'indique, et il vient de la Suisse allemande où, particulièrement dans la Suisse orientale, ce vent est tellement redouté que, quand il souffle très-fort, on ordonne d'éteindre tous les feux de peur des incendies.

† **FOLKETHING** (fol-ke-tin'gh), *s. m.* Nom de l'assemblée nationale en Danemark (voy. VOLKSTHING au Supplément, ce qui est une fausse orthographe).

— ÉTYM. Danois, *folk*, peuple, et *thing*, assemblée.

† **FORCIPRESSURE** (for-si-prè-ssu-r'), *s. f.* Terme de chirurgie. L'un des modes désignés sous le nom d'aplatissement des artères. De la forcipressure ou de l'application des pinces à l'hémostasie chirurgicale, titre d'un ouvrage de M. Péan.

— ÉTYM. *Force*, et *presser*.

† **FORMAISON** (for-mè-zon), *s. f.* Ancien terme de grammaire. Manière de former les temps des verbes dans les conjugaisons. Nous avons cru devoir partager en leçons les différents modes et temps de chaque conjugaison, afin d'empêcher les enfants de conjuguer par routine et sans aucune réflexion, comme il arrive presque toujours ; cependant, après les avoir appris en détail et réfléchi sur les formaisons, il est bon qu'ils aient sous les yeux le verbe de suite dans toutes ses conjugaisons, LE ROI, *Principes généraux tirés des éléments de la langue grecque, ou précis de la grammaire simple*, Paris, 1773, p. 1 d'une partie insérée entre la page 62 et la page 63.

— ÉTYM. Ancienne forme pour *formation* (voy. ce mot). La finale latine *atio* se rendait régulièrement par *aison* (comparez *oraison*, *conjugaison*, etc.), changé en *oison* dans le dialecte de l'Ile de France.

† **FORMULABLE** (for-mu-la-bl'), *adj.* Qui peut être formulé. Principes aisément formulables, MAURY, dans SCHOLL, *Programme*, p. 15.

† **FOUILLEUSE** au Supplément. *Ajoutez :* — HIST. XVIe s. Leurs bourses estoient vuides.... plus d'aubert n'estoit en la fouillouse, RAB. *Pant.* III, 39.

FOURCHETTE au Supplément. *Ajoutez :* || 19° Lancer le coup de fourchette, en termes de savate, consiste à porter à son adversaire, dans la lutte, un coup dans les deux yeux à la fois, en y enfonçant, d'un mouvement rapide, l'index et le doigt majeur écartés, *l'Événement* du 19 juill. 1877.

FRAPPER. || 5° *Ajoutez :* || Frapper à glace, faire congeler. Le spectacle resté si longtemps inexpliqué de masses énormes d'eau subitement frappée à glace au sein des éclairs et tombant en grêle sur la terre, FAYE, *Journ. offic.* 28 oct. 1877, p. 7032, 2e col.

FRELATER. *Ajoutez :* — REM. J. J. Rousseau a dit farlater : Tous les cabaretiers falsifient et farlatent ici leurs vins avec de l'alun, *Lettre à Lalliaud*, 17 mars 1761. Cela se rapproche beaucoup du génevois *ferlater* (voy. l'étymologie au Dictionnaire).

† **FRIEDELITE** (fri-de-li-t'), *s. f.* Terme de minéralogie. Silicate hydraté de protoxyde de manganèse.

— ÉTYM. Ainsi nommé par M. Bertrand du nom de M. *Friedel*.

† **FROID-FEU** (froi-feu), *s. m.* Nom, dans le département du Nord, d'une maladie du lin. Le froid-feu, la brûlure du lin, selon l'expression généralement admise à la campagne, se produit par fois sur un champ en pleine végétation, sans cause appréciable, *Journ. offic.* 31 juill. 1877, p. 5513, 3e col.

ÉTYM. — *Froid* et *feu* : brûlure froide.

† **FRÔLEUR, EUSE** (frô-leur, leû-z'), *adj.* Qui frôle. De cette voix caressante et frôleuse qu'ont les mères, elle murmurait..., A. DAUDET, *Jack*, I, 11.

† **FUMART** (fu-mar), *s. m.* Un des noms vulgaires du putois, *Rev. britan.* oct. 1877, p. 371.

— ÉTYM. *Fumer* 1, à cause de la mauvaise odeur que le putois exhale, et qui est comparée à une *fumée*.

G

† **GAHET** (ga-hè), *s. m.* Ancien nom, en Guyenne, Gascogne et Languedoc, des lépreux.

— ÉTYM. Anciennement, *gafet*, ladre, du languedocien *gafet*, crochet, esp. *gafete* (voy. GAFFE) ; ces lépreux étaient ainsi dits parce que la lèpre rend les mains crochues, par suite de la contracture ou rétraction des muscles fléchisseurs des doigts, DE ROCHAS, *les Parias de France et d'Espagne*, Paris, 1876, p. 60.

† **GALANTISE** (ga-lan-ti-z'), *s. f.* Acte de galant. Dans la suite de la fréquentation, vous pourrez leur imposer vos galantises ; pour la première fois il faut de la gravité, ST-ÉVREMOND, *Sir Politick Would-be*, III, 5.

† **GALILÉISME** (ga-li-lé-i-sm'), *s. m.* Nom donné par les païens au christianisme. Telle était en somme la conception [le système de l'émanation] que Julien prétendait opposer victorieusement au christianisme, ou, pour employer son langage, au galiléisme, ALFRED GARY, *Courrier littéraire*, 25 août 1877, p. 548.

— ÉTYM. Voy. GALILÉEN au Dictionnaire.

GALIPOT au Supplément. — ÉTYM. *Ajoutez :* Au lieu des conjectures diverses que ce mot a suggérées, M. Néandre N. de Byzance, arménien, indique cette origine-ci : « Elle est arabe ou persane. Dans un traité de médecine arménien, rédigé en l'année 1234 et qui est traduit sur les ouvrages de médecins arabes, *al kalbouth* est rendu en arménien par térébenthine. Dans un autre ouvrage de médecine publié en arménien par un médecin arménien, le docteur Restèn, je trouve le mot persan *ilkilbouthoum* rendu en latin par *terebinthus*. » Ces citations paraissent décisives.

† **GALVANISATEUR** (gal-va-ni-za-teur), *s. m.* Celui qui opère la galvanisation, c'est-à-dire qui recouvre les objets en fer d'une couche légère de zinc pour les préserver de l'oxydation. Art. 1er : Le conseil de prud'hommes établi à Valenciennes sera désormais composé de la manière suivante : 1re catégorie : Mécaniciens..., fabricants de tissus métalliques, galvanisateurs..., *Décret du 17 juill.* 1877, *Journ. offic.* du 19, p. 5295, 2e col.

† **GARNISSEMENT** (gar-ni-se-man), *s. m.* Action de garnir. Le locataire qui ne détient les lieux qu'à titre verbal est régulièrement expulsé en vertu d'une ordonnance de référé, faute de garnissement des lieux, *Gaz. des Trib.* 2 août 1877, p. 747, 4e col.

† 2. **GARROTTER** (ga-ro-té), *v. a.* Faire périr par la garrotte. Un jour que devait être garrotté un chef de bandits nommé Baldomero, EDM. PLANCHUT, *Rev. des Deux-Mondes*, 15 avril 1877, p. 905.

GÂTER. *Ajoutez :* || 15° *V. n.* Dans le langage des hôpitaux, être gâteux, lâcher involontairement les urines et les selles. Diminution des mouvements réflexes, anesthésie prononcée à droite ; le soir, le malade gâte, *le Progrès médical*, 15 sept. 1877, p. 712.

† **GEIGNEUR** (jè-gneur), *s. m.* Celui qui a l'habitude de geindre. Cet éternel geigneur, ALPH. DAUDET, *Fromont jeune et Risler aîné*.

† **GÉLATINÉ** au Supplément. *Ajoutez :* || 2° Réduit en gélatine. || Os gélatinés, os dont la partie calcaire a été dissoute au moyen de l'acide chlorhydrique, et qui, sans avoir perdu leur forme primitive, ne conservent plus que leur tissu cellulaire et leur gélatine, *Douanes, Tarif de* 1877, note 44.

† **GÉMINIDES** (jé-mi-ni-d'), *s. f.* Terme d'astronomie. Nom donné (avec un grand G) aux étoiles filantes qui paraissent partir du point du ciel occupé par la constellation des Gémeaux (en latin *Gemini*).

† **GÉNOISE** (jé-noi-z'), *s. f.* Nom, en Lorraine, d'un gâteau de biscuit, probablement imité d'un gâteau de Gênes. Un morceau de génoise.

1. **GENS** au Supplément. — REM. *Ajoutez :* || 13. À la remarque 8 et au n° 3 de l'article, il est dit que *gens* suivi de la proposition *de* et d'un article, ou désignant une profession, est toujours masculin. Cependant on trouve le féminin dans cette phrase de Voltaire : Je vois toujours avec horreur de quoi certaines gens de lettres sont capables, *Lett. à d'Argental*, 25 février 1774. Le même Voltaire a écrit au masculin : Les vrais gens de lettres, *Lett. à Damilaville*, 22 mai 1765. Lequel des deux faut-il croire ? L'oreille a beaucoup d'influence en ces emplois ; et, comme elle est accoutumée à *certaines gens*, on dira, malgré la règle, *certaines gens de lettres*. Mais, à part ce cas particulier, on dira comme Voltaire *les vrais gens de lettres*, et, à son imitation, *les mauvais gens de lettres*, et ainsi de suite.

† **GÉOGRAPHIER** (jé-o-gra-fi-é), *v. a.* Marquer de points géographiques. Un ciel [plafond] passé de couleur, et géographié d'îles inconnues par l'infiltration de ces eaux de la pluie, TH. GAUTIER, dans SCHOLL, *Archives de Herrig*, XLII, 122.

† **GERMANISTE.** *Ajoutez :* || 2° Celui qui fait son étude particulière du droit germanique, ou qui est incliné vers ce droit plutôt que vers le droit romain. Nous avons parmi nous un germaniste distingué, M. Paul Laband, connu surtout par un ouvrage sur le droit public et l'empire allemand, *Journal de Genève*, 15 juillet 1877.

† **GHETTO** au Supplément. — ÉTYM. *Ajoutez :* M. le grand rabbin Wertheimer, professeur de linguistique à l'université de Genève, nous transmet la note suivante : « Si le mot, comme on pourrait le supposer par son adoption en pays de langues différentes, a une origine hébraïque, on ne peut guère le dériver que de l'un des deux mots suivants de l'hébreu-chaldéen, qui a été le langage habituel des rabbins et des Juifs depuis la dispersion : 1° *Goudda* ou *gouddah*, séparation, haie, cloison, rive d'un fleuve, seuil. Cependant il faut remarquer que l'aspiration du *g* en *h* et le *t* dur ne se rencontrent pas dans le mot chaldéen, sans oublier d'autre part que, dans les langues sémitiques, les consonnes de même organe alternent entre elles, et qu'on pouvait ne pas bien prononcer ou transcrire le mot. 2° *Ghetta*, troupeau, dont l'orthographe correspond mieux à notre mot, mais dont le sens s'en éloigne un peu. Quant à l'étymologie *ghet*, lettre de divorce, il faut remarquer que ce mot n'a pas le sens de séparation, comme semble l'indiquer l'usage auquel il sert ; c'est une abréviation d'un mot originaire du latin, *legatum*, et le sens en est *porté à la connaissance*, écrit, acte par lequel on porte à la connaissance de quelqu'un. Il n'est pas absolument sûr que le mot *ghetto* se soit répandu partout ; mais cela serait vrai, que de cette circonstance on ne pourrait rien conclure contre l'étymologie *borghetto* (diminutif italien de *borgo*, bourg), attendu que, avec la dispersion, le mot et la chose ont pu devenir communs à mes coreligionnaires de toutes contrées. » On disait en français *guet* avec le sens de langage des juifs : La petite histoire des Juifs composée par Léon de Modène, rabbin de Venise, n'est pas en pur italien, mais dans un italien dont les juifs de Venise se servent et qu'ils appellent guet, *Biblioth. critique*, Amsterdam, 1710, t. IV, p. 135.

† **GIBERNEUR** (ji-bèr-neur), *s. m.* Nom, dans les environs de Paris, d'industriels qui achètent aux vignerons des feuilles de vignes qu'ils revendent aux halles centrales, *la Petite république française*, 9 août 1877, 3e page, 2e col.

— ÉTYM. — *Giberne*, au sens de sac.

† **GIBUS** (ji-bus'), *s. m.* Nom d'un chapeau à forme pliante, ainsi nommé de l'inventeur.

† **GIRONDIN.** *Ajoutez :* — REM. On a dit girondiste. J'ai vu chez elle [Mme Roland] plusieurs comités de ministres et des principaux girondistes, ÉT. DUMONT, dans SAINTE-BEUVE, *Nouv. lundis*, t. VII (*Mme Roland*).

GIROUETTE au Supplément. — HIST. XVIe s. *Ajoutez :* N'ayans de jeunesse apprins aultre chose que de danser et faire des girouettes des pieds comme du cerveau, MARNIX DE STE-ALDEGONDE, *Œuvres*, éd. Quinet, t. IV, p. 82. (Girouette est pris ici dans son sens propre de tour sur soi-même.)

† **GIROUETTER** (ji-rou-è-té), *v. n.* Tourner comme une girouette. La fragilité de certaines convictions politiques, girouettant au moindre souffle, A. DAUDET, *Journ. offic.* 16 août 1877, p. 2906, 1re col.

GLACE. *Ajoutez :* || 1° La glace d'une nuit, la glace qui se forme pendant la gelée d'une nuit, et, figurément, chose de peu de solidité. Puisqu'ils [les huguenots] sont hors de l'Église, et que la pénitence qu'ils mettent en avant est plus faible que la glace d'une nuit (xvie siècle), MARNIX DE STE-ALDEGONDE, *Tableau des différends de la religion. Œuvres*, éd. Quinet, t. IV, p. 27.

† **GLORIETTE.** *Ajoutez :* || 3° Synonyme inusité de gloriole. Je n'ai jamais rien trouvé de si vide que la gloire, et, à plus forte raison, ma gloriette à moi, BÉRANGER, dans SAINTE-BEUVE, *Nouv. lundis*, t. IX (*Réminiscences de M. Coulmann*).

† **GLORIFICATEUR** (glo-ri-fi-ka-teur), *s. m.* Celui qui glorifie. Le *Fremdenblatt*, qui est dans la presse autrichienne le glorificateur le plus persistant de l'alliance des trois empires, *Journ. des Débats*, 22 sept. 1877, 1re part. 1re col.

GLOUTON. *Ajoutez :* || 2° *Au plur.* Les gloutons, impuretés qui se trouvent dans le grain à nettoyer, *Mém. Société centrale d'agriculture*, 1874, p. 477.

† **GODAILLE.** — ÉTYM. *Ajoutez :* Un correspondant nous apprend que *goudale* s'est conservé dans le Bordelais, où il signifie un mélange de vin et de bouillon : *faire goudale*, boire du bouillon mélangé de vin.

† **GONIAQUE** (go-ni-a-k'), *adj.* Qui appartient au gonion. Diamètre goniaque, diamètre aboutissant au gonion.

† **GONION** (go-ni-on), *s. m.* Terme d'anthropologie. Point singulier de la région de la face situé sur le sommet de l'angle de la mâchoire.

— ÉTYM. Γωνία, angle.

2. **GOUJON.** *Ajoutez :* || Terme de monnaie et de médaille. Morceau d'acier gravé et trempé, ajusté au milieu d'un coin principal de médaille ; cela permet de faire frapper à peu de frais une médaille avec le nom en relief du lauréat.

GOUVERNEUR. *Ajoutez :* || 8° Les ouvriers travaillant dans la mine sont conduits par un chef appelé gouverneur ; il est chargé de tous les détails d'exploitation, *Revue scientifique*, 26 févr. 1876.

† **GRACIANT, ANTE** (gra-si-an, an-t'), *adj.* Qui gracie. Vous allez ajouter d'une main candide sur la liste graciante les noms des ministres de Charles X, A. DE MUSSET, 3e *lettre de Dupuis et Cotonnet.*

GRAND. || 22° *Ajoutez :* Voici plusieurs exemples, communiqués par M. Legentil, professeur à Caen, où *grand* est employé archaïquement pour *grande*. Ces exemples sont à joindre à ceux du Dictionnaire. Grand' fortune, LA FONTAINE, *Cont.* IV, 12. Grand'halte, HOUSSAYE fils, *Salon* 1877. Grand'manche, DE BROSSES, *Lettr.* 52. Grand'pinte, *Enseigne*. Grand'raison, VITET, *États d'Orléans*, II, 12. Grand'-route, DE VIGNY, *Cinq-Mars*, 6. Grand'tête, DE BROSSES, *Lett.* 26.

† **GRANDIOSEMENT** (gran-di-ô-ze-man), *adv.* D'une façon grandiose. La maison Orline était grandiosement ouverte et fort bien fréquentée, HENRY GRÉVILLE, *Journ. des Débats*, 14 août 1877, *Feuilleton*, 1re page, 2e col.

† **GREISEN** (grè-zèn'), *s. m.* Terme de minéralogie. Synonyme d'hyalomicte (voy. ce mot aux Additions).

† **GRIFFU, UE** (gri-fu, fue), *adj.* Armé de griffes. Le vautour, l'aigle, tous les brigands griffus, crochus, altérés de sang chaud, MICHELET, *l'Oiseau*, p. 143.

† **GRISOLLEMENT** (gri-zo-le-man), *s. m.* Action de grisoller. Le grisollement de l'alouette, CHERBULIEZ, *Prosper Randoce*, II.

GRISOU. *Ajoutez :* || Chant du grisou, bruit produit par le grisou qui s'échappe en brisant l'enveloppe des cellules où il est renfermé. Cette décrépitation, qu'on appelle le chant du grisou, est très-sensible dans un chantier au charbon, lorsque ce chantier en dégage abondamment, *Rev. scientifique*, 25 mars 1876, p. 297.

† **GRONDÉE** (gron-dée), *s. f.* Paroles qui grondent quelqu'un. Si elle savait que j'ai logé un homme, c'est moi qui aurais une fière grondée, ED. ABOUT, *l'Assassin*, sc. 2.

GROS. || 21° *Ajoutez :* || Le gros du jour, le moment du jour où la chaleur est la plus forte. Elle [Mme de Gasparin] dira très-bien en parlant de la pesanteur et de la lourdeur accablante de midi : le silence du gros du jour en juin, SAINTE-BEUVE, *Nouv. lundis*, t. IX (*Mlle Eugénie de Guérin et Mme de Gasparin*, II).

GUET. || 5° *Ajoutez :* Au milieu du XVIIIe siècle, la ville de Neufchâtel avait une garde composée de vingt et un guets et deux lieutenants ; huit hommes montaient la garde chaque nuit, *Journ. offic.* 25 août 1877, p. 5969, 1re col.

† 2. **GUET** (ghè), *s. m.* Langue du ghetto (voy. GHETTO ci-dessus aux Additions).

† **GUILLE.** *Ajoutez :* || 2° Morceau de bois conique. Après quelques efforts rapides et infructueux pour boucher le trou, à l'aide d'un de ces morceaux de bois en forme de cône auxquels nos mineurs donnent le nom de guille, et que les ouvriers chargés de sondages ont toujours sous la main, ils prirent la fuite, Extr. du *Mémorial de la Loire*, dans le *Journ. offic.* 16 mai 1877, p. 3675, 1re col.

† **GUILLOTINOMANIE** (ghi-llo-ti-no-ma-nie, *ll* mouillées), *s. f.* Manie de guillotiner. Cette guillotinomanie que nous trouvons chez les républicains a peut-être été produite par les écrivains et par les orateurs qui les premiers ont employé le mot système de la terreur pour caractériser l'action du gouvernement qui, en 1793, se porta aux moyens extrêmes pour sauver la France, H. HEINE, *De la France*, III, Paris, 1863.

GUINGAN. — ÉTYM. *Ajoutez :* M. Cortambert, *Cours de géographie*, 1873, dit que le *guingan* a été nommé ainsi non de *Guingamp*, en Bretagne, mais de *Gangam*, ville de l'Inde célèbre par ses manufactures de cette sorte de toile.

† **GUSTUEL, ELLE** (gu-stu-èl, è-l'), *adj.* Qui appartient au goût. L'appareil gustuel, BRILLAT-SAVARIN, *Physiol. du goût*, I, 4.

— ÉTYM. Lat. *gustus*, goût. Ce mot est formé de *gustus*, comme *sensuel* de *sensus*.

† **GUYONISME** (ghi-io-ni-sm'), *s. m.* Doctrine de Mme Guyon, qui était une forme du quiétisme. Lancelot eût pourtant été fort surpris de ce que devint la vertu du duc de Chevreuse dans les voies du guyonisme, SAINTE-BEUVE, *Port-Royal*, 3e édit. t. III, p. 563.

H

† **HABEMUS** (a-bé-mus'), *s. m.* Terme ecclésiastique. || 1° L'office que célèbre pour la première fois solennellement un chanoine en présence du chapitre où il vient d'être admis. Il a chanté hier son habemus. || 2° Le repas que le nouvel élu offre, à cette occasion, à ses confrères. Nous avons hier fêté l'habemus de l'abbé*** ; son dîner était excellent. || 3° La gratification donnée par le nouveau chanoine aux chantres qui, pendant la messe, ont accentué d'une manière toute particulière le répons de la préface : *Habemus ad Dominum.*

† **HARENGUEUX** (ha-ran-gheû, *h* aspirée), *s. m.* Bateau pour la pêche du hareng. Toute la flotille de harengueux était dans l'est de Dieppe, en face de Criel ; ces bateaux occupaient une longue ligne qui se détachait lumineuse sur le fond sombre de la mer, Extr. du *Nouvelliste de Rouen*, dans *Journ. offic.* 7 nov. 1877, p. 7207, 2e col.

† **HARPÉ** (har-pé, *h* aspirée), *s. f.* Nom de l'arme que portait le héros mythologique Persée. Mercure lui met des ailes aux pieds et lui fait présent du casque de Pluton et du coutelas courbé que l'on nommait harpé, GUILLET DE SAINT-GEORGES, dans *Mém. inéd. sur les artistes franç.* t. 1er, p. 108.

— ÉTYM. Ἅρπη.

† **HATTE** (ha-t', *h* aspirée), *s. f.* Nom, à la Guadeloupe, de terrains non cultivés, *Journ. offic.* 26 nov. 1876, p. 8718, 2e col.

† **HÉMASTOME** (é-ma-sto-m'), *adj.* Terme d'histoire naturelle. Qui a la bouche, l'ouverture couleur de sang. Pourpre hémastome, sorte de coquille univalve, dite aussi sakem.

— ÉTYM. Αἷμα, sang, et στόμα, bouche.

† **HÉRISSONNERIE** (hé-ri-so-ne-rie, *h* aspirée), *s. f.* État d'une personne hérissée, aussi désagréable, aussi prête à piquer qu'un hérisson. Ce que je ne puis assez me lasser d'admirer, c'est la hérissonnerie de ces gens-là, P. MÉRIMÉE, *Lett. à une inconnue*, t. I, *lettre* CLXVII.

HISTORIEN. *Ajoutez :* || Il se dit aussi au féminin. On ne nous permettrait pas d'adresser des reproches aux pieuses historiennes qui, dans le silence du cloître, ont recueilli avec tant de zèle les actions de Mme de Chantal, *Hist. de sainte Chantal*, Paris, 1870, 7e éd. t. I, p. 306.

† **HISTRIONIE** (i-stri-o-nie), *s. f.* Le pays des histrions, la gent des histrions. Il y a de ces mots qui viennent en droite ligne du royaume d'histrionie et du puissant empire du cabotinage, MONTÉGUT, *Revue des Deux-Mondes*, 1er mars 1859, p. 222.

† **HISTRIONNERIE** (i-stri-o-ne-rie), *s. f.* Manières, esprit des histrions. L'histrionnerie monte aux honneurs, le patriciat descend à l'histrionnerie, L. VEUILLOT, *Odeurs de Paris*, III, 1.

† **HOCHAGE** (ho-cha-j', *h* aspirée), *s. m.* Action de hocher, d'abattre les pommes à cidre, *Journ. offic.* 19 août 1877, p. 6873, 2e col.

† **HOCHEUR.** *Ajoutez :* || 2° Homme qui hoche, abat les pommes à cidre, *Journ. offic.* 19 août 1877, p. 6873, 2e col.

† **HODOGRAPHIE** (o-do-gra-fie), *s. f.* Description des routes, des rues. Hodographie nancéienne, titre d'un ouvrage de M. P. Guerrier de Dumast.

— ÉTYM. Voy. HODOGRAPHIQUE au Dictionnaire.

† **HOLBACHIEN** (ol-ba-kiin), *s. m.* Ami et partisan du baron d'Holbach. Les holbachiens, qui croyaient m'avoir déjà coulé à fond, J. J. ROUSSEAU, *Lett. à Saint-Germain*, 26 févr. 1770. || On a dit aussi holbachique (ol-ba-ki-k'). Tous ces livres d'alors fabriqués par la société holbachique, SAINTE-BEUVE, *Nouv. lundis*, t. IV (*Vie de Jésus*, par *Renan*).

† **HOMÉRISME** (o-mé-ri-sm'), *s. m.* || 1° Caractère des poëmes homériques. || 2° Idée de l'unité d'auteur de ces poëmes. Après Wolf, après Lachmann, ces docteurs Strauss de l'homérisme, il n'y a plus moyen de tout sauver, SAINTE-BEUVE, *Nouv. lundis*, t. X (*Hist. de la Grèce, par M. Grote*).

† **HONNESTER** (o-nè-sté), *v. a.* Donner un caractère honnête. Il [Collé] mit habit noir et cravate blanche pour se rendre digne du Théâtre-Français, et se retrancha de sa gaîté, le meilleur de sa veine.... il appelait cela honnester ses pièces, SAINTE-BEUVE, *Nouv. lundis*, t. VII (*Collé, Correspondance inédite*).

† **HORIZONNER** (o-ri-zo-né), *v. a.* Borner par un horizon. La blanche Loire qui nous horizonne, E. DE GUÉRIN, *Journal*. Des ports fleuris horizonnés de forêts de palmiers, A. DAUDET, *Jack*, II, 8.

HOUILLE au Supplément. *Ajoutez :* — HIST. XVIe s. Il y a pareilles charbonnieres près la ville de Liege sur la Meuse.... ils appellent le charbon ouille et les charbonnieres des ouillieres, et fournissent presque tous les Pays-Bas qui n'ont point de bois, GUY COQUILLE, *Œuvres*, t. I, p. 503.

HOUILLÈRE. *Ajoutez :* — HIST. XVIe s. On fait assavoir de part notre redoubté seigneur et prince monseigneur de Liege... que de ce jour en avant personne ne presume par luy ne par autruy, en secret ny en apert, faire ovraige de huilherie par dessous les murailles et fosscis d'icelle [cité] (1541), *Recueil des ordonn. de la principauté de Liége*, éd. Polain, t. I, p. 129. Ils [les Liégeois] appellent le charbon ouille et les charbonnieres les oullieres, GUY COQUILLE, *Œuvres*, t. I, p. 503.

† **HYALOMICTE** (i-a-lo-mi-kt'), *s. m.* Terme de minéralogie. Assemblage, dit aussi greisen et arkose (voy. ces mots aux Additions), de quartz et de mica, à texture grenue en tous sens ; c'est un granite sans feldspath, JEANNETAN, *les Roches*, 1874, p. 120.

— ÉTYM. Ὕαλος, verre, et μικτὸς, mêlé.

† **HYBRIDER** (i-bri-dé), *v. a.* Former un hybride. J'ai essayé d'hybrider le pêcher et l'abricotier, *Journ. offic.* 26 mai 1874, p. 3517, 1re col.

† **HYDRAULE** (i-drô-l'), *s. m.* Nom, chez les anciens, de l'orgue hydraulique, L. PILLAUT, *Journ. offic.* 11 juin 1877, p. 4370, 2e col.

— ÉTYM. Lat. *hydraulus*, du grec ὕδραυλος (voy. HYDRAULIQUE).

† **HYDRAUTE** au Supplément. *Ajoutez :* — REM. Hydraute ou hydraut est une faute de lecture ; la forme véritable est hydrante, qui devient dès lors facilement explicable par ὑδραίνειν, arroser, de ὕδωρ, eau.

† **HYPERGÉE** (i-pèr-jée), *s. m.* Cimetière chrétien à ciel ouvert des premiers temps, par opposition à hypogée. Toute la terminologie architecturale des hypogées et des hypergées, *Journal de Genève*, 9 sept. 1877, *Supplément*, p. 2, col. 5.

— ÉTYM. Ὑπέργειος, qui est au-dessus de la terre, de ὑπὲρ, au-dessus, et γέα, terre.

I

IMAGINAIRE. *Ajoutez :* || 4° *S. f. pl.* Les Imaginaires, ou lettres sur l'hérésie imaginaire (l'hérésie imaginaire est le jansénisme). Nicole, qui publiait à ce moment les Imaginaires, petites lettres en feuilles volantes, à l'imitation des Provinciales, SAINTE-BEUVE, *Port-Royal*, 3e éd. t. IV, p. 485.

† **IMMANENCE** (i-mma-nan-s'), *s. f.* Terme de philosophie. Qualité de ce qui est immanent. Aristote semble restreindre la doctrine de l'immanence des nombres dans les choses à une partie de l'école pythagoricienne, *la Philosophie des*

Grecs, par Éd. Zeller, trad. de Boutroux, Paris, 1877, t. I, p. 335. Il [Gœthe] professait dans ses actes autant que dans ses écrits, il soutenait par son orgueil autant que par ses vertus, l'opinion de l'immanence de la justice dans l'humanité, LÉO QUESNEL, *Correspondant*, 10 nov. 1877, p. 613.

IMMISCER. *Ajoutez :* — HIST. XVI° s. Quand tu maintiens si effrontement que le magistrat ne se doit aucunement immiscuer au faict des heresies, MARNIX DE STE-ALDEGONDE, *Œuvres*, Bruxelles, 1857, t. IV, p. 472.

† **IMPARTIR** au Supplément. *Ajoutez :* — HIST. XV° s. Arrest par lequel l'evesque du Mans est condamné d'impartir le benefice d'absolution à cautele aux officiers du roy qu'il avoit excommuniez, et ce par la prise de son temporel (1485), *Preuves des libertez de l'Eglise gallicane*, livre I, p. 65.

† **IMPATRIOTE** (in-pa-tri-o-t'), *s. m.* Celui qui n'est pas patriote, URBAIN DOMERGUE, *Journal de la langue française*, 1791, t. IV, p. 161 (voy. ci-dessus IMPATRIOTISME au Supplément).

† **IMPENSABLE** (in-pan-sa-bl'), *adj.* Qui ne peut être pensé. Cet abracadabra, ce *wischiwaschu* de mots [la philosophie de Hegel] qui, dans leur monstrueuse alliance, imposent à la raison de penser des pensées impensables, paralyse l'entendement, PAUL JANET, *la Métaphysique en Europe, Rev. des Deux-Mondes*, 15 mai 1877.

IMPLANTATION. *Ajoutez :* || 2° Action de planter, de fixer en terre. L'implantation de la ligne [de Bagnères à la station Plantade] a été faite sur les indications et avec le concours de M. l'ingénieur Vaussenat, *Journ. offic.* 6 oct. 1875, p. 8665, 3° col.

† **IMPOSANCE** (in-pô-zan-s'), *s. f.* Néologisme. Caractère imposant, apparence imposante. La courtisane grave, celle qui déploie plus d'imposance à parcourir un chemin de traverse que n'en déploie l'honnête femme à suivre la voie droite, AUBRYET, *Monit. univ.* 30 sept. 1867, p. 1257, 2° col.

— ÉTYM. *Imposant.* Ce mot est fait comme *prédominance* de *prédominant*, et beaucoup d'autres.

† **IMPRESSIBLE** (in-prè-ssi-bl'), *adj.* Qui est doué d'impressibilité (voy. ce mot au Supplément). Guérin était une âme merveilleuse, la plus sensible, la plus impressible, mais sans garantie contre elle-même et sans défense, SAINTE-BEUVE, *Causeries du lundi*, t. XV (*Maurice de Guérin*).

† **IMPROROGEABLE** (in-pro-ro-ja-bl'), *adj.* Qui ne peut être prorogé, qui n'est susceptible d'aucune prorogation. La ligne ferrée doit être construite dans l'espace improrogeable de quatre ans, *Journal de la Meurthe*, 8 déc. 1876.

† **IMPROVOQUÉ, ÉE** (in-pro-vo-ké, kée), *adj.* Qui n'a pas été provoqué. Crise improvoquée, É. LITTRÉ, *le Temps*, 4 oct. 1877, 1re page, 6° col.

† **INCANTATEUR** (in-kan-ta-teur), *s. m.* Celui qui fait des incantations. Les druides, avant tout mires, sorciers, incantateurs, race de devins et de médecins, dit Pline, ALBERT RÉVILLE, *Rev. des Deux-Mondes*, 15 août 1877, p. 851.

— ÉTYM. Lat. *incantatorem*, d'où est venu *enchanteur* (voy. ce mot), qui est la forme française.

† **INCONVENANCE.** *Ajoutez :* — SYN. INCONVENANCE, DISCONVENANCE. Inconvenance n'est pas disconvenance. On entend par disconvenance des choses qui ne se conviennent pas l'une avec l'autre; et j'entends par inconvenance des choses qu'il ne convient pas de faire, VOLT. *Lett. à l'abbé d'Olivet*, 27 nov. 1764.

† **INDIENNAGE** (in-diè-na-j'), *s. m.* Synonyme d'indiennerie, qui est au Supplément. Les indiennages et en général tous les ateliers d'impression sur étoffes, *Journal de la Meurthe*, 17 oct. 1876.

† **INDISCONTINUÉ, ÉE** (in-di-skon-ti-nu-é, ée), *adj.* Qui n'est pas discontinué. Rien ne se présente à mes yeux pour mieux faire voir quel était son attrait et sa vie intérieure [de sainte Chantal] que de dire que c'était un *fiat voluntas* indiscontinué, *Mémoires de la mère de Changy*, III, 24 (1642), dans *Hist. de sainte Chantal*, t. I, p. 632, 7° éd. Paris, 1870.

† **INDUSTRIER.** *Ajoutez :* || 2° *V. a.* Donner le caractère industriel. Industrier en betteraves les terrains arides, *l'Avranchin*, 14 avril 1872.

† **INÉDIAT** (i-né-di-a), *s. m.* Terme de médecine. État dans lequel on ne prend aucune nourriture, Dr WARLEMONT, *Indépendance belge*, 19 oct. 1894.

— ÉTYM. Lat. *inedia*, de *in* négatif, et *edere*, manger.

† **INÉVEILLABLE** (i-né-vè-lla-bl', *ll* mouillées), *adj.* Qui ne peut être éveillé. Cette grande nuit sans fin, le sommeil inéveillable, c'est peut-être la seule chose qu'il désire encore avec âpreté, et qui le passionne, SAINTE-BEUVE, *Nouv. lundis*, t. II (*le Poëme des champs par M. Calemard de Lafayette*).

† **INFRALAPSARISME** (in-fra-la-psa-ri-sm'), *s. m.* Système des infralapsaires ou d'Arminius, qui ne considérait la chute d'Adam que comme un fait de la libre volonté humaine; il fut condamné par le synode de Dordrecht; mais ses idées ont prévalu dans le protestantisme.

— ÉTYM. Voy. INFRALAPSAIRE au Dictionnaire.

INFRUCTUEUX au Dictionnaire et au Supplément. *Ajoutez :* || 3° Infructueux à, inutile à. Ce n'est pas la seule maison de Paris où l'on a changé la pratique pénible et laborieuse de l'hospitalité en des retraites oisives et infructueuses au public; et c'est à quoi le roi est bien résolu à remédier, *le chevalier Pontchartrain à l'abbé de la Roquette*, 6 janvier 1706, dans DEPPING, *Corresp. admin. sous Louis XIV*, t. I, p. 850.

† **INGLORIEUSEMENT** (in-glo-ri-eû-ze-man), *adv.* D'une manière inglorieuse (inglorieux est au Dictionnaire). M.... a disparu inglorieusement dans un coin, après avoir encouru la prison pour dettes, PH. AUDEBRAND, *Charivari*, 4 janv. 1876.

† **INGRÈS** (in-grè), *s. m.* || 1° Mot forgé du latin et inusité. Terme de la doctrine hermétique. Entrée, communication. Il n'y a que les esprits qui ont ingrès ensemble, c'est-à-dire qui s'agrégent, qui se communiquent. || 2° Fig. Action d'entrer, de se faire place dans les esprits. Il [l'abbé de Saint-Pierre] n'avait pas l'ingrès, comme le disait un jour Leibnitz, et, pour parler français, ses idées ne sont pas entrantes, SAINTE-BEUVE, *Causeries du lundi*, t. XV (*l'abbé de Saint-Pierre*).

— ÉTYM. Lat. *ingressus*, action d'entrer (voy. INGRESSION au Dictionnaire).

† **INION** (i-ni-on), *s. m.* Terme d'anthropologie. L'un des sept points singuliers de la voûte du crâne, situé sur la ligne médiane au haut de la nuque et marqué souvent par une saillie appelée protubérance occipitale externe.

— ÉTYM. Ἰνίον, nuque.

† **INOSÉ, ÉE** (i-nô-zé, zée), *adj.* Qui n'a pas été osé, tenté. Au commencement du XVIII° siècle, s'élevait un homme qui devait vouloir ne rien laisser inosé, FRÉD. GODEFROY, *Hist. de la littér. franç.* t. V, p. 3 (il s'agit de Voltaire et de la Henriade).

† **INQUISITIONNER** (in-ki-zi-sio-né), *v. a.* Soumettre à des inquisitions. Ne pas permettre que les contribuables fussent vexés, inquisitionnés, *Journ. offic.* 17 février 1875, p. 1271, 1re col.

† **INRACONTABLE** (in-ra-kon-ta-bl'), *adj.* Qui ne peut être raconté. Le bonheur fait d'une foule de joies menues et inracontables, DAUDET, *Jack*, I, 7.

INSECTE. *Ajoutez :* — REM. Ce mot était parfois féminin au XVII° siècle : Cette insecte [la cigale], qui crie assez haut d'elle-même, fait encore plus de bruit quand on la touche, D'ABLANCOURT, *Lucien, l'Apophrade ou le mauvais grammairien*, t. III, Paris, 1688.

INSINUANT. *Ajoutez :* — REM. M. Thiers a dit insinueux : [Saint-Just] appelant Louis [Louis XVI] un tyran modeste et souple, qui a opprimé avec modestie, qui se défend avec modestie, et contre la douceur insinueuse duquel il faut se prémunir avec le plus grand soin, *Hist. de la révolution*, 14° éd. 1846, t. III, p. 188. Ce mot n'est pas bon : si on le tire du lat. *sinus*, il sera l'opposé de *sinueux*, ce qui ne signifie rien ici; si on le tire, comme il le faudrait, d'*insinuer*, la formation est incorrecte, les verbes actifs ne formant pas des adjectifs en *eux*.

INTOLÉRABLE. *Ajoutez :* — REM. Intolérable se dit avec la préposition *à*. Il est devenu intolérable même à ses amis.

— HIST. XVI° s. Que si toute nation, mesme la plus modeste que l'on sçauroit trouver au monde, toutesfois se trouve le plus souvent rude et presque intolerable à ceux qu'elle a subjugués, MARNIX DE STE-ALDEGONDE, *Œuvres*, Bruxelles, 1857, t. IV, p. 54.

† **INTERPARIÉTAL, ALE** (in-tèr-pa-ri-é-tal, ta-l'), *adj.* Terme d'anatomie. Suture interpariétale, suture comprise entre l'os interpariétal lorsqu'il existe, et l'occipital. || *S. m.* Os du crâne qui, chez beaucoup d'animaux et quelques hommes, remplace l'écaille de l'occipital.

† **INTRANSMISSIBLE** (in-tran-smi-ssi-bl'), *adj.* Qui n'est pas transmissible. Que les parts étaient intransmissibles, sauf en ce qui concerne..., *Gaz. des Trib.* 14 oct. 1877, p. 1005, 2° col.

† **INTRANSMISSIBILITÉ** (in-tran-smi-ssi-bi-li-té), *s. f.* Qualité de ce qui est intransmissible.

† **INUTILISER** (i-nu-ti-li-zé), *v. a.* Rendre inutile. Berthier retint Jomini dans son état-major pour l'inutiliser, SAINTE-BEUVE, *Nouv. lundis*, t. XIII (*le Général Jomini*, III). || L'adjectif inutilisé est au Dictionnaire.

† **IRRÉÉLIGIBLE** (i-rré-é-li-ji-bl'), *adj.* Qui n'est pas rééligible, FOISSET, *Étude sur le comte de Montalembert*, dans *le Correspondant*, 1872.

† **IRREMPLISSABLE** (i-rran-pli-sa-bl'), *adj.* Qui ne peut être rempli. L'infini du cœur et du dedans le plus vaste et, si l'on peut dire, le plus irremplissable de tous, STE-BEUVE, *Chateaubriand et son groupe littéraire*, Paris, 1861, t. I, p. 100.

† **IRRESPECT** (i-rrè-spè), *s. m.* Manque de respect. Cette persécution mélangée de pitié, cet irrespect du malheur, H. DE BALZAC, *le Père Goriot*, t. I, p. 58.

† **IRRIGABLE** (i-rri-ga-bl'), *adj.* Qui peut recevoir une irrigation. La plaine de Sig [en Algérie] a une surface irrigable de 7000 hectares, *Journ. offic.* 12 nov. 1877, p. 7340, 2° col.

— ÉTYM. Voy. IRRIGATION. Pourquoi ne pas dire *arrosable?*

† **ISONOME.** *Ajoutez :* || 2° Terme d'antiquité. Drachme isonome, nom donné par les Grecs à l'unité monétaire d'argent des Égyptiens, ou sekel, RÉVILLOUT, *Journ. offic.* 3 oct. 1877, p. 6619, 3° col.

† **ITHACIENS** (i-ta-siin), *s. m. pl.* Parti religieux opposé aux priscillianistes (le Dictionnaire a ce mot), à la fin du IV° siècle, et qui tirait son nom d'Ithacius, évêque de Sossuba. Il leur appliquait ce qu'écrivait autrefois Sulpice Sévère au sujet des ithaciens, SAINTE-BEUVE, *Port-Royal*, 3° éd. t. IV, p. 92.

J

† **JANSÉNIE** (jan-sé-nie), *s. f.* Pays imaginaire habité par les jansénistes. Description du pays de Jansénie, où il est traité des singularités qui s'y trouvent, des coutumes, mœurs et religion de ses habitants, par Louys Fontaines, sieur de Saint-Marcel, 1688 (l'auteur véritable de ce pamphlet contre les jansénistes est un certain Zacharie, capucin de Lisieux). On a dit que les jansénistes avaient eu dessein de former une petite république dans le nord, d'y réaliser le pays de Jansénie, SAINTE-BEUVE, *Port-Royal*, 3° éd. t. IV, p. 375 (note communiquée par M. Félix Bovet, de Neuchâtel, Suisse).

— ÉTYM. Voy. JANSÉNIEN, au Dict.

JEUNEUR. *Ajoutez :* || 2° Le grand jeûneur, nom d'une statue de pierre placée autrefois au Parvis Notre-Dame, et représentant un homme qui tenait d'une main un livre et qui de l'autre s'appuyait sur un bâton orné de serpents entrelacés; on en ignorait l'origine et la signification; on le nommait aussi vendeur de gris (voy. GRIS au Supplément). Oyez le voir [le vrai] d'un sermonneur Vulgairement nommé jeûneur, Pour s'être vu selon l'histoire Mille ans sans manger et sans boire, *Mazarinade*, dans *Journ. offic.* 22 nov. 1877, p. 7658, 3° col.

† **JOBELIN.** *Ajoutez :* — HIST. XVI° s. Au mesme temps qu'il nous veut enjobeliner par ces offres importunes d'une paix faicte en peinture, c'est alors qu'il [Don Juan d'Autriche] pille et ravage tout le pays, MARNIX DE STE-ALDEGONDE, *Œuvres*, éd. Quinet, t. IV, p. 139 (le verbe *enjobeliner* prouve l'existence du substantif *jobelin*).

† **JOGUI** (jo-ghi), *s. m.* Mauvaise orthographe et mauvaise prononciation pour yoghi (voy. ce mot au Supplément). Les faquirs, les santons, les joguis, les brahmes et leurs disciples voulaient argumenter tous à la fois contre le docteur anglais, BERNARDIN DE ST-PIERRE, *la Chaumière indienne*, p. 77, Paris, 1822.

† **JOIGNEUR** (joi-gneur), *s. m.* L'ouvrier qui assemble le soulier ou la bottine, qui fait la couture, qui donne la forme soit au soulier, soit à la bottine.

† **JONATHAN** (jo-na-tan), *s. m.* Frère Jonathan, ou, simplement, Jonathan, nom que les Anglais donnent au peuple des États-Unis.

— ÉTYM. Au commencement de ce siècle, une série de lettres parut en Europe, qui étaient écrites d'Amérique, engageaient les Anglais à y émigrer, et étaient signées par un quacker *Frère Jonathan*. C'est de là sans doute que vient la dénomination.

† **JORAN** (jo-ran), *s. m.* Nom, dans la Suisse

romande, d'un vent frais qui descend assez régulièrement le soir des hauteurs du Jura; il souffle du nord-ouest ou du nord.

— ÉTYM. Probablement le Jura.

† **JUNONIEN, IENNE** (ju-no-niin, niè-n'), *adj.* Qui a le caractère de la déesse Junon. Il [Raphaël] lui a attribué [à la Vierge] un caractère de sérénité tout humaine, une espèce de beauté ronde, une santé presque junonienne, ED. et J. DE GONCOURT, dans SAINTE-BEUVE, *Nouv. lundis*, t. X (*Idées et sensations, par MM. de Goncourt*).

K

† **KALENDAIRE** (ka-lan-dè-r'), *s. m.* Voy. ci-dessus CALENDAIRE.

† **KALMOUK, OUKE** (kal-mouk, mou-k'), *adj.* Qui appartient à la race mongole. Elle [Mme Swetchine] n'avait pas de beauté : petite, les yeux légèrement discordants, la pointe du nez kalmouke, mais avec cela une physionomie qui exprimait la force de la vie et la pénétration de l'intelligence, SAINTE-BEUVE, *Nouv. lundis*, t. I (*Mme Swetchine*).

† **KNÈZE** (knè-z'), *s. m.* Nom des princes du Montenegro. La Porte refuse d'obtempérer aux exigences du knèze de Cettinie, A. LEROY-BEAULIEU, *Rev. des Deux-Mondes*, 1er mai 1877.

— ÉTYM. Slave, *kniaz*, prince.

† **KNOUTER** (knou-té), *v. a.* Frapper avec le knout. Des martyrs qu'on knoute, qu'on violente ou qu'on jette en exil, *l'Univers*, 21 avr. 1877.

L

LÀ || 6° *Ajoutez :* || Là-haut, pris substantivement, les espaces au-dessus de la terre. Qu'ai-je à faire vraiment de votre là-haut morne, Moi qui ne suis qu'élan et tendresse et transports? Mme ACKERMANN, *Poésies philosophiques, Paroles d'un amant.*

† **LACUSTRER** (la-ku-stré), *v. a.* Fouiller les habitations lacustres, *Journ. des Débats*, 11 nov. 1877, 2e page, 1re col.

† **LACUSTREUR** (la-ku-streur), *s. m.* Celui qui fouille les habitations lacustres, *Journ. des Débats*, 11 nov. 1877, 2e page, 1re col.

† **LAÏCAL, ALE** (la-i-kal, ka-l'), *adj.* Qui a rapport aux laïques, par opposition à clérical.

— HIST. XVIe s. Le pape ne peut deroger ni prejudicier, par provisions beneficiales ou autrement, aux fondations laïcales et droits des patrons laïcs de ce royaume, P. PITHOU, 3e (le mot est bon et mérite d'être retenu et employé).

† **LAÏCAT** (la-i-ka), *s. m.* Les laïques, le monde laïque. Le laïcat catholique, qui craint toujours d'envisager les questions religieuses, *le XIXe siècle*, 4 nov. 1877, 1re p. 1re col.

† **LAMBDA** au Supplément. *Au lieu de :* Terme d'anatomie. La suture occipitale qui ressemble au lambda des Grecs, *mettez :* Terme d'anthropologie. Point médian de la suture lambdoïde, situé au sommet de l'écaille occipitale.

† **LAMBERTINAGE** (lan-bèr-ti-na-j'), *s. m.* Le goût raffiné cher à Fontenelle et à la société de Mme Lambert. Il [Mathieu Marais] exècre ce lambertinage, comme il l'appelle, qui régnait sous la régence et tenait le dé à l'Académie, SAINTE-BEUVE, *Nouv. lundis*, t. IX (art. *Mathieu Marais*).

LANCE au Supplément. || 21° *Ajoutez :* || Tube en cuivre qui s'adapte au tuyau mobile et flexible s'alimentant à un réservoir et lançant l'eau où l'on veut. L'arrosage à la lance coûtant moitié moins que l'arrosage pratiqué à l'aide des tonneaux, on a donné au premier un grand développement, *Journ. offic.* du 12 sept. 1877, p. 6274, 2e col.

LAQUEUR au Supplément. *Ajoutez :* || Ouvrier exécutant les ouvrages appelés laques. Il faut produire vite et à bon marché, et l'on finit par oublier les procédés patients des anciens laqueurs, pour suffire aux demandes de nos marchands de nouveautés, G. BOUSQUET, *l'Art japonais*, *Rev. des Deux-Mondes*, 15 mai 1877.

† **LATITANT** au Supplément. *Ajoutez :* — REM. Latitant est d'un usage très-fréquent dans les procédures criminelles en Belgique, où les contumaces dont on ne connaît pas le lieu de refuge sont désignés par la double expression de fugitif ou latitant, qui embrasse ainsi la double idée d'une fuite à l'étranger ou d'une retraite cachée dans le pays (DU BOIS, avocat à Gand).

1. **LÉONIN** au Supplément. — HIST. XVIe s. *Ajoutez :* [Don Juan d'Autriche] usant de toutes sortes de ruses et du miel de sainte douceur et clemence envers ceux qu'il cognoit avoir en horreur sa peau et condition leonine, MARNIX DE STE-ALDEGONDE, *Œuvres*, 1857, p. 31.

† **LIBERTINISME** (li-bèr-ti-ni-sm'), *s. m.* État d'esprit de celui qui ne s'assujettit ni aux croyances ni aux pratiques de la religion révélée.

— HIST. XVIe s. Vous voiés manifestement comment cestuy-ci, pour bastir les fondements de son libertinisme, falsifié effrontement les sainctes Ecritures, PH. DE MARNIX DE STE-ALDEGONDE, *Response apologetique à un libelle fameux qui a esté publié par un certain libertin, nommant son dit libelle Antidote*, Leyden, 1598.

— ÉTYM. *Libertin*, au sens ancien.

† **LIED** (lid), *au plur.* LIEDER (li-dr'), *s. m.* Mot allemand désignant les chants, et particulièrement les chants populaires. Dans une étude très-complète qu'il a faite sur le lied et la poésie populaire de l'Allemagne, M. Ed. Schuré démontre très-bien à son tour quel profit ont tiré de l'étude des chansons populaires les grands poëtes de l'Allemagne; il fait voir par de nombreux exemples quel sang jeune ces lieder du peuple ont infusé à la poésie lyrique, ANDRÉ THEURIET, *la Poésie populaire en France et la vie rustique*, *Rev. des Deux-Mondes*, 1er mai 1877.

† 2. **LIGATURE** (li-ga-tu-r'), *s. f.* Sorte de monnaie usitée au Camboge et en Cochinchine, *Journ. offic.* 7 nov. 1871, p. 4340, 2e col.

† **LIGNARD** (li-gnar), *s. m.* Terme populaire de dénigrement. Soldat de la ligne.

† **LINOLEUM** (li-no-lé-om'), *s. m.* Toile de jute enduite d'un mélange de poudre de liége et de vieille huile de lin, *Douanes, Tarif de* 1877, note 509.

LIQUIDITÉ. *Ajoutez :* || 2° Terme de droit. Qualité de ce qui est liquide, c'est-à-dire dégagé de tout passif. Lorsqu'une cour d'appel a constaté.... que la créance réclamée par une des parties est inférieure au minimum de ce qu'elle doit certainement à son adversaire, l'incertitude, quant au montant du surplus de la dette, n'empêche pas la créance de remplir relativement la condition de liquidité exigée par l'article 1291 du Code civil, *Gaz. des Trib.* 18 juill. 1877, p. 693, 2e col.

† **LIVRESQUE** (li-vrè-sk'), *adj.* Qui a rapport aux livres (avec un sens péjoratif); c'est un mot forgé par Montaigne (fascheuse suffisance qu'une suffisance pure livresque). Son esprit [d'Hippolyte Rigaud], très-réel, très-vif, était pédantesque, livresque, sentait quelque peu le collége, SAINTE-BEUVE, *Nouv. lundis*, t. I (*M. Prévost Paradol*). Pédantisme livresque, COLINCAMP, *la Tradition classique au XIXe siècle*, dans *Correspondant*, 10 oct. 1874.

† **LOGISTIQUE.** *Ajoutez :* || 4° *S. f.* Partie de l'art militaire qui a pour objet l'étude des voies et moyens pour amener le plus promptement possible les troupes mobilisées, avec leur matériel et leurs convois, des camps et des lieux de garnison aux points de concentration, et des points de concentration sur le théâtre des opérations militaires. La logistique sert de base à la stratégie. || Adjectivement. Les élèves entreprendront une campagne logistique sous la direction du colonel..., *Journ. offic.* 3 juin 1874, p. 3719, 2e col.

† **LONGERON** (lon-je-ron), *s. m.* Pièce de fer qui entre dans la construction des wagons de chemin de fer, *Journ. offic.* 2 oct. 1874.

† **LORIS** (lo-ri), *s. m.* Nom donné, sur les chemins de fer, à une espèce de voiture qui sert aux ouvriers à transporter leurs outils et autres objets, *le Temps*, 28 août 1877, 3e page, 3e col.

LOYAL. — REM. *Ajoutez :* || 2. Marchandise loyale et marchande. On sait qu'autrefois des règlements ont existé qui déterminaient la longueur, la largeur, les procédés de la fabrication, la teinture et l'apprêt de certaines marchandises. Une marchandise n'était pas loyale, lorsqu'elle n'avait pas le confectionnement prescrit; car elle n'était pas conforme à la loi. Elle n'était pas marchande non plus; car, par cela seul qu'elle n'était pas conforme à la loi, elle était hors du commerce, la matière et la façon en eussent-elles été vingt fois meilleures que si le fabricant l'eût fabriquée loyale.... Ces règlements étant abolis ou tombés en désuetude, ces mots : loyale et marchande n'ont plus eu le même sens. Applicables désormais à toutes sortes de denrées et marchandises, ils n'expriment plus qu'une qualité qui a cours sur le marché, DE LAMARRE et LE POITEVIN, *Traité du contrat de commission*, t. III, p. 122, 1re éd. 1845.

† **LURONERIE** (lu-ro-ne-rie), *s. f.* Caractère de luron. Il [Piron] a laissé une réputation de folie, de luronerie, d'enluminure joviale, que ses écrits ne soutiennent pas, ou ne justifient qu'imparfaitement, SAINTE-BEUVE, *Nouv. lundis*, t. VII (*Alexis Piron*).

† **LUTHÉRANISER** (lu-té-ra-ni-zé), *v. n.* Suivre la doctrine de Luther, le luthéranisme. Son commentaire [de Jacques Lefebvre d'Estaples] sur les Epitres de saint Paul avait été imprimé à Paris en 1512, avant la naissance du luthéranisme; ainsi on n'avait pas raison de lui reprocher qu'il luthéranisait, *Biblioth. critique*, 1709, t. II, p. 377.

M

MACHIAVÉLIQUE. *Ajoutez :* — HIST. XVIe s. Instruits en la caballe machiavellique, MARNIX DE STE-ALDEGONDE, *Œuvres*, éd. Quinet, t. IV, p. 31.

† **MACROCÉPHALE.** *Ajoutez :* || 2° Terme d'anthropologie. Qui a la tête allongée par une déformation artificielle. || Les Macrocéphales, peuple scythe qui se déformait la tête de cette façon, HIPPOCRATE, *Des airs, des eaux et des lieux*, t. II, p. 59, éd. Littré.

† **MAGAZINE** (ma-ga-zi-n'), *s. m.* Mot anglais signifiant un ouvrage périodique composé d'articles de littérature ou de science. La bibliothèque [de Commerce à New-York] a une salle des périodiques ou journaux où l'on trouve 117 des meilleurs journaux, recueils périodiques, magazines et revues de l'Amérique et de l'étranger, G. DEPPING, *Journ. offic.* 27 août 1877, p. 6019, 3e col.

— REM. Notre mot *magasin* n'ayant plus que rarement cette signification (voy. MAGASIN n° 9 au Dictionnaire), on trouve assez souvent *magazine* pour désigner les recueils anglais ou américains qui portent ce titre.

— ÉTYM. Angl. *magazine*, qui est notre mot *magasin*.

† **MAILLOTER** (ma-llo-té, *ll* mouillées), *v. a.* Tuer à coups de maillet, sorte de supplice. Ces tourments se prolongèrent pendant dix-huit jours, au bout desquels il [l'assassin de Guillaume d'Orange] fut roué et maillotté, ayant supporté pendant un si long espace de temps ces tortures inouïes, A. MAURY, *Rev. des Deux-Mondes*, 1er oct 1877, p. 605.

— HIST. XVIe s En dernier martire, fut roué et maillotté, BRANT. *Œuvres complètes*, t. II, p. 174, éd. Ludovic Lalanne.

— ÉTYM. *Maillot*, équivalent de *maillet*.

† **MALANDRINAGE** (ma-lan-dri-na-j'), *s. m.* Genre de vie de malandrins, de voleurs, de pillards, LOUIS LANDE, *Rev. des Deux-Mondes*, 1er août 1874.

† **MALAXEUR** (ma-la-kseur), *s. m.* Celui qui malaxe, *Gaz. des trib.* 23 mars 1877, p. 285, 2e col.

† **MALFLAIRANT, ANTE** (mal-flè-ran, ran-t'), *adj.* Qui répand une mauvaise odeur. La Seine s'est épurée, elle a rejeté loin de ses rives tous les corps d'état malflairants qui les encombraient, MAXIME DU CAMP, *Rev. des Deux-Mondes*, 1er nov. 1867, p. 105.

† **MANCHESQUE** (man-chè-sk'), *adj.* Qui est de la Manche, province d'Espagne, qui tient de Don Quichotte, chevalier de la Manche. Palmerin [nom d'un héros de roman de chevalerie], chevaliers de Suffolk, venez confesser au chevalier du Tage et au manchesque Normand [c'est St-Évremond lui-même] que toutes les Orianes et les Angéliques du monde ne sont pas dignes de déchausser la sans-pareille Caroline d'Euston, ST-ÉVREMOND, *Pour madame de Beverwert*, *Œuvres*, t. IV.

MANCHON. *Ajoutez :* || 5° Enveloppe en toile blanche qu'un des partis, dans les simulacres de guerre, met autour de sa coiffure, pour se distinguer d'une manière visible de l'autre parti.

MANCHOT. — *Ajoutez :* || XVIe s. Il vous despouille de la puissance que la bouche de Dieu vous donne sur les seductions du peuple et sur ceux qui vueillent introduire dieux estranges.... bref il rend vostre authorité du tout manchotte et affolée en tout ce qui depend de la premiere table de la loi, MARNIX DE STE-ALDEGONDE, *Œuvres*, 1857, t. IV, p. 158.

† **MANICURE** (ma-ni-ku-r') ou **MANUCURE** (ma-nu-ku-r'), *s. m.* et *f.* Celui, celle qui s'occupe de guérir les affections des mains. Considérant que la veuve R... et Victor R..., son fils, annoncent au public leur profession de pédicure et manicure ou manucure qu'ils exercent en commun, *Gaz. des Trib.* 29 juill. 1877, p. 735, 3e col.

— ÉTYM. Lat. *manus*, main, et *curare*, soigner. Voy. au Dictionnaire MANULUVE. La forme en *i* est acceptable.

MANIEMENT. *Ajoutez :* — REM. Au XVIe siècle, à côté de maniement, on a dit maniance. Vous sçavez que ni son Excellence [le prince d'Orange], ni aulcun des siens n'ont jamais eu maniance d'un seul denier public, MARNIX DE STE-ALDEGONDE, *Œuvres*, éd. Quinet, t. IV, p. 73.

MANUFACTURE. *Ajoutez :* || 6° Fig. Les manufactures de l'esprit humain, les produits du travail intellectuel, les livres. Le commerce des pensées est un peu interrompu en France; on dit même qu'il n'est pas permis d'envoyer des idées de Lyon à Paris; on saisit les manufactures de l'esprit humain comme des étoffes défendues, VOLT. *Lettre à Élie de Beaumont*, 13 janv. 1765.

— REM. Voltaire a dit manufacture de vins pour production de vins. Monsieur le comte, vos manufactures sont fort au-dessus des miennes; mais aussi Votre Excellence m'avouera qu'elle est un peu plus puissante que moi; je commence par la manufacture de vos vins que je regarde comme la première de l'Europe, VOLT. *Lett. au comte d'Aranda*, 20 déc. 1771.

1. **MARBRE** au Supplément. *Ajoutez :* || 15° Anciennement, marbre d'hôtel, plaque de marbre indiquant le nom d'un hôtel. Le président à mortier de Visemont fut le premier [magistrat] qui fit mettre sur sa porte le marbre d'hôtel, DUCLOS, cité par H. BAUDRILLART, dans *Journ. offic.* 25 août 1877, p. 5972, 2e col.

MARÉE. || 1° *Ajoutez :* || Faire marée, prendre le temps où la marée est favorable pour entrer dans un port ou en sortir, *Journ. offic.* 19 octob. 1877, p. 6872, 3e col.

† **MARGOUILLISTE** au Supplément. *Ajoutez :* — REM. Il est dit que margouilliste est une qualification méprisante imaginée par Voltaire. C'est une erreur. Margouilliste était le nom d'une secte de convulsionnaires, comme on le voit par ce passage-ci : C'est qu'en présence des recrues des convulsionnaires..., qui faisaient secte, et des sectes à plusieurs branches, les augustiniens, les vaillantistes, les margouillistes, etc., il fallait bien intervenir, SAINTE-BEUVE, *Port-Royal*, 3e éd. t. VI, p. 79.

† **MARIANISME** (ma-ri-a-ni-sm'), *s. m.* Prévalence du culte de la Vierge. Le marianisme, cette tendance à faire d'une religion nationale une religion de boudoirs, *Journ. de Genève*, 11 oct. 1877.

† **MARMITONNERIE** (mar-mi-to-ne-rie), *s. f.* L'ensemble des marmitons. Hola! ho! toute la marmitonerie, qu'on se dépêche, TH. GAUTIER, *Capitaine Fracasse*, III.

— ÉTYM. *Marmitonner* (voyez ce mot au Supplément).

MARMOT. *Ajoutez :* || 5° Nom, en Suisse, du cochon de lait apprêté de manière à avoir un goût de gibier, *Revue britanique*, nov. 1874, p. 76.

MATELAS au Supplément. *Ajoutez :* || 4° Dans l'ancienne procédure criminelle, interrogatoire sur le matelas, dernier interrogatoire de l'accusé, ainsi dit du matelas sur lequel on l'étendait après la torture, A. MAURY, *Rev. des Deux-Mondes*, 15 sept. 1877, p. 272.

† **MATHANASIANA** (ma-ta-na-zi-a-na), *s. m.* Recueil des dires de Mathanasius. Les *Mémoires littéraires* de Saint-Hyacinthe ont été publiés sous le nom de Mathanasiana; Mathanasius était le pseudonyme sous lequel Thémiseul de Saint-Hyacinthe avait publié le Chef-d'œuvre d'un inconnu. Saint-Hyacinthe même est un pseudonyme; il s'appelait Hyacinthe Cordonnier.

MATRICULE. || 2° *Ajoutez :* || Dans l'argot des casernes, user sa matricule, avancer dans son temps de service, BERNADILLE, *le Français*, 28 août 1877, 2e page, 6e col.

MATRONAL, ALE (ma-tro-nal, na-l'), *adj.* Qui appartient aux matrones, aux dames. [Chateaubriand] parlant des femmes romaines, de ce caractère matronal et digne qui les distingue dès la jeunesse bien plus que la grâce, SAINTE-BEUVE, *Chateaubriand et son groupe littéraire*, Paris, 1861, t. I, p. 398.

— ÉTYM. lat. *matronalis*, de *matrona*, dame (voy. MATRONE).

† **MÉCÉNIEN, IENNE** (mé-sé-niin, niè-n'), *adj.* Qui appartient à un Mécène. Ce sont aujourd'hui les villes qui remplacent les grands seigneurs dans le rôle mécénien que l'histoire de l'art leur attribue jusqu'au siècle dernier, E. BERGERAT, *Journ. offic.*

† **MÉDICO-LÉGAL, ALE** (mé-di-ko-lé-gal, ga-l'), *adj.* Qui concerne la médecine légale.

† **MÉDICO-LÉGALEMENT** (mé-di-ko-lé-ga-le-man), *adv.* Au point de vue médico-légal. Je regardai comme un devoir de remonter dans le passé [pour étudier une sorte d'aliénation], et de continuer une surveillance médicale dans l'avenir; ce procédé avait deux mérites : médico-légalement, il était scientifique; moralement, il était honnête, LASÈGUE, l'*Union médicale*, 1er mai 1877, p. 712.

MÊLÉ. *Ajoutez :* || *S. m.* Le mêlé, nom populaire d'un mélange d'eau-de-vie, de cassis et d'anisette ou de liqueur de menthe.

† **MÉLOPHOBE** (mé-lo-fo-b'), *adj.* Qui hait la musique. Les préfets mélophobes, *le National*, 28 août 1877, 1re page, 5e col.

— ÉTYM. Μέλος, musique, et φοβέω, craindre.

† **MÉNÉE** (mé-née), *s. m.* Nom, chez les Grecs, d'un livre contenant les prières et les hymnes à réciter en chœur; il est divisé en douze tomes, un pour chaque mois. Tous les faux actes du saint [saint Thomas, apôtre] et les ménées des Grecs portent que le roi infidèle, irrité contre l'apôtre qui avait baptisé plusieurs personnes de la cour, le livra à ses soldats pour le mettre à mort, et que ceux-ci, l'ayant conduit sur une montagne voisine, le tuèrent avec une lance, GODESCART, *Vie des saints*, t. XII, p. 291.

— ÉTYM. Μηναῖον, de μήν, mois.

† **MENOTTER** (me-no-té), *v. a.* Enchaîner par des menottes. Et tu crois follement, dans tes mains de pygmée, Menotter notre zèle et bâillonner nos cris! BARTHÉLEMY, *Némésis, Liberté de la presse*. || Le Dictionnaire a MENOTTÉ.

† **MENTALITÉ** (man-ta-li-té), *s. f.* Terme de philosophie. État mental. Les événements contraires [à l'esprit de 1789] ne pouvaient empêcher et n'ont pas empêché de se produire le changement de mentalité inauguré par les encyclopédistes, H. STUPUY, *la Philosophie positive*, nov. déc. 1877, p. 452.

† **MÉONIDE** (mé-o-ni-d'), *s. m.* Terme d'antiquité. Homme de la Méonie ou Lydie. || Le Méonide, le poëte de Méonie, Homère. Eh quoi! dit-il, tu fis Armide, Et tu peux accuser ton sort; Souviens-toi que le Méonide, Notre modèle et notre guide, Ne devint grand qu'après sa mort, FONTANES, *Stances à Chateaubriand*.

— ÉTYM. Μαιονίδης, de Μαιονία, Méonie.

† **MÉOTIDE** (mé-o-ti-d'), *adj. fém.* Palus Méotide, nom ancien de la mer dite aujourd'hui mer d'Azow. || Par extension. Qui a un caractère d'impureté paludéenne. On a dit que l'air rejeté dans la circulation générale par les ventilateurs d'hôpitaux constituait une sorte de pluie méotide chargée d'insectes, de miasmes, de pellicules, MAXIME DU CAMP, *Revue des Deux-Mondes*, 1er août 1870, p. 530.

— ÉTYM. Μαιῶτις, ainsi dit des Μαιῶται, peuple scythe.

† **MERCANTILISTE** (mèr-kan-ti-li-st'), *s. m.* Celui pour qui la monnaie et les métaux précieux sont la richesse par excellence, sinon la seule, *Journ. offic.* 27 sept. 1877, p. 6524, 2e col.

MERINGUE. — ÉTYM. M. Ch. Berthoud conteste l'étymologie de *Mehringen*, qui est au Dictionnaire. Il ne croit pas qu'il y ait de *Mehringen*, et suppose qu'on a voulu parler de *Meyringen*, beau village du Hassli dans l'Oberland bernois, qui produit en effet beaucoup de crème, mais point de meringues; malgré l'analogie du mot, il n'en a jamais exporté, d'autant plus que cette pâtisserie est peu exportable de sa nature. Les Allemands ont le mot *Meringel*, mais il paraît provenir du français.

† **MESSIN, INE** (mè-sin, si-n'), *adj.* Qui est de Metz, du pays de Metz. Sa conduite généreuse [du docteur A. Paulin] lui acquit alors, dans la cité messine, de ces amitiés qu'on ne noue qu'une fois dans la vie, SAINTE-BEUVE, *Nouveaux lundis*, t. VI (*Appendice, Journ. offic. Un cas de pédanterie*).

† **MÉTIVEUR** (mé-ti-veur), *s. m.* Nom, dans quelques provinces, du moissonneur. Le métiveur a des rêves plus hardis, ANDRÉ THEURIET, *la Poésie populaire en France et la Vie rustique*, *Rev. des Deux-Mondes*, 1er mai 1877.

— ÉTYM. De même origine que *métayer*.

† **MEULIER.** *Ajoutez :* || 2° Monolithe celtique. Le transport des meuliers se conçoit facilement; il a suffi sans doute de les faire rouler sur eux-mêmes.... un meulier connu sous le nom de Pierre au moine, H. DE PARVILLE, 20 sept. 1877, p. 6403, 3e col.

MIGNON au Supplément. *Ajoutez :* || 8° *Au pl.* Des mignons, sorte de souliers d'enfants. Alfred de Musset, tout enfant, eut un jour de petits souliers rouges fort jolis, qu'on appelle, je crois, des mignons; et, pendant qu'on les lui mettait pour aller à la promenade, comme cela tardait un peu, il s'impatientait et disait à sa bonne : Dépêche-toi, je veux sortir, mes mignons seront trop vieux, SAINTE-BEUVE, *Causeries du lundi*, t. XV (*Critique religieuse*, par *Scherer*).

MINÉRALISATEUR. *Ajoutez :* || 2° *Adj.* Qui donne à un liquide des qualités minérales. Le vin jouit de l'avantage de conserver longtemps intact son élément minéralisateur [le fer qu'il contient], ce qui est contestable pour les eaux, même pour celles qui sont le plus saturées d'acide carbonique, *Journ. offic.* 10 sept. 1877, p. 6242, 3e col.

MIROIR. || 14° *Ajoutez :* || Terme de mineur. Surface polie qui, dans la houille, fait une séparation entre les planches de schiste et le banc massif du toit, *Rev. scientifique*, 25 mars 1876, p. 296.

† **MISRAÏM** (mi-sra-im') ou **MIZRAÏM** (mi-zra-im'), *s. m.* Nom hébraïque de l'antique Égypte. Les momies égyptiennes que Cambyse et le temps ont épargnées sont maintenant la proie de mains rapaces; Mizraïm guérit les blessures, et Pharaon est vendu pour fabriquer du baume, H. TAINE, *Hist. de la littér. anglaise*, t. I, liv. II, ch. III, § IV.

MITAINE. *Ajoutez :* || 8° Voleuse, détourneuse à la mitaine, femme portant des souliers plats, et qui, dans un magasin, fait tomber une ou deux pièces de dentelle qu'elle ramasse avec le pied déchaussé et qu'elle cache dans son soulier; ces voleuses ne s'adressent qu'aux dentelles de prix, *Journal des Débats*, 11 nov. 1877, 2e page, 6e col.

† **MODELLISTE** (mo-dè-li-st'), *s. m.* Celui qui fait des modèles. On installe un atelier de modellistes à l'hôtel d'Egmont, où se trouvait alors le dépôt des cartes et plans [de la marine], *Journ. offic.* 17 juillet 1875, p. 5466.

† **MOLIÉRESQUE** (mo-lié-rè-sk'), *adj.* Qui appartient à Molière. Bibliothèque moliéresque, par M. Paul Lacroix, Paris, 1875. Iconographie moliéresque, par le même, Paris, 1876.

† **MÔMERIE** (mô-me-rie), *s. f.* L'ensemble des mômes (voy. ce mot au Dictionnaire). Le populaire et la mômerie se portent au-devant du bataillon, J. VALLÈS, *la Rue, la vie de province*.

† **MONSIEURISER** (mo-sieu-ri-zé), *v. a.* Dire monsieur à quelqu'un au lieu de citoyen. || Absolument. Que ceux qui veulent monsieuriser rentrent dans les coteries qui admettent ce langage; mais ces messieurs doivent renoncer à être employés par la république, *Circulaire du Directoire signée par Carnot*, dans *Rev. des Deux-Mondes*, 15 août 1877 (*Un ministère sous la révolution*).

— ÉTYM. *Monsieur*. *Monsieuriser* est fait comme *monseigneuriser*.

† **MORDORER** (mor-do-ré), *v. a.* Donner la couleur mordorée. || *V. réfl.* Se mordorer, prendre cette couleur. Les gazons se mordorent, la terre scintille comme un écrin, TH. GAUTIER, dans *Sainte-Beuve, Nouv. lundis*, t. VI (*Th. Gautier*, III).

† **MORMONISER** (mor-mo-ni-zé), *v. a.* Donner le caractère mormon. L'individu est libre de se développer en tout sens, de s'associer sous toutes les formes, d'élire et d'entretenir des ministres du culte pour l'évangéliser ou le mormoniser, SAINTE-BEUVE, *Nouv. lundis*, t. VII (*M. É. de Girardin*, II).

1. **MORNE.** *Ajoutez :* || 3° Substantivement, apparence morne. Je remarquai un morne et une sorte d'indignation qui se peignit sur tous les visages, SAINT-SIMON, dans *Scènes et portraits choisis dans les Mém. du duc de Saint-Simon*, par Eug. de Lanneau, Paris, 1876, t. II, p. 132.

1. **MOUCHER** au Supplément. *Ajoutez :* || Se moucher du bras, s'est dit pour se moucher sur la manche. Ils [les moines] sont baveux comme un pot de moutarde, et se mouchent du bras comme un boucher qui escorche un veau (XVIe siècle), MARNIX DE STE-ALDEGONDE, *Tableau des differends de la religion*, *Œuvres*, éd. Quinet, t. IV, p. 23.

MOUFLÉ. *Ajoutez :* || 2° Garni de moufles (voy. MOUFLE 2). Cette magnifique opération [la pose d'un pont sur le Nil] a été faite à l'aide de quatre gros treuils, agissant chacun sur trois câbles moufiés à quatre brins sous le tablier et manœuvrés par 64 hommes, *Journ. offic.* 29 juin 1872, p. 4394, 1re col.

MOURIR. — ÉTYM. *Ajoutez :* M. l'abbé Tougard remarque que *moriri* n'est pas du latin fictif, qu'il se trouve dans Plaute et dans Ovide (voy. *Dictionnaire latin-français*, de Quicherat), et qu'une étude liturgique publiée par la *Revue de l'art* *chrétien*, XIII, 261, prouve qu'au Xe et même encore au XIe siècle on prononçait *moritur*.

MUET. *Ajoutez :* || 13° Moût muet, moût qui n'est pas encore en fermentation, *Douanes, Tarif de* 1877, p. CXVIII.

MUNSTER (mun-stèr) et quelquefois, mais moins bien, **MINSTER** (min-stèr), *s. m.* Mot allemand qui signifie cathédrale, dôme. Pourtant qu'il était beau, tout ce couchant en feu! Là se dressaient pour nous citadelle indienne, Temple grec et munster, tour, flèche aérienne..., L'ABBÉ R..., dans SAINTE-BEUVE, *Nouv. lundis*, t. II, p. 265, Paris, 1864 (*le Poëme des champs*). N'est-ce pas du haut de son minster [de Strasbourg] que prit l'essor l'hymne enflammé [la Marseillaise] qui parcourut d'un coup d'aile toutes nos frontières et plana sur nos jeunes armées comme une victoire? SAINTE-BEUVE, *Nouv. lundis*, t. VII (*Histoire de Louvois, par M. Camille Rousset*).

† **MUTILANT, ANTE** (mu-ti-lan, lan-t'), *adj.* Qui mutile. La lèpre anesthésique mutilante, *le Progrès médical*, 10 nov. 1877, p. 841.

† **MYCOLOGIQUE** (mi-ko-lo-ji-k'), *adj.* Qui appartient à la mycologie ou histoire des mucédinées, *Journ. offic.* 20 oct. 1877, p. 6889, 3e col.

MYSTIQUEMENT. *Ajoutez :* — HIST. XVIe s. Ce que les anciens prophetes et poetes mysticquement nous enseignent, disants les vains et fallacieux songes gesir et estre cachez soubs les feuilles cheutes en terre, RAB. *Pant.* III, 13.

N

† **NAPHTALISÉ, ÉE** (na-fta-li-zé, zée), *adj.* Imprégné de naphtaline. La naphtaline, les engrais naphtalisés, la suie finement pulvérisée, N. LLOUBES, dans *Travaux de la Commission départementale du phylloxéra*, Perpignan, 1874, p. 118.

NAPHTE. — ÉTYM. *Ajoutez :* M. Max Holdstein m'écrit pour me faire remarquer que ce mot est sans doute d'origine hébraïque : *nphl* désigne dans la Bible essentiellement une distillation, une exsudation, il s'applique surtout au miel (Ps. XIX, 11). Le *naphte* pouvait faire l'effet d'une substance distillée ou exsudée par la terre.

† **NATIONALISER** (na-sio-na-li-zé), *v. a.* Donner la qualité nationale. Les produits d'origine française, naturels ou fabriqués, et les produits étrangers nationalisés en France par le payement des droits..., les marchandises nationales ou nationalisées..., *Douanes, Tarif de* 1877, p. CVI.

† **NATURISTE.** *Ajoutez :* || 2° Philosophe distinct des matérialistes, des athées et des panthéistes, et qui ne reconnaît d'autres lois que celles qui dérivent de la nature de chaque animal, SAINTE-BEUVE, *Port-Royal*, 3e éd. t. II, p. 392.

† **NAUFRAGEUX, EUSE** (nô-fra-jeû, jeû-z'), *adj.* Fécond en naufrages. Dès l'ouverture, les deux aspects de l'histoire touchante [*Paul et Virginie*] sont déjà présagés et réfléchis dans le paysage, les deux aspects de la vie! la mer naufrageuse et l'abri sûr, SAINTE-BEUVE, *Chateaubriand et son groupe littéraire*, Paris, 1861, t. I, p. 211.

† **NIAISOT, OTTE** (ni-è-zo, zo-t'), *s. m.* et *f.* Diminutif de niais. La jeunesse de Mlle X... et sa grâce un peu minaudière habillent à souhait cette petite niaisotte de Marthe, ALPH. DAUDET, *Journ. offic.* 29 août 1877, p. 5894, 3e col. || *Adj.* Un petit air niaisot. Une conversation niaisotte.

† **NICHARD, ARDE** (ni-char, char-d'), *adj.* Qui aime à faire des niches. Ces attrapes et ces niches de Louis XVIII lui [à Talleyrand] étaient restées sur le cœur; il l'appelait le roi nichard, SAINTE-BEUVE, *Nouv. lundis* (*Essai sur Talleyrand, par sir Henry Lytton Bulwer*, IV).

† **NIRVANA** (nir-va-na), *s. m.* Terme de la religion bouddhique. Absorption définitive de l'individu dans le grand tout, avec perte de la personnalité. C'est un jugement assez étrange de transformer Jean Reynaud en bouddhiste et le plus croyant des hommes à la vie future en un apôtre du nirvana, PAUL JANET, *la Métaphysique en Europe, Rev. des Deux-Mondes*, 15 mai 1877.

— ÉTYM. Sanscrit, *nirvâna*, extinction, de *nir-vd*, souffler de haut en bas, éteindre en soufflant.

† **NITRO-AÉRIEN** (ni-tro-a-é-riin), *adj. m.* Esprit nitro-aérien, nom donné par Mayow, chimiste anglais du XVIIe siècle, à la partie de l'air qui, dans la combustion, s'unissait avec le combustible; c'était l'oxygène, CHEVREUL, *Acad. des sc. Comptes rendus*, t. LXXXV, p. 921.

† **NOCEUX** (no-seû), *s. m. plur.* Terme de la campagne. Ceux qui sont d'une noce. Les noceux, chamarrés de rubans, font cortége aux époux, A. THEURIET, *Rev. des Deux-Mondes*, 1er mai 1877 (*la Poésie populaire en France et la vie rustique*).

NOIR. || 22° *Ajoutez :* || Mettre dans le noir, atteindre le noir de la cible, et, figurément, réussir. Un auteur qui n'a pas mis complétement dans le noir, *Journ. offic.* 16 oct. 1877, p. 6827, 3e col.

† **NOTAIRERIE** (no-tè-re-rie), *s. f.* Affectation d'appuyer ses assertions sur des actes notariés (mot forgé par Sainte-Beuve). On se demande pourquoi toute cette notairerie compliquée de sentimentalité à propos d'un respectable docteur de Sorbonne, fils d'un huissier au parlement, SAINTE-BEUVE, *Port-Royal*, 3e éd. t. IV, p. 564.

† **NUGATOIRE** (nu-ga-toi-r'), *adj.* Qui a le caractère de la frivolité, qui n'est pas sérieux. Cette proposition, je pense, signifie j'existe ou je suis pensant; et pourtant, quand les cartésiens disent : je pense, donc je suis, c'est comme s'ils disaient : j'existe pensant, donc j'existe; et, si cela n'est pas tout à fait si nugatoire que cet argument de Chrysippe : s'il est jour, donc il est jour, il n'en est pas bien éloigné, JEAN DU HAMEL, *Réfl. crit. sur le système cartésien de la philosophie de M. Régis* (1692), p. 45.

— ÉTYM. Lat. *nugatorius*, frivole, de *nugator*, celui qui dit des frivolités, de *nugæ*, frivolités.

† **NYSTAGMIQUE** (ni-stagh-mi-k'), *adj.* Qui a rapport au nystagme (voy. ce mot au Dictionnaire). || Substantivement. Un, une nystagmique, une personne affectée de nystagme, *le Progrès médical*, 1er sept. 1877, p. 670.

O

OFFERTE. *Ajoutez :* || 5° Offrande au prêtre. En outre de cette somme presque fixe dans le casuel, il y en a d'autres : il y a les oblations, les offertes à l'autel, il y a les quêtes, les mariages, les enterrements, *Journ. offic.* 28 nov. 1876, p. 8752, 1re col.

2. OFFICIER. *Ajoutez :* — REM. Au n° 1, un exemple de Mirabeau est cité où se trouve officier de morale; mais cet emploi ne lui appartient pas, il est bien antérieur et de l'abbé de Saint-Pierre : Je voudrais être un jour à portée de voir et d'embrasser un aussi digne officier de morale; vous savez que c'est ainsi que l'abbé de Saint-Pierre appelait ses collègues les gens d'Eglise, J. J. ROUSSEAU, *Lettre à M. Grume, curé d'Ambérieux en Bugey*, 15 déc. 1763.

† **OLIGURIE** (o-li-gu-rie), *s. f.* Diminution de la sécrétion urinaire, *le Progrès médical*, 1er sept. 1877, p. 675.

— ÉTYM. Ὀλίγος, peu, et οὖρον, urine.

OPINION au Supplément. *Ajoutez :* || 8° Discours préparé ou prononcé pour soutenir une opinion. Il propose à l'assemblée d'ordonner que les opinions préparées sur le procès [de Louis XVI] soient déposées sur le bureau, imprimées, distribuées à tous les membres, THIERS, *Hist. de la révolution*, 14e éd. 1846, t. III, p. 159. Robespierre demande la parole, et, quoiqu'il eût été décidé que toutes les opinions seraient imprimées, il obtient la parole, ID. *ib.* p. 160.

ORCANÈTE. — ÉTYM. *Ajoutez :* M. Néandre N. de Byzance, arménien, rectifie ainsi ce qui est dit : « Le mot qui signifie couleur en arménien est non pas *orak, orakanel*, mais *érang*. Quant au verbe *oroganèm*, il signifie arroser. Colorer, se colorer, c'est *nercanèm*, de *nerc*, couleur. »

ORDRE. *Ajoutez :* || 28° Terme de droit. Ordre judiciaire : Si un arrangement et un règlement entre les créanciers inscrits et la partie, ce que dans la pratique on nomme ordre amiable, ne se réalisent pas dans le mois, un juge commissaire est nommé à la réquisition de la partie la plus diligente, et alors, après sommations et autres procédures déterminées, on fait dans les formes de droit une distribution qui peut être soumise au tribunal, puis devant la cour : c'est ce qu'on nomme ordre judiciaire.

OREILLARD. *Ajoutez :* || 3° Hibou oreillard, sorte de hibou. Quoique Edward eût les nerfs solides, le cri des oiseaux de nuit et particulièrement celui du hibou oreillard, commun dans la contrée, le fit plus d'une fois tressaillir, *Rev. Brit.* oct. 1870, p. 375.

ORIENTÉ. *Ajoutez :* — REM. Peut-on dire orienté vers un autre point cardinal que l'orient, comme dans cette phrase : Le côté orienté au midi, *Journ. offic.* 1er nov 1877, p. 7098, 3e col. Cela n'est pas bon; l'orient est trop exprimé dans orienté pour qu'on reçoive une telle locution.

P

PAIN au Supplément. || Proverbes. *Ajoutez :* || Assez demande du pain celui qui se plaint de la faim, SAINT FRANÇOIS DE SALES, *Lettre du 24 janvier* 1608.

PALINOD. — ÉTYM. *Ajoutez :* M. l'abbé Tougard me communique cette note : « Le *palinod*, sorte d'académie religieuse, remonte au moins à 1486; il ne peut donc être question, dans l'étymologie, de rétractation des blasphèmes des hérétiques. Des auteurs sérieux, par exemple M. Frère et M. G. Descard, tirent ce nom du refrain en l'honneur de la sainte Vierge qui terminait chaque pièce. »

† **PALINODIER** (pa-li-no-di-é), *v. a.* Tourner en palinodie. Comme le mérite de la création donne le droit de retoucher son œuvre, au besoin de la palinodier et de la renier, P. BONNAUD, *Rev. Britannique*, sept. 1873, p. 135.

† **PALUD** (pa-lu), *s. f.* Espèce de garance. On a payé les paluds 50 francs; les demi-paluds, de 41 à 42 francs, *Journ. offic.* 28 oct. 1872, p. 6716, 2e col.

† **PANDECT** (pan-dekt'), *s. m.* Fausse orthographe pour pandit (voy. ce mot au Dictionnaire). C'était [le chef des brahmes de Jagrenat] le plus fameux pandect, ou docteur, dont on eût jamais ouï parler, BERNARDIN DE SAINT-PIERRE, *la Chaumière indienne*, p. 64, Paris, 1822.

† **PANTOPHILE** (pan-to-fi-l'), *s. m.* Celui qui aime tout (mot créé par Voltaire). J'attends avec impatience les réflexions de pantophile Diderot sur Tancrède; tout est dans la sphère d'activité de son génie; il passe des hauteurs de la métaphysique au métier d'un tisserand, et de là il va au théâtre..., VOLT. *Lett. à Thiriot*, 19 nov. 1760.

— ÉTYM. Πᾶς, παντὸς, tout, et φίλος, ami

PAPILLOTER au Dictionnaire et au Supplément. *Ajoutez :* || 9° Rendre papillotant. Tu n'as pas la berlue; tes yeux, que n'a pas encore papillotés Bacchus, sont bien ouverts, *Lett. du P. Duchêne*, 73e *lettre*, p. 2.

† **PARABALLE** (pa-ra-ba-l'), *s. m.* Ce qui sert à garantir des balles, dans un tir. La foudre est tombée sur un paraballe du nouveau stand, Extr. du *Journal de Genève*, dans *Journ. offic.* 6 sept. 1873, p. 5751, 2e col.

— ÉTYM. *Parer*, et *balle*.]

† **PARATATIQUE** (pa-ra-ta-ti-k'), *adj.* Terme de grammaire. À l'imparfait. Construction paratatique, *Rev. critique*, 11 déc. 1875, p. 376.

— ÉTYM. Παρατατικὸς, avec extension, prolongé, étendu, et, en grammaire, imparfait, parce que l'imparfait semble étendre le temps; de παρατείνειν, étendre, de παρὰ, et τείνειν, tendre.

† **PARATHERMAL, ALE** (pa-ra-tèr-mal, ma-l'), ou **PARATHERMIQUE** (pa-ra-tèr-mi-k'), *adj.* Terme de physique. Qui se déplace, qui change corrélativement aux variations de la température, de manière à en compenser les effets.

— ÉTYM. Παρὰ, indiquant changement, et θέρμη, chaleur.

† **PARENTAILLE** (pa-ran-ta-ll', *ll* mouillées), *s. f.* L'ensemble des parents, avec un sens de dénigrement. Toute ma parentaille est venue à mon jugement; j'ai manqué tomber en syncope, P. L. COURIER, *Lettre écrite en* 1821 *au lendemain d'un procès*.

† **PARITARISME** (pa-ri-ta-ri-sm'), *s. m.* Nom, en Prusse, de l'égalité de traitement accordée à tous les cultes. La politique ecclésiastique qu'on y pratiquait [en Prusse], dans les vingt dernières années, s'appelait le paritarisme; c'était un système de respect également bienveillant pour tous les cultes, G. VALBERT, *Rev. des Deux-Mondes*, 1er juin 1877.

— ÉTYM. Dérivé du lat. *pariter*, également.

† **3. PART** (par), *s. m.* Terme de poste. Feuille contenant la désignation du service (c'est le premier mot du libellé de la feuille : part de tel endroit tel jour le courrier). Les paquets revêtus des cachets officiels des cabinets étrangers doivent être remis sans retard et en exemption de toute visite lorsqu'ils sont transportés par des agents ou courriers diplomatiques munis d'une feuille de part mentionnant le nombre des colis et indiquant qu'ils renferment des dépêches officielles, *Douanes, Tarif de* 1877, p. CXXVI. Art. 462 : Toute dépêche remise à un courrier ou à un agent quelconque chargé

de la transporter est accompagnée d'une feuille de route appelée part, *Instruct. générale* du 20 mars 1868. Le part contient la désignation du service.... le part sert à constater les retards ou les avances, etc. *ib.*

— ÉTYM. 3ᵉ personne du présent de l'indicatif du verbe *partir*.

† **PASCALIN** (pa-ska-lin), *s. m.* Imitateur de Pascal. M. Nicole fait gloire de copier jusqu'à ses défauts [de Pascal]; tous les pascalins en sont logés là, BRIENNE, dans STE-BEUVE, *Port-Royal*, t. IV, p. 420, 3ᵉ éd.

PASSADE au Dictionnaire et au Supplément. *Ajoutez :* || 9ᵉ En termes de fauconnerie, mouvements curvilignes de l'oiseau, qui consistent en une descente oblique suivie d'une remontée, MAREY, *la Machine animale*, 1873, p. 229.

† **PASTEURISER** (pa-steu-ri-zé), *v. a.* Traiter les vins par le procédé de M. Pasteur; ce procédé les préserve d'altération, et consiste en une manière de les chauffer. Les procédés de M. Pasteur ont fait leur chemin, au moins à l'étranger; en Hongrie, le mot est fait, on pasteurise les vins avec le plus grand succès, ED. PERRIER, *National*, 5 novembre 1872.

† **PASTORELLE** (pa-sto-rè-l'), *s. f.* Pastorale, morceau de musique instrumentale qui imite le chant des bergers. Je choisis une pastorelle que j'abrégeai, et que je mis en trio pour l'entrée des compagnes de Colette [dans le *Devin de village*], J. J. ROUSS. *Confess.* VIII (c'est un italianisme).

† **PATIBULER** (pa-ti-bu-lé), *v. a.* Mettre au patibulaire, au gibet. L'imposture du charbonnier ayant été découverte, il fut patibulé et pendu, LUZEL, dans *Archives des missions scientifiques*, 1873, t. I, p. 34.

— ÉTYM. Voy. PATIBULAIRE.

† **PENTHIÈRE** (pan-tiè-r'), *s. f.* Terme de douanes. Étendue de terrain confiée à la surveillance d'une brigade.

— ÉTYM. Peut-être ce mot n'est-il pas autre que *pantière*, filet; en effet autrefois les agents des brigades tendaient des filets aux endroits où ils soupçonnaient devoir se produire un passage de contrebandiers.

† **PÉRAT.** *Ajoutez :* || 2ᵉ Nom, dans le bassin de la Loire, des gros blocs de houille, *Rev. scientifique*, 26 févr. 1876, p. 195.

† **PÉRIMÉTRISER** (pé-ri-mé-tri-zé), *v. a.* Circonscrire par un périmètre. || *V. réfl.* Se périmétriser, se circonscrire. Il n'est pas permis aux maîtres de forges de se former en syndicats, de se périmétriser (je suis obligé de créer ce mot pour bien exprimer ma pensée), c'est-à-dire d'établir le périmètre dans lequel ils pourront prendre leur approvisionnement, *Enquête, Traité de commerce avec l'Angleterre*, t. II, p. 665.

† **PÉRISATURNE** (pé-ri-sa-tur-n'), *s. m.* Révolution d'un satellite autour de la planète Saturne. Le périsaturne de Titan (Titan est un des satellites), TISSERAND, *Acad. des sciences, Comptes rend.* t. LXXXV, p. 695.

† **PHILOSOPHISÉ, ÉE** (fi-lo-zo-fi-zé, zée), *adj.* Qui a reçu les idées philosophiques. Toute une tribu intellectuelle, née de Calvin, restée très-morigénée en s'émancipant, très-philosophisée d'ailleurs et sécularisée, SAINTE-BEUVE, *Causeries du lundi*, t. XV (*M. Sayous*).

† **PHILOTTOMAN** (fi-lo-tto-man), *s. m.* Celui qui aime les Ottomans, qui est de leur parti. Philottomans et turcophobes, G. VALBERT, *Rev. des Deux-Mondes*, 1ᵉʳ oct. 1877.

† **PHOTOGLYPTIQUE** (fo-to-gli-pti-k'), *adj.* Qui appartient à la photoglyptie (voy. ce mot au Supplément), *Journ. offic.* 3 nov. 1877, p. 7121, 2ᵉ col.

† **PHOTOGRAPHIER** (fo-to-gra-fi-é), *v. a.* Représenter par la photographie. || Fig. Ils [les personnages d'un roman de M. L. Veuillot] sont tous pris au daguerréotype, ou photographiés, comme on dit aujourd'hui, avec un relief puissant, SAINTE-BEUVE, *Nouv. lundis*, t. I (*M. L. Veuillot*, I).

† **PHYSIONOMIQUEMENT** (fi-zi-o-no-mi-ke-man), *adv.* Au point de vue de la physionomie. Physionomiquement, la caille se présente comme un type d'oiseau sédentaire, G. DE CHERVILLE, *le Temps*, 11 sept. 1877, 4ᵉ page, 1ʳᵉ col.

PIED. *Ajoutez :* || 42ᵉ Dans l'argot des casernes, un pied de banc, un sergent, BERNADILLE, *le Français*, 28 août 1877, 2ᵉ page, 6ᵉ col.

† **PIEDTONNE** (pié-to-n'), *s. f.* Unité mécanique exprimant chez les Anglais la force (le travail) nécessaire pour élever d'un pied le poids d'une tonne, c'est-à-dire de mille kilogrammes, VERNIER, *le Temps*, 27 sept. 1877, *Feuilleton*, 1ʳᵉ page, 1ʳᵉ col.

† **PIÉMONTISER** (pié-mon-ti-zé), *v. a.* Donner le caractère piémontais. Il ne semble pas frappé du changement dont s'affligent tant d'artistes qui prétendent qu'on leur a gâté Rome, depuis qu'on l'a piémontisée, CH. BERTHOUD, *Journal de Genève*, 13 juill. 1877.

† **PLATONISER.** *Ajoutez :* || 2ᵉ *V. a.* Rendre conforme au caractère idéaliste de Platon. Le héros de roman et de drame [Don Carlos], poétisé et platonisé à distance par Schiller, SAINTE-BEUVE, *Nouv. lundis*, t. V, p. 297, Paris, 1866 (*Don Carlos et Philippe II*).

† **PLUTOCRATIQUE** (plu-to-kra-ti-k'), *adj.* Qui appartient à la plutocratie. Après cette société plutocratique, figurent les quatre entrepreneurs qui ont obtenu la propriété du chemin de fer Central-Pacifique et des autres lignes de Californie, *Journal de Genève*, 22 août 1877, 3ᵉ page, 5ᵉ col.

— ÉTYM. *Plutocratie* (voyez ce mot au Dictionnaire).

POIS au Supplément. *Ajoutez :* || 10ᵉ Pois d'Angole, dits aussi pois d'Amérique, rouges et noirs : on en fait des colliers. Elle s'amusait à lui faire un collier avec des pois d'Angole rouges et noirs, BERNARDIN DE SAINT-PIERRE, *la Chaumière indienne*, p. 86, Paris, 1822. Ma femme et mon enfant, répondit l'Indien, ne manqueront jamais de colliers rouges tant que notre jardin produira des pois d'Angole, ID. *ib.* p. 123.

† **PORTE-COURONNE** (por-te-kou-ro-n'), *s. m.* Celui qui porte une couronne. Frédéric II, le plus sensé, le plus éclairé parmi les écrivains porte-couronne, SAINTE-BEUVE, *Nouv. lundis*, t. III, p. 238, Paris, 1870 (*De la Connaissance de l'homme*).

† **PORTE-SABRES-BAÏONNETTES** (por-te-sa-bre-ba-io-nè-t'), *s. m.* Terme employé dans l'administration de la guerre pour désigner un effet de grand équipement qui sert à porter les sabres-baïonnettes.

1. **POSE** au Dictionnaire et au Supplément. *Ajoutez :* || 6ᵉ Action de se poser, en parlant d'un oiseau. La première inspiration qui suit l'instant même de la pose, ou, si l'on veut, du posement de l'oiseau, diminue la réplétion des sacs aériens péripulmonaires, CH. ROBIN, *Sur les variations de siége du centre de gravité des oiseaux*, dans *Bulletin mensuel de la navigation aérienne*, 1877.

† **POSTINE** (po-sti-n'), *s. f.* Nom, dans les Landes, d'une petite porte de derrière. Il s'était installé à minuit et demi dans un sillon de la vigne qui est clôturée de tous côtés, lorsque, vers deux heures de la nuit, il aperçut un homme qui longeait la palissade du côté du couchant; il le suivit des yeux sans quitter sa place, et bientôt après il entendit le bruit d'une postine qu'on fait sauter; il vit un homme s'introduire dans la vigne par le passage qu'il s'était fait, *Gaz. des Trib.* 6 oct. 1877, p. 965, 3ᵉ col.

— ÉTYM. Même origine que *poterne* (voyez ce mot).

† **PRÉEXCELLENCE** (prè-èk-sè-lan-s'), *s. f.* Supériorité en excellence. Quant à Mars, Apollon et Jupiter [de Rubens], leurs conseils célestes n'ont guère trait, ce semble, qu'à la préexcellence de la bière d'orge sur la bière de houblon, E. BERGERAT, *Journ. offic.* 11 sept. 1877, p. 6260, 2ᵉ col.

— ÉTYM. *Pré...*, et *exceller* (voy. PRÉCELLENCE).

† **PRESSURÉE** (prè-su-rée), *s. f.* Nom, dans la Suisse romande, de la vendange soumise au pressoir.

PRINCESSE. *Ajoutez :* || 7ᵉ Familièrement, aux frais de la princesse, c'est-à-dire aux frais de l'administration, de la maison, du patron, etc. Messieurs les maires ont voyagé, comme l'on dit, aux frais de la princesse, *le XIXᵉ siècle*, 17 sept. 1877, 1ʳᵉ page, 3ᵉ col.

† **PROCRASTINATION** (pro-kra-sti-na-sion), *s. f.* Mot forgé du latin. Remise au lendemain, ajournement. Chênedollé écouta trop le démon de la procrastination, comme on l'a appelé; il n'invoqua pas assez la muse de l'achèvement, SAINTE-BEUVE, *Chateaubriand et son groupe littéraire*, Paris, 1861, t. II, p. 200.

— ÉTYM. Lat. *procrastinationem*, de *pro*, en avant, et *crastinus*, de demain, de *cras*, demain.

† **PROGRESSISME** (pro-grè-si-sm'), *s. m.* Caractère, tendance du progressiste (voy. ce mot au Dictionnaire). Naguère encore Berlin était la capitale du progressisme allemand, il y régnait on maître, G. VALBERT, *Rev. des Deux-Mondes*, 1ᵉʳ sept. 1877, p. 222.

† **PUDIBONDERIE** (pu-di-bon-de-rie), *s. f.* Néologisme. Recherche, affectation d'une pudeur excessive. Par un raffinement de pudibonderie dévote et aussi parce qu'il n'y a pas de petites économies, Mlle Constance avait pour habitude de s'habiller sans lumière, A. THEURIET, *Rev. des Deux-Mondes*, 1ᵉʳ oct. 1877, p. 488.

— ÉTYM. Voy. PUDIBONDAGE, autre néologisme qui est au Dictionnaire.

† **PULVÉRIER** (pul-vé-rié), *s. m.* Sablier, petit vase contenant une poudre. Il [un enfant] me regardait écrire et a pris le pulvérier pour du poivre dont j'apprêtais le papier, EUGÉNIE DE GUÉRIN, dans STE-BEUVE, *Nouv. lundis*, t. III (*Maurice et Eugénie de Guérin*).

— ÉTYM. Lat. fictif, *pulverarium* (voy. POUDRIER).

† **PULVÉRISATEUR.** *Ajoutez :* || 3ᵉ Fig. Pulvérisateur d'espèces, botaniste qui réduit les espèces en poudre, c'est-à-dire qui les multiplie outre mesure à l'aide de la plus légère différence, PLANCHON, *Revue des Deux-Mondes*, 15 septembre 1874, p. 404.

† **PYRAMIDÉ, ÉE** (pi-ra-mi-dé, dée), *adj.* Qui est en forme de pyramide. L'équipondération d'un groupe pyramidé et la somptuosité du coloris constituent seules, il faut le dire, l'intérêt de l'ouvrage [la *Descente de Croix* de Rubens], E. BERGERAT, *Journ. offic.* 11 sept. 1877, p. 6260, 1ʳᵉ col.

Q

† **QUASI-CONTRACTER** (ka-zi-kon-tra-kté), *v. n.* Terme de droit. Faire un quasi-contrat. Attendu que V.... n'a aucune action contre D...., et B..., qui n'ont ni contracté ni quasi-contracté avec lui, *Gaz. des Trib.* 8 sept. 1877, p. 871, 3ᵉ col.

† **QUIRITES** (kui-ri-t'), *s. m. pl.* Terme d'antiquité, avec un Q majuscule. || 1ᵉ Sabins fondus dans la population romaine. || 2ᵉ Citoyens romains vivant dans la condition privée, bourgeois romains. Ce stratagème est l'inverse de celui de César, qui apaisa une émeute militaire en apostrophant les mutins du nom de Quirites, comme qui dirait citoyens ou messieurs, SAINTE-BEUVE, *Nouv. lundis*, t. VI (*le maréchal de Villars*). || 3ᵉ Il se dit quelquefois au singulier et au pluriel, par plaisanterie, des Romains actuels. Deux fois par an, à la madone de mars et à celle de septembre, un usage antique et solennel veut que le bon peuple romain se porte en foule à la foire aux jambons de Grottaferrata... toute la sainte journée, le Quirite s'empiffre sur l'herbe, sous des oliviers ou sous des tentes, *Journal de Genève*, 12 septembre 1877, 1ʳᵉ page, 6ᵉ col.

— ÉTYM. Lat. *Quirites*, de *Cures*, nom des anciens Sabins.

R

RADICAL. *Ajoutez :* || 7ᵉ Terme d'astronomie. Point radical, point du ciel d'où les divers groupes d'étoiles filantes paraissent diverger. Par exemple, le point radical des Léonides est dans la constellation du Lion.

† **RAMASSEMENT** (ra-mâ-se-man), *s. m.* Action de se ramasser sur soi-même. S'enfonçant dans son fauteuil avec le ramassement de l'homme qui se dispose à écouter, ALPH. DAUDET, *le Temps*, 6 oct. 1877, *Feuilleton*, 1ʳᵉ page, 2ᵉ col.

† **RAPINADE** (ra-pi-na-d'), *s. f.* Œuvre de rapin. Il y a peu de temps encore régnaient sans contestation la peinture proprette, le joli, le niais, l'entortillé, et aussi les prétentieuses rapinades, qui, pour représenter un excès contraire, n'en sont pas moins odieuses pour l'œil d'un vrai amateur, CH. BAUDELAIRE, t. III, p. 115, édition définitive.

† **RASSÉRÉNANT, ANTE** (ra-sé-ré-nan, nan-t'), *adj.* Qui rassérène. Sa familiarité prolongée [de Gœthe] est saine pour l'esprit et rassérénante, SAINTE-BEUVE, *Nouv. lundis*, t. III, p. 298, Paris, 1870 (*Entretiens de Gœthe et d'Eckermann*).

† **RATTIRER** (ra-ti-ré), *v. a.* Attirer de nouveau. Quant à *Faust*, qui, avec tous ses abîmes de corruption humaine et de perdition, m'effraya d'abord et me fit reculer, mais dont l'énigme profonde me rattirait sans cesse, je le lisais assidûment les jours de fête, SAINTE-BEUVE, *Nouv. lundis*, t. III (*Entretiens de Gœthe et d'Eckermann*, I)

— ÉTYM. *Re...*, et *attirer*.

RAVAGEUR. *Ajoutez :* || 3ᵉ *Adj.* Ravageur, ravageuse, qui ravage le moral. Elle [Mme de Gasparin] s'est gardée de la contagion des maux ravageurs et troublants, SAINTE-BEUVE, *Nouv. lundis*, t. IX (*Mlle Eugénie de Guérin et Mme de Gasparin*, II).

† **RAVIVEMENT** (ra-vi-ve-man), *s. m.* Action de raviver. Tout cela se retrouve, ou devrait se retrouver en nous, vers la fin de la vie, avec un rafraîchissement et un ravivement de souvenirs mêlés d'une secrète tendresse, SAINTE-BEUVE, *Nouv. lundis*, t. IV (*le Père Lacordaire*, II).

† **REBOMBÉ, ÉE** (re-bon-bé, bée), *adj.* Dont le bombement est redoublé. Cette tête [de Chateaubriand] attirait et pétrifiait les yeux : des cheveux soyeux et inspirés sous leur neige, un front plein et rebombé de sa plénitude..., LAMART. *Cours familier de littérature*, 49e *entretien*.

† **RÉCALCITRANSE** (ré-kal-si-tran-s'), *s. f.* État de celui qui est récalcitrant. Persister dans le système de récalcitrance absolue, H. MEREU, *la Papauté*, p. 116, Paris, 1878.

— ÉTYM. *Récalcitrant.*

† **RECAVER (SE)** (re-ka-vé), *v. réfl.* Terme de jeu. Se caver de nouveau après avoir été décavé. || Fig. Passe encore de ne pas payer ses dettes, mais.... nous faire perdre des millions pour courir les aventures dans l'espoir de se recaver, ça, je ne leur pardonne pas, E. VIOLET-LE-DUC, *le XIX siècle*, 8 nov. 1877, 2e page, 2e col.

† **RECONQUÉREUR** (re-kon-ké-reur), *s. m.* Celui qui reconquiert. Il [le Cid Campeador] a été, somme toute et malgré ses alliances avec les mécontents, un *reconquistador*, un reconquéreur de l'Espagne sur les Arabes, SAINTE-BEUVE, *Nouv. lundis*, t. VII (*Corneille, le Cid*, II).

RECRUTEUR. *Ajoutez :* || Au féminin, celle qui recrute, qui fait du prosélytisme. La protestante inconvertible et convertisseuse, une recruteuse d'âmes, SAINTE-BEUVE, *Nouv. lundis*, t. IX (*Mlle Eugénie de Guérin et Mme de Gasparin*, II).

† **RÉCURRENCE.** *Ajoutez :* || 2e État de ce qui revient, se reproduit. Nous avons observé que, dans *Tannhæuser*, la récurrence des deux thèmes principaux, le motif religieux et le chant de volupté, servait à réveiller l'attention du public, CH. BAUDELAIRE, t. III, p. 241, édition définitive.

† **REDÉCOUVRIR** (re-dé-kou-vrir), *v. a.* Découvrir une seconde fois. Il a fallu que, de nos jours, M. Floquet, dans son zèle si méritoire, la redécouvrît en quelque sorte [la première période de la carrière oratoire de Bossuet], SAINTE-BEUVE, *Nouv. lundis*, t. II (*Bossuet*, II). (Voyez REDÉCOUVERTE au Supplément.)

† **RÉFLEXIF.** *Ajoutez :* || 2e Qui a le caractère de la réflexion ou méditation. Notre auteur prétend justifier que la connaissance est essentiellement connue par elle-même, parce qu'autrement, dit-il, on serait obligé d'admettre le progrès à l'infini dans les connaissances réflexives; or il faut éviter le progrès à l'infini, JEAN DU HAMEL, *Réflexions crit. sur le système cartésien de la philosophie de M. Régis* (1692), p. 51.

† **REFORCER.** *Ajoutez :* || 2e Activement. Forcer de nouveau. Il [Breteuil] fit semblant de trouver le souper bon et le vin encore meilleur; le curé, charmé de son hôte, ne songea qu'à le reforcer, comme on dit dans les provinces, SAINT-SIMON, dans *Scènes et portraits choisis dans les Mémoires du duc de Saint-Simon*, par Eug. de Lanneau, Paris, 1876, t. II, p. 64 (*le cardinal Dubois marié*).

† **RÉFULGENT, ENTE** (ré-ful-jan, jan-t'), *adj.* Mot forgé du latin. Qui brille, qui jette un éclat. Bien savent-ils... Que votre vie acquise et conservée Est pour le bien des mortels réservée; Non des mortels de mérite indigents, Mais de mortels de vertus réfulgents, J. B. ROUSS. *Épîtres*, I, 4.

— ÉTYM. Lat. *refulgere*, briller.

RÉGLEMENTAIRE. *Ajoutez :* || 3e *S. m.* Nom donné, dans les établissements religieux d'instruction secondaire, à l'élève chargé de sonner les divers exercices prescrits par le réglement de la maison.

† **RÉINTRODUIRE** (ré-in-tro-dui-r'), *v. a.* Introduire une seconde fois. Je ne plaide pour aucun des éléments contraires en présence, je ne fais que les exposer; et, si je plaidais pour l'un d'eux exclusivement, ce serait pour celui que M. Renan représente, et qu'il est venu réintroduire, à son heure, dans notre courant français un peu appauvri, SAINTE-BEUVE, *Nouv. lundis*, t. II (*M. E. Renan*, II). (Voyez RÉINTRODUCTION au Supplément.)

† **RELIGIONNEL, ELLE** (re-li-ji-o-nèl, nè-l'), *adj.* Qui appartient à la religion. Il [Deleyre] y gagna d'avoir contre lui la haine religionnelle, comme il l'appelait, la plus forte de toutes et la plus acharnée, SAINTE-BEUVE, *Nouv. lundis*, t. IV, (*Ducis épistolaire*, II).

† **REMANIAGE** (re-ma-ni-a-j'), *s. m.* Action de remanier, de modifier d'ensemble. L'homme est probablement poussé par un instinct providentiel à ce remaniage continuel du tableau de sa vie passée, DOUDAN, *Mélanges et Lettres*, t. IV, p. 68.

† **REMASTICAGE** (re-ma-sti-ka-j'), *s. m.* Action de remastiquer. Ces travaux [à exécuter dans le palais du Louvre] sont les suivants : démasticage et remasticage des glaces, des châssis sur combles, éclairant la grande galerie..., *Journ. offic.* 21 juin 1877, p. 5905, 2e col.

† **REMONÉTISATION** (re-mo-né-ti-za-sion), *s. f.* Action de remonétiser. La *Nation* de New-York reproche à M. Sherman d'avoir entièrement passé sous silence... la question de la remonétisation de l'argent, *Journ. de Genève*, 2 octobre 1877, 3e page, 2e col.

† **REMONÉTISER** (re-mo-né-ti-zé), *v. a.* Remonétiser un métal, reprendre les payements en ce métal. Faut-il remonétiser l'argent, et non-seulement l'or [aux États-Unis]? *Journ. de Genève*, 2 octobre 1877, 3e page, 1re col.

— ÉTYM. *Re...*, et lat. *moneta*, monnaie.

RENDRE au Supplément. *Ajoutez :* — REM. On lit dans Sainte-Beuve : En l'approchant [Royer-Collard], on sentait tout d'abord une supériorité naturelle; aussi tout le monde lui rendait, *Nouv. lundis*, t. IV (*Histoire de la restauration, par M. L. de Vieil-Castel*). Rendre signifie ici rendre hommage, céder. Cette acception, que je n'ai trouvée nulle part ailleurs, est sans doute une expression familière; du moins Sainte-Beuve l'a soulignée.

† **RENGARIER** (ran-ga-ri-é), *v. a.* Engager de nouveau (mot tombé en désuétude). J'eus grand'peine à me laisser, non pas persuader, mais aller à la bienséance; lui-même [le duc d'Orléans] me dit encore plus de merveilles, et, quoique malgré moi, je me laissai rengarier, SAINT-SIMON, *Mém.* t. XII, p. 322, éd. Chéruel et A. Regnier fils.

— ÉTYM. *Re...* préfixe, et lat. *angariare*, forcer, faire violence, de ἀγγαρεύω, forcer à servir de courrier. Le mot serait mieux écrit *rangarier*.

† **RÉPARATIONNAIRE** (ré-pa-ra-sio-nè-r'), *s. m.* Nom, dans le bassin de la Loire, des mineurs chargés du boisage et du muraillement des puits, *Rev. scientif.* 20 févr. 1876, p. 195.

† **RÉPÉTITRICE** (ré-pé-ti-tri-s'), *s. f.* Femme qui remplit les fonctions de répétiteur. L'administration [des sourds-muets] la retint [Thérèse Meunier] dans l'établissement en qualité de répétitrice; elle remplit ces fonctions et celles de monitrice aux ateliers avec un admirable dévouement jusqu'en 1859, *Journ. offic.* 14 sept. 1877, p. 6303, 2e col.

† **RÉPLICATION** (ré-pli-ka-sion), *s. f.* Action de doubler, doublement. Il est vrai que, pour bien faire, votre imprimeur devrait être dans ce pays-ci; il faudrait avoir deux corps, l'un à Paris pour y ramasser ces matériaux, et l'autre en Hollande pour y faire imprimer l'ouvrage que l'on composerait; cette réplication, comme l'appellent les scolastiques, n'étant pas possible.... BAYLE, *Lettre à Mathieu Marais*, 2 oct. 1698.

— ÉTYM. Lat. *replicationem*, action de répéter (voy. RÉPLIQUER).

RÉPLIQUE. *Ajoutez :* || 6e Répétition d'un ouvrage moderne. Cette réplique [une répétition des Moissonneurs] n'était pas complétement achevée au moment de la mort du peintre [Léopold Robert], CH. CLÉMENT, *Léopold Robert, d'après sa correspondance inédite*, ch. VI.

† **REPRENANT, ANTE** (re-pre-nan, nan-t'), *adj.* Qui reprend, qui redresse. Jamais il n'y eut de vérité, ni plus haute ni plus spirituelle, ni plus convaincante et plus vivement reprenante que celle de Jésus-Christ, BOSS. *Élévat. sur myst.* XVIII, 13.

RESSOURCE. *Ajoutez :* || 5e Terme de fauconnerie. Synonyme de remontée, en parlant de l'oiseau, MAREY, *la Machine animale*, 1873, p. 229.

RETENIR || 7e *Ajoutez :* || Garder un chef d'accusation contre un accusé. S'il est vrai qu'à l'égard de ces nombreux sinistres, les preuves ne sont pas suffisantes pour servir de base à une accusation, et s'il convient de ne retenir contre C.... que l'incendie allumé chez M. B...., *Gaz. des Trib.* 6 sept. 1877, p. 864, 3e col. M. le président : Messieurs les jurés, ce fait n'est pas retenu ; seulement il était nécessaire de montrer que l'accusé se trouvait toujours près des foyers de l'incendie, *ib.* 4e col. Il nie s'être rendu coupable d'un autre vol,.... vol qui n'est pas retenu à sa charge par l'arrêt de renvoi...., *ib.* 8 sept. 1877, p. 872, 3e col.

† **RÉTRÉCISSANT, ANTE** (ré-tré-si-san, san-t'), *adj.* Qui rétrécit, qui rend étroits l'esprit ou le cœur. Le danger était qu'avec tant de vertus acquises, de pensées de mortification, une piété sincère, mais rétrécissante [chez le duc de Bourgogne], on se trouvât n'avoir sur le trône, en fin de compte, qu'un séminariste couronné, SAINTE-BEUVE, *Nouv. lundis*, t. II, p. 140, 1864 (*Louis XIV et le duc de Bourgogne*).

† **RHÉOSTATIQUE** (ré-o-sta-ti-k'), *adj.* Qui a rapport au rhéostat (voy. ce mot au Dictionnaire) Machine rhéostatique, *Journ. offic.* 10 nov. 1877, p. 7367, 3e col.

† **RHÉTORIQUEUR** (ré-to-ri-keur), *s. m.* Celui qui fait de la rhétorique, qui tient des discours vains et pompeux. C'est ainsi qu'on parle (n'en déplaise aux rhétoriqueurs), quand on est dans le vrai des choses et qu'on ne marchande pas, SAINTE-BEUVE, *Nouv. lundis*, t. I (*Mme de Sévigné*).

— HIST. XVe s. Orateurs grans rhetoriqueurs, Garnis de langues esclatantes, COQUILLART, *les Droits nouveaux*. || XVIe s. Or ay-je depuis experimenté ce qu'auparavant j'avoy' assez preveu, c'est que d'un tel œuvre [Defense de la langue françoise] je ne rapporteroy' jamais favorable jugement de nos rhetoriqueurs françois, J. DUBELLAY, *Œuvres*, Paris, 1569, *Epistre au lecteur*, p. 3, verso.

— ÉTYM. Mot fait comme s'il y avait un verbe *rhétoriquer*, tiré de *rhétorique*.

† **RIVEUSE** (ri-veû-z'), *s. f.* Riveuse de bottines, ouvrière qui rive les clous des bottines, *Gaz. des Trib.* 8-9 oct. 1877, p. 977, 2e col.

† **ROUPIOU** (rou-piou), *s. m.* Dans les hôpitaux de Paris, étudiant en médecine qui remplace bénévolement un externe dans son service. M. Sainte-Beuve racontait au jeune docteur Grenier.... qu'il avait eu l'honneur d'être roupiou sous Dupuytren, SAINTE-BEUVE, *Nouv. lundis*, t. XIII (*Ma biographie*, en note).

† **RUINE-MAISON** (ru-i-ne-mê-zon), *s. m.* Homme dépensier, qui ruine une maison. Dire que j'ai retiré cinquante francs de ma pauvre caisse d'épargne pour les prêter à ce ruine-maison, CH. DE BERNARD, *les Ailes d'Icare*, II, 9. || *Au plur.* Des ruine-maisons.

S

SABREUR. *Ajoutez :* || 2e Nom donné, en Provence, au parti des princes durant la Fronde, à cause que le baron de Saint-Marc, premier consul d'Aix, venu à Paris, accusait de tiédeur les membres du parlement, et répétait à tout venant qu'il les sabrerait tous, *Revue hist.* t. V, p. 35.

SAUMURE. — ÉTYM. *Ajoutez : Saumure* vient directement du bas-lat. *salemoria*, qui manque dans Du Cange, et qui est dans un manuscrit du VIIe ou du VIIIe siècle (voy. *Rufus*, éd. Daremberg, p. 257).

† **SAUVABLE** (sô-va-bl'), *adj.* Qui peut être sauvé. On propose au gouvernement de Naples pour tendre au pape une planche de salut, pour sauver ce qui est sauvable dans ce malheureux pouvoir temporel qui fuit de tous côtés comme un vase fêlé..., LE PRINCE NAPOLÉON, séance du Corps législatif, 1er mars 1861, *Moniteur*, n° 274.

† **SEMPITERNELLEMENT** au Supplément. *Ajoutez :* — HIST. XVIe s. Le moins de mon plus sera vous remercier; et, si les remerciemens doivent estre mesurez par l'affection des bien-facteurs, ce sera infiniement, sempiternellement, RAB. *Pant.* III 5. Nos docteurs signalent sempiternellement et à tous propos qu'il faut croire..., MARNIX DE ST ALDEGONDE, *Tableau des differends de la religion*, Bruxelles, 1857, II, p. 54.

† **SENSATIONISME** (san-sa-sio-ni-sm'), *s. m.* Philosophie de la sensation. Sainte-Beuve blâmait l'emploi du mot sensualisme pour désigner la doctrine de Condillac, quoiqu'il l'eût employé lui-même dans cette acceptation; il voulait qu'on dit sensationisme, parce que le mot sensualisme désigne une inclination et se prend en mauvaise part, CH. SECRÉTAN, *Discours laïques*, IV, Paris 1877.

† **SÉVIGNISTE** (sé-vi-gni-st'), *s. m.* Celui qui s'occupe de Mme de Sévigné et de ses lettres. M. Monmerqué, le sévigniste, d'aimable et sou-

rlante mémoire, SAINTE-BEUVE, *Nouv. lundis*, t. IV, *les frères Le Nain, par M. Champfleuri*).

† SHAKSPEARIEN, IENNE (chèk-spi-riin, riè-n'), *adj.* Qui appartient à Shakspeare, poëte dramatique anglais. C'est bien l'idée la plus contraire à l'original [*Hamlet*] et la plus antishakspearienne qui se puisse concevoir, SAINTE-BEUVE, *Nouv. lundis*, t. IV (*Ducis épistolaire*, I).

† SOCIALITAIRE (so-si-a-li-tê-r'), *adj.* Qui appartient à la socialité. || Particulièrement, qui appartient à la socialité universelle, ou mode d'association universelle. Son but [du docteur Dühring de Berlin] est d'établir dans le monde la socialité universelle ou la société socialitaire, V. CHERBULIEZ, *Rev. des Deux-Mondes*, 1er septembre, 1877.

† STÉARINER (sté-a-ri-né), *v. a.* Enduire de stéarine. || Plâtre ou buste stéariné, celui qu'on a enduit de stéarine, ce qui lui donne l'aspect du marbre.

† STOÏCISER (sto-i-si-zé), *v. n.* Incliner vers les doctrines stoïciennes. Cet ouvrage [le Περὶ κόσμου, attribué à Aristote] doit être d'un péripatéticien stoïcisant, *la Philosophie des Grecs*, par Zeller, trad. par Boutroux, Paris, 1877, t. I, p. 34.

† STRANGULÉ, ÉE (stran-gu-lé, lée), *adj.* Mot forgé du latin. Qui est en strangulation. || Fig. Il [Soulary] vous met en quatorze vers [un sonnet], symétriquement contournés et strangulés, des mondes de pensées, de passions et de boutades, SAINTE-BEUVE, *Nouv. lundis*, t. III, p. 342, Paris, 1870 (*les Poëtes français*).

† STRIGILAIRE (stri-ji-lê-r'), *s. m.* Terme d'antiquité. Celui qui raclait avec la strigile le corps des baigneurs, *Gaz. des Trib.* 23 mars 1877, p. 285, 2e col.

— ÉTYM. Lat. *strigilarius* (voy. STRIGILE).

T

† TAURIDES (tô-ri-d'), *s. f. plur.* Terme d'astronomie. Étoiles filantes (avec un T majuscule) qui paraissent partir de la région du ciel où est la constellation du Taureau.

TAVELÉ. *Ajoutez :* || Terme de jardinage. Marqué de tavelures (voy. ci-dessous). Poires tavelées, scions tavelés, *Acad. des sc. Comptes rend.* t. LXXXV, p. 910.

TAVELURE. *Ajoutez :* || 2° Nom donné par les jardiniers des environs de Paris à des taches noires qui envahissent certaines poires et les branches de ces poiriers, et précèdent la formation de crevasses, *Acad. des sc. Comptes rend.* t. LXXXV, p. 910. Les tavelures sont dues à la destruction des cellules superficielles des fruits par le *cladosporium dendriticum*, petit champignon parasite, *ib.*

† TECHNOLOGISTE (tè-kno-lo-ji-st'), *s. m.* Celui qui s'occupe de technologie, ALLAIRE, *Acad. des sc. Comptes rend.* t. LXXXV, p. 931.

† TERRAGEAU (tè-ra-jô), *s. m.* Terme de droit féodal. Seigneur auquel appartient le droit de terrage, DE FERRIÈRE, *Dict. de droit et de pratique*, verbo, 1779.

— ÉTYM. Voy. TERRAGE 1 au Dictionnaire.

† TERRAGIER (tè-ra-jié), *s. m.* Terme de droit féodal. Celui qui possède une terre sujette au droit de terrage, DE FERRIÈRE, *Dict. de droit et de pratique*, verbo, 1779.

— ÉTYM. Voy. TERRAGE 1 au Dictionnaire.

† TERRORISER. *Ajoutez :* — REM. On emploie quelquefois présentement terroriser au lieu de terrifier, comme dans cet exemple-ci : La mort de l'ouvrier a été causée, non pas par le coup détonant, mais par la chute qu'il a faite en reculant, terrorisé, sur le bord d'une chaudière, *le XIXe siècle*, 3 nov. 1877, 4e p. 2e col. Cela n'est pas bon. Terroriser veut dire non terrifier, mais établir le terrorisme, le règne de la terreur.

† TÉTRIQUE (té-tri-k'), *adj.* Mot forgé du latin. Qui a le visage, l'humeur sombre et sévère. Le tétrique Feramus [auteur d'un poëme intitulé Ημέρα], qui d'ailleurs était grand poëte, l'ABBÉ DE MAROLLES, *Épître en tête de sa traduction du livre d'Ovide contre Ibis*, Paris, 1661.

— ÉTYM. Lat. *tetricus*, de *teter*, noir, sale, sombre.

† THÉOPHORE au Supplément. *Ajoutez :* || Nom que prirent les chrétiens en quelques contrées. On lui [à saint Ignace] trouva le nom de Jésus-Christ gravé sur le cœur en caractères d'or; et c'est de là que les chrétiens prirent en quelques endroits le nom de théophores, qu'Ignace s'était donné à lui-même, VOLT. *Dict. phil.* art. *Eglise* (*des martyrs de l'Église*).

TOURNÉ. *Ajoutez :* || 1° La main tournée, en un tour de main, en aussi peu de temps qu'il en faut pour tourner la main. Ils déclarent qu'il était parfois vif et emporté avec ses camarades, mais que, une fois la main tournée, il n'y paraissait plus, *Gaz. des Tribunaux* 14 avril 1877, p. 360, 1re col.

† TRAHISSANT, ANTE (tra-i-san, san-t'), *adj.* Qui trahit, qui dévoile. On connaîtrait mal le duc de Bourgogne et ce naturel étrange, même quand on prête l'oreille de très-près aux paroles de Fénelon, si l'on n'avait en face ce formidable et trahissant témoin, Saint-Simon, SAINTE-BEUVE, *Nouv. lundis*, t. II, p. 113, 1864 (*Louis XIV et le duc de Bourgogne*).

† TRANSMÉDITERRANÉEN, ENNE (tran-smé-di-tèr-ra-né-in, è-n'), *adj.* Qui est situé au delà de la Méditerranée. La France transméditerranéenne, l'Algérie.

V

† VERNIÈRE (vèr-niè-r'), *s. f.* Lieu planté de vernes. Aunaies ou vernières et autres genres de bois qui s'édifient dans des terreins et lieux marécageux, DE FRÉMINVILLE, *Pratique des terriers*, 1777, t. V, p. 631.

† VERTICILLAIRE (vèr-ti-sil-lè-r'), *adj.* Qui s'élève en haut, vers le sommet. Stahl dit que le phlogistique n'est chaleur qu'en raison d'un mouvement modéré qu'il a reçu de l'air, ou lumière si ce mouvement est rapide et verticillaire, CHEVREUL, *Acad. des sc. Comptes rendus*, t. LXXXV, p. 879.

— ÉTYM. *Verticille*.

† VIF-GAGE (vif-ga-j'), *s. m.* Terme de droit. Gage qui s'acquitte lui-même et dont le créancier prend les fruits en payement de sa dette.

— HIST. XVIe S. Il y a deux sortes de gages, vif et mort; vif gage et qui s'acquitte de ses issues; mort gage, qui de rien ne s'acquitte, LOISEL, *Institutes coutumières*, éd. de 1783, t. II, p. 91.

NOTES TARDIVES

† CALABROIS (ka-la-broi), *s. m.* Auteur d'un traité du jeu d'échecs. J'achète un échiquier, j'achète le Calabrois, je m'enferme dans ma chambre, J. J. ROUSS. *Conf.* V. — ÉTYM. Ital. *il Calabrese*, l'homme de la Calabre, surnom de Gioachino Greco, fameux joueur d'échecs de la fin du XVIIe siècle; son traité des échecs, composé en italien, a été traduit en français et réimprimé un très-grand nombre de fois, entre autres en 1848 (L. Lalanne).

CLERC au Supplément. — REM. Pas de clerc se dit en anglais *clerical oversight*; mais cette expression ne signifie pas manquement d'homme du clergé, sens que la remarque lui attribue. M. Ewkilchin, d'Oxford, nous apprend qu'il y a là une particularité anglaise appartenant à l'imprimerie. L'imprimerie commença en Angleterre dans une *chapelle* à Westminster, sous les soins de Caxton; de là les associations d'imprimeurs se nomment en anglais *chapels*, et retiennent tous les noms empruntés à la vie mi-cléricale. *A clerical oversight* est une erreur de la *chapelle*, c'est-à-dire commise par le compositeur ou par le lecteur d'épreuve, et n'a aucune relation aux ministres de la religion.

DATIF. *Ajoutez :* || 2° Il s'emploie adjectivement. Le cas datif. Le grave [accent] est un petit tiret qui se met sur les voyelles et particulièrement sur l'article datif *à*, *Cahiers de remarques de l'Académie française sur l'orthographe*, publiés par Ch. Marty-Laveaux, 1863.

DÉCRIRE. *Ajoutez :* || 4° Il a été employé au XVIIe siècle dans le sens de recopier. J'ai à présent plus de cinq à six mains de papier d'*Origines françoises;* quand j'aurai plus de loisir, je vous en décrirai une ou deux lettres, pour vous faire voir de quelle façon je m'y prends, MÉNAGE, *Lettre à Nublé*, 16 mars 1646. Pardonnez-moi les ratures que je fais à tout bout de champ dans mes lettres, qui m'embarrasseraient fort, s'il fallait que je les décrivisse, BOILEAU, *Lettre à Brossette*, 10 nov. 1699.

2. ÉCHAUDÉ. *Ajoutez :* || 2° Nom donné autrefois à une masse ou île de maisons de figure triangulaire; et l'on appelait indifféremment rue de l'Échaudé celle qui faisait la base où un des côtés de ce triangle, JAILLOT, *Recherches sur Paris, Quartier du Palais-Royal*, p. 60, Paris, 1775.

ÉVERTUER (S'). *Ajoutez :* || 2° Activement, donner de l'action, de l'effort. Il [Gœthe] y aurait appris peut-être à s'émouvoir un peu et à évertuer sa nature noble et digne, SAINTE-BEUVE, *Nouv. lundis*, t. III, p. 205, Paris, 1870 (*Entretiens de Gœthe et d'Eckermann*). || C'est un archaïsme, très-acceptable d'ailleurs; voyez-en un exemple d'Amyot à l'historique d'ÉVERTUER.

FIN DES ADDITIONS

DICTIONNAIRE ÉTYMOLOGIQUE

DES

MOTS D'ORIGINE ORIENTALE

(ARABE, HÉBREUX, PERSAN, TURC, MALAIS).

PRÉFACE.

Sous le nom de langues orientales, on doit comprendre tous les idiomes de l'Asie, depuis l'arabe et le turc, parlés sur les côtes méditerranéennes, jusqu'au chinois et au japonais qui touchent au Grand Océan. On y peut joindre le groupe des idiomes océaniens, dont le malais est le type le plus répandu. Grâce à l'humeur voyageuse de l'Européen, poussé par la curiosité scientifique ou par les besoins du commerce, il n'est peut-être pas une de ces langues, jusqu'au dialecte le plus ignoré du massif altaïque, qui n'ait glissé quelque mot dans nos vocabulaires. Un dictionnaire vraiment complet de tous les termes français d'origine orientale devrait donc toucher, par quelque point, à la presque totalité des langages qui se rencontrent à l'est de l'Europe, depuis le 25e méridien jusqu'au 180e, c'est-à-dire sur près de la moitié de la surface terrestre.

En entreprenant le présent ouvrage, nous n'avions garde de nous essayer à une œuvre d'une telle étendue et si fort au-dessus de notre compétence. *Ne sutor ultra crepidam,* dit le plus sage des proverbes. Le groupe embrassé dans ce livre ne comprend que des langues musulmanes, l'arabe, le persan, le turc et le malais (avec le javanais). On y a joint l'hébreu, langue sœur de l'arabe. A vrai dire, si l'on ajoutait à notre recueil les mots d'origine chinoise, japonaise, siamoise, hindoue, etc. que nous avons été forcés d'omettre, le volume n'en serait pas notablement grossi. Peut-être même la plupart des termes de cette catégorie s'y rencontrent-ils comme nous étant parvenus par l'intermédiaire des Arabes qui fréquentaient les mers de la Chine plusieurs siècles avant les voyages de Marco Polo, ou bien par le malais qui, dans l'extrême Orient, joue, comme on sait, le même rôle que la langue franque aux Échelles du Levant, et sert aux échanges commerciaux entre toutes les nations du globe attirées par l'appât du lucre en ces lointaines et riches contrées.

Quoique neuf en divers points, ce travail n'est pas le premier auquel ait donné lieu la recherche des éléments orientaux introduits dans notre vocabulaire. Outre les publications assez nombreuses de savants étrangers tels que Cobarruvias, Sousa, Marina, Moura, Diez, Müller, Mahn, Narducci, etc. qui, sans s'occuper spécialement du français, ont cependant éclairci bien des faits touchant l'origine arabe d'un certain nombre de nos vocables, nous avons en notre langue un ouvrage, dans lequel, sur la foi du titre, on pourrait espérer trouver tout ce qui se rapporte à ce genre de recherches. La première édition du *Dictionnaire étymologique des mots français dérivés de l'arabe, du persan et du turc,* par M. Pihan (1847), avait attiré l'indulgente attention du savant Ét. Quatremère; la seconde, qui est de 1866, a été examinée, avec une bienveillance un peu plus sévère peut-être, par M. Defrémery, si compétent en ces matières. Je ne m'arrêterai pas à refaire la critique de cette œuvre qui, en dehors des questions étymologiques, offre quelques renseignements utiles et des rapprochements curieux.

Un livre d'une tout autre portée, écrit aussi en français, quoique l'auteur appartienne à une nation étrangère, est le *Glossaire des mots espagnols et portugais dérivés de l'arabe,* par M. Engelmann, accru dans une forte proportion et largement amélioré par M. Dozy, le savant professeur de Leyde. Le nombre considérable des mots qui nous sont venus de l'arabe par l'intermédiaire des langues hispaniques, ou qui, en tout cas, nous sont communs avec ces idiomes, fait du glossaire de M. Dozy un ouvrage presque aussi utile à nos philologues qu'à ceux de la Péninsule. Néanmoins, il ne saurait suffire pour la langue française qui a reçu bien des mots de même provenance par d'autres canaux que l'espagnol et le portugais. D'ailleurs, cet ouvrage, plein de science et de saine critique, honoré même des suffrages de l'Institut, ne sort pas du domaine de la langue arabe et ne s'occupe pas des autres langues de l'Orient.

Il est vrai que, parmi ces langues, l'arabe seul a eu une influence vraiment sensible sur notre vocabulaire, influence médiocre assurément, cependant plus notable que certains lexicologues ne consentent à l'admettre. Il y a chez ces linguistes une sorte de répugnance à accepter une étymologie arabe pour tout mot qui ne désigne pas un objet spécial à l'Orient. Ils oublient trop que, malgré l'hostilité religieuse et la différence des races, une langue qui, pendant plusieurs siècles, a dominé sur le bassin méditerranéen, une langue dans laquelle, mieux qu'en toute autre, s'écrivaient et s'enseignaient les principales sciences au moyen âge, ne pouvait manquer d'introduire chez les nations voisines, inférieures en bien des points, un bon nombre de mots, acceptés dans les arts et même dans la langue courante.

Il serait superflu de refaire ici l'histoire des relations de l'Occident chrétien et de l'Orient musulman, de parler des échanges commerciaux, des croisades, de la longue domination des Maures en Espagne, de la conquête de la Sicile, de l'occupation d'un lambeau de la France méridionale par les sectateurs de l'Islam; il n'est pas nécessaire de rappeler le rôle joué dans l'enseignement de toute l'Europe par les universités arabes de Séville, de Tolède, de Grenade, de Cordoue[1], la diffusion soit directe, soit par traductions latines, des livres arabes de mathématiques, d'astronomie, de médecine, d'alchimie. Ce sont des faits connus de tous et qui justifient pleinement la recherche, dans l'arabe, de toute étymologie française, dont le latin, le germanique, le celtique ne peuvent rendre compte.

Ces recherches, à vrai dire, sont parfois bien scabreuses. La richesse, ou plutôt le chaos, je ne dis pas de la langue, mais des lexiques arabes, dans lesquels, suivant le mot très-juste de l'auteur de l'*Histoire des langues sémitiques*, on peut avec quelque bonne volonté trouver tout ce qu'on désire; cette surabondance détestable de termes aux significations vagues et contradictoires qui, au fond et à y regarder de près, n'existe pas plus en arabe qu'en toute autre langue et nous semble due surtout au désir qu'éprouve tout lexicographe de grossir son recueil; enfin cette profusion de prétendus synonymes, plus apparente que réelle, sont, pour l'étymologiste qui abuse du dictionnaire, un piége sans cesse tendu dont il ne sait pas toujours se garder. L'analogie plus ou moins forcée de son et de sens, trop facile à rencontrer lorsqu'on veut établir une étymologie à l'aide des seuls lexiques, conduit à des assimilations souvent aussi trompeuses que séduisantes.

Nous n'avons pas ici, pour nous guider, cet ensemble de règles phonétiques, si parfaitement établi pour les langues romanes que, d'un mot français donné, on peut, presque à coup sûr, remonter à son prototype latin. MM. Engelmann et Dozy, s'occupant du passage de l'arabe à l'espagnol, ont pu essayer, non

[1] On peut voir à ce sujet l'*Histoire des sciences naturelles au moyen âge*, par F. A. Pouchet. Voyez aussi les *Recherches* de M. Jourdain *sur les traductions d'Aristote*, et l'*Histoire de la médecine arabe*, par le docteur Leclerc (1876).

sans succès, de donner des règles du même genre appropriées à leur sujet. Le grand nombre des mots passés du premier de ces idiomes dans le second, grâce au contact prolongé des deux races, a permis de reconnaître quelques principes d'équivalence très-propres à éclairer dans le cas des étymologies douteuses.

En français, il faut le dire, un travail pareil serait bien difficile et ne pourrait, ce semble, conduire à aucun résultat positif. Outre que le nombre des mots qui permettraient la comparaison est beaucoup plus restreint, car on ne devrait pas faire usage de ceux qui nous sont venus indirectement par les autres langues romanes, n'oublions pas qu'il n'y a jamais eu, entre les Français et les Musulmans, des rapports d'une persistance suffisante pour façonner l'oreille et la bouche de nos pères à un système régulier de traduction vocale.

Dans le français, des expressions telles que *candorille* pour *cantharide*, *colichemarde* pour *Kœnigsmark*, sont des bizarreries assez rares tant qu'il s'agit d'emprunts au latin, au grec et même au germanique. Ces altérations extraordinaires sont au contraire fréquentes pour les mots empruntés à l'arabe. Qui reconnaîtrait au premier abord les noms propres de *Chems-eddin*, *Nasr-eddin*, *Kheir-eddin*, sous les formes étrangement défigurées de *Sensadonias*, *Noscardin*, *Hariadan*, que nous transmettent les anciens chroniqueurs?

Nos mots d'origine latine se groupent en deux classes bien distinctes : d'une part les termes de formation populaire, reçus par l'oreille, altérés suivant certaines lois phonétiques par les organes vocaux, écrits ensuite d'après leur nouveau son; d'autre part, les mots dits de formation savante, calqués sur les vocables latins, sans égard à la prononciation déjà oubliée. Si, pour les mots d'origine arabe, on veut faire une distinction du même genre, peut-être croira-t-on que ceux de la seconde classe, termes scientifiques empruntés aux livres plus qu'à l'enseignement oral, et simplement transcrits en caractères latins, n'ont dû subir aucune altération comparable à celles que nous venons de citer. Cela est vrai en bien des cas. Mais la diversité des deux systèmes graphiques est de telle nature que les transcripteurs embarrassés, essayant toutes les façons de rendre les articulations inconnues à leur propre langue, arrivent à nous transmettre de l'original arabe des copies presque méconnaissables.

Ajoutons que, pour des termes rarement et difficilement prononcés, les erreurs de copistes sont fréquentes; le *t* et le *c*, l'*n* et l'*u*, le groupe *ni* et la lettre *m*, se mettent l'un pour l'autre à tort et à travers, et donnent lieu à des multiplicités de formes que plus tard, après l'invention de l'imprimerie, les éditeurs ont reproduites sans critique et définitivement fixées dans la langue. C'est ainsi, pour en donner un seul exemple, que l'*Astronomie* de Lalande, parlant de l'étoile de première grandeur ordinairement appelée *Fomalhaut* (en arabe, *foum-al-haout*, la bouche du poisson), cite cinq à six formes de ce nom prises dans divers auteurs, telles que *fomahana*, *fumahant*, *fomahaut*, *fontabant*, *fomolcuti*, etc.

Pour établir l'origine arabe d'un mot français, il faudrait donc s'attacher surtout à connaître l'histoire de ce mot, en observer les diverses formes, l'étudier dans les autres langues romanes, l'atteindre aussi loin que possible dans son passé, et s'assurer de la route qu'il a pu suivre pour venir jusqu'à nous : travail plus aisé à prescrire qu'à exécuter.

Toutefois, cet examen est souvent facilité par la nature même des termes à considérer. Ceux-ci, en effet, appartiennent surtout aux sciences et aux arts; et lorsqu'une expression technique de sens bien défini, lorsqu'un nom de drogue, d'animal, de plante, de vêtement existe simultanément en français et en arabe, le problème se borne souvent à savoir dans laquelle des deux langues le vocable se rencontre le plus anciennement. Les dictionnaires arabes que nous possédons ne fournissent malheureusement que de rares indications sur l'âge des mots. Il y faut suppléer à l'aide de lexiques particuliers d'auteurs ou d'époques, œuvres rares, et par la lecture des écrivains arabes eux-mêmes. Heureux les étymologistes qui ont eu le loisir et les facultés nécessaires pour acquérir l'érudition d'un de Sacy, d'un Quatremère, d'un Dozy ou d'un Defrémery!

Les mots empruntés au turc sont bien loin d'offrir des difficultés étymologiques comparables à celles des mots qu'on veut rattacher à l'arabe. Soit que nous les ayons reçus directement par des compatriotes, soit que nous les devions à l'italien ou au grec moderne, les vocables fort peu nombreux pris par nous à la langue ottomane sont presque toujours aisément reconnaissables. Cet idiome, que l'alphabet arabe transcrit si mal, n'a rien qui puisse surprendre l'oreille ni gêner l'organe vocal d'un français. La transcription en était facile en caractères latins.

Autant en dirons-nous des mots venus directement du persan, langue d'ailleurs parente des nôtres. Mais c'est par l'arabe ou par le turc que la plupart nous ont été transmis; les relations commerciales ou diplomatiques, les voyageurs des trois derniers siècles nous ont apporté les autres. Quelques-uns arrivent de l'Inde où les premiers navigateurs européens trouvèrent, au XVIe siècle, la langue persane établie, comme langue officielle, à la cour du Grand Mogol.

Quant au malais, langue sonore et facile à prononcer, les termes qu'il nous a fournis ont généralement été transcrits avec une suffisante exactitude, et ne peuvent guère donner lieu à des erreurs d'origine. On en compte une cinquantaine, dont deux ou trois seulement n'appartiennent pas au vocabulaire de l'histoire naturelle.

Enfin l'hébreu, qui n'a jamais été pour nous une langue parlée, n'a pu nous donner qu'un petit nombre de termes de pure érudition, environ une quarantaine, littéralement copiés sur le vocable sémitique, ou bien empruntés à la Bible par l'intermédiaire du grec des Septante et du latin de saint Jérôme. Si quelques mots hébreux sont occasionnellement cités ici pour des vocables de la langue courante, c'est seulement à l'appui d'une origine arabe et pour démontrer l'ancienneté du terme dans les langues sémitiques.

Le grec et le latin classique avaient eux-mêmes fait des emprunts aux idiomes orientaux. On ne trouvera pas ici les mots qui nous sont venus par ce double canal; car nous n'avons pas cru devoir, en général, dans nos explications étymologiques, remonter au delà de la langue qui a fourni au français le mot considéré, à moins que cette langue ne fût une de ses trois sœurs romanes des deux Péninsules. Rechercher l'origine antérieure d'un terme grec, latin, arabe, persan ou océanien, c'est une étude dont nous reconnaissons le très-vif intérêt, mais qui était absolument étrangère au plan du présent ouvrage[1].

Telle quelle, notre tâche était suffisante; et le présent volume, nous l'avouons en toute humilité, n'a pas laissé de nous coûter un long et persévérant travail. Prenant pour base les publications de nos devanciers, nous y avons joint les résultats de nos recherches personnelles pendant plusieurs années. Aussi trouvera-t-on dans ce dictionnaire plus de cent articles sur des mots dont l'origine orientale n'avait jamais été établie : les uns peu connus, comme *alizari*, *auffe*, *alquifoux*, *bédégar*, *cuine*, *chébule*, *nizeré*, *gamache*, *orcanète*, etc.; d'autres plus généralement usités, tels que *épinard*, *estragon*, *fardeau*, *gâche*, *moise*, *moire*, *houle*, *mortaise*, etc. Nous avons combattu ou confirmé, à l'aide d'arguments nouveaux, les hypothèses précédemment

[1] Les noms arabes de plantes, de drogues, etc. sont souvent d'origine hindoue. Pour n'en citer qu'un exemple, en expliquant l'origine d'*alkermès* par l'arabe *al-kirmiz*, nous aurions pu rapprocher celui-ci du sanscrit *kṛmis* (lat. *vermis* pour *quermis*) et montrer ainsi la parenté de nos deux mots *ver* et *cramoisi*; mais cela nous eût entraîné sur un terrain que nous désirions ne pas aborder, et pour cause.

émises sur des termes comme *artichaut, arsenal, avanie, avarie, caraque, escarpin, nuque, siroc,* etc. L'examen de quelques ouvrages scientifiques arabes, dont les traductions latines étaient fort répandues au moyen âge, mais dont le texte arabe n'a jamais été publié, notamment le grand traité de médecine de Razi (Rhasès) et le traité d'alchimie de Geber, nous a permis d'établir avec certitude l'existence, chez les Arabes, de divers noms de plantes, de drogues, d'instruments, qui manquent dans les dictionnaires classiques, ou dont l'authenticité restait douteuse; nous avons pu reconnaître ainsi l'origine orientale d'un certain nombre de termes de cette espèce, et nous expliquer par quelle voie ils avaient pris pied chez nous.

En résumé, le nouveau dictionnaire comprend environ sept cents articles. Le nombre des mots français dont l'origine y est recherchée s'élève à près de mille, dont les trois quarts, quelle qu'en soit l'origine première, nous sont venus par l'arabe avec ou sans l'intermédiaire des langues hispaniques, du provençal et de l'italien. Presque toujours, à côté du mot français, on trouvera les termes congénères des autres langues romanes, suivant l'excellent exemple donné par M. Littré, procédé de comparaison grâce auquel un travail spécialement fait en vue du français peut néanmoins offrir quelque utilité pour l'étude étymologique de ces autres idiomes. Un double index, très-complet, des mots européens et des mots orientaux, placé à la fin du volume, favorisera les recherches, même pour un grand nombre de termes français qui ne figurent point à leur ordre alphabétique.

Quelques personnes nous reprocheront peut-être d'avoir grossi notre liste de mots absolument étrangers à la langue courante, de noms d'étoiles, comme *Bételgeuse, Enif, Thuban, Wéga,* de noms de plantes ou d'animaux comme *alvarde, alhagée, harmale, ketmie, argan, zéen, jubarte,* etc. D'autres, au contraire, regretteront de n'y pas trouver beaucoup de ces termes orientaux qui abondent dans maintes relations de voyageurs amoureux de couleur locale. Sans prétendre vanter l'utilité de nos additions ni blâmer ceux qui voudraient les accroître, nous dirons seulement que, forcé de nous limiter sous peine de transformer ce livre en dictionnaire oriental, nous avions pris pour règle presque absolue de nous en tenir aux termes relevés dans les dictionnaires français les plus répandus, tels que ceux de Littré, Boiste, Bescherelle et dans le *Dictionnaire des sciences* de Bouillet.

On trouvera cependant, groupés sous les titres Alchimie et Astronomie, un assez grand nombre de termes appartenant à ces deux sciences, jadis usités, mais que les dictionnaires modernes ont généralement rejetés.

Bien que nous ayons mis tous nos soins à n'oublier aucun vocable français dont l'origine arabe, turque, persane, hébraïque ou malaise nous ait paru assurée ou probable, il est possible que plus d'un nous ait échappé. Sans doute aussi nos affirmations et nos hypothèses ne paraîtront pas toutes exemptes d'erreur. Nous accueillerons avec satisfaction et reconnaissance les critiques, les corrections, les observations de toute nature, auxquelles notre travail pourra donner lieu.

Nous devons déjà des remercîments à plusieurs savants orientalistes, notamment à M. Defrémery, professeur au Collége de France, à M. Baudry, conservateur à la Bibliothèque Mazarine, à M. Carrière, répétiteur à l'École des Hautes Études, qui, sur plusieurs points, ont bien voulu nous communiquer d'excellentes remarques ou nous fournir d'utiles indications. Je dois beaucoup aussi à la grande érudition médicale de mon regretté frère, le docteur O. Devic, qu'une mort prématurée a surpris au milieu de ses recherches touchant l'histoire de la médecine et des sciences naturelles. Mon travail, malheureusement, était encore fort peu avancé, lorsque j'ai été privé de sa précieuse collaboration. Avec son secours peut-être eussé-je mieux réussi à satisfaire au vœu exprimé par Zamakhschari en ces quatre lignes rimées que nous avons prises pour épigraphe, bien qu'elles s'appliquent, dans la pensée du pieux écrivain arabe, à une science moins profane que l'étymologie :

لم ار فرسى رهان مثل الحقّ والبرهان
لله درّهما متخاصرين ولا عدمتهما من متناصرين

Ce que M. Barbier de Meynard rend ainsi, dans son élégante traduction des *Colliers d'or* : « Je n'ai jamais vu deux coursiers marcher d'un pas aussi égal que la Vérité et la Science de l'argumentation. Oh ! les belles compagnes, puisses-tu les avoir toujours pour auxiliaires ! »

SYSTÈME ADOPTÉ DANS CET OUVRAGE POUR LA TRANSCRIPTION DES MOTS ORIENTAUX EN CARACTÈRES LATINS.

Le système de transcription marqué dans le tableau ci-joint est des plus simples. Loin de prétendre à réaliser une représentation rigoureusement exacte des termes arabes et autres, chose difficile et d'ailleurs peu nécessaire ici, puisque chaque mot y figure avec ses caractères originaux, on a voulu seulement en marquer approximativement la prononciation, pour les personnes étrangères aux langues orientales, en conservant aux lettres de l'alphabet français leur valeur ordinaire. Peu de remarques sont nécessaires : *ch* représente l'articulation qui est dans *char*, *gn* celle qu'on a dans *agneau*; *s* a toujours le son de notre *s* initial, jamais celui de *z*; *g* est toujours dur, même devant *e*, *i*; *q* a un son guttural qui le différencie de *k*; *gh* est un *g* dur en turc, et une sorte de *r* grasseyé en arabe; *kh* figure assez mal une articulation du gosier inconnue aux Français. Quatre lettres portent un point dessous, *ḥ*, *ṣ*, *ḍ*, *ṭ*. La première marque un *h* fortement aspiré; les trois autres correspondent à des prononciations emphatiques de *s*, *d*, *t*, particulières à l'arabe. Pour les deux dernières, cette emphase intraduisible a parfois introduit un *l* dans les dérivés hispaniques, et les Malais les prononcent *dl*, *tl*. Même remarque pour le *ṭh* ou *ẓ*. Ajoutons enfin que l'apostrophe marque une articulation de la gorge exclusivement propre aux idiomes sémitiques, et qui disparaît presque toujours dans le passage des mots arabes à d'autres langues.

Hébreu.	Arabe.	Transcription.	Hébreu.	Arabe.	Transcription.	Hébreu.	Arabe.	Transcription.
א	ا	*a*, *ā*, *e*, *ē*	ז	ز	*z*	פ	ڤ	*p*
ב	ب	*b*		ژ	*j*	ק	ق	*q*
	پ	*p*	ש, ס	س	*s*		ڨ	*g*
ת	ت	*t*	ש	ش	*ch*	כ	ك	*k*
ת	ث	*th*		ص	*ṣ*		گ	*g*
	ج	*dj*		ض	*ḍ*		ڭ turc	*n*
ג		*g*	צ		*ts*	ל	ل	*l*
	چ	*tch*	ט	ط	*ṭ*	מ	م	*m*
ח	ح	*ḥ*		ظ	*ṭh*, *ẓ*	נ	ن	*n*
	خ	*kh*	ע	ع	' (apostrophe)		ڽ	*gn*
ד	د	*d*		غ	*gh*	ו	و	*o*, *ou*, *ō*, *oū*, *w*, *v*
	ذ	*dh*		ڠ	*ng*	ה	ه	*h*
ר	ر	*r*	פ	ف	*f*	י	ى	*i*, *ī*, *y*

TITRES DES PRINCIPAUX DICTIONNAIRES CITÉS.

ALCALA (PEDRO DE). *Vocabulista aravigo en letra castillana.* Grenade, 1505.

BESCHERELLE. *Dictionnaire national.* Paris, 1849.

BOCTHOR et CAUSSIN DE PERCEVAL. *Dictionnaire français-arabe.* 2ᵉ éd. Paris, 1848.

BOUILLET. *Dictionnaire universel des sciences, des lettres et des arts,* 10ᵉ éd. Paris, 1872.

CHERBONNEAU. *Dictionnaire français-arabe,* pour la conversation en Algérie. Paris, 1872. — *Dictionnaire arabe-français.* Paris, 1876.

CANGE (DU). *Glossarium mediæ et infimæ latinitatis.* Paris, 1840.

DÉTERVILLE. *Dictionnaire d'histoire naturelle.* Paris, 1816-1819.

DORVAULT. *Officine.* Paris, 1868.

DOZY et ENGELMANN. *Glossaire des mots espagnols et portugais dérivés de l'arabe.* 2ᵉ édition. Paris, 1869.

FABRICA LINGUÆ ARABICÆ, authore P. F. Dominico Germano de Silesia. Rome, 1639.
P. FAVRE (L'Abbé). *Dictionnaire malais-français.* Paris, 1875. — *Dictionnaire javanais-français.* Paris, 1870.
FREYTAG. *Lexicon arabico-latinum.* Hall, 1830-1835.
GAZOPHYLACIUM LINGUÆ PERSARUM, authore R. P. Angelo a S. Joseph. Amsterdam, 1684.
GESENIUS. *Lexicon hebraicum et chaldaicum.* Leipsig, 1833.
HANDJÉRI (Le prince ALEX.). *Dictionnaire français, arabe, persan et turc.* Moscou, 1840.
HERBELOT (D'). *Bibliothèque orientale.* Paris, 1697.
LACURNE DE SAINTE-PALAYE. *Glossaire français,* manuscrit de la Bibliothèque nationale.
LITTRÉ. *Dictionnaire de la langue française.* Paris, 1863-1872.
MARSDEN. *Dictionnaire malais-anglais.* Trad. Elout. Harlem, 1825.
MENINSKI. *Thesaurus linguarum orientalium, turcicæ, arabicæ, persicæ.* Vienne, 1680.
PAVET DE COURTEILLE. *Dictionnaire turk-oriental.* Paris, 1870.
PIHAN. *Dictionnaire des mots dérivés de l'arabe, du turc et du persan.* Paris, 1866.
RICHARDSON. *A dictionary persian, arabic and english.* Éd. Johnson. Londres, 1829.
RULAND (MARTIN). *Lexicon alchemiæ.* Francfort, 1612.
VULLERS. *Lexicon persico-latinum etymologicum.* Bonn, 1855-1864.

N. B. Plusieurs mots français dont l'étymologie est expliquée dans ce Dictionnaire n'y figurant point à leur ordre alphabétique, le lecteur est prié de consulter l'Index qui termine le volume.

Juillet 1876.

Cette nouvelle édition diffère de la première (in-octavo) en ce qu'on a introduit dans le corps de l'ouvrage les mots du supplément et de l'appendice. Quelques passages ont été légèrement modifiés, des fautes typographiques corrigées, des notes et deux ou trois mots aioutés (*sofia, sorbet, tohu-bohu*).

Décembre 1876.

DICTIONNAIRE ÉTYMOLOGIQUE

DES

MOTS D'ORIGINE ORIENTALE

(ARABE, HÉBREU, PERSAN, TURC, MALAIS).

A

Abelmosc. Esp. *abelmosco*, latin des botanistes *abelmoschus*. Cette plante (malvacée), appelée aussi *ketmie odorante*, vulgairement *ambrette* ou *graine musquée*, doit son nom à l'odeur de musc qu'exhalent ses semences, dont la parfumerie tire profit. C'est l'arabe حب المسك *habb el-misk*, littéralement *graine de musc*.

Abit. Ancien terme de chimie, le blanc de céruse. Si l'on remarque qu'en espagnol la céruse est *albayalde*, venant de l'arabe البياض *al-bayād*, la blancheur, que la même substance est quelquefois nommée par nos anciens alchimistes *baiac*, qui est le même mot sans l'article, et en leur latin *album*, on est conduit à regarder *abit* comme un autre dérivé de la même racine arabe, probablement l'adjectif ابيض *abiad*, blanc. Ce qui tend à confirmer ma conjecture, c'est qu'on trouve *aboit* comme synonyme d'*abit*; *aboit* paraît être une métathèse typographique pour *abiot*.

Aboumras. Sterne ou hirondelle de mer. «Le nom que l'on a conservé à cette espèce est celui qu'elle porte en Égypte. Elle arrive en troupes au Caire même, dès le commencement de janvier, et se tient sur les bords du canal de Trajan, où elle fait sa proie des petits poissons que le Nil y dépose, d'insectes aquatiques et d'autres immondices.» (Vieillot, *Dict. d'histoire naturelle*, t. XXXII, p. 178.) J'ignore comment il faut écrire ce nom en arabe. La première partie paraît être ابو *abou*, père; on sait que beaucoup de noms d'animaux commencent ainsi. Le grand ouvrage de la commission de l'Institut d'Égypte décrit plusieurs espèces de *sterne*, sans citer l'*aboumras*.

Abricot. La curieuse histoire de ce mot a été faite par Diez, Mahn, Dozy. Parti du latin *præcox*, précoce, passé chez les Grecs sous la forme *πραικόκκιον*, il a été adopté par les Arabes, qui en ont fait, avec l'article, البرقوق *al-barqoûq* ou *al-birqoûq*. Puis il est revenu dans les langues romanes : *albarcoque*, *alvarcoque*, *albaricoque*, *etc.* en espagnol ou en portugais; *albercocca*, *albicocca*[1], en italien; *aubricot*, *arbricot*, dans nos patois provinciaux; *abricot*, en français[2].

On peut être surpris qu'aucun étymologiste, pas même MM. Engelmann et Dozy, dans leur *Glossaire des mots espagnols et portugais dérivés de l'arabe*, n'ait songé à ranger à côté d'abricot le mot *alberge* et son correspondant *alberchigo*[3], sorte de pêche ou d'abricot, dont l'origine est certainement la même : *albirqoûq*, en accentuant la dernière syllabe, a donné *albaricoque* et *abricot;* en accentuant la pénultième, *alberchigo* (l'accent tonique est sur *ber*) et *alberge*. C'est ainsi, disais-je en présentant pour la première fois cette étymologie[4], que les doubles formes *cadi* et *alcade*, *khandjar* et *alfange*, proviennent d'un même terme différemment accentué. Mais *cadi* et *khandjar* sont de simples transcriptions de l'arabe, qu'on ne saurait invoquer ici. J'aime mieux m'appuyer sur l'exemple que m'a fourni M. Defrémery[5] : الفستق *al-fostoq*, pistache, est devenu en espagnol *alfostigo*, dont l'analogie avec *alberchigo* est évidente. On peut y joindre *alhondiga*, hôtellerie, de الفندق *al-fondouq*[6], et *albondiga*, boulette, de البندق *al-bondouq*.

M. Defrémery[7] a objecté contre mon étymologie la difficulté du changement de ق *q* en *ch* espagnol. Mais, dans les langues hispaniques mêmes, l'alternance de *ch* avec *q*

[1] Jean Bauhin donne en outre les formes *baccoche*, *albercocoli*. (*Histor. plantarum univers.*)

[2] Il est sans doute inutile de mentionner l'opinion de M. de Chevallet, qui tire directement abricot de *præcox*, par l'adjonction d'un *a* qu'il retrouve dans *avives*. (*Orig. et form. de la lang. fr.* t. II, p. 125.)

[3] On peut y joindre l'italien *albergese*, donné par Bauhin.

[4] *Revue de l'Instr. publ.* numéro du 25 janvier 1866, p. 677

[5] *Revue critique*, numéro du 26 décembre 1868, p. 408.

[6] Voy. plus loin Fonde.

[7] *Journ. asiat.*, mai-juin 1869, p. 531.

ou c dur n'est pas très-rare (*charabé = carabe, chirivia = alquirivia, alchimilla = alquimilla, alchimia = alquimia, etc.*). La difficulté serait peut-être aussi grande à admettre pour origine d'*alberchigo* le terme persan-arabe فرسق *firsiq* ou فرسك *firsik* (qui représente le grec περσιкός, en latin *persicus*, d'où notre *pêche*). Car on n'a guère d'exemple du changement de ف *f* en *b*. (Voy. cependant Cabas.)

Abutilon. Plante de la famille des malvacées. De l'arabe اوبوطيلون *auboûtîloûn*. C'est là du moins l'orthographe du mot dans l'Avicenne de Rome (p. 137). Mais les traducteurs transcrivent tous *abutilon*, et c'est aussi l'orthographe de Bauhin, qui parle de l'abutilon d'Avicenne et d'un *abutilon Indicum*. (*Hist. plant. univ.* t. II, p. 958 et suiv.)

Achars. Fruits, légumes, bourgeons confits dans le vinaigre, comme nos cornichons, ou dans d'autres préparations fortement épicées. C'est un condiment très-goûté dans l'archipel Indien, à Maurice, à l'île Bourbon, etc. On écrit aussi *achards* : « Les achards colorés par le safran. » (Simonin, *Voyage à l'île de la Réunion*[1].) Le *Dictionnaire* de Déterville écrit *atchar*, qui est la forme originelle. C'est le persan اچار *atchâr*, en malais اچر *atchar*. Je ne saurais dire quel est le sens primitif de ce mot, qui nous est venu, non de la Perse, mais des Indes.

Achernar ou Akharnar. Étoile brillante à l'extrémité de la constellation d'Éridan. Elle ne s'élève jamais sur l'horizon de Paris. C'est l'arabe اخر النهر *âkhir-an-nahr*, littéralement *l'extrémité du Fleuve*[2]. *An-nahr*, le fleuve, est le nom de cette constellation. L'étoile est une des quinze que l'astronome Alfergani (vulg. Alfraganus) compte comme étant de première grandeur : و منها فى برج الحمل الكوكب الذى فى اخر صورة النهر « parmi elles se trouve, dans le signe du Bélier, celle qui est à l'extrémité de la constellation du Fleuve. » (Édit. de Golius, p. 76.)

Achour. « Nom d'un impôt payé par les indigènes de l'Algérie au Gouvernement français. » (Littré, *Dict. Addit.*) C'est l'arabe عشور *'achoûr*, dîme, venant de عشر *'achar*, dix. Le mot *achour* n'est pas dans le *Diction. fr.-ar.* de M. Cherbonneau, qui, du reste, a laissé de côté un grand nombre des termes introduits chez nous par la conquête de l'Algérie.

Adène. Arbrisseau grimpant d'Arabie (*Adenia venenata*); en arabe عدن *'aden*.

Affion. Ancien terme de pharmacie: électuaire à base d'opium. De l'arabe افيون *afioûn*, qui représente le grec ὄπιον, opium.

Afrite. Sorte de mauvais génie dont il est question dans les récits orientaux. Le roi légendaire Tahmouras soutint une lutte gigantesque contre les Afrites ou Divs, qu'il chassa dans les mers et au fond des déserts. En arabe عفرية *'ifriya* ou عفريت *'if-ît*.

Aga. C'est le turc اغا *aghâ*, maître, seigneur, chef.

Aigrefin. C'était autrefois le nom d'une monnaie qui avait cours en France. En portugais, *xarafim*, *xerafim*, désigne une monnaie des Indes orientales, que Baumgarten, au commencement du xvie siècle, appelle en latin *seraphi*. C'est l'arabe-persan اشرفى *achrafî* « monetæ aureæ genus, valens vii reales hispanicos » (Vullers). Le mot semble formé de اشرف *achraf*, très-illustre, comme son synonyme اكبرى *akberî*, de اكبر *akbar*, très-grand. On peut voir sur le *xarafim* l'article du *Gloss.* de M. Dozy, p. 353, 354.

Si *aigrefin*, monnaie, vient de *achrafî*, il ne serait pas impossible que *aigrefin*, homme rusé, en vînt également; c'est par cette qualification de *très-illustres* que les Arabes désignaient les plus éminents philosophes. (Voy. D'Herbelot, *Bibliothèque orient.* au mot *aschrafioun*.)

Alambic. Esp. *alambique*, port. *lambique*, ital. *lambico*, de l'arabe الانبيق *al-anbîq*, venant du grec ἄμβιξ, vase à distiller, précédé de l'article arabe *al*.

Alancabuth. Terme d'astronomie. Partie de l'astrolabe. De l'arabe العنكبوت *al-'ankaboût*, dont le sens propre est *l'araignée*. L'alancabuth, en effet, rappelle assez bien l'idée d'une araignée posée sur sa toile (dont les fils sont figurés par le réseau des méridiens s'entre-croisant avec les parallèles). Voy. les fig. 47 et 54, dans le *Mémoire* de Sédillot *sur les instruments astronomiques des Arabes*.

Albara ou Albora. Nom d'une espèce de lèpre, dans les anciens traités de médecine. De l'arabe البرص *al-baraṣ*, la lèpre, qui a donné l'espagnol *albarazo* et le portugais *alvaraz*.

Albatros. Ce mot, écrit *algatros* par Flacourt et Dampier, est une altération de l'espagnol et portugais *alcatraz*, qui désigne le pélican onocrotale, mais qui a été appliqué à plusieurs autres oiseaux aquatiques (entre autres au petit cormoran). Je ne doute pas qu'il ne faille l'assimiler au portugais *alcatruz*, signifiant *seau d'une noria*. Dans ce dernier sens, les Espagnols disent *arcaduz*, *alcaduz*, et ces expressions représentent l'arabe القادوس *al-qâdoûs*, que Pedro de Alcala traduit *alcaduç de añoria*[3], ce qui ramène finalement au grec κάδος.

Pourquoi le pélican onocrotale a-t-il été comparé au seau d'une machine hydraulique qui puise l'eau et la répand à l'extérieur? Par la même raison qui a porté les Arabes à l'appeler سقا *saqqâ*, porteur d'eau, disant que cet oiseau remplit d'eau son gros bec et va en remplir les petits creux dans le désert pour abreuver ses petits[4]. Les

---

[1] *Le Tour du monde*, 2e sem. 1862, p. 158.

[2] C'est par inadvertance que M. Oppert (*Journ. asiat.* déc. 1871, p. 447) écrit الاخر النهر; اخر ne peut pas être ici précédé de l'article.

[3] Voy. Dozy, *Gloss.* p. 78.

[4] « Le nom de *porteur d'eau* que les Persans lui donnent vient de ce que ... pour donner à boire à ses petits, on assure qu'il leur va chercher de l'eau quelquefois à deux journées de chemin, qu'il leur apporte dans la poche de son bec. » (Chardin, *Voy. en Perse*, p. 219, 220, édit. Smith.) « Il a l'instinct de remplir son gros gosier d'eau, et de l'aller dégorger dans les fossettes du désert de l'Arabie pour abbrever les petits oiseaux. » (*Gazophyl. ling. Pers.* au mot *Pelicano*.)

Turcs donnent ce même nom de *porteur d'eau* سقا قوشى *saqā qoūchou* au chardonneret en cage, à qui on a appris à faire monter son eau pour boire.

Albotin. Terme de l'ancienne pharmacie : le térébinthe et sa résine, autrefois si employée en médecine. Esp. *albotin*. De l'arabe البطم *al-botoum*, térébinthe. M. Dozy n'a pas relevé ce mot dans son *Glossaire*.

Alboucor. Liqueur qu'on retire de l'arbre de l'encens. (Bosc, *Dict. d'hist. nat.*) C'est l'arabe البخور *al-boukhoūr*, encens, bois d'aloès, et en général parfum à brûler. Ellious Bocthor (*Dict. fr.-ar.*, au mot *encens*) redouble le خ *kh*. En portugais, par la transformation si fréquente du خ *kh* en *f*, le mot arabe est devenu *albafor*, encens, parfum.

Alcade. Esp. *alcalde*. De l'arabe القاضى *al-qādī*, juge (du verbe قضى *qada*, juger). Le second *l* qui est dans l'espagnol *alcalde* provient de la prononciation emphatique du ض *d*. Il ne faut pas confondre ce mot, comme étymologie, avec *alcaide*. Voy. Caïd.

Alcali. Esp. et port. *alcali*. De l'arabe القلى *al-qalī*, cendres de soude ou la plante elle-même. Dans certaines régions du midi de la France, on réserve le nom de *caliou* aux cendres de sarments de vigne. Le nitre est quelquefois appelé *algali* par nos alchimistes.

Alcarraza. Vase de terre à rafraîchir l'eau. C'est un mot que nous avons emprunté à l'espagnol et qui vient de l'arabe الكرّاز *al-kourrāz*, cruche. En Égypte, l'alcarraza porte le nom de بردك *bardak*, dont nous avons fait *bardaque* et *balasse*. Le mot est turc; cependant il semble se rattacher à la racine arabe برد *barad*, refroidir, d'où dérive assurément برّادة *barrāda*, qui désigne aussi un vase à rafraîchir les liquides, et qui a donné l'espagnol *albarrada*.

Alchimie. Esp. *alquimia*, port. *alquimia*, *alchimia*, ital. *alchimia*. De l'arabe الكيميا *al-kīmīā*, formé de l'article *al* et du grec χυμία ou χημεία, chimie.

Je joins ici l'étymologie de quelques mots que nos alchimistes avaient empruntés aux Arabes, mais qui ne figurent plus, pour la plupart, dans les dictionnaires modernes. Le dictionnaire d'alchimie de Martin Ruland[1] en contient beaucoup d'autres également pris à la langue arabe, quoique leur origine, tant ils sont défigurés, soit souvent difficile à établir. Mais je crains qu'on ne me reproche d'avoir déjà trop grossi ma liste. Cet inventaire suffira pour montrer à quel point s'altèrent les mots étrangers qui ne sont pas d'un usage courant. Il ferait voir aussi, si cela était nécessaire, que l'alchimie nous est venue directement des Arabes.

1. *Acazdir, kazdir, kasdir, kacir, fasdir, sasdir*, étain pur, de القزدير *al-qazdīr*, même sens.

2. *Accib*, plomb, de السكب *as-sekb*, même sens.

3. *Adibat, zaibac, zaibach, zaibar, zibatum*, mercure, de زيبق *zībaq*, même sens.

4. *Adoc, adho, adec*, lait aigri, de الدوغ *ad-dōgh*, même sens. *Dōgh* est d'origine hindoue.

5. *Agabor*, poudre, de الغبار *al-ghobār*, même sens.

6. *Alacap, anacab, aliocab, alcob, allocaph, ocab, ocob, ocop, obac*, sel ammoniac, de العقاب *al-'oqāb*, l'aigle. Les alchimistes donnaient le nom de cet oiseau au sel ammoniac : « Aquila, pro sale armoniaco, propter levitatem in sublimationibus, » dit Ruland (p. 45).

7. *Alastrob, usrub, uzurub, ursub*, plomb, de الاسرب *al-osrob*, même sens.

8. *Alaurat*, nitre, corruption de البورق *al-bauraq*, borax. Les deux sels sont souvent confondus : « Affronitrum est spuma nitri, quod arabice dicitur baurach. » (*Lex. alch.*)

9. *Albor*, urine, de البول *al-baul*, même sens.

10. *Alcamor, camar, kamar*, argent; de القمر *al-qamar*, la lune. On sait que les alchimistes donnaient à l'argent le nom de notre satellite.

11. *Alcara*, courge, de القرع *al-qara'*[2]; *obelchera, obelkara*, représentent حب القرع *habb al-qara'*, fruit ou graine de courge.

12. *Alcimod*, antimoine, de الاثمد *al-outhmoud*, même sens.

13. *Algali*, nitre, est le même mot que *alcali*.

14. *Algérie, algérit, gir*, chaux vive, de الجيار *aldjiyār*, même sens, ou mieux d'une forme جير *djīr*, qui est dans Bocthor, mais qui manque dans Freytag et Richardson. Cf. une note de M. Dozy (*Gloss.* p. 124) sur le mot *alger*.

15. *Alhenot, allonoc, alhonoch, aloanac*, plomb, de الآنك *al-ānok*, hébr. אֲנָךְ *anak*, même sens. *Allenec, alnec* se disaient avec le sens d'étain.

16. *Alkalap*, étain, de القلعى *al-qala'i*, même sens.

17. *Allabor, alahabar, alabari, alabri*, plomb, de الابار *al-abār*, plomb fondu, mot d'origine persane[3].

18. *Alma*, eau, de الما *al-mā*, même sens.

19. *Almetat, almartack, almarcat, almarcab, almarchat, almarchas*, litharge d'or ou d'argent; esp. *almartaga*; de المرتك *al-mourtak* ou *al-martak*, même sens. On disait encore, sans l'article : *martach, martath, marched*[4].

20. *Almisadre, almisadir, almizadir, amizadir, anoxadic, anotasier, misadir, mixadir, muzadir, musadi, nysadir, nusiadat, nestudar*, sel ammoniac. Tous ces mots sont des altérations plus ou moins fortes de l'arabe النشادر *an-nochādir*; comp. les formes hispaniques *almojatre, almohatre, almocrate, nochatro*. *Alinzadir*, borax, est le même mot.

21. *Alramudi, ramag*, cendres, de الرماد *al-ramād*, même sens.

22. *Anore, annora, ancora, nora*, chaux vive, de النورة *an-noūra*, même signification.

---

[1] *Lexicon alchemiæ sive Dictionarium alchemisticum*, auctore Martino Rulando. Francfort, 1612.

[2] Les alchimistes appellent *courge*, *cucurbite*, la chaudière de l'alambic.

[3] Avicenne donne *al-abār* et *al-ānok*, comme signifiant *plomb noir* : لا الرصاص الاسود (p. ١٣١ de l'édit. de Rome).

[4] *Mourtak* est prob. la div. assyr. *Mardouk*, la planète Jupiter, l'étain.

23. *Antarit, antérit, antaric, altaris*, mercure, de عطارد *'outārid*, qui est à la fois le nom de la planète et du métal. *Alécarith* est le même mot avec l'article *al*.

24. *Anticar, atinkar*, le même que Tincal.

25. *Araxat, alrachas, rasas, rasasa*, plomb, de الرصاص *ar-raṣāṣ*, ou الرزاز *ar-razāz*, même sens[1].

26. *Ased*, or, de اسد *asad*, lion; c'est un des noms que les alchimistes donnaient au roi des métaux, de même que le lion est appelé le roi des animaux.

27. *Azagor, asugar, asingar, zingar, ziniar*, vert-de-gris; de الزنجار *az-zindjār*, qui est le persan زنگار *zengār*, même signification.

28. *Azar, azane, hager*, pierre, de حجر *ḥadjar*, même sens.

29. *Azarnet, adarnech, zarnich, zarnec, zarne*, orpiment; esp. *azarnefe*; de l'arabe-persan الزرنيخ *az-zernīkh*, qui est le même mot que le grec ἀρσενικός, arsenic jaune, orpiment.

30. *Azazeze*, verre, de الزجاج *az-zadjādj*, même sens.

31. *Azeg*, vitriol, esp. *aceche, aciche, acige*; port. *azeche*; de الزاج *az-zādj*, même sens.

32. *Azegi, azagi*, colcotar, est identique au précédent. M. de Chézy, dans une note insérée au t. III, p. 467, de la *Chrest. ar.* de S. de Sacy, fait observer que زاج *zādj* est au Levant le nom générique des vitriols, qu'on différencie par des épithètes (bleu, blanc, vert, rouge); mais *zādj* pris seul désigne en général le vitriol vert (sulfate de protoxyde de fer). Le colcotar est un peroxyde de fer obtenu par la calcination du sulfate.

Notons encore *asagi*, vitriol rouge, *zegi, zezi, zet*, vitriol en général.

33. *Azob, azub, azef, alsech*, alun; esp. *axebe, enxebe, xepe*; de الشبّ *ach-chabb*, ou الشاب *ach-chāb*, même sens.

34. *Berne, birmine*, vase de verre; esp. *albornia*; de برنيّة *berniya*, vase à conserver les liquides ou les comestibles.

35. *Besec, besech*, mercure, métathèse de زيبق *zībac*. (Voy. ci-dessus *Adibat*.)

36. *Chara*, excréments, de خراء *kherā*, même sens.

37. *Daib, deheb, deab, edetz*, or, de ذهب *dhahab*, même sens.

38. *Edic, edich, adid, hadid*, fer, de حديد *ḥadīd*, même signification.

39. *Fidhe, fidda, fido*, argent, de فضّة *fiḍḍa*, même sens.

40. *Melech, maleck*, sel, de ملح *milḥ*, même sens.

41. *Merdasengi*, litharge, du persan مرده سنك *mourdeh seng*, même sens.

42. *Misal, masal, mest*, petit lait, de مصل *maṣl*, même sens. (Cf. l'esp. *almece*, dans Dozy, *Gloss.* p. 162.) Dans le Languedoc on dit *mèsi*, et dans d'autres provinces *mesgue*: « Le mesgue pourra servir pour la nourriture des pourceaux. » (*Agriculture et maison rustique*, 1601, p. 83.)

43. *Nobach*, tambour employé par les nécromanciens; du persan نوبت *nōbat*, sorte de tambour.

44. *Nochat, nuchat, nuchar, nuchor, nuchach, nucha*[2], *nuhar*, cuivre, de نحاس *noḥās*, même sens.

45. *Quebrit, quibrith, kibrith, kibrit, abric, alkibric, alchabric, alcubrith, alkibic, algibic, alkibert, alphebriock*; tous ces mots signifiant *soufre* viennent de l'arabe الكبريت *al-kibrīt*, même sens; en espagnol, *alcrebite*.

46. *Sericon, siricon*, minium. (Voy. au mot Jargon.)

47. *Zarfa*, cuivre, métathèse de صفرة *ṣofra*, même sens. *Alzofar*, esp. *azofar*, laiton, est le même mot précédé de l'article.

48. *Zebeb*, fumier, de زبيل *zebīl*, même sens.

49. *Zengifur, zingifur, uzifur, uzufar, azemafor*, cinabre; de زنجفر *zindjafr* ou *zoundjoufr*, même sens. Le portugais *azinhavre*, vert-de-gris, est certainement le même mot, quoique M. Dozy ait voulu le rattacher à زنجار *zindjār*. (Voy. ci-dessus *Azagor*.) Remarquez que *azinhavre* sonne presque à l'oreille comme *cinabre*, et reproduit lettre pour lettre l'arabe الزنجفر *az-zindjafr*. Quant à sa signification, *vert-de-gris* au lieu de *cinabre*, il ne faut pas s'en étonner; les alchimistes, dans leurs dénominations, confondaient presque constamment des substances qui ne nous semblent plus avoir que des analogies lointaines. Dans le cas particulier dont il s'agit, je puis citer à l'appui de ma correction: *zynfer*, vert-de-gris; *azimar*[3], vert-de-gris et cinabre; *azamar, azemala*, qui embrassent également ces deux significations. N'oublions pas que le vert-de-gris et le cinabre (confondu avec le minium[4]) font tous deux partie de la classe des *zadj* ou vitriols.

50. *Zub, zubd, zebd*, beurre, de زبد *zoubd*, même sens.

Alcool. Esp. et portug. *alcohol*, aragon. *alcofol*[5], catal. *alcofoll*. Il est bien démontré que l'étymologie de ce mot est l'arabe الكحل *al-koḥl*, le coheul ou poudre d'antimoine[6], dont les femmes, en Orient, se teignent les paupières.

On sait que ce mot a été employé à désigner un grand nombre de collyres divers, tels que كحل اغبر, كحل اصفر,

[1] Le même mot se retrouve dans l'expression *blanc rasis*, blanc de plomb: « Le plomb aussi qui est noir, quand il est calciné par la vapeur salsitive du vinaigre, il se réduit en blanc de plomb, de quoy la céruse est faite, et *blanc rasis*, qui est la plus blanche de toutes les drogues. » (Bernard Palissy, *Recepte véritable*, édit. Cap. p. 41.) C'est à tort qu'on a quelquefois écrit *Album Rhazis*, comme si le mot venait du nom du célèbre médecin arabe رازی *Razi* que nous appelons Rhazès. Pour le changement, d'ailleurs fréquent, de *ā* en *i*, voy. Engelmann, *Gloss.* p. 25.

[2] Martin Ruland écrit *michach, micha*; ce sont des erreurs de lecture, d'ailleurs faciles à commettre avec des manuscrits où les points sur les *i* ne sont pas marqués.

[3] *Azimar* me paraît une faute de copiste, pour *aziniar*. (Voy. ci-dessus *Azagor*.)

[4] Les anciens, Pline, Vitruve, Galien, confondent sans cesse le cinabre et le minium. Dans le Dioscoride latin de J. Ruel (1516), cette confusion est relevée en ces termes: « Argentum vivum fit ex *minio*, quod abusive *cinnabaris* dicitur. » (Lib. V, cap. ci, fol. 320 recto.) Dans ce passage, c'est précisément l'inverse qu'il faudrait dire, d'après notre terminologie actuelle; car le cinabre est un sulfure de mercure, et le minium un oxyde de plomb.

[5] *Alcofol*, id est Anthimonium. (Man. lat. du xive siècle, n° 7156 de la Bibl. nat. p. 40.)

[6] Ou plutôt de sulfure de plomb. (Voy. Alquifoux.) Le coheul, en Perse et en Turquie, est souvent appelé سرمه *surmeh*, mot quelquefois employé dans les relations des voyageurs français. Les dictionnaires traduisent à tort *surmeh-tāch* par antimoine. C'est aussi un sulfure de plomb.

كحل, etc. *Alcohol*, dans l'ancienne pharmacie, se disait de toute substance porphyrisée : «Les pierreries, dit Moïse Charas [1], les bois, les terres, le succin, les dyamants et quelques parties d'animaux sont réduits en poudre impalpable qu'on nomme *alkohol.*» Comment, après avoir désigné une poudre sèche, le mot est-il arrivé à s'appliquer au liquide obtenu par la distillation des matières spiritueuses? On peut en voir la raison dans cette explication citée par Martin Ruland : «Alkol est purior substancia rei, segregata ab impuritate sua. Sic alkol vini est aqua ardens rectificata et mundissima [2].» Nous avons un exemple d'un changement pareil dans le sens moderne d'*élixir*. (Voy. ce mot.)

Alcoran. Transcription de l'arabe القرآن *al-qorān*. *Al* est l'article; aussi dit-on de préférence aujourd'hui *le Coran*. قرآن *qorān* signifie proprement *lecture, récitation.* «Le Coran, dans sa forme primitive, était une récitation plutôt qu'une lecture, et c'est dans ce sens qu'il faut entendre le verbe قرأ *qara'a*, dans plusieurs des passages où on l'a traduit par *lire.*» (E. Renan [3].)

Alcôve. Esp. *alcoba*, portug. *alcova*, ital. *alcova, alcovo;* de l'arabe القبّة *al-qobba*, qui, entre autres sens, a celui de *petite chambre, cabinet*, ainsi que le montre M. Lane (*The thousand and one Nights*, I, 231). Voir l'intéressant article de M. Dozy, *Gloss.* p. 90, 91. Le mot est employé avec son sens le plus ordinaire dans ce passage de Niebuhr : «Les derniers seigneurs de Taæs... ont bâti de beaux palais pour eux et leur postérité, et se sont contentés d'un petit *kubbe* pour leur servir d'oratoire et de sépulture [4].»

Aldébaran. Nom d'une étoile brillante de la constellation du Taureau. C'est l'arabe الدبران *al-debarān* [5]. Elle est comptée, par Alfergani, parmi les quinze étoiles de première grandeur : وفى الثور الكوكب الاحمر الذى على عين الثور ويسمى الدبران «Dans le (signe du) Taureau, l'étoile rouge qui est sur l'œil du Taureau et qu'on nomme *ad-debarān* [6].» Dans le commentaire des *Séances d'Ahmed ben al-Moàddem* [7], le mot est ainsi expliqué : وقيل له الدبران لدبوره الثريا «Elle est ainsi nommée parce qu'elle vient derrière les Pléiades.» دبر *dabar*, en effet, signifie *venir derrière, suivre.* Toutes les étoiles qui viennent derrière une constellation, ajoute naïvement le commentateur, n'ont pas reçu ce nom de *Débaran;* mais les Arabes l'ont ainsi appelée en particulier, de même que les Pléiades ont été plus particulièrement désignées sous le nom de النجم *an-noudjoum*, les étoiles. On peut lire la même explication dans l'ouvrage intitulé *Ephemerides Persarum*, de Math. Frider. Beckius, 1696, p. 22.

Aldée. Esp. *aldea*, portug. *aldea, aldeia;* de l'arabe الضيعة *ad-day'a*, ferme, bourgade. Le *l* de l'article ne s'est pas assimilé à la lettre suivante, ce qui peut tenir ici à la prononciation emphatique du ض *ḍ*, qui, dans les langues hispaniques, entraîne souvent l'introduction d'un *l*. (*Alcalde, al-bayalde, etc.* — Voy. Alcade, Abit.)

Alépine. Étoffe qui tire son nom de la ville d'Alep, en arabe حلب *Ḥaleb*, soit que le mot ait été formé directement en français, soit qu'on ait pris l'adjectif arabe حلبى *ḥalebī*, d'Alep.

Alezan. Esp. *alazan*, portug. *alazão*, se dit d'un cheval de couleur fauve ou rougeâtre plus ou moins foncée. On a proposé (voy. Littré, *Dict. fr.*) trois étymologies arabes : الحسن *al-ḥasan*, le beau, الحصان *al-ḥiṣan*, le cheval de race, et enfin العثن *al-'athan*, la fumée. Aucune des trois ne me paraît satisfaisante. Sans s'arrêter à la dernière, qui me semble de pure fantaisie, on peut dire des deux autres qu'elles ne spécifient point une couleur de robe; car il serait, croyons-nous, bien difficile de montrer que les Arabes aient, à une époque quelconque, attribué une supériorité de beauté ou de race à l'alezan. *Al-ḥiṣan* est souvent pris pour l'*étalon* par opposition à فرس *faras*, jument, comme dans l'exemple cité plus loin. Il paraît même qu'au Magreb il se dit du cheval en général. Mais tout cela est sans rapport avec l'adjectif *alezan*, et M. Dozy trouve fort suspecte cette étymologie, donnée par M. Engelmann dans la première édition de son *Glossaire* [8].

Il y a quelques années, j'en ai proposé une quatrième [9], acceptée depuis par M. Littré (*Addit. au Dict.*); c'est l'adjectif احلس *aḥlas*, fém. *ḥalsā*, «spadix equus,» disent les dictionnaires (voy. Freytag au mot حلس, 9ᵉ forme), ce que nous traduirions par *cheval bai* ou *alezan*.

Nous dérivons notre mot français du féminin du terme arabe (comme nous le ferons plus loin pour *balzan*). On peut conjecturer que le féminin l'a emporté sur le masculin par suite d'un emploi plus fréquent : le terme générique فرس *faras*, cheval, signifie plus ordinairement la jument, ainsi que nous le disions tout à l'heure : ان المراة تحيل على الرجل كما تحيل الفرس على الحصان سواء [10]. Dans ce passage, qu'on peut se dispenser de traduire, فرس est dit par opposition à حصان.

Quant à la finale *n* qui s'est ajoutée au mot *ḥalsā*, on en peut citer d'autres exemples, tels que *camocan*, de كمخا *kamkhā; arduran*, de الدرا *ad-dourā* (voy. Doura); *bosan*, de بوزة *bousa; alchocoden* [11], de كدخدا *ketkhoudā; azacan* (*porteur d'eau*, en espagnol), de السقاء *as-saqqā*, etc.

Alfange. C'est un mot espagnol introduit en France par nos écrivains du xviiᵉ siècle. De l'arabe الخنجر *al-khandjar*, sabre, que nous avons pris directement et sans l'article, sous les formes *cangiar, khanjar, khandjar*.

1 *Pharmacopée royale*, 2ᵉ édit. 1682, t. Iᵉʳ, p. 32.
2 *Lexicon alchemiæ* (1612), p. 30.
3 *Hist. des langues sémit.* 4ᵉ édit. t. Iᵉʳ, p. 364.
4 *Voy. en Arab.* édit. Smith, p. 284.
5 La prononciation arabe serait *ad-debarān;* mais il arrive quelquefois, dans le passage de l'arabe aux langues romanes, que le *l* de l'article *al* ne s'assimile pas à la lettre *solaire* suivante, surtout quand le mot est, comme ici, un terme purement scientifique.
6 Édit. de Golius, p. 76.
7 *Les douze séances* du cheikh Ahmed ben al-Moa'ddem, notées et publiées par Soliman al-Haraïri, p. ٢, note 10.
8 Dozy, *Gloss.* p. 60.
9 Voy. *Revue de l'Instruction publique*, numéro du 25 janvier 1866, p. 677.
10 Man. de la Bibl. nat. nº 1949 du supp. ar.
11 Terme de l'ancienne astrologie.

Alfier. Officier porte-drapeau. Mot emprunté par Brantôme et les écrivains du xvie siècle à l'italien *alfiere*, esp. *alferez*, portug. *alferes*. De l'arabe الفارس *al-fāris*, signifiant proprement *le cavalier*, venant de فرس *faras*, cheval.

Algarade. C'est l'espagnol *algarada*, qu'on s'accorde à tirer de l'arabe الغارة *al-ghāra*, incursion militaire, expédition guerrière. En tout cas, ce ne peut être une dérivation directe, vu l'accentuation. Mais *al-ghāra* a donné l'espagnol *algara*, qui a une signification identique à celle du mot arabe, et le bas latin *algaru*, *algarum* (Du Cange), et peut-être l'italien *gara*, dispute, rixe. De *algara*, l'espagnol a pu faire *algarada*. Je suis porté à croire que l'arabe العرادة *al-'arāda*, catapulte, dont les anciens écrivains de la Péninsule ont aussi fait *algarada* ou *algarrada*, n'a pas été étranger à l'adoption de *algarada* dans le sens de *cri subit, alerte, attaque imprévue*. Quant à l'hypothèse de M. Dozy, rattachant ce mot à un vocable inconnu venant de غرد *gharid*, chanter, je ne saurais ni l'appuyer ni la combattre. (Voy. *Gloss.* p. 120.)

On aurait tort de rapprocher du mot qui nous occupe le portugais *algazara*, qui est aussi en espagnol et en italien, et dont l'origine est fort différente. Voy. l'article d'Engelmann sur ce mot (*Gloss.* p. 122, 123).

Algèbre. Esp. portug. et ital. *algebra*. De l'arabe الجبر *al-djebr*, réduction. On nomme l'algèbre علم الجبر والمقابلة *science des réductions et des comparaisons*. En espagnol, *algebrista* se dit du bailleul ou rebouteur, qui *réduit* les fractures.

Algénib. Étoile γ de la constellation de Pégase, sur le flanc du cheval. De l'arabe الجنب *al-djanb*, le côté, comme *énif* de انف *anf*. Le *Dict. des Mathématiques*, dans l'*Encyclopédie* de d'Alembert, donne encore les formes *génib*, *chénib*, *chelub*.

Algol. Étoile de la constellation de Persée, remarquable par la variabilité de son éclat. C'est l'arabe الغول *al-ghoūl*, le même dont nous avons fait *goule*. (Voy. plus loin ce mot.) Les Arabes appellent راس الغول *ras al-ghoūl*, tête de la goule, la tête de Méduse que Persée tient suspendue à la main.

Algorithme. Au xiiie siècle, ce mot signifiait l'arithmétique avec les chiffres arabes; on écrivait *algorisme* et *angorisme*[1]. Esp. *alguarismo*, *guarismo*, *algorithmo*; portug. *garismo*. C'est la transcription plus ou moins altérée du nom d'un des plus anciens auteurs de traités d'arithmétique, Abou Dja'far Mohammed ben Mousâ, surnommé الخوارزمي *al-khowārezmī*, dont l'ouvrage a été traduit ou imité en latin dès le commencement du xiie siècle. Ces sortes de livres furent désignés sous le nom d'*Algorismus*. M. Defrémery a raison de dire[2] que cette étymologie est hors de doute depuis les recherches de MM. Reinaud[3], Chasles[4] et Woepcke[5]. Dans les ouvrages d'astronomie, le terme خوارزمي *khowārezmī* s'est dit des tables des sinus et des tables des ombres (tangentes et cotangentes trigonométriques).

Alguazil. C'est l'espagnol *alguacil*, qu'on trouve en portugais sous des formes très-variées : *alvacil*, *alvazil*, *alvasir*, *etc.* venant de l'arabe الوزير *al-wazīr*, le vizir. On peut voir, dans le *Glossaire* de MM. Engelmann et Dozy[6], les explications données sur le passage du sens de vizir à celui d'officier de police. Le *Dictionnaire* de Du Cange fournit les formes suivantes : *alguazilus*, *alguazirius*, *algozirius*, *algatzarius*, *algatzerius*, qui montrent combien les désinences des mots sont peu solides dans le passage de l'arabe aux langues romanes.

Alhagées. Plantes de la famille des légumineuses, dont le type est le *sainfoin alhagi*, que les anciens botanistes appellent *alhagi Maurorum*[7]. C'est l'arabe الحاج *al-ḥādj*; Avicenne a fait la remarque que cette plante produit la fameuse manne *téréniabin* ترنجبين. (Voy. *Dict. d'Hist. nat.* au mot *sainfoin*, t. XXX, p. 42.)

Alhaiot. Étoile brillante de la constellation du Cocher, marquée α dans les catalogues et ordinairement nommée la Chèvre. On trouve aussi *Ayuk*. C'est l'arabe العيوق *al-'ayyoūq*. Alfergani la cite parmi les quinze étoiles de première grandeur[8] : وفي التومين العيوق كوكب اخضر مجراه قريب من سمت الراس في الاقليم الرابع « Dans les Gémeaux, *al-ayyoūq*, étoile verte qui passe près du zénith dans le quatrième climat. » Si l'astronome arabe place la Chèvre dans les Gémeaux, c'est par suite du système de groupement de toutes les étoiles dans les douze signes du zodiaque; chaque constellation se trouve ainsi rattachée à l'un des signes. C'est pour cela qu'il met *Wéga*, de la Lyre, dans le Sagittaire, *Achernar* dans le Bélier, etc.

Alhandal. Nom pharmaceutique de la coloquinte. Esp. *alhandal*; de l'arabe الحنظل *al-ḥandhal*, même sens.

Aliboron. Ce mot a préoccupé les chercheurs d'étymologies qui n'ont rien trouvé de raisonnable. Sans m'arrêter à la singulière idée du docte Huet et de l'ingénieux Ménage, qui ont voulu faire d'*aliborum* un génitif pluriel d'*alibi*, disant que *maistre aliborum* signifierait un homme fécond et subtil à trouver des alibi, je reproduirai ici une hypothèse que j'ai autrefois proposée et que je crois devoir maintenir en attendant mieux.

[1] On peut voir plusieurs exemples de ces formes dans Littré, au mot *chiffre*.

[2] *Journ. asiat.* janvier 1862, p. 88, 89.

[3] *Mémoire sur l'Inde*, p. 303, 304.

[4] *Comptes rendus de l'Acad. des sciences*, 6 juin 1859.

[5] *Mémoire sur la propag. des chiffres indiens*, dans le *Journ. asiat.* 1er sem. 1863, notamment p. 519. Ce travail est postérieur à la remarque de M. Defrémery. Mais M. Woepcke avait déjà publié divers opuscules sur l'arithmétique indienne, dans le recueil du prince Boncompagni.

[6] P. 129.

[7] C'est Rauvolf, médecin d'Augsbourg, qui découvrit cette plante, durant son voyage au Levant, en 1537, et la décrivit sous ce nom. (Voy. Tournefort, *Voy. du Levant*, t. II, p. 4, éd. de 1717.)

[8] Édit. Golius, p. 76.

Il est remarquable que le mot ne se présente jamais que précédé du titre de *maître :*

> «Si je fusse roi ou régent
> Ou un grant maistre Aliboron,
> Chacun ostât son chaperon.»
> (Mir. de Sainte-Genev.)

«Lui-mesme (M. de Biron), en goguenardant, il disoit qu'il estoit un *maistre Aliborum* qu'on employoit à tout faire.» (Brantôme, *Vies des capit. franç.*) — «Sur ce point nous dépeschasmes ce *maistre Aliborum* du Fay, justement trompeur et trompé.» (D'Aubigné, *Confess.*) — «Qu'il vienne de là des monts quelque messer qui se vante d'estre un *maistre Aliboron* en tout et guérir de toutes maladies.» (Poissenot.) — «Les ditz de *maistre Aliborum* qui de tout se mesle.» (Titre d'un livre cité par Lacurne[1].)

Sans aucun doute, *maître Aliboron* désigne un savant, un docteur, un habile homme; puis l'appellation prend une teinte d'ironie, et un beau jour, sous la plume de La Fontaine, maître Aliboron devient maître Baudet en personne. Or, cet Aliboron ne serait-il pas un docte personnage, dont le nom aurait acquis la valeur d'un terme générique, comme Artaban, Pathelin, Harpagon? Mais quel sera ce personnage[2]? Est-ce le diable, comme il est dit dans le procès de Gilles de Retz, cité par Du Cange: «Audivit ab eodem domino.... talia verba: *Il fera venir maistre Aliborum,* intelligendo diabolum per illud vocabulum, Aliborum.»

Non, ce n'est pas le diable, mais un de ses affidés, si l'on veut, un de ses disciples, le savant arabe Al-Birouni, mathématicien, astronome, géographe, «très-estimé, dit D'Herbelot[3], non-seulement pour son habileté dans les sciences spéculatives, mais encore dans les pratiques, comme la magie naturelle, astrologie judiciaire, art des talismans, etc.» Al-Birouni, contemporain d'Avicenne, a joui d'une réputation immense au moyen âge dans les écoles arabes; son *Canoun* a servi de base à presque toutes les cosmographies orientales. De plus, il a toujours passé pour un magicien excellent, et sa vie, d'après les biographes orientaux, est pleine de traits miraculeux. Est-il bien surprenant que des juges de l'année 1440 aient pris le nom d'un tel homme pour celui de l'Esprit malin? Lira qui voudra, pour éclaircir ce doute, la déposition de François Prélat, le magicien de cette effroyable affaire du maréchal de Retz. Il se vante d'avoir étudié à Florence la géomancie, l'alchimie, toutes les sciences occultes. Il prétend avoir soumis à ses ordres un démon nommé Barion (?). Est-il invraisemblable qu'il eût connaissance des œuvres vraies ou supposées du grand maître Albiroûni[4]? Si je ne craignais pas de paraître trop insister sur des détails de ce genre, je dirais que le témoin qui rapporte le propos ci-dessus touchant *maistre Aliborum* ne l'a pas entendu lui-même. Il peut y avoir confusion entre le nom du magicien arabe et celui du démon soumis à l'alchimiste florentin.

Quoi qu'il en soit, l'étymologie germanique *alt boran,* le vieil ennemi, indiquée par les éditeurs de Du Cange, me semble absolument inacceptable; et je m'imagine que si j'avais eu la force de lire jusqu'au bout les pièces de cette affaire, j'y eusse trouvé la confirmation de celle que je propose, faute de quoi elle reste à l'état de simple conjecture.

Alicate. Sorte de pince dont se servent les émailleurs à la lampe. Esp. et port. *alicate.* C'est l'arabe اللقاط *al-laqqâṭ,* tenailles, comme l'a fort bien remarqué M. Defrémery[5], de la racine لقط *laqaṭ,* recueillir, ramasser.

Alidade. Esp. *alidada, alhidada, alhadida,* de l'arabe العضادة *al-'idâda.* «Les lexiques, dit Engelmann, ne donnent à ce mot que le sens de *postis januæ* (vantail de porte), mais dans un traité arabe sur la construction de l'astrolabe, je l'ai trouvé avec sa signification technique, car on y lit que c'est une espèce de *masṭara* مصطرة ou *règle*[6].» Il suffit, ajouterai-je, d'ouvrir un traité d'astronomie arabe, pour y rencontrer ce terme عضادة *'idâda* avec le sens exact d'alidade, comme par exemple dans ce passage de l'*Almageste* d'Abou 'l-Wéfa[7]: «Les observations des hauteurs méridiennes se font avec des instruments..... Dans le plan du méridien est placé un cercle gradué... sur ce cercle sont établies, aux deux extrémités d'un diamètre, deux pinnules mobiles sur la circonférence, soit au moyen d'une *alidade* pivotant sur le centre du cercle, soit au moyen d'un second cercle..., etc.[8].» Et plus loin: «Après avoir fait tourner l'*alidade,* au moment du passage du soleil au méridien, jusqu'à ce que les rayons solaires traversent les ouvertures des deux pinnules.... [9].» On voit que l'*idada* n'est pas une simple *mastara* ou règle à tracer les lignes droites, mais précisément ce que nous nommons *alidade,* par exemple, dans le graphomètre.

Alizari. Nom commercial de la garance (d'où la substance appelée en chimie *alizarine*). Esp. *alizari,* que M. Dozy a noté dans son *Glossaire,* mais sans pouvoir en donner l'étymologie. Le mot est certainement d'origine arabe, comme le montre l'article *al,* car on dit aussi *izari:* «La graine de garance qu'on apporte de la Turquie asiatique est appelée *azala* ou *izari*[10].» (Bosc, *Dict. d'hist. nat.*

---

[1] Ces exemples, sauf le deuxième et le dernier, sont empruntés à l'historique du mot *Aliboron,* dans le *Dict.* de M. Littré.

[2] Borel, dans son *Trésor des recherches et antiquités gauloises et françoises* (1655), dit (au mot *Pathelinage*) que l'expression de *maistre Aliborum* nous vient de la farce de *Pathelin.* Dans cette vieille pièce, en effet, il y a un apothicaire de ce nom, lequel joue un rôle assez important.

[3] *Bibliot. orient.*

[4] «Et avoit le d. François un livre que le d. François avoit apporté, où il lisoit, où avoit plusieurs noms de diables et autres mots pour la conjuration et invocation.» (Man. de la Bibl. nat. suppl. franç. n° 560, p. 96.)

[5] *Journ. asiat.* janvier 1862, p. 92.

[6] *Gloss.* p. 140.

[7] Man. n° 1138, anc. fonds de la Bibl. nat. fol. 19 v°. J'espère donner sous peu une édition de cet ouvrage important (texte et traduction) dont quelques passages cités par M. Sédillot ont donné lieu à de vives controverses au sein de l'Académie des sciences.

[8] وارصاد هذه الارتفاعات تكون بالات... وضعنا في سطح دايرة نصف النهار دايرة مقسومة... وعلى محيطها هدفين على جزيين متقابليين يتحركان على محيط الدايرة اما بعضادة مركبة على مركز الدايرة او.....

[9] اذا حركنا العضادة عند توسط الشمس السما حتى يدخل شعاعها من ثقبى الهدفين.

[10] *Izari,* garance du Levant. (*Nouv. voc. de l'Acad. fr.* Paris, 1831.)

t. XII, p. 439.) Je ne doute pas que ce ne soit l'arabe عصارة *'aṣāra*, qui signifie le suc extrait d'un végétal par compression (de la racine عصر *'aṣar*, presser, extraire le suc). Et en effet, le *Gazophylacium linguæ Persarum* traduit *pastel* ou *guède* (autre matière colorante) par عصارهٔ وسمه *'aṣārè-i ouasimè*, suc de la plante appelée *ouasima*[1].

Alkékenge. Plante nommée vulgairement *coqueret*. Esp. *alquequenge*, port. *alkekengi*. De l'arabe الكاكنج *al-kākendj*. Le mot est d'origine persane : Richardson prononce *kaknadj* et en fait la morelle ou la belladone (*night-shade*). Voy. aussi Dozy, *Gloss.* p. 147, et les ouvrages auxquels il renvoie.

Alkermès. Liqueur de table fort estimée et très-agréable qui se préparait au couvent de Sainte-Marie-Nouvelle, à Naples. Son nom lui vient du kermès végétal dont les graines lui donnent une belle couleur rouge. (Bescherelle.) De l'arabe القرمز *al-qirmiz*, le kermès.

Allah. Transcription de l'arabe الله *allah*, mot formé de l'article *al* et du substantif اله *ilah*, dieu, le Dieu, ὁ Θεός.

Alléluia. Expression hébraïque conservée dans les traductions latines des Psaumes, הַלְלוּ יָהּ *haleloū-iah*, formée de *haleloū*, 2e pers. du plur. de l'impératif du verbe *hillel*, louer, et de *iah*, forme apocopée de *Iehovah*, Jéhova.

Almadie ou **Almade.** Sorte de pirogue ou de radeau. Esp. et port. *almadia*. De l'arabe المعدية *al-ma'dia*, qui, d'après M. Quatremère[2], désigne un bac pour passer une rivière, venant du verbe عدى *'ada*, traverser. Le mot est encore en usage chez les riverains du haut Nil : « Je restai sur la rive nue (du Nil, près de Khartoum), sous un soleil ardent, en face d'une madiè (bac) immobile. » (Guill. Lejean, *Voy. dans l'Afriq. orient.*[3].)

Almageste. Esp. *almagesto*. De l'arabe المجسطى *al-madjisṭī*, formé de l'article et du grec μεγίστη (σύνταξις). On sait que plusieurs livres arabes ont pris ce titre, emprunté du nom donné au grand ouvrage de Ptolémée. Celui-ci a pour vrai titre Μαθηματικὴ σύνταξις, *Composition mathématique*. L'épithète μεγίστη, *la plus grande*, ne se rencontre dans aucun des manuscrits grecs connus, dont quelques-uns paraissent antérieurs au VIIIe siècle. Elle a sans doute été attribuée, dans les écoles, au livre de Ptolémée, pour le distinguer des ouvrages de pures mathématiques, tels que ceux d'Euclide, de Geminus, d'Aristarque, d'Hypsyclès, d'Autolycus, etc. dont l'étude préliminaire devait précéder celle du grand traité d'astronomie de Ptolémée, et qu'on nommait la *petite Composition* (voy. Halma, préf. de son édition de l'*Almageste*, t. Ier, p. XXXIV).

Almagra. Substance employée en peinture, et plus connue sous le nom de *rouge indien* ou *rouge de Perse*. Nous avons pris le mot de l'espagnol *almagra* ou *almagre*, qui est l'arabe المغرة *al-maghra*, ocre rouge.

Almargen. Terme de l'ancienne pharmacie : *poudre d'almargen*, corail pulvérisé, autrefois employé en médecine. De l'arabe المرجان *al-mordjān*, corail. C'est le mot qui, employé comme nom de femme dans les *Mille et une Nuits*, a été transcrit *Morgiane* par Galland. (*Hist. des quarante voleurs.*)

Almène. Poids de deux livres (un peu moins d'un kilogramme). Esp. *almena*. C'est l'arabe المنا *al-menā*, qui n'est autre que le grec ancien μνᾶ, mine, poids d'une livre, dont la valeur a été doublée chez les Arabes d'Espagne.

Almicantarat ou **Almucantarat.** Terme d'astron. Cercles de la sphère parallèles à l'horizon. C'est un pluriel arabe المقنطرات *al-mouqanṭarāt*, que nous avons emprunté avec sa signification aux traités astronomiques en cette langue. Golius cite le singulier مقنطرة *mouqanṭara*, dans le sens de *cadran solaire*.

Almude ou **Almoude.** Mesure de liquides dans la péninsule Hispanique. Esp. *almud*, port. *almude*. De l'arabe المدّ *al-moudd*, qui est le même mot que le latin *modium*, mais dont l'origine paraît sémitique (hébr. מַד, מִדָּה *mad*, *middah*) : « L'arrobe de Castille contient seize litres, le cantaro d'Alicante douze, l'*almude* des Canaries vingt-cinq... » (Victor Hugo, *Les Misérables*, t. Ier, p. 332.)

Alphanette ou **Alphanesse.** Sorte de faucon identique à l'*alfaneque* des Espagnols, que M. Dozy suppose avoir tiré son nom de celui du petit animal nommé *fanec* ou *fennec*. (V. ce mot plus loin.) On aurait dit d'abord باز الفنك *bāz al-fanec*, le faucon (propre à la chasse) du fanec ; puis, pour abréger, on aurait supprimé le terme *bāz*, faucon. (Voy. Dozy, *Gloss.* p. 105.)

Alphard. Étoile de deuxième grandeur, α ou le cœur de l'Hydre. C'est l'arabe الفرد *al-fard*, l'unique, فرد الشجاع *fard ech-choudjā'*, l'unique de l'Hydre. Ce nom lui vient de ce qu'elle est la seule étoile brillante de la constellation, les autres étant de quatrième grandeur ou au-dessous. Dans le traité d'astronomie de Lalande, on lit *alphrad* au lieu d'*alphard*.

Alphénic. Ancien terme de pharmacie : sucre candi, sucre d'orge, pâte faite d'amandes et de sucre, etc. Esp. *alfeñique*, port. *alfenim*. De l'arabe الفانيد *al-fānīd*, qui vient du persan فانيد *fānīd* ou پانيذ *pānīdh*, sucre purifié, *saccharum penidium*, dit Meninski. Il y a un verbe persan فانيدن *fānīden* qui signifie *raffiner le sucre*.

[1] Freytag traduit وسمة *ouasima* par *indigo*, erreur qui provient sans doute de ce que la guède est quelquefois nommée نيلة برية indigo sauvage. Razi (man. sup. ar. de la Bibl. nat. n° 1005, p. 48 verso) dit que la *ouasima* sert à teindre les cheveux. Niebuhr rapporte bien qu'il a vu des vieillards qui se teignaient la barbe en rouge (*Voy. en Arab.* p. 270) ; mais je n'ai vu nulle part que les Orientaux employassent à un usage analogue une teinture bleue telle que celle du pastel. Peut-être *ouasima* s'est-il dit aussi de la garance, chose d'autant plus possible que l'arabe فوّة *fouwwa* (*fouet*), qui est la garance, paraît originairement identique à *vouède* ou *guède*.

[2] *Hist. des sultans Mamel.* II, 1, 156 (dans Dozy, *Gloss.* p. 148), et *Journal des Savants*, janvier 1848, p. 45.

[3] *Le Tour du monde*, 1er sem. 1862, p. 189.

L'ancienne pharmaceutique disait *pénide* pour sucre tors. C'est le même mot persan. On a rapproché *penidium* du grec *πηνίον*, réseau de fils, trame, parce que la cristallisation du sucre candi s'obtient au moyen de fils tendus dans la dissolution sucrée.

Alquifoux. Variété de plomb sulfuré. Esp. *alquifol.* Je ne sais si l'étymologie de ce mot a déjà été donnée. Elle ressort avec la dernière évidence du passage suivant de Sonnini[1] : « Dans le commerce du Levant, on nomme *alquifoux* ou *arquifoux* la mine de plomb tessulaire. Les femmes de l'Orient la réduisent en poudre subtile, qu'elles mêlent avec du noir de lampe, pour en faire une pommade dont elles se teignent les sourcils, les paupières, les cils et les angles des yeux. » L'alquifoux, on le voit, n'est autre chose que le *coheul.* C'est ce que confirme un passage plus récent de M. Prax[2] : « Le *cohol* est la galène ou sulfure de plomb, ce qui a été reconnu sur un échantillon que j'ai apporté. C'est à tort que plusieurs auteurs ont traduit le mot *cohol* par *antimoine.* »

Alquifoux est donc une corruption de l'arabe الكحل *al-cohl,* altération qui paraîtrait peut-être difficile à admettre si l'on n'avait les intermédiaires *alcohol, alcofol, alquifol.* (Voy. Alcool.)

Altaïr. Étoile de première grandeur, α de la constellation de l'Aigle. De l'arabe الطائر *al-ṭāïr,* qui vole. On prononce *aṭ-ṭāïr,* aussi trouve-t-on quelquefois chez nos auteurs *ataïr* ou *athaïr.* La conservation de *l* peut être due à la prononciation emphatique du ط *ṭ.* Cazwini dit que la constellation de l'Aigle كوكبة العقاب comprend quinze étoiles, parmi lesquelles est النسر الطائر *an-nasr aṭ-ṭāïr,* l'aigle volant, par opposition à النسر الواقع *an-nasr al-ouāqi',* l'aigle tombant. Cette dernière étoile est celle que nous appelons Wéga, et qui fait partie de la Lyre.

Aludel. Sorte de vase à sublimation employé autrefois par les alchimistes. On peut voir un dessin détaillé de cet appareil dans un manuscrit latin du xvie siècle, n° 7147 ancien fonds, de la Bibl. nat., qui contient divers ouvrages relatifs à l'alchimie. Esp. *aludel, alludel.* M. Dozy[3] a fait voir que ce mot est l'arabe الاثال *al-outhāl,* employé dans le même sens par Razi, et je puis ajouter par Géber (man. n° 1080 du sup. ar., notamment p. 129 verso : واجعلها في اثال زجاج « Place-la dans un aludel de verre »).

Dans un autre manuscrit latin de notre grande Bibliothèque (n° 7156, ancien fonds), lequel est du xve siècle, j'ai trouvé une liste de termes d'alchimie empruntés aux Arabes, parmi lesquels on lit : « *Allutel,* genus sublimatorii » ; et, dans un traité intitulé *Practica alkimiæ Jacobi Theotomti,* que contient le même volume, on lit encore[4] : « Habeas *alutel,* hoc est vas sublimatorium factum ad modum *capsidis* (?), rotundum subter habens cohoperculum vitreum ad modum campanæ. » Un chapitre de l'alchimie de Geber est consacré à la description de cet appareil[5].

Alvarde. Genre de plantes de la famille des graminées. La plante qui a servi de type est assez semblable au sparte et s'emploie aux mêmes usages. En Espagne, on la nomme *albardin* et dans le dialecte valencien *albardi.* C'est l'arabe البردي *al-bardī,* que Freytag donne comme nom de plante, sans en spécifier l'espèce, mais que Richardson explique ainsi : « The shrub papyrus, of which paper was anciently made; . . . also a kind of cotton, which is produced from the papyrus, etc. »

Amalgame. Ce mot nous est venu par les alchimistes avec le sens de mélange intime, combinaison, spécialement en ce qui regarde le mercure. Je n'en connais pas d'exemple avant le xiiie siècle; mais il est à cette époque d'un usage constant. Ainsi dans la *Semita recta Alberti magni* : « Deinde recipe plumbi et stagni calcinatorum et in corpus reductorum ; fiant unum corpus per fusionem simul : et si sunt duæ libræ, adde argenti vivi libram I, et *amalgama,* et lava cum sale et aceto, et sicca[6]. » Dans le *Parvum Rosarium Arnaldi de Villa nova* : « Et cum totum dissolvetur et in mercurium reducetur et fiet unum *amalgama*[7] » ; « Et cum totum fuerit dissolutum et in *amalgama* positum[8]. » Ailleurs : « Fac tuum *amalgama;* pone tuum *amalgama* supra unum pulchrum folium papyri[9], etc. »

Outre la forme *amalgame,* Lacurne cite *algame,* mixtion d'or et de mercure. Dans cette dernière, il semble qu'on doive reconnaître l'arabe الجمعة *al-djam'a,* conjonction, réunion, ou الجماع *al-djimā',* l'acte de consommation du mariage, venant tous deux de la racine جمع *djama',* réunir. (Cf. le grec *γαμέω, γάμος.*) Mais qu'est-ce que *amalgame?* Faut-il y voir, comme je l'ai suggéré antérieurement, l'expression عمل الجمعة *'amal al-djam'a,* l'œuvre, la pratique de l'*algame* (عمل *'amal,* pratique, se dit par opposition à علم *'ilm,* théorie) ? Ou bien est-ce une altération de المجامعة *al-modjām'a,* qui, comme *al-djimā',* signifie *l'acte de consommation du mariage?* Comme sens, l'analogie est parfaite, car les alchimistes aiment à comparer la combinaison du mercure avec les métaux à l'union de l'époux avec l'épouse. Ainsi, dans un traité intitulé *De matrimonio et conjunctione,* le mercure (*zaibat*) est assimilé au mari, l'argent (*luna,* la lune) à la femme, et l'amalgame des deux corps est célébré par cette phrase : « Natura lætatur quando sponsus cum sponsa copulatur[10]. » Néanmoins, n'ayant point recueilli d'exemple des expressions ci-dessus dans les ouvrages d'alchimie arabe, je n'oserais affirmer l'exactitude de mes conjectures.

[1] *Dict. d'hist. nat.* I, p. 383.
[2] *Commerce de l'Algérie,* p. 29 (dans le *Gloss.* de Dozy, au mot *alcool,* p. 92). M. Dozy n'a pas noté le terme *alquifol.*
[3] *Gloss.* p. 187.
[4] Fol. 139 recto.
[5] C'est le sixième chapitre du second livre dans la traduction latine intitulée : *Geberis philosophi perspicassimi summa perfectionis magisterii.* Venise, 1542.
[6] Manuscrit de la Bibliothèque nationale, ancien fonds, n° 7147, fol. 3.
[7] *Ibid.* fol. 15.
[8] *Ibid.* fol. 14 verso.
[9] Man. de la Bibl. nat. ancien fonds, n° 7147, *Opus mirabile super mercurio ad ejus fixationem.*
[10] Même manuscrit, fol. 53 verso. Les termes techniques employés dans ce traité prouvent qu'il est, sinon traduit, du moins imité de l'arabe.

Aman. Demander l'aman, demander grâce. De l'arabe امان *amân*, sécurité, protection.

Ambre. Esp. *alambar*, port. *alambre*, ital. *ambra*. De l'arabe عنبر *'anbar*, ambre gris, nom qui est passé au succin ou ambre jaune. Les formes qu'on trouve dans la basse latinité, *ambar, ambare, ambra, amber, ambre, ambrum*, paraissent aussi confondre les deux substances. Hermolao Barbaro, qui a publié au xve siècle un commentaire sur Dioscoride, écrit *ambra* ou *ambar* : « *Aetius*, dit-il, *ambar, nos succinum orientalem primi nominavimus*[1]. »

Liquidambar, nom d'un arbre d'Amérique aussi nommé *baume d'ambre*, est formé de *ambar* et de notre mot *liquide*.

Amen. C'est un mot hébreu, אָמֵן *amen*, signifiant *vrai, vérité*, par lequel se terminaient les prières des Juifs. Il a pris là le sens de *assurément, ainsi soit-il*. Les Musulmans disent de même آمين *amîn*.

Amiral. Aucun étymologiste ne doute que ce ne soit là le mot arabe امير *amîr*, commandant, émir. Mais la terminaison *al* a paru d'autant plus embarrassante qu'on la retrouve dans le portugais *amiralh*, l'italien *almiraglio, ammiraglio*, et sous d'autres formes dans l'ancien espagnol *almirage*, l'espagnol moderne *almirante*, le bas latin *admiralius, admirallus, amiraldus, admiratus, amirarius, amirandus, admirandus, admirantius, amireda, amiræus, etc.* Engelmann avait supposé que le *al* final était l'article précédant un mot tombé depuis, par exemple بحر *bahr*, mer : *amir-al-bahr*, commandant de la mer, serait devenu *amiral* tout court[2]. Cette explication, au moins quant au mot *bahr*, ne semble guère admissible, vu qu'on a de nombreux exemples du *Roman d'Alexandre*, du *Roman de Rou*, de *Garin*, d'*Aubery*[3], qui prouvent qu'*amiraut, amirant, amiratz*, signifient simplement *général, chef de troupes*, et non *chef maritime* d'une façon spéciale.

La désinence *al, aut, ant, atz, é, etc.* reste donc toujours inexpliquée.

Anafin. Sorte d'instrument de musique arabe. (Littré.) C'est le portugais *anafim, anafil, danafil*, en espagnol *añafil*; de l'arabe النفير *an-nafîr*, sorte de trompette.

Cet instrument jouait un rôle important dans le cérémonial de la cour des princes malais avec le tambour, گندڠ *gandoung*, la flûte, سروني *saroûni*, les cymbales, نكار *nagâra, etc.* (Voir le *Chedjarat malayou*, p. ١٤٨.)

Le changement de *r* final en *l* et puis en *n* n'est pas rare dans le passage de l'arabe aux langues romanes. (Voy. Alguazil, Anil; *Auphin*, au mot Fou.)

Angrec. Genre de plantes tropicales de la famille des orchidées. Lat. botan. *angræcum* (ainsi orthographié par analogie avec *fænugræcum*). Le mot vient sans doute de l'archipel Indien; car il existe dans le sounda et le javanais (ꦲꦁꦒꦽꦏ꧀ *anggrék*); c'est en malais اڠكرق *anggreq*, orchis.

Anil. Plante qui fournit l'indigo; de là vient *aniline*, nom d'un alcaloïde obtenu d'abord avec l'indigotine, préparé depuis par d'autres procédés et qui joue aujourd'hui un rôle très-considérable dans l'art du teinturier. *Anil*, portug. *anil*, esp. *añil, añir*, est l'arabe نيل *nîl* avec l'article *al*, dont le *l* s'assimile au *n* suivant : *an-nîl;* du persan نيل ou نيله *nîl, nîleh*, même sens. (V. plus loin Lilas.) *Nîl* est d'ailleurs d'origine indienne. Je ne sais pourquoi M. Dozy[4] donne seulement ou préférablement نير *nîr*. *Nîl* par un *l* se trouve plusieurs fois dans l'*Almansouri* de Razi : حب النيل يسهل البلغم[5], ce que Gérard de Crémone traduit : « *Habenil flegma expellit* »; et plus loin نيل يضمر الاورام الرهلة[6] « l'anil résout les tumeurs molles. »

Antimoine. A défaut de mieux, M. Littré semble disposé à accepter une étymologie arabe : اثمد *outhmoud* ou *ithmid*, « lapis ex quo collyria parantur, *stibium*, » dit Freytag. Le mot arabe, dit l'auteur du *Dict. de la langue fr.*, est devenu facilement, dans le latin barbare, *antimonium*. Cela n'est pas impossible, non plus que l'origine grecque اثمد *ithmid* = στίμμι.

Avec l'article, *al-outhmoud* a donné l'ancien terme de chimie *alcimod*. (V. au mot Alchimie.)

Parmi la foule des noms qu'a portés l'antimoine ou plutôt la poudre appelée *coheul*, on trouve chez les alchimistes *cosmet*, avec les variantes *cosmec, casmet, calmet*, mots de même origine que notre *cosmétique*[7].

Arabe. Le nom عرب *'arab* est passé sans altération dans toutes nos langues, perdant seulement le son guttural initial marqué par la lettre ع, lequel n'a d'équivalent dans aucun autre idiome. Les dérivés *arabique, arabesque, arabine, etc.* sont de pure formation romane.

Arack. Esp. *arac, erraca;* portug. *araca, araque, orraca, rac.* En arabe, عرق *'araq* signifie *sueur* et aussi *lait*, d'après le *Qamous;* عرق التمر *araq at-tamr* est le suc extrait du dattier, qui, par la fermentation, acquiert des qualités alcooliques. De ce liquide, le nom *'araq* ou *araqî* عرقي est passé à toute sorte de boissons enivrantes. Aussi désigne-t-il des liqueurs très-différentes suivant les pays : dans l'Inde et la Malaisie, c'est un spiritueux obtenu avec du riz fermenté, du lait de coco, de la séve de cocotier; à Bourbon, c'est de l'alcool de canne à sucre. Le mot populaire *riquiqui* pour *eau-de-vie* est peut-être une corruption de *'araqî*.

Ardeb. Mesure de poids et de capacité en Égypte. Transcription de l'arabe اردب *ardeb*. On peut voir dans la *Chrest. arab.* de S. de Sacy (t. II, p. 28) les évaluations très-variées de l'ardeb, d'après Venture et Varsy. Je ne sais d'après quelle autorité le *Dict. national* de Beschcrelle et le *Dictionnaire des sciences* de Bouillet (éd. de 1872)

[1] *Dioscoridæ pharmacorum libri VIII*, 1529, fol. 46 verso. Marcello Vergilio dit aussi : « Succinum, quod electrum veteres, nostri *ambram* dicunt. » *Ibid.* fol. 47 recto. Ces commentateurs rangent sous la même dénomination l'ambre jaune et l'ambre gris « quod pisces devoravere »

[2] *Gloss.* p. 164.

[3] Du Cange.

[4] *Gloss.* p. 196.

[5] Man. de la Bibl. nat. sup. arabe, n° 1005, fol. 49 recto.

[6] *Ibid.* fol. 50 recto.

[7] Voy. Martin Ruland, *Lexicon alchemiæ*.

disent que l'ardeb est une mesure de capacité valant 182,000 litres; d'après le grand ouvrage de la commission de l'Institut d'Égypte (*Hist. nat.* t. II, p. 14), la capacité de l'ardeb est seulement de 185 litres.

Argali. Mouton sauvage de l'Asie centrale. Du persan ارگلی *argalī*, même sens.

Argan ou Argane. Genre de plantes (arbres et arbrisseaux) dont le type est l'argan du Maroc (*sideroxylon spinosum* de Linné). «Les forêts d'*argans* qu'on traverse en voyageant dans l'Atlas font grand plaisir à rencontrer, tant à cause de la variété des bois dont elles sont plantées, que parce qu'elles reposent l'œil fatigué de la stérilité du reste du pays.» (Relation du Dr Lemprière[1].) «Le pays est magnifique, semé de superbes forêts d'argans.» (James Richardson[2].) C'est l'arabe ارجان *ardjān* ou *argān*.

Argousin. Ital. *aguzzino*. C'est assurément une corruption de alguazil. (Voy. ce mot.) Pour le changement de *l* en *n*, voy. Anafin.

Arratel. Mesure de poids valant environ 460 grammes. C'est un mot portugais correspondant à l'espagnol *arrelde*, *arrate*, *arrel*, et venant de l'arabe الرطل *ar-raṭl*, la livre, *ar* pour *al* est l'article.

Arrobe. C'est encore une mesure de poids de la péninsule Hispanique, correspondant à 25 livres ou un quart de quintal. Esp. et portug. *arroba*. Deux dictionnaires espagnol et portugais que j'ai sous les yeux donnent l'*arroba* comme valant 32 livres. Néanmoins, il est admis que l'*arroba* d'Espagne vaut 25 livres espagnoles ($11^{k},500$) et l'*arroba* de Portugal $14^{k},680$[3]. Quoi qu'il en soit, *arroba* est l'arabe الربع *ar-roub'*, le quart, mot qui désigne aussi une mesure égyptienne qui est le quart de la ويبة *waïba*. (Voy. Freytag.)

Arsenal. Portug. *arsenal*, esp. *arsenal*, *darsena*, *atarazana*, *atarasanal*, ital. *arzena*, *arzenale*, *darsena*. M. Engelmann dérive tous ces mots en bloc de l'arabe دار صناعة *dār ṣinā'a*, maison où l'on construit, fabrique. Il convient de les séparer en trois groupes : 1° *atarazana* représente دار الصناعة *dār as-ṣinā'a*, avec l'article devant *ṣinā'a*. Je suis porté à croire que le *a* initial de *atarazana* est aussi l'article. Assurément, il est contraire à toutes les règles de la grammaire arabe de préposer l'article à un substantif suivi de son complément; mais dans la langue populaire *dār as-ṣinā'a* avait pu, par le grand usage, arriver à former un seul mot dont on ne sentait plus la composition, ce qui permettait de lui donner l'article (comme dans الماورد *al-maouard*, l'eau de rose, où *maouard* est composé de *mā*, eau, et *ouard*, rose); 2° *darsena* représente *dar ṣinā'a* sans aucun article; 3° enfin *arsenal* est simplement le mot *ṣinā'a* précédé de l'article. Je me range ici à l'opinion de M. Defrémery, qui a fait remarquer que الصناعة *as-ṣinā'a* se dit fort bien, sans le mot *dār*, d'un arsenal maritime[4]. J'ajouterai que Du Cange cite un mot languedocien *arsina* qu'il explique *supellex quævis*, un ustensile quelconque. Je vois là le même mot *as-ṣinā'a*, employé à peu près comme l'est aujourd'hui notre mot *confection* pour telle ou telle espèce de vêtement non fait sur mesure. Et si ma conjecture est exacte, il est clair que le mot *dār* n'aurait là rien à faire. Le *r* d'*arsenal*, *arsina*, est probablement dû à la prononciation emphatique du ص *ṣ*.

Atarazana a conservé en espagnol le sens général de fabrique. Les mots congénères, dans les diverses langues, se sont fixés au sens d'arsenal maritime. Cependant on trouve, dans l'ancien français, *arsanail*, «apotheca instrumentorum agriculturæ,» dans Du Cange.

Les Turcs, les Tunisiens et les Égyptiens paraissent avoir repris à l'espagnol ou à l'italien leur ترسخانة *tarskhāna* ou ترسانة *tarsāna*[5] actuels.

Parmi les exemples d'expressions arabes où un mot est précédé de l'article, bien que suivi de son complément, on peut citer الربع دايرة *ar-roub' dāïra*, quadrant, quart de cercle. Voyez Abou'l-Wéfa, *Almageste*, fol. 11 v°. (Man. n° 1138, ancien fonds arabe de la Bibl. nat.)

Artichaut. Ce mot, disais-je en 1866[6], ne vient certainement pas d'un prétendu terme ارضى شوكى *arḍi chauki*, qu'on lit à la vérité dans le *Dict. fr.-ar.* d'Ellious Bocthor, mais qu'on ne trouve nulle part ailleurs, et dont il serait, je crois, difficile d'établir l'authenticité. Que penser de cette singulière expression *épine terrestre* pour désigner l'artichaut, sans compter qu'une locution de cette forme grammaticale est chose inouïe en langue arabe. Pour moi, je n'y saurais voir, non plus que dans une autre expression ارضشوكة *ardchauka*, donnée par le même ouvrage, rien autre qu'une transcription de l'italien *articiocco*, *articiocchi*. J'en dirai autant d'un bizarre ارتچوت *artitchot* qu'on lit dans le *Gazoph. ling. Pers.*[7].

Le vrai nom arabe, le plus ancien du moins, paraît être حرشف *ḥarchaf* ou حرشوف *ḥarchoūf*, que M. Engelmann écrit خرشوف *kharchoūf* par un *kh*, d'après la transcription de Pedro de Alcala[8]. C'est aussi l'orthographe de Bocthor et du P. Dominique Germain[9], tandis que Meninski et Freytag écrivent par un ح *ḥ*, et prononcent *ḥarchaf*. Les termes espagnols *alcachofa*, *alcarchofa* et le portugais *alcachofra*, évidemment empruntés à l'arabe, semblent donner raison à M. Engelmann, car il n'existe, je crois, aucun autre exemple du ح *ḥ* rendu en espagnol par un *c*, tandis

[1] Appelé au Maroc pour soigner le fils de l'empereur, en 1789. (*Le Tour du monde*, t. Ier, p. 212.) Dans la traduction de cette relation, donnée en 1801 par Sainte-Suzanne, on a pris *Argan* pour un nom propre, *Orga* (p. 139).

[2] *Le Tour du monde*, I, p. 220.

[3] Bouillet, *Dict. des sciences, des lettres et des arts*, 1872.

[4] *Journ. asiat.* avril 1867, p. 416, et *Revue critique* du 26 décembre 1868, p. 411.

[5] Voy. Dozy, *Gloss.* p. 205, 206.

[6] *Revue de l'instr. publ.*

[7] L'auteur de ce dictionnaire italien-persan traduit encore *articiocco* par كنكر فرنكى *kengher-i ferenghi*, kengher d'Europe, ce qui tend à prouver l'origine étrangère des expressions qui reproduisent notre *artichaut*.

[8] *Gloss.* p. 85.

[9] *Fabr. ling. arab.* aux mots *carciofo*, *carcioffolo*, *cardone*.

que cette transcription n'est pas rare pour le خ *kh* (*califa, caramo, carcajes*). Ajoutons que Gérard de Crémone, dans sa traduction de l'*Almansouri* de Razi, transcrit aussi le mot par un *c* : « *Alcorsof*, id est cardui capita[1]. »

Le P. Ange de Saint-Joseph traduit *chardon* par les mots كنكر, خار, شوك, *kengher, khār, chauk*; *khār* est persan, *chauk* est arabe; il serait sans doute puéril de comparer خرشوف *kharchoūf* à une juxtaposition de ces deux derniers termes où l'un semblerait expliquer l'autre.

Pour en revenir à *artichaut*, ital. *articiocco*, latin barb. *articoctus, articactus, articoccus*, on peut y voir des altérations du grec ἀρτυτικός, objet d'assaisonnement, τὰ ἀρτυτικά, têtes d'artichaut, de ἀρτύω, assaisonner. (Voy. M. Defrémery, *Journ. asiat.* janvier 1862, p. 83.)

M. Dozy, trouvant en espagnol *arracife*, espèce de chardon, corrompu en *arrafiz*[2], et *arrezafe*, lieu plein de chardons, croit pouvoir rapprocher ces mots de رصيف *raṣīf*, chaussée, disant que l'*arracife* est le « carduus vulgatissimus *viarum*. » Je crois qu'il n'est pas nécessaire d'aller chercher si loin l'explication. Chardon et artichaut sont tout un pour le botaniste, et nous avons vu plus haut كنكر *kengher*, employé en persan dans l'un et l'autre sens. Il n'est donc pas surprenant que حرشف *ḥarchaf*, plur. حراشيف *ḥarāchīf*, ait été pris en Espagne pour désigner le *cardo arracife*. En Algérie, le chardon comestible ou artichaut sauvage est encore appelé خرشف *khorchef*[3].

Arzel. Esp. et portug. *argel*. De l'arabe ارجل *ardjel*, qui, comme le français et l'espagnol, se dit d'un cheval ayant les pieds de derrière blancs. *Ardjel* vient de رجل *ridjl*, pied, pied de derrière chez les quadrupèdes.

Assassin. Quoi qu'en dise l'annotateur du voyage de Benjamin de Tudèle, dans la collection des *Voyages anciens et modernes* publiée par M. Charton[4], personne ne doute aujourd'hui que le nom d'*Assassins* donné aux Ismaëliens ou Bathéniens ne soit l'adjectif arabe حشاشي *ḥachāchī* ou حشيشي *ḥachīchī*, dérivé de حشيش *ḥachīch*, le hachich (voy. ce mot), boisson enivrante qui jouait un rôle important dans la fanatisation de ces terribles sectaires[5]. Vouloir tirer cette appellation de Haçan, leur chef, c'est défendre une opinion désormais insoutenable.

Le nom des *Hachāchī* a été apporté en France par les Croisés sous la forme *Assaci* qu'on lit dans Joinville. L'espagnol *asesino* et le portugais *assassino* ne semblent pas empruntés directement à l'arabe, mais reçus par l'intermédiaire du français ou de l'italien *assassino*[6]. Le *Dictionnaire* de Du Cange cite les formes de bas latin *heissesin, assassi, assassini, assesini, etc.*

M. Defrémery a publié en 1854, dans le *Journal asiatique*, de très-intéressantes recherches sur les Assassins.

Assogue. C'est l'espagnol *azogue*, navire pour le transport du mercure. Le sens primitif de *azogue* et de son correspondant portugais *azougue* est mercure, vif-argent. Ces mots viennent de l'arabe زوق, زاوق, زيبق *zawaq, zāoūq, zībaq*, venant du persan ژيوه, ژوه *jiwah, etc.* En Espagne, d'après Pedro de Alcala, on prononçait, avec l'article, *azzaouqa*.

Le même mot arabe a donné le terme d'alchimie *azoth*. (Voy. plus loin.)

Astaroth. Nom d'une divinité phénicienne. עַשְׁתֹּרֶת *'achtoreth*, dans la Bible; *Astaroth* est un pluriel[7].

Astronomie. Nous croyons convenable de grouper sous ce mot, comme nous l'avons fait au mot *Alchimie*, un certain nombre de termes que nos anciens livres d'astronomie ou d'astrologie avaient pris chez les auteurs arabes. La plupart sont aujourd'hui bien ignorés. Cependant ils figurent dans le *Dictionnaire national* de Bescherelle qui paraît les avoir empruntés au *Dictionnaire des mathématiques* de l'*Encyclopédie* de d'Alembert. Les diverses publications de M. Sédillot sur l'astronomie des Orientaux nous ont été d'un grand secours pour rétablir la forme arabe de plusieurs expressions singulièrement altérées. Quant aux termes et noms d'étoiles qui sont restés en usage chez nos auteurs, on les trouvera à leur ordre alphabétique dans ce volume.

1. *Achluschémali*, nom de la constellation appelée Couronne boréale. En arabe, الاكليل الشمالى *al-iklīlou 'ch-chemālī*, même sens (*iklīl*, couronne; *chemalī*, boréal).

2. *Adigége* ou *adégige*, constellation du Cygne. En arabe الدجاجة *ad-dadjādja*, la poule.

3. *Alamac, amak*, étoile γ d'Andromède. C'est un *m* pour un *n*; car le nom arabe de l'étoile est عناق الارض *anāq al-arḍ*, le blaireau (ou autre animal du même genre).

4. *Algébar, elgébar*, constellation d'Orion. En arabe, الجبّار *al-djebbār*, le Géant. *Algébaro* est le même mot avec la terminaison casuelle *o* (*ou*) du nominatif.

5. *Algédi*, étoile γ du Capricorne. Chez les astronomes arabes, الجدى *al-djedī*, le chevreau, marque la constellation entière du Capricorne, ou, pour être plus exact, le 10e signe du zodiaque.

6. *Algomeiza*, l'étoile Procyon. En arabe, الغميصاء *al-ghoumeiṣā*, la pleureuse, ou celle qui a mal aux yeux. Ce nom vient de ce que les Arabes appelaient Sirius et Procyon les deux sœurs de Canope. Ce dernier astre ne se levant sur l'horizon qu'au moment où Procyon disparaît au couchant, on disait que Procyon pleurait sur l'éloignement de son frère.

7. *Algorab*, étoile γ du Corbeau. En arabe, الغراب *al-ghourāb*, même sens (l'oiseau et la constellation).

8. *Alhabor, Alchabor, Alchabar*, l'étoile Sirius, appelée

---

[1] Lib. III, cap. xvii. Passage qui correspond au folio 42 du man. arabe, plusieurs fois cité dans mon travail.

[2] *Gloss.* p. 199.

[3] Voy. Cherbonneau, *Dict. fr.-ar.* aux mots *artichaut* et *chardon*. Voy. aussi *cardon*, où l'auteur donne les deux formes خرشف *khorchef* et خرشوف *kharchoūf*.

[4] Tome II, p. 174, note 3.

[5] L'étymologie a été mise hors de doute par Silv. de Sacy dans un mémoire inséré au tome IV du recueil de l'Académie des inscriptions et belles-lettres.

[6] Voy. Dozy, *Gloss.* p. 207.

[7] Astaroth est l'*Astarté* des auteurs latins.

par les Arabes الشعرى العبور ach-chi'ra al-'aboûr, Sirius passant (sur la Voie lactée).

9. *Aliémini.* C'est encore Sirius, الشعرى اليمانى ach-chi'ra al-yemânî, Sirius du Yémen, par opposition à Procyon appelé Sirius de Syrie. (Voy. plus loin *Aschémie.*)

10. *Almerzamonnagied,* étoile qui est sur l'épaule orientale d'Orion. En arabe, المرزم الناجد *al-merzam an-nâdjid,* nom qui semble pouvoir être interprété *le lion agile.*

11. *Alphéraz, Alphérath,* étoile α de Pégase; الفرس *al-faras,* le cheval.

12. *Alpheta,* α de la Couronne boréale. En arabe, الفكة *al-fekka.*

13. *Alruccabah,* l'étoile polaire; en arabe, الركبة *ar-roukba,* le genou.

14. *Arided, Arioph, Arisph,* étoile de la queue du Cygne; en arabe, الردف *ar-ridf,* mot qui signifie *celui qui suit, celui qui vient après.* (Voy. *Rédif,* au mot NIZAM.)

15. *Asangue,* la constellation de la Lyre; en arabe, الصنج *as-sandj,* qui est probablement une altération du persan چنك *tcheng,* harpe, luth.

16. *Aschémie,* l'étoile Procyon; en arabe, الشامى *ach-châmî,* le Syrien, الشعرى الشامى *ach-chi'ra ach-châmî,* Sirius de Syrie. (Voy. *Aliémini,* ci-dessus.) L'*e* final de *aschémie* montre que le mot a été fait sur le féminin الشامية *ach-châmîa.*

17. *Aschère,* Sirius. C'est l'arabe الشعرى *ach-chi'ra,* qui représente le grec Σείριος.

18. *Asugia,* constellation d'Orion; en arabe, الجوزا *al-djauzâ* (qui se dit aussi de l'ensemble du 3ᵉ signe du zodiaque, les Gémeaux). Bescherelle donne la forme plus correcte *algiausa.*

19. *Ataur,* constellation du Taureau; en arabe, الثور *ath-thaur,* qui se dit aussi de l'animal. L'*Encyclopédie méthodique* cite les variantes *atir, atyr, atin.*

20. *Baten-Kaitos,* étoile ζ du milieu du corps de la Baleine; en arabe, بطن قيطس *baṭn qaiṭous. Baṭn* signifie *ventre,* et *qaiṭous* est le grec Κῆτος.

21. *Cazimi.* « Ce mot arabe est employé par les astronomes de ce pays pour marquer le disque du soleil; lorsqu'ils disent qu'une telle planète est en *cazimi,* c'est comme s'ils voulaient dire qu'elle ne paraît point éloignée de 16 minutes du centre du soleil, le demi-diamètre de cet astre étant de 16 minutes. » (Lalande, *Dictionnaire des mathématiques de l'Encyclopédie.*) Le mot arabe est جسم *djesm,* corps, mot constamment employé par les astronomes en parlant des astres doués d'un diamètre apparent : على جسم الشمس *âla djesmi 'ch-chemsi,* sur le disque du soleil, *en cazimi.*

22. *Chara, scera,* l'étoile Sirius. (Voy. ci-dessus *Aschère.*)

23. *Étanin,* étoile de deuxième grandeur, γ du Dragon; de l'arabe التنين *et-tanîn,* le dragon (animal) et le Dragon (constellation). On trouve encore cette étoile désignée sous le nom de *Rastaben,* altération de راس التنين *ras et-tanîn,* la tête du Dragon. *Et* est l'article pour *el.*

24. *Kalbélasit,* le cœur du Lion (Régulus); en arabe, قلب الاسد *qalb el-asad,* de *qalb,* cœur, et *asad* ou *esed,* lion.

24 *bis. Kalbolacrab,* α du Scorpion (Antarès); en arabe, قلب العقرب *qalbou 'l-âqrab,* le cœur du Scorpion, formé du même mot initial et de *âqrab,* scorpion (l'animal et la constellation).

25. *Kalbelazguar,* α du Petit Chien (Procyon); en arabe, الكلب الاصغر *al-kalb al-aṣghar,* le Petit Chien, de *kalb* ou *kelb,* chien et *aṣghar,* plus petit, par opposition à *al-kalb al-akbar,* le Grand Chien, Sirius.

26. *Kébir, Kabir.* Ce sont des noms de l'étoile Sirius, venant peut-être du mot كبير *kebîr,* grand, le Grand Chien, mais que j'aime mieux regarder comme des altérations de عبور *âbour* (voy. *Alhabor,* n° 8), parce que Sirius se nommait *al-akbar,* et non *al-kabîr.*

27. *Rasalgethi, Razalagethi,* α d'Hercule; en arabe, راس الجاثى *ras al-djâthî,* la tête de l'Agenouillé. *Al-djâthî,* l'homme agenouillé, est le nom de la constellation.

28. *Rasalague, Razalageuse,* α ou la tête du Serpentaire; en arabe, راس الحوا *ras al-ḥawâ,* de *ras,* tête, et de *ḥawâ,* preneur de serpents.

29. *Zubenel-chemali,* étoile β de la Balance (plateau septentrional); en arabe, الزبان الشمالى *az-zoubân ach-chemâlî,* de زبان *zoubân,* dont le sens est mal défini[1], et شمالى *chemâlî,* septentrional.

30. *Zubenel-génubi,* α de la Balance (plateau méridional); en arabe, الزبان الجنوبى *az-zoubân al-djenoûbî;* جنوبى *djenoûbî,* signifie *méridional.* (Voy. l'article précédent.)

31. *Alchitot,* l'axe de la sphère, le pôle du monde; altération de l'arabe القطب *al-qouṭb* (ou du pluriel القطوب *al-qouṭoûb*), essieu, pôle, étoile polaire.

32. *Alhabos,* le clou qui joint l'anneau de suspension à l'astrolabe; en arabe, الحبس *al-ḥabs,* d'une racine signifiant *retenir, emprisonner.*

33. *Alphelath,* petit cercle placé au centre de l'astrolabe; en arabe, الفلس *al-fals,* proprement la petite pièce de monnaie appelée en grec ὀβολός, obole, mot dont le terme arabe est une altération. (Pour le changement de *s* en *th,* cf. *alphérath,* de الفرس *al-faras.*)

34. *Alzubra,* la onzième maison de la lune; en arabe, الزبرة *az-zoubra,* le dos, entre les épaules. Cette *mansio* de la lune est en effet marquée par deux étoiles placées entre les épaules du Lion.

35. *Alméhan,* trou circulaire au centre de l'astrolabe; en arabe, المحن *al-maḥn.* (Voy. L. A. Sédillot, *Supplément au Traité des instruments astronomiques des Arabes,* p. 225.)

36. *Muri,* indicateur à l'extrémité de l'alidade. Ce mot, qui fait songer à notre *mire,* est ordinairement écrit en arabe مرى *mourî;* cependant j'ai trouvé aussi l'orthographe مورى *moûrî* par un و *oû,* notamment dans l'*Alma-*

[1] Je pense qu'il faut voir dans ce mot le persan زبان *zoubân,* qui signifie proprement *langue* et se dit aussi de la pointe d'une lance, de l'ardillon d'une boucle, etc.; les deux *zouban* sont les deux pinces du Scorpion, dont la constellation fait corps avec la Balance.

geste d'Abou 'l-Wéfa dont le manuscrit[1] est généralement si correct. Le mot arabe n'est pas dans les dictionnaires, du moins avec ce sens. Il paraît être un dérivé du verbe راى *raa,* voir, à la 4e forme, montrer.

37. *Shafiah,* planchette pour les tracés astronomiques; en arabe, صفيحة *safîha,* surface plane, tablette.

38. *Suradain,* étoiles α et β du Sagittaire; en arabe, الصردين *as-souradeïn,* les deux *sourads.* Le *sourad* est un oiseau fantastique dont il est question dans les contes musulmans[2].

39. *Facardin,* β et γ de la Petite Ourse; en arabe, فرقدين *farqadeïn,* les deux veaux, duel de فرقد *farqad.*

Athanor. Four des alchimistes. «On se servait de ce mot, il n'y a pas encore longtemps, dit Bescherelle, pour désigner un fourneau construit de façon qu'avec le même feu on pouvait faire plusieurs opérations différentes.» Esp. *atanor,* qui a pris un sens très-différent, tuyau de fontaine. (Voy. les explications de M. Dozy, *Gloss.* p. 211, 212.) De l'arabe التنور *at-tannoûr,* en hébreu, תנור *tannoûr,* four, mot d'origine araméenne, qui se rattache à la racine *noûr,* feu. De là aussi vient *tandour.* (Voy. ce mot.)

Acanor, cité par Bescherelle, est une altération de *athanor;* on sait avec quelle facilité les sons *k* et *t* permutent dans la langue du peuple. Dans le *Lexicon alchemiæ* de Martin Ruland, on trouve encore: *athonor, anthonor,* furnus, *atanor,* olla perforata.

Atlé. Espèce de tamarix. De l'arabe اثلة *athla,* même sens.

Aubère. Nuance particulière de la robe du cheval. Blanc, bai et alezan, dit l'un; couleur fleur de mille-pertuis, dit un autre; «ex albo fuscus, nigris distinctus maculis», dit le P. Pomey, cité par Ménage; couleur fleur de pêcher, disent Landais et Bescherelle. Enfin M. Littré appelle aubère un cheval «dont le corps est recouvert d'un mélange de poils rouges et de poils blancs, la crinière et la queue étant de même couleur ou de nuance plus claire.» L'étymologie de ce mot difficile a été signalée par le P. Guadix : l'espagnol *hobero* (qu'on écrit aujourd'hui *overo*[3]) est tiré du nom arabe de l'outarde, حبارى *hobāra.* Le plumage de cet oiseau présente en effet toutes les variétés de couleur que nous venons d'énumérer; le blanc, le roux, le cendré dominent, et les plumes portent un duvet rose à leur naissance. Il est vrai que l'auteur de l'étymologie veut comparer la robe rosâtre du cheval aubère moins au plumage de l'outarde qu'à sa chair lorsqu'elle est cuite[4].

Chardin parle de l'*auberré* comme très-commun en Perse : «On y a partout, en automne et en hiver, des *auberrés,* gros comme des poulets d'Inde, dont la chair est grise et aussi délicate que le faisan. Le plumage en est beau, les plumes longues, et sur la tête il a un bouquet comme un panache.» (Ed. Smith, *Voyage en Perse,* p. 219.) Le commandant Duhousset parle du même oiseau, sous le nom de *houbara :* «Un houbara (petite outarde) fut notre première victime[5].»

Aubergine. L'aubergine est une plante originaire de l'Orient, ainsi que l'atteste Dominique Chabré qui, dans son *Stirpium icones* (1678), l'appelle *Melongena Arabum* et ajoute : «Melongena in Arabum codicibus primum celebrata fuit.» Le nom arabe-persan بادنجان *bādindjān* serait assez difficile à reconnaître dans notre *aubergine,* si nous n'avions comme points de repère l'espagnol *berengena* et le portugais *beringela, bringella*[6]. On trouve aussi, avec l'article arabe, *alberengena* qui correspond à *aubergine,* comme *berengena* correspond aux autres formes françaises, *mérangène, mélongène.* Du Cange cite, dans le bas latin, *merangolus, melangolus;* les Italiens ont *melangolo* et *melanzana,* dont le *Gazoph. ling. Pers.* signale déjà l'analogie de son avec بادنجان *bādindjān.* Quant à *melongena,* c'est du latin de botaniste.

On trouve encore, dans le français provincial, *bélingèle, albergaine, albergine* et *albergame.* Rondelet, dans son admirable livre sur les Poissons[7], a donné le nom d'*albergame de mer* à une espèce d'holothurie de la Méditerranée, à cause de la ressemblance de ce mollusque avec le fruit de l'aubergine.

La diversité de tous ces mots, identiques au fond, se retrouve jusqu'à un certain point dans les noms orientaux de l'aubergine, arabes ou persans, بادنجان, بادنكان, بادلجان, پاتنكان, پاتنكاه, *bādindjān, bādingān, bādildjān, pātingān, pātingāh.* Chardin écrit *badinjan :* «On a aussi ce fruit qu'ils appellent *badinjan,* que nous appelons *pomme d'amour*[8].» Le man. unique de Razi, de la Bibl. nat., porte بادنجان *bādindjān;* le célèbre médecin arabe dit que ce fruit brûle le sang et fait naître des pustules dans la bouche, يحرق الدم ويثير الفم, à moins qu'on ne le fasse cuire avec du vinaigre[9]. L'aubergine n'a pas aujourd'hui une aussi détestable réputation.

Auffe. Espèce de jonc dont on se sert au Levant pour faire des cordages de navire, des nattes, des filets. C'est l'arabe حلفة *halfa* ou حلفاء *halfā,* que Freytag donne simplement comme une plante aquatique, sans s'expliquer davantage, mais qui est le *jonc* dans le *Dict.* d'Ellious Bocthor. M. Cherbonneau[10] donne aussi *halfa,* jonc aquatique employé à faire des nattes; et M. Sanguinetti : حلفة arundo epigeios, حلفة مكة jonc odorant, roseau de la

[1] Anç. fonds ar. de la Bibl. nat. n° 1138. Voy. fol. 20 recto, ligne 5 : مورى العضادة *moūri 'l-'idāda,* indicateur de l'alidade. Ailleurs le mot est sans و ou.

[2] Voy. Cherbonneau (*Dict. ar.-fr.*) qui écrit *sarad.*

[3] Comme si le mot venait du latin *ovum,* et, en effet, dans un dictionnaire espagnol que j'ai sous les yeux, *overo* est expliqué «lo que es de color de huevo.»

[4] Dozy, *Gloss.* p. 286.

[5] *Les chasses en Perse,* dans *le Tour du monde,* 2e sem. 1862, p. 114.

[6] Ce mot est revenu en Orient, chez les Malais, sous la forme برنجال *berindjāla.*

[7] *De Piscibus marinis lib. XVIII, in quibus vivæ piscium imagines expositæ sunt.* Lyon, 1554.

[8] *Voy. en Perse,* éd. Smith, p. 204.

[9] Sup. ar. n° 1005, p. 41 verso.

[10] *Dict. ar.-franç.* et *Dict. franç.-ar.* au mot *jonc.*

Mecque (*Journ. asiat.* mai 1866, p. 300). En réalité, l'auffe n'est pas un jonc, mais une plante de la famille des graminées, bien connue en Espagne sous le nom de *esparto*, sparte (*Stipa tenacissima*, de Linné). Ses feuilles, longues et étroites, s'enroulent à mesure qu'elles mûrissent et deviennent cylindriques en séchant. Ceux qui ne l'ont vue qu'en cet état ne peuvent manquer de la prendre pour un jonc[1]. On peut être surpris qu'aucun de nos dictionnaires n'ait signalé l'identité de l'*ḥalfa* et du sparte[2]. L'*alpha* ou *alfa*, qu'on exploite en Algérie et dont on fait du papier, est identique au sparte d'Espagne.

Auge. Terme d'astronomie. Nom qu'on donnait autrefois à ce qu'on nomme aujourd'hui *apsides*, c'est-à-dire les points où une planète se trouve à sa plus grande ou à sa plus petite distance du soleil[3]. Esp. *auge*, ital. *auge*. De اوج *aoudj*, sommet, point culminant, que les astronomes arabes emploient dans le même sens.

Aumusse. Provenç. *almussa*, esp. *almucio*, portug. *murça*, ital. *mozzetta*. On tire ce mot, très-ancien dans la langue française, de l'allemand *mütze*, bonnet, auquel se serait adjoint l'article arabe *al*. Je n'y saurais contredire. (Voy. Littré, *Dict.*)

Avanie. L'étymologie de ce mot est difficile. Ellious Bocthor traduit *avanie* par عوان, عوانية *'awān*, *'awānīa*, expressions que je ne connais point en arabe. Le P. Ange de Saint-Joseph rend le même mot par اوارى et اوانى *awārī*, *awānī*, qui manquent dans les dictionnaires[4]. D'autre part, M. Pihan donne pour étymologie هوان *hawān*, mépris, ce qui n'a d'autre base qu'une ressemblance de son, sans aucune concordance de sens; car le sens primitif d'*avanie* est sans rapport avec l'idée de mépriser. Il est facile de reconnaître que ce mot signifie simplement *tribut, amende, somme à payer, droit de passage*. L'idée que nous y attachons aujourd'hui est venue postérieurement, et tient sans doute à la facon vexatoire dont les avanies étaient perçues en Orient.

« Les Chiodars du Chiaïa, dit Tournefort[5], vinrent nous annoncer... que tous les passages de l'empire étaient ouverts pour nous; mais qu'assurément on nous auroit arrêtés sans la lettre du Beglierbey d'Erzeron, ou qu'au moins on nous auroit fait payer une grosse *avanie*, comme il arrive à tous ceux qui passent de Turquie en Perse. »

« Il n'y a pas de gens au monde, dit Chardin dans un passage que je crois devoir citer tout au long[6], plus aisés à tromper, et qui aient été plus trompés que les Turcs. Ils sont naturellement assez simples et assez épais, gens à qui on en fait aisément accroire. Aussi, les Chrétiens leur font sans cesse une infinité de friponneries et de méchants tours; on les trompe un temps, mais ils ouvrent les yeux; et alors ils frappent rudement et se payent de tout en une seule fois. On appelle ces amendes qu'ils font payer *avanies*; terme qu'on prétend tirer du nom d'*avany* qui se donne en Perse aux courriers de la cour et qui veut dire « des gens qui prennent tout ce qu'ils trouvent », parce qu'effectivement ces courriers prennent sur leur route des chevaux à toute sorte de gens, quand ils en ont besoin ou qu'ils en rencontrent de meilleurs que celui qu'ils montent, sans s'informer qui l'on est... Ces *avanies* ne sont pas toujours des impositions injustes... Les Marseillais disent que ce sont les *avanies* qui ont ainsi affaibli le commerce des Français au Levant; aussi en ont-ils payé pour des sommes immenses. »

Le P. Ange[7] dit aussi : *Avani* اوانى pro *angari*, angaria : quando cursores regis Persiæ equum viatorum vi armata manu exigunt. » Il insinue que le mot persan est celui que les Grecs ont transcrit ἄγγαρος (d'où ἀγγαρεία, service des courriers, corvée, et plusieurs autres dérivés, dont une partie a passé tardivement en latin : *angaria, angariare, etc.*).

J'ignore quel peut être ce mot persan que Chardin transcrit *avany*.

D'un autre côté, les chartes génoises des XIVe et XVe siècles nous donnent *avaria, averia, avere* dans le sens d'impôt, contribution, droit d'entrée[8]. Est-ce le même mot? On a vu que le P. Ange donne *awārī* à côté de *awānī*.

Ces *avariæ* étaient particulièrement payées pour réparer des pertes, ce qui suggère à l'esprit une assimilation avec notre *avarie* : « *Avariis* seu damnis reparandis, » dit le *Gloss.* de Du Cange. (Voy. ci-après Avarie.)

En résumé, *avanie*, portug. *avania*, ital. *avania*, bas grec ἀβανία, correspond à un terme du Levant اوانى *awānī* qui n'est pas dans les dictionnaires, et qui paraît se rattacher au vieux mot d'où est venu le latin *angaria*, corvée, aujourd'hui en italien *angheria*, contrainte, violence. L'assimilation est d'autant plus permise que, dans cette dernière langue, *avaniare* est synonyme de *angheriare*, surcharger d'impôts.

Avarie. Esp. *averia*, portug. *avaria*, ital. *avaria*. Malgré les diverses étymologies proposées par Brencmann, Adelung, Diez, Jal, etc., M. Dozy ne doute pas que le mot ne soit d'origine arabe, introduit d'abord en italien par le commerce, et passé de là aux autres langues européennes. *Avaria* viendrait de la racine عار *'ār* qui signifie proprement *éborgner*, mais qui, à la 2e forme *awouar*, a aussi le sens de *gâter*, d'où عوار *awār*, défaut, déchirure. Bocthor traduit *avarie* par عوار حصل لمركب *awār ḥaṣal li-merkeb*, dommage qui arrive à un navire, et marchandises avariées par بضاعة معورة *bedā'a mo'awara*.

Pour établir avec quelque certitude une étymologie aussi contestée, il faudrait des arguments plus sérieux que l'autorité d'Ellious Bocthor ou des passages trop modernes de Maccari. La lecture des articles *avaria, averium, etc.* dans Du Cange, n'éclaircit rien; mais le sens du mot pa-

[1] Voy. *Dict. d'hist. nat.* de Déterville, t. XXXI, p. 554.

[2] Elle est indiquée dans le *Dict.* de Littré au mot *sparte*.

[3] Le mot manque avec ce sens dans la plupart des dictionnaires. Bescherelle le tire du latin *augere*, croître.

[4] Comp. cependant آوار et اوارة, oppression, injustice, ruine, calcul, etc.

[5] *Voy. du Levant*, lettre XVIII, t. III, p. 146 de l'éd. de 1717, Lyon.

[6] *Voy. en Perse*, p. 9 et 10, éd. Smith.

[7] *Gazoph. ling. Pers.* p. 5.

[8] On trouve dans Bescherelle : « *Avariz*, impôt de 500 aspres que doit payer chaque quartier dans les villes de l'empire ottoman. »

rait être plutôt *droit, impôt,* que *dommage,* ce qui conviendrait mal à la conjecture de M. Dozy.

Avicenne. Genre de plantes de la famille des gattiliers, tire son nom de celui de l'illustre philosophe arabe : ابن سينا *Ibn-Sina,* nom dont les juifs arabisants avaient fait *Aben-Sina,* que nous avons transcrit par *Avicenne.*

Avives. Engorgement des glandes parotides chez le cheval. Ménage dit que ce mot vient de *eau-vive,* parce qu'on croyait que les chevaux contractaient cette affection en buvant des eaux vives[1]. Ce qui est certain, c'est que les formes espagnoles *adivas, abivas* n'ont aucun rapport avec *eau vive.* Aussi, viennent-elles de l'arabe الذيبة *ad-dhība,* qui est le nom de cette maladie. Le vieux français a aussi le mot sans l'article, *vives,* qui est resté en anglais. Bocthor ne traduit pas *avives* par *dhība;* il applique ce terme à la morve qu'il appelle ذيبة الخيل *dhibat al-khaïl, dhiba* des chevaux. Resterait à expliquer pourquoi le français et l'espagnol ont donné à ce mot la marque du pluriel.

L'arabe ذيب *dhīb* signifie *loup, dhība* se traduirait donc littéralement par *louve, loupe.* Pris généralement en Algérie et au Maroc dans le sens de chacal, *dhīb* (précédé de l'article *adh* pour *al*) a donné en portugais *adibe,* en espagnol *adive,* qui a passé en français. Nos dictionnaires d'histoire naturelle donnent aussi *adil.* On peut voir, là-dessus, Dozy (*Gloss.* p. 45) et Defrémery (*Journ. asiat.* janvier 1862, p. 87).

Ayan. Magistrat turc chargé de veiller à la sûreté publique. C'est l'arabe اعيان *a'yān,* pluriel de عين *'aïn,* œil. Les Turcs, à l'imitation des Persans, disent : اعيان دولة *a'yān-i devlet,* les yeux du royaume, c'est-à-dire les grands, les ministres. Ici, on pourrait supposer que *ayān* est pris dans un sens plus particulier pour marquer celui qui observe, surveille, de même qu'en malais, ماتا٢ *mata-māta,* qui signifie aussi *les yeux,* se dit d'un surveillant, d'un agent de police.

Axirnach. Terme de médecine. Tumeur graisseuse de la paupière, qui se manifeste surtout chez les enfants. (*Dict.* de Bescherelle.) De l'arabe الشرنق *ach-chirnāq,* même sens.

Ayer. Arbuste des Moluques. «Lorsqu'on fait des incisions à ses rameaux, il en découle un suc limpide propre à désaltérer les voyageurs.» (*Dict. de Dét.* III, 122.) C'est assurément le malais آير *āyer,* eau, bien que la dénomination كايو آير *kāyou-āyer,* arbre d'eau, s'applique d'ordinaire au ginseng chinois.

Azamoglan. Jeune serviteur chargé, dans le sérail, des fonctions les plus basses. C'est le turc عجم اوغلان *'adjem-oghlān,* formé de *oghlān,* page, jeune garçon, et de l'arabe *'adjem*[2] qui se dit de tout peuple étranger, non arabe, et particulièrement des Persans. *Azamoglan,* qui est vraisemblablement une transcription grecque (ou peut-être vénitienne[3]), signifie donc enfant d'origine étrangère.

Azédarac. Esp. *acedaraque.* Arbre originaire de l'Orient, dont le nom, ازاد درخت *azād-dirakht,* qui nous est venu par les Arabes, est d'origine persane et formé des deux mots, آزاد *azād,* libre, et درخت *dirakht,* arbre. D'après la légende, ce nom vient de ce que Medjnoun, le célèbre amant de Léila, sauva un arbre de cette espèce de la hache d'un jardinier, auquel il en paya le prix, à cause de la ressemblance qu'il y trouvait avec la taille de sa bien-aimée. D'après d'Herbelot (*Biblioth. orient.*), l'*azédérach* serait nommé en Perse زهر زمين *zehr-i zemīn,* poison de la terre, à cause des qualités vénéneuses de ses fruits; et de là viendrait son nom d'*arbre libre,* «parce que personne n'y touche pour en manger le fruit[4].»

Azerbe. Muscade sauvage. On pourrait être tenté d'assimiler ce mot au portugais *azevre, azebre, azevar,* suc d'aloès, lequel vient de l'arabe الصبار *aṣ-ṣibār*[5], «fructus arboris acidi saporis», dit Freytag, ce qui convient parfaitement à la muscade, dont la chair a une saveur si âcre et si astringente qu'on ne saurait la manger crue et sans apprêt[6]. Mais il est plus probable que notre *azerbe* représente ضبر *ḍabr,* noix sauvage, muscade, prononcé à la manière persane *zabr, az-zabr.*

Azerolle. Esp. *acerola, azarolla;* portug. *azerolo;* ital. *azzeruolo, lazzeruola, lazzarolo, lazarino.* Tournefort écrit *azarole, azarolier.* De l'arabe الزعرور *az-zo'roūr,* même sens. L'azerolier est très-répandu dans le Levant, où il pousse spontanément. L'azerolle est mentionnée dans Razi comme un fruit astringent : الزعرور عاقل للبطن «l'azerolle resserre le ventre[7].»

Azimech. Étoile aussi nommée l'Épi de la Vierge; en arabe السماك *as-simāk.* Les cosmographes orientaux appliquent ce nom à deux étoiles différentes : l'une appelée السماك الرامح *as-simāk ar-rāmiḥ,* azimech armé d'une lance, est Arcturus, du Bouvier, et la lance est une petite étoile voisine; l'épithète *ar-rāmiḥ* devient chez nos anciens astronomes, *aramech, alramech,* noms qu'on donne encore quelquefois à cette étoile. L'autre se nomme السماك الاعزل, azimech désarmé; c'est notre Azimech ou α de la Vierge, la onzième des quinze étoiles de première grandeur que compte Alfergani[8].

Azimuth. Terme d'astronomie : arc du cercle de l'ho-

[1] «Le cheval fort-beu ou trop tost abbreuvé après s'estre eschauffé et travaillé, puis se refroidir sans estre pourmené et délassé, engendre les *avives.*» (*Agriculture et maison rustique,* de Jean Liebault, 1601, p. 165.)

[2] Et non de عظام *'aẓām,* pluriel de عظم *'aẓm,* grand, qui formerait ici une singulière antiphrase.

[3] On sait que le dialecte vénitien remplace le son *g* (*dj*) par *z.*

[4] «On dit que la pulpe des fruits est mortelle pour les hommes et les chiens, ce que j'ai de la peine à croire, car elle est peu désagréable au goût, ainsi que je m'en suis assuré, et elle est fort recherchée par un grand nombre d'oiseaux.» (Bosc, *Dict. d'hist. nat.* t. III, p. 126.)

[5] Engelmann, *Gloss.* p. 35.

[6] *Dict.* de Déterville, t. XXII, p. 71.

[7] Man. arabe déjà cité, p. 44 recto.

[8] Édit. de Golius, p. 76. Je n'ai pu découvrir le sens de *simāk*

rizon compris entre la méridienne et la trace d'un plan vertical. De l'arabe السمت as-semt, que les astronomes orientaux emploient dans le même sens[1], et qui est aussi le mot dont nous avons fait zénith.

Azoth. Terme d'alchimie. Prétendue matière première des métaux. (Littré.) C'est le mercure, الزاوق az-zaouq. (Voy. Assogue.) On trouve, dans Du Cange, azoch et azoth, substance ainsi définie, d'après Le Baillif (*Dict. spagyr.*) : «Universalis medicina, paucis cognita, unica medela, lapis physicus; alii putant mercurium corporis metallici.» Dans le manuscrit latin du XIVe siècle, n° 7156, anc. fonds de la Bibl. nat., déjà cité, on lit : «azoc, id est argentum vivum,» et dans le man. 7147 : «azoth vero est argentum vivum[2].» Enfin, dans la synonymie qui accompagne la traduction latine de Razi, par Gérard de Crémone[3], on trouve : «asoch, argentum.» Ici l'absence du mot *vivum* est sans doute l'effet d'une erreur typographique.

Azur. Mot très-ancien dans les langues romanes, et qui remonte, chez nous, au moins au XIe siècle. Esp. et portug. *azul*, ital. *azzurro*, bas lat. *azurrum*, *azura*, *azolum*. C'est l'arabe لازورد lazwerd, ou لاجورد ladjwerd, venu du persan لاژورد lajouwerd. Le *l* initial a sans doute été pris pour l'article, ce qui explique son absence dans les mots européens que nous venons de citer. Du reste, on le retrouve dans le bas latin *lazulum*, *lazurius*, *lazur* et dans le bas grec λαζούριον. Nous l'avons aussi conservé dans l'expression *lapis-lazuli*.

B

Baal. Le nom de cette divinité assyrienne, que nous avons pris dans la Bible, se retrouve dans toutes les langues sémitiques: en hébreu בַּעַל ba'al, maître, seigneur; en arabe بعل ba'l, maître, mari. Dans l'une et l'autre langue, le verbe *ba'al* signifie *être maître de, prendre pour femme*.

Babiroussa. Espèce de porc de l'archipel Indien. On trouve ce nom écrit de diverses manières : *babirosa*, *babironsa*, et même *barbiroussa*, comme s'il signifiait *barbe rousse*. C'est le malais بابی روس bābī-rousa, littéralement *cochon-cerf*, nom qui lui vient des deux longues défenses recourbées qui traversent le dessus de son museau.

Babouche. Esp. *babucha*. C'est le persan پاپوش pāpouch (de پا pā, pied, et پوشیدن pouchīden, couvrir). Mais le changement de *p* en *b* marque que le mot nous est venu par l'arabe qui, n'ayant pas de *p*, écrit بابوش bābouch. C'est ainsi que nous avons eu *pacha* sous la forme *bacha* ou *bassa*.

Bacbuc. Dans Rabelais, la dive Bacbuc est la dive bouteille : de l'hébreu בקבוק baqbouq, bouteille, flacon.

Badamier. Arbre de l'Inde qui donne des amandes d'un goût excellent. (Littré.) Quelque plaisant a imaginé d'interpréter ce nom par *bois de damier*, étymologie que reproduisent tous nos dictionnaires. Le badamier est tout simplement l'arbre qui produit les *bādām* بادام, c'est-à-dire, en langue persane, les amandes. A la fin du siècle dernier, ces amandes servaient de monnaie dans l'Inde, concurremment avec les cauris. «J'ai remarqué dans mon premier voyage, dit Stavorinus[4], que les cauris servent de petite monnaie au Bengale; à Surate, on emploie pour cet effet des amandes appelées *badams*, dont la valeur, comme on se l'imagine bien, varie beaucoup plus que celle des autres pièces de monnoie.»

Badiane. Arbre de la Chine (*Ilicium anisatum*) dont les capsules, connues sous le nom d'*anis étoilé*, servent à faire diverses liqueurs, telles que l'*anisette de Hollande* ou *ratafia de Boulogne*. Esp. *badian*, *badiana*. Du persan بادیان bādiān, anis.

Baïram. Fête turque qui succède au jeûne du Ramadan. C'est la transcription du turc بیرام baïrām. Soixante et dix jours plus tard, on célèbre le grand-baïram ou *courban-baïram*; *courban* est l'arabe قربان qourbān, sacrifice.

Bakchich. Cadeau, pourboire en Turquie, en Égypte, en Perse, etc. «Nous prenons nos billets et nous sommes poursuivis dans la gare par un employé arabe qui nous demande un *bakchich* pour nous avoir passé nos billets.» (Guill. Lejean[5].) C'est un mot persan بخشیش bakhchīch, du verbe بخشیدن bakhchīden, donner. Bocthor (au mot *pourboire*) écrit بقشیش baqchīch, ce qui est une orthographe corrompue.

Balais (Rubis). Esp. *balax*, *balaxo*, *balaja*; portug. *balax*, ital. *balascio*, bas lat. *balascius*. De l'arabe بلخش balakhch, venant du persan بدخشان badakhchān, nom du pays d'où l'on tire ces gemmes. «C'est dans les montagnes de *Badakschian* que se trouve la mine de rubis que les Orientaux appellent *badakhschiani* ou *balakhschiani*, et que nous nommons rubis balays.» (D'Herbelot[6].) «Pour ce qui est du rubis..., on l'appelle aussi *balacchani*, pierre de *Balacchan*, qui est le Pégu[7], d'où je juge qu'est venu

---

[1] السمت هو قطعة قوس من دايرة الافق بين مطلع معدل النهار وبين تقاطع دايرة الافق ودايرة الارتفاع. *Almageste* d'Abou'l-Wéfa, fol. 51 verso. (Man. de la Bibl. nat., ancien fonds arabe, n° 1138.)

[2] Fol. 16 *verso*.

[3] Édit. de 1510, en caractères gothiques.

[4] *Voyages dans l'archipel des Moluques* (1768 à 1778). Trad. du hollandais par Jansen. 2e édit. t. II, p. 20.

[5] *D'Alexandrie à Souakin*, dans *le Tour du monde*, 2e sem. de 1860, p. 98. M. Spoll, dans son *Voyage au Liban*, écrit *bachich* : «Des Arabes demi-nus....... nous déposent sains et secs sur le quai moyennant un léger bachich.» (*Le Tour du monde*, 1er sem. 1861, p. 3.)

[6] *Biblioth. orient.* au mot *badakschian*.

[7] Erreur relevée par M. Defrémery, dans une note de sa traduction du *Gulistan*, p. 324.

le nom de *balais* qu'on donne aux rubis couleur de rose.» (Chardin[1].) Marco Polo appelle ce même pays *Balasian* et les rubis *balaxi* ou *balasci*.

On voit par ces citations combien peut varier sous une plume européenne la transcription d'un même mot oriental.

Baldaquin. Esp. *baldaqui, baldaquin, balduquino;* ital. *baldacchino;* bas lat. *baldakinus, baldekinus, baudakinus, baudekinus, baldekinius*. Du nom de la ville de Baghdad بغداد, qu'on écrivait au moyen âge *Baldac* ou *Baudac*, en italien *Baldaco*. Baldaquin et ses congénères sont des adjectifs formés sur ce nom ainsi altéré, et qu'il est fort inutile de vouloir tirer directement de l'adjectif arabe بغدادى *baghdâdî*. Ce dernier mot, ainsi que *baldaquin*, a signifié d'abord une riche étoffe fabriquée à Baghdad et servant à faire des tentures; de là est venue la signification actuelle.

Baléron ou Balérong. Salle d'audience où le souverain malais rend la justice. En malais بليرغ *balĕrong* ou بالى روغ *bâlĕ-rouang*. *Balé* employé seul signifie de même *édifice public, lieu d'assemblée, maison commune*. Le *balĕrong* est généralement une grande cour entourée par les bâtiments du palais du souverain.

Ballote. Chêne à glands comestibles des côtes d'Afrique, connu aussi sur la côte d'Espagne. En arabe, بلّوط *balloûṭ* (dans Avicenne). En persan, شاهبلّوط *châh-balloûṭ*, chêne du roi, se dit du châtaignier.

La germandrée officinale, vulgairement nommée *petit chêne*, à cause de la ressemblance de ses feuilles avec celles du chêne, porte en arabe le nom de بلّوط الارض *balloûṭ al-ardh*, chêne terrestre. Chez nos botanistes, ballote, *ballota*, se dit ordinairement du marrube noir, qui est une labiée comme la germandrée. Ballote, بلّوط *balloûṭ*, représentent le grec βαλλωτή, qui ne se disait pas du chêne, mais seulement du marrube ou d'une plante de la même famille. Si *ballote*, labiée, a été pris du grec (par l'intermédiaire du latin *ballote*), il est certain que *ballote*, chêne, nous est venu des Arabes.

Dans la péninsule Hispanique, le mot arabe a donné l'espagnol *bellota* et le portugais *belota, bolota, boleta*, gland. *Bellote*, gros clou à tête, paraît aussi se rattacher à ces termes, par suite d'une certaine ressemblance avec un gland muni de sa cupule.

Baltadji. Officier du sérail spécialement préposé à la garde des princes et du harem. (Bescherelle.) Transcription du turc بالطجى *bâltadji*, porte-hache, formé de بالطه *bâlta*, hache, et de la terminaison ج *dji*, qui indique les noms de métiers. Ce nom vient, dit-on, de ce que les *baltadjis* étaient chargés d'approvisionner de bois les appartements du Grand-Seigneur, et leur hache représentait la cognée du bûcheron.

Balzan. D'après les dictionnaires, ce mot ne se dit plus guère que des chevaux ayant des *balzanes*, c'est-à-dire des taches blanches circulaires aux pieds. C'est ce qui avait porté Diez à signaler pour l'étymologie l'italien *balza*, bordure; le wallon *baltz*, lacet, qui viennent du latin *balteus* ou *baltius*, baudrier. J'ai combattu cette étymologie[2] au point de vue du sens et de la forme du mot, et j'en ai proposé une nouvelle, tirée de l'arabe, à laquelle M. Littré s'est rallié dans les *Additions* à son dictionnaire.

Balzan, dans ses formes anciennes *bausan, bausant, bauçant, bauceant, etc.* est un qualificatif de la robe du cheval, comme brun, blanc, rouge, fauve. C'est ce que prouvent les deux exemples du XIIe et du XIIIe siècle cités par M. Littré, auxquels il est facile d'en joindre beaucoup d'autres; il suffit d'ouvrir Du Cange ou le glossaire manuscrit de Lacurne de Sainte-Palaye :

Les chevax brochent bruns et *baucens* et sors.
(Rom. de Roncev.)

Ni à celi n'est auferrant corsier
Bausant ou brun pour son cors aaisier.
(Rom. de Roncev.)

Et destriers de prix hennissans,
Blancs, noirs, bruns, bais, *baucens* et bailles.
(Will. Guiart.)

Chevaulx ont gaaingné blans et *baucens* et sors.
(Rom. de Roncev.)

Et tant destrier bai et sor et bausant.
(Rom. d'Aubery.)

Les costes a bauçans et fauve le crespon.
(Rom. d'Alexand.)

Visiblement, dans tous ces passages, il ne s'agit point de tache blanche aux pieds en forme de ceinture. Le dernier surtout ne laisse aucun doute. Et en effet, un cheval *bausant*, dit Lacurne, est un cheval *pie* ou *baie pie*. *Baucens, bauceant* (*baucennus*), dit le *Gloss.* de Du Cange, «albo et nigro interstinctus vel bipartitus... Hoc vocabulum præsertim usurpant scriptores vernaculi de equis quorum pelles nigro et albo interstinctæ sunt.»

On sait aussi que l'étendard des Templiers, moitié blanc, moitié noir, était nommé *bauceant* dont on a fait *beauséant*. Du Cange a aussi «*balsa*, vexillum Templariorum.»

Quant aux formes, outre celles que nous venons de citer, on trouve *bauchant* et même *baucant* en vieux français; *baucendus, bauchantus* dans le bas latin. Tous ces mots, excepté *bausan*, ont un *c* et présentent un radical commun *bauc* = *balc*.

Or, le mot arabe auquel je prétends rattacher *balzan* est précisément formé des trois lettres radicales *b, l, q*. C'est بلقاء *balqâ*, féminin de l'adjectif ابلق *ablaq*, que Meninski et Freytag traduisent ainsi : «Albo nigroque colore variegatus; usque ad femora albis pedibus præditus (equus).»

Nous retrouvons là tout à la fois la définition du cheval *bausant* et du cheval qui a des balzanes. Pour ce qui est de la terminaison *â* devenue *an* et de l'emploi du féminin, voyez ce qui en est dit ci-dessus au mot Alezan. L'expression فرس بلقاء *faras balqâ*, jument *bausant*, se trouve dans

[1] *Voy. en Perse.*

[2] *Revue de l'Instr. publ.* 25 janvier 1866, p. 678.

un passage du man. n° 1728, sup. arab. de la Bibl. nat. p. 40.

Bambou. Le bambou est originaire des Indes orientales. Son nom est, chez les Malais, عمبو bambou ou ممبو mambou. Une espèce, à bois si dur qu'il donne des étincelles sous la hache qui le coupe, porte, dans nos livres d'histoire naturelle, le nom de *bulu*, qui est le malais بوله *boûlouh*.

Bangue. Portug. *bango*. C'est le chanvre de l'Inde, qui fournit l'élément principal du hachich. De l'arabe بنج *bendj* ou plutôt du persan بنك *beng*, prononcé *bang* par les Hindous. Ce mot désigne la plante et aussi la potion narcotique qu'on en tire. «Lorsqu'on veut, dans l'Inde, s'étourdir le cerveau, calmer ses maux ou dormir sans inquiétude, dit Bosc[1], on pulvérise du *bangue* avec de l'opium, de l'arec et du sucre, et on avale le résultat du mélange. Lorsqu'on veut être joyeux ou facétieux, on en mêle avec du musc, de l'ambre et du sucre, et on en use de même.»

La même préparation porte aussi en Orient le nom de مصلق *maṣlaq*, en italien *maslocco*, que nos recueils de drogues appellent *massac*, *malach*, *masasc* ou *masloc*.

Le *bendj* des Arabes paraît être proprement la jusquiame. Celui des Persans est, d'après Chardin[2], «une infusion de la graine de pavot avec celle de chènevis, de chanvre et de noix vomique.» Razi dit: بنج جميع اصنافه مسكرة مخدرة وشرّه الاسود فانه يقتل «toutes les espèces de *bendj* produisent ivresse, stupeur; le plus violent est le noir, il tue.» (Trait. III, chap. xxviii, man. sup. ar. 1005, fol. 47 verso.)

Barat. «Patente de drogman délivrée par les consuls européens à des sujets du Grand-Seigneur.» (Bouillet, *Dict. scienc.*) C'est le turc برات *barāt*, lettre, diplôme royal, qui accorde un privilége; de l'arabe براءة *barāa*, *immunitas*, se rattachant à la racine برأ *baraa*, *immunis fuit*.

Barbacane. Esp. *barbacana*, portug. *barbacão*, *barbacane*. En arabe بربخ *barbakh*, que je regarde comme une onomatopée analogue à notre *glou-glou*, signifie *tuyau d'aqueduc*, *évier*, *trou d'égout*, *canal de l'urètre*. Notre *barbacane* a des sens assez analogues et désigne entre autres choses «une ouverture longue et étroite pour l'écoulement des eaux.» (Littré.) Il semble donc assez naturel de rapprocher ces deux mots. La terminaison *ane*, qui n'est pas représentée dans le vocable arabe, ne ferait pas grande difficulté; car celle-là ou d'autres pareilles se trouvent dans des mots de nos langues dont l'origine arabe est hors de doute. (Voy. par exemple Amiral.) Quant à supposer que la fin du mot représente le persan خانه *khāneh*, maison, je n'y vois aucune vraisemblance.

Barde. Autrefois *aubarde;* esp. et portug. *albarda;* ital. *barda*. Tous ces mots signifient ou ont signifié *bât*, *selle*. La présence de l'article arabe *al* conduit à prendre pour étymologie بردعة *barda'a*, bât rembourré pour un âne ou une mule, dans le *Dict.* de Bocthor. Dans Freytag, c'est une couverture qu'on place sur le dos de la bête pour adoucir le contact du bât.

Basane. *Bezane*, dans Palsgrave; esp. et portug. *badana*, bas lat. *bedana*. De l'arabe بطانة *bithāna*, qui signifie proprement *doublure*, la basane étant employée à doubler l'intérieur des chaussures et d'autres objets faits de cuir. (Voy. Engelmann, *Gloss.* p. 232.)

Bavang, Bawang ou *Caju-bavang*. Grand arbre de l'archipel Indien. «Les fruits du bawang ont tellement l'odeur d'ail qu'on s'en servait autrefois à Amboine pour assaisonner les aliments.» (Bosc, *Dict. d'hist. nat.* III, p. 332.) C'est le malais باوڠ *bāwang*, ail, oignon, et l'arbre s'appelle كايو باوڠ *kāyoū-bāwang*, arbre-ail.

Bayad. Poisson du Nil. «Le bayad, *Silurus bajad*, est généralement d'un blanc argenté.» (Geoffroy Saint-Hilaire[3].) Sonnini écrit *bayatte*[4]. De l'arabe بياض *bayāḍ*, même sens. Ce nom signifie *blancheur*.

Bazar. C'est le mot originellement persan بازار *bāzār*, lequel est d'un usage général dans tout l'Orient[5].

Bédégar, Bédégard ou Bédéguard. Excroissance chevelue produite sur les églantiers et les rosiers par la piqûre d'un insecte. Chez nos anciens botanistes, le *bédéguar* est une plante du genre *echinops*, le chardon de Notre-Dame[6]. C'est l'arabe-persan باذاورد, بادورد, بادآورد, بادآوردة, *bādhāouard*, *bādaward*, *bādāwourd*, *badawourdé*. La première forme est celle que donne l'unique man. de Razi de notre Bibl. nat.[7]. Gérard de Crémone, dans sa synonymie (1481), explique *bedegar* par «spina alba vel odor rosæ», ce qui indique qu'il regardait le mot comme formé du persan باد *bād*, vent, souffle, et de l'arabe ورد *ouard*, rose.

Bédouin. Esp. *beduino*. De l'arabe بدوى *bedaouī* ou *bedouī*, qui demeure dans le désert, adjectif formé sur بدو *bedou*, désert, lieu sans habitations fixes.

Béhémoth. Animal extraordinaire décrit dans le Livre de Job (ch. xl, 10 et seq.). C'est l'hébreu בְּהֵמוֹת *behemôth*, qu'on regarde comme le pluriel de בְּהֵמָה *behemah*, bête. «On doit entendre par ce nom-là, selon la Vulgate, un éléphant, lequel, à cause de la grandeur de son corps, en vaut plusieurs.» (Simon, *Dict. de la Bible.*)

Béhen. C'est en pharmacie le nom de plusieurs racines, dont les deux principales portent les noms de *béhen blanc* et de *béhen rouge*. *Béhen* est une corruption de l'arabe-persan

[1] *Dict. d'hist. nat.* t. III, p. 227.
[2] *Voy. en Perse*, éd. Smith, p. 275.
[3] Publicat. de l'Institut d'Égypte, *Hist. nat.* I, p. 303.
[4] *Voy. en Égypte*, pl. xxvii.
[5] Le malais dit ڤاسر *pasar;* comp. *pasir*, sable, plage.
[6] Voy. Domin. Chabré, *Stirpium icones*, p. 348; Jean Liebault, *Maison rustique* (1601), p. 237, etc.
[7] Fol. 47 verso. Razi donne le bédégar comme fébrifuge.

بهمن *behmen*. Le traité de médecine de Razi cite les deux espèces que nous venons de mentionner; la seconde, dit-il, est un aphrodisiaque : بهمن احمر مهيج للباه[1]. Tournefort rapporta de son voyage au Levant les graines d'une des plantes qui produisent le *béhen;* semées à Paris, elles produisirent la centaurée dite par les botanistes *centaurée béhen.*

Dorvault (*Officine*) dit que la statice ou romarin des marais a porté le nom de *katran de béhen.*

Il ne faut pas confondre *béhen* avec *ben* (voy. ce mot), comme l'a fait Richardson, qui traduit بهمن *behmen* par «ben album et rubrum.»

Bélial. Cette expression biblique, qu'on a appliquée au démon, signifie proprement *chose inutile, pernicieuse,* en hébreu בְּלִיַּעַל *beli-ya'al,* formé de בְּלִי *beli,* sans, et יַעַל *ya'al,* utilité, profit; c'est assez exactement notre *vaurien.*

Belléric ou Belliric. Nom d'une espèce de myrobolan. On dit aussi *belléris.* C'est l'arabe بليلج *belîledj,* venant du persan بليله *belîleh.* Le mot est dans Razi, p. 47 verso.

On compte cinq espèces de myrobolans consignées dans ces deux vers que je copie dans la botanique de Jean Bauhin[2] :

Myrobalanorum species sunt quinque bonorum :
Citrinus, Kebulus, Bellericus, Emblicus, Indus.

Dans un poëme médical du moyen âge[3], on lit les mêmes noms, sauf le dernier :

Citrini coleram purgant, hebulus atque
Bellericus fleuma pellunt, queis emblicus — (?)

On trouvera plus loin l'étymologie arabe de *kebulus* = *hebulus* et de *emblicus.*

Belzébuth. Divinité des Philistins. C'est, dans la Vulgate, *Beelzebub* (Reg. IV, 2 et seq.), qui est la transcription de l'hébreu בַּעַל זְבוּב *ba'al zeboûb. Zeboub,* en hébreu, signifie *mouche,* et on interprète le nom de cette divinité par *le prince des mouches.* Dans l'Évangile de saint Matthieu (cap. XII, v. 24), Belzébuth est qualifié de prince des démons; ici, quelques scholiastes lisent βεελζεβούλ et interprètent *le prince de l'ordure,* d'un mot זְבוּל *zeboûl,* correspondant à l'arabe زبيل *zebîl,* fumier, ordure. (Voy. Brettschneider, *Lexicon Novi Testamenti,* Leipsig, 1840.)

Ben. Arbre nommé par les botanistes *Moringa oleifera,* dont la semence fournit une huile pour la parfumerie. C'est le بان *bân* des Arabes, souvent cité par les poëtes[4]. En termes d'officine, on dit *ben album,* et de là sans doute provient l'erreur de Richardson marquée ci-dessus à Béhen. Ce *ben* ou *aben* des droguistes n'est pas une racine comme le *béhen,* mais la graine même du moringa.

Benetnach. Nom de l'étoile η de la Grande-Ourse, qui est à l'extrémité de la queue. C'est l'arabe بنات نعش *benât na'ch,* les filles de Naach, comme traduit Chézy dans sa version d'une ode persane d'Anvéri[5]. Les Arabes appellent *na'ch* les quatre étoiles brillantes du quadrilatère, et *benât,* filles, les trois qui forment la queue. Il semble que les sept étoiles ensemble s'appelaient aussi *les filles de Na'ch* ou *les fils de Na'ch* ou *la famille de Na'ch.* Voici comment s'exprime le traité d'astronomie d'Abd er-Rahman es-Soufi[6] : والعرب يسمى الاربعة النيرة التى على المربع المستطيل والثلثة التى على ذنبه بنات نعش و بنى نعش وآل نعش منها الاربعة التى على المربع المستطيل نعش و الثلثة التى على الذنب بنات. Cazouini reproduit la même explication.

Quant à ce mot *na'ch,* dont on a fait un nom propre, il signifie *cercueil;* les Arabes chrétiens appelaient les quatre étoiles du quadrilatère *cercueil de Lazare,* نعش لعزار *na'ch la'zâr,* et les trois de la queue étaient Marie, Marthe et la Servante[7].

Béni. Mot qui figure en tête des noms de tribus arabes, comme *béni-M'zab, béni-Hachem, etc.* La conquête de l'Algérie a fait entrer ce terme dans la langue populaire qui l'emploie sous forme de plaisanterie, par exemple quand elle dit les *béni-zouzou* pour les zouaves. C'est l'arabe بنى *benî,* pluriel de ابن ou بن *ibn* ou *ben,* fils : Béni-Abs signifie *descendants d'Abs.* En Algérie, on emploie concurremment et dans le même sens, *oulad,* qui est l'arabe اولاد *aoulâd,* pluriel de ولد *oueled,* fils : les Oulad-Sliman, les Oulad-Sidi-Cheikh, etc.

Benjoin. Esp. *benjui, menjui;* portug. *beijoim, beijuim;* ital. *belzuino, belguino.* De l'arabe لبان جاوى *loubân djâwi,* encens javanais. Cette étymologie, donnée par Valentijn, est appuyée d'arguments solides dans le *Gloss.* de Dozy (p. 239). Par *javanais,* il faut entendre *de Sumatra,* car les Arabes appelaient cette grande île *Java.* C'est de Sumatra que nous vient le benjoin le plus estimé.

Le *Dict.* de Déterville donne *benjaoy* comme synonyme de benjoin, ce qui confirme l'étymologie ci-dessus; mais qu'est-ce que *benzoenil, benjoenil,* pour lesquels cet ouvrage renvoie à *benjoin* et à *vanille?*

Benni ou Binni. Poisson du Nil et de l'Euphrate (*Cyprinus bynni*). De l'arabe بنّى *bounnî.*

Benturong. Genre de mammifères, propre aux îles de la Sonde (*Ictides*). Du malais بنتورغ *bintoûroung,* mot qui manque dans Marsden, mais qui se trouve dans le *Dict.* de l'abbé Favre.

Berbeth. «Instrument de musique à quatre cordes employé par les Arabes.» (Bouillet, *Dict. scienc.*) L'arabe بربط *barbaṭ* représente le grec βάρβιτος, en latin *barbitus.*

---

[1] Man. déjà cité, traité III, ch. XXVIII, fol. 47 verso.

[2] *Histor. plantarum universalis,* t. Ier, p. 202, 2e colonne.

[3] Man. du XIIIe siècle, anc. fonds lat. n° 7058, Bibl. nat. p. 70. Je n'ai pas su lire le dernier mot du second vers.

[4] Il paraît que les Arabes ont appliqué le même nom بان *bân* à deux arbres très-différents, mais remarquables tous deux par le parfum de leurs fleurs : l'un est le *moringa,* dont il vient d'être question; le second est connu sous le nom de *saule d'Orient* et s'appelle encore, en arabe, خلاف *khalâf,* dont nous avons fait *chalef.* (Voy. Bocthor, à *saule* et à *moringa.*)

[5] Voy. *La Perse,* par Dubeux, p. 439.

[6] Man. de la Bibl. nat. supp. ar. n° 964. Le même passage est cité d'après un autre man. (n° 1110, anc. fonds), par M. Sédillot, *Suppl. au Traité des instr. astronom. des Arabes,* p. 126.

[7] Voy. Sédillot, *Tables d'Oloug-Beg,* p. 242, 243.

Bessi. Grand arbre de l'archipel Indien, un de ceux auxquels on donne vulgairement le nom de *bois de fer*, qui est la traduction littérale de l'appellation malaise كايو بسي *kāyou besi.*

Betelgeuse. Quelques ouvrages écrivent *Beteigeuse.* Nom de l'étoile de première grandeur placée à l'épaule orientale d'Orion. La constellation d'Orion est nommée par les Arabes الجوزاء *al-djauzā*, et l'étoile dont il s'agit ici est appelée منكب *mankib*, épaule, ou يد *yed*, bras[1]. Voici ce qu'en dit le traité d'astronomie d'Abd er-Raḥman es-Soufi[2] : الثانى هو النير العظيم الاحمر الذى على منكبه الايمن من القدر الاول... ويسمى منكب الجوزا ويد الجوزا ايضا «La deuxième (étoile d'Orion) est la brillante, grande, rouge, qui se trouve sur son épaule droite; elle est de première grandeur et on la nomme épaule d'Orion ou encore bras d'Orion (*yed el-djauzā*).» *Betelgeuse* ne peut être qu'une altération de cette expression arabe *yed el-djauzā*. Toutefois, il faut observer que, dans la série des signes du zodiaque, الجوزا *el-djauzā* marque les Gémeaux. Or, les astrologues, pour leurs horoscopes, considèrent douze *maisons* du soleil (بيوت باقية[3]) correspondant aux douze signes; parmi elles se trouve donc la *maison des Gémeaux*, بيت الجوزا *beit el-djauzā*. Cette expression a dû être confondue avec *yed el-djauzā* et prise pour le nom de l'étoile.

Bey. Titre chez les Turcs, gouverneur. C'est le turc بك *beg*, adouci en *bey*. De là vient *bégum*, en turc بكم *begoum*, qui semble formé de *beg* et de l'arabe ام *oumm*, mère, la mère du beg.

Beylik, province, principauté, est un substantif turc بكلك formé sur *bey*, comme *pachalik* sur *pacha.*

Beglierbey, titre de gouverneur de province, est formé du pluriel de *bey* joint au singulier, بكلربكى *begler-beghi*, adouci en *beyler-beyi*, le bey des beys.

Bezestan. Marché public, halle ouverte, dans le Levant. Transcription de l'arabe-persan بزستان *bezestān*, mot formé du persan بز *bez* (arabe بزّ *bezz*), lin, toile, hardes, et de la terminaison persane *stān*, qui marque le lieu où une chose se trouve (comme dans les noms de pays : *Afghanistan, Beloutchistan*, pays des Afghans, des Beloutchis, etc.).

Bezoard. Esp. *bezoar, bèzaar, bezar*; portug. *bezoar.* De l'arabe بادزهر *bādizahr* ou بازهر *bāzahr*, venant du persan پادزهر *pād-zehr*, qui signifie littéralement *chasse-poison. Bezoar* a été employé chez nos anciens auteurs, non-seulement dans son sens propre : «Lapidem *bezaar* magnæ virtutis et pretii[4]», mais encore dans le sens général de contre-poison, ainsi qu'on le voit dans ces passages d'Ambroise Paré cités par M. Littré : «Son *bezahar* ou contre-poison est le suc de mélisse... D'autant qu'en parlant des signes de chacun venin à part, nous avons nommé son antidote *bezahar*, il faut savoir ce que veut dire ce mot : les antidotes ou contre-poisons ont esté appelés par les Arabes en leur langue *bezahar*, c'est-à-dire en leur baragouin, conservateur de la vie; de là est venu que tous antidotes et contre-poisons par excellence ont été appellés *bezardica.*»

Le mot s'est introduit dans nos langues par les livres de médecine arabes : «Lapidem bezoarticum, de cujus efficacissima vi adversus venena Arabes præsertim, veteres etiam et juniores medici tam multa retulerunt admiranda,» dit Gaspare de los Reyes[5], qui cite en même temps un grand nombre d'écrivains arabes, tels que «Rhazis, Abenzoar, Mesue, Haly Abbas, Avicenne», etc. parmi ceux qui ont traité ce sujet.

Lui-même y a consacré vingt pages in-4°. J'en tire les lignes suivantes à cause de la suggestion étymologique qui paraît s'y trouver : «(Lapides bezoartici) qui frequentiores et communiores sunt, in ventriculis animalium quorumdam Indorum generantur, quæ capræ magnitudinem superant et ad cervorum figuram proxime accedunt, unde cervicapræ communiter appellantur, et a Persis *Pazan* vocantur, et ipsum lapidem *Pazaar*, quod antidotum sonat, aut veneni remedium[6].» Inutile de dire que *Pazaar*, c'est-à-dire *Padzehr*, et *Pazan* n'ont entre eux aucun rapport. Ce dernier nom a passé dans la nomenclature zoologique française : *paseng*, chèvre égagre, et *pazan*, nom donné mal à propos par Buffon à l'antilope oryx. Dans Meninski, بازن ou پازن *bazen, pazen* est simplement : «cornutus, qui mœcham habet»; mais Richardson traduit avec raison par «goat of mountain», chèvre de montagne. Il y a plus de trois cents ans qu'Ambroise Paré avait fait mention de ce ruminant : «Une espèce de bouc appelé en langue persicque *pazain*», dans un passage dont celui de Gaspare de los Reyes semble une traduction.

Biasse. Soie crue du Levant. C'est le persan ابيشم *abicham*, cocon, et dans Castell «serici crudi sordes et villi.»

Bichir. Poisson du Nil (*Polyptère bichir*). C'est Geoffroy Saint-Hilaire qui a introduit ce nom dans la nomenclature zoologique[7]. J'ignore l'orthographe du mot arabe correspondant.

Bismuth. Serait-ce l'arabe اثمد *ithmid*, antimoine? La confusion entre les deux métaux est facile à comprendre. Mais d'où viendrait le *b* du français, de l'espagnol *bismuto*, de l'italien *bismutta*, ou le *w* de l'allemand *wismuth?*

Bonduc. Plante exotique aussi nommée *œil-de-chat* ou

---

[1] Il serait inexact de traduire ici يد *yed* par *main;* car l'étoile est située à la naissance du bras et fort éloignée de la main. On sait, du reste, que, dans le langage scientifique, *yed* se dit de l'ensemble du bras, depuis l'épaule jusqu'au bout des doigts.

[2] Man. déjà cité, fol. 136 verso.

[3] Un chapitre de l'*Almageste* d'Abou 'l-Wéfa traite de la connaissance des *maisons*, qu'on appelait alors, dit-il, *les Centres :* البيوت الباقية المسماة في زمانيا المراكز (Man. de la Bibliothèque nationale, ancien fonds arabe n° 1138.)

[4] Petr. Texeira, *Hist. regum Persiæ*, cap. XXXIII.

[5] *Elysius jucundarum quæstionum campus*, Francfort, 1670, p. 905.

[6] P. 918.

[7] Ouvrage de la commiss. de l'Instit. d'Égypte, *Hist. nat.* t. Ier, 1re part. p. 4 à 18.

guilandine. C'est l'arabe بندق *boundouq*, qui paraît d'origine indienne. On le trouve en malais.

Borax. Esp. *borrax, borraj;* ital. *borrace.* De l'arabe بورق *bauraq* ou *boûraq*, venant du persan بوره *boûrah*, même signification. بورق est dans Razi (man. déjà cité, fol. 47 verso), et Gérard de Crémone transcrit *baurach.* Il n'est pas inutile de remarquer que le borax nous vient surtout des pays asiatiques; Léman[1] dit que ce mot, emprunté aux Arabes, s'est introduit dans les langues européennes vers le IXe siècle.

Bordat. Sorte d'étoffe de laine égyptienne, qu'Ellious Bocthor traduit par بردة *berda.*

Bosan. Boisson en usage en Orient. De l'arabe بوزة *boûza* (voy. Bocthor au mot *Zythum*), en Persan *boûzah* « a beverage made from rice, millet or barley. » (Richardson.) « A Loheya, dit Niebuhr[2], on nous offrit une espèce de *busa* qui nous causa des nausées. »

Bostangi. Jardinier turc ou garde des jardins du sérail. C'est un mot turc بستانجي *bostândjî* formé du persan بستان *bostân*, jardin, et de la terminaison turque جى *djî*, qui sert à former les noms de métier. C'est à tort que l'auteur d'*Une visite au sérail en 1860*[3] écrit *bastandji.*

Boudjou. Monnaie d'argent dans la Barbarie, valant 1f 86c. En arabe algérien بوجو *boûdjoû*, qui vient du turc بوجق *boûtchouq*, moitié, demi. (Voy. Pihan, *Dict. des mots dérivés de l'arabe.*)

Bougie. Esp. *bugia.* On tire ce mot du nom de la ville africaine de Bougie, en arabe بجاية *bidjâya*, qui fournissait jadis une grande quantité de cire. (Voy. Defrémery, *Journ. asiat.* janvier 1862, p. 93.)

Bouracan. Esp. *barragan;* portug. *barregana;* ital. *baracane;* bas lat. *barracanus, baracanus.* De l'arabe بركّان ou برنكان *barrakân, barnakân*, même signification. M. A. de Chevallet cherche à *bouracan* une étymologie germanique[4], mais tous les mots qu'il cite sont relativement modernes et ne sauraient infirmer l'origine orientale.

Boutargue. Sorte de caviar fait avec des œufs de muge. Le *Dict. d'hist. nat.* de Déterville écrit *boutarque, poutarque.* Esp. *botagra*[5], ital. *buttagra.* C'est l'arabe بطرخة *boutarkha*, même sens, lequel paraît formé, d'après Ét. Quatremère, de l'article copte *bou* et du grec *τάριχος* ou *τάριχον*, poisson salé, fumé, séché. (*Journ. des Savants*, janvier 1848, p. 45.)

Bran. « Les bœufs sauvages qu'on appelle en Provence et Languedoc bœufs *brans* ou *branes*.... Tels bœufs sont nourris aux marets de la Camargue. » (*Agriculture et maison rustique* de Charles Estienne et Jean Liebault, p. 130.)

Ce mot doit probablement être mis à côté de l'espagnol *albarran*, venant de l'arabe برّان *barrân*, avec le sens de *sauvage, étranger*, soit qu'on le dérive de برّ *barr*, terre, champ, soit qu'on le rattache à la racine برئ *baria*, être libre. (Voy. *Gloss.* de Dozy, p. 69.)

Brodequin. Esp. *borcegui*, portug. *borzeguim*, ital. *borzacchino.* M. Dozy a cherché à établir l'origine arabe de *borcegui.* On peut voir sa dissertation, p. 241 du *Glossaire.*

Bulbul. Nom du rossignol en langue persane : بلبل *boulboul*, qui est évidemment une onomatopée.

Burnous. Esp. *albornoz*, portug. *albernos.* De l'arabe برنس *bournous*, sorte de bonnet ou de capuchon. M. D'Escayrac s'est amusé à contester l'origine arabe de ce mot et a voulu y voir une corruption de *mérinos.* Mais برنس est ancien dans la langue arabe. Chez Maçoudi et chez Ibn al-Athir, c'est un bonnet de forme haute : على راسه برنس طويل « il avait sur la tête un *bournous* allongé », dit le premier; عليه برنس باذناب الثعالب « il portait un *bournous* avec des queues de renard », dit le second. J'emprunte ces deux citations à une intéressante note de M. Defrémery, dans son *Mémoire sur les Sadjides*, p. 61, 64.

C

Caaba. Temple sacré de la Mecque. En arabe كعبة *ka'ba*, c'est-à-dire *carrée* (ou plutôt *cubique*), à cause de la forme du bâtiment.

Cab. Mesure d'un litre environ, chez les Juifs; transcription de l'hébreu קַב *qab.*

Cabale ou Kabbale. Originellement, ce mot désigne une tradition juive touchant l'interprétation de l'Ancien Testament, et vient de la racine sémitique קָבַל *qabal*, chald. *qebal*, arabe قبل *qabal*, recevoir. Plus tard, cabale s'est dit d'une science mystérieuse permettant de se mettre en communication avec les êtres surnaturels; de là, le sens actuel, *intrigues, menées secrètes.*

Caban. Autrefois *gaban;* esp. *gaban*, portug. *gabbão*, ital. *gabbano.* Le *Dictionn.* de M. Littré donne pour étymologie l'arabe عباء *'abâ*, drap grossier dont on fait des capotes, et aussi manteau noir rayé des derviches. L'*aba*, dit M. Defrémery, est « une sorte de manteau court, ouvert sur le devant et dépourvu de manches. C'est l'habit caractéristique des Bédouins à toutes les époques[6]. » « Il

---

1 *Dict. d'hist. nat.* t. XXXI, p. 433.
2 *Voy. en Arabie*, éd. Smith, p. 266. Loheya est dans le Yémen.
3 *Le Tour du monde*, 1er sem. 1863, p. 3.
4 *Origine de la lang. franç.* t. Ier, p. 368.
5 *Botagra* n'est pas noté dans le *Gloss.* de M. Dozy.
6 *Trad. du Gulistan*, p. 153, note 1.

y avait là des Kurdes... dont l'*abba* est rayé de bandes brunes ou blanches.» (Duhousset[1].)

Un autre terme قباء *qabā* est le nom d'une sorte de tunique dont Chardin et Tavernier ont donné la description. Eastwick définit le *qabā* «a kind of light cloak with long sleeves, somewhat like a college gown, but generally made of wool[2].»

Enfin le *Gazoph. ling. Pers.* traduit *gaban* par کپن *kapan* et کپنك *kapanek*, qui pourraient bien être d'origine européenne.

Je ne vois là rien d'assuré pour l'étymologie du mot qui nous occupe. Mais عبا *'abā* est l'*aba*, *abat*, que donne Bescherelle[3]: «L'*aba* sert à habiller en Turquie les matelots et les indigents. — Les *abats* n'ont presque plus de valeur.»

Cabas. Esp. *capazo, capaza, capacho*, portug. *cabaz*, bas lat. *cabacus, cabacius, cabassio*. D'après M. Defrémery[4], de l'arabe قفص *qafaṣ*, cage[5], qui a donné aussi l'espagnol *alcahaz*, même sens, d'où le languedocien *cás*, cage d'osier pour les poules. Le changement de *f* en *p* dans l'espagnol peut se justifier par l'exemple de *alpicoz*, concombre, à côté de *alficoz*, venant de الفقوص *al-faqqoūṣ*.

Cacatoès ou Cacatois. Perroquet de l'archipel Indien. En malais كاكتو *kakatoua*. Ce nom n'est d'ailleurs que la figuration du cri ordinaire de l'oiseau.

Cadi. Transcription de l'arabe قاضي *qāḍī*, juge, qui, avec l'article, a donné *alcade*. *Cadilesker*, magistrat turc, est formé de ce mot *qāḍī* et du persan لشكر *lechker*, armée (ou, si l'on veut, de *qāḍī* et du persan arabisé العسكر *al-'asker*, l'armée).

Cadie. Arbrisseau originaire d'Arabie, qu'on cultive chez nous en serre chaude. De l'arabe قضي *qaḍi*, nom de cet arbuste.

Cafard. L'espagnol et portugais *cafre*, dur, cruel, vient certainement de l'arabe كافر *kāfir*, infidèle, mécréant. Mais je n'oserais affirmer que *cafard* ait la même origine, soit sous l'influence des pluriels كفار *kifār*, *kouffār*, كفرة *kafara*, soit par l'adjonction de la particule péjorative *ard* (*cafard* pour *cafrard*). En tous cas, le mot كافر est employé aujourd'hui avec ce sens, comme on peut le voir dans les *Dictionnaires* de Bocthor et de Cherbonneau. Celui-ci prononce *kafar*.

Café. De l'arabe قهوة *kahoua* (prononcé à la turque *kahvé*), qui désigne la liqueur et non le fruit[6]. *Cahua*, dans Du Cange, est «du vin blanc léger», d'après Mathæus Sylvaticus, médecin du xive siècle. Le sens primitif du mot arabe paraît aussi être *vin, liqueur apéritive.*

Dans la première moitié du xvie siècle, le café était encore si peu connu que le botaniste Dominique Chabré, dans son édition de l'*Historia plantarum universalis* de Jean Bauhin (1650), se demande si la liqueur préparée par les Turcs avec le *buna, bunnu* ou *bunchos* (بن *bounn*), et qu'il nomme *chaube*, est identique avec le *coaua*, décoction bien connue, dit-il, que les Arabes préparent avec le *bon* ou *ban*[7].

Caftan. C'est le turc قفتان *qaftān*, vêtement d'honneur, primitivement identique, sans doute, à l'arabe-persan خفتان *khaftān*, cotte de mailles, armure militaire.

Caïd. Esp. *alcaide*, commandant de forteresse; portug. *alcaide*, exempt de police. De l'arabe قائد *qāïd*, chef, capitaine.

L'étoile qui est à l'extrémité de la queue de la Grande Ourse est quelquefois appelée *kaïd*[8]. C'est le même mot: ويسمى الذى على طرف الذنب قائد «on nomme *qāïd* l'étoile qui est à l'extrémité de la queue.» (Man. n° 964, sup. ar. de la Bibl. nat. fol. 19 recto.)

Caïmacan. Mot composé de deux termes arabes قائم *qāïm* et مقام *maqām*, signifiant ensemble *lieutenant*.

Caïque. Petite embarcation en usage dans l'Archipel et à Constantinople. C'est le turc قايق *qāïq*.

Cajeput. Terme de pharmacie, huile extraite d'un arbre des Moluques, très-employée en taxidermie, pour la conservation des objets d'histoire naturelle. C'est le malais كايو فوته *kāyou-poūtih*, littéralement *arbre blanc*, nom qu'on donne à l'espèce de myrte appelée par les naturalistes *Melaleuca leucadendron*. *Leucadendron* est, comme on voit, la traduction grecque du nom malais. Nos navigateurs appellent l'arbre *cajeputier*: «A l'ombre des cajeputiers, arbres reconnaissables à la blancheur de leur écorce...» (Rienzi, *Océanie*, t. Ier, p. 211.) Les Malais nomment le cajeput مينق كايو فوته *mīgnak kāyou-poūtih*, huile du kayou-poutih.

Le terme malais كايو *kāyou*, arbre, figure, sous la forme *caju*, dans le nom d'un grand nombre d'arbres originaires des Indes orientales. Le *Dictionnaire d'histoire naturelle* de Déterville en cite plus de quarante. Aussi suis-je porté à croire que notre mot *acajou*, qu'on trouve également écrit *cajou* et *cadjou*, est le même mot malais. Le bois d'acajou, il est vrai, vient d'Amérique; mais le véritable acajou croît dans les mêmes parages que les arbres dont nous venons de parler. (V. l'article *acajou* et l'article *mahogon*, dans le *Dict.* de Déterville.)

[1] *Les chasses en Perse*, dans *le Tour du monde*, 2e sem. 1862, p. 128.

[2] *The Gulistan*, vocabul. — قباء *qabā* a donné en portugais *cabaya*.

[3] *Dictionn. national.* On trouve aussi dans les dictionnaires: *abe*, habit oriental; *habe*, habit des Arabes. (*Nouv. vocab. de l'Acad. franç.* Paris, 1831.)

[4] *Revue critique*, numéro du 28 décembre 1868, p. 408.

[5] Dans des relations de voyage, on trouve *cafess* employé pour désigner une partie du sérail servant de prison. Voy. par exemple le récit intitulé «Une visite au sérail en 1860» (*Le Tour du monde*, 1er sem. 1863, p. 11). C'est la forme turque et persane قفس *qafes* du même mot.

[6] Voy. Sacy, *Chrest. ar.* t. Ier, p. 442.

[7] Tome Ier, p. 422.

[8] *Journal du ciel*, numéro du 22 mars 1875, p. 574. Voy. aussi le numéro du 3 mai suivant où j'ai donné l'explication de quelques autres noms d'étoiles de la même constellation (p. 619, 620).

Cakile. Genre de plantes de la famille des crucifères. Le *cakile maritime* abonde aux environs de Boulogne-sur-Mer, où on le brûle pour en retirer de la soude. C'est l'arabe قاقلّى *qāqoullā*, «species herbæ salsæ», dit Freytag d'après le *Qamous*, ou قاقلّة *qāqoulla*, comme écrit l'Avicenne de Rome (p. ٢٣٣); Avicenne en mentionne deux espèces, l'une semblable au pois chiche, l'autre à la lentille.

Caladion. Lat. botan. *caladium*, plante voisine du gouet, cultivée en serre. C'est le malais كلادى *kalādi*, sorte d'arum à racine comestible.

Calam. Transcription de l'arabe قلم *qalam*, roseau à écrire. Mais *calame*, terme d'archéologie pour désigner le roseau à écrire des anciens, est le latin *calamus; calame* est un terme de formation savante, c'est-à-dire calqué sur le latin sans égard à l'accent. La langue populaire disait *chaume*.

Calambac, Calambart, Calambou, Calambouc, Calambour, Calambourg. Tous ces noms paraissent s'appliquer à un même arbre des Indes orientales, dont le bois à odeur aromatique est connu en Europe sous le nom d'*agalloche* ou *bois d'aloès*. C'est le malais كلمبق *kalambaq*.

Le *calambac* porte aussi, chez nos auteurs, le nom de *garo*, qui est le malais گهارو *gahārou* ou گارو *gārou*, mot d'origine hindoue. De celui-ci vient, peut-être, notre mot *garou*, appliqué à l'écorce d'une espèce de laurier dont on se sert pour les vésicatoires. Le *gahārou* est ainsi défini dans le *Dictionnaire* de Marsden: «Sorte de bois résineux et en apparence pourri, qui en brûlant se fond et exhale un parfum dont on fait grand cas dans tout l'Orient.»

Calapite. Concrétion pierreuse qu'on trouve dans l'intérieur des noix de coco. Ce mot vient de كلاڤ *kalāpa*, nom malais et javanais du coco.

Calender. Sorte de moine ou de religieux musulman. Du persan قلندر *qalender*, même sens. On peut voir dans la *Chr. ar.* de Sacy (t. Ier, p. 263 à 266) des détails sur la secte des *Kalendéris*.

Calfater. Esp. *calafatear, calafetar*, portug. *calafetar*, ital. *calafatare*, grec mod. *χαλαφατεῖν*. Malgré l'opinion de Jal, adoptée par Engelmann, je ne crois guère à l'étymologie latine *calefacere, calefactare*, vainement appuyée sur des formes de vieux français *calfaicter, calfacter, etc.* que je n'ai, pour ma part, jamais rencontrées. Calfater ne signifie point mettre du goudron fondu dans les interstices des planches (et en fût-il ainsi que l'expression *calefacere* serait encore d'un choix assez peu ingénieux), mais bien y insinuer des étoupes, des fibres végétales. Chacun sait que, dans les mers de l'Inde, on se servait autrefois, notamment à l'époque des voyages des Deux Musulmans[1], et plus tard au temps de Marco Polo, de navires dont les parties étaient reliées entre elles par des coutures faites avec des fibres de cocotier ou autre végétal[2]. Ces mêmes fibres قلف, قلفة *qilf, qilfa*, servaient aussi à garnir les joints et sont encore employées au même usage en guise d'étoupes[3], d'où le verbe arabe قلّف *qallaf*, «ferruminare, fibris palmæ vel musci tabularum commissuras infarciendo et obducendo picem, stipare navim», c'est-à-dire calfater ou calfeutrer, comme traduit lui-même Meninski; d'où encore قلافة *qilāfa* ou *qalāfa*, calfatage.

Quelle difficulté voit-on à ce que ces mots aient pénétré dans les langues européennes pour y donner *calfat, calfater, etc.*? Et pourquoi y chercher une coïncidence fortuite de son et de sens? Et d'où viendrait d'ailleurs ce singulier accord des termes espagnols, portugais, italiens, grecs, à adopter un *a* pour la seconde voyelle au lieu de l'*e* qui est dans *calefacere, calefactare*?

Bocthor traduit calfater par قلفط *qalfat*, mot de formation moderne et que ne donnent pas les anciens dictionnaires; le P. Germain de Silésie (1639) a seulement قلّف *qallaf*, اقلف *aqlaf* (4e f.)[4].

Calfeutrer est sans doute le même mot que *calfater*, altéré sous l'influence de l'idée de feutre, tant il est vrai que la signification essentielle du mot est *garnir d'étoupes* et non *goudronner*.

Calibre. On a proposé, comme étymologie, l'arabe قالب *qālab, qālib, qāloub*, forme, moule, prototype[5]. M. Dozy n'en veut pas. Il a peut-être raison; mais est-il vrai que les significations de *qālib* ne conviennent pas au sens de calibre? Le calibre est, ce semble, la mesure du diamètre intérieur d'un tuyau, ou, si l'on veut matérialiser cette idée abstraite, le cylindre qui entrerait exactement dans le tuyau. Y a-t-il donc là un tel désaccord avec les divers sens de *qālib*? Et si قالب vient du grec *καλάπους*, forme à soulier[6], n'est-ce pas une analogie de plus? Reste la question de l'accent. قالب, avec l'accent sur la première syllabe aurait dû donner *calbe* (et peut-être est-ce bien là l'étymologie de notre *galbe*). Mais cette règle de la conservation de l'accent, sujette à plus d'une exception lorsqu'il s'agit du passage du latin aux langues romanes, n'est pas plus immuable dans le passage de l'arabe à l'espagnol.

Quelle que soit l'origine de calibre, on peut rapprocher de ce mot l'anglais *caliver*, petit mousquet dont on se servait autrefois et qui est cité dans Shakespeare.

Calife. Esp. portug. et ital. *califa*. De l'arabe خليفة *khalīfa*, successeur (de Mahomet).

Calioun. Pipe persane. M. de Gobineau écrit *kalian*. «De

---

[1] Voy. l'édit. de M. Reinaud ou la trad. publiée dans les *Voy. anc. et mod.* t. II, p. 130 et 148.

[2] «Leurs nefs ..... sont cousues de fil que il font d'escorces d'arbres des noix d'Inde; car il font battre l'escorce et devient comme poil de cring de cheval, de quoi il font fil et en cousent leur nef.» (Marco Polo, édit. Pauthier, p. 87 et 88.)

[3] «Ces bateaux se nomment chelingues ..... Les coutures sont calfatées avec de l'étoupe faite de la même écorce (coco) et enfoncées sans beaucoup de façons avec un mauvais couteau.» (Legentil, dans les *Voy. anc. et mod.* t. Ier, p. 540.)

[4] *Fabrica ling. arab.* aux mots *assettare* et *rassettare la nave*.

[5] M. Cherbonneau n'hésite pas à traduire calibre par قالب *qāleb*, ajoutant entre parenthèses (*étymol.*), *Dict. fr.-ar.* 1872.

[6] En persan, كالبد *kālboud*, forme, moule.

beaux *kalians*, à la carafe de cristal et à la tête d'or simple ou d'or émaillé[1]. » C'est le persan قليون *qalioûn* ou قليان *qaliân*.

CAMOCAN. Sorte d'étoffe précieuse, nommée *kamoukas* dans ce passage de Froissart :

> D'un kamoukas ou d'un cadis,
> Comment se tailloit un abis[2];

et ailleurs *camocas* : « Vestus de veloux et de camocas[3]. » De l'arabe كمخا *kamkhâ* ou, comme prononce Richardson, *kimkha*. M. Dozy[4] note en espagnol *camocan* et *camucan*, qui manquent dans les dictionnaires, mais qui se trouvent plusieurs fois répétés dans Clavijo (*Vida del gran Tamerlan*). Le mot paraît être d'origine chinoise et désigner une espèce de brocart. Dans le شجرة ملايو *Chadjarat malâyou*, chroniques malaises dont M. Dulaurier a publié le texte, on lit, p. ٢٤٨ : مك راج چين ڤون مغوتس ڤكلاك بڠكسن ..... سڤتر بنغ امس كمك ديوڠك دڠن بيراث بند يڠ غريب ٢, « Le roi de Chine envoya à Malaka ses présents : ..... de la soie, du fil d'or, du *kimka*, des étoffes à tentures et une foule d'objets rares. » Je lis *kinka* et non *kamka*, parce qu'un manuscrit porte la variante كيمك *kîmka*, où la voyelle est écrite.

On trouve dans les dictionnaires français : *canque*, toile de coton de la Chine, qui paraît être le même mot.

CAMPHRE. Esp. *alcanfor*, portug. *alcamphor*, ital. *canfora*, bas grec *καφουρά*. De l'arabe كافور *kâfoûr*, même sens. « Camphora, quam Aetius *caphura* nominavit », dit Herm. Barbaro, commentateur de Dioscoride au XVe siècle[5].

CANANG. Genre de plantes, comprenant des arbres des Indes orientales (*Uvaria*). En malais, كناڠ *kenânga*; en bougui, *kananga*, qui paraissent être le sanscrit *kanaka*, dont la dernière consonne s'est nasalisée.

CANARI. Arbre de l'archipel Indien. Lat. botan. *canarium*. C'est le malais كناري *kanâri*. Le *canari oléifère* produit une résine huileuse qui entre, dit Bosc[6], dans la confection de la substance appelée *damar* ou *dammar* (en malais, دامر *dâmar*, résine) employée dans l'Inde pour calfater les navires.

CANDI (Sucre). Esp. *cande*, *candi*, portug. *candil* et ital. *candito* (dans un texte de 1310[7]). De l'adjectif قندى *qandî* formé sur l'arabe-persan قند *qand*, sucre de canne, mot d'origine hindoue.

CAPHAR. Droit que payent les Chrétiens pour leurs marchandises depuis Alep jusqu'à Jérusalem. De l'arabe خفارة *khafâra*, protection. (Littré.) Cette définition n'est pas d'une parfaite exactitude, ainsi que l'a fait observer M. Defrémery, dans un compte rendu d'un ouvrage de M. Ch. Nisard (*Le Constitutionnel*, numéro du 23 septembre 1865, p. 2, col. 6); mais l'étymologie est exacte.

CAPIGI. Portier du sérail. C'est le turc قپوجى *qapoûdjî*, *qapîdjî*, portier, venant de قپو *qapoû*, porte.

CAPOC. Terme de commerce; espèce de coton soyeux des Indes orientales, qu'on ne file pas, mais qu'on emploie à la manière de la ouate. Le capoc se tire du fruit du *capoquier*, arbre du genre du cotonnier. C'est le malais كاڤق *kâpoq*, nom spécial de cette espèce d'ouate. En persan, on dit چاپوت *tchâpoût*.

CARABÉ. Ambre jaune. Esp. *carabe*, portug. *carabé*, *charabé*, ital. *carabe*. De l'arabe كهربا *kahrabâ*, qui est le persan كاهربا *kâhroubâ* (de كاه *kâh*, paille, et ربا *roubâ*, qui enlève), nom donné au succin à cause de la propriété qu'il possède d'attirer les corps légers après avoir été frotté avec du drap.

CARAFE. Esp. et portug. *garrafa*, ital. *caraffa*, « vient certainement de la racine arabe غرف *gharaf* qui signifie *puiser* », dit M. Dozy (*Gloss.* p. 274). Et le savant professeur en donne d'excellentes et solides raisons. Nous renvoyons à son article. M. Littré (*Addit.*) cite l'opinion de M. Mohl qui rapproche carafe du persan قرابه *qarâbah*, bouteille de verre à gros ventre, destinée à laisser reposer le vin pendant quarante jours.

CARAGUEUSE. Personnage des marionnettes en Turquie. « Le héros de la pièce, dit M. Sévin, est un infâme nommé Caragueuse qui paraît sur la scène avec tout l'équipage du fameux dieu de Lampsaque. » (Pouqueville[8].) En turc, قراغوش *qarâghoûch*, aujourd'hui قره‌گوز *qaragoûz*.

CARAÏTE. Secte juive qui rejette les traditions et les interprétations de l'Écriture, pour s'attacher au texte. De l'hébreu קָרָא *qarâ*, lire, réciter. La même racine sémitique se retrouve dans l'arabe قران *qorân*. (Voy. ALCORAN.)

CARAMBOLIER. Arbre des Indes orientales (*Averrhoa*). Linné note, entre autres espèces, l'*Averrhoa carambola* et l'*Averrhoa bilimbi*. *Carambola* est le malais كرمبل *karambil*, quoique Marsden et l'abbé Favre ne donnent à ce mot d'autre sens que celui de noix de coco; et *bilimbi* ou *blimbing* est le malais بلمبڠ *balimbing*, mot d'usage ordinaire pour désigner le fruit du carambolier.

Chéramelle, *chermelle*, *cherembellier*, *chéramellier* (portug. *cheramella*) sont d'autres formes de *carambolier*.

Quant à la dénomination botanique *averrhoa*, elle est prise du nom du célèbre philosophe arabe Averrhoès, c'est-à-dire ابن رشد *Ibn-rouchd*.

CARAQUE. Esp. *carraca*, *caracoa*, portug. *coracora*, *corocora*, ital. *caracca*; on trouve aussi dans le français du XVIe siècle *carragon* et *carraquon*. Tous ces mots, anciens dans nos langues (du XIVe siècle au moins), viennent de

[1] *Voy. en Perse*, dans *le Tour du monde*, t. II, p. 31. M. Duhousset dit *kaléan* (*Les chasses en Perse*, même recueil, 2e sem. 1862, p. 113).
[2] *Dict.* de Littré, au mot *cadis*.
[3] *Ibid.* au mot *velours*.
[4] *Gloss.* p. 246.
[5] *Dioscoridæ. pharm. lib. VIII*, folio 21 verso.
[6] *Dict. d'hist. nat.* t. V, p. 185.
[7] Littré, *Dict.*
[8] *Voyage en Grèce et à Constantinople*, dans la collection Smith, t. XII, p. 345.

l'arabe قرقور *qorqoûr*, grand vaisseau marchand, soit directement, soit par le pluriel قراقر *qarāqir*. Telle est l'opinion de M. Dozy[1] et de M. Defrémery[2]. M. Dozy, observant que قرقور *qorqoûr*, bien qu'ancien en arabe, n'a pas de racine dans cette langue, se demande si le mot ne viendrait pas du latin *carricare*, charger. Je ne le pense pas. En tout cas, les formes portugaises *coracora, corocora* et la forme espagnole *caracoa* ne viennent ni du latin ni même de l'arabe, mais bien du malais كور ٢ (كركور) *kora-kōra*, grande embarcation en usage parmi les habitants de l'archipel Indien, et dont on peut voir le dessin dans le *Voyage de Forrest à la Nouvelle-Guinée*[3]. *Kora-kōra* est, je pense, primitivement identique à un autre terme malais *koura-koūra*, nom de la tortue de mer qui fournit l'écaille appelée *caret* (en malais, سيسق كور ٢ *sīsiq koura-koūra*, d'où peut-être notre mot *caret* lui-même[4]).

Je suis porté à croire que l'arabe قرقور *qorqōr* vient pareillement du malais *kora-kōra*. Et, pour qu'on ne soit pas surpris de trouver un terme malais dans la langue arabe du moyen âge, je dirai que, dans un recueil d'anecdotes de voyages intitulé عجايب الهند *ădjāïb al-Hind*, Merveilles de l'Inde[5], j'ai pu en noter plusieurs que l'auteur arabe emploie sans explication, ce qui fait supposer qu'il comptait être suffisamment compris de ses compatriotes. En voici un exemple : le mot بليج *bilīdj* se rencontre dans deux histoires différentes (p. 26 et 108), et chaque fois répété de façon à ne laisser aucun doute sur sa signification, *cabine* d'un navire. Les dictionnaires arabes et persans ne donnent rien de pareil. Ce ne peut être que le malais بيلق *bīliq*, cabinet, pièce d'un logis, pavillon, qu'on trouve, par exemple, dans le passage suivant : دتارهن قد سوات بيلق هقير استان ايت, « il le fit placer dans un pavillon proche du palais[6]. » Je dois ajouter que tous les faits rapportés dans l'ouvrage arabe tendent à prouver qu'il a été rédigé vers le milieu du xᵉ siècle de notre ère.

Carat. Esp. *quilate*, portug. *quirate*, ital. *carato*; chez les alchimistes, *karratus*[7]. De l'arabe قيراط *qīrāṭ*, tiré du grec *κεράτιον*, le tiers d'une obole.

Caratch ou Kharadj. Capitation payée en Turquie par les sujets non musulmans. C'est l'arabe خراج *kharādj*, tribut, mot passé en turc. « Les rayas seuls payent le *kharatch* ou capitation. » (Tancoigne[8].)

Caravane. Du persan كروان *karwān*, même sens. De là vient :

Caravansérail. En persan كروانسراى *karwān-serāī*, hôtel de la caravane.

Carmantine. Genre de plantes de l'Asie tropicale (une des espèces porte le nom de *noyer des Indes*). En malais كرمنتغ *caramounting*.

Carme. Au jeu de tric-trac, le coup de dés qui amène le double quatre. On disait autrefois *carne*, et en espagnol ce même mot *carne* marque celui des quatre côtés de l'osselet qui présente une figure concave en forme de S. M. Dozy, remarquant l'analogie de cette figure avec une corne[9], tire le terme espagnol de l'arabe قرن *qarn*, corne. On sait que, chez les anciens, le jeu des osselets fut le prototype du jeu de dés. Il serait donc possible que notre *carme* ou *carne* dût être assimilé à l'espagnol *carne*. Toutefois il semble plus naturel de le rattacher au latin *quaternus*, comme *terne*, double trois, se rattache à *ternus*. On sait qu'une voyelle brève atone précédant immédiatement la tonique latine disparaît presque toujours en français. La chute de l'*a* bref de *quaternus* a entraîné celle du *t*; et nous trouvons en effet que l'expression *querne* ou *quarne* était usitée au xviᵉ siècle en Suisse et en Provence pour indiquer la réunion de quatre pièces de billon. *Querne* s'est dit aussi pour désigner les quaternaux ou quaternes, monnaie valant quatre deniers, frappée en Dauphiné dès le milieu du xiᵉ siècle. (Voy. Ludovic Lalanne, *Dict. hist. de la France.*)

Caroube ou Carouge. Esp. *garroba, garrubia, algarroba;* portug. *alfarroba*; ital. *carrubo*. De l'arabe خرّوبة *kharroūba* ou خرنوب *kharnoūb*, même sens. Cette dernière forme est celle qu'on trouve dans le manuscrit de Razi, fol. 34 verso.

Carquois. Esp. *carcax*, portug. *carcas*, ital. *carcasso*, provenç. *carcais*, tous mots fort voisins de notre *carcasse*; d'autre part, on a en italien *turcasso*, bas lat. *turcasia*, bas grec *ταρκάσιον*, correspondant au vieux français *tarquais* (xiiiᵉ siècle), *turquois* (xvᵉ siècle). La permutation des articulations *t* et *k* étant extrêmement fréquente dans nos langues, ainsi qu'en a fait la remarque M. Defrémery[10], on est porté à assimiler tous ces mots, et l'on ne peut manquer d'y reconnaître avec ce savant le persan تركش *terkech*, qui signifie aussi *carquois* (de تير *tīr*, flèche, et كش *kech*, portant). Le mot nous est venu par l'arabe qui a changé *terkech* en *tarkāch*.

[1] *Gloss.* p. 248.

[2] *Journ. asiat.* août 1867, p. 183.

[3] Marsden, *Dict. mal.* Rienzi écrit *korokoro* : « La sculpture des korokoros malais... annonce autant d'intelligence que de goût. » (*Océanie*, t. Iᵉʳ, p. 84.) M. Littré donne la forme française *caracore*, sorte de navire en usage aux îles Philippines.

[4] D'après le *Dict.* de l'abbé Favre, كور ٢ *koura-koūra* ne désignerait qu'une tortue terrestre. La tortue caret s'appellerait en malais كاره *kārah*, mot qui manque dans Marsden.

[5] Man. ar. de la collection de M. Schefer.

[6] Man. malais de la Bibl. nat. nº 22, p. 107. Voy. aussi le *Makota raja*, p. ١٣٥, éd. Roorda.

[7] « *Et iste sol est ad* xxij *vel* xxiiij *karratos* », et cet or est à 22 ou 24 carats. Man. lat. de la Bibl. nat. anc. fonds, nº 7147, folio 18 verso (*Opus mirabile super Mercurio*).

[8] *Voy. de Constantinople à Smyrne et dans l'île de Candie*, dans la collection Smith, t. XI, p. 390, note 2. Cet impôt, dit le même voyageur, est d'environ 10 piastres turques (moins de 10 francs). Les femmes et les enfants au-dessous de dix ans n'y sont point assujettis (*Ibid.* p. 371, note 2).

[9] L'analogie est encore plus frappante dans le contour extérieur de cette face de l'osselet.

[10] *Mém. d'hist. orient.* p. 235 (reproduction d'un article publié en 1857 dans le *Constitutionnel*).

L'identité d'origine de *carcasse* et *carquois* est admise par M. Littré.

Carthame ou *safran bâtard*. Latin botan. *carthamus*. On tire ce mot de l'arabe قرطم *qorṭoum*, même sens. J'ignore quelles sont les raisons, excellentes sans doute, qui ont empêché MM. Dozy et Engelmann de compter *cartamo*, *cartama*, parmi les mots espagnols et portugais dérivés de l'arabe.

Carvi ou Chervis. Esp. *carvi*, *alcaravia*, portug. *cherivia*, *alcaravia*, *alquirivia*, ital. *carvi*. De l'arabe كرويا[1] *karawiā* ou *karwiā*, qui désigne la même plante, nommée en grec κάρον, κάρεον (en latin *carum*, *careum*, dans Pline). L'arabe serait la transcription d'une forme grecque καρυΐα ou καρευΐα qui manque dans les dictionnaires. Par quel singulier artifice M. A. de Chevallet veut-il tirer *chervis* de *siser* ou *sisarum*, et *carvi* de *careum*[2]?

Casauba, Casbah. Esp. *alcazaba*, portug. *alcaçova*, proprement *forteresse*. De l'arabe قصبة *qaṣaba*, même signification. Y a-t-il eu quelque influence de ce mot dans la formation du bizarre terme italien *casamatta*, origine de notre *casemate* et de l'espagnol *casamata*? (*m* et *b* sont deux labiales sujettes à se substituer l'une à l'autre.)

Casoar. Cet oiseau, originaire de l'archipel Indien, tire son nom du malais كسواري *kasouāri*.

Casse. Poêlon, chaudron, grande cuiller, coupe (dans le Midi). Esp. *cazo*, portug. *caço*, ital. *cazza*, bas lat. *caza*, *cazia*. On a proposé comme étymologie l'ancien haut allemand *chezi*. En arabe كاس *kas*, coupe à boire, date au moins du XIIIe siècle, car il est souvent répété dans le سيرة عنتر *sîrat antar*, aventures d'Antar, et on trouve كاسه *kāsah* dans le Gulistan, ouvrage écrit en 1258: «Je veux, dit un marchand, porter en Chine du soufre de Perse et en rapporter pour la Grèce de la *vaisselle* de Chine» واز آنجا كاسهٔ چينى بروم (Édit. Eastwick, p. 111; liv. III, hist. 22, p. 179 de la traduct. de M. Defrémery.) كاس, كاسه, sont-ils différents de *casse*? L'ancienneté de *kas* dans les langues sémitiques est constatée par l'hébreu כוס *kôs*, coupe, qui se rencontre dans le Lévitique, le Deutéronome et les Psaumes. *Cazo*, *caço* manquent dans Dozy.

Catiang. Plante exotique de la famille des légumineuses (*Dolichos catiang* de Linné). C'est le malais كاچڠ *kātchang*, qui se dit de tous les légumes à gousse, pois, fève, haricot, vesce, etc. Le dolic *cacara* des naturalistes est en malais كاچڠككار *kātchang-kakāra*.

Cayan (*cajanus*), genre de cytise, est étymologiquement le même mot que *catiang* (jav. [illegible]).

Censal. Courtier, dans les ports du Levant. Ital. *sensale*. C'est l'arabe سمسار *simsār*, même sens. Bocthor donne aussi l'orthographe صمصار *ṣimṣār*. (Voy. à *censal* et à *courtier*.) On regarde le mot comme étant d'origine persane; à côté de *simsār*, le persan a سفسار *sifsār*.

Cétérach. Plante vulgairement nommée *scolopendre* ou *doradille*. Esp. *ceteraque*, ital. *cetracca*, *citracca*, bas grec κιτεράχ. «Mauritanis et officinis *ceterach* Arabum», dit Chabré[3]. C'est l'arabe شطرك *chetrak*[4], auquel il faut identifier شيطرج *chīṭaradj*; چيترك *tchītarak*, nom d'un médicament indien, dans Freytag.

Chaban. Huitième mois de l'année musulmane. En arabe شعبان *cha'bān*. Montesquieu écrit *chahban*.

Chacal. Bocthor traduit ce mot par چكال *tchakāl*, qui est turc et vient du persan شغال *chaghāl*, ou شگال *chagāl*, même sens; en ar. ثعال *thou'al*, en héb. שׁוּעָל *chou'al*, renard.

Chachia. Transcription de l'arabe شاشية *chāchīa*, «bonnets de laine fine, façon de Tunis ou de Fez, qui sont ordinairement de couleur écarlate, et qui font la pièce essentielle de la coiffure des Arabes et des Turcs.» (S. de Sacy, *Chrest. ar.* I, p. 199.) C'est un adjectif féminin formé de شاش *chāch*, mousseline.

Chagrin. «Préparation de la peau du cheval, de l'âne ou du mulet, qui se fait en Turquie et en Perse. On ne se sert pour le chagrin que de *la peau du derrière* de l'animal; après qu'elle est tannée et devenue souple et maniable, on l'étend sur un châssis au soleil, on en couvre le côté du poil avec la graine noire d'une espèce d'arroche, et non pas avec la graine de moutarde, comme on le pense assez généralement; cette graine, pressée par les pieds des ouvriers, se fixe dans le cuir et ne s'en détache plus que lorsqu'il est sec. Le chagrin est le *sagri* des Turcs.» (Sonnini[5].)

Le mot turc صاغرى *ṣāghri* ou صغرى *saghri* désigne en effet *la croupe du cheval* et la peau préparée que nous nommons *chagrin*. Les mots que nous avons soulignés dans l'explication de Sonnini démontrent l'exactitude de son étymologie, indiquée d'ailleurs depuis deux siècles par Chardin[6].

Chah. Du persan شاه *chāh*, roi. *Padichah* est le persan پادشاه *pādichāh*. On écrit quelquefois *shah*, d'après l'orthographe anglaise, et *schah* d'après l'orthographe allemande.

Chaland. Sorte de bateau plat. Ce mot est très-ancien dans la langue française; on le trouve sous la forme *calant*, dans la chanson de Roland (XIe siècle), ce qui n'est pas très-favorable à l'étymologie arabe شلندى *chalandī*[7], شلنديّة *chalandīa*, genus navigii (dans Freytag). Un ش *ch* peut difficilement devenir *c* dur. Cf. Letronne, *Journ. des Savants*, janvier 1848.

---

[1] Le mot est dans Razi, man. déjà cité, fol. 41 recto.
[2] *Orig. de la lang. fr.* t. II, p. 140.
[3] *Stirpium icones*, append. p. 657.
[4] *Gazophyl. ling. Pers.* p. 377, au mot *scolopendria*.
[5] *Dict. d'hist. natur.* t. VI, p. 6.
[6] *Voy. en Perse*, p. 294. Ed. Smith.
[7] Voy. Defrémery (*Journ. asiat.* août 1867, p. 183), qui renvoie à Ibn-Alathir, éd. Tornberg, t. XI, p. 159.

Châle. Bien que le mot se trouve dans la langue arabe moderne (شال *chāl*, plur. شيلان *chīlān*, dans Bocthor), ce n'est pas là que nous l'avons pris. D'introduction peu ancienne en Europe, il a été apporté de l'Orient par le commerce anglais. C'est le persan شال *chāl*, sorte de drap grossier en poil de chèvre ou de brebis que les derviches, dit Meninski, jettent sur leurs épaules en guise de manteau. Le mot s'est ensuite spécialement appliqué au tissu de Cachemire: وبمعنى شال كه در كشمير بافند, dit le *Bahāri agam* (cité par Vullers).

Chalef. Arbre à fleurs odorantes originaire de l'Orient. C'est l'arabe خلاف *khalāf*, saule d'Égypte, identique, semble-t-il, au بان *bān*. (Voy. le *Dict.* de Bocthor, au mot *saule.*)

Champac ou Sampac. Arbre des Indes orientales, cultivé dans les jardins pour ses fleurs odoriférantes (*Michelia champaca* de Linné). C'est le malais چمفك *tchampāka*, nom répandu dans tout l'archipel Indien, mais dont l'origine est hindoue.

Charabia. L'espagnol *algarabia, algaravia*, signifiant à la fois *la langue arabe* et *bruit confus, baragouin*, ne laisse aucun doute sur l'étymologie; c'est l'adjectif féminin عربية *'arabīa*, arabe (la langue[1]).

Chebec. Bâtiment à trois mâts de la Méditerranée. Ancien franç. *chabek*, esp. *jabeque, xabeque, xaveque*, portug. *xabeco, enxabeque, chaveco*, ital. *sciabecco, zambecco, stambecco*, « tous mots qui signifient *chebec* et dont l'origine est ignorée. » (Littré.) Jal, montrant que c'était autrefois une barque de pêcheur, pense que le mot vient de l'arabe شبكة *chabeka*, filet. Ce qui est certain, c'est que le terme *chébec* existe dans l'arabe moderne sous la forme شباك *chabbāk* ou *chobbāk*[2]. Mais nous avons une forme plus ancienne, car on la trouve dans la première édition du *Thesaurus* de Meninski (1680) : سنبكى *sounbekī*, « genus navigii in Asia frequentis. » La nasale de *sounbekī* se retrouve dans l'italien *zambecco*. *Sounbekī* est donné comme turc par Richardson, et ne paraît guère pouvoir se rattacher à شبكة *chabeka*, filet.

Chébule. Espèce de myrobolan. Dans les ouvrages de botanique écrits en latin[3], on trouve *kebulus, quebula, chepula, cepula*. De l'arabe-persan كابلى *kāboulī*, c'est-à-dire, je pense, du pays de Kaboul. On lit en effet dans Yakout[4] que le كابل *kāboul* est « une province et ville de la Perse qui produit le coco, le safran et le *myrobolan.* »

Cheikh, Cheik ou Scheik. Transcription de l'arabe شيخ *cheikh*, qui, signifiant primitivement *vieillard*, a pris les mêmes sens que le latin *senior* devenu *signore, señor*, seigneur. « Les naturels (de Madeigascar), dit Marco Polo, sont sarrazins et adorent Mahomet. Ils ont quatre *esceques*, c'est-à-dire quatre vieux hommes aux mains desquels est la seigneurie du pays[5]. »

Le titre de *cheik-ul-islam*, شيخ الاسلام *cheikhou 'l-islam*, signifie *chef de l'islam* ou de la religion.

Cheiranthe. Le latin *cheiranthus* est un mot forgé par les botanistes pour désigner les giroflées. « Il tire son origine, dit Léman[6], soit de deux mots grecs qui signifieraient *fleur en forme de main* (χείρ, ἄνθος), ou bien du mot grec *anthos*, fleur, et de *cheiri*, nom arabe de plusieurs espèces de ce genre. » Nos dictionnaires de botanique donnent en effet *cheri, keiri, alcheiri*, comme noms de diverses variétés de giroflées, ce qui représente l'arabe خيرى *khīrī* et le persan خيرو *khīroū*. خيرى est dans Razi (man. déjà cité, fol. 45 recto). Il y a longtemps que nos botanistes connaissent le terme arabe. Hermolao Barbaro, qui écrivait au xve siècle, commentant le terme ἴον de Dioscoride, dit : « Leucoia intelligo quas Mauritania *cheiri* appellat[7]. » C'est assurément sur ce *cheiri* qu'a été fait *cheiranthus*. En espagnol, *alhaili, alheli, aleli*, giroflée, viennent du même terme arabe.

Chérif. Transcription de l'arabe شريف *charīf*, proprement *illustre, noble*, puis « descendant de Mahomet par sa fille Fathima, épouse d'Alī. » Le même mot est devenu en espagnol *xarifo*, paré, bien mis. Sur ce que sont aujourd'hui les chérifs, on peut voir J. J. Marcel, *Contes du cheykh el-Mohdy*, t. III, p. 422.

Chérubin. Mot emprunté au latin biblique; en hébreu, כְּרוּבִים *keroūbīm*, plur. de כרוב *keroūb*.

Chewal. Dixième mois de l'année musulmane; en arabe شوّال *chawoual*. Les éditeurs de Montesquieu écrivent *chalval*.

Chiaoux ou Chaoux. Dans Bocthor جاويش *djāouïch*; mais le mot est pris du turc چاوش *tchāouch*, en persan چاووش *tchāwouch*, chef, conducteur. « Proprie est vox Turcica, *dit Vullers*, significans *apparitor*, famulus aulicus. » M. Pavet de Courteille, dans son *Dict. du turc oriental*, a noté چاوش avec le sens de *huissier, conducteur de caravane*.

Chibouque. Pipe orientale. Dans Bocthor شبك *choubouk*, qui est le turc چبوق *tchouboūq, tchiboūq*, proprement *bâton, tuyau*, et puis *pipe*. (Cf. چوب *tchoūb*, bâton, baguette.)

Chicane. Ce mot, aujourd'hui passablement détourné de son sens, a dû désigner primitivement le jeu du mail. D'après Bescherelle, il se dit encore d'une certaine manière de jouer au billard, au mail, à la paume[8]. Dans certains appareils de chauffage et de ventilation, on appelle *chicanes* des pièces de diverses formes disposées de

[1] Voy. Dozy, *Glossaire*, p. 119, et Defrémery, *Journ. asiat.* août 1867, p. 183, note 4; voy. aussi *Correspondance littéraire*, numéro du 25 août 1860.

[2] Voy. Dozy, *Gloss.* p. 352.

[3] Voy. par exemple l'*Hist. plantarum universalis*, de Jean Bauhin, t. Ier, p. 202.

[4] *Dict. géogr. de la Perse*, par M. Barbier de Meynard, au mot كابل *kaboul*.

[5] *Voy. anciens et mod.* t. Ier, p. 412.

[6] *Dict. d'hist. nat.* t. VI, p. 213.

[7] *Dioscoridæ pharmacorum lib. VIII.* Strasb. 1529, fol. 254 recto.

[8] Voy. Defrémery, *Mém. d'hist. orient.* p. 235. Le savant professeur cite

manière à contrarier, à diriger successivement en divers sens un courant d'air chaud ou froid; à quoi on peut comparer l'expression des marins *chicaner le vent*. De plus, on trouve, en bas grec, τζυκάνιον, *jeu de mail*; τζυκανίζειν, *jouer au mail*. Tout cela ne laisse aucun doute sur l'étymologie : c'est le persan چوگان *tchaugān*, bâton recourbé, maillet pour jouer au mail. Aussi comprend-on difficilement que Diez et Génin aient voulu, après Ménage, chercher l'origine de *chicane* dans l'espagnol *chico*, petit, qui n'explique ni la forme, ni les sens de ce terme.

De جوكان *djōkān*, forme arabe de چوگان, dérive le portugais *choca*. (Voy. Dozy, *Gloss*. p. 254.) Le changement de و *u*, *ou*, *oū* en *i* est si fréquent qu'il est à peine besoin de s'y arrêter.

Chiffon. Ital. *chiffone*, arabe *chiffoun*, étoffe mince et transparente. (Defrémery[1].) L'étymologie est bonne, mais il faut dire que *chiffon* vient de *chiffe*, vieux mot français qui désigne une étoffe légère et de mauvaise qualité[2], et *chiffe* est l'arabe شف *chiff*, «vestis tenuis et pellucida.» La terminaison *oun* dans le *chiffoun* de M. Defrémery est la *nunnation* arabe, marque du nominatif des noms indéterminés, laquelle n'a jamais joué aucun rôle dans la transmission des mots arabes aux autres langues. Cf. cependant *zédaron*, terme, il est vrai, purement scientifique.

Chiffre. Esp. et portug. *cifra*, ital. *cifera*. De l'arabe صفر *ṣifr*, vide, mot employé pour désigner le zéro, qui n'est que la traduction du sanscrit *çounya*, par lequel ce caractère est désigné dans les anciens traités d'arithmétique indiens. En effet, *chiffre*, *ciffre*, *cyfre*, *cyffre*, employé tantôt au masculin, tantôt au féminin, a marqué primitivement le zéro seul[3]; encore aujourd'hui, le portugais *cifra* et l'anglais *cipher* s'appliquent spécialement à ce caractère. Le même sens est resté assez longtemps au terme français; car on lit, dans un traité d'arithmétique du xviie siècle : «La dernière figure, qui s'appelle *nulle* ou *zéro*, ne vaut rien... En autre langage, elle s'appelle *chifre*; toutefois ce mot abusivement prins en françois signifie toutes les figures et l'art d'arithmétique[4].»

Zéro est une autre forme du même mot صفر *ṣifr*, que les anciens traités de calcul écrits en latin transcrivent *zephyrum*, en italien *zefiro*, et enfin *zéro*[5]. Si l'on songe que l'invention du zéro et de son rôle est le trait caractéristique de la numération écrite moderne, on comprendra que le nom de ce caractère ait fini par s'appliquer à toutes les figures, longtemps nommées *figures de chiffre*.

Chiper. Tanner les peaux d'une certaine façon différente de la manière ordinaire. En turc, سپ *sep* est le tan ou le réservoir où se fait le tannage, ou la trempe destinée à l'apprêt des cuirs; d'où le verbe سپمك *sepmek*, سپلمك *seplemek*, tanner, apprêter des peaux. Est-ce le même mot?

Chott. Vastes dépressions du sol, en Algérie, qu'on suppose avoir formé autrefois le lit d'une mer intérieure. Ce mot, employé par les géographes, a pris une certaine notoriété, depuis qu'on songe à ramener la mer sur cette région de notre colonie. C'est l'arabe شطّ *chaṭṭ*, bord, rive d'un fleuve, prononcé *chott* à cause du ط *ṭ* emphatique. Le même mot figure dans la dénomination du Chat-el-Arab, formé par la réunion du Tigre et de l'Euphrate.

Cid. De l'arabe سيّد *seyid*, seigneur, d'où سيدى *seyidi*, mon seigneur; en Algérie, *sidi*, qui correspond à notre *monsieur*. Par abréviation, on dit aussi, tout simplement, *si*.

Cimeterre. Esp. et portug. *cimitarra*, ital. *scimitarra*. On tire ordinairement ce mot du persan شمشير *chimchīr*, qui a le même sens. Au xve siècle, on a dit *cimiterre*, *sanneterre*.

Cinnor ou Kinnor. Instrument de musique chez les Hébreux. Transcription de l'hébreu כִּנּוֹר *kinnōr*, qu'on interprète par le latin *cithara*.

Cipaye. Nom donné dans l'Inde aux indigènes qui servent dans les troupes européennes. Du persan سپاهى *sipāhī*, cavalier, soldat. C'est le même mot que *spahi*. *Sipāhī* vient de اسپ *asp*, cheval.

Civette. Ital. *zibetto*. *Zibet* ou *zibeth* est le même nom appliqué par nos naturalistes à un animal très-voisin de la civette[6]. C'est l'arabe زباد *zebād*, *zoubād*, qui, comme chez nous le mot *civette*, s'applique à la substance onctueuse et parfumée que fournit l'animal. Les Arabes semblent vouloir rapprocher *zoubād* de زبد *zoubd*, crème de lait. Mais je suis porté à croire que c'est là une simple coïncidence avec le nom du quadrupède : la civette est originaire de l'Afrique équatoriale; les nègres du Congo la nomment *nzimé*.

Colback. Sorte de bonnet à poil en usage dans quelques corps de notre cavalerie. Il date chez nous de l'expédition de Bonaparte en Égypte. C'est le turc قلپاق *qalpak*, bonnet tartare en fourrures, mot qui figure aussi chez nos écrivains sous la forme *calpak* ou *kalpak* et *talpack*.

Colcothar. Esp. *colcotar*, portug. *colcothar*. On trouve aussi, chez les alchimistes, *calcatar*. Un lexicologue suppose que ce mot a été inventé par Paracelse; mais on le trouve déjà dans le *Vocabul. arav.* de Pedro de Alcala, de l'année 1505, époque où Paracelse n'avait qu'une douzaine d'années. C'est l'arabe قلقطار *qolqoṭār*, que M. Dozy (*Gloss.* p. 257) regarde comme une corruption du grec χάλκανθος ou χαλκάνθη.

un passage du *Voyage de Chapelle et de Bachaumont*, qui montre qu'au xviie siècle *chicane* se disait du jeu du mail : «Nous y arrivâmes à travers mille boules de mail : car on joue là, le long des chemins, à la chicane.»

[1] *Mém. d'hist. orient.* 2e partie, p. 334.

[2] Littré, *Dict. franç.* Le mot *chiffe* n'est pas encore hors d'usage. En voici un exemple pris dans la préface de l'*Almageste* de Ptolémée, par M. Halma (1813) : «Manuscrit du Vatican, en papier de chiffes» (p. lij).

[3] Voy. les exemples cités par M. Littré. Planude écrit τζίφρα : *Εἰσὶ δὲ τὰ σχημάτα ἐννέα μόνα... καὶ ἕτερον τι σχῆμα ὅ καλοῦσι τζίφραν, κατ' Ἰνδοὺ σημαῖνον οὐδέν.* (Voy. Woepcke, *Propag. des chiff. ind.* dans le *Journ. asiat.* juin 1863, p. 526.)

[4] *L'arithmétique de Jean Tranchant.* Lyon, 1643, p. 15.

[5] Voir le savant mémoire de M. Woepcke, ci-dessus cité, p. 521 et suiv.

[6] Cf. Defrémery, *Mém. d'hist. orient.* p. 335, n. 1.

Colougli ou Coulougli. C'est le nom qu'on donnait, avant la conquête de l'Algérie par les Français, aux habitants d'Alger issus de l'alliance des soldats turcs avec les femmes indigènes. En turc, قولاوغلی *qoūl-oghlī*, de قول *qoūl*, esclave, soldat, et اوغل *oghoul*, fils, fils de soldat.

On écrit aussi *couloghlou* : « Lors de la conquête, au XVIe siècle, Darghout-Pacha partagea les jardins de l'oasis (de Tripoli) entre ses compagnons, qui, s'unissant aux femmes indigènes, formèrent une population métisse où domina le sang étranger. Les *Coul-oghlou* (fils de serviteurs), depuis lors, jouirent du privilége de ne payer aucun impôt, à titre de postérité des conquérants. » (Baron de Krafft, *Promenades dans la Tripolitaine*[1].)

Cor. Mesure pour les liquides chez les Hébreux. Transcription de l'hébreu כר *kor*, *κόρος* dans les Septante.

Corge ou Courge. « Paquet de toile de coton des Indes. » (Littré.) C'est vraisemblablement l'arabe خرج *khordj*, besace, sac de voyage, portemanteau (qui, avec l'article et le ة d'unité, الخرجة *al-khordja*, a donné l'espagnol *alforja*, portug. *alforge*, besace).

C'est ainsi que l'espagnol *fardel*, correspondant à notre *fardeau*, signifie à la fois *havre-sac*, *besace* et *ballot de marchandises*. *Valise* et ses congénères offrent un double sens du même genre. (Voy. Fardeau et Valise.)

Cos ou Coss. Mesure itinéraire dans l'Inde, variant, suivant les contrées, de trois à cinq kilomètres environ[2]. C'est le persan كوس *kōs*, « a road measure of about two miles », dit Richardson. Deux milles anglais valent un peu plus de trois kilomètres. « Les distances des lieux se supputent par *cos*; chaque *cos* est compté pour une demi-heure de marche ou environ, ainsi que cela a été vérifié, en 1758, par les directeurs de la factorerie de Surate. » (Stavorinus, *Voyage dans l'archipel des Moluques*, t. II, p. 24[3].)

Coton. Esp. *algodon*, portug. *algodão*, ital. *cotone*, *cottone*. De l'arabe قطن *qoton*. (Voy. Hoqueton.)

Coufique. Système ancien d'écriture arabe. Du nom de la ville de كوفة *Koūfa*, dans l'Irak-Arabi.

Coulilaban. Arbre des Indes orientales (*Laurus culiloban*, de Linné). C'est une altération du malais كولت لاوڠ *koūlit-lāwang*, littéralement *écorce-girofle*, nom donné à ce végétal à cause du parfum de clou de girofle qu'exhale son écorce. لاوڠ *lāwang* est l'ancien nom malais du clou de girofle, peu usité aujourd'hui; mais لابڠ *lābang* signifie encore *clou*.

Le mot كولت *koūlit*, écorce, entre dans la formation de plusieurs autres mots employés par les naturalistes ou les voyageurs, tels que *culit-bavang*, coquille appelée aussi *tonne pelure-d'oignon*, du mot باوڠ *bāwang*, oignon; *culit-api*, arbre de la famille des rubiacées, dont l'écorce, à odeur aromatique, est brûlée comme parfum, de اڤى *api*, feu; *coulicoys*, grandes pièces d'écorce préparées pour certains usages, corruption de l'expression malaise كولت كايو *koūlit-kāyou*, écorce d'arbre, etc.

Courban. Fête religieuse des musulmans. En arabe, قربان *qourbān*, ce qu'on offre à Dieu, sacrifice.

Couschite. Nom d'une race d'hommes. De l'hébreu כושי *koūchi*, éthiopien, adjectif formé sur *Koūch*, nom biblique de l'Éthiopie.

Couscous. On trouve aussi *couscou*, *couscoussou* et *cuzcuz* (dans J.-J. Rousseau); esp. *alcuzcuz*, *alcuzcuzu*, *alcoscuzu*. De l'arabe كسكس *kouskous*. A Saint-Domingue, la semence mondée du maïs est appelée *coussecouche* ou *couchecousse*. C'est le même mot, importé sans doute par les nègres africains.

Cramoisi. Esp. *carmesi*, port. *carmezim*, ital. *chermisi*, *cremisi*. De l'arabe قرمزی *qirmezī*, adjectif dérivé de قرمز *qirmiz*, kermès. De là vient aussi *carmin*, bas latin *carmesinus*.

Criss. Qu'on écrit quelquefois, mais à tort, *crid* ou *cric*. Poignard malais. Du malais كريس *krīs* ou كرس *kris*. Il se porte à un ceinturon nommé تالى كريس *tāli krīs*, cordon du *criss*.

Cubèbe. Esp. et portug. *cubeba*, ital. *cubebe*. De l'arabe كبابة *kebāba*, même sens. Aucun dictionnaire ne donne la voyelle *u*, *ou*, pour la première syllabe, tandis qu'elle se trouve dans toutes les formes européennes. Le mot est ancien dans notre langue; on le rencontre dans des textes du XIVe siècle sous la forme *cubebbe*.

Cuine. Terme d'ancienne chimie : cornue pour la distillation de l'eau-forte. Ambroise Paré écrit *cuenne*. Pour un agent tel que l'acide nitrique, la cornue devait être en verre. Je conjecture que *cuine*, *cuenne*, représentent l'arabe قنينة *qanina*, lagena, ampulla vitrea (Golius); Freytag indique encore la prononciation *qinnina*. Dans l'alchimie de Geber (man. n° 1080, sup. arabe de la Bibl. nat.), le mot est écrit قنينية *qaninia* : فاذ صار كذلك فجر بالخل في قنينية كبيرة واسعة ثم تدفنها في الزبل احد وعشرين يوما « les choses étant ainsi, jette le vinaigre dans une *qaninia* grande, large, et enterre-la dans le fumier vingt et un jours » (fol. 5 verso). Dans d'autres passages du même manuscrit on lit cependant قنينة : فانهم ياخذون قنينة واسعة الراس فيكبسونها من الحجارة الى دون عنقها « ils prennent une *qanina* à tête large et la garnissent de pierres jusqu'au cou » (fol. 157 verso). Nos alchimistes du moyen âge ont pris ce mot sous la forme *canna*, comme برنية *berniya*, autre vase de verre, sous la forme *berna*. (Voy. le *Lexicon alchemiæ* de Ruland.) Le même ouvrage donne encore « *kymenna*, id est ampulla. » Si l'on se donne la peine de parcourir notre ar-

[1] Dans *le Tour du monde*, 1er sem. 1861, p. 70. — [2] Par quelque méprise inexpliquée, Bescherelle, après avoir donné trois kilomètres pour la valeur du *cos*, en attribue dix-sept au *coss*. — [3] Trad. du hollandais par Jansen, 1805.

ticle Alchimie, on ne sera pas surpris de l'altération de *qanina* en *canna*, *kymenna*, *cuenne*, *cuine*.

Curcuma. Esp. portug. et ital. *curcuma*. On trouve *culcuma* dans un tarif français du xviie siècle. (Littré.) C'est l'arabe كركم, كركمة *kourkoum*, *kourkouma* (héb. כַּרְכֹּם), même signification. L'Avicenne de Rome donne la leçon قرقوما *qourqoumā'* (p. ٢٤٩), que les dictionnaires n'ont pas relevée.

Cuscute. Esp. et portug. *cuscuta*, ital. *cuscuta*, *cussuta*. Cette dernière forme nous donne l'étymologie du mot : c'est l'arabe كشوث *kouchoûl*, ou كشوثا *kouchoûtā*, qui désigne la même plante[1]. On trouve les variantes orthographiques كشوث, كشوثا *kouchouth*, *kouchoûthā*. Les termes arabes viennent du grec κασύτας ou d'une autre forme du même mot. Le *Dict. d'hist. nat.* de Déterville donne, comme se trouvant dans Théophraste, *cassytha* (qu'on transcrirait κασύθη, en arabe كشوثى). Les formes *cassuta*, *cassita*, des botanistes modernes semblent, par leurs voyelles, dériver directement de la forme grecque. Il en est de même de *cassite*, nom d'une autre famille de plantes parasites assez analogues à la cuscute.

D

Damas. Étoffe ; tire son nom de la ville de Syrie, en arabe دمشق *dimachq*. Le *q* final fait comprendre la forme des dérivés *damasquiné*, *damasquette*, *etc.* à côté des mots plus modernes *damassé*, *damassade*, *etc.* composés directement sur le nom français de Damas.

Dame-jeanne. Le dictionnaire français-arabe de Bocthor traduit *dame-jeanne* par دمجانة *damdjāna* ou *damadjāna* ; ce mot, M. Littré (dans les *Addit. au Dict.*) le donne pour étymologie de *dame-jeanne*. Il joint une citation de Niebuhr[2], de laquelle il résulte que *damajane* signifie en Orient un grand flacon de verre. Le *Dictionn. arabe-franç.* de Kasimirski a recueilli cette expression. J'ignore, pour moi, si دمجانة est d'origine orientale. La fin du mot rappelle l'arabe جونة *djoūna*, cruche, « capsa vitraria » dans Golius, « a glass phial » dans Richardson, qui met un *hamza* sur le و ; et ce *djoūna* fait songer à notre vieux mot *gonne*, futaille à mettre des liquides, du poisson salé, du goudron, etc. On peut comparer *damdjāna* à l'hébreu צִנְצֶנֶת *tsintseneth*, bouteille.

Darse. Esp. et ital. *darsena*. Pour l'étymologie de *darsena*, voy. Arsenal.

Denab. Étoile de première grandeur, α du Cygne. C'est l'arabe ذنب *dhenab* ou *dheneb*, queue ; les astronomes arabes nomment en effet cette étoile ذنب الدجاجة *dhenab ed-dadjādja*, la queue de la poule, à cause de sa situation sur la queue de l'oiseau qui figure la constellation.

Dey. D'après M. Garcin de Tassy[3], ce mot viendrait de l'arabe داعى *dā'ī*, celui qui appelle, missionnaire. Mais M. Defrémery établit que le mot est d'origine turque[4]. Il fait judicieusement remarquer que, dès la fin du xviie siècle, les deys d'Alger s'intitulaient ضاى *dāī* ou ظاى *dhāī*, dans les lettres écrites en arabe, et داى *dāī* dans les lettres en turc, toujours sans ع. داى *dāī* en turc signifie *oncle maternel*[5].

Dinar. Monnaie arabe. Transcription de l'arabe دينار *dīnār*. Mais l'esp. *dinero*, le portug. *dinheiro*, l'ital. *danaro*, *denaro*, comme notre *denier*, viennent du latin *denarius*[6]. Le mot arabe lui-même n'est autre que le grec δηνάριον.

Dirhem. Monnaie arabe. Transcription de درهم *dirhem*, en grec δραχμή, drachme. Les Espagnols ont pris le même mot sous la forme *adarame* ou *adarme*, avec le sens de *demi-drachme*.

Divan. C'est un terme que nous avons pris aux Turcs, qui l'ont reçu des Arabes ou des Persans, car le mot ديوان *dīwān* est d'origine persane. On peut voir ses nombreuses significations dans les *Dictionnaires* de Meninski, Richardson, Bianchi. (Voy. plus loin Douane.)

Divani. Sorte d'écriture en caractères arabes. C'est un adjectif ديوانى *dīwānī*, formé sur *dīwān*, qui regarde le divan, parce que cette écriture est spécialement employée dans les bureaux du Divan, dans l'empire ottoman.

Djérid. Transcription de l'arabe جريد *djerīd*, qui signifie « une tige de palmier dépouillée de ses feuilles », d'où *javelot* et enfin l'exercice guerrier qui porte ce nom. « Le javelot des exercices qu'on appelle *gerid*, c'est-à-dire *branche de palmier*, parce qu'il est fait des branches de palmier sèches, est beaucoup plus long qu'une pertuisane et est fort pesant, de manière qu'il faut une grande force de bras pour le lancer. » (Chardin[7].)

Djinn. Mot arabe, جنّ *djinn*, nom collectif qui désigne les génies, les démons, les êtres surnaturels, par opposition à l'homme.

Doliman ou Dolman. Sorte de vêtement turc ; du turc طولامه *dōlāma*, ou دولامان *dōlāmān* ; en polonais *doloman* (dans Meninski).

Doronic. Genre de plantes de la famille des synanthérées. Esp. *doronica*, portug. *doronico* (ces deux termes

[1] Voy. Freytag et Bocthor. Cette étymologie est aussi indiquée par M. Defrémery (*Rev. critiq.* numéro de décembre 1868, p. 408), qui reproche justement à M. Dozy de l'avoir oubliée dans son *Glossaire*.

[2] Ce passage se trouve p. 233 de l'édition Smith ; le mot est écrit *damasjane*.

[3] *Mém. sur les noms propres et les titres musulmans*, 1854.

[4] *Journ. asiat.* janvier 1862, p. 85.

[5] *Ibid.* août 1867, p. 180.

[6] Voir pourtant Dozy, *Gloss.* p. 258.

[7] *Voy. en Perse*, éd. Smith, p. 239.

manquent dans le *Glossaire* d'Engelmann et Dozy); lat. botaniq. *doronicum.* « On dit que c'est l'altération d'un nom arabe », dit Littré. Cinquante ans auparavant, Léman disait: « Selon quelques auteurs, ce nom est formé d'un mot arabe qui signifierait *poison du léopard*[1]. » Le mot est en arabe en effet: درانج, درنج, درونج, *darānedj, daranedj, darounedj*, dans Bocthor; la dernière forme seule est dans Richardson; Freytag prononce *douroundj*. Quelle que soit l'origine première de ce vocable, il a été de bonne heure employé par les savants arabes, puisqu'on le lit dans Razi, qui mourut en 923 de notre ère.

Douane. Esp. *aduana*, ital. *dogana*. De l'arabe ديوان *dīouān*, d'après Engelmann, qui explique ainsi l'étymologie: *dīouān*, qui est d'origine persane (voy. Divan), signifie d'abord *registre*, puis l'endroit où se réunissent les employés qui tiennent les registres, *conseil d'État, salle d'audience*, et aussi *bureau de douane*, ainsi qu'il résulte d'un grand nombre de passages d'Ibn-Batouta, Ibn-Djobéir, Maccari, et surtout Ibn-Khaldoum. (Voy. *Gloss.* p. 47.)

Douar. Esp. *aduar*. Notre mot français vient d'Algérie, où دوار *douār* signifie un village composé de tentes[2]. Mais l'espagnol *aduar* montre que الدوار *ad-douār* doit être ancien dans la langue arabe; et en effet, M. Dozy[3] l'a relevé dans Edrici (*Clim.* I, sect. 8) et dans Ibn-Batouta (II, 69). دوار est un singulier (faisant au pluriel ادوار chez Bocthor, دواوير dans Cherbonneau), qu'il ne faut pas confondre avec un pluriel de دار *dār*, habitation, bien qu'il y ait eu sans doute similitude à l'origine. *Douar*, en Orient, se dit d'un petit camp dont les tentes sont groupées en cercle; un camp plus considérable et dont les tentes sont rangées sur une ou plusieurs lignes droites se nomme *nezel*. (Voy. *Voyage en Arabie*, dans la collection Smith, t. XI, p. 309.)

Doume. Palmier de la Thébaïde, décrit dans le grand ouvrage de la commission de l'Institut d'Égypte[4]. C'est l'arabe دوم *daum* ou *doūm*. Dans les anciens ouvrages de botanique, le nom de cet arbre est *Cuciphera thebaïda*, que certain dictionnaire, par une singulière inadvertance, transforme en *crucifère thébaïque*, plante. Le fruit, dont on fait encore au Caire une grande consommation, a été en effet désigné sous le nom de *cuci*, mot qui est dans Pline, et auquel les dictionnaires latins attribuent une origine persane.

Doura. Qu'on écrit à tort *dourah* par un *h*, sorte de millet. De l'arabe ذرّة *dhorra*. Bocthor (aux mots *maïs, mil*) écrit درة, درا, *dora, dorā*, par un seul *r* et par un د *d* sans point; Cherbonneau (au mot *maïs*) met aussi un *d* sans point, mais il double le ر *r* (*dorra*). Enfin Freytag et Richardson écrivent ذرة *dhora* avec le ذ *dh* et un seul *r*[5]. L'orthographe que j'ai adoptée est celle que je trouve dans Razi, qui parle du *doura* en ces termes : الذّرة قليلة الاغذاء عاقلة للبطن[6] « le *dhorra* est peu nourrissant et resserre le ventre. » Niebuhr, sans doute d'après la prononciation de la péninsule Arabique, double aussi l'*r* : « Les champs dans ces montagnes (du Yémen) étaient semés uniquement de *durra*, espèce de gros millet dont le petit peuple fait son pain[7]. »

Drogman ou Dragoman. Ce mot et son équivalent *truchement* représentent l'arabe ترجمان *tardjaman, tardjouman, tourdjouman*. Esp. *trujaman*, ital. *drogmano, dragomano, turcimanno*; bas lat. *dragumanus, drocmandus, turchimannus*; bas grec δραγούμανος, vieux français (XIIe et XIIIe siècles) *drughemant, drugement*; on a dit *truchement* dès le XVe siècle. La racine sémitique du mot ترجمان *tardjamān* se retrouve dans le nom de *targum* qu'on donne à la paraphrase chaldaïque de la Bible et qui signifie *interprétation*[8].

Dub. Sorte de lézard d'Afrique. De l'arabe ضبّ *dabb*. Le changement de *a* en *u* (*ou*) est dû à la prononciation emphatique du ض *ḍ*, ou à l'influence des pluriels اضبّ *adoubb*, ضبّان *doubban*.

Dugong. Vache marine de la mer des Indes. Du malais دويڠ *doūyoung*, nom qu'on retrouve dans les autres langues de l'archipel Indien sous la forme *roudjong* ou *rouyong*.

Durion, Dourion ou Dourian. Fruit d'un arbre des Indes, le *Durio zibethinus* de Linné. « Le fruit est une baie solide, *hérissée de fortes pointes pyramidales*, et grosse comme un melon, dont elle a presque la forme[9]. » C'est le malais دورين *dourīan*, venant de دوري *doūri*, épine. Le voyageur Linschot, parlant du *dourion*, appelle *batan* l'arbre qui le produit et *buaa* la fleur de cet arbre[10]. Or *batan* et *buaa* sont deux mots malais, dont le premier, باتڠ *bātang*, signifie simplement *arbre, tronc d'arbre*, et le second, بوة *boūah*, fruit; peut-être faut-il lire بوڠ *boūnga*, fleur.

[1] *Dict. d'hist. nat.* t. IX, p. 550. J'ignore de quel mot arabe il peut être question.

[2] Cherbonneau, *Dict. fr.-arab.* au mot *village*, p. 617. J'ai déjà fait observer que M. Cherbonneau, tout en rédigeant un dictionnaire spécial de l'arabe algérien, a négligé de donner les mots que nous avons empruntés à notre colonie. Il n'y faut donc pas chercher *douar*.

[3] *Gloss.* p. 47.

[4] *Hist. nat.* t. Ier, 1re partie, p. 53-58. MM. Cammas et André Lefèvre ont eu tort d'écrire *doums* par un *s* au singulier : « C'est le *doums*, qui diffère du dattier par la conformation et par le fruit. » (*Voy. en Égypte*, dans *le Tour du monde*, 1er sem. 1863, p. 202.)

[5] Le grand ouvrage de la commission de l'Institut d'Égypte donne aussi ضورة *ḍoūrah*. (*Hist. nat.* t. II, p. 53.)

[6] Man. de la Bibliothèque nationale, n° 1005 du supplément arabe, fol. 35 recto.

[7] *Voy. en Arabie*, édit. Smith, p. 302.

[8] A vrai dire, le verbe chaldaïque תִּרְגֵּם *targem*, interpréter, ne paraît pas être d'origine sémitique, et récemment M. J. Halévy essayait de le rattacher au grec τριγμός. (*Société de linguistique*, séance du 18 mars 1876.)

[9] *Dict. d'hist. nat.* de Déterville, t. IX, p. 612.

[10] *Ibid.* t. III, p. 308.

E

Eblis ou Iblis, le démon. De l'arabe ابليس *iblis*, qui paraît être une altération du grec διάβολος.

Échecs (Le jeu des). Portug. *escaques*, ital. *scacchi*. C'est de ce jeu que paraît venir notre substantif *échec*. Le nom du jeu serait lui-même une altération de الشاه *ech-chāh*, le roi, formé de l'article arabe *ech* pour *al* et du persan *chāh*, roi. Le joueur qui met le roi sous le coup d'une prise avertit son adversaire en disant: *ech-chāh*, le roi! L'espagnol dit *xaque!* L'expression *échec et mat* est, dans le même ordre d'idées, une altération de l'arabe الشاه مات *ech-chāh māt*, le roi est mort, en portugais *xa-mate* ou *xaque mate*, en espagnol *xaque y mate*, en italien *scacco matto*.

La présence du *q* ou du *c* dans ces mots s'expliquerait par la manière dont les Arabes faisaient sentir le ه *h* persan final; on sait qu'ils rendent souvent cette lettre par un ج *dj* ou *g* dur, ce dont on peut voir un exemple plus loin au mot Emblic. Il est vrai qu'on trouve en vieux français *eschas*, *escas*, bas lat. *scacatus*; mais la forme actuelle *échec* ou *eschec* est encore plus ancienne et remonte au xie siècle.

Quant à songer à l'arabe شيخ *cheikh* comme employé pour *chāh*, l'*a* de *eschas*, *xaque*, *scacco*, *etc.* ne le permet pas.

Efendi ou Effendi. Titre turc correspondant à notre *monsieur*. Transcription du turc افندى *efendi*, mot corrompu, dit-on, du grec αὐθέντης (prononcé à la moderne *afthendis*), qui agit de sa propre autorité, seigneur[1].

Elémi. Résine qu'on tire du balsamier de Ceylan et du balsamier élémifère de l'Amérique du Sud. Esp. *elemi*, portug. *gumileme*. Bocthor traduit ce mot par صمغ لامى *ṣamagh lāmi*, gomme de *lami*. J'ignore quelle est la provenance de ce *lāmi*. Dans une liste de termes techniques de médecine et de thérapeuthique arabes[2], M. Sanguinetti a noté لامى *lāmi*, gomme élémi. Mais l'ouvrage où il a recueilli ce terme est trop récent pour qu'on en puisse rien conclure sur la nationalité du mot[3].

Élixir. Esp. et portug. *elixir*, ital. *elisire*. C'est l'arabe الإكسير *el-iksīr*, terme par lequel les alchimistes désignent la pierre philosophale, la matière solide ou liquide qui doit servir à la transmutation des métaux, la *poudre de projection* : «In ipsis pulveribus qui a philosophis vocantur *elixir*.» (*Opus mirabile de Mercurio ad ejus fixationem*[4].) On trouve aussi *alexir*, «medicina alchymice præparata» (Ruland, *Lexic. alchem.*), *xir*, *yxir* et *ysir*.

Le mot arabe lui-même n'est autre chose que la transcription du grec ξηρόν, sec, médicament sec. On a objecté[5] contre cette origine que les Arabes transcrivent le ξ par سك *sk* et non par كس *ks*; mais il existe d'autres exemples de cette dernière transcription *ks* ou *qs*, et M. Defrémery en a cité trois[6]: بقسيس *boqsīs*, buis = πύξος; بقسماط *baqsamāṭ*, biscuit = παξαμάδιον, et ابركسيس *abraksīs* = πρᾶξις.

Dans la terminologie pharmaceutique, *élixir* a subi une déviation de sens analogue à celle d'*alcool*; le mot ne se dit plus aujourd'hui que de liqueurs résultant d'un mélange de certains sirops avec des alcoolats.

Emblic, Emblique, Amblique. Terme de droguerie; espèce de myrobolan. Latin du moyen âge *emblicus* (voy. Chebule), «emblica Arabes *embelgi* vocant», dit Jean Bauhin, d'après Garcias (*Histor. plantarum univers.*). C'est en effet l'arabe املج *amledj*, qui est le persan آمله *amleh*, venant lui-même du sanscrit *āmlak*. املج *amledj* est dans Razi. (Trait. III, ch. xxviii, folio 47 recto du man. déjà cité.) La forme sanscrite est restée dans le malais ملاك *malāka*, emblic officinal, lequel, d'après les traditions malaises, a donné son nom à la presqu'île de Malacca[7].

Émir. Transcription de l'arabe امير *emīr* ou *amīr*, chef; le même mot qui a donné *amiral*. Dans certains pays musulmans, on dit *mir*; et de là vient le *mirza* ميرزا, fils d'émir, monsieur, des Persans.

Enif. Étoile ε de la constellation de Pégase. C'est l'arabe انف *anf*, nez, انف الفرس *anf al-faras*, le nez du cheval. L'étoile est en effet placée sur le museau ou la bouche de Pégase.

Épinard. Vieux franç. *espinard*, *espinace*, *espinoce*, *espinoche*; esp. *espinaca*, portug. *espinafre*, ital. *spinace*, lat. mod. *spinacium*, *spinachium*, *spinaceum*, *spanachium*; grec mod. σπινάκιον. Les étymologistes (et M. Dozy est sans doute du nombre, puisque *espinaca*, *espinafre* manquent dans son *Glossaire*) s'accordent à dériver ces mots du latin *spina*, épine. Toutes les langues romanes se seraient donc entendues, le mot n'existant pas en latin, pour dénommer cette plante d'après un de ses caractères qui n'a rien de frappant, à savoir deux ou quatre petites pointes épineuses placées à la surface du calice[8]; encore manquent-elles dans le grand épinard.

Mais la vérité est que le mot a une origine tout autre; il vient sans contredit de l'arabe-persan اسفناج, اسفاناج, اسباناخ, *isfinādj*, *isfānādj*, *aspanākh*. Richardson qui cite ces trois formes, les donne comme venant du grec σπινάκια, mais σπινάκια est moderne et n'existe pas dans la langue

---

[1] Littré, *Dict.*

[2] *Journ. asiat.* mai 1866, p. 322. On peut voir aussi Dozy, *Gloss.* p. 259.

[3] L'auteur, Alkalioubi, est mort en 1659.

[4] Dans le man. lat. n° 7147, ancien fonds, de la Bibl. nat. p. 18 verso. Le même volume contient un traité intitulé *Elixiris compositio vera*; il semble traduit de l'hébreu et commence par ces mots : «In nomine Adonay.»

[5] H. Zotenberg, *Rev. crit.* 20 avril 1867, p. 242.

[6] *Journ. asiat.* août 1867, p. 185.

[7] Voy. le *Chedjarat malayou*, p. ١٣ du texte édité par M. Dulaurier.

[8] «Espinars ou espinoches, ainsi dites à raison que leur graine est espineuse.» (*Agric. et maison rustique* de M. Charles Estienne et Jean Liebault, p. 204.)

classique; c'est la dérivation inverse qui est vraie[1]. Jean Bauhin écrit *σπανάχια*, qui correspond à *spanachium* et à *aspanakh*, «sumpto nomine (dit-il) a raritate (*σπάνιος* signifiant *rare*), quod raro illo medici utuntur», ce qui rappelle la fameuse étymologie «*aqua*, a qua vivimus.»

Du reste, le célèbre botaniste du XVIe siècle ajoute qu'on appelle aussi l'épinard *hispaniense* ou *hispanicum olus*, légume d'Espagne, «fortasse quod inde primum duxerit originem.» Nous voilà bien loin de l'*épine* de nos étymologistes actuels. Nous n'avons pas besoin de dire que la prétendue qualification d'*espagnol* est due à une coïncidence fortuite de son. Jean Bauhin ajoute d'ailleurs que les anciens auteurs ne font aucune mention de l'épinard, *sauf les Arabes* qui le nomment *hispanac*[2].

Bauhin, en effet, avait pu relever le mot dans Razi qui, dès la fin du IXe siècle, faisait un grand éloge de ce légume[3]. «Les épinards ont été apportés d'Orient en Espagne», dit une phrase citée en exemple dans Littré; et les botanistes savent que cette plante, jadis inconnue en Europe, croît spontanément en Perse, ainsi que l'a constaté le voyageur Olivier[4]. Il ne peut donc rester de doute sur l'origine arabo-persane du mot *épinard*.

ESCARPIN. Esp. *escarpin*, portug. *escarpim*, ital. *scarpa, scarpino*. L'étymologie de ces mots serait bien difficile, si l'on n'avait l'italien *scappino* et les vieilles formes françaises *eschapin, eschappin*, qui sont antérieures à toutes les autres. Joignez-y l'expression «mettre les souliers en *escapine*», c'est-à-dire en pantoufles (dans Du Cange). Il me semble impossible de ne pas rattacher ces formes sans *r* aux vieux mots : *escafe*, chaussure, et aussi coup de pied au jeu de ballon, *escafilon, escafillon, escafignon*, chaussure légère; *escafinon*, même sens; bas lat. *scaffones, scuffones, scofoni*[5]. Et maintenant, comment ne pas songer à l'arabe اسكف, اسكاف *askaf, iskāf* (*eskāfi*, dans Bocthor), اسكوف *ouskoūf*, سكّاف *sakkāf*, tous mots signifiant *cordonnier?*

On peut joindre aux mots qui précèdent, comme ayant, suivant toute vraisemblance, une même origine : *escoffraie, écoffrai, écofroi*, boutique de marchand de cuirs; *escoffier*, bas lat. *escofferius*, marchand de cuirs, et peut-être *escaupile*, mot emprunté à l'espagnol, qu'on lit dans ce passage de Robertson : «Les armes des Mexicains ne pouvaient pénétrer ni les boucliers des Espagnols ni leurs corselets piqués appelés escaupiles.» (*Hist. d'Amér.* trad. t. II, p. 308.)

Mais tous ces mots sont-ils d'origine orientale? C'est bien douteux; car les langues germaniques ont *schuh*, soulier, en allemand; *shoe*, en anglais, et *skoh*, en gothique. Je laisse à de plus érudits la tâche d'élucider ce problème, dont j'ai seulement voulu rassembler quelques éléments.

ESTRAGON. Esp. *estragon, taragona*, portug. *estragão*, ital. *targone*. On a voulu tirer ces mots du latin *draconem*[6], *draco* étant supposé employé dans le sens de *dracunculus*, nom d'une plante dans Pline, «lequel, dit M. Littré, ne paraît pas avoir été donné à l'estragon, mais que les botanistes lui ont appliqué.» Sans parler de ce qu'il y a de bizarre dans cette dérivation, historiquement parlant, on trouvera assurément quelques difficultés phonétiques à tirer *estragon* de *draconem*. Ce serait le seul exemple de *dr* latin devenu *tr* en français. Aussi faut-il chercher ailleurs la vraie dérivation. Les formes *taragona, targone*, anc. fr. *tragon*[7], nous ramènent à l'arabe-persan طرخون *ṭarkhoūn*, mot qu'on trouve dans Ibn-Beithar, dans Avicenne et même dans Razi[8]. Le mot, légèrement modifié, était d'usage vulgaire à Chiraz, au commencement du XIIe siècle; car, dans le grand ouvrage du médecin persan Al-Hoceini, on lit : طرخون بشيرازى ترخونى گويند, le *ṭarkhoūn* dans le dialecte de Chiraz s'appelle *terkhoūnī*[9]. On trouve aussi طرتون *ṭartoūn*.

Nos anciens botanistes écrivaient *tarcon* ou *tarchon*; cette dernière orthographe est celle de Gesner, qui a donné le nom de *tarchon sauvage* à l'*Achillea ptarmica*[10]. Vaillant, un siècle et demi plus tard, a appelé *tarchonante, tarchonanthus*, un arbrisseau d'Afrique dont les fleurs ont quelque rapport avec celles de l'estragon (*tarchon, ἄνθος*).

En dernière analyse, il peut se faire que *tarkhoūn* ait été emprunté par les Arabes au grec *δράκων*, et que, par suite, ceux qui tirent *estragon* de *draconem* ne se trompent qu'à moitié. Dans tous les cas, je signale le mot à l'attention de M. Dozy, qui ne l'a pas inséré dans son *Glossaire*. La syllabe initiale *es* dans *estragon* et *estragão* pourrait être l'article arabe *el, et* défiguré par suite de la prononciation emphatique du ط *ṭ*.

EYALET. «Nom des gouvernements de la Turquie appelés aussi pachaliks.» (Bescherelle.) C'est la prononciation turque de l'arabe ايالة *iyāla*, gouvernement, nom d'action du verbe آل *āl*, être à la tête de, se rattachant à اول *awal*, premier.

---

[1] Hermol. Barbaro, commentant le nom *ἀτραφάξις* dans Dioscoride, dit : «Quibus porro atriplex idem videtur esse cum eo genere *quod spinacia vulgo dicimus, et Græci recentiores spanachia*, falluntur apertissime.» (*Dioscoridæ pharmac. lib. VIII*, 1529, folio 121 verso.)

[2] *Histor. plantarum univers.* t. II, p. 964.

[3] Voici le passage, pour faire plaisir aux amateurs d'épinards : الاسفاناخ معتدل جيد للحلق والرية والمعدة والكبد يلين البطن وغذاوه جيد جيدا «Les épinards sont *tempérés*, bons pour la gorge, le poumon, l'estomac et le foie; ils adoucissent le ventre et constituent un excellent aliment.» (Man. déjà cité, folio 42 recto.)

[4] G. A. Olivier, *Voy. dans l'empire ottoman, l'Égypte et la Perse*, 1802.

[5] «Italis *scofoni* primo nihil aliud fuisse videntur nisi tegumenta pedum.» (Du Cange.)

[6] A. de Chevallet (*Orig. de la lang. fr.* t. II, p. 124 et note) dit *dracuntium;* mais ce mot, qui est le *δρακόντιον* de Dioscoride, n'a pu donner les formes romanes ci-dessus.

[7] Dans Rabelais, *Pantagr.* liv. V, ch. XXIX; et aussi dans les ouvrages d'agriculture : «*Targon*, que les jardiniers nomment *estragon.*» (*Agric. et maison rustique* de Jean Liebault, 1601, p. 213.)

[8] Man. ar. déjà cité, folio 42 recto.

[9] Man. de la Bibl. nat. n° 339 du suppl. persan, p. 142.

[10] Conrad Gesner connaissait les langues orientales; il a publié en 1542 à Lyon des extraits d'auteurs arabes relatifs à la médecine et à la botanique.

F

Fabrègue. Plante dont les feuilles ressemblent à celles du serpolet. (Littré, *Add. au Dict.*) Esp. *alfabega, alhabega, alabega, albahaca;* portug. *alfabaca* (basilic ou autre herbe odorante). C'est l'arabe الحبق *al-ḥabaq,* plante fort mal définie par les dictionnaires, car c'est tantôt le basilic, tantôt le pouliot, ou la marjolaine, la mélisse, la germandrée, l'armoise, la citronnelle, etc.

Il faudrait bien se garder de rattacher à ces mots, comme étymologie, *fabago* ou *fabagelle,* plante africaine et asiatique ainsi nommée par le botaniste Dodonée, à cause d'une certaine analogie de structure avec la fève.

Fabreguier, nom donné quelquefois au micocoulier, n'a non plus aucun rapport avec la fabrègue.

Fagarier. Genre de plantes de la famille des xanthoxylées, qui tire son nom du *fagara.* Le fagara, dans Avicenne (فاغرة *fāghara*), est un fruit qui ressemble au pois chiche et au mahalep, et qu'on apporte, dit-il, de Sofala (يحمل من السفالة)[1], c'est-à-dire de quelque endroit de la mer des Indes. Le voyageur Linschot[2] dit que ce mot désigne à Java le fagarier du Japon. La lettre *f* n'existant pas en javanais non plus qu'en malais, *fagara* ne peut être un terme de ces langues, où l'on trouve seulement ڤاݢر *pāgar,* haie, qui paraît être étymologiquement le même mot.

Falaque. Instrument de supplice usité au Maghreb. Portug. *falaca.* De l'arabe فلقة *falaqa.* (Voy. Dozy, *Gloss.* p. 262.)

Falque ou Fargue. Petits panneaux placés sur les bords des bateaux pour les exhausser. Esp. *falca,* qui, d'après M. Dozy (*Gloss.* p. 263), est un dérivé de la racine arabe حلق *ḥalaq,* entourer, d'où *ḥalq,* clôture, mur d'enceinte, dans Ibn-Djobaïr.

Fanègue. Mesure de capacité pour les liquides, dans la péninsule Hispanique. Esp. *fanega,* portug. *fanga.* De l'arabe فنيقة *fanīqa,* grand sac. (Voy. Dozy, *Gloss.* p. 266.)

Faquir ou Fakir. Transcription de l'arabe فقير *faqīr,* pauvre. On a proposé ce mot comme étymologie de l'italien *facchino,* portefaix, qui est notre *faquin,* esp. *faquin,* portug. *faquino* (balayeur de la Patriarchale de Lisbonne). Le changement de *r* en *n* ne ferait pas grande difficulté (voy. Anafin), mais nous manquons d'arguments à l'appui de cette conjecture.

Farde. Bordage d'un navire, est identique à *falque* ou *fargue. Farde,* balle de café moka pesant 185 kilogrammes, est le primitif de *fardeau.* (Voy. ce mot.)

Fardeau. Esp. *fardo, fardillo* (ballot), *fardel* (havre-sac, besace); portug. *fardo, fardel* (même sens); ital. *fardello* (paquet), *fardaggio* (bagage). On voit que le vrai sens est *ballot, paquet,* et c'est aussi celui de notre vieux mot *fardel,* sens qui du reste a persisté jusqu'au dernier siècle, comme le montre, par exemple, un tarif de 1737 indiquant les droits de péage pour Bléré, sur le Cher: «Pour *fardeau* cordé de draps de laine, pesant 600 livres 12 deniers; pour *fardeau* cordé de feutres, pesant 600 livres, 20 sols; pour *fardeau* cordé de tapis, etc.[3].»

Fardel, fardeau est un diminutif de *farde.* Or, le mot *farde,* au sens général de *ballot,* est usité depuis longtemps dans tout l'Orient: Bocthor, le *Gazophylacium ling. Pers.* la *Fabrica ling. arabic.* traduisent *ballot* par فردة *farda.* Il est vrai que S. de Sacy[4] pense, sans donner ses raisons, que ce mot فردة *farda,* bien qu'employé par les Arabes, est étranger à leur langue. Et en effet, il semble au premier abord impossible de rattacher فردة *ballot,* à la racine فرد *farad.* Mais on va voir combien au contraire la relation est facile à établir. فرد *fard* signifie *res una, pars paris altera,* chacune des deux parties d'un objet unique, mais double, d'une feuille pliée en deux, par exemple, chacun des deux côtés de la mâchoire; فردة *farda,* qui ne se trouve dans Freytag qu'avec le sens précité de ballot, *sarcina mercium,* marque de plus: chacun des deux battants d'une porte[5], chacune des deux étrivières d'une selle[6], chacun des deux arbalétriers d'une ferme (en espagnol *alfarda*[7]). Quoi de plus naturel que de voir le même mot signifier «chacun des deux ballots formant la charge d'un chameau»? La *farde* en effet est la demi-charge du chameau, comme on le voit dans ce passage du voyageur La Roque, cité par S. de Sacy[8]: «C'est là que les Arabes de la campagne viennent apporter leur café dans de grands sacs de natte : ils en mettent deux sur chaque chameau.» Chacune de ces balles, ajoute l'illustre orientaliste, pèse un peu moins de 4 quintaux (400 livres), c'est-à-dire le poids ci-dessus indiqué pour la farde.

Le mot فردة *farda* est donc arabe, non-seulement par l'usage, mais aussi par l'étymologie. Quant à *farde, fardeau,* et leurs correspondants des langues européennes, on n'a pu leur découvrir aucune étymologie sérieuse dans le latin, le grec ni le germanique. Tout prouve que nous avons emprunté ce mot à l'Orient, comme nombre d'autres termes de commerce.

Farsange. Mesure itinéraire. Du persan فرسنگ *ferseng,* en arabe فرسخ *farsakh,* le même mot que *parasange* (παρασάγγης).

Fellah. Transcription de l'arabe فلاح *fellāḥ,* laboureur,

[1] Édit. de Rome, p. 236.
[2] Voy. *Dict. d'hist. nat.* de Déterville, t. XI, p. 21.
[3] *Histoire de Chenonceaux,* par l'abbé Chevalier, 1868, p. 28.
[4] *Chrest. ar.* t. III, p. 379.
[5] *Dict.* de Bocthor, à *battant.*
[6] Cherbonneau, *Journ. asiat.* 1er sem. 1849, p. 546.
[7] Voy. Dozy, *Gloss.* p. 109.
[8] *Chrest. arab.* t. III, p. 378, 379.

nom de métier du verbe فلح *falaḥ*, fendre (la terre), labourer.

Felouque. Petit navire à voiles et à rames. Esp. *faluca, falua, falucho* (petite barque); portug. *falua;* ital. *feluca, filuca, filucca.* Bocthor traduit ce mot par فلوكة *faloûka.* La plupart des étymologistes rattachent tous ces termes à l'ancien arabe فلك *foulk,* navire. Mais M. Dozy affirme que cette étymologie doit être «rejetée immédiatement et sans réserve, car فلك n'appartient pas à la langue qu'on parlait au moyen âge; c'est un vieux mot qu'on rencontre bien encore quelquefois chez les poëtes, parce que ceux-ci recherchent précisément les termes surannés, mais jamais chez les prosateurs, ni dans la signification générale de navire, ni comme le nom d'une certaine espèce de vaisseau. Le peuple et les marins ne le connaissent pas; il ne peut donc avoir passé dans les langues romanes, car il va sans dire que tous les mots arabes qu'elles ont admis appartiennent à la langue telle qu'on la parlait[1].» Il est permis à un savant de la valeur et de la vaste érudition de M. Dozy d'être ainsi affirmatif; et nous n'avons qu'à nous incliner devant ce jugement sans appel. Je me contenterai de faire remarquer que les traducteurs de la Bible en arabe n'ont pas craint de choisir ce terme même فلك *foulk* ou *folk* pour désigner l'arche de Noé[2], et le P. Germain de Silésie a noté le mot avec ce sens dans son dictionnaire italien-arabe (1637).

M. Dozy, rejetant tout rapport entre *faluca, felouque,* فلوكة et l'ancien فلك *folk,* n'attribue pas moins à ces vocables une origine arabe. Il les regarde comme des altérations, «un peu fortes à la vérité,» d'un autre mot حرّاقة *harrâca,* qui a signifié «une barque de dessus laquelle on pouvait lancer des matières incendiaires sur les vaisseaux ennemis.» On peut voir son argumentation, p. 265 et 266 de son *Glossaire.* Mais j'ai bien peur que les étymologistes ne se laissent pas convaincre et persistent dans leur opinion première.

Fennec. En arabe فنك, que les dictionnaires prononcent *fanek, finek,* ou même *founk.* Si ce petit animal ne nous est bien connu que depuis le *Voyage* de Bruce *en Abyssinie*[3], le nom du moins a été porté longtemps auparavant en Europe; car on lit dans le testament d'Arnaud, archevêque de Narbonne (ann. 1149) : «Laxo coopertorium martrinum et pelles meas de *alfanex*»; et plus loin : «coopertorium unum de alfanex»; et dans une charte espagnole de 1048[4] : «una pelle *alfanche*» (dans Du Cange).

Nos dictionnaires et les traducteurs d'écrivains arabes rendent فنك *fanek* par *fouine.* C'est la traduction adoptée par Silvestre de Sacy, dans la citation d'un curieux passage de Maçoudi sur les fourrures qui proviennent des environs du Volga[5]. Sans vouloir m'arrêter au rapport étymologique des deux mots, je ne suis pas éloigné de croire que dictionnaires et traducteurs ont eu raison dans un grand nombre de cas. Les fourrures dont les Orientaux se faisaient des vêtements et auxquelles ils attachaient un si grand prix, provenaient en grande partie de l'Europe. A la fin du XVIIe siècle, la dépouille des fouines de France avait encore un grand débit à Smyrne, en même temps que celle des fouines de Moscovie, d'Arménie, de Géorgie[6]. A la fin du IXe siècle ou au commencement du Xe, le médecin Razi, dans son chapitre des vêtements, mentionne cinq sortes de fourrures : السمور الثعالب الفنك القاقم الحواصل, la martre-zibeline, le renard, le *fanek,* l'hermine et *al-ḥaouâṣil*[7]. *Fanek* est-il le véritable *fennec?* C'est, semble-t-il, l'opinion du tunisien Ibn al-Hachchâ, qui, dans son dictionnaire explicatif des termes employés par Razi, dit que le *fanek* est connu dans le *Sahara d'Ifriqiya*[8]. Mais on peut voir, dans l'intéressant article *alfaneque* du *Glossaire* de M. Dozy, que le mot s'est dit certainement de la fourrure d'animaux tout autres que le petit quadrupède abyssinien[9].

Le double *n* que nous écrivons dans notre *fennec* est du fait de Bruce. C'est par un système orthographique analogue que le célèbre voyageur appelle *Kennouz,* par deux *n,* la peuplade africaine des *Konoûz* كنوز[10].

Fetfa ou Fetva. C'est l'arabe فتوى *fetwâ,* que les Turcs, de qui nous l'avons pris, prononcent *fetva.* Un fetva est la décision d'un jurisconsulte ou *mufti* (nom dérivé de la même racine).

Fez. La coiffure ainsi appelée tire son nom de la ville marocaine de Fez فاس, où elle se fabrique. Le terme militaire *féci* ou *phéci* (képi) est un adjectif de même provenance, فاسي *féci,* de Fez. Inutile de chercher *fez, féci* (ni même *képi*) dans le *Dictionnaire français-arabe pour la conversation en Algérie,* de M. Cherbonneau.

Filali. «Industrie particulière de la côte méditerranéenne de l'Afrique et dont le siége principal est *Tafilet,* dans le Maroc; elle a pour objet la préparation des cuirs et maroquins, la fabrication des chaussures, brides, selles, etc. On trouve des ouvriers en filali dans toute l'Algérie.»

---

[1] *Gloss.* p. 264, 265.

[2] Genèse, ch. VI, vers. 14 et suiv.

[3] Tome V, dans l'édit. franç. de Panckouke.

[4] Engelmann, qui emprunte à Du Cange la même citation, donne la date 1084; c'est une métathèse des deux derniers chiffres.

[5] *Chrest. ar.* t. II, p. 17.

[6] Voy. Tournefort, *Voy. du Levant,* t. III, p. 373. A propos de fouine, on lit dans d'Herbelot qu'après la mort du calife Vathek (واثق), une *fouine* lui rongea l'œil (*Biblioth. orient.* éd. de 1697, p. 912). Le *Nigaristan,* auquel l'auteur dit avoir emprunté l'anecdote, porte موشى *moûchî,* mot qui, je pense, ne peut s'appliquer à la fouine et désigne une espèce de rat. (Voy. man. suppl. persan, n° 1080.)

[7] Man. sup. ar. n° 1005 de la Bibl. nat. fol. 45 verso. حواصل est le pluriel de حوصلة *haouṣale,* nom d'un oiseau aquatique qui, dans l'histoire des animaux de Démiri, paraît être le cormoran, ainsi nommé à cause de la poche volumineuse placée sous son bec (en arabe *haouṣala*). V. Defrémery, *Journ. des sav.* septemb. 1871, p. 447. — On sait que le grèbe (voy. ce mot) sert encore à fabriquer certaines fourrures.

[8] V. Dozy, *Gloss.* p. 104. L'affirmation d'Ibn al-Hachchâ a été récemment confirmée par M. Gaston Lemay, qui, en décembre 1875, rencontrait le fennec non loin de Ghadamès : «Le chamelier nous apporte... deux petits renards lilliputiens appelés *fenek,* de la grosseur d'un chat, qu'il a pris dans leur terrier de sable. (*Le Rappel* du 1er mars 1876.)

[9] D'après M. Pavet de Courteille (*Dict. turc-oriental*), les Persans appellent فنك *fenek* (voy. l'art. ci-dess. cité de M. Defrémery) le petit renard de Tartarie, désigné par les naturalistes sous le nom de *canis corsak,* en turc oriental قارساق *qârsâq.*

[10] Voy. S. de Sacy, *Chrest. ar.* t. II, p. 32, 33.

(Bouillet, *Dictionn. des scienc.*) C'est l'adjectif arabe فيلالى *filâli*, de Tafilet ou Tafilalet. En espagnol, *fileli* désigne une sorte de tissu fabriqué originairement dans le même pays. M. Defrémery[1] a le premier établi cette étymologie, abondamment confirmée par M. Dozy dans son *Glossaire*, p. 268. L'espagnol a aussi *tafilete* dans le sens de maroquin, peau de Tafilet.

Firman. Ce mot est le persan فرمان *fermân*, ordre (فرمودن *fermoûden*, ordonner), qui a passé dans toutes les langues musulmanes et nous est venu par les Arabes ou les Turcs.

Fomalhaut. Nom d'une étoile de première grandeur, α du Poisson austral. Esp. *fomahant*, *fomahante*. C'est l'arabe فم الحوت *foum al-haut*, la bouche du Poisson, une des quinze étoiles de première grandeur citées par Alfergani, qui la rattache au signe du Verseau[2]. Le terme arabe a été altéré de bien des façons par nos anciens astronomes; car Lalande cite les formes *fomahana*, *fumahant*, *fumalhant*, *fontabant*, *fomahaut* et, d'après Schickard, *fomolcuti*. Cette dernière forme est remarquable en ce qu'elle montre une transcription du ح *ḥ* par un *c*, sous la plume d'un des plus célèbres orientalistes du XVIIe siècle; *fomolcuti* représente en effet très-exactement l'expression arabe prononcée avec les terminaisons casuelles, *foummou 'l-ḥauti*. Tycho-Brahé écrit *fomahant*.

Fonde, Fondic, Fondique, Fondouc. Esp. *fundago*, *alfondega*, *alfondiga*, *alhondiga*; portug. *alfandega*[3] (douane), ital. *fondaco*. Tous ces mots signifient ou ont signifié *magasin*, *boutique*, *maison pour recevoir les marchands étrangers*, *hôtellerie*. C'est l'arabe فندق *fondouq*, même sens. L'arabe vient lui-même du grec πανδοχεῖον, ou plutôt πάνδοχος ou πάνδοχος.

Je n'hésite pas à réunir, ainsi que l'a fait M. Littré, *fonde* avec *fondouc*. L'accentuation a produit ici un fait analogue à celui que nous avons constaté pour *alberge*. (Voy. Abricot.) Je crois donc que Müller a raison lorsqu'il propose de rattacher l'espagnol *fonda* aux autres vocables dérivés de فندق *fondouq*. On remarquera que, dans *alfondega*, *alfondiga*, *etc.* l'accent tonique est sur *fon*. Une rue de la ville de Cahors s'appelle encore *la Fondue*; c'est probablement un mot de la même famille.

Fou. Une des pièces du jeu des échecs. Esp. *alfil*, *arfil*, portug. *alfil*, ital. *alfido*, *alfino*, bas lat. *alphilis*, *alfilus*, *alphillus*, *alphinus*, vieux français *auphin*, *aufin*, *auffin*, *dauphin*. De l'arabe فيل *fîl* (persan پيل *pîl*), éléphant, avec l'article *al-fil*, parce que la pièce en question avait, chez les Orientaux, la figure d'un éléphant. La dérivation des formes qui ont gardé l'article *al*, *au*, est évidente. Celle de *fou* ne l'est pas autant: on a dû dire *fil*, puis *fol*, par assimilation avec le personnage de la cour qu'on appelait le fou ou le bouffon du roi. C'est par une assimilation analogue que l'*aufin* est devenu le *dauphin*[4], tant il est vrai, comme je l'ai dit ailleurs, que le peuple a une tendance naturelle à altérer les mots étrangers pour leur donner une apparence de signification dans sa propre langue.

Foutah. Portug. *fota*. Le nom de cette étoffe (ou vêtement) est persan : فوطه *foutah*; mais il a surtout été répandu par le commerce arabe. Les Arabes écrivent فوطة *fouta*. Ce fut de bonne heure un objet d'échange avec les tribus africaines et océaniennes. Dans un ouvrage du Xe siècle de notre ère intitulé عجايب الهند Merveilles de l'Inde, on voit un navire arabe commerçant avec des nègres, payer le prix des esclaves avec ce produit de l'industrie orientale : ونشترى بعضهم بالفوطة والتمر والشئ اليسير « et nous en achetâmes avec des *foutahs*, des dattes et des bagatelles. » (Man. appart. à la collect. de M. Schefer, p. 8.) (Voir sur ce mot Dozy, *Gloss.* p. 270, et S. de Sacy, *Chrest. ar.* t. Ier, p. 195.)

G

Gabelle. Esp. *alcabala*, *alcavala*, *gabela*, portug. *alcavala*, *gabella*, ital. *gabella*. Les mots *alcabala*, *alcavala*, signifiant *impôt*, *taxe*, viennent certainement de l'arabe القبالة *al-qabâla*, qui a été employé dans le même sens (de la racine قبل *qabal*, recevoir, prendre). Mais Diez conteste que la même étymologie convienne à *gabela*, *gabella*, *gabelle*, qu'il veut tirer de l'anglo-saxon *gaful*, *gafol*. La seule raison qu'on donne pour rejeter l'étymologie arabe, c'est que le ق *q* ne deviendrait jamais *g* dans les langues romanes. M. Dozy[5] fait remarquer avec raison que l'italien écrit aussi *caballa*, *cabella* (la permutation entre *c* et *g* n'est pas rare en cette langue). D'ailleurs on a plusieurs exemples de ق *q* devenant *g* (p. ex. *algodon*, coton, de قطن *qoṭon*), et de toute façon rien ne s'oppose à l'identification de tous ces termes avec le terme arabe.

Gâche. Personne n'a songé à comparer ce mot à l'espagnol *alguaza*, penture, gond, pas même M. Dozy en établissant l'origine arabe du terme aragonais[6]. Cette origine même tend à confirmer l'identité des deux termes; car l'arabe الرزة *ar-razza* signifie à la fois *gond* et *gâche*. (Voy. plus loin au mot Mortaise.)

[1] *Journ. asiat.* janvier 1861, p. 90.
[2] Édit. de Golius, p. 76.
[3] *Alfandega* manque dans le *Gloss.* de Dozy, qui donne *alhandega*, simple variation orthographique.
[4] Voir ce que je disais à ce sujet dans la *Rev. de l'instr. publ.* numéro du 25 janvier 1866, p. 677. Voyez aussi Defrémery, *Journal asiatique*, janvier 1862, p. 88.
[5] *Gloss.* p. 75.
[6] *Gloss.* p. 131. « Les Aragonais, dit M. Dozy, doivent l'avoir reçu de personnes qui ne pouvaient pas prononcer le *r*, et qui, par conséquent, étaient aussi obligées dans cette circonstance de ne pas assimiler la consonne de l'article à la première consonne du substantif. » Pour moi, je pense, ainsi que je l'ai dit ailleurs (*Mém. de la Soc. de ling.*, t. III, p. 168), que cet *r*, accidentellement grasseyé, a été confondu avec un *rh* (ghaïn).

Galanga. Esp. et portug. *galanga*, anc. franç. *galangal*, *garingal*, angl. *galangale*. Le nom de cette plante, originaire des Indes, nous est venu par l'arabe خلنجان *khalandjān*. On la nomme aussi *langas*, *lanquas*, qui est le malais لڠكوس *langkouas*. L'ancienne forme vulgaire est *galangue*: «La pulpe d'artichaud, cuicte en bouillon de chair, mangée avec sel, poyvre et *galangue* en poudre, sert à l'acte vénérien.» (*Agricult. et maison rustique*, de Jean Liebault, liv. II, ch. XIV, p. 200.)

Gamache. Mot vieilli qui signifiait *guêtres*, et que Diez tire de *gamba*. (Littré.) La vraie étymologie, je crois pouvoir l'affirmer, est le nom d'une ville africaine, غدامس Gadamès (dans l'État de Tripoli), célèbre par ses cuirs «moelleux comme une étoffe de soie», dit un auteur arabe[1]. Dans le Quercy, le Rouergue et sans doute en plusieurs autres parties de la France méridionale, on appelle encore *garamaches* (*gorromatzos*) les grandes guêtres ou jambières de cuir des cavaliers et les grosses bottes à l'écuyère. Le mot nous est sans doute venu par l'espagnol *guadamaci*, portug. *guadamecim*, qui désignait autrefois une espèce de cuir fabriqué d'abord à Gadamès et plus tard en Espagne même[2].

Gambir. Substance astringente, analogue au cachou, que les Malais mâchent avec le bétel, et que l'industrie européenne emploie pour la tannerie. On écrit quelquefois *gambier*, à la façon hollandaise. C'est le malais گمبير *gambīr*, nom d'un arbre de l'archipel Indien, le *Nauclea gambir* des naturalistes, dont les feuilles fournissent cette substance par décoction[3]. Celle-ci est nommée par les Malais كته گمبير *ghetah-gambir*, gomme de gambir, du mot كته *ghetah* ou *gatah*, gomme, baume.

Gandasuli. Plante des Indes orientales cultivée dans nos serres pour ses fleurs et son parfum. Du malais گندسولي *gandasoūli*. On peut voir ce que dit l'abbé Favre[4] de l'origine de ce nom, dont la première partie paraît être le sanscrit *gaṇḍa*, odeur.

Gandole. Plante des Indes orientales qu'on mange à la façon des épinards (*gandola*, de Rumpf). Du malais گندول *gandōla* ou *goundōla*.

Garbin. Vent du sud-ouest. Ital. *garbino*. De l'arabe غربي *gharbī*, occidental, adjectif dérivé de غرب *gharb*, couchant, occident, mot d'où vient aussi le nom du *Magreb*, en arabe, مغرب *maghreb* ou *maghrib*, occident, Afrique occidentale, et notre terme *maugrebin*, habitant du *Magreb*, Maure.

Gaupe. Est-ce l'arabe قحبة *qaḥba*, vieille femme, courtisane, qu'on tire de قحب *qaḥab*, tousser, par allusion au toussement dont les courtisanes se servent pour attirer les chalands? Les dictionnaires persans et turcs donnent aussi قحبه, قهبه, *qaḥpè*, *qahpè*, dans le même sens; et Richardson, قحبه خانه *qaḥbè-khaneh*, «a brothel»; *qahba* est actuellement le terme usité en Algérie. Le patois napolitain appelle *guappa* une femme hardie, batailleuse, matamore. (Voy. *Naples et les Napolitains*, par M. Marc Monnier, dans *le Tour du Monde*, IV, p. 223.) Comp. les termes d'argot populaire *gouape*, *gouapeur*[5].

Gazelle. Esp. *gacela*, *gacele*, *gacel*, autref. *algacel*; portug. *gazella*, ital. *gazzella*. De l'arabe غزال *ghazāl*, même sens. Buffon a donné le nom d'*algazelle* à une espèce de gazelle, qui, selon Cuvier, ne diffère pas de la gazelle proprement dite.

Gecko. Espèce de lézard des contrées chaudes. Valentijn prétend que les Javanais se servaient des humeurs sécrétées par cet animal pour empoisonner leurs flèches. En malais, گيكق *ghēkoq*, par imitation de son cri. Dans les mots terminés par un ق *q*, cette finale se fait à peine sentir.

Gehenne. Ce vocable biblique peut être cité comme un curieux exemple de la transformation de sens que peut subir un mot par l'effet du temps et des circonstances. La vallée d'Hinnom ou du fils d'Hinnom, en hébreu גֵּי בֶן־הִנֹּם *gêi ben-hinnom*, ou simplement *gêi hinnom*, était un lieu de plaisance, au-dessous des murs de Jérusalem : «De belles fontaines répandoient leurs eaux dans tous les jardins, dont la verdure et les beautés rendoient ce lieu très-agréable. Il y avoit aussi beaucoup d'arbres fruitiers et des plantes d'une odeur merveilleuse[6].» Les Juifs s'avisèrent d'y bâtir un temple à Moloch, à qui ils sacrifiaient des victimes humaines. Le roi Josias ayant supprimé ce culte sanglant, et voulant rendre cette place souillée désormais exécrable à tous les Juifs, y fit répandre toutes les immondices de la ville. Après avoir été un but de promenade, un lieu de délices, la vallée d'Hinnom devint un objet d'horreur, si bien qu'à une époque postérieure *gehenne* fut synonyme d'enfer. Plus tard, ce ne fut que la torture. Et enfin, le mot se contractant en *gêne* a perdu, de nos jours, presque toute l'énergie de ses significations antérieures.

Gémara. Partie du Talmud. Transcription de l'hébreu גְּמָרָה *gemarah* (*g* dur). Le verbe גָּמַר *gamar* signifie *achever, compléter*; la gémara est en effet une glose qui sert de commentaire à une partie de la Mischna.

Gemmadi. Cinquième et sixième mois de l'année musulmane. En arabe, جمادى *djoumādā*, prononcé chez les Turcs *djoumadi* ou *djemadi* (voy. Meninski). Gemmadi est la transcription usitée chez nos écrivains du XVIIIe siècle.

Genet. Espèce de cheval d'Espagne. Nous avons emprunté ce mot à l'espagnol *ginete*, cavalier armé à la légère, terme pour lequel on a proposé une foule d'étymologies aussi peu satisfaisantes les unes que les autres. (Voy. le *Dict.* de Littré.) M. Dozy[7] a fait voir que *ginete* vient

---

[1] Voy. Dozy, *Gloss.* p. 280.

[2] *Ibid.*

[3] Dans son *Herbarium Amboinense*, le botaniste Rumpf cite l'arbre *gambirlaut*, qui est le malais گمبير لاوت *gambīr lāout*, gambir de mer.

[4] *Dict. mal.-fr.* t. Ier, p. 440.

[5] M. E. Rolland (*Faune popul. de la Fr.*, p. 10) rattache *gaupe* à *taupe*.

[6] Simon, *Dict. de la Bible* (1693).

[7] *Gloss.* p. 276, 277.

de زناتة *zenāta,* grande nation berbère connue pour la valeur de sa cavalerie. De *ginete,* qui est aussi en portugais, le catalan avait fait *janet* et l'italien *giannetto.*

GENETTE. Esp. et portug. *gineta,* latin des natural. *genetta.* D'après M. Cherbonneau [1], le nom de ce quadrupède africain est, en arabe, جرنيط *djerneit.* Citons, pour mémoire, l'hypothèse de Sonnini : « Ce nom est venu vraisemblablement, dit-il, de ce que la genette se tient volontiers dans les cantons couverts de genêts, fort communs en Espagne [2]. » Le savant naturaliste oublie que *genêt,* en espagnol, se dit *ginesta* et non *gineta.*

Quant à *genette,* courte lance, c'est l'espagnol *gineta,* dont l'origine est la même que celle de *ginete.* (Voy. ci-dessus GENET.)

GENGÉLI. Espèce de sésame. Esp. *aljonjoli, ajonjoli,* portug. *gergelim, zirgelim.* On trouve aussi, en français, *jugeoline, jugoline* (dans la *Botan.* de Jean Bauhin). C'est l'arabe جلجلان *djoundjoulān,* prononcé, en Espagne, *djondjolin;* l'*ā* long, en effet, s'adoucit très-fréquemment en *ē* ou en *ī.*

GERBOISE ou GERBO. Lat. des natural. *gerboa,* esp. *gerbasia.* De l'arabe يربوع *yerbō'.* On peut voir, sur ce petit animal et sur les auteurs qui en ont parlé, le *Voyage en Nubie* de Bruce, t. V, p. 145 à 152 (édit. Panckouke). M. Cherbonneau écrit جربوع *djerboū'.* (*Dict. fr.-ar.*)

GHAZEL. Petite pièce de vers amoureux chez les Orientaux. C'est l'arabe غزل *ghazal :* « Ce mot, dit d'Herbelot, signifie des vers amoureux qui ne doivent pas excéder le nombre de dix-sept ou dix-huit *beits* (بيت) que nous appellerions distiques, mais dont chacun n'est qu'un vers arabique. Lorsqu'ils passent ce nombre, le poëme s'appelle *cassidah* (قصيدة *qaṣīda*), qui répond à notre élégie. Le *gazal* ne peut être aussi moindre que de sept *beits,* ou tout au moins de cinq; car, quand il n'y a que quatre *beits,* c'est un *rabeât* (رباعة *rebā'a*) ou quatrain. Les deux premiers *beits* d'un *gazal* s'appellent *methlâ* (مطلع *maṭla',* début), et les deux derniers, *mecthâ* (مقطع *maqṭa',* conclusion). » (*Biblioth. orient.*)

GIAOUR. Mot par lequel les Turcs désignent quiconque n'est pas musulman. Le mot گور, prononcé par les Turcs *ghiaour,* est persan; sa vraie prononciation est *gawr,* et c'est une autre forme du terme گبر *ghebr,* adorateur du feu, guèbre.

GIBBAR. Espèce de cétacé (baleinoptère gibbar). Ce semble être l'arabe جبّار *djebbār,* géant, être d'une taille extraordinaire. Cependant, le naturaliste Rondelet, dans son célèbre ouvrage sur les Poissons, imprimé en 1554, donne une autre étymologie : « Vocant *gibbar,* dit-il, a gibbero dorso, id est in tumorem elato. » (*De piscibus marinis,* lib. XVI, cap. XII.)

GIBET. Ital. *giubbetto, giubbette.* On n'a rien proposé de sérieux pour l'étymologie de ces mots. *Giubbetto* aurait-il quelque rapport avec le persan چوب *tchoūb,* pièce de bois, poutre, bâton? Le *Gazophylacium ling. Pers.* traduit *patibulum* par چوب بست *tchoūb best;* mais cette expression persane est-elle authentique? Et puis, comment l'italien serait-il allé prendre en Orient le nom de cet instrument de supplice?

GIRAFE. Esp. *girafa* (ancienn. *azorafa*), portug. *girafa,* ital. *giraffa.* On trouve en vieux français *orafle* (Joinville), *girafle;* Marco Polo, dans l'édit. Pauthier, écrit *gerofle.* C'est l'arabe زرافة *zourāfa, zerāfa.* Meninski donne aussi سرناپا, زرناپا *sournāpā, zournāpā.*

Dans le man. de la collection de M. Schefer, intitulé عجايب الهند Merveilles de l'Inde, ouvrage dont il a déjà été question et qui paraît avoir été rédigé au Xe siècle de notre ère, on lit sur la girafe le passage suivant : وحدّثني ان بجزيرة لامري من الزرافة من لا يوصف كبره, etc. « On m'a conté que dans l'île de Lamri il y a des girafes d'une grandeur indescriptible. Des naufragés, forcés de marcher des parages de Fansour vers Lamri, se gardaient de cheminer la nuit, par crainte des girafes; car elles ne se montraient pas le jour. Et, quand approchait la nuit, les voyageurs montaient sur un grand arbre, par peur de ces animaux. Et, la nuit venue, ils les entendaient rôder autour d'eux; et le jour, ils voyaient les empreintes de leurs pas sur le sable. » (P. 95.)

Cela ne ressemble guère à ce que rapporte le P. Ange de Saint-Joseph, qui explique ainsi le mot *giraffa,* زرافه, dans son *Gazophyl. ling. Pers.* : « Petit dain; l'on en trouve des troupes en voyageant par la Perse : elles connaissent en regardant un homme s'il est amy ou ennemy, et en même temps ou fuyent ou s'arrêtent. »

GIRBE. Vieux mot désignant le péritoine. Portug. et ital. *zirbo.* De l'arabe ثرب *therb,* même sens. (Voy. Freytag, et aussi Bocthor, à *péritoine* et à *épiploon*).

GOLGOTHA. En grec, γολγοθᾶ, que les Évangiles expliquent par τόπος κρανίου, place du crâne, soit à cause de l'aspect de l'endroit, soit parce qu'on y trouvait beaucoup de crânes de suppliciés. C'est un mot chaldaïque גָּלְגָּלְתָּא *goulgalthā,* en hébreu גֻּלְגֹּלֶת *goulgoleth,* crâne.

GOMOR. Mesure de capacité pour les matières sèches, chez les Hébreux. C'est la transcription, dans les Septante, γομόρ, de l'hébreu עֹמֶר *'omer,* une poignée. Cette mesure était la dixième partie d'une autre, nommée אֵיפָה *ephah.*

GOMUTI ou GOMUTO. Espèce de palmier (*Borassus gomutus*). Du malais گموتي *gomoūti,* ou, suivant la prononciation de l'abbé Favre, *ghemoūti,* mot qui désigne plus spécialement les longs filaments noirs fournis par cet arbre, lesquels servent à la fabrication de cordages inaltérables.

GONG. Instrument de musique aussi appelé *tam-tam.*

[1] *Journ. asiat.* 1er sem. 1849, p. 541.

[2] *Dict. d'hist. nat.* t. XII, p. 602

En malais, اڬوڠ agōng ou ڬوڠ gōng, «dénomination, dit Rienzi, commune à toutes les langues de la Malaisie. Le gong paraît provenir de la Chine[1].» Le mot existe en javanais, en battak, en tagale, en bissaya, en dayak, etc[2].

Goudron. Esp. *alquitran*, portug. *alcatrão*, ital. *catrame*; bas latin *alquitranum*. Dans le man. latin du xive siècle, n° 7156, ancien fonds de la Bibl. nat., on trouve (p. 40): «*alkatranc*, oleum de cedro,» et «*alkitran*, oleum juniperi.» C'est l'arabe قطران *qaṭrān* ou *qiṭrān*, goudron, en persan كتران *ketrān*. Le français a encore *goudran*, où l'*a* primitif s'est conservé; il en est de même dans *gouldran* ou *goultran*, liqueur claire et grasse qui coule des vieux pins (Bescherelle); ici, la lettre *l* est due à la prononciation emphatique du ط *ṭ*. (Compar. Altaïr, *Alcalde*.)

Goule. En arabe, غول *ghoūl*, ogre ou démon qui dévore les hommes; être surnaturel et malfaisant qui possède la faculté de changer de forme. Nous avons mis le nom au féminin et nous avons fait de la goule un monstre à face humaine qui se repaît de cadavres. *Ghoūl* est d'origine persane.

Goum. Contingent militaire des tribus algériennes (le mot n'est pas dans le *Dict. franç.-ar.* de M. Cherbonneau). C'est l'arabe قوم *qaum*, troupe, prononcé *goum* en Algérie.

Goura. Oiseau de l'archipel Indien, aussi nommé *pigeon* ou *faisan couronné*. Lorsque le mâle désire sa femelle, «il fait entendre une voix mugissante, triste et plaintive.» (*Dict. d'hist. nat.* t. XIII, p. 331). De là vient son nom qui est javanais, ꦒꦺꦴꦫ *gora*, et signifie *grand bruit*. Ce mot se rattache au verbe ꦒꦼꦫꦺꦴꦏ꧀ *gheroq*; en malais, ڬره *gheroh*, mugir, ronfler, ڬوروه *gourouh*, bruit du tonnerre.

Gourame. Nom d'un poisson des mers de l'Inde et de la Chine, aussi nommé, dans nos dictionnaires d'histoire naturelle, *gourami* ou *goramy* (osphronème) et, à l'île de France, *gouramier*[3]. Du malais ڬورامه *gourāmeh* ou ڬورامي *gourāmi*. On peut voir, dans le *Dict. mal.* de l'abbé Favre, l'origine présumée de ce nom.

Gourbi ou Gourbil. Hutte, ou village de tentes, en Algérie. En arabe algérien, قربي *gourbī*. J'ignore si le mot est d'origine berbère ou s'il représente simplement l'ancien arabe قربى *qourbā*, parenté, voisinage.

Gourgandine. Est-ce le persan غرغنجه *gharghandjah*, *gherghendjih*, «mulier coïtu insatiabilis» (Meninski)? Cette étymologie est indiquée par M. Pihan.

Gourmand. Le *Gazophylacium linguæ Persarum* compare ce mot au persan خورمند *khourmend*, «helluo, gallice *gourmand*, dit l'auteur, quæ vox num a lingua persica detorta[4]?» Conjecture mentionnée ici pour mémoire, faute de mieux.

Grabeler. Ancien terme de pharmacie signifiant *éplucher*, *trier*; esp. *garbillar*, cribler, bas lat. *garbillare*. Ces verbes, formés sur le substantif *garbillo*, bien que faciles à rattacher au latin *cribrum*, *cribrillum*, semblent, vu la présence de la voyelle *a* dans la première syllabe, avoir subi l'influence de l'arabe غربال *gharbāl*, *gharbil*, crible. (Voy. Dozy, *Gloss.* p. 274.)

Grabeau, en pharmacie, se dit des menus fragments de drogues, des parties ligneuses qu'on sépare, etc., c'est-à-dire, en somme, des parties triées, épluchées, *grabelées*. Il avait autrefois le sens de *scrutin*, métaphore assez ingénieuse.

Grèbe. Oiseau plongeur. Je crois, sans rien préjuger de l'origine du mot, que ce nom doit être rapproché de l'arabe غيهب *gheiheb*. Le P. Ange de Saint-Joseph traduit غيهب par *pélican onocrotale*; un demi-siècle auparavant, le P. Germain de Silésie traduit aussi *gheiheb* par *pelicano*. Mais on sait combien de difficultés offre la synonymie zoologique ou botanique des Orientaux. Nos dictionnaires fourmillent de confusions de ce genre[5]. Mettre un oiseau aquatique pour un autre est une erreur facile en cette matière. C'est ainsi que le nom d'*alcatraz* a été appliqué au pélican brun, au petit cormoran, au calao, à l'albatros. Ce qui est moins compréhensible, c'est que غيهب soit traduit par *struthio-camelus*, autruche, dans Freytag. Le même mot, d'après le *Qamous*, signifierait *vestis lanosa*; serait-ce quelque chose d'analogue aux manchons faits avec la peau du grèbe revêtue de son duvet?

Grèbe est assurément le grec moderne γλάδος, qui, d'après Tournefort[6], «signifie un oiseau appelé *gabian* en Provence, et qui n'a presque que des plumes, quoiqu'il paraisse en volant aussi gros qu'un coq d'Inde». Le *Gabian* ou *gabrian* est, disent les uns, un goëland; ou un plongeon, disent les autres; un cormoran, dit Tournefort lui-même.

En Algérie, d'après M. Cherbonneau[7], le grèbe s'appelle بو غطاس *bou-ghaṭṭās*, le père du plongeur. Pour Freytag, l'oiseau غطاس *ghaṭṭās* est identique à l'oiseau غواص *ghawouāṣ*, dont le nom signifie aussi *plongeur*; et Chézy[8] dit, d'après Castell et Richardson, que celui-ci pourrait bien être le *héron*. On voit combien il est difficile de se démêler dans ce fouillis inextricable.

Guèbre. Adorateur du feu. Du persan گبر *ghebr*, même sens.

Gutta-percha. Substance gommo-résineuse fournie par

---

[1] *Océanie*, t. Ier, p. 82.

[2] Voy. le *Dict. mal.-fr.* de l'abbé Favre.

[3] Voy. Alf. Erny, *Séjour à l'île Maurice*, dans *le Tour du monde*, 2e sem. 1863, p. 137.

[4] *Clavis Gazophyl.* p. 6. Le P. Ange de Saint-Joseph, auteur de ce dictionnaire, est d'ailleurs un étymologiste des plus médiocres.

[5] Pour citer un seul exemple des difficultés qu'on éprouve à dénommer exactement un animal à l'aide des dictionnaires, ouvrons Bocthor; nous y trouverons *écureuil* traduit par سنجاب *sendjāb*; consultons Meninski, nous y verrons *sendjāb* rendu par *hermine*.

[6] *Voy. du Levant*, t. Ier, p. 375.

[7] *Dict. fr.-ar.*

[8] Dans une note insérée p. 507 du t. III de la *Chrestomathie arabe* de S. de Sacy.

un arbre de l'archipel Indien, l'*Isonandra percha.* Les nombreux emplois qu'en fait l'industrie européenne ne datent guère que d'une trentaine d'années. C'est le malais كته قرج *gatah pertcha,* orthographié à l'anglaise *gutta percha. Gatah* signifie *gomme,* et قرج *pertcha* est le nom de l'île que nous appelons Sumatra, et aussi celui de l'arbre qui produit la gutta-percha. En ce dernier sens, le *Dictionnaire* de l'abbé Favre termine le mot par un ه *h,* قرجه *pertchah.*

Gutte (Gomme-). Dans *gomme-gutte,* le second mot n'est que la traduction du premier : en malais كته *gatah* ou *ghetah,* gomme, baume, le même qui se trouve dans *gutta-percha.* C'est l'orthographe anglaise qui nous a fait prononcer *u* là où il faudrait dire *a* ou *e*.

H

Habzéli, Habalzelin ou Habelzelin. Nom de la plante appelée aussi *souchet comestible.* C'est l'arabe حب الزلم *habb az-zelem,* graine de *zelem.* Le زلم *zelem* est ainsi défini par Freytag : «Nomen plantæ cujusdam tam floribus quam semine carentis. Radicibus sub terra grana adhærent expansa, pulchra, dulcia.» Inutile de dire que cette description, empruntée au *Qamous,* est inexacte dans sa première partie; car le *zelem* ou souchet n'est point un cryptogame.

La même plante est nommée par Rauwolf *habelassis, habaziz* par Porta, *habbaziz* par C. Bauhin, ou *granum dilectum;* ce qui représente l'arabe حبّ العزيز *habb al-'azîz,* grain exquis (pour être correct, il faudrait mettre l'article devant *habb,* ou le supprimer devant *'azîz.*)

Hachich. C'est l'arabe حشيش *hachîch,* dont le sens propre est *herbe, foin,* et qui s'est plus tard appliqué au *bang* ou chanvre indien et à la drogue enivrante qu'on en tire حشيشة الفقرا *hachîchat al-foqarâ,* l'herbe des fakirs. (Voy. S. de Sacy, *Chrest. ar.* t. Ier, p. 210.)

Hadji. Transcription de l'arabe حاجّ *hâdjdj,* celui qui a fait le pèlerinage de la Mecque. Le mot se dit aussi d'un chrétien ou d'un juif qui a fait le pèlerinage de Jérusalem. Le sens primitif du verbe حجّ *hadjdj,* dont *hâdjdj* représente le participe actif, est *marcher, aller et venir, danser, célébrer une fête,* en hébreu, חָגַג *hagag.*

Haje. Vipère d'Égypte qu'on croit être l'aspic des anciens. De l'arabe حيّة *hayya,* serpent.

Hallali. Ne serait-ce pas une imitation du cri des guerriers musulmans لا اله الّا الله *la ilah illa 'llah,* il n'y a pas d'autre Dieu que Dieu, cri représenté par *alilies* dans diverses relations, et par *lelilies* dans ce passage de Don Quijote : «*Luego se oyeron infinitos lelilies al uso de Moros cuando entran en las batallas,* aussitôt on entendit une infinité de *lelilies,* à la mode des Mores lorsqu'ils entrent au combat.» (Voy. Dozy, *Gloss.* p. 297.)

Hanifite. Qui est de la secte ou du rite d'*Abou-Hanifa an-No'man* ابو حنيفة النعمن.

Haras. Bas lat. *haracium.* N'était la difficulté du changement de *f* en *h,* on serait tout naturellement porté vers l'étymologie arabe فرس *faras,* cheval, depuis longtemps proposée. Il est vrai qu'on trouve dans le français du xive siècle un mot *farat* paraissant signifier *troupeau.* D'autre part l'analogie de *hardes* avec *fardes* semble montrer aussi que *f* peut devenir *h.* Cependant, faute de correspondants dans les autres langues romanes, l'étymologie reste douteuse.

Hardes. Au xiie siècle on a dit *fardes.* Portug. *farda,* vêtement de soldat. M. Littré pense que *hardes* et *fardes* sont identiques, comme *hardel* et *fardel,* et il rattache tous ces mots à une commune origine, celle de *fardeau.* Je crois avoir démontré que *fardeau* est d'origine arabe, *hardes* le serait donc aussi.

D'autre part, M. Engelmann a proposé pour le portugais *farda* l'arabe فرض *fard,* «pannus seu vestimentum», étymologie que M. Dozy repousse : ce mot, dit-il, n'étant pas d'usage en ce sens dans la langue vulgaire. Le savant professeur de Leyde connaît mieux que personne la valeur d'un argument de cette nature. Seulement on peut éprouver quelque scrupule à le suivre lorsqu'il affirme que *farda* a la même origine que *fato, hato,* origine indo-germanique (lisez indo-européenne) attestée par un mot sanscrit *pața,* tissu, drap, vêtement. Passer ainsi de l'espagnol au sanscrit, c'est faire un saut bien large pour les étymologistes timorés.

Harem. Esp. *haren,* portug. *harem.* De l'arabe حرم *harem,* gynécée, proprement *chose illicite, défendue.*

Haret. Terme de chasse, se dit du chat sauvage; on écrit aussi *chat-harret,* par deux *r.* Ce mot a-t-il quelque rapport avec l'arabe هرّ *hirr,* هرّة *hirra* (*hirret*), chat?

Harmale. Genre de plantes, rue de Syrie, rue sauvage, etc. Esp. *harma, harmaga, alharma, armaga, alhargama,* portug. *harmale.* C'est l'arabe حرمل *harmal,* même sens, qui paraît avoir été introduit dans la nomenclature botanique moderne au milieu du xvie siècle par le célèbre botaniste Gesner. Il est vrai qu'on trouve déjà *harmala, harmula,* dans Apulée (qui était africain). Mais, si je ne me trompe, ce n'est pas chez lui, mais chez les Arabes, que Gesner a pris le mot[1]. En tout cas, les formes espagnoles ne viennent pas du latin.

---

[1] Gesner connaissait la langue arabe, ainsi qu'il a été dit précédemment (art. *estragon*). J'ajouterai que l'harmale n'est pas mentionné dans ceux des *antidotaires* latins du moyen âge qui n'ont pas fait d'emprunts aux Arabes. (Voy. par exemple le man. n° 7009 anc. fonds de la Bibl. nat.) Voir toutefois

Razi consacre quelques mots à l'harmale[1] : حرمل يسكر ويسدر ويهيج القى ويدرّ الطمث « l'harmale enivre[2] et donne le vertige, excite le vomissement et provoque les menstrues. » Dans le grand ouvrage médical persan de Zein ed-din abou 'l-fadl Ismaïl ben Hasan al-Hoceini de Djourdjan[3], on lit : حرمل دو نوع است سرخ وسپيد نوع سپيدرا حرمل عربی خوانند وبيونانی مولی وبپارسی صندل « il y a deux sortes d'harmale, le rouge et le blanc; l'espèce blanche est appelée harmale arabique, en grec *moli* et en persan *sandal* . . . » Je cite ce passage pour les curieux qui recherchent ce que peut être le *moly*, μῶλυ, que Mercure donna à Ulysse comme préservatif contre les enchantements de Circé. (*Odyssée*, chant X.)

Hasard. Esp. et portug. *azar*, ital. *azzardo*, *la zara*, bas lat. *azardum*, *azarum*, *azarrum*. La signification primitive est *jeu de dés*, ainsi que le démontrent les nombreux exemples cités dans le *Dictionnaire* de M. Littré. (Voy. aussi Du Cange.) Aussi le tire-t-on de l'arabe الزهر *az-zahr*, dé à jouer. Malheureusement ce mot, qu'on trouve chez Bocthor, manque dans les dictionnaires classiques. (Le *Gazophyl. ling. Pers.* écrit زار *zār*, qui figure dans Meninski comme purement turc.) Cela laisse des doutes. M. Defrémery accepte l'étymologie sans faire aucune réflexion sur l'authenticité de زهر *zahr*. Le *Glossaire* de MM. Engelmann et Dozy n'en dit pas davantage. Je n'ai moi-même aucun argument nouveau à fournir pour ou contre.

Hatti-chérif. Ordonnance royale qui porte une marque de la propre main du souverain. C'est une expression persane خطّ شريف *khatt-i-cherîf*, formée de deux mots arabes خط *khatt*, ligne, écriture, et شريف *cherîf*, illustre. L'*i* qui joint les deux mots marque en persan l'union du substantif à son adjectif. On dit dans le même sens خطّ هايون *khatt-i-houmāyoūn*, prononcé *hatti humayoun*, du persan *houmāyoūn*, royal.

Hégire. Esp. *hegira*. De l'arabe هجرة *hedjra*, fuite, de Mahomet à Médine, le 16 juillet 622, époque à partir de laquelle se comptent les années du calendrier musulman.

Helbe, Hebbe ou Helbeh. Fenugrec. De l'arabe حلبة *houlba*.

Henné. Arbuste d'Afrique et d'Asie, dont les feuilles séchées et réduites en poudre servent aux femmes de l'Orient à se teindre les ongles en jaune safran. C'est l'arabe حنّاء *hinnā*, qui, précédé de l'article, a donné l'espagnol *alheña*. M. Dozy ne semble pas s'être aperçu que le portugais *alfena*, *alfeneiro*, troëne, est le même mot (il n'a point noté ces deux termes dans son *Glossaire*, non plus que l'espagnol *alcana*, même sens); le henné porte aussi le nom de *troëne d'Égypte*. Gérard de Crémone, qui traduisait l'*Almansouri de Razi*, vers le milieu du XIIe siècle, prononce *alchanna* : « Alchanna pustulis quæ sunt in ore et adustioni ignis remedium affert » (lib. III, cap. XXVIII[4]). En italien, on dit encore *alcanna* et *alchenna*.

Hoqueton. Vieux français *auqueton*. On a reconnu depuis longtemps l'identité de ce mot avec l'espagnol *alcoton*, *algodon*, coton, représentant l'arabe القطن *al-qoton*. Du nom de la matière, le mot est passé à l'étoffe qu'on en fabriquait et ensuite à un vêtement fait de cette étoffe. Si l'on ne connaissait à ce terme que le sens de *casaque*, on comprendrait malaisément que l'auteur du *Roman de Roncevaux* en eût pu faire un objet de comparaison avec une barbe blanche dans ce vers[5] :

Blanche ot la barbe aussi come *auqueton*.

Horde. C'est un mot tartare; en turc, اوردو *ordou*, camp.

Hosanna. C'est l'hébreu הוֹשִׁיעָה־נָּא *hôchî'anā*, deuxième personne du singulier de l'impératif intensif du verbe הוֹשִׁיעַ *hôchî'a* (forme *hiph.* de יָשַׁע), sauve, délivre, porte secours. Le נָא *nā* final est une particule précative, qui a le sens du latin *quæso*, je vous prie. Les Grecs ont transcrit Ὡσαννά, et saint Jérôme *Hosanna*.

Houka. Pipe turque ou persane peu différente du narghileh. (Littré.) De l'arabe حقّة *houqqa*, ou, si l'on veut, du persan حقّه *houqqa*, vase, bocal, et spécialement : « the bottle through which the fumes pass when smoking tobacco » (Richardson), le flacon où passe la fumée du tabac avant d'arriver à la bouche du fumeur.

Houle. Bien que Jal (*Dict. de Marine*) ait indiqué pour ce mot le hollandais *holle*, creux, je ne puis m'empêcher de signaler la coïncidence au moins remarquable de ce terme avec l'arabe هول *haul*[6], auquel les dictionnaires ne donnent d'autre sens que celui de *terreur*, *objet terrifiant*, mais qui, dans maints récits de tempêtes ou d'aventures maritimes se traduirait tout naturellement par *houle* ou quelque chose d'approchant. En voici trois exemples empruntés à l'ouvrage intitulé عجايب الهند *Merveilles de l'Inde*, dont il a déjà été question. Au milieu d'une tempête, un marin s'écrie : ما تنظر هول هذا البحر وامواجه « Ne vois-tu pas le *haul* de cette mer et ses vagues? » (p. 18). Et plus loin, au sujet d'une troupe d'esclaves qui, emmenés de la côte africaine dans un navire, se sauvent en sautant par-dessus bord, mal-

le passage mentionné dans le *Thesaur.* d'Henri Estienne : Βήσασα, σπέρμα δὲ ἐσ7ὶν ἐν Συρίᾳ γεννώμενον τοῦ ἀγρίου πηγάνου, ὅ δὴ οἱ ἐντόπιοι ἅρμαλα καλοῦσιν. (Édit. Didot.)

[1] Man. déjà cité, folio 49 recto.

[2] Je lis يسكر bien que le man. porte يسكن, qui ne concorde point avec la suite.

[3] Man. persan, n° 339 du supplément. Bibliothèque nationale, folio 118 verso.

[4] Ce qui correspond au fol. 48 verso du man. de Razi déjà cité : الحنا ينفع للقلاع وحرق النار.

[5] *Dict.* de M. Littré. — M. A. de Chevallet, dans son *Orig. de la langue fr.* (t. Ier, p. 544), faisait de *hoqueton* un diminutif de *huque*, *houque*, et lui donnait une origine germanique.

[6] L'étymologie est suggérée par M. Pihan et par M. Cherbonneau, mais sans aucun argument à l'appui. M. Cherbonneau traduit *mer houleuse* par بحر مهوّل *bahr mouhawel*.

gré l'état agité de la mer : ما فعلوا بنفوسهم ذلك الّا باقتدار لهم على هول ذلك البحر «Ils ne se sont hasardés à cela, dit le capitaine, que parce qu'ils sont en état de lutter contre le *haul* de cette mer» (p. 25). Et enfin, dans cette phrase : فلم يبروا ما يهتدون به وهول البحر وامواجه ترفعهم الى السحاب «Ils ne virent plus aucun moyen de se diriger, et le *haul* de la mer et ses vagues les élevaient jusqu'aux nues» (p. 16); est-il possible de traduire *haul* autrement que par un mot voisin comme sens de notre *houle?*

Ajoutons que dans le portugais *folla* (folla da mar)[1], le *f* correspondrait parfaitement au ه *h* de *haul;* car on sait que, dans les langues hispaniques, *f* transcrit fréquemment les aspirations arabes ح, خ, ه *ḥ, kh, h.*

Houri. L'ancienne forme arabe est حوراء *haurā,* plur. حور *hoūr,* qui a les yeux noirs de la gazelle. Les Persans en ont fait حورى *hoūrī,* avec le ى *i* d'unité, et les Arabes ont repris ce mot sous la forme حورية *hoūrīa.* (Voy. Dozy, *Gloss.* p. 287.)

Hulla. Celui qui, d'après la loi musulmane, doit épouser une épouse divorcée, avant que son mari puisse la reprendre en mariage. (Littré.) C'est un dérivé de la racine arabe حل *hall,* qui, à la deuxième forme حلل *hallal,* signifie : «Ter repudiatam duxit, ut post repudium a primo conjuge repeti posset[2].» L'épouse reprise ensuite par son premier mari est appelée حلالة *halāla.*

I

Icoglan. Page du sérail. Du turc ايج اوغلان *ītch-oghlān,* formé de *ītch,* intérieur, et *oghlān,* jeune garçon, page.

Pouqueville écrit *icholan :* «Les pages ou *icholans* du vizir voulurent nous régaler d'un concert à leur manière[3].»

Iman ou Imam. Transcription de l'arabe امام *imām;* aussi disons-nous *imamat* et non *imanat,* pour désigner les fonctions religieuses de l'iman.

Imaret. Sorte d'hôtellerie turque où les élèves des différentes écoles vont prendre leurs repas. Les pauvres y trouvent aussi gratuitement des vivres. (Littré.) Transcription, d'après la prononciation turque, de l'arabe عمارة *'imāra,* fondation pieuse, édifice public.

Iradé. Décret impérial en Turquie. Prononciation turque de l'arabe ارادة *irāda,* volonté, désir.

Islam. Transcription de l'arabe اسلام *islām,* religion musulmane, proprement, *résignation à la volonté de Dieu.*

Izari. — Voy. Alizari.

J

Jacre. — Voy. Téréniabin.

Jambose ou Jambosier. Arbre des Indes (*Eugenia jambos*) qui produit un fruit comestible appelé *pomme de rose;* en malais جمبو *djambou.* Une espèce porte, chez les Malais, le nom de جمبو كلغ *djambou-kling,* ce qui marque qu'elle est originaire de la côte de Coromandel (*kling,* en malais).

Le *jambolongue* ou *jamlongue* de l'île de France, le *jambolane* et le *jamrosade* de Saint-Domingue, sont des espèces ou des variétés de jambosier importées des Indes dans ces colonies. Les trois premiers de ces noms correspondent au malais جمبلن *djambelan;* le dernier est formé de *djambou* et du mot *rose,* à cause de l'odeur de rose des fruits de cette espèce, qu'on nomme aussi, aux Antilles, *pommier-rose.*

Janissaire. Du turc يكيچرى *yeni-tcheri,* formé de يكى *yeni,* nouveau, et چرى *tcheri,* soldat, milice.

Jarde. Tumeur qui se développe à la partie externe du jarret du cheval. Ital. *giarda.* Dans un ouvrage d'hippiatrique écrit en latin au moyen âge, je trouve les deux formes *giarda, jarda :* «Quasi mollis sufflatio ad magnitudinem ovi aut amplius... nascitur in garretis[4].» C'est l'arabe جرذ *djaradh,* même signification (*Tumor omnis natus in suffragine jumenti aut inferiore pedis nervo,* dit Meninski).

C'est par erreur que le *Dictionnaire* de Handjéri traduit *javart* par ce même mot جرذ; les javarts n'ont aucun rapport avec la jarde.

Jargon. Gemme de couleur jaune tirant sur le rouge, souvent confondue avec l'*hyacinthe.* Le minéralogiste Haüy a réuni ces deux sortes de pierres sous le nom commun de *zircon.* Ital. *giargone. Jargon* et *zircon,* dont personne, à ma connaissance, n'a encore établi l'étymologie, sont certainement identiques à l'espagnol *azarcon.* D'après le Dictionnaire de l'Académie espagnole, *azarcon,* en peinture, signifie *orangé vif :* «el color naranjado muy encendido, *color aureus;*» ce qui s'applique très-exactement à l'hyacinthe. *Azarcon* s'est dit aussi, comme le portugais *zarcão, zarquão, azarcão,* de l'ocre rouge. Et tous ces mots

---

[1] L'expression *folla da mar* semble calquée sur هول البحر.

[2] La forme régulière ne peut être que محلل. On dit aussi مستحلل. Cf. la note 40 de Lane sur le chap. xi de sa traduction des *Mille et une Nuits.* (Ch. Defrémery.)

[3] *Voyage en Morée et à Constantinople,* éd. Smith, t. XII, p. 329.

[4] *Liber de cura equorum, compositus a Jordano Ruffo, milite Calabrensi,* man. lat. ancien fonds de la Bibl. nat. n° 7058. Ce manuscrit est du xiiie siècle.

correspondent à un terme arabe, زرقون *zarqoûn*, avec l'article *az-zarqoun*, qui se disait du minium et d'autres substances de couleur tirant sur le rouge. Mais quelle est l'origine de ce *zarqoûn*, qui ne paraît pas très-ancien dans la langue arabe? On trouve un certain nombre de termes très-voisins de celui-là, tels que سيلقون *sîlqoûn*, سريقون *serîqoûn*, اسريقون *asrîqoûn*, *etc.* correspondant au bas grec *συρικόν*, et à notre vieux mot *azuric*, vitriol rouge, et s'appliquant aussi au minium, au cinabre. D'autre part, Pline a déjà *syricum* ou *sirucum*[1] dans le même sens, et *sirqoûn* se trouve également en syriaque. Ceci prouve, comme l'a fort bien fait observer M. Dozy[2], que le mot en question était connu en Orient et en Occident avant que les Arabes pussent avoir aucune action sur les langues du monde civilisé.

Si le mot n'est point arabe, il peut être persan. M. Dozy suggère آزر گون *âzar-goûn*, couleur de feu (de آذر ou آزر *âzar*, feu, et گون *goûn*, couleur). Je préférerais زرگون *zargoûn*, couleur d'or, qui me semble mieux convenir aux formes arabes et correspond très-exactement à زرقون *zarqoûn*. Il semble que l'Académie espagnole ait songé à cette étymologie, lorsqu'elle explique *azarcon* par *color aureus*.

Dans tous les cas, notre *jargon* me paraît venir de cette expression persane qui définit très-exactement la couleur de la gemme. N'oublions pas que celle-ci est originaire de Ceylan, de l'Inde et du Pégu.

Jarre. Esp. *jarra, jarro;* portug. *jarra, zarra;* ital. *giara, giarro;* dans l'Archipel, *iarros*[3]. De l'arabe جرّة *djarra*, «*dsjarres*, grands vases de terre, dont chaque maison (au Caire) est pourvue pour mettre l'eau.» (Niebuhr[4]).

Jaseran. Esp. *jacerina*, portug. *jazerina*, ital. *ghiazzerino*. Voir les étymologies arabe et persane proposées par M. Dozy (*Gloss.* p. 289) et par M. Defrémery (*Revue crit.* 26 déc. 1868, p. 407, et *Journ. asiat.* mai-juin 1869, p. 529, 530).

Jasmin. Esp. *jazmin*, portug. *jasmin*, ital. *gelsomino;* chez les botan. *jesminium, jesseminium, gelseminum, gelsemium, etc.* De ياسمين *yâsemîn*, que les Arabes ont emprunté aux Persans.

Javaris. «Espèce de sanglier d'Amérique.» (Nouv. Vocab. de l'Acad. franç.[5].) On écrit mieux *javari*. C'est l'espagnol *jabali*, sanglier, nom appliqué en Amérique au pécari. *Jabali* est l'arabe جبلى *djabali*, montagnard, formé de جبل *djabal*, montagne, le sanglier étant appelé *porc des montagnes*. (Voy. Engelmann, *Gloss.* p. 288.)

Jéhovah. Transcription de l'hébreu יְהוָֹה *Iehovah*. L'expression hébraïque *Yhvh*, écrite sans voyelles, les écritures sémitiques anciennes n'en ayant point, était un nom *ineffable* de la divinité. Dans le texte biblique, les Massorètes lui donnèrent les voyelles du mot אֲדֹנָי *Adonaï*, afin que le lecteur prononçât ce dernier mot. La transcription *Jéhovah* ne remonte pas chez nous au delà du XVIe siècle.

Jubarte. Sorte de baleine. C'était le terme employé par les pêcheurs basques. Le même mot que *gibbar*. (Voy. ce mot.)

Jubilé. Le latin biblique *jubilæus*, d'où vient notre mot, est formé sur l'hébreu יוֹבֵל *yôbel*, qui désigne une sorte de trompette, au son de laquelle on annonçait l'année du jubilé, שְׁנַת הַיּוֹבֵל *chenath ha-yobel*.

Jubis. Terme de commerce. Raisins secs en caisse. C'est une altération de l'arabe زبيب *zebib*, raisin sec, comme le prouvent les vieilles formes *azebit, auzibet :* «Pro cargua de *azebits* seu racemis,» dit un vieux tarif de Carcassonne, cité dans Du Cange. Ces dernières, ainsi que l'espagnol *azebibe, acebibe*, ont gardé l'article *al*, dont le *l* s'assimile au *z* suivant : *az-zebib*. En portugais, *acipipe* a pris une signification plus générale, celle de *menues friandises propres à aiguiser l'appétit, à rafraîchir*. Diverses contrées musulmanes, ne buvant pas de vin, livraient leurs raisins séchés au commerce, et cet aliment était fort estimé des Arabes; Razi le regarde comme plus nutritif que la datte : الزبيب لا يسدد كما يفعل التمر اقوى واغذا منه «Le raisin sec n'obstrue point comme fait la datte, bien que plus nourrissant qu'elle.» (Man. arabe déjà cité, fol. 43 verso.)

Jugeoline. — Voy. **Gengéli.**

Julep. Esp. et portug. *julepe;* ital. *giulebbo, giulebbe;* bas latin, *julapium*. De l'arabe-persan جلاب *djoulâb* ou *djoullâb*, qui a le même sens. «Ils font une potion... qu'ils donnent au malade et qu'ils appellent... *julab*, c'est-à-dire *eau bouillie*, mot d'où il y a assez d'apparence qu'est venu celui de *julep*, dont nous nous servons.» (Chardin[6].) Le persan *djoulâb* ou *goulâb*, گلاب, est formé de گل *goul*, rose, et اب *ab*, eau; *goulâb* signifie, en effet, *eau de rose*, mais se dit aussi de plusieurs autres préparations. Cf. Sacy, *Abdallatif*, p. 317, note 12.

Jupe. Esp. *juba, chupa*, veste, *aljuba;* portug. *aljuba*, casaque moresque; ital. *giuppa*. De l'arabe جبّة *djoubba*. (Voy. Dozy, *Dict. des vêt.* p. 107.) «Par-dessus le caftan, les Turcs mettent une *juppe* ou surtout à manches très-courtes.» (Niebuhr, *Voy. en Arab.* p. 210.)

---

[1] A ces formes, se rattache le mot *sory*, «sel vitriolique des anciens» (Bescherelle); en persan, سوری *soûrî*, vitriol rouge, c'est-à-dire *cinabre* ou *minium*, dans Richardson. *Sory* manque dans la plupart des dictionnaires. Il est question dans Pline, et avant lui dans Vitruve, d'une ocre jaune appelée *sil*, offrant plusieurs variétés qui se distinguent par le nom des pays d'où elles proviennent, *sil Scyricum* serait le sil de Scyros (voy. *Dict.* de Déterville, t. XXI, p. 165).

[2] *Gloss.* p. 225.

[3] «A Trapsano (Candie), il y a une grande fabrique de marmites de terre, de pots et de grosses cruches à huile (*iarros*).» (Tournefort, *Voyage du Levant*, t. Ier, p. 53.)

[4] *Voyage en Arabie*, éd. Smith, p. 194.

[5] Paris, Ve Bechet, 1831.

[6] *Voyage en Perse*, éd. Smith, p. 332.

K

Kâbin. Somme payée par le mari musulman à la femme qu'il répudie. Le mot s'est dit aussi des mariages temporaires contractés par les marins provençaux avec des femmes grecques dans l'Archipel. (Littré.) Du persan كابين *kâbîn*, même sens.

Kabyle. Nom tiré de l'arabe قبيلة *qabîla*, tribu.

Kadelée. Espèce de haricot de la Malaisie (*Phaseolus maximus*, *cadelium* de Rumpf). C'est le javanais ꦏꦝꦺꦭꦺ *kadelé*, en malais كدلى *kedeli*. Nos dictionnaires de botanique donnent les variantes *cadali*, *kadali*, *cadeli*.

Kadine. «Mot qui signifie *dame* en turc et se dit des maîtresses en pied du sultan.» (Littré.) Le turc قادن *qâdin* est une altération de خاتون *khâtoûn*, dame, maîtresse de maison.

Kadoche. Grade élevé dans la franc-maçonnerie. De l'hébreu קָדוֹשׁ *qadôch*, saint, sacré (קָדַשׁ *qadach*, être saint, en arabe قدس *qadas*).

Kaïmac. Sorte de sorbet turc. Le mot turc قيمق ou قايمق *qaïmaq* signifie proprement *crème du lait*.

Kalpak. Bonnet à la tartare, est le même mot turc que le *colback*. (Voy. ce mot.)

Kanchil. Chevrotain des forêts de Sumatra. (Bouillet, *Scienc.*) En malais كنچيل *kantchil*, *moschus Javanicus*.

Kava. Boisson enivrante des Polynésiens. «Il y a identité entre ce mot et le mot *kavoua*, café des Arabes, qui se prononce de la même manière. Ces deux boissons sont servies chaudes.» (Rienzi[1].) — Voy. Café.

Kazine. Trésor du Grand-Seigneur. De l'arabe خزينة *khazîna*, venant de la même racine qui a donné *magasin*.

Kermès. Esp. *carmes*, *alquermez*, portug. *kermes*. De l'arabe-persan قرمز *qirmiz*, même sens. Les botanistes écrivent en latin *chermes*.

Ketmie. Genre de plantes de la famille des malvacées, comprenant un assez grand nombre d'espèces exotiques (*Hibiscus*). De l'arabe خطمى *khaṭmî* ou *khiṭmî*, qui est l'*althæa* dans Freytag, la *mauve des marais* (marshmallow) dans Richardson, la *guimauve* dans Bocthor. Celui-ci donne aussi خطمية *kheṭmiya*, ketmie.

Ketnice, que certains dictionnaires donnent comme le nom d'une malvacée, est probablement une faute d'impression, pour *ketmie*.

Khamsin ou **Chamsin.** Vent d'Égypte. Transcription de l'arabe خمسين *khamsîn*, mot qui signifie proprement *cinquante* (de خمس *khams*, cinq), et a été, dit-on, appliqué à ce vent parce qu'il souffle pendant cinquante jours. (Voy. J.-J. Marcel, *Contes du cheykh El-Mohdy*, t. III, p. 318.)

Khan. Sorte d'hôtel pour les voyageurs, en Orient. C'est l'arabe خان *khân*, même sens, dont l'origine est persane. (Comp. خانه *khâneh*, maison.) Dans le sens de *prince*, *chef*, le mot est aussi persan et a la même orthographe.

On trouve quelquefois *khan* écrit par un simple *h*, *han*.

Khandjar. — Voy. Alfange.

Kharbéga. «Nom d'un assemblage de trous que l'on creuse symétriquement sur une surface plane, et dans lesquels on pose des cailloux ou des noyaux de datte en guise de pions, comme pour le jeu de dames : خربقة *kharbega*.» (Cherbonneau, *Dict. franç.-arab. pour la conversation en Algérie*.)

Khédive. Titre donné au vice-roi d'Égypte. Du persan خديو *khediw*, roi, prince, souverain, mot adopté par les Turcs.

Kibla ou **Kiblat.** Point vers lequel les Musulmans se tournent pour prier (direction du temple de la Mecque). En arabe قبلة *qibla*, dont le sens propre est *chose placée en face*.

Kima. Tridacne géant (*Chima gigas*). Du malais كيم *kîma*, qui se retrouve dans les autres idiomes de l'archipel Indien. Néanmoins, le terme scientifique *chama* et les mots français correspondants *chame*, *came*, qui désignent un genre de coquillages, ont été pris du grec χήμη.

Kiosque. Du persan et turc كوشك *koûchk*, belvédère, palais, villa. Le mot nous est venu par les Turcs qui font toujours sentir un *i* bref après le ك *k*.

Kurtchis. Corps de cavalerie persane composé de l'ancienne noblesse. La finale *s* est la marque du pluriel, car le mot est en persan قورجى *qoûrtchî*[2].

L

Lampoujane. Espèce de gingembre. Du malais-javanais لمڤويڠ *lampoûyang*, qui se rattache peut-être au mot لمڤو

[1] *Océanie*, t. Ier, p. 45.

[2] «Regis Persarum prætorianus eques : sunt numero 12,000.» (Castell.)

lampou, excessif, par allusion à la force de cette épice. Le mot nous est venu par les Hollandais, ce qui explique la substitution du *j* à l'*y*.

Langit. Nom attribué par quelques botanistes à l'arbre plus connu sous le nom d'*ailante* ou *vernis du Japon*. C'est le malais كايو لاڠت *kāyoū lānghit*, arbre du ciel. J'ignore l'origine de cette appellation.

Lantard. Espèce de palmier (*Borassus flabelliformis*), *lontarus* de Rumpf[1]. Du malais لنتر *lontar*. On tire en grande quantité de cet arbre la liqueur appelée *toddi* ou vin de palme.

Laque. Gomme laque. C'est un mot d'origine indienne, qui nous est venu par l'arabe-persan لكّ *lakk* ou لاك *lāk*[2]. La gomme laque, comme les autres gommes, est le suc épaissi d'un arbre, ou plutôt de diverses espèces d'arbres qui croissent aux Indes orientales. «Les Indiens de la côte de Malabar l'appellent *caiulacca*», dit d'Herbelot[3]. *Caiulacca* n'est pas la substance elle-même, mais l'arbre qui la produit, car le mot signifie *arbre de la laque*, du malais كايو *kāyou*, arbre. Les Arabes ont d'ailleurs appliqué le mot *lakk*, *loukk*, *likk*, à des substances colorantes analogues à la gomme laque[4].

L'italien *lacca* signifie à la fois *laque* et *cire à cacheter*; dans ce dernier sens on dit en espagnol et en portugais *lacre*. La cire à cacheter doit ce nom à la gomme laque employée pour la colorer[5].

Lazuli (Lapis-). — Voy. Azur.

Lascar. Matelot indien de la classe des parias. Du persan لشكر *lechker*, armée, troupe.

Lebbeck. Espèce d'acacia asiatique et africain (connu à la Réunion sous le nom de *bois noir*). De l'arabe لبخ *lebkh*. Le nom du genre *lébeckie* (*Lebeckia*), qui comprend des arbustes du cap de Bonne-Espérance, a sans doute la même origine étymologique.

Léviathan. Transcription, dans saint Jérôme, de l'hébreu לִוְיָתָן *livyathan*, qui désigne un monstre aquatique ou terrestre mal défini. On peut voir ce qu'en dit Gesenius dans son Dictionnaire hébraïque. Le mot paraît se rattacher à la racine לָוָה *lavah*, replier, tordre, en arabe, لوى *lawa*; le léviathan serait un animal capable de *se recourber en replis tortueux*, un serpent, un dragon.

Lilas. Esp. *lilac*, portug. *lilazaro*. Les Arabes disent ليلك, ليلاك, *lilac*, *lilāc*. (Meninski, *Onomast.* au mot *Syringa Persica.*) Ces mots, qui ne sont point d'origine arabe, se rattachent au persan نيل *nīl*, indigo (voy. Anil); on trouve les diverses formes persanes: نيله, نيلج, ليلج, ليلنج, ليلنك, *nīlah*, *nīladj*, *līladj*, *līlandj*, *līlang*, se rapportant toutes à l'indigo; ce qui montre le changement de *n* initial en *l*. L'arabe *līlak* peut être pris de l'un quelconque de ces mots, ou mieux encore, je pense, du diminutif ليلك *līlak*, bleuâtre, comme les doigts bleuis par le froid[6], nuance qui caractérise parfaitement les fleurs du lilas de Perse, lesquelles sont d'un *pourpre pâle*[7].

Limon. Fruit. Esp. *limon*, portug. *limão*, ital. *limone*. De l'arabe-persan ليمون *leïmoūn*, même sens.

Plusieurs espèces de citronniers portent aussi le nom de *lime*, esp. et portug. *lima*; en arabe ليمة *līma*. (Voy. Dozy, *Gloss.* p. 297.)

Lisme. Droit qu'on payait aux régences barbaresques pour la pêche du corail. De l'arabe لازم, لازمة *lāzim*, *lāzima*, chose obligatoire, dette, impôt. (Defrémery.) M. Cherbonneau donne la forme لزمة *lezma* qui convient encore mieux pour l'étymologie. (*Dictionn. franç.-arab.* au mot *tribut.*)

Log. Mesure des liquides chez les Hébreux. Transcription de l'hébreu לג *log*.

Looch. Portug. *looch*. Terme de pharmacie, pris de l'arabe لعوق *la'ōq*, potion qu'on lèche, c'est-à-dire qu'on prend à petites gorgées; du verbe لعق *la'aq*, lécher, lamper.

Lori. Nom d'une espèce de perroquet. C'est le malais لورى *loūri* ou نورى *noūri*, qui désigne un perroquet des Moluques. «Le *lori*, dont les teintes rouges si variées surpassent en splendeur celles de la plus belle tulipe.» (Rienzi, *Océanie*, I, p. 49.)

Luth. Esp. *laud*, portug. *alaude*, ital. *liuto*. De l'arabe العود *al-'oūd*, nom du même instrument.

M

Macabre. Quoi qu'en disent maints dictionnaires, la meilleure étymologie qu'on ait encore proposée pour la *danse macabre* est celle qui interprète *macabre* par *cimetière*, de l'arabe مقابر *maqābir* (plur. de مقبرة *maqbara*, tombe), mot qui est resté en portugais sous la forme *almocavar*, et dans certaines régions de l'Espagne sous celle de *macabes*[8], signifiant l'une et l'autre *cimetière*. Danse du cimetière ou des tombeaux est assurément une qualification des plus justes pour la danse macabre.

Quant à la *danse des Macchabées*[9], *chorea Macchabæorum*,

[1] *Herbarium Amboinense*, ouvrage écrit dans la seconde moitié du XVIIe siècle, publié en 1741.

[2] Le double *k* n'est dû, semble-t-il, qu'à la tendance des Arabes à trilitériser tous leurs mots.

[3] D'Herbelot, *Biblioth. orientale*, au mot *louk*.

[4] *Biblioth. orientale*, au mot *louk*.

[5] Voy. Dozy, *Gloss.* p. 295 et 296.

[6] «*Nīlak*, a little blue, bluish; blue as the fingers with cold pinching.» (Richardson.)

[7] *Dict. d'hist. nat.* de Déterville, t. XVIII, p. 32. Les anciens botanistes, Matthiole, Dodonée, Tournefort, etc., conservent la forme arabe *lilac*, d'où *lilacée*, *lilacine*.

[8] Voy. Dozy, *Gloss.* p. 168.

[9] Voy. Littré, au mot *macabre*.

citée dans Du Cange, comme on n'y voit figurer ni Éléazar, ni ses six frères, ni leur mère, mais seulement une série de personnages qui disparaissent à tour de rôle «pour exprimer que chacun de nous doit subir la mort», je tiens pour assuré que *Macchabæorum* n'est là qu'un représentant de *maqābir* ou *macabes*, cimetière; fantaisie interprétative dont il ne manque pas d'exemples en notre langue[1].

Mâche. Herbe qu'on mange en salade (*Valerianella locusta*). Probablement du verbe *mâcher*, dit M. Littré. Cependant le mot est en arabe, ماش *māch*, la mâche, dans Bocthor. Mais *māch*, d'après les dictionnaires de Freytag et de Richardson, est une espèce de légume du genre des pois. Et cette signification ressort évidemment du passage d'Avicenne sur ce mot, p. ٢٤٢ de l'édition de Rome. Je ne sais si Bocthor a fait quelque confusion ou si vraiment ماش se prend dans le sens de notre mâche.

Madrague. Pêcherie pour le thon. Esp. *almadraba*, portug. *almadrava*. M. Dozy a fait voir dans son *Glossaire* sur Edrici (p. 310) et dans le *Glossaire* d'Engelmann (p. 148 et suiv.) que le terme espagnol n'est autre que l'arabe المزربة *al-mazraba*, venant de زرب, entourer d'une haie[2]. La madrague est un grand parc formé avec des filets dans la mer, et divisé en compartiments où le poisson est successivement chassé.

Magasin. Esp. *magacen*, *almagacen*, *almarcen*, *almacen*, portug. *almazem*, *armazem*, ital. *magazzino*. De l'arabe مخزن *makhzen*, plur. مخازن *makhāzin*, grenier, lieu de dépôt, venant du verbe خزن *mettre en magasin*, *serrer*, *conserver*.

Mahaleb. Vulgairement *bois de Sainte-Lucie*. C'est l'arabe محلب *mahlab*, même signification. (Razi, man. déjà cité, folio 45 verso.) Sous ce nom, on exportait autrefois de Syrie en Europe un petit fruit employé en médecine et qu'on utilise encore dans la parfumerie. Ce fruit a quelque ressemblance avec un noyau de cerise; aussi nomme-t-on l'arbre qui le produit *cerisier odorant* ou *cerisier mahaleb*; Belon écrit *macalep*, Lobel et Anguillara *macaleb*, Gordus *macholeb*. Quant au nom vulgaire *bois de Sainte-Lucie*, on en peut voir l'origine dans Littré au mot *Lucie*.

Mahari. Espèce de chameaux. Transcription de l'arabe مهاري *mahārī*, plur. de مهرية *mahriya*. Ce nom leur vient, dit-on, de مهر *Mahr*, père d'une tribu. «C'est cette même race, dit le naturaliste Desmarest, que Diodore et Strabon ont nommée *camelos dromas*, et qui seule devrait porter le nom de dromadaire.» Cet auteur écrit *maihari* et donne pour synonyme *raguahil*, qui représente رواحل *rawahil*, plur. de راحلة *rahila*, monture.

Mahométan. Rienzi, le voyageur géographe, veut qu'on dise *mohammédan*, le nom du Prophète étant محمّد *mohammed*, le loué, et non *Mahomet*.

Mahonne. Sorte de galère turque. Esp. *mahona*. D'après Müller, c'est l'arabe ماعون *ma'oūn*, vase. *Ma'oūn* signifie en effet *vase*, *marmite*, *pot*, et en général tous les ustensiles d'une maison, et bien d'autres choses encore. M. Dozy, à qui j'emprunte cette étymologie[3], ne dit pas sur quelle base s'appuie l'auteur pour passer de là à la galère turque.

Maimon. Singe du genre des macaques. C'est le persan ميمون *maïmoūn*, même sens, qu'il ne faut pas confondre avec son homonyme arabe qui signifie *heureux*, comme l'a fait assez étourdiment l'auteur du catalogue des manuscrits malais de la Bibliothèque nationale; un de ces manuscrits porte en effet le titre de خوج ميمون *khòdja maïmoūn*, que le catalogue traduit *maître singe*. Si l'auteur de cette interprétation avait parcouru seulement le début du conte, il aurait compris qu'un père, joyeux de la naissance de son premier-né, ne le gratifie pas du nom de *maître singe*.

Mainate. Genre d'oiseaux de l'archipel Indien. Une des espèces porte le nom de *mino* ou *maïnou*. Ces mots sont assurément malais. Mais Marsden ne donne que مينا *mīna*, et le *Dictionnaire* de l'abbé Favre rattache ce mot, qu'il écrit sans ا *ā* final, à l'hindoustani *maïna*.

Mamelouk. Esp. et portug. *mameluco*, ital. *mammalucco*. De l'arabe مملوك *mamloūk*, esclave, participe passif du verbe ملك *malak*, posséder.

Malamoque, nom que les marins donnent à un albatros au bec noir, au plumage entièrement noirâtre, ne serait-il pas une altération de ce même mot, par allusion à la couleur des nègres mamelouks?

Manglier. Arbre des Indes orientales, aussi nommé palétuvier. En malais, مڠكي٢ *mangghi-mangghi*, même sens.

Mangoustan. Fruit d'un arbre des Indes. «Le fruit le plus exquis de l'Orient, et peut-être du monde, est le mangoustan (*Garcinia mangostana*)[4].» Du malais مڠكيستن *manggīstan*. Marsden ne donne que مڠكيس *manggīs* et مڠكيستا *manggista*; la forme *manggistan* est dans le *Dictionnaire* de l'abbé Favre (en javanais, [illegible] *manggis*).

Mangue. Fruit du manguier (*Mangifera Indica*); du malais مڠڬ *mangga*, même sens.

Manucode. Oiseau de paradis. Du malais-javanais مانق [illegible] *mānouq*, oiseau. L'oiseau de paradis est appelé مانق ديوات *mānouq-dewāta*, oiseau des dieux.

[1] C'est ainsi que d'anciens actes en latin interprètent par *centum nuces*, cent noix, le nom du village de Sannois, près Paris. Les Portugais, trouvant dans le royaume d'Adel une montagne nommée *djebel al-fil*, montagne de l'éléphant, l'appelèrent *Monte-Felice*. Le voyageur Poncet nomme le monastère de Bisan, en Abyssinie, monastère *de la Vision*. (Voy. Bruce, édit. Panckouke, t. Ier, 509, et t. II, 160.)

[2] Cf. toutefois une remarque de M. Defrémery. (*Journ. asiat.* mai-juin, 1869, p. 538.) Le savant professeur aimerait mieux rattacher madrague à la racine ضرب *darab*, planter, enfoncer *un pieu*.

[3] *Gloss.* p. 299.

[4] Rienzi, *Océanie*, t. Ier, p. 106, 1re colonne. *Mangouste*, animal, n'a aucun rapport avec le mangoustan.

Marabout. Religieux musulman. Esp. *morabito* (ermite), portug. *marabuto.* De l'arabe مرابط *morābiṭ*, prononcé à peu près *merābot*, à cause du ط *ṭ* emphatique.

Maravédis. Ce mot, que nous avons pris de l'espagnol *maravedi*, est primitivement le nom d'une monnaie d'or frappée sous la dynastie des Almoravides, appelés en arabe مرابطين *morābiṭīn* (du même mot qui a donné *marabout*). *Maravedi* est une altération de l'adjectif *morabiṭī*, comme qui dirait *almoravidien.* Le portugais a *maravedim* et *marabitino.* La forme provençale *maraboti* vient directement de l'arabe et confirme la communauté d'origine de *marabout* et *maravédis.*

Marcassite. Pyrite de fer. Esp. *marquesita*, autrefois *marcaxita*, portug. *marquezita*, ital. *marcassita*, bas lat. *marchasita.* De l'arabe مرقشيثا *marqachīthā*, que Bocthor écrit مرقشيطا *marqachīṭā*, en persan, مرقشيشه *marqachīcha* (Richardson). La première orthographe est celle de Razi (man. déjà cité, fol. 50 recto) et celle du traité d'alchimie de Djabir (Géber), man. n° 1080 du suppl. arabe de la Bibl. nat. folio 5 recto et *passim*, et en général la seule que j'aie rencontrée dans les manuscrits. Aussi je soupçonne fort le مرقشيشه *marqachīcha* ci-dessus d'être une fausse lecture, causée par la facile confusion du ث *th* avec le ش *ch.*

Marfil ou **Morfil.** Ivoire. Esp. *marfil*, portug. *marfim.* On trouve aussi les formes *olmafi, almafil* (xe siècle). Les Arabes appellent l'ivoire ناب الفيل *nāb al-fīl*, dent de l'éléphant, et c'est de là qu'on a voulu tirer *marfil*, étymologie acceptée des uns (Diez, Defrémery), repoussée par les autres (Engelmann, Dozy[1]). L'origine reste donc incertaine. La syllabe finale semble bien être l'arabe فيل *fīl*, éléphant; mais peut-être la première partie est-elle un mot asiatique ou africain, étranger à l'arabe et ayant le même sens que *nāb*, dent.

Il y a, en vieux français, un terme qui n'est pas sans offrir quelque analogie avec la première syllabe de marfil. C'est le mot *mire*, défense de sanglier (d'où sanglier *miré*, sanglier de cinq ans, déjà muni de ses défenses), correspondant, comme sens, à l'italien *sanna, zanna* (qui est l'arabe سن *sinn*, dent). L'origine de *mire* est inconnue.

Markab. Étoile α de la constellation de Pégase. De l'arabe مركب *markab*, monture.

Mascarade. Esp. et portug. *mascara*, masque; ital. *maschera*, même sens. Il a été surabondamment démontré par divers étymologistes, contrairement à l'opinion de Diez, et notamment par MM. Mahn et Dozy, que *mascara* et *maschera* ne sont rien autre que l'arabe مسخرة *maskhara* signifiant *bouffon, farceur, histrion; plaisanterie, drôlerie, moquerie.* Je crois inutile de reproduire les arguments exposés en détail dans le *Glossaire* de MM. Engelmann et Dozy. (Voy. p. 304 et suiv.)

Il y a longtemps que Chardin écrivait, dans son *Voyage en Perse* : « Ils (les Persans) appellent ces sortes de divertissements *mascarè*, c'est-à-dire jeu, plaisanterie, raillerie, représentation, d'où est venu notre mot de mascarade. » (Édit. Smith, p. 242.)

Massore. Travail critique fait par les docteurs juifs connus sous le nom de Massorètes, pour fixer le texte de la Bible. De l'hébreu מָסוֹרָה *masōrah*, tradition, lecture traditionnelle.

Mat. Terme du jeu des *échecs.* (Voy. Échec.)

Mat, adjectif, au sens de *terne*, vient du *mat* des échecs. « Dans les anciens auteurs, dit M. Littré, *mat* signifie *las, humilié*; c'est de ce sens qu'on est allé au sens de *terne*, qui paraît très-récent. » L'espagnol a *mate*, couche de blanc avant de dorer, qui est assurément le même mot. Il est remarquable qu'en hindoustani le terme مات *māt*, importé du persan, a aussi les deux sens : *check-mate; astonished, confounded.* (Shakespear, *Dict. Hindust. and Engl.*)

Matamore. Silo pour le grain. « Les Maures et les Arabes, dit Raynal[2], serrent leurs grains dans des *matamores* ou magasins souterrains..... La forme des matamores ne diffère que peu de celle de nos puits. » C'est l'arabe مطمورة *maṭmōra*, fosse souterraine, silo.

De ce mot vient l'espagnol *mazmorra*, cachot, fosse, prison. On peut voir, dans la *Relation du sieur Mouette*[3], qui fut captif au Maroc de 1670 à 1681, la description de la *mazmorra* où on le renfermait la nuit avec les autres esclaves : « C'étaient de vrais silos creusés sous terre ... on faisait descendre les esclaves dans ce trou par une échelle de corde. »

Matassins. Esp. *matachin*, portug. *muchachim*, ital. *mattacino.* M. Dozy dérive ingénieusement ces mots de l'arabe وجه *ouadjh*, visage, employé dans le sens de *masque*, d'où un verbe توجّه *tawadjdjah*, se masquer, et enfin le participe متوجّه *moutawadjdjih*, au pluriel متوجهين *moutawadjdjihīn*, personnes masquées, matassins[4]. (Voy. *Gloss.* p. 309, 310.)

Matelas. Esp. et portug. *almadraque*, prov. *almatrac*, ital. *matarazzo, materasso*, bas lat. *almatracum, materacium, mataricium, almatricium*, vieux fr. *materas, mathelas, matterat, matelat.* De l'arabe مطرح *maṭraḥ*, lit, matelas, dans Bocthor. Ce mot vient de la racine طرح *ṭaraḥ*, jeter, qui a

[1] M. Dozy dit que, dans l'expression *nab al-fil*, le génie de la langue ne permet pas de supprimer l'article et de dire *nab fil*; cependant Bocthor traduit le mot dont il est ici question par سن فيل *sinn fil*, expression tout à fait pareille à la forme contestée. Et, en outre, il existe un certain nombre de mots composés, tels que ماورد *mā-ouard*, بنزهر *benzeher* (loupe, littér. *fils du poison*), etc. où l'article manque. Il n'y a donc aucune impossibilité à ce qu'on ait dit *nab-fil.*

[2] *Hist. philos. des États barbaresques*, édit. Peuchet, t. Ier, p. 47.

[3] Dans *le Tour du monde*, t. Ier, p. 210.

[4] Citons pour mémoire l'explication suivante : « Il y eut vers 1384, en Provence, une sorte de Jacquerie dont les trop nombreux associés étaient connus sous le nom de *tuchins* ou coquins; et dans quelques parties du Midi, sur le territoire de Bormes, par exemple, on appelle encore *matouchins* (*mali tuchini*) les brigands et les filous. » (*Magasin pittoresque*, numéro de février 1876, p. 55, d'après M. Ph. Giraud, *Notes chronolog.* pour servir à l'histoire de Bormes, 1859.)

donné un autre mot de sens analogue, طراحة *ṭarāḥa,* coussin.

Pour comprendre comment le lieu où l'on jette, ou bien la chose jetée (*maṭraḥ, moṭraḥ*) a pu s'entendre d'un lit, d'un matelas, il suffit de se rappeler que les Orientaux n'ont ou n'avaient pas de lits proprement dits, à la façon des nôtres, avec un châlit, mais qu'une simple couverture, un matelas jeté à terre en tenait lieu. On peut comparer les expressions latines *stratum, stragulum,* rattachées à *sternere.*

Matraca. Roue garnie de marteaux de bois. (Bescherelle.) Ce mot est espagnol, et dans cette langue il désigne aussi la crécelle de bois qui remplace les cloches à certains jours de la semaine sainte. C'est l'arabe مطرقة *miṭraqa,* marteau, instrument pour frapper, de la racine طرق *ṭaraq,* frapper. On connaît, bien que les dictionnaires français ne le donnent pas, le mot *matraque,* employé en Algérie dans le sens de bâton, trique; c'est la prononciation algérienne du même terme arabe مطرق (Voy. Cherbonneau, *Dict. fr.-ar.* au mot *trique*[1].)

Matras. Vase employé dans les opérations chimiques. Ambroise Paré écrit *matelas;* on trouve au xive siècle *matheras* par un *th.* Tournefort parle de «bouteilles en cuir faites en pyramide», en usage dans l'île de Samos et appelées *mataras*[2]. Ce dernier mot est assurément identique à l'arabe مطرة *maṭara,* outre de cuir. En est-il de même de notre *matras* et de l'espagnol *matraz?* Silv. de Sacy, trouvant le mot امطار, vases, dans la traduction arabe de l'évangile de saint Jean (ch. ii, vers. 6), pense que c'est un terme d'origine grecque[3].

Medjidieh. Décoration ottomane instituée en 1851 par le sultan Abd-ul-Medjid. Le nom عبد المجيد *abdou 'l-medjîd,* signifie en arabe *serviteur du Glorieux,* c'est-à-dire de Dieu. *Medjîdieh* est un adjectif féminin مجيدية formé sur *medjîd,* en tant que nom du sultan; il peut s'interpréter *la medjîdienne* ou *la glorieuse.*

Medreça ou Médresseh. Établissement d'éducation. Transcription de l'arabe مدرسة *medresa,* qui vient de درس *daras,* enseigner, apprendre.

Méïdan ou Maïdan. Place dans les villes de l'Orient. Transcription de l'arabe ميدان *meïdān,* place, hippodrome. Il paraît qu'on trouve en vieil espagnol *almidana,* avec ce dernier sens, *hippodrome*[4].

Melchite. «Le nom de melchites, qui veut dire *royalistes,* est celui que les eutychiens donnèrent aux orthodoxes, à cause que les empereurs, qui étoient catholiques, autorisoient la saine doctrine par leurs édits et au contraire proscrivoient les eutychiens.» (Bossuet.) De l'hébreu מֶלֶךְ *melek,* roi.

Méloche. Genre de plantes de la famille des malvacées. Lat. botan. *melochia.* De l'arabe ملوخية *melōkhīa,* ou, comme écrit Richardson, ملوخيا *mouloūkhīā,* espèce de mauve. Le mot arabe paraît être une altération du grec μαλάχη, mauve. C'est donc à tort que le manuscrit de Razi[5] écrit ملوكية *meloūkīa* par un ك *k,* comme si le mot se rattachait à ملك *melik,* roi, et signifiait *royale:* الملوكية قريبة من القطف «la melokia est voisine de l'arroche», ce qu'il faut entendre non point sous le rapport botanique, mais au point de vue de l'usage médical, l'arroche ou bonne-dame passant, comme la mauve, pour émolliente, rafraîchissante, laxative.

Mérinos. «Les traces du mérinos se rencontrent dans maintes tribus (de l'Algérie), et il n'est pas improbable que ce soit des environs de Tlemcen, où existe encore la tribu des *Béni-Mérin,* que soit partie la fameuse race des mérinos.» (Tisserand, cité par M. Littré dans les *Additions au Dictionnaire.*) M. Sanson, professeur de zootechnie à l'école de Grignon, n'est pas éloigné de croire à cette origine du mouton mérinos.

Mescal. Instrument de musique en usage chez les Turcs, n'est autre chose qu'une espèce de flûte de Pan qui ne compte pas moins de vingt-trois tuyaux. (Bouillet, *Scienc.*) Transcription de l'arabe مثقال *mithqāl,* que les Turcs prononcent *mesqāl.* Le mot مثقال désigne le plus ordinairement un poids bien connu, le *miscal* ou *methcal* (valant 24 carats), en esp. *mitical,* portug. *matical, metical,* de la racine ثقل *thaqal,* peser. Mais c'est aussi, bien que Freytag n'en dise rien, le nom d'une espèce de flûte de Pan: «Aliquot fistulæ simul junctæ, quæ flatu oris inflantur», dit Meninski.

Mesquin. Esp. *mezquino,* portug. *mesquinho,* ital. *meschino.* C'est l'arabe مسكين *meskîn,* pauvre, qui ne possède rien.

Metel, Methel ou Pomme mételle. Vulgairement nommée *pomme épineuse, herbe au diable, herbe aux sorciers,* en botanique *Datura stramonium.* «La stramoine métel, dit Bosc, croît en Asie et en Afrique. Elle est narcotique, et les charlatans de l'Inde en font usage pour guérir les maux de dents et occasionner des visions qu'ils expliquent ensuite conformément à leur intérêt[6].» C'est l'arabe ماثل *māthil,* même sens, mot qui manque dans Meninski, Freytag, Richardson, mais que donne Bocthor[7], et que j'ai relevé aussi dans l'*Almansouri* de Razi[8].

---

[1] L'origine de ce dernier terme, *trique,* n'est pas bien établie. Il ne serait pas impossible qu'elle se rattachât au même verbe arabe *ṭaraq,* frapper. Le languedocien a *truca,* cogner, frapper; mais la forme *trinca,* casser en frappant, porte à rapprocher ces deux mots du latin *truncare. Troquer,* échanger, pourrait se rattacher à un mot signifiant *frapper,* si l'usage de se frapper réciproquement dans la main pour conclure un marché est ancien.

[2] *Voyage du Levant,* t. II, p. 131.

[3] *Abdallatif,* p. 284. Le latin a *matula,* vase, qui aurait donné *maitre.*

[4] Gayangos, trad. de Maccari, II, 485; dans Dozy, *Gloss.* p. 164.

[5] N° 1005 du sup. ar. de la Bibl. nat. fol. 42 recto.

[6] *Dict. d'hist. nat.* t. XXXII, p. 210.

[7] Aux mots *stramoine, noix métel, pomme épineuse.*

[8] Man. ar. déjà cité (Traité III, ch. xxviii, fol. 47 verso et 48) جوز ماثل يخدر وربما قتل «la noix méthel provoque la stupeur et quelquefois tue.» Le mot est aussi dans l'Avicenne imprimé de Rome, p. ١٧٠. Avicenne compare la noix méthel à la noix vomique.

Une variété de stramoine porte le nom de *tatule*, qui est l'arabe طاطلة *ṭāṭila* (dans Bocthor). Peut-être est-ce le même mot que *datura*, lequel serait, d'après d'Orbigny, une corruption d'un terme arabe. (Cf. les formes arabes-persanes تاتورة, تاتولة *tatoūra, tatoūla*, qui montrent la correspondance de *r* et *l*.)

Mézéréon, Mézérion ou Almézérion. Esp. *mezereon* (mot qui manque dans le *Gloss.* de M. Dozy). C'est primitivement la camélée; le nom s'est appliqué plus tard, chez Gesner et les botanistes allemands, à l'espèce de laurier dit *bois-gentil* ou *garou*, dont le port et les qualités caustiques sont assez semblables. De l'arabe-persan مازريون ou مازريون *māzriyoūn*, donné par Castell, que Freytag n'a pas noté, mais qu'on lit dans l'*Almansouri* de Razi (fol. 50 verso du manuscrit déjà cité). Bocthor écrit معزرون (au mot *camélée*).

Mils. «Nom que les Persans modernes donnent aux exercices de gymnastique faits avec des espèces de massues. Les mils ont été introduits par M. Harriot en Europe et dans nos gymnases.» (Littré.) Je suppose que *mils* est un pluriel et que le singulier *mil* (sans doute prononcé *maïl*) représente le persan ميل *mail*, marteau, massue. Le mot ne se trouve pas en ce sens dans les dictionnaires persans; mais il est dans le *Gazophyl. ling. Pers.* qui traduit *martello di porta* par ميل در, et *martello di campana* (battant de cloche) par ميل ناقوس et ميل جرس [1]. C'est sans doute étymologiquement le même mot que notre *mail, maillet*, qu'on tire du latin *malleus*, marteau.

Minaret. Esp. *minarete*. De l'arabe منارة *menāra* (prononcé à la turque), signifiant *lieu où il y a une lampe* (de la racine نار *nār*, briller), puis *lampe, fanal, phare*, et enfin *minaret*. *Minarete* n'est pas dans le *Glossaire* de M. Dozy, mais on y trouve *almenara*, candélabre, fanal, et *almenar*, «pied de fer sur lequel on mettait des torches de résine ou de bois résineux pour s'éclairer.»

Miramolin. Esp. *miramolin*. Corruption de l'arabe امير المؤمنين *amīr al-mouminīn*, chef des croyants. C'est la même expression, non moins altérée, qu'on trouve dans la relation de Willibald : «*Mirmumnus*, roi des Sarrazins.» (*Voyag. anc. et mod.* t. II, p. 79.)

Mirza. Prince. Transcription du persan ميرزا *mīrzā*, pour اميرزاده *emīr-zādeh*, fils d'émir. *Emīr* est arabe, *zādeh* est persan [2]. De ce dernier mot et de شاه *chāh*, roi, est formé le titre de *chahzadeh*, fils de roi, donné à l'héritier présomptif du trône, chez les Turcs.

Mischna. Recueil de traditions rabbiniques. Transcription de l'hébreu מִשְׁנָה *michnah*, répétition (seconde loi), du verbe *chanah*, être changé, modifié. (Voy. Munk, *Palestine*, p. 607.)

Mistique ou Mistic. Catal. *mestech*, esp. *mistico*. Sorte de barque. De l'arabe مسطح *misṭaḥ*, plateau à porter le pain, grande poêle à griller le blé, etc. dans Golius, ou *mosaṭṭaḥ*, barque armée. (Voy. Dozy, *Gloss.* p. 314, 315.) Je présume que les deux mots ont dû se confondre dans l'usage, sans quoi *mosaṭṭaḥ* eût difficilement donné *mistic* ou *mestech*.

Mobed. Ministre de la religion de Zoroastre. En persan موبد *moūbed*.

Moharrem. Premier mois de l'année musulmane; *maharram* dans les *Lettr. pers.* de Montesquieu. En arabe محرّم *mouḥarram*, qui signifie *sacré, interdit* (de la même racine qui a donné *harem*), parce que, avant Mahomet, il était interdit de faire la guerre durant ce mois.

Mohatra. Sorte de contrat usuraire. Esp. *mohatra*, portug. *mofatra*. C'est l'arabe مخاطرة *mokhāṭara*, hasard, chance, risque, pari, ainsi que l'indique le *Dictionnaire* d'Ellious Bocthor, qui traduit *mohatra* par بيع مخاطرة *bi' mokhaṭara*, littéralement *vente hasardeuse*. Cette étymologie est appuyée par MM. Defrémery [3], Dozy [4], etc.

Moire. Ce mot a signifié primitivement une étoffe en poil de chèvre ou d'autres animaux. Quelques étymologistes ont voulu le tirer de l'anglais *mohair*; mais les meilleurs lexicographes anglais tirent au contraire leur *mohair* du français *moire* [5]. Bocthor traduit *moire* par مخيّر *mokhayyar*, et ce terme arabe paraît être la véritable étymologie. Il correspond à l'italien *mocajardo* ou *mucajardo*, «una sorta di tela di pelo.» مخيّر *mokhayyar*, comme bien d'autres expressions, manque dans Freytag; mais il est dans Richardson : «A kind of coarse camelot or hair-cloth», et dans Meninski : «Cilicii panni telæve vilioris species, capripilium.»

Moise. Terme de charpente : pièces de bois plates assemblées *deux à deux, parallèlement*, par des boulons, et servant à maintenir la charpente. Je suis porté à croire que *moise, moisine* (comme on disait au xve siècle), représentent l'arabe موازى *mowāzī*, parallèle. M. Gaston Paris a fait remarquer que *moise* peut correspondre au latin *mensa*, table, comme *toise* à *tensa*. Cela est vrai; mais pourquoi ces deux pièces parallèles constituant la moise (il n'y a pas de moise sans les deux) auraient-elles été appelées *mensa*? De plus, il y a en espagnol un vieux terme de charpenterie, *musa*, apparemment identique à *moise*, qui ne peut venir de *mensa*, et que M. Dozy regarde aussi comme une altération de موازى *mowazī*. Mon hypo-

[1] M. Defrémery me signale ميل avec le sens de massue des *pehlevân* ou lutteurs.

[2] L'auteur de l'Index qui termine l'édit. des *Lettr. pers.* de Montesquieu par André Lefèvre, rapproche *mirza* de *mard* مرد, homme. C'est une erreur à corriger.

[3] *Journ. asiat.* janvier 1862, p. 91.

[4] *Gloss.* p. 316.

[5] Voy. par exemple le *Dictionn.* de Samuel Johnson qui définit le mot : «Thread or stuff made of camel's or other hair», et donne pour étymologie le français *mouaire*. Voy. cependant l'article *moire* dans le *Dict.* de M. Littré.

thèse reste donc assez vraisemblable. J'ajouterai qu'on trouve *amoise* comme synonyme de *moise;* l'*a* initial représenterait l'article arabe *al.*

Moka. Espèce de café, tire son nom de la ville du Yémen nommée en arabe مخا *Mokhā.*

Mollah[1]. De l'arabe مولى *maulā,* maître, seigneur, magistrat, écrit souvent مولا et prononcé vulgairement en Turquie *mollā.* C'est de ce même mot, suivi du pronom ى *ī* de la première personne, مولاى *maulā-ī,* mon seigneur, que nous avons fait *muley,* titre précédant le nom des empereurs du Maroc et souvent pris à tort pour un nom propre.

Moloch. Dieu des Ammonites, dans la Bible. En hébreu, מֶלֶךְ *molek,* mot phénicien qui a ses congénères dans toutes les langues sémitiques, avec la signification de *possesseur, maître, roi;* la dernière voyelle est changée en *o* dans la traduction des Septante, Μολόχ, et dans celle de saint Jérôme, *Moloch,* d'où nous l'avons pris.

Momie. Esp. *momia,* portug. *momia, mumia,* ital. *mummia.* De l'arabe مومية ou موميا *moumīa,* qu'on tire de l'arabe-persan موم *moum,* cire. « *Mumie* est persan, dit Chardin, venant de *moum* qui signifie *cire, gomme, onguent*[2]. »

« La médecine.... fit jadis usage de la momie (ou *mumie*) dans plusieurs maladies, soit qu'elle espérât en tirer quelque avantage physique, soit plutôt qu'elle voulût agir sur l'imagination des hommes, souvent plus difficile à guérir que le corps. Mais les momies du commerce ne sont point d'anciennes momies égyptiennes; ce sont des cadavres préparés par quelques Juifs et Arméniens qui cherchent à tirer parti de tout... On emploie aujourd'hui cette momie en appât pour attirer les poissons. » (Virey[3].)

La *mumie* ou *momie* des alchimistes (amalgame de plomb) est le même mot.

Moringe. Arbre d'Asie. Le *Moringa oleifera* est le même que le *ben.* C'est l'arabe مرنج prononcé *mirnedj* par Golius, qui le donne pour une espèce d'agalloche. Agalloche ou bois d'aloès est une expression vague par laquelle on a désigné un assez grand nombre de bois de senteur ou de végétaux d'origine orientale servant à la parfumerie. Dans Richardson, *mirnedj* devient مرنح *mirnaḥ,* et, dans Freytag, il se transforme en *morannaḥ.* Le mot vient de l'Inde; Leman écrit *moringha, morunga, morungu.*

Mortaise. Esp. *mortaja.* Je pense que ce mot, comme quelques autres termes de l'art du charpentier, nous vient de la langue arabe. Le verbe رزّ *razz* signifie *planter, insérer;* il se dit, par exemple, de la sauterelle qui plante son oviducte dans la terre pour y pondre ses œufs. رزّة *razza* est dans Meninski « foramen ferreum quo pessulus excipitur vel sera », ce qui est tout à fait l'un des sens particuliers de mortaise, « ouverture pratiquée dans une gâche pour recevoir un pêne »; c'est la gâche elle-même dans Bocthor et dans Cherbonneau, et M. Dozy tire de là l'espagnol *alguaza* qui est certainement notre mot *gâche*[4]. Mortaise serait un participe de la huitième forme du verbe On trouve en effet مرتزّ *mourtazz* avec le sens de *planté, fixé, inséré,* ce qui conviendrait mieux à *tenon* qu'à *mortaise;* mais il est à remarquer qu'on disait autrefois *trou de mortaise;* comme dans ce vers de Villon, cité par M. Littré :

Les vy tous deux par un trou de mortaise.

Ajoutons que la forme espagnole *mortaja* représente très-exactement le féminin arabe مرتزّة *mourtazza;* car le ز *z* arabe devient un *j* en espagnol devant la voyelle *a*[5].

Mortaja n'est pas dans le *Glossaire* de MM. Engelmann et Dozy.

Mosquée. Esp. *mezquita,* portug. *mesquita,* ital. *meschita, mosca.* De l'arabe مسجد *mesdjid,* lieu de prière, où on se prosterne, du verbe سجد *sadjad,* se prosterner.

Moucre. Muletier, loueur de mules. Esp. *almocreve,* portug. *almoqueire.* De l'arabe مكارى *mokārī,* conducteur ou loueur de chameaux.

Mousselin. Officier turc d'un rang secondaire, est le lieutenant d'un pacha (Bouillet, *Scienc.*). C'est l'arabe مسلم *mousellim,* qui sauve (de la même racine que *musulman*), pris chez les Turcs pour désigner le lieutenant d'un nouveau pacha, chargé d'aller en avant prendre possession du pachalik. (Voy. Meninski.) La forme régulière est متسلّم.

Mousseline. Esp. *muselina,* portug. *musselina, murselina,* ital. *mussolina.* De l'arabe موصلى *mauṣeli,* adjectif formé sur le nom de la ville de Mossoul, Mosul ou Mosel, الموصل *al-mauṣel* (D'Herbelot écrit *moussal*). « Tous les draps de soie et d'or qu'on appelle *mosulin* se font en ce lieu (Mosul), dit Marco Polo[6]. Les plus forts marchands qu'on nomme *mosulin,* qui apportent de grandes quantités d'épices précieuses, sont de ce royaume. » L'éditeur, en note, dit que le second *mosulin* est probablement une corruption de *muslimin,* musulmans. Je croirais tout aussi bien qu'il est identique au premier et signifie *gens de Mosul.*

Mousson. On a dit aussi *monson.* Esp. *monzon,* portug. *monção,* ital. *mussone.* De l'arabe موسم *mausim,* époque fixe, fête, foire, et aussi « saison favorable pour le voyage des Indes[7]. » Les habitants de l'archipel Indien prononcent *moūsim* et emploient le mot dans le sens de saison, comme dans cet exemple que je prends dans le *Makota radja,* un des ouvrages les plus estimés de la littérature malaise :

ڤتاڤ للواه موسم هوجن ايت دان داتڠ موسم كمارو دڠن ڤانس يڠ

[1] Montesquieu (*Lettr. pers.*) écrit souvent *mollak.*
[2] *Voy. en Perse,* édit. Smith, p. 199.
[3] *Dict. d'hist. nat.* t. XXI, p. 311.
[4] Pour expliquer le changement de ر *r* en *g,* on peut conjecturer que cet *r* a été accidentellement grasseyé, et par suite confondu avec le غ *gh,* que les Arabes occidentaux prononcent *r,* mais que l'espagnol transcrit par *g.* (Cf. *razzia*=*gazia.*)
[5] Voy. l'*Introduct.* du *Gloss.* de Dozy, p. 19.
[6] *Voyag. anc et mod.* publiés par M. Charton, t. II, p. 272.
[7] Voy. Dozy, *Gloss.* p. 317 et suiv.

ساعت «Mais passe la saison des pluies (*moûsim hoûdjan*) et arrive la saison de la sécheresse (*moûsim kamārou*) avec une chaleur extrême[1]. »

Mozarabe. Esp. *mozarabe, mustarabe*, portug. *mozarabe, musarabe*. «Par ce nom on désignait les chrétiens qui vivaient au milieu des Maures, et en particulier ceux de Tolède, qui avaient dans cette ville six églises pour y exercer leur culte. Il dérive de مستعرب *mosta'rib*, arabisé, nom que les Arabes donnaient aux tribus étrangères qui vivaient au milieu d'eux.» (Engelmann, *Glossaire*, p. 321.)

Muezzin. Esp. *almuedano*. De l'arabe موذّن *mouedhdhin* ou *mouezzin*, celui qui appelle à la prière, dont la racine est اذن *oudhn*, oreille.

Mufti ou Muphti. Esp. et portug. *mufti*. De l'arabe مفتى *mouftī*, jurisconsulte, celui qui donne un فتوى *fetwa*, interprétation de la loi.

Mulâtre. «On appelle مولّد *mouallad*, celui qui est né d'un père arabe et d'une mère étrangère, ou d'un père esclave et d'une mère libre. C'est, je pense, de là et non de *mulus* que vient en espagnol et en portugais *mulato*, en italien *mulatto*, et en français *mulâtre*.» Ainsi s'exprimait Silvestre de Sacy dans sa *Chrestomathie arabe* (t. II, p. 155). M. Defrémery[2] et M. Engelmann avaient adopté cette dérivation. Elle a été combattue par M. Dozy, dont on peut voir les raisons, p. 384 du *Glossaire*.

Musacées. Famille de plantes dont le bananier est le type. Les botanistes, prenant le nom arabe de la banane موز *mauz*, موزة *mauza*, l'ont latinisé sous la forme *musa*; de là le nom de musacées. La feuille du bananier était connue chez nous avant le fruit, parce qu'on s'en servait en Orient pour envelopper les pains de sucre expédiés en Europe: «*Musa* vulgo dicta inter palmas videtur recenseri posse», écrit Jean Bauhin au commencement du xviie siècle; «oritur in Ægypto et Cypro; cujus folia in Italia visuntur sacchari panes convestientia[3].»

Il est à peine besoin de dire que l'opinion mentionnée par M. Littré[4], d'après laquelle ce mot serait une allusion au nom de Musa, l'ami de Virgile et d'Horace, médecin de l'empereur Auguste, n'a aucun fondement. *Musa*, qu'on trouve aussi sous la forme *amusa*, ne remonte guère, comme nom du bananier, au delà du xvie siècle ou de la fin du xve. «*Mauz* seu *muza* dicta Ægyptiis», dit Prosper Alpin.

Muse, nom donné à quelques figues d'Égypte plus douces que les autres (Littré), est évidemment le même mot *mauz*.

Musc. L'espagnol *almisque, almizcle* et le portugais *almiscar* viennent assurément de l'arabe المسك *al-misk*, même signification; mais notre *musc* et l'italien *musco, muschio*, sont le latin *muscum* (qui est dans saint Jérôme). Celui-ci et le grec *μόσχος* viennent d'ailleurs de l'Orient. L'arabe مسك *misk* est d'origine persane.

Musulman. Esp. *musulman*, portug. *musulmano*. De l'arabe مسلم *mouslim*, pluriel مسلمين *mouslimīn*, qui fait profession de l'*islam*. (Voy. ce mot.) L'espagnol *moslemita*, par contraction *mollita*, renégat, a la même origine, d'après M. Dozy[5]; mais M. Defrémery aime mieux rattacher ce mot à *moslimy*, plur. *mesalima*, qui, d'après Ét. Quatremère (*Sult. Mamel.* t. II, 2e partie, p. 66), désignait, en Égypte, les chrétiens ou les juifs convertis à l'islam[6].

N

Nabab. Esp. *nabab*, portug. *nababo*. C'est l'arabe نواب *nowab*, pluriel de نائب *nāïb*, lieutenant, vice-roi. Le mot nous vient de l'Inde. Le pluriel a été employé pour le singulier, ainsi que cela arrive souvent en hindoustani, pour les mots d'origine arabe. (Voy. Defrémery, *Revue critique*, décembre 1868, p. 410.)

Nabathéen. Adjectif formé de نبط *nabat*, plur. انباط *anbāt*, nom que les Arabes donnaient aux Nabathéens.

Nabca. Fruit d'une espèce de jujubier. Chez nos botanistes, le mot s'écrit aussi *nebca, nabqah, nabach, napeca, nabeca, nebbek*. C'est l'arabe نبقة *nabiqa, nibqa*, Rhamnus nabeca, dans Freytag.

Nacaire. Ancien instrument de musique militaire, sorte de tambour ou de timbale. Ital. *gnaccare* (qui est le *gnacare* de Molière, dans la *Pastorale comique*); bas latin, *nacara*; bas grec, *ἀνάκαρα*. Ce n'est point, comme on l'a dit, l'arabe نقير *naqīr* ou ناقور *nāqōr*, qui signifient *trompette, clairon*, mais le persan نقاره, en arabe نقارة *naqāra*, timbale[7]. Arabe ou persan, le mot a pénétré, en conservant sa signification, non-seulement en Europe, mais aussi dans une partie de l'Afrique, notamment en Abyssinie et chez les Latoukas des bords du Nil Blanc, au sud de Gondokoro, comme on peut le voir par les passages suivants : «Cependant la grande tymbale ou *nagareet*, qu'on appelle le Lion, fut portée devant le palais.» (Bruce, *Voyage en Nubie*, édit. Panckouke, t. III, p. 419). —

[1] Éd. de Roorda van Eisinga, p. ٣١.

[2] *Mém. d'hist. orient.* p. 334.

[3] *Histor. plantarum universalis*, t. Ier, p. 150. Cet ouvrage n'a été publié (1650) que trente-sept ans après la mort de l'auteur.

[4] *Dictionn.* au mot *musacées*.

[5] *Gloss.* p. 320. M. Dozy cite encore (p. 323), comme dérivé de *mouslim*, un mot *muzlemo* donné par Berganza avec le sens de *barbaro, rustico*; *muza* signifiant «sarraceno» est probablement une altération du même mot.

[6] *Rev. crit.* décembre 1868, p. 410.

[7] Bocthor, aux mots *tambour* et *timbale*, écrit نقّارة par un double ق *q*, *naqqāra*. Pauthier, dans son édition de Marco Polo (t. Ier, p. 245) compare *naqāra* au sanscrit *anakah*.

« Un jour, les *nogaras* battent, les trompettes sonnent. » (Sam. White Baker, *Voyage à l'Albert Nianza*, dans *le Tour du Monde*, 1er sem. 1867, p. 15.)

Le nacaire faisait aussi partie de la musique royale des princes malais de Malacca : جك سورت درقاسی اتو در هارو دجڠت دڠن سلڠکڤن الت کرجامن گندڠ سروني نفيری نکار « Si la lettre venait de Pasey ou de Harau, elle était reçue avec tout l'appareil royal, tambour, flûte, trompette, *nagāra*. » (*Chedjarat Malayou*, p. ١٣٨ du texte malais publié par M. Dulaurier.)

Nadir. Esp. portug. ital. *nadir*. C'est l'arabe نظير *nadhīr*, opposé à, en face de. Dans le langage astronomique, *nadhīr* se dit d'un point diamétralement opposé à un autre, ou, si l'on veut, séparé du premier par un arc de 180 degrés : اول السرطان ونظيره « la première étoile de l'Écrevisse et son *nadir*. » Sur la sphère terrestre, *nadhīr* serait synonyme d'antipode. On voit que notre *nadir* est une abréviation de نظير السمت *nadhir es-semt*, opposé au zénith.

Naffe (Eau de). Eau distillée de fleurs d'oranger. Esp. *nafa*, *nefa*. « Flores decerpti etiam per maria in longinquas regiones perferuntur, et aqua quoque quam *naffam* vocant, fragrantissimo odore, ex iis parata arte distillatoria. » (Jean Bauhin[1].) De l'arabe نفحة *nafha*, odeur[2]. Le persan نافه *nafeh*, qui est peut-être le même mot, signifie *vésicule de musc*; de là vient *nafé*, fruit de la ketmie. (Voy. Abelmosc.)

Narghileh ou Narguilé. Pipe orientale. D'après Ét. Quatremère, du persan نارگيل *nārghīl*, cocotier, noix de coco. « Il a pris ce nom parce que la capsule qui renferme le tabac est formée d'une noix de coco ou, du moins, en a la figure[3]. » Dans la pipe syrienne appelée *chuchet*, d'après M. Spoll[4], le flacon de cristal du narguilé est, en effet, remplacé par une noix de coco.

Natron. Esp. *anatron*. De l'arabe نطرون *natroūn*, avec l'article *an* pour *al*, *an-natroūn*, soude carbonatée native, dont l'Égypte fournit une grande quantité. Les alchimistes écrivent aussi *anaton*, *nataron*.

Nébulasit. Étoile β de la queue du Lion. C'est une forte altération du nom arabe ذنب الاسد *dheneb el-asad* (ou *dhenebou 'l-asad*), la queue du Lion. On trouve encore les formes moins altérées *deneb alecit*, *deneb aleced*.

Nems. Nom donné par Buffon à l'ichneumon ou mangouste d'Égypte. C'est l'arabe نمس *nims*, même sens.

Nénufar. Esp. et ital. *nenufar*. De l'arabe-persan نيلوفر *nīloūfar* ou نينوفر *nīnoūfar*, même sens. Freytag indique la prononciation *nei* ou lieu de *ni* pour la première syllabe. Étymologiquement, celle-ci est la meilleure, si, comme je le suppose, نيلوفر *nīloūfar* est un composé de نيل *nīl*, indigo, et نوفر *noūfar*, autre nom persan du nénufar, lequel, du reste, est aussi passé dans la langue de nos botanistes, *nuphar jaune*, *nuphar luteum*[5]. Dans cette hypothèse, le *niloufar* (pour *nil-noufar*) aurait été, à l'origine, le *nuphar bleu*, sorte de nénuphar qu'on trouve en Égypte, en Perse et dans l'Inde, dont la racine est comestible, et dont les fleurs, d'un bleu tendre, servaient autrefois à faire des couronnes[6].

C'est probablement au botaniste et médecin Otto Brunfels, mort en 1534, qu'on doit l'introduction du mot *nenuphar* dans notre terminologie botanique; ses contemporains ont conservé longtemps l'ancienne désignation latine *nymphæa*[7] : « Nenuphar pro nymphæa capitur Arabiæ », dit un commentateur de Dioscoride[8].

Neskhi. Transcription de l'arabe نسخى *neskhī*, nom de l'écriture ordinaire des Arabes.

Nichan. Décoration turque. Du persan نشان *nichān*, marque, signe, insigne.

Nil-gaut ou Nyl-ghaut. Quadrupède du genre antilope, dont la robe est d'un bleu d'ardoise. C'est le persan نيل گاو *nīl-gāo*, formé de نيل *nīl*, indigo, bleu (voy. Anil, Nénuphar), et de گاو *gāo*, bœuf, vache.

Nipa. Arbre des îles de la Sonde, type de la famille des *nipacées*. Du malais نيڤه *nīpah*, sorte de palmier à fruit comestible.

Nizam. Titre du roi du Décan, dans l'Hindoustan. De l'arabe نظام *nidhām*, que les Persans et les Turcs prononcent *nizām*. Ce mot signifie proprement *ordre*, *arrangement*; chez les Persans, on qualifiait le grand vizir de نظام الملك *nizām al-moulk*, ordre du royaume.

Dans l'empire ottoman, on appelle *nizam* les soldats qui composent la première levée, par opposition aux *rédifs* qui forment une espèce de landwehr. (Bouillet, *Scienc.*) *Rédif* est l'arabe رديف *redīf*, qui vient après, qui vient à la suite.

Nizeré. Essence de roses. « Quoique l'essence qui se fabrique au Levant soit aussi d'un grand usage, celle dite *nizeré* ou de roses blanches de Tunis, jouit d'une réputation supérieure. » (Peuchet[9].) C'est l'arabe-persan نسرين *nisrīn*, qui désigne la *rose musquée*[10]. « Cette espèce croît spontanément dans le Levant... A Tunis, c'est avec sa

[1] *Hist. plant. univers.* t. Ier, p. 99.

[2] Defrémery, *Journ. asiat.* janvier 1862, p. 93.

[3] *Journ. des Sav.* janvier 1848, p. 43.

[4] *Voyage au Liban*, dans *le Tour du Monde*, 1er sem. 1861, p. 3, note.

[5] M. Littré cite même un vers de Ronsard où ce terme est employé :

Le blanc *neufart* à la longue racine.

[6] Voy. Bosc, *Dict. d'hist. nat.* t. XXII, p. 497. — *Nil*, avec le sens de *bleu*, entre dans la composition de plusieurs autres mots orientaux qu'on trouve dans les dictionnaires. Tel est *nīl-gaut* ou *nyl-ghaut* (voy. plus loin).

[7] Leman, *Dict. d'hist. nat.* t. XXIII, p. 140.

[8] Marcell. Vergilio. *Dioscoridæ pharmacorum libri VIII*, Strasbourg, 1529, fol. 16 verso.

[9] *Hist. philos. des établiss. et du commerce des Européens dans l'Afrique septentr.* t. II, p. 22.

[10] Voy. Bocthor et le *Gazoph. ling. Pers.* au mot *rose*. La traduction latine d'Avicenne (Bâle, 1556) donne aussi en note marginale, sur le mot نسرين, *rosa muschata* (p. 276).

fleur qu'on fait l'essence de roses; elle en contient une plus grande quantité que toutes les autres... On l'emploie aussi à fabriquer une excellente liqueur de table, le *rossolis blanc.*» (Du Tour[1].)

Noria. Esp. *noria, anoria, añoria;* portug. *nora*[2]; dans l'ancien espagnol, *naora, alnagora.* On n'a pas de peine à reconnaître l'arabe ناعورة *nā'ōra* (avec l'article *an-nā'ōra*), qui désigne la même machine élévatoire. Le verbe نعر *na'ar* signifie *laisser jaillir le sang par saccades,* en parlant d'une veine; ce qui s'applique assez bien aux norias, formées d'une série de seaux en chapelet qui se remplissent au fond du réservoir et viennent se vider l'un après l'autre à l'extérieur.

Nuque. Esp. portug. ital. *nuca;* bas latin, *nucha.* C'est l'arabe نخاع *noukhā'*, proposé par Bochart et rappelé par M. Defrémery. (*Journ. asiat.* août 1867, p. 182.) *Noukhā'*, ridiculement défini par Freytag[3], désigne la *moelle épinière.* Et c'est là précisément l'ancienne signification de *nuque,* ainsi que le montrent les passages suivants pris dans le *Dict.* de M. Littré: «Spondille (vertèbre) est ung os percé au milieu, par lequel pertuis la *nuque* passe» (Lanfranc). «La nuque vient de la cervelle, ainsi comme le ruisseau de la fontaine[4]» (*Ibid.*). «La nucque ou medulle spinale» (Ambroise Paré). On peut joindre à ces exemples le tercet bien connu de Dante:

> E come 'l pan per fame se manduca,
> Cosi 'l sovran li denti all' altro pose
> La 've 'l cervel s' aggiunge con la *nuca.*
>
> (*Inferno*, cant. XXXII, terc. 43.)

O

Ocque ou Oque. Poids usité en Turquie, en Égypte, etc. (1 kilog. 250). Du turc اوقة *oqa,* qui est l'arabe وقية *ouqīa,* et ce dernier paraît identique, étymologiquement, avec le grec *οὐγκία,* en latin *uncia,* bien que la valeur actuelle de l'oque soit très-différente de celle de l'*οὐγκία* des Siciliens et de l'*uncia* des Romains.

Odalisque. Femme attachée au service des dames du harem impérial. Boiste, Nodier et quelques autres lexicographes écrivent *odalique,* ce qui est plus conforme à l'étymologie: du turc اودهلق *odaliq,* venant de اوده *oda,* chambre, logis[5].

Oliban[6]. Encens. Esp. et portug. *olibano;* bas latin (XIe siècle), *olibanum.* On a proposé comme étymologie le grec *ὁ λίβανος,* et le latin *oleum libani,* où *oleum* désignerait une gomme, une résine solide, fait sans exemple dans la terminologie pharmaceutique. Il est sans exemple aussi que l'article grec *ὁ* se soit accolé à son substantif pour passer dans une langue étrangère. Si ce fait est extrêmement fréquent pour l'arabe, c'est que l'article arabe est invariable et fait pour ainsi dire corps avec son substantif, tandis que l'article grec prend des formes très-différentes suivant les cas, ce qui ne permet pas à l'oreille d'un étranger de le considérer comme partie intégrante du nom.

Il me semble plus raisonnable de regarder *oliban* comme représentant l'arabe اللبن *al-louban,* l'encens, dont l'article *al* ou *el* serait devenu *ol.* On a des exemples de changements pareils dans *olifant* pour *éléphant, olmafi* à côté de *almafil* (voy. Marfil), *olinde* pour *alinde,* et *orcanète* pour *alkanète,* si du moins ces deux dernières assimilations que je propose plus loin sont exactes.

Du reste, *louban* est identique à *λίβανος,* ainsi que nous l'avons dit au mot Benjoin.

Olinde. Sorte de lame d'épée, que les uns font venir d'Olinda (Brésil), les autres de Solingen (Allemagne). A mon sens, *olinde* n'est autre que l'espagnol *alinde, alhinde, alfinde,* qui signifiait autrefois *acier, miroir métallique,* et qui vient de l'arabe الهند *al-hind,* les Hindous. On peut voir, dans le *Glossaire* de M. Dozy (p. 142), comment le nom des habitants de l'Inde est devenu synonyme d'acier. سيف الهند *seif al-hind,* sabre indien, est une expression fréquente dans les *Aventures d'Antar,* pour marquer une arme de qualité supérieure; مهند *mohannad,* indianisé, signifie *fabriqué avec du fer de l'Inde.* Quant au changement de *al* en *ol,* voy. au mot Oliban.

Orange. Esp. *naranja,* portug. *laranja,* ital. *arancia, arancio* (dialecte milanais, *naranz,* vénit. *naranza*), bas grec *νεράντζιον.* Les formes qui ont perdu le *n* initial l'ont sans doute laissé tomber par suite d'une fausse assimilation au *n* de une, *una;* une narange, *una narancia,* n'ont pas eu de peine à devenir une orange, *una arancia.* Tous ces mots viennent de l'arabe نارنج *narandj,* persan نارنك *nareng,* même signification.

Orange, autrefois *orenge,* a dû subir l'influence de *or,*

---

[1] *Dict. d'hist. nat.* t. XXIX, p. 470.

[2] Cette forme a été oubliée dans le *Glossaire* de M. Dozy.

[3] «Filum album, quod decurrit a collo animalis, exit a cerebro et inde per totum corpus deducitur in plures ramos,» dit l'auteur du *Lexicon arabico-latinum.* Il était si simple de dire *medulla spinalis,* qu'on se demande si Freytag a bien compris le sens de نخاع. Voici un exemple du mot, pris dans Razi, qui ne lui aurait laissé aucun doute: جعل البارى فى اسفل القحف ثقبا واخرج فيها شيا من الدماغ وهو النخاع «Le créateur a placé au bas du crâne une ouverture par laquelle il a fait sortir une portion de cervelle, qui est la nuque.» (Man. déjà cité, fol. 7 recto.) Le médecin persan Al-Hoceïni appelle la nuque *la queue de la cervelle:* دنبال دماغست نخاع (Man. n° 339 du suppl. persan de la Bibliothèque nationale, fol. 6 verso).

[4] Cette phrase n'est que la traduction de ce passage de Razi: ان الدماغ بمنزلة عين... والنخاع بمنزلة نهر عظيم يجرى منه «La cervelle est comme une fontaine..., et la nuque est comme un grand fleuve qui en coule.» (*Ibid. q. supr.* fol. 7 verso.)

[5] Dans l'Asie Mineure, on appelle *oda* une construction grossière destinée à servir d'abri aux voyageurs. (Voyage de M. Dauzats dans l'Anatolie, *Tour du Monde,* 1er sem. 1861, p. 155.)

[6] On trouve aussi *olibane:* «Prendre poix grecque, soulphre et olibane.» (*L'Agriculture et Maison rustique,* de M. Charles Estienne et Jean Liebault, docteurs en médecine, 1601, p. 73.)

à cause de la couleur. (Voy. Littré.) On sait que le *malum aureum* de Virgile est le coing et non l'orange.

Orang-outan. C'est l'expression اورغ هوتن *ōrang-hoūtan*, par laquelle les Malais désignent cette espèce de singe; de *ōrang*, homme, et *hoūtan*, bois, homme des bois. C'est à tort que quelques personnes écrivent *outang*.

Orcanète. Plante tinctoriale originaire de l'Orient. J. Bauhin écrit *orchanet*[1]; on trouve aussi *alkanet* et *alkana*[2]. Enfin Bocthor traduit orcanète par حنّا الغول *hinna al-ghoul*, ce que nous rendrions par *le henné du diable*. De tout cela résulte pour moi la conviction que *orcanète* est le même mot arabe que *henné*. (Voy. ce terme.) Ajoutons que Chabré établit la synonymie des deux expressions *alkanna*, *el-hanne*[3].

Pour le changement de *al* en *or*, on remarquera que l'article *al* devient facilement *ar* dans les langues romanes, et quant au passage de *ar* à *or*, on peut comparer *arcanson*=*orcanson* (voy. Littré), *armoire* et *ormoire*, dans le langage du peuple, etc.

Ottomane. Sorte de siége. De *ottoman*, nom de peuple, venant de عثمان *'othmān*, nom arabe du fondateur de la dynastie des Turcs ottomans.

P

Pagode. Du persan بتكده *boutkedè* ou *poutkoudè*, temple d'idoles, formé de بت *bout* ou *pout*, idole, et de كده *kedè* ou *koudè*, maison.

Pandanus. Arbre des Indes; type de la famille des pandanées. Du malais فندن *pandan*. Les Malais aiment à mettre dans leurs cheveux les fleurs odorantes du فندن واغ فودق *pandan ouāngi poūdaq*, aussi nommé رمڤي *rampei*.

Pangolin. Mammifère des Indes et de l'Afrique. C'est le malais ڤڠݢولڠ *penggoūling*; et ce nom, qui signifie *rouleau* (de ݢولڠ *goūling*, rouler, enrouler), lui vient de l'habitude qu'il a, lorsqu'il est attaqué, de se rouler en boule, à la façon du hérisson. «Son corps se met en peloton, mais sa grosse et longue queue reste en dehors et entoure le corps roulé[4].»

Pantoun. Genre de poésie chez les Malais. On écrit quelquefois *pantoum* par un *m*, mais à tort, car le mot malais est فنتون *pantoun*.

Papegai ou Papegaut. Perroquet. Esp. *papagayo*, portug. *papagaio*, ital. *papagallo*, *pappagallo*. On a donné de ce mot les étymologies les plus bizarres. Le célèbre naturaliste italien Aldrovande voyait dans *papagallo* une expression de la dignité et de l'excellence de cet oiseau que ses talents et sa beauté faisaient regarder comme le *pape des oiseaux*. Génin, dans ses trop spirituelles *Récréations philologiques* (t. Ier, p. 438), supposait que *papegaut*, orthographié *papegault* dans Amb. Paré, était formé d'un verbe *paper*, mâchonner, prendre avec la bouche, et de *gault*, bois, par allusion à l'habitude qu'a le perroquet de saisir les branches avec le bec pour monter ou descendre. M. Defrémery, écartant toutes ces imaginations singulières, a fait remarquer que *papegai* et ses congénères sont tout simplement l'arabe ببغا *babaghā* ou *babbaghā*, perroquet[5]. Meninski, dès le xviie siècle, avait déjà suggéré indirectement cette étymologie, quand il traduisait l'arabe *babbaghā* par *papagallo* en italien, *papegai* en français, *papagey* en allemand, *papugá* en polonais. Du reste, ببغا *babaghā* semble être une onomatopée faite sur le cri de l'oiseau, comme *ara* et *cacatoès*.

Au lieu de ببغا *babaghā*, Bocthor (aux mots *papegai*, *perroquet*) donne ببغان *babaghān*, que je n'ai pas vu ailleurs.

Vieillot, dans l'article *perroquet* du *Dict. d'hist. nat.* de Déterville, dit qu'autrefois *papegaut* était le nom des perroquets, tandis que *perroquet* se disait seulement des perruches; cela tend à confirmer la conjecture qui dérive perroquet de *perruque*. Par une singulière anomalie, depuis Buffon, la famille de perroquets qui porte le nom scientifique de *papegai* ne contient plus que des espèces américaines.

Papou. Espèce de manchot (*Aptenodytes papua*). Cet oiseau tire son nom du pays des Papous, d'où il est originaire. Papou est un mot malais ڤڤوه *papoūah*, contraction de ڤوه٢ *pouah-poūah*, qui signifie *frisé*, *crépu*, et qui a été appliqué aux habitants de la Papouasie, اورغ ڤڤوه *ōrang papoūah*, hommes crépus[6].

Pâque. Le latin *pascha* est la transcription de l'hébreu פֶּסַח *pesha*, dont le sens primitif est *passage*, la Pâque juive se célébrant en mémoire de la sortie d'Égypte.

Para. Petite monnaie turque valant environ 4 centimes. En turc, پاره *pārah*, qui est un mot persan signifiant *pièce*, *morceau*.

Parsis. Adorateurs du feu. En persan, پارسی *pārsī*, persan, dont le pluriel پارسیان *parsiyān* s'emploie dans le même sens que notre *parsis*. *Pārsī* est l'adjectif de پارس *pārs*, la Perse. Aujourd'hui on écrit plus ordinairement فارس *fārs*, par un *f*.

---

[1] *Hist. plantar. univers.* t. III, p. 584.
[2] *Dict. d'hist. nat.* de Déterville.
[3] *Stirpium icones*, p. 41.
[4] *Dict. d'hist. nat.* de Déterville, t. XXIV, p. 458.
[5] *Journ. asiat.* janvier 1862, p. 93.
[6] «En malais *poua-poua* signifie *cheveux bouclés ou frisés*. Les Malais nomment pour cette raison la Nouvelle-Guinée *Tanna-Papoua*, c'est-à-dire Terre des hommes aux cheveux frisés.» (A. Maury, *La terre et l'homme*,

Pastèque. Esp. *albudeca*, portug. *albudieca*, *pateca*. Les termes *albudeca*, *albudieca* représentent assurément l'arabe البطيخة *al-biṭṭikha*[1], qui a le même sens, ou son diminutif *al-bouteikha*. (Voy. Engelmann, *Gloss.* p. 74.) Mais il y a quelque difficulté à tirer notre *pastèque* du même mot, à moins qu'on ne veuille voir dans *st* la représentation du double ط *ṭ* emphatique qui est dans l'arabe. (Compar. estragon = *aṭ-ṭarkhoūn*.) Remarquez cependant plus loin *pastar* = *patard*.

Patache. Esp. *patache*, portug. *pataxo*, *patacho*, ital. *patagio*, *patacchia*, *patachio*, *patascia*, *patassa*. Il y a apparemment identité entre ces mots et l'arabe بطسة *baṭsa* ou بطشة *baṭcha*, «navis bellica»; et l'espagnol *albatoza* (portug. *albetoça*), sorte de navire, ne laisse guère de doute sur cette identification. Mais le mot est-il venu d'Asie en Europe, ou a-t-il été porté d'Europe en Asie? Il n'existe pas dans l'arabe ancien, et sans doute M. Dozy a raison d'en chercher l'origine dans le *bastasia* des Dalmates, cité par Du Cange. (Voy. *Gloss.* p. 70.)

Patard. Ancienne monnaie dont on trouve aussi le nom écrit *patart*, *pastar*; bas latin *patarus*, *patardus*. A côté de ces formes, on trouve les suivantes où le *r* est remplacé par *c*, *q* : fr. *pactac*, *pataque*, esp. *pataca*, *patacon* (d'où notre *patagon* au sens de monnaie), portug. *pataca*, *patacão*, ital. *patacco*, *patacca*, bas lat. *patacus*. Les formes en *c* sont celles qui conviennent le mieux à l'étymologie proposée par Müller, et d'après laquelle *pataca* est l'arabe باطاقة *bā-ṭāqa* pour *aboū-ṭāqa*, littéralement *le père de la fenêtre*. C'est ainsi en effet que les Arabes ont appelé les piastres espagnoles sur lesquelles étaient figurées les colonnes d'Hercule, ces colonnes représentant pour eux une fenêtre, *ṭāqa*. Dans Bocthor, ريال ابو طاقة *riāl aboū-ṭāqa* est la «piastre (réal) avec une couronne de fleurs.»

Nous avons un exemple de dénomination analogue dans *abouquel* (mot qui n'est pas dans les dictionnaires) : «En 1700, dit Tournefort[2], les huiles après la récolte ne valaient que 36 ou 40 parats la mesure, ou tout au plus un *abouquel*, qui vaut 44 parats à la Canée, et 42 seulement à Retimo.» L'auteur ajoute en note : *Abouquel*, écu de Hollande qui répond à celui de France. L'abouquel s'appelle aussi *aslani* à cause de la figure du lion que les Turcs appellent *aslan*. L'étymologie d'abouquel a été donnée, voilà deux cents ans, par Chardin : «Les écus et les demi-écus sont la plupart au coin de Hollande. Les Turcs les appellent *asani* (lisez *arslani* ou *aslani*, ارسلانى), comme qui diroit des lions, à cause que de chaque côté il y a un lion marqué dessus. Les Arabes, par sottise ou autrement[3], ont pris ce lion pour un chien et ont nommé ces pièces *abou-kelb*, comme qui diroit des chiens[4].» *Aboū-kelb* ابو كلب signifie littéralement *père du chien*.

On sait que le thaler autrichien, à l'effigie de Marie-Thérèse, sert encore aux transactions commerciales dans une partie de l'Afrique. D'après une communication récente de M. Richard André à la Société de géographie de Vienne, cette pièce de monnaie porte, au Bornou, le nom de *butter*[5]. C'est là un autre exemple du même système d'appellation. Car *butter*, c'est-à-dire بو طير *boū-ṭair* signifie *le père de l'oiseau*, à cause de l'aigle à deux têtes qui figure sur le thaler.

Péri. Bon génie, chez les Orientaux, correspondant à nos bonnes fées. Du persan پری *perī*. Nous avons fait le mot du féminin. En persan, où il n'y a pas de genres, le *péri* est indifféremment mâle ou femelle. Richardson fait remarquer l'analogie de ce mot avec l'anglais *fairy*, fée, «which, from the ressemblance of the name and many other circumstances, was in all probability of eastern extraction.» En tout cas, notre mot *féerie* a une tout autre origine, comme on peut le voir dans le *Dictionnaire* de Littré. پری *péri* est, suivant toute probabilité, un dérivé de پر *per*, aile, et peut s'interpréter *ailé*, *qui vole*.

Pilau. Mets au riz, chez les Turcs. Du persan پلاو *pilaou*, même sens. On dit aussi *pilaf*, d'après la prononciation turque.

Pirogue. Ce mot océanien doit être rapproché du malais ڤراهو *prāho*, en javanais ꦥꦿꦲꦸ *prahou*, bateau. (Voy. Prao.)

Potiron. C'était autrefois un synonyme de *champignon*. C'est encore, dans quelques provinces, le cèpe ou agaric comestible; diverses espèces de bolet, autre champignon, s'appellent *potiron blanc*, *potiron gris*, *potiron roux*, *etc.*[6]. Probablement de l'arabe فطر *foutr* ou *fouṭour*, champignon. Le mot فطر est dans Razi[7], qui ne fait point l'éloge de ce comestible et le juge plus détestable que la truffe (كمأة *kamā*); cependant il ressort de ses paroles que Freytag a eu tort de n'attribuer à فطر *fouṭour* d'autre sens que celui de «fungus terræ *multum venenosus*»; le mot s'applique à tous les champignons, comestibles ou vénéneux.

Prao ou Pro. Terme général, dans l'archipel Indien, pour désigner toute espèce d'embarcations. Du malais ڤراهو *praho* ou ڤراو *prāo*, que les Européens appliquent plus spécialement au كونتغ *koūnting*, bâtiment à voile latine.

Punch. C'est l'orthographe anglaise du persan پنج *pandj*, cinq (mot congénère de πέντε, *quinque*, cinq); et la boisson ainsi appelée doit cette dénomination aux cinq ingrédients qui la composent : thé, sucre, eau-de-vie, cannelle et citron.

p. 347.) Au lieu de *tanna*, lisez *tana* par un seul *n*; en malais, تانه *tānah*, terre, contrée.

[1] Richardson ne double pas le *ṭ*. Aux formes hispaniques susnommées on peut joindre *badeha*, *badea* qui désignent également un melon d'eau.

[2] *Voy. du Levant*, t. Ier, p. 27.

[3] «Perhaps to show their contempt for christian, or on account of its base alloy», dit Richardson. Je crois que ni le mépris pour les chrétiens ni le bas aloi des pièces n'a rien à voir dans l'appellation.

[4] *Voy. en Perse*, éd. Smith, p. 7.

[5] Voy. *la Presse* du 8 juin 1875.

[6] Paulet, *Traité des champignons*, 1775.

[7] Man. ar. déjà cité, fol. 42 recto.

Purim Fête juive, instituée en mémoire des sorts jetés par Aman pour perdre les Israélites. (*Esther*, ch. IX, 24, 26.) C'est la transcription de l'hébreu פּוּרִים *pourîm*, plur. de *poûr*, sort.

Q

Quintal. Esp. et portug. *quintal*, ital. *quintale*, bas lat. *quintale*, *quintallus*, *quintile*. De l'arabe قنطار *qinṭâr*, qui s'est dit de divers poids et en particulier de 100 *raṭl* ou livres.

R

Rabbin. Docteur juif. De l'hébreu רַבִּי *rabbî*, formé de *rab*, maître, et de *i*, pronom affixe de la 1re personne : *mon maître*, *monseigneur*.

Raca. « Qui autem dixerit fratri suo, *raca*, reus erit concilio. » (Évangile de saint Mathieu, chap. V, 22.) C'est un mot chaldéen, terme d'injure de signification douteuse. Il pourrait se rattacher à רַק *raq*, cracher, et marquer un homme sur qui l'on crache, ou bien à רֵיקָא *rîqâ*, vide, sans valeur (en arabe, ريق *rîq*, cracher; *raïq*, vain, futile).

Racahout des Arabes. Fécule nourrissante à laquelle on attribue des propriétés analeptiques. (Littré.) Dans le *Livre des facéties* كتاب هزليات de Sadi, on lit : واكل البريان لا يتم الا بالراقوت وبطن جاعين لا يشبعه الا قوت « le manger du rôti ne s'achève qu'avec le *raqaut*, et le ventre des affamés ne se rassasie qu'avec la nourriture. » Ce راقوت *râqaut*, *râqoût* ou *râqaout*, qui manque dans les dictionnaires, est-il notre *racahout*? Car nous savons que les Orientaux faisaient usage d'une matière féculente ainsi nommée dans laquelle entraient du salep, de la vanille, etc. (Voy. l'*Officine* de Dorvault, au mot *racahout*.) Ce راقوت pourrait d'ailleurs n'être que notre mot *ragoût* importé en Orient à l'époque des croisades.

Raia. Transcription de l'arabe رعيّة *ra'iya*, au pluriel رعايا *ra'âyâ*, peuple, paysans, sujets, troupeau, venant de رعى *ra'a*, faire paître[1]. *Ryott*, paysans de l'Inde (Littré), est le même mot رعيّة prononcé à la manière indo-persane et orthographié à l'anglaise. Dans l'empire ottoman, « on appelle *rayas* tous les sujets non musulmans du Grand-Seigneur. » (Tancoigne[2].)

Ramadan ou **Ramazan.** Esp. *ramadan*, portug. *ramadan*, *remedão*. C'est l'arabe رمضان *ramaḍân*, nom du neuvième mois de l'année musulmane. *Ramazan* est la prononciation turque et persane. On dérive le mot de la racine رمض *ramed*, « torruit, ferbuit ardore solis », en disant qu'à l'époque où ce nom fut adopté, le mois de ramadan tombait au moment des fortes chaleurs de l'été. Mais actuellement, l'année musulmane étant une année lunaire, sans intercalations, le mois passe successivement par toutes les saisons.

Ramboutan. Plante et fruit de l'archipel Indien (*Nephelium echinatum* ou *euphoria*). Quelques botanistes écrivent à tort *rampostan*. Loureiro avait appelé ce végétal *Dimocarpus crinita*, à cause de ses baies entourées de poils. Le nom malais رمبوتن *ramboûtan*, traduit la même idée; car il dérive de رمبت *rambout*, poil, chevelure.

Rame. Vieux français *rayme*, esp. et portug. *rezma*, ital. *risma*. De l'arabe رزمة *rizma*, qui a signifié *paquet de hardes*, *ballot*[3], puis *rame de papier* (dans Bocthor).

Cette étymologie, proposée par Sousa, combattue par Diez qui préfère la dérivation ἀριθμός, nombre, de Muratori, a été appuyée et mise hors de doute par M. Dozy. (*Gloss.* p. 333 et suiv.) J'ajouterai que *rame* s'est dit, même en français, dans un sens qui correspond à ballot. Ce sens n'est pas indiqué dans les dictionnaires français; mais en voici deux exemples pris dans Tournefort : « Le coton en coque, c'est-à-dire enveloppé de son fruit, vaut un sequin le quintal, et jusqu'à 10 ou 12 francs lorsqu'il est en *rame*, c'est-à-dire épluché et sans coque[4]. » « Nos marchands tirent de Smyrne le coton filé ou caragach, le coton en *rame*, les laines fines, etc.[5]. » Je ne sais trop comment Muratori et Diez accommoderaient leur ἀριθμός à ce coton épluché.

Rizma est devenu par la chute du *z* (comme dans rayme, rame) le portugais *rima*, amas, tas, monceau; il ne faudrait point vouloir tirer de là notre verbe *arrimer* qui a une tout autre origine.

Raquette. Esp. et portug. *raqueta*, ital. *rachetta*. Avant d'être l'instrument dont on se sert pour jouer à la paume ou au volant, la raquette était la paume de la main elle-même; et de ce dernier sens, le mot n'a pas eu de peine à passer au premier : « Lorsque les tripots furent introduits par la France, dit Pasquier[6], on ne savoit que c'estoit que de raquette, et y jouoit on seulement avec le plat de la main. »

---

[1] « *Râaya* veut dire troupeaux : les peuples sont des moutons que les pachas tondent et écorchent. » (Bon de Krafft, *Promenade dans la Tripolitaine*, — *Tour du monde*, 1er sem. 1861, p. 70.)

[2] *Voyage de Constantinople à Smyrne et dans l'île de Candie*, dans la collect. Smith, t. XI, p. 390, note 2.

[3] رزمة من ثياب وهو ما شُدّ منها في ثوب واحد, passage de Zamakhchari, cité par M. Dozy.

[4] *Voy. du Levant*, t. Ier, p. 189.

[5] *Ibid.* t. III, p. 373.

[6] *Recherches*, IV, 15, dans le *Dict.* de Littré.

Rachette, rasquette, dans l'ancienne anatomie, désigne le carpe ou le tarse, et le portugais a encore *rasqueta,* carpe, jointure de la paume de la main et du bras. En chiromancie, on appelle *rascette* ou *rassette* l'endroit où plusieurs lignes transversales sont tracées à la jointure intérieure de la main et du bras. Tous ces mots, d'après M. Littré, sont des diminutifs du bas latin *racha* qui vient de l'arabe. En effet *racha* correspond parfaitement à l'arabe راحة *rāha,* paume de la main. Mais *rascette, rasquette,* et le portugais *rasqueta,* ont subi, je pense, l'influence d'un autre mot arabe رسغ *rousgh* (*rasgh?*) qui est le vrai nom anatomique du carpe et du tarse : والزندان طولهما من المرفق الى الرسغ ... والرسغ مركب من ثمانية اعظم [1] «les deux fociles s'étendent du coude au *rousgh*.... le *rousgh* comprend huit os»; رسغ الرجل وهو مولف من ثلثة اعظم «le *rousgh* du pied, lequel est composé de trois os[2].» Ces deux passages de Razi correspondent à deux citations de M. Littré : «Les os de la *rachette* de la main qui sont huit» (H. de Mondeville); «la rasquette du pied est composée de quatre os lyés ensemble avenanment» (Lanfranc). Gérard de Crémone, du reste, explique ce رسغ *rousgh* par *rasceta* ou *rascete.*

M. Dozy, soit qu'il n'ait pas aperçu, soit qu'il n'accepte pas les rapprochements étymologiques que je viens de présenter, ne donne dans son *Glossaire* ni *raqueta* ni *rasqueta.*

Raze (Huile de). «Les Provençaux distillent en grand le galipot. Ils en tirent une huile qu'ils nomment *huile de raze.*» (Bosc[3].) C'est l'arabe ارز *arz,* nom qui s'applique au pin et à divers autres arbres résineux. Le même naturaliste dit que le suc résineux du pin, séché sur l'arbre en masses jaunâtres, se nomme *barras* : n'y a-t-il pas là le même mot *arz* = *raze?*

En espagnol, *alerce,* venant aussi de الارز *al-arz,* est le mélèze ou le cèdre.

Razzia ou mieux **Razia**. Portug. *gazia, gaziva.* C'est un mot que nous avons emprunté depuis peu d'années à l'arabe algérien غازية *ghāzia* (prononcé en Algérie *razia*), incursion militaire. Ce mot, donné par M. Cherbonneau[4], manque dans Freytag et Richardson, aussi bien que غزوة *ghazwa,* son congénère, qui a fait le portugais *gazua.* (Voy. Dozy, *Gloss.* p. 275.)

Réalgar. Vieux franç. *réagal, riagal,* esp. *rejalgar,* ital. *risigallo.* De l'arabe رهج الغار *rehdj al-ghār,* littéralement *poudre de caverne,* nom que portait l'arsenic chez les Arabes du Maghreb[5].

Rebec. Instrument de musique de la famille du violon. Vieux franç. *rebebe,* esp. *rabel,* portug. *rabel, rabil, arrabil, rabeca, rebeca,* ital. *ribeca, ribeba.* De l'arabe رباب *rabāb,* ربابة *rabāba,* même signification[6]. Il ne faut pas oublier que la dernière consonne arabe mal entendue par l'oreille est souvent altérée en passant dans les langues européennes. Quant au changement de *ā* long en *i,* c'est une exagération de ce qu'on nomme l'*imalé* (adoucissement de *a* en *e*), laquelle est fréquente dans la péninsule Hispanique.

Rébi. Nom de deux mois, le troisième et le quatrième, du calendrier musulman : en arabe ربيع *rebī',* mot qui signifie aussi *printemps;* mais *rebi premier* et *rebi second* (c'est ainsi qu'on nomme ces deux mois) tombent successivement dans toutes les saisons, comme tous les mois de l'année lunaire arabe. Dans les *Lettr. pers.* de Montesquieu, le mot est généralement écrit *rebiab,* probablement mis pour *rebiah.*

Récamer. Broder en relief. Esp. et portug. *recamar,* ital. *ricamare* (esp. et portug. *recamo,* ital. *ricamo,* broderie en relief). Ces mots viennent du verbe رقم *raqam,* qui a la même signification et qui a donné aussi à l'ancien espagnol le verbe *margomar.* (Voy. Dozy, *Gloss.* p. 319, 320 et 329.) L'origine arabe de récamer avait été indiquée par M. Defrémery dans le *Journal asiatique* de 1867.

Récif. Qu'on trouve aussi écrit *rescif* et *ressif.* Esp. *arracife, arrecife,* portug. *arrecife.* De l'arabe رصيف *raṣīf,* chaussée dans l'eau ou sur un chemin[7]. L'identité de *arrecife,* écueil, et *arrecife,* chaussée, a été reconnue par Diez.

Redjeb. Septième mois de l'année musulmane, en arabe رجب *redjeb.* Nos écrivains du XVIIe et du XVIIIe siècle disent *regeb, regheb.*

Réis. Capitaine de navire. Esp. *arraez,* portug. *arraes, arrais.* De l'arabe رئيس *raïs,* chef, dérivé de راس *ras,* tête. (Mot resté dans l'espagnol *res,* tête de bétail.) On écrit aussi *raïs.* «Le raïs maure, à la barre, crie aux rameurs.» (*Tour du monde,* 1er vol. p. 215.)

Ribes. Nom botanique des groseilliers. Chez les anciens botanistes, *ribes, ribasium, ribesium.* C'est l'arabe ريباس *ribās,* ainsi expliqué par Golius : «Lapathi acetosi species, cujus rubicundus acidusque succus ad tertias coctus *rob de ribes*[8] vulgo dicitur.» On trouve aussi ريباز *ribāz,* ريواس *riwās,* en persan ريباج *ribādj.* Le mot est dans Razi : الريباس عاقل للبطن «le ribes resserre le ventre» (p. 43 verso).

Rigel. Étoile de première grandeur dans le pied occidental d'Orion. De l'arabe رجل *ridjl,* pied. «La trente-cin-

[1] Razi, *Almansouri,* man. déjà cité.
[2] Razi, *ibid.*
[3] *Dict. d'hist. nat.* t. XII, p. 388.
[4] *Dict. fr.-arabe,* au mot *incursion,* car *razzia* ne s'y trouve pas comme mot français.
[5] Voy. Dozy, *Gloss.* p. 352.
[6] «Un a'nezé récite-t-il des vers, il s'accompagne d'une espèce de guitare appelée *rébaba,* seul instrument de musique possédé dans le désert.» (*Voy. en Arabie,* dans la collect. Smith, t. XI, p. 324.)
[7] Dozy, *Journ. asiat.* 1844, 1er sem. p. 413; et Engelmann, *Gloss.* p. 198.
[8] Et non *ribus,* comme dit Freytag.

quième (d'Orion), dit le traité d'astronomie d'Abd er-Rahman es-Soufi[1], est la grande brillante qui se trouve sur le pied gauche; elle est de première grandeur et on la nomme *ridjl al-djauzā*, pied d'Orion : الخامس والثلثون هو النير العظيم الذى على الرجل اليسرى من القدر الاول . . . ويسمى رجل الجوزاء.»

C'est une des quinze étoiles de première grandeur citées par Alfergani (éd. Golius, p. 76).

Ripopée. En parcourant l'article du *Dictionnaire* de Littré sur ce mot, on voit que *ripopé* ou *rippopé* (ce sont les anciennes formes et le mot était masculin) signifiait une médecine à prendre en boisson. Je copie deux des exemples cités : «Une très-bonne médecine, boire devez du ripopé» (dans Fr. Michel, *Dict. d'argot*); «J'en porterai quatre prises avec moi (d'antimoine), que je veux faire prendre à Mme la duchesse d'Aiguillon, car il n'y a point de *ripopé* qui fasse de si bons effets» (Voltaire, *Lettr.*). Remarquez aussi qu'on a dit *ripopé* en parlant du marc de café sur lequel on a versé de l'eau. Il me semble que, dans ces sens, *ripopé* se rattache suffisamment à *rob* (voy. ce mot) pour qu'il soit possible d'y voir le pluriel ربوب *rouboub* ou رباب *ribab*, qui avaient passé dans les traductions latines et par là avaient pu s'introduire dans le langage pharmaceutique. On sait que les pharmacopoles ont toujours affecté de prendre des mots étrangers, inconnus au vulgaire, pour désigner leurs drogues, et on peut en voir plusieurs exemples dans le présent travail. Le changement de *b* en *p* se montre également dans l'espagnol *arrope* (qui est peut-être la vraie origine de notre *ripopé*).

Risque. Peut-être est-ce abuser du droit de faire des conjectures que de hasarder un rapprochement entre *risque* et l'arabe رزق *rizq*. C'est pourtant ce que je veux tenter, non sans espoir d'amener le lecteur à incliner vers mon sentiment.

Risque est en espagnol *riesgo*, portug. *risco*, ital. *rischio*, *risico*, bas lat. *risicus*, *risigus*, *etc.* Comme forme, il n'y a aucune difficulté; tous ces mots s'accordent très-bien extérieurement avec l'arabe *rizq*. Le difficile est de faire concorder les sens. Voyons cependant. *Rizq* est, d'après les dictionnaires, «une portion, toute chose qui vous est donnée (par Dieu) et dont vous tirez profit; tout ce qui est nécessaire pour vivre»; plus tard, «la solde des soldats, les attributions en nature aux officiers[2]», ce que nous nommons aujourd'hui *rations*. الرزق الحسن *ar-rizq al-hasan*, le bon risq, ce sont les biens inattendus, qui arrivent hors de toute prévision et de tout effort[3]; nous dirions *les bonnes chances*, comme dans ce passage des *Merveilles de l'Inde*[4] : Dans un poisson qu'on vient d'acheter, on trouve une grosse perle, sur quoi un des assistants s'écrie : هذا رزق ساقه الله الى سعيد «c'est un *risq*, un don fortuit, que Dieu envoie à Saïd!» ce qui se traduirait fort bien par «c'est une bonne chance pour Saïd.» Le qualificatif مرزوق *marzoūq*, pourrait presque se rendre par notre expression populaire *chançard.*

Voyons maintenant le sens de notre *risque*. *Risque* n'est pas absolument synonyme de *péril*, *danger*. Un exemple de M. Littré, pris dans d'Aubigné, nous le montre dans le sens de *coup de main, tentative hasardeuse;* presque partout, il signifie *hasard*, *chance*, il est vrai d'ordinaire en mauvaise part; cependant on dit fort bien : «Qui risque de gagner risque de perdre»; courir le risque, tenter le risque (dans Brantôme). Le portugais *risco*, l'espagnol *riesgo* signifient de même *hasard; a todo risco, a todo riesgo*, à tout hasard.

Bref, le mot arabe et le mot de nos langues convergent vers une même idée de *chance* bonne ou mauvaise.

Si maintenant nous pouvions découvrir quelque forme européenne munie de l'article arabe, l'assimilation que je propose ne laisserait pas d'acquérir une certaine probabilité. Or cette forme, elle existe dans l'espagnol *arrisco*, dont le sens est identique à celui de *risco* et de *riesgo*, et qui semble la copie exacte de l'arabe الرزق *ar-rizq*. Un autre mot espagnol, *arriscador*, semble dériver de *ar-rizq* pris dans son sens ordinaire; un *arriscador* est «celui qui ramasse les olives qui tombent», c'est-à-dire, à ce que je pense, un homme pauvre qui recueille le fruit tombé comme un *risq*, un don fortuit de la providence (?).

Riste. Ancien nom d'une espèce de fil de chanvre, dans le midi de la France. (Littré.) Ce terme de commerce paraît être le persan رشته *richteh*, fil (de رشتن *richten*, filer), mot d'un usage général, au XVIIe siècle, dans tout l'empire ottoman.

Rob. Esp. *rob*, *arrope*, portug. *robe*, *arrobe*, ital. *rob*, *robe*. De l'arabe ربّ *robb*, sirop ou gelée de fruits. Ce terme paraît être d'origine persane, *rob* par un seul *b*; les Arabes auraient doublé cette lettre pour donner au mot la forme trilitère ordinaire aux mots de leur langue.

Rock. En arabe رخ *rokh*, oiseau gigantesque dont il est question dans les *Mille et une Nuits*, dans les anciennes relations de voyages aux pays orientaux, dans Marco Polo, qui l'appelle *ruc*, et jusque dans la relation du voyage de Magellan par Pigafetta. D'après M. de Saulcy, *rokh* serait la dernière syllabe d'un mot assyrien *nesrokh*, aigle tout-puissant, divinité primordiale de la théogonie assyrienne[5].

M. Defrémery pense que du nom de l'oiseau *rokh* vient celui du *roc*, pièce du jeu des échecs que nous appelons la *tour*. (Voy. Roquer.)

Romaine. Instrument de pesage. Esp. et portug. *romana*. On disait autrefois un *romman*, et les Italiens ont

[1] Man. n° 964 du suppl. ar. de la Bibl. nat. fol. 139 verso.

[2] Voy. Sacy, *Chrest. arabe*, I, 237.

[3] «Res quas invenimus neque expectatas nec in computo relatas neque data opera acquisitas.» (Freytag.)

[4] عجايب الهند, man. de la coll. de M. Schefer, p. 75.

[5] *Revue des deux Mondes*, t. XX, p. 457, cité par M. Littré. En malais روق *rouq-roūq* (que le *Dict.* de l'abbé Favre prononce *rouwaq-rouwaq*) désigne un oiseau de proie. On ne peut douter que ce ne soit le même mot. — M. Giuseppe Bianconi, de Bologne, dans ses études sur l'épiornis, a recueilli toutes les traditions relatives au rock.

aussi le masculin *romano*. Dans le Quercy, on dit encore indifféremment *roumano* (fém.) et *roumō* (masc.). C'est l'arabe رمّانة *rommāna*, qui a le même sens. (Voy. Bocthor.) Primitivement, *rommāna* ne désignait pas la balance romaine même, mais seulement le poids mobile qui sert à faire les pesées, *pondus stateræ quo librantur alia*, dit Freytag. C'est encore le sens de l'italien *romano*, dans le *Dictionnaire* d'Antonini, qui le définit ainsi : *Quel contrapeso che è infilato nello stilo della stadera.*

Ce *romano* et le vieux français *romman* semblent indiquer qu'on a dit aussi en arabe رمّان *rommān*, sans le ة *a* final. Cette lettre n'est ici en effet que le ة d'unité; car *rommana*, poids, n'est autre chose que رمّان *rommān*, la grenade, et l'assimilation est si naturelle que je suis fort surpris d'être le premier à la proposer. On ne saurait jeter les yeux sur une de ces vieilles romaines si employées naguère dans les campagnes, sans être frappé de la ressemblance de forme qui existait encore entre le poids mobile et le fruit du grenadier.

Roquer. Ce terme du jeu des échecs vient de *roc*, ancien nom de la pièce appelée aujourd'hui *tour*, esp. et portug. *roque* (d'où *enrocar*, roquer); ital. *rocco;* et tous ces mots viennent de رخ *rokh*, qui désigne la même pièce chez les Arabes et les Persans. Quant à رخ *rokh*, c'est, dit d'Herbelot, un mot de la langue des anciens Persans, lequel signifie « un vaillant homme qui cherche des aventures de guerre, un preux, un chevalier errant[1]. » On a proposé plusieurs autres étymologies qu'on trouvera indiquées dans la préface de l'excellent *Traité du jeu des échecs* de M. de Basterot. Cet auteur explique ainsi le changement de nom qu'a subi chez nous le roc des échecs : « Dans les jeux fabriqués dans l'Inde, cette pièce était ordinairement représentée sous la forme d'un éléphant portant une tour; peu à peu on supprima l'éléphant, et la tour seule est restée pour représenter cette pièce; ces changements successifs expliquent l'anomalie de faire représenter par une tour une des pièces les plus actives du jeu[2]. » Il est possible aussi que ce nom soit dû seulement à la position des tours qui, au début de la partie, occupent les quatre coins de l'échiquier.

Rotin ou Rotang. Arbrisseau des Indes orientales dont on fait les cannes appelées joncs ou rotins, les siéges des chaises dites de canne, etc. Du malais روتن *rōtan*. La lettre finale étant un *n* et non un ڠ *ng*, c'est à tort qu'on écrit *rotang*. « Les fruits du *rotang zalacca* (روتن سالق *rōtan sālaq*) de Java, sont alimentaires. » (Bouillet, *Dict. des sciences.*)

Roupie. Monnaie d'or ou d'argent. Du persan روپيه *roūpiya*, mot d'origine hindoue.

Rusma. Préparation dépilatoire chez les Orientaux. Je ne cite ce terme que pour corriger l'erreur des dictionnaires qui donnent pour étymologie un mot arabe, *rusma*, trace. Sans m'arrêter à rechercher quel est ce mot *rusma*, je me contenterai de faire observer que notre *rusma*, pâte dépilatoire, est une corruption du turc خرزمه *khorozma*, qui n'est lui-même que la transcription du grec χρῖσμα, onguent, fard, lat. ecclés. *chrisma*, dont nous avons fait *chrême*, *le saint chrême*. Dans le commentaire d'Herm. Barbaro sur Dioscoride (liv. Ier, chap. LI), on trouve quelques mots sur l'espèce d'onguent appelé *chrima* ou *chrisma*[3].

S

Sabaoth. Transcription, dans les traductions latines, de l'hébreu צְבָאוֹת *tsebaōth*, pluriel de צָבָא *tsabā*, armée : *Deus sabaoth*, Dieu des armées.

Sabbat. C'est l'hébreu שַׁבָּת *chabbath*, de la racine *chabath*, se reposer. Mais il nous est venu par le latin *sabbatum*, qu'on trouve déjà chez les classiques (Ovide, Justin, etc.).

Sacre. Espèce de faucon. Esp. et portug. *sacre*. De l'arabe صقر *ṣaqr*, même sens. « M. Diez, dit Engelmann, donne à ce mot une origine latine; il le considère comme la traduction du grec ἱέραξ, tandis que les Arabes auraient emprunté leur *ṣaqr* aux langues romanes; mais comme il est de fait que *ṣaqr*, loin d'être un mot moderne et particulier au dialecte vulgaire, était déjà en usage parmi les anciens Arabes du désert (cf. *Le divan des Hodzaïlites*, p. 208), cette opinion est tout à fait erronée. » (*Gloss.* p. 338.)

Sadder. Livre religieux des Parsis ou Guèbres. Du persan صد در *ṣad-der*, les cent portes, de *sad*, cent, et *der*, porte, chapitre du Zendavesta.

Safar. Deuxième mois de l'année musulmane; *saphar*, dans les ouvrages du siècle dernier. En arabe صفر *ṣafar*.

Safran. Esp. *azafrano*, portug. *açafrão*, ital. *zafferano*. On trouve, en vieux français, *safleur*, *saflor*. De l'arabe-persan زعفران *za'ferān* (avec l'article *az-za'ferān*), même sens. Le mot est dans Razi (man. déjà cité, p. 45 recto).

Safre ou Saffre. C'est aujourd'hui un oxyde de cobalt. En espagnol, *zafre* est un oxyde de bismuth. Ces substances, employées l'une et l'autre dans la poterie ou la cristallerie, ont pu être aisément confondues. L'oxyde de cobalt, qui lui-même est d'un gris noirâtre, sert à faire un verre bleu très-foncé, le smalt, lequel, réduit en poudre très-fine, forme une substance colorante employée dans les arts sous le nom d'*azur*. C'est pourquoi plusieurs étymologistes tirent le mot *safre* de *saphir*[4]. Cela s'appli-

[1] *Biblioth. orient.* au mot *rokh*.
[2] P. 18 et 19.
[3] *Dioscoridæ pharm. lib. VIII*, Strasb. 1529, fol. 21 verso.
[4] « Le saphyr est, comme dessus, une eau bien pure, mais parce qu'elle

querait difficilement au *zafre* espagnol qui donne une coloration non pas bleue, mais jaune; et M. Dozy propose de rapprocher *zafre* de l'arabe صفر *ṣofr*, cuivre jaune (*ṣofra*, couleur jaune), qui a donné l'espagnol *azofar*, laiton. Peut-être *saffre*, *zafre* et l'italien *zaffera* sont-ils simplement le mot زعفران *za'ferān*, safran, privé de sa finale[1], comme dans le pluriel زعافر *za'āfir*. Les alchimistes appelaient *safran de mars* l'ocre rouge de fer; et le *safran des métaux* était une préparation pharmaceutique où entraient du soufre et de l'oxyde d'antimoine.

Sagou. Fécule extraite de la moelle du palmier *sagus* (sagouier ou sagoutier). C'est le nom malais de cet arbre, ساكو *sāgou*, qui pousse spontanément dans l'archipel Indien.

Saïque. Sorte de barque ou de navire. Du turc شايقه *chāïqa*.

Salamalec. C'est la salutation musulmane سلام عليك *salām 'aleik*, salut sur toi (*salām*, salut; *'ala*, sur; *ka*, toi); سلام عليكم *salām 'aleikoum*, salut sur vous, en s'adressant à plusieurs personnes.

Salep. Substance alimentaire préparée avec les bulbes d'orchis. Esp. *salep*, portug. *salepo*. Bocthor traduit *salep* par سحلب *saḥlab*, et *orchis* par نبات السحلب *nebāt as-saḥlab;* et Richardson donne سحلب *saḥlab* comme la plante orchis elle-même. Ce mot arabe n'est pas dans Meninski ni dans Freytag, et quelques philologues le regardent comme une corruption de ثعلب *tha'leb* (prononcé *saleb* par les Persans et les Turcs), qui signifie *renard*. En effet, l'orchis porte entre autres noms celui de خصى الثعلب *khoṣa ath-tha'leb*, testicules de renard[2]. C'est de là, suivant l'opinion de M. Dozy, que vient notre *salep*. (V. *Gloss.* p. 338.) Cette expression pour désigner l'orchis est, du reste, assez ancienne chez nous, car on la trouve dans un antidotaire en vers latins, compris dans le man. n° 7058, ancien fonds latin de la Bibl. nat. (p. 65), lequel est du XIIIe siècle :

> Vulpis testiculus sopita cupidinis arma
> Aptat et affectum Veneri... dat.

Il est même singulier que la locution ait été prise au sens propre par des médecins du XVIe et du XVIIe siècle, qui recommandent *vulpis testes* avec ceux d'autres *animalia salacia* comme aphrodisiaque[3].

Sambac. Arbrisseau nommé aussi *jasmin d'Arabie*. « Dans le climat de Paris, dit Bosc, où l'on en voit beaucoup, on est obligé de le tenir dans l'orangerie pendant l'hiver... On répand les fleurs du mogori sambac dans les appartements, sur les lits; on les mêle parmi le linge pour l'imprégner de son odeur qui passe pour être amie des nerfs et du cerveau... On en prépare une huile fort odorante qu'on a anciennement débitée sous le nom d'huile de jasmin[4]. » Les naturalistes écrivent aussi *sambach* et *zambach*. C'est l'arabe زنبق *zanbaq*, « oleum jasmini, jasminum album, lilium iris sambac » (dans Freytag).

Sandal ou Santal. Esp. portug. ital. *sandalo*. Malgré le grec σαντάλον, il paraît probable que *sandal* et *sandalo* qui ont un *d* et non un *t* sont venus par l'arabe صندل *ṣandal*, ou du moins ont subi son influence. Le mot est d'origine indienne.

Sangiac. Division territoriale administrative, dans l'empire ottoman. Du turc سنجاق *sandjāq*, étendard, particulièrement celui qu'on porte à la suite des gouverneurs de province, d'où la province elle-même.

Sansal. « Ancien nom d'agents de banque ou de change; dans le Midi, intermédiaire entre le vigneron et le marchand. » (Littré.) M. Littré, en donnant ces définitions, aurait pu faire remarquer que *sansal* est une simple variante orthographique de *censal*, courtier. (Voy. ce mot.)

Sapan ou Sappan. Arbre de teinture, plus connu sous le nom de *bois de Brésil* (*Cæsalpinia sappan*, de Linné). C'est le malais سڤڠ *sapang*, même sens.

Saphène. Nom de deux veines de la jambe. Esp. *safina*, portug. *safena* (mots qui n'ont pas été relevés par M. Dozy). C'est l'arabe صافن *safin* ou سافين *sāfin*, même sens, lequel pourrait bien être, comme l'indique Ambroise Paré, le grec σαφήνης, visible, apparent, à cause de la situation de ces veines.

Saragousti ou Sarangousti. Terme de marine. Mastic pour recouvrir les coutures des bordages. Ce doit être le persan سرانگشتى *sarangouchtī*, qui désigne un plat préparé avec des morceaux de pâte *pétris du bout des doigts*[5] (de سر *sar*, tête, extrémité, et انگشت *angoucht*, doigt).

Sarbacane. « La forme correcte est *sarbatane*, qui se trouve dans Balzac (XVIIe siècle). Le changement de sarbatane à sarbacane est dû sans doute à l'influence de *canne* qu'on croyait y retrouver. » (Littré.) Esp. *cebratana*, *cerbatana*, *zarbatana;* portug. *sarabatana*, *saravatana;* ital. *cerbottana*, grec moderne ζαραβοτάνα. De l'arabe زبطانة *zabaṭāna*, mot d'origine persane qui a le même sens[6].

On peut supposer que le son emphatique du ط *ṭ* a amené l'intercalation d'un *l* devenu ensuite *r* et puis déplacé, donnant ainsi les formes successives *zabaltana*, *zabartana*, *cebratana*, *cerbatana*, *sarabatana*. Au commencement du XVIe siècle, Pedro de Alcala écrit le mot arabe par un *r*, *zarbatāna*, comme M. Dozy en a fait la remarque[7];

a passé par quelque minière de *saphre*, elle tient un peu de la couleur et teinture dudit saphre. » Bernard Palissy, *Recepte veritable*, p. 52 de l'édit. Cap (1844).

[1] Comme chute de la finale comparez *sebeste* venant de سبستان *sebestān*.

[2] Bocthor, à *satyrion*, donne aussi خصى الكلب *khoṣa al-kelb*, testicules de chien, ce qui est la traduction littérale du κυνοσόρχις de Dioscoride. Dorvault (*Officine*, p. 406) dit qu'autrefois on tirait exclusivement le salep de la Perse.

[3] Voy. par exemple, Gaspare de los Reyes, *Elysius jucundarum quæstionum campus*, p. 530.

[4] *Dict. d'hist. nat.* t. XXI, p. 238.

[5] Voy. Castell ou Meninski.

[6] On peut se demander si *zabaṭāna* a quelque rapport avec le malais سمڤيتن *soumpitan*, qui a le même sens et qui paraît venir de سمڤت *soumpit*, étroit, d'où مڽمڤت *megnoumpit*, souffler dans une sarbacane.

[7] *Gloss.* p. 251.

cette lettre s'était donc glissée dans le mot du dialecte parlé en Espagne.

Satan. Mot hébreu, שָׂטָן *satan*, qui signifie *ennemi, adversaire*, d'où *le chef des anges rebelles* (en arabe, شيطان *chéïtān*). Ce mot n'est entré dans le latin que par la littérature chrétienne.

Satin. Portug. *setim*. Il est assez remarquable que l'équivalent de ce mot ne se trouve pas en espagnol. Mais y manque-t-il réellement? Et ne serait-ce pas le terme *setuni, aceituni*, que M. Dozy a relevé dans Clavijo comme désignant une étoffe de fabrication chinoise? Le mot est tombé en désuétude, peut-être par la nécessité d'éviter une confusion avec *aceitune, aceytuni*, olivâtre, venant de زيتون *zeitoūn*, olive. *Aceituni*, étoffe, vient d'un adjectif identique de forme, الزيتوني *az-zeitoūnī*, mais dérivant ici du nom de la ville de *Zeitoun*, qui est la ville chinoise de *Tseu-Thoung*, où se fabriquaient, dit M. Dozy, «des étoffes damassées de velours et de satin qui avaient une très-grande réputation et qui portaient le nom de *zeitouni*.»

Bien que M. Dozy n'en suggère point la pensée, il ne serait pas impossible que ce *zeitoūni, setuni*, fût l'origine du portugais *setim* et de notre *satin* (qu'on a essayé de tirer du latin *seta*, soie de porc, par l'intermédiaire d'un adjectif fictif, *setinus*). Le changement de *ou* en *i* est assez fréquent pour ne faire ici aucune difficulté.

Scheat ou Sead. Étoile de deuxième grandeur, β de Pégase. De l'arabe ساعد *sā'id*, qui signifie proprement *avant-bras*. Voltaire écrit *sheat*: «Dès que la brillante étoile *sheat* sera sur l'horizon.» (*Zadig*, ch. XIII[1].)

Scheva. Terme de grammaire hébraïque, sorte d'*e* muet. Transcription de l'hébreu שוא *chevā*, qu'on rattache à une racine dont le sens est *vain, nul*.

Schibboleth. Transcription de l'hébreu שבלת *chibboleth*, qui signifie proprement *épi* (correspondant à l'arabe سنبلة *sounboula*). Le Livre des Juges, ch. XII, raconte que les gens de Galaad, poursuivant les fuyards de la tribu d'Éphraïm, reconnaissaient les hommes de cette tribu à cela qu'ils ne pouvaient prononcer le *ch* de *chibboleth*, qu'ils rendaient par un *s*: «Interrogabant eum: Dic ergo scibboleth... Qui respondebat sibboleth... Statimque apprehensum jugulabant.» C'est ainsi que, durant le massacre des Vêpres siciliennes, les Français trahissaient leur nationalité par la difficulté de prononcer correctement le mot *ciceri*. Par allusion à l'aventure des Éphraïmites, le mot *schibboleth* a pris le sens de *difficulté insurmontable, épreuve concluante, signe de ralliement, mot d'ordre*.

Schiite. Sectateur d'Ali. De l'arabe شيعي *chiya'ī*, adjectif formé de شيعة *chiya'a*, secte, en général, et plus particulièrement secte des Schiites.

Sébeste. Fruit du sébestier, arbre d'Égypte et de l'Inde. Il était naguère d'un grand usage en pharmacie. Les Grecs le connaissaient sous le nom de μύξον: «Sebesten vulgo officinis, Arabicam appellationem magis quam Græcam (myxa, τὰ μύξα) retinere malentibus», dit J. Bauhin[2]. C'est en effet l'arabe سبستان *sebestān*.

Sébile. On a proposé l'arabe-persan زبيل *zebbīl* ou زنبيل *zenbīl*, qui signifie une corbeille de feuilles de palmier, une bourse de cuir, un panier d'osier, de sparte, une boîte à mettre les aiguilles, etc. (en mal. سمبل *soumboul*, corbillon).

Secacul ou Seccachul. Sorte de panais: «Ses racines et ses graines, qui diffèrent peu de celles du panais cultivé, sont réputées, chez les Arabes, comme propres à augmenter leurs facultés prolifiques[3].» C'est l'arabe شقاقل *chaqāqoul*, que Sprengel appelle *Tordylium secacul*, et Bosc *Pastinaca dissecta*.

Séide. Nom commun, vient de Séide, nom propre, personnage de la tragédie de *Mahomet* de Voltaire, lequel a été pris pour type d'un serviteur dont le dévouement va jusqu'au fanatisme et au crime. Séide, suivant la remarque de M. Defrémery[4], ne vient pas de سيّد *seyid*, seigneur, qui a donné *cid*, mais de زيد *zeid*, nom d'un affranchi de Mahomet.

Sélan ou Sélam. Bouquet de fleurs dont l'arrangement forme un langage muet. De l'arabe سلام *salām*, salut, mot qui commence la formule de salutation musulmane. (Voy. Salamalec.)

Séné. Arbuste d'Égypte, d'Arabie, de Syrie. Esp. *sen, sena, senes*, portug. *sene, senne*, ital. *sena*. De l'arabe سنا *senā*. Dans le commerce, on distinguait plusieurs sortes de séné, telles que le saïdi صعيدى (du Saïd), le gébéli جبلى (de montagne), le béledi بلدى (du pays égyptien), aussi nommé *bahrouyi* بحروى (du Nil), le *hedjazi* حجازى (du Hedjaz), aussi nommé *séné de la Mecque, etc.*

Séphiroth. Terme de la cabale, désignant certaines perfections de l'essence divine. Transcription de l'hébreu שפרות *chefīrōth*, pluriel de *chefer*, beauté, splendeur, de la racine שָׁפַר *chafar*, briller, plaire (en arabe سفر *safar*).

Sequin. Esp. *cequi*, portug. *sequim*, ital. *zecchino*. C'est de l'italien que sont venues les autres formes romanes, et *zecchino* vient de *zecca*, atelier monétaire, en espagnol *seca*, mot pris de l'arabe سكّة *sikka*, coin à frapper la monnaie. La *Fabrica ling. arab.* traduit même l'italien *zecca* par سكّة *sikka*. Le sequin lui-même ne porte pas ce nom au Levant; mais *sikka* se dit de la monnaie en général. (Voy. Bocthor à *monnaie*.)

Sérail. Esp. *serrallo*, portug. *serralho*, ital. *sarraglio*. On disait aussi chez nous autrefois *serrail* ou *sarrail*,

[1] Volt. Œuvr. compl. édit. Lahure (1860), t. XV, p. 45.
[2] Histor. plant. univers. t. Ier, p. 198.
[3] Dict. d'hist. nat. de Déterville, t. XXIV, p. 447.
[4] Journ. asiat. août 186 p. 187

comme pour rapporter le mot au verbe *serrer, mettre en sûreté.* C'est le persan سراى *serāī*, palais, demeure royale, la cour.

Séraphin. Le latin ecclésiastique *seraphim*, d'où nous avons pris ce mot, est la transcription de l'hébreu שְׂרָפִים *serafim*, plur. de שָׂרָף *saraf*, anges du feu, de la racine *saraf*, brûler, être en feu.

Sérasquier ou Séraskier. Chef militaire en Turquie. Le mot سر عسكر *ser'asker*, est formé du persan سر *ser*, tête, chef, et de l'arabe عسكر *'asker*, armée. Les Turcs font toujours sentir un *i* très-bref après la consonne ك *k*.

Serdar. Chef militaire chez les Turcs et les Persans. Du persan سردار *serdār*, qui est formé de سر *ser*, tête, et دار *dār*, qui possède (du verbe داشتن *dāchten*, avoir), celui qui tient la tête, qui est à la tête.

Sesban ou Sesbane. Genre de légumineuse dont le nom a été pris d'une espèce égyptienne, en arabe سيسبان *seisebān*, mot d'origine persane. Dans Richardson, *sisabān* est, à tort probablement, la quintefeuille ou potentille, plante de la famille des rosacées.

Siamang. Singe anthropomorphe, connu dans les forêts de Sumatra. Du malais سيامغ *siāmang*.

Sicle. Poids et monnaie chez les Hébreux. Ce mot, qui nous est venu par le latin de la Bible, *siclus*, est l'hébreu שֶׁקֶל *cheqel*, qui se rattache à la racine *chaqal*, peser, en arabe ثقل *thaqal*. (Voyez au mot Mescal.)

Simoun ou Semoun. De l'arabe سموم *semoūm*, vent brûlant de l'Afrique, ainsi nommé de la racine سمّ *samm*, empoisonner. « C'est un coup de *simoun* qui nous arrive. Confortablement pelotonnés sur nos banquettes, nous sommes à l'abri des dangers du fameux *vent-poison* si redouté des caravanes. » (Guill. Lejean [1].)

Siroc ou Sirocco. Vent du sud-est. Provençal *siroc, eyssiroc, issalot*, catal. *xaloc*, esp. *siroco, jaloque, xaloque, xirque*, portug. *xaroco*, ital. *scirocco, scilocco.* Dans l'édition de Marco Polo publiée par la Société de géographie, on trouve *yseloc*: « Et ala six jornée por yseloc por montagnes e por valés » (p. 176); dans celle de Pauthier, *sieloc* et *seloc*.

Tous ces mots viennent de l'arabe شرق *charq*, orient; et cette dérivation n'est pas aussi difficile à comprendre qu'elle le paraît au premier abord. Remarquons en effet que les mots arabes de forme analogue à *charq* éprouvent d'ordinaire, lorsqu'ils passent dans les langues romanes, un changement qui consiste dans l'introduction d'une voyelle entre les deux consonnes finales, et l'accent tonique se trouve fréquemment transporté sur cette voyelle adventice [2]. Ainsi سمت *semt* devient *zénith*, انف *anf* devient *énif*, هجرة *hedjra* se transforme en *hégire*, تبر *tibr* en *tiber, tibar*, طبل *tabl* en *atabal, timbale*, القطب *al-qoutb* en *alchitot*, الحبس *al-habs* en *alhabos, etc.* De la même manière, شرق *charq* deviendra *charac, cherac*, avec l'accent sur la finale; et comme la consonne ق *q* tend toujours à assourdir la voyelle qui la précède, nous aurons naturellement *charoc, cheroc*, d'où *xaroco, siroc, siroco, scirocco*, et par le changement si commun de *r* en *l*, *xaloc, jaloque, scilocco*.

Parmi les formes précédemment citées, trois ont gardé la marque de l'article: *eyssiroc, issalot, yseloc* = الشرق *ech-charq*. La forme espagnole *xirque* paraît venir de l'adjectif شرقي *charqī*, oriental, employé par les Arabes dans le sens de *sirocco*, et auquel Engelmann, sans autre explication, rattache tous les termes ci-dessus notés.

A côté de شرقي *charqī*, l'arabe moderne présente شلوك *chelouk* [3] ou شلوق *chelouq* [4]. M. Dozy (*Gloss.* p. 356) pense que ce n'est là rien autre que le mot européen repris par les Arabes qui n'avaient garde d'y reconnaître leur *charqī*. Peut-être aussi l'ont-ils confondu avec leur شروق *chouroūq*, lever du soleil, car en arabe comme dans nos langues, *r* et *l* permutent volontiers [5].

Sirop. Vieux français *essyrot* (xiiie siècle), *ysserop* (xve siècle), provenç. *eissarop, issarop, yssarop*, esp. *xarabe, axarabe, axarave, axarope, jarab, jarope*, portug. *xarope* (*surrapa, zurappa*, vin qui a perdu sa force [6]), ital. *siroppo, sciroppo, sciloppo*, bas lat. *syrupus, siruppus, sciruppus.* De l'arabe شراب *charāb*, boisson, vin, café, venant du verbe شرب *charib*, boire. On voit qu'un grand nombre des formes citées ont conservé l'article (*ach-charāb*); plusieurs ont pu être faites sur الشروب *ach-charoūb*, boisson.

Le mot arabe *charāb* a aussi signifié *sirop*, comme on peut le voir par les dérivés شرابي *charābī*, « syruporum venditor », شراباتي *charābātī* [7], « qui syrupos conficit aut vendit. » (Freytag.) Voy. aussi Dozy, *Gloss.* p. 218.

Smala ou Zmala. Ce mot nous est venu d'Algérie; c'est l'arabe ازملة *azmala* ou زملة *zamala* (prononcé *zmala* par les Algériens), qui signifie *la famille d'un chef et son mobilier* [8], venant de la racine زمل *zamal*, porter. De cette même racine est venu الزاملة *az-zāmila*, qui a donné l'espagnol *acemila*, bête de somme, en portugais *azemela, azimela, azemela, azemala*.

Soda. Ancien terme de médecine, violent mal de tête. De l'arabe صداع *sodā'*, même sens, qui se rattache à صدع *sada'*, fendre en deux.

Sofa ou Sopha. Portug. *sofa*. De l'arabe صفّة *soffa*,

---

[1] *D'Alexandrie à Souakin.* (*Le Tour du monde*, 2e semestre, 1860, p. 98.)

[2] Dans les langues hispaniques, souvent l'adjonction de la voyelle ne déplace pas l'accent; ainsi القصر *al-qaṣr*, château fort, devient *alcázar*, تمر *tamr*, datte, devient *támaras, etc.*

[3] Dans Bocthor.

[4] Dans la *Fabrica ling. arab.* qui donne شرق *vento orientale, eurus*, et شلوق *scirocco, euronotus.*

[5] Compar. فرق = فلق, فرج = فلج, قرد = قلد, قرف = قلف, etc.

[6] *Surappa, zurappa* manquent dans le *Gloss.* de M. Dozy.

[7] *Pharmacien*, dans Bocthor, au mot *spatule.*

[8] C'est-à-dire tout ce qu'il emmène avec lui.

même sens, dans Bocthor et dans Cherbonneau, *scamnum discubitorium* dans Freytag, et aussi *le siége de la selle*.

Softa. Étudiant en théologie et en droit, chez les Turcs. Altération du persan سوخته *soûkhteh*, qui brûle, ardent (participe passé de سوختن *soûkhten*, brûler, être en feu), c'est-à-dire brûlant d'amour pour la divinité.

Solive. Ce terme de charpenterie, dont l'origine ne paraît se rattacher ni au latin ni aux langues du même groupe, offre une grande analogie de son et de sens avec l'arabe سلب *salab*, *salib*, arbre d'une longueur notable, et سليب *salîb*, arbre dépouillé de branches. Est-ce une pure coïncidence? Rappelons que l'art du charpentier a emprunté un certain nombre de mots à la langue arabe.

Sophi. «Le nom de *sophi* donné aux souverains de la Perse, pendant les xvie et xviie siècles, dit M. Defrémery[1], doit son origine à صفوى *sefewî*, adjectif relatif ou patronymique, dérivé du nom du cheikh Séfi, sixième ancêtre du chah Ismaïl, fondateur de la dynastie des *Séfis* ou mieux *Séfévis*.» On a dit *sophi* sans doute par confusion avec le terme *soufi*, ci-après.

Sorbet. Esp. *sorbete*, portug. *sorvete*, ital. *sorbetto*. De l'arabe شربة *chorba*, prononcé en Turquie *chorbet*, venant de la même racine que *sirop*.

Soufi. Transcription de l'arabe صوفى *ṣoufi*, sage, religieux, qu'on veut tirer de صوف *ṣouf*, laine, les soufis étant tenus de porter des vêtements de laine et non de soie; d'autres disent du grec σοφός, sage.

Sourate. Verset du Coran. De l'arabe سورة *soûra*, prononcé *sourat* lorsque le mot est en connexion avec celui qui suit.

Spahi. Du persan سپاهى *sipâhî*, cavalier, soldat. C'est le même mot que *cipaye*.

Sucre. Le sucre vient originairement de l'Inde, du Bengale, suivant l'opinion du géographe Karl Ritter; son nom est en sanscrit *çarkarâ*, primitivement *grains de sable*, de la racine *çri*, briser. De là le mot est passé dans toutes les langues. Les Grecs en ont fait σάκχαρον, que les Latins ont transcrit *saccharum*. Les Arabes ont changé le premier *a* en *ou*, et ont dit سكّر *soukkar*. Ce changement se montre également dans les langues modernes de l'Europe : ital. *zucchero*, anglais *sugar*, allemand *zukker*, holland. *suiker*, danois *zukker*, hongrois *tzukur*, polonais *sukier*, etc. L'espagnol *azucar* et le portugais *açucar*, *assucar*, viennent directement de l'arabe, comme le montre la syllabe initiale qui représente l'article *as* pour *al*. Quant aux autres formes européennes, y compris notre mot *sucre*, je pencherais à croire qu'elles viennent de l'italien, et celui-ci a dû subir l'influence de l'arabe. N'oublions pas que le sucre n'a été vraiment connu en Europe que vers l'époque des croisades, et cela par l'intermédiaire des Arabes. Au xiie siècle, Gérard de Crémone, traduisant l'*Almansouri* de Razi, ne se sert point du terme latin *saccharum*; il traduit سكّر *soukkar* par *zuccarum*, et جلنجبين *djoulendjoubîn*, miel de roses, par *zuccarum rosatum*. *Zucchero* paraît être une combinaison du mot latin et du mot arabe.

M. Littré rattache à *sucre* le terme *sucrion* ou *soucrillon*, espèce d'orge, oubliant qu'au mot *escourgeon* (autre variété d'orge) il a donné, comme formes congénères, le normand *sugregeon* et les formes wallonnes *soucrion*, *soucorion*, *socouran*, *socoran*, en même temps que le bas latin *scario*. Évidemment, tout cela n'a aucun rapport avec *sucre*. J'ignore quelle est la vraie étymologie et s'il y a quelque rapport plus ou moins éloigné entre ces mots et l'arabe شعير *cha'îr*, orge [en hébreu, שְׂעֹרָה, שְׂעֹרִים *se'orah*, *se'orîm*, venant de *sa'ar*, poil (barbe des épis)][2].

Sultan. Esp. *soldan*, portug. *soldão*, ital. *soldano*, *sultano*, vieux franç. *soudan*. C'est l'arabe سلطان *soultân*. Quant à *Soudan*, nom d'une région de l'Afrique, il vient de سودان *soûdân*, les nègres africains (de اسود *asouad*, plur. *soûd*, noir.)

Sumac. Esp. *zumaque*, portug. *summagre*, ital. *sommaco*; en français, on trouve aussi *sumach* et *sommac* et même *sommail* dans un document de 1669[3]. C'est l'arabe سمّاق *soummâq*, même sens. Le *sumac*, cultivé particulièrement en Espagne pour les usages de la corroierie, produit des baies qu'on employait autrefois à l'assaisonnement des viandes. Cet usage existe encore en Égypte, car, dans un almanach du Caire pour l'année 1250 (1835-1836 de J. C.), je lis cette prescription des médecins, qu'il ne faut pas au printemps assaisonner les mets au vinaigre, au verjus ni au *sumac*, ما طبخ بالخل والحصرم والسماق, ce qui suppose que cet assaisonnement convient aux autres saisons de l'année. Razi dit: سماق عاقل للبطن دابغ للمعدة «le sumac resserre le ventre, prépare l'estomac[4].»

Sumbul. «Plante ombellifère de la Perse, d'espèce inconnue, dont on extrait une résine médicinale.» (Littré.) L'arabe-persan سنبل *sounboul* désigne une espèce de lavande (*spica Nardus*) qu'on trouve dans l'Inde et qui fournit le *nard indien* des pharmaciens. Razi donne le *sounboul* comme excellent pour l'estomac et le foie[5].

Sumpit. Poisson du genre centrisque, qui habite la mer des Indes. Du malais سمڤيت *soumpit*, étroit. Ces poissons en effet sont caractérisés par un museau très-allongé et un corps très-déprimé. Le *Dictionnaire malais* de l'abbé Favre

---

[1] *Journ. asiat.* août 1867, p. 185.

[2] On peut citer, à titre de curiosité, l'explication donnée par Jean Liebault, dans la *Maison rustique*, écrite au xvie siècle: «Secourgeon est une espèce de blé d'un grain fort maigre, ridé et chétif, semblable aucunement à l'orge, qu'on n'a accoustumé de semer en France, sinon en temps de famine, encores ès pays et contrées stériles et bien maigres, pour assoupir la faim des povres gens, plustost que pour les nourrir, aussi est-il dit des François secourgeon, quasi des mots latins *succursus gentium*, secours des gens.» (Liv. V, ch. xvii, p. 643.)

[3] Dans Littré, *Dict.*

[4] Man. déjà cité, fol. 50 verso.

[5] *Ibid.* fol. 50 recto.

ne donne pas *soumpit* comme nom d'un poisson, mais seulement *sumpit-sumpit*, espèce de coquillage.

Sunnite. Musulman sectateur de la tradition. En arabe, سنّى *sounnī*, adjectif formé sur سنّة *sounna*, règle, loi, recueil des paroles et actes de Mahomet, formant pour les Sunnites un supplément au Coran.

T

Tabaschir ou Tabaxir. Concrétions siliceuses qui se forment aux nœuds d'une espèce de bambou, et qui étaient autrefois employées en médecine. C'est l'arabe طباشير *tabāchīr*, même sens. Ce mot signifie aussi *craie, chaux, plâtre*, et il s'est appliqué autrefois spécialement à l'ivoire calciné; nos alchimistes le prenaient en ce sens : «*Tabaisir* arabice est spodium», dit Martin Ruland[1].

Tabis. Sorte d'étoffe de soie. Esp. portug. et ital. *tabi*. De l'arabe عتّابى *'attābī*, dont la première syllabe, prise sans doute pour l'article (*at*, au lieu de *al*, devant *t*), est tombée dans toutes les langues romanes, mais se retrouve dans le bas latin *attabi*. Quant à l'arabe *'attābī*, c'était le nom d'un quartier de Bagdad où se fabriquait cette étoffe[2], et ce nom venait du prince Attab, arrière petit-fils d'Omeyya[3].

Taffetas. C'est sans doute le persan تفته *taftah* ou *tefteh*, même signification, comme l'indiquait, il y a près de deux cents ans, le P. Ange de Saint-Joseph[4]; à moins que ce ne soit une simple onomatopée, reproduisant le bruit produit par le taffetas quand on l'agite (*taf taf*)[5].

Talapoin. «Les bonzes ou prêtres bouddhistes, à Siam, s'appellent *phra*, grands. Les Européens les ont appelés *talapoins*, probablement du nom de l'éventail qu'ils tiennent à la main, lequel s'appelle *talapat*, qui signifie *feuille de palmier*.» (Mgr Pallegoix, *Descript. du roy. Thai ou Siam*, 1854, t. II, p. 23.) Ce *talapat* est évidemment le même mot que le malais كلاڤ *kelāpa*, en javanais [illegible] *kalapa*, noix de coco, cocotier. (Voy. Calapite.)

Talc. Esp. *talco*, *talque*, portug. *talco*. En arabe, طلق *talq*. Je ne sais qui avait proposé l'étymologie allemande *talg*, suif, qu'on trouve mentionnée par Leman (*Dict. d'hist. nat.* t. XXXII, p. 378). Le mot طلق se rencontre dans l'alchimie de Géber, notamment au chapitre vii du IIe livre. «Talcum, vox esse Arabica creditur, significans stellulas micantes», dit Martin Ruland[6]. J'ignore à quelle expression arabe cette explication peut faire allusion.

Talisman. C'est l'arabe طلسم *telesm* ou *telsam*, qui représente le grec τέλεσμα, initiation, mystère.

Talmud. Grand ouvrage qui contient un recueil des lois, traditions, coutumes des Juifs. En hébreu, תַּלְמוּד *talmoud*, instruction, du verbe לָמַד *lamad*, apprendre, forme *pih.* לִמֵּד *limmad*, enseigner.

Tamarin. Esp. et portug. *tamarindo*, ital. *tamarindi*; Matthiole et les anciens botanistes l'appellent *tamar indi*. Dans un passage de Marco Polo cité par M. Littré, on lit *tamarandi* : «Si donnent aux marcheans à faire et à boire une chose qui a nom *tamarandi*, qui leur fait aller hors ce qu'ils ont au ventre.» En effet, le tamarin ou fruit du tamarinier a été souvent employé pour faire avec la casse un liquide laxatif[7]. C'est l'arabe تمر هندى *tamr hindī*, datte indienne. Le tamarinier n'est pas un dattier et n'offre aucune ressemblance avec un arbre de cette espèce; mais son fruit est une gousse qu'on a pu comparer à la datte. Le mot *tamr*, datte, se retrouve dans l'espagnol *tamaras*, trochet de dattes.

Tambour. Esp. *tambor*, *atambor*, portug. *tambor*, ital. *tamburo*. On disait autrefois *tabour* ou *tabur* (comme aussi *tabourin* au lieu de *tambourin*)[8]. M. Dozy repousse l'étymologie arabe طنبور *tonbour*, proposée par Engelmann; ce mot, au moyen âge, désignait, dit-il, une espèce de lyre; et si les Barbaresques ont aujourd'hui un grand tambour appelé par eux *atambor*, c'est qu'ils l'ont emprunté aux Espagnols[9]. Niebuhr dit en effet que, chez les Arabes, *tambura* est le nom générique commun à tous les instruments à cordes. Mais il convient de remarquer que ces instruments à cordes ne sont pas sans analogie avec les tambours et les timbales, car ils sont d'ordinaire formés d'un corps creux sur lequel est tendue une peau. Niebuhr en décrit quatre ou cinq de ce genre[10].

Sans combattre l'opinion de M. Dozy, on peut faire observer que le persan a un autre mot تبير *tabīr*, dont le sens est bien *tambour, timbale*[11], et qui est assurément identique à notre *tabur*, *tabour* (on sait avec quelle facilité *i* et *u* (*ou*) se remplacent). Est-ce le persan qui est passé au français ou le français qui a pénétré en Orient? *Tabur* est bien ancien dans notre langue, puisqu'on le trouve déjà dans la chanson de Roland, qui est du xie siècle; mais il est bien ancien aussi en persan, puisqu'il se lit dans le *Chah-nameh*, dont l'auteur Firdouci est mort en l'an 1020 :

---

1. *Lexicon alchemiæ*, p. 461.
2. Defrémery, *Journ. asiat.* janvier 1862, p. 94.
3. Dozy, *Gloss.* p. 343.
4. *Clavis Gazophyl.* p. 6.
5. Voy. Francisque Michel, *apud* Defrémery, *Mémoires d'hist. orientale*, p. 213.
6. *Lexic. alchemiæ*, p. 462.
7. تمر هندى يسهل البطن *le tamarin relâche le ventre*, dit Razi. (Man. déjà cité, fol. 51 verso.)
8. Les formes *tabour*, *tabourin* existent encore en anglais, où l'on trouve *tabret* et *tabouret*. Notre *tabouret* est pareillement un diminutif de *tabour*.
9. *Gloss.* p. 374, 375.
10. *Voy. en Arabie*, éd. Smith, p. 219.
11. Richardson, *Dict.*; *Gazophyl. ling. Pers.*

تبيره زنان پيش بردند پيل (*Chrest. Schanam.* de Vullers, p. 58, vers 421).

Les formes *tambour*, طنبور *ṭonbour*, sont certainement des altérations de *tabour*, تبير *tabir*. Le persan a la voyelle *ou* dans تبوراك *taboūrāk*, tambourin, lequel est, suivant toute vraisemblance, un diminutif de تبور *taboūr*, dans lequel s'est glissé fautivement un ا *ā*. (Compar. ليلك et ليلاك; voy. au mot Lilas.)

Tandour. Sorte d'instrument de chauffage formé d'un réchaud qui est caché sous une table recouverte d'un tapis. C'est la prononciation turque du mot arabe-persan تنّور *tannoūr*, fourneau portatif, four. (Voy. Athanor.) Le réchaud ou *brasero* du tandour s'appelle aujourd'hui, à Constantinople, le *mangal*, ce qui représente le منقالجق *manqāldjiq* de Meninski.

Tanzimat. «On nomme ainsi l'ensemble des réformes qui découlent du hatti-chérif donné en 1839 par le sultan Abdul-Medjid pour réorganiser l'administration.» (Bouillet, *Scienc.*) De l'arabe تنظيم *tandhīm*, mettre en ordre, dont les Turcs ont fait تنظيمات *tanzīmat*.

Taraxacum ou Taraxacon. Nom attribué par les anciens botanistes au pissenlit ou à la chicorée sauvage, d'où la famille des *taraxacées*. On lui a cherché une étymologie grecque : τάραξις, trouble, ἀκέομαι, guérir, c'est-à-dire plante calmante, ce qui n'a aucune raison d'être; d'autres disent de τάραξις et de ἀκή, pointe, à cause de l'inégalité des laciniures des feuilles. (Léman[1].) Ce qu'il y a de sûr, c'est que le mot (qui du reste ne figure ni dans les dictionnaires grecs ni dans les dictionnaires latins) se rencontre chez les écrivains orientaux. Freytag ne l'a point relevé, mais il est dans Richardson, طرخشقون, que ce lexicographe transcrit *tarkhashkūn* et traduit «wild endive». J'ai vainement cherché ce طرخشقون dans la longue liste de drogues et de médicaments qui termine le grand ouvrage médical d'Al-Hoceini (man. sup. pers. n° 339); mais dans Razi on lit : الطرشقوق مثل الهندبا الا انة ابلغ «Le *tarachaqoūq* est semblable à la chicorée, mais plus efficace[2].» Évidemment il faut lire طرشقون *tarachaqoūn*, et traduire *pissenlit* ou bien *chicorée sauvage*. Dans la *Synonymie arabo-latine* de Gérard de Crémone on lit aussi «*Tarasacon*, species cicorei[3].» Il ne faut pas oublier que Razi écrivait au xe siècle. Le *taraxacon* fait l'objet d'un chapitre dans l'Avicenne latin de Bâle (édit. de 1563, p. 312), mais cet article et une douzaine d'autres en tête de la lettre T, manquent dans l'édition arabe de Rome.

Tarbouch. Sorte de bonnet rouge de fabrique tunisienne. Transcription de l'arabe طربوش *ṭarboūch*, qui est peut-être une altération du persan سرپوش *serpoūch*, couvre-chef, de سر *ser*, tête, et de پوشيدن *poūchīden*, couvrir.

Tare. Esp. portug. ital. et provenç. *tara*; on trouve aussi dans l'ancien espagnol *atara*. C'est l'arabe طرحة *ṭarḥa*, venant du verbe طرح *ṭaraḥ*, rejeter. La tare est «la partie des marchandises que l'on rejette, c'est-à-dire les barils, pots, etc.; le poids de ces barils, etc. que l'on déduit quand on pèse les marchandises.» (Dozy, *Gloss.* p. 313.) Un autre mot espagnol *merma*, qui a la même signification, *diminution*, *déchet*, vient du verbe رمى *rama*, jeter, étymologie, dit M. Dozy, qui confirme celle de *tare*. L'espagnol *mermar*, éprouver un déchet, a passé dans certains dialectes de nos provinces méridionales; dans le Quercy, *merma* ou *berma* signifie *diminuer*, *décroître*.

Targe. Il est admis que la forme espagnole et portugaise *adarga*, *adaraca* vient directement de l'arabe الدرقة *ad-daraca*, bouclier[4]; mais on attribue à *targe* et à l'italien *targa* une origine germanique.

Tartre. Esp. portug. ital. *tartaro*, lat. des alchim. *tartarum*; de l'arabe-persan درد، دردى *dourd*, *dourdī*, sédiment, dépôt, lie de l'huile, lie du vin, tartre. L'arabe درد *darad* se dit aussi du tartre ou de la carie des dents; l'adjectif ادرد *adrad* s'applique à celui qui a les dents cariées. Le mot nous est venu par les alchimistes, ce qui explique son altération. On peut en voir de bien plus extraordinaires au mot Alchimie. M. Littré cite un passage du *Glossaire* de Simon de Gênes où il est dit: «Tartar, arabice tartarum.» طرطير *ṭarṭir*, qui est dans Bocthor, et figure aussi dans la *Fabr. ling. arab.* manque dans Freytag et Richardson. Le *Gazophyl. ling. Pers.* écrit ترتير *tartīr* M. Dozy n'a pas noté *tartaro* dans son *Glossaire*.

Tarif. Esp. et portug. *tarifa*, ital. *tariffa*. Le mot est traduit dans Bocthor par تعريف *ta'rif*, qui est le nom d'action du verbe عرّف *'arraf*, faire connaître, publier. C'est là l'étymologie, indiquée déjà par le P. Ange de Saint-Joseph (1684)[5].

Tasse. Esp. *taza*, portug. *taça*, ital. *tazza*. De l'arabe طسّ *ṭass*, طسّة *ṭassa*, qu'on rapporte au persan تست *tast*, coupe.

Téréniabin ou Tringibin. Manne liquide de Perse. Dorvault (*Officine*) écrit *terniabin*; on trouve aussi *trunjibin*, *térenjubin*, *thérenjabin*, et même *trangebris*[6]. C'est l'arabe ترنجبين *terendjoubīn*, qui est le persan ترنكبين *terengoubīn*. Celui-ci est formé de انكبين *engoubīn*, miel, et de تر *ter*, dont le sens reste douteux pour moi; ce pourrait être l'adjectif qui signifie *humide*, *juteux*.

Une autre manne de Perse porte le nom de گزانكبين *gezengoubīn*, miel du گز *gez*, le gez (prononcez *guez*), espèce de tamarix, étant l'arbre qui la produit[7]. Par ana-

[1] *Dict. d'hist. nat.* t. XXXII, p. 464.
[2] Man. déjà cité, fol. 41 verso.
[3] La leçon طرخشقون, qui est assurément la meilleure, se lit dans le glossaire d'Ibn al-Hachcha sur l'ouvrage de Razi. (Voy. Dozy, *Gloss.* p. 166, au mot *almiron*.)
[4] Voy. Engelman, *Gloss.* p. 41.
[5] *Clavis Gazophyl.* p. 7.
[6] *Dictionn.* de Déterville, au mot *agul*. On peut voir encore sur le *terendjabin* une note de M. Defrémery. (*Mémoires d'hist. orientale*, p. 385-386.)
[7] Cet arbre porte en arabe le nom de طرفاء *ṭarfā*, dont les Espagnols ont fait *atarfe*. Razi dit que de ses racines se tire le *sikendjoubīn*, وان عجل من اصلة السكنجبين (fol. 49 recto). Ce n'est pas là une manne, mais une liqueur (oxymel), de سك *sik*, vinaigre. Müller rattache l'espagnol *taray*, tamarix, au même mot arabe *ṭarfā*. (Voy. Dozy, *Glossaire*, p. 348.)

logie on pourrait croire que تر *ter* est le nom de l'arbre qui donne le tringibin. Mais les dictionnaires n'ont rien de pareil, et il ne saurait être ici question du تار *tār*, sorte de palmier qui produit la liqueur enivrante nommée *tari* تاري (le *toddy* des Anglais)[1]; car cet arbre ne produit pas de manne, et Garcias dit que le *trunjibin* qu'il a vu apporter à Bassora vient sur de petits buissons épineux assez semblables à nos genêts.

Thuban. Étoile de troisième grandeur dans la constellation du Dragon. C'est l'arabe ثعبان *thou'bān*, dragon.

Tiber. Poudre d'or, dans le commerce africain. Les voyageurs écrivent aussi *tibbar*, *atibar*, «le *tibbar* ou l'or pur du Sennaar», écrit Bruce[2]. C'est l'arabe تبر *tibr*, même sens. La région africaine que nous nommons *Côte d'Or* est appelée par les Arabes بلاد التبر *belād at-tibr*, pays de la poudre d'or.

Timbale. Esp. *timbal*, *atambal*, *atabal*, portug. *timbale*, *atabale*, ital. *timballo*, *taballo*. De l'arabe طبل *ṭabl*, avec l'article *aṭ-ṭabl*, sorte de tambour. Il s'est glissé un *m* avant le *b*, comme dans *tabour* devenu *tambour*. Il est vraisemblable du reste que les formes *timbale*, *timbal*, *timballo*, ont subi l'influence du latin *tympanum* (τύμπανον). *Ṭabl* est d'origine persane. On trouve un pluriel grec ταΐϐαλα, «tambour, timbale dont les Parthes se servaient à la guerre[3].»

Tincal ou Tinkal. Borax brut. Esp. *atincar*, portug. *atincal*, *tincal*. C'est l'arabe-persan تنكال *tinkāl*, ou تنكار *tinkār*[4] (en persan تنگار *tengār*). Le tincal nous vient principalement de l'Asie (Perse, Thibet, Inde). Il semble qu'une sorte de confusion se soit établie entre le *tinkār* et une autre substance appelée en arabe زنجار *zindjār*, en persan زنگار *zengār* ou ژنگار *jengār*. Celle-ci est le vert-de-gris ou le vitriol vert. (Voy. *Azagor*, au mot Alchimie.) On traduit volontiers ces deux termes par *chrysocolle*, mot qui désignait chez les anciens une substance verte assez mal définie, employée par les orfèvres pour la soudure des matières d'or[5]. A l'article *ærugo aurifabrorum* de son *Lexicon alchemiæ*, Martin Ruland dit: «Quidam hanc vocant *tinckar* vel *boracem* arabice», et à la page suivante: «Arabes omnes tales ærugines vocant generali nomine *zinckar*[6].»

On ne comprendrait pas que le borax pût être confondu avec le vert-de-gris, si l'on ne savait que le borax brut, tel qu'on le tire de certains lacs de l'Asie, est coloré en vert par des substances étrangères.

Tohu-bohu. Cette expression est empruntée au deuxième verset du premier chapitre de la Genèse: «Et la terre était תהו ובהו *tohoū va-bohoū*», c'est-à-dire d'après la Vulgate, *inanis et vacua*. Chacun des deux mots *tohoū*, *bohoū*, est interprété désert, solitude, néant.

Tombac. Alliage de cuivre et de zinc. Esp. *tumbaga*, portug. *tambaca*, ital. *tombacco*, arabe moderne تنباك *tanbāk* (dans Bocthor). C'est le malais تمباگ *tembāga*, cuivre, qui est d'origine hindoue.

Toman. Monnaie de compte chez les Persans. «*Toman* est un mot de la langue des Yusbecs (يوزبك *youzbeg*), qui signifie dix mille. Les Tartares comptent leurs troupes par dix mille comme nous faisons par régiments... ils dénotent la grandeur d'un prince par le nombre de *tomanes* qu'il a sous sa puissance.» (Chardin[7].) Le mot tartare est passé en arabe et en persan sous la forme تومان *toūmān*, avec le sens de dix mille. Marco Polo écrit *tomman*.

Toug ou Touc. Étendard turc fait d'une queue de cheval portée au bout d'une pique ou d'une perche. En turc توغ *toūgh*.

Toutenague. Alliage de zinc, de cuivre et de nickel. Portug. *tutenaga*. Silvestre de Sacy dit: «Le mot *toutenague* vient assurément de *toutiā*, et peut-être est-ce un mot purement persan توتياناك *toutiā-nāk*, substance d'une nature analogue à la tutie[8].» (Voy. plus loin Tutie.) Thévenot appelle la toutenague *tutunac*. (*Voy. aux Indes orient.* p. 140[9].) On trouve aussi *tintenague*.

Trépang ou Tripan. Holothurie comestible des mers de l'Inde, très-appréciée des Chinois. En malais تريڠ *tripang*.

Turbith. Plante autrefois très-employée en médecine comme purgatif. Esp. *turbit*, lat. des botan. *turpethum*. C'est l'arabe-persan تربد *tourbed*, *tirbid*.

Flemmata diffugiunt, si des medicamine *turbich*,

dit un poëme médical du moyen âge[10]; ce qu'on peut regarder comme la traduction de cette phrase de Razi: تربد يسهل البلغم[11].

Le turbith minéral[12] est un composé mercuriel sans doute ainsi nommé à cause de l'analogie de ses qualités purgatives avec celles de la plante.

Turc. En persan ترك *tourk*, nom appliqué aux peuples à peau blanche, à l'œil noir, qu'on a appelés aussi Tatars ou Tartares, en persan تتار *tatār*. Chez les Persans, ترك *tourk* s'est dit d'une *jeune beauté* (au masculin ou au fé-

[1] On tirait autrefois du *tari* une espèce de sucre nommé *jagre*, mot qui paraît une altération du persan شكر *cheker*, sucre.

[2] *Voy. en Nubie*, p. 99.

[3] Alexandre, *Dictionnaire grec-français*. L'auteur n'indique pas la source où le mot a été recueilli.

[4] تنكار *tinkār* est l'orthographe qu'on trouve dans l'alchimie de Géber, man. n° 1080 du suppl. arabe de la Bibl. nat. fol. 5 verso et *passim*.

[5] «Aussi se treuve en plusieurs endroits d'icelle du verd ressemblant au chrysocolla des anciens que nous appelons aujourd'huy *borras*.» (Bernard Palissy, *Des Pierres*, édit. Cap, p. 286.)

[6] *Lexicon alchemiæ, sive dictionarium alchemisticum*, Francfort, 1612, p. 14 et 15.

[7] *Voy. en Perse*, éd. Smith, p. 310. L'auteur ajoute que le toman, monnaie de compte, valait 10,000 deniers.

[8] *Chrest. arab.* t. III, p. 464.

[9] *Ibid.* t. III, p. 463.

[10] Man. du XIIIe siècle, ancien fonds latin n° 7058 de la Bibl. nat. fol. 70 verso.

[11] Man. déjà cité, fol. 44 verso.

[12] Sulfate et azotate de mercure.

minin. Voy. l'explication de Meninski). *Turcoman* est le persan تركمان *tourkoumān*. Sur la valeur des mots *turc* et *tatar* comme noms de peuples, chez les écrivains arabes et persans, voy. la *Biblioth. orient.* de d'Herbelot.

Tutie. Oxyde de zinc, substance dont les anciens médecins faisaient grand usage dans les maladies des yeux. Espagnol et portugais, *tutia, atutia.* C'est l'arabe توتيا *toûtiā*.

On peut voir sur la tutie un long article de Silvestre de Sacy, dans sa *Chrestomathie arabe*, t. III, p. 453 et suiv. Razi n'a garde d'oublier ce médicament, excellent, dit-il, pour renforcer l'œil, جيد لتقوية العين (man. déjà cité, fol. 44 verso).

U

Ubion. Genre de plantes voisin de l'igname. Lat. bot. *ubium*. Du malais اوبى *oūbi*, qui se dit de toute espèce de tubercules comestibles. Ce mot, généralement transcrit *ubi* ou *obi* dans les ouvrages français, est répandu dans tout l'archipel Indien et dans une grande partie de l'Océanie. Les Malais appellent la pomme de terre اوبى بڠݢال *oūbi benggāla*, obi du Bengale.

Uléma ou Ouléma. Docteur de la loi chez les musulmans. Esp. *ulema*. C'est l'arabe علماء *'oulemā*, pluriel de عالم *'ālim*, savant, qui sait.

Upas. Liane de l'archipel Indien, qui produit un suc extrêmement vénéneux. Du malais اوفس *oūpas* (javanais [illegible]), poison extrait des végétaux. L'arbre que nos livres d'histoire naturelle nomment *boun-upas* ou *bubon-upas* est en malais ڤوهن اوفس *pōhn* ou *pōhon-oūpas*, de *pōhn*, arbre.

Urdu ou plutôt Ourdou. Dialecte moderne de la langue des Hindous. Du turc اوردو *ordou*, camp. L'urdu a été ainsi nommé (langage des camps), à la suite de l'invasion des Mongols, qui modifia profondément le vocabulaire de la langue du peuple conquis, en y introduisant un grand nombre de mots arabes, persans et turcs. *Urdu* est identique avec notre *horde*.

Usnée. Genre de plantes de la famille des lichens. Lat. des botan. *usnea*. Autrefois la médecine attribuait des vertus extraordinaires à l'*usnée humaine*, c'est-à-dire aux lichens qui poussaient sur les crânes des morts exposés à l'air, et spécialement des pendus. « Aujourd'hui, dit Bosc, on plaint l'ignorance et la barbarie de nos pères qui conservoient les cadavres exposés à l'air le plus grand nombre d'années possible, souvent uniquement pour avoir de l'*usnée*[1]. » « On ne paye plus 1,000 francs une once d'*usnée* ou prétendue *usnée humaine*, lorsqu'on peut avoir pour rien celle qui pousse sur les arbres de son parc[2]. »

Usnée est l'arabe-persan اشنة *ouchna*, mousse, lichen. Il en est parlé dans l'Almansouri de Razi, fol. 47 recto du manuscrit déjà cité.

V

Validé. Sultane *validé*, c'est-à-dire *sultane mère*. De l'arabe والدة *ouālida*, fém. de *ouālid*, qui a mis au monde. *Validé* est la prononciation turque.

Valise. Esp. *balija*, ital. *valigia*, bas lat. (XIIIe siècle) *valisia*. On ne connaît aucune étymologie acceptable de ce mot (Diez repoussant l'allemand *felleisen*). Une valise est proprement un long sac de cuir. Le mot paraît avoir été employé, dans la langue commerciale, avec le sens de *ballot*, et le P. Germain de Silésie (1639) a fait de *valigia* un synonyme de *fardello*. C'est vraisemblablement le même mot que l'arabe وليحة *oualiha*, « saccus frumentarius, cophinus magnus », et le persan واليچه *walitchē*, grand sac. Mais ne connaissant ces mots que par Golius et Castell, j'ignore s'ils sont vraiment d'origine orientale ou s'ils n'ont pas été importés au Levant par le commerce italien.

Varan. Sorte de lézard africain. Il est décrit et figuré dans le grand ouvrage de la commission de l'Institut d'Égypte, sous le nom de *ouaran*[3]. C'est une altération de l'arabe ورل *ouaral*. En Algérie on prononce *ouran*[4].

Vérin. Appareil à soulever les fardeaux, composé de deux vis placées dans le prolongement l'une de l'autre et engagées dans un même écrou qu'on peut faire tourner. On écrit aussi *verrain*. C'est assurément le même mot que l'italien *verrina*, l'espagnol *barrena*, le portugais *verruma*, tous mots signifiant *vrille*, *tarière*, et le bas latin *verinus*, vis. L'arabe a بريمة *barīma*, même sens[5]. Et ce dernier mot se rattache assez naturellement au verbe برم *baram*, tordre, d'autant mieux que *barīm* se dit d'un cordon obtenu en contournant ensemble en spirale deux brins de couleurs différentes. Cependant M. Dozy attribue à *barīma* une origine persane, et à nos formes romanes une origine indo-européenne[6].

[1] *Dict. d'hist. nat.* t. XXXV, p. 157.
[2] *Ibid.* t. XVII, p. 561.
[3] *Hist. nat.* t. Ier, 1re partie, p. 122.
[4] Voy. Cherbonneau, *Dict. fr.-ar.* au mot *lézard*.
[5] *Barīma* est remplacé en Algérie par برنينة *bernīna*. Voy. Cherbonneau, *Dict. fr.-ar.* à *vrille*. Pedro de Alcala donne *birrīna* ou *barrīna*, qui est encore en usage dans l'arabe vulgaire.
[6] *Gloss.* p. 375. Le persan a بيرم *beiram*, *bīroum*, vrille.

Dans le dialecte quercynois, on dit *biroū* et *birouno*, dans le sens de *vrille*, *tarière*, forme qui montre encore une fois la facilité du changement de *i* en *ou*.

Vilayet. Grande division territoriale en Turquie. C'est la prononciation turque de l'arabe ولاية *ouilāya*, pays, préfecture, province. (Voy. Wali.)

Visir ou Vizir. C'est l'arabe وزير *ouazīr*. (Voyez Alguazil.)

W

Wahabite. La secte musulmane des Wahabites tire son nom de son chef وهّاب *ouahhāb* (Mohammed ben Abd el-Ouahhab).

Wali ou Vali. Transcription de l'arabe والى *ouāli*, préfet, gouverneur, mot proche parent de ولاية *ouilāya*. (Voy. ci-dessus Vilayet.) Ces mots se rattachent au verbe ولى *ouala*, être préposé à, administrer.

Wéga. Étoile de première grandeur, α de la Lyre. De l'arabe واقع *ouāqi'*, tombant. (Voir au mot Altaïr.) C'est une plaisanterie que de chercher l'origine du nom d'une *étoile de première grandeur* dans celui d'un prétendu astronome autrichien[1]. Ce nom existait longtemps avant que l'Autriche produisît des astronomes.

Y

Yataghan ou Ataghan. Sorte de sabre turc, de forme concave. Du turc یاتاغان *yātāghān*, sorte de coutelas. (Voy. Pavet de Courteille, *Dict. du turk oriental.*)

Yed. Nom d'une étoile de la constellation de Pégase. De l'arabe يد *yed*, main, bras, ainsi nommée à cause de sa position.

Z

Zagaie. Esp. *azagaya*, *azahaya*, portug. *azagaia*. Nos anciens écrivains disent *azagaye*, *archegaye*, *lance gaie*. C'est un mot berbère زغاية *zagāya*, adopté par les Arabes qui s'en servent encore dans le sens de *baïonnette*. Voy. les intéressants articles de M. Defrémery (*Journal asiatique*, janvier, 1862, p. 89) et de M. Dozy (*Glossaire*, p. 223).

Le mot paraît être descendu jusque dans le sud de l'Afrique : « Un grand nombre de Dàmaras et de Namaquas, armés d'*assagaïs* et de fusils, dit Anderson, étaient tout autour rangés en bataille. » (*Voy. dans l'Afrique australe*[2].)

Zaïm. Soldat turc dont le bénéfice militaire est un peu au-dessus de celui du *timariot*. (Littré.) De l'arabe زعيم *za'īm*, qui se dit de l'homme qui tient à vie un *ziamet*; le *ziamet*, زعامة est un bénéfice militaire dont le revenu minimum est de 2,000 aspres, mais peut s'élever beaucoup au-dessus, tandis que le *tīmār*, تيمار, ne peut dépasser 9,000 aspres. (Voy. Meninski, à زعامة et à تيمار.)

Zain. Esp. portug. ital. *zaino*, cheval d'une nuance uniforme, sans trace de blanc. En italien, *zaino* signifie encore une gibecière de berger faite d'une peau conservant son poil, et Antonini ajoute : « Zaino, forse detto da Daino, cambiando il *d* in *z*, quasi che del daino si facesse cotesto arnese. » Je ne cite cette hypothèse étymologique qu'à cause de l'origine très-incertaine du mot; car le changement de *d* initial en *z* est sans exemple en italien. M. Dozy (*Gloss.* p. 362) conjecture l'arabe أصمّ *aṣamm*, mot par lequel Bocthor traduit *zain*.

Zaouia. Établissement religieux où les docteurs de l'islamisme enseignent particulièrement la doctrine, la jurisprudence et la grammaire. (Cherbonneau, *Dict. fr.-ar.*) Transcription de l'arabe زاوية *zāwiya*, dont le sens propre est *angle*, *coin*, *cellule*.

Zédaron. Étoile α de Cassiopée, placée sur la poitrine. On la nomme aussi *schédir*, *schédar*. C'est l'arabe صدر *ṣadr*, poitrine (avec la nunnation *ṣadroun*), صدر ذات الكرسى *ṣadr dhat al-koursi*, la poitrine de la Femme assise. La Femme assise est le nom que les Arabes donnent à la constellation de Cassiopée, vulgairement nommée chez nous la Chaise.

Zédoaire. Esp. *cedoaria*, *zedoaria*, portug. *zeduaria*, ital. *zettovario*. Ce nom, que Bosc, j'ignore pourquoi, a transformé en *zéodaire*, s'applique à des plantes de l'Inde dont les racines, d'un goût âcre, d'une odeur agréable, rappelant celle du camphre mêlée à celle du laurier, étaient naguère fort employées en pharmacie comme un puissant sudorifique. C'est l'arabe-persan زدوار *zedwār*, جدوار *djedwar*, ژدوار *jedwar*, que nos traducteurs d'ouvrages orientaux ont rendu par *zedvar*, *giedvar*, *guiduar*, *jedwar*, *jidwar*, *geiduar*, *etc.*

---

[1] Comme on lit dans Bouillet, *Scienc.*

[2] Dans *le Tour du monde*, t. Ier, p. 242.

Zéen. Chêne zéen, espèce de chêne de l'Algérie, dit aussi chêne *zang*, dont le bois est remarquable par sa densité. (Littré.) De l'arabe زان *zān*, qui manque dans Freytag, mais qui est dans Richardson : « A tree whence bows and arrows are made », et que donne aussi M. Cherbonneau (*Dict. fr.-ar.* au mot *chêne*).

Zekkat. Impôt sur le revenu dans les pays musulmans et en particulier en Algérie. (Littré.) C'est, en arabe, زكاة ou زكوة *zakā*, « Pars opum quam expendit aliquis ad reliquas purificandas » (Freytag), *aumône, impôt.*

Zénith. Esp. et portug. *zenith*, ital. *zenit*. Corruption de l'arabe سمت *semt*, proprement *voie, chemin*, et chez les astronomes, *zénith*, par abréviation de سمت الراس *semt er-ras*, la voie (au-dessus) de la tête[1]. Le point directement opposé de la sphère céleste, le nadir, est de même appelé سمت الرجل *semt er-ridjl*, la voie du pied. Le mot *zénith* paraît avoir été employé par les médecins dans un sens bien différent, comme on peut le voir dans ce passage de Gaspare de los Reyes, médecin du xviie siècle, connu pour sa grande érudition : « De sanguine menstruo illo potissimum primo qui a virginibus exit, quem appellant *zenith*[2]. »

Zéro. Étymologiquement, c'est le même mot que *chiffre*. (Voy. ce dernier.)

Zérumbet. Esp. *zerumbet*. C'est une des plantes ou drogues comprises sous le nom de *zédoaire*. De l'arabe-persan زرنباد *zourounbād*. Razi dit qu'elle est utile contre la piqûre des reptiles et insectes, زرنباد ينفع من نهش الهوام[3], sans doute en sa qualité de puissant sudorifique. Bocthor écrit زرنبة (à *zédoaire*).

Zil. Instrument de musique militaire, chez les Turcs, analogue aux cymbales. En turc, زل *zill*.

Zilcadé, Zilhagé. Onzième et douzième mois de l'année musulmane, d'après l'orthographe adoptée par Montesquieu et les écrivains de son siècle pour transcrire l'arabe ذو القعدة *dhoū 'l-qa'da* et ذو الحجة *dhoū 'l-ḥidjdja*. Le premier de ces noms est formé de *dhoū*, possesseur, et de *al-qa'da*, le repos, l'espace occupé par une personne assise, parce que les Arabes s'abstenaient de guerroyer pendant ce mois. Le second est composé du même mot *dhoū* et de *al-ḥidjdja*, le pèlerinage; c'est en ce mois qu'on se rendait à la Mecque.

Zinzolin. « Couleur d'un violet rougeâtre. Esp. *cinzolino*, portug. *giangelina*; de l'arabe *djoldjolān*, semence du sésame dont on fait cette couleur. » (Littré.) S'il est vrai que le zinzolin s'obtienne du sésame, l'étymologie est toute naturelle; car l'arabe جلجلان *djoldjolān* a donné en français *gengéli* et *jugeoline*. (Voy. Gengéli.)

Zouave. Ce nom a été pris de celui d'une confédération de tribus kabyles.

Zouidja. Terme d'administration, en Algérie : étendue de terre que deux bœufs peuvent labourer dans la saison. (Cherbonneau, *Dict. fr.-ar.*) Transcription de l'arabe algérien زويجة *zouïdja*, qui se rattache à زوّج *zawwadj*, former une paire.

Zufagar. « Ton esprit est plus perçant que *Zufagar*, cette épée d'Ali, qui avait deux pointes. » (Montesquieu, *Lettres persanes*[4].) Altération de l'arabe ذو الفقار *dhoū 'l-faqār*. Voy. sur cette épée, donnée à Ali par Mahomet, D'Herbelot, *Bibl. orient.*

Zurna. « Instrument de musique des Turcs, qui, par sa forme et la qualité de ses sons, ressemble à notre hautbois. » (Bouillet, *Scienc.*) C'est le persan زرنا *zournā* ou سرنا *sournā*, aussi orthographié سرنى, où la dernière syllabe rappelle le mot نى *ney* ou ناى *nāy*, roseau, tuyau, flûte. Les Malais ont le même instrument sous le nom de سرونى *saroūney*.

---

[1] A vrai dire, je ne crois pas que سمت *semt* ait jamais été employé seul dans le sens de zénith; cela eût fait confusion avec السمت *as-semt*, azimuth. Les astronomes arabes disent toujours *semt er-ras* ou, en employant le pluriel de *ras*, سمت الروس *semt er-rouous*.

[2] *Elysius jucundarum quæstionum campus*, p. 669.

[3] Man. déjà cité, fol. 48 verso.

[4] Tome Ier, p. 38, de l'édit. André Lefèvre.

INDEX DES MOTS EUROPÉENS.

N. B. Les mots en petites capitales sont ceux qui figurent dans le Dictionnaire à leur ordre alphabétique. Les abréviations *esp. ital. pg. aragon. valenc. prov. langued.* marquent que le terme est espagnol, italien, portugais, aragonais, valencien, provençal, languedocien; *hisp.* caractérise les mots qui appartiennent en même temps à l'espagnol et au portugais; *b. lat.* signifie bas latin, latin du moyen âge; *lat. bot.* latin forgé par les botanistes.

INDEX

DES MOTS ARABES, PERSANS, TURCS, MALAIS ET HÉBREUX.

N. B. Les mots arabes ne sont pas rangés par racines, mais placés à leur ordre alphabétique avec les termes persans, turcs et malais. Ceux-ci sont accompagnés de l'indication de leur nationalité : *pers.*, *turc* ou *t.*, *mal.* Pour ne pas faire un index particulier des mots hébreux, on les a intercalés ici, suivant l'ordre marqué dans le tableau du système de transcription. (Voy. à la suite de la préface.)

Nous n'avons pas cru nécessaire de relever les quelques mots javanais accidentellement cités.

6128 — PARIS. IMPRIMERIE A. L. GUILLOT
7, rue des Canettes, 7

www.ingramcontent.com/pod-product-compliance
Lightning Source LLC
Chambersburg PA
CBHW050251230426
43664CB00012B/1905

* 9 7 8 2 0 1 2 1 8 4 3 8 1 *